Laura E. Berk

Entwicklungspsychologie

3., aktualisierte Auflage

ps psychologie

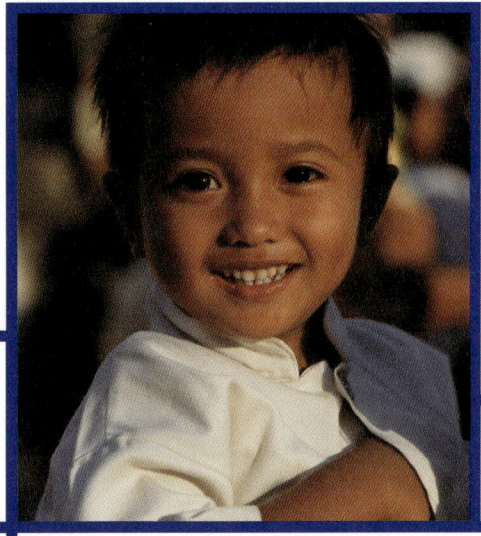

Laura E. Berk

Entwicklungspsychologie

3., aktualisierte Auflage

Ein Imprint von Pearson Education

München • Boston • San Francisco • Harlow, England
Don Mills, Ontario • Sydney • Mexico City
Madrid • Amsterdam

Bibliografische Information Der Deutschen Bibliothek
Die Deutsche Bibliothek verzeichnet diese Publikation in der
Deutschen Nationalbibliografie; detaillierte bibliografische Daten
sind im Internet über http://dnb.ddb.de abrufbar.

Die Informationen in diesem Produkt werden ohne Rücksicht auf einen eventuellen Patentschutz veröffentlicht.
Warennamen werden ohne Gewährleistung der freien Verwendbarkeit benutzt. Bei der Zusammenstellung von
Texten und Abbildungen wurde mit größter Sorgfalt vorgegangen. Trotzdem können Fehler nicht vollständig
ausgeschlossen werden. Verlag, Herausgeber und Autoren können für fehlerhafte Angaben und deren Folgen weder
eine juristische Verantwortung noch irgendeine Haftung übernehmen. Für Verbesserungsvorschläge und Hinweise
auf Fehler sind Verlag und Herausgeber dankbar.

Authorized translation from the English language edition, entitled DEVELOPMENT THROUGH THE LIFESPAN
by Laura E. Berk, 3rd Edition, published by Pearson Education, Inc., publishing as Allyn and Bacon,
Copyright © 2004

All rights reserved. No part of this book may be reproduced or transmitted in any form or by any means, electronic or
mechanical, including photocopying, recording or by any information storage retrieval system, without permission
from Pearson Education, Inc.

German language edition by PEARSON EDUCATION DEUTSCHLAND GmbH, Copyright © 2005

Alle Rechte vorbehalten, auch die der fotomechanischen Wiedergabe und der Speicherung in elektronischen Medien.
Die gewerbliche Nutzung der in diesem Produkt gezeigten Modelle und Arbeiten ist nicht zulässig.

Es konnten nicht alle Rechteinhaber von Abbildungen ermittelt werden. Sollte dem Verlag gegenüber der Nachweis
der Rechtsinhaberschaft geführt werden, wird das branchenübliche Honorar nachträglich gezahlt.

Fast alle Markenbezeichnungen, die in diesem Buch erwähnt werden,
sind gleichzeitig auch eingetragene Warenzeichen oder sollten als solche betrachtet werden.

Umwelthinweis:
Dieses Buch wurde auf chlorfrei gebleichtem Papier gedruckt.
Die Einschrumpffolie – zum Schutz vor Verschmutzung – ist aus umweltverträglichem
und recyclingfähigem PE-Material.

10   9   8   7   6   5   4   3   2   1

06   05

ISBN 3-8273-7110-4

© 2005 by Pearson Studium
ein Imprint der Pearson Education Deutschland GmbH
Martin-Kollar-Str. 10-12
D-81829 München
Alle Rechte vorbehalten
www.pearson-studium.de
Übersetzung: Eva Aralikatti, München
Lektorat: Christian Schneider, cschneider@pearson.de
Fachlektorat: Prof. Dr. Ute Schönpflug, FU Berlin
Korrektorat: Dr. Andrea Stumpf, München
Herstellung: Claudia Bäurle, cbaeurle@pearson.de
Layout: Dorkenwald & Dreher, München (www.dreher-dorkenwald@t-online.de)
Satz: Ulrich Borstelmann, Dortmund (www.borstelmann.de)
Einbandgestaltung: adesso 21, München
Druck und Verarbeitung: Kösel Druck, Altusried/Krugzell (www.KoeselBuch.de)
Printed in Germany

Inhaltsverzeichnis

Teil 1: Theorie und Forschung in der Entwicklungspsychologie

Kapitel 1: Geschichtliche Hintergründe, Theorien und Forschungsstrategien

1.1	Menschliche Entwicklung als ein wissenschaftliches, angewandtes und interdisziplinäres Fach	4
1.2	**Grundlegende Fragen**	4
	Kontinuität oder Diskontinuität im Entwicklungsverlauf?	5
	Ein bestimmter Entwicklungsverlauf oder verschiedene Pfade?	6
	Anlage oder Umwelt – welches von beiden ist wichtiger?	7
1.3	**Die Lebensspannenperspektive: Eine ausgewogene Betrachtungsweise**	8
	Entwicklung über die ganze Lebensspanne	9
	Multidimensionale und multidirektionale Entwicklung	10
	Plastizität in der Entwicklung	11
	Entwicklung in vielfältigen Kontexten	11
1.4	**Historische Grundlagen**	15
	Philosophien der Kindheit	15
	Philosophien des Erwachsenenalters und des Alters	16
	Die wissenschaftlichen Anfänge	17
1.5	**Theorien Mitte des 20. Jahrhunderts**	19
	Der psychoanalytische Ansatz	19
	Der Behaviorismus und die soziale Lerntheorie	22
	Piagets Ansatz der kognitiven Entwicklung – die universal-konstruktivistische Sichtweise	24
1.6	**Theoretische Modelle jüngster Zeit**	27
	Der Informationsverarbeitungsprozess	27
	Die Ethologie und die Evolutionspsychologie der Entwicklung	28
	Wygotskys soziokultureller Ansatz	30
	Ökologische Systemtheorie	32
1.7	**Vergleich und Evaluation verschiedener Theorien**	34

1.8 Die Entwicklung als Gegenstand der Forschung 36
    Die gebräuchlichen Forschungsmethoden 37
    Allgemeine Forschungspläne 44
    Pläne zur Untersuchung von Entwicklung 47

1.9 Ethische Fragen in der Forschung zur Lebensspanne 53

Teil 2: Grundlagen der Entwicklung

Kapitel 2: Biologische und umweltbedingte Grundlagen

2.1 Genetische Grundlagen 60
    Der genetische Code 60
    Die Geschlechtszellen 61
    Männlich oder weiblich? 62
    Mehrfachgeburten 62
    Muster genetischer Vererbung 63
    Chromosomenanomalien 69

2.2 Reproduktive Auswahl 71
    Genetische Beratung 71
    Pränatale Diagnostik und embryonale Medizin 71
    Genetische Tests 76
    Adoption 77

2.3 Umweltbedingungen und Entwicklung 79
    Die Familie 79
    Sozioökonomischer Status und das Funktionieren der Familie 81
    Der starke Einfluss von Armut 82
    Jenseits der Familie: Wohnumfeld, kleine und große Städte 84
    Der kulturelle Kontext 86

2.4 Die Beziehung zwischen Vererbung und Umwelt verstehen 92
    Die Frage nach dem „Wieviel"? 92
    Die Frage nach dem „Wie"? 94

Kapitel 3: Pränatale Entwicklung, Geburt und das Neugeborene

3.1 Pränatale Entwicklung 102
    Empfängnis 102
    Das Stadium der befruchteten Eizelle 103
    Embryostadium 105
    Fötusstadium 106

3.2 Pränatale Einflüsse der Umwelt 109
Missbildungen hervorrufende Stoffe (Teratogene) 109
Andere mütterliche Faktoren 117
Die Bedeutung pränataler Gesundheitsvorsorge 120

3.3 Die Geburt 122
Die Phasen der Geburt 122
Die Anpassung des Kindes an die Wehen und die Geburt 123
Die Ankunft des Neugeborenen 124
Einschätzung der körperlichen Verfassung des Neugeborenen: die Apgar-Skala 124

3.4 Umgang mit der Geburt 125
Natürliche oder vorbereitete Geburt 126
Hausgeburten 126

3.5 Medizinische Interventionen 127
Überwachen des Fötus mit Monitoren 127
Medikamente bei Wehentätigkeit und Entbindung 128
Kaiserschnitt 128

3.6 Frühgeburten und Säuglinge mit zu niedrigem Geburtsgewicht 129
Frühgeburt versus Unterentwicklung 130
Folgen für die Säuglingspflege 130
Interventionen bei früh geborenen Kindern 131

3.7 Geburtskomplikationen verstehen 134

3.8 Die Fähigkeiten des Neugeborenen 135
Reflexe von Neugeborenen 135
Zustände des Neugeborenen 137
Sensorische Fähigkeiten 142
Die Einschätzung des Verhaltens von Neugeborenen 144

3.9 Die Anpassung an die neue Familieneinheit 145

Teil 3: Säuglings- und Kleinkindalter: Die ersten zwei Jahre

Kapitel 4: Die körperliche Entwicklung im Säuglings- und Kleinkindalter

4.1 Die ersten zwei Lebensjahre: Körperliche Entwicklung 152
Veränderungen in Körpergröße und Muskelfett 153
Individuelle und kulturelle Unterschiede 153
Veränderungen in den Körperproportionen 154

4.2 Gehirnentwicklung 155
    Entwicklung der Neuronen 155
    Die Entwicklung des zerebralen Kortex 157
    Sensible Phasen in der Entwicklung 159
    Wechselnde Erregungszustände 162

4.3 Einflüsse auf das frühe körperliche Wachstum 165
    Vererbung 165
    Ernährung 165
    Unterernährung 168
    Emotionales Wohlbefinden 169

4.4 Das Lernvermögen des Kindes 170
    Die klassische Kondtionierung 170
    Die operante Konditionierung 171
    Die Habituierung 172
    Die Nachahmung (Imitation) 173

4.5 Die motorische Entwicklung 174
    Der Ablauf der motorischen Entwicklung 174
    Motorische Fertigkeiten als dynamische Systeme 176
    Kulturell bedingte Unterschiede in der motorischen Entwicklung 176
    Die Entwicklung der Feinmotorik: Greifen und Zupacken 177

4.6 Die Entwicklung der Wahrnehmung 179
    Hören 179
    Sehen 180
    Intermodale Wahrnehmung 186
    Die Entwicklung der Wahrnehmung verstehen 187

Kapitel 5: Die kognitive Entwicklung im Säuglings- und Kleinkindalter

5.1 Piagets kognitive Entwicklungstheorie 194
    Piagets Gedanken über die kognitiven Veränderungen in der Entwicklung 195
    Die sensumotorischen Stadien 196
    Untersuchungen der kognitiven Entwicklung bei Kleinkindern nach Piaget 199
    Evaluation der sensumotorischen Stufe 202

5.2 Informationsverarbeitung 206
    Struktur des Systems der Informationsverarbeitung 207
    Aufmerksamkeit 208
    Gedächtnis 209
    Kategorisierung 209
    Evaluation von Ergebnissen der Informationsverarbeitung 212

5.3	**Der soziale Kontext früher kognitiver Entwicklung**	212
5.4	**Individuelle Unterschiede in der frühen geistigen Entwicklung**	215
	Intelligenztests für Säuglinge	215
	Frühe Umgebung und geistige Entwicklung	217
	Frühe Intervention für Risiko-Säuglinge und Kleinkinder	219
5.5	**Sprachentwicklung**	222
	Drei Theorien der Sprachentwicklung	222
	Die vorsprachliche Phase	224
	Erste Wörter	226
	Die Zweiwort-Phase	226
	Individuelle und kulturelle Unterschiede	227
	Die frühe Sprachentwicklung unterstützen	228

Kapitel 6: Die emotionale und soziale Entwicklung des Säuglings und Kleinkinds

6.1	**Eriksons Theorie zur Persönlichkeit des Säuglings und des Kleinkindes**	235
	Urvertrauen oder Misstrauen?	235
	Autonomie versus Scham und Zweifel	235
6.2	**Die emotionale Entwicklung**	236
	Der Entwicklungsverlauf einiger Grundemotionen	237
	Die Emotionen anderer Menschen verstehen und angemessen darauf reagieren	241
	Das Auftauchen komplexer Emotionen	242
	Die Anfänge der emotionalen Selbstregulation	243
6.3	**Temperament und Entwicklung**	244
	Die Struktur des Temperaments	245
	Erfassen von Temperament	247
	Stabilität des Temperaments	247
	Genetische Einflüsse	249
	Umweltbedingte Einflüsse	250
	Temperament und Kindererziehung: Die Frage der Passung	251
6.4	**Bindungsentwicklung**	252
	Die ethologische Bindungstheorie	253
	Die Messung der Bindungssicherheit	255
	Die Stabilität der Bindungsqualität und ihre kulturellen Abweichungen	256
	Die Bindungssicherheit beeinflussende Faktoren	257
	Mehrfache Bindungen	263
	Bindung und spätere Entwicklung	265

6.5 Die Entwicklung des Selbst während der ersten zwei Lebensjahre ... 266
Das Selbstverständnis – ein Bewusstsein des eigenen Ich ... 267
Die Selbstkategorisierung ... 269
Das Auftauchen der Selbstkontrolle ... 269

Meilensteine: Entwicklung im Säuglings- und Kleinkindalter ... 274

Teil 4: Frühe Kindheit: Zwei bis sechs Jahre

Kapitel 7: Die körperliche und kognitive Entwicklung in der frühen Kindheit

7.1 Körperwachstum ... 278
Wachstum des Knochenskeletts ... 279
Unregelmäßigkeiten beim körperlichen Wachstum ... 280

7.2 Entwicklung des Gehirns ... 280
Händigkeit ... 281
Weitere Fortschritte in der Gehirnentwicklung ... 282

7.3 Einflüsse auf das körperliche Wachstum und die Gesundheit ... 283
Vererbung und Hormone ... 283
Emotionales Wohlbefinden ... 283
Ernährung ... 284
Infektionskrankheiten ... 285
Unfälle in der Kindheit ... 286

7.4 Motorische Entwicklung ... 290
Entwicklung der Grobmotorik ... 290
Entwicklung der Feinmotorik ... 290
Individuelle Unterschiede in motorischen Fertigkeiten ... 293

7.5 Piagets Theorie: Die voroperationale Stufe ... 294
Fortschritte in der mentalen Repräsentation ... 295
Als-ob-Spiel ... 295
Grenzen des voroperationalen Denkens ... 297
Nachuntersuchungen über voroperationales Denken ... 299
Bewertung des voroperationalen Stadiums ... 302
Piaget und Erziehung ... 303

7.6 Wygotskys soziokulturelle Theorie ... 304
Private Sprache (Selbstgespräch) ... 304
Sozialer Ursprung frühkindlicher Kognition ... 305
Wygotsky und Erziehung ... 306
Bewertung der Theorie Wygotskys ... 306

7.7 Informationsverarbeitung 307
Aufmerksamkeit 307
Gedächtnis 307
Die Theorie des Geistes beim kleinen Kind 310
Lese- und Schreibfähigkeit in der frühen Kindheit 312
Das mathematische Schlussfolgern kleiner Kinder 315

7.8 Individuelle Unterschiede in der kognitiven Entwicklung 316
Häusliche Umgebung und geistige Entwicklung 316
Pädagogisches Fernsehen 320

7.9 Sprachentwicklung 322
Wortschatz 322
Grammatik 323
Gespräch 323
Den Spracherwerb in der frühen Kindheit unterstützen 324

Kapitel 8: Die emotionale und soziale Entwicklung in der frühen Kindheit

8.1 Die Theorie Eriksons: Initiative versus Schuldgefühl 330

8.2 Das Selbstverständnis 331
Die Grundlagen des Selbstkonzeptes 332
Die Entstehung des Selbstwertgefühls 332

8.3 Die emotionale Entwicklung 335
Emotionen verstehen 335
Emotionale Selbstregulierung 335
Selbstbezogene Emotionen 336
Empathie (Einfühlung) 337

8.4 Beziehungen zu Gleichaltrigen 338
Fortschritte in sozialen Interaktionen unter Gleichaltrigen 338
Erste Freundschaften 341
Der Einfluss der Eltern auf die frühen Beziehungen unter Gleichaltrigen ... 341

8.5 Grundlagen der Moralentwicklung 342
Die psychoanalytische Sichtweise 343
Die soziale Lerntheorie 344
Die kognitive Entwicklungstheorie 348
Die Kehrseite der Moral: Die Entwicklung der Aggression 349

8.6 Die Geschlechtstypisierung ... 354
Geschlechtsstereotype Überzeugungen und Verhaltensweisen ... 354
Genetische Einflüsse auf die Geschlechtsstereotypisierung ... 355
Einflüsse des Lebensumfeldes auf die Geschlechtsstereotypisierung ... 355
Die Geschlechtsidentität ... 359
Die Reduzierung von Geschlechtsstereotypen bei kleinen Kindern ... 360

8.7 Kindererziehung und die Zusammenhänge mit der emotionalen und sozialen Entwicklung ... 361
Erziehungsstile ... 361
Kulturelle Unterschiede ... 364
Kindesmisshandlung ... 365

Meilensteine: Entwicklung in der frühen Kindheit ... 374

Teil 5: Mittlere Kindheit: Sechs bis elf Jahre

Kapitel 9: Die körperliche und kognitive Entwicklung in der mittleren Kindheit

9.1 Körperwachstum ... 378

9.2 Allgemeine Gesundheitsprobleme ... 380
Hören und Sehen ... 380
Fehlernährung ... 381
Übergewicht ... 381
Krankheiten ... 383
Verletzungen und Unfälle ... 384

9.3 Motorische Entwicklung und Spiel ... 385
Entwicklung der Grobmotorik ... 385
Entwicklung der Feinmotorik ... 386
Geschlechtsunterschiede ... 386
Spiele mit Regeln ... 387
Leibeserziehung ... 388

9.4 Piagets Theorie: Die konkret-operationale Stufe ... 390
Errungenschaften der konkret-operationalen Stufe ... 390
Grenzen des konkret-operationalen Denkens ... 392
Neuere Forschung über das konkret-operationale Denken ... 392
Evaluation des konkret-operationalen Stadiums ... 394

9.5 Informationsverarbeitung ... 394
Aufmerksamkeit ... 395
Gedächtnisstrategien ... 397
Wissensgrundlage und Gedächtnisleistung ... 398
Kultur, Schule und Gedächtnisstrategien ... 398

	Die Theorie des Geistes beim Schulkind	398
	Kognitive Selbstregulation	399
	Anwendung von Informationsverarbeitung beim schulischen Lernen	400

9.6 Individuelle Unterschiede in der geistigen Entwicklung 402
Definition und Messung der Intelligenz 402
Neuere Bemühungen, die Intelligenz zu definieren 403
Die Erklärung individueller Unterschiede und Gruppenunterschiede im IQ 406

9.7 Sprachentwicklung 410
Wortschatz 410
Grammatik 411
Sprachpragmatik 411
Das gleichzeitige Erlernen von zwei Sprachen 411

9.8 Lernen in der Schule 413
Klassengröße 413
Erziehungsphilosophie 414
Lehrer-Schüler-Interaktion 417
Gruppenunterrichtspraktiken 418
Unterricht bei Kindern mit speziellen Bedürfnissen 418
Wie gut ausgebildet sind nordamerikanische Kinder? 421

Kapitel 10: Die emotionale und soziale Entwicklung in der mittleren Kindheit

10.1 Eriksons Theorie: Fleiß versus Minderwertigkeit 430

10.2 Selbstverständnis 431
Die Veränderungen im Selbstkonzept 431
Die Entwicklung des Selbstwertgefühls 432
Der Einfluss des Selbstwertgefühls 434

10.3 Die emotionale Entwicklung 438
Selbstbezogene Emotionen 438
Das emotionale Verständnis 438
Emotionale Selbstregulation 439

10.4 Das Verstehen anderer: die Perspektive eines anderen Menschen einnehmen 440

10.5 Die moralische Entwicklung 440
Lernen über Gerechtigkeit durch Teilen mit anderen 441
Veränderungen im moralischen Urteilen und im Verstehen sozialer Konventionen 442

10.6 Die Beziehungen zu Gleichaltrigen 443
Die Peergruppen 443
Freundschaften 444
Peerakzeptanz 445

10.7 Geschlechtstypisierungen 448
Geschlechtsstereotype Überzeugungen 448
Geschlechtsidentität und Verhalten 449
Kulturelle Einflussfaktoren auf die Geschlechttypisierung 449

10.8 Einflussfaktoren in der Familie 450
Eltern-Kind-Beziehungen 451
Geschwister 451
Einzelkinder 452
Scheidung 453
Mischfamilien 457
Die Berufstätigkeit der Mutter und Familien, in denen beide Elternteile verdienen 459

10.9 Einige der häufigsten Probleme in der Entwicklung 461
Ängste im Kindesalter 461
Sexueller Missbrauch 461
Möglichkeiten der Resilienzförderung in der mittleren Kindheit 464

Meilensteine: Entwicklung in der mittleren Kindheit 470

Teil 6: Adoleszenz: Der Übergang zum Erwachsenenalter

Kapitel 11: Die körperliche und kognitive Entwicklung in der Adoleszenz

11.1 Konzepte der Adoleszenz 474
Die biologische Sichtweise 474
Die soziale Sichtweise 475
Ein ausgewogener Standpunkt 475

11.2 Pubertät: Der körperliche Übergang zum Erwachsensein 476
Hormonelle Veränderungen 476
Körperwachstum 476
Motorische Entwicklung und körperliche Aktivität 478
Sexuelle Reifung 479
Individuelle und Gruppenunterschiede 481

11.3 Der psychologische Einfluss der Vorgänge in der Pubertät 482
Reaktionen auf Veränderungen in der Pubertät 482
Veränderungen in der Pubertät, Gefühle und Sozialverhalten 483
Frühe versus späte Reifung 485

11.4 Gesundheitsprobleme ... 487
Ernährungsbedürfnisse ... 487
Essstörungen ... 487
Sexuelle Aktivität ... 489
Sexuell übertragbare Krankheiten ... 492
Schwangerschaft und Elternschaft in der Adoleszenz ... 495
Drogengebrauch und -missbrauch ... 499

11.5 Piagets Theorie: Die formal-operationale Stufe ... 502
Hypothetisch-deduktives Denken ... 502
Propositionales Denken (Aussagenlogik) ... 503
Neuere Forschung über formal-operationales Denken ... 504

11.6 Ein informationsverarbeitender Ansatz in der kognitiven Entwicklungspsychologie der Adoleszenz ... 505
Wissenschaftliches Denken: Koordination von Theorie und Beweismaterial ... 505
Wie sich wissenschaftliches Denken entwickelt ... 506

11.7 Folgen abstrakten Denkens ... 507
Streitlust ... 507
Befangenheit und Selbstbezug ... 507
Idealismus und Kritik ... 509
Planen und Entscheidungen treffen ... 509

11.8 Geschlechtsunterschiede in geistigen Fähigkeiten ... 510

11.9 Lernen in der Schule ... 512
Schulwechsel ... 513
Schulischer Erfolg ... 514
Schulabbruch ... 518

Kapitel 12: Die emotionale und soziale Entwicklung in der Adoleszenz

12.1 Eriksons Theorie: Identität versus Identitätsdiffusion ... 526

12.2 Das Selbstverständnis ... 527
Veränderungen im Selbstkonzept ... 528
Veränderungen im Selbstwert ... 528
Wege zu einer eigenen Identität ... 529
Der Identitätsstatus und das psychische Wohlbefinden ... 530
Einflussfaktoren der Identitätsentwicklung ... 531

12.3 Die moralische Entwicklung ... 534
Piagets Theorie der Moralentwicklung ... 535
Kohlbergs Erweiterung von Piagets Theorie ... 536

Gibt es geschlechtsbedingte Unterschiede im moralischen Urteilsvermögen? 540
Umweltbedingte Einflüsse auf das moralische Denken 541
Moralisches Denken und Verhalten 544

12.4 Geschlechtstypisierung 545

12.5 Die Familie 546
Eltern-Kind-Beziehungen 546
Familiäre Umstände 548
Geschwister 548

12.6 Peerbeziehungen 549
Freundschaften 549
Cliquen und Gruppierungen 551
Miteinander Ausgehen (dating) 553
Konformität unter Peers 554

12.7 Entwicklungsstörungen 555
Depressionen 555
Selbstmord (Suizid) 557
Delinquenz 559

Meilensteine: Entwicklung in der Adoleszenz 568

Teil 7: Frühes Erwachsenenalter

Kapitel 13: Die körperliche und kognitive Entwicklung im frühen Erwachsenenalter

13.1 Biologisches Altern beginnt im frühen Erwachsenenalter 573
Altern auf der Ebene von DNA und Körperzellen 573
Altern auf der Ebene von Organen und Gewebe 574

13.2 Körperliche Veränderungen 575
Kardiovaskuläres System und Atmungssystem 575
Motorische Leistung 578
Immunsystem 579
Fortpflanzungsfähigkeit 580

13.3 Gesundheit und Fitness 581
Ernährung 582
Bewegung 585
Missbrauch von Drogen, Tabletten und anderen Substanzen 589
Sexualität 590
Psychischer Stress 598

13.4 Veränderungen in der Denkstruktur ... 599
Perrys Theorie ... 599
Schaies Theorie ... 600
Labouvie-Viefs Theorie ... 601

13.5 Informationsverarbeitung: Fachwissen und Kreativität ... 601

13.6 Veränderungen in geistigen Fähigkeiten ... 602

13.7 Hochschulerfahrung ... 604
Psychologischer Einfluss des Besuchs der Hochschule ... 604
Abbruch des Studiums ... 604

13.8 Berufswahl ... 605
Einen Beruf wählen ... 605
Faktoren, welche die Berufswahl beeinflussen ... 606
Berufliche Vorbereitung junger Erwachsener, die keine Hochschule besuchen wollen ... 609

Kapitel 14: Die emotionale und soziale Entwicklung im frühen Erwachsenenalter

14.1 Eriksons Theorie: Intimität versus Isolation ... 618

14.2 Weitere Theorien der psychosozialen Entwicklung im Erwachsenenalter ... 620
Levinsons Lebensabschnitte ... 620
Vaillants theoretischer Ansatz der Lebensanpassung ... 622
Einschränkungen der Theorien von Levinson und Vaillant ... 623
Die soziale Uhr ... 624

14.3 Enge Beziehungen ... 625
Die Liebesbeziehung ... 625
Freundschaften ... 629
Einsamkeit ... 632

14.4 Der Lebenszyklus der Familie ... 633
Aus dem Haus gehen ... 634
Das Zusammenführen von Familien durch eine Eheschließung ... 635
Elternschaft ... 641

14.5 Die Vielfalt der Lebensstile Erwachsener ... 648
Ein Leben als Single ... 648
Kohabitation ... 649
Kinderlosigkeit ... 651
Scheidung und Wiederheirat ... 652
Von der Norm abweichende Arten der Elternschaft ... 654

14.6 Die berufliche Entwicklung 657
    Sich eine Karriere aufbauen 657
    Frauen und ethnische Minoritäten 658
    Eine Kombination aus Berufstätigkeit und Familienleben 660

Meilensteine: Entwicklung im frühen Erwachsenenalter 666

Teil 8: Mittleres Erwachsenenalter

Kapitel 15: Die körperliche und kognitive Entwicklung im mittleren Erwachsenenalter

15.1 Körperliche Veränderungen 671
    Sehen 672
    Hören 673
    Haut 673
    Muskel-Fett-Verteilung im Körper 673
    Skelett 674
    Fortpflanzungssystem 674

15.2 Gesundheit und Fitness 680
    Sexualität 680
    Krankheit und Invalidität 680
    Feindseligkeit und Wut 686

15.3 Anpassung an die körperlichen Herausforderungen im mittleren Leben 687
    Umgang mit Stress 687
    Sport und Bewegung 689
    Eine optimistische Einstellung 690
    Geschlecht und Altern 691

15.4 Veränderungen in geistigen Fähigkeiten 692
    Kristalline und fluide Intelligenz 693
    Individuelle und Gruppenunterschiede 696

15.5 Informationsverarbeitung 696
    Geschwindigkeit der Verarbeitung 696
    Aufmerksamkeit 698
    Gedächtnis 698
    Praktisches Problemlösen und Fachwissen 699
    Kreativität 701
    Informationsverarbeitung im Kontext 701

15.6 Berufsleben und kognitive Entwicklung 702

15.7 Erwachsene Lernende: Im mittleren Lebensabschnitt Student werden 703
    Merkmale wieder einsteigender Studenten 703
    Wieder einsteigende Studenten unterstützen 703

Kapitel 16: Die emotionale und soziale Entwicklung im mittleren Erwachsenenalter

16.1 Eriksons Theorie: Generativität versus Stagnation 711

16.2 Andere Theorien der psychosozialen Entwicklung im mittleren Lebensalter 714
    Levinsons Lebensabschnitte 714
    Vaillants Anpassung an das Leben 717
    Gibt es so etwas wie eine Krise im mittleren Lebensalter? 718
    Stufenmodell oder Veränderung durch kritische Lebensereignisse 719

16.3 Stabilität und Veränderung im Selbstkonzept und in der Persönlichkeit 720
    Mögliche Erscheinungsformen des Selbst 720
    Selbstakzeptanz, Autonomie und die Bewältigung des eigenen Umfeldes 721
    Bewältigungsstrategien 722
    Die Geschlechtsidentität 722
    Individuelle Unterschiede in den Persönlichkeitseigenschaften 726

16.4 Beziehungen im mittleren Lebensalter 728
    Heirat und Scheidung 729
    Veränderungen in den Eltern-Kind-Beziehungen 731
    Die Großeltern 732
    Wandel im Rollenverhalten von Großeltern 734
    Kinder im mittleren Lebensalter und ihre alternden Eltern 737
    Die Geschwister 740
    Freundschaften 741
    Intergenerationale Beziehungen 742

16.5 Das Berufsleben 744
    Zufriedenheit im Beruf 744
    Berufliche Entwicklung 746
    Berufliche Veränderung im mittleren Lebensalter 748
    Arbeitslosigkeit 748
    Planung des Ruhestands 749

Meilensteine: Entwicklung im mittleren Erwachsenenalter 756

Teil 9: Spätes Erwachsenenalter

Kapitel 17: Die körperliche und kognitive Entwicklung im späten Erwachsenenalter

17.1	**Lebenserwartung**	761
	Unterschiede in der Lebenserwartung	762
	Lebenserwartung im späten Erwachsenenalter	762
	Maximale Lebensspanne	764
17.2	**Körperliche Veränderungen**	764
	Nervensystem	764
	Sinnessystem	765
	Herz-Kreislauf-System und Atmungssystem	770
	Immunsystem	771
	Schlaf	772
	Körperliche Erscheinung und Beweglichkeit	773
	Anpassung an körperliche Veränderungen im späten Erwachsenenalter	774
17.3	**Gesundheit, Fitness und Gebrechlichkeit**	777
	Ernährung und Bewegung	779
	Sexualität	780
	Körperliche Gebrechen	781
	Mentale Störungen	786
	Gesundheitsfürsorge	790
17.4	**Gedächtnis**	795
	Explizites versus implizites Gedächtnis	795
	Assoziatives Gedächtnis	796
	Weit zurückreichendes Langzeitgedächtnis	797
	Prospektives Gedächtnis	798
17.5	**Sprachverarbeitung**	798
17.6	**Problemlösen**	799
17.7	**Weisheit**	800
17.8	**Faktoren der kognitiven Veränderungen**	802
17.9	**Kognitive Interventionen**	802
17.10	**Lebenslanges Lernen**	803
	Typen von Programmen	803
	Vorteile einer fortwährenden Bildung	805

Kapitel 18: Die emotionale und soziale Entwicklung im späten Erwachsenenalter

18.1 Eriksons Theorie: Ich-Integrität versus Verzweiflung 810

18.2 Andere Theorien der psychosozialen Entwicklung im späten Erwachsenenalter 811
    Pecks Theorie: Drei Aufgaben der Ich-Integrität 812
    Labouvie-Viefs Theorie: Emotionale Expertise 812
    Rückerinnerungen und eine Rückschau auf das eigene Leben 813

18.3 Stabilität und Veränderung in Selbstkonzept und Persönlichkeit 815
    Ein festes und facettenreiches Selbstkonzept 815
    Angenehmheit, Soziabilität und das Akzeptieren von Veränderung 815
    Spiritualität und Religiosität 816

18.4 Individuelle Unterschiede im psychischen Wohlbefinden 820
    Kontrolle versus Abhängigkeit 820
    Die Gesundheit 824
    Negative Lebensveränderungen 824
    Soziale Unterstützung und soziale Interaktion 825

18.5 Eine sich verändernde soziale Umwelt 826
    Soziale Theorien zum Alterungsprozess 826
    Soziale Kontexte des Alterungsprozesses: Gemeinde, Nachbarschaft und Wohnsituation 829

18.6 Beziehungen im späten Erwachsenenalter 835
    Die Ehe 835
    Homosexuelle Partnerschaften 837
    Scheidung und Wiederheirat 837
    Witwenschaft 838
    Ledige und kinderlose ältere Erwachsene 839
    Geschwister 840
    Freundschaften 842
    Beziehungen zu erwachsenen Kindern 844
    Die Beziehungen zu erwachsenen Enkelkindern und Großenkeln 844
    Misshandlung alter Menschen 845

18.7 Pensionierung und Freizeitverhalten 848
    Die Entscheidung für den Ruhestand 849
    Die Anpassung an das Rentenalter 850
    Freizeitaktivitäten 851

18.8 Erfolgreiches Altern 853

Meilensteine: Entwicklung im späten Erwachsenenalter 860

Teil 10: Das Lebensende

Kapitel 19: Tod, Sterben und Trauer

19.1 Wie wir sterben 864
    Körperliche Veränderungen 865
    Definition des Todes 865
    In Würde sterben 866

19.2 Verständnis vom Tod und Einstellungen dazu 867
    Kindheit 868
    Adoleszenz 869
    Erwachsenenalter 871
    Angst vor dem Tod 872

19.3 Gedanken und Gefühle sterbender Menschen 874
    Gibt es Stadien des Sterbens? 874
    Einflüsse des Kontextes in der Anpassung an das Sterben 876

19.4 Ein Platz zum Sterben 879
    Zu Hause 880
    Krankenhaus 880
    Der Hospizgedanke 881

19.5 Das Recht zu sterben 883
    Passive Sterbehilfe 884
    Freiwillige aktive Sterbehilfe 886
    Beihilfe zum Selbstmord 887

19.6 Trauer: Den Tod eines geliebten Menschen bewältigen 891
    Trauerprozess 891
    Individuelle und situative Unterschiede 892
    Interventionen zur Trauer 897

19.7 Unterweisung in der Bewältigung des Sterbens 899

    Glossar 903

    Literatur 933

    Personenregister 1029

    Stichwortverzeichnis 1051

Zur Autorin

Laura E. Berk hat eine Ehrenprofessur für Psychologie an der Illinois State University und unterrichtet dort Entwicklungspsychologie. Sie machte ihren Bachelor der Psychologie an der University of California, Berkeley, und erwarb ihren Master und Doktor in Erziehungspsychologie an der University of Chicago. Sie unterrichtete regelmäßig an der Cornell University, der UCLA, der Stanford University und der University of South Australia. Berk publizierte zu den Auswirkungen des schulischen Umfelds auf die Entwicklung des Kindes, zum Thema Entwicklung der privaten Sprache und in jüngster Zeit zur Rolle des Fantasiespiels auf die Entwicklung der Selbstregulation. Ihre Forschung erhielt finanzielle Unterstützung vom U.S. Office of Education und dem National Institute of Child Health and Human Development. Sie hat in vielen bekannten Zeitschriften publiziert, unter anderem in: *Child Development, Developmental Psychology, Merrill-Palmer Quarterly, Journal of Abnormal Child Psychology, Development and Psychopathology* sowie dem *Early Childhood Research Quarterly*. Ihre empirischen Untersuchungen haben große Aufmerksamkeit in der Öffentlichkeit gefunden, was zu Beiträgen in den Zeitschriften *Psychology Today* und *Scientific American* führte. Berk war wissenschaftliche Herausgeberin für die Zeitschrift *Young Children* und als beratende Herausgeberin für *Early Childhood Research Quarterly* tätig. Sie ist Autorin des Kapitels zum Thema extracurriculare Bildung und Erziehung für das *Handbook of Research on Curriculum* (American Educational Research Association) und des Kapitels zu Entwicklung für das Buch *The Many Faces of Psychological Research in the Twenty-First Century* (Society for the Teaching of Psychology) sowie des Artikels über Wygotsky in der *Encyclopedia of Cognitive Science*. Sie schrieb unter anderem die Bücher *Private Speech: From Social Interaction to Self-Regulation, Scaffolding Children's Learning: Vygotsky and Early Childhood Education* und *Landscapes of Development: An Anthology of Readings*. Zusätzlich zu dem vorliegenden Band *Entwicklungspsychologie* ist sie außerdem Autorin der Bestseller *Child Development* sowie *Infants, Children, and Adolescents*, erschienen bei Allyn and Bacon. Ihr erst kürzlich erschienenes Buch für Eltern und Lehrer trägt den Titel *Awakening Children's Minds: How Parents and Teachers Can Make a Difference*.

Eine persönliche Botschaft an die Studenten

33 Jahre des Unterrichtens zum Thema Entwicklung im Kindheitsalter haben mich in Kontakt gebracht mit Tausenden von Studenten wie Sie – Studenten mit den verschiedensten Hauptfächern, Zukunftszielen, Interessen und Bedürfnissen. Manche dieser Studenten studieren mein Fach, die Psychologie, als Hauptfach, aber viele andere kommen aus angrenzenden Fächern – den Erziehungswissenschaften, der Soziologie, der Anthropologie, den Familienwissenschaften (Familienforschung), der Krankenpflege und der Biologie, um nur einige davon aufzuzählen. In jedem Semester haben sich die Ziele der Studenten als genauso breit gefächert erwiesen wie die Fächer, die sie studieren. Viele von ihnen wollen später ihren Beruf praktisch ausüben – in der Pflege, der Beratung, der Sozialarbeit, der Schulpsychologie und der Organisation von Trainingsprogrammen. Einige von ihnen werden unterrichten und einige wenige möchten in die Forschung gehen. Die meisten hoffen eines Tages Eltern zu werden, während andere wiederum schon Eltern sind, die sich wünschen, ihre Kinder besser verstehen und erziehen zu können. Und fast alle beginnen zu studieren mit großer Neugierde darüber, wie sie sich selbst vom kleinen Säugling zu dem komplexen Erwachsenen entwickelt haben, der sie heute sind.

Mein Ziel bei dieser dritten Auflage von *Entwicklungspsychologie* ist es, ein Unterrichtsbuch zur Verfügung zu stellen, das sowohl den Lehrzielen Genüge tut als auch den persönlichen Interessen und Bedürfnissen des Studenten entgegenkommt. Um diese Ziele zu erreichen, habe ich in dieses Buch sowohl klassische als auch neuere Theorien und Forschung aufgenommen. Außerdem konzentriert sich der Text besonders auf die Lebenszyklusperspektive zur Entwicklung und den damit verbundenen Beiträgen aus der Biologie und der Umwelt der sich entwickelnden Person. Es werden Gemeinsamkeiten und Unterschiede zwischen ethnischen Gruppen und Kulturen dargestellt, und die weiteren sozialen Kontexte, in denen wir uns entwickeln, werden diskutiert. Somit habe ich ein einzigartiges pädagogisches Programm bereitstellen können, das Ihnen helfen wird, sich die nötigen Informationen anzueignen, die verschiedenen Aspekte der Entwicklung zu integrieren, kontroverse Problemstellungen näher zu untersuchen und das Gelernte anzuwenden. Ich hoffe, dass das Lernen über die menschliche Entwicklung für Sie genauso lohnenswert sein wird, wie es für mich über die ganzen Jahre hinweg gewesen ist. Ich würde mich freuen zu erfahren, was Sie über das Feld der menschlichen Entwicklung denken und wie Sie dieses Buch einschätzen. Ihre Kommentare sind höchst willkommen; Sie können Ihre Anmerkungen an mich senden unter der Adresse Department of Psychology, Box 4620, Illinois State University, Normal, IL 61790 oder an den Verlag, der Ihre Kommentare an mich weiterleiten wird.

—*Laura E. Berk*

Vorwort für Dozenten

Meine Entscheidung, *Entwicklungspsychologie* zu schreiben, wurde angeregt von einer Vielzahl professioneller und persönlicher Erfahrungen. Im Zentrum aber standen die Interessen und Probleme der vielen Studenten der Entwicklungspsychologie, mit denen ich in den letzten drei Jahrzehnten an der Universität gearbeitet habe. Die Einsichten und Fragen der Studenten haben gezeigt, wie die Erkenntnisse über eine bestimmte Periode der Entwicklung vom Verständnis der gesamten Lebensspanne bereichert wird. Zudem begann ich in meiner eigenen Entwicklung als Erwachsener verstärkt darüber nachzudenken, welche Faktoren mein eigenes Leben geformt und verändert haben – die Familie, Mentoren, Mitarbeiter, mein soziales Umfeld und die Gesellschaft. Meine Berufslaufbahn ist inzwischen gefestigt, meine Ehe hat den Test der Zeit überstanden und meine Kinder sind inzwischen selbst Erwachsene, sodass ich heute ein tieferes Verständnis der vielfältigen, miteinander interagierenden Einflussfaktoren habe, das mir zu einer Wertschätzung dessen verhilft, wer ich gewesen bin und wer ich sein werde in den Jahren, die vor mir liegen. Ich bin auch davon überzeugt, dass ein solches Wissen dazu beitragen kann, eine bessere Lehrerin zu werden, eine bessere Wissenschaftlerin, ein besseres Familienmitglied und eine bessere Bürgerin. Und da das Unterrichten eine so zentrale Rolle einnimmt in meinem Leben und für mich so befriedigend ist, war es mir wichtig, auch anderen ein für mich persönlich bedeutsames Verständnis der Entwicklung über die Lebensspanne hinweg nahe zu bringen.

Seit das Buch *Entwicklungspsychologie* das erste Mal auf den amerikanischen Markt kam, haben sich sowohl Theorie als auch Forschung enorm erweitert und verändert. Diese dritte (amerikanische) Auflage repräsentiert diese in schneller Veränderung begriffenen Aspekte des Faches, in Verbindung mit einer Vielzahl neuer Inhalte und Lehrbeispiele (Untersuchtsmaterialien):

- *Unterschiedliche Pfade der Entwicklungsveränderung werden hervorgehoben.* Wissenschaftler stimmen inzwischen darin überein, dass die Verschiedenheiten in der biologischen Ausstattung und in der alltäglichen Umwelt zu weitreichenden, individuellen Unterschieden im Verlauf der Entwicklungsveränderungen und in den daraus resultierenden Kompetenzen führen. Diese Auflage schenkt der Variabilität in der Entwicklung und den neueren Theorien – einschließlich den ökologischen, den soziokulturellen und den dynamischen Systemen –, die diese erklären könnten, mehr Aufmerksamkeit. Multikulturelle und kulturvergleichende Forschungsergebnisse, einschließlich internationaler Vergleiche, finden sich immer wieder im Text. Die Kästen „Biologie und Umwelt", sowie „Kulturelle Einflüsse" dienen außerdem dazu, das Thema der Vielfältigkeit der Entwicklung zu akzentuieren.

- *Die Lebensspannenperspektive wird besonders betont.* Wie auch in vorangegangenen Auflagen dient die Lebensspannenperspektive – die Entwicklung als lebenslang, multidimensional, multidirektional, plastisch und eingebettet in multiple Kontexte verstanden – weiterhin als vereinender Ansatz für das Verständnis von Veränderungen beim Menschen und ist ständig im Text präsent. Zusätzlich finden Sie die Kästen „Ausblick auf die Lebensspanne", in denen Annahmen der Lebensspannenperspektive diskutiert werden und die Entwicklung über eine breite Altersspanne hinweg betrachtet wird.

- *Dem komplexen, bidirektionalen Zusammenhang zwischen Biologie und Umwelt wird vermehrte Aufmerksamkeit geschenkt.* Die Forschung zur Hirnentwicklung, zu den motorischen Fähigkeiten, den kognitiven Kompetenzen, dem Temperament und der Persönlichkeit sowie zu Entwicklungsschwierigkeiten verweist zunehmend darauf, wie die biologischen Faktoren sich in der Erfahrung des Einzelnen bemerkbar machen, durch sie modifiziert werden und an Wichtigkeit der Erfahrung in nichts nachstehen. Die bidirektionalen Zusammenhänge zwischen Biologie und Umwelt sind ein integraler Teil der Lebensspannenperspektive; ich werde auf sie zu sprechen kommen.

- *Die interdisziplinäre Forschung ist einbezogen und erweitert worden.* Die Bestrebungen zur Integration der Bereiche Denken, Fühlen und Verhalten in der wissenschaftlichen Betrachtung beziehen ein weites Spektrum von Einflüssen aus der Biologie, dem sozialen Umfeld und der Kultur ein. Dies hat Wissenschaftler in der Entwicklungsforschung dazu motiviert, ihre Verbindungen zu anderen Bereichen der Psychologie und zu anderen Disziplinen zu festigen. Die Themen und Forschungsergebnisse, die in dieser Auflage zu finden sind, reflektieren zunehmend die Beiträge der Erziehungspsychologie, der Sozialpsychologie, der Gesundheitspsychologie, der klinischen Psychologie, der Neuropsychologie, der Biologie, der Pädiatrie, der Geriatrie, der Soziologie, der Anthropologie, der Sozialarbeit sowie weiterer Bereiche.

- *Die Bindeglieder zwischen Theorie, Forschung und Anwendung werden verstärkt behandelt.* Da Wissenschaftler ihre Bemühungen intensivieren, Forschungsergebnisse zu generieren, die auf Alltagssituationen angewendet werden können, habe ich ein größeres Gewicht gelegt auf die Regelung sozialer Fragen in der Politik sowie auf Theorie und Forschung gründende Anwendungen.

- Die Rolle des aktiven Lernens beim Studenten ist deutlicher herausgestellt worden. Die Prüfungsfragen „Prüfen Sie sich selbst … " am Ende jedes Hauptabschnittes sind um drei Ansätze erweitert worden, um den aktiven Zugang zu einem Themengebiet zu fördern – den Rückblick, die Anwendung und die Zusammenhänge. Diese drei Zugangsweisen helfen den Studenten dabei, das Gelesene von verschiedenen Standpunkten aus zu reflektieren. Zusätzlich sind die Definitionen wichtiger Begriffe im Text hervorgehoben, was dem Studenten ermöglicht, die betreffenden Begriffe im Kontext zu verstehen.

Die Philosophie des Buches

Der grundlegende Ansatz dieses Buches hat sich aus meiner professionellen und persönlichen Geschichte als Lehrerin, Wissenschaftlerin und Mutter entwickelt. Dieser Ansatz besteht aus sieben philosophischen Inhalten, die ich als grundlegend betrachte, um ein fundiertes Verständnis der Entwicklung über die Lebensspanne hinweg zu erhalten. Jeder dieser Inhalte fließt in die einzelnen Kapitel ein:

1. **Ein Verständnis der verschiedenen Theorien im betreffenden Feld, inklusive ihrer Stärken und Schwächen.** Das erste Kapitel betont, dass nur ein Wissen um die vielen Theorien der Vielfalt der menschlichen Entwicklung gerecht werden kann. In der Beschäftigung mit jeder einzelnen Altersstufe und jedem Entwicklungsbereich biete ich eine Reihe theoretischer Perspektiven an, weise daraufhin, wie jede einzelne dieser Theorien zuvor übersehene Aspekte der Entwicklung betont und diskutiere die Forschung, die sich mit der Evaluation der jeweiligen Theorie beschäftigt hat. Das Miteinbeziehen einander widersprechender Theorien dient außerdem der ausgewogenen Analyse vieler kontroverser Themen.

2. **Ein Verständnis der Lebensspannenperspektive als integrativer Ansatz zur Entwicklung.** Die Lebensspannenperspektive wird im ersten Kapitel eingeführt als ein strukturierendes Bezugssystem. Ich komme immer wieder darauf zurück und stelle die Annahmen dieser Perspektive im gesamten Text dar, damit sich die Studenten leichter einen Gesamtüberblick über die Entwicklung von der Zeugung bis zum Tod verschaffen können.

3. **Ein Wissen um die Pfade der menschlichen Entwicklung und der zugrunde liegenden Prozesse.** Dem Studenten wird eine Diskussion der organisierten Abfolgen in der Entwicklung geboten, in Verbindung mit Veränderungsprozessen. Ein Verständnis dieser Prozesse – wie komplexe Kombinationen biologischer und umweltbedingter Ereignisse zur Entwicklung führen – steht im Brennpunkt neuester Forschung. Man hat auch neue Erkenntnisse bezüglich des Zeitplanes von Veränderungen gewonnen. Es hat sich gezeigt, dass sowohl der Säugling als auch der alte Menschen auf vielerlei Art und Weise sehr viel kompetenter ist, als man bislang angenommen hatte. Zudem sind viele der Meilensteine in der Entwicklung des Erwachsenen weniger vorhersagbar geworden, wie etwa der Abschluss der formalen Schulbildung, der Eintritt in das Berufsleben, das Eingehen einer Ehe, die Geburt von Kindern und der Eintritt in den Ruhestand. Neuere Forschungsergebnisse zu Abfolgen und zum Zeitplan in der Entwicklung und deren Implikationen für den Entwicklungsprozess

werden für alle Perioden der Lebensspanne dargeboten.

4. **Bewertung der Auswirkungen von Kontext und Kultur auf die menschliche Entwicklung.** Eine Reihe von Forschungsergebnissen weist darauf hin, dass der Mensch in vielfältigen physikalischen und sozialen Kontexten lebt, die sich auf alle Bereiche der Entwicklung auswirken. Das gesamte Buch hindurch wird der Student in die verschiedensten Teile der Welt reisen, wenn ich den zunehmenden Fundus interkultureller Forschungsergebnisse darstelle. Der Text diskutiert außerdem viele Ergebnisse von Untersuchungen der sozioökonomisch und ethnisch diversen Bevölkerungsgruppen der Vereinigten Staaten und Kanada. Des Weiteren wird dem epochalen Einfluss der historischen Zeit und der Zugehörigkeit zu einer bestimmten Gruppe kontinuierlich Aufmerksamkeit geschenkt. Auch Geschlechterfragen – die unterschiedlichen und sich ständig entwickelnden Erfahrungen, Rollen und Lebensverläufe von Männern und Frauen – werden immer wieder betont. Ganz abgesehen von einem Herausstellen der Auswirkungen der Settings, in denen der Betreffende lebt, wie Familie, Nachbarschaft und Schule, habe ich mich stets darum bemüht, auf die Einflussfaktoren der weiteren sozialen Strukturen – Wertvorstellungen, Gesetze und staatliche Programme – auf das lebenslange Wohlbefinden einzugehen.

5. **Ein Verständnis der gemeinsamen Beiträge von Biologie und Umwelt zur Entwicklung.** Die Entwicklungspsychologie erkennt mehr denn je die gemeinsamen Einflüsse von erblich/konstitutionellen und umweltbedingten Faktoren an – diese Einflüsse auf die Entwicklung ergeben komplexe Interaktionen und können nicht einfach getrennt voneinander behandelt werden. Unzählige Beispiele, wie biologische Dispositionen entweder beibehalten oder durch soziale Kontexte überformt werden können, sind in diesem Buch zu finden.

6. **Ein Verständnis des Zusammenhangs zwischen Entwicklungsbereichen – dem physischen, kognitiven, emotionalen und sozialen.** Jedes einzelne Kapitel betont einen integrierten Ansatz der menschlichen Entwicklung. Ich zeige, wie die physische, kognitive, emotionale und soziale Entwicklung miteinander verwoben sind. Im Text selbst und in einer Reihe von Prüfungsfragen am Ende jedes Hauptabschnittes wird der Student immer wieder auf andere Abschnitte im Buch hingewiesen, um sein Verständnis der Zusammenhänge zwischen den verschiedenen Aspekten der Veränderung zu vertiefen.

7. **Bewertung des Zusammenhangs von Theorie, Forschung und Anwendung.** Das gesamte Buch hindurch betone ich, dass die Theorien der menschlichen Entwicklung und die Forschung, die sich daraus entwickelt hat, die Grundlage für einen sinnvollen und effektiven Umgang mit Kindern, Adoleszenten und Erwachsenen darstellt. Diese Verbindung zwischen Theorie, Forschung und Anwendung wird immer wieder verstärkt durch das strukturierte Vorgehen in der Darstellung, indem zuerst Theorie und Forschung und danach die Auswirkungen auf die Praxis vorgestellt werden. Zudem reflektiert jedes Kapitel eine neuere Zentrierung in diesem Gebiet – die Nutzung des Wissens über die menschliche Entwicklung zur Formulierung einer Sozialpolitik, die den menschlichen Bedürfnissen durch die gesamte Lebensspanne hindurch gerecht werden kann. Der Text beschäftigt sich außerdem mit der heutigen Lage von Kindern, Adoleszenten und Erwachsenen in den Vereinigten Staaten, in Kanada und den anderen Ländern der Erde und zeigt auf, wie Theorie und Forschung sich mit öffentlichem Interesse verbunden haben, um erfolgreiche Interventionsmöglichkeiten zu entwickeln. Auch viele praktische Themen werden in Betracht gezogen, wie etwa Familienplanung, Säuglingssterblichkeit, Berufstätigkeit der Mutter und Kinderpflege, Schwangerschaft und Elternschaft bei Teenagern, Gewalt in der Familie, die Zusammenhänge von Sport und Gesundheit des Erwachsenen, lebenslanges Lernen, Großeltern, die ihre Enkel aufziehen, die Anpassung an den Ruhestand und an den Verlust des Lebenspartners.

Die Gliederung des Textes

Ich habe mich für eine chronologische Gliederung entschieden. Das Buch beginnt mit einem Einführungskapitel, das die Geschichte des Faches beschreibt und auf gängige Theorien und Forschungsstrategien eingeht. Diesem Kapitel folgen zwei Kapitel zu den Grundlagen der Entwicklung. Kapitel 2 verbindet den Überblick über biologische und umweltbedingte Kontexte mit einer Diskussion der vielfältigen Einflussfaktoren auf die Entwicklung. Kapitel 3 beschäftigt sich mit der pränatalen Entwicklung, der Geburt und dem Neugeborenen. Mit dieser Grundlage ist der Student nun vorbereitet, sich die sieben Hauptaltersabschnitte zu erarbeiten: das Säuglingsalter und das Kleinkindalter (Kapitel 4, 5 und 6), die frühe Kindheit (Kapitel 7 und 8), die mittlere Kindheit (Kapitel 9 und 10), die Adoleszenz (Kapitel 11 und 12), das frühe Erwachsenenalter (Kapitel 13 und 14), das mittlere Erwachsenenalter (Kapitel 15 und 16) und das späte Erwachsenenalter (Kapitel 17 und 18). Themenzentrierte Kapitel innerhalb jeder dieser chronologischen Abschnitte beschäftigen sich mit der körperlichen Entwicklung, der kognitiven Entwicklung sowie der emotionalen und sozialen Entwicklung. Das Buch wird abgeschlossen mit einem Kapitel zu den Themen Tod und Sterben sowie Trauer um den Verlust eines nahe stehenden Menschen (Kapitel 19).

Der chronologische Ansatz verhilft dem Studenten zu einem grundlegenden Verständnis jedes einzelnen Altersabschnitts. Außerdem erleichtert dieser Ansatz die Aufgabe, die verschiedenen Bereiche der Entwicklung miteinander zu verbinden, da sie sehr detailliert diskutiert werden. Gleichzeitig erfordert ein chronologisch gegliedertes Buch allerdings auch, dass die Theorien, die sich mit mehreren Altersabschnitten befassen, abschnittweise präsentiert werden. Damit obliegt es dem Studenten, die verschiedenen Teile für sich zusammenzusetzen. Um ihn darin zu unterstützen, erinnere ich ihn häufig an wichtige frühere Leistungen, bevor ich beginne, neue Entwicklungen zu diskutieren. Auf verwandte Abschnitte wird mit Seitenangaben hingewiesen. Auch sind Kapitel oder Abschnitte, die demselben Thema gelten (z. B. der kognitiven Entwicklung) ähnlich strukturiert, was es dem Studenten erleichtert, Verbindungen über die verschiedenen Altersperioden hinweg zu ziehen und einen Überblick über die Entwicklungsveränderungen zu gewinnen.

Was ist neu in dieser dritten Auflage?

Die Entwicklung über die Lebensspanne hinweg ist ein faszinierender und stets in Veränderung begriffener Forschungsbereich, in dem fortwährend neue Entdeckungen gemacht werden und das schon bestehende Wissen verfeinert wird. In die dritte Auflage ist die neueste Literatur mit über 1700 Literaturhinweisen eingegangen. Ganz neue Themen unterstreichen die Hauptthemen des Buches. Hier eine Auswahl:

- **Kapitel 1:** Auf den neuesten Stand gebrachter Kasten „Biologie und Umwelt" zum Thema Resilienz • Neue Belege aus der Forschung zur Informationsverarbeitung – eine Studie zu Problemlösungsstrategien bei Kindern • Ein neuer Abschnitt zur evolutionären Entwicklungspsychologie • Eine auf den neuesten Stand gebrachte Betrachtung des Ansatzes von Wygotsky zur Entwicklung • Eine neue, klarere Darstellung der Umwelt aus der Sicht der ökologischen Systemtheorie • Ein neuer Kasten „Soziale Aspekte" zum Access Program für Hochschulen, einer Zusammenarbeit zwischen Gemeinden und Wissenschaftlern in den Vereinigten Staaten • Eine erweiterte Diskussion zu Kohorteneffekten mit Beispielen

- **Kapitel 2:** Erweiterte und auf den neuesten Stand gebrachte Diskussion der Grundlagen der Genetik, einschließlich der Ähnlichkeit des menschlichen Genoms mit Genomen anderer Spezies und dem Austausch von Gen-Umwelt-Anteilen innerhalb der Zelle • Auf den neuesten Stand gebrachter Kasten „Soziale Aspekte" über das Pro und Kontra reproduktiver Technologien, einschließlich neuer Verfahren und damit verbundener ethischer Bedenken • Auf den neuesten Stand gebrachte Betrachtung der Bedeutung des Humangenomprojekts für die Lebensspanne mit Betonung derzeitiger genetischer Behandlungen • Überarbeiteter und auf den neuesten Stand gebrachter Abschnitt über adoptierte Kinder • Auf den neuesten Stand gebrachter Abschnitt über den Umwelteinfluss auf die Entwicklung mit besonderem Augenmerk auf Familie, Einflüsse des Wohnumfeldes und das Befinden von Kindern, Familien und alten Menschen in den Vereinigten Staaten und Kanada • Neuer Abschnitt über Umwelteinflüsse auf das genetische

Programm einschließlich der Diskussion über die Epigenesistheorie • Neuer Kasten „Biologie und Umwelt" über das Entkoppeln genetischer und umweltbedingter Korrelationen bei psychischen Krankheiten und antisozialem Verhalten

■ **Kapitel 3:** Auf den neuesten Stand gebrachte Diskussion über Teratogene (Umweltgifte) und andere Einflüsse durch die Mutter auf den Verlauf der Schwangerschaft und Geburt und die weitere Entwicklung • Verbesserter Kasten „Ausblick auf die Lebensspanne" über die pränatale Entwicklung und die Gesundheit im späteren Leben • Auf den neuesten Stand gebrachte Statistiken und Erkenntnisse über medizinische Interventionen während der Geburt • Überarbeiteter und auf den neuesten Stand gebrachter Kasten „Soziale Aspekte" über die staatliche Gesundheitsvorsorge und andere staatliche Fürsorgemaßnahmen für Eltern und Kinder • Auf den neuesten Stand gebrachter Kasten „Biologie und Umwelt" über den plötzlichen Kindstod • Verbesserter Abschnitt über Schreibabys einschließlich kultureller Unterschiede beim Beruhigen des Säuglings und neue Erkenntnisse über anormales Schreien • Neue Erkenntnisse über die Wahrnehmung von Schmerz bei Säuglingen • Der aktuelle Wissensstand über die Rolle des Riechens beim Neugeborenen zum Ausfindigmachen der Nahrungsquelle und zur Identifizierung der Betreuungsperson

■ **Kapitel 4:** Eine erweiterte Auseinandersetzung mit der Hirnentwicklung, einschließlich der Produktion und der Migration von Neuronen, der Bildung von Synapsen und des synaptischen „Zurechtstutzens" oder Eindämmens von Synapsennetzwerken (Pruning) • Auf den neuesten Stand gebrachte Forschung zur Rolle der frühen Erfahrungen bei induzierter Hirnlateralisierung • Neuer Kasten „Ausblick auf die Lebensspanne" zum Thema Plastizität des Gehirns über die gesamte Lebensspanne hinweg, mit neuen Erkenntnissen aus der Forschung mit hirngeschädigten Kindern und Erwachsenen • Auf den neuesten Stand gebrachter Kasten „Kulturelle Einflüsse" zu kulturellen Unterschieden, wie und wo Kleinkinder schlafen gelegt werden, mit Informationen zum Erholungswert des gemeinsamen Schlafens bei Risikokindern • Erweiterte Darstellung der sensiblen Perioden in der Hirnentwicklung, einschließlich einer Diskussion angemessener Stimulation im Säuglingsalter • Auf den neuesten Stand gebrachte Informationen über die Vorteile des Stillens • Neuere Forschung über die schädlichen Folgen von Unterernährung für die Gesundheit und die psychische Entwicklung • Auf den neuesten Stand gebrachte Forschungsergebnisse zur Entwicklung der Sprachwahrnehmung • Neueste Forschungsergebnisse zum Zusammenhang zwischen der motorischen Entwicklung und der Tiefenwahrnehmung • Erweiterte und auf den neuesten Stand gebrachte Darstellung der frühen Gesichtswahrnehmung

■ **Kapitel 5:** Neuorganisierte und zusammengefasste Darstellung von Piagets sensumotorischer Stufe • Klarere Definition der mentalen Repräsentation und ihrer Funktionen in der Kognition • Beschreibung und Kritik der Methode der nicht eingetroffenen Erwartung • Auf den neuesten Stand gebrachte Forschung über die Entwicklung der Objektkonstanz • Berücksichtigung der Rolle der Module oder angeborener Erkenntnismöglichkeiten für die kognitive Entwicklung • Neuer Kasten „Biologie und Umwelt" über die Frage: Haben Säuglinge ein angeborenes numerisches Verständnis? • Überarbeitete Darstellung des informationsverarbeitenden kognitiven Systems, des Arbeitsgedächtnisses einschließlich der Zentralen Exekutive • Auf den neuesten Stand gebrachte Forschung über die Entwicklung der Aufmerksamkeit des Säuglings • Auf den neuesten Stand gebrachte Erkenntnisse über die Entwicklung von Repräsentation, Gedächtnis und Kategorisierung im Säuglingsalter • Auf den neuesten Stand gebrachter Kasten „Ausblick auf die Lebensspanne" über Amnesie beim Säugling • Erweiterte Behandlung des sozialen Kontextes der frühen kognitiven Entwicklung mit Beachtung der kulturellen Unterschiede bei kognitiven Strategien • Neue Belege für Langzeiteffekte des Carolina Abecedarian Projects • Auf den neuesten Stand gebrachte Erkenntnisse über die Rolle des Lallens in der frühen Sprachentwicklung

■ **Kapitel 6:** Auf den neuesten Stand gebrachter Kasten „Ausblick auf die Lebensspanne" zum Thema mütterliche Depression und kindliche Entwicklung • Kulturvergleichende Forschung zur Entwicklung von Fremdenangst • Erweiterte Diskussion der emotionalen Selbstregulation, einschließlich kulturell bedingter Abweichungen • Erweiterte Diskussion zu Rothbarts Temperamentsmodell • Neuere Forschung zur Stabilität des Temperaments • Erweiterte Behandlung der kulturellen Einflussfaktoren auf das Temperament • Auf den neuesten Stand gebrachte Diskussion der Bindungsstabilität • Neue Forschungsergebnisse zur Auswirkung eines desorganisierten/desorientierten Bindungsmusters auf die spätere Entwicklung • Eine erweiterte Diskussion des ökologischen Kontextes von Bindungsentwicklung • Auf den neuesten Stand gebrachte Darstellung der frühen Geschwisterbeziehungen • Auf den neuesten Stand gebrachter Kasten „Soziale Aspekte" zur Frage, ob die Kinderbetreuung außer Haus im Kleinkindalter die Bindungssicherheit in Frage stellt und Auswirkungen auf die spätere Anpassung hat, einschließlich neuer Forschungsergebnisse aus der NICHD-Studie zur Kinderbetreuung im frühen Lebensalter • Eine klarere Beschreibung des „Ich"-Konzeptes und des „Selbst"-Konzeptes • Eine erweiterte Diskussion der individuellen Unterschiede in der frühen Entwicklung der Selbstkontrolle, mit besonderer Betonung der Wichtigkeit einfühlsamer, unterstützender Erziehung

■ **Kapitel 7:** Neue Belege für die Lateralisierung und Händigkeit • Erweiterte Diskussion über Umwelteinflüsse auf Essgewohnheiten von Vorschulkindern • Auf den neuesten Stand gebrachte Statistiken über Gesundheitsindikatoren, einschließlich Ernährung, Impfung und Infektionskrankheiten • Neuer Kasten „Soziale Aspekte" über Folgen der chronischen Mittelohrentzündung für die Entwicklung • Internationaler Vergleich von Unfällen in der Kindheit • Auf den neuesten Stand gebrachte Betrachtung der Entwicklung des Zeichnens bei Kindern • Einbeziehung von Forschung über die Kognitionen aufbauenden, unterstützenden Maßnahmen und kognitive Entwicklung • Überarbeiteter Abschnitt über die Bewertung der Theorie von Wygotsky • Neuer Kasten „Kulturelle Einflüsse" über den Alltag von Kindern in einem Mayadorf in Yucatan, der die Vielfalt in der kognitiven Entwicklung bei Kindern im Vorschulalter aufzeigt • Neuer Abschnitt über Fortschritte im autobiographischen Gedächtnis, einschließlich der Forschung über Kommunikationsstile Erwachsener, die die autobiographischen Erzählungen von Kindern anregen • Auf den neuesten Stand gebrachte Diskussion über die Theorie des Geistes bei Kindern mit der Darstellung einer typischen Aufgabe für den Nachweis falscher Überzeugung • Verstärkte Berücksichtigung der frühen Erfahrungen mit Schreiben- und Lesenlernen und den Folgen vom Vorlesen von Geschichten auf die Sprache, Schreib- und Lesefähigkeit und andere schulische Fertigkeiten • Auf den neuesten Stand gebrachte Diskussion der frühen Strategien zum Lösen mathematischer Probleme bei Kindern • Neue Belege für Erfolge, die auf kindzentrierten im Vergleich zu verschulten Kindergärten und Vorschulklassen zurückzuführen sind • Erweiterte und auf den neuesten Stand gebrachte Diskussion über positive Langzeitfolgen von Kindergarteninterventionen bei Kindern aus von Armut betroffenen Familien • Neue Erkenntnisse über den Einfluss pädagogischen Fernsehens auf kognitive und soziale Fertigkeiten • Auf den neuesten Stand gebrachte Forschung über die Entwicklung des Wortschatzes und unterschiedliche Strategien, die Vorschulkinder anwenden, um Wortbedeutungen herauszufinden

■ **Kapitel 8:** Neuer Kasten zu kulturellen Einflüssen über die Implikationen kultureller Unterschiede im Geschichtenerzählen auf das Selbstkonzept des Vorschulkindes • Auf den neuesten Stand gebrachte Forschung zum Selbstwertgefühl des Vorschulkindes • Neue Forschungsergebnisse zum Verständnis von Emotionen, emotionaler Selbstregulation und selbstbezogener Emotionen • Revidierter und auf den neuesten Stand gebrachter Abschnitt zu Erziehung und Peerbeziehungen bei Kindern, einschließlich direkter und indirekter Einflussfaktoren • Neue Forschungsergebnisse zur Anwendung körperlicher Strafen bei nordamerikanischen Eltern • Neue Forschung zum moralischen Verständnis, mit besonderer Aufmerksamkeit auf die Kapazität des Vorschulkindes, zwischen moralischen Imperativen, sozialen Konventionen und persönlichen Vorlieben zu unterscheiden • Auf den neuesten Stand gebrachte Forschung zur Aggressionsentwicklung, einschließlich neuer Ergebnisse zu den Auswirkungen von Gewalt im Fernsehen • Erweiterte Diskussion genetischer

Einflussfaktoren auf die Geschlechtstypisierung, einschließlich eines Kastens „Ausblick auf die Lebensspanne", der die Fallgeschichte eines Jungen beschreibt, der als Mädchen aufgezogen wurde • Auf den neuesten Stand gebrachte Behandlung von Erziehungsstilen und ihren Auswirkungen auf die Entwicklung • Neue Forschungsergebnisse zu ethnisch-kulturellen Unterschieden im Erziehungsstil • Auf den neuesten Stand gebrachter Abschnitt zur Kindesmisshandlung

■ **Kapitel 9:** Neue Erkenntnisse über die Entwicklung der Kurzsichtigkeit • Auf den neuesten Stand gebrachte und erweiterte Diskussion über Fettleibigkeit in der Kindheit • Erweiterte Betrachtung von Kinderkrankheiten einschließlich chronischer Erkrankungen • Derzeitige Informationen über das Ausmaß körperlicher (Leibes-) Erziehung • Erweiterte Diskussion über räumliches Urteilen einschließlich des Verstehens von Landkarten bei Kindern • Erweiterte Diskussion eines Informationsverarbeitungsansatzes zur Erklärung konkret-operationalen Denkens unter stärkerer Beachtung von Cases Theorie im Neo-Piaget-Stil • Beachtung des Einflusses von Eltern und Lehrern auf das Planen und die Selbstregulation bei Kindern • Auf den neuesten Stand gebrachte Erkenntnisse über die Entwicklung von Lesen und mathematischen Kenntnissen • Überarbeiteter Abschnitt über Sternbergs triarchische Theorie der Intelligenz • Neue Forschung über Kultur, Kommunikationsstile und die Ergebnisse von Kindern in Leistungstests • Diskussion des dynamischen Testens zur Reduzierung kultureller Einflüsse bei Intelligenztests • Überarbeiteter und auf den neuesten Stand gebrachter Abschnitt über zweisprachige Entwicklung und Erziehung • Neuer Kasten „Aspekte der Fürsorge" über Merkmale einer hoch qualifizierten Erziehung in der Grundschule • Neuer Kasten „Soziale Aspekte" über Schulreife und frühe Klassenwiederholung • Betrachtungen über reziprokes Lernen, einer von Wygotsky angeregten erzieherischen Neuerung • Auf den neuesten Stand gebrachte Forschung über begabte Kinder mit Berücksichtigung der Unterscheidung von Talent und Kreativität und des Beitrags der Familie zur Entwicklung des Talents • Neues Material über schulische Leistungen amerikanischer und kanadischer Schüler in einer übernationalen Perspektive

■ **Kapitel 10:** Erweiterte Diskussion zum Selbstkonzept und Selbstwertgefühl, einschließlich kultureller Unterschiede und dem Einfluss der Erziehung • Erweiterte Behandlung der selbstbezogenen Emotionen, des emotionalen Verständnisses und der emotionalen Selbstregulation • Auf den neuesten Stand gebrachte Darstellung des Verständnisses von Kindern über Zusammenhänge zwischen moralischen Regeln und sozialen Konventionen • Erweiterte Diskussion zum Thema Peergruppen • Neue Forschungsergebnisse zum Thema Peerakzeptanz einschließlich der Definition zweier Untergruppen von beliebten Kindern • Auf den neuesten Stand gebrachter Kasten „Biologie und Umwelt" zum Thema tyrannische Kinder und ihre Opfer • Auf den neuesten Stand gebrachter Abschnitt zum Thema Scheidung, mit besonderem Augenmerk auf die Langzeitfolgen • Neuere Forschungsergebnisse zur Kinderbetreuung von Kindern im Schulalter • Auf den neuesten Stand gebrachter Kasten „Ausblick auf die Lebensspanne" über traumatisierte Kinder aus Kriegsgebieten

■ **Kapitel 11:** Auf den neuesten Stand gebrachte Statistiken über die Häufigkeit körperlicher Aktivität von amerikanischen und kanadischen Teenagern • Erweiterte Behandlung ethnischer Variationen beim pubertären Wachstum • Neue Erkenntnisse über den Beitrag von Erfahrungen in der Familie für den Entwicklungszeitplan der Pubertät • Verstärkte Diskussionen über die Veränderung der Beziehung von Eltern und ihren Kindern in der Pubertät • Auf den neuesten Stand gebrachte Forschung über Magersucht und Bulimie • Auf den neuesten Stand gebrachte Diskussion über Faktoren, die mit Schwangerschaft in der Adoleszenz zu tun haben • Auf den neuesten Stand gebrachte Erkenntnisse über Drogenmissbrauch und körperliche und psychische Missbrauchsmuster im internationalen Vergleich • Erweiterte Darstellung von Forschung über den Informationsverarbeitungsansatz in der Entwicklung von Kognitionen in der Adoleszenz • Auf den neuesten Stand gebrachte Darstellung der Geschlechtsunterschiede bei mathematischen und räumlichen Fähigkeiten • Gegenwärtige Belege für den Einfluss eines Schulwechsels auf die Anpassung Jugendlicher • Verstärkte Diskussion über elterliche Erziehungsstrategien und Leistungen von Adoleszenten einschließlich eines neuen Abschnitts über Partnerschaft von Eltern und Schule • Auf den neuesten Stand gebrachte Forschung über Faktoren, die zum Abbruch der höheren Schule führen und dessen Langzeitfolgen • Neuer Kasten „Ausblick auf die Lebensspanne" über Aktivitäten außerhalb des Stundenplans und die positive Entwicklung von Jugendlichen

- **Kapitel 12:** Auf den neuesten Stand gebrachte Forschung zum Selbstkonzept und zum Selbstwertgefühl • Erweiterte Diskussion zu Identitätsentwicklung einschließlich der Rolle enger Freunde • Auf den neuesten Stand gebrachter Kasten „Kulturelle Einflüsse" zum Thema ethnische Identität • Erweiterte Behandlung der geschlechtsbedingten Unterschiede im moralischen Denken, einschließlich interkultureller Forschungsergebnisse • Erweiterte Diskussion der Einflussfaktoren auf das moralische Denken, einschließlich eines revidierten Abschnittes zu Auswirkungen der Kultur • Neuer Kasten „Soziale Aspekte" zur Entwicklung von gesellschaftlicher Verantwortung • Auf den neuesten Stand gebrachte Diskussion zur Beziehung von Eltern und Kindern in der Adoleszenz • Erweiterte Behandlung der Beziehungen zwischen Eltern und Kindern sowie der Zugehörigkeit zu Peergruppen • Auf den neuesten Stand gebrachte Betrachtung der ersten Liebesbeziehungen von Adoleszenten, unter Berücksichtigung der besonderen Probleme, mit denen sich homosexuelle Jugendliche konfrontiert sehen • Neue Forschungsergebnisse zum Thema Depressionen bei Adoleszenten und deren geschlechtsbedingten Unterschieden • Besondere Betonung des kombinierten Einflusses von persönlichen und kontextuellen Faktoren auf das Problemverhalten Jugendlicher, wie es sich durch Depressionen, Suizid und Delinquenz ausdrückt

- **Kapitel 13:** Auf den neuesten Stand gebrachte Diskussion über Theorien biologischen Alterns • Erweiterte Betrachtung von Unterschieden im sozioökonomischem Status (SÖS) bei der Gesundheit und von Unterschieden zwischen Nationen • Auf den neuesten Stand gebrachte Diskussion der Faktoren, die zur Abnahme der weiblichen Fortpflanzungsfähigkeit nach dem Alter von 35 Jahren führen • Aktuelle Belege für die Auswirkungen von Übergewicht und Fettleibigkeit auf die Gesundheit • Neuer Kasten „Ausblick auf die Lebensspanne" über die in den Vereinigten Staaten im Vergleich zu allen anderen Ländern am weitesten verbreitete Fettleibigkeit • Auf den neuesten Stand gebrachte Erkenntnisse über die Intensität von Sport und Gesundheit, einschließlich eines Vergleichs von Empfehlungen der amerikanischen und kanadischen Regierung • Aktuelle Daten über das zunehmende Rauchen bei jungen Erwachsenen • Neue Forschung über die Einstellung zur Homosexualität • Auf den neuesten Stand gebrachte Diskussion über Faktoren, die sexuelle Gewalt beeinflussen • Erweiterte Betrachtung von psychischem Stress einschließlich von Veränderungen vom frühen zum mittleren Erwachsenenalter • Verstärkte Diskussion über psychische Veränderungen während der Hochschuljahre • Neue Erkenntnisse über Geschlechtsunterschiede bei der Berufswahl • Auf den neuesten Stand gebrachter Kasten über kulturelle Einflüsse auf Arbeit, Studium und Lehre in Deutschland

- **Kapitel 14:** Auf den neuesten Stand gebrachte Forschung zu geschlechtsbedingten Unterschieden und Ähnlichkeiten bei der Partnerwahl • Auf den neuesten Stand gebrachter Kasten „Ausblick auf die Lebensspanne" zu den Zusammenhängen kindlicher Bindungsmuster und Liebesbeziehungen bei Erwachsenen • Neue Forschung zu den Einflussfaktoren bei Misshandlung des Partners, unter Berücksichtigung internationaler Vergleiche, die unter anderem die Bedeutung traditioneller Geschlechterrollen und Armut verdeutlichen • Erweiterte Diskussion der Veränderungen von Einsamkeitsgefühlen des Erwachsenenalters • Auf den neuesten Stand gebrachte Forschungsergebnisse zu den Faktoren, die in Zusammenhang stehen mit dem Zeitpunkt des Auszugs aus dem Elternhaus im frühen Erwachsenenalter • Neue Forschung zu Rollen in der Ehe, in Verbindung mit internationalen Vergleichen zu der Übernahme von Hausarbeit durch Männer und Frauen • Neue Forschungsergebnisse zu den Faktoren, die mit ehelicher Zufriedenheit in Verbindung gebracht werden, z. B. Religiosität • Ein überarbeiteter Abschnitt zum Übergang in die Elternschaft, einschließlich der Faktoren, anhand derer sich fortlaufende eheliche Zufriedenheit oder Belastungen in der Ehe vorhersagen lassen • Auf den neuesten Stand gebrachte Forschungsergebnisse zur Familiengröße und dem Wohlbefinden von Eltern und Kindern • Neuer Kasten „Kulturelle Einflüsse", der eine globale Perspektive zur Familienplanung bietet • Erweiterte Diskussion über den Zusammenhang zwischen dem Zusammenwohnen (Kohabitation) und einer erfolgreichen Ehe unter Berücksichtigung der Rolle kultureller Werte und vorangegangener Erfahrungen mit der Kohabitation • Erweiterte Betrachtung der Faktoren, die mit Scheidung in Zusammenhang gebracht werden • Neuere Forschungsergebnisse zur Anpassung von Stiefeltern und unverheirateten, allein erziehenden Eltern • Erweiterte und auf den neuesten Stand gebrachte Darstellung der Karriereentwicklung bei Frauen und ethnischen Minoritäten • Auf den neuesten Stand gebrachte Diskussion der Einflussfaktoren auf die Belastung durch Übernahme einer Familienrolle und die sich daraus ergebenden Konsequenzen für das Wohlbefinden von Eltern und Kindern

■ **Kapitel 15:** Auf den neuesten Stand gebrachte Diskussion der Veränderungen im Sehen, einschließlich des Risikos eines Glaukoms (grauer Star) • Revidierte und auf den neuesten Stand gebrachte Diskussion der Hormontherapie, einschließlich neuer Erkenntnisse über Vor- und Nachteile • Auf den neuesten Stand gebrachte Statistik über Krankheiten und Beschwerden im mittleren Erwachsenenalter • Erweiterte Diskussion über den Umgang mit Stress im Erwachsenenalter • Verstärkte Betrachtung körperlichen und seelischen gesundheitlichen Nutzens von Bewegung im mittleren Lebensalter und Wege, Menschen mittleren Alters zu Sport und Bewegung zu ermutigen • Neue Forschung über Geschlecht und darüber, dass beim Altern von Mann und Frau mit zweierlei Maß gemessen wird • Erweiterte Diskussion über Veränderungen der geistigen Fähigkeiten während des Erwachsenenalters einschließlich Kaufmans Forschung über den sprachlichen und den Handlungs-IQ mit Folgen für die Entwicklung der fluiden und der kristallinen Intelligenz • Verstärkte Betrachtung von Veränderungen in der Qualität der Kreativität im mittleren Erwachsenenalter

• Revidierter Abschnitt über die Unterstützung von Leuten, die ihr Studium wieder aufnehmen

■ **Kapitel 16:** Erweiterte Diskussion zur Generativität, einschließlich ethnischer Variationen • Neuer Kasten „Ausblick auf die Lebensspanne" zu den Lebensgeschichten generativer Erwachsener • Neue Forschungsergebnisse zur Krise in der Mitte des Lebens • Auf den neuesten Stand gebrachte Betrachtungen der Verbesserungen von Bewältigungsstrategien im mittleren Lebensalter • Neue Forschungsergebnisse zur Stabilität der Persönlichkeitseigenschaften während des Erwachsenenalters • Eine erweiterte Diskussion der sich verändernden Beziehungen zwischen Eltern und Kindern im mittleren Lebensalter, einschließlich kultureller Unterschiede beim „Kinder auf den Weg schicken und selbst eigene Wege gehen" • Auf den neuesten Stand gebrachter Abschnitt zur Pflege alternder Eltern, einschließlich kultureller Unterschiede hinsichtlich Pflichtgefühl und Stress auf Seiten der Pflegeperson • Revidierter und auf den neuesten Stand gebrachter Kasten „Soziale Aspekte" zum Thema der Erziehung der Enkelkinder durch Großeltern • Neuere Forschungsergebnisse zur Entwicklung der Geschwisterbeziehungen im mittleren Lebensalter • Auf den neuesten Stand gebrachte Forschungsergebnisse zur Zufriedenheit am Arbeitsplatz im mittleren Lebensalter • Erweiterte Betrachtung der Planung für das Rentenalter

■ **Kapitel 17:** Revidierte und erweiterte Diskussion über die durchschnittliche Lebenserwartung und die aktive Lebensspanne einschließlich internationaler Vergleiche • Auf den neuesten Stand gebrachter Kasten „Ausblick auf die Lebensspanne" über Hundertjährige • Neueste Forschung über das Altern des Nervensystems und den Abbau beim Hören und Sehen • Revidierte und erweiterte Betrachtung der Anpassung an körperliche Veränderungen im späten Erwachsenenalter einschließlich neuer Abschnitte über technische Hilfsmittel und der Überwindung von Stereotypen des Alterns • Verstärkte Betrachtung kultureller Unterschiede im Erleben des Alterns • Neue Ergebnisse über den Einfluss von Ernährung, Vitamin- und Mineral-Ergänzungsgaben sowie Bewegung und Sport auf das körperliche Altern und die Gesundheit im späten Erwachsenenalter • Auf den neuesten Stand gebrachte Diskussion über Hindernisse für regelmäßige Bewegung im späten Leben mit Folgen für die Wirksamkeit der Intervention • Auf den neuesten Stand gebrachte Statistik über vorherrschende Todesursachen im späten Erwachsenenalter • Neueste Statistiken über den SÖS und ethnische Variationen in der Gesundheit des späten Lebens • Neue Erkenntnisse über das Risiko von Demenz bei Afroamerikanern • Neueste Forschung über genetische und umweltbedingte Risikofaktoren der Alzheimer-Erkrankung • Neuer Kasten „Soziale Aspekte" über Interventionen für Betreuer älterer Menschen mit Demenz • Intensivere Diskussion von Langzeitpflege sowie der Einweisung in Altenheime aus ethnisch und international vergleichender Sicht • Erweiterte Diskussion der Veränderungen im Gedächtnis einschließlich eines neuen Abschnitts über das assoziative Gedächtnis • Neue Forschung über Kompetenz im täglichen Problemlösen im späten Erwachsenenalter • Erweiterte und auf den neuesten Stand gebrachte Diskussion der kognitiven und emotionalen Komponenten der Weisheit und ihrer Entwicklung

■ **Kapitel 18:** Auf den neuesten Stand gebrachte Forschungsergebnisse zu den Funktionen des Erinnerns an weit zurückliegende Ereignisse • Erweiterte Diskussion zum Thema Religion und Spiritualität, einschließlich neuer Forschungsergebnisse zu den Konsequenzen für das Wohlbefinden des alten Menschen • Auf den neuesten Stand gebrachter Kasten „Ausblick auf die Lebensspanne" zum Einfluss einer zu erwartenden verkürzten Lebenszeit auf die sozialen Ziele des alten Menschen • Neuer Abschnitt über ältere homosexuelle Partner • Auf den neuesten Stand gebrachte Betrachtung der Anpassung nach dem Verlust des Ehepartners • Neuere Forschungsergebnisse zu den Veränderungen der Geschwisterbeziehungen im späten Erwachsenenalter • Auf den neuesten Stand gebrachte Forschungsergebnisse zu den Beziehungen zwischen Großeltern und erwachsenen Enkelkindern • Neue Forschungsergebnisse zur Adaption an das Rentenalter • Verstärkte Hinweise auf die aktiven Bemühungen des alten Menschen, sein Gefühl von Kontinuität im Umgang mit den verschiedenen Herausforderungen des Lebens aufrechtzuerhalten • Erweiterte Behandlung der geschlechtsbedingten Unterschiede in der Anpassung im späten Lebensalter • Neuere Forschungsergebnisse zum Thema erfolgreiches Altern

■ **Kapitel 19:** Neueste Forschungen über die Angst vor dem Tod • Revidierte und auf den neuesten Stand gebrachte Diskussionen über das Denken und die Gefühle sterbender Menschen mit Betonung individueller und kultureller Unterschiede • Erweiterte Ausführungen zu einem angemessenen Sterben • Neue Erkenntnisse über kulturelle Unterschiede im offenen Umgang mit sterbenden Menschen • Auf den neuesten Stand gebrachte Betrachtung des Sterbens im Krankenhaus mit Hinweis auf die Notwendigkeit umfassender Behandlungsprogramme, die darauf zielen, körperlichen und emotionalen Schmerz und schmerzliche spirituelle Erfahrungen zu lindern • Einbeziehung von Forschung über den Nutzen von Hospizen für sterbende Menschen und ihre Familien • Auf den neuesten Stand gebrachte Diskussionen über Sterbehilfe (Euthanasie) und Beihilfe zum Selbstmord mit neuesten Umfragewerten und dem rechtlichen Stand zu diesen problematischen Fragen in westlichen Ländern • Verstärkte Diskussion der Legalisierung des von Ärzten unterstützen Suizids in Oregon • Auf den neuesten Stand gebrachter Kasten „Soziale Aspekte" über die Legalisierung freiwilliger aktiver Sterbehilfe (Euthanasie) mit besonderer Berücksichtigung der Niederlande • Einbeziehung des dualen Prozessmodells der Bewältigung von Verlust beim Trauern • Ausgeweitete Diskussion über die Überbelastung mit schmerzlichem Verlust einschließlich Risiken, die mit zufälligen Morden in Schulen und bei Terrorangriffen einhergehen • Erfassung neuester Erkenntnisse über Interventionen bei Trauerfällen • Auf den neuesten Stand gebrachter Kasten „Kulturelle Einflüsse" über kulturelle Unterschiede im Trauerverhalten einschließlich der Diskussion über Website-„Friedhöfe"

Pädagogische Aspekte

Das Aufrechterhalten eines gut verständlichen Schreibstils – eines Stils, der klar ist und fesselnd, ohne allzu vereinfachend zu sein – ist und bleibt eines der Ziele des vorliegenden Textes. Ich unterhalte mich häufig mit Studenten und ermutige sie, das Gelernte auf ihr eigenes Leben anzuwenden. Dadurch, so hoffe ich, ist das Studium der menschlichen Entwicklung auch persönlich fesselnd und nutzbringend.

- **Geschichten und Fallvignetten über reale Menschen.** Um die Studenten dabei zu unterstützen, sich ein klares Bild über die Entwicklung zu machen und um den Text lebendiger zu gestalten, wird jede der chronologischen Altersunterteilungen mit Fallbeispielen zusammengefasst, die sich durch sämtliche der betreffenden Kapitel ziehen. So betont der Teil zur mittleren Kindheit die Erfahrungen und Probleme des zehn Jahre alten Jan, der acht Jahre alten Lisa, ihren geschiedenen Eltern, Rena und Dirk, und ihrer Klassenkameraden Mona, Terry und Jermaine. In den Kapiteln zum späten Erwachsenenalter lernen die Studenten Walter und Ruth kennen, ein lebensfrohes Rentnerehepaar, zusammen mit dem älteren Bruder Richard und seiner Frau Gudrun, sowie Ruths Schwester Ida, die an der Alzheimer-Krankheit leidet. Außer diesen Hauptcharakteren, die aus jeder Altersperiode eine Einheit werden lassen, bieten viele zusätzliche Fallvignetten lebendige Beispiele zur Entwicklung und zu den Verschiedenheiten bei Kindern, Adoleszenten und Erwachsenen.

- **Kapiteleinführungen und Zusammenfassungen am Ende der Kapitel.** Um einen Überblick über den Inhalt des jeweiligen Kapitels zu bekommen, habe ich eine Inhaltsangabe und einen Überblick in die Einführung jedes Kapitels eingebaut. Besondere Zusammenfassungen am Ende des Kapitels, die nach den übergeordneten Überschriften strukturiert sind und deren wichtigste Begriffe fettgedruckt sind, erinnern den Studenten an die Schlüsselstellen im Text. Die Prüfungsfragen und die Zusammenfassung sollen aktives Lernen befördern.

- **Prüfungsfragen.** Aktive Beschäftigung mit dem Themengebiet wird auch durch die Prüfungsfragen am Ende jedes größeren Abschnittes unterstützt. Drei Arten von Fragen fordern den Studenten auf, auf verschiedene Art und Weise über die menschliche Entwicklung nachzudenken: *Rückblick* – diese Fragen helfen den Studenten, die Information, die sie gerade gelesen haben, zu wiederholen und zu verstehen. *Anwendung* – dies sind Fragen, die dazu ermutigen, das gewonnene Wissen auf unterschiedliche Problemstellungen, mit denen sich Kinder, Adoleszente und Erwachsene konfrontiert sehen, anzuwenden. *Zusammenhänge* – diese Fragen unterstützen den Studenten darin, den Menschen ganzheitlich zu betrachten, indem er das Gelernte über die Altersperioden und die verschiedenen Entwicklungsbereiche hinweg zu einem Ganzen integriert.

Vier Arten von Themenkästen heben die weiterführenden Themen in diesem Buch hervor:

- **Die Kästen „Ausblick auf die Lebensspanne"** beschäftigen sich mit den Themen, die eine Langzeitauswirkung auf die Entwicklung haben oder die intergenerationale Problemstellungen berühren. Beispiele hierzu: *Die Plastizität des Gehirns – Erkenntnisse aus der Forschung an hirngeschädigten Kindern und Erwachsenen; David – ein Junge, der als Mädchen aufgezogen wurde; Aktivitäten außerhalb des Stundenplans: Kontexte für eine positive Entwicklung in der Jugend; Die Epidemie der Fettleibigkeit: Wie die Amerikaner die schwersten Menschen der Welt wurden* und *Generative Erwachsene erzählen ihre Lebensgeschichte*.

- **Die Kästen „Soziale Aspekte"** diskutieren die Auswirkung sozialer Bedingungen auf Kinder, Adoleszente und Erwachsene und betonen die Notwendigkeit sensibler Sozialgesetzgebung, um das Wohlbefinden der Bevölkerung sicherzustellen – zum Beispiel: *Das „Access Program": Eine Zusammenarbeit von Kommune und Wissenschaft; Chronische Mittelohrentzündung in der frühen Kindheit: Folgen für die Entwicklung; Schulreife und Wiederholung von Klassen; Das Übernehmen gesellschaftlicher Verantwortung und seine Entwicklung* und *Interventionen für Betreuer von älteren Menschen mit Demenz*.

- **Die Kästen „Kulturelle Einflüsse"** sind erweitert und auf den neuesten Stand gebracht worden, um die Aufmerksamkeit auf kulturelle Themenstellungen zu lenken, die immer wieder im Text zu finden sind. In diesen Kästen wird besonderer Wert gelegt auf interkulturelle und multikulturelle Unterschiede in der menschlichen Entwicklung – zum Beispiel: *Das tägliche Leben kleiner Kinder in einem Dorf der Mayas in Yucatan;*

VORWORT

Kulturbedingte Unterschiede in der Erzählweise von Geschichten: Implikationen eines frühen Selbstkonzeptes; Die Familienplanung global betrachtet und *Kulturelle Unterschiede im Erleben des Alterns.*

■ **Die Kästen „Biologie & Umwelt":** In diesen Kästen wird auf den komplexen, bidirektionalen Zusammenhang zwischen Biologie und Umwelt verwiesen. Beispiele hierzu: *Entkoppelung der Korrelationen von Genetik und Umwelt bei psychischen Erkrankungen und antisozialem Verhalten; Haben Kleinkinder ein angeborenes numerisches Verständnis?; Kinder mit Aktivitäts- und Aufmerksamkeitsstörung; Geschlechtsunterschiede in räumlichen Fähigkeiten* und *Der Alterungsprozess, die Wahrnehmung von Zeit und soziale Ziele.*

■ **Die Tabellen „Aspekte der Fürsorge":** Der Zusammenhang von Theorie und Forschung mit Praxis wird immer wieder im Text hergestellt. Zur Akzentuierung dessen bieten diese Tabellen leicht umsetzbaren Rat zur richtigen Fürsorge für sich selbst und andere über die gesamte Lebensspanne hinweg. Unter anderem finden Sie: *Verhaltensempfehlungen für eine gesunde Schwangerschaft; Merkmale der Betreuung, die Säuglingen und Kleinkindern angemessen ist; Das Fördern eines gesunden Selbstwertgefühls bei kleinen Kindern; Kontrolle des Fernsehkonsums bei Kindern; Zeichen hoch qualifizierten Unterrichts in der Grundschule; Wie man Kindern helfen kann, mit der Scheidung ihrer Eltern zurechtzukommen; In einer Liebesbeziehung die Liebe erhalten; Möglichkeiten, wie Eltern im mittleren Erwachsenenalter für eine positive Beziehung zu ihren inzwischen erwachsenen Kindern sorgen können* und *Vorschläge der Bewältigung von Trauer nach dem Tod eines geliebten Menschen.*

■ **Die Meilensteine:** Eine Meilensteintabelle ist zum Abschluss jeden Altersabschnittes im Text zu finden. Diese Tabellen zeigen die wichtigen physischen, kognitiven, sprachlichen, emotionalen und sozialen Leistungen auf, und bieten ein gutes Hilfsmittel, um sich einen Überblick über die Chronologie der Entwicklung über die Lebensspanne zu verschaffen.

■ **Zusätzliche Grafiken, Illustrationen und Fotos:** Alle möglichen Tabellen sind in den Text eingefügt worden, um dem Studenten zu helfen, die für ein Thema wichtigen Informationen zu verstehen und aufzunehmen. Die vielen farbigen Grafiken und Illustrationen zeigen zentrale Theorien, Methoden und Forschungsergebnisse. Die Fotos sind sorgfältig ausgewählt worden, um die menschliche Entwicklung wiederzugeben, und repräsentieren die Vielfalt der Bevölkerung in den Vereinigten Staaten, Kanada und anderen Ländern auf der Welt.

- **Im Text enthaltene Schlüsselbegriffe mit ihren Definitionen, die Liste der Schlüsselbegriffe am Ende des Kapitels sowie das Glossar im hinteren Teil des Buches:** Das Erlernen der Begriffe, die zur Terminologie des Fachs gehören, wird gefördert durch die im Text hervorgehobenen Schlüsselbegriffe und deren Definitionen, die immer wieder im Text zu finden sind. Außerdem ist am Ende jeden Kapitels eine Liste dieser Schlüsselbegriffe zu finden und am Ende des Buches ein Glossar.

Danksagungen

Dieses Buch konnte nur dank der Beiträge vieler Leute entstehen; das gilt auch für die Erweiterungen und Verbesserungen, die die dritte Auflage erfahren hat. Eine eindrucksvolle Liste von Gutachtern finden Sie unten stehend. Sie sind mit besonderem Enthusiasmus an die Arbeit gegangen und haben zu Strukturierung und Inhalt des Textes viele hilfreiche Vorschläge gemacht und konstruktive Kritik geübt. Ihnen allen schulde ich großen Dank.

Gutachter der ersten und zweiten Auflage

Paul C. Amrhein, University of New Mexico
Doreen Arcus, University of Massachusetts, Lowell
René L. Babcock, Central Michigan University
W. Keith Berg, University of Florida
James A. Bird, Weber State University
Joyce Bishop, Golden West College
Ed Brady, Belleville Area College
Michele Y. Breault, Truman State University
Joan B. Cannon, University of Massachusetts, Lowell
Michael Caruso, University of Toledo
Gary Creasey, Illinois State University
Rhoda Cummings, University of Nevada, Reno
Rita M. Curl, Minot State University
Carol Lynn Davis, University of Maine
Maria P. Fracasso, Towson University
Elizabeth E. Garner, University of North Florida
Clifford Gray, Pueblo Community College
Laura Hanish, Arizona State University
Traci Haynes, Columbus State Community College
Vernon Haynes, Youngstown State University
Paula Hillman, University of Wisconsin, Whitewater
Lera Joyce Johnson, Centenary College of Louisiana
Janet Kalinowski, Ithaca College
Kevin Keating, Broward Community College
Wendy Kliewer, Virginia Commonwealth University
Robert B. McLaren, California State University, Fullerton
Randy Mergler, California State University
Karla K. Miley, Black Hawk College
Teri Miller, Milwaukee Area Technical College
Gary T. Montgomery, University of Texas, Pan American
Feleccia Moore-Davis, Houston Community College
Karen Nelson, Austin College
Bob Newby, Tarleton State University
Jill Norvilitis, Buffalo State College
Patricia O'Brien, University of Illinois at Chicago
Peter Oliver, University of Hartford
Ellen Pastorino, Gainesville College
Leslee K. Polina, Southeast Missouri State University
Leon Rappaport, Kansas State University
Stephanie J. Rowley, University of North Carolina
Randall Russac, University of North Florida
Marie Saracino, Stephen F. Austin State University
Bonnie Seegmiller, City University of New York, Hunter College
Richard Selby, Southeast Missouri State University
Paul S. Silverman, University of Montana
Glenda Smith, North Harris College
Jeanne Spaulding, Houston Community College
Thomas Spencer, San Francisco State University
Bruce Stam, Chemeketa Community College
Vince Sullivan, Pensacola Junior College
Mojisola F. Tiamiyu, University of Toledo
Joe Tinnin, Richland College
L. Monique Ward, University of Michigan
Rob Weisskirch, California State University, Fullerton
Ursula M. White, El Paso Community College
Lois J. Willoughby, Miami-Dade Community College
Deborah R. Winters, New Mexico State University

VORWORT

Gutachter der dritten Auflage

Doreen Arcus, University of Massachusetts, Lowell
Renée L. Babcock, Central Michigan University
Dilek Buchholz, Weber State University
Lanthan D. Camblin Jr., University of Cincinnati
Judith W. Cameron, Ohio State University
Susan L. Churchill, University of Nebraska-Lincoln
Laurie Gottlieb, McGill University
Karl Hennig, St. Francis Xavier University
Rebecca A. López, California State University-Long Beach
Dale A. Lund, University of Utah
Pamela Manners, Troy State University
Steve Mitchell, Somerset Community College
Nancy Ogden, Mount Royal College
Verna C. Pangman, University of Manitoba
Robert Pasnak, George Mason University
Warren H. Phillips, Iowa State University
Dana Plude, University of Maryland
Dolores Pushkar, Concordia University
Pamela Roberts, California State University, Long Beach
Elmer Ruhnke, Manatee Community College
Edythe H. Schwartz, California State University-Sacramento
Catya von Károlyi, University of Wisconsin-Eau Claire
Nancy White, Youngstown State University
Carol L. Wilkinson, Whatcom Community College

Darüber hinaus möchte ich den folgenden Personen meinen Dank aussprechen, die auf eine Umfrage geantwortet haben und wichtiges Feedback zur neuen Auflage gegeben haben:

Glen Adams, Harding University
Kenneth Anderson, Calhoun Community College
Drusilla D. Glascoe, Salt Lake Community College
Barbara Hunter, Southwestern College
Mona Ibrahim, Concordia College
Margaret Kasimatis, Carroll College
Richard L. McWhorter, Texas A&M University
Michelle Moriarty, Johnson County Community College
Gayle Pitman, Sacramento City College
Mellis Schmidt, Northern New Mexico Community College
Donna Seagle, Chattanooga State Technical Community College
Romona Smith, Holmes Community College

Die Kollegen und Studenten an der Illinois State University haben stets meine Forschungen unterstützt und entscheidend zu diesem Buch beigetragen. Richard Payne vom Department of Politics and Government ist mir ein lieber, treuer Freund, mit dem ich viele wertvolle Diskussionen geführt habe über den Prozess des Schreibens, die Umstände, in denen Kinder und alte Menschen leben, wie auch über andere Themen. All dies hat meine Perspektive auf die Entwicklung über die Lebensspanne hinweg wie auch meine Sicht auf die Sozialpolitik stark beeinflusst.

JoDe Paladino hat mich durch ihre ausgezeichnete Arbeit in der Recherche von Literatur bei der Vorbereitung auf die revidierte Ausgabe unterstützt. Tara Kindelberger, Denise Shafer und Lisa Sowa haben unzählige Stunden damit verbracht, in Bibliotheken Material zu sammeln und zu organisieren. Diese Aufgabe haben sie mit einem unglaublichen Organisationstalent und großer Zuverlässigkeit erfüllt.

Ich schätze mich glücklich, mit einem ungewöhnlich fähigen Lektorenteam bei Allyn and Bacon zusammengearbeitet zu haben. Ich empfand es als eine Auszeichnung, dieses Buch mit der Unterstützung von Tom Pauken, dem zuständigen Lektor, schreiben zu können. Sein sorgfältiges Lektorat des Manuskripts, sein Organisationstalent, der tägliche Kontakt, die Hinweise und Vorschläge, seine klugen Problemlösungsstrategien und seine Rücksichtnahme haben die Qualität dieser Ausgabe möglich gemacht und haben die Vorbereitung zu einem lohnenswerten Projekt werden lassen, das mir sehr viel Freude bereitet hat. Es war eine Wohltat, mit Tom in den verschiedenen Phasen des Projektes zusammenzuarbeiten, und ich hoffe, mit ihm auch bei zukünftigen Projekten zusammenarbeiten zu können. Meinen Dank möchte ich auch Sean Wakely sagen, dem Lektor der ersten Auflage, für seine genauen Vorstellungen und sein Vermögen, eine echte Partnerschaft zwischen Lektor und Autor herzustellen, die diesen Text erst möglich gemacht hat.

Liz Napolitano, Senior Production Editor, koordinierte die komplexen Aufgaben der Produktion, wodurch diese wunderschöne dritte Ausgabe entstehen konnte. Ich bin dankbar für ihr ausgezeichnetes Gefühl für Ästhetik, ihre Aufmerksamkeit für jedes kleine Detail, ihre Flexibilität, ihre Effizienz und ihre Rücksichtsnahme. Mein Dank gilt außerdem Sarah Evertson und Laurie Frankenthaler für die Beschaffung der Fotos, die den Text so gut illustrieren. Connie Day und Bill Heckman waren zuständig für die ausgezeichnete Korrektur.

Ich möchte auch von ganzem Herzen Joyce Nilsen, Vertriebsleiterin, und Brad Parkins und Wendy Gordon, Marketingleiter, meinen Dank aussprechen für die ausgezeichnete Arbeit im Marketingbereich. Joyce, Brad und Wendy haben sichergestellt, dass korrekte und klare Informationen über meine Bücher und die zugehörigen Hilfsmittel an die Vertreter von Allyn and Bacon weitergegeben worden sind und dass den Wünschen zukünftiger und gegenwärtiger Leser des Buches Rechnung getragen wird. Marcie Mealia, Spezialistin für auswärtiges Marketing, hat sehr viel Zeit und Energie in das Marketing investiert und ich bin ihr sehr dankbar für die schönen Zusammenkünfte, die sie geplant hat, und die freundlichen Grüße, die sie mir von Zeit zu Zeit schickt.

Ein letztes Wort der Dankbarkeit geht an meine Familie, deren Liebe, Geduld und Verständnis mich dazu befähigt haben, gleichzeitig Ehefrau, Mutter, Dozentin, Wissenschaftlerin und Lehrbuchautorin zu sein. Meine Söhne David und Peter haben sich ganz besonders für dieses Projekt interessiert. Ihre Erinnerungen an Ereignisse und Fortschritte in ihrem eigenen Leben, an denen sie mich per Telefon, per E-Mail und während ihrer Besuche teilhaben ließen, haben mir geholfen, die Kapitel zum frühen Erwachsenenalter zu formen. Mein Mann Ken machte bereitwillig Platz für noch ein weiteres zeitraubendes Projekt in unserem gemeinsamen Leben und drückte seinen Glauben an die Bedeutung dieses Projekts auf vielfältige und liebevolle Art und Weise aus, häufig genug ohne Worte.

—*Laura E. Berk*

Zur deutschen Ausgabe

Das Lehrbuch von Laura Berk in seiner dritten überarbeiteten und ergänzten Auflage bietet eine integrierte Gesamtdarstellung der gegenwärtigen Entwicklungspsychologie des Menschen in allen Entwicklungsbereichen von der Zeugung bis zum Tod. Die Berücksichtigung sowohl des kulturellen Kontextes als auch der biologischen Grundlagen der Entwicklung wird nur von wenigen Lehrbüchern der Entwicklungspsychologie geleistet. Die deutsche Ausgabe beinhaltet diese Gesamtdarstellung vollständig und stellt damit für den deutschen Sprachraum ein Lehrbuch bereit, das den aktuellen Kenntnisstand des stark englischsprachig beeinflussten Faches darstellt. Der deutsche Text versucht, diese Zentrierung durch weitere deutschsprachiger Fachliteratur und für deutsche Verhältnisse repräsentative Fachstatistiken zu erweitern. Der Umfang des bereits verarbeiteten Fachwissens setzte diesem Bemühen jedoch Grenzen. Späteren Auflagen mag es vorbehalten bleiben, weitere Beiträge zu ergänzen.

Die Überarbeitung des übersetzten Textes zeigt erneut, dass eine Anpassung des Textes an das Verständnis des deutschsprachigen Lesers die Prägung einzelner Fachausdrücke erfordert, für die es noch kein Übersetzungsäquivalent in der deutschen Entwicklungspsychologie gibt. Hier wurde sehr zurückhaltend vorgegangen. Es sollte aber nicht verborgen bleiben, dass die deutsche Fachterminologie einzelne Lücken und Ungenauigkeiten aufweist. Die Korrektorin des Manuskriptes, Frau Dr. Andrea Stumpf, hat darauf sehr einsichtig hingewiesen und damit dazu beigetragen, die Verständlichkeit einzelner sprachlichen Formulierungen noch zu erhöhen.

Das deutsche Lehrbuch bietet vielseitiges Fachwissen aus der gesamten Entwicklungspsychologie, deren interdisziplinärer Vernetzung und deren Anwendungsmöglichkeiten, das einem großen Interessentenkreis gerecht werden kann: Es kann Fachkollegen anregen und Studenten die Prüfungsvorbereitungen erleichtern, aber auch alle Leser zur aktiven Verarbeitung des Fachwissens anleiten und sie bei diesen Bemühungen mit Aufgabenstellungen und Möglichkeiten zur Kontrolle des eigenen Wissens begleiten. Damit ermöglicht das Lehrbuch allen Interessierten den Einstieg in entwicklungspsychologisches Wissen.

Ute Schönpflug, Oktober 2004

Als Übersetzerin der vorliegenden deutschen Ausgabe möchte ich nicht versäumen, an dieser Stelle den Menschen meinen Dank auszusprechen, ohne deren Hilfe und Unterstützung diese Übersetzung nicht hätte entstehen können:

Allen voran Herrn Dr. med. Jürgen Kerstiens (Facharzt für Psychotherapeutische Medizin und Psychoanalyse; Kinder- und Jugendlichentherapeut) für die vielen intensiven Diskussionen über menschliche Entwicklungsverläufe, seinen fachlichen Rat bei Fragen zu medizinischen Zusammenhängen und seine emotionale Unterstützung während der Übersetzung des vorliegenden Buchs.

Frau Dipl.-Psych. Gerhild Sandermann (klinische Psychologin und ehemalige Mitarbeiterin der psychologisch-diagnostischen Abteilung der Klinik Menterschwaige) für ihre fachliche Unterstützung bei den Kapiteln zur körperlichen Entwicklung.

Herrn Karsten Donat für seine Hilfe bei der Formatierung und Herrn Jürgen Donat für das Korrekturlesen der einzelnen Kapitel.

Und *last but not least*:

Herrn Günther Kirsch, meinem ersten Englischlehrer an der Staatlichen Realschule Kaufbeuren – ihm ist es gelungen, mir nicht nur Englisch beizubringen, sondern mir eine intensive, die Jahre überdauernde Liebe zu dieser Sprache mitzugeben. Er ist einer der Menschen, die meinen Lebensweg nachhaltig beeinflusst haben …

Eva Aralikatti, Juli 2004

Teil 1: Theorie und Forschung in der Entwicklungspsychologie

Geschichtliche Hintergründe, Theorien und Forschungsstrategien

1.1 Menschliche Entwicklung als ein wissenschaftliches, angewandtes und interdisziplinäres Fach 4

1.2 Grundlegende Fragen 4
Kontinuität oder Diskontinuität im Entwicklungsverlauf? 5
Ein bestimmter Entwicklungsverlauf oder verschiedene Pfade? 6
Anlage oder Umwelt – welches von beiden ist wichtiger? 7

1.3 Die Lebensspannenperspektive: Eine ausgewogene Betrachtungsweise 8
Entwicklung über die ganze Lebensspanne 9
Multidimensionale und multidirektionale Entwicklung 10
Plastizität in der Entwicklung 11
Entwicklung in vielfältigen Kontexten 11

1.4 Historische Grundlagen 15
Philosophien der Kindheit 15
Philosophien des Erwachsenenalters und des Alters 16
Die wissenschaftlichen Anfänge 17

1.5 Theorien Mitte des 20. Jahrhunderts 19
Der psychoanalytische Ansatz 19
Der Behaviorismus und die soziale Lerntheorie 22
Piagets Ansatz der kognitiven Entwicklung –
die universal-konstruktivistische Sichtweise 24

1.6 Theoretische Modelle jüngster Zeit 27
Der Informationsverarbeitungsprozess 27
Die Ethologie und die Evolutionspsychologie der Entwicklung 28
Wygotskys soziokultureller Ansatz 30
Ökologische Systemtheorie 32

1.7 Vergleich und Evaluation verschiedener Theorien 34

1.8 Die Entwicklung als Gegenstand der Forschung 36
Die gebräuchlichen Forschungsmethoden 37
Allgemeine Forschungspläne 44
Pläne zur Untersuchung von Entwicklung 47

1.9 Ethische Fragen in der Forschung zur Lebensspanne 53

Sofie Leutschner wurde 1908 als zweites Kind jüdischer Eltern geboren. Sie hatten sich in Leipzig niedergelassen, eine wirtschaftlich prosperierende Stadt, die auch kulturell viel zu bieten hatte. Ihr Vater war ein erfolgreicher Geschäftsmann und eine der führenden Persönlichkeiten der Stadt. Ihre Mutter, eine Frau der besseren Gesellschaft, war bekannt für ihren Charme, ihre Schönheit und ihre Gastfreundschaft. Schon in ihren ersten Lebensjahren war bei Sofie die Art von Zielstrebigkeit und Hartnäckigkeit zu beobachten, die sie ihr gesamtes Leben lang begleiten würde. Stundenlang saß sie auf dem Boden und untersuchte mit ihren Augen und Händen kleine Gegenstände in ihrer Nähe. Das Einzige, das mit Sicherheit ihren zielstrebigen Blick ablenken konnte, war der Klang des Klaviers im Salon. Sobald Sofie in der Lage war zu krabbeln, zog sie sich immer wieder hoch, um die Tasten des Klaviers anzuschlagen und mit Staunen dem Klang zu lauschen, den ihr Tun hervorbrachte.

Zu der Zeit als Sofie die Grundschule besuchte, war sie ein introvertiertes Kind, ein Kind, das sich oft auf den Kinderfesten nicht wohlfühlte, von denen erwartet wurde, dass ein Mädchen aus gutem Hause sie besuchte. Sie vertiefte sich in ihre Schularbeiten, ganz besonders in das Erlernen der Fremdsprachen; sie waren ein wichtiger Bestandteil ihrer gesamten schulischen Ausbildung. Zweimal die Woche nahm sie Unterricht bei dem besten Lehrer von Leipzig. Als Sofie ihre Zeit im Gymnasium abgeschlossen hatte, sprach sie bereits fließend Englisch und Französisch und hatte sich zu einer guten Pianistin entwickelt. Obwohl die meisten Mädchen damals mit zwanzig schon verheiratet waren, verschob Sofie ernsthafte Beziehungen auf unbestimmte Zeit zugunsten eines Studiums an der Universität. Ihre Eltern begannen sich schon zu fragen, ob ihre von ihren Studien besessene Tochter jemals eine Familie gründen würde.

Sofie wünschte sich eine Ehe so sehr, wie sie eine Ausbildung anstrebte. Aber ihre Pläne sollten von den politischen Umbrüchen ihrer Zeit vereitelt werden. Als Hitler in den frühen dreißiger Jahren an die Macht kam, fürchtete Sofies Vater um die Sicherheit von Frau und Kindern und brachte seine Familie so schnell es ging nach Belgien. Die Umstände verschlechterten sich rasch für die Juden in Europa. Die Nazis plünderten das Haus der Familie und beschlagnahmten das Geschäft des Vaters. Gegen Ende der dreißiger Jahre hatte Sofie bereits den Kontakt zu den meisten Tanten, Onkeln, Cousinen und Cousins wie auch den Freunden ihrer Kinder- und Jugendzeit verloren, von denen viele (etwas, das sie erst später erfuhr) in Viehwaggons gepfercht und in das Konzentrations- und Vernichtungslager Auschwitz-Birkenau transportiert wurden. Im Jahr 1938, als die antisemitischen Gesetze und die Ausschreitungen gegen die jüdische Bevölkerung zunahmen, floh Sofies Familie in die Vereinigten Staaten.

Als Sofie ihr dreißigstes Lebensjahr erreicht hatte, fanden sich ihre Eltern damit ab, dass sie wohl nie heiraten würde und einen Beruf ergreifen müsste, der ihr finanzielles Auskommen sicherstellen könnte. Sie erklärten sich bereit, für ihre weitere Ausbildung aufzukommen. Sofie beendete ihre Studien mit zwei Magisterabschlüssen, einen in Musik und einen als Bibliothekarin. Dann, bei einem „blind date", lernte sie Philip kennen, einen Offizier der US-Marine. Philips ruhiges, sanftes Wesen war eine perfekte Ergänzung zu Sofies Intensität und Weltzugewandtheit. Es dauerte keine sechs Monate und die beiden waren verheiratet. Während der folgenden vier Jahre schenkte sie zwei Töchtern und einem Sohn das Leben. Bald darauf erkrankte Sofies Vater. Die Anspannung und Belastung der erzwungenen Emigration, die Entwurzelung seiner Familie und der Verlust seines Heims und seines Geschäftes hatten seiner Gesundheit schweren Schaden zugefügt. Nach Monaten der Bettlägerigkeit starb er an Herzversagen.

Nach Ende des zweiten Weltkrieges verließ Philip die Armee und eröffnete einen kleinen Laden für Herrenbekleidung. Sofie teilte ihre Zeit auf und kümmerte sich um die Erziehung ihrer Kinder und half ihrem Mann im Geschäft. Nun schon in ihren Vierzigern, war sie eine hingebungsvolle Mutter. Aber nur wenige Frauen ihres Alters waren noch damit beschäftigt, kleine Kinder großzuziehen. Philip war oft gezwungen, lange Stunden im Geschäft zu bleiben, sodass sich Sofie häufig einsam fühlte. Sie rührte das Klavier nur selten an, denn es ließ schmerzhafte Erinnerungen an die Pläne ihrer Jugendzeit in ihr aufsteigen, die an den Kriegswirren zerbrochen waren. Die Gefühle von Isolation und mangelnder Erfüllung ihrer Lebensziele führten häufig zu Zornesausbrüchen. Bis spät in die Nacht hinein konnte man sie und Philip streiten hören.

Die Kinder wurden größer und ihre Erziehung nahm immer weniger Zeit in Anspruch, also nahm Sofie ihre Ausbildung wieder auf. Diesmal schloss sie sie mit einer Lehrberechtigung ab. Schließlich, mit fünfzig, begann sie ihre Berufslaufbahn. Die nächsten zehn Jahre unterrichtete Sofie Deutsch und Französisch an einer höheren Schule und brachte neu angekommenen Immigranten Englisch bei. Diese Jahre gehörten zu den erfülltesten ihres ganzen Lebens. Sie besaß einen unerschöpflichen Enthusiasmus im Unterrichten ihrer Schüler. Sie vermittelte ihnen ihre Leichtigkeit im Umgang mit Sprache, ihr Wissen um die Konsequenzen von Hass und Unterdrückung – ein Wissen, das sie aus der Erfahrung am eigenen Leibe gewonnen hatte – wie auch ihr ganz praktisches Verständnis davon, was es bedeutet, sich an die Gegebenheiten eines fremden Landes anzupassen. Ihre eigenen Kinder, deren junges Leben frei war von Kriegstraumata, nahmen viele der von ihr gelebten Werte und Verpflichtungen an und begannen ihr Familienleben und ihre beruflichen Laufbahnen zur erwarteten Zeit.

Ihrem sechzigsten Geburtstag sah Sofie optimistisch entgegen. Von der finanziellen Bürde entbunden, für die Universitätsausbildung ihrer Kinder zu sorgen, freuten sie und Philip sich auf größere Freiräume. Ihre gegenseitige Zuneigung und der Respekt füreinander vertieften sich. Aber diese Zeit der Zufriedenheit sollte nicht lang währen.

Eines Morgens wachte Sofie auf und bemerkte einen Knoten unter ihrer Achsel. Einige Tage später diagnostizierte der Arzt Krebs. Sofies beherzte Einstellung und ihre Fähigkeit, sich auf radikale Umbrüche im Leben einzustellen, halfen ihr, sich der Krankheit zu stellen. Sie erklärte die Krankheit zu ihrem Feind; ein Feind, den es galt zu bekämpfen und zu besiegen. Dies bewirkte, dass sie weitere fünf Jahre lebte. Trotz der Strapazen der Chemotherapie behielt Sofie einen vollen Stundenplan an der Schule bei, besuchte ihre alternde Mutter und half ihr bei Besorgungen. Als dann aber ihr Körper immer schwächer wurde, wurde es zunehmend schwieriger für sie, ihren Lehrverpflichtungen nachzukommen. Langsam ergab sie sich der in ihr wütenden Krankheit. Die letzten Wochen ihres Lebens ans Bett gefesselt, dämmerte sie sanft hinüber in den Tod. Philip wich ihr zu dieser Zeit nicht von der Seite. Die Kapelle, in der ihr Beerdigungsgottesdienst stattfand, konnte die Hunderte von Schülern, die gekommen waren, ihr die letzte Ehre zu erweisen, gar nicht aufnehmen. Jedem einzelnen von ihnen hatte sie das unvergessliche Bild einer liebevollen und mutigen Frau vermittelt.

Eines ihrer drei Kinder, Laura, ist die Autorin dieses Buches. Sie und Ken hatten ein Jahr, bevor Sofie starb, geheiratet. Oft müssen sie und ihr Mann daran denken, was ihnen Sofie am Vorabend ihres Hochzeitstages gesagt hatte: „Ich habe in meinem Leben und aus meiner eigenen Ehe gelernt, dass ihr euch sowohl ein gemeinsames Leben als auch ein Leben jeder für sich aufbauen müsst. Ihr müsst euch gegenseitig die Zeit, den Freiraum und die Unterstützung gewähren, eure eigene Identität zu entwickeln, eure ganz eigene Art, euch auszudrücken und sich anderen gegenüber zu geben. Der wichtigste Bestandteil eurer Ehe muss der Respekt füreinander sein."

Laura und Ken haben sich in einer kleinen Stadt im Mittleren Westen der Vereinigten Staaten niedergelassen, ganz in der Nähe der Illinois State University, an der sie auch heute noch unterrichten – Laura am Institut für Psychologie und Ken am Institut für Mathematik. Sie haben zwei Söhne, David und Peter. Ihnen hat Laura schon viele der Begebenheiten aus Sofies Leben erzählt und sie sind es auch, die Sofies Vermächtnis weitertragen. David teilt die Vorliebe seiner Großmutter für das Unterrichten; er ist heute Lehrer an einer kalifornischen Grundschule. Peter unterhält eine Rechtsanwaltspraxis in Chicago; er ist derjenige, der die Liebe der Großmutter für Musik mitbekommen hat und in seiner Freizeit Violine, Bratsche und Mandoline spielt.

Sofies Werdegang wirft eine Vielzahl interessanter Fragen zu menschlichen Lebensgeschichten auf:

- Was löst die Entwicklung von Eigenschaften aus, die Sofie mit anderen Menschen gemeinsam hat, und was die Eigenschaften, die sie einzigartig machen: körperliche Merkmale, geistige Fähigkeiten, Interessen und Verhalten?

- Was brachte Sofie dazu, ihre hartnäckige, zielstrebige Disposition ihr ganzes Leben hindurch beizubehalten, sich aber in anderen wichtigen Bereichen grundlegend zu verändern?

- Wie können sich in Geschichte und Kultur begründete Umstände – in Sofies Fall die Verfolgung, die das Zuhause ihrer Kindheit zerstörte, den Tod von Familienmitgliedern und Freunden zur Folge hatte und schließlich zu ihrer Flucht in die Vereinigten Staaten führte – auf das Wohlergehen eines Menschen sein gesamtes Leben hindurch auswirken?

- Wie kann der Zeitplan von Ereignissen – wie beispielsweise der schon frühe Kontakt mit Fremdsprachen sowie ihr verzögertes Eintreten in die Ehe, Mutterschaft und Berufslaufbahn – die Entwicklung beeinflussen?

- Welche Faktoren – sowohl persönlicher Art als auch umweltbedingte Faktoren – führten dazu, dass Sofie früher starb als eigentlich zu erwarten gewesen wäre?

Dies sind ganz zentrale Fragen, mit der sich die **Entwicklungspsychologie** beschäftigt, ein Fach, das die Kontinuität und die Veränderung über die gesamte Lebensspanne hinweg untersucht. Es gibt große Unterschiede, was die Interessen und Anliegen verschiedener Forscher anbelangt, die sich mit der menschlichen Entwicklung beschäftigen. Aber allen gemeinsam ist ein bestimmtes Ziel: die Faktoren zu beschreiben und zu identifizieren, die Kontinuität und Veränderung im Menschen vom Augenblick der Zeugung bis zu seinem Tod ausmachen.

1.1 Menschliche Entwicklung als ein wissenschaftliches, angewandtes und interdisziplinäres Fach

Die Fragen, die wir gerade aufgeführt haben, sind keineswegs nur von wissenschaftlichem Interesse. Jede einzelne von ihnen ist auch in ihrer *Anwendung*, das heißt in ihrem praktischen Nutzen, von Bedeutung. Tatsächlich ist es so, dass wissenschaftliche Neugier nur einer von vielen Faktoren ist, der die menschliche Entwicklung zu dem faszinierenden Forschungsgebiet hat werden lassen, das sie heute darstellt. Forschung im Bereich der Entwicklung wurde unter anderem auch von äußerem sozialen Druck angeregt, einem Druck, der darauf abzielt, die Lebensumstände des Menschen immer weiter zu verbessern. So hat beispielsweise der Beginn von staatlicher, für jeden zugänglicher Schulbildung zu Beginn des 20. Jahrhunderts zu einem Bedarf an Wissen geführt, wie Kinder verschiedener Altersstufen am besten zu unterrichten sind und welcher Lehrstoff jeweils angemessen ist. Das Interesse der Mediziner daran, die Gesundheit des Menschen zu verbessern, verlangte nach einem Verständnis von körperlicher Entwicklung, Ernährung und Krankheiten. Der Wunsch der Fachleute im sozialen und sozialpsychiatrischen Bereich war es, Ängste und Verhaltensproblematiken behandeln und Menschen helfen zu können, mit tiefgreifenden kritischen Lebensereignissen besser umzugehen; Ereignissen wie Scheidung, dem Verlust des Arbeitsplatzes oder dem Tod eines geliebten Menschen. All dies setzte Informationen über die menschliche Persönlichkeit und die soziale und kognitive Entwicklung voraus. Und auch Eltern haben über all die Jahre immer wieder fachlichen Rat gesucht zu Themen wie der Erziehung der Kinder und der Art von Erfahrung, die es dem Kind ermöglicht, ein glückliches und erfolgreiches Leben zu führen.

Unser riesiger Vorrat an Informationen zur menschlichen Entwicklung ist *interdisziplinär*. Er ist entstanden und gewachsen aus dem gemeinsamen Bemühen von Menschen verschiedenster Forschungsbereiche. Aus der Not heraus, Lösungen für Probleme in allen Altersgruppen zu finden, haben sich Forscher aus Psychologie, Soziologie, Anthropologie wie auch Biologie zusammengetan mit Fachleuten aus dem Bereich Erziehung, Familienforschung, Medizin, des öffentlichen Gesundheitswesens und dem Sozialwesen, um nur einige zu nennen. In der heutigen Zeit ist der Forschungsbereich der menschlichen Entwicklung ein Schmelztiegel von Beiträgen verschiedenster Sparten. Der hierin enthaltene Reichtum an Wissen ist nicht nur wichtig für die Wissenschaft, sondern obendrein von allgemeinem Nutzen.

1.2 Grundlegende Fragen

Die Forschung zur menschlichen Entwicklung ist noch ein recht junges Unterfangen. Studien im Bereich der kindlichen Entwicklung haben erst zu Beginn des 20. Jahrhunderts ihren Anfang genommen. Untersuchungen zur Entwicklung des Erwachsenen, zu Alterungsprozessen und zur Veränderung über die Lebensspanne hinweg wurden erst in den sechziger und siebziger Jahren des letzten Jahrhunderts begonnen (Elder, 1998). Doch seit Jahrhunderten gibt es Überlegungen darüber, wie der Mensch wächst und sich entwickelt. Als diese Überlegungen Eingang in die Forschung fanden, regten sie zu *Theorien der Entwicklung* an. Eine **Theorie** ist eine geordnete Sammlung von Aussagen, die Verhalten beschreiben, erklären und vorhersagen. So würde beispielsweise eine gute Theorie zum Bindungsverhalten zwischen Kleinkind und Bezugsperson (1) das Verhalten von Babys im Alter von sechs bis acht Monaten *beschreiben*, wenn sie die Zuwendung und den Trost eines ihnen vertrauten Erwachsenen suchen, (2) *erklären*, wie und warum Kleinkinder dieses starke Bedürfnis nach Bindung an eine Bezugsperson entwickeln und (3) die emotionalen, sozialen und kognitiven Folgen *vorhersagen*, die diese emotionale Bindung für die weiteren Beziehungen im Leben dieses Menschen hat.

Theorien sind aus zweierlei Gründen sehr wichtige Werkzeuge: Zum einen liefern sie einen ordnenden Bezugsrahmen für unsere Beobachtungen am Menschen. Anders gesagt, *sie dienen als Leitlinie für unsere Beobachtungen und geben ihnen eine Bedeutung*. Zum anderen vermitteln uns durch Forschung gestützte Theorien eine solide Grundlage für praktisches Handeln. Wenn uns eine Theorie dabei hilft, Entwicklung zu *verstehen*, befinden wir uns in einer wesentlich besseren Position zu wissen, *was man* dafür *tun kann*, um das Wohlergehen des sich Entwickelnden und Entwicklungsinterventionen von Kindern wie auch Erwachsenen zu verbessern.

Wie wir später noch sehen werden, stehen Theorien unter dem Einfluss der kulturellen Wertvorstellungen und Überzeugungen ihrer Zeit. Allerdings unterscheiden sich Theorien auf eine ganz grundlegende Art und Weise von bloßen Meinungen und Überzeugungen: der dauerhafte Bestand einer Theorie ist abhängig von ihrer *wissenschaftlichen Verifizierung*. Dies bedeutet, dass eine Theorie mit angemessenen Forschungsverfahren getestet werden muss – Verfahren, über die sich die Wissenschaftler einig sind. Es bedeutet auch, dass die Ergebnisse neueren Erkenntnissen standhalten können oder sich zu anderen Zeiten auch wiederholen lassen.

Zur menschlichen Entwicklung finden sich zahlreiche Theorien, die ganz unterschiedliche Sichtweisen darüber wiedergeben, wie Menschen sind und wie sie sich verändern. Das Studium der Entwicklung kann uns nicht mit letzten Wahrheiten versorgen, da die Forscher nicht immer darin übereinstimmen, was die Bedeutung ihrer Beobachtungen anbelangt. Hinzu kommt noch, dass Menschen ausgesprochen komplexe Wesen sind, bei denen sich Veränderungen sowohl im körperlichen Bereich als auch im kognitiven, emotionalen und sozialen Bereich abspielen können. Bis zum heutigen Tage gibt es noch keine Theorie, die all diese Aspekte abdecken und erklären könnte. Die Existenz vieler Theorien sorgt jedoch dafür, dass unser Wissen zunimmt, da die Wissenschaftler ständig bemüht sind, diese verschiedenen Sichtweisen zu untermauern, einander gegenüberzustellen und sie zu integrieren. Das vorliegende Kapitel wird die Haupttheorien der menschlichen Entwicklung vorstellen und auf die Forschungsstrategien eingehen, die eingesetzt werden, um diese Theorien zu überprüfen. Später kommt jede einzelne dieser Theorien ausführlicher zur Sprache und in folgenden Kapiteln auch weitere wichtige, aber weniger weltbewegende Theorien. Obwohl es viele Theorien gibt, können wir sie dennoch sehr einfach zuordnen, da fast alle von ihnen sich zu drei grundlegenden Fragen äußern: (1) Ist der Verlauf von Entwicklung kontinuierlich oder diskontinuierlich? (2) Ist ein bestimmter Entwicklungsverlauf charakteristisch für alle Menschen oder gibt es verschiedene Möglichkeiten, wie Entwicklung vor sich gehen kann? (3) Sind genetische Faktoren für den Entwicklungsverlauf wichtiger als Umweltfaktoren? Auf jede dieser Fragen soll nun näher eingegangen werden.

1.2.1 Kontinuität oder Diskontinuität im Entwicklungsverlauf?

Wie lassen sich die Unterschiede in den Kompetenzen von Babys, Kleinkindern, Jugendlichen und Erwachsenen am besten beschreiben? Wie Abbildung 1.1 zeigt, weisen die bedeutenden Theorien zwei Möglichkeiten auf: Bei der einen Modellvorstellung herrscht die Meinung vor, dass Säuglinge und Kinder im Vorschulalter auf ihre Umwelt in ähnlicher Weise reagieren, wie dies Erwachsene tun. Der Unterschied zwischen einem noch unreifen Menschen und einem reifen Menschen ist lediglich im *Wachstum oder der Komplexität* zu sehen. So war zum Beispiel, als Sofie noch ein Baby war, ihre Wahrnehmung einer auf dem Klavier gespielten Melodie, die Erinnerung an vergangene Ereignisse und die Fähigkeit, Gegenstände einzuordnen, unserer eigenen Wahrnehmung wahrscheinlich recht ähnlich. Vielleicht macht es die Unreife aus, dass sie diese Fertigkeiten nicht mit derselben Menge an Information und Präzision ausführen konnte, wie Erwachsenen dies möglich ist. Wenn das der Fall sein sollte, dann muss die Veränderung in ihrem Denken eine **kontinuierliche** sein – ein Prozess, bei dem dieselben Fähigkeiten, die von Anfang an vorhanden gewesen sind, allmählich zunehmen.

Eine weitere Modellvorstellung geht davon aus, dass Säuglinge und Kleinkinder *besondere Arten des Denkens, des Fühlens und des Verhaltens* aufweisen, sehr

1.2 GESCHICHTLICHE HINTERGRÜNDE, THEORIEN UND FORSCHUNGSSTRATEGIEN

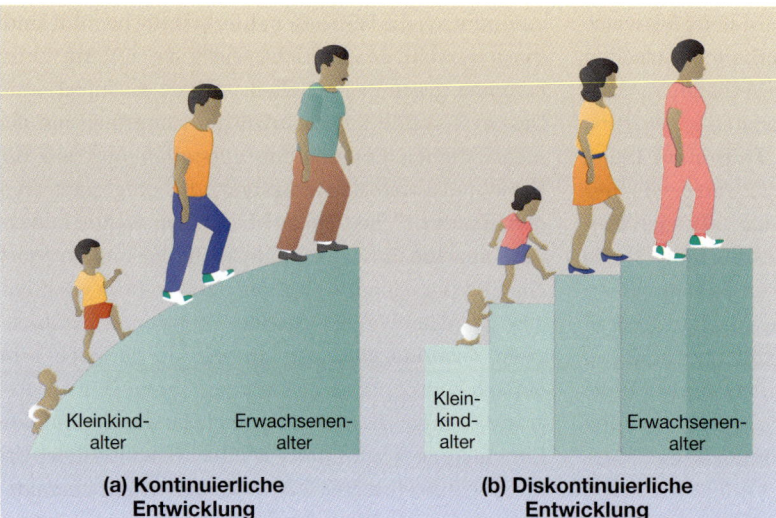

Abbildung 1.1: Kontinuität oder Diskontinuität im Entwicklungsverlauf? (a) Manche Theoretiker sind der Meinung, dass die Entwicklung ein geradliniger, kontinuierlicher Prozess ist, in dem das Individuum schrittweise schon vorhandene Fähigkeiten erweitert. (b) Andere Theoretiker wiederum glauben, dass Entwicklung sich in diskontinuierlichen Stufen abspielt. Der Mensch verändert sich sehr schnell, wenn er gerade in eine höhere Ebene eingetreten ist, während er sich danach eher wenig verändert. Mit jeder neuen Stufe, die erreicht wird, reagiert der Mensch auf seine Umwelt auf eine qualitativ andere Art und Weise.

verschieden von denen Erwachsener. In anderen Worten, die Entwicklung verläuft **diskontinuierlich** – sie ist ein Prozess, bei dem die Umwelt in bestimmten Entwicklungsabschnitten auf neue und unterschiedliche Art und Weise interpretiert wird und auch die Reaktionen auf die Entwicklungsumwelt sich in den verschiedenen Zeitabschnitten anders gestalten. Wenn man den Säugling Sofie von dieser Perspektive aus betrachtet, dann könnte man sagen, dass sie zu dieser Zeit noch nicht fähig war, Ereignisse und Objekte so wahrzunehmen und zu strukturieren, wie dies einem reifen Menschen möglich wäre. Stattdessen durchlief sie eine Reihe von Entwicklungsperioden, jede einzelne von ihnen mit ihr eigenen Merkmalen, bis sie schließlich das höchste Funktionsniveau erreicht hatte.

Stufentheorien mit einer auf Diskontinuität gründenden Modellvorstellung betrachten die Entwicklung als etwas, das in verschiedenen Stufen oder **Phasen** stattfindet – qualitative Veränderungen im Denken, im Fühlen wie im Verhalten, die für die betreffende Stufe charakteristisch sind. Eine solche Theorie betrachtet die Entwicklung in ähnlicher Weise wie eine Treppe, die man hinaufgeht, wobei jeder Schritt einer reiferen und reorganisierten Funktionsweise entspricht. Das Stufenmodell geht auch davon aus, dass der Mensch Zeitabschnitte durchläuft, in denen Veränderungen sehr rasch vor sich gehen, während er sich von einer Stufe zur nächsten bewegt. Oder anders ausgedrückt: Bei diesem Modell wird die Veränderung als etwas recht Unvermitteltes betrachtet und weniger als etwas, das allmählich und fortlaufend geschieht.

Findet Entwicklung denn tatsächlich in einer Reihe von geordneten, voneinander abgegrenzten Phasen statt? Für den Moment wollen wir nur festhalten, dass diese Vorstellung einer sehr ehrgeizigen Annahme entspricht, die nicht ganz unbestritten geblieben ist. Im Verlauf dieses Kapitels werden wir uns noch mit einigen sehr einflussreichen Theorien dieser Art beschäftigen.

1.2.2 Ein bestimmter Entwicklungsverlauf oder verschiedene Pfade?

Theoretiker, die sich für Entwicklungsstufen oder Entwicklungsabschnitte aussprechen, gehen davon aus, dass Menschen überall auf der Welt dieselben Entwicklungsstadien durchlaufen. Zunehmend stellt sich bei der Untersuchung der menschlichen Entwicklung jedoch heraus, dass Kinder und Erwachsene in unterschiedlichen **Kontexte**n bzw. Entwicklungsumwelten leben; das sind einmalige Zusammensetzungen persönlicher und umweltbedingter Umstände, aus denen unterschiedliche Entwicklungswege resultieren können. So wird sich zum Beispiel ein schüchterner Mensch, der vor sozialen Kontakten Angst hat, in einem völlig anderen Kontext entwickeln als ein Gleichaltriger in demselben sozialen Umfeld, dem der Umgang mit anderen leicht fällt (Rubin & Coplan, 1998). Das Erleben von Kindern und Erwachsenen innerhalb ihrer Familien und ihrer Gemeinschaft in nichtwestlichen ländlichen Gesellschaftsformen unterscheidet sich ganz grundlegend vom Erleben der Menschen in westlichen Großstädten. Diese verschiedenartigen Umwelten führen zu unterschiedlichen intellektuellen Fähigkeiten, sozialen Fertigkeiten und einem anderen Selbstbild und Bild vom anderen oder Fremdbild (Shweder et al., 1998).

Wie wir noch sehen werden, betrachten zeitgenössische Theoretiker die Kontexte bzw. die Entwicklungsumwelt als ausgesprochen vielschichtig und komplex. Im Bereich der Persönlichkeit sind hier Erbanlagen und biologische Gegebenheiten in Betracht zu ziehen. Auf der Seite der Umwelt ist es der unmittelbare Lebensrahmen wie das Zuhause, die Schule, die Nachbarschaft und auch allgemeinere Bedingungen, die den Alltag nicht unbedingt direkt betreffen, wie der wirtschaftliche Wohlstand der umgebenden Gesellschaft, die sozialen Werte sowie historische Rahmen. Und nicht zuletzt ein besonderes Interesse an der Kultur hat bei den Forschern zu einer stärkeren Beachtung der Verschiedenartigkeit der Entwicklungspfade geführt.

1.2.3 Anlage oder Umwelt – welches von beiden ist wichtiger?

Zusätzlich zu einer Beschreibung des Entwicklungsverlaufs bezieht jede dieser Theorien Stellung zu einer der wichtigen Fragen zu den Ursachen für die Entwicklungsvariationen: Sind es genetische Faktoren oder sind es umweltbedingte Faktoren, die wichtiger, also ausschlaggebender sind für den Verlauf der Entwicklung? Hier begegnen wir der uralten **Kontroverse zwischen natürlicher Veranlagung („nature") und Entwicklungsumwelt („nurture")**. Unter natürlicher Veranlagung verstehen wir die angeborene biologische Prädisposition (Anlage) – die vererbte Information, die wir von unseren Eltern im Augenblick der Zeugung mitbekommen. Unter Umwelt sind die komplexen Einflüsse der physischen und sozialen Umwelt zu verstehen, die sich vor und nach der Geburt auf unsere biologischen Anlagen und unser psychisches Erleben auswirken.

Obwohl bei allen Theorien sowohl die natürliche Veranlagung als auch die Entwicklungsumwelt eine gewisse Rolle spielen, unterscheiden sie sich doch beträchtlich darin, welche Seite sie betonen. Wenden wir uns zum Beispiel folgender Frage zu: Ist die sich entwickelnde Fähigkeit des Menschen, in immer komplexeren Strukturen zu denken, ein Ergebnis eines angeborenen Zeitplans, in dem Wachstum vor sich geht? Oder steht diese Entwicklung vorwiegend unter dem Einfluss der Stimulation durch Eltern und Lehrer? Verläuft der Spracherwerb bei Kindern deshalb so schnell, weil dafür eine genetische Prädisposition vorhanden ist oder weil die Eltern von Anfang des Lebens eines Kindes an Sprache vermitteln? Und worin ist die Ursache für die gewaltigen Unterschiede der Menschen untereinander zu sehen – Unterschiede in der Körpergröße, dem Gewicht, der physischen Koordinationsfähigkeit, der Intelligenz, der Persönlichkeit und den sozialen Fähigkeiten? Was ist hierfür mehr verantwortlich: „nature" oder „nurture", die natürliche Veranlagung oder die Entwicklungsumwelt?

Einige Theorien leiten aus ihrer Position in der Anlage-Umwelt-Debatte Erklärungen für individuelle Unterschiede ab. Einige dieser Theoretiker betonen die *Stabilität* – das heißt, dass bei Individuen, bei denen ein bestimmtes Merkmal sehr ausgeprägt oder sehr wenig ausgeprägt ist (wie etwa sprachliche Fähigkeiten, Ängstlichkeit oder Neigung zur Geselligkeit), dies auch im höheren Alter so bleiben wird. Diese Theoretiker betonen die Rolle der Erbanlagen. Wenn sie zusätzlich die Umwelt als wichtig betrachten, so verweisen sie für gewöhnlich auf *frühe Erfahrungen*, die zur Ausprägung eines lebenslangen Verhaltensmusters führen. Prägende negative Erlebnisse in den ersten Lebensjahren können, so ihre Argumentation, in späteren Jahren durch positivere Erfahrungen nicht vollständig überwunden werden (Bowlby, 1980; Sroufe, Egeland, & Kreutzer, 1990). Andere Theoretiker wiederum sind in dieser Hinsicht etwas optimistischer (Chess & Thomas, 1984; Nelson, 2002; Werner & Smith, 2001). Sie heben die *Plastizität* hervor: Veränderungen sind möglich und auch wahrscheinlich, wenn neue Erfahrungen ihre Wirkung entfalten.

Das gesamte Kapitel hindurch und darüber hinaus wird sich immer wieder zeigen, dass die Meinungen der Forscher über Stabilität und Veränderungen zum Teil sehr stark auseinander gehen. Ihre Antworten unterscheiden sich oftmals je nach *Entwicklungsbereich* bzw. Aspekt von Entwicklung. Sofies Geschichte zeigt, dass ihre sprachlichen Fähigkeiten und ihr beharrlicher Umgang mit Herausforderungen über ihre gesamte Lebensspanne hinweg stabil geblieben sind. Im Gegensatz dazu war ihr psychisches Wohlergehen wie auch ihre Lebenszufriedenheit erheblichen Fluktuationen unterworfen.

1.3 Die Lebensspannenperspektive: Eine ausgewogene Betrachtungsweise

Bislang haben wir uns den grundlegenden Fragen der menschlichen Entwicklung aus dem Blickwinkel extremer Positionen genähert – mit Antworten, die dem einen oder dem anderen Extrem zugeordnet werden können. Wenn im weiteren Verlauf dieses Kapitels die Entfaltung der Entwicklungspsychologie verfolgt wird, lässt sich erkennen, dass die Extrempositionen vieler einschlägiger Theorien abgemildert worden sind. Ganz besonders die moderneren Theorien erkennen die Verdienste beider Seiten an. Einige Theoretiker sind der Meinung, dass Veränderung sowohl kontinuierlich als auch diskontinuierlich sein kann und beide Möglichkeiten nebeneinander zu beobachten sind. Manche Theoretiker räumen ein, dass Entwicklung sowohl allgemeingültige Merkmale aufweist als auch Merkmale, die für das Individuum und seinen Entwicklungskontext kennzeichnend sind. Weiterhin gibt es eine zunehmende Anzahl Forscher, die Vererbung und Umwelt als untrennbar miteinander verwoben betrachten, wobei beide auf das Potential einwirken, dass die Persönlichkeitseigenschaften und die Kompetenzen des Kindes zu modifizieren vermag (de Wahl, 1999; Wachs, 2000).

Diese ausgewogenen Betrachtungsweisen haben der Expansion der Forschung viel zu verdanken, einer Expansion über die Konzentration auf die ersten beiden Lebensdekaden hinaus hin zur Einbeziehung des Erwachsenenalters. In der ersten Hälfte des 20. Jahrhunderts wurde angenommen, dass die Entwicklung mit der Adoleszenz abgeschlossen ist. Das Säuglingsalter und die Kindheit galten als Zeiten der schnellen Veränderung, das Erwachsenenalter als eine stabile Phase und das Alter als ein Stadium des Rückgangs. Die sich verändernden Merkmale der nordamerikanischen Bevölkerung haben den Forschern die Augen geöffnet und der Vorstellung Raum gegeben, dass die Entwicklung ein lebenslanger Prozess ist. Wegen der Verbesserungen in Bereichen wie der Ernährung, der Hygiene und der Medizin hat die *durchschnittliche Lebenserwartung* (die Anzahl der Jahre, die ein Mensch, der in einem bestimmten Jahr geboren wurde, erwarten kann zu leben) im 20. Jahrhundert stärker zugenommen als in den vorangegangenen 5000 Jahren. Im Jahre 1900 betrug die durchschnittliche Lebenserwartung etwas unter 50 Jahren; heute liegt sie in etwa bei 77 Jahren in den USA und bei 79 in Kanada. Die Folge davon ist eine wachsende Zahl alter Menschen, ein Trend der sich auch in anderen Teilen der Welt zeigt, in den Industrienationen aber ganz besonders auffällig ist. Menschen im Alter von 65 Jahren und darüber machten um 1900 nur etwa 4 % der amerikanischen Gesamtbevölkerung aus, im Jahre 1950 waren es bereits 7 % und im Jahre 2000 lag dieser Prozentsatz sogar schon bei 12 %. Wenn man nur die Bevölkerungszahlen betrachtet, verläuft der Anstieg im 20. Jahrhundert sogar noch dramatischer: Die Anzahl älterer Amerikaner und Kanadier ist im letzten Jahrhundert um das Elffache angestiegen, von 3 Millionen auf 34 Millionen in den USA und von 290.000 auf 4 Millionen in Kanada (U.S. Bureau of the Census, 2002a; Statistics Canada, 2002k).

Heutzutage sind ältere Menschen gesünder und aktiver, als dies in vorangegangenen Generationen der Fall war. Diese Frauen in ihren Siebzigern wandern mit Leichtigkeit an einem Tag viele Kilometer, um Vögel zu beobachten.

Ältere Menschen sind nicht nur zahlreicher in unseren Tagen, sie sind auch gesünder und aktiver. Diese Erscheinung stellt das alte Stereotyp des dahinwelkenden Menschen in Frage und hat in unserer Betrachtungsweise der menschlichen Entwicklung für einen grundlegenden Wandel gesorgt. Verglichen mit anderen Ansätzen, bietet die Lebensspannenperspektive eine umfassendere Sicht der Veränderungen sowie der zugrunde liegenden Faktoren. Dieser Sichtweise liegen vier Annahmen zugrunde: (1) Die Entwicklung ist ein lebenslanger Prozess, (2) die Entwicklung ist mehrdimensional und geht in verschiedene Richtungen, (3) die Entwicklung ist äußerst plastisch (d.h., die individuellen Veränderungsmöglichkeiten sind enorm) und (4) die Entwicklung ist eingebettet in unterschiedliche Entwicklungskontexte (Baltes, Lindenberger, & Staudinger, 1998; Smith & Baltes, 1999).

1.3.1 Entwicklung über die ganze Lebensspanne

In der Lebensspannenperspektive wird in ihrer Wirkung auf den Lebenslauf keiner Altersstufe der Vorrang gegeben. In jeder der hauptsächlichen Lebensabschnitte treten Ereignisse ein oder laufen Prozesse ab (siehe Tabelle 1.1), die alle eine gleich starke Auswirkung auf zukünftige Veränderung haben können. Innerhalb jedes dieser Lebensabschnitte ereignet sich Veränderung in drei umfassenden Kategorien: auf physischer, auf kognitiver und auf sozialer Ebene. Aus Gründen der Vereinfachung wird jeder dieser Bereiche für sich betrachtet (siehe Abbildung 1.2. für eine Beschreibung der einzelnen Bereiche). Wie allerdings aus der Lektüre des ersten Teils des Kapitels bekannt sein dürfte, handelt es sich hier nicht wirklich um voneinander getrennte Bereiche, sondern um Kategorien, die sich überschneiden können und in Wechselwirkung zueinander stehen.

Tabelle 1.1

Die wichtigen Lebensabschnitte in der menschlichen Entwicklung über die Lebensspanne

Zeitabschnitt	Ungefähres Alter	Kurzbeschreibung
Pränatal	Empfängnis bis Geburt	Der aus einer einzigen Zelle bestehende Organismus wächst heran zu einem Fötus mit erstaunlichen Potentialen, die die Anpassung an das Leben außerhalb des Uterus erlauben.
Säuglings- und Krabbelalter	Geburt–2 Jahre	Einschneidende Veränderungen in Körper und Gehirn dienen als Grundlage für das Entstehen einer weiten Palette motorischer, perzeptueller wie intellektueller Veränderungen sowie dem Entstehen erster Bindungen an andere.
Frühe Kindheit	2–6 Jahre	Die Spieljahre, in denen die motorischen Fähigkeiten zunehmen, und sich Denken und Sprache mit erstaunlicher Schnelligkeit entwickeln. Moralisches Empfinden beginnt erkennbar zu werden und das Kind fängt an, Bindungen zu Gleichaltrigen aufzubauen.
Mittlere Kindheit	6–11 Jahre	Die Schuljahre, die gekennzeichnet sind von sichtbaren Fortschritten in den sportlichen Fähigkeiten; den logischen Denkprozessen, in grundlegenden schulischen Kenntnissen; im Verständnis des eigenen Selbst, von Ethik und Freundschaft; sowie der Zugehörigkeit zu einer Peergruppe (Gruppe von Gleichaltrigen)
Adoleszenz	11–21 Jahre	Die Pubertät führt zu sexueller Reife und einem erwachsenen Körper. Die Gedanken werden abstrakter und idealistischer und die Schulleistungen werden zunehmend ernster genommen. Der junge Erwachsene richtet seine Aufmerksamkeit darauf, persönliche Werte und Ziele zu definieren und von der Herkunftsfamilie unabhängig zu werden.
Frühes Erwachsenenalter	21–40 Jahre	Die meisten jungen Menschen verlassen die Familie, beenden ihre Ausbildung und treten in das Arbeitsleben ein. Das Hauptaugenmerk liegt nun auf der Weiterentwicklung im Berufsleben, dem Aufbau einer intimen Partnerbeziehung, dem Heiraten, der Kindererziehung oder der Entwicklung anderer alternativer Lebensstile.
Mittleres Erwachsenenalter	40–65 Jahre	Viele Menschen befinden sich nun auf der Höhe ihrer beruflichen Karriere und haben die Führungsetage erreicht. Dies ist die Phase, in der sie ihren eigenen Kindern helfen, sich ein selbstständiges Leben aufzubauen, und in der sie ihren Eltern helfen, mit dem Alter besser zurechtzukommen. Ihrer eigenen Sterblichkeit werden sie sich immer mehr bewusst.
Spätes Erwachsenenalter	65 Jahre–Tod	Der Mensch bereitet sich auf das Rentenalter vor, lernt, mit den abnehmenden Körperkräften und der nachlassenden Gesundheit umzugehen. Oft muss das kritische Lebensereignis des Todes des Ehepartners bewältigt werden. Es wird über den Sinn des Lebens reflektiert.

1.3 GESCHICHTLICHE HINTERGRÜNDE, THEORIEN UND FORSCHUNGSSTRATEGIEN

Emotionale und soziale Entwicklung: Veränderungen in der Bindung, der emotionalen Kommunikation, dem Selbstverständnis, dem Wissen von anderen Menschen, in den zwischenmenschlichen Fähigkeiten, den Freundschaften, den engen bzw. intimen Beziehungen sowie dem ethischen Verständnis und Verhalten.

Körperliche Entwicklung: Veränderungen in der Körpergröße, den Proportionen, dem äußeren Erscheinungsbild, den Körperfunktionen, den perzeptuellen und motorischen Fähigkeiten sowie der körperlichen Gesundheit.

Kognitive Entwicklung: Veränderungen in den intellektuellen Fähigkeiten, einschließlich der Aufmerksamkeit, im Erinnerungsvermögen, im Wissensstand (dem akademischen und dem Wissen über Zusammenhänge im Alltagsleben), der Fähigkeit, Problemlösungsstrategien zu entwickeln, der Phantasie, der Kreativität und der Sprache.

Abbildung 1.2: Drei wichtige Bereiche der Entwicklung: Sie sind nicht voneinander getrennt, vielmehr stehen sie in Wechselwirkung zueinander und überschneiden sich.

Jeder dieser Abschnitte hat seine eigenen spezifischen Herausforderungen und Möglichkeiten, die bei vielen Menschen jedoch zu ähnlichen Veränderungen führen. Trotzdem unterscheiden sich die Herausforderungen, denen sich der Einzelne in seinem Leben zu stellen hat, sowie seine Anpassungsstrategien von denen anderer Menschen. Sowohl die Entwicklungszeitpunkte als auch das Entwicklungsmuster sind interindividuell ganz verschieden. Die folgenden Annahmen werden dies noch einmal klarer herausstellen.

1.3.2 Multidimensionale und multidirektionale Entwicklung

Denken wir noch einmal an Sofies Leben zurück, in dem sie fortwährend mit neuen Anforderungen und neuen Möglichkeiten konfrontiert war. Die Lebensspannenperspektive betrachtet die Herausforderungen und die Adaption in der Entwicklung als *multidimensional* – als von einer komplexen Mischung aus biologischen, psychischen und sozialen Wirkfaktoren beeinflusst.

Die Entwicklung während der gesamten Lebensspanne ist *multidirektional*, sie verläuft mindestens in zwei Richtungen. Zum einen beschränkt sich Entwicklung nicht auf verbesserte Leistungen, sondern in allen diesen Abschnitten ist die Entwicklung ein Ausdruck von Wachstum und von Rückgang. Als Sofie ihre Energien auf das Beherrschen verschiedener Sprachen und auf die Musik richtete, musste sie es aufgeben, andere Fertigkeiten bis zu ihrem vollen Potential zu kultivieren. Als sie sich im Erwachsenenalter dafür entschied, Lehrerin zu werden, konnte sie anderen Berufsmöglichkeiten nicht mehr nachgehen. Obwohl die Errungenschaften in den frühen Lebensjahren besonders auffällig sind, während es in den späten Jahren die Verluste sind, die ins Auge fallen, kann der Mensch doch in allen Altersstufen seine gegenwärtigen Fähigkeiten verbessern und neue entwickeln, ganz besonders solche, die dazu dienen, ein reduziertes Funktionieren zu kompensieren (Freund & Baltes, 2000). Ein älterer Psychologe, dem seine Schwierigkeiten auffielen, sich an die Namen von Leuten zu erinnern, erfand taktvolle Erklärungen für den Ausfall seines Erinnerungsvermögens. Oftmals schmeichelte er seinem Gegenüber, indem er anmerkte, dass es nur die wichtigen Menschen seien, deren Namen er vergäße. Unter diesen Umständen, erklärte er einmal, „könnte Vergessen sogar etwas sein, das Freude macht" (Skinner, 1983, S. 240).

Abgesehen von der Multidirektionalität der Veränderung über die gesamte Lebensspanne, ist diese auch multidirektional innerhalb eines bestimmten Entwicklungsbereichs. Obwohl einige der Qualitäten der kognitiven Funktionen bei Sofie (wie beispielsweise das Erinnerungsvermögen) sich in ihren späteren Jahren wahrscheinlich zurückgebildet haben, so haben doch ihre englischen und französischen Sprachkenntnisse zweifellos während ihres gesamten Lebens zugenommen. Und sie hat auch neue Formen des Denkens entwickeln können. So hat beispielsweise Sofies reicher Erfahrungsschatz und die Fähigkeit, sich mit den verschiedensten Problemen auseinander zu setzen, sie zu einer Expertin in praktischen Belangen des Lebens werden lassen – ein Bereich des Denkens und Schlussfolgerns, den man als Weisheit bezeichnet. Ein Beispiel dafür ist der Rat, den Sofie Laura und Ken am Vorabend ihrer Hochzeit gab. Im 17. Kapitel wird die Entwicklung der Weisheit vorgestellt. In all den bisherigen Beispielen zeigt sich, dass die Lebensspannenperspektive sowohl kontinuierliche als auch diskontinuierliche Veränderung einschließt.

1.3.3 Plastizität in der Entwicklung

Forscher im Bereich der Entwicklung über die Lebensspanne betonen die Plastizität der Entwicklung in allen Lebensaltern. Sofies soziale Zurückhaltung in ihrer Kindheit zum Beispiel und ihre Entscheidung im jungen Erwachsenenalter, zu studieren und nicht zu heiraten, änderten sich, als sich neue Gelegenheiten boten: sie heiratete und gebar Kinder in ihren Dreißigern. Und obwohl Elternschaft und finanzielle Schwierigkeiten die Beziehung von Sofie und Philip auf die Probe stellten, wurde diese reicher und erfüllter. In Kapitel 17 wird sich zeigen, dass die intellektuellen Leistungen auch im fortgeschrittenen Alter flexibel bleiben können. Ältere Menschen reagieren auf besondere Trainingsmaßnahmen mit deutlichen (aber nicht unbegrenzten) Leistungsgewinnen in vielen intellektuellen Fähigkeitsbereichen (Schaie, 1996).

Die enge Beziehung dieses Mädchens mit ihrem Großvater vermittelt ihr die soziale Unterstützung, die sie benötigt, mit Stress fertig zu werden und Probleme konstruktiv zu lösen. Eine warmherzige Bindung zu einem Menschen außerhalb der Familie kann viel zur Resilienz beitragen.

Forschungsergebnisse zum Thema Plastizität machen deutlich, dass der Alterungsprozess nicht den sicheren Untergang eines Menschen bedeutet, wie dies häufig angenommen wurde. Die Metapher des „Schmetterlings" – einer Metamorphose und eines andauernden Potentials – liefert ein wesentlich passenderes Bild der Veränderungen über die gesamte Lebensspanne hinweg (Lemme, 2002). Dennoch bleibt es unbestritten, dass die Plastizität mit fortschreitendem Alter langsam abnimmt und sich damit sowohl die Fähigkeiten als auch die Möglichkeiten zur Veränderung reduzieren. Zudem gibt es sehr große Unterschiede in der Plastizität. Die Lebensumstände mancher Kinder und Erwachsenen sind vielfältiger als die anderer. Wie der Info-Kasten zum Thema Biologie und Umwelt aufzeigt, passen sich manche Menschen leichter an veränderte Gegebenheiten an als andere.

1.3.4 Entwicklung in vielfältigen Kontexten

Gemäß der Lebensspannenperspektive sind Veränderungen bzw. die Art und Weise, wie diese vor sich gehen, in höchstem Maße verschieden, da die Ent-

Biologie & Umwelt: Resilienz

Martin und sein bester Freund Gerhard sind in einem verwahrlosten, kriminellen Großstadtmilieu aufgewachsen. Beide hatten bis zu ihrem zehnten Lebensjahr schon jahrelange Konflikte in der Familie erlebt, die mit einer Scheidung der Eltern endeten. Den Rest ihrer Kindheit und Jugend verbrachten sie bei ihren alleinerziehenden Müttern. Ihre Väter sahen Martin und Gerhard nur selten. Die Schulleistungen beider waren nicht besonders gut, sie brachen die Mittelschule ab und gerieten immer wieder in Schwierigkeiten mit der Polizei.

Dann allerdings trennten sich ihre Wege. Im Alter von dreißig Jahren hatte Martin bereits zwei Kinder gezeugt mit Frauen, mit denen er aber keine Ehe einging, hatte eine Gefängnisstrafe abgesessen, war arbeitslos und starker Alkoholiker. Im Gegensatz dazu war Gerhard wieder auf die Mittelschule zurückgekehrt und hatte diese abgeschlossen, hatte in seiner Heimatstadt Automechaniker gelernt und wurde zum Pächter einer Tankstelle und der dazugehörigen Autowerkstätte. Verheiratet und Vater von zwei Kindern, hatte er Geld auf die Seite gelegt, sich ein Haus gekauft und war glücklich, gesund und kam mit dem Leben gut zurecht.

Eine große Anzahl von Forschungsergebnissen belegt, dass Umweltrisiken wie Armut, negative Interaktionen innerhalb der Familie sowie Ehescheidung, der Verlust des Arbeitsplatzes, psychische Krankheiten und Drogenmissbrauch Kinder anfälliger werden lassen für spätere Probleme (Masten & Coatsworth 1998). Warum hat es Gerhard geschafft und das alles relativ unbeschadet überstanden?

Neue Ergebnisse zur **Resilienz** – das ist die Fähigkeit, die eigene Entwicklung trotz ungünstiger Umstände zu bewältigen – haben zunehmend Aufmerksamkeit gefunden, da Forscher nach immer neuen Möglichkeiten suchen, junge Menschen vor den schädlichen Einflüssen stressreicher Lebenseinflüsse zu bewahren (Masten, 2001). Dieses Interesse wurde angeregt durch mehrere Längsschnittstudien zu den Zusammenhängen von Stressfaktoren in der Kindheit und Kompetenz und Anpassungsleistungen in der Adoleszenz und dem Erwachsenenalter (Garmezy, 1993; Rutter, 1987; Werner & Smith, 2001). In jeder dieser Studien waren einige der Personen vor negativen Folgen geschützt, während andere dauerhafte Probleme aufwiesen. Vier allgemeine Schutzfaktoren vor den negativen Folgen stressreicher Lebensereignisse sollen im Folgenden vorgestellt werden:

Persönlichkeitsmerkmale. Die biologisch verankerten Temperaments- und Persönlichkeitseigenschaften eines Kindes können dafür sorgen, dass die Wahrscheinlichkeit, Risiken ausgesetzt zu sein, geringer ist oder zu Erfahrungen führen, die die frühen stressreichen Erlebnisse zu kompensieren vermögen. Intellektuelle Fähigkeiten beispielsweise sind Schutzfaktoren. Sie vergrößern die Chancen, dass ein Kind in der Schule positive Erfahrungen erlebt, die die stressreichen Erlebnisse zu Hause kompensieren können und die die intellektuellen Fähigkeiten des Kindes weiter verbessern (Masten et al., 1999).

Das Temperament des Kindes ist an dieser Stelle ein besonders einflussreicher Aspekt. Kinder mit einer unbeschwerten, geselligen Disposition verfügen über eine besondere Kapazität, sich Veränderungen anzupassen und anderen Menschen positive Reaktionen zu entlocken. Kinder, die emotional eher reizbar und aufbrausend sind, verlangen der Geduld der sie umgebenden Erwachsenen oft viel ab (Milgram & Palti, 1993; Smith & Prior, 1995). Martin und Gerhard beispielsweise sind in ihrer Kindheit mehrmals umgezogen. Jedes Mal wurde Martin ängstlich und wütend, während Gerhard sich darauf freute, neue Freunde zu gewinnen und die neue Umgebung zu erforschen.

Eine warmherzige Beziehung zu den Eltern. Eine enge Beziehung zu mindestens einem Elternteil, der dem Kind emotionale Zuwendung entgegenbringt, ihm hilft und Orientierung und Ordnung in das Leben des Kindes bringt, trägt viel zum Aufbau von Resilienz bei. Dieser Faktor (wie auch der folgende) ist nicht unabhängig von den Persönlichkeitseigenschaften des Kindes zu betrachten. Pflegeleichte Kinder, die auf Kontakte gut reagieren und denen es nicht schwer fällt, sich auf Veränderungen einzustellen, werden eher in den Genuss positiver Beziehungen zu den Eltern und anderen Menschen kommen. Als Folge der erfahrenen Wärme und Aufmerksamkeit durch ihre Bezugspersonen werden sie eher eine für andere anziehende Disposition entwickeln (Smith & Prior, 1995; Wyman et al., 1999).

Soziale Unterstützung außerhalb des engen Familienkreises. Ein Mensch außerhalb der Familie – eine Großmutter oder ein Großvater, ein Lehrer oder ein enger Freund –, zu dem sich eine enge Bindung entwickelt, kann viel zur Resilienz beitragen. Gerhard fand während der Adoleszenz Unterstützung durch seinen Großvater, der sich Gerhards Sorgen anhörte und ihm dabei half, seine Probleme konstruktiv zu lösen. Hinzu kam, dass Gerhards Großvater in einer stabilen Ehebeziehung lebte, einer geregelten Arbeit nachging und es verstand, mit Stressfaktoren geschickt umzugehen. Infolgedessen diente er Gerhard als Vorbild für den Erwerb effektiver Bewältigungsstrategien (Zimmerman & Arunkumar, 1994).

Eine stabile soziale Umwelt. Die Möglichkeit, sich am Gemeinschaftsleben zu beteiligen, erhöht die Wahrscheinlichkeit, dass ältere Kinder und Jugendliche die Widrigkeiten des Lebens besser überstehen. Freiwillige Aktivitäten und Arbeitsgemeinschaften in der Schule, Zugehörigkeit zu religiösen Jugendgruppen, den Pfadfindern und ähnlichen Organisationen vermitteln wichtige soziale Kompetenzen wie Kooperation, Führungskompetenz und auf das Wohlergehen anderer zu achten. Wenn diese Kompetenzen von den Mitgliedern solcher Gruppen erworben werden, gewinnt der Einzelne an Selbstvertrauen, Selbstwertgefühl und Verantwortungsgefühl für den Nächsten. Als Student der Fachschule arbeitete Gerhard freiwillig in einem Projekt für „Menschliches Wohnen" mit und schloss sich einem Team an, das preiswerte Wohnungen in einer einkommensschwachen Wohngegend baute. Eine Einbindung in das Gemeindeleben ermöglichte Gerhard weitere für ihn bedeutsame Beziehungen, die seine Resilienz weiter stärkten (Seccombe, 2002).

Resilienzforschung lässt die komplexen Zusammenhänge zwischen Vererbung und Umwelt deutlich werden. Mit positiven Eigenschaften ausgestattet – mögen sie nun vererbt sein oder sich aus einem positiven Erleben in der Familie entwickelt haben, oder beides – können Kinder und Jugendliche stressreichen Situationen aktiv begegnen und deren negative Wirkung verringern. Wenn jedoch viele Risikofaktoren zusammenkommen, wird es zunehmend schwieriger, diese zu überwinden (Quyen et al., 1998). Daher ist es notwendig, mit gezielten Interventionen diese Risiken zu mindern und die Beziehungen in der Familie, in der Schule und in der Gemeinschaft zu fördern und zu bereichern, denn diese Beziehungen sind es, die den jungen Menschen vor den negativen Folgen dieser Risikofaktoren bewahren können. Praktisch gesehen bedeutet dies, dass man sich sowohl mit dem Einzelnen als auch mit seiner Umwelt befassen muss, indem man die Fähigkeiten und Kompetenzen des Einzelnen stärkt, aber auch die Problemursachen beseitigt.

wicklung *in vielfältige Kontexte eingebettet* ist. Obwohl diese weitgefächerten Einflüsse sich in drei Kategorien einordnen lassen, greifen sie dennoch ineinander und geben in ihrer jeweils einzigartigen Kombination jedem Leben eine andere Richtung.

■ Altersabhängige Einflüsse

Als **altersabhängige Einflüsse** versteht man Ereignisse, die sehr eng mit der betreffenden Altersstufe verbunden sind; daher sind ihr zeitliches Eintreffen sowie ihre Dauer auch recht gut vorhersehbar. Die meisten Menschen beispielsweise laufen kurz nach ihrem ersten Geburtstag, erlernen ihre Muttersprache in den Jahren vor Schuleintritt, erreichen die Pubertät im Alter von elf bis 15 Jahren und (bei Frauen) beginnen die Wechseljahre in ihren späten Vierzigern oder frühen Fünfzigern. Diese Meilensteine stehen unter dem Einfluss biologischer Gegebenheiten, aber auch die sozialen Normen des Umfeldes können altersabhängige Einflüsse hervorrufen. Der Beginn der Schulzeit im Alter von sechs Jahren, der Führerschein mit 18 und der Übergang zur Universität, zu Fachhochschulen usw. mit 19 oder 20 sind Ereignisse dieser Art. Altersabhängige Einflüsse sind besonders in der Kindheit und der Adoleszenz vorherrschend, also in einer Zeit, in der die biologischen Veränderungen sehr schnell vonstatten gehen. Die Kultur gibt viele dieser altersgebundenen Ereignisse vor, um sicherzustellen, dass die jungen Menschen die nötigen Fähigkeiten erlernen, die notwendig sind, um sich in der Gesellschaft auch zurechtzufinden.

■ Epochal bedingte Einflüsse

Entwicklung wird natürlich auch stark von den Kräften beeinflusst, die einer bestimmten historischen Zeit eigen sind. Als Beispiel könnte man hier Ereignisse anführen wie Epidemien, Kriege, Zeiten von wirtschaftlichem Wachstum oder einer Wirtschaftskrise; technologischer Fortschritt wie etwa die Einführung von Fernsehen, Computer und Internet und sich verändernde kulturelle Wertvorstellungen wie die fortschrittlichere Einstellung Frauen oder ethnischen Minderheiten gegenüber. Diese **epochal bedingten Einflüsse** bieten eine Erklärung dafür, warum Menschen, die etwa zur gleichen Zeit geboren sind – man nennt sie eine Kohorte –, sich in bestimmten Aspekten ähneln und sich von Menschen unterscheiden, die zu einer anderen Zeit geboren wurden.

■ Nichtnormative Einflüsse

Normativ bedeutet so viel wie typisch oder durchschnittlich. Altersabhängige und epochal bedingte

1.4 GESCHICHTLICHE HINTERGRÜNDE, THEORIEN UND FORSCHUNGSSTRATEGIEN

Einflüsse sind normativ, weil sie eine große Anzahl Menschen auf ähnliche Art und Weise beeinflussen. **Nichtnormative Einflüsse** sind irreguläre Ereignisse, da sie von nur einem Menschen oder einigen wenigen erlebt werden und keinem vorhersehbaren Zeitplan folgen. Folglich tragen sie auch zur Multidirektionalität der Entwicklung bei. Klavierstunden mit einem anregenden Lehrer in der Kindheit, eine erste Verabredung mit dem ihr noch unbekannten Philip, eine späte Ehe, Elternschaft oder ein spätes Eintreten ins Berufsleben sowie der Kampf gegen den Krebs sind nichtnormative Ereignisse, die eine große Auswirkung darauf hatten, welche Richtung Sofies Leben nahm. Da sie zufällig passieren, sind nichtnormative Ereignisse für den Wissenschaftler die am schwierigsten zu erfassenden und zu untersuchenden Bedingungen. Wie die eigene Erfahrung zeigt, sind dies jedoch Ereignisse, die uns auf ganz besonders starke Weise beeinflussen können.

Lebenslaufforscher weisen darauf hin, dass nichtnormative Einflüsse in der heutigen Entwicklung des Erwachsenen mehr Einfluss haben und die Bedeutung altersgraduierter Einflüsse eher abgenommen hat. Verglichen mit der Ära, in der Sofie lebte, gibt es heute große interindividuelle Unterschiede darin, wann der Einzelne seine Ausbildung abschließt, ins Berufsleben eintritt, heiratet, Kinder bekommt und sich zur Ruhe setzt (Schroots & Birren, 1990). Tatsächlich wären Sofies Erfolge, die zeitlich so außer der Reihe stattfanden, weniger ungewöhnlich gewesen, hätte sie ein oder

Der Schulbeginn ist eine bedeutsame Veränderung im Leben dieser sechsjährigen Kinder. Da der erste Schultag für die meisten Kinder in Industrienationen in etwa demselben Alter stattfindet, bezeichnet man ihn als einen altersabhängigen Einfluss.

zwei Generationen später das Licht der Welt erblickt. Das Alter ist und bleibt ein zentraler Ordnungsfaktor alltäglichen Erlebens, und altersabhängige Erwartungen sind sicherlich auch nicht völlig verschwunden. Heutzutage sind die am Alter festgemachten Meilensteine weniger deutlich; sie sind zudem auch noch je nach ethnischer Gruppe oder Kultur unterschiedlich. Die zunehmende Rolle, die heute nichtnormative Ereignisse im Lebenslauf spielen, trägt noch das ihre zu den fließenden Übergängen bei, die die Entwicklung über die Lebensspanne hinweg ausmachen.

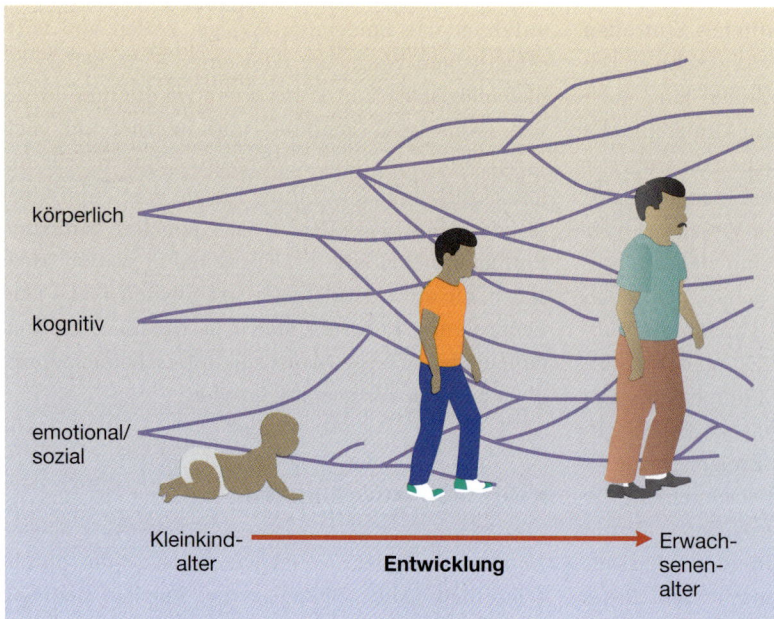

Abbildung 1.3: Die Entwicklung aus der Sicht der Entwicklungspsychologie über die Lebensspanne. Statt von einer einzigen Linie von stufenweiser oder kontinuierlicher Entwicklung auszugehen (siehe Abb. 1.1), verstehen die Theoretiker eine Entwicklung über die Lebensspanne eher wie die Äste eines Baumes, die sich in verschiedene Richtungen ausstrecken. Viele potentielle Richtungen sind möglich, abhängig von den Entwicklungsumwelten, die den Lebensverlauf des Einzelnen beeinflussen. Jeder Ast in dieser baumähnlichen Darstellung repräsentiert eine mögliche Fähigkeit innerhalb einer der Hauptentwicklungsbereiche. Die Überschneidung der Äste bedeutet, dass diese Bereiche – der körperliche, der kognitive und der soziale – zusammenhängen.

Zu beachten ist an dieser Stelle, dass die Lebensspannenperspektive nicht nur von einer einzigen Entwicklungsrichtung ausgeht, sondern davon, dass es viele verschiedene mögliche Richtungen und Ergebnisse gibt – ein Bild dafür wäre ein Baum, dessen Äste sich in verschiedene Richtungen ausstrecken und die immerfort in Veränderung begriffen sind, Veränderungen, die in verschiedenen Stadien ablaufen (siehe Abbildung 1.3). Es folgen nun die historischen Grundlagen der Entwicklungspsychologie. Es wird damit eine Diskussion der Haupttheorien eingeleitet, die sich mit den verschiedenen Aspekten der Entwicklung beschäftigen.

> **Prüfen Sie sich selbst ...**
>
> **Rückblick**
> Zeigen Sie die Unterschiede von altersabhängigen, epochal bedingten und nichtnormativen Einflüssen auf die Entwicklung über die Lebensspanne hinweg auf. Bringen Sie für jeden dieser Einflüsse ein Beispiel aus Sofies Geschichte zu Beginn dieses Kapitels.
>
> **Zusammenhänge**
> Wie bezieht die Lebensspannenperspektive Stellung zur Frage, ob *ein einheitlicher Entwicklungsweg besteht oder viele mögliche*? Wie steht sie zur Frage des *Stellenwertes von Anlage oder Entwicklungsumwelt* und zur Frage der *Stabilität bzw. der Veränderung im Laufe der Entwicklung*? Erläutern Sie.
>
> **Prüfen Sie sich selbst ...**

1.4 Historische Grundlagen

Zeitgenössische Theorien menschlicher Entwicklung sind das Resultat jahrhundertelangen Wandels westlicher kultureller Wertvorstellungen, philosophischen Denkens und wissenschaftlichen Fortschrittes. Um die Entwicklungspsychologie zu verstehen, so wie sie sich heutzutage präsentiert, müssen wir uns zu ihren Anfängen zurückbegeben, zurück zu den Einflüssen, die es schon lange vor dem wissenschaftlichen Arbeiten gab. Wir werden feststellen, dass viele dieser frühen Ideen als wichtige Kräfte in der heutigen Theorie und Forschung erhalten geblieben sind.

1.4.1 Philosophien der Kindheit

Im mittelalterlichen Europa (vom 6. bis zum 15. Jahrhundert) wurde der Kindheit als einer gesonderten Lebensphase wenig Bedeutung beigemessen. Wenn das Kind einmal aus dem Säuglingsalter heraus war, wurde es als kleiner, fertig geformter Erwachsener betrachtet. Dieser Ansatz wird als **Präformationstheorie** bezeichnet (Ariès, 1962). Es gab Gesetze zum Schutz der Kinder vor Misshandlungen und auf medizinischem Gebiet gab es Anweisungen, wie Kinder zu versorgen waren. Trotz des vorhandenen Bewusstseins der Verletzlichkeit des Kindes gab es dennoch keine Philosophien, die die Einzigartigkeit der Kindheit oder der anderen Entwicklungsphasen zum Gegenstand hatten (Borstelmann, 1983).

Im 16. Jahrhundert entstand aus dem Glauben an die Erbsünde ein gewandeltes Bild des Kindes. Strenge, restriktive Erziehungsmaßnahmen wurden als das beste Mittel empfohlen, das „moralisch verdorbene" Kind zu zähmen. Obwohl Züchtigung die vorherrschende Erziehungsmaßnahme darstellte, hinderte die Zuneigung zu ihren Kindern doch die meisten Eltern daran, allzu extrem unterdrückende Maßnahmen anzuwenden. Stattdessen wurde versucht, dem Sohn oder der Tochter Vernunft beizubringen, damit diese selbst Gut und Böse unterscheiden lernten und somit in der Lage waren, der Versuchung zu widerstehen. (Clarke-Stewart, 1998).

■ **John Locke**

Die Philosophien der Aufklärung im 17. Jahrhundert stellten die Ideale der menschlichen Würde und des Respekts in den Mittelpunkt ihrer Überlegungen. Die Schriften von John Locke (1632-1704), einem führenden englischen Philosophen, dienten als Vorläufer eines im 20. Jahrhundert verbreiteten Ansatzes, der kurz näher betrachtet werden soll: dem *Behaviorismus*. Locke betrachtete das Kind als eine **Tabula rasa** – als ein „unbeschriebenes Blatt". Demnach ist der Geist des Kindes zu Anfang leer und alle möglichen Erfahrungen, die das Kind macht, tragen zur Formung seines Charakters bei. Locke (1690/1892) beschrieb Eltern als der Vernunft gehorchende Erzieher, die ihr Kind in jeglicher ihnen vorstellbaren Art und Weise formen können, indem sie ihm sorgfältige Instruktion angedeihen lassen, als wirkungsvolles Beispiel vorangehen und das Kind für gutes Benehmen belohnen. Seine Philosophie führte zu einer Entwicklung in der Erziehung: weg von Strenge, hin zu Freundlichkeit und Mitgefühl.

Wer sich Lockes Ideen einmal genau anschaut, wird feststellen, dass er zu den grundlegenden Fragen, die zu Anfang des Kapitels diskutiert wurden, einen klaren Standpunkt bezogen hat. Locke sah Entwicklung als *kontinuierlich*: erwachsenes Verhalten wird langsam aufgebaut durch die warmherzigen, konsequenten Anweisungen der Eltern. Dass Locke das Kind als Tabula Rasa betrachtete, brachte ihn dazu, dem Faktor Umwelt den Vorrang bei der Formung des Kindes zu geben. Dieser Glaube an den Einfluss der Umwelt legt die Möglichkeit nahe, dass es auch in späteren Lebensjahren noch viele Richtungen von Entwicklung und Veränderung gibt, die sich durch neue Erfahrungen ergeben. Doch charakterisiert die Philosophie Lockes das Kind als passiv, als wenig zur Gestaltung des eigenen Schicksals beitragend. Es wird wie ein weißes Blatt Papier von anderen Menschen beschrieben. Diese Sichtweise wurde später verworfen. Alle gegenwärtigen Theorien betrachten den sich entwickelnden Menschen als ein aktives Wesen mit Lebenszielen, das zur eigenen Entwicklung selbst Wesentliches beiträgt.

■ Jean-Jacques Rousseau

Im 18. Jahrhundert wurde von dem französischen Philosophen Jean-Jacques Rousseau (1712-1778) eine neue Theorie zur Kindheit eingeführt. Das Kind, so Rousseau (1762/1955), sei nicht ein unbeschriebenes Blatt, das nur mit den Anweisungen der Eltern gefüllt werden müsse. Stattdessen seien Kinder wie **edle Wilde,** mit der natürlichen Anlage, Recht von Unrecht zu unterscheiden, und mit einem angeborenen Plan für ein geordnetes gesundes Wachstum. Ganz im Gegensatz zu Locke war Rousseau der Meinung, dass das angeborene Moralverständnis eines Kindes sowie seine besondere Art zu denken und zu fühlen von elterlicher Erziehung nur negativ beeinflusst würde. In seiner Philosophie stand das Kind im Mittelpunkt, wobei der Erwachsene für die Bedürfnisse des Kindes in jeder der vier Entwicklungsphasen empfänglich sein sollte: in der Säuglingszeit, der Kindheit, der späten Kindheit und der Adoleszenz.

Rousseaus Philosophie vereint in sich zwei einflussreiche Konzepte. Zum einen sind es die *Stufen*, die in diesem Kapitel schon betrachtet wurden. Das zweite Konzept ist die **Reifung,** die als genetisch determinierter, sich natürlich entfaltender Verlauf von Wachstum verstanden wird. Im Gegensatz zu Locke waren Kinder für Rousseau Wesen, die selbst ihr Schicksal bestimmten. Auch hinsichtlich der grundlegenden Fragen der Entwicklung bezog er einen anderen Standpunkt:

Entwicklung sah er als diskontinuierlich an, als einen *stufenförmigen* Prozess, der einem *einzigen, einheitlichen Entwicklungsverlauf* folgt, so wie er von der *Natur* vorgegeben ist. Stufenförmig verläuft Entwicklung dann, wenn nachfolgende Entwicklungsverläufe auf den vorherigen aufbauen.

1.4.2 Philosophien des Erwachsenenalters und des Alters

Kurz nachdem Rousseau seine Konzeption der Kindheit entwickelt hatte, tauchten die ersten Ansätze zu einer Entwicklungstheorie über die Lebensspanne auf. Im achtzehnten und frühen 19. Jahrhundert drängten die beiden deutschen Philosophen John Nicolaus Tetens (1736-1807) und Friedrich August Carus (1770-1808) darauf, dass die auf die Entwicklung gerichtete Aufmerksamkeit auch auf das Erwachsenenalter ausgedehnt werden sollte. Beide stellten zudem auch wichtige Fragen zum Thema Altern.

Auf diesem Gemälde sind Kinder als Miniaturerwachsene dargestellt. Ihre Kleidung und ihre Ausdrucksformen ähneln denen von Erwachsenen. Im 19. Jahrhundert wurde die Kindheit kaum als eigenständige Entwicklungsphase gesehen.

Tetens (1777) beschäftigte sich mit den Ursprüngen und dem Ausmaß individueller Unterschiede, der Veränderbarkeit individuellen Verhaltens noch im Erwachsenenalter sowie den Auswirkungen der historischen Epoche, in der ein Mensch lebt, auf seinen Entwicklungsverlauf. Er war seiner Zeit voraus mit der Erkenntnis, dass es älteren Menschen möglich ist, ihren intellektuellen Abbau zu kompensieren, und dass in dieser Kompensation manchmal sogar ein vormals versteckter positiver Aspekt zum Vorschein kommen kann. So legte Tetens beispielsweise nahe, dass manche Schwierigkeiten des Erinnerungsvermögens damit zusammenhängen könnten, dass ein bestimmtes Wort oder ein Name gesucht wird, der sich in einem über das ganze Leben hinweg angehäuften Schatz von Wissen verbirgt – eine Möglichkeit, die durch aktuelle Forschungen bestätigt wird (Maylor & Valentine, 1992).

Carus (1808) entwickelte seine Theorie über die rousseauschen Stufen hinaus und erkannte vier Zeiträume, die den gesamten Lebenslauf umspannen: Die Kindheit, die Jugend, das Erwachsenenalter sowie die Seneszenz (das Altern). Ebenso wie Tetens betrachtete Carus den Alterungsprozess nicht nur als einen Rückgang, sondern auch als eine Weiterentwicklung. Seine Schriften reflektieren ein bemerkenswertes Bewusstsein hinsichtlich Multidirektionalität und Plastizität, Aspekten also, die im Zentrum des Lebenszyklusansatzes stehen.

1.4.3 Die wissenschaftlichen Anfänge

Während des späten 19. und frühen 20. Jahrhunderts nahm die Entwicklungsforschung einen rasanten Verlauf. Frühen Beobachtungen menschlicher Veränderungen folgten bald immer bessere Methoden und Theorien. Jeder Fortschritt, der damals erreicht werden konnte, trägt zu dem festen Fundament bei, auf dem die Wissenschaft von der menschlichen Entwicklung heute aufbaut.

■ Darwin: Vorläufer der wissenschaftlichen Kindheitsforschung

Charles Darwin (1809-1882), ein englischer Naturforscher, wird häufig als der Vorreiter der wissenschaftlichen Studien im Bereich der Kindheitsentwicklung betrachtet. Darwin (1859/1936) bemerkte die unendlichen Variationen in der Pflanzen- und Tierwelt. Er konnte auch beobachten, dass innerhalb einer bestimmten Spezies keine zwei Individuen sich in allen Einzelheiten gleichen. Von diesen Beobachtungen ausgehend entwickelte er seine bekannte Evolutionstheorie.

Diese Theorie betont zwei miteinander in Verbindung stehende Prinzipien: die *natürliche Selektion* und das *Überleben des Stärkeren*. Darwin erklärte das Überleben bestimmter Spezies damit, dass diese Merkmale aufweisen, die ihrer Umwelt angepasst sind bzw. eine Adaption möglich gemacht haben. Andere Spezies wiederum sterben aus, weil sie sich für ihre Umwelt nicht eignen. Individuen innerhalb einer Spezies, die den Anforderungen ihrer Umwelt entsprechen, überleben in ihrer Umgebung lang genug, um sich fortzupflanzen und damit ihre Merkmale an zukünftige Generationen weiterzugeben. Darwins Betonung des adaptiven Wertes gewisser physischer Eigenschaften und eines bestimmten Verhaltens hat in wichtige Entwicklungstheorien Eingang gefunden.

Bei seinen Untersuchungen konnte Darwin feststellen, dass die frühe pränatale Phase bei vielen Arten verblüffend ähnlich verläuft. Andere Wissenschaftler folgerten aus Darwins Beobachtungen, dass die Entwicklung des Embryos und Fötus demselben Plan folgt wie die Evolution der Menschheit im Allgemeinen. Obwohl diese Annahme sich am Ende als falsch herausstellte, haben Bemühungen, die Parallelen zwischen dem Wachstum des Kindes und der Evolution der Menschheit auszuloten, Wissenschaftler dazu angeregt, alle Aspekte der kindlichen Verhaltensweisen genauerer Beobachtung zu unterziehen. Aus diesen ersten Versuchen, den Verlauf der menschlichen Entwicklung zu belegen, wurde die wissenschaftliche Beschäftigung mit der Entwicklung des Kindes geboren.

■ Die normative Epoche

G. Stanley Hall (1846-1924), einer der einflussreichsten amerikanischen Psychologen des frühen 20. Jahrhunderts, wird in weiten Kreisen als der Begründer der Kindheitsforschung betrachtet (Dixon & Lerner, 1999). Daneben entwickelte er in seinem (in seiner Zeit fast einzigartigen) Buch zum Thema Alter die ersten Ansätze der Lebensspannenforschung. Von Darwins Arbeit angeregt, entwickelten er und sein bekannter Schüler Arnold Gesell (1880-1961) auf den Ideen der Evolutionstheorie aufbauende Theorien zu Kindheit und Adoleszenz. Diese frühen Forscher betrachteten die Entwicklung als einen genetisch verankerten Prozess, der sich ähnlich wie eine Blüte von selbst entfaltet (Gesell, 1933; Hall, 1904).

An Hall und Gesell erinnert man sich heute weniger wegen ihrer etwas einseitigen Theorien als vielmehr wegen ihrer intensiven Anstrengungen, alle Aspekte des Entwicklungsprozesses zu beschreiben. Sie führten den **normativen Ansatz** ein, ein Ansatz, bei dem

Messungen des Verhaltens an einer großen Anzahl von Menschen durchgeführt und die altersrelevanten Mittelwerte berechnet werden, um zu einem repräsentativen Ergebnis des typischen Entwicklungsverlaufs zu gelangen. Unter Verwendung dieser Methode konstruierte Hall ausführliche Fragebögen, mit denen Kinder verschiedenen Alters untersucht werden konnten und die nahezu alle Bereiche umfassten, zu denen sie etwas über sich erzählen konnten – Interessen, Ängste, imaginäre Spielkameraden, Träume, Freundschaften, Alltagswissen und vieles mehr (White, 1992). In ähnlicher Weise gelang es Gesell, detaillierte normative Informationen zur motorischen Entwicklung, zu sozialen Verhaltensweisen und zu Persönlichkeitsmerkmalen von kleinen Kindern zu sammeln (Gesell & Ilg, 1946/1949a, 1943/1949b).

Darwins Evolutionstheorie betont den adaptiven Wert gewisser körperlicher Eigenschaften und eines bestimmten Verhaltens. Zuneigung und Sorge innerhalb der Familie sind über die gesamte Lebensspanne hinweg als adaptiv zu sehen. Sie fördern das Überleben sowie das psychische Wohlbefinden. In diesem Bild hilft eine Tochter ihrer schon älteren Mutter mit deren Medikamenten.

Gesell war auch einer der Ersten, der die Bedeutung des Wissens um die Entwicklung des Kindes den Eltern nahe brachte. Wenn der Zeitplan der Entwicklung das Produkt einer Evolution über Millionen von Jahren sei, so seine Überzeugung, dann hätten sie auch ein natürliches Verständnis ihrer Bedürfnisse. Seine Empfehlung hinsichtlich der Kindererziehung in der Tradition Rousseaus war es, den Hinweisen (cues) des Kindes aufmerksam zu begegnen (Thelen & Adolph, 1992). Neben dem Buch von Benjamin Spock, *Baby and Child Care,* hatten Gesells Bücher bald einen wichtigen Anteil an der sich schnell verbreitenden Literatur für Eltern.

■ Die Test-Bewegung

In der Zeit, in der Hall und Gesell in den Vereinigten Staaten tätig waren, wählte auch der französische Psychologe Alfred Binet (1857-1911) einen normativen Ansatz in der kindlichen Entwicklung, allerdings aus anderen Gründen. Zu Beginn des 19. Jahrhunderts wurden Binet und sein Mitarbeiter Theodore Simon gebeten, einen Weg zu finden, wie Kinder mit Lernschwierigkeiten, die ein besonderes Lernprogramm benötigten, erkannt werden könnten. Der erste erfolgreiche Intelligenztest, den sie für diesen Zweck entwarfen, ergab sich daraus.

Im Jahre 1916 wurde Binets Test an der Universität von Stanford für die Anwendung bei englischsprachigen Kindern adaptiert. Seitdem ist die englische Version bekannt unter dem Namen Stanford-Binet Intelligence Scale. In Deutschland wurde er 1957 von H.R. Lückert für deutschsprachige Kinder adaptiert (Terman & Merrill, 1957/1965). Abgesehen davon, dass mit dem Binet-Test nun ein Instrument zur Verfügung stand, mit dem die schulischen Leistungen eines Kindes erfolgreich vorhergesagt werden konnten, entfachte dieser Test auch großes Interesse an den individuellen Unterschieden in der Entwicklung. Vergleiche der Testergebnisse von Menschen verschiedenen Geschlechts, unterschiedlicher ethnischer Zugehörigkeit, verschiedenen familiären Hintergrunds und unterschiedlicher Stellung in der Geschwisterreihe rückten in den Vordergrund der Forschung. Intelligenztests gerieten in den Fokus der Anlage-Umwelt-Kontroverse, die bis zum heutigen Tage andauert.

Prüfen Sie sich selbst ...

Rückblick
Erläutern Sie, welche zentralen Annahmen die Lebensspannenperspektive in den Philosophien von Tetens und Carus zum Thema Erwachsenenalter und Alter zu finden sind.

Anwendung
Einmal angenommen, wir könnten eine Debatte arrangieren mit John Locke und Jean-Jacques Rousseau zum Thema Anlage (nature) versus Umwelt (nurture). Fassen Sie die Argumente zusammen, die die beiden Philosophen aller Wahrscheinlichkeit nach vorbringen würden.

Prüfen Sie sich selbst ...

1.5 Theorien Mitte des 20. Jahrhunderts

In der Mitte des 20. Jahrhunderts war der Bereich der menschlichen Entwicklung schon zu einer anerkannten Disziplin geworden. Als diese auf immer mehr Interesse stieß, tauchte Mitte des 20. Jahrhunderts eine Vielzahl von Theorien auf, von denen jede einzelne heute noch Anhänger findet.

1.5.1 Der psychoanalytische Ansatz

In den dreißiger und vierziger Jahren des 19. Jahrhunderts, als die Menschen mit ihren emotionalen Schwierigkeiten sich zunehmend an Spezialisten wandten, galt es, eine neue Frage zu beantworten: Wie und warum ist ein Mensch so geworden, wie er ist? Um psychische Probleme zu behandeln, wandten sich Psychiater und Sozialarbeiter dem im Entstehen begriffenen Ansatz der Persönlichkeitsentwicklung zu, denn dort wurde die Einzigartigkeit der einzelnen Lebensgeschichte thematisiert.

Der **psychoanalytische Ansatz** vertritt die Überzeugung, dass der Mensch eine Reihe von Stadien durchläuft, in denen er sich mit Konflikten konfrontiert sieht, sich zwischen seinen biologischen Trieben und den Erwartungen seiner Umwelt entscheiden zu müssen. Die Art und Weise, wie sich diese Konflikte auflösen lassen, bestimmt auch die Fähigkeit des Individuums, Neues zu lernen, mit anderen Menschen auszukommen und mit Angst umzugehen. Obwohl viele das Ihre zum psychoanalytischen Ansatz beigetragen haben, waren zwei Forscher besonders einflussreich: Sigmund Freud, der Begründer der Psychoanalyse, und Erik Erikson.

■ Freuds Theorie

Zu dem Wiener Arzt Sigmund Freud (1856-1939) kamen Patienten in die Praxis, die an den verschiedensten ‚nervösen' Symptomen litten, beispielsweise Halluzinationen, Ängste, Paralysen – Symptome, die scheinbar jeder körperlichen Grundlage entbehrten.

Auf der Suche nach einer Möglichkeit, diesen unter großem Leidensdruck stehenden Erwachsenen zu helfen, entdeckte Freud, dass ihre Symptome sich besserten, wenn er es ihnen ermöglichte, offen über die schmerzhaften Erlebnisse ihrer Kindheit zu sprechen. Auf der Grundlage der Erinnerungen des erwachsenen Menschen untersuchte er die unbewussten Motive seiner Patienten und entwickelte so seine **psychosexuelle Theorie**, die die Rolle der Triebenergien, aber auch der Eltern betonte. Wie diese in den ersten Jahren mit den sexuellen und aggressiven Trieben des Kindes umgehen, sei ausschlaggebend für eine gesunde Entwicklung der Persönlichkeit.

Drei Instanzen der Person. In der Theorie Freuds besteht die psychische Ausstattung einer Person aus drei Instanzen, dem Es, dem Ich und dem Über-Ich. Diese entwickeln sich in fünf Phasen in Abhängigkeit voneinander, wie aus Tabelle 1.2 ersichtlich. Das Es, der größte Teil der Person, ist Quelle der grundlegenden biologischen Bedürfnisse und Wünsche. Das Ich, der bewusste, rationale Teil der Person, entwickelt sich in der frühen Kindheit, um die Impulse des Es zum richtigen Zeitpunkt auf geeignete Objekte umzulenken und dort einen Lustgewinn zu suchen. So wird beispielsweise der hungrige Säugling im Alter von einigen Monaten mit Hilfe des Ich aufhören zu weinen, wenn er sieht, wie die Mutter ihre Brust zum Stillen entblößt. Und das schon kompetentere Kindergartenkind wird in die Küche gehen und sich selbst etwas zu essen holen.

Im Alter von etwa drei bis sechs Jahren entwickelt sich aus der Interaktion mit den Eltern heraus das Über-Ich bzw. das Gewissen. Nun sieht sich das Ich mit der zunehmend komplexer werdenden Aufgabe konfrontiert, zwischen den Anforderungen des Es, der Außenwelt und des Gewissens zu vermitteln (Freud, 1923/1974). Wenn das Es zum Beispiel in Versuchung gerät, einen Spielkameraden zu schlagen, um in den Besitz eines attraktiven Spielzeugs zu gelangen, wird das Über-Ich davor warnen und mitteilen, dass ein solches Verhalten falsch sei. Das Ich wird entscheiden müssen, welche der beiden Instanzen diesen Kampf gewinnen wird (das Es oder das Über-Ich), oder das Ich muss zu einem Kompromiss kommen, wie etwa zu fragen, ob man sich mit dem Spielzeug vielleicht abwechseln könne. Nach Freud sind die Beziehungen, die sich in den Vorschuljahren zwischen Es, Ich und Über-Ich entwickelt haben, ausschlaggebend für die Persönlichkeitsstruktur des Individuums.

Psychosexuelle Entwicklung. Freud (1938/1973) war der Meinung, dass sich während der Kindheit die sexuellen Triebe vom Oralen zum Analen und dann zu den Genitalien verlagern. In jeder der Entwicklungsphasen bewegen sich die Eltern entlang einer feinen Linie zwischen dem, dem Kind zu viel zu erlauben und auf der anderen Seite die grundlegenden Bedürfnisse des Kindes zu wenig zu befriedigen. Wenn es den El-

Tabelle 1.2

Freuds psychosexuelle Entwicklungsstufen

Psychosexuelle Phase	Entwicklungs-zeitraum	Beschreibung
Oral	Geburt–1 Jahr	Das Ich des Säuglings richtet die Saugaktivitäten auf die Mutterbrust oder die Flasche. Wenn orale Bedürfnisse nicht in ausreichendem Maße befriedigt werden, können sich Angewohnheiten entwickeln wie Daumenlutschen, Fingernägelkauen oder in der Schulzeit auf dem Bleistift herumbeißen sowie später im Leben übermäßiges Essen oder Rauchen.
Anal	1–3 Jahre	Kinder im Krabbel- und Vorschulalter ziehen Lustgewinn daraus, ihren Urin und ihre Fäkalien zurückzuhalten und dann loszulassen. Die Sauberkeitserziehung wird zu einem wichtigen Thema für Eltern und Kind. Wenn die Eltern darauf bestehen, dass das Kind sauber wird, bevor es dazu bereit ist, oder andererseits zu niedrige Anforderungen stellen, können Konflikte über die anale Kontrolle entstehen, die sich entweder in zwanghafter Ordnung und Sauberkeit äußern oder aber in Unsauberkeit und Unordnung.
Phallisch	3–6 Jahre	Es-Impulse werden auf die Genitalien verlagert und das Kind empfindet Lustgefühle bei genitaler Stimulation. Der *Ödipuskomplex* beim Jungen und der *Elektrakomplex* beim Mädchen entstehen, und das kleine Kind beginnt dem gegengeschlechtlichen Elternteil sexuelle Gefühle entgegenzubringen. Um Bestrafung zu vermeiden, geben sie diesen Wunsch auf und nehmen stattdessen die Eigenschaften und Wertvorstellungen des gleichgeschlechtlichen Elternteils an. In der Folge entwickelt sich das Über-Ich und das Kind fühlt sich jedes Mal schuldig, wenn es die Normen des Über-Ichs verletzt. Die in dieser Zeit entstehenden Beziehungen zwischen Es, Ich und Über-Ich bestimmen die Persönlichkeitsstruktur des Individuums.
Latenz	6–11 Jahre	Die sexuellen Triebe werden verdrängt und das Über-Ich entwickelt sich weiter. Das Kind eignet sich neue soziale Werte an, die es von Erwachsenen außerhalb der Familie oder im Spiel mit gleichgeschlechtlichen Kindern seiner Altersgruppe vermittelt bekommt.
Genital	Adoleszenz	Die Pubertät sorgt dafür, dass die sexuellen Triebe der phallischen Phase wieder in Erscheinung treten. Wenn die Entwicklung der früheren Phasen erfolgreich durchlaufen wurde, führt dies zu Partnerschaft, reifer Sexualität sowie der Geburt und Erziehung eigener Kinder.

tern gelingt, ein adäquates Gleichgewicht zu finden, so wird das Kind zu einem gut angepassten Erwachsenen mit der Fähigkeit zu reifem Sexualverhalten heranwachsen, der sich dem Familienleben und dem Großziehen einer neuen Generation widmen kann.

Freuds psychosexuelle Theorie hob die Bedeutung der Beziehungen innerhalb der Familie für die kindliche Entwicklung hervor. Es war die erste Theorie, die der frühen Entwicklung eine wichtige Rolle beimaß. Dennoch stieß Freuds Ansatz auch auf Kritik: Zum einen würde der Einfluss sexueller Gefühle überbetont, und da diese Theorie auf den Problemen sexuell unterdrückter, gut situierter Menschen basierte, könnte sie zum anderen nicht auf Kulturen angewendet werden, die sich von der bürgerlichen Gesellschaft des 19. Jahrhunderts unterschieden. Zudem hatte Freud sich mit der Untersuchung von Kindern auch nie direkt beschäftigt.

■ Eriksons Theorie

Viele der Anhänger Freuds übernahmen das Nützliche seines Ansatzes und verbesserten ihn. Als einer der bedeutendsten dieser Neo-Freudianer gilt Erik Erikson (1902-1994).

Erikson (1950) übernahm die psychosexuellen Grundannahmen Freuds, erweiterte aber die Vorstellung der Entwicklung zu jeder der Stufen. In seiner **psychosozialen Theorie** betonte Erikson, dass das Ich nicht allein Vermittler ist zwischen den Impulsen des Es und den Anforderungen des Über-Ich, sondern in jeder Stufe Einstellungen und Fähigkeiten erwirbt, die das Individuum zu einem aktiven Mitglied der Gesellschaft werden lässt. Ein grundlegender psychischer Konflikt, der mögliche Lösungen auf einem Kontinuum von positiv bis negativ erlaubt, bestimmt in jeder einzelnen Phase, ob die Lösung eine gesunde

Theorien Mitte des 20. Jahrhunderts

In der psychoanalytischen Theorie sorgt das Ich für eine Steuerung der Es-Impulse, so dass die Bedürfnisse des Kindes in einer gesellschaftlich akzeptierten Art und Weise befriedigt werden. Dieses dreijährige Kind möchte auch mit dem Puzzle spielen, greift aber nicht einfach danach, sondern fragt, ob es dem Spielkameraden helfen kann.

oder eine schlechte Anpassung erlaubt. Wie die Tabelle 1.3 deutlich macht, gleichen Eriksons Stufen denen Freuds, nur dass Erikson noch drei Stufen im Erwachsenenalter hinzufügte.

Weiterhin wies Erikson im Gegensatz zu Freud darauf hin, dass eine normale Entwicklung im Kontext der jeweiligen kulturbedingten Lebenssituation verstanden werden muss. Nehmen wir zum Beispiel die Yurok-Indianer an der Nordwestküste der Vereinigten Staaten: Die ersten zehn Tage nach der Geburt wird den Säuglingen das Stillen an der Mutterbrust vorenthalten und sie werden stattdessen mit einer dünnen Suppe aus einer kleinen Muschel gefüttert. Im Alter von sechs Monaten werden die Kinder ganz unvermittelt abgestillt, nötigenfalls sorgt man auch dafür, dass die Mutter einige Tage abwesend ist. Diese Erlebnisse erscheinen aus der Sicht unserer Kultur fast brutal. Erikson hingegen machte deutlich, dass die Yurok in einer Umgebung leben, in der die Lachse nur einmal im Jahr in den Fluss schwimmen, ein Umstand, der ein immenses Ausmaß an Selbstbeherrschung erfordert, um überleben zu können. Auf diese Art und Weise zeigte Erikson auf, dass die Kindererziehung nur verstanden werden kann, wenn man sich die Kompetenzen vor Augen hält, die in einer bestimmten Gesellschaft als Wert angesehen und benötigt werden.

■ Beiträge und Einschränkungen des psychoanalytischen Ansatzes

Eine besondere Stärke des psychoanalytischen Ansatzes ist seine Betonung der Einzigartigkeit der Lebensgeschichte eines Menschen, als ein Gebiet, das es wert ist, studiert und verstanden zu werden (Emde, 1992). In Einklang mit dieser Sicht bedienen sich psychoanalytische Theoretiker der *klinischen Methode*, mit deren Hilfe ein detailliertes Bild der Persönlichkeit jedes einzelnen Menschen und seiner Funktionen erfasst werden kann. (Wir werden uns zu Ende dieses Kapitels noch näher mit der klinischen Methode befassen.) Der psychoanalytische Ansatz hat zudem auch Forschungen in den verschiedensten Richtungen der emotionalen und sozialen Entwicklung angeregt, einschließlich des Bindungsverhaltens von Eltern und Kindern, der Aggression, den Beziehungen unter Geschwistern, Methoden der Kindererziehung, Ethik, Geschlechterrollen und Fragen der Identität des Jugendlichen.

Trotz ihrer so umfangreichen Beiträge befindet sich der psychoanalytische Ansatz nicht länger im Mittelpunkt der Entwicklungsforschung (Cairns, 1998). Der Grund, warum psychoanalytisch orientierte Theoretiker heute von der übrigen Forschung weitgehend abgeschnitten sind, ist vielleicht darin zu sehen, dass sie sich so stark dem klinischen Ansatz verpflichtet fühlen und andere Methoden nicht mehr in Betracht ziehen. Zudem sind viele der psychoanalytischen Ideen so vage, dass eine empirische Überprüfung unmöglich wird (Thomas, 2000; Westen & Gabbard, 1999).

Dennoch zeigte sich, dass Eriksons weitgefasster Grundriss der Veränderungen über die gesamte Lebensspanne hinweg das Wesen der Persönlichkeitsentwicklung in jeder Phase des Lebensverlaufs gut erfasst. Daher werde ich in späteren Kapiteln immer wieder zu seinem Ansatz zurückkehren. Es werden zudem auch andere Ansätze besprochen, die sich mit den Errungenschaften des frühen, mittleren und späten Erwachsenenalters befassen, Ansätze, die in der Tradition der Stufenmodelle der psychosozialen Entwicklung stehen (vgl. Levinson, 1978, 1996; Vaillant, 1977).

Tabelle 1.3

Eriksons Phasen der psychosozialen Entwicklung zusammen mit den parallel laufenden psychosexuellen Phasen

Psychosoziale Phase	Entwicklungszeitraum	Beschreibung
Urvertrauen versus Misstrauen (oral)	Geburt–1 Jahr	Aus einer warmen, sorgenden Atmosphäre heraus entwickelt der Säugling ein Gefühl des Vertrauens bzw. der Sicherheit, dass die Welt gut ist. Misstrauen entsteht, wenn der Säugling zu lange auf Trost warten muss und nicht fürsorglich mit ihm umgegangen wird.
Autonomie versus Scham und Selbstzweifel (anal)	1–3 Jahre	Unter Verwendung der neu erworbenen mentalen und motorischen Fähigkeiten möchte das Kind nun wählen können und für sich selbst entscheiden. Autonomie wird gefördert, wenn die Eltern dem Kind in einem normalen Rahmen die Möglichkeit geben, selbst Entscheidungen zu treffen und das Kind weder zwingen noch beschämen.
Initiative versus Schuld (phallisch)	3–6 Jahre	Im Symbolspiel probiert das Kind aus, welche Art Mensch es sein möchte. Initiative – ein Gefühl von Ehrgeiz und Verantwortung – kann sich entwickeln, wenn die Eltern das Kind in seiner neu entdeckten Zielgerichtetheit unterstützen. An dieser Stelle besteht die Gefahr, dass die Eltern dem Kind zu viel Selbstkontrolle abverlangen. Dies wiederum führt zu einer Überkontrolliertheit, d.h. zu übermäßigen Schuldgefühlen.
Fleiß versus Minderwertigkeit (Latenz)	6–11 Jahre	In der Schule entwickelt das Kind die Fähigkeit, zu arbeiten und mit anderen zu kooperieren. Minderwertigkeitsgefühle entstehen durch negative Erlebnisse zu Hause, in der Schule oder mit Gleichaltrigen, was zu einem Gefühl der Inkompetenz führt.
Identität versus Rollendiffusion (genital)	Adoleszenz	Der Jugendliche versucht sich die Frage zu beantworten des „wer bin ich?" und „wo ist mein Platz in der Gesellschaft?" Aus den selbstgewählten Wertvorstellungen und beruflichen Zielsetzungen entwickelt sich die bleibende persönliche Identität. Ein negatives Ergebnis in diesem Prozess wäre es, wenn sich der Jugendliche nicht über seine zukünftige Rolle in der Erwachsenenwelt klar werden könnte.
Intimität versus Isolierung	Frühes Erwachsenenalter	Junge Menschen bemühen sich um enge intime Bindungen zu anderen. Aus frühen Enttäuschungen heraus gelingt es manchen Menschen nicht, enge Beziehungen einzugehen und sie bleiben isoliert.
Generativität versus Stagnation	Mittleres Erwachsenenalter	Generativität bedeutet ein Investieren in die folgende Generation, indem man eigene Kinder aufzieht, sich um andere Menschen kümmert oder produktive Arbeit leistet. Der Mensch, der an dieser Stelle versagt, bekommt das Gefühl, er könne nichts Nützliches zustande bringen und hat somit kein Erfolgserlebnis.
Ich-Integrität versus Verzweiflung	Alter	In dieser letzten Phase reflektiert der Mensch noch einmal darüber, was für ein Mensch er gewesen ist. Integrität resultiert aus einem Gefühl heraus, dass das eigene Leben es wert war, gelebt zu werden. Alte Menschen, die mit ihrem Leben unzufrieden sind, fürchten den Tod.

1.5.2 Der Behaviorismus und die soziale Lerntheorie

Zu der Zeit, als der psychoanalytische Ansatz zunehmend an Bedeutung gewann, gab es auch noch eine ganz andere Sichtweise, die sich mit den Einflüssen auf die menschliche Entwicklung beschäftigte. Im **Behaviorismus (Verhaltenspsychologie)** sind es die direkt beobachtbaren Ereignisse – Reize (Stimuli) und Reaktionen – die im Mittelpunkt der Forschung stehen sollen. Der amerikanische Behaviorismus nahm im frühen 20. Jahrhundert seinen Anfang mit den Arbeiten des Psychologen John Watson (1878-1958).

Watson wollte eine objektive psychologische Wissenschaft gründen und lehnte den psychoanalytischen Ansatz mit seinem Schwerpunkt auf den unbewussten Vorgängen in der Persönlichkeit des Menschen ab (Horowitz, 1992).

■ **Der traditionelle Behaviorismus**

Watson war fasziniert von der Forschung des russischen Physiologen Ivan Pavlow zu Lernprozessen bei Tieren. Pavlow hatte beobachtet, dass bei Hunden der Speichelfluss in Gang kam, noch bevor sie etwas zu fressen erhielten, nämlich schon beim Anblick ihres Trainers, der sie normalerweise fütterte. Sie mussten also, so die Schlussfolgerung Pawlows, gelernt haben, den neutralen Stimulus (den Trainer) in Verbindung zu bringen mit einem natürlichen Stimulus (dem Futter), der Auslöser einer reflexartigen Reaktion war, dem Speichelfluss. Infolge dieser Assoziation bewirkte der an sich neutrale Reiz (Anblick des Trainers) eine reflexartige Reaktion. Um diese Idee zu belegen, brachte Pavlow den Hunden bei, Speichel abzusondern, indem er den Klang einer Glocke mit Futter verknüpfte – er hatte die *klassische Konditionierung* entdeckt.

Watson wollte herausfinden, ob die klassische Konditionierung auch bei Kindern Verhaltensänderungen bewirken kann. In einem Experiment, das in die Geschichte einging, brachte er Albert, einem elf Monate alten Säugling, bei, einen neutralen Stimulus zu fürchten – eine weiche, weiße Ratte –, indem er dem Kind die Ratte mehrmals in Verbindung mit einem scharfen, lauten Geräusch darbot, was das Kind natürlich beunruhigte. Der kleine Albert, der anfangs seine Hand eifrig ausstreckte, um das Fell der Ratte zu berühren, begann nun schon beim Anblick des Tieres zu weinen und den Kopf abzuwenden (Watson & Raynor, 1920). Tatsächlich war Alberts Angst so stark, dass Forscher später die ethische Berechtigung eines solchen Versuches in Frage stellen sollten. In Einklang mit Lockes Tabula rasa zog Watson die Schlussfolgerung, dass die Umwelt den dominanten Einfluss auf die Entwicklung ausübt. Seiner Meinung nach ist es den Erwachsenen möglich, das Verhalten des Kindes zu formen, indem sie die Reiz-Reaktions-Verbindungen sorgfältig kontrollieren. Die Entwicklung sei ein kontinuierlicher Prozess, der aus einer allmählichen Zunahme der Anzahl und Stärke dieser Assoziationen besteht.

Eine andere Spielart des Behaviorismus ist die Theorie von B. F. Skinner (1904-1990), deren Grundlage das *operante Konditionieren* bildet. Nach Skinner kann sich eine Reihe verschiedener *verstärkender Reize (reinforcer)* wie Nahrung, Lob oder ein freundliches Lächeln verhaltensfördernd auswirken. Wird allerdings *Strafe* wie Tadel oder Entzug von Privilegien angewandt, wird das betreffende Verhalten in Zukunft weniger häufig auftreten. Durch Skinners Forschung ist die operante Konditionierung zu einem weithin angewandten Lernprinzip geworden. Diese Konditionierungsmethoden werden in Kapitel 4 eingehender betrachtet werden.

Die soziale Lerntheorie hat erkannt, dass Kinder viele ihrer Fertigkeiten durch Lernen am Modell erwerben können. Durch das Beobachten und Nachahmen seiner Mutter erlernt dieses vietnamesische Vorschulkind, wie man mit Stäbchen umgeht.

■ Die soziale Lerntheorie

Die Psychologen interessierte sehr bald, ob der Behaviorismus möglicherweise eine direktere und effektivere Erklärung für die Entwicklung sozialen Verhaltens bieten könne als die schwer überprüfbaren Konzepte der psychoanalytischen Theorie. Dieses Interesse führte zu verschiedenen Ansätzen, die auf dem Prinzip der Konditionierung aufbauten und es erweiterten, um erklären zu können, wie Kinder und Erwachsene neue Reaktionsmuster erwerben können.

Es entstanden mehrere Arten der **sozialen Lerntheorie**. Die einflussreichste unter ihnen, entwickelt von Albert Bandura, legte großen Wert auf die Rolle von Modellen für den Verhaltenserwerb, auch bekannt als Modelllernen oder Beobachtungslernen. Bandura (1977) erkannte, dass Kinder viele erwünschte, aber auch unerwünschte Reaktionsmuster erwerben, einfach nur indem sie andere Menschen beobachten oder ihnen zuhören. Das Baby, das in die Hände klatscht nachdem die Mutter dasselbe getan hat; das Kind, das wütend auf einen Spielkameraden einschlägt, und zwar so, wie es das selbst zu Hause erlebt hat, wenn es bestraft wurde; und der Teenager, der die gleiche Kleidung und Frisur trägt wie die Freunde in der Schule: In all diesen Fällen zeigt sich ein Lernen durch Beobachtung.

Banduras Arbeiten beeinflussten auch weiterhin große Teile der Forschung zur sozialen Entwicklung. Wie auch die Entwicklungspsychologie legt sein Ansatz heute jedoch die Betonung auf die Wichtigkeit der *Kognition* bzw. das Denken. Tatsächlich steht in der jüngsten Revision (Bandura, 1989 & 1992) seiner Theorie die Frage, wie wir über uns selbst und andere Menschen denken, so sehr im Vordergrund, dass er sie nun nicht mehr als soziale Lerntheorie bezeichnet, sondern als *sozial-kognitive Theorie.*

Aus seiner Sicht werden Kinder mit der Zeit selektiver in dem, was sie imitieren. Angefangen von der Beobachtung von Eigenlob oder Selbstanklage bei anderen und durch das Feedback über den Wert ihrer eigenen Handlungen entwickeln Kinder eigene *persönliche Standards* für ihr Verhalten und ein *Gefühl der Selbstwirksamkeit* – das ist die Überzeugung, dass man anhand der eigenen Fähigkeiten und Persönlichkeitseigenschaften in der Lage ist, die Verhaltensweisen auszuführen, die benötigt werden, um ein gewünschtes Ergebnis zu erzielen. Diese Kognitionen sind ausschlaggebend für bestimmte Reaktionen (Bandura, 1999). Stellen Sie sich beispielsweise einen Elternteil vor, der häufig von sich selbst sagt: „Ich bin froh, dass ich bei dieser Aufgabe drangeblieben bin, obwohl sie schwierig war", der also den Wert von Durchhaltevermögen erklärt und der dann auch noch das Kind ermutigt: „Ich bin mir ganz sicher, dass du deine Hausaufgaben gut hinkriegen wirst." Es wird nicht lange dauern und das Kind wird sich selbst als fleißig und leistungsfähig betrachten und sich Menschen mit genau diesen Eigenschaften als Vorbilder suchen. Während das Kind sich Einstellungen, Wertvorstellungen und Überzeugungen hinsichtlich der eigenen Person aneignet, wird es so auch in der Lage sein, die eigenen Lernprozesse und das eigene Verhalten zu kontrollieren.

■ **Beiträge und Einschränkungen des Behaviorismus und der sozialen Lerntheorie**

Wie auch die Psychoanalyse haben sich der Behaviorismus und die soziale Lerntheorie in der Behandlung emotionaler und verhaltensbedingter Probleme als ausgesprochen hilfreich erwiesen. Die angewendeten Methoden unterscheiden sich allerdings gravierend voneinander. Die **Verhaltensmodifikation** besteht aus Techniken, die (operante) Konditionierung mit Modelllernen verbinden, um unerwünschtes Verhalten zu löschen oder zu unterdrücken und erwünschte Reaktionen zu fördern. Dieser Ansatz ist erfolgreich bei verschiedensten Problemen sowohl bei Kindern als auch bei Erwachsenen angewendet worden, wie anhaltende Aggression, Sprachverzögerungen und extreme Ängste (Pierce & Epling, 1995; Wolpe & Plaud, 1997).

Das Modelllernen und die positive Verstärkung eignen sich jedoch nicht zu einer vollständigen Beschreibung des Entwicklungsverlaufs. Viele Theoretiker sind der Meinung, dass der Behaviorismus und die soziale Lerntheorie eine nur unzureichende Sicht wichtiger Umwelteinflüsse bietet, denn diese reichen weit über momentane Verstärkung und modelliertes Verhalten hinaus und lassen die komplexe physische und soziale Umwelt des Menschen außer Acht. Zudem sind diese Ansätze auch dafür kritisiert worden, dass sie den eigenen Beitrag des Betreffenden zu seiner Entwicklung unterschätzen. In seiner Betonung der Kognition ist Bandura einzigartig unter den Theoretikern, deren Arbeit sich aus der behavioristischen Tradition heraus entwickelt hat, da er dem Kind eine aktive Rolle bei seinen eigenen Lernprozessen zuerkennt.

1.5.3 Piagets Ansatz der kognitiven Entwicklung – die universal-konstruktivistische Sichtweise

Der Schweizer Entwicklungspsychologe Jean Piaget (1896-1980) hat die Forschung zur kindlichen kognitiven Entwicklung geprägt. Obwohl die Arbeit Piagets in den USA schon seit 1930 bekannt war, wurde ihr bis 1960 wenig Aufmerksamkeit geschenkt. Dies lag vor allen Dingen darin begründet, dass seine Ideen mit dem Behaviorismus, der die Psychologie Mitte des 20. Jahrhunderts in den USA dominierte, nicht in Einklang standen (Zigler & Oilman, 1998). Seine Rezeption in der deutschsprachigen Entwicklungsliteratur war ähnlich verzögert. Piaget glaubte nicht daran, dass man Wissen an ein Kind allein durch Verstärkung vermitteln könne. Gemäß seiner **kognitiven Entwicklungstheorie,** einer universal-konstruktivistischen Sichtweise, konstruieren Kinder ihr Wissen selbst, indem sie aktiv auf ihre Umwelt einwirken, sie erkunden und bewusst abbilden (mental repräsentieren).

■ **Piagets Entwicklungsstufen**

Piagets Sicht der Entwicklung steht sehr unter dem Einfluss seiner Ausbildung als Biologe. Im Mittelpunkt seiner Theorie steht das biologische Konzept der *Adaptation* (Piaget, 1971). Genauso wie die Körperstrukturen angepasst sind, um eine möglichst gute Adaptation an die Umwelt zu gewährleisten, so entwickeln sich auch die mentalen Strukturen so, dass sie gut in die Umwelt des Individuums passen bzw. die Außenwelt repräsentieren. Der Verstand des Menschen im Säuglingsalter und in der frühen Kindheit unterscheidet sich von dem des Erwachsenen. So war Piaget beispielsweise der Meinung, dass Säuglinge nicht verstehen können, dass ein Gegenstand oder eine Person, die sich außer Sichtweite befinden (das Lieblingsspielzeug oder sogar die Mutter selbst), auch weiterhin existieren. Weiterhin stellte er fest, dass das Denken eines Vorschulkindes nach fehlerhaften logischen Denkregeln abläuft. So wird beispielsweise ein Kind unter sieben Jahren sagen, dass die Menge der Flüssigkeit sich verändert hat, nachdem man sie in ein anders geformtes Gefäß umgegossen hat. Gemäß Piaget werden diese falschen Vorstellungen nach und nach in dem fortlaufenden Bemühen des Kindes revidiert, ein Equilibrium, d.h. ein Gleichgewicht, herzustellen zwischen innerer Struktur und Informationen aus seiner Umwelt.

In der Theorie Piagets durchläuft das Kind vier Stufen, während sein Gehirn sich entwickelt und es fortwährend neue Erfahrungen macht. Jede dieser Entwicklungsstufen ist gekennzeichnet von einer qualitativ anderen Art des Denkens. In Tabelle 1.4 finden Sie einen kurzen Abriss dieser Stadien. In der *Periode der sensumotorischen Intelligenz* fängt das Kind an sich zu entwickeln, indem es seine Sinne benutzt, sich bewegt und so seine Umwelt erforscht. Aus diesen Handlungsmustern heraus entsteht in der *Stufe des präoperationalen Denkens* das symbolische, aber nicht formal-logische Denken des Vorschulkindes. Dann entwickelt sich die Kognition hin zu einem strukturierteren Denken in der *Stufe der konkreten Operationen* des Schulkindes. Diese wiederum führt zur *Stufe der formalen Operationen*, in der das Denken zu dem komplexen, abstrakt-logischen System des Jugendlichen und Erwachsenen wird.

■ Piagets Forschungsmethoden

Piaget entwickelte spezielle Untersuchungsmethoden, um herauszufinden, wie Kinder denken. Zu Anfang seiner Laufbahn beobachtete er seine eigenen drei kleinen Kinder und bot ihnen alltägliche Problemstellungen, zum Beispiel einen attraktiven Gegenstand zu greifen, in den Mund zu nehmen, danach zu treten oder ihn zu suchen. Aus der Beobachtung ihrer Reaktionen leitete Piaget seine Ideen hinsichtlich kognitiver Veränderungen während der ersten beiden Lebensjahre ab. In seiner Untersuchung des Denkens in der Kindheit und der Adoleszenz, machte er sich die Fähigkeit der Kinder zunutze, ihr Denken zu beschreiben. Er bediente sich der klinischen Methode der Psychoanalyse und führte halbstrukturierte *klinische Interviews* durch, bei denen er die anfängliche Reaktion des Kindes auf eine bestimmte Aufgabe aufgriff und als Grundlage verwendete für die nächsten zu stellenden Fragen. Diese Methode wird noch im Einzelnen betrachtet werden, wenn wir uns im späteren Verlauf des Kapitels den Forschungsmethoden zuwenden.

■ Beiträge und Grenzen des Ansatzes von Piaget

Piagets Perspektive überzeugte darin, dass Kinder aktiv Lernende sind und ihr Verstand aus komplexen Wissensstrukturen besteht. Abgesehen von seinen Untersuchungen dazu, wie das Kind seine physische Umwelt versteht, beschäftigte sich Piaget zudem mit dem kindlichen Verständnis der sozialen Welt. Seine Stufentheorie rief verschiedenste Untersuchungen hervor, so etwa zum Selbstverständnis des Kindes und zu seinem Verständnis anderer Menschen und zwischenmenschlicher Beziehungen. Piagets Theorie der Entwicklung brachte neue Erziehungsmethoden und -programme hervor, in denen Lernen durch Entdecken und direkter Kontakt mit der Umwelt im Vordergrund stehen.

Obwohl Piaget so viel zur Entwicklungsforschung beitragen konnte, ist seine Theorie dennoch nicht ohne Kritik geblieben. Die Forschung zeigte, dass Piaget die Fähigkeiten des Säuglings und des Vorschulkindes unterschätzt hatte. Wenn man kleinen Kindern eine Aufgabe stellt, die ihrem Niveau entspricht, so ist ihr Denken näher an dem des größeren Kindes und dem des Erwachsenen, als Piaget vermutet hatte. Zudem hat sich gezeigt, dass die Leistungen des Kindes hinsichtlich der piagetschen Problemstellungen durch Übung auch verbessert werden können. Diese Ergebnisse stellen die Annahme in Frage, dass ein Lernen durch eigenes Entdecken besser der Förderung der individuellen Entwicklung dient als eine Unterweisung durch den Erwachsenen. Kritik wird auch dahingehend geübt, dass Piagets Stufentheorie sozialen und kulturellen Einflüssen auf den Entwicklungsverlauf zu wenig Aufmerksamkeit schenkt. Auch stoßen sich einige Theoretiker der Entwicklungspsychologie an Piagets Schlussfolgerung, dass nach der Adoleszenz keine größeren kognitiven Veränderungen

1.6 GESCHICHTLICHE HINTERGRÜNDE, THEORIEN UND FORSCHUNGSSTRATEGIEN

Tabelle 1.4

Piagets Stufen kognitiver Entwicklung

Stufe	Entwicklungszeitraum	Beschreibung
Sensumotorisch	Geburt–2 Jahre	Der Säugling „denkt", indem er mit den Augen, den Ohren, den Händen und dem Mund aktiv auf seine Umwelt einwirkt. Infolgedessen entdeckt er Möglichkeiten zur Lösung sensumotorischer Probleme, etwa an einem Faden zu ziehen, um die Spieluhr zum Klingen zu bringen, oder verstecktes Spielzeug zu finden oder auch Objekte in einen Behälter zu bekommen oder sie wieder herauszunehmen.
Präoperational	2–7 Jahre	Vorschulkinder verwenden Symbole zur Repräsentation ihrer frühen sensumotorischen Entdeckungen. Die Entwicklung des Symbolspiels fällt in diese Phase. Das Denken entbehrt jedoch noch der Logik der beiden späteren Phasen.
Konkret operational	7–11 Jahre	Das Denken des Kindes wird prälogisch. Dem Schulkind ist es nun möglich zu verstehen, dass eine bestimmte Menge an Limonade oder Spielknete, auch nachdem sich ihr Erscheinungsbild verändert hat, dieselbe bleibt. Objekte werden hierarchisch in Gruppen und Untergruppen geordnet. Das Denken reicht aber immer noch nicht an die Intelligenz des Erwachsenen heran, da es noch nicht formal-abstrakt ist.
Formal operational	11 Jahre und darüber	Die Fähigkeit zur Abstraktion und zu formalem Denken erlaubt es dem Adoleszenten, in Symbolen zu denken, die sich nicht direkt auf Objekte in der realen Welt beziehen, wie etwa in der fortgeschrittenen Mathematik. Auch können alle Lösungsmöglichkeiten eines wissenschaftlichen Problems in Betracht gezogen werden, nicht nur solche, die auf der Hand liegen.

Durch die sorgfältigen Beobachtungen und die klinischen Interviews von Kindern konnte Jean Piaget seine umfassende Theorie der kognitiven Entwicklung aufbauen. Seine Arbeit hat wohl mehr Entwicklungsforschung inspiriert als jede andere Theorie.

mehr stattfinden würden. Es gibt inzwischen mehrere postformale Denkansätze, die Veränderungen im Erwachsenenalter hervorheben (Arlin, 1989; Labouvie-Vief, 1985).

Die Entwicklungspsychologie stimmt Piagets Ideen also nicht einmütig zu. Diejenigen, die weiterhin den Stufenansatz Piagets anerkennen, haben ihn modifiziert. Sie erklären, dass Veränderungen im Denken nicht abrupt und plötzlich ablaufen, sondern eher allmählich vonstatten gehen (Case, 1992, 1998; Fischer & Bidell, 1998). Andere betonen eine fortwährende Erweiterung der kindlichen Kognition; sie verstehen die Entwicklung von Kognitionen als Informationsverarbeitungsprozess. Wiederum andere neigen mehr zu Theorien, die sich mit der Rolle der sozialen und kulturellen Entwicklungsumwelt beschäftigen. Diese Ansätze sollen im folgenden Abschnitt näher betrachtet werden.

> **Prüfen Sie sich selbst ...**
>
> **Rückblick**
> Nennen Sie Ähnlichkeiten und Unterschiede der Entwicklungsansätze von Freud und Erikson.
>
> **Rückblick**
> Welcher Aspekt des Behaviorismus ließ ihn für die Kritiker des psychoanalytischen Ansatzes attraktiv werden? Welche Veränderungen weist Piagets Theorie als Reaktion auf die Einschränkungen des Behaviorismus auf?
>
> **Anwendung**
> Ein vierjähriges Kind hat Angst vor der Dunkelheit und weigert sich abends ins Bett zu gehen. Wie würde ein Psychoanalytiker sich die Entstehung dieses Problems erklären? Welche Erklärung würde ein Behaviorist dafür finden? Wo liegen die Unterschiede?
>
> **Prüfen Sie sich selbst ...**

1.6 Theoretische Modelle jüngster Zeit

Ständig entstehen neue Deutungsweisen des menschlichen Entwicklungsverlaufs. Die Entdeckungen früherer Theorien werden in Frage gestellt, sie werden ergänzt oder dienen als Grundlage für neue Sichtweisen. Die zahlreichen neuen Ansätze und Forschungsergebnisse erweitern unsere Sicht der Lebensspanne beträchtlich.

1.6.1 Der Informationsverarbeitungsprozess

In den siebziger Jahren des letzten Jahrhunderts wandten sich die Forscher in ihrem Wunsch, die Entwicklung des Denkens besser verstehen zu können, der kognitiven Psychologie zu. Die Entwicklung digitaler Computer, die vorgegebene mathematische Schritte auf die Lösung von Problemen anwenden, legte den Psychologen nahe, dass der menschliche Verstand auch als ein System betrachtet werden könnte, durch das Information fließt und das Symbole organisiert und reorganisiert – eine Sichtweise, die man als **Informationsverarbeitungsprozess** bezeichnet (Klahr & MacWhinney, 1998). Angefangen vom Informationseingang über die Sinne bis hin zu den Effekten in Form von Verhaltensreaktionen wird die Information aktiv kodiert, umgewandelt und organisiert.

Forscher, die sich mit diesem Prozess beschäftigen, benutzen Flussdiagramme, um die einzelnen Schritte deutlich zu machen, die vom Individuum zur Problemlösung oder zur Bewältigung einer Aufgabe gewählt werden, ganz ähnlich denen, die sich Programmierer ausdenken, wenn es darum geht, den Computer dazu zu bringen, eine Abfolge „mentaler Operationen" durchzuführen. Hier ein Beispiel, das den Nutzen dieser Vorgehensweise verdeutlichen soll: In einer Untersuchung zum Problemlöseverhalten gab ein Versuchsleiter Vorschulkindern eine Auswahl von Bauklötzen, die sich in ihrer Größe, ihrer Form und ihrem Gewicht unterschieden. Er bat die Kinder, eine Brücke über einen auf einer Unterlage aufgemalten „Fluss" zu bauen. Dieser „Fluss" war zu breit, um von einem einzelnen Klotz überspannt zu werden (Thornton, 1999). Abbildung 1.4 zeigt eine mögliche Lösung für dieses Problem: zwei balkenartige Bauklötze überbrücken das Wasser, wobei sie von anderen schweren Klötzen, den Brückenpfeilern, gehalten werden. Während ältere Kinder keinerlei Schwierigkeiten haben, solche Brücken zu bauen, gelang dies nur einem der Fünfjährigen. Wenn man die Bemühungen dieses Kindes sorgfältig zurückverfolgt, zeigt sich, dass das Mädchen mehrere wenig erfolgreiche Strategien ausprobiert hatte, wie etwa zwei Planken zusammenzuschieben und auf beide Enden zu drücken, um diese an ihrem Platz zu halten. Diese Experimente brachten sie mit der Zeit auf die Idee, stattdessen Bauklötze als Gegengewicht zu verwenden. Ihr wenig erfolgreiches Vorgehen half ihr zu verstehen, warum und wie das Problem mit Hilfe von Gegengewichten zu lösen wäre.

Es gibt inzwischen eine ganze Reihe von Modellen des Informationsverarbeitungsprozesses. Einige, wie das eben beschriebene, verfolgen den Lernprozess des Kindes während einer oder mehrerer Aufgaben. Andere hingegen beschreiben das menschliche kognitive System als Ganzes (Atkinson & Shiffrin, 1968; Lockhart & Craik, 1990). Diese allgemeinen Modellvorstellungen werden als Leitlinie gebraucht, um Fragen zu den tiefgreifenden Veränderungen im Denken zu stellen. So zum Beispiel die Frage: Wird die Fähigkeit des Kindes zur Problemlösung organisierter und verläuft mehr „nach Plan", je älter das Kind wird? Warum verläuft der Informationsverarbeitungsprozess bei älteren Menschen langsamer als bei jungen Menschen? Zeigen sich Rückgänge in der Gedächtnisleistung im Alter nur bei einigen oder durchweg bei allen Aufgabenstellungen?

Wie die kognitive Entwicklungstheorie Piagets betrachtet auch der sich mit dem Informationsverarbeitungsprozess beschäftigende Ansatz den Menschen als aktives, „Sinn konstruierendes" Wesen. Im Gegensatz zu Piagets Ansatz gibt es hier aber keine Entwicklungsstufen. Stattdessen geht man davon aus, dass die zu untersuchenden Denkprozesse – wie die Wahrnehmung, die Aufmerksamkeit, das Erinnerungsvermögen, Planungsstrategien, die Kategorisierung von Information und das Verständnis des geschriebenen und gesprochenen Wortes – sich mit dem Alter wenig verändern und sich nur darin unterscheiden, dass sie in verschiedenem Ausmaße zum Vorschein kommen. Daher wird die Entwicklung als ein Prozess kontinuierlicher Veränderung betrachtet.

Eine der großen Stärken des Informationsverarbeitungsansatzes ist der sorgfältige Einsatz von Forschungsmethoden. Da dieser Ansatz genaue Beschreibungen von der Art und Weise liefern konnte, wie Kinder und Erwachsene mit den verschiedensten kognitiven Aufgabenstellungen umgehen, haben diese Ergebnisse große Bedeutung für den Unterricht (Geary, 1994; Siegler, 1998). Trotzdem gibt es aber auch Nachteile. Obwohl der Ansatz das Denken in seinen Einzelkomponenten gut zu analysieren vermag, zeigt sich, dass es bei dem Versuch, daraus eine umfassende Theorie zu entwickeln, Schwierigkeiten gibt. Zudem wurden nichtlineare und nichtlogische kognitive Prozesse, wie etwa die Phantasie und die Kreativität, außer Acht gelassen (Lutz & Sternberg, 1999). Die Forschung wurde vorwiegend im Labor durchgeführt und entsprach nicht der zunehmenden Forderung nach Feldforschung. In jüngerer Zeit haben Forscher diesen Mangel gesehen und Untersuchungen von Gesprächen, Geschichten, Erinnerungen alltäglicher Erlebnisse und schulischem bzw. akademischem Problemlöseverhalten begonnen.

Viele Theorien können sich gegenseitig ergänzen, indem sie den Forscher dazu bringen, sich mit zuvor vernachlässigten Aspekten des menschlichen Lebens zu beschäftigen. Den drei folgenden Sichtweisen ist gemeinsam, dass sie die Rolle des *Entwicklungskontexts* hervorheben. Der erste dieser Ansätze stellt die Entwicklung vieler unserer Fähigkeiten unter dem Einfluss der langen menschlichen Evolutionsgeschichte in den Mittelpunkt der Überlegungen.

1.6.2 Die Ethologie und die Evolutionspsychologie der Entwicklung

Die **Ethologie** beschäftigt sich mit dem adaptiven bzw. den dem Überleben dienlichen Verhaltensweisen und ihrer stammesgeschichtlichen Entwicklung (Dewsbury, 1992; Hinde, 1989). Die Wurzeln der Ethologie lassen sich bis zur Forschung Darwins zurückverfolgen.

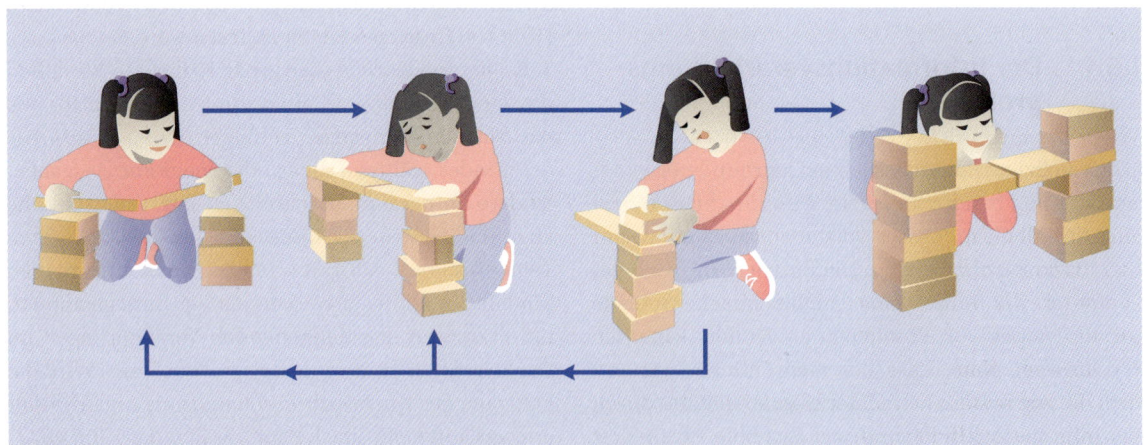

Abbildung 1.4: Das Flussdiagramm dieses Informationsverarbeitungsprozesses zeigt die Schritte, die von einem fünfjährigen Mädchen unternommen wurden, um das Brückenbau-Problem zu lösen. Seine Aufgabe bestand darin, unter Verwendung von Bauklötzen verschiedenster Formen, Größe und Gewicht, unter anderem auch einigen, die einem Brett ähnelten, eine Brücke über einen (auf eine Unterlage aufgemalten) Fluss zu bauen, ein Fluss, der zu breit ist, als dass ein einziger Bauklotz ihn überspannen könnte. Das Kind entdeckte, wie es mit Gegengewichten möglich wird, die Brücke im Gleichgewicht zu halten. Die Pfeile lassen erkennen, dass trotz eines Erfolges mit einem funktionierenden Gegengewicht, das Kind dennoch zu früheren Strategien, die nicht zum Erfolg geführt hatten, zurückkehrte. Dies schien ihm zu einem Verständnis zu verhelfen, wie Gegengewichte funktionieren (nach Thornton, 1999).

Die modernen Grundlagen dieses Ansatzes wurden später von zwei europäischen Zoologen gelegt, Konrad Lorenz und Niko Tinbergen. Durch Beobachtung verschiedener Tierarten in ihrem natürlichen Habitat konnten sie Verhaltensmuster erkennen, die ihrem Überleben förderlich sind. Das bekannteste ist jenes, dem die so genannte *Prägung* zugrunde liegt; es handelt sich um ein frühes Verhaltensmuster, das bei bestimmten Jungvögeln, etwa Graugänsen, beobachtet werden kann. Das mit Prägung verbundene Muster sorgt dafür, dass der Jungvogel immer in der Nähe der Mutter bleibt, somit die Nahrungsversorgung gewährleistet und das Tier vor Gefahren geschützt ist. Die Prägung findet innerhalb eines frühen, zeitlich eingeschränkten Zeitraumes statt. Sollte das Muttertier in dieser Zeit aus irgendeinem Grunde nicht zur Verfügung stehen, stattdessen aber ein Objekt, das dem Muttertier in den wichtigsten Eigenschaften ähnelt, ist es möglich, eine Prägung der Junggänse auf dieses Objekt zu erzielen (Lorenz, 1952).

Beobachtungen der Prägungsphase führten zur Entwicklung eines wichtigen Konzepts in der menschlichen Entwicklung, der *kritischen Periode*, einer begrenzten Zeitspanne, in der ein Individuum biologisch bereit ist, sich bestimmte adaptive Verhaltensweisen anzueignen, wozu es allerdings die Unterstützung einer im richtigen Maße stimulierenden Entwicklungsumwelt benötigt. Es gibt eine ganze Reihe verschiedener Untersuchungen, in denen die Wissenschaftler versuchten, der Frage nachzugehen, warum komplexe kognitive und soziale Verhaltensweisen jeweils in einem bestimmten Zeitrahmen gelernt werden müssen. So ergibt sich an dieser Stelle beispielsweise die Frage, ob deprivierte Kinder, die in den ersten Jahren ihres Lebens nur unzureichend Nahrung, körperliche oder soziale Anreize bekommen haben, in ihrer Intelligenz beeinträchtigt sind. Wenn z.B. die Sprache in der frühen Kindheit nicht oder nur unzureichend erlernt wird, wirkt sich dies mindernd auf die Ausbildung der Fähigkeit zum Spracherwerb zu einem späteren Zeitpunkt aus.

In späteren Kapiteln werden wir sehen, dass die Bezeichnung *sensible Periode* sich besser zur Beschreibung der menschlichen Entwicklung eignet als die eng gefasste Vorstellung eines kritischen Zeitraumes (Bornstein, 1989). Als **sensible Periode** bezeichnet man einen Zeitraum, in dem sich bestimmte Fähigkeiten optimal entwickeln können und das Individuum für Umwelteinflüsse besonders empfänglich ist. Die Grenzen der sensiblen Periode sind jedoch weniger starr definiert als die der kritischen Periode. Die Entwicklung bestimmter Fähigkeiten kann auch später einsetzen, wird aber schwerer induziert.

Von den Beobachtungen der Prägung angeregt, wendete der britische Psychoanalytiker John Bowlby (1969) die ethologische Theorie auf das Verständnis der Beziehung zwischen Bezugsperson und Säugling an. Er argumentierte, dass es sich beim Lächeln des Säuglings, bei seinen vorsprachlichen Lautäußerungen, seinem Greifen und Weinen um angeborene Signale handelt, die darauf ausgerichtet sind, die Eltern zu veranlassen, sich dem Kind zu nähern, sich um es zu kümmern und mit ihm zu interagieren. Diese Verhaltensweisen sorgen dafür, dass die Mutter in greifbarer Nähe bleibt, sie sichern ausreichende Nahrungszufuhr, Schutz vor Gefahren und die für eine gesunde Entwicklung notwendige Anregung und Zuwendung. Die Bindungsentwicklung beim Menschen ist ein langwieriger Prozess, der mit Veränderungen der psychischen Struktur Hand in Hand geht und zu einer tiefen emotionalen Bindung des Säuglings mit der Bezugsperson führt. Bowlby (1979) war der Meinung, dass diese Bindung Konsequenzen hat für alle späteren Beziehungen im Leben (S. 129). In späteren Kapiteln werden wir uns Forschungsergebnisse ansehen, die eine solche Annahme evaluieren.

Beobachtungen von Ethologen haben gezeigt, dass viele Aspekte des Sozialverhaltens, einschließlich des emotionalen Ausdrucks, der Aggression, der Kooperation und des sozialen Spiels des Menschen, denen der Primaten sehr ähnlich sind. In jüngerer Zeit sind die Forschungsbemühungen auf ein neueres Gebiet ausgedehnt worden, der **evolutionären Entwicklungspsychologie**. Sie beschäftigt sich mit dem adaptiven Wert der altersbedingten Veränderungen der kognitiven, emotionalen und sozialen Fähigkeiten innerhalb einer bestimmten Spezies. Evolutionäre Entwicklungspsychologen stellen Fragen wie diese: Welche Rolle spielt die visuelle Präferenz eines Neugeborenen für gesichtsähnliche Stimuli für das Überleben? Ist diese Präferenz dem älteren Säugling für das Unterscheiden ihm bekannter Bezugspersonen von Unbekannten dienlich? Warum spielen Kinder in nach Geschlecht getrennten Gruppen? Was lernen sie aus derartigem Spiel, das später zu geschlechtstypischem Verhalten führen könnte, etwa zu männlichem Dominanzverhalten oder weiblicher Fürsorge?

Wie diese Beispiele schon vermuten lassen, geht es dem Evolutionspsychologen nicht ausschließlich um die biologische Grundlage der Entwicklung. Großes Interesse besteht auch an den Lernprozessen des Individuums, da durch Lernen mehr Flexibilität im

1.6 GESCHICHTLICHE HINTERGRÜNDE, THEORIEN UND FORSCHUNGSSTRATEGIEN

Konrad Lorenz, einer der Begründer der Ethologie und ein aufmerksamer Beobachter des Verhaltens von Tieren, entwickelte das Konzept der Prägung. Auf diesem Bild sind junge Graugänse zu sehen, die, von ihrer Mutter getrennt, während der sensiblen Periode engen Kontakt mit Konrad Lorenz hatten. Es wird ersichtlich, dass die Tiere auf ihn geprägt sind. Sie folgen Lorenz, während er durchs Wasser schwimmt, eine Reaktion, die dem Überleben dient.

Verhalten entsteht und die Anpassung gefördert wird (Bjorklund & Pellegrini, 2000; Geary, 1999). Es wird angenommen, dass die Vorteile für die evolutionäre Selektion bestimmter Verhaltensweisen in der ersten Lebenshälfte am stärksten sind – um das Überleben, die Fortpflanzung und eine effektive Kinderaufzucht sicherzustellen. Wenn der Mensch älter wird, werden gesellschaftliche und kulturelle Faktoren für das Erzeugen und Beibehalten eines hohen Funktionsniveaus zunehmend wichtiger (Smith & Baltes, 1999). Die als Nächste zu diskutierende Sichtweise, Wygotskys soziokulturelle Theorie, ist eine ausgezeichnete Ergänzung zur Ethologie, da sie die gesellschaftlichen und kulturellen Kontexte der Entwicklung hervorhebt.

1.6.3 Wygotskys soziokultureller Ansatz

In der Entwicklungsforschung hat es in jüngster Zeit eine große Zunahme an Studien gegeben, die sich mit dem kulturellen Entwicklungskontext des menschlichen Lebens beschäftigen. Interkulturelle vergleichende Untersuchungen sowie Studien ethnischer Gruppen innerhalb bestimmter Kulturen vermitteln Erkenntnisse darüber, ob Entwicklungsverläufe allgemeingültig sind oder auf bestimmten Umweltgegebenheiten beruhen. Daher kann uns interkulturelle und multikulturelle Forschung helfen, die Einflüsse biologischer und umweltbedingter Faktoren auf Entwicklungszeitpläne zu entwirren sowie die Vielfalt von Verhalten bei Kindern und Erwachsenen zu ordnen (Greenfield, 1994).

In der Vergangenheit konzentrierten sich interkulturelle Studien vor allem auf die großen kulturellen Unterschiede in der Entwicklung – so zum Beispiel, ob Kinder einer Kultur in ihrer motorischen Entwicklung weiter sind oder mit intellektuellen Aufgaben besser zurechtkommen als Kinder einer anderen Kultur. Dieser Ansatz kann jedoch dazu führen, dass wir aus solchen Beobachtungen falsche Schlussfolgerung ziehen, dass z.B. eine Kultur für die Entwicklung günstigere Bedingungen schaffe als andere. Außerdem hilft er uns nicht, die konkreten Erfahrungen zu erkennen, die zu den kulturellen Unterschieden im Verhalten beitragen.

Heute beschäftigt man sich in der Forschung zunehmend mit den Zusammenhängen zwischen kulturspezifischen Handlungsweisen und der Entwicklung. Die Beiträge des russischen Psychologen Lev Wygotsky (1896-1934) spielen hier eine große Rolle. Wygotskys (1934/1987) Ansatz gilt als **soziokulturelle Theorie**. Sie hebt die Rolle der Kultur – kulturelle Werte, Überzeugungen, Gebräuche und Fähigkeiten einer gegebenen sozialen Gruppe – hervor und wie diese Kultur auf die folgende Generation übertragen wird. Gemäß Wygotsky ist die soziale Interaktion – insbesondere der kooperative Austausch mit lebenserfahreneren Mitgliedern der Gesellschaft – für Kinder notwendig, um sich die Formen des Denkens und Verhaltens anzueignen, welche die Kultur einer Gemeinschaft ausmachen (Wertsch & Tulviste, 1992). Wygotsky war überzeugt, wenn Erwachsene und erfahrene Gleichaltrige dem Kind als Mentoren für den Erwerb kulturell sinnvoller Aktivitäten dienen, verinnerlicht das Denken des Kindes über diese Sozialisation kulturelle Denk- und Verhaltensmuster. Während das Kind die wesentlichen Inhalte dieser Interaktionen oder Dialoge übernimmt, kann es deren Sprache dazu benutzen, die eigenen Gedanken und Handlungen zu steuern und neue Fähigkeiten zu erwerben (Berk, 2001).

Dieses Mädchen auf Bali, Indonesien, lernt traditionelle Tanzschritte unter der Leitung einer erwachsenen Lehrerin. Wygotskys soziokultureller Theorie zufolge führen gesellschaftliche Interaktionen zwischen Kindern und erfahrenen Mitgliedern ihrer Kultur zu neuen Möglichkeiten des Denkens und Verhaltens, die für ein erfolgreiches Zurechtkommen im Leben notwendig sind.

Wygotskys Theorie hat besonders die Forschung zur kognitiven Entwicklung beeinflusst. Er war sich mit Piaget darüber einig, dass Kinder aktive, konstruktive Wesen sind. Aber im Gegensatz zu Piaget, der die unabhängigen Anstrengungen des Kindes betonte, seine Welt zu verstehen, betrachtete Wygotsky die kognitive Entwicklung als einen durch die *Gesellschaft vermittelten Prozess* – als abhängig von der Unterstützung der Erwachsenen und der reiferen Peers bei dem Versuch, neue Aufgaben zu bewältigen.

In der Theorie Wygotskys erfahren Kinder bestimmte stufenweise Veränderungen. Zum Beispiel verbessert sich in der Phase des Spracherwerbs ihre Fähigkeit, an Dialogen mit anderen teilzunehmen, sehr stark und folglich nimmt auch das Beherrschen kulturell erwünschter Fähigkeiten schnell zu. Wenn das Kind in die Schule kommt, verbringt es viel Zeit mit der Auseinandersetzung mit Sprache, grundlegendem akademischen Wissen und anderen Konzepten – Erfahrungen, die das Kind ermutigen, sein eigenes Denken zu reflektieren. Das Ergebnis ist ein extremer Zugewinn, was das Denkvermögen und die Problemlösungsstrategien anbelangt.

Obwohl sich die von Wygotskys Theorie geleitete Forschung überwiegend auf Kinder konzentriert, lassen sich seine Ideen auf jedes Alter anwenden. Das zentrale Thema dieser Forschung ist, dass Kulturen bestimmte Aufgaben für ihre Mitglieder bereitstellen und diese – durch die damit verbundenen sozialen Interaktionen – beim Einzelnen zur Entwicklung von Fähigkeiten führen, die wiederum für erfolgreiche Lebensbewältigung in der betreffenden Kultur unabdingbar sind. So helfen zum Beispiel in industrialisierten Nationen Lehrer anderen Menschen dabei, lesen zu lernen, ein Auto zu lenken oder einen Computer zu benutzen (Schwebel, Maher, & Fagley, 1990). Unter den Zinacanteco-Indianern im südlichen Mexiko sind es erwachsene Experten, die den jungen Mädchen beibringen, komplizierte Webtechniken zu meistern (Childs & Greenfield, 1982). In Brasilien entwickeln Kinder, die Süßigkeiten verkaufen und über wenig oder gar keine Schulausbildung verfügen, komplexe mathematische Fähigkeiten, als Folge ihrer Süßigkeiteneinkäufe bei Großhändlern, ihrer Zusammenarbeit mit Erwachsenen und erfahrenen Peers beim Festlegen der Preise und im Handeln mit ihren Kunden auf der Straße (Saxe, 1988).

Wygotskys Ansatz und die daraus erwachsene Forschung zeigen, dass Kinder jeder Kultur spezifische Stärken entwickeln. Allerdings führte die starke Beachtung von Kultur und sozialem Erleben dazu, dass Wygotsky die biologische Seite der Entwicklung vernachlässigte. Obwohl er die Wichtigkeit von Vererbung und Gehirnwachstum erkannte, äußerte er sich nur wenig zu ihrer Rolle in der kognitiven Entwicklung. Zudem hatte Wygotskys Betonung auf der gesellschaftlichen Wissensübermittlung zur Folge, dass er weniger als andere Theoretiker die Kapazität des Kindes in Betracht zog, seine eigene Entwicklung selbst zu gestalten. Zeitgenössische Anhänger seiner Theorie gestehen dem Individuum und der Gesellschaft als Ganzes ausgewogenere Rollen zu (Gauvain, 1999; Rogoff, 1998).

1.6.4 Ökologische Systemtheorie

Urie Bronfenbrenner, ein amerikanischer Psychologe, ist für einen Ansatz zur menschlichen Entwicklung verantwortlich zu sehen, der in den vergangenen zwei Jahrzehnten führend in der Entwicklungspsychologie wurde, da er die differenzierteste und genaueste Beschreibung der umweltbedingten Einflüsse liefert. Die **ökologische Systemtheorie** betrachtet die Person als ein sich in einem komplexen System von Beziehungen entwickelndes Wesen, wobei diese Beziehungen auf verschiedenen Ebenen von der Entwicklungsumgebung beeinflusst werden. Da sich in der Gestaltung der Entwicklung die biologischen Dispositionen des Kindes mit den Kräften der Umwelt verbinden, bezeichnete Bronfenbrenner vor kurzem seine Sichtweise als ein bioökologisches Modell (Bronfenbrenner & Morris, 1998).

Wie Abbildung 1.5 deutlich macht, betrachtet Bronfenbrenner die Umwelt als eine Abfolge wechselseitig aufeinander einwirkender Strukturen, die die Familie, die Schule, die Nachbarschaft und den Arbeitsplatz mit einschließen, aber dennoch über diese Lebensumwelten des Einzelnen hinausreichen. Jede dieser Schichten der Umwelt hat große Auswirkungen auf die Entwicklung.

■ Das Mikrosystem

Die innerste Schicht der Umwelt wird als das **Mikrosystem** bezeichnet. Es besteht aus den Aktivitäten und Beziehungsmustern der unmittelbaren Umgebung des betreffenden Menschen. Gemäß Bronfenbrenner ist es wichtig, daran zu denken, dass alle Beziehungen bidirektional sind, denn nur so kann die Entwicklung auf diesem Niveau verstanden werden. So beeinflussen Erwachsene das Verhalten des Kindes, aber die biologisch und gesellschaftlich beeinflussten Eigenschaften des Kindes – seine körperlichen Eigenschaften, seine Persönlichkeit und seine Fähigkeiten – wirken zurück auf das Verhalten der Erwachsenen. Zum Beispiel wird ein freundliches, aufmerksames Kind aller Wahrscheinlichkeit nach positive und geduldige Reaktionen seiner Eltern hervorrufen, hingegen wird ein aktives, unaufmerksames Kind eher diszipliniert und bestraft. Wenn diese bidirektionalen Wechselwirkungen häufig vorkommen, haben sie eine dauerhafte

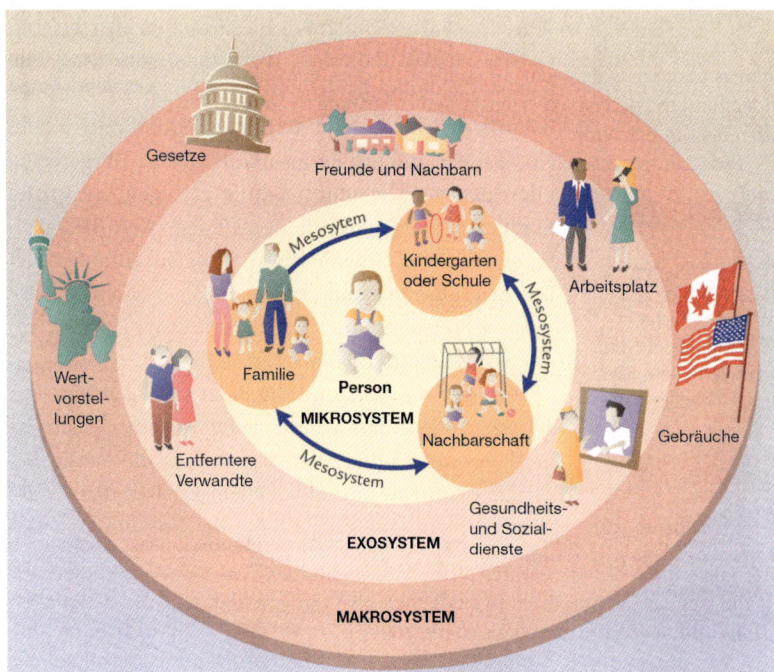

Abbildung 1.5: Die Umweltstruktur in der ökologischen Systemtheorie. Das *Mikrosystem* besteht aus den Beziehungen zwischen der sich entwickelnden Person und der unmittelbaren Umgebung; das *Mesosystem* beinhaltet die Beziehungen zwischen den Mikrosystemen; das *Exosystem* umfasst den gesellschaftlichen Rahmen, der die sich entwickelnden Personen beeinflusst, aber mit diesen nicht in direktem Kontakt steht; das *Makrosystem* beschreibt die Wertvorstellungen, die Gesetze, Gebräuche sowie die Ressourcen der betreffenden Kultur, die sich auf die Aktivitäten und Wechselwirkungen aller inneren Schichten auswirken. Das *Chronosystem* (hier nicht zu sehen) bezieht sich nicht auf einen spezifischen Kontext, sondern beinhaltet die Zeitdimension. Es bezieht es sich auf die dynamische, stets in Veränderung begriffenen Kontexte der betreffenden Person.

Auswirkung auf die Entwicklung (Bronfenbrenner, 1995; Collins et al., 2000).

Zu gleicher Zeit beeinflussen aber auch andere Individuen innerhalb des Mikrosystems die Qualität einer jeglichen dyadischen Beziehung. Sind sie unterstützend, verbessert sich die Beziehung. Ermutigen sich die Eltern gegenseitig in ihren unterschiedlichen Rollen bei der Kindererziehung, so wird die Erziehung durch beider Anteil erheblich wirksamer (Cowan, Powell, & Cowan, 1998). Im Gegensatz dazu kann ehelicher Konflikt einhergehen mit inkonsequenter Bestrafung und feindlichen Reaktionen den Kindern gegenüber. Die Kinder reagieren dann zumeist feindselig und die Anpassung von Eltern und Kindern leidet darunter (Hetherington & Stanley-Hagen, 2002).

■ Das Mesosystem

Die zweite Schicht von Bronfenbrenners Modell, das **Mesosystem,** hat die Wechselwirkungen der verschiedenen Mikrosysteme zum Inhalt. Zum Beispiel ist der schulische Fortschritt eines Kindes nicht allein abhängig von den im Klassenzimmer stattfindenden Aktivitäten. Der Fortschritt wird auch durch die Eltern gefördert, die sich in das Schulleben einbringen, und durch das Ausmaß, mit dem das schulische Lernen ins Familienleben Eingang findet (Connors & Epstein, 1996). Wie gut ein erwachsener Mensch in seiner Rolle zu Hause funktioniert, als Ehegatte und Elternteil, wird beeinflusst von seinen oder ihren Beziehungen am Arbeitsplatz und umgekehrt (Gottfried, Gottfried, & Bathurst, 2002).

■ Das Exosystem

Das **Exosystem** bezieht sich auf die sozialen Rahmenbedingungen, die aber mit der sich entwickelnden Person nicht in direkter Verbindung stehen. Es können dies formelle Organisationen sein, wie die Führungsriege am Arbeitsplatz oder Gesundheits- und Sozialdienste in der Lebensumgebung. Zum Beispiel sind flexible Arbeitszeiten, bezahlter Mutterschafts- bzw. Vaterschaftsurlaub und bezahlte Urlaubstage für Eltern, deren Kinder krank sind, Möglichkeiten, wie die Rahmenbedingungen am Arbeitsplatz den Eltern Unterstützung bei der Kindererziehung bieten und so indirekt die Entwicklung von Eltern und Kind fördert. Die Unterstützung eines Exosystems kann auch informell sein, wie soziale Netzwerke, Freunde und entferntere Verwandte, die dem Betreffenden mit ihrem Rat zur Seite stehen, Gesellschaft leisten oder sogar finanzielle Hilfe bieten. Die Forschung bestätigt die negative Auswirkung eines nicht funktionierenden Exosystems. Sozial isolierte Familien, mit wenigen persönlichen oder gesellschaftlichen Bindungen oder die von Arbeitslosigkeit betroffen sind, weisen mehr eheliche Konflikte und Kindesmisshandlungen auf als Familien, deren Exosystem intakt ist (Emery & Laumann-Billings, 1998).

■ Das Makrosystem

Die äußerste Schicht in Bronfenbrenners Modell wird als **Makrosystem** bezeichnet. Hierbei handelt es sich nicht um einen konkreten Kontext, sondern um die kulturellen Wertvorstellungen, die Gesetze, die Sitten und Gebräuche und Ressourcen dieser Kultur. Die Priorität, die im Makrosystem den Bedürfnissen von Kindern und Erwachsenen beigemessen wird, hat eine direkte Auswirkung auf die Unterstützung aus den inneren Schichten der Entwicklungsumwelt. Beispielsweise werden in Ländern, die einen hohen Standard bei der Kinderbetreuung und den Sozialleistungen am Arbeitsplatz fordern, Kinder eher günstige Erfahrungen in ihrer unmittelbaren Entwicklungsumwelt machen. Wenn die Regierung für einen großzügigen Rentenplan sorgt, unterstützt dies das Wohlergehen der älteren Menschen.

■ Ein dynamisches, dauernd in Veränderung begriffenes System

Bronfenbrenner zufolge ist die Umgebung keine statische Macht, die den Menschen auf eine vorgegebene Art und Weise beeinflusst. Die Veränderungen sind stattdessen dynamisch und selbst in Veränderung begriffen. Jedes Mal wenn der Einzelne Rollen oder Rahmenbedingungen in seinem Leben übernimmt oder aufgibt, ergeben sich Änderungen in der Bandbreite des Mikrosystems. Diese Verschiebungen in den Kontexten bzw. die ökologischen Übergänge, wie Bronfenbrenner diese bezeichnet, finden das ganze Leben hindurch statt und sind oft wichtige Wendepunkte für die Entwicklung. Beispiele hierfür sind der Schulanfang, das Aufnehmen der ersten Arbeitsstelle, das Eingehen einer Ehe, Elternschaft, Scheidung, Umzug oder das Erreichen des Rentenalters.

In der ökologischen Systemtheorie vollzieht sich die Entwicklung innerhalb eines komplexen Systems von Beziehungen, beeinflusst von vielen Schichten der Umwelt. Dieser Vater begrüßt seine Tochter am Ende eines Schultages. Die Erfahrungen des Mädchens in der Schule (Mikrosystem) und die Erfahrungen des Vaters auf seinem Arbeitsplatz (Exosystem) wirken sich auf die Vater-Tochter-Interaktion aus.

Prüfen Sie sich selbst ...

Rückblick
Verdeutlichen Sie, wie jede dieser theoretischen Perspektiven Kinder und Erwachsene als aktiv zu ihrer eigenen Entwicklung beitragend betrachtet.

Rückblick
Welche Merkmale unterscheiden Wygotskys soziokulturelle Theorie von der Theorie Piagets und dem Ansatz des Informationsverarbeitungsprozesses?

Zusammenhänge
Ist die ökologische Systemtheorie Bronfenbrenners mit den Annahmen der Entwicklungspsychologie über die Lebensspanne vereinbar, d.h., Entwicklung als einen lebenslangen Prozess, als multidirektional, ausgesprochen plastisch und eingebettet in vielfältige Entwicklungskontexte zu bestimmen?

Prüfen Sie sich selbst ...

Bronfenbrenner bezeichnet die zeitliche Dimension seines Modells als das **Chronosystem** (die Vorsilbe „chrono" bedeutet „Zeit"). Veränderungen in den Ereignissen des Lebens können von außen an den Menschen herangetragen werden. Alternativ können sie auch von innen heraus entstehen, da der Mensch sich viele seiner Rahmenbedingungen und Erfahrungen selbst schafft. Wie das vor sich geht, ist abhängig vom Alter des Individuums; von seinen körperlichen, intellektuellen und Persönlichkeitseigenschaften; und den Gelegenheiten, die sich für die Entwicklung in seiner Umwelt bieten. Daher wird die Entwicklung in der ökologischen Systemtheorie weder von den Umständen kontrolliert noch von inneren Dispositionen vorherbestimmt. Stattdessen ist der Mensch sowohl das Produkt als auch der „Produzent seiner eigenen Umwelt". So bilden die Menschen zusammen mit ihrer Umwelt ein Netzwerk voneinander abhängiger Wechselwirkungen. In späteren Kapiteln werden noch weitere Beispiele für diese Prinzipien vorgestellt.

1.7 Vergleich und Evaluation verschiedener Theorien

In den vorangegangenen Abschnitten haben wir uns mit für die Entwicklungsforschung bedeutenden theoretischen Sichtweisen auseinander gesetzt. Sie weisen viele Unterschiede auf. Zum einen konzentrieren sich die verschiedenen Ansätze auf unterschiedliche Bereiche der Entwicklung. Einige, wie etwa der psychoanalytische Ansatz und die Ethologie, legen den Akzent auf die emotionale und soziale Entwicklung. Andere wiederum, wie Piagets kognitive Entwicklungstheorie, der Ansatz der kognitiven Entwicklung als Informationsverarbeitungsprozess sowie Wygotskys soziokulturelle Theorie, betonen die Veränderungen im Denken. Wieder andere Ansätze, wie etwa der Behaviorismus, die soziale Lerntheorie, die ökologische Systemtheorie und die Entwicklungspsychologien über die Lebensspanne, beschäftigen sich mit vielen Aspekten des menschlichen Funktionierens.

Zum anderen bezieht jede dieser Theorien unterschiedlich Stellung dazu, wie Entwicklung vor sich geht. Zum Abschluss unseres Rückblicks auf die theoretischen Sichtweisen versuchen Sie einmal den Standpunkt einer jeden Theorie hinsichtlich der zu Anfang dieses Kapitels vorgebrachten kontroversen Fragen herauszuarbeiten. Überprüfen Sie daraufhin Ihre Analyse anhand von Tabelle 1.5.

Tabelle 1.5

Grundannahmen der Haupttheorien zu wichtigen Fragen der menschlichen Entwicklung

Theorie	Fortlaufende oder diskontinuierliche Entwicklung?	Ein einziger Entwicklungsverlauf oder viele mögliche?	Was ist wichtiger? Anlage oder Umwelt?
Psychoanalyse	*Diskontinuierlich:* Betonung liegt auf der psychosexuellen und psychosozialen Entwicklung in Stufen	*Ein bestimmter Verlauf:* Stufen werden als allgemeingültig betrachtet	*Sowohl Anlage als auch Umwelt:* Angeborene Impulse werden durch die während der Erziehung gemachten Erfahrungen in bestimmte Richtungen gelenkt und kontrolliert. *Das stabile Individuum:* Frühe Erfahrungen bestimmen den späteren Verlauf der Entwicklung.
Behaviorismus und soziale Lerntheorie	*Kontinuierlich:* Entwicklung versteht sich als eine kontinuierliche Zunahme an gelerntem Verhalten	*Viele verschiedene Möglichkeiten des Entwicklungsverlaufs:* Verstärkte und von Vorbildern modellierte Verhaltensweisen variieren von Person zu Person	*Betonung auf Umwelt:* Entwicklung ist Ergebnis des Konditionierens und des Modelllernens. *Sowohl frühe als auch spätere Erfahrungen sind wichtig.*
Piagets kognitive Entwicklungstheorie	*Diskontinuierlich:* Betonung liegt auf kognitiver Entwicklung in Stufen	*Ein bestimmter Verlauf:* Stufen werden als allgemeingültig betrachtet	*Sowohl Anlage als auch Umwelt:* Entwicklung geschieht, während das Gehirn reift. Kinder gehen ihrem angeborenen Bedürfnis nach, die Realität in einer zumeist anregenden Umwelt zu entdecken. *Sowohl frühe als auch spätere Erfahrungen sind wichtig.*
Informationsverarbeitungsansatz	*Kontinuierlich:* Kinder und Erwachsene verbessern allmählich Wahrnehmung, Gedächtnisleistung und Fähigkeiten zur Problemlösung	*Ein bestimmter Verlauf:* Untersuchte Veränderungen sind charakteristisch für die meisten oder alle Kinder und Erwachsene	*Sowohl Anlage als auch Umwelt:* Kinder und Erwachsene sind aktive und sinnkonstruierende Wesen, die ihr Denken anpassen, während das Gehirn reift und sie mit neuen Umweltanforderungen konfrontiert sind. *Sowohl frühe als auch spätere Erfahrungen sind wichtig.*
Ethologie und Evolutionspsychologie der Entwicklung	*Sowohl kontinuierlich als auch diskontinuierlich:* Kinder und Erwachsene entwickeln allmählich eine größere Bandbreite adaptiver Verhaltensweisen. Es gibt sensible Perioden, in denen qualitativ unterschiedliche Fähigkeiten plötzlich zum Vorschein kommen.	*Ein bestimmter Verlauf:* Adaptive Verhaltensweisen und sensible Perioden kommen bei allen Mitgliedern einer Spezies vor.	*Sowohl Anlage als auch Umwelt:* Evolution und Vererbung beeinflussen das Verhalten, und Lernen verleiht ihm vermehrte Flexibilität und Anpassungsfähigkeit. In sensiblen Perioden, bestimmen die *frühen Erfahrungen* den Verlauf der späteren Entwicklung.

GESCHICHTLICHE HINTERGRÜNDE, THEORIEN UND FORSCHUNGSSTRATEGIEN

Theorie	Fortlaufende oder diskontinuierliche Entwicklung?	Ein einziger Entwicklungsverlauf oder viele mögliche?	Was ist wichtiger? Anlage oder Umwelt?
Wygotskys soziokulturelle Theorie	*Sowohl kontinuierlich als auch diskontinuierlich:* Sprachentwicklung und Schulausbildung führen zu stufenweisen Veränderungen. Zudem hat die Kommunikation mit erfahreneren Mitgliedern der Gesellschaft fortlaufende Veränderungen zur Folge, die von Kultur zu Kultur variieren.	*Viele verschiedene Möglichkeiten des Entwicklungsverlaufs:* Sozial vermittelte Veränderungen im Denken und Verhalten variieren von Kultur zu Kultur.	*Sowohl Anlage als auch Umwelt:* Anlage, Gehirnwachstum und Kommunikation mit erfahreneren Mitgliedern der Gesellschaft tragen gemeinsam zur Entwicklung bei. *Sowohl frühe als auch spätere Erfahrungen sind wichtig.*
Ökologische Systemtheorie	*Nicht näher ausgeführt*	*Viele verschiedene Möglichkeiten des Entwicklungsverlaufs:* Biologische Dispositionen verbinden sich auf vielen Ebenen mit ökologischen Kontexten, um die Entwicklung auf einzigartige Weise zu formen.	*Sowohl Anlage als auch Umwelt:* Die Eigenschaften des Individuums und die Reaktionen anderer Menschen beeinflussen sich wechselseitig bidirektional. *Sowohl frühe als auch spätere Erfahrungen sind wichtig.*
Entwicklungspsychologie über die Lebensspanne	*Sowohl kontinuierlich als auch diskontinuierlich:* Immer wieder Fortschritte und Rückschritte sowie diskontinuierliches, stufenweises Auftauchen neuer Fähigkeiten in allen Altersstufen.	*Viele verschiedene Möglichkeiten des Entwicklungsverlaufs:* Die Entwicklung ist eingebettet in vielfältige Entwicklungsumwelten, die sich von Person zu Person unterscheiden und somit zu ganz unterschiedlichen Richtungen in der Veränderung führen.	*Sowohl Anlage als auch Umwelt:* Entwicklung ist multidimensional und von einer komplizierten Wechselwirkung biologischer und sozialer Faktoren beeinflusst. Betont Plastizität in jeder Altersstufe. *Sowohl frühe als auch spätere Erfahrungen sind wichtig.*

Theorien weisen Stärken, aber auch begrenzte Gültigkeit auf. Möglicherweise neigen Sie mehr zu der einen als zu der anderen Theorien und hatten hinsichtlich mancher auch Zweifel. Wenn Sie in späteren Kapiteln mehr über die Entwicklung lesen, finden Sie es vielleicht nützlich, ein Notizbuch zu führen, in dem Sie ihre theoretischen Vorlieben notieren und diese anhand der Forschungsergebnisse überprüfen. Seien Sie nicht überrascht, wenn Sie Ihre Ideen oftmals revidieren, denn so erging es auch den Theoretikern des vergangenen Jahrhunderts.

1.8 Die Entwicklung als Gegenstand der Forschung

In jeder Wissenschaft sind es die Theorien, wie die gerade vorgestellten, die dem Sammeln von Erkenntnissen, ihren Interpretationen und ihren Anwendungen auf die Lebensrealität eine Richtung geben. In der Tat beginnt Forschung normalerweise mit einer von einer Theorie abgeleiteten Vorhersage des zu erwartenden Verhaltens, d.h. mit einer *Hypothese*. Aber Theorien und Hypothesen sind nur der Anfang vieler Aktivitäten, mit denen man zu einer soliden Beweisführung gelangt. Das Durchführen von Forschung mittels wissenschaftlich anerkannter Verfahren beinhaltet viele Einzelschritte und Entscheidungen. Der Forscher muss entscheiden, welche und wie viele Teilnehmer in die Studie einbezogen werden sollen. Dann muss er sich die Fragestellungen überlegen und wann, wo und wie oft die Teilnahme der Versuchspersonen an der Untersuchung notwendig wird. Und schließlich müssen die gesammelten Daten ausgewertet und Schlüsse daraus gezogen werden.

In den folgenden Abschnitten werden die in der Entwicklungsforschung am häufigsten verwendeten Forschungsstrategien vorgestellt. Wir beginnen mit den *Forschungsmethoden* – das sind die spezifischen Aktivitäten der Teilnehmer, wie sich einem Test zu unterziehen, das Beantworten von Fragebögen, die Teilnahme an Interviews oder das Beobachtetwerden. Dann werden *Forschungspläne* erläutert – das ist die Gesamtplanung einer Studie, die eine bestmögliche Überprüfung der Hypothesen eines Forschers erlaubt. Schließlich werden Fragen der Ethik diskutiert, mit denen man sich auseinander setzen muss, wenn es sich bei den Forschungsteilnehmern um Menschen oder Tieren handelt. An diesem Punkt werden Sie sich vielleicht fragen: Warum soll ich denn etwas über Forschungsstrategien lernen? Warum diese Dinge nicht den Spezialisten überlassen und sich konzentrieren auf das, was über die menschliche Entwicklung sowieso schon bekannt ist, und darauf, wie dieses Wissen praktische Anwendung finden kann? Hierfür gibt es zwei Gründe. Zum einen muss jeder sorgfältig und kritisch mit den bestehenden Erkenntnissen umgehen. Das Wissen um die Stärken und Einschränkungen verschiedener Forschungsstrategien ist sehr wichtig, wenn es darum geht, zuverlässige Informationen von irreführenden Ergebnissen zu trennen.

Zum anderen ist es so, dass Personen, die unmittelbar mit Kindern oder Erwachsenen arbeiten, sich in der vielleicht sogar einmaligen Position befinden, in der es möglich wird, eine Brücke zwischen Forschung und Praxis zu schlagen, indem sie Forschungsprojekte entweder allein oder in Zusammenarbeit mit erfahrenen Forschern durchführen. Gegenwärtig arbeiten häufig öffentliche Stellen mit Forschern beim Entwurf, der Durchführung und der Auswertung von Interventionen zusammen, die Verbesserungen für die Entwicklung über die gesamte Lebensspanne hinweg bieten (Lerner, Fischer, & Weinberg, 2000). Ein anregendes Beispiel aus diesem neuen Bereich von Feldforschung ist im Info-Kasten „Soziale Aspekte" auf Seite 39 zu finden. Um Bemühungen dieser Art zu erweitern, ist ein Grundverständnis des Forschungsprozesses unerlässlich.

1.8.1 Die gebräuchlichen Forschungsmethoden

Wie trifft ein Forscher eine Entscheidung über eine Forschungsmethode, mit deren Hilfe er Daten erheben will? Die am weitesten verbreiteten Methoden sind systematische Beobachtung, Selbstauskünfte (wie Fragebögen und Interviews), klinische oder Fallstudien eines einzelnen Individuums und Ethnographien der Lebensumstände einer bestimmten Gruppe von Menschen.

■ Systematische Beobachtung

Um herauszufinden, wie sich Menschen tatsächlich verhalten, wählt ein Forscher unter Umständen die systematische Beobachtung. Beobachtungen können auf verschiedene Art und Weise durchgeführt werden. Ein Ansatz besteht darin, sich in die natürliche Umwelt des Menschen zu begeben, also Feldforschung zu betreiben, um an Ort und Stelle das Verhalten zu beobachten, das gerade von Interesse ist – eine Methode, die sich **teilnehmende / natürliche Beobachtung** nennt.

Ein Studie zu den Reaktionen von Kindern im Vorschulalter auf einen in Not geratenen Gleichaltrigen hält ein gutes Beispiel dieser Technik bereit (Farver & Branstetter, 1994). Drei und vier Jahre alte Kinder wurden in Kinderkrippen beobachtet. Die Forscher notierten jedes Weinen eines Kindes sowie die Reaktionen von sich in der Nähe befindenden Kindern – ob diese den weinenden Spielkameraden ignorierten, neugierig zusahen, sich über die Verzweiflung des Kindes äußerten, schimpften oder das unglückliche Kind neckten oder ob sie Anteil nahmen, halfen oder ihre Sympathie ausdrückten. Darüber hinaus wurde das Verhalten der Betreuer, wie etwa das Erklären, warum ein Kind gerade weint, das Vermitteln bei Konflikten oder das Anbieten von Trost, notiert, um feststellen zu können, ob die Sensibilität des Erwachsenen mit den sorgenden Reaktionen der Kinder miteinander in Verbindung gebracht werden könnte. Es zeigte sich, dass es hier einen engen Zusammenhang gibt. Die große Stärke der natürlichen Beobachtung ist, dass die Wissenschaftler die alltäglichen Verhaltensweisen, für die sie eine Erklärung finden möchten, unmittelbar beobachten können.

Die natürliche Beobachtung weist aber auch eine bedeutende Einschränkung auf: Nicht alle Individuen haben gleichermaßen die Gelegenheit, ein bestimmtes Verhalten im alltäglichen Leben zu zeigen. In der Studie, die wir gerade beschrieben haben, wäre es beispielsweise möglich, dass einige der Kinder häufiger ein Kind weinen gesehen haben als andere. Aus diesem Grund könnten sie mit mehr Mitgefühl reagiert haben.

Forscher umgehen dieses Problem zumeist, indem sie **strukturierte Beobachtungen** vornehmen. Bei dieser Methode wird eine Laborsituation so konstruiert, dass sie das gewünschte Verhalten hervorruft und somit jeder Versuchsteilnehmer für seine Reaktionen die gleichen Voraussetzungen hat. In einer Studie zum Beispiel wurde das tröstende Verhalten von Kindern beobachtet, indem man eine Tonbandaufnahme eines im Nebenzimmer weinenden Babys abspielte. Mit einer Gegensprechanlage, konnten die Kinder entweder mit dem Baby sprechen oder einen Knopf drücken, um das Weinen nicht hören zu müssen (Eisenberg et al., 1993). Es lässt sich leicht erkennen, wie es bei der strukturierten Beobachtung möglich wird, die Untersuchungssituation besser zu kontrollieren Großer Nachteil dieser Methode allerdings ist die Tatsache, dass sich viele Menschen in einer Laborsituation nicht unbedingt genauso verhalten wie in einer natürlichen Alltagssituation.

Die Verfahren systematischer Beobachtungen variieren und sind abhängig von der Art des Forschungsproblems. In manchen Forschungssituationen muss der gesamte Verlauf des Verhaltens aufgezeichnet werden – alles was innerhalb eines bestimmten Zeitraums gesagt und getan wird. In einer meiner eigenen Studien wollte ich herausfinden, wie sensibel die Betreuer einer Kinderkrippe sind, wie gut sie reagieren und inwieweit sie die Kinder verbal stimulieren, während sie mit ihnen interagieren (Berk, 1985). In diesem Fall war alles wichtig, angefangen von jedem Wort, das gesprochen wurde, allen Handlungen der Betreuer, sogar die Zeit, die sie von den Kindern entfernt verbrachten, etwa in den Kaffeepausen oder bei Telefongesprächen. In anderen Studien werden nur einzelne Verhaltensweisen betrachtet, so dass es nicht notwendig ist, die gesamte Verhaltenspalette aufzuzeichnen. In diesen Fällen kommen effektivere Beobachtungsverfahren zur Anwendung, bei denen nur bestimmte Ereignisse aufgezeichnet werden oder bestimmte Verhaltensweisen in einer vorgegebenen Liste angekreuzt werden.

Die systematische Beobachtung bringt wertvolle Informationen über das tatsächliche Verhalten von Kindern und Erwachsenen, sagt allerdings wenig aus über die dem Verhalten zugrunde liegenden Denkprozesse. Um diese Art von Informationen zu erhalten, muss der Wissenschaftler auf Selbstbeurteilungsverfahren zurückgreifen.

■ Messinstrumente zur Erfassung von Selbstbeurteilungen

Mit ihnen können Informationen zu den Wahrnehmungen, Gedanken, Fähigkeiten, Gefühlen, Einstellungen und Überzeugungen sowie zu den zurückliegenden Erfahrungen eines Probanden erfasst werden. Sie reichen von relativ unstrukturierten bis hin zu hochstrukturierten Interviews, Fragebögen und Tests.

Ein **klinisches Interview** wird als ein flexibler Dialog angelegt, um sich über die Sichtweise des Probanden ein Bild machen zu können. Sehen Sie sich einmal das folgende Beispiel an, in dem Piaget ein fünfjähriges Kind zu seinem Verständnis von Träumen befragte:

Wo kommt der Traum her? – Ich glaube, du schläfst so tief, dass du träumst. – *Kommt der Traum aus uns selbst oder von außen?* – Von außen. – *Womit träumen wir?* – Ich weiß nicht. – *Mit den Händen?... Mit gar nichts?* – Ja, mit gar nichts. – *Wenn du im Bett liegst und träumst, wo ist dann der Traum?* – In meinem Bett, unter der Decke. Ich bin mir nicht sicher. Wenn er in meinem Bauch wäre, dann wären ja die Knochen im Weg und ich könnte ihn nicht sehen. – *Ist der Traum da, wenn du schläfst?* – Ja, er ist neben mir im Bett. (Piaget, 1926/1930, S. 97f.)

Beachten Sie, wie Piaget das Kind ermutigt, seine Ideen zu erweitern. Obwohl ein Forscher bei klinischen Interviews mit mehr als nur einem einzigen Teilnehmer normalerweise immer dieselbe Einstiegsfrage stellen wird, damit das Thema das gleiche ist, werden die folgenden Fragen jeweils auf das Individuum abgestimmt sein, um zu einem besseren Verständnis der Denkweise des Einzelnen zu gelangen (Ginsburg, 1997).

Das klinische Interview weist zwei bedeutende Stärken auf. Zum einen erlaubt es dem Probanden, seine Gedanken so auszudrücken, wie er dies im

Soziale Aspekte:
Das „Access Program": Eine Zusammenarbeit von Kommune und Wissenschaft

In Lorain, Ohio, haben örtliche Unternehmen das Access Program ins Leben gerufen, ein Programm, das darauf ausgerichtet ist, die Anzahl der Studenten zu erhöhen, die sich ins College einschreiben. Die Zielgruppe dieses Programms sind junge Leute, die ein Studium sonst wahrscheinlich nicht in Betracht ziehen würden. Alex, ein Schüler einer achten Klasse, und seine Eltern (die beide in einer Fabrik am Fließband arbeiten und selbst kein College besucht haben) nehmen daran teil. Die Leiter des Access Programs sind der Meinung, je früher sich die Studenten und ihre Eltern auf Studium und Berufsplanung einstellen, desto besser wird es den jungen Menschen gelingen, einen Studienplatz zu bekommen, ihr Studium erfolgreich abzuschließen und das Berufsziel zu erreichen.

Im Access Program ist man der Meinung, dass für die Vorbereitung auf eine Hochschulausbildung eine Zusammenarbeit von Schulen und Familien notwendig ist. Die Mitarbeiter besuchen die Eltern an ihren Arbeitsplätzen und halten dort Vorträge über die Planung der höheren schulischen Ausbildung jenseits der Highschool, einschließlich der Möglichkeiten finanzieller Förderung. In der Schule trifft sich Alex mit einem Berater, um seine Interessen zu besprechen und einen Zeitplan zu entwerfen, in dem klar wird, was Alex von jetzt ab tun kann, um sich auf den Hochschulbesuch vorzubereiten. Da er Interesse an Medizin zeigt, stellte man Alex eine Mentorin zur Seite, die als chirurgische Krankenschwester in einem örtlichen Krankenhaus arbeitet. Sie erklärte Alex, welche Ausbildung sie hat, und machte ihn mit anderen Berufen im Krankenhaus bekannt. Wenn Alex dann die höhere Schule besucht, wird er einen speziell ausgebildeten Berater haben, der ihm bei den Einzelheiten der Ausbildungsplanung helfen wird.

Als die Leiter des Programms herausfinden wollten, in wieweit das Access Program seine Ziele erreichte, setzten sie sich mit einer nahe gelegenen Forschungsstiftung für kindliche Entwicklung in Verbindung, durch deren Mitarbeiter in enger Zusammenarbeit mit den Programmleitern eine Evaluation der Effektivität des Programms unternommen werden konnte (Oden, 2000). Wissenschaftler führten Interviews mit Studenten und Eltern zu ihren Erfahrungen mit dem Programm durch und überprüften seine pädagogische Wirksamkeit. Die Ergebnisse zeigten, dass von den teilnehmenden Schülern der höheren Klassen der höheren Schule 94 % von einer oder mehreren Hochschulen angenommen worden waren und 88 % dieser Schüler sich eingeschrieben hatten – weit mehr als erwartet, vor allem auch in Hinblick auf die vorhandenen Statistiken für Studenten, deren Eltern keine Hochschulausbildung haben. Eine warme, unterstützende Mentorbeziehung wirkte sich auf die Studenten und ihre Ziele am stärksten aus. Die Eltern schätzten die Besuche der Mitarbeiter am Arbeitsplatz, die detaillierten Informationen sowie die Unterstützung bei der finanziellen Planung und dem Ausfüllen von Antragsformularen. Viele von ihnen konnten berichten, dass sich ihr Standpunkt verändert hatte: Anfangs hatten sie nicht erwartet, dass ihr Kind eine Hochschule besuchen würde, nun mache man sich bereits Gedanken zum praktischen Ablauf eines Hochschulbesuchs. Die Verantwortlichen des Programms nutzten die Ergebnisse der Studie zur Beantragung zusätzlicher Gelder und stellten einen Vollzeitmitarbeiter ein, der neue Mentoren anwerben wird, um die individuelle Betreuung der Studenten zu gewährleisten.

Das Access Program verdeutlicht, wie Wissenschaftler in Kommunen tätig sein können, um die Wirksamkeit sozialer Maßnahmen oder Programme zu unterstützen. Wenn aufgrund von Ergebnissen einer solchen Studie bestimmte, gut funktionierende Merkmale eines Programms erkennbar werden, können diese in anderen Kommunen repliziert werden. Auf diese Weise kann die gemeinsame Arbeit von Wissenschaftlern und Kommunen vielen Menschen zum Vorteil werden und zu einem besseren Verständnis von Entwicklung führen.

Diese Schülerin einer höheren Schule, deren Eltern selbst keine entsprechende Schule besuchten, beschäftigt sich zusammen mit einer speziell ausgebildeten Beraterin mit den Möglichkeiten einer höheren Schulausbildung. In Lorain, Ohio, ist die Anzahl der Schüler an höheren Schulen, die sich an einer Hochschule einschreiben, stark gestiegen.

alltäglichen Leben tun würde. Zum anderen ist es möglich, in relativ kurzer Zeit viele Informationen zu sammeln. So kann beispielsweise in einer einstündigen Sitzung eine Vielzahl an Informationen zusammengetragen werden, bei einem Elternteil etwa zur Kindererziehung oder bei einem Erwachsenen über seine Lebensumstände, wesentlich mehr auf jeden Fall, als wenn in derselben Zeit nur Beobachtungen angestellt würden.

Die Grenzen des klinischen Interviews haben mit der Genauigkeit zu tun, mit der Menschen ihre Gedanken, Gefühle und Erfahrungen wiedergeben. Einige Probanden, die dem Interviewer zu gefallen versuchen, erfinden unter Umständen bestimmte Antworten, die nicht ihrem tatsächlichen Denken entsprechen. Zudem besteht die Möglichkeit, dass an in der Vergangenheit liegende Ereignisse keine genaue Erinnerung mehr besteht. Da das klinische Interview abhängig ist von der Fähigkeit, sich verbal gut auszudrücken, kann es passieren, dass unter Umständen die Fähigkeiten von Menschen, die Schwierigkeiten haben, ihre Gedanken in Worte zu fassen, unterschätzt werden.

Auch wegen seiner Flexibilität ist das klinische Interview schon kritisiert worden. Wenn Fragen für jeden Teilnehmer anders formuliert werden, sind die Ergebnisse unter Umständen eher zurückzuführen auf die Art und Weise, wie interviewt wurde, als auf die tatsächlichen Unterschiede in der Denkweise verschiedener Teilnehmer zu einem bestimmten Thema. **Strukturierte Interviews**, bei denen für jeden Teilnehmer der gleiche Fragenkatalog verwendet und auch auf die gleiche Weise präsentiert wird, können dieses Problem umgehen. Außerdem sind diese Instrumente viel effizienter. Die Antworten sind kürzer und der Wissenschaftler kann von einer ganzen Gruppe von Kindern oder Erwachsenen die schriftlichen Antworten zur gleichen Zeit erhalten. Bei strukturierten Interviews wie auch bei vielen Tests und Fragebögen wird häufig eine Auswahl an Antwortmöglichkeiten vorgegeben (multiple choice), die mit Ja/Nein oder Richtig/Falsch angekreuzt werden können, sodass sie mit Hilfe eines Computerprogramms erfasst und leicht ausgewertet werden können. Mit diesen Ansätzen kann jedoch nicht die gleiche Vielfalt an Information gewonnen werden, wie das bei klinischen Interviews der Fall ist. Ungenaue Beschreibungen der Untersuchungsteilnehmer können auch hier ein Problem darstellen.

■ Die klinische Methode oder Fallstudie

In der Tradition der psychoanalytischen Theorie, in der die Betonung auf dem Verstehen der individuellen Lebensgeschichte liegt, **erfasst die klinische Methode oder Fallstudie ein breites Spektrum an Informationen über ein Individuum, zu ihr gehören Interviews, Beobachtungen und Testergebnisse.** Ziel ist es, ein möglichst vollständiges Bild von der psychischen Verfassung des betreffenden Menschen sowie den Erfahrungen, die zum momentanen Zustand führten, zu erhalten.

Die klinische Methode eignet sich gut zur Untersuchung der Entwicklung einzelner Individuen, die sich in ihren Merkmalen sehr unterscheiden, wobei die zu untersuchende Gruppe aber nicht allzu groß sein sollte. So wurde diese Methode zum Beispiel dazu benutzt, um herauszufinden, was zu den Leistungen von so genannten *Wunderkindern führte*, d.h. ausgesprochen talentierten Kindern, die, bevor sie zehn Jahre alt sind, in einem bestimmten Bereich die Fähigkeiten eines Erwachsenen erlangen (Gardner, 1998b). Als Beispiel sei Adam angeführt, ein Junge, der lesen, schreiben und komponieren konnte, noch bevor er aus den Windeln war. Im Alter von vier Jahren beschäftigte sich Adam mit menschlichen Symbolsystemen – BASIC am Computer, Französisch, Deutsch, Russisch, Sanskrit, Griechisch, Hieroglyphen, Musik und Mathematik. Adams Eltern boten ihm ein Zuhause mit vielen Anregungen und erzogen ihn mit Zuneigung, Festigkeit und viel Humor. Sie suchten für ihn Schulen, in denen er seine Fähigkeiten weiterentwickeln konnte, aber auch Sozialbeziehungen nicht zu kurz kamen. Er schloss die Universität im Alter von Alter 22 Jahren ab und beschäftigte sich auch danach mit dem Komponieren. Hätte Adam seine Fähigkeiten erkannt, ohne die „zufällige" Kombination seines besonderen Talents mit einem unterstützenden fürsorglichen Elternhaus? Wohl kaum, meinen die Wissenschaftler (Goldschmied, 2000).

Mit der klinischen Methode bekommt man ausführliche Fallbeispiele, die wertvolle Einblicke in die Vielfalt der Faktoren geben, die eine Entwicklung beeinflussen können. Wie alle anderen Methoden hat allerdings auch diese ihre Nachteile. Informationen werden oft planlos und subjektiv gesammelt, wobei es einen großen Spielraum gibt für die theoretischen Vorlieben des Wissenschaftlers, was wiederum zu einer Verzerrung der Beobachtungen und der Auswertung führt. Zudem kann nicht von vornherein davon ausgegangen werden, dass die gezogenen Schlussfolgerun-

Die Entwicklung als Gegenstand der Forschung

In einem klinischen Interview bittet dieser Forscher eine Mutter, die Entwicklung ihres Kindes zu beschreiben. Diese Methode erlaubt es, in relativ kurzer Zeit viele Informationen zu sammeln. Ein Nachteil allerdings ist es, dass die Informationen nicht unbedingt immer richtig wiedergegeben werden.

gen außer für die untersuchte Person noch auf andere Individuen anwendbar sind. Auch wenn über mehrere Fälle hinweg ein bestimmtes Muster erkennbar wird, sollte doch versucht werden, dieses Muster mit Hilfe anderer Verfahren zu überprüfen.

■ Kulturvergleichende Forschung und ihre Methodik

Ein wachsendes Interesse an den Auswirkungen kultureller Einflüsse hat dazu geführt, die existierenden Methoden anzupassen sowie Verfahren einzuführen, die sich besonders für überkulturelle und multikulturelle Forschung eignen. Die Auswahl des Verfahrens ist abhängig von den Zielsetzungen des einzelnen Forschungsprojekts (Triandis, 1995,1998).

Manchmal interessieren sich Forscher für Merkmale, von denen man angenommen hatte, dass sie allgemeingültig seien, die aber in ihrer Ausprägung von einer Kultur zur anderen unterschiedlich sind. So könnte sich der Wissenschaftler beispielsweise fragen, ob Eltern in der einen Kultur höhere Ansprüche an die Reife ihrer Kinder stellen als Eltern in einer anderen Kultur. Wie sieht es aus mit der Verbreitung und Stärke von geschlechtsspezifischen Stereotypen in verschiedenen Ländern? Für jedes dieser Beispiele werden mehrere Kulturgruppen miteinander verglichen, wobei alle Teilnehmer auf die gleiche Weise befragt und beobachtet werden müssen. Daher wird auf die schon genannten Selbstbeurteilungs- und Beobachtungsverfahren zurückgegriffen. Diese werden jeweils so übertragen, dass sie auch in den verschiedenen kulturellen Kontexten verstanden werden können. So wird man beispielsweise in einer Studie zu den kulturell bedingten Unterschieden in der Einstellung der Eltern zur Erziehung allen Teilnehmern den gleichen Fragebogen aushändigen, der Items beinhaltet wie etwa die Frage: „Wenn mein Kind in Schwierigkeiten gerät, erwarte ich, dass er oder sie mit dem Problem größtenteils allein fertig wird" (Chen et al., 1998).

Auch die *kulturellen Bedeutungen* der Verhaltensweisen von Kindern und Erwachsenen sind ein Forschungsgebiet, bei dem es gilt, die Lebensgewohnheiten dieser Menschen so genau wie möglich zu beobachten (Shweder et al., 1998). Um dieses Ziel zu erreichen, greifen die Forscher auf eine der Anthropologie entlehnten Methode zurück – auf die **Ethnographie**. Wie die klinische Methode ist die ethnographische Methode zum größten Teil ein beschreibendes, qualitatives Verfahren. Statt sich aber mit dem Verständnis eines einzelnen Individuums zu beschäftigen, richtet sich dieses Verfahren vielmehr auf das Verstehen einer Kultur oder einer bestimmten sozialen Gruppe, wobei dieses Ziel durch *teilnehmende Beobachtung* erreicht wird. Normalerweise lebt der Forscher in der zu untersuchenden Kultur für einen Zeitraum von einigen Monaten bis Jahren und nimmt in dieser Zeit an allen Aspekten des täglichen Lebens teil. Umfangreiche Feldaufzeichnungen werden gesammelt: eine Mischung von Beobachtungen, Selbstbeurteilungen von Mitgliedern der betreffenden Kultur und sorgfältigen Interpretationen der Wissenschaftler (Jessor, 1996; Shweder, 1996). Später werden diese Aufzeichnungen zusammengefasst zu einer Beschreibung der Wertvorstellungen und sozialen Prozesse der untersuchten Kultur.

Der ethnographische Ansatz geht davon aus, dass es dem Forscher durch den engen Kontakt mit der zu untersuchenden sozialen Gruppe möglich wird, deren Einstellungen, Überzeugungen und Verhalten auf eine intensivere Weise zu beobachten, als dies durch einen nur kurzen Aufenthalt, ein Interview oder durch Fragebögen möglich ist. In einigen ethnographischen Studien konzentrieren sich die Wissenschaftler auf die unterschiedlichen Aspekte von Erfahrung, so beschrieb etwa ein Forscherteam, was es bedeutet, in einer amerikanischen Kleinstadt aufzuwachsen

Kulturelle Einflüsse: Jugendliche Immigranten – eine erstaunliche Anpassungsleistung

Innerhalb der letzten 25 Jahre sind immer mehr Menschen in die Vereinigten Staaten gekommen. Manche von ihnen versuchen, den Kriegen und der Verfolgung in ihren Heimatländern zu entkommen, andere wünschen sich einfach bessere Chancen für ihr Leben. Heute haben fast 20 % der amerikanischen Jugendlichen Eltern, die nicht in Amerika geboren wurden; und fast 30 % dieser Jugendlichen sind selbst in einem anderen Land geboren. Ähnlich sieht es in Kanada aus. Dort stellen jugendliche Immigranten den am schnellsten wachsenden Bevölkerungsanteil (Fuligni, 1998a; Statistics Canada, 2000). Was den ethnischen Hintergrund anbelangt, gibt es allerdings Unterschiede. In den Vereinigten Staaten kommen die meisten Immigranten aus Asien und Lateinamerika; in Kanada eher aus Asien, Afrika und dem Nahen Osten.

Akademische Leistungen und Anpassung. Obwohl sowohl unter Erziehern als auch allgemein in der Bevölkerung die Meinung vorherrscht, dass die Anpassung an ein neues Land eine negative Wirkung auf das psychische Wohlergehen eines Menschen hat, zeigen jüngste Forschungsergebnisse, dass sich Kinder eingewanderter Eltern erstaunlich gut einfügen. Schüler und Studenten der ersten Einwanderergeneration (geboren im Herkunftsland) oder der zweiten Generation (in Amerika geboren, ihre Eltern sind Immigranten) zeigen zum Teil in der Schule gleiche oder sogar bessere Leistungen als Studenten in Amerika geborener Eltern. Ihre Erfolge erstrecken sich auf alle Fächer, einschließlich der englischen Sprache, obwohl sie aller Wahrscheinlichkeit nach nicht aus einem Elternhaus stammen, in dem Englisch die Muttersprache ist (Fuligni, 1997; Rumbaut, 1997).

Forschungsergebnisse psychischer Anpassungsleistungen ähneln den Ergebnissen von Studien zu allgemeiner Leistungskompetenz. Im Vergleich zu Gleichaltrigen ist die Wahrscheinlichkeit bei Jugendlichen aus Einwandererfamilien geringer, Straf- oder Gewalttaten zu begehen, zu Drogen und Alkohol zu greifen und schon früh Geschlechtsverkehr zu haben. Auch ihr Gesundheitszustand ist im Allgemeinen besser – sie neigen weniger zu Fettleibigkeit und fehlen in der Schule nicht so häufig aus Krankheitsgründen. Ihre Selbstachtung ist ebenso positiv wie die einheimischer Jugendlicher, außerdem deuten die Ergebnisse weniger auf emotionale Probleme hin. Diese Erfolge sind wohl kaum darauf zurückzuführen, dass die Jugendlichen sehr viel Zeit hatten, sich auf den neuen Lebensstil einzustellen, denn auch die schulischen Leistungen und der psychische Gesundheitszustand von Schülern der höheren Schule, die erst vor kurzem eingewandert sind, sind sehr gut, manchmal sogar besser verglichen mit Schülern, die schon länger im Land sind (Fuligni, 1997, 1998; Rumbaut, 1997).

Die gerade beschriebenen Ergebnisse sind bei asiatischen Jugendlichen am ausgeprägtesten. Weniger deutlich sind die Unterschiede bei anderen ethnischen Gruppen (Fuligni, 1997; Kao & Tienda, 1995). Verantwortlich für diese Unterschiede sind Schulbildung und Einkommen der Eltern. Dennoch erzielen auch Studenten aus Einwandererfamilien erster und zweiter Generation, die wirtschaftlich sehr schlecht gestellt sind (wie etwa Familien mexikanischer und südostasiatischer Herkunft), bemerkenswerte Erfolge (Harris, 2000; Kao, 2000). Hier müssen es andere Faktoren sein als nur das Einkommen, die dafür verantwortlich gemacht werden können.

Familiäre und kommunale Einflüsse. Ethnographische Studien über Immigranten haben gezeigt, dass hier die Eltern durchweg der Meinung sind, dass eine gute Schul- und Berufsausbildung der sicherste Weg zur Verbesserung der Lebensbedingungen ist.

Infolgedessen sind diesen Eltern die akademischen Leistungen ihrer Kinder auch sehr wichtig (Suarez-Orozco & Suarez-Orozco, 1995; Zhou & Bankston, 1998). Da sie sich der Herausforderungen bewusst sind, mit denen sich ihre Kinder konfrontiert sehen, machen die Eltern ihren Kindern deutlich, wie wichtig Durchhaltevermögen ist. Sie erinnern ihre Kinder daran, dass sie selbst diese Bildungsmöglichkeiten in ihrem Heimatland nicht hatten und dass sie heute daher oftmals nur Hilfsarbeiterjobs verrichten können.

Jugendliche aus Einwandererfamilien verinnerlichen die Wertschätzung der Eltern für eine gute Ausbildung und bemühen sich auf diesem Gebiet mehr als Jugendliche einheimischer Familien (Asakawa, 2001; Fuligni, 1997). Da die Mitglieder ethnischer Minderheitengruppen zumeist das Zugehörigkeitsgefühl und die Verpflichtung der Familie gegenüber mehr betonen als die individuellen Zielsetzungen, fühlen sich die Jugendlichen aus Einwandererfamilien der ersten und zweiten Generation ihren Eltern sehr verpflichtet (Fuligni et al., 1999). Sie betrachten schulische Erfolge als eine der wichtigsten Möglichkeiten, ihren Eltern zu verstehen zu geben, dass die Mühe, die diese mit der Einwanderung auf sich genommen haben, sich gelohnt hat. Es sind sowohl die familiären Bindungen als auch schulischer Erfolg, die diese Jugendlichen davor bewahren, zu Risikogruppen zu gehören, in denen Kriminalität, zu frühe Schwangerschaft und Drogenmissbrauch zur Verhaltensnorm werden (siehe dazu auch den Info-Kasten „Biologie & Umwelt" auf S. 12–13).

Zugewanderte Eltern entwickeln normalerweise sehr enge Bindungen

Diese Familie immigrierte vor kurzem aus Ecuador in die Vereinigten Staaten. Ethnographische Forschung zeigt, dass es bei den Eltern von Einwandererfamilien üblich ist, akademischen Leistungen einen hohen Stellenwert zu geben und die Familie und die Gemeinschaft stärker zu betonen, als individuelle Zielsetzungen. Infolgedessen fühlen sich die heranwachsenden Kinder verpflichtet, die Erwartungen ihrer Eltern zu erfüllen.

an ihre ethnische Gemeinschaft, die wiederum als zusätzliche Kontrollinstanz dient und dafür sorgt, dass ein hoher Wertestandard aufrechterhalten wird, insofern die Aktivitäten der jungen Leute kontinuierlich beobachtet werden. So zum Beispiel Versailles Village, eine einkommensschwache vietnamesische Siedlung in New Orleans, in der die überwältigende Mehrheit der dort lebenden Schüler der höheren Schulen zum Ausdruck bringt, dass Gehorsam den Eltern gegenüber und Leistungen sehr wichtig sind (Zhou & Bankston, 1998). Ein örtlicher Ausbildungsverband bietet Förderungsmaßnahmen wie Hausaufgabenbetreuung und englische und vietnamesische Sprachkurse an. Fast 70 % der vietnamesischen Jugendlichen nehmen daran teil, was eine positive Auswirkung auf die schulischen Leistungen mit sich bringt.

Die folgenden Bemerkungen vietnamesischer Teenager verdeutlichen den starken Einfluss von Familie und der sie umgebenden ethnischen Gruppe:

- *Thuy Trang, 14 Jahre alt – Schülerin des Jahres:* „Seit meine Eltern aus Vietnam kamen, um sich hier niederzulassen, arbeiten sie den ganzen Tag schwer, um die Familie zu ernähren. Sie haben für mich Opfer gebracht, und so bin ich auch bereit, für sie mein Bestes zu geben."

- *Elizabeth, 14 Jahre alt, bringt nur ausgezeichnete Noten nach Hause, genauso wie ihre beiden älteren Schwestern:* „Meine Eltern kennen so ziemlich alle Kinder in der Nachbarschaft ... Jeder kennt hier jeden. Es wäre schwierig, irgendetwas verbergen zu wollen." (Zhou & Bankston, 1998, S. 93, 130)

(Peshkin, 1978). In anderen Fällen beschränkt sich die Untersuchung auf ein bestimmtes Setting oder auch auf einige wenige Umweltkontexte wie die Familie, die Schule oder das Leben in der unmittelbaren Nachbarschaft (LeVine et al., 1994; Peshkin, 1997; Valdes, 1998). Forscher, die sich für Kulturvergleiche interessieren, ergänzen gern die traditionellen Selbstbeurteilungs- und Beobachtungsverfahren mit ethnographischen Methoden, vor allem wenn sie vermuten, dass den kulturellen Unterschieden besondere Bedeutungen zugrunde liegen, wie dies im Info-Kasten „Kulturelle Einflüsse" deutlich wird.

Ethnographen bemühen sich, ihren Einfluss auf die zu untersuchende Kultur zu minimieren, indem sie Teil von ihr werden. Trotzdem verändert ihre Gegenwart manchmal die Situation. Und wie auch bei der klinischen Forschung verleiten die eigenen kulturellen Wertvorstellungen und theoretischen Neigungen den Wissenschaftler gelegentlich zu selektiver Beobachtung oder zu falschen Interpretationen und Schlussfolgerungen. Zudem kann auch bei diesem Verfahren nicht davon ausgegangen werden, dass die erzielten Ergebnisse verallgemeinert werden und auf andere Menschen oder Settings (Situationen an bestimmten Orten mit erforderlichen Verhaltensmustern) außerhalb der Forschungssituation angewendet werden können.

Bevor nun Forschungspläne vorgestellt werden, sollte die Zusammenfassung der soeben diskutierten Methoden in Tabelle 1.6 angesehen werden. Sie gibt einen Überblick über die Möglichkeiten und Grenzen dieser Verfahren.

> **Prüfen Sie sich selbst ...**
>
> **Rückblick**
> Warum würde ein Forscher die strukturierte Beobachtung gegenüber der natürlichen Beobachtung bevorzugen? Und wann würde er die natürliche Beobachtung wählen? Was könnte den Forscher dazu bringen, sich für das klinische Interview statt für die systematische Beobachtung zu entscheiden?
>
> **Anwendung**
> Eine Forscherin interessiert sich dafür, wie ältere Menschen in anderen Kulturen ihren Alltag erleben. Welches Verfahren sollte sie anwenden? Erläutern Sie.
>
> **Zusammenhänge**
> Die Entwicklungspsychologie über die Lebensspanne geht davon aus, dass nichtnormative Ereignisse einen sehr großen Einfluss auf die Entwicklung ausüben können. Lesen Sie noch einmal die Beschreibung nichtnormativer Einflüsse auf den Seiten 13–15. Welche Methode wäre wohl die geeignetste, um sie zu erfassen?
>
> **Prüfen Sie sich selbst ...**

1.8.2 Allgemeine Forschungspläne

Bei der Entscheidung für einen bestimmten Forschungsplan wird der Wissenschaftler seine Studie so strukturieren, dass sich die anfänglich aufgestellten Hypothesen so gut wie möglich überprüfen lassen. In der Verhaltensforschung beim Menschen finden vor allem die Korrelationsmethode und die experimentelle Methode Anwendung.

■ Die Korrelationsmethode

Wählt der Wissenschaftler die **Korrelationsmethode**, werden Informationen von Individuen aus schon bestehenden Gruppen eingeholt, zumeist innerhalb ihrer natürlichen Lebensumstände, ohne in das bestehende Setting einzugreifen. Daraufhin werden die Zusammenhänge zwischen den erhobenen Merkmalen der Teilnehmer und ihrem Verhalten oder ihrer Entwicklung untersucht. Einmal angenommen, es seien Fragen wie diese zu beantworten: Hat der Interaktionsstil der Eltern mit ihrem Kind eine Auswirkung auf seine Intelligenz? Wirkt sich die Geburt eines Kindes auf die Zufriedenheit des Paares mit ihrer Beziehung aus? Hat der Tod des Partners bei älteren Menschen einen Einfluss auf die psychische und physische Gesundheit des überlebenden Partners? In diesen und vielen anderen Beispielen ist es schwierig oder gar unmöglich, solche Begebenheiten zu arrangieren und zu kontrollieren, und somit können sie nur so untersucht werden, wie man sie vorfindet.

Es gibt bei Korrelationsstudien allerdings eine große Einschränkung: Es kann nicht auf die kausalen Zusammenhänge geschlossen werden. Wenn z.B. festgestellt wird, dass der Interaktionsstil der Eltern tatsächlich mit der Intelligenz des Kindes in Verbindung zu bringen ist, kann nicht mit Sicherheit gesagt werden, ob das Verhalten der Eltern die Unterschiede in der Intelligenz zur *Folge* hat. In der Tat wäre auch das genaue Gegenteil möglich. Das Verhalten hochintelligenter Kinder könnte so attraktiv sein, dass die Interaktion der Eltern mit dem Kind sich positiver gestaltet als dies sonst der Fall wäre. Es könnte auch eine dritte Variable, die wir überhaupt nicht überprüft haben, eine Rolle spielen, etwa der Grad an Lärm und Ablenkung innerhalb der Familie, der sich auf die Mutter-Kind-Interaktion und auf die Intelligenz des Kindes auswirken könnte.

In Korrelationsstudien und anderen Forschungsplänen werden die Beziehungen verschiedener Variablen oft mittels des **Korrelationskoeffizienten** untersucht, einem statistischen Wert, mit dem ermittelt werden kann, wie zwei Serien von Messwerten oder Variablen miteinander in Verbindung stehen. Dem Korrelationskoeffizienten begegnet man immer wieder in den hier vorgenommenen Diskussionen von Forschungsergebnissen. Lassen Sie uns also einen Blick darauf werfen und sehen, wie sich dieser Koeffizient interpretieren lässt. Ein Korrelationskoeffizient kann sich bewegen von einem Wert zwischen +1.00 bis -1.00, je nach Stärke des Zusammenhangs. So ist zum Beispiel eine Korrelation von -0.78 hoch, eine mittlere Korrelation wäre -0.52, und eine Korrelation von -0.18 wäre als niedrig zu betrachten. Hier ist jedoch zu beachten, dass Korrelationen von +0.52 und -0.52 gleich stark sind. Das *Vorzeichen* (+ oder -) bezieht sich auf die *Richtung des Zusammenhangs*. Ein positives Vorzeichen (+) bedeutet, dass die Zunahme der Werte einer Variable einhergeht mit der Zunahme der Werte einer anderen Variablen. Ein negatives Vorzeichen (-) bedeutet, dass

Tabelle 1.6

Möglichkeiten und Grenzen der gebräuchlichsten Forschungsverfahren

Methode	Beschreibung	Möglichkeiten	Grenzen
Systematische Beobachtung			
Teilnehmende / natürliche Beobachtung	Beobachtung von Verhalten im natürlichen Setting	Wiederspiegelung des Alltagslebens der Teilnehmer	Umstände, unter denen Beobachtung stattfindet, können nicht kontrolliert werden
Strukturierte Beobachtung	Beobachtung von Verhalten in einer Laborsituation	Jedem Teilnehmer wird die gleiche Möglichkeit gegeben, das zu untersuchende Verhalten zu zeigen	Beobachtungen sind unter Umständen untypisch für das Alltagsleben der Teilnehmer
Selbstbeurteilung			
Klinisches Interview	Flexibles Interviewverfahren, das ein umfassendes Bild der Denkweise des Teilnehmers ergibt	Kommt dem Denken des Teilnehmers im Alltag sehr nahe. Große Bandbreite an Information in kürzester Zeit	Unter Umständen wird die Information nicht korrekt wiedergegeben. Anpassungsfähigkeit des Verfahrens erschwert den Vergleich der Reaktionen des Einzelnen
Strukturiertes Interview, Fragebögen und Tests	Instrument zur Selbstbeurteilung, bei dem Fragen und Fragestellung für jeden Teilnehmer gleich sind	Erlaubt den Vergleich der Antworten sowie effiziente Datenerhebung und -auswertung	Informationen sind nicht so umfassend und tiefgreifend wie beim klinischen Interview. Antworten unterliegen auch hier einer möglichen falschen Wiedergabe
Klinische Methode (Fallstudie)	Umfassendes Bild des psychischen Funktionsniveaus, durch eine Kombination von Interview, Beobachtung und Testergebnissen	Erlaubt umfassende, vielfältige Einblicke in die entwicklungsbeeinflussenden Faktoren	Unterliegt unter Umständen einer Verzerrung (Bias) durch die theoretischen Vorlieben des Wissenschaftlers. Ergebnisse können nicht auf andere Menschen verallgemeinert werden.
Ethnographie	Teilnehmende Beobachtung einer Kultur oder bestimmten sozialen Gruppe. Durch ausführliche Notizen wird versucht, die kultureigenen Wertvorstellungen und sozialen Prozesse zu erfassen	Ergibt eine umfassendere und zutreffendere Beschreibung, als sie mit einem einzelnen der Beobachtung dienenden Besuch, einem Interview oder einem Fragebogen erzielt werden kann	Unterliegt unter Umständen einer Verzerrung (Bias) durch die Wertvorstellungen und die theoretischen Vorlieben des Wissenschaftlers. Die Ergebnisse können nicht auf andere Individuen oder Settings verallgemeinert werden

beim Zunehmen der Werte einer Variablen die Werte der anderen Variablen abnehmen.

Einige Beispiele sollen zeigen, wovon die Veränderung eines Korrelationskoeffizienten abhängen kann. Eine Studie ergab eine positive Korrelation von +0.50 zwischen dem Ausmaß mütterlicher sprachlicher Anregung im Alter von 13 Monaten und dem Vokabular der Kinder im Alter von 20 Monaten (Tamis-LeMonda & Bornstein, 1994). Hier handelt es sich um eine Korrelation von mittlerer Höhe, die darauf schließen lässt, dass je mehr die Mütter mit ihren 13 Monate alten Kindern sprachen, desto weiter waren die Kinder im Alter von 20 Monaten in ihrer Sprachentwicklung. Eine andere Studie zeigte eine negative Korrelation zwischen dem Ausmaß, in dem die Mütter den Versuch ihres 10 Monate alten Kindes, ihre Aufmerksamkeit auf sich zu ziehen, ignorierten und der Bereitschaft des Kindes (ein Jahr später) den elterlichen Forderungen nachzukommen. Es ergab sich ein Korrelationskoeffizient von -0.46 bei Jungen und von -0.36 bei Mädchen (Martin, 1981). Aus diesen mittleren Korrelationen lässt sich schließen, dass je häufiger die Mütter ihre Babys ignorierten, desto weniger Kooperationsbereitschaft diese Kinder ein Jahr später zeigten.

In beiden Untersuchungen ergab sich ein Zusammenhang zwischen mütterlichem Verhalten und der frühen Entwicklung des Kindes. Obwohl vermutet wurde, dass das mütterliche Verhalten die Reaktionen des Kindes beeinflusste, konnten die kausalen Zusammenhänge in keiner der beiden Studien sicher nachgewiesen werden. Wenn sich in einer Korrelationsstudie ein Zusammenhang ergibt, könnte es sich durchaus lohnen, den Ursachen durch ein experimentelles Verfahren auf den Grund zu gehen.

■ Die experimentelle Methode

Die **experimentelle Methode** erlaubt Schlussfolgerungen über Ursache und Wirkung, da der Wissenschaftler ein Verfahren anwendet, mit dem Teilnehmer zwei oder auch mehreren verschiedenen Forschungsbedingungen zugeordnet werden. In einem Experiment werden die zu untersuchenden Ereignisse und das Verhalten in zwei Arten unterteilt: in unabhängige und abhängige Variablen. Die **unabhängige Variable** ist diejenige, von der erwartet wird, dass sie Veränderungen einer anderen Variablen verursacht. Die **abhängige Variable** ist die Variable, von der man erwartet, dass sie von der unabhängigen Variable beeinflusst wird. Kausale Zusammenhänge können dann entdeckt werden, wenn es dem Wissenschaftler möglich ist, direkt auf die unabhängige Variable einzuwirken, sie also zu *kontrollieren oder zu manipulieren,* indem die Teilnehmer bestimmten Bedingungen ausgesetzt werden. Die erreichten Manipulationen der unabhängigen Variablen werden dann mit den Werten der abhängigen Variablen verglichen.

In einem *Laborexperiment* untersuchten Wissenschaftler die Wirkung ärgerlicher, wütender Eltern-Kind-Interaktionen auf die Anpassung des Kindes (El-Sheikh, Cummings & Reiter, 1996). Die Hypothese der Forscher besagte, dass sich die Art und Weise, wie diese wütenden Eltern-Kind-Interaktionen ausgehen (die unabhängige Variable), auswirkt auf die emotionalen Reaktionen des Kindes (die abhängige Variable). Zu diesem Zweck brachte man vier- und fünfjährige Kinder einzeln in eine Laborsituation, in der auch die jeweilige Mutter anwesend war. Eine Gruppe wurde einer Streitsituation ausgesetzt, die nicht aufgelöst wurde, d.h., zwei Erwachsene betraten den Raum und begannen einen Streit, ohne jedoch ihre Meinungsverschiedenheiten beizulegen. Die andere Gruppe erlebte eine Streitsituation, die am Ende aufgelöst wurde. Die Erwachsenen in dieser Bedingung beendeten ihren Streit, indem sie sich beim anderen entschuldigten und eine Kompromisslösung fanden. In einem späteren Erwachsenenkonflikt zeigten die Kinder aus der Bedingung „aufgelöste Streitsituation" weniger Anzeichen von Stress, der sich an ihrem ängstlichen Gesichtsausdruck messen ließ, weniger Erstarrensreaktionen (körperliches Erstarren) und weniger Bedürfnis nach körperlicher Nähe zur Mutter. Das Experiment konnte aufzeigen, dass ein Auflösen von Streit die stressreiche Wirkung von Erwachsenenkonflikten auf das Kind reduzieren kann.

Bei experimentellen Studien muss der Wissenschaftler die Merkmale der Teilnehmer kontrollieren, durch die unter Umständen die Genauigkeit der Ergebnisse gemindert wird. So zum Beispiel in der soeben beschriebenen Studie: Wenn eine große Anzahl von Kindern aus konfliktreichen Familien sich in der Bedingung „nicht aufgelöste Streitsituation" befinden würde, wäre es nicht möglich, sicher festzustellen, ob die unabhängige Variable oder der Familienhintergrund der Kinder für die Ergebnisse verantwortlich ist. Um diesem Problem vorzubeugen, bedient sich der Forscher der **Zufallsauswahl für eine Versuchsbedingung.** Um eine Verzerrung (Bias) zu vermeiden, wird man für die Auswahl der Teilnehmer ein Zufallsverfahren anwenden, etwa das Ziehen von Nummern aus einem Hut oder das Werfen einer Münze. Auf diese Weise erhöht sich die Wahrscheinlichkeit, dass die Merkmale der Versuchsteilnehmer gleichmäßig über die verschiedenen Versuchsbedingungen verteilt sind.

■ Modifizierte experimentelle Designs: Feldexperimente und natürliche Experimente

Die meisten Experimente werden in Laboratorien durchgeführt. Dort ist es dem Forscher möglich, maximale Kontrolle über die Versuchsbedingungen zu erreichen. Aber wie wir schon gezeigt haben, können im Labor gewonnene Erkenntnisse nicht unbedingt auf Alltagssituationen angewendet werden. Die ideale Lösung für dieses Problem wäre es, zusätzlich zur Forschung im Labor Feldexperimente durchzuführen. Bei *Feldexperimenten* hat der Forscher nur selten die Gelegenheit, die Teilnehmer willkürlich verschiedenen im natürlichen Umfeld vorhandenen Versuchsbedingungen zuzuteilen. In einem Laborexperiment wie dem eben beschriebenen, können wir davon ausgehen, dass der von Erwachsenen geschaffene emotionale Rahmen sich auf das Verhalten von Kindern in der Laborsituation auswirkt. Aber ist das auch im Alltag so?

Eine andere Studie kann uns helfen, diese Frage zu beantworten (Yarrow, Scott & Waxier, 1973). Diesmal wurde die Untersuchung in einer Kinderkrippe durchgeführt. Eine Betreuerin gestaltete ihre Interaktionen in zwei Gruppen von Vorschulkindern absichtlich unterschiedlich. Bei einer der beiden Bedingungen (der *fürsorglichen Bedingung*) modellierte sie gezielt emotionale Wärme und Hilfsbereitschaft. Bei der zweiten Bedingung (der *Kontrollgruppe*, da hier keine Veränderungen vorgenommen wurden) behielt sie ihr normales Verhalten bei, ohne besondere Fürsorge für andere. Zwei Wochen später richteten die Forscher bei einem Besuch der Vorschulgruppen in der Kinderkrippe mehrere Situationen ein, die Hilfsbereitschaft erforderten. So bat zum Beispiel eine Mutter, die ebenfalls zu Besuch in die Kinderkrippe gekommen war, jedes der Kinder, einen Moment auf ihr Baby aufzupassen, wobei das Spielzeug des Babys aus dem Laufställchen gefallen war. Die Wissenschaftler konnten feststellen, dass die Kinder, die der fürsorgenden Bedingung zugeteilt waren, dem Baby das Spielzeug eher aufhoben und zurückgaben als jene der Kontrollgruppe.

Oft ist es dem Wissenschaftler allerdings auch nicht möglich, die Teilnehmer willkürlich einer Bedingung zuzuteilen und die Bedingungen im realen Umfeld des Menschen zu manipulieren. Manchmal kann ein Kompromiss gefunden werden, indem man ein *natürliches Experiment* durchführt. Hier werden bereits existierende Bedingungen wie verschiedene Kinderkrippen, Schulen, Arbeitsplätze oder Alterswohnheime miteinander verglichen. Diese Art von Studien unterscheiden sich von Korrelationsstudien nur insofern, als bei der Auswahl der Teilnehmergruppen sehr sorgfältig vorgegangen wird, um sicherstellen zu können, dass ihre Merkmale soweit wie möglich übereinstimmen. Auf diese Weise versucht man alternative Erklärungen für die Auswirkungen der Forschungssituation von vornherein zu vermeiden. Trotz dieser Bemühungen ist es jedoch kaum möglich, mit natürlichen Experimenten die Genauigkeit und Klarheit der experimentellen Laborforschung zu erreichen.

Tabelle 1.7 fasst noch einmal die Möglichkeiten und Grenzen von Korrelationsstudien und experimenteller Forschung zusammen. Sie gibt außerdem einen Überblick über die verschiedenen in der Entwicklungspsychologie gebräuchlichen Forschungspläne, die jetzt vorgestellt werden.

1.8.3 Pläne zur Untersuchung von Entwicklung

Wissenschaftler, die sich für die menschliche Entwicklung interessieren, benötigen Informationen darüber, auf welche Weise sich die Forschungsteilnehmer im Verlauf der Zeit verändern. Um Fragen zur Entwicklung zu beantworten, müssen Korrelationsstudien und experimentelle Ansätze erweitert werden und Messungen in verschiedenen Altersstufen mit einbezogen werden. Bei den Längsschnitt- und Querschnittuntersuchungen handelt es sich um *spezielle Strategien der Entwicklungsforschung*. In beiden Versuchsanordnungen bilden die Vergleiche verschiedener Altersstufen die Grundlage des Forschungsplans.

■ Die Längsschnittstudie

In einer **Längsschnittstudie** wird eine Gruppe von Teilnehmern wiederholt in verschiedenen Altersstufen untersucht, wobei die Veränderungen im Entwicklungsverlauf der untersuchten Entwicklungsbereiche festgehalten werden. Der Zeitraum, in der die Studie stattfindet, mag relativ kurz sein (einige Monate bis zu mehreren Jahren) oder auch sehr lang (ein Jahrzehnt oder sogar ein ganzes Leben). Dieser Ansatz hat vor allem zwei Stärken: Da jeder Teilnehmer über einen gewissen Zeitraum hinweg beobachtet wird, können zum einen sowohl gemeinsame Entwicklungsmuster wie auch individuelle Unterschiede erkannt werden. Zum anderen erlauben Längsschnittstudien dem Wissenschaftler, möglicherweise bestehende Zusammenhänge zwischen frühen und späteren Lebensereignissen und Verhaltensweisen zu untersuchen. Ein Beispiel dazu:

Eine Gruppe von Wissenschaftlern stellte sich die Frage, ob Kinder mit extremen Persönlichkeitsstilen – ausgesprochen wütend und aufbrausend oder schüch-

Tabelle 1.7: Möglichkeiten und Grenzen verschiedener Forschungspläne

Methode	Beschreibung	Möglichkeiten	Grenzen
allgemein			
Korrelationsstudie	Erhebung von Daten in bestehenden Gruppen, ohne aktives Eingreifen in das Erleben der Teilnehmer	Erlaubt die Untersuchung von Zusammenhängen verschiedener Variablen	Erlaubt keine Schussfolgerungen hinsichtlich kausaler Zusammenhänge (Ursache und Wirkung)
Experimentelle Studie	Durch Zufallsauswahl werden die Teilnehmer den Versuchsbedingungen zugeteilt; eine unabhängige Variable wird manipuliert, um die Auswirkung auf die abhängige Variable feststellen zu können; Durchführung entweder als Laborexperiment oder in natürlicher Umgebung	Erlaubt Folgerungen hinsichtlich kausaler Zusammenhänge (Ursache und Wirkung)	Durchgeführt im Labor, sind die Ergebnisse nicht immer auf die reale Umweltsituationen anwendbar; bei einer Feldstudie ist eine Kontrolle der Bedingungen für gewöhnlich schwieriger als im Labor
entwicklungsbezogen			
Längsschnittstudie	Ein und dieselbe Gruppe wird (in verschiedenem Alter) mehrfach untersucht	Erlaubt eine Untersuchung der gemeinsamen Muster und individuellen Unterschiede in der Entwicklung sowie der Zusammenhänge zwischen frühen und späteren Lebensereignissen und Verhaltensmustern	Eine Verzerrung altersabhängiger Veränderungen durch das Abspringen einzelner Teilnehmer, Übungseffekte sowie Kohorteneffekten
Querschnittstudie	Verschiedene Gruppen, deren Teilnehmer sich im Alter unterscheiden, werden zum gleichen Zeitpunkt untersucht	Effizienter als die Längsschnittstudie, da Probleme wie das Abspringen von Teilnehmern und Übungseffekte wegfallen	Erlaubt keine Untersuchung der individuellen Entwicklungsrichtungen. Unterschiede über die verschiedenen Altersgruppen hinweg können wegen Kohorteneffekten einer Verzerrung unterliegen
Kohorten-Sequenz-Plan	Zwei oder mehr Gruppen von Teilnehmern verschiedener Jahrgänge werden längsschnittlich und zeitversetzt untersucht, so dass ein bestimmtes Alter in einem bestimmten Zeitabstand zur anderen Kohorte im gleichen Alter erreicht wird	Erlaubt sowohl Längsschnitt- als auch Querschnittvergleiche; lässt Kohorteneffekte deutlich werden	Dieselben Probleme wie bei Längsschnitt- und Querschnittstudie, allerdings bietet hier der Untersuchungsplan selbst gute Möglichkeiten, auftauchende Schwierigkeiten zu erkennen

tern und zurückgezogen – im Erwachsenenalter ihre Disposition beibehalten. Zudem wollten die Forscher herausfinden, welche Art von Erfahrungen sich für die Persönlichkeit als stabilitätsfördernd erweist oder verändernd wirkt. Auch die langfristigen Konsequenzen einer aufbrausenden oder schüchternen Persönlichkeit auf die Anpassung sollten untersucht werden.

Um diesen Fragen nachzugehen, vertieften sich die Forscher in die Archive der „Guidance Study", einer sehr bekannten Längsschnittstudie, die im Jahre 1928 in Berkeley initiiert und über mehrere Jahrzehnte fortgesetzt wurde (Caspi, Elder, & Bern, 1987, 1988).

Die Ergebnisse zeigten, dass diese beiden Persönlichkeitsstile nicht allzu stabil sind. Im Alter von 8 bis

30 hatten sich bei einer ganzen Reihe von Individuen nur wenige oder gar keine Veränderungen ergeben, andere wiederum hatten sich ganz wesentlich verändert. Wo immer sich Stabilität zeigte, schien es sich um einen „Schneeball-Effekt" zu handeln, bei dem die Kinder bei Erwachsenen und Peers bestimmte Reaktionen hervorriefen, die verstärkend auf ihre Disposition rückwirkten (Caspi, 1998). Oder anders ausgedrückt: Aufbrausende Kinder riefen bei ihrem Gegenüber mit großer Wahrscheinlichkeit Wut und Feindseligkeit hervor (worauf dann mit noch größerer Widerspenstigkeit reagiert wurde), schüchterne Kinder wurden jedoch eher ignoriert.

Es zeigte sich auch, dass die Fortdauer eines extremen Persönlichkeitsstiles die Anpassungsleistung des Erwachsenen in vielen Bereichen entscheidend beeinflusst. Bei Männern waren die Auswirkungen eines frühen aufbrausenden Temperaments am Arbeitsplatz am offensichtlichsten – in Form von Konflikten mit Vorgesetzten, häufigem Wechsel der Arbeitsstelle sowie fortdauernde Arbeitslosigkeit. Da es in dieser Stichprobe einer früheren Generation nur wenige Frauen gab, die nach der Eheschließung auch weiterhin eine Arbeitsstelle beibehielten, zeigten sich bei ihnen die Folgen vor allem im Familienleben. Aufbrausende Mädchen entwickelten sich zu hitzköpfigen Frauen und Eltern mit einer hohen Scheidungsrate. Die geschlechtsspezifischen Unterschiede waren bei den langfristigen Folgen von Schüchternheit sogar noch deutlicher. Bei Männern, die in ihrer Kindheit in ständigem Rückzug lebten, zeigte sich zumeist eine spätere Eheschließung und auch Vaterschaft und die Entwicklung eines stabilen Berufslebens waren verzögert. Da ein schüchterner, wenig durchsetzungsfähiger Persönlichkeitsstil für Frauen gesellschaftlich eher akzeptabel ist, ergaben sich bei ihnen keine besonderen Anpassungsprobleme.

■ Probleme bei der Durchführung von Längsschnittstudien

Trotz ihrer offensichtlichen Stärken werfen Längsschnittstudien aber auch eine ganze Reihe von Problemen auf. So ziehen Teilnehmer beispielsweise um oder springen aus anderen Gründen ab. Dies führt zu Veränderungen der ursprünglichen Stichprobe, so dass diese nicht länger eine adäquate Stichprobe der Bevölkerung darstellt, auf die der Wissenschaftler seine Ergebnisse generalisieren möchte. Auch kann es sein, dass bei wiederholten Untersuchungen die Teilnehmer die Tests schon kennen und somit die Leistungen durch einen *Testeffekt* ansteigen – die Fähigkeiten und Leistungen bei Testungen verbessern sich durch die zunehmende Vertrautheit mit Test und Testsituation –, dies aber nicht auf Faktoren zurückzuführen ist, die normalerweise mit Entwicklung in Verbindung zu bringen sind.

Die am meisten diskutierte Verzerrung der Ergebnisse von Längsschnittstudien entsteht durch den **Kohorteneffekt** (siehe Seite 13): Individuen, die zur selben Zeit geboren wurden, sind unter bestimmten historischen und kulturellen Bedingungen aufgewachsen, die zu altersbezogenen Unterschieden zwischen Kohorten führen können und somit keine Rückschlüsse auf die tatsächliche Entwicklungsveränderung zulassen. Ergebnisse einer bestimmten Kohorte lassen sich nicht unbedingt auf Menschen anwenden, die zu einer anderen Zeit aufgewachsen sind. So zeigt sich beispielsweise – ganz im Gegensatz zu den im letzten Abschnitt dargelegten Ergebnissen zu Schüchternheit bei Frauen, die in den fünfziger Jahren des 21. Jahrhunderts erhoben worden waren –, dass schüchterne junge Frauen in unserer Zeit nur schlecht angepasst sind; ein Unterschied, der sich möglicherweise aus den Veränderungen der Geschlechterrollen in westlichen Gesellschaften ergibt. Schüchterne Erwachsene, egal ob männlich oder weiblich, fühlen sich häufig deprimiert und haben wenig soziale Unterstützung (Caspi et al., 2000). In ähnlicher Weise würde eine Längsschnittstudie über die gesamte Lebensspanne wahrscheinlich zu ganz unterschiedlichen Ergebnissen führen, je nachdem ob sie im ersten Jahrzehnt des 21. Jahrhunderts, zur Zeit des zweiten Weltkriegs oder während der großen Wirtschaftskrise in den 1930ern durchgeführt würde. (Siehe auch den Kasten „Ausblick auf die Lebensspanne" auf S. 52.)

■ Die Querschnittstudie

Da auch in kürzer angelegten Längsschnittstudien viele Verhaltensweisen für ihre Veränderung sehr viel Zeit benötigen, haben sich die Wissenschaftler einer ökonomischeren Strategie für die Untersuchung von Entwicklung zugewandt. In einer **Querschnittstudie** werden Personen unterschiedlicher Altersgruppen zum selben Zeitpunkt untersucht.

Eine Studie mit Schülern der dritten, sechsten, neunten und zwölften Klasse, die einen Fragebogen zu ihren Geschwisterbeziehungen ausfüllten, kann als ein gutes Beispiel (Buhrmester & Furman, 1990) dienen. Die Ergebnisse zeigten, dass die Interaktion zwischen den Geschwistern mit zunehmendem Alter mehr von Gleichberechtigung bestimmt war und weniger von der Durchsetzungskraft eines Einzelnen. Die geschwisterliche Zuneigung während der Adoleszenz nahm ab. Die Wissenschaftler nahmen an, dass mehrere Faktoren zu diesen altersbedingten Unterschieden beitrugen. Während später geborene Kinder sich zunehmend mehr Fähigkeiten aneignen und unabhängiger werden, brauchen sie die Anleitung der älteren Geschwister nicht mehr und sind wahrscheinlich auch nicht mehr geneigt, diese zu akzeptieren. In der Zeit, in der sich der Jugendliche aus der psychischen Abhängigkeit vom Elternhaus zu einer größeren Bindung zu Gleichaltrigen entwickelt, wird er darüber hinaus weniger Zeit und emotionales Bedürfnis haben, sich mit den Geschwistern abzugeben und in die Beziehung zu ihnen zu investieren. Diese interessanten Erkenntnisse im Bereich der Entwicklung von Geschwisterbeziehungen sind in späteren Forschungen bestätigt worden, wie wir in Kapitel 12 noch genauer sehen werden.

■ Probleme bei der Durchführung von Querschnittstudien

Der Querschnittsplan ist eine effiziente Strategie für das Erfassen von altersabhängigen Daten. Da nur einmal Daten erhoben werden, muss sich der Versuchsleiter auch keine Sorgen um Probleme wie abspringende Teilnehmer oder Übungseffekte machen. Allerdings sind Ergebnisse zu Veränderungen, wo sie eigentlich stattfinden – beim Individuum –, nicht verfügbar (Kraemer et al., 2000). Ob wichtige individuelle Unterschiede existieren, lässt sich nicht feststellen. Tatsächlich zeigen die Ergebnisse von Längsschnittstudien erhebliche Abweichungen in der Qualität der Geschwisterbeziehungen bei Jugendlichen. Viele dieser Beziehungen werden allmählich distanzierter, bei anderen wiederum nimmt die Nähe und gegenseitige Unterstützung eher zu (Dunn, Slomkowski & Beardsall, 1994).

Querschnittstudien – insbesondere jene, in denen die Altersunterschiede sehr groß sind – bringen noch ein zusätzliches Problem mit sich. Wie auch die Längsschnittstudie besteht die Gefahr eines Kohorteneffektes. So repräsentieren Kohorten von Zehnjährigen, von Zwanzigjährigen und Dreißigjährigen – Gruppen von Personen, die zu einem bestimmten Zeitpunkt geboren und in der gleichen Zeit aufgewachsen sind – nicht unbedingt die tatsächlichen altersabhängigen Veränderungen. Unter Umständen reflektieren die Ergebnisse stattdessen bestimmte Erfahrungen und Erlebnisse, die in dem historischen Zeitrahmen begründet liegen, in dem diese Altersgruppe aufgewachsen ist.

■ Verbesserungsmöglichkeiten in der Entwicklungsforschung

Um einige der Einschränkungen von sowohl Längsschnitt- als auch Querschnittstudien zu überwinden, wird häufig eine Kombination dieser beiden Ansätze angewendet. Eine Vorgehensweise wäre an dieser Stelle der **Kohorten-Sequenz-Plan**, bei dem eine bestimmte Anzahl von Stichproben (bei zwei oder mehr Altersgruppen) über mehrere Jahre hinweg beobachtet wird.

Diese Art von Design bietet zwei Vorteile: Zum einen kann man dadurch herausfinden, ob Kohorteneffekte im Spiel sind, indem man Personen gleichen Alters aber unterschiedlicher Jahrgänge miteinander vergleicht. Im Beispiel in Abbildung 1.6 sehen wir drei Stichproben im Alter von 20, 30 und 40 Jahren. Wenn sie sich nicht in ihren Entwicklungsverläufen unterscheiden, können wir Kohorteneffekte ausschließen. Zum anderen ist es uns möglich, die Ergebnisse von Längsschnitt und Querschnitt miteinander zu vergleichen. Wenn die Resultate in beiden Fällen ähnlich sind, kann das als Bestätigung der Ergebnisse betrachtet werden.

In einer Studie, bei der das Design von Abbildung 1.6 Anwendung fand, wollte man herausfinden, ob die Persönlichkeitsentwicklung des Erwachsenen so vonstatten geht, wie dies in Eriksons psychosozialer Theorie dargelegt wird (Whitbourne et al., 1992). Fragebögen, die Daten zu Eriksons Stufen erheben, wurden an drei Kohorten Zwanzigjähriger ausgegeben, die jeweils im Abstand von einem Jahrzehnt geboren waren. Die Daten der Kohorten wurden in Zehnjahres-Intervallen neu erhoben. Gemäß der Theorie Eriksons konnten Zunahmen in den Bereichen Identität und Intimität sowohl im Längsschnitt als auch im Querschnitt festgestellt werden, und zwar unabhängig von der historischen Epoche zwischen dem zwanzigsten und dreißigsten Lebensjahr.

Ein starker Kohorteneffekt zeigte sich allerdings in der Entwicklung von Fleiß als arbeitsbezogenem Bereich. Im Alter von 20 Jahren lagen die Testergebnisse von Kohorte 1 wesentlich unter denen von Kohorte 2 und 3. Sehen Sie sich noch einmal Abbildung 1.6 an. Sie werden feststellen, dass die Personen der ersten Kohorte ihr 20stes Lebensjahr Mitte der 60er Jahre erreichten. Als Studenten waren sie Teil der politischen Protestbewegungen, in der Desillusionierung mit der damaligen Arbeitswelt vorherrschte. Als sie dann ihre Hochschulausbildung abgeschlossen hatten, holten sie die anderen Kohorten wieder ein – vielleicht ein Ergebnis ihrer Erfahrungen mit dem Druck, der in der Arbeitswelt herrscht.

Bislang sind nur eine Hand voll Kohorten-Sequenz-Studien durchgeführt worden. Dennoch ist es in dieser Art von Studie möglich, von den Stärken beider Strategien zu profitieren. Zudem kann auch die Vielfalt in der Entwicklung aufgezeigt werden unter Kontrolle der Kohorteneffekte, die bei diesem Design gut erkennbar werden. (Magnusson & Stattin, 1998).

> **Prüfen Sie sich selbst ...**
>
> **Rückblick**
> Erklären Sie, wie Kohorteneffekte zu Verzerrungen von Längsschnitt- und Querschnittstudien führen können. Wie können mit dem Kohorten-Sequenz-Plan diese Effekte aufgedeckt werden?
>
> **Anwendung**
> Ein Wissenschaftler vergleicht ältere chronisch herzkranke Personen mit gesunden Personen und stellt fest, dass die erste Gruppe in Tests zu ihren mentalen Fähigkeiten schlechter abschneiden. Was für eine Methode hat in diesem Fall Anwendung gefunden? Sollte hier die Schlussfolgerung gezogen werden, dass Herzkrankheiten in fortgeschrittenem Alter einen Abfall der intellektuellen Leistungsfähigkeit zur Folge haben? Erläutern Sie.
>
> **Anwendung**
> Es soll herausgefunden werden, ob die schulischen Leistungen von Kinder in der Grundschule, die einen Hort besuchen, gleich gut sind wie die Leistungen von Kindern, die nach der Schule nicht im Hort untergebracht sind. Welches Entwicklungsdesign wäre das geeignete, um dieser Frage nachzugehen? Begründen Sie.
>
> **Prüfen Sie sich selbst ...**

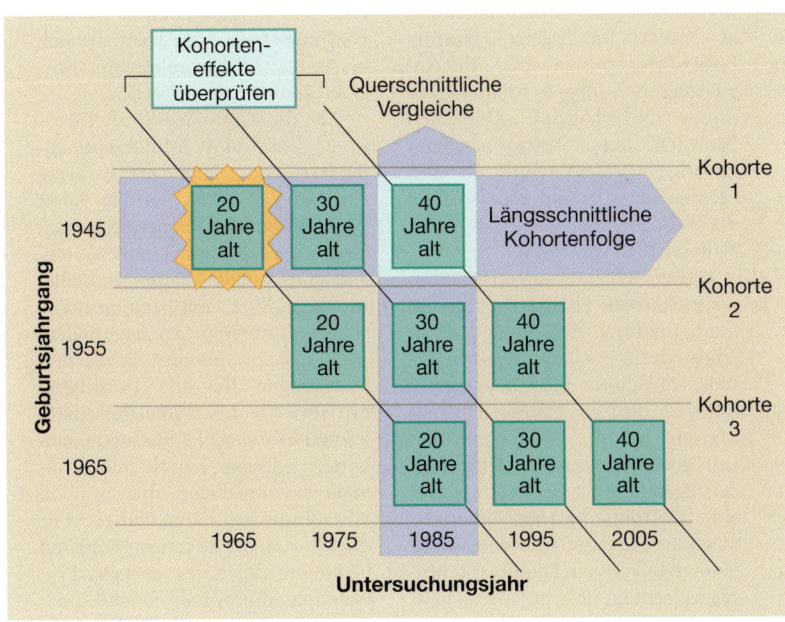

Abbildung 1.6 Beispiel eines Kohorten-Sequenz-Plans. Drei Kohorten, geboren in den Jahren 1945, 1955 und 1965, werden im Alter von 20 bis 40 Jahren im Längsschnitt untersucht. Diese Methode ermöglicht dem Wissenschaftler, die Stichprobe auf Kohorteneffekte hin zu überprüfen, indem er Personen desselben Alters aber unterschiedlicher Jahrgänge miteinander vergleicht. In einer nach dieser Methode durchgeführten Studie ergaben sich wesentliche Unterschiede zwischen der ersten Kohorte 20-Jähriger und der zweiten und dritten Kohorte – ein Hinweis auf starke kulturhistorische Einflüsse. Mit dieser Methode sind zudem Vergleiche im Längs- und Querschnitt möglich. Wenn sich die Ergebnisse ähneln, unterstreicht dies noch zusätzlich ihre Gültigkeit.

Ausblick auf die Lebensspanne:
Die Auswirkungen historischer Epochen auf den individuellen Lebensverlauf: Die Wirtschaftskrise und der Zweite Weltkrieg

Wirtschaftskrisen, Kriege und Zeiten rapider gesellschaftlicher Veränderungen hinterlassen oft tiefe Spuren im Leben der Menschen. Wie weitreichend die Auswirkungen solcher Krisen jedoch sind, hängt davon ab, wann sie sich innerhalb der Lebensspanne einer Person ereignen. Glen Elder (1999) konzentrierte sich auf die wirtschaftliche Notsituation der Familien in den 30er Jahren des 20. Jahrhunderts während der Weltwirtschaftskrise und studierte ihre Auswirkungen auf die Entwicklung über die Lebensspanne hinweg. Er vertiefte sich in die riesigen Archive von zwei Längsschnittstudien: (1) die „Oakland Growth Study", eine Untersuchung von Personen, die in den frühen 1920er Jahren geboren worden waren; als die große Wirtschaftskrise ihren Tribut forderte, waren diese Menschen bereits Jugendliche. Und (2) die „Guidance Study", deren Teilnehmer in den späten 20ern auf die Welt kamen und kleine Kinder waren, als ihre Familien schwere wirtschaftliche Verluste zu verkraften hatten.

In beiden Kohorten veränderten sich während der Wirtschaftskrise die sozialen Beziehungen. Während die arbeitslosen Väter ihren Status verloren, übernahmen die Mütter zunehmend die Kontrolle über die Familienangelegenheiten. Diese Umkehrung der traditionellen Geschlechterrollen brachte häufig Konflikte mit sich. Die Väter reagierten oft gereizt und strafend auf ihre Kinder. Zu anderen Zeiten wiederum zogen sie sich in Passivität und Depression zurück. Mütter waren oft mit der Sorge um das Wohlergehen ihrer Ehemänner und Kinder überfordert, und viele von ihnen gingen selbst arbeiten, um den Lebensunterhalt irgendwie sichern zu können (Elder, Liker, & Cross, 1984).

Auswirkungen auf die Jugendlichen. Obwohl sie außergewöhnlichen Belastungen ausgesetzt waren durch die Veränderungen im Familienleben, gelang es der Oakland-Growth-Study-Kohorte, insbesondere den jungen Teilnehmern, ganz gut mit dieser wirtschaftlichen Notsituation fertig zu werden. Als Jugendliche waren sie schon zu alt, um ausschließlich von ihren unter hoher Belastung stehenden Eltern abhängig zu sein. Die Jungen verbrachten weniger Zeit zu Hause und suchten sich eine Teilzeitarbeit. Viele von ihnen wandten sich an andere Erwachsene oder Peers außerhalb der Familie für emotionale Unterstützung. Die Mädchen übernahmen den Haushalt und kümmerten sich um die jüngeren Geschwister. Da sie dadurch mehr in die innerfamiliären Angelegenheiten verwickelt wurden, waren sie auch mehr den elterlichen Konflikten und deren Unzufriedenheit ausgesetzt. Im Ergebnis konnte festgestellt werden, dass die Anpassung der jungen Mädchen in diesen wirtschaftlich schwachen Familien einen etwas weniger günstigen Verlauf nahm, als dies bei den männlichen Adoleszenten der Fall gewesen war (Elder, Van Nguyen, & Caspi, 1985).

Diese Veränderungen hatten weitreichende Folgen für die Zukunftsplanung der Jugendlichen wie auch für ihr Leben als Erwachsene. Da sich die Mädchen auf das Zuhause und die Familie konzentrierten, war die Wahrscheinlichkeit geringer, dass sie sich über den Besuch einer Hochschule und eine berufliche Karriere Gedanken machten. Sie heirateten stattdessen tendenziell früher. Die Jungen hingegen lernten, dass auf wirtschaftliche Ressourcen kein Verlass ist, und neigten folglich dazu, sich sehr früh für eine bestimmte berufliche Richtung zu entscheiden. Auch die Möglichkeit, Eltern zu werden, war diesen jungen Erwachsenen besonders wichtig, unter Umständen deshalb, weil sie der Meinung waren, dass eine viel versprechende *Karriere* wahrscheinlich nicht zu erreichen war und sie daher Kinder als am ehesten für ihr Erwachsenenleben sinngebend und erfüllend ansehen konnten.

Auswirkungen auf die Kinder. Anders als bei der Oakland-Growth-Study-Kohorte, befanden sich die Teilnehmer der Guidance Study gerade in der Phase intensiver Abhängigkeit von den Eltern, als die Wirtschaftskrise hereinbrach. Für die Jungen (die, wie wir in späteren Kapiteln noch feststellen werden, unter familiärem Stress besonders anfällig sind für Anpassungsprobleme) ergaben sich durch die wirtschaftliche Belastungssituation schwerwiegende Auswirkungen. Es zeigten sich emotionale Schwierigkeiten und eine nur unzureichende Einstellung zu Schule und Arbeit, die sich bis in das Teenageralter hineinzogen (Elder & Caspi, 1988).

Als die Guidance-Study-Stichprobe dann das Adoleszentenalter erreichte, fand ein weiteres epochales Ereignis statt: Im Jahre 1941 traten die Vereinigten Staaten in den Zweiten Weltkrieg ein. Tausende junger Männer verließen ihre Familien, um sich militärischen Einheiten anzuschließen, was einschneidende Lebensveränderungen für alle Beteiligten mit sich brachte. Viele der später heimkehrenden Kriegsveteranen hatten schwere emotionale Traumata davongetragen, die sie noch Jahrzehnte begleiten sollten. Für die meisten dieser jungen Soldaten bedeutete der Krieg und ihr Eintreten in die Armee jedoch auch eine Erweiterung ihres Wissensstandes und ihrer Erfahrung. Die Verantwortungen des Zivillebens lagen erst einmal auf Eis, was vielen von ihnen ermöglichte, ihr Leben neu zu überdenken. Die „GI Bill of Rights" gab ihnen die Mög-

Die historische Zeit hat tief greifende Bedeutung für die Entwicklung. Durch die Weltwirtschaftskrise der 1930er verlor diese Farmerfamilie ihr festes Einkommen. Bei Kindern zeigten sich mehr negative Auswirkungen als bei Adoleszenten, da diese nicht mehr in so hohem Maße von ihren unter schwerer Belastung stehenden Eltern abhängig waren.

lichkeit, ihre Ausbildung nach dem Krieg fortzusetzen und neue Fertigkeiten zu erlernen. In der Mitte ihres Erwachsenendaseins hatten die meisten dieser Kriegsveteranen es geschafft, die frühen negativen Auswirkungen der Weltwirtschaftskrise in den 30er Jahren zu neutralisieren. Sie hatten im Bereich ihrer Schulbildung und beruflichen Karriere mehr Erfolge zu verzeichnen als diejenigen Personen der Stichprobe, die keinen Wehrdienst geleistet hatten (Elder & Hareven, 1993).

Diese Ergebnisse zeigen, dass sich kulturhistorische Veränderungen solcher Art nicht unbedingt immer negativ auf die Entwicklung auswirken müssen. Die Ergebnisse können beachtlich variieren und sind abhängig von den historischen Ereignissen und von dem Alter, indem sie erfahren werden.

1.9 Ethische Fragen in der Forschung zur Lebensspanne

Die Erforschung menschlichen Verhaltens wird immer auch ethische Fragen aufwerfen, da das Streben nach immer neuen wissenschaftlichen Erkenntnissen manchmal auch dazu führt, dass Menschen ausgebeutet werden. Aus diesem Grunde sind von der Regierung, den finanzierenden Institutionen sowie den wissenschaftlichen Organisationen wie beispielsweise der American Psychological Association (1994) in den USA und der Deutschen Gesellschaft für Psychologie (1988) besondere Richtlinien für die Forschung entwickelt worden. In Tabelle 1.8 finden Sie eine Zusammenfassung der für die Forschung geltenden Grundsätze, die sich aus diesen Richtlinien ergeben. Nach Durchsicht der Tabelle lesen Sie sich einmal die folgenden Beschreibungen von Forschungssettings durch. Jede dieser Situationen birgt ein ernst zu nehmendes moralisches Dilemma. Welche Vorkehrungen sollten Ihrer Meinung nach in den einzelnen Situationen getroffen werden?

- In einer Untersuchung moralischer Entwicklungsleistungen wird die Fähigkeit bei Kindern untersucht, Versuchungen zu widerstehen; ihr Verhalten wird ohne ihr Wissen auf Video aufgezeichnet. Siebenjährigen wird ein Preis versprochen für das Lösen eines schwierigen Puzzles. Es wird ihnen außerdem gesagt, dass sie sich die richtigen Lösungen des Klassenkameraden nicht anschauen sollten, den man absichtlich auf die entgegengesetzte Seite des Zimmers platziert hatte. Wenn man Kindern von vornherein mitteilt, dass man ihr Schummel-Verhalten studieren wolle oder dass ihr Verhalten beobachtet würde, wäre die Fragestellung der Studie nicht mehr zu untersuchen.

- Die Auswirkungen von täglicher leichter körperlicher Betätigung auf die körperliche und seelische Gesundheit älterer Patienten in Altersheimen soll untersucht werden. Der Arzt jedes Bewohners wird konsultiert, um sicherzustellen, dass die körperliche Betätigung nicht schädlich sein wird. Als dann aber die Zustimmung der Bewohner eingeholt werden soll, findet man heraus, dass viele der Patienten den Zweck der Studie nicht begreifen, wobei einige unter ihnen ihre Zustimmung nur zu geben scheinen, um ihr Gefühl von Isoliertheit und Einsamkeit zu mildern.

Wie diese Beispiele zeigen, sind die ethischen Aspekte besonders komplex, wenn es sich bei den Forschungsteilnehmern um Kinder oder ältere Menschen handelt. Ihre Unreife macht es Kindern schwer bis unmöglich, die Bedeutungen ihrer Teilnahme an einem Forschungsprojekt richtig einzuschätzen. Da Beeinträchtigungen auf mentaler Ebene mit fortgeschrittenem Alter zunehmen, ist es manchen dieser alten Menschen nicht möglich, freiwillig und in Kenntnis aller Informationen ihre Einwilligung zu geben. Bei manchen Menschen sind die Lebensumstände dergestalt, dass sie unter äußerem Druck ihre Einwilligung zur Teilnahme geben und an dieser Stelle besonders vulnerabel sind (Kimmel & Moody, 1990; Society for Research in Child Development, 1993).

Praktisch jeder Ausschuss, der sich mit der Entwicklung ethischer Prinzipien in der Forschung beschäftigt hat, musste über kurz oder lang zu dem Schluss gelangen, dass in Forschungssituationen entstehende Konflikte sich oft nicht mit einfachen Mitteln beilegen oder lösen lassen. (Stanley & Seiber, 1992). Die endgültige Verantwortung für die ethische Integrität eines Forschungsprojektes liegt letztendlich beim durchführenden Wissenschaftler selbst. Es wird allerdings angeraten – im Falle staatlich geförderter Projekte ist dies sogar erforderlich – dass der Wis-

Tabelle 1.8

Die Rechte von Forschungsteilnehmern

Ethische Prinzipien und Rechte in der Forschung	Beschreibung
Schutz vor Verletzung oder Schaden der Probanden	Der Proband hat das Recht auf Schutz vor physischen oder psychischen Nachteilen oder Schaden innerhalb eines Forschungsprojektes. Wenn Unklarheiten und Zweifel hinsichtlich möglicher schädlicher Auswirkungen bestehen bleiben, sollte der Wissenschaftler sich sachkundig machen über die ethischen Grundsätze seines Berufsverbandes. Wenn schädliche Auswirkungen unvermeidbar scheinen, sollte der Wissenschaftler nach anderen Möglichkeiten suchen, die gewünschte Information zu erlangen oder das Projekt ganz abbrechen.
Einwilligung (Zustimmung nach Aufklärung)	Forschungsteilnehmer, einschließlich Kinder und ältere Menschen, haben das Recht auf eine Aufklärung aller Aspekte des betreffenden Forschungsprojekts, die einen Einfluss auf ihre Einwilligung zur Teilnahme haben könnten, und zwar in einer ihrem Alter entsprechenden Sprache und Ausdrucksweise. Wenn es sich bei den Teilnehmern um Kinder handelt, muss eine Einwilligung der Eltern bzw. anderer Erziehungsberechtigter (z.B. Lehrer oder der Direktor der Schule, die das Kind besucht) eingeholt werden. Ältere Menschen, deren kognitive Funktionen beeinträchtigt sind, sollten gebeten werden, eine Person zu bestimmen, die Entscheidungen dieser Art für sie treffen kann und soll. Wenn dies nicht mehr möglich sein sollte, muss von einem ethischen Komitee, an dem sowohl Verwandte als auch Fachpersonal teilnehmen (also Menschen, die den Betreffenden gut kennen), eine Person bestimmt werden, der die Berechtigung übertragen wird, anstelle des Patienten solche Entscheidungen zu treffen. Alle Teilnehmer haben das Recht, jederzeit ihre Teilnahme am Forschungsprojekt zu beenden.
Wahrung der Privatsphäre	Forschungsteilnehmer haben das Recht auf Anonymität hinsichtlich aller sie betreffenden Informationen und während des Forschungsprojekts erhobenen Daten. Dieses Recht gilt auch für schriftlich niedergelegte Berichte oder informelle Diskussionen zum Forschungsprojekt.
Kenntnis der Ergebnisse	Der Forschungsteilnehmer hat das Recht, die Ergebnisse der Untersuchung zu erfahren, und zwar in einer Sprache und Ausdrucksweise, die seiner Verständnisebene entspricht.
Wirkungsvolle Behandlungsmethoden	Wenn experimentelle Behandlungsmethoden, von denen angenommen wird, dass sie wirkungsvoll sind, untersucht werden, haben die Teilnehmer der Kontrollgruppe ein Recht auf eine alternative wirkungsvolle Behandlungsmethode, wenn es diese gibt.

Quelle: American Psychological Association, 1994; Cassel 1988; Society for Research in Child Development, 1993.

senschaftler den Rat anderer Kollegen sucht. Diese Gremien wägen ab zwischen den Kosten (Schäden, Nachteilen oder Unannehmlichkeiten psychischer oder physischer Art), die den Teilnehmern aus ihrer Teilnahme am Forschungsprojekt erwachsen können, und dem Nutzen des Projekts in Form von neuen Erkenntnissen und Verbesserungen der Lebensumstände bestimmter Zielgruppen. Wenn sich dabei Risiken für das Wohlergehen und die Sicherheit der Teilnehmer herausstellen sollten, zu denen der Nutzen des Projekts in keinem Verhältnis steht, so sind immer die Interessen der Teilnehmer vorrangig.

Das ethische Prinzip – informierte Zustimmung nach Aufklärung bzw. Einwilligung unter Kenntnis der Zusammenhänge und Auswirkungen auf die Person des Teilnehmers – erfordert eine besondere Maßnahme, wenn der Teilnehmer die Forschungsziele und Ereignisse während der Untersuchung nicht vollständig begreifen kann. Die elterliche Zustimmung dient zum Schutz des Kindes, dessen Entscheidungsfähigkeit noch nicht die nötige Reife hat. Bei Kindern im Alter von sieben Jahren und darüber sollte auch immer zusätzlich zur Einwilligung der Eltern ihre eigene Zustimmung eingeholt werden. In diesem Alter erlauben die Veränderungen und bis dahin stattgefundenen Entwicklungen im Denken dem Kind, einfache wissenschaftliche Prinzipien sowie die Bedürfnisse anderer Menschen zu erfassen. Der Wissenschaftler sollte diese neu errungenen Fähigkeiten dahingehend unterstützen, dass er dem Forschungsteilnehmer im Schulalter das Vorgehen innerhalb der Studie möglichst umfassend und in einer ihm verständlichen Sprache erklärt (Fischer, 1993; Thompson, 1992). Besondere Sorgfalt gilt an dieser Stelle der Mitteilung an das Kind, dass von ihm bereitgestellte Informationen unter die Schweigepflicht fallen und vertraulich behandelt werden und dass die Teilnahme am Projekt vom Kind jederzeit beendet werden kann, denn manchmal verstehen Kinder diese Erklärungen nicht oder es fällt ihnen schwer, Versprechen dieser Art Glauben zu schenken (Abramovitch et al., 1995; Ondrusek et al., 1998).

Bei den meisten älteren Erwachsenen sind nur die üblichen Maßnahmen der Zustimmung nach Aufklärung erforderlich. Dennoch kommt in der Geriatrieforschung häufig eine Altersgrenze zur Anwendung, was zur Folge hat, dass Menschen in höherem Alter von solchen Studien ausgeschlossen sind (Bayer & Tadd, 2000). Ältere Menschen sollten nicht in Schubladen gesteckt werden, sie verfügen über die Fähigkeit zu entscheiden, ob sie an einem Forschungsprojekt teilnehmen möchten oder nicht. Trotzdem sind zum Schutz kognitiv beeinträchtigter und chronisch kranker Menschen in Pflegeheimen besondere Vorkehrungen notwendig. Oft stimmen sie einer Teilnahme an einer Untersuchung nur zu, weil sie sich davon Möglichkeiten sozialer Interaktion versprechen. Aber auch in diesem Falle sollte eine Teilnahme nicht von vornherein ausgeschlossen werden, denn sie vermag durchaus sowohl von persönlichem Nutzen für den Betreffenden sein als auch von Nutzen für die Wissenschaft (High & Doole, 1995). Der potentielle Teilnehmer sollte nach Möglichkeit jemanden benennen, der für ihn oder sie Entscheidungen treffen kann. Sollte dies aus irgendwelchen Gründen nicht möglich sein, muss von einem Gremium, das sich aus Verwandten und Fachkräften, die den Betreffenden gut kennen, zusammensetzt, jemand bestimmt werden, dem diese Aufgabe übertragen wird. Wenn es sich bei dem potentiellen Teilnehmer um eine ältere Person handelt, die nicht selbst ihre Zustimmung geben kann und die Risiken der Studie nicht als minimal einzustufen sind, sollte weiterhin die Studie nur durchgeführt werden, wenn sie für den Teilnehmer von direktem persönlichem Nutzen ist (Cassel, 1988).

Alle ethischen Richtlinien enthalten zudem besondere Anweisungen, wie bei Täuschungsexperimenten vorzugehen ist. Unter „Täuschung" versteht man zum Beispiel die Verwendung von Einwegspiegeln bei der Beobachtung der Teilnehmer, nicht den Tatsachen entsprechende Rückmeldung über Leistungen des Teilnehmers oder die Verschleierung des tatsächlichen Zwecks der Studie. Wenn solche Verfahren zur Anwendung kommen, ist ein postexperimentelles Aufklärungsgespräch zwingend notwendig. In diesem Gespräch werden die Teilnehmer über das tatsächliche Geschehen während der Studie und deren wahren Zweck aufgeklärt. Diese Aufklärung sollte gerade auch mit Kindern stattfinden, funktioniert aber nicht immer. Trotz der gegebenen Erklärungen verlassen Kinder unter Umständen die Situation in dem Glauben, dass der Ehrlichkeit von Erwachsenen nicht zu trauen ist. Ethische Standards erlauben den Gebrauch von Täuschung, wenn die Versuchsleiter der Ethikkommission plausibel machen können, dass diese Vorkehrungen im Sinne der Studie notwendig sind. Da aber Täuschung bei Kindern und Jugendlichen ernste emotionale Folgen nach sich ziehen kann, sollte hier nach Möglichkeit versucht werden, andere Forschungsstrategien anzuwenden.

Zusammenfassung

Menschliche Entwicklung als ein wissenschaftliches, angewandtes und interdisziplinäres Fach
Was ist menschliche Entwicklung und welche Faktoren regten die Ausbreitung dieses Forschungsfeldes an?

- Bei der Forschung zur **menschlichen Entwicklung** handelt es sich um ein interdisziplinäres Forschungsgebiet, das sich mit dem Verständnis der Konstanz und der Variabilität und Veränderung über die gesamte menschliche Lebensspanne beschäftigt. Entwicklungsforschung kann sowohl wissenschaftlicher Neugier und dem Streben nach neuer Erkenntnis entspringen wie auch aus dem Druck heraus entstehen, zur Verbesserung der Lebensverhältnisse einer bestimmten Zielgruppe beizutragen.

Grundlegende Fragen
Nennen Sie drei grundlegende Fragen, zu denen die Theorien der Entwicklungsforschung Stellung beziehen.

- **Theorien** der Entwicklungsforschung nehmen Stellung zu drei ganz grundlegenden Fragen: (1) Handelt es sich bei der Entwicklung um einen **kontinuierlichen** Prozess oder verläuft die Entwicklung in mehreren aufeinander folgenden **diskontinuierlichen Stufen oder Phasen?** (2) Gibt es einen grundlegenden allgemeingültigen Entwicklungsverlauf oder verläuft Entwicklung individuell verschieden, in Abhängigkeit von der **Lebensumgebung (Kontext)** von Kindern und Erwachsenen? (3) Ist die Entwicklung vorrangig bestimmt von **natürlicher Veranlagung oder Entwicklungsumwelt** und ist sie stabil oder sind Veränderungen möglich?

Die Lebensspannenperspektive: eine ausgewogene Betrachtungsweise
Beschreiben Sie die Entwicklung aus der Sicht der Psychologie über die Lebensspanne.

- **Die Sichtweise einer Entwicklung über die Lebensspanne** ist eine ausgewogene Betrachtungsweise, die auch den komplexen Details menschlicher Veränderungen und den diesen zugrunde liegenden Faktoren Rechnung trägt. Gemäß dieser Perspektive ist die Entwicklung ein Prozess der lebenslang, multidimensional (unter Einwirkung einer Mischung aus biologischen, psychischen, sowie physischen Einflüssen), multidirektional (ein Ausdruck von sowohl Wachstum als auch Rückgang) und plastisch ist (offen für Veränderung mit Unterstützung durch neue Erfahrungen).
- Darüber hinaus versteht die Psychologie einer Entwicklung über die Lebensspanne den Lebenslauf als eingebettet in multiple Kontexte. Obwohl diese Kontexte voneinander abhängen, können sie drei Kategorien zugeordnet werden: (1) alters-graduierte **Einflüsse, deren Zeitpunkt des Auftretens und deren Dauer** vorhersagbar sind; (2) **epochale Einflüsse,** die auf eine bestimmte geschichtliche Zeit beschränkt sind und (3) **nichtnormative Einflüsse,** die nur auf die Entwicklung einzelner Individuen einwirken.

Historische Grundlagen
Beschreiben Sie besondere historische Einflüsse, die Auswirkungen auf Theorien der Entwicklung hatten.

- Zeitgenössische Theorien menschlicher Entwicklung haben Wurzeln, die sich bis weit in die Vergangenheit erstrecken. Im Mittelalter betrachtete man Kinder als kleine, unfertige Erwachsene, eine Sichtweise die man als **Präformationstheorie** bezeichnet. Ab dem 16. Jahrhundert betrachtete man die Kindheit als eine eigene Lebensphase. Die puritanische Überzeugung, dass der Mensch von Geburt an mit der Erbsünde behaftet sei, brachte sehr harte Erziehungsmethoden mit sich. Die Aufklärung vertrat neue Ideen, die eine menschlichere Behandlung des Kindes zum Inhalt hatten. Lockes Idee des Neugeborenen als einer **Tabula rasa** wurde zur Grundlage des Behaviorismus des 20. Jahrhunderts. Die Theorie des **edlen Wilden** von Rousseau war der Vorläufer von Stufenkonzepten und **Reifungstheorien.**
- Im 18. und frühen 19. Jahrhundert erweiterten zwei deutsche Philosophen das Konzept der Entwicklung auf das Erwachsenenalter. Tetens und Carus nahmen viele Aspekte der zeitgenössischen Entwicklungspsychologie der Lebensspanne vorweg.
- Darwins Evolutionstheorie beeinflusste wichtige Theorien des 20. Jahrhunderts und inspirierte die Kinder- und Jugendlichenpsychologie. Zu Beginn des 20. Jahrhunderts führten Hall und Gesell den normativen Ansatz ein, der viele beschreibende Fakten zur Entwicklung zusammentrug. Binet und Simon konstruierten den ersten erfolgreichen Intelligenztest und initiierten hiermit eine Test-Bewegung, deren Anhänger viele weitere kognitive Tests entwickelten und in verschiedenen Bereichen der Psychologie einsetzten.

Theorien Mitte des 20. Jahrhunderts
Welche Theorien beeinflussten Mitte des 20. Jahrhunderts die Forschung in der Entwicklungspsychologie?

- In den 30er und 40er Jahren des 20. Jahrhunderts wandten sich Psychiater und Sozialarbeiter dem psychoanalytischen Ansatz zu, um dort Anregungen für die Behandlung der psychischen Probleme ihrer Klienten zu erhalten. In Freuds **psychosexueller Theorie** durchläuft das Individuum fünf Stadien, in denen die drei Teile der Persönlichkeit – Es, Ich und Über-Ich – integriert werden. Die psychosoziale Theorie Eriksons baut auf dem Ansatz Freuds auf, ergänzt ihn aber um den Aspekt einer Entwicklung kulturrelevanter Einstellungen und Fähigkeiten sowie der Sicht, dass es sich bei Entwicklung um einen Prozess handelt, der sich über die gesamte Lebensspanne erstreckt.
- In der Zeit, als die psychoanalytische Theorie immer mehr Anhänger fand, entstanden auch der **Behaviorismus (Verhaltenspsychologie)** und die **soziale Lerntheorie** mit ihrer Betonung der Prinzipien der Konditionierung und des Modelllernens sowie den praktischen Verfahren der **Verhaltensmodifikation,** mit der sich unerwünschte Verhaltensweisen löschen oder unterdrücken lassen und erwünschte Reaktionen gefördert werden können.
- In Gegensatz zum Behaviorismus, betont Piagets **kognitive Entwicklungstheorie** ein aktives Individuum, dessen Verstand über komplexe Wissensstrukturen verfügt. Gemäß Piaget durchlaufen

Kinder vier Stufen, beginnend mit den sensumotorischen Handlungsmustern des Babys, bis hin zu dem ausgedehnten, abstrakt-logischen Denkvermögen des jungen Erwachsenen. Piagets Arbeiten folgten viele Forschungen zum Denkvermögen des Kindes und sie stellten die Basis für pädagogische Philosophien und Programme, die einem Lernen durch eigenes Entdecken den Vorzug geben.

Theoretische Modelle jüngerer Zeit
Beschreiben Sie neuere theoretische Ansätze in der Entwicklungspsychologie.

- Der **Informationsverarbeitungsprozess** ist ein Modell, das den menschlichen Verstand als ein komplexes System betrachtet, das ähnlich einem Computer Symbole organisiert und reorganisiert. Dieser Ansatz bietet ein detailliertes Verständnis der kognitiven Vorgänge des Menschen in allen Altersstufen, wenn er sich Problemen und Aufgaben stellt. Dieses Modell betrachtet die Entwicklung als einen Prozess kontinuierlicher Veränderung. Die Forschungsergebnisse in diesem Bereich der Psychologie haben wichtige Auswirkung auf das Schul- und Bildungswesen.
- Drei zeitgenössische Theorien beschäftigen sich insbesondere mit der Bedeutung der Entwicklungsumwelt. Die **Ethologie** betont den evolutionären Ursprung und adaptiven Wert von Verhalten und brachte das Konzept der **sensiblen Phase** hervor. Innerhalb der **evolutionären Entwicklungspsychologie** wurde dieses Konzept erweitert, um die Adaptivität speziesübergreifender Fähigkeiten und ihrer allmählichen Veränderungen zu verstehen.
- Wygotskys **soziokulturelle Theorie** bereichert unser Verständnis kultureller Einflüsse, insbesondere im Bereich der kognitiven Entwicklung. Durch den Dialog mit lebenserfahrenen Mitgliedern der Gesellschaft lernt das Kind mit Hilfe der Sprache seine Gedankenwelt sowie sein Handeln zu steuern und sich Wissen und Fähigkeiten kulturrelevanter Art anzueignen.
- In der **ökologischen Systemtheorie** sind es ineinanderliegende Umweltschichten – **Mikrosystem, Mesosystem, Exosystem und Makrosystem** – die als bedeutsame Einflüsse auf die Entwicklung des Menschen betrachtet werden. Das **Chronosystem** repräsentiert das dynamische, immer in Veränderung begriffene Wesen des Individuums und seiner persönlichen Erfahrungen.

Vergleich und Evaluation verschiedener Theorien
Beschreiben Sie den Standpunkt der dargestellten Theorien hinsichtlich der drei grundlegenden Fragestellungen der menschlichen Entwicklung.

- Die verschiedenen Theorien mit ihrem bedeutenden Einfluss auf die Entwicklungsforschung unterscheiden sich im Hinblick auf ihren Ausschnitt aus den verschiedenen Entwicklungsbereichen, auf ihren Blickwinkel und auch bezüglich ihrer Möglichkeiten und Grenzen. (Eine Zusammenfassung hierzu finden Sie in Tabelle 1.5.)

Die Entwicklung als Gegenstand der Forschung
Geben Sie eine Beschreibung der in der Entwicklungsforschung gebräuchlichsten Methoden

- **Teilnehmende / natürliche Beobachtung,** die in der natürlichen Umgebung des Menschen stattfinden kann, erlaubt es, die alltäglichen Verhaltensweisen des Individuums zu beobachten um dafür eine Erklärung zu finden. Im Gegensatz dazu findet die **strukturierte Beobachtung** im Laborsetting statt. Hier gelten für jeden Teilnehmer gleiche Bedingungen, unter denen sich die zu untersuchenden Verhaltensweisen entfalten können.
- Selbstauskünfte wie das **klinische Interview** können flexibel und in ihrer zeitlichen Strukturierung variabel eingesetzt werden. Alternativ hierzu können auch **strukturierte Interviews,** Tests sowie Fragebögen verwendet werden. Diese erlauben eine effiziente Anwendung und Auswertung. Wenn ein tieferes Verständnis des individuellen Klienten gewünscht wird, ist die **klinische Studie oder Fallstudie** die beste Methode.
- Ein ständig zunehmendes Interesse an kulturbedingten Einflüssen hat die Wissenschaft veranlasst, Methoden der Beobachtung und Selbstauskunft an verschiedene kulturelle Kontexte anzupassen, um durch direkte Vergleiche kulturelle Unterschiede feststellen zu können. Für die Aufdeckung kultureller Bedeutung von Verhaltensweisen von Kindern und Erwachsenen wird eine Methode angewandt, die der Anthropologie entlehnt ist: die **Ethnographie**. Hier wird die teilnehmende Beobachtung eingesetzt, um die Werte und sozialen Prozesse der betreffenden Kultur oder sozialen Gruppe zu verstehen.

Benennen Sie die Unterschiede zwischen experimenteller Forschung und Korrelationsstudien. Gehen Sie insbesondere auf die Stärken und Schwächen der jeweiligen Methode ein.

- Mit der **Korrelationsmethode** lassen sich Zusammenhänge zwischen Variablen feststellen, ohne manipulierend in das Erleben der Forschungsteilnehmer einzugreifen. Mit dem **Korrelationskoeffizienten** werden die Beziehungen der Variablen untereinander gemessen. Korrelationsstudien lassen allerdings keinerlei Rückschlüsse auf kausale Zusammenhänge zu. Anwendung finden diese Art von Studien vor allem in Situationen, in denen die zu untersuchende Variable nur sehr schwer oder überhaupt nicht kontrollierbar ist.
- Das **experimentelle Design** erlaubt Schlussfolgerungen auf die kausalen Zusammenhänge von Ursache und Wirkung. Eine **unabhängige Variable** wird manipuliert, indem den Teilnehmern zwei oder mehr Bedingungen zugeteilt werden. Daraufhin wird der Effekt der unabhängigen auf die **abhängige Variable** geprüft. Die **Zufallsauswahl** für eine Versuchsbedingung verringert die Möglichkeit, dass individuelle Merkmale der Versuchsteilnehmer die Genauigkeit der experimentellen Ergebnisse beeinflussen.
- Um ein möglichst hohes Maß an Kontrolle zu erreichen, werden die meisten Experimente in einer Laborumgebung durchgeführt, aber die Ergebnisse dieser Studien sind unter Umständen nicht auf das alltägliche Leben übertragbar. Bei Feldexperimenten wie auch bei natürlichen Experimenten wird die Studie in natürlicher Umgebung durchgeführt und deren Ergebnisse verglichen. Allerdings

ist diese Art von Studien weniger strikt in ihrer Versuchsanordnung als das Laborexperiment.

Beschreiben Sie die verschiedenen Forschungspläne, die in der Entwicklungspsychologie Anwendung finden, und deren jeweilige Vor- und Nachteile.

- Die **Längsschnittstudie** ermöglicht die Untersuchung allgemeingültiger Muster und individueller Unterschiede in der Entwicklung wie auch die Zusammenhänge früher und späterer Erfahrungen und Verhaltensweisen. Zu den Problemen, die sich in dieser Art von Forschung ergeben, gehören unter anderem Verzerrungen (Bias) innerhalb der Stichproben, das Abspringen von Versuchsteilnehmern sowie **Kohorteneffekte**, d.h. das Problem der Generalisierung auf Personen verschiedener Geburtsjahrgänge, bedingt durch den unterschiedlichen historischen Hintergrund, in dem diese aufgewachsen sind.
- Die **Querschnittstudie** bietet einen effizienten Ansatz für die Forschung in der Entwicklungspsychologie. Allerdings ist diese Methode beschränkt auf Vergleiche von Durchschnittswerten der untersuchten Altersgruppen. Auch bei den Ergebnissen von Querschnittstudien können Kohorteneffekte auftreten. Dies ist besonders der Fall, wenn die Altersunterschiede der Versuchsteilnehmer sehr groß sind.
- Um die Einschränkungen dieser Untersuchungspläne nach Möglichkeit zu umgehen, werden oft beide Methoden in Kombination verwendet. Der **Kohorten-Sequenz-Plan** erlaubt es, Kohorteneffekte zu erkennen und die Ergebnisse aus Längsschnitt und Querschnitt zu vergleichen.

Ethische Fragen in der Forschung zur Lebensspanne

Welche ethischen Aspekte sind in der Entwicklungsforschung zu beachten?

- Die Forschung wirft immer auch ethische Fragen auf, da Menschen für wissenschaftliche Zwecke ausgenutzt werden könnten. Der ethische Grundsatz der aufgeklärten Zustimmung fordert besondere Vorkehrungen bei Kindern wie auch bei älteren Menschen, die entweder unter kognitiven Beeinträchtigungen leiden oder wegen ihres chronischen Krankheitszustandes in Pflegeheimen betreut werden. Die Verwendung von Täuschung in der Entwicklungsforschung ist gerade auch bei Kindern mit einem größeren Risiko verbunden, da Täuschung das Vertrauen in die Zuverlässigkeit Erwachsener untergraben kann.

Wichtige Fachtermini und Begriffe

abhängige Variable S. 46
altersabhängige Einflüsse S. 13
Behaviorismus (Verhaltenspsychologie) S. 21
Chronosystem S. 34
diskontinuierlich S. 6
edle Wilde S. 16
Entwicklungspsychologie S. 4
epochal bedingte Einflüsse S. 13
Ethnographie S. 41
Ethologie S. 28
evolutionäre Entwicklungspsychologie S. 29
Exosystem S. 33
experimentelle Methode S. 46
Fallstudie S. 40
Informationsverarbeitungsprozess S. 27
klinische Methode S. 40
klinisches Interview S. 38
kognitive Entwicklungstheorie S. 24
Kohorteneffekt S. 49
Kohorten-Sequenz-Plan S. 50
Kontexte S. 6
kontinuierlich S. 5
Kontroverse zwischen natürlicher Veranlagung („nature") und Entwicklungsumwelt („nurture") S. 7
Korrelationskoeffizienten S. 44
Korrelationsmethode S. 44
Längsschnittstudie S. 47
Makrosystem S. 33
Mesosystem S. 33
Mikrosystem S. 32
nichtnormative Einflüsse S. 14
normativer Ansatz S. 17
ökologische Systemtheorie S. 32
Phasen S. 6
Präformationstheorie S. 15
psychoanalytischer Ansatz S. 19
psychosexuelle Theorie S. 19
psychosoziale Theorie S. 20
Querschnittstudie S. 49
Reifung S. 16
sensible Periode S. 29
soziale Lerntheorie S. 23
soziokulturelle Theorie S. 30
Stufe S. 6
strukturierte Beobachtungen S. 38
strukturierte Interviews S. 40
Tabula rasa S. 15
teilnehmende / natürliche Beobachtung S. 37
Theorie S. 4
unabhängige Variable S. 46
Verhaltensmodifikation S. 24
Zufallsauswahl für eine Versuchsbedingung S. 46

Teil 2: Grundlagen der Entwicklung

Biologische und umweltbedingte Grundlagen

2

2.1 Genetische Grundlagen 60
    Der genetische Code 60
    Die Geschlechtszellen 61
    Männlich oder weiblich? 62
    Mehrfachgeburten 62
    Muster genetischer Vererbung 63
    Chromosomenanomalien 69

2.2 Reproduktive Auswahl 71
    Genetische Beratung 71
    Pränatale Diagnostik und embryonale Medizin 71
    Genetische Tests 76
    Adoption 77

2.3 Umweltbedingungen und Entwicklung 79
    Die Familie 79
    Sozioökonomischer Status und das Funktionieren der Familie 81
    Der starke Einfluss von Armut 82
    Jenseits der Familie: Wohnumfeld, kleine und große Städte 84
    Der kulturelle Kontext 86

2.4 Die Beziehung zwischen Vererbung und Umwelt verstehen ... 92
    Die Frage nach dem „Wieviel"? 92
    Die Frage nach dem „Wie"? 94

ÜBERBLICK

"„Es ist ein Mädchen", verkündet der Arzt und hält das kleine, schreiende Wesen hoch, während seine frischgebackenen Eltern voller Staunen ihr wunderbares Werk betrachten.

„Ein Mädchen! Wir haben ihr den Namen Sarah gegeben," erklärt der stolze Vater den gespannten Verwandten, die am Telefon auf Nachricht über ihr neues Familienmitglied warten.

Wenn wir gemeinsam mit diesen Eltern darüber nachdenken, wie dieses wunderbare Wesen entstanden ist und welche Zukunft es erwartet, werden wir vor viele Fragen gestellt. Wie konnte dieses Baby, das mit allem ausgestattet ist, was für ein Leben außerhalb des Mutterleibs notwendig ist, sich aus der Vereinigung zweier winziger Zellen entwickeln? Was garantiert, dass Sarah sich in angemessener Zeit drehen, nach Gegenständen greifen, laufen, sprechen, Freundschaften schließen, lernen, fantasieren und kreativ sein wird, ebenso wie jedes andere normale Kind, das vor ihr auf die Welt kam? Warum ist sie ein Mädchen und kein Junge, dunkelhaarig statt blond, ruhig und anschmiegsam statt lebhaft und energisch? Welchen Unterschied wird es machen, dass Sarah zu einer ganz bestimmten Familie, Gemeinschaft, Nation und Kultur gehört und nicht zu einer anderen?

Um solche Fragen zu beantworten, wirft dieses Kapitel einen genauen Blick auf die Grundlagen der Entwicklung: Vererbung und Umwelt. Weil die Natur uns auf das Überleben vorbereitet, haben alle Menschen gemeinsame Merkmale. Doch ist auch jedes menschliche Wesen einmalig. Nehmen Sie sich einen Moment Zeit, um die auffälligsten Übereinstimmungen und Unterschiede körperlicher Merkmale und Verhaltensweisen einiger Ihrer Freunde und deren Eltern zu notieren. Haben Sie bemerkt, dass eine Person kombinierte Merkmale beider Eltern aufweist, eine andere lediglich einem Elternteil gleicht, während eine dritte keine Ähnlichkeit mit seinen Eltern aufweist? Diese unmittelbar beobachtbaren Merkmale nennt man **Phänotypus**. Er ist zum Teil abhängig von dem Genotypus des Individuums – der komplexen Mischung genetischer Information, die das genetische Programm für unsere Spezies enthält und auch alle unsere individuellen Merkmale beeinflusst. Im Lauf eines Lebens werden Phänotypen jedoch durch die Ansammlung von Umwelterfahrungen eines Individuums beeinflusst.

Wir beginnen unsere Diskussion der Entwicklung mit dem Augenblick der Empfängnis, ein Ereignis, dass die erbliche Ausstattung des neuen Individuums bestimmt. Im ersten Teil dieses Kapitels werden wir grundlegende genetische Prinzipien überprüfen, die Übereinstimmungen und Unterschiede unserer Erscheinung und unseres Verhaltens erklären helfen. Danach wenden wir uns Aspekten der Umwelt zu, die im Lebenszyklus eine wichtige Rolle spielen. Im letzten Abschnitt dieses Kapitels wird die Frage aufgegriffen, wie Natur und Umwelt zusammenarbeiten, um den Verlauf der Entwicklung zu formen."

2.1 Genetische Grundlagen

Jeder von uns besteht aus Billionen verschiedener Einheiten, die man Zellen nennt. Innerhalb jeder Zelle befindet sich ein Kontrollzentrum oder *Zellkern,* der rutenförmige Strukturen enthält, **Chromosomen** genannt, die genetische Informationen bewahren und weitergeben. Menschliche Chromosomen bestehen aus 23 sich entsprechenden Paaren (eine Ausnahme ist das XY-Paar bei Männern, über das wir später kurz sprechen werden). Jedes Teil des Chromosomenpaares stimmt mit dem anderen in Größe, Form und genetischen Funktionen überein. Eines ist von der Mutter, das andere vom Vater vererbt (siehe Abbildung 2.1).

2.1.1 Der genetische Code

Chromosomen bestehen aus einer chemischen Substanz, **Desoxyribonukleinsäure** oder kurz **DNA** genannt. Wie die Abbildung 2.2 zeigt, ist die DNA ein langes, doppelt gedrehtes Molekül, das einer geschraubten Leiter ähnelt. Jede Sprosse der Leiter besteht aus einem spezifischen Paar chemischer Substanzen, *Nukleotidbasen,* die zwischen den beiden Seiten verbunden sind. Es ist diese Sequenz der Nukleotidbasen, welche die genetischen Programme vorgibt. Ein **Gen** ist ein Segment von DNA an der Längsseite des Chromosoms. Gene können von unterschiedlicher Länge sein – etwa hundert bis zu mehrere tausend Leitersprossen lang. An die 30000 Gene liegen entlang den menschlichen Chromosomen.

Wir haben einen kleinen Teil unserer genetischen Ausstattung mit den einfachsten Organismen wie Bakterien und Schimmelpilz gemein und den größten Teil mit anderen Säugetieren, besonders mit Primaten. Zwischen 98 und 99 % der DNA von Schimpansen und Menschen sind identisch. Das bedeutet, dass nur ein kleiner Teil unseres Erbgutes verantwortlich ist für die Kennzeichen, die den Menschen ausmachen, von unserem aufrechten Gang bis zu unserer außergewöhnlichen Sprache und unseren kognitiven Fertigkeiten. Und die genetische Variation zwischen einem Menschen mit einem anderen ist sogar noch kleiner. Die Individuen dieser Welt sind zu etwa 99,1 % genetisch identisch (Gibbons, 1998). Nur ein winziger Anteil der DNA trägt also zu den menschlichen Variationen in Wesenszügen und Fertigkeiten bei.

Ein einmaliges Kennzeichen der DNA ist, dass sie sich selber durch einen Prozess verdoppeln kann, **Mitose** genannt. Diese spezielle Fertigkeit macht es möglich, dass sich das einzellige befruchtete Ei in ein komplexes menschliches Wesen entwickeln kann, das sich aus sehr vielen Zellen zusammensetzt. Betrachten Sie noch einmal Abbildung 2.2. Man sieht, dass sich während der Mitose die Chromosomen selber kopieren. Daraus folgt, dass jede neue Körperzelle die gleiche Anzahl von Chromosomen und identische genetische Informationen enthält.

Gene erfüllen ihre Aufgabe, indem sie Instruktionen an das *Zytoplasma,* den Bereich um den Zellkern herum, senden, um eine große Auswahl von Proteinen zu erzeugen. Proteine rufen chemische Reaktionen im ganzen Körper hervor und sind die biologische Grundlage, auf der unsere Wesenszüge beruhen. Wie bewältigen es Menschen mit weit weniger Genen als Wissenschaftler einmal vermuteten (nur zweimal so viele wie ein Wurm oder eine Fliege), sich in so komplexe Lebewesen zu entwickeln? Die Antwort liegt in den Proteinen, die unsere Gene produzieren. Diese brechen auseinander und setzen sich in einer unglaublichen Vielfalt wieder zusammen – etwa 10 bis 20 Millionen Arten insgesamt. Bei einfacheren Tierarten ist die Anzahl der Proteine weitaus begrenzter. Ferner ist das Kommunikationssystem zwischen dem Zellkern und dem Zytoplasma, das die Genaktivität genau aufeinander abstimmt, beim Menschen wesentlich komplexer als bei einfacheren Organismen. Innerhalb der Zellen modifiziert ein breites Spektrum von Faktoren aus der Umwelt die Ausbildung der Gene (Davies, Howell & Gardner, 2001). So sind sogar auf dieser mikroskopischen Ebene biologische Vorkommnisse *gleichermaßen* das Ergebnis genetischer und nichtgenetischer Kräfte.

2.1.2 Die Geschlechtszellen

Neue Individuen entstehen, wenn zwei spezielle Zellen, genannt **Gameten** oder Geschlechtszellen – der Samen und die Eizelle – sich verbinden. Ein Gamet enthält nur 23 Chromosomen, halb so viele wie normale Körperzellen. Gameten werden durch einen Zellteilungsprozess, den man **Meiose** nennt, gebildet. Dieser stellt sicher, dass eine konstante Menge von genetischem Material von einer Generation zur nächsten weitergegeben wird. Wenn sich bei der Empfängnis Samen und Eizelle vereinigen, wird die Zelle, die daraus entsteht, die **Zygote,** wieder über 46 Chromosomen verfügen. In der *Meiose* paaren sich die Chromosomen und tauschen Segmente aus, sodass Gene eines Chromosoms durch Gene eines anderen

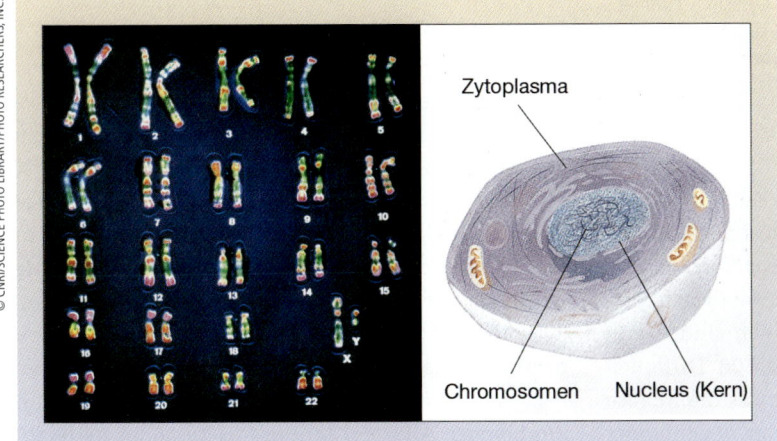

Abbildung 2.1: Eine Darstellung des Zellkerns bzw. Foto menschlicher Chromosomen. Die 46 Chromosomen auf der linken Seite wurden von einer Körperzelle isoliert (die rechts gezeigt wird), eingefärbt, verstärkt und in Paaren angeordnet entsprechend der abnehmenden Größe des oberen „Armes" eines jeden Chromosoms. Beachten Sie das dreiundzwanzigste Paar, XY. Der Spender der Zelle ist männlich. Bei einer Frau wäre das dreiundzwanzigste Paar ein XX.

2.1 BIOLOGISCHE UND UMWELTBEDINGTE GRUNDLAGEN

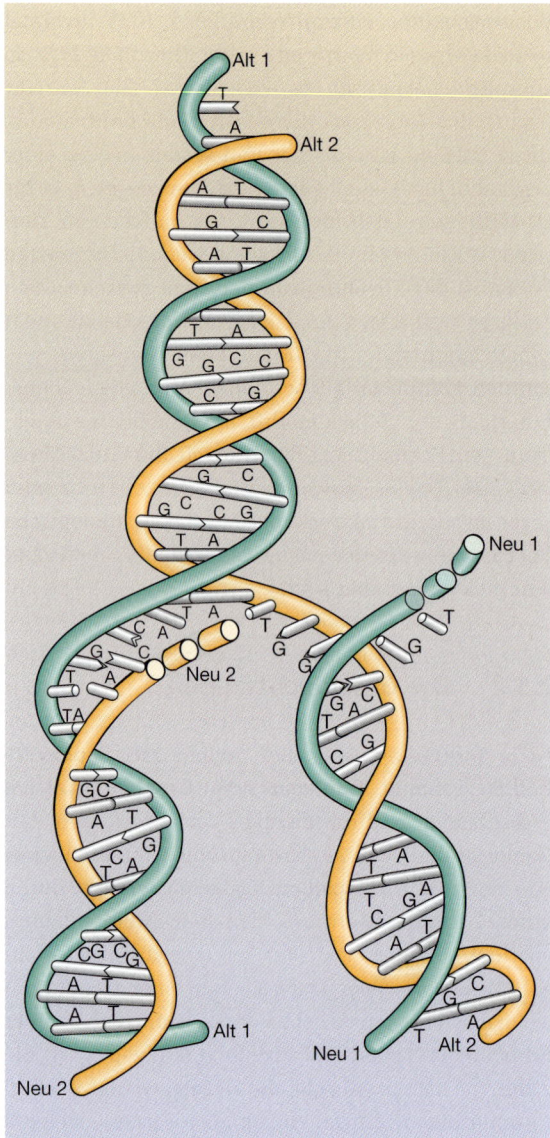

Abbildung 2.2: Die leiterähnliche Struktur der DNA. Diese Abbildung zeigt, dass die Paarungen der Nukleotidbasen um die Sprossen der Leiter herum sehr spezifisch sind: Adenin (A) erscheint immer zusammen mit Thymin (T) und Cytosin (C) immer mit Guanin (G). Hier verdoppelt sich die DNA-Leiter, indem die Mitte ihrer Leitersprossen gesprengt wird. Jede freie Nukleotidbase ergreift sich einen neuen komplementären Partner aus dem Bereich, der den Zellkern umgibt.

unterscheiden, selbst wenn sie gemeinsame Merkmale haben, weil ihre Genotypen aus der gleichen Quelle elterlicher Gene stammen.

Beim Mann werden vier Spermien produziert, wenn die Meiose vollständig ist. Auch werden die Zellen, aus denen Samen entsteht, kontinuierlich das ganze Leben hindurch hergestellt.

Aus diesem Grunde kann ein gesunder geschlechtsreifer Mann in jedem Alter ein Kind zeugen. Bei der Frau führt die Produktion der Gameten lediglich zu einer Eizelle. Hinzu kommt, dass die Frau bereits mit allen Eizellen in ihren Ovarien geboren wird, und sie kann nur für drei oder vier Jahrzehnte Kinder austragen. Dennoch gibt es sehr viele weibliche Geschlechtszellen. Etwa 1 bis 2 Millionen sind während der Geburt vorhanden, 40 000 bestehen während der Adoleszenz, und etwa 350 bis 450 werden während der Jahre, in denen eine Frau Kinder austragen kann, heranreifen (Moore & Persaud, 1998).

2.1.3 Männlich oder weiblich?

Zurück zu Abbildung 2.1: hier sehen wir, dass 22 der 23 Chromosomenpaare passende Paare sind, die man **Autosomen** nennt. Das dreiundzwanzigste Paar besteht aus **Geschlechtschromosomen**. Bei Frauen nennt man dieses Paar XX, bei Männern XY. Das X ist ein relativ langes Chromosom, während das Y kurz ist und wenig genetisches Material enthält. Wenn sich bei Männern Gameten bilden, trennen sich die X- und Y-Chromosomen in unterschiedliche Geschlechtszellen. Bei Frauen tragen alle Gameten ein X-Chromosom. Deshalb wird das Geschlecht eines neuen Organismus dadurch determiniert, ob ein Samen, der ein X, oder einer, der ein Y trägt, die Eizelle befruchtet.

2.1.4 Mehrfachgeburten

Ruth und Peter, ein Paar, das ich sehr gut kenne, versuchten über mehrere Jahre ohne Erfolg, ein Kind zu bekommen. Als Ruth das Alter von 33 erreicht hatte, verschrieb ihr Arzt ihr eine Hormonkur; nicht lange und die Zwillinge Jeannie und Jason wurden geboren. Jeannie und Jason sind **zweieiige** oder **dizygote Zwillinge, der häufigste Typus von Mehrfachgeburten, der aus der Abgabe und Befruchtung zweier Eizellen resultiert.** Deshalb sind sich Jeannie und Jason genetisch nicht ähnlicher als gewöhnliche Geschwister. Ein höheres Alter der Mütter (bis zu 35 bis 39 Jahre)

ersetzt werden. Dann bestimmt der Zufall, welches Teil jeden Paares sich anderen zugesellen und im gleichen Gameten landen wird. Dieser Vorgang verringert stark die Wahrscheinlichkeit, dass Nachkommen zweier Elternteile genetisch gleich sind, wenn es keine Zwillinge sind – etwa 1 zu 700 Trillionen (Gould & Keeton, 1997). Darum hilft uns die Meiose zu verstehen, warum sich Geschwister voneinander

und Hormonbehandlungen sind Hauptursachen für Mehrfachgeburten – Faktoren, die für das starke Ansteigen von Zwillingsgeburten seit den siebziger Jahren verantwortlich sind (Bortolus et al., 1999). Wie Tabelle 2.1 zeigt, sind auch andere genetische und umweltbedingte Faktoren verantwortlich.

Zwillinge können auch auf andere Weise entstehen. Manchmal teilt sich eine Zygote, die angefangen hat, sich zu verdoppeln, in zwei Zellhaufen auf, die sich zu zwei Individuen entwickeln. Diese nennt man eineiige oder **monozygote Zwillinge**, weil sie die gleiche genetische Ausstattung haben. Die Häufigkeit eineiiger Zwillinge ist nicht mit den Faktoren der Tabelle 2.1 verbunden. Sie ist weltweit ungefähr gleich verteilt – etwa drei von 1000 Geburten (Tong, Caddy, & Short, 1997). Bei Tierversuchen wurden eine Reihe von Umwelteinflüssen herausgefunden, die diesen Typus von Zwillingsbildung beeinflussen, einschließlich Temperaturveränderungen, Variationen im Sauerstoffgehalt und späte Befruchtung des Eis.

In ihren ersten Jahren sind Kinder, die allein geboren wurden, oft gesünder und entwickeln sich schneller als Zwillinge (Mogford-Bevan, 1999). Jeannie und Jason wurden zu früh geboren (wie die meisten Zwillinge) – drei Wochen vor dem errechneten Geburtstermin. Wie wir in Kapitel 3 sehen werden, brauchen sie wie andere früh geborene Babys nach der Geburt eine besondere Fürsorge. Als die Zwillinge aus dem Krankenhaus nach Hause kamen, mussten Ruth und Peter ihre Zeit für die beiden aufteilen. Vielleicht weil keines der beiden Babys so viel Aufmerksamkeit erhielt wie ein einzeln geborenes Durchschnittskind, begannen Jeannie und Jason erst einige Monate später als andere Kinder ihres Alters zu sprechen und zu laufen, wobei beide während der mittleren Kindheit die Entwicklung aufholten (Lytton & Gallagher, 2002).

2.1.5 Muster genetischer Vererbung

Jeannie hat das dunkle, glatte Haar ihrer Eltern, während Jasons lockig und blond ist. Genetische Vererbungsmuster – die Weise, wie Gene von beiden Elternteilen interagieren – erklären diese Ergebnisse. Man erinnere sich, dass alle Chromosomen, außer dem XY-Paar bei Männern, als übereinstimmende Paare erscheinen. Zwei Formen eines jeden Gens zeigen sich auf dem gleichen Platz auf den Autosomen, eines von der Mutter, das andere vom Vater ererbt. Wenn die Gene beider Eltern gleich sind, ist das Kind **homozygot** und wird das ererbte Verhaltensmerkmal aufweisen. Wenn die Gene unterschiedlich sind, ist das Kind **heterozygot** und die Beziehungen zwischen den Genen bestimmen das Merkmal, das sich zeigen wird.

Tabelle 2.1

Faktoren bei der Mutter, die mit zweieiigen Zwillingsgeburten verbunden sind

Faktor	Beschreibung
Ethnische Zugehörigkeit	Kommt in 4 von 1000 Geburten bei Asiaten, 8 von 1000 Geburten bei Weißen, 12 bis 16 von 1000 Geburten bei Schwarzen vor[a]
Familiengeschichte von Zwillingsgeburten	Kommt häufiger bei Frauen vor, deren Mütter und Schwestern zweieiige Zwillinge zur Welt brachten
Alter	Steigt mit dem Alter der Mutter an mit einem Höhepunkt zwischen 35 und 39 Jahren, danach starker Abfall
Ernährung	Geschieht seltener bei Frauen mit mangelhafter Ernährung; kommt häufiger vor bei Frauen, die groß und übergewichtig oder normalgewichtig sind im Gegensatz zu leichtem Körperbau
Anzahl der Geburten	Wird mit jeder weiteren Geburt wahrscheinlicher
Hormontherapie und künstliche Befruchtung	Ist wahrscheinlicher mit Hormonen und bei künstlicher Befruchtung (siehe Seite 74), was auch die Möglichkeit von Drillingen bis Fünflingen erhöht

[a] Weltweite Daten, die nicht solche Mehrfachgeburten einschließen, welche durch Hormontherapie erfolgten.

Quelle: Bortolus et al., 1999; Mange & Mange, 1998.

Dominant-rezessive Vererbung

In vielen heterozygoten Paarungen kommt es zur **dominant-rezessiven Vererbung**: Nur ein Gen beeinflusst die Merkmale des Kindes. Man nennt es dominant; das zweite Gen, das keinen Effekt hat, wird als rezessiv bezeichnet. Ein Beispiel dafür ist die Haarfarbe. Das Gen für dunkles Haar ist dominant (wir können es mit einem großen *D* bezeichnen), wohingegen das für blondes Haar rezessiv ist (symbolisiert durch ein kleines *b*). Ein Kind, das ein homozygotes Paar dominanter Gene erbt *(DD)*, und ein Kind, das ein heterozygotes Paar erbt, *(Db)* werden beide dunkelhaarig sein, obwohl ihr Genotypus unterschiedlich ist. Blondes Haar (wie Jasons) kann nur dann erscheinen, wenn zwei rezessive Gene vorhanden sind *(bb)*. Dennoch können heterozygote Individuen mit nur einem rezessiven Gen (Db) dieses Merkmal an ihre Kinder weitergeben. Aus diesem Grunde nennt man sie **Träger** dieses Merkmals.

Einige menschliche Merkmale, die den Regeln dominant-rezessiver Vererbung folgen, werden in Tabelle 2.2 und in Tabelle 2.3 dargestellt. Wie man sieht, sind viele Behinderungen und Krankheiten das Produkt rezessiver Gene. Eine der am häufigsten vorkommenden rezessiven Störungen ist *Phenylketonurie* oder *PKU*. Es beeinflusst die Weise, wie der Körper Proteine, die in vielen Nahrungsmitteln vorkommen, zerlegt. Babys, die mit zwei rezessiven Genen geboren wurden, leiden am Mangel eines Enzyms, das eine der grundlegenden Aminosäuren umwandelt. Diese Aminosäure wandelt Proteine (Phenylalenine) in ein Nebenprodukt um, das wesentlich ist für Körperfunktionen (Tyrosin). Ohne dieses Enzym wächst Phenylalanin schnell zu toxischen Mengen an, die das Zentralnervensystem schädigen. Im Alter von einem Jahr sind kleine Kinder mit PKU für immer geistig zurückgeblieben.

Trotz seiner potentiell schädigenden Wirkung ist PKU ein ausgezeichnetes Beispiel dafür, dass die Vererbung ungünstiger Gene nicht immer zu einem Zustand führt, der sich nicht behandeln lässt. Alle US-Staaten und kanadische Provinzen verlangen, dass jedes Neugeborene einem Bluttest für PKU unterzogen wird. Wenn die Krankheit entdeckt wird, setzen die Ärzte das Baby auf eine Diät, die wenig Phenylalanin enthält. Kinder, die diese Behandlung erhalten, zeigen eine verlangsamte Entwicklung höherer kognitiver Fertigkeiten (etwa Planung und Problemlösen), während ihrer frühen und späteren Kindheit, weil sogar kleine Mengen von Phenylalanin in die Gehirnfunktionen eingreifen. Aber so lange die Behandlung mit der Diät früh angesetzt und beibehalten wird, erreichen Kinder mit PKU in der Regel ein durchschnittliches Intelligenzniveau und haben eine normale Lebenserwartung (Pietz et al., 1998; Smith, Klim, & Hanley, 2000).

Bei dominant-rezessiver Vererbung können wir, wenn wir die genetische Ausstattung der Eltern kennen, den Prozentsatz von Kindern vorhersagen, welcher ein Merkmal zeigt oder in sich trägt. Abbildung 2.2 illustriert das für PKU. Man beachte, dass bei einem Kind, das diese Konditionen erbt, jedes Elternteil ein rezessives Gen tragen muss.

Nur selten gehen schwere Krankheiten auf dominante Gene zurück. Der Grund dafür liegt auf der Hand. Kinder, die das dominante Gen erben, entwickeln immer die Störung. Sie leben selten lange genug, um sich fortzupflanzen, und das schädliche Gen wird in einer einzigen Generation aus dem Erbgut der Familie entfernt. Einige dominante Störungen jedoch bleiben bestehen. Eine von ihnen ist die *Chorea Huntington*, eine Störung, bei der das Zentralnervensystem degeneriert. Warum hat diese Krankheit überdauert? Ihre Symptome erscheinen in der Regel nicht bis zum Alter von 35 oder später, nachdem der Mensch das dominante Gen seinen Kindern weitergegeben hat.

Diese eineiigen oder monozygoten Zwillinge entstanden dadurch, dass sich eine sich verdoppelnde Zygote in zwei Zellhaufen teilte und sich daraus zwei Individuen mit der gleichen genetischen Ausstattung entwickelten. Eineiige Zwillinge sehen gleich aus und ähneln sich oft, wie wir es später in diesem Kapitel sehen werden, in einer Vielzahl psychischer Merkmale.

Kodominanz

Unter einigen heterozygoten Umständen besteht die dominant-rezessive Beziehung nicht vollständig. Stattdessen beobachten wir **Kodominanz**, ein Vererbungsmuster, bei dem beide Gene die Merkmale des Menschen beeinflussen.

Das *Sichelzellenmerkmal,* eine heterozygote Kondition, die bei vielen Schwarzafrikanern vorkommt, ist ein Beispiel dafür. *Sichelzellenanämie* (siehe Tabelle 2.3) tritt in voller Form auf, wenn ein Kind zwei rezessive Gene erbt. Sie führen dazu, dass die in der Regel runden roten Blutzellen sichelförmig (oder halbmondförmig) gebildet werden, besonders bei zu geringer Sauerstoffversorgung. Die Sichelzellen verklumpen die Blutgefäße und behindern den Blutfluss. Menschen mit dieser Störung leiden unter schweren Anfällen, die starke Schmerzen, Schwellungen und Schäden am Gewebe beinhalten. In der Regel sterben sie innerhalb der ersten zwanzig Lebensjahre; nur wenige werden älter als vierzig. Heterozygote Menschen sind meist von dieser Krankheit verschont. Wenn sie jedoch Sauerstoffmangel erleiden – zum Beispiel in großen Höhen oder nach intensivem körperlichen Training – setzt sich das eine rezessive Gen durch und eine zeitlich begrenzte, milde Form der Erkrankung tritt auf.

Das Sichelzellen-Gen ist aus einem besonderen Grund unter schwarzen Afrikanern verbreitet. Ihre Träger sind resistenter gegen Malaria als Individuen mit zwei Genen für normale rote Blutzellen. In Afrika, wo Malaria verbreitet ist, überlebten diese Träger und vermehrten sich stärker als andere, was dazu führte, dass die Krankheit in der schwarzen Bevölkerung weiter bestand.

Tabelle 2.2

Beispiele dominanter und rezessiver Merkmale

Dominant	Rezessiv
dunkles Haar	blondes Haar
normales Haar	partielle Kahlheit
lockiges Haar	glattes Haar
nicht rotes Haar	rotes Haar
Grübchen	keine Grübchen
normales Hören	einige Formen der Taubheit
normales Sehen	Kurzsichtigkeit
Weitsichtigkeit	normales Sehen
normales Sehen	angeborene Augenkatarakte
normal pigmentierte Haut	Albinismus
Gelenkanomalien	normale Gelenke
Blutgruppe A	Blutgruppe O
Blutgruppe B	Blutgruppe O
Rh-positives Blut	Rh-negatives Blut

Man beachte: Viele normale Merkmale, die früher als durch dominant-rezessive Vererbung bedingt betrachtet wurden, so wie die Farbe der Augen, werden jetzt als Folge multipler Gene angesehen. Für die hier aufgelisteten Merkmale scheint noch die allgemeine Übereinkunft zu gelten, dass die einfache dominant-rezessive Beziehung gilt.

Quelle: McKusick, 1998.

Beispiele dominanter und rezessiver Erkrankungen

Tabelle 2.3

Krankheit	Beschreibung	Vererbungsmodus	Vorkommen	Behandlung und Folgen
Autosome Erkrankungen				
Cooley-Anämie	Blasse Erscheinung, retardiertes körperliches Wachstum und lethargisches Verhalten, Beginn im frühen Kindesalter	Rezessiv	1 von 500 Geburten bei Eltern, die mediterraner Herkunft sind	Häufig Bluttransfusion, Tod durch Komplikationen in der Regel in der Adoleszenz
Zystische Fibrose	Lunge, Leber und Pankreas sondern große Mengen von dickem Sekret ab, was zu Störungen in der Atmung und in der Verdauung führt	Rezessiv	1 von 2000 bis 2500 kaukasische Geburten; 1 von 16 000 Geburten bei Nordamerikanern afrikanischen Ursprungs	Bronchiale Drainage, sofortige Behandlung von Atemwegsinfektionen, Ernährungsberatung. Fortschritte in der medizinischen Versorgung erlauben Überleben mit guter Lebensqualität bis ins Erwachsenenalter
Phenylketonurie (PKU)	Die Unfähigkeit, die Aminosäure Phenylalanin zu metabolisieren, die in vielen Proteinen enthalten ist, verursacht schwere Schäden im Zentralnervensystem im ersten Lebensjahr	Rezessiv	1 von 8000 Geburten	Indem man das Kind einer speziellen Ernährung unterzieht, kann es zu einer durchschnittlichen Intelligenz und einem normalen Lebensalter kommen. Leichte Störungen beim Planen und Problemlösen sind oft vorhanden
Sichelzellenanämie	Abnorme Verformung roter Blutzellen, verursacht Sauerstoffmangel, Schmerzen, Schwellungen und Gewebeschäden. Anämie und Empfänglichkeit für Infektionen, besonders Lungenentzündung	Rezessiv	1 von 500 Geburten bei Nordamerikanern afrikanischen Ursprungs	Bluttransfusionen, Schmerzmittel, sofortige Behandlung von Infektionen. Keine bekannte Heilungsart; 50 % sterben, bevor sie das 20ste Lebensjahr erreicht haben
Tay-Sachs-Erkrankung	Degeneration des zentralen Nervensystems, Beginn mit etwa 6 Monaten, führt zu schlechtem Muskeltonus, Erblindung, Taubheit und Krämpfen	Rezessiv	1 von 3600 Geburten bei Juden europäischen Ursprungs und Frankokanadiern	Keine. Tod im Alter von 3 bis 4 Jahren
Chorea Huntington	Degeneration des zentralen Nervensystems, führt zu Störungen der muskulären Koordination, zum Abbau geistiger Funktionen und Persönlichkeitsveränderungen. Symptome erscheinen in der Regel nicht vor dem Alter von 35 oder später	Dominant	1 von 18000 bis 25000 Geburten	Keine. Der Tod tritt 10 bis 20 Jahre nach Einsetzen der Symptome ein
Marfan-Syndrom	Großer, schlanker Körperbau; dünne, verlängerte Arme und Beine. Herzdefekte und Anomalien der Augen, besonders der Linsen. Exzessive Verlängerung des Körpers führt zu einer Reihe von Defekten des Skeletts.	Dominant	1 von 20000 Geburten	Behebung von Herz- und Augendefekten manchmal möglich. Tod durch Herzversagen im jungen Erwachsenenalter häufig

Genetische Grundlagen

Krankheit	Beschreibung	Vererbungs-modus	Vorkommen	Behandlung und Folgen
X-bedingte Erkrankungen				
Duchenne-Form der Muskelatrophie	Degenerative Muskelerkrankung. Anormaler Gang, Verlust der Gehfähigkeit im Alter von 7 bis 13 Jahren	Rezessiv	1 von 3000 bis 5000 männliche Geburten	Keine. Der Tod durch Infektion der Atemwege oder Schwächung des Herzmuskels tritt in der Regel in der Adoleszenz ein
Hämophilie	Das Blut gerinnt nicht normal. Kann zu schweren inneren Blutungen und Gewebeschäden führen.	Rezessiv	1 von 4000 bis 7000 männliche Geburten	Bluttransfusionen. Sicherheitsvorkehrungen, um Verletzungen zu vermeiden
Diabetes insipidus	Unzureichende Produktion des Hormons Vasopressin kann zu exzessivem Durst und Urinieren führen. Entwässerung kann Schäden im Zentralnervensystem verursachen.	Rezessiv	1 von 2500 männlichen Geburten	Hormongaben

Man beachte: Für die hier aufgeführten rezessiven Störungen kann bei zukünftigen Eltern der Trägerstatus durch einen Bluttest oder eine genetische Analyse bestimmt werden. Für alle aufgeführten Störungen ist eine pränatale Diagnose möglich (siehe Seite 71 ff.).

Quellen: Behrman, Kliegman, & Arvin, 1996; Chodirker et al., 2001; Gott, 1998; Grody, 1999; Knoers et al., 1993; McKusick, 1998; Schulman & Black, 1997.

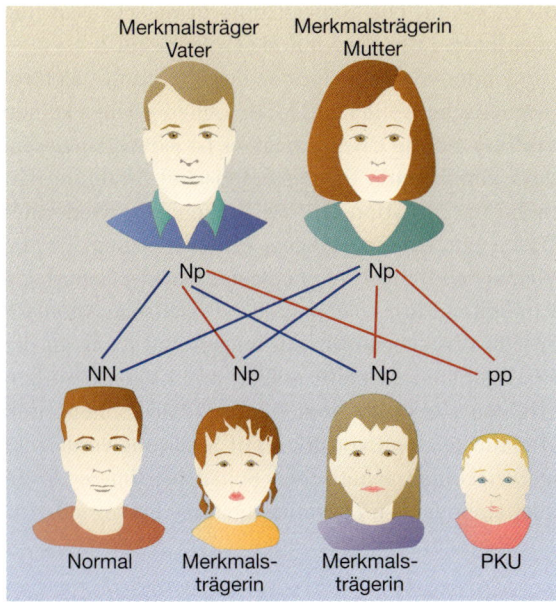

Abbildung 2.3: Dominant-rezessiver Vererbungsmodus, durch PKU illustriert. Wenn beide Eltern heterozygote Träger des rezessiven Gens (p) sind, können wir vorhersagen, dass 25 % ihrer Abkömmlinge wahrscheinlich normal sind (NN), 50 % wahrscheinlich Träger (Np) und 25 % wahrscheinlich die Störung erben (pp). Man beachte, dass das Kind mit PKU im Gegensatz zu seinen Geschwistern helles Haar hat. Das rezessive Gen für PKU beeinflusst mehr als nur ein Merkmal. Es bedingt auch helle Haare.

■ X-bedingte Vererbung

Bei Männern und Frauen besteht die gleiche Wahrscheinlichkeit, rezessive Störungen zu erben, die von den Autosomen getragen werden, wie etwa PKU und Sichelzellenanämie. Wenn aber ein schädigendes rezessives Gen auf dem X-Chromosom getragen wird, kommt es zu **X-bedingter Vererbung**. Männer sind stärker betroffen, weil ihre Geschlechtschromosomen nicht übereinstimmen. Bei Frauen unterliegt jedes rezessive Gen auf einem X-Chromosom der Möglichkeit, von einem dominanten Gen auf dem anderen Chromosom unterdrückt zu werden. Aber das Y-Chromosom ist nur etwa ein Drittel so lang und hat damit einen Mangel an entsprechenden Genen, um dieses X zu unterdrücken. Ein bekanntes Beispiel ist die *Hämophilie* (Bluterkrankheit), bei der das Blut nicht normal gerinnt. Abbildung 2.4 zeigt die größere Wahrscheinlichkeit von Vererbung bei männlichen Kindern, deren Mütter das anormale Gen tragen.

Neben X-bedingten Störungen zeigen viele Geschlechtsunterschiede, dass der Mann im Nachteil ist. Die Anzahl von Fehlgeburten, Tod in früher und späterer Kindheit, Geburtsdefekte, Lernstörungen, Verhaltensstörungen und geistige Retardierung sind zahl-

2.1 BIOLOGISCHE UND UMWELTBEDINGTE GRUNDLAGEN

reicher bei Jungen (Halpern, 1997). Es ist möglich, diese Geschlechtsunterschiede auf den genetischen Code zurückzuführen. Die Frau, mit zwei X-Chromosomen ausgestattet, profitiert von einer größeren Variation von Genen. Die Natur scheint jedoch für den Nachteil des Mannes eine Entschädigung bereitzustellen. Weltweit werden auf 100 Mädchen 106 Jungen geboren, und aus der Beurteilung von Fehlgeburten- und Abtreibungsstatistiken wird ersichtlich, dass eine noch größere Anzahl von Jungen gezeugt wird (Pyeritz, 1998).

Dennoch hat in den letzten Jahrzehnten die Zahl männlicher Geburten in vielen industrialisierten Ländern abgenommen, u.a. in Kanada, Dänemark, Deutschland, Finnland, in den Niederlanden, Norwegen und den Vereinigten Staaten (Jongbloet et al., 2001). Einige Forscher machen dafür erhöhte berufliche und durch Pestizide bedingte Beeinträchtigungen verantwortlich, insofern diese zu einer Reduktion von Spermien, besonders Y-tragenden, führen können. Der genaue Grund ist jedoch unbekannt.

■ Genetische Prägung

Mehr als 1000 menschliche Merkmale folgen den Regeln dominant-rezessiver und kodominanter Vererbung (McKusick, 1998). In diesen Fällen reagieren die Gene auf die gleiche Weise, unabhängig davon, welches Elternteil dem neuen Individuum das Gen überträgt. Genetiker haben jedoch einige Ausnahmen entdeckt. Bei der **genetischen Prägung** werden Gene eingeprägt, oder in einer solchen Weise chemisch gekennzeichnet, dass ein Teil des Paares (entweder das der Mutter oder das des Vaters) unabhängig von seiner genetischen Ausstattung aktiviert wird. Die Prägung ist oft zeitlich begrenzt: Sie kann in der nächsten Generation bereits ausgelöscht sein und muss auch nicht bei allen Individuen auftreten (Everman & Cassidy, 2000).

Die Prägung hilft uns, einige rätselhafte genetische Muster zu verstehen. Zum Beispiel entwickeln Kinder eher Diabetes, wenn ihr Vater und nicht die Mutter daran leidet. Und Menschen mit Asthma oder Heufieber haben eher Mütter und nicht Väter, mit dieser Krankheit. Die Prägung erklärt auch möglicherweise, warum Chorea Huntington dazu neigt, eher auszubrechen und einen schnelleren Verlauf zu nehmen, wenn sie vom Vater vererbt wurde (Navarrete, Martinez, & Salamanca, 1994).

Genetische Prägung kann auch bei den Geschlechtschromosomen wirksam werden, wie das *fragile X-Syndrom* es aufweist. Bei dieser Störung gibt es eine abnorme Wiederholung einer Sequenz von DNA-Basen auf dem X-Chromosom, was ein bestimmtes Gen beschädigt. Das fragile X-Syndrom ist die am häufigsten ererbte Ursache für leichte bis mittlere geistige Retardierung. Es wurde auch mit 2 % bis 3 % der Fälle von Autismus in Zusammenhang gebracht, einer schweren emotionalen Störung in der frühen Kindheit, die bizarres, selbststimulierendes Verhalten und verspätete oder fehlende Entwicklung von Sprache und Kommunikation aufweist. Die Forschung hat ergeben, dass das defekte Gen auf dem fragilen Segment nur dann manifest wird, wenn es von der Mutter auf das Kind übertragen wurde (Ashley-Koch et al., 1998).

■ Mutation

Wie entstehen schädliche Gene in erster Linie? Die Antwort ist: durch **Mutation, einer plötzlichen, aber permanenten Veränderung in einem Segment der DNA**. Eine Mutation kann nur ein oder zwei Gene beeinflussen oder sie kann viele Gene betreffen, wie in den durch Chromosomen bedingten Störungen, die wir kurz besprechen werden. Einige Mutationen geschehen spontan, einfach per Zufall. Andere werden durch gefährliche Umweltstoffe in unserer Nahrung oder in der Luft, die wir atmen, verursacht.

Nichtionisierende Formen der Strahlung – elektromagnetische Wellen und Mikrowellen – haben keinen Einfluss auf die DNA gezeigt, es ist jedoch bewiesen, dass ionisierende (hochenergetische) Strahlung Ursache für Mutation ist. Bei Frauen, die wiederholt Dosen vor der Empfängnis erhalten haben, ist die Wahrscheinlichkeit von Fehlgeburten oder Geburt von Kindern mit Erbschäden größer. Genetische Anomalien wie körperliche Missbildungen und Krebs in der Kindheit sind ebenfalls größer, wenn Väter beruflich Strahlen ausgesetzt sind (Brent, 1999). Seltene und eine nur leichte Exposition mit Strahlung verursacht jedoch keinen genetischen Schaden. Höhere Dosen über einen langen Zeitraum zerstören hingegen DNA.

■ Polygenetische Vererbung

Bis jetzt haben wir Vererbungsmuster diskutiert, bei denen Menschen entweder ein bestimmtes Merkmal ausgeprägt haben oder nicht. Diese schablonenhaften individuellen Unterschiede sind wesentlich einfacher auf ihren genetischen Ursprung zurückzuführen als Merkmale, die kontinuierlich zwischen

Genetische Grundlagen

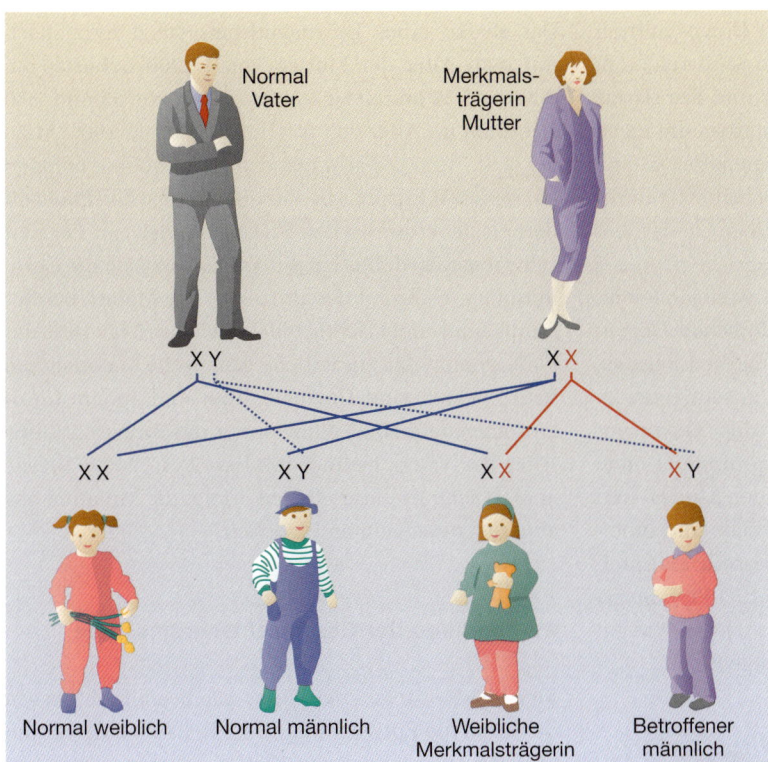

Abbildung 2.4: X-bedingte Vererbung. In dem hier gezeigten Beispiel ist das Gen auf dem X-Chromosom des Vaters normal. Die Mutter hat ein normales und ein anormales rezessives Gen auf ihrem X-Chromosom. Wenn wir die möglichen Kombinationen der elterlichen Gene betrachten, können wir voraussagen, dass wahrscheinlich 50 % der männlichen Kinder die Störung haben werden und 50 % der weiblichen Kinder sie in sich tragen.

Menschen variieren wie Größe, Gewicht, Intelligenz oder Persönlichkeit. Diese Merkmale sind bedingt durch **polygenetische Vererbung**, bei der viele Gene die betreffenden Merkmale festlegen. Polygenetische Vererbung ist sehr komplex und noch weitgehend unerforscht. Im letzten Teil dieses Kapitels werden wir diskutieren, wie Forscher den Einfluss der Vererbung menschlicher Eigenschaften ableiten, wenn sie die genauen Vererbungsmuster nicht kennen.

2.1.6 Chromosomenanomalien

Neben schädlichen rezessiven Genen sind Anomalien der Chromosomen die Hauptursache für schwere Entwicklungsprobleme. Die meisten Chromosomendefekte rühren von Fehlern bei der Meiose her, also wenn Eizelle und Samen gebildet werden. Ein Chromosomenpaar trennt sich nicht sauber oder ein Teil des Chromosoms bricht ab. Weil diese Fehler ein größeres Stück DNA betreffen als Probleme, die durch einzelne Gene bedingt sind, verursachen sie in der Regel eine Vielzahl körperlicher und geistiger Symptome.

■ Downsyndrom

Die häufigste Chromosomenanomalie, die in 1 von 800 Lebendgeburten vorkommt, ist das *Downsyndrom*. In 95 % der Fälle resultiert es aus einem Fehler des 21sten Chromosomenpaares während der Teilung in der Meiose, so dass das neue Individuum drei dieser Chromosomen erbt statt der normalen zwei. Bei anderen weniger häufigen Formen ist ein zusätzliches abgebrochenes Stück des einundzwanzigsten Chromosoms im Spiel. Oder es kommt ein Fehler während der frühen Phasen der Mitose vor, was dazu führt, dass einige, aber nicht alle Körperzellen eine defekte Chromosomenausstattung besitzen (*Mosaik*muster genannt). In diesen Fällen sind die Symptome der Störung nicht so extrem, weil weniger genetisches Material beteiligt ist (Hodapp, 1996).

Folgen des Downsyndroms umfassen geistige Retardierung, Gedächtnis- und Sprachprobleme, begrenztes Vokabular und langsame motorische Entwicklung (Chapman & Hesketh, 2000). Betroffene haben auch bestimmte körperliche Merkmale – kurzer, gedrungener Körperbau, ein abgeflachtes Gesicht, eine herausgestreckte Zunge, mandelförmige Augen und eine ungewöhnliche Falte, die sich über den Handballen zieht. Zusätzlich werden Kinder mit Downsyndrom oft mit Augenkatarakten (undeutliche Sehbereiche in der Linse) und Defekten des Herzens und des Darms geboren. Noch vor drei Jahrzehnten starben die meisten von ihnen im frühen Erwachsenenalter. Heute leben viele dank medizinischer Fortschritte bis in ihr sechstes Lebensjahrzehnt hinein und noch darüber hinaus (Selikowitz, 1997).

Babys mit Downsyndrom lächeln weniger leicht, zeigen wenig Augenkontakt und erforschen Gegenstände mit weniger Eifer. Wenn jedoch die Eltern sie ermutigen, sich mit der Umgebung auseinander zu setzen, entwickeln sich Kinder mit dem Downsyndrom günstiger (Sigman, 1999). Sie profitieren auch von Interventionsprogrammen im frühen Kindes- und Vorschulalter, obwohl emotionale, soziale und motorische Fähigkeiten sich stärker verbessern als intellektuelle Leistungen (Hines & Bennett, 1996). Somit haben Umweltfaktoren einen Einfluss darauf, wie gut es Kindern mit dem Downsyndrom ergeht.

Das Risiko eines Downsyndroms steigt dramatisch mit dem Alter der Mutter, von 1:1900 Geburten im Alter von 20 Jahren zu 1:300 im Alter von 35 und 1:30 Geburten im Alter von 45 (Halliday et al., 1995; Meyers et al., 1997). Warum ist das so? Genetiker nehmen an, dass die Eizelle, die sich im Körper der Frau seit deren eigener pränatalen Phase befindet, mit der Zeit schwächer wird. Das hat zur Folge, dass sich die Chromosomen während des Prozesses der Meiose bei der Empfängnis nicht richtig teilen. Bei etwa 5 bis 10 % der Fälle stammt das zusätzliche genetische Material vom Vater. Jedoch sind Downsyndrom und andere Chromosomenanomalien nicht durch das fortgeschrittene Alter des Vaters bedingt (Muller et al., 2000; Savage et al., 1998). In diesen Fällen erfolgt die Mutation aus anderen, unbekannten Ursachen.

■ Anomalien der Geschlechtschromosome

Sonstige Störungen der Autosome beeinträchtigen in der Regel die Entwicklung so stark, dass Fehlgeburten erfolgen. Werden solche Kinder geboren, überleben sie selten die frühe Kindheit. Im Gegensatz dazu führen Anomalien der Geschlechtschromosomen zu geringeren Problemen. In der Tat werden Störungen der Geschlechtschromosomen oft erst in der Adoleszenz entdeckt, wenn die Pubertät verspätet eintritt. Die am häufigsten vorkommenden Probleme sind ein zusätzliches Chromosom (entweder X oder Y) oder das Fehlen eines X-Chromosoms bei Frauen.

Über Menschen mit Störungen der Geschlechtschromosomen haben sich eine Reihe von Vorurteilen gebildet. So sind zum Beispiel Männer mit dem *XYY-Syndrom* nicht notwendigerweise aggressiver und asozialer als XY-Männer. Und die meisten Kinder mit Störungen der Geschlechtschromosomen leiden nicht an geistiger Retardierung. Stattdessen sind ihre intellektuellen Probleme in der Regel sehr spezifisch. Verbale Schwierigkeiten, die zum Beispiel das Lesen und den Wortschatz betreffen, sind verbreitet bei Mädchen mit dem *dreifachen X-Syndrom (XXX)* und Jungen mit dem *Klinefelter-Syndrom (XXY)*. Bei beiden Syndromen wird ein zusätzliches X vererbt. Im Gegensatz dazu haben Mädchen mit dem *Turner-Syndrom (XO)*, bei denen ein X fehlt, Schwierigkeiten mit räumlichen Beziehungen, zum Beispiel beim Bildermalen, der Unterscheidung von rechts und links, beim Ortssinn und im Erkennen von Veränderungen des mimischen Ausdrucks (Geschwind et al., 2000; Money, 1993; Ross, Zinn, & McCauley, 2000). Diese Ergebnisse weisen uns darauf

Die Merkmale im Gesicht des neunjährigen Jungen auf der linken Seite sind typisch für das Downsyndrom. Obwohl seine intellektuelle Entwicklung geschädigt ist, kommt dieses Kind gut zurecht, weil es in einem stimulierenden Zuhause aufwächst, wo man auf seine speziellen Bedürfnisse eingeht und es geliebt und akzeptiert wird. Hier macht es gemeinsam mit seinem sich normal entwickelnden vierjährigen Bruder Won-ton-Klöße.

hin, dass das Hinzufügen oder das Weglassen von der normalen Anzahl der Chromosomen besonders zu intellektuellen Defiziten führt. Derzeit wissen Genetiker noch nicht, warum.

> **Prüfen Sie sich selbst ...**
>
> **Rückblick**
> Erklären Sie den genetischen Ursprung von PKU und Downsyndrom. Führen Sie Belege an, dass sowohl Vererbung wie Umwelt einen Anteil an der Entwicklung von Individuen mit diesen Störungen haben.
>
> **Anwendung**
> Gilberts genetische Ausstattung ist homozygot für dunkles Haar. Jans Gene sind homozygot für blondes Haar. Welche Haarfarbe hat Gilbert? Wie sieht es bei Jan aus? Wie viele ihrer Kinder werden wahrscheinlich dunkelhaarig? Erklären Sie.
>
> **Zusammenhänge**
> Erklären Sie in Bezug auf die ökologische Systemtheorie (Kapitel 1, Seite 32–34), warum Eltern von Kindern mit genetischen Störungen oft vermehrten Stress erleben. Welche Faktoren innerhalb und außerhalb der Familie können diesen Eltern helfen, die Entwicklung ihrer Kinder zu unterstützen?
>
> **Prüfen Sie sich selbst ...**

2.2 Reproduktive Auswahl

Zwei Jahre, nachdem Fred und Marianne geheiratet hatten, bekamen sie ihr erstes Kind. Kendra schien ein gesundes Baby zu sein, aber als sie etwa vier Monate alt war, verlangsamte sich ihr Wachstum. Man diagnostizierte das Tay-Sachs-Syndrom (siehe Tabelle 2.3), und Kendra starb im Alter von zwei Jahren. Fred und Marianne litten sehr unter Kendras Tod. Obwohl sie kein anderes Kind in die Welt setzen wollten, das so leiden musste, blieb der Wunsch nach einem Kind bestehen. Sie begannen, Familientreffen zu meiden, bei denen kleine Nichten und Neffen sie ständig an die Lücke in ihrem Leben erinnerten.

In der Vergangenheit entschieden sich viele Paare mit genetischen Störungen in ihren Familien, überhaupt keine Kinder zu bekommen, um nicht das Risiko eines nicht normalen Babys einzugehen. Heute helfen genetische Beratung und pränatale Diagnose den Betroffenen, eine bewusste Entscheidung darüber zu treffen, ob sie empfangen und ein Kind austragen oder ein Kind adoptieren wollen.

2.2.1 Genetische Beratung

Eine **genetische Beratung** ist ein Kommunikationsprozess, in dem Paare Informationen darüber erhalten, mit welcher Wahrscheinlichkeit sie ein Kind mit Erbschäden zur Welt bringen, und es wird ihnen geholfen, eine Entscheidung unter Berücksichtigung von Risiken und familiären Zielen zu treffen (Shiloh, 1996). Individuen, die am ehesten die Beratung suchen, sind solche, die Schwierigkeiten haben Kinder auszutragen, etwa wiederholte Fehlgeburten hatten, oder solche, die wissen, dass es in ihren Familien genetische Probleme gibt. Überdies sind Frauen, die das Kinderkriegen über das Alter von 35 hinausschieben, Kandidatinnen für eine genetische Beratung. Nach diesem Zeitpunkt steigt die Gesamtrate von Chromosomenanomalien steil an, beginnend bei 1 von 190 Schwangerschaften bis zu einer Höhe von 1 von 10 Schwangerschaften im Alter von 48 (Meyers et al., 1997).

Wenn in der Familiengeschichte geistige Retardierung, körperliche Defekte oder Erbkrankheiten existieren, führt der genetische Berater ein Gespräch mit dem Paar und erstellt einen *Stammbaum,* in dem betroffene Verwandte eingetragen werden. Der Stammbaum wird benutzt, um die Wahrscheinlichkeit für ein anormales Kind einzuschätzen, indem man die gleichen genetischen Prinzipien benutzt, die in diesem Kapitel diskutiert wurden. Im Falle vieler Störungen kann man mit Blutuntersuchungen oder genetischen Analysen feststellen, ob ein Elternteil Träger eines schädlichen Gens ist. Die Identifizierung einer Trägerschaft ist u.a. möglich für alle in Tabelle 2.3 aufgeführten rezessiven Erkrankungen und für das fragile X-Syndrom.

Wenn alle relevanten Informationen vorliegen, hilft der genetische Berater den Betroffenen, eine angemessene Entscheidung zu treffen. Diese umfasst „eine Chance ergreifen" und ein Kind zu empfangen, die Auswahl aus einer Anzahl reproduktiver Techniken (siehe den Kasten „Soziale Aspekte" auf S. 74) oder ein Kind zu adoptieren.

2.2.2 Pränatale Diagnostik und embryonale Medizin

Wenn Paare, die ein anormales Kind zeugen könnten, sich zu einer Empfängnis entschließen, stehen ihnen einige **pränatale Diagnostikmethoden** zur Verfügung – medizinische Verfahren, die die Entdeckung von

Tabelle 2.4

Pränatale Diagnostikmethoden

Methode	Beschreibung
Amniozentese	Die am häufigsten angewandte Technik. Eine Hohlnadel wird durch die Bauchwand eingeführt, um eine Probe der Flüssigkeit in der Gebärmutter zu entnehmen. Die Zellen werden auf genetische Defekte untersucht. Kann in der 11. bis 14. Woche nach der Empfängnis durchgeführt werden, am sichersten jedoch nach 15 Wochen; das Testergebnis liegt nach 1 bis 2 Wochen vor. Geringes Risiko einer Fehlgeburt.
Probe des Chorion villosum	Ein Verfahren, das angewandt werden kann, wenn die Ergebnisse sehr früh in der Schwangerschaft gewünscht oder benötigt werden. Ein dünner Schlauch wird durch die Vagina in die Gebärmutter eingeführt oder es wird eine Hohlnadel durch die Bauchwand eingeführt. Ein kleines Stück Gewebe wird vom Ende einer oder mehrerer Zotten, den haarähnlichen Auswüchsen auf der Membran, welche den sich entwickelnden Organismus umgeben, herausgenommen. Die Zellen werden auf genetische Defekte untersucht. Kann nach 6 bis 8 Wochen nach der Empfängnis durchgeführt werden, Ergebnisse sind innerhalb von 24 Stunden verfügbar. Enthält ein etwas größeres Risiko einer Fehlgeburt als die Amniozentese. Auch mit einem leichten Risiko von Deformationen der Gliedmaßen in Zusammenhang gebracht, das ansteigt, je früher das Verfahren durchgeführt wird.
Fetoskopie	Ein kleiner Schlauch mit einer Lichtquelle an einem Ende wird in die Vagina eingeführt, um den Fötus auf Defekte der Gliedmaßen und des Gesichts zu überprüfen. Ermöglicht es auch, eine Probe des fötalen Blutes zu entnehmen, welche die Diagnose solcher Störungen wie Hämophilie und Sichelzellenanämie erlaubt, aber auch neurale Defekte (siehe unten). In der Regel in der Zeit zwischen der 15. und 18. Woche nach der Empfängnis angewendet, kann jedoch bereits schon nach 5 Wochen gemacht werden. Beinhaltet das Risiko einer Fehlgeburt.
Ultraschall	Hochfrequente Schallwellen werden in den Uterus geworfen; ihre Reflexion wird in ein Bild auf einer Videoleinwand übersetzt, welches Größe, Form und Lage des Fötus angibt. Erlaubt die Einschätzung des Alters des Fötus, erkennt Mehrfachschwangerschaft und identifiziert grobe körperliche Defekte. Auch zur Unterstützung von Amniozentese, Chorion-villosum-Probe und Fetoskopie benutzt. Wenn fünfmal oder häufiger angewendet, besteht die Möglichkeit eines geringeren Geburtsgewichtes.
Blutuntersuchung der Mutter	Im zweiten Monat der Schwangerschaft treten einige der Zellen des sich entwickelnden Organismus in den mütterlichen Blutkreislauf ein. Ein erhöhter Spiegel von Alpha-Fetoprotein kann eine Nierenerkrankung, einen anormalen Verschluss des Esophagus oder neurale Tubendefekte wie Anencephalie (Fehlen eines großen Teils des Gehirns) und Spina bifida (Spaltung der Wirbelsäule) anzeigen. Isolierte Zellen können auf genetische Defekte wie das Downsyndrom geprüft werden.
Genetische Diagnose vor der künstlichen Befruchtung	Nach der künstlichen Befruchtung im Reagenzglas und der Teilung der Zygote in einen Zellhaufen von etwa acht bis zehn Zellen, werden eine oder zwei Zellen herausgenommen und auf Erbdefekte untersucht. Nur wenn die Probe frei ist von erkennbaren genetischen Störungen, wird die befruchtete Eizelle in den Uterus der Frau eingesetzt.

Quellen: Eiben et al., 1997; Lissens & Sermon, 1997; Moore & Persaud, 1998; Newnham et al., 1993; Quintero, Puder, & Cotton, 1993; Sutcliffe, 2002; Wapner, 1997; Willner, 1998.

Problemen vor der Geburt ermöglichen (siehe Tabelle 2.4). Frauen in vorgerücktem Alter sind Hauptkandidatinnen für *Amniozentese* oder *Chorion-villosum-Proben* (siehe Abbildung 2.5). Mit Ausnahme von *Ultraschall* und der *Analyse des Blutes der Mutter* sollten pränatale Diagnostikmethoden nicht routinemäßig angewandt werden, da sie den sich entwickelnden Organismus verletzen könnten.

Pränatale Diagnostik hat zu Fortschritten in der Embryonalmedizin geführt. So können Ärzte zum Beispiel durch das Einführen einer Nadel in die Gebärmutter dem Fötus Medikamente verabreichen. Es können Operationen durchgeführt werden, um solche Probleme wie Herz- und Lungenfehlbildungen, Fehler des Urethraltraktes und neurale Defekte zu beseitigen. Ein Fötus mit einem erblichen Immundefekt erhielt eine Rückenmarkstransplantation von seinem Vater, die mit Erfolg ein normal funktionierendes Immunsystem herstellte (Flake et al., 1996).

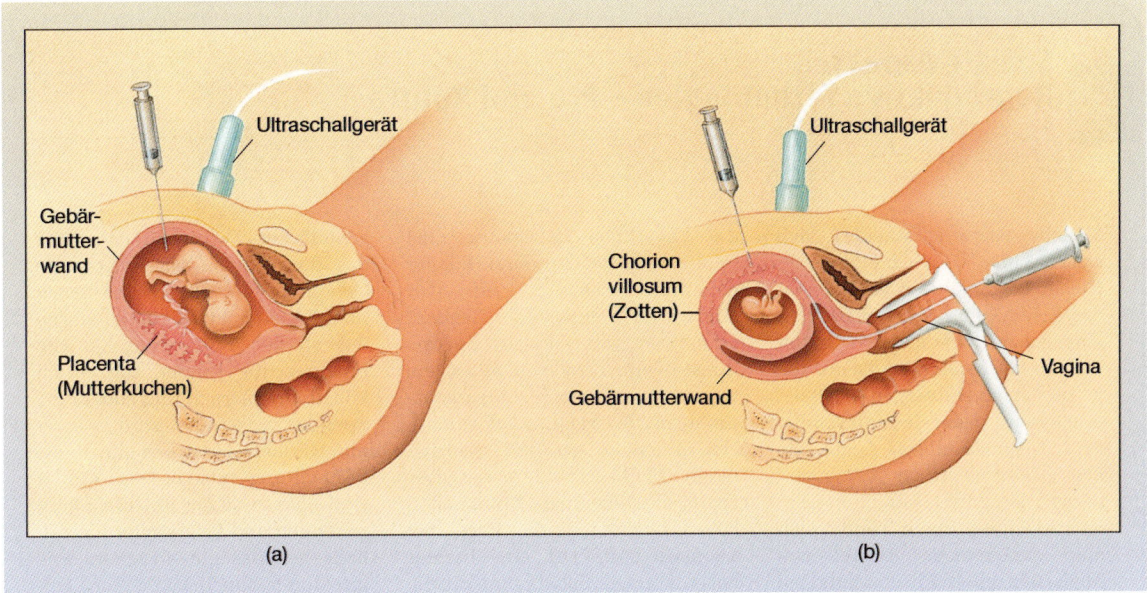

Abbildung 2.5: Amniozentese und Chorion-villosum-Probe. Heute können mehr als 250 Defekte und Krankheiten vor der Geburt entdeckt werden, indem man diese beiden Verfahren benutzt: (a) Bei der Amniozentese wird eine Hohlnadel durch die Bauchwand in die Gebärmutter eingeführt, durch die Flüssigkeit entnommen wird. Die Kultivierung der entnommenen embryonalen Zellen dauert etwa drei Wochen. (b) Chorion-villosum-Proben können früher in der Schwangerschaft durchgeführt werden, etwa sechs bis acht Wochen nach der Empfängnis und das Ergebnis ist innerhalb von 24 Stunden verfügbar. Zwei Herangehensweisen werden gezeigt, wie eine Zottenprobe entnommen wird: durch Einführen eines dünnen Röhrchens durch die Vagina in die Gebärmutter und durch Einführen einer Nadel durch die Bauchwand. Sowohl bei der Amniozentese wie bei der Chorion-villosum-Probe wird ein Ultraschallscanner zur Orientierung verwendet (aus K. L. Moore & T. V. N. Persaud, 1998, Before We Are Born, 5th ed., Philadelphia: Saunders, S. 115).

Diese Verfahren führen oft zu Komplikationen, am häufigsten zu verfrühten Wehen und zu Fehlgeburten (James, 1998). Aber Eltern werden willens sein, fast jede Möglichkeit auszuprobieren, wenn nur eine ganz geringe Erfolgschance besteht. Momentan versucht man Wege zu finden, wie man Eltern helfen kann, gut informierte Entscheidungen über embryonale Eingriffe zu treffen. Ein Vorschlag geht dahin, dass die Ratschläge eines unabhängigen Beraters angeboten werden – eines Arztes oder einer Krankenschwester, welche die Risiken kennen, die aber nicht selbst in Erforschung oder Durchführung der Verfahren involviert sind.

Fortschritte in der *Gentechnologie* lassen ebenfalls darauf hoffen, erbliche Defekte zu korrigieren. Als Teil des Humangenomprojekts (ein ehrgeiziges, internationales Forschungsprogramm, das als Ziel die Entschlüsselung der bio-chemischen Ausstattung menschlichen genetischen Materials (Genom) hat), erfassten Forscher die Sequenz aller menschlichen DNA-Nukleotidbasenpaare systematisch. Durch Nutzung dieser Information „kommentieren" sie das Genom, indem sie alle seine Gene und deren Funktionen, einschließlich ihrer Proteinprodukte und das, was sie tun, identifizieren. Ein Hauptziel ist dabei, die geschätzten 4000 menschlichen Störungen zu verstehen – diejenigen, die durch einzelne Gene bedingt sind, und diejenigen, die von einem komplexen Zusammenspiel multipler Gene und Umweltfaktoren herrühren.

Tausende von Genen sind bereits identifiziert, einschließlich solcher, die bei Hunderten von Krankheiten beteiligt sind, so wie bei zystischer Fibrose, Chorea Huntington, Duchenne-Muskelatrophie, beim Marfan-Syndrom und bei einigen Formen von Krebs (Jimeniz-Sanchez, Childs, & Valle, 2001). Daraus resultieren die Entdeckungen neuer Behandlungsweisen wie die *Gentherapie* – welche DNA liefert, die ein funktionales Gen zu den Zellen trägt und dadurch eine genetische Anomalie korrigiert. In kürzlich durchgeführten Experimenten linderte Gentherapie Symptome bei Patienten mit Hämophilie (Bluterkrankheit) und bei Patienten mit schweren Störungen des Immunsystems (Cavazzana-Calvo et al., 2000; Kay et al., 2000). Ein

Soziale Aspekte:
Reproduktive Technologien – Pro und Kontra

Manche Paare entscheiden sich wegen einer Vorgeschichte genetischer Erkrankungen dafür, nicht das Risiko einer Schwangerschaft einzugehen. Viele andere – in der Tat ein Sechstel aller Paare, die versuchen zu empfangen – müssen feststellen, dass sie unfruchtbar sind. Genauso gibt es Leute, die keinen Partner haben oder homosexuell sind und Kinder bekommen möchten. Heute wendet sich eine zunehmende Anzahl von Menschen alternativen Methoden der Empfängnis zu – Techniken, die Ziel heißer Debatten wurden, obwohl sie den Wunsch nach Elternschaft erfüllen.

Befruchtung durch einen Spender und künstliche Befruchtung

Einige Jahrzehnte lang wurde die *Befruchtung durch einen Spender* – Injektion von Sperma in die Frau von einem anonymen Mann – benutzt, um Fortpflanzungsstörungen des Mannes zu überwinden. In den letzten Jahren wurden auch Frauen ohne heterosexuellen Partner auf diesem Wege schwanger. Die Befruchtung durch einen Spender ist bei 70 bis 80 Prozent der Frauen erfolgreich, was jedes Jahr zu 30 000 bis 50 000 Geburten in Nordamerika führt (Cooper & Clazer, 1999).

Die künstliche Befruchtung ist eine weitere reproduktive Technik, die zunehmend üblich wird. Seit das erste „Retortenbaby" 1978 in England geboren wurde, wurden jährlich 1 % aller Kinder in den entwickelten Ländern – ungefähr 39 000 in den Vereinigten Staaten und 3500 in Kanada – durch dieses Verfahren gezeugt (Sutcliffe, 2002). In Deutschland waren es im Jahr 1998 0,4 % aller Geburten. Bei der künstlichen Befruchtung werden der Frau Hormone gegeben, die das Reifen zahlreicher Eizellen stimulieren. Diese werden der Frau entnommen und in eine Schale mit Nährlösung gelegt. Samen wird hinzugefügt. In der Regel wird die künstliche Befruchtung bei Frauen angewendet, deren Eileiter dauerhaft geschädigt sind. Aber eine kürzlich entwickelte Technik erlaubt es, ein einziges Sperma direkt in eine Eizelle einzubringen, womit die meisten Fruchtbarkeitsprobleme des Mannes gelöst sind. Und eine neue „geschlechts-sortierende" Methode stellt sicher, dass Paare, die X-bedingte Krankheiten haben (welche in der Regel bei Männern auftreten), eine Tochter haben können. Sobald eine Eizelle befruchtet ist und die Zellteilung beginnt, wird sie in die Gebärmutter der Mutter eingepflanzt.

Die Gesamterfolgsrate der künstlichen Befruchtung beträgt ungefähr 25 % bis 30 %. Aber die Erfolgsrate nimmt mit zunehmendem Alter ständig ab, von 37 % bei Frauen, die jünger als 35 sind, bis zu 3 % bei Frauen von 43 Jahren und älter (U.S. Department of Health and Human Services, 1999a). In Deutschland führen 12 % der künstlichen Befruchtungen zum Erfolg (Statistisches Bundesamt: Statistik Geburtenrate, 1999). Durch das Mischen und Zuordnen von Gameten können Schwangerschaften auf den Weg gebracht werden, wenn ein oder beide Partner ein reproduktives Problem haben. Befruchtete Eizellen und Samen können sogar eingefroren und in Embryonenbanken für künftigen Gebrauch aufbewahrt werden. Damit wird garantiert, dass gesunde Zygoten erhalten bleiben und nicht durch Altern oder Krankheit von Mann und Frau zu Fruchtbarkeitsproblemen führen können.

Kinder, die durch diese Methoden gezeugt wurden, können genetisch mit einem Elternteil oder auch mit beiden nicht verwandt sein. In der Regel erzählen die meisten Eltern, die künstliche Befruchtung in Anspruch genommen haben, ihren Kindern nichts von ihrem Ursprung, obwohl Gesundheitsexperten sie inzwischen dazu ermutigen. Stört der Mangel an genetischer Verwandtschaft oder das diese Techniken umgebende Geheimnis die Eltern-Kind-Beziehung? Vielleicht ist gerade wegen des starken Elternwunsches die Fürsorge für Kinder, die durch künstliche Befruchtung oder einen Spender entstanden sind, stärker und wärmer. Und durch künstliche Befruchtung entstandene Kinder sind ebenso sicher an ihre Eltern gebunden und Kinder und Jugendliche genauso gut angepasst wie ihre durch natürliche Zeugung entstandenen Altersgenossen (Chan, Raboy, & Patterson, 1998; Gibson et al., 2000; Golombok, MacCallum, & Goodman, 2001).

Obwohl Befruchtung durch einen Spender und künstliche Befruchtung viele Vorteile besitzen, sind ernsthafte Fragen über ihren Einsatz aufgetaucht. In den meisten US-Staaten und kanadischen Provinzen gibt es keine rechtlichen Richtlinien für diese Verfahren. Deshalb werden Spender nicht immer auf genetische oder sexuell übertragbare Krankheiten geprüft. Überdies wird in vielen Ländern (einschließlich der Vereinigten Staaten und Kanada) von den Ärzten nicht verlangt, Buch zu führen über Merkmale der Spender. Jedoch möchten die daraus resultierenden Kinder eines Tages vielleicht etwas über ihren genetischen Hintergrund wissen oder dieser wird aus medizinischen Gründen wichtig. Auch sind Kritiker darüber besorgt, dass die Methode der künstlichen „Geschlechtssortierung" zu einer Geschlechtsselektion durch die Eltern führen und damit den moralischen Wert zerstören könnten, dass Kinder beiderlei Geschlechts gleich wertvoll sind. Und schließlich wurden sogar schon gefrorene Embryonen gestohlen – also ohne die Erlaubnis des Paares, dem sie gehörten, entwendet und verkauft (Blum, 2000).

Leihmutterschaft

Eine noch umstrittenere Form medizinisch unterstützter Empfängnis ist die Leihmutterschaft. Typischerweise wird bei diesem Verfahren der Samen eines Mannes entnommen, dessen Frau unfruchtbar ist, und einer Frau eingepflanzt, Leihmutter genannt, die das Kind austrägt und dafür ein Honorar bekommt. Im Gegenzug erklärt sich die Leihmutter bereit, das Kind dem Vater (der der leibliche Vater ist) zu übergeben. Das Kind wird dann von dessen Frau adoptiert. Obwohl die meisten dieser Übereinkünfte gut ausgehen, beleuchten jene Fälle, die vor Gericht landen, ernsthafte Risiken für alle Betroffenen. In einem Fall wiesen beide Parteien ein Baby mit schweren Behinderungen, das aus einer solchen Schwangerschaft entstanden war, zurück. In anderen Fällen wollte die Leihmutter das Kind behalten oder das Paar änderte seine Meinung. Diese Kinder kamen inmitten eines Konflikts auf die Welt, der sie für Jahre bedrohen könnte.

Leihmutterschaft kann zur Ausbeutung finanziell bedürftiger Frauen führen, weil Wohlhabende eher die Kosten übernehmen können und finanziell weniger Begünstigte gewöhnlich als Leihmütter herhalten (Sureau, 1997). Hinzu kommt, dass viele Leihmütter bereits eigene Kinder haben, die durch die Schwangerschaft tief betroffen sein könnten. Das Wissen darüber, dass ihre Mütter ein Baby für Geld weggaben, mag bei diesen Kindern dazu führen, sich über die Sicherheit ihrer eigenen familiären Umstände zu sorgen.

Neue Herausforderungen der Reproduktivität

Reproduktive Techniken tauchen schneller auf, als gesellschaftliche Institutionen feststellen können, ob sie ethisch vertretbar sind. Ärzte haben Spendereizellen jüngerer Frauen in Verbindung mit künstlicher Befruchtung benutzt, um Frauen nach der Menopause zu einer Schwangerschaft zu verhelfen. Die meisten Empfängerinnen sind in den 40ern, aber es gibt schon eine 62-jährige Frau in Italien, die

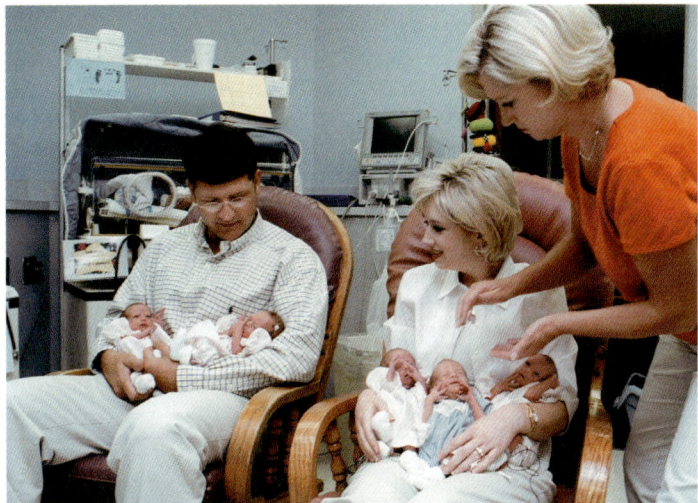

Obwohl reproduktive Techniken es vielen unfruchtbaren Paaren erlauben, gesunde Neugeborene zu bekommen, können sie schwerwiegende ethische Dilemmata aufwerfen. Fruchtbarkeitshormone und künstliche Befruchtung führen oft zu Mehrfachembryos. Wenn sich drei oder mehr in der Gebärmutter befinden, werden Schwangerschaftskomplikationen oft so stark, dass Ärzte empfehlen, einen oder mehrere abzutreiben, um die anderen zu retten. Diese drei Wochen alten Babys, die in der Intensivstation der Säuglingsstation von ihren Eltern gehalten werden, sind die einzigen dokumentierten Fünflinge, die lebend in Mississippi geboren wurden.

ein Kind geboren hat, und eine 63-jährige in den Vereinigten Staaten. Selbst wenn Kandidatinnen für eine Geburt nach der Menopause auf der Grundlage guter Gesundheit ausgesucht werden, können damit Kinder auf die Welt gebracht werden, deren Eltern möglicherweise deren Erwachsenwerden nicht mehr erleben werden. Daten über die Lebenserwartung in den USA sagen aus, dass 1 von 3 Müttern und 1 von 2 Vätern, die mit 55 Jahren ein Baby bekommen, sterben, bevor ihr Kind ins College kommt (U.S. Bureau of the Census, 2002c).

Derzeit diskutieren Experten andere Möglichkeiten der Fortpflanzung. In einem Fall entschied sich eine Frau mit einer anstrengenden Bühnenkarriere, die auf natürliche Weise hätte schwanger werden können, für eine künstliche Befruchtung (bei der ihre eigene Eizelle und der Samen ihres Mannes verwendet wurden) unter Einsatz einer Leihmutter. Dadurch konnte die Frau weiterhin ihren Beruf ausüben, während die Leihmutter das biologische Kind der Auftraggeberin austrug (Wood, 2001). In Samenbänken können Kunden Eizellen und Spermien nach körperlichen Merkmalen und selbst nach dem IQ der Spender aussuchen. Manche machen sich Sorgen, dass dieses Praxis einen gefährlichen Schritt in Richtung selektiver Fortpflanzung durch „Designerbabys" darstellt, nämlich die Kontrolle von Merkmalen der Nachkommen durch genetische Manipulation der befruchteten Eizelle.

Schließlich haben Wissenschaftler mit Erfolg befruchtete Eizellen von Schafen, Rindern und Affen geklont (Kopien davon hergestellt) und arbeiten daran, entsprechende Methoden für den Menschen zu finden. Indem man zusätzliche Eizellen zum Injizieren herstellt, könnte das Klonen die Erfolgsrate der künstlichen Befruchtung vergrößern. Aber dadurch eröffnet sich auch die Möglichkeit der Massenproduktion genetisch identischer Menschen. Deshalb wird es größtenteils verurteilt (Fasouliotis & Schenker, 2000).

Obwohl neue reproduktive Technologien es vielen unfruchtbaren Paaren erlaubt, gesunde Neugeborene aufzuziehen, werden Gesetze benötigt, die diese Praxis regulieren. In Australien, Neuseeland und Schweden haben Menschen, die mit Spendergameten befruchtet wurden, das Recht auf Information über ihren genetischen Ursprung (Hunter, Salter-Ling, & Glover, 2000). Der Druck derer, die auf dem Gebiet unterstützender Fortpflanzung arbeiten, mag bald zu einer ähnlichen Politik in den Vereinigten Staaten und Kanada führen.

Die Praxis der Bezahlung von Leihmutterschaft wurde in Australien, Kanada, in verschiedenen europäischen Ländern und einigen US-Staaten unterbunden mit dem Argument, dass ein Kind nicht das Objekt kommerzieller Übereinkünfte sein sollte und dass kein Teil des eigenen Körpers vermietet oder verkauft werden sollte (Mc Gee, 1997). England, Frankreich und Italien haben die künstliche Befruchtung bei Frauen nach der Menopause verboten (Andrews & Elster, 2000). Derzeit ist nichts über die lebenslange Gesundheit und die psychologischen Konsequenzen derer bekannt, die ein Produkt dieser Methoden sind. Wie diese Kinder aufwachsen, muss erforscht werden, um die Pros und Kontras dieser Verfahren abwägen zu können; dazu gehört auch, dass später auftretende medizinisch relevante Befunde sowie das Wissen und die Gefühle über die eigene Herkunft mit bedacht werden sollten.

Das Menschliches Genom Projekt (Human Genome Project) führt zu neuen, auf Genen beruhenden Behandlungen für erbliche Störungen wie Alzheimer. Wenn Tochter und Enkelin dieses Alzheimer-Opfers das späte Erwachsenenalter erreichen, mögen sie von dieser zerstörenden Krankheit verschont bleiben.

2.2.3 Genetische Tests

Glücklicherweise führen über 90 % der Schwangerschaften in den Vereinigten Staaten und in Westeuropa zur Geburt gesunder Babys mit der großen Chance eines Lebens ohne genetische Erkrankungen. Für die, welche Gene in sich tragen, die später zu Störungen führen können, gibt es einige Tests mit guter Vorhersagekraft, etwa für Brust- und Darmkrebs. Wissenschaftler sagen voraus, dass um das Jahr 2010 herum viel mehr solcher Tests verfügbar sein werden, die den Menschen erlauben, ihre genetischen Risiken abzuschätzen und auch hoffentlich dazu führen werden, Schritte zu ihrer Vermeidung unternehmen zu können – durch medizinische Überwachung, Änderung des Lebensstils oder Medikamente (Druker & Lydon, 2000)

Obwohl ihre potentiellen Vorteile groß sind, werfen derzeit genetische Tests noch ernsthafte soziale, ethische und rechtliche Fragen auf. Eine grundlegende Kontroverse besteht darüber, Kinder und Erwachsene mit einem Risiko zu testen, die noch keine Symptome der Erkrankung zeigen. Ein zeitlicher Abstand zwischen der Verfügbarkeit eines aussagekräftigen Tests und effektiven Interventionen bedeutet, dass die Menschen mit dem Wissen leben müssen, schwer erkranken zu können. Damit verbunden ist das Bedürfnis nach besseren Genetikkenntnissen bei Gesundheitsexperten und der Öffentlichkeit. Ohne dieses Verständnis könnten Ärzte und Patienten genetische Risiken falsch interpretieren. So wurden zum Beispiel Gene, die mit Brustkrebs in Verbindung gebracht werden, zuerst in Familien mit einem hohen Vorkommen dieser Erkrankung entdeckt. In diesen Familien entwickelten

weiterer Zugang besteht in der *Analyse von Proteinen*, bei der genspezifische Proteine verändert werden, die beim biologischen Altern und bei Krankheit beteiligt sind (Blumenthal, 2001).

Eine Genbehandlung scheint jedoch für die meisten Defekte durch ein einziges Gen noch meilenweit entfernt zu sein – und noch weiter entfernt für Krankheiten, die mehrere Gene umfassen, die in komplexer Weise miteinander und mit der Umwelt kombiniert sind (Collins & McKusick, 2001). Die Tabelle auf der folgenden Seite fasst Schritte zusammen, die zukünftige Eltern vor der Empfängnis unternehmen können, um die genetische Gesundheit ihres Kindes zu schützen.

Aspekte der Fürsorge

Schritte vor der Empfängnis, um die Chancen auf ein gesundes Kind zu erhöhen

EMPFEHLUNG	ERKLÄRUNG
Machen Sie einen Termin für eine Untersuchung aus.	Eine Untersuchung erlaubt die Entdeckung von Krankheiten und anderen medizinischen Problemen, die die Fruchtbarkeit beeinträchtigen könnten, nach Eintritt der Schwangerschaft schwer zu behandeln sind oder den sich entwickelnden Organismus beeinflussen könnten.
Reduzieren oder meiden Sie Toxine, deren Aufnahme Sie kontrollieren können.	Weil der sich entwickelnde Organismus während der frühen Wochen der Schwangerschaft äußerst empfindlich auf schädliche Umweltstoffe reagiert (siehe Kapitel 3), sollten während der Zeit, in der eine Empfängnis versucht wird, Medikamente, Alkohol, Zigaretten, Strahlung, Umweltgifte, chemische Substanzen zu Hause und am Arbeitsplatz und Infektionen vermieden werden. Weiterhin ist bekannt, dass ionisierende Strahlung und einige Industriechemikalien Mutationen verursachen.
Unterziehen Sie Ihre genetischen Anlagen einer Prüfung.	Finden Sie heraus, ob irgendjemand in Ihrer Familie ein Kind mit einer genetischen Erkrankung oder Beeinträchtigung hat. Wenn ja, suchen Sie vor der Empfängnis eine genetische Beratungsstelle auf.
Konsultieren Sie Ihren Arzt nach 12 Monaten vergeblicher Bemühungen, schwanger zu werden.	Lange Perioden von Unfruchtbarkeit können auf nicht diagnostizierte Spontanaborte zurückgeführt werden, welche auf genetische Defekte eines der Partner hinweisen können. Wenn eine Untersuchung einen gesunden Fortpflanzungsapparat aufzeigt, suchen Sie genetische Beratung auf.

85 % der Menschen, die das Gen in sich trugen, einen Krebs. Aber bei der Allgemeinbevölkerung beträgt das Risiko 35 % bis 50 % (Burke, Atkins, & Gwinn, 2002). Weiterhin haben einige Leute, deren Tests anormale Gene aufwiesen, am Arbeitsplatz Diskriminierung erfahren und büßten ihre Krankenversicherung oder gar ihre Arbeitsstelle ein.

Experten der Medizinethik empfehlen, dass genetische Tests nur Hochrisiko-Individuen angeboten werden sollten, die sich einer weitgehenden Beratung unterziehen sollten und ständigen medizinischen und psychologischen Nachuntersuchungen zustimmen, wenn sie sich als positiv erweisen (Haddad et al., 1999). Und in den Vereinigten Staaten und Kanada sind Verfahren entwickelt worden, die den Datenschutz hinsichtlich genetischer Informationen sichern und vorgeschriebene genetische Tests durch Arbeitgeber verbieten (Privacy Commissioner of Canada, 2002; Yang, Flake, & Adzick, 1999). Während das Humangenomprojekt weitergeführt wird und unschätzbare Beiträge zur menschlichen Gesundheit erbringt, diskutieren Wissenschaftler über die beste Weise, das öffentliche Interesse zu schützen und gleichzeitig die unglaublichen Vorteile des Projekts zu bewahren.

2.2.4 Adoption

Erwachsene, die keine Kinder austragen können, die möglicherweise genetische Störungen weitergeben, älter sind oder keinen Partner haben und sich dennoch eine Familie wünschen, wenden sich zunehmend der Adoption zu. Adoptionsvermittlungen versuchen in der Regel, Eltern mit dem gleichen ethnischen und religiösen Hintergrund wie dem des Kindes zu suchen. Wenn möglich, versuchen sie auch, Eltern zu finden, die das gleiche Alter haben wie die meisten leiblichen Eltern. Weil weniger gesunde Kinder zur Adoption freigegeben werden (weniger unverheiratete Mütter geben heute ihre Kinder fort als in der Vergangenheit), adoptieren immer mehr Menschen Kinder aus fremden Ländern oder nehmen ältere Kinder oder solche mit Entwicklungsproblemen auf.

Adoptierte Kinder und Jugendliche – ob sie in einem anderen Land geboren wurden oder im Land ihrer Adoptiveltern – haben mehr Lern- und emotionale Schwierigkeiten als andere Kinder, ein Unterschied, der mit dem Alter des Kindes bei der Adoption zunimmt (Levy-Shiff, 2001; Miller et al., 2000; Sharma, McCue, & Benson, 1998). Es gibt viele mögliche Erklärungen für die problematischere Kindheit der Adoptierten. Die leibliche Mutter mag wegen emotionaler Probleme, die teilweise genetisch bedingt sein könnten, wie Alkoholismus oder schwere Depression, nicht in der Lage gewesen sein, für das Kind zu sorgen. Diese Disposition kann sie an ihren Nachkommen weitergegeben haben. Oder vielleicht erfuhr sie Stress, schlechte Ernährung oder unzureichende medizinische Versorgung während der Schwangerschaft – Faktoren, die das Kind beeinflussen können (wie wir in Kapitel 3 sehen werden). Außerdem haben Kinder, die nach dem Säuglingsalter adoptiert wurden, eher als ihre nicht adoptierten Peers eine Lebensgeschichte mit konfliktreichen Familienbeziehungen, Mangel an elterlicher Fürsorge und Vernachlässigung sowie Missbrauch. Schließlich sind Adoptiveltern und -kinder, die genetisch nicht verwandt sind, weniger ähnlich in Intelligenz und Persönlichkeit als biologische Verwandte – Unterschiede, die die Harmonie der Familie bedrohen könnten.

Doch trotz dieser Risiken geht es den meisten adoptierten Kindern erstaunlich gut. In einer schwedischen Studie verfolgten Wissenschaftler über 600 Adoptionskandidaten vom frühen Kindesalter an bis zur Adoleszenz. Einige wurden kurz nach der Geburt adoptiert, andere wurden von Pflegefamilien aufgezogen oder auch von ihren biologischen Müttern, die ihre Meinung geändert und sie nicht fortgegeben hatten. Wie Abbildung 2.6 zeigt, entwickelten sich Adoptivkinder viel günstiger als Kinder, die in Pflegefamilien aufgezogen worden waren oder zu ihren Müttern zurückkehrten (Bohman & Sigvardsson, 1990). Und in einer Studie über adoptierte Kinder aus anderen Ländern in den Niederlanden wiesen einfühlsame mütterliche Fürsorge und sichere Bindung in der Kindheit auf kognitive und soziale Kompetenz im Alter von sieben Jahren hin (Stams, Juffer, & van IJzendoorn, 2002). So bewirkt eine warme, vertrauensvolle Eltern-Kind-Beziehung eine gute Entwicklung, selbst wenn Kinder nicht mit ihren Eltern genetisch verwandt sind. Kinder mit gestörten Familiengeschichten, die in höherem Alter adoptiert werden, entwickeln ebenso Gefühle von Vertrauen und Liebe für ihre Adoptiveltern, wenn sie sich in ihren neuen Familien geliebt und unterstützt fühlen (Sherrill & Pinderhughes, 1999).

Irgendwann in der Pubertät wird das Leben der adoptierten Kinder oft durch die unbeantwortete Frage nach ihren Wurzeln kompliziert. Einigen fällt es schwer, die Möglichkeit, nie ihre leiblichen Eltern kennen zu lernen, zu akzeptieren. Andere machen sich darüber Sorgen, was sie tun würden, wenn ihre richtigen Eltern plötzlich auftauchten (Grotevant & Kohler, 1999). Dennoch wird die Entscheidung, nach den leiblichen Eltern zu suchen, in der Regel bis ins frühe Erwachsenenalter verschoben, wenn Heirat und Geburten den Anstoß geben (Schaffer & Krai, 1988). Trotz Bedenken über ihre Ursprünge erscheinen die

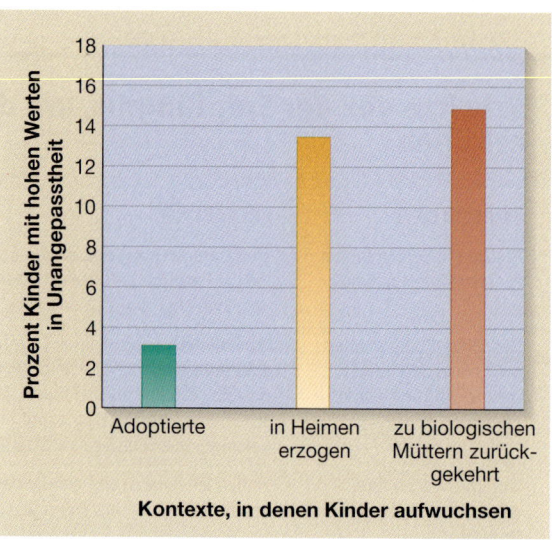

Abbildung 2.6: Beziehung zwischen der Art, wie Kinder großgezogen wurden, und Unangepasstheit in einer Stichprobe schwedischer Heranwachsender, die bei der Geburt Kandidaten für eine Adoption gewesen waren. Im Vergleich zu den anderen beiden Gruppen wurden adoptierte Kinder von Lehrern dahingehend eingestuft, viel weniger Probleme zu haben, einschließlich Angst, Rückzug, Aggression, Konzentrationsstörungen, Schwierigkeiten mit den Klassenkameraden und mangelnde Motivation, die Schule zu besuchen. (nach Bohman & Sigvardsson, 1990).

meisten Adoptierten als Erwachsene gut angepasst. Und solange ihnen ihre Eltern helfen, mehr über ihre erbliche Ausstattung zu erfahren, entwickeln junge adoptierte Menschen anderer Ethnien, Rassen und Kulturen in der Regel eine Identität, die eine gesunde Mischung ihrer Herkunft und ihres Erziehungshintergrunds darstellen (Brooks & Earth, 1999).

Wenn wir unsere Diskussion über Fortpflanzungsmöglichkeiten jetzt abschließen, fragen Sie sich vielleicht, wie sich die Dinge für Fred und Marianne entwickelten. Bei der genetischen Beratung wurde bei Marianne eine Veranlagung für die Tay-Sachs-Erkrankung (eine tödliche verlaufende Stoffwechselerkrankung) auf Seiten der Familie ihrer Mutter entdeckt. Fred hatte eine entfernte Cousine, die an dieser Störung gestorben war. Der genetische Berater erklärte ihnen, dass die Möglichkeit, ein weiteres betroffenes Kind zu bekommen, 1 zu 4 betrage. Fred und Marianne gingen das Risiko ein. Ihr Sohn Daniel ist jetzt 12 Jahre alt. Obwohl Daniel Träger des rezessiven Allels ist, ist er ein normaler, gesunder Junge. In einigen Jahren werden Fred und Marianne Daniel über seine genetische Veranlagung aufklären und ihm die Bedeutung genetischer Beratung und Testuntersuchungen vor der Geburt seiner zukünftigen Kinder klar machen.

> **Prüfen Sie sich selbst ...**
>
> **Rückblick**
> Warum nennt man genetische Beratung einen *Kommunikationsprozess*? Wer sollte sich darum bemühen?
>
> **Rückblick**
> Beschreiben Sie das ethische Für und Wider von künstlicher Befruchtung, Leihmutterschaft und dem Austragen eines Kindes nach der Menopause.
>
> **Zusammenhänge**
> Wie weist Forschung über Adoption Resilienz nach? Welche der Faktoren, die mit der Resilienz verbunden sind (siehe Kapitel 1, Seite 12–13) sind zentral für die positive Entwicklung bei adoptierten Kindern?
>
> **Prüfen Sie sich selbst ...**

2.3 Umweltbedingungen und Entwicklung

Ebenso komplex wie die genetische Vererbung, welche die Weichen für die Entwicklung stellt, ist die umgebende Umwelt – vielschichtige Einflüsse, die zusammenwirken und körperliches sowie psychisches Wohlbefinden vermitteln oder behindern. Nehmen Sie sich einen Augenblick Zeit, über Ihre eigene Kindheit nachzudenken, und skizzieren Sie eine kurze Beschreibung der Ereignisse und Menschen, von denen Sie annehmen, dass sie einen wichtigen Einfluss auf Ihre Entwicklung hatten. Machen Sie danach das Gleiche für Ihr erwachsenes Leben. Wenn man Studenten um diese Aufgabe bittet, betreffen die meisten Punkte ihrer Auflistung ihre Familien. Diese Betonung der Familie ist nicht überraschend, stellt die Familie doch den ersten und am längsten währenden Kontext der Entwicklung dar. Aber auch andere Hintergründe erweisen sich als wichtig: Freunde, Nachbarn, Schule, Arbeitsplatz, Organisationen der Gemeinde und Kirche, Synagoge oder Moschee machen in der Regel die ersten zehn aus.

Erinnern Sie sich an Bronfenbrenners ökologische Systemtheorie, die wir in Kapitel 1 besprachen. Sie betont, dass die Umwelt, die sich jenseits des Mikrosystems ausbreitet, oder die eben gerade genannten Hintergründe auf sehr starke Weise die Entwicklung beeinflussen. In der Tat erwähnen befragte Studenten einen sehr wichtigen Kontext nur selten. Sein Einfluss ist so beherrschend, dass kaum über seinen Einfluss in unserem täglichen Leben nachgedacht wird. Es ist das Makrosystem bzw. das soziale Klima der Gesellschaft, seine Werte und Programme, welche die menschliche Entwicklung unterstützen und schützen. Alle Menschen brauchen Hilfe bei den Anforderungen jeder Phase ihres Lebenszyklus – durch gut geplante Wohnmöglichkeiten, Sicherheit in der Wohngegend, gute Schulen, gut ausgestattete Erholungsmöglichkeiten, erschwingliche Gesundheitsdienste und qualifizierte Kinderbetreuung sowie andere Dienste, die es erlauben, sowohl Verantwortung im Arbeits- wie im Familienbereich übernehmen zu können. Und einige Menschen benötigen wegen Armut oder spezieller persönlicher Tragödien beträchtlich mehr Hilfe als andere.

In den folgenden Abschnitten wollen wir diese Kontexte für die Entwicklung aufgreifen. Weil sie jedes Alter und jeden Aspekt von Veränderung betreffen, werden wir in späteren Kapiteln auf sie zurückkommen. Hier geht es vor allem darum, wie neben der Vererbung die Umgebung Entwicklungsrisiken erhöhen oder schaffen kann. Und wenn ein empfindsames Kind oder ein anfälliger Erwachsener – eine Person mit körperlichen oder seelischen Problemen – ungünstigen Bedingungen ausgesetzt wird, ist seine Entwicklung ernsthaft bedroht.

2.3.1 Die Familie

Nach Stärke und Ausmaß des Einflusses kommt kein Kontext der Familie gleich. Die Familie schafft Bande zwischen Menschen, die einzigartig sind. Die Bindung an Eltern und Geschwister hält in der Regel ein Leben lang und dient als Modell für Beziehungen in der weiteren Umgebung von Nachbarschaft, Schule und Gemeinde. In der Familie lernen Kinder die Sprache, Fertigkeiten und sozialen und moralischen Werte ihrer Kultur. Und in jedem Alter wenden sich die Menschen an Familienangehörige, um Informationen und Hilfe, aber auch interessante und vergnügliche Kontakte zu erhalten. Warme, befriedigende Familienbande sagen körperliche und seelische Gesundheit innerhalb der Entwicklung voraus. Im Gegensatz dazu werden Isolation und Entfremdung von der Familie oft mit Entwicklungsproblemen in Zusammenhang gebracht (Parke & Buriel, 1998).

Zeitgenössische Forscher sehen die Familie als ein Netzwerk interdependenter Beziehungen an. Rufen Sie sich von der ökologischen Systemtheorie ins Gedächtnis zurück, dass Einflüsse in zwei Richtungen bestehen, bei denen die Verhaltensweisen eines je-

2.3 BIOLOGISCHE UND UMWELTBEDINGTE GRUNDLAGEN

den Familienmitgliedes die der anderen beeinflussen (Bronfenbrenner, 1989, 1995). In der Tat beinhaltet der Begriff System, dass die Reaktionen aller Familienmitglieder in Wechselwirkung zueinander stehen. Diese Systemeinflüsse wirken sowohl direkt wie indirekt.

■ Direkte Einflüsse

Wenn Sie das nächste Mal die Möglichkeit haben, miteinander agierende Familienmitglieder zu beobachten, sollten Sie dies sehr genau tun. Sie werden wahrscheinlich sehen, dass freundliche, geduldige Kommunikation kooperative, harmonische Reaktionen hervorruft, während Härte und Ungeduld wutgeladenes resistentes Verhalten erzeugt. Jede dieser Reaktionen schafft im Gegenzug ein neues Glied in der interaktiven Kette. Im ersten Fall folgt in der Regel eine positive Botschaft; im zweiten tritt in der Regel eine negative oder vermeidende auf.

Diese Beobachtungen entsprechen vielen Forschungen über das Familiensystem. Zum Beispiel zeigen viele Studien, dass Kinder zur Kooperation tendieren, wenn die Forderungen von elterlicher Wärme und Zuneigung begleitet sind. Und wenn Kinder willig folgen, werden die Eltern wahrscheinlich auch in Zukunft warmherzig und milde sein. Im Gegensatz dazu haben Eltern, die mit Härte und Ungeduld erziehen, Kinder, die sich widersetzen und rebellieren. Und weil schlechtes Betragen der Kinder für die Eltern belastend ist, werden sie weiterhin bestrafen, was zu mehr Ungehorsam des Kindes führt (Dodge, Pettit, & Bates, 1994; Stormshak et al., 2000). Dieses Prinzip gilt auch für andere Familienbeziehungen von zwei Menschen wie die von Bruder und Schwester, Ehemann und Ehefrau und ein Elternteil mit einem erwachsenen Kind. In jedem Fall trägt das Verhalten eines Familienmitgliedes dazu bei, eine bestimmte Interaktionsform bei einem anderen zu unterstützen, die entweder seelisches Wohlergehen fördert oder untergräbt.

■ Indirekte Einflüsse

Die große Bedeutung von Familienbeziehungen für die Entwicklung ist aber noch komplizierter, wenn wir bedenken, dass die Interaktion zwischen jeweils zwei Teilnehmern von anderen beeinflusst wird, die

Die Familie ist ein komplexes soziales System, in dem das Verhalten einer jeden Person das Verhalten der anderen direkt oder indirekt beeinflusst. Die positive Atmosphäre während einer Mahlzeit in dieser saudi-arabischen Familie ist das Produkt vieler Quellen, einschließlich der Eltern, die auf Kinder mit Wärme und Geduld reagieren, Tanten und Onkel, die die Eltern in ihrer Erzieherrolle unterstützen, und der Kinder, die kooperative Dispositionen entwickelt haben.

ebenfalls zu dem Kontext gehören. Bronfenbrenner nennt diese indirekten Einflüsse den Effekt *Dritter*.

Dritte können die Entwicklung unterstützen. Wenn zum Beispiel die elterliche Beziehung warm und liebevoll ist, loben und stimulieren Mütter und Väter ihre Kinder häufiger und nörgeln und schelten seltener mit ihnen. Im Gegensatz dazu neigen Eltern in einer gespannten und feindseligen Ehe zu weniger Offenheit für die Bedürfnisse ihrer Kinder, zu Kritik, zu Äußerung von Ärger und zu Bestrafung (Cox, Paley, & Harter, 2001; Erel & Burman, 1995). Ähnlich können Kinder die Beziehung ihrer Eltern stark beeinflussen. Zum Beispiel zeigen einige Kinder andauernde emotionale Probleme, wenn sich ihre Eltern scheiden lassen, wie wir in Kapitel 10 sehen werden. Dabei haben Langzeitforschungen gezeigt, dass einige Kinder getrennter Eltern lange vor dem ehelichen Bruch impulsiv und trotzig waren. Diese Verhaltensweisen haben möglicherweise zu den elterlichen Problemen beigetragen oder sie sogar verursacht (Amato & Booth, 1996; Hetherington, 1999).

Doch selbst wenn Familienbeziehungen durch dritte Parteien strapaziert werden, können andere Familienmitglieder helfen, die effektive Interaktion wieder herzustellen. Dazu gehören etwa Großeltern. Sie können die Entwicklung der Kinder auf vielerlei

Weise fördern – direkt, indem sie warmherzig auf das Kind reagieren, und indirekt, indem sie den Eltern Erziehungsratschläge geben, ein Vorbild für erzieherisches Können darstellen oder auch finanzielle Hilfe bereitstellen. Wie jeder indirekte Einfluss können Großeltern natürlich zuweilen auch schädlich sein. Wenn zwischen Großeltern und Eltern streitsüchtige Beziehungen herrschen, kann die Eltern-Kind-Beziehung darunter leiden.

■ **Sich an Veränderung anpassen**

Das *Chronosystem* in der Theorie Bronfenbrenners (siehe Seite 34) steht für das dynamische, sich ständig verändernde Spiel der Kräfte innerhalb der Familie. Wichtige Ereignisse wie die Geburt eines Kindes, Berufswechsel oder das Auftauchen eines älteren Familienmitgliedes, das aus Gesundheitsgründen mit in den Haushalt kommt, stellen vor Herausforderungen, die bestehende Beziehungen verändern. Wie solche Ereignisse die Interaktion in der Familie beeinflussen, hängt sowohl von der Unterstützung durch andere Familienmitglieder wie vom Entwicklungsstand eines jeden Teilhabenden ab. So ruft das neue Geschwister ganz andere Reaktionen bei einem Kleinkind hervor als bei einem Kind im Schulalter. Und die Fürsorge für ein krankes altes Großelternteil ist für einen Erwachsenen mittleren Alters, der selbst noch kleine Kinder aufzieht, viel belastender als für einen Erwachsenen gleichen Alters ohne Verpflichtungen in der Kindererziehung.

Die historische Zeit spielt ebenfalls eine Rolle in dem dynamischen Familiensystem. In den vergangenen Jahrzehnten haben eine zurückgehende Geburtenrate, hohe Scheidungsraten und die Veränderung der Rolle der Frauen zu kleineren Familien geführt. Dieses bedeutet in Verbindung mit einer höheren Lebenserwartung, dass mehr Generationen mit weniger Mitgliedern unter den Jüngsten existieren, was zu einer „oberlastigen" Familienstruktur führt. Folglich haben junge Leute heute wahrscheinlich ältere Verwandte als zu jeder anderen Zeit in der Geschichte – ein Umstand, der ebenso bereichernd wie eine Ursache für Spannungen sein kann. Insgesamt werden Beziehungen ständig revidiert, wenn sich dieses komplexe Generationensystem durch die Zeiten bewegt und sich die Familienmitglieder an ihre eigene Entwicklung und die der anderen sowie an äußeren Druck anpassen.

Trotz dieser Variationen gibt es einige allgemeingültige Muster in der Wirkungsweise von Familien. In den Vereinigten Staaten, Kanada und anderen westlichen Nationen haben diese Übereinstimmungen viel mit dem sozioökonomischen Status zu tun.

2.3.2 Sozioökonomischer Status und die Wirkungsweise in der Familie

Menschen in Industrienationen werden auf der Grundlage dessen, was sie arbeiten und wie viel sie dafür verdienen, gesellschaftlich eingeordnet – Faktoren, die ihre soziale Position und ihr ökonomisches Wohlergehen festlegen. Wissenschaftler schätzen den Stand einer Familie auf diesem Kontinuum durch einen Index ein, den man **sozioökonomischen Status (SÖS)** nennt. Er vereint drei miteinander verbundene, aber nicht identische Variablen: (1) Ausbildungsjahre, (2) das Ansehen von und Fähigkeiten für seinen Beruf, die beide den sozialen Status messen, und (3) das Einkommen, welches den finanziellen Status ausdrückt. Da der sozioökonomische Status schwanken kann, sehen sich die Menschen instabilen Umständen ausgesetzt, die sehr stark in das Funktionieren der Familie eingreifen.

Der sozioökonomische Status beeinflusst die Zeitplanung und die Dauer von Phasen im Zyklus des Familienlebens. Menschen, die in gelernten und ungelernten manuellen Berufen (zum Beispiel Maschinisten, Lastwagenfahrer und Wächter) arbeiten, neigen zu früherer Heirat und früherer Elternschaft; sie haben tendenziell mehr Kinder als z.B. Büroangestellte und Akademiker. Die beiden Gruppen unterscheiden sich auch in Werten und Erwartungen. Zum Beispiel neigen Menschen mit niedrigerem sozioökonomischen Status dazu, starken Wert auf äußerliche Merkmale wie Gehorsam, Höflichkeit, Ordnung und Sauberkeit zu legen, wenn man sie nach persönlichen Qualitäten, die sie sich für ihre Kinder wünschen, fragt. Im Gegensatz dazu betonen Eltern mit höherem sozioökonomischem Status psychologische Merkmale wie Neugier, Glück, Selbstbestimmung und kognitive und soziale Reife (Hoff, Laursen, & Tardiff, 2002; Tudge et al., 2000). Ferner engagieren sich Väter in Familien mit höherem sozialem Status mehr in der Kindererziehung und im Haushalt. Väter mit niedrigerem Status legen das Gewicht mehr auf ihre Rolle als Ernährer, teils aus Rollenstereotypien der Geschlechter, teils aus finanzieller Notwendigkeit (Rank, 2000).

Diese Unterschiede werden in der Familieninteraktion reflektiert. Eltern mit höherem sozioökonomischem Status sprechen mehr mit ihren Klein- und Vorschulkindern und geben ihnen mehr Freiheit für Entdeckungen. Wenn ihre Kinder größer sind, geben ihnen Eltern mit höherem Status mehr Wärme, Erklärungen und mündliches Lob. Befehle wie „Tu das, weil ich es dir gesagt habe" sowie Kritik und körperliche Bestrafung finden sich häufiger in Haushalten mit niedrigem Status (Hoff, Laursen, & Tardiff, 2002).

Die Lebensbedingungen der Familien helfen uns, diese Befunde zu erklären. Erwachsene mit niedrigerem Status erleben oft ein Gefühl von Ohnmacht und Mangel an Einfluss in ihren außerhäuslichen Beziehungen. Bei der Arbeit müssen sie zum Beispiel den Regeln anderer, die mehr Macht und Autorität innehaben, folgen. Wenn sie nach Hause kommen, scheint ihre Eltern-Kind-Interaktion diese Erfahrungen zu wiederholen, sie selbst sind dann aber in der Autoritätsposition. Stärkerer Stress und die Überzeugung vom Wert körperlicher Bestrafung führen dazu, strenge disziplinarische Maßnahmen in der Erziehung einzusetzen (Pinder-Hughes et al., 2000). Eltern mit höherem sozioökonomischem Status haben dagegen mehr Kontrolle über ihr Leben. Am Arbeitsplatz sind sie es gewohnt, unabhängige Entscheidungen zu treffen und andere von ihrer Ansicht zu überzeugen. Zu Hause geben sie diese Fähigkeiten an ihre Kinder weiter (Greenberger, O'Neil, & Nagel, 1994).

Die Ausbildung trägt ebenfalls zu Unterschieden zwischen den beiden Gruppen in ihrer Familieninteraktion bei. Das Interesse von Eltern mit höherem Status an verbaler Stimulation und der Stärkung innerer Werte wird durch Jahre des Lernens unterstützt, in denen es darum ging, über abstrakte, subjektive Ideen nachzudenken (Uribe, LeVine, & LeVine, 1994). Schließlich erlaubt die höhere finanzielle Sicherheit besser gestellter Familien, mehr Zeit, Energie und materielle Ressourcen aufzuwenden, um die physische und psychologische Entwicklung ihrer Kinder zu fördern.

Bereits im zweiten Lebensjahr korreliert der sozioökonomische Status positiv mit der kognitiven und der Sprachentwicklung. Während der früheren Kindheit und als Heranwachsende zeigen Kinder aus Familien mit höherem sozialem Status bessere Leistungen in der Schule (Brody, 1997b; Walker et al., 1994). Sie erreichen ein höheres Ausbildungsniveau, was die Wahrscheinlichkeit für ein Erwachsenenleben in Wohlstand sehr erhöht. Forscher glauben, dass Unterschiede in dem Funktionieren von Familien viel mit solchen Umständen zu tun haben.

2.3.3 Der starke Einfluss von Armut

Wenn Familien in Armut geraten, ist die Entwicklung aller Familienmitglieder ernsthaft bedroht. Der Fall von Zinnia Mae aus Trackton, einem Schwarzenviertel in einer kleinen Stadt im Südosten Amerikas verdeutlicht dies (Heath, 1990). Als Trackton in den 1980er Jahren von Arbeitslosigkeit getroffen wurde und die Einwohner wegzogen, trampte die 16-jährige Zinnia Mae nach Atlanta. Zwei Jahre später war Zinnia Mae Mutter von drei Kindern, einer Tochter und zwei Zwillingsjungen. Sie war in ein Hochhaus mit Sozialwohnungen gezogen.

Jeder Tag von Zinnia Mae glich dem nächsten. Sie sah fern und telefonierte mit Freundinnen. Sie bereitete den Kindern nur eine Mahlzeit (Frühstück) zu, sonst aßen sie, wenn sie Hunger hatten oder sich langweilten. Ihr Platz zum Spielen war auf das Sofa im Wohnzimmer und auf eine Matratze auf dem Fußboden begrenzt. Spielsachen bestanden aus Fetzen einer Decke, Löffeln und Nahrungsmittelverpackungen, einem kleinen Gummiball und einem Rollschuh, der im Gebäude liegen gelassen worden war. Zinnia Maes häufigste Worte waren „Ich bin so müde". Sie sorgte sich, wo sie einen kostengünstigen Babysitter herbekommen könnte, um in den Waschsalon oder den Supermarkt gehen zu können und um mögliche Maßnahmen zu ergreifen, den Vater der Zwillinge ausfindig zu machen, der aufgehört hatte, Geld zu schicken.

In den letzten 30 Jahren haben wirtschaftliche Veränderungen in den Vereinigten Staaten und Kanada zu einer wesentlichen Steigerung der Armutsrate geführt; in den letzten Jahren fiel sie zunächst und stieg dann wieder an. Heute leben fast 12 % der Bevölkerung in den Vereinigten Staaten und Kanada unterhalb der Armutsgrenze. Am härtesten betroffen sind Eltern unter 25 Jahren mit kleinen Kindern und alte Menschen, die allein leben. Armut besteht auch verstärkt bei ethnischen Minderheiten und bei Frauen. So sind 17 % der amerikanischen und kanadischen Kinder arm, eine Rate, die bei Amerikanern indianischer Abkunft auf 32 % ansteigt, auf 34 % bei afroamerikanischen und hispanischen Kindern und bei kanadischen Kindern indianischer Abstammung 60 % beträgt (eingeborene Völker in Kanada schließen Ureinwohner, Inuit und Metis ein). Für allein stehende Mütter mit Vorschulkindern und ältere Frauen, die auf sich allein gestellt sind, beträgt die Armutsrate in beiden Ländern fast 50 % (Canadian National Council of Welfare, 2002; U.S. Bureau of the Census, 2002c). In Deutschland sind 23,8 % allein erziehende Mütter mit Kindern unter 18 Jahren so bedürftig, dass sie Sozialhilfe erhalten (Statistisches Jahrbuch für die Bundesrepublik Deutschland, 2003).

Arbeitslosigkeit, eine hohe Scheidungsrate, eine bei Frauen niedrigere Rate von Wiederverheiratung als bei Männern, Verwitwung und (wie wir später sehen werden) unzureichende Programme der Regierungen für die Belange von Familien sind für diese trostlosen Statistiken verantwortlich. Die Armutsrate bei Kindern ist höher als die bei irgendeiner anderen Altersgruppe. Und unter allen westlichen Nationen haben die Vereinigten Staaten einen höheren Prozentsatz extrem armer Kinder. Diese Umstände sind besonders besorgniserregend, denn je eher die Armut beginnt, desto größer ist sie, und je länger sie andauert, desto verheerendere Wirkungen hat sie auf die körperliche und seelische Gesundheit und auf den Schulerfolg (Children's Defense Fund, 2003; Zigler & Hall, 2000).

Die ständige Belastung, welche mit Armut für die Betroffenen einhergeht, zerstört nach und nach das Familiensystem. Arme Familien haben tagtäglich mit vielen Problemen zu kämpfen: Rechnungen müssen bezahlt werden, das Auto geht kaputt, Streichung von Sozialhilfe und Arbeitslosengeld, irgendetwas wurde gestohlen im Haus, um nur einige zu nennen. Wenn die täglichen Krisen auftreten, werden die Familienmitglieder deprimiert, gereizt und beunruhigt, und feindselige Auseinandersetzungen nehmen zu (McLoyd, 1998). Diese Folgen sind besonders schwerwiegend bei Familien, die in schlechten Wohnverhältnissen und gefährlichen Wohngegenden leben müssen – Bedingungen, die den Alltag noch schwieriger gestalten, während sie soziale Unterstützung reduzieren, die Menschen hilft, mit ökonomischen Härten fertig zu werden (Brooks-Gunn & Duncan, 1997).

Außer der Armut hat ein anderes Problem – eines, das es noch vor 25 Jahren in dieser Härte nicht gab – die Lebenschancen vieler Kinder und Erwachsener reduziert. In jeder beliebigen Nacht haben etwa 35.000 Menschen in Kanada und 350.000 Menschen in den Vereinigten Staaten kein Dach über dem Kopf (Pohl, 2001; Wright, 1999). In Deutschland sind es im Verhältnis weniger (vgl. Tompsett et al. 2003). Die Mehrheit davon sind Erwachsene, die auf sich allein gestellt sind und von denen viele unter schweren psychischen Erkrankungen leiden. Aber nahezu 29 % der Obdachlosen in Kanada und 40 % in den Vereinigten Staaten sind Familien mit Kindern. Der Anstieg der Obdachlosigkeit ist durch eine Reihe von Faktoren bedingt. Der wichtigste davon ist die Abnahme der Verfügbarkeit von preiswerten Sozialwohnungen sowie die Entlassung einer großen Anzahl psychisch kranker Menschen aus Krankenhäusern und Institutionen ohne genügend begleitende Programme, die darauf ausgerichtet sind, ihnen Hilfe zur Anpassung an das normale Leben und Besserung ihrer Erkrankung zu geben.

Obdachlosigkeit ist in den letzten beiden Jahrzehnten in den Vereinigten Staaten und Kanada angestiegen. Familien wie diese reisen von Ort zu Ort auf der Suche nach Arbeit und einem sicheren Platz zum Leben. Wegen der ständigen Belastung und Mangel an sozialer Unterstützung sind obdachlose Kinder in der Regel in der Entwicklung zurück, haben Gesundheitsprobleme und weisen eine schlechte psychologische Anpassung auf. In Deutschland sind die Verhältnisse von Familien mit Kindern durch die staatliche Sozialhilfe gemildert.

Die meisten obdachlosen Familien bestehen aus Frauen mit Kindern unter 5 Jahren. Neben Gesundheitsproblemen (die fast alle obdachlosen Menschen betreffen) leiden obdachlose Kinder unter Entwicklungsverzögerungen und schwerem emotionalen Stress (Bratt, 2002). Schätzungsweise 25 bis 30 % der schulpflichtigen Kinder besucht keine Schule. Jene, die eingeschult sind, schneiden schlechter ab als andere arme Kinder, weil sie weniger gut betreut werden und emotionale Schwierigkeiten haben (Vostanis, Grattan, & Cumella, 1997).

2.3.4 Jenseits der Familie: Wohnumfeld, kleine und große Städte

In der ökologischen Systemtheorie unterstreichen das Meso- und das Exosystem, dass die Bande zwischen Familie und Gemeinde für das psychische Wohlergehen das ganze Leben hindurch lebenswichtig sind. Aus unserer Diskussion über Armut können Sie vielleicht ableiten, warum das so ist. In urbanen Regionen, die von Armut betroffen sind, ist das gemeinschaftliche Leben in der Regel zerstört. Die Familien ziehen oft um, Parks und Spielplätze sind in einem schlechten Zustand und Gemeindezentren, die organisierte Freizeitbeschäftigungen anbieten könnten, existieren nicht. Gewalt in Familien, Kindesmisshandlungen und Verwahrlosung sind am häufigsten in den Wohngegenden, in denen die Einwohner mit ihrer Gemeinde unzufrieden sind, die sie als sozial isolierte Lebensräume beschreiben. Im Gegensatz dazu sind Belastungen in der Familie und Anpassungsprobleme weniger häufig, wenn die Familienbande zur Gemeinde stark sind, zu erkennen u.a. am regelmäßigen Kirchenbesuch und häufigen Kontakt mit Freunden und Nachbarn (Garbarino & Kostelny 1993; Magnuson & Duncan, 2002).

■ Wohnumfeld

Eine genaue Betrachtung der Funktionen der Gemeinde im Leben von Kindern und Erwachsenen sollte mit der Wohngegend beginnen. Welche Kindheitserfahrungen haben sie in den Höfen, Straßen und Parks gesammelt, die Ihr Haus umgaben? Wie verbringen Kinder und Erwachsene ihre Zeit, wen lernen sie kennen und wie wichtig sind diese Augenblicke für sie?

Die Ressourcen und sozialen Bande, welche das Wohnumfeld anbietet, spielen eine wichtige Rolle in der Entwicklung von Kindern. In mehreren Studien wurden Familien mit niedrigem sozioökonomischen Status nach dem Zufallsprinzip die Möglichkeit gegeben, aus sozial schwierigen Vierteln in ein Wohnumfeld umzuziehen, in dem wohlhabendere Leute wohnten. Im Vergleich zu ihren Altersgenossen, die in den von Armut heimgesuchten Gegenden blieben, zeigten Kinder und Jugendliche, die in ein Umfeld mit niedriger Armut umzogen, wesentlich bessere körperliche und seelische Gesundheit und bessere Leistungen in der Schule (Goering 1003; Rubinowitz & Rosenbaum, 2000).

Ressourcen, die ein Wohnumfeld anbietet, sind für alle Altersgruppen wichtig für die Entwicklung und das Wohlbefinden. Hier helfen Erwachsene und Kinder bei der Errichtung eines Schuppens für eine bedürftige Familie.

Ressourcen aus dem direkten Wohnumfeld haben auf finanziell schlecht gestellte Personen einen wesentlich größeren Einfluss als auf wohlhabende junge Menschen (McLeod & Shanahan, 1996). Wohlhabende Familien sind weniger abhängig von ihrer unmittelbaren Umgebung hinsichtlich sozialer Unterstützung, Ausbildung und Freizeitaktivitäten. Sie können es sich leisten, ihre Kinder zu Unterrichtsstunden und zum Sport zu transportieren und, wenn nötig, auch in qualitativ bessere Schulen, die nicht in der unmittelbaren Umgebung liegen (Elliott et al., 1996). In einkommensschwachen Wohngegenden werden Programme nach dem Unterricht angeboten, sie sollen fehlende Freizeitaktivitäten u.a. kompensieren. In Wohngegenden mit diesen Programmen lassen sich verbesserte Schulleistungen und bessere emotionale Anpassung in der mittleren Kindheit beobachten (Posner & Vandell, 1994; Vandell & Posner, 1999). Organisationen im Wohnumfeld und informelle soziale Aktivitäten ermöglichen eine günstigere Entwicklung in der Pubertät einschließlich gesteigerten Selbstbewusstseins, besserer Schulleistungen und beruflicher Ambitionen (Gonzales et al., 1996).

Das Wohnumfeld berührt auch das Wohlbefinden von Erwachsenen. Eine berufstätige Mutter zum Beispiel, die sich auf eine Nachbarin verlassen kann, die ihrem Schulkind in ihrer Abwesenheit hilft, und die in einer Gegend mit sicherem Schulweg wohnt, gewinnt damit die Ruhe, die für produktive Arbeit wesentlich ist. Im späten Erwachsenenalter wird das Wohnumfeld zunehmend wichtig, weil ältere Menschen mehr Zeit zu Hause verbringen. Trotz der Verfügbarkeit betreuten Wohnens für alte Menschen bleiben ungefähr 90 % in ihrem alten Wohnumfeld, gewöhnlich im gleichen Umfeld, in dem sie während ihrer Berufsjahre lebten (Parmelee & Lawton, 1990; U.S. Bureau of the Census, 2002c). Die Nähe zu Verwandten und Freunden ist im hohen Alter ein signifikanter Faktor bei der Entscheidung, umzuziehen oder zu bleiben. Wenn nahe Verwandte fehlen, erwähnen die Alten Nachbarn und Freunde in der Nähe als Ressourcen, auf die sie sich am ehesten für körperliche und soziale Unterstützung verlassen (Hooyman & Kiyak, 2002).

■ Kleine und große Städte

Das Wohnumfeld ist in kleine oder große Städte eingebettet, welche das tägliche Leben von Kindern und Erwachsenen mitformen. Eine bekannte Studie untersuchte die Arten von Wohnumfeldern in einer Stadt im Mittleren Westen mit 700 Einwohnern, in die Kinder hineinwuchsen und welche Rolle sie spielten (Barker, 1955). Es gab viele verschiedene Einrichtungen und Kindern wurden wichtige Aufgaben übertragen, etwa die Regale im Lebensmittelladen um die Ecke aufzufüllen, im Stadtorchester zu musizieren und den Schneepflug zu bedienen, wenn Hilfe vonnöten war. Sie erledigten das an der Seite der Erwachsenen, die ihnen Fertigkeiten beibrachten, welche dazu nötig sind, verantwortliche Mitglieder der Gemeinschaft zu werden. Im Vergleich zu großen urbanen Umfeldern bieten kleine Städte stärkere Verbindungen zwischen den einzelnen Bereichen, die das Leben der Kinder beeinflussen. Zum Beispiel besteht häufig Kontakt zwischen Lehrern und Eltern, da die meisten Stadtbewohner sich gegenseitig kennen und die Schule als Zentren des kommunalen Lebens dienen – ein wichtiger Faktor, akademische Leistungen der Kinder zu fördern (Eccles & Harold, 1996).

Ähnlich wie die Kinder kommen Erwachsene in Kleinstädten mit mehr Einrichtungen in Verbindung, und es ist eher wahrscheinlich, dass sie in Führungspositionen gelangen, weil ein größerer Anteil von Einwohnern benötigt wird, die Aufgaben des Gemeindelebens zu erfüllen, zum Beispiel durch Arbeit im Stadtrat und in der Schulverwaltung. Im späten Erwachsenenalter haben Menschen, die in kleinen Städten oder Vororten leben, Nachbarn, die eher zur Hilfe bereit sind. Aus diesem Grunde entwickeln sie eine größere Anzahl warmherziger Beziehungen zu Nichtverwandten (Lawton, 1980). So wie es ein 99-jähriger Einwohner einer kleinen Gemeinde im Mittleren Westen, der allein lebt und ein aktives Leben führt, kommentierte: „Ich glaube nicht, dass ich zurecht kommen würde, wenn ich keine netten Nachbarn hätte." Die Familie von nebenan hilft ihm beim Einkaufen von Lebensmitteln, prüft jeden Abend, ob das Licht im Keller aus ist (ein Signal, dass er sich geduscht hat und im Bett ist), und schaut am Morgen nach, um zu sehen, ob seine Garagentür offen steht (das Signal, dass er aufgestanden und alles in Ordnung ist) (Fergus, 1995).

Natürlich können Kinder und Erwachsene in Kleinstädten nicht regelmäßig in Museen gehen, an professionellen Fußballspielen teilnehmen oder Konzerte besuchen. Die Bandbreite der Einrichtungen ist im Vergleich zu großen Städten begrenzt. In kleinen Städten jedoch ist die Wahrscheinlichkeit eines aktiven Engagements in der Gemeinde über das ganze Leben hinweg größer. Auch sind hier öffentliche Räume relativ sicher und geschützt. In fast allen Einrichtungen sind verantwortungsvolle Erwachsene anwesend, die ein Auge auf die Kinder werfen. Und die älteren Menschen fühlen sich sicherer – ein wichtiger Faktor für das Gefühl der Zufriedenheit mit ihrem Wohnort (Parmelee & Lawton, 1990). Diese Bedingungen lassen sich in den urbanen Wohnräumen unserer Zeit schwer erfüllen.

Der Fall von Zinnia Mae mit ihren drei Kindern, der auf Seite 82 beschrieben wurde, macht deutlich, dass das Gemeinschaftsleben besonders in Vierteln mit vielen Sozialwohnungen untergraben wird; sie werden von jungen allein stehenden Müttern bewohnt, die die Verbindung zu ihren Familien und Freunden nicht aufrechterhalten können, da die öffentlichen Verkehrsmittel und ihre Benutzung zu zeitaufwändig sind. Sie berichten über intensive Gefühle von Einsamkeit in ihren kleinen, voll gestopften Wohnungen. Zinnia Mae erklärte sich bereit, über eine Periode von zwei Jahren ihre Familieninteraktionen auf Band aufzunehmen (Heath, 1990). In 500 aufgenommenen Stunden begann Zinnia Mae nur 18-mal ein Gespräch mit ihrer Tochter und ihren Zwillingen. Von allen Bindungen mit der Gemeinschaft abgeschnitten und überwältigt von finanziellen Sorgen und Gefühlen der Hilflosigkeit, fühlte sie sich unfähig, sich mit ihren Kindern zu beschäftigen. Das Ergebnis war eine karge, nicht stimulierende Umgebung – sehr verschieden von dem Zuhause und der Gemeinde, in der Zinnia Mae selber aufgewachsen war.

2.3.5 Der kulturelle Kontext

Wie wir in Kapitel 1 gesehen haben, kann die menschliche Entwicklung nur dann voll verstanden werden, wenn sie in ihrem größeren kulturellen Kontext betrachtet wird. In den folgenden Abschnitten werden wir uns der Rolle des Makrosystems für die Entwicklung widmen. Als Erstes diskutieren wir die Art und Weise, wie kulturelle Werte und Praktiken den Umweltkontext der Entwicklung berühren. Zweitens betrachten wir, wie eine gesunde Entwicklung abhängig ist von Gesetzen und Regierungsprogrammen, die Menschen schützen und ihr Wohlbefinden fördern.

■ Kulturelle Werte und Praktiken

Die Kultur formt die Familieninteraktion und das Gemeinschaftsleben, kurz alle Aspekte des täglichen Lebens. Manchmal erkennen wir bestimmte Aspekte unserer Kultur erst, wenn wir sie mit anderen vergleichen.

Wenn zukünftige Fachleute über die Frage nachdenken sollen: „Wer sollte dafür verantwortlich sein, kleine Kinder aufzuziehen?", kommen einige dieser typischen Antworten: „Wenn Eltern sich für ein Baby entscheiden, sollten sie auch bereit sein, für es zu sorgen." „Die meisten Leute schätzen es nicht, wenn sich andere in ihr Familienleben einmischen." Diese Antworten spiegeln eine weit verbreitete Meinung in den Vereinigten Staaten und auch Westeuropa wider, dass nämlich die Fürsorge für und das Aufziehen von Kindern und dessen Finanzierung Pflicht der Eltern und nur der Eltern sei (Rickel & Becker, 1997; Scarr, 1996). Diese autonome Sichtweise hat in Nordamerika eine lange Geschichte – eine, in der Unabhängigkeit, das Verlassen auf sich selber und die Intimität von Familienleben als wesentliche Werte entstanden. Dieses ist ein Grund unter anderen, dass die Öffentlichkeit nur langsam die Idee staatlich unterstützter Zuwendungen für alle Familien, wie etwa hoch qualifizierte Kinderbetreuung, akzeptieren konnte. Diese starke Betonung des Individualismus hat auch dazu beigetragen, dass eine große Anzahl amerikanischer und kanadischer Familien arm geblieben ist, auch wenn ihre Mitglieder ihren Lebensunterhalt verdienen (Pohl, 2002; Zigler & Hall, 2000). Den Westeuropäern sind Subventionen von Regierungsseite für Kindererziehung und damit zusammenhängenden Einrichtungen vertrauter.

Obwohl viele Menschen Unabhängigkeit und Privatsphäre schätzen, teilen nicht alle Bürger diese Werte. Einige gehören zu **Subkulturen** – Gruppen von Menschen mit Überzeugungen und Sitten, die sich von denen der Mehrheitskultur unterscheiden. Viele ethnische Minderheitengruppen in den Vereinigten Staaten und Kanada haben kooperative Familienstrukturen, die ihre Mitglieder vor den schädlichen Effekten der Armut bewahren. Wie der Kasten über kulturelle Einflüsse auf der nächsten Seite zeigt, ist die afroamerikanische Tradition der **Großfamilien**, in denen drei oder mehr Haushalte zusammenleben, ein lebendiges Kennzeichen schwarzen Familienlebens, das seinen Mitgliedern ermöglicht hat zu überleben, trotz einer langen Geschichte von Vorurteilen und finanzieller Benachteiligung. Innerhalb der Großfamilie spielen Großeltern eine bedeutsame Rolle, insofern sie die jüngeren Generationen anleiten. Erwachsene mit Schwierigkeiten im Beruf, Eheproblemen oder Schwierigkeiten beim Aufziehen der Kinder erhalten Hilfe und emotionale Unterstützung, und die Fürsorge gilt verstärkt den Kindern und den Alten. Aktive und engagierte Großfamilien sind auch typisch für andere Minderheiten, so Asiaten, hispanische Familien und Ureinwohner in den USA und in Kanada (Harrison et al., 1994).

Das bislang Gesagte hat gezeigt: Kulturen und Subkulturen unterscheiden sich in dem Maß, in welchem *Kollektivismus versus Individualismus* betont wird. In **kollektiven Gesellschaften** definieren sich die Menschen als Teil der Gruppe und stellen Gruppenziele über individuelle. In **individualistischen Gesellschaften** betrachten sich die Menschen als gesonderte Einheiten und sind hauptsächlich an ihren eigenen persönlichen Bedürfnissen interessiert (Triandis, 1995). Obwohl der Individualismus tendenziell ansteigt, wenn die Kulturen komplexer werden, bleiben Unterschiede zwischen den Nationen bestehen. Die Vereinigten Staaten sind streng individualistisch und Kanada liegt zwischen den Vereinigten Staaten und den meisten westeuropäischen Ländern. Wie im nächsten Abschnitt zu sehen sein wird, haben kollektivistische versus individualistische Werte einen starken Einfluss darauf, wie eine Nation damit umgeht, menschliche Entwicklung und Wohlbefinden zu schützen.

Kulturelle Einflüsse: Die afroamerikanische Großfamilie

Die afroamerikanische Großfamilie kann bei den meisten schwarzen Amerikanern auf ihr afrikanisches Erbe zurückgeführt werden. In vielen afrikanischen Gesellschaften gründen jung verheiratete Paare keinen eigenen Haushalt. Stattdessen wohnen sie mit einer großen erweiterten Familie zusammen, die ihre Mitglieder in allen Aspekten des täglichen Lebens unterstützt. Diese Tradition, ein weites Netz verwandtschaftlicher Bande zu unterhalten, überdauerte auch die Zeit der Sklaverei in den Vereinigten Staaten. Seitdem hat sie als Schutzschild gegen den zerstörerischen Einfluss von Armut und Rassenvorurteilen auf afroamerikanische Familien gedient. Heute haben mehr schwarze als weiße Erwachsene Verwandte neben ihren eigenen Kindern, die mit in ihrem Haushalt leben. Afroamerikanische Eltern leben auch enger mit Verwandten zusammen, unterhalten zum Teil familienähnliche Beziehungen mit Freunden und Nachbarn, treffen sich während der Woche häufig mit Verwandten und betrachten sie als sehr wichtige Personen in ihrem Leben (Wilson et al., 1995).

Indem sie emotionale Unterstützung gewähren und Einkommen und wesentliche andere Ressourcen teilen, hilft die afroamerikanische Großfamilie dabei, die Belastung durch Armut und Alleinerziehen eines Kindes zu reduzieren. Zusätzlich helfen Mitglieder der Großfamilie oft beim Aufziehen der Kinder. Darüber hinaus haben schwarze minderjährige Mütter, die in Großfamilien leben, eher die Möglichkeit, eine Oberschule abzuschließen und eine Stelle zu bekommen statt von Sozialhilfe leben zu müssen als andere Mütter, die auf sich selbst gestellt sind. Diese Faktoren verbessern auch das

Starke Bande zu den Familienmitgliedern der Großfamilie haben viele afroamerikanische Kinder davor geschützt, unter Armut und allein mit nur einem Elternteil aufzuwachsen. Diese Großfamilie hat sich versammelt, um den fünfundachtzigsten Geburtstag ihres ältesten Mitgliedes zu feiern.

Wohlbefinden der Kinder (Trent & Harlan, 1994).

Bei allein stehenden Müttern, die bei der Geburt ihres Kindes sehr jung waren, bedeutet das Leben in einer Großfamilie, dass mehr positive Eltern-Kind-Interaktionen während der Vorschuljahre stattfinden. Im Übrigen geht die Gründung eines unabhängigen Haushaltes mit der Hilfe naher Verwandter mit dem verbesserten Aufziehen der Kinder einher. Vielleicht erlaubt diese Lösung der reiferen Mutter, die wirksame elterliche Fähigkeiten entwickelt hat, diese weiterzugeben (Chase-Lansdale, Brooks-Gunn, & Zamsky, 1994). In Familien, die Heranwachsende aufziehen, erhöht die Unterstützung der Verwandten die Wahrscheinlichkeit wirksamen Erziehens, was mit dem Selbstvertrauen, dem emotionalen Wohlbefinden und verminderter Kriminalität bei dem Heranwachsenden in Verbindung gebracht werden kann (Taylor & Roberts, 1995).

Schließlich spielt die Großfamilie eine wichtige Rolle in der Weitergabe der eigenen Kultur. Im Vergleich zur Kernfamilie (welche nur Eltern und ihre Kinder umfasst) wird in einer Großfamilie mehr Nachdruck auf Zusammenarbeit und moralische und religiöse Werte gelegt. Und ältere schwarze Erwachsene, etwa Großeltern und Urgroßeltern, betrachten es als besonders wichtig, ihre Kinder mit dem eigenen kulturellen Erbe vertraut zu machen (Taylor, 2000). Diese Einflüsse stärken Familienbande, schützen die Entwicklung der Kinder und erhöhen die Möglichkeit, dass der Lebensstil der Großfamilie der nächsten Generation weitergegeben wird.

Sozialpolitik und die Entwicklung während der gesamten Lebensspanne

Wenn verbreitet soziale Probleme auftreten wie Armut, Obdachlosigkeit, Hunger und Krankheit, versuchen die Länder, sie mit **sozialpolitischen Maßnahmen** zu lösen – Gesetzen und Regierungsprogrammen, die die herrschenden Bedingungen verbessern sollen. Zum Beispiel mag sich ein Land dafür entscheiden, mehr preiswerte Wohnungen zu errichten, den Mindestlohn und Sozialzuschüsse zu erhöhen, wenn die Armut zunimmt und Familien obdachlos werden. Wenn Untersuchungen darauf hinweisen, dass viele Kinder in der Schule keine Erfolge erzielen, werden Landes- und Bundesregierungen den Schulen möglicherweise mehr Steuergelder bereitstellen und sicherstellen, dass das Geld den Schülern zugute kommt, die es am nötigsten haben. Und wenn Senioren Schwierigkeiten haben, wegen der Inflation mit dem Geld auszukommen, können die Renten erhöht werden.

Nichtsdestotrotz ist die amerikanische und kanadische Politik zum Schutz von Kindern und Jugendlichen hinter der von alten Menschen zurückgeblieben. Und beide Gesetzesvorhaben entwickeln sich ganz besonders langsam in den Vereinigten Staaten.

Politik für Kinder, Jugendliche und Familien. Wir haben bereits in vorhergehenden Abschnitten gesehen, dass, obwohl es vielen nordamerikanischen und westeuropäischen Kindern gut geht, eine große Anzahl von Kindern in einer Umgebung aufwächst, die ihre Entwicklung bedroht. Wie Tabelle 2.5 zeigt, nehmen die Vereinigten Staaten bei keinem der wichtigen Indikatoren der Gesundheit und des Wohlbefindens von Kindern einen guten Rangplatz ein. Kanada schneidet besser ab, weil es einen wesentlich größeren Anteil seiner Ressourcen in Erziehung und Gesundheit investiert. Zum Beispiel gewährt es allen Bürgern eine staatlich finanzierte Gesundheitsfürsorge.

Die Probleme von Kindern und Jugendlichen gehen über die Indikatoren in dieser Tabelle hinaus. So haben zum Beispiel annähernd 14 % amerikanischer Kinder keine Krankenversicherung, womit sie den größten Anteil der nicht versicherten US-Bevölkerung darstellen (Children's Defense Fund, 2002). Außerdem lässt in den Vereinigten Staaten und in Kanada die staatliche Fürsorge für das Wohl der Kinder noch zu wünschen übrig. In beiden Ländern ist vieles in der Qualität der Fürsorge für Kinder unter dem internationalen Standard (Goelman et al., 2000; NICHD Early Child Care Research Network, 2000a). In Scheidungsfamilien vergrößert das schwache Engagement des Vaters für die Unterhaltszahlungen des Kindes die Armut in Familien mit allein erziehenden Frauen. Zum Zeitpunkt ihres Oberschul-Abschlusses haben viele junge Nordamerikaner, die keine Hochschulausbildung anstreben, nicht die beruflichen Voraussetzungen, die sie benötigen, um einen nützlichen Beitrag zur Gesellschaft leisten zu können. Etwa 11 % der Jugendlichen aus den Vereinigten Staaten und Kanada verlassen die Schule ohne einen Abschluss. Jene, die ihre Ausbildung nicht beenden, gehen das Risiko lebenslanger Armut ein (Children's Defense Fund, 2002; Statistics Canada, 2002o). In Deutschland liegt die Zahl der Schüler ohne Schulabschluss bei 9,5 % (vgl. Statistisches Bundesamt, 2003).

Warum waren Versuche, Kindern und Jugendlichen zu helfen, in den Vereinigten Staaten und zu einem geringeren Ausmaß in Kanada besonders schwer zu realisieren? Dabei sind verschiedenste politische und wirtschaftliche Faktoren im Spiel. Nordamerikanische Werte von Selbstbehauptung und Privatsphäre ließen die Regierung zögern, sich in Familienangelegenheiten einzumischen. Ferner sind gute Sozialprogramme teuer und müssen sich gegen andere Programme behaupten, um einen gerechten Anteil an den wirtschaftlichen Ressourcen eines Landes zu erhalten. Kinder können in diesem Prozess leicht übersehen werden, weil sie nicht wählen oder für sich sprechen können, um ihre eigenen Interessen zu schützen, wie es erwachsene Staatsbürger tun (Zigler & Finn-Stevenson, 1999). Stattdessen müssen sie sich auf den guten Willen anderer verlassen, um für die Regierung zu einem zentralen Anliegen zu werden.

Altenpolitik. Bis weit ins 20. Jahrhundert hatten die Vereinigten Staaten nur wenige politische Vorgaben, um ihre alternde Bevölkerung zu versorgen. Zum Beispiel wurden Rentenzahlungen, die das Einkommen der aus dem Arbeitsleben ausgeschiedenen Bürger aufgrund der Beitragszahlungen aus früherer Arbeit sichern, erst in den späten dreißiger Jahren gewährt. Die meisten westlichen Nationen hatten bereits ein Jahrzehnt zuvor oder noch früher ein Sozialsystem zur Hand. In den sechziger Jahren weitete sich die Zahlung der US-Regierung für Programme für alte Menschen rasch aus. Medicare, ein nationales Krankenversicherungsprogramm für ältere Menschen, das teilweise die Kosten für die Gesundheitsfürsorge trägt, wurde eingeführt. Alte Menschen in Kanada profitieren, wie andere Bürger, von einer vollen

Tabelle 2.5

Welchen Rangplatz nehmen die Vereinigten Staaten und Kanada im Vergleich zu anderen Nationen hinsichtlich Indikatoren für die Gesundheit und das Wohlbefinden von Kindern ein?

Indikator	USA Rang[a]	Kanadischer Rang[a]	Einige Länder, denen die Vereinigten Staaten und Kanada im Rang nachgeordnet sind
Armut in der Kindheit[b] (von 23 Industrienationen)	19	19	Australien, Tschechische Republik, Deutschland, Norwegen, Schweden, Spanien
Säuglingssterblichkeit im ersten Lebensjahr (weltweit)	24	15	Hongkong, Irland, Singapur, Spanien
Rate von Schwangerschaften bei Teenagern (von 45 Industrienationen)	45	25	Albanien, Australien, Tschechische Republik, Dänemark, Polen, Niederlande
Ausgaben für Bildung als Prozentsatz des Bruttosozialproduktes (von 22 Industrienationen)	10	6	*Für Kanada:* Israel, Schweden *Für die USA:* Australien, Frankreich, Neuseeland, Schweden
Ausgaben für die Gesundheit als Prozentsatz des Bruttosozialproduktes[c] (von 22 Industrienationen)	16	4	*Für Kanada:* Island, Schweiz, Frankreich *Für die USA:* Österreich, Australien, Ungarn, Neuseeland

[a] 1 = höchster Rang

[b] Die Armutsrate von Kindern in den USA und Kanada beträgt 17 % und ist damit weit höher als in jeder der genannten anderen Nationen. Zum Beispiel beträgt die Rate 12 % in Australien, 6 % in der Tschechischen Republik, 4 % in Norwegen und 2,5 % in Schweden.

[c] Das Bruttosozialprodukt ist der Wert aller Güter und Dienstleistungen, die in einer Nation während eines bestimmten Zeitraumes produziert werden. Es stellt einen Gesamtindex des Wohlstandes einer Nation dar.

Quellen: Perie et al., 2000; Singh & Darroch, 2000; United Nations Children's Fund, 2000; United Nations Development Programme, 2002; U.S. Bureau of the Census, 2002b.

Krankenversicherung, die vom Staat getragen wird, ein System, das in den fünfziger Jahren eingeführt wurde (ebenfalls Medicare genannt). In Deutschland gibt es seit 1883 gesetzliche Krankenversicherungen, und sogar die Pflegekosten für das Alter werden seit kurzem über eine gesetzliche Pflegeversicherung geregelt. 1931 wurde gesetzlich geregelt, dass die Familie in die Krankenversicherung miteinbezogen werden muss.

Sozialversicherung und medizinische Versorgung verbrauchen 96 % des US-Regierungsbudgets für ältere Menschen; nur 4 % sind für andere Programme vorgesehen. Konsequenterweise sind US-Programme für die älteren Menschen dafür kritisiert worden, dass sie soziale Dienstleistungen vernachlässigen (Hooyman & Kiyak, 2002). Um dem Bedürfnis nach sozialen Programmen nachzukommen, wurde ein nationales Netzwerk zur Planung, Koordination und Hilfestellung für ältere Menschen aufgebaut. Annähernd 700 Area Agencies on Aging (Agenturen für ältere Menschen) arbeiten auf regionaler und lokaler Ebene, um Bedürfnisse in Gemeinden zu befriedigen. Sie bieten in kommunalen Zentren Mahlzeiten und Essen-auf-Rädern an, Hilfe zur Selbsthilfe, Drogenprävention für ältere Menschen und ein breites Spektrum anderer sozialer Dienstleistungen. Jedoch führen begrenzte Mittel dazu, dass die Area Agencies viel zu wenigen bedürftigen Menschen helfen können. In Deutschland gibt es von Bezirksämtern der Städte organisierte und subventionierte Treffen älterer Menschen in eigens dafür reservierten Räumlichkeiten.

Wie bereits angemerkt, bleiben viele Senioren, insbesondere Frauen, ethnische Minderheiten und Alleinstehende, in schlechten ökonomischen Ver-

2.3 BIOLOGISCHE UND UMWELTBEDINGTE GRUNDLAGEN

Insgesamt gesehen stehen alte Menschen in den Vereinigten Staaten wirtschaftlich besser da als Kinder. Dennoch sind viele von ihnen – besonders Frauen und ethnische Minderheiten – von Armut betroffen. Amerikanische alte Menschen stehen schlechter da als kanadische, die von Kanadas großzügigeren Einkommenszulagen und der umfassenden Krankenversicherung profitieren.

hältnissen. Jene, die ihre Berufstätigkeit unterbrochen haben, Jobs ohne Sozialleistungen hatten oder lebenslang unter Armut litten, haben keinen Anspruch auf Rentenzahlungen. Alle Amerikaner im Alter von 65 und darüber haben ein garantiertes Mindesteinkommen, aber es liegt unter der Armutsgrenze – dem Betrag, der von der Regierung als notwendig für das schiere Überleben beurteilt wird. Überdies sind Rentenzahlungen als einzige Einkommensquelle in der Regel nicht ausreichend; sie müssen von anderen Einkünften und Familienersparnissen ergänzt werden. Aber ein wesentlicher Prozentsatz von alten US-Bürgern kann das nicht. Deshalb sind sie eher unter den „fast Armen" als andere Altersgruppen (Koff & Park, 1999). Weil Kanada großzügigere Einkommensergänzungen als Teil seines Old Age Security Programs bietet (Absicherheitsprogramm für das Nacherwerbsalter), sind weit weniger kanadische Senioren von Armut betroffen als amerikanische. In Deutschland werden mit den gesetzlich geregelten Sozialabgaben aller Arbeitnehmer auch die Rentenausgaben bestritten. Die Rentenausgaben unterliegen dem Generationenvertrag: aus den Sozialabgaben der gegenwärtigen Arbeitnehmer werden die Renten der heute lebenden älteren Menschen bezahlt.

Dennoch steht die ältere US-Bevölkerung finanziell weit besser da als in der Vergangenheit. Heute sind die älteren Menschen eine große, gut organisierte Gruppe, die weit eher als Kinder oder Familien mit niedrigem Einkommen die Unterstützung von Politikern erfahren. Das führte dazu, dass die Anzahl älterer armer Menschen gesunken ist, und zwar von 1:3 Menschen im Jahre 1960 auf 1:10 im frühen 20. Jahrhundert (U.S. Bureau of the Census, 2002c). Und Senioren sind gesünder und unabhängiger als je zuvor. Doch sind die älteren Menschen in den Vereinigten nicht so gut dran wie die in anderen westlichen Nationen.

■ Ein Blick in die Zukunft

Trotz des beunruhigenden Zustands vieler Kinder, Familien und älterer Bürger wurden Fortschritte für die Verbesserung ihrer Lebensbedingungen gemacht. In diesem Buch werden wir viele erfolgreiche Programme diskutieren, die erweitert werden könnten. Auch hat ein wachsendes Bewusstsein für die Lücke zwischen dem, was wir wissen, und dem, was wir tun, um das Leben der Menschen zu verbessern, Experten für menschliche Entwicklung dazu geführt, sich mit engagierten Bürgern als Fürsprecher für effektivere Politik zu verbünden. Daraus sind zahlreiche einflussreiche Interessengruppen entstanden, die als Hauptziel das Wohlbefinden von Kindern oder alten Menschen verfolgen. Unter den tatkräftigsten befinden sich der Children´s Defense Fund (vergleichbar dem deutschen Kinderschutzbund) und die American Association of Retired Persons (Amerikanische Gesellschaft für Menschen im Ruhestand).

Eine private, gemeinnützige Organisation (1973 von Marion Wright Edelman gegründet), die *Children´s Defense Fund*, engagiert sich in Forschung, öffentlicher Weiterbildung, Erarbeitung von Gesetzen, Aktivitäten im Kongress und Organisationen in der Gemeinde. Jedes Jahr bringt sie den *The State of America's Children* (Bericht zur Lage amerikanischer Kinder) heraus, welcher eine umfassende Analyse der gegenwärtigen Lebensbedingungen von Kindern, Programme der Regierung, die Kinder unterstützen, sowie Vorschläge zur Verbesserung von Kinder- und Familienprogrammen anbietet.

Nahezu die Hälfte aller Amerikaner über 50 (sowohl im Ruhestand wie noch beschäftigt) – mehr als 35 Millionen Menschen – sind Mitglied der *American Association of Retired Persons (AARP)* (Amerikanische Gesellschaft für Menschen im Ruhestand). Im Jahre 1958 von Ethel Percy Andrus gegründet, hat die AARP ein großes und energisches Lobbyistenteam, das sich für größere Zuwendungen des Staates für ältere Menschen einsetzt. Jedes Jahr gibt die Gesellschaft

Umweltbedingungen und Entwicklung

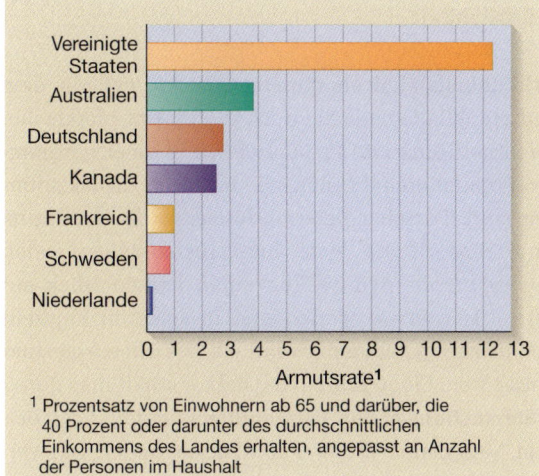

Abbildung 2.7: Prozentsatz der Bürger im Alter von 65 und darüber aus sieben Industrienationen, die in Armut leben. Unter den aufgeführten Ländern sind öffentliche Ausgaben für Sozialversicherung und andere Einkommensquellen für Senioren am höchsten in den Niederlanden, am geringsten in den Vereinigten Staaten (United Nations Development Programme, 2002). Folglich ist Armut unter alten Menschen in den Niederlanden praktisch nicht vorhanden, übertrifft aber in den Vereinigten Staaten die in allen anderen Nationen. Deutschland nimmt den dritten Platz ein.

1973 gründete Marion Wright Edelman den Children´s Defense Fund (vergleichbar dem deutschen Kinderschutzbund), eine private, gemeinnützige Organisation, die eine starke Stimme für amerikanische Kinder darstellt, die nicht wählen können, keine Lobby haben und nicht für sich selber sprechen können. Edelman ist noch heute Präsidentin des Children´s Defense Fund.

die *AARP Public Policy Agenda* (Agenda der AARP für eine Rechtsordnung) heraus, welche die Basis bildet für Aktivitäten auf verschiedenen Gebieten, einschließlich Einkommen, Gesundheitsfürsorge, sozialer Dienstleistungen, Wohnen und persönlicher und öffentlicher Rechte. Ein Programm der AARP besteht darin, die älteren Wähler zu mobilisieren – eine Initiative, welche die Gesetzgeber sensibel auf Gesetzesvorschläge für alte Menschen reagieren lässt.

Neben starken Fürsprechern hängen der Entwurf und das Inkrafttreten von Gesetzen und Bestimmungen zur Förderung der Entwicklung des Einzelnen ab von der einschlägigen Forschung, die Bedürfnisse dokumentiert und Programme evaluiert, um Verbesserungen in Gang zu setzen. Heute arbeiten mehr Forscher mit Gemeinde- und Regierungsgremien zusammen, um die soziale Relevanz ihrer Erkenntnisse besser zu vermitteln. Sie sind auch besser darin geworden, ihre Erkenntnisse in die Öffentlichkeit zu bringen, u.a. durch Dokumentationen im Fernsehen, Zeitungsberichte, Artikel in Zeitschriften und direkte Berichte an Vertreter der Regierung (Denner et al., 1999). Daraus folgt, dass sie ein Bewusstsein für die Dringlichkeit der Verbesserung der Lebensbedingungen von Kindern, Familien und alten Menschen schaffen, das notwendig ist, um eine Gesellschaft zum Handeln zu bewegen.

Prüfen Sie sich selbst ...

Rückblick
Verbindungen zwischen Familie und Gemeinde begünstigen die Entwicklung durch die gesamte Lebensspanne. Zitieren Sie Beispiele und Forschungsergebnisse aus unserer Diskussion, die das belegen.

Anwendung
Bei einem Ihrer Besuche im örtlichen Einkaufszentrum bemerken Sie, wie ein Vater sehr ärgerlich auf seinen kleinen Sohn reagiert. Listen Sie möglichst viele Faktoren auf, die zum Verhalten des Vaters führen können, indem Sie die ökologische Systemtheorie anwenden.

Anwendung
Lesen Sie die Zeitung darauf hin, wie oft Artikel über die Bedingungen von Kindern, Familien und alte Menschen erscheinen. Warum ist es für Forscher wichtig, mit der Öffentlichkeit über das Wohlbefinden in diesen Bevölkerungsgruppen zu kommunizieren?

Zusammenhänge
Wie beeinflusst Armut die Funktion des Familiensystems und gefährdet damit alle Bereiche der Entwicklung?

Prüfen Sie sich selbst ...

2.4 Die Beziehung zwischen Vererbung und Umwelt verstehen

Bisher wurden in diesem Kapitel ein breites Spektrum erblicher und umweltbedingter Einflüsse diskutiert, die alle die Macht haben, den Gang der Entwicklung zu verändern. Dennoch sind Menschen, die in die gleiche Familie hineingeboren wurden (und die dadurch Gene und Umgebung gemeinsam haben), oft ganz unterschiedlich in ihren Wesenszügen. Wir wissen auch, dass manche Individuen stärker als andere durch ihr Zuhause, ihr Wohnumfeld und ihre Gemeinschaft beeinflusst werden. Es gibt Fälle, in denen ein Mensch, der alle Vorteile im Leben hatte, sich schlecht entwickelt, während ein anderer, der den schlimmsten Bedingungen ausgesetzt war, sich positiv entwickelt. Wie erklären Wissenschaftler den starken Einfluss von Vererbung und Umgebung, wenn sie sich so unterschiedlich auswirken?

Alle zeitgenössischen Forscher stimmen darin überein, dass sowohl Vererbung als auch die Umwelt an jedem Aspekt der Entwicklung beteiligt sind. Aber bei polygenetischen Merkmalen (als Folge vieler Gene) wie Intelligenz und Persönlichkeit sind die Forscher noch weit davon entfernt, die genauen erblichen Einflüsse zu kennen. Sie müssen den Einfluss der Gene auf diese komplexen Merkmale indirekt erforschen.

Manche sind der Meinung, dass es sinnvoll und möglich ist, die Frage damit zu beantworten, *wie viel* der jeweilige Faktor zu den Unterschieden zwischen Menschen beiträgt. Die Mehrzahl jedoch betrachtet die Frage als unbeantwortbar. Diese Forscher sehen genetische und umweltbedingte Faktoren als untrennbar an. Die wichtige Frage, die sie beibehalten ist die, wie natürliche Veranlagung und Entwicklungsumwelt zusammenarbeiten. Die jeweiligen Positionen sollen nun näher betrachtet werden.

2.4.1 Die Frage nach dem „Wieviel"?

Zwei Methoden – Erblichkeitsfaktor und Konkordanzraten – werden benutzt, um die Rolle der Vererbung bei komplexen menschlichen Merkmalen abzuleiten. Die Erkenntnismöglichkeiten und die Grenzen, die diese Verfahren bieten, sollen im Folgenden genauer betrachtet werden.

■ Erblichkeit

Erblichkeitsfaktoren messen das Ausmaß, in dem individuelle Unterschiede in komplexen Merkmalen wie Intelligenz und Persönlichkeit in einer bestimmten Population auf genetische Faktoren zurückzuführen sind. Forscher haben Erblichkeit für Intelligenz und eine Reihe von Persönlichkeitsmerkmalen nachgewiesen. Wir wollen einen kurzen Blick auf ihre Erkenntnisse werfen und in späteren Kapiteln auf sie zurückkommen, wenn wir das Thema genauer betrachten. Einen Erblichkeitsfaktor erhält man durch **Untersuchungen von Verwandten** und dem Vergleich von Merkmalen dieser Familienmitglieder. Der verbreiteteste Typ von Verwandtenuntersuchungen vergleicht eineiige Zwillinge, die alle Gene gemeinsam haben, mit zweieiigen, die nur einen Teil gemeinsamer Gene besitzen. Wenn Menschen, die sich genetisch ähnlicher sind, sich auch in Intelligenz und Persönlichkeit mehr ähneln, nehmen die Forscher an, dass Vererbbarkeit eine wichtige Rolle dabei spielt.

Verwandtenstudien der Intelligenz ergeben einige der kontroversesten Erkenntnisse auf dem Gebiet der menschlichen Entwicklung. Einige Experten betonen einen starken genetischen Einfluss, während andere annehmen, dass Vererbung kaum eine Rolle spielt. Derzeit weisen die meisten Ergebnisse der Verwandtenstudien auf eine geringe Rolle der Vererbbarkeit hin. Wenn man viele Zwillingsuntersuchungen überprüft, sind die Korrelationen zwischen eineiigen Zwillingen stets höher als die von zweieiigen. Bei einem Überblick von mehr als 13.000 Zwillingspaaren betrug die Korrelation für Intelligenz 0,86 bei eineiigen und 0,55 bei zweieiigen Zwillingen (Scarr, 1997).

Forscher benutzen ein komplexes statistisches Verfahren, um diese Korrelationen zu vergleichen, und rechnen mit einem Erblichkeitsfaktor, der Werte zwischen 0 und 1.00 einnehmen kann. Der Wert für Intelligenz beträgt in westlichen Industrienationen für Zwillingsstichproben von Kindern und Jugendlichen etwa 0.50. Das weist darauf hin, dass Unterschiede in der genetischen Ausstattung die Hälfte der Variabilität in der Intelligenz erklären können (Plomin, 1994b). Jedoch wächst der Erblichkeitsfaktor im Erwachsenenalter an bis zu einem Wert von 0,80. Wie wir später sehen werden, ist eine mögliche Erklärung für die Höhe dieses Wertes, dass Erwachsene größere Kontrolle über ihre intellektuellen Erfahrungen ausüben als Kinder (McClearn et al., 1997; McGue & Christensen, 2002). Die Intelligenz adoptierter Kinder korreliert stärker mit den Testwerten ihrer biologischen Eltern als mit denen ihrer Adoptiveltern, was einen weiteren Beweis für die Rolle der Vererbung bei der Intelligenzentwicklung darstellt (Horn, 1983; Scarr & Weinberg, 1983).

Forschung über Erblichkeit hat auch gezeigt, dass genetische Faktoren bei Temperament und Persönlichkeit von Bedeutung sind. Bei häufig untersuchten Merkmalen wie Geselligkeit, emotionale Ausdrucksfähigkeit und Aktivitätsniveau haben Erblichkeitsfaktoren bei Kindern, Jugendlichen und jungen erwachsenen Zwillingen moderate Werte zwischen 0,40 und 0,50 ergeben (Rothbart & Bates, 1998). Anders als bei der Intelligenz jedoch nimmt der Erblichkeitsfaktor für die Persönlichkeit über die Lebensspanne hinweg nicht zu (Brody, 1997).

■ Konkordanz

Ein zweites Maß, um den Anteil von Erblichkeit bei komplexen Merkmalen nachzuweisen, ist die **Konkordanzrate**. Sie bezieht sich auf den Prozentsatz von Beispielen, in denen beide Zwillinge ein Merkmal zeigen, wenn es in einem Zwilling vorhanden ist. Forscher benutzen die Konkordanz typischerweise dann, wenn sie den Beitrag der Vererbung bei emotionalen und Verhaltensstörungen untersuchen, die man als vorhanden oder nicht vorhanden einstufen kann.

Die Konkordanzrate bewegt sich von 0 bis 100 Prozent. Ein Wert von 0 bedeutet, wenn ein Zwilling über das Merkmal verfügt, hat es der andere nie. Ein Wert von 100 bedeutet, wenn ein Zwilling ein Merkmal besitzt, hat es der andere auch immer. Wenn eine Konkordanzrate bei eineiigen Zwillingen viel höher ist als bei zweieiigen, nimmt man an, dass die Vererbung eine große Rolle spielt. Zwillingsstudien über Schizophrenie (eine Störung, die Wahnvorstellungen und Halluzinationen, Schwierigkeiten, die Fantasie von der Realität zu unterscheiden, und irrationales und unangemessenes Verhalten umfasst) und über schwere Depressionen zeigen dieses Ergebnismuster. Im Falle von Schizophrenie beträgt die Konkordanzrate bei eineiigen Zwillingen 50 %, bei zweieiigen nur 18 %. Bei schwerer Depression betragen die Werte 69 % und 25 % (Gottesman, 1991; McGuffin & Sargeant, 1991). Adoptionsstudien unterstützen diese Ergebnisse. Biologische Verwandte von schizophrenen und depressiven adoptierten Menschen leiden eher unter diesen Störungen als Verwandte aus der Adoptionsfamilie (Bock & Goode, 1996; Loehlin, Willerman, & Horn, 1988).

Die eineiigen Zwillinge Bob und Bob wurden durch Adoption kurz nach der Geburt getrennt und erst als Erwachsene wieder zusammengebracht. Die beiden Bobs fanden heraus, dass sie sich in vielerlei Hinsicht ähnelten. Beide haben einen akademischen Grad im Ingenieurswesen, beide heirateten Lehrerinnen mit dem Namen Brenda, tragen Brillen, haben Schnauzbärte, rauchen Pfeife und sind bei der freiwilligen Feuerwehr. Die Untersuchung eineiiger Zwillinge, die getrennt aufwuchsen, beweist, dass Vererbung bei vielen psychischen Merkmalen im Spiel ist. Jedoch sind sich nicht alle getrennten Zwillinge so ähnlich wie dieses Paar, und das Übertragen von Erkenntnis über Zwillingsübereinstimmungen auf die Allgemeinbevölkerung ist strittig.

Zusammenfassend lässt sich sagen, dass Konkordanz- und Adoptionsforschung darauf hinweisen, dass die Neigung für Schizophrenie und Depression in Familien teilweise auf genetische Faktoren zurückzuführen ist. Jedoch wissen wir auch, dass die Umwelt eine Rolle spielt, denn die Konkordanzrate für eineiige Zwillinge müsste 100 betragen, wenn Vererbbarkeit die alleinige Rolle spielen würde.

■ Grenzen von Erblichkeit und Konkordanz

Man hat die Gültigkeit von Erblichkeitsfaktor und Konkordanzrate aber auch in Frage gestellt. Erstens bezieht sich jeder Wert nur auf die besondere untersuchte Population und deren einzigartige genetische und umweltbedingte Einflüsse. Man stelle sich zum Beispiel ein Land vor, in dem die Wohnungen, die Schulen und Erfahrungen in der Gemeinschaft sehr ähnlich sind. Unter diesen Bedingungen wären Unterschiede in Intelligenz und Persönlichkeit weitgehend genetisch bedingt und die Einschätzung der Vererbbarkeit wäre nahe am Faktor 1.00. Umgekehrt heißt das, je mehr die Umgebung variiert, desto größer ist die Wahrscheinlichkeit, dass individuelle Unterschiede auf ihr Konto gehen und die Einschätzung der Vererbung eher niedrig ausfällt (Plomin, 1994a).

Zweitens hängt die Gültigkeit des Erblichkeitsfaktors und der Konkordanzrate davon ab, in welchem Ausmaß die untersuchten Zwillingspaare die genetische und umweltbedingte Variation in der Bevölkerung widerspiegeln. Jedoch wurden die meisten der untersuchten Zwillinge unter sehr ähnlichen Bedingungen aufgezogen. Selbst wenn getrennte Zwillinge zur Verfügung stehen, wurden sie von den Jugendämtern oft in privilegierte Haushalte gebracht, die sich in vielerlei Weise ähneln (Eisenberg, 1998). Weil die Umgebung der meisten Zwillingspaare weniger unterschiedlich ist als die der Allgemeinbevölkerung, übertreibt der Erblichkeitsfaktor eher die Rolle der Vererbung.

Der Erblichkeitsfaktor ist strittig, weil er leicht falsch angewendet werden kann. Zum Beispiel hat man hohe Erblichkeitswerte dazu genutzt, zu behaupten, dass ethnische Unterschiede in der Intelligenz, wie sie etwa in schlechteren Leistungen von schwarzen Kindern im Vergleich zu weißen zum Ausdruck kommen, eine genetische Basis haben (Jensen, 1969,1985,1998). Diese Argumentation wird gemeinhin als falsch angesehen. Erblichkeitsfaktoren, die meist an weißen Zwillingsstichproben berechnet wurden, sagen nichts darüber aus, was für die Unterschiede in den Testwerten zwischen ethnischen Gruppen verantwortlich ist. Wir haben bereits gesehen, dass große wirtschaftliche und kulturelle Unterschiede im Spiel sind. In Kapitel 9 werden wir Forschungsergebnisse diskutieren, die darauf hinweisen, dass schwarze Kinder, die in einem frühen Alter durch Adoption in privilegierte Familien kamen, gut über dem Durchschnitt liegende Testwerte erreichen und wesentlich höhere aufweisen als jene von Kindern, die in armen Familien aufwachsen.

Vielleicht hat die ernsthafteste Kritik von Erblichkeitsfaktoren und Konkordanzen mit ihrem Nutzen zu tun. Obwohl es sich um interessante Statistiken handelt, geben sie uns keine genauen Informationen darüber, wie sich Intelligenz und Persönlichkeit entwickeln und wie Individuen auf eine Umgebung reagieren, die so angelegt ist, dass sie ihnen dabei hilft, sich so weit wie möglich zu entfalten (Bronfenbrenner & Ceci, 1994; Wachs, 1999). In der Tat ist die Vererbbarkeit von Intelligenz in privilegierten Familien und Gemeinschaften höher, in denen die Kinder ihre genetische Begabung entfalten können. In einer ungünstigen Umgebung werden Kinder daran gehindert, ihre Potentiale zu realisieren. Folglich hat die Förderung ihrer Erfahrungen durch Interventionen sowie die Weiterbildung der Eltern und hoch qualifizierte Betreuung im Vorschulalter einen größeren Einfluss auf die Entwicklung (Bronfenbrenner & Morris, 1998).

Einer Gruppe von Experten zufolge zeigen Erblichkeitsfaktoren zu viele Probleme, um irgendwelche gültigen Schlussfolgerungen über die relative Stärke von natürlicher Veranlagung und Entwicklungsumwelt zu ergeben (Collins et al., 2000). Obwohl diese Statistiken belegen, dass Vererbung bei komplexen Merkmalen im Spiel ist, sagen sie uns nicht, wie diese Umgebung genetische Einflüsse verändern kann.

2.4.2 Die Frage nach dem „Wie"?

Heute sehen die meisten Forscher Entwicklung als ein dynamisches Zusammenspiel von Vererbung und Umwelt an. Wie arbeiten Vererbung und Umwelt zusammen? Verschiedene Konzepte beleuchten diese Frage.

■ **Reaktionsspielraum**

Das erste dieser Konzepte ist das des **Reaktionsspielraums** oder der bei jeder Person einmaligen, genetisch festgelegten Breite der Reaktionsmöglichkeiten auf die Umwelt (Gottesman, 1963). Sie wird auch mit **Plastizität** bezeichnet. Die Abbildung 2.8 gibt ein Beispiel für die Erforschung des Reaktionsspielraums. Die Reaktionsbreite kann auf jedes Merkmal bezogen werden, hier wird es für Intelligenz belegt. Beachten Sie, dass bei der Variation von einer extrem wenig stimulierenden Umwelt bis zu einer sehr stark stimulierenden die Intelligenz von einem Kind namens Ben gleichmäßig zunimmt, die von Linda steil ansteigt, um dann wieder abzufallen, und die von Ron erst dann zunimmt, wenn die Umgebung leicht stimulierend ist.

Der Reaktionsspielraum beleuchtet zwei wichtige Gesichtspunkte. Erstens zeigt er, dass Menschen unterschiedlich auf die gleiche Umwelt reagieren, weil jeder eine einzigartige genetische Ausstattung hat. Beachtet werden sollte in Abbildung 2.8, wie eine karge Umwelt bei allen drei Individuen zu ähnlich niedrigen Testwerten führt. Aber Linda bringt die bei weitem besten Leistungen, wenn die Umwelt ein mittleres Niveau von Stimulation bringt. Und wenn die Umgebung sehr reich

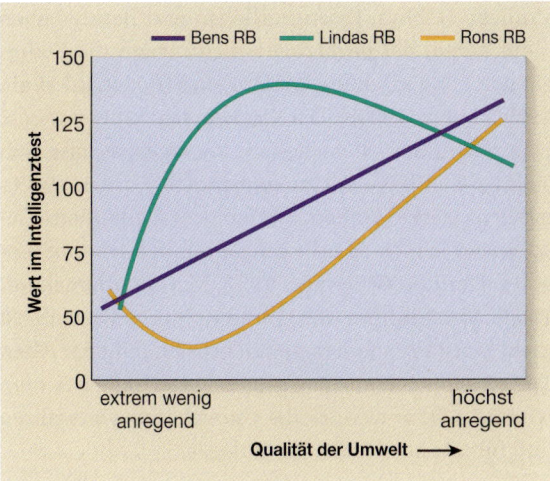

Abbildung 2.8: Intellektuelle Reaktionsbreite (RB) dreier Kinder in einer Umwelt, die von extrem wenig stimulierend bis sehr reich stimulierend variiert. Jedes Kind reagiert gemäß seiner genetischen Ausstattung unterschiedlich auf den Wechsel der Umgebung. Bens Intelligenz nimmt stetig zu, Lindas steigt steil an, um dann wieder abzufallen, und Rons beginnt erst dann zuzunehmen, wenn die Umgebung leicht stimulierend ist (nach Wahlsten, 1994.)

ist an Stimulationen, ist Ben der Beste, gefolgt von Ron, wobei beide jetzt Linda übertreffen. Zweitens können manchmal verschiedene Kombinationen von Genetik und Umwelt zwei Menschen gleich erscheinen lassen. Wenn zum Beispiel Linda in einer wenig stimulierenden Umgebung aufwachsen würde, wäre ihr Wert etwa 100 – was dem allgemeinen Durchschnittswert der Intelligenz entspricht. Ben und Ron können diesen Wert ebenfalls erreichen, aber dafür müssten sie in einer deutlich stimulierenden Umgebung aufwachsen. Insgesamt zeigt der Reaktionsspielraum, dass einzigartige Verbindungen von Vererbung und Umwelt sowohl zu Ähnlichkeiten wie zu Unterschieden im Verhalten führen (Wahlsten, 1994).

■ Kanalisierung

Das Konzept der Kanalisierung liefert eine andere Verstehensweise, wie Vererbung und Umwelt zusammenarbeiten. **Kanalisierung** bedeutet die Tendenz der Vererbung, die Entwicklung einiger Merkmale auf nur eines oder einige wenige Resultate einzuschränken. Eine Verhaltensweise, die stark kanalisiert wird, folgt einem genetisch festgelegten Wachstumsplan, den nur sehr starke Umweltfaktoren verändern können (Waddington, 1957). Zum Beispiel scheint die kindliche Entwicklung von Wahrnehmung und Motorik streng kanalisiert zu sein, weil alle normalen menschlichen Kleinkinder sich drehen, nach Dingen greifen, sich aufrecht hinsetzen, krabbeln und gehen. Es bedarf starker Einflüsse, diese Verhaltensweisen zu verändern. Im Gegensatz dazu sind Intelligenz und Persönlichkeit weniger stark kanalisiert, weil sie unter sich verändernden Umweltbedingungen stark variieren.

Wenn wir Verhaltensweisen betrachten, die durch Vererbung eingegrenzt werden, stellen wir fest, dass Kanalisierung extreme Anpassungsfähigkeit bedeuten kann. Durch sie stellt die Natur sicher, dass Kinder bestimmte der Spezies eigene Fähigkeiten in einem breiten Spektrum von Bedingungen des Aufwachsens entwickeln und dadurch das Überleben garantieren.

■ Korrelation zwischen Genetik und Umwelt

Veranlagung und Umwelt arbeiten noch auf eine andere Weise zusammen. Verschiedene Forscher weisen darauf hin, dass der Versuch, Vererbung und Umwelt voneinander zu trennen, ein größeres Problem darstellt, weil sie oft miteinander korreliert sind (Plomin, 1994b; Scarr & McCartney, 1983). Gemäß dem Konzept der **Korrelation zwischen Genetik und Umwelt** beeinflussen unsere Gene die Umwelt, der wir ausgesetzt sind. Die Art wie das geschieht, verändert sich mit dem Alter.

Passive und evokative Korrelation. Im jüngeren Alter sind zwei Arten der Korrelation zwischen Vererbung und Umwelt die Regel. Die erste nennt man *passive* Korrelation, weil das Kind keine Kontrolle darüber hat. Von früh an bieten die Eltern eine Umwelt, die durch ihre eigene Vererbung beeinflusst ist. Zum Beispiel fördern Eltern, die sehr sportlich sind, Aktivitäten im Freien und melden ihre Kinder zum Schwimmen oder Turnen an. Die Kinder sind dabei nicht nur einer „sportlichen Umgebung" ausgesetzt, sie haben vielleicht auch die sportlichen Fähigkeiten ihrer Eltern geerbt. Folglich werden sie wahrscheinlich aus sowohl genetischen wie umweltbedingten Gründen gute Sportler.

Der zweite Typus der Korrelation von Genetik und Umwelt ist *evokativ*. Kinder führen Reaktionen herbei, die durch ihre Vererbung beeinflusst sind, und diese Reaktionen stärken den originären Stil des Kindes. Zum Beispiel wird ein aktiver, freundlicher Säugling eher mehr soziale Stimulation erhalten als ein passiver, ruhiger Säugling. Und ein kooperatives, aufmerksames Kind wird wahrscheinlich mehr geduldige und

2.4 BIOLOGISCHE UND UMWELTBEDINGTE GRUNDLAGEN

Diese Mutter ist eine perfekte Skifahrerin, die ihren Kindern das Skifahren beibringt. Zusätzlich haben die Kinder möglicherweise das sportliche Talent ihrer Mutter geerbt. Wenn Vererbung und Umwelt korrelieren, begünstigen sie gemeinsam dieselben Eigenschaften und der Einfluss der einen kann nicht vom Einfluss der anderen unterschieden werden.

einfühlsame Interaktionen mit den Eltern erfahren als ein unaufmerksames, ablenkbares Kind.

Aktive Korrelation. Im höheren Alter wird die aktive Korrelation zwischen Genetik und Umwelt zur Regel. Indem Kinder ihre Erfahrungen über die unmittelbare Familie hinaus ausweiten und man ihnen die Freiheit gibt, mehr auszuprobieren, suchen sie aktiv Umgebungen auf, die ihren genetischen Neigungen entsprechen. Das muskulär gut entwickelte Kind mit guter Körperkoordination verbringt mehr Zeit nach der Schule mit Sport, musikalisch begabte Jugendliche werden Mitglied des Schulorchesters und üben Geige und das intellektuell neugierige Kind ist ein häufiger Gast in der Stadtbücherei.

Diese Tendenz, aktiv die Umgebung auszuwählen, die unserer Vererbung entspricht, nennt man **Nischenwahl** (Scarr & McCartney, 1983). Säuglinge und kleine Kinder haben wenige Möglichkeiten zur Nischenwahl, weil die Erwachsenen ihre Umwelt aussuchen. Im Gegensatz dazu sind ältere Kinder, Jugendliche und Erwachsene viel mehr für ihre Umgebung verantwortlich. Der Gedanke der Nischenwahl erklärt, warum eineiige Zwillingspaare, die in der Kindheit getrennt aufgezogen und später wieder vereint wurden, zu ihrer großen Überraschung oft herausfinden, dass sie ähnliche Hobbys, Essensvorlieben und Berufe haben – ein Trend, der bevorzugt auftritt, wenn die Bedingungen der Umgebung ähnlich sind (Bouchard et al., 1990; Plomin, 1994b). Die Nischenwahl hilft uns auch, Langzeitstudien zu verstehen, die ergeben, dass sich eineiige Zwillinge mit zunehmendem Alter in der Intelligenz stärker ähneln, zweieiige und adoptierte Geschwister jedoch etwas weniger ähnlich werden (Loehlin, Horn, & Willerman, 1997; McGue & Bouchard, 1998). Der Einfluss von Vererbung und Umwelt ist nicht konstant, sondern verändert sich mit dem Alter. Mit zunehmendem Alter können genetische Faktoren wichtiger dafür werden, die Umwelt, die wir erfahren und für uns auswählen, festzulegen.

■ Umwelteinflüsse auf die Entfaltung genetischer Programme

Es ist zu beachten, dass in den gerade angestellten Überlegungen der Vererbung ein großer Vorrang eingeräumt wird. Hinsichtlich des Reaktionsspielraumes *begrenzt* sie die Empfänglichkeit für variierende Umwelten. Bei der Kanalisierung *begrenzt* sie die Entwicklung bestimmter Verhaltensweisen. Daher betrachten einige Theoretiker die Korrelation von Genetik und Umwelt als stärker von der Genetik beeinflusst (Harris, 1998; Rowe, 1994). Sie nehmen an, dass die genetische Ausstattung von Kindern diese veranlasst, solche Erfahrungen zu machen, hervorzurufen oder zu suchen, die ihre angeborenen Dispositionen verwirklichen. Andere argumentieren, dass die Vererbung nicht die Erfahrungen oder die Entwicklung in solch rigider Weise diktiert. Wie zum Beispiel der Kasten „Biologie und Umwelt" illustriert, können Eltern und andere liebevolle Erwachsene ungünstige Korrelationen von Genetik und Umwelt entkoppeln. Sie sorgen bei den Kindern oft für Erfahrungen, die die Entfaltung von vererbten Dispositionen verändern und zu günstigen Ergebnissen führen.

Immer mehr Belege weisen darauf hin, dass das Verhältnis zwischen Vererbung und Umgebung keine Einbahnstraße von Genen zur Umwelt und zum Verhalten ist. Stattdessen geht es wie bei anderen Systemeinflüssen auch, die in diesem und vorhergehenden Kapiteln betrachtet wurden, in zwei Richtungen: Gene beeinflussen das Verhalten und die Erfahrungen der Menschen, aber gleichzeitig beeinflussen ihre Erfahrungen und Verhaltensweisen die Entfaltung der genetischen Programme (Gottlieb, 2000). Stimulierung, sowohl innerhalb der Person (Aktivität im Zytoplasma der Zelle) und von außen auf die Person wirkend (das

Biologie und Umwelt: Entkoppelung der Korrelationen von Genetik und Umwelt bei psychischen Erkrankungen und antisozialem Verhalten

Als schizophren diagnostiziert hatten die biologischen Mütter von Lars und Sven solche Schwierigkeiten, den Alltag zu bewältigen, dass sie ihre Söhne zur Adoption freigaben. Lars hatte das Pech, in eine Adoptivfamilie zu geraten, in der Mitglieder, genau wie seine biologische Mutter, psychisch krank waren. Sein Leben zu Hause war chaotisch und seine Eltern straften häufig und vernachlässigten ihn. Svens Adoptiveltern dagegen waren psychisch gesund und zogen ihn mit Liebe, Geduld und Stetigkeit auf.

Lars zeigt eine häufig beobachtete Korrelation von Genetik und Umwelt: eine Disposition für Schizophrenie gepaart mit schlecht angepassten Eltern. Wird er eher als Sven, dessen Adoption diese Verbindung von Genotyp und Umwelt entkoppelte, die psychische Erkrankung entwickeln? In einer großen finnischen Adoptionsstudie verfolgte man fast 200 adoptierte Kinder schizophrener Mütter bis ins Erwachsenenalter (Tienari et al., 1994). Jene, die von gesunden Adoptiveltern aufgezogen wurden, zeigten selten eine psychische Erkrankung, nicht mehr als eine Kontrollgruppe mit gesunden biologischen und Adoptiveltern. Im Gegensatz hierzu häuften sich psychische Schädigungen bei adoptierten Kindern, deren biologische Eltern ebenso gestört waren wie die Adoptiveltern. Diese Kinder entwickelten sehr viel eher eine psychische Erkrankung im Vergleich zu Teilnehmern einer Kontrollgruppe, deren biologische Eltern gesund waren, die jedoch von schwer gestörten Adoptiveltern aufgezogen worden waren.

Ähnliche Ergebnisse stellten sich in etlichen amerikanischen und schwedischen Adoptionsstudien ein, die Ursachen genetischen und umweltbedingten antisozialen

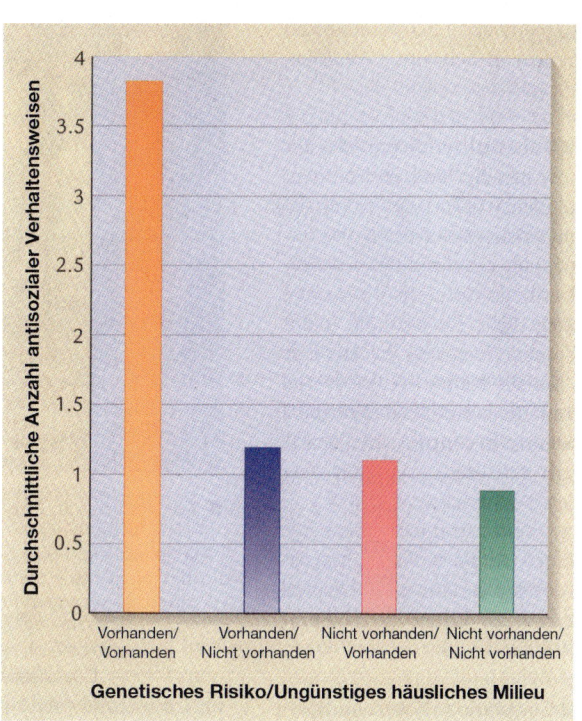

Abbildung 2.9: Antisoziales Verhalten bei Adoptierten, das sich unterschiedlich ausprägt bei genetischem und umweltbedingtem Risiko für Kriminalität. Heranwachsende Adoptierte mit einem genetischem Risiko für Kriminalität zeigten nur dann eine hohe Rate von antisozialem Verhalten, wenn sie in ungünstigen Verhältnissen aufwuchsen. Wenn sie unter günstigen Verhältnissen aufwuchsen, unterschieden sie sich nicht von Adoptierten ohne genetisches Risiko (nach Cadoret, Cain, & Crowe, 1983.)

Verhaltens untersuchten (Bohman, 1996; Yates, Cadoret, & Troughton, 1999). Wie Abbildung 2.9 zeigt, wiesen adoptierte Kinder, deren biologische Mütter in Gefängnissen saßen, als Jugendliche nur dann antisoziale Verhaltensweisen auf, wenn sie in ungünstigen Familienverhältnissen aufwuchsen, definiert durch Adoptiveltern oder -geschwister mit schweren Anpassungsstörungen. In Familien ohne psychische Störungen unterschieden sich adoptierte Kinder mit einer Disposition zur Kriminalität nicht von denen ohne diesen genetischen Hintergrund. Folglich ist die Wahrscheinlichkeit, dass Gene für psychische Störungen zum Ausdruck kommen, viel größer, wenn die Erziehung der Kinder unangemessen ist. Gut funktionierende Familien scheinen die gesunde Entwicklung bei Kindern zu fördern, trotz eines genetischen Risikos von psychischer Erkrankung und Kriminalität bei einem biologischen Elternteil.

2.4 BIOLOGISCHE UND UMWELTBEDINGTE GRUNDLAGEN

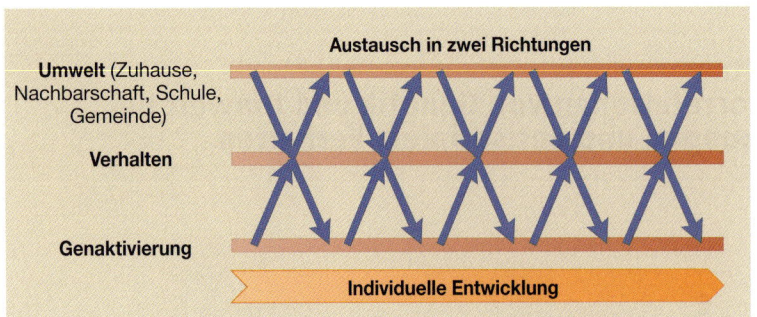

Abbildung 2.10: Der epigenetische Rahmen. Entwicklung rührt her von dem in zwei Richtungen stattfindenden Austausch zwischen Vererbung und allen Ebenen der Umwelt. Gene beeinflussen das Verhalten und die Erfahrungen. Erfahrungen und Verhalten wiederum beeinflussen die Genentfaltung.

Zuhause, Wohnumfeld, Schule und Gemeinde), lösen Genaktivität aus.

Forscher nennen diese Sicht der Beziehung zwischen Vererbung und Umwelt den *epigenetischen Rahmen* (Gottlieb, 1998, 2002). Er wird in Abbildung 2.10 dargestellt. **Epigenese** bedeutet Entwicklung, die herrührt von einem in zwei Richtungen stattfindenden Austausch zwischen Vererbung und allen Ebenen der Umwelt. Zur Illustration: wenn man einem Baby eine gesunde Ernährung gewährt, führt diese zu vermehrtem Wachstum des Gehirns, was wiederum zu neuen Verbindungen zwischen Nervenzellen führt, welche den Ausdruck der Gene transformieren. Dies eröffnet neue Austauschmöglichkeiten zwischen Genen und Umgebung, zum Beispiel vermehrter Exploration von Objekten und Interaktion mit pflegenden Personen, was wiederum das Gehirnwachstum und den Ausdruck der Gene fördert. Diese fortlaufenden Einflüsse in zwei Richtungen begünstigen die kognitive und soziale Entwicklung. Im Gegensatz dazu kann eine schädliche Umwelt die Genentfaltung einschränken, zeitweise so stark, dass spätere Erfahrungen wenig dazu beitragen können, Merkmale (wie Intelligenz) zu verändern, die zu Beginn formbar waren.

Einer der Hauptgründe des Interesses am Thema Veranlagung und Umwelt besteht darin, dass die Forscher die Umwelt so verbessern möchten, dass die Menschen sich so weit wie möglich entwickeln können. Das Konzept der Epigenese zeigt uns, dass Entwicklung am besten verstanden wird als eine Reihe von Austauschprozessen zwischen Veranlagung und Umwelt. Obwohl Menschen nicht in jeder Weise so verändert werden können, wie es wünschenswert wäre, kann die Umgebung genetische Einflüsse modifizieren. Der Erfolg eines jeden Versuches, die Entwicklung zu verbessern, hängt ab von den Merkmalen, die verändert werden sollen, von der genetischen Ausstattung des Individuums und von der Art und dem Zeitpunkt einer Intervention.

Prüfen Sie sich selbst...

Rückblick
Was ist Epigenese und wie unterscheidet sie sich vom Reaktionsspielraum und von der Korrelation zwischen Genetik und Umwelt? Geben Sie ein Beispiel für Epigenese.

Anwendung
Biancas Eltern sind hervorragende Musiker. Im Alter von vier Jahren beginnt Bianca mit Klavierstunden. Mit 10 tritt sie in den Schulchor ein. Im Alter von 14 bittet sie darum, ein spezielles Musikgymnasium besuchen zu dürfen. Erklären Sie, wie die Korrelation von Genetik und Umwelt Biancas Talent gefördert hat.

Zusammenhänge
Ein möglicher Grund für die Zunahme des Vererbungsfaktors in der Intelligenz von der Kindheit ins Erwachsenenalter besteht darin, dass Erwachsene im Vergleich zu Kindern mehr Kontrolle über ihre eigenen intellektuellen Erfahrungen ausüben (siehe S. 94). Welche Art von Korrelation zwischen Genetik und Umwelt ist dabei im Spiel? Welches Licht wirft diese Erklärung auf die Frage, ob Vererbungsfaktoren „reine" Maße genetischer Einflüsse auf menschliche Merkmale erbringen?

Prüfen Sie sich selbst...

Zusammenfassung

Genetische Grundlagen

Was sind Gene und wie werden sie von einer Generation zur nächsten weitergegeben?

- Jeder **Phänotyp** oder die Gesamtheit direkt beobachtbarer Merkmale sind ein Produkt sowohl des **Genotyps** als auch der Umwelt.
- **Chromosomen**, rutenförmige Strukturen im Zellkern, enthalten unsere Erbausstattung. An ihrer Längsseite befinden sich Gene, DNA-Segmente, die dem Zytoplasma der Zelle Instruktionen vermitteln, um eine riesige Auswahl von Proteinen herzustellen – ein Prozess, der uns deutlich als Menschen kennzeichnet und unsere Entwicklung und unsere typischen Merkmale beeinflusst. Wir teilen das Gros unserer genetischen Ausstattung mit anderen Säugetieren, insbesondere mit Primaten.
- **Gameten** oder Geschlechtszellen werden durch den Prozess der Zellteilung hergestellt, bekannt als **Meiose**. Weil jedes Individuum einen einzigartigen Gensatz von jedem Elternteil erhält, stellt die Meiose sicher, dass Kinder genetisch unterschiedlich sind. Wenn sich Samen und Eizelle erst einmal vereinigen, beginnt sich die daraus resultierende Zygote durch Zellteilung oder **Mitose in ein komplexes menschliches Wesen zu entwickeln**.
- Wenn der befruchtende Samen Träger eines X-Chromosoms ist, wird das Kind ein Mädchen werden, wenn er ein Y-Chromosom enthält, wird es ein Junge. Zweieiige oder **dizygote Zwillinge** gibt es dann, wenn zwei Eizellen aus den Ovarien der Mutter freigegeben werden und jedes befruchtet wird. **Eineiige oder monozygote Zwillinge** dagegen entwickeln sich dann, wenn eine Zygote sich in den frühen Zellphasen in zwei Hälften teilt und jede sich selbstständig weiterteilt.

Beschreiben Sie verschiedene Muster genetischer Vererbung.

- **Dominant-rezessive** und **kodominante** Beziehungen sind Muster der Vererbung, die Merkmalen eigen sind, welche durch einzelne Gene kontrolliert werden. Bei der dominant-rezessiven Vererbung sind heterozygote Individuen mit einem rezessiven Gen **Träger** des dominanten Merkmals.
- Wenn rezessive Störungen **X-bedingt** (getragen auf dem X-Chromosom) sind, sind eher männliche Personen betroffen. **Genetische Prägung** ist ein kürzlich entdecktes Vererbungsmuster, bei welchem das Gen eines Elternteils unabhängig von der Ausstattung des Gens aktiviert wird.
- Ungünstige Gene ergeben sich durch **Mutationen von Genen**, die spontan auftreten können oder durch gefährliche Umweltstoffe ausgelöst werden.
- Menschliche Merkmale, die sich ständig verändern, wie Intelligenz und Persönlichkeit, sind **polygenetisch** oder beeinflusst durch viele Gene. Weil die hier beteiligten genetischen Prinzipien unbekannt sind, müssen Wissenschaftler den Einfluss der Vererbung auf diese Merkmale indirekt erschließen.

Reproduktive Auswahl

Beschreiben Sie die wichtigsten Chromosomenanomalien und erklären Sie, wie diese auftreten.

- Die meisten Chromosomenanomalien sind bedingt durch Fehler in der Meiose. Die am häufigsten vorkommende Chromosomenanomalie ist das Downsyndrom, welches zu körperlichen Defekten und geistiger Retardierung führt. Störungen der **Geschlechtschromosomen** sind in der Regel milder als Defekte der **Autosomen**. Entgegen der landläufigen Meinung sind Männer mit XYY nicht aggressiv veranlagt. Die Untersuchung an Kindern mit einem dreifachen X, das Klinefelder- und das Turner-Syndrom, zeigen, dass es zu spezifischen intellektuellen Problemen kommt, wenn der normalen Anzahl der X-Chromosomen etwas hinzugefügt oder etwas abgezogen wird.

Welche Verfahren können helfen, dass künftige Eltern gesunde Kinder haben werden?

- **Genetische Beratung** hilft Eltern, die das Risiko eines Kindes mit genetischen Defekten besitzen, bei der Entscheidung, ob sie ein Kind zeugen sollten. **Pränatale diagnostische Methoden** ermöglichen die frühe Entdeckung genetischer Probleme. Obwohl reproduktive Verfahren wie Befruchtung durch einen Spender, künstliche Befruchtung, Leihmutterschaft und Hilfe zum Empfangen eines Kindes nach der Menopause es vielen Menschen ermöglichen, Eltern zu werden, was sie normalerweise nicht hätten werden können, stellen sich schwerwiegende juristische und ethische Bedenken ein.
- Viele Eltern, die nicht zeugungsfähig sind oder welche die Wahrscheinlichkeit der Übertragung einer genetischen Störung in sich tragen, entscheiden sich zur Adoption. Adoptierte Kinder haben mehr Lern- und emotionale Probleme als Kinder im Allgemeinen. Jedoch verspricht eine warme, einfühlsame Erziehung eine günstige Entwicklung und langfristig betrachtet entwickeln sich adoptierte Kinder gut.

Umweltbedingungen und Entwicklung

Beschreiben Sie die Perspektive sozialer Systeme für das Funktionieren der Familie zusammen mit Aspekten der Umwelt, die das Wohlbefinden und die Entwicklung der Familie unterstützen.

- Genauso komplex wie die Vererbung ist die Umwelt, in welcher sich die menschliche Entwicklung abspielt. Die Familie ist der erste und wichtigste Kontext für die Entwicklung. Die ökologische Systemtheorie betont, dass das Verhalten eines jeden Familienmitgliedes das der anderen beeinflusst. Das Familiensystem ist auch dynamisch, passt sich ständig neuen Gegebenheiten, Entwicklungsveränderungen ihrer Mitglieder und sozialem Wandel an.
- Trotz dieser Variationen ist der **sozioökonomische Status** (SÖS) ein konsistenter Faktor im Funktionieren von Familien. Familien mit hohem sozioökonomischem Status neigen dazu, kleiner zu sein, mehr Gewicht auf die Pflege psychologischer Merkmale zu legen und eine warme, verbal stimulierende Interaktion mit den Kindern zu fördern. Familien mit niedrigem sozioökonomischem Status betonen oft äußerliche Merkmale und neigen zu einer restriktiveren Kindererziehung. Die Entwicklung wird ernsthaft

gestört durch Armut und Obdachlosigkeit.
- Unterstützende Verbindungen zur umgebenden Umwelt fördern das Wohlbefinden über die Lebensspanne hinweg. Gemeinden, die konstruktive Freizeitaktivitäten, freundliche Kontakte zwischen den Einwohnern, Verbindungen zwischen den einzelnen Institutionen und die aktive Teilnahme von Kindern und Erwachsenen fördern, regen die Entwicklung an.
- Die Werte und Praktiken der Kulturen und Subkulturen beeinflussen alle Aspekte des täglichen Lebens. **Großfamilienhaushalte**, in denen drei oder mehr Generationen zusammenleben, sind bei ethnischen Minderheiten häufig. Sie schützen die Entwicklung unter stark belasteten Lebensbedingungen.
- In der komplexen Welt, in der wir leben, hängt die Entwicklung ab von den **Rechtsverordnungen einer Sozialpolitik**. Wirksame soziale Programme werden von vielen Faktoren beeinflusst, unter anderem von kulturellen Werthaltungen, die **Kollektivismus** über **Individualismus** stellen, ferner von den ökonomischen Ressourcen einer Nation sowie Organisationen und Einzelpersonen, die für eine bessere Lebensqualität arbeiten. Amerikanische und kanadische Rechtsverordnungen zum Wohle des Kindes und seiner Familien sind nicht so gut entwickelt wie die für das Wohl der älteren Menschen. In Deutschland werden ständig neue Rechtgrundlagen zum Schutze der Familien geschaffen, um sie den sich wandelnden Bedürfnissen der Menschen anzugleichen.

Die Beziehung zwischen Vererbung und Umwelt verstehen
Erklären Sie verschiedene Wege, wie Umwelt und Vererbung zusammen wirken, um komplexe Wesenszüge zu beeinflussen.
- Einige Forscher nehmen an, dass es nützlich und möglich ist festzulegen, wie viel Vererbung und Umgebung zu individuellen Unterschieden beitragen. Diese Forscher berechnen **Erblichkeitsfaktoren und Konkordanzraten aus der Untersuchung von Verwandten**. Obwohl diese Indizes zeigen, dass genetische Faktoren solche Merkmale wie Intelligenz und Persönlichkeit beeinflussen, werden ihre Genauigkeit und Nützlichkeit bezweifelt.
- Die meisten Wissenschaftler sehen Entwicklung als Ergebnis eines dynamischen Zusammenspiels von Veranlagung und Umwelt an und stellen die Frage, wie Vererbung und Umwelt zusammenarbeiten. Die Konzepte von **Reaktionsspielraum, Kanalisierung, Gen-Umwelt-Korrelation, Nischenwahl und Epigenese** führen uns vor Augen, dass Entwicklung am besten zu verstehen ist als eine Reihe komplexer Austauschfunktionen zwischen Veranlagung und Umwelt, die sich über die Lebenszyklen hinweg verändern.

Wichtige Fachtermini und Begriffe

Autosome S. 62
Chromosomen S. 60
Desoxyribonukleinsäure S. 60
dizygot S. 62
DNA S. 60
dominant-rezessive Vererbung S. 64
Epigenese S. 98
Erblichkeitsfaktoren S. 92
Gameten S. 61
Gen S. 60
genetische Beratung S. 71
genetische Prägung S. 68
Geschlechtschromosomen S. 62
Großfamilien S. 86
heterozygot S. 63
homozygot S. 63
individualistische Gesellschaften S. 86
Kanalisierung S. 95
Kodominanz S. 65
kollektive Gesellschaften S. 86
Konkordanzrate S. 93
Korrelation zwischen Genetik und Umwelt S. 95
Meiose S. 61
Mitose S. 61
monozygote Zwillinge S. 63
Mutation S. 68
Nischenwahl S. 96
Phänotypus S. 60
Plastizität S. 94
polygenetische Vererbung S. 69
pränatale Diagnostik S. 71
Reaktionsspielraum S. 94
sozialpolitische Maßnahmen S. 88
sozioökonomischer Status (SÖS) S. 81
Subkulturen S. 86
Träger S. 64
Untersuchungen von Verwandten S. 92
X-bedingte Vererbung S. 67
zweieiig S. 62
Zygote S. 61

Pränatale Entwicklung, Geburt und das Neugeborene

3

3.1 Pränatale Entwicklung 102
    Empfängnis 102
    Das Stadium der befruchteten Eizelle 103
    Embryostadium 105
    Fötusstadium 106

3.2 Pränatale Einflüsse der Umwelt 109
    Missbildungen hervorrufende Stoffe (Teratogene) 109
    Andere mütterliche Faktoren 117
    Die Bedeutung pränataler Gesundheitsvorsorge 120

3.3 Die Geburt 122
    Die Phasen der Geburt 122
    Die Anpassung des Kindes an die Wehen und die Geburt ... 123
    Die Ankunft des Neugeborenen 124
    Einschätzung der körperlichen Verfassung des Neugeborenen:
    die Apgar-Skala 124

3.4 Umgang mit der Geburt 125
    Natürliche oder vorbereitete Geburt 126
    Hausgeburten 126

3.5 Medizinische Interventionen 127
    Überwachen des Fötus mit Monitoren 127
    Medikamente bei Wehentätigkeit und Entbindung 128
    Kaiserschnitt 128

3.6 Frühgeburten und Säuglinge mit zu niedrigem Geburtsgewicht 129
    Frühgeburt versus Unterentwicklung 130
    Folgen für die Säuglingspflege 130
    Interventionen bei früh geborenen Kindern 131

3.7 Geburtskomplikationen verstehen 134

3.8 Die Fähigkeiten des Neugeborenen 135
    Reflexe von Neugeborenen 135
    Zustände des Neugeborenen 137
    Sensorische Fähigkeiten 142
    Die Einschätzung des Verhaltens von Neugeborenen 144

3.9 Die Anpassung an die neue Familieneinheit 145

ÜBERBLICK

> Nach langen Überlegungen, ob es der rechte Zeitpunkt in ihrem Leben sei, entschieden sich die Studenten Dana und Jörg dafür, ein Kind zu bekommen. Sie besuchten ein Seminar über die Entwicklung des Kindes, als Dana gerade im zweiten Monat schwanger war. Beide waren voller Fragen: „Wie wächst das Baby vor der Geburt? Wann bilden sich die verschiedenen Organe? Schlägt schon sein Herz? Kann es hören, fühlen und unsere Gegenwart ausmachen?"
>
> Vor allem aber wollten Dana und Jörg alles tun, um sicherzustellen, dass ihr Baby gesund zur Welt kommen würde. Zuerst glaubten sie, dass die Gebärmutter den sich entwickelnden Organismus von allen Gefahren aus der Umwelt abschirmen würde. Sie dachten, dass alle Babys, die mit Problemen geboren wurden, ungünstige Gene hätten. Nachdem sie etliche Bücher über Schwangerschaft gelesen hatten, erkannten Dana und Jörg, dass ihre Ansicht falsch war. Dana machte sich über ihre Ernährung Gedanken. Und sie fragte im Seminar, ob ein Aspirin gegen Kopfschmerzen, ein Glas Wein zum Abendessen oder einige Tassen Kaffee während der Stunden, in denen sie lernte, schädlich sein könnten.
>
> In diesem Kapitel beantworten wir die Fragen von Dana und Jörg zusammen mit vielen weiteren Fragen, die sich Wissenschaftler über die Vorgänge vor der Geburt gestellt haben. Zunächst werden wir der pränatalen Entwicklung nachspüren, indem wir sowohl besondere Aufmerksamkeit auf Hilfen durch die Umwelt für ein gesundes Wachstum legen werden als auch auf schädliche Einflüsse, welche die Gesundheit und das Überleben des Kindes bedrohen. Danach wenden wir uns den Vorgängen während der Geburt zu. Heute haben die Frauen in den Industrienationen viel mehr Möglichkeiten als je zuvor zu entscheiden, wo und wie sie gebären möchten, und moderne Krankenhäuser bemühen sich oft sehr, die Geburt zu einem bewegenden Familienereignis werden zu lassen.
>
> Danas und Jörgs Sohn Jonas zog große Vorteile aus ihrer Aufmerksamkeit für seine Bedürfnisse während der Schwangerschaft. Er war bei der Geburt kräftig, munter und gesund. Aber der Geburtsvorgang verläuft nicht immer so glatt. Das Für und Wider medizinischer Interventionen wie schmerzlindernde Medikamente und chirurgische Entbindungen, die dazu geschaffen wurden, eine schwierige Geburt zu erleichtern und die Gesundheit von Mutter und Kind zu schützen, werden vorgestellt. Unsere Diskussion wird auch die Entwicklung von Säuglingen berühren, die mit Untergewicht oder zu früh, vor Vollendung der pränatalen Periode, geboren wurden. Wir schließen ab mit einer Betrachtung der bemerkenswerten Fähigkeiten Neugeborener.

3.1 Pränatale Entwicklung

Samen und Eizelle, die sich vereinen, um das neue Individuum zu bilden, sind hervorragend für die Aufgabe der Fortpflanzung geeignet. Die Eizelle ist eine winzige Kugel, 0,009 mm im Durchmesser, dem nackten Auge fast nicht sichtbar. Aber in ihrer mikroskopischen Welt ist sie ein Riese – die größte Zelle im menschlichen Körper. Die Größe der Eizelle macht sie zu einem perfekten Ziel für das viel kleinere Sperma, das nur etwa 0,003 mm misst.

3.1.1 Empfängnis

Ungefähr einmal alle 28 Tage, in der Mitte des Menstruationszyklus der Frau, erscheint aus einem ihrer *Eierstöcke*, zwei wallnussförmigen Organen tief im Inneren ihres Unterleibes, eine Eizelle und wird in eine ihrer zwei *Eileiter* – langen, dünnen röhrenartigen Gebilden, die in die hohle, weich gefütterte Gebärmutter führen, geleitet (siehe Abbildung 3.1). Während die Eizelle unterwegs ist, bringt der Punkt auf dem Eierstock, von dem die Eizelle freigelassen wurde, jetzt *Gelbkörper* genannt, ein Hormon hervor, das die Wand der Gebärmutter darauf vorbereitet, eine befruchtete Eizelle aufzunehmen. Wenn keine Schwangerschaft eintritt, schrumpft der Gelbkörper zusammen und die Auskleidung des Uterus wird zwei Wochen später bei der Menstruation ausgeschieden.

Der Mann produziert Samen in großer Menge – durchschnittlich 300 Millionen am Tag – im *Hoden,* zwei Drüsen, die sich im *Hodensack* befinden, der gleich hinter dem Penis liegt. Im letzten Teil des Reifungsprozesses entwickelt jedes Sperma einen Schwanz,

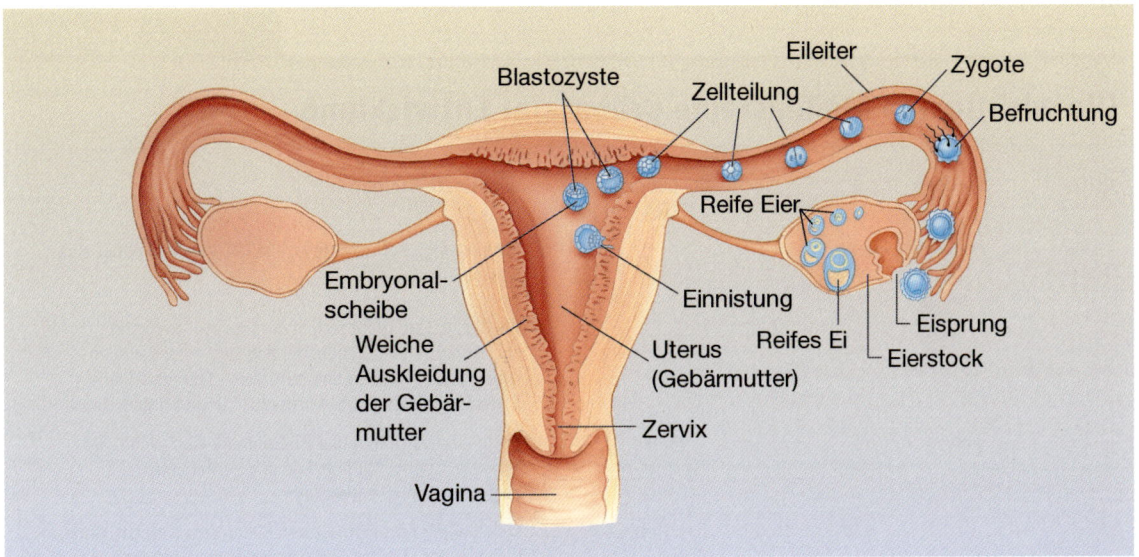

Abbildung 3.1: Die weiblichen Fortpflanzungsorgane, die die Befruchtung, frühe Zellteilung und Einnistung der Eizellen zeigen. Während sich die Geschlechtszelle den Eileiter hinunterbewegt, beginnt sie sich zu teilen, zuerst langsam, und dann schneller. Um den vierten Tag bildet sie einen hohlen, mit Flüssigkeit gefüllten Ball, Blastozyste genannt. Aus den inneren Zellen entsteht der neue Organismus. Die äußeren Zellen oder Trophoblasten stellen die schützende Hülle zur Verfügung. Am Ende der ersten Woche beginnt sich die Blastozyste in der Gebärmutterwand einzunisten (aus K. L. Moore and T. V. N. Persaud, 1998, Before We Are Born, Philadelphia: Saunders, S. 44.)

der ihm erlaubt, lange Entfernungen zu schwimmen, den weiblichen Fortpflanzungstrakt hoch, durch den *Gebärmutterhals* (Öffnung der Gebärmutter) in den *Eileiter,* wo die Befruchtung stattfindet. Die Reise ist schwierig und viele Spermien sterben ab. Nur 300 bis 500 erreichen die Eizelle, wenn sie denn vorhanden ist. Sperma bleibt bis zu sechs Tage am Leben und kann damit auf die Eizelle warten, die nur einen Tag nach ihrer Entlassung in den Eileiter überleben kann. Meistens findet die Empfängnis durch einen Geschlechtsverkehr innerhalb eines Zeitraums von drei Tagen statt – am Tage des Eisprungs oder an einem der zwei vorhergehenden Tage (Wilcox, Weinberg, & Baird, 1995).

Mit der Empfängnis beginnt sich die pränatale Entwicklung zu entfalten. Die gewaltigen Veränderungen, die während der 38 Wochen der Schwangerschaft stattfinden, teilen sich in der Regel in drei Phasen auf: (1) die der befruchteten Eizelle, (2) die des Embryos und (3) die des Fötus. Tabelle 3.1 fasst die Meilensteine pränataler Entwicklung in jedem der drei Stadien zusammen.

3.1.2 Das Stadium der befruchteten Eizelle

Das Stadium der befruchteten Zelle dauert von der Befruchtung an etwa zwei Wochen, bis die winzige Zellmasse den Eileiter hinuntertreibt und ihn dann verlässt, um sich in der Gebärmutterwand festzusetzen. Die erste Zellteilung der befruchteten Eizelle ist lang und ausgedehnt; sie ist erst 30 Stunden nach der Empfängnis abgeschlossen. Nach und nach werden auf schnellere Weise neue Zellen hinzugefügt. Um den vierten Tag herum bilden 60 bis 70 Zellen einen hohlen, mit Flüssigkeit gefüllten Ball, *Blastozyste* genannt (siehe wieder Abbildung 3.1). Die Zellen auf der Innenseite, *Embryonalscheibe* genannt, werden der neue Organismus sein; der äußere Zellenring, *Trophoblast* genannt, wird die schützende Hülle zur Verfügung stellen.

■ Einnistung

Zwischen dem siebten und neunten Tag nach der Befruchtung findet die **Einnistung** (Implantation) statt: die Blastozyste gräbt sich tief in die Gebärmutterwand

Tabelle 3.1

Die wichtigsten Meilensteine pränataler Entwicklung

Drittel	Stadium	Woche	Länge und Gewicht	Wichtigste Ereignisse
Erstes Drittel	Befruchtete Eizelle	1		Die einzellige befruchtete Eizelle teilt sich und bildet eine Blastozyste.
		2		Die Blastozyste gräbt sich in die Gebärmutterwand ein. Strukturen entstehen, die den sich entwickelnden Organismus ernähren und schützen – Embryonalhülle, Zottenhaut, Dottersack, Mutterkuchen und Nabelschnur.
	Embryo	3-4	6 mm	Ein primitives Gehirn und Rückenmark erscheinen. Herz, Muskeln, Rippen, Wirbelsäule und Verdauungstrakt beginnen, sich zu entwickeln.
		5-8	2,5 cm; 4 g	Viele äußere Körperstrukturen bilden sich (Gesicht, Arme, Beine, Zehen, Finger) und innere Organe entstehen. Der Berührungssinn beginnt sich zu entwickeln und der Embryo kann sich bewegen.
	Fötus	9-12	7,6 cm; weniger als 28 g	Eine rapide Zunahme der Größe setzt ein. Nervensystem, Organe und Muskeln werden organisiert und verbunden, und neue Verhaltensfähigkeiten (Treten, Saugen, Öffnen des Mundes und Versuche zu atmen) erscheinen. Äußere Genitalien sind im Ansatz sichtbar und das Geschlecht des Fötus steht fest.
Zweites Drittel		13-24	30 cm; 820 g	Der Fötus wächst weiterhin sehr schnell. In der Mitte dieses Stadiums können Bewegungen des Fötus von der Mutter gespürt werden. Käse-/Fruchtschmiere und Flaumhaar bewahren die Haut des Fötus davor, in der Flüssigkeit der inneren Eihaut rissig zu werden. Die meisten Nerven des Gehirns sind um die 24. Woche vorhanden. Die Augen sind lichtempfindlich und der Fötus reagiert auf Laute.
Drittes Drittel		25-38	50 cm; 3400 g	Der Fötus hat Überlebenschancen, wenn er zu diesem Zeitpunkt geboren wird. Die Größe nimmt zu. Die Lunge reift. Die schnelle Entwicklung des Gehirns führt zur Zunahme von sensorischen und Verhaltensfertigkeiten. In der Mitte dieser Periode wird unter der Haut eine neue Fettschicht gebildet. Von der Mutter werden Antikörper auf den Fötus übertragen, um ihn vor Krankheit zu schützen. Die meisten Föten drehen sich in eine aufrechte Position zur Vorbereitung der Geburt.

Quellen: Moore & Persaud, 1998; Nilsson & Hamberger, 1990.

ein. Umgeben vom nährenden mütterlichen Blut, beginnt sie rasch zu wachsen. Der Trophoblast (die schützende äußere Schicht) teilt sich am schnellsten. Er formt eine Membran, **Amnion (Embryonalhülle)** genannt, die den sich entwickelnden Organismus mit *amniotischer Flüssigkeit* umhüllt, welche die Temperatur der pränatalen Welt konstant erhält und ein Kissen gegen alle möglichen Erschütterungen bietet, die durch Bewegungen der Frau verursacht werden. Ein *Dottersack* bildet sich, der so lange Blutzellen herstellt, bis Leber, Milz und Knochenmark reif genug sind, diese Aufgabe zu übernehmen (Moore & Persaud, 1998).

Die Vorgänge dieser beiden ersten Wochen sind heikel und von unsicherem Ausgang. Bis zu 30 % der befruchteten Eizellen gelangen nicht durch diese Phase. Bei einigen vereinen sich Samen und Eizelle nicht sauber. Bei anderen fängt die Zellteilung gar nicht erst an. Durch die Verhinderung der Einnistung schafft die Natur in solchen Fällen schnell fast alle pränatalen Anomalien aus dem Weg (Sadler, 2000).

Pränatale Entwicklung

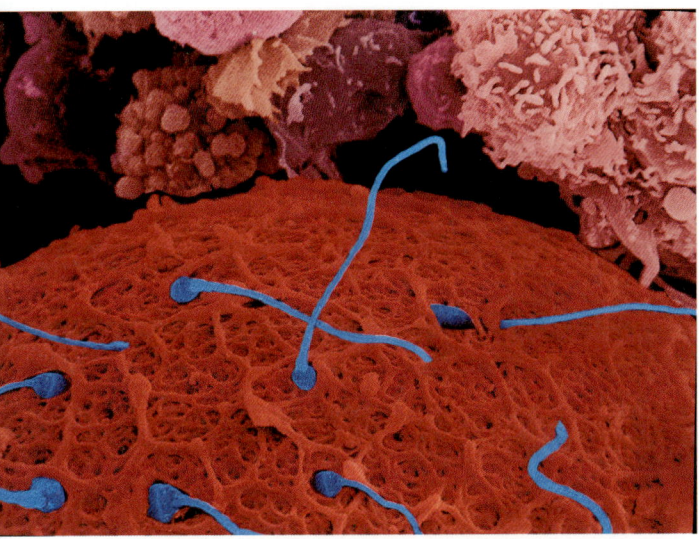

Auf diesem mit Hilfe eines sehr starken Mikroskops aufgenommenen Foto haben Samen ihre Reise hinauf in den weiblichen Fortpflanzungstrakt vollendet und beginnen, die Oberfläche der riesig aussehenden Eizelle, der größten Zelle im menschlichen Körper, zu durchstoßen. Wenn einer der Samen erfolgreich die Eizelle befruchtet hat, wird die Zelle anfangen sich zu teilen.

Nahrungsstoffen transportiert, und zwei Arterien, die Abfallprodukte entfernen. Die Kraft des Blutstroms, der durch die Nabelschnur fließt, hält diese straff, so dass sie sich selten mit dem Embryo verheddert, dieser, gleich einem Astronauten, der im Weltall spazieren geht, treibt frei in seiner mit Flüssigkeit gefüllten Kammer (Moore & Persaud, 1998).

Am Ende des Stadiums der befruchteten Eizelle hat der sich entwickelnde Organismus Nahrung und eine Unterkunft gefunden. Diese dramatischen Anfänge geschehen, bevor die meisten Frauen wissen, dass sie schwanger sind.

3.1.3 Embryostadium

Das **Embryostadium** dauert von der zweiten Woche bis nach der achten Woche der Schwangerschaft. Während dieser sechs kurzen Wochen ereignen sich die schnellsten pränatalen Veränderungen, da für alle Körperstrukturen und inneren Organe der Grundstein gelegt wird.

■ Plazenta und Nabelschnur

Gegen Ende der zweiten Woche bilden Zellen des Trophoblasts eine weitere schützende Membran – das **Chorion (die Zottenhaut)**, welche das Amnion (die Embryonalhülle) umgibt. Aus dem Chorion kommen winzige, fingerähnliche *Zottenhaare* oder Blutgefäße hervor.[1] Wenn sich diese Zottenhaare in die Gebärmutterwand eingraben, beginnt sich die **Plazenta (der Mutterkuchen)** zu entwickeln. Indem sie das Blut von Mutter und Embryo eng zusammenbringt, macht es die Plazenta möglich, dass Nahrung und Sauerstoff den sich entwickelnden Organismus erreichen und Abfallprodukte weggeschafft werden. Es bildet sich eine Membran, die für den Austausch dieser Substanzen sorgt, aber verhindert, dass das Blut von Mutter und Embryo sich direkt vermischen.

Die Plazenta ist mit dem sich entwickelnden Organismus über die **Nabelschnur** verbunden, die zunächst wie ein winziger Stängel erscheint und nach und nach auf eine Länge von 30 bis 90 cm anwächst. Die Nabelschnur enthält eine große Vene, die Blut mit

[1] Rufen Sie sich aus Kapitel 2 ins Gedächtnis zurück, dass die Chorion-villosum-Probe eine pränatale diagnostische Methode ist, die frühestens in der Zeit von 6 bis 8 Wochen nach der Empfängnis durchgeführt werden kann.

■ Letzte Hälfte des ersten Monats

In der ersten Woche dieser Periode bildet die Embryonalscheibe drei Zellschichten: (1) das *Ektoderm,* aus

Stadium der Zygote, der befruchteten Eizelle: siebter bis neunter Tag. Die befruchtete Eizelle teilt sich mit zunehmender Schnelligkeit und formt einen hohlen Zellball oder eine Blastozyste um den vierten Tag nach der Befruchtung. Hier gräbt sich die Blastozyste, tausendfach vergrößert, zwischen dem siebten und neunten Tag in die Gebärmutterwand ein.

dem das Nervensystem und die Haut entstehen; (2) das *Mesoderm,* aus dem sich Muskeln, das Skelett, das Kreislaufsystem und andere innere Organe entwickeln werden; und (3) das *Endoderm,* aus dem das Verdauungssystem, Lunge, Harntrakt und Drüsen entstehen. Aus diesen drei Schichten entstehen alle Teile des Körpers.

Das Nervensystem entwickelt sich am schnellsten. Das Ektoderm faltet sich ein und bildet ein **Neuralrohr**, aus dem Rückenmark und Gehirn entstehen. Während sich das Nervensystem entwickelt, beginnt das Herz damit, Blut zu pumpen, und Muskeln, Rückgrat, Rippen und Verdauungssystem kommen in Erscheinung. Am Ende des Monats besteht der zusammengerollte Embryo – nur 0,86 cm lang – aus Millionen organisierter Zellgruppen mit spezifischen Funktionen.

■ Der zweite Monat

Im zweiten Monat schreitet das Wachstum rasch voran. Augen, Ohren, Nase, Kinn und Hals bilden sich. Winzige Knospen werden zu Armen, Beinen, Fingern und Zehen. Innere Organe bilden sich aus: die Eingeweide wachsen, das Herz teilt sich in getrennte Kammern und Leber und Milz übernehmen die Produktion von Blutzellen, so dass der Dottersack nicht mehr benötigt wird. Die sich verändernden Körperproportionen führen dazu, dass die Haltung des

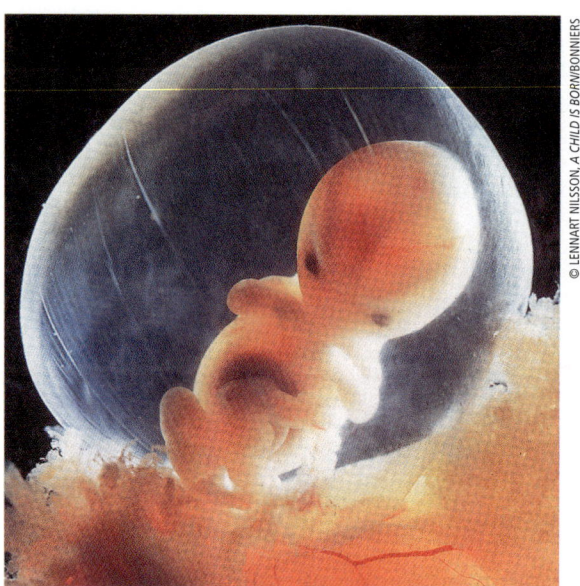

Embryostadium: siebte Woche. Die Haltung des Embryos ist aufrechter. Körperstrukturen – Augen, Nase, Arme, Beine und innere Organe – sind ausgeprägter. Ein Embryo in diesem Alter reagiert auf Berührung. Er kann sich auch bewegen, obwohl er mit weniger als 3 cm Länge und 28 g Gewicht noch zu winzig ist, um von seiner Mutter gespürt zu werden.

Embryos aufrechter wird. Mittlerweile 2,5 cm lang und 28 g schwer, kann der Embryo die Welt spüren. Er reagiert auf Berührung, besonders in der Mundgegend und an den Fußsohlen. Und er kann sich bewegen, obwohl sein zartes Flattern noch zu leicht ist, um von der Mutter wahrgenommen zu werden (Nilsson & Hamberger, 1990).

3.1.4 Fötusstadium

In ihrer Dauer von der neunten Woche bis zum Ende der Schwangerschaft ist das Stadium des **Fötus** die Phase von „Wachstum und Vollendung". Während dieser längsten pränatalen Periode nimmt der Organismus rasch an Größe zu.

■ Der dritte Monat

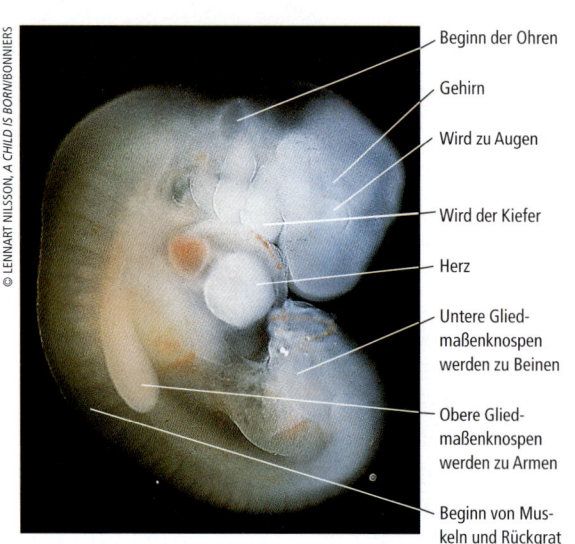

Embryostadium: vierte Woche. Die aktuelle Größe dieses 4 Wochen alten Embryos beträgt nur 0,6 cm, aber viele Körperstrukturen haben sich zu bilden angefangen. Der primitive Schwanz wird zum Ende der embryonalen Periode verschwinden.

Im dritten Monat fangen Organe, Muskeln und Nervensystem an, sich zu organisieren und zu verbinden. Der Fötus tritt, beugt seine Arme, macht eine Faust, krümmt seine Zehen, öffnet den Mund und lutscht sogar am Daumen. Die winzige Lunge beginnt sich auszudehnen und kontrahiert in einem frühen Versuch

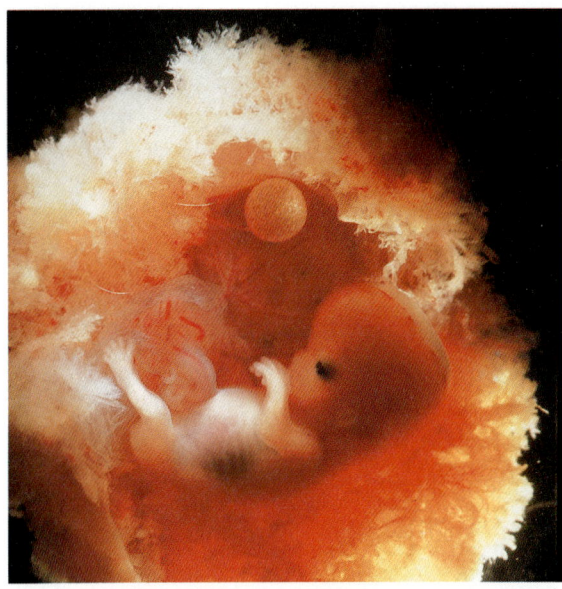

Fötusstadium: elfte Woche. Der Organismus nimmt schnell an Größe zu. Nach elf Wochen sind Gehirn und Muskeln besser verbunden. Der Fötus kann treten, seine Arme beugen, Hände und Mund öffnen und schließen und am Daumen lutschen. Beachten Sie, wie der Dottersack mit fortschreitender Schwangerschaft schrumpft. Die inneren Organe haben seine Funktion, die Produktion von Blut, übernommen.

von Atmung. Um die zwölfte Woche herum sind die äußeren Geschlechtsorgane unterscheidbar und das Geschlecht kann bei günstiger Lage durch Ultraschall festgestellt werden. Andere Merkmale erscheinen: Fingernägel, Fußnägel, Zahnknospen und Augenlider. Der Herzschlag kann nun mit einem Stethoskop gehört werden.

Pränatale Entwicklung wird manchmal in **Schwangerschaftsdrittel** (Trimester) oder drei gleiche Zeitperioden aufgeteilt. Am Ende des dritten Monats ist das *erste Drittel* vollendet. Zwei weitere müssen vergehen, bevor der Fötus vollständig vorbereitet ist, außerhalb des Mutterleibs zu überleben.

■ Das zweite Drittel

Um die Mitte des zweiten Schwangerschaftsdrittels, zwischen der 17. und 20. Woche, ist das neue Wesen groß genug, dass die Mutter seine Bewegungen spüren kann. Eine weiße, käseähnliche Substanz, **Vernix** (Käse-/Fruchtschmiere) genannt, schützt seine Haut davor, in den langen Monaten, in denen in der amniotischen Flüssigkeit gebadet wird, spröde zu werden. Weißes, dauniges Haar, auch **Lanugo** (Flaumhaare) ge-

nannt, zeigt sich auf dem ganzen Körper und hilft der Fruchtschmiere, an der Haut kleben zu bleiben.

Am Ende des zweiten Drittels sind viele Organe gut entwickelt. Und die meisten *Nerven* des Gehirns (Nervenzellen, die Informationen bewahren und weitergeben) stehen bereit; nur wenige werden nach dieser Zeit gebildet werden. *Gliazellen* jedoch, an denen entlang die Zellwanderung vonstatten geht, die die Nerven unterstützen und ernähren, nehmen weiterhin sehr schnell während der Schwangerschaft und ebenso nach der Geburt zu.

Das Wachstum des Gehirns bedeutet neue Verhaltensfähigkeiten. Der 20 Wochen alte Fötus kann durch Geräusche sowohl angeregt als auch irritiert werden. Und wenn ein Arzt bei einer Fetoskopie (siehe Kapitel 2, S. 72) in die Gebärmutter schaut, versuchen die Föten, ihre Augen mit den Händen vor dem Licht zu schützen, ein Hinweis darauf, dass er sehen kann (Nilsson & Hamberger, 1990). Dennoch kann ein Fötus, der zu dieser Zeit geboren wird, nicht überleben. Seine Lungen sind nicht ausgereift und das Gehirn kann noch nicht die Atmung und die Körpertemperatur kontrollieren.

■ Das dritte Schwangerschaftsdrittel

Ein Fötus, der innerhalb des letzten Schwangerschaftsdrittels zu früh geboren wird, hat eine Überlebenschance. Der Zeitpunkt, an dem ein Fötus erstmals außerhalb des Mutterleibes überleben könnte, wird **lebensfähiges Alter** genannt und tritt etwa zwischen der 22. und 26. Woche auf (Moore & Persaud, 1998). Wenn das Baby jedoch zwischen dem siebten und achten Monat geboren wird, benötigt es in der Regel Hilfe beim Atmen. Obwohl das Atemzentrum im Gehirn reif ist, sind die winzigen Luftsäckchen in der Lunge noch nicht in der Lage, einzuatmen und Kohlendioxyd mit Sauerstoff auszutauschen.

Das Gehirn macht weiterhin enorme Fortschritte. Die *Großhirnrinde,* Sitz der menschlichen Intelligenz, wird größer. Da die neurologische Organisation sich verbessert, bleibt der Fötus häufiger wach. In der 20. Woche zeigt die Herzrate keine Phasen von Wachheit auf. Aber um die 28. Woche herum sind die Föten etwa 11 % der Zeit wach, ein Wert, der auf 16 % kurz vor der Geburt ansteigt (DiPietro et al., 1996a).

Der Fötus zeigt auch den Beginn einer Persönlichkeit. In einer Studie wies die Aktivität des Fötus kurz vor der Geburt auf das Temperament des Säuglings im Alter von drei und sechs Monaten hin. Föten, die zwischen ruhigen und aktiven Perioden wechselten, wurden eher ruhige Babys mit vorhersagbaren Schlaf-/Wachperioden. Im Gegensatz dazu erwiesen sich Föten, die für lange Strecken hochaktiv waren, eher als schwierige Babys – aufgeregt, von neuen Erfahrungen durcheinander gebracht, unregelmäßige Hunger- und Schlafperioden und hochaktiv (DiPietro et al., 1996b). Obwohl die Hinweise nur schwach waren, weisen sie doch darauf hin, dass sich Eltern mit hochaktiven Föten auf besondere Herausforderungen einstellen sollten. Wie wir in Kapitel 10 sehen werden, kann einfühlsame Fürsorge das Temperament eines schwierigen Babys beeinflussen.

Im dritten Schwangerschaftsdrittel kommt es zu größerer Reaktionsbereitschaft auf äußere Stimulation. Um die 24. Woche spüren die Föten zum ersten Male Schmerz, so dass nach dieser Zeit bei jedem chirurgischem Eingriff Schmerzmittel verwendet werden sollten (Royal College of Obstetricians and Gynecologists, 1997). Um die 25. Woche reagieren Föten auf nahe Geräusche mit Körperbewegungen (Kisilevsky & Low, 1998). Und in den letzten Wochen der Schwangerschaft entwickeln sie eine Vorliebe für Ton und Rhythmus der Stimme ihrer Mutter. In einer gut durchdachten Untersuchung lasen Mütter während

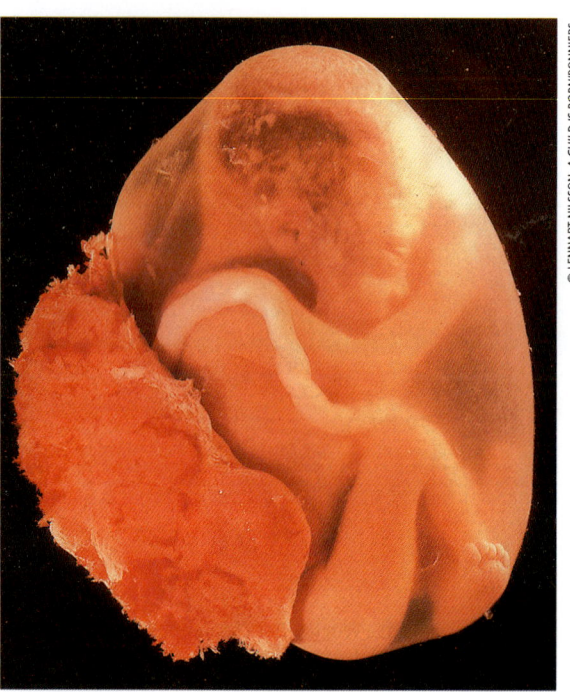

Fötusstadium: sechsunddreißigste Woche. Dieser Fötus füllt die Gebärmutter aus. Um sein Bedürfnis nach Nahrung zu unterstützen, sind die Nabelschnur und die Plazenta sehr groß geworden. Beachten sie das Vernix (käseähnliche Substanz) auf der Haut, das ihn davor bewahrt, spröde Haut zu bekommen. Der Fötus hat eine Fettschicht angesetzt, die dazu dient, ihm nach der Geburt beim Temperaturausgleich zu helfen. In 2 weiteren Wochen ist der Geburtstermin.

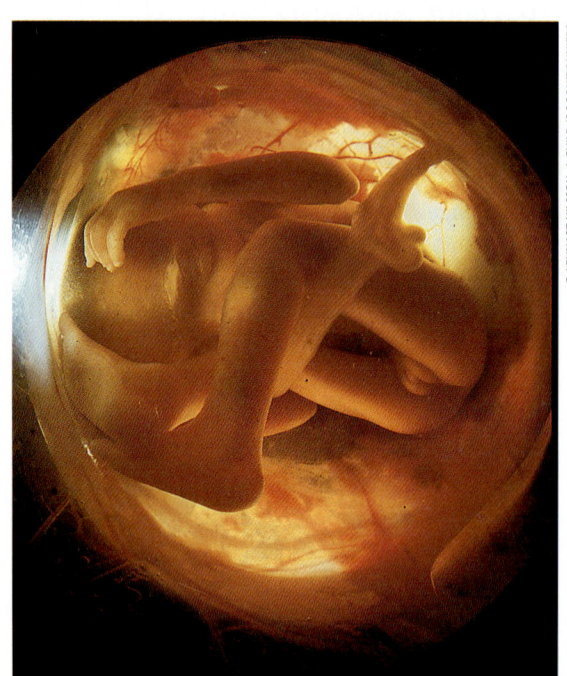

Fötusstadium: 22. Woche. Dieser Fötus ist fast 33 cm groß und wiegt etwas mehr als 450 g. Seine Bewegungen können leicht von der Mutter und anderen, die ihre Hand auf ihren Bauch legen, gefühlt werden. Der Fötus hat das Stadium der Lebensfähigkeit erreicht. Wenn er geboren wird, hat er eine geringe Überlebenschance.

der letzten 6 Wochen der Schwangerschaft laut aus *The Cat in the Hat* von Seuss vor. Nach der Geburt lernten ihre Babys, Bandaufnahmen der Stimme ihrer Mutter durch das Saugen an einem Nippel anzudrehen. Sie zeigten ihre Vorliebe für das vertraute Gedicht durch stärkeres Saugen an, das ihnen ermöglichte, *Cat in the Hat* und nicht andere sich reimende Geschichten zu hören (DeCasper & Spence, 1986).

Während der letzten 3 Monate nimmt der Fötus mehr als 2000 g zu und wächst um 18 cm. Im achten Monat wird eine Schicht Fett angesetzt, um beim Temperaturausgleich zu helfen. Der Fötus erhält auch Antikörper aus dem Blut der Mutter, die gegen Krankheiten schützen, denn das Immunsystem des Neugeborenen wird erst einige Monate nach der Geburt arbeiten. In den letzten Wochen erlangen die meisten Föten eine aufrechte Position, teilweise wegen der Form der Gebärmutter, aber auch weil der Kopf schwerer ist als die Füße. Das Wachstum lässt nach und die Geburt kann einsetzen.

Prüfen Sie sich selbst...

Rückblick
Warum wird die embryonale Periode als die dramatischste pränatale Phase angesehen? Warum heißt die Periode des Fötus die Wachstums- und Vollendungs-Phase?

Anwendung
Amy, im zweiten Monat schwanger, fragt sich, wie der sich entwickelnde Organismus ernährt wird. „Ich sehe noch gar nicht schwanger aus, bedeutet dies, dass noch nicht viel Entwicklung stattgefunden hat?" Was würden Sie Amy antworten?

Zusammenhänge
Wie hängt die Entwicklung des Gehirns mit dem Verhalten des Fötus zusammen?

Prüfen Sie sich selbst...

3.2 Pränatale Einflüsse der Umwelt

Obwohl die pränatale Umwelt weit konstanter ist als die Welt außerhalb des Mutterleibes, können viele Faktoren den sich entwickelnden Embryo und Fötus beeinflussen. Dana und Jörg lernten, dass sie viel tun können, um für ihr Kind eine sichere Umwelt für die Entwicklung vor der Geburt zu schaffen.

3.2.1 Missbildungen hervorrufende Stoffe (Teratogene)

Der Terminus **teratogen** (Missbildungen hervorrufend) bezieht sich auf jeden Umweltstoff, der während der pränatalen Periode Schaden verursacht. Es leitet sich her von dem griechischen Wort *teras,* das „Fehlbildung" oder „Monstrosität" bedeutet. Diese Bezeichnung wurde gewählt, weil Wissenschaftler als Erstes über schädliche pränatale Einflüsse durch Säuglinge erfuhren, die sehr stark geschädigt waren. Jedoch ist der Schaden durch Teratogene nicht immer einfach und geradlinig. Er hängt von folgenden Faktoren ab:

- *Dosis.* Bestimmte Teratogene haben in größeren Dosen über einen längeren Zeitraum mehr negative Effekte.

- *Erblichkeit.* Die genetische Ausstattung der Mutter und des sich entwickelnden Organismus spielen eine wichtige Rolle. Einige Individuen sind eher in der Lage, schädlichen Umwelteinflüssen zu widerstehen als andere.

- *Andere negative Einflüsse.* Das Bestehen mehrerer negativer Faktoren auf einmal, wie schlechte Ernährung, Mangel an medizinischer Fürsorge und zusätzliche Teratogene, kann den Einfluss eines einzigen schädlichen Stoffes verstärken.

- *Alter.* Die Wirksamkeit von Teratogenen verändert sich mit dem Alter des Organismus zurzeit der Einwirkung des schädlichen Einflusses.

Wir können diesen letzten Punkt am besten verstehen, wenn wir an das Konzept der *sensiblen Phase* denken, das in Kapitel 1 eingeführt wurde. Eine sensible Phase ist die begrenzte Zeitspanne, während der ein Körperteil oder eine Verhaltensweise biologisch zur schnellen Entwicklung bereit ist. In dieser Zeit reagieren sie besonders sensibel auf die Umwelt. Wenn die Umwelt unzuträglich ist, tritt die Schädigung ein und eine Erholung davon ist schwierig und manchmal unmöglich.

Abbildung 3.2 fasst pränatale sensible Phasen zusammen. In der Periode der befruchteten Eizelle, vor der Einnistung, haben Teratogene selten irgendeinen Einfluss. Wenn doch, wird die winzige Zellmasse in der Regel so schwer geschädigt, dass sie abstirbt. Die embryonale Periode ist die Zeit, in der schwere Defekte am ehesten eintreten, weil die Grundlage für alle Teile des Körpers gelegt wird. Während des fötalen Stadiums ist der teratogene Schaden meistens eher gering. Jedoch können Organe wie das Gehirn, die Augen und Genitalien noch stark beeinträchtigt werden.

Die Wirkungen von Teratogenen sind nicht auf unmittelbaren körperlichen Schaden begrenzt. Einige Folgen für die Gesundheit sind subtil und treten verzögert auf (siehe den Kasten „Ausblick auf die Lebensspanne" auf S. 113). Zusätzlich können indirekt psychologische Folgen als Resultat körperlicher Schädigung erfolgen. Zum Beispiel kann eine Schädigung, die von der Medikamenteneinnahme der Mutter während der Schwangerschaft herrührt, sowohl die Reaktionen anderer auf das Kind verändern als auch die Fähigkeit des Kindes, die Welt zu entdecken. Mit der Zeit könnten die Eltern-Kind-Beziehung, Beziehungen zu Gleichaltrigen und die kognitive und soziale Entwicklung darunter leiden.

Hier kommt ein zentraler Gedanke über Entwicklung, den wir in vorhergehenden Kapiteln diskutierten, zum Tragen: *die Einflüsse zwischen Kind und Umwelt in zwei Richtungen*. Im Folgenden sollen die wissenschaftlichen Erkenntnisse über eine Reihe von Teratogenen betrachtet werden.

■ Medikamente mit und ohne Verschreibungspflicht

In den frühen sechziger Jahren erlebte die Welt ein tragisches Lehrstück über Medikamente und pränatale Entwicklung. Zu dieser Zeit war ein Beruhigungsmittel mit dem Namen *Thalidomid* (Contergan) in Kanada, Europa und Südamerika leicht erhältlich. Wenn Thalidomid von Müttern vier bis sechs Wochen nach der Empfängnis genommen wurde, erzeugte es starke Missbildungen der Arme und Beine des Embryos, weniger häufig Schädigungen der Ohren, des Herzens, der Nieren und Genitalien. Weltweit waren etwa 7000 Kinder betroffen (Moore & Persaud, 1998). Als die dem Thalidomid ausgesetzten Kinder älter wurden, hatten viele von ihnen einen unterdurchschnittlichen Intelligenzwert. Vielleicht beschädigte das Medikament das zentrale Nervensystem direkt. Oder vielleicht beschädigten die Bedingungen des Aufwachsens dieser schwer deformierten jungen Menschen ihre intellektuelle Entwicklung.

Eine andere medizinische Verordnung, ein synthetisches Hormon mit dem Namen *Diäthylstilböstrol (DES)* wurde zwischen 1945 und 1970 weithin verschrieben, um Fehlgeburten zu verhindern. Wenn Töchter dieser Mütter die Pubertät und das junge Erwachsenenalter erreichten, zeigten sie ungewöhnlich hohe Raten von Krebs an der Vagina und Fehlbildungen der Gebärmutter. Wenn sie versuchten, Kinder zu bekommen, führten ihre Schwangerschaften häufiger zu Frühgeburten, niedrigem Geburtsgewicht und Fehlgeburten als bei jenen, die nicht dem DES ausgesetzt worden waren.

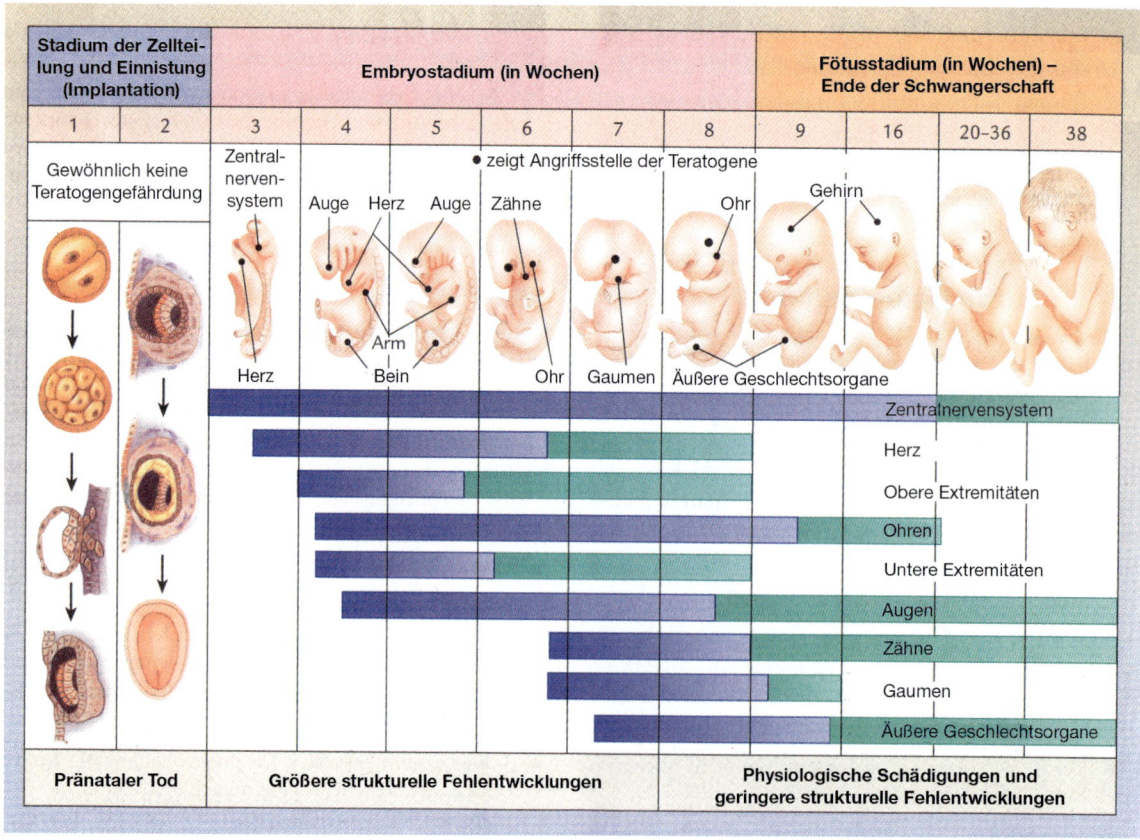

Abbildung 3.2: Sensible Phasen in der pränatalen Entwicklung. Jedes Organ oder jede Struktur hat eine sensible Phase, in der ihre Entwicklung gestört werden kann. Blaue horizontale Balken zeigen hochsensible Phasen an. Grüne horizontale Balken weisen auf Phasen, die weniger sensibel auf Teratogene reagieren, obwohl Schäden auftreten können (aus K. L Moore & T. V. N. Persaud, 1998, Before We Are Born, Philadelphia: Saunders, S. 166.)

Junge Männer weisen ein erhöhtes Risiko genitaler Anomalien und Hodenkrebs auf (Giusti, Iwamoto, & Hatch, 1995; Palmlund, 1996).

Jedes von der Mutter eingenommene Medikament, das ein Molekül besitzt, welches klein genug ist, die Barriere der Plazenta zu durchbrechen, kann in den Blutstrom des Embryos oder des Fötus gelangen. Viele schwangere Frauen fahren jedoch fort, verschreibungsfreie Medikamente einzunehmen, ohne einen Arzt zu befragen. Eines der üblichsten ist Aspirin. Viele Studien haben darauf hingewiesen, dass die regelmäßige Einnahme von Aspirin mit niedrigem Geburtsgewicht, Kindstod um die Zeit der Geburt herum, schlechterer motorischer Entwicklung und niedrigeren Intelligenzwerten in der frühen Kindheit in Verbindung gebracht werden kann, obwohl es andere Forschungen gibt, die diese Ergebnisse nicht bestätigen (Barr et al., 1990; Hauth et al., 1995; Streissguth et al., 1987). Kaffee, Tee, Cola und Kakao enthalten eine andere häufig konsumierte Droge, das Koffein. Hoher Kaffeekonsum (mehr als drei Tassen Kaffee am Tag) wird mit niedrigem Geburtsgewicht, Fehlgeburten und Entzugssymptomen beim Neugeborenen wie Reizbarkeit und Erbrechen in Verbindung gebracht (Fernandes et al., 1998; Gilbert-Barness, 2000).

Weil es um das Leben von Kindern geht, müssen wir diese Erkenntnisse sehr ernst nehmen. Gleichzeitig können wir nicht sicher sein, dass diese Drogen wirklich die erwähnten Probleme verursachen. Oft nehmen Frauen mehr als eine Droge oder ein Medikament. Wenn der pränatale Organismus verletzt ist, ist es schwer zu sagen, welche Droge dafür verantwortlich ist oder ob andere Faktoren, die mit der Einnahme zusammenhängen, die wirkliche Ursache sind. Bevor wir nicht mehr Informationen darüber haben, ist es am sichersten, wie Dana zu verfahren: die Einnahme dieser Stoffe zu reduzieren oder ganz zu vermeiden.

■ Illegale Drogen

Der Gebrauch von süchtig machenden, die Stimmung verändernden Drogen wie Kokain und Heroin hat sich weiter ausgebreitet, vor allem in den von Armut befallenen Innenstädten, wo Drogen eine kurze Flucht aus einem täglichen Leben voller Hoffnungslosigkeit gewähren. Die Anzahl von „Kokainbabys", die in den Vereinigten Staaten geboren wurden, hat in den vergangenen Jahren eine besorgniserregende Höhe erreicht und geht jährlich in die Hunderte bis Tausende (Cornelius et al., 1999; Landry & Whitney, 1996).

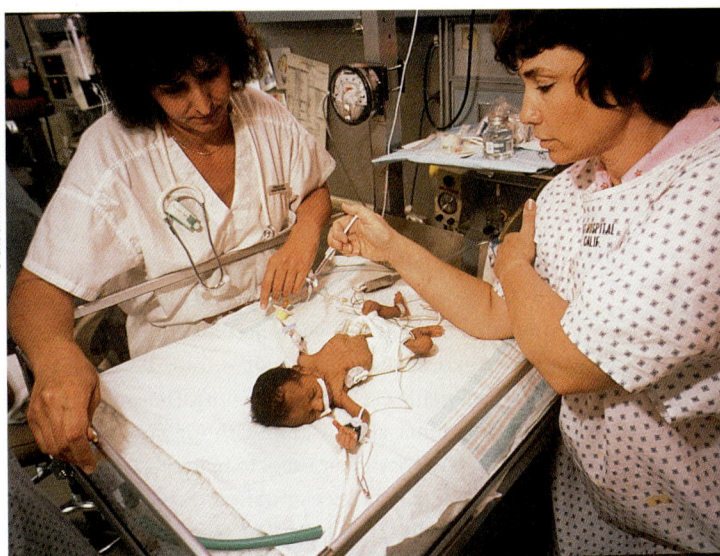

Dieses Baby, dessen Mutter Crack während der Schwangerschaft nahm, wurde viele Wochen vor dem errechneten Geburtstermin geboren. Es atmet mit Hilfe eines Atemgeräts. Sein Zentralnervensystem ist möglicherweise beschädigt. Forscher sind sich noch nicht sicher, ob diese Erscheinungen durch Crack verursacht sind oder durch die vielen anderen, mit Risiko behafteten Verhaltensweisen von Drogensüchtigen.

Babys von Konsumenten von Kokain, Heroin oder Methadon (einer weniger süchtig machenden Substanz, die verabreicht wird, um vom Heroin zu entwöhnen) weisen ein Risiko auf für eine große Anzahl von Problemen einschließlich zu früher Geburt, niedrigem Geburtsgewicht, körperlichen Defekten, Atemschwierigkeiten und Tod zum Zeitpunkt der Geburt (Datta-Bhutada, Johnson, & Rosen, 1998; Walker, Rosenberg, & Balaban-Gil, 1999). Zusätzlich kommen diese Kinder drogensüchtig zur Welt. Sie sind oft fiebrig und reizbar bei der Geburt, haben Schlafstörungen und ihr Schreien ist abnorm schrill und schneidend – ein übliches Symptom bei belasteten Neugeborenen (Friedman, 1996; Ostrea, Ostrea, & Simpson, 1997). Wenn Mütter mit vielen eigenen Problemen diese Babys versorgen müssen, die schwer zu beruhigen, zu liebkosen und zu füttern sind, werden Verhaltensprobleme wahrscheinlich weiterbestehen.

Während ihres ersten Lebensjahres reagieren Kinder, die Heroin oder Methadon ausgesetzt waren, weniger aufmerksam auf die Umwelt und ihre motorische Entwicklung ist verlangsamt. Nach dem Säuglingsalter geht es einigen Kindern besser, während andere nervös und unaufmerksam bleiben. Die Art der Fürsorge durch die Eltern, die diese Kinder erfahren, mag erklären, warum bei einigen die Probleme weiterhin bestehen, bei anderen aber nicht (Cosden, Peerson, & Elliott, 1997).

Zunehmende Erkenntnisse über Kokain weisen darauf hin, dass viele Kinder, die dem Stoff vor der Geburt ausgesetzt waren, andauernde Schwierigkeiten haben. Kokain zieht die Blutgefäße zusammen, was dazu führt, dass der Gehalt des Sauerstoffs, der dem sich entwickelnden Organismus zugeführt wird, 15 Minuten nach der Einnahme einer hohen Dosis dramatisch abfällt. Es verändert auch die Produktion und Funktion der Nervenzellen und das chemische Gleichgewicht im Gehirn des Fötus. Diese Wirkungen mögen zu einer spezifischen Gruppe von auf Kokain bezogener körperlicher Defekte beitragen, die die Augen, die Knochen, die Genitalien, den Harntrakt, die Nieren und das Herz betreffen, desgleichen Hirnblutungen und Krämpfe hervorrufen (Espy, Kaufmann, & Glisky, 1999; Mayes, 1999; Plessinger & Woods, 1998). Motorische, visuelle, Aufmerksamkeits-, Gedächtnis- und Sprachprobleme erscheinen im Säuglingsalter und bestehen bis in die Vorschuljahre fort (Mayes et al., 1996). Babys, die von Müttern geboren werden, die Crack rauchen (eine billige Form von Kokain, die hohe Dosen sehr schnell in die Lunge eindringen lässt), weisen das niedrigste Geburtsgewicht und schwere Beschädigungen des Zentralnervensystems auf (Bender et al., 1995; Richardson et al., 1996).

Doch ist es schwierig, den genauen Schaden zu isolieren, der durch Kokain entsteht, weil viele Drogenabhängige verschieden Drogen nehmen, andere Risikoverhaltensweisen aufweisen und unsensible Fürsorge an den Tag legen (Lester, 2000). Der gemeinsame Einfluss dieser Faktoren verschlechtert die Folgen für die Kinder (Alessandri, Bendersky, & Lewis, 1998; Carta et al., 2001). Und weil Babys, die Kokain ausgesetzt waren, bisher nicht über die frühe Kindheit hinaus beobachtet wurden, sind Langzeitfolgen unbekannt.

Eine andere illegale Droge, Marihuana, ist noch verbreiteter als Heroin und Kokain. Studien, die seine Beziehung zu niedrigem Geburtsgewicht und Frühgeburten untersuchen, kommen zu unterschiedlichen Ergebnissen (Fried, 1993). Etliche Forscher haben eine pränatale mittelbare Aufnahme von Marihuana mit einem kleineren Kopf (Maß des Hirnwachstums), Schreckreaktionen des Neugeborenen, gestörtem Schlaf und Unaufmerksamkeit im Säuglings- und Kindesalter in Verbindung gebracht (Dahl et al., 1995; Fried, Watkinson, & Gray, 1999; Lester & Dreher, 1989). Wie bei Kokain sind Langzeitfolgen jedoch noch nicht untersucht.

■ Nikotin

Obwohl das Rauchen in den westlichen Ländern zurückgegangen ist, rauchen schätzungsweise 12 % amerikanischer und 19 % kanadischer Frauen während der Schwangerschaft (Health Canada, 2001b; Matthews, 2001). Die bekannteste Wirkung von Rauchen während der pränatalen Periode ist ein niedriges Geburtsgewicht. Aber die Wahrscheinlichkeit anderer ernsthafter Folgen wie Fehlgeburten, Frühgeburten, gestörte Atmung im Schlaf, Tod im Säuglingsalter und Krebs in der späteren Kindheit ist ebenfalls erhöht (Franco et al., 2000, Walker, Rosenberg, & Balaban-Gil, 1999). Je mehr Zigaretten eine Mutter raucht, desto größer ist die Wahrscheinlichkeit, dass ihr Baby dadurch geschädigt wird. Wenn sich eine schwangere Mutter dazu entschließt, mit dem Rauchen aufzuhören, reduziert sie zu jedem Zeitpunkt, selbst während des letzten Schwangerschaftsdrittels, die Wahrscheinlichkeit, dass ihr Kind mit Untergewicht geboren und in Zukunft an gesundheitlichen Beschwerden leiden wird (Klesges et al., 2001).

Selbst wenn das Baby einer rauchenden Mutter bei der Geburt in gutem körperlichen Zustand zu sein scheint, können leichte Verhaltensanomalien die Entwicklung des Kindes beeinträchtigen. Neugeborene von rauchenden Müttern reagieren weniger auf Geräusche und weisen eine höhere Muskelspannung auf (Fried & Makin, 1987). Ein schwach reagierendes und ruheloses Kind wird möglicherweise nicht die Art von Interaktion mit Erwachsenen hervorrufen, die eine gesunde psychische Entwicklung fördert. Einige Studien berichten, dass Kinder, die pränatal dem Rauchen ausgesetzt waren, kürzere Aufmerksamkeitsspannen haben, ein schlechteres Gedächtnis, niedrigere Leistungstestwerte und mehr Verhaltensprobleme in Kindheit und Schule, selbst dann, wenn andere Faktoren ausgeschlossen worden waren (Cornelius et al., 2001; Trasti et al., 1999; Wasserman et al., 2001). Andere Forscher jedoch konnten diese Ergebnisse nicht bestätigen (Barr et al., 1990; Streissguth et al., 1989). Wie kann das Rauchen nun den Fötus schädigen? Nikotin, die abhängig machende Substanz im Tabak, zieht die Blutgefäße zusammen, vermindert den Blutstrom in die Gebärmutter und führt zu abnormem Wachstum der Plazenta. Dadurch wird der Transport von Nährstoffen reduziert, sodass der Fötus langsam an Gewicht zunimmt. Auch erhöht das Nikotin die Konzentration von Kohlenmonoxid im Blutstrom der Mutter wie in dem des Fötus. Kohlenmonoxid verdrängt Sauerstoff aus den roten Blutzellen. Es

Ausblick auf die Lebensspanne:
Die pränatale Umwelt und Gesundheit im späteren Leben

Als Michael vor 55 Jahren auf die Welt kam, 6 Wochen zu früh und mit einem Gewicht von nur 2200 g, war sich der Arzt, der ihn entband, nicht sicher, ob er durchkommen würde. Michael überlebte nicht nur, sondern erfreute sich bis in seine Mittvierziger guter Gesundheit. Dann wurde bei einer medizinischen Routineuntersuchung hoher Blutdruck und Altersdiabetes bei ihm diagnostiziert. Michael hatte weder Übergewicht, rauchte nicht und aß keine fettreiche Nahrung – Risikofaktoren für diesen Zustand –, noch kam die Krankheit in seiner Familie vor. Konnten die Wurzeln für Michaels Gesundheitsprobleme auf seine pränatale Entwicklung zurückgeführt werden? Zunehmende Belege weisen darauf hin, dass pränatale Umweltfaktoren – nicht toxische (wie Tabak oder Alkohol), sondern ziemlich schleichende, so wie der Fluss von Nahrung und Hormonen durch die Plazenta hindurch – die Gesundheit Jahrzehnte später beeinflussen kann *(Wheeler, Barker, & O'Brien, 1999)*.

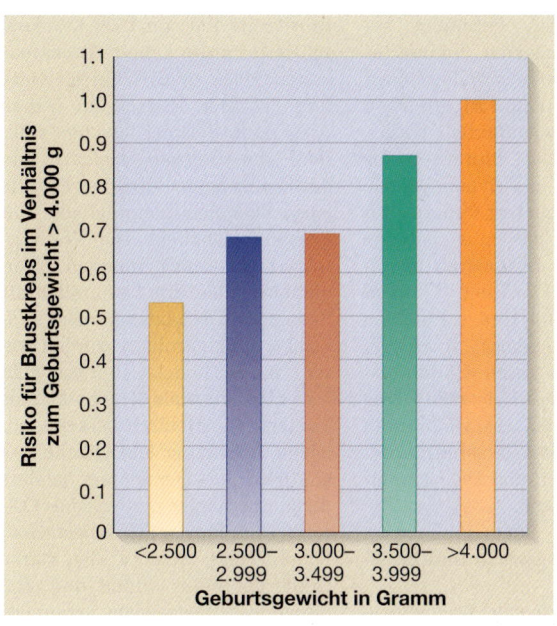

Abbildung 3.3: Beziehung von Geburtsgewicht und Brustkrebsrisiko im Erwachsenenalter. In einer Studie mit 589 Krankenschwestern mit invasivem Brustkrebs und 1569 Krankenschwestern, die keinen Brustkrebs hatten, sagte ein hohes Geburtsgewicht das Auftreten von Brustkrebs voraus, nachdem viele prä- und postnatale Gesundheitsrisiken kontrolliert worden waren. Das Risiko für Brustkrebs war besonders groß bei Frauen, deren Geburtsgewicht mehr als 4000 g betrug (nach Michels et al., 1996).

Niedriges Geburtsgewicht und Herzkrankheiten, Schlaganfall und Diabetes

Sorgfältig kontrollierte Tierversuche enthüllen, dass ein schlecht ernährter, untergewichtiger Fötus Veränderungen in der Körperstruktur und -funktion erfährt, die im Erwachsenenalter zu kardiovaskulären Erkrankungen führen (Franco et al., 2002). Um diese Beziehung bei Menschen zu untersuchen, nahmen Forscher öffentliche Gesundheitsdaten zu Hilfe, die Informationen über das Geburtsgewicht von 15.000 britischen Männern und Frauen und das Vorkommen von Krankheiten im mittleren Erwachsenenalter beinhalteten. Jene, die bei der Geburt weniger als 2200 g wogen, hatten eine 50 % größere Wahrscheinlichkeit, an Herzerkrankungen und einem Schlaganfall zu sterben, nachdem SÖS und eine Reihe von Gesundheitsrisiken kontrolliert worden waren. Die Verbindung zwischen Geburtsgewicht und kardiovaskulärer Erkrankung war bei den Menschen am stärksten, deren Verhältnis von Gewicht zu Länge bei der Geburt sehr niedrig war – ein Zeichen für pränatale Wachstumshemmung (Godfrey & Barker, 2000; Martyn, Barker, & Osmond, 1996).

In anderen groß angelegten Studien zeigte sich eine konsistente Verbindung zwischen niedrigem Geburtsgewicht und Herzerkrankungen, Schlaganfall und Diabetes im mittleren Erwachsenenalter – für beide Geschlechter und in verschiedenen Ländern einschließlich Finnland, Indien, Jamaika und den Vereinigten Staaten (Eriksson et al., 2001; Fall et al., 1998; Forsen et al., 2000; Godfrey & Barker, 2001). Eine unterdurchschnittliche Geburtsgröße an sich verursacht keine späteren Gesundheitsprobleme, vielmehr nehmen Forscher an, dass komplexe Faktoren, die damit zusammenhängen, dazu beitragen.

Einige spekulieren, dass ein schlecht ernährter Fötus große Mengen von Blut an das Gehirn ableitet, was bei Organen im Bauchraum wie Leber und Niere (die dazu beitragen, das Cholesterol und den Blutdruck zu kontrollieren) dazu führt, dass sie in der Größe zurückbleiben (Barker, 2002). Das Ergebnis ist ein erhöhtes späteres Risiko für Herzkrankheiten und Schlaganfall.

Im Falle von Diabetes mag inadäquate pränatale Ernährung für immer die Funktion der Bauchspeicheldrüse zerstören, was zu erhöhter Glukoseintoleranz führt, wenn der Mensch älter wird (Rich-Edwards et al., 1999). Eine weitere Hypothese, sowohl von Tier- wie Humanforschung unterstützt, besagt, dass die schlecht funktionierenden Plazenten bei einigen schwangeren Frauen es hohen Dosen von Stresshormonen erlauben, den Fötus zu erreichen und damit zu retardiertem Wachstum führen, den Blutdruck des Fötus erhöhen und Hyperglykämie (erhöhter Blutzucker) fördern. Das führt bei dem sich entwickelnden Menschen zur Disposition für eine spätere Erkrankung (Osmond & Barker, 2000). Und schließlich führt ein langsames Wachstum beim Fötus bei vielen Kindern dazu, durch starke Gewichtszunahme zu kompensieren, was, wenn es im Erwachsenenalter fortgeführt wird, Herzkrankheiten und Diabetes fördert (Barker, 1999).

Hohes Geburtsgewicht und Brustkrebs
Das andere pränatale Wachstumsextrem – hohes Geburtsgewicht – wird mit Brustkrebs, der häufigsten bösartigen Erkrankung bei erwachsenen Frauen, in Verbindung gebracht. (Andersson et al., 2001; Vatten et al., 2002). In einer Untersuchung wurden die Mütter von 589 Krankenschwestern mit invasivem Brustkrebs und von 1569 Krankenschwestern, die keinen Brustkrebs hatten, nach dem Geburtsgewicht ihrer Töchter, Risiken im frühen Alter (zum Beispiel Rauchen während der Schwangerschaft) und der Krankengeschichte der Familie (etwa über Familienmitglieder mit Brustkrebs) befragt. Die Krankenschwestern selber lieferten Informationen über ihre Gesundheit als Erwachsene. Nachdem andere Risikofaktoren kontrolliert worden waren, trat ein hohes Geburtsgewicht – speziell höher als 4000 g – klar als Vorhersagewert für Brustkrebs auf (siehe Abbildung 3.3) (Michels et al., 1996). Forscher nehmen an, dass daran überhöhtes mütterliches Östrogen während der Schwangerschaft Schuld trägt, welches eine starke Größe des Fötus fördert und sich bildendes Brustgewebe verändert, so dass es im Erwachsenenalter auf Östrogen mit dem Wachstum bösartigen Zellgewebes reagiert.

Vorbeugung
Die Beziehungen zwischen pränataler Entwicklung und Krankheiten im späteren Leben, wie sie in der Forschung auftauchen, bedeuten nicht, dass die Krankheiten unvermeidlich sind. Vielmehr *beeinflussen* pränatale Umweltbedingungen die Gesundheit im Erwachsenenalter und Schritte, die wir unternehmen, um unsere Gesundheit zu schützen, können pränatale Risiken daran hindern, Realität zu werden. Wissenschaftler raten Menschen mit niedrigem Geburtsgewicht zu regelmäßigen medizinischen Kontrolluntersuchungen und auf Ernährung, Gewicht, Fitness und Stress zu achten – kontrollierbare Faktoren, die zu Herzkrankheiten und Altersdiabetes beitragen. Und Frauen mit hohem Geburtsgewicht sollten regelmäßig ihre Brüste untersuchen und Mammographien vornehmen lassen, was eine frühe Entdeckung von Brustkrebs erlaubt und in vielen Fällen zur Heilung führen kann.

beschädigt das Zentralnervensystem und reduziert das Geburtsgewicht von Föten, wie aus Tierversuchen ersichtlich wurde. Ähnliche Wirkungen kann es beim Menschen geben (Friedman, 1996).

Schließlich sind etwa ein Drittel bis die Hälfte nicht rauchender schwangerer Mütter Passivraucherinnen, weil ihre Ehemänner, Verwandte und Arbeitskollegen rauchen. Passives Rauchen ist ebenfalls mit niedrigem Geburtsgewicht, Säuglingstod und möglichen schädlichen Einflüssen auf die Aufmerksamkeit und das Lernen verbunden (Dejin-Karlsson et al., 1998; Makin, Fried, & Watkinson, 1991). Zweifellos sollten werdende Mütter verrauchte Umgebungen meiden.

■ Alkohol

In einer bewegenden Geschichte beschrieb Michael Dorris (1989), ein Anthropologieprofessor der Dartmouth University, wie er seinen adoptierten Sohn Adam aufzog, dessen biologische Mutter während der Schwangerschaft heftig getrunken hatte und kurz nach der Geburt an Alkoholvergiftung verstorben war. Adam wurde mit dem **fötalen Alkohol-Syndrom (FAS; Embryo-Fetapathia alcoholica)** geboren. Geistige Retardierung, beeinträchtigte Bewegungskoordination, Aufmerksamkeit, Gedächtnis und Sprache und Hyperaktivität sind typisch für Kinder mit dieser Störung (Connor et al., 2001; Schonfeld et al., 2001). Sie wird von spezifischen körperlichen Symptomen begleitet, u.a. langsamem körperlichem Wachstum und einem besonderen Muster von Anomalien im Gesicht: weit auseinander liegende Augen, kurze Öffnung der Lidspalten, eine kleine, nach oben gerichtete Nase, eine dünne Oberlippe und ein kleiner Kopf, der darauf hinweist, dass das Gehirn nicht voll entwickelt ist. In einer verwandten Störung, bekannt als **fötale Alkohol-Effekte (FAE)**, zeigen betroffene Individuen nur einige dieser Anomalien auf. In der Regel tranken ihre Mütter Alkohol in geringeren Mengen (Goodlet & Johnson, 1999; Mattson et al., 1998).

Pränatale Einflüsse der Umwelt

Die Mutter dieses schwer retardierten Jungen trank heftig während der Schwangerschaft. Seine weit auseinander liegenden Augen, die dünne Oberlippe und kurze Lidspalten sind typisch für Alkoholismus im Fötalstadium.

Selbst wenn sie mit angereicherter Nahrung versorgt werden, können Babys mit Alkoholembryopathie das Wachstum während des Kleinkindalters und in der Kindheit nicht aufholen. Auch die geistige Schädigung ist permanent: In seinen Teenagerjahren und in den Zwanzigern blieb Adams Intelligenz unter dem Durchschnitt und er hatte Schwierigkeiten, sich zu konzentrieren und Routineaufgaben zu erfüllen. Er litt auch unter einem schwachen Urteilsvermögen. So kaufte er etwas ein und wartete nicht auf das Rausgeld oder er lief mitten in einer Aufgabe einfach davon. Je mehr Alkohol eine Frau in der Schwangerschaft konsumiert hat, desto schlechter sind die motorische Koordination, Informationsverarbeitung, Urteilsfähigkeit und Werte in Intelligenz- und Fähigkeitstests der Kinder in der Vorschul- und Schulzeit (Aronson, Hagberg, & Gillberg, 1997; Hunt et al., 1995; Streissguth et al., 1994). In der Pubertät ist die pränatale Exposition von Alkohol mit schlechten Schulleistungen, Konflikten mit dem Gesetz, unangemessenem Sexualverhalten, Alkohol- und Drogenmissbrauch, Depression und anderen andauernden psychischen Problemen verknüpft (Kelly, Day, & Streissguth, 2000).

Auf welche Weise ruft Alkohol seine verheerenden Wirkungen hervor? Erstens stört er die Gehirnentwicklung in den frühen Monaten der Schwangerschaft, was zu Strukturschäden und Anomalien in der Gehirnfunktion führt, einschließlich der Übermittlung von Botschaften von einem Teil des Gehirns zu einem anderen (Bookstein et al., 2002; Roebuck, Mattson, & Riley, 1999). Zweitens braucht der Körper große Sauerstoffmengen, um den Alkohol in seinem Stoffwechsel zu verarbeiten. Das schwere Trinken einer schwangeren Frau zieht Sauerstoff ab, den der sich entwickelnde Organismus zum Zellwachstum benötigt.

Etwa 25 % amerikanischer und kanadischer Frauen geben an, während irgendeiner Zeit der Schwangerschaft getrunken zu haben. Wie bei Heroin und Kokain ist Alkoholmissbrauch am höchsten bei Frauen, die schwer von Armut betroffen sind (Health Canada, 2002a; U.S. Department of Health and Human Services, 2002). In dem Reservat, in dem Adam geboren wurde, zeigen viele Kinder Symptome pränataler Alkoholexposition. Unglücklicherweise führt das schlechte Urteilsvermögen, erworben durch das Syndrom, bei Mädchen mit FAS oder FAE bei einer späteren Schwangerschaft dazu, nicht zu verstehen, warum sie selber Alkohol meiden sollten. Somit setzt sich der Teufelskreis in der nächsten Generation fort.

Wie viel Alkohol ist in der Schwangerschaft unschädlich? Sogar leichtes Trinken, weniger als ein alkoholisches Getränk am Tag, wird mit reduzierter Größe des Kopfes und des Körperwachstums bei Kindern in Verbindung gebracht, die man bis in die Pubertät beobachtet hat (Day et al., 2002). Und selbst eine so geringe Menge wie 56 g Alkohol am Tag, die sehr früh in der Schwangerschaft konsumiert wird, bringt man mit FAS-Merkmalen in Verbindung (Astley et al., 1992). Erinnern Sie sich daran, dass andere Faktoren – sowohl genetische wie umweltbedingte – einige Föten empfänglicher für Teratogene machen kann. Daher ist keine Menge von Alkohol gesund und schwangere Frauen sollten ihn ganz meiden.

■ Strahlung

Defekte durch Strahlung wurden auf tragische Weise sichtbar bei Kindern von schwangeren Müttern, die die Bombardierung von Hiroshima und Nagasaki während des Zweiten Weltkriegs überlebten. Ähnliche Anomalien tauchten 1986 in den neun Monaten nach dem Unfall in einer Atomanlage in Tschernobyl auf. Das Vorkommen von Fehlgeburten und Babys, die mit unterentwickelten Gehirnen, körperlichen Deformierungen und langsamem körperlichem Wachstum geboren wurden, stieg jeweils dramatisch an (Schull & Otake, 1999; Terestchenko, Lyaginskaya, & Burtzeva, 1991).

Selbst wenn ein der Strahlung ausgesetztes Baby normal erscheint, können später Probleme auftreten. So kann zum Beispiel selbst Strahlung auf einem niedrigen Niveau, etwa als Ergebnis eines defekten Strahlenschutzes in Industrieanlagen oder medizinischer Röntgenaufnahmen das Risiko von Krebs in der Kindheit erhöhen (Fattibene et al., 1999). In der mittleren Kindheit hatten Kinder in Tschernobyl, die pränatal der Strahlung ausgesetzt waren, niedrige Werte in Intelligenztests und zeigten zwei- bis dreimal so hohe Raten von Sprach- oder emotionalen Störungen als jene russischen Kinder, die der Strahlung nicht ausgesetzt waren. Überdies waren die Eltern von Kindern in Tschernobyl übermäßig besorgt, was auf die erzwungene Evakuierung aus ihren Häusern und Sorgen über das Leben in einer verseuchten Umwelt zurückzuführen ist. Je mehr Spannungen die Eltern erlebten, desto schlechter waren die emotionalen Reaktionen ihrer Kinder (Kolominsky, Igumnov, & Drozdovitch, 1999). Belastende Bedingungen beim Aufwachsen der Kinder schienen sich mit den schädlichen Effekten pränataler Bestrahlung zu verbinden und die Entwicklung der Kinder zu beeinträchtigen.

■ Umweltverschmutzung

In Industrienationen wird eine erstaunlich große Anzahl an potentiell gefährlichen Chemikalien in die Umwelt gebracht. Über 100.000 sind in den Vereinigten Staaten im allgemeinen Gebrauch und jedes Jahr werden viele neue Umweltverschmutzer eingeführt.

Quecksilber ist ein solcher Giftstoff. In den 1950ern entledigte sich eine Industrieanlage ihres Abfalls, der hohe Dosen von Quecksilber enthielt, in einer Bucht, die Nahrung und Wasser für die Stadt Minamata in Japan lieferte. Viele Kinder, die zu dieser Zeit geboren wurden, wiesen körperliche Deformationen, geistige Retardierung, unnormales Sprachverhalten, Kau- und Schluckbeschwerden und unkoordinierte Bewegungen auf. Autopsien von denen, die starben, enthüllten ausgedehnte Hirnschäden (Dietrich, 1999).

Ein anderer Giftstoff, *Blei,* befindet sich in Farbe, die in alten Gebäuden von den Wänden abblättert sowie in bestimmten Materialien, die in industriellen Verfahren benutzt werden. Das Ausgesetztsein von Dosen von Blei in der pränatalen Phase wird immer wieder mit Frühgeburten, geringem Geburtsgewicht, Hirnschäden und einer großen Anzahl körperlicher Defekte in Verbindung gebracht (Dye-White, 1986). Selbst niedrige Dosen scheinen gefährlich zu sein. Betroffene Babys zeigen ebenfalls eine etwas schlechtere geistige und motorische Entwicklung (Dietrich, Berger, & Succop, 1993; Wasserman et al., 1994).

Viele Jahre lang wurden *polychlorierte Biphenyle (PCBs)* benutzt, um elektrische Geräte zu isolieren, bis die Forschung zeigte, dass sie wie Quecksilber Eingang in Wasserwege fanden und damit in die Nahrungskette gelangten. In Taiwan führte pränataler Kontakt mit sehr hohen Dosen von PCB in Reisöl zu niedrigem Geburtsgewicht, Hautverfärbungen, Deformierungen von Gaumen und Nägeln, Anomalien der Hirnströme und verzögerter kognitiver Entwicklung (Chen & Hsu, 1994; Chen et al., 1994). Ständig niedrigen Dosen von PCB ausgesetzt zu sein ist ebenfalls schädlich. Frauen, die häufig PCB-kontaminierten Fisch aus den Großen Seen aßen, hatten im Vergleich zu den Frauen, die wenig oder gar keinen Fisch aßen, Säuglinge mit niedrigerem Geburtsgewicht, kleineren Köpfen und weniger Interesse an ihrer Umwelt (Jacobson et al., 1984; Stewart et al., 2000). Nachfolgeuntersuchungen gegen Ende des ersten Lebensjahres und in der frühen Kindheit enthüllten dauernde Gedächtnisstörungen und eine niedrigere verbale Intelligenz (Jacobson, 1998; Jacobson et al., 1992).

Die Mutter dieses Kindes war bereits ein paar Wochen schwanger, als sich der Unfall im Atomreaktor von Tschernobyl ereignete. Die Strahlungsexposition ist wahrscheinlich für die Deformierung seiner Gliedmaßen verantwortlich. Er trägt auch ein Risiko für eine niedrige Intelligenz und Störungen der Sprache und der Emotionalität.

Infektionskrankheiten

Bei ihrer ersten Schwangerschaftskontrolluntersuchung fragte Danas Arzt, ob sie und Jörg schon bestimmte Infektionskrankheiten gehabt hätten wie Masern, Mumps und Windpocken. Obwohl die meisten Krankheiten, wie eine normale Erkältung, nur wenig oder gar keinen Einfluss auf den Embryo oder Fötus haben, sind einige wenige ein Hauptgrund für Fehlgeburten und Geburtsdefekte.

Mitte der 1960er Jahre führte eine weltweite Rötelepidemie (deutsche oder 3-Tage-Masern) zur Geburt von über 20.000 amerikanischen Kindern mit schweren Defekten. In Übereinstimmung mit dem Konzept der sensiblen Phasen tritt der größte Schaden ein, wenn die Röteln während der embryonalen Phase auftreten. Über 50 % der Säuglinge, deren Mütter in dieser Zeit krank werden, zeigen Herzschäden, grauen Star, Taubheit, genitale, Harnwegs- und Eingeweideanomalien sowie geistige Retardierung. Eine Infektion während der fötalen Periode ist weniger gefährlich, aber auch hier können ein niedriges Geburtsgewicht, Hörverlust und Knochenschädigungen vorkommen (Eberhart-Phillips, Frederick, & Baron, 1993). Obwohl eine Impfung im Säuglingsalter und in der Kindheit Routine ist, fehlen etwa 10 % bis 20 % der Frauen in Nordamerika und Westeuropa Antikörper gegen Röteln, so dass neue Krankheitsausbrüche möglich sind (Lee et al., 1992; Pebody et al., 2000).

Das *menschliche Immunschwächevirus (HIV)*, welches zum *erworbenen Immunschwäche-Syndrom (AIDS)* führt, einer Krankheit, die das Immunsystem zerstört, hat in den vergangenen zehn Jahren eine zunehmende Anzahl von Frauen infiziert. Wenn sie schwanger werden, geben sie in etwa 20 % bis 30 % der Fälle das tödliche Virus an den sich entwickelnden Organismus weiter (Nourse & Butler, 1998). AIDS verschlimmert sich bei kleinen Kindern sehr schnell. Um den 6. Monat herum sind Gewichtsverlust, Durchfall und wiederholte Atemwegserkrankungen üblich. Das Virus verursacht auch Gehirnschäden. Die meisten pränatalen AIDS-Babys überleben nur fünf bis acht Monate nach Erscheinen der Symptome (Parks, 1996). Das Antivirus-Medikament Zidovudin (ZDV) vermindert die pränatale Übertragung von AIDS bis zu 95 %, ohne schädliche Folgen der Medikamentenbehandlung für die Kinder (Culnane et al., 1999). Es hat in den westlichen Ländern zu einem dramatischen Rückgang von pränatal erworbenem AIDS geführt.

Der sich entwickelnde Organismus reagiert besonders sensibel auf die Familie der Herpesviren, für die es keinen Impfstoff und keine Behandlung gibt. Unter ihnen sind der *Zytomegalievirus* (die häufigste pränatale Infektion, die über die Atemwege oder sexuelle Kontakte übertragen wird) und *Herpes simplex 2* (der sexuell übertragen wird) besonders gefährlich. Bei beiden dringt das Virus in den Genitaltrakt der Mutter ein und infiziert das Baby entweder bei der Geburt oder während der Schwangerschaft, was zu Fehlgeburten, geringem Geburtsgewicht, körperlichen Missbildungen und geistiger Retardierung führt (Behrman, Kliegman, & Jenson, 2000).

Etliche bakterielle und parasitäre Erkrankungen sind ebenfalls schädlich. Am häufigsten ist die *Toxoplasmose*, die durch einen Parasiten, der in vielen Tieren zu finden ist, verursacht wird. Schwangere Frauen können durch den Genuss von rohem oder nicht ganz garem Fleisch oder durch den Kontakt mit Kot infizierter Katzen angesteckt werden. Ungefähr 40 % der Frauen, die die Krankheit haben, übertragen sie auf den sich entwickelnden Organismus. Wenn sie während des ersten Schwangerschaftsdrittels zuschlägt, kann sie Augen- und Gehirnschäden verursachen. Eine spätere Infektion ist mit leichten visuellen und kognitiven Schädigungen verbunden (Jones et al., 2001). Werdende Mütter können Toxoplasmose vermeiden, indem sie sicherstellen, dass das Fleisch, welches sie verzehren, ganz gar ist, sie ihre Haustiere auf die Krankheit untersuchen lassen und die Entsorgung von Abfall anderen Familienmitgliedern überlassen.

3.2.2 Andere mütterliche Faktoren

Neben der Vermeidung von schädlichen Stoffen können werdende Eltern die Entwicklung des Embryos oder Fötus noch auf andere Weise unterstützen. Bei gesunden Frauen in gutem körperlichen Zustand ist regelmäßiger leichter Sport wie Laufen, Schwimmen, Wandern und Aerobic mit einem höheren Geburtsgewicht verbunden (Hatch et al., 1993). Häufiges, anstrengendes Training hat allerdings das genaue Gegenteil zur Folge – geringeres Geburtsgewicht als in einer gesunden, nicht trainierenden Kontrollgruppe (Pivarnik, 1998). (Beachten Sie auch, dass schwangere Frauen mit Gesundheitsproblemen wie Kreislaufbeschwerden oder vorangegangenen Fehlgeburten ihren Arzt wegen Fitnessprogrammen konsultieren sollten.) In den folgenden Abschnitten untersuchen wir andere mütterliche Faktoren – Ernährung, emotionaler Stress, Blutgruppe, Alter und vorangegangene Geburten.

Ernährung

In der pränatalen Periode wachsen Kinder schneller als in jeder anderen Entwicklungsphase. Während dieser Zeit sind sie in der Nährstoffversorgung von der Mutter vollkommen abhängig. Eine gesunde Ernährung der Mutter, die zu einer Gewichtszunahme von 20 bis 27 Pfund führt, hilft, die Gesundheit von Mutter und Kind sicherzustellen. Pränatale Mangelernährung kann schwere Schäden des Zentralnervensystems verursachen. Je schlechter die Ernährung der Mutter ist, desto größer ist der Verlust an Hirngewicht, besonders wenn die Mangelernährung im letzten Schwangerschaftsdrittel stattfand. Während dieser Zeit nimmt das Gehirn sehr schnell an Größe zu und eine Ernährung der Mutter mit allen grundlegenden Nährstoffen ist notwendig, damit es sein volles Potential erreicht (Morgane et al., 1993). Eine unangemessene Ernährung während der Schwangerschaft kann auch die Struktur anderer Organe einschließlich Bauchspeicheldrüse, Leber und Blutgefäße schädigen, was zu lebenslangen Gesundheitsproblemen führen kann (Barker, 1994). Weil eine schlechte Ernährung die Entwicklung des Immunsystems unterdrückt, weisen pränatal schlecht ernährte Babys häufig Erkrankungen der Atemwege auf (Chandra, 1991). Zusätzlich sind sie störbar und reagieren nur schwach auf Stimulierung. Die Wirkungen auf Verhaltensweisen durch schlechte Ernährung verbinden sich schnell mit einem verarmten, belasteten Leben zu Hause. Mit zunehmendem Alter werden eine niedrige Intelligenz und schwere Lernstörungen immer offensichtlicher (Pollitt, 1996).

Viele Studien belegen, dass die Versorgung schwangerer Mütter mit gesunder Ernährung positive Auswirkungen auf die Gesundheit ihrer neugeborenen Babys hat. Jedoch benötigen die Wachstumsanforderungen der pränatalen Periode mehr als nur die Erhöhung der Menge einer typischen Ernährung. Es müssen auch vermehrt Vitamine und Mineralien zu sich genommen werden.

Zum Beispiel reduziert die zusätzliche Gabe von Folsäure um die Zeit der Empfängnis herum sehr stark Anomalien des Neuralrohrs wie Anenzephalie und Spina bifida (siehe Tabelle 2.4). Zusätzlich halbiert die Gabe von Folsäuren während der letzten zehn Wochen der Schwangerschaft das Risiko einer verfrühten Geburt und eines geringen Geburtsgewicht (MCR Vitamin Study Research Group, 1991; Scholl, Heidiger, & Belsky, 1996). Deswegen empfehlen Richtlinien der US- und der kanadischen Regierung allen Frauen im gebärfähigen Alter die tägliche Einnahme von mindestens 0,4, aber nicht mehr als 1 Milligramm Folsäure (Überdosen können schädlich sein). Derzeit werden Brot, Mehl, Reis, Nudeln und andere Getreideprodukte mit Folsäure angereichert.

Wenn eine schlechte Ernährung über die ganze pränatale Periode hinweg anhält, benötigen die Säuglinge in der Regel mehr als eine bessere Ernährung. Erfolgreiche Interventionen müssen auch den Zirkel von Gleichgültigkeit in den Mutter-Kind-Interaktionen durchbrechen. Einige tun das, indem sie Eltern beibringen wie man mit Babys umgehen kann, so dass sie gut gedeihen, während andere das Gewicht darauf legen, die Säuglinge zu stimulieren, um die aktive Auseinandersetzung mit ihrer physischen und sozialen Umwelt zu fördern (Grantham-McGregor et al., 1994; Grantham-McGregor, Schofield, & Powell, 1987).

Obwohl pränatale Mangelernährung am verbreitetsten in den von Armut betroffenen Regionen der Welt ist, ist sie nicht auf die Entwicklungsländer begrenzt. Das U.S. Special Supplemental Food Program for Women, Infants and Children (Spezielles Zusatzernährungsprogramm für Frauen, Säuglinge und Kinder) versorgt schwangere Frauen mit geringem Einkommen mit Nahrungspaketen, aber die finanziellen Mittel sind begrenzt und nur 70 % derer, die berechtigt wären, kommen in deren Genuss (Children's Defense Fund, 2002). Neben Nahrungsmitteln bietet das Canada Prenatal Nutrition Program (Pränatales

Diese von der Regierung unterstützte Ernährungsaufklärung in einem Dorf in Indien beugt pränataler Mangelernährung vor, indem eine gesunde Ernährung für schwangere Frauen empfohlen wird. Mütter lernen auch, dass das Stillen das gesunde Wachstum ihrer Neugeborenen schützen kann (siehe Kapitel 4, Seite 166).

Ernährungsprogramm in Kanada) Beratung, soziale Unterstützung, Zugang zur Gesundheitsvorsorge und Unterkunft für alle Frauen mit einem Risiko für einen schlechten Ausgang der Geburt an (Health Canada, 2002c). In Deutschland sorgt die staatliche Gesundheitsfürsorge für Kontrolle und Unterstützung der bedürftigen Mütter und ihrer Kinder.

■ Emotionale Belastung

Wenn Frauen während der Schwangerschaft schwere seelische Belastungen tragen müssen, sind ihre Babys einer großen Anzahl von Risiken ausgesetzt. Intensive Angst steht in Verbindung mit einer hohen Rate von Fehl- und Frühgeburten, geringem Geburtsgewicht und Reizbarkeit des Neugeborenen, Erkrankungen der Atemwege und Verdauungsproblemen. Sie wird auch mit bestimmten körperlichen Defekten verbunden wie Lippen- und Gaumenspalten und Magenpförtnerstenose, einer Verengung des Magenaustrittes beim Säugling, der chirurgisch behandelt werden muss (Carmichael & Shaw, 2000; Hoffman & Hatch, 1996).

Wenn wir Furcht und Angst erleben, führen Hormonstimulantien, die in unseren Blutstrom gelangen, dazu, ausgleichende Reaktionen einzuleiten. Große Mengen von Blut werden in die Körperteile geschickt, die an der defensiven Reaktion beteiligt sind – Gehirn, Herz, Muskeln, Arme, Beine und Rumpf. Der Blutfluss in andere Organe einschließlich der Gebärmutter ist reduziert. Folglich erhält der Fötus weniger Sauerstoff und Nährstoffe. Stresshormone dringen auch in die Gebärmutter ein, was zu einer dramatischen Zunahme der Herzrate und des Aktivitätsniveaus beim Fötus führt. Schließlich schwächt Stress das Immunsystem, was schwangere Frauen empfänglicher macht für Infektionskrankheiten (Cohen & Williamson, 1991; Monk et al., 2000).

Stressbezogene pränatale Komplikationen werden jedoch stark eingeschränkt, wenn Mütter Ehemänner, andere Familienmitglieder und Freunde haben, die sie unterstützen (McLean et al., 1993; Nuckolls, Cassel, & Kaplan, 1972). Der Zusammenhang zwischen sozialer Unterstützung und positiven Schwangerschaftsentwicklungen ist besonders stark bei Frauen mit niedrigem Einkommen, die oft einen sehr belasteten Alltag haben (Hoffman & Hatch, 1996).

■ Rhesusfaktor-Unverträglichkeit

Wenn die ererbten Blutgruppen von Mutter und Fötus unterschiedlich sind, können ernsthafte Probleme entstehen. Der häufigste Grund dieser Schwierigkeiten ist die **Rhesusfaktor-Unverträglichkeit**. Wenn die Mutter Rh-negativ ist (Mangel an Rh-Blutprotein) und der Vater Rh-positiv (das Protein besitzt), kann das Baby die Rh-positive Blutgruppe des Vaters erben. Selbst wenn nur ganz wenig des Rh-positiven Blutes vom Fötus die Gebärmutter durchquert und in den Rh-negativen Blutstrom der Mutter gelangt, fängt sie an, Antikörper gegen das fremde Rh-Protein zu bilden. Wenn diese in das System des Fötus gelangen, zerstören sie rote Blutzellen, was die Sauerstoffversorgung von Organen und Gewebe reduziert. Geistige Retardierung, Fehlgeburt, Herzschäden und Tod des Säuglings können auftreten.

Weil es einige Zeit dauert, bis die Mutter Rh-Antikörper herstellen kann, sind erstgeborene Kinder selten betroffen. Die Gefahr nimmt bei jeder weiteren Schwangerschaft zu. Zum Glück können schädliche Auswirkungen der Rh-Unverträglichkeit in den meisten Fällen verhindert werden. Nach der Geburt eines jeden Rh-positiven Babys erhalten Rh-negative Mütter routinemäßig eine Impfung, um die Bildung von Antikörpern zu verhindern. Bei Notfällen können unmittelbar nach oder sogar vor der Geburt Bluttransfusionen durchgeführt werden.

■ Alter der Mutter und vorangegangene Geburten

In Kapitel 2 haben wir darauf hingewiesen, dass Frauen, die das Kinderkriegen verschieben, bis sie über Dreißig oder über Vierzig sind, sich einem zunehmendem Risiko von Unfruchtbarkeit, Fehlgeburten und Babys mit Chromosomdefekten aussetzen. Sind noch weitere Schwangerschaftskomplikationen bei älteren Müttern verbreitet? Viele Jahre lang haben Wissenschaftler das angenommen. Aber gesunde Frauen in ihren Vierzigern haben nicht mehr pränatale Schwierigkeiten als Frauen in den Zwanzigern (Bianco et al., 1996; Dildy et al., 1996; Prysak, Lorenz, & Kisly, 1995).

Verursacht im Falle von Schwangerschaften bei Teenagern die körperliche Unreife pränatale Komplikationen? Wieder zeigt die Forschung auf, dass das nicht so ist. Wie wir in Kapitel 11 sehen werden, versucht die Natur sicherzustellen, dass ein Mädchen, sobald es empfangen kann, auch körperlich zum Austragen und Gebären eines Babys in der Lage ist. Kinder von Teenagern werden aus ganz anderen Gründen mit einer höheren Rate von Problemen geboren. Viele schwangere Heranwachsende haben keinen Zugang zur medizinischen Versorgung oder haben Angst davor, sie in Anspruch zu nehmen. Zusätzlich kommen die meisten schwangeren Teenager aus einem niedrigen sozialen Milieu, in dem Stress, schlechte Ernährung und Gesundheitsprobleme verbreitet sind (Coley & Chase-Lansdale, 1998).

3.2.3 Die Bedeutung pränataler Gesundheitsvorsorge

Dana hatte ihren ersten pränatalen Untersuchungstermin 3 Wochen nach Ausbleiben ihrer Periode. Danach ging sie bis in den siebten Monat ihrer Schwangerschaft einmal im Monat zum Arzt, im achten dann zweimal. Mit dem Näherrücken der Geburt ließ sie sich einmal die Woche untersuchen. Der Arzt überwachte ihre allgemeine Gesundheit sowie die Gewichtszunahme und die Fähigkeit ihrer Gebärmutter und des Muttermundes, den Fötus zu stützen. Das Wachstum des Fötus wurde ebenfalls sorgfältig überwacht.

Danas Schwangerschaft war, wie die meisten, frei von Komplikationen. Aber unerwartete Schwierigkeiten können auftreten, besonders wenn Mütter Gesundheitsprobleme haben. Zum Beispiel brauchen Frauen mit Diabetes eine sorgfältige Überwachung. Zusätzlicher Zucker im Blutstrom der Mutter führt dazu, dass der Fötus größer wird als der Durchschnitt, was Schwangerschafts- und Geburtsprobleme häufiger macht.

Eine weitere Komplikation, *Toxämie (Blutvergiftung)* (auch *Eklampsie* genannt) bei der der Blutdruck stark ansteigt und Gesicht, Hände und Füße in der zweiten Hälfte der Schwangerschaft anschwellen, wird bei 5 % bis 10 % schwangerer Frauen beobachtet. Wenn es unbehandelt bleibt, kann Toxämie zu Krämpfen bei der Mutter und zum Tod des Fötus führen. Gewöhnlich können die Einweisung in ein Krankenhaus, Bettruhe und Medikamente den Blutdruck auf ein sicheres Niveau senken. Wenn nicht, muss das Baby sofort entbunden werden (Carlson, Eisenstat, & Ziporyn, 1996).

Leider warten 18 % schwangerer Frauen in den Vereinigten Staaten bis nach dem ersten Schwangerschaftsdrittel, bis sie Schwangerschaftsvorsorge in Anspruch nehmen, und 4 % verschieben das bis zum Ende der Schwangerschaft oder erhalten überhaupt keine Vorsorge. Die meisten dieser Mütter sind Heranwachsende, unverheiratet und von Armut betroffen. Ihre Babys werden viel eher untergewichtig geboren oder sterben vor der Geburt oder während des ersten Lebensjahres als die Babys von Müttern, die regelmäßige medizinische Betreuung erfahren (Children's Defense Fund, 2002).

Warum verzögern diese Frauen den Arztbesuch? Ein Grund ist das Fehlen einer Krankenversicherung. Obwohl die allerärmsten dieser Mütter das Recht auf staatlich finanzierte Gesundheitsdienste besitzen, treffen die Bestimmungen für die Inanspruchnahme dieser Dienste auf viele Frauen mit niedrigem Einkommen nicht zu. Später in diesem Kapitel werden Geburtskomplikationen vorgestellt, und es wird ersichtlich, dass in Ländern, in denen eine erschwingliche medizinische Versorgung allgemein zugänglich ist, Schwangerschaften mit später Versorgung und Komplikationen bei Mutter und Kind wenig zu beobachten sind.

Neben finanziellen Härten gibt es auch andere Gründe, warum manche Mütter keine Schwangerschaftsvorsorge in Anspruch zu nehmen. Als Forscher Frauen, die erst spät in der Schwangerschaft zum Arzt gingen, befragten, warum sie so lange gewartet hatten, nannten sie eine große Bandbreite von Hindernissen. Diese umfassten situative Hemmnisse wie die Schwierigkeit, einen Arzt zu finden und einen Termin zu bekommen, oder auch den Mangel einer Fahrgelegenheit. Die Frauen erwähnten auch persönliche Hemmnisse – psychische Belastung, Anforderungen, sich um andere kleine Kinder kümmern zu müssen, ambivalente Einstellung zur Schwangerschaft und Familienkrisen (Maloni et al., 1996; Rogers & Shiff, 1996). Viele zeigten auch starkes Risikoverhalten wie

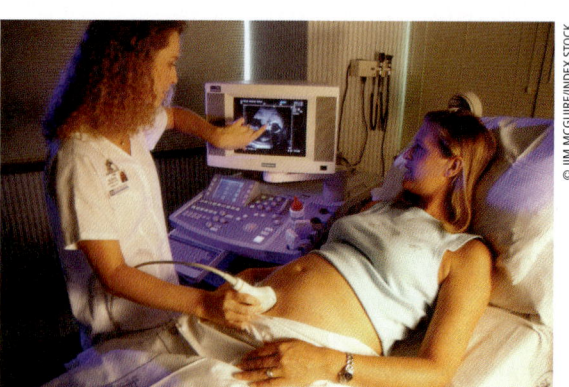

Während einer pränatalen Routineuntersuchung benutzt diese Ärztin Ultraschall, um der werdenden Mutter ein Bild ihres Fötus zu zeigen und um seine Entwicklung zu überprüfen. Alle schwangeren Frauen sollten frühe und regelmäßige pränatale Vorsorge erhalten, um ihre eigene Gesundheit und die ihres Babys zu schützen.

Pränatale Einflüsse der Umwelt

Aspekte der Fürsorge

Verhaltensempfehlungen für eine gesunde Schwangerschaft

WAS SIE TUN SOLLTEN

Stellen Sie, bevor Sie schwanger werden, sicher, dass Sie gegen gefährliche Infektionen, die dem Embryo und Fötus schaden könnten, geimpft sind, so etwa gegen Röteln. Die meisten Impfungen bieten während der Schwangerschaft keinen sicheren Schutz.

Gehen Sie zum Arzt, sobald Sie vermuten, dass Sie schwanger sind – innerhalb weniger Wochen nach Ausbleiben der Menstruation.

Halten Sie die regelmäßigen medizinischen Kontrolluntersuchungen während der gesamten Schwangerschaft ein.

Lassen Sie sich Literatur von Ihrem Arzt, Ihrer Stadtbücherei oder im Buchladen über pränatale Entwicklung und Vorsorge geben. Fragen Sie bei allem nach, was Sie nicht verstehen.

Achten Sie auf eine ausgewogene Ernährung und nehmen Sie die vom Arzt verschriebenen Vitamin-Mineral-Ergänzungen. Im Schnitt sollte eine Frau im ersten Schwangerschaftsdrittel täglich 100 Kalorien mehr zu sich nehmen, 265 im zweiten und 430 Kalorien im letzten Drittel. Nehmen Sie nach und nach um 11 bis 13,5 kg zu.

Halten Sie sich durch ein leichtes Training körperlich fit. Wenn möglich, nehmen Sie an einem speziellen Trainingskurs für werdende Mütter teil.

Vermeiden Sie emotionale Belastungen. Wenn Sie allein stehend sind, suchen Sie sich einen Verwandten oder Freund oder Freundin, auf den/die Sie zur emotionalen Unterstützung zählen können.

Sorgen Sie für viel Ruhe. Eine übermüdete Mutter riskiert Schwangerschaftskomplikationen.

Melden Sie sich mit Ihrem Partner für einen Kurs über pränatale Probleme und Geburtsinformationen an. Wenn Eltern wissen, was sie erwartet, können die 9 Monate vor der Geburt eine sehr schöne Zeit in ihrem Leben sein.

WAS SIE VERMEIDEN SOLLTEN

Nehmen Sie keine Medikamente ein, ohne Ihren Arzt vorher gefragt zu haben.

Rauchen Sie nicht. Wenn Sie bereits während einer Zeit in Ihrer Schwangerschaft geraucht haben, rauchen Sie weniger oder (noch besser) hören Sie auf damit. Wenn andere Familienmitglieder Raucher sind, bitten Sie diese, aufzuhören oder nicht in den Wohnräumen zu rauchen.

Trinken Sie von dem Zeitpunkt an, an dem Sie sich für eine Schwangerschaft entscheiden, keinen Alkohol. Wenn es Ihnen schwer fällt, auf Alkohol zu verzichten, bitten Sie Ihren Arzt, eine Familienberatung in Ihrem Wohnort oder die nächstgelegene Stelle der Anonymen Alkoholiker um Hilfe.

Nehmen Sie nicht an Aktivitäten teil, die Ihr Baby Umweltgefahren aussetzen könnten und Kontakte mit chemischen Umweltgiften und radioaktiver Strahlung mit sich bringen. Wenn Sie eine Beschäftigung haben, bei der diese Stoffe eine Rolle spielen, bitten Sie um einen sichereren Platz oder lassen Sie sich freistellen.

Vermeiden Sie Situationen, die Ihr Baby gefährlichen Infektionskrankheiten aussetzen könnten, wie Kinderkrankheiten und Toxoplasmose.

Machen Sie in der Schwangerschaft keine Schlankheitskur.

Überessen Sie sich nicht und nehmen Sie nicht zu viel an Gewicht zu. Eine sehr große Gewichtszunahme ist mit Komplikationen verbunden.

Rauchen und Medikamenten- und Drogenmissbrauch. Diese Frauen, die die meiste Zeit in ihrer Schwangerschaft keine ärztliche Fürsorge erfuhren, gehörten gerade zur Gruppe derjenigen, die sie am meisten gebraucht hätten.

Sicher ist öffentliche Aufklärung über die Bedeutung früher und regelmäßiger Schwangerschaftsvorsorge für alle Frauen dringend nötig. Die Tabelle über Vorsorgebelange fasst Verhaltensempfehlungen für eine gesunde Schwangerschaft zusammen, die aus der Diskussion über die pränatale Umwelt abgeleitet sind.

Prüfen Sie sich selbst...

Rückblick
Warum ist es schwierig, die Wirkung einiger Stoffe aus der Umwelt, etwa rezeptfreie Medikamente oder Umweltverschmutzung, auf Embryo und Fötus zu bestimmen?

Anwendung
Nora, zum ersten Male schwanger, hat über die schädliche Wirkung von Alkohol und Tabak gehört. Dennoch nimmt sie an, dass ein paar Zigaretten und ein Glas Wein am Tag nicht schädlich sein können. Geben Sie Nora wissenschaftlich fundierte Gründe, nicht zu trinken und zu rauchen.

Zusammenhänge
Listen Sie Teratogene (schädliche Substanzen) und weitere Faktoren bei der Mutter auf, die während der pränatalen Periode die Gehirnentwicklung beeinträchtigen. Warum ist das zentrale Nervensystem so oft betroffen, wenn die pränatale Umwelt gefährdend ist?

Zusammenhänge
Was ist eine sensitive Periode? Inwiefern ist dieses Konzept relevant für das Verständnis des Einflusses von Teratogenen?

Prüfen Sie sich selbst...

3.3 Die Geburt

Obwohl Dana und Jörg ein Universitätsseminar zur Entwicklungspsychologie 3 Monate vor der Geburt ihres Babys abschlossen, sagten beide zu, im darauf folgenden Frühling wiederzukommen, um ihre Erfahrungen den nächsten Seminarteilnehmern mitzuteilen. Der zwei Wochen alte Jonas war auch dabei. Danas und Jörgs Geschichte offenbart, dass die Geburt eines Kindes eines der dramatischsten und emotionalsten Ereignisse der menschlichen Erfahrungen ist. Jörg war während der Wehen und bei der Entbindung dabei. Dana berichtete:

> *Gegen Morgen war uns klar, dass die Wehen begonnen hatten. Es war ein Donnerstag und so gingen wir zu meinem üblichen Untersuchungstermin. Der Arzt sagte, ja, das Baby wäre unterwegs, aber es würde eine Weile dauern. Er sagte uns, dass wir nach Hause gehen sollten, um uns zu entspannen oder einen erholsamen Spaziergang zu machen, und dann in 3 oder 4 Stunden wieder ins Krankenhaus kommen sollten. Wir meldeten uns um 3 Uhr nachmittags im Krankenhaus an; Jonas kam um 2 Uhr am nächsten Morgen. Als die eigentliche Geburt endlich einsetzte, ging alles schnell; eine halbe Stunde oder so, ein paar starke Presswehen und er war da. Sein ganzer Körper war mit irgendeinem Zeug bedeckt, sein Gesicht rot und verquollen und sein Kopf verformt, aber ich dachte: „Oh, er ist schön. Ich kann es nicht fassen, dass er wirklich da ist."*

Jörg war durch Jonas' Geburt ebenfalls in Hochstimmung. „Ich wollte Dana unterstützen und so viel mitbekommen wie möglich. Es war unbeschreiblich", sagte er, indem er Jonas über seiner Schulter hielt und ihn sanft streichelte und küsste. In den folgenden Kapiteln erklären wir das Erlebnis der Geburt sowohl vom Standpunkt der Eltern wie von dem des Babys her.

3.3.1 Die Phasen der Geburt

Es überrascht nicht, dass die Geburt im Englischen oft als *Arbeit (labor)* bezeichnet wird. Es ist die schwerste körperliche Arbeit, die eine Frau vielleicht jemals auf sich nimmt. Eine komplexe Reihe hormoneller Veränderungen bringt den Prozess in Gang, der sich natürlicherweise in drei Phasen gliedert (siehe Abbildung 3.4):

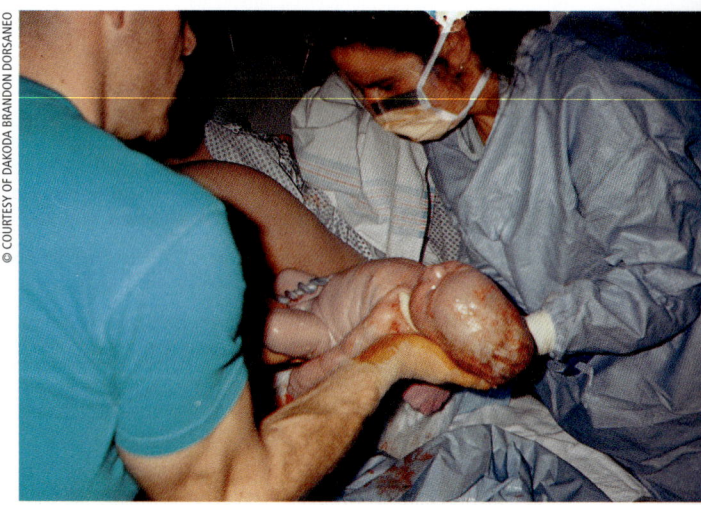

Dieses neugeborene Baby wird ganz kurz nach der Entbindung vom Geburtshelfer der Mutter (links) und der Hebamme (rechts) gehalten. Die Nabelschnur ist noch nicht durchtrennt. Beachten Sie, dass der Kopf des Kindes verformt ist, weil er viele Stunden lang durch den Geburtskanal gepresst wurde. Er ist im Verhältnis zum Körper auch sehr groß. Wenn das Kind seinen ersten Atemzug macht, verändert sich seine Körperfarbe von blau zu rosa. Es ist hellwach und bereit, seine neue Umgebung kennen zu lernen.

1. *Erweiterung und Öffnung des Muttermundes.* Das ist die längste Phase des Geburtsvorganges, die durchschnittlich 12 bis 14 Stunden bei der ersten und 4 bis 6 Stunden bei späteren Geburten dauert. Die Kontraktionen der Gebärmutter werden zunehmend häufiger und stärker, was dazu führt, dass der Muttermund sich erweitert und öffnet. Wenn sich der Muttermund vollständig öffnet, erreichen die Kontraktionen einen Höhepunkt, die *Austreibung* beginnt. Dabei wird ein Vaginalrohr von der Gebärmutter in die Vagina hinein gebildet, der Geburtskanal.

2. *Die Geburt des Kindes.* Diese Phase ist viel kürzer, bei der ersten Geburt dauert sie etwa 50 Minuten, bei späteren Geburten 20 Minuten. Die starken Kontraktionen der Gebärmutter bestehen fort, und die Mutter hat ein natürliches Bedürfnis, mit ihren Bauchmuskeln zu pressen und zu stoßen. Damit treibt sie mit jeder Kontraktion das Baby hinunter und hinaus.

3. *Nachgeburt der Plazenta.* Die Wehen gehen mit einigen letzten Kontraktionen und Stößen zu Ende. Hierbei löst sich die Plazenta von der Gebärmutterwand und nach etwa 5 bis 10 Minuten wird sie ausgestoßen.

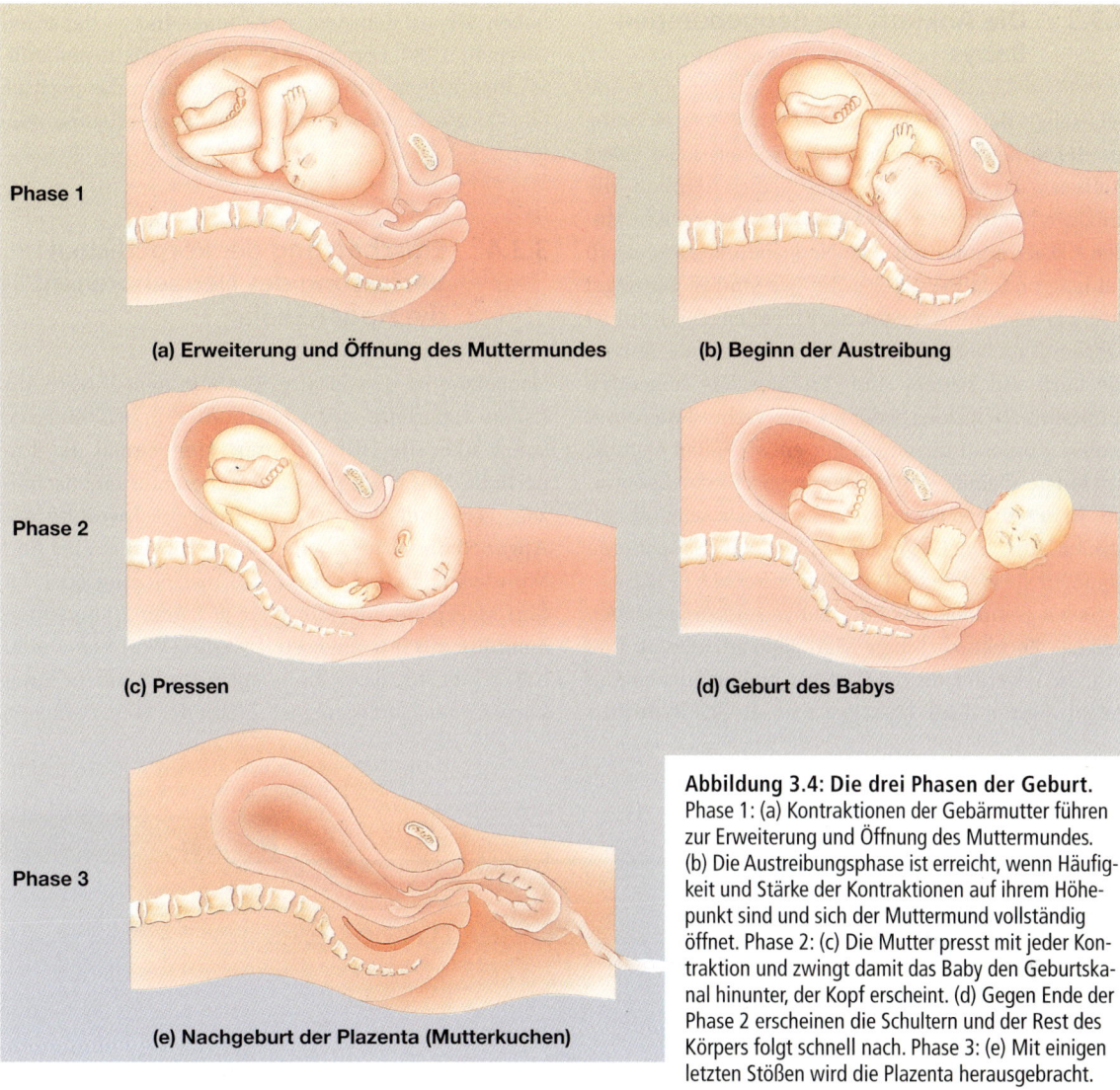

Abbildung 3.4: Die drei Phasen der Geburt.
Phase 1: (a) Kontraktionen der Gebärmutter führen zur Erweiterung und Öffnung des Muttermundes. (b) Die Austreibungsphase ist erreicht, wenn Häufigkeit und Stärke der Kontraktionen auf ihrem Höhepunkt sind und sich der Muttermund vollständig öffnet. Phase 2: (c) Die Mutter presst mit jeder Kontraktion und zwingt damit das Baby den Geburtskanal hinunter, der Kopf erscheint. (d) Gegen Ende der Phase 2 erscheinen die Schultern und der Rest des Körpers folgt schnell nach. Phase 3: (e) Mit einigen letzten Stößen wird die Plazenta herausgebracht.

3.3.2 Die Anpassung des Kindes an die Wehen und die Geburt

Auf den ersten Blick erscheinen Wehen und Entbindung wie eine regelrechte Feuerprobe für das Baby. Die starken Kontraktionen der Gebärmutter von Dana setzten Jonas' Kopf einem sehr hohen Druck aus und Plazenta und Nabelschnur wurden dabei fortwährend gequetscht. Jedes Mal wurde Jonas' Sauerstoffversorgung kurzzeitig reduziert.

Zum Glück sind gesunde Babys gut ausgestattet, um das Trauma der Geburt auszuhalten. Die Stärke der Wehen führt beim Kind zur Produktion großer Mengen von Stresshormonen. Rufen Sie sich in Erinnerung, dass während der Schwangerschaft Auswirkungen mütterlichen Stresses das Kind gefährden können. Im Gegensatz dazu ist während der Geburt die Produktion der kindlichen Stresshormone angepasst. Dieses hilft dem Baby, einer Mangelversorgung mit Sauerstoff zu widerstehen, indem ein reicher Vorrat an Blut ins Gehirn und zum Herzen geschickt wird. Zusätzlich bereitet es das Baby darauf vor, wirkungsvoll zu atmen, indem die Lunge sämtliche Flüssigkeitsreste absorbiert und die Bronchialäste (Durchgänge zur Lunge) erweitert. Schließlich erhöhen Stresshormone die Wachheit des Babys. Jonas wurde hellwach geboren, bereit, mit der umgebenden Welt in Kontakt zu treten (Lagercrantz & Slotkin, 1986).

3.3.3 Die Ankunft des neugeborenen Babys

Wie sehen Babys nach der Geburt aus? Jörg lächelte, als die anderen Studenten im Seminar diese Frage stellten. „Dana und ich sind wahrscheinlich die einzigen Menschen auf der Welt, die Jonas schön fanden." Das durchschnittliche Neugeborene ist etwa 50 cm lang und 3300 g schwer, Jungen sind in der Regel etwas länger und schwerer als Mädchen. Der Kopf ist sehr groß im Vergleich zum Rumpf und den Beinen, die kurz und krumm sind. Wie aus den folgenden Kapiteln ersichtlich, bedeutet die Verbindung eines großen Kopfes (mit seinem gut entwickelten Gehirn) mit einem kleinen Körper, dass menschliche Lebewesen in den ersten Monaten ihres Lebens sehr schnell lernen. Aber im Gegensatz zu anderen Säugetieren kommen sie erst recht spät allein zurecht.

Selbst wenn neugeborene Babys seltsam aussehen mögen, machen sie einige Merkmale anziehend. Ihre runden Gesichter, dicken Wangen, großen Stirnen und Augen führen dazu, dass Erwachsene das Bedürfnis haben, sie auf den Arm zu nehmen und zu liebkosen (Berman, 1980; Lorenz, 1943). Diese Gesichtsmerkmale entsprechen dem „Kindchenschema", das positive emotionale Zuwendung und Fürsorgeverhalten auslöst.

3.3.4 Einschätzung der körperlichen Verfassung des Neugeborenen: die Apgar-Skala

Neugeborene, die Schwierigkeiten beim Eintritt ins Leben außerhalb der Gebärmutter haben, müssen sofort spezielle Hilfe erfahren. Um schnell die körperliche Verfassung des Neugeborenen einzuschätzen, verwenden Ärzte und Krankenschwestern die **Apgar-Skala**. Wie Tabelle 3.2 zeigt, wird ein bis fünf Minuten nach der Geburt eine Einschätzung jeder der fünf Merkmale mit dem Wert 0, 1 oder 2 vorgenommen. Ein zusammengesetzter Apgar-Wert von 7 oder höher gibt an, dass das neugeborene Kind in guter körperlicher Verfassung ist. Wenn der Wert zwischen

Tabelle 3.2

Die Apgar-Skala

Indikator[a]	Wert		
	0	1	2
Herzrate	Kein Herzschlag	Unter 100 Schlägen pro Minute	100 bis 140 Schläge pro Minute
Atmungsaktivität	60 Sekunden lang keine Atmung	Unregelmäßige, schwache Atmung	Starke Atmung und Schreien
Reflexreize (Niesen, Husten und das Verziehen des Gesichts)	Keine Reaktion	Schwache Reflexe	Starke Reflexe
Muskeltonus	Vollkommen schlaff	Schwache Bewegung von Armen und Beinen	Starke Bewegung von Armen und Beinen
Farbe[b]	Blauer Körper, Arme und Beine	Körper rosa mit blauen Armen und Beinen	Körper, Arme und Beine vollständig rosa

[a] Um sich diese Indikatoren merken zu können, hilft Ihnen vielleicht eine Technik, bei der die ursprünglichen Bezeichnungen in eine andere Ordnung gebracht und wie folgt umbenannt wurden: **A**tmung, **P**uls, **G**rundtonus, **A**ussehen, **R**eflexe. Die ersten Buchstaben dieser Indikatoren-Bezeichnungen ergeben den Namen der Skala: **Apgar**.

[b] Die Farbe ist das am wenigsten verlässliche Apgar-Zeichen. Der Hautton nicht weißer Babys macht es schwierig, das „Rosa"-Merkmal anzuwenden. Jedoch können Neugeborene aller Rassen nach dem rosa Schimmer eingeschätzt werden, der durch den Fluss des Sauerstoffs durch das Körpergewebe bedingt ist.

Quelle: Apgar, 1953.

4 und 6 liegt, braucht das Baby Hilfe, um Atmung und andere Lebenszeichen einzuleiten. Wenn der Wert 3 oder weniger beträgt, ist das Baby in ernsthafter Gefahr und es werden Notfallmaßnahmen nötig. Es werden zwei Apgar-Einschätzungen gemacht, weil einige Babys zunächst Anpassungsschwierigkeiten haben, aber dann nach ein paar Minuten ganz gut reagieren (Apgar, 1953).

3.4 Umgang mit der Geburt

Geburtspraktiken werden, wie andere Aspekte des Familienlebens, durch die Gesellschaft geprägt, zu denen Mutter und Kind gehören. In vielen dörflichen und Stammeskulturen ist werdenden Müttern der Geburtsprozess sehr vertraut. Zum Beispiel betrachten die Jarara in Südamerika und die Pukapukans auf den pazifischen Inseln die Geburt als vitalen Teil ihres täglichen Lebens. Die Jarara-Mutter gebärt ihr Kind vor den Augen der ganzen Gemeinschaft, einschließlich kleiner Kinder. Ein Mädchen der Pukapukans ist so vertraut mit den Vorgängen der Wehen und der Entbindung, dass man sie beobachten kann, wie sie diese nachspielt. Sie stopft eine Kokosnuss, die das Baby darstellt, unter ihr Kleid, imitiert das Pressen der Mutter und lässt die Nuss im richtigen Moment fallen. In den meisten nicht industrialisierten Kulturen erfährt die Mutter während des Geburtsprozesses Unterstützung. Bei den Nachfolgern der Mayas in Yukatan lehnt sich die Mutter an eine Frau, die „Haupthelferin" genannt wird, diese stützt ihr Gewicht und atmet mit ihr während jeder Wehe (Jordan, 1993; Mead & Newton, 1967).

In den großen westlichen Nationen hat die Geburt über die Jahrhunderte hinweg einen einschneidenden Wandel erfahren. Vor Ende des 19. Jahrhunderts fand die Geburt in der Regel zu Hause statt und war ein Familienereignis. Die industrielle Revolution brachte Massen von Menschen in die Städte, was mit neuen Gesundheitsproblemen einherging. Das führte dazu, dass sich Geburten von zu Hause in die Krankenhäuser verlagerten, wo die Gesundheit von Müttern und ihren Kindern geschützt werden konnte. Indem die Ärzte die Verantwortung für die Geburt übernahmen, ließ das Wissen der Frauen darüber nach und Verwandte und Freunde waren nicht mehr willkommen, daran teilzunehmen (Borst, 1995).

In den fünfziger und sechziger Jahren begannen die Frauen, die medizinischen Maßnahmen, die während der Wehen und der Entbindung routinemäßig ergriffen wurden, zu hinterfragen. Viele hatten das Gefühl, dass der häufige Einsatz starker Medikamente und bestimmter Entbindungsinstrumente sie einer wertvollen Erfahrung beraubt hatte und oft nicht nötig oder gut für das Baby war. Nach und nach entstand in Europa eine Bewegung zur so genannten natürlichen Geburt und breitete sich nach Nordamerika aus. Ihr Ziel war, Krankenhausgeburten so bequem und schön wie möglich für die Mütter zu gestalten. Heute nehmen die meisten Krankenhäuser dieses Thema auf, indem sie Geburtszentren anbieten, die die Familie einbeziehen und ihr ein „Zuhause" bieten. *Freie Geburtszentren,* welche einen frühen Kontakt zwischen Eltern und dem Baby fördern, aber weniger unterstützende medizinische Versorgung anbieten, sind ebenfalls entstanden. Und eine kleine, aber wachsende Zahl von Frauen lehnen „institutionalisierte" Geburten vollständig ab und entscheiden sich dafür, ihre Babys zu Hause zur Welt zu bringen.

In dieser Dorfgesellschaft in Papua Neuguinea gebärt eine Frau in aufrechter, kauernder Stellung. Ihr Ehemann stützt ihren Körper, während eine ältere Frau sie beruhigt und ihr Mut zuspricht.

3.4.1 Natürliche oder vorbereitete Geburt

Dana und Jörg wählten eine **natürliche oder vorbereitete Geburt** – eine Reihe von Maßnahmen, die darauf zielen, Schmerzen und medizinische Interventionen zu reduzieren, um die Geburt zu einer so lohnenden Erfahrung zu machen, wie es irgend geht. Obwohl viele Programme für natürliche Geburt bestehen, gehen die meisten auf Methoden zurück, die Grantly Dick-Read (1959) in England and Ferdinand Lamaze (1958) in Frankreich entwickelt haben. Diese Ärzte erkannten, dass kulturelle Haltungen den Frauen vermittelt hatten, die Erfahrung der Geburt zu fürchten. Eine ängstliche, erschreckte Frau in den Wehen verspannt ihre Muskeln und verwandelt damit leichte Schmerzen, die Wehentätigkeit begleiten können, in große Schmerzen.

In einem typischen Programm für natürliche Geburt nehmen die werdende Mutter und ein Begleiter (der Vater, eine Verwandte, ein Freund oder eine Freundin) an drei Maßnahmen teil:

- *Kurse.* Dana und Jörg besuchten eine Reihe von Kursen, in welchen sie etwas über die Anatomie und Physiologie von Wehentätigkeit und Entbindung lernten. Das Wissen um die Geburtsvorgänge verringert die Angst der Mutter.

- *Entspannung und Atemtechniken:* Während jeder Stunde leitete man Dana zu Entspannungs- und Atemübungen an, die dazu dienten, gegen den Schmerz der Gebärmutterkontraktionen zu wirken.

- *Hilfe während der Geburt:* Jörg lernte, wie er Dana während der Geburt helfen könnte, indem er sie an die Entspannung und das Atmen erinnerte, ihren Rücken massierte, ihren Körper stützte und Worte der Ermutigung und Zuneigung äußerte.

Studien, die Mütter, die bereits eine natürliche Geburt erlebt hatten, mit solchen ohne diese Erfahrung verglichen, fanden heraus, dass die Erfahrenen eine positivere Haltung zum Geburtserlebnis zeigten sowie weniger Schmerz und niedrigeren Medikamentenverbrauch – in der Regel sehr wenig oder überhaupt keine (Hetherington, 1990; Mackey, 1995). Soziale Unterstützung ist ein wichtiger Teil des Erfolges natürlicher Geburtstechniken. In Krankenhäusern in Guatemala und Amerika, welche routinemäßig Patientinnen während der Geburt allein ließen, wurde einigen Müttern nach dem Zufallsprinzip eine Person zugeteilt, die während der Geburt bei ihnen blieb, mit ihnen sprach, ihre Hand hielt und ihnen den Rücken massierte, um die Entspannung zu fördern. Diese Mütter hatten weniger Geburtskomplikationen und kürzere Wehenzeiten als Mütter ohne Begleitung. Mütter aus Guatemala, welche Unterstützung erfuhren, kommunizierten auch mit ihren Babys während der ersten Stunde nach der Entbindung positiver, indem sie mit ihnen sprachen, lächelten und sie sanft streichelten (Kennell et al., 1991; Sosa et al., 1980). Darüber hinaus macht soziale Unterstützung westliche Sitten der Krankenhausentbindung für Frauen aus Teilen der Welt akzeptabler, in denen Hilfe von Familie und Gemeinschaft die Norm ist (Granot et al., 1996).

3.4.2 Hausgeburten

Hausgeburten sind in bestimmten industrialisierten Ländern wie England, den Niederlanden und Schweden immer populär gewesen. Die Anzahl nordamerikanischer Frauen, die sich dafür entschied, ihr Baby zu Hause zu bekommen, ist in den vergangenen Jahren angestiegen, wenngleich sie mit etwa 1 % klein bleibt (Curtin & Park, 1999). Einige Hausgeburten werden von Ärzten begleitet, die meisten jedoch von ausgebildeten *Hebammen* durchgeführt, welche Abschlüsse in Krankenpflege haben und zusätzlich ausgebildet sind, Entbindungen durchzuführen und die Wöcherinnennachsorge sowie die Betreuung des Neugeborenen in den ersten 14 Tagen zu gewährleisten.

Die Freuden und Gefahren einer Hausgeburt werden sehr gut durch die Geschichte eines Handwerkers auf dem Lande illustriert: „Unser erstes Kind wurde im Krankenhaus entbunden", sagte er. „Obwohl ich dabei war, fanden Kathy und ich die Atmosphäre steif und kalt. Wir wünschten uns eine wärmere, persönlichere Umgebung für die Geburt." Mit der Unterstützung einer auch als Krankenschwester ausgebildeten Hebamme entband Don ihr zweites Kind, Cindy, in ihrem Bauernhaus, 5 km außerhalb der Stadt. Drei Jahre später, als bei Kathy die Wehen mit Marnie einsetzten, hielt ein schwerer Schneesturm die Hebamme davon ab, rechtzeitig das Haus zu erreichen. Don entband das Kind allein, aber die Geburt war schwierig. Marnie atmete die ersten Minuten nicht und unter großer Anstrengung belebte sie Don. Die erschreckende Erinnerung an Marnies

Medizinische Interventionen

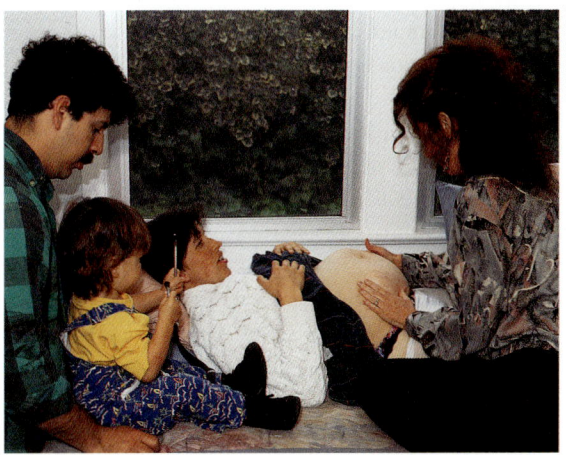

Diese Mutter, gerade dabei, zu Hause ihr Kind zu bekommen, bespricht mit der Hebamme den Fortschritt ihrer Wehentätigkeit, während ihr Ehemann und das erste Kind zusehen. Mütter, die sich für eine Hausgeburt entscheiden, möchten dieses Ereignis zu einem bedeutenden Teil des Familienlebens machen, unnötige medizinische Prozeduren vermeiden und eine größere Kontrolle über ihre eigene Versorgung und die ihrer Babys ausüben.

schlaffen, blauen Körper brachte Don und Kathy zu der Überzeugung, mit ihrem letzten Kind wieder ins Krankenhaus zu gehen. Zu der Zeit hatten sich die Praktiken im Krankenhaus verändert und das Ereignis war für beide Eltern sehr schön.

Die Erfahrung von Don und Kathy wirft die Frage auf: Ist eine Hausgeburt genauso sicher wie eine Geburt im Krankenhaus? Für gesunde Frauen, die von einem gut ausgebildeten Arzt oder einer Hebamme unterstützt werden, scheint es so zu sein, da selten Komplikationen auftauchen (Olsen, 1997). Wenn jedoch die Helfer nicht sorgfältig ausgebildet und nicht auf Notsituationen vorbereitet sind, ist die Todesrate der Säuglinge hoch (Mehlmadrona & Madrona, 1997). Wenn die Mütter ein Risiko für irgendwelche Komplikationen tragen, ist der angemessene Platz für Geburtsvorgang und Entbindung das Krankenhaus, in dem eine lebensrettende Behandlung möglich ist.

3.5 Medizinische Interventionen

Die zweijährige Melinda hinkt und bewegt sich schwerfällig und hat Schwierigkeiten, ihr Gleichgewicht zu halten. Sie leidet unter einer *zerebralen Motilitätsstörung*, einem allgemeinen Ausdruck für eine Reihe von Schädigungen in der Muskelkoordination, die von einem Gehirnschaden vor, während oder kurz nach der Geburt herrühren.

Wie bei 10 % von Jugendlichen mit dieser zerebralen Störung, wurde Melindas Hirnschaden durch **Anoxiämie** oder einer unzureichenden Sauerstoffversorgung während des Kreißens und der Entbindung hervorgerufen (Anslow, 1998). Ihre Mutter war ungewollt schwanger geworden, war voller Angst und allein und erreichte das Krankenhaus in letzter Minute. Melinda war in einer **Steißlage**, so dass das Gesäß oder die Füße zuerst entbunden werden würden, und die Nabelschnur war um ihren Hals gewickelt. Wäre ihre Mutter früher ins Krankenhaus gekommen, hätten die Ärzte Melindas Zustand überwachen können und sie, sobald das Quetschen der Nabelschnur zur Notlage führen würde, mit einer Operation entbinden können und damit den Schaden begrenzen oder ganz vermeiden können.

In Fällen wie Melindas ist das ärztliche Eingreifen während der Geburt zweifellos gerechtfertigt. In anderen Fällen aber kann es die Entbindung stören und sogar neue Risiken schaffen. In den folgenden Abschnitten wollen wir einige allgemein gebräuchliche medizinische Techniken untersuchen.

3.5.1 Überwachen des Fötus mit Monitoren

Monitore für Föten sind elektronische Geräte, die während des Geburtsvorganges die Herzrate des Babys aufzeichnen. Ein anormaler Herzschlag kann anzeigen, dass das Baby wegen Sauerstoffmangels in Gefahr ist und sofort entbunden werden muss. Die meisten amerikanischen Krankenhäuser fordern eine fortlaufende Überwachung mit dem Monitor, sie wird bei mehr als 80 % aller amerikanischen Geburten angewandt. In Kanada ist die fortlaufende Überwachung in der Regel Kindern vorbehalten, die ein Risiko für Geburtskomplikationen haben (Banta & Thacker, 2001; Liston et al., 2002). Der verbreitetste Monitortypus wird während der Wehenarbeit über den Bauch der Mutter gezogen. Eine zweite, genauere Methode besteht darin, ein Aufzeichnungsgerät durch den Muttermund zu ziehen und es direkt unter den Schädel des Babys zu bringen.

Das Überwachen des Fötus mit einem Monitor ist eine sichere medizinische Prozedur, die viele Babys in sehr riskanten Situationen gerettet hat. Nichtsdestotrotz ist ihre Anwendung strittig. In gesunden Schwangerschaften vermindert sie nicht die Rate kindlicher Hirnschäden oder die Todesrate. Kritiker sind beunruhigt darüber, dass der Monitor viele Babys als gefährdet kennzeichnet, die es in Wirklichkeit nicht sind (Berkus et al., 1999; Thacker, Stroup, & Chang, 2001). Das Aufzeichnen mit dem Monitor wird mit einer gesteigerten Rate von Kaiserschnittentbindungen in Verbindung gebracht, die wir kurz referieren wollen. Außerdem klagen einige Frauen darüber, dass die Geräte unbequem sind, sie davon abhalten, sich leicht bewegen zu können und den normalen Ablauf der Geburt behindern.

Dennoch ist es wahrscheinlich, dass das Überprüfen mit dem Monitor in den Vereinigten Staaten weiterhin routinemäßig angewendet werden wird, selbst wenn es in den meisten Fällen nicht nötig ist. Heute können Ärzte wegen Fährlässigkeit juristisch belangt werden, wenn ein Neugeborenes stirbt oder mit Problemen geboren wird und sie nicht beweisen können, dass sie alles Notwendige unternommen haben, das Baby zu retten.

3.5.2 Medikamente bei Wehentätigkeit und Entbindung

Irgendeine Form von Medikamenten wird in 80 % bis 95 % nordamerikanischer Geburten verabreicht (Glosten, 1998). *Analgetika*, Medikamente zur Schmerzminderung, können in leichter Dosis während des Kreißens gegeben werden, um der Mutter zu helfen, sich zu entspannen. *Anästhetika* sind stärkere Schmerzmittel, die Sinnesempfindungen blockieren. Eine örtliche Anästhesie kann in das Rückenmark injiziert werden, um die untere Hälfte des Körpers unempfindlich zu machen.

Obwohl schmerzlindernde Medikamente Ärzte in die Lage versetzen, grundlegende lebensrettende medizinische Interventionen vorzunehmen, können sie bei routinemäßiger Anwendung auch Probleme verursachen. Anästhetika schwächen die Kontraktionen der Gebärmutter während der ersten Phase der Geburt und behindern die Fähigkeit der Mutter, die Wehen zu spüren und während der zweiten Phase zu pressen. Dadurch wird der Geburtsvorgang verlängert (Alexander et al., 1998). Außerdem kann das neugeborene Baby schläfrig und in sich gekehrt sein, nur schwach beim Füttern saugen und gereizt sein, wenn es wach ist, da Medikamente für Wehen und Entbindung schnell in die Plazenta gelangen und das Kind noch vor oder während der Geburt erreichen (Emory, Schlackman, & Piano, 1996).

Hat der Gebrauch von Medikamenten während der Geburt einen dauerhaften Einfluss auf die körperliche und seelische Entwicklung? Einige Forscher behaupten das (Brackbill, McManus, & Woodward, 1985). Jedoch sind ihre Ergebnisse angezweifelt worden (Golub, 1996; Riordan et al., 2000). Anästhetika könnten mit anderen Risikofaktoren verbunden sein, die in einigen Studien auf Langzeitfolgen hinweisen, aber die genauen Folgen müssen noch weiter erforscht werden.

3.5.3 Kaiserschnitt

Ein **Kaiserschnitt** ist eine operative Geburt; der Arzt macht einen Schnitt in die mütterliche Bauchhöhle und hebt das Baby aus der Gebärmutter heraus. Vor dreißig Jahren waren Kaiserschnitte selten. Seitdem ist die Rate angestiegen. Heute beträgt sie etwa 20 % in den Vereinigten Staaten und Kanada (Health Canada, 2000b; U.S. Bureau of the Census, 2002c). Einige Länder wie Japan und die Niederlande haben eine Kaiserschnittrate von weniger als 7 % (Samuels & Samuels, 1996). Dabei haben diese Länder, wie wir gleich sehen werden, sehr niedrige Todesraten bei Säuglingen.

Kaiserschnittentbindungen sind immer durch medizinische Notsituationen gerechtfertigt, wie Rh-Unverträglichkeit, zu früh erfolgte Loslösung der Plazenta von der Gebärmutter oder schwere mütterliche Erkrankungen oder Infektionen (zum Beispiel der Herpes-simplex-Virus, welcher das Baby während einer vaginalen Geburt infizieren kann). Jedoch ist die operative Entbindung in anderen Fällen nicht immer nötig. Obwohl zum Beispiel der häufigste Grund für einen Kaiserschnitt ein vorhergehender Kaiserschnitt ist, macht die heute angewandte Technik – ein kurzer horizontaler Schnitt im unteren Teil der Gebärmutter – Vaginalgeburten bei späteren Schwangerschaften sicherer. Kaiserschnittentbindungen sind oft bei Steißlagen gerechtfertigt, bei denen das Baby das Risiko einer Kopfverletzung oder von Anoxämie hat (wie im Falle von Melinda). Dabei spielt die genaue Lage des Babys eine Rolle. Einigen Babys in Steißlage ergeht es mit einer normalen Entbindung genauso gut wie mit einem Kaiserschnitt (Ismail et al., 1999). Manchmal kann der Arzt das Baby auf sanfte Weise in der frühen Phase des Geburtsvorganges in eine Lage mit dem Kopf nach unten drehen (Flamm & Quilligan, 1995).

Wenn es zu einem Kaiserschnitt kommt, benötigen sowohl Mutter wie Kind besondere Unterstützung. Obwohl der Eingriff weitgehend gefahrlos ist, erfordert er mehr Zeit für die Erholung danach. Weil die Anästhetika in die Plazenta eingedrungen sein können, sind die Neugeborenen eher schläfrig, reagieren schlecht und können Atemprobleme haben (Cox & Schwartz, 1990). Diese Faktoren können die frühe Mutter-Kind-Beziehung negativ beeinflussen.

> **Prüfen Sie sich selbst...**
>
> **Rückblick**
> Beschreiben Sie Vorgänge und Vorteile einer natürlichen Geburt. Welcher Aspekt trägt stark zu guten Resultaten bei und warum?
>
> **Anwendung**
> Eine medizinische Intervention während der Geburt erhöht die Wahrscheinlichkeit, dass auch andere angewendet werden. Geben Sie so viele Beispiele wie möglich, um diese These zu belegen.
>
> **Zusammenhänge**
> Wie haben historische Einflüsse (siehe Kapitel 1, Seite 13) in den westlichen Ländern den Umgang mit der Geburt berührt? Welche Auswirkungen haben diese Veränderungen auf die Gesundheit und die Anpassung von Mutter und neugeborenem Kind gehabt?
>
> **Prüfen Sie sich selbst...**

3.6 Frühgeburten und Säuglinge mit zu niedrigem Geburtsgewicht

Babys, die drei oder mehr Wochen vor der Beendigung einer vollen Schwangerschaft von 38 Wochen geboren werden, oder solche, die weniger als 2500 g wiegen, wurden viele Jahre lang als „Frühgeburten" bezeichnet. Eine sehr ausgedehnte Forschung dazu zeigt, dass frühreife Babys ein Risiko für viele Probleme haben. Das Geburtsgewicht ist der beste zugängliche Vorhersagewert für das Überleben und eine gesunde Entwicklung des Kindes. Viele Neugeborene, die weniger als 2500 g wiegen, sind Schwierigkeiten ausgesetzt, die nicht überwunden werden, ein Effekt, der umso stärker wird, je geringer das Geburtsgewicht ist (siehe Abbildung 3.5) (Minde, 2000; Palta et al., 2000). Häufige Erkrankungen, Unaufmerksamkeit, Hyperaktivität, Sprachverzögerung, niedrige Werte in Intelligenztests und Defizite in der motorischen Koordination und bei den Schulleistungen sind einige der Schwierigkeiten, die bis in die Kindheit hinein fortdauern (Hack et al., 1994, 1995; Mayes & Bornstein, 1997).

Etwa eines von 14 amerikanischen Babys und eines von 18 kanadischen wird mit Untergewicht geboren. Obwohl das Problem unerwartet auftreten kann, ist es am höchsten unter Frauen, die von Armut betroffen sind. Folglich haben viele Mütter aus ethnischen Minoritäten und im Teenageralter Neugeborene mit niedrigem Geburtsgewicht (Children's Defense Fund, 2002; Statistics Canada, 2001a). Diese Mütter, wie zuvor bemerkt, sind oft unterernährt und anderen schädlichen Umwelteinflüssen ausgesetzt. Zudem erhalten sie oft nicht die notwendige pränatale Vorsorge, die nötig wäre, um ihre empfindlichen Babys zu schützen. In Deutschland liegt die Zahl der Frühgeburten und untergewichtig Geborenen gegenwärtig bei 750 je 100.000 lebendgeborenen Kindern (Statistisches Bundesamt 2003).

Wie in Kapitel 2 erwähnt, treten Frühgeburten auch bei Zwillingen häufig auf. Weil der Platz in der Gebärmutter beschränkt ist, nehmen Zwillinge nach der zwanzigsten Schwangerschaftswoche weniger an Gewicht zu als Einzelföten.

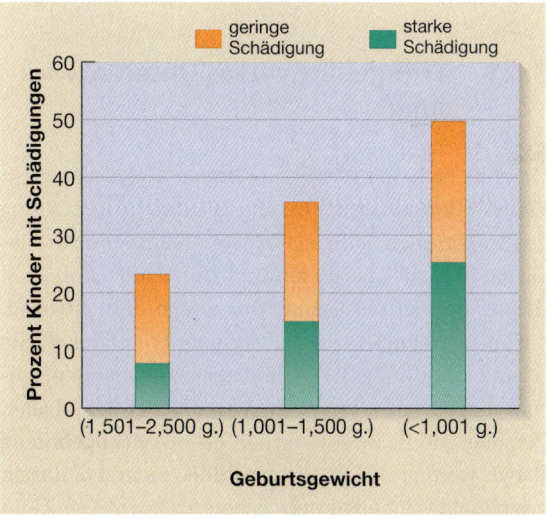

Abbildung 3.5: Häufigkeit von starken und geringeren Schädigungen durch das Geburtsgewicht aus Studien über Kinder im Schulalter mit niedrigem Geburtsgewicht. *Starke Schädigungen* umfassen zerebrale Lähmungen, geistige Retardierung und Schädigungen des Sehens und Hörens. *Geringere Schädigungen* umfassen eine leicht unterdurchschnittliche Intelligenz, Lernstörungen (in der Regel beim Lesen, Buchstabieren und in der Mathematik) und leichte Störungen in der motorischen Kontrolle und Verhaltensprobleme (einschließlich schlechter Aufmerksamkeit und Impulskontrolle, Aggressivität, schlechte Kooperation, Depression, Passivität, Angst und Schwierigkeiten, sich von den Eltern zu trennen) (nach D'Agostino & Clifford, 1998).

Dieses Baby wurde 13 Wochen vor dem Geburtstermin geboren und wiegt wenig mehr als 900 g. Weil seine Lunge noch nicht so weit ausgebildet ist, um selbstständig funktionieren zu können, atmet es mit Hilfe eines Atemgerätes. Überleben und Entwicklung sind sehr gefährdet.

3.6.1 Frühgeburt versus Unterentwicklung

Obwohl sich Babys mit niedrigem Geburtsgewicht vielen Hindernissen für eine gesunde Entwicklung gegenübersehen, entwickeln sich die meisten so, dass sie ein normales Leben führen können; die Hälfte von denen, die bei der Geburt nur einige Pfund wogen, haben überhaupt keine Schädigung (vergleichen Sie wieder Abbildung 3.5). Um besser zu verstehen, warum einige Babys besser dran sind als andere, haben Forscher sie in zwei Gruppen geteilt. **Frühgeborene Babys** werden einige Wochen oder mehr vor ihrem errechneten Geburtstermin geboren. Obwohl sie klein sind, ist ihr Gewicht, gemessen an der Zeit, die sie in der Gebärmutter verbrachten, noch angemessen. **Unterentwickelt** sind Babys, die in Hinblick auf die Länge der Schwangerschaft unter dem erwarteten Gewicht liegen. Einige der unterentwickelten zu kleinen Babys sind voll ausgetragen.

Von den beiden Typen haben die für den Entwicklungszeitpunkt zu kleinen Babys in der Regel schwerere Probleme. Ihre Sterblichkeit im ersten Lebensjahr ist höher, sie holen sich leichter Infektionen oder zeigen Hinweise auf Hirnschäden. In der mittleren Kindheit können sie niedrigere Intelligenzwerte haben, sind schlechter in der Schule und sind sozial unreif (Hediger et al., 2002; Schothorst & van Engeland, 1996). Die bei der Geburt unterentwickelten Babys sind wahrscheinlich vor der Geburt unangemessen ernährt worden. Vielleicht aßen ihre Mütter nicht richtig, die Plazenta funktionierte nicht normal oder die Babys selber hatten Defekte, die ein normales Wachstum verhinderten.

3.6.2 Folgen für die Babypflege

Stellen Sie sich ein schrumpeliges, dünnhäutiges Baby vor, dessen Körper nur ein wenig größer ist als Ihre Hand. Sie versuchen, mit dem Baby zu spielen, und streicheln es und sprechen sanft mit ihm, aber es ist schläfrig und reagiert nicht. Wenn Sie es füttern, saugt es schlecht. Es ist gewöhnlich in den kurzen, nicht vorhersehbaren Phasen, in denen es wach ist, sehr reizbar.

Erscheinung und Verhalten früh geborener Babys können Eltern dazu bringen, sie weniger einfühlsam und verantwortlich zu pflegen. Im Vergleich mit voll ausgetragenen Kindern, werden früh geborene – vor allem solche, die bei der Geburt krank waren – weniger häufig eng gehalten, berührt, und es wird weniger auf sanfte Weise mit ihnen gesprochen. Zeitweise nehmen Mütter dieser Kinder Zuflucht dazu, das Kind leicht zu stoßen oder ihm Befehle zu geben, um damit stärkere Reaktionen von ihm zu erhalten (Barratt, Roach, & Leavitt, 1996). Das mag erklären, warum Frühgeborene eine Risikogruppe für Missbrauch darstellen. Wenn sie von Müttern geboren wurden, die isoliert und von Armut betroffen sind, die keine gute Ernährung, Gesundheitspflege und Elternliebe geben können, ist die Wahrscheinlichkeit ungünstiger Entwicklung erhöht. Im Gegensatz dazu können Eltern mit stabilen Lebensumständen und sozialem Stützsystem die Belastungen der Pflege eines früh geborenen Kindes überwinden. In diesen Fällen haben sogar kranke zu früh geborene Babys eine gute Chance, während der mittleren Kindheit die Entwicklung aufzuholen (Liaw & Brooks-Gunn, 1993). Diese Erkenntnisse weisen darauf hin, dass es eine Menge mit der Eltern-Kind-Beziehung zu tun hat, wie gut sich früh geborene Babys entwickeln. Daraus folgt, dass Interventionen, die darauf zielen, beiden Seiten dieser Verbindung zu helfen, der Genesung der Babys am zuträglichsten ist.

3.6.3 Interventionen bei früh geborenen Kindern

Ein früh geborenes Baby wird in einem speziellen, von Plexiglas umschlossenen Bett, *Brutkasten* genannt, gepflegt. Die Temperatur wird sorgfältig kontrolliert, weil die Babys ihre eigene Körpertemperatur noch nicht wirksam regulieren können. Um das Baby vor Infektionen zu schützen, wird die Luft gefiltert, bevor sie in den Brutkasten eintritt. Neugeborene, die mehr als 6 Wochen zu früh geboren wurden, haben in der Regel eine Störung, genannt *akutes Lungenversagen* (auch bekannt als *Hyalin-Membranerkrankung*). Ihre winzige Lunge ist so schlecht entwickelt, dass der Luftsack zusammenbricht, was zu schweren Atemstörungen führt. Wenn ein früh geborenes Kind mit Hilfe eines Atemgerätes atmet, durch einen Magenschlauch gefüttert und Medikamente durch eine intravenöse Nadel erhält, kann der Brutkasten in der Tat sehr isolierend sein. Körperliche Bedürfnisse, die sonst zu engem Kontakt und anderer menschlicher Stimulierung führen würde, werden mechanisch erfüllt.

■ Spezielle Stimulierung des Babys

Es gab eine Zeit, als die Ärzte annahmen, dass es schädlich sein könnte, ein so fragiles Baby zu stimulieren. Wir wissen heute, dass bestimmte Arten von Stimulierung in angemessener Dosierung bei der Entwicklung früh geborener Babys hilfreich sein können. In einigen Intensivstationen für früh geborene Kinder kann man sehen, wie diese in aufgespannten Hängematten geschaukelt werden oder auf Wasserbetten liegen, die so angelegt sind, dass sie die sanfte Bewegung ersetzen, welche das Baby erfahren würde, wenn es sich noch in der Gebärmutter befände. Auch andere Formen der Stimulierung werden benutzt – ein hübsches Mobile oder Aufnahmen mit dem Herzschlag, mit sanfter Musik oder der Stimme der Mutter. Diese Anregungen fördern schnellere Gewichtszunahme, besser vorhersehbare Schlafmuster und größere Wachsamkeit (Marshall-Baker, Lickliter, & Cooper, 1998; Standley, 1998).

Berührung ist eine besonders wichtige Form der Stimulierung. Bei Tierjungen setzt das Berühren der Haut bestimmte Hirnstoffe frei, welche das körperliche Wachstum unterstützen – man nimmt an, dass die Berührung beim Menschen dieselben Effekte hat (Field, 1998). Wenn man früh geborene Kinder im Krankenhaus mehrmals täglich massierte, nahmen sie schneller an Gewicht zu und waren am Ende ihres ersten Lebensjahres früh geborenen Kindern ohne diese Stimulierung in der geistigen und motorischen Entwicklung voraus (Field, 2001; Field et al., 1986). In Entwicklungsländern, wo eine Krankenhausbehandlung nicht immer möglich ist, wird eine „Känguru-Fürsorge" empfohlen, bei der das früh geborene Kind zwischen die mütterlichen Brüste geklemmt wird. Diese Technik wird in westlichen Ländern oft als Ergänzung zur Intensivpflege im Krankenhaus benutzt. Sie fördert die Sauerstoffversorgung im Körper des Kindes, Temperaturregulierung, verbesserten Schlaf und Ernährung und das Überleben der Kinder. Außerdem fühlen sich Mütter, welche die „Känguru-Fürsorge" praktizieren, sicherer in der Pflege und im Erkennen der Bedürfnisse ihrer Kinder (Gale & VandenBerg, 1998).

■ Unterweisung der Eltern in Fertigkeiten der Säuglingspflege

Wenn sich früh geborene Kinder schneller entwickeln, fühlen sich Eltern eher ermutigt und gehen mit dem Kind besser um.

Interventionen, die die elterliche Seite dieser Beziehung unterstützen, belehren die Eltern allgemein über Merkmale des Säuglings und fördern pflegerische Fähigkeiten. Bei Eltern, die über genügend finanzielle und persönliche Mittel verfügen, für ein Kind mit niedrigem Geburtsgewicht zu sorgen, reichen einige Beratungssitzungen, um die Bedürfnisse des Kindes zu erkennen und darauf zu reagieren. Das ist verbunden mit sich ständig verbessernden Werten bei Entwicklungstests, die sich nach einigen Jahren denen von voll entwickelten Kindern angleichen (Achenbach et al., 1990). Warmherziger elterlicher Umgang mit dem Kind, der früh geborenen Kindern Aufmerksamkeit gewährt (zum Beispiel dem Kind auf sanfte Weise über ein Spielzeug zu erzählen und es ihm zu zeigen), ist besonders hilfreich, eine günstige frühe kognitive und Sprachentwicklung zu fördern (Smith et al., 1996).

Wenn zu früh geborene Kinder in belasteten Haushalten mit geringem Einkommen leben, ist eine intensive Langzeitintervention nötig. Im Infant Health and Development Project (Projekt für Gesundheit und Entwicklung von Kleinkindern) erhielten früh geborene Kinder, die unter Armutsverhältnissen geboren wurden, eine umfassende Intervention, die medizinische Folgeuntersuchungen, wöchentliche

Soziale Aspekte:
Ein Überblick über Gesundheitsfürsorge und andere Maßnahmen für Eltern und Neugeborene in verschiedenen Nationen

Säuglingssterblichkeit ist ein Stichwort, das in der ganzen Welt benutzt wird, um die Gesundheit der Kinder eines Landes insgesamt zu bestimmen. Es bezieht sich auf die Anzahl von Todesfällen im ersten Lebensjahr auf 1000 Lebendgeburten. Obwohl die Vereinigten Staaten die modernste Technologie zur Gesundheitsfürsorge besitzen, haben sie weniger Fortschritt als viele andere Länder darin erzielt, die Säuglingssterblichkeit zu reduzieren. Über die vergangenen drei Jahrzehnte hinweg sind sie im internationalen Vergleich vom 7. in den fünfziger Jahren auf den 24. Platz im Jahr 2001 abgesunken. Angehörige von Amerikas armen ethnischen Minderheiten, besonders afroamerikanische Babys, sind besonders gefährdet. Schwarze Säuglinge sind mehr als doppelt so gefährdet, im ersten Lebensjahr zu sterben, als weiße Babys (U.S. Bureau of the Census, 2002c). Kanada dagegen hat eine der niedrigsten Raten in der Säuglingssterblichkeit weltweit erreicht. Es steht auf Platz 15 und unterscheidet sich nur geringfügig von Ländern mit besten Werten. Dennoch ist die Säuglingssterblichkeit in Kanadas niedrigsten Einkommensschichten zwei- bis viermal so hoch als in der Nation insgesamt (Health Canada, 2000b). Deutschland liegt auf Platz 11 im internationalen Vergleich.

Neugeborenensterblichkeit, die Todesrate innerhalb des ersten Lebensmonats, beträgt 67 % der Sterberate von Säuglingen in den Vereinigten Staaten und 80 % in Kanada. In Deutschland sind es 63 % (errechnet nach Angaben des Statistischen Bundesamtes für die Bundesrepublik Deutschland, 2003). Zwei Faktoren sind wesentlich für die Neugeborenensterblichkeit. Der erste besteht in ernsthaften körperlichen Defekten, von denen die meisten nicht verhindert werden können. Der Prozentsatz von Babys, die mit körperlichen Defekten geboren werden, ist in allen ethnischen und Einkommensgruppen etwa gleich. Der zweite wesentliche Grund für die Neugeborenensterblichkeit liegt im niedrigen Geburtsgewicht, das größtenteils vermeidbar ist. Afroamerikanische und Säuglinge von Indianern in Kanada werden eher zu früh und mit Untergewicht geboren als weiße Kinder (Children's

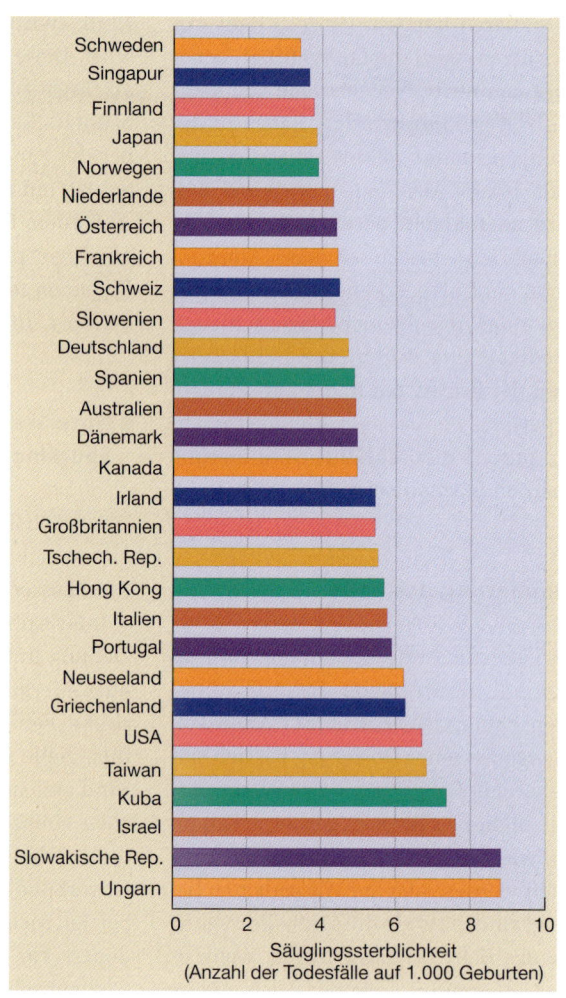

Abbildung 3.6: Säuglingssterblichkeit in 29 Ländern.
Trotz ihrer fortschrittlichen Technologie in der Gesundheitsfürsorge nehmen die Vereinigten Staaten einen schlechten Platz ein. Es ist der 24. Platz weltweit mit einer Todesrate von 6,7 Kindern auf 1000 Geburten. Kanada gewährt allen seinen Bürgern eine staatlich unterstützte Gesundheitsfürsorge und nimmt Platz 15 ein. Seine Rate der Säuglingssterblichkeit beträgt 4,9 auf 1000 Geburten (nach U.S. Bureau of the Census, 2002a). Deutschland nimmt den 11. Platz ein mit 4,8 auf 1000 Geburten.

Defense Fund, 2002; Health Canada, 2002g).

Armut und, in den Vereinigten Staaten, zu wenig Programme für die Gesundheitsfürsorge von Müttern und kleinen Kindern sind wesentlich verantwortlich für diese Trends. Die Länder in Abbildung 3.6, die die Vereinigten Staaten im Überleben von Säuglingen überflügeln, versorgen alle Bürger mit einer staatlich unterstützten Gesundheitsvorsorge. Und jedes Land unternimmt Extraschritte, um sicherzustellen, dass schwangere Mütter und Babys Zugang zu guter Ernährung, hochqualifizierter medizinischer Vorsorge und sozialer und finanzieller Unterstützung erhalten, die eine gute Elternschaft möglich machen.

Zum Beispiel ermöglichen alle westeuropäischen Länder den Frauen eine bestimmte Anzahl von Arztbesuchen vor der Entbindung zu niedrigen Preisen oder kostenlos. Nachdem ein Kind geboren ist, macht eine Gesundheitsexpertin regelmäßig Hausbesuche, um Beratungen zur Pflege des Kindes zu geben und um die fortlaufende medizinische Versorgung zu organisieren. Hilfe zu Hause ist ganz besonders intensiv in den Niederlanden. Jede Mutter hat das Recht auf unentgeltliche Hilfe durch speziell ausgebildete Helfer für Mütter, die bei der Babypflege, beim Einkauf, der Hausarbeit, Zubereitung von Mahlzeiten und der Pflege der anderen Kinder in den Tagen nach der Entbindung helfen (Buekensetal., 1993; Kamerman, 1993).

Bezahlte und geschützte Unterbrechung der Beschäftigung ist eine weitere lebenswichtige soziale Intervention für junge Eltern. Kanadische Mütter und Väter haben das Recht auf bis zu einem Jahr Arbeitsunterbrechung. Bezahlter Urlaub ist in anderen industrialisierten Ländern ebenfalls weithin üblich. Schweden hat das großzügigste Arbeitsunterbrechungsprogramm für Eltern auf der ganzen Welt. Eltern haben das Recht auf bezahlten Geburtsurlaub mit 2 Wochen für den Vater sowie 15 Monate bezahlten Urlaubs, die sich die Eltern aufteilen können (Seward, Yeats, & Zottarelli, 2002). Selbst weniger entwickelte Länder gestatten Eltern Zuwendungen für die Zeit nach der Geburt. In der Volksrepublik China zum Beispiel hat eine frischgebackene Mutter das Recht auf drei freie Arbeitsmonate mit regulärer Bezahlung. Darüber hinaus unterstützen viele Länder grundsätzlich finanzierten Mutterschaftsurlaub. In Deutschland etwa kann ein Elternteil nach einem voll bezahlten dreimonatigem Urlaub zwei weitere Jahre mit einem Pauschalsatz und ein drittes Jahr ohne Bezahlung freinehmen (Kamerman, 2000). Doch in den Vereinigten Staaten erlaubt der Bundesrat *nur 12 Wochen unbezahlten Urlaubs* für Mitarbeiter in Firmen mit wenigstens 50 Angestellten. Im Jahre 2002 war Kalifornien das erste Land, welches einer Mutter oder einem Vater bezahlten Urlaub garantierte – bis zu sechs Wochen mit halbem Gehalt.

Aber die Forschung weist darauf hin, dass sechs Wochen Urlaub nach der Geburt (die Norm in den Vereinigten Staaten) zu kurz sind. Wenn eine Familie durch die Ankunft eines Babys belastet ist, ist eine Arbeitsabwesenheit von sechs Wochen oder weniger mit mütterlicher Angst und Depression und negativen Interaktionen mit dem Kind verknüpft. Längere Abwesenheiten von zwölf Wochen oder mehr weisen auf eine günstigere seelische Verfassung der Mutter und einfühlsame, aufgeschlossene Pflege hin (Clark et al., 1997; Hyde et al., 1995). Allein stehende Mütter und ihre Kinder sind am meisten betroffen vom Fehlen einer großzügigen vom Staat bezahlten Urlaubsregelung nach der Geburt. Ihre Arbeit ist in der Regel die einzige Einkommensquelle in der Familie und sie können es sich am wenigsten leisten, eine Auszeit von ihrem Job zu nehmen.

In Ländern mit niedriger Säuglingssterblichkeit müssen werdende Eltern nicht darüber nachdenken, wie sie zu einer Gesundheitsfürsorge und andere Mittel für die Entwicklung ihrer Kinder kommen können. Der bedeutende Einfluss von allgemeinen, hochqualifizierten medizinischen und sozialen Hilfeleistungen für das Wohlbefinden von Mutter und Kind rechtfertigen die Einrichtung ähnlicher Programme in den Vereinigten Staaten.

Beratungsstunden für die Eltern und Teilnahme an kognitiv stimulierender Babypflege in sich vereinte. Mehr als viermal so viele Kinder mit dieser Intervention (39 % gegenüber 9 %) waren im Vergleich zur Kontrollgruppe im Alter von drei Jahren in ihrer Intelligenz, psychologischen Anpassung und ihrem körperlichen Wachstum altersgemäß (Bradley et al., 1994). Außerdem waren Mütter in der Interventionsgruppe liebevoller und ermutigten bei ihren Kindern Spiel- und kognitive Fähigkeiten – vielleicht auch ein Grund, warum sich ihre Dreijährigen so gut entwickelt haben (McCarton, 1998).

Im Alter von fünf Jahren jedoch verloren die Interventionskinder ihre Vorrangstellung. Etwa im Alter von acht Jahren war die Entwicklung von Interventions- und Kontrollkindern nicht mehr unterschiedlich (Brooks-Gunn et al., 1994; McCarton et al., 1997). Diese empfindlichen Kinder benötigen eine hoch qualifizierte Intervention weit über das Alter von drei Jahren hinaus – sogar bis in die Schulzeit hinein. Und spezielle Strategien wie eine zusätzliche Erwachsenen-Kinder-Interaktion kann notwendig sein, um andauernde Veränderungen bei Kindern mit dem geringsten Geburtsgewicht aufrechtzuhalten (Berlin et al., 1998).

Schließlich könnte die hohe Rate untergewichtiger Säuglinge in den Vereinigten Staaten – einer der schlimmsten in der industrialisierten Welt – stark verringert werden, wenn man die gesundheitlichen und sozialen Bedingen, wie sie im Kasten „Soziale Aspekte" beschrieben werden, verbessern würde. Zum Glück können wir heute viele zu früh geborene Kinder retten. Aber eine viel bessere Vorgehensweise wäre es, diese schwere Bedrohung des Überlebens und der Entwicklung von Kleinkindern zu verhindern, bevor sie überhaupt eintritt.

3.7 Geburtskomplikationen verstehen

In den vorangegangenen Abschnitten wurden einzelne Geburtskomplikationen beschrieben. Jetzt soll versucht werden, die einzelnen Befunde zu integrieren. Können irgendwelche generellen Prinzipien Aufschluss darüber geben, wie Kinder, die eine traumatische Geburt überleben, sich wahrscheinlich entwickeln? Ein Meilenstein der Forschung, eine Studie, die in Hawaii durchgeführt wurde, gibt Antworten auf diese Frage.

Im Jahre 1955 begann Emmy Werner auf der Insel Kauai die Entwicklung von fast 700 Kleinkindern zu verfolgen, welche entweder leichte, mittlere oder schwere Geburtskomplikationen erlitten hatten. Jedes wurde in Vergleich gesetzt zu einem gesunden Neugeborenen und zwar auf der Grundlage des sozioökonomischen Status (SÖS) und der Volksgruppenzugehörigkeit (Werner & Smith, 1982). Die Ergebnisse machten deutlich, dass die Wahrscheinlichkeit von Langzeitschwierigkeiten zunahm, wenn das Geburtstrauma stark gewesen war. Aber bei leicht oder mittel belasteten Kindern war die beste Vorhersage dafür, wie gut sie in späteren Jahren zurechtkommen würden, aufgrund der Qualität ihrer häuslichen Umgebung möglich. Kinder, die in stabilen Familien aufwuchsen, schnitten bei Intelligenzmessungen und in der psychischen Anpassungsfähigkeit fast genau so gut ab wie Kinder ohne Geburtsprobleme. Jene, die Armut, desorganisierten Familien und psychisch kranken Eltern ausgesetzt waren, entwickelten häufig ernsthafte Lernschwierigkeiten, Verhaltensprobleme und emotionale Störungen.

Die Kauai-Studie lehrt uns, dass, solange Geburtsverletzungen nicht überwältigend sind, eine unterstützende häusliche Umgebung die Entwicklung der Kinder normalisieren kann. Die verblüffendsten Fälle in dieser Studie waren jedoch die wenigen Ausnahmen. Einige Kinder mit ziemlich schweren Geburtskomplikationen und gestörten familiären Umfeldern entwickelten sich zu kompetenten Erwachsenen, denen es hinsichtlich Berufsfertigkeiten und psychologischer Anpassungsfähigkeit genauso gut erging wie den Kontrollkindern. Werner fand heraus, dass diese Kinder sich auf Faktoren außerhalb der Familie und in ihnen selbst stützten, um die Belastung zu überwinden. Einige hatten besonders anziehende Persönlichkeiten oder natürliche Kompetenzen, die zu positiven Reaktionen von Verwandten, Nachbarn und Altersgenossen führten. In anderen Fällen baute ein Großelternteil, Tante, Onkel oder Babysitter eine warmherzige Beziehung auf und erbrachte damit die nötige emotionale Unterstützung (Werner, 1989, 1993, 2001; Werner & Smith, 1992).

Erinnern Sie diese Ergebnisse nicht an die Merkmale resilienter Kinder, wie wir sie in Kapitel 1 diskutierten? Die Kauai-Studie – und weitere ähnliche Forschung – enthüllt, dass der Einfluss eines frühen biologischen Risikos oft verschwindet, wenn persönliche Merkmale der Kinder und soziale Erfahrungen zunehmend zu ihrem Funktionieren beitragen (Laucht, Esser, & Schmidt, 1997; Resnick et al., 1999). Zusammenfassend kann man sagen, dass sich Kinder mit schweren Geburtsproblemen auch erfolgreich entwickeln können, wenn sich insgesamt die Waagschale mit positiven und negativen Lebensereignissen mehr zur positiven Seite neigt.

Prüfen Sie sich selbst…

Rückblick
Einfühlsame Pflege kann früh geborenen Kindern helfen, sich zu erholen, aber leider erhalten sie seltener diese Art von Pflege als voll ausgetragene Neugeborene. Erklären Sie, warum das so ist.

Anwendung
Cäcilie und Adena brachten beide Babys von etwa 1350g 7 Wochen vor dem Geburtstermin auf die Welt. Cäcilie ist allein erziehend und lebt von der Sozialhilfe. Adena und ihr Mann sind glücklich verheiratet und haben ein gutes Einkommen. Erstellen Sie eine Intervention, die den Babys hilft, sich zu entwickeln.

Zusammenhänge
Zählen Sie alle in diesem Kapitel genannten Faktoren auf, welche die Wahrscheinlichkeit erhöhen, dass ein Kind untergewichtig geboren wird. Wie viele dieser Faktoren könnten durch bessere Gesundheitsvorsorge für Mütter und Babys vermieden werden?

Prüfen Sie sich selbst…

3.8 Die Fähigkeiten des Neugeborenen

Neugeborene Kinder haben eine bemerkenswerte Reihe von Fähigkeiten zum Überleben und um Aufmerksamkeit und Fürsorge der Eltern auszulösen. In ihrem Bezug zur Welt um sie herum und dem Aufbau ihrer ersten sozialen Beziehungen sind Babys von Anfang an aktiv.

3.8.1 Reflexe von Neugeborenen

Ein **Reflex** ist eine angeborene automatische Reaktion auf eine bestimmte Art von Stimulation. Reflexe sind das augenscheinlichste Verhaltensmuster neugeborener Babys. Als Jörg Jonas auf einen Tisch im Seminarraum legte, konnten etliche Reflexe beobachtet werden. Als Jörg an die Seite des Tisches stieß, reagierte Jonas damit, seine Arme weit auseinander zu strecken und sie dann wieder an seinen Körper zu bringen. Als Dana Jonas' Wange streichelte, drehte er den Kopf in ihre Richtung. Als sie ihren Finger in Jonas' Handfläche legte, umschloss er ihn fest. Sehen Sie sich Tabelle 3.3 an und überprüfen Sie, ob Sie die von Jonas gezeigten Reflexe benennen können.

Einige Reflexe haben Überlebenswert. Der Suchreflex etwa hilft dem Kind, die mütterliche Brustwarze zu finden. Und wenn das Saugen nicht automatisch wäre, würde unsere Spezies wahrscheinlich nicht eine einzige Generation überleben.

Einige Reflexe bilden die Grundlage für komplexe motorische Fähigkeiten, die sich später entwickeln. Der Schreitreflex sieht aus wie eine primitive Laufreaktion. Bei den Kindern, die in den ersten Wochen nach der Geburt schnell an Gewicht zunehmen, fällt der Schreitreflex fort, weil Schenkel- und Wadenmuskeln nicht stark genug sind, die rundlichen Beine des Babys zu heben. Wenn aber der untere Körper des Babys in Wasser getaucht wird, erscheint der Reflex wieder, weil die Tragkraft des Wassers die Last auf den Muskeln des Babys vermindert (Thelen, Fisher, & Ridley-Johnson, 1984). Wenn der Schreitreflex regelmäßig trainiert wird, können Babys mehr reflexhafte Gehbewegungen machen und werden wahrscheinlich einige Wochen früher laufen können, als wenn das Schreiten nicht geübt wird (Zelazo, 1983; Zelazo et al., 1993). Jedoch besteht für Babys kein spezielles Bedürfnis, den Schreitreflex zu trainieren, weil alle normalen Babys zur vorgesehenen Zeit laufen können.

Einige Reflexe verhelfen Eltern und Säuglinge zu erfreulichen Interaktionen. Ein Baby, das nach der Brustwarze sucht und Erfolg dabei hat, während der Nahrungsgabe mit Leichtigkeit saugt und greift, wenn seine Hand berührt wird, ermutigt damit seine Eltern, liebevoll zu reagieren und sich als Pflegepersonen kompetent zu fühlen. Reflexe helfen den fürsorglichen Eltern auch dabei, das Baby zu beruhigen, weil sie dem Baby damit erlauben, Stress und Umfang der Stimulierung zu kontrollieren. Zum Beispiel nahm Dana bei kurzen Ausgängen mit Jonas in den Lebensmittelladen einen Schnuller mit. Wenn er unruhig wurde, half ihm das Saugen, sich zu beruhigen, bis sie ihn füttern, die Windeln wechseln, ihn halten oder schaukeln konnte.

Wie Tabelle 3.3 zeigt, verschwinden die meisten Reflexe der Neugeborenen im Laufe der ersten sechs Monate wieder. Forscher glauben, dass das durch eine graduelle Zunahme der Kontrolle über das Verhalten bedingt ist, während der Kortex reift. Kinderärzte prüfen Reflexe sehr sorgfältig, besonders wenn ein Neugeborenes ein Geburtstrauma erlitten hat, weil Reflexe die Gesundheit des kindlichen Nervensystems enthüllen können. Schwache oder fehlende Reflexe, zu heftige oder übertriebene Reflexe und solche, die

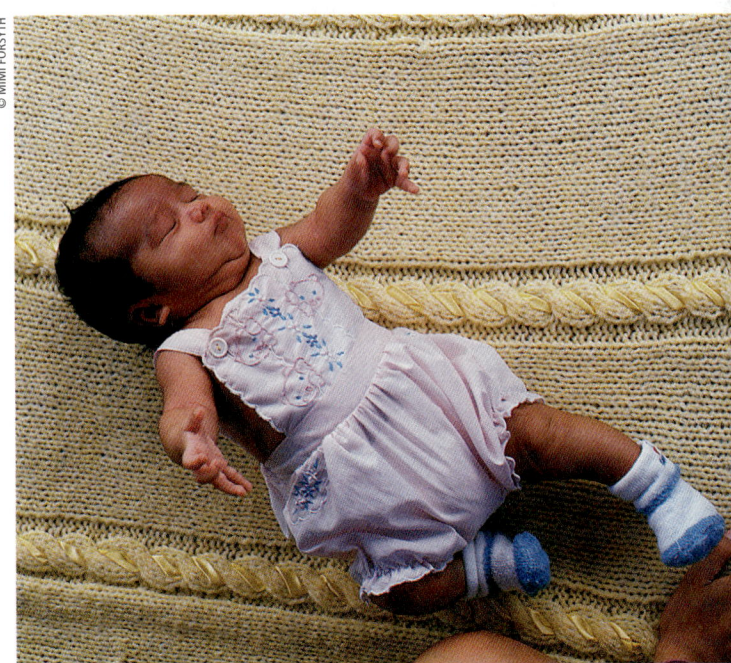

Beim Moro-Reflex bringt der Verlust an Stütze oder ein plötzliches lautes Geräusch dieses Baby dazu, seinen Rücken zu krümmen, die Arme nach auswärts zu strecken und sie dann wieder über der Brust zusammenzuführen.

Tabelle 3.3

Einige Reflexe bei Neugeborenen

Reflex	Stimulation	Reaktion	Auftreten im Alter von	Funktion
Augenblinzeln	Helles Licht den Augen nähern oder nahe am Kopf in die Hände klatschen	Das Baby schließt ganz schnell die Augen	Permanent	Schützt den Säugling vor starker Reizung
Wegziehen	Fußsohle mit Nadel spürbar berühren	Zieht Fuß zurück mit Beugung von Knie und Hüfte	Schwächt sich nach 10 Tagen ab	Schützt den Säugling vor unangenehmer taktiler Stimulierung
Suchen	Wange nahe am Mundwinkel streichen	Der Kopf dreht sich zur Quelle der Stimulierung	3 Wochen (wird zu dieser Zeit autonomes Kopfdrehen)	Hilft dem Säugling, die Brustwarze zu finden
Saugen	Finger in den Mund des Säuglings stecken	Der Säugling saugt rhythmisch am Finger	Wird nach 4 Wochen durch freies Saugen ersetzt	Erlaubt das Füttern
Schwimmen	Das Baby mit dem Gesicht nach unten in ein Wasserbecken legen	Baby paddelt und vollzieht Schwimmbewegungen	4–6 Monaten	Hilft dem Säugling zu überleben, wenn er ins Wasser fällt
Moro-Umklammerung	Halten Sie den Säugling horizontal auf dem Rücken und lassen Sie seinen Kopf leicht fallen, oder erzeugen Sie ein plötzliches lautes Geräusch an der das Kind stützenden Oberfläche	Der Säugling macht eine „umarmende" Bewegung, indem er sich zurückbeugt, die Beine ausstreckt, die Arme nach außen wirft und dann die Arme wieder an den Körper bringt	6 Monaten	Hat in der evolutionären Vergangenheit dem Säugling möglicherweise geholfen, sich an die Mutter zu klammern
Greifen	Legen Sie einen Finger in die Hand des Säuglings und pressen Sie den Handballen	Spontanes Greifen der Finger	3–4 Monaten	Bereitet den Säugling auf eigenhändiges Greifen vor
Tonischer Hals	Drehen Sie den Kopf des Babys auf eine Seite, während es wach auf dem Rücken liegt	Säugling liegt in einer „gesicherten Position". Ein Arm ist vor den Augen auf der Seite ausgestreckt, auf die sich der Kopf dreht, der andere Arm ist gebeugt	4 Monaten	Kann den Säugling auf das Erreichen von Dingen vorbereiten
Schreiten	Halten Sie den Säugling unter den Armen und lassen Sie die nackten Füße eine flache Oberfläche berühren	Der Säugling hebt einen Fuß nach dem anderen in einem Schreitreflex	2 Monaten bei Kindern, die schnell zunehmen; besteht bei leichteren Säuglingen länger fort	Bereitet den Säugling auf das Laufen vor
Babinski	Streichen Sie die Fußsohle vom Zeh bis zur Ferse	Zehen fächern sich auf und krümmen sich, während sich der Fuß dreht	8–12 Monate	Unbekannt

Quelle: Knobloch & Pasamanick, 1974; Prechtl & Beintema, 1965; Thelen, Fisher, & Ridley-Johnson, 1984.

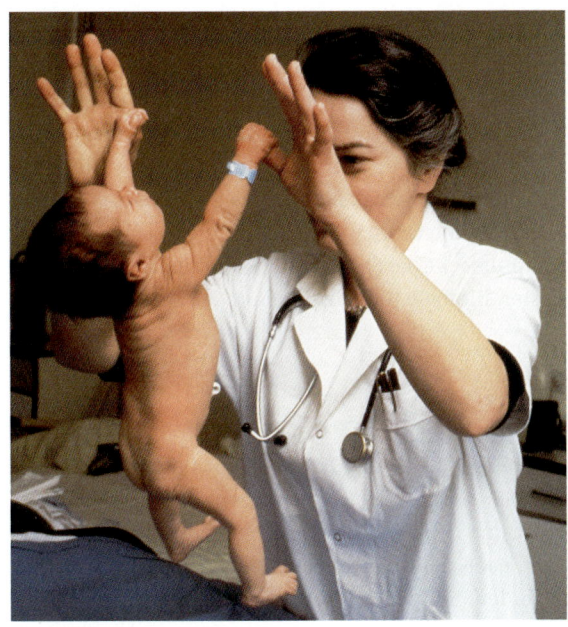

Der Greifreflex ist in der ersten Woche nach der Geburt so stark, dass viele Säuglinge ihn dazu benutzen können, ihr gesamtes Gewicht zu halten.

über den richtigen Entwicklungszeitpunkt hinweg fortbestehen und nicht verschwinden, können einen Hirnschaden signalisieren (Zafeiriou, 2000).

3.8.2 Zustände des Neugeborenen

Tagsüber und während der Nacht gelangen neugeborene Kinder immer wieder in fünf verschiedene **Aktivierungszustände** (Erregungszustände) oder einen bestimmten Grad von Schlaf und Wachsein, beschrieben in Tabelle 3.4. Während des ersten Monats wechseln diese Zustände häufig. Ruhige Aufmerksamkeit ist am flüchtigsten. Sie geht relativ schnell in Aufregung und Schreien über. Sehr zur Erleichterung ihrer ermüdeten Eltern bringen Neugeborene die meiste Zeit schlafend zu – etwa 16 bis 18 Stunden am Tag. Obwohl Neugeborene nachts mehr schlafen als am Tage, wird ihr Schlaf-Wach-Rhythmus mehr durch Sattheit und Hunger als durch Dunkelheit und Licht beeinflusst (Goodlin-Jones, Burnham, & Anders, 2000).

Jedoch existieren bemerkenswerte Unterschiede im täglichen Rhythmus, welche die Haltung der Eltern ihrem Kind gegenüber und die Kommunikation mit ihm beeinflussen. Einige wenige Neugeborene schlafen lange Perioden hindurch und vermehren damit die Energie, die ihre wohl ausgeruhten Eltern dann für einfühlsame und empfängliche Fürsorge einsetzen können. Andere Babys schreien sehr viel und ihre Eltern müssen große Anstrengungen darauf verwenden, sie zu beruhigen. Wenn sie damit keinen Erfolg haben, können sie sich weniger kompetent und weniger positiv ihrem Kind gegenüber fühlen. Von den fünf Zuständen, die in Tabelle 3.4 aufgeführt sind, sind die beiden Extreme von Schlaf und Schreien von größtem Interesse für die Wissenschaftler. Beide erzählen uns etwas über die normale und die anormale frühe Entwicklung.

■ Schlaf

Einmal beobachteten Dana und Ralf Jonas im Schlaf und wunderten sich darüber, dass seine Augenlider und sein Körper zuckten und sein Atemrhythmus sich veränderte. Der Schlaf besteht aus mindestens zwei Stadien. Während des paradoxen oder **REM-Schlafes** (engl. **rapid-eye-movement, schnelle Augenbewegungen**) ist die elektrische Aktivität der Hirnwellen der im Wachzustand bemerkenswert ähnlich. Die Augen bewegen sich sehr schnell hinter den Lidern, Herzrate, Blutdruck und Atmung sind unregelmäßig und es finden leichte Muskelzuckungen statt. Im Gegensatz dazu ist während des **NREM-Schlafes (non-rapid-eye-movement)** der Körper fast bewegungslos. Herzrate, Atmung und Aktivität der Hirnwellen sind langsam und regelmäßig.

Wie Kinder und Erwachsene wechseln Neugeborene zwischen REM- und NREM-Schlaf. Jedoch verweilen sie viel länger im REM-Stadium, als sie es später tun werden. REM-Schlaf nimmt 50 % der Schlafzeit eines neugeborenen Babys ein. Im Alter von drei bis fünf Jahren ist er auf das Niveau eines Erwachsenen mit 20 % gesunken (Roffwarg, Muzio, & Dement, 1966).

Warum verbringen kleine Kinder so viel Zeit im REM-Schlaf? Bei älteren Kindern und Erwachsenen wird das REM-Stadium mit dem Träumen in Verbindung gebracht. Babys träumen wahrscheinlich nicht, jedenfalls nicht auf die gleiche Weise wie wir. Man nimmt an, dass ganz kleine Kinder ein besonderes Bedürfnis nach der Stimulation durch REM-Schlaf haben, weil sie sich sehr kurze Zeit in einem wachen Zustand befinden, bei dem sie von der Umgebung Energie durch Stimulationen erhalten. REM-Schlaf scheint eine Weise der Selbststimulierung des Gehirns zu sein. Schlafforscher nehmen an, dass diese Stimulation für das Wachstum des Zentralnervensystems lebenswichtig ist. Unterstützt wird dieser Gedanke dadurch, dass der Prozentsatz von REM-Schlaf besonders hoch ist beim Fötus und bei zu früh geborenen Babys, die noch weniger als voll ausgetragene Babys in der Lage sind, von externer Stimulierung zu profitieren (DiPietro et al., 1996a; Sahni et al., 1995).

Während die Aktivität der Hirnwellen im REM-Schlaf das zentrale Nervensystem schützt, schützen die schnellen Augenbewegungen die Gesundheit des Auges. Augenbewegungen führen dazu, dass die Flüssigkeit im Glaskörper (gelatineähnliche Substanz im Auge) zirkuliert und damit Sauerstoff in Teile des Auges bringt, die keine eigene Blutversorgung haben. Während des Schlafes, in dem Augen und Glaskörper bewegungslos sind, sind Sehstrukturen durch Bewegungsmangel gefährdet. Während das Gehirn die REM-Phasen durchläuft, rühren die schnellen Augenbewegungen die Glaskörperflüssigkeit auf und stellen damit sicher, dass das Auge vollständig mit Sauerstoff versorgt wird (Blumberg & Lucas, 1996).

Weil das normale Schlafverhalten des neugeborenen Babys organisiert und vorgeformt ist, können Beobachtungen der Schlafstadien dabei helfen, Anomalien des Zentralnervensystems zu identifizieren. Bei Kindern mit Hirnschäden oder schweren Geburtstraumata sind oft gestörte REM- und NREM-Schlafrhythmen vorhanden. Babys mit schlechtem Schlafverhalten sind eher auf der Verhaltensebene desorganisiert und haben deshalb Schwierigkeiten, bei ihren Pflegepersonen Interaktionen auszulösen, die ihre Entwicklung fördern (Groome et al., 1997; Halpern, MacLean, & Baumeister, 1995). Die Probleme in den Hirnfunktionen, die den Schlafunregelmäßigkeiten der Neugeborenen zugrunde liegen, können zum plötzlichen Kindstod führen, einer Hauptursache bei der Säuglingssterblichkeit (siehe den Kasten Biologie und Umwelt auf der nächsten Seite).

■ Schreien

Schreien ist die erste Art der Babys zu kommunizieren. Sie lassen ihre Eltern wissen, dass sie Nahrung, Trost und Stimulierung benötigen. Während der Wochen nach der Geburt haben alle Säuglinge aufgeregte Perioden, in denen sie schwer zu beruhigen sind. Meistens hilft die Art des Schreiens in Verbindung mit dem auslösenden Erlebnis den Eltern dabei, den Grund zu verstehen. Das Schreien des Babys ist ein komplexer Reiz, der in der Intensität wechselt von einem Wimmern bis zum Ausdruck der größten Verzweiflung (Gustafson, Wood, & Green, 2000). Bereits in den ersten Lebenswochen können die Säuglinge

Tabelle 3.4

Erregungszustände des Neugeborenen

Stadium	Beschreibung	Tägliche Dauer beim Neugeborenen
Regelmäßiger Schlaf	Das Kind befindet sich in voller Ruhe und zeigt wenig oder keine Körperaktivität. Die Augenlider sind geschlossen, es gibt keine Augenbewegungen, das Gesicht ist entspannt und der Atem ruhig und regelmäßig.	8–9 Stunden
Unregelmäßiger Schlaf	Leichte Bewegung der Gliedmaßen, gelegentliche Bewegungen und Grimassen des Gesichts treten auf. Obwohl die Augenlider geschlossen sind, können hinter ihnen gelegentliche Augenbewegungen ausgemacht werden. Der Atem ist unregelmäßig.	8–9 Stunden
Schläfrigkeit	Das Baby schläft entweder ein oder es wacht auf. Der Körper ist weniger aktiv als im unregelmäßigen Schlaf, aber aktiver als im regelmäßigen. Die Augen öffnen und schließen sich; wenn sie offen sind, haben sie einen glasigen Ausdruck. Der Atem ist ebenmäßig, aber etwas schneller als im regelmäßigen Schlaf.	Wechselt
Ruhige Wachsamkeit	Der Körper des Säuglings ist relativ inaktiv, die Augen offen und aufmerksam. Der Atem ist ruhig.	2–3 Stunden
Wachaktivität und Schreien	Das Baby zeigt häufige Ausbrüche von unkoordinierter Körperbewegung. Der Atem ist unregelmäßig. Das Gesicht kann entspannt sein oder gespannt und faltig. Schreien ist möglich.	1–4 Stunden

Quelle: Wolff, 1966.

Biologie & Umwelt:
Die geheimnisvolle Tragödie des plötzlichen Kindstodes

Marlene erwachte eines Morgens ganz unvermittelt und sah auf die Uhr. Es war 7.30 und Sascha war weder in der Nacht noch frühmorgens aufgewacht, um gefüttert zu werden. Marlene und ihr Ehemann Stephan fragten sich, ob alles in Ordnung wäre und gingen auf Zehenspitzen in das Zimmer. Sascha lag still da, zusammengerollt unter seiner Decke. Er war ruhig während des Schlafes gestorben.

Sascha war ein Opfer des **plötzlichen Kindstodes**, eines unerwarteten Todes, der in der Regel nachts bei Kindern unter 1 Jahr auftritt und auch nach genauer Untersuchung unerklärlich bleibt. In industrialisierten Ländern ist der plötzliche Kindstod Hauptursache für Säuglingssterblichkeit zwischen 1 und 12 Monaten (Health Canada, 2001 c; MacDorman & Atkinson, 1999).

Obwohl die genaue Ursache des plötzlichen Kindstodes unbekannt ist, zeigen seine Opfer in der Regel von Anfang an körperliche Probleme. Frühe medizinische Daten bei Babys mit plötzlichem Tod weisen auf höhere Raten von Unreife und niedrigem Geburtsgewicht, schlechte Apgar-Werte und einen schlaffen Muskeltonus. Anormale Herzraten und Störungen der Atmung und des Schlaf-Wach-Rhythmus spielen ebenfalls eine Rolle (Leach et al., 1 999; Malloy & Hoffman, 1 995). Zum Zeitpunkt des Todes haben mehr als die Hälfte der verstorbenen Babys eine leichte Infektion der Atemwege (Kohlendorfer, Kiechl, & Sperl, 1998). Sie scheint die Wahrscheinlichkeit eines Atemversagens bei einem bereits empfindlichen Kind zu erhöhen.

Eine Hypothese über die Ursache des plötzlichen Kindstodes ist die einer gestörten Hirnfunktion. Sie hindert die Kinder daran zu lernen, wie sie reagieren müssen, wenn ihr Überleben bedroht ist, zum Beispiel wenn die Atmung plötzlich unterbrochen ist (Home et al., 2000). Zwischen 2 und 4 Monaten, wenn der plötzliche Kindstod am wahrscheinlichsten ist, schwächen sich Reflexe ab und werden von freien, gelernten Reaktionen ersetzt. Schwächen in der Atmung und in den Muskeln kann solche Babys daran hindern, Verhaltensweisen zu erwerben, die Abwehrreflexe ersetzen. Daraus folgt, dass die Babys nicht erwachen, ihre Position verändern oder nach Hilfe schreien, wenn während des Schlafes Atemschwierigkeiten auftreten. Stattdessen ergeben sie sich einfach dem Sauerstoffmangel und dem Tod.

In dem Bemühen, das Vorkommen des plötzlichen Kindstodes zu reduzieren, untersuchen Forscher Umweltfaktoren, die damit verbunden sind: Rauchen der Mutter sowohl während und nach der Schwangerschaft sowie Rauchen von anderen Pflegepersonen gehören dazu. Babys, die Zigarettenrauch ausgesetzt sind, haben mehr Atemwegserkrankungen und sind zwei- bis dreimal so häufig gefährdet, eines plötzlichen Kindstodes zu sterben, als Babys, die diese Gefährdung nicht kennen (Dybing & Sanner, 1999; Sundell, 2001). Pränataler Missbrauch von Drogen, die das zentrale Nervensystem dämpfen (Opiate und Barbiturate), erhöhen das Risiko um ein Zehnfaches (Kandall & Caines, 1991). Babys mit plötzlichem Kindstod schlafen auch eher auf dem Bauch als auf dem Rücken und sind oft sehr warm in Kleidung und Decken eingepackt (Gallard, Taylor, & Bolton, 2002).

Einige Forscher vermuten, dass Nikotin, dämpfende Medikamente und Drogen, stark erhöhte Körpertemperatur und Atemwegsinfektionen zu einer physiologischen Belastung führen, die das normale Schlafmuster zerstört. Wenn Babys nach Schlafmangel einen Schlaf-„Rückfall" erleben, schlafen sie tiefer, was zu einem Verlust der Muskelspannung in den Atemwegen führt. Bei Risikobabys können die Atemwege kollabieren und das Kind schafft es nicht, die Atmung wieder ausreichend aufzunehmen (Simpson, 2001). In anderen Fällen können gesunde Babys, die in weichem Bettzeug mit dem Gesicht nach unten schlafen, daran sterben, dass sie fortwährend ihre eigene ausgestoßene Atemluft einatmen.

Das Rauchen aufgeben, die Schlafposition des Kindes verändern und ein paar Bettsachen entfernen, kann das Risiko des plötzlichen Kindstodes reduzieren. Zum Beispiel könnten geschätzte 30 % von Todesfällen verhindert werden, wenn Frauen während der Schwangerschaft das Rauchen aufgeben würden. Aufklärungskampagnen, die Eltern davon abzuhalten, ihre Babys auf den Bauch zu legen, haben zu enormen Rückgängen des plötzlichen Kindstods in vielen industrialisierten Ländern geführt (American Academy of Pediatrics, 2000; Schlaud et al., 1999).

Wenn der plötzliche Kindstod auftritt, benötigen die überlebenden Familienmitglieder sehr viel Hilfe, um diesen unerwarteten Todesfall zu verkraften. Wie Marlene es sechs Monate nach Saschas Tod formulierte: „Es war die schlimmste Krise, die wir je erlebten. Am meisten halfen uns die tröstenden Worte von anderen, die die gleiche Tragödie erlebt haben."

an der einzigartigen vokalen „Signatur" ihres Schreis identifiziert werden, was ihren Eltern hilft, ihr Baby bereits aus der Entfernung zu erkennen (Gustafson, Green, & Cleland, 1994).

Ganz kleine Säuglinge schreien in der Regel wegen körperlicher Bedürfnisse. Hunger ist der häufigste Grund, jedoch können Babys auch als Reaktion auf Temperaturwechsel, wenn sie entkleidet werden, auf ein plötzliches Geräusch oder einen schmerzhaften Reiz schreien. Neugeborene (wie auch ältere Babys) schreien oft beim Klang eines anderen schreienden Babys (Dondi, Simion, & Caltran, 1999). Einige Forscher nehmen an, dass diese Reaktion die angeborene Fähigkeit, auf das Leiden anderer zu reagieren, widerspiegelt. Außerdem nimmt das Schreien typischerweise in den ersten Wochen zu, hat seinen Höhepunkt um die sechste Woche und nimmt dann ab. Weil dieser Trend sich in vielen Kulturen mit sehr unterschiedlichen Pflegepraktiken der Kinder zeigt, glauben Forscher, dass ihm universale Anpassungsprozesse des Zentralnervensystems zugrunde liegen (Barr, 2001).

Wenn Sie das nächste Mal ein Baby schreien hören, beobachten Sie einmal Ihre eigene Reaktion. Das Geräusch erweckt fast in jedem starke Gefühle der Erregung und des Unbehagens (Boukydis & Burgess, 1982; Murray, 1985). Diese Reaktion ist wahrscheinlich den Menschen angeboren, um sicherzustellen, dass Babys die Fürsorge und den Schutz erhalten, die sie zum Überleben benötigen.

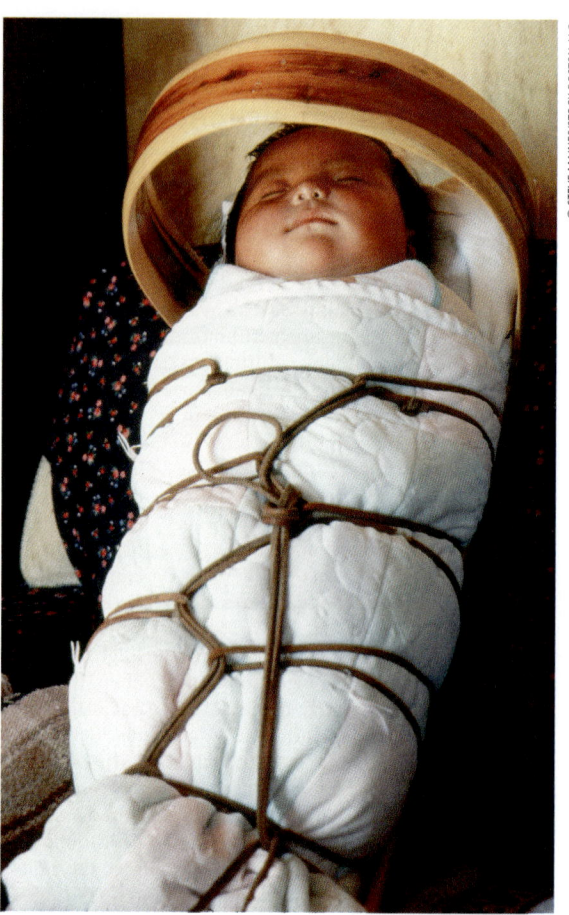

In einigen Kulturen werden Säuglinge fest gewickelt. Decken werden fest um den Körper des Säuglings gewickelt, was ihre Bewegung verhindert und die Wärme erhöht. Dieses Navajo-Baby ruht auf einem traditionellen Wiegenbrett, das auf den Rücken der Mutter geschnürt werden kann. Einwickeln reduziert das Schreien und fördert den Schlaf.

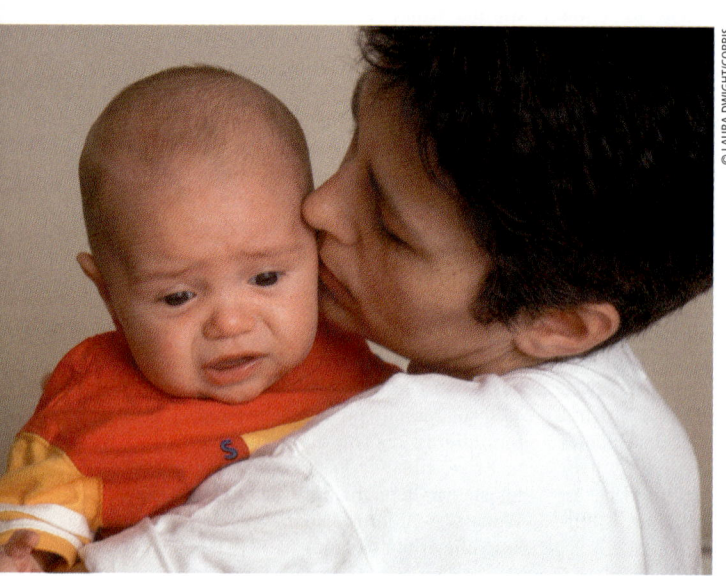

Um ihren schreienden Säugling zu beruhigen, hält diese Mutter ihr Baby aufrecht gegen ihren sich sanft bewegenden Körper. Neben dem Effekt, Kinder vom Schreien abzulenken, bewirkt diese Technik, dass sie auf eine ruhige Weise wachsam und aufmerksam gegenüber der Umgebung werden.

Schreiende Babys beruhigen

Eltern interpretieren das Schreien ihrer Babys nicht immer richtig, aber das ändert sich oft mit zunehmender Erfahrung (Thompson & Leger, 1999). Glücklicherweise gibt es viele Wege, ein schreiendes Baby zu beruhigen, wenn Füttern und Windelwechsel nicht ausreichen, wie die nächste Tabelle zeigt. Die Technik, welche westliche Eltern meistens als erste versuchen, nämlich das Baby an die eigene Brust auf Schulterhöhe anzulehnen, ist die wirksamste.

Eine andere gebräuchliche Methode zur Beruhigung ist das Wickeln – das Baby behaglich in eine Decke einwickeln. Bei den Quechua, die in kalten, hochgelegenen Wüstenregionen Perus leben, werden kleine Kinder in Schichten von Kleidung und Decken

Aspekte der Fürsorge

Wie man schreiende Neugeborene beruhigen kann

METHODE	ERKLÄRUNG
Das Baby an die Schulter heben und schaukeln oder herumgehen	Das bietet eine Kombination von körperlichem Kontakt, einer aufrechten Haltung und Bewegung. Es ist die wirksamste Methode zur Beruhigung.
Das Baby fest wickeln	Verminderte Bewegung und Zunahme der Wärme beruhigt oft ein sehr kleines Kind.
Einen Schnuller anbieten	Saugen hilft den Babys dabei, ihren eigenen Erregungszustand zu kontrollieren. Das Saugen an einem gesüßten Schnuller mildert Schmerzen und beruhigt ein schreiendes Baby.
Sanft mit ihm sprechen oder rhythmische Laute erzeugen	Fortlaufende, monotone, rhythmische Geräusche wie das Ticken einer Uhr, das Summen eines Ventilators oder friedliche Musik sind wirksamer als intermittierende Geräusche.
Das Baby kurz im Auto herumfahren oder im Kinderwagen schieben, das Baby in einer Wiege schaukeln	Sanfte, rhythmische Bewegung jeder Art hilft dabei, das Baby in den Schlaf zu lullen.
Den Körper des Babys massieren	Den Rumpf und die Gliedmaßen des Babys mit ununterbrochenen, sanften Bewegungen streichen. Diese Technik wird in einigen nicht westlichen Kulturen angewendet, um die Muskeln des Babys zu entspannen.
Einige der aufgelisteten Methoden kombinieren	Das gleichzeitige Stimulieren von einigen Sinnen des Babys ist oft wirksamer als nur einen Sinn zu stimulieren.
Wenn alle diese Methoden nicht funktionieren, dem Baby erlauben, für eine kurze Zeit zu schreien	Gelegentlich reagiert darauf ein Baby gut, hingelegt zu werden, und schläft nach ein paar Minuten ein.

Quelle: Blass, 1999; Campos, 1989; Heinl, 1983; Lester, 1985; Reisman, 1987.

gehüllt, die ihren Kopf und Körper bedecken. Das Ergebnis – ein nahezu versiegelter, warmer Beutel auf dem Rücken der Mutter, der sich rhythmisch bewegt, wenn sie geht – vermindert das Schreien und fördert den Schlaf. Dadurch spart das Kind Energien für das frühe Wachstum in dem rauen peruanischen Hochland (Tronick, Thomas, & Daltabuit, 1994).

In vielen Stammes- und Dorfgemeinschaften und nicht westlichen Gesellschaften verbringen die Säuglinge fast den ganzen Tag und die ganze Nacht in engem, körperlichen Kontakt mit ihren Pflegepersonen. Bei den !Kung in den Wüstenregionen Botswanas in Afrika tragen Mütter ihre Babys in Schlingen aus Tierhaut, die mit Gras gepolstert sind, auf ihren Hüften, so dass die Kinder ihre Umgebung betrachten können und nach eigenem Wunsch gestillt werden können. Die Gusii aus Kenia sorgen für ihre Babys, indem sie sie auf die Rücken ihrer Mütter binden, die auf Schreien mit Füttern reagieren. Japanische Mütter verbringen ebenfalls viel Zeit in engem Körperkontakt mit ihren Babys (Small, 1998). Säuglinge in diesen Kulturen weisen kürzere Schreiperioden als nordamerikanische Babys auf (Barr, 2001).

Anormales Schreien

Wie Reflexe und Schlafmuster ist das Schreien des Säuglings ein Schlüssel zu Notlagen (Qual, Schmerz, Pein) des Zentralnervensystems. Das Schreien von hirngeschädigten Kindern und von Babys, die pränatale und Geburtskomplikationen erlitten haben, ist oft schrill, schneidend und von kürzerer Dauer als das Schreien gesunder Säuglinge (Boukydis & Lester, 1998; Green, Irwin, & Gustafson, 2000). Selbst Neugeborene mit einem recht häufigen Problem – *Koliken* oder mit andauerndem Schreien – neigen zu hohem, krächzend klingendem Schreien (Zeskind & Barr, 1997). Obwohl der Grund von Koliken unbekannt ist, nehmen einige Wissenschaftler an, dass es mit einer gestörten Hirnregulation des Schlaf-Wach-Rhythmus zu tun hat (Papousek & Papousek, 1996). Andere nehmen an, dass es von einer zeitweiligen Schwierigkeit, nach Aufregung zur Ruhe zu kommen, zu tun hat und im Alter zwischen drei und sechs Monaten abklingt (Barr & Gunnar, 2000).

Die meisten Eltern versuchen, auf ein schreiendes Baby mit zusätzlicher Fürsorge und Sensibilität zu reagieren, aber manchmal ist das Schreien so unangenehm und das Kind so schwer zu beruhigen, dass die Eltern frustriert und wütend werden. Bei zu früh geborenen und kranken Babys ist die Wahrscheinlichkeit größer, von gestressten Eltern missbraucht zu werden, die oft ein hohes, die Nerven belastendes Schreien erwähnen, wenn sie erklären, was sie die Kontrolle verlieren und dem Baby wehtun ließ (Prodi, 1985). Wir werden in Kapitel 8 etliche weitere Ursachen für Kindesmissbrauch diskutieren.

3.8.3 Sensorische Fähigkeiten

Bei seinem Besuch im Seminar sah Jonas mit großen Augen auf meine helle, pinkfarbene Bluse und drehte sich um zum Klang der Stimme seiner Mutter. Während des Fütterns lässt er Dana durch die Art seines Saugens wissen, dass er den Geschmack von Milch aus der Brust dem einer Flasche mit einfachem Wasser vorzieht. Offensichtlich hat Jonas einige gut entwickelte sensorischen Fähigkeiten. In den folgenden Abschnitten erkunden wir die Reaktionen des Neugeborenen auf Berührung, Geschmack, Geruch, Geräusche und visuelle Reize.

■ Berührung

Bei unserer Diskussion von früh geborenen Säuglingen sahen wir, dass Berührung das frühe körperliche Wachstum stimuliert. Wie wir in Kapitel 6 sehen werden, ist sie für die emotionale Entwicklung ebenfalls lebenswichtig. Deshalb ist es kein Wunder, dass Empfindsamkeit auf Berührung bei der Geburt gut entwickelt ist. Die in Tabelle 3.3 aufgelisteten Reflexe machen klar, dass das Baby auf Berührung reagiert, besonders um den Mund herum, auf den Handflächen und an den Fußsohlen. Während der pränatalen Phase sind diese Bereiche zusammen mit den Genitalien die ersten, die empfindlich für Berührung sind (Humphrey, 1978).

Bei der Geburt sind Säuglinge sehr empfindlich für Schmerz. Wenn männliche Neugeborene beschnitten werden, werden manchmal keine Betäubungsmittel benutzt wegen des Risikos, das Medikamente für jedes Kleinkind darstellen. Die Babys reagieren oft mit einem hohen, angstvollen Schrei und einem dramatischen Anstieg der Herzrate, des Blutdrucks, Schwitzen der Hände, Verengung der Pupillen und Muskelspannung (Jorgensen, 1999). Neuere Forschung, die sich um die Sicherheit bestimmter Lokalanästhetika für Neugeborene bemüht, verspricht, den Schmerz bei solchen Eingriffen zu lindern. Das Reichen eines Saugers, der in eine Zuckerlösung getaucht wurde, ist ebenso hilfreich; es mindert schnell das Schreien und die Pein der Säuglinge. Und die Kombination der süßen Flüssigkeit mit einem sanften Halten durch die Eltern vermindert den Schmerz sogar noch mehr (Gormally et al., 2000; Overgaard & Knudsen, 1999). Wenn man nicht verhindert, dass ein Neugeborenes schweren Schmerz aushalten muss, kann dieses späteres Verhalten beeinflussen. In einer Studie reagierten Neugeborene, die bei der Beschneidung kein Lokalanästhetikum erhalten hatten, viel intensiver auf eine Routineimpfung im Alter zwischen vier und sechs Monaten als ihre anästhetisierten Altersgenossen (Taddio et al., 1997).

■ Geschmack und Geruch

Alle Säuglinge kommen mit der Fähigkeit auf die Welt, ihren Pflegepersonen ihre Geschmacksvorlieben mitzuteilen. Der Gesichtsausdruck verrät, dass Neugeborene zwischen verschiedenen Grundgeschmäckern unterscheiden können. Wie Erwachsene entspannen sie ihre Gesichtsmuskeln in Reaktion auf Süßes, kräuseln ihre Lippen, wenn der Geschmack sauer ist, und zeigen ein deutliches bogenähnliches Öffnen des Mundes, wenn der Geschmack bitter ist (Steiner, 1979). Diese Reaktionen sind wichtig für das Überleben, denn (wie wir in Kapitel 4 sehen werden), die Nahrung, die auf ideale Weise das frühe Wachstum unterstützt, ist die süß schmeckende Milch aus der Brust der Mutter. Erst im Alter von vier Monaten ziehen Babys den salzigen Geschmack reinem Wasser vor, eine Veränderung, die sie möglicherweise darauf vorbereitet, feste Nahrung zu akzeptieren (Mennella & Beauchamp, 1998).

Nichtsdestotrotz können Neugeborene schnell einen Geschmack lernen, der zunächst eine neutrale oder negative Reaktion hervorrief. Zum Beispiel bevorzugen Babys, die allergisch auf ein Kuhmilchprodukt reagieren und denen man einen Ersatz aus Soja oder einen anderen Ersatz auf Gemüsebasis gibt (typischerweise sehr streng und bitter im Geschmack), diesen sehr schnell gegenüber der regulären Babynahrung. Ein Geschmack, der zunächst nicht gemocht wurde, kann zu einem bevorzugten werden, wenn er mit der Entlastung vom Hunger verbunden ist (Harris, 1997).

Wie der Geschmack sind auch gewisse Geruchsvorlieben angeboren. Zum Beispiel verursacht der Geruch von Bananen oder Schokolade einen entspannten, angenehmen Gesichtsausdruck, während der Geruch nach faulen Eiern das Kind finster dreinschauen lässt (Steiner, 1979). Neugeborene können einen Geruch auch lokalisieren und sich selber schützen, wenn er unangenehm ist, indem sie ihren Kopf in die andere Richtung drehen (Reiser, Yonas, & Wilcner, 1976).

Bei vielen Säugetieren spielt der Geruchssinn eine wichtige Rolle beim Füttern und im Schutz der Jungen vor wilden Tieren, indem er Müttern und Babys hilft, sich gegenseitig zu erkennen. Obwohl der Geruchssinn beim Menschen weniger gut entwickelt ist, bleiben Spuren ihrer Bedeutung für das Überleben bestehen. Neugeborene, welche die Wahl haben zwischen dem Geruch des Fruchtwassers ihrer eigenen Mutter und dem einer anderen Mutter, wenden sich eher der vertrauten Flüssigkeit zu (Marlier, Schaal, & Soussignan, 1998). Der Geruch des mütterlichen Fruchtwassers ist tröstend, Babys, die ihm ausgesetzt werden, schreien weniger als solche Babys, die es nicht sind (Varendi et al., 1998).

Unmittelbar nach der Geburt drängen sich Babys, die mit dem Gesicht nach vorne zwischen die Brüste ihrer Mutter gelegt werden, spontan an eine Brust und beginnen innerhalb einer Stunde zu saugen. Wenn eine Brust gewaschen wurde, um ihren natürlichen Geruch zu entfernen, greifen die meisten Neugeborenen zur ungewaschenen Brust und beweisen damit, dass sie vom Geruch geleitet werden (Porter & Winberg, 1999). Im Alter von vier Tagen ziehen Babys, die mit der Brust ernährt werden, den Geruch der Brust ihrer Mutter dem einer ihnen nicht vertrauten stillenden Mutter vor (Cernoch & Porter, 1985). Babys, die mit der Flasche ernährt werden, orientieren sich am Geruch jeder stillenden Frau, und zwar stärker als an dem Geruch der Babynahrung oder dem einer nicht stillenden Frau (Marlier & Schaal, 1997; Porter et al., 1992). Die doppelte Anziehung des Babys zu den Gerüchen ihrer Mutter und der stillenden Brust hilft ihnen dabei, eine angemessene Nahrungsquelle zu lokalisieren und während dieses Vorgangs ihre Pflegeperson von anderen Menschen zu unterscheiden.

■ Hören

Neugeborene Kinder können eine Vielfalt von Geräuschen hören, aber sie bevorzugen komplexe Laute wie Geräusche und Stimmen gegenüber einzelnen Tönen (Bench et al., 1976). In den ersten Tagen können Säuglinge schon den Unterschied zwischen ein paar Klangmustern erkennen – eine Reihe von Tönen, die in aufsteigender versus absteigender Reihenfolge arrangiert sind, Äußerungen mit zwei im Gegensatz zu solchen mit drei Silben, die Betonungsmuster von Wörtern wie *ma*-ma versus ma-*ma* und eine heiter klingende Sprache im Gegensatz zu einer Sprache mit ärgerlichen, traurigen oder neutralen Klangsmustern (Bijeljac-Babic, Bertoncini, & Mehler, 1993; Mastropieri & Turkewitz, 1999; Sansavini, Bertoncini, & Giovanelli, 1997).

Neugeborene sind besonders sensibel bei Lauten der menschlichen Sprache und sie sind biologisch darauf vorbereitet, auf die Laute jeder menschlichen Sprache zu reagieren. Kleine Kinder können eine feine Unterscheidung zwischen einer Vielfalt von Sprachlauten ausmachen. Wenn sie zum Beispiel einen Sauger erhalten, der das Abspielen des Lautes „ba" initiiert, saugen sie heftig und werden dann langsamer, wenn sich der Neuigkeitswert verliert. Wenn der Laut zu einem „ga" überspringt, nimmt das Saugen wieder zu, was darauf hinweist, dass die Säuglinge diesen feinen Unterschied bemerken. Forscher haben nur wenige Sprechlaute gefunden, die Säuglinge nicht unterscheiden können (Jusczyk, 1995). Diese Fähigkeiten enthüllen, dass das Baby wunderbar vorbereitet ist auf die komplexe Aufgabe des Spracherwerbs. In Kapitel 4 werden wir sehen, dass die Sprachwahrnehmung des Babys sich in der Mitte des ersten Jahres auffällig verändert, nachdem sie intensiv ihrer Muttersprache ausgesetzt waren.

Wenn man mit einem kleinen Baby spricht, wird man dies wahrscheinlich mit hoher, ausdrucksvoller Stimme tun und am Ende von Sätzen einen ansteigenden Ton einsetzen. Erwachsene kommunizieren wahrscheinlich auf diese Weise, weil sie bemerken, dass Säuglinge dann aufmerksamer sind. In der Tat bevorzugen Säuglinge eine Sprache mit diesen Merkmalen (Aslin, Jusczyk, & Pisoni, 1998). Sie lutschen auch heftiger an einem Sauger, wenn sie die Aufnahme der Stimme ihrer Mutter hören statt der einer nicht vertrauten Frau und wenn sie ihre Muttersprache hören im Gegensatz zu einer Fremdsprache (Moon, Cooper, & Fifer, 1993; Spence & DeCasper, 1987). Diese Vorlieben haben sich möglicherweise durch das Hören der gedämpften Laute der Stimme ihrer Mutter vor der Geburt entwickelt.

■ Der Gesichtssinn

Der Gesichtssinn ist der am wenigsten entwickelte Sinn bei der Geburt. Visuelle Strukturen des Auges und des Gehirns sind noch nicht voll ausgebildet. So sind zum Beispiel Zellen in der Retina, einer Membran, die das Innere des Auges überzieht und das Licht einfängt und in Nachrichten umwandelt, die zum Gehirn gesendet werden, nicht so ausgereift oder eng strukturiert, wie sie es in einigen Monaten sein werden. Auch sind die Muskeln der Linse, die uns erlauben, unseren visuellen Fokus auf unterschiedliche Entfernungen einzustellen, noch schwach (Banks & Bennett, 1988).

Daraus folgt, dass neugeborene Babys ihre Augen nicht so gut fokussieren können wie ein Erwachsener und die **Sehschärfe** oder Feinheit der Unterscheidung begrenzt ist. Bei der Geburt nehmen Neugeborene einen Gegenstand in einer Entfernung von 6 Metern so genau wahr wie Erwachsene bei einer Entfernung von 120 Metern (Gwiazda & Birch, 2001). Zusätzlich sehen neugeborene Babys, im Gegensatz zu Erwachsenen (die am klarsten Gegenstände in der Nähe erkennen), über eine große Bandbreite von Entfernungen gleichermaßen unscharf (Banks, 1980). Daher sehen Bilder wie das des Gesichtes der Eltern sogar aus großer Nähe ziemlich verschwommen aus.

Obwohl neugeborene Babys nicht gut sehen können, entdecken sie ihre Umwelt aktiv, in dem sie sie nach interessanten Dingen abtasten und sich bewegende Gegenstände verfolgen. Jedoch sind ihre Augenbewegungen langsam und ungenau (Aslin, 1993). Jonas Verzauberung durch eine pinkfarbene Bluse enthüllt, dass er von hellen Gegenständen angezogen ist. Obwohl Neugeborene es vorziehen, bunte statt grauer Reize anzusehen, können sie Farben noch nicht gut unterscheiden. Es wird einen oder zwei Monate dauern, bis sich die Farbwahrnehmung verbessert (Adams, Courage, & Mercer, 1994; Teller, 1998).

3.8.4 Die Einschätzung des Verhaltens von Neugeborenen

Eine Vielfalt von Instrumenten erlaubt es Ärzten, Krankenschwestern und Wissenschaftlern, das Verhalten neugeborener Babys einzuschätzen. Der am häufigsten benutzte Test, T. Berry Brazeltons **Neonatale Behavioral Assessment Scale (NBAS**, dt. **Skala zur Einschätzung des Verhaltens Neugeborener)**, betrachtet die Reflexe, den Wechsel der Erregungszustände, Reaktionen auf körperliche und soziale Reize und andere Reaktionen des Babys (Brazelton & Nugent, 1995).

Die NBAS wurde mit vielen Kindern auf der ganzen Welt durchgeführt. Dadurch haben Forscher einiges über individuelle und kulturelle Unterschiede im Verhalten Neugeborener gelernt und wie Praktiken der Kinderpflege die Reaktionen des Babys erhalten oder verändern können. So haben zum Beispiel NBAS-Testwerte von asiatischen Kindern und denen von amerikanischen Indianern aufgezeigt, dass sie weniger erregt sind als kaukasische Säuglinge. Mütter in diesen Kulturen ermutigen die ruhige Disposition ihrer Kinder durch Halten und Stillen bei den ersten Anzeichen von Unbehagen (Chisholm, 1989; Muret-Wagstaff & Moore, 1989). Im Gegensatz dazu werden die schlechten Testwerte von unterernährten Kindern in Sambia schnell durch die typische Form der Kinderpflege angehoben: Die Mutter trägt ihr Baby den ganzen Tag auf der Hüfte und versorgt es damit mit einer Vielfalt von sensorischen Anregungen. Bis zum Alter von einer Woche hat sich ein schlecht reagierendes Kind in ein wachsames, zufriedenes Baby verwandelt (Brazelton, Koslowski, & Tronick, 1976).

Aus diesen Beispielen lässt sich ersehen, warum ein einziger NBAS-Testwert keine gute Voraussage für die spätere Entwicklung treffen kann. Da das Verhalten des Neugeborenen und der Stil der elterlichen Pflege sich in der Entwicklung vereinen, ergeben *Veränderungen in den NBAS-Testwerten* über die erste und zweite Lebenswoche hinweg (statt nur eines einzigen Wertes) die beste Einschätzung von der Fähigkeit des Babys, sich vom Geburtsstress zu erholen. NBAS-„Erholungskurven" sagen die Intelligenz bis in die Vorschuljahre hinein halbwegs gut voraus (Brazelton, Nugent, & Lester, 1987).

Die NBAS wurde auch dazu benutzt, Eltern zu helfen, ihre Säuglinge kennen zu lernen. In einigen Krankenhäusern diskutieren Gesundheitsexperten mit den Eltern oder demonstrieren ihnen die Fähigkeiten, die die NBAS festgestellt hat. Sowohl Eltern von Frühgeburten wie die von voll ausgetragenen Kindern, die an diesen Programmen teilnehmen, gehen mit ihren Kindern vertrauensvoller und wirkungsvoller um (Eiden & Reifman, 1996). In einer Studie waren brasilianische Mütter, die eine 50-minütige Diskussion, basierend auf NBAS, einige Tage nach der Entbindung

Ähnlich den Frauen in der Kultur von Sambia trägt diese Mutter aus dem Volke der El Molo im nördlichen Kenia ihr Baby den ganzen Tag herum und vermittelt damit einen engen körperlichen Kontakt und eine große Vielfalt von Anregungen, ebenso kann sie es nach Bedarf füttern.

Anwendung
Jackie, die eine schwierige Entbindung hatte, beobachtet ihre zwei Tage alte Tochter Kelly, bei der der NBAS durchgeführt wurde. Kelly hat bei vielen Aufgaben schlechte Werte. Jackie fragt sich, ob das bedeutet, dass Kelly sich nicht normal entwickeln wird. Wie würden Sie auf Jackies Sorgen reagieren?

Zusammenhänge
Wie tragen die vielen verschiedenen Fähigkeiten neugeborener Babys zu ihren ersten sozialen Beziehungen bei? Geben Sie möglichst viele Beispiele.

Prüfen Sie sich selbst...

erlebt hatten, nach einem Monat eher in der Lage, mit ihrem Kind Augenkontakt aufzunehmen, es anzulächeln, mit ihm zu sprechen und es zu beruhigen als Kontrollpersonen, die nur Informationen zur Gesundheitsvorsorge erhielten (Wendland-Carro, Piccinini, & Millar, 1999). Obwohl anhaltende Wirkungen für die Entwicklung noch nicht aufgezeigt wurden, sind auf NBAS basierende Interventionen von großen Nutzen, um der Eltern-Kind-Beziehung einen guten Start zu geben.

Prüfen Sie sich selbst...

Rückblick
Welche Funktionen hat REM-Schlaf bei ganz kleinen Säuglingen? Kann uns der Schlaf irgendetwas über die Gesundheit des Zentralnervensystems sagen? Erklären Sie.

3.9 Die Anpassung an die neue Familieneinheit

Die ersten Wochen nach der Geburt eines Babys sind für die Familie voller tief greifender Veränderungen. Die Mutter muss sich von der Geburt erholen und sich massiven hormonellen Veränderungen in ihrem Körper anpassen. Wenn sie stillt, müssen Energien darauf verwendet werden, diese intime Beziehung aufzubauen. Der Vater muss Teil dieser neuen Dreiheit werden, während er der Mutter hilft, damit sie sich erholen kann. Zeitweilig mag er ambivalente Gefühle gegenüber dem Baby hegen, das ständig die Aufmerksamkeit der Mutter fordert und bekommt. Und wie in Kapitel 6 ersichtlich sein wird, fühlen sich Geschwister – insbesondere die kleinen oder Erstgeborene – verständlicherweise beiseite geschoben. Sie reagieren manchmal mit Eifersucht und Wut.

Währenddessen ist das winzige Baby sehr anspruchsvoll in seinen dringenden körperlichen Bedürfnissen und will gefüttert, mit neuen Windeln versehen und zu allen möglichen Tages- und Nachtzeiten beruhigt werden. Ein Familienfahrplan, der einmal Routine und vorhersagbar war, ist nun unregelmäßig und ungewiss. Dana sprach offen über die Veränderungen, die sie und Jörg erlebten:

Als wir Jonas heimholten, mussten wir uns mit den Realitäten unserer neuen Verantwortlichkeit auseinandersetzen. Jonas schien so klein und hilflos und wir fragten uns, ob wir in der Lage wären, ihm die angemessene Fürsorge angedeihen zu lassen. Wir brauchten 20 Minuten, als wir ihn das erste Mal neu wickelten. Ich fühle mich selten ausgeruht, weil ich zwei- bis viermal jede Nacht aufstehen muss, und ich verbringe einen guten Teil meiner wachen Stunden damit, Jonas' Rhythmus und seine Bedürfnisse herauszufinden. Wenn Jörg nicht so bereitwillig helfen würde, Jonas zu tragen und mit ihm umherzugehen, glaube ich, würde ich es als viel härter empfinden.

Wie lange dauert diese Phase der Anpassung an die Elternschaft? In Kapitel 14 wird besprochen, dass der Stress, der durch die Geburt eines Kindes entsteht, handhabbar ist, wenn sich die Eltern gegenseitig in ihren Bedürfnissen unterstützen – dann sind die Familienbeziehungen und Verantwortlichkeiten nach einigen Monaten klar. Aber wie ein Beraterpaar, das mit vielen neuen Eltern gearbeitet hat, sagt: „Solange Kinder abhängig von ihren Eltern sind, sind diese Eltern mit Gedanken an ihre Kinder beschäftigt. Das hält sie nicht davon ab, andere Aspekte ihres Lebens zu genießen, aber es bedeutet, dass sie nie wieder die gleichen Menschen sein werden, die sie waren, bevor sie Eltern wurden." (Colman & Colman, 1991, S. 198)

Zusammenfassung

Pränatale Entwicklung

Zählen Sie die drei Phasen der pränatalen Entwicklung auf und beschreiben Sie von jeder die wichtigsten Meilensteine.

- Die erste pränatale Phase, die Periode der **Zygote**, dauert etwa zwei Wochen, von der Befruchtung bis die **Blastozyste** tief in die Gebärmutterwand **eingepflanzt** wird. Während dieser Zeit beginnen sich Strukturen zu bilden, welche das pränatale Wachstum unterstützen werden. Die embryonale Scheibe ist vom **Amnion (innere Eihaut)**, umgeben, die sich mit amniotischer Flüssigkeit füllt, um die Temperatur zu regeln und die Bewegungen der Mutter abzufedern. Aus dem **Chorion (Zottenhaut)** erwachsen Zottenhaare, die sich in die Gebärmutterwand eingraben und die **Plazenta (Mutterkuchen)** beginnt sich zu entwickeln. Der sich entwickelnde Organismus ist durch die **Nabelschnur** mit der Plazenta verbunden.
- Das **Embryonalstadium** dauert von der zweiten bis zur achten Woche, während dieser Zeit werden die Grundlagen für alle Körperstrukturen gelegt. In der ersten Woche bildet sich das **Neuralrohr** und das Zentralnervensystem beginnt mit seiner Entwicklung. Andere Organe folgen und wachsen sehr schnell. Am Ende dieser Phase reagiert der Embryo auf Berührung und kann sich bewegen.
- Das **Fötalstadium**, das bis zum Ende der Schwangerschaft andauert, umfasst eine starke Zunahme an Körpergröße und die Vervollständigung körperlicher Strukturen. Um die Mitte des zweiten **Schwangerschaftsdrittels** herum spürt die Mutter die Bewegungen des Kindes. Der Fötus wird mit **Vernix (Käse-/Fruchtschmiere)** bedeckt, welche die Haut vor dem Rissigwerden schützt. Weißes, dauniges Haar, **Lanugo (Flaumhaar)** genannt, hilft, dass die Vernix an der Haut kleben bleibt. Am Ende des zweiten Schwangerschaftsdrittels ist die Produktion von Neuronen im Gehirn abgeschlossen.
- Das **Alter der Überlebensfähigkeit** steht am Beginn des letzten Schwangerschaftsdrittels, irgendwann zwischen der 22. und 26. Woche. Das Gehirn entwickelt sich weiterhin schnell und neue Sinnes- und Verhaltensfähigkeiten entstehen. Die Lunge wird nach und nach reif und der Fötus füllt die Gebärmutter aus, der Zeitpunkt der Geburt ist nahe.

Pränatale Einflüsse der Umwelt

Was sind Teratogene (schädliche Stoffe) und welche Faktoren tragen zu ihrem Einfluss bei?

- **Teratogene** sind Umweltstoffe, die während der pränatalen Periode Schaden anrichten. Ihre Wirkung geht mit dem Konzept der sensiblen Phase konform. Der Einfluss der Teratogene gestaltet sich unterschiedlich durch Stärke und Dauer der Exposition, der genetischen Ausstattung von Mutter und Fötus, An- oder Abwesenheit anderer schädlicher Stoffe und dem Alter des Organismus zum Zeitpunkt der Exposition. Der sich entwickelnde Organismus ist während der Embryonalphase besonders verletzlich, weil alle wesentlichen Körperstrukturen in Erscheinung treten. Unmittelbar auftretende körperliche Schäden sind leicht zu beobachten, aber es können sich ernsthafte gesundheitliche und psychologische Konsequenzen auch erst später in der Entwicklung bemerkbar machen.

Zählen Sie Stoffe auf, die als teratogen verdächtigt werden oder es sind und diskutieren Sie Beweise für den schädlichen Einfluss eines jeden Stoffes.

- Der pränatale Einfluss vieler allgemein gebräuchlicher Stoffe wie Aspirin und Koffein ist schwer von anderen Faktoren zu trennen, die mit Medikamenteneinnahme korreliert sind. Babys, deren Mütter Heroin, Methadon oder Kokain während der Schwangerschaft zu sich nahmen, leiden nach der Geburt unter Entzugserscheinungen und sind nervös und unaufmerksam. Die Einnahme von Kokain ist besonders risikoreich, weil sie mit körperlichen Defekten und Schäden des zentralen Nervensystems verbunden wird.
- Kinder von Eltern, die Tabak konsumieren, werden oft mit Untergewicht geboren und können Aufmerksamkeits-, Lern- und Verhaltensprobleme während der Kindheit zeigen. Wenn Mütter in großen Mengen Alkohol zu sich nehmen, tritt das **fötale Alkoholsyndrom (FAS)** auf und es kommt häufig zu Störungen wie geistiger Retardierung, gestörter Aufmerksamkeit, Hyperaktivität, langsamem körperlichem Wachstum und Anomalien im Gesicht. Geringere Alkoholmengen können zu einigen dieser Probleme führen – bekannt als **fötale Alkoholeffekte (FAE)**.
- Hohe Dosen von Strahlung, Quecksilber, Blei und PCBs (polychlorierte Biphenyle) führen zu körperlichen Missbildungen und schwerem Hirnschaden. Eine Exposition mit niedrigen Dosen hat auch verschiedene Schädigungen zur Folge, unter anderem niedrigere Testwerte in Intelligenztests und im Falle von Strahlung Sprach- und emotionale Störungen.
- Bei den Infektionskrankheiten verursachen Röteln eine Vielzahl von Anomalien, die sich unterscheiden, je nachdem und zu welchem Zeitpunkt die Krankheit in der Schwangerschaft auftrat. Der menschliche Immunschwächevirus (HIV), für AIDS verantwortlich, führt zu Hirnschäden, verzögerter geistiger und motorischer Entwicklung und frühem Tod. Toxoplasmose im ersten Schwangerschaftsdrittel kann zu Augen- und Hirnschäden führen.

Beschreiben Sie den Einfluss anderer mütterlicher Faktoren auf die pränatale Entwicklung.

- Bei gesunden, körperlich fitten Frauen wird moderater Sport mit höherem Geburtsgewicht des Kindes in Verbindung gebracht. Sehr häufiges, heftiges Training jedoch führt zu einem verminderten Geburtsgewicht. Wenn die Ernährung der Mutter unangemessen ist, sind ein niedriges Geburtsgewicht und Schäden am Gehirn und anderen Organen ein ernstes Problem.
- Ernsthafter emotionaler Stress wird mit vielen Schwangerschaftskomplikationen in Verbindung gebracht, obwohl sein Einfluss dadurch vermindert werden kann, dass man der Mutter emotionale Unterstützung gewährt. **Rhesus-Faktor-Unverträglichkeit** – eine Rh-negative Mutter und ein Rh-positiver Fötus – kann zu Sauerstoffverminderung, Gehirn- und Herzschäden und zum Tode führen.

- Abgesehen von den Risiken durch Chromosomenanomalien bei älteren Frauen, ist das Alter der Mutter und die Anzahl vorangegangener Geburten kein Hauptgrund für pränatale Probleme. Stattdessen sind eine schlechte Gesundheit und Umweltrisiken, die mit Armut in Verbindung gebracht werden, die stärksten Prädiktoren für Komplikationen in der Schwangerschaft.

Warum ist frühe und regelmäßige Gesundheitsvorsorge während der pränatalen Periode so lebenswichtig für den Fötus?
- Unerwartete Schwierigkeiten wie **Toxämie** (Toxine/Giftstoffe im Blut) können auftreten, besonders dann, wenn Mütter Gesundheitsprobleme haben. Pränatale Gesundheitsvorsorge ist besonders kritisch bei Frauen, die diese nicht in Anspruch nehmen – besonders jene, die jung, allein stehend und arm sind.

Die Geburt
Beschreiben Sie die drei Stadien der Geburt, die Anpassung des Kindes an die Wehen und die Entbindung und das Aussehen des Neugeborenen.
- Die Geburt erfolgt in drei Phasen, beginnend mit den Wehen, die den Muttermund öffnen, damit die Mutter das Kind durch den Geburtskanal pressen kann, und endend mit dem Heraustreten der Plazenta. Während der Wehentätigkeit erzeugen die Babys hohe Dosen von Stresshormonen, die ihnen helfen, Sauerstoffverminderung zu ertragen und die Lunge für die Atmung zu klären, und sie bei der Geburt zu Wachsamkeit bringen.
- Neugeborene Kinder haben große Köpfe, kleine Körper und bestimmte Gesichtsmerkmale (Kindchenschema), die Erwachsene dazu bringen, sie liebkosen zu wollen. Die **Apgar-Skala** schätzt den körperlichen Zustand des Babys bei der Geburt ein.

Umgang mit der Geburt
Beschreiben Sie die natürliche Geburt und Hausgeburten und weisen Sie auf Vor- und Nachteile hin, die mit beiden verbunden sind.
- Die **natürliche** oder **vorbereitete Geburt** umfasst Lehrgänge für zukünftige Eltern über Wehentätigkeit und Entbindung, Entspannung und Atemtechniken gegen den Schmerz sowie eine Anleitung bei der Geburt. Diese Vorgehensweise hilft, Stress, Schmerz und Gebrauch von Medikamenten zu vermindern. Soziale Unterstützung, ein wesentlicher Teil der natürlichen Geburt, wird mit weniger Geburtskomplikationen und kürzerer Wehentätigkeit in Verbindung gebracht. Solange Mütter gesund sind und von einem gut ausgebildeten Arzt oder einer Hebamme unterstützt werden, ist das Gebären zu Hause genauso sicher wie das Gebären im Krankenhaus.

Medizinische Interventionen
Führen Sie medizinische Interventionen bei der Geburt auf, Umstände, die ihren Gebrauch rechtfertigen, und alle Gefahren, die mit ihnen in Verbindung gebracht werden.
- Wenn bei Schwangerschaft und Geburt die Komplikationen einer **Anoxämie (Sauerstoffmangel im Blut)** auftreten, hilft die **Überwachung des Fötus auf dem Monitor**, das Leben vieler Babys zu retten. Wenn sie jedoch routinemäßig angewendet wird, kann auch falscher Alarm die Folge sein und Babys können gefährdet erscheinen, die es in Wirklichkeit nicht sind.
- Medikamente zur Schmerzreduzierung sind bei komplizierten Entbindungen notwendig. Wenn sie in großen Dosen gegeben werden, können sie die Wehentätigkeit verlängern und das Baby in einen apathischen Zustand versetzen, der die erste Mutter-Kind-Beziehung direkt nach der Geburt negativ beeinflussen kann.
- **Kaiserschnitt-Entbindungen** sind bei medizinischen Notfällen und bei schwerer Krankheit der Mutter gerechtfertigt sowie manchmal auch dann, wenn das Kind sich in **Steißlage** befindet. In den Vereinigten Staaten werden viele unnötige Kaiserschnittentbindungen durchgeführt.

Frühgeburten und Babys mit zu niedrigem Geburtsgewicht
Welches sind die Risiken einer Frühgeburt und eines geringen Geburtsgewichts, und welche Faktoren können den Kindern helfen, eine traumatische Geburt zu überleben?
- **Zu früh geborene** Babys und Babys mit Untergewicht werden besonders von solchen Frauen zur Welt gebracht, die von Armut betroffen sind. Im Vergleich zu früh geborenen Babys, deren Gewicht für die in der Gebärmutter verbrachte Zeit angemessen ist, entwickeln sich Babys, die **für ihr Alter untergewichtig** sind, eher schlecht. Das zerbrechliche Aussehen und das unempfängliche und reizbare Verhalten von Frühgeburten können Eltern dazu bringen, weniger sensibel und empfänglich für sie zu sorgen.
- Einige Interventionen bieten eine spezielle Stimulierung in der Intensivstation des Kinderkrankenhauses an. Andere belehren die Eltern, wie sie für ihre Babys sorgen und mit ihnen kommunizieren sollen. Wenn Frühgeburten in belasteten Haushalten mit niedrigem Einkommen leben, ist eine intensive Langzeitintervention erforderlich. Ein Hauptgrund für **Säuglingssterblichkeit** ist zu niedriges Geburtsgewicht.

Geburtskomplikationen verstehen
- Wenn Säuglinge ein Geburtstrauma erfahren, kann eine unterstützende häusliche Umgebung ihre Entwicklung positiv beeinflussen. Sogar Kinder mit ziemlich ernsthaften Geburtskomplikationen können sich mit Hilfe förderlicher Lebensumstände erholen.

Die Fähigkeiten des Neugeborenen
Beschreiben Sie die Reflexe des neugeborenen Babys und seine Erregungszustände; gehen Sie dabei auch auf die Schlafcharakteristika ein und auf welche Weisen ein schreiendes Baby beruhigt werden kann.
- Kinder beginnen das Leben mit beachtlichen Fähigkeiten, um sich auf ihre physische und soziale Umwelt zu beziehen. **Reflexe** sind offensichtlich die am besten organisierten Verhaltensmuster. Einige haben eine Bedeutung für das Überleben, andere ergeben die Grundlage für spontane motorische Fertigkeiten und wieder andere tragen bei zu frühen sozialen Beziehungen.
- Obwohl sich Neugeborene zwischen fünf **Aktivierungszuständen** hin- und herbewegen, verbringen sie die meiste Zeit im Schlaf. Der Schlaf besteht aus min-

destens zwei Stadien: **REM-Schlaf (REM=rapid-eye-movement)** und **NREM-Schlaf (NREM=non-rapid-eye-movement)**. REM-Schlaf versorgt kleine Kinder mit einer Stimulierung, die wesentlich ist für die Entwicklung des Zentralnervensystems. Schnelle Augenbewegungen stellen sicher, dass Augenstrukturen während des Schlafes mit Sauerstoff versorgt sind. Gestörte REM-NREM-Zyklen sind ein Anzeichen von Anomalien des Zentralnervensystems und können zum **plötzlichen Kindstod (SIDS= sudden infant death syndrome)** führen.

■ Ein schreiendes Baby bewirkt starke Gefühle von Unbehagen bei Erwachsenen, die sich in der Nähe befinden. Die Intensität des Schreiens und die Erfahrungen, die dazu führten, helfen Eltern zu erkennen, was nicht in Ordnung ist. Nachdem Füttern und Windelwechsel probiert wurden, ist die beste Methode der Beruhigung, das Baby an die Schulter zu legen. In Gesellschaften, in denen Babys den Großteil des Tages und der Nacht in engem körperlichen Kontakt mit ihren Pflegepersonen sind, schreien sie viel seltener.

Beschreiben Sie die sensorischen Fähigkeiten des Babys.

■ Tast-, Geschmacks-, Geruchs- und Gehörsinn sind bei der Geburt gut entwickelt. Neugeborene reagieren sensibel auf Schmerz, bevorzugen süßen Geschmack und süße Düfte und orientieren sich am Geruch der amniotischen Flüssigkeit und der stillenden Brust ihrer Mutter. Sie können bereits einige Lautmuster und fast alle Sprechlaute unterscheiden. Sie reagieren besonders auf hohe, ausdrucksstarke Stimmen, die Stimme ihrer eigenen Mutter und auf ihre Muttersprache.

■ Der Gesichtssinn ist der am wenigsten ausgereifte Sinn des Neugeborenen. Bei der Geburt sind die Fähigkeit zum Fokussieren und die **Sehschärfe** begrenzt. Beim Explorieren des Sehfeldes werden neugeborene Babys von hellen und sich bewegenden Gegenständen angezogen, haben aber Schwierigkeiten, Farben zu unterscheiden.

Warum ist die Einschätzung neonatalen Verhaltens nützlich?

■ Das am meisten verwendete Instrument zur Einschätzung des Verhaltens neugeborener Kinder ist Brazeltons **Skala zur Einschätzung neonatalen Verhaltens (NBAS=Neonatal Behavioral Assessment Scale)**. Die NBAS hat Forschern dabei geholfen, individuelle und kulturelle Unterschiede im Verhalten Neugeborener zu verstehen. Manchmal wird sie auch verwendet, Eltern über die Fähigkeiten ihres Babys aufzuklären.

Die Anpassung an die neue Familieneinheit

Beschreiben Sie die typischen Veränderungen in einer Familie nach der Geburt eines neuen Babys.

■ Die Ankunft des neuen Babys ist aufregend und stressreich. Wenn die Eltern sensibel auf ihre gegenseitigen Bedürfnisse reagieren, sind Anpassungsprobleme in der Regel nur temporär und der Übergang in die Elternschaft verläuft gut.

Wichtige Fachtermini und Begriffe

Aktivierungszustände S. 137
Amnion (Embryonalhülle) S. 104
Anoxiämie S. 127
Apgar-Skala S. 124
Chorion (Zottenhaut) S. 105
Einnistung S. 103
Embryostadium S. 105
Erregungszustände S. 137
fötale Alkohol-Effekte (FAE) S. 114
fötales Alkohol-Syndrom (FAS; Embryo-Fetapathia alcoholica) S. 114
Fötus S. 106
Frühgeborene S. 130
Kaiserschnitt S. 128
Lanugo S. 107
lebensfähiges Alter S. 107
Monitore für Föten S. 127
Nabelschnur S. 105
natürliche oder vorbereitete Geburt S. 126
Neonatale Behavioral Assessment Scale (NBAS) S. 144
Neuralrohr S. 106
NREM-Schlaf (non-rapid-eye-movement) S. 137
Plazenta (Mutterkuchen) S. 105
plötzlicher Kindstod S. 139
Reflex S. 135
REM-Schlaf (rapid-eye-movement) S. 137
Rhesusfaktor-Unverträglichkeit S. 119
Säuglingssterblichkeit S. 132
schnelle Augenbewegungen S. 137
Schwangerschaftsdrittel S. 107
Sehschärfe S. 144
Skala zur Einschätzung des Verhaltens Neugeborener S. 144
Steißlage S. 127
teratogen S. 109
unterentwickelt S. 130
Vernix S. 107

Teil 3: Säuglings- und Kleinkindalter: Die ersten zwei Jahre

Die körperliche Entwicklung im Säuglings- und Kleinkindalter

4

4.1 Die ersten zwei Lebensjahre: Körperliche Entwicklung 152
    Veränderungen in Körpergröße und Muskelfett 153
    Individuelle und kulturelle Unterschiede 153
    Veränderungen in den Körperproportionen 154

4.2 Gehirnentwicklung 155
    Entwicklung der Neuronen 155
    Die Entwicklung des zerebralen Kortex 157
    Sensible Phasen in der Entwicklung 159
    Wechselnde Erregungszustände 162

4.3 Einflüsse auf das frühe körperliche Wachstum 165
    Vererbung 165
    Ernährung 165
    Unterernährung 168
    Emotionales Wohlbefinden 169

4.4 Das Lernvermögen des Kindes 170
    Die klassische Kondtionierung 170
    Die operante Konditionierung 171
    Die Habituierung 172
    Die Nachahmung (Imitation) 173

4.5 Die motorische Entwicklung 174
    Der Ablauf der motorischen Entwicklung 174
    Motorische Fertigkeiten als dynamische Systeme 176
    Kulturell bedingte Unterschiede in der motorischen Entwicklung ... 176
    Die Entwicklung der Feinmotorik: Greifen und Zupacken 177

4.6 Die Entwicklung der Wahrnehmung 179
    Hören 179
    Sehen 180
    Intermodale Wahrnehmung 186
    Die Entwicklung der Wahrnehmung verstehen 187

ÜBERBLICK

> An einem schönen, sonnigen Junimorgen kam die 16 Monate alte Kathrin zur Haustür heraus, um sich zur Kinderkrippe fahren zu lassen, in der sie die Wochenenden verbrachte, während ihre Eltern Carola und David arbeiteten. In der einen Hand einen Teddy, mit der anderen an der Hand der Mutter, marschierte sie die Treppe hinunter. „Eins! Zwei! Drei", zählte Carola, während sie ihrer Tochter die Treppe hinunterhalf. „Wie sehr sie sich verändert hat", dachte Carola und betrachtete ihre Tochter, die vor gar nicht allzu langer Zeit als kleiner Säugling in ihren Armen gelegen hatte. Mit ihren ersten Schritten hatte sich Kathrin aus dem Säuglingsalter zum Kleinkind entwickelt – ein Zeitraum, der sich über das zweite Lebensjahr erstreckt. Zu Anfang stand Kathrin noch etwas wacklig auf den Beinen und auch ihr Gang war noch nicht sicher. Sie schwankte von einer Seite zur anderen und fiel dabei des öfteren auch auf die Nase. Aber man sah ihr die Freude am Ausprobieren und Erlernen einer neuen Fertigkeit an.
>
> Als sie zum Auto gingen, sahen Carola und Kathrin den dreijährigen Eli mit seinem Vater Klaus im Vorgarten des Nachbarhauses. Eli rannte auf sie zu und schwenkte wie wild einen leuchtend gelben Umschlag. Carola beugte sich zu ihm, nahm ihm den Umschlag aus der Hand und nahm eine Karte heraus. Darauf stand geschrieben: „Hiermit möchten wir die Ankunft von Anna ankündigen. Geboren in Kambodscha. Alter: 16 Monate." Carola wandte sich Klaus und Eli zu „Das sind ja tolle Nachrichten! Wann können wir sie kennen lernen?"
>
> „Wir wollen noch ein paar Tage warten", meinte Klaus. „Monika geht heute mit Anna zum Arzt. Sie wiegt zu wenig und ist unterernährt." Er beschrieb die erste Nacht, die Monika zusammen mit Anna in einem Hotelzimmer in Phnom Penh verbracht hatte, bevor sie sich auf den Weg machten in die Staaten. Anna lag im Bett, ängstlich und in sich zurückgezogen. Irgendwann schlief sie schließlich ein, mit beiden Händen ihre Kekse umklammernd.
>
> Carola merkte, wie jemand sie am Ärmel zog. Kathrin wurde ungeduldig. Sie setzten sich ins Auto und fuhren zum Hort. Dort hatte auch Vanessa gerade ihren 18 Monate alten Sohn Timmy abgeliefert. Es dauerte nur einen Augenblick und Kathrin und Timmy waren im Sandkasten, wo sie mit Hilfe ihrer Betreuerin eifrig Sand in Förmchen und kleine Plastikeimer schaufelten. Einige Wochen später kam dann auch Anna hinzu. Obwohl sie immer noch sehr klein war und weder krabbeln noch laufen konnte, war sie doch schon etwas gewachsen und hatte an Gewicht zugenommen. Ihr trauriger in die Ferne starrender Blick hatte sich verloren. Stattdessen spielte oft ein Lächeln auf ihrem Gesicht und man konnte ihr den starken Wunsch ansehen, die anderen Kinder nachzuahmen und ihre neue Umgebung ausgiebig zu erkunden. Als Kathrin zum Sandkasten hinüberging, streckte Anna ihre Ärmchen aus in der Bitte, dass die Erzieherin sie doch auch dorthin tragen möge. Es dauerte nicht lange und Anna zog sich bei jeder Gelegenheit hoch und im Alter von 18 Monaten konnte dann auch sie laufen.
>
> Das nun folgende Kapitel wird sich mit der körperlichen Entwicklung während der ersten beiden Lebensjahre beschäftigen – eine der aufregendsten und bemerkenswertesten Zeiten in der Entwicklung des Kindes. Wir werden entdecken, wie rapide Veränderungen in Körper und Gehirn des Kleinkindes zum Erlernen neuer Fähigkeiten in Motorik und sinnlicher Wahrnehmung beitragen. Kathrin, Anna und Timmy werden uns dabei begleiten. An ihrem Beispiel werden wir sehen, wie sowohl individuelle Unterschiede als auch die Lebensumgebung des Kindes Einfluss auf seine Entwicklung nehmen.

4.1 Die ersten zwei Lebensjahre: Körperliche Entwicklung

Wenn sich Ihnen das nächste Mal eine Gelegenheit bietet, beobachten Sie doch einmal Kleinkinder in Ihrer Nachbarschaft oder im Einkaufszentrum beim Laufen. Sie werden feststellen, dass ihre diesbezüglichen Fähigkeiten sehr unterschiedlich sein können. Ein Grund, warum in den ersten beiden Lebensjahren so viele Fähigkeiten entwickelt werden können, ist die Tatsache, dass der Körper des Kindes enormen Veränderungen unterliegt, Veränderungen, die während dieser beiden Entwicklungsjahre schneller vonstatten gehen als in irgendeinem anderen postnatalen Lebensabschnitt.

4.1.1 Veränderungen in Körpergröße und Muskelfett

Wie in Abbildung 4.1 erkennbar, hat die Körpergröße des Säuglings zwischen der Geburt und dem Ende des ersten Lebensjahres um 50 % zugenommen. Ende des zweiten Lebensjahres sind es sogar schon 75 %. Auch beim Gewicht lassen sich ähnlich starke Veränderungen beobachten. Bereits im fünften Lebensmonat hat sich das Geburtsgewicht verdoppelt, zu Ende des ersten Lebensjahres verdreifacht und im Alter von zwei Jahren wiegt das Kind viermal so viel wie bei der Geburt.

Diese Zunahme an Gewicht und Körpergröße geht nicht gleichmäßig vor sich, sondern schubweise. In einer Studie konnte festgestellt werden, dass Kinder, die man über die ersten 21 Lebensmonate beobachtete, Zeiträume in ihrer Entwicklung aufwiesen, in denen kein Wachstum zu verzeichnen war. Diese Perioden konnten zwischen sieben und 63 Tage lang sein. Dann wiederum waren es bis zu zweieinhalb Zentimeter in 24 Stunden, die das Kind größer wurde. Die Eltern beschrieben ihre Kinder am Tag vor solch einem Schub fast immer als sehr unruhig und besonders hungrig (Lampl, 1993; Lampl, Veldhuis, & Johnson, 1992).

Eine der offensichtlichsten Veränderungen in der Gestalt des Säuglings ist die Verwandlung in ein rundliches, plumpes Baby bis zur Mitte des ersten Lebensjahres. Diese frühe Zunahme an „Babyspeck", die etwa im neunten Monat ihren Höhepunkt findet, dient dem Säugling dazu, seine Körpertemperatur konstant zu halten (Tanner, 1990). Während des zweiten Lebensjahres werden die meisten Kleinkinder wieder schlanker, eine Tendenz, die etwa bis in die Mitte der Kindheit anhält. Im Gegensatz dazu nimmt das Muskelgewebe nur sehr langsam zu und erreicht sein volles Ausmaß nicht vor der Adoleszenz. Babys sind keine besonders muskulösen Wesen, entsprechend sind auch ihre Kraft und physischen Koordinationsfähigkeiten eingeschränkt.

4.1.2 Individuelle und kulturelle Unterschiede

Wie dies bei allen Aspekten der Entwicklung der Fall ist, unterscheiden sich Kinder auch in Körpergröße und Muskelfett. Im frühen Kleinkindalter sind Mädchen etwas kleiner und nicht so schwer und weisen einen höheren Anteil an Muskelfett auf als Jungen.

Diese kleinen geschlechtsspezifischen Unterschiede bleiben auch während der frühen und mittleren Kindheit bestehen und verstärken sich in der Adoleszenz zunehmend. Auch ethnische Unterschiede in der Körpergröße lassen sich feststellen. Anna entsprach in ihrem Wachstum nicht den Altersnormen (durchschnittliches Gewicht und Körpergröße bei Kindern ihres Alters). Die frühe Unternährung hatte zu ihrer geringen Körpergröße beigetragen und sie blieb, obwohl sie beträchtlich aufholte, unter den Durchschnittswerten amerikanischer Kinder – eine Tendenz, die für Kinder asiatischer Herkunft typisch ist. Im Gegensatz dazu liegen Timmys Größe und Gewicht etwas über dem Durchschnitt, was typisch ist für Kinder afroamerikanischer Familien (Tanner, 1990).

Auch das *Wachstumstempo* unterscheidet sich bei Kindern gleichen Alters. In anderen Worten: Manche Kinder entwickeln sich hinsichtlich ihrer Körpergröße und den Proportionen schneller als andere. Wir können nicht feststellen, wie schnell das Körperwachstum des Kindes vor sich geht, wenn wir nur die augenblickliche Körpergröße des Kindes betrachten, da die Kinder auch im Erwachsenenalter unterschiedliche Größen und Gewichte erreichen werden. So ist zum Beispiel Timmy größer und schwerer als Kathrin und Anna, aber dennoch ist er nicht körperlich reifer. Es wird sich gleich zeigen, warum dies so ist.

Die beste Möglichkeit die körperliche Reife des Kindes festzustellen, ist die Bestimmung des *Knochenalters*, eine Messung der Knochenreifung. Dazu werden Röntgenbilder vom Handwurzelknochen oder vom Unterschenkel angefertigt, um zu sehen, inwieweit das weiche, biegsame Knorpelgewebe schon zum Knochengewebe ausgehärtet ist, ein langsam vor sich gehender Prozess, der erst im frühen Erwachsenenalter abgeschlossen ist. Bei der Bestimmung des Knochenalters zeigt sich die Tendenz afroamerikanischer Kinder, kaukasischen Kindern immer etwas voraus zu sein, was sich durch alle Altersstufen zieht. Auch in diesem Bereich entwickeln sich Mädchen schneller als Jungen. Bei der Geburt besteht dieser Unterschied in ungefähr 4 bis 6 Wochen, wobei sich diese Kluft erweitert durch das gesamte Säuglingsalter und die Kindheit hindurch, und er ist dafür verantwortlich, dass Mädchen ihre volle Körpergröße mehrere Jahre früher erreichen als Jungen (Tanner, Healy, & Cameron, 2001). Die Tatsache, dass Mädchen körperlich reifer sind, könnte auch zu ihrer besseren Resistenz gegenüber schäd-

4.2 DIE KÖRPERLICHE ENTWICKLUNG IM SÄUGLINGS- UND KLEINKINDALTER

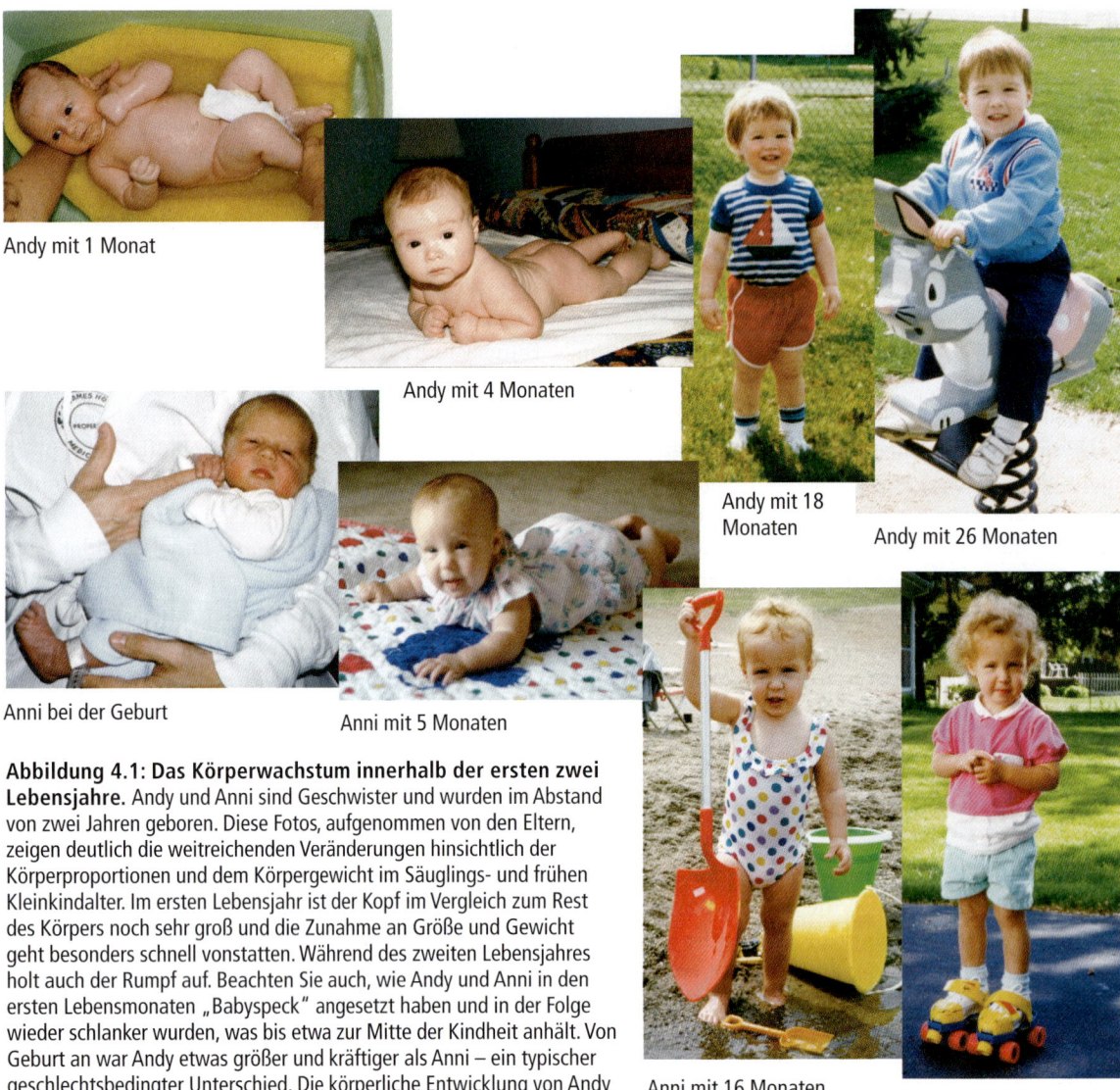

Abbildung 4.1: Das Körperwachstum innerhalb der ersten zwei Lebensjahre. Andy und Anni sind Geschwister und wurden im Abstand von zwei Jahren geboren. Diese Fotos, aufgenommen von den Eltern, zeigen deutlich die weitreichenden Veränderungen hinsichtlich der Körperproportionen und dem Körpergewicht im Säuglings- und frühen Kleinkindalter. Im ersten Lebensjahr ist der Kopf im Vergleich zum Rest des Körpers noch sehr groß und die Zunahme an Größe und Gewicht geht besonders schnell vonstatten. Während des zweiten Lebensjahres holt auch der Rumpf auf. Beachten Sie auch, wie Andy und Anni in den ersten Lebensmonaten „Babyspeck" angesetzt haben und in der Folge wieder schlanker wurden, was bis etwa zur Mitte der Kindheit anhält. Von Geburt an war Andy etwas größer und kräftiger als Anni – ein typischer geschlechtsbedingter Unterschied. Die körperliche Entwicklung von Andy und Anni wird in den Kapiteln 7, 9 und 11 weiterverfolgt.

lichen Umwelteinflüssen beitragen. Wie in Kapitel 2 schon näher betrachtet, zeigen sich bei Mädchen weniger Probleme in der Entwicklung und auch die Sterblichkeitsrate im Säuglingsalter sowie die Kindersterblichkeit sind niedriger.

4.1.3 Veränderungen in den Körperproportionen

Während das Kind an Körpergröße zunimmt, entwickeln sich die verschiedenen Bereiche des Körpers unterschiedlich schnell. Man unterscheidet zwei Entwicklungsrichtungen, welche die Veränderungen in den Körperproportionen beschreiben. Die eine Richtung, dargestellt in der Abbildung 4.2, wird als **cephalo-caudal** bezeichnet. Dieser Begriff ist dem Lateinischen entlehnt und bedeutet so viel wie „vom Kopf zum Steiß". Wie Sie daraus ersehen können, entwickelt sich der Kopf in der pränatalen Phase schneller als der Rumpf. Bei der Geburt nimmt der Kopf ein Viertel der Gesamtgröße in Anspruch, die Beine nur ein Drittel. Beachten Sie, wie der Rumpf mit der Zeit aufholt. Im Alter von zwei Jahren ist der Kopf nur mehr ein Fünftel so groß wie der gesamte Körper und die Länge der Beine macht die Hälfte der Gesamtgröße des Kindes aus.

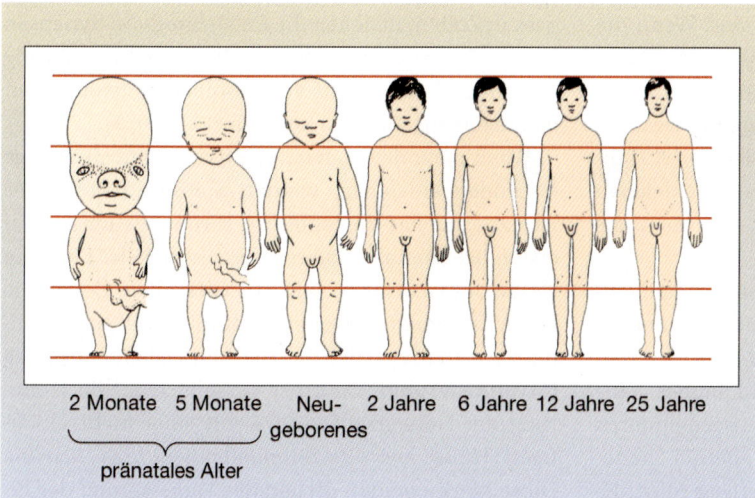

Abbildung 4.2: **Veränderungen der Körperproportionen angefangen in der frühen pränatalen Phase bis hin zum Erwachsenenalter.** Dieses Schema verdeutlicht die cepaholo-caudale Richtung der körperlichen Entwicklung. Der Kopf nimmt langsam an Größe ab, während die Beine im Verhältnis zum Rumpf länger werden.

Die zweite Entwicklungsrichtung nennt man **proximo-distal**. Das bedeutet so viel wie „körpernah zu körperfern", d.h. von der Körperhauptachse nach außen gehend. In der pränatalen Phase entwickeln sich zuerst der Kopf, der Brustkorb und der Rumpf, gefolgt von Armen und Beinen und zuletzt den Händen und Füßen. Auch im Säuglings- und Kleinkindalter wachsen Arme und Beine immer etwas schneller als die Hände und die Füße. Wie wir später noch sehen werden, verläuft auch die motorische Entwicklung gemäß diesen Entwicklungsrichtungen.

4.2 Gehirnentwicklung

Bei der Geburt ist das Gehirn näher an seiner endgültigen Größe im Erwachsenenalter als irgendein anderer Teil des Körpers. Und es entwickelt sich auch im Säuglings- und Kleinkindalter in ganz erstaunlicher Geschwindigkeit weiter. Um zu einem Verständnis des Hirnwachstums zu gelangen, gibt es zwei Möglichkeiten der Betrachtung: (1) die mikroskopische Ebene der einzelnen Gehirnzellen und (2) die Struktur des zerebralen Kortex (Hirnrinde), die verantwortlich ist für die hoch entwickelte Intelligenz des Menschen.

4.2.1 Entwicklung der Neuronen

Das menschliche Gehirn besteht aus 100 bis 200 Billionen **Neuronen** oder Nervenzellen, die Informationen speichern und übermitteln. Viele von ihnen verfügen über direkte Verbindungen mit anderen Neuronen. Neuronen unterscheiden sich von anderen Körperzellen insofern, als sie nicht eng aneinander gebunden sind. Zwischen den einzelnen Nervenzellen befinden sich kleine Zwischenräume, die so genannten **Synapsen**. Hier kommen die Fortsätze verschiedener Neuronen zusammen, ohne sich aneinander zu koppeln. Chemische Transmittersubstanzen werden von den Nervenzellen in den synaptischen Spalt ausgeschüttet und diese vermitteln Botschaften von einer Zelle zur nächsten.

Was das Hirnwachstum vor allem ausmacht, ist die Entwicklung der Neuronen und wie diese vor sich geht bzw. wie deren ausgedehntes Kommunikationssystem funktioniert. Die großen Meilensteine in der Entwicklung des Gehirns finden Sie zusammengefasst in Abbildung 4.3. Während der pränatalen Phase entstehen Neuronen in dem primitiven Neuralrohr des Embryos, die von hier aus entlang von Gliafasern wandern – hergestellt von einem Netzwerk richtungsweisender Zellen –, um die anderen Bereiche des Gehirns zu formen. Gegen Ende des sechsten Schwangerschaftsmonats ist die Entstehung und Wanderung der Neuronen so gut wie abgeschlossen. Wenn die Neuronen einmal ihren Platz gefunden haben, differenzieren sie sich und übernehmen ihre eigentliche Funktion, indem sie an ihren Fortsätzen mit benachbarten Zellen synaptische Verbindungen aufnehmen. Wie aus der Abbildung 4.4 ersichtlich, nimmt das Wachstum der Nervenfasern und synaptischen Verbindungen in ganz erstaunlichem Maße zu (Huttenlocher, 1994; Moore & Persaud, 1998). Da die in Entwicklung begriffenen Neuronen für diese Verbindungsstrukturen Platz benötigen, geschieht überraschenderweise Folgendes: Wenn die Synapsen entwickelt werden, sterben eine ganze Menge der sie umgebenden Nervenzellen ab. Das können zwischen 20 und 80 % sein, je nachdem, um welchen Bereich des Gehirns es sich handelt (Diamond & Hopson, 1999; Stiles, 200la). Glücklicherweise entstehen im Neuralrohr aber wesentlich mehr Neuronen, als das Gehirn jemals brauchen könnte.

Wenn die Nervenzellen ihre Verbindungen eingehen, benötigen sie *Stimulierung*, damit sie überleben können. Neuronen, die von ihrer Umgebung in Erregung versetzt werden, entwickeln immer neue Synapsen, wobei es zu zunehmend ausgedehnteren Verbindungssystemen kommt, die wiederum immer komplexere Fähigkeiten haben. Zu Anfang führt die Stimulierung der Nervenzellen zu einem Überfluss an Synapsen, viele von ihnen mit identischer Funktion, die sicherzustellen helfen, dass das Kind bestimmte Fähigkeiten erlernt. Neuronen, die nur selten in einen Erregungszustand versetzt werden, verlieren ziemlich schnell ihre Synapsen, ein „Zurechtstutzen" oder **„Eindämmen" (pruning) des Neuronensystems**. Durch diesen Vorgang werden Nervenzellen, die gerade nicht benötigt werden, wieder in eine Art Ruhezustand versetzt, um in der Zukunft für andere entwicklungsrelevante Prozesse zur Verfügung zu stehen (Johnson, 1998). Andere Neuronen sterben ab. Zu beachten ist, dass in Zeiten, in denen die Entstehung von Synapsen ihren Höhepunkt erreicht, hinlängliche Stimulierung des kindlichen Gehirns von absoluter Notwendigkeit ist (Eisenberg, 1999; Greenough et al., 1993).

Wenn nach der pränatalen Phase nur noch wenige Neuronen entstehen, werden Sie sich fragen, was ist dann für das unglaubliche Hirnwachstum in den ersten beiden Lebensjahren verantwortlich? Etwa die Hälfte des Gehirns besteht aus **Gliazellen**, Zellen die keine Botschaften weitervermitteln. Sie sind stattdessen verantwortlich für die **Markscheidenbildung (Myelinisierung)**. Darunter versteht man die Isolierung der Nervenzellfortsätze mit einer mehrschichtigen Hülle aus Gliazellmembranen (das *Myelin*). Diese Markscheiden dienen der Verbesserung der Erregungsleitung, dass also Botschaften schneller und effizienter weitergeleitet werden können. Gliazellen vermehren sich nach der Geburt bis zum Ende des zweiten Lebensjahres rasant, ein Prozess der bis in die mittlere Kindheit hineinreicht, sich allerdings verlangsamt. Das schnelle Entstehen von Nervenfasern ist zusammen mit dem Prozess der Myelinisierung verantwortlich für die rasche Zunahme an Größe und Gewicht des Gehirns. Bei der Geburt hat das Gehirn schon fast 30 % des Gewichtes eines Erwachsenengehirns erreicht; zu Ende des zweiten Lebensjahres sind es schon 70 % (Thatcher et al., 1996).

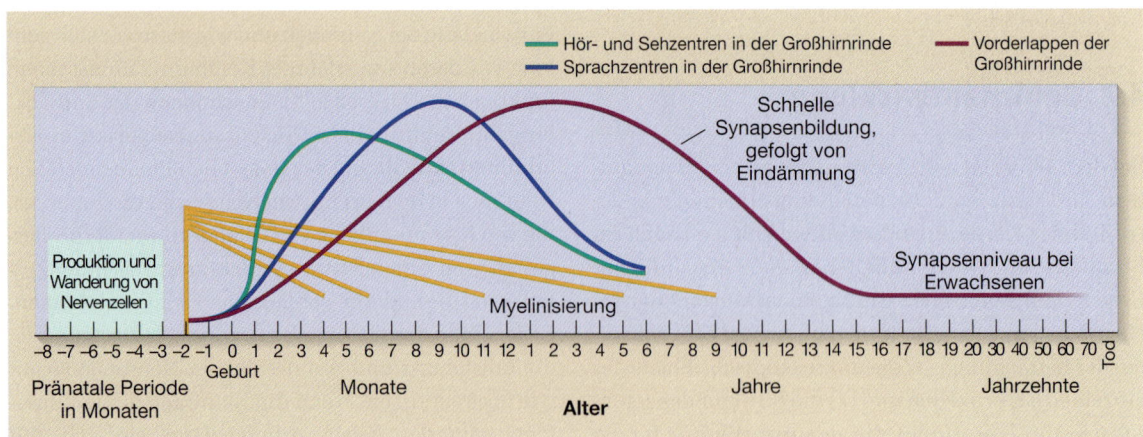

Abbildung 4.3: Die großen Meilensteine in der Hirnentwicklung. Die Bildung von Synapsen geht innerhalb der ersten beiden Lebensjahre ausgesprochen schnell vor sich. Dies gilt insbesondere für die Zentren des zerebralen Kortex, die für Sprache, Gesichtssinn und Gehör zuständig sind. Die Frontallappen, verantwortlich für das Denken, unterziehen sich einem ausgedehnteren synaptischen Wachstum. In jedem Bereich folgt der Überproduktion von Synapsen ein „Zurechtstutzen" oder „Eindämmen" (pruning), das die Stimulierung benötigter Verbindungen stärkt und nicht benötigte Neuronen in einen Ruhezustand versetzt, damit sie zukünftige Fähigkeiten und Leistungen unterstützen können. Die Frontallappen gehören zu den Bereichen des Gehirns, die als letztes die Anzahl der in einem erwachsenen Gehirn vorhandenen synaptischen Verbindungen aufweist – Mitte bis Ende der späten Adoleszenz (aus Thompson & Nelson, 2001).

4.2.2 Die Entwicklung des zerebralen Kortex

Der **zerebrale Kortex**, d.h. die **Großhirnrinde**, umgibt das Gehirn und ähnelt einer halb geschälten Walnuss. Es handelt sich hier um die größte und komplizierteste Gehirnstruktur. Der zerebrale Kortex macht 85 % des gesamten Hirngewichtes aus, enthält die größte Anzahl von Neuronen und Synapsen und ist verantwortlich für die einzigartige Intelligenz unserer Spezies. Zudem ist die Hirnrinde der Bereich des Gehirns, der am längsten im Wachstum begriffen ist. Daher wird angenommen, dass dieser Bereich für Umwelteinflüsse wesentlich länger empfänglich bleibt als irgendein anderes Hirnareal.

■ Die Bereiche des Kortex

Wie aus Abbildung 4.5 ersichtlich, haben die unterschiedlichen Hirnareale auch verschiedene Funktionen, etwa das Aufnehmen der von den Sinnesorganen ausgehenden Informationen, dem Körper das Signal zu geben, sich in Bewegung zu setzen, oder die Fähigkeit des Denkens. Die Abfolge, in der sich die kortikalen Bereiche entwickeln, korreliert mit der Reihenfolge, mit der bestimmte Fähigkeiten vom Säugling oder dem heranwachsenden Kleinkind entwickelt werden. Im ersten Lebensjahr lässt sich ein rascher Schub synaptischen Wachstums in den Bereichen des Gehirns feststellen, die für das Hören und Sehen verantwortlich sind. Es ist dies eine Zeit, in der auch die Fähigkeiten zur akustischen und visuellen Wahrnehmung einen großen Sprung nach vorne machen. In den Bereichen, die zuständig für die Bewegung des Körpers sind, bilden Neuronen, die die Bewegungen des Kopfes, der Arme und des Brustkorbs kontrollieren, schneller Synapsen als die Nervenzellen, die Rumpf und Beine kontrollieren. (Können Sie diese Wachstumsrichtung benennen?) Hirnareale, die mit der Sprache zu tun haben, weisen beim Säugling und beim Kleinkind ein rapides Wachstum auf, da dies die Zeit ist, in der die Sprachentwicklung am raschesten voranschreitet.

Einer der letzten Bereiche des Kortex, der sich entwickelt, sind die *Frontallappen*. Sie sind der Bereich, der für das Denken zuständig ist – insbesondere für das Bewusstsein, die Impulshemmung sowie die Verhaltensregulation durch bewusstes Planen. Im Alter von zwei Monaten funktionieren diese Bereiche mit zunehmender Effektivität. Die Bildung und das Zurechtstutzen oder Eindämmen von Synapsen in

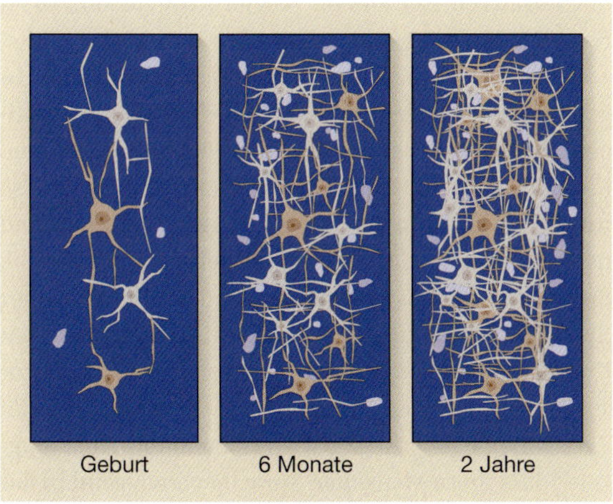

Abbildung 4.4: Die Entwicklung synaptischer Verbindungen im Gehirn. Das Wachstum der Nervenfasern geht im Verlauf der ersten zwei Lebensjahre sehr rasch vor sich. Während dieser Zeit entwickeln sich in einer erstaunlichen Geschwindigkeit immer neue Synapsen und unterstützen das Entstehen immer neuer Fähigkeiten. Stimulierung ist an dieser Stelle sehr wichtig, um das komplexe Kommunikationsnetzwerk zu erhalten und zu erweitern (abgedruckt mit Erlaubnis des Herausgebers aus The Postnatal Development of the Human Cerebral Cortex, Bde. I-III, von Jesse LeRoy Conel, Cambridge, MA: Harvard University Press. ©1939, 1975 by the President and Fellows of Harvard College).

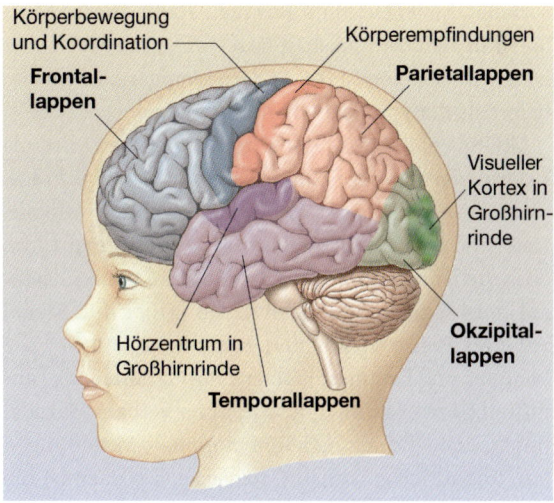

Abbildung 4.5: Das Gehirn von links – die kortikalen Gehirnzentren. Der Kortex besteht aus verschiedenen Arealen, auch Lappen genannt, von denen jedes wiederum unterteilt ist in verschiedene Bereiche, die für bestimmte Funktionen zuständig sind. Einige der wichtigsten Bereiche finden Sie in dieser Abbildung näher bezeichnet. (Für die Abbildung: Temporallappen, Frontallappen, Parietal-(Seiten-)Lappen, Okziptal-(Hinterhaupts-)lappen. Bewegungskoordination, Körperempfindungen, Visueller Kortex, Auditiver Kortex).

den Frontallappen sind ein viele Jahre andauernder Prozess. Die Zahl an synaptischen Verbindungen, die der Erwachsene haben wird, wird etwa Mitte bis Ende der Adoleszenz erreicht (Nelson, 2002; Thompson et al., 2000).

■ Lateralisierung und Plastizität des Kortex

Der zerebrale Kortex ist unterteilt in zwei Hirnhemisphären oder Seiten – eine linke und eine rechte –, die sich in ihren Funktionen unterscheiden. Manche Aufgaben werden vorwiegend von der einen Hirnhälfte übernommen, andere wiederum werden von der anderen gesteuert. So empfängt jede der Hemisphären sensorische Informationen nur von einer bestimmten Seite des Körpers und steuert auch nur diese Seite. Es ist dies die der Seite gegenüberliegende Hirnhemisphäre.[1] Bei den meisten von uns ist die linke Hirnhemisphäre vorwiegend für verbale Aktivitäten (wie etwa gesprochene oder geschriebene Sprache) sowie für positive Emotionen zuständig (wie zum Beispiel Freude). Die rechte Hemisphäre ist zuständig für räumliche Fähigkeiten (das Abschätzen von Entfernungen, das Lesen von Landkarten, das Erkennen und Hervorbringen geometrischer Formen) sowie für negative Emotionen (wie etwa Verzweiflung) (Banish & Heller, 1998; Nelson & Bosquet, 2000). Dieses Muster kann sich bei Linkshändern verkehren. Meist aber ist der Kortex von Linkshändern weniger klar spezialisiert als der von Rechtshändern.

Die Spezialisierung der Hirnhemisphären wird als **Lateralisierung** bezeichnet. Es stellt sich die Frage, warum Verhaltensmuster und Fähigkeiten lateralisiert sind. Forschungsergebnisse deuten darauf hin, dass die linke Hirnhemisphäre Informationen besser auf eine sequentielle, analytische (Stück für Stück) Art und Weise verarbeiten kann, was sich bei der Verarbeitung kommunikativer Informationen als sehr hilfreich erweist. Dies gilt sowohl für verbale Informationen (Sprache) als auch für emotionale Mitteilungen (ein freundliches Lächeln). Im Gegensatz dazu ist die rechte Hirnhemisphäre darauf spezialisiert, Informationen auf eine ganzheitlich integrative Art und Weise zu verarbeiten, ideal für das Zuordnen räumlicher Informationen und die Regulation negativer Emotionen

(Banish, 1998). Ein lateralisiertes Gehirn ist sicherlich ausgesprochen adaptionsfähig. Eine Lateralisierung erlaubt es, eine breit gefächerte Anzahl von Emotionen effektiver auszuführen, als wenn beide Seiten des Gehirns Informationen auf genau die gleiche Weise verarbeiten würden.

Für die Wissenschaft ist die Frage, wann diese Lateralisierung stattfindet, von großer Wichtigkeit, um mehr über die **Plastizität** des Gehirns herauszufinden. In einem in hohem Maße plastischen Kortex gibt es viele Bereiche, die noch nicht einer bestimmten Funktion zugeordnet sind. Wenn ein Teil des Gehirns geschädigt wird, können andere Bereiche Aufgaben übernehmen, die normalerweise von dem geschädigten Hirnareal geleistet werden. Sobald aber eine Lateralisierung stattgefunden hat, bedeutet die Schädigung eines bestimmten Hirnareals, dass die Fähigkeiten, die unter den Zuständigkeitsbereich dieser Region fallen, für immer verloren sind.

Schon bei der Geburt haben die Hemisphären begonnen, sich zu spezialisieren. Bei den meisten Säuglingen ist eine größere Hirnaktivität in der linken Hemisphäre messbar, wenn sie den Klang einer Stimme hören und positive Emotionen zeigen. Im Gegensatz dazu reagiert die rechte Hemisphäre stärker auf nichtverbale Laute sowie auf Stimuli (wie etwa eine sauer schmeckende Flüssigkeit), auf die der Säugling mit negativen Emotionen reagiert. (Davidson, 1994; Fox & Davidson, 1986).

Dennoch hat man gerade in Untersuchungen hirngeschädigter Kinder und Erwachsener eine unglaubliche Plastizität des jungen Gehirns feststellen können. Eine Zusammenfassung dieser Forschungsergebnisse finden Sie im Info-Kasten auf S. 161. Auch hat man herausgefunden, dass frühe Kindheitserfahrungen die Strukturierung des Gehirns beeinflussen und zu einer Spezialisierung bestimmter Areale des zerebralen Kortex führen. So zeigen beispielsweise die Hirnstromkurven tauber Erwachsener, die als Kinder die Zeichensprache erlernt hatten (eine räumliche Fähigkeit), dass diese Menschen Sprache vorwiegend in der rechten Hemisphäre verarbeiten, anders also als nicht hörgeschädigte Menschen (Neville & Bruer, 2001).

Auch bei Kindern im Krabbelalter, die in ihrer Sprachentwicklung schon weiter fortgeschritten sind, konnte festgestellt werden, dass sie eine stärker linkshemisphärische Spezialisierung aufweisen, als dies bei ihren Altersgenossen der Fall ist, bei denen die Sprachentwicklung langsamer vor sich geht. Offensichtlich fördert der Spracherwerb die Lateralisierung (Bates, 1999; Mills, Coffey-Corina, & Neville, 1997).

---

[1] Die Augen stellen hier eine Ausnahme dar. Botschaften aus dem rechten Bereich der Retina gehen zur rechten Hirnhemisphäre, Informationen aus dem rechten Teil der Retina beider Augen werden in die linke Hemisphäre geschickt. Somit werden Informationen von beiden Augen auch von beiden Hirnhemisphären empfangen.

Dieses zwölf Monate alte Mädchen, das in den Pueblos von Santa Clara, Mexiko, aufwächst, schlägt die zeremonielle Trommel. Sie hat ihren Vater dabei beobachtet, wie er diese während bestimmter Feierlichkeiten spielt. Ihre fortgeschrittene Handhabung von Objekten lässt vermuten, dass sie sich gerade in einem Stadium des schnell voranschreitenden Hirnwachstums befindet. Die Frage, wie die Hirnentwicklung in diesen Phasen durch Stimulierung am besten unterstützt werden kann, ist eine Herausforderung für die Wissenschaft.

Während der ersten Lebensjahre ist das Gehirn plastischer als zu irgendeiner anderen späteren Zeit im Leben. Diese Flexibilität schützt die Fähigkeit des Kindes, Neues zu lernen – eine Fähigkeit, die für das Überleben elementar ist (Nelson, 2000). Obwohl der Kortex genetisch von Anfang an auf eine hemisphärische Spezialisierung angelegt ist, sind es doch die frühen Erfahrungen des Kindes, die darüber bestimmen, wie erfolgreich diese genetische „Programmierung" sein wird.

4.2.3 Sensible Phasen in der Entwicklung

Wir haben schon festgestellt, dass die Stimulierung des Gehirns ganz entscheidend ist in den Phasen, in denen es sich am schnellsten entwickelt. Das Vorhandensein von sensiblen Phasen in der Entwicklung des Kortex ist in Untersuchungen, bei denen Tiere extremer sensorischer Deprivation ausgesetzt wurden, hinreichend demonstriert worden. So scheint es beispielsweise eine Zeit zu geben, in der intensive und vielfältige visuelle Eindrücke notwendig sind, damit sich die Sehzentren im Gehirn normal entwickeln können. Wenn man eine einen Monat alte Katze für eine kurze Zeit (drei oder vier Tage) in Dunkelheit belässt, degenerieren diese Bereiche im Gehirn des Tieres. Wenn man die Katze in der gesamten vierten Lebenswoche oder auch länger im Dunkeln belässt, sind die Folgen schwerwiegend und irreparabel (Crair, Gillespie, & Stryker, 1998). Frühe Umweltbedingungen mit starker Stimulierung wie auch Umfelder, in denen das Gehirn nur unzureichende oder gar keine Stimulierung erfährt, beeinflussen das gesamte Hirnwachstum. Tiere, die in einem physisch und sozial stimulierenden Umfeld aufgewachsen sind, weisen wesentlich dichtere synaptische Verbindungen im Gehirn auf, als dies bei Tieren der Fall ist, die in Isolation groß geworden sind (Greenough & Black, 1992).

■ Das Hirnwachstum erfolgt schubweise

Da es aus ethischen Gründen nicht möglich ist, mit Kindern solche Experimente zu machen, muss sich der Wissenschaftler auf weniger direkte Hinweise stützen, wenn es darum geht, die sensiblen Phasen im menschlichen Hirnwachstum genauer zu bestimmen. Basierend auf der Zunahme von Hirngewicht und -größe sowie Veränderungen in der Hirnstromaktivität des zerebralen Kortex, wurden immer wieder Schübe von Hirnwachstum festgestellt, angefangen in der Säuglingszeit bis hin zum frühen Erwachsenenalter. So konnte man zum Beispiel während der ersten zwei Lebensjahre mehrere dieser Schübe im Frontallappen feststellen, wobei diese Aktivität sich allmählich auch auf die anderen kortikalen Bereiche ausdehnt. Sie finden statt im Alter von drei bis vier Monaten, einer Phase, in der das Kind sich normalerweise Objekten zuwendet und nach ihnen greift; im Alter von acht Monaten, wenn das Kind zu krabbeln beginnt, um nach verborgenen Gegenständen zu suchen; um den zwölften Lebensmonat nach der Geburt, wenn es anfängt zu laufen und weiter fortgeschrittenes Suchverhalten zeigt; und zwischen eineinhalb und zwei Jahren, wenn die Sprachentwicklung in vollem Gange ist (Bell & Fox, 1994, 1998; Fischer & Bidell, 1998). Spätere Anstiege in der Hirnstromaktivität im Alter von neun, zwölf und 15 Jahren und zwischen dem 18. und 20. Lebensjahr reflektieren offenbar das Auftauchen und den Ausbau des abstrakten Denkens (Fischer & Rose, 1995).

Die vermehrte Produktion von Synapsen könnte als Grund für die Schübe von Hirnwachstum in den ersten beiden Lebensjahren angesehen werden. Die Entwicklung von komplexeren und effizienteren neuronalen Netzwerken durch synaptisches „Zurechtstutzen" oder „Eindämmen" (pruning) und Verbindungen über längere Distanzen hinweg zwischen dem Frontallappen und anderen kortikalen Regionen können wahrscheinlich für die späteren Schübe verantwortlich gemacht werden. Die Wissenschaftler sind überzeugt, dass das, was das Gehirn des Kindes während jedem dieser Schübe „auf Draht" sein lässt, seine Erfahrungen sind. Dennoch bleiben an dieser Stelle viele Fragen offen, auf welche Weise man in diesen Wachstumsphasen das Gehirn und die Verhaltensentwicklung am besten unterstützen kann.

■ Angemessene Stimulierung

Der Forschung vorliegende Hinweise deuten darauf hin, dass das Gehirn besonders in den ersten Lebensjahren wie ein Schwamm reagiert und dass sich das Kind in dieser Zeit besonders schnell neue Fähigkeiten aneignet. Wie wir im Verlauf des vorliegenden Kapitels noch feststellen und auch in den darauf folgenden Kapiteln immer wieder sehen werden, ist die Tatsache, dass unzulängliche Stimulation von Säuglingen und Kleinkindern – durch das Vorenthalten der vielen und vielfältigen Erfahrungen, die es in einem liebevollen Familienumfeld normalerweise machen würde – zu Beeinträchtigungen der Entwicklung führt. Untersuchungen von Kleinkindern aus osteuropäischen Waisenhäusern haben gezeigt, je früher diese Kinder aus einem solchen deprivierenden Umfeld herausgenommen werden, desto besser holen sie die verzögerte Entwicklung auf. Wenn Kinder die ersten beiden Lebensjahre oder sogar noch länger unter einer deprivierenden Anstaltsfürsorge aufwachsen, in der dem Kind wenig soziale Kontakte und sensorische Stimulation angeboten werden, zeigen sich in allen Bereichen der Entwicklung wesentliche Verzögerungen (Ames, 1997; Johnson, 2000). Defizite in der Konzentrationsfähigkeit, der Aufmerksamkeit, der Regulationsfähigkeit von Wut und anderen Impulsen gehören zu den besonders schwer betroffenen Entwicklungsbereichen (Gunnar, 2001).

Im Gegensatz zu den eben beschriebenen Waisenkindern, machte Anna, die von Monika und Klaus in Kambodscha adoptiert worden war, erfreuliche Fortschritte. Zwei Jahre zuvor hatten sie schon Eli, den älteren Bruder von Anna, adoptiert. Als Eli zwei Jahre alt war, schickten Monika und Klaus seiner biologischen Mutter einen Brief mit einem Foto von Eli. Darin beschrieben sie Eli als ein intelligentes und aufgewecktes Kind. Am nächsten Tag bat sie unter Tränen eine Adoptionsvermittlung, ihre kleine Tochter in die Staaten zu bringen, damit sie mit Eli und seiner amerikanischen Familie leben könnte. Obwohl die frühe Umwelt der kleinen Anna sehr von Deprivation gekennzeichnet war, ist es jedoch wahrscheinlich, dass die liebevolle Fürsorge ihrer biologischen Mutter – sanftes Halten, freundliche Ansprache und Stillen – irreversible Schäden ihres Gehirns verhindert hat.

Außer Umweltbedingungen wie Verarmung sind es auch andere Aspekte des Umfeldes, die das Kind überwältigen und Forderungen jenseits seiner Fähigkeiten an es stellen, die sich negativ auf das Potential des Gehirns auswirken. In den letzten Jahren sind in den Vereinigten Staaten teure Lernzentren für kleine Kinder wie die Pilze aus dem Boden geschossen. Dort werden Kleinkinder mit Kärtchen trainiert, die ihnen Buchstaben und Zahlen beibringen. Die etwas größeren werden mit einem vollen Programm konfrontiert, das Lesen, Rechnen, Naturwissenschaften, Kunst, Musik, Turnen und vieles mehr beinhaltet. Es gibt bislang keinerlei Hinweise darauf, dass diese Programme die Kinder zu klügeren, besseren „Superbabys" machen. Stattdessen wirkt sich eine Stimulation, für die das Kind überhaupt noch nicht bereit ist, eher so aus,

Dieser Junge verbrachte die ersten beiden Lebensjahre in einem rumänischen Waisenhaus mit unzureichenden Kontakten zu erwachsenen Betreuungspersonen und zu wenig Stimulation. Je länger ein Kind in einer so dürftigen Umgebung bleibt, desto mehr wird es sich innerlich zurückziehen, teilnahmslos werden und in allen Bereichen der Entwicklung schwerwiegende und bleibende Schäden aufweisen.

Ausblick auf die Lebensspanne: Die Plastizität des Gehirns – Erkenntnisse aus der Forschung an hirngeschädigten Kindern und Erwachsenen

In den ersten Lebensjahren ist das Gehirn in höchstem Maße plastisch. Es kann Bereiche, denen bereits bestimmte Funktionen zugewiesen sind, auf eine Weise reorganisieren, wie dies dem reifen Gehirn nicht möglich ist. Infolgedessen haben Erwachsene, die in ihrer Kindheit eine Schädigung des Gehirns davongetragen haben, weniger kognitive Beeinträchtigungen als Menschen, bei denen die Schädigung erst im Erwachsenenalter erfolgte. Dennoch ist auch das kindliche Gehirn nicht völlig plastisch. Wenn eine Verletzung stattfindet, sind die Funktionen beeinträchtigt. Das Ausmaß der Plastizität ist abhängig von mehreren Faktoren, einschließlich des Alters, in dem die Schädigung eingetreten ist, welcher Bereich des Gehirns in Mitleidenschaft gezogen ist und für welche Fähigkeiten das betroffene Hirnareal zuständig ist. Außerdem ist Plastizität nicht ausschließlich auf die Kindheit beschränkt. Auch das reife Gehirn ist nach Verletzungen noch zu gewissen Um- und Neustrukturierungen fähig.

Plastizität des Gehirns beim Säugling und in der frühen Kindheit

In einer groß angelegten Untersuchung von Kindern mit Schädigungen des zerebralen Kortex, während der pränatalen Phase oder innerhalb der ersten sechs Lebensmonate wurden bis in die Schulzeit immer wieder Tests zur Sprachentwicklung und zu den räumlichen Fähigkeiten durchgeführt (Stiles, 2001a; Stiles et al., 1998). Alle untersuchten Kinder hatten schon früh unter Hirnblutungen oder Hirnkrämpfen gelitten. Durch bildgebende Verfahren (Gehirntomographie) konnte die genaue Stelle der Schädigung festgestellt werden.

Unabhängig davon, ob die Verletzung nun in der rechten oder in der linken Hirnhemisphäre angesiedelt war, zeigten diese Kinder Verzögerungen in ihrer Sprachentwicklung, die sich bis zum Alter von dreieinhalb Jahren hinzogen. Die Tatsache, dass Schädigungen in beiden Hirnhälften sich negativ auf die frühe Entwicklung der Sprachfähigkeit auswirken, lässt darauf schließen, dass die Sprachfunktionen zu Anfang über das gesamte Gehirn verteilt sind. Mit dem fünften Lebensjahr hatten die Kinder aber dann sowohl in ihren grammatikalischen Fähigkeiten als auch in ihrem Vokabular aufgeholt. Nicht geschädigte Bereiche – entweder in der rechten oder der linken Hemisphäre – hatten diese Sprachfunktionen übernommen. Dennoch bleiben bei Kindern mit frühen Hirnschädigungen leichte Sprachbeeinträchtigungen bestehen. Wenn man sie bittet, eine Geschichte zu erzählen, tun sie dies unter Verwendung einer weniger komplexen Sprache, als sie von normalen Kindern ihres Alters verwendet werden würde (Reilly, Bates, & Marchman, 1998).

Im Vergleich zu den verbalen Fähigkeiten, sind die räumlichen Fähigkeiten nach früher Hirnschädigung vermehrt beeinträchtigt. Als man Kindern im Alter zwischen fünf und sechs Jahren mit einer Hirnschädigung vor dem sechsten Lebensmonat die Aufgabe stellte, geometrische Figuren abzuzeichnen, hatten Kinder mit rechtshemisphärischer Schädigung Schwierigkeiten im ganzheitlichen Erfassen der geometrischen Figuren – sie konnten die Formen nicht genau wiedergeben. Im Gegensatz dazu gelang es Kindern mit linkshemisphärischer Hirnschädigung, die grundlegende Form zu erfassen, allerdings wurden hier die feineren Details weggelassen (siehe Abbildung 4.6) (Akshoomoff & Stiles, 1995). Bei den hirngeschädigten Kindern zeigten sich im Verlauf der Schulzeit gewisse Fortschritte in ihren Zeichnungen – Verbesserungen, die bei hirngeschädigten Erwachsenen so nicht vorkommen. Dennoch bereitete es den Kindern offensichtlich große Schwierigkeiten genaue Zeichnungen anzufertigen (Akshoomoff et al., 2001).

Deutlich ist, dass die Wiederherstellung bei frühen Hirnschäden im Bereich der sprachlichen Fähigkeiten besser gelingt als bei den räumlichen Fähigkeiten. Warum ist das so? Die Wissenschaft nimmt an, dass räumliche Verarbeitungsprozesse evolutionär gesehen ältere Fähigkeiten darstellen und somit auch von Geburt an schon lateralisierter sind (Stiles, 2001b). Frühe Hirnschädigungen zeigen aber wesentlich weniger Auswirkungen auf sowohl sprachliche als auch räumliche Fähigkeiten, als dies bei späteren Schädigungen der Fall ist. So gesehen weist das junge Gehirn doch eine ganz erstaunliche Plastizität auf.

Die Plastizität des Gehirns im Erwachsenenalter

Wenn auch in eingeschränkterem Maße, ist Hirnplastizität auch im Erwachsenenalter noch erkennbar. So wurde zum Beispiel durch Hirntomographie in einer Untersuchung eines mit zusammengewachsenen Fingern geborenen Erwachsenen festgestellt, dass das Areal des zerebralen Kortex, das für die motorische Kontrolle zuständig ist, keine definierten Bereiche für die Kontrolle der einzelnen Finger aufwies. Mehrere Wochen nach einer operativen Trennung der Finger hatte sich auch für jeden Finger ein separater kortikaler Bereich entwickelt (Mogilner et al., 1993). Auch Schlaganfallpatienten reagieren oft erstaunlich positiv auf Stimulation der Zentren für Sprache und Motorik, wobei es ihnen gelingt, viele ihrer Fähigkeiten zurückzugewinnen. Bildgebende Verfahren zeigen, dass sich oft die Bereiche in der direkten Nachbarschaft des geschädigten Hirngewebes oder in der entgegengesetzten zerebralen Hemisphäre reorganisieren, um die beeinträchtigte Fähigkeit zu unterstützen. (Bach-y-Rita, 2001; Hallett, 2000).

Beim Säugling und in der frühen Kindheit ist das Ziel des Hirnwachstums. Nervenverbindungen zu schaffen, die wesentliche Fertigkeiten unterstützen. Untersuchungen an Tieren deuten darauf hin, dass die Plastizität des Gehirns am ausgeprägtesten ist, wenn gerade viele neue synaptische Verbindungen gebildet werden. Während des synaptischen „Zurechtstutzens" oder „Eindämmens" (pruning) geht die Plastizität zurück (Kolb & Gibb, 2001). In fortgeschrittenem Alter sind bereits alle spezialisierten Hirnstrukturen angelegt, können sich aber nach einer Verletzung trotzdem in gewissem Maße reorganisieren. Plastizität scheint eine grundlegende Eigenschaft des Nervensystems darzustellen, eine Eigenschaft, die über die gesamte Lebensspanne hinweg bestehen bleibt. Die Forschung hofft, weitere Korrelationen zwischen Erfahrungen und Hirnplastizität zu entdecken. Diese Erkenntnisse können praktische Anwendung finden in der Förderung von Lernprozessen von Kindern und Erwachsenen jeden Alters, hirngeschädigt oder nicht, und ihnen helfen, sich ihren Möglichkeiten entsprechend optimal zu entwickeln.

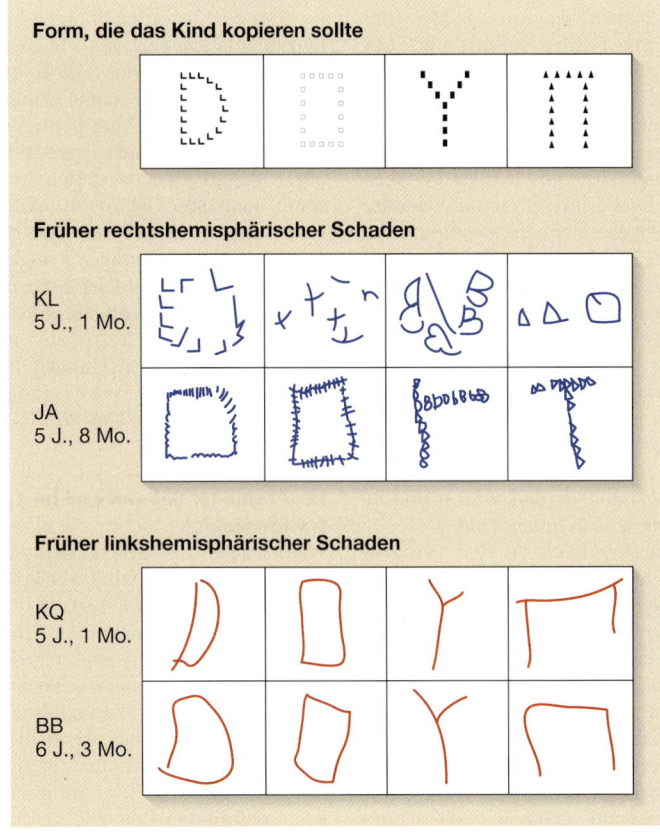

Abbildung 4.6: Beeinträchtigungen der räumlichen Fähigkeiten bei Kindern im Alter von fünf und sechs Jahren, die pränatal oder postnatal in den ersten sechs Lebensmonaten eine Hirnschädigung erlitten haben. Im Vergleich zu den sprachlichen Fähigkeiten, sind die räumlichen Fähigkeiten nach einer früh eingetretenen Hirnschädigung gravierender. Als die Forscher diesen Kindern die Aufgabe stellten, geometrische Formen zu kopieren und zeichnerisch wiederzugeben, zeigten sich bei Kindern mit rechtshemisphärischer Schädigung Schwierigkeiten beim Erfassen der Formen. Kinder mit einer in der linken Hirnhemisphäre gelagerten Schädigung konnten zwar die grundlegende Form erfassen, ließen aber in ihren Zeichnungen die feineren Details weg. Obwohl die Zeichnungen im Verlauf der Schulzeit besser wurden, verloren sich doch die Schwierigkeiten bei räumlichen Verarbeitungsprozessen nicht völlig (nach J. Stiles, 2001a, „Neural Plasticity and Cognitive Development," Developmental Neuropsychology, 18, S. 261.)

dass das Kind zum Rückzug gedrängt wird und auf diese Weise sein Interesse am Lernen neuer Dinge bedroht ist. Der so herbeigeführte Zustand ähnelt dem der Reizdeprivation. Zudem führt ein solches Programm, wenn es aus dem Kind kein kleines Genie macht, leicht zu einer Enttäuschung auf Seiten der Eltern, die ihre Kinder schon in diesem frühen Alter als Versager betrachten. Das Kind wird eines psychisch gesunden Starts beraubt und die Eltern bringen sich um das entspannte, lustvolle Miterleben an der frühen Entwicklung des Kindes.

4.2.4 Wechselnde Erregungszustände

Das rapide Hirnwachstum bedeutet, dass die Strukturierung des Schlaf-Wach-Rhythmus sich grundlegend verändert in der Zeit zwischen Geburt und dem Ende des zweiten Lebensjahres, wobei auch das Weinen und das Quengeln abnehmen. Das Neugeborene schläft mit Unterbrechungen täglich zwischen 16 und 18 Stunden. Was die Gesamtzeit des benötigten Schlafs anbelangt, verändert sich in den ersten beiden Lebensjahren nicht viel: Im Schnitt schläft das zwei Jahre alte Kind immer noch zwischen 12 und 13 Stunden. Die größten Veränderungen in dieser Phase betreffen die Perioden des Schlafens und des Wachseins, die nun weniger, aber dafür länger werden, und die Tatsache, dass der Schlafrhythmus sich zunehmend einem Tag-Nacht-Muster anpasst (Whitney & Thoman, 1994). Ab dem zweiten Lebensjahr benötigt das Kind für gewöhnlich nur noch ein oder zwei Nickerchen am Tag (Blum & Carey, 1996).

Obwohl diese wechselnden Erregungsmuster ihre Ursache im Hirnwachstum haben, hat auch die soziale Umwelt des Kindes eine Auswirkung. In den meisten westlichen Ländern gelingt es den Eltern, das Kind mit etwa vier Monaten zum Durchschlafen zu bringen, indem abends beim Zubettgehen noch einmal eine Flaschenmahlzeit gegeben wird und das Kind in einem separaten, ruhigen Zimmer schlafen gelegt wird. Auf diese Weise wird das Kind bis an die Grenzen seiner neurologischen Kapazitäten gefordert. Erst Mitte des ersten Lebensjahres ist die Ausschüttung von *Melatonin*, einem Hormon, das zur Schläfrigkeit beiträgt, in der Nacht höher als am Tag (Sadeh, 1997).

Wie der Kasten „Kulturelle Einflüsse" deutlich macht, ist diese Angewohnheit, das Kind zum Schlafen zu isolieren, in anderen Teilen der Welt nur selten anzutreffen. Wenn Kinder bei ihren Eltern schlafen, bleiben die Schlafphasen von im Durchschnitt drei Stunden vom ersten bis zum achten Lebensmonat ziemlich konstant. Erst gegen Ende des ersten Lebensjahres, wenn der **REM-Schlaf** (die Schlafphase, nach der für gewöhnlich ein Aufwachen folgt) abnimmt, bewegt sich das Kleinkind in seinem Schlafmuster langsam hin zu dem Schlaf-Wach-Rhythmus des Erwachsenen (Ficca et al., 1999).

Auch nachdem das Kind begonnen hat, die Nacht durchzuschlafen, wacht es ab und zu nachts auf. In Erhebungen in Australien, Großbritannien, Israel und den Vereinigten Staaten berichteten Eltern, dass nächtliches Aufwachen im Alter von eineinhalb bis zwei Jahren seinen Höhepunkt erreichte und danach abnahm (Armstrong, Quinn, & Dadds, 1994; Scher et al., 1995). Wie Kapitel 6 zeigen wird, sind die Herausforderungen dieser Phase – die Fähigkeit des Kindes, sich von der Bezugsperson weiter zu entfernen, und die Wahrnehmung des Selbst als vom anderen getrennt zu erleben – oft mit Angst verbunden, was sich in einem gestörten Schlafmuster und einem generellen Klammern zeigt. Wenn die Eltern an dieser Stelle mit beruhigendem Trost reagieren, verlieren sich diese Verhaltensweisen für gewöhnlich von allein.

Prüfen Sie sich selbst ...

Rückblick
Wie wirkt sich Stimulation auf die frühe Hirnentwicklung aus? Erklären Sie dies im Hinblick auf die Anzahl der Neuronen und hinsichtlich der Vorgänge im zerebralen Kortex.

Rückblick
Erklären Sie, warum sich die Überproduktion von synaptischen Verbindungen wie auch das synaptische „Zurechtstutzen" oder „Eindämmen" (pruning) fördernd auf die Hirnentwicklung auswirkt.

Anwendung
Welches Förderprogramm für ein Kleinkind würden Sie befürworten? Eines, das Wert legt auf sanfte Berührung und Ansprache, auf akustische und visuelle Reize und einfache Spiele, oder ein Programm, das dem Kind Worte und Zahlen nahe bringt, sowie klassischen Musikunterricht für notwendig hält? Erläutern Sie Ihre Aussage.

Zusammenhänge
Stimmt die Forschung bezüglich der Plastizität des Gehirns überein mit der Perspektive einer Entwicklung über die Lebensspanne, d.h., dass Entwicklung in jedem Lebensalter ein plastischer Prozess ist? (Siehe Kapitel 1, Seite 11.) Erläutern Sie mit Belegen aus Forschungsergebnissen Veränderungen der Hirnplastizität während der Entwicklung.

Prüfen Sie sich selbst ...

Kulturelle Einflüsse: Kulturbedingte Varianten, wie und wo Kinder schlafen gelegt werden

Wenn in Nordamerika ein Baby erwartet wird, richten die Eltern für gewöhnlich ein Kinderzimmer nur für das Baby ein. Jahrzehntelang war der Rat der Experten an die Eltern, das Kind nicht bei den Eltern schlafen zu lassen. So wird beispielsweise in der neuesten Ausgabe von Dr. Spocks *Baby and Child Care* empfohlen, das Kind schon relativ früh während des ersten Lebensjahres aus dem Elternschlafzimmer in ein anderes Zimmer zu bringen. Die Erklärung dafür lautet folgendermaßen: „Ansonsten besteht die Möglichkeit, dass das Kind von diesem Arrangement abhängig wird." (Spock & Parker, 1998, S. 102)

Dennoch ist es fast überall sonst auf der Welt üblich, dass Kinder und Eltern in einem Raum schlafen. Japanische Kinder liegen während der gesamten Säuglingszeit und der frühen Kindheit nachts neben der Mutter und schlafen auch bis in die frühe Adoleszenz im Beisein eines Elternteils oder eines anderen Familienmitgliedes (Takahashi, 1990). Bei den Maya in den ländlichen Gebieten von Guatemala wird das Schlafen des Kleinkindes neben der Mutter nur unterbrochen von der Geburt eines weiteren Kindes. Aber auch dann schläft das Kind weiterhin neben dem Vater oder in einem anderen Bett im selben Raum. (Morelli et al., 1992). Auch in einigen Kulturgruppen Nordamerikas ist es üblich, dass das Kind bei den Eltern schläft. Afroamerikanische Kinder schlafen sehr oft abends im Beisein der Eltern ein und bleiben entweder für einen Teil der Nacht oder auch die ganze Nacht bei den Eltern (Brenner et al., 2003; Lozoff et al., 1995). Kinder in den Appalachen, einer Bergregion im Osten von Kentucky, verbringen zumeist die ersten beiden Lebensjahre nachts bei den Eltern (Abbott, 1992).

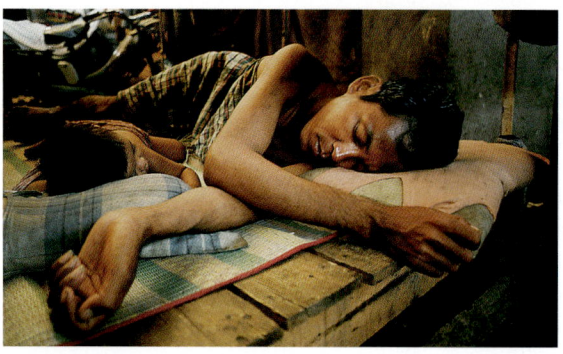

Dieser kambodschanische Vater und sein Kind schlafen zusammen – eine Angewohnheit, die auf der ganzen Welt verbreitet ist. Viele Eltern, die nachts ihre Kinder bei sich haben, sind der Meinung, dass dies eine enge Bindung zwischen Eltern und Kind fördert. Bemerkenswert ist, dass die Familie auf einer harten Unterlage schläft, die das Kind davor bewahrt, sich in weichem Bettzeug zu verfangen.

Kulturelle Werte – insbesondere die kollektivistische versus individualistische Ausrichtung (siehe Kapitel 2) – haben einen großen Einfluss auf das Schlafarrangement der Kinder. In einer Studie wurden amerikanische Mütter mit mittlerem sozialen Status und Mütter aus dem Volk der Maya in Guatemala zu ihren Schlafgewohnheiten befragt. Die amerikanischen Mütter ließen eine individualistische Sichtweise erkennen, indem sie erwähnten, wie wichtig eine frühe Selbstständigkeit, das Vermeiden schlechter Angewohnheiten und die Sicherung ihrer eigenen Privatsphäre seien. Im Gegensatz dazu betonten die indianischen Mütter eine kollektivistische Sichtweise. Sie erklärten, dass das Schlafen der Kinder bei den Eltern eine enge Eltern-Kind-Bindung zur Folge habe, die notwendig sei, damit das Kind so zu leben lerne wie die Menschen in seiner Umgebung (Morelli et al., 1992).

In den letzten zehn Jahren hat das Stillen zugenommen und die Anzahl der Mütter, die ihre Kinder nachts bei sich schlafen lassen, ist von 6 auf 13 % angestiegen (McKenna, 2002; Willinger et al., 2003). Die Forschung hat gezeigt, dass das gemeinsame Schlafen in einem Bett wichtig ist für das Überleben und die Gesundheit des Kindes. Kinder, die bei den Eltern schlafen, trinken beim Stillen im Durchschnitt dreimal so lange wie Kinder, die allein schlafen. Da Kinder, die neben ihren Müttern schlafen, öfter aufwachen, um gestillt zu werden, sind manche Wissenschaftler der Meinung, dass dieses gemeinsame Schlafen einen Schutz darstellt gegen das Risiko des plötzlichen Kindstodes (siehe Seite 139) (Mosko, Richard, & McKenna, 1997a). Und ganz im Gegensatz zur landläufigen Meinung reduziert sich die Gesamtschlafzeit der Mutter nicht, wenn das Kind bei ihr schläft, obwohl sie natürlich öfter kurz aufwacht, was ihr allerdings erlaubt, nach ihrem Baby zu sehen (Mosko, Richard, & McKenna, 1997b).

Die Schlafgewohnheiten des Kindes wirken sich auch auf andere Aspekte des Familienlebens aus. Einschlafprobleme sind kein Thema bei den Maya. Die Babys schlafen inmitten der Familienaktivitäten ganz natürlich ein und werden von ihren Müttern ins Bett getragen. In den Vereinigten Staaten ist das Zubettbringen der Kinder oft mit ausgedehnten Ritualen verbunden, die sich den Großteil des Abends hinziehen können. Vielleicht haben die Probleme, die sich um das Schlafengehen ranken – an der Tagesordnung in Familien der westlichen Welt, aber selten in anderen Teilen der Welt – mit dem Stress zu tun, dem die Kinder ausgesetzt sind, wenn sie ohne Hilfe einschlafen müssen (Latz, Wolf, & Lozoff, 1999).

Kritische Stimmen warnen davor, dass das Kind vom Erwachsenen eingezwängt werden könnte, oder in den weichen Decken ersticken könnte. Die Verwendung von Steppdecken und Federbetten ist in der Tat gefährlich; sie werden auch in vielen amerikanischen und europäischen Familien verwendet, weil die Gefahren nicht bekannt sind (Willinger et al., 2003). Aber dennoch können, wenn die entsprechenden Vorsichtsmaßregeln getroffen werden, Kinder sicher bei ihren Eltern schlafen (McKenna, 2001). In Kulturen, in denen dies üblich ist, schlafen Kinder und Eltern für gewöhnlich nur leicht zugedeckt auf einem harten Untergrund wie einer festen Matratze, auf einer Matte auf dem Boden oder auf einer Holzpritsche (Nelson, Schiefenhoevel, & Haimerl, 2000).

4.3 Einflüsse auf das frühe körperliche Wachstum

Das Wachstum des Körpers wie auch andere Bereiche der Entwicklung resultieren aus einem komplexen Zusammenspiel von genetischen und umweltbedingten Faktoren. Vererbung, Ernährung und emotionales Wohlbefinden – all dies wirkt sich auf das frühe Wachstum des Kindes aus.

4.3.1 Vererbung

Da Zwillinge mit derselben Erbmasse in der Körpergröße ähnlicher sind als zweieiige Zwillinge, können wir davon ausgehen, dass die Vererbung für das körperliche Wachstum eine wichtige Rolle spielt. Wenn Ernährung und Gesundheitszustand für das Lebensalter angemessen sind, werden Körpergröße und Wachstumsgeschwindigkeit zum größten Teil von erblichen Faktoren bestimmt (Tanner, 1990). Tatsächlich zeigen Kinder und auch junge Erwachsene ein Phänomen, das mit Aufholwachstum (engl. catch-up growth) bezeichnet wird – eine Rückkehr zur genetisch angelegten Wachstumskurve, wenn negative Umweltbedingungen wie unzureichende Ernährung und Krankheit nicht allzu schwer wiegend sind.

Die Erbanlagen haben zudem einen Einfluss auf das Körpergewicht, da man festgestellt hat, dass das Gewicht adoptierter Kinder stärker mit dem seiner biologischen Eltern korreliert als mit dem Körpergewicht der Adoptiveltern (Stunkard et al., 1986). Was das Gewicht anbelangt, spielt jedoch die Umwelt, insbesondere die Ernährung, eine sehr wichtige Rolle.

4.3.2 Ernährung

Ernährung ist zu jedem Zeitpunkt in der Entwicklung wichtig, aber ganz besonders gilt dies für die ersten beiden Lebensjahre, weil in dieser Zeit die Entwicklung von Gehirn und Körper so schnell voranschreitet. Im Verhältnis zum Energieverbrauch eines Erwachsenen (auf sein Körpergewicht bezogen) ist der des Kleinkindes doppelt so hoch. Ein Viertel der Gesamtkalorienzufuhr werden für das Wachstum benötigt und die Extrakalorien werden für die Funktionserhaltung der rasch wachsenden Organe gebraucht (Pipes, 1996).

■ Stillen versus Flaschenernährung

Babys benötigen nicht nur ausreichend Nahrung, es muss auch die richtige sein. Im frühen Säuglingsalter ist die Muttermilch in ihrer Zusammensetzung am besten geeignet und Flaschennahrung versucht sich dieser Zusammensetzung anzunähern. Die Ernährungshinweise in der Tabelle auf der folgenden Seite geben einen Überblick über die ernährungstechnischen und gesundheitlichen Vorteile des Stillens.

Aus diesem Grunde ist auch die Wahrscheinlichkeit einer Unternährung bei Kindern in Ländern, in denen Armut herrscht, weniger wahrscheinlich. Bei diesen Kindern ist, wenn sie gestillt werden, die Überlebenschance im ersten Lebensjahr sechs- bis vierzehnmal so hoch. Ein ausschließliches Gestilltwerden bis zum sechsten Lebensmonat, gefolgt von einer Kombination aus Muttermilch und fester Nahrung bis zum Ende des ersten Lebensjahres, würde über einer Million von Kindern das Überleben sichern. Sogar das Stillen nur

4.3 DIE KÖRPERLICHE ENTWICKLUNG IM SÄUGLINGS- UND KLEINKINDALTER

während der ersten Wochen würde dem Kind einen gewissen Schutz bieten vor Atemwegserkrankungen und Infektionen des Magen-Darm-Traktes, die bei Kindern in Entwicklungsländern so oft einen tödlichen Ausgang nehmen. Zudem verringert sich während der Stillphase die Wahrscheinlichkeit einer weiteren Schwangerschaft und somit trägt das Stillen dazu bei, die zeitlichen Abstände zwischen den Geburten zu vergrößern: diese größeren Abstände helfen, die Kinder- und Säuglingssterblichkeit in Entwicklungsländern einzudämmen (Darton-Hill & Coyne, 1998). (Hier ist jedoch zu beachten, dass Stillen keine zuverlässige Verhütungsmethode darstellt.)

Dennoch ist es nach wie vor so, dass viele Mütter in Entwicklungsländern nicht mehr die Vorteile des Stillens kennen. Infolgedessen ernähren sie ihre Kinder mit Folgemilch oder minderwertiger Nahrung, die zu wenig der benötigten Nährstoffe enthält, wie beispielsweise Reiswasser oder stark verdünnte Kuh- oder Ziegenmilch. Diese Nahrung führt oft zu Krankheiten, da sie hygienisch nicht einwandfrei sind. Die UNO versucht in Krankenhäusern und Entbindungsstationen dazu anzuregen, dass die Mütter ihren Kindern die Brust geben, solange bei der Mutter keine bakteriellen oder viruelle Infektionen vorliegen (wie etwa HIV oder Tuberkulose), die auf den Säugling übertragen

Aspekte der Fürsorge

Die Ernährung des Säuglings: Die Vorteile der Muttermilch mit ihren Nährstoffen und ihre Auswirkungen auf den Gesundheitszustand

VORTEIL	BESCHREIBUNG
Angemessenes Gleichgewicht von Fetten und Proteinen	Verglichen mit der Milch anderer Säuger, enthält die Muttermilch des Menschen mehr Fette und weniger Proteine. Durch dieses Gleichgewicht und die besondere Zusammensetzung der in der Muttermilch enthaltenen Proteine und Fette, eignet sie sich in idealer Weise zur Unterstützung der rasch voranschreitenden Myelinisierung des Nervensystems.
Ausgewogene Ernährung mit allen notwendigen Nährstoffen	Eine Mutter, die ihr Kind stillt, braucht die Ernährung ihres Kindes bis zum sechsten Monat nicht zu ergänzen. Die Milch aller Säuger enthält wenig Eisen, aber das Eisen, das enthalten ist, wird vom Körper des Säuglings leichter absorbiert. Infolgedessen benötigen Kinder, die mit Flaschenmilch ernährt werden, mit Eisen angereicherte Milchnahrung.
Schutz gegen Krankheitserreger	Über die Muttermilch bekommt der Säugling die nötigen Antikörper und andere Infektionen eindämmende Stoffe. Außerdem unterstützt diese Art der Ernährung die Funktionen des kindlichen Immunsystems. Infolgedessen treten bei gestillten Säuglingen weniger Erkrankungen der Atemwege sowie des Magen-Darm-Traktes auf, und auch allergische Reaktionen sind seltener zu beobachten als bei Kindern, die Flaschennahrung erhalten. Zusatzstoffe, die Erkrankungen vorbeugen, können zwar der Flaschenmilch beigefügt werden, aber dennoch bietet die Muttermilch eine bessere Unterstützung des kindlichen Immunsystems.
Gesundes körperliches Wachstum	Gestillte Kinder nehmen weniger schnell zu und sind im Alter von einem Jahr nicht so rundlich, wie dies regelmäßig bei Flaschenkindern zu beobachten ist, ein Wachstumsmuster, das späterem Übergewicht und möglicher Fettleibigkeit vorbeugen könnte.
Vorbeugung von Kieferdeformationen und Karies der Milchzähne	Das Saugen an der Mutterbrust statt an dem künstlichen Sauger einer Flasche hilft bei der Vorbeugung einer fehlerhaften Schlussbiss-Stellung, einem Überbiss des Kiefers, bei dem die Zähne von Ober- und Unterkiefer nicht korrekt aufeinander treffen. Außerdem beugt das Stillen Karies vor, die entstehen kann, wenn das Kind beim Trinken aus der Flasche mit zuckerhaltiger Flüssigkeit einschläft und diese so länger als notwendig im Mund des Kindes verbleibt.
Gute Verdaulichkeit	Die besondere Zusammensetzung der Muttermilch macht diese besser verdaulich als Kuhmilch. Da gestillte Säuglinge in ihrem Magen-Darm-Trakt eine andere Bakterienflora entwickeln als Flaschenkinder, leiden sie auch weniger unter Verstopfung oder Durchfällen.
Erleichtert den Übergang zu fester Nahrung	Kinder, die gestillt wurden, akzeptieren eher für sie neue, feste Nahrungsmittel, als dies bei Flaschenkindern der Fall ist. Dies könnte möglicherweise auf die breiteren Erfahrungswerte des Kindes hinsichtlich verschiedenster Geschmacksrichtungen zurückzuführen sein, die durch die Ernährung der Mutter in die Milch übergehen.

Quellen: Dewey, 2001; Pickering et al., 1998; Raisler, 1999; U.S. Department of Health and Human Services, 2000a.

Einflüsse auf das frühe körperliche Wachstum

Das Stillen ist gerade in Entwicklungsländern besonders wichtig, denn dort besteht durch die vorherrschende Armut eine besondere Gefahr der Unterernährung, und auch die Säuglingssterblichkeit ist in diesen Ländern sehr viel höher. Dieses Baby im Bundesstaat Rajasthan, Indien, wird sich aller Wahrscheinlichkeit nach im ersten Lebensjahr normal entwickeln, weil die Mutter sich entschieden hat, es zu stillen.

werden können. In den meisten Entwicklungsländern wird heutzutage dem Wunsch von Müttern Neugeborener nach kostenloser oder staatlich subventionierter Flaschennahrung nicht mehr entsprochen.

Teilweise ein Resultat der Bewegung hin zur natürlichen Geburt, ist in Industrienationen das Stillen heute wieder wesentlich verbreiteter. Dies gilt insbesondere für Frauen mit höherem Bildungsstand. Heute sind es 65 % der amerikanischen Mütter und sogar 73 % der Mütter in Kanada, die ihre Säuglinge stillen. Umfragen haben jedoch ergeben, dass zwei Drittel der amerikanischen Mütter und fast die Hälfte der kanadischen Mütter nach wenigen Monaten abstillen (Health Canada, 2002b; U.S. Department of Health and Human Services, 2002a). Es wird nicht überraschen, dass Mütter, die schon früh wieder ins Arbeitsleben zurückkehren, ihre Kinder auch früher abstillen (Arora et al., 2000). Eine Möglichkeit für eine Mutter, die ihr Kind nicht selbst stillen kann, weil sie einen Teil des Tages nicht anwesend ist, wäre es allerdings, die Milch abzupumpen und so Stillen und Flaschenernährung mit der eigenen Milch zu kombinieren.

Frauen, die entweder nicht stillen können oder nicht stillen wollen, machen sich häufig Gedanken darüber, ob sie ihren Kindern nicht eine Erfahrung vorenthalten, die für ihre weitere psychische Entwicklung wichtig sein könnte. Es hat sich jedoch gezeigt, dass Kinder, die gestillt wurden, sich von Kindern, die mit der Flasche groß geworden sind, in ihrer emotionalen Entwicklung nicht unterscheiden (Fergusson & Woodward, 1999). Es gibt einige Untersuchungen, in denen, unter Kontrolle vieler verschiedener anderer Faktoren, Kinder und Adoleszente, die gestillt wurden, einen geringen Vorsprung in Tests ihrer Problemlösefähigkeit aufwiesen (Jain, Concat, & Leventhal, 2002; Morten-sen et al., 2002). In diesem Zusammenhang konnten wir in unserer Übersicht der ernährungstechnischen Erwägungen schon feststellen, dass die Muttermilch durch ihre spezifische Zusammensetzung ideale Voraussetzungen für die frühe Hirnentwicklung bietet.

■ Laufen rundliche Babys eher Gefahr, später an Übergewicht oder Fettleibigkeit zu leiden?

Timmy war von Anfang an ein guter Esser. An der Brust trank er schon recht energisch und nahm auch schnell an Gewicht zu. Im Alter von fünf Monaten begann er sich für das Essen auf dem Teller der Eltern zu interessieren und danach zu greifen. Eine andere Mutter, Vanessa, machte sich Gedanken: Überfütterte sie ihren Sohn Bernhard und lief er dadurch Gefahr, permanent übergewichtig zu sein?

Tatsächlich lässt sich eine geringfügige Korrelation zwischen schneller Gewichtszunahme in der frühen Kindheit und Übergewicht im Erwachsenenalter feststellen (Stettler et al., 2002). Aber bei den meisten Kindern wächst sich der Babyspeck im Krabbelalter und Kleinkindalter aus. Die Gewichtszunahme verlangsamt sich und das Kind gibt seinem Bewegungsdrang nach. Säuglinge und Kleinkinder können ohne Einschränkung gesunde Nahrungsmittel zu sich nehmen, ohne dabei Gefahr zu laufen, zu dick zu werden.

Wie können verantwortungsbewusste Eltern vermeiden, dass ihr Säugling später als Kind oder Erwachsener übergewichtig wird? Eine Möglichkeit wäre, bei dem Kind ein gesundes Essverhalten zu entwickeln. Süßigkeiten, zuckerhaltige Limonaden und Säfte, Pommes Frites und andere kalorienreiche Nahrungsmittel, in denen sich Unmengen Zucker, Salz oder ein Übermaß gesättigter Fettsäuren verbergen, sollten vermieden werden. Wenn solche Nahrungsmittel dem kleinen Kind regelmäßig zur Verfügung stehen, wird das Kind eine Vorliebe dafür entwickeln (Birch & Fisher, 1995). Mit körperlicher Betätigung kann man ebenfalls einer übermäßigen Gewichtszunahme vorbeugen. Wenn das Kleinkind erst einmal gelernt hat zu gehen, zu klettern und zu rennen, sollten die Eltern dieses natürliche, mit Freude verbundene Gewahrsein des eigenen Körpers und der Kontrolle darüber unterstützen, indem sie dem Kind Möglichkeiten bieten, sich auszutoben.

4.3.3 Unterernährung

Osita ist ein zweijähriger Junge in Äthiopien, dessen Mutter sich nie irgendwelche Gedanken darüber machen musste, ob der Junge zu viel an Gewicht zunimmt. Als sie ihn mit einem Jahr abstillte, gab es für ihn kaum etwas anderes zu essen als stärkereiche Reismehlfladen. Sehr schnell blähte sich sein Bauch auf, seine Füße schwollen an, die Haare begannen ihm auszufallen und auf seiner Haut erschien ein Ekzem. Seine Neugierde und das Leuchten in seinen Augen wichen einem weinerlichen und teilnahmslosen Verhalten.

In Entwicklungsländern und in Kriegsgebieten, in denen Nahrungsmittel nur in sehr beschränktem Maße zu bekommen sind, ist Unterernährung weitverbreitet. Neuere Untersuchungen ergaben, dass zwischen 40 und 60 % der Kinder auf dieser Welt nicht genügend zu essen bekommen (Bellamy, 1998). Unter den 4 bis 7 %, die am schwersten betroffen sind, führt die Unterernährung zu zwei verschiedenen Krankheiten: Marasmus und Kwashiorkor (Mehlnährschaden).

Beim **Marasmus** handelt es sich um einen Zustand der körperlichen Auszehrung, dessen Ursache in einer Ernährung zu suchen ist, die den Körper nicht mit den essentiell notwendigen Nährstoffen versorgt. Marasmus entsteht zumeist im ersten Lebensjahr, wenn die Mutter des Säuglings zu unterernährt ist, um genügend Muttermilch zu produzieren und auch die Zusatzernährung mit der Flasche unzureichend ist. Ihr hungerndes Baby wird immer dünner und droht zu sterben.

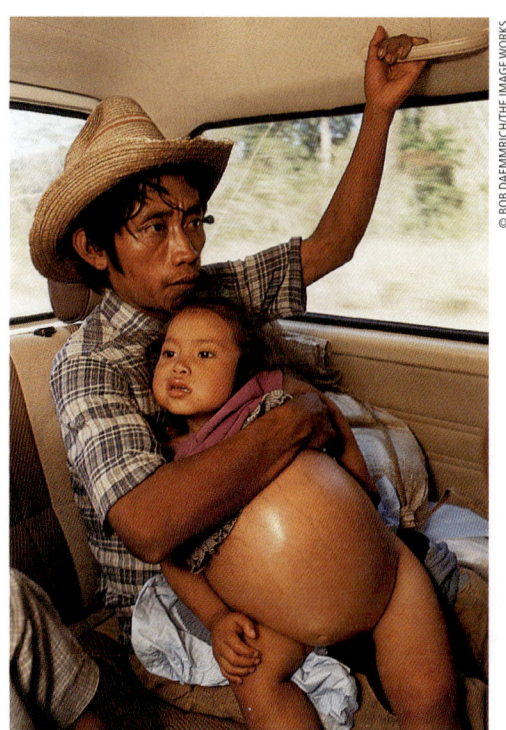

Der aufgeblähte Bauch und das teilnahmslose Verhalten dieses Kindes in Honduras sind die klassischen Symptome von Kwashiorkor, einer ernährungsbedingten Erkrankung, die aus mangelnder Proteinzufuhr resultiert.

Osita hat **Kwashiorkor,** verursacht durch eine Ernährung, in der nicht genügend Proteine enthalten sind. Kwashiorkor ensteht meist nach dem Abstillen, im Alter von ein bis drei Jahren. Diese Krankheit ist häufig anzutreffen in Gebieten, in denen die Kinder durch die kohlenhydratreiche Ernährung eine zwar vielleicht hinreichende Kalorienmenge zu sich nehmen, die Proteinzufuhr aber zu gering bleibt. Der Körper des Kindes reagiert darauf, indem er auf die eigenen Proteinreserven zurückgreift, wodurch sich die Schwellungen und andere Symptome erklären, die bei Osita zu beobachten sind.

Kinder, die diese extremen Formen der Unterernährung überleben, bleiben in ihrer gesamten körperlichen Statur kleiner als normal ernährte Kinder (Caller, Ramsey, & Solimano, 1985a). Eine Verbesserung ihrer Ernährung bedeutet auch gleichzeitig das Risiko übermäßiger Gewichtszunahme. Landesweite Umfragen in Russland, China und Südafrika haben ergeben, dass Kinder, die in ihrem Wachstum zurückgeblieben sind, wesentlich eher zu Übergewicht neigen als ihre sich normal entwickelnden Altersgenossen (Popkin, Richards, & Montiero, 1996). Um sich zu schützen, reagiert ein unterernährter Körper mit der Herabsetzung des Stoffwechsels. Diese Verlangsamung kann sich auch fortsetzen, nachdem die Nahrungszufuhr besser geworden ist. Zudem kann Unterernährung die Zentren im Gehirn, die für die Kontrolle des Appetites zuständig sind, lahm legen, was dazu führt, dass das Kind zuviel isst, wenn ausreichend Nahrung vorhanden ist.

Auch Lernen und Verhalten sind erheblich in Mitleidenschaft gezogen. Eine Studie mit marasmischen Kindern zeigte, dass eine Verbesserung der Ernährung zwar zu einem gewissen Aufholwachstum führte, was die Körpergröße anbelangt, aber kaum zu einer Zunahme des Kopfumfangs (Stoch et al., 1982). Die Unterernährung wirkte sich aller Wahrscheinlichkeit negativ auf die Entwicklung der Nervenfasern und der Myelinisierung aus, was zu einem dauerhaften Verlust an Hirngewicht führt. Diese Kinder erreichen nur geringe Werte in Intelligenztests, zeigen eine schlechte motorische Koordinationsfähigkeit und haben allgemein Schwierigkeiten, sich zu konzentrieren (Caller et al., 1990; Galler, Ramsey, & Solimano, 1985b). Zudem zeigen sie eine erhöhte Stressreaktion auf angstauslösende Situationen, unter Umständen verursacht durch den nagenden Hungerschmerz, den sie erlebt hatten (Fernald & Grantham-McCregor, 1998).

Unterernährung ist aber keineswegs nur beschränkt auf Entwicklungsländer. Auch Kinder aus sozial schwachen Familien in den Vereinigten Staaten gehen abends hungrig ins Bett (Children's Defense Fund, 2002; Wachs, 1995). Obwohl nur wenige von ihnen unter Marasmus oder Kwashiorkor leiden, sind doch ihre körperliche Entwicklung und ihre Lernfähigkeit in Mitleidenschaft gezogen.

4.3.4 Emotionales Wohlbefinden

Die Vorstellung, dass Zuneigung und Anregung für eine gesunde körperliche Entwicklung notwendig sind, ist uns nicht vertraut. Dennoch ist beides ebenso lebenswichtig wie die Nahrungszufuhr. Die **nichtorganisch bedingte Entwicklungsverzögerung oder -störung** ist eine Wachstumsstörung, die aus einem Mangel an liebevoller Zuwendung von Seiten der Eltern entsteht; sie zeigt sich für gewöhnlich im Alter von 18 Monaten. Kinder, die davon betroffen sind, weisen alle Symptome des Marasmus auf. Ihr Körper erscheint ausgezehrt, sie sind emotional zurückgezogen und wirken apathisch. Eine organische (oder biologisch bedingte) Ursache für das ausgezehrte Erscheinungsbild des Kindes ist jedoch nicht feststellbar. Das Kind bekommt genügend Nahrung angeboten, und es ist auch nicht ernstlich krank.

Lana, die als Schwester in einer öffentlichen Gesundheitsstelle arbeitet, fiel auf, dass die acht Monate alte Melanie fast drei Pfund weniger auf die Waage brachte als bei der letzten Vorsorgeuntersuchung. Ihre Mutter gab an, sie oft zu füttern. Lana fiel auch Melanies Verhalten auf. Das Kind zeigte kaum Interesse an Spielzeug, stattdessen behielt sie immer die anwesenden Erwachsenen im Auge und verfolgte ängstlich jede kleinste Bewegung. Wenn ihre Mutter sich ihr näherte, lächelte sie selten und schmiegte sich auch nicht an, wenn sie hochgenommen wurde (Steward, 2001).

Wenn man die familiären Umstände näher betrachtet, bringt das oft Licht in die Entwicklungsstörung des Kindes und trägt zu einem besseren Verständnis der typischen Begleitreaktionen bei. Wenn Melanie gefüttert und ihre Windel gewechselt wurde oder sie spielte, schien Melanies Mutter des öfteren kühl und distanziert, manchmal auch ungeduldig und feindselig (Hagekull, Bohlin, & Rydell, 1997). Melanie entwickelte Schutzmechanismen, indem sie versuchte, immer im Bilde zu sein, wo sich ihre Mutter gerade befand, und zeigte aktive Blickvermeidung, wenn sich diese ihr näherte. Eheprobleme und psychische Störungen der Eltern tragen oft zu diesen ernsten Schwierigkeiten im Umgang mit dem Kind bei (Drotar, Pallotta, & Eckerle, 1994; Duniz et al., 1996). Wenn das Baby zudem weinerlich ist und sein Essverhalten nicht der Norm entspricht – wie etwa Schwierigkeiten beim Saugen oder Erbrechen nach oder während der Nahrungsaufnahme – wirkt sich dies auf die Eltern-Kind-Beziehung zusätzlich negativ aus (Wooster, 1999).

In Melanies Fall hatte der Vater (ein Alkoholiker) keine Arbeit und die Eltern gerieten fortwährend in Streit, was dazu führte, dass Melanies Mutter wenig Energie aufbrachte, die psychischen Bedürfnisse ihres Kindes zu befriedigen. Wenn diese Kinder rechtzeitig in Behandlung kommen, ist es möglich, helfend einzugreifen, indem man den Eltern Unterstützung anbietet oder das Kind in einer Pflegefamilie unterbringt. Kleinkinder mit nicht organisch bedingten Entwicklungsverzögerungen zeigen innerhalb kürzester Zeit ein Aufholwachstum. Wenn die Störung aber nicht im frühen Kleinkindalter behoben wird, bleiben die meisten betroffenen Kinder in ihrem Wachstum zurück und haben andauernde kognitive und emotionale Schwierigkeiten (Wooster, 2000).

> **Prüfen Sie sich selbst ...**
>
> **Rückblick**
> Erläutern Sie, warum das Stillen in von Armut zerrütteten Ländern der Erde eine lebenslange Auswirkung auf die Entwicklung der dort geborenen Säuglinge hat.
>
> **Anwendung**
> Der zehn Monate alte Shan ist ausgesprochen schmal und seine Körpergröße ist unter der Altersnorm. Er leidet an einer von zwei möglichen Wachstumsstörungen. Benennen Sie diese und zeigen Sie auf, nach welchen Anzeichen Sie Ausschau halten würden, um in Shans Fall die korrekte Diagnose zu stellen.
>
> **Prüfen Sie sich selbst ...**

4.4 Das Lernvermögen des Kindes

Der Begriff „Lernen" bezieht sich auf die Veränderungen im Verhalten in Folge von gesammelten Erfahrungen. Das Baby kommt mit einem „programmierten" Lernvermögen auf die Welt, das ihm hilft, sofort von Erfahrungen zu profitieren. Der Säugling besitzt die Fähigkeit, auf zwei verschiedene Weisen zu lernen. Es sind dies die klassische und die operante Konditionierung. Mit beiden haben wir uns bereits im ersten Kapitel beschäftigt. Außerdem lernt das Baby aufgrund seiner natürlichen Vorliebe für immer neue Reize. Des Weiteren lernt es schon kurz nach der Geburt durch das Beobachten anderer Menschen, so dass es dem Säugling ziemlich schnell möglich ist, den Gesichtsausdruck und die Gesten Erwachsener in seinem Umfeld nachzuahmen.

4.4.1 Die klassische Kondtionierung

Die natürlichen Reflexe des Neugeborenen, die wir in Kapitel 3 diskutiert haben, machen eine **klassische Konditionierung** möglich. Bei dieser Art des Lernens, verbindet sich ein bestimmter neuer Reiz mit einem Reiz, der zu einer reflexartigen Reaktion führt. Sobald das Nervensystem des Säuglings die Verbindung der beiden Reize einmal hergestellt hat, bewirkt allein der neue Reiz das Verhalten.

Der Prozess der klassischen Konditionierung ist für das Verhalten des Säuglings von großer Bedeutung, da er dazu beiträgt, dass der Säugling erkennt, welche Begebenheiten in seinem Alltag für gewöhnlich zusammengehören. Infolgedessen ist es dem Kind möglich vorauszusehen, was als Nächstes geschehen wird, sodass es sein Umfeld als geordnet und vorhersehbar erleben kann. Wir wollen uns die klassische Konditionierung anhand eines Beispiels näher betrachten.

Wenn Carola es sich im Schaukelstuhl gemütlich machte, um Kathrin zu stillen, streichelte sie oft die Stirn des kleinen Mädchens. Bald fiel Carola auf, dass jedes Mal, wenn sie Kathrins Stirn streichelte, das Kind mit Saugbewegungen begann. Hier hatte eine klassische Konditionierung stattgefunden. Sehen wir uns den Ablauf dieses Lernprozesses einmal an:

1. Bevor ein Lernen stattfinden kann, muss ein **unbedingter Reiz (unconditioned stimulus – UCS)** mehrmals einen **angeborenen Reflex (unconditioned response – UCR)** hervorrufen. In Kathrins Fall rief die süße Muttermilch (UCS) einen Saugreflex (UCR) hervor.

2. Um zu einem Lernen zu führen, wird dem Kind ein *neutraler Reiz*, ein Stimulus also, der nicht zu dem vorher beschriebenen Reflex führt, unmittelbar vor oder parallel zum UCS geboten. Carola streichelte Kathrins Stirn vor dem Stillen. Das Streicheln (der neutrale Reiz) verband sich im Gehirn des Kindes mit dem Geschmack der Milch (UCS).

3. Wenn ein Lernen stattgefunden hat, wird der neutrale Reiz für sich allein schon eine Reaktion hervorrufen, die dem angeborenen Reflex sehr ähnlich ist. Der neutrale Reiz wird dann zum **bedingten Reiz (conditioned stimulus – CS)**, die hervorgerufene Reaktion nennt sich **bedingte Reaktion (conditioned response – CR)**. Wir können sicher sein, dass bei Kathrin eine klassische Konditionierung stattgefunden haben muss, da auch außerhalb der Stillsituation ein Streicheln der Stirn (CS) zu einem Saugverhalten (CR) führt.

Wenn der CS oft genug für sich allein dargeboten wird, ohne mit dem UCS verbunden zu sein, wird die CR nicht länger erfolgen. Mit anderen Worten, wenn Carola immer wieder die Stirn ihres Kindes streichelt, ohne es daraufhin zu stillen, wird Kathrin mit der Zeit aufhören, auf das Streicheln mit Saugbewegungen zu reagieren. Diesen Vorgang bezeichnet man als *Löschung*.

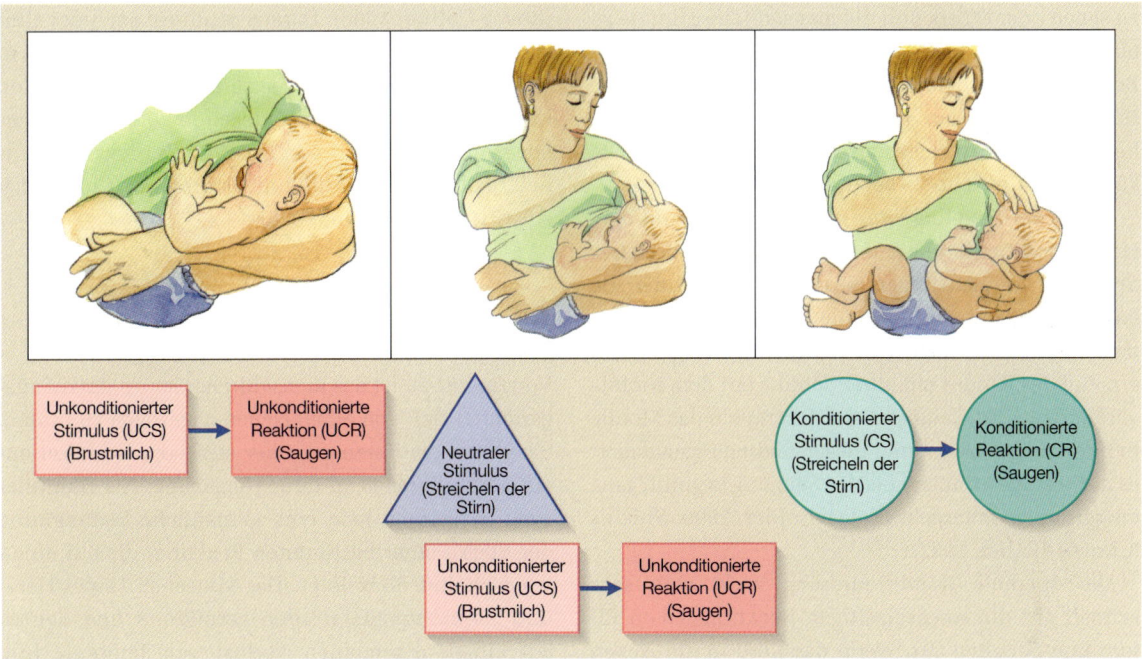

Abbildung 4.7: Die Schritte der klassischen Konditionierung. Unser Beispiel zeigt, wie Kathrins Mutter ihr Kind mit einer klassischen Konditionierung dazu brachte, Saugbewegungen zu machen, indem sie ihm zu Beginn des Stillens die Stirn streichelte.

Die Konditionierung kleiner Kinder gelingt am besten, wenn der Zusammenhang beider Stimuli das Überleben sichert. Bei den Mahlzeiten lernte Kathrin sehr schnell, da ein Lernen der mit dem Füttern einhergehenden Reize die Fähigkeit des Kindes stärkt, sich Nahrung zu verschaffen und somit auch zu überleben (Blass, Ganchrow, & Steiner, 1984). Im Gegensatz dazu gibt es andere Reaktionen, bei denen es sehr schwer ist, sie bei Säuglingen durch klassische Konditionierung zu erreichen. Eine davon ist Furcht. Bis zu dem Zeitpunkt, an dem der Säugling die notwendigen motorischen Fähigkeiten entwickelt hat, die für ein Ausweichen vor unangenehmen Ereignissen notwendig sind, gibt es keinerlei biologische Notwendigkeit, diese Zusammenhänge herzustellen. Nach dem sechsten Lebensmonat jedoch ist die Konditionierung von Angst sehr einfach. Im sechsten Kapitel werden wir uns mit der Entstehung von Angst sowie mit anderen emotionalen Reaktionen beschäftigen.

4.4.2 Die operante Konditionierung

Bei der klassischen Konditionierung entwickelt der Säugling Erwartungen hinsichtlich der Reize, die er in seinem Umfeld erfährt. Die Reize selbst beeinflusst er hingegen nicht. Bei der **operanten Konditionierung** „behandelt" der Säugling sein Umfeld, er wirkt also auf seine Umgebung ein. Reize, die daraufhin entstehen, erhöhen die Wahrscheinlichkeit, dass das Verhalten sich wiederholt. Ein Stimulus, der die Wahrscheinlichkeit einer bestimmten Reaktion erhöht, wird als **Verstärker** bezeichnet. So wird beispielsweise eine süße Flüssigkeit das Saugverhalten beim Neugeborenen verstärken. Wenn ein wünschenswerter Reiz vorenthalten oder ein unangenehmer Reiz dargeboten wird, um das Auftreten einer bestimmten Reaktion zu unterdrücken, bezeichnet man das als **Bestrafung**. Eine sauer schmeckende Flüssigkeit wirkt sich auf das Saugverhalten des Kindes strafend aus. Sie hat zur Folge, dass der Säugling seine Lippen schürzt und mit dem Saugen ganz aufhört.

Da der Säugling zu Anfang nur einige wenige Verhaltensweisen selbst kontrollieren kann, beschränkt sich die operante Konditionierung in den ersten Lebenswochen auf das Saugen und auf das Hinwenden zu einem Reiz durch ein Drehen des Kopfes. Es gibt jedoch noch eine ganze Menge andere Stimuli außer der Nahrung, die als Verstärker dienen können. So haben beispielsweise Wissenschaftler eine besondere Laborumgebung geschaffen, in der die Frequenz und Intensität, mit der ein Säugling an einem Nippel saugt, die verschiedensten interessanten Bilder und Klänge produziert. Neugeborene saugen schneller, um Bilder zu sehen oder Musik und die menschliche Stimme zu hören (Floccia, Christophe, & Bertoncini, 1997). Diese Befunde lassen darauf schließen, dass die operante Konditionierung ein gutes Hilfsmittel darstellt, um herauszufinden, welche Reize Säuglinge wahrnehmen können und welche sie bevorzugen.

Wenn der Säugling älter wird, lässt sich die operante Konditionierung auf ein zunehmend breiteres Spektrum von Reaktionen und Reizen ausdehnen. So hat man zum Beispiel spezielle Mobiles über das Bett zwei bis sechs Monate alter Babys aufgehängt. Wenn ein Fuß des Kindes mit einer Schnur mit dem Mobile verbunden wird, kann es durch Strampeln das Mobile in Bewegung setzen. Unter diesen Bedingungen dauert es nur wenige Minuten, bis der Säugling beginnt, ganz energisch zu strampeln (Rovee-Collier, 1999; Shields & Rovee-Collier, 1992).

Die operante Konditionierung wirkt sich sehr schnell auf die wechselseitigen Reaktionen von Eltern und Säugling aus. Wenn das Kind in die Augen der Bezugsperson blickt, schaut der Erwachsene es an und lächelt und das Kind erwidert daraufhin das Lächeln. Das Verhalten beider Partner in dieser Interaktion verstärkt die Reaktionen des jeweils anderen. Die Folge davon ist, dass beide diese lustvolle Interaktion fortführen. In Kapitel 6 werden wir sehen, dass diese einander bedingende Reaktionsbereitschaft eine wichtige Rolle spielt in der Entwicklung der Bindung zwischen Säugling und Bezugsperson.

Betrachten Sie noch einmal sorgfältig die Ergebnisse, die wir gerade besprochen haben. Sie werden bemerken, dass Säuglinge aktiv lernen. Sie bedienen sich jeder nur möglichen Art und Weise, ihre Umwelt zu erkunden und kontrollierend auf sie einzuwirken, in dem Bemühen, die Bedürfnisse nach Nahrung, Stimulation und sozialem Kontakt gestillt zu bekommen

(Rovee-Collier, 1996). Daraus resultiert auch der Umstand, dass im Falle einer desorganisierten Umwelt, in der das Verhalten des Kindes nicht zu den erwarteten Ergebnissen führt, schwerwiegende Folgen zu erwarten sind, angefangen von geistiger Zurückgebliebenheit bis hin zur Apathie und Depression (Cicchetti & Aber, 1986; Seligman, 1975).

4.4.3 Die Habituierung

Von Geburt an ist das menschliche Gehirn darauf ausgerichtet, sich von allem Neuen angezogen zu fühlen. Säuglinge tendieren zu einer stärkeren Reaktion auf ein neues Element in ihrer Umgebung. Als **Habituierung** bezeichnet man eine allmähliche Reduzierung der Stärke einer bestimmten Reaktion, die auf einen wiederholten Reiz folgt. Das Hinsehen sowie Herz- und Atemfrequenz werden vermindert und deuten auf einen allgemeinen Verlust von Interesse hin. Wenn dieser einmal eingetreten ist, kann ein neuer Reiz – irgendeine Veränderung im Umfeld des Kindes – bewirken, dass die Reaktionsbereitschaft auf ein hohes Niveau zurückkehrt, eine Steigerung, die als **Dishabituierung** oder auch Erholung (engl. **recovery**) bezeichnet wird. Wenn Sie sich beispielsweise an einem Ihnen bekannten Ort befinden, werden Sie Dinge bemerken, die neu sind oder sich verändert haben, wie etwa ein erst kürzlich gekauftes Bild an der Wand oder ein Möbelstück, dessen Standort verändert wurde. Habituierung und Dishabituierung ermöglichen es, unsere Aufmerksamkeit auf die Aspekte in unserer Umgebung zu richten, von denen wir das Wenigste wissen. Die Folge davon: das Lernen wird effizienter.

Durch eine Untersuchung von Habituierung und Dishabituierung beim Säugling kann der Wissen-

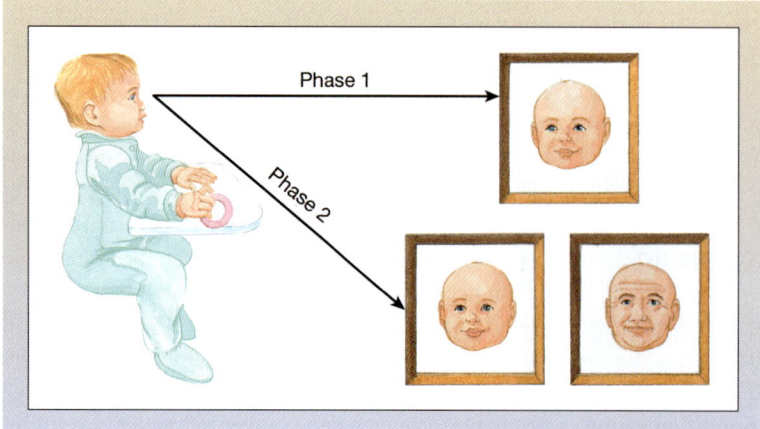

Abbildung 4.8: Anwendungsbeispiele der Sequenz Habituierung / Dishabituierung, um Wahrnehmung und Kognition zu untersuchen. In Phase 1 wird den Kindern das Foto eines Babys gezeigt (Habituierung). In Phase 2 wird den Kindern dasselbe Foto gezeigt, diesmal aber zusammen mit dem Foto eines glatzköpfigen Mannes. Eine Dishabituierung findet statt, die sich darin äußert, dass die Kinder mehr Zeit damit verbringen, das Foto des Mannes zu betrachten, was darauf hindeutet, dass sie das Bild des Babys erinnern und das Bild des Mannes als davon unterschieden wahrnehmen (nach Pagan & Singer, 1979).

schaftler mehr über das Verständnis herausfinden, das der Säugling von seiner Welt hat. So scheint zum Beispiel ein Säugling, bei dem zunächst eine Habituierung auf ein visuelles Muster (das Foto eines Babys) festzustellen ist und dann in der Folge eine Dishabituierung stattfindet, wenn ein neues Bild (das Foto eines Mannes mit Glatze) eingeführt wird, den ersten (habituierten) Reiz zu erinnern und den zweiten als neu und davon unterschieden zu erkennen. Diese Methode der Untersuchung von Wahrnehmung und Kognition beim Kleinkind, die sie in Abbildung 4.8 illustriert sehen, kann auch bei Neugeborenen und selbst bei Frühgeborenen angewendet werden. Sie ist sogar angewendet worden, um die Sensibilität des Fötus auf externe Stimuli zu untersuchen, beispielsweise indem die Herzfrequenz des Fötus bei der wiederholten Darbietung verschiedener Klänge gemessen wurde. Die Fähigkeit zu Habituierung und Dishabituierung kann schon ab dem dritten Schwangerschaftsdrittel festgestellt werden (Sandman et al., 1997).

4.4.4 Die Nachahmung (Imitation)

Das Neugeborene besitzt von Anfang an eine primitive Fähigkeit, durch **Nachahmen (Imitation)** zu lernen – das Verhalten einer anderen Person wird kopiert, d.h. nachgeahmt. So zeigt beispielsweise Abbildung 4.9 Säuglinge im Alter von zwei Tagen bis zu mehreren Wochen, wie sie den Gesichtsausdruck eines Erwachsenen nachahmen (Field et al., 1982; Meltzoff & Moore, 1977). Die Fähigkeit des Neugeborenen zur Nachahmung bezieht sich auf bestimmte Gesten, wie etwa Kopfbewegungen, und konnte über viele Kulturen und ethnische Gruppen hinweg demonstriert werden (Meltzoff & Kuhl, 1994).

Einige Studien jedoch konnten die Ergebnisse nicht reproduzieren (siehe z.B. Anisfeld et al., 2001). Aus diesem Grunde wird diese Fähigkeit von Wissenschaftlern eher als automatische Reaktion betrachtet, ähnlich einem Reflex. Andere wiederum vertreten die Ansicht, dass Neugeborene verschiedene Gesichtsausdrücke sogar nach kurzen zeitlichen Verzögerungen imitieren – wenn der Erwachsene das spezifische Verhalten schon eingestellt hat. Solche Beobachtungen zeigen, dass diese Fähigkeit ausgesprochen flexibel ist und willentlich ausgeübt wird (Hayne, 2002; Meltzoff & Moore, 1999).

Wie wir in Kapitel 5 feststellen werden, verbessert sich die Fähigkeit zur Nachahmung in den ersten zwei Lebensjahren zunehmend. Wie eingeschränkt diese Fähigkeit kurz nach der Geburt des Kindes auch sein mag, ist die Nachahmung dennoch ein wirksames Mittel, Neues zu lernen. Unter Verwendung der Imitation explorieren Kleinkinder ihre soziale Umwelt und lernen die Menschen in ihrem Umfeld besser kennen, indem sie sich auf deren Verhaltensweisen einstimmen. Bei dem Prozess beginnt das Kind Ähnlichkeiten zwischen seinen eigenen Handlungen und den Handlungen anderer zu bemerken und lernt sich selber auf diese Weise besser kennen. Wenn sich Erwachsene die Fähigkeit zur Nachahmung zunutze machen, können sie das

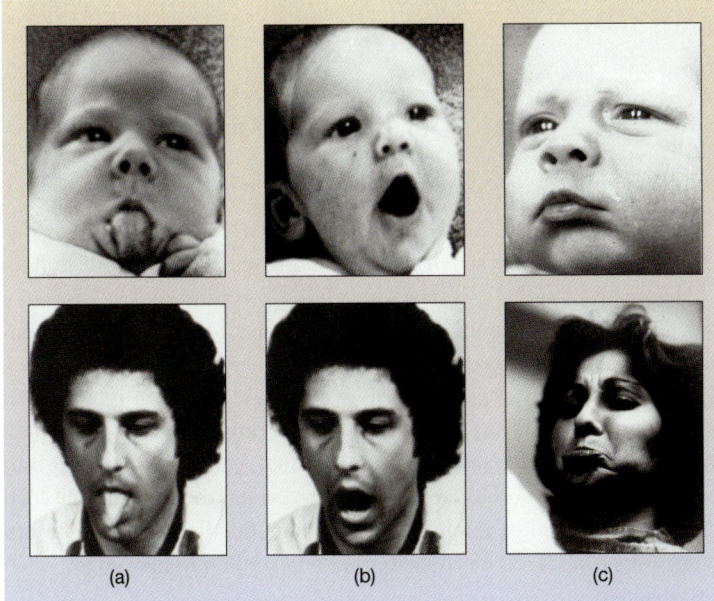

Abbildung 4.9: Fotos aus zwei der ersten Studien zum Nachahmungsverhalten bei Neugeborenen. Die beiden linken Bilder zeigen zwei bis drei Wochen alte Säuglinge bei der Imitation von (a) dem Herausstrecken der Zunge und (b) dem Öffnen des Mundes. Auf dem rechten Bild ist ein zwei Tage alter Säugling zu sehen, der (c) den traurigen Gesichtsausdruck eines Erwachsenen nachahmt (aus A. N. Meltzoff & M. K. Moore, 1977, „Imitation of Facial and Manual Gestures by Human Neonates," Science, 198, S. 75; und T. M. Field et al., 1982, „Discrimination and Imitation of Facial Expressions by Neonates," Science, 218, S. 180. © 1977 und 1982, AAAS.).

Kind dazu bewegen, wünschenswerte Verhaltensweisen zu zeigen, und es in der Folge weiter dazu ermutigen. Für die Bezugspersonen eines Babys ist diese Art der Interaktion, bei der das Kind den Gesichtsausdruck und die Handlungen des Erwachsenen imitiert, etwas sehr Lustvolles. So scheint die Nachahmung eine der Fähigkeiten zu sein, die sich von Anfang an positiv auf die Eltern-Kind-Beziehung auswirken.

> **Prüfen Sie sich selbst...**
>
> **Rückblick**
> Nennen Sie jeweils ein Beispiel für die klassische Konditionierung, die operante Konditionierung und den Prozess von Habituierung und Dishabituierung beim Säugling. Warum ist diese Art des Lernens von Nutzen?
>
> **Anwendung**
> Der neun Monate alte Bernhard hat ein Spielzeug mit großen, bunten Knöpfen. Jedes Mal, wenn er einen dieser Knöpfe drückt, erklingt ein Kinderlied. Welche Art von Lernprozess machte sich der Spielzeughersteller zunutze? Welche Erkenntnisse lassen sich aus Bernhards Umgang mit diesem Spielzeug hinsichtlich seiner Wahrnehmung gewinnen – insbesondere seiner Fähigkeit, Klangmuster zu unterscheiden?
>
> **Zusammenhänge**
> Kleinkinder die unter einer nicht organisch bedingten Entwicklungsstörung leiden, lächeln einen ihnen gegenüber freundlichen Erwachsenen nur selten an. Außerdem behalten sie ängstlich Erwachsene im Auge, die sich in ihrer Nähe befinden. Erläutern Sie diese Reaktionen anhand der in den vorangegangenen Abschnitten behandelten Lernprozesse.
>
> **Prüfen Sie sich selbst...**

4.5 Die motorische Entwicklung

Carola, Monika und Vanessa haben über die Jahre Tagebuch über die Entwicklung ihrer Kinder geführt. Diese Tagebücher sind angefüllt mit den stolzen Notizen der Mütter, wann ihr Kind zum ersten Mal den Kopf heben konnte, zum ersten Mal nach einem Spielzeug griff, sich allein hinsetzen konnte und ohne Hilfe zu laufen begann. Der Enthusiasmus der Eltern für diese Erfolge ihres Kindes ist nur allzu leicht verständlich. Mit jeder neuen Fähigkeit im motorischen Bereich lernt das Kind, mit seinem Körper und auch mit seiner Umwelt auf eine neue Weise umzugehen. Das aufrechte Sitzen beispielsweise eröffnet dem Kind eine völlig neue Perspektive auf seine Umwelt. Das Ergreifen von Dingen birgt die Möglichkeit, die Beschaffenheit von Objekten zu entdecken, indem das Kind sie im wahrsten Sinne des Wortes „begreift". Und wenn das Kind sich allein und ohne Hilfe fortbewegen kann, ergeben sich immer neue, vielfältige Gelegenheiten zur Exploration.

Die motorischen Fortschritte haben auch auf ihre sozialen Beziehungen deutliche Auswirkungen. Als Kathrin mit siebeneinhalb Monaten zu krabbeln begann, fingen Carola und David an, ihren Bewegungsspielraum einzuschränken, indem sie „nein" sagten oder sie mit dem Ausdruck leichter Ungeduld hochnahmen und an einem anderen Platz absetzten – Strategien, die vorher nicht notwendig gewesen waren. Drei Tage nach ihrem ersten Geburtstag konnte Kathrin laufen und damit entstanden auch ihre ersten Versuche, „den eigenen Willen durchzusetzen" (Biringen et al., 1995). Trotz der Ermahnungen ihrer Mutter zog sie des öfteren Dinge aus Regalen, die eigentlich „verboten" waren.

Zur gleichen Zeit drückte Kathrin aber auch vermehrt ihre Zuneigung den Eltern gegenüber aus, indem sie sich auf die Eltern zubewegte und sie begrüßte, umarmte oder sie zu einem Versteckspiel aufforderte (Campos, Kermoian, & Zumbahlen, 1992). Schon bald darauf blätterte Kathrin die Seiten ihres Bilderbuches selbst um, während sie zusammen mit ihren Eltern die Bilder benannte. Kathrins Lust am Ausprobieren und Üben neuer motorischer Fähigkeiten löste bei den Menschen ihres Umfeldes freudige Reaktionen aus, die sie wiederum in ihren Versuchen weiter ermutigten (Mayes & Zigler, 1992). Motorische Fähigkeiten, soziale Kompetenzen, Kognition und Sprache entwickelten sich simultan und unterstützten sich gegenseitig.

4.5.1 Der Ablauf der motorischen Entwicklung

Die *Entwicklung der Grobmotorik* bezieht sich auf das Beherrschen von Handlungen, die dem Kind helfen, sich in seiner Umgebung fortzubewegen, wie etwa Krabbeln, aufrechtes Stehen und Laufen. Im Gegensatz dazu bezieht sich die *Entwicklung der Feinmotorik* auf die feineren Bewegungen, wie etwa das Greifen und Zupacken. In Tabelle 4.1 können Sie nachlesen, in welchem durchschnittlichen Alter sich Säuglinge und Kleinkinder die verschiedenen grob- und feinmotorischen Fähigkeiten aneignen. Bei den meisten Kindern geschieht dies in der dargestellten Reihenfolge.

Tabelle 4.1

Entwicklung der Grob- und Feinmotorik während der ersten zwei Lebensjahre

Motorische Fähigkeit	Durchschnittliches Alter, in dem die Fähigkeit normalerweise erreicht wird	Altersspanne, in der 90 % der Kinder über diese Fähigkeiten verfügen
Kann den Kopf ohne Hilfe aufrecht halten, wenn man den Säugling aufrichtet	6 Wochen	3 Wochen – 4 Monate
Kann sich in der Bauchlage selbst mit den Armen abstützen	2 Monate	3 Wochen – 4 Monate
Kann sich aus der Seitenlage auf den Rücken drehen	2 Monate	3 Wochen – 5 Monate
Greift nach einem Bauklotz	3 Monate, 3 Wochen	2–7 Monate
Kann sich von der Rückenlage auf die Seite drehen	4 Monate, 2 Wochen	2–7 Monate
Sitzt allein	7 Monate	5–9 Monate
Kann krabbeln	7 Monate	5–11 Monate
Richtet sich zum Stehen auf	8 Monate	5–12 Monate
Spielt Backe-backe-Kuchen	9 Monate, 3 Wochen	7–15 Monate
Kann allein stehen	11 Monate	9–16 Monate
Läuft ohne Hilfe	11 Monate, 3 Wochen	9–17 Monate
Baut einen Turm aus zwei Bauklötzen	11 Monate, 3 Wochen	10–19 Monate
Kritzelt viel	14 Monate	10–21 Monate
Kann ohne Hilfe eine Treppe hinaufklettern	16 Monate	12–23 Monate
Kann auf einer Stelle hüpfen	23 Monate, 2 Wochen	17–30 Monate
Kann auf Zehenspitzen laufen	25 Monate	16–30 Monate

Quelle: Bayley, 1969, 1993.

Fotos: (oben) © Laura Dwight; (rechts unten) © Elizabeth Crews/The Image Works; (links unten) © Barbara Peacock/Getty Images/Taxi.

Es wird Ihnen auffallen, dass die Tabelle außerdem auch die Altersspanne angibt, innerhalb derer die meisten Kinder die jeweilige Fähigkeit für gewöhnlich meistern. Dies deutet daraufhin, dass es individuelle Unterschiede gibt, was die *Geschwindigkeit* angeht, obwohl die *Abfolge* in der motorischen Entwicklung bei allen Kindern ziemlich gleichförmig vor sich geht. Es würde uns Anlass zur Sorge geben, wenn wir bei einem Kind feststellen, dass sich die Entwicklung der motorischen Fähigkeiten signifikant verzögert hat.

Sehen wir uns Tabelle 4.1 noch einmal an: Sie werden entdecken, dass in den Errungenschaften des Säuglings sowohl eine Ordnung als auch eine Richtung zu bemerken ist. Die *cephalokaudale Richtung* ist deutlich erkennbar. Die motorische Kontrolle des Kopfes geht der von Armen und Rumpf voraus, diese liegt zeitlich vor der Fähigkeit die unteren Extremitäten zu kontrollieren. Auch die *proximodistale Richtung* können Sie erkennen: Die Kontrolle über Kopf, Rumpf und Arme geht der Fähigkeit zur Koordination der Hände und

Finger voraus. Diese offensichtlichen Ähnlichkeiten zwischen körperlicher und motorischer Entwicklung lassen auf eine genetische Grundlage für die Fortschritte in der motorischen Entwicklung schließen.

Wir müssen allerdings vorsichtig sein und dürfen nicht davon ausgehen, dass die Entwicklung motorischer Fähigkeiten einem festgelegten Reifezeitplan folgt, denn jede einzelne dieser Fähigkeiten ist ein Ergebnis von zuvor stattgefundenen motorischen Entwicklungen und trägt zu den darauf folgenden Entwicklungsschritten bei. Zudem erwirbt sich jedes Kind diese Fähigkeiten auch auf ganz individuelle Weise. So verbrachte Anna beispielsweise vor ihrer Adoption die meiste Zeit in einer Hängematte liegend. Sie hatte kaum die Gelegenheit, auf dem Bauch zu liegen oder einen harten Untergrund unter sich zu spüren, so dass sie hätte versuchen können, sich allein fortzubewegen. Das Ergebnis davon war, dass sie sich aufrichtete und stehen und laufen konnte, bevor sie krabbelte! Es gibt viele mögliche Einflüsse – sowohl interner als auch externer Natur –, die sich verbinden, um die weitreichenden Veränderungen in den motorischen Fähigkeiten der ersten beiden Lebensjahre zu unterstützen.

4.5.2 Motorische Fertigkeiten als dynamische Systeme

Die **dynamische Systemtheorie** definiert das Beherrschen motorischer Fertigkeiten als ein komplexes Aktionsssystem. Wenn die motorischen Fertigkeiten in einer Art System zusammenarbeiten, greifen verschiedene Fähigkeiten ineinander, wobei jede mit der anderen kooperiert und so dazu beiträgt, dass das Kind auf möglichst effektive Art und Weise sein Umfeld explorieren und kontrollieren kann. Die Kontrolle von Kopf und oberem Rumpf zum Beispiel ist mit dem unterstützten Sitzen verbunden. Treten, auf allen Vieren schaukeln und Greifen werden nach und nach zur Krabbelbewegung zusammengefügt. Danach werden das Krabbeln, Stehen und Schreiten zum selbstständigen Laufen zusammengefügt (Thelen, 1989).

Jede neue Fertigkeit erweist sich als das Ergebnis folgender Faktoren: (1) der fortschreitenden Entwicklung des zentralen Nervensystems, (2) den Fähigkeiten des Körpers, sich zu bewegen, (3) der Ziele, die das Kind verfolgt, und (4) der Unterstützung, welche die Umwelt der Entwicklung der neuen Fertigkeit zuteil werden lässt. Veränderungen innerhalb dieser Bereiche führen zu einer Destabilisierung des Systems und das Kind wird beginnen, neue effektive motorische Muster zu suchen und auszuprobieren. Auch die Umgebung, in der das Kind aufwächst, hat Auswirkungen auf die motorischen Fertigkeiten. Wenn man Kinder beispielsweise auf dem Mond unter Bedingungen reduzierter Schwerkraft aufwachsen lassen würde, so würden sie sich lieber hopsend fortbewegen, statt zu gehen oder zu rennen.

Wenn eine Fertigkeit gerade gelernt wurde, wird sie noch mit Zögern angewandt und ist instabil. In einer Studie konnte man beobachten, dass ein kleines Mädchen, das gerade begonnen hatte zu krabbeln, oft auf den Bauch fiel und sich statt vorwärts rückwärts bewegte. Langsam begann sie zu entdecken, wie sie sich fortbewegen konnte, indem sie sich mit den Armen zog und mit den Füßen schob. Während sie mit der Funktion ihrer Muskeln experimentierte und die Folgen ihrer Bewegungen erkannte, konnte sie den Bewegungsablauf des Krabbelns vervollkommnen (Adolph, Vereijken, & Denny, 1998).

Betrachtet man die dynamische Systemtheorie einmal genauer, wird man erkennen können, warum die motorische Entwicklung nicht genetisch determiniert sein kann. Das Bedürfnis nach Exploration und der Wunsch, neue Fähigkeiten zu erlernen, sind die hier zugrunde liegenden Motivationen. Vererbung kann die motorische Entwicklung nur auf einer generellen Ebene steuern (Hopkins & Butterworth, 1997; Thelen & Smith, 1998). Jede neue Fertigkeit wird durch das Kombinieren vorangegangener Errungenschaften zu einem zunehmend komplexeren System erworben, das dem Kind erlaubt, ein bestimmtes Ziel zu erreichen. Folglich gibt es ganz unterschiedliche Wege, ein und dieselbe motorische Fähigkeit zu erwerben.

4.5.3 Kulturell bedingte Unterschiede in der motorischen Entwicklung

Interkulturelle Forschung hat gezeigt, dass viele Möglichkeiten zur Bewegung in früher Kindheit sowie ein stimulierendes Umfeld zur motorischen Entwicklung beitragen. In den sechziger Jahren beobachtete Wayne Dennis (1960) Kleinkinder in einem iranischen Waisenhaus, denen das stimulierende Umfeld fehlte, aus dem Kinder normalerweise ihre Anregungen beziehen, um sich neue motorische Fähigkeiten anzueignen. Diese iranischen Säuglinge lagen den ganzen Tag in ihren Bettchen ohne irgendwelches Spielzeug, mit dem sie sich hätten beschäftigen können. Die Folge war, dass die meisten dieser Kinder sich vor dem Er-

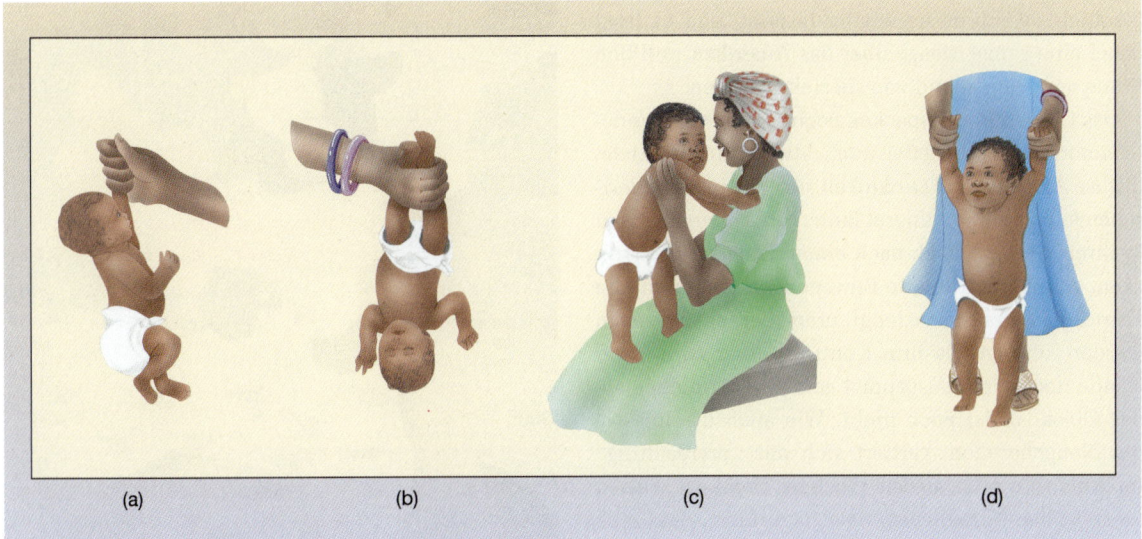

Abbildung 4.10: Westindische Mütter auf Jamaika unterziehen ihre Kinder einer Art Babygymnastik. Die Übungen, die in den ersten Lebensmonaten durchgeführt werden, beinhalten unter anderem (a) das Strecken der Arme, während das Kind hochgehalten wird, (b) ein Kopfüberhalten des Kindes an den Knöcheln. Im späteren Verlauf des ersten Lebensjahres lässt die Mutter das Kind (c) an ihrem Körper emporklettern, und es wird ermutigt, (d) mit ihrer Unterstützung die ersten Schritte auf dem Boden auszuprobieren (nach B. Hopkins & T. Westra, 1988, „Maternal Handling and Motor Development: An Intracultural Study", Genetic, Social and General Psychology Monographs, 14, S. 385, 388, 389. Nachdruck mit Erlaubnis der Helen Dwight Reid Educational Foundation. Herausgeber: Heldref Publications, 1319 Eighteenth St., N.W., Washington, DC 20036-1802.)

reichen des zweiten Lebensjahres nicht selbstständig fortbewegten. Als sie schließlich begannen, sich zu bewegen, rutschten sie – durch die frühe Erfahrung des ständigen Liegens auf dem Rücken – in sitzender Bewegung vorwärts, statt auf Händen und Knien zu krabbeln. Weil die Kinder, die sich im Sitzen fortbewegten, Möbelstücke mit den Füßen und nicht mit den Händen zuerst erreichten, war es weniger wahrscheinlich, dass sie sich mit den Händen daran hochzogen, um in eine stehende Position zu gelangen, die wiederum die Vorstufe des Laufens darstellt. Somit begannen diese Kinder nur mit Verspätung zu laufen.

Kulturelle Verschiedenheiten in der Kindererziehung wirken sich auf die motorische Entwicklung aus. Denken Sie an die Eltern, die Sie kennen und stellen Sie sich folgende Frage: Sollte das Sitzen, das Krabbeln und das Laufen aktiv gefördert werden? Die Antworten auf diese Frage variieren von Kultur zu Kultur. Unter den Zinacanteco-Indianern im Süden von Mexiko wird eine allzu rasche motorische Entwicklung aktiv verhindert. Babys, die laufen können, bevor sie alt genug sind, um zu wissen, dass sie sich von Feuerstellen zum Kochen der Mahlzeiten und von Webstühlen fern zu halten haben, werden als eine Gefahr für sich und als eine Störung anderer empfunden (Greenfield, 1992).

Im Gegensatz dazu hat man festgestellt, dass die Kipsigis in Kenia und die westindischen Kinder auf Jamaika früher ihren Kopf aufrecht halten, selbstständig sitzen und laufen als nordamerikanische Kinder. Eltern der Kipsigi bringen ihren Kindern aktiv die benötigten motorischen Fertigkeiten bei. Säuglinge werden in Kuhlen im Boden gesetzt, wobei sie mit zusammengerollten Decken in aufrechter Position gehalten werden. Das Laufen wird gefördert, indem man das Kind häufig auf seinen Füßen hüpfen lässt (Super, 1981). Wie aus der Abbildung 4.10 ersichtlich, wenden westindische Mütter eine Art von regelmäßiger Babygymnastik an. Sie begründen das damit, dass ihr Baby durch diese Übungen zu einem starken, gesunden und körperlich attraktiven Kind heranwächst (Hopkins & Westra, 1988).

4.5.4 Die Entwicklung der Feinmotorik: Greifen und Zupacken

Von allen motorischen Fertigkeiten spielt das Greifen in der kognitiven Entwicklung des Kleinkindes die wahrscheinlich größte Rolle, da es ganz neue Möglichkeiten eröffnet, die Umwelt zu erkunden. Das Kind greift nach Objekten, dreht sie und beobachtet, was geschieht, wenn es sie wieder loslässt, und es lernt dabei eine ganze Menge über das Aussehen und den Klang von Dingen und wie sie sich anfühlen.

Das Greifen und Zupacken beginnt, wie viele andere motorische Fertigkeiten auch, als eine ungerichtete, diffuse Aktivität und entwickelt sich zu einem Beherrschen feinster Bewegungsabläufe. Neugeborene lassen in ihrem Versuch, sich nach einem Objekt auszustrecken, wenig koordinierte Bewegungen erkennen, die als *rudimentäres Greifen* (engl. prereaching) angesehen werden können. Da ihre Kontrolle über Arme und Hände noch nicht ausgeprägt genug ist, erreichen sie das Objekt meist noch nicht. Wie auch die Reflexe des Neugeborenen, verliert sich das „prereaching" im Alter von etwa sieben Wochen. Dennoch weisen diese frühen Verhaltensmuster darauf hin, dass eine biologische Grundlage der für das Greifen notwendigen Auge-Hand-Koordination vorhanden ist (Thelen, 2001).

Im Alter von etwa drei Monaten, wenn das Kind die nötige Kontrolle über die Muskulatur von Nacken und Schultern hat, beginnt es willentlich nach Objekten zu greifen und erlangt dabei zunehmende Treffsicherheit (Spencer et al., 2000). Im Alter von fünf bis sechs Monaten kann das Kind auch in einem Raum, der während des Greifvorgangs verdunkelt wird, nach Gegenständen greifen – eine Fertigkeit, die sich innerhalb des ersten Lebensjahres noch verbessert (Clifton et al., 1994; McCarty & Ashmead, 1999). Schon früh ist der Gesichtssinn unabhängig von der Greifhandlung und kann sich somit auch auf komplexere Vorgänge konzentrieren. Zu Beginn des siebten Lebensmonats werden auch die Arme zunehmend unabhängiger voneinander, so dass das Kind auch einen Arm nach einem Objekt ausstrecken kann, statt dazu beide Arme zu benutzen (Fagard & Peze, 1997). Während der folgenden Monate verbessert sich die Fähigkeit des Kindes, nach beweglichen Objekten zu greifen. Die Bewegungen der Hände werden angepasst, so dass auch ein zielgerichtetes Greifen nach sich drehenden oder die Richtung verändernden Objekten möglich wird, genauso wie nach Objekten, die näher kommen oder sich wegbewegen (Wentworth, Benson, & Haith, 2000).

Wenn das Kind zielgerichtet greifen kann, verändert sich auch die Art des Greifens. Der Greifreflex des Neugeborenen, weicht dem *ulnären Greifen* (vom Ellenbogen her), einer frühen manipulatorischen Fähigkeit, bei der das Kleinkind Objekte greift, indem es die Finger gegen die Handflächen drückt. Sogar drei Monate alte Kinder passen die Greiföffnung ihres

Man nimmt an, dass von allen motorischen Fertigkeiten das Greifen die bedeutendste Rolle in der kognitiven Entwicklung des Kindes spielt. Dieses sechs Monate alte Kind freut sich am Quetschen, Reiben und Schlagen eines weichen Spielzeugs, das über seinem Bettchen hängt. Das Kind beginnt, beide Hände beim Entdecken von Gegenständen zu koordinieren.

Händchens schon der Größe und Form des Objektes an – eine Fähigkeit, die sich innerhalb des ersten Lebensjahres weiter verbessert (Newman, Atkinson, & Braddick, 2001). Im Alter von etwa vier bis fünf Monaten, wenn das Kleinkind beginnt, sich aufzusetzen, werden beide Hände zur Exploration von Objekten in der Umgebung koordiniert. Kindern dieses Alters gelingt es, ein Objekt in der einen Hand zu halten, während sie dieses mit den Fingern der anderen Hand betasten. Auch wechseln sie das Objekt häufig von einer Hand zur anderen (Rochat & Goubet, 1995). Zu Ende des ersten Lebensjahres benutzt das Kind dann den Daumen in Opposition zu den Fingern. Dies wird als *radial-palmäres Greifen* oder auch als *Pinzettengriff* bezeichnet. Die Fähigkeit, Objekte zu manipulieren, wird nun zunehmend erweitert. Das einjährige Kind kann Rosinen auflesen, Gräser pflücken, an Knöpfen drehen und kleine Schachteln auf- und wieder zumachen.

Zwischen acht und elf Monaten werden Greifen und Zupacken gut beherrscht. Daraus folgt, dass die Aufmerksamkeit von der motorischen Fertigkeit abgewendet wird und sich Ereignissen zuwendet, die vor und nach dem Erreichen des Gegenstandes liegen. Um diese Zeit herum fangen Kinder an, einfache Probleme zu lösen, die das Greifen einschließen, so etwa das Suchen und Finden eines versteckten Spielzeugs. Wie andere Meilensteine der Entwicklung wird das Greifen von frühen Erfahrungen beeinflusst. In einer bekannten Studie griffen Säuglinge in Heimen, die ein bescheidenes Maß visueller Stimulierung erhielten – zuerst einfache Figuren und später ein Mobile über ihrem Bettchen –, sechs Wochen früher nach Gegenständen als Babys, die nichts hatten, worauf sie blicken konnten. Eine dritte Gruppe mit massiver Stimulierung – gemusterten Aufklebern und Mobiles in einem sehr frühen Alter über ihren Bettchen – begannen auch früher zu greifen als unstimulierte Babys. Aber diese heftige Stimulierung hatte ihren Preis. Diese Kinder schauten oft weg und weinten sehr viel. Sie waren nicht so weit im Greifen entwickelt wie die Gruppe mit leichter Stimulierung (White & Held, 1966). Erinnern Sie sich an unsere Diskussion über die Gehirnentwicklung, dass mehr Stimulation nicht unbedingt vorteilhafter ist. Der Versuch, Kinder über ihre Bereitschaft hinaus zu drängen, mit Stimulierung fertig zu werden, kann die Entwicklung wichtiger motorischer Fertigkeiten untergraben.

> **Prüfen Sie sich selbst...**
>
> **Rückblick**
> Belegen Sie, dass die motorische Entwicklung nicht genetisch festgelegt ist, sondern vielmehr ein gemeinsames Produkt biologischer, psychologischer und umweltbedingter Faktoren ist.
>
> **Anwendung**
> Rose-Anne hängt Mobiles und Bilder über das Bettchen ihres neugeborenen Kindes in der Hoffnung, die motorische Entwicklung des Babys zu stimulieren. Macht Rose-Anne das Richtige? Warum oder warum nicht?
>
> **Zusammenhänge**
> Geben Sie einige Beispiele, wie die motorische Entwicklung die sozialen Erfahrungen des Kleinkindes beeinflusst. Wie beeinflussen auf der anderen Seite soziale Erfahrungen die motorische Entwicklung?
>
> **Prüfen Sie sich selbst...**

4.6 Die Entwicklung der Wahrnehmung

In Kapitel 3 haben Sie erfahren, dass Berührung, Geschmack, Geruch und das Gehör (aber nicht das Sehen) bei der Geburt erstaunlich gut entwickelt sind. Jetzt wollen wir uns einer damit verbundenen Frage zuwenden: Wie verändert sich die Wahrnehmung über das erste Lebensjahr hinweg?

Unsere Diskussion wird den Schwerpunkt auf Hören und Sehen legen, weil fast die gesamte Forschung diese beiden Aspekte der Wahrnehmungsentwicklung berührt. Leider existiert wenig Forschung über die Entwicklung des Tast-, Geschmacks- und Geruchssinns nach der Geburt. In Kapitel 3 wurde das Wort *Sinnesempfindung* benutzt, wenn wir von diesen Fähigkeiten sprachen. Jetzt benutzen wir das Wort *Wahrnehmung*. Der Grund dafür ist, dass Sinnesempfindung an einen ziemlich passiven Vorgang dessen denken lässt, was die Rezeptoren des Babys entdecken, wenn sie Stimulierungen ausgesetzt sind. Im Gegensatz dazu ist Wahrnehmung viel aktiver. Wenn wir wahrnehmen, organisieren und interpretieren wir das, was wir sehen.

Wenn wir uns die Wahrnehmungsleistung in der Kindheit ins Gedächtnis rufen, werden Sie es sicherlich schwierig finden zu sagen, wo die Wahrnehmung endet und das Denken beginnt. Daher bietet die Forschung, über die wir diskutieren wollen, eine hervorragende Brücke zum Thema von Kapitel 5 über die kognitive Entwicklung während der beiden ersten Lebensjahre.

4.6.1 Hören

Zu Timmys erstem Geburtstag kaufte Vanessa einige CDs mit Kinderliedern und spielte eine zur Schlafenszeit ab. Bald ließ Timmy sie wissen, welches sein Lieblingsstück war. Wenn sie „Schlaf, Kindchen, schlaf" auflegte, stand er in seinem Bettchen auf und quengelte, bis sie es durch „Der Mond ist aufgegangen" ersetzte. Timmys Verhalten illustriert die größte Veränderung des Hörens im ersten Lebensjahr: Babys beginnen, Laute in komplexe Muster zu organisieren. Wenn zwei sich nur leicht unterscheidende Melodien gespielt werden, kann ein einjähriges Kind erkennen, dass sie nicht gleich sind (Morrongiello, 1986).

Die Reaktion auf Laute unterstützt die Entdeckung der Umgebung eines Babys durch Sehen und Berührung. Babys im Alter von nur drei Tagen wenden Augen und Kopf in die allgemeine Richtung, aus der ein

Laut kommt, eine Fähigkeit, die sich über die ersten sechs Monate stark verbessert (Litovsky & Ashmead, 1997). Zu dieser Zeit können die Kinder beurteilen, aus welcher Entfernung ein Laut kommt. Sie versuchen weniger, einen klingenden Gegenstand in der Dunkelheit an sich heranzuholen, wenn er außerhalb ihrer Reichweite ist (Clifton, Perris, & Bullinger, 1991).

Wie im nächsten Kapitel ersichtlich, bereiten sich Babys durch das erste Jahr hindurch auf den Spracherwerb vor. In Kapitel 3 wurde ausgeführt, dass Neugeborene fast alle Laute aus den menschlichen Sprachen unterscheiden können und sie ihre Muttersprache vorziehen. Während die Babys dem Sprechen der Menschen um sie herum zuhören, lernen sie, sich auf bedeutsame Lautvariationen in ihrer Muttersprache zu konzentrieren. Um das Alter von sechs Monaten herum „sieben" sie Laute aus, die in ihrer Muttersprache nicht gebräuchlich sind (Kuhl et al., 1992; Polka & Werker, 1994).

In der zweiten Hälfte des ersten Jahres legen die Kinder den Schwerpunkt auf größere Spracheinheiten, die notwendig sind, um das zu verstehen, was sie hören. Sie erkennen vertraute Wörter in gesprochenen Passagen und können Satzteile und Redewendungen in Sätzen entdecken (Jusczyk & Aslin, 1995; Jusczyk & Hohne, 1997). Um das Alter von sieben bis neun Monaten erweitern die Kinder diese rhythmische Empfindsamkeit auf einzelne Wörter. Sie hören viel länger einer Sprache mit Tonmustern ihrer Muttersprache zu und nehmen sie in wortähnlichen Segmenten wahr (Jusczyk, Houston, & Newsome, 1999; Jusczyk, 2001).

Wie beginnen Kinder, die Struktur von Sätzen und Wörtern zu erkennen – Informationen, die unumgänglich sind für die Verknüpfung von Spracheinheiten mit ihrer Bedeutung? Die Forschung hat gezeigt, dass sie bemerkenswerte Analysatoren von Lautmustern sind. Beim Entdecken der Wörter zum Beispiel unterscheiden sie Silben, die häufig zusammen auftreten (und damit darauf hinweisen, dass sie zum gleichen Wort gehören), von denen, die selten miteinander auftreten (was eine Wortgrenze anzeigt) (Saffran, Aslin, & Newport, 1996). Sie bemerken auch Muster in Wortfolgen. In einer Studie, die Unsinnswörter benutzte, unterschieden Kinder im Alter von sieben Monaten die ABA- Struktur von „ga ti ga" und „li na li" von der ABB- Struktur von „wo fe fe" und „ta la la" (Marcus et al., 1999). Die Kinder schienen ein einfaches Muster der Wortfolge zu erkennen – eine Fähigkeit, die ihnen dabei hilft, die grundlegende Grammatik ihrer Muttersprache zu verstehen.

4.6.2 Sehen

Mehr als von jedem anderen Sinn sind Menschen vom Sehsinn abhängig, wenn sie ihre Umwelt erkunden. Obwohl die visuelle Welt eines Babys zunächst sehr bruchstückhaft ist, ist sie während der ersten sieben bis acht Monate ungewöhnlichen Veränderungen ausgesetzt.

Die visuelle Entwicklung wird von der schnellen Reifung des Auges und der Sehzentren auf der Großhirnrinde unterstützt. Erinnern Sie aus Kapitel 3, dass das neugeborene Baby schlecht Farbe fokussieren und wahrnehmen kann. Mit etwa zwei Monaten können Babys fast so gut wie Erwachsene Gegenstände fokussieren und Farben unterscheiden (Teller, 1998). Die Sehschärfe (Feinheit der Unterscheidung) verbessert sich stetig durch das erste Jahr hindurch und erreicht um den sechsten Monat fast das Niveau von 20/20, das ein Erwachsener hat (Gwiazda & Birch, 2001). Das Abtasten der Umwelt und das Ausfindigmachen sich

Abbildung 4.11: Die visuelle Klippe. Plexiglas bedeckt die tiefen und die flachen Seiten. Indem dieses Kind sich weigert, die tiefe Seite zu überqueren und eine Vorliebe für die flache Seite zeigt, demonstriert es die Fähigkeit, Tiefe wahrzunehmen.

bewegender Objekte verbessert sich über das erste Halbjahr hinweg, da das Kind nun die Augenbewegungen kontrollieren kann (von Hofsten & Rosander, 1998; Johnson, 1995).

Wenn Babys deutlicher sehen und ihr visuelles Feld geschickter erkunden, bekommen sie die Merkmale von Gegenständen heraus und wie diese im Raum angeordnet sind. Wir können am besten verstehen, wie sie das meistern, wenn wir zwei Aspekte des Sehens untersuchen: Tiefensehen und die Wahrnehmung von Mustern.

■ Tiefensehen

Tiefensehen ist die Fähigkeit, die Entfernungen zwischen Gegenständen voneinander und im Verhältnis zu uns selber einzuschätzen. Sie ist wichtig, um die Ordnung der Umgebung zu verstehen und die motorische Aktivität zu leiten. Um nach Gegenständen greifen zu können, müssen Babys einen gewissen Sinn für Tiefe haben. Später, wenn die Kinder krabbeln, hilft ihnen die Tiefenwahrnehmung dabei zu vermeiden, an Möbel anzustoßen und Treppen hinunterzufallen.

Abbildung 4.11 zeigt die bekannte *visuelle Klippe*, die von Eleanor Gibson und Richard Walk (1960) entworfen und für die frühesten Studien über Tiefenwahrnehmung benutzt wurde. Sie besteht aus einem Tisch, der mit Plexiglas bedeckt ist und in der Mitte eine Plattform hat, eine „flache" Seite mit einem Schachbrettmuster genau unter dem Glas und einer „tiefen" Seite mit einem Schachbrett über einem Meter unter dem Glas. Die Forscher fanden heraus, dass krabbelnde Babys die flache Seite bereitwillig überquerten, die meisten aber auf die tiefe Seite mit Angst reagierten. Sie folgerten daraus, dass die meisten Kinder um die Zeit, in der sie krabbeln, tiefe und flache Stellen unter der Plastikoberfläche unterscheiden können und abfallende Stellen vermeiden, die gefährlich aussehen.

Gibson und Walks Forschungen zeigen, dass Krabbeln und das Vermeiden abschüssiger Stellen zusammen auftreten, aber sie sagen uns nicht, wie sie zusammenhängen und wann die Tiefenwahrnehmung erstmals auftritt. Um die Entwicklung des Tiefensehens besser zu verstehen, haben Forscher sich mit der Fähigkeit von Babys, spezifische Hinweisreize für Tiefe wahrzunehmen, beschäftigt und Methoden eingesetzt, die kein Krabbeln erfordern.

Bewegung enthält eine Menge Informationen über Tiefe und ist der erste Hinweisreiz für Tiefe, auf den Babys sensibel reagieren. Babys im Alter von drei bis vier Wochen blinzeln in Abwehr mit den Augen, wenn sich ein Gegenstand ihrem Gesicht so nähert, als würde er es treffen (Nanez & Yonas, 1994). *Binokulare* (beidäugige) Tiefenhinweisreize treten auf, weil unsere zwei Augen zwei leicht verschiedene Sehweisen des visuellen Sehfeldes haben. Das Gehirn fügt diese beiden Bilder zusammen, registriert jedoch auch die Unterschiede zwischen ihnen. Forschungen, in denen Kinder spezielle Schutzbrillen tragen wie jene für 3-D-Filme, belegen, dass Sensibilität für binokulare Hinweisreize zwischen dem dritten und vierten Monat auftaucht und sich im Laufe des ersten Lebenshalbjahres schnell verbessert (Birch, 1993). Um den sechsten bis siebten Monat herum entwickeln Babys schließlich Sensibilität für *bildhafte* Tiefenhinweisreize – die gleichen, welche Künstler benutzen, um ein Bild dreidimensional erscheinen zu lassen. Beispiele dafür umfassen Linien, welche die Illusion von Perspektive schaffen, Veränderungen in der Struktur (nahe Strukturen sind detaillierter als entfernte) und sich überlappende Gegenstände (ein Gegenstand, der teilweise von einem anderen verdeckt wird, wird als weiter entfernt wahrgenommen) (Sen, Yonas, & Knill, 2001; Yonas et al., 1986).

Warum erscheint die Wahrnehmung von Tiefenhinweisreizen in der gerade beschriebenen Reihenfolge? Forscher mutmaßen, dass dabei die motorische Entwicklung eine Rolle spielt. Zum Beispiel kann die Kontrolle des Kopfes während der ersten Lebenswochen dem Baby dabei helfen, Bewegung und binokulare Reize zu erkennen. Und um den fünften bis sechsten Monat herum kann die Fähigkeit des Drehens, Stoßens und des Fühlens der Oberfläche von Dingen die Wahrnehmung bildhafter Reize fördern (Bushnell & Boudreau, 1993). In der Tat spielt, wie bald ersichtlich wird, ein Aspekt des motorischen Fortschritts – unabhängige Bewegung – eine wesentliche Rolle in der Verfeinerung der Tiefenwahrnehmung.

■ Krabbeln und Tiefenwahrnehmung

Mit sechs Monaten begann Timmy zu krabbeln. „Er scheint keine Furcht zu haben!", rief Vanessa aus. „Wenn ich ihn in die Mitte unseres Betts lege, krabbelt er einfach über den Rand. Das Gleiche passierte an der Treppe." Wird Timmy achtsamer bei der Bettkante und an der Treppe, wenn er besser krabbeln können wird? Die Forschung weist darauf hin, dass dem so ist. Kinder mit mehr Erfahrung beim Krabbeln (unabhängig davon,

Krabbeln fördert dreidimensionales Verständnis, so etwa Vermeidung von abschüssigen Höhen und ein Gedächtnis für die Lage von Gegenständen. Wenn dieses Baby sich in der Gegend bewegt, achtet es darauf, wie es sich von Ort zu Ort bewegt, in welchem Verhältnis sich die Gegenstände zu ihm selber und zu anderen Gegenständen befinden und wie sie von verschiedenen Standpunkten her aussehen.

wann sie mit dem Krabbeln beginnen) verweigern viel eher, die tiefe Seite der visuellen Klippe zu überqueren (Bertenthal, Campos, & Barrett, 1984).

Aus der intensiven täglichen Erfahrung merken Babys nach und nach, wie sie Hinweise auf Tiefe benutzen sollten, um die Gefahr des Fallens zu vermeiden. Aber weil der Verlust von Körperkontrolle, der zu einem Fall führt, sich für jede Körperhaltung stark unterscheidet, müssen Babys das getrennt für jede Haltung lernen. In einer Untersuchung setzte man neun Monate alte Babys, die sehr gut sitzen konnten, aber Neulinge im Krabbeln waren, an den Rand eines flachen Absatzes, der erhöht werden konnte (Adolph, 2000). In der vertrauten Sitzposition vermieden es die Kinder, sich für ein begehrtes Spielzeug vorzulehnen, das sich in einer Entfernung befand, die zum Fallen geführt hätte. Aber in der nicht vertrauten Haltung des Krabbelns bewegten sie sich auf den Rand zu, selbst wenn die Entfernung extrem weit war. In dem Maße, in dem Kinder entdecken, wie man in verschiedenen Haltungen und Situationen Fallen vermeiden kann, nimmt ihr Verständnis für Tiefe zu.

Krabbeln fördert andere Aspekte dreidimensionalen Verständnisses. So sind zum Beispiel geübte Krabbelkinder besser als ihre unerfahrenen Altersgenossen, sich an die Lage von Gegenständen zu erinnern und versteckte Gegenstände zu finden (Bai & Bertenthal, 1992; Campos et al., 2000). Warum hat das Krabbeln eine solche Bedeutung? Vergleichen Sie Ihre eigenen Erfahrungen, die Sie über Ihre Umgebung machen, wenn Sie von einem Platz zum anderen herumgefahren werden, im Gegensatz zu denen, wenn Sie selber laufen oder fahren. Wenn Sie sich selbstständig bewegen, sind Sie viel aufmerksamer für Orientierungspunkte und Wege und Sie achten viel sorgfältiger darauf, wie die Dinge aus verschiedenen Perspektiven aussehen. Das Gleiche gilt auch für kleine Kinder. In der Tat vermittelt das Krabbeln ein neues Niveau von Gehirnorganisation, wie es auch eine organisierte Aktivität der Hirnströme im Großhirn belegt. Vielleicht stärkt das Krabbeln bestimmte Nervenverbindungen, besonders jene, die für das Sehen und Raumverständnis verantwortlich sind (Bell & Fox, 1996). Wie der Kasten „Biologie und Umwelt" aufzeigt, wird die Verbindung von unabhängiger Bewegung und Fähigkeiten der räumlichen Vorstellung auch bei einer Gruppe sichtbar, die ganz andere Erfahrungen in der Wahrnehmung machen: Kinder mit schweren Sehstörungen.

■ Wahrnehmung von Mustern und vom Gesicht

Selbst Neugeborene sehen lieber auf gemusterte als auf schlichte Reize, zum Beispiel die Zeichnung eines menschlichen Gesichts oder eine Zeichnung mit bun-

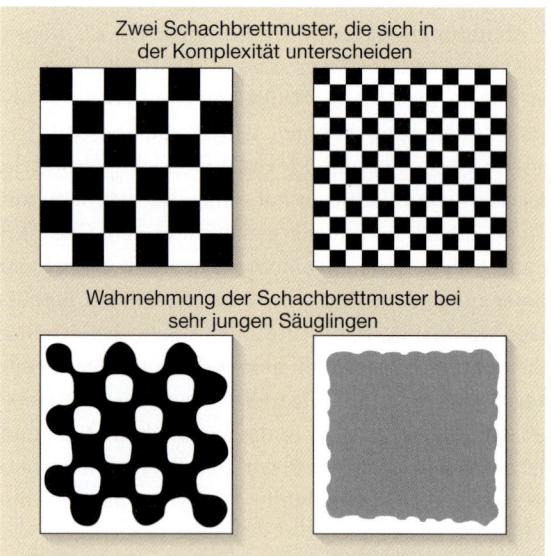

Abbildung 4.12: So sehen zwei Schachbretter, die sich in der Komplexität unterscheiden, für Babys in den ersten Lebenswochen aus. Wegen ihres schlechten Sehvermögens können ganz kleine Kinder das feine Detail in dem komplexen Schachbrett nicht erkennen. Es erscheint verschwommen, wie ein graues Feld. Das große, auffallende Schachbrett scheint mehr Kontrast zu haben, daher sehen es sich die Babys lieber an. (nach M. S. Banks & P. Salapatek, 1983, "Infant Visual Perception," in M. M. Haith & J. J. Campos [Hrsg.], Handbook of Child Psychology: Bd. 2. Infancy and Developmental Psychobiology [4th ed.], New York: Wiley, S. 504. Copyright © 1983 by John Wiley & Sons.).

Biologie & Umwelt: Entwicklung von Kleinkindern mit schweren Sehstörungen

Forschung an Kindern, die wenig oder gar nicht sehen können, illustriert auf dramatische Weise die wechselseitige Abhängigkeit von Sehen, motorischer Exploration, sozialer Interaktion und dem Verständnis der Welt. In einer Langzeitstudie verfolgte man Kinder mit einer Sehschärfe von 20/800 oder darüber (sie nahmen nur dämmriges Licht wahr oder waren blind) über ihre Vorschuljahre hinweg. Im Vergleich zu Altersgenossen mit weniger schweren Sehschäden zeigten sie in allen Aspekten der Entwicklung Verzögerungen. Am stärksten waren motorische und kognitive Funktionen betroffen: mit zunehmendem Alter entfernten sich die Leistungen in diesen beiden Bereichen immer mehr von denen altersgleicher Kinder (Hatton et al., 1997).

Was erklärt diese tief greifenden Entwicklungsverzögerungen? Minimale oder fehlende Sehkraft scheint die Erfahrung des Kindes in wenigstens zwei wesentlichen aufeinander bezogenen Bereichen zu verändern.

Einfluss auf die motorische Exploration und das räumliche Vorstellungsvermögen

Kinder mit schweren Sehschäden erlangen Meilensteine der Fein- und Grobmotorik viele Monate später als ihre Altersgenossen mit guter Sehkraft (Levtzion-Korach et al., 2000). Zum Beispiel greifen im Durchschnitt blinde Kinder erst mit zwölf Monaten nach Gegenständen und manipulieren sie, krabbeln erst mit 13 Monaten und laufen nicht vor 19 Monaten (vergleichen Sie diese Durchschnittswerte mit den Normen in Tabelle 4.1). Warum ist das so?

Kinder mit schweren Sehstörungen müssen sich auf Laute verlassen, um die Lage von Gegenständen zu identifizieren. Aber Laute werden erst viel später als der Anblick

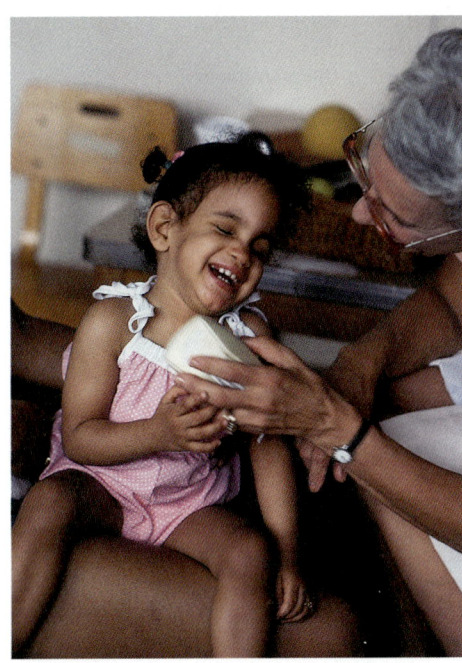

Dieses 20 Monate alte Baby, das nicht sehen kann, reagiert voller Freude auf seinen Vater, der es anleitet, einen neuen Gegenstand durch Berührung und Laute zu explorieren. Erwachsene, die die Anstrengungen ihrer Kinder ermutigen und verstärken, mit ihrer physischen und sozialen Welt in Kontakt zu treten, verhindern damit die Entwicklungsstörungen, die typischerweise mit Sehschäden einhergehen.

als genauer Hinweisreiz für die Lage eines Gegenstandes herangezogen – um die Mitte des ersten Jahres herum. Und weil Kinder, die schlecht sehen, Schwierigkeiten haben, ihre Pflegepersonen anzuregen, werden diese sie nicht einer vielfältigen frühzeitigen Darbietung von klingenden Gegenständen aussetzen. Daraus folgt, dass das Baby erst relativ spät darauf kommt, dass die Welt voll interessanter Dinge ist, die zu entdecken sind.

Bis das „Greifen nach Geräusch" erreicht ist, sind Kinder mit schweren Sehstörungen nicht motiviert, sich unabhängig zu bewegen. Wegen ihrer eigenen Unsicherheit und wegen des Schutzes und der Zurückhaltung ihrer Eltern aus Angst vor Verletzungen beim Kind, sind blinde Kinder typischerweise vorsichtig in ihren Bewegungen. Diese Faktoren verzögern die Entwicklung noch mehr.

Motorische und kognitive Entwicklung sind eng miteinander verbunden, besonders bei Kindern mit geringer oder gar keiner Sehkraft. Diese Babys bilden erst dann ein Verständnis für Lage und Anordnung von Objekten, wenn sie greifen und krabbeln können (Bigelow, 1992). Die Unfähigkeit, motorische Aktionen anderer zu imitieren, stellt eine weitere Hürde dar, wenn diese Kinder älter werden; weitere Abnahme des motorischen und kognitiven Fortschritts im Vergleich mit besser sehenden Altersgenossen ist die Folge (Hatton et al., 1997).

Einfluss auf die Beziehung von Pflegeperson und Kind

Kinder, die schlecht sehen, haben große Schwierigkeiten, stimulierende Interaktionen mit den Pflegepersonen hervorzurufen. Sie können keinen Augenkontakt herstellen, nicht imitieren und verbale soziale Hinweisreize nicht aufnehmen. Ihr emotionaler Ausdruck ist stumpf; zum Beispiel ist ihr Lächeln flüchtig und unvorhersehbar. Folglich erhalten diese Kinder wenig Aufmerksamkeit durch Erwachsene, Spiele und andere Stimulationen, die für alle Aspekte der Entwicklung wesentlich sind (Tröster & Brambring, 1992).

Wenn ein Kind mit Sehschäden während der Säuglingszeit nicht lernt, an sozialen Interaktionen teilzunehmen, ist auch in der frühen Kindheit die Kommunikation vermindert. In einer Studie, in der blinde Kinder beobachtet wurden, die mit sehenden Altersgenossen zusammen eine Vorschule besuchten, nahmen die blinden Kinder von sich aus wenig Kontakt auf mit Lehrern und Klassenkameraden. Wenn sie interagierten, hatten sie Schwierigkeiten damit, die Bedeutung der Reaktionen der anderen zu verstehen und angemessen zu reagieren (Preisler, 1991, 1993).

Interventionen

Eltern, Lehrer und professionelle Pflegepersonen können Kindern mit schlechtem Sehvermögen dabei helfen, durch stimulierende Kontaktangebote Entwicklungsstörungen zu überwinden. Bevor nicht eine enge emotionale Verbindung mit einem Erwachsenen geschmiedet ist, kann ein Kind mit Sehschädigung keine wesentlichen Beziehungen mit seiner Umgebung aufbauen.

Techniken, die Kindern helfen, sich ihrer physischen und sozialen Umwelt bewusst zu werden, versuchen mehrere Sinnesgebiete gleichzeitig anzusprechen, z.B. durch die Kombination von Geräusch und Berührung (Halten, Berühren oder die Hände des Babys ans Gesicht des Erwachsenen zu führen, während dieser spricht oder singt), durch häufiges Wiederholen die Anstrengungen des Babys immer wieder verstärken, in Kontakt mit seiner Umwelt zu treten. Spielen mit Gegenständen mit den Händen ist ebenfalls lebenswichtig. Schließlich kann häufige sprachliche Anregung den Verlust des Sehens kompensieren (Conti-Ramsden & Perez-Pereira, 1999). Sie ermöglicht kleinen Kindern, über Gegenstände, Vorgänge und Verhaltensweisen zu lernen, die sie nicht sehen können. Wenn erst einmal die Sprache ins Spiel kommt, zeigen viele Kinder mit begrenzter oder fehlender Sehkraft beeindruckende Reaktionen. Einige erlangen eine einzigartige Fähigkeit zum abstrakten Denken und viele meistern soziale und praktische Fertigkeiten, die ihnen erlauben, ein produktives, unabhängiges Leben zu führen (Warren, 1994).

---

ten Gesichtsmerkmalen statt einem Oval in weiß und schwarz (Fantz, 1961). Wenn die Kinder älter werden, bevorzugen sie komplexere Muster. So schauen drei Wochen alte Kinder am längsten auf schwarz-weiße Schachbretter mit einigen großen Quadraten, während Kinder von acht und 14 Wochen solche mit vielen Quadraten bevorzugen (Brennan, Ames, & Moore, 1966).

Ein generelles Prinzip, **Kontrastempfindung** bzw. **Kontrastsensibilität,** erklärt diese frühen Vorlieben bei Mustern (Banks & Ginsburg, 1985). Der Kontrast bezieht sich auf die Unterschiede in den Lichtanteilen angrenzender Regionen in einem Muster. Wenn Babys sensibel sind für den Kontrast in zwei oder mehr Mustern (ihn entdecken können), bevorzugen sie das Muster mit dem größeren Kontrast. Um diesen Gedanken zu verstehen, sehen Sie sich die Schachbrettmuster in der oberen Reihe von Abbildung 4.12 an. Für uns hat das mit den vielen kleinen Quadraten mehr kontrastierende Elemente. Jetzt sehen Sie auf die untere Reihe, die zeigt, wie diese Schachbrettmuster kleinen Kindern in den ersten Lebenswochen erscheint. Wegen ihres schlechten Sehvermögens können ganz kleine Babys die Merkmale in komplexeren Mustern nicht erkennen, daher sehen sie lieber auf das groß und auffallend gemusterte Schachbrett. Um den zweiten Monat herum, wenn das Wahrnehmen feinkörniger Details sich verbessert hat, werden die Kinder sensibel für den Kontrast in komplexen Mustern und verbringen mehr Zeit damit, diese anzuschauen (Gwiazda & Birch, 2001; Teller, 1997).

In den ersten Lebenswochen reagieren Säuglinge auf gesonderte Teile des Musters. Wenn man zum Beispiel Säuglingen von einem Monat Zeichnungen menschlicher Gesichter zeigt, begrenzen sie ihre visuelle Erkundung auf den Randbereich des Reizes und starren auf vereinzelte Merkmale mit starken Kontrasten wie dem Haaransatz und das Kinn (siehe Abbildung 4.13). Um zwei Monate herum, mit verbesserter Fähigkeit zum Abtasten und Sensibilität für Kontraste, untersuchen die Säuglinge genau die inneren Merkmale eines Musters mit kurzen Pausen dazwischen, um jedes Teil anzusehen (Bronson, 1991). Wenn die Kinder dann alle Aspekte eines Musters aufnehmen können, integrieren sie diese zu einem Ganzen. Mit etwa vier Monaten sind sie so gut in der Wahrnehmung von Mustern, dass sie sogar subjektive Grenzen wahrnehmen, die nicht wirklich da sind. Zum Beispiel nehmen sie in der

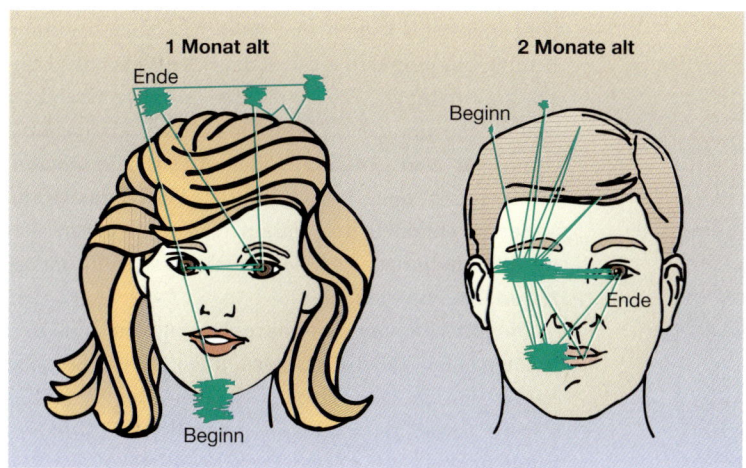

Abbildung 4.13: Visuelles Abtasten des Musters eines menschlichen Gesichts von Säuglingen im Alter von ein bis zwei Monaten. Ein Monat alte Säuglinge begrenzen ihr Abtasten auf die Grenzen des Reizes, während zwei Monate alte Säuglinge die inneren Merkmale erkunden (aus P. Salapatek, 1975, "Pattern Perception in Early Infancy," in L. B. Cohen & P. Salapatek [Hrsg.], Infant Perception: From Sensation to Cognition, New York: Academic Press, S. 201).

Mitte von Abbildung 4.14a ein Quadrat wahr, genau wie Sie es tun (Ghim, 1990). Ältere Säuglinge treiben diese Reaktionsbereitschaft auf subjektive Formen noch weiter. So zeigen zum Beispiel neun Monate alte Babys eine besondere Vorliebe für eine organisierte Reihe sich bewegender Lichter, die einem menschlichen Wesen gleichen, das läuft; sie schauen diese Darbietung länger an als die Versionen, die auf dem Kopf stehen oder ungeordnet sind (Bertenthal, 1993). Um das Alter von zwölf Monaten herum können Babys Gegenstände wahrnehmen, die durch unvollständige Zeichnungen wiedergegeben werden, selbst wenn so bis zu zwei Drittel der Zeichnung fehlen (siehe Abbildung 4.14b) (Rose, Jankowski, & Senior, 1997).

Die Tendenz des Babys, in gemusterten Reizen nach Strukturen zu suchen, trifft auch auf die Wahrnehmung des Gesichts zu. Neugeborene schauen lieber auf gesichtsähnliche Reize mit Merkmalen, die natürlich (aufrecht) statt unnatürlich (über Kopf oder von der Seite) angeordnet sind (siehe Abbildung 4.15a) (Mondloch et al., 1999). Sie verfolgen ein gesichtsähnliches Muster, das sich über ihr Gesichtsfeld bewegt, auch in weiterer Entfernung, als sie es bei anderen Reizen tun (Johnson, 1999). Einige Forscher behaupten, dass diese Verhaltensweisen eine vorhandene Fähigkeit widerspiegeln, sich an Mitgliedern der eigenen Spezies zu orientieren, wie es auch viele neugeborene Tiere tun (Johnson, 2001). Andere argumentieren, dass Neugeborene häufiger Gesichtern ausgesetzt sind als anderen Reizen – frühe Erfahrungen, die im Gehirn schnell Verbindungen „verdrahten" könnten, die darauf eingestellt sind, Gesichter wahrzunehmen.

Obwohl Neugeborene auf einfache gesichtsähnliche Strukturen reagieren, können sie ein komplexes Gesichtsmuster nicht von einem anderen komplexen Muster unterscheiden (siehe Abbildung 4.15b). Mit zwei bis drei Monaten, wenn die Babys Teile des Reizes in ein organisiertes Ganzes integrieren können,

Abbildung 4.14: Subjektive Grenzen in visuellen Mustern. (a) Nehmen Sie ein Quadrat in der Mitte der Figur links wahr? Um vier Monate herum tun das Säuglinge auch. (b) Wie sieht für Sie das Bild rechts, dem zwei Drittel seines Umrisses fehlen, aus? Mit zwölf Monaten erkennen Kinder das Bild eines Motorrades. Nachdem sie sich an das Bild des unvollständigen Motorrades gewöhnt hatten, zeigte man ihnen das Bild eines vollständigen Motorrades, gepaart mit einer neuen Form. Zwölf Monate alte Kinder kamen auf die neue Form zurück (sahen sie länger an) und zeigten damit, dass sie das Muster des Motorrades auf der Grundlage von sehr wenigen visuellen Informationen erkannten (nach Ghim, 1990; Rose, Jankowski, & Senior, 1997).

Und zwischen sieben und zehn Monaten beginnen Kinder, emotionalen Ausdruck als bedeutsames Ganzes zu verstehen. Sie betrachten positive Gesichter (glückliche und überraschte) als anders als negative (traurigen und solchen voller Angst) (Ludemann, 1991). Indem Säuglinge expressive Verhaltensweisen anderer verstehen und darauf reagieren, unterstützt die Wahrnehmung von Gesichtern ihre frühesten sozialen Beziehungen.

Die Entwicklung der Wahrnehmung von Tiefe und Muster ist in Tabelle 4.2 zusammengefasst. Bis jetzt haben wir die sensorischen Systeme des Säuglings einzeln betrachtet. Jetzt wollen wir ihre Koordination untersuchen.

4.6.3 Intermodale Wahrnehmung

Wenn wir Informationen aus der Umwelt aufnehmen, setzen wir oft eine **intermodale Wahrnehmung** ein. Das heißt, wir kombinieren Stimulierungen aus mehr als einer *Modalität* oder einem sensorischen System. Neueres Beweismaterial deutet darauf hin, dass Babys die Welt von Anbeginn auf eine intermodale Weise wahrnehmen (Meltzoff, 1990; Spelke, 1987). Erinnern Sie sich, dass Neugeborene sich in die allgemeine Richtung eines Geräusches wenden und auf eine primitive Weise nach Gegenständen greifen. Diese Verhaltensweisen lassen annehmen, dass Säuglinge Sichtbares, Klänge und Berührungen zusammen erwarten. Indem sie die Integration sensorischer Modalitäten auf eine solche Weise erleben, werden sehr kleine Babys darauf vorbereitet, den Wert intermodaler Assoziationen in ihrem täglichen Leben zu erkennen (Slater et al., 1999).

Innerhalb weniger Monate nehmen Säuglinge eindrucksvolle intermodale Zuordnungen vor. Säuglinge von drei und vier Monaten können die sich bewegenden Lippen von einem Kind oder einem Erwachsenen den entsprechenden Lauten der Sprache zuordnen. Und Babys von sieben Monaten können eine glückliche oder ärgerliche Stimme dem passenden Gesicht einer sprechenden Person zuordnen (Bahrick, Netto, & Hernandez-Reif, 1998; Soken & Pick, 1992). Natürlich müssen viele intermodale Verknüpfungen, etwa die Weise, wie sich ein Zug anhört und wie sich ein Teddybär anfühlt, auf direkter Erfahrung gegründet sein. Doch stellen selbst Neugeborene diese Beziehungen bemerkenswert schnell her, oft nach nur einem Kontakt mit der neuen Situation (Morrongiello, Fenwick, & Chance, 1998). Wenn Forscher versuchen, Babys in-

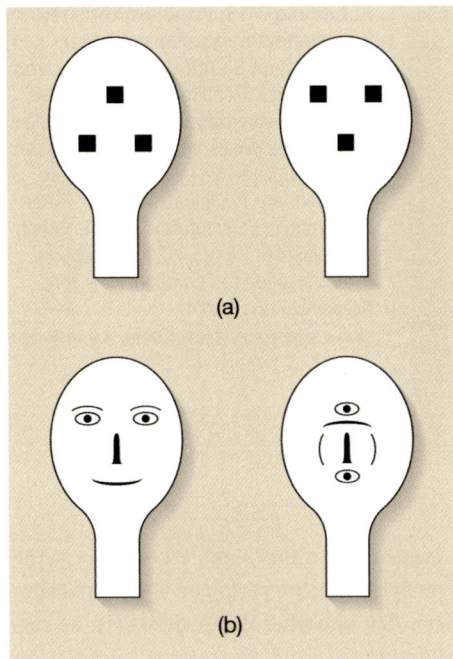

Abbildung 4.15: Frühe Wahrnehmung des Gesichts.
(a) Neugeborene schauen lieber auf das einfache Muster rechts, das einem Gesicht ähnelt, als auf die Version links, die auf dem Kopf steht. Diese Vorliebe für einen gesichtsähnlichen Reiz verschwindet etwa in der sechsten Woche. Einige Forscher nehmen an, dass diese Bevorzugung angeboren ist und dass sich Neugeborene an Menschen orientieren. Diese Orientierung wird durch komplexeres Wahrnehmungslernen ersetzt, wenn sich die Großhirnrinde entwickelt und visuelle Fähigkeiten sich verbessert haben.
(b) Wenn die komplexe Zeichnung eines Gesichts auf der linken Seite und die gleich komplexe, ungeordnete Zeichnung rechts über das Gesichtsfeld eines Neugeborenen bewegt werden, folgt es länger dem Gesicht – eine weitere Erkenntnis, die auf eine angeborene Fähigkeit hinweist, sich an Menschen zu orientieren. Wenn die beiden Reize jedoch nebeneinander gezeigt werden, zeigen die Kinder vor dem Alter von zwei bis drei Monaten keine Vorliebe für das Gesicht (aus Johnson, 1999; Mondloch et al., 1999).

ziehen sie die Zeichnung des menschlichen Gesichts anderen, ähnlich komplexen Anordnungen vor (Dannemiller & Stephens, 1988). Die Tendenz des Babys, nach Strukturen in Mustern zu suchen, wird schnell auf die Wahrnehmung des Gesichts angewendet. Um zwei Monate herum erkennen Säuglinge Aspekte der Gesichtsmerkmale ihrer Mutter; sie schauen länger auf ihr Gesicht als auf das einer ihnen nicht vertrauten Frau (Bartrip, Morton, & de Schonen, 2001).

Um drei Monate herum machen Säuglinge feine Unterschiede zwischen den Merkmalen verschiedener Gesichter. So können sie zum Beispiel den Unterschied zwischen den Fotos zweier Fremder machen, selbst wenn die Gesichter sich leicht ähneln.

Tabelle 4.2

Entwicklung visueller Wahrnehmung

	Geburt–1 Monat	2–4 Monate	5–12 Monate
Tiefenwahrnehmung	Sensibilität für Schlüsselreize wie Bewegung	Sensibilität für binokulare Schlüsselreize	Sensibilität für bildhafte Schlüsselreize; Vorsicht bei Höhe
Wahrnehmung von Mustern	Vorliebe für Muster mit großen Elementen; Visuelle Erkundung auf Grenzen von Reizen und einzelne Merkmale beschränkt	Visuelle Erkundung des gesamten Reizes einschließlich innerer Merkmale; Elemente von Mustern werden in ein Ganzes organisiert	Wahrnehmung zunehmend komplexer bedeutsamer Muster
Wahrnehmung des Gesichts	Vorliebe für ein einfaches, gesichtsähnliches Muster	Vorliebe eines komplexen gesichtsähnlichen Musters über andere, ebenso komplexe Muster; Vorliebe für das Gesicht der Mutter gegenüber dem Gesicht einer nicht vertrauten Frau; Fähigkeit, Fotos von Gesichtern fremder Personen zu unterscheiden	Fähigkeit, emotionalen Ausdruck als bedeutsames Ganzes wahrzunehmen

termodale Zuordnungen beibringen zu wollen, etwa Sichtbares und Geräusche, die eigentlich nicht zusammengehören, lernen sie das nicht (Bahrick, 1992).

Wie kommt es, dass die intermodale Wahrnehmung so früh beginnt und sich so schnell entwickelt? Junge Säuglinge scheinen biologisch vorbereitet zu sein, sich auf intermodale Informationen zu konzentrieren. Sie nehmen Veränderungen der Stimulation, die gleichzeitig in zwei Modalitäten stattfinden (Sichtbares und Geräusch), besser wahr als solche, die einzeln auftreten (Lewkowicz, 1996). Darüber hinaus entwickelt sich die Wahrnehmung amodaler Beziehungen – z.B. das gleiche Tempo und Rhythmus beim Sehen und Hören klatschender Hände – zuerst und kann eine Basis für die Wahrnehmung anderer intermodaler Zuordnungen darstellen (Bahrick, 2001). Schließlich versieht die frühe Eltern-Baby-Beziehung das Kind mit einem reichen Kontext – bestehend aus vielen konkurrierenden Bildern, Lauten, Berührungen und Gerüchen – und weitet damit das intermodale Wissen aus (Lickliter & Bahrich, 2000). Die intermodale Wahrnehmung ist eine weitere Fähigkeit, welche die aktiven Anstrengungen des kleinen Kindes illustriert, eine geordnete, vorhersehbare Welt aufzubauen.

4.6.4 Die Entwicklung der Wahrnehmung verstehen

Wie können wir nun, da wir die Entwicklung der kindlichen Wahrnehmungsfähigkeiten betrachtet haben, diese unterschiedliche Menge erstaunlicher Leistungen zusammenführen? Eleanor und James Gibson geben eine weithin akzeptierte Antwort. Entsprechend der Gibson'schen **Differenzierungstheorie** suchen Säuglinge aktiv nach invarianten Merkmalen der Umwelt – nach solchen, die stabil bleiben – in einer sich ständig verändernden Wahrnehmungsumwelt. Bei der Wahrnehmung von Mustern zum Beispiel sind Babys zunächst mit einer verwirrenden Menge von Reizinformationen konfrontiert. Aber sehr schnell suchen sie nach Merkmalen, die über die Grenze eines Reizes hinausgehen und orientieren sich an Bildern, die grob ein Gesicht repräsentieren. Bald schon entdecken sie innere Merkmale, *stabile Beziehungen,* zwischen diesen Merkmalen. Folglich entdecken sie Muster, so etwa Quadrate und komplexe Gesichter. Die Entwicklung der intermodalen Wahrnehmung spiegelt dieses Prinzip ebenfalls wider. Babys suchen nach invarianten Beziehungen – zunächst ein gemeinsames Tempo

4.6 Die körperliche Entwicklung im Säuglings- und Kleinkindalter

oder einen Rhythmus in gleichzeitig auftauchenden Bildern und Lauten, später dann detailliertere Verbindungen –, die Informationen über Modalitäten hinweg verbinden.

Die Gibsons benutzten das Wort *Differenzierung* (was analysieren oder aufgliedern bedeutet), um ihre Theorie zu beschreiben, weil die Babys mit der Zeit immer feinere Merkmale zwischen den Reizen entdecken. Zusätzlich zur Wahrnehmung von Mustern gilt die Differenzierung auch für die Tiefenwahrnehmung; es sei daran erinnert, wie Sensibilität für Bewegung und binokulare Hinweisreize der Wahrnehmung feinkörniger bildhafter Merkmale vorangehen. So kann man die Entwicklung der Wahrnehmung verstehen, indem man sie als angeborene Tendenz ansieht, die nach Ordnung und Konsistenz sucht, eine Fähigkeit, die mit zunehmendem Alter immer feiner angepasst wird (Gibson, 1970; Gibson, 1979).

Das Handeln in der Umwelt ist lebenswichtig in der Differenzierung der Wahrnehmung. Erinnert sei an die Verbindungen zwischen motorischen Meilensteinen und der Entwicklung der Wahrnehmung, wie wir sie in diesem Kapitel diskutierten. Säuglinge suchen ständig nach Wegen, mit denen die Umwelt Möglichkeiten zum Handeln bietet (Gibson, 2000). Indem sie sich bewegen und die Umwelt erkunden, finden sie heraus, welche Gegenstände angefasst, zusammengepresst, gestoßen oder gestrichelt werden können und wann ein Untergrund sicher überquert werden kann oder die Möglichkeit des Fallens einschließt. Folglich differenzieren sie die Welt auf eine neue Weise und handeln kompetenter (Adolph, 1997).

Am Ende dieses Kapitel soll noch angemerkt werden, dass einige Forscher der Meinung sind, Babys unternehmen mehr als nur aus Erfahrungen zu lernen, wenn sie nach invarianten Merkmalen suchen. Stattdessen weisen sie den Dingen, die sie wahrnehmen, eine Bedeutung zu und konstruieren damit Kategorien von Gegenständen und Vorkommnissen in der umgebenden Welt. Wir haben einen Einblick in diesen kognitiven Standpunkt in diesem Kapitel bekommen. Zum Beispiel interpretieren ältere Babys ein vertrautes Gesicht als eine Quelle der Freude und Zuneigung und ein Muster blinkender Lichter als eine sich bewegende menschliche Gestalt. Diese kognitive Perspektive hat den Vorteil, die Leistungen der Kindheit zu verstehen. In der Tat kombinieren viele Forscher diese beiden Positionen: sie erklären, dass die kindliche Entwicklung fortschreitet von einer eher durch Informationsaufnahme und durch Wahrnehmung bestimmten zu einer, die die kognitive Konstruktionsleistung im ersten Lebensjahr betont (Haith & Benson, 1998; Mandler, 1998).

Prüfen Sie sich selbst…

Rückblick
Zeigen Sie an der Forschung über das Krabbeln, wie die motorische Entwicklung und die der Wahrnehmung sich gegenseitig unterstützen.

Rückblick
Wie verändert sich die Wahrnehmung des Gesichts über das erste Lebensjahr hinweg und welche Fortschritte in der Wahrnehmung von Mustern unterstützen sie?

Anwendung
Nach etlichen Wochen des Krabbelns lernte Benji zu vermeiden, mit dem Kopf voran die Treppen hinunterzukommen. Jetzt hat er angefangen zu laufen. Können seine Eltern ihm trauen, dass er nicht versuchen wird, eine steile Oberfläche hinunterzulaufen? Erklären Sie.

Zusammenhänge
Die Differenzierungshypothese besagt, die Entwicklung der Wahrnehmung spiegele die aktive Suche des Kindes nach invarianten Merkmalen wider. Geben Sie Beispiele aus der Forschung über das Hören, die visuelle Wahrnehmung von Mustern und intermodale Wahrnehmung.

Prüfen Sie sich selbst…

Zusammenfassung

Körperliche Entwicklung
Beschreiben Sie die wichtigsten Veränderungen der Körpergröße in den ersten beiden Lebensjahren.
- Veränderungen in Größe und Gewicht erfolgen während der ersten zwei Jahre sehr schnell. Das Körperfett bildet sich in den ersten neun Monaten rasch, während die Muskelentwicklung langsam und schrittweise stattfindet. Die Entwicklung des Skeletts ist der beste Weg, die körperliche Reife eines Kindes einzuschätzen; Mädchen sind den Jungen voraus. Das Wachstum von Körperteilen folgt **cephalocaudalen** (vom Kopf zum Steiß) und **proximodistalen Trends** (körpernah zu körperfern), was zu Veränderungen der Körperproportionen führt.

Gehirnentwicklung
Welche Veränderungen geschehen in der Hirnentwicklung während der Säuglingszeit und im Kleinkindalter auf der Ebene der einzelnen Gehirnzellen und auf der Ebene der Großhirnrinde?
- In der frühen Entwicklung wächst das Gehirn schneller als alle anderen Körperorgane. Wenn **Nervenzellen** erst einmal den für sie vorgesehenen Platz eingenommen haben, bilden sie eine hohe Anzahl von **Synapsen** oder Verbindungen. Während der Hauptwachstumsperiode in allen Hirnregionen sterben viele umgebende Nervenzellen ab, um Raum für neue synaptische Verbindungen zu schaffen. Die Stimulierung legt fest, welche Nervenzellen überleben werden und fortfahren, neue Synapsen zu bilden, und welche ihre verbindenden Fasern durch „**Eindämmen**" oder „**Zurechtstutzen**" (pruning) verlieren werden. **Gliazellen**, die für die **Myelinisierung** verantwortlich sind, vermehren sich während des zweiten Jahres sehr schnell und tragen zu großen Wachstumsschüben des Gehirns bei.
- Verschiedene Regionen der Großhirnrinde entwickeln sich in der gleichen Reihenfolge, in der beim wachsenden Kind verschiedene Fähigkeiten auftauchen, wobei sich die Frontallappen mit am spätesten entwickeln. **Lateralisierung** bezieht sich auf die Spezialisierung der beiden Hemisphären der Großhirnrinde. Obwohl bereits bei der Geburt eine gewisse Hirnspezialisierung besteht, herrscht in den ersten Lebensjahren eine starke **Hirnplastizität** vor. Zur Organisation des Gehirns tragen sowohl Vererbung als auch frühe Erfahrungen bei.
- Veränderungen in der Aktivität der elektrischen Hirnströme im Kortex in Verbindung mit Hirngewicht und Schädelgröße weisen darauf hin, dass von der Kindheit bis zum Ende der Adoleszenz Schübe von Hirnwachstum stattfinden. Diese fallen mit wichtigen kognitiven Veränderungen zusammen und sind möglicherweise sensible Phasen, in welchen eine angemessene Stimulierung für die volle Entwicklung notwendig ist.

Wie verändert sich die Organisation von Schlaf und Wachsein über die ersten beiden Jahre?
- Die sich verändernden Aktivierungszustände des Säuglings werden primär vom Hirnwachstum beeinflusst, aber die soziale Umwelt spielt ebenfalls eine Rolle. Kurze Schlafperioden und Wachperioden werden zusammengelegt und passen sich zunehmend besser dem Tag-Nachtrhytmus der Erwachsenen an. Babys in westlichen Gesellschaften schlafen viel früher die Nacht durch als Babys im Rest der Welt, die mit ihren Eltern zusammen schlafen.

Einflüsse auf das frühe körperliche Wachstum
Zeigen Sie, dass Vererbung, Ernährung sowie Zuneigung und Anregung zum frühen körperlichen Wachstum beitragen.
- Zwillings- und Adoptionsstudien belegen, dass Vererbung die Körpergröße und das Ausmaß körperlichen Wachstums mitbestimmt.
- Muttermilch ist den Wachstumsbedürfnissen des Kindes ideal angepasst und bietet Schutz gegen Erkrankungen. Das Stillen bewahrt vor Fehlernährung und Säuglingssterblichkeit in von Armut betroffenen Gebieten der Welt. Obwohl sich gestillte und mit der Flasche ernährte Kinder in der emotionalen Anpassung nicht unterscheiden, berichten einige Untersuchungen über leichte Vorteile bei Testuntersuchungen von Kindern und Heranwachsenden, die gestillt worden sind.
- Die meisten pummeligen Babys nehmen während der Kleinkindzeit und der frühen Kindheit ab. Säuglinge und Kleinkinder können reichhaltige Nahrung zu sich nehmen ohne das Risiko von Übergewicht.
- **Marasmus** und **Kwashiorkor** (Mehlnährschaden) sind Ernährungskrankheiten, die durch Fehlernährung hervorgerufen und von denen viele Kinder in Entwicklungsländern betroffen sind. Wenn diese Krankheiten lange andauern, können Körperwachstum und Hirnentwicklung für immer gehemmt werden.
- **Nichtorganisch bedingte Entwicklungsstörungen** unterstreichen die Bedeutung von Anregung und Zuneigung für ein normales körperliches Wachstum.

Das Lernvermögen des Kindes
Beschreiben Sie vier Arten des Lernens, die Bedingungen, unter denen sie auftreten, und die spezielle Bedeutung einer jeden Fähigkeit.
- **Klassische Konditionierung** erlaubt den Kindern zu erkennen, welche Ereignisse in der Regel im Alltag zusammen auftreten, Säuglinge können **klassisch konditioniert** werden, wenn die Paarung eines **unkonditionierten Stimulus (UCS)** (unbedingten Reizes) mit einem **konditionierten Stimulus (CS)** (bedingten Reiz) eine Bedeutung für das Überleben hat. Kleine Babys können sehr leicht in der Nahrungssituation konditioniert werden. Klassische Konditionierung von Angst ist vor dem Alter von sechs Monaten schwierig.
- **Operante Konditionierung** hilft Babys dabei, ihre Umgebung zu explorieren und zu kontrollieren. Zusätzlich zur Nahrung können interessante Bilder und Geräusche als wirksame **Verstärker** dienen, welche das Auftauchen eines vorangegangenen Verhaltens vergrößern. **Bestrafung** umfasst das Wegnehmen eines erwünschten Reizes oder die Präsentation eines unangenehmen Reizes, um das Auftauchen einer Reaktion zu vermindern.
- **Habituierung** und **Dishabituierung** (Erholung) zeigen, dass Babys bei der Geburt von Neuigkeiten angezogen werden. Sie neigen dazu, stärker auf ein neues

Element zu reagieren, das in ihre Umwelt getreten ist. Neugeborene haben auch eine primitive Fähigkeit, den Gesichtsausdruck und die Gesten von Erwachsenen zu imitieren. **Imitation** ist eine wirkungsvolle Art des Lernens und trägt bei zur Eltern-Kind-Bindung.

Die motorische Entwicklung

Beschreiben Sie den generellen Verlauf der motorischen Entwicklung während der ersten beiden Jahre in Verbindung mit den Faktoren, die diese beeinflussen.

- Wie die körperliche Entwicklung folgt auch die motorische der cephalokaudalen und proximodistalen Wachstumsrichtung. Gemäß der **dynamischen Systemtheorie der motorischen Entwicklung** werden neue motorische Fertigkeiten erworben durch die Kombination existierender Fertigkeiten mit zunehmend komplexeren Handlungssystemen. Jede neue Fertigkeit ist ein Gemeinschaftsprodukt der Entwicklung des Zentralnervensystems, der Bewegungsmöglichkeiten des Körpers, von Zielen, die sich das Kind steckt, und der Unterstützung der Fertigkeit durch die soziale und physische Umgebung.
- Bewegungsmöglichkeiten und eine anregende Umgebung beeinflussen die motorische Entwicklung nachhaltig, wie es Forschung an Kindern zeigt, die in Heimen aufgezogen wurden und hier unter sehr reizarmen Bedingungen aufwuchsen. Kulturelle Werte und Methoden der Kindererziehung tragen zum Entstehen und zur Verfeinerung früher motorischer Fertigkeiten bei.
- Im ersten Jahr vervollkommnen Kinder das Erreichen und Greifen von Gegenständen. Die schlecht koordinierte Vorform des Greifens (pre-reaching), die **rudimentäre Auge-Hand-Koordination** der Neugeborenenperiode hört auf. Das eigenständige Greifen wird nach und nach genauer und flexibler und der ungeschickte ulnäre Griff (vom Ellenbogen her) verändert sich zum verfeinerten Pinzettengriff.

Die Entwicklung der Wahrnehmung

Welche Veränderungen beim Hören, der Wahrnehmung von Tiefe und Mustern und in der intermodalen Wahrnehmung finden während der Kindheit statt?

- Im ersten Jahr können Säuglinge Geräusche in komplexere Muster organisieren und die Schallquelle erkennen. Die Kinder reagieren auch auf Lautunterschiede in ihrer Muttersprache und auf Unterschiede in den Lautmustern zwischen ihrer Muttersprache und einer Fremdsprache. Während der ersten Hälfte des ersten Lebensjahres setzen sie ihre bemerkenswerte Fähigkeit, Klangmuster zu analysieren, ein, um bedeutungsvolle Spracheinheiten zu erkennen.
- Die schnelle Entwicklung des Auges und visueller Zentren im Gehirn unterstützen die Entwicklung von Akkomodation, Farbunterscheidung und Sehschärfe während des ersten halben Jahres. Die Fähigkeit, die Umgebung mit den Augen abzutasten und sich bewegende Gegenstände zu verfolgen, verbessert sich ebenfalls.
- Die Forschung über die Tiefenwahrnehmung hat gezeigt, dass Reaktionsbereitschaft auf Bewegungshinweise sich zuerst entwickelt, gefolgt von der Sensibilität für binokulare und dann bildhafte Reize. Erfahrung im Krabbeln fördert die Tiefenwahrnehmung und andere Aspekte dreidimensionalen Verständnisses. Jedoch müssen Babys bei jeder Körperhaltung lernen, Stürze zu vermeiden.
- **Kontrastsensibilität** erklärt frühe Vorlieben für Muster bei Babys. Zuerst betrachten sie den Randbereich eines Reizes und einzelne Merkmale. Etwa im Alter von zwei Monaten erkunden sie innere Merkmale eines Musters und fangen an, die Organisation von Mustern wahrzunehmen. Mit der Zeit unterscheiden sie zunehmend komplexe bedeutungsvolle Muster.
- Neugeborene ziehen es vor, einfache, gesichtsähnliche Reize anzusehen und nachzufahren, was auf eine sich ständig anpassende Fähigkeit zur Orientierung an Angehörige der menschlichen Spezies schließen lässt. Mit zwei bis drei Monaten können sie ein komplexes Gesichtsmuster unterscheiden und feine Unterschiede zwischen den Merkmalen verschiedener Gesichter wahrnehmen. Im zweiten Lebenshalbjahr nehmen sie emotionalen Ausdruck als bedeutsames Ganzes wahr.
- Von Beginn an haben Babys die Fähigkeit einer **intermodalen Wahrnehmung.** Während des ersten Jahres kombinieren sie schnell Informationen über sensorische Modalitäten hinweg, oft sogar nach nur einer Exposition in einer neuen Situation. Wahrnehmung amodaler Beziehungen (so wie gleiches Tempo und Rhythmus von Bildern und Geräuschen) haben Vorrang und geben möglicherweise die Grundlage ab für die Wahrnehmung anderer intermodaler Verbindungen.

Erklären Sie die Differenzierungstheorie der Entwicklung von Wahrnehmung.

- Gemäß der **Differenzierungshypothese** ist die Wahrnehmungsentwicklung ein Feld der Wahrnehmung von **invarianten Merkmalen** in einer sich ständig verändernden Wahrnehmungswelt. Das Handeln in der Welt spielt eine wesentliche Rolle für die Wahrnehmungsdifferenzierung. Andere Forscher entscheiden sich für eine stärker kognitive und konstruktivistische Sichtweise und nehmen an, dass Säuglinge in sehr frühem Alter Dingen, die sie wahrnehmen, eine Bedeutung verleihen. Viele Forscher integrieren diese beiden Sichtweisen zu einem einheitlichen theoretischen Ansatz.

Wichtige Fachtermini und Begriffe

angeborener Reflex (unconditioned response – UCR) S. 170
bedingte Reaktion (conditioned response – CR) S. 170
bedingter Reiz (conditioned stimulus – CS) S. 170
Bestrafung S. 171
cephalo-caudal S. 154
Differenzierungstheorie S. 187
Dishabituierung S. 172
dynamische Systemtheorie S. 176
„Eindämmen" (pruning) des Neuronensystems S. 156
Gliazellen S. 156
Großhirnrinde S. 157
Habituierung S. 172
intermodale Wahrnehmung S. 186
klassische Konditionierung S. 170
Kontrastempfindung S. 184
Kontrastsensibilität S. 184
Kwashiorkor S. 168
Lateralisierung S. 158
Marasmus S. 168
Markscheidenbildung (Myelinisierung) S. 156
Nachahmen (Imitation) S. 173
Neuronen S. 155
nichtorganisch bedingte Entwicklungsverzögerung oder -störung S. 169
operante Konditionierung S. 171
Plastizität S. 158
proximo-distal S. 155
recovery S. 172
REM-Schlaf S. 163
Synapsen S. 155
unbedingter Reiz (unconditioned stimulus – UCS) S. 170
Verstärker S. 171
zerebraler Kortex S. 157

Die kognitive Entwicklung im Säuglings- und Kleinkindalter

5

5.1 Piagets kognitive Entwicklungstheorie 194
    Piagets Gedanken über die kognitiven Veränderungen in der
    Entwicklung 195
    Die sensumotorischen Stadien 196
    Untersuchungen der kognitiven Entwicklung bei Kleinkindern
    nach Piaget 199
    Evaluation der sensumotorischen Stufe 202

5.2 Informationsverarbeitung 206
    Struktur des Systems der Informationsverarbeitung 207
    Aufmerksamkeit 208
    Gedächtnis 209
    Kategorisierung 209
    Evaluation von Ergebnissen der Informationsverarbeitung 212

5.3 Der soziale Kontext früher kognitiver Entwicklung 212

**5.4 Individuelle Unterschiede in der frühen geistigen
Entwicklung** 215
    Intelligenztests für Säuglinge 215
    Frühe Umgebung und geistige Entwicklung 217
    Frühe Intervention für Risiko-Säuglinge und Kleinkinder 219

5.5 Sprachentwicklung 222
    Drei Theorien der Sprachentwicklung 222
    Die vorsprachliche Phase 224
    Erste Wörter 226
    Die Zweiwort-Phase 226
    Individuelle und kulturelle Unterschiede 227
    Die frühe Sprachentwicklung unterstützen 228

ÜBERBLICK

DIE KOGNITIVE ENTWICKLUNG IM SÄUGLINGS- UND KLEINKINDALTER

„
Wenn sich Kathrin, Anna und Timmy in der Krabbelstube versammelten, war im Spielzimmer viel los. Die drei gleichgesinnten Abenteurer, jeder etwa 18 Monate alt, waren auf Entdeckung aus. Anna ließ Formen durch Löcher in einen Plastikbehälter fallen, den die Erzieherin festhielt und ausrichtete, damit auch die schwereren glatt hindurchpassten. Wenn ein paar Formen drinnen waren, griff sich Anna den Behälter und schüttelte ihn, wobei sie vor Entzücken quietschte, wenn sich der Deckel öffnete und sich die Formen um sie herum verteilten. Das Klappern zog Timmy an, der eine Form aufhob, sie zum Geländer oben an der Kellertreppe trug und sie darüberwarf, danach einen Teddybären, einen Ball, seinen Schuh und einen Löffel. In der Zwischenzeit zog Anna eine Schublade heraus, entnahm ihr einen Satz hölzerner Klötze, stapelte sie, warf sie wieder um und schlug dann zwei der Klötze gegeneinander.

Während die Kleinkinder herumexperimentierten, konnte ich die Anfänge des Spracherwerbs beobachten – eine ganz neue Weise, die Welt zu beeinflussen. Kathrin sprach am meisten. „Alle weg Ball!" rief sie aus, als Timmy den hellen roten Ball die Kellertreppen hinunterschleuderte. „Tschüss", stimmte Anna ein und winkte, als der Ball aus dem Gesichtskreis geriet. Später an diesem Tag zeigte Anna, dass sie Wörter und Gesten benutzen konnte, um etwas vorzutäuschen. „Nacht-Nacht", sagte sie, als sie ihren Kopf neigte und ihre Augen schloss, so erfreut darüber, dass sie zum Schein selber entscheiden konnte, wann und wo sie ins Bett gehen wollte.

Innerhalb der ersten zwei Jahre wird das kleine, reflexgesteuerte neugeborene Baby ein selbstbewusstes, zielgerichtetes Wesen, das einfache Probleme löst und begonnen hat, die erstaunlichste menschliche Fähigkeit zu meistern: die Sprache. Eltern fragen sich oft verwundert: „Wie kann das alles so schnell geschehen?" Diese Frage hat auch Wissenschaftler in den Bann gezogen und zu reichen Erkenntnissen und einer lebhaften Diskussion darüber geführt, wie die erstaunliche Geschwindigkeit der kognitiven Entwicklung von Säuglingen und Kleinkindern zu erklären ist.

In diesem Kapitel nehmen wir drei Sichtweisen früher kognitiver Entwicklung auf: *Piagets kognitive Entwicklungstheorie, Informationsverarbeitung* und *Wygotskys soziokulturelle Theorie.* Wir werden auch die Nützlichkeit von Tests betrachten, welche den intellektuellen Fortschritt von Säuglingen und Kleinkindern messen. Unsere Diskussion endet mit den Anfängen der Sprache. Wir werden sehen, wie die ersten Wörter von Kleinkindern eine frühe kognitive Leistung darstellen und wie sehr bald neue Wörter und Ausdrücke sehr stark das Tempo und die Flexibilität ihres Denkens vergrößern. Während der Entwicklung unterstützen sich Kognition und Sprache ständig gegenseitig.
„

5.1 Piagets kognitive Entwicklungstheorie

Der Schweizer Theoretiker Jean Piaget führte ein neues Kinderbild ein: Kinder als emsige, motivierte Entdecker, deren Denken sich durch direktes Handeln in ihrer Umwelt entwickelt. Beeinflusst durch die Biologie nahm er an, dass der Geist des Kindes psychologische Strukturen bildet und modifiziert, damit sie besser mit der äußeren Realität übereinstimmen. In Kapitel 1 wurde bereits erwähnt, dass sich in Piagets Theorie die Kinder zwischen Säuglingszeit und Adoleszenz durch vier Hauptstufen bewegen. In diesen Stufenabschnitten entwickeln sich alle Aspekte des kognitiven Systems in einer integrierten Weise und verändern sich etwa zur gleichen Zeit auf ähnliche Art. Das erste Hauptstadium ist das **sensumotorische,** welches sich über die beiden ersten Lebensjahre erstreckt.

Wie schon der Name dieser Phase aufzeigt, glaubte Piaget, dass Säuglinge und Kleinkinder mit ihren Augen, Ohren, Händen und anderer sensumotorischer Ausstattung „denken". Sie können in ihren Köpfen noch nicht viele Aktivitäten durchführen. Am Ende der Kleinkindzeit jedoch können Kinder praktische alltägliche Probleme lösen und ihre Erfahrungen in Sprache, Gestik und Spiel darstellen. Um Piagets Sicht darauf, wie diese gewaltigen Veränderungen stattfinden, zu würdigen, wollen wir einige seiner zentralen Gedanken nachvollziehen.

5.1.1 Piagets Gedanken über die kognitiven Veränderungen in der Entwicklung

Nach Piaget verändern sich im Laufe der Entwicklung spezifische psychologische Strukturen, **Schemata** genannt. Darunter versteht er eine organisierte konstruktive Verarbeitung von Erfahrungen, die Sinn stiftet. Zunächst entstehen Schemata sensumotorischer Aktionsmuster. So ließ zum Beispiel Timmy mit sechs Monaten Gegenstände auf eine ziemlich rigide Art fallen, indem er einfach eine Rassel oder einen Beißring losließ und ihren Fall mit Interesse beobachtete. Im Alter von 18 Monaten war sein „Fallenlassen-Schema" viel besonnener und kreativer geworden. Er warf alle möglichen Gegenstände die Kellertreppen hinunter, warf einige in die Luft, ließ andere an die Wand knallen, ließ einige sehr sanft und andere kraftvoll los. Bald werden seine Schemata sich von einer *handlungsorientierten* auf eine *geistige Ebene* bewegen. Statt nur mit Gegenständen zu agieren, wird es Hinweise auf Denkvorgänge geben, die einsetzen, bevor er handelt. Dieser Wechsel bedeutet, wie wir später sehen werden, den Übergang vom sensumotorischen zum präoperatorischen Denken.

Nach Piagets Theorie sind zwei Prozesse für Veränderungen der Schemata verantwortlich: *Adaptation* und *Organisation*.

■ Adaptation

Wenn sich Ihnen einmal die Gelegenheit bietet, achten Sie darauf wie Säuglinge und Kleinkinder unermüdlich Handlungen beobachten, die eine interessante Wirkung besitzen. **Adaptation** beinhaltet das Formen von Schemata durch direkte Interaktion mit der Umgebung. Sie besteht aus zwei entgegengesetzten Aktivitäten: *Assimilation* und *Akkommodation*. Während der **Assimilation** benutzen wir unsere gegenwärtigen Schemata, um die äußere Welt zu interpretieren. Wenn zum Beispiel Timmy Gegenstände fallen ließ, assimilierte er sie alle in sein sensumotorisches „Fallenlassen-Schema". Bei der **Akkommodation** schaffen wir neue Schemata oder passen alte an, wenn wir bemerken, dass unsere gegenwärtigen Denkweisen nicht vollständig in die Umwelt passen. Wenn Timmy Gegenstände auf verschiedene Arten fallen ließ, modifizierte er sein Fallenlassen-Schema, um den unterschiedlichen Eigenschaften von Gegenständen Rechnung zu tragen.

Nach Piagets Theorie sind Schemata zunächst motorische Handlungsmuster. Während dieses Kind von acht Monaten Töpfe und Pfannen auseinander nimmt, umdreht und sie aneinander schlägt, entdeckt es, dass seine Bewegungen vorhersagbare Wirkungen auf die Gegenstände haben und dass sich Gegenstände auf vorhersagbare Weise gegenseitig beeinflussen.

Nach Piaget variiert das Gleichgewicht von Assimilation und Akkommodation im Laufe der Zeit. Wenn sich Kinder nicht sehr verändern, assimilieren sie mehr als sie akkommodieren. Piaget nannte das ein Stadium der *Äquilibration* oder des *Gleichgewichts*, das einen gleichmäßigen, ausgeglichenen Zustand umfasst. Während einer raschen kognitiven Veränderung befinden sich Kinder in einem Stadium der *Desäquilibration* oder des kognitiven Unbehagens. Sie merken, dass neue Informationen nicht in ihre gegenwärtigen Schemata passen, so dass sie sich von der Assimilation zur Akkomodation bewegen. Wenn sie dann ihre Schemata modifiziert haben, kehren sie zur Assimilation zurück und üben ihre gerade veränderten Strukturen, bis sie bereit sind, sich wieder zu verändern.

Jedes Mal, wenn diese Hin-und-Her-Bewegung zwischen Gleichgewicht und Ungleichgewicht (Äquilibration und Desäquilibration) stattfindet, werden wirkungsvollere Schemata produziert. Weil die Perioden größter Akkomodation die frühesten sind, ist das sensumotorische Hauptstadium die komplexeste Phase der Entwicklung nach Piaget.

Organisation

Schemata verändern sich auch durch **Organisation**, einem Prozess, der innerlich, im Individuum, stattfindet, getrennt von direktem Kontakt mit der Umwelt. Sobald Kinder neue Schemata bilden, ordnen sie diese neu an, indem sie sie mit anderen Schemata verbinden, um ein stark vernetztes kognitives System zu schaffen. Zum Beispiel wird Timmy einmal „Fallenlassen" auf „Werfen" und beide Konzepte auf sein sich entwickelndes Verständnis von „Nähe" und „Distanz" beziehen. Nach Piaget erreichen Schemata dann einen Zustand von Äquilibration, wenn sie Teil eines weiten Netzwerks von Strukturen werden, die gleichzeitig auf die umgebende Welt angewendet werden können (Piaget, 1936/1952).

In den folgenden Abschnitten wird zuerst die Entwicklung des Säuglings beschrieben, wie Piaget sie sah, und auf Forschung hingewiesen, die seine Beobachtungen unterstützen. Dann werden wir uns Untersuchungen zuwenden, die demonstrieren, dass in manchen Fällen die kognitive Kompetenz von Babys fortgeschrittener ist, als Piaget annahm.

5.1.2 Die sensumotorischen Stadien

Der Unterschied zwischen einem Neugeborenen und einem zweijährigen Kind ist so groß, dass die sensumotorische Stufe in sechs Unterstufen (hier mit Stadien bezeichnet) aufgeteilt ist (siehe Tabelle 5.1 als Zusammenfassung). Piagets Beobachtungen seiner drei eigenen Kinder dienten als Grundlage für diesen Abschnitt der Entwicklung. Obwohl das eine sehr kleine Stichprobe ist, beobachtete Piaget sehr sorgfältig und konfrontierte seinen Sohn und seine beiden Töchter mit alltäglichen Problemen (wie versteckte Gegenstände finden), die ihr Verständnis der Welt aufdeckten.

Nach Piaget wissen Säuglinge bei der Geburt so wenig über die Welt, dass sie ihre Umwelt nicht zielgerichtet explorieren können. Die **Kreisreaktion (Zirkulärreaktion)** stellt ein spezielles Mittel dar, erste Schemata zu adaptieren. Sie schließt die zufällige Entdeckung einer neuen Erfahrung ein, die durch die eigene motorische Aktivität des Babys verursacht wird. Die Reaktion ist „kreisförmig" oder „zirkulär", weil das kleine Kind versucht, das Ereignis wieder und wieder zu wiederholen. Daraus resultiert, dass eine sensumotorische Reaktion, die zunächst zufällig erfolgte, zu einem neuen Schema verfestigt wird: Zum Beispiel Kathrin, die im Alter von zwei Monaten zufällig ein schmatzendes Geräusch nach einer Fütterung machte. Das Geräusch war neu und faszinierend, sodass Kathrin es so lange wiederholte, bis sie nach einigen Tagen eine wahre Expertin des Schmatzens mit den Lippen wurde.

Während der ersten beiden Jahre verändern sich die Zirkulärreaktionen auf verschiedene Weise. Zuerst kreisen sie um den eigenen Körper des Säuglings. Später wenden sie sich nach außen zur Handhabung von Gegenständen. Schließlich werden sie experimentell und kreativ und sind darauf gerichtet, neue Wirkungen in der Umwelt zu schaffen. Die Schwierigkeit kleiner Kinder, neue und interessante Verhaltensweisen zu hemmen, mag den Zirkulärreaktionen zugrunde liegen. Aber diese Unreife zur Hemmung scheint adaptiv zu sein. Sie stellt sicher, dass neue Fertigkeiten nicht unterbrochen werden, bevor sie gefestigt sind (Carey & Markman, 1999). Piaget sah Verbesserungen in den Zirkulärreaktionen als so wichtig an, dass er die sensumotorischen Stadien nach ihnen benannte (vergleiche erneut Tabelle 5.1).

Die Wiederholung zufälliger Verhaltensweisen

Für Piaget sind die Reflexe der Neugeborenen die Bausteine der sensumotorischen Intelligenz. Zuerst, im ersten Stadium, saugen, greifen und schauen Babys auf fast die gleiche Weise, ganz gleich, welchen Erfahrungen sie sich gegenübersehen. Carola berichtete ein amüsantes Beispiel über das uncharakteristische Saugen ihrer Tochter Kathrin im Alter von zwei Wochen. Sie lag in der Nähe ihres Vaters, während er ein Schläfchen machte. Plötzlich wachte er erschrocken auf. Kathrin hatte sich an ihn geklammert und angefangen, an seinem Rücken zu saugen.

Um das Alter von einem Monat herum, wenn die Babys in das zweite Stadium eintreten, fangen sie an, durch die primären Zirkulärreaktionen spontane Kontrolle über ihre Handlungen zu gewinnen, indem sie zufällige Verhaltensweisen wiederholen, die größtenteils durch Grundbedürfnisse motiviert sind. Das führt zu einigen einfachen motorischen Gewohnheiten wie dem Saugen an ihren Fäusten oder Daumen. Babys dieses Stadiums beginnen auch, ihr Verhalten als Reaktion auf Anforderungen der Umwelt zu variieren. So öffnen sie zum Beispiel ihren Mund für einen Sauger auf eine andere Weise als für einen Löffel. Junge Kleinkinder fangen auch an, Ereignisse zu erwarten. Zum Beispiel schrie Timmy mit drei Monaten vor Hunger,

Tabelle 5.1

Zusammenfassung der sensumotorischen Stadien der ersten Hauptstufe von Piaget

Sensumotorische Stadien	Adaptive Verhaltensweisen
1. Angeborene Reflexe (Geburt–1 Monat)	Reflexe des Neugeborenen (siehe Kapitel 3, Seite 136)
2. Primäre Kreisreaktionen (1–4 Monate)	Einfache motorische Gewohnheiten, die sich um den eigenen Körper des Säuglings drehen; begrenztes Antizipieren von Ereignissen
3. Sekundäre Kreisreaktionen (4–8 Monate)	Handlungen, die darauf zielen, interessante Effekte in der umgebenden Welt zu wiederholen; Imitation vertrauter Verhaltensweisen
4. Koordination sekundärer Kreisreaktionen (8–12 Monate)	Intentionales oder zielgerichtetes Verhalten; Fähigkeit, einen versteckten Gegenstand gleich an dem Platz, an dem er versteckt ist, zu finden (Objektkonstanz); verbessertes Antizipieren von Ereignissen; Nachahmung von Verhaltensweisen, die sich leicht von denen unterscheiden, die der Säugling in der Regel zeigt
5. Tertiäre Kreisreaktionen (12–18 Monate)	Exploration der Eigenschaften von Gegenständen, indem sie auf eine neue Art behandelt werden; Nachahmung unvertrauter Verhaltensweisen; Fähigkeit, nach einem Gegenstand an verschiedenen Orten zu suchen (genaue A-B-Suche)
6. Mentale Repräsentation (18 Monate–2 Jahre)	Innere Beschreibungen von Gegenständen und Ereignissen, wie man an plötzlichen Problemlösungen ersehen kann; Fähigkeit, einen Gegenstand zu finden, der außerhalb des Sehfelds bewegt wurde (unsichtbare Verlagerung), hinausgeschobene Nachahmung und Als-ob-Spiel

wenn er aus einem Schläfchen erwachte. Aber sobald Vanessa das Zimmer betrat, hörte sein Schreien auf. Er wusste, dass die Zeit des Fütterns nah war.

Während des dritten Stadiums, das vom vierten bis achten Monat dauert, setzen sich die Säuglinge aufrecht hin und greifen nach Gegenständen und manipulieren sie (siehe Kapitel 4). Diese motorischen Errungenschaften spielen eine wichtige Rolle, ihre Aufmerksamkeit nach außen auf die Umwelt zu wenden. Indem sie *sekundäre Zirkulärreaktionen* einsetzen, versuchen sie, interessante Ereignisse zu wiederholen, die durch ihre eigenen Handlungen hervorgerufen wurden. So stieß zum Beispiel die vier Monate alte Kathrin zufällig an ein Spielzeug, das vor ihr hing, und erzeugte damit eine faszinierende schaukelnde Bewegung. Über die nächsten drei Tage versuchte Kathrin, diese Wirkung zu wiederholen, zuerst durch Greifen und dann durch Winken mit ihren Armen. Schließlich hatte sie Erfolg und wiederholte begeistert ihre Bewegung. Sie hatte das sensumotorische Schema „Treffen" gebildet. Verbesserte Kontrolle über ihr eigenes Verhalten erlaubt den Kleinkindern, das Verhalten anderer wirkungsvoller nachzuahmen. Jedoch können Kinder im Alter von vier bis acht Monaten nicht flexibel und schnell genug reagieren, um neue Verhaltensweisen zu imitieren (Kaye & Marcus, 1981). Deshalb sind sie nicht in der Lage, daran teilzunehmen, wenn ein Erwachsener das Spiel Backe-backe-Kuchen vorführt, obwohl sie gerne zuzuschauen.

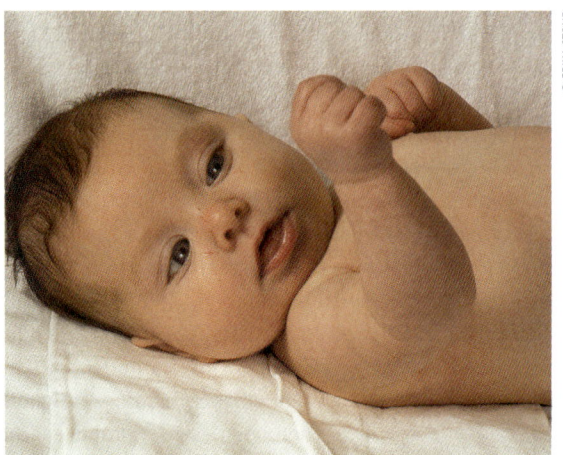

Während Piagets zweitem Stadium sind die Adaptionen der Säuglinge auf ihren eigenen Körper gerichtet. Dieses Baby beobachtet sorgfältig die Bewegungen seiner Hände, eine primäre Zirkulärreaktion, die ihm hilft, spontane Kontrolle über sein Verhalten zu gewinnen.

5.1 Die kognitive Entwicklung im Säuglings- und Kleinkindalter

■ Intentionales Verhalten

Im vierten Stadium kombinieren Kinder im Alter von acht bis zwölf Monaten Schemata in neue, komplexere Handlungsabfolgen. Folglich haben Handlungen, die zu neuen Schemata führen, nicht mehr die Qualität des Zufälligen, der Versuch- und Irrtums-Qualität – *zufällig* den Daumen zum Munde bringen oder *es geschehen lassen*, ein Spielzeug zu treffen. Stattdessen können sich Kinder von acht bis zwölf Monaten auf **intentionales** oder **zielgerichtetes Verhalten** einlassen und Schemata überlegt koordinieren, um einfache Probleme zu lösen. Das deutlichste Beispiel wird durch Piagets berühmte Aufgabe des Versteckens eines Gegenstandes erbracht, in welchem er dem Baby ein attraktives Spielzeug zeigt und es dann hinter seiner Hand oder unter der Decke versteckt. Kinder dieses Stadiums können den Gegenstand finden. Damit koordinieren sie zwei Schemata – das Spielzeug von der Seite des Hindernisses zu „stoßen" und das Spielzeug zu „ergreifen". Piaget sah diese Handlungsabfolge als Grundlage jeglichen Problemlösens an.

Versteckte Gegenstände wieder hervorzuholen zeigt, dass die Kinder begonnen haben, **Objektkonstanz** zu meistern, d.h. das Verständnis dafür, dass Gegenstände weiter existieren, auch wenn sie außerhalb der Sichtweite liegen. Aber das Bewusstsein für die Objektkonstanz ist noch nicht vollständig. Wenn das Baby mehrfach nach einem Gegenstand in einem ersten Versteck greift (A) und sieht, wie er zu einem zweiten Versteck bewegt wird (B), wird es ihn dennoch im ersten Versteck suchen (A). Weil Babys diesen *A-nicht-B Suchfehler* machen, so schloss Piaget, konnten sie noch keine deutliche Vorstellung von der andauernden Existenz des Gegenstandes haben, wenn er versteckt ist.

Stadium 4 bringt weitere Fortschritte. Zunächst können die Kinder Ereignisse besser antizipieren, sodass sie manchmal ihre Fähigkeit für intentionales Verhalten einsetzen, um zu versuchen, jene Ereignisse zu verändern. Mit zehn Monaten krabbelte Timmy hinter Vanessa her, als sie ihren Mantel anzog, und weinte, um sie vom Weggehen abzuhalten. Zweitens können Babys Verhaltensweisen nachahmen, die sich leicht von ihren üblichen Verhaltensweisen unterscheiden. Nachdem sie jemanden bei entsprechenden Tätigkeiten beobachtet haben, versuchen sie, mit einem Löffel zu rühren, ein Spielzeugauto anzuschieben oder Rosinen in eine Tasse zu füllen. Wieder bedienen sie sich intentionalen Verhaltens, indem sie zweckgerichtet ihre Schemata modifizieren, um sich an eine beobachtete Handlung anzupassen (Piaget, 1945/1951).

Im fünften Stadium, das vom 12. bis 18. Monat dauert, treten *tertiäre Zirkulärreaktionen* auf. Die Kleinkinder wiederholen mit Variationen Verhaltensweisen und rufen damit neue Ergebnisse hervor. Erinnern Sie sich, wie Timmy Gegenstände die Kellertreppe hinunterwarf, dieses und jenes versuchte. Weil sie sich der Welt in dieser überlegten explorativen Weise nähern, sind Kinder von 12 bis 18 Monaten nun viel bessere sensumotorische Problemlöser als davor. Zum Beispiel fand Anna heraus, wie sie eine Form in ein passendes Loch in einem Behälter bringen konnte, indem sie die Form so lange drehte, bis sie durch das Loch fiel. Und sie entdeckte wie man einen Stock benutzen kann, um Spielzeug heranzuholen, das außerhalb der Reichweite liegt. Nach Piaget führt diese Fähigkeit zu experimentieren zu einem fortgeschritteneren Verständnis von Objektkonstanz. Kleinkinder dieses Alters schauen an verschiedenen Orten nach einem versteckten Gegenstand und zeigen damit eine genaue A-B-Suche. Ihre flexibleren Handlungsmuster erlauben ihnen auch, viel mehr Verhaltensweisen nachzuahmen, z.B. das Aufstellen von Bauklötzen, Kritzeln auf Papier und lustige Gesichter schneiden.

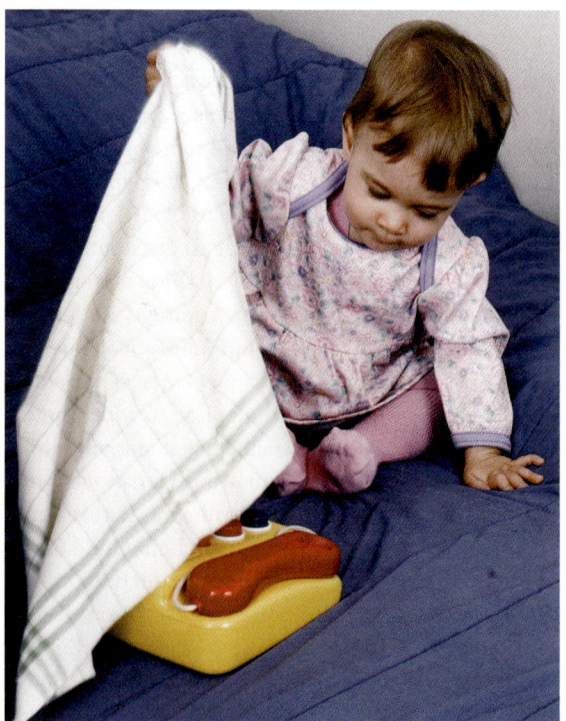

Die Fähigkeit, nach versteckten Gegenständen zu suchen und sie zu finden, im Alter zwischen acht und zwölf Monaten bedeutet einen wichtigen Fortschritt in der kognitiven Entwicklung. Dieses Kleinkind zeigt intentionales oder zielgerichtetes Verhalten und koordiniert Schemata beim Finden eines Spielzeuges – Fähigkeiten, welche die Grundlage für jegliches Problemlösen sind.

■ **Mentale Repräsentation**

Stadium 6 erfährt seinen Höhepunkt mit der Fähigkeit **mentaler Repräsentationen** – innere Darstellungen von Informationen zu schaffen, die der Verstand handhaben kann. Unsere mächtigsten mentalen Repräsentationen sind von zweifacher Art: (1) *Bilder* oder mentale Abbildungen von Gegenständen, Menschen und Räumen und (2) *Konzepte* oder Kategorien, in denen ähnliche Gegenstände oder Ereignisse in Gruppen zusammengefasst sind. Indem wir ein mentales Bild benutzen, können wir unsere Schritte zurückverfolgen, wenn wir etwas verlegt haben. Oder wir können das Verhalten eines anderen nachahmen, lange, nachdem wir es beobachtet haben. Und durch das Denken in Konzepten und deren Etikettierungen (zum Beispiel *Ball* für alle gerundeten, beweglichen Gegenstände, die zum Spielen benutzt werden) werden wir effizientere Denker und organisieren unsere vielfältigen Erfahrungen in bedeutsame und denkwürdige Einheiten.

Piaget wies darauf hin, dass durch das Erreichen von Lösungen auf eine plötzliche Weise und nicht durch Versuch-und-Irrtum-Verhalten Kinder im Alter von 18 bis 24 Monaten mental ausprobieren – ein Beleg dafür, dass sie ihre Erfahrungen im Bewusstsein repräsentieren können. Zum Beispiel erhielt Anna mit 19 Monaten ein neues Spielzeug zum Schieben. Als sie damit das erste Mal spielte, rollte sie es über den Teppich und stieß gegen das Sofa. Sie hielt einen Moment inne, als ob sie „denke", und wendete das Spielzeug dann in eine neue Richtung. Repräsentationen führen zu etlichen anderen Fertigkeiten. Erstens befähigt es ältere Kleinkinder, fortgeschrittene Probleme der Objektkonstanz zu lösen, einschließlich *unsichtbarer Verlagerung* – ein Spielzeug zu finden, das außer Sichtweite gebracht worden war, z.B. in eine kleine Schachtel, während es sich unter einer Decke befand. Zweitens erlaubt es **aufgeschobene Nachahmung** – die Fähigkeit, sich an das Verhalten von Modellen zu erinnern und sie zu kopieren, auch wenn diese nicht anwesend sind. Schließlich wird ein **Als-ob-Spiel** möglich, in dem Kinder alltägliche und imaginäre Handlungen ausführen. Solche Scheinspiele von Kleinkindern wie das von Anna, die am Beginn dieses Kapitels vorgab, ins Bett zu gehen, sind sehr einfach. Das Als-ob weitet sich in der frühen Kindheit sehr aus und ist für die psychologische Entwicklung so wichtig, dass wir später darauf zurückkommen werden. Zusammengefasst lässt sich sagen, dass mentale Symbole wichtige Instrumente des Denkens geworden sind, wenn sich das sensumotorische Stadium seinem Ende nähert.

5.1.3 Untersuchungen der kognitiven Entwicklung bei Kleinkindern nach Piaget

Viele Studien legen nahe, dass Kleinkinder früher als Piaget annahm eine ganze Reihe von Vorgängen verstehen. Erinnern Sie sich etwa an die Forschung über operante Konditionierung in Kapitel 4, bei der neugeborene Kinder heftig an einem Sauger lutschten, um Zugang zu interessanten Bildern und Geräuschen zu gewinnen. Dieses Verhalten, das Piagets sekundären Zirkulärreaktionen sehr nahe kommt, weist darauf hin, dass Babys schon lange vor dem Alter von vier bis acht Monaten die äußere Welt explorieren und kontrollieren. In der Tat tun sie das, sobald sie geboren sind.

Eine bedeutende Methode, die zur Erkundung dessen benutzt wird, was Kinder über versteckte Gegenstände und andere Aspekte der physikalischen Realität wissen, macht sich Habituierung/Dishabituierung (Erholung) zunutze, wie in Kapitel 4 diskutiert. In der **Methode der nicht eingetroffenen Erwartung (violation-of-expectation method)** gewöhnen (habituieren) Forscher Babys an ein physikalisches Ereignis. Dann legen sie fest, ob Kleinkinder sich länger an ein *mögliches Ereignis* (eine Abwandlung des ersten Ereignisses, das einem physikalischem Gesetz gehorcht) oder an ein *nicht mögliches Ereignis* (eine Abwandlung, die physikalischen Gesetzen widerspricht) erinnern (es länger anschauen). Hinwendung zu dem nicht möglichen Ereignis legt nahe, dass das Kleinkind über die Abweichung von der physikalischen Realität überrascht ist und sich deshalb dieses Aspektes der physikalischen Welt bewusst ist.

Aber wie wir sehen werden, ist die Methode der nicht eingetroffenen Erwartung umstritten. Einige Kritiker glauben, dass sie nur auf eine begrenzte Bewusstheit physikalischer Ereignisse hinweist, nicht das volle Verständnis, das Piaget zu erkennen glaubte, als er Kinder in ihren Umwelthandlungen beobachtete, etwa das Suchen nach versteckten Gegenständen (Bremner, 1998). Andere Forscher sind überzeugt, dass die Methode keine eindeutigen Schlussfolgerungen zulässt, dass sie nur die Vorliebe von Babys für neue Wahrnehmungen enthüllt, nicht ihr Verständnis für die Erfahrung selber (Haith, 1999). Lassen Sie uns diese Debatte im Licht von Belegen aus der neuesten Zeit betrachten.

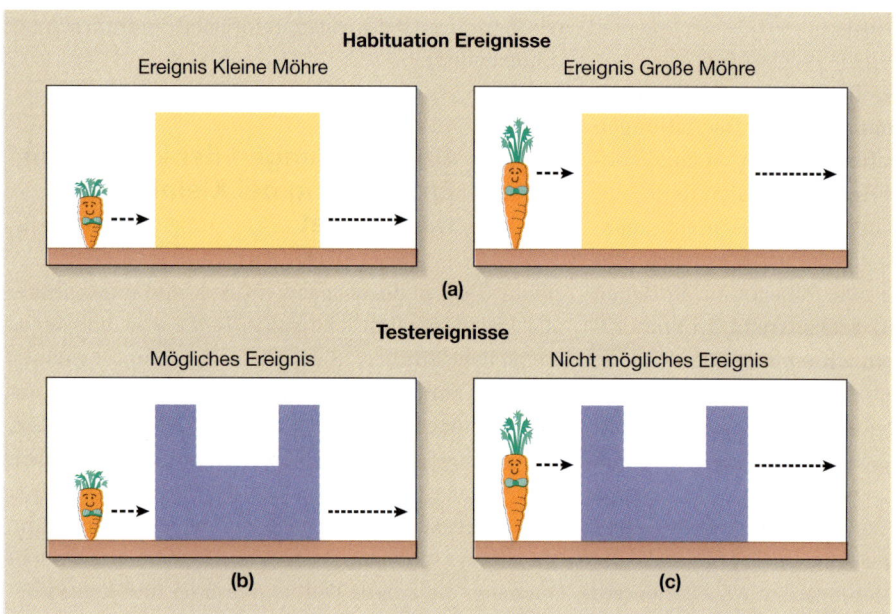

Abbildung 5.1: Untersuchung bei Kleinkindern über das Verständnis von Objektkonstanz mit der Methode der nicht eingetroffenen Erwartung. (a) Zuerst wurden Kleinkinder an zwei Ereignisse gewöhnt (habituiert): eine kleine und eine große Möhre bewegten sich abwechselnd hinter einer gelben Leinwand. Danach präsentierten die Forscher zwei Testereignisse. Die Farbe der Leinwand wurde verändert, um den Kindern dabei zu helfen, das Fenster zu beachten. (b) Bei dem möglichen Ereignis bewegte sich die Möhre, die nicht bis an die untere Kante des Fensters reichte, hinter die blaue Leinwand und tauchte auf der anderen Seite wieder auf. (c) Bei dem nicht möglichen Ereignis bewegte sich die Möhre, die über die untere Kante des Fensters reichte, hinter der Leinwand, erschien aber nicht in dem Fenster und tauchte dann ganz intakt auf der anderen Seite auf. Schon Kleinkinder von dreieinhalb Monaten wendeten sich dem nicht möglichen Ereignis zu (schauten es länger an), was darauf hinweist, dass sie ein gewisses Verständnis von Objektkonstanz hatte. (nach R. Baillargeon &J. DeVos, 1991, „Object Permanence in Young Infants: Further Evidence," Child Development, 62, S. 1230. ©The Society for Research in Child Development).

■ Objektkonstanz

Renee Baillargeon und ihre Mitarbeiter erklärten in einer Reihe von Studien, welche die Methode der nicht eingetroffenen Erwartung benutzten, einen Beleg für Objektkonstanz in den ersten Lebensmonaten gefunden zu haben. Eine von Baillargeons Untersuchungen ist in Abbildung 5.1 dargestellt (Aguiar & Baillargeon, 1999, 2002; Baillargeon & DeVos, 1991). Nachdem Kleinkinder an eine kleine und eine große Möhre, die sich hinter einer Leinwand bewegten, gewöhnt (habituiert) waren, wurden den Kindern zwei Testereignisse vorgegeben: (1) *ein möglicher Vorgang,* bei dem sich die kurze Möhre hinter einer Leinwand bewegte, nicht durch das Fenster gesehen werden konnte und auf der anderen Seite wieder auftauchte, und (2) ein *nicht möglicher Vorgang*, bei dem sich die lange Möhre hinter einer Leinwand bewegte, nicht in dem Fenster gesehen werden konnte (obwohl sie die untere Kante des Fensters überragte) und wieder auftauchte. Kinder von drei Monaten sahen länger auf den *nicht möglichen Vorgang,* was darauf hinwies, dass sie erwarteten, ein Gegenstand, der sich hinter einer Leinwand bewegt, müsste weiterhin existieren.

Allerdings konnten Studien, die ähnliche Methoden anwandten wie die von Baillargeon, einige ihrer Ergebnisse nicht bestätigen (Bogartz, Shinskey, & Shilling, 2000; Cashon & Cohen, 2000; Rivera, Wakeley, & Langer, 1999). Baillargeon und andere rechtfertigen sich damit, dass diese widersprüchlichen Untersuchungen keine entscheidenden Kontrollgruppen hatten. Und sie betonen, dass Kleinkinder länger auf eine breite Vielfalt unmöglicher Vorgänge schauen, die den Eindruck erwecken, als ob ein Gegenstand, der von einer Leinwand bedeckt ist, nicht weiter existiert (Aslin, 2000; Baillargeon, 2000). Dennoch fragen Kritiker weiter, was uns die Vorlieben von Babys für Dinge, auf die sie länger schauen, wirklich über ihr Verständnis davon sagen.

Was erklärt Piagets Erkenntnis, dass viel ältere Kinder (die durchaus in der Lage sind, eigenständig zu greifen) nicht versuchen, nach versteckten Gegenständen zu forschen, wenn schon Kinder von drei Monaten einen Begriff von Objektkonstanz haben sollen? In Übereinstimmung mit Piagets Theorie zeigt die Forschung auf, dass die Suche nach versteckten Gegenständen einen wirklichen Fortschritt im Verständnis der Objektkonstanz bedeutet, weil einige Kinder Aufgaben mit versteckten Gegenständen eher lösen als andere. Kinder von zehn Monaten suchen früher nach einem Gegenstand, der auf einem Tisch liegt und von einem Tuch bedeckt ist, als nach einem Gegenstand, den eine Hand unter ein Tuch ablegt (Moore & Meltzoff, 1999). In der zweiten, schwierigeren Aufgabe scheinen die Kinder zu erwarten, dass der Gegenstand in der Hand wieder erscheint, weil er dort ursprünglich verschwand. Wenn die Hand ohne den Gegenstand wieder auftaucht, schließen sie, dass es keinen anderen Platz gibt, wo der Gegenstand sein könnte. Erst mit 14 Monaten können die meisten Kleinkinder folgern, dass die Hand den Gegenstand unter dem Tuch ablegte. Wenn Kinder im Alter von acht bis zwölf Monaten aktiv nach versteckten Gegenständen suchen, machen sie den A-nicht-B-Suchfehler. Manche Forscher nehmen an, dass sie bei A suchen (wo sie den Gegenstand bei vorhergehenden Versuchen fanden) statt bei B (die Lage kurz zuvor), weil sie Schwierigkeiten damit haben, eine vorhergehende belohnte Reaktion zu vermeiden (Diamond, Cruttenden, & Neiderman, 1994). Eine weitere Möglichkeit besteht darin, dass sie B nach dem Finden des Gegenstandes bei A nicht genau im Blick haben (Ruffman & Langman, 2002). Eine umfassendere Erklärung ist, dass ein komplexes, dynamisches System von Faktoren – eine Gewohnheit erworben zu haben, nach A zu greifen, fortzufahren, zu A zu schauen, das Versteck bei B dem von A ähnlich sehen zu lassen und eine konstante Körperhaltung zu bewahren – die Möglichkeit erhöht, dass das Baby den A-nicht-B-Suchfehler begeht. Forschung zeigt, dass die Störung einer dieser Faktoren die akkurate Suche bei B bei Kindern im Alter von zehn Monaten behindert (Smith et al., 1999).

Zusammengefasst heißt das, dass Kinder vor dem Alter von zwölf Monaten Schwierigkeiten damit haben, ihr Wissen über die Lage von Gegenständen in eine erfolgreiche Suchstrategie zu übertragen. Die Fähigkeit zu einer akkuraten A-B-Suche fällt mit der raschen Entwicklung der Frontallappen der Großhirnrinde am Ende des ersten Lebensjahres zusammen (Bell, 1998). Ebenso ist eine breite Vielfalt von Erfahrungen beim Wahrnehmen von, dem Handeln mit und dem Erinnern an Gegenstände von herausragender Bedeutung.

■ Mentale Repräsentation

In Piagets Theorie bestehen die psychischen Funktionen von Kleinkindern aus rein sensumotorischen Koordinationen; sie können Erfahrungen nicht vor dem Alter von 18 Monaten repräsentieren. Jedoch weist die Fähigkeit von acht Monate alten Kindern, den Aufenthaltsort von Gegenständen sogar noch nach Verzögerungen von mehr als einer Minute zu erinnern, darauf hin, dass sie geistig Gegenstände repräsentieren (McDonough, 1999). Und neue Studien aufgeschobener Nachahmung und Problemlösens zeigen, dass repräsentierendes Denken sogar früher belegt ist.

Aufgeschobene Nachahmung

Piaget beobachtete die Nachahmung bei seinen drei eigenen Kindern in deren Alltag. Unter diesen Umständen muss eine Menge über das alltägliche Leben des Kindes bekannt sein, um sicherzugehen, dass aufgeschobene Nachahmung aufgetreten ist, welche von den Kindern fordert, das Verhalten eines anderen aus der Vergangenheit zu repräsentieren.

Forschungen im Laboratorium enthüllen, dass aufgeschobene Nachahmung bereits im Alter von sechs Wochen vorhanden ist. Kleinkinder, die den Gesichtsausdruck eines fremden Erwachsenen beobachteten, imitierten ihn, wenn sie am nächsten Tag mit dem gleichen Erwachsenen kurze Zeit zusammen waren (Meltzoff & Moore, 1994). Vielleicht benutzen ganz kleine Babys diese Nachahmung, um sich mit Menschen, die sie vorher gesehen haben, zu identifizieren und mit ihnen zu kommunizieren. Mit der Verbesserung motorischer Fähigkeiten beginnen Säuglinge, Handlungen mit Gegenständen nachzuahmen. In einer Untersuchung zeigte man Kindern im Alter von sechs und neun Monaten ein „Aktivitäts"-brett mit zwölf darauf befestigten neuen Gegenständen: z.B. einen Frosch, dessen Beine sich bewegten, wenn man an einer Schnur zog. Ein Erwachsener machte die Aktionen mit sechs Gegenständen vor. Als man die Babys einen Tag darauf testete, konnten Babys beider Altersgruppen die Handlungen viel besser durchführen, die sie gesehen hatten, als jene, denen sie nicht vorgeführt worden waren (Collie & Hayne, 1999).

Zwischen dem Alter von zwölf und 18 Monaten benutzen Kleinkinder geschickt die aufgeschobene

Aufgeschobene Nachahmung bereichert stark die Anpassung ganz kleiner Kinder an die sie umgebende Welt. Dieses Kleinkind hat bestimmt einen Erwachsenen beim Blumengießen beobachtet. Später macht es das Verhalten nach und hat durch Beobachtung die Funktion von Gießkannen gelernt.

Nachahmung, um das Spektrum ihrer sensumotorischen Schemata zu bereichern. Sie erinnern vorgeführtes Verhalten über etliche Monate hinweg und machen es nach, auch wenn sich der Kontext geändert hat. Zum Beispiel inszenieren sie Verhaltensweisen, die sie zu Hause gelernt haben, unter Laborbedingungen und generalisieren Handlungen bei ähnlichen Gegenständen, die in Größe und Farbe variieren (Hayne, Boniface, & Barr, 2000; Klein & Meltzoff, 1999). Am Ende des zweiten Lebensjahres können Kleinkinder sogar Handlungen nachahmen, die ein Erwachsener nur ansatzweise, aber nicht voll durchführt (Meltzoff, 1995). So versuchte eine Mutter, einige Rosinen in eine kleine Tüte zu füllen, verfehlte diese aber und verschüttete sie. Einen Augenblick später begann ihr Sohn von 18 Monaten, Rosinen in die Tüte zu füllen und zeigte damit, dass er die Absicht seiner Mutter verschoben darstellte. Etwa im Alter von zwei Jahren ahmen Kinder vollständige soziale Rollen in Als-ob-Spielen nach – wie Mama, Papa oder Baby.

Problemlösen

Wie Piaget zeigte, entwickeln Kleinkinder zweckgerichtete (intentionale) Handlungsabfolgen um das Alter von sieben und acht Monaten herum und setzen sie ein, um einfache Probleme zu lösen wie das Ziehen an einem Tuch, um an ein Spielzeug zu gelangen, das sich an dessen äußerem Ende befindet (Willatts, 1999). Bald danach erlauben die repräsentierenden Fertigkeiten von Kleinkindern wirksamere Problemlösungen, als es Piagets Theorie annehmen lässt.

Etwa mit zehn bis zwölf Monaten können Kleinkinder *Probleme durch Analogie lösen,* die Strategie eines Problems übernehmen und sie auf ein anderes relevantes Problem anwenden. In einer Untersuchung gab man Babys drei ähnliche Problemstellungen, bei der jede von ihnen erforderte, ein Hindernis zu überwinden, eine Schnur zu ergreifen und an ihr zu ziehen, um an ein attraktives Spielzeug zu gelangen. Die Problemaufgaben unterschieden sich in allen Aspekten ihrer spezifischen Merkmale (siehe Abbildung 5.2). Beim ersten Problem machten die Eltern die Lösung vor und ermutigten das Kind zur Nachahmung. Die Babys erlangten das Spielzeug mit jedem zusätzlichen Problem schneller, was darauf hinweist, dass sie eine flexible geistige Repräsentation der Handlungen gebildet hatten, mit denen sie einen Gegenstand außerhalb der Reichweite erreichen können (Chen, Sanchez, & Campbell, 1997).

Mit zunehmendem Alter werden Kinder besser beim Problemlösen durch Analogie und wenden relevante Strategien über zunehmend unterschiedliche Situationen an (Goswami, 1996). Aber selbst im ersten Lebensjahr haben Kleinkinder ein gewisses Maß an Fähigkeiten, über Versuch-und-Irrtum-Experimente hinauszugehen, können eine Lösung geistig repräsentieren und sie in neuen Kontexten benutzen.

5.1.4 Evaluation der sensumotorischen Stufe

Tabelle 5.2 fasst die beachtenswerten kognitiven Errungenschaften zusammen, die gerade vorgestellt wurden. Ein Vergleich dieser Tabelle mit der Beschreibung von Piagets sechs sensumotorischen Stadien seiner ersten Hauptstufe auf Seite 197 ergibt, dass Kleinkinder im Piaget'schen Zeitrahmen Ereignisse vorhersehen, aktiv nach versteckten Gegenständen suchen, A-B-Suche nach Gegenständen meistern, flexibel ihre sensumotischen Schemata variieren und sich auf Als-ob-Spiele einlassen. Jedoch tauchen viele andere Fähigkeiten früher auf, als Piaget es erwartet hatte, wie die sekundären Kreisreaktionen, das Verständnis von Eigenschaften von Gegenständen, die ersten Zeichen von Objektkonstanz, die aufgeschobe-

Abbildung 5.2: Problemlösen durch Analogie bei Kleinkindern im Alter von zehn bis zwölf Monaten. Nachdem ein Elternteil die Lösung des Problems a) demonstriert hatte, lösten Kleinkinder die Probleme (b) und (c) mit zunehmender Effizienz, obwohl die Probleme sich in allen Aspekten ihrer Oberflächenmerkmale unterschieden (aus Z. Chen, R. P. Sanchez, & T. Campbell, 1997, „From Beyond to Within Their Grasp: The Rudiments of Analogical Problem Solving in 10- to 13-Month-Olds," *Developmental Psychology*, 33, S. 792. © 1997 by the American Psychological Association).

Tabelle 5.2

Einige kognitive Errungenschaften in Säuglings- und Kleinkindalter

Alter	Kognitive Errungenschaften
Geburt–1 Monat	Sekundäre Kreisreaktionen, die begrenzte motorische Fertigkeiten benutzen wie Lutschen an einem Sauger, um Zugang zu interessanten Ansichten und Geräuschen zu gewinnen
1–4 Monate	Ergebnisse von Untersuchungen mit dem Paradigma der nicht eingetroffenen Erwartung weisen auf ein Bewusstsein vieler Eigenschaften von Gegenständen hin, einschließlich Objektkonstanz, Objektfestigkeit und Schwerkraft, aufgeschobene Nachahmung eines Ausdrucks im Gesicht eines Erwachsenen nach einer kurzen Verzögerung (1 Tag)
4–8 Monate	Ergebnisse der nicht eingetroffenen Erwartungsforschung weisen auf ein numerisches Grundwissen und verbessertes physikalisches Wissen hin sowie auf die Möglichkeit der aufgeschobenen Nachahmung neuer Handlungen eines Erwachsenen nach einer kurzen Verzögerung (1 Tag)
8–12 Monate	Fähigkeit, in verschiedenen Situationen nach versteckten Gegenständen zu suchen – wenn sie von einem Tuch verdeckt sind, wenn eine Hand sie unter ein Tuch deponiert und wenn sie von einem Ort zum anderen bewegt werden (akkurate A-B-Suche); Fähigkeit, sensumotorische Probleme durch Analogie mit einem vorangegangenen ähnlichen Problem zu lösen
12–18 Monate	Aufgeschobene Nachahmung neuer Handlungen eines Erwachsenen mit einem Gegenstand nach einer langen Verzögerung (etliche Monate) und über eine Veränderung im Kontext hinaus (von zu Hause ins Labor oder ähnliche Gegenstände benutzen, die sich aber in Größe und Farbe unterscheiden)
18 Monate–2 Jahre	Aufgeschobene Nachahmung von versuchten Handlungen eines Erwachsenen, selbst wenn diese nicht voll realisiert werden, was auf eine beginnende Fähigkeit hinweist, die Ziele anderer zu erschließen; Nachahmung sozialer Rollen wie Mami, Papi und Baby in Als-ob-Spielen

Beachten Sie: Welche der in der Tabelle aufgeführten Fähigkeiten weisen darauf hin, dass mentale Repräsentationen früher auftreten, als Piaget es in seinen sensumotorischen Stadien vorhersagte?

5.1 DIE KOGNITIVE ENTWICKLUNG IM SÄUGLINGS- UND KLEINKINDALTER

ne Nachahmung und Problemlösung durch Analogie. Diese Ergebnisse zeigen, dass die kognitiven Errungenschaften der Kindheit sich nicht zusammen in einer so sauberen, stufengleichen Weise entwickeln, wie Piaget es annahm.

Widersprüche zwischen Piagets Beobachtungen und denen von neueren Forschungen werfen die Frage auf, wie die kindliche Entwicklung überhaupt stattfindet. In Übereinstimmung mit Piagets Gedanken hilft die sensumotorische Handlung dem Kind dabei, einige Formen des Wissens zu bilden. In Kapitel 4 war zum Beispiel zu sehen, dass die Erfahrung im Krabbeln die Tiefenwahrnehmung und die Fähigkeit, versteckte Gegenstände zu finden, fördert. Jedoch war auch zu erkennen, dass Kleinkinder sehr viel mehr verstehen, bevor sie zu den motorischen Verhaltensweisen fähig sind, von denen Piaget annahm, dass sie zu diesem Verständnis führten. Wie können wir die erstaunlichen kognitiven Leistungen von Babys erklären?

Die meisten Forscher glauben, dass Säuglinge eine viel stärkere angeborene Ausstattung für das Verstehen ihrer Erfahrungen haben, als Piaget ihnen zuschrieb, der annahm, dass sie alle mentalen Repräsentationen durch sensumotorische Aktivität aufbauen. Es besteht aber wenig Übereinstimmung darüber, welche Verstehensmöglichkeiten zur Austattung des Säuglings und Kleinkindes gehören. Wie ersichtlich beruhen viele Belege für die Kognition des Kleinkindes auf der Methode der nicht eingetroffenen Erwartung. Forscher, die kein Vertrauen in diese Methode haben, argumentieren, dass die kognitiven Grundlagen bei Kleinkindern begrenzt sind. Zum Beispiel glauben einige, dass Neugeborene das Leben mit einer Reihe von Vorlieben oder Lernmethoden beginnen, etwa wirksame Techniken zur Analyse komplexer Wahrnehmungsinformationen, die den Kindern ein Mittel an die Hand geben, Schemata aufzubauen (Elman et al., 1996; Haith & Benson, 1998; Karmiloff-Smith, 1992).

Andere Entwicklungspsychologen, die von den Ergebnissen der Forschung mit dem nicht eingetroffenen Erwartungsparadigma überzeugt sind, glauben an die eindrucksvollen Möglichkeiten des Verstehens von Beginn der kindlichen Entwicklung an. Entsprechend dieser **Sichtweise von Modulen** werden Babys mit einem Satz angeborener Wissenssysteme geboren, den *Modulen des Denkens*. Jede dieser vorgeschalteten Verständnismöglichkeiten erlaubt einen betriebsbereiten Zugriff auf neue, aufeinander bezogene Informationen und unterstützt damit eine frühe, schnelle Entwicklung (Carey & Markman, 1999; Spelke & Newport, 1998). Theoretiker der Modulauffassung argumentieren, dass Kleinkinder in der komplexen Stimulation um sie herum keinen Sinn erkennen könnten, ohne im Verlauf der Evolution darauf „vorbereitet" worden zu sein, wesentliche Aspekte davon zu verstehen. Forscher haben viele Studien an Kindern im Alter von zwei bis sechs Monaten über deren *physikalisches Wissen* durchgeführt, einschließlich Objektkonstanz, Objektfestigkeit (dass ein Gegenstand sich nicht durch einen anderen hindurch bewegen kann) und Schwerkraft (dass ein Gegenstand ohne Halt herunterfällt) (Baillargeon, 1994, Hespos & Baillargeon, 2001). Sie haben auch das *numerische Wissen* oder die Fähigkeit, kleine Mengen zu unterscheiden, bei Kleinkindern erforscht (siehe den Kasten „Biologie und Umwelt"). Darüber hinaus nehmen Theoretiker der Modulauffassung an, dass ein *linguistisches Wissen* in die Struktur des menschlichen Gehirns eingeätzt ist, eine Möglichkeit, die wir aufgreifen, wenn wir uns mit der Sprachentwicklung beschäftigen. Und die frühe Ausrichtung von Kleinkindern auf andere Menschen initiiert eine rasche Entwicklung des *psychologischen Wissens* – im Besonderen das Verständnis mentaler Zustände wie Ziele, Emotionen, Wünsche und Glaubensannahmen, denen wir uns in Kapitel 6 zuwenden werden.

Wird dieses Kleinkind durch intensive sensumotorische Aktivität herausfinden, dass jeder Bauklotz, der auf den Turm gesetzt wird, ohne Unterstützung herunterfallen wird, wie es Piaget annahm? Oder begann es sein Leben mit einem vorgeschaltetem physikalischem Wissen – einem Modul des Denkens, welches ein frühes schnelles Verstehen fördert?

Biologie und Umwelt: Haben Kleinkinder ein angeborenes numerisches Verständnis?

Wie kann sich in den ersten Lebensjahren die Kognition so schnell entwickeln? Nach der *Modulauffassung* haben Kleinkinder eine vererbte Grundlage von Wissen oder Wissenskategorien zur Verarbeitung von Umwelterfahrungen, die schnell ausgefeilter wird, wenn sie explorieren, spielen und mit anderen Menschen interagieren (Geary & Bjorklund, 2000). Zeigen Kinder so früh ein numerisches Verständnis, dass ein Vorwissen angeboren sein muss? Um diese Frage zu beantworten, wurde die Methode der nicht eingetroffenen Erwartung angewendet.

In der bekanntesten solcher Untersuchungen sahen Kinder von fünf Monaten einen Schirm, der erhöht war, um ein einzelnes Spielzeugtier dahinter zu verstecken (siehe Abbildung 5.3). Dann beobachteten sie, wie eine Hand ein zweites Spielzeug hinter dem Schirm versteckte. Schließlich wurde der Schirm entfernt und es wurde entweder ein Spielzeug oder zwei enthüllt. Wenn die Kinder die beiden Gegenstände im Auge behielten, müssten sie länger auf die Exposition des einen Spielzeugs sehen *(nicht möglicher Vorgang)* – und genau das taten sie. Bei weiteren Experimenten sahen fünf Monate alte Kinder länger auf drei Gegenstände als auf zwei. Diese Ergebnisse und die ähnlicher Untersuchungen weisen darauf hin, dass Babys im ersten Lebenshalbjahr Mengen bis zu drei Gegenständen unterscheiden können und dieses Wissen nutzen, um einfache arithmetische Aufgaben zu lösen – nicht nur Addition, sondern auch Subtraktion, bei der zwei Gegenstände von einem Schirm verdeckt sind und einer dann entfernt wird (Wynn, 1992; Wynn, Bloom, & Chiang, 2002).

Diese Ergebnisse wie auch die anderer nach der Methode der nicht eingetroffenen Erwartung sind strittig. Kritiker stellen in Frage, was uns die Blickgewohnheiten wirklich über das numerische Wissen der Kleinkinder aussagen. Und einige Forscher fügen hinzu, dass Kinder im Alter von fünf Monaten kleine Mengen nicht addieren und subtrahieren können. Bei Experimenten, die dem gerade beschriebenen ähneln, waren die Blickgewohnheiten nicht einheitlich (Feigenson, Carey, & Spelke, 2002; Wakeley, Rivera, & Langer, 2000).

Darüber hinaus ist das Wissen über Zahlen bei Säuglingen überra-

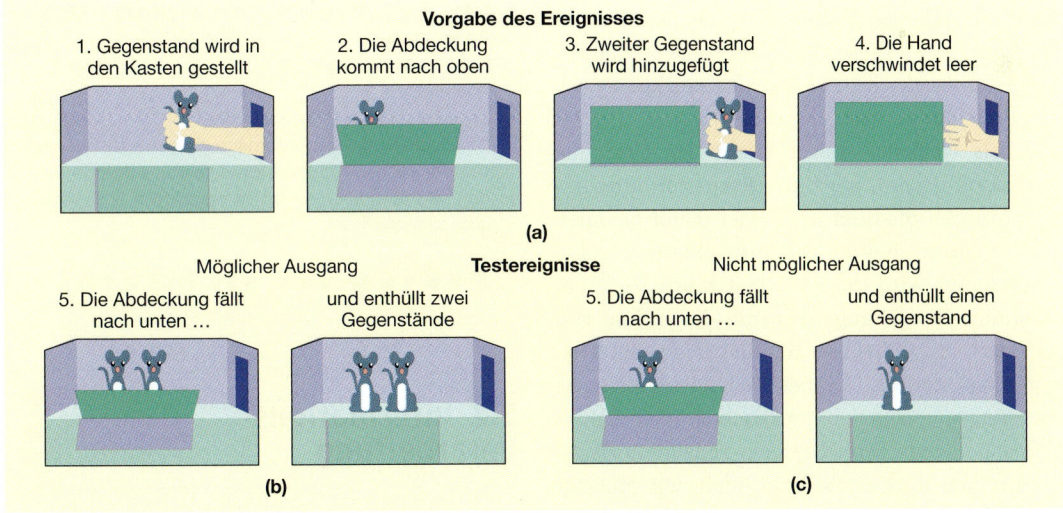

Abbildung 5.3: Zahlenbegriffe bei Säuglingen. (a) Zuerst sahen die Säuglinge, wie ein Spielzeugtier von einer Hand in einen Kasten gesetzt und anschließend von einem hochklappenden Bildschirm bedeckt wurde. Dann wurde ein identisches Tier hinter dem Schirm hinzugefügt. Danach zeigten die Forscher zwei alternative Ausgänge: (b) Bei dem *möglichen Ausgang* fiel der Schirm herunter und enthüllte zwei Spieltiere. (c) Beim *nicht möglichen Ausgang* fiel der Schirm und zeigte nur ein Spieltier. Kinder von fünf Monaten sahen länger auf den nicht möglichen Ausgang als auf den möglichen Ausgang. Die Forscher schlossen daraus, dass Säuglinge die Anzahl „eins" und „zwei" unterscheiden können und dieses Wissen nutzen, um einfache Additionen durchzuführen: 1 + 1 = 2. Eine Abwandlung dieses Vorganges wies darauf hin, dass fünf Monate alte Kinder auch einfache Subtraktionen durchführen können: 2-1 = 1 (nach K. Wynn, 1992, „Addition and Subtraction by Human Infants," *Nature*, 358, S. 749. Nachdruck erlaubt.)

schend in Anbetracht der Tatsache, dass ältere Kleinkinder dieses Verständnis nicht zeigen. Vor dem Alter von 14 und 16 Monaten haben Kleinkinder Schwierigkeiten mit Relationen von „mehr als" oder „weniger als" bei kleinen Mengen. Und erst in den Vorschuljahren addieren und subtrahieren Kinder bei kleinen Mengen korrekt.

Insgesamt zeigen Säuglinge in manchen Studien ein erstaunliches Wissen, in anderen aber nicht. Und wenn ein solches Wissen angeboren ist, sollten ältere Kinder auf die gleiche Weise denken wie die Säuglinge, tun das aber nicht immer. Theoretiker der Modulauffassung antworten darauf, dass die Hinsehgewohnheiten von Säuglingen zuverlässigere Indikatoren des Verstehens sind als das Zählverhalten älterer Kinder, das ihre wirklichen Kompetenzen vielleicht nicht berührt (Wynn, 2002). Dennoch behaupten Skeptiker, dass die menschliche Evolution Säuglinge nicht mit einem vorgefertigten Wissen ausgestattet hat, welches ihre Fähigkeit einschränken könnte, sich an Veränderungen der Umwelt anzupassen (Haith, 1999; Meltzoff & Moore, 1998). Derzeit wird immer noch heiß darüber debattiert, womit Babys beginnen – angeborenes Wissen oder allgemeine Lernstrategien, die ihnen erlauben, schnell Kenntnisse zu sammeln.

Aber wie der Kasten „Biologie und Umwelt" zeigt, ergeben Untersuchungen über das Wissen von Kleinkindern gemischte Ergebnisse. Dennoch besteht über zwei Themen eine breite Übereinstimmung: Erstens sind viele kognitive Veränderungen in der Kleinkindzeit graduell und kontinuierlich und nicht abrupt und stufenartig (Flavell, Miller, & Miller, 2002). Zweitens verändern sich verschiedene Aspekte der Veränderung der kindlichen Kognition nicht gleichmäßig und nicht auf einmal, und zwar wegen der Herausforderungen, die durch unterschiedliche Aufgaben und die unterschiedlichen Erfahrungen der Kinder mit ihnen bedingt sind. Diese Gedanken dienen als Basis für einen weiteren wichtigen Zugang zur kognitiven Entwicklung: der *Informationsverarbeitung*.

Bevor als Nächstes dieser alternative Gesichtspunkt diskutiert wird, wird die Diskussion über das sensumotorische Stadium bei Piaget damit beendet, dass sein enormer Beitrag zur Entwicklungspsychologie anerkannt wird. Seine Arbeit führte zu einer ausgedehnten Forschung über die Kognition von Kleinkindern einschließlich Studien, die seine Theorien in Frage stellten. Darüber hinaus waren Piagets Beobachtungen von großem praktischem Wert. Lehrer und Pflegepersonen betrachten das sensumotorische Stadium immer noch nach Richtlinien, wie eine für die Entwicklung angemessene Umgebung für Säuglinge und Kleinkinder geschaffen werden kann, ein Thema, dem spätere Abschnitte in diesem Kapitel gewidmet werden.

Prüfen Sie sich selbst ...

Rückblick
Erklären Sie, wie sich in Piagets Theorie die Kognition verändert, und geben Sie Beispiele von Assimilation, Akkomodation und Organisation.

Rückblick
Stellen Sie Ihre eigene Tabelle her, die einen Überblick über die kognitiven Meilensteine beim Säugling und beim Kleinkind gibt, indem Sie den Text auf den Seiten 196-202 benutzen. Welche Eintragungen in der Tabelle stimmen mit Piagets sensumotorischem Hauptstadium überein? Welche entwickeln sich früher als Piaget annahm?

Anwendung
Der Vater der zehn Monate alten Mimi hält ihren Lieblingskeks für das Zahnen hoch, deponiert ihn unter einer Serviette und zeigt Mimi seine leere Hand. Mimi schaut verwirrt und ist nicht in der Lage, nach dem Keks zu suchen. Erklären Sie, warum Mimi diese Versteckaufgabe schwierig findet.

Prüfen Sie sich selbst ...

5.2 Informationsverarbeitung

Theoretiker der Informationsverarbeitung stimmen mit Piaget überein, dass Kinder aktive, forschende Wesen sind, aber sie bieten keine einzelne, umfassende Theorie der kognitiven Entwicklung, sondern konzentrieren sich stattdessen auf viele Aspekte des Denkens, angefangen von Aufmerksamkeit, Gedächtnis und Fähigkeiten der Kategorisierung bis zum komplexen Problemlösen. Erinnern Sie sich aus Kapitel 1, dass der Zugang über Informationsverarbeitung sich oft auf computerähnliche Fließschemata bezieht, um das kognitive System des Menschen zu beschreiben. Das Computermodell menschlichen Denkens ist attraktiv, weil es klar und präzise ist. Theoretiker der Informationsverarbeitung sind nicht zufrieden mit allgemeinen Konzepten wie Assimilation und Akkomodation, um zu beschreiben, wie Kinder denken. Stattdessen wollen sie ganz genau wissen, welche Verarbeitungsprozesse in Menschen verschiedener Altersstufen ablaufen, wenn sie sich einer Aufgabe oder einem Problem gegenübersehen (Klahr & MacWhinney, 1998; Siegler, 1998).

5.2.1 Struktur des Systems der Informationsverarbeitung

Die meisten Forscher über Informationsverarbeitung nehmen an, dass Menschen Informationen in drei Teilen des mentalen Systems erhalten: dem *sensorischen Speicher*, dem *Arbeits- oder Kurzzeitgedächtnis* und dem *Langzeitgedächtnis* (siehe Abbildung 5.4). Während die Informationen durch sie fließen, kann an ihnen gearbeitet werden, um sie umzuwandeln, indem **mentale Strategien** genutzt werden, wodurch sich die Chancen vergrößern, dass Informationen behalten und wirkungsvoll genutzt werden. Um das besser zu verstehen, wollen wir jeden Aspekt des mentalen Systems betrachten.

Zuerst treten die Informationen in den **sensorischen Speicher** ein. Hier werden Bilder und Geräusche direkt repräsentiert und kurz aufbewahrt. Sehen Sie sich um und schließen Sie dann kurz Ihre Augen. Ein Bild, das Sie gesehen haben, bleibt für ein paar Sekunden bestehen, aber dann löst es sich auf bzw. verschwindet, wenn Sie nicht mentale Strategien benutzen, um es zu bewahren. Sie könnten zum Beispiel auf einige Informationen stärker achten als auf andere und damit die Chancen vergrößern, dass sie zum nächsten Schritt des Informationsverarbeitungssystems geleitet werden.

Der zweite Teil unseres kognitiven Systems ist das **Arbeits- oder Kurzzeitgedächtnis,** in dem aktiv an einer bestimmten Anzahl von neu aufgenommenen Informationen „gearbeitet" wird, indem mentale Strategien eingesetzt werden. Wer zum Beispiel dieses Buch durcharbeitet, macht sich Notizen, wiederholt Informationen für sich selbst oder gruppiert Teilinformationen. Warum werden diese Strategien angewendet? Der sensorische Speicher kann eine große Bandbreite von Informationen aufnehmen, auch wenn dies Grenzen hat. Die Kapazität des Arbeitsgedächtnisses ist eingeschränkter. Aber durch die sinnvolle Verbindung von Teilen der Informationen zu einer einzigen Repräsentation reduziert sich die Anzahl der Teile, auf die geachtet werden muss und macht damit im Arbeitsgedächtnis Platz für weitere Informationen. Je genauer Informationen gelernt werden, desto *automatischer* werden sie benutzt. Die automatische Informationsverarbeitung weitet das Arbeitsgedächtnis aus und erlaubt ihm, sich gleichzeitig auf andere Informationen zu konzentrieren.

Um diese komplexen Aktivitäten zu bewältigen, dirigiert ein spezieller Teil des Arbeitsgedächtnisses, **zentrale Exekutive** genannt, den Informationsfluss. Sie entscheidet, worauf zu achten ist, koordiniert eingehende Informationen mit Informationen, die bereits im System vorhanden sind, und wählt Strategien, wendet sie an und überwacht sie (Baddeley, 1993, 2000). Die zentrale Exekutive ist der bewusste, reflektierte Teil unseres mentalen Systems.

Je länger Informationen im Arbeitsgedächtnis behalten werden, desto größer ist die Wahrscheinlichkeit, dass sie in den dritten, den größten Speicherbereich gelangen, in das **Langzeitgedächtnis**, unsere andauernde Wissensgrundlage, die grenzenlos zu sein scheint. In der Tat speichern wir so lange im Langzeitgedächtnis, dass wir manchmal Schwierigkeiten mit dem *Zurückholen* von Informationen aus diesem System haben. Um dem Zurückholen behilflich zu sein, wenden wir Strategien an, genauso wie wir es im Arbeitsgedächtnis tun. Informationen im Langzeitgedächtnis werden gemäß einem Gesamtplan *kategorisiert*, der auf Inhalten basiert, sehr ähnlich einem Ordnungssystem in Büchereien. Folglich können Informationen auf eine einfache Weise zurückgerufen werden, indem dem gleichen Netzwerk von Assoziationen gefolgt wird, das anfänglich beim Speichern benutzt worden ist.

Forscher, die sich mit Informationsverarbeitung befassen, nehmen an, dass die Grundstruktur des mentalen Systems das ganze Leben hindurch ähnlich ist. Die *Kapazität* des Systems jedoch – die Menge von Informationen, die sofort behalten und verarbeitet werden können, und die Schnelligkeit, mit der dies geschieht – nimmt zu und macht mit zunehmendem Alter komplexere Formen des Denkens möglich (Case, 1998; Miller & Vernon, 1997). Gewinne in der Kapazität der Informationsverarbeitung sind zum Teil Folge der Entwicklung des Gehirns und teilweise Folge der Verbesserung von Strategien wie die Aufmerksamkeit gegenüber Informationen und ihre wirksame Kategorisierung. Die Entwicklung dieser Strategien beginnt bereits in den ersten beiden Lebensjahren.

5.2.2 Aufmerksamkeit

Wie entwickelt sich in der frühen Kindheit die Aufmerksamkeit? Aus unserer Diskussion der Wahrnehmungsentwicklung in Kapitel 4 ist zu entnehmen, dass Säuglinge im Alter zwischen ein und zwei Monaten vom Betrachten eines einzigen Merkmals mit großem Kontrast in ihrer visuellen Welt zu einer genaueren Entdeckung von Gegenständen und Mustern hinüberwechseln. Neben der Beachtung vermehrter Aspekte der Umgebung können Kinder nach und nach ihre Aufmerksamkeit besser handhaben und mit zunehmendem Alter Informationen schneller aufnehmen. Die Habituationsforschung berichtet, dass zu früh geborene und voll ausgetragene Babys eine lange Zeit für die Habituierung (Gewöhnung) neuer visueller Reize benötigen – etwa drei oder vier Minuten. Aber mit vier oder fünf Monaten brauchen Säuglinge nur fünf bis zehn Sekunden, um einen komplexen visuellen Reiz zu erfassen und zu erkennen, dass er sich von einem vorhergehenden Reiz unterscheidet (Slater et al., 1996).

Ein Grund, dass sehr kleine Säuglinge so lange Habituationszeiten haben, liegt darin, dass sie Schwierigkeiten damit haben, ihre Aufmerksamkeit von interessanten Reizen abzuziehen (Frick, Colombo, & Saxon, 1999). Carola hielt der zwei Monate alten Kathrin einmal eine Puppe hin, die mit einem rot-weiß-karierten Overall bekleidet war. Kathrin starrte sie intensiv an, konnte ihren Blick nicht von ihr lösen und brach schließlich in Tränen aus. Genauso wichtig wie die Aufmerksamkeit für einen Reiz ist die Fähigkeit, die Aufmerksamkeit von einem Reiz auf den anderen übergehen zu lassen. Um das Alter von vier bis sechs Monaten herum wird die Aufmerksamkeit der Säuglinge flexibler (Hood, Atkinson, & Braddick, 1998).

Während des ersten Lebensjahres neigen Babys dazu, neue und auffällige Ereignisse zu beachten (Richards & Holley, 1999). Mit dem Übergang ins Kleinkindalter werden Kinder zunehmend zu zweckgerichtetem Verhalten fähig (vgl. Piagets viertes Stadium). Folglich wird die Anziehung für Neuigkeiten geringer (verschwindet aber nicht) und die *aufrechterhaltene Aufmerksamkeit* verbessert sich, besonders wenn die

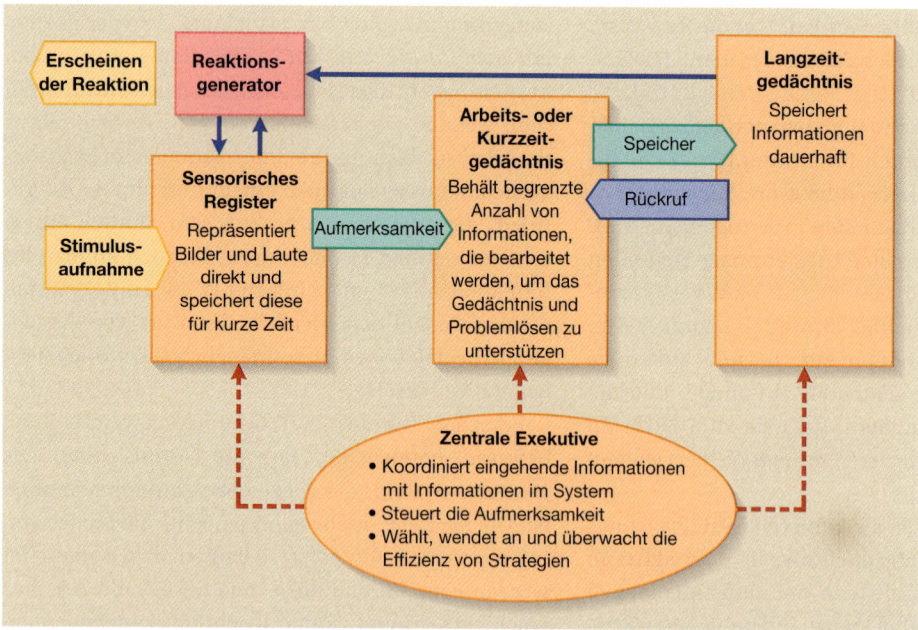

Abbildung 5.4: Speichermodell des menschlichen Informationsverarbeitungssystems. Informationen fließen durch drei Bereiche des mentalen Systems: den *sensorischen Speicher*, *Arbeits- oder Kurzzeitgedächtnis* und das *Langzeitgedächtnis*. In jedem Bereich können mentale Strategien genutzt werden, um die Informationen zu handhaben und damit die Wirksamkeit des Denkens und die Chancen, Informationen zu behalten, zu vergrößern. Strategien erlauben uns auch, flexibel zu denken, d.h., Informationen sich verändernden Umständen anzupassen. Die *zentrale Exekutive* ist der bewusste, reflektierende Teil des Arbeitsgedächtnisses. Sie koordiniert eingehende Informationen, die schon im System sind, entscheidet, worauf zu achten ist und überwacht den Gebrauch der Strategien.

Kinder mit Spielzeug spielen. Wenn ein Kleinkind eine zielgerichtete Handlung ausführt, selbst in eingeschränkter Weise wie dem Auftürmen von Bauklötzen oder diese in einen Behälter zu stecken, muss die Aufmerksamkeit erhalten bleiben, um das Ziel zu erreichen. Mit zunehmender Komplexität der Pläne und Aktivitäten nimmt die Spanne der Aufmerksamkeit zu (Ruff & Lawson, 1990; Ruff & Rothbart, 1996).

5.2.3 Gedächtnis

Habituationsforschung öffnet ein Fenster in das Gedächtnis des kleinen Kindes. Untersuchungen zeigen, dass Säuglinge nach und nach feinere Unterscheidungen zwischen visuellen Reizen machen und sie sich länger erinnern – mit drei Monaten etwa 24 Stunden; am Ende des ersten Lebensjahres einige Tage lang und im Falle mancher Reize (etwa das Foto eines menschlichen Gesichts) sogar Wochen (Fagan, 1973; Pascalis, de Haan, & Nelson, 1998). Wie bereits ausgeführt, ist nicht immer klar, was Babys über die Reize wissen, an die sie sich habituieren. Manche Forscher argumentieren, dass das Verständnis von Säuglingen am besten bei ihren aktiven Anstrengungen deutlich wird, die Umwelt zu meistern (Rovee-Collier 2001). Übereinstimmend mit dieser Sichtweise unterschätzt die Habituationsforschung sehr stark das Gedächtnis der Säuglinge, wenn man sie mit Methoden vergleicht, die sich auf ihre aktive Erforschung der Umwelt beziehen.

Mit operantem Konditionieren untersuchte Carolyn Rovee-Collier das Gedächtnis von Säuglingen, indem sie den Kindern beibrachte, ein Mobile mit einem Fußtritt in Bewegung zu setzen. Vom Mobile hing eine Schnur, die an den Fuß gebunden war. Sie fand heraus, dass zwei bis drei Wochen alte Kinder sich noch eine Woche nach dem Training daran erinnerten, wie sie das Mobile aktiviert hatten und mit einem Helfer (der Experimentator drehte das Mobile kurzzeitig für das Baby) sogar vier Wochen lang (Rovee-Collier, 1999). Um die Mitte des ersten Lebensjahres kann man gut Aufgaben zur Untersuchung des kindlichen Gedächtnisses durchführen, in denen die Babys ihre Stimulation durch die Handhabung von Knöpfen oder Schaltern kontrollieren. Als Säuglinge und Kleinkinder einen Hebel drückten, um einen Spielzeugzug rund um ein Gleis in Gang zu setzen, nahm die Dauer des Erinnerns mit zunehmendem Alter zu. 18 Monate alte Kinder erinnerten sich 13 Wochen nach dem Training daran, wie sie den Hebel drücken mussten (Hartshorn et al., 1998).

Bisher haben wir nur das **Wiedererkennen** diskutiert, also das Erkennen, dass ein Reiz mit einem vorhergehenden identisch oder ihm ähnlich ist. Das ist die einfachste Form des Gedächtnisses, weil ein Baby nur aufzeigen muss (durch Hinsehen oder Stoßen), dass ein neuer Reiz mit einem vorhergehenden Reiz identisch oder ihm ähnlich ist. **Erinnern** ist schwieriger, weil es das Erinnern an etwas ohne Hilfe der Wahrnehmung umfasst. Um sich zu erinnern, muss man ein mentales Bild aus der vergangenen Erfahrung verallgemeinern. Können Kinder sich erinnern? Sie können es am Ende des ersten Lebensjahres. Wir wissen das, weil sie versteckte Gegenstände finden können und die Aktivitäten anderer Menschen Stunden oder Tage nach der Beobachtung nachmachen können.

Zwischen ein und zwei Jahren ist das Erinnern von Kindern an Menschen, Plätze und Gegenstände ausgezeichnet. Die Ergebnisse der aufgeschobenen Nachahmung zeigen, dass 14 Monate alte Kinder sich etliche Monate nach dem Beobachten an höchst ungewöhnliche Verhaltensweisen erinnern und sie reproduzieren. Rätselhaft ist jedoch, dass wir als Erwachsene uns nicht mehr an unsere frühesten Erfahrungen erinnern. Der Kasten „Ausblick auf die Lebensspanne" auf Seite 211 hilft zu erklären, warum das so ist.

5.2.4 Kategorisierung

Während Säuglinge nach und nach mehr Informationen behalten, speichern sie diese in einer erstaunlich geordneten Weise. Es wurden einige Abwandlungen der Forschung über operante Konditionierung, die oben beschrieben wurden, genutzt, um etwas über die kindliche Kategorisierung herauszufinden. Eine solche Studie wird in Abbildung 5.5 beschrieben und illustriert. In der Tat kategorisieren Säuglinge Reize auf der Grundlage von Form, Größe und anderen physischen Eigenschaften in einem so frühen Alter, dass die Kategorisierung als sehr starker Beleg dafür gelten kann, dass die Gehirne von Babys gleich von Beginn an dafür geschaffen sind, Erfahrungen auf eine den Erwachsenen ähnliche Weise zu repräsentieren und zu organisieren (Mandler, 1998).

Habituierung/Dishabituierung wurde ebenfalls zur Untersuchung kindlicher Kategorisierung benutzt. Forscher zeigen Babys eine Serie von Reizen, die zu einer Kategorie gehören, und sehen dann, ob sie ein Bild erkennen (es länger anschauen), das nicht zu dieser Kategorie gehört. Die Ergebnisse belegen, dass

5.2 DIE KOGNITIVE ENTWICKLUNG IM SÄUGLINGS- UND KLEINKINDALTER

Abbildung 5.5: Die Untersuchung kleinkindlicher Kategorisierung mit Hilfe operanten Konditionierens. Drei Monate alten Kindern wurde beigebracht zu treten, um ein Mobile in Bewegung zu setzen, das aus kleinen Klötzchen bestand, auf denen der Buchstabe A stand. Nach einer Unterbrechung erschien das Stoßen nur dann auf hohem Niveau, wenn man den Babys ein Mobile zeigte, dessen Elemente mit den gleichen Buchstaben versehen waren (der Buchstabe A). Wenn die Form verändert wurde (von As zu 2en), traten die Säuglinge nicht mehr so heftig zu. Während sie das Mobile in Gang setzten, hatten die Babys seine Merkmale gruppiert. Sie assoziierten die Tretreaktion mit der Kategorie A und unterschieden diese bei späteren Untersuchungen von der Kategorie 2 (Bhatt, Rovee-Collier, & Weiner, 1994; Hayne, Rovee-Collier, & Perris, 1987).

sieben bis zwölf Monate alte Kinder Gegenstände in eine erstaunliche Vielfalt bedeutsamer Kategorien strukturieren – Nahrungsmittel, Möbel, Vögel, Tiere, Fahrzeuge, Küchenutensilien, Pflanzen und mehr (Mandler & McDonough, 1993, 1996, 1998; Oakes, Coppage, & Dingel, 1997). Neben dem Organisieren der physischen Welt kategorisieren Kinder dieses Alters ihre emotionale und soziale Umwelt. Sie ordnen Menschen und ihre Stimmen nach Geschlecht und Alter (Bahrick, Netto, & Hernandez-Reif, 1998; Poulin-DuBois et al., 1994), haben begonnen, emotionale Ausdrucksweisen zu unterscheiden, und können die natürlichen Bewegungen von Menschen von anderen Bewegungen unterscheiden (siehe Kapitel 4).

Die ersten Kategorien befinden sich auf dem Boden von *Wahrnehmung,* basierend auf einer ähnlichen Gesamterscheinung oder auffälligen Teilen des Gegenstandes wie Beine bei Tieren oder Räder bei Fahrzeugen (Rakison & Butterworth, 1998). Aber um das Ende des ersten Lebensjahres sind mehr Kategorien *konzeptionell,* basierend auf allgemeinen Funktionen und Verhaltensweisen. Zum Beispiel gruppieren Einjährige Küchenutensilien, weil jedes dafür benutzt wird, Nahrung herzustellen. Nach den Untersuchungen der deutschen Entwicklungspsychologin Pauen (2000) erscheint es plausibel, dass bei Säuglingen schon früh nachzuweisen ist, dass sie belebte Wesen von unbelebten Objekten unterscheiden können.

Im zweiten Lebensjahr werden Kinder aktivere Kategorisierer. Mit etwa zwölf Monaten berühren sie Gegenstände, die zusammengehören, ohne sie zu gruppieren. 16 Monate alte Kinder können Gegenstände in eine Kategorie gruppieren. Wenn man ihnen zum Beispiel vier Bälle und vier Kisten gibt, legen sie die Bälle zusammen, die Kisten aber nicht. Um 18 Monate herum sortieren sie Gegenstände in zwei Klassen (Gopnik & Meltzoff, 1987). Im Vergleich zur Habituierung/Dishabituierung zeigen Berühren, Sortieren und andere Verhaltensweisen des Spiels auf eine bessere Weise die Bedeutungen auf, die Kleinkinder den Kategorien zuweisen, weil sie diese Bedeutungen in ihren täglichen Aktivitäten anwenden. Wenn 14 Monate alte Kinder zum Beispiel einen Erwachsenen beobachtet haben, wie er einem Spielzeughund aus einem Becher zu trinken gibt, bieten sie, wenn man ihnen ein Kaninchen und ein Motorrad zeigt, in der Regel nur dem Kaninchen etwas zu trinken an (Mandler & McDonough, 1998). Ihr Verhalten zeigt ein klares Verständnis dafür auf, dass bestimmte Handlungen für bestimmte Kategorien (Tiere) angemessen sind, für andere (Fahrzeuge) dagegen nicht.

Wie geschieht diese Veränderung von der Wahrnehmung zum Begriff? Obwohl Forscher nicht darin übereinstimmen, ob dieser Wechsel einen neuen Zugang zur Analyse der Erfahrungen erfordert, stimmen doch die meisten darin überein, dass die Exploration von Gegenständen und das erweiterte Wissen der Welt zur Fähigkeit des älteren Säuglings beiträgt, Gegenstände nach Funktionen und Verhaltensweisen zu ordnen (Mandler, 2000; Quinn et al., 2000). Schließlich unterstützen Erwachsene, die für Kinder Gegenstände benennen („Das ist ein Auto und das ist ein Fahrrad") die Kleinkinder dabei, ihre frühesten Kategorien zu verfeinern (Waxman, 1995).

Ausblick auf die Lebensspanne: Amnesie für Ereignisse in der frühen Kindheit

Was erklärt die *kleinkindliche Amnesie* – die Tatsache, dass fast keiner von uns Ereignisse vor dem dritten Lebensjahr erinnern kann, wo doch Kleinkinder so viele Aspekte ihres täglichen Lebens erinnern? Dieses Vergessen kann nicht einfach durch das Vergehen der Zeit erklärt werden, weil wir uns an viele Ereignisse erinnern, die vor langer Zeit geschahen (Eacott, 1999). Heute gibt es verschiedene Erklärungen der kleinkindlichen Amnesie.

Eine Theorie stützt sich auf die Entwicklung des Gehirns. Das Wachstum der Frontallappen in der Gehirnrinde in Verbindung mit anderen Strukturen könnte notwendig sein, bevor Erfahrungen auf eine Weise gespeichert werden können, die es erlaubt, sie viele Jahre später abzurufen (Boyer & Diamond, 1992).

Jedoch wurde der Gedanke ganz unterschiedlicher Annäherungen an das Erinnern bei jüngeren und älteren Menschen in Frage gestellt, da Kleinkinder Erinnerungen beschreiben und sie für lange Zeiten behalten können. Eine steigende Zahl von Forschern nimmt an, dass der Rückgang kindlicher Amnesie auf eine bestimmte Form des Erinnerns zurückgeht und nicht auf einen radikalen Wechsel in der Art, wie erinnert wird. Es ist das **autobiographische Gedächtnis** oder die Repräsentationen spezieller, einmaliger Ereignisse, die lang anhalten, weil sie mit einer persönlichen Bedeutung behaftet sind. Vielleicht erinnern Sie sich zum Beispiel an einen Tag, an dem ein Geschwister geboren wurde, als sie das erste Mal mit einem Flugzeug flogen oder in ein neues Haus zogen.

Damit Erinnerungen autobiographisch werden können, sind mindestens zwei Entwicklungen nötig: Erstens muss das Kind eine gut entwickelte Vorstellung seines Selbst haben. Jedoch ist in den ersten Lebensjahren das Verständnis des Selbst noch nicht reif genug, um als Anker für einmalige Ereignisse zu dienen (Howe, 2003). Zweitens erfordert das autobiographische Gedächtnis, dass Kinder persönliche Erfahrungen in eine bedeutsame Lebensgeschichte integrieren. Neue Forschungen belegen, dass Vorschulkinder lernen, Erinnerungen narrativ zu strukturieren, indem sie mit Erwachsenen über sie sprechen, die ihre Erinnerungen durch Erklärungen dessen erweitern, was wann, wo und mit wem geschah (Nelson, 1993).

Zwischen 2 und 5 Jahren nimmt das Interesse von Kindern an Gesprächen, die mit Erinnerungen verbunden sind, stark zu – eine Veränderung, die den Anstieg autobiographischer Erinnerungen während dieses Zeitraums unterstützen mag. Interessanterweise sprechen Eltern mit Töchtern ausführlicher über die Vergangenheit (Bruce, Dolan, & Phillips-Grant, 2000; Reese, Haden, & Fivush, 1996). Kollektivistische kulturelle Werte führen asiatische Eltern dazu, ihre Kinder nicht zu ermutigen, über sich selbst zu sprechen (Han, Leichtman, &Wang, 1998). Vielleicht berichten Frauen über einen früheren Zeitpunkt erster Erinnerungen und auch über lebhaftere Erinnerungen als Männer, weil ihre frühen Erlebnisse in kohärentere Erzählungen eingebunden wurden. Ähnlich setzen erste Erinnerungen kaukasisch-amerikanischer Erwachsener durchschnittlich sechs Monate früher ein als die von Asiaten (Mullen, 1994).

Der Rückgang der Amnesie für frühkindliche Ereignisse spiegelt möglicherweise eine Veränderung wider, zu der sowohl biologische wie soziale Erfahrungen beitragen. Eine Vermutung ist, dass lebenswichtige Veränderungen in den

Dieses Kleinkind wird sich später wahrscheinlich nicht an die aufregende Feier des hinduistischen Holi, des „hellen" Festes, erinnern, bei dem sie und ihre Familienmitglieder sich gegenseitig mit farbigem Puder bestrichen und gemeinsam tanzten und Volkslieder sangen. Um das biographische Gedächtnis zu entwickeln, müssen kleine Kinder ein gut entwickeltes Selbstbild besitzen, an das sie spezielle Erinnerungen hängen und durch das sie diese Erfahrungen mit der Hilfe von Erwachsenen in eine sinnvolle Lebensgeschichte integrieren.

Frontallappen der Großhirnrinde während der Kleinkindzeit den Weg für ein *explizites Gedächtnis*-System bahnen – eines, bei dem sich Kinder eher bewusst als *implizit*, ohne Bewusstheit, erinnern (Rovee-Collier & Barr, 2001). In den Kapiteln 7 und 9 wird vorgestellt, dass bewusstes Erinnern an Informationen und Ereignisse sich im Laufe der Kindheit sehr verbessert. Unzweifelhaft unterstützt das den Erfolg von Unterhaltungen über die Vergangenheit und strukturiert damit das autobiographische Gedächtnis von Kindern.

5.2.5 Evaluation von Ergebnissen der Informationsverarbeitung

Forschung über Informationsverarbeitung unterstreicht die Kontinuität menschlichen Denkens vom Säuglingsalter bis ins Erwachsenenleben hinein. Beim Beachten der Umgebung, dem Erinnern an tägliche Vorkommnisse und dem Kategorisieren von Gegenständen denken Kathrin, Anna und Timmy auf eine erstaunlich ähnliche Weise wie Erwachsene, obwohl sie noch weit davon entfernt sind, so geübte mentale Informationsverarbeiter zu sein wie diese. Ergebnisse über das Gedächtnis und Kategorisieren von Säuglingen verbinden sich mit anderen Forschungen, die Piagets Sichtweise der frühen Kognition kritisieren. Wenn drei Monate alte Kinder Ereignisse bis zu vier Monate lang behalten und Reize kategorisieren können, müssen sie die Fähigkeit besitzen, ihre Erfahrungen mental zu repräsentieren.

Die Informationsverarbeitung hat stark zu unserer Sichtweise von kompetenten Säuglingen beigetragen. Ihre eigentliche Stärke hat jedoch einen großen Haken: Nach der Zerlegung von Kognition in ihre Bestandteile (wie Wahrnehmung, Aufmerksamkeit und Gedächtnis), stand die Informationsverarbeitung vor dem Problem, sie wieder in einer übergreifenden Theorie zusammenzuführen. Ein Versuch, dem beizukommen, bestand darin, Piagets Theorie mit dem Ansatz der Informationstheorie zu verbinden, wie in Kapitel 9 dargestellt. Ein neuerer Trend ist die Anwendung der *Sichtweise eines dynamischen Systems* auf die frühe Kognition (siehe Kapitel 4). Wissenschaftler analysieren jede kognitive Errungenschaft, um zu sehen, wie sie aus einem komplexen System vorhergehender Leistungen und den derzeitigen Zielen des Kindes resultiert (Thelen & Smith, 1998; Courage & Howe, 2002). Diese Überlegungen müssen jedoch noch näher überprüft werden, können aber stärker an eine Sichtweise heranführen, wie sich der Geist von Säugling und Kleinkind entwickelt.

5.3 Der soziale Kontext früher kognitiver Entwicklung

Nehmen Sie sich einen Augenblick Zeit, um die kurze Episode am Beginn des Kapitels zu erinnern, in der Anna Formen in einen Behälter fallen ließ. Beachten Sie dabei, dass Anna etwas über das Spielzeug von ihrer Erzieherin lernt. Mit der Unterstützung eines Erwachsenen wird Anna nach und nach besser darin werden, Formen in passende Öffnungen zu stecken und sie in den Behälter fallen zu lassen. Dann wird sie in der Lage sein, diese Handlung (und ähnliche andere) selbst auszuführen.

Wygotskys soziokulturelle Theorie hat Forschern geholfen zu verstehen, dass Kinder in vielfältigen sozialen Kontexten leben, die beeinflussen, wie ihre kognitive Welt strukturiert ist (Rogoff, 1998; Wertsch & Tulviste, 1992). Wygotsky nahm an, dass komplexe

Dieser Vater hilft seinem Sohn mit körperlicher Unterstützung und einfachen Worten dabei, ein Puzzle zusammenzufügen. Indem er die Aufgabe in den Bereich der proximalen (nächstmöglichen) Entwicklung bringt und seine Kommunikation den Bedürfnissen des Kindes anpasst, vermittelt der Vater dem Kind kognitive Strategien und fördert seine kognitive Entwicklung.

Kulturelle Einflüsse: Betreuungsperson-Kleinkind-Interaktion und das frühe Als-ob-Spiel

Vater Ken buk mit seinen beiden kleinen Söhnen Ananaskuchen, eine ihrer Lieblingsspeisen. Eines Nachmittags, ein Kuchen entstand gerade, stand der 21 Monate alte Peter an der Spüle auf einem Stuhl und goss emsig Wasser von einer Tasse in die andere.

„Er ist im Weg, Papa!", beschwerte sich der vierjährige David und versuchte, Peter von der Spüle wegzuziehen.

„Vielleicht macht er uns Platz, wenn wir ihm helfen", schlug Ken vor. Während David den Teig rührte, goss Ken für Peter etwas davon in eine kleine Schale, rückte seinen Stuhl zur Seite und gab ihm einen Löffel.

„So macht man das, Peter", belehrte ihn David mit überlegener Miene. Peter beobachtete, wie David rührte, und versuchte, seine Bewegung nachzuahmen. Als es Zeit war, den Teig einzufüllen, half Ken Peter, die kleine Schale auszuleeren.

„Zeit, ihn zu backen", sagte Ken.

„Backen, Backen", wiederholte Peter, während er Ken beobachtete, wie dieser die Kuchenform in den Herd schob.

Einige Stunden später konnten wir eines der ersten Beispiele von Als-ob-Spiel bei Peter beobachten. Er holte seinen Eimer aus dem Sandkasten, und trug ihn, nachdem er ihn mit einer Hand voll Sand gefüllt hatte, in die Küche und stellte ihn vor den Herd. „Backen", sagte Peter zu Ken. Gemeinsam schoben Vater und Sohn den Phantasiekuchen in den Herd.

Bis vor kurzem haben die meisten Forscher Als-ob-Spiele getrennt von der sozialen Umwelt untersucht, in der sie stattfanden, wenn die Kinder allein spielten. Wahrscheinlich haben Piaget und seine Nachfolger aus diesem Grund geschlossen, dass Kleinkinder Als-ob-Spiele unabhängig entdecken,

In Mexiko, wo die Pflege durch ältere Geschwister üblich ist, ist das Als-ob Spiel mit den Geschwistern häufiger und komplexer als das mit Müttern. Indem es eine Scheinszene vorgibt, versorgt dieses fünfjährige Kind seine jüngere Schwester mit vergnüglichen und herausfordernden Anregungen.

sobald sie über repräsentative Schemata verfügen. Wygotskys Theorie hat diese Sichtweise in Frage gestellt. Er glaubt, dass die Gesellschaft Kindern Möglichkeiten zur Verfügung stellt, um im Spiel kulturell bedeutsame Aktivitäten darzustellen. Als-ob wird wie andere komplexe Aktivitäten zuerst unter der Anleitung von Experten gelernt. In dem gerade beschriebenen Beispiel wurde Peters Fähigkeit, tägliche Ereignisse zu repräsentieren, erweitert, als Ken ihn in die Backaufgabe einbezog und ihm half, sie im Spiel auszuagieren.

Gegenwärtige Hinweise unterstützen die Annahme, dass frühes Als-ob ein kombiniertes Ergebnis ist von der Bereitschaft der Kinder, sich darauf einzulassen, und sozialen Erfahrungen, die sie unterstützen. In einer Untersuchung, in der amerikanische Kleinkinder von mittlerem sozioökonomischem Status beobachtet wurden, betrugen 75 bis 80 % der Spiele Mutter-Kind-Interaktionen (Haight & Miller, 1993). Mit zwölf Monaten waren Als-ob-Spiele hauptsächlich einseitig, fast alle Spielepisoden waren von der Mutter initiiert worden. Gegen Ende des zweiten Lebensjahres zeigten Mütter und Kinder ein gemeinsames Interesse, Als-ob-Spiele zu beginnen; die beiden Gruppen initiierten jeweils zur Hälfte die vorgetäuschten Episoden.

Wenn Erwachsene teilnehmen, ist das Als-ob der Kleinkinder ausgefeilter (O'Reilly & Bornstein, 1993). Zum Beispiel sind die Themen der Spiele variabler. Weiterhin kombinieren Kleinkinder eher Schemata in komplexe Abfolgen, wie es Peter tat, als er Sand in den Eimer schaufelte („den Teig herstellte"), ihn in die Küche trug und (mit Kens Hilfe) in den Herd schob („den Kuchen backen"). Je mehr Eltern mit ihren Kleinkindern Als-ob-Spiele machen, desto mehr Zeit bringen ihre Kinder mit Als-ob-Spielen zu. Und in gewissen

5.4 DIE KOGNITIVE ENTWICKLUNG IM SÄUGLINGS- UND KLEINKINDALTER

> kollektivistischen Gesellschaften wie Argentinien und Japan ist das Als-ob-Spielen von Mutter und Kleinkind besonders häufig und reich an mütterlichem Ausdruck von Zuneigung und Lob, etwa beim Füttern einer Puppe oder wenn sie ins Bett gelegt wird (Bornstein et al., 1999).
>
> In einigen Kulturen sind ältere Geschwister die ersten Spielkameraden von Kleinkindern. So ist zum Beispiel in Indonesien und Mexiko, wo Großfamilien und die Pflege durch Geschwister üblich sind, das Als-ob-Spielen mit älteren Geschwistern häufiger und komplexer als mit den Müttern. Schon im Alter von drei oder vier Jahren geben Kinder ihren jüngeren Brüdern und Schwestern Anregungen. Die Fantasiespiele dieser Kleinkinder sind genauso gut entwickelt wie die ihrer amerikanischen Altersgenossen aus Familien mit mittlerem sozialen Status (Farver, 1993; Farver &Wimbarti, 1995).
>
> Wie wir in Kapitel 7 sehen werden, ist das Als-ob ein ganz wichtiges Mittel, durch das Kinder ihre kognitiven Fertigkeiten erweitern und über die wichtigen Aktivitäten ihrer Kultur lernen. Wygotskys Theorie und die sie unterstützenden Ergebnisse besagen, dass es nicht genug ist, eine stimulierende physische Umgebung zur Verfügung zu stellen, um eine frühe kognitive Entwicklung zu fördern. Zusätzlich müssen Kleinkinder durch geübtere Angehörige ihrer Kultur eingeladen und ermutigt werden, an der sozialen Welt um sie herum teilzunehmen. Eltern und Lehrer können frühes Als-ob-Spiel steigern, indem sie oft mit den Kindern spielen und auf ihre Als-ob-Themen reagieren, sie anleiten und verfeinern.

geistige Aktivitäten wie autonome Aufmerksamkeit, geübtes Gedächtnis und Problemlösen ihre Ursprünge in sozialen Interaktionen haben. Durch gemeinsame Aktivitäten mit reiferen Mitgliedern ihrer Gesellschaft können Kinder Aktivitäten meistern und auf eine Weise denken, die in ihrer Kultur Bedeutung hat.

Ein spezielles Konzept von Wygotsky erklärt, wie das geschieht. Der **Bereich der proximalen** (oder möglichen) **Entwicklung** bezieht sich auf eine Bandbreite von Aufgaben, die das Kind noch nicht allein handhaben kann, sondern nur mit Hilfe geübterer Partner. Denken Sie beispielsweise an einen einfühlsamen Erwachsenen (etwa eine Erzieherin), der ein Kind in eine neue Aktivität einführt. Der Erwachsene sucht eine Aufgabe heraus, die das Kind meistern kann, die aber so schwierig ist, dass das Kind sie nicht allein durchführen kann. Oder der Erwachsene macht sich eine Aktivität zunutze, die das Kind ausgewählt hat. Solche Aufgaben sind besonders geeignet, die Entwicklung zu fördern. Wenn dann der Erwachsene führt und stützt, schaltet sich das Kind in die Interaktion ein, sucht sich mentale Strategien und seine Kompetenz wächst. Während das geschieht, tritt der Erwachsene zurück und erlaubt damit dem Kind, mehr Verantwortung für die Aufgabe zu übernehmen.

Wie wir in den Kapiteln 7 und 9 sehen werden, wurden Wygotskys Konzepte meistens bei älteren Kindern angewandt, wenn diese geübter in Sprache und sozialer Kommunikation sind. Aber kürzlich hat man Wygotskys Theorie auf das Säuglingsalter und die Kleinkindzeit ausgeweitet. Es sei daran erinnert, dass Babys mit Fähigkeiten ausgestattet sind, die sicherstellen, dass die Pflegepersonen mit ihnen interagieren. Damit passen Erwachsene die Umwelt und ihre Kommunikation in einer Weise an, die ein Lernen fördert, das den kulturellen Umständen entspricht.

Eine Untersuchung von Barbara Rogoff und ihren Mitarbeitern (1984) illustriert diesen Prozess. Die Forscher beobachteten, wie verschiedene Erwachsene mit Rogoffs Sohn und Tochter in den ersten beiden Lebensjahren spielten, wenn ein Jack-in-the-box (ein Kasperkopf, der durch das Drehen einer Kurbel aus einem Behälter schnellt) greifbar war. In den ersten Monaten konzentrierten sich die Erwachsenen darauf, die Aufmerksamkeit des Babys zu erregen, indem sie mit dem Spielzeug hantierten und, wenn der Kopf herausschnellte, etwas sagten wie „Oh, was ist denn das?". Gegen Ende des ersten Lebensjahres (wenn sich die kognitiven und motorischen Fähigkeiten verbessert hatten), kreiste die Interaktion darum, wie der Jack-in-the-box zu benutzen sei. Wenn die Kinder nach dem Spielzeug griffen, führten die Erwachsenen die Hand des Babys beim Drehen der Kurbel und dem Zurückstecken des Kopfes in den Kasten. Während des zweiten Lebensjahres halfen die Erwachsenen aus der Distanz. Sie benutzten Gesten und verbale Hilfestellungen wie das Drehen der Hand in einer rotierenden Bewegung in der Nähe der Kurbel. Die Forschung weist darauf hin, dass diese fein abgestimmte Unterstützung in Beziehung steht zu fortgeschrittenem Spielen, verbessertem Sprechen und Problemlösen während des zweiten Lebensjahres (Bornstein et al., 1992; Tamis-LeMonda & Bornstein, 1989).

Schon in den ersten beiden Lebensjahren beeinflussen kulturelle Variationen sozialer Erfahrungen Verarbeitungsstrategien. Beachten Sie, wie in dem gerade beschriebenen Beispiel Erwachsene und Kinder ihre Aufmerksamkeit auf eine einzige Aktivität konzentrierten. Diese Strategie, die in westlichen Mittelstandsfamilien gebräuchlich ist, passt sehr gut in Lehrstunden, in denen Kinder Fertigkeiten außerhalb der Situation lernen, in denen sie später benutzt werden. Im Gegensatz dazu nehmen Erwachsene und Kinder aus Guatemala gleichzeitig an verschiedenen Ereignissen teil. Ein zwölf Monate altes Kind etwa steckt geschickt Gegenstände in ein Glas, während es einen vorbeifahrenden Lastwagen beobachtet und eine Spielzeugpfeife bläst, die seine Mutter ihm in den Mund gesteckt hatte (Chavajay & Rogoff, 1999). Die Verarbeitung verschiedener rivalisierender Vorgänge mag in Kulturen lebenswichtig sein, in denen Kinder nicht durch Unterrichten lernen, sondern durch das ständige Beobachten der anderen.

Es wurde bereits beschrieben, wie Säuglinge und Kleinkinder neue Schemata durch Handeln in der physischen Welt erschaffen (Piaget) und wie bestimmte Fertigkeiten sich besser entwickeln, wenn Kinder ihre Erfahrungen wirksamer und mit mehr Bedeutung repräsentieren (Informationsverarbeitung). Wygotsky fügt dem eine dritte Dimension hinzu, indem er betont, dass viele Aspekte kognitiver Entwicklung sozial vermittelt sind. Der Kasten über kulturelle Einflüsse auf Seite 213 weist weitere Belege für diesen Gedanken auf. Und wir werden im nächsten Abschnitt noch mehr Belege finden, wenn wir uns individuelle Unterschiede der geistigen Entwicklung in den ersten beiden Lebensjahren anschauen.

Prüfen Sie sich selbst ...

Rückblick
Führen Sie Belege dafür an, wie die Kategorisierung mit zunehmendem Alter weniger von der Wahrnehmung als von Begriffen geprägt wird. Welche Faktoren unterstützen diese Veränderung? Wie können Erwachsene die Kategorisierung bei Kleinkindern fördern?

Anwendung
Kathrin spielte als Kleinkind auf eine intentionalere, zielgerichtetere Weise mit Spielzeug, als sie es als Säugling tat. Welchen Einfluss wird Kathrins reiferes Spiel wahrscheinlich auf die Entwicklung der Aufmerksamkeit haben? Wie wird der kulturelle Hintergrund ihre Aufmerksamkeit beeinflussen?

Anwendung
Als Timmy 18 Monate alt war, half ihm seine Mutter dabei, einen großen Ball in eine Kiste zu werfen. Als Timmy zeigte, dass er den Ball allein werfen konnte, trat seine Mutter zurück und ließ es ihn allein versuchen. Erklären Sie, wie seine Mutter damit seine kognitive Entwicklung unterstützt, indem Sie Vygotzkys Überlegungen heranziehen.

Prüfen Sie sich selbst ...

5.4 Individuelle Unterschiede in der frühen geistigen Entwicklung

Wegen der deprivierten frühen Umgebung von Anna ließen Klaus und Monika einen Psychologen eine Reihe von Tests durchführen, die zur Bestimmung der geistigen Entwicklung bei Säuglingen und Kleinkindern zur Verfügung stehen. Über die Fortschritte von Timmy besorgt, arrangierte Vanessa ebenfalls eine solche Untersuchung für ihn. Mit 22 Monaten hatte er nur eine Hand voll Wörter in seinem Vokabular, spielte auf eine weniger reife Weise als Kathrin und Anna und erschien unruhig und hyperaktiv.

Der Zugang über Tests unterscheidet sich sehr von den kognitiven Theorien, die wir gerade diskutiert haben und die versuchen, den *Fortschritt* der Entwicklung zu erklären, wie sich also das Denken von Kindern mit der Zeit verändert. Im Gegensatz dazu konzentrieren sich die Entwickler von Leistungstests auf kognitive *Produkte*, eben Leistungen. Sie versuchen, Verhaltensweisen zu messen, die die geistige Entwicklung widerspiegeln, und Werte zu erhalten, die zukünftige Leistungen wie spätere Intelligenz, Schulerfolg und beruflichen Erfolg im Erwachsenenalter vorhersagen. Diese Beziehung zur Vorhersage entstand vor nahezu einem Jahrhundert, als der französische Psychologe Alfred Binet den ersten erfolgreichen Intelligenztest entwarf, der die Schulleistungen vorhersagte (siehe Kapitel 1). Er regte die Entwicklung vieler neuer Tests an einschließlich solcher, die die Intelligenz in einem sehr frühen Alter messen.

5.4.1 Intelligenztests für Säuglinge

Die genaue Messung von Intelligenz bei Säuglingen stellt eine Herausforderung dar, weil sie keine Fragen beantworten oder Leitlinien befolgen können. Man kann sie nur mit Reizen konfrontieren und ihnen dann gut zureden, dass sie reagieren, und ihr Verhalten beobachten. Folglich betonen die meisten Säuglingstests Wahrnehmungs- und motorische Reaktionen in Verbindung mit wenigen Aufgaben, die frühe Sprache und Kognition antippen. Die *Bayley-Skalen der Entwicklung von Säuglingen (Bayley Scales of Infant Development)* zum Beispiel, die gewöhnlich benutzt werden, um Kinder zwischen einem Monat und drei Jahren zu untersuchen, bestehen aus zwei Teilen: (1) der mentalen Skala, die solche Aufgaben wie das

5.4 DIE KOGNITIVE ENTWICKLUNG IM SÄUGLINGS- UND KLEINKINDALTER

Herumdrehen bei einem Geräusch, nach einem heruntergefallenen Gegenstand suchen, einen Turm mit Klötzen bauen und Bilder benennen enthält, und (2) der motorischen Skala, die Grob- und Feinmotorik einschätzt wie Greifen, Sitzen, aus einer Tasse Trinken und Springen (Bayley, 1993).

■ Berechnung der Intelligenztestwerte

Intelligenztests für Säuglinge, Kinder und Erwachsene werden fast auf die gleiche Weise bewertet. Bei der Testkonstruktion nimmt man eine große, repräsentative Stichprobe von Individuen. Testleistungen der Menschen aller Altersstufen bilden eine *normale* oder *glockenförmige Kurve,* bei denen sich die meisten Testwerte um die Mitte herum bewegen (dem Mittel oder Durchschnittswert) und zunehmend weniger in die Extreme fallen. Auf Grundlage dieser Verteilung berechnen die Testkonstrukteure *Normen* oder Standards, mit denen zukünftige Testuntersuchte verglichen werden können. Wenn zum Beispiel Timmy besser ist als 50 % seiner Alterskameraden, wird sein Testwert 100 betragen, ein Durchschnittswert. Wenn er die meisten Kinder seines Alters überflügelt, wird sein Wert viel höher liegen. Wenn er nur besser ist als ein kleiner Prozentsatz von Zweijährigen, wird sein Testwert viel niedriger sein.

Einen auf diese Weise berechneten Wert, der es erlaubt, die Testleistung eines Individuums mit denen gleichaltriger Individuen zu vergleichen, nennt man **Intelligenzquotienten** oder **IQ,** ein Begriff, der weite

Ein ausgebildeter Untersucher testet dieses Baby mit der Bayleys Scales of Infant Development, während sein Vater zuschaut. Die Wahrnehmungs- und motorischen Aufgaben in den meisten Säuglingstests unterscheiden sich von den Aufgaben, die größeren Kindern gegeben werden, die verbale, konzeptionelle und Problemlösungs-Fertigkeiten betonen. Für sich normal entwickelnde Kinder sagen die Tests die spätere Intelligenz nur unzureichend voraus.

Verbreitung gefunden hat. Tabelle 5.3 beschreibt die Bedeutung einer Reihe von IQ-Werten. Beachten Sie, dass der IQ einen Weg aufzeigt, herauszufinden, ob ein Individuum in Beziehung zu anderen seines Alters in

Tabelle 5.3
Bedeutung verschiedener IQ-Testwerte

Testwert	Perzentilrang (Das Kind schneidet besser ab als ... % der Kinder gleichen Alters)
70	2
85	16
100 (durchschnittlicher IQ)	50
115	84
130	98

seiner geistigen Entwicklung voraus, hinterher oder im Durchschnitt ist. Die große Mehrheit der Individuen (98 %) hat einen IQ zwischen 70 und 130. Nur sehr wenige haben höhere oder niedrigere Werte.

■ Die Vorhersage späterer Leistungen aus Tests für Säuglinge

Viele Menschen nehmen fälschlicherweise an, dass der IQ ein Maß für angeborene Fähigkeiten sei und sich mit dem Alter nicht verändere. Trotz sorgfältiger Konstruktion sagen die meisten Säuglingstests spätere Intelligenz nur ganz schlecht voraus. Langzeituntersuchungen weisen darauf hin, dass die Mehrheit der Kinder maßgebliche Fluktuationen des IQ zwischen Säuglings- und Kleinkindzeit aufzeigen – 10 bis 20 Punkte in den meisten Fällen und manchmal noch um einige mehr (McCall, 1993).

Weil Säuglinge und Kleinkinder besonders leicht während des Testens abgelenkt, ermüdet oder gelangweilt sind, spiegeln ihre Werte oft nicht ihre wahren Fähigkeiten wider. Zusätzlich unterscheiden sich die Wahrnehmungs- und motorischen Testaufgaben von Säuglingen von denen, die älteren Kindern gegeben werden, welche verbale, konzeptionelle und Problem lösende Fertigkeiten betonen. Wegen der Bedenken, dass die Testwerte von Säuglingen nicht die gleichen Dimensionen der Intelligenz beinhalten wie die älterer Kinder, nennt man sie besser **Entwicklungsquotienten** (EQ).

Säuglingstests sind etwas besser für eine lang andauernde Vorhersage bei Babys mit extrem niedrigen Werten. Heute werden sie hauptsächlich als erste Auslesetests (*Screening tests*) verwendet, um über weitere Beobachtungen und Interventionen bei Babys zu entscheiden, deren niedrige Werte darauf hinweisen, dass sie in der Zukunft wahrscheinlich Entwicklungsprobleme haben werden (Kopp, 1994).

Weil Säuglingstests für die meisten Kinder nicht den IQ voraussagen, haben sich Forscher einem Ansatz der Informationsverarbeitung zugewendet, um frühe geistige Fortschritte einschätzen zu können. Ihre Ergebnisse zeigen, dass das Tempo der Habituierung und der Dishabituierung visueller Reize zu den besten Prädiktoren der Intelligenz von der frühen Kindheit bis in die Adoleszenz darstellen (McCall & Carriger, 1993; Sigman, Cohen, & Beckwith, 1997). Habituierung und Dishabituierung scheinen den späteren IQ wirksamer vorauszusagen als traditionelle Säuglingstests, weil sie die Schnelligkeit des Denkens messen, ein Merkmal, das in neueren Intelligenztheorien Teil der Intelligenz eines Individuums ist. Sie berühren auch grundlegende kognitive Prozesse – Aufmerksamkeit, Gedächtnis und Reaktionen auf Neues –, was in allen Altersstufen intelligentes Verhalten kennzeichnet (Colombo, 1995; Rose & Feldman, 1997). Die Konsistenz dieser Ergebnisse brachte die Testkonstrukteure der neuesten Version des Bayley-Tests dazu, verschiedene Aufgaben zu übernehmen, die kognitive Fertigkeiten berühren wie Habituierung/Dishabituierung, Objektkonstanz und Kategorisierung.

5.4.2 Frühe Umgebung und geistige Entwicklung

In Kapitel 2 wurde darauf hingewiesen, dass Intelligenz eine komplexe Mischung von vererbten und umweltbedingten Einflüssen ist. Viele Studien haben die Beziehung von umweltbedingten Faktoren mit Leistungstestwerten von Säuglingen und Kleinkindern untersucht. Wenn wir deren Ergebnisse betrachten, werden Sie sehen, dass auch der Rolle der Vererbung eine große Bedeutung beigemessen wird.

■ Häusliche Umwelt

Das **Inventar zur Erfassung der häuslichen Umwelt (Home Observation for Measurement of the Environment (HOME))** ist eine Checkliste zur Sammlung von Informationen über die Qualität der häuslichen Umgebung der Kinder durch Beobachtung und Interviews mit den Eltern (Caldwell & Bradley, 1994). Die Tabelle auf der folgenden Seite über Aspekte der elterlichen Fürsorge führt Faktoren auf, die von HOME während der ersten drei Jahre erhoben wurden. Jeder ist positiv mit den Testleistungen der Kleinkinder korreliert. Ungeachtet des sozioökonomischen Status und der Ethnizität, sagen ein organisierter, stimulierender physischer Hintergrund und elterliche Ermutigung, Engagement und Zuneigung wiederholt den IQ von Säuglingen und Kleinkindern voraus (Espy, Molfese, & DiLalla, 2001; Klebanov et al., 1998; Roberts, Burchinal, & Durham, 1999). Das Ausmaß, mit dem Eltern mit ihren Säuglingen und Kleinkindern sprechen, ist besonders wichtig. Wie der letzte Abschnitt dieses Kapitels zeigen wird, trägt es stark zu frühen Fortschritten beim Sprechen bei. Fortschritte in der Sprache sagen ihrerseits Intelligenz und schulische Leistungen in der Grundschule voraus (Hart & Risley, 1995).

Aspekte der Fürsorge

Inventar zur Erfassung der häuslichen Umwelt (Home Observation for Measurement of the Environment (HOME)): Unterskalen für Säuglinge und Kleinkinder

SUBSKALA	BEISPIELTESTFRAGE/-AUFGABE
Emotionale und verbale Reaktionsbereitschaft der Elternteile	Elternteil liebkost oder küsst das Kind wenigstens einmal während des Besuchs des Beobachters.
Akzeptanz des Kindes	Elternteil mischt sich nicht in die Handlungen des Kindes ein oder schränkt die Bewegungen des Kindes nicht öfter als dreimal während des Besuches des Beobachters ein.
Organisation der physischen Umgebung	Die Spielumgebung des Kindes scheint sicher und ohne Gefahren zu sein.
Angebot an angemessenem Spielzeug	Elternteil bietet Spielzeug oder interessante Aktivitäten während des Besuchs des Beobachters an.
Elterliches Engagement mit dem Kind	Der Elternteil neigt während des Besuches des Beobachters dazu, das Kind im Gesichtsfeld zu haben und oft nach ihm zu schauen.
Vielfalt in der alltäglichen Stimulation	Das Kind nimmt nach Berichten durch die Eltern mindestens einmal am Tag mit Mutter oder Vater eine Mahlzeit ein.

Quelle: Elardo & Bradley, 1981.

Jedoch müssen wir diese Korrelationen mit Vorsicht interpretieren. In allen Studien wurden die Kinder von ihren biologischen Eltern großgezogen, mit denen sie nicht nur eine gemeinsame Umgebung, sondern auch eine gemeinsame Vererbung teilen. Eltern, die genetisch intelligenter sind, mögen bessere Erfahrungen bieten und auch genetisch klügere Kinder auf die Welt bringen, die wiederum ihren Eltern mehr Anregung bieten. Diese Hypothese bezieht sich auf die *Anlage-Umwelt-Korrelation* (siehe Kapitel 2) und wird von der Forschung unterstützt (Cherney, 1994). Aber die Vererbung ist nicht allein für die ganze Korrelation zwischen häuslicher Umgebung und Leistungstestwerten verantwortlich. Die Lebensbedingungen in der Familie sagen den IQ des Kindes über den Beitrag des elterlichen IQ und der Erziehung hinaus vorher (Klebanov et al., 1998; Chase-Lansdale et al., 1997). In einer Studie hatten Säuglinge und Kleinkinder, die ein Zuhause hatten, in dem nicht zu viele Menschen lebten, Eltern, die auf sie verbal viel stärker reagierten – ein wesentlicher Bestandteil für sprachliche, intellektuelle und schulische Fortschritte (Evans, Maxwell, & Hart, 1999).

Kann die Forschung, wie sie bis hierher zusammengefasst wurde, uns helfen, Vanessas Sorgen um Timmys Entwicklung zu verstehen? Sie kann es in der Tat. Der Psychologe, der Timmy testete, fand heraus, dass er nur leicht unter dem Durchschnitt lag. Er sprach mit Vanessa über ihre Erziehungspraktiken und beobachtete sie beim Spiel mit Timmy. Als allein erziehende Mutter arbeitete Vanessa viele Stunden und hatte am Ende des Tages wenig Energie für Timmy. Der Psychologe bemerkte auch, dass Vanessa dazu neigte, Timmy unter Druck zu setzen aus Sorge, dass dieser es auch gut machte. Sie versuchte ständig, sein aktives Verhalten zu dämpfen und bombardierte ihn mit Direktiven wie „Du hast genug mit dem Ball gespielt. Bau jetzt einen Turm mit den Bauklötzen". Der Psychologe erklärte ihr, wenn Eltern so stark eingreifen, werden Säuglinge und Kleinkinder ablenkbar, spielen nicht altersgemäß und schneiden in Leistungstests schlecht ab (Bradley et al., 1989; Fiese, 1990). Er unterrichtete Vanessa darin, wie sie einfühlsam mit Timmy umgehen könnte. Gleichzeitig versicherte er ihr, dass Timmys derzeitige Leistung nicht seine zukünftige Entwicklung voraussagen müsste. Warmherziges, einfühlsames elterliches Verhalten, das sich auf die derzeitigen Fähigkeiten des Kindes stützt, ist ein viel besserer Indikator dafür, wie das Kind später abschneiden wird als ein früher Testwert.

Betreuung von Säuglingen und Kleinkindern

Die Umgebung zu Hause ist nicht der einzige einflussreiche Hintergrund für den Alltag kleiner Kinder. Heute sind mehr als 60 % aller nordamerikanischen Mütter mit Kindern unter zwei Jahren berufstätig (Statistics Canada, 2002g; U.S. Bureau of the Census, 2002c). Betreuung von Säuglingen und Kleinkindern außer Haus ist verbreitet und ihre Qualität hat einen wesentlichen Einfluss auf die geistige Entwicklung. Die Forschung zeigt immer wieder auf, dass Kinder, die schlecht betreut sind, schlechtere Testwerte in kognitiven und sozialen Fertigkeiten erlangen, unabhängig davon, ob sie aus Familien mit niedrigem oder mittlerem sozioökonomischem Status kommen (Hausfather et al., 1997; Kohen et al., 2000; NICHD Early Child Care Research Network, 2000b).

Im Gegensatz dazu kann eine gute Betreuung den negativen Einfluss eines gestressten, von Armut geprägten häuslichen Lebens reduzieren und die Vorzüge des Aufwachsens in einer ökonomisch gut gestellten Familie unterstützen (Lamb, 1998). In einer schwedischen Langzeituntersuchung war der Eintritt in eine hoch qualifizierte Betreuung in Säuglings- und Kleinkindzeit assoziiert mit kognitiver, emotionaler und sozialer Kompetenz in der mittleren Kindheit und in der Adoleszenz (Andersson, 1989, 1992; Broberg et al., 1997).

Suchen Sie selbst einige Betreuungsinstitutionen auf und machen Sie sich Notizen darüber, was Sie sehen. Im Gegensatz zu den meisten europäischen Ländern und zu Australien und Neuseeland, wo die Kinderbetreuung durch den Staat reguliert und finanziert wird, um ihre Qualität zu garantieren, liefern Berichte über amerikanische und kanadische Betreuung Grund zur Sorge. Standards werden von den (US-) Staaten bzw. (kanadischen) Provinzen vorgegeben und variieren stark. An manchen Orten brauchen Betreuer keine besondere Ausbildung in Entwicklungspsychologie und für die Betreuung von 6 bis 12 Babys ist nur ein Erwachsener nötig (Children's Defense Fund, 2002). In Studien über die Qualität der Kinderbetreuung in den Vereinigten Staaten und Kanada boten landesweit nur 20 bis 25 % der Betreuungszentren und Heime den Säuglingen und Kleinkindern ausreichend positive, anregende Erfahrungen, um eine gesunde psychische Entwicklung zu fördern, die meisten Betreuungseinrichtungen boten eine Betreuung unter dem Standard (Doherty et al., 2000; Goelman et al., 2000; NICHD Early Childhood Research Network, 2000a). In Deutschland beträgt die Betreuungsdichte in Kinderkrippen 8,5 % und in Kindergärten 24,5 % (Ganztagsbetreuung) (Statistisches Bundesamt, 2000).

Die Tabelle „Aspekte der Fürsorge" auf der folgenden Seite führt Merkmale einer hoch qualifizierten Betreuung auf, die bei der Wahl einer Betreuungsstätte für Säuglinge und Kleinkinder benutzt werden können, basierend auf Standards für **der Entwicklung angemessene Maßnahmen,** entworfen von der U.S. National Association for the Education of Young Children. Diese Standards spezifizieren programmatische Merkmale, die den Entwicklungs- und individuellen Bedürfnissen kleiner Kinder angemessen sind, wie sie moderne Forschung und Übereinkunft zwischen Fachleuten aufgestellt haben. Kathrin, Anna und Timmy haben das Glück, in einer Betreuungsstätte zu sein, die diese Standards erfüllt. Kinder aus Familien mit geringem Einkommen und von Armut betroffene Familien haben besonders oft unzureichende Kinderbetreuung (Pungello & Kurtz-Costes, 1999).

Kinderbetreuung in den Vereinigten Staaten und Kanada wird von einem Makrosystem individualistischer Werte und schwacher staatlicher Regulation und Finanzierung beeinflusst. Darüber hinaus halten viele Eltern die Erfahrungen ihrer Kinder in der Betreuung für besser, als sie wirklich sind (Helburn, 1995). Die Unfähigkeit, eine gute Betreuung zu erkennen, bedeutet, dass viele Eltern sie nicht fordern. Nationen, die in die Kinderbetreuung investieren, haben ein sehr kosteneffektives Mittel zum Schutze des Wohlbefindens der Kinder gewählt. Ähnlich wie die Programme, die wir uns ansehen wollen, kann ausgezeichnete Kinderbetreuung auch als wirkungsvolle frühe Intervention für Kinder mit einer Risikoentwicklung dienen.

5.4.3 Frühe Intervention für Risiko-Säuglinge und Kleinkinder

Viele Studien weisen darauf hin, dass Kinder, die unter Bedingungen der Armut leben, eher einen graduellen Abbau in Intelligenztestwerten zeigen und schlechte Leistungen vorweisen, wenn sie in die Schule kommen (Brody, 1997b). Diese Probleme sind größtenteils der belastenden häuslichen Situation zuzuschreiben, die die Lernfähigkeit des Kindes untergräbt und die Wahrscheinlichkeit erhöht, dass sie ihr Leben lang schlechte Leistungen zeigen. Eine Reihe von Interventionsprogrammen ist entwickelt worden, um diesen tragischen Zirkel von Armut zu durchbre-

5.4 DIE KOGNITIVE ENTWICKLUNG IM SÄUGLINGS- UND KLEINKINDALTER

Aspekte der Fürsorge

Merkmale der Betreuung, die für Säuglinge und Kleinkinder angemessen ist

MERKMAL DES PROGRAMMS	QUALITÄTSMERKMALE
Räumlichkeiten	Inneneinrichtung ist sauber, in gutem Zustand, gut beleuchtet und gut belüftet. Umzäunter Spielraum im Freien vorhanden. Die Anlage erscheint nicht überfüllt, wenn die Kinder anwesend sind.
Spielzeug und Ausstattung	Spielmaterialien sind angemessen für Säuglinge und Kleinkinder und auf niedrigen Regalen in guter Reichweite untergebracht. Kinderbetten, Hochstühle, Kindersitze und Tische und Stühle in der Kindergröße sind vorhanden. Die Ausstattung im Freien umfasst kleine Spielfahrzeuge, Schaukeln, Rutsche und Sandkasten.
Verhältnis Betreuungsperson-Kind	In Betreuungszentren ist das Verhältnis Betreuungsperson-Kind nicht größer als 1 zu 3 bei Säuglingen und 1 zu 6 bei Kleinkindern. Die Gruppengröße (Anzahl der Kinder in einem Raum) übersteigt nicht 6 Säuglinge mit 2 Betreuungspersonen und 12 Kleinkinder mit 2 Betreuungspersonen. In Horten ist die Betreuungsperson für nicht mehr als 6 Kinder verantwortlich, in dieser Gruppe sind nicht mehr als 2 Säuglinge oder Kleinkinder. Das Team ist konstant, damit Säuglinge und Kleinkinder mit ihren Betreuern eine Beziehung aufbauen können.
Tägliche Aktivitäten	Der tägliche Stundenplan umfasst Zeiten für aktives Spiel, ruhiges Spiel, Schlaf, kleine Zwischenhappen und Mahlzeiten. Er ist eher flexibel als rigide, um den individuellen Bedürfnissen der Kinder nachzukommen. Die Atmosphäre ist warmherzig und unterstützend und die Kinder bleiben nie ohne Aufsicht.
Interaktionen zwischen Erwachsenen und Kindern	Die Betreuer reagieren sofort auf Kummer von Säugling und Kleinkind, halten sie, sprechen, singen, lesen ihnen vor; und sie interagieren mit ihnen in einer teilnehmenden Weise, welche die individuellen Interessen des Kindes und seine Anregungsneigungen respektiert.
Qualifikation der Betreuer	Die Betreuungsperson ist ausgebildet für die Förderung der kindlichen Entwicklung, sowie in erster Hilfe und Sicherheitsfragen.
Verhältnis zu den Eltern	Eltern sind jederzeit willkommen. Betreuer sprechen oft mit ihnen über das Verhalten und die Entwicklung der Kinder.
Zulassung und Anerkennung	Die Betreuungsstätte steht unter staatlicher Kontrolle und braucht eine staatliche Zulassung.

Quelle: Bredekamp & Copple, 1997; National Association for the Education of Young Children, 1998.

chen. Obwohl die meisten erst in den Vorschuljahren einsetzen (wir werden diese in Kapitel 7 besprechen), beginnen einige schon während des Säuglingsalters und setzen sich durch die frühe Kindheit fort. Einige Interventionen spielen sich in speziellen Zentren ab; Kinder besuchen ein organisiertes Kinderbetreuungs- und Vorschulprogramm, in dem sie Leistungen in der Erziehung, Ernährung und Gesundheit erhalten und wo auch den Eltern Unterstützung bei der Kindererziehung und anderen sozialen Aufgaben angeboten wird. Andere Interventionen spielen sich zu Hause ab. Ein ausgebildeter Erwachsener besucht die Familie zu Hause und arbeitet mit den Eltern; er lehrt sie, auf welche Weise man die Entwicklung eines ganz kleinen Kindes anregen kann. In den meisten Programmen zeigen teilnehmende Kinder im Alter von zwei Jahren höhere Testwerte als nicht behandelte Kinder der Kontrollgruppe. Diese Zuwächse erfolgen so lange, wie die Programme dauern, teilweise sogar länger. Je intensiver die Intervention (zum Beispiel den ganzen Tag und das ganze Jahr hindurch hoch qualifizierte Betreuung plus Unterstützung für die Eltern), desto größer ist die kognitive und schulische Leistung durch Kindheit und Adoleszenz hindurch (Ramey, Campbell, & Ramey, 1999).

Das Carolina Abecedarian Project illustriert diese positiven Ergebnisse. In den 1970er Jahren wurden mehr als 100 Säuglinge im Alter zwischen drei Wochen und drei Monaten aus sehr armen Familien nach dem Zufallsprinzip einer Behandlungsgruppe und einer Kontrollgruppe zugewiesen. Die Kinder der ersten Gruppe wurden einer Vollzeit-Kinderbetreuung über das ganze Jahr hinweg und während der Vorschuljahre zugewiesen. Sie erhielten hier eine Stimulation, die darauf zielte, motorische, kognitive, sprachliche und nach dem Alter von drei Jahren Lesen und mathematische Konzepte zu fördern. In allen Altersklassen wurde besondere Betonung auf eine reiche, empfängliche verbale Kommunikation zwischen Erwachsenem und Kind gelegt. Alle Kinder wurden mit der angemessenen Nahrung versorgt und erhielten medizinische Versorgung; der primäre Unterschied zwischen Behandlungs- und Kontrollgruppe waren die Erfahrung der Betreuung.

Wie Abbildung 5.6 zeigt, divergierten die IQs beider Gruppen um das Alter von zwölf Monaten. Behandelte Kinder hielten ihren Vorsprung im IQ bei der letzten Untersuchung – im Alter von 21 Jahren. Zusätzlich zeigten behandelte Jugendliche während der gesamten Schulzeit beträchtlich bessere Leistungen in Lesen und Mathematik. Diese Vorzüge setzten sich um in einer höheren Abschlussquote in der Oberschule der behandelten Gruppe gegenüber der Kontrollgruppe (Campbell et al., 2001; Ramey & Ramey, 1999). Während die Kinder in der Grundschule waren, führten die Forscher ein zweites Experiment durch, um den Einfluss früher und später Intervention zu vergleichen. Vom Vorschuljahr an bis durch die zweite Klasse hindurch erhielt die Hälfte der Betreuungs- und die Hälfte der Kontrollgruppe einen speziellen Lehrer, der Erziehungsmethoden einführte, welche die spezifischen Lernbedürfnisse der Kinder ansprachen. Das Schulalter der Intervention hatte keinen Einfluss auf die IQs. Und obwohl die Maßnahme die Schulleistungen verbesserten, war die Wirkung viel schwächer als der Einfluss der frühen Intervention (Campbell & Ramey, 1995).

Ohne irgendeine Form früher Intervention werden viele Kinder, die in finanziell unterpriviligierte Familien hineingeboren werden, ihr Potential nicht erreichen. Die Anerkennung dessen brachte den amerikanischen Kongress dazu, eine begrenzte Finanzierung für Interventionsdienste anzubieten, die sich an Säuglinge und Kleinkinder wenden, welche bereits schwere Entwicklungsprobleme haben oder einem Risiko durch Armut ausgesetzt sind. Derzeit reichen verfügbare Programme nicht annähernd aus, um den Bedarf zu decken (Children's Defense Fund, 2002). Dennoch sind die, die existieren, ein viel versprechender Anfang.

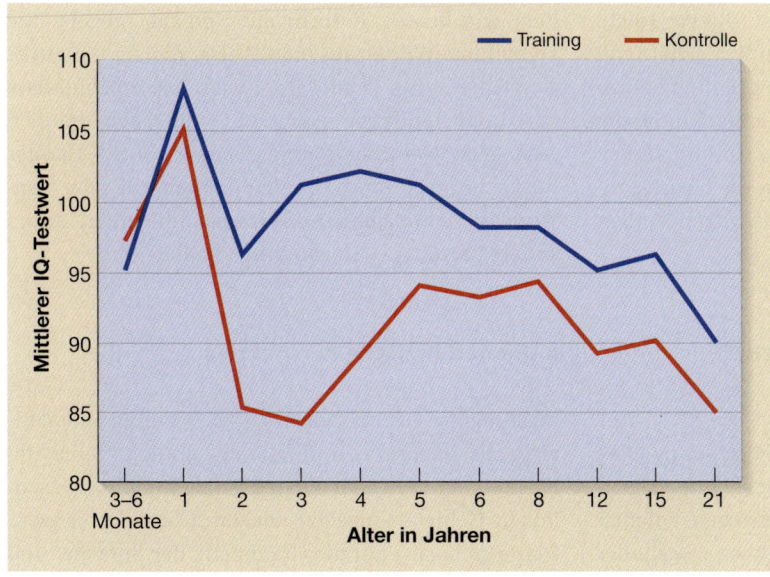

Abbildung 5.6: IQ-Werte von behandelten Kindern und denen aus der Kontrollgruppe vom Säuglingsalter bis zu 21 Jahren im Carolina Abecedarian Project. Mit einem Jahr zeigten die behandelten Kinder bessere Leistungen als die Kinder der Kontrollgruppe, ein Vorteil, der sich über 21 Lebensjahre hinweg hielt. Die IQ-Werte beider Gruppen nahmen nach und nach während der Schuljahre ab – ein Trend, der sich sicherlich auf den schädigenden Einfluss von Armut auf die geistige Entwicklung zurückführen lässt (nach Campbell et al., 2001).

> **Prüfen Sie sich selbst ...**
>
> **Rückblick**
> Was ist wahrscheinlich die Ursache dafür, dass Habituation und Deshabituierung auf visuelle Reize den späteren IQ besser voraussagen als ein in der Säuglingszeit gemessener Entwicklungstestwert?
>
> **Anwendung**
> Der Entwicklungsquotient (EQ) des 15 Monate alten Jörg beträgt 115. Seine Mutter möchte wissen, was das bedeutet und was sie zu Hause tun kann, um seine geistige Entwicklung zu fördern. Was würden Sie auf Ihre Fragen antworten?
>
> **Zusammenhänge**
> Erklären Sie auf Grundlage dessen, was Sie in Kapitel 4 über die Entwicklung des Gehirns lernten, warum eine intensive Intervention für von Armut betroffene Kinder im Alter von zwei Jahren einen länger anhaltenden Einfluss hat als Interventionen in einem späteren Lebensalter.
>
> **Prüfen Sie sich selbst ...**

5.5 Sprachentwicklung

Wenn sich Wahrnehmung und Kognition während der Kindheit verbessern, machen sie den Weg frei für eine außergewöhnliche menschliche Leistung: die Sprache. Im Durchschnitt sprechen Kinder ihr erstes Wort im Alter von zwölf Monaten mit einem Spielraum von etwa acht bis 18 Monaten. Wenn erst einmal Wörter auftauchen, entwickelt sich die Sprache schnell. Irgendwann zwischen eineinhalb und zwei Jahren kombinieren Kleinkinder zwei Wörter (Bloom, 1998). Um sechs Jahre herum haben sie einen Wortschatz von etwa 10.000 Wörtern, sprechen in ausgefeilten Sätzen und sind geübte Unterhalter. Wie erwerben Kinder die Sprache? Diese Frage soll angegangen werden, indem wir einige bekannte Theorien prüfen, die Überlegungen zu den Anfängen der Sprache in den ersten beiden Lebensjahren liefern.

5.5.1 Drei Theorien der Sprachentwicklung

Noch in den 1950er Jahren nahmen Forscher den Gedanken nicht ernst, dass kleine Kinder wichtige Eigenschaften der Sprache, die sie hören, verstehen. Folglich waren die ersten beiden Theorien darüber, wie Kinder Sprache erwerben, sehr einseitig. Eine, mit *Behaviorismus* bezeichnet, betrachtet die Sprachentwicklung als ganz und gar abhängig von Umwelteinflüssen. Die zweite Theorie, der so genannte *Nativismus*, nimmt an, dass Kinder „vorverdrahtet" sind, um die komplizierten Regeln ihrer Sprache zu meistern.

■ Die behavioristische Perspektive

Der Behaviorist B. F. Skinner (1957) schlug vor, dass Sprechen, wie jedes andere Verhalten auch, durch *operantes Konditionieren* erworben wird (siehe Kapitel 4). Wenn das Baby Laute erzeugt, verstärken Eltern ihrerseits diejenigen Laute, welche am ehesten Wörtern ähneln, durch Lächeln, Zärtlichkeiten und Sprache. Zum Beispiel brabbelte David im Alter von zwölf Monaten oft etwas wie dieses: „book-a-book-a-dook-a-dook-a-book-a-nook-a-book-aaa". Eines Tages, als er vor sich hin brabbelte, hielt seine Mutter sein Bilderbuch hoch und sagte „Buch!". Bald darauf sagte David „book-aaa" in Gegenwart des Buches.

Manche Behavioristen sagen, dass Kinder nachahmen, um schnell komplexe Äußerungen wie ganze Redewendungen oder Sätze zu erwerben (Moerk, 1992). Und Nachahmung kann sich mit Verstärkung mischen, wenn etwa ein Elternteil schmeichelt: „Sag: ‚Ich möchte einen Keks haben'" und Lob und einen Leckerbissen spendet, wenn das Kleinkind dann antwortet „Keks haben!"

Obwohl Verstärkung und Nachahmung zur frühen Sprachentwicklung beitragen, kann man sie bestenfalls als unterstützend, aber nicht als alles erklärend ansehen. Carola bemerkte eines Tages: „Es ist erstaunlich, wie kreativ Kathrin mit Sprache umgeht. Sie kombiniert Wörter auf eine Weise, die sie nie zuvor gehört hat, etwa ‚Nadel ihn', wenn sie möchte, dass ich ihren Teddybär nähe, und ‚alle nach draußen gegangen', wenn sie hereinkommen sollte." Carolas Beobachtungen sind zutreffend: Kleine Kinder konstruieren viele neue Äußerungen, die nicht durch andere verstärkt oder von ihnen kopiert sind.

■ Die nativistische Perspektive

Der Linguist Noam Chomsky (1957) schlug eine nativistische Theorie vor, die die erstaunliche Sprachfähigkeit kleiner Kinder als in die Struktur des menschlichen Gehirns eingeätzt ansieht. Chomsky konzentrierte sich ganz auf die Grammatik der Sprache und argumentierte, dass die Regeln der Satzorganisation viel zu komplex sind, um von kleinen Kindern direkt

Sprachentwicklung

Säuglinge sind von Anbeginn kommunikative Wesen, wie dieser Austausch zwischen einem drei Monate alten Baby mit seinem Großvater illustriert. Wie wird dieses Kind die schwierige Aufgabe meistern, innerhalb der nächsten Jahre fließend seine Muttersprache zu sprechen? Theoretiker sind sich sehr uneins über Antworten auf diese Frage.

gelernt oder entdeckt werden zu können. Stattdessen meinte er, dass alle Kinder mit einem **Spracherwerbsmechanismus (language acquisition device, LAD)** geboren werden, einem angeborenen System, dass einen Satz von Regeln enthält, die allen Sprachen eigen sind. Es erlaubt Kindern, gleich welche Sprache sie hören, in einer regelorientierten Weise zu verstehen und zu sprechen, sobald sie genug Wörter kennen.

Sind Kinder biologisch vorbereitet, Sprache zu erwerben? Es sei an Kapitel 4 erinnert, dass neugeborene Babys bemerkenswert empfänglich für Sprachlaute sind und gern auf menschliche Stimmen hören. Ebenso erreichen Kinder auf der ganzen Welt die wichtigsten Sprachmeilensteine in der gleichen Abfolge (Gleitman & Newport, 1996) zu etwa gleichen Zeitpunkten. Untersuchungen an isolierten und verwahrlosten Kindern, die in der Kindheit wenig menschlichen Kontakt erfuhren, zeigen dauerhafte Sprachdefizite, besonders in Grammatik und Kommunikationsmöglichkeiten – ein Beweis, dass die Kindheit eine sensible Phase ist für das Erlernen der Sprache, obwohl die genaue Grenze dieser Phase nicht deutlich ist (Curtiss, 1989). All diese Erkenntnisse stimmen mit Chomskys Gedanken eines biologisch fundierten Sprachlernprogramms überein.

Gleichzeitig aber nehmen Kritiker der Theorie von Chomsky an, dass sie selbst auch nur einen Teil der Sprachentwicklung darstellt. Erstens haben Forscher große Schwierigkeiten, das einheitliche Grammatiksystem, von dem Chomsky annimmt, dass es allen Sprachen zugrunde liegt, zu identifizieren (Maratsos, 1998; Tomasello, 1995). Zweitens erwerben Kinder die Sprache nicht so schnell, wie die nativistische Theorie annimmt. Ihr Fortschritt im Meistern vieler Satzkonstruktionen ist nicht nach Art des Alles-oder-Nichts-Erwerbs, sondern stetig und graduell (Tager-Flusberg, 2001). Das weist darauf hin, dass mehr Teillernprozesse und vielfältigere Entdeckungen nötig sind als Chomsky annahm.

■ Die interaktionistische Perspektive

In den vergangenen Jahren sind neue Ideen über die Sprachentwicklung aufgetaucht, die die *Interaktionen* zwischen inneren Fähigkeiten und umweltbedingten Einflüssen hervorheben. Obwohl etliche Interaktionstheorien bestehen, betonen alle die Rolle des sozialen Kontextes des Sprechenlernens. Ein aktives Kind ist gut ausgestattet für den Erwerb der Sprache, es beobachtet und nimmt Teil am sozialen Austausch. Aus diesen Erfahrungen lernen Kinder nach und nach die Funktionen und Regeln der Sprache. Entsprechend der interaktionistischen Position wirken eine angeborene Fähigkeit, ein starker Wunsch nach Interaktion mit anderen und eine reiche Sprache und soziale Umgebung zusammen, um den Kindern beim Aufbau eines kommunikativen Systems zu helfen. Und weil genetische und umweltbedingte Anteile die individuellen Differenzen der Kinder ausmachen, sagt die interaktionistische Perspektive individuelle Unterschiede beim Erlernen der Sprache voraus (Bohannon & Bonvillian, 2001; Chapman, 2000).

Selbst unter Interaktionisten wird der Streit über die genaue Natur angeborener Sprachfähigkeiten weitergeführt. Einige Theoretiker nehmen eine Modifikation von Chomskys Position ein. Sie glauben, dass Kinder befähigt sind, Sprache zu erwerben, aber dass sie Hypothesen über ihre Struktur auf der Basis ihrer Spracherfahrungen bilden und verfeinern (Slobin, 1997). Andere glauben, dass Kinder ihre komplexe Sprachumgebung verstehen, indem sie eher wirkungsvolle, allgemeine kognitive Strategien anwenden als Strategien, die nur speziell auf Sprache abgestimmt sind (Bates, 1999; Tomasello & Brooks, 1999).

Wenn wir den Verlauf des frühen Spracherwerbs skizzieren, werden wir eine Menge Belege für die interaktionische Position sehen. Aber keine dieser Theorien ist jemals vollständig untersucht worden.

5.5 DIE KOGNITIVE ENTWICKLUNG IM SÄUGLINGS- UND KLEINKINDALTER

In Wirklichkeit operieren Biologie, Kognition und soziale Erfahrung möglicherweise mit verschiedener Gewichtung in Hinblick auf unterschiedliche Aspekte der Sprache: Aussprache, Wortschatz, Grammatik und Kommunikation. Tabelle 5.4 gibt einen Überblick über frühe Meilensteine der Sprache, die in den folgenden Abschnitten aufgegriffen werden sollen.

5.5.2 Die vorsprachliche Phase

Bevor Babys zu sprechen beginnen, bereiten sie sich auf viele Weisen auf das Sprechen vor. Sie lauschen aufmerksam auf die menschliche Sprache und machen sprachähnliche Geräusche. Erwachsene können zunächst nur antworten, aber sonst nicht unterstützen.

■ Gurren und Brabbeln

Um zwei Monate herum beginnen Babys, vokalähnliche Geräusche zu machen, wegen ihrer angenehmen „u"-Qualität **Gurren** genannt. Nach und nach werden Konsonanten hinzugefügt und um den vierten Monat herum erscheint das **Brabbeln**, bei dem Säuglinge Konsonant-Vokal-Kombinationen in langen Ketten wiederholen wie „babababa" oder „nanananana."

Der Zeitpunkt frühen Brabbelns, manchmal auch mit Lallen bezeichnet, scheint auf eine Reifung zurückzugehen, weil Babys in den verschiedensten einzelsprachlichen Umwelten etwa zur gleichen Zeit mit dem Brabbeln beginnen und eine ähnliche Bandbreite von frühen Lauten produzieren (Stoel-Gammon & Otomo, 1986). Um aber das Lallen weiterentwickeln zu können, müssen Kinder in der Lage sein, menschliche Sprache zu hören. Wenn das Hörvermögen eines Babys beschädigt ist, sind diese sprachähnlichen Laute sehr verzögert oder im Falle tauber Kinder überhaupt nicht vorhanden (Eilers & Oiler, 1994; Oiler, 2000).

Wenn die Säuglinge der Sprache zuhören, weitet sich das Brabbeln aus und umfasst eine größere Breite von Lauten. Etwa um den siebten Monat herum beginnt es, viele Laute der Erwachsenensprache zu umfassen. Und um das erste Lebensjahr herum enthält es die Konsonant-Vokal- und Intonationsmuster der Sprachgemeinschaft des Kindes (Levitt & Utmann, 1992). Taube Säuglinge, die von Geburt an der Zeichensprache ausgesetzt sind, brabbeln mit ihren Händen auf fast die gleiche Weise wie hörende Kinder mit der gesprochenen Sprache (Petitto & Marentette, 1991). Weiterhin produzieren hörende Kinder von tauben, mit der Zeichensprache kommunizierenden Eltern Handbewegungen mit den rhythmischen Mustern der natürlichen Sprache (Petitto et al., 2001). Die Sensibilität der Säuglinge für Sprachrhythmus,

Tabelle 5.4
Meilensteine der Sprachentwicklung in den ersten beiden Lebensjahren

Ungefähres Alter	Meilenstein
2 Monate	Säuglinge gurren und machen angenehme Vokallaute.
von 4 Monaten an	Säuglinge lallen, fügen Konsonanten zu ihren gurrenden Lauten hinzu und wiederholen Silben. Etwa im siebten Monat beginnt das Lallen von hörenden Kindern, viele Laute der gesprochenen Sprache der Erwachsenen einzuschließen.
	Säuglinge und Eltern bauen eine gegenseitige Aufmerksamkeit auf und Eltern benennen oft das, was die Babys anschauen.
	Interaktionen zwischen Eltern und Baby schließen Spiele des Seitenwechsels ein wie Backe-Backe-Kuchen und das Guck-Guck-da-Spiel. Etwa um zwölf Monate herum nehmen Babys aktiv daran teil.
8–12 Monate	Das Lallen enthält Konsonant- und Vokal- und Intonationsmuster der Sprachgemeinschaft des Kindes.
	Säuglinge beginnen, präverbale Gesten wie Zeigen und auf etwas Hinweisen zu benutzen, um das Verhalten anderer zu beeinflussen. Zum ersten Mal erscheint Wortverständnis.
12 Monate	Kleinkinder sagen ihre ersten erkennbaren Wörter.
18–24 Monate	Das Vokabular weitet sich von etwa 50 auf 200 aus.
20–26 Monate	Kleinkinder kombinieren zwei Wörter.

sichtbar in der gesprochenen wie in der Zeichensprache, mag ihnen dabei helfen, bedeutungsvolle Spracheinheiten zu entdecken und herzustellen. Und durch das Lallen scheinen Babys mit vielen Lauten zu experimentieren, die in ihre ersten Wörter eingeblendet werden können.

■ Ein Kommunikator werden

Neben der Reaktion auf das Gurren und Lallen interagieren Erwachsene mit den Kindern in vielen anderen Situationen. Um den vierten Monat herum fangen Säuglinge an, in die gleiche Richtung zu starren, in welche die Erwachsenen schauen, eine Fertigkeit, die im Alter zwischen zwölf und 15 Monaten genauer wird (Tomasello, 1999). Erwachsene folgen der Sehrichtung des Babys und kommentieren, was das Baby sieht und benennen die Umgebung für das Baby.

Säuglinge und Kleinkinder, die oft diese *gemeinsame Aufmerksamkeit* erfahren, verstehen mehr von der Sprache, produzieren früher bedeutsame Gesten und Wörter und zeigen ein Guck-Guck-da-Spiel. Zunächst beginnt der Elternteil das Spiel und das Baby ist amüsierter Zuschauer. Vier Monate alte Kinder reagieren sensibel auf die Struktur und den Zeitpunkt dieser Interaktionen und lächeln mehr beim organisierten als beim nicht organisierten Guck-guck-da-Spiel (Rochat, Querido, & Striano, 1999). Um zwölf Monate herum nehmen Babys aktiv teil und tauschen Rollen mit den Eltern. Damit praktizieren sie das wechselseitige Muster menschlicher Unterhaltung, ein wesentlicher Kontext zum Spracherwerb und für Kommunikationsfertigkeiten. Reife im Spiel mit Vokalisierungen sagen bei Säuglingen einen beschleunigten Fortschritt im Sprechen im Alter zwischen ein bis zwei Jahren voraus (Rome-Flanders & Cronk, 1995).

Dieses 14 Monate alte Mädchen benutzt eine vorsprachliche Geste, um die Aufmerksamkeit ihrer Mutter auf ein interessantes Bild zu lenken. Indem die Mutter die hinweisende Geste ihrer Tochter benennt, fördert sie den Übergang zur gesprochenen Sprache.

Am Ende des ersten Lebensjahres, wenn die Säuglinge fähig zum intentionalen Verhalten werden, benutzen sie *präverbale Gesten,* um das Verhalten anderer zu beeinflussen (Carpenter, Nagell, & Tomasello, 1998). Kathrin hielt zum Beispiel ein Spielzeug hoch, um es zu zeigen und zeigte auf den Schrank, wenn sie einen Keks wünschte. Carola reagierte auf ihre Gesten und benannte sie auch („Ach, du möchtest einen Keks"). Auf diese Weise lernen Kleinkinder, dass das Benutzen der Sprache zu gewünschten Ergebnissen führt. Bald äußern sie Wörter zusammen mit ihren hinweisenden Gesten, die Gesten treten zurück und die gesprochene Sprache kommt in Gang (Namy & Waxman, 1998).

Dieses 15 Monate alte Mädchen erfreut sich am Guck-Guck-da-Spiel mit ihrer Mutter. Durch ihre Teilnahme praktiziert sie das Muster des gegenseitigen Abwechselns in der menschlichen Konversation.

5.5.3 Erste Wörter

In der Mitte des ersten Lebensjahres beginnen Kinder, Wortbedeutungen zu verstehen. Wenn Kinder von sechs Monaten die Worte „Mama" und „Papa" hörten, während sie ein Video anschauten, auf denen ihre Eltern Seite an Seite zu sehen sind, schauten sie den benannten Elternteil länger auf dem Video an (Tincoff & Jusczyk, 1999). Erste gesprochene Worte um ein Jahr herum bauen auf sensumotorischen Grundlagen auf, wie Piaget sie beschrieb, und auf Begriffskategorien, welche Kinder während ihrer ersten beiden Lebensjahre ausbilden. In der Regel beziehen sich die Begriffe auf wichtige Personen („Mama", „Papa"), Objekte, die sich bewegen („Auto", „Ball", „Katze"), vertraute Handlungen („tschüss", „auf", „mehr") oder Ergebnisse vertrauter Aktionen („schmutzig", „nass", „heiß"). In ihren ersten 50 Wörtern benennen Kleinkinder selten Dinge, die nur *da sind* wie „Tisch" oder „Vase" (Nelson, 1973).

Einige frühe Wörter sind mit spezifischen kognitiven Errungenschaften verbunden. Zum Bespiel benutzen Kleinkinder um die Zeit, wenn sie fortgeschrittene Objektkonstanz meistern, Wörter des Verschwindens wie „alle weg". Und Ausdrücke des Erfolgs oder Scheiterns wie „Da" oder „Auau" erscheinen, wenn Kleinkinder sensumotorische Probleme ganz plötzlich lösen können. Nach Ansicht eines Forscherpaares „scheinen Kinder motiviert, solche Worte zu erwerben, die relevant sind für die besonderen kognitiven Probleme, an denen sie gerade arbeiten" (Gopnik & Meltzoff, 1986, S. 1052).

Neben der Kognition beeinflussen Emotionen das Erlernen früher Wörter. Wenn Eineinhalbjährige ein neues Wort für einen Gegenstand, eine Person oder ein Ereignis lernen, sagen sie es neutral; sie müssen genau zuhören, um zu lernen, und ein starkes Gefühl lenkt ihre Aufmerksamkeit ab. Wenn Wörter besser gelernt worden sind, integrieren Kleinkinder das Sprechen mit dem Ausdruck von Gefühlen (Bloom, 1998). „Schuh!" sagte ein 22 Monate altes Mädchen begeistert, als ihre Mutter ihr vor dem Rausgehen die Schuhbänder band. Am Ende des zweiten Lebensjahres beginnen Kinder, ihre Gefühle zu benennen mit Wörtern wie „froh", „verrückt" und „traurig", eine Entwicklung, die in Kapitel 6 weiterverfolgt werden soll.

Wenn kleine Kinder Wörter lernen, wenden sie sie manchmal zu eng an, ein Fehler, den man **unzulässige Bedeutungseinengung** oder **Überspezifizierung** nennt. Zum Beispiel benutzte Kathrin mit 16 Monaten „Bär" nur für den zerzausten und abgenutzten Bär, den sie fast den ganzen Tag mit sich herumtrug. Ein noch verbreiteterer Fehler ist die **Übergeneralisierung** – ein Wort einer größeren Zahl von Gegenständen und Ereignissen zuzuordnen als angemessen. Anna benutzte zum Beispiel „Auto" für Busse, Züge, Lastwagen und Feuerwehrautos. Die Übergeneralisierungen der Kleinkinder spiegeln ihre Empfänglichkeit für Kategorienbildung wider. Sie wenden ein neues Wort bei einer Gruppe ähnlicher Erfahrungen an wie „Auto" für Gegenstände mit Rädern und „offen" für das Öffnen einer Tür, das Schälen einer Frucht und das Aufmachen von Schuhbändern. Das weist darauf hin, dass Kinder manchmal überlegt überrepräsentieren, weil sie Schwierigkeiten haben, sich zu erinnern, oder noch kein passendes Wort erworben haben (Bloom, 2000). Mit fortschreitendem Wortschatz verschwindet das Übergeneralisieren.

Übergeneralisierungen illustrieren ein weiteres wichtiges Merkmal der Sprachentwicklung: die Unterscheidung zwischen Sprach-*Produktion* (Wörter, die Kinder benutzen) und Sprach-*Verständnis* (Wörter, welche die Kinder verstehen). Kinder übergeneralisieren viel mehr Wörter in der Produktion als beim Verstehen. Das heißt, dass ein zweijähriges Kind möglicherweise Lastwagen, Züge und Räder als „Auto" bezeichnet, aber korrekt auf diese Gegenstände sieht oder weist, wenn es sie benennt (Naigles & Gelman, 1995). In allen Altersgruppen entwickelt sich Verständnis vor der Produktion. Das sagt uns, dass das Unvermögen, ein Wort zu sagen, nicht bedeutet, dass Kleinkinder es nicht verstehen. Wenn wir uns nur auf das beziehen, was Kinder sagen, werden wir ihre Sprachkenntnisse unterschätzen.

5.5.4 Die Zweiwort-Phase

Zuerst fügen Kleinkinder nur langsam Wörter ihrem Sprachschatz hinzu, etwa mit einer Rate von ein bis drei Wörtern pro Monat. Zwischen 18 und 24 Monaten kommt es oft zu einem Spurt im Wachstum des Vokabulars. Wenn das Tempo, Wörter in gesprochenen Sätzen zu identifizieren, Gedächtnis und Kategorisierung sich verbessern, lernen manche Kinder jede Woche 10 bis 20 neue Wörter (Dapretto & Bjork, 2000; Fenson et al., 1994; Fernald, Swingley, & Pinto, 2001). Wenn sich der Wortschatz 200 Wörtern nähert, beginnen Kleinkinder, zwei Wörter zu kombinieren, wie „Mama Schuh", „gehen Auto" und „mehr Kekse". Diese Zweiwort-Sätze werden **Telegrammstil** genannt, weil sie wie in einem Telegramm kürzere und weniger wichtige Wörter auslassen. Kinder in der ganzen Welt benutzen ihn, um eine eindrucksvolle Vielfalt von Bedeutungen damit auszudrücken.

Die Zweiwort-Sprache folgt größtenteils einem einfachen Rezept „wünschen + X" und „mehr + X", mit vielen unterschiedlichen Wörtern, die in die X-Position eingefügt werden. Obwohl Kleinkinder selten grobe grammatikalische Fehler machen (etwa sagen sie „Stuhl mein" statt „mein Stuhl") kann man erleben, wie sie die Regeln verletzen. Mit 20 Monaten sagte Kathrin zum Beispiel „mehr heißer" und „größer lesen", Kombinationen, die grammatikalisch falsch sind. Die Ordnung der Wortfolge in den Zweiwort-Sätzen der Kleinkinder ist in der Regel eine Kopie von Wortpaaren Erwachsener, etwa wenn ein Elternteil sagt „das ist *mein Buch*" oder „Wie sieht es aus mit *mehr Brot*?" (Tomasello & Brooks, 1999). Aber es dauert nicht lange, bis Kleinkinder grammatische Regeln herausfinden. Wie in Kapitel 7 zu sehen sein wird, sind die Anfänge der Grammatik bereits im Alter von zweieinhalb Jahren geleistet.

5.5.5 Individuelle und kulturelle Unterschiede

Bei jedem Kind rührt der Fortschritt im Spracherwerb von einer komplexen Mischung biologischer und umweltbedingter Einflüsse her. Wir sahen zum Beispiel oben, dass Timmys Sprechen teilweise durch Vanessas gespannte, direktive Kommunikation mit ihm verzögert war. Aber Timmy ist auch ein Junge und viele Studien weisen darauf hin, dass Mädchen den Jungen im frühen Wachstum des Wortschatzes voraus sind (Fenson et al., 1994). Die verbreitetste biologische Erklärung dafür ist die schnellere körperliche Reifung von Mädchen, von der besonders die frühere Entwicklung der linken Hirnhemisphäre profitieren soll, in der das Sprachzentrum sitzt. Aber vielleicht sprechen wegen des leichten Sprachvorteils von Mädchen die Mütter mehr mit weiblichen Kleinkindern als mit männlichen. Dann wächst das Vokabular der Mädchen sowohl aus genetischen wie aus umweltbedingten Gründen schneller an (Leaper, Anderson, & Sanders, 1998).

Neben dem Geschlecht des Kindes macht auch die Persönlichkeit einen Unterschied. Reservierte, vorsichtige Kleinkinder warten oft, bis sie viel verstanden haben, bevor sie versuchen zu sprechen. Wenn sie schließlich sprechen, wächst ihr Wortschatz schnell an (Nelson, 1973). In der Woche nach ihrer Adoption sprach die 16 Monate alte Anna nur ein Wort auf kambodschanisch. In den nächsten beiden Monaten hörte Anna der englischen Unterhaltung zu, ohne zu sprechen – eine „stille Periode", die typisch ist für Kinder, die beginnen, eine zweite Sprache zu erwerben (Saville-Troike, 1988). Um 18 Monate herum kamen die Wörter schnell: zuerst „Eli", dann „Hund", „Kätzchen", „Mama", „Papa", „Buch", „Ball", „Auto", „Becher", „Uhr" und „Huhn", alle innerhalb einer einzigen Woche.

Kleine Kinder haben einen eigenen Stil beim frühen Spracherwerb. Kathrin und Anna nutzten wie die meisten Kleinkinder den **referentiellen Stil**; ihr früher Wortschatz bestand hauptsächlich aus Wörtern, die sich auf Gegenstände bezogen. Eine geringere Anzahl von Kleinkindern benutzt einen **expressiven Stil**; verglichen mit referentiellen Kindern produzieren sie viel mehr Pronomen und soziale Wendungen wie „hör auf damit", „danke" und „ich will es". Diese Stile reflektieren frühe Gedanken über die Funktion der Sprache. Anna nahm zum Beispiel an, dass Wörter dazu da sind, Dinge zu benennen. Im Gegensatz dazu nehmen Kinder mit expressivem Stil an, dass Wörter dazu da sind, Gefühle und Bedürfnisse auszudrücken. Der Wortschatz von Kindern mit referentiellem Stil wächst schneller, weil alle Sprachen viel mehr Gegenstände enthalten als soziale Wendungen (Bates et al., 1994).

Was führt zu dem Sprachstil eines Kleinkindes? Kinder mit einem sich schnell entwickelnden referentiellen Stil haben oft ein besonders aktives Interesse darin, Gegenstände zu entdecken. Sie ahmen auch frei das Benennen von Gegenständen durch ihre Eltern nach und ihre Eltern ahmen ihrerseits nach – Verhaltensweisen, die ein schnelles Wachstum des Wortschatzes unterstützen, indem sie den Kindern helfen, neue Namen zu erinnern (Masur & Rodemaker, 1999).

Kinder mit expressivem Stil neigen dazu, sehr sozial zu sein und ihre Eltern benutzen häufiger verbale Routineaussagen („Wie geht es dir?" „Das macht nichts"), die soziale Beziehungen unterstützen (Goldfield, 1987). Die beiden Sprachstile sind auch mit der Kultur verknüpft. Während Objektwörter (Substantive) besonders gebräuchlich sind im Vokabular englisch sprechender Kleinkinder, sind Handlungswörter (Verben) zahlreicher bei koreanischen und chinesischen Kindern. Wenn man die Sprache der betreuenden Personen in jeder Kultur untersucht, werden diese Unterschiede reflektiert (Choi & Gopnik, 1995; Tardif, Gelman, & Xu, 1999). An welchem Punkt sollten

5.5 DIE KOGNITIVE ENTWICKLUNG IM SÄUGLINGS- UND KLEINKINDALTER

Eltern besorgt sein, wenn ihr Kind nicht spricht oder sehr wenig sagt? Wenn die Sprache eines Kleinkindes im Vergleich mit den in Tabelle 5.4 genannten Normen sehr verzögert ist, sollten die Eltern ihren Kinderarzt oder einen Sprachtherapeuten aufsuchen. Spätes Lallen kann ein Zeichen langsamer Sprachentwicklung sein, die mit einer frühen Intervention verhindert werden kann (Oiler et al., 1999). Einige Kleinkinder, die einfachen Aufforderungen nicht folgen oder die nach dem Alter von zwei Jahren Schwierigkeiten haben, ihre Gedanken in Worte zu fassen, könnten an einem Hörschaden oder einer Sprachstörung leiden, die unmittelbarer Behandlung bedürfen.

5.5.6 Die frühe Sprachentwicklung unterstützen

Es besteht kein Zweifel, dass Kinder besonders darauf vorbereitet sind, die Sprache zu erwerben, denn keine andere Spezies kann so flexibel und kreativ eine Kompetenz in Kommunikation entwickeln. Doch im Einklang mit der interaktionistischen Sichtweise baut eine reiche soziale Umgebung die Bereitschaft der Kinder auf, ihre Muttersprache zu sprechen. Die Tabelle „Aspekte der Fürsorge" auf der folgenden Seite fasst Wege zusammen, mit denen Betreuungspersonen bewusst das frühe Lernen der Sprache unterstützen können. Sie tun es ebenso unbewusst durch einen speziellen Stil des Sprechens.

In vielen Kulturen sprechen Erwachsene mit kleinen Kindern in einer **kindgerechten Sprache (Ammensprache),** einer Form der Kommunikation, die aus kurzen Sätzen besteht, mit hohem, übertriebenem Stimmausdruck, deutlicher Aussprache, betonten Pausen zwischen Sprachelementen und Wiederholung neuer Wörter in einer Vielfalt von Zusammenhängen („Sieh den Ball." „Der Ball springt!") (Fernald et al., 1989; Kuhl, 2000).

Taube Eltern benutzen einen ähnlichen Stil der Kommunikation, wenn sie in der Zeichensprache mit ihren tauben Babys kommunizieren (Masataka, 1996). Kindgerechtes Sprechen baut auf verschiedenen kommunikativen Strategien auf, die wir bereits betrachtet haben: gemeinsame Aufmerksamkeitsrichtung, Wechselseitigkeit und Einfühlung des Betreuers auf die präverbalen Gesten der Kinder. Hier ist ein Beispiel, wie Carola mit der 18 Monate alten Kathrin eine kindgerechte Sprache benutzt:

Kathrin:	„Auto gehen."
Carola:	„Ja, es ist Zeit, zum Auto zu gehen. Wo ist deine Jacke?"
Kathrin:	[schaut sich um, geht zum Schrank] „Dacke" [deutet auf ihre Jacke]
Carola:	„Da ist die Jacke! [hilft Kathrin in die Jacke] Auf geht's! Da wollen wir mal den Reißverschluss hochziehen [zieht den Reißverschluss hoch]. Jetzt sag Tschüss zu Anna und Timmy."
Kathrin:	„Tschüss, Anna."
Carola:	„Und Timmy? Tschüss zu Timmy?"
Kathrin:	„Tschüss, Ti-ti."
Carola:	„Wo ist dein Bär?"
Kathrin:	[schaut herum]
Carola:	[zeigt drauf] „Siehst du? Geh zum Bär. Beim Sofa." [Kathrin holt den Bär]

Diese Mutter spricht zu ihrem Baby in kurzen, deutlich betonten Sätzen mit einer hochstimmigen, übertriebenen Betonung. Erwachsene in vielen Ländern benutzen diese Form einer kindgerechten Sprechweise mit Säuglingen und Kleinkindern. Sie macht die Aufgabe des frühen Spracherwerbs einfacher.

Von der Geburt an hören Kinder lieber einer kindgerechten Sprache zu als anderen Arten von erwachsenem Sprechen, und mit etwa fünf Monaten reagieren sie emotionaler darauf (Cooper & Aslin, 1994; Werker,

Aspekte der Fürsorge

Unterstützung des frühen Spracherwerbs

EMPFEHLUNG	FOLGEN
Reagieren Sie auf Gurren und Brabbeln mit Sprechlauten.	Ermutigt zum Experimentieren mit Lauten, die später in erste Wörter eingebracht werden können. Gibt Erfahrungen mit wechselseitigen Mustern von Dialogen.
Bauen Sie eine gemeinsame Aufmerksamkeitsrichtung auf und kommentieren Sie, was das Kind sieht.	Sagt früheren Sprechbeginn und schnellere Entwicklung des Wortschatzes voraus.
Spielen Sie soziale Spiele wie Backe-Backe-Kuchen und das Guck-Guck-da-Spiel.	Vermittelt Erfahrungen mit dem wechselseitigen Mustern von Dialogen. Erlaubt das Paaren von Wörtern mit den Aktionen, die sie repräsentieren.
Bringen Sie Kinder zu gemeinsamen Als-ob-Spielen.	Fördert alle Aspekte des Dialogs in Unterhaltungen.
Binden Sie Kleinkinder häufig in Unterhaltungen ein.	Weist auf eine schnellere frühe Sprachentwicklung und schulische Kompetenz hin.
Lesen Sie Kleinkindern oft vor und führen Sie mit ihnen Gespräche über Bilderbücher.	Stellt Kontakt mit vielen Aspekten der Sprache her, einschließlich des Wortschatzes, kommunikativer Konventionen und Informationen über Strukturen von geschriebenen und Bildergeschichten.

Pegg, & McLeod, 1994). Und die Eltern fühlen sich ständig ein und passen Länge und Inhalt ihrer Äußerungen den Bedürfnissen ihrer Kinder an – Anpassungen, welche das Sprachverständnis fördern und dem Kleinkind erlauben, sich an Unterhaltungen zu beteiligen (Murray, Johnson, & Peters, 1990).

Das Geben und Nehmen in der Unterhaltung zwischen Eltern und Kleinkind ist einer der besten Prädiktoren früher Sprachentwicklung und von Leistungskompetenz während der Schulzeit (Hart & Risley, 1995; Walker et al., 1994). Dialoge über Bilderbücher sind besonders wirksam. Sie setzen Kinder einer Fülle von Informationen aus, angefangen vom Wortschatz über grammatische und kommunikative Fertigkeiten bis zu Informationen über Strukturen von Wörtern und Bildern (Whitehurst & Lonigan, 1998).

Die sozialen Erfahrungen, die die Sprachentwicklung fördern, erinnern an jene, welche die kognitive Entwicklung allgemein fördern. Beachtenswert ist, wie kindgerechtes Sprechen und die Unterhaltung zwischen Elternteil und Kind einen *Bereich proximaler Entwicklung* schafft, in dem sich die Sprache des Kindes ausweitet. Im Gegensatz dazu führen Ungeduld mit und Abwehr von den Bemühungen der Kinder zu sprechen dazu, dass sie mit den Versuchen aufhören und sich unreife Sprachfertigkeiten entwickeln (Baumwell, Tamis-LeMonda, & Bornstein, 1997). Im nächsten Kapitel wird klar, dass Einfühlsamkeit in kindliche Bedürfnisse und Fähigkeiten sowohl ihre emotionale wie soziale Entwicklung fördert.

Prüfen Sie sich selbst...

Rückblick
Warum ist die interaktionistische Perspektive für viele Forscher der Sprachentwicklung so attraktiv? Geben Sie Belege, die das unterstützen.

Anwendung
Schreiben Sie eine Liste von durch Forschung gestützten Empfehlungen, wie man die Sprachentwicklung in den ersten beiden Lebensjahren fördern kann.

Zusammenhänge
Kognition und Sprache stehen in Beziehung miteinander. Führen Sie Beispiele auf, wie Kognition die Sprachentwicklung unterstützt. Führen Sie danach Beispiele auf, wie Sprache die Kognition fördert.

Prüfen Sie sich selbst...

Zusammenfassung

Piagets kognitive Entwicklungstheorie

Wie verändern sich nach Piaget Schemata im Verlauf der Entwicklung?
- In Piagets Theorie bewegen sich Kinder durch vier Hauptstadien, in welchen sie direkt auf die Umwelt einwirken. Es bilden sich psychologische Strukturen oder **Schemata**, die eine bessere Anpassung an die äußere Realität schaffen.
- Schemata verändern sich auf zweifache Weise: Erstens durch **Adaptation**, die aus zwei gegensätzlichen Aktivitäten besteht, **Assimilation** und **Akkommodation**. Zweitens durch **Organisation**, das ist die innere Anordnung von Schemata in ein streng miteinander verbundenes kognitives System.

Beschreiben Sie die wichtigsten kognitiven Errungenschaften des sensumotorischen Stadiums.
- Piagets **sensumotorisches Stadium** ist in sechs Unterstadien geteilt. Durch die **Zirkulär-(Kreis-)reaktion** werden die Reflexe des Neugeborenen nach und nach in das aktivere Handlungsmuster älterer Säuglinge umgewandelt. Während des vierten Stadiums entwickeln Säuglinge **intentionales** oder **zielgerichtetes Verhalten** und beginnen, **Objektkonstanz** zu verstehen. Im sechsten Stadium werden Kleinkinder fähig zur **mentalen Repräsentation**, wie plötzliche Lösungen sensumotorischer Probleme, Meistern von Problemen der Objektkonstanz einschließlich nicht sichtbarer Aufenthaltsorte von Gegenständen, sowie zur **aufgeschobenen Nachahmung** und zum **Als-ob-Spiel**.

Was enthüllt jüngere Forschung über die Richtigkeit von Piagets sensumotorischem Stadium?
- Viele Studien weisen darauf hin, dass Säuglinge in bestimmten Bereichen ein früheres Verständnis zeigen, als Piaget es annahm. Teilweise Bewusstheit der Objektkonstanz mag in den ersten Lebensmonaten bestehen, wie es die **Methode der nicht eingetroffenen Erwartung** aufzeigt. Zusätzlich zeigen sehr junge Säuglinge eine aufgeschobene Nachahmung und analoges Problemlösen, was darauf hinweist, dass sie bereits im ersten Lebensjahr fähig zur mentalen Repräsentation sind.
- Heute nehmen Forscher an, dass Neugeborene eine größere angeborene Ausstattung besitzen, ihre Welt zu verstehen, als Piaget glaubte, obwohl sie nicht darin übereinstimmen, wie viel anfängliches Verständnis die Säuglinge haben. Gemäß der **Auffassung von mentalen Modulen** beginnen Säuglinge das Leben mit Modulen des Denkens, die eine frühe kognitive Entwicklung unterstützen. Insgesamt jedoch sind Erkenntnisse über frühes bereitgestelltes Wissen gemischt. Aber es besteht eine breite Übereinstimmung darüber, dass viele kognitive Veränderungen in der Kindheit eher kontinuierlich als in Phasen oder Stufen verlaufen und dass verschiedene Aspekte der Kognition sich eher unregelmäßig als auf eine integrierte Weise entwickeln.

Informationsverarbeitung

Beschreiben Sie die Sicht der Informationsverarbeitung auf die kognitive Entwicklung sowie die allgemeine Struktur des Informationsverarbeitungssystems.
- Forscher der Informationsverarbeitung betrachten die Entwicklung als graduell und kontinuierlich und untersuchen viele Aspekte des Denkens. Sie wollen ganz genau wissen, was in Individuen verschiedenen Alters vorgeht, wenn sie einer Aufgabe oder einem Problem gegenüberstehen.
- Die meisten Forscher des Informationsverarbeitungsansatzes nehmen an, dass wir Informationen in drei Teilen des Systems halten, in denen **mentale Strategien** an ihnen operieren, so dass sie gehalten und wirksam benutzt werden können. Diese Teile sind der **sensorische Speicher**, **Arbeits-** oder **Kurzzeitgedächtnis** und **Langzeitgedächtnis**. Um die komplexen Aktivitäten des Arbeitsgedächtnisses zu bewältigen, leitet die **zentrale Exekutive** den Fluss und die Verarbeitung der Informationen.

Welche Veränderungen in Aufmerksamkeit, Gedächtnis und Kategorisierung finden während der ersten zwei Lebensjahre statt?
- Mit zunehmendem Alter beachten Säuglinge mehr Aspekte der Umgebung und nehmen Informationen schneller auf. Im zweiten Lebensjahr nimmt die Beachtung von neuen Dingen ab und andauernde Aufmerksamkeit verbessert sich, besonders während des Spielens mit Spielzeugen.
- Junge Säuglinge beherrschen die Gedächtnisleistung des **Erkennens** und am Ende des ersten Lebensjahres können sie vergangene Ereignisse **erinnern**. Am Ende des Kleinkindalters ist die Erinnerung an Menschen, Plätze und Gegenstände ausgezeichnet. Sowohl biologische als auch soziale Erfahrungen tragen wahrscheinlich zum Erscheinen des **autobiographischen Gedächtnisses** bei.
- Während des ersten Lebensjahres gruppieren Säuglinge Reize in zunehmend komplexere Kategorien und die Kategorisierung wechselt von einer Wahrnehmungs- auf eine konzeptionelle Basis. Am Ende des zweiten Lebensjahres werden Kinder aktive Kategorisierer und sortieren während des Spiels spontan Gegenstände.

Beschreiben Sie die Leistungen und Grenzen des Ansatzes der Informationsverarbeitung im Hinblick auf unser Verständnis früher kognitiver Entwicklung.
- Die Erkenntnisse der Informationsverarbeitung kritisieren Piagets Sicht der Babys als rein sensumotorische Wesen, die Erfahrungen nicht mental repräsentieren können. Jedoch hat die Informationsverarbeitung noch keine umfassende Theorie des kindlichen Denkens geliefert.

Der soziale Kontext früher kognitiver Entwicklung

Wie erweitert Wygotskys Konzept der Bereiche proximaler Entwicklung unser Verständnis der frühen kognitiven Entwicklung?
- Nach Wygotskys soziokultureller Theorie stammen komplexe geistige Aktivitäten aus sozialen Interaktionen. Durch die Unterstützung und Anleitung geübter Partner meistern Säuglinge Aufgaben im Bereich der proximalen Entwicklung, d.h. Aufgaben, die

kurz vor ihren gegenwärtigen Fähigkeiten liegen. Schon in den ersten beiden Lebensjahren beeinflussen kulturelle Variationen sozialer Erfahrungen die geistigen Strategien.

Individuelle Unterschiede in der frühen geistigen Entwicklung

Beschreiben Sie den Ansatz von Leistungstests, die Bedeutung von Intelligenztestwerten und das Ausmaß, in dem Tests bei Säuglingen spätere Leistungen vorhersagen.

- Der Ansatz des Testens misst Leistungen der intellektuellen Entwicklung in dem Bemühen, zukünftige Leistungen vorherzusagen. **Intelligenzquotienten** oder **IQs** vergleichen die Testleistung eines Individuums mit denen einer großen, repräsentativen Stichprobe gleichaltriger Individuen.
- Säuglingstests bestehen größtenteils aus Wahrnehmungs- und motorischen Reaktionen, sie sagen die spätere Intelligenz nur schlecht vorher. Folglich werden Testwerte von Säuglingen lieber **Entwicklungsquotienten** als IQs genannt. Das Tempo von Habituierung und Dishabituierung visueller Reize, welche auf grundlegende kognitive Prozesse beruhen, sind bessere Prädiktoren zukünftiger Leistungen.

Diskutieren Sie umweltbedingte Einflüsse auf die frühe geistige Entwicklung einschließlich des Zuhauses, der Kinderbetreuung und früher Interventionen für Säuglinge und Kleinkinder mit Risiken.

- Forschung mit dem Inventar zur Erfassung der häuslichen Umgebung **(Home Observation for Measurement of the Environment, HOME)** zeigt, dass eine geordnete, anregende häusliche Umgebung und elterliche Ermutigung, Engagement und Zuneigung immer wieder frühe Leistungstestwerte vorhersagen konnten. Obwohl die HOME-IQ-Beziehung teilweise durch Vererbung bedingt ist, beeinflussen familiäre Lebensbedingungen die geistige Entwicklung.
- Die Qualität der Betreuung von Säuglingen und Kleinkindern hat einen sehr großen Einfluss auf die geistige Entwicklung. Standards für die **entwicklungsangemessenen Maßnahmen** spezifizieren Programmmerkmale, die den Entwicklungsbedürfnissen kleiner Kinder genügen. Intensive frühe Intervention kann den graduellen Abbau in Intelligenzleistungen und bei schlechten Schulleistungen von Kindern aus von Armut betroffenen Familien verhindern. Erkenntnisse des Carolina Abecedarian Projects weisen einen höheren IQ sowie bessere Schulleistungen noch im Alter von 21 Jahren nach; dadurch kommt es zu einer höheren Zahl von Oberschulabschlüssen bei der geförderten Gruppe im Vergleich zur Kontrollgruppe.

Sprachentwicklung

Beschreiben Sie drei Theorien der Sprachentwicklung und zeigen Sie auf, wie viel Nachdruck jede auf angeborene Fähigkeiten und Umwelteinflüsse legt.

- Drei Theorien der Sprachentwicklung liefern verschiedene Begründungen, wie kleine Kinder die Sprache erwerben. Nach der behavioristischen Perspektive trainieren Eltern Kinder in Sprachfertigkeiten durch operantes Konditionieren und Nachahmung. Im Gegensatz dazu betrachtet Chomskys nativistische Sicht Kinder als auf natürliche Weise mit einem **Spracherwerbsmechanismus** versehen. Neue interaktionische Theorien weisen darauf hin, dass angeborene Fähigkeiten und eine reiche linguistische und soziale Umwelt sich verbinden, um die Sprachentwicklung zu fördern.

Beschreiben Sie wichtige Meilensteine der Sprachentwicklung in den ersten beiden Lebensjahren, individuelle Unterschiede und Wege, wie Erwachsene die entstehenden Fähigkeiten der Säuglinge und Kleinkinder fördern können.

- Im ersten Lebensjahr finden viele Vorbereitungen für das Sprechen statt. Säuglinge beginnen mit zwei Monaten zu **gurren** und mit etwa vier Monaten zu **lallen**. Erwachsene ermutigen den Sprachfortschritt damit, dass sie auf das Gurren und Lallen reagieren, eine gemeinsame Aufmerksamkeitsrichtung herstellen und benennen, was das Baby anschaut. Sie spielen wechselseitige Spiele und erkennen die präverbalen Gesten des kleinen Kindes.
- In der Mitte des ersten Lebensjahres verstehen Säuglinge die Bedeutung von Wörtern. Etwa mit zwölf Monaten sagen Kleinkinder ihr erstes Wort. Kleine Kinder machen oft Fehler der **Überspezifizierung** und **Übergeneralisierung.** Zwischen 18 und 24 Monaten tritt oft eine Beschleunigung des Wachstums des Wortschatzes ein und Zweiwort-Äußerungen im **Telegrammstil** treten auf. In jedem Alter ist das Verstehen der Sprache der Produktion voraus.
- Es gibt individuelle Unterschiede in der frühen Sprachentwicklung. Mädchen zeigen schnellere Fortschritte als Jungen und vorsichtige Kleinkinder warten vielleicht eine Zeit lang, bevor sie versuchen zu sprechen. Die meisten Kleinkinder benutzen einen **referentiellen Stil** beim Erlernen der Sprache, bei dem frühe Wörter größtenteils aus Namen für Gegenstände bestehen. Einige wenige benutzen einen **expressiven Stil,** bei dem Pronomen und soziale Formulierungen gebräuchlich sind und der Wortschatz langsamer wächst.
- In vielen Kulturen sprechen Erwachsene mit Kleinkindern eine **kindgerechte** oder **Ammen-Sprache,** eine vereinfachte Form der Sprache, die den Lernbedürfnissen der Kinder gut angepasst ist. Geben und Nehmen in der Unterhaltung zwischen Eltern und Kindern ist einer der besten Prädiktoren für eine frühe Sprachentwicklung und schulische Kompetenz.

Wichtige Fachtermini und Begriffe

Adaptation S. 195
Akkommodation S. 195
Als-ob-Spiel S. 199
Arbeitsgedächtnis S. 207
Assimilation S. 195
aufgeschobene Nachahmung S. 199
autobiographisches Gedächtnis S. 211
Bereich der proximalen Entwicklung S. 214
entwicklungangemessene Maßnahmen S. 219
Entwicklungsquotient S. 217
Erinnern S. 209
expressiver Stil S. 227
Gurren S. 224
Intelligenzquotient (IQ) S. 216
intentionales Verhalten S. 198
Inventar zur Erfassung der häuslichen Umwelt (Home Observation for Measurement of the Environment, HOME) S. 217
kindgerechte Sprache (Ammensprache) S. 228
Kreisreaktion S. 196
Kurzzeitgedächtnis S. 207
Lallen/Brabbeln S. 224
Langzeitgedächtnis S. 207
mentale Repräsentationen S. 199
mentale Strategien S. 207
Methode der nicht eingetroffenen Erwartung (violation-of-expectation method) S. 199
Objektkonstanz S. 198
Organisation S. 196
referentieller Stil S. 227
Schemata S. 195
sensorischer Speicher S. 207
sensumotorisch S. 194
Sichtweise von Modulen S. 204
Spracherwerbsmechanismus (language acquisition device, LAD) S. 223
Telegrammstil S. 226
Übergeneralisierung S. 226
Überspezifizierung S. 226
unzulässige Bedeutungseinengung S. 226
Wiedererkennen S. 209
zentrale Exekutive S. 207
zielgerichtetes Verhalten S. 198
Zirkulärreaktion S. 196

Die emotionale und soziale Entwicklung des Säuglings und Kleinkinds

6.1 Eriksons Theorie zur Persönlichkeit des Säuglings und des Kleinkindes 235
    Urvertrauen oder Misstrauen? 235
    Autonomie versus Scham und Zweifel 235

6.2 Die emotionale Entwicklung 236
    Der Entwicklungsverlauf einiger Grundemotionen 237
    Die Emotionen anderer Menschen verstehen und angemessen darauf reagieren 241
    Das Auftauchen komplexer Emotionen 242
    Die Anfänge der emotionalen Selbstregulation 243

6.3 Temperament und Entwicklung 244
    Die Struktur des Temperaments 245
    Erfassen von Temperament 247
    Stabilität des Temperaments 247
    Genetische Einflüsse 249
    Umweltbedingte Einflüsse 250
    Temperament und Kindererziehung: Die Frage der Passung 251

6.4 Bindungsentwicklung 252
    Die ethologische Bindungstheorie 253
    Die Messung der Bindungssicherheit 255
    Die Stabilität der Bindungsqualität und ihre kulturellen Abweichungen 256
    Die Bindungssicherheit beeinflussende Faktoren 257
    Mehrfache Bindungen 263
    Bindung und spätere Entwicklung 265

6.5 Die Entwicklung des Selbst während der ersten zwei Lebensjahre 266
    Das Selbstverständnis – ein Bewusstsein des eigenen Ich 267
    Die Selbstkategorisierung 269
    Das Auftauchen der Selbstkontrolle 269

6.1 DIE EMOTIONALE UND SOZIALE ENTWICKLUNG DES SÄUGLINGS UND KLEINKINDS

„

Als Kathrin das Alter von acht Monaten erreichte, fiel ihren Eltern auf, dass sie ängstlicher geworden war. Eines Abends, als Carola und David sie bei ihrem Babysitter lassen wollten, fing sie an zu weinen, als sie sich in Richtung Tür bewegten. Nur wenige Wochen vorher war dies ein Ereignis gewesen, das Kathrin ohne Probleme hatte akzeptieren können. Auch die Tagesmutter von Kathrin und Timmy bemerkte eine zunehmende Vorsicht in der Gegenwart Fremder. Wenn sie in ein anderes Zimmer gehen wollte, ließen beide Kinder ihr Spielzeug fallen und krabbelten ihr nach. Und ein Klopfen des Postboten an der Tür führte dazu, dass sie die Beine der Erzieherin umklammerten oder die Arme ausstreckten, um von ihr auf den Arm genommen zu werden.

Auch schienen beide Kinder deutlicher ihren eigenen Willen zu haben. Während man ihnen im Alter von fünf Monaten ein Objekt aus der Hand nehmen konnte und dies kaum eine Reaktion hervorgerufen hatte, wehrte sich Timmy nun im Alter von acht Monaten, wenn ihm seine Mutter einen Löffel aus der Hand nahm, den er vom Tisch genommen hatte. Er brach in wütendes Geschrei aus und ließ sich auch mit dem Spielzeug, das ihm stattdessen angeboten wurde, nicht trösten.

Monika und Klaus wussten nur wenig über Annas Entwicklung im ersten Lebensjahr, außer dass sie von ihrer notleidenden, obdachlosen Mutter innig geliebt worden war. Die Trennung von der Mutter und die folgende lange Reise zu einem ihr unbekannten neuen Zuhause ließ Anna in einen Schockzustand geraten. Zu Anfang war sie sehr traurig und wendete sich ab, wenn Monika und Klaus versuchten, sie auf den Arm zu nehmen. Über eine Woche lächelte sie überhaupt nicht.

Als Annas Adoptiveltern sie hielten, sanft auf sie einsprachen und ihre Bedürfnisse nach Nahrung stillten, taute Anna bald auf und erwiderte die Zuwendung. Zwei Wochen nach ihrer Ankunft wich ihre traurige Zurückgezogenheit einer sonnig-fröhlichen und umgänglichen Disposition. Ein breites Lächeln breitete sich auf ihrem Gesicht aus. Wenn sie Monika und Klaus sah, streckte sie ihre Arme nach ihnen aus, und über die Grimassen ihres Bruders Eli konnte sie laut lachen. Kurz vor ihrem zweiten Geburtstag zeigte sie auf sich selbst und sagte „Anna", während sie etwas, das sie haben wollte, an sich nahm. „Anna Huhn" erklärte sie bei den Mahlzeiten und saugte das Mark aus den Knochen ihres Hühnchen, eine Angewohnheit, die sie aus Kambodscha mitgebracht hatte.

Zusammengefasst kann man sagen, dass die Reaktionen von Kathrin, Timmy und Anna zwei miteinander in Beziehung stehende Aspekte der Persönlichkeitsentwicklung innerhalb der ersten zwei Lebensjahre darstellen: enge Bindungen zu anderen Menschen und ein Bewusstsein für das eigene Selbst. Unsere Diskussion wollen wir mit der psychosozialen Entwicklungstheorie Eriksons beginnen, die einen Überblick gibt über die Persönlichkeitsentwicklung im Säuglings- und Kleinkindalter. Darauf folgend wird der Verlauf der emotionalen Entwicklung vorgestellt. Dabei wird klar, warum der Ausdruck von Furcht und Ärger zu Ende des ersten Lebensjahres bei Kathrin und Timmy deutlicher wird. Schließlich wird den individuellen Unterschieden im Temperament der Kinder Aufmerksamkeit geschenkt.

Es soll untersucht werden, inwieweit biologische und umwelbedingte Faktoren an diesen Unterschieden mitwirken und ihre Folgen für die weitere Entwicklung des Kindes sollen betrachtet werden.

Dann wird die Bindung an eine Bezugsperson, der ersten emotionalen Bindung des Kindes, untersucht. Es wird ersichtlich, wie ein Gefühl der Sicherheit, das aus dieser wichtigen Bindung erwächst, eine lebenswichtige Quelle der Unterstützung für das wachsende Gefühl der Unabhängigkeit beim Kind bietet und auch für seine sich ausweitenden sozialen Beziehungen.

Gegen Ende des Kapitels rückt die frühe Entwicklung des Selbst in den Mittelpunkt. Gegen Ende des Krabbelalters konnte sich Anna im Spiegel und auf Fotos wiedererkennen, bezeichnete sich selbst als Mädchen und begann die ersten Anzeichen von Selbstkontrolle zu zeigen. „Nicht anfassen!", gebot sie sich eines Tages selbst, als sie sich ihrem eigenen Wunsch widersetzte, das Stromkabel einer Lampe aus der Steckdose zu ziehen. Kognitive Fortschritte in Verbindung mit sozialen Erfahrungen sind als die Grundlage für diese Veränderungen innerhalb des zweiten Lebensjahres zu sehen.

"

6.1 Eriksons Theorie zur Persönlichkeit des Säuglings und des Kleinkindes

Die Diskussion der wichtigen Entwicklungstheorien in Kapitel 1 zeigte uns, dass die psychoanalytische Theorie gegenwärtig nicht mehr zu den wichtigen Orientierungspunkten für die entwicklungspsychologische Forschung zählt. Dennoch besteht einer ihrer immer noch akzeptierten Beiträge darin, zentrale Aspekte der Persönlichkeitsentwicklung in jeder einzelnen Lebensphase dargestellt zu haben. Sigmund Freud, der Begründer der psychoanalytischen Bewegung, meinte, dass die Ursachen für psychische Gesundheit und Fehlanpassungen in die frühen Kindheitsjahre zurückverfolgt werden können – insbesondere auf die Art und Qualität der Beziehungen des Kindes zu seinen Eltern. Obwohl Freud die Kanalisierung der Triebe wenig beachtete und für die Vernachlässigung der wichtigen Erfahrungen nach der Säuglingszeit und der frühen Kindheit sehr stark kritisiert wurde, werden doch die grundsätzlichen Aspekte seiner Theorie akzeptiert und finden sich in erweiterter Form in vielen späteren Theorien der Persönlichkeitsentwicklung wieder. Eine der herausragenden Theorien innerhalb des neofreudianischen Theorienrahmens ist die *psychosoziale Theorie* von Erik Erikson, die im ersten Kapitel schon kurz angesprochen wurde.

6.1.1 Urvertrauen oder Misstrauen?

Freud bezeichnete das erste Lebensjahr als die orale Phase und betrachtete die Befriedigung der Bedürfnisse des Kindes nach Nahrung und oraler Stimulation als lebenswichtig. Erikson akzeptierte Freuds Betonung des Fütterns, aber er erweiterte und bereicherte die Betrachtungsweise Freuds. Erikson war der Meinung, dass es für eine gesunde Entwicklung in der frühen Kindheit nicht so sehr auf die *Quantität* von Nahrung und oraler Stimulation des Kindes ankommt, sondern vielmehr auf die *Qualität* des Verhaltens der Bezugspersonen dem Kind gegenüber. Eine Mutter, die die Entwicklung ihres Babys unterstützt, wird sich um das Unwohlsein des Kindes sobald als möglich einfühlsam kümmern. So wird sie zum Beispiel ihr Baby beim Füttern sanft halten, geduldig abwarten, bis das Kind genügend getrunken hat, und es abstillen, wenn es das Interesse an der Brust oder der Flasche verliert.

Erikson erkannte, dass es Eltern nicht möglich ist, immer den Bedürfnissen ihres Babys gerecht zu werden. Viele Faktoren wirken sich darauf aus, wie sehr Eltern auf ihre Babys eingehen – das Gefühl der eigenen Zufriedenheit, die Lebensumstände (wie etwa weitere kleine Kinder in der Familie) und auch der Erziehungsstil der jeweiligen Kultur. Wenn jedoch der Umgang mit dem Kind grundsätzlich einfühlsam und liebevoll ist, so wird sich der psychische Konflikt des ersten Lebensjahres – **Urvertrauen vs. Misstrauen** – in positiver Richtung lösen. Ein Kind, das vertrauen kann, erwartet, dass seine Umwelt ihm gegenüber positiv gesinnt ist und seine Bedürfnisse befriedigt. Infolgedessen wird es sich trauen, auf diese Umwelt zuzugehen und sie zu erkunden. Das misstrauische Baby jedoch kann sich auf die Freundlichkeit und Zuwendung der Menschen in seiner Umgebung nicht verlassen und wird daher versuchen, sich zu schützen, indem es sich von Menschen und Dingen zurückzieht.

6.1.2 Autonomie versus Scham und Zweifel

Im zweiten Lebensjahr, gleichzeitig mit der von Freud postulierten *analen Phase*, verlagern sich die Triebe in Richtung der analen Regionen des Körpers. Freud betrachtete die Reinlichkeitserziehung, bei der das Kind seine analen Impulse unter Kontrolle und in Einklang mit den Erwartungen seiner sozialen Umwelt bringt, als äußerst wichtig für die Persönlichkeitsentwicklung. Auch Erikson war der Meinung, dass die Art und Weise, wie die Eltern bei der Reinlichkeitserziehung vorgehen, nachhaltige Auswirkungen auf die psychische Gesundheit hat. Im Gegensatz zu Freud aber ist dies nur eine der vielen wichtigen Erfahrungen, die ein Kind macht, das gerade laufen und sprechen lernt. Die so oft zu hörenden Antworten wie „Nein!" oder „alleine machen!" zeigen deutlich, dass eine Phase erreicht ist, in der das Selbst des Kindes beginnt, sich zu entwickeln. Krabbelkinder wollen selbst entscheiden – nicht nur, was ihre Ausscheidungen anbelangt, sondern auch in anderen Situationen. Der Hauptkonflikt des Krabbelalters – **Autonomie versus Scham und Zweifel** – wird positiv aufgelöst werden können, wenn die Eltern ihrem kleinen Kind sowohl angemessene Grenzen setzen als auch genügend Möglichkeiten der eigenen Entscheidung einräumen. Ein zweijähriges Kind, das selbstsicher und auch sicher in seinem Umgang mit anderen Menschen ist, ist von seinen Bezugspersonen nicht nur ermutigt worden, die Toilette zu benutzen, sondern auch mit dem Löffel zu essen und dabei zu helfen, sein Spielzeug aufzuräumen. Seine Eltern werden es nicht kritisieren oder gar angreifen, wenn diese neuen Fertigkeiten noch nicht recht gelingen wollen. Und wenn es Anstalten macht, sich eine neue Unabhängigkeit zu erobern, werden sie diesen Versuchen mit Toleranz und Verständnis begegnen. So werden sie beispielsweise dafür sorgen, dass zusätzliche fünf Minuten Zeit sind, damit das Kind sein Spiel beenden kann, bevor zum Einkaufen gefahren wird, und geduldig warten, während das Kind den Reißverschluss seiner Jacke hochzieht.

Gemäß Erikson werden Eltern, die bei der Reinlichkeitserziehung zu viel oder zu wenig Kontrolle ausüben, dies aller Wahrscheinlichkeit nach auch in anderen Lebensbereichen des Kindes tun. Das Ergebnis wird sein, dass das Kind sich gezwungen und beschämt fühlt und an seiner Fähigkeit, eigenständig zu handeln und seine Triebe und Impulse unter Kontrolle zu halten, zweifeln wird.

Gemäß Erikson erwächst das Urvertrauen aus der positiven Qualität der frühen fürsorglichen Beziehungen der Bezugspersonen zum Kind. Bezugspersonen, die sich um das Unwohlsein des Kindes sobald als möglich kümmern und es liebevoll beim Füttern als auch zu anderen Zeiten halten, fördern das Urvertrauen – das Gefühl, dass die Welt gut ist und Befriedigung bietet.

Zusammengefasst kann man sagen, dass Urvertrauen und Autonomie in einer warmen einfühlsamen Beziehung der Eltern zum Kind und durch realistische Erwartungen hinsichtlich der Impulskontrolle im zweiten Lebensjahr entstehen. Wenn das Kind aus den ersten Jahren ohne das nötige Vertrauen in seine Bezugspersonen und ohne ein gesundes Gefühl seiner eigenen Individualität hervorgeht, so sind die Samen für spätere Anpassungsprobleme gesät. Erwachsene mit Schwierigkeiten, von Nähe gekennzeichnete Bindungen einzugehen, die von anderen Menschen übermäßig abhängig sind oder die ihre eigene Fähigkeiten, neuen Herausforderungen zu begegnen, ständig in Frage stellen, haben die Entwicklungsaufgaben, Vertrauen und Autonomie aufzubauen, während der Säuglingszeit und der frühen Kindheit nicht vollständig gemeistert.

6.2 Die emotionale Entwicklung

Im vorangegangenen Kapitel haben wir uns mit den zunehmend effektiver werdenden Schemata des Babys beschäftigt, mit denen es ihm gelingt, seine Umwelt unter Kontrolle zu halten, sowie den verschiedenen Möglichkeiten, wie Erwachsene die kognitive und sprachliche Entwicklung ihres Kindes unterstützen können. Wir möchten uns nun auf einen anderen Aspekt des Verhaltens zwischen dem kleinen Kind und seinen Bezugspersonen konzentrieren – auf den Austausch von Emotionen. Beobachten Sie einmal mehrere Säuglinge und Kleinkinder. Notieren Sie die gezeigten Affekte, die Hinweisreize, auf Grund derer Sie den emotionalen Zustand des Babys interpretieren und die Reaktionen der jeweiligen Bezugspersonen. Viele solcher Beobachtungen wurden in der Vergangenheit durchgeführt, um herauszufinden, wie Säuglinge ihre Emotionen audrücken und die anderer Menschen deuten. Es wurde herausgefunden, dass Emotionen eine ausgesprochen wichtige Rolle in der Organisation der Fähigkeiten spielen, die Erikson als so außerordentlich wichtig betrachtete: soziale Beziehungen, die Exploration der Umwelt und die Entdeckung des eigenen Selbst (Frijda, 2000; Izard, 1991; Saarni, Mumme, & Campos, 1998).

Da Säuglinge ihre Gefühle nicht beschreiben können, ist es ziemlich schwierig, genau festzustellen, was das Kind gerade empfindet. Obwohl die Lokalisierung an den Körperbewegungen einiges an Informationen bereitstellt, finden sich im Gesichtsausdruck dennoch die verlässlichsten Hinweise (cues). Interkulturelle Ergebnisse haben gezeigt, dass Menschen auf der ganzen Welt Fotos, die verschiedene Gesichtsausdrücke zeigen, immer den gleichen Emotionen zuordnen (Ekman & Friesen, 1972). Diese Befunde, die darauf hinweisen, dass der Ausdruck von Emotionen auf angeborenen Signalen beruht, regte Wissenschaftler an, die verschiedenen Gesichtsausdrucksformen von Säuglingen zu analysieren, um die Bandbreite der Emotionen zu bestimmen, die Kinder in verschiedenen Altersstufen zeigen.

6.2.1 Der Entwicklungsverlauf einiger Grundemotionen

Grundemotionen finden wir bei allen Menschen und auch bei Primaten; sie sind universal. Von ihrer evolutionären Geschichte her sind es Gefühle, die dem Überleben dienen. Sie können direkt vom Gesichtsausdruck des Gegenübers abgeleitet werden. Bei diesen Grundgefühlen handelt es sich um Freude, Interesse, Überraschung, Furcht, Ärger, Traurigkeit und Ekel, wobei die Emotionen Interesse, Überraschung und Ekel nur eingeschränkt universal sind. Kommt der Säugling mit der Fähigkeit, diese Primäraffekte auszudrücken, auf die Welt? Obwohl schon Anzeichen einiger Gefühle zu erkennen sind, besteht das frühe Gefühlsleben des Babys vorwiegend aus zwei allumfassenden Erregungszuständen: einem sich Hingezogenfühlen bei wohltuender Stimulation und dem Rückzug bei Stimulation, die dem Kind unangenehm ist. Mit der Zeit werden die Emotionen zu klaren, gut organisierten Signalen (Camras, 1992; Fox, 1991).

Um den sechsten Lebensmonat herum spielen der Gesichtsausdruck, die Stimme und die Körperhaltung zusammen, um gut strukturierte Muster zu bilden, die sich in ihrer Bedeutung der jeweils erlebten Situation anpassen. So erwiderte Kathrin ganz typisch die spielerischen Aufforderungen ihrer Eltern mit einem fröhlichen Gesicht, einem vergnügten Gurren und einer entspannten Körperhaltung, als wollte sie sagen: „Das macht Spaß!" Im Gegensatz dazu rufen Eltern, die für die Signale ihres Kindes nur wenig empfänglich sind, bei ihrem Kind häufig ein trauriges Gesicht hervor, unklare Verbalisierungen sowie einen in sich zusammensinkenden Körper (die Botschaft: „ich bin mutlos") oder auch ein ärgerliches Gesicht, Weinen und „Nimm-mich-auf-den-Arm"-Gesten (die so viel bedeuten wie: „verändere diese unangenehme Situation") (Weinberg & Tronick, 1994; Yale et al., 1999). Wenn diese depressiven Signale von den Eltern beibehalten werden, können sie gravierende Auswirkungen auf die emotionale und soziale Entwicklung des Kindes haben (siehe auch den Kasten „Ausblick auf die Lebensspanne" auf der nächsten Seite). Wir stellen also fest, dass Mitte des ersten Lebensjahres der Emotionsausdruck bereits wohlorganisiert und spezifisch ist – und uns somit auch eine ganze Menge über den inneren Zustand des Kindes mitteilen kann.

Die drei Grundemotionen – Freude, Ärger und Furcht – sind die in der Forschung am meisten untersuchten Emotionen. In Tabelle 6.1 sehen Sie einen Überblick über die Veränderungen, denen diese Emotionen unterliegen. Das Kapitel wird sich auch noch mit anderen Emotionen beschäftigen.

■ Freude

Freude – anfangs nur sichtbar in einem glücklichen Lächeln und später ausgedrückt durch ein übersprudelndes Lachen – trägt zu vielen Aspekten der Entwicklung bei. Kleine Kinder lächeln und lachen, wenn sie sich neue Fähigkeiten erarbeiten und drücken dadurch ihr Vergnügen an der Bewältigung motorischer und emotionaler Aufgaben aus. Dieses Lächeln stellt auch eine Ermutigung für die Bezugspersonen dar, mit dem Kind liebevoll und angemessen stimulierend umzugehen, was wiederum beim Kind zu einem Lächeln führt. Freude und gemeinsam erlebtes Glück verbindet Eltern und Baby in einer warmherzigen, unterstützenden Beziehung, die sich positiv auswirkt auf die in Entwicklung begriffenen Fähigkeiten des Kindes. Die Freude geht in Stolz über, wenn ein Leistungsstandard erreicht wurde.

Während der ersten Lebenswochen lächelt das Neugeborene im Schlaf, wenn es satt ist und in Reaktion auf sanfte Berührung und Klänge, wie etwa ein Streicheln der Haut oder wenn die Mutter das Kind in ihren Armen wiegt und in einer ruhigen hohen Stimmlage mit ihm spricht. Gegen Ende des ersten Lebensmonats beginnt der Säugling zu lächeln, wenn er etwas entdeckt, das ihn interessiert, allerdings muss es sich dabei um etwas handeln, das sich bewegt und damit ins Auge sticht, z.B. ein buntes Objekt, das sich auf einmal in das Gesichtsfeld des Kindes bewegt. Im Alter von sechs bis zehn Wochen ruft das freundlich blickende menschliche Gesicht ein breites Lächeln hervor. Man nennt es das **soziale Lächeln** (Sroufe & Waters, 1976). Diese Veränderungen in der Art des Lächelns geschehen parallel zur Entwicklung der perzeptuellen Fähigkeiten des Kindes, insbesondere die zunehmende Sensibilität hinsichtlich visueller Muster, einschließlich des menschlichen Gesichtes (siehe auch Kapitel 4).

Das Lachen, das im Alter von etwa drei bis vier Monaten in Erscheinung tritt, lässt auf eine schnellere Informationsverarbeitung schließen als dies beim Lä-

Ausblick auf die Lebensspanne:
Mütterliche Depression und ihre Auswirkungen auf die Entwicklung des Kindes

Etwa 8 bis 10 % aller Frauen leiden unter chronischer Depression – Gefühle der Traurigkeit und des Rückzugs auf einer Skala von leicht bis sehr ausgeprägt, ein Zustand, der sich über Monate oder Jahre hinziehen kann. Auch kann der Beginn dieses emotionalen Zustandes nicht genau benannt werden; er gehört irgendwann einfach zum täglichen Leben dieses Menschen dazu. In anderen Fällen verfällt die Mutter nach der Geburt eines Kindes in einen depressiven Zustand oder eine schon bestehende Depression verstärkt sich. Auch wenn der Körper der Mutter sich mit der Zeit an die Hormonveränderungen angepasst hat und sie im Umgang mit ihrem Kind zuversichtlicher wird, bleibt die depressive Grundstimmung bestehen. Stella, eine junge Mutter, erlebte diese Art der depressiven Verstimmung. Man nennt sie auch *Postpartum-Depression*. Obwohl eine genetische Veranlagung zum Risiko einer depressiven Erkrankung beitragen kann, sind in Stellas Fall soziale und kulturelle Faktoren mitverantwortlich (Swendsen & Mazure, 2000).

Während ihrer Schwangerschaft bereitete ihr das mangelnde Interesse ihres Mannes Karl Sorgen und sie begann sich zu fragen, ob es nicht ein Fehler gewesen war, ein Kind zu bekommen. Kurz nach der Geburt von Lucia verschlechterte sich Stellas Gefühlszustand. Sie wurde unruhig, weinerlich und ängstlich, fühlte sich von Lucias Bedürfnissen überfordert und war verärgert, dass sie nicht länger die Kontrolle über ihren Tagesablauf hatte. Wenn sich Stella in ihrem Zustand an Karl wandte und ihn zur Rede stellte, warum er sich nicht mehr um das Kind kümmerte, reagierte er barsch und war der Meinung, sie würde auf alles, was ihn beträfe, überreagieren. Stellas Freunde, die keine Kinder hatten, zogen sich zurück und kamen nicht länger zu Besuch.

Eine Depression wirkt sich auf die Fähigkeit der Eltern, sich mit ihren Kindern zu beschäftigen, störend aus. Das kleine Kind versucht alles, um seine depressiv abgewendete Mutter zu einer Reaktion zu verleiten. Wenn ihre Nichtempfänglichkeit für die Signale ihres Kindes anhält, wird sich das Baby aller Wahrscheinlichkeit nach irritiert abwenden und weinen. Mit der Zeit wird diese Störung in der Beziehung zwischen Mutter und Kind zu schwerwiegenden emotionalen Problemen und zu Verhaltensstörungen führen.

Stellas depressiver Gefühlszustand wirkte sich schnell auch auf ihr Baby aus. In den Wochen nach der Geburt schlafen Säuglinge depressiver Mütter schlechter, bringen ihrer Umgebung weniger Aufmerksamkeit entgegen und zeigen allgemein einen erhöhten Pegel von Stresshormonen im Blut (Field, 1998). Je extremer die Depression und je größer die Anzahl der Stressoren im Leben der Mutter (wie etwa Ehestreitigkeiten, wenig oder völlig fehlende soziale Unterstützung oder Armut), desto mehr leidet auch die Eltern-Kind-Beziehung darunter (Goodman et al., 1993). Stella beispielsweise lächelte nur selten und sprach auch wenig mit Lucia. Das Kind reagierte auf den traurigen und distanzierten Blick der Mutter, indem es sich abwendete, weinte und oft auch selbst traurig oder ärgerlich schaute (Campbell, Cohn, & Meyers, 1995; Murray & Cooper, 1997). Jedes Mal, wenn sie dies bemerkte, fühlte sich Stella schuldig und unzulänglich und ihre Depression vertiefte sich. Im Alter von sechs Monaten zeigte ihr Kind emotionale Symptome, die häufig sind bei Babys depressiver Mütter – einen negativ gefärbten, irritablen Gefühlszustand sowie Bindungsschwierigkeiten (Martins & Gaffan, 2000).

Bei andauernder mütterlicher Depression verschlechtert sich die Eltern-Kind-Beziehung. Depressive Mütter sehen ihre Kinder meist negativer als dies bei unabhängigen Beobachtern der Fall ist (Hart, Field, & Roitfarb, 1999). Ihre Erziehungsmethoden sind inkonsistent, manchmal zu lasch und zu anderen Zeiten wird zu viel Zwang angewendet. Wie wir in späteren Kapiteln noch feststellen werden, kommt es bei Kindern, die unter den Auswirkungen solch schlecht abgestimmter Erziehungsmaßnahmen aufwachsen, später zu schwerwiegenden Anpassungsproblemen. Um der Gefühllosigkeit und fehlenden Sensibilität der Eltern zu entkommen, ziehen sich diese Kinder oft selbst in einen depressiven Gefühlszustand zurück. Oder sie imitieren die Wut der Eltern und werden impulsiv und zeigen antisoziales Verhalten (Conger, Patterson, & Ge, 1995; Murray et al., 1999).

Mit der Zeit führt diese Art von Umgang der Eltern mit ihrem Kind zu einer negativen Weltsicht. Das Kind wird nur wenig Selbstvertrauen entwickeln und seine Eltern wie auch andere Menschen als bedrohlich empfinden. Kinder, die sich fortwährend in Gefahr wähnen, reagieren in Stresssituationen eher mit einer Übererregung und verlieren die Kontrolle, wenn sie sich mit kognitiven und sozialen Herausforderungen auseinandersetzen müssen (Cummings & Davies, 1994). Obwohl Kinder depressiver Eltern die Neigung zu emotionalen Schwierigkeiten und Verhaltensproblemen mitbekommen können, so ist die Qualität der Erziehung einer der Hauptfaktoren bei der Anpassung des Kindes.

Eine möglichst frühe Behandlung der mütterlichen Depression ist absolut notwendig, um zu verhindern, dass die Erkrankung die Beziehung beeinträchtigt und zu Schädigungen in der Entwicklung des Kindes führt. Stella suchte einen Arzt auf und beschrieb ihm ihre Neigung zu weinen, ihre Mattigkeit und ihre Unfähigkeit, Lucia zu trösten. Der Arzt schlug ihr ein Programm vor, das depressiven Müttern und ihren Säuglingen Hilfe bietet. Ein Sozialarbeiter begann sich um die Familie zu kümmern, half Stella und Karl bei ihren Eheproblemen und ermutigte sie, mit Lucia sensibler und geduldiger umzugehen. Manchmal ist auch eine Medikation mit Antidepressiva angezeigt. In den meisten Fällen von Postpartum-Depression führt allerdings auch schon eine kurzzeitige Behandlung zum Erfolg (Steinberg & Bellavance, 1999). Wenn depressive Mütter Schwierigkeiten haben, sich auf eine Behandlung einzulassen, kann eine warme Beziehung zum Vater oder einer anderen Bezugsperson die Entwicklung des Kindes schützen und einen relativ normalen Verlauf mit sich bringen.

Tabelle 6.1

Meilensteine emotionaler Entwicklung während der ersten zwei Lebensjahre

Ungefähres Alter	Meilenstein
Geburt	Das Gefühlsleben des Säuglings besteht zum größten Teil aus zwei allumfassenden Erregungszuständen: einem Hingezogensein zu wohltuender Stimulation und einem Rückzug angesichts unangenehmer Stimulation.
2–3 Monate	Der Säugling lässt ein soziales Lächeln erkennen und erwidert die Gesichtsausdrücke des Erwachsenen in ähnlicher Weise.
3–4 Monate	Der Säugling beginnt bei ausgesprochen aktivierenden Hinweisreizen zu lachen.
6–8 Monate	Der Ausdruck von Primäremotionen ist gut organisiert und verändert sich bedeutungsvoll mit der jeweils vorherrschenden Situation. Der Säugling wird öfter ärgerlich und zeigt seine Wut in zunehmend breit gefächerten Situationen. Furcht, insbesondere Fremdenangst, beginnt sich zu zeigen. Eine Bindung zu dem Kind bekannten und vertrauten Bezugspersonen ist klar erkennbar und Trennungsangst tritt nun auf. Der Säugling benutzt die ihm vertraute Bezugsperson als eine sichere Basis für seine Explorationen.
8–12 Monate	Der Säugling nimmt Gesichtsausdrücke als organisierte Muster wahr und kann ihnen zunehmend Bedeutung verleihen. Die „soziale Bezugnahme" („social referencing", d.h. in Unsicherheits- oder Gefahrensituationen nimmt das Kleinkind Kontakt zur Bezugsperson auf, um mit ihr Affekt und Verhalten abzustimmen) beginnt sich zu entwickeln. Das Kind lacht jetzt auch über subtilere Elemente in Überraschungssituationen.
18–24 Monate	Komplexe soziale Emotionen wie Scham, Verlegenheit, Schuld und Stolz werden erkennbar. Der Sprachschatz rund um den Gefühlsausdruck erweitert sich sehr schnell und die emotionale Selbstregulation verbessert sich zunehmend. Das Krabbelkind beginnt zu entdecken, dass die emotionalen Reaktionen anderer Menschen sich von den eigenen unterscheiden können. Erste Anzeichen von Empathie (Einfühlung in andere Menschen) werden sichtbar.

cheln der Fall ist. Genau wie auch das Lächeln tritt das erste Lachen in Reaktion auf aktivierende Stimuli auf, etwa wenn die Eltern dem Kind spielerisch zurufen „Ich krieg´ dich schon noch!" und dabei den Bauch des Babys mit Küssen bedecken. Wenn das Kind seine Umwelt nach und nach besser zu verstehen lernt, wird es auch in Situationen lachen, in denen das Überraschungselement nicht so deutlich hervortritt. Im Alter von zehn Monaten kicherte Timmy, wenn Vanessa ein stilles Versteckspiel mit ihm spielte. Als er seinen ersten Geburtstag erreichte, lachte er lauthals, als er auf allen Vieren krabbelte, um dann wie ein Pinguin zu watscheln (Sroufe & Wunsch, 1972).

Mitte des ersten Lebensjahres lächeln und lachen Kinder mehr, wenn sie mit ihnen bekannten Menschen interagieren, eine Vorliebe, die sich verstärkend auf die Eltern-Kind-Bindung auswirkt. Wie auch Erwachsene haben zehn bis zwölf Monate alte Kinder verschiedene Arten des Lächelns zur Verfügung, die sie nach Kontext unterscheiden. Ein breites Lächeln mit hochgezogenen Wangen zeigt sich in Reaktion auf eine Begrüßung der Eltern, ein zurückhaltendes, stilles Lächeln in Reaktion auf einen freundlichen fremden Menschen und ein Lächeln mit offenem Mund während eines anregenden Spieles (Dickson, Fogel, & Messinger, 1998).

■ Angst und Furcht

Neugeborene Babys reagieren mit einer generalisierten Stressreaktion auf eine Vielfalt unangenehmer Erlebnisse, einschließlich Hunger, schmerzhaften medizinischen Prozeduren, Veränderungen in der Körpertemperatur und zu wenig oder zu viel Stimulation. Im Alter von vier bis sechs Monaten bis hinein in das zweite Lebensjahr nimmt der Ausdruck von Ärger sowohl in seiner Frequenz als auch in seiner Intensität zu. Ältere Babys zeigen zudem ihren Ärger in einem weiteren Spektrum von Situationen – zum Beispiel wenn man ihnen ein Spielzeug wegnimmt, die Bezugsperson für kurze Zeit den Raum verlässt oder wenn man sie zum Schlafen in ihr Bett legt (Camras et al., 1992; Stenberg & Campos, 1990).

Wie der Ärger beginnt sich auch die Furcht in der zweiten Hälfte des ersten Lebensjahres zu zeigen. Etwas ältere Kleinkinder zögern oft, bevor sie beginnen, sich mit einem neuen Spielzeug zu beschäftigen, und Kinder, die gerade begonnen haben zu krabbeln, lassen bald Höhenangst erkennen (siehe Kapitel 4). Der am häufigsten vorkommende Ausdruck von Furcht ist allerdings die Angst vor unbekannten Erwachsenen, eine Reaktion, die sich **Fremdenangst** nennt. Viele Säuglinge und Kleinkinder sind im Umgang mit Fremden recht misstrauisch, obwohl diese Reaktion sich nicht grundsätzlich zeigt. Abhängig ist sie von verschiedenen Faktoren: vom Temperament des Kindes (manche Babys sind grundsätzlich ängstlicher), vorangegangenen Erfahrungen mit Fremden und der augenblicklichen Situation (Thompson & Limber, 1991). Wenn ein dem Kind unbekannter Erwachsener versucht, das Kind auf den Arm zu nehmen, und dies zudem auch noch in einer anderen fremden Umgebung geschieht, ist ein Fremdeln sehr wahrscheinlich. Wenn aber der Erwachsene sich ruhig verhält, während das Baby im Beisein der Eltern seine Umgebung exploriert, wird das Kind zumeist ein positives und neugieriges Verhalten an den Tag legen (Horner, 1980). Der Interaktionsstil des Fremden – indem er Wärme ausdrückt, ein attraktives Spielzeug in der Hand hält, ein dem Kind bekanntes Spiel einleitet und sich dem Kind langsam und nicht abrupt nähert – wird die ängstliche Reaktion des Kindes mindern.

Dieses einjährige Mädchen lässt Fremdenangst erkennen. Diese Angst nimmt in der zweiten Hälfte des ersten Lebensjahres noch zu. Wenn das Kind seine Umgebung selbstständig zu erkunden beginnt, hat diese Art von Angst einen adaptiven Wert, da sie dafür sorgt, dass das Kind in der Nähe der Eltern bleibt und somit vor Gefahren geschützt ist.

Warum nehmen ärgerliche und ängstliche Reaktionen mit zunehmendem Alter zu? Forscher sind der Meinung, dass diese Emotionen einen Überlebenswert haben, wenn das Baby beginnt, sich allein fortzubewegen. Ältere Kleinkinder können die durch den Ärger mobilisierten Energien dazu verwenden, sich zu verteidigen oder Hürden zu überwinden (Izard & Ackerman, 2000). Und es ist auch die Furcht, die den Enthusiasmus des Kindes nach Exploration unter Kontrolle hält und es wahrscheinlicher macht, dass das Kind in der Nähe der Eltern bleibt und gegenüber fremden Menschen und Objekten ein gesundes Misstrauen zeigt. Ärger und Furcht sind außerdem starke soziale Signale, die die Bezugspersonen motivieren, ein bedürftiges Kleinkind zu trösten.

Die kognitive Entwicklung spielt eine wichtige Rolle bei den ärgerlichen und ängstlichen Reaktionen des Kleinkindes wie auch beim Ausdruck von Freude. Im Alter von acht bis zwölf Monaten, wenn (wie Piaget erklärte) Babys mit dem intenationalen Verhalten beginnen, gewinnen sie auch nach und nach ein besseres Verständnis für die Ursachen ihrer Frustrationen und wissen, auf wen sich ihr Ärger richtet. Die Angst entsteht bei älteren Kleinkindern durch die Konfrontation mit unbekannten Situationen. Eine Situation als unbekannt zu bewerten, erfordert das Erinnern an erlebte Situationen, eine Gedächtnisleistung, die erst entwickelt werden muss. Schließlich ist es auch die Kultur, die solche Emotionen durch die verschiedenartigen Erziehungsmethoden modifizieren kann. Die Todesrate ist bei den Efe, einem Volk von Jägern und Sammlern in der Demokratischen Republik Kongo, sehr hoch. Um das Überleben der Kinder zu sichern, gibt es bei den Efe ein kollektives Betreuungssystem, in dem Babys von einem Erwachsenen zum anderen weitergegeben werden. Infolgedessen zeigen diese Kinder kaum Fremdenangst (Tronick, Morelli, & Ivey, 1992). Im Gegensatz dazu hat das Leben in Kibbutzim in Israel (kooperative landwirtschaftliche Siedlungen), isolierte Gemeinschaften, die ständig in der Gefahr schweben von Terroristen angegriffen zu werden, zu einem weit verbreiteten Misstrauen gegenüber Fremden geführt. Gegen Ende des ersten Lebensjahres, wenn Kinder sich ihren Bezugspersonen zuwenden, um ihren Hinweisen zu folgen, wie sie emotional reagieren sollen, lassen im Kibbutz aufgewachsene Kinder wesentlich mehr Fremdenangst erkennen als ihre in der Stadt aufgewachsenen Altersgenossen (Saarni, Mumme, & Campos, 1998).

6.2.2 Die Emotionen anderer Menschen verstehen und angemessen darauf reagieren

Der emotionale Ausdruck kleiner Kinder ist eng mit ihrer Fähigkeit verknüpft, die emotionalen Hinweisreize (cues) bei anderen zu erkennen. Wir konnten schon feststellen, dass Kinder sich in den ersten Monaten bereits auf den Gefühlszustand ihrer Bezugspersonen in der Interaktion von Angesicht zu Angesicht einstellen und angemessen darauf reagieren. Schon früh gelingt es dem kleinen Kind, die Emotionen seines Gegenübers durch den zum größten Teil automatisch ablaufenden Prozess der *emotionalen Ansteckung* zu erkennen, genauso wie wir dazu neigen Freude oder Traurigkeit zu empfinden, wenn wir diese Emotionen im anderen spüren.

Im Alter von sieben bis zehn Monaten kann das Kind Gesichtsausdrücke als organisierte Muster wahrnehmen. Es kann die Emotion in einer Stimme mit dem betreffenden Gesicht der sprechenden Person in Einklang bringen (siehe Kapitel 4). Das Reagieren auf emotionalen Ausdruck als einem organisierten Ganzen weist darauf hin, dass diese Signale für das Baby eine Bedeutung haben. Wenn sich die Fähigkeit, herauszufinden, was der andere gerade sieht und worauf er reagiert, weiter verbessert, beginnt das Kind zu verstehen, dass Gefühlsausdruck nicht nur eine Bedeutung hat, sondern dass er auch eine bedeutungsvolle Reaktion auf ein spezifisches Objekt oder ein bestimmtes Ereignis ist (Moses et al., 2001; Tomasello, 1999a).

Wenn ein Verständnis dieser Bedeutungen einmal erreicht ist, beginnt das Kind sich der so genannten **sozialen Bezugnahme** (social referencing) zu bedienen, einem Prozess, durch den das Kind sich in einer unsicheren Situation aktiv emotionale und bewertende Informationen von einer ihm vertrauten Bezugsperson holt. Viele Untersuchungen zeigen, dass der Emotionsausdruck der Bezugsperson (freudig, ärgerlich oder ängstlich) einen Einfluss darauf hat, ob ein einjähriges Kind misstrauisch gegenüber Fremden ist, mit unbekannten Spielsachen spielt oder in einer Untersuchungsanordnung die tiefe Seite einer visuellen Klippe überquert (Repacholi, 1998; Sorce et al., 1985; Striano & Rochat, 2000).

Diese soziale Rückversicherung ist für Säuglinge und kleine Kinder ein wirkungsvolles Werkzeug, um Neues zu lernen. Indem es sich auf die emotionalen

Botschaften der Bezugsperson bezieht, kann es gefährliche Situationen vermeiden, wie etwa einen Schlag aus einer Steckdose oder eine steile Treppe hinunterzufallen. Die Situation kann vermieden werden, ohne zuerst unangenehme Konsequenzen erleben zu müssen. Die Eltern können sich diese soziale Bezugnahme auch zunutze machen, um ihrem kleinen Kind – dessen Kapazitäten, seine Umwelt zu explorieren, sich rasch erweitern – beizubringen, wie es auf die vielen neuen Erfahrungen reagieren kann. Dieser Prozess erlaubt es dem kleinen Kind auch, seine eigenen Annahmen hinsichtlich dessen, was sich in einer Situation abspielt, mit den Einschätzungen anderer zu vergleichen. Etwa in der Mitte des zweiten Lebensjahres kommt das Kind schon sehr gut mit der Tatsache zurecht, dass die emotionalen Reaktionen anderer sich von seinen eigenen unterscheiden können (Repacholi & Gopnik, 1997).

Selbstbezogene Emotionen beginnen Ende des zweiten Lebensjahres aufzutauchen. Dieses zweijährige Mädchen in Guatemala ist zweifellos stolz darauf, ihrer Großmutter helfen zu dürfen – einer Aktivität, die in ihrer Kultur eine hohe Wertschätzung genießt.

Zusammenfassend lässt sich feststellen, dass das Kind beim Übergang von der Säuglingszeit zum Kleinkindalter nicht mehr nur auf die Botschaften anderer reagiert. Die ausgesandten Signale anderer werden nun verwendet, um sich in die inneren Zustände anderer Menschen einzufühlen und ihre Vorlieben und Absichten zu erkennen und daraufhin die eigenen Handlungen zu steuern. Eine gute Zusammenfassung der Entwicklung emotionaler Kompetenz vom Säugling bis ins Schulalter in deutscher Sprache und unter Berücksichtigung deutschsprachiger Veröffentlichung ist neu von Petermann und Wiedebusch erschienen (2003).

6.2.3 Das Auftauchen komplexer Emotionen

Abgesehen von den Grundemotionen ist der Mensch auch noch zu „gemischten" Gefühlen fähig. Es sind dies Scham, Verlegenheit, Schuld, Neid und Stolz. Diese werden als **selbstbezogene Emotionen** bezeichnet, da sie entweder bei einer Verletzung oder einer Steigerung des Selbstgefühls auftreten. So fühlen wir uns zum Beispiel, wenn wir uns schämen oder in Verlegenheit geraten, wegen bestimmter ausgeübter Handlungen nicht wohl und möchten uns zurückziehen, so dass andere unseren Fehler nicht länger bemerken. Im Gegensatz dazu ist der Stolz eine Reflexion der eigenen Freude an dem, was man erreicht hat. Die meisten von uns neigen dazu, anderen von den eigenen Erfolgen zu erzählen (Saarni, Mumme, & Campos, 1998).

Diese gemischten Emotionen beginnen sich in der Mitte des zweiten Lebensjahres zu zeigen, zu einer Zeit in der das Kind auch sein Selbstgefühl entwickelt. Scham und Verlegenheit kann man bei 18 bis 24 Monate alten Kinder daran erkennen, dass sie ihre Augen niederschlagen, ihren Kopf hängen lassen und ihr Gesicht mit den Händen bedecken. Auch Reaktionen, die Schuldgefühlen ähneln, kann man feststellen. Ein 22 Monate altes Mädchen gab einen Spielkameraden ein Spielzeug zurück, das es sich ergattert hatte, und klopfte ihrem ärgerlichen Kameraden freundlich den Rücken. Auch Stolz beginnt in etwa zu dieser Zeit aufzutauchen und Neid zeigt sich im Alter von drei Jahren (Barrett, 1998; Lewis et al., 1989).

Abgesehen von der Selbstwahrnehmung muss für gemischte Emotionen noch eine weitere Bedingung gegeben sein: die Anleitung der Eltern dazu, *wann* bzw. *in welcher Situation* das Kind stolz sein sollte, in Verlegenheit geraten oder Schuldgefühle haben sollte. Eltern beginnen diese Art der Instruktion schon sehr früh, wenn sie sagen: „Sieh mal, wie weit du den Ball schon werfen kannst!" oder „Du solltest dich schämen, ihm einfach das Spielzeug wegzunehmen!".

Diese Ausführungen weisen daraufhin, dass die gemischten Emotionen eine wichtige Rolle im ethischen Verhalten des Kindes und im Verhalten in Zusammenhang mit Erfolgserlebnissen spielen. Die Situationen, in denen Erwachsene diese Gefühle ermutigen, variieren von Kultur zu Kultur. In den meisten Teilen der Vereinigten Staaten wird Kindern beigebracht, auf persönliche Erfolge stolz zu sein – derjenige oder diejenige zu sein, die den Ball am weitesten wirft, das Gewinnen eines Spieles und (später) die guten Noten, die man mit nach Hause bringt. Unter den Zuni-Indianern stellen Scham und Verlegenheit Reaktionen auf die eigenen Erfolge dar, während Stolz hervorgerufen wird von Freigiebigkeit, Hilfsbereitschaft und dem Teilen mit anderen Menschen (Benedict, 1934). In Japan ist die fehlende Sorge für andere – einen Elternteil, einen Lehrer oder einen Arbeitgeber – der Grund für tiefe Scham (Lewis, 1992).

6.2.4 Die Anfänge der emotionalen Selbstregulation

Ganz abgesehen davon, dass das Kind nun eine größere Vielfalt von Emotionen ausdrücken kann, beginnt es außerdem, mit seinen emotionalen Erfahrungen umzugehen. Die Strategien, die wir anwenden, um unseren emotionalen Zustand auf ein angenehmes Maß an Intensität zu bringen, damit wir unsere Ziele erreichen können, bezeichnet man als **emotionale Selbstregulation** (Eisenberg et al., 1995; Thompson, 1994). Wenn Sie heute morgen eine Tasse Kaffee getrunken haben, um wach zu werden, sich daran erinnert haben, dass eine ängstigende Situation schnell vorüber sein wird, oder Sie sich entschieden haben, sich diesen schrecklichen Horrorfilm nicht anzusehen, dann waren all dies Situationen, in denen Sie Selbstregulation angewandt haben. Wenn während der ersten beiden Lebensjahre eine gute Grundlage für die Selbstregulation gelegt worden ist, trägt dies weitgehend zur Autonomieentwicklung bei und ist eine Hilfe für das Meistern der notwendigen kognitiven und sozialen Fertigkeiten (Crockenberg & Leerkes, 2000).

In den frühen Lebensmonaten hat der Säugling lediglich eingeschränkte Fähigkeiten, seine Gefühlszustände zu regulieren. Obwohl er sich von unangenehmer Stimulation abwenden und zu saugen beginnen kann, wenn die erlebten Gefühle eine zu große Intensität erreichen, so kann er doch noch sehr leicht von seinen Gefühlen überwältigt werden. Hier ist das Kind abhängig von den beruhigenden Interventionen seiner Bezugspersonen, indem sie das Baby auf den Arm nehmen, es an die Schulter legen, es wiegen und in sanften, beruhigenden Worten mit ihm sprechen.

Eine schnelle Entwicklung des zerebralen Kortex lässt die Toleranz des Kindes für Stimulation zunehmen. Im Alter von zwei bis vier Monaten bauen seine Bezugspersonen auf dieser Fähigkeit auf und initiieren Spiele von Angesicht zu Angesicht und lenken die Aufmerksamkeit des Kindes auf neue Objekte in seinem Umfeld. Während dieser Interaktionen rufen die Eltern in ihrem Baby lustvolle Gefühle hervor, achten aber gleichzeitig darauf, ihr eigenes Verhalten und die Intensität ihrer Interaktion auf das Kind abzustimmen, so dass es davon nicht überwältigt wird und unter Stress gerät. Dadurch wird die Toleranz des Kindes für Stimulation zunehmend erweitert (Field, 1994). Wenn das Kind vier Monate alt ist, ist ihm die Fähigkeit, sich abzulenken, bei der Kontrolle seiner Emotionen hilfreich. Die Babys, die eher bereit sind, sich bei unangenehmen Ereignissen abzuwenden, geraten weniger in innere Anspannungszustände (Axia, Bonichini, & Benini, 1999). Gegen Ende des ersten Lebensjahres ist es dann die Fähigkeit zu krabbeln und zu gehen, die das Kind befähigen, seine Affekte zu regulieren, indem es sich der gegebenen Situation nähert oder sich davor zurückzieht.

Wenn die Bezugspersonen des Kindes ihm bei der Affektregulierung helfen, unterstützen sie das Kind, eine eigene Art und Weise zu entwickeln, die eigenen Gefühlszustände zu regulieren. Eltern, die die Hinweisreize (cues) ihres Kindes richtig erkennen und emphatisch darauf reagieren, haben zumeist Kinder, die nicht so leicht in Erregung geraten, sich leichter beruhigen lassen und mehr Interesse daran haben, ihre Umgebung zu erkunden. Im Gegensatz dazu verstärken Eltern das rasche Ansteigen eines intensiven Stresszustandes in ihrem Kind, wenn sie so lange warten, bis das Kind sich in einem äußerst angespannten Erregungszustand befindet, ehe sie eingreifen. (Eisenberg, Cumberland, & Spinrad, 1998). Wenn es den Bezugspersonen des Kindes nicht gelingt, die stressreichen Erlebnisse für das Kind in einem Alter zu regulieren, indem es dies noch nicht selbst kann, werden sich die Strukturen im Gehirn, die als Puffer gegen Stress dienen, nur unzureichend entwickeln können und das Kind wird ein reaktives, ängstliches Temperament entwickeln (Nelson & Bosquet, 2000).

Bezugspersonen bringen ihrem Kind außerdem bei, wie die Gesellschaft, in der die Familie lebt, Emotionen angemessen ausdrückt. Schon in den ersten Lebensmonaten ermutigen die Eltern ihre Kinder, negative Emotionen zu unterdrücken, indem sie oft den Ausdruck von Interesse, Freude und Überraschung imitieren, aber nur selten den Ausdruck von Ärger und Traurigkeit. Jungen wird dies noch intensiver beigebracht als Mädchen. Ein Grund dafür ist wohl die Tatsache, dass es Jungen schwerer zu fallen scheint, negative Emotionen zu regulieren. Die Folge davon sind die altbekannten Geschlechtsunterschiede – Frauen als emotional ausdrucksstark und Männer emotional kontrolliert. So werden Unterschiede in der Emotionsregulation schon in jungem Alter gefördert (Malatesta et al., 1986; Weinberg et al., 1999). Zudem liegt in kollektivistischen Kulturen die Betonung zumeist auf korrektem, angepasstem, emotionalem Verhalten. Verglichen mit Nordamerikanern ermutigen japanische und chinesische Erwachsene den Ausdruck starker Emotionen bei ihren Kindern (Fogel, 1993; Kuchner, 1989). Zu Ende des ersten Lebensjahrs lächeln chinesische und japanische Kindern mehr und weinen weniger, als dies bei ihren amerikanischen Altersgenossen der Fall ist (Camras et al., 1998).

Im zweiten Lebensjahr führt die Entwicklung innerer Repräsentationen und die Zunahme an Vokabular dazu, dass Emotionen auf neue Art und Weise reguliert werden können. Nach dem 18. Lebensmonat entwickelt sich das Vokabular bezüglich der für Gefühle gebrauchten Wörter wie „glücklich", „Liebe", „überrascht", „schrecklich", „eklig" und „wütend" rasend schnell (Bretherton et al., 1986). Kinder diesen Alters gelingt es dann noch nicht so gut, die Sprache zur Selbstberuhigung zu verwenden (Grolnick, Bridges, & Connell, 1996). Wenn sie aber einmal ihre inneren Zustände beschreiben können, ist es ihnen möglich, ihren Bezugspersonen mitzuteilen, wie diese ihnen helfen können. So brachte beispielsweise Anna weinerlich zum Ausdruck, dass sie sich ängstigte, als ihre Mutter ihr eine Monstergeschichte vorlas, indem sie sagte: „Mami, hab Angst!" Monika tat das Richtige: sie legte das Buch zur Seite und nahm Anna beruhigend in den Arm.

Prüfen Sie sich selbst ...

Rückblick
Warum lassen viele Kinder in der zweiten Hälfte des ersten Lebensjahres Fremdenangst erkennen? Welche Faktoren können das Misstrauen gegenüber Fremden verstärken? Welche Faktoren sind es, die die Angst des Kindes mindern können?

Anwendung
Dana plant, ihre zehn Monate alte Nichte Laura das erste Mal zu sehen. Was für eine Reaktion sollte Dana von Laura erwarten? Was würden Sie Dana raten, wie sie sich verhalten könnte, um eine möglichst gute Beziehung zu Laura aufzubauen?

Anwendung
Im Alter von 14 Monaten tanzte Timmy fröhlich zu der Melodie eines lustigen Lieds, während mehrere Erwachsene und Kinder zusahen. Als er 20 Monate alt war, hörte er nach einigen Hopsern auf zu tanzen und verbarg sein Gesicht in den Händen. Wie lässt sich diese Veränderung in Timmys Verhalten erklären?

Zusammenhänge
Inwieweit gelingt Babys depressiver Mütter die Entwicklung emotionaler Selbstregulation? (siehe Seite 238) Welche Auswirkungen hat die Fähigkeit zur Selbstregulation auf ihre Fähigkeit zum Umgang mit kognitiven und sozialen Herausforderungen?

6.3 Temperament und Entwicklung

Bereits in früher Kindheit konnte man bei Kathrin, Anna und Timmy verschiedene ihnen eigene Reaktionsmuster erkennen. Kathrins Geselligkeit war nicht zu übersehen. Sie lächelte und lachte bei ihren Interaktionen mit Erwachsenen und hatte im zweiten Lebensjahr keine Schwierigkeiten, auf andere Kinder zuzugehen. Monika hingegen staunte über die ruhige und entspannte Disposition ihrer Tochter Anna. Mit 19 Monaten saß sie während einer zweistündigen Familienfeier in einem Restaurant zufrieden in ihrem Hochstuhl. Im Gegensatz dazu war Timmy ein aktives und leicht ablenkbares Kind. Ständig lief Vanessa hinter ihm her, während er ein Spielzeug hinunterwarf, das nächste haben wollte und auf Stühlen und Tischen herumkletterte.

Wenn wir einen Menschen als fröhlich und „gut aufgelegt" bezeichnen, einen anderen als aktiv und energetisch und wieder andere als ruhig, vorsichtig oder zu Wutausbrüchen neigend, so beziehen wir uns auf das **Temperament** dieser Person – stabile individuelle Unterschiede hinsichtlich der Qualität und Intensität emotionaler Reaktionen, des Aktivierungsniveaus der *Aufmerksamkeit* und der emotionalen Selbstregulation (Rothbart & Bates, 1998). Die Forschung interessierte sich zunehmend für die Unterschiede im Temperament von Kindern, da man der Meinung ist, dass die Persönlichkeitseigenschaften, die das Temperament eines Menschen ausmachen, die Grundlage bilden für die Persönlichkeit des Erwachsenen und wahrscheinlich angeboren sind.

Die New Yorker Längsschnittstudie, die im Jahre 1956 von Alexander Thomas und Stella Chess begonnen wurde, ist bis zum heutigen Tage die längste und umfangreichste Untersuchung zu Temperamentsdimensionen. Insgesamt 141 Kinder wurden von frühester Kindheit bis weit in das Erwachsenenalter begleitet. Die Ergebnisse zeigten, dass das Temperament eines Kindes die Wahrscheinlichkeit psychischer Probleme vergrößert oder alternativ dazu dem Kind Schutz bietet vor den Auswirkungen eines stressreichen Familienlebens. Thomas and Chess (1977) fanden allerdings auch heraus, dass der Erziehungsstil der Eltern den Umgang des Kindes mit Emotionen deutlich modifizieren kann.

Diese Erkenntnisse regen bis heute Forschungen über das Temperament und seine Dimensionen an; weiterhin wurde die Frage nach der Stabilität und den biologischen Wurzeln des Temperamentes sowie nach den Zusammenhängen mit Erziehungserfahrungen im Elternhaus gestellt. Diese Fragen sollen nun angegangen werden, indem die Struktur bzw. die Dimensionen von Temperament näher analysiert werden. Dann ist es auch wichtig herauszufinden, wie diese Dimensionen gemessen werden können.

6.3.1 Die Struktur des Temperaments

Die neun Dimensionen, die Thomas und Chess unterscheiden – aufgelistet in Tabelle 6.2 –, stellen das erste einflussreiche Modell des Temperaments dar; es beeinflusste alle folgenden Modelle. Als man detaillierte Beschreibungen des Verhaltens von Säuglingen und Kindern aus Interviews mit den Eltern erhob und diese nach verschiedenen Dimensionen auswertete, ergaben sich charakteristische Cluster, auf Grund derer die Kinder in drei verschiedene Temperamentstypen unterteilt werden konnten:

- Das **einfache, „pflegeleichte" Kind** (40 % der Stichprobe) entwickelt relativ rasch regelmäßige Routinen in der frühen Kindheit und ist zumeist fröhlich. Die Anpassung an neue Situationen fällt ihm leicht.

- Das **schwierige Kind** (10 % der Stichprobe) lässt Unregelmäßigkeiten in seiner täglichen Routine erkennen, akzeptiert neue Erfahrungen nur langsam und neigt dazu, negativ und mit übermäßiger Intensität zu reagieren.

- Das **Kind, das nur langsam aktiv wird** (15 % der Stichprobe), zeigt wenig Aktivität, lässt undeutliche, wenig intensive Reaktionen auf Umweltstimuli erkennen. Seine emotionale Disposition ist eher negativ und die Anpassung an neue Situationen und Erfahrungen gelingt nur langsam.

Zu beachten ist hier, dass 35 % der Kinder in keine dieser Kategorien passten. Diese Kinder zeigten eine ganz besondere, ihnen eigene Mischung von Temperamentsmerkmalen.

Von diesen drei Typen hat das schwierige Temperament bislang das meiste Interesse gefunden, da in dieser Kategorie Hochrisikokinder zu finden sind mit verschiedensten Anpassungsproblemen – sie zeigen sowohl die Neigung zum ängstlichen Rückzug als auch aggressive Verhaltensweisen in der frühen bis mittleren Kindheit (Bates, Wachs, & Emde, 1994; Thomas, Chess, & Birch, 1968). Im Vergleich zu den schwierigen Kindern sind bei den nur langsam aktiv werdenden Kindern in den frühen Lebensjahren weniger Probleme zu erkennen. Trotzdem neigen auch sie zu übermäßiger Ängstlichkeit und einem langsamen, eingeschränkten Verhalten in den späten Kindergartenjahren und zu Anfang der Schulzeit, einer Zeit, in der von ihnen erwartet wird, dass sie sowohl im Klassenzimmer als auch in ihrer Peergruppe aktiv und schnell reagieren (Chess & Thomas, 1984; Schmitz et al., 1999).

Eine zweite Modellvorstellung von Temperament, entwickelt von Mary Rothbart (1981), finden Sie ebenfalls in Tabelle Table 6.2. Dieses Modell kombiniert die sich überschneidenden Dimensionen von Thomas und Chess und anderen Forschern. So werden beispielsweise die Kategorien „Ablenkbarkeit" und „Aufmerksamkeitsspanne und Beharrlichkeit" als gegenüberliegende Pole ein und derselben Dimension betrachtet, und zu „Aufmerksamkeitsspanne/Beharrlichkeit" zusammengefasst. Dieses Modell beinhaltet zusätzlich eine Dimension, die bei Thomas und Chess nicht zu finden ist – „Irritabilität" –, die mit der emotionalen Selbstregulation zu tun hat. Zudem werden allzu breit gefasste Dimensionen, wie „Rhythmus", „Reaktionsintensität" und „Reaktionsschwelle" weggelassen (Rothbart, Ahadi, & Evans, 2000). Ein Kind, das seinen Rhythmus hinsichtlich

Tabelle 6.2

Zwei verschiedene Modellvorstellungen von Temperament

Thomas and Chess		Rothbart	
Dimension	Beschreibung	Dimension	Beschreibung
Aktivitätsniveau	Verhältnis aktiver Perioden zu inaktiven Perioden	Aktivitätsniveau	Ausmaß an Aktivität der Grobmotorik
Rhythmizität	Regelmäßigkeit der Körperfunktionen im Schlaf-Wach-Rhythmus, im Hungrigwerden und in den Ausscheidungen	Beruhigbarkeit	Abnahme von diffusem Unbehagen, Irritabilität und Weinen in Reaktion auf beruhigende Handlungen der Bezugspersonen
Ablenkbarkeit	Ausmaß, zu dem Stimulation aus der Umwelt das Verhalten verändert – beispielsweise, ob das Weinen aufhört, wenn ein Spielzeug angeboten wird	Aufmerksamkeitsspanne/Beharrlichkeit	Dauer der Orientierung oder des Interesses
Annäherung/Rückzug	Reaktionen auf ein neues Objekt, ein neues Nahrungsmittel oder eine unbekannte Person	Ängstliches Unbehagen	Misstrauen und Unbehagen als Reaktion auf intensive oder neue Stimuli sowie erhöhter Zeitbedarf für eine Anpassung an neue Situationen
Adaptibilität	Leichtigkeit, mit der das Kind sich an Veränderungen in seiner Umwelt anpasst, etwa Schlafen oder Essen an einem ihm unbekannten Ort	Irritabilität	Ausmaß an diffusem Unbehagen, Weinen und Irritabilität, wenn den Wünschen des Kindes nicht entsprochen wird
Aufmerksamkeitsspanne und Beharrlichkeit	Ausmaß an Zeit, die auf eine Aktivität verwendet wird, etwa das Betrachten eines Mobile oder das Spielen mit einem Spielzeug	Positive Gefühlsdisposition	Häufigkeit des Ausdrucks von Freude und Vergnügen
Reaktionsintensität	Das Energieniveau bei Reaktionen, etwa Lachen, Weinen oder der grobmotorischen Aktivität		
Reaktionsschwelle	Intensität der Stimulation, die notwendig ist, eine Reaktion hervorzurufen		
Qualität der Gestimmtheit	Ausmaß an freundlichem, fröhlichem Verhalten im Gegensatz zu unfreundlichem und unangenehmem Verhalten		

Quellen: Linke Seite: Thomas & Chess, 1977. Rechte Seite: Rothbart, 1981; Rothbart, Ahadi, & Evans, 2000.

seiner Schlafgewohnheiten gefunden hat, muss ihn nicht unbedingt auch beim Essen oder bei seinen Ausscheidungen gefunden haben; und ein Kind, das schnell bereit ist zu lächeln und zu lachen und dies auch mit einiger Intensität tut, muss noch lange nicht schnell und intensiv zu Angstreaktionen oder zu Irritabilität neigen. Im Großen und Ganzen ergeben die in Tabelle 6.2 gezeigten Merkmale ein relativ komplettes Bild der das Temperament ausmachenden Persönlichkeitseigenschaften, zumindest derjenigen, die am häufigsten untersucht worden sind.

6.3.2 Erfassen von Temperament

Das Temperament des Kindes wird zumeist beurteilt durch Interviews mit den Eltern oder Fragebögen, die man die Eltern ausfüllen lässt. Verhaltensbeurteilungen von Kinderärzten, Lehrern und anderen Personen, die das Kind gut kennen, wie auch direkte Beobachtung durch Wissenschaftler sind andere Methoden, die hier angewendet worden sind. Das meiste Gewicht haben Berichte der Eltern, da sie ausgesprochen praktisch sind und diese ihr Kind auch am besten kennen und beurteilen können. Gleichzeitig werden diese Informationen allerdings auch als voreingenommen und subjektiv betrachtet. Dennoch hängen elterliche Beurteilungen mit den Beobachtungen zum Verhalten des Kindes in gewissem Maß zusammen (Mangelsdorf, Schoppe, & Buur, 2000). Die Wahrnehmungen der Eltern sind darüber hinaus nützlich, um zu einem Verständnis zu gelangen, wie sie ihr Kind beurteilen und auf es reagieren.

Für die Exploration der biologischen Grundlagen des Temperaments werden in der Wissenschaft physiologische Erfassungsmethoden angewendet. Die meisten Bemühungen konzentrierten sich bislang auf das **gehemmte oder schüchterne Kind,** das auf neue, ihm unbekannte Stimuli negative Reaktionen zeigt (ähnlich wie die nur langsam aktiv werdenden Kinder von Thomas and Chess) und auf **ungehemmte oder gesellige Kinder,** die auf neue Stimuli positiv reagieren und sich diesen annähern. Wie der Kasten „Biologie und Umwelt" auf den folgenden Seiten zeigt, erlaubt die Herzfrequenz, das Hormonniveau sowie die Aufzeichnungen der Hirnstromkurven aus der frontalen Region des zerebralen Kortex, Kinder mit gehemmtem von Kindern mit ungehemmtem Temperament zu unterscheiden.

6.3.3 Stabilität des Temperaments

Es wäre schwierig, die Behauptung aufzustellen, dass so etwas wie Temperament wirklich existiert, wenn der emotionale Stil des Kindes nicht über lange Zeit stabil bliebe. In der Tat belegen viele Studien eine langfristige Stabilität von Temperament. Säuglinge und kleine Kinder, die hohe Werte in ihrer Aufmerksamkeitsspanne, Irritabilität, Soziabilität oder Schüchternheit erreichen, werden aller Wahrscheinlichkeit nach ähnlich reagieren, wenn man sie einige Jahre später und sogar noch bis hinein ins Erwachsenenalter erneut beurteilt (Caspi & Silva, 1995; Kochanska & Radke-Yarrow, 1992; Pedlow et al., 1993; Rothbart, Ahadi, & Evans, 2000; Ruff & Rothbart, 1996).

Wenn diese Ergebnisse in ihrer Gesamtheit sorgfältig ausgewertet werden, zeigt sich jedoch, dass eine Stabilität des Temperaments von einer Altersperiode zur nächsten zumeist nur niedrige bis mittlere Werte erreicht (Putnam, Samson, & Rothbart, 2000). Obwohl eine Anzahl an Kindern keine Veränderungen zeigte, waren dennoch bei einer ganzen Reihe von ihnen bei einer erneuten Beurteilung Veränderungen festzustellen. In der Tat sind einige Charakteristika, etwa Schüchternheit und Soziabilität, langfristig nur bei Kindern stabil, die diese in ihren Extremen zeigen – bei Kindern also, die von Anfang an entweder ausgesprochen gehemmt oder sehr extravertiert waren (Kagan & Saudino, 2001; Woodward et al., 2000).

Wie kommt es, dass das Temperament nicht mehr Stabilität aufweist? Ein Hauptgrund hier ist wohl, dass sich Temperament mit zunehmendem Alter weiterentwickelt. Um das zu illustrieren, werden die Irritabilität und das Aktivitätsniveau genauer betrachtet. Aus Kapitel 3 ist bekannt, dass die frühen Lebensmonate für die meisten Babys eine Zeit der immer wiederkehrenden Erregung und des Weinens sind. Wenn die Kinder dann mit der Zeit ihre Aufmerksamkeit und ihre Emotionen besser regulieren gelernt haben, werden viele von ihnen, die zuvor leicht irritiert schienen, ruhiger und zufriedener. Im Falle des Aktivitätsniveaus verändert sich die Bedeutung des Verhaltens. Zu Anfang neigt der aktive, strampelnde Säugling dazu, schnell in Erregung zu geraten und sich dabei unwohl zu fühlen, während das inaktive Baby oft aufgeweckt und aufmerksam ist. Wenn die Kinder dann beginnen, sich allein fortzubewegen, trifft das genaue Gegenteil zu. Ein aktives Krabbelkind ist zumeist aufgeweckt und interessiert daran, seine Umgebung zu erkunden, während ein ausgesprochen inaktives Baby eher ängstlich sein mag und in sich zurückgezogen. Warum ist das Temperament nicht stabiler? Ein Hauptgrund dafür ist der Umstand, dass sich das Temperament eines Menschen mit zunehmendem Alter weiterentwickelt.

Diese Inkonsistenzen helfen uns zu verstehen, warum eine langfristige Voraussage zum Temperament am besten nach dem zweiten Lebensjahr geschieht, wenn der Reaktionsstil schon klarer ausgeprägt ist (Caspi, 1998; Lemery et al., 1999). Dennoch weisen Veränderungen, wie sie viele Kinder zeigen, darauf hin, dass Erfahrungen biologisch basierte Eigenschaften des Temperaments modifizieren können (obwohl Kinder selten Veränderungen zeigen, die von einem

Biologie & Umwelt:
Die biologische Grundlage von Schüchternheit und Soziabilität

Im Alter von vier Monaten kamen Lars und Michael in das Labor von Jerome Kagan. Hier wurden ihre Reaktionen auf eine ganze Reihe ihnen unbekannter Situationen und Erfahrungen beobachtet. Bei neuen Anblicken und Klängen, etwa einem sich bewegenden Mobile, an dem buntes Spielzeug angebracht war, spannte Lars seine Muskeln an, bewegte heftig seine Arme und Beine und begann zu weinen. Michaels Körper hingegen blieb entspannt und ruhig. Er lächelte und gurrte vor Vergnügen bei all den Überraschungen um ihn herum.

Lars und Michael besuchten das Labor noch einmal im Krabbelalter. Dieses Mal erlebten beide Situationen, in denen die Untersucher Unsicherheit vermitteln wollten. Zum Beispiel wurden an ihren Körpern Elektroden angebracht und an den Armen Manschetten, um ihre Herzfrequenz zu messen; Spielzeugroboter, Tiere und Puppen bewegten sich vor ihren Augen; ihnen unbekannte Menschen kamen herein und verhielten sich auf atypische Weise oder trugen seltsame Kleidung. Lars wimmerte und zog sich schnell zurück, Michael, der die Vorgänge mit Interesse betrachtete, lachte und bewegte sich auf das Spielzeug und die Fremden zu.

Bei einem dritten Besuch im Alter von viereinhalb Jahren sprach Lars kaum und lächelte wenig bei einem Interview mit einem ihm unbekannten Erwachsenen. Im Gegensatz dazu stellte Michael spontan Fragen und drückte seine Freude an jeder der in ihm Neugier erweckenden Aktivitäten aus. In einem Spielzimmer, in dem sich zwei ihm unbekannte Gleichaltrige befanden, zog sich Lars zurück. Michael freundete sich schnell mit ihnen an.

In einer Längsschnittstudie bei einigen Hundert weißen Kindern fand Kagan (1998) heraus, dass etwa 20 % der vier Monate alten Kinder sich von Neuem leicht aus der Ruhe bringen ließen (wie Lars), während sich 40 % dabei wohl fühlten, an den neuen Ereignissen sogar Freude hatten (wie Michael). In etwa 30 % dieser Extremgruppen blieb der Temperamentsstil auch in späteren Jahren bestehen (Kagan & Saudino, 2001; Kagan, Snidman, & Arcus, 1998). Kinder ähnlich wie Lars zeigten die Tendenz, zu ängstlichen, gehemmten Krabbelkindern und Vorschulkindern heranzuwachsen; Kinder wie Michael entwickelten sich zu extravertierten ungehemmten Kindern in ihrem allgemeinen Verhalten und ihrer Bewegung.

Physiologische Korrelate von Schüchternheit und sozialer Zugewandheit (Soziabilität)

Kagan ist der Meinung, dass individuelle Unterschiede in der Erregung des *Amygdalabereiches*, einer Struktur im Inneren des Gehirns, die Vermeidungsreaktionen kontrolliert, zu diesen ganz unterschiedlichen Temperamenten beitragen. Bei schüchternen und gehemmten Kindern erregen neue unbekannte Stimuli die Amygdala sowie die angrenzenden Verbindungen des zerebralen Kortex und des sympathischen Nervensystems, die dafür verantwortlich sind, den Körper darauf vorzubereiten, auf Bedrohung zu reagieren. Dasselbe Niveau von Stimulation ruft nur minimale neuronale Erregung in nicht gehemmten Kindern mit ausgeprägter Soziabilität hervor. Diese Theorie lässt sich belegen, denn man kann bei gehemmten Kindern und Säuglingen ganz bestimmte physiologische Reaktionen erkennen, die denen sehr ängstlicher Tiere ähneln und von

Eine starke, physiologisch begründete Reaktion auf die Unsicherheit hervorrufende Situation lässt dieses zweijährige Mädchen den Rückzug antreten, als ein Freund der Eltern sich zu ihm hinunterbeugt, um mit ihm zu plaudern. Die beharrliche Ermutigung ihrer Mutter kann helfen, diese physiologisch bedingte Reaktionsbereitschaft zu verändern, und das Mädchen dabei unterstützen zu lernen, seinen Drang, sich vor ihm unbekannten Situationen zurückzuziehen, zu überwinden.

denen bekannt ist, dass sie von der Amygdala herrühren:

- *Herzfrequenz.* Bereits in den ersten Lebenswochen liegt die Herzfrequenz gehemmter Kinder wesentlich höher als die von sozial zugewandten Kindern. Zudem steigt sie in Reaktionen auf dem Kind unbekannte Erfahrungen noch weiter (Snidman et al., 1995).

- *Kortisol.* Die Kortisolkonzentration im Speichel ist bei gehemmten Kindern tendenziell höher als dies bei sozial zugewandten Kindern der Fall ist. (Kortisol ist ein Hormon, welches zur Regulation des Blutdrucks dient und in Zusammenhang steht mit der Stressresistenz.) (Gunnar & Nelson, 1994)

- *Pupillenerweiterung, Blutdruck und Hautoberflächentemperatur.* Im Vergleich mit geselligen Kindern lassen gehemmte Kinder eine größere Pupillenerweiterung, einen Anstieg des Blutdrucks und eine Abkühlung der Fingerspitzen erkennen, wenn sie mit neuen Erfahrungen konfrontiert werden (Kagan et al., 1999).

Es gibt aber noch ein weiteres physiologisches Korrelat zu den Faktoren Annäherung/Rückzug in Bezug auf Menschen und Objekte. Es sind dies ganz bestimmte Muster in den Hirnstromkurven der frontalen Region des zerebralen Kortex. In Kapitel 4 wurde festgestellt, dass die linke Hemisphäre auf positive Emotionen spezialisiert ist, die rechte Hemisphäre hingegen auf negative Emotionen. Bei gehemmten Säuglingen und Kleinkindern ist eine größere Aktivität der rechtsfrontalen Hirnstromkurven im Vergleich zu der linksfrontalen Aktivität zu erkennen; ihre soziableren Artgenossen zeigen genau das umgekehrte Muster (Calkins, Fox, & Marshall, 1996; Fox, Calkins & Bell, 1994). Neuronale Aktivität in der Amygdala wird an die Frontallappen weitergegeben und hat unter Umständen Einfluss auf diese Muster.

Langfristige Konsequenzen
Nach Kagan (1998) ist die Physiologie extrem gehemmter oder geselliger Kinder vererbt, daraus leitet sich die Tendenz zu einem bestimmten Temperamentsstil ab. Die Vererbungsforschung weist allerdings darauf hin, dass Gene nur moderat mit der Entwicklung von Gehemmtheit oder Soziabilität korrelieren und auch Erfahrungen eine sehr große Rolle spielen. Wenn eine frühe Gehemmtheit weiterhin bestehen bleibt, führt sie zu übermäßiger Vorsicht, sozialem Rückzug und Einsamkeit (Caspi & Silva, 1995). Allerdings gelingt es den meisten gehemmten Kindern mit Neuem besser zurechtzukommen, je älter sie werden.

Die Art der Erziehung beeinflusst die Wahrscheinlichkeit, in der aus einem emotional überreagierenden Baby ein ängstliches Kind wird. Ein warmer, unterstützender Umgang der Eltern mit ihrem Kind wird die physiologische Reaktionsbereitschaft schüchterner Säuglinge und Vorschulkinder mindern, während ein kalter, stark kontrollierender Umgangsstil dazu beiträgt, dass sich Ängstlichkeit und soziale Reserviertheit herausbilden (Rubin, Burgess, & Hastings, 2002). Zudem erschweren es Eltern, die ihre Kleinkinder vor den kleinsten Stressreaktionen schützen (da diese Neuem nur wenig aufgeschlossen sind), ihren Kindern zu lernen, ihre Rückzugstendenzen bei neuen, ihnen unbekannten Erfahrungen zu überwinden. Im Gegensatz dazu unterstützen Eltern, die an ihr Baby altersgerechte Forderungen stellen, so dass diese lernen können, sich neuen Erfahrungen zu stellen, die Fähigkeit ihres Kindes, Angst zu überwinden (Rubin et al., 1997).

Zusammenfassend lässt sich feststellen, dass sich Kinder am besten entwickeln, wenn der Erziehungsstil der Eltern „maßgeschneidert" auf das Temperament des Kindes angepasst wird – ein Thema, dem wir auch in späteren Kapiteln wiederbegegnen werden.

Extrem zum anderen gehen – d.h., dass ein schüchternes Kleinkind praktisch nie ausgesprochen gesellig wird). Mit diesen Gedanken wollen wir uns nun den genetischen und umweltbedingten Anteilen am Temperament und an der Persönlichkeit zuwenden.

6.3.4 Genetische Einflüsse

Das Wort *Temperament* beinhaltet eine genetische Grundlage für die individuellen Unterschiede in der Persönlichkeit. Die Forschung zeigt, dass eineiige Zwillinge sich ähnlicher sind als zweieiige Zwillinge, und zwar in einer ganzen Bandbreite von Temperaments- und Persönlichkeitseigenschaften (Caspi, 1998; DiLalla, Kagan, & Reznick, 1994; Emde et al., 1992; Goldsmith et al., 1999). Im zweiten Kapitel konnten wir erkennen, dass die Vererbungsforschung vermutet, dass Vererbung in der Entwicklung von Temperament und Persönlichkeit eine gewisse Rolle spielt: etwa die Hälfte der interindividuellen Unterschiede kann auf verschiedenartiges genetisches Material zurückgeführt werden.

Es werden immer wieder konsistente ethnische Unterschiede und Geschlechtsunterschiede im Temperament in den ersten Lebensjahren beobachtet; diese Befunde deuten darauf hin, dass Vererbung eine gewisse Rolle spielt. Verglichen mit kaukasischen

Säuglingen wird bei asiatischen Babys festgestellt, dass sie weniger aktiv, weniger erregbar und im Erregungszustand leichter beruhigbar sind; sie vokalisieren weniger und allgemein haben sie weniger Schwierigkeiten, sich selbst zu beruhigen (Kagan et al., 1994; Lewis, Ramsay, & Kawakami, 1993). Annas bemerkenswerte Eigenheit, während einer Familienfeier zufrieden in ihrem Hochstuhl sitzen zu bleiben, lässt sich sicherlich mit diesen Ergebnissen in Einklang bringen. Und auch Timmys hohes Aktivitätsniveau ist konsistent mit den geschlechtsbedingten Unterschieden im Temperament (Campbell & Eaton, 1999). Schon in frühem Alter neigen Jungen dazu, aktiver zu sein und sich mehr zuzutrauen. Mädchen hingegen sind ängstlicher und schüchterner – ein Unterschied, der sich auch in dem Umstand zeigt, dass sich Jungen in der Kindheit und Jugend häufiger verletzen als Mädchen.

6.3.5 Umweltbedingte Einflüsse

Obwohl ein genetischer Einfluss auf das Temperament gegeben ist, gibt es bislang keine Untersuchungen, die zeigen, dass Kinder ihren Emotionsstil ohne Unterstützung der Umwelt aufrechterhalten. Stattdessen wirken Vererbung und Umwelt in den meisten Fällen zusammen, um die Stabilität des Temperamentes zu stärken. Das ergibt sich schon daraus, dass die Art und Weise, wie das Kind auf seine Lebensumwelt zugeht, eine Auswirkung darauf hat, welchen Erfahrungen es ausgesetzt ist. Um zu sehen, wie das funktioniert, soll noch einmal auf die ethnischen Unterschiede und die Geschlechtsunterschiede in der Temperamentsausstattung eingegangen werden.

Japanische Mütter meinen für gewöhnlich, dass ihre Babys schon als unabhängige Wesen auf die Welt kommen und lernen müssen, sich durch engen Körperkontakt auf ihre Mutter zu verlassen. Nordamerikanische Mütter hingegen glauben zumeist genau das Gegenteil (Kojima, 1986). In Einklang mit diesen Überzeugungen, interagieren asiatische Mütter mit ihren Kindern ausgesprochen sanft und beruhigend unter Anwendung ihrer Körpersprache. Außerdem wird der Ausdruck stärkerer Emotionen seitens des Kindes nicht gefördert. Kaukasische Mütter hingegen haben einen eher aktiven, stimulierenden, verbalen Umgang mit ihrem Kind (Rothbaum et al., 2000a). Diese Verhaltensweisen tragen wahrscheinlich zu den kulturellen Unterschieden im Temperament bei.

Ein ähnlicher Prozess scheint zu den Geschlechtsunterschieden im Temperament beizutragen. Während der ersten 24 Stunden nach der Geburt (noch bevor die Eltern mit ihrem Baby Erfahrungen sammeln konnten) nehmen die Eltern Jungen und Mädchen bereits unterschiedlich wahr. Söhne werden als größer, besser in ihrer Koordination, aufmerksamer und stärker eingestuft. Töchter betrachtete man als weicher, unbeholfener, schwächer und zerbrechlicher (Stern & Karraker, 1989; Vogel et al., 1991). Geschlechtsstereotype Überzeugungen haben eine Auswirkung auf die Art und Weise, wie die Eltern mit ihren Säuglingen und Kleinkindern umgehen. So ermutigen Eltern zum Beispiel häufig ihren Sohn zu körperlicher Aktivität, ihre Tochter hingegen dazu, sich Hilfe zu holen und körperliche Nähe zu suchen (Ruble & Martin, 1998). Diese Umgangsgewohnheiten tragen zur Entstehung von Unterschieden im Temperament von Jungen und Mädchen bei oder vergrößern bereits vorhandene noch weiter.

In Familien mit mehreren Kindern gibt es noch einen weiteren Aspekt, der das Temperament beeinflusst. Eltern halten oft nach Persönlichkeitsunterschieden bei ihren Kindern Ausschau und betonen diese. Das zeigt sich in Vergleichen der Eltern: „Sie ist viel aktiver" oder „er ist geselliger". In einer Studie mit eineiigen Zwillingen im Krabbelalter behandelten

Schon von Geburt an sind chinesische Säuglinge ruhiger, lassen sich bei Erregung leichter beruhigen und haben bessere Fähigkeiten zur Selbstberuhigung als kaukasische Kinder. Auch wenn diese Unterschiede auf biologische Wurzeln zurückzuführen sein könnten, muss man davon ausgehen, dass sie vielleicht auch durch kulturelle Unterschiede in der Kindererziehung konsolidiert werden.

die Mütter jeden der Zwillinge unterschiedlich. Somit ließen sich Vorhersagen treffen über die Unterschiede in der psychischen Anpassung der Zwillinge. Der Zwilling, der mit mehr Warmherzigkeit und mit weniger Härte behandelt wurde, zeigte sich in seiner Gestimmtheit wie auch in seinem sozialen Verhalten positiver (Deater-Deckard et al., 2001). Jedes Kind ruft bei seinen Bezugspersonen bestimmte Reaktionen hervor, die in Einklang stehen mit den Ansichten der Eltern und mit dem tatsächlichen Temperamentsstil des Kindes.

Ganz abgesehen von den Erfahrungen des Kindes in der Familie haben auch die Ereignisse und Erfahrungen mit den älter werdenden Geschwistern, den Eltern, Gleichaltrigen sowie anderen Menschen in seiner sozialen Umgebung einen prägenden Einfluss auf die Entwicklung (Caspi, 1998). In der mittleren Kindheit und der Adoleszenz werden neue Wege gesucht, sich von anderen abzugrenzen. Aus diesen Gründen tendieren sowohl eineiige wie auch zweieiige Zwillinge dazu, im Erwachsenenalter in ihrer Persönlichkeit klarer ausgeprägt und verschieden zu sein (McCartney, Harris, & Bernieri, 1990). Zusammenfassend lässt sich das Verhältnis von Temperament und Persönlichkeit zu genetischen wie umweltbedingten Faktoren als komplex abhängig verstehen.

6.3.6 Temperament und Kindererziehung: Die Frage der Passung

Wir haben schon darauf hingewiesen, dass bei vielen Kindern das Temperament sich mit zunehmendem Alter verändert. Dies lässt vermuten, dass Umweltbedingungen nicht unbedingt immer das schon vorhandene Temperament des Kindes erhalten oder intensivieren. Wenn die Disposition eines Kindes das Lernen oder den sozialen Umgang mit anderen Menschen beeinträchtigt, sollten die Erwachsenen sanft, aber nachdrücklich dem fehlangepassten Verhalten entgegenwirken.

Thomas and Chess (1977) schlugen ein Modell vor, dass sie das **„Modell der guten Passung" (goodness-of-fit model)** nannten. Mit dieser Modellvorstellung lässt sich verdeutlichen, wie das Temperament und die Umwelt in ihrem Zusammenwirken zu günstigen Ergebnissen führen können. Zu einer guten Passung gehört das Einrichten einer sozial-emotionalen Umgebung, die sowohl das Temperament des Kindes in Betracht zieht als auch zu einem zunehmend adaptiveren Funktionieren ermutigt.

Die Passung erklärt zudem, warum es sich bei schwierigen Kindern (die sich angesichts neuer Erfahrungen zurückziehen und negativ und heftig reagieren) um Hochrisiko-Kinder für spätere mögliche Anpassungsprobleme handelt. Diese Kinder, zumindestens in westlichen Familien der sozioökonomischen Mittelklasse (mittlerer SÖS), machen häufig die Erfahrung einer Erziehung, die nur unzureichend auf ihre Disposition abgestimmt ist. So ist bei ihnen die Wahrscheinlichkeit sehr viel geringer, dass sie eine einfühlsame Fürsorge erhalten (van den Boom & Hoeksma, 1994). Wenn das Kind das zweite Lebensjahr erreicht, neigen Eltern schwieriger Kinder dazu, mit ärgerlicher, strenger Disziplin zu reagieren, worauf das Kind wiederum mit Trotz und Ungehorsam antwortet. Die Eltern verhalten sich häufig inkonsistent, indem sie das Kind in seiner fehlenden Mitarbeit durch ihre nachgiebige Haltung belohnen, obwohl sie anfangs dem Kind gegenüber eine andere Vorstellung deutlich gemacht hatten (Lee & Bates, 1985). Mit dieser Art zu handeln bleibt der irritierbare, konfliktreiche Verhaltensstil des Kindes bestehen und wird sich zumeist noch verstärken. Wenn die Eltern sich ihrem Kind dagegen in positiver Bestimmtheit zuwenden, sich mit ihm abgeben und in einfühlsamem Spiel in unmittelbarem Kontakt mit dem Kind umgehen, unterstützen sie es in der Entwicklung seiner Emotionsregulation, und Schwierigkeiten dieser Art werden nach dem zweiten Lebensjahr abnehmen (Feldman, Greenbaum, & Yirmiya, 1999).

Sowohl schwierige als auch schüchterne Kinder profitieren ganz erheblich von einem warmherzigen, akzeptierenden Erziehungsstil, der nachdrückliche, aber dennoch angemessene Anforderungen stellt und so die Bewältigung neuer Erfahrungen unterstützt. Eine gute Passung ist zum Teil auch abhängig von den bestehenden kulturellen Werten. So werden zum Beispiel Kinder in puertoricanischen Familien mit niedrigem SÖS mit Feinfühligkeit und Geduld behandelt; das Risiko von Anpassungsproblemen ist hier kaum vorhanden (Gannon & Korn, 1983). In westlichen Nationen werden schüchterne Kinder als sozial inkompetent betrachtet – eine Einstellung, die ihre Eltern entmutigt, ihnen zu helfen an neue Situationen heranzugehen. Im chinesischen Kulturkreis hingegen werden schüchterne Kinder positiv gesehen – als fortgeschritten in ihrer sozialen Reife und ihrem sozialen Verständnis. Im Einklang mit dieser Betrachtungsweise konnte in einer Vergleichsstudie kanadischer und chinesischer Kinder festgestellt werden, dass die chinesischen Kinder höhere Werte bei der Erfassung von Hemmungen erreichen. Zudem berichteten kanadische Mütter schüchterner Kinder, dass sie ihren Kindern mehr Schutz und auch mehr Strafe angedeihen ließen, allerdings auch weniger Akzeptanz und Ermutigung hinsichtlich ihrer Leistungen. Chinesische Mütter schüchterner Kinder verdeutlichten das genaue Gegenteil – weniger Strafe, dagegen mehr Akzeptanz und Ermutigung (Chen et al., 1998).

In Kulturen, in denen bestimmte Temperamentsstile mit Anpassungsproblemen in Verbindung stehen, sollte eine gute Passung zwischen den Erziehungsbedingungen und dem Temperament des Kindes möglichst früh hergestellt werden, bevor ein ungünstiges Zusammenspiel von Temperament und Umwelt zu Fehlanpassungen führt, die nur schwer wieder zu korrigieren sind. In den folgenden Abschnitten werden wir sehen, dass diese Passung auch im Zentrum der Bindung des Kindes an seine Bezugspersonen steht. Die erste enge Beziehung erwächst aus der Interaktion zwischen Eltern und Säugling, wobei der Emotionsstil beider Partner zu dieser Beziehung beiträgt.

Prüfen Sie sich selbst ...

Rückblick
Warum ist die Stabilität von Temperament lediglich gering bis mäßig hoch?

Rückblick
Auf welche Art und Weise begünstigt das Zusammenwirken genetischer und umweltbedingter Faktoren das Temperament eines Kindes? Nennen Sie Beispiele aus der Forschung.

Anwendung
Der 18 Monate alte sehr aktive Jakob, der aus seinem Hochstuhl geklettert war, bekam einen Trotzanfall, als sein Vater ihn dazu zwang, bis zum Ende der Mahlzeit am Tisch sitzen zu bleiben. Schlagen Sie unter Einbeziehung des Konzeptes einer guten Passung eine andere Art und Weise vor, wie man mit Jakob umgehen könnte.

Zusammenhänge
Belegen die Ergebnisse zu ethnischen und geschlechtsbedingten Unterschieden im Temperament eine Korrelation zwischen genetischer Veranlagung und Umwelt, wie sie in Kapitel 2 diskutiert wurde? Erläutern Sie.

Prüfen Sie sich selbst ...

6.4 Bindungsentwicklung

Als **Bindung** bezeichnet man das starke emotionale Band, das wir zu bestimmten Menschen in unserem Leben haben. Im Falle einer positiven emotionalen Bindung tut uns die Interaktion mit diesen Menschen gut und vermittelt uns Freude. In stressreichen Situationen fühlen wir uns von ihrer Nähe getröstet. In der zweiten Hälfte des ersten Lebensjahres hat sich zwischen dem Säugling und seinen Bezugspersonen, die sich um seine Bedürfnisse gekümmert haben, eine Bindung entwickelt. Beobachten Sie einmal Babys in diesem Alter und Sie werden feststellen, wie sie sich an ihre Eltern wenden, um besondere Aufmerksamkeit zu bekommen. So hat zum Beispiel ein Baby sofort ein breites freundliches Lächeln auf dem Gesicht, wenn seine Mutter das Zimmer betritt. Wenn die Mutter es auf den Arm nimmt, wird das Kind ihr Gesicht berühren, untersucht ihre Haare und klammert sich an sie. Wenn der Säugling Angst hat, wird er auf ihren Schoß klettern und sich ebenfalls an sie klammern.

Freud war der Meinung, dass die emotionale Bindung des Säuglings an seine Mutter die Grundlage für alle späteren Beziehungen darstellt. Wir werden in Kürze feststellen, dass die Forschung über die Konsequenzen von Bindung mit Freuds Vorstellung in Einklang steht. Dennoch stand die Bindungstheorie in der Vergangenheit im Kreuzfeuer heftiger theoretischer Debatten. Denken Sie zurück an die Beschreibung der Theorie Eriksons zu Beginn dieses Kapitels und beachten Sie, wie die *psychoanalytische Perspektive* das Füttern als den primären Kontext betrachtet, in dem die Bezugspersonen und der Säugling dieses enge emotionale Band knüpfen. Auch der *Behaviorismus* betont die Wichtigkeit der Fütterungssituation, allerdings aus anderen Gründen. Gemäß den Ausführungen eines bekannten Behavioristen befriedigt die Mutter den Hunger des Kindes, der Säugling lernt ihr sanftes Streicheln, ihr warmes Lächeln und ihre sanften tröstenden Worte schätzen, da diese Ereignisse mit der Herabsetzung des Erregungszustandes gekoppelt sind.

Obwohl die Fütterungssituation einen wichtigen Kontext für die Entwicklung einer engen Beziehung darstellt, ist die Bindung dennoch nicht abhängig von der Befriedigung von Hunger. Ein berühmtes Experiment aus den fünfziger Jahren zeigte, dass Rhesusaffen, die entweder mit einer Handtuch- oder einer Drahtgeflecht-„Ersatzmutter" aufgezogen wurden, sich an den weichen Handtuchersatz klammerten, obwohl die

dem Überleben dient. John Bowlby (1969) war der erste, der diese Ideen auf die Bindung zwischen Säugling und Bezugsperson anwendete. Ihn hatten die Studien von Konrad Lorenz über die Prägung junger Graugänse (siehe Kapitel 1) angeregt. Bowlby war der Meinung, dass der menschliche Säugling, wie auch die Jungtiere aller anderen Tiergattungen, von vornherein über eine Reihe von Verhaltensweisen verfügt, die dafür sorgen, dass die Eltern in der Nähe bleiben, um den Säugling vor Gefahr zu schützen und ihm Unterstützung in seinem Explorationsverhalten und der Bewältigung seiner Umwelt zu bieten (Waters & Cummings, 2000). Der Kontakt zu den Eltern stellte zudem sicher, dass der Säugling gefüttert wird, auch wenn Bowlby darauf hinwies, dass die Fütterungssituation nicht die Grundlage von Bindung sein kann. Stattdessen ist diese auf starke biologische Wurzeln zurückzuführen. Das kann am besten in einem Evolutionskontext verstanden werden, in dem das Überleben der Spezies – durch ein Sicherstellen von Sicherheit und Kompetenz – von äußerster Wichtigkeit ist.

Kleine Affen, die mit „Ersatzmüttern" aufgezogen wurden, klammerten sich von Geburt an bevorzugt an eine weiche „Handtuchmutter", anstatt an eine „Mutter" aus Drahtgeflecht, obwohl letztere die Flasche hielt. Diese Ergebnisse zeigen, dass die Erklärung, dass Bindung auf einer Triebreduktion beruht – eine Erklärung, die davon ausgeht, dass die Beziehung zwischen Mutter und Säugling auf der Bereitstellung von Nahrung beruht – nicht richtig ist.

Nach Bowlby nimmt die Beziehung des Säuglings zu seinen Bezugspersonen seinen Anfang in einer Reihe angeborener Signale, die den Erwachsenen an die Seite des Babys rufen. Mit der Zeit entwickelt sich eine echte emotionale Bindung, die sowohl von den neuen kognitiven und emotionalen Fähigkeiten des Kindes unterstützt wird als auch von einer Geschichte warmer, einfühlsamer Fürsorge. Bindung entwickelt sich in vier Phasen:

Drahtgeflecht-Mutter die Flasche hielt und der junge Affe darauf klettern musste, um gefüttert zu werden (Harlow & Zimmerman, 1959). In ähnlicher Weise entwickeln Kinder eine Bindung zu Familienmitgliedern, die sie nur selten füttern, einschließlich Vätern, Geschwistern und Großeltern. Und vielleicht ist Ihnen auch aufgefallen, dass Krabbelkinder, die allein in einem Zimmer schlafen und während des Tages häufig von ihren Eltern getrennt sind, eine starke Bindung zu kuscheligen Objekten wie Decken oder Teddybären entwickeln können, obwohl solche Objekte nie eine Rolle spielten in der Fütterungssituation.

6.4.1 Die ethologische Bindungstheorie

Gegenwärtig ist die **ethologische Bindungstheorie** die allgemein akzeptierte Theorie. Sie betrachtet die emotionale Bindung des Säuglings zu seiner Bezugsperson als eine in der Evolution entstandene Reaktion, die

1. Eine *Vorbindungsphase (preattachment phase)* noch bevor eine Bindung überhaupt zustande gekommen ist (Geburt bis zum Alter von sechs Wochen). Angeborene Signale, wie das Greifen, Lächeln, Weinen und der Blick in die Augen des Erwachsenen, verhelfen dem neugeborenen Baby zu einem engen Kontakt zu anderen Menschen. Wenn der Erwachsene reagiert, ermutigt der Säugling ihn, in der Nähe zu bleiben, denn diese Nähe beruhigt das Neugeborene. Babys in diesem Alter erkennen die eigene Mutter am Geruch und an der Stimme (siehe Kapitel 3). Zu dieser Zeit ist der Säugling allerdings noch nicht an sie gebunden, was auch daran zu erkennen ist, dass es ihm für gewöhnlich nichts ausmacht, bei einem ihm unbekannten Erwachsenen zu bleiben.

2. Die *Phase des Bindungsbeginns*, in der sich die Bindung entwickelt (sechs Wochen bis zum Alter

6.4 DIE EMOTIONALE UND SOZIALE ENTWICKLUNG DES SÄUGLINGS UND KLEINKINDS

von sechs bis acht Monaten). Während dieser Phase reagiert der Säugling auf eine ihm bekannte Bezugsperson anders als auf einen Fremden. So auch Timmy im Alter von vier Monaten: er lächelte, lachte und plapperte ungehinderter in der Interaktion mit seiner Mutter und ließ sich auch schneller beruhigen, wenn sie ihn auf den Arm nahm. Wenn der Säugling zu lernen beginnt, dass seine eigenen Handlungen eine Auswirkung auf das Verhalten der Menschen um ihn herum haben, beginnt er ein *Gefühl von Vertrauen* zu entwickeln – die Erwartung, dass die Bezugsperson reagiert, wenn vom Kind ein Signal ausgeht. Obwohl in dieser Zeit das Kind die Mutter schon erkennt, protestiert es immer noch nicht, wenn es von ihr getrennt wird.

3. Die *Bindungsphase, in der bereits eine gut erkennbare Bindung vorhanden ist* (sechs bis acht Monate bis zum Alter von 18 Monaten bis zwei Jahren). Nun ist eine Bindung zur Bezugsperson ganz klar erkennbar. Das Baby zeigt **Trennungsangst** und wird unruhig, wenn der Erwachsene, auf den zu verlassen es gelernt hat, den Raum verlässt. Trennungsangst zeigt sich allerdings nicht immer; wie die Fremdenangst (siehe Seite 240), ist auch sie abhängig vom Temperament des Kindes und der augenblicklichen Situation. In vielen Kulturen steigert sich die Trennungsangst im Alter von sechs bis 15 Monaten (siehe Abbildung 6.1). Außer der Tatsache, dass der Säugling protestiert, wenn der Erwachsene ihn verlässt, versuchen etwas ältere Babys und Krabbelkinder ihr Möglichstes, die Gegenwart des anderen nicht zu verlieren. Das Kind nähert sich der Mutter, folgt ihr und klettert an ihr hoch, wobei der Säugling die Mutter anderen Menschen vorzieht. Und außerdem wird die vertraute Bezugsperson als die **sichere Basis** genutzt, von der es aus möglich ist, die Umwelt zu explorieren, indem sich das Kind seiner Umgebung zuwendet und in Abständen auch wieder zurückkehrt, um sich emotionale Unterstützung zu holen.

4. Die *Differenzierungs- und Integrierungsphase, in der sich eine reziproke Beziehung entwickelt* (18 Monate bis zum Alter von zwei Jahren und darüber hinaus). Gegen Ende des zweiten Lebensjahres macht es die rapide Zunahme an mentalen Repräsentationen und die rasche Entwicklung der Sprache dem Kleinkind möglich, einige der Faktoren zu verstehen, die einen Einfluss auf das Kommen und Gehen der Eltern haben und die ihre Wiederkehr einleiten, so dass es ihm zunehmend möglich wird, diese Ergebnisse zu durchschauen. In diesem Alter beginnen Kinder mit ihren Bezugspersonen zu verhandeln, indem sie bitten und versuchen zu überzeugen, um diese umzustimmen. So bat zum Beispiel Kathrin im Alter von zwei Jahren ihre Eltern, ihr eine Geschichte vorzulesen, bevor diese sie mit dem Babysitter allein ließen. Die zusätzliche Zeit, die sie mit ihren Eltern verbrachte, sowie ein besseres Verständnis, wo diese hingehen würden („zum Abendessen mit Onkel Jan") und wann sie wieder zurück sein würden („gleich nachdem du eingeschlafen bist"), halfen Kathrin die Abwesenheit ihrer Eltern zu bewältigen.

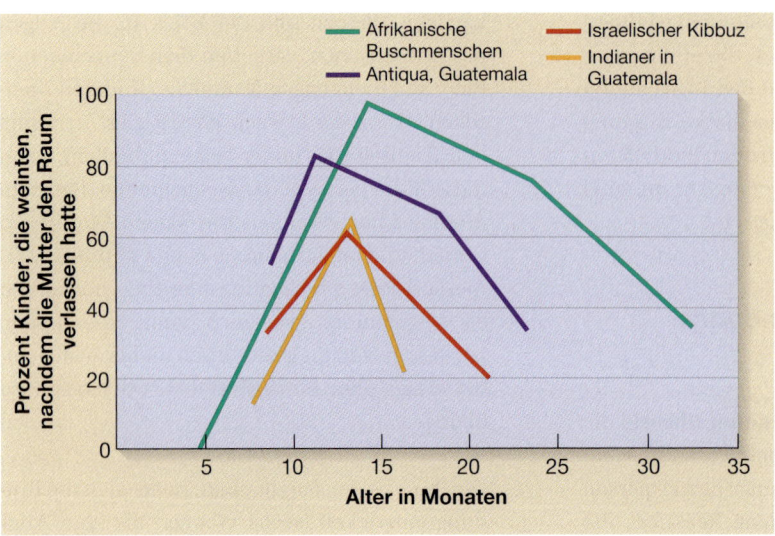

Abbildung 6.1: Die Entwicklung von Trennungsangst. In Kulturen in der ganzen Welt tritt Trennungsangst in der zweiten Hälfte des ersten Lebensjahres auf, steigert sich bis etwa zum fünfzehnten Lebensmonat und fällt dann ab (aus J. Kagan, R. B. Kearsley, & P. R. Zelazo, 1978, Infancy: Its Place in Human Development, Cambridge, MA: Harvard University Press, S. 107. © 1978 by the President and Fellows of Harvard College).

Tabelle 6.3: Die Fremden-Situation und ihre Episoden

Episode	Ereignisse	Das zu beobachtende Bindungsverhalten
1	Der Versuchsleiter begrüßt die Bezugsperson (Mutter oder Vater) und das Baby. Danach werden sie in ein Zimmer geführt, das mit Spielzeug, einer (versteckten) Kamera und zwei Stühlen ausgestattet ist.	
2	Mutter und Kind sind jetzt allein im Raum und machen sich mit der Situation vertraut. Die Mutter setzt sich und in der Regel beginnt das Kind, die Umgebung ein wenig zu explorieren.	Die Bezugsperson als sichere Basis
3	Nach drei Minuten betritt eine Fremde den Raum, setzt sich zunächst schweigend auf den Stuhl, plaudert dann mit der Mutter und versucht schließlich, mit dem Kind Kontakt aufzunehmen.	Reaktion auf einen unbekannten Erwachsenen
4	Die Mutter verlässt nun unauffällig den Raum und die Fremde wendet sich dem Kind zu und bietet Trost an, wenn es Stressreaktionen erkennen lässt.	Trennungsangst
5	Nach drei Minuten (oder früher, wenn das Kind zu großen Stress erkennen lässt) kehrt die Mutter zurück, begrüßt ihr Kind und bietet wenn nötig Trost an. Die Fremde verlässt den Raum nach dem Eintritt der Mutter, die jetzt wieder mit ihrem Kind allein ist.	Reaktion auf die Wiedervereinigung
6	Nach drei Minuten verlässt die Mutter das Kind erneut. Das Kind ist jetzt allein.	Trennungsangst
7	Kurze Zeit später betritt die Fremde wieder den Raum und macht ein Spiel- oder Trostangebot.	Fähigkeit des Kindes, sich von einer Fremden beruhigen zu lassen
8	Dann kommt die Mutter zurück und die Fremde geht. Die Mutter begrüßt ihr Kind, bietet Trost an wenn nötig und versucht, das Kind wieder für das Spielzeug zu interessieren.	Reaktion auf die Wiedervereinigung

Zu beachten: Episode 1 dauert etwa 30 Sekunden; jede weitere Episode etwa drei Minuten. Die Trennungsepisoden werden verkürzt, wenn das Kind zu sehr weint. Die Episoden der Wiedervereinigung werden verlängert, wenn das Kind mehr Zeit benötigt, um sich wieder zu beruhigen und sich wieder dem Spiel zuzuwenden.

Quelle: Ainsworth et al., 1978.

Gemäß Bowlby (1980) konstruieren Kinder aus ihren Erfahrungen dieser vier Phasen heraus eine andauernde Bindung zu ihrer Bezugsperson, die sie in der Abwesenheit ihrer Eltern als sichere Basis nutzen können. Diese innere Repräsentation wird zu einem wichtigen Teil der eigenen Persönlichkeit. Sie dient als **inneres Arbeitsmodell** bzw. als ein Set von Erwartungen an die Verfügbarkeit der Bindungspersonen sowie der Wahrscheinlichkeit, dass diese dem Kind in stressreichen Situationen Unterstützung bieten. Die innere Repräsentation wird mit der Zeit zum Modell, zu einer Art Leitfigur, die sich auf alle zukünftigen engen Beziehungen auswirkt (Bretherton, 1992).

6.4.2 Die Messung der Bindungssicherheit

Obwohl nahezu alle Säuglinge, die in einer Familie aufwachsen, bis zum Ende des zweiten Lebensjahrs an eine ihnen vertraute Bezugsperson gebunden sind, variiert doch die Qualität dieser Beziehung von Kind zur Kind. Eine verbreitete Methode zur Beurteilung der Bindungsqualitäten im Alter von ein bis zwei Jahren ist die **Fremden-Situation**. In ihrer Entwicklung gingen Mary Ainsworth und ihre Mitarbeiter davon aus, dass sicher gebundene Säuglinge und Kleinkinder ihre Bezugsperson als **sichere Basis** nutzen würden, von der aus sie ein ihnen unbekanntes Spielzimmer explorieren würden. Wenn die Bezugsperson den Raum verlässt, sollte man zudem davon ausgehen können, dass eine dem Kind fremde Person sich weniger beruhigend auswirkt als die Bezugsperson. Wie Sie in der Zusammenfassung in Tabelle 6.3 erkennen können, durchläuft der Säugling in der Fremden-Situation acht kurze Episoden, in denen sich kurze Trennungen mit Wiedervereinigungen mit der Bezugsperson abwechseln.

Durch die Beobachtung, wie die Säuglinge auf diese Episoden reagierten, war es den Wissenschaftlern möglich, ein sicheres Bindungsmuster und drei unsichere Bindungsmuster zu identifizieren. Einige der Säuglinge allerdings konnten keinem dieser Bindungsmuster zugeordnet werden (Ainsworth et al., 1978; Barnett & Vondra, 1999; Main & Solomon, 1990). Welcher Bindungskategorie konnte wohl Anna zugeordnet werden, nachdem sie sich in ihre Adoptivfamilie eingepasst hatte? (Siehe auch die Beschreibung zu Beginn dieses Kapitels.)

- **Sichere Bindung.** Diese Kinder nutzen die Bezugsperson als eine sichere Basis, von der aus sie ihre Umgebung explorieren. Wenn sie von ihr getrennt sind, kann es sein, dass sie weinen. Wenn sie weinen, dann deshalb, weil die Bezugsperson abwesend ist und sie diese der Fremden vorziehen. Wenn die Bezugsperson wiederkehrt, suchen sie aktiv Körperkontakt und wollen getröstet werden, woraufhin sie sich nach kurzer Zeit wieder beruhigen und dem Spiel erneut zuwenden. Etwa 65 % der nordamerikanischen Kinder und 58 % der deutschen Kinder können als sicher gebunden klassifiziert werden.

- **Unsicher-vermeidende Bindung.** Diese Kinder scheinen auf die anwesende Bezugsperson nicht zu reagieren. Wenn diese den Raum verlässt, registrieren sie ihr Verschwinden kaum, reagieren für gewöhnlich wenig oder gar nicht mit Beunruhigung und reagieren auch auf die fremde Person in ähnlicher Weise wie auf die Bezugsperson. Bei der Wiedervereinigung mit der Bezugsperson reagieren sie eher mit Ablehnung oder begrüßen diese nur sehr zögerlich. Sie wollen nicht auf den Arm genommen und getröstet werden und klammern sich auch nicht an. Etwa 20 % der nordamerikanischen Kinder und etwa 35 % der deutschen Kinder können als unsicher-vermeidend gebunden klassifiziert werden.

- **Unsicher-ambivalente (resistente) Bindung.** Vor der Trennungsepisode suchen diese Kinder häufig die Nähe der Bezugsperson und auch die Exploration ihrer Umgebung gelingt ihnen häufig nicht. Nach der Trennung zeigen diese Kinder den größten Stress und weinen heftig. Bei der Wiedervereinigung drücken sie einerseits den Wunsch nach Körperkontakt und Nähe aus, andererseits reagieren sie aber auch wütend und ablehnend mit aggressivem Verhalten, etwa mit Strampeln, Schlagen, Stoßen oder Abwenden. Auch nachdem sie auf den Arm genommen wurden, können sie kaum beruhigt werden und brauchen in der Regel eine längere Zeit, bis sie wieder einen emotional stabilen Zustand erreicht haben. Etwa 10 bis 15 % der nordamerikanischen Kinder und 8 % der deutschen Kinder weisen ein unsicher-ambivalentes Bindungsmuster auf.

- **Unsicher-desorganisierte/desorientierte Bindung.** Dieses Muster reflektiert die größte Unsicherheit. Bei der Wiedervereinigung zeigen die Kinder eine ganze Reihe konfuser, sich widersprechender Verhaltensweisen. Zum Beispiel wenden sie sich ab, während sie von der Bezugsperson auf den Arm genommen werden, oder sie nähern sich ihr mit einem flachen, depressiv anmutenden Emotionsausdruck. Einige stoßen Schreie aus, auch nachdem sie sich schon beruhigt hatten. Ihre Bewegungen können mitten im Bewegungsablauf erstarren und scheinbar einfrieren. Etwa 5 bis 10 % der nordamerikanischen Kinder und etwa 5 % der deutschen Kinder fallen unter diese Zusatzklassifikation eines desorganisierten Verhaltensmusters.

Die Reaktionen der Kinder auf die Fremden-Situation verdeutlichen, wie und ob sie die Bezugsperson als sichere Basis nutzen können sowie ihre Reaktion auf Trennungssituationen im Elternhaus (Pederson & Moran, 1996; Pederson et al., 1998). Aus diesem Grund eignet sich die Fremden-Situation als ein wirksames Messinstrument für die Beurteilung der Bindungssicherheit.

6.4.3 Die Stabilität der Bindungsqualität und ihre kulturellen Abweichungen

Die Forschung über die Stabilität der Bindungsmuster im Alter von ein bis zwei Jahren hatte eine ganze Reihe von Ergebnissen gebracht (Thompson, 1998).

Allerdings ergibt sich ein noch konsistenteres Bild, wenn man sich näher betrachtet, welche Kinder sich in ihrer Bindungsqualität verändern und welche stabil bleiben. Die Bindungsqualität ist bei Kindern aus Elternhäusern mittleren Einkommens für gewöhnlich sicher und stabil, da sie unter positiven Lebensbedingungen aufwachsen. Kinder, die sich von einem unsicheren Bindungsmuster zu einem sicheren hin entwickeln, haben typischerweise gut angepasste Mütter, die positive Beziehungen innerhalb der Familie sowie zu Freunden unterhalten. Viele von ihnen wurden unter Umständen schon Eltern, bevor sie dazu psychisch in der Lage waren. Es gelang ihnen jedoch mit sozialer Unterstützung in diese Rolle hineinzuwachsen. Im Gegensatz dazu verändert sich das Bindungsmuster bei Kindern aus Familien mit niedrigem Einkommen, in denen Stresssituationen an der Tagesordnung sind, für gewöhnlich weg von einem sicheren Bindungsmuster oder verändert sich von einer unsicheren Bindungsform zu einer anderen (Owen et al., 1984; Vaughn et al., 1979; Vondra, Hommerding, & Shaw, 1999).

Diese Ergebnisse weisen darauf hin, dass sicher gebundene Kinder ihre Bindungsqualitäten häufiger beibehalten als unsicher gebundene Kinder. Eine Ausnahme dieser Tendenz ist allerdings das desorganisierte Verhaltensmuster – ein unsicheres Bindungsmuster, das über das zweite Lebensjahr hinweg eine hohe Stabilität beibehält (Barnett, Ganiban, & Cicchetti, 1999; Hesse & Main, 2000). Später wird noch gezeigt, dass unsicher-desorganisiert gebundene Kinder extrem negative Betreuung und Zuwendung erfahren. Dies kann die emotionale Selbstregulation so stark beeinträchtigen, dass das desorientierte Verhalten beibehalten wird.

Zudem gibt es auch Hinweise aus kulturvergleichender Forschung, dass Bindungsmuster unter Umständen in anderen Kulturen anders interpretiert werden müssen. Wie aus Abbildung 6.2 ersichtlich, lassen beispielsweise deutsche Kinder wesentlich häufiger ein unsicher-vermeidendes Bindungsmuster erkennen als amerikanische Kinder. Da aber deutsche Eltern ihre Kinder ermutigen, sich nicht anzuklammern und unabhängiger zu werden, könnte das Verhalten des Kindes auch ein gewolltes Ergebnis der kulturbedingten Überzeugungen und Handlungsweisen sein (Grossmann et al., 1985). Eine ungewöhnlich hohe Anzahl japanischer Kinder zeigt ein unsicher-ambivalentes Verhaltensmuster, dennoch muss diese Art der Reaktion nicht unbedingt tatsächliche Unsicherheit anzeigen. Japanische Mütter lassen ihre Babys nur selten in der Obhut Fremder, so dass die Fremden-Situation für diese Kinder mit wesentlich mehr Stress verbunden ist als für Kinder, die häufiger von ihren Müttern getrennt sind (Takahashi, 1990). Außerdem bewerten japanische Eltern das Anklammern und den Versuch des Kindes, die Aufmerksamkeit der Bezugsperson auf sich zu lenken, die zum unsicher-ambivalenten Bindungsmuster gehören, als normale Indikatoren des Nähe-Suchens und der Abhängigkeit (Rothbaum et al., 2000b). Trotz dieser kulturell bedingten Abweichungen ist das sichere Bindungsmuster immer noch das am häufigsten zu findende in allen Gesellschaften, die man bislang untersucht hat (van IJzendoorn & Sagi, 1999).

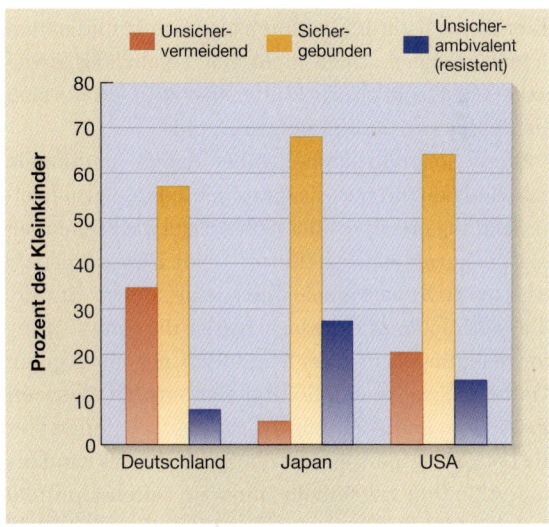

Abbildung 6.2: Ein Kulturvergleich der Reaktionen von Säuglingen auf die Fremden-Situation. Ein hoher Prozentsatz deutscher Kinder scheint unsicher-vermeidend gebunden, während eine hohe Anzahl japanischer Kinder scheinbar der unsicher-ambivalenten Kategorie zugeordnet werden kann. Beachten Sie dabei, dass diese Reaktionen nicht unbedingt tatsächliche Unsicherheit anzeigen müssen. Stattdessen sind sie aller Wahrscheinlichkeit nach darauf zurückzuführen, dass es bei kulturellen Werten und auch bei den Erziehungsgewohnheiten kulturell bedingte Unterschiede gibt (nach Thompson, 1998).

6.4.4 Die Bindungssicherheit beeinflussende Faktoren

Welche Faktoren sind es, die einen Einfluss haben auf die Bindungssicherheit? Die Wissenschaft hat vier wichtige Einflussfaktoren einer näheren Betrachtung unterzogen: (1) die Gelegenheit, eine enge Beziehung einzugehen, (2) die Qualität der Fürsorge, (3) die Persönlichkeitseigenschaften des Säuglings sowie (4) der familiäre Kontext.

Gelegenheit zur Bindung

Was geschieht, wenn ein Säugling nicht die Gelegenheit hat, eine emotionale Bindung zu einer Bezugsperson einzugehen? In einer Reihe von Untersuchungen beobachtete René Spitz (1946) Säuglinge in Waisenhäusern, die von ihren Müttern im Alter von drei bis zwölf Monaten zur Adoption freigegeben worden waren. Die Kinder waren in einem großen Saal untergebracht, wobei eine Schwester für etwa sieben Kinder zuständig war. Im Gegensatz zu dem fröhlichen, extravertierten Verhalten, das sie an den Tag gelegt hatten, bevor sie von ihrer Mutter getrennt worden waren, weinten sie jetzt und zogen sich von ihrer Umwelt zurück, verloren an Gewicht und hatten Schlafstörungen. Wenn nicht eine regelmäßig anwesende Bezugsperson die Mutter ersetzte, vertiefte sich die Depression der Kinder ganz rapide.

Diese hospitalisierten Kinder hatten emotionale Schwierigkeiten, weil sie daran gehindert wurden, eine Bindung mit einer oder mehreren erwachsenen Bezugsperson einzugehen (Rutter, 1996). Dieses Ergebnis erhärtet sich auch noch durch eine andere Studie. Hier verfolgten die Wissenschaftler die Entwicklung von Säuglingen in einer Institution mit einer guten Kind-Bezugsperson-Ratio und einer großen Auswahl an Büchern und Spielzeug. Allerdings wechselten hier die Betreuungspersonen so häufig, dass jedes Kind bis zum Alter von viereinhalb Jahren im Durchschnitt 50 verschiedene Betreuungspersonen gehabt hatte. Viele dieser Kinder wurden erst spät adoptiert, das heißt sie konnten erst nach dem vierten Lebensjahr in Familien untergebracht werden. Die meisten von ihnen entwickelten eine tiefe Bindung zu ihren Adoptiveltern, ein Hinweis darauf, dass eine erste Bindung auch noch in einem späteren Alter von etwa vier bis sechs Jahren entstehen kann (Tizard & Rees, 1975).

Allerdings war die Wahrscheinlichkeit emotionaler und sozialer Probleme bei diesen Kindern höher, einschließlich eines übermäßigen Aufmerksamkeitsbedürfnisses von Erwachsenen, einer „Über-Freundlichkeit" gegenüber dem Kind von unbekannten Erwachsenen oder Gleichaltrigen und einem Mangel an Freundschaften. Adoptierte Kinder, die die ersten acht Lebensmonate oder sogar noch länger in der deprimierenden Situation eines rumänischen Waisenhauses verbrachten, zeigten häufig dieselben Schwierigkeiten (Hodges & Tizard, 1989; Zeanah, 2000). Obwohl ein Follow-up in das Erwachsenenalter hinein an dieser Stelle notwendig wäre, bevor wir uns sicher sein können, so lassen doch diese Ergebnisse die Möglichkeit offen, dass eine normale Entwicklung abhängig ist von der Entwicklung enger Bindungen zu Bezugspersonen innerhalb der ersten Lebensjahre.

Die Qualität der Fürsorge

Dutzende von Studien zeigen, dass eine **einfühlsame Fürsorge** – ein promptes, konsistentes und auf den Säugling abgestimmtes Reagieren der Bezugsperson auf die Bedürfnisse des Kindes, das auch ein sorgsames und liebevolles Halten mit einschließt – in unterschiedlichen Kulturen mäßig hoch mit der Bindungssicherheit korreliert (De Wolff & van IJzendoorn, 1997; Posada et al., 2002). Im Gegensatz dazu haben unsicher gebundene Kinder zumeist Mütter, die ihnen wenig Körperkontakt geben, unbeholfen mit ihnen umgehen und sich so verhalten, als ob es sich bei dem Umgang mit dem Kind um bloße „Routine" handeln würde. Häufig legen sie dem Kind gegenüber auch ein negatives, widerwilliges und ablehnendes Verhalten an den Tag (Ainsworth et al., 1978; Isabella, 1993; Pederson & Moran, 1996).

Zudem konnte in mehreren Studien festgestellt werden, dass eine besondere Form der Kommunikation, die eine **Synchronizität in der Interaktion** voraussetzt, die Erfahrungen von sicher gebundenen und unsicher gebundenen Kindern unterscheidet. Man kann dies am besten beschreiben als einen einfühlsam abgestimmten „emotionalen Tanz", in dem die Bezugsperson auf die Signale des Kindes in einer zeitlich sowie rhythmisch abgestimmten und angepassten Art und Weise reagiert. Zudem erwidern bzw. spiegeln beide Partner den emotionalen Zustand des jeweils anderen wider, insbesondere wenn dieser positiv ist (Isabella & Belsky, 1991; Kochanska, 1998).

Wir haben zuvor schon gesehen, dass ein einfühlsames Spiel in direkter Interaktion, das von dieser Art von Synchronizität gekennzeichnet ist, dem Säugling dabei hilft, seine Emotionen zu regulieren. Aber es ist die moderate Erwachsenen-Kind-Koordination, aufgrund derer eine Bindungssicherheit vorausgesagt werden kann, und nicht die enge, restriktive Koordination, in welcher der Erwachsene auf die meisten Signale des Säuglings reagiert (Jaffe et al., 2001). Möglicherweise haben warmherzige und einfühlsame Bezugspersonen einen eher entspannten, flexiblen Kommunikationsstil, in dem sie sich selbst wohlfühlen und es ihnen dadurch möglich ist, emotionale Missverständnisse und Fehlanpassungen zu akzeptieren und zu reparieren, so dass der synchrone Zustand wiederhergestellt wird. Außerdem ist es durchaus nicht so, dass diese Art von abgestimmter, koordinierter Interaktion überall auf der Welt ein Charakteristikum der Interaktion zwischen Mutter und Säugling darstellt. Bei den Gusii in Kenia kuscheln die Mütter nur selten mit ihren Babys. Auch Umarmungen oder spielerische Interaktionen sind kaum zu sehen, obwohl die Mütter auf die Bedürfnisse ihrer Kinder sehr gut eingehen. Die meisten dieser Säuglinge scheinen sicher gebunden und nutzen die Mutter als sichere Basis (LeVine et al., 1994). Dies weist darauf hin, dass Bindungssicherheit abhängig ist von aufmerksamer Fürsorge. Allerdings ist dies nur in bestimmten Kulturen mit einer von Augenblick zu Augenblick abgestimmten Interaktion verbunden.

Im Vergleich zu sicher gebundenen Kindern erleben unsicher-vermeidend gebundene Babys häufig eine überstimulierende, nicht auf ihre Grenzen bedachte Fürsorge. So spricht eine Mutter beispielsweise mit viel Energie auf ihr Kind ein, während dieses sich gerade abwendet oder dabei ist einzuschlafen. Solche Kinder versuchen, dieser für sie überwältigenden Interaktion zu entfliehen, indem sie die Mutter meiden. Unsicher-ambivalent gebundene Kinder hingegen machen häufig die Erfahrung von inkonsistenter Fürsorge. Ihre Mütter reagieren nicht oder nur wenig auf die Signale ihres Kindes. Wenn das Kind allerdings beginnt zu explorieren, wird eine solche Mutter eingreifen und die Aufmerksamkeit ihres Kindes wieder auf sich lenken. Das Ergebnis davon wird sein, dass ihr Kind von ihr übermäßig abhängig ist und zudem auch wütend wegen der fehlenden Zuwendung der Mutter (Cassidy & Berlin, 1994; Isabella & Belsky, 1991).

Wenn die Fürsorge in hohem Maße unzureichend ist, hat dies vorhersagbare schwerwiegende Brüche in der Bindung zur Folge. Kindesmisshandlung und Vernachlässigung (Themen, denen wir uns in Kapitel 8 zuwenden werden) werden mit allen drei Kategorien von Bindungsunsicherheit in Verbindung gebracht. Bei misshandelten Kleinkindern ist die am häufigsten vorkommende und auch am meisten Besorgnis erregende Klassifikation die der desorganisiert-desorientierten Bindung (Barnett, Ganiban, & Cicchetti, 1999). Auch depressive Mütter und Eltern, die unter einer dramatischen Erfahrung leiden, wie etwa dem Verlust eines geliebten Menschen, neigen dazu, die Art von unsicheren Verhaltensmustern dieser Bindungskategorie in ihrem Kind hervorzurufen (Teti et al., 1995; van IJzendoorn, 1995). Beobachtungen haben gezeigt, dass diese Eltern häufig ein ängstigendes, widersprüchliches und unangenehmes Verhalten an den Tag legen. Sie sehen ängstlich aus, verärgern das Baby, halten es mit einer steifen Armbewegung auf Distanz oder suchen Rückversicherung bei ihrem unter Stress stehenden, weinenden Kind (Lyons-Ruth, Bronfman, & Parsons, 1999; Schuengel, Bakermans-Kranenburg, & van IJzendoorn, 1999).

■ Die Persönlichkeitseigenschaften des Säuglings

Da Bindung ein Resultat einer *Beziehung* ist, die zwei Partner miteinander aufbauen, sollte man davon ausgehen können, dass die Persönlichkeitseigenschaften des Säuglings eine Auswirkung darauf haben, wie leicht oder wie schwer es fällt, diese Beziehung zu entwickeln. In Kapitel 3 wurde dargestellt, wie eine Frühgeburt, Komplikationen bei der Geburt sowie Krankheiten des Neugeborenen die Fürsorge erschweren. In Familien mit niedrigem Einkommen, in denen ein hohes Ausmaß an Stress herrscht, können diese Schwierigkeiten mit Bindungsunsicherheit zusammenhängen (Wille, 1991). Wenn sich aber die Eltern die Zeit nehmen und die Geduld haben, sich um ein Baby mit ganz besonderen Bedürfnissen zu kümmern und dieses Kind positiv betrachten, so können sich diese Risiko-Kinder hinsichtlich ihrer Bindungssicherheit recht gut entwickeln (Cox, Hopkins, & Hans, 2000; Pederson & Moran, 1995).

Kleinkinder variieren in ihrem Temperament, allerdings gibt es intensive Diskussionen über die Rolle dieser Unterschiede in der Bindungssicherheit. Einige Forscher sind der Meinung, dass irritierbare und ängstliche Babys lediglich auf die kurzen Trennungen von den Eltern mit einem hohen Angstpegel reagieren, unabhängig davon, wie feinfühlig diese auf ihr Kind reagieren (Kagan, 1998). In Einklang mit dieser Sicht entwickelt sich bei emotional reaktiven und schwierigen Babys später mit höherer Wahrscheinlichkeit ein unsicheres Bindungsmuster (Seifer et al., 1996; Vaughn & Bost, 1999).

Andere Ergebnisse wiederum lassen vermuten, dass in dem Zusammenhang zwischen dem schwierigen Temperament eines Kindes und seiner Bindungsunsicherheit die Kinderbetreuung eine Rolle spielt. In einer Studie mit einjährigen Kindern der desorganisiert-desorientierten Bindungskategorie war ein steiler Anstieg der emotionalen Reaktivität über das zweite Lebensjahr hinweg zu verzeichnen. Die Desorganisation in der Bindungsqualität wurde nicht von einem schwierigen Temperament verursacht,

Soziale Aspekte:
Stellt die Betreuung in einer Kindertagesstätte während der frühen Kindheit die Bindungssicherheit und die spätere Anpassung in Frage?

Wissenschaftliche Untersuchungen konnten Hinweise dafür erbringen, dass Kleinkinder, die vor Vollendung des ersten Lebensjahres in einer Kindertagesstätte untergebracht werden, in der Fremden-Situation eher Merkmale unsicherer Bindung aufweisen (insbesondere Vermeidung), als Kinder die zu Hause aufwachsen (Belsky, 1992). Lässt sich daraus schlussfolgern, dass bei Kleinkindern, die täglich von ihren arbeitenden Eltern getrennt werden und in frühen Jahren in einer Kindertagesstätte untergebracht werden, das Risiko von Entwicklungsschwierigkeiten höher ist? Bei näherer Betrachtung der Ergebnisse zeigt sich, dass wir mit einer solchen Folgerung vorsichtig sein sollten.

Die Bindungsqualität
Bei Untersuchungen, die einen Zusammenhang feststellen konnten zwischen der Betreuung in einer Kindertagesstätte und der Bindungsqualität, ergaben sich etwas höhere Vorkommenshäufigkeiten von unsicherer Bindung bei außer Haus betreuten Kindern als bei in der Familie betreuten Kindern (36 % im Gegensatz zu 29 % bei letzteren). Dennoch ähnelt das Ergebnis über die Bindungsunsicherheit dem allgemein bei Kindern aus Industrienationen gewonnenen Ergebnis (Lamb, Sternberg, & Prodromidis, 1992). Tatsächlich ist es so, dass die meisten Kleinkinder von im Berufsleben stehenden Müttern eine sichere Bindung aufweisen. Zudem zeigen auch nicht alle Untersuchungen einen Unterschied in der Bindungsqualität von außer Haus betreuten Kindern und Kindern, die den ganzen Tag in der Familie betreut werden (NICHD Early Child Care Research Network, 1997; Roggman et al., 1994).

Die Familienumstände
Wie berichtet haben Umstände in der Familie eine Auswirkung auf die Bindungssicherheit. Viele arbeitende Mütter haben Schwierigkeiten, mit zwei Vollzeitjobs umzugehen – mit ihrer Arbeit außer Haus und ihrer Mutterrolle. Sie empfinden dies als außerordentlich stressreich. Manche von ihnen reagieren wenig einfühlsam auf ihr Kind, da der Vater ihnen beim Versorgen des Kindes nur wenig Unterstützung bietet und sie erschöpft sind und lieber für sich sein möchten. All dies stellt ein Risiko für die Bindungssicherheit ihres Kindes dar (Stifter, Coulehan, & Fish, 1993). Andere im Arbeitsleben stehende Eltern bewerten wahrscheinlich die Unabhängigkeit ihres Kindes sehr hoch und ermutigen diese. Oder ihre Kinder lassen sich von der Fremden-Situation nicht aus der Ruhe bringen, da sie Trennungen von den Eltern gewöhnt sind. In diesen Fällen repräsentiert das unsicher-vermeidend anmutende Bindungsverhalten wohl eher eine gesunde Autonomie und nicht eine tatsächlich unsicher-vermeidende Bindung (Lamb, 1998).

Qualität und zeitliches Ausmaß der Kinderbetreuung
Eine schlechte Qualität der Kinderbetreuung und die Tatsache, dass ein Kind viele Stunden dort verbringt, tragen wahrscheinlich zu einem höheren Anteil unsicherer Bindungsqualität bei Kindern im Berufsleben stehender Mütter bei. In der U.S. National Institute of Child Health and Human Development (NICHD) Study of Early Child Care – mit 1300 Kleinkindern und ihren Familien die bislang umfangreichste Längsschnittstudie überhaupt – zeigte sich, dass es nicht allein die Kinderbetreuung ist, die zur Bindungsunsicherheit beiträgt. Wenn die Kinder eine Kombination von Risikofaktoren sowohl zu Hause als auch in der Betreuungssituation ausgesetzt waren – unsensible Betreuung und Fürsorge zu Hause gekoppelt mit unsensibler Fürsorge in der Betreuungssituation, übermäßig viele Stunden, die das Kind in der Kindertagesstätte verbringt oder mehr als eine Betreuungssituation außer Haus –, zeigten die Ergebnisse einen Anstieg in der Bindungsunsicherheit. Insgesamt betrachtet ließ sich eine positivere Mutter-Kind-Interaktion feststellen, wenn die Qualität der Betreuungssituation gut war und das Kind weniger Stunden dort verbrachte (NICHD Early Childhood Research Network, 1997, 1999).

Als die Kinder der NICHD-Stichprobe das dritte Lebensjahr erreichten, konnte aufgrund einer qualitativ guten Betreuungssituation in der Vergangenheit auf bessere soziale Fähigkeiten geschlossen werden, wobei die Beurteilung durch die Betreuungspersonen erfolgte (NICHD Early Child Care Research Network, 2002b).

Gleichzeitig aber, unabhängig von der Qualität der Betreuungssituation, wurden bei Kindern im Alter von viereinhalb bis fünf Jahren, die mehr als 30 Stunden wöchentlich in einer Kindertagesstätte verbrachten, von ihren Müttern, den Betreuungspersonen und den Kindergärtnerinnen vermehrte Verhaltensschwierigkeiten festgestellt, insbesondere Trotz und Ungehorsam sowie aggressives Verhalten (NICHD Early Childhood Research Network, 2001). Dies bedeutet nicht notwendigerweise, dass Kinderbetreuung zu Verhaltensschwierigkeiten führt. Kinder, die von vornherein zu aggressivem Verhalten neigen, werden von ihren Eltern unter Umständen auch länger in der Kindertagesstätte gelassen.

Insgesamt lassen die Ergebnisse der NICHD-Studie erkennen, dass der Umgangsstil der Eltern eine wesentlich stärkere Auswirkung auf das problematische Verhalten von Vorschulkindern hat als die Tatsache, dass ihr Kind sehr viel Zeit unter der Betreuung anderer Personen verbracht hat (NICHD Early Childcare Research Network, 2002c). Tatsächlich zeigte sich, dass die Möglichkeit, eine warmherzige Bindung mit einer stabilen professionellen Betreuungsperson einzugehen, für Kleinkinder besonders hilfreich zu sein scheint, deren Beziehung zu einem Elternteil oder auch zu beiden Eltern eine unsichere Bindungsqualität aufweist. Bei einer Nachfolgeuntersuchung in die Kindergartenjahre und frühen Schuljahre hinein, lassen solche Kinder ein höheres Selbstwertgefühl und besseres Sozialverhalten erkennen als ihre unsicher gebundenen Altersgenossen, die nicht außer Haus betreut wurden (Egeland & Hiester, 1995).

Schlussfolgerungen

Insgesamt betrachtet weisen die Forschungsergebnisse darauf hin, dass bei einigen Kleinkindern das Risiko von Verhaltensproblemen und Bindungsunsicherheit besteht aufgrund qualitativ unzureichender Kinderbetreuung, übermäßig vieler Stunden in der Kindertagesstätte sowie dem emotionalen Druck, dem eine im Berufsleben stehende Mutter ausgesetzt ist, die zusätzlich zu einem Vollzeitjob auch ihre Elternrolle wahrnehmen muss. Dennoch kann dies nicht als Beweis dafür herangezogen werden, eine Reduzierung der Kinderbetreuung zu rechtfertigen. Wenn das Familieneinkommen eingeschränkt ist oder Mütter, die einer Arbeit außer Haus nachgehen möchten, gezwungen sind, zu Hause zu bleiben, trägt dies nicht zur emotionalen Sicherheit der Kinder bei. In einer in Australien durchgeführten Untersuchung konnte festgestellt werden, dass erstmalige Mütter mit einem hohen Berufsengagement sowie guter sozialer Unterstützung die Tendenz zeigten, im ersten Lebensjahr ihres Kindes früher wieder an ihre Arbeitsstelle zurückzukehren. Im Vergleich mit anderen Babys war bei Kindern dieser beruflich engagierten Mütter die Wahrscheinlichkeit einer sicheren Bindung im Alter von zwölf Monaten höher (Harrison & Ungerer, 2002). Auch die qualitativ hochwertige, von der australischen Regierung subventionierte Kinderbetreuung, die allen Familien zugänglich ist, wirkte sich günstig aus.

Folglich wäre es sinnvoll, mehr qualitativ hochwertige Kinderbetreuung zur Verfügung zu stellen und den Eltern bezahlten Erziehungsurlaub zu geben, so dass die Kinder nur eine eingeschränkte Anzahl von Stunden in einer Tagesstätte verbringen müssen. Zudem sollten Eltern davon in Kenntnis gesetzt werden, dass einfühlsame Fürsorge eine ausgesprochen wichtige Rolle in der frühen emotionalen Entwicklung ihres Kindes spielt. Gehen wir noch einmal zurück zu Kapitel 5, um uns die Anzeichen auf die Entwicklung abgestimmter Fürsorge bei Säuglingen und Kleinkindern zu vergegenwärtigen. Soll in der Kinderbetreuung Bindungssicherheit und eine gute Anpassung gefördert werden, so ist die Beziehung der Betreuungsperson zu dem Baby von außerordentlicher Wichtigkeit. Wenn genügend Betreuungspersonen vorhanden sind, die Gruppengröße klein gehalten wird und die Betreuungspersonen eine gute Ausbildung in der Kinderentwicklung und -erziehung erhalten haben, so sind die Interaktionen zwischen Betreuungspersonen und Kindern zumeist positiver und die Kinder entwickeln sich besser (NICHD Early Child Care Research Network, 2000b, 2002a). Kinderbetreuung, die diese Merkmale aufweist, kann Teil werden eines ökologischen Systems, das bei einer Intensivierung von Stress bei Eltern und Kind zu einer Reduzierung der Belastung beiträgt und so einer gesunden Entwicklung förderlich ist.

Diese Kindertagesstätte erfüllt hohe Qualitätsstandards hinsichtlich der Professionalität ihrer Mitarbeiter. Das zahlenmäßige Verhältnis von Betreuungspersonen und Kindern sollte günstig sein: in jedem Zimmer sollte nur eine bestimmte Anzahl von Kindern untergebracht sein und auch die Ausstattung mit altersangepassten Spielsachen und Möbeln ist außerordentlich wichtig. Zudem unterstützt eine gute Ausbildung in der kindlichen Entwicklung die Betreuungspersonen, auf die ihnen anvertrauten Säuglinge und Kleinkinder abgestimmt zu reagieren und ihren Bedürfnissen nach Gehaltenwerden, Beruhigung und Stimulation zu entsprechen.

sondern schien dieses vielmehr zu fördern (Barnett, Ganiban, & Cicchetti, 1999). Zudem führte eine Interventionsmaßnahme, die Müttern beibrachte, wie sie einfühlsam auf ihre sechs Monate alten leicht irritierbaren Kinder eingehen konnten, zu einer Zunahme an mütterlicher Feinfühligkeit und einem Anstieg in der Bindungssicherheit der Kinder sowie ihrer Exploration, ihrer Hilfsbereitschaft und Sozialität im Alter von dreieinhalb Jahren (van den Boom, 1995).

Einer der Hauptgründe, warum das Temperament sowie andere Persönlichkeitseigenschaften des Kindes nicht sonderlich hoch mit der Bindungsqualitäten korrelieren, ist wahrscheinlich der Umstand, dass ihr Einfluss abhängig ist von einer guten Passung zwischen Kind und Beziehungspersonen. Von dieser Perspektive aus betrachtet, können *viele* Attribute des Kindes zu einer sicheren Bindungsqualität führen, solange die Bezugsperson ihr Verhalten einfühlsam an die Bedürfnisse des Babys anpasst (Seifer & Schiller, 1995). Wenn allerdings die Bezugsperson diese gute Passung nicht leisten kann – so zum Beispiel durch eigene Persönlichkeitsprobleme oder ein stressreiches Lebensumfeld – dann besteht bei Kleinkindern, die unter Krankheiten oder Behinderungen leiden oder ein schwieriges Temperament aufweisen, das Risiko von Bindungsproblemen.

■ **Familiäre Umstände**

Timmys Eltern ließen sich kurz nach seiner Geburt scheiden, woraufhin der Vater in eine weit entfernte Stadt zog. Obwohl Vanessa versuchte, die Trennung vom Vater nicht in ihrer Beziehung zu ihrem Kind spürbar werden zu lassen, reagierte sie dennoch mit Beunruhigung und Abgelenktheit. Um für den Lebensunterhalt sorgen zu können, brachte sie Timmy bei einer Tagesmutter unter und begann wöchentlich 50 bis 60 Stunden zu arbeiten. Wenn Vanessa abends länger im Büro blieb, holte ein Babysitter Timmy bei der Tagesmutter ab, machte ihm sein Abendessen und brachte ihn zu Bett. Ein oder zweimal in der Woche holte Vanessa Timmy selbst ab. Kurz vor seinem ersten Geburtstag fiel ihr auf, dass andere Kinder sich nach ihren Eltern ausstreckten, zu ihnen krabbelten oder auf sie zu rannten. Timmy dagegen ignorierte seine Mutter.

Timmys Verhalten spiegelt eine Beobachtung wider, die immer wieder gemacht werden kann: der Verlust der Arbeitsstelle, eine zerbrochene Ehe oder sich auseinander entwickelnde Ehepartner, finanzielle Schwierigkeiten und andere Stressoren können die Bindung untergraben, indem sie sich negativ auf die Einfühlsamkeit der Eltern gegenüber ihrem Kind auswirken. Oder sie beeinflussen das Sicherheitsgefühl des Kindes indirekt dadurch, dass sie Streit der Erwachsenen zur Folge haben oder aber zu qualitativ unzureichender Kinderbetreuung führen (Thompson, 1998). Wie der Kasten „Soziale Aspekte" auf Seite 260 andeutet, wirkt sich eine Kinderbetreuung außer Haus bei Säuglingen und Kleinkindern nicht unbedingt negativ auf die Bindungsqualität aus. Das Vorhandensein sozialer Unterstützung, insbesondere hinsichtlich der Pflege und des Umgangs mit dem Kind, wird den Stress reduzieren und sich auf die Bindungssicherheit förderlich auswirken. Die Feinfühligkeit der Erzieherin und die Erziehungsratschläge, die ein Psychologe Vanessa anbot, waren für beide hilfreich. Als Timmy zwei wurde, hatte die Beziehung zu seiner Mutter zusehends an Warmherzigkeit gewonnen.

Eltern bringen in den Familienkontext eine lange Geschichte ihrer eigenen Bindungserfahrungen ein, aus denen sie internale Arbeitsmodelle konstruieren, die sie nun auf die Beziehung zu ihren Babys anwenden. Carola erinnert sich an ihre Mutter als liebevoll und sorgend und wertet sie als einen positiven Einfluss auf ihre eigene Mutterrolle. Monika hingegen erinnert sich an ihre Mutter als eine Frau, die angespannt und ständig mit etwas anderem beschäftigt war. Sie bedauert es, dass ihre Beziehung nicht enger gewesen war. Haben diese inneren Repräsentationen von Elternschaft eine Auswirkung auf die Bindungsqualität von Kathrin und Anna zu ihren Müttern?

Um diese Frage beantworten zu können, haben Wissenschaftler die internalen Arbeitsmodelle von Eltern beurteilt, indem sie die Erwachsenen baten, ihre Kindheitserinnerungen an Bindungserfahrungen zu evaluieren (George, Kaplan, & Main, 1985). Bei in mehreren westlichen Ländern durchgeführten Untersuchungen zeigte sich, dass Eltern, die in der Diskussion ihrer Kindheitserlebnisse Objektivität und ein gewisses Gleichgewicht erkennen ließen – unabhängig davon, ob diese Erlebnisse nun negativ oder positiv waren –, tendenziell eher sicher gebundene Kinder hatten und sich diesen gegenüber einfühlsam verhielten. Im Gegensatz dazu hatten Eltern, die ihren frühen Beziehungen nur wenig oder überhaupt keine Bedeutung beimaßen, für gewöhnlich unsicher gebundene Kinder mit denen sie sich auch weniger einfühlsam verhielten (van IJzendoorn, 1995; Slade et al., 1999).

Bei vorsichtiger Betrachtung der berichteten Ergebnisse kann man nicht davon ausgehen, dass die Kindheitserlebnisse der Eltern sich direkt in der Bindungsqualität ihrer eigenen Kinder abbilden. Bei internalen Arbeitsmodellen handelt es sich um *rekonstruierte Erinnerungen*, die von vielen Faktoren beeinflusst werden, einschließlich der im Leben gesammelten Beziehungserfahrungen, der eigenen Persönlichkeit und der momentanen Lebenszufriedenheit. Längsschnittstudien zeigen, dass negative Lebensereignisse die Verbindung zwischen der Bindungssicherheit des Individuums in seiner eigenen Kindheit und einem sicheren internalen Arbeitsmodell im Erwachsenenalter schwächen können. Unsicher gebundene Babys, die zu Erwachsenen mit unsicheren inneren Arbeitsmodellen heranwachsen, berichten häufig in Selbstbeurteilungsfragebögen von einem Leben voller Familienkrisen (Waters et al., 2000; Weinfield, Sroufe, & Egeland, 2000).

Zusammenfassend lässt sich feststellen, dass unsere frühen Kindheitserlebnisse mit der Bindung zu unseren eigenen Eltern nicht zwangsläufig dazu führen müssen, dass wir einfühlsame oder weniger einfühlsame Eltern werden. Stattdessen hat die Art und Weise, wie wir unsere Kindheit betrachten – unsere Fähigkeit, negative Erfahrungen zu verarbeiten, neue Informationen in unsere Arbeitsmodelle zu integrieren und verständnisvoll und vergebend auf unsere Eltern zurückzublicken –, einen wesentlich größeren Einfluss darauf, wie wir unsere eigenen Kinder aufziehen, als dies unsere tatsächlichen Fürsorgeerfahrungen in der Vergangenheit haben (Main, 2000).

6.4.5 Mehrfache Bindungen

Wir haben bereits angedeutet, dass Säuglinge Bindungen mit einer ganzen Reihe verschiedener, ihnen vertrauter Menschen entwickeln – nicht nur zur Mutter, sondern auch zum Vater, zu den Geschwistern, den Großeltern und professionellen Betreuungspersonen. Obwohl Bowlby (1969) in seiner Theorie durchaus mehrfache Bindungen in Erwägung gezogen hat, war er dennoch der Meinung, dass der Säugling von Natur aus sein Bindungsverhalten auf eine spezielle Person richtet, insbesondere wenn das Bindungssystem durch Stress aktiviert wurde. Wenn ein ängstliches, unglückliches einjähriges Kind beispielsweise die Wahl hat zwischen der Mutter oder dem Vater, um sein Bedürfnis nach Trost und Sicherheit zu befriedigen, wird es sich normalerweise an die Mutter wenden (Lamb, 1997). Diese Vorliebe nimmt typischerweise im Laufe des zweiten Lebensjahres ab, da ein sich zunehmend ausdehnendes Lebensumfeld das emotionale und das soziale Leben des Babys bereichert.

■ Väter

Wie auch bei einfühlsamer Fürsorge der Mutter, lässt sich aufgrund der Einfühlsamkeit des Vaters eine sichere Bindung voraussagen – ein Effekt, der sich noch verstärkt, je mehr Zeit der Vater mit dem Baby verbringt (van IJzendoorn & De Wolff, 1997). Im weiteren Verlauf des Kleinkindalters jedoch verhalten sich die Eltern verschiedener Kulturen (Australien, Indien, Israel, Italien, Japan und die Vereinigten Staaten) ihrem Kind gegenüber zunehmend anders. Mütter verwenden mehr Zeit auf das körperliche Wohlergehen des Kindes und den Ausdruck liebevoller Fürsorge. Väter dagegen verbringen mehr Zeit in spielerischer Interaktion (Lamb, 1987; Roopnarine et al., 1990). Auch spielen Mütter und Väter jeweils anders mit ihren Babys. Mütter geben ihren Kindern häufig Spielzeug, sie sprechen mit ihnen und beschäftigen sich mit altersgerechten Spielen wie etwa Backe-Backe-Kuchen oder Versteckspielen. Im Gegensatz dazu neigen Väter dazu, eher aufregende körperliche Spiele des Hochhebens oder Herumhüpfens zu spielen, was ganz besonders dann zutrifft, wenn es sich bei dem Kleinkind um einen Jungen handelt (Yogman, 1981).

Dieses Bild der Mutter als der Fürsorgenden und des Vaters als dem Spielkameraden hat sich jedoch in vielen Familien, in denen die Mutter einem Beruf nachgeht, verändert. Berufstätige Mütter tendieren zu mehr spielerischer Stimulation ihrer Kinder als nicht außer Haus arbeitende Mütter, während ihre Ehemänner sich etwas mehr der körperlichen Fürsorge ihres Kindes widmen (Cox et al., 1992). In Fällen, in denen der Vater die erste Bezugsperson ist, wird diese für das Kind in höchstem Maße aufregende Art des Spielens beibehalten (Lamb & Oppenheim, 1989). Solcherart involvierte Väter neigen in ihren Überzeugungen weniger zu Geschlechtsstereotypen; sie haben zumeist eine einfühlsame, freundliche Persönlichkeit; und sie betrachten die Elternschaft als ein besonders bereicherndes Erlebnis (Lamb, 1987; Levy-Shiff & Israelashvili, 1988).

Der Umgang von Vätern mit ihren Babys entfaltet sich innerhalb eines komplexen Systems von Einstellungen und Beziehungen in der Familie. Wenn Mütter und Väter der Meinung sind, dass Männer fähig sind, für ein Baby zu sorgen, so widmen die Väter der Fürsorge ihres Kindes mehr Zeit (Beitel &

Parke, 1998). Eine harmonische, die Bedürfnisse erfüllende Ehebeziehung wirkt sich vorteilhaft auf die Fürsorge für ihre Kinder seitens beider Elternteile aus, besonders wichtig ist dies jedoch für die Väter (Frosch, Mangelsdorf, & McHale, 2000; Grych & Clark, 1999). Aus kulturvergleichender Sicht wird diese Schlussfolgerung von den Aka, einem Volk von Jägern und Sammlern in Zentralafrika, gestützt. Dort widmen die Väter ihren Säuglingen mehr Zeit als in irgendeiner anderen bekannten Gesellschaft. Aka-Väter nehmen ihre Babys mindestens fünfmal häufiger auf den Arm und kuscheln mit ihnen mehr als Väter anderer Jäger- und-Sammler-Gesellschaften. Ehepaare bei den Aka unterhalten ungewöhnlich kooperierende und intime Beziehungen. Sie jagen gemeinsam, teilen sich die Arbeit bei der Nahrungszubereitung und verbringen ihre Freizeit zusammen. Je mehr Zeit die Aka-Eltern miteinander verbringen, desto größer ist die Interaktion des Vaters mit seinem Baby (Hewlett, 1992).

■ Geschwister

Trotz der abnehmenden Familiengröße wachsen dennoch 80 % aller amerikanischen Kinder mit zumindest einem Geschwisterchen auf. In Deutschland gibt es in lediglich 25 % der Privathaushalte zwei und mehr Kinder (Statistisches Bundesamt 2003). Die Ankunft eines neuen Babys in der Familie stellt eine schwierige Erfahrung für die meisten Vorschulkinder dar, denen sehr schnell klar wird, dass sie von nun an die Aufmerksamkeit und Zuwendung der Eltern teilen müssen. Häufig werden sie eine Zeit lang sehr fordernd, klammern und machen absichtlich Unfug. Auch ihre Bindungssicherheit nimmt typischerweise ab, insbesondere wenn sie mehr als zwei Jahre alt sind (alt genug, um sich bedroht und abgeschoben zu fühlen) und wenn die Mutter unter Stress steht, wegen psychischer Probleme oder aufgrund von Eheschwierigkeiten (Teti et al., 1996).

Trotzdem ist die Ablehnung nur ein Aspekt der reichhaltigen emotionalen Beziehung, die sich zwischen Geschwistern zu entwickeln beginnt, nachdem das Baby geboren ist. Ein etwas älteres Kind kann man dabei beobachten, wie es das Baby küsst, es streichelt und der Mutter zuruft „Mami, es braucht dich!", wenn das Baby weint – alles Anzeichen wachsender Zuneigung. Gegen Ende des ersten Lebensjahres des Babys verbringen Geschwister zumeist schon sehr viel Zeit miteinander. Kleinkinder diesen Alters empfinden während einer kurzen Abwesenheit der Eltern die Gegenwart ihres Bruders oder ihrer Schwester im Vorschulalter als beruhigend (Stewart, 1983). Im zweiten Lebensjahr ahmen sie ihre Geschwister häufig nach und spielen aktiv mit den älteren Kindern (Dunn, 1989).

Dennoch zeigen sich individuelle Unterschiede innerhalb der Geschwisterbeziehungen schon kurz nach der Geburt des Babys. Das Temperament spielt an dieser Stelle eine sehr wichtige Rolle. So wird es beispielsweise mehr Konflikte geben, wenn eines der beiden Geschwisterkinder in hohem Maße emotional oder ausgesprochen aktiv ist (Brody, Stoneman, & McCoy, 1994; Dunn, 1994). Auch der Erziehungsstil der Eltern macht einen Unterschied. Eine sichere Mutter-Kind-Bindung und Warmherzigkeit der Eltern gegenüber beiden Kindern korrelieren mit positiver Interaktion der Geschwister (MacKinnon-Lewis et al., 1997; Volling & Belsky, 1992). Die Bindung zwischen den Geschwistern kann auch dadurch gefördert werden, dass die Mutter mit den Kindern regelmäßig spielt und dem Vorschulkind die Wünsche und Bedürfnisse des Babys erklärt. Im Gegensatz dazu lassen sich Zusammenhänge erkennen zwischen einem strengen, kritisierenden oder fehlenden Umgang der Mutter mit ihren Kindern und antagonistischen Geschwisterbeziehungen (Howe, Aquan-Assee, & Bukowski, 2001).

Dieser Aka-Vater verbringt viel Zeit in engem Kontakt mit seinem Kind. In der Kultur der Aka kümmern sich Mann und Frau gemeinsam um viele Aufgaben des täglichen Lebens und führen eine ungewöhnlich kooperierende und intime Beziehung. Die Säuglinge sind für gewöhnlich in unmittelbarer Nähe zu ihren Vätern zu finden, die viele Stunden damit zubringen, sich um ihre Kinder zu kümmern.

Die Tabelle „Aspekte der Fürsorge" auf Seite 266 macht Vorschläge, wie eine positive Beziehung zwischen Säuglingen und Geschwistern im Vorschulalter gefördert werden kann. Geschwister bieten einen vielfältigen sozialen Kontext, indem kleine Kinder eine breite Palette von Fähigkeiten und Fertigkeiten lernen und üben können, einschließlich anteilnehmender Sorge um andere Menschen, Konfliktlösung sowie die Kontrolle über feindselige und eifersüchtige Gefühle.

6.4.6 Bindung und spätere Entwicklung

Gemäß psychoanalytischer und ethologischer Theorien unterstützen die Gefühle von Zuneigung und Sicherheit, die aus einer gesunden Bindungsbeziehung resultieren, alle Aspekte psychischer Entwicklung. In Einklang mit dieser Sicht konnte eine ausgedehnte Längsschnittstudie herausstellen, dass Kindergärtnerinnen Kinder, die im Säuglingsalter sicher gebundenen waren, als sozial kompetent betrachten, als kooperativ, beliebt und mit hohem Selbstwertgefühl. Im Gegensatz dazu wurden unsicher-vermeidend gebundene Altersgenossen als störend und schwierig eingestuft. Bei einer Nachuntersuchung im Alter von elf Jahren in einem Sommerferienlager zeigte sich, dass Kinder, die als Säuglinge sicher gebunden waren, nach der Beurteilung der Betreuer Beziehungen zu Gleichaltrigen hatten und auch in ihren sozialen Fähigkeiten höher eingestuft wurden (Elicker, Englund, & Sroufe, 1992; Matas, Arend, & Sroufe, 1978; Shulman, Elicker, & Sroufe, 1994).

Diese Ergebnisse wurden von manchen Wissenschaftlern so gedeutet, dass eine sichere Bindung im Säuglingsalter bessere kognitive, emotionale wie soziale Kompetenzen in späteren Jahren nach sich zieht. Für eine derartige Schlussfolgerung sind allerdings weitere Belege notwendig. In anderen Längsschnittstudien beispielsweise konnte festgestellt werden, dass sich sicher gebundene Säuglinge manchmal positiver entwickeln als unsicher gebundene, dies aber nicht immer so war (Stams, Juffer, & van IJzendoorn, 2002; Lewis, 1997; Schneider, Atkinson, & Tardiff, 2001). Der desorganisiert-desorientierte Bindungsstil stellt hier eine Ausnahme dar. Dieses Bindungsmuster korreliert durchgehend hoch mit einem hohen Ausmaß an Feindseligkeit und Aggression während der Kindergartenzeit bis in die Schulzeit hinein (Lyons-Ruth, 1996; Lyons-Ruth, Easterbrooks, & Cibelli, 1997).

Obwohl die Ankunft eines neuen Babys eine schwierige Situation für viele Vorschulkinder darstellt, entwickelt sich dennoch meist sehr schnell eine erfüllende emotionale Beziehung zwischen den Geschwistern. Dieses Krabbelkind beteiligt sich inzwischen aktiv am Spiel mit seinem vier Jahre alten Bruder und beide haben große Freude an der Interaktion.

Warum sind nach wie vor die Forschungsergebnisse zu langfristigen Folgen der Bindungsqualität unklar? Unter Umständen deswegen, weil es die *Kontinuität der Fürsorge* ist, die bestimmt, ob die Bindungssicherheit Einfluss auf die spätere Entwicklung nimmt (Lamb et al., 1985; Thompson, 2000). Wenn die Eltern auf ihr Kind einfühlsam reagieren und dies nicht nur in der frühen Kindheit geschieht, sondern auch in späteren Jahren, wird sich das Kind aller Wahrscheinlichkeit nach positiv entwickeln. Im Gegensatz dazu werden Kinder, deren Eltern über lange Zeit hinweg unsensibel reagieren, bleibende Muster von vermeidendem, widerstrebendem oder desorganisiertem Verhalten zeigen und das Risiko schulischer, emotionaler, sowie sozialer Schwierigkeiten wird höher sein. Allerdings sind Säuglinge und Kleinkinder auch ausgesprochen resiliente Wesen. Ein Kind, bei dem sich elterliche Fürsorge bessert oder das kompensierende, liebevolle Bindungen außerhalb der Familie gefunden hat, wird sich wahrscheinlich recht gut entwickeln.

Zum Abschluss der Diskussion über die Bindung sollen noch einmal die verschiedenen Faktoren angesehen werden, die auf die Entwicklung der Bindung zwischen Bezugsperson und Kind Einfluss haben. Diese sind unter anderem die individuellen Persönlichkeitseigenschaften von Eltern und Kind, die Beziehung der Eltern untereinander, Stressoren außerhalb der Familie, die Verfügbarkeit sozialer Unterstützung,

6.5 DIE EMOTIONALE UND SOZIALE ENTWICKLUNG DES SÄUGLINGS UND KLEINKINDS

Aspekte der Fürsorge

Das Ermutigen liebevoller Bindung zwischen Geschwistern im Säuglings- und Vorschulalter

VORSCHLAG	BESCHREIBUNG
Nehmen Sie sich zusätzlich Zeit für das ältere Kind	Um bei dem älteren Kind das Gefühl, weniger Zuneigung und Aufmerksamkeit zu bekommen, zu mindern, sollten sie sich für das Kind zusätzlich Zeit nehmen. Väter können an dieser Stelle besonders hilfreich sein, indem sie besondere Ausflüge mit dem Vorschulkind planen oder sich um das Baby kümmern, sodass die Mutter Zeit mit dem älteren Kind verbringen kann.
Gehen Sie mit negativem Verhalten der Kinder untereinander geduldig um	Reagieren Sie mit Geduld auf das Fehlverhalten des älteren Kindes und sein Verlangen nach Aufmerksamkeit, in dem Wissen, dass diese Reaktionen wahrscheinlich nur vorübergehend auftreten. Geben Sie dem Vorschulkind Möglichkeiten, stolz darauf zu sein, erwachsener als das Baby zu sein. Ermutigen Sie das ältere Kind beim Füttern, beim Baden und Anziehen des Säuglings zu helfen, lassen Sie das ältere Kind dem Baby Spielzeug anbieten und bringen Sie Ihre Anerkennung für all diese Bemühungen zum Ausdruck.
Diskutieren Sie die Wünsche und Bedürfnisse des Säuglings mit älteren Geschwistern	Indem die Eltern dem älteren Geschwisterkind den Standpunkt des Babys verdeutlichen, können sie freundliches und rücksichtsvolles Verhalten fördern. Sie könnten beispielsweise sagen: „Er ist noch so klein, dass er es noch nicht abwarten kann gefüttert zu werden." „Er versucht an seine Rassel heranzukommen, schafft es aber nicht."

die Sicht der Eltern auf ihre eigene Bindungsgeschichte sowie die Häufigkeit und Qualität der Kinderbetreuung. Obwohl sich die Bindung in der Wärme und Intimität der Interaktionen zwischen Bezugsperson und Kleinkind entwickelt, kann diese in ihrer Gesamtheit nur aus einer systemischen ökologischen Perspektive verstanden werden (Cummings & Cummings, 2002). Gehen Sie noch einmal zurück zu Kapitel 1, um sich die ökologische Systemtheorie zu vergegenwärtigen. Beachten Sie hierbei, wie die Forschung den Beitrag der Umwelt zur Bindungssicherheit auf jeder Ebene bestätigt.

Anwendung
Welches Bindungsmuster ließ Timmy erkennen, als Vanessa ihn von der Tagesmutter abholte und welche Faktoren trugen aller Wahrscheinlichkeit nach dazu bei? Wird sich Timmys unsicherer Bindungsstil unbedingt negativ auf seine Entwicklung auswirken?

Zusammenhänge
Verschaffen Sie sich einen Überblick über die Forschung zur emotionale Selbstregulation auf Seite 243. Auf welche Art und Weise wirken sich frühe Erfahrungen der Fürsorge förderlich auf die Entwicklung der emotionalen Selbstregulation sicher gebundener Säuglinge aus?

Prüfen Sie sich selbst ...

Prüfen Sie sich selbst ...

Rückblick
Aus welchen Faktoren erklärt sich für manche Kinder die Stabilität der Bindungssicherheit, für andere wiederum die Veränderung ihrer Bindungssicherheit? Sind es dieselben Faktoren, die dem Zusammenhang zwischen der Bindungsqualität im Säuglingsalter und der späteren Entwicklung zugrunde liegen?

Rückblick
Welchen Beitrag leisten die Qualität der Fürsorge und die Persönlichkeitseigenschaften des Säuglings zur Bindungssicherheit? Welcher dieser beiden Einflussfaktoren ist hier der stärkere und warum ist das Ihrer Meinung nach so?

6.5 Die Entwicklung des Selbst während der ersten zwei Lebensjahre

Das Kleinkindalter stellt eine vielgestaltige, formative Entwicklungsperiode dar, sowohl im Bereich des körperlichen als auch des sozialen Verständnisses. In Kapitel 5 wurde dargestellt, dass Kleinkinder eine Objektpermanenz entwickeln. Diesem Kapitel konnte entnommen werden, dass Kleinkinder in ihrem ersten Lebensjahr lernen, die Emotionen anderer Menschen wahrzunehmen, angemessen darauf zu reagieren und vertraute Menschen von Unbekannten zu unterscheiden. Die Tatsache, dass Menschen und Objekte für das Kind eine unabhängige, stabile Existenz gewinnen, weist darauf hin, dass ein Wissen um das eigene Selbst als etwas Eigenständiges, die Zeit überdauerndes, etwa in dieser Zeit auftaucht.

6.5.1 Das Selbstverständnis – ein Bewusstsein des eigenen Ich

Nach dem Baden hielt Carola Kathrin häufiger vor den Badezimmerspiegel. Schon in den ersten Lebensmonaten lächelte Kathrin ihr Spiegelbild an und reagierte freundlich darauf. In welchem Alter begann sie zu erkennen, dass dieses hübsche Baby, das ihr dort entgegenlachte, tatsächlich sie selbst war?

■ Das Auftauchen des Ich und des Selbst

Um diese Frage zu beantworten, haben Wissenschaftler Säuglinge und Krabbelkindern Bilder ihrer selbst im Spiegel, auf Videos und auf Fotos gezeigt. Wenn man drei Monate alten Kindern zwei Videobilder nebeneinander zeigt, auf denen sie selbst zu sehen sind, wie sie mit den Beinen strampeln, ein Video aus ihrer eigenen Sicht (die Kamera hinter dem Baby) und ein Video aus der Perspektive eines Beobachters (die Kamera vor dem Baby), so wird die Beobachterperspektive länger betrachtet (Rochat, 1998). Diese Ergebnisse lassen darauf schließen, dass schon in den ersten Lebensmonaten der Säugling eine gewisse Wahrnehmung des eigenen Körpers als einer abgegrenzten Einheit hat. Auch hat bereits eine Habituierung auf die Sicht des eigenen Körpers stattgefunden, was sich an ihrem Interesse für neue visuelle Reize durch die Vorführung der Beobachterperspektive erkennen lässt.

Wissenschaftler sind sich darüber einig, dass der früheste Aspekt des auftauchenden Selbstbewusstseins das **Ich** ist – also der Mensch als ein sich selbst erkennendes, handelndes Subjekt. Dies beinhaltet wiederum die Erkenntnis, dass das Selbst sich unterscheidet, d.h. getrennt ist von der es umgebenden Welt und dass es seine eigenen Handlungen und Gedanken kontrollieren kann. Nach vielen Theoretikern liegen die Anfänge des Ich in der Erkenntnis des Säuglings, dass seine eigenen Handlungen Objekte und Menschen dazu bringen können, auf eine vorhersehbare Art und Weise zu reagieren (Harter, 1998). Wenn man von dieser Idee ausgeht, wirkt sich die konsistente und einfühlsame Unterstützung und Ermutigung der Eltern beim Explorieren des Kindes und bei seinen Reaktionen auf die von ihnen ausgehenden Signale positiv aus und fördert die Fähigkeit des Kindes, sich als ein handelndes Subjekt wahrzunehmen. Zwischen dem ersten und zweiten Lebensjahr beispielsweise zeigt das Kind schon komplexer auf das eigene Selbst bezogene Handlungen während des Rollenspiels (Als-ob-Spiel). So wird es zum Beispiel einer Puppe, mit der das Kind sich selbst identifiziert, etwas zu trinken gegeben oder sie einen Teddybären küssen lassen (Pipp, Easterbrooks, & Harmon, 1992).

Während das Kind beginnt, auf seine Umwelt einzuwirken, kann es die verschiedenen Auswirkungen seines Handelns beobachten. Das hilft dem Kind, sein eigenes Ich als getrennt von anderen Menschen oder Objekten wahrnehmen zu lernen (Rochat, 2001). So zeigt beispielsweise ein Mobile, das angestoßen wird und daraufhin auf eine Weise in Schwingung gerät, die sich unterscheidet von den Bewegungen des Kindes, Zusammenhänge auf zwischen dem eigenen Selbst und der physischen Umwelt. Wenn es eine Bezugsperson anlächelt und vokalisiert, wird diese das Lächeln erwidern und auch vokalisieren. Durch derartige Interaktionen wird das Verständnis der Beziehungen zwischen dem eigenen Ich und der sozialen Umwelt vertieft. Die Bewegungen der eigenen Hände zu beobachten, bringt wieder ein anderes Feedback – eines das unter einer viel direkteren Kontrolle steht, als dies bei anderen Menschen oder Objekten der Fall wäre.

Ein weiterer Aspekt des eigenen Selbstbewusstseins ist das **Selbst,** der Mensch also als Objekt seiner eigenen Erkenntnisse und Bewertungen. Hierin sind alle Qualitäten vereinigt, die das Selbst einzigartig machen, einschließlich körperlicher Merkmale, Besitz und, wenn das Kind älter wird, auch seine Einstellungen, seine Überzeugungen und seine Persönlichkeitseigenschaften. Im zweiten Lebensjahr beginnt das Kleinkind, dieses Selbst zu konstruieren. Zu dieser Zeit werden sie der Eigenschaften ihres Selbst Schritt für Schritt gewahr. In einer Studie hat man neun bis 24 Monate alte Kinder vor einen Spiegel gesetzt. Dann wurden die jeweiligen Mütter – unter dem Vorwand, das Gesicht des Babys abzuwischen – gebeten, dem Kind etwas rote Farbe auf die Nase zu reiben. Die kleineren Kinder berührten den Spiegel auf eine Weise, als ob der rote Fleck nichts mit ihnen zu tun hätte. Im Alter von 15 Monaten allerdings begannen die Kinder, sich ihre befremdlich aussehende Nase zu reiben. Sie waren sich ihres ungewöhnlichen Aussehens sehr bewusst (Lewis & Brooks-Gunn, 1979). Die zwei Jahre al-

6.5 DIE EMOTIONALE UND SOZIALE ENTWICKLUNG DES SÄUGLINGS UND KLEINKINDS

Dieses einjährige Mädchen nimmt den Zusammenhang wahr zwischen ihren eigenen Bewegungen und den Bewegungen des Spiegelbildes, eine Reizkonstellation, der ihr zu der Erkenntnis verhilft, dass dieses lächelnde Baby dort im Spiegel tatsächlich sie selbst ist.

daran erinnern, dass selbstbezogene Emotionen ein beginnendes Bewusstsein eines eigenständigen Selbst voraussetzen. Im zweiten Lebensjahr, wenn das Selbst sich konsolidiert, zeigen sich die Anfänge selbstbezogenen Verhaltens: Schüchternheit und Verlegenheit. Selbstaufmerksamkeit führt unter anderem auch dazu, dass das Kind die ersten Anstrengungen unternimmt, die Sichtweise anderer Menschen einzuschätzen. Das geht einher mit den ersten Anzeichen von **Empathie** – der Fähigkeit, den emotionalen Zustand einer anderen Person zu verstehen, mitzufühlen oder emotional auf ähnliche Weise zu reagieren. So geben Kleinkinder einem anderen zumeist das, was sie selbst als tröstend empfinden – eine Umarmung, beruhigende Worte, die Lieblingspuppe oder die eigene Kuscheldecke (Zahn-Waxler et al., 1992). Zu dieser Zeit gewinnt das Kind auch zunehmend ein Verständnis davon, wie es andere ärgern kann. Ein 18 Monate alter Junge hörte, wie die Mutter zu einem anderen Erwachsenen sagte: „Anny (die Schwester) hat große Angst vor Spinnen. Wir haben eine Spielzeugspinne, die sie einfach nicht ausstehen kann" (Dunn, 1989, S. 107). Der unschuldig dreinschauende Junge rannte los, holte die Spinne aus der Spielzeugkiste und hielt sie seiner kleinen Schwester Anny vors Gesicht.

ten Kinder konnten sich fast ohne Ausnahme auf Fotos wiedererkennen. Sie konnten auch ihren Namen oder ein Personalpronomen („ich") verwenden, um sich auf die eigene Person zu beziehen.

Wie das Ich so kann auch die Entwicklung des Selbst durch einfühlsame Fürsorge gefördert werden. Sicher gebundene Kleinkinder verfügen über einen größeren Schatz an komplexem Wissen über ihre eigenen Merkmale und die Merkmale ihrer Eltern (so zum Beispiel, indem sie in der Lage sind, Teile des Körpers zu benennen), als dies bei Altersgenossen der Fall ist, die ein unsicheres Bindungsmuster aufweisen (Pipp, Easterbrooks, & Brown, 1993).

Die Ermutigung der Mutter, die verschüttete Milch mit aufzuwischen, fördert die Mitarbeit des Kindes und hilft ihm zu verstehen, dass es bestimmte Verhaltensregeln gibt, denen es sich zu fügen gilt (Einwilligungsbereitschaft oder Fügsamkeit). Dadurch wird die beginnende Selbstkontrolle beim Kind unterstützt. Der Junge beteiligt sich eifrig und willig am Aufwischen, was darauf hinweist, dass er beginnt, die direktiven Anweisungen Erwachsener in seinem Lebensumfeld als seine eigenen zu internalisieren.

■ Selbstaufmerksamkeit und die frühe emotionale und soziale Entwicklung

Die Selbstaufmerksamkeit wird bald zu einem zentralen Thema bei der Entfaltung des emotionalen und sozialen Lebens des Kindes. Sie werden sich

6.5.2 Die Selbstkategorisierung

Wenn das Kind einmal über ein Verständnis seines Selbst verfügt, konstruiert es unter Verwendung der sprachlichen und Repräsentationsfähigkeiten ein mentales Bild von sich selbst. Ein erstes Anzeichen dieser Konstruktion ist die Tatsache, dass die Kinder beginnen, sich selbst mit anderen zu vergleichen. Im Alter von 18 bis 30 Monaten kategorisieren Kinder sich selbst und andere anhand des Alters („Baby", „Junge" oder „Mann"), der Geschlechtszugehörigkeit („Junge" versus „Mädchen"), der Körpereigenschaften („groß" oder „stark") und sogar aufgrund von Eigenschaften wie „gut" oder „böse" („Ich ein liebes Mädchen" oder „Tommy böse") (Stipek, Gralinski, & Kopp, 1990). Obwohl das kindliche Verständnis dieser sozialen Kategorien immer noch Einschränkungen unterliegt, wird dieses Wissen vom Kleinkind bereits zur Organisation des eigenen Verhaltens verwendet. So steht beispielsweise die Fähigkeit, die eigene Geschlechtszugehörigkeit benennen zu können in direkter Verbindung mit einem steilen Anstieg geschlechtsstereotyper Reaktionen (Fagot & Leinbach, 1989). Bereits im Alter von 18 Monaten suchen sich Kleinkinder eher Spielzeug aus, das den Geschlechtsstereotypen entspricht und spielen damit auch hingebungsvoller: Puppen und Puppengeschirr bei den Mädchen und Lastwagen und andere Spielzeugautos bei den Jungen. Diese Präferenzen werden von den Eltern zusätzlich noch gefördert, indem sie auf die Wahl des Kindes positiv reagieren (Fagot, Leinbach, & O'Boyle, 1992). In Kapitel 8 wird herausgestellt, dass in der frühen Kindheit geschlechtstypisches Verhalten wesentlich verstärkt auftritt.

6.5.3 Das Auftauchen der Selbstkontrolle

Selbstaufmerksamkeit ist zudem auch die Grundlage für die **Selbstkontrolle** – die Fähigkeit, einem Impuls zu widerstehen, der zu einer sozial inakzeptablen Handlung geführt hätte. Die Kontrolle über das eigene Selbst ist sehr wichtig für moralisches Verhalten, einer anderen Dimension des Selbst, die in der Kindheit entwickelt wird und in der späteren Adoleszenz zu ihrer vollen Blüte gelangt. Um sich auf selbstkontrollierte Weise zu verhalten, muss beim Kind die Fähigkeit vorhanden sein, sich gedanklich auf sich selbst zu beziehen, und zwar als ein getrenntes, autonomes Wesen, das seinen eigenen Handlungen eine spezifische Richtung geben kann. Zudem müssen Repräsentationsfähigkeiten wie auch ein Erinnerungsvermögen vorhanden sein, um die Anweisungen einer Bezugsperson zu erinnern (etwa „Kathrin, du darfst nicht in die Steckdose fassen!") und diese auf sein eigenes Verhalten zur Anwendung zu bringen. Die Fähigkeit, Aufmerksamkeit von einem fesselnden Stimulus zu einer weniger attraktiven Alternative zu verlagern (unterstützt durch die nun weiter fortgeschrittene Entwicklung der Frontallappen des zerebralen Kortex), ist an diesem Punkt eine weitere wichtige Voraussetzung (Rothbart & Bates, 1998).

Mit diesen sich entwickelnden Fähigkeiten treten auch die ersten Anzeichen der Selbstkontrolle hervor. Diese lässt sich im Alter von etwa zwölf bis 18 Monaten in der Form der **Einwilligungsbereitschaft** oder **Fügsamkeit (Compliance)** beobachten. Das Kleinkind lässt eine klare Wahrnehmung der Wünsche und Erwartungen seiner Bezugspersonen erkennen und kann einfachen Bitten und Anweisungen Folge leisten (Kaler & Kopp, 1990). Und wie alle Eltern wissen, können sie sich nun auch entscheiden, genau das Gegenteil davon zu tun. Das Kleinkind gibt seinen Autonomiebestrebungen nach, indem es sich sich den Anweisungen des Erwachsenen widersetzt. Bei Kleinkindern, die in einer warmherzigen, fürsorglichen Familienatmosphäre aufwachen, ist allerdings Opposition wesentlich seltener als eine willige, eifrige Einwilligungsbereitschaft. Dies lässt darauf schließen, dass das Kind die Anweisungen seiner Bezugspersonen als etwas Eigenes zu internalisieren beginnt (Kochanska, Tjebkes, & Forman, 1998). Fügsamkeit führt sehr schnell zu Verbalisierungen, die Anfänge eines Gewissens erkennen lassen, etwa Kathrins „Nein, darf nicht!", als sie gerade dabei war, die Steckdose anzufassen (Kochanska, 1993).

Im Alter von etwa 18 Monaten beginnt sich die Fähigkeit zur Selbstkontrolle zu zeigen. Diese verbessert sich bis in die frühe Kindheit hinein ständig. In einer Untersuchung wurden Kleinkindern drei Aufgaben gestellt, die ihnen abverlangten, dass sie einer Versuchung widerstehen. Bei der ersten Aufgabe wurde ihnen gesagt, dass sie ein besonders interessantes Spielzeugtelefon, das sich direkt vor ihnen befand, nicht anfassen dürften. In der zweiten Aufgabe wurden Rosinen unter Tassen versteckt und die Kinder wurden angewiesen zu warten, bis ein Erwachsener ihnen erlaubte, eine Tasse hochzuheben und eine Rosine zu essen. In der dritten Aufgabe wurden sie angewiesen, ein Geschenk erst zu öffnen, wenn der Erwachsene seine Arbeit beendet hatte. Bei allen drei Aufgaben war ein stetiger Anstieg in der Fähigkeit zu

Aspekte der Fürsorge

Dem Kleinkind helfen, Einwilligungsbereitschaft und Selbstkontrolle zu entwickeln

VORSCHLAG	BEGRÜNDUNG
Reagieren Sie einfühlsam und unterstützend auf das Kleinkind.	Kleinkinder, deren Eltern einfühlsam und unterstützend mit ihnen umgehen, zeigen mehr Einwilligungsbereitschaft und Selbstkontrolle.
Sagen Sie dem Kind vorher Bescheid, wenn es in nächster Zeit eine vergnügliche Aktivität beenden muss.	Kleinkinder empfinden es als schwieriger, eine schon begonnene lustvolle Aktivität zu unterbrechen, als darauf zu warten, eine solche beginnen zu können.
Bieten Sie dem Kind viele Anstöße und Erinnerungen.	Die Fähigkeit von Kleinkindern, Regeln zu erinnern und sie zu befolgen, ist eingeschränkt; sie benötigen fortwährende Aufsicht Erwachsener.
Reagieren Sie auf sein Verhalten, das Selbstkontrolle erkennen lässt, mit verbaler und körperlich geäußerter Bestätigung.	Lob und Umarmungen verstärken gutes, der Situation angemessenes Verhalten und erhöhen die Wahrscheinlichkeit, dass dieses wiederholt wird.
Ermutigen Sie eine Verlängerung der Aufmerksamkeitsspanne, indem Sie das Kind eine Aufgabe nicht zu schnell abbrechen lassen (siehe Kapitel 5).	Das frühe Aufrechterhalten von Aufmerksamkeit ist verbunden mit Selbstkontrolle. Kinder, die ihre Aufmerksamkeit von einem fesselnden Reiz und Aufmerksamkeitsfokus auf eine weniger attraktive Alternative verlagern können, weisen eine bessere Impulskontrolle auf.
Unterstützen Sie die Sprachentwicklung (siehe Kapitel 5).	Die frühe Sprachentwicklung ist verbunden mit Selbstkontrolle. Während des zweiten Lebensjahres beginnen Kinder, Sprache zu verwenden, um sich selbst an die Erwartungen der Erwachsenen zu erinnern.
Führen Sie schrittweise mehr Regeln ein, abgestimmt auf die noch in Entwicklung begriffenen Fähigkeiten des Kindes.	Wenn die Kognition und die Sprache sich verbessern, gelingt es dem Kleinkind zunehmend besser, Regeln zu befolgen, die mit seiner eigenen Sicherheit zu tun haben, Respekt Menschen und Eigentum gegenüber zu zeigen und sich Routinen und Verhaltensweisen in der Familie anzupassen sowie einfache Aufgaben zu übernehmen.

warten zwischen dem Alter von 18 bis 30 Monaten zu verzeichnen (Vaughn, Kopp, & Krakow, 1984).

Schon sehr früh bestehen große individuelle Unterschiede in der Selbstkontrolle, die auch über die mittlere Kindheit bis in die Adoleszenz hinein relativ stabil bleiben (Shoda, Mischel, & Peake, 1990). Kinder, die ihre Aufmerksamkeit schon recht gut aufrechterhalten können und deren Sprachentwicklung schon weiter fortgeschritten ist, weisen zumeist eine bessere Selbstkontrolle auf. Das bedeutet, dass Mädchen in den meisten Fällen den Jungen voraus sind (Cournoyer, Solomon, & Trudel, 1998; Rothbart, 1989). Manchen Kleinkindern gelingt es auch schon früh, spezifische verbale Techniken anzuwenden, etwa singen oder mit sich selber reden, um sich selbst von einer verbotenen Handlung abzuhalten. Zudem wurde herausgefunden, dass einfühlsame und unterstützende Mütter Kinder haben, deren Fähigkeit zur Selbstkontrolle schneller zunimmt (Kochanska, Murray, & Harlan, 2000). Diese Art des elterlichen Umgangs scheint das Kind zu ermutigen und ein Modell darzustellen für ein geduldiges, nicht-impulsives Verhalten des Kindes.

Wenn die Fähigkeit zur Selbstkontrolle zunimmt, werden Mütter schrittweise mehr Regeln aufstellen, die das Kleinkind zu befolgen hat. Diese erstrecken sich von Regeln hinsichtlich der Sicherheit des Kindes über den Respekt für den eigenen Besitz und den anderer Menschen, bis hin zu guten Manieren und einfachen täglichen Aufgaben, die das Kind zu erledigen hat (Gralinski & Kopp, 1993). Aber immer noch ist die Kontrolle des Kleinkindes über seine eigenen Handlungen abhängig von konstanter elterlicher Aufsicht und Erinnerungen. Um Kathrin dazu zu bringen, mit dem Spielen aufzuhören, so dass sie und ihre Eltern einkaufen gehen können, waren für gewöhnlich mehrmalige Aufforderungen notwendig („Denk daran, wir wollen gleich gehen"), die nötigenfalls auch mit sanftem Nachdruck durchgesetzt werden mussten. In der oben stehenden Tabelle zu den Aspekten der Fürsorge finden Sie eine Zusammenfassung möglicher

Vorgehensweisen, wie Kleinkindern geholfen werden kann, Fügsamkeit und Selbstkontrolle zu entwickeln.

Als sich das zweite Lebensjahr ihres Kindes dem Ende zuneigte, waren Carola, Monika und Vanessa begeistert darüber, wie willig ihre Kinder die Regeln des sozialen Zusammenlebens lernten. Wie wir in Kapitel 8 sehen werden, machen Kinder während der frühen Kindheit enorme Fortschritte in diesem Bereich. Dabei sind die zunehmende Entwicklung der Kognition und der Sprache in Verbindung mit elterlicher Wärme und auf das Alter und den Reifestand des Kindes abgestimmte Anforderungen hilfreiche Voraussetzungen.

> **Prüfen Sie sich selbst ...**
>
> **Rückblick**
> Warum ist es nicht richtig, darauf zu bestehen, dass Säuglinge den elterlichen Anforderungen grundsätzlich nachkommen? Welche Kompetenzen sind notwendig für die Entwicklung von Einwilligungsbereitschaft und Selbstkontrolle?
>
> **Zusammenhänge**
> Welche Art des elterlichen Umgangs und der Fürsorge sind im frühen Lebensalter notwendig, damit die Entwicklung der emotionalen Selbstregulation, der Bindung und der Selbstkontrolle gefördert wird? Warum ist diese Art des Umgangs in den genannten Bereichen effektiv?
>
> **Prüfen Sie sich selbst ...**

Zusammenfassung

Eriksons Theorie zur Persönlichkeit des Säuglings und des Kleinkindes

Welche Persönlichkeitsveränderungen sind Thema des Stadiums „Urvertrauen versus Misstrauen" und des Stadiums „Autonomie versus Scham und Zweifel" nach Erikson?

- Nach Erikson führt eine warmherzige einfühlsame Fürsorge dazu, dass der psychische Konflikt des **Urvertrauens versus Misstrauens** positiv aufgelöst werden kann. Im Krabbelalter wird der Konflikt von **Autonomie versus Scham und Zweifel** zum Positiven aufgelöst werden können, wenn die Eltern das Kind altersgerecht anleiten und ihm vernünftige Wahlmöglichkeiten geben. Wenn Kinder aus den ersten Lebensjahren mit nur unzureichendem Vertrauen und mangelnder Autonomie hervorgehen, so entstehen daraus mit erhöhter Wahrscheinlichkeit Anpassungsprobleme.

Die emotionale Entwicklung

Beschreiben Sie die Veränderungen in der Freude, der Wut und der Furcht im Laufe des ersten Lebensjahres, unter Beachtung der jeweiligen adaptiven Funktion.

- Während des ersten halben Lebensjahres entwickeln sich die **Grundmotionen** zu klaren, gut organisierten Signalen. Das **soziale Lächeln** erscheint zwischen der sechsten und der zehnten Lebenswoche, das Lachen etwa um den dritten bis vierten Lebensmonat. Freude stärkt die Bindung zwischen Eltern und Kind und reflektiert und unterstützt die kognitiven und physischen Lernprozesse. Ärger und Furcht, insbesondere in Form der **Fremdenangst**, nehmen in der zweiten Hälfte des ersten Lebensjahres zu. Diese Reaktionen erhöhen die Überlebenschancen in einer Zeit, in der die motorischen Möglichkeiten des Kindes raumgreifender werden.

Fassen Sie die Veränderungen innerhalb der ersten zwei Lebensjahre für folgende Bereiche zusammen: das Verständnis der Emotionen anderer Menschen, den Ausdruck von Grundemotionen und die emotionale Selbstregulation.

- Die Fähigkeit, die Gefühle anderer zu verstehen, entwickelt sich innerhalb des ersten Lebensjahres zunehmend. Im Alter von sieben bis zehn Monaten können Babys Gesichtsausdrücke als organisierte Muster wahrnehmen. Kurz danach zeigt sich die so genannte soziale Bezugnahme (**social referencing**); das Kind sucht in unsicheren Situationen aktiv emotionale Informationen von seiner Bezugsperson. Mitte des zweiten Lebensjahres beginnt das Kind zu verstehen, dass die emotionalen Reaktionen anderer Menschen sich von seinen eigenen unterscheiden können.

- Im Krabbelalter sind die Selbstaufmerksamkeit und die Anleitung durch Erwachsene als die Grundlage für die **selbstbezogenen Emotionen** wie Scham, Verlegenheit und Stolz zu sehen. Die Bezugspersonen helfen dem Säugling bei seiner **emotionalen Selbstregulation**, indem sie das Kind beruhigen, wenn es unter Anspannung steht, indem sie mit dem Kind anregend spielen und negativen Emotionsausdruck nicht ermutigen. Während des zweiten Lebensjahres führt die Zunahme an Fähigkeiten in den Bereichen des Aufbaus mentaler Repräsentationen und der Sprache zu effektiveren Möglichkeiten der Emotionsregulation.

Temperament und Entwicklung

Was ist unter Temperament zu verstehen und wie wird es erfasst?

- Säuglinge unterscheiden sich stark hinsichtlich ihres **Temperamentes** – der Qualität und Intensität ihrer Emotionen, ihrem Aktivitätsniveau, ihrer Aufmerksamkeit und ihrer emotionalen Selbstregulation. Auf der Basis elterlicher Beschreibungen des Verhaltens ihrer Kinder ergaben sich drei verschiedene Temperamentskategorien – das **einfache Kind**, das **schwierige Kind** und das **nur langsam aktiv werdende Kind** –, diese Muster konnten in der New Yorker Längsschnittstudie identifiziert werden. Insbe-

sondere bei schwierigen Kindern sind später Anpassungsprobleme zu erwarten.
- Zusätzlich zu Berichten der Eltern, Verhaltensbeurteilungen und direkter Beobachtung von Kindern wurden von den Wissenschaftlern auch physiologische Messungen angewendet. Diese Art der Beurteilung unterscheidet **gehemmte** oder **schüchterne Kinder** von **ungehemmten** oder **geselligen Kindern,** wobei die Möglichkeit besteht, dass eine bestimmte physiologische Reaktionstendenz vererbt ist, die das Kind zu einem bestimmten Temperamentsstil tendieren lässt.

Diskutieren Sie die Rolle, welche Vererbung und Umweltbedingungen für die Stabilität des Temperaments spielt, indem Sie auf das Modell der guten Passung eingehen.
- Die Stabilität des Temperaments ist eher gering bis mäßig einzuschätzen. Das Temperament hat eine genetische Grundlage, aber dennoch haben die Erziehung, die kulturellen Überzeugungen und Konventionen eine große Auswirkung darauf, ob sich das Temperament verändert. Das **Modell der guten Passung** gibt eine Beschreibung, wie Temperament und Umweltbedingungen ineinander greifen und die spätere Entwicklung beeinflussen. Die Erziehungsgewohnheiten der Eltern, die für eine gute Passung zwischen dem Temperament des Kindes und dem der Eltern sorgen, tragen dazu bei, dass schwierige und schüchterne Kinder ein zunehmend adaptiveres Funktionsniveau erreichen können.

Bindungsentwicklung
Beschreiben Sie die ethologische Bindungstheorie und die Entwicklung der Bindung während der ersten beiden Lebensjahre.
- Die am weitesten akzeptierte Sichtweise der **Bindungsentwicklung** ist die **ethologische Theorie.** In dieser Theorie sind Babys biologisch darauf vorbereitet, aktiv zur Bindung an ihre Bezugspersonen beizusteuern, die ihnen das Überleben sichern, insofern sie für Sicherheit und die Entfaltung von Kompetenzen sorgen.
- In der frühen Kindheit ermutigt eine Reihe angeborener Verhaltensweisen die Bezugsperson, immer in der Nähe des Babys zu bleiben. Im Alter von etwa sechs bis acht Monaten zeigen das Auftauchen von **Fremdenangst** und das Einsetzen der Bezugsperson als einer sicheren „**Operationsbasis**", dass sich eine sichere Bindung entwickelt hat. Wenn sich nach und nach die Fähigkeit zur inneren Repräsentation entwickelt und die Sprachentwicklung fortschreitet, versucht das Kleinkind unter Anwendung von Bitten oder Überzeugungsversuchen, Einfluss auf das Kommen und Gehen seiner Bezugspersonen zu nehmen. Aus den frühen Fürsorgeerfahrungen konstruiert das Kind ein **inneres Arbeitsmodell**, auf das sich alle späteren Beziehungen zurückführen lassen.

Beschreiben Sie die Fremden-Situation, die vier Bindungskategorien, die daraus resultieren, sowie die Einflussfaktoren der Bindungssicherheit.
- Die **Fremden-Situation** ist eine verbreitete Methode zur Erfassung der Bindungsqualität bei Kindern im Alter von ein bis zwei Jahren. Vier verschiedene Bindungsmuster konnten identifiziert werden: die **sichere Bindung**, die **unsicher-vermeidende Bindung**, die **unsicher-ambivalente Bindung** und die **desorientiert-desorganisierte Bindung**. Sicher gebundene Babys aus Mittelschichtfamilien, die unter positiven Lebensumständen aufwachsen, behalten ihr Bindungsmuster häufiger bei als unsicher gebundene Kinder. Eine Ausnahme stellt das desorganisiert-desorientierte Bindungsmuster dar, bei dem eine ausgesprochen hohe Stabilität festgestellt werden konnte. Auch die kulturellen Bedingungen müssen bei der Beurteilung und Auswertung der Reaktionen auf die Fremden-Situation in Betracht gezogen werden.
- Die Bindungsqualität wird davon beeinflusst, ob der Säugling die Möglichkeit hat, zu einem oder mehreren Erwachsenen eine enge Bindung einzugehen. Weiterhin spielen eine große Rolle: **feinfühlige Fürsorge**, eine gute Passung zwischen dem elterlichen Umgang mit dem Kind und seinem Temperament sowie die familiären Bedingungen, unter denen das Kind aufwächst. In einigen Kulturen ist eine **Synchronizität in der Interaktion** zwischen Eltern und Kind Kennzeichen der Interaktionserfahrungen sicher gebundener Babys. Auch die inneren Arbeitsmodelle der Eltern sind gute Prädiktoren für die Bindungsqualität ihrer Kinder. Dennoch ist der Umstand, inwieweit die Kindheitserlebnisse der Eltern sich in der Bindungsqualität ihrer Kinder niederschlagen, abhängig von einer ganzen Reihe verschiedenartiger Einflussfaktoren.

Diskutieren Sie die Bindung von Kleinkindern zu ihren Vätern und Geschwistern.
- Kleinkinder entwickeln eine starke emotionale Bindung an ihre Väter. Entwickelt der Vater eine einfühlsame Fürsorge lässt sich eine sichere Bindungsqualität vorhersagen. Väter in vielen Kulturen spielen mit ihren Kindern auf eine aufregendere, mehr körperlich orientierte Art und Weise als Mütter dies tun. Schon relativ früh im ersten Lebensjahr beginnen Säuglinge, reichhaltige emotionale Beziehungen zu ihren Geschwistern aufzubauen – Beziehungen, die eine bunte Mischung darstellen von Zuneigung und liebevollem Umgang und Rivalität und Widerstand. Individuelle Unterschiede in der Qualität der Geschwisterbeziehungen werden beeinflusst vom Temperament der Kinder und dem Erziehungsstil der Eltern.

Beschreiben und interpretieren Sie die Zusammenhänge zwischen einer sicheren Bindung im Säuglingsalter und kognitiver, emotionaler und sozialer Kompetenz in der Kindheit.
- Die Forschungsergebnisse über die Auswirkungen der frühen Bindungsqualität auf die kognitive, emotionale und soziale Kompetenz sind nicht schlüssig. Eine Kontinuität in der Fürsorge scheint ein Faktor von entscheidender Bedeutung dafür zu sein, ob die Bindungssicherheit in der späteren Entwicklung beibehalten werden kann.

Die Entwicklung des Selbst während der ersten zwei Lebensjahre

Beschreiben Sie die Entwicklung des Selbstkonzeptes im Säuglingsalter und im Krabbelalter unter Berücksichtigung der emotionalen und sozialen Fähigkeiten, die dadurch unterstützt werden.

- Der früheste Aspekt des auftauchenden Selbstbewusstseins ist das **Ich** – ein Gefühl für das eigene Selbst als sich selbst erkennendes, handelndes Subjekt. Seine Anfänge liegen im Erkennen des Säuglings, dass seine eigenen Handlungen eine Auswirkung auf Menschen und Objekte haben und diese auf eine vorhersagbare Weise reagieren. Während des zweiten Lebensjahres beginnt das Kleinkind ein **Selbst** zu konstruieren – ein Gefühl für das eigene Ich als ein Objekt der eigenen Erkenntnis und Bewertung. Das Kind wird sich seines Aussehens bewusst und im Alter von zwei Jahren beginnt es, seinen Namen oder ein Personalpronomen zu verwenden, wenn es sich selbst meint.
- Selbstaufmerksamkeit führt zu den ersten Bemühungen auf Seiten des Kleinkindes, die Sichtweise anderer Menschen zu verstehen und diese mit der eigenen zu vergleichen. Soziale Kategorien, basierend auf dem Alter, der Geschlechtszugehörigkeit, den körperlichen Merkmalen eines Menschen und seinem „Gut"- oder „Böse"-Sein, beginnen sich in der Sprache des Kindes zu zeigen. Die Selbstaufmerksamkeit stellt außerdem die Grundlage dar, für die Grundemotionen sowie die **Empathie**, die **Einwilligungsbereitschaft oder Fügsamkeit** und die **Selbstkontrolle**.

Wichtige Fachtermini und Begriffe

Autonomie versus Scham und Zweifel S. 235
Bindung S. 252
einfaches, „pflegeleichtes" Kind S. 245
einfühlsame Fürsorge S. 258
Einwilligungsbereitschaft/ Fügsamkeit S. 269
emotionale Selbstregulation S. 243
Empathie S. 268
ethologische Bindungstheorie S. 253
Fremden-Situation S. 255
Fremdenangst S. 240
gehemmtes oder schüchternes Kind S. 247
Grundemotionen S. 237
Ich S. 267
inneres Arbeitsmodell S. 255
Kind, das nur langsam aktiv wird S. 245
Modell der guten Passung (goodness-of-fit model) S. 251
schwieriges Kind S. 245
Selbst S. 267
selbstbezogene Emotionen S. 242
Selbstkontrolle S. 269
sichere Basis S. 254, 255
sichere Bindung S. 256
soziale Bezugnahme S. 241
soziales Lächeln S. 237
Synchronizität in der Interaktion S. 258
Temperament S. 244
Trennungsangst S. 254
ungehemmte oder gesellige Kinder S. 247
unsicher-ambivalente (resistente) Bindung S. 256
unsicher-desorganisierte/ desorientierte Bindung S. 256
unsicher-vermeidende Bindung S. 256
Urvertrauen vs. Misstrauen S. 235

MEILENSTEINE

Alter	Körperlich	Kognitiv	Sprache	Emotional/sozial
Geburt–6 Monate	• Rascher Zuwachs an Größe und Gewicht. (153) • Reflexe nehmen ab. (136) • Schlaf wird reguliert und geht zum Tag-Nacht-Rhythmus über. (163) • Hält den Kopf aufrecht, kann sich drehen und greift nach Gegenständen. (175, 178) • Kann klassisch und operant konditioniert werden. (170–172) • Habituiert sich auf nicht wechselnde Reize; erholt sich für neue Reize. (172) • Das Hören ist gut organisiert, zeigt am Ende dieser Periode größere Empfänglichkeit für Sprachlaute der eigenen Sprache. (179) • Wahrnehmung von Tiefe und Mustern erscheint und verbessert sich. (181–186)	• Zeigt unmittelbare und hinausgeschobene Imitation vom Gesichtsausdruck Erwachsener. (173, 199) • Wiederholt zufällige Verhaltensweisen, was zu vergnüglichen und interessanten Ergebnissen führt. (196–197) • Aufgaben nach der Methode der nicht eingetroffenen Erwartung weisen hin auf ein gewisses Bewusstsein von Objektkonstanz. (199) • Die Aufmerksamkeit wird wirksamer und flexibler. (208–209) • Wiedererkennungsgedächtnis für Menschen, Orte und Gegenstände verbessert sich. (209) • Bildet Wahrnehmungskategorien, die sich auf ähnlichen Merkmalen von Gegenständen gründen. (209–210)	• Zeigt Gurren und Lallen oder Brabbeln. (224) • Zeigt eine gemeinsame Aufmerksamkeitsrichtung mit Betreuungsperson, die Gegenstände und Ereignisse benennt. (225) 	• Zeigt Anzeichen fast aller grundlegenden Gefühle (Glück, Interesse, Überraschung, Furcht, Ärger, Traurigkeit, Ekel). (236–241) • Soziales Lächeln und Lachen erscheinen. (237) • Passt sich emotionalem Ausdruck Erwachsener im Sichtkontakt an. (237, 240) • Emotionaler Ausdruck ist besser organisiert und deutlich auf soziale Ereignisse bezogen. (237) • Einige Ich-Funktionen erscheinen. (267) 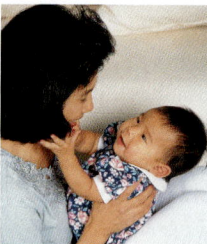
7–12 Monate	 • Sitzt allein, krabbelt und läuft. (175) • Zeigt verfeinerten Pinzettengriff. (178) • Nimmt größere Spracheinheiten wahr, was wesentlich für das Verständnis von Bedeutung ist. (180) • Tiefen- und Musterwahrnehmung verbessern sich weiter. (181–186)	• Kombiniert sensumotorische Schemata. (196) • Zeigt intentionales oder auf ein Ziel gerichtetes Verhalten. (198) • Findet Gegenstände, die an einem Platz versteckt sind. (198) • Zeigt aufgeschobene Nachahmung von Handlungen Erwachsener mit Gegenständen. (199) • Das Zurückrufen im Gedächtnis von Menschen, Orten und Gegenständen verbessert sich. (209) • Löst einfache Probleme durch Analogie. (202) • Gruppiert Reize in ein großes Spektrum bedeutungshaltiger Kategorien. (209–210)	• Das Brabbeln dehnt sich aus und umfasst Laute aus gesprochenen Sprachen und aus der Sprachgemeinschaft des Kindes. (224–225) • Benutzt präverbale Gesten (Zeigen, Deuten), um zu kommunizieren. (225) 	• Wut und Angst nehmen an Häufigkeit und Intensität zu. (240) • Angst vor Fremden und vor Trennungen tritt auf. (240) • Benutzt Betreuer als sichere Basis für Entdeckungen. (255–256) • Zeigt „eindeutige" Bindung an vertraute Betreuer. (256) • Fähigkeit, die Bedeutung des emotionalen Ausdrucks anderer zu verstehen, verbessert sich. (241) • Zeigt soziale Bezugnahme. (241)

Entwicklung im Säuglings- und Kleinkindalter

Alter	Körperlich	Kognitiv	Sprache	Emotional/sozial
13–18 Monate	• Schneller Zuwachs an Größe und Gewicht, jedoch nicht so groß wie im ersten Jahr. (153) • Das Laufen ist besser koordiniert. (175) • Manipuliert kleine Gegenstände mit verbesserter Koordination. (178) 	• Experimentiert mit Gegenständen in der Art von Versuch und Irrtum. (196) • Findet Gegenstände, die an mehr als einem Ort versteckt sind. (196) • Ordnet Gegenstände in Kategorien. (209–210) • Imitiert Handlungen über eine Veränderung des Kontextes hinweg – zum Beispiel von zu Hause ins Labor. (201–202) • Aufrechterhaltene Aufmerksamkeit verbessert sich. (208–209)	 • Gemeinsame Aufmerksamkeit mit Betreuer wird gerichteter. (225) • Nimmt teil an wechselseitigen Spielen wie Backe-backe-Kuchen und beim Guck-guck-da-Spiel. (225) • Sagt erste Wörter. (226)	• Beteiligt sich am Spiel mit Eltern und Geschwistern. (263–264) • Ich-Funktion setzt ein, erkennt sich selbst im Spiegel. (267) • Zeigt Anzeichen von Einfühlung. (268) • Befolgt einfache Aufforderungen. (269–270)
19–24 Monate	• Springt, läuft und klettert. (175) • Manipuliert kleine Gegenstände mit guter Koordination. (178) 	• Löst sensumotorische Probleme plötzlich. (196) • Findet einen Gegenstand, der bewegt wurde, während es nicht zusah. (198) • Zeigt aufgeschobene Nachahmung von Handlungen, die ein Erwachsener unternimmt, selbst wenn diese nicht voll ausgeführt werden. (199) • Macht Als-ob-Spiele. (213–214) • Ordnet Gegenstände auf eine wirksamere Art in Kategorien. (209–210) • Zurückrufen ins Gedächtnis von Menschen, Orten und Gegenständen verbessert sich weiterhin. (209)	• Wortschatz erweitert sich auf 200 Wörter. (226) • Kombiniert zwei Wörter. (226–227) 	• Selbstbezogene Emotionen treten auf (Scham, Verlegenheit, Schuld und Stolz). (242) • Erwirbt einen Wortschatz emotionaler Begriffe. (244) • Beginnt Sprache zu benutzen als Hilfe zur emotionalen Selbstregulierung. (244) • Fängt an, Abwesenheit der Betreuungsperson leichter zu tolerieren. (255–256) • Benutzt eigenen Namen oder persönliches Fürwort, um sich selber zu benennen. (268) • Kategorisiert sich und andere auf der Grundlage von Alter, Geschlecht, körperlichen Merkmalen und Gut- und Bösesein. (269) • Zeigt geschlechtsspezifische Vorlieben beim Spielzeug. (269) • Selbstkontrolle erscheint. (269–271)

Beachte: Die Zahlen in Klammern weisen hin auf die Seite(n), auf der jeder Meilenstein behandelt wird.

Teil 4: Frühe Kindheit: Zwei bis sechs Jahre

Die körperliche und kognitive Entwicklung in der frühen Kindheit

7.1 Körperwachstum 278
    Wachstum des Knochenskeletts 279
    Unregelmäßigkeiten beim körperlichen Wachstum 280
7.2 Entwicklung des Gehirns 280
    Händigkeit 281
    Weitere Fortschritte in der Gehirnentwicklung 282
7.3 Einflüsse auf das körperliche Wachstum und die Gesundheit .. 283
    Vererbung und Hormone 283
    Emotionales Wohlbefinden 283
    Ernährung 284
    Infektionskrankheiten 285
    Unfälle in der Kindheit 286
7.4 Motorische Entwicklung 290
    Entwicklung der Grobmotorik 290
    Entwicklung der Feinmotorik 290
    Individuelle Unterschiede in motorischen Fertigkeiten 293
7.5 Piagets Theorie: Die voroperationale Stufe 294
    Fortschritte in der mentalen Repräsentation 295
    Als-ob-Spiel 295
    Grenzen des voroperationalen Denkens 297
    Nachuntersuchungen über voroperationales Denken 299
    Bewertung des voroperationalen Stadiums 302
    Piaget und Erziehung 303
7.6 Wygotskys soziokulturelle Theorie 304
    Private Sprache (Selbstgespräch) 304
    Sozialer Ursprung frühkindlicher Kognition 305
    Wygotsky und Erziehung 306
    Bewertung der Theorie Wygotskys 306
7.7 Informationsverarbeitung 307
    Aufmerksamkeit 307
    Gedächtnis 307
    Die Theorie des Geistes beim kleinen Kind 310
    Lese- und Schreibfähigkeit in der frühen Kindheit 312
    Das mathematische Schlussfolgern kleiner Kinder 315
7.8 Individuelle Unterschiede in der kognitiven Entwicklung 316
    Häusliche Umgebung und geistige Entwicklung 316
    Pädagogisches Fernsehen 320
7.9 Sprachentwicklung 322
    Wortschatz 322
    Grammatik 323
    Gespräch 323
    Den Spracherwerb in der frühen Kindheit unterstützen 324

ÜBERBLICK

> Der Spielplatz von Kindergarten und Vorschulklasse lag gleich neben den Universitätslaboratorien. An milden Frühlings- und Herbstvormittagen öffneten sich die Türen der Kindergartenräume und Basteltisch, Werkbank, Staffeleien und große Bauklötze quollen in den kleinen eingezäunten Hof. Um das Gebäude herum gab es einen Bereich mit Rasen, in dem sich Turngeräte, Schaukeln, ein kleines Spielhaus und ein von den Kindern bepflanzter Garten befanden. Dahinter befand sich ein Pfad, der mit Dreirädern und Wagen vollgestellt war. An solchen Tagen war in dem Hof immer viel los.
>
> Die Jahre von zwei bis sechs werden oft die „Spieljahre" genannt, was sehr zutreffend ist, weil während dieser Zeit das Spielen im Vordergrund steht und jeden Aspekt der Entwicklung unterstützt. Unsere Diskussion der frühen Kindheit beginnt mit den körperlichen Errungenschaften dieser Periode – Zunahme an Körpergröße, Verbesserung der motorischen Koordination und Verfeinerung der Wahrnehmung. Wir legen besonderes Augenmerk auf biologische und umweltbedingte Faktoren, welche diese Veränderungen unterstützen, sowie ihre enge Verbindung mit anderen Bereichen der Entwicklung.
>
> Dann untersuchen wir die vielen Facetten der Kognition der frühen Kindheit, beginnend mit Piagets voroperationalem Stadium. Neuere Forschungen erweitern neben Wygotskys soziokultureller Theorie und der Informationsverarbeitung unser Verständnis der kognitiven Kompetenzen von Vorschulkindern. Danach wenden wir uns einer Vielfalt von Faktoren zu, welche die geistige Entwicklung der frühen Kindheit unterstützen – der häuslichen Umgebung, der Qualität der Vorschul- und Kinderbetreuung und den vielen Stunden, die Kinder vor dem Fernseher verbringen. Unser Kapitel schließt mit der Sprachentwicklung, der erstaunlichsten Leistung der Vorschuljahre.
>
> Die Kinder, die ich gut kennen lernte, erst durch Beobachtung von meinem Bürofenster aus und später aus der Nähe in ihren Unterrichtsräumen, werden uns begleiten, wenn wir den Veränderungen der frühen Kindheit nachspüren. Sie werden uns viele Beispiele von Entwicklungstrends und individuellen Unterschieden liefern.

Körperliche Entwicklung

7.1 Körperwachstum

Die rasche Zunahme der Körpergröße in den ersten beiden Lebensjahren läuft in der frühen Kindheit in ein langsameres Wachstum aus. Durchschnittlich nehmen die Kinder jedes Jahr 5 bis 8 cm an Körperlänge und etwa 2 Kilogramm an Gewicht zu. Jungen sind immer noch etwas größer als Mädchen. Gleichzeitig wird der „Babyspeck", der bereits im Kleinkindalter abnahm, noch geringer. Das Kind wird nach und nach dünner, obwohl Mädchen etwas mehr Körperfett behalten, und die Jungen etwas muskulöser sind. Während sich der Rumpf verlängert und ausweitet, ordnen sich die inneren Organe sauber an und die Wirbelsäule wird gerader. Wie Abbildung 7.1 zeigt, ist um das Alter von fünf Jahren das krummbeinige, dickbäuchige Kleinkind mit dem großen Kopf ein stromlinienförmigeres, langbeiniges Kind mit flachem Bauch geworden, dessen Körperproportionen denen von Erwachsenen ähnlicher geworden sind. Folglich verbessern sich Haltung und Gleichgewicht – Veränderungen, die den Gewinn in der motorischen Koordination unterstützen, worauf wir später zurückkommen wollen.

Individuelle Unterschiede in der Körpergröße sind in der frühen Kindheit noch augenfälliger als im Säuglings- und Kleinkindalter. Eines Tages sauste der fünfjährige Donald auf dem Fahrradweg des Spielplatzes herum: Er war 1,22 m groß und 25 Kilogramm schwer und überragte seine Klassenkameraden; er war, wie seine Mutter es ausdrückte, „außerhalb der Wachstumstabellen" in der Arztpraxis. (Der durchschnittliche nordamerikanische fünfjährige Junge ist 1,10 m groß und wiegt 19 Kilogramm). Priti, ein asiatisch-indianisches Kind, war wegen genetischer Faktoren, verbunden mit kulturellen Besonderheiten, besonders klein. Lydia und Hallie, zwei kaukasische Kinder aus armen häuslichen Verhältnissen waren deutlich unter dem Durchschnitt, aus Gründen, die wir kurz diskutieren werden.

Körperwachstum

Abbildung 7.1: Körperwachstum während der frühen Kindheit. Andy und Anni wuchsen während der Vorschuljahre langsamer als in der Säuglings- und Kleinkinderzeit (siehe Kapitel 4, Seite 154). Um das Alter von fünf Jahren wurden ihre Körper stromlinienförmiger mit flacheren Bäuchen und längeren Beinen. Jungen sind weiterhin etwas größer, schwerer und muskulöser als Mädchen. Aber im Allgemeinen sind sich die beiden Geschlechter in den Körperproportionen und körperlichen Fähigkeiten ähnlich.

7.1.1 Wachstum des Knochenskeletts

Die seit der Säuglingszeit bestehenden Veränderungen im Skelett werden in der frühen Kindheit fortgesetzt. Zwischen zwei und sechs Jahren tauchen in verschiedenen Teilen des Skeletts ungefähr 45 neue *Epiphysen* oder Wachstumszentren auf, in welchen sich Knorpel zu Knochen verhärten. Weitere Epiphysen erscheinen in der mittleren Kindheit. Röntgenaufnahmen dieser Wachstumszentren ermöglichen es den Ärzten, das *Skelettalter* oder den Fortschritt körperlicher Reife einzuschätzen (siehe Kapitel 4). Während der frühen und mittleren Kindheit sind Informationen über das Skelettalter hilfreich, um Wachstumsstörungen zu diagnostizieren.

Eltern und Kinder werden besonders eines anderen Aspekts des Skelettwachstums gewahr: Gegen Ende der Vorschuljahre beginnen Kinder ihre ersten oder „Milch"-Zähne zu verlieren. Das Alter dafür ist stark von genetischen Faktoren bestimmt. Mädchen zum Beispiel, die in der körperlichen Entwicklung den Jungen voraus sind, verlieren ihre ersten Zähne früher. Umwelteinflüsse, besonders sehr lange Fehlernährung, können das Erscheinen der zweiten Zähne verzögern.

Obwohl die ersten Zähne nur temporär sind, ist Zahnpflege wichtig. Kranke Milchzähne können die Gesundheit der nachfolgenden Zähne beeinträchtigen. Regelmäßiges Bürsten, Vermeiden von süßen Nahrungsmitteln, das Trinken von Wasser mit Fluorzusatz und lokale Fluorbehandlungen und Versiegelungen (Plastikbeläge, welche die Zahnoberfläche schützen) verhindern Karies. Leider ist Karies in der Kindheit verbreitet, besonders bei Kindern aus Familien mit niedrigem sozioökonomischen Status. Eine geschätzte Anzahl von 40 % nordamerikanischer Fünfjähriger hat zumindest leichte Zahnschäden. Um die Zeit des High School-Abschlusses haben ungefähr 80 % der jungen Leute Karies (World Health Organization, 2001). Schlechte Ernährung, Mangel an Fluor und unangemessene Gesundheitspflege sind dafür verantwortlich.

7.1.2 Unregelmäßigkeiten beim körperlichen Wachstum

Körpersysteme unterscheiden sich in ihren einzigartigen, sorgfältig in der Zeit geplanten Reifungsmustern. Wie Abbildung 7.2 zeigt, ist das körperliche Wachstum *asynchron*. Die Körpergröße (gemessen durch Größe und Gewicht) und eine Reihe innerer Organe folgen der **allgemeinen Wachstumskurve,** die während der Säuglingszeit schnelles Wachstum, langsamere Zunahme in der frühen und mittleren Kindheit und schnelles Wachstum während der Adoleszenz beinhaltet. Jedoch gibt es Ausnahmen von dieser Tendenz. Die Geschlechtsorgane wachsen von der Geburt bis zum Alter von vier Jahren langsam, verändern sich wenig während der mittleren Kindheit und wachsen dann schnell während der Adoleszenz. Im Gegensatz dazu wachsen die Lymphdrüsen in einem erstaunlichen Tempo während der Säuglings- und Kleinkindzeit, dann vermindert sich die Wachstumsrate in der Adoleszenz. Das Lymphsystem hilft dabei, Infektionen zu bekämpfen, bei der Absorption von Nährstoffen und unterstützt damit Gesundheit und Überleben der Kinder (Malina & Bouchard, 1991).

Abbildung 7.2 illustriert einen anderen Wachstumstrend, der bereits bekannt ist: Während der ersten Lebensjahre wächst das Gehirn schneller als jeder andere Teil des Körpers. Lassen Sie uns einige Höhepunkte der Gehirnentwicklung während der frühen Kindheit betrachten.

7.2 Entwicklung des Gehirns

Zwischen zwei und sechs Jahren nimmt das Gehirn zwischen 70 % und 90 % des Erwachsenengewichts zu. Studien mit Aufnahmen des Gehirns zeigen auf, dass der Energiemetabolismus in der Gehirnrinde um das Alter von vier Jahren einen Höhepunkt erreicht. Um diese Zeit haben viele Gehirnregionen zu viele Synapsen produziert, was zu einem hohen Energiebedürfnis führt (Johnson, 1998). Wenn die *Bildung von Synapsen, Myelinisierung* und *synaptisches „Zurechtstutzen" (pruning)* fortgeführt werden (siehe Kapitel 4), verbessern sich eine Vielfalt von Fertigkeiten bei Vorschulkindern – körperliche Koordination, Wahrnehmung, Aufmerksamkeit, Gedächtnis, Sprache, logisches Denken und Vorstellung.

Erinnern Sie sich, dass die Gehirnrinde mit zwei *Hemisphären* ausgestattet ist. Messungen der Nervenaktivität in verschiedenen kortikalen Regionen weisen

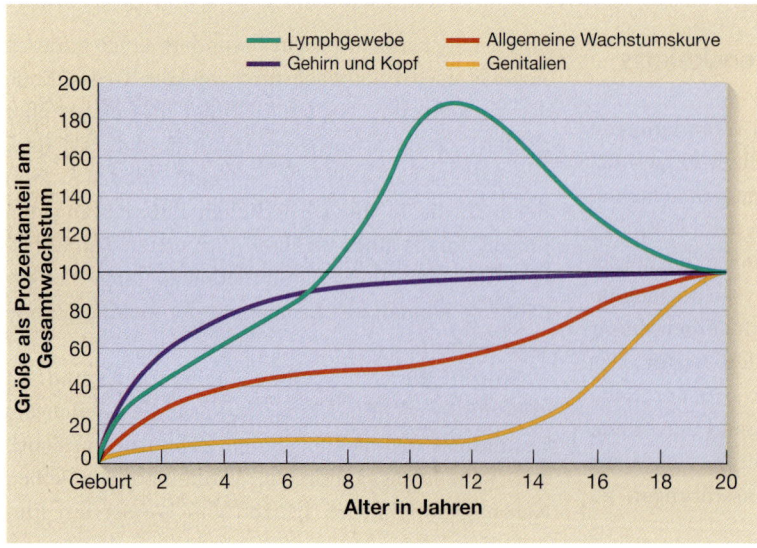

Abbildung 7.2: Wachstum dreier verschiedener Organsysteme und Gewebearten im Gegensatz zum allgemeinen Wachstum. Das Wachstum wird als Prozentanteil der Veränderung von der Geburt bis 20 Jahre aufgetragen. Beachtenswert ist, wie das Wachstum des Lymphgewebes zum Ende der Kindheit fast bis auf das Doppelte des Niveaus von Erwachsenen ansteigt. Dann fällt es ab (aus J. M. Tanner, 1990, Foetus into Man, 2nd ed., Cambridge, MA: Harvard University Press, S. 16. © 1990 by J. M. Tanner).

ein besonders schnelles Wachstum von drei bis sechs Jahren in Frontallappenbereichen nach, die dem planenden und organisierenden Verhalten dienen. Des Weiteren ist bei den meisten Kindern die linke Hemisphäre zwischen drei und sechs Jahren besonders aktiv, um dann abzufallen. Im Gegensatz dazu nimmt die Aktivität der rechten Hemisphäre durch die frühe und mittlere Kindheit ständig zu (Thatcher, Walker, & Giudice, 1987; Thompson et al., 2000).

Diese Befunde stimmen damit überein, was wir über verschiedene Aspekte der kognitiven Entwicklung wissen. Sprachfertigkeiten (typischerweise in der linken Hemisphäre beheimatet) nehmen in der frühen Kindheit mit einem erstaunlichen Tempo zu und unterstützen die zunehmende Kontrolle der Kinder über ihr Verhalten. Im Gegensatz dazu entwickeln sich räumliche Fähigkeiten (wie seinen Weg von einem Platz zum anderen zu finden, Bilder malen und geometrische Formen erkennen) graduell über Kindheit und Adoleszenz. Unterschiede in der Entwicklungsrate zwischen den beiden Hemisphären lassen vermuten, dass sie sich weiterhin *lateralisieren* (in kognitiven Funktionen spezialisieren). Lassen Sie uns einen genaueren Blick auf die Gehirnlateralisierung werfen und uns auf die Händigkeit konzentrieren.

7.2.1 Händigkeit

Wie die anderen Kinder in der Vorschule, malt die dreijährige Maria Bilder, puzzelt, nimmt ihre Mahlzeit in der Essenspause ein und spielt draußen. Aber anders als die meisten ihrer Klassenkameraden macht Maria fast alles mit der linken Hand – malen, essen und den Reißverschluss ihrer Jacke öffnen. Für einige wenige Aktivitäten benutzt sie dagegen ihre rechte Hand, wie für das Werfen eines Balles. Die Präferenz für eine Hand ist mit 10 % bei Einjährigen augenfällig und verstärkt sich in der frühen Kindheit. 90 % der Fünfjährigen ziehen eine Hand der anderen vor (Oztürk et al., 1999).

Eine starke Handpräferenz spiegelt eine größere Kapazität in einer Gehirnseite wider – die **dominante Hirnhemisphäre** –, um gekonnte motorische Aktionen auszuführen. Andere wichtige Fertigkeiten können ebenfalls auf der dominanten Seite lokalisiert sein. Diese Erkenntnis wird dadurch gestützt, dass bei Rechtshändern, die 90 % der Bevölkerung in westlichen Ländern ausmachen, die Sprache mit der Handkontrolle in der linken Hemisphäre angesiedelt ist. Bei den verbleibenden 10 % Linkshändern wird die Sprache oft zwischen den beiden Hemisphären aufgeteilt

Zwillinge liegen während der pränatalen Periode in entgegengesetzter Richtung in der Gebärmutter, was erklären mag, dass sie sich eher in der Händigkeit unterscheiden als gewöhnliche Geschwister. Obwohl Linkshändigkeit mit Entwicklungsproblemen einhergehen kann, ist die große Mehrheit der linkshändigen Kinder normal und einige entwickeln außergewöhnliche verbale und mathematische Talente.

(Knecht et al., 2000). Das weist darauf hin, dass das Gehirn von Linkshändern zu weniger Lateralisierung neigt als das von Rechtshändern. Im Einklang mit diesem Gedanken sind viele linkshändige Menschen wie Maria, *beidhändig*. Obwohl sie ihre linke Hand bevorzugen, benutzen sie manchmal ihre rechte Hand mit ebenso viel Geschick (McManus et al., 1988).

Ist Händigkeit erblich? Forscher sind sich nicht einig über diese Frage. Linkshändige Eltern haben in der Regel keine linkshändigen Kinder. Eine genetische Theorie vertritt die Ansicht, dass die meisten Kinder in ihrem genetischen Programm die Information zur Rechtshändigkeit und zur Entwicklung einer linksdominanten Gehirnhälfte haben. Jedoch ist diese Neigung nicht stark genug, um Erfahrungen zu verhindern, die Kinder zu einer linkshändigen Präferenz veranlassen (Annett, 2002).

Die einschlägige Forschung bestätigt, dass Erfahrungen die Händigkeit tief beeinflussen können. Sowohl eineiige wie zweieiige Zwillinge unterscheiden sich eher in der Händigkeit als gewöhnliche Geschwister. Die Handpräferenz eines jeden Zwillings steht im Verhältnis zu seiner Körperlage in der Gebärmutter; Zwillinge liegen gewöhnlich in entgegengesetzter Lage (Derom et al., 1996). Entsprechend einer Theorie kann die Art, wie der Zwilling liegt, z.B. nach links gewandt, eine größere Haltungskontrolle auf der rechten

Seite des Körpers fördern (Previc, 1991). Außerdem bestehen große kulturelle Unterschiede im Ausmaß der Linkshändigkeit. In Tansania zum Beispiel werden Kinder körperlich davon abgehalten und bestraft, wenn sie ihre linke Hand bevorzugen. Weniger als 1 % der Tansanier sind linkshändig (Provins, 1997).

Es wird immer wieder behauptet, dass Linkshändigkeit unter geistig stark zurückgebliebenen und psychisch kranken Menschen häufiger ist als in der sonstigen Bevölkerung. Auch wenn das stimmt, sollten Sie bedenken, dass bei der Korrelation von zwei Variablen die eine nicht unbedingt die andere bedingt. Eine atypische Lateralisierung ist wahrscheinlich für die Probleme dieser Individuen nicht verantwortlich. Stattdessen mögen sie eine frühe Schädigung der linken Hemisphäre erlitten haben, welche zu ihren Behinderungen führte und auch zu dem Wechsel der Händigkeit. In der Stützung dieser Annahme wird Linkshändigkeit mit pränatalen und Geburtsschwierigkeiten in Verbindung gebracht, die zu Hirnschäden führen können, einschließlich einer verlängerten Wehentätigkeit, Frühgeburt, Rh-Unverträglichkeit und Entbindung in Steißlage (O'Callaghan et al., 1993; Powls et al., 1996).

Man sollte jedoch nicht vergessen, dass nur eine kleine Zahl von Linkshändern Entwicklungsprobleme zeigt. In der Tat mag eine ungewöhnliche Lateralisierung gewisse Vorteile besitzen. Links- und beidhändige Jugendliche entwickeln eher als ihre rechtshändigen Altersgenossen ungewöhnliche verbale und mathematische Talente (Flannery & Liederman, 1995). Eine ausgeglichenere Verteilung der kognitiven Funktionen über beide Hemisphären hinweg kann dafür verantwortlich sein.

7.2.2 Weitere Fortschritte in der Gehirnentwicklung

Neben der Gehirnrinde machen auch andere Teile des Gehirns große Schritte in der frühen Kindheit (siehe Abbildung 7.3). Wenn wir uns diese Veränderungen ansehen, werden Sie bemerken, dass alle bei der Bildung von Verbindungen zwischen verschiedenen Teilen des Gehirns beteiligt sind, was die koordinierten Funktionen des Zentralnervensystems vergrößert.

An Rückseite und Basis des Gehirns befindet sich das **Kleinhirn (Cerebellum), eine Struktur, die beim Gleichgewicht und der Kontrolle von Körperbewegungen hilft**. Fasern, die das Kleinhirn mit der Hirnrinde verbinden, fangen nach der Geburt mit der Myelinisierung an, vervollständigen diesen Prozess jedoch nicht vor dem Alter von vier Jahren (Tanner, 1990). Diese Veränderung trägt unzweifelhaft zu dramatischen Zuwächsen in der motorischen Kontrolle bei, sodass am Ende der Vorschuljahre Kinder das Himmel-und-Hölle-Spiel, das Schwingen einer Schaukel und das Werfen eines Balles mit einem gut organisiertem Satz von Bewegungen beherrschen.

Die **Retikulärformation, eine Hirnstruktur, die Wachsamkeit und Bewusstheit enthält**, myelinisiert durch die Kindheit bis in die Adoleszenz. Nerven in der Retikulärformation senden Fasern zu den Frontallappen der Hirnrinde aus und tragen damit zur Aufrechterhaltung und Kontrolle der Aufmerksamkeit bei.

Das **Corpus callosum (Balken) ist ein großes Bündel von Fasern, das die beiden Hirnhemisphären verbindet**. Die Myelinisierung des Corpus callosum beginnt nicht vor dem Ende des ersten Lebensjahres. Zwischen drei und sechs Jahren wächst es schnell und vergrößert sich dann in einem langsameren Tempo bis in die Adoleszenz (Thompson et al., 2000). Das Corpus callosum unterstützt die Integration vieler Aspekte des Denkens, einschließlich Wahrnehmung, Aufmerksamkeit, Gedächtnis, Sprache und Problemlösung. Je komplexer die Aufgabe ist, desto wichtiger ist die Kommunikation zwischen den Hemisphären.

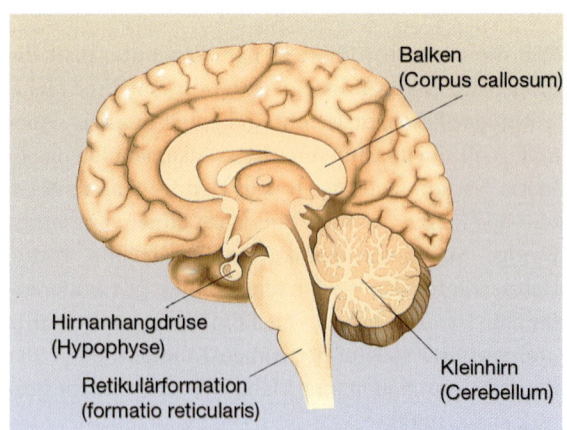

Abbildung 7.3: Querschnitt durch das menschliche Gehirn mit Sicht auf das Kleinhirn, die Retikulärformation und das Corpus callosum. Diese Strukturen durchlaufen eine beträchtlichen Entwicklung während der frühen Kindheit. Ebenso wird die Hirnanhangdrüse gezeigt, die Hormone absondert, die das Körperwachstum kontrollieren.

> **Prüfen Sie sich selbst ...**
>
> **Rückblick**
> Belegen Sie, dass sowohl Vererbung wie Umgebung zur Händigkeit beitragen.
>
> **Rückblick**
> Welche Aspekte der Gehirnentwicklung unterstützen in der frühen Kindheit die enormen Zuwächse in der Sprache, im Denken und in der motorischen Kontrolle?
>
> **Zusammenhänge**
> Erklären Sie, warum das Gehirnwachstum in der frühen Kindheit nicht nur eine Zunahme von Nervenverbindungen bedeutet, sondern auch den Verlust von Synapsen und Zelltod. Welche Annahme der Perspektive von Lebenszyklen erklären diese Prozesse? (Wenn Sie rekapitulieren wollen, siehe Kapitel 1 und Kapitel 4.)
>
> **Prüfen Sie sich selbst ...**

7.3 Einflüsse auf das körperliche Wachstum und die Gesundheit

In vorhergehenden Kapiteln haben wir eine große Vielfalt von Einflüssen auf das körperliche Wachstum während der pränatalen Periode und der Säuglingszeit betrachtet. Wenn wir jetzt Wachstum und Gesundheit in der frühen Kindheit diskutieren, werden wir einigen vertrauten Themen wiederbegegnen. Die Vererbung bleibt wichtig, aber auch Umweltfaktoren spielen weiterhin eine große Rolle. Emotionales Wohlbefinden, gute Ernährung, relative Freiheit von Erkrankungen und körperliche Sicherheit sind wesentlich.

7.3.1 Vererbung und Hormone

Der Einfluss der Vererbung auf das körperliche Wachstum ist durch die Kindheit hindurch augenfällig. Körpergröße und Wachstumsrate der Kinder sind denen der Eltern ähnlich (Malina & Bouchard, 1991). Gene beeinflussen das Wachstum, indem sie die Produktion von Hormonen durch den Körper kontrollieren. Die **Hirnanhangdrüse (Hypophyse),** die an der Basis des Gehirns liegt, spielt eine wichtige Rolle dabei, indem sie zwei Hormone absondert, die das Wachstum anregen.

Das erste ist das **Wachstumshormon (WH),** das von Geburt an für die Entwicklung aller Körpergewebe mit Ausnahme des Zentralnervensystems und der Geschlechtsorgane notwendig ist. Kinder mit einem Mangel an WH erreichen als Erwachsene nur eine Durchschnittsgröße von etwa 1,52 m. Wenn sie von einem frühen Alter an mit Injektionen von WH behandelt werden, holen diese WH-Mangelkinder das Wachstum auf und wachsen dann mit einer normalen Rate weiter. Sie erreichen damit eine Körpergröße, die sie ohne Behandlung nie erreicht hätten (Pasquino et al., 2001).

Das zweite Hormon der Hirnanhangdrüse, das das Wachstum der Kinder beeinflusst, ist das **Schilddrüsenhormon,** das die Schilddrüse (die im Hals sitzt) zur Absonderung des Thyroxins stimuliert, das wiederum für die normale Entwicklung der Nervenzellen des Gehirns und für das WH notwendig ist, um seinen vollen Einfluss auf die Körpergröße zu entfalten. Kinder, die mit einem Mangel an Thyroxin geboren werden, müssen dieses sofort bekommen oder sie werden geistig behindert sein. Im späteren Alter wachsen Kinder mit zu wenig Thyroxin mit einer unterdurchschnittlichen Rate. Um diese Zeit wird das Zentralnervensystem nicht mehr beeinflusst, weil die schnellste Periode des Gehirnwachstums abgeschlossen ist. Mit sofortiger Behandlung holen diese Kinder im Körperwachstum auf und erreichen schließlich eine normale Größe (Salerno et al., 2001).

7.3.2 Emotionales Wohlbefinden

In der Kindheit wie im Säuglingsalter kann das emotionale Wohlbefinden eine enorme Wirkung auf Wachstum und Gesundheit haben. Vorschulkinder mit einer sehr belasteten häuslichen Situation (in Folge von Scheidung, finanziellen Schwierigkeiten oder einer Veränderung im Berufsstatus ihrer Eltern) leiden häufiger an Erkrankungen der Atemwege und des Bauchraums und erleiden mehr Unfälle als andere Kinder (Cohen & Herbert, 1996).

Extremer Mangel an emotionaler Zuwendung kann die Produktion von WH stören und zu **psychosozialem Zwergwuchs** führen, einer Wachstumsstörung, die im Alter zwischen zwei und 15 Jahren auftritt. Typische Merkmale umfassen eine sehr kleine Statur, verminderte Produktion von WH, unreifes Skelettalter und schwere Anpassungsprobleme – Symptome, die helfen, psychosozialen Zwergwuchs von normaler Kleinheit zu unterscheiden (Doeker et al., 1999; Voss, Mulligan, & Betts, 1998). Die sehr kleine vierjährige Lydia erhielt diese Diagnose. Sie war in ein Kinderheim gekommen, nachdem das Jugendamt festgestellt hatte, dass sie den Großteil des Tages allein zu Hause ohne Aufsicht verbrachte. Vielleicht war sie auch körperlich missbraucht worden. Wenn solche Kinder aus ihrer emotional schädlichen Umgebung entfernt werden, steigen ihre WH-Werte rasch auf den Normalwert an und sie wachsen schnell. Wenn die Behandlung aber verzögert wird, kann der Zwergwuchs bestehen bleiben.

7.3.3 Ernährung

Mit dem Übergang zur frühen Kindheit werden manche Kinder unberechenbare und mäkelige Esser. Ein mir bekannter Vater erinnert sich sehnsüchtig daran, wie sein Sohn während der Kleinkindzeit eifrig die Küche eines Chinarestaurants probiert hatte. „Er aß Reis, Huhn Chowmein, Frühlingsrollen und mehr. Jetzt, mit drei Jahren, rührt er nur noch Eiscreme an."

Diese Abnahme des Appetits ist normal. Sie tritt ein, weil sich das Wachstum verlangsamt hat. Ferner mag die Vorsicht mit neuen Nahrungsmitteln bei Vorschulkindern anpassungsbedingt sein. Indem sie sich an vertraute Nahrung halten, sind sie weniger gefährdet, gefährliche Substanzen zu schlucken, wenn keine Erwachsenen in der Nähe sind, sie davor zu schützen (Birch & Fisher, 1995). Eltern brauchen sich keine Sorgen über Variationen der Nahrungsmenge von Mahlzeit zu Mahlzeit machen. Vorschulkinder gleichen eine Mahlzeit, bei der sie wenig essen, mit einer späteren aus, bei der sie mehr essen (Hursti, 1999).

Wenn sie auch weniger essen, brauchen Vorschulkinder eine Ernährung von hoher Qualität. Sie benötigen die gleichen Nahrungsmittel wie Erwachsene, nur geringere Mengen. Fette, Öle und Salz sollten auf ein Minimum reduziert werden, weil sie im Erwachsenenalter mit Bluthochdruck und Herzerkrankungen in Verbindung gebracht werden (Winkleby et al., 1999). Nahrungsmittel mit einem hohen Zuckergehalt sollten ebenfalls vermieden werden. Zusätzlich zu der Verursachung von Karies vermindern sie den Appetit kleiner Kinder auf gesundes Essen und erhöhen das Risiko von Übergewicht und Fettleibigkeit – ein Thema, das in Kapitel 9 aufgegriffen wird.

Die soziale Umgebung unterstützt stark die Nahrungsvorlieben kleiner Kinder. Kinder neigen dazu, die Wahl der Nahrungsmittel von Menschen nachzuahmen, die sie bewundern – sowohl von Erwachsenen wie von Altersgenossen. In Mexiko zum Beispiel sehen Kinder oft, wie sich Familienmitglieder am Geschmack pfeffriger Nahrung erfreuen. Folglich

Der Geschmack wird bei Kindern durch das Essen trainiert, das oft in ihrer Kultur serviert wird. Viele westliche Kinder würden das scharf gewürzte Nudelgericht zurückweisen, das diese japanischen Vorschulkinder mit Begeisterung essen.

essen mexikanische Vorschulkinder begeistert Chili, wohingegen die meisten nordamerikanischen Kinder Chili ablehnen (Birch, Zimmerman, & Hind, 1980). Eine angenehme Atmosphäre bei der Mahlzeit ermuntert ebenfalls zu gesundem Essen. Wiederholte Begegnung mit neuen Nahrungsmitteln (ohne direkten Druck, sie essen zu müssen) erhöht die Akzeptanz bei den Kindern (Sullivan & Birch, 1990). Einige Eltern erpressen ihre Kinder, indem sie sagen „Iss dein Gemüse auf, dann bekommst du noch einen Extrakeks". Diese Praxis führt dazu, dass Kinder das gesunde Essen weniger mögen und den Leckerbissen mehr. Zu viel elterliche Kontrolle über die Nahrung der Kinder grenzt ihre Möglichkeiten der Selbstkontrolle ein (Birch, 1998).

Wie bereits in vorhergehenden Kapiteln erwähnt, leiden viele Kinder in den Vereinigten Staaten und in Entwicklungsländern Mangel an einer Ernährung, die ein gesundes Wachstum unterstützt. Der fünfjährige Hallie wurde mit dem Bus aus einer armen Gegend in die Labor-Vorschule gebracht. Die Sozialhilfe seiner Mutter deckte kaum die Miete, ganz zu schweigen vom Essen. Hallies Ernährung hatte sowohl einen Mangel an Protein wie an lebenswichtigen Vitaminen und Mineralien: Eisen (um Blutarmut zu verhindern), Kalzium (um die Entwicklung von Knochen und Zähnen zu unterstützen), Vitamin A (für die Augen, die Haut und eine Reihe innerer Organe) und Vitamin C (um die Eisenabsorption und die Wundheilung zu erleichtern). Das sind die verbreitetsten Ernährungsmängel der Vorschuljahre (Kennedy, 1998). Es verwundert nicht, dass Hallie dünn, blass und müde war. Um das Alter von sieben Jahren sind amerikanische Kinder aus Familien mit niedrigem sozioökonomischem Status etwa 2,5 cm kleiner als ihre Altersgenossen aus finanziell privilegierten Familien (Yip, Scanlon, & Trowbridge, 1993).

7.3.4 Infektionskrankheiten

Zwei Wochen nach Beginn des Schuljahres sah ich aus dem Fenster und bemerkte, dass Hallie fehlte. Es vergingen etliche Wochen, und er war noch immer nicht aufgetaucht. Als ich Leslie, seine Erzieherin, fragte, was geschehen war, erklärte sie mir: „Hallie ist mit Masern ins Krankenhaus gekommen. Es ging ihm lange schlecht. Er verlor an Gewicht, obwohl da ja nun wirklich nicht viel zu verlieren war." Bei gut ernährten Kindern haben normale Kinderkrankheiten keine Wirkung auf das Wachstum. Aber wenn Kinder unterernährt sind, kommt es zu einem Teufelskreis von Krankheit und Fehlernährung und die Folgen für das körperliche Wachstum können ernst sein.

■ Infektionskrankheiten und Fehlernährung

Hallies Reaktion auf die Masern ist die Regel bei Kindern aus Entwicklungsländern, in denen ein Großteil der Bevölkerung in Armut lebt. In diesen Ländern werden viele Kinder nicht geimpft. Krankheiten wie Masern und Windpocken, die in den Industrienationen typischerweise nicht vor dem Alter von drei Jahren auftauchen, treten viel früher auf. Eine schlechte Ernährung beeinträchtigt das Immunsystem und macht die Kinder wesentlich empfänglicher für Krankheiten. Von den 10 Millionen Todesfällen von Kindern unter fünf Jahren weltweit sind 99 % in Entwicklungsländern zu verzeichnen und 70 % sind die Folge von Infektionskrankheiten (World Health Organization, 2000c).

Umgekehrt ist Krankheit ein Hauptgrund für Fehlernährung und wird körperliches Wachstum durch sie behindert. Krankheit vermindert den Appetit und begrenzt die Fähigkeit des Körpers, Nahrung aufzunehmen. Diese Folgen sind besonders ernst bei Kindern mit Infektionen des Bauchraums. In Entwicklungsländern ist Durchfall weit verbreitet und nimmt in der frühen Kindheit wegen schlechten Wassers und kontaminierter Nahrung zu, was jedes Jahr zu Wachstumshemmungen und Millionen Todesfällen bei Kindern führt (Shann & Steinhoff, 1999).

Die meisten Wachstumsretardierungen und Todesfälle infolge von Durchfall könnten fast kostenlos durch **orale Rehydrationstherapie (ORT) (orale Therapie gegen Entwässerung)** verhindert werden, bei der kranke Kinder eine Lösung aus Glukose, Salz und Wasser erhalten, die schnell den Verlust von Flüssigkeit im Körper ausgleicht. Seit 1990 haben Entwicklungshelfer fast die Hälfte der Familien in der Dritten Welt belehrt, wie die Therapie angewendet wird. Damit kann seither das Leben von mehr als einer Million Kinder jährlich gerettet werden (Victora et al., 2000).

■ Impfung

In den Industrienationen sind Kinderkrankheiten während des letzten halben Jahrhunderts stark zurückgegangen, hauptsächlich in Folge von Impfungen von Säuglingen und Kleinkindern. Hallie bekam die Masern, weil er im Gegensatz zu seinen Klassenkameraden aus priviligierteren Familien kein volles Impfprogramm erhalten hatte. Insgesamt fehlen 24 % der amerikanischen Vorschulkinder wichtige Impfungen, eine Rate, die für Vorschüler aus armen Verhältnissen auf 40 % ansteigt. Diese Kinder haben bis zum Alter von fünf oder sechs Jahren keinen vollen Impfschutz, bis er dann für die Einschulung vorgeschrieben ist (U.S. Department of Health and Human Services, 2002e). Im Gegensatz dazu haben weniger als 10 % in Dänemark und Norwegen einen mangelnden Impfschutz und weniger als 7 % in Kanada, den Niederlanden, Deutschland und Schweden (Bellamy, 2000; Health Canada, 2000c).

Wie schaffen es diese Länder, eine größere Anzahl von Impfungen zu erreichen als die Vereinigten Staaten? In früheren Kapiteln haben wir darauf hingewiesen, dass viele Kinder in den Vereinigten Staaten nicht den Zugang zu der Gesundheitsvorsorge haben, den sie bräuchten. Im Jahre 1994 waren allen nicht versicherten amerikanischen Kindern freie Impfungen garantiert, ein Programm, das zu einer stetigen Verbesserung der Impfrate in der frühen Kindheit geführt hat.

Unfähigkeit, für Impfstoffe zu zahlen, ist jedoch nur ein Grund für die unzureichenden Impfungen. Missverständnisse tragen ebenfalls dazu bei, zum Beispiel die Ansicht, dass Impfstoffe nichts nützen oder das Immunsystem schwächen (Gellin, Maibach,

& Marcuse, 2000). Zusätzlich sind einige Eltern von Medienberichten beeinflusst, die weismachen, dass der Masern-Mumps-Röteln-Impfstoff zu einem Anstieg der Zahl von Kindern mit der Diagnose Autismus beigetragen hat. Großangelegte Studien zeigen jedoch keinen Zusammenhang zwischen dieser Impfung und Autismus (Dales, Hammer, & Smith, 2001; DeStafano & Chen, 2001). Öffentliche Aufklärungsprogramme, die daran arbeiten, Eltern mehr Informationen über die Bedeutung und Sicherheit von Impfungen zu geben, werden dringend benötigt.

Ein weiterer Punkt in Hinblick auf ansteckende Krankheiten in der frühen Kindheit ist bedenkenswert: Kinderkrankheiten steigen mit der Kinderbetreuung außer Haus an. Durchschnittlich wird ein außer Haus betreuter Säugling neun- bis zehnmal im Jahr krank, ein Vorschulkind sechs- bis siebenmal. Krankheiten, die sich am schnellsten verbreiten und unter denen kleine Kinder am häufigsten leiden, sind Durchfall und Atemwegserkrankungen. Das Risiko, dass eine Atemwegserkrankung zu einer *Otitis media* oder Mittelohrentzündung führt, ist fast doppelt so hoch wie bei Kindern, die zu Hause bleiben (Uhari, Måntysaari, & Niemelä, 1996). Um etwas über die Folgen der Mittelohrentzündung zu erfahren, betrachten Sie den Kasten „Soziale Aspekte" auf Seite 288.

7.3.5 Unfälle in der Kindheit

Als ich eines Tages den Gruppenraum der Vorschule besuchte, fiel mein Blick auf den dreijährigen Tobias. Mehr als jedes andere Kind hatte er Schwierigkeiten, still zu sitzen und sich beim Vorlesen zu konzentrieren. Draußen sauste er von einem Platz zum nächsten und verbrachte bei keiner Aktivität länger Zeit. Auf einem Ausflug zum Museum ignorierte Tobias die Anleitungen der Erzieherin und rannte einfach über die Straße, ohne an der Hand seines Schulkameraden zu bleiben. Später in dem Jahr las ich in unserer Lokalzeitung, dass Tobias nur knapp schweren Verletzungen entgangen war, als er im Wagen seiner Mutter den Gang einlegte, während sie draußen die Fenster vom Eis befreite. Das Fahrzeug rollte durch eine Sperre und über die Seite einer Brücke. Dort hing es, bis Rettungsarbeiter kamen. Tobias Mutter wurde wegen des Fehlens eines Kindersitzes für Kinder unter fünf Jahren bestraft.

Unfälle – Autozusammenstöße, Fußgängerunfälle, Verletzungen durch Spielen mit Waffen, Verbrennungen, Stürze und Verschlucken von Gegenständen – sind der Hauptgrund für Kindersterblichkeit in den Industrieländern (Roberts & DiGuiseppi, 1999). Abbildung 7.4 zeigt, dass die Vereinigten Staaten und Kanada im Vergleich mit anderen entwickelten Ländern bei diesen größtenteils vermeidbaren Vorkommnissen schlecht abschneiden. Nahezu die Hälfte der Todesfälle in der Kindheit ist in den Vereinigten Staaten und Kanada Folge von Unfällen (Children's Defense Fund, 2002; Health Canada, 2001a). Unter den verletzten Kindern und Jugendlichen, die überleben, erleiden Tausende Schmerzen, Hirnschäden und permanente körperliche Behinderungen. Deutschland zählt zu den Nationen mit wenig Unfällen (etwa 6 %; Statistisches Bundesamt Deutschland, 2000).

Auto- und andere Verkehrsunfälle, Ertrinken und Verbrennungen sind die häufigsten Unfälle in der frühen Kindheit. Verkehrsunfälle sind in allen Altersgruppen die bei weitem häufigste Ursache von Verletzungen und stellen als Todesursache von Kindern über einem Lebensjahr den Hauptgrund dar.

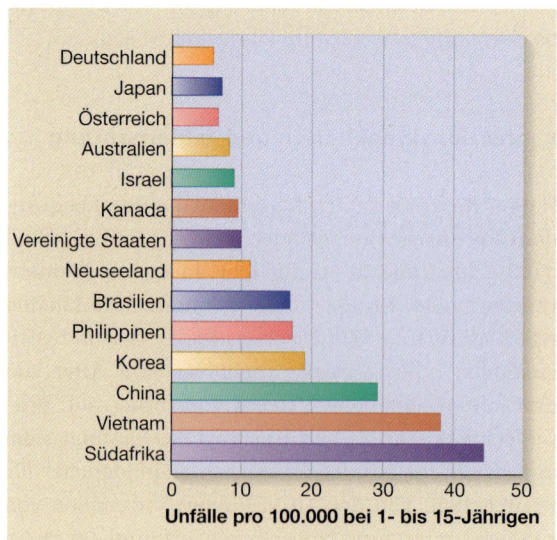

Abbildung 7.4: Internationale Raten von Unfällen bei 1- bis 15-Jährigen. Im Vergleich zu anderen Industrienationen haben die Vereinigten Staaten und Kanada hohe Unfallraten in Folge weit verbreiteter Armut und Mangel an hoch qualifizierter Kinderbetreuung. Die Verletzungsraten sind in Entwicklungsländern um ein Vielfaches höher, wo Armut, schnelles Bevölkerungswachstum, übervölkerte Städte und unangemessene Sicherheitsvorkehrungen das Leben der Kinder gefährden (nach Safe Kids Worldwide, 2002; Health Canada, 2001a.).

Faktoren, die mit Unfällen in der Kindheit in Verbindung stehen

Gewöhnlich werden Verletzungen von Kindern als mehr oder weniger zufallsbedingte Unfälle betrachtet. Aber ein näherer Blick enthüllt, dass sie bedeutsame Ursachen haben und in der Tat etwas dagegen getan werden kann.

Wie Tobias Fall belegt, existieren im Sicherheitsverhalten von Kindern individuelle Unterschiede. Wegen ihres höheren Aktivitätsniveaus und größerer Bereitschaft, während des Spielens Risiken einzugehen, sind Jungen eher einem Verletzungsrisiko ausgesetzt als Mädchen (Laing & Logan, 1999). Temperamentsmerkmale, wie Irritierbarkeit, Unaufmerksamkeit und schlechte Grundstimmung, werden auch mit Kinderunfällen in Verbindung gebracht. Wie wir in Kapitel 6 gesehen haben, stellen Kinder mit diesen Merkmalen eine besondere Herausforderung in der Erziehung dar. Sie protestieren wahrscheinlich, wenn sie in einen Kindersitz im Auto geschnallt werden, weigern sich, die Hand eines Kameraden zu halten, wenn sie über die Straße gehen, und gehorchen auch nach wiederholten Aufforderungen und Disziplinierungen durch Erwachsene nicht (Matheny, 1991).

Armut, schlechte Ausbildung der Eltern und eine größere Zahl von Kindern zu Hause sind ebenfalls stark mit Unfällen verknüpft (Bradbury et al., 1999). Eltern, die täglich mit vielen Belastungen kämpfen müssen, haben oft wenig Zeit und Energie, die Sicherheit ihrer Kleinen zu überwachen. Ihre Wohnungen und Wohngegenden stellen weitere Risiken dar. Lärm, viele Menschen und Unordnung charakterisieren heruntergekommene Wohngegenden mit wenig sicheren Plätzen, wo gespielt werden kann (Kronenfeld & Glik, 1995).

Allgemeinere soziale Bedingungen beeinflussen ebenfalls Verletzungen in der Kindheit. In Entwicklungsländern ist der Tod durch Unfälle vor dem Alter von 15 Jahren fünfmal höher als in den entwickelten Ländern und wird möglicherweise bald Krankheit als vorherrschende Ursache für Kindersterblichkeit überholen (vergleichen Sie erneut Abbildung 7.4). Armut, schnelles Bevölkerungswachstum, überfüllte Städte und starker Straßenverkehr in Verbindung mit wenigen Sicherheitsvorkehrungen sind die Hauptgründe. Sicherheitsausrüstungen wie Kindersitze im Auto und Fahrradhelme sind in den meisten Enwicklungsländern weder erhältlich noch erschwinglich. Der Kauf eines Kindersicherheitssitzes erfordert in Vietnam mehr als 100 Arbeitsstunden, 53 in China und nur 2,5 in den Vereinigten Staaten (Safe Kids Worldwide, 2002).

Unter den entwickelten Ländern sind Verletzungsraten in den Vereinigten Staaten und Kanada wegen hoher Armutsraten, Knappheit an hoch qualifizierter Kinderbetreuung (zur Überwachung von Kindern in Abwesenheit der Eltern) und, insbesondere in den Vereinigten Staaten, eine hohe Geburtsrate bei Teenagern (die weder psychologisch noch finanziell in der Lage sind, ein Kind großzuziehen) hoch. Aber nordamerikanische Kinder aus begüterten Familien sind auch etwas stärker Unfallrisiken ausgesetzt als Kinder in europäischen Ländern (Williams & Kotch, 1990). Das weist darauf hin, dass neben der Reduzierung von Armut und Teenager-Schwangerschaften sowie der Aufwertung von Kinderbetreuung zusätzliche Schritte unternommen werden müssen, um die Sicherheit der Kinder zu gewährleisten.

Diese vietnamesische Mutter und ihr Vorschulkind fahren ohne Helm und das Kind fährt in einer nicht gesicherten Position. In Entwicklungsländern sind Sicherheitsausstattungen weder leicht erhältlich noch erschwinglich und überfüllte Städte und starker Straßenverkehr führen zu fünffach höheren tödlichen Verletzungen bei Kindern als in den entwickelten Ländern.

Soziale Aspekte:
Chronische Mittelohrentzündung in der frühen Kindheit: Folgen für die Entwicklung

Während seines ersten Jahres in Betreuung außerhalb seines Zuhauses fing sich der 18 Monate alte Alex fünf Erkältungen ein, hatte zweimal Grippe und erlitt *Otitis media* oder wiederholte Mittelohrentzündungen. Alex' Fall ist nicht ungewöhnlich. Etwa mit drei Jahren haben mehr als 70 % nordamerikanischer Kinder Atemwegserkrankungen gehabt, die zu wenigstens einem Ausbruch von Mittelohrentzündung führten; 33 % hatten drei oder mehr Ausbrüche (Daly, Hunter, & Giebink, 1999). Obwohl Antibiotika die für die Otitis verantwortlichen Bakterien vernichten, reduzieren sie nicht die Flüssigkeit, die sich im Mittelohr ansammelt und die zu leichtem bis mittlerem Hörverlust führt, der Wochen oder Monate andauern kann.

Das Vorkommen von Mittelohrentzündung ist am häufigsten zwischen sechs Monaten und drei Jahren, wenn Kinder anfangen, Sprache zu erwerben. Häufige und lange Infektionen können zu verzögerten Sprachfortschritten, reduzierter Ausdauer bei Aufgaben, sozialer Isolation in der frühen Kindheit und schlechteren schulischen Leistungen nach Schuleintritt führen (Miccio et al., 2001; Roberts et al., 2000; Rvachew et al., 1999).

Wie kann Mittelohrentzündung Sprach- und schulische Fortschritte stören? Schwierigkeiten im Hören von Sprechgeräuschen, besonders in einer lauten Umgebung, könnten verantwortlich sein. Kinder mit vielen Krankheitsausbrüchen sind weniger aufmerksam auf das Sprechen anderer und weniger ausdauernd bei Aufgaben (Petinou et al., 2001; Roberts, Burchinal, & Campbell, 1994). Ihre Ablenkbarkeit mag die Folge wiederholter Vorkommnisse sein, bei denen sie nicht ausmachen konnten, was die Menschen um sie herum sagten. Wenn Kinder Schwierigkeiten haben aufzupassen, können sie damit die Qualität der Interaktionen anderer mit ihnen vermindern. In einer Untersuchung waren Mütter von Vorschulkindern mit häufigen Erkrankungen weniger effektiv darin, ihrem Kind eine Aufgabe zu stellen (Chase et al., 1995).

Hoch qualifizierte Kinderbetreuung reduziert Sprachverzögerungen, soziale Isolation und spätere schulische Schwierigkeiten, die mit häufigen Ausbrüchen von Mittelohrentzündung in Verbindung gebracht werden. Diese Kinder profitieren von einem verbal stimulierendem Betreuer und einer kleinen Gruppengröße, die eine relativ leise Umgebung sicherstellt, in der die gesprochene Sprache gut verstanden werden kann.

Heutige Erkenntnisse setzen sich stark für eine frühe Prävention der Mittelohrentzündung ein, besonders da die Krankheit so weit verbreitet ist. Beengtes Wohnen und das dem Zigarettenrauch oder anderen Luftverschmutzern Ausgesetztsein werden mit der Krankheit in Verbindung gebracht – Faktoren, die wahrscheinlich für ihre starke Verbreitung bei Kindern aus Familien mit niedrigem sozioökonomischem Status verantwortlich sind. Zusätzlich schafft Betreuung außerhalb des Hauses Möglichkeiten für enge Kontakte, was die Anzahl der Otitisepisoden noch vergrößert.

Den negativen Folgen von Mittelohrentzündung kann auf folgende Weise vorgebeugt werden:

- *Vorbeugende Verabreichung von Xylitol, einem Süßmittel, das aus Birkenrinde gewonnen wird.* Eine finnische Studie wies nach, dass Kinder, die eine tägliche Dosis von Xylitol in Form von Gummibonbons oder als Sirup erhielten, im Vergleich zu einer Kontrollgruppe ohne das Süßmittel einen Rückgang der Mittelohrentzündung von 30 % bis 40 % aufwiesen. Xylitol scheint natürliche Inhaltsstoffe zu enthalten, die Bakterien angreifen (Uhari, Kontiokari, & Niemelä, 1998). Jedoch muss die Dosis sorgfältig überwacht werden, weil zu viel Xylitol zu Bauchschmerzen und Durchfall führen kann.

- *Häufige Kontrollen, gefolgt von sofortiger medizinischer Intervention.* Plastikschläuche, die das Innenohr austrocknen, werden oft benutzt, um chronische Mittelohrentzündung zu behandeln, obwohl ihre Wirksamkeit kontrovers beurteilt wird.

- *Kinderbetreuung, die die Krankheit kontrolliert.* Weil Säuglinge und Kleinkinder oft Spielzeug in den Mund stecken, sollten die Gegenstände häufig mit einem desinfizierenden Mittel gespült werden. Große, gut durchlüftete Räume und kleine Gruppengrößen begrenzen ebenfalls die Verbreitung der Krankheit.

- *Verbal stimulierende Erwachsenen-Kind-Interaktion.* Entwicklungsprobleme, die mit Mittelohrentzündung in Zusammenhang gebracht werden, werden in einfühlsamen häuslichen Verhältnissen und guten Betreuungszentren reduziert. Wenn Betreuer verbal stimulierend sind und den Lärm auf ein Minimum reduzieren, haben Kinder bessere Möglichkeiten, auf die gesprochene Sprache zu hören (Roberts et al., 1998; Vernon-Feagans, Hurley, & Yont, 2002).

■ Unfälle in der Kindheit vermeiden

Unfälle in der Kindheit haben viele Gründe, so dass zur Kontrolle eine Vielfalt von Maßnahmen benötigt wird (Tremblay & Peterson, 1999). Das Gesetz beugt vielen Unfällen vor, indem es Sicherheits-Autositze, kindersichere Deckel auf Medizinflaschen, feuersichere Kleidung und eingezäunte Schwimmbecken (wo 90 % der Ertrinkungstode kleiner Kinder geschehen) verlangt.

Gemeinden können durch Veränderung ihrer physischen Umwelt helfen. Preiswerter und allgemeiner Zugang zu öffentlichen Verkehrsmitteln könnte die Zeit reduzieren, die Kinder im Auto verbringen. Spielplätze, ein sehr häufiger Platz von Unfällen, können mit schützenden Oberflächen wie Gummimatten, Sand und Holzspänen bedeckt werden (Dowd, 1999). Freie, leicht zu installierende Schutzvorrichtungen könnten an Fenstern in Hochhäusern angebracht werden, um Stürze zu verhindern. Und Informationskampagnen in den Medien können Eltern und Kinder über Themen der Sicherheit informieren.

Obwohl sie es besser wissen, verhalten sich viele Eltern und Kinder dagegen auf eine Weise, die Sicherheit aufs Spiel setzt. Vorschulkinder erinnern sich spontan nur an etwa halb so viele Sicherheitsregeln wie ihre Eltern; sie müssen immer wieder daran erinnert werden und eine Aufsicht erhalten, die sicherstellt, dass sie sich nach den gelernten Regeln verhalten (Morrongiello, Midgett, & Shields, 2001). Eine Reihe von Programmen, die auf *Verhaltensmodifikation* (Lernen am Modell und Verstärkung) basieren, haben Sicherheitspraktiken verbessert. In einem halfen Berater den Eltern, Gefahren zu Hause zu identifizieren: Feuergefahr, Gegenstände, die kleine Kinder verschlucken könnten, Gift, Waffen und anderes. Dann zeigten sie spezifische Wege auf, die Gefahren auszuräumen (Tertinger, Greene, & Lutzker, 1984). Einige Interventionen belohnen Eltern und Kinder mit Preisen, wenn die Kinder im Hort oder in der Schule in Autokindersitzen erscheinen (Roberts, Alexander, & Knapp, 1990).

Anstrengungen wie diese waren bemerkenswert erfolgreich, jedoch ist ihr Fokus ziemlich eng – nämlich der Abbau spezifischer Umweltrisiken und risikoreichen Verhaltens (Peterson & Brown, 1994). Die Aufmerksamkeit muss sich Familienbedingungen zuwenden, die Verletzungen vermeiden können: Entlastung bei zu wenig Wohnraum, Bereitstellung sozialer Unterstützung, um elterliche Belastungen zu erleichtern, und Belehrung der Eltern, wirksame Disziplinierung anzuwenden, ein Thema, dem in Kapitel 8 mehr Aufmerksamkeit gewidmet wird.

Prüfen Sie sich selbst ...

Rückblick
Zeigen Sie unter Rückgriff auf Forschung über Fehlernährung oder Unfälle und Verletzungen, wie körperliches Wachstum und Gesundheit in der frühen Kindheit aus einem fortwährenden komplexen Zusammenspiel von Vererbung und Umwelt herrühren.

Anwendung
Eines Tages bereitete Leslie ein neues kleines Gericht vor, um es in der Vorschule zu servieren: Sellerie gefüllt mit Ricottakäse und Ananas. Das erste Mal, als sie es anbot, rührten es wenige Kinder an. Wie kann Leslie ihre Schüler ermuntern, das Gericht zu akzeptieren? Welche Taktiken sollte sie vermeiden?

> **Zusammenhänge**
> Benutzen Sie die ökologische Systemtheorie und zeigen Sie damit, wie Verletzungen in der Kindheit vermieden werden können, indem Sie auf der Ebene des Mikrosystems, des Meso- und des Makrosystems eingreifen.
>
> **Prüfen Sie sich selbst ...**

7.4 Motorische Entwicklung

Bei einem Besuch auf einem Spielplatz in einer Wohngegend, in einer Vorschule oder einem Kinderbetreuungszentrum sollte man einmal Zwei- bis Sechsjährige beobachten. Sie werden sehen, dass in der frühen Kindheit eine Explosion neuer motorischer Fertigkeiten aufgetreten ist, von der jede sich auf einfachere Bewegungsmuster aus der Kleinkindzeit aufbaut.

Das gleiche Prinzip, das die motorische Entwicklung in den ersten beiden Lebensjahren beherrscht, arbeitet noch durch die Vorschuljahre hindurch. Kinder integrieren zuvor erworbene Fertigkeiten in komplexere *dynamische Aktionssysteme* (siehe Kapitel 4 für eine möglicherweise notwendige Wiederholung). Sie verbessern dann jede neue Fertigkeiten, wenn ihr Körper wächst und stärker wird, sich ihr Zentralnervensystem entwickelt und ihre Umgebung neue Herausforderungen bietet.

7.4.1 Entwicklung der Grobmotorik

Wenn die Körper der Kinder schlanker werden und der Kopf weniger schwer, sinkt ihr Schwerpunkt nach unten, dem Rumpf zu. Daraus ergibt sich, dass ihr Gleichgewicht sich sehr verbessert und den Weg freimacht für neue motorische Fähigkeiten, welche die großen Körpermuskeln beanspruchen (Ulrich & Ulrich, 1985). Mit etwa zwei Jahren wird die Gangart der Kinder gleichmäßig und rhythmisch, sicher genug, um sich vom Boden zu erheben, zuerst durch Laufen und später durch Springen, Hüpfen, Rennen und Seilspringen.

Wenn Kinder fester auf ihren Füßen stehen, sind ihre Arme und ihr Rumpf frei, um mit neuen Fertigkeiten zu experimentieren, wie das Werfen und Fangen von Bällen, Steuern von Dreirädern und das Schaukeln auf horizontalen Stangen und Ringen. Danach kombinieren sich Fertigkeiten der unteren und oberen Körperhälfte zu verfeinerten Aktionen. Fünf- und Sechsjährige steuern und treten gleichzeitig ein Dreirad und bewegen ihren ganzen Körper auf flexible Weise, wenn sie werfen, fangen, hopsen und springen. Am Ende der Vorschuljahre werden die Fertigkeiten mit größerem Tempo und mehr Ausdauer durchgeführt. Tabelle 7.1 bietet einen näheren Blick auf die Entwicklung der Grobmotorik in der frühen Kindheit.

7.4.2 Entwicklung der Feinmotorik

Wie die Grobmotorik macht auch die Feinmotorik in den Vorschuljahren einen gigantischen Schritt nach vorn. Weil die Kontrolle von Hand und Fingern sich verbessert, können die Kinder Puzzles zusammensetzen, mit kleinen Klötzen bauen, schneiden und kleben und Perlen aufziehen. Für die Eltern wird der Fortschritt der Feinmotorik besonders in zwei Bereichen augenfällig: (1) der Pflege des eigenen Körpers und (2) und in den Zeichnungen und Bildern, welche die Wände zu Hause, in der Betreuung und in der Vorschule füllen; die kindliche Psychomotorik wird besonders in den Untersuchungsberichten von Wilkening und Krist (2002) und Krist, Fieberg und Wilkening (1993) analysiert. In der Studie von 1993 nahmen fünfjährige Kinder aus einem Kindergarten teil, Viertklässler (etwa zehn Jahre alt) sowie Studierende (Durchschnittsalter 25 Jahre). Die Kinder sollten einen Ball von einer Rampe in horizontaler Richtung werfen und die Wurfbahn so berechnen, dass er genau in eine Kuhle am Boden traf. Die Fünfjährigen berechneten die Geschwindigkeit des Balls praktisch bereits angemessen, obwohl sie abstrakt die zwei Dimensionen Höhe und Weite bei ihren Berechnungen nicht gleichzeitig einbeziehen konnten.

■ Fertigkeiten zur Selbsthilfe

Wie Tabelle 7.1 zeigt, werden kleine Kinder zunehmend selbstständig beim Anziehen und Essen, auch wenn die Eltern noch sehr geduldig bei diesen Verrichtungen sein müssen. Wenn sie müde und in Eile sind, kehren kleine Kinder oft zum Essen mit den Fingern zurück. Und der Dreijährige, der sich allein anzieht, endet oft mit einem Hemd, dessen Inneres nach außen zeigt, einer Hose, die hinten schließt und dem linken Schneestiefel am rechten Fuß. Die komplexeste Tätigkeit der Selbsthilfe in der frühen Kindheit ist vielleicht das Binden eines Schuhbandes zu einer Schleife, das mit etwa sechs Jahren gemeistert wird. Der Erfolg erfordert eine

Tabelle 7.1

Veränderungen der Fertigkeiten von Grob- und Feinmotorik in der frühen Kindheit

Alter	Fertigkeiten der Grobmotorik	Fertigkeiten der Feinmotorik
2–3 Jahre	Geht rhythmischer; schnelles Gehen wird von Laufen abgelöst. Springt, hüpft, wirft und fängt mit steifem Oberkörper. Stößt Fahrzeug mit Füßen ab; kann ein wenig steuern.	Zieht einfache Kleidungsstücke an und aus. Macht lange Reißverschlüsse auf und zu. Benutzt erfolgreich einen Löffel.
3–4 Jahre	Geht Treppen hoch mit wechselnden Füßen und hinunter mit einem führenden Fuß. Springt und hüpft mit biegsamem Oberkörper. Wirft und fängt mit leichter Beteiligung des Oberkörpers; fängt noch, indem es den Ball gegen den Brustkorb klemmt. Tritt und steuert Dreirad.	Kann große Knöpfe auf- und zumachen. Kann ohne Hilfe essen. Benutzt Schere. Kopiert vertikale Linien und Kreise. Zeichnet erste Bilder von Menschen, malt Kopffüßler. Tritt und steuert Dreirad.
4–5 Jahre	Geht mit wechselndem Fuß eine Treppe hinunter. Läuft geschmeidiger. Läuft schnell und hüpft mit einem Fuß. Wirft einen Ball mit verstärkter Drehung des Körpers und Verlegung des Gewichts auf die Füße; fängt Ball mit den Händen. Fährt schnell auf einem Dreirad, steuert es geschickt.	Benutzt erfolgreich die Gabel. Schneidet mit der Schere eine Linie nach. Kopiert Dreieck, Kreuz und einige Buchstaben.
5–6 Jahre	Steigert Lauftempo. Schnelles geschmeidiges Laufen; springt mit dem Seil. Zeigt reifes Werf- und Fangmuster. Fährt Fahrrad mit Stützrädern.	Benutzt Messer, um weiche Nahrung zu schneiden. Bindet Schuhband zur Schleife. Zeichnet Mensch mit sechs Teilen. Kopiert einige Zahlen und einfache Wörter.

Quelle: Cratty, 1986; Getchell & Roberton, 1989; Newborg, Stock, & Wnek, 1984; Roberton, 1984.

längere Aufmerksamkeitsspanne, ein Gedächtnis für eine knifflige Abfolge von Handbewegungen und die Geschicklichkeit, sie auszuführen. Das Binden eines Schuhbandes illustriert die enge Verbindung zwischen der motorischen und kognitiven Entwicklung. Zeichnen und Schreiben sind weitere Beispiele.

■ Vom Kritzeln zum Bild

Eine Vielfalt von Faktoren verbindet sich mit der Kontrolle der Feinmotorik und beeinflusst die Entwicklung von künstlerischen Darstellungen der Kinder. Diese schließen kognitive Fortschritte ein: die Erkenntnis, dass Bilder als Symbole dienen, und die Zunahme von Planungsfertigkeiten und räumlichem Verständnis, was zu einer Veränderung des Fokus von einzelnen Gegenstände zu einer erweiterten visuellen Perspektive führt (Golomb, 1992). Die Bedeutung, welche die Kultur des Kindes dem künstlerischen Ausdruck beimisst, macht ebenfalls einen Unterschied.

Typischerweise entwickeln sich Zeichnungen im folgenden Ablauf:

1. *Kritzeln.* Westliche Kinder fangen während des zweiten Lebensjahres zu zeichnen an. Zuerst enthalten die intendierten Repräsentationen eher die Bewegungen als die daraus resultierenden Kritzeleien. Zum Beispiel nahm ein Mädchen von 18 Monaten ihre Kreidestifte, hoppelte damit über das Blatt Papier und erklärte, während sie lauter Punkte machte: „Kaninchen macht hopp-hopp" (Winner, 1986).

2. *Erste darstellende Formen.* Um das Alter von drei Jahren werden die Kritzeleien Bilder. Das passiert oft so, dass die Kinder eine Bewegung mit dem Stift gemacht haben und bemerken, dass sie eine erkennbare Form gezeichnet haben, dann entscheiden sie, diese zu benennen (Winner, 1986). Obwohl wenige dreijährige Kinder spontan so zeichnen, dass andere erkennen können,

was ihr Bild darstellt, zeichnen mehr Kinder erkennbare Formen, wenn ihnen ein Erwachsener zeigt, wie Bilder für Objekte stehen können (Callaghan, 1999).

Ein wichtiger Meilenstein beim Zeichnen ist erreicht, wenn Kinder Linien benutzen, die Grenzen von Gegenständen darstellen. Dieses befähigt Drei- und Vierjährige, ihre ersten Bilder von Personen zu zeichnen. Sehen Sie sich die Kopffüßler – eine Kreisform, von der Linien ausgehen – links auf der Abbildung 7.5 an. Kopffüßler sind universell und in ihnen wird das Vorschulkind durch Begrenzungen von Kognition und Feinmotorik dazu gebracht, die Figur auf die einfachste Form zu reduzieren, die noch nach einem Menschen aussieht.

3. *Realistischere Zeichnungen.* Kleine Kinder haben nicht den Anspruch, dass ein Bild realistisch aussehen sollte. Aber wenn kognitive und feinmotorische Fertigkeiten sich verbessern, lernen sie den Wunsch nach mehr Realismus. Folglich schaffen sie komplexere Zeichnungen, wie die auf der rechten Seite von Abbildung 7.5 von einem sechsjährigen Kind. Diese Zeichnungen enthalten mehr konventionelle Figuren, in welchen Kopf und Körper differenziert werden. Noch enthalten die Zeichnungen älterer Vorschulkinder Wahrnehmungsverzerrungen, weil sie gerade begonnen haben, Tiefe darzustellen. Der Gebrauch von Hinweisen auf Tiefe verbessert sich während der mittleren Kindheit (Cox & Littlejohn, 1995). Und statt Gegenstände getrennt darzustellen (wie in der Zeichnung in Abbildung 7.5), setzen ältere Kinder im Schulalter sie zueinander in einer organisierten räumlichen Anordnung in Beziehung (Case & Okamoto, 1996).

■ Kulturelle Variationen bei Kinderzeichnungen

In Kulturen mit einer reichen künstlerischen Tradition spiegeln die Kinderzeichnungen die Konventionen ihrer Kultur wider und sind kunstvoller ausgeführt. In Kulturen mit wenig Interesse für Kunst produzieren selbst ältere Kinder und Heranwachsende einfache Formen. Das Jimi-Tal ist eine einsame Region in Papua Neuguinea ohne eigene Kunst. Viele Kinder der Jimi gehen nicht zur Schule und haben damit wenig Gelegenheit, Zeichenfertigkeiten zu erwerben. Als ein Forscher aus dem Westen nicht eingeschulte Jimi-Kinder von zehn bis 15 Jahren aufforderte, erstmals eine menschliche Fi-

Abbildung 7.5: Beispiele von Kinderzeichnungen. Die universelle Form des Kopffüßlers, die Kinder benutzen, um ihr erstes Bild eines Menschen zu zeichnen, wird links gezeigt. Der Kopffüßler wird bald eine Verankerung für mehr Details erhalten, wenn Arme, Finger, Zehen und Merkmale des Gesichts aus der Basisform heraussprießen. Zum Ende der Vorschuljahre produzieren Kinder komplexere, differenziertere Bilder wie das auf der rechten Seite, das von einem sechsjährigen Kind gezeichnet wurde (Kopffüßlerzeichnungen aus H. Gardner, 1980, Artful Scribbles: The Significance of Children's Drawings, New York: Basic Books, S. 64. Nachdruck mit Erlaubnis von Basic Books, einer Abteilung von HarperCollins Publishers, Inc. Bild eines Sechsjährigen aus E. Winner, August 1986, „Where Pelicans Kiss Seals" Psychology Today, 20[8], S. 35.)

gur zu zeichnen, produzierten die meisten Kritzeleien, die nichts darstellten und Formen oder Bilder von einem „Stock" oder einer „Kontur" (siehe Abbildung 7.6). Diese Formen ähnelten denen von Vorschulkindern und scheinen der universelle Anfang vom Zeichnen zu sein. Wenn Kinder einmal erkannt haben, dass Linien menschliche Merkmale darstellen können, finden sie Lösungen und bilden Formen ab, die sich von Kultur zu Kultur etwas unterscheiden, die aber insgesamt dem oben beschriebenen Ablauf entsprechen.

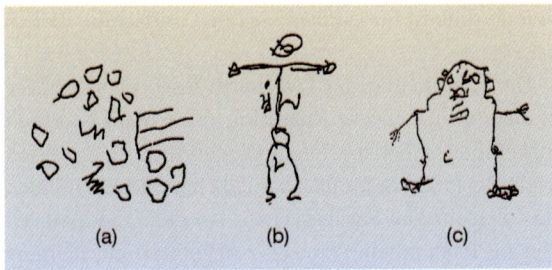

Abbildung 7.6: Zeichnungen von 10- bis 15-jährigen Kindern aus dem Jimi-Tal in Papua Neuguinea, die nicht zur Schule gehen. Sie wurden das erste Mal aufgefordert, eine menschliche Figur zu zeichnen. Viele produzierten Kritzeleien und Formen, die nichts darstellten (a), „Stock"-Figuren (b) oder „Umriss"-Figuren (c). Im Vergleich zu den westlichen Kopffüßlern betonen der „Stock" und der „Umriss" der Jimi Hände und Füße. Sonst gleichen die Zeichnungen dieser älteren Kinder denen junger Vorschulkinder (aus M. Martlew & K. J. Connolly, 1996, „Human Figure Drawings by Schooled and Unschooled Children in Papua New Guinea," Child Development, 67, S. 2750–2751. © The Society for Research in Child Development, Inc.).

■ **Frühes Schreiben**

Wenn Vorschulkinder mit Linien und Formen experimentieren, Gedrucktes in Bilderbüchern bemerken und Leute beim Schreiben beobachten, versuchen sie zuerst Buchstaben und später Wörter zu schreiben. Oft ist das zuerst geschriebene Wort der Name des Kindes. Anfänglich mag er nur durch einen Buchstaben dargestellt sein. „Wie machst du ein D?", fragte mich mein älterer Sohn David mit drei Jahren. Als ich ein großes D schrieb, versuchte er, es zu kopieren. „D für David", sagte er beim Schreiben, sehr zufrieden mit seiner rückwärts gerichteten, unvollkommenen Schöpfung. Ein Jahr später fügte David einige Buchstaben hinzu und mit etwa fünf Jahren schrieb er seinen Namen deutlich genug, dass andere ihn lesen konnten. Wie viele andere Kinder drehte David beim Schreiben weiterhin einige Buchstaben um, und dieses bis weit in die zweite Klasse hinein. Erst wenn sie lernen zu lesen, empfinden Kinder es als notwendig, zwischen Spiegelformen wie b und d und p und q zu unterscheiden (Bornstein, 1999; Casey, 1986).

7.4.3 Individuelle Unterschiede in motorischen Fertigkeiten

Wir haben motorische Meilensteine größtenteils in Hinblick auf das Durchschnittsalter diskutiert, in dem Kinder westlicher Länder sie beherrschen, aber natürlich gibt es große individuelle Unterschiede. Ein Kind mit einem großen, muskulären Körper neigt dazu, sich schneller zu bewegen und bestimmte Fertigkeiten eher zu erreichen als ein kleines, gedrungenes Kind. Forscher glauben, dass die Körperbildung zu Leistungen afroamerikanischer Kinder beim Laufen und Springen, in denen sie kaukasischen Kindern überlegen sind, beiträgt. Afroamerikanische Jugendliche haben längere Gliedmaßen, so dass sie über eine bessere Hebelkraft verfügen (Lee, 1980; Wakat, 1978).

In der frühen Kindheit sind Geschlechtsunterschiede in den motorischen Fertigkeiten augenfällig. Jungen sind Mädchen in Fertigkeiten etwas voraus, die Kraft und Stärke betonen. Um das Alter von fünf Jahren können sie etwas weiter springen, etwas besser laufen und einen Ball sehr viel weiter werfen (etwa 1,60 m weiter). Mädchen haben mehr Schwung in feinmotorischen Fertigkeiten und in bestimmten Fertigkeiten der Grobmotorik, die eine Kombination von gutem Gleichgewicht und Fußbewegung erfordern, wie Hopsen und Seilspringen (Cratty, 1986; Thomas & French, 1985). Die größere Muskelmasse der Jungen und (im Falle des Werfens) etwas längere Vorderarme mögen zu diesem Vorteil beitragen. Und die insgesamt größere körperliche Reife von Mädchen kann teilweise für ihr besseres Gleichgewicht und bessere Bewegungsgenauigkeit verantwortlich sein.

Von einem frühen Alter an werden Mädchen und Jungen in der Regel in verschiedene körperliche Aktivitäten kanalisiert. Zum Beispiel spielen Väter mit ihren Söhnen oft Fangen, aber nur selten mit ihren Töchtern. Basebälle und Fußbälle werden für Jungen gekauft, Springseile und Hula-hoop-Reifen für Mädchen. Wenn die Kinder älter werden, werden die Unterschiede in motorischen Fähigkeiten größer, die Unterschiede in der körperlichen Kapazität bleiben bis zur Adoleszenz jedoch klein. Diese Trends legen nahe, dass der soziale Druck für Jungen, aktiv und körperlich geschickt zu sein, und für Mädchen, still unter

Einbeziehung feinmotorischer Aktivitäten zu spielen, geringe, genetisch bedingte Geschlechtsunterschiede übertreiben mag (Coakley, 1990; Greendorfer, Lewko, & Rosengren, 1996).

Kinder meistern die motorischen Fähigkeiten der frühen Kindheit als Teil ihres täglichen Spielens. Außer dem Werfen (wo direkte Instruktionen wesentlich zu sein scheinen), gibt es keinen Hinweis auf einen Vorteil in der motorischen Entwicklung, wenn Kinder im Vorschulalter einem formalen Training unterworfen sind. Wenn Kinder Spielräume haben, in denen sie laufen, klettern, springen und werfen können, und Zugang haben zu Puzzles, Bausätzen und künstlerischen Materialien, die genaue Handhabung, Zeichnen und Schreiben fördern, reagieren sie eifrig auf diese Herausforderungen.

Schließlich kann das soziale Klima, das von den Erwachsenen geschaffen wird, den motorischen Fortschritt von Kindern im Vorschulalter steigern oder dämpfen. Wenn Eltern und Lehrer die Leistung eines Kindes kritisieren, spezifische motorische Fertigkeiten anschieben oder eine rivalisierende Haltung fördern, riskieren sie, das Selbstvertrauen kleiner Kinder zu untergraben und damit ihren motorischen Fortschritt (Kutner, 1993). Erwachsene, die sich mit den motorischen Fähigkeiten kleiner Kinder beschäftigen, sollten sich darauf konzentrieren, dass die Kinder Spaß haben, statt darauf, dass das Kind die „korrekte" Technik lernt.

Prüfen Sie sich selbst ...

Rückblick
Beschreiben Sie typische Veränderungen bei Kinderzeichnungen während der frühen Kindheit zusammen mit Faktoren, die zu diesen Unterschieden beitragen.

Rückblick
Erklären Sie, wie körperliche und soziale Faktoren gemeinsam zu Geschlechtsunterschieden in motorischen Fertigkeiten während der frühen Kindheit beitragen.

Anwendung
Ein Elternpaar will alles tun, um die sportliche Entwicklung ihrer dreijährigen Tochter zu unterstützen. Welchen Rat würden Sie ihm geben?

Prüfen Sie sich selbst ...

Kognitive Entwicklung

Eines regnerischen Morgens, als ich in der Vorschule unseres Labors Beobachtungen anstellte, trat die Erzieherin für einen Augenblick zu mir und beobachtete ihrerseits das Treiben. „Der Geist von Kindergartenkindern ist eine solche Mischung von Logik, Fantasie und falschen Schlussfolgerungen," überlegte sie. „Jeden Tag bin ich verblüfft über die Reife und Originalität dessen, was sie sagen und tun. Zu anderen Zeiten jedoch scheint ihr Denken begrenzt und unflexibel zu sein."

Der Kommentar der Erzieherin fasst die seltsamen Widersprüche in der Kognition der frühen Kindheit zusammen. Über die letzte Woche hinweg hatte ich viele Beispiele dafür gesehen, als ich den Aktivitäten des dreijährigen Sascha zusah. An dem Tag fand ich ihn am Tisch mit den Puzzles Augenblicke nach einem lauten Donnerschlag draußen. Sascha sah überrascht auf, wandte sich dann an die Erzieherin und betonte: „Der Mann hat den Donner angestellt." Sie erklärte geduldig, dass Männer Donner nicht an- und abstellen können. „Dann hat es eine Frau gemacht", stellte Sascha mit Bestimmtheit fest.

In anderer Hinsicht erschienen Saschas kognitive Fertigkeiten erstaunlich fortgeschritten. Zur Imbisszeit zählte er die Kinder an seinem Tisch: „Eins, zwei, drei, vier!", holte dann vier Packungen Milch und gab jedem Kind eine davon. Wenn jedoch mehr als vier Kinder an seiner Imbissrunde teilnahmen, brach seine Zählerei zusammen. Und einige seiner Mengenbegriffe erschienen so fantasiereich wie sein Verständnis vom Donner. Auf der anderen Esstischseite warf Priti ihre Rosinen zu Boden und sie lagen verstreut vor ihr. „Wie kommt es, dass du so viele hast und ich nur so wenige?", fragte Sascha, nicht verstehend, dass er genauso viele hatte, sie jedoch alle in einer kleinen roten Schachtel zusammengepresst waren. Piagets Theorie hilft uns Saschas seltsame Schlussfolgerung zu verstehen.

7.5 Piagets Theorie: Die voroperationale Stufe

Wenn Kinder sich von der sensumotorischen auf die **voroperationale Stufe** zubewegen, die die Jahre von zwei bis sieben umfasst, ist die auffälligste Veränderung eine außerordentliche Zunahme in repräsentierender oder symbolischer Aktivität. Erinnern Sie sich daran, dass Säuglinge und Kleinkinder eine gewisse Fähigkeit besitzen, ihre Welt zu repräsentieren. Während der frühen Kindheit gedeiht diese Fähigkeit.

7.5.1 Fortschritte in der mentalen Repräsentation

Piaget erkannte, dass die Sprache unser flexibelstes Mittel mentaler Repräsentation ist. Das Trennen des Denkens von der Handlung erlaubt viel wirksameres Denken, als es zuvor möglich war. Wenn wir in Worten denken, überwinden wir die Grenzen unserer gegenwärtigen Erfahrungen. Wir können uns gleichzeitig mit der Vergangenheit, der Gegenwart und der Zukunft beschäftigen und Konzepte in einzigartiger Weise kombinieren, wenn wir etwa über eine hungrige Raupe nachdenken, die Bananen frisst, oder über Monster, die nachts durch den Wald fliegen.

Trotz der Macht der Sprache nahm Piaget nicht an, dass sie eine Hauptrolle in der kognitiven Entwicklung spielt. Er glaubte vielmehr, dass die sensumotorische Aktivität zu internalisierten Bildern der Erfahrung führt, die Kinder dann mit Worten benennen (Piaget, 1936/1952). In Übereinstimmung mit Piagets Sichtweise ist aus Kapitel 5 ersichtlich, dass die ersten Wörter, die Kleinkinder benutzen, eine starke sensumotorische Grundlage besitzen. Zusätzlich erwerben Kleinkinder eine beeindruckende Reihe von Kategorien, lange bevor sie Wörter benutzen, um sie zu benennen (siehe Seite 209). Doch sehen andere Theoretiker Piagets Erklärung einer Beziehung zwischen Sprache und Denken als unvollständig an, wie wir später in diesem Kapitel noch sehen werden.

7.5.2 Als-ob-Spiel

Das Als-ob-Spiel ist ein weiteres vorzügliches Beispiel für die Entwicklung von Repräsentationen in der frühen Kindheit. Piaget nahm an, dass durch das Als-ob kleine Kinder neu erworbene repräsentierende Schemata üben und stärken. Viele Forscher haben ausgehend von seinen Gedanken die Entwicklung des Als-ob während der Vorschuljahre zurückverfolgt.

■ Entwicklung des Als-ob

Eines Tages kam Saschas 18 Monate alter Bruder zu Besuch in den Klassenraum. Er wanderte umher, nahm den Hörer eines Spieltelefons auf, sagte „Hallo, Mami" und ließ ihn dann fallen. In der Küchenecke fand er einen Becher, gab vor zu trinken, und trottete dann wieder weg. In der Zwischenzeit nahm Sammy in einer Gruppe von Kindern im Bauklotzbereich am Start einer Raumfahrt teil.

„Das kann unser Kontrollturm sein", schlug er Vance und Lydia vor und deutete auf eine Ecke an einem Bücherregal. „Countdown läuft!", kündete Sascha an und sprach dabei in einen kleinen hölzernen Klotz, sein Fantasie-Walkie-talkie. „Fünf, sechs, zwei, vier, eins, ab in den Weltraum!" Lydia ließ eine Puppe einen vorgestellten Knopf drücken und die Rakete war weg.

Ein Vergleich vom Als-ob des 18 Monate alten Bruders mit dem von Sascha illustriert drei wichtige Veränderungen. Jede spiegelt das zunehmende Meistern des Umgangs mit Symbolen beim Vorschulkind wider:

- *Mit der Zeit löst sich das Spiel zunehmend von den Bedingungen des wirklichen Lebens, die damit verbunden sind.* Beim frühen Als-ob benutzen Kleinkinder nur realistische Gegenstände, zum Beispiel ein Spielzeugtelefon zum Sprechen oder einen Becher, um daraus zu trinken. Die meisten dieser ersten Als-ob-Akte ahmen die Handlungen Erwachsener nach und sind noch nicht flexibel. Kinder unter zwei Jahren zum Beispiel werden so tun, als trinken sie aus einem Becher, aber weigern sich, so zu tun, als sei der Becher ein Hut (Tomasello, Striano, & Rochat, 1999). Wie bei den Zeichnungen haben Vorschulkinder zunächst Schwierigkeiten zu verstehen, dass ein Gegenstand mit einem augenfälligen Nutzen für einen anderen Gegenstand stehen kann (DeLoache & Smith, 1999).

  Nach zwei Jahren können Kinder mit weniger realistischen Spielzeugen so tun als-ob, wie mit einem Bauklotz, der als Telefonhörer verwendet wird. Und während des dritten Lebensjahres können sie sich auf flexible Weise Gegenstände und Ereignisse ohne irgendeinen Bezug zur realen Welt vorstellen, wie es Sammys imaginärer Kontrollturm illustriert (Corrigan, 1987; O'Reilly, 1995).

- *Das Spiel wird mit zunehmendem Alter weniger selbstbezogen.* Zuerst richtet sich das Als-ob an das Selbst, zum Beispiel tut Saschas kleiner Bruder so, als füttere er nur sich selbst. Kurze Zeit später können Kinder Als-ob-Handlungen auf andere Gegenstände richten, so wenn ein Kind eine Puppe füttert. Und früh im dritten Lebensjahr werden sie losgelöste Teilnehmer, die eine Puppe sich selbst füttern lassen oder (in Lydias Fall) einen Knopf drücken lassen, um eine Rakete zu starten. Das Als-ob wird nach und nach weniger selbstbezogen, wenn die Kinder realisieren, dass Urheber und Rezipienten vorgegebener Handlungen von ihnen selbst unabhängig sein können (Corrigan, 1987; McCune, 1993).

- *Das Spiel schließt nach und nach komplexere Kombinationen von Schemata ein.* Im Alter von eineinhalb Jahren zum Beispiel kann das Kind vorgeben, aus einem Becher zu trinken, aber kombiniert noch nicht das Ausgießen und Trinken. Später kombinieren Kinder Schemata mit denen ihrer Altersgenossen im **soziodramatischen Rollenspiel,** das Als-ob mit anderen, dass um das Alter von zweieinhalb Jahren auftritt und in den darauf folgenden Jahren stark zunimmt (Haight & Miller, 1993). Sascha und seine Klassenkameraden schaffen und koordinieren bereits verschiedene Rollen in einem ausgeklügelten Stück. Zum Ende der frühen Kindheit haben Kinder ein ausgeküglelltes Verständnis von Rollenbezügen und Abläufen von Geschichten (Göncü, 1993).

Das Auftauchen des komplexen soziodramatischen Rollenspiels weist darauf hin, dass Kinder nicht nur ihre Welt darstellen; sie sind sich bewusst, dass Als-ob eine darstellende Aktivität ist – ein Verständnis, dass im Alter zwischen vier und acht Jahren größer wird (Lillard, 1998, 2001). Hören Sie genau hin, wenn Vorschulkinder Rollen vergeben und Als-ob-Pläne verhandeln: „Du *tust so, als seist du* der Astronaut, ich *tue so, als wenn ich* im Kontrollturm Befehle gebe." Bei der Kommunikation über das Als-ob Spiel denken Kinder über ihre eigenen fantasievollen Darstellungen und die der anderen nach. Das weist darauf hin, dass sie begonnen haben, über die geistigen Aktivitäten anderer Menschen zu reflektieren.

- **Nutzen des Als-ob**

Heute wird Piagets Sichtweise des Als-ob als Praxis repräsentierender Schemata als zu begrenzt angesehen. Das Spiel reflektiert nicht nur die kognitiven und sozialen Fertigkeiten des Kindes, sondern trägt auch zu ihnen bei. Im Vergleich zu sozialen Aktivitäten ohne Als-ob (wie Zeichnen oder das Zusammensetzen von Puzzleteilen) dauern während des soziodramatischen Spiels die Interaktionen der Vorschulkinder länger, zeigen mehr Engagement, beziehen eine größere Anzahl von Kindern in das Spiel ein und sind kooperativer (Creasey, Jarvis, & Berk, 1998).

Davon ausgehend, ist es nicht überraschend, dass Vorschulkinder, die mehr Zeit mit dem soziodramatischen Rollenspiel verbringen, von ihren Lehrern als sozial kompetenter angesehen werden (Connolly & Doyle, 1984). Und viele Studien enthüllen, dass das Als-ob eine große Breite geistiger Fähigkeiten stärkt, einschließlich Aufmerksamkeit, Gedächtnis, logischem Denken, Sprache und Schreib- und Lesefähigkeit, Vorstellungskraft, Kreativität und der Fähigkeit, das eigene Denken zu reflektieren und die Perspektive anderer Menschen einzunehmen (Bergen & Mauer, 2000; Berk, 2001; Kavanaugh & Engel, 1998). Wir wer-

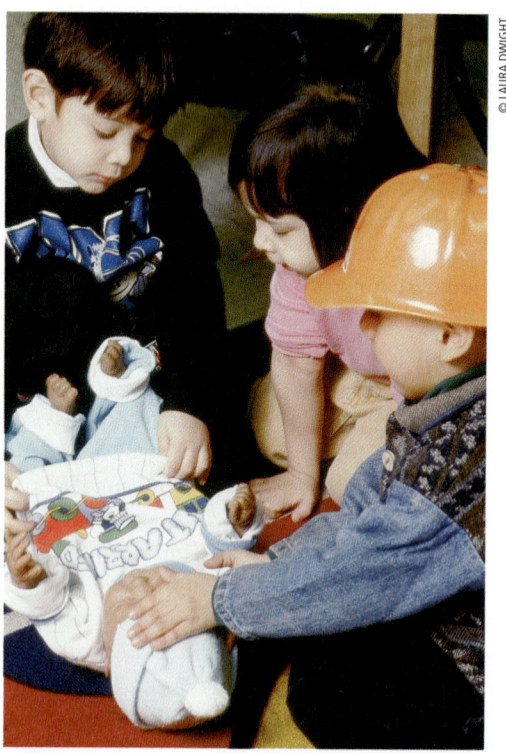

Diese Drei- und Vierjährigen koordinieren mehrere Als-ob-Rollen beim gemeinsamen Kümmern um ein krankes Baby. Das Soziodrama-Rollenspiel trägt zur kognitiven, emotionalen und sozialen Entwicklung bei.

den zum Thema des Spiels in der frühen Kindheit in diesem und dem nächsten Kapitel zurückkehren.

7.5.3 Grenzen des voroperationalen Denkens

Abgesehen vom Zuwachs an Repräsentationen beschrieb Piaget Vorschulkinder in Hinblick darauf, was sie *nicht verstehen können* als darauf, was sie *verstehen können* (Beilin, 1992). Er verglich sie mit älteren, kompetenteren Kindern im konkreten operationalen Stadium. Nach Piaget sind kleine Kinder nicht fähig zu *Operationen* – geistigen Handlungen, die logischen Regeln gehorchen. Stattdessen ist ihr Denken unbeweglich, auf einen Aspekt einer Situation festgelegt und stark dadurch beeinflusst, wie die Dinge im Augenblick erscheinen.

▪ Egozentrismus

Für Piaget ist der schwerste Mangel voroperationalen Denkens, des Denkens, das allen anderen Formen zugrunde liegt, der **Egozentrismus – das Unvermögen, die symbolischen Ansichten anderer von den eigenen zu unterscheiden.** Er glaubte, dass Kinder, wenn sie zuerst die Welt geistig repräsentieren, dazu neigen, sich auf ihren eigenen Standpunkt zu konzentrieren. Somit nehmen sie oft an, dass andere auf die gleiche Weise wahrnehmen, denken und fühlen wie sie selbst.

Piagets überzeugendste Demonstration des Egozentrismus schließt das *Drei-Berge-Problem* ein, das in Abbildung 7.7. beschrieben wird. Piaget wies darauf hin, dass Egozentrismus sich in anderen Aspekten kindlichen Schlussfolgerns zeigt. Erinnern Sie sich an Saschas feste Meinung, dass jemand den Donner angestellt haben müsste. Ähnlich hielt Piaget den Egozentrismus als verantwortlich für das **animistische Denken** von Kindern in der voroperationalen kognitiven Entwicklungsstufe; animstisches Denken beinhaltet die Annahme, dass unbelebte Dinge lebensähnliche Merkmale haben wie Gedanken, Wünsche, Gefühle und Absichten (Piaget, 1926/1930). Der Dreijährige, der voll Charme erklärt, dass die Sonne ärgerlich sei auf die Wolken und sie weggejagt hätte, demonstriert diese Art von Schlussfolgern. Nach Piaget ist magisches Denken in den Vorschuljahren üblich, weil kleine Kinder auf egozentrische Weise physischen Ereignissen menschliche Ziele zuweisen.

Abbildung 7.7: Piagets Problem der drei Berge. Jeder Berg zeichnet sich durch seine Farbe und seinen Gipfel aus. Einer hat ein rotes Kreuz, ein anderer ein kleines Haus und der dritte eine schneebedeckte Spitze. Kinder im voroperationalen Stadium denken egozentrisch. Sie können kein Bild auswählen, das die Berge aus der Perspektive der Puppe zeigt. Stattdessen wählen sie einfach das Foto aus, das ihren eigenen Blickwinkel darstellt.

Piaget argumentierte, dass die egozentrische Schieflage der Vorschulkinder sie daran hindert zu *akkommodieren* oder ihre falschen Schlüsse in Reaktion auf ihre physische und soziale Umwelt zu überdenken und zu verbessern. Um aber ihre Mängel ganz zu verstehen, lassen Sie uns einige zusätzliche Aufgaben betrachten, die Piaget den Kindern aufgab.

▪ Unfähigkeit zu konservieren (Invarianz zu erkennen)

Piagets berühmte Aufgaben zur Konservierung enthüllen eine Vielzahl von Mängeln des voroperationalen Denkens. **Invarianz (Erhalten oder Konservieren) bezieht sich auf den Gedanken, dass bestimmte physikalische Merkmale von Gegenständen die gleichen bleiben, auch wenn sich ihre äußere Erscheinung verändert.** Beim Imbiss hatten Priti und Sascha identische Schachteln mit Rosinen, aber nachdem Priti ihre Rosinen auf dem Tisch ausgebreitet hatte, war Sascha überzeugt, dass sie mehr als er hatte.

Bei einem anderen Typ einer Aufgabe zur Invarianz geht es um Flüssigkeit. Dem Kind werden zwei identische Gläser mit Wasser gezeigt und dann wird es befragt, ob sie die gleiche Menge enthalten. Wenn das Kind dem zustimmt, wird das Wasser aus einem Glas in einen flachen, breiten Behälter gegossen, was die Erscheinung des Wassers verändert, nicht aber seine Menge. Danach wird das Kind gefragt, ob die Menge des Wassers dieselbe ist oder sich verändert hat. Voroperationale Kinder sind der Meinung, dass sich die Menge verändert hat. Sie erklären: „Es ist jetzt weniger, weil das Wasser dort unten ist" (das heißt, die Oberfläche ist es) oder: „Es ist mehr, weil es jetzt ausgebreitet ist." Auf Abbildung 7.8 finden Sie die anderen Aufgaben für die Invarianz, die Sie mit Kindern ausprobieren können.

Die Unfähigkeit voroperationaler Kinder, Invarianz zu erkennen, beleuchtet verschiedene aufeinander bezogene Aspekte ihres Denkens. Erstens ist ihr Verstehen zentriert oder charakterisiert durch **Zentrierung.** Sie konzentrieren sich auf einen Aspekt einer Situation und vernachlässigen andere wichtige Merkmale. In der Untersuchung der Flüssigkeit *zentriert* sich das Kind auf die Höhe des Wassers und versagt in der Erkenntnis, dass alle Veränderungen in der Höhe ausgeglichen werden durch Veränderungen in der Breite. Zweitens werden Kinder leicht abgelenkt von der wahrnehmungsmäßigen Erscheinung der Gegenstände. Es sieht so aus, als sei weniger Wasser in dem kurzen, breiten Behälter, also muss darin weniger Wasser sein. Drittens behandeln Kinder den anfänglichen und den endgültigen Zustand des Wassers als nicht miteinander in Beziehung stehende Vorgänge zwischen den beiden Zuständen (das Gießen von Wasser) und ignorieren damit die dynamische Veränderung.

Das wichtigste unlogische Merkmal voroperationalen Denkens ist die **Irreversibilität,** die Unfähigkeit, mental in einem Problem eine Reihe von Schritten zu vollziehen und dann die Richtung umzudrehen, um zum Ausgangspunkt zurückzukehren. *Reversibilität* ist

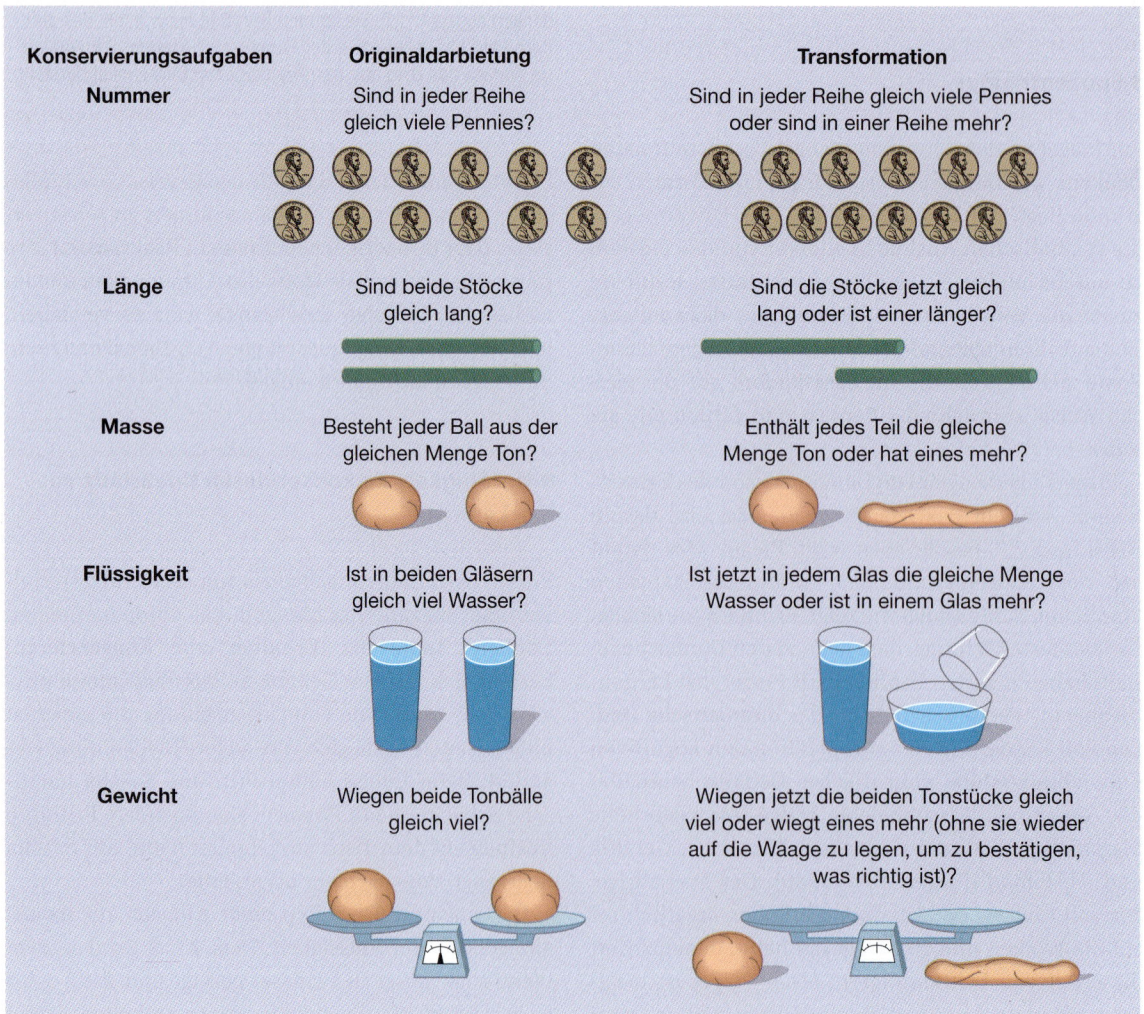

Abbildung 7.8: Einige Aufgaben von Piaget zur Invarianz (Konservierung). Kinder im voroperationalen Stadium können noch keine Invarianz (Erhaltung) von Mengen erkennen.

Teil einer jeden logischen Operation. Nachdem Priti ihre Schachtel Rosinen verschüttet hat, kann Sascha nicht umpolen, indem er für sich denkt: „Ich weiß, dass Priti nicht mehr Rosinen hat als ich. Wenn wir sie in die kleine Schachtel zurücklegen, würden ihre Rosinen und meine Rosinen genau gleich aussehen."

■ Mangel an hierarchischer Klassifikation

Wegen des Mangels an logischen Operationen haben Vorschulkinder Schwierigkeiten mit der **hierarchischen Klassifikation,** der Organisation von Gegenständen in Klassen und Unterklassen auf der Basis von Ähnlichkeiten und Unterschieden. Piagets berühmtes *Problem der Klasseninklusion,* illustriert in Abbildung 7.9, demonstriert diese Begrenzung. Kinder zentrieren auf den Wahrnehmungsvorrang der gelben Farbe. Sie denken nicht reversibel, indem sie sich von der ganzen Klasse (Blumen) zu den Teilen (gelb und blau) und wieder zurück bewegen.

7.5.4 Nachuntersuchungen über voroperationales Denken

Über die letzten beiden Jahrzehnte hinweg haben Forscher Piagets Annahme, dass Kinder im Vorschulalter kognitive Unvollkommenheiten aufweisen, in Frage gestellt. Viele Probleme von Piaget enthalten für kleine Kinder unvertraute Elemente oder zu viele Informationsbruchstücke, um von ihnen sofort bewerkstelligt zu werden. Folglich spiegeln die Ergebnisse der Vorschulkinder nicht ihre wahren Fähigkeiten. Piaget übersah auch viele Beispiele von in Alltagssituationen vorkommenden Schlussfolgerungsprozessen bei Vorschulkindern.

■ Egozentrisches, animistisches und magisches Denken

Glauben kleine Kinder wirklich, dass ein Mensch, der irgendwo im Raum steht, das Gleiche sieht wie sie? Wenn Forscher die Art des Drei-Berge-Problems so verändern, dass vertraute Gegenstände enthalten sind, und andere Methoden wählen als die der Bildauswahl (die sogar für zehnjährige Kinder schwierig ist), zeigen Vierjährige ein deutliches Bewusstsein für den Blickwinkel anderer Menschen (Borke, 1975; Newcombe & Huttenlocher, 1992).

In Unterhaltungen kleiner Kinder erscheinen auch nicht egozentrische Reaktionen. Zum Beispiel passen Vorschulkinder ihre Rede den Bedürfnissen ihrer Zuhörer an. Sascha benutzt kürzere, einfachere Ausdrücke, wenn er mit seinem kleinen Bruder spricht, als wenn er es mit Altersgenossen oder Erwachsenen zu tun hat (Gelman & Shatz, 1978). Auch bei der Beschreibung von Gegenständen benutzen Kinder Wörter wie „groß" oder „klein" nicht auf eine starre, egozentrische Weise. Stattdessen *passen* sie ihre Beschreibungen an und nehmen Rücksicht auf den Kontext. Um drei Jahre herum beurteilen Kinder einen Schuh von 5 cm Länge als klein, wenn sie ihn allein sehen (weil er so viel kleiner ist als die meisten anderen Schuhe), aber eine winzige Puppe von 12 cm als groß (Ebeling & Gelman, 1994). Es muss jedoch gerechtigkeitshalber gesagt werden, dass Piaget (1945/1951) in seinen späteren Schriften den Egozentrismus von Vorschulkindern als eine Tendenz statt eines Unvermögens beschrieben hat. Wenn wir in folgenden Kapiteln zum Thema der Perspektivgewinnung zurückkommen, werden wir sehen, dass sie sich nach und nach durch Kindheit und Adoleszenz entwickelt.

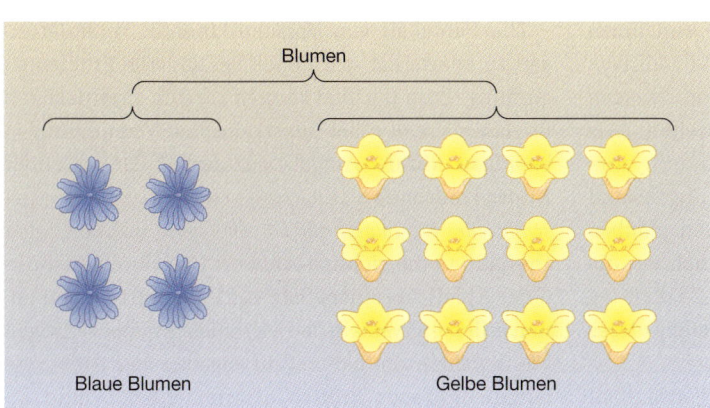

Abbildung 7.9: Piagets Problem der Klasseninklusion. Kindern werden 16 Blumen gezeigt, von denen 4 blau und 12 gelb sind. Befragt „Sind dort mehr gelbe Blumen als Blumen überhaupt?" antwortet das voroperationale Kind „Mehr gelbe Blumen" und geht fehl in der Realisierung, dass sowohl gelbe wie blaue Blumen der Kategorie „Blumen" zugeordnet sind.

7.5 KÖRPERLICHE UND KOGNITIVE ENTWICKLUNG IN DER FRÜHEN KINDHEIT

Welche Kinder in diesem Publikum erkennen, dass die Fähigkeiten des Zauberers auf Tricks beruhen? Die jüngeren Kinder scheinen überrascht und verwirrt. Die älteren Kinder denken, dass die Mätzchen des Zauberers lustig sind. Zwischen vier und acht Jahren – wenn die Vertrautheit mit physikalischen Vorgängen und Prinzipien zunimmt – nehmen die magischen Annahmen der Kinder ab.

Piaget überschätzte die animistischen Annahmen von Kindern, weil er sie über Gegenstände befragte, mit denen sie wenig direkte Erfahrungen machen, wie die Wolken, Sonne und Mond. Dreijährige machen Fehler, wenn sie über bestimmte Fahrzeuge wie Züge und Flugzeuge befragt werden. Aber diese Gegenstände scheinen sich von selbst zu bewegen, ein Merkmal fast aller lebendiger Dinge. Und sie haben einige lebensähnliche Merkmale, zum Beispiel Scheinwerfer, die aussehen wie Augen (Massey & Gelman, 1988; Poulin-Dubois & Héroux, 1994). Die Reaktionen von Vorschulkindern entspringen einem unvollständigen Wissen über Gegenstände, nicht dem Glauben, dass unbelebte Gegenstände lebendig sind.

Das Gleiche gilt für andere fantasievolle Annahmen der Vorschuljahre. Die meisten Drei- und Vierjährigen glauben an übernatürliche Kräfte von Feen, Zwergen und anderen Zauberwesen. Aber sie bestreiten, dass Magie ihre täglichen Erfahrungen verändert, zum Beispiel ein Bild in einen wirklichen Gegenstand umwandelt (Subbotsky, 1994). Stattdessen glauben sie, dass Magie für Vorgänge verantwortlich ist, die sie nicht erklären können (wie die magische Erklärung des dreijährigen Sascha vom Donner am Anfang dieses Kapitels) (Rosengren & Hickling, 2000).

Zwischen vier und acht Jahren, wenn Vertrautheit mit physikalischen Vorgängen und Prinzipien zunimmt, nehmen die magischen Annahmen der Kinder ab. Kinder kommen dahinter, wer sich wirklich hinter dem Weihnachtsmann und dem Osterhasen verbirgt. Sie erkennen auch, dass die Vorführungen von Zauberern auf Tricks, nicht auf speziellen mächtigen Fähigkeiten, beruhen (Phelps & Woolley, 1994; Woolley et al., 1999). Wie schnell Kinder gewisse fantastische Ideen aufgeben, variiert mit Religion und Kultur. Jüdische Kinder zum Beispiel drücken mehr Ungläubigkeit über den Weihnachtsmann und den Osterhasen aus als ihre christlichen Altersgenossen. Nachdem sie zu Hause über die Nichtexistenz vom Weihnachtsmann belehrt wurden, scheinen sie diese Haltung bei anderen mythischen Gestalten zu verallgemeinern (Woolley, 1997).

■ Unlogisches Denken

Viele Studien haben die unlogischen Merkmale, die Piaget im voroperationalen Stadium sah, noch einmal untersucht. Die Ergebnisse zeigen, dass Vorschulkinder oft besser abschneiden, als Piaget es erwartet hatte, wenn man ihnen Aufgaben gibt, die vereinfacht sind und relevanter für ihr tägliches Leben.

Wenn zum Beispiel eine Aufgabe für die Invarianz von Mengen auf nur drei Gegenstände statt sechs oder sieben begrenzt wurde, zeigen dreijährige Kinder gute Leistungen (Gelman, 1972). Und wenn man Vorschulkinder mit sorgfältig gewählten Worten danach fragt, was mit Substanzen (wie Zucker) geschieht, nachdem sie in Wasser aufgelöst wurden, geben sie richtige Erklärungen. Die meisten Drei- bis Fünfjährigen wissen, dass die Substanz erhalten bleibt, dass sie weiter existiert, geschmeckt werden kann und die Flüssigkeit schwerer macht, obwohl sie im Wasser unsichtbar ist (Au, Sidle, & Rollins, 1993; Rosen & Rozin, 1993).

Die Fähigkeit von Vorschulkindern, Veränderungen zu beurteilen, wird auch bei anderen Problemen auffällig. Zum Beispiel können sie sich eindrucksvoll in *Analogiedenken* bei physikalischen Veränderungen betätigen. Mit der Aufgabe zuzuordnender passender Bilder konfrontiert „*Knetmasse verhält sich zu durchgeschnittener Knetmasse wie ein Apfel zu?*" wählten sogar Dreijährige die richtige Antwort (ein durchgeschnittener Apfel) aus einem Satz von Alternativen, von denen etliche physikalische Merkmale mit der richtigen Wahl gemeinsam hatten (ein angebissener Apfel, ein aufgeschnittenes Brot) (Goswami, 1996). Diese Ergebnisse zeigen, dass Vorschulkinder Erscheinungen nicht überbewerten und logisch über Ursache und Wirkung in vertrauten Kontexten denken können.

Schließlich benutzen Drei- und Vierjährige logische, kausale Ausdrücke wie *wenn–dann* und *weil* mit dem gleichen Grad an Genauigkeit wie Erwachsene (McCabe & Peterson, 1988). Unlogisches Denken scheint nur dann aufzutreten, wenn sie mit unvertrauten Themen, zu vielen Informationen oder widersprüchlichen Tatsachen kämpfen müssen, bei denen sie Schwierigkeiten haben, sie zu vereinbaren (Ruffman, 1999).

Kategorisierung

Obwohl Vorschulkinder Schwierigkeiten haben mit Piagets Aufgaben der Einordnung in Klassen, ist ihr tägliches Wissen schon in einem frühen Alter in eingebetteten Kategorien organisiert. Erinnern Sie sich, dass Kinder im zweiten Lebenshalbjahr schon eine Reihe von globalen Kategorien wie Möbel, Tiere, Fahrzeuge und Pflanzen gebildet haben (Mandler, 1998). Beachten Sie, dass jede dieser Kategorien Objekte enthält, die sich in wahrnehmungsmäßigen Merkmalen stark unterscheiden, was Piagets Annahme in Frage stellt, dass das Denken von Vorschulkindern von der Art und Weise, wie Dinge erscheinen, regiert wird. In der Tat ziehen Zwei- bis Fünfjährige ohne Probleme Schlussfolgerungen über nicht sichtbare Merkmale, die Gegenstände einer Kategorie zuordnen (Keil & Lockhart, 1999). Wenn man zum Beispiel Vorschulkindern erzählt hat, dass ein Vogel warmes Blut hat und ein Stegosaurus (Dinosaurier) kaltes, schlussfolgern sie, dass ein Flügeldactylus (als Dinosaurier bezeichnet) kaltes Blut habe, obwohl er einem Vogel sehr ähnlich sieht.

Im Laufe der frühen Vorschuljahre differenzieren sich die globalen Kategorien. Sie bilden viele *Kategorien mit Grundbegriffen* – solche mit einem mittleren Maß an Allgemeinheit, wie „Stühle", „Tische" und „Betten". Um das dritte Lebensjahr herum bewegen Kinder sich leicht hin und her zwischen Kategorien mit Grundbegriffen und *allgemeinen Kategorien* wie „Möbel". Bald danach verwandeln sie Kategorien mit Grundbegriffen in *Unterkategorien* wie „Schaukelstuhl" und „Esszimmerstühle" (Johnson, Scott, & Mervis, 1997).

Das sich ausweitende Wissen und das Kennenlernen von verschiedenen Beispielen von einzelnen Gliedern der Kategorien helfen den Vorschulkindern, maßgebliche Merkmale von Kategorien zu klären (Carmichael & Hayes, 2001). Indem sie mehr über ihre Welt lernen, greifen sie Ideen über zugrunde liegende Merkmale auf, die Einheiten oder Begriffe einer Kategorie gemeinsam haben. Zum Beispiel erkennen sie, dass Tiere zusätzlich zu körperlichen Merkmalen innere Organe und bestimmte Verhaltensweisen besitzen, die ihre Identität festlegen (Hirshfeld, 1995; Krascum & Andrews, 1998). Auch das Benennen und Erklären von Kategorien durch Erwachsene und Vorlesen aus Bilderbüchern scheinen ein reicher Kontext für dieses Lernen zu sein. Während sie mit ihren Vorschulkindern Bücher ansehen, machen Eltern kategoriale Bemerkungen wie „Pinguine leben am Südpol und schwimmen und fangen Fische" (Gelman et al., 1998). Die Informationen, die Erwachsene den Kindern liefern, helfen diesen, Schlussfolgerungen über Kategorien zu ziehen.

Zusammengefasst heißt das, dass das Kategoriensystem der Vorschulkinder noch nicht sehr komplex ist. Aber die Fähigkeit, hierarchisch zu klassifizieren, ist in der frühen Kindheit vorhanden.

■ Erscheinung versus Wirklichkeit

Bisher haben wir gesehen, dass Vorschulkinder ein erstaunlich entwickeltes Denken zeigen, wenn man ihnen vertraute Situationen und vereinfachte Probleme präsentiert. In bestimmten Situationen jedoch werden kleine Kinder sehr leicht durch die äußere Erscheinung der Dinge ausgetrickst.

John Flavell und Kollegen legten Kindern Gegenstände vor, die auf verschiedene Weise getarnt waren, und dann befragt, was die Gegenstände „wirklich und wahrhaftig" darstellten, hatten Vorschulkinder Probleme mit Aufgaben, die Erscheinung und Laute umfassten. Wenn man sie fragte, ob ein weißes Stück Papier, das hinter einem blauen Filter platziert war „wirklich und wahrhaftig blau" sei, oder ob eine Dose, die Geräusche wie das Schreien eines Babys von sich gibt, wenn man sie auf den Kopf stellt, „wirklich und wahrhaftig ein Baby" sei, antworten Vorschulkinder oft mit „Ja!". Erst im Alter von sechs bis sieben Jahren lösen Kinder diese Aufgaben richtig (Flavell, 1993; Flavell, Green, & Flavell, 1987). Die schlechte Leistung jüngerer Kinder ist jedoch nicht Folge einer allgemeinen Schwierigkeit, die Erscheinung von der Wirklichkeit zu unterscheiden, wie es Piaget annahm. Vielmehr erfordern diese Aufgaben eine komplexe Form der Repräsentation: die Fähigkeit, die wahre Identität eines Gegenstandes angesichts einer widersprüchlichen Darbietung zu repräsentieren.

Wie meistern Kinder Unterscheidungen zwischen Erscheinung und Wirklichkeit? Das Als-ob-Spiel kann hier von Bedeutung sein. Je mehr Kinder sich mit Als-ob-Spielen in ihren Vorschul-Klassenräumen beschäftigen, desto besser unterscheiden sie die scheinbaren Identitäten der Gegenstände von ihrer wahren Identität (Schwebel, Rosen, & Singer, 1999). Die Erfahrung des Unterschiedes zwischen wirklichen Alltagserfahrungen und gespielten Vorgängen kann Kinder dabei unterstützen zu erkennen, dass Gegenstände nicht ihre Identität wechseln, wenn ihre Erscheinung sich verändert.

Die Fähigkeit zur Kategorisierung nimmt in der frühen Kindheit zu. Kinder bilden viele Kategorien eher basierend auf tiefer liegenden Charakteristiken denn auf wahrnehmungsmäßigen Merkmalen. Mit dem Wissen, dass „Dinosaurier kaltes Blut haben", kategorisiert diese Vierjährige den Pterodactylus (im Vordergrund) eher als Dinosaurier denn als Vogel, obwohl Pterodactylen Flügel haben und fliegen können.

7.5.5 Bewertung des voroperationalen Stadiums

Tabelle 7.2 gibt einen Überblick über die kognitiven Fertigkeiten der frühen Kindheit, die gerade zur Sprache kamen. Die Tabelle sollte mit Piagets Beschreibung des voroperationalen Kindes auf den Seiten 294-298 verglichen werden. Obwohl ihr Denken nicht ganz so gut entwickelt ist wie das von Kindern im Schulalter, zeigen Vorschulkinder die Anfänge logischer Operationen, wenn man ihnen etwas weniger schwierige Aufgaben gibt, die auf vertrauten Erfahrungen beruhen.

Dass Vorschulkinder ein gewisses logisches Verständnis zeigen, weist darauf hin, dass sie nach und nach logische Operationen beherrschen. Mit der Zeit können sich die Kinder zunehmend auf mentale (im Gegensatz zu wahrnehmungsmäßigen) Verfahren, Probleme zu lösen, verlassen. Zum Beispiel können Kinder, die nicht zählen und damit nicht zwei Sätze von Gegenständen vergleichen können, keine Zahlen behalten (Sophian, 1995). Wenn Vorschulkinder einmal zählen können, wenden sie diese Fertigkeit auf Aufgaben mit Zahlen bei wenigen Gegenständen an. Wenn ihr Zählen besser wird, erweitern sie die Strategie auf Aufgaben mit mehr Gegenständen. Im Alter von etwa sechs Jahren verstehen sie, dass die Anzahl auch nach einer Transformation gleich bleibt, solange nichts hinzugefügt oder weggenommen wurde. Folglich müssen sie nicht mehr nachzählen, um ihre Antwort zu verifizieren (Klahr & MacWhinney, 1998).

Dass logische Operationen sich nach und nach entwickeln, bedeutet eine ernsthafte Infragestellung von Piagets Stufenkonzept, welches davon ausgeht, dass eine abrupte Veränderung im logischen Schlussfolgern um das Alter von sechs oder sieben Jahren stattfindet. Gibt es wirklich eine voroperationale Stufe? Einige Entwicklungsexperten glauben das nicht mehr. Aus Kapitel 5 sei daran erinnert, dass nach dem Informationsverarbeitungsansatz Kinder ihr Verständnis einer jeden Aufgabengruppe getrennt erarbeiten. Ihre Denkprozesse werden in allen Altersstufen als die grundsätzlich gleichen angesehen – nur in einem geringeren oder größeren Ausmaß vorhanden.

Andere Experten sind der Meinung, dass das Stufenkonzept noch gültig ist, aber modifiziert werden muss. Einige Neo-Piaget-Theoretiker zum Beispiel kombinieren Piagets strikte Stadiendefinition mit der Betonung der Informationsverarbeitung auf eine aufgabenspezifische Veränderung (Case, 1998; Halford, 1993). Sie glauben, dass Piagets Stufendefinition in ein weniger enges Konzept umgewandelt werden muss, eines, in dem ein Satz von Kompetenzen sich über einen längeren Zeitraum entwickelt, und zwar in Abhängigkeit von der Gehirnentwicklung und spezifischen Erfahrungen. Diese Forscher weisen auf Ergebnisse hin, die zeigen, dass Kinder an Aufgaben in ähnlicher, stufenkonsistenter Weise herangehen, solange die Komplexität der Aufgaben und die Beteiligung der Kinder daran sorgfältig kontrolliert werden (Case & Okamoto, 1996). Zum Beispiel zeichnen Kindergartenkinder Gegenstände getrennt und ignorieren ihre räumliche Anordnung.

Tabelle 7.2

Einige kognitive Fertigkeiten der Vorschuljahre

Ungefähres Alter	Kognitive Fertigkeiten
2–4 Jahre	Zeigt einen dramatischen Anstieg in repräsentierender Aktivität, wie es in der Sprachentwicklung, dem Als-ob-Spiel und der Kategorisierung gespiegelt wird.
	Nimmt in vereinfachten, vertrauten Situationen und in der Kommunikation von Angesicht zu Angesicht die Perspektive anderer ein.
	Unterscheidet belebte Wesen von unbelebten Gegenständen; leugnet, dass Zauberei die alltäglichen Erfahrungen verändern kann.
	Bemerkt Transformationen, nimmt Umkehrprozesse im Denken vor und erklärt Ereignisse im vertrauten Kontext auf eine logische Weise.
	Kategorisiert Gegenstände auf der Grundlage der gebräuchlichen Funktion und des Verhaltens (nicht nur nach wahrgenommenen Merkmalen) und entwickelt Ideen über zugrunde liegende Merkmale, die einzelne Einheiten (Begriffe) von Kategorien gemeinsam haben.
	Ordnet vertraute Gegenstände in hierarchisch organisierte Kategorien.
4–7 Jahre	Es wird ihm zunehmend bewusster, dass Als-ob (und andere Denkprozesse) repräsentierende Aktivitäten sind.
	Ersetzt magische Annahmen über Feen, Zwerge und Ereignisse, die die Erwartungen verletzen, mit plausiblen Erklärungen.
	Zeigt verbesserte Fähigkeiten, zwischen Erscheinung und Wirklichkeit zu unterscheiden.

Beim Verständnis von Geschichten begreifen sie Teile der Geschichte, haben aber Schwierigkeiten mit dem Erzählstrang der Haupthandlung sowie zusätzlichen Nebenhandlungen.

Diese flexible Auffassung der Stufen erkennt die einzigarten Qualitäten des frühkindlichen Denkens an. Gleichzeitig ergibt sie ein besseres Verständnis, warum, um die Worte einer Erzieherin zu benutzen, „der Geist von Vorschulkindern eine seltsame Mischung von Logik, Fantasie und falschen Schlussfolgerungen ist."

7.5.6 Piaget und Erziehung

Piagets Theorie hat einen sehr großen Einfluss auf die Erziehung gehabt, besonders auf die in der frühen Kindheit. Drei Erziehungsprinzipien, die von seiner Theorie abgeleitet wurden, haben immer noch großen Einfluss auf die Ausbildung von Erziehern und auf die Praxis:

- *Lernen durch Entdeckung.* In einer Vorschulgruppe, die nach Piaget arbeitet, werden Kinder ermutigt, durch spontane Interaktion mit der Umgebung für sich selber Entdeckungen zu machen. Statt vorgefertigtes Wissen mündlich vorzustellen, stellen die Erzieher eine große Vielfalt von Material zur Verfügung, das dafür erdacht wurde, das Entdecken zu fördern, z.B. Malmaterial, Puzzles, Spieltische, Materialien zum Verkleiden, Bauklötze, Bücher, Instrumente zum Abmessen, Musikinstrumente und mehr.

- *Einfühlung in die Bereitschaft der Kinder zu lernen.* Eine Gruppe, die im Sinne Piagets arbeitet, versucht nicht, die Geschwindigkeit der Entwicklung zu beeinflussen. Stattdessen glaubte Piaget, dass sich eine angemessene Lernerfahrung auf das derzeitige Denken des Kindes aufbaut. Die Erzieher beobachten und hören auf ihre Zöglinge und führen Erfahrungen ein, die sie in die Lage versetzen, neu entdeckte Schemata zu praktizieren und ihre unkorrekten Sehweisen der Welt zu korrigieren. Aber die Erzieher setzen keine neuen Fertigkeiten ein, bevor die Kinder kundtun, dass sie daran interessiert und bereit dafür sind.

- *Akzeptanz individueller Unterschiede.* Piagets Theorie nimmt an, dass alle Kinder durch die gleiche Abfolge von Entwicklungsschritten gehen, jedoch in verschiedenem Ausmaß. Darum müssen Erzieher Aktivitäten für einzelne Kinder und kleine Untergruppen planen und nicht für die ganze Gruppe. Zusätzlich bewerten die Erzieher den Entwicklungsfortschritt, indem sie jedes Kind mit seiner vorhergehenden Entwicklung vergleichen. Sie sind weniger daran interessiert, wie sich Kinder zum normativen Standard oder zur durchschnittlichen Leistung gleichaltriger Kinder verhalten.

Wie seinen Stadien wurde auch den Anwendungen der Theorie Piagets in der Erziehung mit Kritik begegnet. Die vielleicht stärkste Kritik hat mit seinem Beharren darauf zu tun, dass kleine Kinder hauptsächlich durch Handeln in der Umgebung lernen. Im nächsten Abschnitt werden wir sehen, dass kleine Kinder auch auf Sprache basierenden Wegen zum Wissen gelangen, was Piaget nicht in seine Theorie einbezogen hat.

Prüfen Sie sich selbst …

Rückblick
Wählen Sie zwei der folgenden Merkmale von Piagets voroperationalem Stadium: Egozentrismus, Betonung der wahrnehmungsmäßigen Erscheinung, Schwierigkeit, Transformationen zu beurteilen, und Mangel an hierarchischer Klassifikation. Geben Sie Erkenntnisse an, die Piaget dazu führten, dass Vorschulkinder in diesen Fähigkeiten mangelhaft sind. Dann geben Sie Belege, die darauf hinweisen, dass Vorschulkinder bessere Denker sind, als Piaget annahm.

Anwendung
Erzieher bieten viele Möglichkeiten für soziodramatische Rollenspiele. Mütter fragen sich, ob ihre Kinder durch so viel Als-ob irgendetwas lernen. Gehen Sie auf die Sorgen der Mütter ein, indem Sie wissenschaftliche Erkenntnisse benutzen.

Anwendung
Zu Hause versteht der vierjährige Willi, dass sein Dreirad nicht lebendig ist und sich nicht von selber bewegen kann. Als aber Willi mit seiner Familie zum Angeln ging und sein Vater fragte „Was glaubst du, warum der Fluss fließt?", antwortete Willi: „Weil er lebt und es will." Was erklärt diesen Widerspruch in Willis Urteil?

Prüfen Sie sich selbst …

7.6 Wygotskys soziokulturelle Theorie

Piagets Nichtbeachtung der Sprache als Quelle kognitiver Entwicklung ergab noch Kritik von einer anderen Seite, dieses Mal von Wygotskys soziokultureller Theorie, welche den sozialen Kontext der kognitiven Entwicklung betont. Das schnelle Wachstum der Sprache während der frühen Kindheit erweitert die Fähigkeit des Kindes, am sozialen Dialog mit Individuen teilzunehmen, die über mehr Wissen verfügen und sie ermutigen, kulturell wichtige Aufgaben zu meistern. Bald schon fangen die Kinder an, mit sich selber auf die gleiche Weise zu kommunizieren wie mit anderen. Das erweitert stark die Komplexität ihres Denkens und die Fähigkeit, ihr eigenes Verhalten zu kontrollieren. Im Folgenden geht es darum, wie das geschieht.

7.6.1 Private Sprache (Selbstgespräch)

Beobachten Sie einmal Vorschulkinder bei ihren alltäglichen Verrichtungen und Sie werden sehen, dass sie oft laut mit sich selber sprechen. Als Sascha zum Beispiel an einem Puzzle arbeitete, sagte er: „Wo ist das rote Teil? …Jetzt ein blaues…. Nein, passt nicht. …Versuch das hier."

Piaget (1923/1926) nannte diese Äußerungen *egozentrische Sprache,* was seine Annahme reflektierte, dass kleine Kinder Schwierigkeiten haben, die Perspektive anderer zu übernehmen. Aus diesem Grund, so sagte er, ist ihr Gespräch oft ein „Selbstgespräch", in dem sie ihre Gedanken fließen lassen, wie sie gerade auftreten und unabhängig davon, ob es ein Zuhörer verstehen kann. Piaget nahm an, dass kognitive Reifung und bestimmte soziale Erfahrungen, namentlich Auseinandersetzungen mit Gleichaltrigen, die egozentrische Sprache schließlich beenden. Durch Streit mit Altersgenossen erkennen Kinder wiederholt, dass andere einen anderen Standpunkt haben als sie selber. Daraus folgt, dass die egozentrische Sprache abnimmt.

Wygotsky (1934/1987) brachte einen starken Einwand gegen Piagets Folgerungen zur Sprache. Er war der Meinung, dass Kinder aus Gründen der Selbstanleitung mit sich selber sprechen. Weil die Sprache den Kindern dabei hilft, ihre geistigen Aktivitäten und ihr Verhalten zu denken und Handlungsfolgen auszuwählen, sah Wygotsky dieses als Grundlage für alle höheren kognitiven Prozesse an, einschließlich kontrollierter Aufmerksamkeit, absichtlicher Einprägung und des Wiedererinnerns, der Kategorisierung, der Planung, des Problemlösens und der Selbstreflexion. Wenn Kinder älter werden und die Aufgaben als leichter empfinden, wird ihre selbstbezogene Sprache als stille *innere Sprache* internalisiert – den verbalen Dialog, den wir mit uns selber führen, wenn wir in täglichen Situationen denken und handeln. Fast alle Untersuchungen der letzten drei Jahrzehnte haben Wygotskys Sicht unterstützt. Folglich wird die an sich selbst gerichtete Sprache der Kinder jetzt **private Sprache (Selbstgespräch)** genannt statt egozentrischer Sprache. Die Forschung zeigt auf, dass Kinder sie stärker benutzen, wenn Aufgaben schwierig sind und sie nicht wissen, wie sie vorgehen sollen. Auch tritt die private Sprache, wie Wygotsky es vorhergesagt hatte, mit zunehmendem Alter zurück und verändert sich zu Flüstern oder lautlosen Lippenbewegungen (Duncan & Pratt, 1997; Patrick & Abravanel, 2000). Schließlich sind Kinder, die während einer herausfordernden Aktivität die Privatsprache benutzen, aufmerksamer und engagierter und zeigen bessere Leistungen als weniger gesprächige Altersgenossen (Berk & Spuhl, 1995; Winsler, Diaz, & Montero, 1997).

7.6.2 Sozialer Ursprung frühkindlicher Kognition

Woher rührt die Privatsprache (das Selbstgespräch)? In Kapitel 5 wurde Wygotskys Annahme vorgestellt, das kindliche Lernen geschehe in einer *Zone der proximalen Entwicklung* – eine Reihe von Aufgaben, die für das Kind allein zu schwer sind, aber möglich mit Hilfe anderer. Betrachten Sie die gemeinsame Beschäftigung von Sascha und seiner Mutter, die ihm hilft, ein schwieriges Puzzle zusammenzufügen:

Sascha: „Ich krieg das hier nicht rein." [versucht an der falschen Stelle, ein Teil einzufügen]

Mutter: „Welches Teil könnte hier unten passen?" [weist auf den unteren Teil des Puzzles hin]

Sascha: „Seine Schuhe." [schaut nach einem Teil, dass den Schuhen des Clowns ähnelt, nimmt aber das falsche]

Mutter: „Nun, welches Teil sieht aus wie diese Form?" [weist wieder auf den unteren Teil des Puzzles hin]

Sammy: „Das braune." [versucht es, und es passt; probiert dann ein anderes Teil aus und sieht seine Mutter an]

Mutter: „Versuch mal, es ein wenig zu drehen." [macht eine Gebärde, um es ihm zu zeigen]

Sammy: „Da!" [fügt mehrere Teile ein; seine Mutter sieht zu]

Saschas Mutter hält das Puzzle innerhalb der Zone der proximalen Entwicklung auf einem handhabbaren Schwierigkeitsniveau. Dafür bedient sie sich der **kompetenzangemessenen Unterstützung:** während einer Lehrstunde wird dem derzeitigen Leistungsniveau des Kindes angepasste Hilfe angeboten. Wenn das Kind wenig Ahnung hat, wie es vorgehen soll, greift der Erwachsene zur direkten Instruktion und teilt die Aufgabe in zu bewältigende Einheiten auf. Wenn die Kompetenz des Kindes zunimmt, ziehen gute Erzieher auf einfühlsame Weise ihre Unterstützung immer mehr zurück und entlassen das Kind in die Selbstständigkeit. Nach und nach übernehmen die Kinder diese Art des Dialogs, machen ihn zu einem Teil ihres Selbstgesprächs und organisieren damit ihre unabhängigen Anstrengungen.

Welche Hinweise unterstützen Wygotskys Gedanken zum sozialen Ursprung der kognitiven Entwicklung? In verschiedenen Untersuchungen zeigte sich,

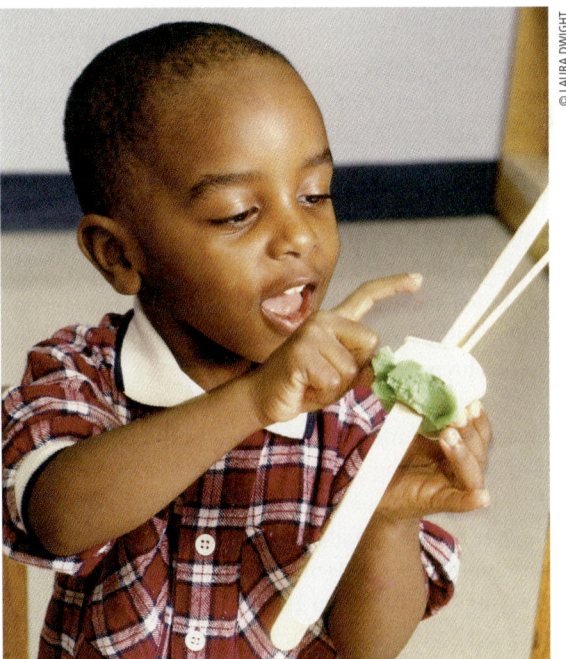

Dieser Dreijährige macht eine Skulptur aus Knetmasse und Plastikstöcken mit Hilfe der privaten Sprache (des Selbstgesprächs). Während der Vorschuljahre sprechen Kinder häufig mit sich selber, wenn sie spielen und andere herausfordernde Aufgaben angehen. Die Forschung stützt Wygotskys Theorie, dass Kinder das Selbstgespräch benutzen, um ihr eigenes Denken und Verhalten zu lenken.

dass Eltern, die gute Brückenbauer in der Belehrung ihrer Kinder bei der Lösung herausfordernde Aufgaben waren, Kinder hatten, die mehr Selbstgespräche führten und die erfolgreicher waren, wenn man sie aufforderte, ähnliche Aufgaben selbst zu lösen (Berk & Spuhl, 1995; Conner, Knight, & Cross, 1997; Winsler, Diaz, & Montero, 1997). Andere Forschungsergebnisse zeigen, dass Kinder beim Planen und Problemlösen mehr Erfolge zeigen, wenn ihr Partner entweder ein gleichaltriger „Experte" oder ein Erwachsener ist, wenngleich sie auch dabei profitieren, wenn sie Aufgaben mit Gleichaltrigen bearbeiten (Azmitia, 1988; Radziszewska & Rogoff, 1988). Und das Nichtübereinstimmen mit Gleichaltrigen (das Piaget betonte) scheint nicht so wichtig dafür zu sein, die kognitive Entwicklung zu fördern, wie das Ausmaß, mit dem Kinder unterschiedliche Meinungen vereinen und zusammenarbeiten (Kobayashi, 1994; Tudge, 1992).

7.6.3 Wygotsky und Erziehung

Die Vorstellungen von angemessenem Unterricht von Piaget und Wygotsky haben einige Merkmale gemeinsam. Beide betonen aktive Teilnahme und Akzeptanz individueller Unterschiede. Jedoch geht Unterricht im Sinne Wygotskys über das unabhängige Entdecken hinaus. Er fördert *unterstütztes Entdecken*. Lehrer leiten das Lernen des Kindes mit Erklärungen, Demonstrieren und verbalen Hilfen an und passen ihre Bemühungen sorgfältig der proximalen Zone des Kindes an. Unterstütztes Entdecken wird auch begleitet von der *Zusammenarbeit mit Gleichaltrigen* (Rogoff, 1998). Lehrer teilen Kinder mit unterschiedlichen Fähigkeiten einer Gruppe zu und ermutigen sie, sich gegenseitig zu belehren und zu helfen.

Wygotsky (1935/1978) betrachtete das Als-ob-Spiel als idealen Kontext in der frühen Kindheit, die kognitive Entwicklung zu fördern. Wenn Kinder in der Vorstellung Situationen erschaffen, lernen sie, inneren Gedanken und sozialen Regeln zu folgen statt ihren unmittelbaren Impulsen. Zum Beispiel folgt ein Kind, das vorgibt, schlafen zu gehen, den Regeln des Verhaltens zur Schlafenszeit. Ein anderes Kind, das vorgibt, Vater zu sein, mit einer Puppe als Kind, passt sich an die Regeln elterlichen Verhaltens an. Nach Wygotsky ist das Als-ob-Spiel eine einzigartige, in hohem Maße einflussreiche Zone der proximalen Entwicklung, in welcher Kinder eine große Vielfalt herausfordernder Aktivitäten ausprobieren und viele neue Kompetenzen erwerben.

Gehen Sie zurück zu Seite 296, um sich ins Gedächtnis zu rufen, dass das Als-ob-Spiel viele kognitive und soziale Fertigkeiten verstärkt. Das Als-ob-Spiel ist auch reich an Selbstgesprächen – eine Erkenntnis, die seine Rolle unterstützt, Kindern dabei zu helfen, ihre Handlungen unter die Kontrolle des Denkens zu bringen (Krafft & Berk, 1998). Und in einer Untersuchung zeigten Vorschulkinder, die sich an komplexen soziodramatischen Rollenspielen beteiligten, über einen Zeitraum von vier Monaten mehr Fortschritte darin, Regeln im Klassenzimmer zu befolgen (Elias & Berk, 2002).

7.6.4 Bewertung der Theorie Wygotskys

Wygotskys Theorie schreibt der sozialen Erfahrung eine wichtige Rolle in der kognitiven Entwicklung zu, sie unterstreicht die fundamentale Rolle des Unterrichtens und hilft uns beim Verständnis der breiten kulturellen Vielfalt in kognitiven Fertigkeiten. Sie erkennt, dass Kinder einzigartige Formen des Denkens durch Aktivitäten entwickeln, welche die Art und Weise ihrer Kultur darstellen. Dennoch ist Wygotskys Theorie nicht ohne Kritik geblieben. Die verbale Kommunikation mag nicht das einzige Mittel darstellen, durch das sich das Denken der Kinder entwickelt, in einigen Kulturen nicht einmal das wichtigste Mittel. Wenn westliche Eltern ihren Kindern bei schwierigen Aufgaben helfen, setzen sie eine große Verantwortung für die Motivation des Kindes voraus, indem sie häufig mündliche Instruktionen geben und sich mit den Kindern unterhalten. Ihre Kommunikation ähnelt dem Vorgehen von Lehrern in der Schule, in der Kinder Jahre verbringen werden, um sich auf das Erwachsenenleben vorzubereiten. In Kulturen dagegen, die weniger Gewicht legen auf Schule und Schreib- und Lesefähigkeit, erwarten die Eltern häufig von den Kindern, durch eine genaue Beobachtung und Teilnahme an Gemeinschaftaktivitäten neue Fertigkeiten zu erwerben (Rogoff et al., 1993). Sehen Sie sich den Kasten „Kulturelle Einflüsse" auf Seite 309 an, der diesen Unterschied illustriert.

Schließlich sagt Wygotskys Theorie wenig darüber aus, in welcher Weise grundlegende Fähigkeiten in der Motorik, der Wahrnehmung, der Aufmerksamkeit, des Gedächtnisses und Problemlösens, die in den Kapiteln 4 und 5 diskutiert wurden, zu sozial vermittelten höheren kognitiven Prozessen beitragen. Zum Beispiel beachtet seine Theorie nicht, wie diese elementaren Fähigkeiten Veränderungen in den sozialen Erfahrungen der Kinder auslösen, aus denen eine fortgeschrittenere Kognition entspringt (Moll, 1994). Piaget widmete sehr viel mehr Aufmerksamkeit der Entwicklung von grundlegenden kognitiven Prozessen, als Wygotsky es tat. Es wäre interessant, über eine umfassendere Theorie zu spekulieren, die heute existieren könnte, wenn Piaget und Wygotsky – die beiden Giganten des 20. Jahrhunderts in Bezug auf kognitive Entwicklung – Gelegenheit gehabt hätten, sich zu begegnen und ihre außergewöhnlichen Leistungen in Einklang miteinander gebracht hätten.

> **Prüfen Sie sich selbst ...**
>
> **Rückblick**
> Beschreiben Sie Merkmale sozialer Interaktion, welche die kognitive Entwicklung von Kindern unterstützen. Wie schafft eine solche Interaktion eine Zone proximaler Entwicklung?
>
> **Anwendung**
> Eine junge Mutter beobachtet ihren fünfjährigen Sohn Toby, wie er beim Spielen laut mit sich selber spricht. Sie fragt sich, ob sie dieses Verhalten unterbinden sollte. Erklären Sie mit Hilfe der Theorie von Wygotsky, warum Toby mit sich selber spricht. Was würden Sie der Mutter raten?
>
> **Zusammenhänge**
> Wie sind die „Aufrüstungen" an der an die Kinder gerichteten Sprache beteiligt, die in Kapitel 5 diskutiert wurden?
>
> **Prüfen Sie sich selbst ...**

7.7 Informationsverarbeitung

Es soll noch einmal an das Modell der Informationsverarbeitung, wie es in Kapitel 5 diskutiert wurde, erinnert werden. Informationsverarbeitung beinhalten das Einsetzen *mentaler Strategien*, die Kinder anwenden, um Reize, die in ihre mentalen Systeme fließen, zu tranformieren. Während der frühen Kindheit führen Fortschritte in der Repräsentation und in der Fähigkeit der Kinder, ihr eigenes Verhalten zu leiten, zu wirksameren Wegen der Aufmerksamkeit, des Umgangs mit Informationen und des Problemlösens. Vorschulkinder werden sich auch ihres eigenen mentalen Lebens bewusster und fangen an, schulisch relevantes Wissen zu erwerben, das wichtig ist für ihren Erfolg in der Schule.

7.7.1 Aufmerksamkeit

Eltern und Lehrer fällt es schnell auf, dass Vorschulkinder im Vergleich zu Kindern im Schulalter nur relativ kurze Zeit mit Aufgaben verbringen und leicht abgelenkt werden. Aber Kapitel 5 zeigt auch, dass die andauernde Aufmerksamkeit sich im Kleinkindalter verbessert, ein Trend, der sich glücklicherweise über die Vorschuljahre fortsetzt, da Kinder sehr auf diese Fähigkeit angewiesen sein werden, wenn sie einmal in die Schule kommen.

Während der frühen Kindheit werden Kinder auch besser im *Planen,* dem vorausgenommenen Probehandeln einer Abfolge von Handlungen und dem entsprechenden Einsatz ihrer Aufmerksamkeit, um ein Ziel zu erreichen. So lange Aufgaben vertraut und nicht zu komplex sind, können Vorschulkinder verallgemeinern und einem Plan folgen. Zum Beispiel suchen sie systematisch und bis zur Erschöpfung einen verlorenen Gegenstand auf einem Spielplatz (Wellman, Somerville, & Haake, 1979). Jedoch hat das Planen noch einen weiten Weg vor sich. Wenn man Vorschulkinder auffordert, Bilder mit vielen Details zu vergleichen, sind sie nicht in der Lage, genau zu suchen. Bei komplexen Aufgaben können sie keine ordentliche Reihenfolge erstellen, was als Erstes zu tun ist und was darauf folgen muss. Selbst wenn kleine Kinder planen, versagen sie oft darin, wichtige Schritte durchzuführen (Friedman & Scholnick, 1997; Ruff & Rothbart, 1996).

7.7.2 Gedächtnis

Vorschulkinder haben die sprachlichen Fertigkeiten erworben zu beschreiben, was sie erinnern, und können Anweisungen über einfache Gedächtnisaufgaben folgen. Folglich kann man das Gedächtnis in der frühen Kindheit besser untersuchen.

■ Wiedererkennen und Erinnern

Zeigt man einem kleinen Kind einen Satz von zehn Bildern oder Spielzeugen, vermischt man diese mit einigen unvertrauten Gegenständen und fordert dann das Kind auf, die vorher gesehenen Bilder oder Gegenstände zu zeigen, so wird deutlich, dass das *Wiedererkennungs*-Gedächtnis des Vorschulkindes (d.h. die Fähigkeit, anzugeben, ob ein Reiz der gleiche ist wie der oder ähnlich dem, den sie zuvor gesehen haben)

Dieser vierjährige Junge spielt ein Gedächtnisspiel, bei dem er erkennen muss, ob er vorher bereits ein Bild gesehen hat, das er aus einem Beutel gezogen hat, den seine Erzieherin hält. Während der frühen Kindheit ist das Wiedererkennungsgedächtnis ausgezeichnet. Im Gegensatz dazu entwickelt sich das Erinnern langsam, weil kleine Kinder ihre Gedächtnisstrategien nicht wirksam nutzen.

erstaunlich gut ist. In der Tat sind die Leistungen der Vier- bis Fünfjährigen fast perfekt.

Geben Sie jetzt dem Kind eine anspruchsvollere Aufgabe. Halten Sie die Gegenstände außer Sichtweise und fordern Sie das Kind auf, die Namen derjenigen zu sagen, die es gesehen hat. Das verlangt *Erinnern*, d.h., dass das Kind ein mentales Bild eines abwesenden Gegenstandes wieder abruft. Das Erinnern ist allgemein schlechter als die Fähigkeit zum Wiedererkennen. Im Alter von zwei Jahren können Kinder sich nur an einen oder zwei Gegenstände erinnern, mit vier Jahren an ungefähr drei oder vier (Perlmutter, 1984).

Natürlich ist auch für Erwachsene das Wiedererkennen viel einfacher als das Erinnern, aber im Vergleich zum Erinnern der Erwachsenen ist das der Kinder ziemlich mangelhaft. Der Grund dafür ist, dass kleine Kinder weniger effektiv sind in der Anwendung von **Gedächtnisstrategien,** überlegte mentale Aktivitäten, die die Chancen des Erinnerns verbessern. Wenn Sie zum Beispiel Informationen behalten möchten, könnten Sie diese *wiederholen* d.h. die Bestandteile immer wieder aufsagen. Oder Sie können sie *organisieren*, d.h., Bestandteile, die nach einem oder mehrerer Merkmale zusammengehören, zusammenfassend gruppieren, damit sie leicht ins Gedächtnis zurückgerufen werden können. Vorschulkinder zeigen Anfänge von Gedächtnisstrategien. Wenn es die Umstände erlauben, ordnen sie Bestandteile im Raum an, um ihrem Gedächtnis zu helfen. In einer Studie legte ein Erwachsener entweder eine Schokolinse oder einen hölzernen Nagel in je einen von zwölf identischen Behältern und übergab sie einen nach dem anderen an Vorschulkinder mit der Aufforderung, sich zu erinnern, wo die Süßigkeit versteckt war. Um das Alter von vier Jahren stellten die Kinder die Behälter mit den Süßigkeiten an einen Platz, die mit den Nägeln an einen anderen, eine Strategie, die fast immer zum perfekten Erinnern führte (DeLoache & Todd, 1988). Aber Vorschulkinder proben nicht und organisieren Bestandteile auch nicht in Kategorien (zum Beispiel alle Fahrzeuge zusammen und alle Tiere zusammen), wenn man sie auffordert, sich zu erinnern. Selbst wenn sie trainiert werden, verbessern sich ihre Gedächtnisleistungen selten und sie wenden diese Strategien nicht in neuen Situationen an (Gathercole, Adams, & Hitch, 1994; Miller & Seier, 1994).

Warum wenden kleine Kinder so selten Gedächtnisstrategien an? Ein Grund dafür ist, dass Strategien das begrenzte Arbeitsgedächtnis kleiner Kinder überlasten (Bjorklund & Coyle, 1995). Vorschulkinder haben Schwierigkeiten, bei den zu lernenden Informationen zu bleiben und gleichzeitig eine Strategie anzuwenden.

■ Gedächtnis für tägliche Erfahrungen

Es gibt Unterschiede in der Erinnerung an aufgelistete Informationen und dem Gedächtnis für tägliche Erfahrungen. In der Erinnerung an Listen erinnern Sie isolierte Teilinformationen und reproduzieren Sie genauso, wie Sie sie ursprünglich gelernt haben. Bei der Erinnerung an tägliche Erfahrungen erinnern Sie komplexe, bedeutsame Ereignisse.

Gedächtnis für vertraute Ereignisse

Wie Erwachsene erinnern sich Vorschulkinder auch an vertraute, sich wiederholende Ereignisse: was sie tun, wenn sie in die Vorschule gehen oder wenn sie zu Abend essen – im Sinne von **Skripten,** allgemeinen Beschreibungen dessen, was passiert und wann es in einer bestimmten Situation passiert. Die Skripte kleiner Kinder beginnen als Strukturen wichtiger Handlungen. Wenn man zum Beispiel aufgefordert wird zu berichten, was geschieht, wenn man in ein Restaurant geht, mag ein Dreijähriger sagen: „Man geht hinein, bekommt das Essen, isst und bezahlt dann." Obwohl

Kulturelle Einflüsse: Das tägliche Leben kleiner Kinder in einem Dorf der Mayas in Yucatan

Bei der Durchführung ethnographischer Studien in einem abgelegenen Dorf der Nachfahren der Maya in Yucatan, Mexiko, stellte Suzanne Gaskins (1999) fest, dass sich die Werte in der Kindererziehung, tägliche Aktivitäten und daraus folgend die Kompetenzen von Zwei- bis Fünfjährigen sehr von denen westlicher Vorschulkinder unterscheiden. Die Erwachsenen der Mayas leben von der Landwirtschaft. Die Männer verbringen ihre Tage bei der Arbeit auf den Maisfeldern, unterstützt von Söhnen, die acht Jahre oder älter sind. Die Frauen sind für Haushalt und Garten zuständig und beschäftigen sich mit der zeitraubenden Vorbereitung von Mahlzeiten, Wäschewaschen und Versorgung des Viehs und des Gartens, wobei ihnen die Töchter und Söhne helfen, die noch nicht groß genug sind, um auf den Feldern mitzuhelfen.

In der Maya-Kultur in Yukatan ist das Leben um die Arbeit der Erwachsenen und religiöse und soziale Ereignisse strukturiert. Kinder nehmen vom zweiten Lebensjahr an teil an diesen Aktivitäten. Die Erwachsenen unternehmen keine besonderen Anstrengungen, spezielle Angebote zu machen, die die Interessen der Kinder befriedigen würden oder ihre Entwicklung stimulieren könnten. Wenn sie nicht am Leben der Erwachsenen teilnehmen, erwartet man von den Kindern Unabhängigkeit. Selbst kleine Kinder treffen für sich selber Entscheidungen, die nicht mit Arbeit zu tun haben: wie lange sie schlafen und wie viel sie essen, was sie anziehen, wann sie baden gehen (solange sie das an Nachmittagen tun) und selbst, wann sie mit der Schule anfangen.

Folglich verbringen viele Maya-Vorschulkinder viel Zeit mit der Sorge für sich selber und sind darin äußerst kompetent. Ihr Als-ob-Spiel dagegen ist begrenzt; wenn es auftritt, umfasst es kurze Nachahmungen der Erwachsenenarbeit oder allgemeine Szenen aus dem Erwachsenenleben und wird von älteren Geschwistern organisiert und geleitet. Wenn Maya-Kinder nicht in Selbstbeschäftigung oder Spiel engagiert sind, beobachten sie andere, stundenlang jeden Tag.

Um das Alter von drei Jahren wissen sie über den Verbleib und die Aktivitäten aller Familienmitglieder Bescheid. Jeden Augenblick können sie zu einer Pflicht gerufen werden: Dinge aus dem Haus holen, einen Botengang machen, eine Nachricht überbringen, die Tiere versorgen oder auf die kleinen Geschwister aufpassen.

Die Maya-Eltern unterhalten sich selten mit ihren Kindern oder „rüsten" ihre Kinder beim Lernen auf. Sie schließen vielmehr, dass Kinder reif sind für mehr Verantwortung, wenn diese die Aufgaben von Erwachsenen nachahmen. Dann teilen sie Pflichten zu, indem sie Aufgaben auswählen, die das Kind mit wenig Hilfe ausführen kann, damit die Arbeit der Erwachsenen nicht gestört wird. Wenn ein Kind eine Aufgabe nicht durchführen kann, übernimmt der Erwachsene und das Kind schaut zu, um sie wieder selber aufzunehmen, wenn es dazu fähig ist. Dieses Geben und Nehmen läuft glatt ab, wobei Eltern wie Kinder sich auf das erstrangige Ziel konzentrieren, nämlich dass die Aufgabe erledigt wird.

Die kulturellen Prioritäten und täglichen Aktivitäten führen dazu, dass sich die Fertigkeiten und Verhaltensweisen von Maya-Kindern im Vorschulalter stark von denen ihrer westlichen Altersgenossen unterscheiden. Weil man von ihnen erwartet, unabhängig und hilfreich zu sein, zeigen Maya-Kinder selten Verhaltensweisen, die nach Aufmerksamkeit verlangen oder fragen

In der yukatanischen Maya-Kultur unterhalten sich Erwachsene selten mit Kindern und führen keine die Kognitionen aufbauenden unterstützenden Maßnahmen (scaffolding) beim Lernen durch. Statt sich in Als-ob-Spielen zu engagieren, beteiligen sich Kinder schon im frühen Alter an der Arbeit ihrer Gemeinschaft und verbringen viele Stunden damit, Erwachsene zu beobachten. Dieses Maya-Vorschulkind beobachtet intensiv seine Großmutter beim Geschirrspülen. Wenn das Kind beginnt, Aufgaben der Erwachsenen nachzuahmen, werden ihm zusätzliche Verantwortlichkeiten gegeben.

> andere nicht nach irgendetwas Interessantem, was sie tun könnten. Von einem frühen Alter an können sie für lange Zeiträume ruhig dasitzen, z.B. bei einem langen Gottesdienst oder Tanz oder selbst bei einer dreistündigen Fahrt im Lastwagen in die Stadt. Und wenn ein Erwachsener ihre Aktivitäten unterbricht, um sie zu bitten, etwas für ihn zu erledigen, reagieren Maya-Kinder eifrig auf diese Bitte, die ein westliches Kind oft vermeidet oder ablehnt. Um das Alter von fünf Jahren übernehmen Maya-Kinder spontan die Verantwortung für Aufgaben jenseits solcher, die man ihnen aufträgt.

die ersten Skripte der Kinder nur ein paar Handlungen enthalten, werden sie fast immer in der richtigen Reihenfolge erinnert (Bauer, 1997). Mit zunehmendem Alter werden die Skripte ausgefeilter, wie in dem folgenden Bericht über einen Restaurantbesuch, gegeben von einem fünfjährigen Kind: „Man geht rein. Man kann an einer Theke oder an einem Tisch sitzen. Dann sagt man der Kellnerin, was man möchte. Man isst. Wenn du Nachtisch willst, kannst du den haben. Dann bezahlt man und geht heim" (Hudson, Fivush, & Kuebli, 1992).

Wenn es einmal gebildet ist, kann ein Skript benutzt werden, um vorherzusagen, was in Zukunft passieren wird. Auf diese Weise helfen Skripte den Kindern, sich wiederholende Ereignisse zu organisieren und zu interpretieren. Kinder verlassen sich auf sie, wenn sie Geschichten hören oder welche erzählen. Sie arbeiten auch Skripte in Als-ob-Spielen aus, wenn sie vorgeben, auf eine Reise zu gehen oder wenn sie Schule spielen. Und Skripte unterstützen die frühesten Anfänge der Kinder im Planen, da sie Abfolgen von Handlungen repräsentieren, die zu einem erwünschten Ziel führen (Hudson, Sosa, & Shapiro, 1997).

Gedächtnis für einmalige Ereignisse
In Kapitel 5 wurde ein zweiter Typus von Alltagsgedächtnis betrachtet, das *autobiographische Gedächtnis* oder Repräsentationen persönlich bedeutsamer einmaliger Ereignisse. Wenn die kognitiven und kommunikativen Fertigkeiten der Vorschulkinder sich verbessern, werden die Beschreibungen besonderer Ereignisse besser organisiert, detaillierter und in Beziehung zu größeren Kontexten ihres Lebens gesetzt (Haden, Haine, & Fivush, 1997).

Erwachsene benutzen zwei Stile, die autobiographischen Erzählungen der Kinder zu wecken. Im *ausführlichen Stil* stellen sie verschiedene Fragen, fügen den Aussagen der Kinder Informationen hinzu und bemühen ihre eigenen Erinnerungen und Bewertungen von Ereignissen. Nach einem Ausflug in den Zoo fragte die Erzieherin zum Beispiel die Kinder: „Was haben wir als Erstes gemacht? Warum waren die Papageien nicht in ihren Käfigen? Ich fand den Löwen furchteinflößend. Was habt ihr gedacht?" Im Gegensatz dazu geben Erwachsene, die den *repetitiven Stil* anwenden, wenig Informationen und stellen immer wieder die gleichen Fragen für kurze Antworten wie in: „Erinnert ihr euch an den Zoo? Was haben wir im Zoo gemacht?" Vorschulkinder, die den ausführlichen Stil erleben, produzieren bei Nachuntersuchungen nach ein bis zwei Jahren besser organisierte und detailliertere persönliche Geschichten (Farrant & Reese, 2000; Reese, Haden, & Fivush, 1993). In Übereinstimmung mit Wygotskys Theorie fördern soziale Erfahrungen die Gedächtnisfähigkeiten der Kinder.

Gedächtnisstrategien
Bei jüngeren Kindergartenkindern lassen sich kaum Strategien im Gebrauch des Gedächtnisses erkennen. Bis zum Schulalter stellen sich einige einfache Strategien ein: Wiederholungsstrategien, d.h. das Vor-sich-Hersagen bis zum Abruf; Gruppierungen vom Material treten erst zu Beginn der Schulzeit auf. Hasselhorn (1995) stellte darüber hinaus ein Nutzungsdefizit bei jüngeren Kindern festgestellt: unterweist man Kinder mit Gedächtnisstrategien, so werden diese Strategien nicht eingesetzt, bevor sie nicht auch spontan erscheinen würden (vgl. dazu aber auch Sodian & Schneider, 1999).

7.7.3 Die Theorie des Geistes beim kleinen Kind

Wenn die Repräsentation der Welt, das Gedächtnis und Problemlösen sich verbessern, beginnen Kinder, über ihre eigenen Denkprozesse zu reflektieren. Sie beginnen mit der Konstruktion der **Theorie des Geistes** oder eines zusammenhängenden Netzes von Gedanken über mentale Aktivitäten. Dieses Verständnis nennt man **Metakognition.** Die Vorsilbe Meta bedeutet „darüber hinaus, höher oder übergeordnet" und ist in dem Ausdruck eingeschlossen, weil Metakognition „Nachdenken über das Denken" bedeutet (Flavell,

2000). Erwachsene haben ein komplexes Verständnis ihrer inneren geistigen Welt, die sie benutzen, um ihr Verhalten und das anderer Menschen zu interpretieren und unsere Leistung in verschiedenen Aufgaben zu verbessern. Wie früh sind sich Kinder ihres geistigen Lebens bewusst und wie vollständig und genau ist ihr Wissen?

■ Bewusstheit geistigen Lebens

Die Fähigkeit von Säuglingen und Kleinkindern zu gemeinsamer Aufmerksamkeit, vorsprachlichen Gesten und sozialer Bezugnahme weisen darauf hin, dass sie erkennen, dass Menschen den geistigen Status eines jeden anderen teilen und beeinflussen können. Wenn sich die Sprache von Zweijährigen ausweitet, gehören „denken", „erinnern" und „vorgeben" zu den ersten Wörtern ihres Vokabulars (Wellman, 1990). Etwa im Alter von drei Jahren erkennen Kinder, dass das Denken sich in ihren Köpfen abspielt und dass ein Mensch etwas denken kann, ohne dass man es sieht, darüber spricht oder es berührt (Flavell, Green, & Flavell, 1995). Jedoch haben Zwei- bis Dreijährige nur die Vorahnung eines Unterschiedes zwischen geistigem Leben und Verhalten. Sie denken, dass sich Menschen immer auf eine Weise verhalten, die mit ihren *Wünschen* übereinstimmt, und verstehen nicht, dass weniger auffällige geistige Zustände wie *Annahmen* ihre Handlungen beeinflussen.

Bewältigung von falschen Annahmen

Um das Alter von vier Jahren merken Kinder, dass *sowohl Annahmen wie Wünsche* das Verhalten bestimmen. Ein schlagender Beweis für dieses neue Verständnis rührt von Spielen her, die testen, ob Vorschulkinder erkennen, dass *falsche Annahmen* – solche, die die Realität nicht korrekt repräsentieren – die Handlungen von Menschen leiten können. Ein Beispiel: Zeigen Sie einem Kind zwei kleine geschlossene Schachteln, eine vertraute Schachtel mit Pflaster und nicht gekennzeichnete (siehe Abbildung 7.10). Dann sagen Sie: „Nimm die Schachtel, von der du denkst, dass Pflaster drin ist." Fast immer greifen die Kinder nach der gekennzeichneten Schachtel. Danach öffnen Sie die Schachteln und zeigen dem Kind, dass in Wirklichkeit die gekennzeichnete leer ist und die ungekennzeichnete Pflaster enthält. Führen Sie zum Schluss eine Handpuppe ein und erklären Sie: „Hier ist Pam. Sie hat sich geschnitten. Wo, glaubst du, wird sie nach Pflastern suchen? Warum schaut sie hier (in die gekennzeichnete Schachtel) hinein?" (Bartsch & Wellman, 1995). Nur wenige Dreijährige, aber viele Vierjährige können Pams falsche Annahme erklären.

Das Begreifen falscher Annahmen wird über die Vorschuljahre stärker und wird um das Alter von sechs Jahren sicherer (Wellman, Cross, & Watson, 2001). Während dieser Zeit wird es ein mächtiges Werkzeug für das Verständnis der eigenen Person und das anderer Menschen und ein guter Prädiktor für soziale Fertigkeiten (Jenkins & Astington, 2000; Watson et al., 1999).

Faktoren, die zur Theorie des Geistes von Vorschulkindern beitragen

Wie bewältigen es Kinder, in einem so frühen Alter eine Theorie des Geistes zu entwickeln? Wesentlich sind die kognitive und die Sprachentwicklung, welche die Kinder befähigen, über das Denken nachzudenken. Die Fähigkeit, unangemessene Antworten zu unterdrücken, flexibel zu denken und zu planen weisen auf das Verständnis falscher Annahmen hin (Carlson & Moses, 2001; Hughes, 1998). Ein reicher Wortschatz mit Ausdrücken geistiger Stadien ist hilf-

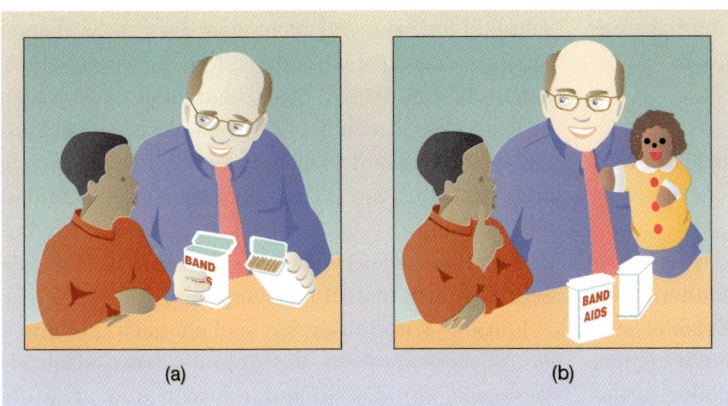

Abbildung 7.10: Beispiel einer Aufgabe mit falscher Annahme. (a) Ein Erwachsener zeigt einem Kind den Inhalt einer Schachtel mit Pflaster und einer nicht beschrifteten Schachtel. Die Pflaster sind in der nicht beschrifteten Schachtel. (b) Der Erwachsene führt eine Handpuppe mit Namen Pam ein und fordert das Kind auf vorherzusagen, wo Pam nach Pflastern suchen würde, und bittet es, Pams Verhalten zu erklären. Die Aufgabe enthüllt, ob Kinder verstehen, dass Pam eine falsche Annahme machen muss, da sie nicht sehen konnte, dass sich die Pflaster in der unbeschrifteten Schachtel befinden.

reich (de Villiers & de Villiers, 2000). Bei den Quechua im peruanischen Hochland beziehen sich Erwachsene auf solche Zustände wie „denken" und „glauben" auf eine indirekte Art, weil ihre Sprache keine Begriffe für geistige Zustände besitzt. Quechua- Kinder haben noch jahrelang Schwierigkeiten mit Aufgaben, die mit dem Aufdecken falscher Annahmen verbunden sind, wenn Kinder in Industrieländern diese bereits bewältigt haben (Vinden, 1996).

Soziale Erfahrungen fördern ebenfalls das Verständnis des Geistes. Vorschulkinder mit älteren Geschwistern sind im Bewusstsein falscher Annahmen ihren Altersgenossen voraus, vielleicht weil die Erfahrung mit älteren Geschwistern den Einfluss von Annahmen auf das Verhalten beleuchtet – durch Necken, Tricks und Diskussion von Gefühlen (Ruffman et al., 1998). Interaktionen mit Gleichaltrigen tragen ebenfalls dazu bei. Drei- und Vierjährige, die mit Freunden über geistige Zustände sprechen, was oft in Als-ob-Spielen geschieht, sind im Verständnis falscher Annahmen und anderen Aspekten des Geistes voraus (Harris & Leevers, 2000; Hughes & Dunn, 1998). Ferner ist die Interaktion mit reiferen Mitgliedern der Gesellschaft hilfreich. In einer Untersuchung mit griechischen Vorschulkindern sagte der tägliche Umgang mit vielen Erwachsenen und älteren Kindern eine Bewältigung falscher Annahmen voraus (Lewis et al., 1996). Dieser Umgang bietet zusätzliche Gelegenheiten, um unterschiedliche Standpunkte zu beobachten und über innere Befindlichkeiten zu sprechen.

Theoretiker kognitiver Module (siehe Kapitel 5) nehmen an, dass Kinder biologisch bereit sein müssen, eine Theorie des Geistes zu entwickeln, wenn sie von eben beschriebenen sozialen Erfahrungen profitieren können. Sie betonen, dass Kinder mit *Autismus* die falschen Annahmen nicht begreifen, weil der Hirnmechanismus Defizite hat, der Menschen befähigt, mentale Zustände zu ermitteln. Siehe den Kasten „Biologie und Umwelt" auf der folgenden Seite, um mehr über die biologische Grundlage des Nachdenkens über den Geist herauszufinden.

■ **Grenzen des Verständnisses kleiner Kinder vom mentalen Leben**

Obwohl erstaunlich fortgeschritten, ist das Bewusstsein geistiger Aktivitäten bei Vorschulkindern weit davon entfernt, vollständig zu sein. Zum Beispiel ist es Drei- und Vierjährigen nicht bewusst, dass Menschen auch denken, wenn sie warten oder auf andere Weise untätig sind (Flavell, Green, & Flavell, 1993, 1995). Sie schlussfolgern, dass geistige Aktivität dann aufhört, wenn es keine erkennbaren äußeren Hinweise gibt, die zeigen, dass der Mensch denkt. Zudem verwenden Kinder unter fünf Jahren wenig Aufmerksamkeit auf Denkprozesse. Wenn sie nach feinen Unterschieden zwischen geistigen Zuständen wie „wissen" und „vergessen" befragt werden, zeigen sie Verwirrung (Lyon & Flavell, 1994). Sie nehmen an, dass alle Ereignisse direkt beobachtbar sein müssen, um gewusst zu werden. Sie verstehen nicht, dass geistige Rückschlüsse eine Quelle von Wissen darstellen können (Carpendale & Chandler, 1996).

Diese Erkenntnisse weisen darauf hin, dass Vorschulkinder den Geist als einen bloßen Behälter von Informationen betrachten. Folglich unterschätzen sie stark den Anteil geistiger Aktivität, der in Menschen vor sich geht und sind schlecht im Folgern, was Menschen wissen oder worüber sie nachdenken. Im Gegensatz dazu sehen ältere Kinder den Geist als ein aktives, konstruktives Mittel, das Informationen auswählt und transformiert (Chandler & Carpendale, 1998; Flavell, 1999). Diese Veränderung wird wieder in Kapitel 9 betrachtet, wenn Metakognition in der mittleren Kindheit thematisiert wird.

7.7.4 Lese- und Schreibfähigkeit in der frühen Kindheit

Eines Tages brachten die Vorschulkinder leere Nahrungsmittelschachteln von zu Hause mit, die sie auf Regale im Gruppenraum stellten. Bald wurde ein Als-ob-Laden eröffnet. Die Kinder kennzeichneten die Waren mit Preisen, machten Einkaufslisten und schrieben an der Kasse Rechnungen. Ein Plakat an der Tür kündigte die täglichen Sonderangebote an: „APFL BNN 5 c" (Äpfel Bananen) 5 cents").

Wie das Kaufmannsspiel aufzeigt, verstehen Vorschulkinder sehr viel mehr von der geschriebenen Sprache, bevor sie auf konventionelle Weise Schreiben und Lesen lernen. Das erstaunt nicht, wenn man bedenkt, dass Kinder in Industrieländern in einer Welt voller Schriftzeichen leben. Jeden Tag beobachten sie oder sind Teil von Aktivitäten, die Geschichtenbücher, Kalender, Listen und Plakate umfassen. Als Teil dieser Erfahrungen versuchen sie herauszufinden, wie Schriftzeichen Bedeutung vermitteln.

Jüngere Vorschulkinder suchen nach Einheiten geschriebener Sprache, wenn sie aus dem Gedächtnis Versionen von Geschichten „lesen" und vertraute

Biologie & Umwelt: „Geistesblindheit" und Autismus

Sigi stand am Wassertisch in seiner Vorschulklasse, füllte wiederholt einen Plastikbecher und kippte dann den Inhalt aus. Eintauchen – auskippen, eintauchen – auskippen, so ging es, bis seine Erzieherin herüberkam und seine Handlungen in eine andere Richtung brachte. Ohne seiner Erzieherin ins Gesicht zu sehen, ging Sigi zu einer anderen eintönigen Beschäftigung über: Wasser von einem Becher in den anderen zu gießen und dann wieder zurück. Als andere Kinder das Spielzimmer betraten und sich unterhielten, bemerkte Sigi dieses kaum. Er sprach kaum und wenn er es tat, benutzte er gewöhnlich nur Worte, um Dinge zu bekommen, die er sich wünschte, nicht um Gedanken auszutauschen.

Sigi leidet an Autismus, der ernsthaftesten Verhaltensstörung in der Kindheit. Der Terminus Autismus bedeutet „gefangen im Selbst", eine treffende Beschreibung von Sigis Persönlichkeit. Wie andere Kinder mit dieser Störung ist Sigi im emotionalen Ausdruck und anderen nicht verbalen Verhaltensweisen gestört. Außerdem ist seine Sprache verzögert und stereotyp; einige autistische Kinder sprechen überhaupt nicht. Sigis Interessen, die sich auf die physische Welt konzentrieren, sind eng und extrem intensiv. Zum Beispiel saß er an einem Tag mehr als eine Stunde da und ließ eine Spielzeugeisenbahn immer hin und her fahren.

Forscher sind sich einig, dass Autismus von einer anormalen Hirnfunktion herrührt, in der Regel als Folge genetischer oder pränataler umweltbedingter Ursachen. Zunehmende Gewissheit besteht darüber, dass eine mangelhafte oder fehlende Theorie des Geistes einen psychologischen Faktor darstellt. Noch lange, nachdem sie das intellektuelle Niveau eines durchschnittlichen vierjährigen Kindes erreicht haben, haben autistische Kinder große Schwierigkeiten bei

Dieses autistische Mädchen bemerkt nicht den Blick eines Sprechers als Hinweis darauf, worüber andere sprechen. Aus diesem Grund unternimmt ihre Erzieherin zusätzliche Schritte, um ihre Aufmerksamkeit in einer naturwissenschaftlichen Stunde zu fesseln. Es herrscht in der Forschung keine Übereinstimmung darüber, ob die „Geistesblindheit" autistischer Kinder Folge einer Schädigung einer angeborenen Kernfunktion des Gehirns ist, die das Kind im Kontakt unzugänglich macht, oder eines allgemeinen Gedächtnisdefizits, das erschwert, Teile komplexer Aufgaben zu behalten.

Aufgaben zu falschen Annahmen. Die meisten können weder sich selber noch anderen mentale Stadien zuordnen. Wörter wie „glauben", „denken", „wissen" und „vorgeben" sind selten Teil ihres Wortschatzes (Happé, 1995; Yirmiya, Solomonica-Levi, & Shulman, 1996).

Schon im zweiten Lebensjahr zeigen autistische Kinder Defizite in Fähigkeiten, von denen man annimmt, dass sie zum Verständnis geistigen Lebens beitragen. Sie bauen zum Beispiel selten eine gemeinsame Aufmerksamkeit auf, nehmen keinen sozialen Bezug oder ahmen seltener Verhaltensweisen von Erwachsenen nach als normale Kinder (Charman et al., 1997; Leekam, Lopez, & Moore, 2000). Darüber hinaus sind sie relativ unempfänglich für Augenkontakt als Hinweis darauf, wovon jemand spricht (Baron-Cohen, Baldwin, & Crowson, 1997). Schließlich befassen sich autistische Kinder viel weniger mit Als-ob-Spielen als sich normal entwickelnde Kinder oder solche mit anderen Entwicklungsproblemen (Hughes, 1998).

Weisen diese Erkenntnisse darauf hin, dass Autismus die Folge einer Schädigung einer angeborenen Kernfunktion des Gehirns ist, welche das Kind „geistesblind" und damit defizitär für menschliche Kontakte macht? Einige Wissenschaftler nehmen das an (Baron-Cohen, 2001; Scholl & Leslie, 2000). Eine andere Vermutung ist, dass Autismus die Folge eines allgemeinen Gedächtnisdefizites ist, das es erschwert, Teile komplexer Aufgaben zu behalten (Bennetto, Pennington, & Rogers, 1996). Vielleicht erklärt das die Vorliebe autistischer Kinder für einfache, sich wiederholende Handlungen. Es mag auch zu ihren Schwierigkeiten bei Aufgaben beitragen, die verlangen, verschiedene Teile in ein kohärentes Ganzes zu integrieren, um ein Problem zu lösen (Jarrold et al., 2000; Yirmiya & Shulman, 1996). Diese Gedächtnis- und Integrationsprobleme beeinträchtigen auch das Verständnis der sozialen Welt, denn soziale Interaktionen finden schnell statt und erfordern die Kombination aus verschiedenen Quellen.

Derzeit ist es nicht klar, welche dieser Hypothesen zutrifft. Vielleicht unterliegen der tragischen sozialen Isolation von Kindern wie Sigi verschiedene biologisch begründete kognitive Defizite.

Zeichen erkennen wie „PIZZA" in ihrem Lieblingsschnellrestaurant. Aber ihre frühen Vorstellungen von geschriebener Sprache unterscheiden sich von unseren. Zum Beispiel glauben viele Vorschulkinder, dass ein einziger Buchstabe für ein ganzes Wort steht oder dass jeder Buchstabe in der Unterschrift eines Menschen einen anderen Namen bedeutet. Nach und nach berichtigen Kinder diese Vorstellungen, wenn ihre Wahrnehmungs- und kognitiven Fähigkeiten sich verbessern, während sie Geschriebenem in vielen verschiedenen Kontexten begegnen und die Erwachsenen ihnen bei der geschriebenen Kommunikation helfen.

Bald werden Vorschulkinder der allgemeinen Merkmale der geschriebenen Sprache gewahr und schaffen ihre eigenen ähnlichen Symbole wie in der „Geschichte" und dem „Einkaufszettel", geschrieben von einem vierjährigen Kind in Abbildung 7.11. Schließlich bekommen Kinder heraus, dass Buchstaben Teile von Wörtern und auf systematische Weise mit Lauten verbunden sind, wie man an dem vorgetäuschten Buchstabieren sehen kann, dass typisch ist im Alter zwischen fünf und sieben Jahren. Zuerst verlassen sich Kinder stark auf Laute in den Namen der Buchstaben wie in LFANT für Elefant. Mit der Zeit begreifen sie die Übereinstimmung von Laut und Buchstabe und lernen, dass einige Buchstaben mehr als einen gewöhnlichen Laut umfassen (McGee & Richgels, 2000; Treiman et al., 1998).

Je mehr informelle schreib-lese-ähnliche Erfahrungen kleine Kinder machen, desto besser sind sie darauf vorbereitet, die komplexen Aufgaben beim Lesen und Schreiben anzupacken. Erwachsene können eine physische Umgebung anbieten, die reich ist an Lese-Schreib-Aufforderungen, und Spiele in dieser Richtung anregen (Neuman, Copple, & Bredekamp, 2000; Roskos & Neuman, 1998). Lesen von Geschichten, wobei Erwachsene die Vorschulkinder zur Diskussion über und Interpretation vom Inhalt der Geschichte anregen, hat eine Beziehung zur Bereitschaft des Vorschulkindes zum Schreiben und Lesen, was auf Erfolg in der Schule hinweist. Und Schreibaktivitäten, die von Erwachsenen unterstützt werden und in eine Unterhaltung darüber einbezogen werden (einen Brief oder eine Geschichte vorbereiten), fördern ebenfalls den Fortschritt in der Schreib- und Lesefähigkeit (Purcell-Gates, 1996; Whitehurst & Lonigan, 1998).

Vorschulkinder aus Familien mit niedrigem Einkommen haben viel weniger Zugang zu Geschichtenbüchern als ihre Altersgenossen aus Familien mit hohem sozioökonomischem Status. In einem Programm, das Kindertagesstätten mit Kinderbüchern „überflutete" und Betreuungspersonen trainierte, wie sie Drei- bis Vierjährige dazu bringen, Zeit mit

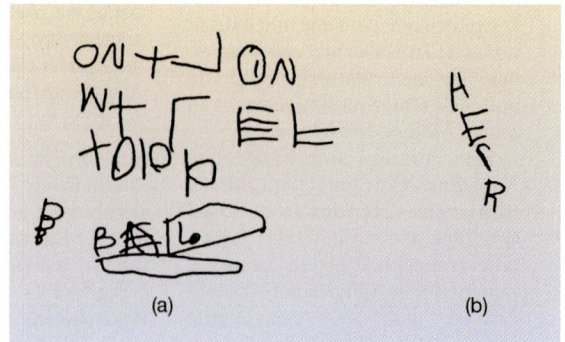

Abbildung 7.11: Eine Geschichte (a) und ein Einkaufszettel (b) geschrieben von einem vierjährigen Kind. Das Geschriebene dieses Kindes hat viele Merkmale einer richtigen Schrift. Es enthüllt auch ein Bewusstsein für verschiedene Arten geschriebenen Ausdrucks (nach L. M. McGee & D. J. Richgels, 2000, Literacy's Beginnings, 3rd ed., Boston: Allyn and Bacon, S. 69.).

Informationsverarbeitung

Vorschulkinder erwerben eine Menge Wissen über Schreiben und Lesen auf informelle Weise, indem sie an täglichen Aktivitäten teilnehmen, in denen sie mit Schriftzeichen umgehen. Sie versuchen herauszufinden, wie Gedrucktes eine bedeutsame Information enthält, auf die gleiche Weise, wie sie sich bemühen, Sinn in andere Aspekte ihrer Welt zu bringen.

Büchern zu verbringen, zeigten Kinder viel größer Fortschritte in informellen Kenntnissen des Lesens und Schreibens als Kinder einer Kontrollgruppe (Neuman, 1999). Die Versorgung finanzschwacher Eltern mit Kinderbüchern sowie mit einer Anleitung, wie bei Vorschulkindern die Schreib- und Lesebereitschaft gefördert werden kann, verstärkt sehr die Aktivitäten des Schreibens und Lesens (High et al., 2000).

7.7.5 Das mathematische Schlussfolgern kleiner Kinder

Mathematisches Schlussfolgern, wie die Schreib- und Lesefähigkeit, bildet sich auf der Grundlage informell erworbenen Wissens. Zwischen 14 und 16 Monaten zeigen Kleinkinder Anfänge vom Begreifen der **Ordinalität** oder einer Ordnungsbeziehung zwischen Mengen, wie drei ist mehr als zwei und zwei ist mehr als eins. Bald geben sie verschiedenen Mengen und Größen verbale Benennungen (wie „viele", „wenig", „groß", „klein"). Und zwischen zwei und drei Jahren fangen sie an zu zählen. Zuerst ist das Zählen nicht viel mehr als eine memorierte Routine wie in „Einszweidreivierfünfsechs!" Oder Kinder wiederholen ein paar Zahlwörter, während sie vage auf Gegenstände deuten (Fuson, 1992).

Bald wird das Zählen jedoch präziser. Die meisten Drei- und Vierjährigen haben eine genaue Eins-zu-eins-Übereinstimmung zwischen einer kurzen Abfolge von Zahlwörtern und den sie repräsentierenden Gegenständen aufgebaut. Irgendwann zwischen vier und fünf Jahren begreifen sie das wichtige Prinzip der **Kardinalität,** dass die letzte Zahl in einer Zahlenfolge die Menge der Bestandteile in einem Satz benennt (Bermejo, 1996). Das Meistern der Kardinalität vergrößert die Effektivität des kindlichen Zählens. Um das Alter von vier Jahren benutzen Kinder das Zählen, um einfache arithmetische Probleme zu lösen. Zuerst sind ihre Strategien an die Ordnung der Zahlen gebunden, wie sie dargestellt werden; bei 2 plus 4 zählen sie erst ab 2 (Ginsburg, Klein, & Starkey, 1998). Bald experimentieren sie, indem sie zum Beispiel vier Finger einer Hand hochheben, zwei an der anderen und erkennen, dass es zusammen sechs sind; oder sie beginnen mit der höheren Ziffer vier und zählen weiter (Siegler, 1996). Nach und nach wählen die Kinder die wirksamste, genaueste Strategie aus, in diesem Fall den Beginn mit der höheren Ziffer. Dann verallgemeinern sie die Strategie zur Subtraktion *Rückwärtszählen*, um

An den Fingern zählen ist ein früher, spontaner Zugang von Kindern, um mit Strategien zu experimentieren, die grundlegende mathematische Probleme lösen. Während sie verschiedene Lösungswege ausprobieren und jene auswählen, die richtig und genau sind, werden die Antworten stärker mit Aufgabenstellungen in Zusammenhang gebracht. Bald geben die Kinder das Zählen an den Fingern auf zugunsten des Bemühens um die richtige Antwort.

315

zu sehen, wie viele Bestandteile übrig bleiben, wenn einige weggenommen werden. Mit ausreichender Praxis geben die Kinder automatisch die Antwort.

Das grundlegende arithmetische Wissen, wie es eben beschrieben wurde, taucht universell auf der ganzen Welt auf. In Familien und Vorschulen, in denen Erwachsene viele Gelegenheiten und Aufforderungen zum Zählen geben, indem Mengen verglichen werden und in bedeutsamen Situationen über Zahlen geurteilt wird, bewältigen die Kinder das grundlegende Verständnis früher (Geary, 1995). Dann stehen diese Konzepte als feste Unterstützung für die breite Anzahl mathematischer Fertigkeiten, die Kinder in der Schule beigebracht werden, zur Verfügung.

Prüfen Sie sich selbst ...

Rückblick
Beschreiben Sie das typische Verständnis eines Vierjährigen von geistigen Tätigkeiten und weisen Sie sowohl auf Stärken wie Begrenzungen hin.

Anwendung
Lena wundert sich, warum Gregors Erzieher in der Vorschule es erlaubt, so viel Zeit zum Spielen zu verwenden statt ihn Schreib- und Lese- und mathematische Fertigkeiten zu lehren. Gregors Erzieher entgegnet: „Ich bringe ihm Wissen durch Spiel bei." Warum ist das Spiel die beste Weise, bei Vorschulkindern Wissen aufzubauen?

Zusammenhänge
Geben Sie Belege für die Entwicklung des Gedächtnisses, der Theorie des Geistes und Schreib- und Lese- sowie mathematische Fertigkeiten beim Vorschulkind, die in Einklang stehen mit Wygotskys Theorie.

Prüfen Sie sich selbst ...

7.8 Individuelle Unterschiede in der kognitiven Entwicklung

Der fünfjährige Hallie saß in einem Testraum, wo eine Psychologin einen Intelligenztest mit ihm durchführte. Einige der Fragen, die sie stellte, betrafen *verbale Fähigkeiten*. Zum Beispiel zeigte sie ein Bild mit einer Schaufel und sagte: „Sag mir, was hier zu sehen ist" – eine Testaufgabe, die den Wortschatz misst. Dann untersuchte sie sein Gedächtnis, indem sie ihn aufforderte, Sätze und Listen von Zahlen zu wiederholen. Andere Aufgaben waren nicht verbal und beurteilten größtenteil Hallies räumliches Vorstellungsvermögen. Hallie kopierte Zeichnungen mit speziellen Bauklötzen, bekam das Muster in einer Serie von Formen heraus und gab an, wie ein gefaltetes und ausgeschnittenes Stück Papier aussieht, wenn es auseinander gefaltet ist (Thorndike, Hagen, & Sattler, 1986).

Der Psychologin war bewusst, dass Hallie aus einer finanziell schlecht gestellten Familie kommt. Wenn Vorschulkinder aus Familien mit niedrigem sozioökonomischem Status und solche aus einigen ethnischen Minderheiten einem nicht vertrauten Erwachsenen gegenüberstehen, der sie mit Fragen konfrontiert, werden sie machmal ängstlich. Auch können solche Kinder die Testsituation nicht mit Leistung in Verbindung bringen. Oft suchen sie nach Aufmerksamkeit und Zustimmung der Untersucher und geben sich mit einer Leistung zufrieden, die unter ihren Fähigkeiten liegt. Die Psychologin verbrachte mit Hallie einige Zeit mit Spielen, bevor sie mit dem Test begann, und lobte und ermutigte ihn während der Zeit des Testens. Wenn solche Testbedingungen angewendet werden, steigt die Leistung von Kindern aus Familien mit niedrigem sozioökonomischem Status (SÖS) an (Bracken, 2000).

Beachten Sie, dass die Fragen, die Sarah Hallie stellte, Wissen und Fertigkeiten berühren, für die nicht alle Kinder die gleichen Möglichkeiten des Erlernens haben. Die Frage der *kulturellen Beeinflussung* bei Leistungsuntersuchungen ist ein heiß diskutiertes Thema, das wir in Kapitel 9 aufgreifen werden. Bedenken Sie fürs Erste, dass Intelligenztests nicht alle menschlichen Fähigkeiten erfassen und die Leistung von kulturellen und situationsbedingten Faktoren beeinflusst werden (Sternberg et al., 2000). Dennoch sind Testwerte wichtig, weil sie für Kinder im Alter von fünf bis sechs Jahren eine gute Voraussage für die spätere Intelligenz und schulische Leistungen sind, die wiederum einen Bezug zum beruflichen Erfolg in Industrieländern haben. Wir wollen jetzt sehen wie die Umgebung, in der kleine Kinder ihre Tage verbringen – zu Hause, Vorschule und Kinderbetreuung –, die Ergebnisse der Leistungstests beeinflussen.

7.8.1 Häusliche Umgebung und geistige Entwicklung

Eine spezielle Abwandlung des *Inventars zur Erfassung der häuslichen Umgebung (HOME),* das in Kapitel 5 vorgestellt wurde, schätzt verschiedene Aspekte der häuslichen Umgebung von Drei- bis Sechsjährigen ein, die die intellektuelle Entwicklung unterstützen (siehe den Kasten „Aspekte der Fürsorge"). Vorschulkinder, die sich intellektuell gut entwickeln, haben ein Zuhause, in dem es viel Spielzeug und Bücher gibt. Ihre Eltern sind warmherzig und voller Zuneigung, regen Sprache und Wissen an und arrangieren den Besuch von Orten, wo es interessante Dinge zu sehen und zu tun gibt. Sie stellen auch vernünftige Forderungen an ein reifes Sozialverhalten, zum Beispiel dass das Kind einfache Pflichten übernimmt und sich anderen gegenüber höflich verhält. Diese Eltern lösen Konflikte mit Vernunft statt mit körperlicher Gewalt und Bestrafung (Bradley & Caldwell, 1982; Espy, Molfese, & DiLalla, 2001; Roberts, Burchinal, & Durham, 1999).

Wie wir in Kapitel 2 gesehen haben, treten diese Charakteristika in von Armut betroffenen Familien seltener auf (Garrett, Ng'andu, & Ferron, 1994). Wenn Eltern mit niedrigem SÖS es fertigbringen, trotz des täglichen Drucks hohe Werte in den HOME-Einschätzungen zu erhalten, sind ihre Vorschulkinder viel besser in Intelligenztests (Bradley & Caldwell, 1982; Klebanov et al., 1998). Diese Erkenntnisse (wie andere, die wir in Kapitel 9 diskutieren werden) weisen darauf hin, dass das Zuhause eine ganz wichtige Rolle spielt bei den im Allgemeinen schlechteren intellektuellen Leistungen von Kindern aus finanziell schwachen Familien im Vergleich mit ihren Altersgenossen aus Familien mit hohem sozioökonomischem Status (SÖS).

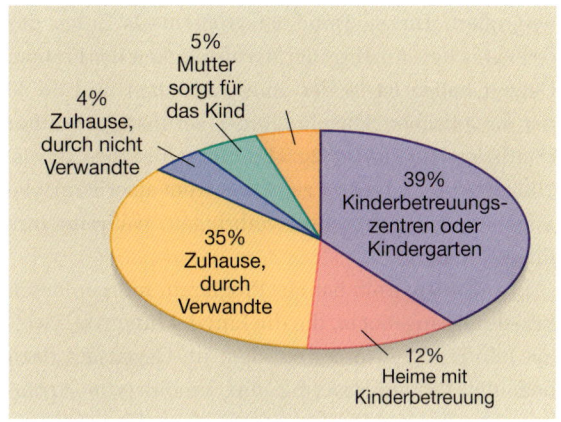

Abbildung 7.12: Wer kümmert sich um Amerikas Vorschulkinder? Die Prozentangaben beziehen sich auf Einrichtungen, in welchen Drei- und Vierjährige ihre Zeit verbringen, wenn ihre Eltern bei der Arbeit sind. Mehr als ein Viertel der Drei- und Vierjährigen erlebt mehr als eine Art der Betreuung, eine Tatsache, die in der Abbildung nicht dargestellt ist. (Federal Interagency Forum on Child and Family Statistics, 2002.), Kindergarten, Vorschule und Kinderbetreuung

Kinder zwischen zwei und sechs Jahren verbringen noch mehr Zeit außerhalb des Zuhauses als Säuglinge und Kleinkinder. Über die letzten 30 Jahre hat sich die Anzahl kleiner Kinder, die Vorschulen oder andere Kinderbetreuungseinrichtungen besuchen, ständig

Aspekte der Fürsorge

Inventar zur Erfassung der häuslichen Umwelt (HOME): Subskalen für die frühe Kindheit

SUBSKALA	BEURTEILUNGSGESICHTSPUNKT
Anregung durch Spielzeug, Spiele und Lesematerial	Das Zuhause enthält Spielzeug, das über Farben, Größen und Formen belehrt.
Anregungen für den Spracherwerb	Die Eltern belehren das Kind über Tiere durch Bücher, Spiele und Puzzles.
Ordnung der physischen Umwelt	Alle zugänglichen Räume sind angemessen sauber und zeigen nur wenig Unordnung.
Stolz, Zuneigung und Wärme	Die Eltern loben die Qualitäten des Kindes während des Besuches wenigstens ein- oder zweimal.
Anregung zum Erwerb von Wissen	Das Kind wird dazu angeregt, die Farben zu lernen.
Vorbild sein für soziale Reife und Ermutigung zu ihr	Die Eltern stellen dem Kind den Interviewer vor.
Abwechslung in der täglichen Anregung	Familienmitglieder nehmen das Kind wenigstens alle zwei Wochen mit nach draußen (Picknick, Einkaufen).
Vermeidung körperlicher Strafen	Eltern geben dem Kind während des Besuches keine Ohrfeige und schlagen es nicht.

Quelle: Bradley & Caldwell, 1979.

vergrößert. Dieser Trend ist größtenteils Folge des dramatischen Anstiegs der Berufstätigkeit der Frauen. Derzeit haben 64 % der amerikanischen und 68 % der kanadischen Vorschulkinder berufstätige Mütter (Statistics Canada, 2002g; U.S. Bureau of the Census, 2002c). Abbildung 7.12 zeigt, mit wem amerikanische Vorschulkinder ihre Tage verbringen, während ihre Eltern arbeiten.

Ein Kindergarten hat ein Programm mit geplanten Erziehungsangeboten, die die Entwicklung von Zwei- bis Fünfjährigen fördern sollen. Im Gegensatz dazu bedeutet Kinderbetreuung eine Vielfalt von Arrangements, um Kinder von berufstätigen Eltern zu betreuen. Sie erstreckt sich von der Betreuung im Hause der betreuenden Person oder im eigenen Zuhause des Kindes bis zu einem Programm in irgendeiner Einrichtung. Die Grenze zwischen Kindergarten und Kinderbetreuung ist fließend. Wie Abbildung 7.12 zeigt, wählen Eltern oft einen Kindergarten als Kinderbetreuungsmöglichkeit. Viele nordamerikanische Kindergärten (wie auch öffentliche Schulkindergärten) haben ihre Öffnungsstunden von halbtags auf den ganzen Tag erhöht, um den Bedürfnissen berufstätiger Eltern gerecht zu werden (U.S. Department of Education, 2002b). Gleichzeitig wissen wir heute, dass gute Kinderbetreuung nicht nur darin besteht, Kinder sicher aufzubewahren und angemessen zu ernähren. Sie sollte die gleichen hoch qualifizierten Erziehungsangebote aufweisen wie ein guter Kindergarten mit dem einzigen Unterschied, dass Kinder sie ganztags besuchen.

■ Typen von Kindergärten und Vorschulen

Kindergarten- und Vorschulprogramme bewegen sich entlang eines Kontinuums von kinderzentriert bis lehrergeleitet. In **kinderzentrierten Programmen** bieten Lehrer eine Vielfalt von Aktivitäten an, aus denen die Kinder auswählen und ein großer Teil des Lernens geschieht durch das Spiel. Im Gegensatz dazu strukturieren Lehrer in **schulischen Programmen** das Lernen der Kinder, indem sie die Kenntnis von Buchstaben, Zahlen, Farben, Formen und anderen Wissensfertigkeiten in formalen Unterrichtsstunden lehren und dabei oft Wiederholung und Drill anwenden.

Trotz ernster Bedenken hinsichtlich der Angemessenheit des Ansatzes fühlen sich Erzieher in Kindergarten und Vorschule erhöhtem Druck ausgesetzt, formales Wissenstraining zu betonen. Dadurch werden Motivation und andere Aspekte des emotionalen Wohlbefindens untergraben. Wenn Kinder in Kindergarten und Vorschule viel Zeit damit verbringen, passiv zu sitzen und Arbeitsblätter auszufüllen statt aktiv in Lernzentren engagiert zu sein, weisen sie mehr Stressverhalten auf (wie Zappeln und Schaukeln), haben weniger Vertrauen in ihre Fähigkeiten und ziehen weniger schwierige Aufgaben vor (Stipek et al., 1995). Nachfolgende Studien zeigen, dass sie schlechtere Lerngewohnheiten haben und in der Grundschule schlechtere Leistungen aufweisen (Burts et al., 1992; Hart et al., 1998). Diese Ergebnisse sind am stärksten bei Kindern aus schlechten sozioökonomischen Verhältnissen. Jedoch neigen Lehrer gerade bei Kindern aus finanziell schlechtgestellten Elternhäusern zu einem schulischen Ansatz, ein verstörender Trend im Hinblick auf seinen negativen Einfluss auf Motivation und Lernen (Stipek & Byler, 1997).

■ Frühe Intervention bei Risikokindern in Kindergärten und Vorschulen

In den 1960er Jahren, als die Vereinigten Staaten einen „Krieg gegen die Armut" starteten, wurde eine Vielzahl von Interventionen für finanziell schlecht gestellte Kinder begonnen. Die ihnen zugrunde liegenden Annahmen waren, dass Lernprobleme am besten früh behandelt werden sollten, vor Beginn der formalen Schulausbildung. Das **Projekt Frühförderung,** das 1965 von der US-Regierung begonnen wurde, ist das ausgedehnteste dieser Programme. Ein typisches Frühförderungszentrum bietet Kindern ein oder zwei Jahre lang Kindergartenbetreuung zusammen mit Ernährungs- und Gesundheitsleistungen. Die Einbeziehung der Eltern ist zentral in dem Konzept der Frühförderung. Eltern beteiligen sich an Versammlungen bei der Planung der Einrichtung und des Programms. Sie arbeiten auch direkt mit den Kindern im Klassenraum, nehmen an speziellen Programmen über Kindererziehung und kindlicher Entwicklung teil und erhalten Leistungen, die sich an ihren eigenen emotionalen, sozialen und beruflichen Bedürfnissen orientieren. Derzeit gibt es mehr als 1500 Frühförderungszentren für etwa 900.000 Kinder (Head Start Bureau, 2002).

Im Jahr 1995 rief Kanada die **Frühförderung für Kinder der Ureinwohner** ins Leben, den Inuit- und Métis-Kindern unter sechs Jahren, von denen 60 % in Armut leben. Wie das amerikanische Projekt zur Frühförderung bietet auch dieses Programm den Kindern Vorschulerziehung und Leistungen für Ernährung und

Gesundheit an und ermutigt die Eltern zum Engagement. Derzeit hat das Frühförderungsprojekt mehr als 80 Zentren und dient mehr als 3000 Kindern (Health Canada, 2000a).

Forschung von mehr als zwei Jahrzehnten hat die positiven Langzeitfolgen von Vorschulinterventionen bestätigt. Die wichtigsten dieser Untersuchungen kombinierten Daten von sieben Interventionen, die in Universitäten verankert waren. Ergebnisse zeigten, dass Kinder, die an den Programmen teilnehmen, höhere IQ-Werte und bessere Schulleistungen in den ersten zwei bis drei Jahren der Grundschule hatten als Kinder einer Kontrollgruppe. Nach der Zeit sanken die Unterschiede in den Testwerten ab. Dennoch blieben Kinder, die Intervention erfahren hatten, bis in die Adoleszenz hinsichtlich der Anpassung in der Schule den Kindern der Kontrollgruppe voraus. Sie kamen seltener in Sonderschulen oder blieben seltener sitzen und eine größere Anzahl von ihnen machten einen höheren Abschluss (Lazar & Darlington, 1982). Ein anderer Bericht über das Programm enthüllte Vorteile, die bis ins junge Erwachsenenalter reichten: eine Abnahme der Delinquenz und Teenager-Schwangerschaften, größere Wahrscheinlichkeit, eine Beschäftigung zu finden, und bessere schulische Kenntnisse, höherer Lohn und Stabilität in der Ehe im Alter von 27 Jahren (Weikart, 1998).

Kann man die Bedeutung hervorragender, in Universitäten verankerter Programme zur Anpassung an die Schule auf die Frühförderungsprogramme in den Gemeinden übertragen? Die Erfolge sind ähnlich, aber nicht so groß. Früh geförderte Kinder sind finanziell ungünstiger gestellt als Kinder in den Universitätsprogrammen und haben somit schwerere Lernprobleme. Die Qualität der Dienste ist in den Programmen der Gemeinden unterschiedlicher (Barnett, 1998; Ramey, 1999).

Ein übereinstimmendes Ergebnis ist, dass Zuwächse in IQ- und anderen Leistungstestwerten, die aus der Teilnahme an Frühförderung und anderen Interventionen gewonnenen wurden, nicht von Dauer sind. Diese Kinder kommen typischerweise in minderwertige öffentliche Schulen in von Armut geprägten Wohngegenden, welche den Nutzen der Vorschulerziehung wieder untergraben (Schnur & Belanger, 2000). Aber die günstige Anpassung in der Schule von in Universitätsprogrammen früh geförderten Kindern ist ein eindrucksvolles Ergebnis. Es mag teilweise durch die Effekte des Programms auf die Eltern bedingt sein. Je mehr Eltern am Frühförderungsprogramm beteiligt sind, desto besser werden ihre Erziehungspraktiken und anregender ihre häusliche Lernumgebung. Diese Faktoren sind positiv mit den Jahresleistungen der Vorschulkinder, Sprache und sozialen Fertigkeiten und Unabhängigkeit und Durchhaltekraft bei Aufgaben in der Vorschule verbunden (Marcon, 1999; Parker et al., 1999).

Frühförderung ist höchst kostenwirksam. Die Ausgaben für das Programm sind viel geringer als die Mittel, die man für Sondererziehungsmaßnahmen, Behandlung von Delinquenz und die Unterstützung für arbeitslose Erwachsene benötigt (Zigler & Styfco, 2001). Wegen zu geringer Finanzmittel erhalten die meisten unter Armut leidenden Kinder in den Vereinigten Staaten und Kanada diese Leistungen leider nicht.

Dieses Inuit-Mädchen besucht ein Frühstart-Programm für Ureinwohner in Nunavut, Kanada. Wie Kinder des amerikanischen Frühförderungsprojekts erhält sie eine Vorschulerziehung und Ernährungs- und Gesundheitsleistungen. Ihre Eltern nehmen am Programm teil. In der Klasse hat sie viele Möglichkeiten, sich in nützlichen kulturellen Aktivitäten zu engagieren. Hier spielt sie mit einem Modelliglu.

Kinderbetreuung

Wir haben gesehen, dass hoch qualifizierte frühe Intervention die Entwicklung finanziell schlecht gestellter Kinder steigern kann. Jedoch ist ein großer Teil der nordamerikanischen Kinderbetreuung von schlechter Qualität, wie bereits in Kapitel 5 angemerkt. Vorschulkinder, die einer unangemessenen Kinderbetreuung ausgesetzt sind, haben niedrigere Testwerte in kognitiven und sozialen Fertigkeiten, unabhängig vom sozioökonomischen Status der Familie (Lamb, 1998; NICHD Early Child Care Research Network, 2002b).

Woraus besteht eine hoch qualifizierte Kinderbetreuung in den Vorschuljahren? Großangelegte Studien von Einrichtungen, sowohl auf der Grundlage von Betreuungszentren wie auch der Betreuung zu Hause, legen dar, dass die folgenden Faktoren wichtig sind: Gruppengröße (Anzahl der Kinder in einem Raum), Verhältnis Betreuungspersonen - Kinder, Vorbildung der Betreuungsperson und der persönliche Einsatz der Betreuungsperson, über Kinder zu lernen und für sie zu sorgen. Wenn diese Merkmale günstig sind, sind Erwachsene verbal anregender und einfühlsamer für die Bedürfnisse der Kinder. Im Gegenzug sind die Kinder dann besonders gut in kognitiver, sprachlicher und sozialer Hinsicht entwickelt – Effekte, die bis in die frühen Schuljahre hinein andauern (Burchinal et al., 2000; Helburn, 1995; Peiser-Feinberg, 1999).

Die Tabelle „Aspekte der Fürsorge" auf der folgenden Seite fasst die Merkmale von hoch qualifizierten Programmen für die frühe Kindheit zusammen. Sie beruhen auf Standards für eine angemessene Praxis der Entwicklung, wie sie von der U.S. National Association for the Education of Young Children (Amerikanische Gesellschaft für die Erziehung kleiner Kinder) entworfen wurden. Diese Standards bieten eine Reihe wichtiger Ziele im Streben der Vereinigten Staaten und Kanada, Kinderbetreuung und Erziehungsleistungen für kleine Kinder zu verbessern.

7.8.2 Pädagogisches Fernsehen

Neben dem Zuhause und der Vorschule verbringen kleine Kinder viel Zeit in einer weiteren Lernumgebung: mit dem Fernsehen. Das US-amerikanische Durchschnittskind zwischen zwei und sechs Jahren schaut zwischen 1 ½ bis 2 Stunden täglich fern – eine lange Zeit im Leben eines kleinen Kindes. Während der mittleren Kindheit steigt der Fernsehkonsum amerikanischer Kinder auf eine durchschnittliche Dauer von 3 ½ Stunden am Tag und von 1 ½ Stunden bei kanadischen Kindern (Comstock & Scharrer, 2001; Statistics Canada, 2001g). Kinder aus Familien mit niedrigem SÖS sehen mehr fern, vielleicht, weil ihre Eltern weniger in der Lage sind, andere Unterhaltungsmöglichkeiten zu bezahlen. Wenn Eltern viel fernsehen, tun es ihre Kinder auch (Huston & Wright, 1998).

Jeden Nachmittag freute sich Sascha auf sein Lieblingsfernsehprogramm, die *Sesamstraße*. Es bedient sich lebendiger visueller und Lauteffekte, um grundlegende Konzepte zum Lesen und Schreiben und zum Lernen von Zahlen nahe zu bringen. Handpuppen und menschliche Figuren werden benutzt, um allgemeines Wissen, emotionales und soziales Verständnis und vorsoziale Fertigkeiten zu lehren. Heute schauen sich mehr als zwei Drittel nordamerikanischer Vorschulkinder die *Sesamstraße* an. Diese Sendung wird in über 60 Ländern ausgestrahlt (Raugust, 1999).

Je häufiger Kinder *Sesamstraße* anschauen, desto höher sind ihre Werte in Tests und Beobachtungen, die die Lernziele des Programms messen (Fisch, Truglio, & Cole, 1999). Eine Untersuchung berichtete über die Verbindung zwischen dem Betrachten der *Sesamstraße* und anderer ähnlicher pädagogischer Programme mit guten Noten, mit vermehrtem Bücherlesen und höherem Ehrgeiz in der höheren Schule (Anderson et al., 2001). In den letzten Jahren hat die *Sesamstraße* ihr schnelles, werbeähnliches Format zugunsten beschaulicherer Episoden mit einem deutlichen Handlungsverlauf verändert (Truglio, 2000). Kinderprogramme mit einer langsamen Handlung und leicht zu verfolgenden Geschichten wie *Wiki* und *Der kleine Eisbär* führen zu einem durchdachteren Als-ob-Spiel als jene, die schnelle, unverbundene Informationshäppchen anbieten (Singer, 1999).

Führt hoher Fernsehkonsum Kinder fort von Aktivitäten, die die kognitive Entwicklung fördern? Einiges weist darauf hin, dass es so ist. Je mehr Vorschul- und Schulkinder fernsehen (besonders Unterhaltungsshows und Zeichentrickfilme), desto weniger Zeit verbringen sie mit Lesen und Kontakt mit anderen und desto schlechter sind ihre schulischen Leistungen (Huston et al., 1999; Wright et al., 2001). Aber das Fernsehen kann das Lernen der Kinder unterstützen, so lange es nicht exzessiv betrieben wird und die Programme ihren Entwicklungsbedürfnissen entsprechen. Im nächsten Kapitel wollen wir uns den Einfluss des Fernsehens auf die emotionale und soziale Entwicklung ansehen.

Aspekte der Fürsorge

Merkmale von Programmen für die Entwicklungsförderung in der frühen Kindheit

PROGRAMMMERKMALE	QUALITÄTSMERKMALE
Räumliche Umgebung	Die Umgebung im Hause ist sauber, in gutem Zustand und gut belüftet. Der Klassenraum ist in gut ausgestattete Aktivitätszonen aufgeteilt, auch für das Als-ob-Spiel; mit Bauklötzen, für wissenschaftliches Lernen, für Mathematik, mit Spielen, Puzzles, Büchern, für Kunst und Musik. Eingezäunter Spielraum im Freien ist mit Schaukeln, Klettergerüsten, Dreirädern und einem Sandkasten ausgestattet.
Gruppengröße	In Kindergärten und Betreuungszentren beträgt die Gruppengröße nicht mehr als 18 bis 20 Kinder mit zwei Erziehern.
Verhältnis von Betreuungsperson und Kind	In Kindergärten und Betreuungszentren ist der Erzieher nicht für mehr als 8 bis 10 Kinder verantwortlich. In häuslichen Betreuungssituationen (Tagesmutter) ist die Betreuungsperson nicht für mehr als 6 Kinder verantwortlich.
Tägliche Aktivitäten	Die meiste Zeit arbeiten die Kinder individuell oder in kleinen Gruppen. Die Kinder wählen viele ihrer Aktivitäten selber aus und lernen durch Erfahrungen, die relevant für ihr eigenes Leben sind. Die Erzieher unterstützen die Aktivitäten der Kinder, akzeptieren individuelle Unterschiede und passen ihre Erwartungen den sich entwickelnden Fertigkeiten der Kinder an.
Interaktionen zwischen Erwachsenen und Kindern	Die Erzieher bewegen sich zwischen den Gruppen und den einzelnen Kindern, stellen Fragen, bieten Vorschläge an und geben komplexere Ideen weiter. Sie benutzen positive Leitungstechniken – sie sind Vorbild, unterstützen erwartetes Verhalten und leiten Kinder zu akzeptableren Aktivitäten an.
Qualifikation der Erzieher	Die Erzieher haben eine spezielle Ausbildung (auf Fach(hoch)schul-Niveau, dtsch. Fachseminare) in der Entwicklung der frühen Kindheit oder einem verwandten Gebiet.
Beziehung zu Eltern	Die Erzieher sprechen oft mit den Eltern über das Verhalten und die Entwicklung der Kinder.
Lizenz und Zulassung	Das Programm ist vom Staat anerkannt und hat eine Zulassung vom Jugendamt.

Quelle: Bredekamp & Copple, 1997; National Association for the Education of Young Children, 1998.

Prüfen Sie sich selbst ...

Rückblick
Welche Erkenntnisse weisen darauf hin, dass kinderzentrierte Kindergärten und Vorschulen besser für die Wissensentwicklung kleiner Kinder sind als verschulte Einrichtungen?

Anwendung
Senator Smith hat gehört, dass Zuwächse im IQ, die aus dem Frühförderungsprogramm resultieren, nicht anhalten. So plant er, gegen die Finanzierung des Programms zu votieren. Schreiben Sie einen Brief an Senator Smith, in dem Sie ihm erklären, warum er das Programm unterstützen soll.

Prüfen Sie sich selbst ...

7.9 Sprachentwicklung

Die Sprache ist praktisch mit allen kognitiven Veränderungen verwoben, die wir in diesem Kapitel diskutiert haben. Zwischen zwei und sechs Jahren machen Kinder gewaltige Fortschritte in der Sprache. Ihre bemerkenswerten Leistungen wie ihre damit einhergehenden Fehler weisen darauf hin, dass sie ihre Muttersprache auf eine aktive, regelorientierte Weise meistern lernen.

7.9.1 Wortschatz

Mit zwei Jahren hatten Sammy einen Wortschatz von 200 Wörtern. Gegen sechs Jahre wird er etwa 10.000 Wörter erworben haben. Um diese Großtat zu vollbringen, wird Sammy jeden Tag etwa fünf neue Wörter hinzulernen (Anglin, 1993). Wie bauen Kinder so schnell ihren Wortschatz aus? Forscher haben beobachtet, dass sie in der Lage sind, ein neues Wort nach kürzester Zeit mit einem zugrunde liegenden Konzept verbinden zu können, ein Prozess, den man **Schnellzuordnung (fast mappingg)** nennt.

Vorschulkinder erfassen einige Wörter genauer und einfacher als andere. Westliche Kinder lernen Bezeichnungen für Gegenstände besonders schnell, weil diese auf konkrete Gegenstände hinweisen, über die sie viel wissen. In Unterhaltungen mit ihren Betreuungspersonen werden oft Namen für Dinge (Bloom, 1998) betont. Bald werden Handlungswörter hinzugefügt („gehen", „laufen", „brechen"). Chinesisch, japanisch und koreanisch sprechende Kinder erwerben dagegen besonders schnell Verben. In diesen Sprachen werden in den Sätzen der Erwachsenen Hauptwörter oft ausgelassen und Verben hervorgehoben (Kim, McGregor, & Thompson, 2000; Tardif, Gelman, & Xu, 1999). Nach und nach fügen Vorschulkinder mehr Eigenschaftswörter hinzu („rot", „rund", „traurig"). Wenn Eigenschaftswörter in der Bedeutung miteinander in Beziehung stehen, dauert es länger, sie zu lernen. Zum Beispiel begreifen Zweijährige die allgemeine Unterscheidung zwischen „groß" und „klein", aber nicht vor drei bis fünf Jahren werden feinere Unterschiede zwischen „lang" und „klein", „hoch" und „niedrig" und „lang" und „kurz" verstanden (Stevenson & Pollitt, 1987).

Vorschulkinder erfassen die Bedeutung neuer Wörter, indem sie diese zu Wörtern in Gegensatz setzen, die sie bereits kennen. Aber wie genau sie entdecken, welches Konzept jedes Wort umfasst, ist noch nicht voll verstanden worden. Ellen Markman (1989, 1992) nimmt an, dass in der frühen Phase des Wortschatzwachstums die Kinder ein *Prinzip gegenseitigen Ausschlusses* anwenden. Sie sind der Meinung, dass Wörter sich auf vollständig getrennte (nicht überlappende) Kategorien beziehen. Zu dieser Auffassung passt, dass Zweijährige korrekte Benennungen geben, wenn man ihnen die Namen zweier sehr verschiedener neuer Gegenstände nennt (eine Spange und ein Horn) (Waxman & Senghas, 1992).

Manchmal jedoch haben Erwachsene mehr als einen Namen für einen Gegenstand. In diesem Fall beziehen sich Kinder als Hilfe oft auf andere Aspekte der Sprache. So bekommen sie viele Wortbedeutungen heraus, indem sie beobachten, wie Wörter in der Satzstruktur angewendet werden. Betracten Sie einen Erwachsenen, der sagt „Das ist ein *zitronengelbes*", während er dem Kind ein gelbes Auto zeigt. Zwei- und Dreijährige interpretieren ein neues Wort, das als Adjektiv benutzt wird, als in Bezug gesetzt auf eine Eigenschaft des Gegenstandes (Hall & Graham, 1999).

Ferner benutzen Vorschulkinder oft soziale Hinweise, um Wortbedeutungen zu identifizieren. In einer Untersuchung führte ein Erwachsener eine Handlung mit einem Gegenstand durch und verwendete dabei eine neue Bezeichnung, während er zwischen dem Kind und dem Gegenstand hin- und herschaute, als wolle er das Kind zum Spielen einladen. Zweijährige schlossen daraus, dass das Wort zur Handlung, nicht zu dem Gegenstand gehöre (Tomasello & Akhtar, 1995). Wenn keine sozialen Hinweise oder andere Informationen vorhanden waren, zeigten Kinder schon im frühen Alter von zwei Jahren eine bemerkenswerte Flexibilität in ihren Strategien des Erlernens von Wörtern. Sie behandelten das neue Wort als einen zweiten Namen für den Gegenstand (Deák, 2000; Deák & Maratsos, 1998).

Haben die Vorschulkinder erst einmal einen ausreichenden Wortschatz, wenden sie Wörter kreativ an, um solche zu ersetzen, die sie noch nicht gelernt haben. Schon mit zwei Jahren prägen Kinder auf eine systematische Weise neue Wörter. So sagte Sammy zum Beispiel „Pflanzenmann" zu einem Gärtner (schuf ein zusammengesetztes Wort) und „Stifter" für ein Kind, das Stifte benutzte (in dem er die Silbe -er anfügte) (Clark, 1995). Vorschulkinder weiten Sprachbedeutungen auch durch Metaphern aus. Ein Dreijähriger zum Beispiel benutzte den Ausdruck „Feuerwehrauto in meinem Bauch", um Magenschmerzen zu beschreiben (Winner, 1988). Die Metaphern von Vorschulkindern umfassen konkrete, sinnliche Vergleiche wie „Wolken sind Kissen" und „Blätter sind Tänzer". Wenn der Wortschatz und das allgemeine Wissen erst einmal größer sind, lieben sie auch sinnlose Vergleiche wie „Freunde sind Magneten" (Karadsheh, 1991; Keil, 1986). Metaphern erlauben den kleinen Kindern, auf eine besonders lebhafte und erinnerbare Weise zu kommunizieren.

7.9.2 Grammatik

Grammatik bezeichnet die Weise, wie wir Wörter in bedeutungsvolle Wendungen und Sätze kombinieren. Zwischen zwei und drei Jahren benutzen englisch sprechende Kinder einfache Sätze, die der Ordnung von Subjekt – Verb – Objekt folgen. Kinder anderer Sprachregionen nehmen die Wortordnung aus der Sprache der Erwachsenen an, der sie ausgesetzt sind (Maratsos, 1998). Wenn sie sich an die Regeln der Wortfolge gewöhnt haben, nehmen kleine Kinder auch kleine Hinzufügungen und Veränderungen in den Wörtern vor, die uns befähigen, Bedeutungen flexibel und wirksam auszudrücken. Zum Beispiel fügen sie ein „-s" für den Plural an („Autos"), benutzen Präpositionen („in" und „auf"), und bilden verschiedene Formen des Verbs „sein" („ist", „sind", „waren", „ist gewesen", „wird"). Jedes englisch sprechende Kind bewältigt diese grammatikalischen Formen in einer regelmäßigen Abfolge, indem es mit denen beginnt, die die einfachsten Bedeutungen und Strukturen besitzen (Brown, 1973; de Villiers & de Villiers, 1973).

Um das Alter von dreieinhalb Jahren haben die Kinder viele grammatikalische Regeln erworben und wenden sie regelmäßig an, so dass sie ab und zu die Regeln bei Wörtern, die Ausnahmen sind, überstrapazieren, einen Fehlertypus, den man **Übergeneralisierung** nennt. „Mein Spielzeugauto *brichte*" und „wir haben alle zwei *Füßes*" sind Ausdrücke, die zwischen zwei und drei Jahren auftreten (Marcus et al., 1992; Marcus, 1995).

Zwischen drei und sechs Jahren bewältigen Kinder noch komplexere grammatikalische Strukturen, obwohl sie dabei vorhersagbare Fehler machen. Beim Fragen mögen Vorschulkinder nicht gern die Subjekt-Verb-Objekt-Reihenfolge aufgeben, die grundlegend nicht nur in der englischen Sprache ist. Zuerst benutzen sie nur eine ansteigende Intonation und es gelingt ihnen nicht, Subjekt und Verb zu vertauschen wie in „Mama backt Kekse?" (Stromswold, 1995). Weil sie an einer stetigen Wortordnung kleben, haben sie auch Schwierigkeiten mit einigen Sätzen im Passiv. Wenn man ihnen sagt „Das Auto wurde vom Lastwagen angestoßen", lassen jüngere Vorschulkinder oft ein Spielzeugauto einen Laster anstoßen. Um das Alter von fünf Jahren verstehen sie Ausdrücke wie diese, aber die komplette Bewältigung der Passivform ist nicht vor Vollendung der mittleren Kindheit vollständig (Horgan, 1978).

Dennoch ist das Begreifen von Grammatik bei Vorschulkindern beachtlich. Um das Alter von vier bis fünf Jahren bilden sie eingebettete Sätze („Ich denke, *dass er kommen wird*"), markieren Fragen („Papa ist bald zu Hause, nicht wahr?") und indirekte Objekte („Er zeigt *seinem Freund* das Geschenk"). Wenn sich die Vorschuljahre dem Ende nähern, benutzen die meisten Kinder die meisten der grammatikalischen Konstruktionen ihrer Muttersprache in kompetenter Weise (Tager-Flusberg, 2001).

7.9.3 Gespräch

Neben dem Erwerb von Wortschatz und Grammatik müssen Kinder lernen, sich in effektiven und angemessenen Gesprächen mit anderen zu engagieren. Diese praktische, soziale Seite der Sprache nennt man **Pragmatik (engl. pragmatics)** und Vorschulkinder meistern sie in bemerkenswerter Geschwindigkeit.

Mit Beginn der frühen Kindheit sind Kinder bereits geübte Gesprächsteilnehmer. Bei Interaktionen von Angesicht zu Angesicht sprechen sie, wenn sie an der Reihe sind, und antworten angemessen auf die Bemerkungen ihrer Partner (Pan & Snow, 1999). Die Anzahl der wechselseitigen Sätze, mit denen Kinder eine Interaktion aufrechterhalten können, und ihre Fähigkeit, eine Zeitlang an einem Thema zu bleiben, nimmt mit zunehmendem Alter zu, aber selbst Zweijährige sind in der Lage, eine effektive Unterhaltung zu führen.

Um das Alter von vier Jahren passen Kinder bereits ihre Rede an, um dem Alter, Geschlecht und sozialen Status ihrer Zuhörer gerecht zu werden. Zum Beispiel benutzen sie mehr Befehle, wenn sie beim Spiel mit Handpuppen dominante, männliche Rollen einnehmen wie Lehrer, Arzt oder Vater. Im Gegensatz dazu sprechen sie höflicher und benutzen mehr indirekte Bitten, wenn sie weniger dominante und feminine Rollen spielen wie Student, Patient oder Mutter (Anderson, 1992).

Gelegentlich brechen die Fähigkeiten zur Unterhaltung bei Vorschulkindern zusammen. Haben Sie zum

Beispiel schon einmal versucht, mit einem Vorschulkind zu telefonieren? Hier ist ein Ausschnitt eines Telefonats eines Vierjährigen mit seinem Großvater:

Großvater: „Wie alt wirst du?"

John: „So viele." [hält vier Finger hoch]

Großvater: „Häh?"

John: „So viele." [hält wieder vier Finger hoch]

(Warren & Tate, 1992, S. 259–260)

Die Gespräche von jüngeren Kindern erscheinen weniger reif in sehr fordernden Situationen, in welchen sie die Reaktionen ihrer Zuhörer nicht sehen können oder sich nicht auf typische Hilfen im Gespräch beziehen können wie Gesten oder Gegenstände, über die man sprechen kann. Wenn man sie jedoch auffordert, einem Zuhörer zu sagen, wie ein einfaches Puzzle zu lösen ist, sind die Anweisungen von Drei- bis Sechsjährigen am Telefon spezifischer als im Gegenüber. Dieses weist darauf hin, dass sie erkennen, dass im Telefonkontext eine wortreichere Erklärung nötig ist (Cameron & Lee, 1997). Zwischen vier und acht Jahren verbessern sich das Unterhalten und das Geben von Anweisung über das Telefon stark. Telefongespräche geben jedoch noch ein weiteres Beispiel dafür, wie die Kompetenzen von Vorschulkindern von den Anforderungen der Situation abhängen.

7.9.4 Den Spracherwerb in der frühen Kindheit unterstützen

Wie können Erwachsene die Sprachentwicklung von Vorschulkindern fördern? Interaktionen mit geübteren Sprechern, die schon während der Kleinkindzeit so wichtig sind, bleiben auch in der frühen Kindheit wesentlich. Der Austausch in einer Unterhaltung mit Erwachsenen, entweder zu Hause oder im Kindergarten ist immer mit allgemeinen Maßstäben des Sprachfortschritts verbunden (Hart & Risley, 1995; Helburn, 1995).

Einfühlsame, liebevolle Erwachsene benutzen zusätzliche Techniken, die die frühen Sprachfertigkeiten fördern. Wenn Kinder Wörter falsch verwenden oder unklar kommunizieren, geben sie eine hilfreiche, deutliche Rückmeldung, z.B.: „Ich weiß nicht, welchen Ball du möchtest. Meinst du einen großen oder kleinen oder einen roten oder einen grünen?" Gleichzeitig korrigieren sie nicht zu viel, besonders wenn Kinder grammatikalische Fehler machen. Kri-

Der Austausch in der Unterhaltung mit Erwachsenen ist wesentlich, um den Sprachfortschritt der Kinder zu unterstützen. Dadurch erwerben Kinder schnell Wortschatz und Grammatik und lernen, wie man eine effektive und angemessene Kommunikation mit anderen herstellt.

tik entmutigt Kinder, aktiv mit Sprachregeln in einer Weise zu experimentieren, die zu neuen Fertigkeiten führen.

Stattdessen sollten Erwachsene eine subtile, indirekte Rückmeldung über die Grammatik geben, indem sie zwei Strategien benutzen, auch in Kombination: **Erweiterungen** oder Elaborationen (die Rede eines Kindes vervollständigen und damit seine Komplexität erhöhen) und **Umformulierungen** (eine unangemessene Sprache in eine korrekte Form bringen) (Bohannon & Stanowicz, 1988). Wenn ein Kind zum Beispiel sagt „Ich bekamte neue Schuhe", kann der Elternteil antworten: „Ja, du bekamst ein Paar neue rote Schuhe." Jedoch stellen einige Forscher in Frage, ob Erweiterung und Umformulierung für die Bewältigung der Grammatik genauso wichtig sind wie der bloße Kontakt mit einer reichen Sprache in der Umgebung. Die Techniken werden nicht in allen Kulturen angewendet und beeinflussen die Grammatik der Kinder nicht in einer konsistenten Weise (Strapp & Federico, 2000; Valian, 1996). Statt Fehler auszumerzen sind Erweiterung und Umgestaltung vielleicht ein Modell für grammatikalische Alternativen und ermutigen die Kinder, mit ihnen zu experimentieren.

Erinnern Sie die gerade beschriebenen Erkenntnisse nicht wieder am Wygotskys Theorie? In der Sprache, wie in anderen Bereichen des intellektuellen Wachstums, unterstützen Eltern und Lehrer Kinder auf eine sanfte Weise, den nächsten Entwicklungsschritt nach vorn zu machen. Kinder streben danach, die Sprache zu meistern, weil sie soziale Verbundenheit mit anderen Menschen erwerben möchten. Auf der anderen Seite reagieren Erwachsene auf den natürlichen Wunsch der Kinder, kompetente Sprecher zu werden, indem sie aufmerksam zuhören, vervollkommnen, was Kinder sagen, Vorbild für eine korrekte Anwendung sind und die Kinder anregen zu sprechen. Im nächsten Kapitel werden wir sehen, dass diese spezielle Kombination von Warmherzigkeit und Ermutigung reifen Verhaltens auch das Herzstück emotionaler und sozialer Entwicklung in der frühen Kindheit ist.

Prüfen Sie sich selbst ...

Rückblick
Wie können Erwachsene die Sprachentwicklung in der frühen Kindheit fördern? Erstellen Sie einen Katalog von Empfehlungen und geben Sie Forschungen an, die sie stützen.

Anwendung
Eines Tages erklärte Sammys Mutter ihm, dass die Familie einen Urlaub in Miami machen wollte. Am nächsten Morgen tauchte Sammy aus seinem Zimmer auf mit seinen Besitztümern, die aus dem Koffer quollen und bemerkte: „Ich habe schon gepackt. Wann gehen wir nach Your-ami?" (Wortspiel im Engl. von My ami und your ami.) Was enthüllen Sammys Fehler über seinen Ansatz, die Sprache zu bewältigen?

Zusammenhänge
Erklären Sie, wie die Strategie von Kindern zum Erlernen der Wörter die interaktionistische Sichtweise unterstützt, die in Kapitel 5 beschrieben wurde.

Prüfen Sie sich selbst ...

Zusammenfassung

Körperliche Entwicklung

Körperwachstum
Beschreiben Sie die wichtigsten Trends des Körperwachstums in der frühen Kindheit.
- Kinder wachsen in der frühen Kindheit langsamer als in den ersten beiden Lebensjahren. Das Körperfett wird geringer und die Kinder werden länger und schlanker. Im Skelett erscheinen neue Wachstumszentren und am Ende der frühen Kindheit verlieren Kinder ihre Milchzähne.
- Verschiedene Teile des Körpers wachsen in einem unterschiedlichen Grad. Die **allgemeine Wachstumskurve** beschreibt Veränderungen in der Körpergröße – schnelle im Säuglingsalter, langsamere in der frühen und mittleren Kindheit und in der Adoleszenz wieder schnellere. Ausnahmen dieses Trends umfassen die Geschlechtsorgane, das Lymphgewebe und das Gehirn.

Entwicklung des Gehirns
Beschreiben Sie die Gehirnentwicklung während der frühen Kindheit.
- Während der frühen Kindheit entwickeln sich Frontallappenbereiche der Großhirnrinde, die dem planenden und organisierenden Denken dienen, sehr schnell. Auch zeigt die linke Hirnhemisphäre mehr Nervenaktivität als die rechte und unterstützt damit die sich ausweitenden Sprachfertigkeiten kleiner Kinder.
- Die Präferenz der Händigkeit verstärkt sich während der frühen und mittleren Kindheit, was darauf hinweist, dass sich während dieser Zeit die Lateralisierung verstärkt. Die Händigkeit weist auf die **dominante Hirnhemisphäre** eines Individuums hin. Gemäß einer Theorie erben die meisten Kinder ein Gen, das sie auf die Rechtshändigkeit festlegt, aber Übung kann Kinder zu einer linkshändigen Präferenz bringen. Obwohl Linkshändigkeit mit Entwicklungsproblemen in Zusammenhang gebracht wird, ist die große Mehrheit linkshändiger Kinder normal.
- In der frühen Kindheit werden Verbindungen zwischen verschiedenen Hirnstrukturen hergestellt. Fasern, die das **Kleinhirn** (cerebellum) mit der Großhirnrinde verbinden, myelinisieren und stärken damit Gleichgewicht und motorische Kontrolle. Die **Retikulärformation**, verantwortlich für Wachheit und Bewusstsein, und der **Balken (corpus callosum)**, der die beiden Hirnhälften verbindet, myelinisieren ebenfalls schnell.

Einflüsse auf das körperliche Wachstum und die Gesundheit
Erklären Sie, wie Vererbung das körperliche Wachstum beeinflusst.
- Vererbung beeinflusst das körperliche Wachstum, indem sie die Abgabe von Hormonen aus der **Hypophyse** kontrolliert. Zwei Hormone sind besonders einflussreich: **Wachstumshormon (WH)** und **thyroid-stimulierendes Hormon (TSH)**.

Beschreiben Sie die Wirkung von emotionalem Wohlbefinden, Ernährung und Infektionskrankheiten auf das körperliche Wachstum in der frühen Kindheit.
- Emotionales Wohlbefinden beeinflusst weiterhin das Körperwachstum in der frühen Kindheit. Ein emotional unangemessenes Leben zu Hause kann zu **psychosozialem Zwergwuchs** führen.

- Die niedrigere Wachstumsrate von Kindern im Vorschulalter führt zu einer Abnahme ihres Appetits und oft werden sie mäkelige Esser. Das Vorbild von anderen, wiederholter Kontakt mit neuen Nahrungsmitteln und ein positives emotionales Klima bei den Mahlzeiten können zu gesunden, abwechslungsreichen Essgewohnheiten bei kleinen Kindern führen.
- Fehlernährung kann in Verbindung mit Infektionskrankheiten ein gesundes Wachstum untergraben. In Entwicklungsländern ist Durchfall weit verbreitet und fordert Millionen junger Leben. Indem man Familien beibringt, wie man die **orale Rehydration-Therapie (ORT)** (orale Gabe von Flüssigkeit) anwendet, können die meisten dieser Todesfälle vermieden werden.
- Die Impfrate ist in den Vereinigten Staaten niedriger als in vielen anderen industrialisierten Ländern, weil viele finanziell schlechtgestellte Kinder keinen Zugang zur Gesundheitsvorsorge haben.

Welche Faktoren erhöhen das Risiko von Unfällen und wie können Verletzungen in der Kindheit vermieden werden?

- Unfälle sind der Hauptgrund für die Kindersterblichkeit in industrialisierten Ländern. Jungen sind häufiger Opfer von Verletzungen; Ursachen sind des Weiteren im Temperament störbar, unaufmerksam und schlecht gestimmt zu sein und das Aufwachsen in belasteten, von Armut betroffenen Familien inmitten von Großstädten. Todesfälle durch Verletzungen sind besonders hoch in den Entwicklungsländern, wo sie bald Krankheiten als führende Ursache vom Tod in der Kindheit überholen könnten.
- Eine Vielfalt von Maßnahmen ist notwendig, um Unfällen in der Kindheit vorzubeugen, einschließlich der Reduktion von Armut und anderen Quellen der Belastung in Familien; den Erlass von Gesetzen, welche die Sicherheit der Kinder verbessern; Schaffung sicherer Bedingungen in den Familien, bei der Kinderbetreuung und in Spielräumen; Verbesserung der öffentlichen Information und Aufklärung und eine Veränderung des Verhaltens von Kindern und Eltern.

Motorische Entwicklung

Nennen Sie wichtige Meilensteine der Entwicklung von Grob- und Feinmotorik in der frühen Kindheit.

- In der frühen Kindheit verlagert sich das Zentrum der Schwerkraft im Kind in den Rumpf, und das Gleichgewicht verbessert sich, was den Weg frei macht für viele Leistungen der Grobmotorik. Vorschulkinder laufen, springen, hopsen, rennen, irgendwann dann springen sie Seil, werfen und fangen und werden ganz allgemein besser in der Koordination.
- Zunehmende Kontrolle der Hände und Finger führt zu dramatischen Verbesserungen in feinmotorischen Fertigkeiten. Nach und nach werden Vorschulkinder selbstständig im Anziehen und im Gebrauch von Messer und Gabel. Um drei Jahre werden die Kritzeleien von Kindern zu Bildern. Mit zunehmendem Alter nehmen ihre Zeichnungen an Komplexität und Realismus zu und werden stark beeinflusst durch die künstlerische Tradition ihrer Kultur und durch Schulung. Vorschulkinder versuchen auch, Buchstaben des Alphabets und später auch Wörter zu schreiben.

Beschreiben Sie individuelle Unterschiede in den motorischen Fertigkeiten von Vorschulkindern.

- Körperbau und Gelegenheit zum körperlichen Spiel beeinflussen die motorische Entwicklung in der frühen Kindheit. Geschlechtsunterschiede, z.B. dass Jungen Fertigkeiten bevorzugen, die Kraft und Stärke fordern, und Mädchen solche Fertigkeiten, die gutes Gleichgewicht und feine Bewegungen erfordern, sind teilweise genetisch bedingt, der Druck aus der Umwelt jedoch verstärkt sie noch. Kinder bewältigen die motorischen Fähigkeiten der frühen Kindheit durch informelle Spielerfahrungen.

Kognitive Entwicklung

Piagets Theorie: Das voroperationale Stadium

Beschreiben Sie Fortschritte in der geistigen Repräsentation und Grenzen im Denken während der voroperationalen Stufe.

- Schnelle Fortschritte in der geistigen Repräsentation, vor allem in der Sprache und im Als-Ob-Spiel stellen die Anfänge von Piagets **voroperationaler Stufe** dar. Mit zunehmendem Alter wird das Als-ob-Spiel immer komplexer und führt zum **soziodramatischen Rollenspiel** mit anderen. Das Als-ob von Vorschulkindern unterstützt viele Aspekte der Entwicklung.
- Abgesehen von der Repräsentation beschrieb Piaget das kleine Kind eher hinsichtlich seiner Defizite als seiner Stärken. Voroperationale Kinder sind **egozentrisch;** sie können sich oft nicht in die Sichtweise anderer einfühlen. Weil Egozentrismus Kinder davon abhält, ihr eigenes Denken zu reflektieren und zu akkomodieren, führt er zu **animistischem Denken, Zentrierung,** einer Konzentration auf die wahrnehmungsmäßige Erscheinungen, und **Irreversibilität.** Diese Schwierigkeiten führen bei Kindern im Vorschulalter dazu, dass sie bei Aufgaben der **Konservierung oder Invarianz (Erhalt der Dinge)** und der **hierarchischen Klassifikation** versagen.

Welche Bedeutung hat die neuere Forschung für die Richtigkeit der voroperationalen Stufe?

- Wenn man kleinen Kindern vereinfachte Aufgaben gibt, die relevant sind für ihr tägliches Leben, ist ihre Leistung viel reifer als Piaget annahm. Vorschulkinder erkennen sich unterscheidende Sichtweisen, unterscheiden belebte und unbelebte Objekte und urteilen durch Analogie bei physikalischen Transformationen. Ebenso reflektiert ihre Sprache ein richtiges kausales Urteilen und hierarchische Klassifikationen und sie bilden viele Kategorien, die auf nicht sichtbaren Merkmalen beruhen. Das operationale Denken entwickelt sich graduell über die Vorschuljahre, eine Erkenntnis, die Piagets Stufenkonzept kritisiert.

Welche Erziehungsprinzipien können von Piagets Theorie abgeleitet werden?

- Ein Erziehungsraum im Sinne Piagets fördert entdeckendes Lernen, Einfühlung in die Bereitschaft der Kinder zu lernen und Akzeptanz individueller Unterwerschiede.

Wygotskys soziokulturelle Theorie

Erklären Sie Wygotskys Sichtweise über Ursprung und Bedeutung der Privatsprache (Selbstgespräch) von Kindern und beschreiben Sie Anwendungen dieser Theorie in der Erziehung.

- Im Gegensatz zu Piaget betrachtete Wygotsky die Sprache als Grundlage aller höheren kognitiven Prozesse. Nach Wygotsky entsteht die **private Sprache** oder die Sprache, die zur eigenen Führung benutzt wird, aus der sozialen Kommunikation, da Erwachsene und geübtere Altersgenossen den Kindern helfen, schwierige Aufgaben zu bewältigen. Schließlich wird die private Sprache internalisiert als innerer, verbaler Gedanke. **Kompetenzangemessene Unterstützung (scaffolding)** ist eine Form sozialer Interaktion, die den Transfer kognitiver Prozesse auf Kinder fördert.

- Ein Erziehungsraum im Sinne Wygotskys betont die unterstützte Entdeckung. Verbale Anleitung von Lehrern und Zusammenarbeit mit Gleichaltrigen sind besonders wichtig. Das Als-ob-Spiel dient als lebendige Zone proximaler Entwicklung, welche viele neue Kompetenzen stärkt.

Informationsverarbeitung

Wie verändern sich Aufmerksamkeit und Gedächtnis in der frühen Kindheit?

- Die Aufmerksamkeit hält nach und nach stärker an und das Planen verbessert sich. Dennoch verbringen Vorschulkinder im Vergleich mit älteren Kindern nur relativ kurze Perioden, in denen sie sich mit Aufgaben beschäftigen, und sie sind auch weniger systematisch im Planen.

- Das Gedächtnis für das Wiedererkennen ist bei kleinen Kindern sehr genau. Ihr Erinnern kategorisierter Informationen ist viel schlechter als das älterer Kinder und Erwachsener, weil Vorschulkinder **Gedächtnisstrategien** weniger wirksam einsetzen. Wie Erwachsene erinnern Vorschulkinder wiederkehrende tägliche Erfahrungen in Form von **Skripten**, welche mit zunehmendem Alter immer ausgefeilter werden. Wenn Erwachsene einen ausführlichen Stil der Unterhaltung mit Kindern über die Vergangenheit benutzen, wird ihr autobiographisches Gedächtnis besser organisiert und detaillierter.

Beschreiben Sie die Theorie des Geistes kleiner Kinder.

- Vorschulkinder fangen an, eine **Theorie des Geistes** zu konstruieren, was darauf hinweist, dass sie fähig sind zur **Metakognition** oder dem Denken über Gedanken. Um das Alter von vier Jahren verstehen sie, dass Menschen falsche Annahmen haben können. Viele Faktoren tragen zur Würdigung geistigen Lebens bei, einschließlich der kognitiven und der Sprachentwicklung, älterer Geschwister, Interaktionen mit Freunden, Als-ob-Spiele und Kontakt mit reiferen Mitgliedern der Gesellschaft. Das Verständnis des Geistes von Vorschulkindern ist weit davon entfernt, vollständig zu sein; sie betrachten ihn eher als einen Behälter von Informationen als eine aktive, konstruktive Kraft.

Fassen Sie das Wissen in Schreiben, Lesen und mathematischen Kenntnissen in der frühen Kindheit zusammen.

- Kinder verstehen eine Menge über Schreiben und Lesen, lange bevor sie in konventioneller Weise lesen oder schreiben können. Kinder im Vorschulalter revidieren nach und nach falsche Annahmen über die Bedeutung geschriebener Symbole, wenn sich ihre Wahrnehmungs- und kognitiven Fähigkeiten verbessern, sie dem Schreiben in verschiedenen Kontexten begegnen und Erwachsene ihnen dabei helfen, einen Sinn in geschriebene Informationen zu bringen.

- Im zweiten Jahr beginnen Kinder **Ordinalität** zu begreifen, die als Basis dient für komplexere Verstehensweisen. Bald entdecken sie zusätzliche mathematische Prinzipien einschließlich der **Kardinalität** und experimentieren mit Zählstrategien, indem sie die wirksamsten und genauesten Techniken auswählen. Sowohl Schreib- und Lesekenntnisse wie auch mathematisches Urteilen bilden sich auf der Grundlage informell erworbenen Wissens.

Individuelle Unterschiede in der kognitiven Entwicklung

Beschreiben Sie Intelligenztests für Kinder und den Einfluss von Familie, Erziehungsprogrammen, Kinderbetreuung und Fernsehen auf die geistige Entwicklung in der frühen Kindheit.

- Intelligenztests in der frühen Kindheit umfassen eine große Bandbreite verbaler und nicht verbaler Fertigkeiten. Um das Alter von fünf bis sechs Jahren leisten sie eine gute Voraussage späterer Intelligenz und schulischer Leistungen. Kinder, die in warmherzigen, anregenden Elternhäusern aufwachsen mit Eltern, die vernünftige Anforderungen an ein reifes Verhalten stellen, haben höhere Werte in Leistungstests.

- Kindergarten- und Vorschulklassen-Programme bewegen sich entlang eines Kontinuums. In **kinderzentrierten Programmen** findet viel Lernen im Spiel statt. In **schulischen Programmen** trainieren die Erzieher schulische Fertigkeiten in formalen Unterrichtsstunden und benutzen oft Wiederholung und Drill. Die Betonung formalen schulischen Trainings untergräbt jedoch die Motivation kleiner Kinder und beeinflusst spätere Schulerfolge in negativer Weise.

- **Das nationale Frühförderungsprogramm** ist das größte, von der US-Regierung finanzierte Kindergarten-Programm für Kinder aus schlechten finanziellen Verhältnissen. In Kanada hilft das **Ureinwohner-Frühförderungsprogramm** Kindergarten- und Vorschulkindern der Ureinwohner, den Inuit- und den Métis-Kindern. Hoch qualifizierte Interventionen in den Vorschuljahren führen zu unmittelbaren Verbesserungen der Testwerte und lang andauernden Verbesserungen in der schulischen Anpassung. Je mehr sich die Eltern in der Frühförderung engagieren, desto höher sind die Leistungen der Kinder zum Ende des Schuljahres und desto besser sind ihre Sprache und soziale Fertigkeiten. Unabhängig vom sozioökonomischen Status untergräbt Kinderbetreuung von schlechter Qualität die kognitive und soziale Entwicklung der Kinder.

- Kinder nehmen viele kognitive Fertigkeiten aus pädagogischen Fernsehprogrammen wie der

Sesamstraße auf. Programme mit Handlung in langsamem Tempo und leicht zu verfolgenden Handlungsabfolgen fördern ein verfeinertes Als-ob-Spiel. Häufiges Fernsehen, besonders Unterhaltungsshows und Zeichentrickfilme, entfernt Kinder vom Lesen und von Interaktionen mit anderen und hat eine Beziehung zu schlechteren schulischen Leistungen.

Sprachentwicklung

Verfolgen Sie die Entwicklung von Wortschatz, Grammatik und Fähigkeiten zur Unterhaltung in der frühen Kindheit.

- Unterstützt durch die **Schnellzuordnung oder -erfassung (fast mapping)** wächst der Wortschatz der Kinder in der frühen Kindheit dramatisch. Wenn Kinder ein neues Wort hören, setzen sie es in Kontrast zu Wörtern, die sie kennen und nehmen oft an, dass das Wort zu einer vollkommen anderen Kategorie gehört. Wenn Erwachsene einen Gegenstand mit mehr als einem Namen benennen, beobachten Kinder, wie Wörter in der Satzstruktur benutzt werden, oder sie benutzen soziale Hinweise, um die Bedeutung des Wortes herauszufinden. Wenn Vorschulkinder einmal einen ausreichenden Wortschatz haben, weiten sie Sprachbedeutungen aus, prägen neue Wörter und schaffen Metaphern.
- Zwischen zwei und drei Jahren nehmen Kinder die grundlegende Wortordnung ihrer Sprache auf. Wenn sie grammatische Regeln beherrschen, **übergeneralisieren** sie diese zeitweise oder wenden Regeln auf Wörter an, die Ausnahmen sind. Zum Ende der frühen Kindheit haben Kinder komplexe grammatikalische Formen erworben.
- **Pragmatik** bezieht sich auf die praktische, soziale Seite der Sprache. In Interaktionen von Angesicht zu Angesicht mit Gleichaltrigen sind jüngere Vorschulkinder bereits geübte Gesprächsteilnehmer. Um das Alter von vier Jahren passen sie ihre Sprache den Zuhörern in einer kulturell akzeptierten Weise an. In sehr fordernden Kontexten erscheint die Fertigkeit zur Kommunikation der Vorschulkinder als weniger reif.

Zählen Sie Faktoren auf, welche das Erlernen der Sprache in der frühen Kindheit unterstützen.

- Das Geben und Nehmen in einer Unterhaltung mit geübteren Sprechern fördert den Sprachfortschritt. Erwachsene vermitteln oft ein explizites Feedback bei der Deutlichkeit der Sprache und ein indirektes Feedback zur Grammatik durch **Erweiterungen** und **Umgestaltungen**. Einige Forscher jedoch stellen den Einfluss dieser Strategien auf die grammatikalische Entwicklung in Frage. Für diesen Aspekt der Sprache mag Kontakt mit einer sprachlich reichen Umgebung ausreichend sein.

Wichtige Fachtermini und Begriffe

allgemeine Wachstumskurve S. 280
animistisches Denken S. 297
corpus callosum (Balken) S. 282
dominante Hirnhemisphäre S. 281
Egozentrismus S. 297
Erkennen von Invarianz (Konstanz)/Konservierung S. 297
Erweiterung/Elaboration S. 324
Frühförderung für Ureinwohner S. 318
Frühförderungsprojekt S. 318
Gedächtnisstrategien S. 308
hierarchische Klassifikation S. 299
Hirnanhangdrüse (Hypophyse) S. 283
internes Sprechen S. 305
Irreversibilität S. 298
Kardinalität S. 315
kindzentrierte Programme S. 318
Kleinhirn (cerebellum) S. 282
kompetenzangemessene Unterstützung S. 305
Metakognition S. 310
orale Rehydrationstherapie (ORT) S. 285
Ordinalität S. 315
Pragmatik S. 323
private Sprache (Selbstgespräch) S. 305
psychosozialer Zwergwuchs S. 283
Retikulärformation S. 282
Schilddrüsenhormon S. 283
Schnellzuordnung (fast-mapping) S. 322
schulische Programme S. 318
Skripte S. 308
soziodramatisches Rollenspiel S. 296
Theorie des Geistes S. 310
Übergeneralisierung S. 323
Umformulierung S. 324
voroperationale Stufe S. 294
Wachstumshormon (WH) S. 283
Zentrierung S. 298

Die emotionale und soziale Entwicklung in der frühen Kindheit

8

8.1 Die Theorie Eriksons: Initiative versus Schuldgefühl 330

8.2 Das Selbstverständnis 331
   Die Grundlagen des Selbstkonzeptes 332
   Die Entstehung des Selbstwertgefühls 332

8.3 Die emotionale Entwicklung 335
   Emotionen verstehen 335
   Emotionale Selbstregulierung 335
   Selbstbezogene Emotionen 336
   Empathie (Einfühlung) 337

8.4 Beziehungen zu Gleichaltrigen 338
   Fortschritte in sozialen Interaktionen unter Gleichaltrigen 338
   Erste Freundschaften 341
   Der Einfluss der Eltern auf die frühen Beziehungen unter
   Gleichaltrigen 341

8.5 Grundlagen der Moralentwicklung 342
   Die psychoanalytische Sichtweise 343
   Die soziale Lerntheorie 344
   Die kognitive Entwicklungstheorie 348
   Die Kehrseite der Moral: Die Entwicklung der Aggression 349

8.6 Die Geschlechtstypisierung 354
   Geschlechtsstereotype Überzeugungen und Verhaltensweisen 354
   Genetische Einflüsse auf die Geschlechtsstereotypisierung 355
   Einflüsse des Lebensumfeldes auf die Geschlechtsstereotypisierung ... 355
   Die Geschlechtsidentität 359
   Die Reduzierung von Geschlechtsstereotypen bei kleinen Kindern ... 360

**8.7 Kindererziehung und die Zusammenhänge mit der
   emotionalen und sozialen Entwicklung** 361
   Erziehungsstile 361
   Kulturelle Unterschiede 364
   Kindesmisshandlung 365

ÜBERBLICK

"
Während die Kinder ihre Kindergartenjahre durchlaufen, formen sich ihre Persönlichkeiten immer klarer. Im Alter von drei Jahren äußern sie schon sehr deutlich ihre Wünsche und Vorlieben wie auch neue Ideen, die sie selbst betreffen. „Lass mich in Ruhe!", rief Leon, als ein anderes Kind versuchte, ihm einen Ball wegzunehmen, den er gerade in den Mund eines riesigen Clowngesichts zu werfen versuchte. „Guck´ mal, ich kann das gut!" meinte Leon zuversichtlich. Mit dieser Einstellung gelang es ihm, den Ball weiterhin in den Mund das Clowngesichts zu werfen, auch wenn die meisten seiner Versuche danebengingen.

Die Unterhaltungen der Kinder lassen auch die ersten Anzeichen ethischen Verhaltens erkennen. Häufig ist zu hören, wie sie Sätze über das, was richtig und was falsch sei, die sie von Erwachsenen gehört hatten, mit fast gewaltsamen Versuchen kombinieren, ihre eigenen Wünsche durchzusetzen. „Du sollst aber teilen!" verlangt etwa das eine Kind, und schnappt sich den Ball aus der Hand von Leon.

Die Szene geht dann etwa so weiter: „Ich war zuerst da! Gib ihn wieder her!" verlangte Leon und schubste das zweite Kind, während er versuchte, sich den Ball zurückzuholen. Die beiden Jungen fingen an zu streiten, sodass ihre Erzieherin eingreifen musste. Sie gab den Jungen einige zusätzliche Bälle und zeigte ihnen, wie sie beide damit spielen könnten.

Wie die Interaktion der beiden Jungen beweist, werden aus Kindergartenkindern sehr schnell komplexe soziale Wesen. Obwohl es oft Streitigkeiten und Aggressionen zwischen kleinen Kindern gibt, so ist der kooperierende Austausch doch wesentlich häufiger. Im Alter zwischen zwei und sechs Jahren entwickeln sich die ersten Freundschaften, in denen die Kinder miteinander umgehen, komplementäre Rollen ausprobieren und herausfinden, dass ihren eigenen Wünschen nach Gemeinschaft und Spielzeug am besten begegnet wird, wenn sie auch die Interessen und Bedürfnisse anderer in Betracht ziehen.

Das sich zunehmend entwickelnde Verständnis ihrer sozialen Lebensumwelt wird besonders in der Aufmerksamkeit spürbar, die sie der Unterscheidung zwischen Mädchen und Jungen entgegenbringen. Während zwei Mädchen sich in der Puppenecke um eine kranke Puppe kümmerten, verwandelten drei Jungen die Bauecke in eine verkehrsreiche Kreuzung. „Ist grün, losfahren!" brüllte der Junge, der die Rolle des „Polizisten" übernommen hatte, während die beiden anderen Jungen große Holzautos und Lastwagen quer über den Teppich schoben. Schon in diesem Alter beginnen die Kinder, gleichgeschlechtliche Spielkameraden zu bevorzugen, und ihr Spiel spiegelt die Geschlechtsstereotypen ihrer eigenen Kultur und Gesellschaftsschicht wider.

Dieses Kapitel beschäftigt sich mit den vielen Facetten emotionaler und sozialer Entwicklung in der frühen Kindheit. Die Theorie von Erik Erikson gibt einen Überblick über die Persönlichkeitsveränderungen während der Kindergartenjahre. Danach wird das Selbstkonzept der Kinder vorgestellt, mit ihren Einsichten in ihre soziale und ethische Lebensumwelt, den geschlechtsbedingten Eigenschaften (gender typing) sowie ihrer zunehmenden Fähigkeit, ihr eigenes emotionales und soziales Verhalten zu steuern. In den letzten Abschnitten dieses Kapitels wird die Frage aufgeworfen, wie eine effektive Kindererziehung aussehen sollte. Außerdem wird das Kapitel auf die komplexen Umstände und Voraussetzungen eingehen, die zu einer guten Erziehung beitragen oder diese verhindern, einschließlich der schwerwiegenden und weit verbreiteten Probleme der Kindesmisshandlung und der Vernachlässigung.
"

8.1 Die Theorie Eriksons: Initiative versus Schuldgefühl

Erikson (1950) beschrieb die frühe Kindheit als eine Periode der „kraftvollen Entfaltung". Wenn Kinder einmal ein Gefühl für ihre eigene Autonomie bekommen, werden sie zielgerichteter, als sie dies noch im Krabbelalter gewesen waren. Ihre Energien werden freigesetzt, um den psychischen Konflikt der Vorschuljahre in Angriff zu nehmen: **Initiative versus Schuldgefühl.** Wie das Wort Initiative schon vermuten lässt, entwickeln kleine Kinder ein neues Gefühl der Zielgerichtetheit. Sie gehen mit Eifer daran, neue Aufgaben zu meistern, sich an Aktivitäten mit ihren Peers zu beteiligen und herauszufinden, was sie mit der Hilfe Erwachsener alles tun können. Auch die Entwicklung ihres Gewissens macht große Fortschritte.

Erikson betrachtete das Spiel als das zentrale Medium, durch das kleine Kinder zu einem Verständnis ihrer selbst und ihrer sozialen Welt gelangen. Das Spiel erlaubt dem Vorschulkind, neue Fertigkeiten auszuprobieren und dabei nur ein geringes Risiko einzugehen, kritisiert zu werden oder zu versagen. Zudem bewirkt das gemeinsame Spiel auch, dass sich eine kleine soziale Organisation bildet, bestehend aus Kindern, die miteinander kooperieren müssen, um gemeinsame Ziele erreichen zu können. In der ganzen Welt beschäftigen sich Kinder mit Rollenspielen, in denen sie Familienszenen nachstellen und sich in Menschen hineinversetzen, die in der Öffentlichkeit ausgeübte Berufe ausüben, wie etwa den des Polizisten, des Arztes und der Krankenschwester in westlichen Kulturkreisen, den des Kaninchenjägers und des Töpfers bei den Hopi-Indianern in den USA und den des Hüttenbauers und Speermachers bei den Baka in Westafrika (Roopnarine et al., 1998).

Sie werden sich erinnern, dass die Theorie Eriksons auf den psychosozialen Stadien Freuds aufbaut (siehe Kapitel 1). Beim Ödipus- und Elektra-Konflikt entwickelt das Kind ein *Über-Ich*, das heißt ein Gewissen, um Strafe zu vermeiden und die Zuneigung der Eltern zu behalten, indem es sich mit dem gleichgeschlechtlichen Elternteil identifiziert. Das bedeutet, dass die Merkmale dieses Elternteils in die kindliche Persönlichkeit aufgenommen werden und dadurch die ethischen Prinzipien und geschlechtstypischen Normen der eigenen Gesellschaft integriert werden. Jedes Mal, wenn das Kind den Vorgaben seines Gewissens ungehorsam ist, werden peinigende Schuldgefühle auftauchen.

Nach Erikson ist ein negatives Ergebnis der frühen Kindheit ein allzu strenges Über-Ich, das bewirkt, dass das Kind unter zu großen Schuldgefühlen leidet, da es von Erwachsenen Bedrohung erlebt hat, kritisiert und zu streng bestraft worden ist. Wenn dies der Fall ist, wird das lustvolle, fröhliche Spiel des Vorschulkindes und seine mutigen Versuche, Neues zu erlernen, aufgegeben.

Während die Ödipus- und Elektra-Konflikte Freuds nicht länger als zufrieden stellende Erklärungen für die Entwicklung des Gewissens betrachtet werden, werden in Eriksons Vorstellung von der Initiative die vielfältigen Veränderungen im emotionalen und sozialen Leben des Kleinkindes sehr gut verdeutlicht. In der Tat sind die Vorschuljahre eine Zeit, in der Kinder ein stabiles Selbstbewusstsein entwickeln, effektivere

Während diese mexikanische Heilerin ihrer Patientin pflanzliche Medizin verabreicht, beobachten die Enkelkinder der Heilerin das Geschehen und spielen es nach. Indem Kinder im Spiel Berufsbilder ihrer Kultur nachahmen, die in der Öffentlichkeit gut beobachtet werden können, entwickeln sie ein Verständnis ihrer Handlungsmöglichkeiten und ein Gefühl der Eigeninitiative.

Kontrolle über ihre eigenen Emotionen gewinnen, neue soziale Fähigkeiten erlernen, die Grundbausteine ethischen Verhaltens sowie ein klares Gefühl für ihre eigene Geschlechtsidentität als Mädchen oder Junge. Lassen Sie uns auf jeden einzelnen dieser Entwicklungsaspekte einen genaueren Blick werfen.

8.2 Das Selbstverständnis

In der frühen Kindheit ermöglichen neue Fähigkeiten der inneren Repräsentation dem Kind zu reflektieren. Die Sprache ermöglicht ihnen über ihr *eigenes Ich* zu sprechen, ihre eigene subjektive Erfahrung des Seins (Harter, 1998). Kapitel 7 war zu entnehmen, dass Vorschulkinder relativ schnell ein Vokabular entwickeln, mit dem es ihnen möglich ist, über ihr eigenes Seelenleben zu sprechen und so ihr Verständnis ihrer inneren Gefühlszustände zu verfeinern. Wenn das Ich sich allmählich konsolidiert, verändert sich der Fokus des Kindes hin zu seinem *Selbst* – dem Wissen über und der Evaluation der Eigenheiten des eigenen Selbst. Sie beginnen, ein **Selbstkonzept** zu entwickeln, ein Muster von Attributen, Fähigkeiten, Einstellungen und Wertvorstellungen, von denen ein Individuum überzeugt ist und über die sich eine Person definiert.

8.2.1 Die Grundlagen des Selbstkonzeptes

Wenn man einmal ein Kind im Alter von drei bis fünf Jahren bittet, von sich zu erzählen, wird es vermutlich in etwa Folgendes sagen: „Ich bin Tommy. Guck mal, ich habe ein neues rotes T-Shirt. Ich bin vier Jahre alt. Ich kann meine Zähne putzen, und ich kann meine Haare schon ganz alleine waschen. Ich habe neue Legobausteine, ich kann damit einen ganz, ganz großen Turm bauen." Wie diese Aussagen zeigen, ist das Selbstkonzept eines Vorschulkindes noch sehr konkret. Für gewöhnlich werden beobachtbare Merkmale erwähnt, wie etwa der eigene Name, das Aussehen, der Besitz und das Alltagsverhalten (Harter, 1996; Watson, 1990).

Im Alter von dreieinhalb Jahren können Vorschulkindern sich bereits selbst anhand ihrer typischen Emotionen und Einstellungen beschreiben, etwa mit der Aussage „ich bin fröhlich, wenn ich mit meinen Freunden spiele" oder „ich mag nicht mit Erwachsenen zusammen sein" (Eder, 1989). Dies weist darauf hin, dass nun schon eine gewisse Wahrnehmung der eigenen psychischen Charakteristiken vorhanden ist. Weiterhin lässt sich dieses wachsende Verständnis der eigenen Persönlichkeit auch dadurch erkennen, dass vier Jahre alte Kinder, die man zum Beispiel als „schüchtern" oder „gemein" bezeichnet, durchaus die passenden Motive und Gefühle dazu benennen können. So wissen sie beispielsweise, dass eine schüchterne Person nicht gern mit ihnen unbekannten Menschen zusammen ist (Heyman & Gelman, 1999). Allerdings verwenden Vorschulkinder noch keine Bezeichnungen für Eigenschaften in der Beschreibung ihrer selbst. Diese Fähigkeit setzt eine größere kognitive Reife voraus, als sie in diesem Alter vorhanden ist.

Tatsächlich ist das Selbstkonzept eines Vorschulkindes noch so sehr an bestimmte Besitztümer und Handlungen gebunden, dass es viel Zeit damit verbringen wird, seine Rechte an Objekten geltend zu machen, wie dies im Falle von Leon mit seinem Ball zu Beginn diesen Kapitels deutlich zu sehen war. Je stärker die Selbstdefinition des Kindes, desto besitzergreifender wird es sich darstellen und Objekte als „meins!" bezeichnen (Fasig, 2000; Levine, 1983). Diese Befunde weisen darauf hin, dass solche frühen Streitereien um den Besitz von Objekten weniger als ein Anzeichen von Selbstbezogenheit zu betrachten sind, als vielmehr ein Zeichen eines in der Entwicklung begriffenen Selbst und der Bemühung um klare Grenzen zwischen dem eigenen Selbst und anderen.

Ein stabileres Selbstgefühl erlaubt es Kindern zudem, in Situationen mit Konflikten wegen eines gewünschten Objektes zu kooperieren, gemeinsam zu spielen und einfache Probleme zu lösen (Brownell & Carriger, 1990; Caplan et al., 1991). Folglich sollte es Eltern und Lehrern – im Sinne einer Förderung der freundlichen Interaktionen unter Gleichaltrigen – möglich sein, das Besitzstreben des Kleinkindes als ein Anzeichen von Selbstbewusstsein anzuerkennen („Ja, das ist dein Spielzeug"), aber auch die Kompromissbereitschaft des Kindes zu ermutigen („Magst du nach einer Weile auch Elisabeth damit spielen lassen?"), anstatt darauf zu bestehen, dass das Kind das Spielzeug sofort hergeben muss.

In Kapitel 7 wurde deutlich, dass die Eltern-Kind-Gespräche über persönlich Erlebtes zur Entwicklung eines autobiographischen Gedächtnisses beitragen. Eltern nutzen diese Art der Gespräche häufig, wertende Informationen hinsichtlich der Handlungen des Kindes einzustreuen: „Du warst ein ganz großer Junge, als du das gemacht hast!" Folglich dienen diese Narrative als eine reichhaltige Quelle frühen Wissens um das eigene Selbst, und wie der Kasten „Kulturelle Einflüsse" auf Seite 334 zeigt, auch als ein hauptsächliches Medium, mit dem kulturelle Werte in das Selbstkonzept des Kleinkindes integriert werden können.

8.2.2 Die Entstehung des Selbstwertgefühls

Ein weiterer Aspekt des Selbstkonzeptes beginnt sich in der frühen Kindheit zu zeigen: das **Selbstwertgefühl, unsere Beurteilung unseres eigenen Wertes und die Gefühle, die mit Beurteilungen dieser Art einhergehen**. Das Selbstwertgefühl ist einer der wichtigsten Aspekte der Selbstentwicklung, da die Beurteilung unserer eigenen Kompetenzen unsere emotionalen Erfahrungen, unser zukünftiges Verhalten sowie die langfristige psychische Anpassung beeinflussen. Denkt man einen Moment über das eigene Selbstwertgefühl nach, fallen einem außer einer Gesamtbeurteilung des eigenen Wertes als eine eigenständige Person auch eine Reihe unterschiedlicher Selbstbeurteilungen der Leistungen bei verschiedenen Aktivitäten ein.

Im Alter von vier Jahren sind bei Vorschulkindern schon verschiedene Arten des Selbstwertgefühls erkennbar. Sie gründen u.a. auf guten Leistungen in der Kindergartengruppe, auf eifrigen Bemühungen mit herausfordernden Aufgaben zurechtzukommen, auf dem Gewinnen neuer Freunde und auf dem freundlichen

In ihren frühen Selbstbeschreibungen betonen Kinder für gewöhnlich beobachtbare Merkmale wie etwa das Aussehen, Besitztümer sowie das Alltagsverhalten. Wenn man ein vierjähriges Kind bittet, etwas von sich zu erzählen, so wird es zum Beispiel sagen: „Ich habe meine Socken und meine Schuhe ganz alleine angezogen!"

Umgang mit anderen (Marsh, Craven, & Debus, 1998). Ihr Verständnis in diesen Bereichen ist allerdings noch nicht so differenziert, wie dies bei älteren Kindern und Erwachsenen der Fall ist. Außerdem beurteilen sie ihre eigenen Fähigkeiten extrem hoch und unterschätzen häufig die Schwierigkeit der vor ihnen liegenden Aufgabe (Harter, 1990, 1998). Die Ankündigung des Jungen, dass er besonders gut sei im Ballwerfen und dies trotz mehrmaliger Fehlversuche, ist eine ganz typische Selbstbeurteilung in der frühen Kindheit.

Ein hohes Selbstbewusstsein trägt sehr zur Eigeninitiative des Vorschulkindes in einer Zeit bei, in der es viele neue Fertigkeiten erlernen muss. Dennoch geben im Alter von vier Jahren manche Kinder sehr leicht auf, wenn sie vor einer Herausforderung stehen, wie etwa ein schwieriges Puzzle legen oder das Bauen eines großen Turmes aus Bauklötzen. Nach einem Versagen sind sie entmutigt und schlussfolgern daraus, dass sie der Aufgaben nicht gewachsen sind (Cain & Dweck, 1995; Smiley & Dweck, 1994). Wenn man diesen schnell aufgebenden Kindern Puppen gibt und sie bittet, einmal die Reaktionen von Erwachsenen auf Versagen zu spielen, so sieht das häufig so aus: „Er wird bestraft, weil er das Puzzle nicht zusammenbekommt!" oder

Aspekte der Fürsorge

Das Fördern eines gesunden Selbstwertgefühles bei kleinen Kindern

VORSCHLAG	BESCHREIBUNG
Entwickeln Sie eine positive Beziehung zum Kind.	Machen Sie dem Kind deutlich, dass Sie mit ihm zusammen sein wollen, indem Sie sich Zeit nehmen, in der Sie dann ausschließlich für das Kind da sind. Hören Sie zu, ohne zu urteilen, und drücken Sie einige ihrer eigenen Gedanken und Gefühle aus. Gegenseitiger Austausch verhilft dem Kind dazu, dass es sich anerkannt fühlt.
Freuen Sie sich über Erfolge des Kindes und zeigen Sie dies auch.	Passen Sie Ihre Erwartungen an und bieten Sie Hilfe an, wenn Sie das Kind bitten, etwas zu tun, das es mit seinen momentanen Fähigkeiten noch nicht leisten kann. Heben Sie das Positive im Tun oder Verhalten des Kindes hervor. Fördern Sie die Selbstmotivation des Kindes, indem Sie verstärkt loben, anstatt konkret zu belohnen. Statt einfach zu sagen „Das ist gut", erwähnen Sie die Mühe, die sich das Kind gemacht hat, und seine ganz besonderen Leistungen. Hängen Sie die Kunstwerke ihres Kindes auf, sodass die zunehmenden Fähigkeiten des Kindes auch für andere sichtbar werden.
Unterstützen Sie die Freiheit des Kindes, sich selbst zu entscheiden.	Selbst entscheiden zu können, gibt einem Kind ein Gefühl der Kontrolle über sein eigenes Leben und fördert das Verantwortungsbewusstsein. Wenn das Kind noch nicht in der Lage ist, selbstständig zu entscheiden, beziehen Sie es in einen Teilaspekt der Entscheidung mit ein, wie zum Beispiel die Frage, wann und in welcher Reihenfolge eine bestimmte Aufgabe erledigt werden soll.
Bestätigen Sie die Emotionen des Kindes.	Akzeptieren Sie die starken Gefühle des Kindes und schlagen Sie konstruktive Möglichkeiten vor, mit ihnen umzugehen. Wenn der negative Gefühlszustand eines Kindes aus einer Kränkung resultiert und somit sein Selbstwertgefühl angegriffen ist, reagieren Sie einfühlend und tröstend, während Sie gleichzeitig versuchen, dem Kind eine realistische Einschätzung der Situation zu vermitteln, so dass es sich unterstützt und sicher fühlt.
Gehen Sie an die Kindererziehung liebevoll und vernünftig heran.	Die auf den Seiten 344 und 362 diskutierten Strategien (erklärende Erziehungsmaßnahmen und der autoritative Stil) fördern das Selbstbewusstsein und die Selbstkontrolle beim Kind.

Quelle: Berne & Savary, 1993.

Kulturelle Einflüsse:
Kulturbedingte Variationen in der Erzählweise von Geschichten: Implikationen eines frühen Selbstkonzeptes

Vorschulkinder vieler verschiedener kultureller Herkünfte besprechen mit ihren Eltern persönlich Erlebtes. Erstaunliche kulturelle Unterschiede bestehen hingegen in der Auswahl und der Interpretation der Ereignisse, die für diese frühen Narrative von Seiten der Eltern ausgesucht werden. Dies wiederum beeinflusst die Art und Weise, wie die Kinder sich selbst sehen.

Peggy Miller und ihre Mitarbeiter haben Hunderte von Stunden damit verbracht, die Gewohnheiten des Geschichtenerzählens zu studieren. Dazu untersuchten sie sechs Mittelschichtfamilien irisch-amerikanischer Herkunft in Chicago und sechs Mittelschichtfamilien chinesischer Herkunft in Taiwan. Unmengen Videobänder der Konversation zwischen den Eltern und ihren zweieinhalbjährigen Kindern wurden gesichtet. Daraus konnten persönliche Geschichten identifiziert und auf ihren Inhalt, die Art ihres Endes und die Evaluation von Seiten des Kindes kodiert werden (Miller, Fung, & Mintz, 1996; Miller et al., 1997).

Eltern beider Kulturen sprechen über Ferien und Ausflüge, die ihnen Freude gemacht hatten, genauso häufig und auf ganz ähnliche Weise. Chinesische Eltern jedoch erzählten häufiger lange Geschichten über das Fehlverhalten ihrer Kinder wie etwa das Verwenden unhöflicher Sprache, das Malen und Schreiben an die Wand oder das Spielen auf eine allzu ruppige Art und Weise. Diese Narrative wurden dem Kind mit liebevoller Warmherzigkeit vermittelt. Die Betonung lag auf der Auswirkung von Fehlverhalten auf andere Menschen („wegen deines Benehmens muss sich Mama nun schämen" und sie endeten häufig mit einer direkten Belehrung über angemessenes Verhalten („Es ist nicht gut, gemeine Wörter zu verwenden"). In den wenigen Ausnahmen, in denen die irisch-amerikanischen Geschichten sich um Fehlverhalten drehten, wurde dieses von den Eltern heruntergespielt und dem Temperament des Kindes und seiner Fähigkeit zur Selbstbehauptung zugeschrieben.

Frühes Geschichtenerzählen über das Kind scheint das Selbstkonzept des Vorschulkindes auf kulturell vorbestimmte Pfade zu lenken. Beeinflusst von den konfuzianischen Traditionen strenger Disziplin und sozialer Verantwortung integrieren chinesische Eltern diese Werte in ihre persönliche Geschichte und bestätigen die Wichtigkeit dessen, dass die Familie in der Öffentlichkeit nicht das Gesicht verlieren darf, und sie vermitteln diese Erwartungen explizit zu Ende der Geschichte. Obwohl irisch-amerikanische Eltern ihre Kinder disziplinierten, beschäftigten sie sich in ihren Narrativen nur selten mit dem Fehlverhalten. Stattdessen versuchten sie die Fehler des Kindes in einem positiven Licht zu betrachten, möglicherweise um die Bildung eines positiven Selbstbewusstseins zu ermutigen. Infolgedessen findet sich in dem Selbstbild des chinesischen Kindes eine Betonung der Verantwortung gegenüber anderen Menschen, während sich das Selbstgefühl des amerikanischen Kindes unabhängiger darstellt (Markus, Mullally, & Kitayama, 1997).

Bei einem Ausflug mit seiner Mutter hört ihr dieses chinesische Kind zu, während sie freundlich mit ihm über das richtige Verhalten spricht. Chinesische Eltern erzählen Vorschulkindern Geschichten über das Fehlverhalten des Kindes, die negative Auswirkung auf andere betonend. Das Selbstkonzept des chinesischen Kindes wird so soziale Verantwortung in den Vordergrund stellen.

„Papi ist wütend und wird dich verhauen!" (Burhans & Dweck, 1995). Die Wahrscheinlichkeit ist zudem hoch, dass diese Kinder berichten, dass ihre Eltern sie schon für kleine Fehler rügen (Heyman, Dweck, & Cain, 1992). Die Tabelle „Aspekte der Fürsorge" auf Seite 336 zeigt verschiedene Möglichkeiten auf, wie diese selbstbeeinträchtigenden Reaktionen vermieden werden können und stattdessen beim Kind ein gesundes Selbstwertgefühl gefördert werden kann.

8.3 Die emotionale Entwicklung

Die emotionale Entwicklung in der frühen Kindheit wird unterstützt durch die zunehmende innere Repräsentationsfähigkeit sowie die Entwicklung der Sprache und des Selbstkonzeptes. Im Alter zwischen zwei und sechs Jahren gewinnt das Kind ein besseres Verständnis seiner eigenen Gefühle und der Gefühle andere Menschen. Auch die Fähigkeit, den Emotionsausdruck zu regulieren, verbessert sich. Die Entwicklung des Selbst trägt auch dazu bei, dass *selbstbezogene Emotionen* wie Scham, Verlegenheit, Schuld, Eifersucht und Stolz vermehrt auftauchen.

8.3.1 Emotionen verstehen

Das Vokabular des Vorschulkindes, mit dem es seine Gefühle ausdrücken kann, erweitert sich ständig. Beziehen sich die verwendeten Wörter in den ersten Kindergartenjahren zumeist nur auf die Gründe, die Konsequenzen und die im Verhalten sichtbaren Anzeichen der Emotionen, so gewinnt das Kind mit der Zeit ein immer akkurateres und komplexeres Verständnis (Stein & Levine, 1999). Im Alter von vier bis fünf Jahren können Kinder die Ursachen vieler grundlegender Gefühle richtig beurteilen, zum Beispiel „Er freut sich, weil seine Schaukel so hoch fliegt" oder „Er ist traurig, weil er seine Mutter vermisst". Noch immer werden aber in solchen Beschreibungen eher externale Faktoren betont und der Beschreibung internaler Zustände vorgezogen – ein Ungleichgewicht, das sich mit zunehmendem Alter zugunsten der internen Zustände verlagern wird (Levine, 1995).

Vorschulkindern gelingt es auch recht gut vorauszusagen, was ein Spielgefährte, der gerade ein bestimmtes Gefühl zum Ausdruck bringt, als Nächstes tun wird. Vierjährige wissen, dass ein wütendes Kind möglicherweise jemanden schlagen könnte und dass ein fröhliches Kind eher teilen wird (Russell, 1990). Und sie können auch erkennen, dass Denken und Fühlen zusammenhängen – dass eine Person, die man an ein in der Vergangenheit liegendes, trauriges Ereignis erinnert, sich dann aller Wahrscheinlichkeit nach auch traurig fühlen wird (Lagattuta, Wellman, & Flavell, 1997). Außerdem können sie effektive Möglichkeiten nennen, wie man negative Gefühle anderer mildern kann, wie etwa mit einer Umarmung, um Traurigkeit zu vertreiben (Fabes et al., 1988). Insgesamt lässt sich schon bei Vorschulkindern eine eindrucksvolle Fähigkeit erkennen, die Gefühle anderer zu interpretieren, vorherzusagen und auf diese Gefühle einzuwirken, um sie zu verändern.

In Situationen allerdings, in denen die Hinweisreize auf die augenblicklichen Gefühle einer bestimmten Person widersprüchlich sind, fällt es dem Vorschulkind schwer zu verstehen, was da vor sich geht. Wenn man z.B. fragt, was denn in einem Bild gerade passiert, auf dem ein Kind mit einem glücklichen Gesicht und einem kaputtgegangenem Fahrrad zu sehen ist. Vier bis fünf Jahre alte Kinder neigen dazu, sich auf den Emotionsausdruck zu verlassen: „Er freut sich, weil er gerne Fahrrad fährt." Ältere Kinder versuchen häufiger die beiden Hinweisreize sinnvoll miteinander zu verbinden: „Er freut sich, weil sein Vater versprochen hat, ihm dabei zu helfen, sein kaputtes Fahrrad zu reparieren" (Gnepp, 1983; Hoffner & Badzinski, 1989). Wie auch in ihrer Herangehensweise an die Piaget´schen Aufgaben, konzentrieren sie sich auf die offensichtlichsten Aspekte einer komplexen emotionalen Situation und vernachlässien dabei andere relevante Informationen.

Sicher an ihre Mutter gebundene Vorschulkindern zeigen ein fortgeschrittenes emotionales Verständnis. Diese Mütter führen mit ihren Kindern intensive Gespräche über Gefühle – Interaktionen, die dem Vorschulkind helfen, die Gefühle anderer richtig zu beurteilen (Denham, Zoller, & Couchoud, 1994; Laible & Thompson, 1998, 2000). Wenn das Vorschulkind durch die Interaktion mit Erwachsenen mehr und mehr über Gefühle dazulernt, beginnt es auch, mit Geschwistern und Freunden auf dieser verbalen, „emotionalen Ebene" umzugehen, insbesondere auch im soziodramatischen Rollenspiel (Brown, Donelan-McCall, & Dunn, 1996; Hughes & Dunn, 1998). Diese Rollenspiele wiederum tragen zu einem besseren emotionalen Verständnis bei, ganz besonders dann, wenn das Kind mit Geschwistern spielt. Die intensive Natur der Geschwisterbeziehung, in Kombination mit häufigem Ausagieren von Gefühlen im Rollenspiel, bietet einen ausgezeichneten Kontext für emotionale Lernprozesse.

8.3.2 Emotionale Selbstregulierung

Die Sprachentwicklung trägt zu der sich zunehmend verbessernden *emotionalen Selbstregulation* des Vorschulkindes viel bei. Im Alter von drei bis vier Jahren verbalisieren Kinder ein breites Spektrum von Strategien, wie sie ihre emotionale Erregung auf ein angenehmes Ausmaß bringen können. So wissen sie zum Beispiel, dass sie Gefühle abdämpfen können, indem sie die eintreffenden Sinnesinformationen einschränken (die Augen oder die Ohren mit den Händen zuhalten, um ängstigende Bilder oder Geräusche fernzuhalten), Selbstgespräche führen („Mami hat gesagt, dass sie bald zurück ist") oder die eigenen Ziele verändern (sich entscheiden, dass man eigentlich sowieso nicht mitspielen möchte, nachdem man von einem Spiel ausgeschlossen worden ist) (Thompson, 1990). Bei Kindern, die diese Art der Strategien anwenden, sind Gefühlsausbrüche in den Vorschuljahren seltener.

Dennoch sind aufgrund der lebhaften Vorstellungen von Vorschulkindern in Kombination mit ihren Schwierigkeiten, Schein und Wirklichkeit zu trennen, Ängste in der frühen Kindheit an der Tagesordnung. Die Tabelle unten zeigt Möglichkeiten auf, wie Eltern ihren Kindern helfen können, mit diesen Ängsten umzugehen. Wie diese Interventionen erkennen lassen, hat die soziale Umwelt des Kindes große Auswirkungen auf seine Bewältigung von Stress. Indem sie Erwachsene beobachten, wie diese mit ihren eigenen Gefühlen umgehen, entwickeln Vorschulkinder auf diese Art und Weise ihre eigenen Strategien der Emotionsregulation. Wenn die Eltern selbst Schwierigkeiten haben, Wut und Feindseligkeit unter Kontrolle zu halten, werden auch die Kinder im Umgang mit den eigenen Gefühlen anhaltende Probleme haben, was wiederum schwerwiegende Auswirkungen auf die psychischen Anpassungsprozesse hat (Eisenberg et al., 1999).

Abgesehen vom Erziehungsstil, hat auch das Temperament Auswirkungen auf die emotionale Selbstregulierung. Kindern, die negative Gefühle intensiver wahrnehmen, fällt es schwerer, ihre Emotionen zurückzuhalten. Schon in den Vorschuljahren werden sie auf das Leid anderer eher irritiert reagieren und mit Gleichaltrigen weniger gut zurechtkommen (Eisenberg et al., 1997; Walden, Lemerise, & Smith, 1999).

8.3.3 Selbstbezogene Emotionen

Eines Morgens drängte sich eine Gruppe von Kindern um die Kindergärtnerin, um beim Brotbacken dabei zu sein. Die Erzieherin bat sie, geduldig zu warten, bis sie für jedes von ihnen eine eigene Backform geholt hätte. In der Zwischenzeit wollte ein Junge den Teig befühlen, wobei die Teigschlüssel vom Tisch fiel. Als die Erzieherin zurückkehrte, blickte der Junge sie einen Moment an, bedeckte sein Gesicht mit den Händen

Aspekte der Fürsorge

Wie man Kindern helfen kann, mit typischen Kindheitsängsten zurechtzukommen

ANGST	VORSCHLAG
Monster, Gespenster und Dunkelheit	Reduzieren Sie das Ausmaß, in dem sich das Kind mit Furcht erregenden Geschichten in Büchern oder im Fernsehen beschäftigt, bis es besser gelernt hat, Erdachtes von Realität zu unterscheiden. Gehen Sie im Kinderzimmer auf eine gründliche „Suche" nach Monstern und zeigen Sie dem Kind, dass nirgendwo welche zu finden sind. Lassen Sie ein Nachtlicht an, setzen Sie sich an das Bett des Kindes, bis es einschläft, und stecken Sie ein Lieblingsspielzeug, das dem Kind Sicherheit gibt, mit unter die Decke.
Kindergarten oder Betreuung in der Kinderkrippe	Wenn das Kind sich weigert, in den Kindergarten zu gehen, aber relativ zufrieden erscheint, wenn es einmal dort ist, so ist anzunehmen, dass es sich hier um Trennungsangst handelt. Unter diesen Umständen sollten Sie versuchen, dem Kind ein Gefühl von liebevollem Angenommensein zu vermitteln, es aber auch gleichzeitig in seiner Unabhängigkeit zu ermutigen. Wenn das Kind Angst hat, im Kindergarten zu sein, versuchen Sie herauszufinden, was diese Angst hervorruft – die Kindergärtnerin, die Kinder selber oder möglicherweise ein zu beengtes, zu lautes Umfeld. Unterstützen Sie das Kind, indem Sie es anfangs in den Kindergarten begleiten und nach und nach die Zeit, die Sie dort verbringen, reduzieren.
Tiere	Zwingen Sie das Kind nicht auf einen Hund, eine Katze oder irgendein anderes Tier zuzugehen, das Angst hervorruft. Lassen Sie dem Kind Zeit, damit es in der Annäherung seinen eigenen Rhythmus finden kann. Zeigen Sie ihm, wie man ein Tier hält und es streichelt. Demonstrieren Sie ihm, dass ein Tier, mit dem man freundlich umgeht, für gewöhnlich auch freundlich reagiert. Wenn das Kind größer ist als das Tier, können Sie Folgendes betonen: „Du bist schon so groß. Das Kätzchen hat wahrscheinlich Angst vor dir!"
Sehr intensive Ängste	Wenn die Angst des Kindes allzu intensiv ist, sich über eine lange Zeit hinweg hält, sich störend auf den Alltag auswirkt und mit keinem der oben genannten Vorschläge zu reduzieren ist, so hat sie das Ausmaß einer Phobie angenommen. In manchen Fällen stehen Phobien in innerem Zusammenhang mit Familienproblemen; dann ist psychologische Betreuung notwendig, um diesen Ängsten zu begegnen. In anderen Fällen verschwinden Phobien allerdings auch ohne besondere Behandlung.

und sagte „ich habe etwas Schlimmes angestellt". Er schämte sich und hatte Schuldgefühle.

Wenn sich das Selbstkonzept des Kindes besser entwickelt hat, wird es zunehmend *selbstbezogene Emotionen* erleben – Gefühle, die auf einer Verletzung oder einer Bestätigung seines Selbstwertgefühls beruhen (siehe Kapitel 6). Im Alter von drei Jahren stehen komplexe Emotionen ganz klar in Verbindung mit der Selbstevaluation (Lewis, 1995). Dennoch sind Vorschulkinder – da ihre Maßstäbe hinsichtlich Wertvorstellungen und Verhalten noch in Entwicklung begriffen sind – auf Hinweise der Erwachsenen angewiesen, um zu erkennen, wann selbstbezogene Emotionen angebracht sind und wann nicht (Stipek, 1995). Eltern, die dem Kind ständig eine Rückmeldung über seinen Wert und seine Leistung geben („Das hast du aber nicht gut gemacht! Ich dachte, du bist ein braves Mädchen!"), werden Kinder haben, die selbstbezogene Emotionen sehr intensiv erleben – sie empfinden mehr Scham bei Versagen und größeren Stolz nach Erfolgen. Im Gegensatz dazu rufen Eltern, die sich in ihren Aussagen darauf konzentrieren, wie das Verhalten und die Leistung verbessert werden können („du hast das so gemacht; du hättest es besser anders machen sollen"), ein ausgewogeneres und angepasstes Niveau von Scham und Stolz hervor (Lewis, 1998).

Schon in der frühen Kindheit ist intensives Schamgefühl verbunden mit Gefühlen der persönlichen Unzulänglichkeit („Ich bin dumm" oder „Ich bin ganz schlimm") sowie mit Fehlanpassung – innerer Rückzug und Depression –, aber auch ausgeprägter Wut und Aggression auf diejenigen, die an der Scham hervorrufenden Situation beteiligt waren (Lindsay-Hartz, de Rivera, & Mascolo, 1995). Im Gegensatz dazu stehen Schuldgefühle – solange diese unter den richtigen Umständen erlebt werden und sie nicht von Schamgefühlen begleitet sind – in Verbindung mit guter Anpassung, möglicherweise deswegen, weil Schuldgefühle dem Kind helfen, schädigenden Impulsen zu widerstehen. Und wenn das Kind sich tatsächlich danebenbenimmt, motivieren Schuldgefühle dazu, den Schaden wiedergutzumachen und sich in Zukunft rücksichtsvoller zu verhalten (Ferguson et al., 1999; Tangney, 2001).

8.3.4 Empathie (Einfühlung)

Noch eine weitere emotionale Fähigkeit nimmt in der frühen Kindheit zu – die *Empathie* oder Einfühlung. Sie dient auch weiterhin als eine wichtige Antriebskraft für **prosoziales** bzw. **altruistisches Verhalten** – Handlungen, die einem anderen Menschen zugute kommen, ohne dass eine Belohnung (erwartet oder unerwartet) für das eigene Selbst dabei erzielt wird (Eisenberg & Fabes, 1998). Im Vergleich mit Krabbelkindern verlassen sich Vorschulkinder mehr auf die Sprache, um ihre empathischen Gefühle zu kommunizieren, eine Veränderung, die darauf schließen lässt, dass die Empathie des Kindes ein höheres Reflexionsniveau erreicht hat. Und während sich die Fähigkeit des Kindes, sich in die Sichtweise anderer hinein zu versetzen, zunehmend verbessert, nehmen auch emphatische Reaktionen zu.

Dennoch folgt aus Empathie, d.h. einem Mitfühlen mit einer anderen Person und einem auf ähnliche Weise Reagieren, nicht unbedingt eine freundliche, hilfreiche Handlung. Bei manchen Kindern eskaliert ein empathisches Mitfühlen mit einem leidenden Erwachsenen oder einem Gleichaltrigen in eigenem persönlichem Stress. In dem Versuch, diese Gefühle zu reduzieren, wird sich das Kind vermehrt auf sich selbst konzentrieren und nicht auf die bedürftige Person. Die Folge ist, dass Empathie in diesem Falle nicht in **Sympathie** mündet, sondern in Gefühle der Besorgnis oder des Mitleide(n)s mit der misslichen Lage eines anderen Menschen.

Ob auf Empathie eine selbstbezogene, irritierte Reaktion folgt oder ob sie in Sympathie und prosoziales Verhalten mündet, hängt vom Temperament ab. Gesellige, selbstbewusste Kinder, die über gute Fähigkeiten der Emotionsregulation verfügen, werden sich einem bedürftigen Menschen eher zuwenden, um zu helfen und zu trösten. Im Gegensatz dazu lassen Kinder, denen es nicht gut gelingt, ihre Gefühle zu regulieren, weniger mitfühlende Sorge und prosoziales Verhalten erkennen (Eisenberg et al., 1996, 1998). Wenn diese Kinder mit einem bedürftigen Menschen konfrontiert werden, lässt ihr Gesichtsausdruck Stress erkennen und sie geraten in körperliche Erregung – sie runzeln die Stirn, beißen sich auf die Lippen, ihre Herzfrequenz steigt und sie reagieren mit einem rapiden Anstieg der Gehirnaktivität in der rechten Hirnhemisphäre (dem Sitz negativer Emotionen) – Reaktionen, die darauf hinweisen, dass sie von ihren Gefühlen überwältigt sind (Miller et al., 1996; Pickens, Field, & Nawrocki, 2001).

Da dies auch bei der emotionalen Selbstregulation der Fall ist, wirkt sich der Einfluss der Eltern auch auf die Empathie und die Sympathie aus. Eltern, die warmherzig und ermutigend auf ihre Kinder reagieren und einfühlsam und mitfühlend auf ihre Kinder im Vorschulalter eingehen, werden Kinder haben, die aller Wahrscheinlichkeit nach auf eine ähnliche

8.4 DIE EMOTIONALE UND SOZIALE ENTWICKLUNG IN DER FRÜHEN KINDHEIT

Ein fünf Jahre altes Mädchen reagiert empathisch und tröstend auf ihren drei Jahre alten Bruder, der sich den Finger verletzt hat. Sobald sich die Sprachfähigkeit des kleinen Kindes und seine Fähigkeit, sich in andere hineinzuversetzen, erweitert hat, treten vermehrt empathische Reaktionen auf und werden zu einer wichtigen Antriebskraft für prosoziales oder altruistisches Verhalten.

besorgte Weise auf die Not anderer reagieren und somit Beziehungen haben werden, die weit in die Adoleszenz und das früher Erwachsenenalter hineinreichen (Eisenberg & McNally, 1993; Koestner, Franz, & Weinberger, 1990). Im Gegensatz dazu wirkt sich ein ärgerlicher, strafender Erziehungsstil schon in frühem Alter negativ auf die Entwicklung von Empathie und Sympathie aus. In einer Studie beobachteten Wissenschaftler körperlich misshandelte Vorschulkinder. Verglichen mit gleichaltrigen, nicht misshandelten Kindern, waren bei ihnen nur selten Anzeichen von Besorgnis und Fürsorge zu erkennen. Stattdessen reagierten sie auf die Traurigkeit eines Kameraden mit Angst, Ärger und körperlichen Angriffen (Klimes-Dougan & Kistner, 1990). Die Reaktionen dieser Kinder ähnelten dem Verhalten ihrer Eltern – beide reagierten unsensibel auf das Leid anderer.

8.4 Beziehungen zu Gleichaltrigen

Je bewusster sich ein Kind seines eigenen Selbst wird, je effektiver es kommunizieren kann und je besser sein Verständnis der Gedanken und Gefühle anderer wird, desto schneller entwickelt sich auch seine Fähigkeit mit gleichaltrigen Kindern zu interagieren. Kinder im selben Alter bieten Lernerfahrungen, wie sie nirgendwo anders zu bekommen sind. Da sich Peers auf demselben Niveau begegnen, müssen alle Beteiligten Verantwortung übernehmen, ein Gespräch am Laufen zu halten, miteinander zu kooperieren und Ziele für das Spiel zu setzen. Mit Peers entwickeln sich Freundschaften – besondere Beziehungen, gekennzeichnet von Bindung und gemeinsamen Interessen. Lassen Sie uns einen Blick darauf werfen, wie sich die Peerinteraktion im Vorschulalter verändert.

8.4.1 Fortschritte in sozialen Interaktionen unter Gleichaltrigen

Mildred Parten (1932), eine der ersten Wissenschaftlerinnen, die sich mit Interaktionen unter zwei bis fünf Jahre alten Kindern beschäftigt hat, konnte mit zunehmendem Alter des Kindes einen starken Anstieg des gemeinsamen, interaktiven Spiels feststellen. Sie folgerte daraus, dass die soziale Entwicklung sich in einer dreistufigen Sequenz abspielt. Sie beginnt mit einer **nichtsozialen Aktivität** – einem unbeteiligten Verhalten in der Zuschauerrolle sowie dem Alleinspiel. Dies verändert sich hin zum **Parallelspiel**, indem das Kind mit ähnlichen Materialien in der Nähe anderer Kinder spielt, ihr Verhalten aber nicht beeinflusst. Auf dem höchsten Niveau befinden sich

Diese Kinder beschäftigen sich im Parallelspiel. Obwohl sie Seite an Seite sitzen und ähnliche Materialien verwenden, versuchen sie nicht das Verhalten des jeweils anderen zu beeinflussen. Das Parallelspiel bleibt in seinem Vorkommen und seiner Häufigkeit in den Vorschuljahren stabil und lässt sich ebenso häufig beobachten wie die in hohem Maße kooperative Interaktion.

zwei Formen tatsächlicher sozialer Interaktion. Die eine ist das **verbundene Spiel,** bei dem sich Kinder mit unterschiedlichen Aktivitäten beschäftigen, aber untereinander Spielzeug austauschen und das Verhalten des jeweils anderen kommentieren. Die andere Form ist das **kooperative Spiel,** eine fortgeschrittenere Art der Interaktion, bei der sich die Kinder an einem gemeinsamen Ziel ausrichten, wie etwa dem Ausagieren eines Rollenspiels oder dem Bauen einer Burg im Sandkasten.

■ Neue Ergebnisse zu sozialen Interaktionen unter Gleichaltrigen

Längsschnittliche Ergebnisse lassen erkennen, dass sich diese Formen des Spiels tatsächlich in der von Parten vorgeschlagenen Reihenfolge entwickeln, allerdings zeigte sich keine Entwicklungssequenz, bei der die sich später entwickelnden Formen frühere Formen des Spiels ersetzen (Howes & Matheson, 1992). Stattdessen gibt es während der Vorschuljahre eine Koexistenz aller zuvor genannten Spieltypen. Obwohl nichtsoziale Aktivitäten mit zunehmendem Alter abnehmen, ist das Alleinspiel dennoch unter drei- bis vierjährigen Kindern relativ häufig festzustellen. Sogar im Kindergartenalter nimmt diese Art des Spiels bis zu zwei Drittel der Freispielzeit in Anspruch. Das Alleinspiel und auch das Parallelspiel bleiben zwischen dem dritten und dem sechsten Lebensjahr relativ stabil und lassen sich ebenso häufig beobachten wie die in hohem Maße soziale kooperative Interaktion.

Es ist nun zu verstehen, dass sich die *Art* des Spiels und nicht die Häufigkeit des Allein- und Parallelspiels in der frühen Kindheit verändert. In Studien zum Spiel von Vorschulkindern in Taiwan und den Vereinigten Staaten beurteilten Forscher die *kognitive Reife* des Alleinspiels, des Parallelspiels und des kooperativen Spiels, indem sie die in Tabelle 8.1. aufgezeigten Kategorien anwendeten. In allen diesen von Parten kategorisierten Spieltypen zeigten ältere Kinder ein kognitiv reiferes Verhalten als jüngere Kinder (Pan, 1994; Rubin, Watson, & Jambor, 1978).

Häufig stellen sich Eltern von Kindergartenkindern, die viel allein spielen, die Frage, ob diese sich normal entwickeln. Dazu lässt sich sagen, dass nur *bestimmte Arten* nichtsozialer Aktivitäten, wie etwa zielloses Herumlaufen, Herumstehen in der Nähe Gleichaltriger und funktionales Spiel, das gekennzeichnet ist von unreifen, sich ständig wiederholenden Bewegungen,

Diese Kinder arbeiten zusammen bei dem Versuch, die Waage im Gleichgewicht zu halten. Dies ist eine fortgeschrittene Form der Interaktion, die sich kooperatives Spiel nennt. Je älter sie werden, desto häufiger kooperieren Kindergartenkinder miteinander, um ein gemeinsames Ziel zu erreichen.

Grund zur Sorge geben. Kinder, die sich auf diese Weise verhalten, sind zumeist in ihrem Temperament gehemmte Vorschulkinder, die es noch nicht gelernt haben, ihr hohes Ausmaß an sozialen Ängsten zu regulieren. Häufig haben die Eltern ihre Kinder allzu sehr behütet, anstatt sie zu ermutigen, auf andere Kinder zuzugehen (Burgess et al., 2001).

Allerdings haben nicht alle Vorschulkinder, die nur wenig Interaktion mit Gleichaltrigen zeigen, soziale Ängste. Im Gegenteil, die meisten von ihnen genießen es, allein zu spielen, was durchaus als positiv und konstruktiv zu bewerten ist. Kindergärtnerinnen ermutigen dieser Art von Spiel, wenn sie Zeichenmaterial zur Verfügung stellen, Puzzlespiele und Spielzeug zum Bauen. Kinder, die mit dieser Art Aktivitäten viel Zeit verbringen, weisen keinerlei Fehlanpassungen auf (Rubin & Coplan, 1998). Es sind normalerweise intelligente Kinder, die gutes Sozialverhalten an den Tag legen, wenn sie mit Gleichaltrigen spielen.

■ Kulturelle Unterschiede

Die Interaktionen unter Gleichaltrigen in kollektivistischen Gesellschaften nimmt andere Formen an als in individualistischen Kulturen. So spielen beispielsweise Kinder in Indien zumeist in großen Gruppen, die ein hohes Kooperationsniveau verlangen. Der größte Teil ihres Verhaltens in soziodramatischen

8.4 DIE EMOTIONALE UND SOZIALE ENTWICKLUNG IN DER FRÜHEN KINDHEIT

Rollenspielen und anderem frühen Spiel ist imitativ, besteht im Einklang mit den anderen Kindern und schließt engen Körperkontakt ein. In einem Spiel, das sich „Bhatto Bhatto" nennt, agieren die Kinder ein Skript aus, bei dem es darum geht, auf den Gemüsemarkt zugehen. Dabei berühren sie einander an Ellenbogen und Händen, während sie so tun, als ob sie gerade besonders schmackhaftes Gemüse auseinander schneiden und den anderen probieren lassen (Roopnarine et al., 1994).

Auch die kulturellen Überzeugungen, wie wichtig Spielen für Kinder ist, wirken sich auf die Beziehungen unter Gleichaltrigen aus. Erwachsene, die das Spiel als bloße Unterhaltung betrachten, werden kaum diese Art der Rollenspiele unterstützen und ermutigen, im Gegensatz zu Erwachsenen, die um den kognitiven Wert und den sozialen Nutzen dieser Spiele wissen (Farver & Wimbarti, 1995). Koreanisch-amerikanische Eltern, die Ausdauer bei der Erledigung von Aufgaben als notwendige Grundlage für das Lernen betrachten, haben für gewöhnlich Vorschulkinder, die weniger Zeit mit gemeinsamem Symbol- und Rollenspielen verbringen als kaukasisch-amerikanische Kinder im selben Alter, stattdessen aber mehr Zeit in das unbeteiligte Parallelspiel investieren (Farver, Kim, & Lee, 1995).

Es sei noch einmal an die Beschreibung der Maya-Vorschulkinder in Kapitel 7 erinnert. Eltern bei den Maya fördern das Spiel ihrer Kinder nicht und wenn es wichtige kulturelle Aktivitäten beeinträchtigt, versuchen sie auch, die Kinder davon abzubringen.

Diese Cousinen spielen bei einer Familiengeburtstagsfeier in einem Dorf in Zentralindien ein kompliziertes Klatschspiel, das sich „Chapte" nennt. Bei diesem Spiel klatschen die Kinder im Einklang miteinander, wobei das Klatschen im Verlauf des Spiels immer schneller wird. Mit dem Spiel wird ein Gedicht aufgesagt, das aus elf Versen besteht, die den gesamten Lebenszyklus beschreiben, und damit endet, dass sich die Mädchen in Geister verwandeln. Beendet wird das Spiel, indem die Mädchen die Possen eines furchterregenden Geistes nachahmen. Das Spiel reflektiert den Wert, der in ihrer Kultur auf harmonische Abläufe innerhalb der Gruppe gelegt wird.

Tabelle 8.1
Die Entwicklungssequenz der kognitiven Spielkategorien

Spielkategorie	Beschreibung	Beispiele
Funktionales Spiel	Einfache, sich wiederholende motorische Bewegungen unter Verwendung von Objekten oder ohne Objekte. Besonders häufig in den ersten beiden Lebensjahren.	Im Zimmer herumrennen, Plastillin oder Ton kneten, ohne etwas daraus formen zu wollen, ein Auto hin- und herrollen.
Konstruktives Spiel	Etwas schaffen oder konstruieren. Besonders häufig zwischen dem dritten und sechsten Lebensjahr.	Ein Haus aus Bauklötzen bauen, ein Bild malen, ein Puzzle legen.
Symbolisches Spiel oder Als-ob-Spiel	Alltägliche oder auch erfundene Rollen ausagieren. Besonders häufig zwischen dem zweiten und dem sechsten Lebensjahr.	Mutter-Vater-Kind oder Schule oder Polizei spielen sowie das Ausagieren von Charakteren aus Büchern und Fernsehen.

Quelle: Rubin, Fein, & Vandenberg, 1983.

Obwohl diese Kinder nur wenig Zeit mit dem Als-ob-Spiel verbringen, sind sie dennoch sozial kompetent (Gaskins, 2000). Möglicherweise ist das soziodramatische Spiel unseres westlichen Kulturkreises mit seinem teilweise komplizierten Material und ausgedehnten Themenkreisen besonders wichtig für die soziale Entwicklung in Gesellschaften, in denen die Welt des Kindes und die des Erwachsenen sich unterscheiden. In Kulturkreisen, in denen Kinder schon in frühem Alter an den Aktivitäten der Erwachsenen teilnehmen, ist diese Art des Spiels wohl weniger bedeutsam.

8.4.2 Erste Freundschaften

Wenn Vorschulkinder miteinander interagieren, bilden sich die ersten Freundschaften, die als ein wichtiger Kontext für die emotionale und soziale Entwicklung dienen. Nehmen Sie sich einen Moment Zeit, um zu notieren, was das Wort *Freundschaft* für Sie bedeutet. Sie haben wahrscheinlich an eine Beziehung gedacht, die aus Kameradschaft, Gemeinsamkeiten und dem Verstehen der Gedanken und Gefühle des jeweils anderen sowie der gegenseitigen Fürsorge in Zeiten der Not besteht. Reife Freundschaften überdauern die Zeit und bleiben auch bestehen, wenn hin und wieder Konflikte zu lösen sind

Schon das Vorschulkind ist sich der Einzigartigkeit seiner Freundschaften bewusst. Kinder in diesem Alter wissen, dass ein Freund jemand ist, „der dich mag", und mit dem man viel Zeit im gemeinsamen Spielen verbringt (Youniss, 1980). Trotzdem sind ihre Ideen hinsichtlich Freundschaften noch alles andere als reif. Kinder im Alter von vier bis sieben Jahren definieren Freundschaften als lustvolles Spiel und als das Teilen von Spielzeug. Somit haben die Freundschaften noch nicht die langfristige, die Zeit überdauernde Qualität, die auf gegenseitigem Vertrauen basiert (Selman, 1980). In der Tat kann man von einem Kindergartenkind an einem Tag zu hören bekommen: „Mark ist mein bester Freund", wenn beide gerade gut miteinander zurechtkommen. Am nächsten Tag wird man genau das Gegenteil zu hören bekommen: „Mark, du bist gar nicht mein Freund!", wenn sich ein Streit ergeben hat, der sich nicht sofort auflösen lässt.

Trotzdem sind die Interaktionen zwischen den kleinen Freunden einzigartig. Vorschulkinder lassen bei Kindern, die sie als ihre Freunde betrachten, doppelt so viel Verstärkung erkennen – in Form von Begrüßungen, Lob und Einwilligungsbereitschaft – und sie bekommen von ihnen auch mehr. Freunde drücken sich zudem auch emotionaler aus – sie reden, lachen und sehen sich öfter an, als dies bei Kindern der Fall ist, die sich nicht als Freunde betrachten (Hartup & Stevens, 1999; Vaughn et al., 2001). Zudem bieten Freundschaften in der frühen Kindheit soziale Unterstützung. Wenn Kinder mit ihren Freunden die Kindergartenjahre beginnen oder es ihnen leicht fällt, neue Freunde zu gewinnen, gelingt auch die Anpassung in der Schule wesentlich besser (Ladd & Price, 1987; Ladd, Birch, & Buhs, 1999). Durch Freundschaften scheinen sich Kinder auf eine Weise in ihre Lernumgebung zu integrieren, die sowohl die akademische wie auch die soziale Kompetenz fördert.

8.4.3 Der Einfluss der Eltern auf die frühen Beziehungen unter Gleichaltrigen

Im Familienumfeld erlernen die Kinder die ersten Fertigkeiten für den Umgang mit ihren Peers. Eltern beeinflussen die Interaktion ihrer Kinder mit Gleichaltrigen sowohl auf *direkte* Weise, durch den Versuch einer Einflussnahme auf die Beziehungen der Kinder untereinander, wie auch *indirekt* durch ihren Erziehungsstil und ihr eigenes Spielverhalten (Ladd & Pettit, 2002).

■ Direkte Einflussnahme der Eltern

Kinder in den Vorschuljahren, deren Eltern es ihnen ermöglichen, häufig mit ihren Freunden zu spielen, werden über ein größeres Netzwerk von Freunden verfügen und im sozialen Umgang geübter sein (Ladd, LeSieur, & Profilet, 1993). Indem die Eltern Möglichkeiten für das gemeinsame Spiel schaffen, zeigen sie ihren Kindern, wie sie selbst Kontakte zu Gleichaltrigen initiieren können. Außerdem stehen sie ihren Kindern mit Rat und Tat beiseite und vermitteln ihnen, wie sie sich anderen Menschen gegenüber verhalten sollten. Ihre aus Erfahrung erwachsenen Vorschläge, wie sich Probleme unter Gleichaltrigen lösen lassen – zum Beispiel der Umgang mit Konflikten oder dass gegenseitiges Aufstacheln vermieden werden sollte oder auch der Besuch einer Spielgruppe –, wirken sich auf die soziale Kompetenz und die Peerakzeptanz des Vorschulkindes aus (Laird et al., 1994; Mize & Pettit, 1997).

Eltern können die Fähigkeiten ihrer Kinder zur Interaktion mit Gleichaltrigen beeinflussen, indem sie Ratschläge geben, anleiten und selbst ein Beispiel dafür sind, wie man sich in bestimmten Situationen verhalten sollte. Dieser Vater zeigt seinem dreijährigen Sohn, wie man bei einer Geburtstagsfeier ein Geschenk überreicht.

■ Indirekte Einflussnahme der Eltern

Vieles am elterlichen Verhalten ist darauf ausgerichtet, die Interaktionen unter Kindern zu fördern und wird sich häufig auch auf deren Beziehungen untereinander auswirken. So konnte zum Beispiel eine sichere Bindung zu den Eltern in Beziehung gebracht werden mit aufeinander eingehende, harmonische Interaktionen unter Gleichaltrigen (Bost et al., 1998; Schneider, Atkinson, & Tardif, 2001). Der emotional expressive und unterstützende Kommunikationsstil, der auch zur Bindungssicherheit beiträgt, ist hierfür wohl verantwortlich. In mehreren Studien konnten Zusammenhänge festgestellt werden zwischen in hohem Maße involvierten, emotional positiven Eltern-Kind-Konversationen und dem prosozialen Verhalten des Kindes sowie positiven Peerbeziehungen (Clark & Ladd, 2000; Lindsey & Mize, 2000).

Manche Kinder haben schon in den Vorschuljahren große Schwierigkeiten in ihren Beziehungen zu Gleichaltrigen. Ein solches Kind war Robbie in der Kindergartengruppe. Sein forderndes, aggressives Verhalten bewirkte, dass andere Kinder ihn nicht mochten. Wo immer er auch zu finden war, hörte man Kommentare wie „Robbie hat unseren Turm kaputtgemacht" oder „Robbie hat mich ohne Grund gehauen". Es wird noch mehr darüber zu erfahren sein, wie der Erziehungsstil der Eltern zu Robbies Problemen mit seinen Peers beitrug, wenn im nächsten Abschnitt die moralische Entwicklung besprochen wird.

Prüfen Sie sich selbst ...

Rückblick
Welches sind bei Kindern, die viel allein spielen, die entscheidenden Faktoren, ob ein Kind später Anpassungsprobleme entwickelt oder ob es sich in die Gesellschaft einfügt und im sozialen Umgang gut zurechtkommt?

Anwendung
Lesen Sie noch einmal die Beschreibung des Streits zwischen Leon und seinem Freund zu Beginn des Kapitels. Geben Sie auf der Basis ihres jetzigen Wissensstandes zur Entwicklung des Selbst eine Begründung, warum es eine gute Idee von der Erzieherin war, den Streit aufzulösen, indem Sie den Kindern zusätzliche Bälle gab, damit beide Jungen damit spielen konnten.

Zusammenhänge
Wie wirkt sich die emotionale Selbstregulierung auf die Entwicklung von Empathie und Sympathie aus? Warum sind diese emotionalen Fähigkeiten von grundlegender Bedeutung für positive Beziehungen unter Gleichaltrigen?

Zusammenhänge
Nennen Sie Möglichkeiten, wie Eltern zu einem positiven Selbstwertgefühl ihrer Kinder beitragen können sowie zur emotionalen Regulationsfähigkeit, zu Entwicklung komplexer Emotionen, zu Empathie und Sympathie und zu Interaktionen unter Peers. Können Sie ein bestimmtes Muster erkennen? Erläutern Sie.

Prüfen Sie sich selbst ...

8.5 Grundlagen der Moralentwicklung

Kinder lassen in ihren Unterhaltungen jede Menge Beispiele für ein sich entwickelndes Moralgefühl erkennen. Bei Erreichen des zweiten Lebensjahres wird ein Kind mit Stress auf Handlungen reagieren, die entweder aggressiver Natur sind oder auf eine andere Weise Schaden anrichten können, und sie werden Wörter verwenden, die ihr Verhalten als „gut" oder "schlecht" beurteilen (Kochanska, Casey, & Fukumoto, 1995).

Erwachsene nehmen Notiz von den sich entfaltenden Fähigkeiten des Kindes, Recht von Unrecht zu unterscheiden. Manche Kulturen haben in ihrer Sprache dafür besondere Wörter. Die Utku im Hudson Bay sagen, dass das Kind „ihuma" (Vernunft) entwickelt. Die Menschen auf den Fidschi-Inseln glauben, dass „vakayalo" (Verstand) auftaucht. Die Eltern reagieren darauf, indem sie ihre Kinder für ihr eigenes Verhalten zunehmend zur Verantwortung ziehen (Kagan, 1998). Gegen Ende der frühen Kindheit können Kinder schon eine ganze Menge moralischer Regeln aufzählen wie etwa „Du darfst nichts nehmen, ohne vorher zu fragen" oder „Sag die Wahrheit!". Außerdem argumentieren sie über Fragen der Gerechtigkeit, zum Beispiel, wenn sie sagen: „Du durftest das letzte Mal hier sitzen, jetzt bin ich dran" oder „Das ist nicht fair. Er hat mehr bekommen!"

Alle Theorien moralischer Entwicklung erkennen an, dass das Gewissen in der frühen Kindheit entsteht. Und die meisten stimmen darin überein, dass die Moral des Kindes zunächst eine durch Erwachsene *extern kontrollierte* ist. Nach und nach wird diese durch *innere Standards* reguliert, indem die von Erwachsenen übermittelten Handlungsanweisungen und Begründungen internalisiert werden. Moralisch empfindende Menschen tun nicht nur das Richtige, wenn Autoritätspersonen zugegen sind, sondern sie tun das aufgrund ihrer mitfühlenden Fürsorge für andere Menschen und aufgrund ihrer eigenen Prinzipien guten Verhaltens, denen sie in einem breiten Spektrum von Situationen gerecht werden (vgl. Eckensberger, 1998).

Obwohl alle wichtigen Theorien eine gewisse Übereinstimmung zeigen, betonen sie doch jeweils einen anderen Aspekt der Moral. Die Psychoanalyse legt ihr Hauptaugenmerk auf die *emotionale Seite* der Entwicklung des Gewissens – insbesondere auf die Identifikation und das Schuldgefühl als Antriebskräfte guten Verhaltens. Die soziale Lerntheorie konzentriert sich auf das *moralische Verhalten* und darauf, wie es durch Verstärkung und Modellbeobachtung gelernt wird. Die Sichtweise der kognitiven Entwicklung betont das Denken – die Fähigkeit des Kindes, vernünftig über Gerechtigkeit und Fairness nachzudenken.

8.5.1 Die psychoanalytische Sichtweise

Sie werden sich an die Erklärung etwas weiter vorn in diesem Kapitel erinnern: nach Freud entwickeln Kinder ein Über-Ich oder Gewissen, indem sie sich mit dem gleichgeschlechtlichen Elternteil *identifizieren*, dessen moralische Standards sie internalisieren. Kinder gehorchen ihrem Über-Ich, um *Schuldgefühl* zu vermeiden, eine schmerzhafte Emotion, die jedesmal auftaucht, wenn eine Versuchung besteht, sich falsch zu verhalten. Die moralische Entwicklung, so glaubte Freud, sei im Alter von fünf bis sechs Jahren gegen Ende der phallischen Phase so gut wie abgeschlossen.

Heutzutage stimmen die meisten Wissenschaftler mit den Ausführungen Freuds hinsichtlich der Entwicklung des Gewissens nicht mehr überein. Angst vor Strafe und der Verlust der elterlichen Zuneigung werden als Antriebskräfte für die Entwicklung des Gewissens und des moralischen Verhaltens betrachtet (Kochanska, 1993; Tellings, 1999). Dennoch neigen Kinder, deren Eltern häufig Drohungen, Befehle oder körperliche Gewalt anwenden, oft dazu, Regeln zu brechen, und lassen auch kaum Schuldgefühl erkennen, wenn sie anderen Schaden zufügen. Im Falle von Liebesentzug – so etwa, wenn Eltern sich weigern, mit ihrem Kind zu sprechen, oder dem Kind deutlich machen, dass sie es nicht mögen – reagieren Kinder zumeist mit einem hohen Ausmaß an Selbstvorwürfen für ihr Fehlverhalten. Gedanken, die dabei in ihnen vorgehen, sind zum Beispiel: „Ich bin für überhaupt

Eine Lehrerin wendet induktive Disziplin an, um einem Kind die Auswirkungen seines Fehlverhaltens auf andere zu erklären. Induktion unterstützt die Entwicklung des Gewissens, indem klargestellt wird, wie das Kind sich zu verhalten hat, Empathie und Sympathie ermutigt werden und versucht wird, dem Kind ein Verständnis für die Gründe der elterlichen Erwartungen zu vermitteln.

nichts zu gebrauchen" oder „Niemand hat mich lieb". Mit der Zeit versuchen diese Kinder sich selbst vor den überwältigenden Schuldgefühlen zu schützen, indem sie sämtliche Emotionen verleugnen, wenn sie etwas verkehrt gemacht haben. Auf diese Art und Weise entwickeln die Kinder auch ein schwaches Gewissen (Kochanska, 1991; Zahn-Waxler et al., 1990).

Im Gegensatz dazu gibt es eine besondere Art der Disziplinierung, die sich **erklärende Erziehungsmaßnahmen** nennt. Sie hilft dem Kind, Gefühle wahrzunehmen, dadurch dass ihm die Auswirkungen seines Fehlverhaltens auf andere vermittelt werden. So könnte beispielsweise ein Elternteil sagen: „Wenn du ihn noch weiter schubst, wird er hinfallen und weinen." Oder: „Sie ist so traurig, weil du ihr ihre Puppe nicht wiedergibst" (Hoffman, 2000). Wenn die Erklärung mit dem Verständnisniveau des Kindes in Einklang steht, kann Induktion schon im Alter von zwei Jahren ein effektives Erziehungsmittel darstellen. Vorschulkinder, deren Eltern Induktion anwenden, machen den durch ihr Fehlverhalten verursachten Schaden eher wieder gut und zeigen auch häufiger prosoziales Verhalten (Zahn-Waxler, Radke-Yarrow, & King, 1979).

Der durch eine erklärende Erziehungsmaßnahme erzielte Erfolg liegt möglicherweise darin begründet, dass das Kind motiviert wird, aktiv den moralischen Regeln Folge zu leisten (Turiel, 1998). Wie kommt das? Zum einen wird dem Kind durch eine erklärende Erziehungsmaßnahme vermittelt, wie es sich zu verhalten hat, sodass diese Information auch in zukünftigen Situationen angewendet werden kann. Zum anderen wird dem Kind gezeigt, wie sich seine Handlungen auf andere auswirken, wodurch die Eltern das Kind zu Empathie und Sympathie ermutigen. Dies wiederum fördert prosoziales Verhalten (Krevans & Gibbs, 1996). Außerdem wird das Kind ermutigt, moralische Standards zu internalisieren, da ihm begründet wird, warum es sein Verhalten ändern sollte, und diese Gründe auch sinnvoll sind. Im Gegensatz dazu bewirkt Disziplin, die vorwiegend mit Androhung von Strafe oder Liebesentzug arbeitet, dass Kinder ängstlich und furchtsam werden und es ihnen nicht möglich ist, klar genug zu denken, um in der betreffenden Situationen selbst herauszufinden, wie es am besten handeln sollte. Diese Art der Erziehungspraktiken eignen sich nicht dazu, dem Kind zu helfen, moralische Regeln zu internalisieren.

Freuds Theorie legt den Eltern eine große Bürde auf, da sie sicherstellen müssen, dass ihre disziplinarischen Maßnahmen bewirken, dass ihre Kinder ein internalisiertes Gewissen entwickeln. Obwohl angemessene Disziplin ausgesprochen wichtig ist, können sich auch die Eigenschaften der Kinder auf die Erziehungspraktiken der Eltern auswirken. Zwillingsstudien deuten an, dass für die Empathie ein geringfügiger Vererbungsanteil anzunehmen ist (Zahn-Waxler et al., 2001). Ein einfühlsames Kind benötigt weniger Machtausübung und reagiert besser auf erklärende Erziehung. Im Kasten „Biologie und Umwelt" sind neuere Ergebnisse zur Entwicklung von Temperament und Gewissen zusammengestellt.

Obwohl wenig für die Ideen Freuds zur Gewissensentwicklung spricht, hatte er dennoch in dem einen Punkt Recht, dass Schuldgefühle wichtige Antriebskräfte für moralisches Handeln darstellen. Auf Empathie gründende Schuldgefühle zu induzieren (der Ausdruck persönlicher Verantwortlichkeit und Reue wie „Es tut mir leid, dass ich ihm wehgetan habe!"), indem man dem Kind vermittelt, dass und auf welche Weise sein Verhalten Schaden anrichtet, ist eine Möglichkeit, wie man Kinder beeinflussen kann, ohne Zwang anzuwenden. Reaktionen auf Empathie beruhender Schuldgefühle korrelieren durchgehend mit der Beendigung schädigender Handlungen, dem Wiedergutmachen von angerichtetem Schaden und prosozialem Verhalten (Baumeister, 1998). Schuldgefühle sind aber nicht die einzige Antriebskraft, die uns dazu bewegen, moralisch zu handeln. Darüber hinaus ist, konträr zu den Überzeugungen Freuds, die moralische Entwicklung mit dem Ende der frühen Kindheit nicht abgeschlossen. Es handelt sich hier um einen kontinuierlichen Prozess, der sich bis in das Erwachsenenalter hineinzieht.

8.5.2 Die soziale Lerntheorie

Die soziale Lerntheorie betrachtet das moralische Bewusstsein nicht als einen besonderen psychischen Bereich mit einem eigenen Entwicklungsweg. Nach der sozialen Lerntheorie wird moralisches Verhalten genauso erworben wie alle anderen Reaktionsmuster auch: durch Verstärkung und Modellierung.

■ **Die Bedeutung der Modellierung**

Operante Konditionierung – auf das positive Verhalten des Kindes folgt eine Verstärkung in Form von Anerkennung, Zuneigung und anderen Belohnungen – allein genügt nicht, damit Kinder moralische Reak-

Biologie & Umwelt: Das Temperament und die Entwicklung des Gewissens bei Kleinkindern

Als ihre Mutter sie scharf anfuhr, weil sie beim Spielen in der Badewanne Wasser auf dem Boden geschüttet hatte, brach die dreijährige Katherine in Tränen aus. Katherine, ein ängstliches sensibles Kind, war so verstört, dass ihre Mutter 10 Minuten brauchte, um sie wieder zu beruhigen. Am nächsten Tag beobachtete Katherines Mutter, wie die Nachbarin geduldig ihren dreijährigen Sohn darum bat, im Garten keine Tulpen abzupflücken. Alex, ein aktives, abenteuerlustiges Kind, hörte nicht auf sie. Als er eine weitere Tulpe abriss, packte ihn seine Mutter, schimpfte ihn mit lauter Stimme aus und trug ihn ins Haus. Alex reagierte darauf mit Strampeln, Schlagen und lautem Gebrüll: „Lass mich runter, lass mich runter!"

Was erklärt die sehr unterschiedlichen Reaktionen von Katherine und Alex auf die strenge elterliche Disziplin? Grazyna Kochanska (1995) konnte aufzeigen, dass das Temperament eines Kindes einen Einfluss hat auf die elterlichen Erziehungspraktiken, die am besten die Verantwortlichkeit und das Mitgefühl für andere fördern. Sie fand heraus, dass bei zwei- bis dreijährigen Kindern, die in ihrem Temperament eher schüchtern und gehemmt sind, eine sanfte Art der mütterlichen Disziplin – vernünftige Begründungen, höfliche Bitten, Vorschläge und Ablenkungsversuche – auf eine Entwicklung des Gewissens im Alter von fünf Jahren schließen ließ; dies wurde beurteilt aufgrund von Verzicht auf Mogeln bei Spielen und aufgrund von ergänzten Geschichten über Moralfragen und prosoziales Verhalten (wie kein Spielzeug nehmen oder einem verletzten Kind helfen). Im Gegensatz dazu konnten bei relativ furchtlosen, impulsiven Kindern keinerlei Korrelationen festgestellt werden zwischen wildem erzieherischen Verhalten und ihrer Moralentwicklung. Stattdessen zeigte sich, dass sich aufgrund einer sicheren Bindung zur Mutter eine reife Gewissensbildung vorhersagen ließ (Fowles & Kochanska, 2000; Kochanska, 1997).

Gemäß Kochanska, fühlen sich gehemmte Kinder, die zu ängstlichen Reaktionen neigen, sehr leicht von strengen Erziehungsmaßnahmen überwältigt. Sanfte, geduldige Taktiken genügen bei diesen Kindern zumeist völlig, um sie dazu zu motivieren, die von den Eltern vorgegebenen Regeln anzunehmen. Impulsive Kinder dagegen, wie etwa Alex, reagieren unter Umständen nicht so leicht auf sanfte Interventionen, die normalerweise genügend Unwohlsein bereiten, um die Ausbildung eines starken Gewissens zu fördern. Dennoch führt auch häufige Gewaltanwendung kaum zum Ziel, denn Methoden dieser Art rufen im Kind eher Wut und Widerstand hervor und wirken sich somit in ihren Auswirkungen negativ auf die innere Verarbeitung der elterlichen Botschaften aus.

Warum findet sich eine direkte Korrelation zwischen einer sicheren Bindungsqualität und einer positiven Gewissensentwicklung bei nichtängstlichen Kindern? Kochanska ist der Meinung, dass bei Kindern, die so wenig mit Angst reagieren, dass normalerweise effektive Erziehungsmaßnahmen auf unfruchtbaren Boden fallen, die sichere Bindung zu den Bezugspersonen eine alternative Grundlage für die Ausbildung eines Gewissens darstellt. Die Bindung motiviert Kinder, die kaum mit negativen Emotionen auf Erziehungsmaßnahmen reagieren, die Regeln der Eltern anzunehmen, um das Band der Zuneigung und der Kooperation mit den Bezugspersonen aufrechtzuerhalten.

Um die frühe Moralentwicklung ihres Kindes optimal zu fördern, sollten Eltern ihre Erziehungspraktiken auf das Temperament ihres Kindes abstimmen. In Katherines Fall wäre wohl eine sanft korrigierende Aussage völlig ausreichend, um beim Kind das gewünschte Verhalten zu erreichen. Bei Alex wäre es notwendig, auf eine einfühlsame Beziehung hinzuarbeiten, in der das Kind sich aufgehoben fühlt. Diese Grundlage sollte in Zeiten gelegt und stabilisiert werden, in denen sich das Kind angemessen verhält. Obwohl die Eltern von Alex häufiger Bestrafung anwenden müssen und diese wohl auch strenger ausfallen wird als bei Katherine, wäre es doch bei beiden Kindern kontraproduktiv, wollte man die aufgestellten Regeln mit Gewalt durchsetzen. Erinnern diese Ergebnisse Sie an das Konzept der guten Passung, das wir in Kapitel 6 schon diskutiert haben? Gehen Sie noch einmal zurück zu Seite 251, um sich die Zusammenhänge zu vergegenwärtigen.

---

tionsmuster erlernen. Um ein bestimmtes Verhalten verstärken zu können, musste dieses zunächst spontan auftauchen. Trotzdem sind prosoziale Handlungen, etwa mit anderen teilen, Hilfeleistung bieten oder einen traurigen Spielkameraden trösten, nicht häufig genug, dass Verstärkung eine Erklärung für die rasche Entwicklung prosozialen Verhaltens in der frühen Kindheit wäre. Wissenschaftler, die die soziale Lerntheorie vertreten, sind der Meinung, dass Kinder moralisches Handeln vor allem durch *Modelllernen* erwerben, indem sie angemessenes, prosoziales Verhalten anderer Menschen beobachten und imitieren (Bandura, 1977; Grusec, 1988). Wenn Kinder einmal ein moralisches Reaktionsmuster angenommen haben, wie etwa mit anderen zu teilen oder die Wahrheit zu sagen, kann durch Verstärkung in Form von Lob ihre Häufigkeit erhöht werden (Mills & Grusec, 1989).

Viele Untersuchungen haben gezeigt, dass Vorbilder, die sich hilfreich oder freigiebig verhalten, die prosozialen Reaktionen kleiner Kinder verstärken. Die folgenden Merkmale von Vorbildern beeinflussen die Bereitschaft des Kindes, dieses Verhalten zu imitieren:

- *Warmherzigkeit und eine Bereitschaft auf andere Menschen zu reagieren.* Vorschulkinder kopieren prosoziale Handlungen eher von einem warmherzigen und offenen Erwachsenen als von jemandem, der sich kalt und distanziert gibt (Yarrow, Scott, & Waxler, 1973). Warmherzigkeit scheint zu bewirken, dass Kinder aufmerksamer und empfänglicher auf das Vorbild reagieren und zeigen damit schon prosoziale Reaktionen.

- *Kompetenz und Stärke.* Kinder bewundern kompetente, starke Vorbilder, die sie imitieren können, und neigen daher auch dazu, sich derartige Vorbilder auszusuchen. Das ist auch der Grund, dass sie besondere Bereitschaft zeigen, das Verhalten älterer Kameraden und Erwachsener zu imitieren (Bandura, 1977).

- *Widerspruchsfreie Aussagen und Verhaltensmuster.* Wenn Vorbilder das eine sagen und etwas ganz anderes tun – beispielsweise, wenn jemand sagt: „Es ist wichtig, anderen zu helfen", dann aber selbst nur sehr selten hilfreich handelt –, werden Kinder für gewöhnlich den weniger hohen Standard wählen, das heißt das Verhalten, das der Erwachsene an den Tag legt (Mischel & Liebert, 1966).

Vorbilder haben den meisten Einfluss in den Vorschuljahren. Gegen Ende der frühen Kindheit werden Kinder, die in der Vergangenheit weitgehend fürsorgliche Erwachsene um sich gehabt haben, sich prosozial verhalten, unabhängig davon, ob ein Vorbild vorhanden ist oder nicht. Zu dieser Zeit haben sie die prosozialen Regeln durch wiederholtes Beobachten und die Ermutigung anderer schon internalisiert (Mussen & Eisenberg-Berg, 1977).

■ Auswirkungen von körperlicher Strafe

Viele Eltern sind sich bewusst, dass Anschreien, Ohrfeigen oder Prügel für das Fehlverhalten eines Kindes ineffektive Erziehungsmethoden sind. Scharfe Zurechtweisungen oder körperliche Gewaltanwendung, um ein Kind von etwas zurückzuhalten oder es zu etwas zu bewegen, sind nur gerechtfertigt, wenn sofortiger Gehorsam absolute Notwendigkeit ist – so zum Beispiel, wenn ein dreijähriges Kind gerade dabei ist, auf eine befahrene Straße zu laufen. In der Tat werden die meisten Eltern unter Bedingungen wie dieser zu solch energischen Erziehungsmethoden greifen. Wenn es sich allerdings darum dreht, langfristige Ziele zu erreichen, wie etwa freundlicher Umgang mit anderen Menschen, werden die meisten Erwachsenen eher auf Warmherzigkeit und vernünftige Argumente zurückgreifen (Kuczynski, 1984). Machtausübung in Kombination mit vernünftigen Argumenten wird häufiger angewendet, wenn es sich bei dem Fehlverhalten um schwerwiegende Handlungen wie Lügen oder Stehlen handelt (Grusec & Goodnow, 1994).

Wenn Bestrafung zu häufig angewendet wird, führt sie lediglich zu momentaner Einwilligung, aber nicht zu einer bleibenden Veränderung im Verhalten des Kindes. Robbies Eltern beispielsweise bestraften und schlugen ihn häufig, brüllten ihn an und kritisierten an ihm herum. Für gewöhnlich verhielt sich Robbie später genauso inakzeptabel wie vor der Strafe, sobald seine Eltern nicht mehr in der Nähe waren und er daher nichts mehr zu befürchten hatte. Je mehr körperliche Bestrafung Kinder erfahren, desto wahrscheinlicher ist eine Depression, antisoziales Verhalten und schlechte schulische Leistungen in der Zukunft (Brezina, 1999; Gershoff, 2002).

Harte Bestrafung hat zudem unerwünschte Nebeneffekte. Wenn Eltern ihre Kinder schlagen, so tun sie dies häufig in Reaktion auf die Aggressionen des Kindes (Holden, Coleman, & Schmidt, 1995). Mit körperlicher Bestrafung wird dem Kind aber wiederum Aggression demonstriert. Gleichzeitig lernen Kinder, die häufig auf diese Art und Weise bestraft werden sehr schnell, den strafenden Erwachsenen zu meiden. Diese Erwachsenen haben daher in der Folge wenig Möglichkeiten, dem Kind wünschenswertes Verhalten beizubringen. Da körperliche Bestrafung dem

Fehlverhalten des Kindes temporär Einhalt gebietet, „funktioniert" diese Art des Strafens, indem sie dem Erwachsenen sofortige Entlastung bietet, wodurch Erziehungsmaßnahmen wie diese sich selbst verstärken. Aus diesem Grund wird ein zu körperlicher Bestrafung neigender Erwachsener das Kind mit der Zeit immer häufiger auf diese Weise strafen. Es ergibt sich eine Handlungskette, die sich in einer Spirale abwärts zu schwerwiegenden Misshandlungen hin entwickeln kann.

Aus der Sicht dieser Ergebnisse gibt die weite Verbreitung körperlicher Züchtigung unter nordamerikanischen Eltern Anlass zur Sorge. Eine Erhebung bei einer repräsentativen Stichprobe amerikanischer Haushalte zeigte, dass körperliche Züchtigung vom Säuglingsalter bis zum Alter von fünf Jahren ansteigt und dann abfällt, der Gesamtwert über alle Altersstufen hinweg dennoch sehr hoch ist (siehe Abbildung 8.1). In ähnlicher Weise konnte festgestellt werden, dass über 70 % kanadischer Eltern zugeben, dass sie ihre Kinder schon geohrfeigt oder geschlagen haben (Durrant, Broberg, & Rose-Krasnor, 2000; Straus & Stewart, 1999).

■ Alternativen zu harter (körperlicher) Bestrafung

Alternativen zu Kritik, Ohrfeigen und Prügel können die unerwünschten Nebeneffekte von Bestrafung reduzieren. Eine Vorgehensweise, die sich altmodisch „Stubenarrest" nannte und heute manchmal als **„verordnete Auszeit"** bezeichnet wird, entfernt das Kind aus dem augenblicklichen Szenario – zum Beispiel, indem es in sein Zimmer geschickt wird –, bis es die Bereitschaft zeigt, sich angemessen zu verhalten. Eine derartige Auszeit ist sehr nützlich, wenn das Kind außer Rand und Band geraten ist (Betz, 1994). Für gewöhnlich sind nur wenige Minuten notwendig, um eine Verhaltensänderung zu bewirken, zudem bietet eine derartige Maßnahme auch den wütenden Eltern eine Pause, in der sie wieder auf „emotionales Normalniveau" finden können. Eine andere Vorgehensweise ist der *Entzug von Privilegien* wie etwa die Erlaubnis, draußen zu spielen oder die Lieblingssendung im Fernsehen anzusehen. Dem Kind seine Privilegien zu entziehen wird bei ihm einigen Widerstand hervorrufen, aber macht es dennoch möglich, strenge Methoden zu vermeiden, die in Misshandlung eskalieren könnten.

Wenn Eltern sich entscheiden zu strafen, können sie die Effektivität ihres Strafens auf drei Arten erhöhen: Zum ersten durch ihre Konsequenz. Wenn einem Kind in manchen Situationen erlaubt wird, sich daneben zu benehmen, in anderen Situationen es für dasselbe Verhalten aber gerügt wird, wird es verwirrt sein und das inakzeptable Verhalten wird beibehalten (Acker & O'Leary, 1996). Zum zweiten ist eine *warmherzige Beziehung zwischen Eltern und Kind* unerlässlich. Für Kinder fürsorglicher und interessierter Eltern ist Strafe äußerst unangenehm. Sie möchten die elterliche Wärme und Anerkennung schnellstmöglich wiederher-

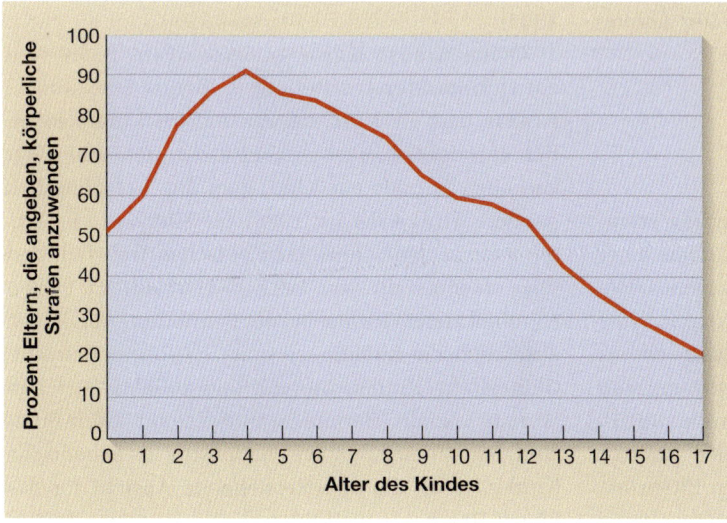

Abbildung 8.1: Vorkommen körperlicher Züchtigung in verschiedenen Altersstufen. Die Schätzungen gründen auf dem Prozentsatz amerikanischer Eltern einer repräsentativen Stichprobe von annähernd 1000, die ein- oder mehrmalige Vorkommnisse von Schlagen, Ohrfeigen, Zwicken, Schütteln oder Schlagen mit einem harten Gegenstand innerhalb des vorangegangenen Jahres berichteten. Es ist ein rapider Anstieg im frühen Kindheitsalter zu erkennen, wobei in den späteren Kindheitsjahren die Häufigkeit abnimmt, allerdings ist der Gesamtwert in allen Altersstufen hoch (Aus M. A. Straus & J. H. Stewart, 1999, „Corporal Punishment by American Parents: National Data on Prevalence, Chronicity, Severity und Duration, in Relation to Child and Family Characteristics," Clinical Child and Family Psychology Review, 2, S. 59.).

Eltern, die positive Disziplin anwenden, ermutigen gutes Benehmen und reduzieren die Wahrscheinlichkeit zukünftigen Fehlverhaltens. Diese Mutter bietet ihren Kindern Möglichkeiten, sich während einer langen Zugfahrt still zu beschäftigen.

stellen. Und drittens helfen *Erklärungen* den Kindern, ein Fehlverhalten zu erinnern, anzuerkennen und sich der Erwartungen hinsichtlich seines zukünftigen Verhaltens klar zu werden. Vernünftige Erklärungen in Verbindung mit milder Strafe (wie etwa eines Stubenarrestes oder einer verordneten Auszeit) führt zu wesentlich besseren Erfolgen, als dies bei Strafe allein der Fall wäre (Larzelere et al., 1996). In Deutschland verzichten immer mehr Eltern auf körperliche Bestrafungen (vgl. Engfer, 2002). Reisel (1991) berichtet aus Österreich von Eltern mit Kindern im Kindergartenalter, dass 40 % der Mütter und 64 % der Väter körperlich strafen.

■ **Positive Disziplin**

Die effektivsten Formen von Disziplinierung ermutigen gutes Benehmen – durch den Aufbau einer positiven Beziehung zum Kind; durch eigenes Modellieren angemessenen Verhaltens; dadurch, dass man das Kind von vornherein wissen lässt, wie es sich verhalten soll; und durch Belohnung, wenn sein Verhalten gut war (Zahn-Waxler & Robinson, 1995). Wenn Kindergarten- und Vorschulkinder positive und kooperierende Beziehungen zu ihren Eltern haben, zeigen sie eine stabilere Gewissensentwicklung – sichtbar durch verantwortliches Verhalten, Fairness im Spiel und Rücksicht auf das Wohlergehen ande-

rer. Diese Folgen sind bis in die Schuljahre hinein zu erkennen (Kochanska & Murray, 2000). Die Nähe zwischen Eltern und Kind bewirkt, dass das Kind den elterlichen Anforderungen Genüge tun möchte, da es sich der Beziehung verpflichtet fühlt.

Eltern, die positive Disziplin anwenden, reduzieren zudem die Wahrscheinlichkeit von Fehlverhalten. So werden sie beispielsweise auf einer langen Autofahrt Spielzeug und Aktivitäten anbieten, die das Kind auf dem Rücksitz beschäftigt halten und Ruhelosigkeit und Langeweile vorbeugen. Beim Einkaufen werden sie sich mit ihrem Kindergartenkind unterhalten und es ermutigen, dabei zu helfen (Holden & West, 1989). Erwachsene, die Kinder darin unterstützen, akzeptable Verhaltensweisen zu entwickeln, die es statt verbotener Handlungen einsetzen kann, reduzieren die Notwendigkeit von Strafe weitgehend.

8.5.3 Die kognitive Entwicklungstheorie

Die psychoanalytischen und behavioristischen Ansätze in der Forschung zur Moralentwicklung konzentrieren sich darauf, wie sich Kinder die vorgegebenen Standards guten Verhaltens der Erwachsenen aneignen. Im Gegensatz dazu betrachtet die kognitive Entwicklungspsychologie das Kind als einen *aktiv über soziale Regeln nachdenkenden Menschen*. Schon in den Vorschuljahren treffen Kinder moralische Urteile und entscheiden, was richtig und was falsch ist, auf der Basis der Konzepte, die sie bezüglich Gerechtigkeit und Fairness für sich konstruieren (Gibbs, 1991, 2003).

Kleine Kinder haben zumeist schon recht weit entwickelte Moralvorstellungen. Schon Dreijährigen ist klar, dass ein Kind, das ein anderes Kind absichtlich von der Schaukel geschubst hat, sich schlechter verhalten hat, als ein Kind, dem dies versehentlich passiert (Yuill & Perner, 1988). Im Alter von vier Jahren kann es den Unterschied zwischen Wahrheit und Lüge erkennen (Bussey, 1992). Gegen Ende der frühen Kindheit ziehen Kinder bei der Beurteilung von Lügen zusätzlich die Intentionen einer Person in Betracht. Chinesische Kinder, die von den kollektivistischen Werten soziale Harmonie und Demut beeinflusst sind, beurteilen eine Lüge eher positiv als kanadische Kinder, wenn die dahinterstehende Absicht für das Lügen Bescheidenheit erkennen lässt, zum Beispiel bei einem Kind, das freiwillig den Unrat im Schulhof weggeräumt hat und dann sagt: „Das war ich nicht."

Im Gegensatz dazu beurteilen sowohl chinesische als auch kanadische Kinder Lügen bei unsozialen Handlungen als „sehr ungezogen" (Lee et al., 1997).

Zudem unterscheiden Vorschulkinder *moralische Imperative*, welche dem Schutz der Rechte und des Wohlergehens der Menschen dienen, von zwei anderen sich unterscheidenden Handlungsweisen: *sozialen Konventionen* oder Gepflogenheiten wie etwa Tischmanieren oder die Art sich zu kleiden; und *Fragen des persönlichen Geschmacks*, durch die andere Menschen nicht in ihren Rechten beschnitten werden und die jedem einzelnen selbst überlassen sind (Nucci, 1996; Smetana, 1995). Schon dreijährige Kinder beurteilen moralische Vergehen (z.B. das Stehlen eines Apfels) als schwerwiegender als Übertretungen der sozialen Konventionen (Eiskrem mit den Fingern zu essen beispielsweise) (Smetana & Braeges, 1990; Turiel, 1998). Der Umgang des Vorschulkindes mit Fragen des persönlichen Geschmacks, die man erkennen kann in Aussagen wie „Ich werde *dieses* Hemd anziehen", dient als ein Sprungbrett für das Verständnis moralischer Konventionen individueller Rechte, ein Bereich der in der Adoleszenz noch wesentlich erweitert wird (Killen & Smetana, 1999).

Wie gelangen Kleinkinder zu Unterscheidungen dieser Art? Nach einigen Theoretikern der kognitiven Entwicklungspsychologie geschieht dies durch eine *aktive Sinnfindung* bei dem, was das Kind erlebt. Die Kinder beobachten beispielsweise, dass Gleichaltrige auf eine moralische Übertretung emotional reagieren und ihre Betroffenheit oder ihren Verlust beschreiben; oder sie bitten ein anderes Kind, mit dem aufzuhören, was es gerade tut, oder sie wehren sich (Arsenio & Fleiß, 1996). Wenn ein Erwachsener eingreift in einer solchen Situation, so wird er oder sie aller Wahrscheinlichkeit nach Aufmerksamkeit auf die Rechte und die Gefühle des Opfers lenken. Im Gegensatz dazu reagieren Gleichaltrige selten auf Übertretungen sozialer Konventionen. In dieser Art von Situationen werden Erwachsene dazu neigen, Gehorsam zu verlangen, ohne dies näher zu begründen oder zu erklären, wie wichtig es ist, dass Regeln eingehalten werden und eine gewisse Ordnung aufrechterhalten wird (Turiel, Smetana, & Killen, 1991).

Obwohl die Kognition und das Sprachvermögen bei der Entwicklung eines moralischen Verständnisses zusammenwirken, so sind für das Kind dennoch soziale Erfahrungen grundlegend wichtig. Auseinandersetzungen und Streitereien mit Geschwistern und Gleichaltrigen über Rechte, Besitz und Vorrechte bieten Vorschulkindern die Möglichkeit, ihre ersten Ideen bezüglich Fragen der Gerechtigkeit und der Fairness zu entwickeln (Killen & Nucci, 1995). Auch die Art und Weise, wie Erwachsene mit Regelübertretungen umgehen und Fragen der Moral diskutieren, unterstützen das Kind darin, zu einem eigenen Verständnis dieser Themen zu gelangen. Kinder, die in ihrer Moralentwicklung gute Fortschritte machen, haben für gewöhnlich Eltern, die ihre Einstellung bezüglich Streit, Ehrlichkeit und Besitzverhältnissen auf einem Niveau kommunizieren, auf dem das Kind dies auch verstehen kann. Sie respektieren die Meinung ihrer Kinder und regen sie auf sanfte Weise an, sich eigene Gedanken über das Geschehene zu machen, ohne dem Kind dabei feindselig oder mit Kritik zu begegnen (Janssens & Deković, 1997; Walker & Taylor, 1991a).

Kindergarten- und Vorschulkinder, die wegen ihres aggressiven Umgangs mit Problemen von ihren Peers nicht gemocht werden, haben Schwierigkeiten, moralische Regeln von sozialen Konventionen zu unterscheiden und übertreten beide häufig (Sanderson & Siegal, 1988). Ohne besondere Hilfestellung werden diese Kinder langfristig in ihrer Moralentwicklung Probleme haben.

8.5.4 Die Kehrseite der Moral: Die Entwicklung der Aggression

Alle Kinder zeigen nach dem späten Säuglingsalter von Zeit zu Zeit Aggression, wenn sie nun besser die Ursache ihrer Wut und Aggression bestimmen können. Wenn das frühe Vorschulalter erreicht ist, können zwei Arten der Aggression beobachtet werden: Zum einen die (am häufigsten auftretende) **instrumentelle Aggression**, bei der das Kind ein Objekt an sich bringen will, ein Privileg oder einen bestimmten Platz haben möchte und bei diesem Versuch jeden, der ihm im Weg ist, schubsen, anschreien oder auf irgendeine andere Weise angreifen wird. Zum anderen ist da die **feindselige Aggression**, eine Art der Aggression, die es darauf anlegt, andere Menschen zu verletzen.

Die feindselige Aggression kann sich auf zwei Arten äußern: Die erste ist offene, direkte Aggression, die anderen Menschen körperliche Verletzungen zufügt oder ihnen diese androht – etwa schlagen, treten, prügeln oder einem Gleichaltrigen einen derartigen Angriff anzudrohen. Die zweite ist die **relationale Aggression**, ein Angriff auf die Beziehungen eines anderen Peers, etwa durch Ausschluss aus der Peergruppe oder durch das Verbreiten von Gerüchten. „Geh weg, ich bin nicht dein Freund!" und „Spiel nicht mit Margie; sie ist eine blöde Ziege" sind Beispiele hierfür.

Sowohl die Form der Aggression als auch die Art und Weise, wie diese ausgedrückt wird, verändern sich in der frühen Kindheit. Körperliche Aggression weicht langsam, aber sicher verbaler Aggression (Tremblay et al., 1999). Und die instrumentelle Aggression nimmt nach und nach ab, da die Kinder im Vorschulalter allmählich lernen, über Besitztümer Kompromisse zu schließen. Im Gegensatz dazu nehmen in der frühen und mittleren Kindheit feindselige Wutausbrüche zu (Tremblay, 2000). Ältere Kinder sind besser fähig, böswillige Intentionen bei anderen zu erkennen, und reagieren infolgedessen auch häufiger auf eine feindselige Weise.

Ein gelegentlicher Ausbruch von Aggressivität ist in der frühen Kindheit normal. Dieses Kindergartenkind zeigt instrumentelle Aggression: es nimmt einem anderen Kind ein begehrtes Spielzeug weg. Instrumentelle Aggression nimmt mit dem Alter ab, da Kinder lernen, Kompromisse zu schließen und zu teilen.

Im Mittel konnte festgestellt werden, dass Jungen mehr offene Aggression zeigen als Mädchen, ein Trend, der in vielen Kulturen vorherrscht (Whiting & Edwards, 1988a). Dieser geschlechtsbedingte Unterschied ist zum Teil auf biologische Vorgänge zurückzuführen, insbesondere auf die männlichen Sexualhormone, die Androgene. Diese Hormone tragen zu der vermehrten körperlichen Aktivität von Jungen bei, die wiederum möglicherweise mehr Gelegenheiten für körperlich aggressive Zusammenstöße mit anderen schafft (Collaer & Hines, 1995). Gleichzeitig spielt an dieser Stelle aber auch die Geschlechtstypisierung (siehe weiter unten) eine wichtige Rolle. Sobald zweijährige Kinder beginnen, auch nur ein annäherndes Verständnis für Geschlechterstereotypen zu gewinnen – die Tatsache, dass von Jungen erwartet wird, dass sie sich anders verhalten als Mädchen und umgekehrt – nimmt die offene Aggression bei Mädchen wesentlich abrupter und schneller ab als dies bei Jungen der Fall ist (Fagot & Leinbach, 1989).

Dennoch darf man nicht davon ausgehen, dass Mädchen weniger aggressiv sind. Sie drücken ihre Feindseligkeit nur anders aus – nämlich durch relationale Aggression (Crick, Casas, & Mosher, 1997; Crick, Casas, & Ku, 1999). Wenn Kinder versuchen, einem Peer zu schaden, werden sie dies am ehesten im Bereich der sozialen Ziele des anderen Kindes versuchen. Jungen greifen vermehrt auf der körperlichen Ebene an, um die dominanzorientierten Ziele anderer Jungen zu blockieren. Mädchen wenden eher relationale Aggression wie „Petzen" an, da sich diese störend auf die engen, intimen Bindungen auswirkt, die Mädchen so wichtig sind.

Ein gelegentlicher aggressiver Austausch unter Vorschulkindern ist etwas ganz Normales. Allerdings gibt es auch kleine Kinder – insbesonders impulsive, überaktive Kinder mit zerstörerischen Neigungen –, die gefährdet sind, langfristig Verhaltensprobleme zu haben (Brame, Nagin, & Tremblay, 2001; Coté et al., 2001). Diese negativen Folgen sind jedoch abhängig von dem Erziehungsstil und der familiären Situation, in der diese Kinder aufwachsen.

■ **Die Familie als Übungsfeld für aggressives Verhalten**

„Ich kann ihn nicht kontrollieren, er ist einfach unmöglich," beklagte sich Nadine, Robbies Mutter, eines Tages bei der Kindergartenerzieherin. Als diese nachfragte, ob es etwas gäbe, das Robbie zu Hause Schwierigkeiten mache, entdeckte sie, dass seine Eltern sich fortwährend stritten und ihre Disziplin dem Kind gegenüber inkonsistent und zu streng war. Dieselben Erziehungspraktiken, die auch die Internalisierung von Moralvorstellungen verhindern – Liebesentzug, Machtausübung, körperliche Züchtigung sowie Inkonsistenz –, korrelieren mit Aggression von der frühen Kindheit bis weit in die Adoleszenz bei Kindern beiderlei Geschlechtes (Coie & Dodge, 1998; Stormshak et al., 2000).

Beobachtungen in Familien wie der von Robbie lassen erkennen, dass Wut und häufige Bestrafung sehr schnell eine konfliktbeladene Familienatmosphäre schaffen sowie ein „außer Kontrolle geratenes" Kind.

Das familiäre Verhaltensmuster nimmt seinen Anfang mit zwangsorientierter Disziplinierung, etwas, das sich häufig unter stressreichen Lebensumständen, aus einer instabilen Persönlichkeit eines Elternteiles oder beider Eltern oder aus dem schwierigen Temperament des Kindes ergibt. Wenn die Bezugsperson droht, kritisiert und straft, wird das Kind weinen, schreien und sich weigern, bis der Erwachsene aufgibt und dem Kind seinen Willen lässt. Wenn ein solcher Kreislauf in seiner Häufigkeit zunimmt, wird daraus Angst und Irritabilität bei den anderen Familienmitgliedern entstehen, die sich bald auch an den feindseligen Interaktionen beteiligen werden (Patterson, 1997). Im Vergleich zu Geschwistern in unauffälligen Familien, gehen Kinder mit kritisierenden, häufig strafenden Eltern verbal und körperlich aggressiver miteinander um. Zerstörische Konflikte unter Geschwistern wiederum tragen zu schlechter Impulskontrolle und antisozialem Verhalten bei, wenn das Kind das Schulalter erreicht (Garcia et al., 2000).

Da Jungen für gewöhnlich aktiver und impulsiver sind und daher auch schwieriger zu kontrollieren, werden sie auch häufiger zur Zielscheibe inkonsistenter und zu strenger Disziplin. Kinder aus solchen Familien betrachten die Welt sehr bald als einen Ort, der ihnen feindselig gesinnt ist und wo ihnen gegenüber mit Gewalt reagiert wird – eine Erwartung, die verallgemeinert wird, ohne Bezug auf die augenblickliche Realität (Weiss et al., 1992). Die Folge davon sind Angriffe ohne ersichtlichen Grund und ohne dass sie irgenwie provoziert worden sind. Sehr schnell findet das Kind heraus, dass seine Aggression „funktioniert" und es damit andere Menschen kontrollieren kann. Diese Kognitionen nähren einen fortwährenden Kreislauf der Aggression (Egan, Monson, & Perry, 1998).

In hohem Maße aggressive Kinder stoßen bei ihren Peers häufig auf Ablehnung, kommen in der Schule nicht zurecht und suchen sich (im Adoleszentenalter) soziale Randgruppen, durch die sie in ein Milieu abgleiten, in dem Gewalt- und Straftaten begangen werden. Ein solcher Entwicklungspfad zu antisozialen Aktivitäten wird in Kapitel 12 noch vorgestellt werden.

■ Fernsehen und Aggression

In den Vereinigten Staaten enthalten 57 % aller Fernsehprogramme zwischen 6:00 Uhr morgens und 11:00 Uhr abends gewalttätige Szenen, häufig in Form wiederholter aggressiver Handlungen, die nicht bestraft werden. Tatsächlich tragen im Fernsehen die Opfer von Gewalt zumeist keinen ernsthaften Schaden davon und nur wenige Sendungen betrachten die Gewalt als etwas Negatives oder zeigen gewaltfreie Möglichkeiten auf, wie Probleme gelöst werden können. Von allen Fernsehsendungen steckt in Zeichentrickfilmen die meiste Gewalt (Center for Communication and Social Policy, 1998). Kanadische Sendeanstalten folgen Vorgaben, die Gewaltszenen stark einschränken, nur leider sehen Kanadier etwa zwei Drittel ihrer Fernsehzeit amerikanische Sender (Statistics Canada, 2001f).

Kleine Kinder werden besonders leicht vom Fernsehen beeinflusst. Ein Grund dafür ist, dass Kinder unter acht Jahren noch nicht allzu viel verstehen von dem, was sie im Fernsehen sehen. Und da sie Schwierigkeiten haben, die einzelnen Szenen zu einer Gesamthandlung zusammenzusetzen, bringen sie die Handlungen der Fernsehcharaktere weder mit Motiven noch mit Konsequenzen in Verbindung (Collins et al., 1978). Zudem fällt es kleinen Kindern schwer, die Realität von fantasierten Fernsehinhalten zu trennen.

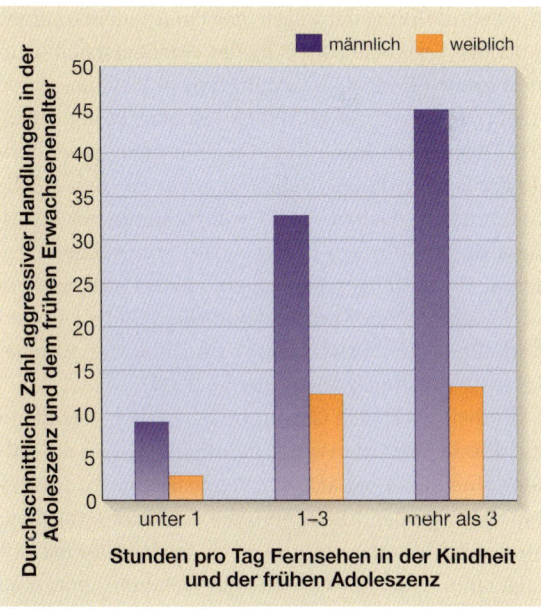

Abbildung 8.2: Zusammenhänge zwischen Fernsehen in der Kindheit und der frühen Adoleszenz und aggressiven Handlungen in der Adoleszenz und dem frühen Erwachsenenalter. Interviews mit mehr als 700 Eltern und Jugendlichen zeigten, je mehr Fernsehkonsum in der Kindheit und frühen Adoleszenz an der Tagesordnung war, desto größer war über das Jahr verteilt die Zahl aggressiver Handlungen, die von jungen Menschen begangen wurden – diese Ergebnisse stammen aus der Nachfolgeuntersuchung mit Interviews im Alter von 16 bis 22 Jahren (nach Johnson et al., 2002).

Erst im Alter von sieben Jahren beginnen sie ein volles Verständnis dafür zu erwerben, dass die fiktionalen Figuren im tatsächlichen Leben andere Rollen innehaben (Wright et al., 1994). Diese Missverständnisse tragen sehr dazu bei, dass kleine Kinder das, was sie im Fernsehen zu sehen bekommen, ohne es zu hinterfragen, akzeptieren und nachahmen.

Überblicksstudien von Tausenden von Untersuchungen kamen zu dem Ergebnis, dass Gewalt im Fernsehen Kindern eine weitreichendes Vorgabe liefert, wie Aggressionen auszuleben sind (Comstock & Scharrer, 1999; Slaby et al., 1995, S. 163). Und eine zunehmende Anzahl von Studien weist darauf hin, dass gewalttätige Video- und Computerspiele ähnliche Auswirkungen zeigt (Anderson & Bushman, 2001). Solche Sendungen schaffen nicht nur kurzfristige Schwierigkeiten in den Eltern-Kind-Beziehungen, sondern wirken sich auch auf lange Sicht aus. In drei Längsschnittstudien wurde festgestellt, dass das Ausmaß an Zeit, das in der Kindheit und Adoleszenz mit Fernsehen verbracht wurde, direkt mit dem aggressiven Verhalten im frühen Erwachsenenalter korrelierte; andere Faktoren wie etwa die schon vorher vorhandene Aggression bei Kind und Eltern, der IQ, die Schulbildung der Eltern, das Familieneinkommen und die Verbrechensrate in der Nachbarschaft wurden kontrolliert (siehe Abbildung 8.2) (Huesmann, 1986; Huesmann et al., 2003; Johnson et al., 2002). Sehr aggressive Jugendliche wollen mehr gewalttätige Fernsehsendungen sehen. Je mehr sie sich solche Sendungen ansehen, desto wahrscheinlicher ist es, dass sie ihre eigenen Probleme auf feindselige Weise lösen. Gewalttätiges Fernsehen bewirkt aber auch in nicht aggressiven Kindern feindselige Gedanken und Verhalten; die Auswirkungen sind hier nur weniger intensiv (Bushman & Huesmann, 2001).

Zudem wirkt sich Gewalt im Fernsehen verrohend auf Kinder aus. Die Wahrscheinlichkeit, dass sie willens sind, auch bei anderen Aggressionen zu tolerieren, wird größer. Menschen, die sehr viel fernsehen, sind der Meinung, dass es auch in der Gesellschaft allgemein sehr viel Gewalt und Gefahren gibt, eine Auswirkung, die besonders stark bei Kindern ist, die Aggressionen im Fernsehen als für ihr eigenes Leben relevant erleben (Donnerstein, Slaby, & Eron, 1994). Wie diese Ergebnisse erkennen lassen, modifizieren gewalttätige Fernsehsendungen die Einstellungen von Kindern hinsichtlich der sozialen Realität, sodass diese nach ihrer Sicht zunehmend dem entspricht, was ihnen im Fernsehen gezeigt wird.

Die Leichtigkeit, mit der der Fernsehkonsum die Überzeugungen und das Verhalten von Kindern manipuliert, führte zu starkem Druck von Seiten der Öffentlichkeit, die Inhalte zu verbessern. In den Vereinigten Staaten hat das erste Grundrecht, das die freie Meinungsäußerung sicherstellt, diese Bemühungen untergraben. Stattdessen sollen Sendeanstalten ihre Programme einer freiwilligen Selbstzensur unterziehen und Hersteller sind verpflichtet, einen Chip in neue Fernsehgeräte einzubauen, mit dem die Eltern das Gerät so einstellen können, dass gewalttätiges und anstößiges Material nicht angesehen werden kann. In Kanada wird sowohl das Chip-Verfahren (V-Chip oder auch Violence Chip) als auch ein Zensursystem angewendet. Außerdem gibt es in Kanada eine Regelung für Kindersendungen, die realistische Gewaltszenen verbietet, in denen die Konsequenzen gewalttätiger Handlungen heruntergespielt werden, sowie für Zeichentrickfilme, bei denen Gewalt das zentrale Thema darstellte. Weiterhin dürfen Sendungen mit Gewaltinhalten für Erwachsene in Kanada nicht vor neun Uhr abends ausgestrahlt werden (Canadian Broadcast Standards Council, 2002). Trotzdem haben kanadische Kinder immer noch Zugang zu gewalttätigen Fernsehsendungen, die in amerikanischen Kanälen zu finden sind. In Deutschland haben Unternehmen der Medienbranche die Institutionen der Freiwilligen Selbstkontrolle gegründet. Diese Institutionen entscheiden beispielsweise, ob ein Film jugendfrei oder für Kinder unter 12 Jahre geeignet ist.

Es liegt also immer noch an den Eltern, was und wie viel ihre Kinder fernsehen. Der V-Chip ist eine unzureichende Lösung wie auch die Zensur, die für manche Jugendliche gewisse Sendungen sogar noch anziehender machen (Cantor & Harrison, 1997). Abgesehen davon können Kinder, sobald sie älter sind, auch zu ihren Freunden gehen, um dort Sendungen zu sehen, die ihnen von den eigenen Eltern verboten worden sind. Die Tabelle „Aspekte der Fürsorge" führt einige zusätzliche Möglichkeiten auf, wie Eltern ihre Kinder vor den Gefahren übermäßigen Fernsehkonsums schützen können.

■ Wie man Kindern und Erwachsenen helfen kann, Aggression unter Kontrolle zu halten

Die Behandlung aggressiver Kinder muss in einem frühen Stadium beginnen, bevor ihr antisoziales Verhalten so weit eingeübt ist, dass es schwierig wird, dieses Muster wieder zu verändern. Den Kreislauf der

Aspekte der Fürsorge

Kontrolle des Fernsehkonsums bei Kindern

STRATEGIE	BESCHREIBUNG
Schränken Sie den Fernsehkonsum ein.	Vermeiden Sie es, den Fernseher als Babysitter zu verwenden. Stellen Sie klare Regeln auf, was und wie viel die Kinder anschauen können – so zum Beispiel eine Stunde am Tag oder nur bestimmte Sendungen – und bleiben Sie konsequent. Stellen Sie das Fernsehgerät nicht ins Kinderzimmer, da dies die Kontrolle über den Fernsehkonsum erschwert.
Sehen Sie davon ab, den Fernseher als Belohnung zu verwenden.	Wenden Sie das Fernsehen nicht als Belohnung oder Strafe an, da dies nur dazu dienen wird, den Fernseher für das Kind noch attraktiver werden zu lassen.
Regen Sie das Kind zum Anschauen kindgerechter Sendungen an.	Regen Sie Kinder dazu an, sich Programme anzuschauen, die ihrem Alter angemessen sind und prosoziales Verhalten modellieren.
Erklären Sie dem Kind die Inhalte der Fernsehsendungen.	Soweit als möglich sollten Sie versuchen, Sendungen mit dem Kind zusammen anzusehen und ihm dabei helfen zu verstehen, was es sieht. Wenn Erwachsene nicht einverstanden sind mit dem Verhalten von Fernsehcharakteren und Fragen dazu stellen, ob die gesendeten Informationen zutreffend sind, bringen sie ihren Kindern bei, Fernsehinhalte zu beurteilen, anstatt sie kritiklos zu akzeptieren.
Sehen Sie Verbindungen zwischen den Inhalten von Fernsehsendungen und der Alltagsrealität des Kindes.	Nutzen Sie die Inhalte von Fernsehsendungen auf konstruktive Weise und ermuntern Sie die Kinder, sich aktiv mit ihrer Umwelt zu beschäftigen und sich nicht nur passiv vor den Bildschirm zu setzen. So könnte beispielsweise eine Sendung über Tiere die Idee entstehen lassen, in den Zoo zu gehen oder in die Bücherei, um sich Bücher über Tiere auszuleihen.
Seien Sie dem Kind ein Vorbild, indem Sie selbst ihren Fernsehkonsum unter Kontrolle halten	Vermeiden Sie auch selbst übermäßigen Fernsehkonsum. Fernsehgewohnheiten der Eltern haben einen erheblichen Einfluss auf die Sehgewohnheiten ihrer Kinder.

Quelle: Slaby et al., 1995.

Feindseligkeiten zwischen den Familienmitgliedern zu durchbrechen und diesen durch effektivere Interaktionsstile zu ersetzen, ist außerordentlich wichtig. Die Erzieherin schlug Robbies Eltern vor, einen Familientherapeuten zu aufzusuchen, der ihre Gewohnheiten beobachten und Vorschläge zur Veränderung anbieten würde. Sie lernten dort, mit ihrem Kind konsequent umzugehen, Anweisungen vernünftig zu begründen und verbale Verletzungen und körperliche Strafen durch wirksamere Erziehungsmethoden zu ersetzen wie etwa der „Auszeit" oder dem Entzug von Privilegien (Patterson, 1982). Der Therapeut ermutigte Robbies Eltern auch, warmherziger mit ihrem Kind umzugehen, ihm mehr Aufmerksamkeit zu schenken und ihn für prosoziales Handeln zu loben.

Gleichzeitig begann die Erzieherin, Robbie Möglichkeiten aufzuzeigen, wie er erfolgreicher mit Gleichaltrigen umgehen könnte. Immer wenn sich die Möglichkeit ergab, sprach sie mit Robbie über die Gefühle seiner Spielkameraden und wie er seine eigenen am besten ausdrücken könnte. Das half Robbie dabei, die Sichtweise anderer zu erkennen, empathisch mitzufühlen und in Sympathie auf andere Menschen einzugehen (Denham, 1998). Außerdem nahm Robbie an einem *sozialen Problemlösungstraining* teil. Über die folgenden Monate nahm er zusammen mit einer kleinen Anzahl von Klassenkameraden an dieser von der Erzieherin geleiteten Gruppe teil, um dort mit Hilfe von Puppen Konfliktlösungsstrategien zu üben, effektive und weniger effektive Möglichkeiten durchzusprechen, wie sich Probleme lösen lassen, und neue erfolgreiche Strategien einzuüben. Kinder, die an einem solchen Training teilnehmen, zeigen Fortschritte in ihrer sozialen Kompetenz, die auch nach mehreren Monaten noch anhalten (Shure, 1997).

Und auch Robbies Eltern wurde Hilfe bei ihren Eheproblemen angeboten. Dies, zusätzlich zu ihren verbesserten Strategien mit Robbies Verhalten umzugehen, war sehr wirkungsvoll, um die Spannung in der Familie abzubauen und die Konflikte zu lösen.

> **Prüfen Sie sich selbst …**
>
> **Rückblick**
> Wie unterscheidet sich die kognitive Entwicklungspsychologie des moralischen Urteils von der psychoanalytischen Theorie und der sozialen Lerntheorie? Wie können Vorschulkinder zwischen moralischen Imperativen, sozialen Konventionen und Fragen des persönlichen Geschmacks unterscheiden? Warum und auf welche Weise ist diese Unterscheidung wichtig für die moralische Entwicklung?
>
> **Rückblick**
> Warum ist die Wahrscheinlichkeit bei kleinen Kindern besonders groß, dass sie Gewalt im Fernsehen imitieren?
>
> **Anwendung**
> Anja und Willi möchten, dass sich ihre beiden kleinen Kinder zu freigiebigen, fürsorglichen Menschen mit einem starken Gewissen entwickeln. Nennen Sie eine möglichst große Anzahl von Erziehungspraktiken, mit deren Hilfe diese Ziele erreicht werden können.
>
> **Anwendung**
> Susanne hat ein schwieriges Temperament und ihre Eltern reagieren auf ihre Wutausbrüche mit strenger, inkonsequenter Disziplin. Erklären Sie, warum Susanne zur Risikogruppe der Kinder mit langfristigen Schwierigkeiten in ihrer Moralentwicklung und ihren Beziehungen zu Gleichaltrigen gerechnet werden muss.
>
> **Prüfen Sie sich selbst …**

8.6 Die Geschlechtstypisierung

Der Prozess der Geschlechterrollenentwicklung, d.h. der Entwicklung geschlechtsbezogener Vorlieben und Verhaltensweisen, die von der Gesellschaft als Werte anerkannt sind, wird als **Geschlechtstypisierung** bezeichnet. Diese Geschlechtstypisierung beginnt schon früh in den Vorschuljahren. Kinder neigen dazu, mit Gleichaltrigen desselben Geschlechts zu spielen und Freundschaften einzugehen. Mädchen verbringen mehr Zeit in der Puppen- und der Bücherecke sowie mit Malen und Basteln, während Jungen häufiger in den Bereichen des Zimmers zu finden sind, in denen man mit Bauklötzen spielen, Holz bearbeiten oder körperlich aktiv spielen kann.

Dieselben Theorien, die zur Erklärung der Moralentwicklung herangezogen wurden, können auch in der Definitionen der Geschlechterrollenentwicklung angewendet werden. Die *soziale Lerntheorie* mit ihrer Betonung auf Modellierung und Verstärkung und die *kognitive Entwicklungstheorie* mit ihrem Fokus auf dem Kind als einem aktiven Verarbeiter der sozialen Umwelt haben in diesem Bereich heute eine Vorrangstellung. Es bleibt allerdings festzustellen, dass keine von beiden für sich allein eine ausreichende Erklärung geben kann. Folglich entwickelte sich eine dritte Sichtweise, eine Kombination von Elementen aus beiden Theorien, bezeichnet als *Geschlechtsschematheorie*. Der folgende Abschnitt wird sich mit der frühen Entwicklung der Geschlechtstypisierung sowie mit den genetischen und umweltbedingten Einflüssen auf diese Typisierungen beschäftigen.

8.6.1 Geschlechtsstereotype Überzeugungen und Verhaltensweisen

Noch bevor ein Kind sich seiner Geschlechtsidentität so richtig bewusst ist, wird die Spielwelt mit Stereotypen belegt. Wenn man 18 Monate alte Kinder geschlechtsstereotypisiertes Spielzeug in Zweiergruppen (Spielzeugautos und Puppen) vorlegt, blicken die Kinder länger auf das ihrem Geschlecht entsprechende Spielzeug (Serbin et al., 2001). In Kapitel 6 wurde dargestellt, dass Kinder um das zweite Lebensjahr herum beginnen, Wörter wie „Junge", „Mädchen", „Frau" und „Mann" richtig anzuwenden. Sobald diese Geschlechterkategorien etabliert sind, beginnen die Kinder, ihre Bedeutung herauszufinden und sie mit Inhalten zu füllen, d.h. mit den zugehörigen Aktivitäten und Verhaltensweisen.

Vorschulkinder unterscheiden Spielzeug, Kleidungsstücke, Werkzeuge, Küchenutensilien, Spiele, Berufe und sogar Farben (rosa und blau) danach, welches Geschlecht diese verwendet (Ruble & Martin, 1998). Und ihre Handlungen gehen einher mit ihren Überzeugungen – nicht allein solchen, welchem Spielzeug sie den Vorzug geben, sondern auch solchen über ihre Persönlichkeitseigenschaften (Traits). Es konnte schon festgestellt werden, dass Jungen dazu neigen, aktiver, selbstbewusster und offen aggressiv zu sein, während Mädchen eher dazu tendieren, ängstlich, abhängig, folgsam, emotional sensibel und relational aggressiv zu sein (Geary, 1998; Eisenberg & Fabes, 1998; Feingold, 1994).

Während der Vorschuljahre werden die geschlechtsstereotypen Überzeugungen der Kinder stärker, so sehr, dass sie nun feste Regeln darstellen statt flexibler Richtlinien (Biernat, 1991; Martin, 1989). Als die Erzieherin in einem Kindergarten den Kindern einmal ein Bild eines schottischen Dudelsackspielers zeigte, der einen Kilt trug, riefen sie aus: „Männer tragen doch keine Röcke!" Während des Freispiels konnten häufiger Aussagen gehört werden, dass Mädchen keine Polizisten sein können und Jungen sich nicht um Babys kümmern. Diese einseitigen Ideen erwachsen aus den von der Umwelt vorgegebenen Geschlechtsstereotypen und den kognitiven Einschränkungen des Kindes. Den meisten Vorschulkindern ist noch nicht klar, dass Charakteristiken, die mit dem jeweiligen Geschlecht zu tun haben – Aktivitäten, Spielzeug, Berufe, Frisuren und Kleidung – nicht *bestimmen*, ob eine Person männlich oder weiblich ist.

8.6.2 Genetische Einflüsse auf die Geschlechtsstereotypisierung

Die geschlechtsbedingten Unterschiede, die soeben beschrieben wurden, zeigen sich in vielen Kulturen auf der ganzen Welt (Whiting & Edwards, 1988b). Einige dieser Unterschiede sind auch unter Säugetieren weit verbreitet – etwa die Vorliebe für Spielkameraden gleichen Geschlechts genauso wie bei Angehörigen des männlichen Geschlechts, Aktivität zu zeigen sowie offene Aggression, und Wärme und Sensibilität bei Angehörigen des weiblichen Geschlechts (Beatty, 1992; de Waal, 1993). Nach der Evolutionstheorie war das Leben unserer erwachsenen männlichen Vorfahren darauf ausgerichtet, mit anderen Männern zu rivalisieren, und das unserer weiblichen Vorfahren auf das Großziehen der Kinder. Aus diesem Grunde hat beim Mann ein Priming auf Dominanz stattgefunden und bei der Frau auf Intimität und Feinfühligkeit. Evolutionstheoretiker behaupten, dass die Einflüsse von Familie und Kultur sich auf die Intensität der biologisch basierten geschlechtsbedingten Unterschiede auswirken, sodass einige Individuen stärkere Stereotypen aufweisen als andere. Dennoch kann die Erfahrung nicht die Aspekte der Geschlechtsstereotypisierung auslöschen, die in der Geschichte der Menschheit adaptiven Wert hatten (Geary, 1999; Maccoby, 2002).

Wie Tierexperimente gezeigt haben, verstärken bei Säugern pränatal verabreichte Androgene (männliche Sexualhormone) das aktive Spiel und unterdrücken die mütterlichen Fürsorgeinstinkte. Eleanor Maccoby (1998) argumentierte, dass Hormone sich auch auf das menschliche Spiel auswirken und bei Jungen zu heftigen, lauten Bewegungen und Herumbalgen führen und bei Mädchen zu beruhigenden, sanften Aktionen. Wenn Kinder mit ihren gleichaltrigen Freunden interagieren, so wählen sie zumeist Partner, deren Interessen und Verhaltensweisen mit den eigenen vereinbar sind. Während der Vorschuljahre bleiben die Mädchen zunehmend unter sich und spielen in Paaren, da sie ruhigere Aktivitäten mit einer kooperativen Rollenverteilung bevorzugen. Jungen hingegen spielen lieber in größeren Gruppen mit anderen Jungen, die ihren Wunsch teilen zu rennen, klettern, spielerisch zu kämpfen, wettzueifern sowie aufzubauen und niederzureißen (Benenson et al., 2001). Im Alter von vier Jahren verbringen Kinder schon dreimal so viel Zeit mit Spielkameraden gleichen Geschlechts. Bei sechsjährigen Kindern liegt dieses Verhältnis bereits bei 11:1 (Maccoby & Jacklin, 1987).

Zusätzliche Hinweise dafür, dass biologische Voraussetzungen in der Geschlechtstypisierung eine Rolle spielen, haben sich in einer Fallstudie über einen Jungen gefunden, der schwerwiegende Probleme mit seiner sexuellen Identität hatte und Anpassungsprobleme aufwies, da seine biologischen Grundlagen mit der sexuellen Orientierung seiner Erziehung nicht übereinstimmten. Sehen Sie sich den Kasten „Ausblick auf die Lebensspanne" auf der nächsten Seite einmal näher an. Dort können Sie die Hintergründe von Davids Entwicklung nachlesen. Davids Überlegungen zu seiner Erziehung sollten uns zur Vorsicht mahnen, die Rolle der Erfahrung bei der Geschlechtstypisierung nicht zu unterschätzen. Im Folgenden wird festgestellt, dass umweltbedingte Einflüsse auf die genetischen Grundlagen aufbauen und so zur Wahrnehmung der Geschlechterrolle des Kindes und seiner Übeeinstimmung mit ihr beitragen.

8.6.3 Einflüsse des Lebensumfeldes auf die Geschlechtsstereotypisierung

Eine Reihe von Untersuchungsergebnissen hat gezeigt, dass der Einfluss der Familie, die Ermutigung von Lehrern und Gleichaltrigen und Vorbilder in der sozialen Lebensumwelt zusammenwirken und die ausgeprägte Geschlechtstypisierung der frühen Kindheit hervorbringt.

▪ Die Familie

Schon bei der Geburt ihres Kindes haben Eltern gewisse Vorstellungen und Erwartungen bezüglich ihres Sohnes oder ihrer Tochter. Viele Eltern wollen, dass ihr Kind mit einem ihrem Geschlecht „angemessenem" Spielzeug spielt, und sie sind zumeist auch der Meinung, dass Jungen und Mädchen verschieden erzogen werden sollten. Leistung, Durchsetzungsvermögen

Ausblick auf die Lebensspanne: David – ein Junge, der als Mädchen aufgezogen wurde

Inzwischen glücklich verheiratet und Vater von drei Kindern, spricht der 31 Jahre alte David Reimer offen über sein Alltagsleben: sein Interesse an der Automechanik, seine Probleme an der Arbeitsstelle und die Herausforderung der Kindererziehung. Wenn man ihn allerdings nach den ersten 15 Jahren seines Lebens fragt, distanziert er sich und spricht, als ob das Kind dieser Jahre eine andere Person wäre. Genauer betrachtet, war sie das auch.

An David – er wurde bei seiner Geburt Bruce genannt – wurde die allererste Geschlechtsumwandlung im Säuglingsalter an einem genetisch und hormonell normalen Kind vollzogen. Um mehr über Davids Entwicklung herauszufinden, führten Milton Diamond und Keith Sigmundson (1997) intensive Interviews durch und sahen sich seine medizinischen und psychotherapeutischen Akten genauer an. Später erweiterte John Colapinto (2001) diese Bemühungen.

Im Alter von acht Monaten wurde Bruce bei seiner Beschneidung versehentlich der Penis abgeschnitten. Seine verzweifelten Eltern hörten bald von den Erfolgen des Psychologen John Money, dem es gelang, Kindern, die mit unklaren Genitalien auf die Welt gekommen waren, zu einer sexuellen Identität zu verhelfen. Sie reisten von ihrem Zuhause in Kanada zur Johns-Hopkins-Universität in Baltimore. Dort wurde der 22 Monate alte Bruce unter Moneys Aufsicht operiert. Seine Hoden wurden entfernt und seine Genitalien so geformt, dass sie aussahen wie die eines Mädchens. Nachdem die Operation erfolgreich durchgeführt worden war, nannten Bruce' Eltern das Kind nun Brenda.

Forschung an Säuglingen mit nicht eindeutigen Geschlechtsmerkmalen weist darauf hin, dass eine Umwandlung zu einer von den Eltern gewählten Geschlechtsidentität für gewöhnlich funktioniert (Zucker, 2001). Durch ein Ungleichgewicht der pränatalen Sexualhormone kann allerdings die Strukturierung des zentralen Nervensystems solcher Kinder auch nicht eindeutig sein, sodass eine Entwicklung sowohl in männlicher Richtung als auch in weiblicher Richtung möglich ist. Brendas Entwicklung nahm einen tragischen Verlauf. Von Anfang an wehrte sie sich gegen die Bemühungen ihrer Eltern, sie in eine „weibliche" Richtung zu lenken.

Brian (Brendas eineiiger Zwillingsbruder) erinnert sich daran, dass Brenda aussah wie ein zartes kleines Mädchen, sobald sie sich aber bewegte oder sprach, sich dieser Eindruck sofort verflüchtigte. „Sie lief wie ein Junge und saß mit gespreizten Beinen. Wenn sie sprach, ging es meist um ‚Jungenszeug ...' Sie spielte mit meinem Bauspielzeug und meinen Modellautos" (Colapinto, 2001, S. 57). Brian hatte eine sanfte und ruhige Persönlichkeit. Brenda dagegen war ein dominantes, raubeiniges Kind, das immer wieder Streit mit anderen Kindern anzettelte und für gewöhnlich auch gewann. Frühere Lehrer und Klassenkameraden der beiden stimmten darin überein, dass von den beiden Brenda das im traditionellen Sinne maskulinere Kind war.

In der Schule führte Brendas Verhalten, das eher an das eines Jungen erinnerte dazu, dass ihre Klassenkameraden sie hänselten und ärgerten. Wenn sie dann mit Mädchen versuchte zu spielen, organisierte sie aktives Spiel in großen Gruppen, woran die Mädchen kein Interesse hatten. Da sie sich nicht wohlfühlte in ihrer Haut und auch keine Freunde hatte, nahmen ihre Verhaltensschwierigkeiten zu und die Schulleistungen verschlechterten sich. Während der regelmäßigen medizinischen Kontrollen zeichnete sie Bilder von sich selbst als Junge und verweigerte sich zusätzlicher Operationen, um eine Vagina zu schaffen. In der Reflexion über seine Grundschuljahre meinte David, dass sie erkannt hatte, dass sie kein Mädchen war und auch nie eines sein würde.

Als sie langsam, aber sicher zum Adoleszenten wurde, steckten Brendas Eltern sie in immer neue Schulen und wechselten von einem Therapeuten zum nächsten, in der Hoffnung, sie könnten ihr irgendwie dabei helfen, sich an ihre soziale Umgebung anzupas-

Wegen eines tragischen medizinischen Unfalls im Säuglingsalter musste sich David Reimer der ersten Geschlechtsumwandlung unterziehen, die an einem genetisch und hormonell normalen Baby vorgenommen wurde, und er wurde als Mädchen aufgezogen. Sein Fall zeigt die starke Auswirkung biologischer Voraussetzungen auf die Geschlechtsidentität. Das Bild zeigt David wie er heute ist – ein glücklich verheirateter Mann und Vater von drei Kindern.

sen und ihre weibliche Identität zu akzeptieren. Brenda reagierte auf diese Versuche nur mit zunehmender Angst und Unsicherheit und die Konflikte mit den Eltern wurden immer heftiger. In der Pubertät wurden Brendas Schultern breiter und sie wurde insgesamt muskulöser, sodass ihre Eltern darauf bestanden, dass sie eine Östrogentherapie beginnen sollte, um ihr Aussehen weiblicher zu gestalten. Schon bald begannen ihre Brüste zu wachsen und um die Hüften und Taille begannen sich Fettpölsterchen zu bilden. Von ihrem immer weiblicher werdenden Aussehen abgestoßen, fing sie im Übermaß zu essen an, um das zu verstecken. Ihre Klassenkameraden reagierten auf ihr unklares Aussehen nur mit vermehrter Brutalität.

Endlich geriet Brenda an einen Therapeuten, der ihre Verzweiflung wahrnahm und ihre Eltern ermutigte, ihr doch von den Dingen zu erzählen, die mit ihr geschehen waren, als sie noch klein war. Brenda war 14 Jahre alt, als ihr Vater ihr von dem Unfall bei der Beschneidung erzählte. David erinnert sich, dass dies für ihn wie eine Befreiung gewesen war. Er traf sofort die Entscheidung, zu seinem biologisch vorgegebenem Geschlecht zurückzukehren, und wählte sich den Namen David, nach dem Jungen, der den Riesen besiegte. Schon bald begann David mit Testosteroninjektionen, um seinem Körper ein männlicheres Aussehen zu geben und unterzog sich dann einer Operation, um seine Brüste entfernen zu lassen und einen Penis zu konstruieren. Die Jahre der Adoleszenz blieben weiterhin schwierig, aber dann verliebte er sich in seinen Zwanzigern in Jane, eine allein stehende Mutter mit drei Kindern und heiratete sie.

Davids Fall bestätigt die Auswirkungen der genetisch angelegten Geschlechtszugehörigkeit und der pränatal vorhandenen Hormonverteilung auf das Selbstgefühl eines Menschen als männlich oder weiblich. Seine Kindheit wirft aber auch ein besonderes Licht darauf, wie wichtig an dieser Stelle Erfahrungen sind. David war entrüstet darüber, dass Erwachsene bei Mädchen Abhängigkeit aktiv ermutigen, hatte er dies doch am eigenen Leibe erfahren. Ihm wurde auch klar, dass er als Mädchen wahrscheinlich weniger Schwierigkeiten gehabt hätte, zu seiner angeborenen Geschlechtszugehörigkeit zurückzukehren, wenn er nicht von den Klassenkameraden für seine „maskulinen" Eigenschaften geradezu geächtet worden wäre. David arbeitete auf einem Schlachthof mit lauter männlichen Kollegen zusammen, die alle extreme Geschlechtsstereotypen äußerten. Er begann sich zu wundern, ob er, hätte er eine normale Kindheit gehabt, genauso geworden wäre wie sie. Natürlich kann diese Frage niemals beantwortet werden, aber eines wird sehr deutlich an diesem Fall: Die Geschlechtsumwandlung in ein Mädchen konnte nicht gut gehen, da seine männlichen biologischen Voraussetzungen die Weichen stellten für eine gleichbleibende sexuelle Identität.

und Kontrolle über die eigenen Emotionen werden für Jungen als wichtig genannt, gutes Benehmen und Aktivitäten, die von den Eltern überwacht werden, sind Aspekte, die für Mädchen als wichtig erachtet werden (Brody, 1999; Turner & Gervai, 1995).

Diese Überzeugungen wirken sich natürlich auf das Erziehungsverhalten der Eltern aus. Sie geben ihrem Jungen Spielzeug, das Aktion und Wettbewerb erfordert (etwa Spielzeugpistolen, Autos, Werkzeuge oder einen Fußball). Spielzeug, das Fürsorge, Kooperation und körperliche Attraktivität fördert (Puppen, Spielzeuggeschirr, Schmuck und Springseile), wird Mädchen gegeben (Leaper, 1994). Unabhängigkeit wird bei Jungen aktiv unterstützt, während bei Mädchen eher Nähe und Abhängigkeit erwartet wird. So reagieren Eltern beispielsweise positiv, wenn ein Sohn mit Autos und Lastwagen spielt, ihre Aufmerksamkeit verlangt oder versucht, anderen Kindern Spielzeug wegzunehmen. Im Gegensatz dazu greifen sie häufiger richtungsweisend in das Spiel ein, geben Hilfestellung, ermutigen die Teilnahme an haushälterischen Aufgaben und beziehen sich auf Emotionen, wenn sie mit ihrer Tochter interagieren (Fagot & Hagan, 1991; Kuebli, Butler, & Fivush, 1995; Leaper et al., 1995). Zudem werden von Müttern, wenn sie mit ihren Mädchen sprechen, *Emotionen* häufiger *benannt*, um ihnen auf diese Weise beizubringen, wie man sich in die Gefühle anderer hineinversetzen kann. Bei Jungen hingegen werden *Emotionen* vermehrt *erklärt*, unter Berücksichtigung ihrer Ursachen und Konsequenzen – eine Vorgehensweise, die betont, wie wichtig es ist, den Emotionsausdruck unter Kontrolle zu halten (Cervantes & Callanan, 1998).

Diese Einflussfaktoren spielen eine wichtige Rolle, wenn das Kind lernt, sich in seiner Geschlechterrolle einzufinden. Eltern, die ganz bewusst vermeiden, sich rollenspezifisch zu verhalten, werden Kinder haben, die den allgemeinen Stereotypen weniger unterworfen sind (Weisner & Wilson-Mitchell, 1990). Auch andere Familienmitglieder tragen dazu bei. So finden sich bei Vorschulkindern mit älteren, gegengeschlechtlichen Geschwistern weniger Geschlechtsstereotypen, da sie

8.6 DIE EMOTIONALE UND SOZIALE ENTWICKLUNG IN DER FRÜHEN KINDHEIT

Eltern und Erzieher können geschlechtsspezifische Stereotypisierungen bei Kindergartenkindern reduzieren, indem sie sich als Vorbild für nichtstereotypes Verhalten einführen und auf Ausnahmen hinweisen, bei denen in der Lebensumwelt des Kindes die allgemeinen Stereotypen nicht zum Tragen kommen. Möglicherweise hat dieser Junge andere Familienmitglieder dabei beobachtet, wie sie auf nichtstereotype Weise gehandelt haben, und kann nun in seiner Kindergartengruppe ähnliches Rollenverhalten zeigen.

häufig die Möglichkeit haben, sich mit „geschlechtsübergreifendem" Spiel zu beschäftigen und es zu imitieren (Rust et al., 2000). In jedem Fall weisen Jungen wesentlich mehr Geschlechtsstereotypen auf als Mädchen. Ein Grund dafür ist der Umstand, dass Eltern – insbesondere Väter – bei Jungen sehr viel weniger tolerant sind gegenüber „geschlechtsübergreifendem" Verhalten als bei Mädchen. Es ist für sie besorgniserregender, wenn ein Junge sich wie ein Hasenfuß verhält, als wenn ein Mädchen wie ein Wildfang herumtobt (Gervai, Turner, & Hinde, 1995; Sandnabba & Ahlberg, 1999).

■ Lehrer

Nicht nur Eltern, auch Lehrer fördern die Stereotypen bei Kindern. Mehrere Male erwischte sich die Kindergärtnerin dabei, dass sie durch ihre Reaktionen Geschlechtertrennung und Stereotypen in ihrer Gruppe förderte. Eines Tages rief sie „Können sich die Mädchen auf dieser Seite aufstellen und die Jungen auf der anderen dort drüben?" Als dann die Gruppe recht laut wurde, bat sie „Jungs, es wäre schön, wenn ihr so leise sein könntet wie die Mädchen!"

Wie auch zu Hause werden Mädchen auch im Kindergarten häufiger ermutigt, an von Erwachsenen vorgegebenen Aktivitäten teilzunehmen. Häufiger sieht man sie um die Kindergärtnerin geschart, ihren Anweisungen bezüglich einer bestimmten Aktivität Folge leistend. Im Gegensatz dazu wählen sich Jungen vermehrt Plätze im Gruppenraum, an denen die Erwachsenen relativ wenig eingreifen (Carpenter, 1983). Infolgedessen sieht auch das soziale Verhalten von Jungen und Mädchen sehr unterschiedlich aus. Einwilligungsbereitschaft und die Bitte um Hilfe finden sich häufiger in von Erwachsenen vorstrukturierten Kontexten, während Selbstbehauptung, Führerverhalten und die kreative Verwendung von Materialien sich häufiger in unstrukturierten Aktivitäten zeigen.

■ Gleichaltrige

Die gleichgeschlechtlichen Peergruppen eines Kindes verstärken geschlechtsstereotypes Verhalten und Überzeugungen. Wenn Kinder das dritte Lebensjahr erreicht haben, ermutigen gleichgeschlechtliche Peers sich gegenseitig zum geschlechtsstereotypen Spiel, indem sie loben, nachahmen oder selbst daran teilnehmen. Wenn Vorschulkinder sich allerdings an geschlechtsübergreifenden Aktivitäten beteiligen – so spielen beispielsweise Jungen mit Puppen oder Mädchen mit Autos und Lastwagen – werden sie von ihren Altersgenossen kritisiert. Ganz besonders Jungen sind sehr intolerant, was das geschlechtsübergreifende Spiel bei ihren männlichen Kameraden anbelangt (Carter & McCloskey, 1984; Fagot, 1984). Ein Junge, der häufiger solchen Aktivitäten nachgeht, die „eigentlich" zum anderen Geschlecht gehören, wird zumeist von anderen Jungen ignoriert, wenn er sich dann an „männlichen" Aktivitäten beteiligt.

Kinder entwickeln in gleichgeschlechtlichen Peergruppen verschiedene Muster des sozialen Umgangs. Um sich bei männlichen Gleichaltrigen durchzusetzen, bedienen sich Jungen zumeist Befehlen, Drohungen sowie körperlicher Gewalt, während Mädchen dazu neigen, höflich zu bitten, zu überzeugen und ihr Gegenüber zu akzeptieren. Diese Taktiken sind jeweils erfolgreich beim eigenen Geschlecht. Mädchen reagieren auf diese sanften Umgangsweisen, mit Jungen funktioniert das zumeist nicht (Leaper, 1994; Leaper, Tenenbaum, & Shaffer, 1999). Folglich ist ein zusätzlicher Grund, dass Mädchen aufhören, mit Jungen zu interagieren, die Tatsache, dass sie es nicht besonders lohnenswert finden, mit einem ihre Anliegen ignorierenden Sozialpartner zu interagieren.

■ **Das breitere soziale Umfeld**

Obwohl das Alltagsumfeld von Kindern sich heutzutage sehr verändert hat, finden sich immer noch viele Beispiele geschlechtsstereotypen Verhaltens – im Berufsleben, im Bereich der Freizeitaktivitäten, in Unterhaltungssendungen im Fernsehen und auch in dem, was Männer und Frauen erreichen können (Ruble & Martin, 1998). Wie im nächsten Abschnitt zu sehen sein wird, bleibt es nicht dabei, dass Kinder viele der von ihnen beobachteten, mit dem jeweiligen Geschlecht in Zusammenhang stehenden Reaktionen nachahmen. Sie sehen auch sich selbst und ihre Umwelt geschlechtstypisch verzerrt, eine Sichtweise, die zu beträchtlichen Einschränkungen ihrer Interessen, Erfahrungen und Fertigkeiten führen kann.

8.6.4 Die Geschlechtsidentität

Als Erwachsener hat jeder von uns eine **Geschlechtsidentität**, d.h. ein Bild von sich selbst, als eher maskulin oder feminin in seinen Persönlichkeitseigenschaften. Bis etwa zur Mitte der Kindheit können Wissenschaftler die Geschlechtsidentität messen, indem sie Kinder bitten, sich selbst mit Hilfe von Persönlichkeitseigenschaften zu beurteilen. Ein Kind oder ein Erwachsener mit einer maskulinen Identität wird hohe Werte erreichen bei traditionell maskulinen Aussagen (etwa „ich bin ehrgeizig, kompetitiv und unabhängig") und niedrige Werte bei traditionell femininen Aussagen (wie etwa „ich bin liebevoll, fröhlich und sanft"). Jemand mit einer „weiblichen" Identität wird entgegengesetzte Werte erreichen. Obwohl die meisten Menschen sich selbst auf eine geschlechtstypische Art und Weise betrachten, gibt es auch Leute (besonders Frauen) mit einer Geschlechtsidentität, die man **Androgynität** nennt. Sie erreichen hohe Werte sowohl im Bereich maskuliner als auch femininer Charaktereigenschaften.

Die Geschlechtsidentität ist ein guter Prädiktor psychischer Anpassung. Maskuline und androgyne Kinder und Erwachsene lassen ein gutes Selbstwertgefühl erkennen, während feminine Individuen häufig keine besonders gute Meinung von sich haben. Dies liegt unter Umständen daran, dass die Gesellschaft viele ihrer Persönlichkeitseigenschaften nicht sonderlich wertschätzt (Alpert-Gillis & Connell, 1989; Boldizar, 1991). Androgyne Menschen sind auch in ihrem Verhalten anpassungsfähiger – so können sie beispielsweise maskuline Unabhängigkeit oder feminine Sensibilität zeigen, je nach Erfordernis der augenblicklichen Situation (Taylor & Hall, 1982). Die Forschung zur Androgynität hat gezeigt, dass es tatsächlich möglich ist, dass Kinder eine Mischung der (traditionell zugeschriebenen) positiven Qualitäten beider Geschlechter verinnerlichen können – eine Orientierung, von der man annehmen kann, dass sie dem Erreichen des vollen Potentials eines Individuums am ehesten förderlich ist.

■ **Das Auftauchen der Geschlechtsidentität**

Wie entwickeln Kinder eine Geschlechtsidentität? Auf diese Frage gibt es sowohl Antworten von der sozialen Lerntheorie wie von der kognitiven Entwicklungspsychologie. Gemäß der *sozialen Lerntheorie* geht der Selbstwahrnehmung ein bestimmtes Verhalten voran. Vorschulkinder erlernen geschlechtstypische Reaktionen durch modelliertes Verhalten und Verstärkung. Diese Aspekte müssen vorhanden sein, bevor das Verhalten mit geschlechtstypischem Gedankengut in Verbindung gebracht und dementsprechend organisiert wird, sodass sich mit der Zeit ein geschlechtstypisches inneres Bild entwickelt. Die *kognitive Entwicklungstheorie* hingegen ist der Überzeugung, dass die Selbstwahrnehmung vor dem Verhalten kommt. Während der Vorschuljahre entwickelt das Kind zunächst eine kognitive Wahrnehmung der Permanenz der eigenen Geschlechtszugehörigkeit; es entwickelt eine **Geschlechtskonstanz**, also das Verständnis, dass die Geschlechtszugehörigkeit biologisch basiert ist und dieselbe bleibt, auch wenn die Kleidung, die Frisur oder die Spielaktivitäten sich verändern. Dieser Vorstellungen dienen nun als Leitlinie für das Verhalten des Kindes (Kohlberg, 1966).

Forschungen konnten aufzeigen, dass die Geschlechtskonstanz in ihrer Entwicklung nicht vor Ende der Vorschuljahre abgeschlossen ist, wenn das Kind die Piaget'schen Konservationsaufgaben bewältigt hat (De Lisi & Gallagher, 1991). Wenn man Kindern eine Puppe zeigt, deren Frisur und Kleidung vor ihren Augen verändert wird, so werden Kinder unter sechs Jahren typischerweise aussagen, dass sich auch das

Geschlecht der Puppe verändert hat (McConaghy, 1979). Und wenn man ihnen Fragen stellt wie „Wenn du (ein Mädchen) einmal groß bist, könntest du dann einmal ein Papa sein?" oder „Könntest du ein Junge sein, wenn du wolltest?", werden kleine Kinder dies spontan bejahen (Slaby & Frey, 1975).

Da viele der kleinen Kinder in westlichen Kulturkreisen Angehörige des anderen Geschlechts nicht unbekleidet sehen, unterscheiden sie Männer und Frauen nur nach anderen Informationen – der Art und Weise wie Angehörige eines bestimmten Geschlechts sich kleiden und verhalten. Obwohl Vorschulkinder, die über genitale Unterschiede Bescheid wissen, für gewöhnlich aussagen, dass eine Puppe, die anders geschlechtlich gekleidet ist, dennoch ihre Geschlechtszugehörigkeit beibehält, beziehen sie sich dabei nicht auf die Geschlechtszugehörigkeit als angeborene, unveränderliche Eigenschaft eines Menschen (Szkrybalo & Ruble, 1999). Das weist darauf hin, dass es die kognitive Unreife ist und nicht die soziale Erfahrung, die als verantwortlich zu sehen ist für die Schwierigkeiten, die ein Vorschulkind damit hat, das Konzept der Geschlechtspermanenz zu erfassen.

Hat die kognitive Entwicklungstheorie recht damit, dass die Geschlechtskonstanz für das geschlechtstypische Verhalten von Kindern verantwortlich ist? Forschungsergebnisse untermauern diese Annahme kaum. „Geschlechtsangemessenes" Verhalten erscheint so früh in den Kindergartenjahren, dass ihr anfängliches Auftauchen auf Rollenmodelle und Verstärkung zurückzuführen sein muss, wie dies auch die soziale Lerntheorie bestätigt. Unter den Wissenschaftlern gibt es keine Einigkeit darüber, wie und zu welchem Ausmaß sich die Geschlechtskonstanz auf die Entwicklung der Geschlechterrollen auswirkt. Allerdings ist bekannt, dass sich geschlechtstypisches Selbstbild und Verhalten verstärken, sobald das Kind einmal beginnt, über Geschlechterrollen nachzudenken. Dazu gibt es noch eine weitere Theorie, aus der hervorgeht, wie sich dieser Prozess abspielt.

■ Die Geschlechtsschematheorie

Die **Geschlechtsschematheorie** ist ein Ansatz, der aus dem Bereich der Informationsverarbeitungstheorie stammt. Es werden hinsichtlich der Geschlechtstypisierung Aspekte des sozialen Lernens wie auch der kognitiven Entwicklungstheorie kombiniert. Dieser Ansatz betont, dass es sowohl umweltbedingter Druck als auch die Kognitionen des Kindes sind, die in der Geschlechterrollenentwicklung zusammenwirken (Martin, 1993; Martin & Halverson, 1987). Schon in frühem Alter reagieren Kinder auf die Anweisungen anderer und eignen sich geschlechtstypische Vorlieben und Verhaltensweisen an. Gleichzeitig beginnen sie aber auch, ihre Erfahrungen zu *Geschlechtsschemata* zu strukturieren, d.h. in maskuline und feminine Kategorien, die verwendet werden, um die Umwelt zu interpretieren. Ein kleines Kind, von dem zu hören ist, „nur Jungen können Arzt sein" oder „Kochen ist Mädchensache", hat schon recht stark ausgeprägte Geschlechtsschemata. Sobald das Vorschulkind seine eigene Geschlechtszugehörigkeit benennen kann, wird es Geschlechtsschemata wählen, die damit in Einklang stehen und diese Kategorien auf sich selbst anwenden. Infolgedessen werden auch seine Selbstwahrnehmungen geschlechtsstereotyp und dienen als zusätzliche Schemata, die es verwenden kann, um Informationen zu verarbeiten und das eigene Verhalten zu steuern.

Lassen Sie uns einen Blick auf Abbildung 8.3 werfen, um zu sehen, wie sich dieses Netz von Geschlechtsschemata verstärkend auf geschlechtsstereotype(s) Vorlieben und Verhalten auswirkt. Mandy wurde beigebracht: „Puppen sind für Mädchen" und „Modellautos sind für Jungen". Außerdem weiß sie, dass sie ein Mädchen ist. Mandy verwendet diese Informationen, um Entscheidungen zu treffen wie sie sich verhalten soll. Da ihre Schemata sie dazu bringen, festzustellen „Puppen sind für mich", wenn man ihr eine Puppe gibt, wird sie diese nehmen, sich damit beschäftigen und mehr darüber lernen. Wenn sie dagegen ein Modellauto sieht, wird sie unter Verwendung ihrer Geschlechtsschemata zu der Schlussfolgerung gelangen: „Modellautos sind nichts für mich", und reagieren, indem sie dieses „ihrem Geschlecht nicht entsprechende" Spielzeug meidet. Geschlechtsschemata sind so wirkungsvoll, dass Kinder, wenn sie jemanden sich „geschlechtsinkonsistent" verhalten sehen, häufig die Information nicht erinnern können oder sie so verzerren, dass sie „geschlechtskonsistent" wird (Liben & Signorella, 1993; Signorella & Liben, 1984).

8.6.5 Die Reduzierung von Geschlechtsstereotypen bei kleinen Kindern

Wie kann man dazu beitragen, dass kleine Kinder keine allzu rigiden Geschlechtsschemata ausbilden, die sich einschränkend auf ihr Verhalten und ihre

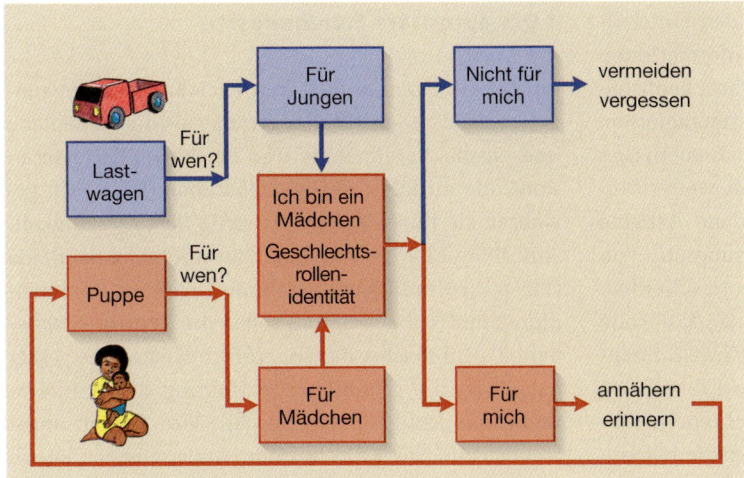

Abbildung 8.3: Auswirkungen von Geschlechtsschemata auf geschlechtsstereotype Vorlieben und Verhaltensweisen. Mandys Netzwerke von Geschlechtsschemata bringt sie dazu, sich femininem Spielzeug (wie etwa Puppen) zu nähern und sich damit zu beschäftigen und maskulines Spielzeug (wie etwa Modellautos) zu meiden (Aus C. L. Martin & C. F. Halverson, Jr., 1981, "A Schematic Processing Model of Sex Typing and Stereotyping in Children," Child Development, 52, S. 1121. © The Society for Research in Child Development, Inc.).

Kapazität, Neues zu lernen auswirken? Patentrezepte für dieses schwierige Unterfangen gibt es leider nicht. Sogar Kinder, die in Familien aufwachsen und in Schulen gehen, in denen Stereotypisierungen minimal sind, werden irgendwann mit ihnen konfrontiert werden, sei es durch die Medien oder in ihrem Lebensumfeld. Folglich brauchen Kinder Erfahrungen, die ihrer Bereitschaft, diese ausgedehnten Netze geschlechtsbezogener Assoziationen zu absorbieren, entgegenwirkt.

Erwachsene können versuchen, diese Stereotypen aus ihrem eigenen Verhalten sowie den Alternativen, die sie den Kindern bieten, zu eliminieren. So können beispielsweise Mütter und Väter sich abwechseln beim Essenkochen, Kinderbaden und beim Autofahren. Sie können ihren Söhnen und Töchtern sowohl Modellautos als auch Puppen zum Spielen geben. Kleidungsstücke könnten sowohl rosa als auch blau sein. Lehrer können sicherstellen, dass alle Kinder Zeit mit vorstrukturierten und unstrukturierten Aufgaben verbringen. Auch kann der Versuch gemacht werden, Kinder von Fernsehsendungen oder anderen Mediendarbietungen fernzuhalten, die allzu rigide Geschlechterunterschiede propagieren.

Wenn sich Kinder erst einmal des breiten Spektrums von Geschlechtsstereotypen in ihrem Umfeld bewusst werden, können Eltern und Lehrer daran gehen, ihnen Ausnahmen aufzuzeigen. So könnten sie beispielsweise an Hand von Beispielen zeigen, dass Männer und Frauen Berufen nachgehen, die traditionell eher dem anderen Geschlecht vorbehalten sind. Außerdem können sie den Kindern erklären, dass es die Interessen und Fertigkeiten sind und nicht die Geschlechtszugehörigkeit, die die Berufswahl und die Aktivitäten eines Menschen bestimmen sollten. Die Forschung hat gezeigt, dass Erklärungen dieser Art sehr effektiv die Tendenz von Kindern reduzieren, die Welt auf geschlechtstypisch verzerrte Art und Weise zu betrachten (Bigler & Liben, 1992). Und wie im nächsten Abschnitt festgestellt wird, fördert ein rationaler Ansatz in der Kindererziehung ein gesundes, adaptives Funktionieren auch in vielen anderen Bereichen.

8.7 Kindererziehung und die Zusammenhänge mit der emotionalen und sozialen Entwicklung

In diesem und auch in vorangegangenen Kapiteln ließ sich ersehen, wie Eltern die Kompetenz ihrer Kinder fördern können – durch Wärme und Feinfühligkeit gegenüber deren Bedürfnissen, indem sie selbst Vorbild sind und reifes Verhalten verstärken, durch vernünftige Gespräche und erklärende Erziehungsmaßnahmen sowie durch Anleitung und Ermutigung, wenn das Kind neue Fertigkeiten erlernt. Diese Handlungsweisen sollen nun zusammengefügt werden zu einem Gesamtbild.

8.7.1 Erziehungsstile

Der **Erziehungsstil** ist ein Zusammenwirken elterlichen Verhaltens, das sich in den verschiedensten Situationen zeigt und so ein kontinuierliches Erziehungsklima schafft. In bahnbrechenden Untersuchungen sammelte Diana Baumrind Informationen zur Kindererziehung, indem sie Eltern dabei beobachtete, wie sie mit ihren Vorschulkindern interagierten. In ihren Befunden sowie auch in den Ergebnissen anderer Wissenschaftler, die ihre Arbeit weiterführten, kristallisierten sich drei verschiedene Aspekte heraus, die einen autoritativen Erziehungsstil von weniger effektiven Erziehungsstilen unterscheiden: (1) Akzeptanz und eigene Beteiligung, (2) Kontrolle sowie (3) das Zulassen von Autonomie (Gray & Steinberg, 1999; Hart, Newell, & Olson, 2002). In Tabelle 8.2 finden Sie eine Auflistung, wie die verschiedenen Erziehungsstile sich in diesen Aspekten unterscheiden. Im Folgenden soll nun jeder dieser Erziehungsstile im Einzelnen besprochen werden.

■ Der autoritative Erziehungsstil

Der **autoritative Stil** – der erfolgreichste Erziehungsansatz – setzt eine hohe Akzeptanz des Kindes voraus sowie ein persönliches Beteiligtsein, adaptive Kontrollmechanismen und ein angemessenes Einräumen von Handlungsspielräumen. Autoritative Eltern sind warmherzig, aufmerksam und sensibel gegenüber den Bedürfnissen ihres Kindes. Sie sorgen für eine lustvolle, emotionale, erfüllende Eltern-Kind-Beziehung, die einen engen Kontakt mit dem Kind beinhaltet. Gleichzeitig üben autoritative Eltern eine feste, aber vernünftige Kontrolle aus; sie beharren auf reifem Verhalten und geben vernünftige Gründe an für ihre Erwartungen. Außerdem gewähren autoritative Eltern ihren Kindern langsam und schrittweise Autonomie, indem sie ihrem Kind erlauben, seine eigenen Entscheidungen in den Bereichen zu treffen, in denen es dazu fähig und bereit ist (Kuczynski & Lollis, 2002; Russell, Mize, & Bissaker, 2002).

In der gesamten Kindheit und Adoleszenz konnten Zusammenhänge zwischen der Bevorzugung eines autoritativen Erziehungsstils und vielen Kompetenzbereichen festgestellt werden, einschließlich einem positiven Gefühlszustand, Selbstkontrolle, Durchhaltevermögen, Kooperationsbereitschaft, einem hohen Selbstwertgefühl, sozialer und moralischer Reife sowie guter Schulleistungen (Baumrind & Black, 1967; Herman et al., 1997; Luster & McAdoo, 1996; Steinberg, Darling, & Fletcher, 1995).

■ Der autoritäre Erziehungsstil

Eltern, die einen **autoritären Erziehungsstil** anwenden, zeigen ihrem Kind gegenüber wenig Akzeptanz und eigene Anteilnahme und ein hohes Ausmaß an Kontrolle mittels Zwangsmaßnahmen. Weiterhin gewähren sie ihrem Kind nur wenig Selbstständigkeit. Autoritäre Eltern erscheinen kalt und ablehnend; sie setzen ihr Kind häufig herab und schreien, kommandieren und kritisieren, um selbst die Kontrolle zu behalten. „Du machst das so, einfach weil ich es gesagt habe!" ist die grundlegende Haltung dieser Eltern. Wenn das Kind nicht gehorcht, wird Gewalt angewendet und das Kind bestraft. Außerdem treffen sie selbst die Entscheidungen für ihr Kind und erwarten, dass ihr Wort ohne zu hinterfragen akzeptiert wird. Wenn dies von Seiten des Kindes nicht geschieht, werden autoritäre Eltern zu Gewaltanwendung und Strafe greifen.

Kinder autoritärer Eltern sind ängstlich und unglücklich. Wenn sie mit ihren gleichaltrigen Freunden interagieren, neigen sie dazu, auf Frustrationen mit Feindseligkeit zu reagieren. Ganz besonders Jungen zeigen ein hohes Ausmaß an Wut und Trotz. Mädchen sind abhängig, explorieren kaum und fühlen sich von herausfordernden Aufgaben schnell überfordert (Baumrind, 1971; Hart et al., 2002, Nix et al., 1999).

■ Der permissive Erziehungsstil

Der **permissive Erziehungsstil** ist warmherzig und akzeptierend. Aber statt sich selbst einzubringen, schenken diese Eltern ihren Kindern entweder zu viel oder zu wenig Aufmerksamkeit. Permissive Eltern üben wenig Kontrolle über das Verhalten ihrer Kinder aus. Und anstatt nach und nach Selbstständigkeit einzuräumen, erlauben sie ihren Kindern in vielen Bereichen, eigene Entscheidungen zu treffen, wenn diese ihrem Alter nach weder fähig noch bereit dazu sind. Ihre Kinder dürfen essen und ins Bett gehen, wann immer sie wollen, und auch der Fernsehkonsum ist nicht eingeschränkt. Gute Manieren zu lernen, ist nicht notwendig, und auch Aufgaben im Haushalt werden nicht übernommen. Obwohl einige permissive Eltern tatsächlich der Meinung sind, dass dieser Ansatz der Beste ist, fehlt den meisten anderen das Vertrauen in ihre eigenen Fähigkeiten, das Verhalten ihrer Kinder zu beeinflussen.

Kinder permissiver Eltern sind impulsiv, ungehorsam und rebellisch. Außerdem sind sie sehr anspruchsvoll und abhängig von Erwachsenen und zeigen weniger Durchhaltevermögen als Kinder von Eltern, die mehr Kontrolle ausüben. Diese Zusammenhänge zwischen einem permissiven Erziehungsstil und einem abhängigen, leistungsarmen Verhalten sind bei Jungen besonders ausgeprägt (Barber & Olsen, 1997; Baumrind, 1971).

■ Die unbeteiligte Erziehung

Der **unbeteiligte Erziehungsstil** ist eine Kombination niedriger Akzeptanz und Beteiligung mit wenig Kontrolle und einer allgemeinen Indifferenz gegenüber dem Gewähren von Autonomie. Häufig sind diese Eltern emotional distanziert und depressiv und so überfordert durch Alltagsstress, dass wenig Zeit und Energie für ihre Kinder bleibt (Maccoby & Martin, 1983). In seinen Extremen ist der unbeteiligte Erziehungsstil eine Art der Kindesmisshandlung – die *Vernachlässigung*. Insbesondere, wenn diese früh einsetzt, stört sie nahezu alle Aspekte der Entwicklung – Bindung, Kognition sowie emotionale und soziale Fertigkeiten eingeschlossen (siehe Kapitel 6).

■ Welche Aspekte machen den autoritativen Erziehungsstil so effektiv?

Wie dies auch bei anderen auf Korrelation beruhenden Ergebnissen der Fall ist, bleibt die Beziehung zwischen dem Erziehungsstil und der Kompetenz des Kindes offen für Interpretation. Möglicherweise sind Eltern gut angepasster Kinder deswegen autoritativ, weil ihre Sprösslinge besonders kooperative und gehorsame Dispositionen aufweisen. Auch die Persönlichkeitseigenschaften des Kindes spielen eine Rolle dabei, wie leicht oder wie schwer es den Eltern fällt, einen autoritativen Erziehungsstil anzuwenden. Ein impulsives und ungehorsames Kind macht es den Eltern schwer, warmherzig zu sein und konsequent oder rational zu bleiben. Längsschnittstudien haben gezeigt, dass der autoritative Erziehungsstil das stark negative Verhalten schwieriger Kinder reduziert, während Zwang seitens der Eltern ein schwieriges Kindes nur noch schwieriger macht (Stice & Barrera, 1995; Woodward, Taylor, & Dowdney, 1998).

Die autoritative Kindererziehung scheint einen emotionalen Kontext für positive elterliche Einflussnahme zu schaffen. Zum einen sind warme, anteilnehmende Eltern, die sich ihrer eigenen Standards bezüglich ihrer Kinder sicher sind, selbst Vorbilder

Tabelle 8.2

Kennzeichen der unterschiedlichen Erziehungsstile

Erziehungsstil	Akzeptanz und eigene Beteiligung	Kontrolle	Gewähren von Autonomie
Autoritativ	Warmherzig, aufmerksam und feinfühlig gegenüber den Bedürfnissen des Kindes	Vernünftige entwicklungsangemessene Anforderungen, die auch konsequent verstärkt und erklärt werden	Erlaubt dem Kind, eigene Entscheidungen zu treffen in Einklang mit seiner Bereitschaft dazu
Autoritär	Kalt und ablehnend; das Kind erfährt häufig Abwertung von den Eltern	Anforderungen werden mit Gewalt durchgesetzt durch Brüllen, Kommandieren und Kritisieren	Die Eltern treffen die Entscheidungen für das Kind. Sein Standpunkt wird dabei nur selten in Betracht gezogen
Permissiv	Warmherzig, allerdings wird dem Kind entweder zu viel oder zu wenig Aufmerksamkeit geschenkt	Keine oder zu wenig Anforderungen	Die Eltern erlauben dem Kind, viele Entscheidungen zu treffen, bevor es darauf vorbereitet ist
Unbeteiligt	Emotional distanziert und nicht erreichbar	Keine oder zu wenig Anforderungen	Den Eltern sind die Entscheidungen und der Standpunkt des Kindes gleichgültig

für eine fürsorgliche Einstellung und ein zuversichtliches, selbstkontrolliertes Verhalten. Zum anderen wird Kontrolle, die dem Kind vernünftig und nicht willkürlich erscheint, viel eher beachtet und internalisiert werden. Zudem stellen autoritative Eltern Anforderungen und gewähren Autonomie, die der Fähigkeit des Kindes entspricht, Verantwortung für sein eigenes Verhalten zu übernehmen. Daraus folgt wiederum, dass diese Eltern ihre Kinder wissen lassen, dass sie kompetente Individuen sind, die ihnen gestellte Aufgaben erfolgreich durchführen können, wodurch das Selbstbewusstsein sowie die kognitive und soziale Reife gefördert werden.

8.7.2 Kulturelle Unterschiede

Trotz einer breiten Übereinstimmung hinsichtlich der Vorzüge des autoritativen Erziehungsstils gibt es innerhalb verschiedener ethnischer Gruppen hinsichtlich der Kindererziehung häufig ganz unterschiedliche Überzeugungen und Praktiken. Beispielsweise beschreiben chinesische Erwachsene ihren Erziehungsstil im Vergleich zu kaukasischen Amerikanern als kontrollierter (Berndt et al., 1993; Chao, 1994). Sie sind in ihrer Erziehung und dem Einteilen der Zeit ihres Kindes direktiver – eine gute Möglichkeit, Selbstkontrolle und hohe Leistungen zu fördern (Huntsinger, Jose, & Larson, 1998). In den meisten Fällen kombinieren chinesische Eltern Kontrolle mit einem großen Ausmaß an Warmherzigkeit. Wenn allerdings diese Kontrolle zu viel Zwang enthält, wirkt sie sich sowohl in chinesischen als auch in westlichen Kulturkreisen schädlich aus. Bei Untersuchungen chinesischer Kinder korrelierte der autoritative Erziehungsstil positiv mit kognitiver und sozialer Kompetenz, während sich aufgrund eines autoritären Erziehungsstils Vorhersagen treffen ließen hinsichtlich schlechterer schulischer Leistungen, verstärkter Aggressionen und Schwierigkeiten im Umgang mit Gleichaltrigen (Chen, Dong, & Zhou, 1997; Chen, Liu, & Li, 2000).

In Familien spanischer Herkunft oder in Familien, die von den asiatischen pazifischen Inseln stammen, wird von den Kindern gegenüber der elterlichen Autorität, besonders der väterlichen, konsequent Respekt gefordert; dies wird gekoppelt mit intensiver elterlicher Anteilnahme. Hispanische Väter wurden früher als sehr streng angesehen, aber sie verbringen viel Zeit mit ihren Kindern und sind warmherzig und sensibel (García-Coll & Pachter, 2002; Jambunathan, Burts, & Pierce, 2000).

Afroamerikanische Mütter erwarten häufig von ihren Kindern sofortigen Gehorsam, sie betrachten Strenge als wichtig zur Förderung von Selbstkontrolle und einer aufmerksamen Haltung in risikoreichen Umgebungen. In Einklang mit diesen Überzeugungen sind es afroamerikanische Eltern der niedrigen Einkommensklasse, die vermehrt kontrollierende Strategien anwenden, die kognitiv und sozial kompetentere Kinder haben (Brody & Flor, 1998; Brody, Stoneman, & Flor, 1996). In mehreren Studien ließen sich Korrelationen zwischen körperlicher Disziplin und kindlicher Aggression erkennen, allerdings gilt dies nur für kaukasisch-amerikanische Kinder und nicht für afroamerikanische, was allerdings nicht bedeuten soll, dass Ohrfeigen und Prügel effektive Erziehungsstrategien darstellen. Es weist vielmehr daraufhin, dass es ethnisch bedingte Unterschiede gibt, wie Kinder das elterliche Verhalten betrachten. Diese Unterschiede können die Konsequenzen des elterlichen Verhaltens modifizieren. Die meisten afroamerikanischen Eltern, die eine strenge Disziplin wahren, strafen ihre Kinder nicht körperlich und verbinden ihre Strenge mit Warmherzigkeit und vernünftigen Begründungen (Bluestone & Tamis-LeMonda, 1999; Petitt, Bates, & Dodge, 1998).

Die kulturell bedingten Unterschiede, die gerade betrachtet wurden, erinnern uns daran, dass unterschiedliche Erziehungsstile nur in ihrer Gesamtheit verstanden werden können, wenn man also den breiteren ökologischen Kontext in Betracht zieht. Wie schon in vorangegangenen Kapiteln zu sehen war, gibt es eine ganze Reihe von Faktoren, die in einer guten Erziehung eine Rolle spielen: die Persönlichkeitseigenschaften des Kindes und der Eltern, das Einkommen, ein Zugang zu Unterstützung seitens der Verwandtschaft und des sozialen Umfeldes, kulturelle Wertvorstellungen und Gewohnheiten sowie die in der Öffentlichkeit vertretenen Werte und Vorschriften (Parke & Buriel, 1998).

Wenn nun das Thema der Kindesmisshandlung zur Sprache kommt, ist erneut festzustellen, dass eine effektive Kindererziehung nicht allein dadurch aufrechterhalten werden kann, dass Mütter und Väter den Wunsch hegen, gute Eltern zu sein. Fast alle Eltern wünschen sich das. Unglücklicherweise kann großes Leid entstehen, sowohl für Kinder als auch für die Eltern, wenn bei den Eltern die für sie so wichtige Unterstützung wegbricht.

Afroamerikanische Mütter bedienen sich häufig einer strengen Disziplin, verbunden mit Warmherzigkeit und vernünftigen Erklärungen – ein Ansatz, der sich sehr gut dazu eignet, Selbstkontrolle sowie eine aufmerksame Haltung in risikoreichen Umgebungen zu fördern.

8.7.3 Kindesmisshandlung

Kindesmisshandlung ist so alt wie die Menschheit selbst. Aber nur in letzter Zeit ist anerkannt worden, dass dieses Problem tatsächlich existiert, und es sind Forschungsprojekte gestartet worden, die darauf ausgerichtet sind, dieses Problem besser zu verstehen. Möglicherweise ist dieses Thema in den letzten Jahren auf ein größeres Interesse in der breiten Öffentlichkeit gestoßen, da gerade in den großen Industrienationen Kindesmisshandlungen besonders häufig vorkommen. Im Jahr 2000 wurden 880.000 amerikanische Kinder (12 von 1000) und 136.000 kanadische Kinder (10 aus 1000) Opfer von Kindesmisshandlung (Health Canada, 2002d; U.S. Department of Health and Human Services, 2002c). Da aber die meisten Fälle nicht gemeldet werden, liegen die tatsächlichen Zahlen noch weit höher. In Deutschland liegen Angaben aus dem Jahr 1996 und 2001 über die Zahl der Kindesmisshandlungen vor. Im Jahr 2001 wurde ein neues Gesetz gegen Gewalt in der Erziehung (§1631 Abs. 2 BGB) ratifiziert. Vor dem Gesetz gaben 48 % der Eltern an, auf Ohrfeigen auszuweichen, wenn Worte ihre Wirkung verfehlten, 40 % gaben an, Kindern den Po zu versohlen, sei in manchen Situationen angebracht. Von 1996 bis 2001 gingen die Elternangaben über körperliche Strafen in der Erziehung deutlich zurück – je nach Strafe bis zu 20 %, insgesamt für alle körperlichen Strafformen war ein Rückgang um fast zwei Drittel zu verzeichnen (Kai-Bussmann, 2004).

Kindesmisshandlung kann folgende Formen annehmen:

- *Körperliche Misshandlung:* auf das Kind gerichtete Angriffe, die Schmerzen verursachen, Schnitte, Striemen, Abschürfungen, Verbrennungen, Knochenbrüche und andere Verletzungen

- *Sexueller Missbrauch:* sexuell gefärbte Kommentare, Streicheln der Genitalien, sexueller Verkehr und andere Formen der sexuellen Ausbeutung des Kindes

- *Vernachlässigung:* Lebensumstände, in denen ein Kind nicht genug zu essen bekommt, unzureichend gekleidet ist, inadäquate medizinische Versorgung erhält oder es an Beaufsichtigung mangelt

- *Psychische Misshandlung:* Ein Versagen seitens der Bezugspersonen, die Bedürfnisse des Kindes nach Zuneigung und emotionaler Unterstützung zu befriedigen, sowie Handlungen – wie etwa Spott, Demütigung oder regelrechtes Terrorisieren –, die sich schädlich auswirken auf den kognitiven, emotionalen oder sozialen Zustand des Kindes, seines Funktionierens und seiner Entwicklung in diesen Bereichen

Manche Wissenschaftler betrachten psychischen und sexuellen Missbrauch als die wohl destruktivsten Formen der Kindesmisshandlung. Die psychische Misshandlung ist sicherlich die am häufigsten vorkommende, da sie in den meisten Fällen die anderen Formen der Misshandlung begleitet. Etwa 10 % der dokumentierten Fälle von Misshandlung in den Vereinigten Staaten und Kanada sind auch gleichzeitig Opfer sexuellen Missbrauchs. Auch hier sind wesentlich mehr Kinder betroffen, als die offiziellen Zahlen sagen, aber die meisten haben zu viel Angst, um sich Hilfe zu suchen, oder sie wurden unter Druck gesetzt, damit sie Stillschweigen bewahren. Obwohl Kinder jeden Alters Zielscheibe sexuellen Missbrauchs sein können, finden sich doch die größten Opferzahlen in

8.7 DIE EMOTIONALE UND SOZIALE ENTWICKLUNG IN DER FRÜHEN KINDHEIT

Tabelle 8.3
Faktoren, die bei Kindesmisshandlung eine Rolle spielen

Faktor	Beschreibung
Persönlichkeitseigenschaften der Eltern	Psychische Störungen; Alkohol- und Drogenmissbrauch; Misshandlung in der eigenen Lebensgeschichte; eine Bevorzugung harter, körperlicher Disziplin; der Wunsch, unbefriedigte emotionale Bedürfnisse durch das Kind befriedigt zu bekommen; unvernünftige Erwartungen hinsichtlich des kindlichen Verhaltens; niedriges Lebensalter (die meisten dieser Eltern sind unter 30); ein niedriger Bildungsstand
Persönlichkeitseigenschaften des Kindes	Ein zu früh geborenes oder sehr krankes Baby; ein schwieriges Temperament; verringerte Aufmerksamkeit oder Hyperaktivität; andere Entwicklungsschwierigkeiten
Merkmale der Familie	Niedriges Einkommen; Armut; Obdachlosigkeit; instabile Ehe; soziale Isolation; körperliche Misshandlung der Mutter durch ihren Ehemann oder Lebenspartner; häufige Umzüge; große Familien mit in kurzen Abständen geborenen Kindern; zu kleiner Wohnraum; chaotischer Haushalt; das Fehlen einer geregelten Arbeit; andere Anzeichen eines erhöhten Stressniveaus
Soziales Umfeld	Gekennzeichnet von sozialer Isolation; unzureichende Parkanlagen, zu wenig Möglichkeiten der Kinderbetreuung, zu wenig Kindergartenplätze, kaum Freizeitstätten oder kirchliche Aktivitäten, die der Familie als Unterstützung dienen könnten
Kulturelles Umfeld	Billigung physischer und anderer Gewalt als eine Form der Problemlösung

Quellen: Cicchetti & Toth, 1998a

der mittleren Kindheit. In Kapitel 10 wird daher noch einmal der sexuelle Missbrauch thematisiert.

■ Die Ursprünge der Kindesmisshandlung

Die ersten Ergebnisse derartiger Untersuchungen ließen vermuten, dass Kindesmisshandlung in den psychischen Störungen der Erwachsenen wurzelt (Kempe et al., 1962). Schon bald wurde aber klar, dass auch wenn psychisch gestörte Eltern häufiger misshandeln, es dennoch keinen „misshandelnden Persönlichkeitstypus" gibt. Manchmal sind es sogar die „normalen" Eltern, die ihren Kindern Schaden zufügen. Auch wiederholen Eltern, die selbst als Kinder misshandelt worden sind, dieses Verhalten nicht unbedingt an ihren eigenen Kindern (Buchanan, 1996; Simons et al., 1991).

Für ein besseres Verständnis von Kindesmisshandlung wandten sich die Wissenschaftler der ökologischen Systemtheorie zu (siehe Kapitel 1 und 2). Sie entdeckten viele sich gegenseitig beeinflussende Variable – in den Bereichen der Familie sowie des sozialen und kulturellen Umfeldes –, die Kindesmisshandlung und Vernachlässigung förderlich sind. In Tabelle 8.3 finden Sie noch einmal eine Zusammenfassung der Faktoren, die Kindesmisshandlung bedingen. Je mehr solcher Risiken gegeben sind, desto größer die Wahrscheinlichkeit, dass Misshandlung oder Vernachlässigung eintritt. Lassen Sie uns nun die einzelnen Einflussbereiche nacheinander untersuchen.

Die Familie

Innerhalb einer Familie sind es zumeist ganz bestimmte Kinder – diejenigen, deren spezifische Persönlichkeitseigenschaften sie in ihrer Erziehung zu einer Herausforderung werden lassen –, die sehr viel wahrscheinlicher zur Zielscheibe von Misshandlung werden als andere. Dies schließt Frühgeburten oder kranke Babys ein und Kinder, die in ihrem Temperament schwierig sind, unaufmerksam und überaktiv sind oder andere Entwicklungsprobleme aufweisen (Kotch, Muller, & Blakely, 1999). Ob diese Kinder allerdings tatsächlich misshandelt werden, ist abhängig von den Persönlichkeitseigenschaften ihrer Eltern.

Misshandelnde Eltern sind weniger geschickt als andere Eltern, wenn es darum geht, mit Konfrontationen und der dazugehörigen Disziplinierung umzugehen. Häufig findet sich bei ihnen auch ein verzerrtes Denken über ihr Kind. So werden zum Beispiel Übertretungen als schlimmer dargestellt, als sie wirklich sind, und das Fehlverhalten des Kindes auf eine sture oder schlechte Persönlichkeit zurückgeführt – Sichtweisen, die dazu führen können, dass diese Eltern mit körperlicher Gewalt schneller bei der Hand sind (Milner, 1993; Rogosch et al., 1995).

Wenn Misshandlung einmal begonnen hat, entwickelt sie sich sehr schnell zu einem sich selbst erhaltenden Kreislauf. Die kleinen Ärgernisse, auf die misshandelnde Eltern reagieren – ein weinerliches Baby, ein Vorschulkind, das seine Milch verschüttet, oder ein Kind, das nicht sofort gehorcht –, werden ganz schnell zu großen Problemen, worauf dann auch mit vermehrter Härte reagiert wird. Wenn das Kind dann das Vorschulalter erreicht, interagieren misshandelnde und vernachlässigende Eltern nur noch selten mit ihrem Kind. Wenn sie es aber doch tun, drücken sie nur selten Wohlgefallen und Zuneigung aus; die Kommunikation ist fast immer eine negative (Wolff, 1999).

Die meisten Eltern haben sich selbst jedoch genügend unter Kontrolle, um auf das Fehlverhalten ihres Kindes oder seine Entwicklungsschwierigkeiten nicht mit Misshandlung zu reagieren. Andere Faktoren müssen sich mit diesen Voraussetzungen verbinden, um extreme elterliche Reaktionen hervorzurufen. Überwältigender Stress seitens der Eltern korreliert sehr hoch mit allen Formen der Misshandlung. Misshandelnde Eltern reagieren auf stressreiche Situationen mit einem hohen emotionalen Erregungsniveau. Auch ein niedriges Einkommen, Arbeitslosigkeit, Eheprobleme, zu kleiner und beengter Wohnraum, häufige Umzüge und ein extrem chaotischer Haushalt sind weitere häufige Faktoren, die in misshandelnden Familien eine Rolle spielen (Gelles, 1998; Kotch, Muller, & Blakely, 1999). Diese persönlichen und situationalen Gegebenheiten erhöhen die Wahrscheinlichkeit, dass die Eltern überfordert sind und die grundlegenden Verantwortlichkeiten der Kindererziehung nicht wahrnehmen oder dass sie ihre Frustrationen zum Ausdruck bringen, indem sie diese an ihren Kindern auslassen.

Die Gemeinde
Die Mehrheit misshandelnder und vernachlässigender Eltern sind isoliert und haben nur wenige oder gar keine soziale Unterstützung. Diese soziale Isolation hat wenigstens zwei Ursachen: Zum einen liegt sie häufig in der eigenen Geschichte der Eltern begründet, da viele von ihnen gelernt haben, anderen Menschen zu misstrauen und sie zu meiden. Sie haben nicht die notwendigen Fähigkeiten, positive Beziehungen zu Freunden und Verwandten aufzubauen (Polansky et al., 1985). Zum anderen ist die Wahrscheinlichkeit bei misshandelnden Eltern höher, dass sie in instabilen, verwahrlosten Nachbarschaften leben, die nur wenig Zusammenhalt für Familie und Anwohner bieten, etwa Parks, Kindertagesstätten, Kindergartenplätze, Freizeitstätten und Kirchengemeinden (Coulton, Korbin, & Su, 1999). Aus diesen Gründen fehlen diesen Eltern die „lebensrettenden Anker" zu anderen Menschen. Sie haben in stressreichen Zeiten niemanden, an den sie sich wenden können.

Das kulturelle Umfeld
Kulturelle Wertvorstellungen, Gesetze und Gewohnheiten haben einen Einfluss auf die Wahrscheinlichkeit für Kindesmisshandlung, wenn die Eltern sich belastet fühlen. Viele Gesellschaften betrachten Gewalt als einen angemessenen Weg der Problemlösung und haben somit den Grundstein für die Kindesmisshandlung gelegt. Obwohl es in den Vereinigten Staaten und Kanada Gesetze gibt, die Kinder vor Misshandlung schützen sollen, zeigte unsere vorangegangene Diskussion zur körperlichen Bestrafung, dass körperliche Gewalt weitestgehend unterstützt wird. In den Vereinigten Staaten hat der oberste Gerichtshof schon zweimal das Recht von Lehrern bestätigt, körperliche Züchtigung anwenden zu dürfen. In Ländern, die Vorschriften oder Gesetze haben, welche die körperliche Züchtigung von Kindern verbieten, wie etwa Dänemark, Norwegen und Schweden, sind die Zahlen von Kindesmisshandlung niedrig (U.S. Department of State, 1999).

■ Folgen von Kindesmisshandlung

Die familiären Umstände misshandelter Kinder beeinträchtigen die Entwicklung der emotionalen Selbstregulation, der Empathie und Sympathie, des Selbstkonzeptes, der sozialen Fähigkeiten und der schulischen Motivation. Mit der Zeit zeigen diese Kinder schwerwiegende Lern- und Anpassungsprobleme, einschließlich Schulversagen, schwere Depressionen, aggressives Verhalten, Schwierigkeiten mit Gleichaltrigen, Drogenmissbrauch und Delinquenz (Bolger & Patterson, 2001; Shonk & Cicchetti, 2001).

Wie ist es möglich, dass Misshandlung derart schwerwiegende Folgen nach sich zieht? Denken Sie noch einmal zurück an unsere Diskussion über den feindseligen Kreislauf der Eltern-Kind-Interaktion, der bei misshandelten Kindern ganz besonders stark ist. In der Tat ist ein Familienmerkmal, das sehr stark mit Kindesmisshandlung korreliert, die Misshandlung von Ehepartnern (Margolin, 1998). Ganz klar wird an dieser Stelle, dass das Familienleben misshandelter Kinder zahlreiche Möglichkeiten bietet, Aggression als eine Form der Problemlösung zu erlernen.

Weiterhin führt elterliche Kommunikation, in denen das Kind verspottet oder erniedrigt, abgelehnt oder terrorisiert wird, zu niedrigem Selbstwertgefühl, starker Angst, Selbstbeschuldigungen, Aggression und einem Bemühen, diesem extremen psychischen Schmerz zu entfliehen – Schmerz, der in manchen Fällen so schlimm ist, dass er in der Adoleszenz zu einem Suizidversuch führt (Wolfe, 1999). In der Schule haben misshandelte Kinder große Probleme mit der Disziplin. Ihre mangelnde Kooperation, ihre kaum vorhandene Motivation und ihre kognitive Unreife beeinträchtigen ihre schulischen Leistungen – eine Konsequenz, durch die ihre Chance, später im Leben gut zurechtzukommen, weiter unterminiert wird (Margolin & Gordis, 2000).

Außerdem kann das Trauma wiederholter Misshandlung zu physiologischen Veränderungen führen, einschließlich einer anormalen Gehirnstromaktivität und einer erhöhten Produktion von Stresshormonen (Ito et al., 1998; Cicchetti & Toth, 2000). Diese Auswirkungen erhöhen die Wahrscheinlichkeit, dass Schwierigkeiten mit der emotionalen Selbstregulation und der Anpassung auch weiterhin bestehen bleiben.

■ Die Prävention von Kindesmisshandlung

Da Kindesmisshandlung in Familien eingebettet ist, in Städten und Gemeinden sowie in der Gesellschaft insgesamt, müssen Präventionsbemühungen darauf ausgerichtet sein, jeden dieser Bereiche zu erreichen. Viele Ansätze sind schon vorgeschlagen worden, einschließlich Interventionen, in denen Hochrisikoeltern effektive Kindererziehungsstrategien beigebracht werden, an den höheren Schulen durchgeführte Kurse zur Kindesentwicklung, die auch direkte Erfahrungen mit Kindern einbeziehen, sowie breit gefächerte soziale Programme, um die ökonomischen Verhältnisse von Familien niedriger Einkommensschichten zu verbessern.

Soziale Unterstützung für Familien dieser Art ist eine sehr effektive Möglichkeit, dem Stress der Eltern entgegenzuwirken. Dieser Ansatz ist zudem sehr effektiv bei der Reduzierung von Kindesmisshandlung. Forschungsergebnisse zeigen, dass eine von Vertrauen gekennzeichnete Beziehung zu einem anderen Menschen einen der wichtigsten Faktoren darstellt, die Mütter mit einem eigenen Hintergrund von Misshandlung davor zu bewahren, dieses Verhalten an ihren eigenen Kindern zu wiederholen (Egeland, Jacobvitz, & Sroufe, 1988). Auch Erziehung e.V. und verschiedene Selbsthilfegruppen, Organisationen, die es sich hierzulande zum Hauptziel gemacht haben, misshandelnden Eltern zu helfen, konstruktive Erziehungspraktiken zu erlernen, werden u.a. staatlich finanziert. Ihre Zweigstellen bieten Selbsthilfegruppen an, tägliche Telefonkontakte und regelmäßige Hausbesuche, um die soziale Isolation zu lindern und den Eltern zu helfen, einen verantwortlichen Erziehungsstil zu erlernen.

Es gibt auch Erwachsene, die trotz intensiver Behandlung die Misshandlung fortführen. Nach Schätzungen sind es etwa 1200 amerikanische Kinder und 100 kanadische Kinder, die durch Misshandlung jedes Jahr sterben (Health Canada, 2002d; U.S. Department of Health and Human Services, 2002c). Wenn Eltern aller Wahrscheinlichkeit nach ihr Verhalten nicht ändern werden, ist der drastische Schritt, die Eltern und das Kind zu trennen und den Eltern das Sorgerecht zu entziehen, eine vernünftige Maßnahme.

Kindesmisshandlung ist ein beängstigendes und schreckliches Thema – ein trauriger Aspekt, mit dem die Diskussion einer Zeit in der Kindheit beendet wird, die von so viel Begeisterung und neuen Entdeckungen geprägt ist. Dennoch gibt es Grund zum Optimismus. Es ist in den letzten Jahrzehnten viel dafür getan worden, Kindesmisshandlungen besser zu verstehen und effektivere Präventionsmethoden zu entwickeln.

Plakate dieser Art helfen, Kindesmisshandlung zu verhindern, indem sie auf das Problem aufmerksam machen und Informationen bieten, wo man sich Hilfe holen kann. Dieses Poster macht Erwachsenen bewusst, dass herabsetzende Bemerkungen genauso hart treffen können wie eine Faust.

Prüfen Sie sich selbst ...

Rückblick
Erläutern Sie die wichtigsten Unterschiede zwischen dem autoritativen, autoritären und permissiven Erziehungsstil. Ist das Konzept des autoritativen Erziehungsstils auch über die kulturellen Grenzen hinweg von Nutzen für ein Verständnis effektiver Erziehung? Erläutern Sie Ihre Aussage.

Rückblick
Erklären Sie, auf welche Weise die Folgen von Kindesmisshandlung die Wahrscheinlichkeit weiterer Misshandlung steigern und zu bleibenden Anpassungsschwierigkeiten führen.

Zusammenhänge
Welcher Erziehungsstil wird am ehesten mit erklärenden Maßregelungen in Verbindung gebracht und warum?

Prüfen Sie sich selbst ...

Zusammenfassung

Eriksons Theorie: Initiative versus Schuldgefühl
Welche Persönlichkeitsveränderungen spielen sich in Eriksons Phase „Initiative versus Schuldgefühl" ab?

- Vorschulkinder entwickeln in ihrer Auseinandersetzung mit dem Konflikt **Initiative versus Schuldgefühl** ein neues Gefühl der Zielgerichtetheit. Eine gesunde Eigeninitiative geht zurück auf ein Explorieren der Umwelt durch Spielen, auf die Ausbildung eines Gewissens durch Identifikation mit dem gleichgeschlechtlichen Elternteil und auf eine allgemein unterstützende Erziehung. Eriksons Vorstellung von Initiative gibt die emotionalen und sozialen Veränderungen der frühen Kindheit sehr gut wieder.

Selbstverständnis
Beschreiben Sie die Selbstkonzepte und das Selbstwertgefühl von Kindern im Vorschulalter.

- Das **Selbstkonzept** des Vorschulkindes besteht zum größten Teil aus beobachtbaren Merkmalen sowie typischen Emotionen und Einstellungen. Ihre zunehmende Selbstwahrnehmung geht einher mit Streitereien um gewünschte Objekte sowie den ersten Versuchen, mit anderen zu kooperieren.
- Während der frühen Kindheit beginnt sich der **Selbstwert** in verschiedene Selbstbeurteilungen zu differenzieren. Der hohe Selbstwert des Vorschulkindes trägt zu seinem erfolgsorientierten In-Angriff-Nehmen seiner Umwelt bei. Jedoch kann das geringste von den Eltern zum Ausdruck gebrachte Missfallen, den Selbstwert des Kindes und seine Begeisterung, Neues zu lernen, untergraben.

Die emotionale Entwicklung
Benennen Sie Veränderungen im Verhalten und Emotionsausdruck in der frühen Kindheit unter Berücksichtigung der Faktoren, die diese Veränderungen beeinflussen.

- Kleine Kinder zeigen bereits ein beeindruckendes Verständnis der Ursachen, Konsequenzen und Verhaltensanzeichen grundlegender Emotionen. Eine sichere Bindung und Gespräche über Emotionen können dieses Verständnis fördern. Im Alter von etwa drei bis vier Jahren stehen dem Kind bereits verschiedene Strategien zur Selbstregulation zur Verfügung. Das Temperament des betreffenden Kindes wie auch der Einfluss der elterlichen Rollenmodelle wirken sich auf die Fähigkeit des Vorschulkindes aus, mit negativen Emotionen umzugehen.
- Wenn das Selbstkonzept des Kindes erst einmal besser entwickelt ist, beginnt das Vorschulkind auch häufiger, selbstbezogene Emotionen wahrzunehmen. Die Botschaften, die von den Eltern ausgehen, beeinflussen die Situationen, in denen diese Emotionen auftauchen, wie auch ihre Intensität. Auch Empathie tritt nun häufiger auf. Das Temperament des Kindes wie auch die Erziehung der Eltern beeinflussen das Ausmaß, zu dem Empathie **Sympathie**, also Mitgefühl, hervorruft und zu **prosozialem** oder **altruistischem Verhalten** führt.

Peerbeziehungen
Beschreiben Sie die Interaktionen unter Peers und die Freundschaften in der frühen Kindheit, unter Berücksichtigung des kulturellen sowie des elterlichen Einflusses auf die frühen Peerbeziehungen.

- Während der frühen Kindheit nimmt die Interaktion unter Gleichaltrigen zu. Nach Parten findet eine Entwicklung von **nichtsozialer Aktivität** zum **Parallelspiel** statt; danach verlagert sich die Spielaktivität auf das **assoziative** und **kooperative Spiel**. Kinder in den Vorschuljahren folgen allerdings nicht einer geradlinigen Entwicklungssequenz. Trotz der Zunahme an assoziativem und kooperativem Spiel, bleiben auch das Alleinspiel und das Parallelspiel weiterhin bestehen. In kollektivistischen Gesellschaften findet das Spiel in großen Gruppen statt und ist in hohem Maße ein kooperatives Unternehmen. Das soziodramatische Rollenspiel scheint besonders wichtig in Gesellschaften, in denen die Welten von Erwachsenen und Kindern voneinander getrennt sind.
- Vorschulkinder betrachten Freundschaften als konkrete Interaktionsform, die auf Aktivitäten beruht. Ihre Interaktionen mit Freunden sind von besonders positiver und kooperativer Natur. Eltern haben auf die sozialen Beziehungen ihrer Kinder sowohl eine direkte Auswirkung, indem sie sich bemühen, die Peerbeziehungen zu beeinflussen, als auch eine indirekte durch ihre Erziehungspraktiken. Eine sichere Bindung und emotional positive Gespräche zwischen Eltern und Kindern korrelieren mit positiven Peerinteraktionen.

Die Grundlagen der Moralität
Welches sind die zentralen Aspekte des psychoanalytischen Ansatzes, der sozialen Lerntheorie und des Ansatzes der kognitiven Entwicklungstheorie?

- Die Ansätze der Psychoanalyse und des sozialen Lernens zur Moralentwicklung konzentrieren sich darauf zu erklären, wie Kinder sich die von den Erwachsenen vorgegebenen Standards aneignen. Im Gegensatz zu Freuds psychoanalytischer Theorie ist Disziplinierung, die sich auf Angst vor Strafe und den Verlust der elterlichen Liebe aufbaut, der Gewissensentwicklung nicht förderlich. Stattdessen ist die **erklärende Erziehungsmaßnahme** eine wesentlich effektivere Methode, um Selbstkontrolle und prosoziales Verhalten zu fördern.
- Die soziale Lerntheorie betrachtet die Verstärkung und das Modelllernen als die Grundlage des moralischen Handelns. Effektive erwachsene Rollenmodelle für moralisches Urteilen sollten warmherzig sein und positive Autorität ausstrahlen. Außerdem sollten Erwachsene das, was sie dem Kind demonstrieren, auch selbst tun. Häufige, harte Bestrafung wirkt sich auf die Internalisierung nicht förderlich aus und führt auch nicht zum Erlernen sozial akzeptablen Verhaltens. Alternativen wie beispielsweise Stubenarrest oder **verordnete Auszeit** und der Entzug von Privilegien können Eltern helfen, die unerwünschten Nebenwirkungen der Bestrafung zu vermeiden. Wenn Eltern dennoch auf Strafe zurückgreifen, so kann deren Effektivität durch ein konsequentes Handeln verstärkt werden, wobei eine warmherzige Beziehung zum Kind aufrechterhalten und dem Kind auch Klärung angeboten werden sollte.

- Die kognitive Entwicklungstheorie betrachtet Kinder als aktive Problemlöser im Bereich sozialer Regeln. Im Alter von vier Jahren beginnen Kinder, Intentionen mit einzubeziehen, wenn sie moralische Urteile fällen und Wahrheit von Lüge unterscheiden. Auch unterscheiden Vorschulkinder bereits moralische Imperative von sozialen Konventionen und Verhalten nach persönlichen Vorlieben. Durch Interaktionen mit den Geschwistern und den Peers, entwickeln die Kinder ihre ersten Ideen über Gerechtigkeit und Fairness. Eltern, die moralische Themen mit ihren Kindern besprechen, unterstützen sie dabei, differenzierte moralische Urteile zu fällen.

Beschreiben Sie die Aggressionsentwicklung in der frühen Kindheit unter Berücksichtigung der zentralen Einflussfaktoren Familie und Fernsehen.
- Alle Kinder zeigen von Zeit zu Zeit Aggression. Während der frühen Kindheit nimmt die **instrumentelle Aggression** ab, während die **feindselige Aggression** zunimmt. Es gibt zwei Arten der feindseligen Aggression, die erkennbar sind: zum einen die **offene Aggression,** die eher bei Jungen zu sehen ist, sowie die **relationale Aggression,** die häufiger bei Mädchen zu finden ist.
- Ineffektive Disziplinierung sowie eine konfliktreiche Familienatmosphäre fördern und verfestigen Aggression in Kindern. Gewalt im Fernsehen löst auch Aggression in der Kindheit aus. Junge Kinder verstehen den Inhalt von Fernsehsendungen nur unvollkommen, was zur unkritischen Annahme und Nachahmung des Gesehenen führt. Aggressives Verhalten kann reduziert werden durch Unterweisung der Eltern in effektiven Erziehungsmaßnahmen, durch Trainingsprogramme für Kinder mit dem Ziel, soziale Problemlösestrategien einzuüben, durch Verminderung der Feindseligkeiten innerhalb der Familie und durch Abschirmen der Kinder vor gewaltgeladenen Sendungen im Fernsehen.

Geschlechtstypisierung
Diskutieren Sie die genetischen und die umweltbedingten Faktoren des Einflusses auf geschlechtsstereotype Überzeugungen und Verhaltensweisen.
- In den Vorschuljahren ist die **Geschlechtstypisierung** schon recht gut entwickelt. Vorschulkinder erwerben sich viele dieser Geschlechtsstereotypen geschlechtstypischer Verhaltensweisen. Vererbung, aufgrund pränataler Hormone, trägt bei zu einer höheren Aktivität bei Jungen sowie zu vermehrt offener Aggression und der Vorliebe für gleichgeschlechtliche Spielkameraden. Gleichzeitig ermutigen auch die Eltern, Lehrer, Peers und die Gesellschaft insgesamt viele der als geschlechtstypisch angesehenen Reaktionen.

Beschreiben und evaluieren Sie die Richtigkeit der Haupttheorien, die eine Erklärung geben für das Auftauchen einer Geschlechtsidentität.
- Obwohl die meisten Menschen eine traditionelle **Geschlechtsidentität** besitzen, gibt es auch Ausnahmen – **androgyne** Menschen mit maskulinen und femininen Eigenschaften. Maskuline und androgyne Identität erhöht die Wahrscheinlichkeit für bessere psychologische Anpassung.
- Nach der sozialen Lerntheorie erwerben sich Vorschulkinder ihre ersten geschlechtstypischen Reaktionen durch **Modelllernen** und **Verstärkung** und organisieren diese dann zu geschlechtsbezogenen Vorstellungen über sich selbst. Die kognitive Entwicklungstheorie geht davon aus, dass die **Geschlechtskonstanz** zunächst gemeistert werden muss, bevor das Kind geschlechtstypisches Verhalten entwickeln kann. Im Gegensatz zu den Aussagen der kognitiven Entwicklungstheorie, besteht das Geschlechterrollen entsprechende Verhalten lange, bevor eine Geschlechtskonstanz erreicht ist.
- Die **Geschlechtsschematheorie** ist ein Ansatz, der Aspekte der sozialen Lerntheorie und der kognitiven Entwicklungstheorie in sich vereint. Während das Kind geschlechtsstereotype Vorlieben und Verhaltensweisen entwickelt, bildet es Kategorien von Männlichkeit und Weiblichkeit bzw. Geschlechtsschemata, die es auf die eigene Person anwendet und bei der Interpretation seiner Umwelt benutzt.

Kindererziehung und die emotionale und soziale Entwicklung des Kindes
Beschreiben Sie die Auswirkung der verschiedenen Erziehungsstile auf die Entwicklung von Kindern. Erklären Sie, warum autoritative Erziehung effektiv ist und erläutern Sie kulturbedingte Unterschiede in der Kindererziehung.
- Drei Aspekte unterscheiden die hauptsächlichen **Erziehungsstile:** (1) Akzeptanz und Zuwendung (2) Kontrolle und (3) das Gewähren von Autonomie. Im Vergleich zum **autoritären, permissiven** und **unbeteiligten Erziehungsstil** wirkt sich der **autoritative** Erziehungsstil auf die Entwicklung kognitiver, emotionaler und sozialer Kompetenz förderlich aus. Warmherzigkeit, Erklärungen und angemessenes Fordern reifer Verhaltensweisen machen die Effektivität des autoritativen Erziehungsstiles aus. Bestimmte ethnische Gruppen, einschließlich der Chinesen, der Hispanier, der asiatischen Bewohner der pazifischen Inseln und der Afroamerikaner, wenden ein hohes Ausmaß an elterlicher Kontrolle in der Kindererziehung an. Forschungsergebnisse, gewonnen an chinesischen Kindern, zeigen, dass Kontrolle mit allzu starkem Zwang die schulischen und sozialen Kompetenzen beeinträchtigt.

Diskutieren Sie die vielfältigen Wurzeln der Kindesmisshandlung, ihre Konsequenzen für die Entwicklung sowie effektive Präventionsmaßnahmen.
- Kindesmisshandlung korreliert mit Faktoren innerhalb der Familie und des sozialen und kulturellen Umfeldes. Charakteristiken von Eltern und Kind greifen dabei häufig ineinander, was sich oft aufschaukelt und in misshandelndem Verhalten seitens des Erwachsenen eskaliert. Ein unerträgliches Stressniveau bei den Eltern sowie soziale Isolation lassen die Wahrscheinlichkeit von Misshandlung und Vernachlässigung wesentlich ansteigen. Wenn die umgebende Gesellschaft physische Gewaltanwendung als Bestrafungsmethode

8.7 DIE EMOTIONALE UND SOZIALE ENTWICKLUNG IN DER FRÜHEN KINDHEIT

und Methode der Problemlösung billigt, wird der Kindesmisshandlung Vorschub geleistet.
- Misshandelte Kinder sind in ihrer emotionalen Selbstregulation, ihrer Fähigkeit zur Empathie und Sympathie, ihrem Selbstkonzept, ihren sozialen Fähigkeiten und ihrer schulischen Motivation beeinträchtigt. Mit der Zeit zeigen sie ernsthafte Anpassungsprobleme. Erfolgreiche Prävention von Kindesmisshandlung erfordert Bemühungen auf allen Ebenen – der Familie, dem sozialen Umfeld und der ganzen Gesellschaft mit ihren Wertorientierungen.

Wichtige Fachtermini und Begriffe

Androgynität S. 359
autoritärer Erziehungsstil S. 362
autoritativer Stil S. 362
erklärende Erziehungsmaßnahmen S. 344
Erziehungsstil S. 361
feindselige Aggression S. 349
Geschlechtsidentität S. 359
Geschlechtskonstanz S. 359
Geschlechtsschematheorie S. 360
Geschlechtstypisierung S. 354
Initiative versus Schuldgefühl S. 330
instrumentelle Aggression S. 349
kooperatives Spiel S. 339
nichtsoziale Aktivität S. 338
Parallelspiel S. 338
permissiver Erziehungsstil S. 362
prosoziales bzw. altruistisches Verhalten S. 337
relationale Aggression S. 349
Selbstkonzept S. 331
Selbstwert(gefühl) S. 332
Sympathie S. 337
unbeteiligter Erziehungsstil S. 363
verbundenes Spiel S. 339
verordnete Auszeit S. 347

MEILENSTEINE

ALTER	Körperlich	Kognitiv	Sprache	Emotional/sozial
2 Jahre	• Langsamere Zunahme an Größe und Gewicht als im Kleinkindalter. (278) • Das Gleichgewicht verbessert sich, das Gehen ist besser koordiniert. (278) • Laufen, Springen, Hopsen, Werfen und Fangen entwickeln sich. (290) • Zieht einige Kleidungsstücke an und aus. (290) • Benutzt geschickt einen Löffel. (290)	• Das Als-ob-Spiel ist weniger abhängig von realem Spielzeug, weniger selbstbezogen und komplexer. (295) • Kann in einfachen Situationen den Standpunkt anderer übernehmen. (299) • Gedächtnis beim Wiedererkennen gut entwickelt. (307–308) • Ist sich des Unterschieds zwischen inneren geistigen und äußeren physischen Ereignissen bewusst. (311)	• Wortschatz nimmt schnell zu. (322) • Sätze folgen der Grundanordnung von Wörtern in der Muttersprache; fügt grammatikalische Kennzeichen hinzu. (323) • Zeigt Kommunikative Kompetenz. (323) 	• Beginnt, ein Selbstkonzept und Selbstachtung zu entwickeln. (331–332) • Kooperation und instrumentalisierte Aggression erscheinen. (331, 349) • Versteht Gründe, Folgen und Ausdruckserscheinungen von grundlegenden Gefühlen. (335) • Einfühlungsvermögen nimmt zu. (337) • Geschlechtsstereotype Annahmen und Verhaltensweisen nehmen zu. (354)
3–4 Jahre	• Laufen, Springen, Hopsen, Werfen und Fangen sind besser koordiniert. (290) • Schnelles Laufen und Hüpfen auf einem Fuß sind möglich. (290) • Fährt Dreirad. (290) • Benutzt eine Schere, erste Zeichnungen von Personen. (290–291) • Erkennt den Unterschied zwischen Schreiben und nicht Schreiben. (293) 	• Bemerkt Veränderungen, Umkehrdenken und hat ein Grundverständnis von Kausalität in vertrauten Situationen. (300–301) • Klassifiziert vertraute Gegenstände auf hierarchische Weise. (301) • Benutzt Selbstgespräch, um das Verhalten bei herausfordernden Aufgaben zu begleiten. (304–305) • Aufmerksamkeit wird unterstützender und planvoller. (307) • Benutzt Beschreibungen, um vertraute Erfahrungen zurückzurufen. (308) • Versteht, dass auch Annahmen und Wünsche das Verhalten bestimmen können. (310–311) • Ist sich einiger bedeutsamer Kennzeichen geschriebener Sprache bewusst. (312–314) • Zählt kleine Mengen von Gegenständen und begreift Kardinalität (Zahlen). (315)	• Meistert zunehmend komplexe grammatikalische Strukturen. (323) • Übergeneralisiert gelegentlich grammatikalische Regeln, wenn Ausnahmen vorliegen. (323) • Versteht viele kulturell vorgegebene Weisen, sich mit der Sprache auf das Alter, das Geschlecht und den sozialen Status von Sprecher und Zuhörer anzupassen. (323) 	• Emotionale Selbstregulierung verbessert sich. (335) • Erfährt häufiger selbstbezogene Gefühle. (337) • Einzelaktivitäten nehmen ab und interaktives Spiel nimmt zu. (339) • Instrumentalisierte Aggression nimmt ab und emotional feindselige Aggression nimmt zu. (349) • Bildet erste Freundschaften. (341) • Unterscheidet moralische Regeln von sozialen Konventionen und persönlichen Angelegenheiten. (348–349) • Vorliebe für Spielkameraden des eigenen Geschlechts nimmt zu. (357–358) 

Entwicklung in der frühen Kindheit

ALTER	Körperlich	Kognitiv	Sprache	Emotional/sozial
5–6 Jahre	 • Der Körper ist stromlinienförmig und hat längere Beine – Proportionen, die denen Erwachsener ähneln. (278) • Der erste bleibende Zahn bricht hervor. (279) • Hüpfen erscheint. (290) • Zeigt reife Muster beim Werfen und Fangen. (290) • Bindet Schuhbänder, zeichnet komplexere Bilder, schreibt Namen. (290–293)	• Fähigkeit, Anschein und Realität zu unterscheiden, verbessert sich. (300) • Aufmerksamkeit verbessert sich weiterhin. (307) • Erinnern, Beschreibungen im Gedächtnis und autobiographisches Gedächtnis verbessern sich. (307–308) • Versteht, dass Buchstaben und Laute auf systematische Weise verbunden sind. (314) • Zählt nach oben und nach unten und befasst sich mit einfachen Additionen und Subtraktionen. (315) 	• Wortschatz beträgt etwa 10.000 Wörter. (322) • Wendet viele komplexe grammatikalische Formen an. (323)	• Fähigkeit, emotionale Reaktionen anderer zu interpretieren und vorherzusagen, verbessert sich. (335) • Bezieht sich stärker auf die Sprache, um Einfühlung auszudrücken. (337) • Hat viele moralisch relevante Regeln und Verhaltensweisen angenommen. (343–344) • Geschlechtsstereotype Annahmen und Verhaltensweisen nehmen weiterhin zu. (354) • Versteht Konstanz der Geschlechtszugehörigkeit. (359) 

Beachte: Die Zahlen in Klammern weisen hin auf die Seite(n), auf der jeder Meilenstein behandelt wird.

Teil 5: Mittlere Kindheit: Sechs bis elf Jahre

Die körperliche und kognitive Entwicklung in der mittleren Kindheit

9

9.1 Körperwachstum	378
9.2 Allgemeine Gesundheitsprobleme	380
Hören und Sehen	380
Fehlernährung	381
Übergewicht	381
Krankheiten	383
Verletzungen und Unfälle	384
9.3 Motorische Entwicklung und Spiel	385
Entwicklung der Grobmotorik	385
Entwicklung der Feinmotorik	386
Geschlechtsunterschiede	386
Spiele mit Regeln	387
Leibeserziehung	388
9.4 Piagets Theorie: Die konkret-operationale Stufe	390
Errungenschaften der konkret-operationalen Stufe	390
Grenzen des konkret-operationalen Denkens	392
Neuere Forschung über das konkret-operationale Denken	392
Evaluation des konkret-operationalen Stadiums	394
9.5 Informationsverarbeitung	394
Aufmerksamkeit	395
Gedächtnisstrategien	397
Wissensgrundlage und Gedächtnisleistung	398
Kultur, Schule und Gedächtnisstrategien	398
Die Theorie des Geistes beim Schulkind	398
Kognitive Selbstregulation	399
Anwendung von Informationsverarbeitung beim schulischen Lernen	400
9.6 Individuelle Unterschiede in der geistigen Entwicklung	402
Definition und Messung der Intelligenz	402
Neuere Bemühungen, die Intelligenz zu definieren	403
Die Erklärung individueller Unterschiede und Gruppenunterschiede im IQ	406
9.7 Sprachentwicklung	410
Wortschatz	410
Grammatik	411
Sprachpragmatik	411
Das gleichzeitige Erlernen von zwei Sprachen	411
9.8 Lernen in der Schule	413
Klassengröße	413
Erziehungsphilosophie	414
Lehrer-Schüler-Interaktion	417
Gruppenunterrichtspraktiken	418
Unterricht bei Kindern mit speziellen Bedürfnissen	418
Wie gut ausgebildet sind nordamerikanische Kinder?	421

ÜBERBLICK

9.1 KÖRPERLICHE UND KOGNITIVE ENTWICKLUNG IN DER MITTLEREN KINDHEIT

> „Bin schon unterwegs, Mama", brüllte der zehnjährige Jan, während er den letzten Bissen Toast in den Mund stopfte, seinen Schulranzen über den Rücken warf, aus der Tür sauste, auf sein Fahrrad sprang und die Straße Richtung Schule hinuntersauste. Jans achtjährige Schwester Lisa folgte ihm, gab ihrer Mutter schnell einen Abschiedskuss und trat kräftig in die Pedale, bis sie Jan eingeholt hatte. Rena, die Mutter der Kinder, beobachtete von der vorderen Veranda, wie ihr Sohn und ihre Tochter in der Ferne verschwanden.
>
> „Sie werden immer selbstständiger", bemerkte an diesem Tag Rena beim Mittagessen und beschrieb damit die sich ausweitenden Aktivitäten und Beziehungen der Kinder. Hausaufgaben, häusliche Pflichten, Fußballverein, Musikstunden, Pfadfinder, Freunde in Schule und Nachbarschaft gehörten alle zum Alltag der Kinder. „Es scheint so, als seien die Grundlagen vorhanden; ich muss Jan und Lisa nicht mehr dauernd kontrollieren. Obwohl es immer noch eine Herausforderung ist, Eltern zu sein, geht es mehr um Einzelheiten, sie darin zu unterstützen, unabhängige, kompetente und produktive Menschen zu werden."
>
> Jan und Lisa sind in die mittlere Kindheit (von sechs bis zehn Jahren) eingetreten. Überall auf der Welt werden Kindern dieses Alters neue Verantwortlichkeiten übergeben. Jan und Lisa verbringen wie andere Kinder in Industrienationen viele Stunden in der Schule. In der Tat wird die mittlere Kindheit oft als „Schulzeit" bezeichnet, weil ihr Beginn durch den Start der formalen Schulausbildung gekennzeichnet ist. In dörflichen und Stammesgesellschaften mag die Schule ein Feld oder der Urwald sein. Aber universell leiten reife Mitglieder der Gesellschaft Kinder dieses Alters zu realen, für die Lebensbewältigung nützlichen Aufgaben an, die zunehmend denen der Erwachsenen gleichen (Rogoff, 1996).
>
> Dieses Kapitel konzentriert sich auf die körperliche und kognitive Entwicklung in der mittleren Kindheit – Veränderungen, die weniger sichtbar sind als jene in früheren Jahren. Um das Alter von sechs Jahren hat das Gehirn 95 % der Größe des erwachsenen Gehirns erreicht und der Körper wächst jetzt langsamer. Auf diese Weise setzt die Natur Ressourcen frei, damit die Kinder im Schulalter die geistigen Fähigkeiten zum Bewältigen herausfordernder Aufgaben ausbilden können und auch zusätzlich Zeit gewinnen, um vor dem Erreichen körperlicher Reife zu lernen.
>
> Zunächst folgt eine Übersicht über typische Wachstumstrends, spezielle Gesundheitsprobleme und Zugewinne in motorischen Fertigkeiten. Dann wird noch einmal auf Piagets Theorie und den Informationsverarbeitungsansatz eingegangen, die sich beide mit kognitiven Veränderungen während der Schuljahre auseinandersetzen. Danach werden die genetischen und umweltbedingten Ursachen von IQ-Werten untersucht, die oft zu wichtigen schulischen Entscheidungen führen. Weiterhin wird der Spracherwerb im Schulalter betrachtet. Schließlich wird die Bedeutung der Schule für das Lernen und die Entwicklung der Kinder erkundet.

Körperliche Entwicklung

9.1 Körperwachstum

Die körperliche Wachstumsrate während der Schuljahre ist eine Ausweitung des langsamen, regelmäßigen Musters, das die frühe Kindheit charakterisierte. Mit sechs ist das durchschnittliche nordamerikanische Kind etwa 23 kg schwer und 1,10 m groß. Während der nächsten Jahre kommen jährlich etwa 10 bis 15 cm an Größe und 2,5 kg an Gewicht hinzu (siehe Abbildung 9.1). Im Alter von sechs bis acht Jahren sind Mädchen etwas kleiner und leichter als Jungen. Gegen neun Jahre verkehrt sich dieser Trend. Rena bemerkte bereits, dass Lisa begann, Jan in der Größe einzuholen, als sie sich dem Sprung ins Adoleszentenwachstum näherte, der bei Mädchen zwei Jahre früher eintritt als bei Jungen.

Weil der untere Körperteil am schnellsten wächst, erscheinen Jan und Lisa langbeiniger als in der frühen Kindheit. Rena bemerkte, dass sie schneller aus ihren Jeans als aus ihren Jacken herauswuchsen und häufiger größere Schuhe brauchten. Wie in der frühen Kindheit haben Mädchen etwas mehr Körperfett und Jungen mehr Muskeln. Nach dem Alter von acht Jah-

Abbildung 9.1: Körperwachstum während der mittleren Kindheit. Andy und Anni zeigen weiterhin das langsame, regelmäßige Wachstumsmuster wie in der frühen Kindheit (siehe Kapitel 7). Aber mit etwa neun Jahren begann Anni schneller zu wachsen als Andy. Mit zehneinhalb Jahren war sie größer und schwerer und sah reifer aus.

ren beginnen Mädchen, schneller Fett anzusammeln und werden in der Adoleszenz sogar noch mehr dazugewinnen (Tanner, 1990).

Während der mittleren Kindheit verlängern und verbreitern sich die Knochen. Die Muskelbänder sind jedoch noch nicht fest mit den Knochen verbunden. In Kombination mit zunehmender Muskelkraft schenkt das Kindern die ungewöhnliche Flexibilität der Bewegung, wenn sie radschlagen oder Handstand machen. Wenn ihre Körper stärker werden, verspüren viele Kinder einen größeren Wunsch nach körperlichen Übungen. Nächtliche „Wachstumsschmerzen" – Steifheit und Schmerzen in den Beinen – sind üblich, wenn Muskeln sich an das sich vergrößernde Skelett anpassen (Walco, 1997).

Zwischen sechs und 12 Jahren werden alle 20 Milchzähne durch die bleibenden Zähne ersetzt, wobei Mädchen ihre etwas früher als Jungen verlieren. Die ersten Zähne, die ausfallen, sind die oberen und unteren Schneidezähne, was vielen Erst-und Zweitklässlern ein „zahnloses" Lächeln verleiht. Für eine kurze Zeit sehen die bleibenden Zähne viel zu groß aus. Wachstum der Gesichtsknochen, besonders von Kiefer und Kinn führt langsam dazu, dass sich das Gesicht des Kindes verlängt und der Mund weitet, was zu den neu erscheinenden Zähnen passt.

9.2 KÖRPERLICHE UND KOGNITIVE ENTWICKLUNG IN DER MITTLEREN KINDHEIT

Diese Neunjährigen, die für ein wissenschaftliches Projekt die Temperatur ablesen, zeigen das schnellere Wachstum der unteren Körperteile in der mittleren Kindheit. Sie erscheinen langbeiniger, als sie es als Vorschulkinder waren, wachsen schnell aus ihren Jeans heraus und brauchen oft größere Schuhe. Wie in früheren Altersstufen unterscheiden sie sich stark in der Körpergröße.

9.2 Allgemeine Gesundheitsprobleme

Kinder wie Jan und Lisa, die aus relativ wohlhabenden Haushalten kommen, scheinen in der mittleren Kindheit gesundheitlich am besten dazustehen, sie sind voller Energie und Spielideen. Die kumulative Wirkung von guter Ernährung in Kombination mit einer schnellen Entwicklung des Immunsystems bedeuten einen großen Schutz vor Krankheiten. Gleichzeitig erlaubt das Wachstum der Lunge, dass mit jedem Atemzug mehr Luft ausgetauscht wird, sodass Kinder besser in der Lage sind, kraftvoll Sport zu betreiben, ohne zu ermüden. Dennoch gibt es eine Vielfalt von Gesundheitsproblemen. Viele von ihnen sind verbreiteter bei Kindern aus Familien mit niedrigem sozioökonomischem Status. Weil finanziell schlecht gestellte amerikanische Familien oft keine Krankenversicherung haben (siehe Kapitel 7), zögern diese Eltern, mit ihren Kindern den Arzt aufzusuchen. Und eine große Zahl hat auch einen Mangel an grundlegenden Notwendigkeiten wie ein bequemes Zuhause und regelmäßige Mahlzeiten. Es ist nicht überraschend, dass Armut weiterhin ein starker Prädiktor schlechter Gesundheit in den Schuljahren darstellt.

9.2.1 Hören und Sehen

Die häufigste Sehstörung in der mittleren Kindheit ist die Myopie oder Kurzsichtigkeit. Zum Ende der Schulzeit sind fast 25 % der Kinder betroffen, eine Rate, die im frühen Erwachsenenalter auf 60 % ansteigt. Vererbung trägt zur Myopie bei, da eineiige Zwillinge diese Beeinträchtigung eher beide haben als zweieiige Zwillinge (Pacella et al., 1999). Frühe biologische Traumata können es ebenfalls auslösen. Schulkinder mit niedrigem Geburtsgewicht zeigen eine besonders hohe Rate. Man nimmt an, dass es zu einer Unreife visueller Strukturen, einem langsameren Augenwachstum und einem größeren Vorkommen von Augenkrankheiten führt (O'Connor et al., 2002).

Eltern warnen ihre Kinder oft davor, nicht bei schummrigem Licht zu lesen oder zu nahe am Fernseher oder Computer zu sitzen, und drohen: „Du ruinierst dir deine Augen." Ihre Sorgen sind begründet. Die Kurzsichtigkeit macht schnellere Fortschritte während des Schuljahres, wenn die Kinder mehr Zeit mit Lesen und anderen Arbeiten mit dichtem Augenkontakt ausführen, als es in den Ferien der Fall ist (Goss & Rainey, 1998). Außerdem ist Kurzsichtigkeit eine der wenigen Krankheiten, die mit steigendem sozioökonomischen Status wachsen könnte. Zum Beispiel erfolgte ein dramatischer Anstieg von Kurzsichtigkeit in den vergangenen 50 Jahren unter Kindern von Hong-Kong-Chinesen, in den Jahren, in welchen sich das Land von einer größtenteils analphabetischen zu einer Gesellschaft mit guter Schulbildung veränderte (Wu & Edwards, 1999). Allerdings ist auch zu bedenken, dass in einer Gesellschaft mit gutem Bildungsstand die Gesundheitsvorsorge stark gefördert wird und die hohen Zahlen ein Ausdruck der besseren und breiteren Gesundheitskontrollen sind. Zum Glück kann Kurzsichtigkeit leicht mit Brillen ausgeglichen werden.

Während der mittleren Kindheit wird die eustachische Röhre (Kanal, der vom inneren Ohr bis in den Hals verläuft) länger, enger und schräger, was verhindert, dass Flüssigkeit und Bakterien leicht vom Mund ins Ohr fließen. Folglich wird *Otitis media* (Mittelohrentzündung) seltener (siehe Kapitel 7). Dennoch entwickeln ungefähr 3 % bis 4 % der Bevölkerung im Schulalter und 20 % von Kindern aus schlechten finanziellen Verhältnissen einen Hörverlust durch wiederholte Infektionen (Daly, Hunter, & Giebink, 1999). Regelmäßige Vorsorge sowohl für das Sehen wie für das Hören erlaubt, dass Defekte korrigiert werden können, bevor sie zu ernsten Lernproblemen führen.

9.2.2 Fehlernährung

Kinder im Schulalter benötigen eine ausgewogene, reichliche Ernährung, um sie mit Energie für ein erfolgreiches Lernen in der Schule und zunehmender körperlicher Aktivität zu versorgen. Viele Kinder sind so auf Spielen, Freundschaften und neue Aktivitäten konzentriert, dass sie wenig Zeit am Tisch verbringen. Auch nimmt der Prozentsatz an Kindern, die mit ihren Familien die Hauptmahlzeit einnehmen, im Alter zwischen neun und 14 Jahren stark ab, wobei gemeinsame Mahlzeiten der Familie generell im vergangenen Jahrzehnt abgenommen haben. Das gemeinsame Essen am Abend in der Familie führt jedoch zu einer Ernährung, die reicher ist an Obst und Gemüse und ärmer an gebratenen Speisen und Softdrinks (Gillman et al., 2000). Leicht verfügbare gesunde Imbisse zwischen den Mahlzeiten (Käse, Obst, rohes Gemüse und Erdnussbutter) helfen auch, Ernährungserfordernisse in der mittleren Kindheit zu unterstützen. Solange die Eltern gesundes Essen fördern, haben leichte Ernährungsdefizite, die durch den angefüllten Tagesplan des Kindes bedingt sind, keinen Einfluss auf die Entwicklung. Aber viele von Armut betroffene Kinder aus Entwicklungsländern und in Nordamerika leiden unter ernsthafter, andauernder Fehlernährung. Um die mittlere Kindheit werden die Effekte sichtbar in zurückgebliebenem körperlichem Wachstum, niedrigeren Intelligenztestwerten, schlechter motorischer Koordination, Unaufmerksamkeit und Ablenkbarkeit.

Leider entsteht gewöhnlich ein permanenter körperlicher und geistiger Schaden, wenn die Fehlernährung vom Säuglingsalter oder der frühen Kindheit an in die Schuljahre hineinreicht (Grantham-McGregor, Walker, & Chang, 2000). Vorbeugung durch von der Regierung unterstützte Ernährungsprogramme in den frühen Lebensjahren und durch Kindheit und Adoleszenz hindurch ist nötig. Studien, die in Ägypten, Kenia und Mexiko durchgeführt wurden, zeigten, dass die Qualität der Nahrung (Protein, Vitamine und Inhalt an Mineralien) wichtiger war für die Vorhersage einer günstigen kognitiven Entwicklung in der mittleren Kindheit als die Menge der Nahrung (Sigman, 1995; Wachs et al., 1995; Watkins & Pollitt, 1998).

9.2.3 Übergewicht

Mona, ein sehr übergewichtiges Kind aus Lisas Klasse, stand oft am Rand und beobachtete die anderen während der Pause. Wenn sie sich an den Spielen der Kinder beteiligte, war sie langsam und ungeschickt. Täglich war Mona Ziel unfreundlicher Bemerkungen: „Los, Dicke!", „Keine Fetties erlaubt!" An den meisten Nachmittagen ging sie von der Schule allein nach Hause, während die anderen Kinder in Gruppen gingen, sich unterhielten, lachten und Fangen spielten. Einmal zu Hause, tröstete sich Mona mit hochkalorienhaltigen kleinen Zwischenmahlzeiten, was zu weiterer Gewichtszunahme führte.

Mona leidet unter **Fettleibigkeit (Adipositas),** einer mehr als 20 % höheren Zunahme des Durchschnittsgewichts gemessen an den Standards der Alters- und Geschlechtsnormen sowie den Knochenbauvorgaben des Kindes. Während der vergangenen Jahrzehnte hat ein Ansteigen an Übergewicht und Fettleibigkeit in vielen westlichen Ländern stattgefunden, mit einem starken Anstieg in Kanada, Dänemark, Finnland, Großbritanien, Neuseeland und besonders in den Vereinigten Staaten. Heute sind 15 % der kanadischen und 25 % der amerikanischen Kinder fettleibig (Tremblay & Willms, 2000; U.S. Department of Health and Human Services, 2002). In Deutschland sind etwa 11 % Kinder von Fettleibigkeit betroffen (Statistik des Landes Brandenburg, 1999; Krohmeyer-Hauschild, Wabitsch, Kunze et al., 2001). Fettleibigkeit wird auch in Entwicklungsländern häufiger, weil die Urbanisierung die Bevölkerung zu einer sitzenden Lebensweise und einer Ernährung, die reich an Fleisch und vorgefertigten Nahrungsmitteln ist, zwingt (Troiana & Flegal, 1998).

Mehr als 80 % der betroffenen Kinder werden übergewichtige Erwachsene (Oken & Lightdale, 2000). Neben ernsthaften emotionalen und sozialen Schwierigkeiten haben fettleibige Kinder ein lebenslanges Gesundheitsrisiko. Hoher Blutdruck und hoher Cholesterinspiegel sowie Atmungsanomalien beginnen bereits in den frühen Schuljahren – Symptome, die starke Prädiktoren sind für das Einsetzen von Diabetes, Gallenblasenerkrankungen, einigen Formen von Krebs im Erwachsenenalter und für einen frühen Tod.

■ Ursachen der Fettleibigkeit

Nicht alle Kinder tragen ein gleiches Risiko für Fettleibigkeit. Übergewichtige Kinder haben in der Regel übergewichtige Eltern, und eineiige Zwillinge teilen diese Störung eher als zweieiige. Aber die Genetik bedingt nur eine Disposition, an Gewicht zuzunehmen (Salbe et al., 2002). Ein Hinweis, dass die Umgebung

Dieser indianische Pima-Medizinmann aus Arizona ist sehr fettleibig. Wenn seine beiden Töchter die Adoleszenz erreichen, werden sie wahrscheinlich in seine Fußstapfen treten. Wegen einer fettreichen Ernährung haben die Pima-Indianer im Südwesten der Vereinigten Staaten auf der ganzen Welt eine der höchsten Raten in Fettleibigkeit. Im Gegensatz dazu haben Pimas, die in der abgelegenen Sierra-Madre-Region in Mexiko leben und eine Ernährung mit wenig Fett haben, Durchschnittsgewicht und leiden selten an Diabetes und seinen lebensbedrohlichen Komplikationen.

sehr wichtig ist, stellt die gleichmäßige Beziehung zwischen niedrigem sozialen Status und Fettleibigkeit dar (Stunkard & Sørensen, 1993). Verantwortliche Faktoren sind unter anderem ein Mangel an Wissen über gesunde Ernährung, eine Tendenz, fette, billige Nahrungsmittel zu kaufen und familiärer Stress, der bei einigen Menschen zum Überessen führt.

Essgewohnheiten der Eltern tragen zur Fettleibigkeit in der Kindheit bei. Einige Eltern überfüttern ihre Säuglinge und Kleinkinder, weil sie deren Unbehagen immer als Wunsch nach Nahrung interpretieren. Andere kontrollieren zu stark, indem sie ständig überwachen, was ihre Kinder essen. In keinem der Fälle gelingt es ihnen, ihren Kindern dabei zu helfen, die eigene Energiezufuhr zu regulieren. Darüber hinaus benutzen Eltern fettleibiger Kinder oft Nahrungsmittel mit hohem Zucker- und Fettgehalt als Belohnung für andere Verhaltensweisen – eine Praxis, die bei den Kindern dazu führt, Leckereien eine größere Bedeutung zuzuschreiben (Birch & Fisher, 1995).

Wegen dieser Erfahrungen mit Nahrung entwickeln fettleibige Kinder bald unangepasste Essgewohnheiten (Johnson & Birch, 1994). Sie reagieren stärker als Menschen mit Normalgewicht auf äußere Reize, die mit Nahrungsmitteln verbunden sind (Geschmack, Aussehen, Geruch und Tageszeit) und weniger auf innere Hungerreize (Ballard et al., 1980). Sie essen auch schneller und kauen ihre Nahrung weniger gut, ein Verhaltensmuster, das bereits im Alter von 18 Monaten auftaucht (Drabman et al., 1979).

Ferner sind übergewichtige Kinder körperlich weniger aktiv als ihre normalgewichtigen Kameraden. Diese Inaktivität ist sowohl Ursache als auch Folge ihrer Kondition. Forschungen haben ergeben, dass der Anstieg in Fettleibigkeit in der Kindheit teilweise Folge der vielen Stunden ist, die nordamerikanische Kinder vor dem Fernseher verbringen. In einer Studie, welche die Fernsehgewohnheiten von Kindern vier Jahre lang verfolgte, zeigte sich, dass Kinder, die mehr als fünf Stunden am Tag fernsahen, eher achtmal so oft fettleibig wurden als jene, die zwei Stunden oder weniger vor dem Fernseher verbrachten (siehe Abbildung 9.2) (Gortmaker et al., 1996). Das Fernsehen reduziert stark die Zeit für körperliche Aktivitäten und TV-Werbung ermutigt Kinder, dick machende, ungesunde Nahrung zu essen. Als Wissenschaftler Dritt- und Viertklässlern zwei Monate lang zweimal in der Woche Unterweisungen zur Reduzierung von Fernsehen und Videospielen gaben, sahen die Kinder nicht nur weniger fern, sondern verloren auch an Gewicht (Robinson, 1999).

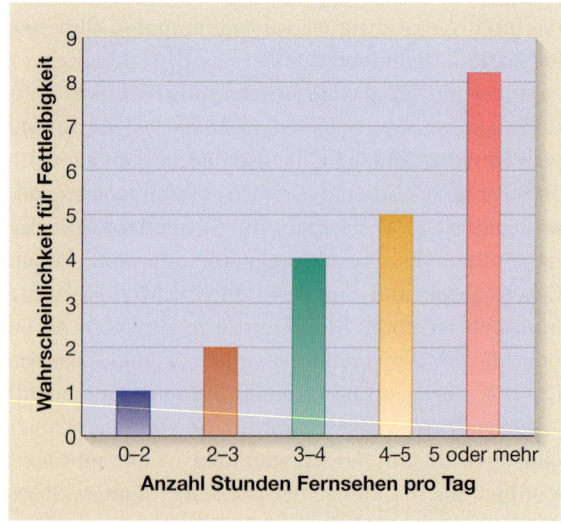

Abbildung 9.2: Beziehung zwischen Dauer des Fernsehens und Entwicklung von Fettleibigkeit in der Kindheit. Forscher verfolgten über vier Jahre die Fernsehgewohnheiten von Zehn- bis Fünfzehnjährigen. Je mehr Stunden die jungen Leute vor dem Fernseher verbrachten, desto größer war bis zum Ende der Untersuchung die Wahrscheinlichkeit, dass sie fettleibig wurden (z.B. bei mehr als fünf Stunden Fernsehkonsum war die Wahrscheinlichkeit achtmal so groß) (nach Gortmaker et al., 1996).

Schließlich beeinflusst die Umgebung das Auftreten von Fettleibigkeit. Die Pima-Indianer aus Arizona, die erst vor kurzem von einer traditionellen Ernährung mit pflanzlichen Nahrungsmitteln zu einer reichhaltigen Ernährung mit viel Fett wechselten, haben eine der höchsten Raten von Fettleibigkeit in der ganzen Welt. Im Vergleich mit Nachkommen ihrer gemeinsamen Vorfahren, die in der abgeschiedenen Region der Sierra Madre in Mexiko leben, ist das Körpergewicht der Pima in Arizona 50 % höher. Die Hälfte der Bevölkerung hat Diabetes (achtmal so viel wie der nationale Durchschnitt), und viele sind durch die Krankheit in ihren Zwanzigern und Dreißigern geschädigt: blind, im Rollstuhl oder auf Nierendialyse (Gladwell, 1998; Ravussin et al., 1994). Obwohl die Pima eine genetische Disposition für Übergewicht haben, tritt diese nur unter westlichen Ernährungsbedingungen auf.

■ Folgen der Fettleibigkeit

Leider ist körperliche Attraktivität in den westlichen Gesellschaften ein starker Prädiktor für soziale Akzeptanz. Sowohl Kinder wie Erwachsene schätzen fettleibige Kinder als unliebenswürdig ein und weisen ihnen stereotype Eigenschaften zu wie faul, schlampig, hässlich, dumm, an sich selbst zweifelnd und hinterhältig zu sein (Kilpatrick & Sanders, 1978; Tiggemann & Anesbury, 2000). In der mittleren Kindheit berichten fettleibige Kinder über mehr Depressionen und zeigen mehr Verhaltensprobleme als ihre Altersgenossen. Unglücklichsein und Überessen bedingen sich gegenseitig, und das Kind bleibt übergewichtig (Braet & Mervielde, 1997). Wie in Kapitel 13 zu sehen sein wird, verbinden sich diese psychologischen Konsequenzen mit fortlaufender Diskriminierung, was zu verminderten Lebenschancen in Beziehungen und im Berufsleben führt.

■ Behandlung von Fettleibigkeit

Fettleibigkeit in der Kindheit ist schwer zu behandeln, weil es oft eine Familienstörung ist. In Monas Fall schlug die Schulkrankenschwester vor, dass Mona und ihre fettleibige Mutter zusammen an einem Programm für Gewichtsabnahme teilnehmen sollten. Aber Monas Mutter, seit vielen Jahren unglücklich verheiratet, hatte ihre eigenen Gründe für das Überessen. Sie wies diesen Vorschlag mit der Bemerkung zurück, dass Mona sicher irgendwann von selbst Gewicht verlieren würde.

Wenn sich Eltern entschließen, mit einem fettleibigen Kind eine Behandlung zu beginnen, kommt es zu lang anhaltenden Veränderungen im Körpergewicht. Die wirkungsvollsten Interventionen sind familiengestützt und konzentrieren sich auf eine Veränderung des Verhaltens. In einer Untersuchung veränderten sowohl die Eltern wie das Kind die Essgewohnheiten, trieben täglich Sport und verstärkten sich gegenseitig mit Lob und Punkten für Fortschritte, die sie sich für besondere Aktivitäten und gemeinsam verbrachte Zeit gaben. Nachuntersuchungen nach fünf bis zehn Jahren zeigten, dass Kinder ihren Gewichtsverlust besser hielten als Erwachsene – eine Erkenntnis, die die Bedeutung dessen unterstreicht, in einem frühen Alter zu intervenieren. Darüber hinaus war der Gewichtsverlust größer, wenn die Behandlungen sowohl auf Veränderungen der Ernährung wie auf die des Lebensstils Gewicht legten, einschließlich regelmäßiger sportlicher Übungen (Epstein et al., 1990, 1994).

Schulen können bei der Gewichtsreduktion helfen, indem sie regelmäßige körperliche Aktivitäten sicherstellen und gesündere Mahlzeiten anbieten. Der hohe Fettgehalt im amerikanischen Schulmittagessen und Zwischenmahlzeiten kann das Körpergewicht stark beeinflussen, weil Kinder ein Drittel ihres täglichen Kalorienverbrauchs in der Schule einnehmen. In Singapur führten Interventionen in der Schule, die aus Ernährungstraining, einem Angebot fettarmer Nahrungsmittel und täglicher körperlicher Übung bestanden, zu einer Abnahme der Fettleibigkeit bei Kindern und Adoleszenten um 11 bis 14 % (Schmitz & Jeffery, 2000).

9.2.4 Krankheiten

Kinder erkranken während der ersten beiden Grundschuljahre etwas öfter als später, bedingt durch den Kontakt mit kranken Kindern und durch ein noch nicht ganz ausgereiftes Immunsystem. Im Durchschnitt fehlen Kinder durch Krankheit etwa elf Tage im Schuljahr, aber die meisten Abwesenheiten können auf Kinder mit chronischen Gesundheitsproblemen zurückgeführt werden (Madan-Swain, Fredrick, & Wallander, 1999).

Ungefähr 19 % der nordamerikanischen Kinder haben chronische Erkrankungen und Beeinträchtigungen (einschließlich körperlicher Behinderungen).

Die am weitesten verbreitete – die fast ein Drittel der chronischen Erkrankungen in der Kindheit ausmacht und der häufigste Grund für Fehlen in der Schule und Hospitalisierung ist – ist *Asthma*, wobei die Bronchialäste (Durchgänge, die Kehle und Lunge verbinden) hochempfindlich sind (Newacheck & Halfon, 2000). Als Reaktion auf eine Vielfalt von Reizen wie kaltem Wetter, Infektionen, Sport, Luftverschmutzung, Allergien und emotionalem Stress füllen sich die Bronchialäste mit Schleim und ziehen sich zusammen. Das führt zu Husten, Niesen und ernsthaften Atembeschwerden.

Während der letzten drei Jahrzehnte ist die Anzahl von Kindern mit Asthma stark angestiegen. Heute sind 8 % amerikanischer und 12 % kanadischer Kinder betroffen (Health Canada, 1999b; U.S. Department of Health and Human Services, 2002e). In Deutschland sind es 2% der Kinder (Robert-Koch-Institut, 2004). Obwohl Vererbung zu Asthma beiträgt, nehmen Forscher an, dass Umweltfaktoren nötig sind, um die Krankheit auszulösen. Jungen, Kinder aus Familien mit schlechten finanziellen Verhältnissen und solche, die untergewichtig geboren wurden oder deren Eltern rauchen, tragen das größte Risiko (Chen, Matthews, & Boyce, 2002; Creer, 1998).

Ungefähr 2 % nordamerikanischer Kinder haben chronische Erkrankungen, die schwerwiegender sind als Asthma, wie Sichelzellenanämie, zystische Fibrose, Diabetes, Arthritis, Krebs und AIDS. Schmerzhafte medizinische Behandlungen, körperliches Unbehagen und Veränderung in der Erscheinung erschweren das Alltagsleben des Kindes, beeinträchtigen die Konzentration in der Schule und führen zum Rückzug von Schul- und Spielkameraden. Wenn die Krankheit schlimmer wird, nimmt die familiäre Belastung zu. Aus diesen Gründen tragen chronisch kranke Kinder ein Risiko für schulische, emotionale und soziale Schwierigkeiten. Es besteht eine starke Verbindung zwischen einem guten Funktionieren der Familie und kindlichem Wohlbefinden bei chronisch kranken Kindern genauso wie bei körperlich gesunden Kindern (Barakat & Kazak, 1999). Interventionen, die positive Familienbeziehungen fördern, helfen Eltern und Kind, die Krankheit zu verarbeiten und die Anpassung des Kindes zu verbessern. Das umfasst Gesundheitserziehung, Beratung, soziale Unterstützung, für die Krankheit spezifische Kuraufenthalte, die den Kindern Hilfe zur Selbsthilfe vermitteln und den Eltern eine Auszeit von den Anforderungen der Pflege eines chronisch kranken Kindes geben.

9.2.5 Verletzungen und Unfälle

Bei unserer Diskussion der Bedrohung kindlicher Gesundheit in den Schuljahren soll für einen Augenblick zum Thema von Unfällen und Verletzungen zurückgekehrt werden (im Detail in Kapitel 7 besprochen). Wie Abbildung 9.3 zeigt, steigt die Häufigkeit von Todesfällen von der mittleren Kindheit in die Adoleszenz an, wobei die Rate bei den Jungen beträchtlich über der der Mädchen liegt.

Unfälle mit Motorfahrzeugen, in die Kinder als Beifahrer oder Fußgänger verwickelt sind, stellen immer noch den Hauptgrund von Verletzungen dar, gefolgt von Fahrradunfällen (Health Canada, 1999b; U.S. Department of Health and Human Services, 2002e). Verletzungen bei Fußgängern erfolgen am häufigsten durch Herumsausen auf der Straße, Fahrradunfälle durch Nichtbeachtung von Verkehrsregeln. Kinder im frühen Schulalter sind noch nicht gut darin zu denken, bevor sie handeln, besonders wenn viele Reize auf sie einströmen (Tuchfarber, Zins, & Jason, 1997). Sie müssen häufig erinnert werden, Supervision er-

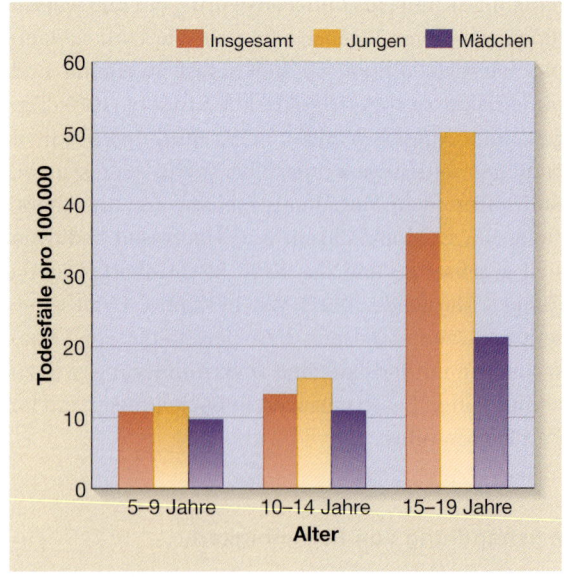

Abbildung 9.3: Sterblichkeitsrate durch Unfälle von der mittleren Kindheit bis in die Adoleszenz in Deutschland. Todesfälle durch Verletzungen nehmen mit dem Alter zu und die Kluft zwischen Jungen und Mädchen wächst. Unfälle mit Motorfahrzeugen (Beifahrer und Fußgänger) sind der Hauptgrund, gefolgt von Fahrradunfällen. Amerikanische und kanadische Verletzungsraten sind fast identisch. In Deutschland ist der Tod durch Ertrinken die zweithäufigste Unfallursache nach Verkehrsunfällen (aus U.S. Department of Health and Human Services, 2002e. Die deutschen Werte sind dem Schwerpunktbericht der Gesundheitsberichterstattung des Bundes, 2004 zu entnehmen).

halten und Verbote, sich auf eigene Faust in starken Verkehr zu wagen.

Wenn Kinder sich weiter entfernt von zu Hause bewegen, ist die Erziehung zur Sicherheit besonders wichtig. In der Schule verankerte Programme mit andauernder Wirksamkeit setzen extensives Modellverhalten und Wiederholungen von Sicherheitsmaßnahmen ein; geben Kindern Feedback über ihre Leistung zusammen mit Lob und greifbaren Belohnungen bei dem Erwerb von Fertigkeiten für die Sicherheit; gelegentliche Auffrischungsstunden sollten ebenfalls gegeben werden (Zins et al., 1994). Ein wichtiger Bestandteil bei der Vorbeugung von Verletzungen ist die Erziehung der Eltern über altersgemäße Fähigkeiten der Kinder, da Eltern oft das Wissen ihrer Kinder über Sicherheit und entsprechendes Verhalten überschätzen (Rivara, 1995).

In der mittleren Kindheit sind Kinder mit dem größten Risiko in der Regel die, deren Eltern kein sicherheitsbewusstes Vorbild abgeben oder die versuchen, Regeln mit strafender oder inkonsequenter Disziplin zu erzwingen. Wie in Kapitel 8 dargestellt, rufen diese Erziehungstechniken bei Kindern Widerstand hervor und fördern sogar Hochrisiko-Verhalten. Sehr aktive Jungen sind besonders oft Opfer von Verletzungen. Im Vergleich zu Mädchen schätzen Jungen riskante Spielaktivitäten weniger unfallträchtig ein und sind weniger aufmerksam für Hinweise auf Unfallrisiken, etwa ein Kamerad, der zögerlich oder furchtsam um sich schaut (Morrongiello & Rennie, 1998). Die größte Herausforderung für Programme zur Kontrolle von Verletzungen ist es, die „schwieriger zu erreichenden" Kinder zu erfassen und die Gefahren zu vermindern, denen sie ausgesetzt sind.

9.3 Motorische Entwicklung und Spiel

Besuchen Sie einmal an einem schönen Nachmittag am Wochenende einen Park und beobachten Kinder im Vorschul- und Schulalter beim Spielen. Sie werden sehen, dass die Zunahme an Körpergröße und Muskelkraft eine verbesserte motorische Koordination während der mittleren Kindheit unterstützt. Zusätzlich erlaubt eine größere kognitive und soziale Reife älteren Kindern, ihre neuen motorischen Fertigkeiten auf eine komplexere Weise zu nutzen. Zu dieser Zeit findet eine große Veränderung im kindlichen Spiel statt.

9.3.1 Entwicklung der Grobmotorik

Während der mittleren Kindheit verfeinern sich das Laufen, Springen, Hopsen und Fertigkeiten beim Ballspiel. Dritt- bis Sechstklässler toben sich aus, wenn sie über den Spielplatz rennen, sie springen Seil, versuchen sich an komplizierten Bewegungsabfolgen beim Himmel-und-Hölle-Spiel, kicken und dribbeln Fußbälle, schlagen Bälle, die ihnen von Klassenkameraden zugespielt werden, und balancieren meisterlich, wenn sie auf Zehenspitzen über schmale Bretter laufen. Diese diversen Fertigkeiten zeigen Zugewinne in vier grundlegenden motorischen Fähigkeiten:

- *Flexibilität.* Im Vergleich zu Vorschulkindern sind Kinder im Schulalter körperlich biegsamer und elastischer, ein Unterschied, der beobachtet werden kann, wenn die Kinder einen Schlagball schlagen, einen Ball kicken, über eine Hürde springen oder Fallübungen ausführen.

- *Gleichgewicht.* Ein verbessertes Gleichgewicht unterstützt Fortschritte in vielen sportlichen Fertigkeiten einschließlich Laufen, Hopsen, Springen, Werfen, Kicken und schneller Bewegungswechsel, wie es in vielen Mannschaftssportarten erforderlich ist.

- *Flinkheit.* Schnellere und genauere Bewegungen werden sichtbar in der ausgefeilten Fußarbeit beim Seilspringen und Himmel-und-Hölle-Spiel sowie in den Vorwärts-, Rückwärts- und Seitwärtsbewegungen, die ältere Kinder benutzen, wenn sie Gegnern beim Fußball ausweichen.

- *Kraft.* Ältere Kinder können einen Ball härter werfen und treten und sich selber weiter vom Boden abheben, wenn sie laufen und springen, als sie es in einem früheren Alter konnten (Cratty, 1986).

Obwohl das Körperwachstum sehr zu den verbesserten motorischen Leistungen beiträgt, spielen auch wirksamere Leistungen der Informationsverarbeitung eine wichtige Rolle. Jüngere Kinder haben oft Schwierigkeiten mit Fertigkeiten, die eine unmittelbare Reaktion erfordern wie beim Schlagen eines Balles und beim Dribbeln. Eine stetige Verbesserung der Reaktionszeit findet statt, sodass Elfjährige doppelt so schnell reagieren wie Fünfjährige. Und die Fähigkeit, nur auf relevante Informationen zu reagieren, wächst an (Band et al., 2000; Kail, 1993). Weil Sechs- bis Siebenjährige selten Erfolg beim Treffen und Schlagen eines ihnen zugeworfenen Balles mit dem Baseballschläger haben, ist T-Ball (ein baseballähnliches Spiel, in dem der Ball von einem Pfosten heruntergeschlagen wird) günstiger für sie geeignet. Handball, Abwerf-Ball- und Kickball-Spielen sollten Unterweisungen in Tennis, Basketball und Fußball vorangehen (Seefeldt, 1996).

9.3.2 Entwicklung der Feinmotorik

Die Entwicklung der Feinmotorik verbessert sich ebenfalls über die Schuljahre. Eines regnerischen Nachmittags experimentierten Jan und Lisa mit Jojos, bauten Modellflugzeuge und webten Topflappen auf kleinen Webstühlen. Wie viele Kinder begannen sie mit dem Spielen eines Musikinstrumentes, was eine beträchtliche Kontrolle der Feinmotorik erfordert.

Um das Alter von sechs Jahren können die meisten Kinder das Alphabet, ihren Vor- und Nachnamen und Zahlen von 1 bis 10 mit erstaunlicher Deutlichkeit schreiben. Jedoch neigt ihre Schrift dazu, sehr groß zu sein, weil sie den ganzen Arm statt Handgelenk und Finger benutzen, um Striche zu ziehen. Kinder meistern in der Regel zuerst Großbuchstaben, weil ihre horizontalen und vertikalen Linien besser zu meistern sind als die kleinen Schwünge bei Kleinbuchstaben. Die Lesbarkeit ihrer Schrift nimmt nach und nach zu, da sie genauere Buchstaben mit gleichmäßiger Größe und Abständen produzieren. Diese Verbesserungen bereiten die Kinder darauf vor, in der dritten Klasse die Kursivschrift zu bewältigen.

Die Zeichnungen der Kinder zeigen in der mittleren Kindheit dramatische Fortschritte. Gegen Ende der Vorschulzeit können Kinder akkurat viele zweidimensionale Formen kopieren und diese in ihre Zeichnungen integrieren. Einige Hinweise auf perspektivische Tiefe beginnen ebenfalls aufzutauchen, etwa entferntere Gegenstände kleiner darzustellen (Braine et al., 1993). Um das Alter von neun bis zehn Jahren ist die dritte Dimension deutlich erkennbar durch sich überlappende Gegenstände, diagonale Anordnung und konvergierende Linien. Weiterhin, wie Abbildung 9.4 zeigt, stellen Schulkinder Gegenstände nicht nur mit beachtlichen Details dar, sondern beziehen sie auch als Teil eines organisierten Ganzen aufeinander (Case, 1998; Case & Okamoto, 1996).

9.3.3 Geschlechtsunterschiede

Geschlechtsunterschiede in motorischen Fähigkeiten, die während der Vorschuljahre in Erscheinung traten, weiten sich in der mittleren Kindheit aus und werden in einigen Fällen deutlicher. Mädchen bleiben im Bereich der Feinmotorik überlegen, das betrifft auch die Handschrift und das Zeichnen. Sie sind auch weiterhin besser im Seilspringen, Springen und Hopsen, was vom Gleichgewicht und der Flinkheit abhängt. Aber Jungen überholen Mädchen in allen Fertigkeiten der Grobmotorik, und auch beim Werfen und Treten ist der Unterschied zwischen den Geschlechtern groß (Cratty, 1986).

Der genetische Vorsprung der Schuljungen in der Muskelmasse ist nicht so groß, dass er für ihre motorische Überlegenheit allein verantwortlich sein kann. Die Umwelt spielt stattdessen eine größere Rolle. In einer Studie mit mehr als 800 Grundschulkindern sahen Kinder beiderlei Geschlechts Sport in einer geschlechtsstereotypen Weise als wichtiger für die Jungen. Und Jungen betonten häufiger, dass es ihren Eltern sehr wichtig sei, dass sie Sport betreiben. Dies Haltungen beeinflussten das Selbstvertrauen und Verhalten der Kinder. Mädchen sahen sich selber als weniger talentiert im Sport an und in der sechsten Klasse verwendeten sie viel weniger Zeit darauf als ihre männlichen Klassenkameraden (Eccles & Harold,

Die Körpergröße könnte u.a. das Ergebnis evolutionärer Anpassung an ein bestimmtes extremes Klima sein. Diese Jungen aus dem Sudan, die in der heißen afrikanischen Steppe leben, haben einen langen, schlanken Körperbau, der sich schnell abkühlt.

Abbildung 9.4: Zuwachs an Organisation, Details und Tiefenhinweisen in Zeichnungen von Schulkindern. Vergleichen Sie beide Bilder mit dem eines Sechsjährigen auf Seite 292. Auf der Zeichnung links stellt eine Achtjährige ihre Familie dar – Vater, Mutter und drei Kinder. Beachten Sie, wie alle Teile in Relation zueinander dargestellt sind und die menschlichen Figuren mehr Details aufweisen. (Die Künstlerin ist die Autorin als Drittklässlerin. In der Zeichnung kann man Laura zwischen ihrer älteren Schwester und ihrem jüngeren Bruder sehen.) Die Integration von Hinweisen auf Tiefe nimmt über die Schuljahre stark zu, wie es die Zeichnung rechts von einer zehnjährigen Künstlerin aus Singapur zeigt. Hier wird auf Tiefe hingewiesen durch sich überlappende Gegenstände, diagonale Anordnung und konvergierende Linien wie auch dadurch, dass entfernte Gegenstände kleiner dargestellt sind als solche in der Nähe.

1991; Eccles, Jacobs, & Harold, 1990). Gleichzeitig sehen Mädchen und ältere Schulkinder den Vorteil im Sport bei Jungen als ungerecht an. Sie weisen darauf hin, dass Trainer die gleiche Zeit mit Kindern beiderlei Geschlechts aufbringen sollten und dass Frauensport genauso viel Interesse in den Medien erhalten sollte wie Männersport (Solomon & Bredemeier, 1999).

Diese Erkenntnisse weisen darauf hin, dass es besonderer Anstrengungen bedarf, um die Teilnahme, das Selbstvertauen und das Gefühl gerechter Behandlung im Sport für Mädchen zu erhöhen. Die Aufklärung der Eltern, dass die körperlichen Fähigkeiten von Mädchen und Jungen im Schulalter sich nur minimal unterscheiden, und eine Sensibilisierung dafür, dass die sportlichen Fähigkeiten der Mädchen unterschätzt werden, könnten sich als hilfreich erweisen. Außerdem würde wahrscheinlich eine größere Betonung des Trainings von Fertigkeiten bei Mädchen mit einer verstärkten Aufmerksamkeit für ihre sportlichen Fortschritte deren Engagement verstärken. Die mittlere Kindheit ist eine entscheidende Zeit, diese Schritte zu unternehmen, weil Kinder während der Schuljahre zu entdecken beginnen, was sie gut können, und sich für ein bestimmtes Engagement entscheiden.

9.3.4 Spiele mit Regeln

Die körperlichen Aktivitäten von Kindern im Schulalter spiegeln einen wichtigen Fortschritt in der Qualität ihres Spiels: Spiele mit Regeln werden allgemein üblich. In Kulturen rund um die Welt engagieren sich Kinder in einer enormen Vielfalt informell organisierter Spiele. Einige sind Abwandlungen populärer Sportarten wie Fußball, Baseball und Basketball. Andere sind bekannte Kindheitsspiele wie Fangen, Seilspringen und Himmel-und-Hölle. Kinder haben auch Hunderte zusätzlicher Spiele erfunden einschließlich Froschhüpfen und Topfschlagen (Kirchner, 2000).

Verbesserungen im Einnehmen einer Perspektive, inbesondere die zunehmende Fähigkeit der Kinder, die Rollen verschiedener Spieler in einem Spiel zu verstehen, erlaubt den Übergang zu regelorientierten Spielen. Diese Spielerfahrungen tragen stark zur emotionalen und sozialen Entwicklung bei. Von Kindern erfundene Spiele stützen sich in der Regel auf einfache körperliche Fertigkeiten und eine gewisse Portion Glück. Dadurch werden sie selten zu Wettbewerben individueller Fähigkeiten. Stattdessen erlauben sie Kindern, verschiedene Stile der Koope-

9.3 KÖRPERLICHE UND KOGNITIVE ENTWICKLUNG IN DER MITTLEREN KINDHEIT

Achtet dieser Jugend-Trainer darauf, zu ermutigen statt zu kritisieren? In welchem Ausmaß hebt er Teamarbeit, Fairness, Rücksichtnahme und Entwicklung von Fertigkeiten hervor? Diese Faktoren entscheiden darüber, ob von Erwachsenen organisierter Sport eine konstruktive und vergnügliche Erfahrung für Kinder ist.

ration, des Wetteiferns und des Verlierens mit wenig persönlichem Risiko auszuprobieren. In ihren Bemühungen, ein Spiel zu organisieren, entdecken Kinder auch, warum Regeln notwendig sind und welche sich bewähren. In der Tat verwenden Kinder oft genauso viel Zeit darauf, die Details zu erarbeiten, wie ein Spiel ablaufen sollte, wie auf das Spiel selber. Wie in Kapitel 10 zu sehen sein wird, helfen diese Erfahrungen den Kindern, reifere Konzepte von Fairness und Gerechtigkeit zu bilden. Heute füllen Fernsehen, Videospiele und von Erwachsenen organisierter Sport (wie Vereinsfußball) viele Stunden aus, die Kinder früher dem spontanen Spiel widmeten. Einige Forscher sorgen sich, dass von Erwachsenen strukturierte sportliche Aktivitäten, die den professionellen Sport widerspiegeln, die Entwicklung der Kinder gefährden. Bis jetzt hat die Forschung gezeigt, dass diese Erfahrungen bei den meisten Kindern noch nicht zu psychischen Schäden geführt haben (Smoll & Smith, 1996).

Die Einwände der Kritiker sind für bestimmte Fälle gültig: Kinder, die Teams so früh beitreten, dass die verlangten Fähigkeiten jenseits ihrer Möglichkeiten liegen, verlieren bald das Interesse (Bailey & Rasmussen, 1996). Und Trainer, die mehr kritisieren als ermutigen und ärgerlich auf Niederlagen reagieren, lösen bei einigen Kindern intensive Angst aus. Unter diesen Umständen erleben schwächere Spieler soziale Ächtung (Strayer, Tofler, & Lapchick, 1998). Ähnlich bereitet starker elterlicher Druck den Boden für emotionale Schwierigkeiten und frühes Aufgeben des Sports und nicht von Spitzenleistungen (Marsh & Daigneault, 1999; Tofler, Knapp, & Drell, 1998). Die Tabelle „Aspekte der Fürsorge" fasst die Pros und Kontras von Jugendvereinen, die von Erwachsenen organisiert werden, zusammen.

9.3.5 Leibeserziehung

Körperliche Aktivität unterstützt viele Aspekte der kindlichen Entwicklung: die körperliche Gesundheit, Sinn für ein Selbstbild als aktives und fähiges Wesen und die notwendigen kognitiven und sozialen Fertigkeiten, um mit anderen zurechtzukommen. In den Schulen wird jedoch nicht genug Leibeserziehung angeboten. Das amerikanische Durchschnittsschulkind erhält nur 20 Minuten Sportunterricht während einer Woche. Kanadische Kinder sind mit etwa zwei Stunden pro Woche besser dran (Canadian Fitness & Lifestyle Research Institute, 2002; U.S. Department of Health and Human Services, 2000b). In deutschen Grundschulen sind es in der Regel drei Schulstunden in der Woche. In den Ländern USA und Kanada herrscht auch sonst körperliche Inaktivität vor. Unter den nordamerikanischen Kindern von fünf bis 17 Jahren sind nur etwa 40 % der Mädchen und 50 % der Jungen so aktiv, dass positive Auswirkungen auf

Körperliche Aktivität unterstützt viele Aspekte der Entwicklung von Kindern – ihre körperliche Gesundheit, Sinn für den Selbstwert als aktive und fähige Wesen und kognitive und soziale Fertigkeiten, die nötig sind, um mit anderen Menschen zurechtzukommen. Diese mexikanischen Erstklässler folgen den Anweisungen ihres Lehrers in einer Gymnastikübung während einer Turnstunde.

Aspekte der Fürsorge

Pro und Kontra für Sport in der mittleren Kindheit, organisiert von Erwachsenen

PRO

Von Erwachsenen strukturierter Sport bereitet Kinder vor auf Wettbewerbe, wie sie ihm als Erwachsene begegnen werden.

Spiele und Praxis mit regelmäßigem Stundenplan stellen sicher, dass Kinder viele sportliche Aktivitäten genießen und ihre freie Zeit ausfüllen, die sonst weniger konstruktiven Unternehmungen gewidmet werden könnte.

Kinder werden in körperlichen Fähigkeiten unterwiesen, die für einen zukünftigen Erfolg im Sport notwendig sind.

Eltern und Kinder gehen gemeinsam einer Tätigkeit nach, die allen Spaß macht.

KONTRA

Das Engagement der Erwachsenen führt zu offener Rivalität in den Spielen und übt auf die Kinder zu viel Druck aus.

Wenn Erwachsene das Spiel kontrollieren, lernen Kinder wenig über Führerschaft, Gefolgschaft und Fairness.

Wenn Erwachsene Kindern bestimmte Rollen zuweisen (wie Stürmer, im Mittelfeld), verlieren Kinder die Möglichkeit, mit Regeln und Strategien zu experimentieren.

Hoch strukturierte Wettkampfspiele machen weniger Spaß als solche, die von Kindern organisiert werden. Sie ähneln mehr „Arbeit" als „Spiel".

EMPFEHLUNGEN FÜR TRAINER UND ELTERN

Erlauben Sie Kindern, aus angemessenen Aktivitäten diejenigen auszuwählen, die am besten zu ihnen passen. Drängen Sie Kinder nicht in einen Sport, der ihnen keinen Spaß macht.

Betonen Sie bei Kindern unter neun Jahren Basisfertigkeiten wie Kicken, Werfen und Schlagen von Bällen und vereinfachte Spiele, um allen Teilnehmern eine angemessene Spielzeit zu gewähren.

Erlauben Sie Kindern, Fortschritte in ihrem eigenen Tempo zu machen und aus Freude zu spielen, ob sie nun gute Sportler werden oder nicht.

Passen Sie Trainingszeiten der Aufmerksamkeitsspanne der Kinder und ihrem Bedürfnis nach unstrukturierter Zeit mit Spielkameraden, Familie und Hausaufgaben an. Zwei Trainings pro Woche, keines länger als 30 Minuten für jüngere Schulkinder und 60 Minuten für ältere sind ausreichend.

Betonen Sie die Bereitschaft, sich anzustrengen, die Zunahme an Fertigkeiten und Teamwork statt Gewinnen. Vermeiden Sie Kritik bei Fehlern und Niederlagen, die zu Angst und Vermeidung von Sport führt.

Beziehen Sie Kinder in Entscheidungen über Teamregeln ein.

Um erwünschte Reaktionen zu stärken, verstärken Sie Mitarbeit und bestrafen nicht mangelnde Zusammenarbeit.

Quelle: Smith & Smoll, 1997; Strayer, Tofler, & Lapchick, 1998.

---

ihre Gesundheit eintreten, d.h. wenigstens 30 Minuten starke aerobe Aktivität sowie eine Stunde Gehen am Tag.

Daneben, glauben viele Fachleute, sollten Schulen den Inhalt ihres Leibeserziehungsprogramms ändern. Training in sportlichen Wettbewerben ist oft von höchster Priorität, erreicht aber nicht die unsportlichen Kinder, die sich zurückziehen, wenn eine Aktivität einen hohen Grad an Können erfordert (Portman, 1995). Stattdessen sollte der Unterricht informelle Spiele betonen, die die meisten Kinder gut können, sowie individuelle Übungen wie Laufen, Gehen, Springen, Werfen und Klettern. Weiterhin unterstützen Kinder mit unterschiedlichen Leistungsniveaus die körperlichen Aktivitäten, wenn die Lehrer sich auf den persönlichen Fortschritt der Kinder und den Beitrag zum Teamerfolg konzentrieren (Whitehead & Corbin, 1997). Dann fördert Sportunterricht ein gesundes Gefühl für das Selbst, indem es das Bedürfnis von Kindern nach Verbundenheit im Schulalter befriedigt.

Körperlich fitte Kinder sind aktivere Erwachsene, die viel Nutzen daraus ziehen (Dennison et al., 1998). Diese umfassen größere körperliche Stärke, Widerstandskraft gegen viele Krankheiten, von Erkältungen bis zu Grippe, Krebs, Diabetes und Herzerkrankungen, gesteigertes psychisches Wohlbefinden und ein längeres Leben.

> **Prüfen Sie sich selbst …**
>
> **Rückblick**
> Welche Aspekte körperlichen Wachstums sind für das langbeinige Aussehen vieler Acht- bis Zwölfjähriger verantwortlich?
>
> **Rückblick**
> Wählen Sie eine der folgenden Gesundheitsprobleme der mittleren Kindheit aus: Kurzsichtigkeit, Fettleibigkeit, Asthma oder Unfälle. Erklären Sie, wie sowohl genetische als auch umweltbedingte Faktoren dazu beitragen.
>
> **Anwendung**
> Jan beklagte sich bei seiner Mutter, dass es nicht fair sei, dass seine jüngere Schwester Lisa fast so groß wie er ist. Er war besorgt, dass er nicht schnell genug wächst. Wie sollte Rena auf Jans Sorge reagieren?
>
> **Anwendung**
> Eines Samstags trifft sich die achtjährige Gina mit Freunden im Stadtpark zum Kickballspielen. Was lernt sie dabei neben verbesserten Ballfertigkeiten?
>
> **Prüfen Sie sich selbst …**

Kognitive Entwicklung

„Endlich!", rief Lisa an dem Tag aus, als sie in die erste Klasse kam. „Jetzt gehe ich in eine richtige Schule, genau wie Jan!" Rena erinnerte sich, wie die sechsjährige Lisa selbstbewusst in das Klassenzimmer ging mit Bleistiften, Kreiden und Schreibblock in der Hand, bereit für einen disziplinierteren Zugang zum Lernen als in der frühen Kindheit.

Lisa trat in eine ganz neue Welt mit herausfordernden geistigen Aktivitäten ein. An einem einzigen Vormittag schrieben sie und ihre Klassenkameraden in Hefte, trafen sich in Lesegruppen, arbeiteten an Addition und Subtraktion und sortierten Blätter auf dem Spielplatz für ein wissenschaftliches Projekt. Im Verlauf der Grundschuljahre packten Lisa und Jan zunehmend komplexere Aufgaben an und wurden besser im Lesen, Schreiben sowie in mathematischen Fertigkeiten und verbesserten ihr Allgemeinwissen über die Welt. Die kognitive Entwicklung hatte sie auf diese neue Phase vorbereitet.

9.4 Piagets Theorie: Die konkret-operationale Stufe

Als Lisa die Laborgruppe für Kinderentwicklung im Alter von vier Jahren besuchte, war sie von den Konservationsaufgaben (Invarianz) leicht verwirrt (siehe Kapitel 7). Sie bestand zum Beispiel darauf, dass sich die Menge des Wassers verändert hatte, nachdem es von einem hohen, engen Behälter in einen niedrigen, breiten gegossen wurde. Mit acht Jahren waren diese Aufgaben einfach für sie. „Natürlich ist die Menge gleich", rief sie aus. „Das Wasser scheint kürzer, aber es ist auch breiter. Gießen Sie es zurück", befahl sie dem Collegestudenten, der sie interviewte. „Sie werden sehen, dass es die gleiche Menge ist!"

9.4.1 Errungenschaften der konkret-operationalen Stufe

Lisa hatte Piagets **konkret-operationale Stufe** erreicht, die die Jahre von sieben bis elf umfasst. Während dieser Periode ist das Denken viel logischer, flexibler und organisierter als während der frühen Kindheit.

■ **Konservation (Erhaltung oder Invarianz)**

Die Fähigkeit, *Konservationsaufgaben* zu lösen, ist ein deutlicher Beweis von *Operationen* – geistigen Handlungen, die logischen Regeln folgen. Lisa ist fähig zur **Dezentrierung**, d.h., sich auf verschiedene Aspekte eines Problems zu konzentrieren und sie in Beziehung zu setzen, statt sich nur auf eines zu zentrieren. Lisa demonstriert auch **Reversibilität**, die Fähigkeit, eine Reihe von Schritten zu denken und dann geistig die Richtung zu wechseln, um an den Ausgangspunkt zurückzukehren. In Kapitel 7 wurde vorgestellt, dass Umkehrbarkeit Teil einer jeden logischen Operation ist. Sie wird dauerhaft in der mittleren Kindheit erworben.

■ **Klassifikation**

Im Alter zwischen sieben und zehn Jahren lösen Kinder Piagets *Aufgaben der Einordnung in Klassen* (siehe Seite 299). Das weist darauf hin, dass ihnen Klassifikationshierarchien bewusster sind und sie sich auf Beziehungen zwischen einer allgemeinen Kategorie und zwei spezifischen Kategorien gleichzeitig konzentrieren können, d.h. drei Kategorien auf einmal (Hodges & French, 1988; Ni, 1998). Sie können das bei den Aktivitäten der Spiele der Kinder beobachten. Das Sammeln von z.B. Briefmarken, Münzen, Baseballkarten, Steinen, Flaschenverschlüssen und anderem, ist in der mittleren Kindheit sehr verbreitet. Im Alter von zehn Jahren verbrachte Jan Stunden damit, seine große Kiste mit Baseballkarten immer wieder neu zu sortieren. Zeitweise gruppierte er sie nach Verein und Team, ein anderes Mal nach Spielposition und Schlagvorteilen. Er konnte die Spieler nach einer Vielfalt von Klassen und Unterklassen aufteilen und sich flexibel dazwischen hin- und herbewegen.

Eine verbesserte Fähigkeit zur Kategorisierung liegt dem Interesse der Kinder in der mittleren Kindheit zugrunde, Gegenstände zu sammeln. Diese älteren Kinder im Schulalter sortieren Baseballkarten in einer ausgefeilten Struktur von Klassen und Unterklassen.

■ Reihenbildung (Seriation)

Die Fähigkeit, Gegenstände nach quantitativen Dimensionen zu ordnen wie z.B. Länge und Breite wird **Seriation** genannt. Um diese Fähigkeit zu testen, ließ Piaget Kinder Stöcke verschiedener Länge vom kürzesten zum längsten anordnen. Ältere Vorschulkinder können diese Serie hinlegen, aber sie tun es planlos. Sie legen die Stöcke in eine Reihe, machen aber viele Fehler. Im Gegensatz dazu gehen Sechs- bis Siebenjährige nach einem genauen Plan vor. Sie stellen die Serie systematisch her, indem sie mit dem kleinsten Stock beginnen, dann zum nächstgrößeren übergehen und so weiter, bis die Anordnung vollständig ist.

Das konkret-operationale Kind kann auch mental eine Serie herstellen, also eine **transitive Inferenz ausführen (Schlussfolgerung in Form von Reihenbildung)**. In einer bekannten Aufgabe für eine transitive Inferenz zeigte Piaget Kindern Paare verschiedenfarbiger Stöcke. Aus der Beobachtung, dass Stock A länger ist als Stock B und Stock B länger als Stock C, müssen Kinder die Schlussfolgerung ziehen, das A länger ist als C. Beachten Sie, dass diese Aufgabe, wie Piagets Aufgabe der Einordnung in Klassen, erfordert, drei Beziehungen auf einmal zu integrieren, in diesem Beispiel A–B, B–C und A–C. Ungefähr die Hälfte der Sechsjährigen löst ein solches Problem gut und die Leistung steigt beträchtlich um das Alter von acht Jahren (Andrews & Halford, 1998).

■ Räumliches Urteil

Piaget fand heraus, dass Kinder im Schulalter ein genaueres Verständis von Räumlichkeit haben. Es sollen zwei Beispiele betrachtet werden: Verständnis von Richtung und Landkarten.

Richtung

Wenn man Kinder bittet, einen Gegenstand zur Rechten oder zur Linken einer anderen Person zu benennen, antworten Fünf- und Sechsjährige unkorrekt, sie gehen von ihrem eigenen Bezugsrahmen aus. Zwischen sieben und acht Jahren beginnen Kinder, mentale Rotationen auszuführen, indem sie den eigenen räumlichen Bezugsrahmen dem einer anderen Person mit einer anderen Orientierung anpassen. Folglich können sie links und rechts von Positionen identifizieren, die sie nicht selber einnehmen (Roberts & Aman, 1993). Mit etwa acht bis zehn Jahren können Kinder deutliche, gut organisierte Anweisungen geben, wie man von einem Ort zum anderen gelangt, indem sie eine Strategie des „mentalen Weges" anwenden, in welcher sie sich die Bewegung einer anderen Person entlang eines Weges vorstellen. Ohne besondere Hilfe können sich Sechsjährige auf den Endpunkt konzentrieren, ohne genau zu beschreiben wie man dorthin gelangt (Gauvain & Rogoff, 1989; Plumert et al., 1994).

Kognitive Landkarten
Die Zeichnungen der Kinder von vertrauten größeren Räumen wie der Umgebung, in der sie leben oder der Schule, verändern sich auch von der frühen zur mittleren Kindheit. Vorschulkinder und jüngere Schulkinder legen Orientierungspunkte auf den Landkarten, die sie zeichnen, fest, aber ihre Platzierung ist fragmentarisch. Wenn sie aufgefordert werden, Sticker anzubringen, die die Anordnung von Tischen und Menschen auf einer Karte ihres Klassenraums anzeigen, lösen sie diese Aufgabe besser. Wenn aber die Landkarte in Bezug auf die Orientierung zum Klassenzimmer gedreht ist, haben sie Schwierigkeiten, die Sticker korrekt zu platzieren (Liben & Downs, 1993).

Während der Schuljahre werden die kognitiven Landkarten der Kinder organisierter. Sie zeichnen Orientierungspunkte entlang einer *organisierten Reiseroute* – eine Fertigkeit, die ihrer verbesserten Richtungsangabe ähnelt. Gegen Ende der mittleren Kindheit kombinieren Kinder Orientierungspunkte und Wege in eine *Übersicht eines ausgedehnten Raumes*. Und sie zeichnen und lesen mühelos Landkarten, wenn die Orientierung auf der Karte und der dargestellte Raum nicht zusammenpassen (Liben, 1999).

9.4.2 Grenzen des konkret-operationalen Denkens

Obwohl Kinder im Schulalter viel fähigere Problemlöser sind, als sie es in den Vorschuljahren waren, unterliegt das konkret-operationale Denken einer wichtigen Einschränkung: Kinder denken nur dann auf eine organisierte, logische Weise, wenn sie es mit konkreten Informationen zu tun haben, die sie direkt wahrnehmen können. Ihre mentalen Operationen können schlecht mit abstrakten Gedanken umgehen, solche, die in der wirklichen Welt nicht sichtbar sind.

Dafür geben die Lösungen der Kinder zu Aufgaben des transitiven Schlussfolgerns (Infererenz) eine gute Illustration ab. Als man ihr Paare von Stöcken unterschiedlicherr Länge zeigte, fand Lisa schnell heraus, dass, wenn Stock A länger ist als Stock B und Stock B länger als Stock C, Stock A länger als Stock C sein muss. Sie hatte aber große Schwierigkeiten mit einer hypothetischen Version dieser Aufgabe wie dieser „Susanne ist größer als Sandra und Sandra ist größer als Maria. Wer ist die Größte?" Nicht vor dem Alter von elf oder zwölf können Kinder diese Aufgabe mit Leichtigkeit lösen.

Dass das logische Denken zuerst an unmittelbare Situationen gebunden ist, hilft ein besonderes Merkmal des konkret-operationalen Schlussfolgern zu verstehen. Vielleicht haben Sie bemerkt, dass Kinder im Schulalter Piagets konkret-operationale Aufgaben Schritt für Schritt, nicht alle auf einmal, lösten. Zum Beispiel begreifen sie in der Regel die Invarianzaufgaben mit Zahlen vor der von Länge, Masse und Flüssigkeit. Piaget benutzte den Terminus der **horizontalen Verschiebung (Décalage,** was Entwicklung innerhalb einer Stufe bedeutet), um diese graduelle Bewältigung logischer Konzepte zu beschreiben. Die horizontale Verschiebung ist ein weiterer Hinweis auf die konkret-operationalen Schwierigkeiten mit Abstraktion. Kinder im Schulalter kommen nicht mit generellen logischen Prinzipien daher, die sie dann auf alle relevanten Situationen anwenden. Stattdessen scheinen sie die Logik jedes Problems getrennt zu verarbeiten und anzuwenden.

9.4.3 Neuere Forschung über das konkret-operationale Denken

Nach Piaget sollte die Reifung des Gehirns in Verbindung mit einer reichen und abwechslungsreichen äußeren Welt Kinder überall dazu führen, die konkret-operationale Stufe zu erreichen. Jedoch lassen neuere Hinweise daran denken, dass spezifische kulturelle und schulische Praktiken viel mit der Bewältigung der Aufgaben von Piaget zu tun haben (Rogoff & Chavajay, 1995). Der Zugang über die Informationsverarbeitung hilft die graduelle Bewältigung logischer Konzepte in der mittleren Kindheit zu erklären.

■ **Der Einfluss von Kultur und Schulausbildung**

In Stammes- und dörflichen Kulturen ist die Konservierung im Denken (Erkenntnis der Invarianz) oft sehr verzögert. Zwischen den Hausa aus Nigeria zum Beispiel, die in kleinen landwirtschaftlichen Anwesen leben und ihre Kinder selten in die Schule schicken, werden selbst die einfachsten Konservierungsaufgaben (Anzahl, Länge und Flüssigkeit) nicht vor elf Jahren oder später verstanden (Fahrmeier, 1978). Dieses weist darauf hin, dass die Teilnahme an relevanten täglichen Aktivitäten den Kindern dabei hilft, Konservierungs- und andere Piaget'sche

Aufgaben zu bewältigen (Light & Perrett-Clermont, 1989). Jan und Lisa zum Beispiel verstehen Fairness als Gleichverteilung – ein Wert, der in ihrer Kultur betont wird. Sie teilen oft Materialien wie Buntstifte, Leckereien und Limonade gleich zwischen ihren Freunden auf. Weil sie oft die gleiche Menge auf verschiedene Weise angeordnet sehen, verstehen sie Konservierung schneller.

Schon die bloße Erfahrung, zur Schule zu gehen, scheint die Bewältigung von Aufgaben Piagets zu fördern. Wenn Kinder gleichen Alters getestet werden, sind die, welche länger zur Schule gegangen sind, besser bei Aufgaben der transitiven Schlussfolgerung (Artman & Cahan, 1993). Gelegenheiten, Gegenstände zu reihen, über Ordnungsbeziehungen zu lernen und Teile komplexer Aufgaben zu erinnern, mögen dafür verantwortlich sein. Jedoch können gewisse nicht schulische Erfahrungen auch operationales Denken fördern. Sechs- bis neunjährige brasilianische Straßenverkäufer, die selten die Schule besuchen, sind schlecht in Piagets Aufgaben der Klasseneinordnung, aber sehr gut in Versionen, die für den Straßenverkauf relevant sind, zum Beispiel: „Wenn du vier Päckchen von Minzkaugummi und zwei Päckchen von Traubenkaugummi hast, ist es besser, mir das Minzkaugummi oder alle Kaugummis zu verkaufen?" (Ceci & Roazzi, 1994).

Auf der Basis solcher Erkenntnisse haben einige Forscher gefolgert, dass die Formen der Logik, die Piagets Aufgaben erfordern, nicht spontan auftauchen, sondern stark von Übung, Kontext und kulturellen Konditionen beeinflusst sind. Erinnert diese Sichtweise nicht an Wygotskys soziokulturelle Theorie, die in früheren Kapiteln dikutiert wurde?

■ Eine informationsverarbeitende Sichtweise des konkret-operationalen Denkens

Piagets Konzept der horizontalen Verschiebung führt zu einer uns bereits vertrauten Frage über seine Theorie: Ist eine abrupte Veränderung im Sinne eines Stadiums zum logischen Denken der beste Weg, die kognitive Entwicklung in der mittleren Kindheit zu beschreiben?

Einige *Neo-Piaget-Theoretiker* argumentieren, dass die Entwicklung des operationalen Denkens besser in Hinblick auf Fortschritte in Fertigkeiten der Informationsverarbeitung als im Sinne eines plötzlichen Wechsels auf eine neue Stufe verstanden werden kann. Robbie Case (1992, 1998) schlägt zum Beispiel

In Stammes- und dörflich geprägten Kulturen wird Konservierung (Invarianz) oft erst zeitlich verzögert verstanden. Diese vietnamesischen Kinder sammeln für ihre Familie Feuerholz. Obwohl sie viele Möglichkeiten haben, mit Mengen zu hantieren, haben sie im Vergleich zu ihren westlichen Altersgenossen möglicherweise selten zwei identische Mengen in einer unterschiedlichen Anordnung zu Gesicht bekommen.

vor, dass kognitive Schemata mit mehr Praxis weniger Aufmerksamkeit erfordern und automatischer werden. Das spart Platz im *Arbeitsgedächtnis* (siehe Seite 207), sodass Kinder sich darauf konzentrieren können, alte Schemata zu kombinieren und neue zu schaffen. Das Kind zum Beispiel, das konfrontiert ist mit Wasser, das von einem Behälter in einen anderen gegossen wurde, erkennt, dass sich die Höhe der Flüssigkeit verändert. Wenn dieses Verständnis zur Routine wird, bemerkt das Kind auch, dass sich die Ausdehnung des Wassers ebenfalls verändert. Bald koordinieren Kinder diese Beobachtungen und können die Konservierung (den Erhalt) von Flüssigkeit erfassen. Wenn dann dieser logische Gedanke gut eingeübt ist, überträgt ihn das Kind auf schwierigere Situationen.

Wenn die Schemata einer Piaget-Stufe erst einmal ausreichend automatisiert sind, bleibt genug Raum im Arbeitsgedächtnis, um sie in eine verbesserte Repräsentation zu integrieren. Folglich erwerben Kinder *zentrale konzeptionelle Strukturen,* Netzwerke von Konzepten und Beziehungen, die ihnen erlauben, effektiver in einem breiten Spektrum von Situationen zu denken (Case, 1996, 1998).

Die zentralen konzeptionellen Strukturen, die aus der Integration konkret-operationaler Schemata erwachsen, sind hocheffiziente abstrakte Prinzipien, die im Kontext formal-operationalen Denkens in Kapitel 11 diskutieren werden.

Case hat seine Sichtweise der Informationsverarbeitung auf eine große Vielfalt von Aufgaben angewendet, einschließlich des Lösens arithmetischer Aufgaben, dem Verständnis von Geschichten, dem Bildermalen und der Interpretation sozialer Situationen. In jeder konzentrieren sich die Schemata der Vorschulkinder auf nur eine Dimension. Beim Verständnis von Geschichten zum Beispiel begreifen sie nur einen einzigen Handlungsfaden. Beim Zeichnen stellen sie Gegenstände getrennt dar. In den frühen Schuljahren koordinieren sie zwei Dimensionen – zwei Handlungsfäden zu einem Ganzen und in Zeichnungen sowohl die Merkmale der Gegenstände als auch ihre Beziehungen zueinander. Um das Alter von neun bis elf Jahren integrieren sie zentrale konzeptionelle Strukturen mit vielfachen Dimensionen. Kinder erzählen zusammenhängende Geschichten mit einer Haupthandlung und verschiedenen Nebenhandlungen. Und ihre Zeichnungen folgen einem Satz von Regeln, die Perspektive repräsentieren und darum verschiedene Bezugspunkte einschließen wie Nähe, mittlere Distanz und Ferne.

Nach Case zeigen Kinder aus zwei Gründen eine horizontale Verschiebung: Erstens variieren verschiedene Formen der gleichen logischen Einsicht, wie bei den verschiedenen Aufgaben zur Konservation, in ihren informationsverarbeitenden Prozessen. Jene, die später erworben wurden, erfordern mehr Ressourcen des Arbeitsgedächtnisses. Zweitens variieren die Erfahrungen der Kinder sehr. Ein Kind, das oft Geschichten erzählt, aber selten Bilder malt, zeigt fortgeschrittenere zentrale konzeptionelle Strukturen des Geschichtenerzählens. Kinder, die nicht die altersgemäßen zentralen konzeptionellen Strukturen aufweisen, können gewöhnlich trainiert werden, sie zu erreichen. Und ihr verbessertes Verständnis wird schnell auf schulische Aufgaben angewendet (Case, Griffin, & Kelly, 2001). Folglich kann die Anwendung von Case' Neo-Piaget-Theorie den Kindern, die mit schulischen Leistungen im Rückstand sind, dabei helfen, aufzuholen und wirksamer zu lernen.

9.4.4 Evaluation des konkret-operationalen Stadiums

Piaget hatte Recht mit der Annahme, dass Kinder im Schulalter viele Probleme in rationaler und systematischer Weise angehen, was in der frühen Kinheit nicht möglich war. Aber ob dieser Unterschied wegen einer *kontinuierlichen* Verbesserung logischer Fertigkeiten oder einer *diskontinuierlichen* Restrukturierung kindlichen Denkens geschieht (wie es Piagets Idee der Stufen zugrunde liegt), ist ein Thema, über das unterschiedliche Meinungen existieren. Viele Forscher nehmen an, dass beide Arten von Veränderung beteiligt sein können (Carey, 1999; Case, 1998; Fischer & Bidell, 1998). Von der frühen bis zur mittleren Kindheit erwerben Kinder für viele Aufgaben logische Schemata. Jedoch scheinen in dem Prozess ihre Gedanken einer qualitativen Veränderung zu unterliegen, einem umfassenden Begreifen der den logischen Gedanken unterliegenden Prinzipien. Piaget selber scheint diese Möglichkeit bereits durch den Gedanken der horizontalen Verschiebung anerkannt zu haben. So birgt vielleicht eine Mischung von Gedanken Piagets und der Informationsverarbeitung das größte Potential, die kognitive Entwicklung in der mittleren Kindheit zu verstehen.

Prüfen Sie sich selbst ...

Rückblick
Die Bewältigung von Konservierung stellt ein Beispiel der horizontalen Verschiebung bei Piaget dar. Blicken Sie auf die vorhergehenden Abschnitte zurück und führen Sie zusätzliche Beispiele an, die zeigen, dass operationales Denken sich graduell entwickelt.

Rückblick
Belegen Sie, dass spezifische Erfahrungen die Bewältigung konkret-operationaler Aufgaben bei Kindern beeinflussen.

Zusammenhänge
Erklären Sie, wie Fortschritte im Einnehmen von Standpunkten zur verbesserten Fähigkeit der Schulkinder beitragen, Richtungen anzugeben und kognitive Landkarten zu zeichnen oder zu benutzen.

Prüfen Sie sich selbst ...

9.5 Informationsverarbeitung

Anders als Piaget, der sich auf eine Gesamtveränderung der Kognition konzentrierte, untersucht die Informationsverarbeitung getrennte Aspekte des Denkens. Aufmerksamkeit und Gedächtnis, die jeder kognitiven Leistung zugrunde liegen, sind in der mittleren Kindheit wichtige Aspekte, wie sie es auch während der Säuglingszeit und in den Vorschuljahren waren. Auch ein gewachsenes Verständnis dafür, wie Kinder im Schulalter Informationen verarbeiten, wird auf ihr schulisches Lernen angewendet, insbesondere auf Lesen und Mathematik.

Forscher nehmen an, dass die Gehirnentwicklung einen Beitrag zu zwei grundlegenden Veränderungen in der Informationsverarbeitung leistet:

- *Eine Zunahme der informationsverarbeitenden Kapazität*
  Die Zeit, die für die Verarbeitung von Informationen bei einer Vielfalt von kognitiven Aufgaben nötig ist, nimmt zwischen sechs und zwölf Jahren rapide ab (Kail & Park, 1992, 1994). Das weist auf einen biologischen Zugewinn des Denktempos hin, möglicherweise Folge einer Myelinisierung und eines synaptischen Zurechtstutzens (pruning) im Gehirn (Kail, 2000). Effektives Denken erhöht die informationsverarbeitende Kapazität, denn ein schneller Denker kann mehr Informationen auf einmal behalten und mit mehr Informationen operieren.

- *Zugewinn an kognitiver Hemmung.* **Kognitive Hemmung – die Fähigkeit, innere und äußere ablenkende Reize zu kontrollieren** – verbessert sich von der Säuglingszeit an. Aber während der mittleren Kindheit kommt es zu großen Schritten. Man nimmt an, dass ein Zugewinn in der kognitiven Hemmung Folge der weiteren Entwicklung in den Frontallappen der Großhirnrinde ist (Dempster & Corkill, 1999). Individuen, deren kognitive Hemmungen funktionieren, können verhindern, dass ihr Bewusstsein an unwichtigen Gedanken festhält; sie besitzen damit eine Fähigkeit, die viele informationsverarbeitende Fertigkeiten unterstützt.

Neben der Gehirnentwicklung trägt auch der Einsatz von Strategien zur wirksameren Informationsverarbeitung bei. Es wird klar werden, dass Kinder im Schulalter viel strategischer denken als Vorschulkinder.

9.5.1 Aufmerksamkeit

Während der mittleren Kindheit verändert sich die Aufmerksamkeit auf dreifache Weise. Sie wird selektiver, angepasster und planvoller. Erstens werden Kinder besser darin, überlegt auf nur die Aspekte einer Situation zu achten, die relevant für ihr Ziel sind, und andere Informationen zu ignorieren. Forscher untersuchen die wachsende Selektivität der Aufmerksamkeit, indem sie irrelevante Reize in Aufgaben einführen und prüfen, wie gut Kinder auf wesentliche Elemente achten. Die Leistung verbessert sich stark zwischen sechs und neun Jahren (Lin, Hsiao, & Chen, 1999; Smith et al., 1998).

Zweitens passen ältere Kinder ihre Aufmerksamkeit flexibel an momentane Erfordernisse der Situation an. Zum Beispiel legte Jan beim Lernen für einen Buchstabiertest die größte Aufmerksamkeit auf Wörter, die er am wenigsten gut kannte. Lisa tat das viel weniger (Masur, McIntyre, & Flavell, 1973).

Schließlich verbessert sich das *Planen* in der mittleren Kindheit stark (Scholnick, 1995). Kinder im Schulalter prüfen detaillierte Bilder und geschriebenes Material viel genauer auf Ähnlichkeiten und Unterschiede als Vorschulkinder. Und bei Aufgaben mit vielen Teilen treffen sie auf eine geordnete Weise Entscheidungen, was als Erstes und was danach getan werden muss. In einer Untersuchung gab man Fünf- bis Neunjährigen Listen mit 25 Dingen, die aus einem Kaufmannsladen zu holen waren. Bevor sie zum eigentlichen Einkauf übergingen, nahmen sich ältere Kinder häufiger die Zeit, den Laden überblicksartig zu prüfen, und sie nahmen auch kürzere Wege durch die Abteilungen (Szepkouski, Gauvain, & Carberry, 1994).

Kinder lernen viel über Planung durch Zusammenarbeit bei Aufgaben mit erfahreneren Planern. Die Forderungen bei Schulaufgaben und die Erklärungen der Lehrer, wie zu planen ist, tragen auch zu Fortschritten im Planen bei. Und Eltern können das Planen bei täglichen Aktivitäten ermutigen, von der Fertigstellung der Hausaufgaben bis zum Füllen der Geschirrspülmaschine. In einer Untersuchung von Familieninteraktionen sagten Diskussionen über Planen bei Vier- bis Neunjährigen die Aufnahme von Planungen in der Adoleszenz voraus (Gauvain & Huard, 1999).

Die selektiven, angepassten und planvollen Strategien, die gerade betrachtet wurden, sind wesentlich für den Erfolg in der Schule. Leider haben einige Kinder große Schwierigkeiten, aufmerksam zu sein. An dieser Stelle sei auf den Kasten „Biologie und Umwelt" verwiesen, der schwere Lern- und Verhaltensprobleme von Kindern mit einer Aktivitäts- und Aufmerksamkeitsstörung diskutiert.

Biologie und Umwelt:
Kinder mit Aktivitäts- und Aufmerksamkeitsstörung (hyperkinetische Störung: ADHD)

Während die anderen Fünftklässler ruhig an ihren Tischen arbeiteten, wand sich Kevin auf seinem Stuhl, ließ seinen Stift fallen, schaute aus dem Fenster, zappelte mit seinen Schuhbändern herum und schwätzte. „He, Jan", schrie er über mehrere Tische hinweg „wollen wir nach der Schule ballspielen?" Jan und die anderen waren nicht erpicht darauf, mit Kevin zu spielen. Draußen auf dem Spielplatz hörte Kevin schlecht zu und war nicht in der Lage, den Spielregeln zu folgen. Er hatte Schwierigkeiten, sich beim Ballschlagen mit den anderen abzuwechseln. Auf dem Feld warf er seinen Baseballhandschuh in die Luft und sah sonst wo hin, wenn der Ball zu ihm flog. Kevins Schultisch und sein Zimmer zu Hause waren ein einziges Chaos. Er verlor häufig Stifte, Bücher und andere Materialien, die notwendig waren, um Aufgaben zu erledigen.

Symptome von ADHD

Kevin ist eines von 3 % bis 5 % von Kindern im Schulalter mit einer **Aktivitäts- und Aufmerksamkeitsstörung (hyperkinetische Aufmerksamkeitsstörung, engl. attention-deficit hyperactivity disorder: ADHD)**, einer Störung, die Unaufmerksamkeit, Impulsivität und exzessive motorische Unruhe umfasst, die zu schulischen und sozialen Problemen führt (American Psychiatric Association, 1994). Jungen wird die Diagnose drei- bis neunmal so häufig wie Mädchen gestellt. Jedoch werden viele Mädchen mit ADHD möglicherweise nicht erfasst, weil ihre Symptome nicht so auffällig sind (Gaub & Carlson, 1997).

Kinder mit ADHD können sich nicht länger als wenige Minuten auf eine Aufgabe konzentrieren. Zusätzlich handeln sie oft impulsiv, ignorieren soziale Spielregeln und schlagen um sich vor Feindseligkeit, wenn sie frustriert sind. Viele (aber nicht alle) sind hyperaktiv. Sie toben mit unmäßiger motorischer Aktivität durch ihren Tag, erschöpfen Eltern und Lehrer und irritieren andere Kinder, so dass sie bald von ihren Klassenkameraden abgelehnt werden. ADHD-Kinder haben wenige Freunde, sie werden von ihren Klassenkameraden abgelehnt. Die Diagnose ADHD wird erst gestellt, wenn diese Symptome vor dem Alter von sieben Jahren als dauerhaftes Problem aufgetaucht sind.

Die Intelligenz von Kindern mit ADHD ist normal und sie zeigen keine Anzeichen einer schweren emotionalen Störung. Nach einer durch Forschung gut gestützten Sichtweise weisen die ADHD-Symptome eine Gemeinsamkeit auf: eine Beeinträchtigung von Hemmmechanismen, die es erschwert, Handlungen zugunsten von Gedanken aufzuschieben (Barkley, 1997, 1999). Folglich sind solche Kinder schlecht bei Aufgaben, die längere Aufmerksamkeit erfordern, haben es schwer, unwichtige Informationen zu ignorieren und haben Schwierigkeiten mit dem Behalten und Erinnern, Planen, Urteilen und Problemlösen (Denckla, 1996).

Ursprung von ADHD

Die Vererbung spielt bei ADHD eine wesentliche Rolle. Die Störung tritt in Familien gehäuft auf und eineiige Zwillinge leiden häufiger beide darunter als zweieiige Zwillinge (Sherman, Iacono, & McGue, 1997). Kinder mit ADHD zeigen auch eine unnormale Hirnfunktion (reduzierte elektrische und Blutstrom-Aktivität im Frontallappen der Großhirnrinde und anderen Arealen, die für Aufmerksamkeit und Hemmung des Verhaltens verantwortlich sind (Giedd et al., 2001; Rapport & Chung, 2000). Verschiedene Gene, die den Austausch von Informationen zwischen und in den Neuronen beeinflussen, sind an der Störung beteiligt (Biederman & Spencer, 2000; Quist & Kennedy, 2001).

Gleichzeitig wird ADHD mit Umweltfaktoren in Verbindung gebracht. Diese Kinder kommen eher aus Familien mit unglücklichen Ehen und hoher familiärer Belastung (Bernier & Siegel, 1994). Aber ein belastendes Familienleben ist selten Ursache von ADHD. Stattdessen können die Verhaltensweisen dieser Kinder zu Familienproblemen beitragen, welche die schon zuvor existierenden Schwierigkeiten des Kindes verstärken. Ferner werden pränatale Giftstoffe (besonders solche mit Langzeiteinwirkung wie illegale Drogen, Alkohol und Zigaretten) mit Unaufmerksamkeit und Hyperaktivität in Verbindung gebracht (Milbeger et al., 1997).

Die Behandlung von ADHD

Kevins Arzt verschrieb schließlich ein anregendes Medikament, die gebräuchlichste Behandlung von ADHD. Wenn die Dosierung sorgfältig reguliert wird, reduzieren diese Medikamente das Aktivitätsniveau und verbessern Aufmerksamkeit, schulische Leistungen und Beziehungen zu Gleichaltrigen um circa 70 % (Greenhill, Halperin, & Abikoff, 1999). Anregende Medikamente scheinen die Aktivität in den Frontallappen zu vergrößern und damit die Fähigkeit des Kindes zu erhöhen, Aufmerksamkeit aufrechtzuerhalten und selbst stimulierende Verhaltensweisen zu hemmen.

Obwohl anregende Medikamente relativ sicher sind, ist ihre Wirkung nur von kurzer Dauer. Medikamente können Kinder nicht unterweisen, wie sie Unaufmerksamkeit und Impulsivität kompensieren können. Die Kombination von Medikamenten mit Interventionen, die ein angemessenes schulisches und soziales Verhalten modellieren und verstärken, scheinen der wirksamste Behandlungsansatz zu sein (Pelham, Wheeler, & Chronis, 1998). Eine Familienintervention ist ebenfalls wichtig. Unaufmerksame, hyperaktive Kinder strapazieren die Geduld der Eltern, die leicht ihrerseits mit Strafe und Inkonsequenz reagieren – ein Erziehungsstil, der unangemessenes Verhalten verstärkt. Diesen Kreislauf zu durchbrechen ist für Kinder mit ADHD so wichtig wie für widerspenstige, aggressive Kinder, die in Kapitel 8 beschrieben wurden. In der Tat treten diese beiden Verhaltensweisen bei wenigstens 35 % von Verhaltensproblemen gleichzeitig auf (Lahey & Loeber, 1997).

Weil ADHD eine lebenslange Störung sein kann, erfordert sie oft eine Langzeittherapie. Erwachsene mit ADHD brauchen Hilfe bei der Strukturierung ihrer Umgebung, der Regulation negativer Gefühle, der Wahl eines angemessenen Berufes und dem Verständnis ihrer Befindlichkeit als biologisches Defizit statt einer Charakterstörung.

Dieser Junge zeigt oft zerstörerisches Verhalten, womit er seine Klassenkameraden stört, die versuchen zu arbeiten. Kinder mit ADHN haben große Schwierigkeiten, bei einer Aufgabe zu bleiben, und handeln oft impulsiv.

9.5.2 Gedächtnisstrategien

Mit der Aufmerksamkeit verbessern sich auch Gedächtnisstrategien, das sind überlegte geistige Aktivitäten, beim Speichern und Behalten von Informationen. Als Lisa eine Liste von Dingen lernen musste, etwa die Hauptstädte aller US-Staaten, benutzte sie unmittelbar das **Wiederholen von Informationen**. Diese Gedächtnisstrategie taucht zuerst in den ersten Schuljahren auf. Bald danach wird eine andere Strategie gebräuchlich: die **Organisation – das Gruppieren verwandter Bestandteile** (zum Beispiel alle Hauptstädte der Staaten im gleichen Teil des Landes), eine Vorgehensweise, die das Erinnern dramatisch verbessert (Gathercole, 1998).

Gedächtnisstrategien erfordern Zeit und Anstrengung zu ihrer Perfektionierung. Die achtjährige Lisa zum Beispiel übte Stück für Stück: Nachdem man ihr das Wort Katze aus einer Liste von Gegenständen gab, sagte sie: „Katze, Katze, Katze." Im Gegensatz dazu kombinierte der zehnjährige Jan vorhergehende Wörter mit jedem neuen Wort, indem er sagte: „Tisch, Mensch, Hof, Katze, Katze" (Kunzinger, 1985). Jan organisierte auch geschickter, indem er Wörter in weniger Kategorien gruppierte. Zusätzlich benutzte er Organisation bei einer großen Bandbreite von Gedächtnisaufgaben, wohingegen Lisa sie nur dann benutzte, wenn die kategorialen Beziehungen zwischen den Wörtern offensichtlich waren (Bjorklund et al., 1994). Und Jan kombinierte häufig verschiedene Strategien, z.B. Organisieren, die Kategoriennamen nennen und Proben (Coyle & Bjorklund, 1997). Aus all diesen Gründen erhielt Jan viel mehr Informationen.

Zum Ende der mittleren Kindheit fangen Kinder an, die **Elaboration (Ausarbeitung)** zu benutzen. Sie umfasst das Schaffen einer Beziehung oder gemeinsamen Bedeutungsanteilen zwischen zwei oder mehr Informationseinheiten, die nicht zur gleichen Kategorie gehören. Stellen Sie sich zum Beispiel vor, dass die Wörter Fisch und Pfeife sich unter einer Liste von Wörtern befinden, die Sie lernen sollen. Sie könnten sich das mentale Bild eines pfeiferauchenden Fisches vorstellen. Wenn Kinder einmal diese Gedächtnistechnik entdeckt haben, erfahren sie diese als so effektiv, dass sie anfangen, andere Strategien durch diese zu ersetzen. Die Elaboration entwickelt sich spät, da sie eine beträchtliche geistige Anstrengung und viel Platz im Arbeitsgedächtnis erfordert. Sie wird zunehmend gebräuchlich während der Adoleszenz und im frühen Erwachsenenalter (Schneider & Pressley, 1997).

Weil die Strategien von Organisation und Elaboration Einzelteile in *bedeutsame größere Gruppeneinheiten (chunks)* kombinieren, erlauben sie es den Kindern, viel mehr Informationen zu behalten. Folglich erweitern die Strategien das Arbeitsgedächtnis. Wenn Kinder ein neues Wort mit Informationen verbinden, über die sie bereits verfügen, können sie es sich leicht *abrufen,* indem sie an andere Wörter denken, die mit ihm assoziiert sind. Wie im nächsten Abschnitt zu sehen sein wird, liegt hierin der Grund dafür, dass das Gedächtnis sich während der Schuljahre so beständig verbessert.

9.5.3 Wissensgrundlage und Gedächtnisleistung

Während der mittleren Kindheit wird das im Langzeitgedächtnis gespeicherte Wissen größer und organisiert sich in ausgefeilte, hierarchisch strukturierte Netzwerke. Dieses rasche Wachstum von Wissen hilft den Kindern bei der Anwendung von Strategien und deren Erinnerung (Schneider, 1993). In anderen Worten: mehr Wissen über ein Thema gibt neuen Informationen mehr Bedeutung und Vertrautheit, sodass sie leichter zu speichern und zurückzuholen sind.

Um das zu untersuchen, klassifizierten Forscher Viertklässler als Experten oder Neulinge im Wissen über Fußball. Dann gaben sie beiden Gruppen Listen von Begriffen zum Lernen, die mit Fußball zusammenhingen oder auch nicht. Experten behielten viel mehr Wörter aus der Fußballliste (aber nicht von der Liste mit Nicht-Fußballbegriffen) als die Nichtexperten. Und während des Erinnerns war die Aufzählung der Experten besser organisiert, was sich im Bündeln von Wörtern in Kategorien manifestierte (Schneider & Bjorklund, 1992). Diese Erkenntnisse weisen darauf hin, dass Kinder mit hohem Wissensstand Informationen im Bereich ihres Expertentums mit wenig oder ohne Anstrengung organisieren. Folglich können Experten mehr Ressourcen des Arbeitsgedächtnisses verwenden und erinnerte Informationen zum Urteilen und Problemlösen nutzen (Bjorklund & Douglas, 1997).

Aber Wissen ist nicht der einzig wichtige Faktor bei der strategischen Gedächtnisverarbeitung bei Kindern. Kinder, die auf einem Gebiet Experten sind, sind in der Regel hoch motiviert. Daraus resultiert, dass sie Wissen nicht nur schneller erwerben, sondern auch *aktiv nutzen, was sie wissen,* um neues Wissen hinzuzufügen. Im Gegensatz dazu versagen Kinder ohne diese Wissensgrundlage darin, nachzufragen, wie frühere gespeicherte Informationen mit den neuen zusammenhängen. Das wiederum stört die Entwicklung einer breiten Wissensgrundlage (Schneider & Bjorklund, 1998). So sind am Ende eines Schuljahres ein ausgedehntes Wissen und Gebrauch von Gedächtnisstrategien eng aufeinander bezogen und unterstützen sich gegenseitig.

9.5.4 Kultur, Schule und Gedächtnisstrategien

Denken Sie über Situationen nach, in denen die Strategien von Proben, Organisation und Elaboration nützlich sind. Man benutzt diese Techniken in der Regel, wenn man Informationen um ihrer selbst willen erinnern muss. Bei vielen anderen Gelegenheiten nimmt man an täglichen Aktivitäten teil, die ein exzellentes Erinnern als natürliches Nebenprodukt der Aktivität produzieren.

Wiederholt wurde festgestellt, dass Menschen in nichtwestlichen Kulturen ohne formale Schulausbildung Instruktionen für Gedächtnisstrategien nicht nutzen und sie deshalb von ihnen auch nicht profitieren (Rogoff & Chavajay, 1995). Aufgaben, die von Kindern erfordern, isolierte Teile von Informationen zu erinnern, sind in der Schule gebräuchlich und sie geben Kindern sehr viel Motivation, Gedächtnisstrategien zu nutzen. In der Tat bekommen westliche Kinder so viel Übung mit dieser Art von Lernen, dass sie keine anderen Erinnerungstechniken verfeinern, die von der räumlichen Lage oder der Anordnung von Gegenständen abhängen – Hinweise, die im täglichen Leben leicht verfügbar sind. Australische Ureinwohner und guatemalische Maya-Kinder sind wesentlich besser in diesen Gedächtnisfertigkeiten (Kearins, 1981; Rogoff, 1986). Auf diese Weise betrachtet, hat die Entwicklung von Gedächtnisstrategien nicht nur mit einem kompetenteren System der Informationsverarbeitung zu tun. Sie ist auch ein Produkt der Arbeitsanforderungen und kulturellen Umstände.

9.5.5 Die Theorie des Geistes beim Schulkind

Während der mittleren Kindheit wird die *Theorie des Geistes* oder der Bestand von Gedanken über geistige Aktivitäten entwickelter und verfeinerter. In Kapitel 7 wurde diese Bewusstheit der Gedanken *Metakognition* genannt. Die verbesserte Fähigkeit von Kindern im Schulalter, ihr eigenes geistiges Leben zu reflektieren, ist ein weiterer Grund für ihre Fortschritte im Denken und Problemlösen.

Anders als Kindergartenkinder, die den Geist als einen passiven Behälter von Informationen ansehen, betrachten ihn ältere Kinder als aktives, konstruktives Mittel, das in der Lage ist, Informationen auszuwählen und zu transformieren (Kuhn, 2000). Folglich haben sie ein viel besseres Verständnis des Denkprozesses

Unter den Inupiaq-Bewohnern im nordwestlichen Alaska, die von Fischfang und Jagen leben, lehren die Alten den Kindern Verantwortlichkeit für die Gemeinschaft und Respekt für die Umwelt. Indem dieses Inupiaq-Mädchen ihrer Großmutter bei der komplizierten Kunst des Webens eines Fischernetzes assistiert, demonstriert sie ein scharfes Gedächtnis für Informationen, die in einen bedeutsamen Kontext eingebettet sind. Doch bei einer Gedächtnisaufgabe aus einer Liste, wie man sie in der Schule gibt, wäre ihre Leistung weniger gut.

und des Einflusses psychologischer Faktoren auf die Leistung. Sie wissen zum Beispiel, dass geistige Schlussfolgerungen die Quelle von Wissen sein können und dass die Qualität einer Leistung von der Konzentration der Aufmerksamkeit abhängen kann – sich darauf konzentrieren, das wollen und nicht von irgend etwas anderem abgelenkt werden (Carpendale & Chandler, 1996; Miller & Bigi, 1979). Sie setzen auch viel bewusster Gedächtnisstrategien nach Effizienzkriterien ein (Justice et al., 1997). Des Weiteren begreifen sie die Beziehung zwischen bestimmten geistigen Aktivitäten, z.B. dass Sich-Erinnern für das Verstehen entscheidend ist und dass Verstehen das Gedächtnis stärkt (Schwanenflugel, Henderson, & Fabricius, 1998).

Was fördert diese reflektierte, prozessorientierte Sicht des Geistes? Vielleicht werden Kinder bei einer Beobachtung ihres eigenen Denkens zu einem ruhigen Zeitpunkt geistiger Aktivitäten gewahr (Wellman & Hickling, 1994). Die Schule mag auch dazu beitragen. Kinder dazu zu bringen, im Kopf zu behalten, was sie gerade machen; und sich an geistige Schritte zu erinnern, lenkt die Aufmerksamkeit auf das Funktionieren des Geistes. Und wenn Kinder lesen, schreiben und mathematische Aufgaben lösen, bedienen sie sich oft der privaten Sprache (im Selbstgespräch), zuerst laut und dann still. Wenn sie „sich selber denken hören", entdecken sie wahrscheinlich viele Aspekte geistigen Lebens (Flavell, Green, & Flavell, 1995).

Wenn sich Kinder erst einmals der vielen Faktoren bewusst sind, die die geistige Aktivität beeinflussen, kombinieren sie diese zu einem integrierten Verstehen. Kinder im Schulalter beachten *Interaktionen* zwischen Variablen – wie Alter und Motivation des Lernenden, wirksamer Gebrauch der Strategien und Wesen und Schwierigkeit der Aufgabe zusammenwirken, um kognitive Leistung zu beeinflussen (Wellman, 1990). Auf diese Weise wird Metakognition wahrlich eine umfassende Theorie.

9.5.6 Kognitive Selbstregulation

Obwohl sich die Metakognition ausweitet, haben Kinder im Schulalter oft Schwierigkeiten, das, was sie über das Denken wissen, in Handlungen umzusetzen. Sie sind noch nicht gut in der **kognitiven Selbstregulation,** dem Prozess, kontinuierlich den Fortschritt auf ein Ziel hin zu überwachen, Ergebnisse zu überprüfen und erfolglose Bemühungen umzudirigieren. Lisa zum Beispiel weiß, dass sie Wörter beim Memorieren gruppieren sollte und dass sie einen komplizierten Abschnittt noch einmal lesen sollte, um sicherzustellen, dass sie ihn verstanden hat. Aber sie macht das nicht immer, wenn sie an einer Aufgabe arbeitet.

Um kognitive Selbstregulation zu untersuchen, schauen manche Forscher auf den Einfluss, den das Bewusstsein der Kinder von der Wirksamkeit von Gedächtnisstrategien auf die erzielten Erinnerungsleistungen hat. Irgendwann in der zweiten Klasse zeigt sich, je mehr Kinder über Gedächtnisstrategien wissen, desto mehr erinnern sie – eine Beziehung, die sich über die mittlere Kindheit hinweg verstärkt (Pierce & Lange, 2000).

Warum entwickelt sich Selbstregulation graduell? Die Überwachung von Lernerfolgen ist kognitiv fordernd und erfordert eine ständige Bewertung von Bemühen und Fortschritt. In der Adoleszenz ist Selbstregulation der beste Prädiktor für Schulerfolg (Joyner & Kurtz-Costes, 1997). Schüler, die in der Schule gut sind, wissen, wann ihr Lernen gut verläuft und wann nicht. Wenn sie Hindernissen begegnen, wie schlechten Lernbedingungen, einer verwirrenden Textpassage oder einer unklaren Präsentation in der Klasse, unternehmen sie Schritte, die Lernsituation zu organisieren, das Material zu wiederholen oder andere Quellen der Unterstützung zu suchen. Dieser aktive, zweckgerichtete Zugang steht in scharfem Kontrast zu der passiven Orientierung schlechter Schüler (Zimmerman & Risemberg, 1997).

Eltern und Lehrer können Selbstregulation fördern, indem sie auf spezielle Anforderungen der Aufgabe hinweisen, wirksame Strategien vorschlagen und den Wert der Selbstkorrektur betonen – Praktiken, die einen wesentlichen Effekt auf das Lernen bei Kindern gezeigt haben. Ferner ermutigt das Erklären, warum Strategien wirksam sind, die Kinder dazu, sie in neuen Situationen anzuwenden (Pressley, 1995).

Kinder, die wirksame selbstregulatorische Fertigkeiten erwerben, entwickeln Vertrauen in ihre eigenen Fähigkeiten – ein Gefühl, dass den Gebrauch von Selbstregulation in der Zukunft unterstützt (Zimmerman, 2002). Leider erhalten einige Kinder von Eltern und Lehrern Botschaften, die ihr schulisches Selbstwertgefühl und ihre selbstregulatorischen Fähigkeiten ernsthaft untergraben. Diese Kinder haben Hilflosigkeit gelernt; in Kapitel 10 wird darauf noch unter dem Aspekt, wie man ihnen helfen kann, eingegangen.

9.5.7 Anwendung von Informationsverarbeitung beim schulischen Lernen

Auf das Erlernen von Lesen und Mathematik bei Kindern hat man grundlegende Entdeckungen der Informationsverarbeitung angewendet. Forscher sind dabei, die kognitiven Bestandteile gekonnter Leistungen zu identifizieren, indem sie ihre Entwicklung zurückverfolgen und gute Lerner von schlechten durch eine genaue Unterscheidung kognitiver Fertigkeiten zu unterscheiden versuchen. Sie hoffen dadurch Lehrmethoden entwerfen zu können, die den Schulkindern dabei helfen, diese wesentlichen Fertigkeiten zu bewältigen.

■ **Lesen**

Beim Lesen wird eine Anzahl von Fähigkeiten auf einmal benutzt und alle Aspekte unseres informationsverarbeitenden Systems werden in Anspruch genommen. Jan und Lisa müssen einzelne Buchstaben und Buchstabenkombinationen wahrnehmen, sie in Sprechlaute umformen, Teile vom Text im Arbeitsgedächtnis behalten, während sie ihre Bedeutung interpretieren und die Bedeutung verschiedener Teile einer Textpassage in ein verständliches Ganzes bringen. In der Tat ist Lesen so fordernd, dass die meisten oder alle dieser Fähigkeiten automatisch ausgeübt werden müssen (Perfetti, 1988). Wenn eine oder mehrere schlecht entwickelt sind, wetteifern sie in unserem begrenzten Arbeitsgedächtnis um Ressourcen und die Leseleistung fällt ab.

Forscher wissen noch nicht genau, wie Kinder es fertigbringen, all diese verschiedenen Fähigkeiten in fließendes Lesen zu kombinieren. Folglich sind Psychologen und Pädagogen in große Debatten darüber verwickelt, wie man Lesenlernen lehren sollte. Auf der einen Seite steht die Fraktion der Befürworter des **ganzheitlichen Zugangs (Ganzheitsmethode).** Sie argumentieren, dass Lesen in einer Weise gelehrt werden sollte, die dem natürlichen Erlernen der Sprache parallel läuft. Von Anfang sollten die Kinder dem Text in seiner vollständigen Form ausgesetzt sein – Geschichten, Gedichte, Briefe, Plakate und Listen –, so dass sie die kommunikative Funktion der geschriebenen Sprache erfassen können. Nach Meinung dieser Experten sind Kinder motiviert, die spezifischen Fertigkeiten, die sie zum Lesen benötigen, zu entdecken, solange das Lesen ganzheitlich und an bedeutungshaltigem Material erfolgt (Goodman, 1986; Watson, 1989). Die Gegenpartei sind jene, die sich für einen **synthetischen Zugang** einsetzen. Nach dieser Sichtweise sollte man Kindern vereinfachtes Lesematerial geben. Zuerst sollten sie Phonologie lernen – die grundlegenden Regeln, wie Laute in geschriebene Symbole umgesetzt werden. Erst später, wenn sie diese Fertigkeiten meistern, sollten sie komplexes Lesematerial erhalten (Rayner & Pollatsek, 1989).

Derzeit nehmen die meisten Fachleute an, dass Kinder am besten mit einer Mischung beider Zugänge lernen. Kinder der Vorschule profitieren von einer Betonung der ganzen Sprache mit gradueller Einführung der Phonetik (Jeynes & Littell, 2000). In der ersten Klasse treibt eine Methode, die Phonetik enthält, Lesetestwerte in die Höhe, besonders bei Kindern aus Familien mit niedrigem sozioökonomischen Status, die ein Risiko für Leseschwierigkeiten tragen (Rayner et al., 2001). Und wenn Lehrer Lesen und Schreiben mit der Vermittlung grundlegender Fertigkeiten kombinieren und sich anderer guter Lehrmethoden bedienen, die Kinder ermutigen, Leseanforderungen anzupacken und Lesen in alle Schulfächer integrieren, zeigen Erstklässler einen viel größeren Erfolg beim Lesenlernen (Pressley et al., 2001).

Warum mag die Kombination von Phonetik mit der Ganzheitsmethode einen Sinn ergeben? Das Erlernen der Grundlagen (Beziehung zwischen Buchstaben und Lauten) befähigt Kinder, Wörter durch Synthese der einzenen Phoneme zu entziffern, die sie zuvor nie gesehen haben. Wenn dieser Prozess sich automatisiert, entlastet er das Arbeitsgedächtnis für Aktivitäten auf einem höheren Niveau, die beim Verständnis der Textbedeutung beteiligt sind. Wenn jedoch die grundlegenden Fertigkeiten überbetont werden, können die Kinder das Ziel des Lesens aus den Augen verlieren: das Verständnis von Inhalten. Viele Lehrer berichten von Fällen, in denen Kinder fließend laut lesen, aber kaum Bedeutung wahrnehmen. Solche Kinder haben wenig Wissen von wirksamen Lesestrategien, dass sie zum Beispiel sorgfältiger lesen müssen, wenn man sie über einen Abschnitt abfragt. Und sie überwachen ihr Leseverständnis nicht. Indem man Instruktionen zur Verfügung stellt, die das Wissen über Lesestrategien vergrößert und diese Strategien anwendet, wird die Leseleistung von der dritten Klasse an sehr verbessert (Dickson et al., 1998).

■ Mathematik

Der Mathematikunterricht in der Grundschule baut auf das informelle Wissen der Kinder über Zahlenkonzepte und Zählen und baut es aus. Geschriebene Zahlensysteme und formale rechnerische Prozeduren verstärken die Fähigkeit der Kinder, Zahlen darzustellen und zu rechnen. Über die ersten Grundschuljahre hinweg erwerben Kinder grundlegende mathematische Fakten durch eine Kombination von häufigem Üben, den Aufbau von Zahlenkonzepten und eine Belehrung, die wirksame Strategien vermittelt (Alibali, 1999; Canobi, Reeve, & Pattison, 1998). Wenn Erstklässler z.B. erkennen, dass sie unabhängig von der Anordnung, in der zwei Sätze von Zahlen kombiniert sind (2 + 6 = 8 und 6 + 2 = 8), das gleiche Ergebnis erhalten, beginnen sie häufiger mit der höheren Zahl (6) und zählen weiter (7, 8), eine Strategie, welche die nötige Arbeit verkleinert. Schließlich erhalten die Kinder Antworten automatisch und wenden dieses Wissen auf komplexere Aufgaben an.

Argumente, wie man Mathematik lehren sollte, ähneln denen zum Lesenlernen. Drill in Rechenfertigkeiten wird einem „Zahlensinn" oder Verständnis entgegengehalten. Wieder einmal ist eine Mischung beider Zugänge am nützlichsten. Beim Lernen mathematischer Fakten verwenden schlechte Schüler wenig Zeit, mit Strategien zu experimentieren, sondern versuchen möglichst schnell, Antworten aus dem Gedächtnis zu gewinnen. Ihre Antworten sind oft falsch, weil sie keine Strategien lange genug benutzt haben,

Kulturelle und in der Sprache verankerte Faktoren tragen zu den Fertigkeiten asiatischer Kinder in Mathematik bei. Der Abakus unterstützt das Verständnis dieses japanischen Jungen von dem Wert der Stelle im Zahlensystem. Einer, Zehner, Hunderter und Tausender sind durch eine unterschiedliche Säule von Perlen dargestellt und Berechnungen werden durch die Bewegung der Perlen in unterschiedliche Positionen bewältig. Wenn Kinder geübter in der Handhabung des Abakus sind, lernen sie, auf eine Weise zu denken, die das Lösen komplexer arithmetischer Probleme erleichtert.

um untersuchen zu können, welche zu raschen, korrekten Lösungen führt. Durch das Ausprobieren von Strategien ringen gute Schüler mit zugrunde liegenden Konzepten und erwerben wirksame Lösungstechniken (Siegler, 1996). Das weist darauf hin, dass es für eine solide Bewältigung grundlegender mathematischer Fertigkeiten wesentlich ist, Schüler zu ermutigen, Strategien anzuwenden und sicherzustellen, sodass sie verstehen, warum bestimmte Strategien gut funktionieren.

In asiatischen Ländern erhalten Schüler verschiedene Hilfen, um mathematisches Wissen zu erwerben, und sind oft hervorragend in Mathematik und schlußfolgerndem Denken. Die Verwendung des metrischen Systems zum Beispiel hilft den asiatischen Kindern, den Wert der Stelle im Zahlensystem zu begreifen. Die konsistente Struktur von Zahlwörtern in asiatischen Sprachen („zehn zwei" für 12, „zehen drei" für 13) verdeutlicht diesen Gedanken (Ho & Fuson, 1998). Ferner sind asiatische Zahlwörter kürzer und werden schneller ausgesprochen. Deshalb können mehr Ziffern auf einmal im Arbeitsgedächtnis behalten werden, was die Verarbeitungsgeschwindigkeit erhöht (Geary et al., 1996). Schließlich wird, wie später in diesem Kapitel vorgestellt wird, in asiatischen Schulen viel mehr Zeit darauf verwendet, zugrunde liegende mathematische Konzepte zu entdecken, und viel weniger Wert auf Drill und Wiederholung gelegt.

Prüfen Sie sich selbst ...

Rückblick
Belegen Sie, dass Kinder im Schulalter den Geist als eine aktive, konstruktive Kraft ansehen.

Rückblick
Warum sind für die solide Bewältigung von Lesen und Mathematik bei Kindern das Erlernen von grundlegenden Fertigkeiten wie das Verstehen von Konzepten und kognitiven Strategien von großer Bedeutung?

Anwendung
Nachdem sie eine Diaschau über gefährdete Arten angesehen hatten, forderte man Zweit- und Fünftklässler auf, so viele Tiere zu erinnern wie möglich. Erklären Sie, warum die Fünftklässler viel mehr in Erinnerung behielten als die Zweitklässler.

Anwendung
Die achtjährige Lisa weiß, dass man besondere Aufmerksamkeit auf einen Teil einer Aufgabe legen sollte, wenn man Schwierigkeiten mit dessen Erlernen hat. Aber sie spielt jedes ihrer Klavierstücke von Anfang bis Ende, statt den schwierigeren Part zu üben. Erklären Sie, warum Lisa nicht in der Lage ist, das anzuwenden, was sie weiß.

Prüfen Sie sich selbst ...

9.6 Individuelle Unterschiede in der geistigen Entwicklung

Während der mittleren Kindheit stützen sich Pädagogen stark auf Intelligenztests, um individuelle Unterschiede in der geistigen Entwicklung einzuschätzen. Um das Alter von sechs Jahren wird die Intelligenz stabiler als im früheren Alter und korreliert gut mit schulischen Leistungen. Weil das Intelligenzniveau die Schulleistung voraussagt, wird es oft bei pädagogischen Entscheidungen verwendet. Sind Intelligenztestergebnisse gute Indikatoren für die Fähigkeit des Schulkindes, von schulischer Unterweisung zu profitieren? Auf dieses strittige Thema soll nun ein genauerer Blick geworfen werden.

9.6.1 Definition und Messung der Intelligenz

Nahezu alle Intelligenztests liefern einen Gesamtwert (den Intelligenzquotienten – IQ), welcher die *allgemeine Intelligenz* oder Denk- und Problemlösefähigkeit zusammen mit einer Reihe einzelner Werte misst, die spezifische geistige Fähigkeiten erfasst. Intelligenz ist eine Sammlung vieler Fähigkeiten, von denen nicht alle in derzeit verfügbaren Tests enthalten sind. Testkonstrukteure benutzen eine komplizierte statistische Technik, die *Faktorenanalyse,* um die verschiedenen Fähigkeiten zu identifizieren, die Intelligenztests messen. Diese Methode legt fest, welche Aufgabenreihen des Tests stark miteinander korrelieren. Von solchen, die das tun, nimmt man an, dass sie die gleiche Fähigkeit messen. Sie werden deshalb als eigenständige Faktoren definiert. Siehe Abbildung 9.5 mit Aufgaben, die typischerweise in Intelligenztests für Kinder erscheinen.

Die Intelligenztests, die man meistens in Klassen vornimmt, sind *Gruppentests*. Sie erlauben es, viele Schüler auf einmal zu testen, und erfordern wenig Training bei den Lehrern, die sie anleiten. Gruppentests sind nützlich zum Planen des Unterrichtsprogramms und zum Identifizieren von Kindern, die eine ausführlichere Bewertung mit *individuell angewendeten Tests* brauchen. Im Gegensatz zu Gruppentests erfordern individuell angewendete Tests ein beträchtliches Training und Erfahrung des Testanleiters. Der Untersucher betrachtet nicht nur die Antworten des Kindes, sondern auch sein Verhalten und beachtet Reaktionen wie Aufmerksamkeit und Interesse am Test und behutsames Vorgehen des Erwachsenen. Diese Beobachtungen geben Einsicht, ob der Testwert genau ist oder die Fähigkeiten des Kindes unterschätzt. Zwei Individualtests – der Stanford-Binet und der Hamburg-Wechsler-Intelligenztest für Kinder – werden oft eingesetzt, um hochintelligente Kinder und solche mit Lernschwierigkeiten zu identifizieren.

Die Stanford-Binet-Intelligenzskala, moderner Nachfahre von Alfred Binets erstem erfolgreichen Intelligenztest, ist gültig für Menschen von zwei Jahren bis ins Erwachsenenalter. Sie misst allgemeine Intelligenz und vier getrennte Intelligenzfaktoren: verbales schlussfolgerndes Denken, quantitatives Denken, räumliches Denken und Kurzzeitgedächtnis (Thorndike, Hagen & Sattler, 1986). Diese Faktoren werden definiert durch 15 Untertests, die eine detaillierte Analyse der geistigen Fähigkeiten des Kindes erlauben. Der verbale und der quantitative Faktor betonen kulturell beeinflusste, faktenorientierte Informationen, wie Wortschatz, Satzverständnis und Mengen- sowie Zahlenverständnis. Von dem räumlichen Faktor nimmt man an, dass er weniger kulturell abhängig ist, weil er wenig Wissen im Sinne spezifischer Informationen erfordert (siehe die Aufgabe zur räumlichen Vorstellung in Abbildung 9.5).

Der Hamburg-Wechsler-Intelligenztest für Kinder (HAWIK-R III) ist die dritte Version eines weit verbreiteten Tests für 6- bis 16-Jährige. Zusätzlich zur allgemeinen Intelligenz misst er zwei weitgefasste intellektuelle Faktoren: (1) einen verbalen mit sechs Untertests und (2) einen Handlungsteil mit fünf Untertests. Handlungsaufgaben (siehe Beispiele in Abbildung 9.5) erfordern, dass das Kind Materialien anordnet, statt mit dem Untersucher zu sprechen

(Wechsler, 1991). Sie boten eine der ersten Möglichkeiten, dass nicht englisch sprechende Kinder und solche mit Sprachstörungen ihre intellektuelle Stärken demonstrieren konnten. Der HAWIK war auch der erste Test, der an Kindern standardisiert wurde, die eine große Eichstichprobe aus der Gesamtbevölkerung der Bundesrepublik repräsentierten, in den Vereinigten Staaten einschließlich ethnischer Minderheiten. Nach der Wiedervereinigung Deutschlands wurde der Test an einer repräsentativen gesamtdeutschen Stichprobe neu geeicht, es entstand die neueste Version des HAWIK-R III (Hamburg-Wechsler-Intelligenztest, 2000).

9.6.2 Neuere Bemühungen, die Intelligenz zu definieren

Einige Forscher haben den faktorenanalytischen Ansatz zur Definition der Intelligenz mit dem Informationsverarbeitungsansatz kombiniert. Sie nehmen an,

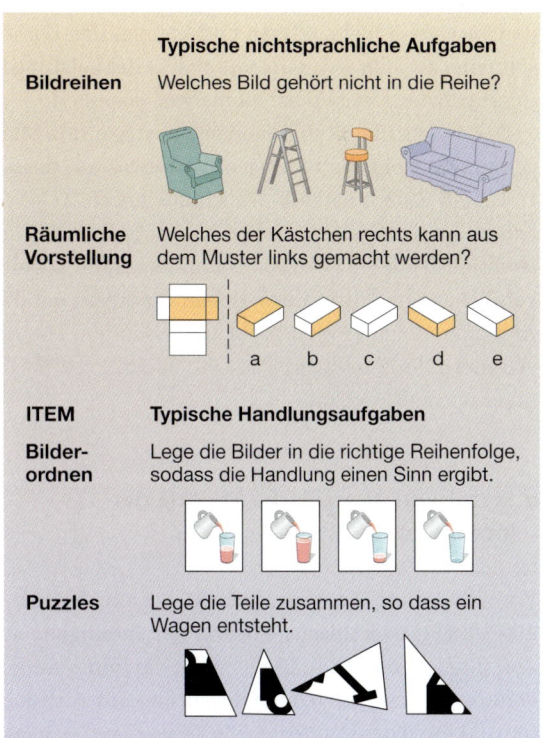

Abbildung 9.5: Testaufgaben wie diese sind in Intelligenztests für Kinder gebräuchlich. Im Gegensatz zu verbalen Aufgaben erfordern nichtverbale Aufgaben kein Lesen oder direkten Gebrauch der Sprache. Handlungsaufgaben sind auch nichtverbal, erfordern aber vom Kind, zu zeichnen oder irgendetwas zu konstruieren und nicht lediglich die richtige Antwort zu geben. Daher kommen sie nur in individuell gegebenen Tests vor. (Beispiele des logisches Denkens, Bildergänzens und räumlicher Vorstellung mit Erlaubnis von The Free Press, a Division of Simon & Shuster Adult Publishing Group and Thomson Publishing Services, from Bias in Mental Testing by Arthur R. Jensen. © 1980 by Arthur R. Jensen.)

dass Faktoren in Intelligenztests nur einen begrenzten Nutzen haben, wenn man nicht die kognitiven Prozesse identifiziert, die diese Faktoren definieren. Wenn erst einmal die Grundlage des IQs verstanden ist, ist viel mehr bekannt darüber, warum ein bestimmtes Kind gut oder schlecht ist und an welchen Fähigkeiten gearbeitet werden muss, um eine bessere Leistung zu erzielen. Diese Forscher führen eine Analyse der Komponenten der Testwerte von Kindern durch. Das bedeutet, dass sie nach Zusammenhängen zwischen Aspekten (oder Komponenten) der Informationsverarbeitung und dem IQ des Kindes suchen.

Viele Untersuchungen zeigen, dass die Verarbeitungsgeschwindigkeit mit dem IQ in Verbindung steht (Deary, 2000; Vernon et al., 2001). Das weist darauf hin, dass Menschen, deren Nervensystem besser funktioniert, einen Vorteil in intellektuellen Leistungen haben, da sie Informationen schneller aufnehmen und verarbeiten. Aber der Gebrauch von Strategien spielt ebenfalls eine Rolle in der Vorhersage des IQs und erklärt einiges über die Verbindung von Reaktionsgeschwindigkeit und Intelligenz (Miller & Vernon, 1992). Kinder, die Strategien wirksam anwenden, erwerben mehr Wissen und können das Wissen schneller abrufen – Vorteile, die sich in der Leistung in Intelligenztests bemerkbar zu machen scheinen.

Der Ansatz über Komponenten weist zentrale Mängel auf: Er sieht die Intelligenz als etwas an, dessen Ursachen ganz innerhalb des Kindes liegen. Wie wir jedoch immer wieder gesehen haben: kulturelle und situationsbedingte Faktoren beeinflussen die kognitiven Leistungen des Kindes. Robert Sternberg hat den Komponentenansatz zu einer umfassenden Theorie erweitert, die Intelligenz versteht als ein Produkt innerer wie äußerer Kräfte.

■ Sternbergs triarchische Theorie der Intelligenz

Wie Abbildung 9.6 zeigt, besteht Sternbergs (1985, 1997, 1999) **triarchische Theorie der Intelligenz** aus drei interagierenden Komponenten: die informationsverarbeitenden Fertigkeiten, Erfahrung mit Aufgaben und Faktoren des Kontextes. Die *Theorie der Komponenten* umfasst die informationsverarbeitenden Komponenten, die intelligentem Verhalten zugrunde liegen. Sie sind bereits mit ihren Hauptelementen vertraut: Anwendung von Strategien, Wissenserwerb, Metakognition und Selbstregulation.

Diese Komponenten werden in Situationen angewendet, mit denen unterschiedliche Grade der Erfahrung bestehen. Die *Komponente der Erfahrung* besagt, dass hochintelligente Menschen besser denken als andere, wenn sie einer relativ neuen Aufgabe gegenüberstehen – solche, die an die Grenze ihres Verständnisses reichen. Wenn eine kluge Person eine neue Aufgabe erhält, lernt sie schnell und führt automatisch Strategien aus, womit das Arbeitsgedächtnis für komplexere Aspekte der Situation frei ist. Überlegen Sie, was aus diesem Gedanken für die Messung der Intelligenz zu folgern ist. Um Menschen hinsichtlich ihrer Klugheit vergleichen zu können, etwa in der Fähigkeit, mit Neuem umzugehen und wirksam zu lernen, müssen allen gleichermaßen unvertraute Testaufgaben vorgelegt werden. Andernfalls werden einige wegen vergangener Erfahrungen als intelligenter erscheinen und nicht, weil sie kognitiv besonders fähig sind.

Dieser Punkt bringt uns zur *Komponente der Kontextanpassung*. Die Intelligenz ist eine zielgerichtete Aktivität, die auf einen oder mehrere der folgenden Zwecke gerichtet ist: *Anpassung an die Umgebung, Gestalten einer Umgebung und Auswahl einer Umgebung.* Intelligente Menschen *passen* ihr Denken gekonnt an, um es mit ihren persönlichen Wünschen und den Forderungen ihrer Alltagswelt in Einklang zu bringen. Wenn sie sich einer Situation nicht anpassen können, versu-

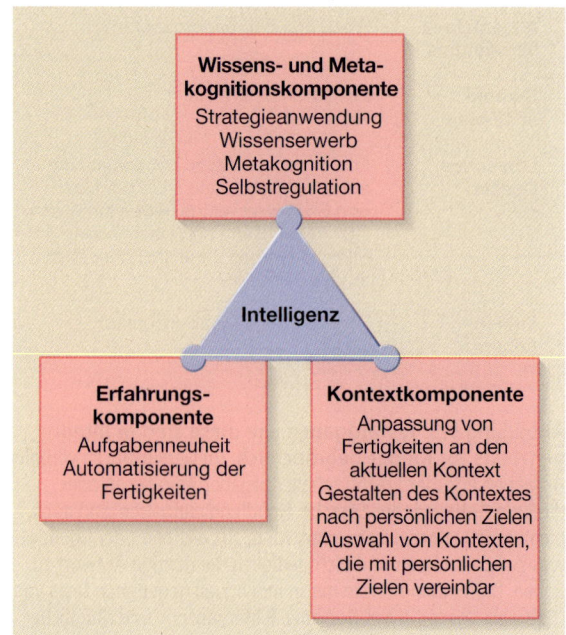

Abbildung 9.6: Sternbergs triarchische Theorie der Intelligenz.

chen sie, diese zu *formen* oder zu verändern, damit sie ihren Bedürfnissen gerecht wird. Und wenn sie diese nicht formen können, *wählen* sie neue Kontexte, die mit ihren Zielen konform gehen. Die Komponente der Kontextanpassung betont, dass intelligentes Verhalten nie kulturunabhängig ist. Wegen ihres Hintergrunds schätzen einige Menschen Verhaltensweisen, die für Erfolg in Intelligenztests nötig sind, und sie passen sich leicht den Aufgaben und Testbedingungen an. Andere mit anderen Lebensgeschichten missinterpretieren den Testkontext oder weisen ihn zurück, weil er ihren Bedürfnissen nicht entspricht.

Sternbergs Theorie betont die Komplexität intelligenten Verhaltens. Kinder benutzen oft in schulischen Aufgaben andere Fähigkeiten als in nicht schulischen, alltäglichen Situationen. Doch außerschulische, praktische Formen der Intelligenz sind sehr wichtig für den Erfolg im Leben und sie helfen erklären, warum sich Kulturen so sehr darin unterscheiden, was sie als intelligentes Verhalten betrachten (Sternberg et al., 2000). Als Elternpaare nach ihrer Ansicht darüber, was einen intelligenten Erstklässlern ausmacht, gefragt wurden, bevorzugten kaukasisch-amerikanische Elternteile kognitive Züge. Ethnische Minderheiten dagegen (Filipino, kambodschanische, vietnamesische und mexikanische Einwanderer) sahen andere als kognitive Fähigkeiten, z.B. Motivation, Selbstmanagement und soziale Fertigkeiten, als besonders wichtig an (Okagaki & Sternberg, 1993). Es wird deutlich, dass Sternbergs Gedanken relevant sind, um den kulturellen Anteil an Intelligenztestleistungen zu erkennen.

■ Gardners Theorie der multiplen Intelligenzen

Eine noch andere Sichtweise darüber, welche informationsverarbeitenden Fertigkeiten intelligentem Verhalten zugrunde liegen, stellt Howard Gardners (1983, 1993, 2000) **Theorie der multiplen Intelligenzen** dar. Sie postuliert gesonderte Gruppen von verarbeitenden Operationen, die es Individuen erlauben, sich in einen breiten Rahmen kulturell hochgeschätzter Aktivitäten einzulassen. Gardner gibt die Idee einer allgemeinen Intelligenz auf und schlägt stattdessen wenigstens acht unabhängige Intelligenzen vor (siehe Tabelle 9.1).

Gardner glaubt, dass jede Intelligenzart eine einzigartige biologische Grundlage hat, einen gesonderten Entwicklungsverlauf und verschiedene Expertenleistungen als „Endergebnis". Gleichzeitig betont er, dass ein langwieriger Erziehungsprozess erforderlich ist,

Nach Gardner haben Kinder wenigstens acht verschiedene Intelligenzen. Während diese Kinder Wildblumen klassifizieren, die sie während eines Spazierganges im Wald und auf Wiesen gesammelt haben, bereichern sie ihre Intelligenz hinsichtlich der Natur.

um jedes Individuum mit seinem natürlichen Potential in einen reifen sozialen Rollenträger zu verwandeln (Torff & Gardner, 1999). Das bedeutet, dass kulturelle Werte und Lernmöglichkeiten das Ausmaß beeinflussen, mit dem die intellektuellen Stärken eines Kindes und deren Ausdruck verwirklicht werden.

Gardners Liste von Fähigkeiten muss jedoch noch durch weitere Forschung untermauert werden. Neurologische Belege für die Unabhängigkeit dieser Fähigkeiten sind schwach. Außerdem haben begabte Menschen breit angelegte Fähigkeiten statt solcher, die auf bestimmte Bereiche begrenzt sind (Goldsmith, 2000). Und die Forschung über Leistungstests legt nahe, dass verschiedene von Gardners Intelligenzen (linguistisch, logisch-mathematisch und räumlich) gemeinsame Merkmale aufweisen. Dennoch beleuchtet Gardners Theorie andere geistige Fähigkeiten, die von Intelligenztests nicht erfasst werden. Folglich ist diese Theorie besonders hilfreich bei Bemühungen, die Talente von Kindern zu fördern, ein Thema, das am Ende dieses Kapitels noch diskutiert werden wird.

Tabelle 9.1
Gardners multiple Intelligenzen

Intelligenz	Verarbeitende Operationen	Expertenstadium der Leistungsmöglichkeiten
Linguistisch	Empfänglichkeit für Laute, Rhythmen und Bedeutungen von Wörtern und die Funktion der Sprache	Dichter, Journalist
Logisch-mathematisch	Interesse und Fähigkeit, logische und numerische Zusammenhänge zu ermitteln; Fähigkeit, lange logische Gedankenketten handzuhaben	Mathematiker
Musikalisch	Fähigkeit, Tonhöhen und Rhythmus zu produzieren und wertzuschätzen (oder Melodien), Sinn für ästhetische Qualität der Formen musikalischen Ausdrucks	Instrumentalist, Komponist
Räumlich	Fähigkeit, die visuell-räumliche Welt genau wahrzunehmen, Transformationen mit diesen Wahrnehmungen auszuführen und Aspekte visueller Erfahrung bei Abwesenheit relevanter Reize zu erschaffen	Bildhauer, Navigator
Körperlich-kinästhetisch	Fähigkeit, den Körper sowohl für expressive als auch für zweckgerichtete Ziele einzusetzen; Fähigkeit, Gegenstände mit Geschick zu handhaben	Tänzer, Sportler
Naturalistisch	Fähigkeit, alle Arten von Tieren, Mineralien und Pflanzen zu erkennen und zu klassifizieren	Biologe
Interpersonell	Fähigkeit, die Stimmungen, Temperamente, Motivationen und Intentionen anderer zu entdecken und angemessen darauf zu reagieren	Therapeut, Geschäftsmann
Intrapersonell	Fähigkeit, komplexe innere Gefühle zu erkennen und sie zur Anleitung des eigenen Verhaltens zu nutzen, Kenntnis der eigenen Stärken, Schwächen, Wünsche und Intelligenzstruktur	Mensch mit detaillierter, genauer Selbstkenntnis

Quelle: Gardner, 1993, 1998a, 2000

9.6.3 Die Erklärung individueller Unterschiede und Gruppenunterschiede im IQ

Wenn Individuen hinsichtlich schulisch-akademischer Leistungen, ihrer jahrelangen Ausbildung und ihres Berufstatus verglichen werden, wird schnell deutlich, dass bestimmte Teile der Bevölkerung anderen überlegen sind. Um diese Unterschiede zu erklären, haben Forscher die IQ-Testwerte von ethnischen Gruppen und solchen mit niedrigem sozioökonomischen Status (SÖS) verglichen. Schwarze amerikanische Kinder haben im Durchschnitt 15 IQ-Testpunkte weniger als weiße Kinder, obwohl der Unterschied weniger wird (Hedges & Nowell, 1998; Loehlin, 2000).

Der Unterschied zwischen Kindern aus Familien mit mittlerem und niedrigem SÖS beträgt etwa 9 Punkte (Jensen & Figueroa, 1975). Der sozioökonomische Status bedingt teilweise, aber nicht ganz den Unterschied zwischen den IQs von Schwarzen und Weißen. Wenn schwarze und weiße Kinder nach Familieneinkommen verglichen werden, wird die Diskrepanz zwischen Schwarzen und Weißen auf ein Drittel reduziert (Jensen & Reynolds, 1982). Natürlich existiert *innerhalb* jeder ethnischen und SÖS-Gruppe eine beachtliche Bandbreite. Jedoch sind diese Gruppenunterschiede im IQ groß genug und haben genug ernsthafte Konsequenzen, dass man sie nicht ignorieren sollte.

In den 1970er Jahren eskalierte die Vererbung-Umwelt-Kontroverse, nachdem der Psychologe Arthur Jensen (1969) einen kontroversen Artikel mit dem Titel „How Much Can We Boost IQ and Scholastic Achievement?" (Wie stark können wir IQ und schulische Leistung fördern?) veröffentlicht hatte. Jensens

Antwort auf dieses Frage war „nicht sehr". Er argumentierte, dass die Vererbung größtenteils verantwortlich ist für individuelle, ethnische und statusbedingte Variationen in der Intelligenz, eine Haltung, die er noch immer vertritt (Jensen, 1998, 2001). Jensens Arbeit rief viele Reaktionen und Forschungsstudien hervor. Die Kontroverse wurde durch Richard Herrnstein und Charles Murrays (1994) *The Bell Curve* (Die Glockenkurve) neu entfacht. Wie Jensen zogen diese Autoren den Schluss, dass der Beitrag der Vererbung zu individuellen und statusbedingten Unterschieden im IQ beträchtlich ist. Gleichzeitig behaupteten sie, dass die relativen Anteile von Vererbung und Umwelt in dem Unterschied zwischen Schwarzen und Weißen im IQ ungelöst bleiben. Einige wichtige Belege sollen nun angesehen werden.

■ Natur kontra Umwelt

In Kapitel 2 wurden die *Vererbungsfaktoren* eingeführt. Es sei daran erinnert, dass der Vererbungsanteil in *Studien mit Verwandten* geschätzt wird, die Familienmitglieder vergleichen. Der stärkste Beweis der Rolle von Vererbung in der Höhe des IQs umfasst Vergleiche von Zwillingen. Die IQ-Testwerte eineiiger Zwillinge (die alle Gene gemeinsam haben) sind sich ähnlicher als die zweieiiger Zwilling (die sich genetisch nicht mehr als normale Geschwister gleichen). Auf dieser Grundlage und wegen anderer Hinweise durch Forschung an Verwandten nehmen Forscher an, dass etwa die 50 % des Unterschiedes im IQ bei Kindern auf ihre genetische Ausstattung zurückgeführt werden kann.

Es sei auch daran erinnert, dass Vererbungsanhänger dazu neigen, genetische Einflüsse zu über- und Umwelteinflüsse zu unterschätzen. Obwohl diese Messungen einen überzeugenden Beweis liefern, dass Gene zum IQ beitragen, herrscht keine Übereinstimmung darüber, wie groß die Rolle der Vererbung wirklich ist (Grigorenko, 2000). Und Einschätzungen der Vererbbarkeit enthüllen nichts über die komplexen Prozesse, durch welche Gene und Erfahrungen die Intelligenz in der Entwicklung der Kinder beeinflussen.

Im Vergleich zu Zwillingsstudien bieten Adoptionsstudien eine größere Bandbreite an Informationen. In einer Studie wurden Kinder aus zwei Extremgruppen biologischer Mütter – eine mit IQs unter 95, die andere mit IQs über 120 – untersucht, die bei der Geburt von Eltern mit überdurchschnittlichem Einkommen und überdurchschnittlicher Ausbildung adoptiert wurden. Während der Schulzeit hatten Kinder von biologischen Müttern mit niedrigem IQ überdurchschnittliche IQ-Testwerte, was darauf hinweist, dass die Testergebnisse stark durch ein priviligiertes Zuhause verbessert werden können. Gleichzeitig sind sie aber nicht so gut wie Kinder von biologischen Müttern mit hohem IQ, die in ähnliche Adoptivfamilien gekommen waren (Loehlin, Horn, & Willerman, 1997). Adoptionsstudien bestätigen, dass Vererbung und Umwelt gemeinsam zum IQ beitragen.

Neuere Adoptionsforschung wirft ein Licht auf den Unterschied zwischen Schwarz und Weiß. Afroamerikanische Kinder, die während der ersten Lebensjahre in gut situierte Familien kommen, haben hohe Werte in Intelligenztests. In zwei solchen Studien erreichten adoptierte schwarze Kinder IQ-Mittelwerte von 110 und 117 in der mittleren Kindheit – gut über dem Durchschnitt und 20 bis 30 Punkte höher als die typischen Werte schwarzer Kinder, die in armen Stadtteilen der Schwarzen aufwachsen (Moore, 1986; Scarr & Weinberg, 1983). Obwohl die IQs schwarzer adoptierter Kinder in der Adoleszenz abnahmen, blieben sie über dem Durchschnitt schwarzer Kinder aus afroamerikanischen Familien mit niedrigem sozioökonomischen Status (Weinberg, Scarr, & Waldman, 1992).

Die Erkenntnisse aus Adoptionen beantworten nicht vollständig die Fragen nach ethnischen Unterschieden im IQ. Dennoch ist die Zunahme des IQs schwarzer Kinder, die „in der Kultur von Tests und Schulen aufgezogen wurden", von Dauer und liefert einen guten Beweis dafür, dass Armut tatsächlich die Intelligenz ethnischer Minderheiten senkt (Nisbett, 1998).

■ Kulturelle Einflüsse

Jermaine, ein afroamerikanischer Junge aus Lisas dritter Klasse, nahm aktiv an Diskussionen der Klasse teil und schrieb komplexe, fantasiereiche Geschichten. Zwei Jahre zuvor, als Erstklässler, hatte Jermaine auf die einfachste Frage mit „Ich weiß nicht" geantwortet, einschließlich der Frage: „Wie heißt du?" Zum Glück verstand Jermaines Lehrerin sein Unbehagen. Sie half ihm, eine Brücke zu bauen zwischen dem Lernstil, der in seinem kulturellen Hintergrund gefördert wurde, und dem Stil, der für schulischen Erfolg nötig ist. Die Hinweise mehren sich, dass IQ-Testwerte von spezifischen Lernerfahrungen beeinflusst werden, einschließlich bestimmter Kommunikationsstile und bestimmter Kenntnisse.

Kommunikationsstile

Familien aus ethnischen Minderheiten fördern oft einzigartige Kommunikationsfertigkeiten, die nicht zu den Erwartungen der meisten Situationen in Schulen und Testsituationen passen. Shirley Brice Heath (1982, 1989), eine Anthropologin, die viele Stunden mit Beobachtungen in schwarzen Familien mit niedrigem sozioökonomischen Status in einer amerikanischen Stadt verbrachte, fand heraus, dass schwarze Erwachsene ihren Kindern ganz andere Fragen stellen als die in weißen Mittelstandsfamilien. Von einem frühen Alter der Kinder an stellen weiße Eltern Fragen, die das Wissen trainieren, etwa: „Welche Farbe ist das?" und „Wovon handelt diese Geschichte?", die dem Fragestil bei Tests und in der Schule ähneln. Im Gegensatz dazu stellten schwarze Eltern nur „echte" Fragen – solche, die sie selber nicht beantworten konnten. Oft waren das Analogiefragen („Wie sieht das aus?") oder Fragen, die eine Geschichte („Hast du Fräulein Sally an diesem Morgen gehört?") anstoßen, die eine ausgefeilte Antwort über persönliche Erfahrungen verlangten, für die es aber keine richtige Antwort gab.

Diese Erfahrungen führen schwarze Kinder aus Familien mit niedrigem Status zur Entwicklung komplexer verbaler Fertigkeiten zu Hause, wie das Erzählen von Geschichten und der Austausch schlagfertiger Bemerkungen. Aber ihre Sprache betont soziale und emotionale Themen statt Fakten über die Welt (Blake, 1994). Es ist nicht überraschend, dass schwarze Kinder durch die „objektiven" Fragen verwirrt sein können, die sie bei Tests und im Klassenraum hören, und sich dann zurückziehen und nichts mehr sagen.

Darüber hinaus zeigen Eltern ethnischer Minoritäten ohne längere Schulausbildung einen *kollaborativen Kommunikationsstil*, wenn sie mit den Kindern Aufgaben erfüllen. Sie arbeiten in einer koordinierten, flüssigen Weise zusammen, in der jeder sich auf den gleichen Aspekt einer Aufgabe konzentriert. Dieses Muster der Erwachsenen-Kind-Beziehung wurde bei amerikanischen Indianern, kanadischen Inuit (Eskimos), Hispanics und guatemalischen Mayan-Kulturen beobachtet (Chavajay & Rogoff, 2002; Crago, Annahatak, & Ningiuruvik, 1993; Delgado-Gaitan, 1994). Mit zunehmender Bildung errichten Eltern einen *hierarchischen Kommunikationsstil* wie der in Schulklassen. Die Eltern bringen jedes Kind dazu, einen Aspekt der Aufgabe auszuführen und die Kinder arbeiten unabhängig. Diese scharfe Trennung zwischen der Kommunikation zu Hause und in der Schule mag zu den schlechteren Test- und Schulergebnissen der Minderheitenkinder aus Familien mit niedrigem sozio-

Diese amerikanische Großmutter der Pueblo benutzt einen kollaborativen Kommunikationsstil mit ihrer Enkelin. Sie beteiligt sich ruhig und ernsthaft mit ihnen an einer Arbeit, dem Brotbacken, bis sie abgeschlossen ist. Eltern von ethnischen Minderheiten mit wenig Bildung kommunizieren oft auf diese Weise. Weil ihre Kinder nicht an den hierarchischen Stil der Kommunikation, wie er in der Schule üblich ist, gewöhnt sind, sind sie möglicherweise schlecht in Tests und Aufgaben.

ökonomischen Status beitragen (Greenfield, Quiroz, & Raeff, 2000).

Inhalt der Tests

Viele Forscher argumentieren, dass die IQ-Testwerte von spezifischen Informationen beeinflusst werden, die als Teil der Erziehung in der Kultur der Majorität erworben wurden. Allerdings haben Versuche, die Tests zu verändern und faktenorientierte verbale Aufgaben herauszunehmen und durch räumliches Urteilen und Handlungsaufgaben zu ersetzen (von denen man annimmt, das sie nicht so kulturabhängig sind), die Testwerte von Minderheitenkindern mit niedrigem SÖS nicht sehr erhöht (Reynolds & Kaiser, 1990).

Aber selbst diese nichtverbalen Testaufgaben sind abhängig von Lernmöglichkeiten. In einer Untersuchung war die Testleistung von Kindern in Aufgaben zur räumlichen Vorstellung mit Erfahrungen verbunden, die sie mit einem populären, aber teuren Spiel gemacht hatten. Es erforderte (wie die Testaufgaben), dass sie Klötze so arrangieren mussten, dass sie damit so schnell wie möglich ein Muster nachbilden konnten (Dirks, 1982). Die Beschäftigung mit Videospielen fördert ebenfalls den Erfolg in räumlichen Testaufgaben (Subrahmanyam & Greenfield, 1996). Kindern aus finanzschwachen Familien, die oft in mehr „menschenorientierten" als „gegenstandsorientierten" Familien aufwachsen, mag es an Möglichkeiten mangeln, Spiele und Gegenstände zu benutzen, die gewisse intellektuelle Fertigkeiten fördern.

Ferner ist der bloße Zeitaufwand, den Kinder für die Schule benötigen, ein starker Prädiktor für den IQ. Wenn man Kinder gleichen Alters, die in verschiedenen Klassen sind, vergleicht, haben diejenigen, die länger in der Schule sind, höhere Werte in Intelligenztests (Ceci, 1991, 1999). Dies mag vielleicht eine positive Selektion derjenigen sein, die früher eingeschult wurden. Insgesamt weisen diese Erkenntnisse aber darauf hin, dass die Art, wie Kinder faktischem Wissen ausgesetzt sind, und die Art des Denkens, die in den Klassen wertgeschätzt wird, einen beträchtlichen Einfluss auf ihre Leistungen in Intelligenztests haben.

■ Reduzierung kultureller Einflüsse auf Intelligenztests

Obwohl nicht alle Fachleute dem zustimmen, räumen doch viele ein, dass IQ-Werte die Intelligenz kulturell unterschiedlicher Kinder unterschätzen können. Eine besondere Sorge besteht darin, dass man Kinder aus Minderheiten fälschlich als langsame Lerner einstuft und sie in Sonderklassen steckt, die viel weniger anregend sind als normale Schulen. Wegen dieser Gefahr müssen Testwerte mit Einschätzungen des Anpassungsverhaltens kombiniert werden – die Fähigkeit der Kinder, sich mit den täglichen Anforderungen ihrer Umgebung auseinander zu setzen. Das Kind, das schlecht in einem Intelligenztest abschneidet, aber auf dem Spielplatz komplexe Spiele spielt oder herausbekommt, wie man einen kaputten Fernsehapparat wieder flott bekommt, hat vermutlich keine geistigen Defizite.

Ferner vergrößern kulturell angemessene Testmethoden die Leistung von Kindern aus Minderheiten. Beim **dynamischen Testen,** einer Neuheit, die Wygotskys Konzept der Zonen proximaler Entwicklung ähnelt, führt der Erwachsene zweckgerichtete Belehrung in die Testsituation ein, um herauszufinden, was das Kind mit sozialer Unterstützung erreichen kann. Viele Kinder aus Minderheiten zeigen sich durch die Hilfe von Erwachsenen kompetenter (Lidz, 2001; Tzuriel, 2001). In einer Untersuchung erbrachten äthiopische Sechs- und Siebenjährige, die kürzlich in Israel eingewandert waren, in Aufgaben mit räumlichem Denken viel schlechtere Leistungen als ihre Altersgenossen, die in Israel geboren waren. Die äthiopischen Kinder hatten wenig Erfahrung mit dieser Art von Denken. Nach etlichen dynamischen Teststunden, in welchen der Erwachsene effektive Strategien vorschlug, erhöhten sich die Testwerte der äthiopischen Kinder stark und kamen fast an die der in Israel geborenen Kinder heran (siehe Abbildung 9.7). Sie wandten das Gelernte auch auf neue Testaufgaben an (Tzuriel & Kaufman, 1999).

Zusammengefasst ist zu sagen, dass Tests nützlich sind, wenn sie von den Untersuchern sorgfältig interpretiert werden und diese Sensibilität für kulturelle Einflüsse auf die Testleistung an den Tag legen. Und trotz ihrer Einschränkungen sind IQ-Werte weiterhin ein ziemlich genaues Maß des Lernpotentials der Mehrheit westlicher Kinder.

Dynamisches Testen führt eine zweckgerichtete Belehrung in die Situation ein, um herauszufinden, was das Kind mit sozialer Unterstützung erreichen kann. Diese Lehrerin unterstützt einen Zweitklässler beim Schreiben des Alphabets. Viele Kinder aus ethnischen Minderheiten bringen bessere Leistungen, nachdem ihnen Erwachsene Hilfestellung gegeben haben. Und der Zugang hilft dabei, den Lernstil zu identifizieren, auf den das Kind am besten reagiert.

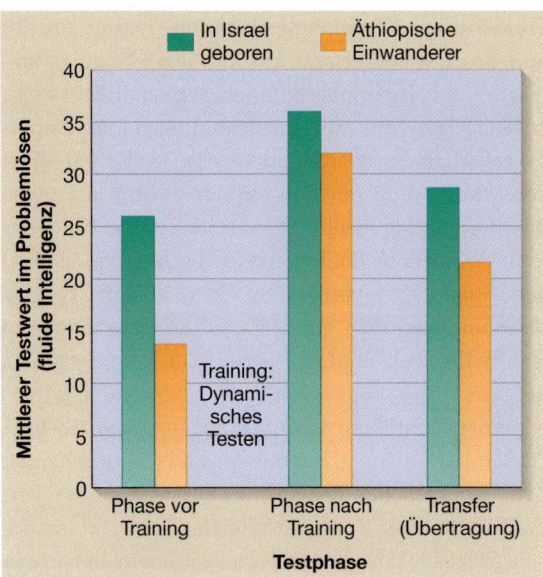

Abbildung 9.7: Einfluss des dynamischen Testens bei Leistungstestwerten äthiopischer Einwanderer und in Israel geborener Sechs- und Siebenjähriger. Alle Kinder führten Testaufgaben in einer Vorlernphase, einer Nachlernphase und einer Übertragungsphase aus, in welcher sie das Gelernte auf neue Probleme anwenden mussten. Nach dem dynamischen Testen waren die Testwerte der äthiopischen und der israelischen Kinder fast gleich. Äthiopische Kinder übertrugen das Gelernte auch auf neue Testaufgaben und waren in der Transferphase viel besser als in der Vorlernphase (nach Tzuriel & Kaufman, 1999).

Prüfen Sie sich selbst …

Rückblick
Erklären Sie Einschränkungen heutiger Leistungstests für die Einschätzung der Komplexität der Intelligenz und benutzen Sie hierzu Sternbergs triarchische Theorie und Gardners Theorie der multiplen Intelligenzen.

Rückblick
Fassen Sie ethnische Unterschiede im IQ zusammen und nennen Sie Umweltfaktoren, die dazu beitragen.

Anwendung
Desiree, ein afroamerikanisches Kind, war still und zurückgezogen während der Durchführung eines Intelligenztests. Später bemerkte sie zu ihrer Mutter: „Ich verstehe gar nicht, warum diese Frau mir all diese Fragen stellte. Sie ist erwachsen und muss wissen, wofür ein Ball und ein Herd da sind!" Erklären Sie Desirees Reaktion. Warum wird ihr IQ wahrscheinlich ihre Intelligenz unterschätzen?

Zusammenhänge
Erklären Sie, wie dynamisches Testen mit Wygotskys Theorie der Zonen proximaler Entwicklung und dem geistigen Brückenbauen übereinstimmt. (Siehe Kapitel 7.)

Prüfen Sie sich selbst …

9.7 Sprachentwicklung

Wortschatz, Grammatik und praktische Sprachanwendung entwickeln sich weiter in der mittleren Kindheit, obwohl weniger auffällig als in früheren Altersstufen. Zusätzlich zeigt die Haltung der Kinder im Schulalter der Sprache gegenüber eine fundamentale Veränderung. Sie erlangen ein Bewusstsein der Sprache.

9.7.1 Wortschatz

Weil der Wortschatz des durchschnittlichen Sechsjährigern schon ziemlich groß ist, beachten Eltern und Lehrer seine starke Zunahme während der Schuljahre gewöhnlich nicht. Zwischen Beginn und Beendigung der Grundschule nimmt der Wortschatz um ein Vierfaches zu und erreicht schließlich 40.000 Wörter. Im Durchschnitt lernt ein Kind etwa 20 neue Wörter am Tag, eine Zuwachsrate, welche die der frühen Kindheit noch überflügelt. Zusätzlich zur Strategie des Wörterlernens (siehe Kapitel 7) erweitern Kinder im Schulalter ihren Wortschatz, indem sie die Strukturen komplexer Wörter analysieren. Aus „glücklich" und „entscheiden" leiten sie schnell die Bedeutung von „Glück" und „Entscheidung" ab (Anglin, 1993). Viele neue Wörter werden auch aus Kontexten aufgenommen, vor allem beim Lesen (Nagy & Scott, 2000).

Wenn ihre Kenntnisse besser organisiert sind, denken Kinder im Schulalter genauer über Wörter nach und benutzen sie präziser. Wortdefinitionen bieten Beispiele für diese Veränderung. Fünf- und Sechsjährige geben konkrete Beschreibungen, die sich auf Funktionen oder die Erscheinung beziehen, z. B. *Messer*: „wenn man Karotten schneidet"; *Fahrrad*: „es hat Räder, eine Kette und eine Lenkstange". Gegen Ende der Grundschuljahre erscheinen Synonyme und Erklärungen kategorialer Beziehungen, z.B. *Messer*: „etwas, womit man schneiden kann. Eine Säge ist wie ein Messer. Es kann auch eine Waffe sein." (Wehren, De Lisi, & Arnold, 1981) Dieser Fortschritt reflektiert die Fähigkeit des älteren Kindes, mit den Wortbedeutungen auf einer rein verbalen Ebene umzugehen. Ältere Kinder können ihrem Wortschatz neue Wörter hinzufügen, indem sie sie einfach aus einer gegebenen Definition ableiten.

Der reflektiertere und analytischere Zugang zur Sprache erlaubt es Kindern im Schulalter, die mehrfache Bedeutung von Wörtern richtig einzuschätzen. Zum Beispiel erkennen sie, dass viele Wörter wie

„scharf" oder „süß" sowohl eine psychologische wie eine physikalische Bedeutung haben können: „Das ist eine süße Katze!" oder „Der Film war wirklich scharf!" Dieses Begreifen doppelter Bedeutungen erlaubt es Acht- bis Zehnjährigen, subtile Metaphern zu verstehen wie „das Kind mit dem Bade ausschütten" (Nippold, Taylor, & Baker, 1996; Winner, 1988). Es führt auch zu einer Veränderung des kindlichen Humors. Rätsel und Wortspiele, die zwischen verschiedenen Bedeutungen eines Schlüsselwortes hin- und herwechseln, sind gebräuchlich.

9.7.2 Grammatik

Während der Schuljahre verbessert sich die Bewältigung komplexer grammatikalischer Konstruktionen. Zum Beispiel benutzen englisch sprechende Kinder häufiger die Passivform und diese weitet sich von einer abgekürzten Form („Es zerbrach") in vollständige Aussagen aus („Das Glas wurde von Mary zerbrochen") (Horgan, 1978; Pinker, Lebeaux, & Frost, 1987). Obwohl die Passivform schwierig ist, kann sie durch sprachliche Gewohnheit gefördert werden. Wenn Erwachsene eine Sprache sprechen, die volle Passivformen betont wie in der Inuktitut-Sprache (wie sie das Volk der Inuit in der Arktis Kanadas sprechen), produzieren Kinder die Form früher (Allen & Crago, 1996).

Eine weitere grammatikalische Errungenschaft in der mittleren Kindheit ist das fortgeschrittene Verständnis von Infinitivsätzen, so wie der Unterschied zwischen „John ist begierig zu gefallen" und „Es ist einfach, John zu gefallen" (Chomsky, 1969). Wie der Zuwachs im Wortschatz wird die richtige Einschätzung dieser subtilen grammatikalischen Unterscheidungen unterstützt von einer verbesserten Fähigkeit, Sprache zu analysieren und zu reflektieren.

9.7.3 Sprachpragmatik

Verbesserungen der *Sprachpragmatik,* der kommunikativen Seite der Sprache, finden ebenfalls statt. Kinder passen sich den Bedürfnissen ihrer Zuhörer in schwierigen kommunikativen Situationen an, wie dem Beschreiben eines Gegenstandes in einer Gruppe sehr ähnlicher Gegenstände. Während Vorschulkinder dazu neigen, mehrdeutige Beschreibungen zu geben wie „der Rote", sind Kinder im Schulalter viel genauer. Sie würden etwa sagen: „Der Rote mit einem Streifen drauf" (Deutsch & Pechmann, 1982).

Die Gesprächsstrategien werden auch verfeinerter. Zum Beispiel sind ältere Kinder besser darin, Dinge zu formulieren, um zu erreichen, was sie wollen. Wenn sie sich einem Erwachsenen gegenübersehen, der sich weigert, ihnen einen gewünschten Gegenstand zu überreichen, formulieren Neunjährige, nicht aber Fünfjährige, ihre zweite Bitte höflicher (Axia & Baroni, 1985). Kinder im Schulalter reagieren auch sensibler als Vorschulkinder auf feine Unterschiede zwischen dem, was Menschen sagen, und dem, was sie meinen. Lisa wusste zum Beispiel, was ihre Mutter wirklich meinte, wenn sie sagte „Der Müll beginnt zu stinken", nämlich „Bring den Müll endlich hinaus!" (Ackerman, 1978).

9.7.4 Das gleichzeitige Erlernen von zwei Sprachen

Jan und Lisa sprechen nur eine Sprache, ihre Muttersprache Englisch. Aber überall auf der Welt wachsen Kinder *zweisprachig* auf und lernen in der Kindheit zwei Sprachen, manchmal noch mehr. Geschätzte 15 % amerikanischer Kinder (6 Millionen insgesamt) sprechen zu Hause eine andere Sprache als Englisch (U.S. Bureau of the Census, 2002c). In Kanada, wo sowohl Englisch als auch Französich Amtssprache ist, sind 17 % der Bevölkerung (4,8 Millionen insgesamt) zweisprachig mit Französisch und Englisch (Statistics Canada, 2001e). Die meisten davon sind junge Leute, was den Einfluss der in der Schule verankerten zweisprachigen Bildungsprogramme in Kanada demonstriert.

■ Zweisprachige Entwicklung

Kinder können auf zwei Weisen zweisprachig werden: (1) durch den Erwerb beider Sprachen gleichzeitig in der frühen Kindheit oder (2) durch das Erlernen einer zweiten Sprache, nachdem die erste bewältigt wurde. Kinder zweisprachiger Eltern, die ihnen in der Kindheit beide Sprachen beibringen, zeigen keine besonderen Probleme in der Sprachentwicklung. Sie erwerben normale muttersprachliche Fähigkeiten in der Sprache, die um sie herum gesprochen wird, und gute bis muttersprachliche Fähigkeiten in der zweiten Sprache, was davon abhängt, wie oft sie dieser

Diese amerikanischen Pueblo-Kinder besuchen ein zweisprachiges Bildungsprogramm, bei dem sie Unterricht in ihrer Muttersprache und in Englisch erhalten. In Klassen, in denen beide Sprachen in den Stundenplan integriert sind, sind Kinder aus ethnischen Minderheiten engagierter im Unterricht, nehmen aktiver an Diskussionen in der Klasse teil und erwerben die zweite Sprache müheloser.

ausgesetzt sind (Genessee, 2001). Wenn Kinder eine zweite Sprache erwerben, nachdem sie schon eine erste Sprache beherrschen, brauchen sie allgemein zwischen drei und fünf Jahre, bis sie so flüssig sprechen wie muttersprachliche Altersgenossen (Ramirez et al., 1991).

Wie bei der Entwicklung der ersten Sprache gibt es eine *sensible Phase* für die Entwicklung der zweiten Sprache. Die Bewältigung muss irgendwann in der Kindheit beginnen, damit die vollständige Entwicklung eintritt. In einer Untersuchung chinesischer und koreanischer Erwachsener, die in die Vereinigten Staaten in verschiedenen Altersstufen eingewandert waren, zeigten jene, die die Bewältigung des Englischen zwischen drei und sieben Jahren begonnen hatten, genauso gute Leistungen in einem Grammatiktest wie muttersprachliche Amerikaner. Mit steigendem Alter des Zuzugs nach Amerika nahmen die Testwerte graduell ab (Newport, 1991). Aber ein präzises Alter, ab dem das Lernen der zweiten Sprache abbricht, ist noch nicht ermittelt worden. Stattdessen findet eine kontinuierliche Abnahme im Verhältnis zum Alter statt (Hakuta, Bialystok, & Wiley, 2003).

Forschungen zeigen, dass Zweisprachigkeit positive Folgen für die Entwicklung hat. Kinder, die in zwei Sprachen fließend sprechen, haben bessere Testwerte in selektiver Aufmerksamkeit, analytischem Urteilen, Konzeptbildung und kognitiver Flexibilität als andere (Bialystok, 1999, 2001). Auch sind zweisprachige Kinder fortgeschrittener in der Fähigkeit, über Sprache zu reflektieren. Ihnen ist es bewusster, dass Wörter willkürliche Symbole sind, sie sind bewusster hinsichtlich Sprachstruktur und Lauten und besser darin, Fehler in der Grammatik und der Bedeutung zu bemerken – Fertigkeiten, welche die Leseleistung verstärken (Bialystok & Herman, 1999; Campbell & Sais, 1995).

■ Zweisprachige Erziehung

Die Vorteile, die mit der Zweisprachigkeit verbunden sind, ergeben eine starke Rechtfertigung für zweisprachige Erziehungsprogramme in Schulen. In Kanada, wo sowohl Englisch wie Französisch offizielle Sprachen sind, nehmen etwa 7 % der Grundschulkinder an *Sprachprogrammen in der zu lernenden Sprache* teil, in denen englisch sprechende Kinder einige Jahre ausschließlich in der französischen Sprache unterrichtet werden. Die kanadische Strategie des Unterrichts in der zu lernenden Sprache ist erfolgreich darin, Kinder zu fördern, die in beiden Sprachen geübt sind (Harley & Jean, 1999; Holobow, Genessee, & Lambert, 1991).

Doch die Frage, wie amerikanische Kinder aus ethnischen Minderheiten mit begrenzten englischen Sprachfähigkeiten unterrichtet werden sollten, wird weiterhin heiß debattiert. Einerseits wird angenommen, dass die Zeit, die zur Kommunikation in der Muttersprache des Kindes verwendet wird, von Leistungen in der englischen Sprache ablenkt, die aber wesentlich sind für Erfolge in Schule und Beruf. Auf der anderen Seite stehen Erzieher, die einer konsequenten *zweisprachigen Erziehung* anhängen – die Entwicklung der Muttersprache der Kinder aus Minderheiten mit der Förderung der Bewältigung von Englisch. Die Erteilung des Unterrichts in der Muttersprache lässt die Kinder der Minderheiten wissen, dass ihr kulturelles Erbe respektiert wird. Zusätzlich wird damit eine *Halbsprachigkeit* oder unangemessenes Können in beiden Sprachen vermieden. Wenn Minderheitenkinder nach und nach ihre Muttersprache als Folge der Erlernung der zweiten Sprache verlernen, führt das zu begrenzten Kenntnissen in beiden Sprachen, ein Umstand, der zu ernsthaften schulischen Schwierigkeiten führen kann (Ovando & Collier, 1998). Man nimmt an, dass Halbsprachigkeit zu den hohen Raten von Schulversagen und Schulabbrüchen bei hispanischen Kindern mit niedrigem SÖS führt, die fast 50 % der amerikanischen Bevölkerung mit einer Minderheitensprache ausmacht.

Derzeit man allgemein Partei für die erste der beiden Sichtweisen. Viele US-Staaten haben Gesetze erlassen, die Englisch als ihre offizielle Sprache erklären und Bedingungen schaffen, bei denen Schulen keine Verpflichtung haben, Kindern von Minderheiten eine andere Sprache als Englisch beizubringen. Doch in Klassen, in denen beide Sprachen in den Stundenplan integriert sind, engagieren sich Kinder von Minderheiten mehr für den Unterricht, nehmen aktiver an Diskussionen teil und erwerben die Zweitsprache leichter. Wenn Lehrer jedoch nur in einer Sprache sprechen, die die Kinder kaum verstehen können, zeigen Kinder aus Minderheiten Frustration, Langeweile und Rückzug (Crawford, 1997).

Amerikanische Anhänger von einem Unterricht nur in Englisch weisen oft auf den Erfolg der kanadischen Sprachprogramme hin, in welcher die Unterrichtsstunden in der zweiten Sprache durchgeführt werden. Doch für amerikanische, nicht englisch sprechende Kinder aus Minderheiten, deren Muttersprache von der großen Mehrheit nicht hoch angesehen wird, erscheint ein wirklicher zweisprachiger Zugang notwendig zu sein: einer, der die muttersprachlichen Fertigkeiten fördert, während sie gleichzeitig Englisch lernen.

> **Prüfen Sie sich selbst ...**
>
> **Rückblick**
> Geben Sie Beispiele von Sprachfortschritten, die von der größeren Bewusstheit für Sprache bei Kindern im Schulalter begünstigt sind.
>
> **Rückblick**
> Zeigen Sie auf, dass zweisprachige Erziehung zur kognitiven und schulischen Entwicklung bei Kindern aus ethnischen Minderheiten beitragen kann.
>
> **Anwendung**
> Die zehnjährige Shana kam vom Fußballtraining heim und kommentierte: „Ich bin fertig!" Megan, ihre fünfjährige Schwester, sah verwirrt aus und fragte: „Womit bist du fertig, Shana?" Erklären Sie Shanas und Megans unterschiedliches Verständnis dieses Ausdrucks.
>
> **Prüfen Sie sich selbst ...**

9.8 Lernen in der Schule

Durch dieses Kapitel hindurch wurden Belege angeführt, die darauf hinweisen, dass Schulen einen wesentliche Anstoß zur kognitiven Entwicklung der Kinder geben. Wie kann die Schule einen solchen mächtigen Einfluss ausüben? Forschungen, die Schulen als komplexes soziales System begreifen – ihre Klassengröße, Erziehungsphilosophie, Muster der Interaktion Schüler-Lehrer und ihren größeren kulturellen Kontext –, ergeben wichtige Einsichten für diese Frage. Bei der Lektüre der folgenden Abschnitte sollte der Kasten „Aspekte der Fürsorge" auf S. 415 besonders beachtet werden, der die Merkmale hoch qualifizierter Erziehung in der Grundschule zusammenfasst.

9.8.1 Klassengröße

Zu Beginn jeden Schuljahres rief Rena im Büro des Schulleiters an und fragte: „Wie groß werden Jans und Lisas Klassen sein?" Ihre Besorgnis ist begründet. Die Klassengröße beeinflusst das Lernen der Kinder. In einem großen Feldversuch wurden mehr als 6000 Vorschulkinder (amerikan.: kindergartners) nach dem Zufallsprinzip drei Klassentypen zugeordnet: klein (13 bis 17 Schüler), regulär (22 bis 25 Schüler) und regulär mit einem Lehrer und einer Vollzeithilfe für den Lehrer. Diese Aufteilungen wurden bis in die dritte Klasse fortgeführt. Die Schüler kleiner Klassen, insbesondere Kinder aus Minderheiten, hatten höhere Werte in Lese- und mathematischen Leistungen und hatten diese auch weiterhin nach Eintritt in eine Klasse regulärer Größe (Mosteller, 1995). Hilfskräfte für den Lehrer in Klassen regulärer Größe zeigte keine Wirkung. Stattdessen sagte der ständige Besuch kleiner Klassen vom Kindergarten an bis in die dritte Klasse substantiell höhere Leistungen von der vierten bis zur neunten Klasse voraus (siehe Abbildung 9.8) (Nye, Hedges, & Konstantopoulos, 2001).

Warum ist eine kleine Klassengröße günstig? Lehrer mit weniger Kindern verbringen weniger Zeit mit Disziplinierung und wenden sich den einzelnen Kindern länger zu; auch die Interaktionen der Kinder untereinander sind positiver und kooperativer. Ebenso zeigen Kinder, die in kleinen Gruppppen lernen, bessere Konzentration und höher qualifizierte Teilnahme am Unterricht und bringen eine positivere Haltung gegenüber der Schule zum Ausdruck (Blatchford et al., 2001).

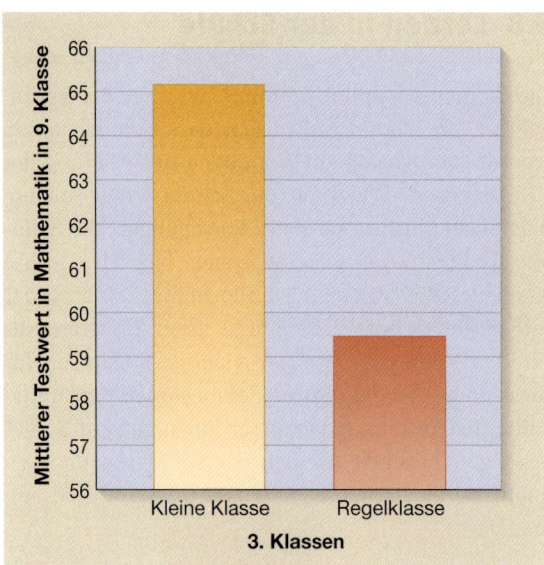

Abbildung 9.8: Einfluss des fortdauernden Besuches kleiner Klassen vom Kindergarten bis zur dritten Klasse auf mathematische Leistungen in der neunten Klasse. In dieser Langzeitstudie von Tausenden von Schülern aus Tennessee kann eine kleine Klassengröße in den frühen Klassen mit besseren Leistungen sechs Jahre später, in der neunten Klasse, in Zusammenhang gebracht werden. Hier werden die Ergebnisse für Mathematikwerte gezeigt (nach Nye, Hedges, & Konstantopoulos, 2001).

9.8.2 Erziehungsphilosophie

Jeder Lehrer bringt eine erzieherische Philosophie mit in die Klasse, die eine wichtige Rolle beim Lernen der Kinder spielt. Zwei Herangehensweisen haben die stärkste Aufmerksamkeit der Forschung gewonnen. Sie unterscheiden sich darin, was Kindern beigebracht wird, und darin, wie sie lernen und wie ihr Fortschritt evaluiert werden sollte.

■ Traditionelle versus offene Klassen

Im **traditionellen Unterricht** ist der Lehrer die einzige Autorität für das Wissen, die Regeln und das Fällen von Entscheidungen und es ist vorwiegend er, der spricht. Die Schüler sind relativ passiv, hören zu, antworten, wenn sie gefragt werden, und vervollständigen Aufgaben, die der Lehrer vorgibt. Ihr Fortschritt wird danach bewertet, wie gut sie mit dem Klassenstandard Schritt halten.

In einem **offenen Unterricht** werden Schüler als aktive Gestalter ihrer eigenen Entwicklung angesehen. Die Lehrer nehmen eine flexible Rolle hinsichtlich ihrer Autorität ein, teilen sich das Fällen von Entscheidungen mit den Schülern, die in ihrer eigenen Geschwindigkeit lernen. Schüler werden vorrangig in Beziehung zu ihrer eigenen Entwicklung bewertet, Vergleiche mit gleichaltrigen Schülern sind nicht so wichtig. Ein Blick in eine offene Klasse enthüllt gut ausgestattete Lernzentren, kleine Gruppen von Schülern, die Arbeiten ausführen, die sie selber ausgewählt haben, und einen Lehrer, der auf individuelle Bedürfnisse reagiert.

Während der letzten Jahrzehnte ist die Pädagogik zwischen diesen beiden Sichtweisen hin- und hergeschwankt. In den 1960er und frühen 1970er Jahren gewann die offene Erziehung an Popularität, inspiriert durch Piagets Verständnis des Kindes als aktiven, motivierten Lernenden. Als Besorgnis über den schulischen Fortschritt der Kinder und Jugendlichen zunahm, entstand eine Bewegung der „Zurück zu den Grundlagen". Die Klassen kehrten zurück zum traditionellen Unterricht der Belehrung, ein Stil, der auch heute noch vorherrscht.

Obwohl ältere Kinder in traditionellen Klassen einen leichten Vorteil in schulischer Leistung haben, wird die offene Klasse mit anderen Vorzügen in Verbindung gebracht – Gewinn an kritischem Denken, mehr Wertschätzung individueller Unterschiede der Klassenkameraden und positivere Einstellungen zur Schule (Walberg, 1986). Und es werden, wie bereits in Kapitel 7 angemerkt, schulische Motivation und Leistung untergraben, vor allem bei Kindern aus Familien mit niedrigem SÖS, wenn eine lehrergeleitete Unterrichtsweise in Vorschule und Kindergarten betont wird. Die starke Betonung auf Wissenserwerb in vielen Vorschul- und Grundschulklassen hat zu einem wachsenden Trend beigetragen, dass Eltern den Schuleintritt ihrer Kinder verzögern. Traditionelle Lehrpraktiken mögen auch zur Zunahme von Klassenwiederholungen beitragen. Siehe den Kasten „Aspekte der Fürsorge" bezüglich Forschung über diese Praxis.

■ Neue philosophische Richtungen

Die Philosophie einiger Lehrer bewegt sich zwischen traditionell und offen. Sie möchten gute Leistungen, kritisches Denken, positive soziale Beziehungen und Freude am Lernen fördern. Ein Zugang zur Grundschulerziehung, begründet in Wygotskys soziokultureller Theorie, repräsentiert diese Sichtweise. Wygotskys Betonung des sozialen Ursprungs höherer

Aspekte der Fürsorge

Zeichen hoch qualifizierten Unterrichts in der Grundschule

MERKMALS DER KLASSEN	QUALITÄTSMERKMALE
Klassengröße	Optimale Klassengröße beträgt nicht mehr als 18 Schüler.
Ausstattung	Der Raum ist in gut ausgestattete Aktivitätszentren aufgeteilt – zum Lesen, Schreiben, für Sprach- und mathematische Spiele, für wissenschaftliche Experimente, Arbeit an Bauprojekten, Gebrauch von Computern und Engagement in anderen schulischen Betätigungen. Räume werden flexibel für individuelle Aktivitäten oder solche in kleinen Gruppen und für Treffen der ganzen Klasse genutzt.
Stundenplan	Der Stundenplan hilft den Kindern, sowohl schulische Standards zu erreichen wie auch ihr Lernen sinnvoll zu gestalten. Die Themen sind miteinander verbunden, sodass Kinder Wissen in verschiedenen Bereichen erwerben. Der Stundenplan wird ergänzt durch Aktivitäten, die auf die Interessen der Kinder, ihre Gedanken und ihren Alltag eingehen einschließlich ihres kulturellen Hintergrundes.
Tägliche Aktivitäten	Lehrer bieten herausfordernde Aktivitäten an, die die Möglichkeit für Arbeit in kleinen Gruppen und eigenständige Arbeit einschließen. Die Gruppierungen variieren in Größe und gemäß den Erfordernissen der Kinder, in Abhängigkeit ihrer Aktivität und ihrer Lernbedürfnisse. Lehrer ermutigen zu kooperativem Lernen und leiten Kinder darin an, sich Fähigkeit dazu zu erwerben.
Interaktionen zwischen Lehrern und Schülern	Die Lehrer fördern den Fortschritt des Kindes und benutzen intellektuell anregende Strategien einschließlich des Stellens von Problemen, zum Denken anregende Fragestellungen, der Diskussion von Gedanken und mehr Komplexität bei den Aufgaben. Sie demonstrieren, erklären, leiten und helfen auch auf andere Weise, immer in Abhängigkeit der kindlichen Lernbedürfnisse.
Bewertung des Fortschritts	Die Lehrer bewerten regelmäßig den Fortschritt der Kinder durch schriftliche Beobachtungen und Arbeitsproben, die sie dafür benutzen, das Lernen zu individualisieren. Sie helfen den Kindern dabei, ihre Arbeit zu reflektieren und entscheiden darüber, wie sie verbessert werden kann. Sie suchen gemeinsam mit den Eltern Perspektiven hinsichtlich des Lernens der Kinder und schließen die Sichtweisen der Eltern in ihre Bewertung ein.
Beziehungen mit Eltern	Lehrer schaffen Partnerschaft mit den Eltern. Sie halten regelmäßig Konferenzen ab und ermutigen Eltern, jederzeit die Klasse zu besuchen, um zu beobachten und freiwillig mitzuarbeiten.

Quelle: Bredekamp & Copple, 1997.

kognitiver Prozesse hat die folgenden pädagogischen Schlagworte inspiriert:

- *Lehrer und Schüler sind beim Lernen Partner.* Eine Klasse, die sowohl die Zusammenarbeit zwischen Lehrer und Kind wie die zwischen Kind und Kind fördert, überträgt kulturell geschätzte Denkweisen auf die Kinder.

- *Erfahrungen mit vielen Arten symbolischer Kommunikation in sinnvollen Aktivitäten.* Wenn Kinder Schreiben, Lesen und quantitatives Urteilen meistern können, werden sie der Kommunikationssystem ihrer Kultur gewahr, reflektieren ihr eigenes Denken und bringen es unter freiwillige Kontrolle. (Können Sie Forschung, die oben in diesem Kapitel präsentiert wurde und diese These unterstützt, wiedererkennen?)

- *Unterricht, welcher der Zone proximaler Entwicklung eines jeden Kindes angepasst ist.* Unterstützung, die auf das derzeitige Verständnis reagiert und das Kind ermutigt, den nächsten Schritt zu machen, stellt sicher, das jedes Kind den bestmöglichen Fortschritt macht.

Es soll ein Beispiel einer wachsenden Anzahl von Unterrichtsmethoden betrachtet werden, welche diese Gedanken in die Praxis übertragen haben. Im **reziproken Unterricht** bilden ein Lehrer und zwei bis vier Schüler eine kooperierende Gruppe und wechseln sich beim Führen des Dialoges über den Inhalt eines Textabschnittes ab. Innerhalb der Dialoge wenden die Gruppenmitglieder vier kognitive Strategien an: Fragen, Zusammenfassen, Klären und Vorhersagen. Die Technik wurde ursprünglich entwickelt, um das Leseverständnis von schlechten Schülern zu verbes-

Soziale Aspekte: Schulreife und Wiederholung von Klassen

Während Susan und Vicky darauf warteten, ihre Söhne von der »preschool« (dt. Kindergarten) abzuholen, begannen sie eine Unterhaltung über einen Eintritt in die Vorschulklasse (amerikan. Kindergarten). „Freddy wird im August fünf", sagte Susan. „Er ist einen Monat älter als der Stichtag angibt."

„Aber er wird einer der Jüngsten in der Gruppe sein" entgegnete Vicky. „Prüfe lieber noch mal nach, was heutzutage die Kinder in der Vorschule machen müssen. Hast du seine Erzieherin gefragt, was sie davon hält?"

„Nun" gab Susan zu, „sie sagte, dass Freddy noch ein bisschen jung ist."

Seit den 1980er Jahren haben immer mehr Eltern den Eintritt ihrer Kinder in die Vorschulklasse aufgeschoben. Im Wissen, dass Jungen den Mädchen in der Entwicklung hinterher sind, halten Eltern, deren Söhne um den Stichtag herum Geburtstag haben, diese von der Anmeldung für die Vorschulklasse zurück. Ist das Verschieben des Eintritts in die Vorschulklasse von Vorteil? Obwohl es einige Lehrer und Schulleiter empfehlen, hat die Forschung keinerlei Vorteile enthüllen können. Jüngere Kinder sind in der gleichen Klasse genauso gut wie ältere (Cameron & Wilson, 1990; Graue & DiPerna, 2000). Und jüngere Erstklässler erlangen durch das rechtzeitige Einschulen schulische Erfolge; sie überholen Kinder gleichen Alters, die ein Jahr nach ihnen in die Schule kommen (Stipek & Byler, 2001). Zusätzlich scheint das Aufschieben des Eintritts in die Vorschulklasse emotionale und soziale Schwierigkeiten nicht zu verhindern. Im Gegenteil zeigen Kinder mit einem höheren Alter als der Durchschnitt der Klasse höhere Raten an Verhaltensproblemen – beträchtlich höher als Kinder, die jung für die Klasse sind (Stipek, 2002).

Bei der Verabschiedung am ersten Schultag mag sich diese Mutter fragen, wie bereit ihre Tochter für das Lernen in der Klasse ist. Aber der Aufschub des Eintritts in die Vorschulklasse für ein Jahr hat keine Hinweise für einen Zuwachs an schulischer und sozialer Entwicklung gebracht. Kinder, die die Schule im vorgeschriebenen Alter starten, können am besten das Wissen, die Fertigkeiten und die Einstellung zum Erfolg in der Schule durch einen rechtzeitigen Beginn der Schule und durch die Hilfe von Eltern und Lehrern erreichen.

Ein damit verwandtes Dilemma besteht darin, ob man einen Schüler, der keine Fortschritte macht, noch ein zweites Jahr in der Vorschulklasse oder in einer der ersten Klassen der Grundschule behalten soll. Eine ausgedehnte Forschung zeigt keine Lernvorteile auf und sagt negative Folgen für Motivation, Selbstwertgefühl, Verhältnis zu den Gleichaltrigen und Einstellung zur Schule bereits für die Vorschulklasse voraus (Carlton & Winsler, 1999). In einer kanadischen Untersuchung zeigten Schüler, die in der Zeit zwischen Vorschulklasse und der zweiten Klasse wiederholen mussten – unabhängig von schulischen und sozialen Merkmalen, die sie in die Situation brachten – zunehmend schlechtere Schulleistungen, Ängste und (bei den Jungen) aggressives Verhalten während der Grundschuljahre. Diese ungünstigen Trends gab es nicht bei Kindern, die nicht wiederholen mussten (Pagani et al., 2001).

Als Alternative zur Wiederholung der Vorschulklasse bieten einige Schuldistrikte eine „Übergangs"-klasse an, eine Art Wartestation zwischen Vorschulklasse und erster Klasse. Übergangsklassen jedoch haben eine homogene Gruppierung. Wie bei anderen „niedrigen Gruppen" haben Lehrer möglicherweise heruntergeschraubte Erwartungen und

> unterrichten Übergangskinder in einer weniger anregenden Weise als andere Kinder (Dornbusch, Glasgow, & Lin, 1996).
>
> Jede dieser Möglichkeiten geht von der Ansicht aus, dass Schulreife größtenteils von der biologischen Reife abhängt. Eine alternative Sichtweise, basierend auf Wygotskys soziokultureller Theorie, besagt, dass Kinder das Wissen, die Fertigkeiten und die Einstellung zur Schule durch die Hilfe von Eltern und Lehrern erlangen. Die U.S. National Association for the Education of Young Children (Nationale Vereinigung zur Erziehung kleiner Kinder) empfiehlt, dass alle Kinder im vorgeschriebenen Alter die Vorschulklasse beginnen sollten und in den Genuss einer Unterrichtspraxis kommen sollten, die ihren individuellen Fortschritt fördern. Die Forschung zeigt, dass Schulreife nicht etwas ist, auf das man warten soll, sondern dass sie kultiviert werden kann.

sern. Wegen ihres Erfolges ist sie für andere Bereiche und alle Kinder im Schulalter angewendet worden (Palincsar & Herrenkohl, 1999).

Der Leiter des Dialogs (zuerst der Lehrer, dann ein Schüler) beginnt damit, *Fragen* über den Inhalt des Textabschnitts zu stellen. Die Schüler bieten Antworten an, stellen zusätzliche Fragen und, im Falle der Nichtübereinstimmung, lesen den Originaltext noch einmal. Danach *fasst* der Leiter den Abschnitt *zusammen* und die Kinder diskutieren die Zusammenfassung und *klären* Dinge, die irgendeinem Gruppenmitglied nicht vertraut sind. Schließlich ermutigt der Leiter die Kinder, den nachfolgenden Inhalt auf Grund vorhergehenden Wissens und Hinweisen im Textabschnitt vorherzusagen.

Grundschüler und Schüler der ersten Oberschulklassen, die reziprokem Lernen ausgesetzt waren, zeigen eindrucksvolle Fortschritte im Leseverständnis im Vergleich mit einer Kontrollgruppe, die in anderer Weise unterrichtet wurde (Lederer, 2000; Rosenshine & Meister, 1994). Beachten Sie, wie der reziproke Unterricht eine Zone proximaler Entwicklung schafft, in welcher die Kinder nach und nach mehr Verantwortung erwerben, die Textabschnitte zu verstehen. Durch die Zusammenarbeit mit anderen Kindern bilden die Kinder auch Gruppenerwartungen an ein Denken auf hohem Niveau und erwerben wesentliche Lernfertigkeiten und Erfolg im Alltag.

9.8.3 Lehrer-Schüler-Interaktion

Schüler der Grundschule beschreiben gute Lehrer als sorgend, hilfsbereit und anregend – Merkmale, die positiv mit Lernen assoziiert werden (Daniels, Kalkman, & McCombs, 2001; Sanders & Jordan, 2000). Aber in Hinblick darauf ist eine enttäuschende Erkenntnis, dass nordamerikanische Lehrer stärker einen bloß wiederholenden Drill betonen als ein Denken auf höherem Niveau, wie dem Ringen mit Ideen und dem Anwenden von Wissen auf neue Situationen (Campbell, Hombo, & Mazzeo, 2000). In einer Untersuchung über soziale Studien und Mathematikstunden in der fünften Klasse waren die Schüler viel aufmerksamer, wenn Lehrer ein Denken auf höherem Niveau ermutigten (Stodolsky, 1988). Und in einer Langzeituntersuchung von Schülern der Mittelschule zeigten jene in Klassen mit höheren Anforderungen regelmäßigere Teilnahme und mehr Fortschritte in mathematischen Leistungen in den nachfolgenden zwei Jahren (Phillips, 1997).

Selbstverständlich interagieren Lehrer nicht mit allen Schülern auf die gleiche Weise. Schüler mit gutem Benehmen und sehr guten Leistungen erhalten typischerweise mehr Ermutigung und Lob, während ungezogene Schüler oft kritisiert werden und selten in Klassendiskussionen aufgerufen werden. Wenn sie spezielle Hilfe suchen, werden ihre Bitten in der Regel abgewiesen (Good & Brophy, 1996).

Leider sind Lehrer, deren Haltung zu einem Schüler festgefahren ist, in Gefahr, überspitzter zu reagieren, als es das Verhalten der Kinder rechtfertigt. Besonders besorgniserregend sind **sich selbst erfüllende Prophezeiungen in der Erziehung:** Kinder nehmen die positive oder negative Sichtweise der Lehrer an und beginnen, sich nach ihnen auszurichten. Dieser Effekt ist besonders stark, wenn Lehrer Wettbewerb und offenen Vergleich der Kinder stark betonen (Weinstein et al., 1987).

Bei nicht angemessenen Sichtweisen der Lehrer werden schlechte Schüler stärker davon beeinflusst (Madon, Jussim, & Eccles, 1997). Gute Schüler haben weniger Möglichkeit, sich zu verbessern, wenn Lehrer positiv über sie denken und sie können auf ihre Erfolgsgeschichte zurückgreifen, wenn ein Lehrer sie kritisiert. Die Empfänglichkeit schlechter Schüler für die sich selbst erfüllende Prophezeiung erhöht ihre Schulleistungen, wenn Lehrer an sie glauben. Aber leider neigen sich Fehlurteile von Lehrern in der Regel in die negative Richtung und nur selten haben schlechte Schüler eine Chance, in den Genuss positiver Beurteilung zu gelangen.

9.8.4 Gruppenunterrichtspraktiken

In vielen Schulen werden Schüler *homogenen* Gruppen oder Klassen zugeordnet, in welchen Kinder ähnlichen Fähigkeitsniveaus zusammen unterrichtet werden. Die homomogene Gruppierung kann eine sich selbsterfüllende Prophezeiung stark fördern. Niedrig eingestufte Schüler sind mehr Drill mit grundlegenden Fakten und Fertigkeiten ausgesetzt, nehmen weniger an Diskussionen teil und machen langsamer Fortschritte. Nach und nach zeigen sie ein Absinken ihres Selbstwertgefühls und werden von sich selber und von anderen als „nicht klug" angesehen. Es ist nicht überraschend, dass die homogene Gruppe die Lücke zwischen guten und schlechten Schülern vergrößert (Dornbusch, Glasgow, & Lin, 1996).

Teilweise wegen dieser Erkenntnisse haben manche Schulen die *Heterogenität* von Klassen erhöht, indem sie zwei oder drei Klassen kombinieren, die im Alter aufeinanderfolgen. In *Klassen verschiedener Altersstufen (multigrade)* sind schulische Leistung, Selbstwertgefühl und Einstellung gegenüber der Schule in der Regel besser als in Klassen mit einer einzigen Alterssufe (Lloyd, 1999). Vielleicht senkt gemischtklassige Gruppierung den Wettbewerb und fördert *kooperatives Lernen,* bei dem kleine, heterogene Gruppen von Schülern die Verantwortung teilen und gegenseitig ihre Gedanken austauschen, während sie an einem gemeinsamen Ziel arbeiten. Wenn Lehrer gut erklären können, ein Vorbild sind und Kindern Rollenspiele über Zusammenarbeit anbieten, fördert kooperatives Lernen die Leistung über ein breites Spektrum von Fächern (Gillies & Ashman, 1996, 1998).

9.8.5 Unterricht bei Kindern mit speziellen Bedürfnissen

Gute Lehrer passen flexibel ihre Unterrichtsstrategien an sehr unterschiedliche Schüler an. Aber solche Anpassungen sind zunehmend schwierig am unteren und oberen Ende der Fähigkeitsverteilung unter den Schülern. Was geben Schulen Kindern mit besonderen Lernbedürfnissen?

▪ Kinder mit Lernschwierigkeiten

Amerikanisches und kanadisches Recht schreibt vor, dass die Schulen Kinder, die spezielle Unterstützung im Unterricht benötigen, in eine „minimal restriktive" (so normal wie mögliche) Klassenumgebung bringen, die ihren pädagogischen Bedürfnissen entspricht. In der **Integration (engl. mainstreaming)** werden Schüler mit Lernschwierigkeiten für einen Teil des Schultages in eine reguläre Klasse gesetzt, um sie besser auf die Gesellschaft vorzubereiten. Größtenteils aufgrund elterlichen Drucks ist die Integration auf die **volle Einbeziehung,** also den Besuch der regulären Klasse die ganze Zeit über, erweitert worden.

Einige Integrationsschüler sind **geistig leicht retardiert** – Kinder mit einem IQ zwischen 55 und 70, die auch Probleme in der Anpassung oder mit Fertigkeiten des täglichen Lebens haben (American Psychiatric Association, 1994). Aber die größte Anzahl (5 bis 10 % der Kinder im Schulalter) hat **Lernstörungen,** große Schwierigkeiten mit einem oder mehreren Aspekten des Lernens, meistens beim Lesen. Dadurch ist ihre Leistung beträchtlich unter dem, was auf der Grundlage ihres IQs zu erwarten wäre. Die Probleme dieser Schüler können nicht auf irgendwelche offensichtlichen körperlichen oder emotionalen Schwierigkeit oder auf Nachteile der Umgebung zurückgeführt werden. Stattdessen scheinen geringe Defizite in der Hirnfunktion eine Rolle zu spielen (Kibby & Hynd, 2001). In den meisten Fällen ist der Grund unbekannt.

Gruppenunterrichtspraktiken können die Qualität der Interaktion des Lehrers mit den Schülern beeinflussen. In dieser heterogenen Gruppe erhalten Kinder einen warmherzigen, anregenden Unterricht, der Denken auf hohem Niveau betont. Daraus resultiert, dass jeder Schüler aufmerksam ist und sich am Lernen beteiligt.

Lernen in der Schule

Der Schüler links, der eine Lernbehinderung hat, ist voll in eine reguläre Klasse integriert. Weil seine Lehrerin konkrete Schritte unternimmt, die Akzeptanz durch seine Klassenkameraden zu erhöhen, Anweisungen individuell gestaltet, Vergleiche mit Klassenkameraden auf ein Minimum reduziert und kooperatives Lernen fördert, freut sich dieser Junge auf die Schule und erbringt gute Leistungen.

Wie wirksam ist der Besuch dieser Kinder von regulären Klassen hinsichtlich ihrer schulischen Erfahrungen und der Teilnahme am Leben der Klasse? Derzeit sind die Belege für keinen dieser Punkte positiv. Obwohl einige der integrierten und voll eingeschlossenen Schüler schulische Vorteile haben, haben andere diese nicht. Leistungsgewinne hängen sowohl von der Schwere der Störung wie von den unterstützenden Maßnahmen, die in der regulären Klasse möglich sind, ab (Klingner et al., 1998; Waldron & McLeskey, 1998). Zusätzlich werden Kinder mit Behinderungen oft von den Kameraden der regulären Klasse abgelehnt. Schüler mit geistiger Retardierung sind von den sozialen Fertigkeiten ihrer Klassenkameraden überwältigt, sie können nicht schnell und geschickt bei einer Unterhaltung oder einem Spiel mitmachen. Und das Verarbeitungsdefizit einiger Kinder mit Lernstörungen führt zu Problemen im sozialen Bewusstsein und in der Reaktionsbereitschaft (Gresham & MacMillan, 1997; Sridhar & Vaughn, 2001).

Heißt das, dass Kinder mit beonderen Bedürfnissen in einer regulären Klasse nicht gefördert werden können? Diese Kinder sind oft am besten dran, wenn sie für einen Teil des Tages Unterricht in einem speziellen Förderraum bekommen und für den Rest des Tages in einer regulären Klasse sind – eine Lösung, welche die Mehrheit der Schulkinder mit Lernbehinderungen als bevorzugte angibt (Vaughn & Klingner, 1998). In dem Förderraum arbeitet ein speziell ausgebildeter Lehrer mit den Kindern auf einer individuellen Basis oder in kleinen Gruppen. Dann kommen die Kinder in Abhängigkeit von ihren Fortschritten mit Klassenkameraden regulärer Klassen in verschiedenen Fächern und verschieden lange zusammen.

Wenn die Kinder einmal in die reguläre Klasse eintreten, müssen spezielle Schritte unternommen werden, dass ihre Mitschüler sie akzeptieren. Kooperative Lernerfahrungen, bei denen Schüler mit Lernbehinderungen und ihre Klassenkameraden zusammenarbeiten, führen zu freundlicher Kommunikation und verbesserter sozialer Akzeptanz (Siegel, 1996). Lehrer können Kinder auch auf die Ankunft eines Schülers mit besonderen Bedürfnissen vorbereiten – ein Prozess, der früh begonnen werden sollte, also bevor die Kinder weniger bereit sind, Kameraden mit Behinderungen zu akzeptieren (Okagaki et al., 1998).

■ Hochbegabte Kinder

In Jans und Lisas Schule waren einige Kinder **hochbegabt,** d.h., sie zeigten außergewöhnliche intellektuelle Stärken. In jeder Klasse waren ein oder zwei Schüler mit IQ-Werten über 130, der Standarddefinition von Hochbegabung auf Grund der Leistung in Intelligenztests (Gardner, 1998b). Kinder mit hohem IQ sind, wie bereits bekannt, besonders schnell in der schulischen Arbeit. Sie haben ein starkes Gedächtnis und eine außergewöhnliche Fähigkeit, herausfordernde theoretische Probleme zu lösen. Aber die Erkenntnis, dass Intelligenztests nicht die volle Bandbreite menschlicher Leistungen erfassen, hat zu einer erweiterten Definition von Hochbegabung in der Schule geführt.

Kreativität und Talent

Kreativität ist die Fähigkeit, ein originelles, aber angemessenes – unter Umständen unnützes – Werk herzustellen, auf das andere nicht gekommen wären. Ein hohes Potential an Kreativität kann dazu führen, dass man ein Kind als hochbegabt einstuft. Kreativitätstests berühren **divergentes Denken** – die Erschaffung mehrerer und ungewöhnlicher Möglichkeiten, wenn man einer Aufgabe oder einem Problem gegenübersteht. Divergentes Denken steht im Gegensatz zu **konvergentem Denken,** das nur eine einzige richtige Antwort auf ein Problem bedeutet und das in Intelligenztests betont wird (Guilford, 1985).

Die Erkenntnis, dass sehr kreative Kinder (wie Kinder mit hohem IQ) in einigen Aufgaben besser sind als

Abbildung 9.9: Reaktionen einer Achtjährigen, die hohe Werte bei der figuralen Erfassung des divergenten Denkens hatte. Dieses Kind wurde aufgefordert, so viele Bilder aus den Kreisen auf der Seite zu zeichnen, wie es konnte. Die Titel, die sie den Bildern gab, lauten wie folgt (von links nach rechts): „Dracula", „einäugiges Monster", „Kürbis", „Hula-Hoop", „Plakat" „Rollstuhl", „Erde", „Mond", „Planet", „Filmkamera", „trauriges Gesicht", „Bild", „Halteschild", „Beachball", „Der Buchstabe O", „Auto" und „Brille". Tests zum divergenten Denken streifen nur einen der komplexen kognitiven Beiträge zur Kreativität (Test form, © 1980 by Scholastic Testing Service, Inc. Nachdruck mit Erlaubnis von Scholastic Testing Service, Inc., from The Torrance Tests of Creative Thinking by E. P. Torrance.).

andere hat bei Forschern dazu geführt, eine Reihe von Tests für divergentes Denken zu konzipieren (Runco, 1992; Torrance, 1988). Eine mündliche Erfassung fordert Kinder z.B. auf, Namen für den Gebrauch herkömmlicher Gegenstände zu nennen. Eine figurale Erfassung fordert sie z.B. auf, so viele Zeichnungen wie möglich anzufertigen, die auf einem Kreismotiv beruhen (siehe Abbildung 9.9). Die Erfassung eines „Problems aus der wirklichen Welt" fordert von den Schülern, Lösungen auf alltägliche Probleme zu suchen. Antworten auf all diese Tests können nach der Anzahl der Ideen und deren Originalität bewertet werden.

Kritiker dieser Messmethoden jedoch weisen darauf hin, dass sie schlechte Prädiktoren kreativer Leistungen im täglichen Leben sind, weil sie nur einen der komplexen kognitiven Beiträge zur Kreativität streifen (Cramond, 1994). Es gehört ebenso dazu, neue und wichtige Probleme zu definieren, divergente Gedanken zu evaluieren und die vielversprechendsten auszuwählen sowie sich auf relevantes Wissen zu beziehen, um Probleme zu verstehen und zu lösen (Sternberg & Lubart, 1995).

Wenn Sie diese zusätzlichen Merkmale betrachten, werden Sie verstehen, warum Menschen in der Regel Kreativität nur in einem oder wenigen verwandten Bereichen zeigen. Selbst Menschen, die aufgrund ihres hohen IQs als hochbegabt eingestuft werden, zeigen unregelmäßige Fähigkeiten in theoretisch-wissenschaftlichen Fächern. Teilweise aus diesem Grund sind Definitionen von Hochbegabung erweitert worden und umschließen **Talent, inbesondere Leistung auf einem spezifischen Gebiet.** Es gibt deutliche Hinweise, dass Hochbegabung in Gebieten wie Schreiben, Mathematik, Naturwissenschaften, Musik, bildende Kunst, Sport und Führungsqualitäten ihre Wurzeln in Fähigkeiten haben, die bereits in der Kindheit auftraten (Winner, 2000). Hochtalentierte Kinder sind biologisch darauf vorbereitet, ihr Interessensgebiet zu meistern. Und sie zeigen dafür eine besondere Begeisterung.

Gleichzeitig muss Talent in einer günstigen Umgebung gefördert werden. Untersuchungen über den Hintergrund von talentierten Kindern und sehr erfolgreichen Erwachsenen weisen oft auf Eltern hin, die warmherzig und einfühlsam sind, ein anregendes Zuhause schaffen und engagiert sind, die Fähigkeiten ihrer Kinder zu entwickeln. Diese Eltern treiben die Kinder nicht an und sind nicht besonders ehrgeizig, aber auf eine vernünftige Weise fordernd (Winner, 1996). Sie kümmern sich um liebevolle Lehrer, wenn das Kind klein ist, und für strengere Lehrer, wenn sich das Talent entwickelt.

Extreme Begabung führt oft zur sozialen Isolierung. Der stark getriebene, nicht konformistische und unabhängige Stil vieler hochbegabter Kinder und Heranwachsender führt dazu, dass sie mehr Zeit allein verbringen, teilweise wegen ihres reichen Innenlebens und teilweise, weil Alleinsein notwendig dafür ist, ihre Talente zu entwickeln. Dennoch wünschen sich hochbegabte Kinder befriedigende Beziehungen mit Gleichaltrigen und einige von ihnen (Mädchen häufiger als Jungen) versuchen, ihre Fähigkeiten zu verstecken, um mehr gemocht zu werden. Im Vergleich zu ihren normalen Altersgenossen berichten hochbegabte Jugendliche, besonders Mädchen, über mehr emotionale und soziale Schwierigkeiten, einschließlich niedrigen Selbstwertgefühls und Depression (Gross, 1993; Winner, 2000).

Schließlich werden viele talentierte Jugendliche zwar Experten ihres Bereiches, aber wenige werden hochkreativ. Die Fertigkeit, die erfordert wird, in einem bestehenden Gebiet schnell zu erfassen, ist nicht dasselbe, wie Innovationen auf diesem Gebiet zu leisten (Csikszentmihalyi, 1999). Aber die Welt benötigt Experten wie Kreative.

Erziehung der Hochbegabten
Obwohl in vielen Schulen Programme für Hochbegabte existieren, konzentriert sich die Debatte über deren Wirksamkeit gewöhnlich auf Faktoren, die für die Hochbegabung irrelevant sind: ob besondere Angebote in regulären Klassen gemacht werden sollten, die Kinder für einen speziellen Unterricht herausgenommen (die gebräuchlichste Praxis) oder klügere Schüler eine Klasse vorrücken sollten. Kindern aller Altersgruppen ergeht es schulisch wie sozial mit allen diesen Modellen gut (Moon & Feldhusen, 1994). Doch hängt das Ausmaß, mit dem sie Kreaviät und Talent fördern, ab von den Möglichkeiten, relevante Fertigkeiten zu erwerben.

Gardners Theorie multipler Intelligenzen hat etliche Modellprogramme, die allen Schülern zugute kommen, angeregt. Sinnvolle Aktivitäten, von denen jede eine spezifische Intelligenz oder einen Satz von Intelligenzen berührt, dienen als Kontext, um Stärken und Schwächen einzuschätzen, um dann auf dieser Basis neues Wissen und originelles Denken zu lehren (Gardner, 1993, 2000). Sprachliche Intelligenz zum Beispiel kann durch Geschichtenerzählen oder Stückeschreiben, räumliche Intelligenz durch Zeichnen, Bildhauern oder dem Auseinandernehmen und dem Zusammensetzen von Gegenständen gefördert werden.

Es fehlen noch Beweise, wie wirksam diese Programme die Talente der Kinder fördern. Aber bisher waren sie zumindest in einer Hinsicht erfolgreich: durch Hervorhebung der Stärken einiger Schüler, die davor als nicht exzeptionell oder sogar als Risikofall für Schulversagen betrachtet worden waren (Suzuki & Valencia, 1997). Folglich mögen sie besonders nützlich sein, Talente aus Familien mit niedrigem SÖS und von Kindern aus ethnischen Minoritäten, die in Schulprogrammen für Hochbegabte unterrepräsentiert sind, zu identifizieren.

9.8.6 Wie gut ausgebildet sind nordamerikanische Kinder?

Unsere Erläuterungen zum Schulunterricht haben sich größtenteils auf das konzentriert, was Lehrer tun können, um die Erziehung der Kinder zu fördern. Jedoch beeinflussen ziemlich viele Faktoren sowohl innerhalb wie auch außerhalb der Schule das Lernen der Kinder. Gesellschaftliche Werte, Lehrmittel und Institutionen, Qualität des Unterrichts und elterliche Ermutigung spielen alle eine wichtige Rolle. Nirgends werden diese vielfältigen Einflüsse sichtbarer als bei einer Untersuchung des Unterrichts auf übernationaler Ebene.

In internationalen Vergleichen über Leistungen im Lesen, in Mathematik und den Naturwissenschaften nehmen junge Leute aus Hongkong, Japan, Korea und Taiwan regelmäßig Spitzenplätze ein. Auch kanadische Schüler haben im Allgemeinen hohe Werte. Amerikanische Schüler jedoch liegen typischerweise im internationalen Durchschnitt, manchmal auch darunter (siehe Abbildung 9.10) (U.S. Department of Education, 2001a, 2001b).

Warum fallen amerikanische Kinder im schulischen Wissen zurück? Nach internationalen Vergleichen ist der Unterricht in den Vereinigten Staaten weniger fordernd und konzentriert wie in anderen Ländern. Im Program for International Student Assessment (s.o.), das die schulische Leistung von Fünfzehnjährigen in 27 Nationen, die ihre Pflichtschulzeit nahezu absolviert hatten, einschätzte, fragte man die Schüler nach ihren Lerngewohnheiten. Im Vergleich mit den am

9.8 KÖRPERLICHE UND KOGNITIVE ENTWICKLUNG IN DER MITTLEREN KINDHEIT

Land		Durchschnittlicher Wert in mathematischen Leistungen
Nationen mit hohen Leistungen	Japan	557
	Korea	547
	Neuseeland	537
	Finnland	536
	Australien	533
	Kanada	**533**
	Schweiz	529
	England	529
Nationen mit mittleren Leistungen	Belgien	520
	Frankreich	517
	Österreich	515
	Dänemark	514
	Island	514
	Schweden	510
Internationaler Durchschnitt = 500	Irland	503
	Norwegen	499
	Tschechische Republik	498
	Vereinigte Staaten	**493**
	Deutschland	**490**
	Ungarn	488
	Spanien	476
	Polen	470
Nationen mit schlechten Leistungen	Italien	457
	Portugal	454
	Griechenland	447
	Luxemburg	446
	Mexiko	387

Abbildung 9.10: Durchschnittswerte in Mathematik bei 15-Jährigen nach Ländern. Das Program for International Student Assessment (Programm zur Einschätzung internationaler Schüler) schätzte die Leistungen in 27 Ländern ein. Japan, Korea und Kanada waren unter den Spitzenleistungsträgern in Mathematik, während die Vereinigten Staaten gerade nur Werte unter dem internationalen Durchschnitt erreichten. Ähnliche Ergebnisse gab es beim Lesen und in den Naturwissenschaften (nach U.S. Department of Education, 2001a.).

Verpflichtung zum Lernen wie der Kasten „Kulturelle Einflüsse" aufzeigt.

Das japanische und taiwanesische Beispiel unterstreicht, dass die Familie, die Schule und die Gesellschaft allgemein zusammenarbeiten müssen, um die Erziehung aufzuwerten. In den Vereinigten Staaten werden mehr Steuergelder für die Grundschulen und weiterführenden Schulen investiert und schulische Standards werden verstärkt. Zusätzlich arbeiten viele Schulen daran, die Mitarbeit der Eltern bei der Erziehung der Kinder zu fördern. Eltern, die zu Hause eine stimulierende Lernumgebung schaffen, den schulischen Fortschritt ihrer Kinder überwachen, ihnen bei den Hausaufgaben helfen und oft mit den Lehrern Kontakt aufnehmen, haben Kinder, die äußerst guten schulischen Erfolg zeigen (Christenson & Sheridan, 2001). Die Ergebnisse dieser Bemühungen können in kürzlich durchgeführten nationalen Einschätzungen von Bildungsfortschritten gesehen werden (U.S Department of Education, 2002a). Nach zwei Jahrzehnten der Verschlechterung ist die schulische Leistung amerikanischer Schüler insgesamt angestiegen, jedoch nicht nicht genug, um ihren Rang im internationalen Vergleich zu verbessern.

besten abschneidenden Nationen, die in Abbildung 9.10 aufgeführt sind, gaben viele amerikanische Kinder an, auswendig zu lernen, statt die Informationen auf zuvor erworbenes Wissen zu beziehen. Und genauere Untersuchungen über das Lernumfeld der hochleistungsfähigen asiatischen Länder zeigte auf, dass asiatische Schüler die Schule nicht mit kognitiven Vorteilen im Vergleich zu ihren nordamerikanischen Altersgenossen beginnen, mit Ausnahme des Einflusses der Sprache auf frühe Fertigkeiten im Zählen (siehe Seite 401) (Geary, 1996). Stattdessen fördert eine kombinierte Vielfalt sozialer Kräfte die nationale

Prüfen Sie sich selbst ...

Rückblick
Führen Sie erzieherische Praktiken auf, die die schulische Leistung von Kindern fördern, und solche, die sie untergraben. Geben Sie für jede eine kurze Erklärung.

Anwendung
Sandy fragt sich, ob sie ihr Kind für eine Klasse mit verschiedenen Altersstufen anmelden soll. Was würden Sie Sandy empfehlen und warum?

Anwendung
Carrie ist eine Erstklässlerin mit Lernschwierigkeiten. Welche Schritte können ihre Schule und ihr Lehrer unternehmen, um sicherzustellen, dass sie sich schulisch und sozial zu ihrem Besten entwickelt?

Zusammenhänge
Wiederholen Sie die Forschung über Erziehungsstile in Kapitel 8. Welchen Stil erfahren hochbegabte Kinder, die ihre Talente erkennen, typischerweise? Erklären Sie.

Prüfen Sie sich selbst ...

Kulturelle Einflüsse: Unterricht in Japan, Taiwan und den Vereinigten Staaten

Warum sind asiatische Kinder so gut in der Schule? Forschung, die gesellschaftliche, Schul- und Familienbedingungen in Japan, Taiwan und den Vereinigten Staaten untersucht, gibt einige Antworten.

Kulturelle Bewertung schulischer Leistung

In Japan und Taiwan sind natürliche Ressourcen begrenzt. Fortschritte in den Naturwissenschaften und der Technologie sind grundlegend für das ökonomische Wohlergehen. Weil ein gut ausgebildetes Arbeitskräftepotential notwendig ist, dieses Ziel zu erreichen, ist die Bewältigung schulischer Fertigkeiten bei den Kindern von größter Bedeutung. Im Vergleich zu westlichen Ländern investieren Japan, Taiwan und andere asiatische Länder mehr in Bildung, einschließlich einer höheren Bezahlung von Lehrern (Rohlen, 1997). In den Vereinigten Staaten ist die Einstellung gegenüber schulischer Leistung viel uneinheitlicher. Viele Amerikaner sind der Meinung, dass es viel wichtiger ist, dass sich die Kinder wohl fühlen und verschiedene Wissensbereiche entdecken, statt gut in der Schule zu sein.

Betonung von Anstrengung

Japanische und taiwanesische Eltern und Lehrer sind der Meinung, dass alle Kinder das Potential besitzen, schwierige Aufgaben zu bewältigen, wenn sie nur hart genug arbeiten. Im Gegensatz dazu neigen amerikanische Lehrer und Eltern dazu, angeborene Fähigkeiten als Schlüssel zum schulischen Erfolg anzusehen (Stevenson, 1992). Diese Unterschiede in der Einstellung mögen dazu beitragen, dass amerikanische Eltern weniger geneigt sind, zu Hause Aktivitäten zu ermutigen, welche die Schulleistung vergrößern könnten. Japanische und taiwanesische Eltern fördern die Bindung ihrer Kinder an die Schule und opfern sehr viel Zeit, ihren Kindern bei Hausaufgaben zu helfen – mehr als amerikanische Eltern. Daraus resultiert, dass asiatische Kinder mehr Zeit mit Lernen und Lesen verbringen als Kinder in den Vereinigten Staaten. Wenn man fragt, welche Faktoren schulischen Erfolg beeinflussen, sagen asiatische Schüler am häufigsten „harte Arbeit". Amerikanische Schüler erwähnen am häufigsten „einen guten Lehrer haben" (Stevenson, Lee, & Mu, 2000).

Ferner hat Anstrengung eine andere Bedeutung in kollektivistischen asiatischen Gesellschaften als in westlichen individualistischen. Japanische und chinesische Jugendliche streben danach, gut in der Schule zu sein, weil es eine moralische Verpflichtung ist, ein Teil der eigenen Verantwortung für die Familie und die Gemeinschaft. Im Gegensatz dazu betrachten amerikanische junge Leute harte schulische Arbeit als individuelle Entscheidung zur Erfüllung persönlicher Ziele (Bempchat & Drago-Severson, 1999).

Hoch qualifizierter Unterricht für alle

Anders als amerikanische Lehrer treffen japanische und taiwanesische Lehrer keine frühen pädagogischen Entscheidungen auf der Grundlage von Leistung. Es gibt keine Ausdifferenzierung nach Fähigkeiten in der Grundschule. Stattdessen erhalten alle Schüler den gleichen staatlich angeordneten hoch qualifizierten Unterricht. Schulstunden werden besonders gut organisiert und auf eine Weise dargeboten, die das Interesse des Kindes erwecken. Einzelne Themengebiete in der Mathematik werden mit größerer Tiefe behandelt und es gibt weniger Wiederholungen von Material, das im Vorjahr unterrichtet wurde.

Japanische Kinder haben beträchtlich bessere Leistungen als ihre amerikanischen Altersgenossen. Ein längerer Schultag erlaubt häufige Abwechslung vom schulischen Unterricht mit spielerischen Aktivitäten, was das Lernen fördert. Während einer Pause von den schulischen Fächern genießen diese japanischen Kinder den Unterricht in der Kunst der Kalligraphie.

Mehr Zeit, die dem Unterricht gewidmet ist

In Japan und Taiwan ist das Schuljahr 50 Tage länger als in den Vereinigten Staaten. Als eine amerikanische Grundschule damit experimentierte, 30 Tage an das Schuljahr anzuhängen, hatten die Schüler des erweiterten Schuljahres bessere Leistungen im Lesen, Allgemeinwissen und in Mathematik als Schüler in Schulen gleicher Qualität mit einem traditionellen Schuljahr (Frazier & Morrison, 1998).

Darüber hinaus investieren japanische und taiwanesische Lehrer viel mehr Zeit in ihren Beruf. Jedoch sind asiatische Schulen keineswegs so reglementiert, wie viele Amerikaner glauben. Ein Achtstunden-Schultag erlaubt Extra-Ruhepausen, eine längere Mittagspause, viel Zeit zum Spielen, für soziale Interaktionen, Ausflüge und Aktivitäten außerhalb des Curriculums. Häufige Unterbrechungen erhöhen die Lernkapazität der Kinder (Pellegrini & Smith, 1998).

Kommunikation zwischen Lehrern und Eltern

Japanische und taiwanesische Lehrer lernen ihre Schüler besonders gut kennen. Sie unterrichten die gleichen Kinder zwei bis drei Jahre lang und machen ein- bis zweimal im Jahr einen Hausbesuch. Eine ständige Kommunikation zwischen Lehrern und Eltern findet mit Hilfe eines kleinen Notizbuches statt, das die Kinder jeden Tag hin- und hertragen und das Botschaften enthält über Aufgaben, schulische Leistungen und Verhalten (Stevenson & Lee, 1990).

Zahlen japanische und taiwanesische Kinder einen Preis für den Erfolgsdruck, der auf sie ausgeübt wird? In der High-School-Zeit unterbindet schulische Arbeit oft andere Erfahrungen, weil asiatische adoleszente Kinder eine strenge Prüfung mit starkem Wettbewerb zum Übertritt aufs College bestehen müssen. Aber die Praktiken asiatischer elterlicher Erziehung, die schulische Kompetenz ermutigt, untergräbt nicht die Anpassung der Kinder. In der Tat sind asiatische Schüler, die Höchstleistungen erbringen, sozial kompetent (Crystal et al., 1994; Huntsinger, Jose, & Larson, 1998).

Zusammenfassung

Körperliche Entwicklung

Körperwachstum
Beschreiben Sie den Verlauf körperlichen Wachstums in der mittleren Kindheit.
- Die Zunahme der Körpergröße während der mittleren Kindheit setzt das langsame, regelmäßige Wachstum, das in den Vorschuljahren eingesetzt hatte, fort. Die Knochen werden noch länger und breiter und alle 20 Milchzähne werden durch die dauerhaften Zähne ersetzt. Etwa im Alter von neun Jahren überholen Mädchen die Jungen an Körpergröße.

Allgemeine Gesundheitsprobleme
Welche Seh- und Hörprobleme sind in der mittleren Kindheit verbreitet?
- In der mittleren Kindheit sind Kinder aus privilegierten Familien infolge guter Ernährung und einer schnellen Entwicklung des Immunsystems so gesund wie nie. Gleichzeitig gibt es eine Vielfalt gesundheitlicher Probleme, von denen viele häufiger in Familien mit niedrigem SÖS auftreten.
- Das häufigste Sehproblem der mittleren Kindheit ist die Myopie oder Kurzsichtigkeit. Es wird beeinflusst durch Vererbung, frühe biologische Traumata und Dauer des Lesens oder anderer Tätigkeiten nahe an den Augen. Myopie ist eines der wenigen Gesundheitsprobleme, das mit steigendem SÖS zunimmt. Wegen unbehandelter Mittelohrinfektionen entwickeln einige Kinder aus niedrigen SÖS-Familien einen permanenten Hörverlust während der Schuljahre.

Beschreiben Sie Gründe und Folgen schwerwiegender Ernährungsprobleme in der mittleren Kindheit mit besonderer Berücksichtigung der Fettleibigkeit.
- Von Armut betroffene Kinder in den Entwicklungsländern und Nordamerika leiden während der mittleren Kindheit unter Fehlernährung. Wenn Fehlernährung viele Jahre besteht bleibt, ist ihr negativer Einfluss auf körperliches Wachstum, Intelligenz, motorische Koordination und Aufmerksamkeit dauerhaft.
- Übergewicht und Fettleibigkeit sind ein zunehmendes Problem in westlichen Ländern. Obwohl ein erblicher Faktor zur Fettleibigkeit beiträgt, spielen elterliche Ernährungspraktiken, schlechte Essgewohnheiten und Mangel an Bewegung ebenfalls eine wichtige Rolle. Fettleibige Kinder sind bei Altersgenossen und Erwachsenen unbeliebt und haben ernsthafte Anpassungsprobleme. Interventionen auf Familienbasis, in denen sowohl Eltern wie Kinder ihre Ernährungsmuster verändern und eine Veränderung der sitzenden Lebensweise, sind die wirksamsten Mittel der Behandlung.

Welche Faktoren tragen zu Erkrankungen in den Schuljahren bei und wie können diese Gesundheitsprobleme reduziert werden?
- Kinder leiden in den ersten beiden Grundschuljahren an mehr Erkrankungen als später, vor allem wegen des Kontaktes mit kranken Kindern und einem Immunsystem, das noch nicht ausgereift ist. Der häufigste Grund für Fehlen in der Schule und Krankenhausaufenthalte in der Kindheit ist Asthma. Obwohl Vererbung zu Asthma beiträgt, haben Umweltfaktoren wie Luftverschmutzung, belastetes Familienleben und fehlender Zugang zu einer guten Gesundheitsversorgung, zur Zunahme der Krankheit beigetragen.
- Kinder mit schwerwiegenderen chronischen Erkrankungen tragen ein Risiko für schulische, emotionale und soziale Schwierigkeiten. Positive Familienbeziehungen sagen eine zufrieden stellende Anpassung bei chronisch kranken Kindern voraus.

Beschreiben Sie Veränderungen von Unfallrisiken in der mittleren Kindheit.
- Unfälle nehmen über die mittlere Kindheit und in der Adoleszenz zu, besonders bei Jungen, infolge von Auto- und Fahrradunfällen, die am meisten für die Zunahme beitragen. In Schulen durchgeführte Programme zur Vermeidung von Verletzungen unterrichten Sicherheitsvorkehrungen durch Vorbildverhalten und Übungen sowie Belohnungen für die Kinder, wenn sie diese befolgen.

Motorische Entwicklung und Spiel
Führen Sie die wichtigsten Veränderungen in der motorischen Entwicklung und im Spiel in der mittleren Kindheit auf.
- Zuwachs an Flexibilität, Gleichgewicht, Beweglichkeit und Kraft tragen zur Entwicklung der Grobmotorik der Kinder im Schulalter bei. Außerdem führen Verbesserungen in der Reaktionszeit und die Beschränkung von Reaktionen auf nur relevante Informationen zur Erhöhung der motorischen Leistungen.
- Die Feinmotorik verbessert sich ebenfalls. Die Schrift der Kinder wird leserlicher und ihre Zeichnungen zeigen Zuwächse in Organisation, Detail und Darstellung von Tiefe. Geschlechtsstereotype, die elterliche Ermutigung beeinflussen, führen größtenteils zu den vorzüglichen Leistungen der Jungen bei einer großen Bandbreite grobmotorischer Fertigkeiten.
- Spiele mit Regeln werden in den Schuljahren üblich. Spontane Spiele der Kinder unterstützen die kognitive und soziale Entwicklung. Viele Jugendliche im Schulalter sind körperlich nicht fit. Häufiger, hoch qualifizierter Sportunterricht hilft sicherzustellen, dass alle Kinder Zugang zu regelmäßigem Sport und Spiel haben.

Kognitive Entwicklung

Piagets Theorie: Die konkret-operationale Stufe
Welches sind die wesentlichen Merkmale konkret-operationalen Denkens?
- Während der **konkret-operationalen Stufe** können Kinder logisch über konkrete, anschauliche Informationen urteilen. Die Bewältigung der Invarianz (Konservierung) weist darauf hin, dass Kinder ihr Denken **dezentrieren** und **umkehren (reversibel denken)** können. Sie sind auch besser in der hierarchischen Klassifikation und der **Reihenbildung (Seriation)** einschließlich **transitiver Schlussfolgerungen (Inferenzen)**. Das räumliche Denken der Schulkinder verbessert sich wie ihr Verständnis von Distanz und ihre Fähigkeit, Richtungen anzugeben, beweisen.

- Piaget benutzte den Terminus **horizontale Verschiebung (Décalage)**, um die schrittweise Bewältigung logischer Konzepte bei Schulkindern zu beschreiben. Konkret-operationales Denken ist insofern noch begrenzt, als Kinder Schwierigkeiten in der Beurteilung abstrakter Gedanken haben.

Diskutieren Sie neuere Forschungen über konkret-operationales Denken.

- Spezifische kulturelle Praktiken, besonders in Verbindung mit der Schule, beeinflussen die Bewältigung von Aufgaben im Sinne Piagets. Einige Forscher schlagen vor, dass die graduelle Entwicklung operationalen Denkens am besten in einem informationsverarbeitendem Rahmen verstanden werden kann. Nach der Neo-Piaget'schen Theorie erfordern kognitive Schemata durch Übung weniger Aufmerksamkeit und machen dadurch Platz frei im Arbeitsgedächtnis, um alte Schemata zu kombinieren und neue zu generieren. Schließlich festigen Kinder die Schemata in hoch wirksame, zentrale konzeptionelle Strukturen. Bei einer großen Bandbreite von Aufgaben bewegen sich Kinder von der Konzentration auf nur eine Dimension zur Koordination zweier Dimensionen bis zur Integration multipler Dimensionen.

Informationsverarbeitung

Führen Sie zwei grundlegende Veränderungen in der Informationsverarbeitung an und beschreiben Sie die Entwicklung von Aufmerksamkeit und Gedächtnis in der mittleren Kindheit.

- Die Entwicklung des Gehirns trägt bei zu Zuwächsen in informationsverarbeitenden Fähigkeiten und zur kognitiven Hemmung. Diese Veränderungen erleichtern viele Aspekte des Denkens.
- Während der Schuljahre wird die Aufmerksamkeit selektiver, angepasster und planvoller. Ebenso verbessern sich die Gedächtnisstrategien. **Wiederholen** erscheint als Erstes, gefolgt von **Organisation** und dann **Elaboration**. Die schweren Aufmersamkeitsstörungen bei Kindern mit **hyperkinetischem Syndrom oder Aufmerksamkeits- und Hyperaktivitätsstörung (engl. attention-deficit hyperactivity disorder: ADHD)** führen zu schulischen wie sozialen Problemen.
- Die Entwicklung der Langzeitwissensbasis erleichtert das Gedächtnis, indem neue Informationen einfacher gespeichert und zurückgerufen werden können. Die Motivation der Kinder, das anzuwenden, was sie wissen, führt ebenfalls zur Entwicklung des Gedächtnisses. Gedächtnisstrategien werden gefördert durch Lernaktivitäten in der Schule.

Beschreiben Sie die Theorie des Geistes beim Schulkind und die Fähigkeit, sich der Selbstregulation zu bedienen.

- Metakognition weitet sich in der mittleren Kindheit aus. Kinder im Schulalter betrachten den Geist als ein aktives, konstruktives Mittel und sie entwickeln eine integrierte Theorie des Geistes. **Kognitive Selbstregulation** – das, was man weiß, in Handlung umzusetzen – entwickelt sich während der mittleren Kindheit und Adoleszenz langsam. Sie verbessert sich mit Instruktionen, welche die kognitive Aktivität überwachen.

Diskutieren Sie aktuelle Kontroversen im Unterricht von Lesen und Mathematik bei Grundschulkindern.

- Gekonntes Lesen schöpft aus allen Aspekten des informationsverarbeitenden Systems. Es bestehen Widersprüche darin, ob ein **ganzheitlicher Zugang** oder ein **synthetischer Zugang** beim beginnenden Leseunterricht angewendet werden sollte. Die Forschung zeigt, dass eine Mischung beider am wirkungsvollsten ist. Ein Unterricht, der Übung in grundlegenden Fertigkeiten mit einem konzeptionellen Verständnis mischt, ist auch am günstigsten in der Mathematik.

Individuelle Unterschiede in der geistigen Entwicklung

Beschreiben Sie die wichtigsten Zugänge zur Definition und Messung von Intelligenz.

- In den Schuljahren wird der IQ stabiler und korreliert gut mit den schulischen Leistungen. Die meisten Intelligenztests ergeben einen Gesamtwert sowie Werte für verschiedene intellektuelle Faktoren. Die Stanford-Binet-Intelligenzskala und die Wechsler-Intelligenzskala für Kinder (HAWIK-R III) sind häufig angewendete individuelle Intelligenztests. Aspekte der Informationsverarbeitung, die mit dem IQ verbunden sind, schließen Tempo und Gebrauch wirksamer Strategien ein. Sternbergs **triarchische Theorie** sieht Intelligenz an als eine Interaktion von informationsverarbeitenden Fertigkeiten, spezifischen Erfahrungen und Einflüssen des Kontextes (oder der Kultur). Nach Gardners **Theorie der multiplen Intelligenzen,** wobei wenigstens acht Intelligenzen bestehen, hat jede von ihnen eine einzigartige biologische Grundlage und einen festen Verlauf der Entwicklung. Gardners Theorie ist besonders hilfreich im Verständnis und der Förderung von Talenten der Kinder.

Beschreiben Sie Belege dafür, dass sowohl die Vererbung als auch die Umgebung zur Intelligenz beitragen.

- Geschätzte Vererbungsfaktoren und Adoptionsforschung beweisen, dass die Intelligenz ein Produkt von Vererbung wie Umwelt ist. Untersuchungen über schwarze Kinder, die von gut situierten Familien adoptiert wurden, weisen darauf hin, dass die Diskrepanz zwischen dem IQ von Schwarzen und Weißen von der Umgebung wesentlich beeinflusst wird.
- IQ-Testwerte werden von spezifischen Lernerfahrungen beeinflusst, einschließlich der Erfahrung mit bestimmten Kommunikationsstilen und dem Wissen, das der Test abfragt. Eine kulturelle Schieflage kann beim Testen zu Testwerten führen, die die Intelligenz von Kindern aus Minoritäten unterschätzen. **Dynamisches Testen** hilft dabei, dass viele Kinder aus Minderheiten in Leistungstests bessere Leistungen erbringen.

Sprachentwicklung

Beschreiben Sie Veränderungen im Wortschatz, der Grammatik und in der praktischen Anwendung der Sprache bei Schulkindern und führen Sie die Vorteile von Zweisprachigkeit für die Entwicklung auf.

- In der mittleren Kindheit wächst der Wortschatz weiterhin rasch an und die Kinder haben ein genaueres und flexibleres Verständnis der Wortbedeutungen. Sie benutzen auch komplexe grammatikalische Konstruktionen und Strategien in der Unterhaltung.

- Die Bewusstheit der Sprache trägt ebenso zum Fortschritt der Sprache im Schulalter bei.
- Das Erlernen einer zweiten Sprache muss in der Kindheit beginnen, damit sie sich voll entwickeln kann. Zweisprachige Kinder haben einen Vorsprung in der kognitiven Entwicklung und der Bewusstheit von Sprache. In Kanada sind Programme, in denen ausschließlich in der Zweitsprache unterrichtet wird, sehr erfolgreich darin, Kinder zu geübten Sprechern in Englisch und Französisch zu machen. In den Vereinigten Staaten unterstützt ein zweisprachiger Unterricht, der das Unterrichten in der Muttersprache mit Englisch kombiniert, das schulische Lernen von Kindern aus Minderheiten.

Lernen in der Schule

Beschreiben Sie den Einfluss von Klassengröße und pädagogischen Konzepten auf die Motivation und die schulischen Leistungen der Kinder.

- Wenn die Klassengröße abnimmt, nehmen Schulleistungen zu. Im Verhältnis ältere Schüler mit **traditionellem Unterricht** haben einen leichten Vorteil in den Schulleistungen. Jene mit **offenem Unterricht** neigen dazu, kritisch zu denken, individuelle Unterschiede zu respektieren und eine positivere Haltung der Schule gegenüber zu haben.
- Wygotskys soziokulturelle Theorie hat Versuche in der Grundschulerziehung inspiriert, welche die Partnerschaft von Lehrer und Kindern beim Lernen betonen, reiche Erfahrungen mit symbolischer Kommunikation ermöglichen und einen Unterricht bieten, der der Zone proximaler Entwicklung eines jeden Kindes angepasst ist. **Reziproker Unterricht** führt zu eindrucksvollen Steigerungen im Leseverständnis.

Diskutieren Sie die Rolle der Lehrer-Schüler-Interaktion und Gruppenpraktiken für die schulische Leistung.

- Unterricht, der das Denken auf einem hohen Niveau ermutigt, fördert das Interesse und den schulischen Erfolg von Kindern. **Erzieherische, sich selbst erfüllende Prophezeiungen** geschehen am ehesten in Klassen, die Wettbewerb und öffentliche Bewertung betonen. Unangemessene Sichtweisen der Lehrer auf die Schüler haben einen größeren Einfluss auf schlechte Schüler.

Unter welchen Bedingungen ist der Verbleib von Kindern mit leichter geistiger Retardierung und Lernstörungen in regulären Klassen erfolgreich?

- Schüler mit **leichter geistiger Retardierung** und **Lernstörungen** werden oft in reguläre Klassen gebracht; dort wird **Teilintegration (mainstreaming)** oder auch die **volle Einbeziehung** versucht. Der Erfolg des Verbleibs in regulären Klassen hängt ab von der Befriedigung der Lernbedürfnisse und positiven Beziehungen mit den Klassenkameraden.

Beschreiben Sie Charakteristiken hochbegabter Kinder und derzeitige Bemühungen, ihre erzieherischen Bedürfnisse zu befriedigen.

- **Hochbegabung** schließt einen hohen IQ, **Kreativität** und **Talent** ein. Kreativitätstests, die eher **divergentes** als **konvergentes Denken** erfassen, konzentrieren sich nur auf einen der Bestandteile von Kreativität. Hochtalentierte Kinder sind biologisch darauf vorbereitet, ihren Interessensbereich zu meistern, und haben Eltern und Lehrer, die ihre außergewöhnlichen Fähigkeiten fördern. Hochbegabten Kindern ist am besten mit Erziehungsprogrammen gedient, die sich auf ihre speziellen Stärken stützen.

Wie gut sind die Leistungen nordamerikanischer Kinder im Vergleich mit Kindern aus anderen Industrienationen?

- In internationalen Untersuchungen nehmen junge Menschen aus asiatischen Ländern ständig Spitzenpositionen ein. Kanadische Schüler haben im Allgemeinen relativ hohe Werte, während amerikanische Schüler gewöhnlich eine durchschnittliche oder unterdurchschnittliche Leistung erbringen. Dem starken schulischen Erfolg asiatischer Schüler liegt eine starke Verpflichtung zum Lernen in Familie und Schule zugrunde.

Wichtige Fachtermini und Begriffe

Aktivitäts- und Aufmerksamkeitsstörung (hyperkinetische Aufmerksamkeitsstörung, engl. attention-deficit hyperactivity disorder: ADHD) S. 396
Dezentrierung S. 390
divergentes Denken S. 419
dynamisches Testen S. 409
Elaboration (Ausarbeitung) S. 397
Fettleibigkeit (Adipositas) S. 381
ganzheitlicher Zugang (Ganzheitsmethode) S. 400
geistig leicht retardiert S. 418
hochbegabt S. 419
horizontale Verschiebung (Décalage) S. 392
Integration (engl. mainstreaming) S. 418
kognitive Hemmung S. 395
kognitive Selbstregulation S. 399
konkret-operationale Stufe S. 390
konvergentes Denken S. 419
Kreativität S. 419
Lernstörungen S. 418
offener Unterricht S. 414
Organisation S. 397
Reversibilität im Denken S. 390
reziproker Unterricht S. 415
Seriation (Reihenbildung) S. 391
sich selbst erfüllende Prophezeiungen in der Erziehung S. 417
synthetischer Zugang S. 400
Talent S. 420
Theorie der multiplen Intelligenzen S. 405
traditioneller Unterricht S. 414
transitive Inferenz (Schlussfolgerung in Form von Reihenbildung) S. 391
triarchische Theorie der Intelligenz S. 404
volle Einbeziehung (von Kindern mit speziellen Bedürfnissen) S. 418
Wiederholen S. 397

Die emotionale und soziale Entwicklung in der mittleren Kindheit

10

- **10.1 Eriksons Theorie: Fleiß versus Minderwertigkeit** 430
- **10.2 Selbstverständnis** 431
  - Die Veränderungen im Selbstkonzept 431
  - Die Entwicklung des Selbstwertgefühls 432
  - Der Einfluss des Selbstwertgefühls 434
- **10.3 Die emotionale Entwicklung** 438
  - Selbstbezogene Emotionen 438
  - Das emotionale Verständnis 438
  - Emotionale Selbstregulation 439
- **10.4 Das Verstehen anderer: die Perspektive eines anderen Menschen einnehmen** 440
- **10.5 Die moralische Entwicklung** 440
  - Lernen über Gerechtigkeit durch Teilen mit anderen 441
  - Veränderungen im moralischen Urteilen und im Verstehen sozialer Konventionen 442
- **10.6 Die Beziehungen zu Gleichaltrigen** 443
  - Die Peergruppen 443
  - Freundschaften 444
  - Peerakzeptanz 445
- **10.7 Geschlechtstypisierungen** 448
  - Geschlechtsstereotype Überzeugungen 448
  - Geschlechtsidentität und Verhalten 449
  - Kulturelle Einflussfaktoren auf die Geschlechttypisierung 449
- **10.8 Einflussfaktoren in der Familie** 450
  - Eltern-Kind-Beziehungen 451
  - Geschwister 451
  - Einzelkinder 452
  - Scheidung 453
  - Mischfamilien 457
  - Die Berufstätigkeit der Mutter und Familien, in denen beide Elternteile verdienen 459
- **10.9 Einige der häufigsten Probleme in der Entwicklung** 461
  - Ängste im Kindesalter 461
  - Sexueller Missbrauch 461
  - Möglichkeiten der Resilienzförderung in der mittleren Kindheit 464

ÜBERBLICK

10.2 DIE EMOTIONALE UND SOZIALE ENTWICKLUNG IN DER MITTLEREN KINDHEIT

„An einem späten Nachmittag hörte Rena, wie ihr Sohn Jan durch die Haustür kam, nach oben rannte und Terry anrief: „Terry, ich muss unbedingt mit dir reden!", bat Jan, noch ganz außer Atem vom Rennen. „Alles lief super, bis ich dieses blöde Wort bekam – ‚schurigeln'", bemerkte Jan und berichtete von dem Buchstabierwettbewerb, an dem er an diesem Tag in seiner fünften Klasse teilgenommen hatte. „So was Dummes! *S-c-h-u-h*, so habe ich es buchstabiert! Ich fass' es nicht! Ich bin vielleicht nicht so gut in Sozialkunde", vertraute Jan ihm an, „aber ich *weiß*, dass ich im Buchstabieren besser bin als diese blöde Linda Braun. Mein Gott, was habe ich gebüffelt, um diese Buchstabierlisten auswendig zu lernen. Und dann hat *sie* all die leichten Worte bekommen! Kannst dir vorstellen, wie eingebildet sie jetzt ist? Wenn ich schon verlieren *musste*, warum konnte es dann nicht jemand Nettes sein, die gewonnen hat?"

Jans Bericht offenbart eine ganz neue Konstellation emotionaler und sozialer Fähigkeiten. Jan zeigt nun bereits Anzeichen von *Eifer und Fleiß, eine Bereitschaft zur Leistung*. Indem er an dem Buchstabierwettbewerb teilgenommen hat, verfolgte er mit großer Energie eine bedeutungsvolle Leistung innerhalb seines Kulturkreises – eine große Veränderung, die sich in den mittleren Kindheitsjahren abspielt. Gleichzeitig ist aber auch erkennbar, dass sich Jans soziales Verständnis erweitert hat. Er kann nun Stärken, Schwächen und Persönlichkeitseigenschaften einschätzen. Außerdem bedeutet ihm Freundschaft jetzt etwas anderes als in früheren Jahren. Terry ist sein bester Freund, auf den er zählt, um Verständnis und emotionale Unterstützung zu bekommen.

Wir wollen dieses Kapitel beginnen, indem wir auf Eriksons Theorie zurückgreifen, um uns einen Überblick über die Persönlichkeitsveränderungen der mittleren Kindheit zu verschaffen. Dann werden wir uns mit der emotionalen und sozialen Entwicklung beschäftigen. Wir werden sehen, wie die Ansichten des Kindes über sich selbst, über andere und über soziale Beziehungen komplexer geworden sind, da es ihm nun möglich ist, klarer zu denken und es nun vermehrt Zeit in der Schule und mit Gleichaltrigen verbringt.

Obwohl Kinder im Schulalter weniger Zeit mit ihren Eltern verbringen als in jüngeren Jahren, bleibt dennoch die Familie sehr einflussreich. Jan und Lisa wachsen in einer Familie auf, die sehr stark von sozialen Veränderungen betroffen ist. Rena, ihre Mutter, hat ihre Arbeit wieder aufgenommen, als die Kinder in den Kindergarten kamen. Außerdem wurde das Leben von Jan und Lisa von der Scheidung ihrer Eltern erschüttert. Obwohl der heutige Lebensstil von Familien anders und wesentlich vielfältiger ist als früher, wird anhand von Jans und Lisas Erfahrungen ersichtlich, dass eine funktionierende Familie für das Wohlbefinden des Kindes sehr viel wichtiger ist als die Familienstruktur an sich. Am Ende des Kapitels werden einige der häufigsten emotionalen Probleme in der mittleren Kindheit betrachtet."

10.1 Eriksons Theorie: Fleiß versus Minderwertigkeit

Nach Erikson (1950) bauen die Persönlichkeitsveränderungen während der Schuljahre auf Freuds *Latenzphase* auf (siehe Kapitel 1). Kinder, deren Erfahrungen zumeist positiver Natur gewesen sind, beginnen die mittlere Kindheit mit einer ruhigen Zuversicht, die Freud mit dem Terminus *Latenz* bezeichnet hat. Ihre Energien verlagern sich von den Fantasiespielen der frühen Kindheit hin zur realen Leistung.

Erikson war der Meinung, dass eine Kombination von Erwartungen Erwachsener und dem Streben des Kindes, etwas zu beherrschen, die Grundlage für den psychischen Konflikt der mittleren Kindheit sind: **Fleiß, Arbeitseifer und Leistung versus Minderwertigkeitsgefühl** – ein Konflikt, der positiv aufgelöst werden kann, wenn die Erfahrungen des Kindes dazu führen, dass es, wenn es nützliche Fertigkeiten und Aufgaben in Angriff nimmt, ein Gefühl der Kompetenz entwickelt. In allen Kulturen hat die zunehmende Entwicklung körperlicher und kognitiver Fähigkeiten zur Folge, dass Erwachsene neue Erwartungen und

Anforderungen an das Kind stellen. Das Kind selbst ist nun bereit, diese Herausforderungen anzunehmen und von ihnen zu profitieren.

In Industrienationen ist dieser Übergang in die mittlere Kindheit gekennzeichnet vom Beginn der Schulzeit. Das Kind lernt nun lesen und schreiben – eine Vorbereitung für die gesamte Bandbreite spezialisierter Berufe in einer komplexen Gesellschaft. In der Schule lernen Kinder sowohl ihre eigenen individuellen Fähigkeiten wahrzunehmen wie auch die anderer Kinder. Der Wert von Arbeitsteilung wird erkannt und es entwickelt sich ein Verständnis für moralische Verpflichtung und Verantwortlichkeit. Eine Gefahr in dieser Phase ist die, ein *Minderwertigkeitsgefühl* zu entwickeln, das sich in dem traurigen Pessimismus von Kindern ausdrückt, die nur wenig Zuversicht in ihre eigenen Fähigkeiten haben, Aufgaben gut zu bewältigen. Dieses Gefühl der Unzulänglichkeit kann entstehen, wenn das Familienleben das Kind nicht auf den Schulbesuch vorbereitet hat oder wenn Erfahrungen mit Lehrern und Gleichaltrigen allzu negativ gewesen sind, sodass sie im Kind das Gefühl von Kompetenz und Leistungsfähigkeit zerstören.

Eriksons Thema Fleiß versus Minderwertigkeit ist eine Kombination mehrerer Entwicklungsstränge in der mittleren Kindheit; ein positives, aber realistisches Selbstkonzept, Stolz auf die eigenen Leistungen, moralische Verantwortlichkeit und eine kooperative Zusammenarbeit mit den Mitgliedern der Peergruppe des Kindes. Lassen Sie uns nun einen Blick darauf werfen, wie diese Aspekte des Selbst sowie die sozialen Beziehungen sich während der Schuljahre verändern.

10.2 Selbstverständnis

Das Selbstverständnis des Kindes unterliegt in der mittleren Kindheit mehreren Veränderungen. Zunächst kann sich das Kind selbst beschreiben, indem es seine Persönlichkeitseigenschaften nennt. Dann wird es beginnen, die eigenen Eigenschaften mit denen Gleichaltriger zu vergleichen. Daraufhin fängt das Kind an, Vermutungen über die Ursachen der Stärken und Schwächen anderer anzustellen. Diese neuen Arten des Nachdenkens über das eigene Selbst haben eine starke Auswirkung auf das Selbstbewusstsein des Kindes.

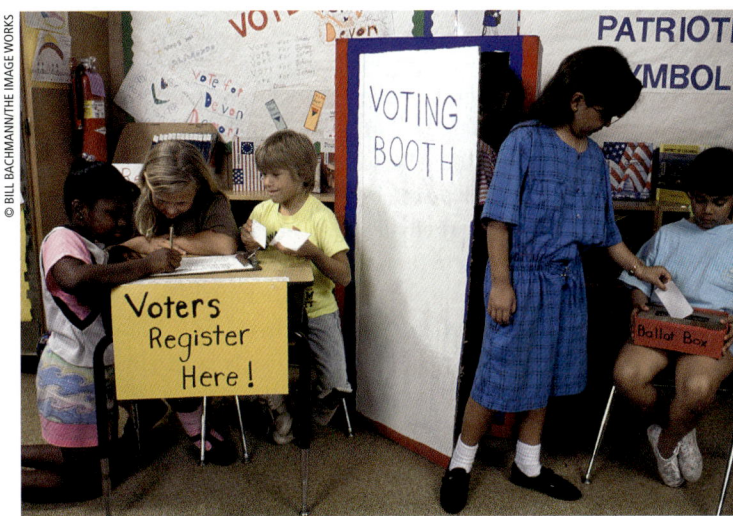

Der Arbeitseifer in der mittleren Kindheit schließt auch das Erlernen nützlicher Fertigkeiten und Aufgaben mit ein. Während diese Zweitklässler eine Wahl abhalten, erkennen sie die einzigartigen Fähigkeiten der anderen und lernen, sich selbst als vernünftig, fähig und hilfsbereit zu betrachten.

10.2.1 Die Veränderungen im Selbstkonzept

Während der Schuljahre entwickeln Kinder ein zunehmend feineres *Selbst* oder Selbstkonzept, indem sie ihre Beobachtungen über Verhalten und inneren Gefühlszuständen zu allgemeinen Dispositionen organisieren. Eine der hauptsächlichen Veränderungen findet im Alter zwischen acht und elf Jahren statt. Die folgende Selbstbeschreibung eines elfjährigen Mädchens soll diese Veränderung verdeutlichen:

Ich heiße A. Ich bin ein Mensch. Ich bin ein Mädchen. Ich bin eine wahrheitsliebende Person. Ich bin nicht hübsch. Ich bin in der Schule nur mittelmäßig. Ich bin eine sehr gute Cellistin. Ich bin eine sehr gute Pianistin. Ich bin etwas groß geraten für mein Alter. Ich mag mehrere Jungen. Ich mag mehrere Mädchen. Ich bin altmodisch. Ich spiele Tennis. Ich bin eine sehr gute Schwimmerin. Ich versuche, hilfsbereit zu sein. Ich bin immer bereit, Freundschaften zu schließen. Im Großen und Ganzen bin ich o.k., aber ich werde manchmal wütend. Manche Mädchen und Jungen mögen mich nicht so gern. Ich weiß nicht, ob Jungen mich mögen oder nicht. (Montemayor & Eisen, 1977, S. 317–318)

10.2 DIE EMOTIONALE UND SOZIALE ENTWICKLUNG IN DER MITTLEREN KINDHEIT

Beachten Sie, dass das Kind keine spezifischen Verhaltensweisen, sondern seine Fähigkeiten betont, wie etwa in der Bemerkung: „Ich bin eine sehr gute Cellistin" (Damon & Hart, 1988). Außerdem beschreibt es sehr klar seine Persönlichkeit und teilt noch mit, dass es sowohl positive als auch negative Eigenschaften hat – „wahrheitsliebend", aber „nicht hübsch", „eine gute Cellistin (und) Pianistin", aber nur „mittelmäßig in der Schule". Etwas ältere Schulkinder werden sich wahrscheinlich nicht mehr in solchen Schwarzweiß-Begriffen beschreiben, wie dies bei jüngeren Kindern der Fall ist (Harter, 1996).

Einer der Hauptgründe für diese Art der Selbstbeschreibung ist die Tatsache, dass Kinder im Schulalter häufig **soziale Vergleiche** anstellen. **Sie beurteilen ihr Aussehen, ihre Fähigkeiten und ihr Verhalten in Bezug auf die Qualitäten anderer.** In seinem Kommentar zum Buchstabierwettbewerb drückte Jan einige seiner Gedanken dahingehend aus, wie gut er wäre im Vergleich zu seinen Klassenkameraden – besser im Buchstabieren, aber nicht so gut in Sozialkunde. Obwohl vier bis sechs Jahre alte Kinder ihre eigenen Leistungen mit denen eines Kameraden vergleichen können, gelingt es älteren Kindern dann schon, mehrere Menschen zu vergleichen und sich selbst dabei mit einzubeziehen (Butler, 1998).

Welche Faktoren sind im Einzelnen für diese Revisionen des Selbstkonzeptes verantwortlich? Die kognitive Entwicklung beeinflusst die sich verändernde *Struktur* des Selbst – die Fähigkeiten von Kindern, typische Erfahrungen und Verhaltensweisen zu psychischen Dispositionen zu kombinieren (Harter, 1999). Der *Inhalt* des Selbstkonzeptes ist ein Produkt sowohl der kognitiven Fähigkeiten als auch des Feedbacks anderer. Der Soziologe George Herbert Mead (1934) war der Meinung, dass ein gut organisiertes psychisches Selbst dann auftaucht, wenn das Ich des Kindes eine Sichtweise des *Selbst* annimmt, die Ähnlichkeiten mit der Einstellung anderer Menschen gegenüber dem Kind hat. Meads Ideen lassen erkennen, dass die *Fähigkeit zum Übernehmen der Perspektive anderer* – insbesondere eine zunehmende Fähigkeit, die Gedanken anderer Menschen zu erschließen – besonders wichtig ist für die Entwicklung eines Selbstkonzeptes, das auf den Persönlichkeitseigenschaften des Kindes basiert. Während der Schuljahre verbessern sich die Fähigkeiten des Kindes zunehmend, die Botschaften anderer zu interpretieren und sie in seine eigenen Selbstdefinitionen zu integrieren. Schulkinder internalisieren die Erwartungen anderer und bilden ein *Idealselbst*, anhand dessen sie ihr *reales Selbst* evaluieren. Wie wir in Kürze feststellen werden, gibt es große Diskrepanzen zwischen diesen beiden Selbstanteilen, die das Selbstbewusstsein sehr unterminieren und zu Traurigkeit, Hoffnungslosigkeit und Depression führen können.

Während der mittleren Kindheit nimmt die Anzahl der Menschen zu, an die das Kind sich wendet, um Informationen über sich selbst zu bekommen, da es nun ein wesentlich größeres Umfeld hat, weil die Schule und die Nachbarschaft das Familienleben erweitert haben. Dies zeigt sich auch darin, dass das Kind sich in seinen Selbstbeschreibungen nun häufig auch auf soziale Gruppen bezieht: „Ich bin Pfadfinder, ich trage Zeitungen aus und ich spiele Fußball beim FC ...", antwortete Jan, als man ihn bat, sich selbst zu beschreiben. Während sich das Kind langsam zur Adoleszenz hin entwickelt, werden auch seine Quellen für die eigene Selbstdefinition selektiver gewählt. Obwohl die Eltern weiterhin Einfluss haben, werden im Alter von acht bis 15 Jahren die Peers ganz besonders wichtig. Und mit der Zeit entwickelt sich das Selbstkonzept zunehmend in Einklang mit den Rückmeldungen enger Freunde (Oosterwegel & Oppenheimer, 1993).

10.2.2 Die Entwicklung des Selbstwertgefühls

Es wurde bereits berichtet, dass die meisten Vorschulkinder ein sehr gutes Selbstwertgefühl haben. In der mittleren Kindheit bekommen sie nun wesentlich mehr Rückmeldung über ihre Leistungen bei unterschiedlichen Aktivitäten, verglichen mit den Leistungen ihrer gleichaltrigen Freunde. Folglich wird auch ihr Selbstgefühl differenzierter und realistischer.

■ Ein hierarchisch strukturiertes Selbstwertgefühl

Wissenschaftler haben Kindern die Aufgabe gestellt, eine Reihe von Aussagen über sich selbst zu treffen, etwa „ich bin gut bei den Hausaufgaben" oder „ich bin meistens derjenige, der für Spiele ausgesucht wird". Die Ergebnisse ließen erkennen, dass im Alter von sechs bis sieben Jahren Kinder mindestens vier bereichsspezifische Arten des Selbstwertgefühls entwickelt haben – schulische Kompetenz, soziale Kompetenz, physisch/athletische Kompetenz und körperliches Aussehen –, die mit zunehmendem Alter differenzierter werden (Marsh, 1990). Zudem erlaubt die Entwicklung dem Kind im Vorschulalter, das eigene Selbst auf der Basis stabiler Dispositionen zu betrachten, seine verschiedenen Selbstbeurteilungen zu einem psychischen Gesamtbild seines Selbst zu kombinieren – einem globalen Selbstwert (Harter, 1998, 1999). Infolgedessen ergibt sich hinsichtlich des Selbstwertgefühls eine hierarchische Struktur, wie in Abbildung 10.1. ersichtlich ist.

Die unterschiedlichen Arten des Selbstwertgefühls tragen jedoch nicht alle in gleichem Maße zum globalen Selbstwertgefühl bei. Kinder messen bestimmten Selbstbeurteilungen eine größere Wichtigkeit bei. Obwohl es individuelle Unterschiede während der Kindheit und auch in der Adoleszenz gibt, korreliert das wahrgenommene körperliche Aussehen stärker mit dem übergeordneten Selbst als andere Selbstwertfaktoren (Hymel et al., 1999). Die Betonung, die von der Gesellschaft und den Medien auf das Aussehen gelegt wird, hat eine große Auswirkung auf die Zufriedenheit junger Menschen mit ihrem Selbst.

■ Veränderungen im Niveau des Selbstwertgefühls

Während Kinder sich selbst in verschiedenen Bereichen evaluieren, fällt das Selbstwertgefühl während der ersten Grundschuljahre erst einmal ab (Marsh, Craven, & Debus, 1998; Wigfield et al., 1997). Normalerweise ist dieser Rückgang nicht schwerwiegend, reicht aber dennoch, um sich negativ auszuwirken. Die meisten (aber nicht alle) Kinder schätzen ihre eigenen Merkmale und Kompetenzen realistisch ein und behalten gleichzeitig eine Einstellung der Selbstakzeptanz und des Selbstrespekts bei. Von der vierten bis zur sechsten Klasse steigt das Selbstgefühl bei den meisten jungen Menschen wieder, die sich nun besonders gut mit ihren Beziehungen zu Gleichaltrigen und ihren körperlichen Fähigkeiten fühlen (Twenge & Campbell, 2001; Zimmerman et al., 1997).

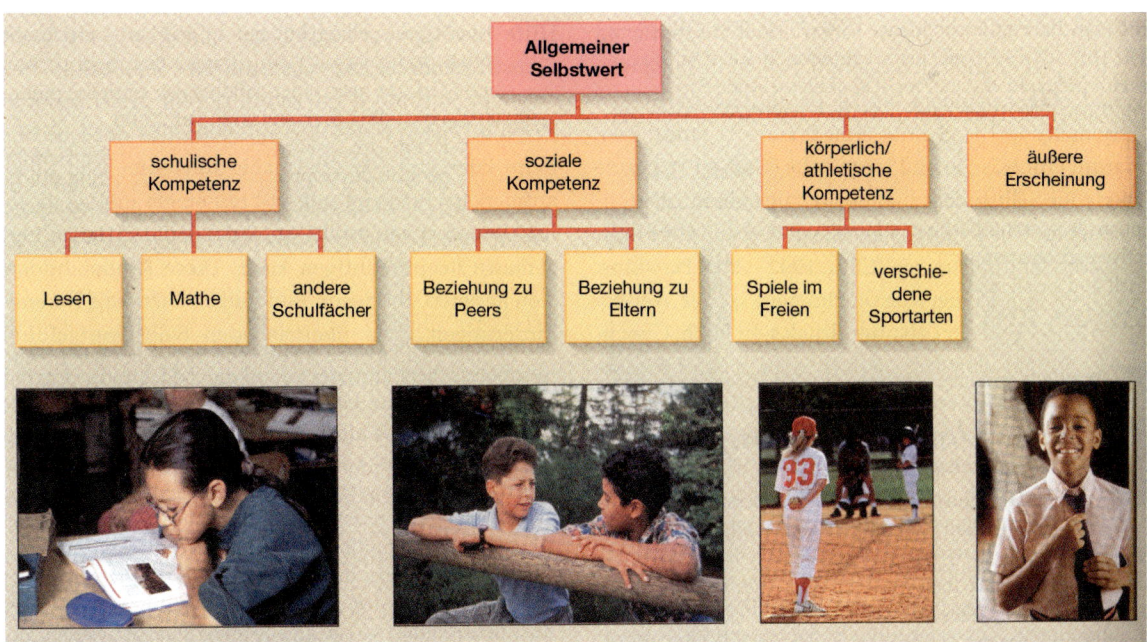

Abbildung 10.1: Hierarchische Strukturen des Selbstwertgefühls in der Mitte der Grundschuljahre. Aus ihren Erfahrungen in verschiedenen Lebensfeldern bilden Kinder wenigstens vier verschiedene Arten des Selbstwertgefühls: schulische Kompetenz, soziale Kompetenz, physisch/athletische Kompetenz und körperliches Aussehen. Diese differenzieren sich weiter zu zusätzlichen Selbstbeurteilungen und verbinden sich zu einem globalen Selbstwert.

10.2.3 Der Einfluss des Selbstwertgefühls

Von der mittleren Kindheit an existieren starke Zusammenhänge zwischen dem Selbstwertgefühl und dem Alltagsverhalten. Auf der Grundlage des auf Leistung bezogenen Selbstwertgefühls lassen sich Vorhersagen über die schulischen Leistungen des Kindes treffen (Marsh, Smith, & Barnes, 1985). Kinder mit einem hohen sozialen Selbstwertgefühl sind bei Gleichaltrigen beliebter (Harter, 1982). Und wie in Kapitel 9 schon festgestellt wurde, sind Jungen der Meinung, sie hätten mehr sportliches Talent als Mädchen und wären in einem ganzen Spektrum physischer Fähigkeiten sehr viel weiter. Zudem wurde festgestellt, dass ein Profil niedrigen Selbstwertgefühls in allen Bereichen mit Angst, Depression und zunehmendem antisozialen Verhalten korreliert (DuBois et al., 1999). Welche sozialen Einflüsse können dazu führen, dass das Selbstwertgefühl bei manchen Kindern sehr hoch ist, bei anderen dagegen sehr niedrig?

■ Die Kultur

Kulturelle Überzeugungen haben einen ausgeprägten Einfluss auf das Selbstwertgefühl. So könnte beispielsweise eine besonders starke Betonung auf soziale Vergleiche in der Schule eine Erklärung dafür sein, warum chinesische und japanische Kinder niedrigere Werte im Selbstwert erhalten, als dies bei nordamerikanischen Kindern der Fall ist, und zwar trotz ihrer besserer Schulleistungen (Chiu, 1992–1993; Hawkins, 1994). In asiatischen Klassenzimmern ist der Wettbewerb härter und der Leistungsdruck sehr hoch. Gleichzeitig greifen asiatische Kinder seltener auf soziale Vergleiche zurück, um ihr eigenes Selbstwertgefühl zu stärken. Da ihre Kultur Bescheidenheit und soziale Harmonie wertschätzt, neigen diese Kinder wenig dazu, sich selbst positiv einzuschätzen, sind aber sehr freigiebig in ihrem Lob anderen gegenüber (Heine & Lehman, 1995; Falbo et al., 1997).

Des Weiteren ist es eine verbreitete kulturelle Überzeugung, dass der globale Selbstwert bei Jungen höher ist als bei Mädchen, obwohl der Unterschied relativ gering ist. Mädchen denken dann unter Umständen von sich selbst geringer, weil sie diese negative Meinung verinnerlicht haben (Kling et al., 1999). Verglichen mit kaukasischen Kindern im gleichen Alter neigen afroamerikanische Kinder zu einem etwas höheren Selbstwertgefühl, vielleicht weil sie in warmherzigen, ausgedehnten Familienverbänden aufwachsen und ein starkes Gefühl ethnischen Stolzes vermittelt bekommen (Gray-Little & Hafdahl, 2000). Und Kinder wie Jugendliche, die in Schulen gehen oder in Nachbarschaften leben, in denen ihr eigener Lebensstandard und ihre ethnische Gruppe gut vertreten ist, haben ein stärkeres Zugehörigkeitsgefühl und weniger Schwierigkeiten mit ihrem Selbstwert (Gray-Little & Carels, 1997).

■ Die Auswirkungen des Erziehungsstils

Kinder, deren Eltern einen autoritativen Erziehungsstil anwenden (siehe Kapitel 8), entwickeln ein positives Selbstgefühl (Carolson, Uppal, & Prosser, 2000; Feiring & Taska, 1996). Ein warmherziger positiver Erziehungsstil vermittelt dem Kind, dass es als kompetent und wertvoll akzeptiert wird. Konsequente aber dennoch angemessene Erwartungen gepaart mit Erklärungen scheinen Kindern zu helfen, ihr eigenes Verhalten im Vergleich mit vernünftigen Standards zu bewerten.

Wenn Eltern ihren Kindern helfen oder Entscheidungen für sie treffen, wenn diese überhaupt keine Hilfe benötigen, bewirkt das häufig ein niedriges Selbstwertgefühl. Diese kontrollierenden Eltern kommunizieren ihren Kindern ein Gefühl der Unzulänglichkeit (Pomerantz & Eaton, 2000). Auf der anderen Seite korreliert ein übermäßig toleranter und allzu aufmerksamer Erziehungsstil mit einem unrealistisch hohen Selbstwertgefühl, etwas das die Entwicklung genauso beeinträchtigen kann. Diese Kinder fühlen sich anderen überlegen und neigen dazu, auf Herausforderungen ihres übertriebenen Selbstwertgefühls mit Wut zu reagieren und zeigen zudem Anpassungsprobleme, die sich z.B. in Gemeinheit und Aggression äußern (Hughes, Cavell, & Grossman, 1997).

Besondere Aufmerksamkeit muss dem Umstand gewidmet werden, dass die amerikanischen kulturellen Wertvorstellungen zunehmend zu einer Betonung des eigenen Selbst geführt haben und somit unter Umständen auch dazu, dass Eltern ihren Kindern allzu viel Aufmerksamkeit schenken und das Selbstwertgefühl ihrer Kinder zu sehr fördern. Wie aus Abbildung 10.2 ersichtlich, ist das Selbstwertgefühl amerikanischer junger Menschen in den letzten Jahrzehnten rapide angestiegen (Twenge & Campbell, 2001). Andererseits erreichen amerikanische Jugendliche hinsichtlich ihrer Leistungen, verglichen mit früheren Generationen, heute weniger und zeigen vermehrt antisoziales Verhalten.

Da die Zusammenhänge zwischen dem Erziehungsstil und dem Selbstwertgefühl, wie wir sie gerade beschrieben haben, korrelational sind, können wir das Ursache-Wirkungs-Verhältnis, ob die elterlichen Verhaltensweisen das Selbstwertgefühl ihrer Kinder beeinflussen oder umgekehrt, nicht mit Sicherheit feststellen. Forschungen über die Kommunikationsinhalte Erwachsener gegenüber ihren Kindern konnten Faktoren isolieren, die sich auf das Selbstwertgefühl auswirken. Im Folgenden wird dargestellt, wie diese Kommunikationsinhalte die Bewertung ihres Selbst in Leistungskontexten formen.

■ Leistungsrelevante Attributionen

Attributionen sind unsere tagtäglichen Erklärungen für die Ursachen von Verhalten – unsere Antworten auf die Frage „Warum habe ich (oder eine andere Person) das getan?". Jan bringt in seinen Worten über den Buchstabierwettbewerb zu Anfang des Kapitels seine Enttäuschung über seine Leistungen als „dumm gelaufen" zum Ausdruck bringt. Er attribuiert also darauf, dass er kein Glück gehabt hat und Linda alle einfachen Worte bekommen hat. Seinen Erfolg, den er normalerweise hat, attribuiert er auf seine Fähigkeiten, (er weiß, dass er besser buchstabieren kann als Linda). Außerdem ist Jan klar, dass seine eigenen Bemühungen etwas bewirken; er „hat so gebüffelt, um die Liste der zu buchstabierenden Worte zu lernen".

Die kognitive Entwicklung erlaubt Kindern im Schulalter all diese Variablen voneinander zu trennen, wenn sie ihre Leistungen erklären (Skinner, 1995). Die Kinder, die ein hohes akademisches Selbstwertgefühl aufweisen, treffen **fähigkeitsorientierte Attributionen** und begründen ihre Erfolge mit ihren Fähigkeiten – eine Eigenschaft, die sich verbessern lässt, indem man sein Bestes gibt, und auf die man zählen kann, wenn man mit neuen Herausforderungen konfrontiert ist. Versagen wird auf Faktoren attribuiert, die veränderlich sind und kontrolliert werden können, wie etwa unzureichende Bemühungen und eine ausgesprochen schwierige Aufgabe (Heyman & Dweck, 1998). Ob diese Kinder erfolgreich sind oder gerade versagen – sie können dennoch leistungsorientierte und ausdauernde Lernstrategien beibehalten.

Unglücklicherweise attribuieren Kinder, die **erlernte Hilflosigkeit** entwickelt haben, ihr Versagen und nicht ihre Erfolge auf ihre Fähigkeiten. Wenn sie Erfolg haben, werden sie zumeist schlussfolgern, dass externale Faktoren wie etwa Glück dafür verantwortlich zu machen sind. Des Weiteren sind sie – ganz im Gegensatz zu Leistungsorientierten im gleichen Alter – zu der Überzeugung gelangt, dass Fähigkeit etwas Festgelegtes ist und nicht verändert werden kann, so viel Mühe man sich auch gibt. Wenn also die gestellte Aufgabe schwierig ist, erleben diese Kinder einen von Angst besetzten Kontrollverlust – oder mit den Worten Eriksons: ein anhaltendes Gefühl der Minderwertigkeit. Sie geben auf, bevor sie es je wirklich versucht haben (Elliott & Dweck, 1988).

Mit der Zeit lassen sich auf Grund der Fähigkeiten dieser Kinder ihre Leistungen nicht länger vorhersagen. Kinder mit erlernter Hilflosigkeit schaffen es nicht, eine Verbindung zwischen Bemühung und Erfolg zu ziehen, sie entwickeln keine metakognitiven und selbstregulatorischen Fertigkeiten – Eigenschaften, die notwendig sind für gute Leistungen (siehe Kapitel 9). Ein Fehlen effektiver Lernstrategien, ein reduziertes Durchhaltevermögen und ein Gefühl von externen Kräften kontrolliert zu werden, fügen sich zusammen und bilden einen Teufelskreis (Pomerantz & Saxon, 2001).

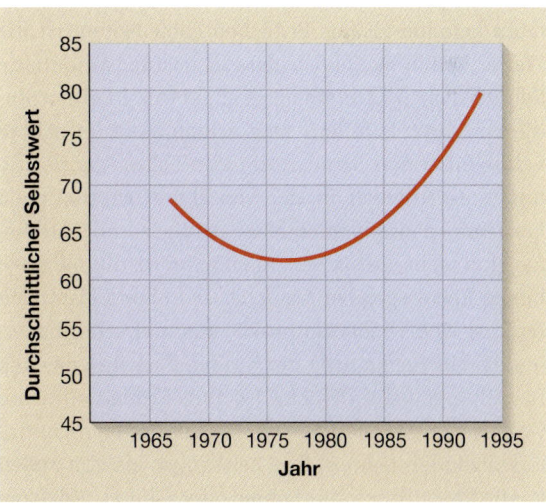

Abbildung 10.2: Kohorteneffekte bei amerikanischen Schülern der höheren Schule: Epochale Selbstwertänderungen in den Jahren zwischen 1965 und 1995.
Das Selbstwertgefühl fiel bei Schülern in den späten 60er und 70er Jahren ab. Ab 1980, einer Zeit in der allgemein eine große Betonung auf die Unterstützung des kindlichen Selbstwertgefühls gelegt wurde, zeigt sich ein steiler Anstieg des allgemeinen Selbstwertgefühls. Die Werte bei jüngeren und älteren Schülern zeigen einen ähnlichen Anstieg (aus J. M. Twenge & W. Keith Campbell, 2001, „Age and Birth Cohort Differences in Self-Esteem: A Cross-Temporal Meta-Analysis," Personality and Social Psychology Review, 5, p. 336).

Einflussfaktoren auf die leistungsrelevanten Attributionen

Worauf sind die unterschiedlichen Attributionen leistungsorientierter Kinder mit erlernter Hilflosigkeit zurückzuführen? Die Kommunikation der Erwachsenen mit dem Kind spielt hier eine Schlüsselrolle. Kinder mit erlernter Hilflosigkeit haben Eltern, die ungewöhnlich hohe Standards setzen, aber der Überzeugung sind, dass ihr Kind nicht sehr fähig ist und härter arbeiten muss als andere, um Erfolg zu haben. Versagen diese Kinder, hört man ihre Eltern häufig sagen: „Du kannst das nicht, oder? Es ist okay, wenn du aufhörst." (Hokoda & Fincham, 1995) Und wenn das Kind erfolgreich ist, verstärkt eine Bewertung der Persönlichkeitseigenschaften wie etwa in der Bemerkung „Du bist so klug!" die Hilflosigkeit im Kind. Wenn sie häufig gebraucht werden, führen Bemerkungen über Persönlichkeitseigenschaften des Kindes zu einer fixierten Sichtweise ihrer eigenen Fähigkeiten, was wiederum dazu führt, dass diese Kinder ihre eigene Kompetenz in Frage stellen, wenn sie mit ihrem eigenen Versagen konfrontiert sind (Erdley et al., 1997).

Die Kommunikation von Lehrern wirkt sich auf die Attributionen der Kinder auch aus. Wenn Lehrer fürsorglich und hilfsbereit sind und das Lernen mehr betonen als das Erreichen guter Noten, ist die Wahrscheinlichkeit hoch, dass sie leistungsorientierte Schüler haben (Anderman et al., 2001). In einer Studie von 1600 Schülern vom dritten bis zum achten Schuljahr waren Schüler, die ihre Lehrer als positiv und unterstützend in der von ihnen geschaffenen Lernatmosphäre betrachteten, fleißiger und beteiligten sich mehr am Unterricht – Faktoren, die selbst zu hohen Leistungen beitragen. Diese hohen Leistungen wirkten sich wiederum positiv aus und untermauerten die Überzeugungen der Kinder, dass ihre eigenen Bemühungen die Ursache für ihre Erfolge sind. Im Gegensatz dazu betrachteten Schüler mit weniger unterstützenden Lehrern ihre Leistungen als von außen kontrolliert (durch die Lehrer oder Glück). Rückzug von Lernaktivitäten und abnehmende Leistungen korrelierten damit – Folgen, die dazu führten, dass die Kinder ihre eigenen Fähigkeiten noch mehr in Zweifel zogen (Skinner, Zimmer-Gembeck, & Connell, 1998).

Es gibt Kinder, bei denen es besonders wahrscheinlich ist, dass ihre Leistungen von den Rückmeldungen Erwachsener beeinträchtigt werden. Trotz ihrer höheren Leistungen geben Mädchen häufiger als Jungen ihren mangelnden Fähigkeiten die Schuld für ihre schlechten Leistungen. Mädchen neigen auch dazu die Verlautbarungen von Lehrern und Eltern zu internalisieren, dass ihre mangelnden Fähigkeiten dafür verantwortlich zu machen sind, wenn sie gerade keine besonders guten Leistungen erbringen (Cole et al., 1999; Ruble & Martin, 1998). In mehreren Untersuchungen erhielten afroamerikanische und mexikanisch-amerikanische Kinder weniger positive Rückmeldungen von ihren Lehrern (Irvine, 1986; Losey, 1995). Des Weiteren zeigt sich auch, dass Kinder ethnischer Minoritäten viel leichter ihre eigenen Bemühungen um Leistungen aufgeben, wenn sie beobachten, wie Erwachsene in ihren eigenen Familien von der Gesellschaft für ihre leistungsorientierten Bemühungen nicht belohnt werden (Ogbu, 1997).

Unterstützung des kindlichen Selbstwertgefühls

Die Attributionsforschung hat gezeigt, dass manchmal sogar die gut gemeinten Erklärungen Erwachsener die

Wiederholte negative Beurteilungen ihrer Fähigkeiten können bewirken, dass Kinder erlernte Hilflosigkeit entwickeln – die Überzeugung, dass Fähigkeiten nicht durch eigene Bemühungen verbessert werden können. Dieser Junge zeigt erlernte Hilflosigkeit. Er scheint die Schlussfolgerung gezogen haben, dass er sich nicht verbessern kann. Wenn er mit einer herausfordernden Aufgabe konfrontiert wird, wird er überwältigt von negativen Gedanken und Angst.

Aspekte der Fürsorge

Möglichkeiten erfolgsorientierte Lernstrategien zu fördern

VORGEHENSWEISE	BESCHREIBUNG
Das Angebot von Aufgaben	Wählen Sie sinnvolle Aufgaben, die auf ein möglichst großes Interessenspektrum ausgerichtet und auf die augenblicklichen Fähigkeiten des Kindes gut abgestimmt sind, sodass das Kind in der Aufgabe eine Herausforderung sieht, sich von ihr aber nicht überwältigt fühlt.
Ermutigung durch Lehrer und Eltern	Vermitteln Sie Zuversicht in die Fähigkeiten des Kindes, in den Wert von Leistungen und der Wichtigkeit eigener Bemühungen um Erfolg.
	Seien Sie dem Kind selbst ein Vorbild, indem Sie alles daransetzen, mit eigenem Versagen zurechtzukommen und es zu überwinden.
	(für Lehrer) Halten Sie Kontakt mit den Eltern und besprechen Sie häufig Möglichkeiten, wie die Bemühungen um die Fortschritte des Kindes unterstützt werden können.
	(für Eltern) Überwachen Sie die Hausaufgaben; bieten Sie Hilfe an, die sich förderlich auswirkt auf das Verständnis effektiver Strategien und Selbstregulation.
Leistungsbewertung	Sorgen Sie dafür, dass Bewertungen privat bleiben; vermeiden Sie es, Erfolg oder Versagen allgemein kundzutun, etwa durch Listen am schwarzen Brett, Sternchen oder Privilegien für „kluge" Kinder und Preise für „die besten" Leistungen. Legen Sie eine Betonung auf individuelle (ipsative) Fortschritte.
Das schulische Umfeld	Bieten Sie kleine Klassen an, die es den Lehrern erlauben, individuelle Unterstützung zu geben. Bieten Sie kooperative Lernsequenzen an, in denen die Kinder einander helfen; vermeiden Sie Einteilungen in Leistungsgruppen, bei denen die Evaluation von Fortschritten öffentlich gemacht werden.
	Tragen Sie individuellen und kulturell bedingten Unterschieden im Lernstil Rechnung.
	Schaffen Sie eine Atmosphäre, die deutlich macht, dass alle Schüler fähig sind zu lernen.

Quellen: Ames, 1992; Eccles, Wigfield, & Schiefele, 1998.

Kompetenz des Kindes beeinträchtigen. Das Attributionstraining ist eine Intervention, die Kinder mit erlernter Hilflosigkeit ermutigen zu glauben, dass sie Versagen überwinden können, indem sie sich mehr Mühe geben. Meistens werden diesen Kindern Aufgaben gegeben, die so schwer sind, dass sie ein gewisses Versagen nach sich ziehen. Daraufhin werden wiederholt Rückmeldungen gegeben, die dem Kind helfen, seine Attributionen zu revidieren, etwa: „Du kannst es schaffen, wenn du dir noch ein bisschen mehr Mühe gibst." Außerdem wird ihnen beigebracht, ihre Erfolge auf ihre Fähigkeiten und ihre Anstrengungen zurückzuführen, indem man ihnen nach einem Erfolg zusätzlich eine Rückmeldung gibt, etwa: „Thomas, das ist wirklich gut." Ein anderer Ansatz wäre es, bei Kindern, die sich wenig Mühe geben, die Noten weniger zu betonen und mehr darauf einzugehen, dass sie lernen, eine Aufgabe um ihrer selbst willen zu lösen (Ames, 1992). Unterweisung über die Funktion von Metakognition und Selbstregulation sind außerdem hilfreich, um fehlendem Wissen in diesem Bereich zu begegnen und sicherzustellen, dass erneute Bemühungen sich auszahlen werden (Borkowski & Muthukrisna, 1995).

Damit Attributionstraining gut funktioniert, muss es begonnen werden, bevor sich das Selbstkonzept des Kindes allzu sehr verfestigt und Veränderung schwierig wird (Eccles, Wigfield, & Schiefele, 1998). Ein noch besserer Ansatz ist allerdings, von vornherein erlernte Hilflosigkeit zu vermeiden, indem Strategien wie die in den „Aspekten der Fürsorge" aufgelisteten angewendet werden.

> **Prüfen Sie sich selbst ...**
>
> **Rückblick**
> Wie verändert sich das Niveau des Selbstwertgefühls in der mittleren Kindheit, und was sind die Ursachen für diese Veränderungen?
>
> **Anwendung**
> Sollten Eltern das Selbstwertgefühl ihrer Kinder fördern, indem sie ihnen sagen, sie wären „klug" und „toll"? Ist es schädlich, wenn Kinder sich nicht hinsichtlich dessen, was sie tun, gut fühlen? Warum oder warum nicht?
>
> **Zusammenhänge**
> Welche kognitiven Veränderungen, beschrieben in Kapitel 9, unterstützen den Übergang zu einem Selbstkonzept, das Kompetenzen, Persönlichkeit und soziale Vergleiche besonders betont?
>
> **Prüfen Sie sich selbst ...**

10.3 Die emotionale Entwicklung

Eine bessere Selbstwahrnehmung und soziale Sensibilität unterstützen die emotionale Entwicklung in den mittleren Kindheitsjahren. Fortschritte in der Entwicklung sind in der Erfahrung selbstbezogener Emotionen, im Verständnis emotionaler Zustände und emotionaler Selbstregulation zu erkennen.

10.3.1 Selbstbezogene Emotionen

In der mittleren Kindheit werden die selbstbezogenen Emotionen Stolz und Schuldgefühle von eigener Verantwortlichkeit regiert. Ein Erwachsener muss nicht mehr unbedingt anwesend sein, damit eine neue Errungenschaft Stolz hervorruft oder ein Fehlverhalten zu Schuldgefühlen führt (Harter & Whitesell, 1989). Zudem hat das Kind nicht mehr bei jeder Kleinigkeit Schuldgefühle, wie dies in früheren Jahren der Fall gewesen ist, sondern nur bei vorsätzlichem Fehlverhalten, etwa wenn es abgeschrieben hat, statt eine eigenständige Leistung zu zeigen, oder wenn es gelogen hat (Ferguson, Stegge, & Damhuis, 1991). Stolz motiviert Kinder, neue Herausforderungen anzunehmen. Und Schuldgefühle bewirken Wiedergutmachung und den Versuch, sich zu bessern. Strenge, unsensible Kritik von Erwachsenen jedoch – etwa: „alle anderen können das auch, warum nur du nicht?" – können zu intensiven Schamgefühlen führen, die (wie schon in Kapitel 8 besprochen) ganz besonders destruktiv sind. Wenn das Kind sich in dem Prozess befindet, einen globalen Selbstwert aufzubauen, dann können eine oder zwei Fehlhandlungen den gesamten Selbstwert in Frage stellen; es können daraus fehlangepasste Reaktionen entstehen mit einem hohen Ausmaß an Selbstbeschuldigung und passivem Rückzug oder intensiven Wutgefühlen auf diejenigen, die an dieser beschämenden Situationen beteiligt waren (Ferguson et al., 1999; Lindsay-Hartz, de Rivera, & Mascolo, 1995).

10.3.2 Das emotionale Verständnis

Kinder im Schulalter verstehen seelische Vorgänge zumeist so, dass sie sich Emotionen vor allem erklären, indem sie auf Begrifflichkeiten innerer emotionaler Zustände zurückgreifen, etwa glückliche oder traurige Gedanken, anstatt sich auf äußere Umstände zu beziehen, wie es das Vorschulkind tut (Flavell, Flavell & Green, 2001). Ältere Kinder sind sich zudem auch vielmehr der Vielfältigkeit ihrer emotionalen Erfahrungen bewusst. Etwa im Alter von acht Jahren erkennt das Kind, dass es mehr als eine Emotion auf einmal erleben kann, wobei jede einzelne entweder positiv oder negativ und auch von variabler Intensität sein kann (Wintre & Vallance, 1994). So zum Beispiel reflektierte Jan, als er sich an das Geburtstagsgeschenk von seiner Großmutter erinnerte: „Ich war sehr glücklich, dass ich etwas bekommen habe, aber ein bisschen traurig, dass es nicht das war, was ich eigentlich wollte."

Die Wahrnehmung von gemischten Gefühlen hilft dem Kind zu erkennen, dass die Gefühle, die ein Mensch ausdrückt, nicht unbedingt seine tatsächlichen Gefühle sein müssen (Saarni, 1997). Außerdem fördert die Wahrnehmung von gemischten Gefühlen diejenige von komplexen Emotionen. Acht bis neun Jahre alte Kinder beispielsweise verstehen, dass Stolz eine Kombination aus zwei Arten von Freude ist – Freude über die eigene Leistung und Freude darüber, dass ein dem Kind wichtiger Mensch diese Leistung anerkannt hat (Harter, 1999). Kinder in diesem Alter können nun auch in ihrem Versuch, sich über die Gefühle eines anderen Menschen klar zu werden, widersprüchliche mimische und situative Hinweisreize miteinander in Einklang bringen, während jüngere Kinder sich an dieser Stelle lediglich auf den Emotionsausdruck verlassen (Hoffner & Badzinski, 1989).

Wie dies auch bei der Selbstwahrnehmung der Fall ist, basieren Fortschritte im emotionalen Verständnis auf einer zunehmenden kognitiven Entwicklung sowie sozialen Erfahrungen, insbesondere mit der Feinfühligkeit Erwachsener bezüglich der Gefühle des Kindes und seiner Bereitschaft, Emotionen zu besprechen. In ihrer Gesamtheit führen diese Faktoren außerdem auch zu einem höheren Empathieniveau (Ricard & Kamberk-Kilicci, 1995). Wenn sich das Kind nun langsam der Adoleszenz näherte, ermöglichen Fortschritte in der Fähigkeit die Sichtweise eines anderen einzunehmen, empathische Reaktionen nicht nur auf das Leid des Menschen in der betreffenden Situation, sondern auch Empathie bezüglich der gesamten Lebenssituation (Hoffman, 2000). Als Jan und Lisa sich vorstellten, wie Menschen sich wohl fühlen, die chronisch krank oder stets hungrig sind und dabei diesen Emotionen Raum gaben, reagierten sie, indem sie einen Teil ihres Taschengeldes für karitative Zwecke spendeten und sich an Spendenprojekten in ihrer Schule, Kirchengemeinde und ihrer Pfadfindergruppe beteiligten.

Viele Kinder erlebten intensive Angst, nachdem sie im Fernsehen die Geschehnisse des 11. September 2001 beobachtet hatten, den Anschlag auf das World Trade Center in New York. Auf den Vorschlag ihres Lehrers hin wenden diese Kinder eine adaptive Strategie an, um mit ihren Gefühlen zurechtzukommen. Sie bieten den unmittelbar Betroffenen ihre Sympathie an, indem sie tröstende Botschaften an einer Flagge befestigen, die ihre Schule für die Familien der Opfer gemacht hatte. Diese Fahne wurde öffentlich gezeigt.

10.3.3 Emotionale Selbstregulation

Rasche Fortschritte bei der emotionalen Selbstregulation sind ein Teil der mittleren Kindheit. Da sich das Kind nun zunehmend mit sozialen Vergleichen beschäftigt und ihm das Wohlwollen Gleichaltriger wichtiger wird, muss es lernen, mit negativen Emotionen, die sein Selbstwertgefühl bedrohen, umzugehen.

Mit Erreichen des zehnten Lebensjahres haben die meisten Kinder eine ganze Reihe adaptiver Strategien entwickelt, die ihnen dabei helfen, ihre Emotionen zu regulieren (Kliewer, Fearnow, & Miller, 1996). In Situationen, in denen sie ein bestimmtes Maß an Kontrolle über den Ausgang haben (ein beängstigender Test gegen Ende der Woche), wird das Kind Problemlösungsstrategien und den Versuch, sich soziale Unterstützung zu holen, als die besten Strategien ansehen. Wenn allerdings das Ergebnis jenseits ihrer Kontrolle liegt (eine schlechte Note in einer Arbeit), werden sie eher versuchen, sich abzulenken oder die Situation umzudeuten („Es hätte schlimmer kommen können. Wir werden noch mehr Schulaufgaben schreiben."). Verglichen mit Vorschulkindern wenden Kinder im Schulalter diese internalen Strategien häufiger an, um mit ihren Emotionen zurechtzukommen. Das liegt an ihrer zunehmenden Fähigkeit, ihre eigenen Gedanken und Gefühle zu reflektieren (Brenner & Salovey, 1997).

Wenn die emotionale Selbstregulation sich gut entwickelt hat, führt dies beim Kind im Schulalter zu einem Gefühl der emotionalen Selbstwirksamkeit – das Gefühl, dass man selbst Kontrolle über die eigenen emotionalen Erfahrungen hat (Saarni, 1999).

Kinder, denen die emotionale Selbstregulation gut gelingt, befinden sich zumeist in einem positiven Gefühlszustand, sind empathischer und prosozialer eingestellt und erfreuen sich bei Gleichaltrigen größerer Beliebtheit. Im Gegensatz dazu werden Kinder, denen die Gefühlsregulation weniger gut gelingt, von negativen Emotionen überwältigt, eine Reaktion, die sich sowohl auf das prosoziale Verhalten als auch auf die Peerakzeptanz störend auswirkt (Eisenberg, Fabes, & Losoya, 1997). Aus vergangenen Kapiteln ist bekannt, dass das Temperament und der Erziehungsstil die emotionale Selbstregulation beeinflusst hat. Diese Themen werden wieder aufgegriffen, wenn die Peerakzeptanz zur Sprache kommt sowie die Fähigkeit des Kindes, mit dem Leben in einer stressreichen Familie umzugehen.

10.4 Das Verstehen anderer: die Perspektive eines anderen Menschen einnehmen

Wir haben schon gesehen, dass die mittleren Kindheitsjahre große Fortschritte mit sich bringen, die **Perspektive anderer einzunehmen**, die Fähigkeit, sich vorzustellen, was andere Menschen möglicherweise denken und fühlen – Veränderungen, die das Selbstkonzept unterstützen wie auch das Selbstwertgefühl, das Verständnis anderer und eine ganze Bandbreite sozialer Fähigkeiten. Robert Selmans Fünf-Stufen-Entwicklungssequenz beschreibt die Veränderungen dieser Fähigkeiten, die Sichtweise anderer Menschen einzunehmen, basierend auf den Reaktionen von Kindern und Adoleszenten auf soziale Dilemmata, in denen die Charaktere unterschiedliche Informationen und Meinungen hinsichtlich ein und derselben Situation haben.

Wie Tabelle 10.1 zeigt, hat das Kind zunächst nur eine sehr eingeschränkte Idee davon, was andere Menschen denken und fühlen könnten. Mit der Zeit wird es sich bewusster, dass verschiedene Menschen ein und dieselbe Situation recht unterschiedlich beurteilen können. Schon sehr bald können sie sich in den anderen hineinversetzen und darüber reflektieren, wie dieser Mensch seine eigenen Gedanken, Gefühle sowie sein Verhalten betrachten könnte. Dies zeigt sich in Bemerkungen wie dieser: „Ich dachte, du würdest denken, dass ich nur Spaß gemacht habe, als ich das sagte." Bald lernt das Kind auch die Sichtweisen von zwei Menschen gleichzeitig zu evaluieren, zuerst vom Standpunkt eines uninteressierten Zuschauers aus und später durch Bemerkungen hinsichtlich der zugrunde liegenden sozialen Werte. Die folgende Erklärung reflektiert dieses fortgeschrittene Niveau: „Ich weiß, warum Jan das streunende Kätzchen im Keller versteckt hat, obwohl seine Mutter dagegen war, dass er es behält. Er ist der Meinung, dass man Tiere nicht verletzen sollte. Wenn man die kleine Katze nach draußen setzt oder sie ins Tierheim bringt, könnte sie sterben."

Die Fähigkeit, die Perspektive eines anderen Menschen einzunehmen, variiert bei Kindern gleichen Alters stark. Individuelle Unterschiede lassen sich zurückführen auf die kognitive Reife wie auch auf Erfahrungen, in denen Erwachsene und Gleichaltrige ihre Standpunkte beschrieben haben, etwa dass Kinder ermutigt werden, die Perspektive anderer wahrzunehmen (Dixon & Moore, 1990). Kinder mit schlecht entwickelten sozialen Fähigkeiten – insbesondere Kinder, die ein wütendes, aggressives Verhalten an den Tag legen, wie wir es schon in Kapitel 8 besprochen haben – haben große Schwierigkeiten, sich die Gedanken und Gefühle anderer vorzustellen. Sie misshandeln häufig Erwachsene und auch Gleichaltrige, ohne dabei Schuldgefühle zu haben und Wiedergutmachung in Erwägung zu ziehen, da sie den Standpunkt ihres Gegenübers nicht bewusst wahrnehmen. Interventionen, die darauf ausgerichtet sind, diese Fähigkeit zu entwickeln und zu üben, sind hilfreich, antisoziales Verhalten zu reduzieren und eine Zunahme von Empathie und prosozialen Reaktionen zu bewirken (Chalmers & Townsend, 1990; Chandler, 1973).

10.5 Die moralische Entwicklung

Vorschulkinder eignen sich eine ganze Menge moralisch relevanter Verhaltensweisen durch Modellierung und Verstärkung an (vgl. Kapitel 8). Wenn die mittlere Kindheit erreicht ist, haben sie Zeit gehabt, diese Erfahrungen zu reflektieren und die Regeln für gutes Verhalten zu internalisieren, etwa „es ist gut, anderen zu helfen, die in Schwierigkeiten sind" oder „es ist nicht richtig, sich etwas zu nehmen, das einem nicht gehört". Diese Veränderungen führen dazu, dass Kinder nun wesentlich unabhängiger werden und man ihnen auch zunehmend mehr vertrauen kann. Sie können nun viel mehr Verantwortung übernehmen, angefangen vom Einkaufen im Supermarkt bis hin zum Aufpassen auf jüngere Geschwister (Weisner, 1996). Selbstverständlich kommt es zu diesen Fortschritten nur, wenn das Kind fortwährend angeleitet worden ist und durch fürsorgliche Erwachsene Vorbilder in seinem Leben gehabt hat.

Aus Kapitel 8 war auch zu ersehen, dass Kinder das moralische Urteil anderer nicht einfach nur übernehmen. Wie der Ansatz der kognitiven Entwicklungspsychologie betont, denken sie aktiv über Recht und Unrecht nach. Eine sich immer weiter ausdehnende soziale Umwelt, die Fähigkeit, durch vernünftiges Denken mehr Informationen verarbeiten zu können, sowie die Fähigkeiten, die Perspektive anderer einzunehmen, führen dazu, dass das moralische Verständnis in den mittleren Kindheitsjahren große Fortschritte macht.

Tabelle 10.1

Selmans Stufen der Perspektivenübernahme

Stufe	Ungefähres Alter	Beschreibung
Stufe 0: undifferenzierte Perspektivenübernahme	3–6 Jahre	Das Kind ist fähig zu erkennen, dass es selbst und andere unterschiedlich denken und fühlen können, bringt aber beides häufig durcheinander.
Stufe 1: Sozial-informationale Perspektivenübernahme	4–9 Jahre	Das Kind versteht, dass unterschiedliche Betrachtungsweisen daraus resultieren können, dass den Betreffenden verschiedene Informationen zugänglich sind.
Stufe 2: selbstreflektierende Perspektivenübernahme	7–12 Jahre	Das Kind kann sich in einen anderen Menschen hineinversetzen und die eigenen Gedanken, Gefühle und das eigene Verhalten aus der Sicht des anderen betrachten. Es kann außerdem erkennen, dass der andere das auch kann.
Stufe 3: Perspektivenübernahme Dritter	10–15 Jahre	Das Kind kann aus der dyadischen Situation heraustreten und das eigene Selbst und den anderen aus dem Blickwinkel eines unbeteiligten, unparteiischen Dritten betrachten.
Stufe 4: Sozial orientierte Perspektivenübernahme	14 Jahre – Erwachsenenalter	Es versteht, dass die Übernahme der Perspektive eines Dritten von einem oder mehreren Systemen mit höheren sozialen Werten beeinflusst werden kann.

Quellen: Selman, 1976; Selman & Byrne, 1974.

10.5.1 Lernen über Gerechtigkeit durch Teilen mit anderen

Im Alltag erleben Kinder häufig Situationen, in denen es um **distributive Gerechtigkeit** geht – Überzeugungen darüber, wie materieller Besitz gerecht aufgeteilt werden kann. Hitzige Diskussionen finden darüber statt, wie viel Taschengeld Geschwister verschiedenen Alters bekommen sollten oder wer welchen Platz im Familienauto auf einer langen Reise einnehmen darf und auf welche Art und Weise eine achtteilige Pizza auf sechs hungrige Spielkameraden aufgeteilt werden sollte. William Damon (1977, 1988) hat sich mit dem Konzept der distributiven Gerechtigkeit bei Kindern in der frühen und mittleren Kindheit beschäftigt.

Sogar vier Jahre alte Kinder sind sich klar darüber, wie wichtig das Teilen ist, aber ihre Begründungen scheinen häufig selbstbezogen: „Ich habe mit ihr geteilt, weil sie sonst nicht mit mir gespielt hätte" oder „Ich habe ihr auch was abgegeben, aber das meiste war für mich, weil ich älter bin". Wenn das Kind in die mittlere Kindheit eintritt, hat es schon eine relativ reife Vorstellung von distributiver Gerechtigkeit. Die Grundlage seines Denkens ist eine altersbezogene dreistufige Sequenz:

1. *Gleichheit* (fünf bis sechs Jahre). Kinder im Vorschulalter wollen sichergehen, dass alle den gleichen Anteil an einer wichtigen Ressource bekommen, wie etwa Geld, wie oft jeder in einem Spiel an die Reihe kommt oder an der Lieblingsspeise.

2. *Verdienst* (sechs bis sieben Jahre). Kurze Zeit später geben Kinder schon an, dass jemand, der besonders hart gearbeitet hat oder sonst irgendeine besondere Leistung vollbracht hat, eine Sonderbelohnung bekommen sollte.

3. *Billigkeit* (mit etwa acht Jahren). Nun erkennen Kinder, dass einem in irgendeiner Weise benachteiligten Menschen besondere Aufmerksamkeit gewidmet werden sollte – zum Beispiel, dass einem Kind, das nicht so viel leisten kann oder das weniger Taschengeld bekommt, ein Extrabetrag gegeben werden sollte. Ältere Kin-

10.6 DIE EMOTIONALE UND SOZIALE ENTWICKLUNG IN DER MITTLEREN KINDHEIT

der adaptieren ihr Verständnis von Fairness für die gegebene Situation. Sie wenden eher das Konzept der Gleichheit an, wenn es um Fremde geht, und bei der Interaktion mit Freunden wird eher das Konzept der Billigkeit zum Tragen kommen (McGillicuddy, De Lisi, Watkins, & Vinchur, 1994).

Nach Damon (1988) schafft das Geben und Nehmen innerhalb der Interaktion Gleichaltriger eine Sensibilität gegenüber der Sichtweisen anderer und dies wiederum dient als Grundlage für die in der Entwicklung begriffenen Vorstellungen von Gerechtigkeit. Fortgeschrittenes distributives Denken geht einher mit zunehmend effektiveren sozialen Problemlösungsstrategien und einer größeren Bereitschaft, zu helfen und mit anderen zu teilen (Blotner & Bearison, 1984; McNamee & Peterson, 1986).

10.5.2 Veränderungen im moralischen Urteilen und im Verstehen sozialer Konventionen

Während sich die Ideen des Kindes hinsichtlich Gerechtigkeit entwickeln, werden dem Kind moralische Regeln und soziale Konventionen klarer und es wird Verbindungen ziehen. Mit der Zeit wird sein Verständnis sehr viel komplexer und ein breites Spektrum verschiedenster Variablen wird mit einbezogen.

Kinder im Schulalter zum Beispiel unterscheiden soziale Konventionen mit einem klaren Zweck (in der Schule nicht rennen, um Verletzungen zu vermeiden) von anderen, die keinerlei offensichtliche Rechtfertigung aufweisen (das Überqueren einer „verbotenen" Linie auf dem Spielplatz). Sie betrachten Übertretungen von nützlichen sozialen Konventionen als verwandt mit moralischen Übertretungen (Buchanan-Barrow & Barrett, 1998). Es ist ihnen außerdem klar, dass die Intentionen von Menschen sowie der Kontext ihrer Handlungen die moralischen Implikationen der Übertretungen einer sozialen Konvention beeinflussen. In einer kanadischen Studie beurteilten acht bis zehn Jahre alte Kinder das Verbrennen einer Flagge als einen Akt gegen ihr Land. Sie waren auch der Meinung, dass es schlimmer sei, wenn ein Brand absichtlich gelegt wird, als wenn dieser versehentlich ausbricht. Gleichzeitig erkannten die zehn Jahre alten Kinder aber auch, dass das Verbrennen einer Flagge eine Form von Ausdruck der eigenen Freiheit ist. Die meisten stimmten darin überein, dass das in einem ungerechten System akzeptabel wäre (Helwig & Prencipe, 1999).

Kinder in westlichen wie in nichtwestlichen Nationen wenden dieselben Kriterien an, um moralische und soziale Konventionen auseinander zu halten (Nucci, Camino, & Sapiro, 1996; Tisak, 1995). Wenn eine bestimmte Direktive fair und fürsorglich erscheint, etwa wenn ihnen gesagt wird, dass sie aufhören sollten, sich zu raufen, oder ihre Süßigkeiten mit einem anderen Kind teilen sollten, betrachten dies Kinder im Schulalter als richtig, unabhängig davon, wer es sagt – ein Schuldirektor, ein Lehrer oder ein Kind ohne jegliche Autorität. Dies trifft sogar auf koreanische Kinder zu, deren Kultur sehr großen Wert legt auf Gehorsam Autoritäten gegenüber. Koreanische Sieben- bis Elfjährige evaluieren die Anordnung eines Lehrers oder eines Schuldirektors negativ, wenn diese darauf abzielt, dass das Kind unmoralisch handeln soll, wie etwa stehlen oder sich weigern, etwas zu teilen – eine Reaktion, die mit zunehmendem Alter stärker wird (Kim, 1998; Kim & Turiel, 1996).

Diese Jungen aus der vierten Klasse versuchen sich darüber klar zu werden, wie sie eine Hand voll Süßigkeiten gerecht untereinander aufteilen können. In diesem Alter haben Kinder schon ein gut entwickeltes Gefühl für distributive Gerechtigkeit.

Prüfen Sie sich selbst …

Rückblick
Wie verbessert sich die emotionale Selbstregulation in der mittleren Kindheit? Welche Implikationen haben diese Veränderungen auf das Selbstwertgefühl des Kindes?

> **Anwendung**
> Jans vierte Klasse nahm an einem Spiel teil, das dazu diente, für krebskranke Kinder. Spendengelder zu sammeln. Erklären Sie, wie derartige Aktivitäten die emotionale Entwicklung und das moralische Verständnis fördern und dem Kind helfen zu lernen, sich in andere Menschen hineinzuversetzen.
>
> **Zusammenhänge**
> Beschreiben Sie, wie sich die Fähigkeit älterer Kinder, ein weiteres Spektrum von Informationen mit einzubeziehen, auf die folgenden Bereiche auswirkt: Das Selbstkonzept, das emotionale Verständnis, das Einnehmen der Perspektive eines anderen Menschen sowie das Moralverständnis.
>
> **Prüfen Sie sich selbst ...**

10.6 Die Beziehungen zu Gleichaltrigen

Peergruppen bilden sich zuerst in der mittleren Kindheit. Diese Mädchen haben wahrscheinlich eine etablierte Sozialstruktur und folgen einer Anführerin, wenn sie sich für gemeinsame Aktivitäten treffen. Ihre Körpersprache lässt vermuten, dass sie ein starkes Zugehörigkeitsgefühl haben.

In der mittleren Kindheit wird das Zusammensein mit Gleichaltrigen als Entwicklungskontext zunehmend wichtiger. Der Kontakt zu Peers unterstützt das Kind in dem Lernprozess, die Perspektive eines anderen Menschen einzunehmen sowie sich selbst und andere zu verstehen. Diese Entwicklung wiederum befruchtet die Interaktionen unter den Gleichaltrigen, die nun in den Schuljahren zunehmend prosozialer werden. Im Einklang mit dieser Veränderung verringert sich auch die Aggression, wobei hier die größte Abnahme im Bereich der körperlichen Angriffe zu verzeichnen ist (Tremblay, 2000). Wie noch zu sehen sein wird, bleiben andere Arten der feindseligen Aggression bestehen, während die Kinder sich zu Peergruppen formieren und beginnen, zwischen Mitgliedern („Insider") und Außenstehenden („Outsider") zu unterscheiden.

10.6.1 Die Peergruppen

Wenn man Kinder auf dem Schulhof oder in der Nachbarschaft beobachtet, fällt auf, dass sich häufig Gruppen von drei bis zwölf Kindern oder auch mehr bilden. Die Organisation solcher Kollektive verändert sich stark mit zunehmendem Alter. Gegen Ende der mittleren Kindheit zeigen Kinder ein sehr starkes Interesse für Gruppenzugehörigkeit. Sie formen **Peergruppen**, die spezifische Wertvorstellungen schaffen und bestimmte Standards für Verhalten sowie einer Sozialstruktur mit Anführern und Gefolgsleuten unterliegen. Peergruppen organisieren sich auf der Basis von Nähe (man ist in derselben Klasse) und der Geschlechtszugehörigkeit, der ethnischen Zugehörigkeit und der Beliebtheit (Cairns, Xie, & Leung, 1998).

Die Gewohnheiten solcher informellen Gruppen führen über kurz oder lang zu einer Peerkultur, die typischerweise aus einem Jargon besteht, Kleidervorschriften und einem Ort, an dem man sich in der Freizeit trifft. Jan beispielsweise bildete einen Club mit drei anderen Jungen. Sie trafen sich in dem Baumhaus im Hinterhof von Jans Zuhause und trugen ähnliche Kleidung, die aus T-Shirts, Jeans und Turnschuhen bestand. Sie nannten sich selbst „die Rotte". Die Jungen entwickelten eine Geheimsprache und wählten Jan als ihren Anführer. Ihre Aktivitäten bestanden im Verschönern ihres Clubhauses, im Austauschen von Baseballkarten, im Spielen von Videospielen und – mindestens ebenso wichtig – dem Ausschließen von Mädchen und Erwachsenen!

Während Kinder diese besonderen Verbindungen entwickeln, werden die Kleidervorschriften und das Verhalten, das sich aus diesen Gruppen entwickelt, in ihrer Wirksamkeit noch sehr viel breiter. In der Schule werden Kinder, die davon abweichen, häufig links liegen gelassen. „Sich einschmeicheln" bei Lehrern, das Tragen der verkehrten Hemden oder Schuhe und das Klatschen über Klassenkameraden sind Grund genug für kritische Blicke und Kommentare. Diese besonderen Gewohnheiten verbinden Peers untereinander und schaffen ein Gefühl der Gruppenidentität. Innerhalb der Gruppe erwerben die Kinder viele soziale Fähigkeiten – Kooperation, Führungskompetenzen und die Fähigkeit, sich unterzuordnen, sowie Loyalität den kollektiven Zielen gegenüber. Durch diese Erfahrungen experimentieren die Kinder mit sozialen Organisationen und lernen zunehmend mehr darüber.

Die Zeit, in der sich die ersten Peergruppen formieren, ist auch eine Zeit, in der „manche der nettesten Kinder anfangen, sich unmöglich zu benehmen" (Redl, 1966). Ab der dritten Klasse nimmt die relationale Aggression unter Mädchen zu (wegen Geschlechterrollenerwartungen) – Klatsch, das Verbreiten von Gerüchten und das Ausschließen anderer Kinder –, da sie ihre Aggressionen auf subtile und indirekte Weise ausdrücken (Crick & Grotpeter, 1995). Jungen sind an dieser Stelle wesentlich direkter in ihrer Feindseligkeit gegenüber Außenstehenden, der „outgroup". Offene Aggressionen in Form von verbalen Beleidigungen und dem Spielen von Streichen – das Übersähen eines Hinterhofes mit Toilettenpapier oder Klingelstreiche – spielen sich in kleinen Gruppen von Jungen ab, die einander während dieser begrenzt antisozialen Verhaltensweisen vorübergehend soziale Unterstützung bieten.

Unglücklicherweise richten Peergruppen ihre Feindseligkeiten häufig gegen ihre eigenen Mitglieder und schließen dann die Kinder aus, die von ihnen nicht länger anerkannt werden. Einmal ausgeschlossen, sind diese Kinder tief verletzt, und vielen von ihnen gelingt es nur schwer, sich neuen Gruppen anzuschließen. Ihr vorangegangenes Verhalten, einschließlich der Verachtung von Außenstehenden, reduziert ihre Chancen, in einer anderen Gruppe aufgenommen zu werden. Ausgeschlossene Kinder wenden sich häufig einer anderen Peergruppe mit niedrigerem Status zu, um überhaupt einer Gruppe anzugehören (Bagwell et al., 2001). Wenn sie sich Gruppen anschließen, deren Mitglieder über wenig soziale Fertigkeiten verfügen, reduzieren sie ihre eigenen Möglichkeiten, sozial kompetentes Verhalten zu erlernen.

Dem Bedürfnis des Kindes im Schulalter nach Gruppenzugehörigkeit kann auch durch formelle Gruppenanbindung begegnet werden, z.B. bei den Pfadfindern, kirchlichen Jugendgruppen und anderen Verbänden. Die Tatsache, dass bei den Aktivitäten dieser Gruppen auch Erwachsene beteiligt sind, begrenzt das negative Verhalten, das Kinder in informellen Peergruppen häufig entwickeln. Während die Kinder an gemeinsamen Projekten arbeiten oder sich in die Gesellschaft einbringen, gewinnen sie an sozialer und moralischer Reife (Killen & Nucci, 1995; Vandell & Shumow, 1999).

10.6.2 Freundschaften

Während Peergruppen Kindern zu neuen Einsichten über umfassendere soziale Strukturen verhelfen, sind „Eins zu eins"-Freundschaften hilfreich, Vertrauen und Feinfühligkeit zu entwickeln. Während der Schuljahre werden die Freundschaften des Kindes zunehmend komplexer und psychisch fundierter. Folgende Ideen einer Achtjährigen sind bemerkenswert:

> „Warum ist Shelly deine beste Freundin? *Weil sie mir hilft, wenn ich traurig bin und sie teilt auch alles mit mir ...* Was ist es, das Shelly so besonders macht? *Ich kenne sie schon länger, ich sitze neben ihr und habe sie besser kennen gelernt ...* Wie kommt es, dass du Shelly lieber magst als irgendjemand anders? *Sie hat am meisten für mich getan. Sie widerspricht mir nie, sie spottet nie, wenn ich dabei bin, sie geht nie weg, wenn ich weine, und sie hilft mir bei den Hausaufgaben ...* Wie schafft man es, dass einen jemand mag? *... Wenn du nett zu ihnen bist* (deinen Freunden), *dann werden sie auch zu dir nett sein." (Damon, 1988, S. 80–81).*

Wie diese Erklärungen zeigen, ist nun Freundschaft nicht länger ausschließlich gemeinsames Tun. Vielmehr ist es jetzt eine auf Gegenseitigkeit beruhende Beziehung, in der die Kinder die persönlichen Qualitäten des anderen schätzen und auf seine Bedürfnisse und Wünsche eingehen. Wenn sich einmal eine Freundschaft bildet, ist Vertrauen ein ganz zentraler Aspekt. Kinder im Schulalter sind der Meinung, dass eine gute Freundschaft darauf basiert, dass man freundlich miteinander umgeht und dass einer auf den anderen zählen kann. Folglich betrachten ältere Kinder Vertrauensbrüche, etwa nicht zu helfen, wenn andere Hilfe benötigen, das Brechen von Versprechungen und das Tratschen hinter dem Rücken eines anderen, als schwerwiegende Verletzungen der Freundschaft (Damon, 1977; Selman, 1980).

Aus diesen Gründen werden die Freundschaften von Kindern im Schulalter auch zunehmend selektiver. Während Vorschulkinder aussagen, dass sie eine ganze Menge Freunde haben, werden Kinder im Alter von acht oder neun Jahren nur eine Hand voll guter Freunde nennen. Insbesondere Mädchen schließen exklusive Freundschaften, da sie sich aus diesen Freundschaften auch größere Nähe erwarten (Markovitz, Benenson, & Dolensky, 2001). Zudem neigen die Kinder dazu, sich Freunde zu suchen, die ihnen im Alter, der Geschlechtszugehörigkeit, der ethnischen Zugehörigkeit und dem sozialen Status ähneln. Unter Freunden gibt es zudem Ähnlichkeiten, was ihre Persönlichkeit anbelangt (Soziabilität, Aggressionen) und die Beliebtheit in der Peergruppe, in den schulischen Leistungen und dem prosozialen Verhalten (Hartup, 1996). Es jedoch zu beachten, dass die Besonderheiten von Schule und Nachbarschaft einen Einfluss darauf haben, welche Freunde gewählt werden. So berichteten beispielsweise in Integrationsschulen 50 % der Schüler, dass sie wenigstens einen Freund mit einer anderen ethnischen Zugehörigkeit haben (DuBois & Hirsch, 1990).

Die Freundschaften bleiben über die gesamte mittlere Kindheit hinweg relativ stabil. Die meisten von ihnen überdauern mehrere Jahre. Durch diese Freundschaften lernen die Kinder die Wichtigkeit emotionaler Verantwortung und Hingabe. Sie beginnen zu merken, dass enge Beziehungen Meinungsverschiedenheiten überdauern können, wenn die Freunde sich sicher sind dass sie einander mögen (Rose & Asher, 1999)). Daraus resultiert, dass Freundschaften einen wichtigen Kontext bieten, in dem Kinder lernen können, Kritik zu tolerieren und Meinungsverschiedenheiten aufzulösen.

Dennoch ist die Auswirkung dieser Freundschaften auf die Entwicklung der Kinder abhängig davon, welche Art von Freunden sie haben. Kinder, die Freundlichkeit und Mitgefühl in ihre Freundschaften einbringen, fördern die prosozialen Neigungen im anderen. Wenn aggressive Kinder Freundschaften schließen, so werden antisoziale Handlungen häufig verstärkt. Die Freundschaften aggressiver Mädchen beinhalten ein hohes Ausmaß an Austausch intimster Gefühle, aber auch jede Menge Eifersucht, Konflikte und Vertrauensmissbrauch (Grotpeter & Crick, 1996). Unter Jungen beinhalten die Gespräche häufig von Zwang gekennzeichnete Aussagen und Angriffe (Dishion, Andrews, & Crosby, 1995). Diese Erkenntnisse weisen darauf hin, dass die sozialen Probleme aggressiver Kinder sich innerhalb ihrer engen Bindungen mit Gleichaltrigen entfalten. Wie wir im Folgenden sehen werden, besteht bei diesen Kindern auch das Risiko, dass sie unter Gleichaltrigen abgelehnt werden.

10.6.3 Peerakzeptanz

Die **Peerakzeptanz** bezieht sich auf die Beliebtheit – das Ausmaß zu dem ein Kind von einer Gruppe Gleichaltriger, wie etwa seinen Klassenkameraden, als wertvoller Sozialpartner betrachtet wird. Sie unterscheidet sich von Freundschaft dadurch, dass es sich hier nicht um eine auf Gegenseitigkeit beruhende Beziehung handelt. Dennoch sind es einige die Freundschaften auszeichnenden soziale Fertigkeiten, die sich auch positiv auf die Peerakzeptanz auswirken. Folglich haben Kinder, die eine höhere Akzeptanz genießen, auch mehr Freunde und bessere Beziehungen mit ihnen (Gest, Graham-Bermann, & Hartup, 2001).

Wissenschaftler beurteilen die Peerakzeptanz zumeist mit Selbstbeurteilungsfragebögen, die Klassenkameraden in ihrer Beliebtheit bei den anderen evaluieren. Die Reaktionen der Kinder zeigen vier unterschiedliche Kategorien auf: **beliebte Kinder,** die viele positive Stimmen bekommen; **abgelehnte Kinder,** die unbeliebt sind; **kontroverse Kinder**, die eine hohe Anzahl sowohl positiver als auch negativer Stimmen bekommen; und **vernachlässigte Kinder**, die selten gewählt werden und weder positive noch negative Aufmerksamkeit bekommen. Etwa zwei Drittel der Schüler einer typischen Grundschulklasse können einer dieser Kategorien zugeordnet werden (Coie, Dodge, & Coppotelli, 1982). Das verbleibende Drittel ist durchschnittlich in seiner Peerakzeptanz; sie erreichen keinerlei Extremwerte.

Peerakzeptanz ist ein wirkungsvoller Prädiktor für psychische Anpassung. Insbesondere abgelehnte Kinder sind unglücklich, stehen am Rande, bringen schlechte Leistungen und haben ein niedriges Selbstwertgefühl. Sowohl Lehrer als auch Eltern beurteilen sie als Kinder mit einem breiten Spektrum emotionaler und sozialer Probleme. Die Ablehnung durch Gleichaltrige in der mittleren Kindheit korreliert auch sehr stark mit schlechten Leistungen in der Schule, Schulabbruch, antisozialem Verhalten und Delinquenz in der Adoleszenz sowie Kriminalität im jungen Erwachsenenalter (Laird et al., 2001; Parker et al., 1995).

Allerdings sind es wohl zum größten Teil in der Vergangenheit des Kindes liegende Einflussfaktoren – die Persönlichkeitseigenschaften des Kindes in Kombination mit dem elterlichen Erziehungsstil –, aus denen sich die Zusammenhänge zwischen Peerakzeptanz und Anpassung erklären lassen. Kinder im Schulalter mit Problemen in ihren Beziehungen zu Gleichaltrigen haben aller Wahrscheinlichkeit nach in ihrer Familie Stress als Folge eines niedrigen Einkommens, unsensiblen Erziehungsstil und einer mit Zwang gekoppelten Disziplin erlebt (Woodward & Fergusson, 1999). Dennoch rufen abgelehnte Kinder in Gleichaltrigen Reaktionen hervor, die wie im Folgenden zu sehen sein wird, zu dieser ungünstigen Entwicklung beitragen.

■ Determinanten von Peerakzeptanz

Was sind die Ursachen, dass ein Kind beliebt ist, ein anderes aber abgelehnt wird? Eine umfangreiche Forschung hat gezeigt, dass in diesem Punkt soziales Verhalten eine große Rolle spielt.

Beliebte Kinder
Obwohl die meisten beliebten Kinder freundlich und rücksichtsvoll sind, werden einige von ihnen bewundert für ihr geschicktes, aber dennoch angriffslustiges Verhalten. Die Mehrzahl von ihnen sind jedoch **beliebte prosoziale Kinder**, die schulische und soziale Kompetenzen in sich vereinen. Sie zeigen in der Schule gute Leistungen und kommunizieren mit Gleichaltrigen auf einfühlsame, freundliche und kooperative Weise (Newcomb, Bukowski, & Pattee, 1993). Im Gegensatz dazu sind **beliebte antisoziale Kinder** zumeist „harte" Jungs, die zwar körperliche Fähigkeiten aufweisen, deren schulische Leistungen allerdings zu wünschen übrig lassen. Obwohl sie aggressiv sind, werden sie von ihren Peers als „cool" betrachtet, möglicherweise wegen ihrer sportlichen Fähigkeiten und ihren gewieften, wenn auch fragwürdigen sozialen Fähigkeiten (Rodkin et al., 2000). Viele von ihnen sind Kinder aus Familien mit niedrigem Einkommen, die sich damit abgefunden haben, dass sie in der Schule nicht erfolgreich sein werden (Stormshak et al., 1999). Obwohl ihre Beliebtheit ihnen ein gewisses Maß an Schutz vor späteren Fehlanpassungen bieten kann, sollten aufgrund ihrer schlechten schulischen Leistungen und ihres antisozialen Verhaltens Interventionen in Betracht gezogen werden.

Abgelehnte Kinder
Abgelehnte Kinder zeigen eine ganze Bandbreite negativer sozialer Verhaltensweisen. Die größte Untergruppe, die **abgelehnten aggressiven Kinder**, zeigen ein hohes Ausmaß an Konflikten, Feindseligkeiten und hyperaktivem, unaufmerksamem und impulsivem Verhalten. Es mangelt ihnen zudem an der Fähigkeit, sich in andere hineinzuversetzen und negative Emotionen regulieren zu können. Sie neigen beispielsweise dazu, die normalen Verhaltensweisen ihrer Peers als feindselig zu missinterpretieren, anderen für ihre sozialen Schwierigkeiten die Schuld zu geben und ihre Wutgefühle auszuleben (Coie & Dodge, 1998; Rubin et al., 1995). Im Gegensatz dazu sind **abgelehnte zurückgezogene Kinder** passiv und sozial unbeholfen. Diese schüchternen Kinder sind überflutet von sozialen Ängsten, haben negative Erwartungen hinsichtlich der Art und Weise, wie Peers sie behandeln werden, und sind überaus besorgt, dass sie verächtlich behandelt oder angegriffen werden könnten (Hart et al., 2000; Ladd & Burgess, 1999). Wegen ihrer ungeschickten, unterwürfigen Interaktion besteht bei abgelehnten zurückgezogenen Kindern das Risiko, dass sie von tyrannischen Kindern drangsaliert werden (siehe auch den Kasten „Biologie und Umwelt").

Schon im Kindergarten schließen Peers abgelehnte Kinder aus. Daraus resultiert, dass sich diese Kinder in der Gruppe weniger beteiligen, ihr Einsamkeitsgefühl zunimmt, ihre Leistungen schlechter werden und sie nach Möglichkeit die Schule meiden (Buhs & Ladd, 2001). Abgelehnte Kinder haben für gewöhnlich wenig Freunde, manchmal auch gar keine.

Kontroverse und vernachlässigte Kinder
In Einklang mit den gemischten Gefühlen, die sie bei Gleichaltrigen hervorrufen, zeigen kontroverse Kinder eine Mischung aus positiven und negativen sozialen Verhaltensweisen. Wie auch abgelehnte aggressive Kinder sind sie feindselig und stören, sie können aber auch positiv und prosozial handeln. Obwohl einige ihrer Peers sie nicht mögen, haben sie dennoch Qualitäten, die sie vor sozialem Ausschluss schützen. Daraus resultiert, dass sie relativ glücklich zu sein scheinen und mit ihren Beziehungen zu Gleichaltrigen gut zurechtkommen (Newcomb, Bukowski, & Pattee, 1993).

Das möglicherweise überraschendste Ergebnis bei diesen vernachlässigten Kindern ist jedoch, dass sie für gewöhnlich gut angepasst sind, obwohl man früher der Meinung war, sie bräuchten eine besondere Behandlung. Obwohl sie wenig interagieren, haben die meisten von ihnen ebenso viele soziale Fähigkeiten wie der Durchschnitt. Sie berichten nicht, dass sie sich besonders einsam oder unglücklich fühlen würden, und wenn sie wollen, können sie auch aus ihrem gewöhnlichen Muster des einsamen Spielens ausbrechen (Harrist et al., 1997; Ladd & Burgess, 1999).

Vernachlässigte Kinder erinnern daran, dass es auch noch andere Möglichkeiten für emotionales Wohlbefinden gibt als einen extravertierten, geselli-

Biologie & Umwelt:
Tyrannische Kinder und ihre Opfer

Wenn man die Aktivitäten von aggressiven Kindern über einen gesamten Schultag hinweg verfolgt, wird man sehen können, dass sie ihre Feindseligkeiten nur an ganz bestimmten Peers auslassen. Eine besonders destruktive Form der Interaktion ist die **Peer-Viktimisierung**, bei der bestimmte Kinder eine häufige Zielscheibe für verbale und körperliche Angriffe oder andere Formen der Misshandlung werden. Was ist es, das diese wiederholten Zyklen von Angriff und Rückzug bei solchen Täter-Opfer-Paaren ausmacht?

Forschungsergebnisse zeigen, dass die meisten Opfer das Verhalten dieser tyrannischen Kinder verstärken, indem sie auf die Forderungen eingehen, weinen und eine defensive Körperhaltung einnehmen und sich nicht wehren. Schikanierte Jungen sind passiv, wenn eigentlich aktives Verhalten erwartet werden würde. Auf dem Spielplatz kann man sie sehen, wie sie mit sich reden oder allein herumlaufen (Boulton, 1999). Biologisch basierte Persönlichkeitsmerkmale – ein schüchternes Temperament und ein zerbrechliches Äußeres – tragen zu ihrem Verhalten bei. Kinder, die schikaniert werden, weisen zumeist auch ein unsicher-ambivalentes Bindungsverhalten auf, ihre Eltern sind zumeist intrusiv und kontrollierend in ihrem Erziehungsstil, wobei die Mutter dazu neigt, übertrieben wütend zu sein. Dieses elterliche Verhalten bewirkt Angst, ein schlechtes Selbstwertgefühl sowie Abhängigkeit und resultiert in einem ängstlichen Verhalten, das Vulnerabilität (Verletzlichkeit) ausdrückt (Ladd & Ladd, 1998; Pepler & Craig, 2000).

Etwa 10 % der Kinder und Adoleszenten werden von aggressiven Gleichaltrigen belästigt, die angreifen, um einen bestimmten sozialen Status zu erlangen (Nansel et al., 2001). Peers erwarten von ihren Opfern, dass sie begehrte Objekte

Kinder, die Opfer von schikanierenden Tyrannen werden, weisen zumeist Persönlichkeitseigenschaften auf, die sie leicht zur Zielscheibe werden lassen. Sie sind körperlich schwächlich, von Gleichaltrigen abgelehnt und haben Angst, sich selbst zu verteidigen. Sowohl das Temperament des Kindes als auch der Erziehungsstil der Eltern tragen zu diesem feigen, ängstlichen Verhalten bei, das wiederum die Misshandlungen ihrer Angreifer verstärkt.

aufgeben, Anzeichen von Angst zeigen und sich nicht wehren. Außerdem haben diese Kinder (insbesondere die aggressiven) wenig Mitgefühl bei dem Gedanken, dass sie ihren Opfern Schmerz und Leid zufügen (Pellegrini, 2002).

Obwohl sowohl die Tyrannen als auch die Opfer zumeist Jungen sind, so gibt es auch Mädchen, die schwächere Klassenkameraden mit relationalen Feindseligkeiten bombardieren (Crick & Grotpeter, 1996). Schon im Kindergartenalter führt dieses Schikaniertwerden zu einer ganzen Reihe von Anpassungsschwierigkeiten, einschließlich Depressionen, Einsamkeit, einem niedrigen Selbstwertgefühl, Angst und einem Meiden der Schule (Hawker & Boulton, 2000; Kochenderfer-Ladd & Wardrop, 2001).

Aggressionen und Schikane sind jedoch keine absoluten Gegensätze. Eine kleine Anzahl extremer Opfer sind gleichzeitig aggressiv, beginnen Streitigkeiten und Kämpfe oder schlagen mit relationalen Aggressionen zurück (Boulton & Smith, 1994; Crick & Bigbee, 1998). Möglicherweise provozieren diese Kinder ihre stärkeren Kameraden, die dann die Oberhand behalten. Unter den abgelehnten Kindern sind diese Tyrannen, die auch gleichzeitig Opfer sind, die am meisten verachteten, was ein schwerwiegender Risikofaktor für Fehlanpassungen ist.

Interventionen, die auf das negative Selbstbild dieser Kinder abzielen und ihnen beibringen, wie sie auf nicht verstärkende Art und Weise auf ihre Angreifer reagieren können, sind an dieser Stelle außerordentlich wichtig. Trotzdem sollte das Verhalten schikanierter Kinder nicht so gedeutet werden, dass sie an der Misshandlung selbst schuld sind. Verhaltensregeln in der Schule, die sich gegen das Schikanieren richten, die Hilfe der Eltern beim Verändern der Verhaltensweisen der tyrannischen Kinder wie auch das der Opfer und aggressive Kinder in einer anderen Klasse oder Schule unterzubringen, können eine solche Schikane sehr reduzieren (Olweus, 1995).

Eine andere Möglichkeit, wie man den schikanierten Kindern helfen kann, ist die, sie dabei zu unterstützen, die notwendigen sozialen Fähigkeiten zu erlernen, die es braucht, um befriedigende Freundschaften zu beginnen und aufrechtzuerhalten. Ängstliche, in sich selbst zurückgezogene Kinder, die einen besten Freund oder eine beste Freundin haben, scheinen besser ausgerüstet, Angriffen Gleichaltriger zu widerstehen. Sie zeigen weniger Anpassungsprobleme als Opfer ohne enge Freunde (Hodges et al., 1999).

---

gen Interaktionstil. Sie werden sich an Kapitel 6 erinnern, dass in China die Erwachsenen zurückhaltende, vorsichtige Kinder als fortgeschritten in ihrer sozialen Reife betrachten. Möglicherweise weil Schüchternheit in Einklang steht mit einer kulturellen Forderung, in einem Kollektiv nicht aufzufallen, wird dieser Faktor mit Peerakzeptanz und sozialer Kompetenz bei chinesischen acht bis zehn Jahre alten Kindern in Verbindung gebracht (Chen, 2002; Chen, Rubin, & Li, 1995).

■ Abgelehnten Kindern helfen

Es gibt eine ganze Reihe von Interventionen, um die Peer-Beziehungen und die psychische Anpassung abgelehnter Kinder zu verbessern. Die meisten beinhalten Unterricht, Modellierung und das Verstärken positiver sozialer Fertigkeiten, wie etwa wie man mit einem Gleichaltrigen interagiert, in Spielen kooperiert und auf ein anderes Kind mit freundlichen Gefühlen und Wohlwollen reagiert. Mehrere dieser Trainingsprogramme haben andauernde Zunahme von sozialer Kompetenz und Peerakzeptanz zur Folge gehabt (Asher & Rose, 1997).

Die Kombination eines Trainings sozialer Fähigkeiten mit anderen Behandlungsmöglichkeiten steigert ihre Effektivität. Häufig sind abgelehnte Kinder schlechte Schüler und ihr niedriges akademisches Selbstwertgefühl verstärkt die negativen Reaktionen auf Lehrer und Klassenkameraden. Intensive Nachhilfe wirkt sich positiv aus, sowohl auf ihre schulischen Leistungen als auch auf ihre soziale Akzeptanz (O'Neil et al., 1997).

Ein weiterer Ansatz beinhaltet ein Training im Einnehmen der Perspektive anderer Menschen und im Erlernen von Problemlösungsstrategien. Viele abgelehnte aggressive Kinder sind sich ihrer mangelnden sozialen Fähigkeiten nicht bewusst und übernehmen keine Verantwortung für ihre sozialen Misserfolge (Mrug, Hoza, & Gerdes, 2001). Abgelehnte zurückgezogene Kinder andererseits neigen dazu, erlernte Hilflosigkeit zu entwickeln, wenn es um ihre Peerakzeptanz geht. Ihre Schlussfolgerung nach wiederholter Ablehnung ist, dass sie nie jemand mögen wird (Rubin, Bukowski, & Parker, 1998). Beide Typen von Kindern benötigen Hilfe, um ihre Schwierigkeiten mit Gleichaltrigen auf innere, veränderbare Ursachen zu attribuieren.

Da die sozial inkompetenten Verhaltensweisen abgelehnter Kinder häufig begründet liegen in einer schlechten Passung zwischen dem Temperament des Kindes und dem Erziehungsstil der Eltern, werden Interventionen, die sich auf das Kind allein konzentrieren unter Umständen nicht ausreichen. Wenn die Qualität der Eltern-Kind-Interaktion nicht verändert wird, werden die Kinder aller Wahrscheinlichkeit nach sehr bald zu ihren alten Verhaltensmustern zurückkehren.

10.7 Geschlechtstypisierungen

Das Verständnis des Kindes hinsichtlich der Geschlechterrollen wird in der mittleren Kindheit wesentlich breiter und seine Geschlechterrollenidentität (die Sichtweise seiner selbst, als relativ maskulin oder feminin) unterliegt auch Veränderungen. Wir werden feststellen, dass diese Entwicklung bei Mädchen und Jungen unterschiedlich ist und in den verschiedenen Kulturen sehr voneinander abweichen können.

10.7.1 Geschlechtsstereotype Überzeugungen

Während der Schuljahre erweitern Kinder ihre geschlechtsstereotypen Überzeugungen, die sie in der frühen Kindheit erworben haben. Da sie nun Menschen zunehmend als Persönlichkeiten betrachten, werden bestimmte Persönlichkeitseigenschaften als typischer für das eine Geschlecht als für das andere gesehen. So werden zum Beispiel Zuschreibungen wie „zäh", „aggressiv", „rational" und „dominant" als maskulin, und „sanft", „mitfühlend" und „abhängig" als feminin angesehen – eine Stereotypisierung, die sich mit zunehmendem Alter verstärkt (Serbin, Powlishta, & Gulko, 1993). Kinder leiten diese Unterscheidungen von ihren Beobachtungen geschlechtsbedingter Unterschiede ab und auch aus dem Umgang Erwachsener mit ihnen. Eltern beispielsweise bedienen sich bei Mädchen einer direktiveren Sprache (sie sagen dem Kind, was es zu tun hat), ermutigen es weniger häufig, eigene Entscheidungen zu treffen, und loben Mädchen auch weniger für ihre Erfolge (Leaper, Anderson, & Sanders, 1998; Pomerantz & Ruble, 1998).

Kurz nach dem Schulanfang versuchen die Kinder herauszufinden, welche Schulfächer und welche Bereiche als „maskulin" und welche als „feminin" zu sehen sind. Sie betrachten Lesen, Buchstabieren, Kunst und Musik als eher für Mädchen und Mathematik, Sport und handwerkliche Fertigkeiten als eher für Jungen geeignet (Eccles, Jacobs, & Harold, 1990; Jacobs & Weisz, 1994). Diese Stereotypen beeinflussen die Vorlieben der Kinder für bestimmte Kompetenzen und wirken sich auf ihr Gefühl aus, dass sie in diesen bestimmten Bereichen etwas leisten können. So betrachten sich Jungen beispielsweise kompetenter als Mädchen in mathematischen und naturwissenschaftlichen Fächern, während Mädchen sich kompetenter im Lesen und Buchstabieren fühlen als Jungen – sogar wenn Kinder der gleichen Fähigkeitsniveaus miteinander verglichen werden (Andre et al., 1999; Freedman-Doan et al., 2000). In Kapitel 11 wird darauf eingegangen, dass diese Überzeugungen für viele junge Menschen in der Adoleszenz auf diese Weise Realität werden.

Obwohl Kinder im Schulalter sich vieler Stereotypen bewusst sind, sind sie offener in der Vorstellung darüber, was Männer und Frauen tun können. Die Fähigkeit zur flexiblen Klassifikation ist die Grundlage dieser Veränderung. Kinder im Schulalter werden gewahr, dass ein Mensch mehr als einer sozialen Kategorie angehören kann – so zum Beispiel kann er ein „Junge" sein und dennoch „Familie" spielen wollen (Bigler, 1995). Aber die Tatsache, dass Kinder anerkennen, dass Menschen die Geschlechtergrenzen überschreiten können, bedeutet nicht, dass sie auch immer davon überzeugt sind, dass man das auch tun sollte. Kinder und Erwachsene sind bei Mädchen bei Verstößen gegen die Geschlechterrolle relativ tolerant. Wenn allerdings Jungen sich nicht rollentypisch verhalten („spielen mit Puppen" oder „ein Kleid tragen"), wird das verurteilt und als genauso schlimm betrachtet wie moralische Übertretungen (Levy, Taylor, & Gelman, 1995).

10.7.2 Geschlechtsidentität und Verhalten

Die Geschlechterrollenidentitäten von Jungen und Mädchen nehmen in der mittleren Kindheit einen unterschiedlichen Verlauf. In der dritten bis zur sechsten Klasse stärken Jungen ihre Identifikation mit „maskulinen" Persönlichkeitseigenschaften, während die Identifikation von Mädchen mit „femininen" Merkmalen abnimmt (Serbin, Powlishta, & Gulko, 1993). Dieser Unterschied wird auch in den unterschiedlichen Aktivitäten der Kinder deutlich. Während Jungen sich zumeist mit „maskulinen" Beschäftigungen abgeben, experimentieren Mädchen mit einer größeren Bandbreite von Optionen. Abgesehen von Kochen, Handarbeiten und Babysitting schließen sie sich Sportvereinen an, beginnen naturwissenschaftliche Projekte und bauen im Garten eine Burg.

Diese Veränderungen sind auf eine Mischung kognitiver und sozialer Kräfte zurückzuführen. Schulkinder beiderlei Geschlechts sind sich dessen bewusst, dass die Gesellschaft „maskulinen" Charaktereigenschaften größeres Prestige beimisst. So zum Beispiel wird „maskulinen" Berufen ein höherer Status zugestanden als „femininen" Berufen (Liben, Bigler, & Krogh, 2001). Botschaften von Erwachsenen und Peers sind an dieser Stelle auch sehr einflussreich. In Kapitel acht wurde erwähnt, dass Eltern besonders über die Geschlechterrollenkonformität bei Jungen besorgt sind. Ein Mädchen kann sich durchaus an den Aktivitäten von Jungen beteiligen, ohne einen Statusverlust bei ihren weiblichen Peers zu riskieren, aber ein Junge, der mit Mädchen herumhängt, wird aller Wahrscheinlichkeit nach verspottet und abgelehnt.

10.7.3 Kulturelle Einflussfaktoren auf die Geschlechttypisierung

Die geschlechtsbedingten Unterschiede, die wir soeben beschrieben haben, sind typisch für westliche Nationen und können nicht auf Kinder überall

10.8 DIE EMOTIONALE UND SOZIALE ENTWICKLUNG IN DER MITTLEREN KINDHEIT

Jungen des Kinka-Stammes in Kenia werden „weibliche" Aufgaben übertragen – das Mahlen von Mais und die Aufsicht über kleinere Kinder. Als Folge davon sind diese Jungen in ihren Persönlichkeitseigenschaften weniger stereotyp männlich als Jungen der meisten anderen Kulturen.

angewendet werden. Mädchen werden mit geringerer Wahrscheinlichkeit mit „männlichen" Aktivitäten experimentieren in Kulturen und Subkulturen, in denen die Differenz zwischen männlichen und weiblichen Rollen besonders groß ist. Und wenn soziale und ökonomische Voraussetzungen es notwendig machen, dass Jungen „weibliche" Aufgaben übernehmen, so sind ihre Persönlichkeiten und ihre Verhaltensweisen weniger stereotyp.

Mütter in Nyansongo, einer kleinen landwirtschaftlichen Siedlung in Kenia, arbeiten vier bis fünf Stunden täglich in den Gärten. Die Aufsicht über die kleineren Kinder, die Beaufsichtigung der Kochstelle und das Abwaschen das Geschirrs sind Aufgaben, die den älteren Geschwistern übertragen werden. Da Kinder beiderlei Geschlechts diese Aufgaben verrichten, müssen die Mädchen nicht die gesamte Verantwortung für die „weiblichen" Aufgaben übernehmen und haben somit mehr Zeit, mit Gleichaltrigen zu interagieren. Ihre größere Freiheit und Unabhängigkeit führt dazu, dass sie höhere Werte erreichen als Mädchen anderer Dörfer und Stammeskulturen in den Bereichen Dominanz, Selbstbehauptung und spielerische Rangeleien. Im Gegensatz dazu bedeuten die Verantwortlichkeiten der Jungen in der Fürsorge für andere, dass sie sich häufig an Aufgaben beteiligen, die Hilfsbereitschaft und emotionale Unterstützung fordern (Whiting & Edwards, 1988a).

Sollten diese Ergebnisse dahingehend verwertet werden, dass Jungen in westlichen Kulturkreisen mehr „geschlechterübergreifende" Aufgaben gegeben werden sollten? Die Konsequenzen eines solchen Handelns sind nicht einfach zu beurteilen. Forschungsergebnisse haben gezeigt, dass Jungen, die sich an „weiblicher" Arbeit beteiligen und deren Väter traditionelle Geschlechterrollenvorstellungen hegen, belastete Vater-Sohn-Beziehungen aufweisen; außerdem betrachten die Jungen sich selbst als weniger kompetent (McHale et al., 1990). Somit sollten die elterlichen Wertvorstellungen mit den Aufgabenverteilungen für ihre Kinder konsistent sein, um diesen einen positiven Nutzen zu bringen.

Prüfen Sie sich selbst ...

Rückblick
Kehren Sie noch einmal zurück zu Kapitel acht und vergegenwärtigen Sie sich das Konzept der Androgynität. Welches der beiden Geschlechter ist in der mittleren Kindheit androgyner und warum?

Rückblick
Wie verändern sich Freundschaften in der mittleren Kindheit?

Anwendung
Welche Veränderungen in den Beziehungen zwischen Eltern und Kind sind wahrscheinlich notwendig, um abgelehnten Kindern zu helfen?

Zusammenhänge
Erklären Sie auf Grundlage Ihrer Kenntnisse über Attributionen, wie abgelehnte aggressive und abgelehnte zurückgezogene Kinder sich aller Wahrscheinlichkeit nach ihr Versagen, von Peers akzeptiert zu werden, erklären. Wie könnten sich diese Attributionen auf zukünftiges soziales Verhalten auswirken?

Prüfen Sie sich selbst ...

10.8 Einflussfaktoren in der Familie

Wenn sich die Kinder in den Kontext der Schule, der Gleichaltrigen und Gemeinde bewegen, bedeutet dies auch gleichzeitig, dass sich die Beziehung zwischen Eltern und Kind verändert. Dennoch ist das Wohlergehen des Kindes weiterhin abhängig von der Qualität der Interaktion in der Familie. Die folgenden Abschnitte werden die Veränderungen in der amerikanischen Familie von heute vorstellen – die hohe Scheidungsrate, Wiederverheiratung und die Berufstätigkeit der Mutter. All diese Faktoren können sowohl positive als auch negative Auswirkungen auf die Kinder haben. In späteren Kapiteln werden weitere Familienformen besprochen, einschließlich Schwulen- und Lesben-Familien, Familien mit nicht verheirateten, allein erziehenden Elternteilen und die zunehmende Zahl von Großeltern, die ihre Enkel großziehen.

10.8.1 Eltern-Kind-Beziehungen

In der mittleren Kindheit nimmt die Zeit, die Kinder mit ihren Eltern verbringen, stark ab. Die wachsende Unabhängigkeit des Kindes bedeutet, dass sich die Eltern mit neuen Problemen beschäftigen müssen. „Ich habe mich damit auseinander gesetzt, wie viele Pflichten ich dem Kind übertragen soll, wie viel Taschengeld es bekommen soll, ob seine Freunde einen guten Einfluss auf es haben und was wegen der Probleme in der Schule zu tun ist", bemerkte Rena. „Und dann gibt es da noch die Frage, wie man sie überwacht, wenn sie nicht zu Hause sind oder wenn sie zu Hause sind und ich bin nicht da und weiß nicht, was da vor sich geht."

Obwohl Eltern sich nun mit neuen Problemen beschäftigen müssen, wird die Erziehung einfacher für diejenigen, die schon in den frühen Jahren des Kindes einen autoritativen Erziehungsstil angewandt haben. Vernünftige Argumente funktionieren durchaus besser bei Kindern im Schulalter, da diese nun eine größere Kapazität für logisches Denken haben und einen zunehmenden Respekt für das besondere Wissen ihrer Eltern (Collins, Madsen, & Susman-Stillman, 2002). Wenn die Kinder demonstrieren, dass sie mit ihren täglichen Aufgaben und Verantwortlichkeiten gut umgehen können, werden effektive Eltern die Kontrolle langsam, aber sicher dem Kind übergeben. Das bedeutet allerdings nicht, dass sie völlig aufgegeben wird. Stattdessen kommt es zu einer **Ko-Regulation**, einer Übergangsform der Supervision, in der die generelle Aufsicht beibehalten wird, während dem Kind erlaubt wird, die täglich anfallenden Entscheidungen selbst zu treffen.

Ko-Regulation erwächst aus einer kooperativen Beziehung zwischen Eltern und Kind – eine Beziehung, die auf Geben und Nehmen gegründet ist und auf gegenseitigen Respekt. Die Eltern müssen aus einer gewissen Entfernung das Kind anleiten und beaufsichtigen und ihre Erwartungen effektiv kommunizieren, wenn sie mit ihm zusammen sind. Und die Kinder sollten ihre Eltern darüber informieren, wo sie sind, was sie tun und welche Probleme sie haben, so dass ihre Eltern, wenn nötig, eingreifen können (Maccoby, 1984). Ko-Regulation unterstützt und schützt das Kind, während es sich auf die Adoleszenz vorbereitet, einem Lebensabschnitt, in dem es viele wichtige Entscheidungen selbst treffen wird.

Obwohl Kinder im Schulalter häufig größere Unabhängigkeit fordern, ist ihnen durchaus bewusst, wie sehr sie auch weiterhin die Unterstützung ihrer Eltern benötigen. In einer Untersuchung beschrieben Kinder der fünften und sechsten Klasse ihre Eltern als die einflussreichsten Menschen in ihrem Leben. Sie wandten sich häufig an ihre Mütter und Väter auf der Suche nach Zuneigung und Rat, einer Verbesserung ihres Selbstwertgefühls und Unterstützung bei Alltagsproblemen (Furman & Buhrmester, 1992).

10.8.2 Geschwister

Zusätzlich zu Eltern und Freunden sind Geschwister eine wichtige Quelle der Unterstützung für das Kind im Schulalter. Geschwisterrivalitäten treten jedoch in der mittleren Kindheit zumeist vermehrt auf. Während die Kinder an einem breiteren Spektrum an Aktivitäten teilnehmen, vergleichen Eltern häufig die Persönlichkeitseigenschaften und Erfolge der Geschwister. Das Kind, das weniger elterliche Zuwendung bekommt, mehr Missbilligung oder weniger materielle Ressourcen, wird zumeist mit Ablehnung reagieren (Brody, Stoneman, & McCoy, 1994; Dunn, 1996).

Wenn die Geschwister vom Alter her sehr eng beieinander liegen und dasselbe Geschlecht haben, vergleichen die Eltern häufiger, was in zunehmenden Streitigkeiten, Antagonismen und schlechterer Anpassung resultiert. Diese Auswirkung ist besonders stark, wenn der Erziehungsstil der Eltern kalt oder zu streng ist (Feinberg & Hetherington, 2001) oder wenn der Vater eines der Kinder bevorzugt. Da Väter weniger Zeit mit ihren Kindern verbringen, wird diese Bevorzugung deutlicher sichtbar und ruft auch größere Wut hervor (Brody, Stoneman, & McCoy, 1992).

Die Geschwister unternehmen häufig Schritte, um diese Rivalität zu reduzieren, indem sie versuchen,

10.8 DIE EMOTIONALE UND SOZIALE ENTWICKLUNG IN DER MITTLEREN KINDHEIT

Obwohl Geschwisterrivalitäten in der mittleren Kindheit meist zunehmen, bieten Geschwister sich auch gegenseitig emotionale Unterstützung und Hilfe bei schwierigen Aufgaben.

sich voneinander zu unterscheiden. So wählten beispielsweise zwei Brüder, die ich kenne, absichtlich unterschiedliche Sportarten und verschiedene Musikinstrumente. Wenn der ältere sich bei einer bestimmten Aktivität besonders hervortat, wollte der jüngere sich gar nicht erst daran versuchen. Natürlich können Eltern so etwas verhindern, indem sie versuchen, ihre Kinder nicht miteinander zu vergleichen. Aber Rückmeldung ihrer Kompetenzen ist unvermeidlich und wenn die Geschwister danach trachten, Anerkennung für ihre ganz eigene Persönlichkeit zu gewinnen, prägen und formen sie wichtige Aspekte der Entwicklung des jeweils anderen.

Obwohl Konflikte entstehen, verlassen sich Geschwister im Schulalter auch weiterhin darauf, voneinander Kameradschaft und Hilfe zu bekommen. Als die Wissenschaftler Geschwister über ihre gemeinsamen Alltagsaktivitäten befragten, erwähnten diese, dass die älteren Geschwister den jüngeren Geschwistern häufig bei Herausforderungen schulischer Art zur Seite standen oder bei Problemen mit Gleichaltrigen. Und beide boten sich gegenseitig Hilfe bei Problemen innerhalb der Familie (Tucker, McHale, & Crouter, 2001). Geschwister, deren Eltern sehr beschäftigt sind und sich weniger um ihre Kinder kümmern, nehmen manchmal diesen Platz ein und unterstützen sich gegenseitig (Bank, Patterson, & Reid, 1996).

10.8.3 Einzelkinder

Obwohl Geschwisterbeziehungen viele Vorteile haben, sind sie nicht unbedingt essentiell notwendig für eine gesunde Entwicklung. Im Gegensatz zu der allgemeinen Überzeugung sind Einzelkinder nicht verwöhnt. Stattdessen sind sie genauso angepasst wie andere Kinder auch und haben in manchen Bereichen sogar Vorzüge. Kinder, die als Einzelkinder aufwachsen, erreichen höhere Werte im Selbstwertgefühl und in der Leistungsmotivation. Folglich erzielen sie bessere Leistungen in der Schule und erreichen ein höheres Ausbildungsniveau (Falbo, 1992). Ein Grund dafür könnte sein, dass Einzelkinder eine etwas engere Beziehung zu ihren Eltern haben und diese auf ihr Kind mehr Druck hinsichtlich Leistung und Erfolg ausüben.

Ein günstiger Entwicklungsverlauf kennzeichnet auch die Einzelkinder in China, einem Land, in dem seit zwei Jahrzehnten strenge Maßnahmen ergriffen wurden, die Überbevölkerung in den Griff zu bekommen und die Ein-Kind-Familie propagiert wird. Verglichen mit Altersgenossen, die Geschwister haben,

In der Volksrepublik China wird staatlicherseits die Ein-Kind-Familie propagiert. In urbanen Gebieten haben die meisten Ehepaare entsprechend nicht mehr als ein Kind.

sind chinesische Einzelkinder fortgeschrittener in ihrer kognitiven Entwicklung und ihren schulischen Leistungen (Falbo & Poston, 1993; Jiao, Ji, & Jing, 1996). Sie fühlen sich zudem emotional sicherer, möglicherweise deshalb, weil diese Maßnahmen der Regierung in Familien mit mehr als einem Kind zu Spannungen führen (Yang et al., 1995). Obwohl viele chinesische Erwachsene weiterhin davon überzeugt sind, dass diese Maßnahme selbstbezogene „kleine Herrscher" heranwachsen lässt, unterscheiden sich chinesische Einzelkinder in ihren sozialen Fähigkeiten und ihrer Peerakzeptanz nicht von Kindern, die Geschwister haben (Chen, Rubin, & Li, 1995).

10.8.4 Scheidung

Die Interaktionen von Kindern mit ihren Eltern und Geschwistern werden noch von weiteren Aspekten des Familienlebens beeinflusst. Jans und Lisas Beziehung, so erzählte mir Rena, war noch vor einigen Jahren ausgesprochen negativ gewesen. Jan schubste, schlug und ärgerte Lisa und bedachte sie mit Schimpfnamen. Obwohl sie versuchte, sich zu wehren, konnte sie gegen Jan, der sehr viel größer war, nichts ausrichten. Die Streitigkeiten endeten für gewöhnlich darin, dass Lisa in Tränen ausbrach und zu ihrer Mutter lief. Die Streitereien der beiden liefen parallel zu den zunehmenden Eheschwierigkeiten zwischen Rena und ihrem Mann. Als Jan acht Jahre alt war und Lisa fünf, zog ihr Vater aus dem gemeinsamen Zuhause aus.

Diese beiden Kinder stehen nicht allein da, denn auch viele andere Kinder müssen sich mit einer solchen dramatischen Erfahrung abfinden. Zwischen 1960 und 1985 stieg die Scheidungsrate in den westlichen Nationen dramatisch an. Heutzutage haben die Vereinigten Staaten die höchste Scheidungsrate der Welt, Kanada folgt mit der vierthöchsten (siehe Abbildung 10.3), die deutsche Scheidungsrate gehört mit 25 % zu den niedrigeren. Etwa 45 % der amerikanischen und 30 % der kanadische Ehen enden in Scheidung; die Hälfte dieser Familien hat Kinder. Ein Viertel der amerikanischen Kinder und ein Fünftel der kanadischen Kinder leben in Familien mit nur einem Elternteil. Obwohl die meisten Kinder bei ihren Müttern wohnen, hat der Prozentsatz der alleinerziehenden Väter zugenommen und liegt nun bei etwa 12 % in beiden Nationen (Hetherington & Stanley-Hagan, 2002; Statistics Canada, 2002c).

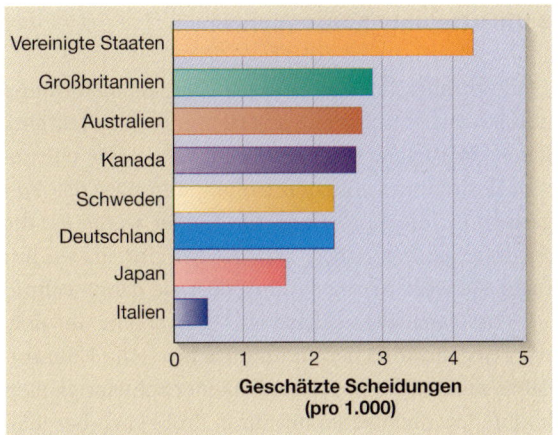

Abbildung 10.3: Die Scheidungsrate in sieben Industrienationen. Die Scheidungsrate in den Vereinigten Staaten ist die höchste der Welt, die in Kanada die vierthöchste, die in Deutschland ist mit Schweden die fünfthöchste (aus Australian Bureau of Statistics, 2002; Statistics Canada, 2002c: U.S. Bureau of the Census, 2002c; United Nations, 1999; Statistisches Jahrbuch der Bundesrepublik Deutschland, 2002).

Scheidungskinder verbringen im Durchschnitt etwa fünf Jahre mit ihren allein erziehenden Eltern, das entspricht etwa einem Drittel ihrer Kindheit. Oft führt eine Scheidung zur Bildung einer neuen Familie. Etwa zwei Drittel geschiedener Eltern heiraten ein zweites Mal. Die Hälfte ihrer Kinder durchleben noch eine dritte große Veränderung – das Ende der zweiten Ehe ihrer Eltern (Hetherington, Bridges, & Insabella, 1998).

Diese Ergebnisse zeigen, dass Scheidung nicht ein einmaliges Erlebnis im Leben von Eltern und Kindern ist. Stattdessen ist es ein Übergang, der zu einer großen Vielfalt neuer Lebensumstände führt, die einhergehen mit Veränderungen des Zuhauses, des Einkommens, der Rollenaufteilung in der Familie und der Verantwortlichkeiten. Seit den 60er Jahren haben viele Untersuchungen berichtet, dass das Zerbrechen einer Ehe für Kinder mit sehr viel Stress verbunden ist (Amato & Booth, 2000). Die Forschungsergebnisse zeigen allerdings auch große individuelle Unterschiede auf. Wie gut die Kinder damit umgehen können, ist abhängig von vielen Faktoren: der psychischen Gesundheit des Elternteils, dem das Sorgerecht zugesprochen wird, den Persönlichkeitseigenschaften des Kindes und der sozialen Unterstützung innerhalb der Familie sowie der Unterstützung ihrer sozialen Umgebung.

10.8 DIE EMOTIONALE UND SOZIALE ENTWICKLUNG IN DER MITTLEREN KINDHEIT

Unmittelbare Konsequenzen

„Am schlimmsten war es in der Zeit, als mein Mann und ich uns entschieden, uns zu trennen", reflektierte Rena. „Wir haben uns darüber gestritten, wie wir unsere Besitztümer aufteilen wollen, und über das Sorgerecht für die Kinder und die Kinder waren es, die darunter gelitten haben. Lisa hat geweint, als sie mir sagte, sie wäre traurig darüber, dass sie daran ‚schuld sei, dass Papa weggegangen ist'." „Jan schlug um sich, warf Gegenstände herum und machte seine Hausaufgaben nicht mehr. Inmitten all meiner Schwierigkeiten konnte ich mich kaum mit ihren Problemen beschäftigen. Das Haus mussten wir verkaufen, denn ich konnte es mir allein einfach nicht mehr leisten. Und ich brauchte einen besser bezahlten Job."

Renas Beschreibung gibt die Umstände gut wieder, in denen sich viele gerade zerbrochene Familien befinden. Häufig ergeben sich Konflikte, wenn die Eltern versuchen, sich über das Sorgerecht ihrer Kinder und den Verbleib ihrer Besitztümer klar zu werden. Wenn ein Elternteil erst einmal auszieht, kommt es zu weiteren Problemen, die sich bedrohlich auf die unterstützenden Interaktionen zwischen Eltern und Kindern auswirken. In Haushalten allein erziehender Mütter kommt es typischerweise zu einem starken Rückgang des Einkommens. In Kanada und den Vereinigten Staaten leben die meisten allein erziehenden Mütter in Armut und bekommen weniger Alimente, als ihnen vom abwesenden Vater zustehen würden, oder sie bekommen überhaupt nichts (Children's Defense Fund, 2002; Statistics Canada, 2002c). Aus finanziellen Gründen müssen sie häufig in eine neue Wohnung umziehen, was die unterstützenden Beziehungen zu Nachbarn und Freunden weiterhin reduziert.

Der Übergang von Ehe zu Scheidung führt zumeist zu sehr großem mütterlichen Stress, Depressionen und Angst sowie zu einer desorganisierten Familiensituation (Hope, Power, & Rodgers, 1999; Marks & Lambert, 1998). „Essen und schlafen gegangen wurde zu allen möglichen und unmöglichen Zeiten, das Haus wurde nicht sauber gemacht und ich unternahm mit Jan und Lisa am Wochenende keine Ausflüge mehr", erzählte Rena. Wenn Kinder mit Stress und Wut auf dieses unsichere Familienleben reagieren, kann das dazu führen, dass auch die Disziplin hart und inkonsequent wird. Der Kontakt zu den Vätern, die kein Sorgerecht haben, nimmt häufig mit der Zeit ab (Hetherington & Kelly, 2002; Lamb, 1999). Wenn Väter ihre Kinder nur ab und zu sehen, neigen sie dazu, sich permissiv und verwöhnend zu verhalten. Dies widerspricht zumeist dem Erziehungsstil der Mütter und erschwert ihnen die Aufgabe, ihr Kind im Alltag zu erziehen, zusätzlich.

Im Hinblick auf diese Veränderungen überrascht es nicht, dass die Kinder schmerzhafte emotionale Reaktionen aufweisen. Die Intensität ihrer Gefühle und die Art und Weise, wie sie diese ausdrücken, variiert aufgrund des Alters, des Temperaments und der Geschlechtszugehörigkeit des Kindes.

Das Alter des Kindes

Die Angst der fünfjährigen Lisa daran schuld zu sein, dass ihr Vater die Familie verlassen hatte, ist nicht ungewöhnlich. Die kognitive Unreife von Vorschulkindern und Kindern im frühen Schulalter erschwert es ihnen, die Ursachen für die Trennung der Eltern zu begreifen. Kleinere Kinder geben sich häufig selbst die Schuld und betrachten die Trennung der Eltern als ein Zeichen dafür, dass beide Eltern sie verlassen könnten. Sie weinen, klammern und zeigen ausgeprägte Trennungsangst (Hetherington, 1989).

Ältere Kinder können die Gründe für die Scheidung ihrer Eltern schon besser verstehen, was unter Umständen ihren Schmerz etwas mindert. Dennoch reagieren viele Kinder im Schulalter und in der Adoleszenz sehr stark auf diese Problematik, insbesondere wenn es in der Familie viele Konflikte gibt und die Kinder kaum beaufsichtigt sind. Die Flucht in unerwünschte Aktivitäten mit Gleichaltrigen – Weglaufen, Schuleschwänzen, verfrühte sexuelle Aktivitäten und Delinquenz – wie auch schlechte schulischen Leistungen – sind zumeist die Folge (Hetherington & Stanley-Hagan, 1999; Simons & Chao, 1996).

Es reagieren jedoch nicht alle älteren Kinder auf diese Weise. Für einige von ihnen – besonders für das älteste Kind der Familie – kann Scheidung auch reiferes Verhalten auslösen. Diese Jugendlichen übernehmen dann freiwillig zusätzliche Aufgaben wie etwa Hausarbeiten, die Fürsorge und den Schutz jüngerer Geschwister sowie die emotionale Unterstützung der ängstlichen, depressiven Mutter. Wenn diese Anforderungen allerdings zu groß werden, reagieren diese Kinder mit der Zeit auch ablehnend und mit Widerstand und ziehen sich in einige der eben beschriebenen destruktiven Verhaltensweisen zurück (Hetherington, 1995, 1999a).

Das Temperament und die Geschlechtszugehörigkeit des Kindes

Wenn vom Temperament her schwierige Kinder stressreichen Lebenserfahrungen sowie einem unzureichenden Erziehungsstil ausgesetzt sind, verstärken sich ihre Probleme. Im Gegensatz dazu werden einfacher zu handhabende Kinder weniger häufig Zielscheibe der elterlichen Wut und haben auch weniger Probleme, mit schwierigen Lebensumständen umzugehen, wenn diese eintreten.

Diese Ergebnisse helfen uns die geschlechtsbedingten Unterschiede in den Reaktionen der Kinder auf Scheidung zu verstehen. Mädchen reagieren manchmal so wie Lisa – mit Weinen, Selbstkritik und Rückzug. Häufiger noch legen sie allerdings ein forderndes, nach Aufmerksamkeit suchendes Verhalten an den Tag. In Familien, in denen die Mutter das Sorgerecht übertragen bekommen hat, sind es für gewöhnlich die Jungen, die mit schwerwiegenderen Anpassungsproblemen zu kämpfen haben. In Kapitel 8 wurde vorgestellt, dass Jungen aktiver und weniger folgsam sind – Verhaltensweisen, die zunehmen, wenn Jungen elterlichen Konflikten und inkonsequenter Disziplin ausgesetzt sind. Von Zwang gekennzeichnete Mutter-Kind-Interaktion und ein impulsives, trotziges Verhalten auf Seiten der Söhne sind in Familien, in denen eine Scheidung ansteht, nicht ungewöhnlich (Hetherington & Kelly, 2002).

Jungen bekommen meist weniger Unterstützung von Müttern, Lehrern und Gleichaltrigen, möglicherweise deswegen, weil sie sich so widerspenstig verhalten. Und wie Jans Verhalten gegenüber Lisa zeigt, weiten sich die von Zwang gekennzeichneten Interaktionskreisläufe zwischen Jungen und ihren geschiedenen Müttern sehr bald auch auf die Beziehungen zwischen den Geschwistern aus (MacKinnon, 1989). Dies trägt noch zu den Schwierigkeiten der Jungen bei. Nach einer Scheidung bereiten Kinder, die ohnehin schon schwer zu erziehen sind, meistens noch mehr Probleme (Hanson, 1999; Morrison & Coiro, 1999).

■ Langfristige Konsequenzen

Rena fand irgendwann eine besser bezahlte Arbeit und bekam den Alltag im Haushalt wieder unter Kontrolle. Ihre eigenen Gefühle von Wut und Ablehnung nahmen ab. Nach einigen Sitzungen mit einem Psychologen wurde Rena und ihrem Ex-Mann Dirk klar, welche schädlichen Auswirkungen ihr Streiten auf Jan und Lisa hatte. Dirk kam regelmäßig zu Besuch und begegnete Jans widerspenstigem Verhalten mit einer konsequenten, festen Haltung. Sehr bald wurden Jans schulische Leistungen besser, seine Verhaltensprobleme wurden weniger und beide Kinder schienen ruhiger und glücklicher zu sein.

Die meisten Kinder lassen etwa zwei Jahre nach einer Scheidung eine bessere Anpassung erkennen. Einige jedoch haben weiterhin ernste Schwierigkeiten, die sich bis in das frühe Erwachsenenalter hineinziehen (Amato, 2000; Wolfinger, 2000). Jungen und Kinder mit einem schwierigen Temperament brechen eher die Schule ab und zeigen antisoziales Verhalten. Bei beiden Geschlechtern ist Scheidung korreliert mit Problemen der Erwachsenensexualität und der Entwicklung von engen Bindungen. Junge Menschen, die eine Scheidung der Eltern miterleben – insbesondere wenn dies mehrmals vorkommt –, werden häufig schon in ihrer Adoleszenz Eltern und lassen sich im Erwachsenenalter häufiger scheiden (Booth, 1999; Hetherington, 1997).

Der Faktor, der sich am meisten auf die positive Anpassung nach einer Scheidung auswirkt, ist ein effektiver Erziehungsstil – insbesondere wie gut der mit dem Sorgerecht betraute Elternteil mit Stress umgehen kann und das Kind vor Konflikten abschirmt sowie das Ausmaß, in dem jeder Elternteil einen autoritativen Erziehungsstil ausübt (Amato & Gilbreth, 1999; Whiteside & Becker, 2000). In einer Studie mit acht bis 15 Jahre alten Kindern, deren Eltern sich in den vorangegangenen zwei Jahren scheiden ließen, zeigte sich, dass Kinder, die elterliche Wärme und konsequente Disziplin erfahren haben, die wenigsten Anpassungsprobleme hatten (Wolchik et al., 2000).

Auch die Beteiligung des Vaters am Erziehungsprozess ist an dieser Stelle sehr wichtig. Bei Mädchen scheint eine gute Vater-Kind-Beziehung gegen verfrühte sexuelle Aktivitäten und unglückliche Liebesbeziehungen zu schützen. Bei Jungen scheint sich dieser Faktor auf das gesamte psychische Wohlbefinden auszuwirken. Tatsächlich zeigen mehrere Untersuchungen, dass Söhne sich besser entwickeln, wenn der Vater das Sorgerecht bekommt (Clark-Stewart & Hayward, 1996; McLanahan, 1999). Die größere wirtschaftliche Sicherheit des Vaters und die Tatsache, dass er eine Autoritätsfigur darstellt, scheinen zu einem effektiven Erziehungsstil beizutragen. Des Weiteren zeigt sich in Familien, in denen der Vater das Sorgerecht zugesprochen bekam, dass beide Elternteile stärker an der Erziehung beteiligt sind, da nichterziehende Mütter mehr an dem Leben ihrer Kinder teilhaben, wenn sie das Sorgerecht nicht

10.8 DIE EMOTIONALE UND SOZIALE ENTWICKLUNG IN DER MITTLEREN KINDHEIT

Nach einer Scheidung entwickeln sich Kinder, die bei ihren allein erziehenden Müttern aufwachsen, vorteilhafter, wenn die Väter sich weiterhin an der Erziehung beteiligen. Bei Jungen gelingt die Anpassung zumeist besser, wenn dem Vater das Sorgerecht übertragen wird.

zugesprochen bekamen, als dies bei nicht erziehenden Vätern der Fall ist.

Obwohl eine Scheidung für Kinder sehr schmerzhaft ist, wäre ein Verbleib in einer intakten Familie mit einem hohen Ausmaß an Konflikten viel schlimmer, als den Übergang in einer Familie meistern zu müssen, in der es weniger Konflikte gibt, aber nur ein Elternteil die Erziehung übernimmt (Emery, 1999a; Hetherington, 1999b). Wenn geschiedene Eltern ihre Unstimmigkeiten zurückstellen und einander in der Kindererziehung unterstützen, haben ihre Kinder die besten Chancen zu kompetenten, stabilen Erwachsenen heranzuwachsen. Fürsorgliche Mitglieder der Verwandtschaft, Lehrer, Geschwister und Freunde tragen außerdem dazu bei, dass die Wahrscheinlichkeit langfristiger Störungen als Folge der erlebten Scheidung reduziert werden (DeGarmo & Forgatch, 1999).

■ Scheidungsschlichtung, gemeinsames Sorgerecht und Kindesunterhalt

Die Erkenntnis, dass eine Scheidung für Familien und ihre Kinder mit sehr viel Stress verbunden ist, hat dazu geführt, dass Interventionen entwickelt wurden, die darauf abzielen, den Familien in diesen schwierigen Zeiten zu helfen. Eine dieser Interventionsmöglichkeiten ist die **Scheidungsschlichtung**, eine Reihe von Sitzungen mit den sich in Scheidung befindlichen Erwachsenen und einem Psychologen, die dazu dienen sollen, die Konflikte in der Familie zu reduzieren, einschließlich der gerichtlichen Streitigkeiten über das Sorgerecht und die Aufteilung der gemeinsamen Güter. Forschungsergebnisse haben gezeigt, dass Schlichtung dazu beiträgt, dass Streitigkeiten außergerichtlich beigelegt werden, die einmal getroffenen Vereinbarungen eingehalten werden und sich die Kooperation der Eltern in der Erziehung verbessert. Zudem wurden aufgrund dieser Sitzungen sowohl von den Eltern als auch von ihren Kindern eine Zunahme an positiven Gefühlen berichtet (Emery, 2001).

Um beide Elternteile zu ermutigen, sich weiterhin um ihre Kinder zu kümmern, sprechen die Gerichte heute zumeist beiden Eltern **gemeinsames Sorgerecht** zu, d.h., dass sowohl die Mutter als auch der Vater bei wichtigen Entscheidungen in der Erziehung des Kindes gleichberechtigt sind. In den meisten Fällen leben die Kinder mit einem Elternteil und sehen den andern Elternteil in regelmäßigen, vorher festgelegten Abständen – ähnlich der Situation, in der nur ein Elternteil das Sorgerecht bekommt. In anderen Fällen übernehmen beide Eltern die Fürsorge des Kindes, wobei das Kind zwischen den Wohnungen beider Eltern hin- und herpendelt, manchmal auch zwischen zwei verschiedenen Schulen und Peergruppen. Diese Übergänge bringen eine neue Art der Instabilität mit sich, die für einige Kinder besonders schwierig ist. Der Erfolg einer gemeinsamen Sorgerechtsregelung erfordert eine kooperative Beziehung zwischen den geschiedenen Eltern (Emery, 1999a). Wenn sie weiterhin streiten, sind ihre Kinder auch nach der Scheidung noch einer feindseligen Familienatmosphäre ausgesetzt.

Viele allein erziehende Eltern sind abhängig vom Unterhalt für das Kind von Seiten des abwesenden Elternteiles, um finanziell zurechtzukommen. In vielen Staaten, darunter den Bundesstaaten von Kanada und USA sowie in Deutschland, gibt es ein Verfahren, durch das bei nichtzahlenden Eltern das Gehalt zurückgehalten wird. Obwohl der Unterhalt zumeist nicht ausreichend ist, um eine allein erziehende Familie vor der Armut zu bewahren, trägt er doch zur erheblichen Besserung der finanziellen Situation bei. Ein weiterer positiver Faktor ist die Tatsache, dass nicht erziehende Väter mit ihren Kindern eher Kontakt halten, wenn sie Unterhalt zahlen (Garfinkel & McLanahan, 1995). Die Tabelle „Aspekte der Fürsorge" fasst noch einmal die Möglichkeiten zusammen, wie Eltern ihren Kindern helfen können, mit einer Scheidung zurechtzukommen.

10.8.5 Mischfamilien

„Wenn du Wolfgang heiratest und Papa Caroline heiratet," dachte Lisa im Beisein ihrer Mutter Rena laut nach, „dann habe ich zwei Schwestern und noch einen zusätzlichen Bruder. Und mal sehen wie viele Omas und Opas das dann sind? Wow, das werden eine ganze Menge!" meinte Lisa ganz erstaunt. „Aber wie werde ich sie denn alle nennen?" fragte sie mit besorgter Miene.

Das Leben in einer Familie mit einem allein erziehenden Elternteil ist häufig nur temporär. Viele Eltern finden innerhalb weniger Jahre einen neuen Partner. Wie Lisas Kommentare erkennen lassen, bedeutet das Entstehen dieser vermischten oder neu zusammengestellten Familien eine komplexe Anzahl neuer Beziehungen. Für einige Kinder ist dieses erweiterte Familiennetzwerk positiv, denn es bringt auch vermehrte Aufmerksamkeit seitens der Erwachsenen gegenüber den Kindern mit sich. Den meisten Kinder allerdings bereitet die Neuanpassung Schwierigkeiten. Stiefeltern bringen häufig neue Erziehungspraktiken mit, so dass die neuen Regeln und Erwartungen, an die das Kind sich anpassen muss, mit sehr viel Stress verbunden sein können. Außerdem betrachten Kinder neue Eltern häufig als „Eindringlinge". Wie gut die Anpassung dann tatsächlich gelingt, ist abhängig von der grundsätzlichen Qualität der Familienbeziehungen und ihrem Funktionieren (Hetherington & Kelly, 2002). Und dies wiederum ist abhängig davon, welcher Elternteil eine neue Beziehung eingeht, aber auch das Alter des Kindes und seine Geschlechtszu-

---

Aspekte der Fürsorge

Wie man Kindern helfen kann, mit der Scheidung ihrer Eltern zurechtzukommen

VORSCHLAG	ERKLÄRUNG
Schützen Sie die Kinder vor Konflikten	Zeuge der intensiven elterlichen Konflikte zu sein, wirkt sich auf Kinder sehr schädlich aus. Wenn einer der beiden Elternteile darauf besteht, Feindseligkeit ausdrücken zu müssen, geht es den Kindern besser, wenn der andere Elternteil nicht mit derselben Feindseligkeit darauf reagiert.
Bieten Sie den Kindern so viel Kontinuität, Vorhersagbarkeit und ihnen bekannte Gewohnheiten wie möglich	Kinder kommen mit einer Scheidung besser zurecht, wenn ihr Leben in dieser Zeit Stabilität behält – dieselbe Schule, dasselbe Zimmer, derselbe Babysitter und dieselben Spielkameraden sowie einen verlässlichen Zeitplan im Alltag.
Erklären Sie die Scheidung und teilen Sie ihren Kindern mit, was sie erwartet	Die Wahrscheinlichkeit, dass Kinder Verlassenheitsgefühle entwickeln, ist sehr viel größer, wenn sie nicht auf die Scheidung ihrer Eltern vorbereitet sind. Man sollte ihnen mitteilen, dass ihre Mutter und ihr Vater nicht länger zusammenleben werden, welcher Elternteil ausziehen wird und wann und wie oft sie denjenigen sehen können. Wenn möglich, sollten beide Eltern dem Kind die Scheidung gemeinsam erklären und Gründe vorbringen, die das Kind verstehen kann und deutlich machen, dass es an der Scheidung keine Schuld hat.
Betonen Sie die Endgültigkeit der Scheidung	Fantasien auf Seiten des Kindes, dass die Eltern irgendwann einmal wieder zusammenfinden könnten, verhindern, dass die Realität akzeptiert wird. Die Eltern sollten ihren Kindern mitteilen, dass die Scheidung endgültig ist und dass es nichts gibt, das sie tun können, um daran etwas zu ändern.
Reagieren Sie mitfühlend auf die Gefühle der Kinder	Kinder benötigen unterstützende verständnisvolle Reaktionen auf ihre Gefühle der Traurigkeit, der Angst und der Wut. Damit Kindern die Anpassung gut gelingt, müssen ihre schmerzhaften Emotionen anerkannt werden und dürfen weder verleugnet noch vermieden werden.
Sorgen Sie dafür, dass die Beziehung zu beiden Elternteilen aufrechterhalten wird	Wenn es Eltern gelingt, ihre Feindseligkeit gegenüber dem ehemaligen Partner von den Bedürfnissen ihres Kindes nach einer kontinuierlichen Beziehung mit dem anderen Elternteil trennen zu können, so gelingt die Anpassung zumeist gut. Eltern und andere Mitglieder der weiteren Verwandtschaft können an dieser Stelle helfen, indem sie nicht Partei ergreifen.

Quelle: Teyber, 1992.

gehörigkeit spielen an dieser Stelle eine Rolle. Wir werden sehen, dass ältere Kinder und Mädchen die meisten Schwierigkeiten damit haben.

■ Mutter-Stiefvater-Familien

Die häufigste Form der gemischten Familie ist die Zusammenstellung Mutter und Stiefvater, da es zumeist die Mutter ist, die das Sorgerecht erhält. Jungen gelingt die Anpassung meistens recht schnell. Einen warmherzigen und anteilnehmenden Stiefvater, der es mit seiner Autorität nicht übertreibt und als Ausgleich für eine strengere Mutter dient, wird meist willkommen geheißen. Die Reibungsflächen zwischen Mutter und Sohn nehmen mit der Zeit auch deswegen ab, weil die finanzielle Situation der Familie sich entspannt hat, es einen anderen Erwachsenen gibt, der Aufgaben im Haushalt übernehmen kann, und weil die neue Partnerschaft der Einsamkeit der Mutter ein Ende setzt (Stevenson & Black, 1995). Im Gegensatz dazu verläuft die Anpassung bei Mädchen weniger günstig. Stiefeltern stören die starken Bindungen, die viele Mädchen zu ihren Müttern entwickelt haben und die Mädchen reagieren auf die neue Situation mit einem schmollenden, widerstrebenden Verhalten (Bray, 1999).

Beachten Sie jedoch, dass das Alter des Kindes diese Ergebnisse beeinflusst. Ältere Schulkinder und Adoleszente beiderlei Geschlechts zeigen mehr unverantwortliches, ausagierendes Verhalten als Gleichaltrige, die nicht in gestörten Familien aufwachsen (Hetherington & Stanley-Hagan, 2000). Häufig reagieren Eltern auf ihre eigenen Kinder warmherziger und anteilnehmender als auf ihre Stiefkinder. Ältere Kinder bemerken diese unfaire Behandlung eher und fordern sie heraus, greifen sie an. Adoleszente betrachten Stiefeltern häufig als Bedrohung ihrer Freiheit, insbesondere wenn zuvor wenig elterliche Kontrolle ausgeübt wurde.

■ Vater-Stiefmutter-Familien

Eine Wiederheirat des nicht erziehenden Vaters führt häufig zu reduziertem Kontakt, da die Tendenz besteht, sich von der früheren Familie zurückzuziehen, insbesondere wenn es sich bei den Kindern um Töchter handelt und nicht um Söhne (Hetherington, 1997). Wenn der Vater das Sorgerecht zugesprochen bekommen hat, reagieren die Kinder typischerweise negativ auf eine Wiederheirat. Ein Grund dafür ist, dass Kinder, die bei ihren Vätern leben, häufig mehr Probleme haben. Unter Umständen konnte ihre biologische Mutter mit dem widerspenstigen Kind nicht länger umgehen (für gewöhnlich ein Junge), sodass der Vater und seine neue Frau nun mit einem Kind zurechtkommen müssen, das schwerwiegende Verhaltensprobleme aufweist. In anderen Fällen wurde dem Vater das Sorgerecht übertragen, weil er eine besonders enge Beziehung zu dem Kind hat und seine Wiederheirat wirkt sich auf diese Bindung störend aus (Buchanan, Maccoby, & Dornbusch, 1996).

Ganz besonders Mädchen haben Schwierigkeiten, mit ihren Stiefmüttern zurechtzukommen. Manchmal (wie gerade erwähnt) ist dies der Fall, weil die Beziehung des Mädchens mit ihrem Vater durch die Wiederheirat bedroht scheint. Bei Mädchen häufen sich in der Regel Konflikte in der Beziehung zu den weiteren Mutterfiguren auf. Je länger aber Mädchen in diesem Vater-Stiefmutter-Haushalt leben, desto positiver entwickelt sich die Interaktion mit ihren Stiefmüttern (Hetherington & Jodl, 1994). Mit der Zeit und unter Anwendung von viel Geduld gelingt die Anpassung und die Unterstützung einer zweiten Mutterfigur wirkt sich im Endeffekt positiv auf das Mädchens aus.

■ Unterstützung für gemischte Familien

Training im Umgang mit Familie und Erziehung sowie Therapie können Eltern und Kindern helfen, sich an die komplexen Gegebenheiten einer gemischten Familie anzupassen. Effektive Ansätze ermutigen Stiefeltern, sich allmählich ihrer neuen Rolle zu nähern, indem sie zunächst einmal eine freundliche Beziehung zum Kind aufbauen. Nur wenn diese warme Bindung sich entwickelt hat, wird eine aktivere Erziehung möglich (Ganong & Coleman, 2000). Eltern, die eine Art „elterliche Koalition" entwickelt haben, durch die sie kooperieren können und Konsistenz in der Kindererziehung aufrechterhalten und somit Loyalitätskonflikten vorbeugen, haben für gewöhnlich Kinder, die sich leichter anpassen (Emery, 1999b).

10.8.6 Die Berufstätigkeit der Mutter und Familien, in denen beide Elternteile verdienen

Heutzutage sind allein erziehende und verheiratete Mütter auf dem Arbeitsmarkt annähernd zu gleichen Teilen vertreten, und mehr als drei Viertel von ihnen haben Kinder im Schulalter (Statistics Canada, 2002m; U.S. Bureau of the Census, 2002c). In Deutschland arbeiten 65 % der Mütter mit minderjährigen Kindern; 18 % der Mütter mit minderjährigen Kindern sind erwerbstätig und allein erziehend (Statistisches Bundesamt der Bundesrepublik, 2003). In Kapitel 6 wurde deutlich, dass die Auswirkung mütterlicher Berufstätigkeit auf die frühe Entwicklung sehr stark abhängig ist von der Qualität der Kinderbetreuung und der Kontinuität der Eltern-Kind-Beziehung. Dies gilt auch für die späteren Jahre.

■ Mütterliche Berufstätigkeit und die Entwicklung des Kindes

Kinder von Müttern, die an ihrer Arbeit Freude haben und sich auch weiterhin der Erziehung mit Hingabe widmen, zeigen eine günstige Anpassung – ein besseres Selbstwertgefühl, positive Beziehungen innerhalb der Familie und zu Gleichaltrigen, weniger geschlechtsstereotype Überzeugungen und bessere Noten in der Schule. Ganz besonders Mädchen profitieren von einem Vorbild weiblicher Kompetenz. Töchter berufstätiger Mütter nehmen die Rolle der Frau als eine wahr, die mehr Freiheit für eigene Entscheidung und mehr Zufriedenheit beinhaltet sowie mehr Möglichkeiten bietet, etwas eigenes zu leisten, und sie sind leistungs- und karriereorientierter (Hoffman, 2000).

Diese Vorteile sind unzweifelhaft das Ergebnis von Erziehungspraktiken. Berufstätige Mütter, die ihre Rolle in der Erziehung wertschätzen, werden eher einen autoritativen Erziehungsstil anwenden. Kinder in Familien, in denen beide Eltern berufstätig sind, verbringen mehr Stunden am Tag mit ihren Hausaufgaben unter der Anleitung der Eltern und beteiligen sich auch mit an den Aufgaben im Haushalt. Die Berufstätigkeit der Mutter bedeutet auch, dass der Vater mehr Verantwortung übernimmt für die Fürsorge der Kinder, wobei ein kleiner Teil von ihnen Erziehungsurlaub nimmt und den ganzen Tag zu Hause bleibt – ein Trend, der zunimmt (Gottfried, Gottfried, & Bathurst, 2002; Hoffman & Youngblade, 1999). Vermehrter elterlicher Kontakt zu ihren Kindern korreliert mit höherer Intelligenz und besseren Leistungen, reifem sozialen Verhalten und einer flexibleren Sichtweise der Geschlechterrollen (Coltrane, 1996; Radin, 1994).

Wenn jedoch die Berufstätigkeit der Mutter sie zeitlich überfordert, wirkt sich dies negativ auf die Erziehung aus. Allzu lange Arbeitstage und daher wenig Möglichkeiten, Zeit mit den Kindern im Schulalter zu verbringen, korrelieren mit einem weniger günstigen Anpassungsverlauf (Moorehouse, 1991). Im Gegensatz dazu scheint sich eine Teilzeitberufstätigkeit und flexible Arbeitsstunden vorteilhaft auf Kinder allen Alters auszuwirken, vermutlich weil dies Konflikten zwischen den Rollen in der Berufstätigkeit und der Familie vorbeugt und den Eltern hilft, den Bedürfnissen ihrer Kinder zu entsprechen (Frederiksen-Goldsen & Sharlach, 2000).

■ Unterstützung für berufstätige Eltern und ihre Familien

In Familien, in denen beide Elternteile verdienen, hilft die Bereitschaft des Ehemannes, Verantwortung im Haushalt und bei der Erziehung der Kinder zu übernehmen, der Mutter im Umgang mit ihren Kindern. Wenn der Vater kaum oder überhaupt nicht mithilft, bedeutet dies für die Mutter eine doppelte Belastung. Dies führt zu Erschöpfung, Stress und wenig Zeit und Energie, die für die Kinder übrig bleibt.

Berufstätige Mütter und Eltern, die beide berufstätig sind, benötigen Unterstützung von Seiten ihres Arbeitgebers und ihres Lebensumfeldes bei der Kindererziehung. Reduzierte Arbeitsstunden, flexible Zeiteinteilung, Arbeitsteilung und bezahlter Urlaub, wenn die Kinder krank sind, hilft den Eltern, mit den Anforderungen von Berufstätigkeit und Kindererziehung zurechtzukommen. Gleichberechtigte Bezahlung und Arbeitsmöglichkeiten für Frauen sind auch hier sehr wichtig. Da diese Regelungen den finanziellen Status und die Arbeitsmoral der Mutter heben, wirken sie sich auch positiv auf das Wohlbefinden der Mutter und ihr Verhalten aus, wenn sie nach einem langen Arbeitstag wieder nach Hause kommt.

■ Kinderbetreuung für Kinder im Schulalter

Gute Kinderbetreuung ist ausgesprochen wichtig, damit die Eltern beruhigt ihrer Arbeit nachgehen können; dies gilt auch in der mittleren Kindheit. Dennoch sind nicht alle fünf bis 13 Jahre alten Kinder den ganzen Tag beaufsichtigt. Schätzungen gehen dahin, dass 2,4 Millionen Kinder in den Vereinigten Staaten und mehrere 100.000 in Kanada **Schlüsselkinder** sind, die regelmäßig nach der Schule allein zurechtkommen müssen. In Deutschland fehlt es an zuverlässigen offiziellen Statistiken in diesem Bereich.

Untersuchungen mit diesen Kindern haben wenig übereinstimmende Ergebnisse gebracht. Einige Studien berichten, dass sie unter niedrigem Selbstwertgefühl leiden, antisoziales Verhalten aufweisen, schlechte schulische Leistungen bringen und ängstlich sind, während andere Studien keinerlei derartige Auswirkungen zum Ergebnis haben. Die Reife der Kinder und die Art und Weise, wie sie ihre Zeit verbringen, scheint diese Widersprüchlichkeiten zu erklären. Bei jüngeren Kindern im Schulalter haben diejenigen größere Anpassungsschwierigkeiten, die mehr Stunden allein verbringen (Vandell & Posner, 1999). Wenn sie dann älter werden und allein zurechtkommen, scheinen die Kinder verantwortungsbewusst und gut angepasst, die einen autoritativen Erziehungsstil gewöhnt sind, regelmäßige Telefonanrufe ihrer Eltern erhalten und regelmäßig Aufgaben im Haushalt zu erledigen haben (Vandell & Posner, 1999).

Vor dem Alter von neun oder zehn Jahren benötigen die meisten Kinder Beaufsichtigung, da sie noch nicht kompetent genug sind, mit schwierigen Situationen umzugehen (Galambos & Maggs, 1991). Dennoch gibt es nicht genügend Programme, um alle Kinder zu betreuen, außerdem variieren sie sehr, was ihre Qualität anbelangt (Vandell, 1999). Programme mit einem gut ausgebildetem Mitarbeiterstab, großzügigem Zahlenverhältnis Erwachsener/Kind, einer positiven Kommunikation zwischen Erwachsenen und Kindern und stimulierenden Aktivitäten korrelieren mit besseren sozialen Fähigkeiten und einem günstigeren Anpassungsverlauf (Pierce, Hamm, & Vandell, 1999). Kinder aus Familien mit niedrigem Einkommen, die an fördernden Aktivitäten in ihrer Freizeit teilnehmen, etwa Pfadfindergruppen, Musik- und Kunstunterricht, zeigen einen besonders günstigen Verlauf, haben bessere Arbeitsgewohnheiten, bessere Noten in der Schule und weniger Verhaltensprobleme (Posner & Vandell, 1994, 1999).

In diesem Programm in Los Angeles verbringen Kinder ihre Zeit nach der Schule produktiv mit Aktivitäten, die ihnen Freude machen, während ihre Eltern ihrer Arbeit nachgehen. Ein ehrenamtlicher Mitarbeiter hilft den Kindern beim Lernen und bei den Hausaufgaben. Kinder, die an einem solchen Programm teilnehmen, zeigen bessere Arbeitsgewohnheiten, bessere Noten in der Schule und haben weniger Schwierigkeiten in ihren Beziehungen zu Gleichaltrigen.

Prüfen Sie sich selbst ...

Rückblick
Geben Sie einen Überblick über die Ergebnisse unserer Diskussion über die Familie, die den Einfluss des Vaters auf die Entwicklung des Kindes verdeutlichen.

Rückblick
Beschreiben und erläutern Sie die Veränderungen innerhalb der Geschwisterbeziehungen im mittleren Kindheitsalter.

Anwendung
Stephan und Marissa befinden sich mitten in einem erbittert geführten Scheidungsprozess. Ihr neun Jahre alter Sohn Dennis ist feindselig und trotzig geworden. Wie können Steve und Marissa ihm dabei helfen, mit den Gegebenheiten zurechtzukommen und sich anzupassen?

Zusammenhänge
Welchen Einfluss hat jeder der einzelnen Bereiche aus Bronfenbrenners ökologischer Systemtheorie – Mikrosystem, Mesosystem, Exosystem und Makrosystem – auf die Auswirkungen mütterlicher Berufstätigkeit auf die Entwicklung des Kindes?

Prüfen Sie sich selbst ...

10.9 Einige der häufigsten Probleme in der Entwicklung

In unserer Diskussion wurden eine ganze Reihe stressreicher Erfahrungen betrachtet, die beim Kind das Risiko zukünftiger Probleme bergen. In den folgenden Abschnitten werden zwei weitere Bereiche zur Sprache kommen, die zu Schwierigkeiten führen können: die Ängste des Schulkindes sowie die Konsequenzen von sexuellem Missbrauch. Gegen Ende werden die Faktoren zusammengefasst, die Kindern helfen, effektiv mit Stress zurechtzukommen.

10.9.1 Ängste im Kindesalter

Obwohl Angst vor Dunkelheit, Donner und Blitz sowie übernatürlichen Wesen (häufig angeregt durch Kinofilme oder Fernsehen) sich bis in die mittlere Kindheit hineinzieht, richten sich die Ängste des Kindes nun auch auf neue Probleme. Wenn das Kind die Realitäten seiner breiter gefassten Umwelt zu begreifen beginnt, werden die Ängste vor der Möglichkeit, persönlichen Schaden zu nehmen (ausgeraubt, bestochen oder erschossen werden), häufiger sowie die Ängste vor Naturkatastrophen und Kriegen, über die die Medien berichten. Andere häufig vorkommende Sorgen schließen Schulversagen ein, die Gesundheit der Eltern, körperliche Verletzungen und Ablehnung durch Gleichaltrige (Muris et al., 2000; Silverman, La Greca, & Wasserstein, 1995).

Die meisten Kinder gehen mit diesen Ängsten konstruktiv um, indem sie mit ihren Eltern, ihren Lehrern und Freunden darüber sprechen und sich auf die nun schon besser entwickelten emotionalen Fähigkeiten der Selbstregulation verlassen, die sich im mittleren Kindheitsalter entwickeln. Folglich nehmen diese Ängste mit zunehmendem Alter wieder ab. Dies gilt insbesondere für Mädchen, die während der Kindheit und der Adoleszenz unter mehr Ängsten leiden als Jungen (Gullone & King, 1997).

Zwischen 10 und 20 % aller Kinder im Schulalter entwickeln eine intensive, nicht kontrollierbare Angst vor irgendetwas (Barrios & Dell, 1998). So erleben Kinder beispielsweise in der **Schulangst (Schulphobie)** schwerwiegende Ängste vor dem Schulbesuch, häufig begleitet von körperlichen Symptomen, etwa Schwindelgefühlen, Übelkeit, Magenschmerzen und Erbrechen, die verschwinden, wenn dem Kind erlaubt wird, zu Hause zu bleiben. Etwa ein Drittel der Kinder, die unter Schulangst leiden, sind zwischen fünf und sieben Jahre alt. Für die meisten dieser Kinder ist es nicht so sehr die Schule selbst, die sie fürchten, sondern die Trennung von ihrer Mutter. Diese Schwierigkeiten können zumeist auf ein Überbehütetsein von Seiten der Eltern und die elterliche Ermutigung zu Abhängigkeit zurückgeführt werden. Diesen Kindern kann durch Familientherapie geholfen werden (Elliott, 1999).

Die meisten Fälle von Schulangst zeigen sich jedoch später, im Alter von elf bis 13 Jahren, in einer Übergangszeit zwischen der mittleren Kindheit und der Adoleszenz. Diese Kinder ängstigt zumeist ein ganz bestimmter Aspekt der Schule – ein überkritischer Lehrer, ein tyrannischer Klassenkamerad oder zu viel Erfolgsdruck von Seiten der Eltern. Die Behandlung dieser Art von Schulängsten erfordert unter Umständen einen Wechsel der Schule oder eine Veränderung in den Erziehungspraktiken der Eltern. Es sollte aber darauf bestanden werden, dass das Kind eine Schule besucht und nicht auf Privatunterricht ausweicht. In Verbindung mit einem Training, wie es am besten mit schwierigen Situationen umgehen kann, wird dies hilfreich sein (Blagg & Yule, 1996).

Schwierige Kindheitsängste ergeben sich zumeist auch aus schwierigen Lebensumständen. Kinder aus den Gettos großer Metropolen und aus Kriegsgebieten leben unter andauernden Entbehrungen, Chaos und Gewalt. Wie der Kasten „Ausblick auf die Lebensspanne" zeigt, laufen diese Kinder Gefahr, langfristigen emotionalen Stress und Verhaltensprobleme davonzutragen. Wie in der Diskussion zur Kindesmisshandlung in Kapitel 8 schon festgestellt wurde, sind nur allzu oft Gewalt und andere destruktive Handlungen Teil der Beziehungen zwischen Erwachsenen und Kind. Während der mittleren Kindheit nimmt auch der sexuelle Missbrauch von Kindern zu.

10.9.2 Sexueller Missbrauch

Bis vor einigen Jahren ist sexueller Missbrauch von Kindern als etwas sehr selten Vorkommendes betrachtet worden. Wenn Kinder von so etwas berichtet haben, wurden sie von Erwachsenen nur selten ernst genommen. In den siebziger Jahren bewirkte die Bemühung von Fachleuten in Verbindung mit Berichten in den Medien, dass der sexuelle Missbrauch von Kindern als ein schwerwiegendes und weitverbreitetes Problem betrachtet wird. Etwa 90.000 Fälle in den Vereinigten Staaten und 14.000 Fälle in Kanada sind im Jahre

2000 bekannt geworden (Health Canada, 2002d; U.S. Department of Health and Human Services, 2002c). In Deutschland wurden im Jahr 2000 15.581 Fälle sexuellen Missbrauchs von Kindern erfasst und 7499 Fälle von Vergewaltigung und schwerer sexueller Nötigung registriert (Schwerpunktbericht der Gesundheitsberichterstattung des Bundes, 2004).

■ Merkmale von Missbrauchern und ihren Opfern

Kinder beiderlei Geschlechts werden sexuell missbraucht, häufiger trifft es aber Mädchen. Bei den meisten gemeldeten Fällen handelt es sich um Kinder im mittleren Kindheitsalter, aber auch jüngere und ältere Kinder werden sexuell missbraucht. Für einige der Opfer beginnt der Missbrauch schon sehr früh in ihrem Leben und zieht sich über viele Jahre hin (Trickett & Putnam, 1998).

Zumeist ist der Missbraucher männlichen Geschlechts – ein Elternteil oder jemand, der den Eltern gut bekannt ist. Häufig ist es der Vater selbst, der Stiefvater oder ein in der Familie lebender Freund der Mutter, seltener ein Onkel oder älterer Bruder. In einigen Fällen missbrauchen die Mütter das Kind, insbesondere wenn es sich bei dem Kind um einen Sohn handelt (Kolvin & Trowell, 1996). Zumeist ist der Missbrauch schwerwiegend – vaginaler oder analer Geschlechtsverkehr, oral-genitaler Kontakt, intime Berührungen und forcierte Stimulation durch den Erwachsenen. Der Missbraucher sorgt auf verschiedenste, schändliche Weise dafür, dass das Kind mitspielt. Es wird hinters Licht geführt, bestochen, verbal eingeschüchtert und mit körperlicher Gewalt gezwungen.

Sie mögen sich wundern, wie ein Erwachsener überhaupt ein Kind sexuell belästigen kann, ganz besonders wenn es sich um ein Elternteil oder einen engen Verwandten handelt. Viele Täter leugnen ihre eigene Verantwortung. Sie schieben den Missbrauch der willigen Teilnahme ihres leicht zu verführenden Opfers in die Schuhe. Kinder sind noch nicht in der Lage, eine bewusste, willentliche Entscheidung zu treffen, eine sexuelle Beziehung einzugehen. Sogar in späterem Alter sind sie noch nicht frei, ja oder nein zu sagen. Die Verantwortung liegt stattdessen beim Missbraucher, dessen Persönlichkeit ihn dazu prädisponiert, Kinder sexuell auszunutzen. Diese Menschen haben große Schwierigkeiten, ihre eigenen Impulse unter Kontrolle zu halten und sind unter Umständen Alkoholiker oder nehmen Drogen. Häufig suchen sie sich Kinder aus, von denen es von vornherein unwahrscheinlich ist, dass sie sich wehren, Kinder die körperlich schwach sind, unter Mangel an emotionaler Zuwendung leiden und sozial isoliert sind (Bolen, 2001).

Bei den bekannt gewordenen Fällen sexuellen Missbrauchs an Kindern konnten sehr hohe Korrelationen mit Armut, ehelicher Instabilität und der sich daraus ergebenden Schwächung der Bindungen innerhalb der Familie festgestellt werden. Kinder, die in Familien leben, die sich in ihrer Zusammensetzung immer wieder verändern – wiederholte Eheschließungen, häufige Trennungen und neue Partner –, sind besonders gefährdet. Aber auch Kinder in stabilen Familien der mittleren Einkommensschichten werden zu Opfern, obwohl hier der Missbrauch zumeist unentdeckt bleibt (Gomez-Schwartz, Horowitz, & Cardarelli, 1990).

■ Die Folgen

Die Anpassungsprobleme von Missbrauchsopfern im Kindesalter sind oft schwerwiegend. Depressionen, niedriges Selbstwertgefühl, Misstrauen Erwachsenen gegenüber und Gefühle der Wut und Feindseligkeit können noch Jahre nach dem eigentlichen Missbrauch andauern. Jüngere Kinder reagieren häufig mit Schlafschwierigkeiten, Appetitverlust und einer generellen Angst. Adoleszente laufen unter Umständen von Zuhause weg und zeigen suizidale Reaktionen, Drogenmissbrauch und Delinquenz (Feiring, Taska, & Lewis, 1999).

Sexuell missbrauchte Kinder zeigen immer wieder ihre Kenntnisse über Sexualität und legen Verhaltensweisen an den Tag, die ihren Jahren weit voraus sind. Sie haben von ihren Missbrauchern gelernt, dass sexuelle Annäherungsversuche eine akzeptable Art und Weise sind, sich Aufmerksamkeit und Belohnung zu holen. Wenn diese Kinder älter werden und in das frühe Erwachsenenalter eintreten, werden sie häufig sexuell freizügig. Frauen wählen häufig Partner, die sie und ihre Kinder missbrauchen (Faller, 1990). Ihr Erziehungsstil ist oft unverantwortlich und von Zwang gekennzeichnet und schließt häufig Kindesmissbrauch und Vernachlässigung mit ein (Pianta, Egeland, & Erikson, 1989). Auf diese Weise wird die schädigende Auswirkung des sexuellen Missbrauchs an die nächste Generation weitergegeben.

Ausblick auf die Lebensspanne: Kinder in Kriegsgebieten

Gewalt, die mit den ethnischen und politischen Spannungen auf dieser Welt zusammenhängt, wird immer häufiger spürbar. Die Erfahrungen von Kindern in Kriegsgebieten und in von Terrorismus betroffenen Gebieten sind ganz unterschiedlich. Einige von ihnen beteiligen sich selbst an den Kämpfen, entweder weil sie dazu gezwungen werden oder weil sie den Erwachsenen gefallen möchten. Andere wiederum werden gekidnappt, angegriffen und gefoltert. Auch wenn sie nur unbeteiligte Zuschauer sind, geraten sie häufig in Kampfhandlungen, werden getötet oder tragen lebenslange körperliche Verstümmelungen davon. Viele von ihnen beobachten mit Entsetzen, wie Familienmitglieder, Freunde und Nachbarn flüchten, verwundet werden oder sterben. In den letzten zehn Jahren haben Kriege vier bis fünf Millionen Kinder körperlich verstümmelt, zwölf Millionen Kindern das Zuhause geraubt und über eine Million von ihren Eltern getrennt (Stichick, 2001). Die Hälfte aller Todesopfer der weltweiten Konflikte sind Kinder.

Wenn Kriege und soziale Krisen vorübergehender Natur sind, lassen sich die meisten Kinder relativ leicht trösten und zeigen keine andauernden emotionalen Schwierigkeiten. Chronische Gefahr allerdings erfordert, dass die Kinder große Anpassungsleistungen vollbringen und ihr psychisches Funktionieren kann dadurch schwerwiegend beeinträchtigt werden. Viele Kinder in Kriegsgebieten verlieren ihr Gefühl von Sicherheit, werden für Gewalt desensibilisiert, werden von erschreckenden peinigenden Erinnerungen verfolgt und betrachten ihre Zukunft pessimistisch. Aggressives und antisoziales Verhalten nehmen zu (Muldoon & Cairns, 1999). Diese Folgen scheinen in allen Kulturen dieselben zu sein, und zeigen sich bei allen Kindern der untersuchten Kriegsgebiete – angefangen vom Iran, Bosnien, Ruanda und Afghanistan bis hin zum Westjordanland (West Banks) und dem Gazastreifen (Garbarino, Andreas, & Vorrasi, 2002).

Zuneigung und Rückversicherung der Eltern sind der beste Schutz gegen andauernde Probleme. Wenn die Eltern dem Kind Sicherheit bieten und als Vorbild einer ruhigen emotionalen Stärke dienen, können die meisten Kinder sogar extreme Kriegsgewalt überstehen (Smith et al., 2001). Kinder, die von ihren Eltern getrennt werden, müssen sich auf die Hilfe ihres sozialen Lebensumfeldes, wie etwa soziale Einrichtungen, verlassen. Waisenkinder im Vorschulalter und im Schulalter in Eritrea, die in Familien untergebracht wurden, in denen sie mit wenigstens einem Erwachsenen eine enge emotionale Bindung eingehen konnten, zeigten fünf Jahre später weniger Folgen emotionalen Stresses als Waisenkinder, die in einem unpersönlichen Umfeld untergebracht worden waren (Wolff & Fesseha, 1999). Auch Unterrichtsprogramme erweisen sich als sehr wirksam, indem sie den Kindern in ihrem Leben ein Gefühl der Konstanz geben in Verbindung mit der Unterstützung von Lehrern und Gleichaltrigen.

Der Terrorangriff vom 11. September 2001 auf das World Trade Center bewirkte, dass einige amerikanische Kinder extreme Kriegsgewalt am eigenen Leibe erfuhren. Die Kinder der 31. Schule in Brooklyn,

Diese traumatisierten, heimatlosen Kinder nehmen in einem Flüchtlingslager an der indisch-pakistanischen Grenze ihre Mahlzeit ein. Wegen des Bürgerkrieges haben ihre Familien ihr Zuhause verlassen. Die meisten dieser Kinder haben gesehen, wie ihre Wohngegend schwer beschädigt oder zerstört worden ist und wurden Zeugen von Gewalttaten gegenüber Menschen, die sie kennen. Ohne eine besondere Unterstützung von fürsorglichen Erwachsenen werden viele von ihnen andauernde emotionale Probleme haben.

New York, zum Beispiel starrten aus den Fenstern, als Flugzeuge in die Türme rasten, in Flammen aufgingen und in sich zusammenfielen. Viele von ihnen machten sich Sorgen über die Sicherheit anderer Familienmitglieder und einige von ihnen verloren geliebte Menschen. In den Nachwehen des Desasters litten viele der Kinder unter intensiven Ängsten – zum Beispiel, dass Terroristen in ihrer Nachbarschaft seien und dass Flugzeuge, die sie über ihren Köpfen fliegen hörten, in benachbarte Gebäude stürzen könnten.

10.9 DIE EMOTIONALE UND SOZIALE ENTWICKLUNG IN DER MITTLEREN KINDHEIT

Im Gegensatz zu kriegstraumatisierten Kindern in Entwicklungsländern erhielten die Schüler dieser Schule sofortige Behandlung – ein „Trauma-Lehrplan" wurde implementiert, in dem sie ihre Gefühle durch Schreiben, Malen und Gespräche ausdrücken konnten und der ihnen gleichzeitig ein Umfeld bot, in dem sie Erfahrungen sammeln konnten, die Vertrauen und Toleranz wiederherstellen sollten (Lagnado, 2001). Ältere Kinder setzten sich mit den Gefühlen ihrer moslemischen Klassenkameraden, den schlimmen Verhältnissen, in denen Kinder in Afghanistan leben, und Möglichkeiten, wie sie selbst Opfern helfen könnten, auseinander: diese Kenntnisse sollten als Mittel dienen, ihr eigenes Gefühl der Hilflosigkeit zu überwinden. Wenn Kriege Familien und ganze Städte ihrer Ressourcen berauben, müssen internationale Organisationen einschreiten und den Kindern Hilfe bieten. Bemühungen um das physische und psychische Wohlergehen sowie die schulische Ausbildung der Kinder sind wahrscheinlich der beste Weg, der Übertragung von Gewalt auf die nächste Generation vorzubeugen.

■ Prävention und Behandlung

Die Behandlung von sexuellem Kindesmissbrauch gestaltet sich sehr schwierig. Da der Missbrauch typischerweise inmitten anderer schwerwiegender Familienprobleme auftaucht, wird für gewöhnlich eine Langzeittherapie von Eltern und Kindern gemeinsam notwendig (Olafson & Boat, 2000). Die beste Art und Weise, wie das Leiden der Opfer reduziert werden kann, ist dafür zu sorgen, dass der sexuelle Missbrauch nicht weitergeht. Heutzutage urteilen Gerichte über Menschen, die Kinder missbrauchen, sehr viel strenger und nehmen auch die Aussagen des Kindes sehr viel ernster als jemals zuvor (siehe den Kasten „Soziale Aspekte").

Spezielle Programme können dafür sorgen, dass Kinder lernen, unangemessene, sexuelle Annäherungen zu erkennen, und zeigen ihnen Möglichkeiten auf, wohin sie sich um Hilfe wenden können. Dennoch bieten nur wenige Schulen diese Art der Intervention an, da es große Kontroversen gibt hinsichtlich der Frage, ob man Kindern Programme zumuten sollte, die sich mit sexuellem Missbrauch beschäftigen. Neuseeland ist das einzige Land der Welt mit einem nationalen, in den Schulen angesiedelten Präventionsprogramm gegen sexuellen Missbrauch. In dem Programm „Keeping Ourselves Safe" lernen Kinder und Adoleszente, dass es sich bei Missbrauchern nur selten um Fremde handelt. Die Beteiligung der Eltern stellt sicher, dass die Familie und die Schule gemeinsam daran arbeiten, den Kindern beizubringen, wie sie sich selbst schützen können. Evaluationen haben gezeigt, dass nahezu alle neuseeländischen Eltern und Kinder das Programm unterstützen und dass es vielen Kindern geholfen hat, Missbrauch zu vermeiden oder ihn wenigstens zu melden (Briggs & Hawkins, 1996, 1999).

In dem Programm „Keeping Ourselves Safe", Neuseelands nationalem Schulprogramm zur Prävention von Kindesmissbrauch, arbeiten Lehrer und Polizisten zusammen, um den Kindern beizubringen, wie sie missbrauchende Verhaltensweisen bei Erwachsenen erkennen können, so dass es ihnen möglich wird, sich selbst zu schützen. Die Eltern werden von den Erfahrungen, die das Kind in diesem Programm macht, in Kenntnis gesetzt und werden ermutigt, diese zu unterstützen und zu Hause weiterzuführen.

10.9.3 Möglichkeiten der Resilienzförderung in der mittleren Kindheit

Während der gesamten mittleren Kindheit – und auch den anderen Phasen der Entwicklung – ist das Kind konfrontiert mit herausfordernden und manchmal auch bedrohlichen Situationen, die erfordern, dass es fähig ist, mit psychischem Stress umzugehen. In

Soziale Aspekte: Kinder als Augenzeugen

Zunehmend werden Kinder dazu herangezogen, in Gerichten als Zeugen auszusagen – in Fällen von Kindesmissbrauch und Vernachlässigung, Sorgerechtsfragen und anderen Problemen. Informationen zu solchen Themen wiedergeben zu müssen, kann für das Kind sehr schwierig und dramatisch sein. Fast immer muss das Kind Bericht über in hohem Maße mit Stress verbundene Erlebnisse erstatten und unter Umständen gegen einen Elternteil oder einen Verwandten aussagen, gegenüber dem es loyal sein möchte. In manchen Familienstreitigkeiten fürchten sie sich auch davor, bestraft zu werden, wenn sie die Wahrheit sagen. Zudem sehen sich Zeugen im Kindesalter einer ihnen unbekannten Situation gegenüber: zumindest einem Gespräch im Zimmer des Richters, unter Umständen aber auch eine Vernehmung im Gerichtssaal im Beisein des Richters und der Jury und möglicherweise auch einem unsensiblen Kreuzfeuer ausgesetzt zu sein. Es überrascht nicht, dass diese Umstände sich auf die Richtigkeit der Erinnerung des Kindes auswirken.

Altersunterschiede

Bis vor kurzem wurden Kinder unter fünf Jahren sehr selten zu Zeugenaussagen herangezogen und erst ab dem Alter von zehn Jahren wurde davon ausgegangen, dass sie zu korrekten Zeugenaussagen in der Lage sind. Die neuen gesetzlichen Regelungen in den Vereinigten Staaten und Kanada bezüglich Zeugenaussagen von Kindern sind auch eine Folge der gesellschaftlichen Reaktionen auf den zunehmenden Kindesmissbrauch und die Schwierigkeiten in der Verfolgung der Täter. Bereits Kinder im Alter von drei Jahren können als Zeugen aussagen (Ceci & Bruck, 1998).

Verglichen mit Vorschulkindern sind Kinder im Schulalter besser in der Lage, detaillierte Beschreibungen einer vergangenen Erfahrung zu geben und akkurate Schlussfolgerungen bezüglich der Motive und Intentionen eines anderen Menschen zu ziehen. Ältere Kinder sind zudem auch widerstandsfähiger gegenüber irreführenden Fragestellungen, die häufig von Verteidigern angewendet werden, wenn sie zusätzliches Informationsmaterial bekommen wollen oder im Kreuzverhör versuchen, den Inhalt der Reaktionen des Kindes zu beeinflussen (Bjorklund et al., 2000; Roebers & Schneider, 2001). Nichtsdestotrotz, wenn man sie altersgerecht befragt, können sogar drei Jahre alte Kinder kurz zurückliegende Geschehnisse akkurat wiedergeben, einschließlich Erfahrungen, die mit sehr viel Stress verbundenen sind (Peterson & Rideout, 1998).

Beeinflussbarkeit

Vor Gericht Zeuge zu sein beinhaltet jedoch zumeist wiederholte Befragungen. Wenn Erwachsene Kinder in eine bestimmte Richtung drängen, indem sie inkorrekte Fakten vorschlagen („Er hat dich da berührt, nicht wahr?"), sorgen sie dafür, dass die Wahrscheinlichkeit einer unrichtigen Berichterstattung von Seiten des Vorschulkindes und auch des Schulkindes erhöht wird. Begebenheiten, die das Kind in Reaktionen auf irreführende Fragen schildern, können recht fantasievoll aussehen. In einer Studie nach einem Arztbesuch bejahten die Kinder Fragen zu Begebenheiten, die sich nicht nur niemals abgespielt hatten, sondern die auch Missbrauch implizierten – „Hat die Ärztin dich an deinem Knie berührt?" „Hat sich der Krankenpfleger auf dich draufgesetzt?" (Ornstein et al., 1997).

Wenn die Kinder dann einmal vor Gericht erscheinen, ist das Geschehen Wochen, Monate oder sogar Jahre her. Wenn eine lange Verzögerung kombiniert wird mit Vorschlägen zu dem, was geschehen sein könnte und einem Stereotypisieren des Angeklagten („er ist im Gefängnis, weil er böse ist"), können Kinder sehr leicht dazu gebracht werden, falsche Informationen zu geben (Leichtman & Ceci, 1995). Um die Aufgabe der Zeugenaussagen etwas zu erleichtern, sind für Kinder besondere Interviewmethoden entwickelt worden. In vielen Fällen von sexuellem Missbrauch werden anatomisch korrekte Puppen verwendet, um dem Kind bei seiner Erinnerung zu helfen. Obwohl diese Methode für ältere Kinder hilfreich ist und sie dadurch mehr Details des Erlebten berichten können, erhöht es die Beeinflussbarkeit von Vorschulkindern, die dann von körperlichen und sexuellen Kontakten berichten, die nie stattgefunden haben (Ceci & Bruck, 1998; Goodman et al., 1999).

Interventionsmöglichkeiten

Erwachsene müssen Zeugen im Kindesalter vorbereiten, sodass sie die Vorgänge im Gericht verstehen und wissen, was sie erwartet. In manchen Städten in den Vereinigten Staaten existieren so genannte Gerichtsschulen, in denen Kindern das Setting nahe gebracht wird und sie eine Möglichkeit bekommen, die Vorgänge vor Gericht im Rollenspiel auszuprobieren. Als einen Teil dieses Prozesses können Kinder ermutigt werden, zu sagen, wenn sie eine Antwort nicht wissen, anstatt zu raten oder sich dem anzupassen, was der Erwachsene erwartet. Zugleich müssen die am Prozess beteiligten Erwachsenen dafür sorgen, dass das Risiko der Beeinflussung möglichst gering gehalten wird, indem die Anzahl der Interviews eingeschränkt wird und Fragen auf nichtbeeinflussende Weise gestellt werden. Eine warme, unterstützende Atmosphäre während des Interviews kann zu akkurater Erinnerung beitragen und sie

10.9 DIE EMOTIONALE UND SOZIALE ENTWICKLUNG IN DER MITTLEREN KINDHEIT

> fördern, möglicherweise weil dies hilft, die Ängste der Kinder möglichst niedrig zu halten, so dass sie sich freier fühlen, gegen falsche Vorschläge Einspruch zu erheben (Ceci, Bruck, & Battin, 2000).
> Wenn ein Kind aller Wahrscheinlichkeit nach ein emotionales Trauma erleben wird oder später bestraft werden würde (bei Familienstreitigkeiten), dann können die Vorgehensweisen im Gerichtssaal so angepasst werden, dass sie dem Schutz des Kindes dienen. So kann ein Kind beispielsweise über eine Kamera im Nebenzimmer seine Zeugenaussagen geben, sodass es dem Missbrauchenden nicht gegenübertreten muss. Wenn es keinen Sinn macht, das Kind direkt an einer Gerichtsverhandlung teilnehmen zu lassen, können ausgebildete Zeugen eine Zeugenaussage vorlegen, die den psychischen Zustand des Kindes darlegt und wichtige Elemente aus der Aussage des Kindes einbringt. Damit solch eine Zeugenaussage jedoch nützlich sein kann, muss der stellvertretende Zeuge unparteiisch sein und gut in Interviewtechniken ausgebildet sein, um das Risiko einer verfälschten Aussage möglichst gering zu halten (Bruck, Ceci, & Hembrooke, 1998).

diesem und in vorangegangenen Kapiteln wurden Themen vorgestellt wie etwa das der chronischen Krankheit, Lernschwierigkeiten, Leistungserwartungen, Scheidung und sexuellen Missbrauchs. Jeder dieser Aspekte stellt hohe Anforderungen an die Bewältigungsressourcen des Kindes und schafft somit schwerwiegende Risiken für seine weitere Entwicklung.

Zugleich gibt es aber nur einen losen Zusammenhang zwischen stressreichen Lebenserfahrungen und psychischen Störungen in der Kindheit (Garmezy, 1993). In Kapitel 3 über die langfristigen Folgen von Geburtskomplikationen wurde festgestellt, dass es einigen Kindern gelingt, die kombinierten Effekte von Geburtstraumata, Armut und einem sehr schwierigen Familienleben zu überwinden. Dasselbe gilt für Schulschwierigkeiten, Veränderungen innerhalb der Familie sowie Kindesmisshandlung. Kapitel 1 befasste sich mit drei weitgefassten Schutzfaktoren, die der Fehlanpassung entgegenwirken: (1) die persönlichen Merkmale des Kindes selbst, einschließlich eines umgänglichen Temperamentes sowie einer erfolgsorientierten Herangehensweise an neue Situationen; und (2) ein warmherziges, gut organisiertes Familienleben; und (3) ein Erwachsener außerhalb des engsten Familienkreises, der Unterstützung bietet und dem Kind als positives Modell für den Erwerb von Bewältigungsstrategien dient.

Jeder dieser Aspekte von Resilienz kann dafür verantwortlich sein, warum ein Kind sich gut entwickelt und ein anderes Schwierigkeiten hat. Meistens stehen die persönlichen und umweltbedingten Faktoren in Wechselwirkung zueinander. Ungünstige Lebenserfahrungen erhöhen die Wahrscheinlichkeit, dass Kinder auf eine Art und Weise handeln, die weitere Schwierigkeiten zur Folge hat. Wenn mehrere negative Umstände zusammenkommen wie etwa Schwierigkeiten und Streit in der Familie, Armut, beengte Wohnverhältnisse, Gewalt in der Nachbarschaft sowie Misshandlung, steigt die Rate der Fehlanpassungen (Farrington & Loeber, 2000; Wyman et al., 1999).

In der gesamten Diskussion tauchten viele Beispiele auf von Familien, Schulen, Gemeinden sowie der Gesellschaft als Ganzes, die die Beziehungen und das sich entwickelnde Gefühl von Kompetenz des Schulkindes entweder fördern oder beeinträchtigen. Wie die nächsten beiden Kapitel zeigen werden, gelingt es jungen Menschen, deren Kindheitserfahrungen ihnen helfen zu lernen, wie man Hindernisse überwindet, wie man selbstständig zurechtkommt und auf andere Menschen mitfühlend und rücksichtsvoll reagiert, mit den Herausforderungen der Adoleszenz – einer Zeit des Übergangs in das Erwachsenenalter – relativ gut zurechtkommen.

Prüfen Sie sich selbst ...

Rückblick
Welche Faktoren erhöhen die Wahrscheinlichkeit, dass die Zeugenaussage den Tatsachen entspricht, wenn Kinder vor Gericht aussagen müssen?

Rückblick
Nennen Sie umweltbedingte Faktoren, die das Risiko sexuellen Kindesmissbrauchs steigen lassen.

Anwendung
Klara ermahnte ihre sechs Jahre alte Tochter, dass sie nie mit Fremden sprechen oder Süßigkeiten von ihnen annehmen sollte. Warum wird diese Warnung Klaras Tochter nicht vor sexuellem Missbrauch schützen?

Prüfen Sie sich selbst ...

Zusammenfassung

Die Theorie Eriksons: Fleiß und Leistung versus Minderwertigkeit

Welche Persönlichkeitsveränderungen finden in Eriksons Stufe Fleiß versus Minderwertigkeit statt?

- Gemäß Erikson entwickeln Kinder, die den psychischen Konflikt **Fleiß versus Minderwertigkeit** erfolgreich bewältigt haben, eine Kapazität für produktive Arbeit. Außerdem lernen sie den Wert der Arbeitsteilung kennen und entwickeln ein Gefühl für moralische Verpflichtung und Verantwortung.

Selbstverständnis

Beschreiben Sie das Selbstkonzept und Selbstwertgefühl von Kindern im Schulalter und diskutieren Sie Faktoren, die ihre leistungsbezogenen Attributionen beeinflussen.

- Während der mittleren Kindheit beinhaltet das Selbstkonzept des Kindes Persönlichkeitseigenschaften und **soziale Vergleiche**. Der Selbstwert differenziert sich noch weiter, wird hierarchisch strukturiert und nimmt über die ersten Schuljahre hinweg wieder ab, während das Kind seine Selbstbeurteilungen an den Rückmeldungen der Umgebung misst und anpasst. Ein autoritativer Erziehungsstil korreliert mit einem positiven Selbstwertgefühl des Kindes.
- Kinder mit **leistungsorientierten Attributionen** führen ihre Erfolge auf ihre guten Fähigkeiten zurück, ihr Versagen attribuieren sie dagegen auf mangelndes Bemühen. Im Gegensatz dazu entwickeln Kinder, die häufig negative Rückmeldungen bekommen, eine **erlernte Hilflosigkeit**. Diese Kinder attribuieren ihre Erfolge auf äußere Faktoren, wie Glück, und ihr Versagen auf unzureichende Fähigkeiten. Kinder, die von Erwachsenen negative Rückmeldungen erhalten und in der Schule wenig unterstützende Lehrer haben, werden mit großer Wahrscheinlichkeit erlernte Hilflosigkeit entwickeln.

Die emotionale Entwicklung

Nennen Sie Veränderungen im Verständnis und im Emotionsausdruck im mittleren Kindheitsalter.

- In der mittleren Kindheit werden die selbstbezogenen Emotionen Stolz und Schuldgefühl von einem persönlichen Verantwortungsgefühl regiert. Wenn das Kind intensive Schamgefühle erleben muss, kann dies sein Selbstwertgefühl zerstören.
- Kinder im Schulalter nehmen wahr, dass Menschen mehr als ein Gefühl auf einmal haben können. Außerdem lassen sie sich von mehreren Hinweisreizen leiten, um die Gefühle anderer Menschen zu interpretieren, wobei auch die Empathie zunimmt. Gegen Ende der mittleren Kindheit verfügen die meisten Kinder über einen adaptiven Vorrat an Strategien zur Emotionsregulation. Kinder, die ihre Emotionen gut regulieren können, sind für gewöhnlich optimistisch, prosozial und beliebt bei ihren Peers.

Andere verstehen: Die Perspektivenübernahme

Welche Veränderungen ergeben sich in der Perspektivenübernahme während der mittleren Kindheit?

- Die Fähigkeit zur **Perspektivenübernahme** verbessert sich in den Schuljahren sehr, wie auch die fünfstufige Entwicklungssequenz nach Selman erkennen lässt. Kognitive Reife und Erfahrungen, bei denen Erwachsene und Peers das Kind ermutigen, sich in einen anderen Menschen hineinzuversetzen, wirken sich auf die Fähigkeit des Kindes zur Perspektivenübernahme förderlich aus. Kinder, die über diese Fähigkeit in ausreichendem Maß verfügen, haben auch vermehrt positive soziale Fähigkeiten.

Die moralische Entwicklung

Beschreiben Sie Veränderungen im moralischen Verständnis während der mittleren Kindheit.

- Wenn das mittlere Kindheitsalter erreicht ist, hat das Kind bereits ein ganzes Spektrum verschiedener moralischer Regeln internalisiert. Sein Konzept der **distributiven Gerechtigkeit** hat sich verändert, vom Prinzip der Gleichheit zum Prinzip des Verdienstes bis hin zu dem der Billigkeit. Kinder im Schulalter werden sich über moralische Regeln klar und bringen diese mit sozialen Konventionen in Verbindung. Wenn das Kind Regelübertretungen beurteilt, berücksichtigt es dabei den Zweck der betreffenden Regel, die Intentionen der Beteiligten und den Handlungskontext.

Peerbeziehungen

Auf welche Weise verändern sich die sozialen Interaktionen unter Peers sowie ihre Freundschaften in der mittleren Kindheit?

- Im mittleren Kindheitsalter werden die Peerinteraktionen zunehmend prosozialer und die Aggression nimmt ab. Gegen Ende der Grundschuljahre finden sich die Kinder in **Peergruppen** zusammen. Freundschaften entwickeln sich zu symmetrischen Beziehungen, die auf beiderseitigem Vertrauen basieren. Die Kinder neigen dazu, sich Freunde zu suchen, die ihnen in vielen Punkten ähnlich sind. Gute, liebevolle Freundschaften stärken prosoziales Verhalten. Freundschaften zwischen aggressiven Kindern wirken sich verstärkend auf antisoziales Handeln aus.

Beschreiben Sie die Hauptkategorien der Peerakzeptanz sowie Möglichkeiten, abgelehnten Kindern zu helfen.

- Bei Messungen zur **Peerakzeptanz** stellte sich heraus, dass **beliebte Kinder** von vielen Kindern in ihrem Alter gemocht werden; **abgelehnte Kinder** aktiv gemieden und nicht gemocht werden; **kontroverse Kinder** sowohl gemocht als auch nicht gemocht werden; und **vernachlässigte Kinder** selten ausgewählt werden, gleichgültig, ob mit positiven oder negativen Folgen.
- Es gibt zwei Untergruppen beliebter Kinder: **beliebte prosoziale Kinder,** die sowohl leistungsmäßig als auch sozial kompetent sind, sowie **beliebte antisoziale Kinder,** aggressive Jungen, die auf körperlichem Gebiet gute Fähigkeiten haben, aber schlechte schulische Leistungen erbringen. Auch abgelehnte Kinder lassen sich in zwei Untergruppen aufteilen: **abgelehnte aggressive Kinder,** die ein hohes Ausmaß an Konflikten und Feinseligkeit mitbringen, sowie **abgelehnte zurückgezogene Kinder,** die passiv, sozial unbeholfen sind und eine Risikogruppe darstellen für **Peer-Viktimisierung.** Abgelehnte Kinder haben häufig dauerhafte Anpassungsschwierigkeiten. Hilfreiche Interventionsmöglichkeiten beinhalten beispielsweise ein

Training sozialer Kompetenzen, Nachhilfe, Übungen zur Perspektivenübernahme und zu sozialen Problemlösungsstrategien; den Kindern wird beigebracht, Schwierigkeiten mit ihren Peers auf internale, veränderbare Ursachen zurückzuführen, und nach Möglichkeit wird dafür gesorgt, dass die Interaktion zwischen Eltern und Kind sich verbessert.

Geschlechtstypisierung
Welche Veränderungen der geschlechtstypisierten Überzeugungen und der Geschlechtsidentität finden im mittleren Kindheitsalter statt?
- Kinder im Schulalter dehnen ihre Wahrnehmung von Geschlechtsstereotypen auf die Persönlichkeitseigenschaften und die Schulfächer aus. Zudem entwickeln sie eine offenere Einstellung bezüglich dessen, was Männer und Frauen tun können. Jungen verstärken ihre Identifikation mit der maskulinen Rolle, während Mädchen häufig mit geschlechtsübergreifenden Aktivitäten experimentieren. Das kulturelle Umfeld beeinflusst durch die täglichen Aktivitäten, die den Kindern geboten werden.

Der Einfluss der Familie
Wie verändern sich die Kommunikation zwischen Eltern und Kindern sowie die Geschwisterbeziehungen in der mittleren Kindheit?
- Eine effektive Erziehung von Kindern im Schulalter bedient sich der **Ko-Regulation,** indem eine generelle Aufsicht geübt wird, den Kindern aber erlaubt wird, sich an den anfallenden Entscheidungen zu beteiligen. Ko-Regulation ist abhängig von einer kooperierenden Beziehung zwischen Eltern und Kind.
- Geschwisterrivalität verstärkt sich meist dann, wenn die Kinder an einem großen Spektrum von Aktivitäten teilnehmen und die Eltern die Eigenschaften und die Leistungen der Kinder miteinander vergleichen. Einzelkinder sind für gewöhnlich genauso gut angepasst wie Geschwisterkinder, allerdings leisten sie mehr in der Schule und erreichen zumeist einen höheren Bildungsstand.

Welche Faktoren beeinflussen die Anpassung eines Kindes nach Scheidung und Wiederheirat?
- Obwohl die Zeit einer Scheidung allgemein von schmerzhaften emotionalen Reaktionen begleitet ist, zeigen Mädchen und Jungen mit einem schwierigen Temperament eher dauerhafte Schwierigkeiten, was ihre schulischen Leistungen und ihr soziales Verhalten anbelangt. Für Kinder beiderlei Geschlechts korreliert Scheidung mit Problemen in der Erwachsenensexualität und der Entwicklung enger Bindungen in der Kindheit.
- Der hauptsächliche Einflussfaktor hinsichtlich einer positiv verlaufenden Anpassung ist eine effektive Erziehung. Kontakt mit dem Vater, wenn dieser nicht das Sorgerecht zugesprochen bekommen hat, ist für Kinder beiderlei Geschlechts sehr wichtig, und die Entwicklung von Jungen verläuft günstiger, wenn sie bei ihren Vätern aufwachsen. Da **Scheidungsschlichtung** die Eltern unterstützen kann, ihre Streitigkeiten beizulegen und in der Erziehung der Kinder zu kooperieren, kann dies dazu dienen, Eltern und Kinder in dieser schwierigen Zeit zu helfen. Der Erfolg **gemeinsamen Sorgerechts** ist abhängig von einer kooperierenden Beziehung zwischen den geschiedenen Elternteilen.
- Wenn geschiedene Eltern neue Beziehungen eingehen, zeigen ältere Kinder und Kinder in Vater-Stiefmutter-Familien die größten Anpassungsprobleme. Stiefeltern, die ihre neue Rolle einnehmen und eine „Erziehungskoalition" bilden, unterstützen ihre Kinder bei ihrer Anpassung.

Welche Auswirkungen hat es, wenn die Mutter berufstätig ist? Und wie wirkt sich die Berufstätigkeit beider Eltern auf das Leben von Kindern im Schulalter aus?
- Wenn Mütter an ihrer Arbeit Freude haben und gleichzeitig die Erziehung der Kinder nicht vernachlässigen, korreliert die Berufstätigkeit der Mutter mit einem größeren Selbstwertgefühl der Kinder, positiveren Beziehungen innerhalb der Familie und mit Gleichaltrigen, weniger geschlechtsstereotypen Überzeugungen und besseren Schulnoten.

In Familien, in denen beide Eltern verdienen, wirkt sich die Bereitschaft des Vaters, im Haushalt seinen Teil zu übernehmen, in vielen Bereichen auf die Kinder positiv aus. Unterstützung von Seiten des Arbeitgebers, die Möglichkeit flexibler Arbeitseinteilung, bezahlter Mutterschafts- bzw. Vaterschaftsurlaub, können den Eltern helfen, den Anforderungen von Arbeitsplatz und Kindererziehung gerecht zu werden.
- **Sich selbst versorgende Schlüsselkinder,** die alt genug sind, allein zurechtzukommen, werden aus der Entfernung beaufsichtigt und scheinen bei einem autoritativen Erziehungsstil für gewöhnlich verantwortungsbewusst und gut angepasst. Kinder, die nach dem Unterricht qualitativ gute Einrichtungen besuchen, zeigen einen günstigen Entwicklungsverlauf, sowohl auf akademischem Gebiet als auch in den sozialen Bereichen.

Einige der am häufigsten auftretenden Entwicklungsprobleme
Nennen Sie häufige Ängste in der mittleren Kindheit.
- Die Ängste von Kindern im Schulalter drehen sich um neu auftretende Probleme, einschließlich ihrer eigenen Sicherheit, Themen aus der Berichterstattung in den Medien, schulische Leistungen, die Gesundheit der Eltern und die Beziehungen zu Gleichaltrigen. Einige Kinder entwickeln intensive, unkontrollierbare Ängste, etwa eine **Schulphobie.** Schwere Angstzustände können auch aus unzumutbaren Lebensumständen resultieren.

Diskutieren Sie Einflussfaktoren für sexuellen Kindesmissbrauch und erläutern Sie die Folgen für die kindliche Entwicklung.
- Sexueller Missbrauch von Kindern geschieht zumeist durch ein männliches Mitglied der eigenen Familie. Mädchen sind davon häufiger betroffen als Jungen. Missbraucher zeigen Merkmale, die sie für sexuelle Ausbeutung von Kindern prädisponieren. Der Polizei gemeldete Fälle korrelieren sehr stark mit Armut und ehelicher Instabilität. Missbrauchte Kinder zeigen häufig schwerwiegende Anpassungsprobleme.

Benennen Sie Faktoren, die sich auf die Resilienz in der mittleren Kindheit förderlich auswirken.
- Insgesamt gibt es nur einen mäßig engen Zusammenhang zwischen stressreichen Lebensereignissen und einer psychischen Störung in der Kindheit. Wenn sich allerdings die negativen Faktoren häufen, ist die Rate von Fehlanpassungen hoch. Die Persönlichkeitseigenschaften des Kindes; ein warmes, gut strukturiertes Familienleben und soziale Unterstützung außerhalb der Familie korrelieren mit Resilienz bei Kindern angesichts stressreicher Erlebnisse.

Wichtige Fachtermini und Begriffe

abgelehnte aggressive Kinder S. 446
abgelehnte Kinder S. 445
abgelehnte zurückgezogene Kinder S. 446
beliebte antisoziale Kinder S. 446
beliebte Kinder S. 445
beliebte prosoziale Kinder S. 446
distributive Gerechtigkeit S. 441
erlernte Hilflosigkeit S. 435
fähigkeitsorientierte Attributionen S. 435
Fleiß, Arbeitseifer und Leistung versus Minderwertigkeitsgefühl S. 430
gemeinsames Sorgerecht S. 456
kontroverse Kinder S. 445
Ko-Regulation S. 451
Peer-Viktimisierung S. 447
Peerakzeptanz S. 445
Peergruppen S. 443
Perspektive anderer einnehmen S. 440
Scheidungsschlichtung S. 456
Schlüsselkinder S. 460
Schulangst (Schulphobie) S. 461
soziale Vergleiche S. 432
vernachlässigte Kinder S. 445

MEILENSTEINE

ALTER	Körperlich	Kognitiv	Sprache	Emotional/sozial
6–8 Jahre	• Langsame Zunahme an Größe und Gewicht besteht fort bis zum Wachstumsschub in der Adoleszenz. (378–379)  • Die Schrift wird kleiner und lesbarer. Buchstabenverdreher nehmen ab. (386) • Zeichnungen werden organisierter und detaillierter und beinhalten Hinweise auf Tiefe. (386) • Spiele mit Regeln werden gebräuchlich. (387)	 • Das Denken wird logischer, z.B. durch die Bewältigung von Aufgaben der Konservierung im Sinne Piagets, der Klasseninklusion und der Reihung. (390–391) • Das Verständnis für räumliche Konzepte verbessert sich, belegt durch die Fähigkeit, klare Richtungen anzugeben und Karten lesen und zeichnen zu können. (391) • Die Aufmerksamkeit wird selektiver, angepasster und planvoller. (395) • Wendet Gedächtnisstrategien des Wiederholens und der Organisation an. (397) • Betrachtet den Geist als ein aktives, konstruktives Instrument, das fähig ist zur Transformation von Informationen. (398) • Ist sich Gedächtnisstrategien bewusst und der Einfluss psychischer Faktoren (Aufmerksamkeit, Motivation) auf die Leistung verbessert sich. (398–399)	• Der Wortschatz nimmt während der mittleren Kindheit schnell zu. (410) • Wortdefinitionen sind konkret und beziehen sich auf Funktionen und äußeren Erscheinungsweisen. (410) • Das Sprachbewusstsein verbessert sich. (411) 	• Das Selbstkonzept fängt an, Persönlichkeitsmerkmale und soziale Vergleiche einzuschließen. (431–432) • Der Selbstwert differenziert sich, wird hierarchisch organisiert und fällt ab auf ein realistischeres Niveau. (432) • Selbstbezogene Gefühle von Stolz und Schuld werden von persönlicher Verantwortung geleitet. (438) • Erkennt, dass Individuen mehr als ein Gefühl gleichzeitig erleben können. (438) • Achtet auf Hinweise des Gesichtsausdrucks und des Kontextes bei der Interpretation der Gefühle anderer. (438) • Versteht, dass Zugang zu unterschiedlichen Informationen oft zu unterschiedlichen Standpunkten der Menschen führt. (440) • Wird verantwortungsbewusster und unabhängiger. (451) • Beurteilung gerechter Verteilung verändert sich von Gleichheit über Bevorzugung zur Wohltätigkeit. (441) • Interaktionen mit Gleichaltrigen werden sozialer und körperliche Aggressionen nehmen ab. (443) 

Entwicklung in der mittleren Kindheit

ALTER	Körperlich	Kognitiv	Sprache	Emotional/sozial
9–11 Jahre	• Wachstumsschub in der Adoleszenz beginnt bei Mädchen zwei Jahre früher als bei Jungen. (378–379) • Fertigkeiten der Grobmotorik wie Laufen, Springen, Werfen, Fangen, Kicken, Schlagen mit dem Stock und Dribbeln werden schneller und koordinierter ausgeführt. (385) • Die Reaktionszeit verbessert sich, was zur Entwicklung motorischer Fertigkeiten beiträgt. (385) • Die Darstellung von Tiefe in Zeichnungen wird öfter versucht. (386)	• Logisches Denken bleibt an konkrete Situationen gebunden. (392) • Aufgaben Piagets werden weiterhin Stufe für Stufe gemeistert. (392) • Gedächtnisstrategien von Wiederholen und Organisation (Gruppierungen) werden wirksamer. Beginnt mit Anwendung von Elaboration. (397) • Wendet verschiedene Gedächtnisstrategien auf einmal an. (397) • Die Grundlage von Langzeitwissen wird größer und besser organisiert. (398) • Die kognitive Selbstregulation verbessert sich. (399)	• Wortdefinitionen betonen Synonyme und kategoriale Beziehungen. (410) • Begreift doppelte Bedeutung von Wörtern, wie es sich im Verständnis von Metaphern und für Humor widerspiegelt. (410–411) • Anwendung komplexer grammatikalischer Konstruktionen verbessert sich. (411) • Passt Botschaften den Bedürfnissen der Zuhörer in herausfordernden kommunikativen Situationen an. (411) • Strategien in der Unterhaltung werden verfeinert. (411)	• Selbstachtung steigt in der Regel an. (433) • Unterscheidet Fähigkeiten, Anstrengung und Glück als Bestandteil von Erfolg und Versagen. (435) • Hat eine Reihe von Anpassungsstrategien, um Gefühle zu regeln. (439) • Kann „in die Haut eines anderen schlüpfen" und sich selbst aus der Perspektive dieser Person sehen. (440) • Kann die Beziehung zwischen sich selbst und anderem aus der Perspektive einer dritten, unparteiischen Gruppe sehen. (440) • Erkennt die Verbindung zwischen moralischen Regeln und sozialen Konventionen an. (442) • Peergruppen entstehen. (443) • Freundschaften werden auf gegenseitiges Vertrauen aufgebaut. (444) • Erlangt Bewusstsein von mehr Geschlechtsstereotypen einschließlich Persönlichkeitszügen und Schulfächern, hat aber eine flexiblere Haltung zu dem, was Frauen und Männer tun können. (448–449) • Die Rivalität zwischen Geschwistern nimmt zu. (451–452)

Beachte: Die Zahlen in Klammern weisen hin auf die Seite(n), auf der jeder Meilenstein behandelt wird.

Teil 6: Adoleszenz: Der Übergang zum Erwachsenenalter

Die körperliche und kognitive Entwicklung in der Adoleszenz

11

11.1	**Konzepte der Adoleszenz**	474
	Die biologische Sichtweise	474
	Die soziale Sichtweise	475
	Ein ausgewogener Standpunkt	475
11.2	**Pubertät: Der körperliche Übergang zum Erwachsensein**	476
	Hormonelle Veränderungen	476
	Körperwachstum	476
	Motorische Entwicklung und körperliche Aktivität	478
	Sexuelle Reifung	479
	Individuelle und Gruppenunterschiede	481
11.3	**Der psychologische Einfluss der Vorgänge in der Pubertät**	482
	Reaktionen auf Veränderungen in der Pubertät	482
	Veränderungen in der Pubertät, Gefühle und Sozialverhalten	483
	Frühe versus späte Reifung	485
11.4	**Gesundheitsprobleme**	487
	Ernährungsbedürfnisse	487
	Essstörungen	487
	Sexuelle Aktivität	489
	Sexuell übertragbare Krankheiten	492
	Schwangerschaft und Elternschaft in der Adoleszenz	495
	Drogengebrauch und -missbrauch	499
11.5	**Piagets Theorie: Die formal-operationale Stufe**	502
	Hypothetisch-deduktives Denken	502
	Propositionales Denken (Aussagenlogik)	503
	Neuere Forschung über formal-operationales Denken	504
11.6	**Ein informationsverarbeitender Ansatz in der kognitiven Entwicklungspsychologie der Adoleszenz**	505
	Wissenschaftliches Denken: Koordination von Theorie und Beweismaterial	505
	Wie sich wissenschaftliches Denken entwickelt	506
11.7	**Folgen abstrakten Denkens**	507
	Streitlust	507
	Befangenheit und Selbstbezug	507
	Idealismus und Kritik	509
	Planen und Entscheidungen treffen	509
11.8	**Geschlechtsunterschiede in geistigen Fähigkeiten**	510
11.9	**Lernen in der Schule**	512
	Schulwechsel	513
	Schulischer Erfolg	514
	Schulabbruch	518

ÜBERBLICK

11.1 KÖRPERLICHE UND KOGNITIVE ENTWICKLUNG IN DER ADOLESZENZ

> An ihrem elften Geburtstag gab Jana für ihre Freundin Sabrina eine Überraschungsparty, aber Sabrina wirkte während der ganzen Feier melancholisch. Obwohl Sabrina und Jana seit der dritten Klasse enge Freundinnen waren, begann ihre Beziehung zu wackeln. Sabrina war einen Kopf größer und an die 10 Kilo schwerer als die anderen Mädchen der sechsten Klasse. Ihre Brüste waren gut entwickelt, ihre Hüften und Schenkel hatten sich verbreitert und ihre Menstruation hatte eingesetzt. Im Gegensatz dazu hatte Jana noch den kleinen, schlanken, flachbrüstigen Körper eines Kindes.
>
> Während die anderen Mädchen den Tisch deckten, verschwand Sabrina im Badezimmer und musterte sich im Spiegel. „Mein Gott, ich fühle mich so groß und schwer", dachte sie. An den Sonntagabenden in der Jugendgruppe der Kirche stahl sich Sabrina weg von Jana und verbrachte die Zeit mit den Mädchen aus der achten Klasse, unter denen sie sich nicht so riesig und unbeholfen fühlte.
>
> Alle zwei Wochen trafen sich die Eltern in Sabrinas und Janas Schule, um über Erziehungsprobleme zu diskutieren. Sabrinas italienisch-deutsche Eltern, Franca und Antonio, kamen, wann immer es möglich war. „Wie man erfährt, dass sie Teenager werden, geht so", gab Antonio zum Besten: „Die Tür ihres Zimmers ist verschlossen und sie wollen allein sein. Sie widersprechen und sind immer anderer Meinung. Ich sage zu Sabrina: ‚Du musst mit der Familie zu Tante Gina zum Abendessen gehen', und ich weiß genau, dass sie sofort mit mir einen Streit anfängt."
>
> Sabrina ist in die **Adoleszenz,** den Übergang zwischen Kindheit und Erwachsensein, eingetreten. In heutigen Gesellschaften sind die Aufgaben, welche die jungen Leute meistern müssen, so komplex und deren Vielfalt so groß, dass die Adoleszenz fast ein Jahrzehnt andauert. Aber überall auf der Welt sind die grundlegenden Aufgaben dieser Phase ähnlich. Sabrina muss ihren reifer werdenden Körper akzeptieren, erwachsene Denkweisen erwerben, emotionale und finanzielle Unabhängigkeit erreichen und reifere Arten der Beziehungen zu Gleichaltrigen beiderlei Geschlechts aufnehmen sowie eine Identität entwickeln – ein sicheres Gefühl davon, wer sie ist, und zwar in sexueller, moralischer, politischer und beruflicher Hinsicht.
>
> Der Beginn der Adoleszenz ist durch die **Pubertät** gekennzeichnet, eine Vielzahl biologischer Ereignisse, die zu einem erwachsenen Körper und sexueller Reife führen. Wie Sabrinas Reaktionen zeigen, kann die Adoleszenz eine schwierige Zeit sein, für einige Jugendliche mehr als für andere. In diesem Kapitel werden die Ereignisse der Pubertät zusammengestellt und es wird eine Reihe von körperlichen Problemen betrachtet, wie Ernährung, sexuelle Aktivität und ernsthafte Gesundheitsprobleme, welche Teenager berühren, die sich auf dem Weg zur Reife befinden.
>
> Die Adoleszenz bringt eine Fähigkeit zum abstrakten Denken mit sich, was neue Bereiche des Lernens erschließt. Teenager begreifen komplexe wissenschaftliche Prinzipien, ringen mit sozialen und politischen Themen und erkennen die Bedeutung, die in einem Gedicht oder einer Geschichte steckt. Der zweite Teil dieses Kapitels verfolgt die außergewöhnlichen Veränderungen aus der Perspektive Piagets und der der Informationsverarbeitung. Danach rücken Erkenntnisse, die sehr viel öffentliche Aufmerksamkeit erfahren haben, in den Blickpunkt: über Geschlechtsunterschiede in geistigen Fähigkeiten. Der letzte Teil dieses Kapitels ist der Schule als dem Hauptschauplatz gewidmet, in welchem das Denken Adoleszenter seine Form findet.

Körperliche Entwicklung

11.1 Konzepte der Adoleszenz

Warum ist Sabrina auf sich selbst bezogen, streitsüchtig und zieht sich von Familienaktivitäten zurück? Früher erklärten Theoretiker, dass der Einfluss der Pubertät auf die psychische Entwicklung entweder durch biologische oder kulturelle Veränderungen bedingt sei. Heute wissen die Forscher, dass biologische, soziale und kulturelle Kräfte psychische Veränderungen in der Adoleszenz gemeinsam bestimmen.

11.1.1 Die biologische Sichtweise

Fragen Sie verschiedene Eltern kleiner Kinder, was sie von ihren Söhnen und Töchtern erwarten, wie diese einmal als Teenager sein werden. Sie werden wahrscheinlich Antworten wie diese erhalten: „Rebellisch und furchtlos." „Voll Wut und launisch." (Buchanan & Holmbeck, 1998) Diese verbreitete Sichtweise geht zurück auf die Schriften des Philosophen Jean-Jacques Rousseau aus dem 18. Jahrhundert (siehe Kapitel 1). Er nahm an, dass eine natürliche Folge des biologischen Umbruchs in der Pubertät erhöhte Emotionalität, Konflikte und Ablehnung von Erwachsenen seien.

Im frühen 20. Jahrhundert wurde diese aufklärerische Perspektive von wichtigen Theoretikern aufgenommen. Der einflussreichste war G. Stanley Hall, dessen Sicht der Entwicklung in Darwins Evolutionstheorie begründet war. Hall (1904) beschrieb die Adoleszenz als eine Kaskade instinktabhängiger Leidenschaften, eine Phase des Wachstums, die so turbulent ist, dass sie der Periode gleicht, in der Menschen von Wilden zu zivilisierten Wesen aufstiegen. Sigmund Freud betonte ebenfalls die emotionalen Stürme der Teenagerjahre. Er nannte die Adoleszenz die *genitale Phase,* eine Zeit, in der instinktabhängige Triebe wiedererwachen und in die genitale Region des Körpers wandern, was zu psychosozialen Konflikten und willkürlichem, nicht voraussagbarem Verhalten führt. Nach und nach, wenn die Adoleszenten Intimpartner finden, erreichen innere Kräfte eine neue, reifere Harmonie und die Phase endet in Heirat, der Geburt und dem Aufziehen von Kindern. Auf diese Weise erfüllen junge Menschen ihr biologisches Ziel: sexuelle Fortpflanzung und Überleben der Art.

11.1.2 Die soziale Sichtweise

Neuere Forschung weist darauf hin, dass der Begriff der Adoleszenz als einer biologisch determinierten Periode des „Sturm und Drangs" stark übertrieben ist. Eine Reihe von Problemen wie Essstörungen, Depression, Selbstmord und Kriminalität geschehen häufiger in der Adoleszenz als früher. Aber insgesamt steigt die Häufigkeit von psychischen Störungen von der Kindheit zur Adoleszenz nur leicht an (etwa 2 %) und ist dann die Gleiche wie im Erwachsenenalter (etwa 20 %) (Costello & Angold, 1995). Obwohl einige Teenager ernsten Schwierigkeiten ausgesetzt sind, ist emotionaler Aufruhr kein zwangsläufiges Merkmal der Adoleszenz.

Die erste Forscherin, die auf die Vielfalt adoleszenter Anpassung hinwies, war die Anthropologin Margaret Mead (1928). Sie reiste auf die pazifischen Inseln von Samoa und kam mit einer überraschenden Schlussfolgerung zurück: Wegen der entspannten sozialen Beziehungen und Offenheit gegenüber der Sexualität ist die Adoleszenz „vielleicht die angenehmste Zeit, die das Mädchen (oder der Junge) aus Samoa je erleben wird" (S. 308).

Mead bot eine alternative Sichtweise, in welcher die soziale Umgebung vollkommen verantwortlich ist für die Breite von Erlebniszuständen bei Teenagern, von unberechenbar und aufgeregt bis ruhig und stressfrei. Jedoch ist diese Folgerung genauso extrem wie die biologische, die sie zu ersetzen versucht! Später fanden Forscher heraus, dass die Adoleszenz in Samoa nicht so ungestört ist, wie Mead es angenommen hatte (Freeman, 1983). Dennoch zeigt Mead auf, dass mehr Aufmerksamkeit auf soziale und kulturelle Einflüsse gelegt werden muss, um die adoleszente Entwicklung zu verstehen.

11.1.3 Ein ausgewogener Standpunkt

Heute wissen wir, dass die Adoleszenz ein Produkt von biologischen wie sozialen Kräften ist. Biologische Veränderungen sind universell – sie werden bei allen Primaten und in allen Kulturen gefunden. Diese inneren Belastungen und die sozialen Erwartungen, welche sie begleiten – dass die junge Person kindliche Verhaltensweisen aufgibt, neue interpersonelle Beziehungen entwickelt und größere Verantwortung übernimmt – schaffen bei allen Teenagern leicht Augenblicke der Ungewissheit, Selbstzweifel und Enttäuschungen.

Gleichzeitig variiert die Länge der Adoleszenz stark von einer Kultur zur anderen. Obwohl „einfachere" Gesellschaften einen kürzeren Übergang zum Erwachsensein haben, fehlt auch hier die Adoleszenz nicht (Weisfield, 1997). Eine Untersuchung von 186 Stammes- und Dorfkulturen enthüllte, dass fast alle eine Übergangsphase aufweisen zwischen der Kindheit und der vollen Übernahme erwachsener Rollen, wenn sie auch kürzer ist (Schlegel & Barry, 1991).

In den Industrienationen, in denen eine erfolgreiche Teilnahme am wirtschaftlichen Leben viele Jahre der Ausbildung erfordert, ist die Adoleszenz sehr ausgedehnt. Junge Menschen sehen sich langen Jahren der Abhängigkeit von den Eltern und der Hinauszögerung sexueller Erfüllung gegenüber, während sie sich auf ein produktives Arbeitsleben vorbereiten. Je mehr die soziale Umgebung junge Leute dabei unterstützt, erwachsene Verantwortlichkeiten zu übernehmen, desto besser ergeht es ihnen damit. Trotz all der biologischen Spannungen und Ungewissheiten über die Zukunft, die moderne Teenager spüren, bewältigen die meisten diese Lebensperiode erstaunlich gut. Mit diesen Gedanken als Einleitung soll die Pubertät genauer betrachtet werden, die die adoleszente Entwicklung einleitet.

11.2 Pubertät: Der körperliche Übergang zum Erwachsensein

Die Veränderungen der Pubertät sind dramatisch und folgenschwer. Innerhalb weniger Jahre verändert sich der Körper des Schulkindes in den eines ausgewachsenen Erwachsenen. Genetisch beeinflusste hormonelle Prozesse regulieren das Wachstum in der Pubertät. Mädchen, die seit der pränatalen Periode in der körperlichen Reife voraus sind, erreichen die Pubertät im Durchschnitt zwei Jahre früher als Jungen.

11.2.1 Hormonelle Veränderungen

Die komplexen hormonellen Veränderungen, die der Pubertät zugrunde liegen, vollziehen sich nach und nach und beginnen im Alter von acht oder neun Jahren. Die Sekretion des *Wachstumshormons (WH)* und *Thyroxins (Schilddrüsenhormon)* (siehe Kapitel 7) nimmt zu, was zu einem gewaltigen Zugewinn an Körpergröße und Erreichen der Reife des Skeletts führt.

Die sexuelle Reifung wird von den Geschlechtshormonen kontrolliert. *Östrogene* werden als weibliche und *Androgene* als männliche Hormone angesehen, aber beide Typen sind bei jedem Geschlecht vorhanden, wenn auch in verschiedener Menge. Die Hoden der Jungen lassen große Mengen des Androgens *Testosteron* frei, was zum Muskelwachstum, Körper- und Gesichtsbehaarung und anderen männlichen Geschlechtsmerkmalen führt. Androgene (besonders Testosteron bei Jungen) tragen auch zur Zunahme der Körpergröße bei. Die Hoden sondern auch eine kleine Menge von Östrogen ab – der Grund dafür, dass 50 % der Jungen zeitweise eine Vergrößerung der Brust erleben (Larson, 1996).

Wie die Androgene, tragen auch die Östrogene zum pubertären Wachstum beider Geschlechter bei (Juul, 2001). Und bei Mädchen verursachen Östrogene, die von den Eierstöcken der Mädchen abgesondert werden, die Reifung der Brüste, der Gebärmutter und der Scheide und führen zu weiblichen Proportionen. Zusätzlich tragen die Östrogene zur Regulation des Menstruationszyklus bei. *Androgene der Nebenniere,* die von den Nebennierendrüsen der Nieren abgesondert werden, beeinflussen das Längenwachstum der Mädchen und stimulieren das Wachstum der Achsel- und Schamhaare. Sie haben wenig Einfluss bei den Jungen, deren körperliche Merkmale hauptsächlich durch die androgene Sekretion aus den Hoden beeinflusst werden.

Pubertäre Veränderungen können in zwei umfassende Arten aufgeteilt werden: (1) Körpergröße insgesamt und (2) Reifung geschlechtsspezifischer Merkmale. Obwohl wir diese Veränderungen getrennt diskutieren wollen, sind sie aufeinander bezogen. Wir haben gesehen, dass die Hormone, die für die sexuelle Reifung verantwortlich sind, auch die Körpergröße beeinflussen; Jungen und Mädchen unterscheiden sich in beiden Aspekten. In der Tat ist die Pubertät die Zeit der größten Geschlechtsdifferenzierung seit dem vorgeburtlichen Leben.

11.2.2 Körperwachstum

Das erste äußere Anzeichen der Pubertät ist der schnelle Zugewinn an Größe und Gewicht, bekannt

Geschlechtsunterschiede im pubertären Wachstum werden bei diesen Sechstklässlern augenfällig. Obwohl alle Kinder elf oder zwölf Jahre alt sind, sehen die Mädchen größer und reifer aus.

Abbildung 11.1: Körperwachstum in der Adoleszenz. Da der pubertäre Wachstumsschub bei Mädchen früher stattfindet als bei Jungen, erreichte Anni ihre erwachsene Körpergröße schon früher als Andy. Das schnelle pubertäre Wachstum ist von großen Geschlechtsunterschieden in den Körperproportionen begleitet, die es in der mittleren Kindheit nicht gab (siehe Kapitel 9).

als **Wachstumsschub.** Im Durchschnitt beginnt er für nordamerikanische Mädchen etwa mit zehn Jahren, bei den Jungen etwa mit zwölfeinhalb Jahren (Malina, 1990). Das Mädchen ist größer und schwerer während der frühen Adoleszenz, aber dieser Vorsprung ist von kurzer Dauer. Mit 14 Jahren wird sie vom typischen Jungen überholt, dessen Wachstumsschub nun beginnt, während ihrer fast beendet ist. Das Wachstum der Körpergröße ist bei den meisten Mädchen im Alter von 16 bis 17 Jahren vollständig abgeschlossen, und bei Jungen etwa mit 18 Jahren, wenn sich die Epiphysen am Ende der langen Knochen vollständig schließen (siehe Kapitel 7). Insgesamt legen Adoleszente fast 30 Zentimeter an Länge und 35 Pfund an Gewicht zu. Abbildung 11.1 illustriert die pubertären Veränderungen in der allgemeinen Körpergröße.

Körperproportionen

Während der Adoleszenz kehrt sich der Trend des cephalocaudalen (Kopf-„Schwanz"-(unterer Ausläufer der Wirbelsäule)-orientierten) Wachstums der Säuglingszeit und Kindheit um. Zuerst wachsen die Hände, Beine und Füße und dann der Rumpf, an den der größte Anteil der adoleszenten Zunahme der Länge fällt (Sheehy et al., 1999). Dieses Entwicklungsmuster hilft uns zu verstehen, warum Jugendliche in der frühen Adoleszenz oft so ungelenk und unproportioniert erscheinen: langbeinig und mit gigantischen Füßen und Händen.

Starke Geschlechtsunterschiede in den Körperproportionen erscheinen ebenfalls, bedingt durch den Einfluss der Geschlechtshormone auf das Skelett. Die Schultern der Jungen verbreitern sich im Verhältnis zu den Hüften, wohingegen sich bei den Mädchen die Hüften im Verhältnis zu Schultern und Taille verbreitern. Natürlich sind Jungen zum Schluss beträchtlich größer als Mädchen und ihre Beine sind länger im Verhältnis zum Rest des Körpers. Der Hauptgrund dafür ist, dass Jungen zwei zusätzliche Jahre präadoleszenten Wachstums haben, wenn die Beine am schnellsten wachsen (Graber, Petersen, & Brooks-Gunn, 1996).

Muskel-Fett-Verhältnis und andere innere Veränderungen

Im Vergleich zu ihren sich später entwickelnden Freundinnen hatte Sabrina viel Fett angesammelt, sodass sie sich über ihr Gewicht sorgte. Um das Alter von acht Jahren fangen Mädchen an, Fett auf ihren Armen, Beinen und dem Rumpf anzusetzen, ein Trend, der sich zwischen elf und 16 Jahren beschleunigt. Im Gegensatz dazu nimmt das Fett an Armen und Beinen von Jungen in der Adoleszenz ab (Siervogel et al., 2000). Obwohl beide Geschlechter einen Muskelgewinn haben, ist diese Zunahme bei Jungen größer, die größere Skelettmuskeln und Herz- und Lungenkapazitäten entwickeln. Auch nimmt die Anzahl der roten Blutzellen und damit die Fähigkeit, Sauerstoff von der Lunge zu den Muskeln zu transportieren, bei den Jungen, aber nicht bei den Mädchen zu. Insgesamt erwerben die Jungen viel mehr Muskelkraft als die Mädchen, ein Unterschied, der zu den ausgezeichneten sportlichen Leistungen der Jungen in den Teenagerjahren beiträgt (Ramos et al., 1998).

Sich verändernde Erregungszustände

Die Adoleszenz ist eine Zeit grundlegender Veränderungen von Schlaf und Wachsein. Im Durchschnitt sinkt die Schlafdauer von 10 Stunden in der mittleren Kindheit auf 7,5 bis 8 Stunden in der Adoleszenz. Jedoch benötigen Teenager fast noch so viel Schlaf wie während der ersten Schuljahre – etwa 9,2 Stunden. Adoleszente Jugendliche gehen viel später ins Bett, als sie es als Kinder taten, müssen aber früh aufstehen, um in die Schule zu gehen, noch bevor ihr Schlafbedürfnis gestillt ist. Biologische Veränderungen mögen dieser „Verzögerung der Schlafphase" zugrunde liegen, weil die Tendenz, lange aufzubleiben, sich mit dem pubertären Wachstum verstärkt. Aber Aktivitäten am Nachmittag und Abend, Teilzeitjobs und sozialer Druck tragen ebenfalls dazu bei. Obwohl die meisten Teenager angeben, dass sie es genießen, lange aufzubleiben, klagen sie auch über Müdigkeit am Tage (Wolfson & Carskadon, 1998; Fins & Wohlgemuth, 2001). Adoleszente mit Schlafdefiziten neigen zu schlechteren Schulleistungen, leiden häufiger unter depressiven Stimmungen und berichten über unregelmäßige Schlafgewohnheiten, was zu ihrer Schläfrigkeit am Tage und zu Verhaltensproblemen beiträgt (Link & Ancoli-Israel, 1995). Ein späterer Schulbeginn erleichtert die Folgen von Schlafmangel, beseitigt sie aber nicht (Kowalski & Allen, 1995).

11.2.3 Motorische Entwicklung und körperliche Aktivität

Die Pubertät ist begleitet von einer stetigen Verbesserung der Leistung der Grobmotorik, aber das Muster der Veränderung ist für Jungen und Mädchen unterschiedlich. Die Zuwächse bei Mädchen sind langsam und graduell und flachen gegen das Alter von 14 Jahren ab. Im Gegensatz dazu zeigen Jungen einen dramatischen Schub an Stärke, Geschwindigkeit und Ausdauer, der sich in den Teenagerjahren fortsetzt. In der Mitte der Adoleszenz sind nur wenige Mädchen so gut in den Leistungen Laufgeschwindigkeit, Weitsprung und Wurfweite wie der Durchschnittsjunge. Und praktisch kein Junge hat so schlechte Werte wie das Durchschnittsmädchen (Malina & Bouchard, 1991).

Weil Mädchen und Jungen körperlich nicht mehr gut zusammenpassen, beginnt der getrennte Sportunterricht meistens in den unteren Klassen der Oberschulen. Gleichzeitig nehmen die sportlichen

Wahlmöglichkeiten für beide Geschlechter zu. Viele Sportarten werden dem Stundenplan zugefügt: Leichtathletik, Ringen, Fußball, Gewichtheben, Hockey, Bogenschießen, Tennis und Golf, um nur einige zu nennen.

Im Jahr 1972 verlangte die Bundesregierung der USA, dass Schulen öffentliche Gelder erhalten, um in allen erzieherischen Programmen einschließlich Sport für männliche und weibliche Schüler gleiche Bedingungen zu schaffen. Seitdem hat die Teilnahme der Schülerinnen von Oberschulen in den Vereinten Staaten und Kanada an Sportangeboten stark zugenommen, wenngleich sie noch immer hinter denen der Jungen liegt (siehe Abbildung 11.2). Im Kapitel 9 wurde berichtet, dass von einem frühen Alter an Mädchen weniger Ermutigung und Beachtung für sportliche Leistungen erfahren, ein Muster, das sich in den Teenagerjahren fortsetzt.

Die gerade beschriebenen Geschlechtsunterschiede kennzeichnen auch die körperliche Aktivitätsrate. Insgesamt berichten 73 % der Schüler, aber nur 53 % der Schülerinnen höherer Schulen in den USA über regelmäßige und wirksame körperliche Aktivität (wenigstens 20 Minuten an drei Tagen der Woche). Etwa 22 % der Mädchen und 11 % der Jungen, die in der neunten Klasse aktiv waren, betreiben in der zwölften Klasse kein regelmäßiges Training mehr. Die Rate körperlicher Aktivität der Jugendlichen nimmt auch in Kanada in den Teenagerjahren ab (Canadian Fitness and Lifestyle Research Institute, 2001a; U.S. Department of Health and Human Services, 2002n).

Neben der Verbesserung der motorischen Leistung beeinflussen Sport und Übungen auch die kognitive und soziale Entwicklung. So stellten Gaschler (1999) und Kahl (1993) eine Verbesserung der Konzentrationsfähigkeit und Lernleistungen nach Integration bewegungsfördernder Maßnahmen in den Schulalltag bei Grundschülern der 1. Klasse fest. Sportveranstaltungen mit anderen Schulen und innerhalb der Schule liefern wichtige Erfahrungen in Wettbewerb, Selbstbehauptung, Problemlösung und Teamarbeit (Newcombe & Boyle, 1995). Und regelmäßig durchgeführte körperliche Aktivität liefert lebenslange Gesundheitsvorteile. Jedoch nehmen nur 60 % der amerikanischen und 65 % der kanadischen Schüler im mittleren Schulbereich an sportlichen Angeboten teil (Canadian Fitness and Lifestyle Research Institute, 2001a; U.S. Department of Health and Human Services, 2002n). Die geforderte tägliche Leibeserziehung, die dazu helfen soll, allen Teenagern Freude an Sport und Training zu vermitteln, trägt entscheidend

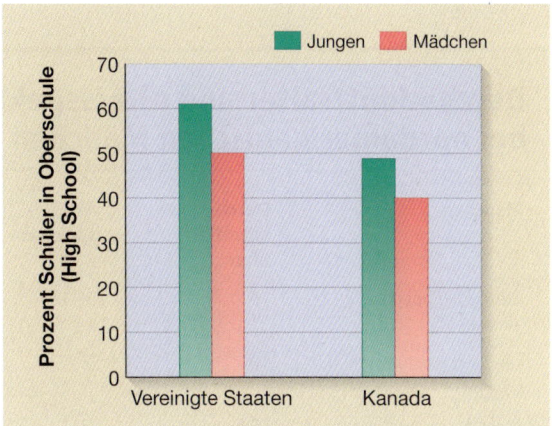

Abbildung 11.2: Engagement amerikanischer und kanadischer Schüler der Oberschulen im Schulsport außerhalb der Klassen für Leibeserziehung. In beiden Ländern nehmen mehr Jungen als Mädchen teil. Dennoch hat die Teilnahme der Mädchen im Schulsport in den vergangenen Jahrzehnten sehr zugenommen (aus Canadian Fitness and Lifestyle Research Institute, 2001a; National Federation of State High School Associations, 2002).

dazu bei, das körperliche und seelische Wohlbefinden von Heranwachsenden zu fördern. Im Rahmen von Programmen wie „Bewegte Schule" (Pilz, 2000/2001) und „Gesundheitsfördernde Schulen" (Breithecker et al. 1996) in Deutschland wurde versucht, die Gesundheitsförderung von Schülern nicht nur den Eltern zu überlassen. Es fehlt jedoch an flächendeckender Umsetzung solcher Aktivitäten.

11.2.4 Sexuelle Reifung

Die schnelle Zunahme der Körpergröße wird begleitet von körperlichen Merkmalen, die mit den sexuellen Funktionen in Zusammenhang stehen. Die so genannten **primären Geschlechtsmerkmale** umfassen u.a. die Fortpflanzungsorgane (Eierstöcke, Gebärmutter und Scheide bei der Frau; Penis, Hodensack und Hoden beim Mann). Andere so genannte **sekundäre Geschlechtsmerkmale** sind außen am Körper sichtbar und dienen als zusätzliche Zeichen sexueller Reife (zum Beispiel Brüste bei der Frau und das Auftreten von Achsel- und Schamhaaren bei beiden Geschlechtern). Wie Tabelle 11.1 zeigt, entwickeln sich diese Merkmale in einer gleichförmigen Abfolge, obwohl der Zeitraum, zu dem sich jedes Merkmal zu bilden beginnt und vollendet wird, sehr variiert.

11.2 KÖRPERLICHE UND KOGNITIVE ENTWICKLUNG IN DER ADOLESZENZ

Tabelle 11.1

Durchschnittsalter und Altersspektrum der wichtigsten Veränderungen bei nordamerikanischen Mädchen und Jungen in der Pubertät

Mädchen	Durchschnittsalter	Altersspektrum	Jungen	Durchschnittsalter	Altersspektrum
Brüste beginnen zu „knospen"	10	(8–13)	Hoden beginnen, sich zu vergrößern	11,5	(9,5–13)
Längenwachstumsschub beginnt	10	(8–13)	Schamhaare erscheinen	12	(10–15)
Schamhaare erscheinen	10,5	(8–14)	Penis beginnt, sich zu vergrößern	12	(10,5–14,5)
Höhepunkt der Zunahme von Stärke	11,6	(9,5–14)	Wachstumsschub beginnt	12,5	(10,5–16)
Höhepunkt des Längenwachstums	11,7	(10–13,5)	Erster Samenerguss (Ejakulation) tritt auf	13	(12–16)
Menarche (erste Menstruation) tritt ein	12,8	(10,5–15,5)	Höhepunkt des Längenwachstums	14	(12,5–15,5)
Erwachsenenstatur wird erreicht	13	(10–16)	Gesichtshaare beginnen zu wachsen	14	(12,5–1,5)
Wachstum der Brüste vollendet	14	(10–16)	Stimmbruch setzt ein	14	(12,5–15,5)
Wachsen des Schamhaars vollendet	14,5	(14–15)	Wachstum des Penis abgeschlossen	14,5	(12,5–16)
			Höhepunkt der Zunahme von Stärke	15,3	(13–17)
			Erwachsenenlänge erreicht	15,5	(13,5–18)
			Wachstum der Schamhaare vollendet	15	(14–17)

Quellen: Malina & Bouchard, 1991; Tanner, 1990.

■ Sexuelle Reifung bei Mädchen

Die weibliche Pubertät beginnt gewöhnlich mit der Entwicklung der Brüste und einem Wachstumsschub. Die **Menarche** oder erste Menstruation tritt bei nordamerikanischen Mädchen typischerweise um das Alter von zwölfdreiviertel Jahren, bei Europäerinnen im Durchschnitt mit zwölf. In Deutschland ist in den letzten Jahren eine Dezeleration (die Werte von einander folgenden Kohorten folgen einer epochalen Rückwärtsentwicklung) festzustellen: das Durchschnittsalter liegt 2003 etwa wieder bei 13 Jahren. (Schwerpunktbericht der Gesundheitsberichterstattung des Bundes, 2004) Aber das Altersspektrum ist groß. Nach dem Eintritt der Menarche wird die Entwicklung des Schamhaares und der Brüste abgeschlossen und Achselhaare erscheinen. Bei den meisten Mädchen dauert es drei bis vier Jahre, bis dieser Prozess abgeschlossen ist, obwohl auch das zwischen eineinhalb bis fünf Jahre variieren kann.

Beachten Sie in Tabelle 11.1, wie die Natur die sexuelle Reife so weit verzögert, bis der Körper des Mädchens groß genug ist, um ein Kind austragen zu können – die erste Menstruation tritt nach dem Höhepunkt des Wachstumsschubes ein. Als zusätzliche Schutzmaßnahme findet in den ersten zwölf bis 18

Monaten nach der ersten Menstruation der Menstruationszyklus oft statt, ohne dass ein Ei aus den Eierstöcken abgestoßen wird (Tanner, 1990). Jedoch gilt diese temporäre Periode der Unfruchtbarkeit nicht für alle Mädchen und kann nicht als sicherer Schutz vor einer Schwangerschaft angesehen werden.

■ Sexuelle Reifung bei Jungen

Das erste Anzeichen der Pubertät bei Jungen ist die Vergrößerung der Hoden (Drüsen, die Sperma produzieren), begleitet von Veränderungen in der Oberflächenbeschaffenheit und der Farbe des Hodensacks. Schamhaare erscheinen kurze Zeit später, ungefähr zu der Zeit, wenn der Penis sich zu vergrößern beginnt (Graber, Petersen, & Brooks-Gunn, 1996).

Vergleichen Sie erneut Tabelle 11.1 und Sie sehen, dass der Wachstumsschub in der Abfolge pubertärer Ereignisse bei den Jungen viel später auftritt als bei den Mädchen. Wenn er seinen Höhepunkt erreicht (etwa im Alter von 14 Jahren), ist die Vergrößerung der Hoden und des Penis fast vollständig und die Achselhaare erscheinen kurz danach. Auch Gesichts- und Körperhaare erscheinen kurz nach diesem Höhepunkt des Körperwachstums und ihr Wachstum wird in den folgenden Jahren graduell stärker. Ein anderes wichtiges Merkmal männlicher körperliche Reife ist das Tieferwerden der Stimme, da sich der Kehlkopf vergrößert und die Stimmbänder sich verlängern – der so genannte Stimmbruch setzt ein. (Die Stimmen der Mädchen werden übrigens auch etwas tiefer.) Die Veränderung der Stimme findet gewöhnlich auf dem Höhepunkt des Wachstumsschubs statt und ist oft nicht vor Ende der Pubertät vollendet.

Während der Penis wächst, vergrößern sich die Prostata und die Samenblase (welche zusammen den Samen produzieren, die Flüssigkeit, in der die Spermien schwimmen). Um das Alter von 13 Jahren kommt es zum ersten **Spermarche, dem Samenerguss oder der ersten Ejakulation** (Jorgensen & Keiding, 1991). Eine Zeitlang enthält der Samen nur wenige lebende Spermien. So haben Jungen, genau wie die Mädchen, eine anfängliche Periode reduzierter Fruchtbarkeit.

11.2.5 Individuelle und Gruppenunterschiede

Die Vererbung trägt grundlegend zum Zeitpunkt der Pubertät bei, denn eineiige Zwillinge erreichen in der Regel die Menarche innerhalb eines oder zwei Monate, während zweieiige Zwillinge sich bis zu zwölf Monaten unterscheiden (Kaprio et al., 1995). Ernährung und Sport tragen ebenfalls dazu bei. Bei Mädchen kann ein starker Anstieg des Körpergewichts und Fett die sexuelle Reife auslösen. Fettzellen stimulieren die Eierstöcke und Drüsen der Nebenniere zur Produktion von Geschlechtshormonen, was wahrscheinlich macht, dass bei schwereren, vor allem fettsüchtigen Mädchen das Wachstum von Brüsten und Schamhaaren und die erste Menstruation eher eintreten (Must & Strauss, 1999). Im Gegensatz dazu haben Mädchen, die in jungem Alter mit hartem sportlichem Training beginnen oder die wenig essen (beides reduziert den Prozentsatz an Körperfett) oft eine verzögerte sexuelle Entwicklung (Rees, 1993).

Variationen im pubertären Wachstum bestehen auch zwischen verschiedenen Regionen der Welt und zwischen ethnischen Gruppen und solchen mit unterschiedlichem sozioökonomischen Status (SÖS). Die Vererbung scheint eine geringe Rolle zu spielen, da Heranwachsende mit sehr unterschiedlichen genetischen Ursprüngen, die unter ähnlich bevorzugten Bedingungen leben, die Menarche etwa im gleichen Alter erreichen (Morabia et al., 1998). Stattdessen ist hauptsächlich die körperliche Gesundheit verantwortlich für diesen Gleichschritt. In von Armut betroffenen Gebieten, wo Fehlernährung und Infektionskrankheiten sehr verbreitet sind, ist die erste Menstruation sehr verzögert. In vielen Teilen Afrikas tritt sie nicht vor dem Alter von 14 bis 17 Jahren auf. Mädchen aus Familien mit höherem Einkommen erreichen die Menarche sechs bis 18 Monate früher als solche, die aus einem finanziell schlecht gestellten Haus kommen. Und afroamerikanische Mädchen sind kaukasischamerikanischen durchschnittlich um sechs Monate mit der ersten Menstruation voraus – ein Unterschied, für den man den schwereren Körperbau schwarzer Mädchen verantwortlich macht (Biro et al., 2001).

Frühe Erfahrungen in der Familie scheinen auch zum Zeitpunkt des Eintretens der Pubertät beizutragen. Eine Theorie besagt, dass Menschen sensibel auf die emotionale Qualität ihrer Kindheitsumgebung reagieren. Wenn die Sicherheit und der Schutz der Kinder einem Risiko unterliegen, ist es für sie eine gute Anpassungsleistung, sich früh fortzupflanzen. Diese Sehweise wird durch verschiedene Untersuchungen gestützt, die darauf hinweisen, dass Mädchen, die Familienkonflikten ausgesetzt sind, dazu neigen, früh in die Menarche zu kommen, während jene mit warmherzigen Familienbanden diese relativ

11.3 KÖRPERLICHE UND KOGNITIVE ENTWICKLUNG IN DER ADOLESZENZ

11.3 Der psychologische Einfluss der Vorgänge in der Pubertät

Der Beginn der Pubertät fällt in die späten Grundschul- und die ersten Jahre auf einer weiterführenden Schule. Wie verändern sich Gefühle über sich selbst und über andere in der Pubertät? Die Forschung deckt auf, dass die Ereignisse der Pubertät das Selbstbild, die Stimmung und die Interaktion mit Eltern und Gleichaltrigen beeinflussen. Einige dieser Ergebnisse sind eine Reaktion auf dramatische körperliche Veränderungen, gleichgültig, wann sie geschehen. Andere haben mit dem Zeitpunkt der pubertären Reifung zu tun.

Wegen verbesserter Gesundheit und Ernährung hat ein Jahrhunderttrend in körperlichem Wachstum in den Industrienationen stattgefunden. Das adoleszente Mädchen auf diesem Foto ist größer als seine Großmutter, Mutter und Tante und es hat wahrscheinlich seine erste Menstruation auch früher gehabt. Bessere Ernährung und Gesundheit sind für den Zugewinn an Größe und schnellerer körperlicher Reifung (Akzeleration) von einer Generation zur nächsten verantwortlich.

11.3.1 Reaktionen auf Veränderungen in der Pubertät

Vor zwei Generationen war die erste Menstruation oft traumatisch. Heute reagieren die Mädchen meistens mit „Überraschung", unzweifelhaft als Folge des plötzlichen Auftretens dieses Vorgangs. Sonst berichten sie typischerweise eine Mischung positiver und negativer Gefühle. Es bestehen jedoch individuelle Unterschiede, die vom Vorwissen und der Unterstützung von Familienmitgliedern abhängen. Beide sind abhängig von kulturellen Einstellungen zur Pubertät und zur Sexualität.

spät erreichen (Ellis & Garber, 2000; Ellis et al., 1999; Moffitt et al., 1992).

Beachten Sie, dass in der Forschung, die wir bisher betrachtet haben, Bedrohungen der emotionalen Gesundheit die Pubertät beschleunigen, während Bedrohungen der körperlichen Gesundheit sie verzögert. Eine **Akzeleration** (Jahrhunderttrend oder eine Generationsveränderung) im Zeitplan der Pubertät bestätigt die Rolle körperlichen Wohlergehens in der pubertären Entwicklung zusätzlich. In den Industrienationen nahm das Alter der ersten Menstruation von 1860 bis 1970 um etwa drei bis vier Monate pro Jahrzehnt stetig ab. Während dieser Zeit verbesserten sich die Ernährung, Gesundheitsvorsorge, Hygiene und Kontrolle von Infektionskrankheiten stark. Seitdem haben in die Höhe geschnellte Zahlen von Übergewicht und Fettleibigkeit diesen Trend unterstützt (Wattigney et al., 1999). Eine lästige Folge ist, dass Mädchen, die die sexuelle Reife bereits mit zehn oder elf Jahren erreichen, sich unter dem Druck fühlen, sich viel reifer zu verhalten, als es ihrem Alter entspricht. Wie berichtet werden wird, haben früh entwickelte Mädchen das Risiko, sich in ungünstige, auch sexuelle, Beziehungen mit älteren Peers einzulassen.

Für Mädchen, die nichts darüber wissen, kann die Menarche schockierend und verstörend sein. In den 1950er Jahren gab man bis zu 50 % der Mädchen keine vorherige Warnung (Shainess, 1961). Heute sind nur wenige Mädchen nicht informiert. Die Veränderung ist wahrscheinlich eine Folge der größeren Bereitschaft moderner Eltern, über sexuelle Dinge mit ihren Kindern zu sprechen, und des Unterrichts in Gesundheitserziehung (Beausang & Razor, 2000; Brooks-Gunn, 1988b). Fast alle Mädchen werden zumindest ansatzweise von ihren Müttern informiert. Und Mädchen, deren Väter über die pubertären Veränderungen ihrer Töchter Bescheid wissen, passen sich ganz besonders gut an die neue Situation an. Vielleicht reflektiert das Engagement eines Vaters eine Familienatmosphäre, die von hohem Verständnis und der Akzeptanz körperlicher und sexueller Themen gekennzeichnet ist (Brooks-Gunn & Ruble, 1980, 1983).

Wie die Reaktionen der Mädchen auf die erste Menstruation spiegeln auch die Reaktionen der Jungen auf den ersten Samenerguss gemischte Gefühle wider. Nahezu alle Jungen wissen vorher über die Ejakulation Bescheid, aber nur wenige wurden von den Eltern informiert. In der Regel erhalten sie ihr Wissen aus Büchern und Zeitschriften (Gaddis & Brooks-Gunn, 1985). Trotz vorheriger Informationen berichten viele Jungen, dass ihre erste Ejakulation früher stattfand, als sie erwartet hatten, und dass sie nicht darauf vorbereitet waren. Wie bei den Mädchen reagieren Jungen umso positiver, je besser sie sich vorbereitet fühlen (Stein & Reiser, 1994). Es kommt hinzu, dass nur wenige Jungen irgendjemand etwas über ihren ersten Samenerguss berichten, während fast alle Mädchen einer Freundin mitteilen, dass sie menstruieren (Downs & Fuller, 1991). Insgesamt erhalten Jungen viel weniger Unterstützung für die körperlichen Veränderungen der Pubertät als Mädchen. Das weist darauf hin, dass besonders Jungen von der Möglichkeit, einfühlsamen Eltern oder Gesundheitsexperten Fragen zu stellen und Gefühle zu diskutieren, profitieren könnten.

Das Erleben der Pubertät wird vom größeren kulturellen Kontext beeinflusst. Viele Stammes- und Dorfgesellschaften feiern die Pubertät mit einem *Übergangsritus,* einer Initiationsfeier für die ganze Gemeinschaft, welche eine bedeutende Veränderung in Privilegien und Verantwortlichkeiten bedeutet. Folglich wissen die jungen Menschen, dass ihre pubertären Veränderungen in ihrer Kultur geehrt und wertgeschätzt werden. Im Gegensatz dazu leisten westliche Gesellschaften dem Übergang von der Kindheit in die Adoleszenz oder von der Adoleszenz in das Erwachsenenalter wenig formelle Anerkennung. Einige ethnische und religiöse Zeremonien wie die jüdische Bar oder Bat Mizvah und die Quinceañera (die Feier des fünfzehnten Geburtstages von Mädchen als Reise in das Erwachsensein) in hispanischen Gemeinden haben Ähnlichkeit mit Übergangsriten. Aber sie führen gewöhnlich nicht zu einem bedeutsamen Wandel im sozialen Status.

Stattdessen sehen sich westliche Heranwachsende in vielen Altersstufen einer Situation gegenüber, in der sie teilweise einen Erwachsenenstatus erhalten, z.B. ein Alter, in dem sie den Beruf beginnen, die Oberschule verlassen und Alkohol trinken dürfen. In manchen Situationen (auf der Straße und bei der Arbeit) mag man sie wie Erwachsene behandeln, in anderen (in der Schule und zu Hause) noch als Kinder. Das Fehlen eines weithin akzeptierten Zeichens körperlicher und sozialer Reife macht den Prozess des Erwachsenenwerdens besonders verwirrend.

11.3.2 Veränderungen in der Pubertät, Gefühle und Sozialverhalten

Im vorhergehenden Abschnitt haben wir die Reaktionen Heranwachsender auf ihre sexuell reifenden Körper betrachtet. Die Pubertät kann auch den emotionalen Zustand und das Sozialverhalten beeinflussen. Eine allgemeine Annahme besteht darin, dass die Pubertät etwas mit adoleszenter Launenhaftigkeit und dem Wunsch nach größerer räumlicher und psychologischer Trennung von den Eltern zu tun hat.

■ Adoleszente Stimmungsschwankungen

Obwohl die Forschung gezeigt hat, dass ein höheres Hormonniveau in der Pubertät zu stärkeren Stimmungsschwankungen führt, ist diese Beziehung nicht stark (Buchanan, Eccles, & Becker, 1992). Und wir können uns nicht sicher sein, dass ein Anstieg pubertärer Hormone wirklich adoleszente Stimmungsschwankungen auslöst. Was mag noch zu der allgemeinen Beobachtung beitragen, dass Adoleszente launenhafte Wesen sind? In verschiedenen Untersuchungen wurden die Stimmungsschwankungen von Kindern, Heranwachsenden und Erwachsenen über

Quinceañera, die traditionelle hispanische Feier des fünfzehnten Geburtstages, ist ein Übergangsritus, der den Übertritt eines Mädchens von der Kindheit in die Reife feiert und die Bedeutung der Verantwortung für Familie und Gemeinschaft betont. Das Fest beginnt in der Regel mit einer Messe, in welcher der Priester Geschenke segnet, die das Mädchen erhalten hat, und es folgt ein Empfang für Familien und Freunde. Dieses Mädchen erhält einen Ring, der den nicht endenden Lebenszirkel symbolisiert und den Beginn ihres Beitrags zur Gesellschaft markiert.

eine Woche lang mit Hilfe eines elektrischen Aufnahmegeräts verfolgt. In willkürlichen Intervallen wurden sie angepiepst und aufgefordert aufzuschreiben, was sie gerade machten, mit wem sie zusammen waren und wie sie sich fühlten.

Wie erwartet, berichteten Heranwachsende weniger angenehme Stimmungen als Kinder im Schulalter oder Erwachsene (Csikszentmihalyi & Larson, 1984; Larson & Lampman-Petraitis, 1989). Aber negative Stimmungen waren oft verbunden mit negativen Ereignissen wie Schwierigkeiten mit den Eltern, Disziplinarverletzungen in der Schule und Bruch mit einem Freund oder einer Freundin. Negative Ereignisse nahmen stetig von der Kindheit in die Adoleszenz zu und die Teenager schienen auf sie auch mit stärkeren Gefühlen zu reagieren (Larson & Ham, 1993).

Ferner waren die Gefühle der Heranwachsenden im Vergleich mit denen Erwachsener weniger stabil. Sie veränderten sich oft von fröhlich zu traurig und umgekehrt. Aber Teenager bewegten sich auch häufiger von einer Situation in die andere und ihre Stimmungsschwankungen waren sehr mit diesen Veränderungen verbunden. Höhepunkte ihrer Tage waren die, die sie mit Gleichaltrigen und bei selbst gewählten Freizeitaktivitäten verbrachten. Folglich verbesserte sich die Laune stark an Abenden des Wochenendes, besonders in höherem Alter, wenn die Teenager mit Freunden oder Liebespartnern ausgingen (Larson & Richards, 1998). Tendenz zu schlechterer Laune zeigte sich in Umgebungen, die von Erwachsenen strukturiert waren: Schulunterricht, Job, in Schulsälen, in der Schulbücherei und im Gottesdienst. Insgesamt weisen diese Erkenntnisse darauf hin, dass sich situative Faktoren mit hormonellen Einflüssen verbinden und die Laune von Teenagern beeinflussen. Diese Erklärung steht im Einklang mit der Sichtweise von Ausgewogenheit biologischer und sozialer Kräfte, wie sie weiter oben im Kapitel beschrieben wurden.

■ Eltern-Kind-Beziehung

Sabrinas Vater bemerkte, dass seine Kinder beim Eintritt in die Adoleszenz anfingen, ihre Zimmertüren geschlossen zu halten, sich weigerten, Zeit mit der Familie zu verbringen und streitsüchtiger wurden. Sabrina und ihre Mutter kabbelten sich über Sabrinas unaufgeräumtes Zimmer („Mama, es ist mein Zimmer. Du musst nicht darin wohnen!") und über Kleiderkäufe („Sabrina, wenn du sie *kaufst*, *trage* sie auch. Sonst verschwendest du nur Geld!"). Und Sabrina verweigerte den regelmäßigen Wochenendbesuch zu Tante Gina („Warum muss ich da *jede* Woche hin?"). Viele Untersuchungen zeigen, dass die Pubertät verbunden ist mit einem Anstieg der Konflikte zwischen Eltern und Kind. Während dieser Zeit berichten sowohl Eltern wie Kinder, dass sie sich einander nicht mehr so nahe fühlen (Laursen, Coy, & Collins, 1998; Steinberg & Morris, 2001). Die Häufigkeit der Konflikte ist in den verschiedenen sozialen Untergruppen in ganz Amerika erstaunlich ähnlich. Es passiert fast genauso oft in Familien europäischen Ursprungs wie in Einwandererfamilien aus China, den Philippinen und Mexiko, in denen elterliche Autorität traditionell respektiert wird (Fuligni, 1998).

Warum sollte die neue, Erwachsenen ähnlichere Erscheinung eines jungen Menschen diese Auseinandersetzungen auslösen? Dieser Zusammenhang mag einigen Anpassungswert haben. Bei nicht menschlichen Primaten verlassen die Jungen die Familiengruppe typischerweise in der Pubertät. Das gilt auch für viele nicht industrialisierte Kulturen (Caine, 1986; Schlegel & Barry, 1991). Der Auszug der Kinder verhindert u.a. sexuelle Beziehungen zwischen engen Blutsverwandten. Weil aber Kinder in industrialisierten Gesellschaften, lange nachdem sie die Pubertät erreicht haben, finanziell abhängig von den Eltern bleiben, können sie die Familie nicht verlassen. Folglich scheint ein modernes Substitut für die körperliche Abwesenheit aufgetreten zu sein: psychologische Distanzierung.

Wie wir später sehen werden, mögen auch neue Fähigkeiten des Urteilens der Heranwachsenden zu einem Anstieg von Familienspannungen beitragen. Zusätzlich entsteht ein Bruch in den Beziehungen zwischen Eltern und Kind, weil die Kinder körperlich reif sind und wie Erwachsene behandelt werden möchten. Die Nichtübereinstimmung von Eltern und Kindern konzentriert sich größtenteils auf weltliche Dinge des Alltags wie Autofahren, Treffen mit Partnern und Ausgehverbot (Adams & Laursen, 2001). Aber hinter diesen Auseinandersetzungen stehen ernsthafte Sorgen und elterliche Bemühungen, ihre Teenager vor Drogen, Autounfällen und frühem Sex zu bewahren. Je größer die Lücke zwischen den Ansichten von Eltern und Heranwachsenden über die Reife von Teenagern ist, neue Verantwortungen zu übernehmen, desto mehr Streit gibt es (Dekovíc, Noom, & Meeus, 1997).

Die meisten dieser Streitigkeiten sind leicht. In Wirklichkeit zeigen Eltern und Heranwachsende sowohl Konflikte wie Zuneigung und stimmen im

Allgemeinen über wichtige Werte wie Ehrenhaftigkeit und Ausbildung überein (Arnett, 1999). Obwohl die Trennung von den Eltern der Anpassung dient, haben beide Generationen einen Nutzen von warmen, schützenden Familienbanden während dieser Lebensphase.

11.3.3 Frühe versus späte Reifung

„Alle unsere Kinder waren Frühentwickler" sagte Franca in der Diskussionsrunde der Eltern. „Die drei Jungen waren mit zwölf oder 13 Jahren groß, aber es war einfacher für sie. Sie fühlten sich groß und wichtig. Sabrina war zierlich als kleines Mädchen, aber jetzt sagt sie, dass sie zu fett ist und will eine Schlankheitskur machen. Sie hat Jungen im Kopf und konzentriert sich nicht auf ihre Hausaufgaben."

Die Ergebnisse vieler Untersuchungen passen zu den Erfahrungen von Sabrina und ihren Brüdern. Sowohl Erwachsene wie Gleichaltrige sahen früh entwickelte Jungen als entspannt, unabhängig, selbstbewusst und körperlich attraktiv an. Beliebt bei Gleichaltrigen, nahmen sie viele führende Positionen in der Schule ein und neigten dazu, gut im Sport zu sein. Im Gegensatz dazu waren sich spät entwickelnde Jungen nicht sehr beliebt. Erwachsene und Gleichaltrige sahen sie als ängstlich, übermäßig schwatzhaft und Aufmerksamkeit heischend an (Brooks-Gunn, 1988a; Clausen, 1975; Jones, 1965). Früh entwickelte Jungen jedoch (obwohl sie als gut angepasst angesehen wurden) berichteten über etwas größere emotionale Belastung als ihre sich später entwickelnden Altersgenossen (Ge, Conger, & Elder, 2001).

Im Gegensatz dazu waren früh entwickelte Mädchen unbeliebt, zurückgezogen, hatten kein Selbstvertrauen, waren ängstlich und hatten wenige Führungspositionen in ihren Gruppen inne (Ge, Conger, & Elder, 1996; Jones & Mussen, 1958). Zusätzlich waren sie häufiger in abweichendes Verhalten verwickelt (Trunkenheit, Teilnahme an frühen sexuellen Aktivitäten) und waren erfolgloser in der Schule (Caspi et al., 1993; Dick et al., 2000). Ihren sich spät entwickelnden Gegenspielerinnen ging es besonders gut – sie wurden als körperlich attraktiv, lebendig, sozial und führend in der Schule angesehen.

Zwei Faktoren tragen größtenteils zu diesen Trends bei: (1) wie stark der Körper der Heranwachsenden den kulturellen Idealen körperlicher Attraktivität entspricht und (2) wie gut junge Menschen körperlich zu ihren Kameraden „passen".

Diese Jungen sind alle 13 Jahre alt, unterscheiden sich jedoch im Zeitpunkt ihrer pubertären Reifung. Die beiden früh entwickelten Jungen in der Mitte sind wahrscheinlich beliebt, selbstbewusst und Sportasse mit einem positiven Körperbild. Die beiden anderen Jungen scheinen Normalentwickler zu sein, durchschnittlich für ihr Alter.

■ Die Rolle körperlicher Attraktivität

Wenn man einmal populäre Zeitschriften durchblättert, findet man zahlreiche Belege für die Sicht der Gesellschaft auf das, was attraktiv ist: attraktive Frauen sind dünn und langbeinig, und ein gut aussehender Mann ist groß, breitschultrig und muskulös. Das weibliche Bild entspricht einer mädchenhaften Form, die die Spätentwicklerin bevorzugt. Das männliche Bild passt zum sich früh entwickelnden Jungen.

Ein durchgängiges Ergebnis ist, dass früh entwickelte Mädchen über ein weniger positives **Körperbild – die Einstellung zur eigenen körperlichen Erscheinung** – berichten als ihre in der Norm liegenden und sich später entwickelnden Altersgenossinnen. Bei den Jungen ist es umgekehrt: Frühe Reifung ist mit einem positiven Körperbild verbunden, wohingegen eine späte Entwicklung auf Unzufriedenheit mit dem körperlichen Selbst hinweist (Alsaker, 1995). Die Folgerungen, welche junge Menschen über ihre Erscheinung ziehen, beeinflussen stark ihre Selbsteinschätzung und ihr psychisches Wohlbefinden (Usmiani & Daniluk, 1997).

■ Die Wichtigkeit, zu den Gleichaltrigen zu passen

Der körperliche Status in Bezug auf die Kameraden erklärt ebenfalls Unterschiede in der Anpassung zwischen Früh- und Spätentwicklern. Aus dieser Sicht haben frühreife Mädchen und sich spät entwickelnde Jungen Schwierigkeiten, weil sie zu den Extremen körperlicher Entwicklung gehören und sich „nicht zugehörig" fühlen, wenn sie mit ihren Altersgenossen zusammen sind. Es überrascht nicht, dass Heranwachsende sich am wohlsten mit Kameraden fühlen, die ihrem eigenen Stand der biologischen Entwicklung entsprechen (Brooks-Gunn et al., 1986; Stattin & Magnusson, 1990).

Weil nur wenige Altersgenossen des gleichen pubertären Status verfügbar sind, suchen sich früh entwickelnde Heranwachsende beiderlei Geschlechts ältere Kameraden, manchmal mit ungünstigen Folgen. Ältere Kameraden bringen sie oft dazu, sich in Aktivitäten einzulassen, die sie emotional noch nicht bewältigen können, einschließlich sexueller Aktivität, Drogen- und Alkoholgenuss und kleiner krimineller Vergehen. Vielleicht sind früh Entwickelte beiderlei Geschlechts deswegen emotional belastet und zeigen Verschlechterungen in schulischen Leistungen (Caspi et al., 1993; Stattin & Magnusson, 1990).

Interessanterweise kann die Schulumgebung diese Wirkungen von Reifungszeiten modifizieren. In einer Untersuchung fühlten sich früh entwickelte Sechstklässlerinnen besser, wenn sie eine Vorschulklasse und dann weitere sechs Klassen besuchten statt des Besuchs der Vorschulklasse und dann bis zu Klasse acht, wo sie sich mit älteren Adoleszenten vermischen konnten. Bis zur sechsten Klasse waren sie vom Druck befreit, Verhaltensweisen anzunehmen, für die sie noch nicht bereit waren (Blyth, Simmons, & Zakin, 1985). Ähnlich fand eine Untersuchung in Neuseeland heraus, dass Kriminalität unter früh entwickelten Mädchen stark reduziert war in reinen Mädchenschulen, welche die Möglichkeiten begrenzen, sich mit Kameraden zusammenzutun, die die Normen verletzen (von denen die meisten ältere Jungen sind) (Caspi et al., 1993).

■ Langzeitfolgen

Halten sich die Folgen früher und später Reifung bis ins Erwachsenenalter hinein? Nachuntersuchungen zeigten überraschende Umkehrungen im allgemeinen Wohlbefinden. Viele früh entwickelte Jungen und spät entwickelte Mädchen, die in der Adoleszenz so bewundert worden waren, wurden starre, konformistische und etwas unzufriedene Erwachsene. Auf der anderen Seite wurden aus spät entwickelten Jungen und früh entwickelten Mädchen, die als Teenager sehr belastet gewesen waren, Erwachsene, die unabhängig, flexibel, kognitiv kompetent und zufrieden mit der Richtung, die ihr Leben nahm, waren (Livson & Peshkin, 1980). Vielleicht fördert die Vertrauen induzierende Adoleszenz früh entwickelter Jungen und spät entwickelter Mädchen nicht die Fertigkeiten der Bewältigung (coping), um die späteren Lebensprobleme zu lösen. Im Gegensatz dazu können die schmerzlichen Erfahrungen, die mit dem pubertären Wachstum zur falschen Zeit verbunden waren, zu einem geschärften Bewusstsein, klaren Zielen und größerer Stabilität beitragen.

Dennoch halten diese Langzeitfolgen nicht vollständig an. In einer schwedischen Untersuchung dauerten die Leistungsprobleme früh entwickelter Mädchen bis in das junge Erwachsenenalter hinein in Form geringerer Bildungserfolge an im Vergleich zu normal oder später entwickelten Gegenspielerinnen (Stattin & Magnusson, 1990). In Ländern mit einem hoch selektiven Zugang zur Universität ist es für Frühentwickler vielleicht schwerer, sich von Verschlechterungen in den Schulleistungen zu erholen. Es wird deutlich, dass die Wirkungen des Reifungszeitpunktes eine komplexe Mischung biologischer, sozialer und kultureller Faktoren beinhalten.

Prüfen Sie sich selbst ...

Rückblick
Viele Menschen glauben, dass das ansteigende sexuelle Begehren in der Pubertät die Rebellion von Teenagern beeinflusst. Woher kommt diese Vorstellung? Erklären Sie, warum sie unkorrekt ist.

Rückblick
Führen Sie Faktoren an, die den Zeitplan der Pubertät mitbestimmen. Dann fassen Sie die Folgen von früher versus später Reifung für die adoleszente Entwicklung zusammen.

Anwendung
Die vierzehnjährige Diana verbringt Stunden in ihrem Zimmer und will nicht länger an Familienaktivitäten am Wochenende teilnehmen. Erklären Sie, warum Dianas Verhalten der Anpassung dient.

Zusammenhänge
Wie können Stimmungsschwankungen Heranwachsender zur psychologischen Distanzierung zwischen Eltern und Heranwachsenden beitragen? (Hinweis: Denken Sie an die Einflüsse in zwei Richtungen in der Beziehung zwischen Eltern und Kind.)

Prüfen Sie sich selbst ...

11.4 Gesundheitsprobleme

Das Eintreten in die Pubertät wird begleitet von neuen, die Gesundheit betreffenden Fragen, die mit dem Streben des jungen Menschen verbunden sind, seine körperlichen und psychologischen Bedürfnisse zu befriedigen. Weil Heranwachsenden größere Autonomie zugestanden wird, werden ihre eigenen Entscheidungen in der Gesundheit wie in anderen Bereichen wichtiger (Bearison, 1998). Jedoch kann keines der Gesundheitsprobleme, die wir gleich diskutieren wollen, auf einen einzigen Grund zurückgeführt werden. Stattdessen tragen biologische, psychische, familiäre und kulturelle Faktoren gemeinsam zu ihnen bei.

11.4.1 Ernährungsbedürfnisse

Als ihre Söhne die Pubertät erreichten, berichteten Franca und Antonio über einen „Staubsaugereffekt" in der Küche, wenn die Jungen regelmäßig den Kühlschrank leerten. Das schnelle Körperwachstum führt zu einem dramatischen Anstieg in der Nahrungsaufnahme. Während des Wachstumsschubs benötigen Jungen etwa 2700 Kalorien am Tag und viel mehr Eiweiß als zuvor, Mädchen etwa 2200 Kalorien und etwas weniger Eiweiß als Jungen wegen ihrer geringeren Größe und geringerer Muskelmasse (Larson, 1996).

Dieser Zuwachs im Nahrungsbedarf kommt zu einer Zeit, in der die Ernährung junger Menschen oft am schlechtesten ist. Von allen Altersgruppen konsumieren die Adoleszenten am meisten leere Kalorien. In einer Langzeitstudie von Schülern aus Minnesota zeigte sich, dass der Konsum von Frühstück, Obst, Gemüse und Milch nach dem Übertritt auf die Oberschule am stärksten abnahm, während der Konsum von Limonadengetränken und Fertignahrung stark anstieg (Lytle et al., 2000). Diese Essgewohnheiten sind besonders schädlich, wenn sie zu einem lebenslangen Muster schlechter Ernährung werden, weniger ernst, wenn sie eine temporäre Reaktion auf Einflüsse von Kameraden und einem vollen Stundenplan sind.

Das häufigste Ernährungsproblem der Adoleszenz stellt der Eisenmangel dar. Ein müder, reizbarer Teenager leidet vielleicht an Blutarmut und ist gar nicht unglücklich, sondern sollte eine ärztliche Untersuchung vornehmen lassen. Die meisten Teenager bekommen nicht genug Kalzium und haben auch einen Mangel an Riboflavin (Vitamin B2) und Magnesium, welche beide den Stoffwechsel unterstützen (Cavadini, Siega-Riz, & Popkin, 2000). Und im Gegensatz zu dem, was viele Eltern glauben, wachsen fettleibige Kinder selten als Teenager ihre Gewichtsprobleme aus (Berkowitz & Stunkard, 2002).

Adoleszente, insbesondere Mädchen, die über ihr Gewicht besorgt sind, neigen dazu, modische Schlankheitskuren durchzuführen. Leider sind die meisten in der Nährstoff- und Kalorienzufuhr zu eingeschränkt, um für schnell wachsende, aktive Teenager geeignet zu sein (Donatelle, 2003). Wenn ein junger Mensch eine bestimmte Diät ausprobieren will, sollten die Eltern darauf bestehen, dass er sich als Erstes von einem Arzt beraten lässt.

11.4.2 Essstörungen

Franca sorgte sich über Sabrinas Wunsch abzunehmen. Sie hielt ihr vor, dass sie wirklich ganz dem Durchschnitt Heranwachsender mit ihrem Körperbau entspräche und erinnerte Sabrina daran, dass ihre italienischen Vorfahren einen rundlichen weiblichen Körper als schöner ansahen als einen dünnen. Mädchen, die früh in die Pubertät kommen und mit ihrem Körperbild unzufrieden sind und die in Familien aufwachsen, die sich viel mit Gewicht und Schlanksein beschäftigen, haben ein Risiko für schwere Essstörungen. Strenge Fastenkuren sind der deutlichste Hinweis auf eine mögliche Essstörung in der Adoleszenz (Patton et al., 1999). Die beiden schwersten Störungen sind Magersucht (Anorexia nervosa) und Bulimie.

▪ Magersucht

Magersucht (anorexia nervosa) ist eine schlimme Essstörung, bei der junge Menschen aus einer zwanghaften Angst, fett zu werden, stark hungern. Ungefähr 1 % nordamerikanische und westeuropäische Mädchen im Teenageralter sind betroffen, eine Rate, die während der letzten Jahrhunderthälfte als Folge der kulturellen Bewunderung schlanker Frauen stark anstieg. Asiatisch-amerikanische, kaukasisch-amerikanische und hispanische Mädchen haben ein höheres Risiko als afroamerikanische Mädchen, die zufriedener sind mit ihrer Größe und Figur (Halpern et al., 1999; Rhea, 1999; Wildes, Emery, & Simons, 2001). Jungen stellen etwa 10 % der Fälle von Magersucht dar. Die Hälfte von ihnen sind bi- oder homosexuelle junge Menschen, welche sich mit einer starken, muskulösen

Erscheinung unwohl fühlen (Robb & Dadson, 2002). Magersucht kommt in allen sozioökonomischen Gruppen gleich oft vor (Rogers et al., 1997).

Magersüchtige haben ein extrem verzerrtes Körperbild. Selbst wenn sie stark untergewichtig sind, fühlen sie sich noch zu schwer. Die meisten erlegen sich eine so strikte Ernährung auf, dass sie es vermeiden, als Reaktion auf Hunger zu essen. Um den Gewichtsverlust zu verstärken, machen sie exzessiven Sport.

In ihrem Versuch, „perfekte" Schlankheit zu erreichen, verlieren Magersüchtige zwischen 25 und 50 % ihres Körpergewichts. Weil ein normaler Menstruationszyklus etwa 15 % Körperfett benötigt, tritt die Menarche gar nicht ein oder die Menstruation hört auf. Fehlernährung führt zu blasser Haut, brüchigen, entfärbten Nägeln, dünnem, dunklen Haar über den ganzen Körper und extremer Empfindlichkeit auf Kälte. Wenn der Zustand nicht unterbrochen wird, können der Herzmuskel schrumpfen, die Nieren versagen und irreversible Hirnschäden und Verlust von Knochenmasse auftreten. Etwa 6 % der Magersüchtigen sterben an der Störung, entweder als Folge körperlicher Komplikationen oder an Selbstmord (Schmidt, 2000).

Kräfte innerhalb des Menschen, in der Familie und der weiteren Kultur führen zur Erhöhung der Magersucht. Eineiige Zwillinge haben die Störung häufiger beide als zweieiige, was auf einen genetischen Einfluss hinweist (Klump, Kaye, & Strober, 2001). Wir haben auch gesehen, dass das gesellschaftliche Bild „dünn ist schön" zum schlechteren Körperbild sich früh entwickelnder Mädchen beiträgt, die das größte Risiko für Magersucht tragen (Tyrka, Graber, & Brooks-Gunn, 2000). Außerdem haben viele Magersüchtige extrem hohe Standards für ihr eigenes Verhalten und ihre Leistungen, sie sind emotional gehemmt und vermeiden enge Bande außerhalb ihrer Familie. Folglich sind diese Mädchen ausgezeichnete Schülerinnen, die verantwortungsbewusst sind und sich gut benehmen, in vielerlei Hinsicht also ideale Töchter.

Jedoch enthüllen die Interaktionen zwischen Eltern und Heranwachsenden Probleme, die mit der adoleszenten Autonomie verbunden sind. Oft haben die Mütter dieser Mädchen hohe Erwartungen an die körperliche Erscheinung, Leistung und soziale Akzeptanz und sind übermäßig beschützend und kontrollierend. Väter sind eher emotional abwesend. Statt offen zu rebellieren, tun magersüchtige Mädchen es indirekt durch das übertriebene Streben nach Leistungen, gutem Benehmen und Schlankheit (Bruch, 2001). Ob jedoch die unangemessene Beziehung zwischen Eltern und Kind der Störung vorausgeht oder als Folge davon auftritt oder beides, ist noch nicht geklärt.

Da magersüchtige Mädchen typischerweise bestreiten, dass irgendein Problem existiert, ist die Behandlung der Störung schwierig. Eine Krankenhausbehandlung ist oft notwendig, um einer lebensbedrohlichen Fehlernährung vorzubeugen. Familientherapie mit dem Ziel, die Interaktion zwischen Eltern und Kind zu verändern, ist die erfolgreichste Behandlung (Gelbaugh et al., 2001). Dennoch werden nur ungefähr 50 % der Magersüchtigen vollständig geheilt (Fichter & Quadflieg, 1999).

■ Bulimie (bulimia nervosa)

Als Sabrinas sechzehnjähriger Bruder Louis seine Freundin Cassie mit nach Hause brachte, bewunderte Sabrina ihre gute Figur. „Welche Willenskraft! Cassie rührt Essen kaum an", dachte sich Sabrina. „Aber was ist bloß mit ihren Zähnen los?"

Willenskraft war nicht das Geheimnis von Cassies schlanker Gestalt. Wenn es ans Essen ging, hatte sie in Wirklichkeit größte Schwierigkeiten, sich zu kontrollieren. Cassie litt an **Bulimie (bulimia nervosa)**, einer Essstörung, bei der junge Menschen (wieder sind hauptsächlich Mädchen, aber auch homo- und bisexuelle Jungen empfänglich) eine strikte Diät ein-

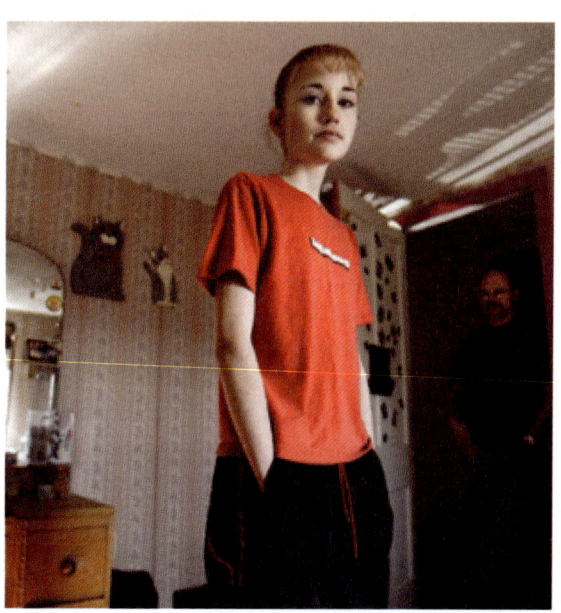

Eine strikte, selbst auferlegte Diät und eine Obsession für anstrengenden Sport hat bei diesem magersüchtigen Mädchen zur Abmagerung geführt. Aber dennoch ist ihr Körperbild so verzerrt, dass sie sich wahrscheinlich als übergewichtig betrachtet.

halten und exzessiven Sport betreiben, begleitet von Essattacken, denen oft Erbrechen folgt sowie die Einnahme von Abführmitteln. Wenn sie mit sich allein war, fühlte sich Cassie oft einsam, unglücklich und ängstlich. Sie reagierte mit wütendem Essen, indem sie Tausende von Kalorien in einer oder zwei Stunden konsumierte. Das darauf folgende Erbrechen zerstörte den Schmelz von Cassies Zähnen. In einigen Fällen treten lebensbedrohliche Schäden an Kehle und Magen auf.

Bulimie tritt häufiger auf als Magersucht. Etwa 2 bis 3 % der Mädchen im Teenageralter sind betroffen, nur 5 % waren zuvor magersüchtig. Zwillingsstudien zeigen, dass Bulimie, wie Magersucht, durch Vererbung beeinflusst ist (Klump, Kaye, & Strober, 2001). Bulimiker und Magersüchtige teilen eine pathologische Angst vor dem Fettwerden und viele von ihnen erleben ihre Eltern eher als unengagiert und emotional unerreichbar als kontrollierend. Eine Übereinstimmung besteht darin, dass sich Bulimiker dem Essen zuwenden, um ihre Gefühle der Leere zu kompensieren, die vom Mangel elterlichen Engagements herrühren (Attie & Brooks-Gunn, 1996).

Einige Bulimiker sind wie Magersüchtige Perfektionisten. Anderen fehlt es an Selbstkontrolle, nicht nur beim Essen, sondern auch in anderen Lebensbereichen, indem sie Ladendiebstähle begehen und Alkoholmissbrauch betreiben (Garner & Garfinkel, 1997). Bulimiker unterscheiden sich von Magersüchtigen darin, dass sie sich in der Regel deprimiert und schuldig über ihre anormalen Essgewohnheiten fühlen und verzweifelt nach Hilfe suchen. Folglich ist Bulimie normalerweise besser zu behandeln als Magersucht, indem man Therapien anwendet, die sich auf helfende Gruppen und Ernährungserziehung stützen, und Essgewohnheiten verändert und die Gedanken an das Essen kontrolliert (Kaye et al., 2000).

11.4.3 Sexuelle Aktivität

Louis und Cassie hatten nicht geplant, Geschlechtsverkehr zu haben; es „passierte einfach." Aber davor und danach gingen ihnen viele Dinge durch den Kopf. Cassie war mit Louis seit drei Monaten zusammen und begann sich zu fragen „Hält er mich für normal, wenn ich keinen Sex mit ihm habe? Werde ich ihn verlieren, wenn er es will und ich sage nein?" Beide jungen Leute wussten, dass ihre Eltern nicht zustimmen würden. In der Tat sprachen Franca und Antonio über die Wichtigkeit des Wartens und die Gefahren einer Schwangerschaft, als sie bemerkten, wie sehr Louis an Cassie hing. Aber an jenem Freitagabend schienen die Gefühle von Cassie und Louis, die sie füreinander hatten, einfach überwältigend. Als der Abend seinen Lauf nahm, dachte Louis: „Wenn ich nicht weitergehe, wird sie mich dann für einen Schwächling halten?" Und Cassie hatte von einer ihrer Freundinnen gehört, dass man beim ersten Mal nicht schwanger werden kann.

Mit dem Eintritt der Pubertät führen die hormonellen Veränderungen, vor allem die Produktion von Geschlechtshormonen bei beiden Geschlechtern, zu einer Zunahme des Geschlechtstriebes (Halpern, Udry, & Suchindran, 1997). Wie Louis und Cassies Bedenken enthüllen, machen sich junge Menschen sehr viele Gedanken, wie sie mit der Sexualität in sozialen Beziehungen umgehen sollten. Neue kognitive Fähigkeiten einschließlich des Einnehmens eines Standpunkts und Selbstreflexion beeinflussen ihre Bemühungen dazu. Aber genau wie das Essverhalten, das wir gerade diskutiert haben, ist die Sexualität Heranwachsender stark vom sozialen Kontext des jungen Menschen beeinflusst.

■ Der Einfluss der Kultur

Denken Sie einmal einen Augenblick darüber nach, wann Sie zuerst etwas über Sexualität lernten. Wurde in Ihrer Familie offen über Sex gesprochen oder heimlich damit umgegangen? Kinder Sex auszusetzen, Aufklärung darüber und Bemühungen, die sexuelle Neugier der Kinder zu beschränken, variieren weltweit stark.

Trotz des Bildes sexuell freier moderner Heranwachsender in der Öffentlichkeit, ist die Einstellung zur Sexualität in Nordamerika ziemlich restriktiv. Typischerweise geben Eltern den Kindern wenige Informationen über Sex, halten sie dazu an, sich nicht früh in Sexspiele einzulassen und sprechen in ihrer Gegenwart selten über Sex. Wenn junge Menschen beginnen, sich für Sex zu interessieren, suchen sie Informationen bei Freunden, in Büchern, Zeitschriften, Filmen, im Internet und im Fernsehen. In der besten amerikanischen Fernsehzeit, die hauptsächlich von Heranwachsenden gesehen wird, enthalten zwei Drittel des Programms sexuelle Inhalte und die meisten stellen Sex als spontan, leidenschaftlich und mit wenig Verbundenheit füreinander dar. Die Personen werden selten darin gezeigt, dass sie Schritte unternehmen, um Schwangerschaft und sexuell übertragbare Krankheiten zu vermeiden (Brown, 2002).

Betrachten Sie die sich widersprechenden Botschaften, die Jugendlichen vermittelt werden. Auf der einen Seite betonen Erwachsene, dass Sex im jungen Alter und außerhalb einer festen Beziehung falsch ist. Auf der anderen Seite rühmt eine breitere soziale Umgebung das Aufregende und Romantische von Sex. Amerikanische Teenager sind verwirrt, schlecht informiert über sexuelle Fakten und mit wenig gutem Rat versehen, wie sie ihr Sexualleben verantwortlich gestalten sollen.

■ **Sexuelle Einstellung und Verhaltensweisen Heranwachsender**

Obwohl zwischen kulturellen Untergruppen Unterschiede bestehen, ist die sexuelle Einstellung amerikanischer Heranwachsender und Erwachsener über die letzten 30 Jahre liberaler geworden. Im Vergleich zu einer Generation davor, sind mehr Menschen der Meinung, dass Geschlechtsverkehr vor der Ehe in Ordnung ist, solange die beiden Menschen sich emotional verbunden fühlen (Michael et al., 1994). Kürzlich gab es wieder eine Wende zu konservativen sexuellen Einstellungen, hauptsächlich infolge sexuell übertragbarer Krankheiten (besonders AIDS) und aufgrund von Programmen zur sexuellen Abstinenz von Teenagern, die von Schulen und religiösen Organisationen gefördert wurden (Ali & Scelfo, 2002; Boonstra, 2002).

Trends im Sexualverhalten von Adoleszenten sind in Übereinstimmung mit ihren Einstellungen. Die Rate vorehelichen Sexes bei jungen amerikanischen und kanadischen Leuten stieg einige Jahrzehnte lang an, ist seit 1990 allerdings abgefallen (Dryburgh, 2001; U.S. Department of Health and Human Services, 2002n). Wie jedoch Abbildung 11.3 illustriert, ist ein wesentlicher Prozentsatz junger Menschen ziemlich früh, um das Alter von 15 Jahren, sexuell aktiv.

Männer haben in der Regel vor den Frauen ihren ersten Geschlechtsverkehr. Und mehr Jugendliche aus den Vereinigten Staaten haben Sex vor dem Alter von 15 Jahren als in Kanada und anderen westlichen Ländern. Aber der Zeitpunkt des ersten Geschlechtsverkehrs gibt nur ein begrenztes Bild über das sexuelle Verhalten Heranwachsender. Ungefähr die Hälfte amerikanischer und zwei Drittel kanadischer sexuell aktiver Jungen im Teenageralter hatten im vergangenen Jahr Beziehungen mit nur einem oder mit zwei Part-

Die Adoleszenz ist eine besonders wichtige Zeit für die Entwicklung der Sexualität. Nordamerikanische Teenager erhalten widersprüchliche und verwirrende Botschaften aus der sozialen Umgebung über die Angemessenheit von Sex. Obwohl viele Heranwachsende sexuell aktiv sind, hatten sie im vergangenen Jahr nur einen oder zwei Partner. Eine beträchtliche Anzahl jedoch benutzt nicht regelmäßig Verhütungsmittel und geht das Risiko einer unerwünschten Schwangerschaft und sexuell übertragbarer Krankheiten ein.

nerinnen. Entgegen der verbreiteten Annahme gibt es keine sexuelle Revolution bei jungen Menschen. In der Tat ist die Rate sexuell aktiver Teenager in den Vereinigten Staaten und Kanada etwa die gleiche wie in westeuropäischen Nationen (Darroch, Frost, & Singh, 2001).

■ **Merkmale sexuell aktiver Heranwachsender**

Frühe und häufige sexuelle Aktivität von Teenagern hat mit persönlichen und erziehungsbedingten Merkmalen sowie mit der Familie und Gleichaltrigen zu tun. Diese umfassen frühe pubertäre Reifung, Scheidung der Eltern, allein erziehende Eltern und Stiefeltern, große Familien, wenig oder kein religiöses Engagement, sexuell aktive Geschwister und Freunde, schlechte Schulleistungen, niedrigere Bildungsziele und die Tendenz, sich auf normwidriges Handeln einzulassen einschließlich Alkohol- und Drogenmissbrauchs und Kriminalität (Kotchick et al., 2001).

Da viele dieser Faktoren mit dem Aufwachsen in finanziell schlecht gestellten Familien verbunden sind, überrascht es nicht, dass frühe sexuelle Aktivität bei jungen Menschen aus solchen Familien üblich ist. In der Tat kann die hohe Rate vorehelichen Geschlechtsverkehrs bei afroamerikanischen Teenagern (60 % im

Gesundheitsprobleme

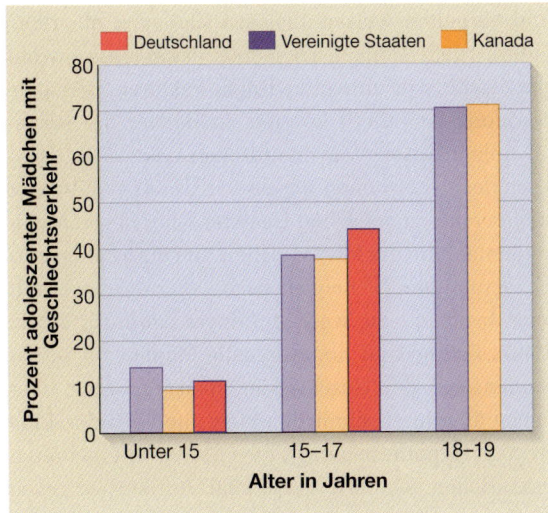

Abbildung 11.3: **Heranwachsende Mädchen in den Vereinigten Staaten, Kanada und Deutschland, die über stattgefundenen Geschlechtsverkehr berichten.** Ein höherer Prozentsatz amerikanischer als kanadischer Mädchen beginnt vor dem Alter von 15 sexuell aktiv zu sein. Sonst sind die Raten sexueller Aktivität in den beiden Ländern ähnlich und ähneln auch denen westeuropäischer Länder. Die Rate sexueller Aktivität bei Jungen ist 3 bis 6 % höher als die der hier gezeigten Raten bei Mädchen (nach Darroch, Frost, & Singh, 2001). Die entsprechenden Prozentwerte für Deutschland sind auf nationaler Ebene nur bis 17 Jahre erhoben (Bundeszentrale für gesundheitliche Aufklärung, 2002).

Vergleich zu 51 % bei allen amerikanischen jungen Leuten) auf die verbreitete Armut in der schwarzen Bevölkerung zurückgeführt werden (Darroch, Frost, & Singh, 2001).

■ Verwendung von Verhütungsmitteln

Obwohl die Verwendung von Verhütungsmitteln in den vergangenen Jahren anstieg, tragen 20 % amerikanischer und 13 % kanadischer Teenager, die sexuell aktiv sind, das Risiko einer ungewollten Schwangerschaft, weil sie nicht regelmäßig Verhütungsmittel benutzen (siehe Abbildung 11.4) (Alan Guttmacher Institute, 2002a). In Deutschland haben 15 % der Jungen und 12 % der Mädchen bei ihrem ersten Geschlechtsverkehr kein Verhütungsmittel benutzt (Schwerpunktbericht der Gesundheitsberichterstattung des Bundes, 2004). Warum scheitern so viele bei der Verhütung, vor allem beim ersten Geschlechtsverkehr? Wenn die kognitive Entwicklung von Adoleszenten besprochen wird, werden wir sehen, dass diese viele Möglichkeiten ins Auge fassen können, wenn sie mit einem Problem konfrontiert sind. Aber sie scheitern oft, wenn sie dieses Urteil auf alltägliche Situationen anwenden müssen. Wenn man sie bittet zu erklären, warum sie kein Verhütungsmittel benutzten, geben sie oft Antworten wie diese: „Ich wollte warten, bis ich einen festen Freund habe." „Ich hatte keinen Sex geplant."

Ein Grund für diese Antworten liegt darin, dass beim Fortschritt im Einnehmen von Standpunkten Teenager eine Zeitlang extrem besorgt sind über die Meinung, die andere von ihnen haben. Cassie und Louis machten sich darüber Gedanken, was der andere denken würde, wenn sie sich gegen Sex entscheiden würden. Weiterhin übersehen Adoleszente inmitten des täglichen sozialen Drucks oft die Folgen risikoreichen Verhaltens (Beyth-Marom & Fischhoff, 1997).

Die soziale Umgebung trägt auch zur Ablehnung der Teenager bei, Verhütungsmittel zu benutzen. Junge Menschen, die nicht die Vorteile einer sinnvollen Erziehung und Arbeit genießen, lassen sich besonders auf verantwortungslosen Sex ein, manchmal in Beziehungen, die durch Ausbeutung gekennzeichnet sind. Ungefähr 12 % amerikanischer Mädchen und 5 % amerikanischer Jungen geben an, dass sie zum Geschlechtsverkehr gezwungen wurden. Bei den

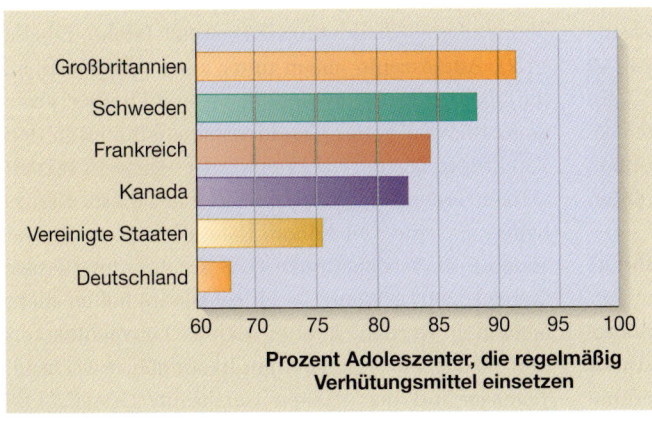

Abbildung 11.4: **Die Verwendung von Verhütungsmitteln.** Amerikanische sexuell aktive Teenager benutzen weniger regelmäßig Verhütungsmittel als Teenager in anderen Industrienationen. Auch kanadische Heranwachsende fallen im Gebrauch von Verhütungsmitteln hinter westeuropäischen Adoleszenten zurück (nach Darroch, Frost, & Singh, 2001). Der Wert für Deutschland liegt aber derzeit an letzter Stelle in Europa bei 64,5 % (Bundeszentrale für gesundheitliche Aufklärung, 2002).

Mädchen, die ohne Zwang Sex hatten, wies ein Viertel darauf hin, dass sie es eigentlich gar nicht wollten (Alan Guttmacher Institute, 2002b; U.S. Department of Health and Human Services, 2000n).

Im Gegensatz dazu benutzen Teenager, die über gute Beziehungen mit ihren Eltern berichten und mit diesen offen über Sex und Verhütung sprechen, Mittel zur Geburtenkontrolle (Whitaker & Miller, 2000). Leider sind viele Adoleszente zu ängstlich oder verlegen, um Eltern Fragen zu stellen. Und zu viele gehen aus dem Sexualunterricht mit einem unvollständigen oder falschen Wissen heraus. Einige wissen nicht, wo man Beratung und Material zur Verhütung erhält. Wenn sie es wissen, machen sie sich oft Sorgen, dass ein Arzt oder eine Stelle für Familienplanung ihre Besuche nicht vertraulich behandeln (American Academy of Pediatrics, 1999).

■ Sexuelle Orientierung

Bis zu diesem Punkt hat sich unsere Diskussion auf heterosexuelles Verhalten konzentriert. Etwa 3 bis 6 % der Teenager entdecken, dass sie lesbisch oder schwul sind (siehe den Kasten „Soziale Aspekte" auf S. 494). Und eine noch unbekannte, aber signifikante Anzahl ist bisexuell (Michael et al., 1994; Patterson, 1995). Die Adoleszenz ist eine kritische Zeit für die sexuelle Entwicklung dieser jungen Menschen und wieder einmal sind gesellschaftliche Einstellungen von großer Bedeutung, wie gut es ihnen darin ergeht.

Vererbung spielt eine wesentliche Rolle für die Homosexualität. Eineiige Zwillinge haben viel eher als zweieiige Zwillinge eine homosexuelle Orientierung. Das Gleiche gilt für biologische im Gegensatz zu Adoptivverwandten (Bailey & Pillard, 1991; Bailey et al., 1993). Weiterhin gibt es männliche Homosexualität mehr in der mütterlichen als in der väterlichen Linie der Familie. Das weist darauf hin, dass sie X-gebunden sein könnte (siehe Kapitel 2). In der Tat stellte eine Untersuchung der genetischen Landkarte von 40 Paaren homosexueller Brüder fest, dass 33 (88 %) ein identisches DNA-Segment auf dem X-Chromosom besaßen. Ein oder mehrere Gene in dem Bereich können Männer dafür disponieren, homosexuell zu werden (Hamer et al., 1993).

Wie mag Vererbung zur Homosexualität führen? Nach Meinung einiger Forscher beeinflussen bestimmte Gene das Niveau oder den Einfluss pränataler Geschlechtshormone, welche Hirnstrukturen auf eine Weise verändern, die homosexuelle Gefühle und Verhaltensweisen auslösen (Bailey et al., 1995; LeVay, 1993). Denken Sie jedoch daran, dass sowohl genetische wie umweltbedingte Faktoren pränatale Hormone verändern können. Mädchen, die pränatal hohen Dosen von männlichen oder weiblichen Geschlechtshormonen ausgesetzt waren – entweder wegen eines genetischen Defektes oder wegen Medikamenten, die die Mutter erhielt, um eine Fehlgeburt zu vermeiden –, neigen dazu, eher homosexuell oder bisexuell zu werden (Meyer-Bahlburg et al., 1995). Ferner sind homosexuelle Männer oft in der Reihenfolge der Geschwister später geboren oder haben überdurchschnittlich viele ältere Brüder. Eine strittige Hypothese besagt, dass Mütter mit mehreren männlichen Kindern manchmal Antikörper gegen Androgene (männliches Geschlechtshormon) produzieren, welche den pränatalen Einfluss der männlichen Geschlechtshormone auf die Gehirne später geborener Jungen reduzieren (Blanchard et al., 1995; Blanchard & Bogaert, 1996).

Stereotype und falsche Annahmen über Homosexualität sind immer noch weit verbreitet. Zum Beispiel sind entgegen dem allgemeinen Glauben die meisten homosexuellen Heranwachsenden nicht „geschlechtsabweichend" in der Kleidung oder im Verhalten. Ferner ist die Anziehung auf Mitglieder des eigenen Geschlechts nicht auf lesbische und schwule Teenager begrenzt. Unter heterosexuellen Adoleszenten berichten etwa 18 % der Jungen und 6 % der Mädchen, wenigstens einen homosexuellen Geschlechtsverkehr gehabt zu haben (Braverman & Strasburger, 1993).

11.4.4 Sexuell übertragbare Krankheiten

Sexuell aktive Heranwachsende, homo- wie heterosexuelle, sind einem erhöhten Risiko für sexuell übertragbare Krankheiten ausgesetzt (siehe Tabelle 11.2). Adoleszente haben unter allen Altersgruppen die höchste Rate von Geschlechtskrankheiten. Trotz eines Rückgangs der Geschlechtskrankheiten in den Vereinigten Staaten steckt sich einer von sechs sexuell aktiven Teenagern jedes Jahr mit einer dieser Krankheiten an, eine viel höhere Rate als in Kanada und anderen Industrienationen (U.S. Centers for Disease Control, 2001). Wenn Geschlechtskrankheiten nicht behandelt werden, können daraus Unfruchtbarkeit und lebensbedrohliche Komplikationen erwachsen. Teenager mit der größten Gefahr für Geschlechts-

Tabelle 11.2

Die häufigsten sexuell übertragbaren Krankheiten in der Adoleszenz

Krankheit	Berichtete Fälle unter 15- bis 19-Jährigen (Rate per 100 000 Individuen)		Ursache	Symptome und Folgen	Behandlung
	USA	Kanada			
Aids	20[a]	0,2[a]	Virus	Fieber, Gewichtsverlust, schwere Müdigkeit, geschwollene Drüsen und Durchfall. Mit der Schwächung des Immunsystems treten schwere Lungenentzündungen und Krebs, besonders der Haut, auf. In der Regel Tod durch andere Krankheiten.	Kein Heilmittel; Medikamente verlängern das Leben
Chlamydien (Bakterien)	1426	563	Bakterien	Bei Männern Nässen aus dem Penis; schmerzendes Jucken, brennendes Nässen aus der Vagina und stumpfer Schmerz im Beckenbereich bei Frauen. Oft keine Symptome. Wenn die Krankheit unbehandelt bleibt, kann es zu Entzündungen im Beckenbereich, zu Unfruchtbarkeit und Sterilität kommen.	Antibiotika
Zytomegalievirus	unbekannt[b]		Virus der Herpesfamilie	In den meisten Fällen keine Symptome. Manchmal eine leichte, grippeähnliche Reaktion. Bei schwangeren Frauen kann es sich auf den Embryo oder Fötus ausdehnen und Fehlgeburten oder schwere Geburtsdefekte auslösen (siehe Seite 116).	Keine; verschwindet in der Regel von selbst
Genitale Warzen	451	Keine Daten	Virus	Warzen, die typischerweise nahe der Vaginalöffnung der Frau wachsen oder bei Männern auf Penis oder Hodensack. Kann schweres Jucken verursachen. Wird mit Gebärmutterhalskrebs in Verbindung gebracht.	Entfernung der Warzen, aber Virus bleibt
Gonorrhöe	500	59,4	Bakterien	Ausfluss aus Penis oder Vagina, schmerzhaftes Wasserlassen. Manchmal keine Symptome. Wenn nicht behandelt, kann sie sich auf andere Bereiche des Körpers ausdehnen und zu Komplikationen wie Unfruchtbarkeit, Sterilität, Blutvergiftung, Arthritis und Entzündung des Herzens führen.	Antibiotika
Herpes simplex 2 (genitaler Herpes)	167	55,1	Virus	Mit Flüssigkeit gefüllte Blasen auf den Genitalien, hohes Fieber, starke Kopfschmerzen und Muskelschmerzen und Schwäche. Bei wenigen Menschen keine Symptome. Kann bei schwangeren Frauen auf den Embryo oder Fötus übergreifen und Geburtsdefekte verursachen (siehe Seite 117).	Kein Heilmittel; kann mit Medikamenten kontrolliert werden
Syphilis	1,9	0,2	Bakterien	Schmerzfreie Entzündung an der Stelle, an der der Keim eintritt, und geschwollene Drüsen, gefolgt von Ausschlag, stellenweise Haarausfall und Halsentzündung innerhalb einer Woche und sechs Monaten. Diese Symptome verschwinden ohne Behandlung. Latente Syphilis variiert von symptomfrei bis zu Schäden am Gehirn, am Herz und anderen Organen nach fünf bis 20 Jahren. Kann bei schwangeren Frauen auf Embryo und Fötus übergreifen und Geburtsdefekte verursachen.	Antibiotika

[a] Diese Zahl schließt sowohl Heranwachsende wie junge Erwachsene ein. In den meisten Fällen in den USA wurde das Virus in der Adoleszenz aufgenommen und die Symptome erscheinen im frühen Erwachsenenalter.

[b] Der Zytomegalievirus ist der häufigste bei übertragbaren Geschlechtskrankheiten. Da in den meisten Fällen keine Symptome bestehen, ist die Auftretensrate unbekannt. Die Hälfte der Bevölkerung oder mehr hatten das Virus irgendwann in ihrem Leben.

Quellen: Health Canada, 2002e; U.S. Centers for Disease Control, 2001.

Soziale Aspekte:
Homosexualität: Coming-out für sich selber und für die anderen

Kulturen unterscheiden sich in ihrer Akzeptanz von Homosexualität genauso stark wie in ihrer Billigung vorehelicher Sexualität. In den Vereinigten Staaten sind Homosexuelle stigmatisiert, wie die oft degradierende Sprache, mit der sie beschrieben werden, belegt. Das macht die Schaffung einer sexuellen Identität für lesbische und schwule Jugendliche viel schwieriger als für ihre heterosexuellen Altersgenossen.

Die Bildung einer sexuellen Identität verläuft je nach persönlichen sowie familiären Faktoren und je nach sozialem Kontext unterschiedlich. Jedoch enthüllen Interviews mit homosexuellen Heranwachsenden und Erwachsenen, dass viele (wenn auch nicht alle) durch drei Phasen in ihrem Coming-out gehen.

Dieses schwule Paar genießt einen Abend bei der Abschlussfeier ihrer höheren Schule. Solange Freunde und Familienmitglieder mit Akzeptanz reagieren, stärkt das Coming-out die Sicht des jungen Menschen auf Homosexualität als eine gültige, sinnvolle und erfüllende Identität.

Sich anders fühlen

Viele schwule Männer und Lesben berichten, dass sie sich anders als andere Kinder fühlten, als sie jung waren (Savin-Williams, 1998). Typischerweise erscheint dieses erste Gefühl ihrer biologisch determinierten sexuellen Orientierung zwischen sechs und zwölf Jahren und rührt her von ihren Spielinteressen, die eher denen des anderen Geschlechts gleichen (Mondimore, 1996). Jungen finden vielleicht heraus, dass sie sich weniger für Sport interessieren, sich zu ruhigeren Aktivitäten hingezogen fühlen und emotional empfindsamer sind als andere Jungen; Mädchen, dass sie sportlicher und aktiver sind als andere Mädchen.

Verwirrung

Mit Eintritt der Pubertät beginnt das Gefühl der Andersartigkeit sexuelle Gefühle einzuschließen. In der Forschung über ethnisch unterschiedliche schwule, lesbische und bisexuelle Jugendliche trat das Bewusstsein für die Anziehung auf das eigene Geschlecht im Durchschnitt bei Jungen zwischen elf und zwölf Jahren und bei Mädchen mit 14 und 15 Jahren auf, vielleicht, weil für Mädchen der soziale Druck zur Heterosexualität besonders intensiv ist (Diamond, 1998; Herdt & Boxer, 1993). Die Erkenntnis, selbst möglicherweise homosexuell zu sein, stiftet in der Regel Verwirrung, weil die meisten jungen Menschen angenommen hatten, dass sie heterosexuell seien wie alle anderen auch.

Einige wenige Heranwachsende lösen ihr Unbehagen bald auf, indem sie schnell eine schwule oder lesbische Identität in der Einsicht eines Gefühls des Andersseins herausbilden. Aber viele erleben einen inneren Kampf, der durch Mangel an Rollenvorbildern und sozialer Unterstützung verstärkt wird. Einige werfen sich in Aktivitäten, die sie mit Heterosexualität verbinden. Jungen etwa treten Sportvereinen bei und Mädchen hören mit Soft- und Basketball zugunsten von Tanz auf. Und typischerweise suchen homosexuelle Jugendliche heterosexuelle Kontakte, manchmal, um ihre sexuelle Orientierung zu verbergen, aber auch, um Fertigkeiten im Sex zu erwerben, die sie später in gleichgeschlechtlichen Beziehungen anwenden (Dubé, Savin-Williams, & Diamond, 2001). Jene, die besonders beunruhigt sind und unter Schuldgefühlen leiden, können in Alkohol, Drogen und suizidales Denken flüchten.

Akzeptanz

Die Mehrheit schwuler und lesbischer Teenager erreicht einen Punkt, an dem sie ihre Homosexualität akzeptieren. Dann sehen sie sich einer weiteren Herausforderung gegenüber: ob sie es anderen erzählen. Die schwierigste Enthüllung ist die gegenüber den Eltern, aber viele fürchten auch Zurückweisung durch Freunde (Cohen & Savin-Williams, 1996). Eine starke Stigmatisierung ihrer sexuellen Orientierung leitet manche zu der Entscheidung, dass keine Offenbarung möglich ist. Daraus resultiert, dass sie sich selber so definieren, aber sonst als Heterosexuelle „durchgehen". In einer Studie über schwule Heranwachsende gaben 85 % an, dass sie eine Zeitlang versuchten, ihre Neigungen zu verheimlichen (Newman & Muzzonigro, 1993).

Viele Homosexuelle machen schließlich ihre sexuelle Orientierung öffentlich, gewöhnlich, indem sie es Freunden erzählen, denen sie trauen, dann Familienmitgliedern und Bekannten. Wenn die Menschen positiv reagieren, stärkt das Coming-out den jungen Menschen, Homosexualität als gültige, sinnvolle und erfüllende Identität anzusehen. Kontakt mit anderen Schwulen und Lesben ist wichtig, diese Phase zu erreichen, und Veränderungen in der Gesellschaft erlaubt es vielen Heranwachsenden in urbanen Umfeldern, diese früher zu erreichen als noch vor zehn oder zwanzig Jahren (Diamond, Savin-Williams, & Dubé, 1999). Schwule und lesbische Gruppen existieren in größeren Städten zusammen mit speziellen Interessengruppen, sozialen Clubs, religiösen Gruppen, Zeitungen und Illustrierten. In kleinen Städten und ländlichen Gebieten bleibt es schwierig, andere Homosexuelle zu treffen und eine unterstützende Umgebung zu finden. Teenager an solchen Orten haben ein besonderes Bedürfnis nach liebevollen Erwachsenen und Freunden, die ihnen dabei helfen können, sich selber zu akzeptieren und von anderen akzeptiert zu werden. Schwule und lesbische Heranwachsende, denen ein Coming-out sich selber und anderen gegenüber gelingt, integrieren damit ihre sexuelle Orientierung in ein umfassenderes Gefühl der Identität, ein Prozess, der in Kapitel 12 besprochen werden wird. Folglich müssen sie sich nicht mehr so stark auf ihr homosexuelles Selbst konzentrieren und ihre Energie wird für andere Aspekte psychischen Wachstums frei. Zusammengefasst ist zu sagen, dass das Coming-out viele Aspekte adoleszenter Entwicklung fördern kann, einschließlich der Selbstschätzung, des psychischen Wohlbefindens und der Beziehungen mit der Familie, den Freunden und Mitarbeitern.

krankheiten sind die gleichen, die dazu neigen, sich in unverantwortliches Sexualverhalten einzulassen: von Armut betroffene junge Menschen mit einem Gefühl der Hoffnungslosigkeit für ihr Leben (Darroch, Frost, & Singh, 2001).

AIDS ist die bei weitem gefährlichste Geschlechtskrankheit. Im Gegensatz zu Kanada, wo das Auftreten von AIDS bei jungen Leuten unter 30 Jahren niedrig ist, treten in den Vereinigten Staaten ein Fünftel der Fälle zwischen 20 und 29 Jahren auf. Fast alle nahmen ihren Ursprung in der Adoleszenz, da Symptome von AIDS in der Regel acht bis zehn Jahre brauchen, um sich zu entwickeln. In Deutschland liegt der Schwerpunkt des Vorkommens ebenfalls im jungen Erwachsenenalter. Die Zahl der Jugendlichen bis 19 Jahre mit einer HIV-Infektion liegt bei jährlich bis zu 70 neuen Fällen; dies geht besonders auf den ungeschützten Geschlechtsverkehr der Gruppe der 15- bis 19-Jährigen zurück (Schwerpunktbericht der Gesundheitsberichterstattung des Bundes, 2004). Die Gesamtzahl der HIV-infizierten Kinder unter 13 Jahren wird auf 500 geschätzt. Drogenabhängige Adoleszente, die Nadeln von Kranken benutzen, und homosexuelle Heranwachsende, die Sex mit HIV-positiven Partnern hatten, stellen die meisten Fälle dar, aber die Krankheit hat auch unter Heterosexuellen, besonders bei Frauen, zugenommen. Die Wahrscheinlichkeit, dass ein Mann mit irgendeiner Art von Geschlechtskrankheit, einschließlich AIDS, eine Frau infiziert, ist mindestens doppelt so hoch wie der umgekehrte Fall (U.S. Centers for Disease Control, 2001).

Als Folge von Aufklärung in Schulen und Medienkampagnen sind über 90 % der Oberschüler über die Basisfakten von AIDS informiert. Aber einige haben falsche Annahmen, die ein Risiko für sie darstellen, dass z.B. Antibabypillen einen Schutz darstellen (DiClemente, 1993). Die Tabelle „Aspekte der Fürsorge" auf der nächsten Seite führt Vermeidungsstrategien von Geschlechtskrankheiten auf.

11.4.5 Schwangerschaft und Elternschaft in der Adoleszenz

Cassie hatte Glück, dass sie nach dem Sex mit Louis nicht schwanger wurde, aber einige ihrer Klassenkameradinnen auf der Oberschule hatten dieses Glück nicht. Etwa 900.000 amerikanische Mädchen im Teenageralter werden jährlich schwanger, 30.000 davon jünger als 15 Jahre. Trotz eines kürzlich erfolgten Absinkens ist die Schwangerschaftsrate von Adoleszenten in den USA höher als in den meisten anderen Industrieländern. Afroamerikanische Mädchen werden besonders häufig schwanger und lassen die Zahl der Teenagegeburten in den USA stark ansteigen. Die Schwangerschaftsrate der Mädchen in der weißen Bevölkerung liegt deutlich unter der aller Bevölkerungsgruppen zusammen. In Deutschland bekommen 11,6 von 1000 Frauen unter den weiblichen Teenagern im Alter von 17 Jahren und darunter ein Kind. Die Zahl der nicht verheirateten Mädchen ist fünfmal so groß wie die der verheirateten (Statistisches Jahrbuch der

> **Aspekte der Fürsorge**
>
> ## Vermeidung sexuell übertragbarer Krankheiten
>
> | STRATEGIE | BESCHREIBUNG |
> |---|---|
> | Lernen Sie Ihren Partner gut kennen. | Nehmen Sie sich Zeit, Ihren Partner kennen zu lernen. Finden Sie heraus, ob Ihr Partner mit vielen Personen Sex hatte oder Drogen einnimmt, die injiziert werden. |
> | Halten Sie gegenseitige Treue. | Damit diese Strategie funktioniert, darf keiner der Partner bei Beginn der Beziehung eine übertragbare Geschlechtskrankheit haben. |
> | Nehmen Sie keine Drogen. | Der Gebrauch einer Nadel, Spritze oder einer Flüssigkeit, die kurz zuvor von anderen benutzt wurde, kann Geschlechtskrankheiten verbreiten. Alkohol, Marihuana oder andere illegale Drogen schädigen die Urteilskraft und reduzieren damit Ihre Fähigkeit, klar über die Folgen Ihres Verhaltens nachzudenken. |
> | Benutzen Sie immer Latexkondome und vaginale Verhütungsmittel, wenn Sie Sex mit einem Partner haben, mit dem Sie nicht verheiratet sind. | Latexkondome ergeben einen guten (aber nicht 100 % sicheren) Schutz vor übertragbaren Geschlechtskrankheiten, indem sie die Übertragung von Bakterien und Viren reduzieren. Vaginale Verhütungsmittel, die Nonoxynol-9 enthalten, können verschiedene Arten von Mikroben für Geschlechtskrankheiten abtöten. Sie erhöhen den Schutz, wenn sie mit der Verwendung von Kondomen kombiniert werden. |
> | Haben Sie keinen Sex mit einer Person, von der Sie wissen, dass sie eine übertragbare Geschlechtskrankheit hat. | Selbst wenn Sie ein Kondom benutzen, riskieren Sie, die Krankheit zu bekommen. Wenn einer der Partner sich in Verhaltensweisen eingelassen hat, die eine HIV-Infektion verursachen könnten, muss ein Bluttest durchgeführt werden und wenigstens nach sechs Monaten nach diesem Vorfall wiederholt werden, weil der Körper Zeit braucht, Antikörper zu entwickeln. |
> | Wenn Sie eine Geschlechtskrankheit erwerben, informieren Sie alle Partner, mit denen sie vor kurzem Sex hatten. | Die Benachrichtigung anderer Personen, dass Sie sie mit einer übertragbaren Geschlechtskrankheit in Berührung gebracht haben, erlaubt diesen, sich behandeln zu lassen, bevor sie die Krankheit auf andere übertragen. |
>
> *Quelle:* Daugirdas, 1992.

Bundesrepublik Deutschland, 2003; siehe Abbildung 11.5). Obwohl die kanadische Rate nur halb so hoch ist wie die der USA, ist die Teenagerschwangerschaft in Kanada dennoch ein Problem. Drei Faktoren erhöhen das Vorkommen adoleszenter Schwangerschaft: (1) eine wirksame Sexualerziehung erreicht zu wenige Teenager, (2) gut handzuhabende, preiswerte Verhütungsmittel für Heranwachsende sind selten und (3) viele Familien leben in Armut, was die jungen Menschen veranlasst, Risiken einzugehen.

Weil 40 bis 50 % der amerikanischen und kanadischen Schwangerschaften von Teenagern zu einem Schwangerschaftsabbruch führen, ist die Zahl nordamerikanischer Geburten durch Teenager derzeit niedriger als vor 30 Jahren (Darroch, Frost, & Singh, 2001). Aber Elternschaft bei Teenagern ist heute ein viel größeres Problem, weil Heranwachsende heute viel seltener vor der Geburt heiraten. 1960 waren nur 15 % der Teenagergeburten von unverheirateten Frauen, während es heute 75 % sind (Coley & Chase-Lansdale, 1998). Verstärkte soziale Akzeptanz der Mutterschaft allein stehender Mädchen in Verbindung mit dem Glauben, dass ein Baby eine Lücke in ihrem Leben schließen könnte, bedeutet, dass nur eine kleine Zahl von Mädchen ihr Baby zur Adoption freigibt.

■ Wechselbeziehungen und Folgen der Elternschaft in der Adoleszenz

Eltern zu werden ist für jeden Menschen herausfordernd und belastend, aber es ist besonders schwierig für Adoleszente. Eltern im Teenageralter haben noch keine klare Richtung für ihr eigenes Leben gefunden. Sowohl ihre Lebensbedingungen wie persönliche Eigenschaften beeinträchtigen ihre Fähigkeit, ein Kind aufzuziehen (Jaffee et al., 2001).

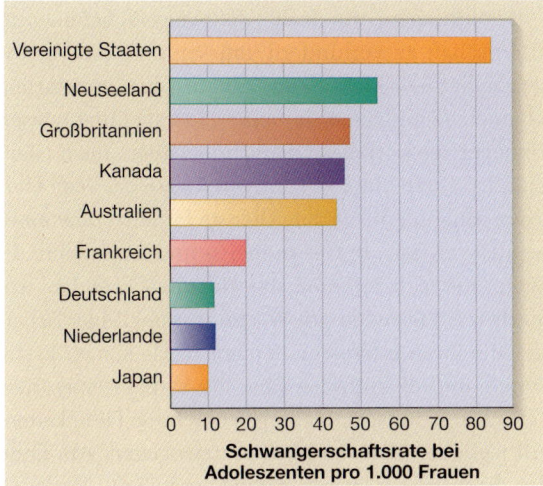

Abbildung 11.5: Rate der Schwangerschaft bei Teenagern aus acht industrialisierten Ländern (nach Singh & Darroch, 2000.). Schwangerschaften von jungendlichen Müttern liegen in Deutschland bei 11,6 pro 1000 Frauen, ähnlich wie in den Niederlanden (Statistisches Jahrbuch der Bundesrepublik Deutschland, 2003).

Mütter im Teenageralter sind oft ärmer als ihre Altersgenossinnen, die das Gebären von Kindern verschieben. Ihre Erfahrungen beinhalten oft wenig elterliche Wärme und Engagement, schlechte Schulleistungen, Alkohol- und Drogenmissbrauch, erwachsene Vorbilder von unehelicher Elternschaft, beschränkte Bildung und Arbeitslosigkeit sowie Wohnen in einem Umfeld, in dem ihnen andere Heranwachsende ebenfalls diese Risiken vor Augen führen (Scaramella et al., 1998). Ein hoher Prozentsatz von unehelichen Geburten besteht unter den Angehörigen von Minderheiten mit niedrigem Einkommen, besonders bei afroamerikanischen Teenagern, hispanischen Teenagern und kanadischen und amerikanischen Ureinwohnern und Inuit (Eskimos) im Teenageralter. Viele dieser jungen Menschen scheinen sich der frühen Elternschaft zuzuwenden als einem Weg in das Erwachsenenalter, wenn Ausbildung und Karriere nicht möglich sind (Fagot et al., 1998).

Das Leben schwangerer Teenager ist in vielerlei Hinsicht schwierig, und nachdem das Baby geboren ist, tendieren ihre Lebensumstände in wenigstens drei Bereichen dazu, noch schwieriger zu werden:

- *Schulabschluss.* Die Geburt eines Kindes vor dem Alter von 18 reduziert die Wahrscheinlichkeit eines Abschlusses einer Oberschule. Nur 50 % amerikanischer adoleszenter Mütter haben ein Diplom oder einen entsprechenden Abschluss im Vergleich zu 96 % der Mädchen, die Elternschaft verschieben (Hotz, McElroy, & Sanders, 1997).

- *Ehestand.* Mutterschaft im Teenageralter reduziert die Chance einer Ehe. Wenn diese Mütter heiraten, ist Scheidung wahrscheinlicher als bei ihren Freundinnen, die das Kinderbekommen verschieben (Moore et al., 1993). Folglich verbringen Teenagermütter mehr Jahre ihres Lebens mit dem Kinderaufziehen als allein stehende Mutter.

- *Materielle Umstände.* Wegen niedrigen Bildungsstandes, ehelicher Instabilität und Armut bekommen viele Teenagermütter Sozialhilfe. Wenn sie berufstätig sind, beschränkt ihre schlechte Ausbildung sie auf schlecht bezahlte und unbefriedigende Jobs. Adoleszente Väter arbeiten in dem Jahr nach der Geburt ihres Kindes mehr Stunden als ihre Altersgenossen ohne Kinder. Vielleicht erhalten sie auch aus diesem Grund eine schlechtere Ausbildung und sind finanziell benachteiligt (Brien & Willis, 1997).

Weil viele schwangere Teenager sich schlecht ernähren, rauchen, Alkohol trinken und andere Drogen nehmen sowie keine frühe Schwangerschaftsvorsorge betreiben, zeigen ihre Babys häufig vorgeburtliche und Geburtskomplikationen wie ein besonders niedriges Geburtsgewicht (Dell, 2001). Und im Vergleich zu erwachsenen Müttern gehen Teenager mit dem Vater ihres Kindes negativer um, sind schlechter über die Entwicklung des Kindes informiert, haben unrealistisch hohe Erwartungen, nehmen ihr Kind als schwieriger wahr und gehen weniger effektiv mit dem Baby um (Brooks-Gunn & Chase-Lansdale, 1995; Moore & Florsheim, 2001). Ihre Kinder weisen mit höherer Wahrscheinlichkeit niedrigere Werte in Intelligenztests, sind schlechter in der Schule und zeigen aggressives Sozialverhalten. Und zu oft wird in der nächsten Generation der Zirkel der adoleszenten Schwangerschaft wiederholt (Jaffee et al., 2001; Moore, Morrison, & Green, 1997).

Jedoch kommen adoleszente Eltern und ihre Kinder unterschiedlich gut zurecht. Wenn die Mutter die Oberschule beendet, weitere Geburten vermeidet und einen festen Partner findet, sind die Folgeschäden für sie selber und für das Kind weniger schwerwiegend. Die kleine Minderheit junger Mütter, die in all diesen Bereichen versagt, sieht einem Leben andauernden Unglücks entgegen (Furstenberg, Brooks-Gunn, & Morgan, 1987).

Vermeidungsstrategien

Um einer Schwangerschaft bei Teenagern vorzubeugen, muss man sich all den Faktoren zuwenden, die früher sexueller Aktivität und Mangel an Verhütung zugrunde liegen. Zu oft erfolgen Kurse in sexueller Aufklärung in der Oberschule zu spät (nach Beginn der sexuellen Aktivität), dauern nur ein paar Stunden und sind auf einen Katalog von Fragen über Anatomie und Fortpflanzung begrenzt. Aufklärung, die über dieses Minimum hinausgeht, ermutigt nicht zu frühem Sex wie einige ihrer Gegner behaupten. Sie verbessert das Bewusstsein für sexuelle Fakten, ein Wissen, das notwendig ist für ein verantwortungsvolles Sexualverhalten (Katchadourian, 1990).

Wissen allein reicht jedoch nicht aus, das Verhalten der Teenager zu beeinflussen. Sexualerziehung muss auch helfen, eine Brücke zu bauen zwischen dem, was sie wissen, und dem, was sie tun. Heute weisen wirksamere Programme zur Sexualerziehung die folgenden Schlüsselelemente auf:

- Unterricht in Verhaltensmöglichkeiten, mit sexuellen Situationen fertig zu werden, durch kreative Diskussion und Rollenspieltechniken, die Teenager mit sexuellen Situationen konfrontieren, die denen ähnlich sind, denen sie im Alltag begegnen werden

- Den Wert der Enthaltsamkeit bei noch nicht sexuell aktiven Teenager betonen

- Informationen über Verhütung und leichten Zugang dazu zur Verfügung stellen

Eine Sexualerziehung mit diesen Komponenten kann den Beginn sexueller Aktivität hinausschieben, die Verwendung von Verhütungsmitteln verstärken und die Schwangerschaftsrate reduzieren (Aarons et al., 2000; Franklin et al., 1997).

Der strittigste Aspekt der Schwangerschaftsverhütung bei Adoleszenten ist der Zugang zu Verhütungsmitteln. Viele Erwachsene meinen, dass die Abgabe von Antibabypillen oder Kondomen an Teenager einem OK für frühen Sex gleichkommt. Aber in Ländern Westeuropas, wo an die Schule gekoppelte Institutionen Verhütungsmittel anbieten, ist die sexuelle Aktivität von Teenagern nicht höher als in Nordamerika, dafür sind Schwangerschaften, Geburten und Abtreibungsraten viel niedriger (Franklin & Corcoran, 2000).

Bemühungen, um frühe Schwangerschaften und Elternschaft zu verhindern, müssen über die Verbesserung der Sexualerziehung hinausgehen und soziale Kompetenz aufbauen. In einer Untersuchung wiesen Forscher gefährdete Oberschulschüler nach dem Zufallsprinzip einer einjährigen Klasse zu, Teen Outreach genannt, die soziale Dienste förderte, oder einer regulären Klasse in Gesundheits- und Soziallehre. In Teen Outreach nahmen die Heranwachsenden wenigstens 20 Stunden pro Woche an freiwilliger Arbeit teil, die ihren Interessen entsprach. Sie kamen in die Schule und diskutierten über die Verbesserung ihrer Fertigkeiten für soziale Dienste und ihren Fähigkeiten, mit täglichen Schwierigkeiten umzugehen. Am Ende des Schuljahres waren Schwangerschaft, Versagen in der Schule und Ausschluss von der Schule in der Teen Outreach merklich niedriger. Sie förderte soziale Fertigkeiten, Verbundenheit mit der Gesellschaft und Selbstrespekt (Allen et al., 1997).

Schließlich lassen sich Teenager, die in eine viel versprechende Zukunft sehen können, viel weniger auf frühen und unverantwortlichen Sex ein. Durch die Erweiterung erzieherischer, beruflicher und Beschäftigungsmöglichkeiten kann die Gesellschaft jungen Leuten gute Gründe anbieten für ein Verschieben der Elternschaft.

Interventionen bei adoleszenten Eltern

Der schwierigste und teuerste Weg, mit Schwangerschaft in der Adoleszenz umzugehen, besteht darin zu warten, bis es geschehen ist. Junge, allein stehende Mütter brauchen Gesundheitsfürsorge für sich selber und ihre Kinder, Ermutigung, in der Schule zu bleiben, ein Jobtraining und Instruktionen für Elternschaft und Fertigkeiten, den Alltag zu meistern, und eine hoch qualifizierte, erschwingliche Kinderbetreuung. Schulen, die diese Dienste anbieten, reduzieren die Zahl von Geburten von Babys mit zu niedrigem Geburtsgewicht, erhöhen den Schulerfolg der Mütter und vermeiden weitere Geburten (Seitz & Apfel, 1993, 1994).

Heranwachsende Mütter ziehen auch Nutzen aus Familienbeziehungen, die einfühlsam für ihre Entwicklungsbedürfnisse sind. Ältere Teenagermütter sind effektivere Mütter, wenn sie ihr eigenes Zuhause mit Hilfe ihrer Verwandten aufbauen, einem Arrangement, das dem Teenager einen Ausgleich zwischen Autonomie und Unterstützung zugesteht. Unabhängiges Wohnen in Kombination mit starker

Die Inhalte des Bewusstseins

Frühe Elternschaft schafft Härten für beide Generationen – den Adoleszenten und das neugeborene Baby. Väter und Mütter im Teenageralter leiden in der Ausbildung und finanziell. Dieser junge Vater muss Extrastunden arbeiten, um Kleidung und Betreuung für das Baby zu bezahlen. Die neue Last wird wahrscheinlich weniger Möglichkeiten für eine weitere Ausbildung und ein niedrigeres Einkommen in den kommenden Jahren bedeuten.

(groß-)elterlicher Unterstützung ist verbunden mit besserer Elternschaft, wärmeren Familienbeziehungen und mit Kindern, die sich günstiger entwickeln (East & Felice, 1996).

Programme, die sich auf Väter konzentrieren, versuchen, deren finanzielle und emotionale Verpflichtung für das Baby zu stärken (Coley & Chase-Lansdale, 1998). Obwohl fast die Hälfte der jungen Väter ihre Kinder in den ersten Jahren besuchen, ebbt der Kontakt in der Regel ab. Aber neue Gesetze, die den Unterhaltsanspruch für das Kind stärken, könnten auch väterliche Verantwortung und Kontakt stärken. Teenagermütter, die finanzielle Hilfe und Unterstützung bei der Pflege des Kindes vom Vater erhalten, sind weniger belastet und gehen mit ihren Säuglingen besser um (Caldwell & Antonucci, 1997). Und je weniger belastende Lebensumstände die Mütter erfahren, desto eher werden die Väter engagiert bleiben und desto besser ist die langfristige Anpassung der Kinder (Cutrona et al., 1998; Furstenberg & Harris, 1993).

11.4.6 Drogengebrauch und -missbrauch

Mit 14 Jahren stahl Louis einige Zigaretten aus der Packung seines Onkels, wartete, bis er allein im Haus war, und rauchte. Bei einer Party ohne Aufsicht von Erwachsenen tranken er und Cassie einige Dosen Bier, größtenteils deswegen, weil es alle machten. Louis trug wenig körperliche Belastungen aus diesen Erfahrungen davon. Er war ein guter Schüler, beliebt unter seinen Kameraden und kam gut mit seinen Eltern zurecht. Er hatte kein Bedürfnis nach Drogen als eine Flucht vor Alltagsproblemen. Aber er wusste, dass sich die Dinge für andere aus seiner Schule anders darstellten – Schüler, die mit Alkohol und Zigaretten anfingen, auf härtere Substanzen gingen und schließlich abhängig waren.

In den Industrienationen ist der Gebrauch von Alkohol und Drogen bei Teenagern verbreitet. Um das Alter von 14 Jahren haben 56 % junger Leute das Rauchen von Zigaretten ausprobiert, 70 % das Trinken von Alkohol und 32 % wenigstens eine illegale Droge (in der Regel Marihuana). Am Ende der Oberschulzeit rauchen 22 % regelmäßig Zigaretten, 60 % haben sich wenigstens einmal in hartes Trinken eingelassen und über 50 % haben mit illegalen Drogen experimentiert. Etwa 30 % haben wenigstens eine stark abhängig machende und giftige Substanz wie Amphetamin, Kokain und Phencyclidine (PCP) oder Heroin ausprobiert. Die Raten von kanadischen Teenagern bezüglich Alkohol und Drogen sind ähnlich (Adlaf & Paglia, 2001; U.S. Department of Health and Human Services, 2002i). Auch die deutschen Angaben stimmen hiermit überein: In Deutschland rauchen mit 17 Jahren etwa 42 % regelmäßig, riskantes Trinkverhalten (mit Rausch) gaben 50 % der über 15 Jährigen mindestens einmal für das letzte Jahr zu (Bundeszentrale für gesundheitliche Aufklärung, 2001). Diese Zahlen verweisen auf eine Zunahme während der frühen 1990er Jahre, gefolgt von einem leichten Abfall während der letzten Jahre. Warum setzen sich so viele junge Leute dem Gesundheitsrisiko dieser Substanzen aus? Teilweise hat das einen kultureller Grund. Die Heranwachsenden leben in einem drogenabhängigen Umfeld. Sie beobachten Erwachsene, die morgens Koffein zu sich nehmen, um wach zu werden, Zigaretten rauchen, um mit dem täglichen Ärger fertig zu werden, sich einen Drink genehmigen, um am Abend zur Ruhe zu kommen oder auch andere Arzneien, um Stress, Depression und körperliche Krankheiten zu lindern. Nachlassendes Interesse von Eltern, Schule und Medien an den Gefahren der Drogen, wiederum gefolgt von neuer öffentlicher Aufmerksamkeit, mag den kürzlich erfolgten Trend zu jugendlichem Drogenkonsum erklären.

Für die meisten jungen Menschen spiegelt der Drogengebrauch einfach ihre intensive Neugier auf „erwachsene" Verhaltensweisen wider. Die Mehrheit der Teenager tappt in Alkohol, Tabak und Marihuana hinein. Diese „*Experimentierer*" mit kleinen Mengen geraten nicht in die Abhängigkeit. Stattdessen sind sie psychisch gesunde, neugierige junge Leute (Shedler & Block, 1990). Wie Abbildung 11.6 zeigt, ist unter europäischen Jugendlichen der Tabak- und Alkoholgenuss etwas stärker als bei amerikanischen Heranwachsenden verbreitet, vielleicht, weil europäische Erwachsene öfter rauchen und trinken. Im Gegensatz dazu ist der Gebrauch illegaler Drogen weiter unter amerikanischen als unter europäischen Teenagern verbreitet (Hibell, 2001). In den Vereinigten Staaten lebt ein größerer Prozentsatz junger Leute in Armut, das ist mit einem Kontext in Familie und unter Freunden verbunden, der den Gebrauch illegaler Drogen fördert.

Unabhängig von der Art der Droge sollte das Experimentieren von Teenagern mit Drogen nicht zu leicht genommen werden. Weil die meisten Drogen die Wahrnehmung und das Denken schädigen, kann schon eine einzige leichte Dosis zu permanenten Schäden oder zum Tod führen. Und eine beunruhigende Minderheit von Teenagern wechselt vom Substanzgebrauch zum *Missbrauch,* einer regelmäßigen Einnahme von Drogen. Dies hat wachsende Mengen zur Folge, die benötigt werden, um den gleichen Effekt zu spüren; dann folgt der Übergang zu härteren Drogen und davon wird so viel genommen, dass die Fähigkeit, den Anforderungen von Schule, Arbeit und anderen Verantwortlichkeiten nachzukommen, stark beeinträchtigt wird.

■ Wechselwirkungen und Folgen von Drogenmissbrauch bei Adoleszenten

Im Gegensatz zu „Experimentierern" sind Drogenabhängige schwer gestörte junge Menschen, die ihr Unglücklichsein durch antisoziale Handlungen ausdrücken. Ihr impulsiver, aggressiver Stil ist oft schon in der frühen Kindheit vorhanden. Und im Vergleich mit anderen jungen Leuten beginnt ihre Drogenein-

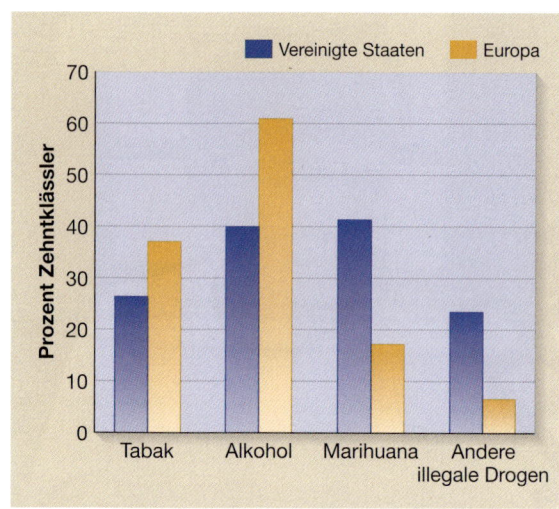

Abbildung 11.6: Schüler der zehnten Klasse in den Vereinigten Staaten und Europa, die verschiedene Substanzen ausprobiert haben. Die Raten für Tabak und Alkohol basieren auf jede Art des Verbrauchs in den letzten 30 Tagen. Die Raten für Marihuana und andere illegale Drogen basieren auf Gebrauch irgendwann in der Vergangenheit bis heute. Der Gebrauch von Tabak und Alkohol ist bei europäischen Jugendlichen stärker, während illegale Drogen bei amerikanischen Adoleszenten verbreiteter sind (nach Hibell, 2001).

nahme früher und kann auch genetische Wurzeln haben (Chassin & Ritter, 2001). Ein breites Spektrum von Umweltfaktoren fördert sie ebenfalls. Diese umfassen einen niedrigen sozioökonomischen Status, psychische Gesundheitsprobleme in der Familie, Drogengebrauch von Eltern und älteren Geschwistern, Mangel an elterlicher Wärme und Engagement, körperlicher und sexueller Missbrauch und schlechte Leistungen in der Schule. Ermutigung durch Kameraden – Freunde, die Drogen benutzen und Zugang zu ihnen bieten – sagen einen zunehmenden Missbrauch und andere antisoziale Verhaltensweisen voraus (Kilpatrick et al., 2000; Patterson, Dishion, & Yoerger, 2000).

Die Einnahme von Drogen in der Adoleszenz hat oft lebenslange Konsequenzen. Wenn Teenager von Alkohol und harten Drogen abhängig sind, um mit der täglichen Belastung fertig zu werden, lernen sie keine Fähigkeiten, um Verantwortung zu übernehmen, Entscheidungen zu treffen, und alternative Bewältigungsstrategien zu entwickeln. Diese jungen Menschen zeigen schwere Anpassungsprobleme, einschließlich Depression und antisozialem Verhalten (Luthar & Cushing, 1997). Sie treten oft unreif ein in die Welt von Ehe und Elternschaft und in die Arbeitswelt und scheitern darin – schmerzliche Ergebnisse, die weiteres Suchtverhalten fördern.

■ **Vorbeugung und Behandlung**

Programme, die wirksame Strategien für Eltern fördern (einschließlich der Überwachung der Aktivitäten von Teenagern) und Heranwachsenden Fähigkeiten vermitteln, dem Druck von Kameraden zu widerstehen, reduzieren das Experimentieren mit Drogen (Kosterman et al., 2000). Aber zum Teil scheint die Drogeneinnahme unvermeidbar zu sein. Deshalb sind Interventionen, welche die Teenager über die Gefahren von Drogen aufklären und sie davon abhalten, sich selber und andere zu schädigen, wenn sie damit experimentieren, wesentlich. Viele Gemeinden bieten Abholdienste an Wochenenden an, die jeder junge Mensch für eine sichere Heimfahrt in Anspruch nehmen kann, ohne dass Fragen gestellt werden.

Drogenmissbrauch geschieht, wie wir gesehen haben, aus ganz anderen Gründen als einem gelegentlichen Gebrauch. Darum sind unterschiedliche Präventionsstrategien notwendig. Ein Zugang besteht darin, früh mit den Eltern zu arbeiten, Familienauseinandersetzungen zu reduzieren und die Fähigkeiten der Eltern zu verbessern, bevor die Kinder so alt sind, dass sie mit Drogen in Berührung kommen (Luthar, Cushing, & McMahon, 1997). Programme, die Teenagern mit einem großen Risiko Strategien zur Handhabung von Belastungen vermitteln und die Kompetenz durch Dienste in der Gemeinde anbieten, reduzieren den Genuss von Alkohol und Drogen, genau wie sie Schwangerschaften bei Teenagern vermindern (Richards-Colocino, McKenzie, & Newton, 1996).

Wenn ein Adoleszent drogenabhängig wird, ist die Einweisung in ein Krankenhaus oft notwendig und sogar ein erster lebensrettender Schritt. Wenn der junge Mensch erst einmal von Drogen entwöhnt ist, sind in der Regel Familien- und individuelle Therapie nötig, um negative Eltern-Kind-Beziehungen, schlechtes Selbstwertgefühl, Angst und Impulsivität zu behandeln. Schulisches und berufliches Training zur Verbesserung des Erfolges im Leben machen ebenfalls einen positiven Unterschied. Über den besten Weg der Behandlung jugendlicher Drogenabhängigkeit ist nicht viel bekannt. Selbst die umfassendsten Programme haben eine alarmierende Rückfallrate von 35 % bis 85 % (Gilvarry, 2000).

Prüfen Sie sich selbst ...

Rückblick
Welche ungünstigen Lebenserfahrungen haben Teenager, die sich in frühe und häufige sexuelle Aktivitäten einlassen, und jene, die Drogenmissbrauch betreiben, gemeinsam?

Rückblick
Vergleichen Sie Risikofaktoren für Magersucht und Bulimie. Wie unterscheiden sich Behandlungsarten und Ergebnisse der beiden Störungen?

Anwendung
Nachdem die 17-jährige Veronika ihr zweites Kind geboren hatte, teilten ihre Eltern ihr mit, dass sie keinen Platz für zwei Babys hätten. Veronika verließ die Schule und zog bei ihrem Freund ein. Nach einem Monat verließ er sie. Warum werden Veronika und ihre Kinder wahrscheinlich für eine lange Zeit ein hartes Leben haben?

Zusammenhänge
Führen Sie Merkmale auf, die gebräuchlich sind für wirkungsvolle Vorbeugungsprogramme von Schwangerschaft und Drogenmissbrauch. Sind diese Komponenten geeignet, um bei Heranwachsenden mit einem hohen Risiko die Widerstandskraft zu fördern? Erklären Sie. (Gehen Sie zu Kapitel 1 zurück, wenn Sie eine Gedankenstütze für die Resilienz fördernde Faktoren benötigen.)

Prüfen Sie sich selbst ...

Kognitive Entwicklung

Eines Abends Mitte Dezember kündigte ein Klopfen an der Eingangstür die Ankunft von Francas und Antonios ältestem Sohn Julius an, der nach dem Herbstsemester seines zweiten Jahres auf der Universität in den Semesterferien heimkam. Augenblicke später war die ganze Familie am Küchentisch versammelt. „Wie lief denn alles so, Julius?" fragte Antonio nach, während er Stücke von Apfelkuchen herumreichte.

„Nun, Physik und Philosophie sind schrecklich. Die letzten paar Wochen hat uns unser Physik-Professor in die Relativitätstheorie von Einstein eingeführt. Schreckt mich ab, es ist gegen alle Intuition."

„Gegen was?" fragte Sabrina, die versuchte, der Unterhaltung zu folgen.

„Gegen die Intuition. Nicht so, wie du es normalerweise erwartest", erklärte Julius. „Stell dir vor, du bist in einem Zug, der unglaublich schnell fährt, sagen wir 160.000 Meilen die Sekunde. Je schneller man sich der Lichtgeschwindigkeit nähert, desto langsamer vergeht die Zeit und je dichter und schwerer werden die Dinge im Verhältnis zum Boden. Diese Theorie hat unsere

Denkweise über Zeit, Raum und Materie revolutioniert, ja sogar über das ganze Universum."

Sabrina krauste ihre Stirn in Falten, unfähig, Julius Denken aus einer anderen Welt zu folgen. „Die Zeit vergeht langsamer, wenn ich mich langweile wie gerade jetzt, aber nicht in einem Zug, wenn ich irgendwo hinfahre, wo es aufregend ist. Kein rasender Zug hat mich jemals schwerer gemacht, aber dieser Apfelkuchen wird es tun, wenn ich noch mehr davon esse" verkündete Sabrina, als sie aufstand und den Tisch verließ.

Der sechzehnjährige Louis reagierte anders. „Total cool, Julius. Und was hast du in Philosophie gemacht?"

„Einen Kurs in der Philosophie der Technologie. Wir haben die Ethik futuristischer Methoden in der menschlichen Fortpflanzung untersucht. Zum Beispiel haben wir über das Für und Wider einer Welt diskutiert, in der sich alle Embryonen in einem künstlichen Bauch entwickeln."

„Was heißt das?" fragte Louis. „Du bestellst dein Kind im Labor?"

„Genau. Darüber habe ich meine Semesterarbeit geschrieben. Ich musste es in Hinblick auf Gerechtigkeitsprinzipien und Freiheit bewerten. Ich sehe einige Vorteile, aber auch viele Gefahren darin ..."

Wie diese Unterhaltung aufzeigt, bringt die Adoleszenz sehr erweiterte Möglichkeiten des Denkens mit sich. Mit elf Jahren findet es Sabrina schwer, jenseits ihrer Welt von unmittelbaren Erfahrungen in eine Welt voller Möglichkeiten zu gehen. In den nächsten Jahren wird ihr Denken ebenfalls die abstrakten Merkmale annehmen, welche die Kognition ihres älteren Bruders auszeichnen. Julius jongliert mit Variablen in komplexen Kombinationen und denkt über Situationen nach, die in der wirklichen Welt schwer zu beschreiben sind oder überhaupt nicht existieren. Folglich kann er komplexe naturwissenschaftliche und mathematische Prinzipien erfassen und sich mit sozialen und politischen Themen auseinandersetzen. Im Vergleich zum Denken von Schulkindern ist das Denken von Adoleszenten aufgeklärter, vorstellungsreicher und rationaler.

11.5 Piagets Theorie: Die formal-operationale Stufe

Nach Piaget nehmen junge Leute etwa im Alter von elf Jahren die **formal-operationale Stufe** ein, in welcher sie die Fähigkeit für abstraktes wissenschaftliches Denken entwickeln. Während konkret-operationale Kinder „mit der Wirklichkeit operieren können", können formal-operationale Adoleszente mit „Operationen operieren". Mit anderen Worten: sie benötigen nicht mehr konkrete Dinge und Ereignisse als Gegenstände des Denkens. Stattdessen können sie durch innere Reflexion neue, allgemein logische Regeln verstehen (Inhelder & Piaget, 1955/1958). Zwei Hauptmerkmale der formal-operationalen Stufe sollen betrachtet werden.

11.5.1 Hypothetisch-deduktives Denken

In der Adoleszenz werden junge Menschen erstmals fähig zum **hypothetisch-deduktiven Denken**. Wenn sie sich einem Problem gegenübersehen, beginnen sie mit einer allgemeinen Theorie aller möglichen Faktoren, die das Ergebnis beeinflussen könnten, und leiten davon spezifische Hypothesen (oder Vorhersagen) darüber ab, was geschehen könnte. Dann testen sie diese Hypothesen auf eine systematische Weise, um zu sehen, ob es Hypothesen stützende Befunde gibt. Diese Art des formal-logischen Problemlösens beginnt mit einer Möglichkeit und schreitet dann zur Wirklichkeit fort. Im Gegensatz dazu beginnen konkret-operationale Kinder mit der Wirklichkeit, nämlich mit der augenfälligsten Vorhersage über eine Situation. Wenn diese nicht bestätigt wird, fallen

In Piagets formal-operationaler Stufe beginnen Adoleszente mit hypothetisch-deduktivem Denken. Diese Schüler einer Oberschule lösen ein komplexes naturwissenschaftliches Problem, indem sie über alle möglichen Ergebnisse nachdenken, nicht nur über das augenfälligste.

ihnen keine Alternativen ein und sie scheitern an der Lösung des Problems.

Die Leistung von Adoleszenten in Piagets berühmter *Pendelaufgabe* illustriert diesen neuen Ansatz. Stellen Sie sich vor, dass wir einigen Schulkindern und Adoleszenten Schnüre verschiedener Länge, Gegenstände mit unterschiedlichem Gewicht, die an die Schnur festgemacht werden und einen Querbalken, an dem man die Schnur hängen lassen kann, zeigen (siehe Abbildung 11.7). Dann bitten wir jedes Kind herauszufinden, was die Geschwindigkeit, mit dem ein Pendel durch den Bogen schwingt, beeinflusst.

Abbildung 11.7: Piagets Pendelaufgabe. Adoleszente, die sich mit hypothetisch-deduktivem Denken beschäftigen, denken alle Möglichkeiten durch. Dann variieren sie einen Faktor zu einer Zeit und halten alle anderen konstant. Bald entdecken sie, dass das Gewicht des Gegenstandes, die Höhe, von der er freigelassen wird, und die Kraft, mit dem er geschwungen wird, keinen Einfluss hat auf die Geschwindigkeit, mit welcher das Pendel durch den Bogen schwingt. Nur die Länge der Schnur macht einen Unterschied aus.

Formal-operationale Adoleszente bieten vier Hypothesen an: (1) die Länge der Schnur, (2) das Gewicht des daran befestigten Gegenstandes, (3) wie hoch der Gegenstand gehoben wird, bevor er in Bewegung gesetzt wird und (4) wie stark der Gegenstand angestoßen wird. Dann probieren sie jede Möglichkeit aus, indem sie einen Faktor variieren und die anderen konstant halten. Schließlich finden sie heraus, dass nur die Länge der Schnur einen Unterschied bewirkt.

Im Gegensatz dazu experimentieren konkret-operationale Kinder unsystematisch. Sie können die einzelnen Variablen nicht trennen. Sie testen zum Beispiel die Wirkung der Schnurlänge, ohne das Gewicht konstant zu halten, indem sie etwa ein kurzes, leichtes Pendel mit einem langen, schweren vergleichen. Auch versagen Kinder in den ersten Grundschuljahren darin, Variablen zu bemerken, die nicht unmittelbar durch das konkrete Material der Aufgabe nahe liegen: die Höhe von der und die Kraft mit der das Pendel losgelassen wird.

11.5.2 Propositionales Denken (Aussagenlogik)

Ein zweites wichtiges Merkmal der formal-operationalen Stufe ist das **propositionale Denken (Aussagenlogik).** Adoleszente können die Logik von Propositionen (verbalen Aussagen) bewerten, ohne sich auf Umstände der realen Welt beziehen zu müssen. Im Gegensatz dazu können Kinder die Logik von Aussagen nur bewerten, wenn sie diese im Hinblick auf konkrete Belege in der wirklichen Welt betrachten können.

In einer Untersuchung zum propositionalen Denken zeigte eine Forscherin Kindern und Heranwachsenden einen Stapel von Pokerchips und befragte sie, ob die Aussagen über die Chips wahr, falsch oder ungewiss wären. Unter einer Bedingung versteckte die Forscherin ein Chip in ihrer Hand und legte die folgenden Vorschläge vor:

„*Entweder* ist der Chip in meiner Hand grün *oder* er ist nicht grün."

„Der Chip in meiner Hand ist grün *und* nicht grün."

Unter einer anderen Bedingung hielt die Experimentatorin entweder einen roten oder einen grünen Chip in voller Sicht der Versuchspersonen und machte die gleichen Aussagen.

Kinder im Schulalter konzentrierten sich auf die konkreten Eigenschaften der Pokerchips. Wenn der Chip versteckt war, antworteten sie, dass sie sich hinsichtlich beider Aussagen nicht sicher fühlten. Wenn er sichtbar war, beurteilten sie beide Aussagen als wahr, wenn der Chip grün war, und als falsch, wenn er rot war. Im Gegensatz dazu analysierten Adoleszente die Logik der Aussagen. Sie verstanden, dass die Entweder-oder-Aussage immer richtig ist und die Und-Aussage immer falsch, unabhängig von der Farbe der Pokerchips (Osherson & Markman, 1975).

Obwohl für Piaget die Sprache keine zentrale Rolle in der kognitiven Entwicklung der Kinder hatte (siehe Kapitel 7), gestand er ihr mehr Bedeutung in der Adoleszenz zu. Abstraktes Denken erfordert in der

Sprache verankerte Systeme der Repräsentation, die nicht für wirkliche Dinge stehen; das mathematische Denken in der höheren Mathematik ist solch ein in der Sprache verankertes System der Repräsentation. Schüler der Sekundarstufe benutzen diese Systeme in Algebra und Geometrie. Formal-operationales Denken schließt auch verbales Denken über abstrakte Konzepte ein. Julius zeigte, dass er auf diese Weise denken konnte, wenn er über Beziehungen zwischen Zeit, Raum und Materie in der Physik nachgrübelte und sich mit Gerechtigkeit und Freiheit in der Philosophie beschäftigte.

11.5.3 Neuere Forschung über formal-operationales Denken

Forschung über formal-operationales Denken stellt Fragen, die denen ähneln, die wir in Hinblick auf Piagets frühere Stufen stellten: Erscheint abstraktes Denken früher, als es Piaget erwartete? Können alle Menschen zum Ende ihrer Teenagerjahre formale Operationen ausführen?

■ Sind Kinder fähig zum abstrakten Denken?

Kinder im Schulalter zeigen Ansätze hypothetisch-deduktiven Denkens, sind darin aber nicht so kompetent wie Adoleszente. In vereinfachten Situationen, zum Beispiel solche, die nicht mehr als zwei mögliche kausale Variablen umfassen, verstehen Sechsjährige, dass Hypothesen durch einen angemessenen Beweis bestätigt werden müssen (Ruffman et al., 1993). Aber Kinder im Schulalter können keinen Beweis erbringen für etwas, das drei oder mehr Variablen auf einmal umfasst. Und wie wir sehen werden, wenn wir uns mit der Informationsverarbeitung beschäftigen, haben Kinder Schwierigkeiten zu erklären, warum ein Beobachtungsmuster eine Hypothese unterstützt, selbst wenn sie die Verbindung zwischen zwei der Beobachtungen erkennen.

Auch die Fähigkeit der älteren Schulkinder zu Aussagenlogik oder propositionalem Denken ist eingeschränkt. Zum Beispiel haben sie große Schwierigkeiten, aus Voraussetzungen zu urteilen, die der Wirklichkeit oder ihren eigenen Annahmen widersprechen. Betrachten Sie die folgenden Aussagen: „Wenn Hunde größer sind als Elefanten und Elefanten größer als Mäuse, sind Hunde größer als Mäuse." Kinder unter zehn Jahren beurteilen diese Feststellung als falsch, weil nicht alle spezifizierten Beziehungen im wirklichen Leben vorkommen (Moshman & Franks, 1986). Sie sind nicht in der Lage, die *logische Notwendigkeit* propositionalen Denkens zu begreifen, dass nämlich die Gültigkeit von Schlussfolgerungen, die aus Voraussetzungen gezogen wurden, auf Regeln der Logik, nicht auf Bestätigungen der realen Welt beruhen.

Wie Piagets Theorie zeigt, werden Menschen in westlichen Ländern um das Alter von elf Jahren besser darin, die Logik von verbalen Aussagen oder Propositionen, gleichgültig welchen Inhaltes, zu analysieren. Propositionales Denken wird über die Jahre der Adoleszenz stetig besser (Markovits & Vachon, 1989, 1990).

■ Erreichen alle Menschen die formal-operationale Stufe?

Geben Sie Ihren Freunden eine oder zwei der formal-operationalen Aufgaben, die wir gerade beschrieben haben, und sehen Sie, wie gut diese darin sind. Selbst gebildete Erwachsene haben Schwierigkeiten mit abstraktem Denken. Ungefähr 40 % bis 60 % der Studenten versagen bei Piagets formal-operationalen Aufgaben (Keating, 1979).

Wie kommt es, dass so viele Studenten und Erwachsene im Allgemeinen nicht vollkommen formal-operational entwickelt sind? Der Grund dafür ist, dass Menschen am ehesten abstrakt in Situationen denken, mit denen sie die ausgiebigste Erfahrung haben. Diese Aussage wird dadurch bestätigt, dass die Teilnahme an Universitätskursen zu Verbesserungen im formal-operationalen Denken in Bezug auf Inhalte des Kurses führt (Lehman & Nisbett, 1990). Physikstudenten begreifen Piagets Pendelproblem sofort. Der begeisterte Anglist besticht in der Analyse der Themen von Shakespeare-Stücken, während der Geschichtsexperte mit Geschick die Ursachen und Folgen des Zweiten Weltkrieges bewertet.

In vielen dörflichen und Stammesgesellschaften werden sogar formal-operationale Aufgaben überhaupt nicht bewältigt (Cole, 1990; Gellatly, 1987). Piaget räumte ein, dass ohne die Möglichkeit, hypothetische Probleme zu lösen, Menschen in manchen Gesellschaften formale Operationen nicht bewältigen. Jedoch werfen diese Erkenntnisse weitere Fragen zur Abfolge von Piagets Stufen auf. Rührt die formal-operationale Stufe größtenteils von den unabhängigen Anstrengungen von Kindern und Heranwachsenden her, ihre Welt zu verstehen, so wie es Piaget behauptete? Oder ist es eine kulturell übertragene Denkweise, die spezifisch ist für Gesellschaften, die über eine Schrift verfügen und sie in der Schule lehren? Wie genau bewältigen die jungen Menschen den Übergang vom konkreten zum formaloperationalen Denken? Diese Fragen haben viele Forscher dazu geführt, einen informationsverarbeitende Ansatz zu wählen.

11.6 Ein informationsverarbeitender Ansatz in der kognitiven Entwicklungspsychologie der Adoleszenz

Theoretiker der Informationsverarbeitungsprozesse stimmen mit den weitreichenden Umrissen von Piagets Beschreibung adoleszenter Kognition überein (Case, 1992, 1998; Demetriou et al., 1993; Halford, 1993). Jedoch verwiesen sie auf eine Vielzahl spezifischer Mechanismen kognitiver Veränderung, von denen jede bereits in vorhergehenden Kapiteln besprochen wurde. Sie seien hier zusammengefasst:

- *Aufmerksamkeit* konzentriert sich stärker auf relevante Informationen und passt sich besser den wechselnden Anforderungen der Aufgaben an.

- *Strategien* werden effektiver, indem Speicherung, Repräsentation und Wiederholen der Informationen sich verbessern.

- *Wissen* nimmt zu und verbessert damit die Verwendung der Strategie.

- *Metakognition* (Nachdenken über Denken) weitet sich aus und führt zu neuen Einsichten in wirksame Strategien, um Informationen zu erwerben und Probleme zu lösen.

- *Kognitive Selbstregulation* verbessert sich, was bessere Überwachung von Augenblick zu Augenblick, Bewertung und Richtung des Denkens ergibt.

- *Verarbeitungskapazität* wächst in Folge des gemeinsamen Einflusses von Hirnentwicklung und den gerade erwähnten Faktoren, die die Geschwindigkeit des Denkens beeinflussen (Demetriou et al., 2002). Dadurch wird Platz im Arbeitsgedächtnis frei, sodass mehr Informationen auf einmal behalten werden können und in effektive, abstrakte Repräsentationen umgewandelt werden können.

Wenn wir einflussreiche Erkenntnisse des informationsverarbeitenden Ansatzes betrachten, sehen wir einige dieser Veränderungsmechanismen in Aktion. Und wir werden sehen, dass Forscher eine von ihnen, die *Metakognition,* als zentral für die Entwicklung des abstrakten Denkens ansehen.

11.6.1 Wissenschaftliches Denken: Koordination von Theorie und Beweismaterial

Während einer freien Minute in der Sportstunde wunderte sich Sabrina darüber, warum mehr ihrer Aufschläge und Rückbälle beim Tennis über das Netz gingen und auf das Feld ihres Gegners trafen, wenn sie eine bestimmte Ballmarke benutzte. „Vielleicht hat das mit ihrer Farbe oder Größe zu tun? Hmm, wahrscheinlich ist es eher ihre Oberflächenstruktur, die vielleicht das Springen beeinflusst", dachte sie sich.

Das Herz wissenschaftlichen Denkens besteht in der Koordination von Theorie und Beweismaterial. Deanna Kuhn hat ausgiebige Untersuchungen über die Entwicklung wissenschaftlichen Denkens durchgeführt und benutzte dabei Aufgaben, die denen Piagets darin ähnelten, dass verschiedene Variablen ein Ergebnis beeinflussen können. In einer Untersuchungsreihe bekamen Dritt-, Sechst- und Neuntklässler und Erwachsene Beweismaterial, das zum Teil mit Theorien übereinstimmte, ihnen zum Teil aber auch widersprach. Dann wurden sie über die Gültigkeit jeder Theorie befragt.

Zum Beispiel gab man den Teilnehmern ein Problem, das dem von Sabrina ziemlich ähnlich war. Sie wurden aufgefordert, darüber zu theoretisieren, welche der verschiedenen Merkmale von Sportbällen – nach Größe (groß oder klein), Farbe (hell oder dunkel), Oberflächentextur (rau oder weich) oder An- oder Abwesenheit von Furchen auf der Oberfläche – die Qualität des Aufschlages eines Spielers beeinflusst. Danach erzählte man ihnen über die Theorie von Herrn (oder Frau) S., die annimmt, dass die Größe des Balls wichtig ist und die Theorie von Herrn (oder Frau) C., die glaubt, dass die Farbe den Unterschied macht. Schließlich brachten die Interviewer Beweismaterial, indem sie Bälle mit bestimmten Merkmalen in zwei Körbe legten, die mit „guter Anschlag" und „schlechter Anschlag" gekennzeichnet waren (siehe Abbildung 11.8).

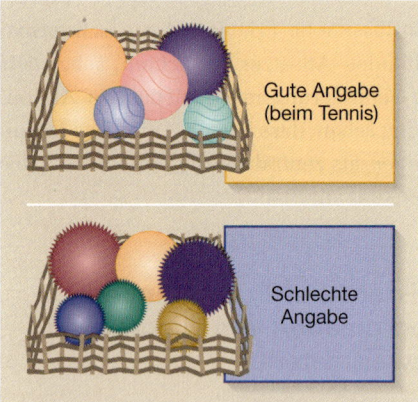

Abbildung 11.8: Welche Merkmale dieser Sportbälle – Größe, Farbe, Oberflächentextur oder An- oder Abwesenheit von Furchen – hat den Aufschlag des Spielers beeinflusst? Dieser Satz von Beweismaterial legt nahe, dass die Farbe von Bedeutung sein könnte, weil die hellen Bälle sich hauptsächlich in dem Korb „guter Aufschlag" befinden und die dunklen Bälle in dem Korb mit schlechten Aufschlägen. Aber das Gleiche gilt für die Oberflächentextur. Der Korb „guter Aufschlag" hat hauptsächlich weiche Bälle, der mit dem schlechten Aufschlag raue. Da alle Bälle mit heller Farbe weich und die mit dunkler Farbe rau sind, können wir nicht sagen, ob die Farbe oder die Textur den Unterschied macht. Aber wir können schließen, dass Größe und An- oder Abwesenheit von Furchen nicht wichtig sind, weil diese Merkmale gleichermaßen in dem Korb mit gutem wie dem mit schlechtem Aufschlag vorhanden sind (nach Kuhn, Amsel, & O'Loughlin, 1988).

Die jüngsten Teilnehmer ignorierten oft den Widerspruch oder verzerrten ihn auf eine Weise, die mit ihrer bevorzugten Theorie zusammenpasste. Statt den Beweis getrennt von und in Einfluss auf eine Theorie zu sehen, fügten die Kinder oft beide in eine einzige Repräsentation „so, wie die Dinge sind". Die Fähigkeit, die Theorie vom Beweismaterial zu unterscheiden und logische Regeln zu benutzen, um ihre Beziehung in komplexen, multivariablen Situationen zu benutzen, verbessert sich von Kindheit zur Adoleszenz bis ins Erwachsenenalter (Foltz, Overton, & Ricco, 1995; Kuhn et al., 1995; Schauble, 1996).

11.6.2 Wie sich wissenschaftliches Denken entwickelt

Welche Faktoren unterstützen die Fähigkeit von Heranwachsenden, Theorie und Beweismaterial zu koordinieren? Eine höhere Verarbeitungskapazität, die es erlaubt, eine Theorie und die Wirkung verschiedener Variablen auf einmal zu vergleichen, ist wesentlich. Darüber hinaus ist die *Metakognition* (Denken über das Denken) besonders wichtig (Kuhn, 1999; Moshman, 1999). Die Individuen müssen in der Lage sein, die Theorie als Gegenstand des Denkens statt eines Spiegelbildes der Realität zu betrachten. Und sie müssen auch ihre eigene theoretische Vorliebe beiseite lassen und ansehen, was das Beweismaterial sagt und das als einzige Basis ihres Urteils nehmen.

Wie wächst die Fähigkeit der Koordination von Theorie und Beweismaterial? Die Leistung ist stark beeinflusst durch Schulung (Kuhn, 1993). Aber selbst bei fortgeschrittenem Stadium der Ausbildung wird das wissenschaftliche Denken selten direkt gelehrt. Stattdessen erhalten Schüler in allen Fächern Praxis darin, ihre eigenen Erfahrungen und Annahmen beiseite zu lassen, um Folgerungen zu ziehen, die den gegebenen Informationen folgen. Wiederholte Möglichkeiten, Theorie gegen Beweismaterial zu stellen, bringen Adoleszente dazu, über ihre derzeitigen Strategien nachzudenken, sie zu revidieren und dem Wesen der Logik gewahr zu werden (Kuhn et al., 1995; Moshman, 1998; Schauble, 1996).

Obwohl Heranwachsende und Erwachsene viel besser im wissenschaftlichen Denken sind als Kinder, bedienen sie sich weiterhin einer Art Selbstbedienung in ihrem Denken. Sie weisen Logik wirksamer den Gedanken zu, die sie bezweifeln, als jenen, die sie bevorzugen. Das wissenschaftliche Denken jedoch erfordert anstelle einer Selbstbedienung die Fähigkeit der Metakognition, um objektiv zu sein (Moshman, 1999). Wie wir in Kapitel 12 sehen werden, ist dieser flexible, offene Zugang nicht nur ein kognitiver Meilenstein, sondern ein Persönlichkeitszug – einer, der Teenagern sehr hilft, eine Identität zu bilden und sich moralisch zu entwickeln.

Adoleszente entwickeln formal-operationales Denken auf eine ähnliche Weise, Schritt für Schritt, bei verschiedenen Typen von Aufgaben. In einer Reihe von Untersuchungen gab man 10- bis 20-Jährigen Sätze von Aufgaben, die nach Schwierigkeiten gestaffelt waren. Ein Satz zum Beispiel bestand aus Aufgaben, in denen quantitative Größen aufeinander bezogen werden mussten (wie das Pendelproblem auf Seite 503).

Ein anderer Satz umfasste propositionale Aufgaben wie die mit den Pokerchips auf Seite 503. Und noch ein anderer Satz umfasste kausal-experimentelle Aufgaben wie die mit den Sportbällen von Abbildung 11.8 (Demetriou, Efklides, & Platsidou, 1993; Demetriou et al., 1993; Demetriou et al., 1996).

Bei jeder Aufgabe meisterten die Heranwachsenden Komponenten der Fertigkeiten in einer aufeinander folgenden Reihenfolge, indem sie ihr metakognitives Bewusstsein erweiterten. Bei den kausal-experimentellen Aufgaben zum Beispiel wurden sie zuerst der vielen Variablen gewahr, die das Ergebnis beeinflussen konnten. Das befähigte sie, Hypothesen zu formulieren und zu testen. Mit der Zeit kombinierten sie separate Fertigkeiten zu einem gut funktionierenden System. Sie konstruierten ein allgemeines Modell, das bei vielen Beispielen eines bestimmten Typs von Problemen angewendet werden konnte. In den Worten der Forscher scheinen die jungen Leute ein „hyperkognitives System" oder Supersystem zu bilden, das andere Aspekte der Kognition versteht, organisiert und beeinflusst (Demetriou & Kazi, 2001).

Gehen Sie zurück zu Kapitel 9 und sehen sich wieder Robbie Cases Sichtweise der Entwicklung im Sinne der Informationsverarbeitung an. Erinnert Sie das Konzept der *zentralen konzeptionellen Strukturen* von Case an die Fortschritte in der Metakognition, die wir gerade beschrieben haben? Piaget unterstrich ebenfalls die Rolle der Metakognition beim formal-operationalem Denken, wenn er vom „operieren (bearbeiten) der Operationen" sprach (siehe Seite 502). Die Erkenntnisse der Informationsverarbeitung jedoch enthüllen, dass wissenschaftliches Denken nicht aus einer abrupten Veränderung im Sinne einer Stufe resultiert, wie Piaget annahm. Stattdessen entwickelt es sich nach und nach aus vielen spezifischen Erfahrungen, die von Kindern und Heranwachsenden fordern, Theorien mit Beweismaterial abzustimmen und ihr Denken zu reflektieren und zu bewerten.

11.7 Folgen abstrakten Denkens

Die Entwicklung formaler Operationen führt zu dramatischen Revisionen in der Weise, wie Adoleszente sich selber, andere und die Welt im Allgemeinen sehen. Aber so wie Heranwachsende gelegentlich ungeschickt im Gebrauch ihrer veränderten Körper sind, sind sie zunächst in ihrem abstrakten Denken auch schwankend und unbeholfen. Eltern und Lehrer müssen sehr aufmerksam sein, die vielen typischen Reaktionen der Teenagerjahre wie Streitlust, Selbstbezogenheit, unsensible Bemerkungen und Unentschiedenheit nicht als etwas anderes als Unerfahrenheit mit der neuen Denkkraft zu verstehen. Die Tabelle „Aspekte der Fürsorge" auf der folgenden Seite zeigt Wege auf, die täglichen Folgen der neuen Fähigkeit zur Abstraktion zu handhaben.

11.7.1 Streitlust

Wenn Adoleszente formale Operationen erwerben, sind sie auch motiviert, diese anzuwenden. Das einst biegsame Schulkind wird ein energischer, streitbarer Teenager, der Fakten und Gedanken ordnen kann und seinen Standpunkt vertritt (Elkind, 1994). „Eine einfache, geradlinige Erklärung hatte immer gereicht, Louis zum Gehorchen zu bringen", klagte Antonio. „Jetzt will er tausend Gründe hören. Aber noch schlimmer, er findet immer einen Weg, allem zu widersprechen!"

Solange Widersprüche zwischen Eltern und Kind auf Prinzipien konzentriert bleiben und nicht in sinnlose Kämpfe ausarten, können sie die Entwicklung fördern. Durch Diskussionen von familiären Regeln und Praktiken werden die Heranwachsenden eher der Werte ihrer Eltern und der Gründe dahinter gewahr. Nach und nach sehen sie die Gültigkeit der elterlichen Annahmen ein und nehmen viele für sich selber an (Alessandri & Wozniak, 1987). Die Offenheit der Teenager für wirksame Argumente öffnet auch Türen für intellektuell anregende Freizeitbeschäftigungen, so wie Debatten und endlose Mammutsitzungen mit Freunden über moralische, ethische und politische Belange. Durch Vorschlagen, Rechtfertigen, Kritisieren und Verteidigen von Lösungen, kommen Adoleszente oft auf ein höheres Verständnisniveau (Moshman, 1998, 1999).

11.7.2 Befangenheit und Selbstbezug

Die Fähigkeit Heranwachsender, über ihre eigenen Gedanken zu reflektieren, kombiniert mit den körperlichen und seelischen Veränderungen, denen sie ausgesetzt sind, bedeutet, dass sie beginnen, mehr über sich selber nachzudenken. Piaget glaubte, dass eine neue Form des Egozentrismus dieser Stufe begleitet: die Unfähigkeit, die abstrakte Perspektive

11.7 KÖRPERLICHE UND KOGNITIVE ENTWICKLUNG IN DER ADOLESZENZ

Aspekte der Fürsorge

Wege, die Folgen der neuen Fähigkeit zur Abstraktion bei Teenagern zu handhaben

FOLGEN	VORSCHLAG
Streitlust	Bleiben Sie bei Nichtübereinstimmung ruhig, rational und auf die Prinzipien konzentriert. Drücken Sie Ihren Standpunkt und die zugrunde liegenden Gründe aus. Obwohl die Heranwachsenden dabei bleiben, diese herauszufordern, erlauben ihnen Erklärungen, über die Gültigkeit Ihrer Ansichten später nachzudenken.
Empfindlichkeit auf öffentliche Kritik	Halten Sie sich zurück, Fehler des Adoleszenten vor anderen zu finden. Wenn der Fall wichtig ist, warten Sie, bis Sie mit dem Teenager allein sprechen können.
Übertriebenes Gefühl der personellen Einzigartigkeit	Erkennen Sie die einzigartigen Merkmale des Teenagers an. Weisen Sie bei einem günstigen Zeitpunkt darauf hin, dass Sie sich als Teenager ähnlich fühlten und ermutigen Sie eine ausgewogenere Sichtweise.
Idealismus und Kritiklust	Reagieren Sie geduldig auf die grandiosen Erwartungen und kritischen Anmerkungen des Heranwachsenden. Weisen Sie auf Merkmale des Angriffziels hin und helfen Sie dem Teenager dabei einzusehen, dass alle Welt und alle Menschen eine Mischung von Tugenden und Unvollkommenheit darstellen.
Schwierigkeiten, im Alltag Entscheidungen zu treffen	Halten Sie sich zurück, Entscheidungen für den Teenager zu treffen. Bieten Sie Erinnerungshilfen und diplomatische Vorschläge an, bis er oder sie mit mehr Zutrauen die Wahl treffen kann.

des eigenen Selbst und die anderer zu unterscheiden (Inhelder & Piaget, 1955/1958). Wenn Teenager sich vorstellen, was andere denken, erscheinen zwei verzerrte Bilder der Beziehung zwischen dem Selbst und den anderen.

Das erste ist das **imaginäre Publikum,** die Annahme der Heranwachsenden, dass sie der Fokus der Aufmerksamkeit des Interesses von jedermann sind (Elkind & Bowen, 1979). Junge Teenager sehen sich immer auf der Bühne. Folglich werden sie extrem befangen und bemühen sich oft sehr, Verlegenheit zu vermeiden. Sabrina wachte zum Beispiel eines Sonntagmorgens mit einem großen Pickel auf dem Kinn auf. „Ich kann unmöglich in die Kirche gehen!", rief sie aus. „Jeder wird sehen, wie hässlich ich bin." Das imaginäre Publikum hilft uns die Stunden zu verstehen, die Heranwachsende vor dem Spiegel verbringen und jedes Detail ihrer Erscheinung inspizieren. Es erklärt auch ihre Empfindlichkeit auf Kritik. Für Teenager, die annehmen, dass jeder ihre Erscheinung beäugt, kann eine kritische Bemerkung eines Elternteils oder Lehrers demütigend sein.

Eine zweite kognitive Verzerrung ist die **persönliche Legende.** Weil Teenager sich so sicher sind, dass andere sie beobachten und über sie nachdenken, entwickeln sie eine übersteigerte Meinung ihrer eigenen Bedeutung. Sie beginnen, sich als etwas Besonderes und Einzigartiges zu fühlen. Viele Heranwachsende sehen sich selber große Höhen des Ruhmes ersteigen wie auch in ungewöhnliche Tiefen der Verzweiflung zu fallen – Erfahrungen, die andere wahrscheinlich nicht verstehen könnten (Elkind, 1994). Wie ein Teenager in sein Tagebuch schrieb: „Das Leben meiner Eltern ist so gewöhnlich, so festgefahren. Meines wird anders sein. Ich werde meine Hoffnungen und Ambitionen verwirklichen." Wenn die persönliche Legende mit einer Persönlichkeit verbunden ist, die auf Sensationen aus ist, scheint sie dazu beizutragen, dass Heranwachsende Risiken eingehen, um ihre Kameraden von ihrer Unverletzlichkeit zu überzeugen. In einer Untersuchung gingen junge Leute mit einer starken persönlichen Legende und hohen Werten im Suchen von Sensationen mehr sexuelle Risiken ein, benutzten häufiger Drogen und begingen mehr kriminelle Taten als ihre Altersgenossen (Greene et al., 2000).

Das imaginäre Publikum und die persönliche Legende sind am stärksten während des Übergangs zu formalen Operationen. Sie nehmen nach und nach ab, wenn das abstrakte Denken besser aufgebaut ist (Lapsley et al., 1988). Doch diese verzerrten Sichtweisen des Selbst stellen nicht unbedingt eine Rückkehr zum Egozentrismus dar. Stattdessen scheinen sie ein Hinauswachsen des Zugewinns im Einnehmen von Perspektiven darzustellen, die junge Teenager

Folgen abstrakten Denkens

Diese Heranwachsenden schauspielern vor der Kamera. Aber ihr imaginäres Publikum führt sie dazu anzunehmen, dass jede ihre Handlungen auch zu anderen Zeiten beobachtet wird. Folglich sind junge Teenager extrem befangen und bemühen sich sehr, Verlegenheit zu vermeiden.

dazu bringt, sehr besorgt darüber zu sein, was andere denken (Vartanian & Powlishta, 1996). Adoleszente haben auch emotionale Gründe, an dem Gedanken zu haften, dass andere sich ausschließlich mit ihrer Erscheinung und ihrem Verhalten beschäftigen. Das hilft ihnen dabei, einen Halt an wichtigen Beziehungen zu bewahren, wenn sie darum kämpfen, sich von Eltern zu trennen und ein unabhängiges Selbstgefühl aufzubauen (Vartanian, 1997).

11.7.3 Idealismus und Kritik

Weil abstraktes Denken den Heranwachsenden erlaubt, über das Reale zum Möglichen hinauszugehen, eröffnet es eine Welt der Ideale und Vollkommenheit. Teenager können sich alternative Familien, Religionen, politische und moralische Systeme vorstellen und wollen sie erkunden. Das ist Teil der Erforschung neuer Reiche der Erfahrung, Entwicklung größerer sozialer Verpflichtungen und Definition eigener Werte und Vorlieben.

Der Idealismus von Teenagern führt sie zur Konstruktion grandioser Visionen einer vollkommenen Welt ohne Ungerechtigkeit, Diskriminierung oder geschmackloses Benehmen. Sie haben keinen Platz für die Unzulänglichkeiten des täglichen Lebens. Erwachsene mit ihrer größeren Lebenserfahrung haben eine realistischere Sehweise. Die Verschiedenheit zwischen der Sicht der Welt von Erwachsenen und Teenagern wird oft der „Generationenkonflikt" genannt und führt zu Spannungen zwischen Eltern und Kind. Eine vollkommene Familie vor Augen, gegen die ihre realen Eltern und Geschwister nicht ankommen, kann Adoleszente zu kleinlichen Kritikern machen.

Aber insgesamt sind Idealismus und Kritiklust von Teenagern von Vorteil. Wenn Adoleszente erst einmal lernen, bei anderen Stärken und Schwächen zu sehen, haben sie eine größere Fähigkeit, konstruktiv an sozialen Veränderungen zu arbeiten und positive and andauernde Beziehungen zu bilden (Elkind, 1994). Eltern können Teenagern helfen, ein besseres Gleichgewicht zwischen dem Idealen und dem Realen zu finden, indem sie ihre Kritik akzeptieren, aber den jungen Menschen daran erinnern, dass alle Menschen eine Mischung aus Tugenden und Unvollkommenheiten darstellen.

11.7.4 Planen und Entscheidungen treffen

Heranwachsende, die analytischer denken, handhaben kognitive Aufgaben wirksamer als im früheren Alter. Wenn sie Hausaufgaben machen müssen, sind sie viel besser in der *kognitiven Selbstregulation:* sie planen, was als Erstes zu tun ist und was darauf folgen soll, überwachen den Fortschritt auf ein Ziel hin und leiten Handlungen um, wenn sie sich als erfolglos erweisen. Aus diesem Grund nehmen die Lernfertigkeiten von der mittleren Kindheit in die Adoleszenz hinein zu.

Wenn es jedoch zum Planen und Treffen von Entscheidungen im täglichen Leben kommt, fühlen sich Teenager (besonders junge) oft überwältigt von den Möglichkeiten, die vor ihnen liegen. Ihre Bemühungen, zwischen Alternativen zu wählen, brechen oft zusammen und sie ziehen sich auf das Gewohnte zurück, handeln impulsiv oder treffen überhaupt keine Entscheidung (Elkind, 1994). Jeden Morgen zum Beispiel probierte Sabrina fünf oder sechs Kleidungsstücke an, bevor sie zur Schule ging. Oft rief sie aus ihrem Zimmer: „Mama, was soll ich anziehen?" Wenn dann Franca einen Vorschlag machte, wies Sabrina ihn zurück und entschied sich für einen Pullover, den sie schon wochenlang getragen hatte. Ähnlich zögerte Louis über die Eintragung für Tests zum Eintritt ins College. Als Franca erwähnte, dass er den Stichtag verpassen würde, quälte sich Louis über die Formblätter, unfähig zu entscheiden, wann oder wo er die Tests machen wollte.

11.8 Geschlechtsunterschiede in geistigen Fähigkeiten

Dieses Mädchen im Teenageralter schaut, als hätte sie mit ihren Eltern nichts gemeinsam. Ihr idealistisches Bild einer vollkommenen Welt, an die ihre Familie nicht herankommt, führt zu einem „Generationenkonflikt" und schafft Spannungen zwischen Eltern und Heranwachsenden. Mit der Zeit wird sie ein besseres Gleichgewicht zwischen Ideal und Realität finden.

Geschlechtsunterschiede in der intellektuellen Leistung sind seit dem Beginn dieses Jahrhunderts untersucht worden und haben fast so viele hitzige Debatten ausgelöst wie ethnische und sozioökonomische Unterschiede im IQ, was wir in Kapitel 9 besprochen haben. Obwohl sich Jungen und Mädchen nicht in der allgemeinen Intelligenz unterscheiden, zeigen sie Unterschiede in spezifischen geistigen Fähigkeiten. Über die Schulzeit hinweg erhalten Mädchen bessere Werte im Schreiben und Lesen und stellen einen niedrigeren Prozentsatz der Kinder, die Leseförderung zugewiesen werden (Campbell, Hombo, & Mazzeo, 2000; Halpern, 2000). Die Mädchen zeigen in der Adoleszenz weiterhin etwas höhere Werte in der allgemeinen Sprachfähigkeit (Hyde & Linn, 1988). Erinnern Sie aus Kapitel 5, dass Mädchen einen biologischen Vorteil in der früheren Entwicklung der linken Hemisphäre der Großhirnrinde haben, wo die Sprache lokalisiert ist. Mädchen erhalten in den Vorschuljahren auch mehr sprachliche Anregungen von ihren Müttern. Und nach Schulbeginn sehen Kinder das Lesen als „feminines" Fach an.

Zur Adoleszenz hin sind Jungen besser in Mathematik, besonders bei Aufgaben, die abstraktes Denken erfordern, in erster Linie komplexe Wortprobleme und in Geometrie (Bielinski & Davison, 1998; Hedges & Nowell, 1995). Bei mathematisch begabten Jugendlichen erscheint der Geschlechtsunterschied viel früher, in der zweiten Klasse, und ist sehr groß. In weithin publizierten wissenschaftlichen Untersuchungen an mehr als 40.000 begabten Sieben- und Achtklässlern, die eingeladen waren, den Scholastic Aptitude Test (SAT) durchzuführen, übertrafen die Jungen Jahr für Jahr die Mädchen in mathematischen Untertests. Doppelt so viele Jungen wie Mädchen hatten Werte über 500; 13 mal so viele über 700 (Benbow & Stanley, 1983; Lubinski & Benbow, 1994).

Einige Forscher nehmen an, dass der Geschlechtsunterschied in Mathematik, insbesondere die extrem hohe Begabung von Jungen, genetisch ist. Immer mehr Beweise belegen, dass dieses seine Wurzel im biologisch bedingten hervorragenden räumlichen Denken hat. Der Kasten „Biologie und Umwelt" trägt zur Diskussion dieses Themas bei.

Obwohl Vererbung im Spiel ist, trägt auch sozialer Druck dazu bei. Lange bevor Geschlechtsunterschiede in mathematischen Leistungen erscheinen, sehen

Tägliches Planen und Treffen von Entscheidungen sind schwierig für Teenager, weil es so viele Möglichkeiten gibt. Als sie kleiner waren, haben in der Regel Erwachsene ihre Wahlmöglichkeiten spezifiziert und damit die Anzahl der zu treffenden Entscheidungen reduziert. Wenn Heranwachsende mehr Erfahrung gesammelt haben, wählen sie mit mehr Vertrauen aus.

Prüfen Sie sich selbst …

Rückblick
Illustrieren Sie den Unterschied zwischen der Kognition von Kindern im Schulalter und Heranwachsenden, indem Sie die Konzepte des hypothetisch-deduktiven und des propositionalen Denkens benutzen.

Rückblick
Beschreiben Sie und bringen Sie Beispiele für die Rolle der Metakognition in der kognitiven Entwicklung von Adoleszenten.

Anwendung
Die 13-jährige Rosie war in einen Jungen verliebt, der ihre Zuneigung jedoch nicht erwiderte. Nachdem ihre Mutter ihr versichert hatte, dass es auch noch andere Jungen gäbe, schnauzte Rosie sie an: „Mama! Du hast keine Ahnung, wie es ist, verliebt zu sein!" Welche kognitive Verzerrung der Adoleszenz illustriert Rosies Denken? Erklären Sie.

Zusammenhänge
Idealismus und Kritiklust in der Adoleszenz sind, wenn auch lästig für die Eltern, auf die Länge gesehen nützlich sowohl für das sich entwickelnde Individuum wie für die Gesellschaft. Erklären Sie, warum das so ist.

Prüfen Sie sich selbst …

Biologie & Umwelt: Geschlechtsunterschiede in räumlichen Fähigkeiten

Räumliche Fähigkeiten sind ein Schlüsselbegriff der Forscher geworden, Geschlechtsunterschiede im mathematischen Denken zu erklären. Es gibt deutliche Unterschiede in räumlichen Fähigkeiten, aber sie betreffen nur einige Aufgaben. Der Geschlechtsunterschied zugunsten von Jungen betrifft stark *mentale Rotationsaufgaben*, bei denen Menschen eine dreidimensionale Figur schnell und genau im Kopf drehen müssen (siehe Abbildung 11.9). Außerdem sind Männer sehr viel besser bei *Aufgaben der räumlichen Wahrnehmung*, bei denen man die räumliche Beziehung festlegen muss, indem man sich in der umgebenden Umwelt orientiert. Geschlechtsunterschiede in *Aufgaben zur räumlichen Visualisierung*, welche die Analyse komplexer visueller Formen umfassen, sind schwach oder existieren gar nicht, vielleicht, weil viele Strategien angewendet werden können, um sie zu lösen. Beide Geschlechter zeigen wirksame Methoden (Voyer, Voyer, & Bryden, 1995).

Geschlechtsunterschiede in räumlichen Fähigkeiten tauchen in der frühen Kindheit auf und dauern das ganze Leben hindurch an (Levine et al., 1999). Das Muster ist vorherrschend genug, um eine biologische Erklärung anzunehmen. Eine Hypothese ist, dass Vererbung, vielleicht durch pränatale Exposition von männlichen Geschlechtshormonen, die Funktion der rechten Hemisphäre verstärkt und damit männlichen Individuen einen Vorteil im räumlichen Denken verschafft. (Erinnern Sie, dass bei den meisten Menschen räumliche Fähigkeiten in der rechten Hemisphäre der Großhirnrinde beheimatet sind.) In Übereinstimmung mit dieser Theorie steht die Tatsache, dass Frauen und Mädchen, deren pränatale Werte von männlichen Geschlechtshormonen hoch waren, extrem hohe Leistungen in räumlichen Rotationsaufgaben zeigten (Berenbaum, 2001). Und Menschen mit schweren pränatalen Defiziten in weiblichen oder männlichen Hormonen haben Schwierigkeiten mit räumlichem Denken (Hier & Crowley, 1982; Temple & Carney, 1995).

Forschung über Variationen in Hormonen innerhalb eines normalen Spektrums ist weniger deutlich. Obwohl viele Studien über eine Beziehung zwischen männlichen Hormonen und räumlichen Fähigkeiten berichten, gibt es einige, die das nicht bestätigen. Und wenn eine Beziehung gefunden wurde, ist sie nicht immer eindeutig (Geary, 1998). Aber in Übereinstimmung mit einem biologischen Beitrag zeigen Jungen eine schnellere Entwicklung der rechten Hirnhemisphäre als Mädchen (Breedlove, 1994). Warum mag ein biologisch begründeter Geschlechtsunterschied in den räumlichen Fähigkeiten bestehen? Evolutionstheoretiker weisen darauf hin, dass die mentale Rotationsfertigkeit eine schnelle

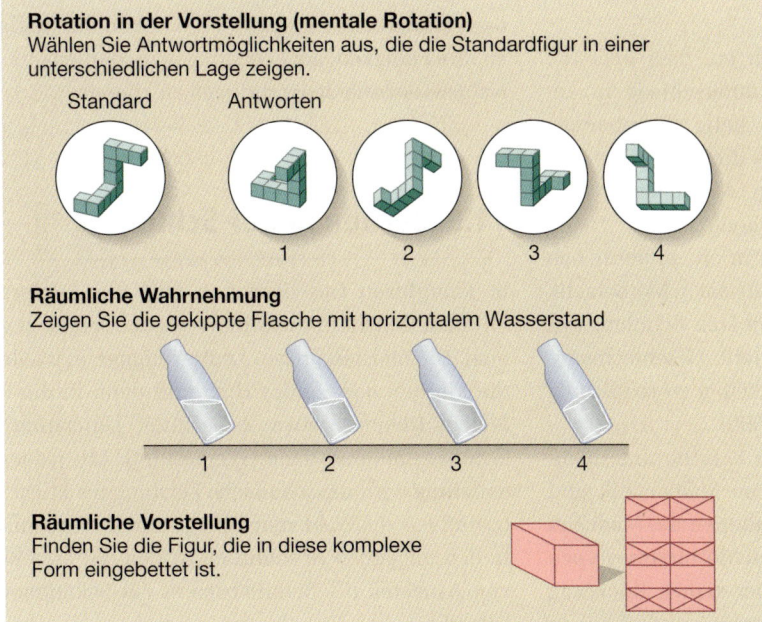

Abbildung 11.9: Typen räumlicher Aufgaben. Große Geschlechtsunterschiede zugunsten von Männern gibt es in der mentalen Rotation. Männer sind auch beträchtlich besser als Frauen in der räumlichen Wahrnehmung Im Gegensatz dazu sind Geschlechtsunterschiede in der räumlichen Visualisierung schwach oder nicht vorhanden (aus M. C. Linn & A. C. Petersen, 1985, „Emergence and Characterization of Sex Differences in Spatial Ability: A Meta-Analysis," Child Development, 56, S. 1482, 1483, 1485. © The Society for Research in Child Development, Inc.).

und genaue Orientierung im Raum ermöglicht, in der Männer besser sind. Während der menschlichen Evolution passten sich die männlichen kognitiven Fertigkeiten dem Jagen an, was voraussetzte, geistige Repräsentationen großer Räume parat zu haben, um Wege zu finden (Moffat, Hampson, & Hatzipantelis, 1998).

Obwohl die Biologie an der besseren räumlichen Leistung der Männer beteiligt ist, machen auch Erfahrungen einen Unterschied. Kinder, die sich mit praktischen Fähigkeiten beschäftigen wie Bauen mit Bauklötzen, Modellbau und Schreinern sind besser in Aufgaben mit räumlichem Vorstellungsvermögen (Baenninger & Newcombe, 1995). Überdies vergrößern Videospiele, die eine schnelle mentale Rotation visueller Bilder erfordern, die Testwerte in räumlichen Aufgaben sowohl bei Jungen wie bei Mädchen (Okagaki & Frensch, 1996; Subrahmanyam & Greenfield, 1996). Jungen verbringen mit diesen Beschäftigungen weit mehr Zeit als Mädchen.

Tragen bessere räumliche Fähigkeiten zu der größeren Leichtigkeit bei, mit der Männer komplexe mathematische Probleme lösen? Forschungen scheinen das zu belegen (Casey et al., 1995). Doch in einer Untersuchung unter hoch befähigten, für das College geeigneten Jugendlichen sagten sowohl die mentale Rotationsfähigkeit wie das Selbstvertrauen in Mathematik höhere Werte auf den mathematischen Untertest des SAT voraus (Casey, Nuttall, & Pezaris, 1997). Jungen haben nicht nur Vorteile in mentaler Rotation, sondern auch in ihrem Selbstvertrauen hinsichtlich Mathematik, trotz der Tatsache, dass ihre Noten insgesamt schlechter waren als die der Mädchen (Eccles et al., 1993b). Zusammengefasst heißt das, dass Biologie und Umwelt gemeinsam Variationen in der räumlichen und mathematischen Leistung festlegen, innerhalb und zwischen den Geschlechtern.

sowohl Jungen wie Mädchen Mathe als „männliches" Fach an. Außerdem betrachten Mädchen Mathe als weniger nützlich für ihr zukünftiges Leben und geben ihrem Mangel an Fähigkeiten die Schuld, wenn sie Fehler machen. Diese Annahmen bringen Mädchen im Gegenzug dazu, sich weniger für Mathematik zu interessieren und keine mathematisch oder naturwissenschaftlich ausgerichteten Berufe anzustreben (Byrnes & Takahira, 1993; Catsambis, 1994). Das Ergebnis ist schließlich, dass weniger Mädchen als Jungen abstrakte mathematische Konzepte und Denkfertigkeiten erwerben.

Ein positives Zeichen jedoch ist, dass über die letzten Jahrzehnte Geschlechtsunterschiede in kognitiven Fertigkeiten aller Art stetig abgenommen haben. Dazu geht parallel, dass die Teilnahme von Mädchen an herausfordernden Mathematik- und Naturwissenschaftskursen zugenommen hat. Heute erreichen Jungen und Mädchen in einem ähnlichen Verhältnis ein fortgeschrittenes Niveau in Mathematik und Naturwissenschaften auf höheren Schulen, was einen wesentlichen Faktor darstellt, Geschlechtsunterschiede in Wissen und Fertigkeiten zu reduzieren (Campbell, Hombo, & Mazzeo, 2000).

Natürlich müssen zusätzliche Schritte unternommen werden, um das Interesse an Mathematik und Naturwissenschaften und ihr Zutrauen bei Mädchen zu fördern. Wenn Eltern keine geschlechtsstereotypen Werte haben, zeigen Töchter eher keinen Rückgang in mathematischen und naturwissenschaftlichen Leistungen in der Adoleszenz (Updegraff, McHale, & Crouter, 1996). In den Schulen sollten Lehrer die Relevanz von Mathematik und Naturwissenschaften für den Alltag demonstrieren. Besonders Mädchen reagieren positiv darauf, wenn diese Fächer in einer angewandten Sicht unterrichtet werden (Eccles, 1994). Gleichzeitig müssen Lehrer sicherstellen, dass die Mädchen voll an praktischen Gruppenaktivitäten teilnehmen und nicht durch den bestimmteren Stil der Jungen mit ihren Kameraden auf eine passive Rolle reduziert werden (Jovanovic & King, 1998). Schließlich verbessert der Kontakt mit Rollenvorbildern erfolgreicher Frauen den Glauben der Mädchen an ihre Fähigkeit, gute Leistungen in Mathematik und Naturwissenschaften erbringen zu können.

11.9 Lernen in der Schule

In komplexen Gesellschaften fällt die Adoleszenz mit dem Eintritt in die Mittelstufe der Schule zusammen. Die meisten jungen Leute kommen entweder in die Middle- oder Junior High und dann in die High School (deutsch etwa Realschule, Unterstufe des Gymnasiums und dann Gymnasium). Mit jeder Veränderung wird die schulische Leistung wichtiger und beeinflusst die Wahl zum College und Berufschancen. In den folgenden Abschnitten wollen wir eine Reihe von Aspekten des Schullebens in der Sekundarstufe betrachten.

11.9.1 Schulwechsel

Als Sabrina in die Sekundarstufe II einer Oberschule wechselte, ließ sie ein kleines, intimes, in sich geschlossenes Klassenzimmer zurück und kam in eine viel größere Schule. „Ich kenne die meisten Kinder aus meiner Klasse nicht", beklagte sich Sabrina am Ende der ersten Woche bei ihrer Mutter. „Außerdem haben wir einfach zu viele Hausaufgaben auf. Ich habe in allen Fächern gleichzeitig Aufgaben. Ich schaffe das alles nicht!", rief sie aus und brach in Tränen aus.

■ Einfluss von Schulwechseln

Wie Sabrinas Reaktion zeigt, kann Schulwechsel Anpassungsprobleme hervorrufen. Mit jedem Schulwechsel (von der Grund- zur Mittelschule oder in die Unterstufe des Gymnasiums und dann in die Mittel- und Oberstufe) nehmen die Noten der Adoleszenten ab. Der Abfall ist zum Teil Folge höherer schulischer Anforderungen. Gleichzeitig bringt der Wechsel in die Sekundarstufe weniger persönliche Aufmerksamkeit, mehr allgemeine Instruktionen für die ganze Klasse und weniger Möglichkeiten, sich an Entscheidungen für die Klasse zu beteiligen, mit sich. In Anbetracht dieser Veränderungen ist es nicht überraschend, dass Kinder ihre Lernerfahrungen in der Oberschule (Mittelstufe) weniger günstig einschätzen als ihre Erfahrungen in der Grundschule (Wigfield & Eccles, 1994). Sie berichten auch, dass sich ihre Lehrer auf der Oberschule weniger um sie kümmern, weniger freundlich sind, härter benoten und den Wettbewerb särker betonen. Folglich fühlen sich viele junge Menschen schulisch weniger kompetent (Anderman & Midgley, 1997).

Es ist unvermeidlich, dass Schüler ihre Gefühle von Selbstvertrauen und Selbstachtung neu anpassen müssen, wenn die Schule unpersönlicher wird und schulische Anforderungen sich ändern. Eine Übersichtsstudie hat herausgefunden, dass der Zeitpunkt des Schulwechsels wichtig ist, besonders für Mädchen (Simmons & Blyth, 1987). Mehr als 300 Heranwachsende einer großen Stadt im mittleren Westen (der USA) wurden von der sechsten bis zur zehnten Klasse beobachtet. Einige kamen auf Schulen mit einer Klassenorganisation von 6-3-3 (sechs Jahre Grundschule, drei Jahre Junior High School und drei Jahre High School). Diese Schüler hatten zwei Schulwechsel, einen auf die Junior High und einen auf die High School. Eine Vergleichsgruppe besuchte Schulen mit einer 8-4-Klassenorganisation. Sie hatten nur einen Schulwechsel, von der Klasse 8 in der Grundschule zur High School.

Für die Gruppe als Ganze nahmen die Durchschnittsnoten ab und Gefühle der Anonymität stiegen nach jedem Wechsel an. Die Teilnahme an Aktivitäten außerhalb des Stundenplans nahmen mehr in der 6-3-3-Anordnung als in der 8-4-Anordnung ab, wobei der Abfall für Mädchen höher war. Außerdem führte in 8-4-Schulen der Wechsel zu einem Zugewinn in der Selbstachtung. Im Gegensatz dazu waren die Geschlechtsunterschiede in der Selbstachtung in den 6-3-3-Schulen auffallend. Mädchen zeigten einen starken Abfall bei jedem Schulwechsel, während die Jungen stabil blieben (siehe Abbildung 11.10).

Diese Erkenntnisse zeigen, dass der Einfluss des Schulwechsels umso negativer ist, je früher er erfolgt. Mädchen in 6-3-3-Schulen ergeht es am schlechtesten weil, so die Argumentation der Forscher, der Wechsel zur Junior High School mit anderen Veränderungen im Leben zusammenfällt, namentlich dem Beginn der Pubertät und dem Ausgehen mit Partnern. Wenn Heranwachsende bei Eintritt in die Junior High School einer zusätzlichen Belastung ausgesetzt sind wie Auseinanderbrechen der Familie, elterlicher Arbeitslosigkeit oder erlernter Hilflosigkeit bei schulischen Aufgaben, tragen sie das größte Risiko für emotionale Schwierigkeiten (Flanagan & Eccles, 1993; Rudolph et al., 2001).

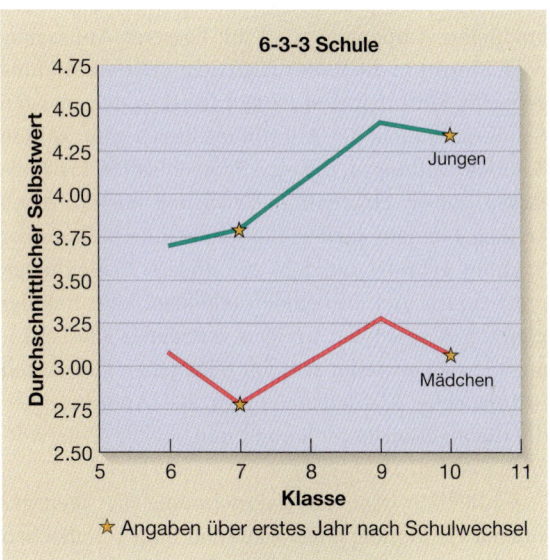

Abbildung 11.10: Selbstachtung von der sechsten zur zehnten Klasse in 6-3-3-Schulen. In dieser Längsschnittstudie von mehr als 300 Heranwachsenden blieb die Selbstachtung der Jungen nach dem Schulwechsel stabil. Im Gegensatz dazu fiel die Selbstachtung der Mädchen im Jahr nach dem Wechsel stark ab (nach Simmons & Blyth, 1987).

Unglückliche junge Leute, deren Schulleistungen stark abfallen, weisen oft ein andauerndes Muster von geringer Selbstachtung, Motivation und Leistung auf (Roeser, Eccles, & Freedman-Doan, 1999). Für einige ist der Schulwechsel der Beginn einer abwärts gerichteten Spirale in schulischen Leistungen und dem Engagement für die Schule, die zum Schulabbruch führen kann (Eccles et al., 1997).

■ Den Heranwachsenden beim Schulwechsel helfen

Wenn Sie die gerade besprochenen Erkenntnisse betrachten, sehen Sie, dass der Schulwechsel oft zu Veränderungen der Umgebung führt, die schlecht zu den Entwicklungsbedürfnissen der Adoleszenten passen. Sie zerstören enge Beziehungen mit Lehrern in einer Zeit, in der sie die Unterstützung Erwachsener brauchen. Sie betonen Wettbewerb in einer Phase erhöhter Konzentration auf sich selber. Sie reduzieren die Entscheidungs- und Wahlmöglichkeiten, wenn der Wunsch nach Autonomie stärker wird. Und sie kommen mit Netzwerken von Freunden in einer Zeit in Widerspruch, in der eine erhöhte Besorgnis um die Akzeptanz durch Freunde besteht.

Verstärkte Unterstützung durch Eltern, Lehrer und Kameraden erleichtert den Stress des Schulwechsels. Elterliches Engagement, Kontrolle und das Gewähren gradueller Autonomie wird mit besserer Anpassung nach Eintritt in die Junior High School in Verbindung gebracht (Grolnick et al., 2000). Weil es den meisten Schülern in einer 8-4-Anordnung besser geht, sollten Schulverwaltungen, die eine Reorganisation ins Auge fassen, dieses ernsthaft in Erwägung ziehen. Auch können kleinere soziale Einheiten innerhalb großer Schulen gebildet werden, die engere Beziehungen mit Lehrern und Kameraden erlauben. Und Schüler könnten Klassen mit einigen vertrauten Klassenkameraden zugewiesen werden oder einer konstanten Gruppe neuer Klassenkameraden, also Anordnungen, die die emotionale Sicherheit und soziale Unterstützung fördern.

Schließlich trägt die Wahrnehmung der Teenager von der Einfühlung und Flexibilität ihrer schulischen Lernumgebung wesentlich zu ihrer Anpassung bei. Wenn die Schulen Wettbewerb und unterschiedliche Behandlung aufgrund von Leistungen minimieren, sind Schüler weniger wütend und depriminiert, schwänzen weniger und zeigen weniger negative Veränderungen hinsichtlich schulischer Werte, Selbstachtung und Leistungen während der Zeit in der Junior High School (Roeser, Eccles, & Sameroff, 2000). Schulregeln, die jungen Menschen als gerecht statt bestrafend erscheinen, fördern auch die Zufriedenheit mit dem Schulleben (Eccles et al., 1993a).

11.9.2 Schulischer Erfolg

Der Erfolg von Adoleszenten ist das Ergebnis einer langen Geschichte sich summierender Wirkungen. Von früh an führt ein positives Erziehungsumfeld, sowohl in der Familie wie in der Schule, zu persönlichen Zügen, die Leistungserfolg unterstützen: Intelligenz, Vertrauen in die eigenen Fähigkeiten, der Wunsch nach Erfolg und Ehrgeiz. Dennoch kann die Verbesserung einer ungünstigen Umgebung einem Schüler mit schlechten Leistungen helfen, wieder zur Leistung zu kommen und damit die Türen für ein befriedigenderes Erwachsenenleben zu öffnen. Die Tabelle „Aspekte der Fürsorge" fasst die Faktoren der Umgebung zusammen, welche die Leistung während der Teenagerjahre verstärken.

■ Erziehungspraktiken

Erziehung mit einer positiven Autorität (die Akzeptanz und Engagement mit vernünftigen Forderungen an Reife und graduelles Zugestehen von Autonomie kombiniert) ist mit Leistungserfolgen in der Adoleszenz verbunden, ebenso wie sie ein bewältigungsorientiertes Verhalten in den Kindheitsjahren voraussagte. Forschungen deckten auf, dass Erziehung im Sinne einer positiven Autorität mit besseren Noten bei jungen Menschen aus ganz unterschiedlichen sozioökonomischen Umfeldern verbunden ist. Im Gegensatz dazu sind autoritäre und permissive Stile mit schlechteren Noten verbunden (Dornbusch et al., 1987; Steinberg, Darling, & Fletcher, 1995). Von allen elterlichen Praktiken ist ein unengagierter Stil (niedrig sowohl an Wärme wie Forderungen an Reife) eine Vorhersage für die schlechtesten Noten und sich über die Zeit verschlechternde Schulleistung (Glasgow et al., 1997; Kaisa, Stattin, & Nurmi, 2000; Steinberg et al., 1994).

Die Beziehung zwischen einem autoritativen Erziehungsstil (mit einer positiven Autorität) und der schulischen Kompetenz Heranwachsender ist in Ländern mit sehr unterschiedlichen Wertesystemen bestätigt worden, z.B. in Argentinien, Australien, Chi-

Lernen in der Schule

Aspekte der Fürsorge

Faktoren, die sehr gute Leistungen in der Adoleszenz fördern

FAKTOR	BESCHREIBUNG
Erziehungspraktiken	Erziehungspraktiken mit positiver Autorität
	Gemeinsame Entscheidungen Eltern-Heranwachsender
	Engagement der Eltern in der Erziehung des Heranwachsenden
Einflüsse der Kameraden	Wertschätzung von hohen Leistungen von Gleichaltrigen und deren Unterstützung
Merkmale der Schule	Lehrer, die warmherzig und unterstützend sind, persönliche Beziehungen mit den Eltern entwickeln und ihnen zeigen, wie sie das Lernen der Teenager unterstützen können. Lernaktivitäten, die zu einem Denken auf hohem Niveau ermutigen. Aktive Teilnahme der Schüler an Lernaktivitäten und Entscheidungen für die Klasse
Beschäftigungsplan	Engagements in Jobs auf weniger als 15 Stunden pro Woche begrenzt. Berufliche Ausbildung hoher Qualität für Adoleszenten, die nicht studieren wollen

na, Hongkong, Pakistan und Schottland (Steinberg, 2001). Warum fördert dieser Stil den Schulerfolg? In Kapitel 8 haben wir angemerkt, dass Eltern mit einer positiven Autorität ihre Erwartungen den Fähigkeiten ihrer Kinder, Verantwortung für ihr eigenes Verhalten zu übernehmen, anpassen. Eltern, die sich auf gemeinsam getroffene Entscheidungen mit Teenagern einlassen und ihnen mit zunehmendem Alter mehr Autonomie zugestehen, haben Kinder, die sich besonders gut entwickeln (Dornbusch et al., 1990). Offene Diskussionen, begleitet von Wärme und Festigkeit, geben Heranwachsenden das Gefühl von Kompetenz, ermutigen konstruktives Denken und Selbstregulation und verstärken das Bewusstsein für die Bedeutung, in der Schule gut zu sein. Diese Faktoren sind umgekehrt verbunden mit bewältigungsorientierten Eigenschaften, Anstrengungsbereitschaft, Leistung und schulischen Ehrgeiz (Aunola, Stattin, & Nurmi, 2000; Trusty, 1999).

■ Partnerschaft Eltern-Schule

Junge Leute mit sehr guten Leistungen haben typischerweise Eltern, die den Fortschritt ihres Kindes kontrollieren, mit den Lehrern Kontakt haben und sicherstellen, dass ihr Kind in gute Klassen mit einem fordernden Unterricht kommt. Diese Bemühungen sind heute in der Unter- und Oberstufe der High School genauso wichtig, wie sie es früher waren (Epstein & Sanders, 2002). In einer Untersuchung einer national repräsentativen Stichprobe von mehr als 15.000 amerikanischen Heranwachsenden sagte das Engagement der Eltern in der achten Klasse sehr deutlich den Notendurchschnitt der Schüler in der zehnten Klasse voraus, jenseits des Einflusses von SÖS und vorhergehenden schulischen Leistungen. Diese Beziehung galt für alle beteiligten ethnischen Gruppen: schwarze, weiße, Indianer und asiatische (Keith et al., 1998). Eltern, die oft in Kontakt mit der Schule sind, geben ihren Teenagern eine Botschaft über den

Dieser Vater beteiligt sich am Schulleben seiner heranwachsenden Tochter. Neben der Beobachtung ihres schulischen Erfolges hat er wahrscheinlich regelmäßigen Kontakt mit der Schule. Er gibt seiner Tochter Ratschläge, wie wichtig eine gute Ausbildung ist, und lehrt sie, wie man schulische Probleme löst und gute schulische Entscheidungen trifft.

Wert der Ausbildung, fördern kluge schulische Entscheidungen und geben ein Vorbild für konstruktive Lösungen bei schulischen Problemen.

Eltern, die in einem Wohnumfeld mit niedrigen Einkommen und hohem Risiko leben, sehen sich täglichen Belastungen gegenüber, die die Energie reduzieren, die sie für ein Engagement in der Schule brauchen. Doch könnten die Schulen einige dieser Belastungen mindern, wenn sie stärkere Verbindungen zwischen Schule und Elternhaus bilden würden. Das könnten die Schulen möglich machen durch persönliche Beziehungen zu Lehrern, freiwilligen Aktivitäten, in denen sich die Eltern mit ihren jeweiligen Fertigkeiten einbringen können, um die Qualität der Schulprogramme zu verbessern, und sinnvolle Aufgaben für die Eltern in der Schulverwaltung, die garantieren, dass die Eltern an Zielen der Schule beteiligt sind (Epstein, 2001).

■ Einflüsse der Schulkameraden

Schulkameraden spielen eine wichtige Rolle für die Leistung des Heranwachsenden in einer Weise, die gleichermaßen mit Familie und Schule verbunden ist. Teenager, deren Eltern Leistungen wertschätzen, wählen sich in der Regel Freunde aus, die diese Werte teilen (Berndt & Keefe, 1995). Als zum Beispiel Sabrina neue Freundinnen in der Mittelstufe der Oberschule hatte, lernte sie oft mit ihnen zusammen. Jedes Mädchen wollte gut sein in der Schule und verstärkte diesen Wunsch bei den anderen.

Die Unterstützung durch Schulkameraden für gute Leistungen hängt auch von dem Gesamtklima der Jugendkultur ab, die, im Falle von Jugendlichen ethnischer Minderheiten, stark von der sozialen Ordnung der Umgebung beeinflusst wird. Adoleszente aus Minderheiten mit niedrigem SÖS reagieren oft ablehnend auf hartes Arbeiten, überzeugt, dass gute Noten sich in der Zukunft nicht auszahlen und ihre Beziehungen zu Kameraden und ihre ethnische Identität bedrohen (Ogbu, 1997).

Aber nicht alle finanziell unterprivilegierten Schüler aus Minderheiten reagieren auf diese Weise. Eine Fallstudie über sechs afroamerikanische Heranwachsende aus Problemvierteln von Großstädten, die unter Armut lebten, aber gute Leistungen zeigten und optimistisch ihrer Zukunft entgegensahen, zeigte, dass diese sich ihrer bedrückenden Lage sehr bewusst waren, aber glaubten, sie mit Strebsamkeit verändern zu können (O'Connor, 1997). Wie konnten sie dieses Gefühl von Kraft entwickeln? Eltern, Verwandte und Lehrer hatten sie durch Diskussionen und Beispiele überzeugt, dass Ungerechtigkeit nicht toleriert werden dürfe und dass Schwarze das vereint überwinden könnten – eine Sehweise, die schulische Motivation gegen den Druck von Kameraden, in der Schule bloß keine guten Leistungen zu bringen, und gegen soziale Hindernisse für Erfolg erleichterte.

■ Merkmale der Schule

Heranwachsende benötigen eine schulische Umgebung, die auf ihre sich ausweitenden Stärken des Denkens und auf ihre emotionalen und sozialen Bedürfnisse reagiert. Ohne angemessene Lernmöglichkeiten kann das Potential für abstraktes Denken möglicherweise nicht verwirklicht werden.

Lernmöglichkeiten in der Klasse

Wie schon angemerkt, führt die große, in Departments aufgeteilte Organisation der meisten amerikanischen Schulen im Sekundarbereich dazu, dass Schüler einen Mangel an Wärme und Unterstützung beklagen, ein Umstand, der ihre Motivation dämpft (Eccles & Harold, 1996). Adoleszente (nicht nur Kinder) müssen enge Beziehungen mit ihren Lehrer knüpfen können. Wenn sie anfangen, eine Identität jenseits der Familie zu bilden, suchen sie nach anderen erwachsenen Vorbildern als ihren Eltern.

Natürlich besteht ein wichtiger Vorteil getrennter Klassen in jedem Fach darin, dass Heranwachsende von Fachlehrern unterrichtet werden können, die eher ein Denken auf höherem Niveau anregen: Faktoren, die Schulbesuch und Leistung fördern (Phillips, 1997). Aber viele Klassen im Sekundarbereich liefern nicht durchgängig einen interessanten, fordernden Unterricht, der abstraktes Denken anregt (Campbell, Hombo, & Mazzeo, 2000). Wegen ungleicher Qualität des Unterrichts schließen viele ältere Schüler die High School mit lückenhaften Fähigkeiten in schulischen Belangen ab. Obwohl die Leistungslücke zwischen afroamerikanischen und hispanischen und weißen Schülern seit den 1970er Jahren kleiner geworden ist, bleiben die Leistungen von Schülern aus amerikanischen ethnischen Minderheiten mit geringem Einkommen in Lesen, Schreiben, Mathematik und Naturwissenschaften enttäuschend (Campbell, Hombo, & Mazzeo, 2000). Zu oft besuchen diese jungen Leute Schulen mit zu geringen finanziellen Mitteln in heruntergekommenen Gebäuden, mit überalterter

Ausstattung und Mangel an Schulbüchern. In manchen sind Probleme mit Kriminalität und Disziplin so überwältigend geworden, dass es mehr Aufmerksamkeit erfordert, mit ihnen fertig zu werden, als auf Lernen und Unterricht gerichtet werden kann. Zur Zeit der Junior High School ist eine große Anzahl der Schüler aus armen Minderheiten in schulische Umstände gelangt, die ihre Lernschwierigkeiten verschlimmern.

Auswahlprinzip

Gruppenbildung nach Fähigkeiten ist während der Grundschuljahre, wie wir in Kapitel 9 gesehen haben, schädlich. Bis wenigstens in die mittlere oder Junior-High-School-Zeit sind Klassen mit gemischten Fähigkeiten wünschenswert. Forschungen belegen, dass dies fähigere Schüler nicht unterdrückt, aber intellektuelle und soziale Vorteile für Schüler mit schlechten Leistungen besitzt. (Oakes, Gamoran, & Page, 1992).

In der High School sind Gruppierungen unvermeidlich, weil bestimmte Aspekte der Ausbildung den zukünftigen Ausbildungs- und Berufsplänen der jungen Leute angepasst werden müssen. In den Vereinigten Staaten und Kanada gibt es für die Schüler der High School Beratungen für eine Vorbereitung auf das College, berufliche Vorbereitung oder solche einer allgemeinen Ausbildung. Leider neigt dieses Auswahlprinzip dazu, Ungerechtigkeiten in der Ausbildung früherer Jahre fortzusetzen. Schülern aus Minderheiten mit niedrigem SÖS wird meist eine Ausbildung außerhalb des College angeraten. Langzeituntersuchungen, die die Schulleistungen von Tausenden amerikanischer Schüler von der achten bis in die zwölfte Klasse verfolgen, stellten fest, dass die Zuweisung zu einer College-Ausbildung den schulischen Erfolg vergrößert, die Zuweisung zur allgemeinen oder beruflichen Ausbildung diesen senkt (Hallinan & Kubitschek, 1999).

Oberschüler werden in fast allen industrialisierten Ländern nach akademischen und beruflichen Zweigen getrennt. Aber in China, Japan und den meisten westeuropäischen Ländern machen Schüler eine staatliche Prüfung, die ihnen einen Platz in der Oberschule zuweist. Das Bestehen legt gewöhnlich zukünftige Möglichkeiten für den jungen Menschen fest. In Nordamerika sind die Bildungsentscheidungen flexibler. Schüler, die keiner Vorbereitungsklasse auf das College zugewiesen wurden oder die schlecht in der High School sind, können doch noch eine College-Ausbildung erlangen. Aber in den Jahren der Adoleszenz haben Unterschiede im SÖS, welche die Qualität der Ausbildung und schulische Leistungen betreffen, Schüler bereits drastischer selektiert, als es in den anderen Ländern der Fall ist. Am Ende profitieren nicht viele junge Leute von diesem offeneren System. Im Vergleich mit vielen westeuropäischen Ländern haben die Vereinigten Staaten und Kanada einen höheren Prozentsatz junger Leute, die sich selber als Schulversager ansehen und die High School abbrechen (siehe Abbildung 11.11).

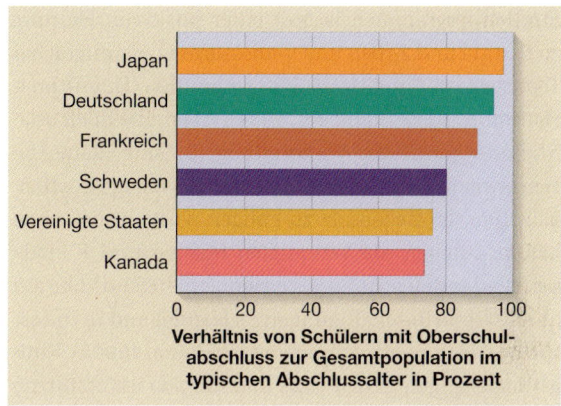

Abbildung 11.11: Oberschulabschlüsse in sechs Industrienationen. Die Vereinigten Staaten und Kanada rangieren unter vielen entwickelten Ländern auf einer niedrigen Stufe (aus Organization for Economic Cooperation and Development, 2000). Deutschland nimmt den zweiten Rangplatz ein.

Teilzeitarbeit

Etwa die Hälfte amerikanischer und kanadischer Schüler der High School haben während des Schuljahres einen Teilzeitjob, ein größerer Prozentsatz als in jedem anderen entwickelten Land (Bowlby & McMullen, 2002; Children's Defense Fund, 2002). Die meisten Adoleszenten, die Geld verdienen wollen und nicht arbeiten, um in ein Berufsfeld „hineinzuschnuppern" oder ein Praktikum zu absolvieren, kommen aus der Mittelschicht. Teenager aus schlechten finanziellen Verhältnissen, die das Familieneinkommen unterstützen müssen oder für sich selber sorgen, finden schwerer einen Job (U.S. Department of Education, 2002b).

Ferner sind die Jobs, die Heranwachsende ausüben, auf sich wiederholende Tätigkeiten auf niedrigem Niveau beschränkt, die wenig Kontakt mit erwachsenen Supervisoren bieten. Ein starkes Engagement in diesen Jobs ist schädlich. Schüler, die mehr als 15 Stunden die Woche arbeiten, fehlen häufiger, haben schlechtere Noten und weniger Zeit für Aktivitäten außerhalb des Unterrichts. Sie empfinden auch mehr Distanz zu ihren Eltern und berichten über mehr Drogen- und

Alkoholkonsum und kriminelle Handlungen (Barling, Rogers, & Kelloway, 1995; Kouvonen & Kivivuori, 2001). Und Teenager mit Jobs neigen auch dazu, zynisch hinsichtlich des Arbeitslebens zu sein, vielleicht wegen der Natur ihrer Jobs. Viele geben zu, ihre Arbeitgeber bestohlen zu haben (Steinberg, Fegley, & Dornbusch, 1993).

Wenn Erfahrungen in der Arbeitswelt auf Ausbildungs- und berufliche Ziele zugeschnitten sind, ist das Ergebnis anders. Teilnahme an Arbeits- und Studienprogrammen ist mit einer positiven Haltung zu Schule und Arbeit und verbesserten Leistungen bei Teenagern mit niedrigem SÖS verbunden (Hamilton & Hamilton, 1999; Steinberg, 1984). Aber eine hoch qualifizierte berufliche Vorbereitung für amerikanische Heranwachsende, die nicht auf das College wollen, ist selten. Im Gegensatz zu einigen westeuropäischen Ländern haben die Vereinigten Staaten und Kanada kein verbreitetes Trainingssystem, um Jugendliche auf qualifizierte Beschäftigungen im Handel und in Industrie und Handwerk vorzubereiten (Heinz, 1999a). Einige Regierungen in den USA und Kanada unterstützen auf nationaler, bundesstaatlicher oder Provinzebene Programme zum Job-Training. Aber die meisten sind zu kurz, um den Lebensweg schlecht ausgebildeter Heranwachsender tatsächlich zu beeinflussen, die intensives Training und schulischen Förderunterricht benötigen, bevor sie bereit sind, in den Arbeitsmarkt einzutreten. Und derzeit dienen diese Programme nur einer kleinen Minderheit der jungen Menschen, die Hilfe brauchen.

11.9.3 Schulabbruch

Gegenüber der Bankreihe von Louis saß in der Mathematikstunde Norman, der immer Tagträumen nachhing, seine Aufzeichnungen nach dem Unterricht achtlos in die Tasche stopfte und fast nie seine Hausaufgaben machte. An Tagen, an denen Klassenarbeiten geschrieben wurden, drückte er sich die Daumen, ließ aber die meisten der Fragen aus. Louis war mit Norman seit der vierten Klasse zusammen in der Schule, hatte aber wenig mit ihm zu tun. Für Louis, der schnell bei der Schularbeit war, schien Norman aus einer anderen Welt zu kommen. Einmal oder zweimal die Woche schwänzte Norman und eines Tages kam er überhaupt nicht mehr.

Norman ist einer der 11 % amerikanischer und kanadischer junger Menschen, die die High School ohne Abschluss verlassen (Human Resources Development Canada, 2000; U.S. Department of Education, 2002b). Die Abbruchrate ist besonders hoch bei Jugendlichen aus ethnischen Minderheiten mit niedrigem SÖS, besonders hispanische Teenager und solche der kanadischen Ureinwohner (siehe Abbildung 11.12). Die Entscheidung, die Schule zu verlassen, hat oft schlimme Folgen. Jugendliche ohne Abschluss der Sekundarstufe haben viel schlechtere Werte in Lesen und Schreiben als solche, welche die High School abschließen. Folglich haben amerikanische und kanadische Schulabbrecher einen Mangel an Fertigkeiten, die von Arbeitgebern in der heutigen Wirtschaft, die auf Wissen basiert, sehr geschätzt werden. Deshalb sind, wie Abbildung 11.13 zeigt, die Beschäftigungsraten für Abbrecher viel geringer als für die, welche die Schule abgeschlossen haben. Und selbst wenn sie eine Beschäftigung haben, bleiben sie viel eher in minderen, schlecht bezahlten Jobs und sind von Zeit zu Zeit arbeitslos.

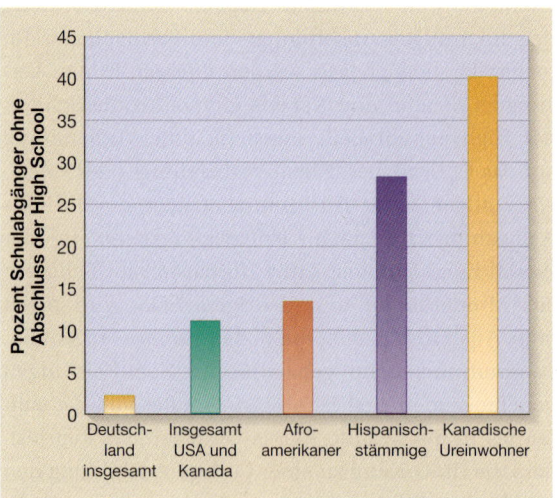

Abbildung 11.12: Prozentsatz von Schulabbrüchen nach Ethnien in den Vereinigten Staaten und Kanada. Weil viele Afroamerikaner, Hispanischstämmige und kanadische Ureinwohner aus von Armut beherrschten Familien mit niedrigem Einkommen stammen, liegt ihre Schulabbruchrate über dem nationalen Durchschnitt. Die Raten für Hispanischstämmige und kanadische Ureinwohner sind besonders hoch (aus Human Resources Development Canada, 2000; U.S. Department of Education, 2002b). Im Vergleich zu diesen Werten ist die Schulabbruchquote aller Schultypen in ganz Deutschland mit 2 % die niedrigste der dargestellten Gruppen. Dies liegt an der Schulwechselpolitik in Deutschland.

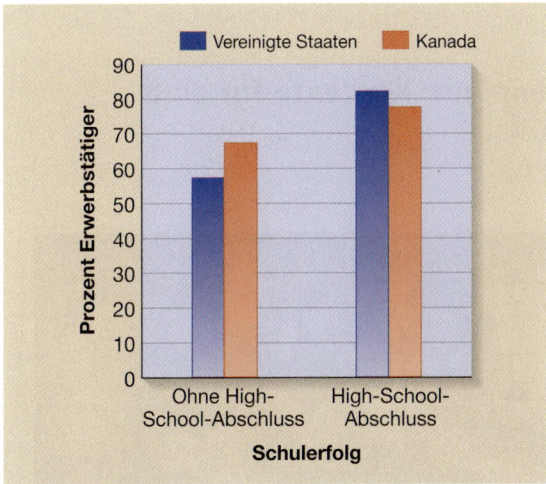

Abbildung 11.13: Feste Arbeitsverhältnisse junger Erwachsener mit unterschiedlichem Bildungsgrad in den USA und in Kanada. Junge Erwachsene ohne Schulabschluss haben eine geringere Chance, Arbeit zu finden, als solche mit Abschlusszeugnis. (aus Human Resources Development Canada, 2000; US Department of Education, 2002b)

Faktoren, die mit Schulabbruch verbunden sind

Obwohl viele Abbrecher schlechte Leistungen haben und hohe Raten von normverletzenden Handlungen aufweisen, sind eine wesentliche Anzahl junge Menschen mit wenig Verhaltensproblemen (wie Norman), die schulische Schwierigkeiten erfahren und sich innerlich von der Schule zurückziehen (Janosz et al., 2000; Newcomb et al., 2002). Der Weg zum Abbruch beginnt früh. Risikofaktoren in der ersten Klasse weisen fast so gut auf einen späteren Abbruch hin wie Risikofaktoren in der Sekundarstufe (Alexander, Entwisle, & Kabbani, 2001).

Norman war scon lange schlecht bis sehr schlecht in der Schule und hatte geringe schulische Selbstachtung. Er gab Aufgaben auf, wenn sie nur einen geringen Schwierigkeitsgrad aufwiesen und verließ sich auf sein Glück, um durchzukommen. Als Norman älter war, ging er unregelmäßiger zur Schule, passte weniger auf, wenn er da war, und machte selten seine Hausaufgaben. Er ging in keine Schulgruppe und nahm nicht an Sport teil. Weil er so unengagiert war, lernten ihn nur wenige Lehrer oder Mitschüler kennen. Am Tag, als Norman die Schule verließ, fühlte er sich dem Schulleben in jeder Hinsicht entfremdet.

Wie bei anderen Abbrechern, trug der familiäre Hintergrund von Norman zu seinen Problemen bei. Im Vergleich zu anderen Schülern, selbst mit denen mit dem gleichen Notenprofil, haben Abbrecher eher Eltern, die weniger interessiert an der Ausbildung ihrer Kinder sind. Viele von ihnen haben selbst die Oberschule nicht abgeschlossen oder sind arbeitslos oder kämpfen mit den Folgen einer Scheidung. Wenn ihre Kinder schlechte Zeugnisse nach Hause bringen, reagieren diese Eltern eher mit Bestrafung und Ärger – Reaktionen, die bei dem jungen Menschen eine weitere Rebellion gegen schulische Arbeit auslösen (Garnier, Stein, & Jacobs, 1997).

Leistungsmäßig problematische Schüler, die abbrechen, machen in der Schule oft Erfahrungen, die ihre Erfolgschancen untergraben. Neueste Berichte weisen darauf hin, dass über 60 % der Heranwachsenden in einigen amerikanischen innerstädtischen Schulen keinen Abschluss machen. Schüler in Schulzweigen allgemeiner und beruflicher Ausbildung, in denen der Unterricht in der Regel am wenigsten anregend ist, brechen dreimal so häufig ab wie jene, die in Zweigen sind, die auf das College vorbereiten (U.S. Department of Education, 2002b).

Vorbeugende Strategien

Strategien, die Teenagern mit dem Risiko eines Abbruchs helfen sollen, sind unterschiedlich, aber etliche allgemeine Punkte sind mit Erfolg verbunden:

- *Hoch qualifiziertes berufliches Training.* Für viele schlechte Schüler ist die dem wirklichen Leben ähnlnde Natur beruflicher Ausbildung angenehmer und wirkungsvoller als rein schulische Arbeit. Aber um gut zu funktionieren, muss die berufliche Ausbildung schulischen und auf den Beruf bezogenen Unterricht sorgfältig integrieren, damit die Schüler die Relevanz für ihre zukünftigen Ziele in dem erkennen, was in der Klasse vor sich geht (Ianni & Orr, 1996).

- *Förderunterricht und Beratung, die individuell zugeschnitten sind.* Die meisten potentiellen Abbrecher benötigen intensiven Förderunterricht in kleinen Klassen, die eine warmherzige, liebevolle Beziehung zwischen Lehrer und Schüler fördern. Um die negativen psychologischen Folgen wiederholten Schulversagens zu über-

Ausblick auf die Lebensspanne: Aktivitäten außerhalb des Stundenplans: Kontexte für eine positive Entwicklung in der Jugend

Am Wochenende vor dem Schulabschluss besuchte Terrell, ein älterer Schüler in einer innerstädtischen High School, eine Probenparty, bei der die letzte Vorstellung im Jahr des Schauspielclubs gefeiert wurde. An dem Abend hatte Terrell eine Hauptrolle in einer Produktion gespielt, die von den Clubmitgliedern geschrieben und geleitet wurde. Als Mrs. Meyer, Beraterin des Clubs, Terrell gratulierte, antwortet er: „Ich habe diesen Club gemocht. Als ich ihm beitrat, war ich nicht gut in Englisch und Mathe und all dem Zeugs und ich dachte, ich könnte gar nichts. An der Bühne arbeiten und schauspielern war toll. Ich konnte herausfinden, dass ich das alles gut kann. Vorher war ich mir meiner selbst nicht sicher. Jetzt habe ich Selbstvertrauen gefunden."

Viele Untersuchungen zeigen, dass Aktivitäten in Oberschulen außerhalb des Stundenplans, die sich auf Kunst, Dienst an der Gemeinschaft und beruflicher Entwicklung konzentrieren, diverse schulische und soziale Fähigkeiten fördern und einen dauerhaften Effekt auf die Anpassung haben. Ergebnisse umfassen verbesserte schulische Leistungen, reduziertes unsoziales Verhalten, eine günstigere Selbstachtung und Initiative, mehr Akzeptanz durch Kameraden und vergrößerte Bemühungen um andere (Mahoney, 2000; Sandstrom & Coie, 1999). Die Vorteile des Engagements außerhalb des Stundenplans setzen sich bis in das Erwachsenenleben fort. Nachdem viele Faktoren kontrolliert worden waren (einschließlich SÖS und schulischer Leistung), hatten junge Leute, die sich in Oberschul-Clubs und -Organisationen engagiert hatten, noch in ihren Zwanzigern und Dreißigern mehr Erfolg im Beruf und zeigten stärkeres Engagement für die Gesellschaft (Berk, 1992).

Wie erbringen Aktivitäten außerhalb des Stundenplans solche weit-

Eine Gruppe von Schülern einer High School versammelt sich nach der Schule zur Generalprobe eines Stücks in der Schule. Engagement in Aktivitäten außerhalb des Stundenplans bildet viele Kompetenzen aus. Teilnehmer zeigen verbesserte schulische Leistungen, mehr Selbstachtung, bessere Akzeptanz durch Schulkameraden und mehr Interesse für andere. Die Vorteile sind am stärksten für Jugendliche mit schulischen, emotionalen und sozialen Problemen. Und sie weiten sich bis ins Erwachsenenleben aus, verstärken berufliche Leistung und Dienste an der Gemeinschaft.

reichenden Vorteile? Nicht, indem man jungen Leuten ein bisschen Spaß in der Freizeit vermittelt. In einer schwedischen Untersuchung zeigten Jugendliche, die viele Nachmittage und Abende in einem Freizeitheim verbrachten, das so unstrukturierte Angebote wie Kartenspiele, Tischtennis, Videospiele und Fernsehen anbot, wiederholtes und andauerndes antisoziales Verhalten (Mahoney, Stattin, & Magnusson, 2001). Im Gegensatz dazu sind Aktivitäten mit einem positiven Einfluss auf die Entwicklung hoch strukturierte, zielorientierte Beschäftigungen, die von den Teenagern fordern, herausfordernde Rollen und Verantwortung anzunehmen. Zusätzlich schließen solche Aktivitäten sorgende und unterstützende Interaktionen mit Kameraden und Erwachsenen ein, die hohe Anforderungen stellen, bei Problemen helfen und als Mentoren dienen (Roth et al., 1998).

Jugendliche mit schulischen, emotionalen und sozialen Problemen profitieren besonders von der Teilnahme an Aktivitäten außerhalb des Stundenplans. In einer Studie mit Teenagern, die unengagierte Eltern hatten, zeigten jene, die sich in solchen Aktivitäten engagierten, viel niedrigere Werte in depressiver Stimmung. Dieses Ergebnis war am stärksten bei Heranwachsenden, die eine vertrauensvolle Beziehung mit einem Berater angaben, der ihre Fähigkeiten schätzte und sie dabei ermutigte, ihr Bestes zu geben (Mahoney, Schweder, & Stattin, 2002). Ferner stärkt manchmal die Teilnahme an Aktivitäten die Verbundenheit mit den Eltern, wenn Familienmitglieder Aufführungen und Ausstellungen o.Ä. besuchen und die Früchte der Anstrengungen des jungen Menschen sehen (Mahoney & Magnuson, 2001).

Schüler scheinen die Macht der Erfahrungen in solchen Aktivitäten als förderlich zu erkennen, indem sie einen leichten Übergang ins Erwachsenenalter fördern. Sie berichten über Freude, zunehmendes Vertrauen, wertvolle Beziehungen mit Erwachsenen, neue Freundschaften und einen Zugewinn im Setzen von Zielen, besseres Zeitmanagement und mehr Zusammenarbeit mit anderen (Dworkin, Larson, & Hansen, 1993). Leider werden Aktivitäten außerhalb des Stundenplans als Erstes gestrichen, wenn es zu Mittelkürzungen kommt. Eine reiche Erfahrung jedoch weist darauf hin, dass diese Tätigkeiten ausgeweitet werden sollten mit dem besonderen Versuch, schulisch und sozial am Rande stehende junge Menschen zu erreichen.

winden, muss die schulische Hilfe mit sozialer Unterstützung kombiniert werden. Ein erfolgreicher Zugang besteht darin, Risikoschüler mit Erwachsenen, die schon aus dem Berufsleben ausgeschieden sind, zusammenzubringen, die als Tutoren, Mentoren und Vorbilder beim Ansprechen schulischer und beruflicher Bedürfnisse dienen (Lunenburg, 2000).

- *Bemühungen, die viele Faktoren im Leben der Schüler, die mit dem Schulabbruch in Zusammenhang stehen, addressieren.* Programme, die das Engagement der Eltern stärken, eine flexible Aufteilung von Arbeit und Schule anbieten und Betreuung der Kinder von Müttern im Teenageralter kann den Verbleib in der Schule für Risikoschüler einfacher machen.

- *Teilnahme an Aktivitäten außerhalb des Stundenplans.* Ein weiterer Weg, schlechten Schülern zu helfen, besteht darin, sie in das Gemeinschaftsleben der Schule einzubinden (Mahoney & Stattin, 2000). Der stärkste Einfluss auf Engagement außerhalb des Stundenplans ist eine kleine Schule. In kleineren Oberschulen (500 bis 700 Schüler oder weniger) wird ein größerer Anteil der Schülerschaft benötigt, um Aktivitäten zu organisieren und sie durchzuführen. Potentielle Abbrecher nehmen viel eher daran teil, fühlen sich gebraucht, erhalten Anerkennung für ihre Fähigkeiten und bleiben bis zum Abschluss in der Schule. Sehen Sie sich den Kasten „Ausblick auf die Lebensspanne" hinsichtlich Forschungen an, die darauf hinweisen, dass Teilnahme außerhalb des Stundenplans einen dauerhaften positiven Einfluss auf die Entwicklung hat.

Wenn wir nun unsere Diskussion schulischen Erfolgs beenden, wollen wir das Problem des Schulabbruchs in eine historische Perspektive stellen. In der zweiten Hälfte des zwanzigsten Jahrhunderts stieg der Prozentsatz amerikanischer und kanadischer Herwachsender, welche die High School abschlossen, stetig an, von weniger als 50 % auf nahezu 90 % (Human Resources Development Canada, 2000; U.S. Department of Education, 2002b). Während dieser Zeit stieg auch der Besuch des College an. Heute lernen fast 40 % nordamerikanischer 18- bis 24-Jähriger für einen Abschluss im College, eine der höchsten Raten auf der Welt. Obwohl viele Abbrecher in einen Teufelskreis geraten und ihr Mangel an Selbstvertrauen und Fähigkeiten sie daran hindert, eine weitere Ausbildung anzustreben, kehrt etwa ein Drittel innerhalb einiger Jahre an die Schule zurück, um die höhere Schule abzuschließen. Und einige weiten ihre Ausbildung noch mehr aus (Children's Defense Fund, 2002). Wenn die Adoleszenz zu Ende geht, erkennen viele junge Menschen, wie wesentlich eine Ausbildung für einen befriedigenden Job und ein befriedigendes Erwachsenenleben ist.

Prüfen Sie sich selbst ...

Rückblick
Führen Sie Wege auf, wie Eltern die schulischen Leistungen ihrer heranwachsenden Kinder fördern können, und erklären Sie, warum jeder von ihnen wirksam ist.

Anwendung
Tanisha schließt die sechste Klasse ab. Sie könnte entweder weiter bis in die achte Klasse auf ihre jetzige Schule gehen oder auf eine viel größere Junior High School wechseln. Was würden Sie ihr raten und warum?

Zusammenhänge
Warum sind Erziehungspraktiken, die den Schulabbruch verhindern sollen, denen ähnlich, die das Lernen für Heranwachsende ganz allgemein verbessern?

Prüfen Sie sich selbst ...

Zusammenfassung

Körperliche Entwicklung

Konzepte der Adoleszenz

Wie hat sich die Auffassung von der Adoleszenz im letzten Jahrhundert verändert?

- **Adoleszenz**, eingeleitet durch die **Pubertät**, ist die Phase des Übergangs zwischen Kindheit und Erwachsenenalter. Frühe biologisch orientierte Theorien sahen die Adoleszenz als eine unvermeidliche Periode von „Sturm und Drang" an. Eine alternative Sichtweise betrachtete die soziale Umgebung als allein verantwortlich für die breite Variation in der adoleszenten Anpassung. Moderne Forschung zeigt, dass die Adoleszenz ein Produkt von biologischen wie von sozialen Kräften ist.

Pubertät: Der körperliche Übergang zum Erwachsensein

Beschreiben Sie pubertäre Veränderungen in der Körpergröße, im Schlafmuster, in motorischen Leistungen und in der sexuellen Reife.

- Hormonelle Veränderungen, die in der Mitte der mittleren Kindheit beginnen, leiten die Pubertät ein, bei den Mädchen im Durchschnitt zwei Jahre eher als bei den Jungen. Das erste äußere Zeichen der Pubertät ist der **Wachstumsschub**. Wenn der Körper größer wird, verbreitern sich die Hüften der Mädchen und die Schultern der Jungen. Mädchen setzen mehr Fett an, Jungen bilden mehr Muskeln.
- Adoleszente (Heranwachsende) gehen viel später ins Bett, als sie es als Kinder taten, ein Muster, das sich mit dem pubertären Wachstum verstärkt. Schlafentzug trägt bei zu schlechteren Leistungen, einer depressiven Stimmung und Verhaltensproblemen.
- Pubertäre Veränderungen führen zur Verbesserung grobmotorischer Leistungen; Jungen zeigen darin einen größeren Zugewinn als Mädchen. Obwohl sich heute Mädchen stärker am Sport in der Oberschule beteiligen, erhalten sie weiterhin weniger Ermutigung als Jungen. Die Anzahl der Heranwachsenden, die an regelmäßigen körperlichen Aktivitäten teilnehmen, nimmt von der neunten zur zwölften Klasse ab, aber in allen Klassen sind Jungen beträchtlich aktiver als Mädchen.
- Sexualhormone regulieren die Veränderungen in den **primären** und **sekundären Geschlechtsmerkmalen**. Die Menarche bei Mädchen tritt in der Abfolge pubertärer Veränderungen spät ein. Sie folgt der schnellen Zunahme in der Körpergröße. Bei Jungen erfolgt der erste **Samenerguss**, nachdem die Sexualorgane und der Körper gewachsen sind und Scham- und Achselhaare erscheinen.

Welche Faktoren beeinflussen den Zeitpunkt der Pubertät?

- Vererbung, Ernährung und allgemeiner Gesundheitszustand tragen zum Zeitpunkt des Eintretens der Pubertät bei. In den Industrienationen ist in der Nachkriegszeit **Akzeleration (Jahrhunderttrend)** mit einer früheren Menarche eingetreten. Ganz neue repräsentative Erhebungen zeigen aber eine **Dezeleration**.

Der psychologische Einfluss der Vorgänge in der Pubertät

Erklären Sie die Reaktionen der Heranwachsenden auf Veränderungen in der Pubertät.

- Mädchen reagieren im Allgemeinen auf die Menarche überrascht und mit gemischten Gefühlen. Ob sich aber ihre Gefühle dann in eine positive oder negative Richtung bewegen, ist abhängig von ihrem Vorwissen und der Unterstützung von Familienmitgliedern. Jungen sind zwar in der Regel zuvor über den ersten Samenerguss informiert, reagieren aber ebenfalls mit gemischten Gefühlen. Jungen erhalten weniger soziale Unterstützung bei den körperlichen Veränderungen der Pubertät als Mädchen.
- Neben einem höheren Hormonspiegel sind negative Erlebnisse und von Erwachsenen strukturierte Situationen mit der negativen Stimmung von Adoleszenten verbunden. Im Gegensatz dazu fühlen sich Teenager aufgekratzt, wenn sie mit Freunden zusammen sind, oder bei selbst gewählten Freizeitaktivitäten. Die Pubertät wird von einer psychologischen Distanzierung zwischen Eltern und Kind begleitet. Diese Reaktion mag ein moderner Ersatz sein für das Verlassen der Familie, das bei Primaten typischerweise mit der sexuellen Reife stattfindet.

Beschreiben Sie den Einfluss des Zeitpunkts der Reifung auf die adoleszente Anpassung und weisen Sie auf Geschlechtsunterschiede hin.

- Früh entwickelte Jungen und spät entwickelte Mädchen, deren Erscheinungsbild stark den kulturellen Standards körperlicher Attraktivität ähnelt, haben ein positiveres **Körperbild** und zeigen in der Regel eine gute Anpassung in der Adoleszenz. Im Gegensatz dazu erleben früh entwickelte Mädchen und spät entwickelte Jungen, die körperlich weniger gut mit ihren Altersgenossen zusammenpassen, emotionale und soziale Schwierigkeiten.

Gesundheitsprobleme

Beschreiben Sie Ernährungsbedürfnisse und führen Sie Faktoren an, die mit schweren Essstörungen in der Adoleszenz verbunden sind.

- Wenn der Körper wächst, steigen die Ernährungsbedürfnisse. Wegen schlechter Essgewohnheiten leiden viele Adoleszente an Eisen-, Vitamin- und Mineralstoffmangel.
- Mädchen, die früh in die Pubertät eintreten, sehr unzufrieden mit ihrem Körperbild sind und in Familien aufwachsen, in denen Schlanksein idealisiert wird, haben ein erhöhtes Risiko für Essstörungen. **Magersucht (anorexia nervosa)** tritt oft bei Mädchen mit einer perfektionistischen, gehemmten Persönlichkeit, überbehütenden, kontrollierenden Müttern und emotional abwesenden Vätern auf. Das impulsive Essen und Erbrechen bei der **Bulimie (bulimia nervosa)** wird mit unengagierten Eltern in Verbindung gebracht. Einige Bulimiker sind Perfektionisten, andere haben nicht nur beim Essen einen Mangel an Kontrolle, sondern auch in anderen Lebensbereichen.

Beschreiben Sie soziale und kulturelle Einflüsse auf sexuelle Einstellungen und Verhaltensweisen bei Heranwachsenden.
- Die hormonellen Veränderungen der Pubertät führen zu einem verstärkten Sexualtrieb, aber soziale Faktoren beeinflussen, wie Teenager mit ihrer Sexualität umgehen. Nordamerika ist ziemlich restriktiv in seiner Haltung zum Sex bei Heranwachsenden. Junge Leute erhalten widersprüchliche Botschaften aus ihrer sozialen Umgebung. Sexuelle Einstellungen und Verhaltensweisen von Adoleszenten sind liberaler geworden mit einer leichten Rückentwicklung in der letzten Zeit.
- Frühe und häufige sexuelle Aktivität wird mit einer Reihe von Faktoren in Verbindung gebracht, die mit wirtschaftlichen Nachteilen assoziiert sind. Viele sexuell aktive Teenager wenden nicht regelmäßig Verhütungsmittel an. Adoleszente kognitive Prozesse und ein Mangel an sozialer Unterstützung für ein verantwortungsvolles Sexualverhalten liegen dem Fehlverhalten dieser jungen Menschen zugrunde, die sich nicht vor einer Schwangerschaft schützen.

Beschreiben Sie Faktoren, die bei der Entwicklung von Homosexualität beteiligt sind.
- Etwa 3 bis 6 % der Heranwachsenden stellen fest, dass sie lesbisch oder schwul sind. Biologische Faktoren einschließlich Vererbung und pränataler Hormonspiegel spielen eine wichtige Rolle bei der Homosexualität. Lesbische und schwule Teenager sehen sich speziellen Problemen gegenüber, eine positive sexuelle Identität zu entwickeln.

Diskutieren Sie Faktoren, die mit sexuell übertragbaren Krankheiten und Schwangerschaft und Elternschaft bei Teenagern verbunden sind.
- Frühe sexuelle Aktivität in Verbindung mit unregelmäßiger Verhütung führt zu hohen Raten sexuell übertragbarer Krankheiten bei amerikanischen Heranwachsenden. Viele junge Erwachsene mit AIDS infizierten sich als Teenager mit dem Virus.
- Schwangerschaft und Elternschaft in der Adoleszenz sind in den Vereinigten Staaten verbreiteter als in den meisten anderen Industrienationen. Auch in Kanada stellt die Schwangerschaft bei Teenagern ein Problem dar, wenngleich die Rate niedriger ist als in den USA. Adoleszente Elternschaft ist verbunden mit Schulabbruch, reduzierten Heiratschancen, höherer Wahrscheinlichkeit von Scheidungen und Armut – Umstände, die das Wohlbefinden von Heranwachsenden und neugeborenen Kindern gleichermaßen bedrohen.
- Eine verbesserte Sexualerziehung, Zugang zu Verhütungsmitteln, Programme, die soziale Kompetenz aufbauen und erweiterte erzieherische und berufliche Möglichkeiten helfen, frühe Schwangerschaft zu verhindern. Adoleszente Mütter profitieren von Schulprogrammen, die ein Jobtraining und Kinderbetreuung anbieten und von Familienbeziehungen, die einfühlsam auf ihre Bedürfnisse eingehen. Wenn Väter im Teenageralter sich weiterhin um ihre Kinder kümmern, entwickeln diese sich günstiger.

Welche persönlichen und sozialen Faktoren tragen zum Drogenkonsum und Drogenmissbrauch bei Heranwachsenden bei?
- Alkohol- und Drogenkonsum ist bei Teenagern der Industrienationen weit verbreitet. Bei den meisten jungen Leuten reflektiert das Experimentieren mit Drogen die Neugier auf diese verbotenen Substanzen. Die Minderheit, die vom Konsum zum Missbrauch gelangt, hat schwere psychische, Familien- und Schulprobleme. Programme, die früh mit den Eltern zusammenarbeiten, um Familienauseinandersetzungen zu reduzieren und elterliche Fertigkeiten verbessern, welche die Kompetenz des Teenagers fördern, helfen, Drogenmissbrauch zu vermeiden.

Kognitive Entwicklung

Piagets Theorie: Die formal-operationale Stufe
Welches sind die wesentlichen Merkmale formal-operationalen Denkens?
- Während Piagets **formal-operationaler Stufe** erscheint das abstrakte Denken. Heranwachsende zeigen **hypothetisch-deduktives Denken**. Wenn sie einem Problem gegenüberstehen, gehen sie alle Möglichkeiten durch und testen sie systematisch. **Propositionales Denken** entwickelt sich ebenfalls. Junge Menschen können die Logik verbaler Aussagen bewerten, unabhängig von den realen Umständen.

Diskutieren Sie neuere Forschungen zum formal-operationalen Denken und seine Bedeutung für die Richtigkeit von Piagets formal-operationaler Stufe.
- Heranwachsende begreifen viel stärker wissenschaftliche Prinzipien als jüngere Schulkinder. Jedoch denken Collegestudenten und Erwachsene auch nur in Situationen abstrakt, in denen sie ausgedehnte Erfahrungen besitzen. Formales Denken erscheint in manchen dörflichen und Stammeskulturen überhaupt nicht. Diese Erkenntnisse weisen darauf hin, dass Piagets letzte Stufe von spezifischen schulischen Lernmöglichkeiten beeinflusst ist.

Ein informationsverarbeitender Ansatz der kognitiven Entwicklungspsychologie der Adoleszenz
Was legen Forscher der Informationsverarbeitung der Entwicklung abstrakten Denkens zugrunde?
- Forscher des Informationsverarbeitungsansatzes nehmen an, dass eine Reihe spezifischer Veränderungsmechanismen abstraktes Denken fördern, einschließlich verbesserter Aufmerksamkeit, effektiverer Strategien, mehr Wissen, einer wirksameren kognitiven Selbstregulation, Zugewinn an informationsverarbeitender Kapazität und besonders Fortschritte in der Metakognition.
- Forschungen über wissenschaftliches Denken weisen darauf hin, dass die Fähigkeit, eine Theorie mit Beweismaterial zu koordinieren, sich während der Adoleszenz verbessert, da junge Leute zunehmend komplexe Probleme lösen, ihr Denken reflektieren und damit ein besseres metakognitives Verständnis erwerben. Heranwachsende entwickeln bei unterschiedlichen Aufgabentypen formal-operationales Denken auf eine ähnliche, schrittweise Art und Weise und konstruieren

damit allgemeine Modelle, die bei vielen Beispielen eines betreffenden Aufgabentyps angewendet werden können.

Folgen abstrakten Denkens
Beschreiben Sie typische Reaktionen von Adoleszenten, die von neuen Fähigkeiten im abstrakten Denken herrühren.

- Beim Gebrauch neuer kognitiver Fähigkeiten werden Teenager streitbarer, idealistischer und kritischer. Da sie mehr über sich selber nachdenken, erscheinen zwei verzerrte Bilder der Beziehung zwischen sich und anderen: das **imaginäre Publikum** und die **persönliche Legende**. Heranwachsende zeigen einen Zugewinn an Selbstregulation, haben aber oft Schwierigkeiten, im Alltagsleben Entscheidungen zu treffen.

Geschlechtsunterschiede in geistigen Fähigkeiten
Beschreiben Sie Geschlechtsunterschiede geistiger Fähigkeiten in der Adoleszenz.

- Während der Adoleszenz besteht ein leichter Vorteil der Mädchen in sprachlichen Fähigkeiten. Jungen sind besser in abstraktem mathematischem Denken. Bei mathematisch begabten Jugendlichen ist der Unterschied zwischen den Geschlechtern groß und rührt teilweise her von ihren biologisch fundierten besseren räumlichen Fähigkeiten. Gleichzeitig tragen eine Reihe von Umweltfaktoren zu besseren mathematischen Leistungen der Jungen bei: Spielaktivitäten in der Kindheit, Geschlechtsstereotype wie Mathematik als „männliche" Tätigkeit, Selbstvertrauen und Interesse an Mathematik.

Lernen in der Schule
Diskutieren Sie den Einfluss von Schulwechsel auf die Anpassung von Adoleszenten.

- Schulwechsel können in der Adoleszenz belastend sein. Mädchen erleben wegen anderer Veränderungen im Leben, die gleichzeitig auftreten, stärkere Anpassungsschwierigkeiten nach dem Wechsel von der Grundschule in die Oberschule (Pubertät und Beginn des Ausgehens mit Jungen). Teenager, die mit zusätzlichen Belastungen kämpfen müssen – insbesondere junge Leute mit schulischen und Gesundheitsproblemen –, haben das größte Risiko für gestiegene Anpassungsprobleme nach einem Schulwechsel.

Beschreiben Sie die Einflüsse durch Familie, Schule, Freunde und Umwelteinflüsse auf die schulischen Leistungen während der Adoleszenz.

- Erziehung mit einer positiven Autorität und das Engagement der Eltern in der Schule fördern gute Leistungen. Teenager mit Eltern, die zur Leistung ermutigen, wählen eher Freunde, die das auch tun. Ein warmherziges, unterstützendes Lernumfeld mit Aktivitäten, die Denken auf hohem Niveau betonen, erlaubt es Adoleszenten, ihr Begabungspotential zu erreichen.

- In der Oberschulphase werden getrennte Schulzweige, die mit den Zukunftsplänen der Schüler übereinstimmen, notwendig. Leider schreiben die getrennten Schulzweige in den Vereinigten Staaten und Kanada in der Regel erzieherische Ungleichheiten früherer Jahre fort.

- Mehr als 15 Stunden in der Woche während des Schuljahres zu arbeiten untergräbt bei Heranwachsenden die Schulleistungen und die Einstellung zur Arbeit. Stattdessen verbessern Arbeit-Lern-Programme, die geschaffen wurden, erzieherische und berufliche Ziele zu erfüllen, die Einstellung zur Arbeit und schulischen Erfolg bei Teenagern, die nicht auf ein Studium vorbereitet werden

Welche Faktoren sind mit Schulabbruch verbunden?

- 11 % amerikanischer und kanadischer junger Leute, viele von ihnen Jugendliche aus Minderheiten mit niedrigem SÖS (sozioökonomischer Status), verlassen die Schule ohne Abschluss. Der **Schulabbruch** ist das Ergebnis eines langen, graduellen Prozesses der Entfremdung von der Schule. Einflüsse aus Familie und Schule führen dazu, die Chancen des Erfolges in der Schule für den jungen Menschen zu untergraben. Diese umfassen schlechte Schulleistungen, Mangel elterlicher Unterstützung bei den schulischen Leistungen und ein wenig anregender Unterricht.

Wichtige Fachtermini und Begriffe

Adoleszenz S. 474
Akzeleration (Jahrhunderttrend, Generationsveränderung) S. 482
Bulimie (bulimia nervosa) S. 488
Dezeleration S. 480
formal-operationale Stufe S. 502
hypothetisch-deduktives Denken S. 502
imaginäres Publikum S. 508
Körperbild S. 485
Magersucht (anorexia nervosa) S. 487
Menarche S. 480
persönliche Legende S. 508
primäre Geschlechtsmerkmale S. 479
propositionales Denken (Aussagenlogik) S. 503
Pubertät S. 474
sekundäre Geschlechtsmerkmale S. 479
Spermarche S. 481
Wachstumsschub S. 477

Die emotionale und soziale Entwicklung in der Adoleszenz

12

12.1 Eriksons Theorie: Identität versus Identitätsdiffusion 526

12.2 Das Selbstverständnis 527
    Veränderungen im Selbstkonzept 528
    Veränderungen im Selbstwert 528
    Wege zu einer eigenen Identität 529
    Der Identitätsstatus und das psychische Wohlbefinden 530
    Einflussfaktoren der Identitätsentwicklung 531

12.3 Die moralische Entwicklung 534
    Piagets Theorie der Moralentwicklung 535
    Kohlbergs Erweiterung von Piagets Theorie 536
    Gibt es geschlechtsbedingte Unterschiede im moralischen
    Urteilsvermögen? 540
    Umweltbedingte Einflüsse auf das moralische Denken 541
    Moralisches Denken und Verhalten 544

12.4 Geschlechtstypisierung 545

12.5 Die Familie 546
    Eltern-Kind-Beziehungen 546
    Familiäre Umstände 548
    Geschwister 548

12.6 Peerbeziehungen 549
    Freundschaften 549
    Cliquen und Gruppierungen 551
    Miteinander Ausgehen (dating) 553
    Konformität unter Peers 554

12.7 Entwicklungsstörungen 555
    Depressionen 555
    Selbstmord (Suizid) 557
    Delinquenz 559

ÜBERBLICK

> Louis saß auf einem Hügel, von dem aus er seine Schule sehen konnte, und wartete auf seinen besten Freund, der sich heute nach der vierten Stunde mit ihm treffen wollte. Die beiden Jungen sehen sich häufig in der Mittagspause und gehen auf die andere Straßenseite, um dort an einer Imbissbude etwas zu essen.
>
> Louis beobachtete, wie Hunderte von Schülern auf den Schulhof kamen, und dachte darüber nach, was er heute in Sozialkunde gelernt hatte: „Nehmen wir einmal an, ich wäre zufällig in der Volksrepublik China geboren. Ich würde jetzt hier sitzen, eine andere Sprache sprechen, hätte einen anderen Namen und würde die Welt mit ganz anderen Augen betrachten. Aber ich bin heute der, der ich bin, einfach weil es das Schicksal so wollte."
>
> Louis wurde plötzlich aus seinen Gedanken gerissen. Sein Freund stand direkt vor ihm: „He du Träumer! Ich habe von da unten schon ungefähr fünf Minuten nach dir gerufen und gewunken. Wie kommt es, dass du mit deinen Gedanken in letzter Zeit immer woanders bist, Louis?", fragte der Freund, als sie beide weitergingen.
>
> „Ich habe gerade über vieles nachgedacht, was ich möchte, woran ich glaube. Mein älterer Bruder – ich beneide ihn. Er scheint genau zu wissen, wo es langgeht. Ich habe die meiste Zeit keine Ahnung. Geht es dir auch manchmal so?"
>
> „Ja, das geht mir auch oft so", gibt der Freund zu und schaut Louis ernst an, während sie langsam auf die Imbissbude zugehen. „Ich denke oft darüber nach. Wer bin ich wirklich? Und wer werde ich sein?"
>
> Die introspektiven Bemerkungen der Freunde sind Zeichen einer großen Umstrukturierung des Selbst in der Adoleszenz: die Entwicklung der eigenen Identität. Diese jungen Menschen versuchen auszuformulieren, wer sie sind: ihre persönlichen Wertvorstellungen und die Richtung, die sie in ihrem Leben einschlagen werden. Wir möchten dieses Kapitel beginnen mit Eriksons Darstellung über die Identitätsentwicklung und die Forschung, die über die Selbstwahrnehmung von Teenagern, ihre Gedanken und Gefühle über sich selbst, angeregt wurde. Die Frage nach der Identität reicht in viele andere Aspekte der Entwicklung hinein. Wir werden sehen, wie sie ein Gefühl der kulturellen Zugehörigkeit, des moralischen Urteils und der weiblichen und männlichen Selbstbilder während der Adoleszenz definieren. Während die Eltern-Kind-Beziehungen sich verändern und die jungen Menschen von ihren Familien zunehmend unabhängiger werden, sind Freundschaften und Peer-Netzwerke ausgesprochen wichtige Kontexte, um eine Brücke zu schlagen zwischen der Kindheit und dem Erwachsenenalter. Dieses Kapitel wird beendet mit einer Diskussion zu mehreren schwerwiegenden Anpassungsproblemen in der Adoleszenz: Depressionen, Suizid und Delinquenz.

12.1 Eriksons Theorie: Identität versus Identitätsdiffusion

Erikson (1950, 1968) war der Erste, der die Entwicklung der **Identität** als eine der wesentlichen Leistungen der Persönlichkeit in der Adoleszenz betrachtete und als einen wichtigen Schritt hin zu einem produktiven, glücklichen Leben als Erwachsener. Die Konstruktion einer Identität beinhaltet eine Definition dessen, der man selbst ist, der eigenen Werte und der Richtung, die man in seinem Leben einschlagen möchte. Ein Experte beschrieb dies als eine explizite Theorie des Selbst als einem vernünftig handelnden Subjekt – ein Subjekt, das auf der Basis vernünftigen Denkens handelt, Verantwortung für diese Handlungen übernimmt

und sie auch erklären kann (Moshman, 1999). Diese Suche danach, was hinsichtlich des eigenen Selbst wahr und richtig ist, stellt die treibende Kraft für viele der neuen Entwicklungen in diesem Lebensabschnitt dar – die sexuelle Orientierung, der Beruf, persönliche Beziehungen, Teilhabe am öffentlichen Leben, die Zugehörigkeit zu einer bestimmten ethnischen Gruppe sowie moralische, politische, religiöse und kulturelle Ideale.

Erikson nannte den psychischen Konflikt der Adoleszenz **Identität versus Identitätsdiffusion**. Ein positives Bewältigen der vorangegangenen Phasen bereitet den Weg für eine positive Auflösung dieses Konfliktes. Junge Menschen, die in die Adoleszenz mit einem schwachen Gefühl von *Vertrauen* eintreten, werden Schwierigkeiten haben, Ideale zu finden, an die sie glauben können. Und diejenigen unter ihnen, denen ein Gefühl von Leistung und Fleiß fehlt, werden große Probleme haben, einen Beruf zu wählen, der ihren Interessen und Fähigkeiten entspricht.

Obwohl der Same für die Identitätsbildung schon sehr früh gesät wird, beschäftigt sich der junge Mensch erst in der Adoleszenz intensiv mit dieser Aufgabe. Gemäß Erikson erleben Teenager in komplexen Gesellschaften eine *Identitätskrise* – eine Periode der Verwirrung und des Angespanntseins, während sie mit Alternativen experimentieren, bevor sie sich auf bestimmte Wertvorstellungen und Ziele festlegen. Adoleszente, die diesen Prozess der Selbstfindung durchlaufen, gelangen nach und nach zu einer reifen Identität. Der Jugendliche bewertet die Persönlichkeitseigenschaften, mit denen er sein Selbst in der Kindheit definierte, neu. Im Verlauf dieser Umwertungen konsolidiert sich ein innerer unveränderlicher Kern seiner Persönlichkeit, der dem jungen Menschen ein Gefühl der Stabilität vermittelt, während er sich im täglichen Leben in seinen verschiedenen Rollen unterschiedlich darstellen muss. Wenn die Identität einmal etabliert ist, wird sie im Erwachsenenalter kontinuierlich differenziert und frühere Verpflichtungen und Entscheidungen werden einer erneuten Evaluation unterzogen.

Heutige Theoretiker stimmen mit Erikson überein, dass das Infragestellen von Wertvorstellungen und Prioritäten notwendig ist für eine reife Identität, sie bezeichnen diesen Prozess aber nicht länger als „Krise" (Grotevant, 1998). Für manche junge Menschen ist die Identitätsentwicklung dramatisch und verstörend, für die meisten aber nicht. *Exploration* ist ein besseres Wort, um den typischen allmählichen Prozess der Identitätsbildung beim Adoleszenten zu beschreiben, ein Prozess der zumeist ohne besondere Vorkommnisse abläuft. Indem verschiedene Lebensmöglichkeiten ausprobiert werden und allmählich weitreichendere Entscheidungen gefällt werden, entwickeln die jungen Menschen eine organisierte Selbststruktur (Arnett, 2000; Moshman, 1999).

Erikson beschrieb die negativen Auswirkungen der Adoleszenz als *Identitätsdiffusion*. Manche der jungen Menschen scheinen in ihrer Persönlichkeit oberflächlich und ohne eigene Richtung, entweder weil frühere Konflikte nicht aufgelöst werden konnten oder weil die Gesellschaft ihre Entscheidungsmöglichkeiten auf solche reduziert, die ihren Fähigkeiten und Wünschen nicht entsprechen. Die Folge ist, dass sie auf die psychischen Herausforderungen des Erwachsenenalters nicht vorbereitet sind. Solche Menschen empfinden es

Während diese Adoleszenten ihre Meinung austauschen über ein Ereignis, von dem in den Medien berichtet wurde, werden sie sich klarer über die Verschiedenheit ihrer Standpunkte. Gegensätzliche Überzeugungen und Wertvorstellungen zu untersuchen ist ausgesprochen wichtig für eine reife Identitätsentwicklung. Der junge Mensch wird sich klarer darüber, was an seinem eigenen Selbst real und wahr ist.

beispielsweise als sehr schwierig, sich selbst in Eriksons Phase des jungen Erwachsenenalters – *Intimität* – mitzuteilen, wenn sie kein stabiles Selbstgefühl (eine Identität) entwickelt haben, auf das sie immer wieder zurückgreifen können.

Unterstützt die aktuelle Forschung Eriksons Ideen bezüglich der Identitätsentwicklung? In den folgenden Abschnitten werden wir sehen, dass Adoleszente die Aufgabe einer Selbstdefinition auf eine Art und Weise in Angriff nehmen, die Eriksons Beschreibungen sehr nahe kommt.

12.2 Das Selbstverständnis

Während der Adoleszenz führen kognitive Veränderungen dazu, dass die Sichtweise des jungen Menschen bezüglich seiner selbst sich weiterentwickelt, hin zu einem zunehmend komplexeren, wohl organisierten und konstanten Selbstbild. Veränderungen im Selbstkonzept und im Selbstwertgefühl sind die Vorbereitung für eine Entwicklung einer einheitlichen persönlichen Identität.

12.2.1 Veränderungen im Selbstkonzept

Sie werden sich erinnern, dass gegen Ende der mittleren Kindheit das Kind sich selbst anhand seiner Persönlichkeitseigenschaften beschreibt. In der frühen Adoleszenz werden diese separaten Eigenschaften, wie etwa „klug" und „talentiert" zu abstrakteren Beschreibungen, wie etwa „intelligent" zusammengefasst. Diese Generalisierungen über das eigene Selbst sind nicht miteinander verbunden und häufig auch widersprüchlich. So kann sich beispielsweise ein zwölf bis 14 Jahre altes Kind anhand von Eigenschaften wie „intelligent" und „schusselig" oder „schüchtern" und „extravertiert" beschreiben. Diese Widersprüchlichkeiten resultieren aus dem sozialen Druck, verschiedene Selbstbilder in den unterschiedlichen Beziehungen darzustellen – Beziehungen zu den Eltern, Klassenkameraden, engen Freunden und Partnern (Harter, 1998).

Gegen Mitte bis Ende der Adoleszenz fügen die Teenager ihre Persönlichkeitseigenschaften zu einem strukturierten System zusammen. Außerdem beginnen sie diese näher zu qualifizieren („Ich bin *ziemlich* schnell wütend", „Ich bin nicht *durch und durch* ehrlich"). Darin wird ihre Wahrnehmung deutlich, dass psychische Qualitäten sich häufig von einer Situation zur anderen verändern. Ältere Adoleszente erkennen außerdem integrierende Prinzipien, die frühere, Schwierigkeiten bereitende Widersprüche sinnvoll werden lassen. So bemerkte beispielsweise eine junge Person „Ich bin sehr flexibel und kann mich gut anpassen. Wenn ich mit meinen Freunden zusammen bin, die der Meinung sind, dass das, was ich sage, wichtig ist, bin ich sehr gesprächig; bei meiner Familie allerdings bin ich still, da sie nie genug Interesse aufbringt, mir wirklich zuzuhören" (Damon, 1990, S. 88).

Im Vergleich zu Kindern im Schulalter legen Teenager mehr Betonung auf soziale Werte, wie etwa freundlich, rücksichtsvoll, liebevoll und kooperativ zu sein (Damon & Hart, 1988). Adoleszente sind sehr darauf aus, von anderen möglichst positiv betrachtet zu werden, und ihre Bemerkungen über sich selbst reflektieren diese Sorge. Zudem treten persönliche und moralische Wertvorstellungen als Schlüsselthemen in der Entwicklung des Selbstkonzepts des älteren Adoleszenten hervor. Während die jungen Menschen ihre Sichtweise ihrer selbst immer wieder revidieren, um dauerhafte Überzeugungen und Pläne mit einzubeziehen, schaffen sie sich langsam aber sicher ein einheitliches Selbstkonzept, das zentral ist für die Identitätsentwicklung.

12.2.2 Veränderungen im Selbstwert

Das Selbstwertgefühl, die evaluative Seite des Selbstkonzeptes, differenziert sich noch weiter während der Adoleszenz. Zu dem Selbst in der mittleren Kindheit – der schulischen Kompetenz, der sozialen Kompetenz, den Kompetenzen in physisch/athletischen Bereichen und das körperliche Aussehen – werden mehrere neue Dimensionen hinzugefügt: enge Freundschaften, Beziehungen und aufgabenbezogene Kompetenzen (Harter, 1990, 1999).

Auch das Niveau des Selbstwertgefühls verändert sich. Außer einigen vorübergehenden Abfällen während der Zeiten der schulischen Übergänge bei einigen Adoleszenten (siehe Kapitel 11), steigert sich das Selbstwertgefühl zumeist und bleibt bei den meisten jungen Menschen auch hoch (Twenge & Campbell, 2001; Zimmerman et al., 1997). Die meiste Zeit be-

In der Adoleszenz steigt das Selbstwertgefühl für gewöhnlich an. Diese 14-Jährige ist besonders glücklich über ihre athletischen Fähigkeiten und ihre Beziehungen zu Gleichaltrigen.

wirkt die Entwicklung des Adoleszenten Gefühle von Stolz und Selbstsicherheit.

Dennoch variiert das Selbstwertgefühl bei jungen Menschen sehr. Während sich manche von ihnen in allen Bereichen ähnlich beurteilen, sind andere wiederum in einem bestimmten Bereich mit sich selbst zufriedener als in einem anderen. Ein Profil besonders günstiger Selbstevaluation korreliert nicht stärker mit Anpassung als ein Profil, das im Allgemeinen positiv ausfällt. Allerdings neigen Teenager, die ihre Beziehungen zu Gleichaltrigen wesentlich besser beurteilen als ihre schulischen Kompetenzen und ihre Beziehungen innerhalb der Familie, dazu, Anpassungsschwierigkeiten zu haben. Ein Profil eines in allen Bereichen niedrigen Selbstwertgefühls ist verbunden mit Ängsten, Depressionen und einem mit der Zeit zunehmenden antisozialen Verhalten (DuBois et al., 1998, 1999).

Gleichzeitig können die Kontexte, in denen sich junge Menschen befinden, diese gruppenbedingten Unterschiede modifizieren. Ein autoritativer Erziehungsstil ist ein Prädiktor für ein hohes Selbstwertgefühl in der Adoleszenz, genauso wie dies auch in der Kindheit der Fall war. Ermutigung von Seiten der Lehrer korreliert auch mit einem positiven Selbstbild (Carlson, Uppal, & Prosser, 2000; Steinberg et al., 1995). Im Gegensatz dazu legen Teenager, wenn die Unterstützung von Erwachsenen oder Gleichaltrigen an Bedingungen geknüpft ist, wie etwa den hohen Erwartungen der anderen, Verhaltensweisen an den Tag, die sie selbst als „unecht" bezeichnen – als nicht für ihr wahres Selbst stehend. Adoleszente, die häufig auf diese unechte Art und Weise reagieren, um sich selbst vor der Missbilligung anderer zu schützen, leiden zumeist unter einem schlechten Selbstwertgefühl und unter Depressionen (Harter et al., 1996).

Auch das weitere soziale Umfeld beeinflusst das Selbstwertgefühl. Bei kaukasisch-amerikanischen Adoleszenten ist es weniger positiv als bei afroamerikanischen, die von den Auswirkungen warmherziger, weitläufiger Familienverbände profitieren und ein starkes Gefühl von ethnischem Stolz haben (Gray-Little & Hafdahl, 2000). Des Weiteren sind die meisten jungen Menschen, deren Selbstwertgefühl in der Adoleszenz abnimmt, Mädchen (Eccles et al., 1999). Sie werden sich daran erinnern, dass Mädchen sich mehr aus ihrem körperlichen Aussehen machen und dass sie sich hinsichtlich ihrer eigenen Fähigkeiten unsicherer sind. Außerdem haben Teenager, die Schulen besuchen oder in Nachbarschaften leben, in denen ihr Einkommensstandard oder ihre ethnische Gruppe gut repräsentiert sind, weniger Probleme mit ihrem Selbstwertgefühl (Gray-Little & Carels, 1997). Schulen und Gemeinden, die das kulturelle Erbe eines jungen Menschen akzeptieren, unterstützen ein positives Selbstwertgefühl wie auch eine solide und sichere persönliche Identität.

12.2.3 Wege zu einer eigenen Identität

Gut strukturierte Selbstbeschreibungen und ein differenziertes Selbstwertgefühl bieten dem Adoleszenten die kognitive Grundlage für die Entwicklung einer eigenen Identität. Unter Anwendung eines klinischen Interviewfragebogens konnten Wissenschaftler Adoleszente in vier verschiedene Kategorien einteilen, die ihren Fortschritt bei der Entwicklung einer reifen Identität reflektieren (Marcia, 1980). Tabelle 12.1 enthält eine Beschreibung und Illustration der verschiedenen Identitätsstadien: die **erarbeitete Identität,** das **Moratorium,** die **übernommene Identität** sowie die **diffuse Identität.**

Die Identitätsentwicklung verläuft in verschiedenen Bahnen. Manche Adoleszente verbleiben innerhalb eines Status, während andere zwischen den verschiedenen Stadien hin und her wechseln. Außerdem variierte das Muster häufig über die verschiedenen Bereiche der Identität hinweg, wie etwa die sexuelle Orientierung, die Berufswahl und die religiösen sowie politischen Wertvorstellungen. Die meisten jungen Menschen wechseln von „niedrigeren" Stadien (übernommene Identität oder diffuse Identität) zu „höheren" Stadien (Moratorium oder erarbeitete Identität) bei Eintritt in das dritte Lebensjahrzehnt, andere wiederum bewegen sich in die entgegengesetzte Richtung (Kroger, 1995; Meeus, 1996).

Da Universitätsstudenten viele Möglichkeiten offen stehen, Berufsoptionen und verschiedene Lebensstile auszuprobieren, machen sie in dieser Zeit mehr Fortschritte bei der Konsolidierung ihrer eigenen Identität, als ihnen dies in ihrer Schulzeit möglich war (Meeus et al., 1999). In den Jahren nach der Universität machen junge Menschen auch weiterhin eine breit gefächerte Palette von Lebenserfahrungen, bevor sie sich auf eine bestimmte Richtung in ihrem Leben festlegen. Jugendliche, die nach der Schule direkt ins Berufsleben eintreten, legen sich in ihrer Selbstdefinition früher fest als junge Menschen, die eine Hochschule oder die Universität besuchen (Munro & Adams, 1977). Diejenigen allerdings, denen es schwer fällt, ihre Berufsziele in die Tat umzusetzen, da ihnen

12.2 DIE EMOTIONALE UND SOZIALE ENTWICKLUNG IN DER ADOLESZENZ

Tabelle 12.1
Die vier verschiedenen Identitätsstadien nach Marcia (1980)

Status der Identität	Beschreibung	Beispiel
Erarbeitete Identität	Nachdem Menschen mit einer erarbeiteten Identität verschiedene Alternativen erkundet haben, verpflichten sie sich klar formulierten, selbstgewählten Wertvorstellungen und Zielen. Sie haben ein Gefühl psychischen Wohlbefindens, das Gefühl einer die Zeit überdauernden Kontinuität des eigenen Selbst und ein Wissen darum, welche Richtung sie einschlagen möchten.	Als man sie fragte, ob sie willens wäre, ihre berufliche Entscheidung zu revidieren, wenn sich etwas Besseres finden würde, erwiderte Diana: „Mhm, ja vielleicht würde ich das, aber ich bezweifle es. Ich habe lange und gut darüber nachgedacht, ob ich Jura studieren soll, und ich bin mir ziemlich sicher, dass es das Richtige für mich ist."
Moratorium	Moratorium bedeutet „Aufschub oder Abwarten." Individuen im Moratorium sind noch keine definitiven Verpflichtungen eingegangen. Sie befinden sich in dem Prozess der Exploration – Informationen werden gesammelt und neue Aktivitäten ausprobiert mit dem Wunsch, Werte und Ziele zu finden, die als Richtlinie für das eigene Leben dienen können.	Als man ihn fragte, ob er jemals Zweifel an seinen religiösen Überzeugungen gehegt habe, meinte Ramon: „Ja, ich glaube, da stecke ich gerade mittendrin. Mir ist einfach nicht klar, wie es einen Gott geben kann und dennoch so viel Böses auf dieser Welt."
Übernommene Identität	Individuen mit einer übernommenen Identität haben sich bestimmten Wertvorstellungen und Zielen verpflichtet, ohne vorher Alternativen exploriert zu haben. Sie akzeptieren eine vorgefertigte Identität, die Autoritätsfiguren (für gewöhnlich die Eltern, manchmal auch Lehrer, religiöse Führungspersönlichkeiten oder Liebespartner) für sie ausgewählt haben.	Als Helga gefragt wurde, ob sie je ihre politische Überzeugung hinterfragt habe, antwortete sie: „Nein, nicht wirklich. Unsere Familie stimmt in diesen Dingen ziemlich überein."
Diffuse Identität	Menschen mit einer diffusen Identität fehlt es an einer klaren Richtung. Sie haben sich weder bestimmten Wertvorstellungen und Zielen verpflichtet, noch tun sie aktiv etwas dafür, diese zu erreichen. Viele von ihnen haben nie Alternativen ausprobiert, oder fanden diese Aufgabe zu bedrohlich und überwältigend.	Als Joschka zu seiner Einstellung bezüglich nichttraditioneller Geschlechterrollen gefragt wurde, antwortete er: „Mhm, ich weiß nicht so recht. Eigentlich ist mir das ziemlich egal. So oder so ist es o.k."

die Ausbildung dazu fehlt oder sie nur unzureichende Wahlmöglichkeiten hinsichtlich ihres gewünschten Berufes haben, laufen Gefahr, in eine Identitätsdiffusion zu geraten (Archer, 1989).

Eine Zeitlang waren Wissenschaftler der Meinung, dass Mädchen in der Adoleszenz die Etablierung einer eigenen Identität aufschieben und sich stattdessen auf die nächste Phase Eriksons konzentrieren, die Entwicklung der Intimität. Manche Mädchen haben durchdachtere Vorstellungen als Jungen in Identitätsbereichen, die mit Intimität zu tun haben, wie etwa dem Bereich der Sexualität oder der Frage, ob einer eigenen Familie oder der eigenen Karriere die Priorität gegeben werden sollte. Ansonsten machen Adoleszente beiderlei Geschlechts typischerweise Fortschritte in diesen Identitätsbereichen und ihren Problemen, bevor sie in ihren Beziehungen echte Intimität eingehen (Kroger, 2000).

12.2.4 Der Identitätsstatus und das psychische Wohlbefinden

Die erarbeitete Identität und das Moratorium verstehen sich als psychisch gesunde Arten einer reifen Selbstdefinition, während die übernommene Identität und die Diffusion als schlecht angepasste Formen zu betrachten sind. Junge Menschen, die sich eine Identität erarbeitet haben oder die aktiv dabei sind, ein besseres Selbstwertgefühl zu erreichen, werden sich eher mit abstraktem und kritischem Denken beschäftigen. Sie berichten von einer größeren Übereinstimmung zwischen ihrem Idealselbst und ihrem Realselbst und sind in ihrem moralischen Denken weiter fortgeschritten (Josselson, 1994; Marcia et al., 1993).

Adoleszente, die entweder in einer übernommenen Identität oder einer Identitätsdiffusion stecken bleiben, haben Anpassungsschwierigkeiten. Individuen mit einer übernommenen Identität tendieren dazu, dogmatisch, unflexibel und intolerant zu sein. Jegliche Meinungsunterschiede betrachten sie als Bedrohung ihrer selbst (Kroger, 1995). Die meisten von ihnen haben Angst, von anderen Menschen abgelehnt zu werden, insbesondere von denjenigen, auf die sie sich verlassen, um Zuwendung zu bekommen und ihr Selbstwertgefühl zu stützen. Einige der Teenager, die eine Identität übernommen und sich von ihren Familien und der Gesellschaft entfremdet haben, treten unter Umständen Sekten bei oder anderen extremen Gruppen, wobei sie dort ohne zu hinterfragen eine Lebensweise annehmen, die sich von ihrer Vergangenheit unterscheidet.

Jugendliche, die langfristig unter einer Identitätsdiffusion leiden, weisen am wenigsten Reife in ihrer Identitätsentwicklung auf. Es ist typisch, dass diese Teenager auf ihr Glück vertrauen oder alles als Schicksal betrachten. Sie haben eine Einstellung, die besagt „mir ist alles egal!" Und sie neigen dazu, all das mitzumachen, was „alle anderen" auch machen. Die Folge davon sind Schwierigkeiten mit der eigenen Zeiteinteilung und Probleme bei den schulischen Leistungen (Berzonsky & Kuk, 2000). Bei diesen Jugendlichen ist auch Drogenmissbrauch sehr wahrscheinlich. Häufig ist im Kern ihrer Apathie ein Gefühl der Hoffnungslosigkeit bezüglich der eigenen Zukunft zu finden (Archer & Waterman, 1990).

freuen, dass sie vernünftige Kriterien anwenden können, um zwischen verschiedenen Alternativen zu wählen, befinden sich aller Wahrscheinlichkeit nach in einem Stadium des Moratorium oder der erarbeiteten Identität (Berzonsky & Kuk, 2000; Boyes & Chandler, 1992).

In Kapitel 6 wurde festgestellt, dass Kleinkinder mit einem gesunden Selbstgefühl zumeist Eltern haben, die ihnen emotionale Unterstützung und Explorationsfreiheit anbieten. Ähnlich auch im Adoleszenzalter: wenn die Familie dem Teenager als „sichere Basis" dient, von der aus er oder sie sich in die weite Welt hinaus bewegen kann, wird dies der Identitätsentwicklung förderlich sein. Jugendliche, die ein Gefühl der Bindung zu ihren Eltern haben, aber dennoch auch die Freiheit besitzen, ihre eigene Meinung auszudrücken, haben zumeist eine erarbeitete Identität oder befinden sich in einem Stadium des Moratorium (Grotevant & Cooper, 1998; Lapsley, Rice, & FitzGerald, 1990). Die Mädchen mit einer übernommenen Identität haben zumeist eine enge Bindung zu ihren Eltern, allerdings fehlen ihnen die Möglichkeiten, die für eine gesunde Trennung notwendig sind. Junge Menschen mit einer diffusen Identität berichten, dass es in ihren Familien so gut wie keine warmherzige, offene Kommunikation gibt (Papini, 1994).

Während die Adoleszenten mit vielen verschiedenen Gleichaltrigen interagieren, sind sie einem breiten

12.2.5 Einflussfaktoren der Identitätsentwicklung

Mit der Identitätsbildung des Adoleszenten beginnt ein lebenslanger Prozess, die persönlichen Verpflichtungen und Überzeugungen immer weiter zu verfeinern. Wann immer das Individuum selber oder der Kontext sich verändert, entstehen neue Möglichkeiten, die bestehende Identität umzuformulieren (Yoder, 2000). Ein breites Spektrum von Einflussfaktoren wirkt sich auf die Identitätsentwicklung aus.

Die Persönlichkeit eines Menschen – insbesondere sein flexibler, offener Ansatz der Auseinandersetzung mit sich widersprechenden Überzeugungen und Wertvorstellungen – fördert eine reife Identität. Adoleszente, die davon ausgehen, dass die absolute Wahrheit immer erreichbar ist, gehören eher zur Gruppe mit übernommener Identität, während solche, denen es an Zuversicht fehlt und die sich fragen, ob sie je irgendetwas genau wissen werden, diejenigen mit einer diffusen Identität sind. Jugendliche, die sich darüber

Diese hispanischen Jugendlichen treffen sich in der Nachbarschaft in einer Stadt, in der ihre ethnische Gruppe gut repräsentiert ist. Schulen und Gemeinden, die den kulturellen Hintergrund eines jungen Menschen akzeptieren, fördern ein hohes Selbstwertgefühl.

Kulturelle Einflüsse: Identitätsentwicklung bei Adoleszenten ethnischer Minoritäten

Die meisten Adoleszenten sind sich ihrer kulturellen Wurzeln bewusst, beschäftigen sich aber nicht sehr intensiv damit. Bei Teenagern allerdings, die einer Minoritätengruppe angehören, ist die **ethnische Zugehörigkeit** oder **ethnische Identität** – das Gefühl, einer bestimmten ethnischen Gruppe anzugehören und die dazugehörigen Einstellungen und Gefühle mit den Gruppenmitgliedern zu teilen – ein zentraler Aspekt ihrer Suche nach einer eigenen Identität und bringt komplexe Herausforderungen mit sich. Während diese Jugendlichen sich kognitiv weiterentwickeln und zunehmend sensibler für die Rückmeldungen ihrer sozialen Umgebung werden, wird ihnen schmerzhaft bewusst, dass sie häufig Zielscheibe von Diskriminierung und ungerechter Behandlung werden. Diese Entdeckung kompliziert ihre Bemühungen, ein Gefühl der kulturellen Zugehörigkeit und für den Einzelnen persönlich bedeutsame Lebensziele zu entwickeln.

Jugendliche, die ethnischen Minoritätengruppen angehören, haben oft das Gefühl zwischen zwei Stühlen zu sitzen, hin- und hergerissen zwischen den Vorgaben der Gesellschaft und den Traditionen ihrer Ursprungskultur. In vielen Immigrantenfamilien, die aus kollektivistischen Kulturkreisen zugewandert sind, nimmt das Gefühl der Verpflichtung der Adoleszenten, ihren Eltern gegenüber Respekt zu zeigen und familiäre Verpflichtungen erfüllen zu müssen, ab, je länger die Familie in den Vereinigten Staaten lebt (Phinney, Ong, & Madden, 2000). Junge Menschen lehnen bestimmte Aspekte ihres ethnischen Hintergrundes auch manchmal ganz ab. In einer Studie wurde festgestellt, dass asiatisch-amerikanische 15 bis 17 Jahre alte Jugendliche eher negative Einstellungen gegenüber ihrer kulturellen Untergruppe hegen, als dies bei Afroamerikanern und Amerikaner hispanischer Herkunft der Fall ist (Phinney, 1989). Möglicherweise liegt das darin begründet, dass dieser Minoritätengruppe der ethnische Stolz fehlt, der sowohl afrikanischen als auch hispanischen Teenagern vermittelt wird.

In manchen Immigrantenfamilien werden die Jugendlichen von ihren Eltern übermäßig eingeschränkt, aus Angst, dass eine Assimilation in die Mehrheitsgesellschaft die eigenen kulturellen Traditionen untergräbt, was zur Folge haben kann, dass die Jugendlichen rebellieren. Ein südostasiatischer Flüchtling beschrieb das Verhalten seiner Tochter so: „sie beschwert sich darüber, dass sie am Wochenende in den Lao-Tempel gehen soll, schließt sich stattdessen einer Jugendgruppe in einer christlichen Gemeinde in der Nachbarschaft an. Sie hat sich am Lao-Neujahrstag geweigert, die traditionelle Kleidung zu tragen. Das Mädchen ist ein sehr schlechtes Vorbild für ihre jüngeren Schwestern und Brüder" (Nidorf, 1985, S. 422-423).

Andere Jugendliche in Minoritätengruppen reagieren auf die Jahre, die geprägt waren von einem beeinträchtigten Selbstwertgefühl, Schulversagen und Erfolgsbarrieren, indem sie sich selbst auf eine Weise definieren, die in Kontrast steht zu den allgemeinen Werten. Ein mexikanisch-amerikanischer Teenager, der die Schule abgebrochen hatte, kommentierte dies folgendermaßen: „Mexikaner bekommen nicht die Chance, eine Hochschule zu besuchen und aus sich etwas zu machen." Ein anderer Jugendlicher verwies als Beispiel auf seinen Onkel, den Anführer einer örtlichen Bande, als man ihn danach fragte, was nötig wäre, um ein erfolgreicher Erwachsener zu werden (Matute-Bianche, 1986, S. 250-251).

Da es schmerzhaft und verwirrend ist, meiden Schüler der höheren Schule häufig die Entwicklungsaufgabe, eine ethnische Identität zu bilden. Viele von ihnen übernehmen eine Identität oder bleiben diffus, wenn es um die ethnischen Aspekte ihrer eigenen Identität geht (Markstrom-Adams & Adams, 1995). Diejenigen aber, denen es gelingt mit Vorteilen und Diskriminierung proaktiv umzugehen, indem sie sich ihres eigenen Selbstwertes bewusst werden und Stereotypen von schlechten Leistungen und antisozialem Verhalten nicht entsprechen, fühlen sich ihrer eigenen ethnischen Gruppe sehr verpflichtet (Phinney & Chavira, 1995).

Wie kann die Gesellschaft Jugendlichen, die Minoritätengruppen angehören, helfen, ihre Identitätskonflikte konstruktiv zu bearbeiten und aufzulösen? Eine ganze Reihe von Bemühungen sind an dieser Stelle relevant:

- Ein effektiver Erziehungsstil sollte gefördert werden, durch den Kinder und Adoleszente Nutzen ziehen aus dem ethnischen Stolz der eigenen Familie, aber trotzdem auch ermutigt werden, sich die Bedeutung ihrer ethnischen Wurzeln in ihrem eigenen Leben näher zu betrachten.

- Es sollte sichergestellt werden, dass die Schule die Muttersprache jugendlicher Minoritäten respektiert, ihren ureigenen Lernstil akzeptiert und ihr Recht auf eine qualitativ gute Schulausbildung unterstützt.

- Sie sollte auch den Kontakt mit Gleichaltrigen desselben ethnischen Hintergrundes und den Respekt der ethnischen Gruppen untereinander fördern (García Coll & Magnuson, 1997).

Diese ostindischen Jugendlichen sind für eine ethnische Tanzveranstaltung bei einem Stadtfest in ihre traditionellen Gewänder gekleidet. Wenn Jugendliche, die Minoritätengruppen angehören, in den Schulen und Gemeinden gegenüber ihren kulturellen Wurzeln Respekt erfahren, werden sie zumeist ihre ethnischen Wertvorstellungen und Gebräuche als einen wichtigen Teil ihrer eigenen Identität integrieren und beibehalten.

Eine sichere, aber nicht zu starke ethnische Identität ist verbunden mit einem besseren Selbstwertgefühl, Optimismus, einem Gefühl, in der eigenen Lebensumwelt zurechtzukommen, sowie positiveren Einstellungen gegenüber dem eigenen ethnischen Hintergrund (Carlson, Uppal, & Prosser, 2000; Schönpflug, 2002; Smith et al., 1999). Die Bildung einer **bikulturalen Identität** – durch ein Explorieren und Annehmen der Wertvorstellungen sowohl der Herkunftskultur des Adoleszenten wie auch der dominierenden Kultur – birgt zusätzliche Vorteile. Bikultural identifizierten Adoleszenten gelingt es zumeist, sich auch in anderen Bereichen ihrer Identität einiges zu erarbeiten. Und auch ihre Beziehungen zu Mitgliedern anderer ethnischer Gruppen sind besonders positiv (Phinney & Kohatsu, 1997). Zusammengefasst kann festgestellt werden, dass die Leistung einer erarbeiteten ethnischen Identität sich fruchtbar auswirkt auf viele Aspekte der emotionalen und sozialen Entwicklung.

Spektrum neuer Ideen und Wertvorstellungen ausgesetzt. Enge Freunde helfen einander, verschiedene Möglichkeiten zu explorieren, indem sie sich gegenseitig emotionale Unterstützung geben und einander als Rollenmodelle für die Identitätsentwicklung dienen. In einer Studie wurde herausgefunden, dass die Bindung von Adoleszenten zu ihren Freunden einen Prädiktor darstellt für die Erkundung verschiedener Berufsrichtungen und für die Fortschritte in der Berufswahl (Felsman & Bluestein, 1999).

Schulen und Gemeinden, die vielfältige Möglichkeiten der Exploration bieten, fördern gleichzeitig die Identitätsentwicklung. Die Schule kann auf viele Arten unterstützend wirken – durch Unterricht, in dem eigenständiges Denken gefördert wird, durch außerschulische Aktivitäten, die den Jugendlichen helfen, sich in verantwortlichen Rollen zurechtzufinden, durch Lehrer und Schulpsychologen, die Schüler niedriger Einkommensschichten dazu ermutigen zu studieren sowie praktische, berufliche Trainingsprogramme, die den jungen Menschen die tatsächliche Arbeitswelt des Erwachsenen näher bringen (Cooper, 1998).

Und schließlich sind es auch der kulturelle Gesamtkontext und der historische Zeitpunkt, die sich auf die Identitätsentwicklung auswirken. Heutzutage spielen sich beim Adoleszenten die Exploration und Verpflichtung in der Berufswahl und der Geschlechterrollenpräferenz wesentlich früher ab, als dies im Bereich der religiösen und politischen Wertvorstellungen der Fall ist. Noch vor einer Generation, als der Vietnamkrieg Amerika politisch spaltete, entwickelten sich die politischen Überzeugungen des Einzelnen wesentlich früher in seinem Leben (Archer, 1989). Gesellschaftliche Wirkkräfte sind außerdem verantwortlich für die besonderen Probleme, mit denen sich schwule und lesbische Jugendliche (siehe Kapitel 11) und Adoleszente ethnischer Minderheiten konfrontiert sehen, wenn sie eine sichere eigene Identität aufbauen wollen (siehe auch den Kasten „Kulturelle Einflüsse"). Der Kasten „Aspekte der Fürsorge" gibt einen Überblick über die Möglichkeiten, wie erwachsene Adoleszente in ihrer Suche nach einer eigenen Identität unterstützen können.

Aspekte der Fürsorge

Möglichkeiten, wie Erwachsene die gesunde Identitätsentwicklung in der Adoleszenz unterstützen können

STRATEGIE	BEGRÜNDUNG
Warmherzige und offene Kommunikation	Bietet emotionale Unterstützung und die Freiheit, Wertvorstellungen und Ziele zu explorieren
Gespräche und Diskussionen zu Hause und in der Schule, die zu eigenständigem Denken ermuntern	Ermutigt eine vernünftige und eigenständige Selektion innerhalb verschiedener zur Wahl stehender Überzeugungen und Wertvorstellungen
Möglichkeiten der Teilnahme an außerschulischen Aktivitäten und berufspraktischen Trainingsprogrammen bieten	Erlaubt den jungen Menschen, die Arbeitswelt des Erwachsenen zu entdecken
Möglichkeiten für Gespräche mit Erwachsenen und Gleichaltrigen bieten, die anstehende Identitätsfragen schon bewältigt haben	Bietet Rollenmodelle für eine erarbeitete Identität und Rat, wie Identitätsprobleme gelöst werden können
Möglichkeiten bieten, die eigenen Kulturen zu explorieren und über andere Kulturen in einer Atmosphäre des Respekts zu lernen	Fördert die Identitätsleistung in allen Bereichen wie auch eine ethnische Toleranz, die sich positiv auswirkt auf die Identitätsexplorationen anderer

Prüfen Sie sich selbst ...

Rückblick
Kehren Sie noch einmal zurück zu der Unterhaltung von Louis und seinem Freund zu Beginn dieses Kapitels. Welcher Identitätsstatus charakterisiert die beiden Jungen? Begründen Sie Ihre Meinung.

Rückblick
Nennen Sie persönliche und kontextuelle Faktoren, die zur Identitätsentwicklung beitragen.

Anwendung
Jakob und Vera machen sich Sorgen, dass ihr 18 Jahre alter Sohn Bernd seine Zeit in der Hochschule verschwendet, weil er sich unsicher ist, welches Hauptfach er wählen soll und was seine beruflichen Ziele sind. Erläutern Sie, warum Bernds Unsicherheit sich vermutlich positiv auswirkt auf seine Identitätsentwicklung.

Zusammenhänge
Erklären Sie, wie Veränderungen im Selbstkonzept und im Selbstwertgefühl in der Adoleszenz den Weg für die Konstruktion einer eigenen Identität bereiten.

Prüfen Sie sich selbst ...

12.3 Die moralische Entwicklung

Die elf Jahre alte Sabrina saß am Küchentisch und las die Sonntagszeitung, ihre Augen weit aufgerissen vor Erstaunen: „Das musst du dir unbedingt ansehen", sagte sie zu dem 16 Jahre alten Louis, der gerade dabei war, sein Müsli zu essen. Sabrina hielt eine Seite hoch, auf der Fotos einer 70 Jahre alten Frau zu sehen waren, die in ihrem Haus stand. Der Boden und die Möbel quollen über von Stapeln von Zeitungen, Kartons, alten Dosen, Gläsern und Kleidungsstücken. Der dazugehörige Text beschrieb den bröckelnden Putz an ihren Wänden, die eingefrorenen Wasserleitungen sowie Waschbecken, Toilette und Ofen, die nicht funktionierten. Die Überschrift lautete: „Loretta Perry: Mein Leben geht dich nichts an."

„Schau mal, was sie dieser armen Frau antun wollen", rief Sabrina. „Sie wollen sie aus ihrem eigenen Haus werfen und es abreißen! Die Leute in den Ämtern kümmern sich einfach um niemanden. Hier steht ‚Frau Perry hat ihr ganzes Leben damit verbracht, anderen Menschen zu helfen.' Warum hilft ihr denn nun keiner?"

„Sabrina, du hast nicht verstanden, um was es hier geht," erwiderte Louis. Frau Perry verstößt gegen 30 verschiedene Bauvorschriften. Das Gesetz schreibt vor, dass man sein Haus in einem guten Zustand zu halten hat."

„Aber Louis, sie ist alt und braucht Hilfe. Sie sagt, dass ihr Leben vorbei sein wird, wenn diese Menschen ihr Haus zerstören."

„Die Leute vom Bauamt sind nicht einfach nur gemein, Sabrina. Frau Perry ist stur. Sie weigert sich, das Gesetz zu befolgen. Indem sie sich nicht um ihr Haus kümmert, ist sie nicht nur eine Bedrohung für sich selbst, sondern bringt auch ihre Nachbarn in Gefahr. Nehmen wir einmal an, ihr Haus würde anfangen zu brennen. Du kannst einfach nicht in einer Nachbarschaft mit anderen Menschen wohnen und behaupten, dein Leben ginge niemanden etwas an."

„Man reißt nicht einfach jemandem das Haus ab", erwiderte Sabrina ärgerlich. „Wo sind denn nun alle ihre Freunde, Nachbarn? Warum gehen sie nicht zu ihr und reparieren ihr Haus? Du bist genau wie diese Leute vom Bauamt, Louis. Du hast überhaupt keine Gefühle!"

Die Meinungsverschiedenheit von Louis und Sabrina über das Schicksal von Frau Perry illustriert den großen Fortschritt, den beide in ihrem moralischen Verständnis gemacht haben. Veränderungen in ihren kognitiven und sozialen Erfahrungen ermöglichen den Jugendlichen ein besseres Verständnis der größeren sozialen Strukturen – der sozialen Institutionen und des gesetzgebenden Systems –, die über die moralische Verantwortung herrschen. In dem Maße, in dem ihr Verständnis sozialer Gegebenheiten und Vorgaben sich erweitert, entwickeln Adoleszente neue Ideen darüber, was getan werden sollte, wenn Bedürfnisse und Wünsche von Menschen miteinander in Konflikt stehen, und sie bewegen sich hin zu zunehmend gerechteren, fairen und ausbalancierten Lösungen dieser moralischen Problemstellungen.

12.3.1 Piagets Theorie der Moralentwicklung

Der einflussreichste Ansatz zur Moralentwicklung ist die kognitive Entwicklungsperspektive von Lawrence Kohlberg, die von Piagets Frühwerk über das moralische Urteil des Kindes angeregt wurde. Piaget (1932/1965) definierte zwei hauptsächliche Stufen der Moralentwicklung beim Kind.

Die erste Stufe der Moralentwicklung bezeichnete Piaget als **heteronome Moral**; eine Stufe, die sich vom fünften bis zum zehnten Lebensjahr hinzieht. Das Wort „heteronom" bedeutet so viel wie „unter

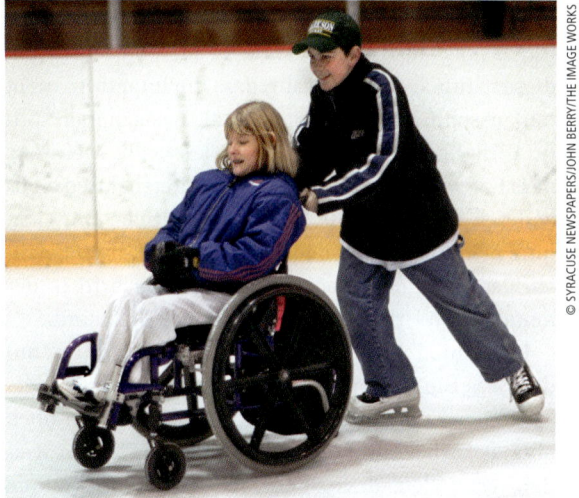

Die Bemühungen dieses Teenagers, einer körperbehinderten Freundin zu einer Runde auf dem Eis zu verhelfen, ist womöglich motiviert von seinem Verständnis der goldenen Regel, dass man mit anderen genauso umgehen sollte, wie man sich wünscht, dass sie einen selbst behandeln. Ein gutes Verständnis von Reziprozität – anderen die gleiche Fürsorge zu gewähren, die man sich selbst gewährt – trägt zu den Fortschritten in der Moralentwicklung älterer Kinder und Adoleszenter bei.

der Autorität eines anderen". Wie aus dem Begriff schon zu schließen ist, betrachten Kinder Regeln auf dieser Stufe als etwas, das ihnen von Autoritäten (Gott, Eltern und Lehrer) vorgegeben wird, als etwas permanent Existierendes, Unveränderliches und etwas, das strikten Gehorsam erfordert. Auch in ihrem Urteil, ob eine Handlung falsch ist, konzentrieren sie sich auf das Ergebnis und nicht darauf, ob der Handelnde Schaden zufügen wollte oder nicht. Wenn ein Kind in diesem Alter fragt, wer mehr Unrecht getan hat – Jonas, der versehentlich 15 Tassen zerbricht auf seinem Weg zum Abendessen, oder Henry, der eine Tasse zerbricht, während er sich gerade etwas Marmelade stiehlt –, wird ein sechs bis sieben Jahre altes Kind Jonas wählen.

Gemäß Piaget, treten Kinder etwa im Alter von zehn Jahren in das Stadium der **autonomen Moral** ein – sie betrachten Regeln nicht länger als etwas Festgelegtes, sondern als Prinzipien, die im sozialen Umgang miteinander festgelegt werden und bei Bedarf auch verändert werden können. Im Schaffen und Verändern von Regeln wenden ältere Kinder und Adoleszente einen Standard von Fairness an, den man *ideale Reziprozität (Gegenseitigkeit)* nennt. Sie gehen mit anderen genauso fürsorglich um, wie sie möchten, dass diese mit ihnen umgehen. Den meisten von uns ist die ideale Reziprozität bekannt durch die goldene Regel: „Wie du mir, so ich dir." bzw. „Was du nicht willst, dass man dir tut, das füg' auch keinem anderen zu!". Individuen in dieser Stufe werden gewahr, dass die Intention, nicht nur ausschließlich das Ergebnis, als Basis dienen sollte, Verhalten zu beurteilen. Piaget war der Meinung, dass Fortschritte im Einnehmen der Perspektive eines anderen Menschen, die aus der kognitiven Entwicklung resultieren, und den Möglichkeiten, mit Gleichaltrigen zu interagieren, für diesen Fortschritt in der moralischen Urteilsfähigkeit verantwortlich sind.

Betrachten Sie Piagets Theorie im Hinblick auf das, was Sie über die Moralentwicklung in vorangegangenen Kapiteln gelernt haben (blättern Sie noch einmal zurück auf die Seiten 440 bis 442). Sie werden feststellen, dass seine Sichtweise von kleinen Kindern als rigide, external orientiert und auf die physischen Konsequenzen fokussiert ihre moralischen Kapazitäten wesentlich unterschätzt. Dennoch beschreibt Piagets Theorie der Moralität wie auch seine kognitive Theorie die generelle Richtung der moralischen Entwicklung. Obwohl Kinder fähig sind zu diffizilerem moralischen Denken, als Piaget dachte, sind sie noch nicht so fortgeschritten wie Adoleszente und Erwachsene. Im Laufe der letzten zwanzig Jahre wurde Piagets bahnbrechende Arbeit durch Kohlbergs umfassendere Theorie ersetzt, welche die Moralentwicklung als einen Prozess betrachtet, der sich von der Kindheit in die Adoleszenz bis hinein in das Erwachsenenalter zieht und in sechs Stufen eingeteilt werden kann.

12.3.2 Kohlbergs Erweiterung von Piagets Theorie

Kohlberg wendete – wie Piaget – ein klinisches Interviewverfahren bei seiner Untersuchung der moralischen Entwicklung an. Er legte Kindern und Adoleszenten *moralische Dilemmata* vor – Geschichten, die einen Konflikt zwischen zwei unterschiedlichen moralischen Werten darstellen – und fragte sie, was die Hauptfigur tun sollte und warum sie ihrer Meinung nach so und nicht anders handeln sollte. Die bekannteste Geschichte ist das „Heinz-Dilemma", die eine Wahlmöglichkeit zwischen Gehorsam dem Gesetz gegenüber (nicht stehlen) und des Wertes des menschlichen Lebens (eine sterbende Person retten) darstellt:

Eine krebskranke Frau lag im Sterben. Es gab ein Medikament, das sie retten könnte, eine Radiumverbindung, die ein Apotheker vor kurzem entdeckt hatte. Der Apotheker verlangte dafür 2000 Euro, das Zehnfache dessen, was ihn die Herstellung des Medikamentes kostete. Der Mann der kranken Frau, Heinz, bat alle seine Bekannten, ihm Geld zu borgen, aber er konnte nur etwa die Hälfte des geforderten Preises zusammenbringen. Er sagte dem Apotheker, dass seine Frau im Sterben liege, und bat ihn, ihm das Medikament billiger zu verkaufen oder ihn später bezahlen zu lassen. Aber der Apotheker lehnte ab. In seiner Verzweiflung brach der Ehemann in die Apotheke ein und stahl das Medikament für seine Frau. Durfte er das tun? Warum? (Nach Kohlberg, 1984, S. 66; vgl. auch Colby et al. 1983, S. 77 und Reinshagen, Eckensberger & Eckensberger, 1976, S. 44.)

Kohlberg betonte, dass es *die Art und Weise ist, wie ein Individuum über ein Problem denkt,* und *nicht der Inhalt der Reaktion* (ob man stehlen sollte oder nicht), die als Determinante moralischer Reife zu sehen ist. Individuen, die der Meinung sind, Heinz sollte sich das Medikament stehlen, und solche, die der Überzeugung sind, er hätte dass nicht dürfen, finden sich in jeder der vier Stufen Kohlbergs. Innerhalb der beiden höchsten Stufen sind das moralische Denken und der Inhalt in ein kohärentes ethisches System integriert (Kohlberg, Levine, & Hewer, 1983). Wenn jemandem die Wahl gelassen wird zwischen Gehorsam dem Gesetz gegenüber und dem Erhalten individueller Rechte, werden die am meisten fortgeschrittenen moralisch Denkenden die Durchsetzung individueller Rechte unterstützen (in dem Heinz-Dilemma würde dies bedeuten, das Medikament zu stehlen, um Leben zu retten). Erinnert das an die Bemühungen des Adoleszenten, ein stichhaltiges, wohlorganisiertes und strukturiertes Selbst mit persönlichen Wertvorstellungen im Laufe der eigenen Identitätsentwicklung auszubilden? Nach Meinung mancher Theoretiker sind die Entwicklung einer Identität und das moralische Verständnis Teil ein und desselben Prozesses (Blasi, 1994; Marcia, 1988).

■ Kohlbergs Stufen zum Moralverständnis

Kohlberg teilte seine sechs Stufen in drei hierarchisch gegliederte Ebenen der moralischen Entwicklung ein. Er war der Meinung, dass das Moralverständnis von denselben Faktoren abhängig ist, die Piaget für das kognitive Wachstum für wichtig hielt: (1) ein aktives

Ringen mit moralischen Problemen und die Wahrnehmung von Schwächen innerhalb des eigenen Denkens sowie (2) Fortschritte im Einnehmen der Perspektive anderer, die es dem Individuum erlauben, moralische Konflikte auf effektivere Art und Weise zu lösen. Wie Tabelle 12.2 zeigt, gibt es Zusammenhänge zwischen Kohlbergs Stufenmodell der moralischen Entwicklung und den Modellen von Piaget und Selman. Wenn wir nun Kohlbergs Entwicklungssequenz untersuchen und die einzelnen Stufen mit Reaktionen auf das Heinz-Dilemma illustrieren, sollte auf Veränderungen in der sozialen Perspektivenübernahme innerhalb der einzelnen Stufen geachtet werden.

Das präkonventionelle Niveau

Auf dem **präkonventionellen Niveau** ist die Moralität external, d.h. durch äußere Faktoren, kontrolliert. Wie auch im heteronomen Stadium Piagets, akzeptiert das Kind die Regeln seiner Autoritätsfiguren und beurteilt Handlungen anhand ihrer Konsequenzen. Verhaltensweisen, die in Strafe resultieren, werden als böse betrachtet; Verhalten, welches eine Belohnung nach sich zieht, wird als gut angesehen.

Unterstufe 1: Die Strafe-Gehorsam-Orientierung

Ein Kind in dieser Stufe hat Schwierigkeiten, beide Standpunkte eines gegebenen moralischen Dilemmas in Betracht zu ziehen. Folglich wird es die Intentionen anderer ignorieren und sich stattdessen gemäß seiner Angst vor Autoritäten und seinem Wunsch, Strafe zu vermeiden, moralisch verhalten.

Für das Stehlen: "Wenn Ihre Frau stirbt, geraten Sie in Schwierigkeiten. Sie werden für ihren Tod verantwortlich gemacht, weil Sie das Geld nicht zusammenbekommen haben, und es wird eine Untersuchung gegen Sie und den Apotheker eingeleitet." (Kohlberg, 1969, S. 381)

Tabelle 12.2

Die Zusammenhänge zwischen dem Stufenmodell von Kohlbergs Entwicklungstheorie des moralischen Urteilens und den Konzepten von Piaget und Selman zur sozialen Perspektivenübernahme

Kohlbergs Stufen der moralischen Entwicklung	Beschreibung	Piagets Stufen der Moral	Selmans Stufe der Perspektivenübernahme[a]
Gehorsam-Strafe-Orientierung	Furcht vor Autoritäten und Vermeidung von Strafe	Präoperational, früh konkret-operational	Sozial-informational
Individualistische instrumentale Orientierung	Eigene Bedürfnisse befriedigen	Konkret-operational	Selbstreflektierend
Zwischenpersönliche Orientierung	Erhalten von Zuneigung und Wertschätzung von Seiten der Freunde und Verwandten	Früh formal-operational	Auf (einen) Dritte(n) orientiert
Orientierung an sozialen Ordnungssystemen	Gesetze und Regeln um ihrer selbst willen aufrechterhalten	Formal-operational	Gesellschaftsorientiert
Soziale Vertragsorientierung, Orientierung an Menschenrechten	Faire Vorgehensweisen für Veränderungen der Gesetze, um individuelle Rechte und Bedürfnisse der Mehrheit zu schützen		
Universal-ethische Gewissens- und Prinzipienorientierung	Abstrakte universelle ethische Prinzipien, die für die gesamte Menschheit gültig sind		

[a] siehe Kapitel 10!

Gegen das Stehlen: "Sie sollten das Medikament nicht stehlen, denn Sie werden erwischt und ins Gefängnis gesteckt werden. Wenn Sie nicht erwischt werden, hätten Sie ständig Angst, dass Sie entdeckt werden." *(Kohlberg, 1969, S. 381)*

Unterstufe 2: Die individualistisch-instrumentale Orientierung
Das Kind wird sich bewusst, dass Menschen in einem moralischen Dilemma verschiedene Perspektiven einnehmen können. Allerdings ist dieses Verständnis zunächst noch sehr konkret. Richtiges Handeln ergibt sich ihrer Meinung nach aus Eigeninteresse. Reziprozität wird verstanden als ein gleichwertiger Austausch von gegenseitigem Gefallenerweisen – „du tust das für mich und dafür tue ich das für dich."

Für das Stehlen: "Der Apotheker kann tun und lassen, was er für richtig hält, und Heinz kann auch tun, was er für richtig hält. Aber wenn Heinz sich dafür entscheidet, seine Frau zu retten, riskiert er sein eigenes Leben; er kann damit machen, was er will. Dasselbe gilt für den Apotheker, er kann machen, was er will." *(Rest, 1979, S. 26)*

Gegen das Stehlen: "Heinz nimmt ein zu großes Risiko auf sich, das ist es nicht wert (die dem Tode nahe Frau zu retten) ." *(Rest, 1979, S. 27)*

Das konventionelle Niveau
Auf dem **konventionellen Niveau** betrachtet das Individuum die Konformität mit sozialen Regeln weiterhin als wichtig, allerdings nicht aufgrund von Eigeninteresse. Ein aktives Aufrechterhalten des bestehenden sozialen Systems sorgt für positive Beziehungen und gesellschaftliche Ordnung – so die Überzeugung des Einzelnen.

Unterstufe 3: Die zwischenpersönliche Orientierung oder die Moral interpersoneller Kooperation
Der Wunsch, Regeln zu beachten, weil sie der sozialen Harmonie förderlich sind, ist ein Faktor, der sich zunächst einmal im Kontext enger persönlicher Bindungen zeigt. Individuen, die Stufe drei erreicht haben, ist es ein Bedürfnis, sich die Zuneigung und Wertschätzung ihrer Freunde und Verwandten zu erhalten, indem sie ein „guter Mensch" sind – vertrauenswürdig, loyal, respektvoll und hilfreich. Die Fähigkeit, eine Beziehung zwischen zwei Menschen von dem Standpunkt eines unparteiischen Beobachters aus zu betrachten, unterstützt diese neue Herangehensweise an die Moralität. In diesem Stadium hat das Individuum ein Verständnis der *idealen Reziprozität,* wie sie sich in der goldenen Regel ausdrückt.

Für das Stehlen: "Niemand wird denken, Sie sind ein schlechter Mensch, wenn Sie das Medikament stehlen, aber Ihre Familie wird Sie als unmenschlichen Ehemann ansehen, wenn Sie es nicht tun. Wenn Sie Ihre Frau sterben lassen, können Sie niemals mehr jemandem unter die Augen treten." *(Kohlberg, 1969, S. 381)*

Gegen das Stehlen: "Nicht nur der Apotheker wird Sie für einen Kriminellen halten, alle anderen auch. Nach dem Diebstahl werden Sie sich deswegen schlecht fühlen, weil Sie Schande über Ihre Familie und sich selbst gebracht haben." *(Kohlberg, 1969, S. 381)*

Unterstufe 4: die Orientierung an sozialen Ordnungssystemen
In diesem Stadium zieht das Individuum eine breitere Perspektive in Betracht – die der gesellschaftlichen Regeln. Moralische Entscheidungen sind nicht länger abhängig von engen Bindungen. Stattdessen besteht ein Verständnis darüber, dass Regeln für alle Menschen gleichermaßen gelten und jedes einzelne Mitglied der Gesellschaft eine persönliche Verpflichtung hat, diese Regeln aufrechtzuerhalten. Ein Individuum, das Unterstufe 4 erreicht hat, ist der Überzeugung, dass Gesetze unter keinen Umständen missachtet werden sollten, da sie für das Aufrechterhalten der gesellschaftlichen Ordnung unabdingbar sind.

Für das Stehlen: "Er sollte es stehlen. Heinz hat die Pflicht, das Leben seiner Frau zu retten; das ist Teil des Ehegelübdes. Aber man darf nicht stehlen, und so müsste er das Medikament wegnehmen mit der Absicht, es später zu bezahlen und die Strafe für den Gesetzesbruch hinzunehmen."

Gegen das Stehlen: "Es ist doch ganz natürlich, dass Heinz seine Frau retten will, aber auch wenn seine Frau vom Tode bedroht ist, ist es seine Bürgerpflicht, die Gesetze zu achten. Niemand darf stehlen, warum sollte er es dürfen? Wenn jeder Gesetze brechen würde, gäbe es keine Zivilisation, nur Verbrechen und Gewalt." *(Rest, 1979, S. 30)*

Das postkonventionelle, autonome oder von Prinzipien geleitete Niveau

Individuen auf dem **postkonventionellen Niveau** bewegen sich jenseits dem nicht hinterfragten Befolgen von Gesetzen und Regeln der eigenen Gesellschaft. Moralität wird durch abstrakte Prinzipien und Wertvorstellungen definiert, die auf alle Situationen und Gesellschaften anwendbar sind.

Unterstufe 5: Die Orientierung an sozialen Verträgen und Menschenrechten

Auf Stufe fünf betrachtet das Individuum Gesetze und Regeln als flexible Instrumente, um die Ziele der Menschheit weiterzubringen. Sie können sich Alternativen zu der eigenen sozialen Ordnung vorstellen und betonen faire Vorgehensweisen bezüglich des Interpretierens und Veränderns der Gesetzgebung. Wenn Gesetze in Einklang stehen mit den individuellen Rechten und den Interessen der Mehrheit, wird sie der Einzelne aufgrund einer *Orientierung am Gesellschaftsvertrag* befolgen – einer freiwilligen und gewollten Beteiligung am Gesellschaftssystem, da dieses für den Menschen mehr Gutes bewirkt, als wenn es nicht da wäre.

Für das Stehlen: "*Obwohl es ein Gesetz gegen Stehlen gibt, ist das Gesetz nicht dazu gemacht, das Recht auf Leben eines Menschen zu verletzen. Wenn Heinz vom Gesetz belangt wird wegen Diebstahls, muss das Gesetz neu ausgelegt werden, um den Fall einzubeziehen, in dem das Gesetz gleichzeitig das natürliche Recht eines Menschen weiterzuleben, berücksichtigt.*"

Unterstufe 6: Die universal-ethische Gewissens- und Prinzipienorientierung

Auf dieser höchsten Stufe wird richtiges Handeln anhand selbstgewählter ethischer Gewissensprinzipien definiert – Prinzipien, die für die gesamte Menschheit gelten, unabhängig von der Gesetzgebung und sozialer Übereinstimmung. Hierbei handelt es sich um abstrakte Werte, nicht um konkrete moralische Regeln, wie etwa die Zehn Gebote. Individuen, die Stufe sechs erreicht haben, erwähnen solche Prinzipien typischerweise unter dem Gesichtspunkt der Forderungen aller Menschen und dem Respekt für den Wert und die Würde des Einzelnen.

Für das Stehlen: "*Wenn Heinz nicht alles tut, was er kann, um das Leben seiner Frau zu retten, setzt er einen Wert über den, Leben zu retten. Es ist nicht sinnvoll, den Wert des Eigentums über den des Lebens zu stellen. Menschen können auch ganz ohne Privateigentum leben. Achtung vor dem menschlichen Leben und Schutz der Person ist bedingungslos und folglich besteht die gegenseitige Verpflichtung (der Menschen), sich gegenseitig vor dem Tod zu retten.*" *(Rest, 1979, S. 37)*

■ Forschung zu Kohlbergs Stufensequenz

Längsschnittstudien haben die überzeugendsten Beweise für Kohlbergs Stufensequenz erbracht. Mit nur wenigen Ausnahmen bewegen sich Individuen durch die Stufen hindurch in der Reihenfolge, wie Kohlberg dies erwartete (Colby et al., 1983; Dawson, 2002; Walker & Taylor, 1991b). Ein äußerst überraschendes Ergebnis ist die Tatsache, dass die Moralentwicklung ein sehr langsamer und gradueller Prozess ist. Das Schlussfolgern und Urteilen in den Stufen 1 und 2 nimmt in der frühen Adoleszenz ab, während dieser Prozess in der dritten Stufe während der mittleren Adoleszenz zunimmt und dann wieder abnimmt. Das rationale Urteilen in der dritten Stufe nimmt über die Teenagerjahre hinweg zu und hat sich bis zum frühen Erwachsenenalter zu einer typischen Reaktion entwickelt. Nur wenige Menschen bewegen sich jenseits der fünften Stufe. Tatsächlich ist die postkonventionelle Moralität so selten, dass es keine klaren Beweise gibt, dass Kohlbergs sechste Stufe tatsächlich der fünften folgt. Die höchste Stufe des moralischen Urteilens ist eine Frage der Spekulation und repräsentiert unter Umständen ein in höchstem Maße reflektierendes Vorhaben, das nur Individuen mit einem höheren Bildungsgrad gelingt. Für gewöhnlich sind dies Menschen mit einer philosophischen Orientierung und der entsprechenden Schulung (Gibbs, 2003).

Beim Lesen des Heinz-Dilemmas haben Sie wahrscheinlich schon Ihre eigene Lösung gefunden. Versuchen Sie nun, sich an ein moralisches Dilemma zu erinnern, das ihnen in letzter Zeit begegnet ist. Wie haben Sie es gelöst und konnten Sie Ihre Gedanken dazu in derselben Stufe einordnen wie Ihre Überlegungen zu Heinz und seiner im Sterben liegenden Frau? Konflikte im wirklichen Leben rufen häufig ein moralisches Denken hervor, das unter der tatsächlichen Kapazität des Betreffenden liegt, da diese Konflikte viele praktische Aspekte beinhalten und sich die Kognition mit intensiven Emotionen vermischen kann. Beim Durchleben der moralischen Herausforderungen des Alltags fühlt sich der Einzelne häufig ausgelaugt, verwirrt und hin und her gerissen durch Versuchungen. Oder wie es jemand einmal sehr treffend ausdrückte: „Es ist wesentlich leichter moralisch zu handeln, wenn du nichts zu verlieren hast!" (Walker et al., 1999; Walker et al., 1995, S. 381)

Der Einfluss der Faktoren auf das moralische Urteil lässt vermuten, dass Kohlbergs moralische Stufen nicht allzu rigide strukturiert sind, genau wie dies auch bei den kognitiven Stufen von Piaget der Fall ist. Anstatt sich auf eine abgegrenzte, schrittweise Art zu entwickeln, wie es der theoretische Ansatz vorsieht, scheint der Mensch auf eine ganze Reihe moralischer Reaktionsweisen zurückzugreifen, die je nach Kontext variieren. Mit zunehmenden Alter nimmt die Bandbreite dieser Reaktionen zu, während unreifes moralisches Denken nach und nach von einem fortgeschritteneren moralischen Urteilsvermögen abgelöst wird.

12.3.3 Gibt es geschlechtsbedingte Unterschiede im moralischen Urteilsvermögen?

Wie wir schon im vorangegangenen Abschnitt feststellen konnten, werfen moralische Dilemmata im tagtäglichen Leben häufig das Problem auf, dass das moralische Urteilsvermögen unter dem Einfluss von Emotionen steht. In der moralischen Diskussion von Sabrina und Louis vom Anfang dieses Kapitels ist zu erkennen, dass es hier um Fürsorge und Verpflichtung anderen Menschen gegenüber geht. Der Ansatz von Louis ist eher unpersönlich. Er betrachtet das Dilemma von Loretta Perry aus der Sicht miteinander in Konflikt stehender Rechte und Aspekte der Gerechtigkeit.

Carol Gilligan (1982) ist eine bekannte Wissenschaftlerin, die der Ansicht ist, dass die Theorie Kohlbergs die Moralität von Mädchen und Frauen nicht angemessen darstellen kann. Sie ist der Meinung, dass weibliche Moralität Wert legt auf eine „Fürsorgeethik", etwas, das in Kohlbergs Konzept abgewertet wird. So fällt Sabrinas Denken beispielsweise in die dritte Globalstufe, da es sich auf die Wichtigkeit gegenseitigen Vertrauens und Zuneigung beruft, während sich Louis auf Unterstufe 4 befindet. Er betont den Wert von Gesetzestreue, um die gesellschaftliche Ordnung aufrechtzuerhalten. Gemäß Gilligan ist die Sorge um andere Menschen eine andere Grundlage für das moralische Urteil als die Betonung gesellschaftlicher Rechte, aber deswegen nicht weniger wertvoll.

Viele Studien haben sich mit Gilligans Behauptung beschäftigt, dass der Ansatz Kohlbergs die moralische Reife von Frauen unterschätzt. Allerdings lassen die meisten Ergebnisse sich dahingehend deuten, dass diese Behauptung nicht stichhaltig ist (Turiel, 1998). Sowohl bei hypothetischen Dilemmata als auch bei moralischen Problemen im Alltag zeigen sowohl Adoleszente als auch erwachsene Frauen ein Urteilen, das in derselben oder in einer höheren Stufe gelagert ist wie das ihrer männlichen Altersgenossen. Auch die Themen Gerechtigkeit und Fürsorge erscheinen in den Reaktionen beider Geschlechter. Und wenn Mädchen interpersonale Probleme aufwerfen, schneiden sie in Kohlbergs System deswegen nicht schlechter ab (Jadack et al., 1995; Kahn, 1992; Walker, 1995). Diese Befunde lassen darauf schließen, dass Kohlbergs Theorie – obwohl er die Gerechtigkeit und nicht die Fürsorge als das höchste moralische Ideal betonte – beiden Werten Raum gibt.

Dennoch stellt Gilligan fest, dass die Forschung im Bereich der moralischen Entwicklung dadurch eingeschränkt worden ist, dass Rechten und Gerechtigkeit (ein „männliches" Ideal) zu viel Aufmerksamkeit geschenkt worden ist, aber wenig Betonung gelegt wurde auf Fürsorge und die Fähigkeit, auf andere einzugehen, einem „weiblichen" Ideal. Einige Forschungsergebnisse machen deutlich, dass Frauen dazu neigen, den Aspekt der Fürsorge zu betonen, während Männer entweder mehr Wert auf Gerechtigkeit legen oder den Aspekt der Gerechtigkeit und den der Fürsorge betonen, obwohl sowohl bei Männern als auch bei Frauen immer beide Prinzipien vertreten sind (Galotti, Kozberg, & Farmer, 1991; Garmon et al., 1996; Wark & Krebs, 1996).

Der Unterschied in der Betonung zeigt sich allerdings häufiger im tatsächlichen Leben als bei hypothetischen Dilemmata. Folglich könnte sich dies vorwiegend aus der Tatsache ergeben, dass die täglichen Aktivitäten von Frauen häufiger mit Fürsorge für andere Menschen zu tun haben. In einer Studie zeigten 17 bis 26 Jahre alte amerikanische und kanadische Frauen ein komplexeres Denkvermögen in Bezug auf Fürsorgethematiken, als ihre männlichen Altersgenossen. Wie allerdings Abbildung 12.1 deutlich macht, ist das Verständnis von Fürsorge bei norwegischen Männern genauso fortgeschritten wie bei norwegischen Frauen (Skoe, 1998). Vielleicht sorgt die norwegische Kultur, die Gleichberechtigung der Geschlechter explizit unterstützt, dafür, dass Jungen und Männer ihre interpersonalen Verpflichtungen gründlich durchdenken.

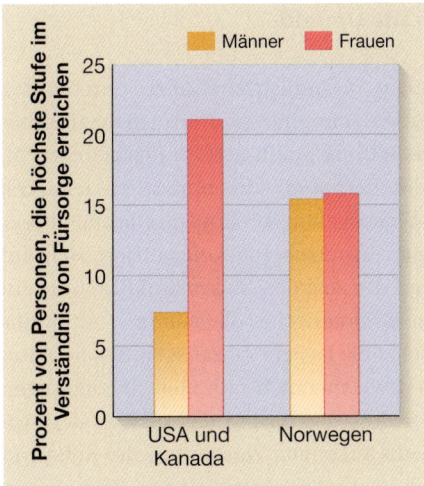

Abbildung 12.1: Komplexes Urteilen bei Fürsorgethematiken bei amerikanischen und kanadischen Frauen und Männern verglichen mit norwegischen Männern und Frauen. In dieser Studie mit 17 bis 26 Jahre alten Personen erreichten nordamerikanische Frauen in ihrem Urteil über Fürsorgefragen ein wesentlich komplexeres Niveau als Männer. Im Gegensatz dazu waren bei norwegischen Männern und Frauen gleichwertige Ergebnisse zu verzeichnen (nach Skoe, 1998).

12.3.4 Umweltbedingte Einflüsse auf das moralische Denken

Veränderungen im moralischen Stadium sind abhängig von vielen Umweltfaktoren, einschließlich der Erziehungsgewohnheiten der Eltern, des schulischen Umfeldes, der Interaktionen mit Gleichaltrigen sowie den verschiedensten Aspekten der betreffenden Kultur. Gemäß Kohlbergs Überzeugung weisen Forschungsergebnisse vermehrt daraufhin, dass die Art und Weise, wie diese Erfahrungen sich auswirken, bedeutet, dass jungen Menschen kognitive Herausforderungen geboten werden sollten, die sie dazu anregen über moralische Problemstellungen in zunehmend komplexer Weise nachzudenken.

■ Erziehungsgewohnheiten

Wie auch in der Kindheit wird das moralische Verständnis in der Adoleszenz durch eine warmherzige Erziehung und Gespräche über moralische Fragen gefördert. Teenager, die die meisten Fortschritte in ihrer moralischen Entwicklung machen, haben zumeist Eltern, denen es gelingt, eine unterstützende Eltern-Kind-Atmosphäre zu schaffen, indem sie aufmerksam zuhören, nachfragen und selbst auf einer höheren Ebene denken und dies dem Kind vermitteln. Im Gegensatz dazu haben Eltern, die ihr Kind gängeln, ihm drohen oder sarkastische Bemerkungen machen, Kinder, bei denen wenig Veränderung in der Urteilskraft zu beobachten ist oder diese sogar ganz ausbleibt (Pratt et al., 1999; Walker & Taylor, 1991a).

■ Das schulische Umfeld

Die Länge der abgeschlossenen Schulbildung ist einer der hauptsächlichen Prädiktoren moralischen Verständnisses. Längsschnittstudien haben gezeigt, dass moralisches Denken sich in der späten Adoleszenz und dem frühen Erwachsenenalter nur solange weiterentwickelt, wie der Betreffende in akademischer Ausbildung bleibt (Dawson, 2003; Speicher, 1994). Unter Umständen hat eine höhere Schulbildung einen starken Einfluss auf die moralische Entwicklung, da diese dem jungen Menschen die Möglichkeit bietet, sich mit sozialen Fragestellungen zu beschäftigen, die sich jenseits persönlicher Beziehungen auf ganze politische oder kulturelle Gruppierungen beziehen. In Einklang damit neigen Studenten, die vermehrt akademische Möglichkeiten zur Perspektivenübernahme verzeichnen (so zum Beispiel Seminare, die Wert legen auf offene Diskussionen über verschiedene Standpunkte) und angeben, dass ihnen die soziale Vielfalt bewusster geworden ist, dazu, in ihrem moralischen Verständnis weiter fortgeschritten zu sein (Mason & Gibbs, 1993).

■ Interaktionen mit Gleichaltrigen

Forschungsergebnisse belegen die Überzeugung Piagets, dass Interaktionen unter Gleichaltrigen die einander mit unterschiedlichen Standpunkten konfrontieren, sich auf das moralische Verständnis förderlich auswirken. Adoleszente, die über mehrere enge Freundschaften berichten, beteiligen sich häufiger an Gesprächen mit ihren Freunden und die, die von ihren Klassenkameraden als Führer betrachtet werden, erreichen höhere Ergebnisse in ihrem moralischen Denken (Schonert-Reichl, 1999).

Allerdings müssen diese Interaktionen bestimmte Kennzeichen haben, um effektiv zu sein. Betrachten wir noch einmal die Diskussion zwischen Sabrina und Louis über das Schicksal von Loretta Perry. Jeder der beiden Teenager konfrontiert den anderen direkt

12.3 DIE EMOTIONALE UND SOZIALE ENTWICKLUNG IN DER ADOLESZENZ

Diskussionen über moralische Problemstellungen, bei denen Gleichaltrige konfrontieren, kritisieren und versuchen, die Aussagen anderer klarzustellen, führen zu Fortschritten im moralischen Verständnis.

und kritisiert dessen Aussagen, wobei emotional zum Ausdruck kommt, dass zwischen beiden keine Übereinstimmung herrscht. Diskussionen Gleichaltriger, die diese Kennzeichen aufweisen, führen zu mehr Entwicklungsveränderungen als solche, in denen die Adoleszenten ihre Meinungen auf eine desorganisierte, wenig involvierte Art und Weise ausdrücken (Berkowitz & Gibbs, 1983; Haan, Aerts, & Cooper, 1985). Wichtig ist hierbei auch zu erkennen, dass Sabrina und Louis ihre Denkweise nicht nach einer einzigen Diskussion revidieren. Viele dieser Interaktionen mit Gleichaltrigen über Wochen und Monate hinweg sind notwendig, um Veränderungen im moralischen Urteil herbeizuführen.

■ Das kulturelle Umfeld

Junge Menschen in Industrienationen durchlaufen Kohlbergs Stufen schneller und erreichen eine höhere Ebene als Individuen in nicht industrialisierten, ländlichen Gesellschaften, die nur selten über die dritte Stufe hinausgelangen. Eine Erklärung dieser kulturbedingten Unterschiede konzentriert sich auf die Wichtigkeit der sozialen Makrostrukturen für ein fortgeschrittenes moralisches Verständnis. In ländlichen Gesellschaften basiert moralische Kooperation auf direkten zwischenmenschlichen Beziehungen (Miller, 1997). Hingegen basiert das Denken der Stufen vier bis sechs auf einem Verständnis der Rolle von Gesetzen und staatlichen Institutionen beim Lösen moralischer Konflikte (Snarey, 1995).

In Einklang mit dieser Sichtweise hat sich gezeigt, dass in Kulturen, in denen junge Menschen sich schon in jungen Jahren in ihre gesellschaftlichen Institutionen einbringen, moralisches Urteilen fortgeschrittener ist. Beispielsweise in *Kibbutzim,* kleinen, aber technologisch fortgeschrittenen landwirtschaftlichen Siedlungen in Israel, wird den Kindern schon in der mittleren Kindheit beigebracht, auf Grundlage welcher Prinzipien ihre Gemeinschaft funktioniert. Wenn diese Kinder die dritte Klasse erreichen, zeigen sie in ihren Diskussionen moralischer Konflikte mehr Interesse an gesellschaftlichen Gesetzen und Regeln, als dies der Fall ist bei israelischen Stadtkindern oder amerikanischen Kindern (Fuchs et al., 1986). Während der Adoleszenz und dem jungen Erwachsenenalter erreicht im Vergleich zu Amerikanern ein größerer Prozentsatz der Menschen im Kibbutz Kohlbergs Stufen 4 und 5 (Snarey, Reimer, & Kohlberg, 1985).

Junge Menschen, die in israelischen Kibbutzim aufwachsen, lernen schon sehr früh, auf Grundlage welcher Prinzipien ihre Gemeinschaft funktioniert. Folglich verstehen sie die Rolle gesellschaftlicher Gesetze und Regeln im Lösen moralischer Konflikte und sind fortgeschritten in ihrem moralischen Urteilen.

Soziale Aspekte: Das Übernehmen gesellschaftlicher Verantwortung und seine Entwicklung

Zum Erntedankfest halfen Julius, Louis und Sabrina ihren Eltern in einer Suppenküche, den armen Menschen in ihrer Stadt ein Feiertagsessen zuzubereiten. Das gesamte Jahr hindurch hatte Sabrina am Samstagmorgen in einem Altenheim ausgeholfen und sich dort mit den bettlägerigen Bewohnern unterhalten. In den Monaten vor der Landtagswahl besuchten alle drei besondere Jugendtreffen, in denen sich die Kandidaten vorstellten und Fragen beantworteten, wie die von Louis: „Wie denken Sie über Umweltschutz?" „Wie würden Sie dafür sorgen, dass die angekündigten Steuervergünstigungen nicht nur den Reichen zugute kommen?", wollte Julius wissen. In der Schule gründeten Louis und seine Freundin Cassie eine Organisation, die sich für Toleranz gegenüber anderen ethnischen Gruppen einsetzt.

Diese jungen Menschen besitzen schon jetzt ein starkes gesellschaftliches Verantwortungsgefühl – eine komplexe Fähigkeit, die eine Kombination von Kognition, Emotionen und Verhalten voraussetzt. Gesellschaftliche Verantwortlichkeit beinhaltet ein *Wissen* über Politik sowie die Voraussetzungen, mit denen die Bürger ihre Meinungsverschiedenheiten fair austragen und lösen können; ein *Gefühl der Bindung* gegenüber der eigenen Gemeinschaft und den Willen, etwas zu ihrem Wohlergehen beizutragen; sowie die *Fertigkeiten*, gesellschaftliche Ziele zu erreichen, wie etwa herauszufinden, wie öffentliche Amtsträger zu kontaktieren sind und Fragen an sie weitergegeben und öffentliche Veranstaltungen geplant werden können, damit alle Teilnehmer die Möglichkeit haben, sich zu äußern (Flanagan & Faison, 2001). Neue Forschungsergebnisse haben gezeigt, dass Erfahrungen in der Familie, der Schule und dem gesellschaftlichen Umfeld des Adoleszenten sich förderlich auf die Entwicklung des gesellschaftlichen Verantwortungsgefühls des Adoleszenten auswirken.

Der Einfluss der Familie
Eltern, die kontroverse Themen ansprechen und ihre Kinder ermutigen, sich ihre eigene Meinung zu bilden, haben zumeist Teenager, die sich hinsichtlich ihrer gesellschaftlichen Verantwortung interessierter zeigen, mehr darüber wissen und auch besser fähig sind dazu, mehr als einen Standpunkt zu beziehen (Santoloupo & Pratt, 1994). Auch Heranwachsende, die berichten, dass in ihren Familien eine Betonung auf dem fürsorglichen Umgang mit Menschen liegt, denen es nicht so gut geht, tendieren dazu, sozial verantwortliche Wertvorstellungen zu haben. Wenn man sie dazu befragt, was ihrer Meinung nach die Ursachen sind für soziale Probleme wie etwa Arbeitslosigkeit, Armut und Obdachlosigkeit, werden diese Jugendlichen häufiger situative und gesellschaftliche Faktoren anführen (unzureichende Schulbildung, die Gesetzgebung oder die augenblickliche Wirtschaftssituation) und nicht so sehr individuelle Faktoren (ein niedriger Intelligenzquotient oder persönliche Probleme). Jugendliche, die sich vermehrt für situative und gesellschaftliche Probleme einsetzen, haben daher zumeist altruistischere Lebensziele, wie etwa darauf hinzuarbeiten, Armut zu beseitigen oder unsere Erde für zukünftige Generationen zu erhalten (Flanagan & Tucker, 1999).

Der Einfluss von Schule und gesellschaftlichem Umfeld
Ein demokratisches Klima in der Schule – eines, in dem die Lehrer für alle Schüler einen hohen akademischen und moralischen Standard aufrechterhalten, die Ideen ihrer Schüler respektieren und darauf bestehen, dass die Schüler sich gegenseitig zuhören und respektieren – fördert das gesellschaftliche Verantwortungsgefühl. Jugendliche, die angeben, dass ihre Lehrer sich auf diese Weise verhalten, sind sich politischer Problemstellungen bewusster, sind besser fähig, diese kritisch zu analysieren und zu hinterfragen, und setzen sich eher für soziale Belange ein (Flanagan & Faison, 2001).

Auch die Teilnahme an außerschulischen Aktivitäten und Jugendorganisationen wird in Verbindung gebracht mit gesellschaftlicher Verpflichtung, die sich bis in das Erwachsenenalter hineinzieht (siehe Kapitel 11). Zwei Aspekte dieses Handelns scheinen für diese fortdauernde Wirkung verantwortlich zu sein. Zum einen kommt der Adoleszente in Kontakt mit der Vision und den Fähigkeiten, die für ein reifes Involviertsein in gesellschaftliche Belange notwendig sind. In Clubs, Teams und anderen Gruppen können die Jugendlichen beobachten, wie ihre Handlungen das weitere Umfeld ihrer Schule und ihrer Gesellschaft beeinflussen. Es wird ihnen bewusst, dass sie kollektiv bessere Resultate erzielen können, als dies einer einzigen Person möglich wäre. Auch lernen sie, zusammenzuarbeiten und starke Überzeugungen auszubalancieren (Youniss, McLellan, & Yates, 1997). Zum anderen wird es den Jugendlichen möglich, politische und moralische Ideale zu explorieren, während er oder sie eine wöchentlich erscheinende Zeitung produziert, an der Umsetzung eines Theaterstückes mitarbeitet oder ein soziales Projekt ins Leben ruft. Häufig werden sich die Jugendlichen neu definieren als jemand, der eine Verantwortung hat, dem Leid anderer Menschen entgegenzuwirken und es zu lindern (Wheeler, 2002).

Neuere Forschungsergebnisse zeigen ein zunehmendes Eigeninteresse und einen vermehrten Materialismus bei nordamerikanischen Schülern der Oberschulen

12.4 DIE EMOTIONALE UND SOZIALE ENTWICKLUNG IN DER ADOLESZENZ

Während der Adoleszenz entwickeln junge Menschen ein stärkeres Gefühl der Bindung an ihr soziales Umfeld (communities). Diese jugendlichen Freiwilligen sammeln vor einem Supermarkt Lebensmittelspenden für Menschen in Not. Die Beteiligung an gesellschaftlichen Belangen erwächst aus einem sozialen Verantwortungsgefühl, das durch Erfahrungen in der Familie, schulischem und sozialem Umfeld gefördert wird.

(Rahn & Transue, 1998). Indem jungen Menschen ermöglicht wird, ein Wir-Denken zu erlernen, anstatt nur auf sich selbst konzentriert zu sein, und Möglichkeiten geschaffen werden, mit anderen zusammenzuarbeiten, um ein gemeinsames Ziel zu erreichen, kann diesem Trend entgegengewirkt werden. Die Wirkung von Familie, schulischem und gesellschaftlichem Umfeld auf die Entwicklung eines gesellschaftlichen Verantwortungsgefühls liegt in Gesprächen, Erziehungsgewohnheiten und Aktivitäten begründet, die zusammengenommen das moralische Denken sowie die dazugehörigen Gefühle und das entsprechende Verhalten unterstützen und fördern.

Eine zweite Möglichkeit für diese kulturbedingten Abweichungen ist die Tatsache, dass die Reaktionen auf moralische Dilemmata in kollektivistischen Kulturen (einschließlich der Dorfgesellschaften) mehr auf das Miteinander ausgerichtet sind als in Westeuropa und Nordamerika (Miller, 1997). In Einklang mit dieser Erklärung sind in ländlichen Gesellschaftsformen moralische Aussagen, die das Individuum in der wichtigen Verbindung mit seiner sozialen Gruppe darstellen, an der Tagesordnung. So gab beispielsweise ein Dorfältester in Neuguinea im Heinz-Dilemma der gesamten Gemeinschaft die Schuld: „Wenn ich der Richter wäre, würde ich ihm lediglich eine sehr milde Strafe geben, denn er bat jeden um Hilfe, aber keiner hat ihm geholfen" (Tietjen & Walker, 1985, S. 990).

Ganz ähnliche Ergebnisse zeigten sich bei Forschungen in Indien, einem Land in dem die Menschen weniger häufig das Individuum verantwortlich machen für moralische Übertretungen. Ihrer Ansicht nach sind das Selbst und das soziale Umfeld untrennbar miteinander verbunden, sodass Lösungen für moralische Dilemmata nicht allein von einer einzigen Person gefunden werden können, sondern in der Verantwortung der gesamten Gesellschaft liegen (Miller & Bersoff, 1995). Diese Erkenntnisse werfen die Frage auf, ob die höchste Stufe in Kohlberg Konzept eher eine kulturspezifische Art des Urteilens als eine universelle darstellt – eine, die auf westliche Gesellschaften beschränkt ist, die individuelle Rechte betont und an ein persönliches Gewissen appelliert.

12.3.5 Moralisches Denken und Verhalten

Gemäß Kohlberg sollten moralisches Urteilen und Handeln auf den höheren Ebenen moralischen Urteilens zusammenfinden. Reife moralisch Denkende erkennen, dass ein Handeln gemäß der eigenen Überzeugungen einen großen Anteil an dem Schaffen einer gerechten sozialen Welt hat (Gibbs, 1995). In Einklang mit dieser Idee hat sich gezeigt, dass Adoleszente, die eine höhere Stufe erreicht haben, häufiger prosozial handeln, indem sie helfen, mit anderen teilen und Opfer von Ungerechtigkeiten verteidigen (Carlo et al., 1996; Comunian & Gielan, 2000). Betrug, Aggressionen und andere antisoziale Verhaltensweisen sind bei diesen Menschen seltener zu finden (Gregg, Gibbs, & Fuller, 1994; Taylor & Walker, 1997).

Obwohl ein klarer Zusammenhang zwischen einem fortgeschrittenen moralischen Urteilen und dementsprechendem Verhalten besteht, ist dieser allerdings als eher klein anzusehen. Wie wir in vorangegangenen

Kapiteln bereits feststellen konnten, wird moralisches Verhalten außer von der Kognition noch von vielen anderen Faktoren beeinflusst, einschließlich Empathie und Schuldgefühlen, individuellen Unterschieden im Temperament und einer langen Geschichte eigener Erfahrungen, die sich moralisch auf die Entscheidungsfindung auswirken. Zudem wirkt sich auch das Ausmaß, in dem die Moralität im Zentrum des eigenen Selbstkonzeptes steht, auf das moralische Verhalten aus. In einer Studie mit afroamerikanischen und hispanischen Jugendlichen niedriger Einkommensklassen zeigte sich, dass die Jugendlichen, die moralische Persönlichkeitseigenschaften und Ziele in ihren Selbstbeschreibungen betonten, auch außergewöhnlich stark an gesellschaftlichen Belangen Anteil nahmen. In ihrem moralischen Urteilen fanden sich jedoch keine Unterschiede zu ihren weniger gesellschaftlich interessierten Altersgenossen (Hart & Fegley, 1995).

Wissenschaftler sind immer noch dabei herauszufinden, wie moralisches Urteilen mit anderen Einflussfaktoren zusammenwirkt, um moralisches Handeln hervorzubringen. Wie auch der Kasten „Soziale Aspekte" auf S. 543 zeigt, kann ein Fördern sozialer Verantwortung dem Jugendlichen jedenfalls helfen, eine Verbindung zwischen seinen eigenen persönlichen und den gesellschaftlichen Interessen zu entdecken – eine Einsicht, von der anzunehmen ist, dass sie sich auf alle Aspekte der Moral förderlich auswirken wird.

12.4 Geschlechtstypisierung

Als Sabrina die Adoleszenz erreichte, wurde ihr Denken und ihr Verhalten zunehmend geschlechtstypischer. So begann sie beispielsweise mehr Wert auf gute Leistungen in traditionellen Mädchenfächern wie Sprachen, Kunst und Musik zu legen, weniger in Mathematik und den Naturwissenschaften. Wenn sie mit Gleichaltrigen zusammen war, sorgte sich Sabrina darum, wie sie gehen, sprechen, essen, sich kleiden, lachen und mit anderen wetteifern sollte, immer ausgerichtet an den sozialen Standards von Männlichkeit und Weiblichkeit.

Die frühe Adoleszenz ist eine Periode der **Intensivierung der eigenen Geschlechterrolle** – einer zunehmenden Geschlechtstypisierung von Einstellungen und Verhalten und eine zunehmende Entwicklung in Richtung einer eigenen traditionellen Geschlechtsidentität (Basow & Rubin, 1999; Galambos, Almeida, & Petersen, 1990). Obwohl diese Intensivierung bei

Die frühe Adoleszenz ist ein Zeitraum zunehmender Intensivierung der eigenen Geschlechtlichkeit. Die Pubertät wirkt wie ein Vergrößerungsglas auf die Unterschiede im Aussehen, was zur Folge hat, dass der Jugendliche anfängt, über sich selbst und seine eigene Geschlechtszugehörigkeit nachzudenken. Wenn die Jugendlichen dann beginnen, erste Liebesbeziehungen einzugehen, führt auch dies zu einer vermehrten Geschlechtstypisierung als eine Art und Weise, die eigene Attraktivität für das andere Geschlecht zu erhöhen.

beiden Geschlechtern stattfindet, so ist sie bei Mädchen stärker ausgeprägt, da diese sich nun weniger frei fühlen, mit gegengeschlechtlichen Aktivitäten und Verhaltensweisen zu experimentieren als noch in der mittleren Kindheit (Huston & Alvarez, 1990).

Was ist die Ursache für diese Intensivierung der eigenen Geschlechtstypisierung? Biologische, soziale sowie kognitive Faktoren spielen hier eine Rolle. Die Pubertät wirkt wie ein Vergrößerungsglas auf geschlechtsbedingte Unterschiede im Aussehen, was zur Folge hat, dass die Jugendlichen mehr Zeit damit verbringen, über sich selbst in Zusammenhang mit ihrem eigenen Geschlecht nachzudenken. Die Veränderungen, die mit der Pubertät einhergehen, bewirken zudem geschlechtstypisierten Druck von Seiten anderer. Eltern (insbesondere solche, die traditionelle Überzeugungen hinsichtlich der Geschlechterrollen vertreten) werden nun unter Umständen in größerem Ausmaß zu einem „geschlechtsentsprechenden" Verhalten ermutigen und dementsprechende Aktivitäten fördern, als dies noch in der mittleren Kindheit der Fall war (Crouter, Manke, & McHale, 1995). Wenn Jugendliche dann beginnen, sich miteinander zu verabreden, führt auch dies zu einer vermehrten Geschlechtstypisierung als einer Möglichkeit, die eigene Attraktivität für das andere Geschlecht zu erhöhen (Maccoby, 1998). Schließlich sorgen auch die kognitiven Veränderungen – insbesondere eine größere Besorgnis darüber, wie andere über einen denken – dafür, dass der Jugendliche für Geschlechterrollenerwartungen empfänglicher wird.

Diese Intensivierung nimmt in der mittleren bis späten Adoleszenz wieder ab, allerdings bewegen sich nicht alle jungen Menschen in gleichem Ausmaß darüber hinaus. Jugendliche, die ermutigt wurden, nicht geschlechtstypische Optionen zu explorieren und den Wert von Geschlechtsstereotypen für sich selbst und die Gesellschaft, in der sie leben, zu hinterfragen, werden mit größerer Wahrscheinlichkeit eine eher androgyne Geschlechtsidentität entwickeln (siehe Kapitel 8). Im Großen und Ganzen sind androgyn orientierte Adoleszente psychisch gesünder – sie sind selbstsicherer, trauen sich eher, ihre eigene Meinung auszudrücken, sind bei Gleichaltrigen beliebter und haben sich ihre eigene Identität erarbeitet (Dusek, 1987; Harter, 1998).

Prüfen Sie sich selbst …

Rückblick
In unserer Diskussion von Kohlbergs Theorie wurden für das Heinz-Dilemma Beispiele von Reaktionen für und gegen das Stehlen für die Stufen 1 bis 4 angeführt, aber nur Reaktionen für das Stehlen für die Stadien 5 und 6. Wieso ist dies Ihrer Meinung nach der Fall?

Anwendung
Tam ist aufgewachsen in einem kleinen dörflich geprägten kulturellen Umfeld, Lydia in einem der großen Industriestaaten. Im Alter von 15 Jahren bewegt sich Tams Denken auf Kohlbergs Stufe 2, Lydias auf Stufe 4. Welche Faktoren liegen Ihrer Meinung nach diesem Unterschied zugrunde?

Zusammenhänge
Welche Umweltfaktoren, die sich förderlich auf die Identitätsentwicklung auswirken, unterstützen aller Wahrscheinlichkeit nach auch die moralische Entwicklung?

Prüfen Sie sich selbst …

12.5 Die Familie

Franca und Antonio erinnern sich an das erste Jahr von Louis auf der höheren Schule als eine äußerst schwierige Zeit. Wegen eines anspruchsvollen Arbeitsprojektes war Franca an vielen Abenden und Wochenenden nicht zu Hause. Antonio kümmerte sich in ihrer Abwesenheit um die Familie, aber als das Geschäft in seinem Laden für Computer-Hardware nicht mehr so gut lief, hatte auch er zunehmend weniger Zeit für die Familie. In dem Jahr nutzten Louis und zwei seiner Freunde ihre Computerkenntnisse, um den Code einer auf Ferngespräche spezialisierten Telefongesellschaft zu knacken. Aus dem Keller der Familie führten sie Telefongespräche über den gesamten Kontinent. Louis' Noten in der Schule wurden schlechter und er verließ häufig das Haus, ohne vorher zu sagen, wohin er ging. Franca und Antonio begannen ein wenig unruhig zu werden wegen der vielen Stunden, die Louis im Keller verbrachte, sowie dem fehlenden Kontakt zu ihm. Als die Telefongesellschaft schließlich die illegalen Telefongespräche bis zum Familientelefon zurückverfolgte, wurde Franca und Antonio klar, dass sie allen Grund zur Sorge hatten.

Die Entwicklung in der Adoleszenz beinhaltet auch ein Streben nach zunehmender **Autonomie** – ein Gefühl für das eigene Selbst als eigenständiges, selbstbestimmtes Individuum. Autonomie wurde zum ersten Mal im Kleinkindalter wichtig und wird nun – allerdings auf einer wesentlich höheren Ebene – noch einmal Thema. Der Jugendliche strebt nun danach, sich auf sich selbst zu verlassen und weniger auf die Führung und die Hilfe der Eltern bei Entscheidungen (Hill & Holmbeck, 1986; Steinberg & Silverberg, 1986). Eine der Arten, wie Jugendliche zunehmend versuchen, sich ihren Weg selbst zu bahnen, ist eine Bewegung weg von der Familie und hin zu Gleichaltrigen, mit denen sie nun Handlungsweisen explorieren, die von früheren Mustern abweichen. Trotzdem bleiben die Eltern-Kind-Beziehungen von grundlegender Bedeutung und unterstützen den Adoleszenten darin, zu einem autonomen, verantwortlichen Individuum heranzuwachsen. Die Familie bietet eine „Zone des Wohlbehagens", die als Operations- und Rückzugsbasis funktioniert (vgl. etwa Simmons & Blyth, 1987).

12.5.1 Eltern-Kind-Beziehungen

Adoleszente brauchen Freiheit, um experimentieren zu können. Wie jedoch die Erfahrung von Franca und Antonio mit ihrem Sohn Louis zeigt, benötigen sie auch Führung und manchmal auch Schutz vor gefährlichen Situationen. Es wurde bereits in Kapitel 11 von Eltern-Kind-Beziehungen gesprochen, die sich förderlich auswirken auf die schulischen Leistungen, die Identitätsbildung sowie die moralische Reife. Elterliche Wärme und Akzeptanz in Verbindung mit einer konsequenten (aber nicht allzu einschränkenden) Aufsicht über die Aktivitäten des Jugendlichen korrelieren mit vielen Aspekten der Kompetenz des Adoleszenten, einschließlich einem guten Selbstwertgefühl, Selbstständigkeit, guten schulischen Leistungen und einer allgemeinen Arbeitsorientiertheit (Jacobson & Crockett, 2000; Steinberg et al., 1994). Beachten Sie an dieser Stelle auch, dass diese Aspekte Teil der autoritativen Erziehung sind, die sich schon in der Kindheit positiv auswirkte. Im Gegensatz dazu stören Eltern, die Zwang anwenden oder kontrollierend auf das Kind einwirken, die Autonomieentwicklung. Dieses Vorgehen (zum Beispiel, wenn die Eltern ihre Teenager herabsetzen oder ihre Gefühle nicht ernst nehmen) bewirken ein niedriges Selbstwertgefühl und führen zu Depressionen und antisozialem Verhalten (Aquilino & Supple, 2001; Barber & Harmon, 2002).

Das Beibehalten eines autoritativen Erziehungsstiles während der Adoleszenz beinhaltet besondere Herausforderungen und erfordert immer neue Anpassung. In Kapitel 11 haben wir herausgestellt, dass die Pubertät zunehmend Konflikte zwischen Eltern und Kind hervorruft, sowohl auf Grund biologischer Gegebenheiten als auch aus kognitiven Gründen. Da der Jugendliche nun besser fähig ist, über seine sozialen Beziehungen nachzudenken, trägt dies auch zu den Spannungen in der Familie bei. Vielleicht können auch Sie sich an eine Zeit erinnern, als Sie aufgehört haben, ihre Eltern als allwissend und vollkommen zu betrachten und sie lediglich als normale Menschen gesehen haben. Wenn Jugendliche ihre Eltern *deidealisieren*, beugen sie sich nicht länger so einfach der elterlichen Autorität, wie dies noch in den Kindheitsjahren der Fall gewesen ist. Der Jugendliche betrachtet nun viele Dinge als seinen persönlichen Bereich – wie etwa das Ordnunghalten im eigenen Zimmer, sein Kommen und Gehen und das Erledigen der Hausaufgaben –, während die Eltern weiterhin der Meinung sind, dass es sich um wichtige soziale Konventionen handelt, Aspekte, die die gesamte Familie etwas angehen und der Harmonie innerhalb der Familie förderlich sind (Nucci, 1996). Unstimmigkeiten und Meinungsverschiedenheiten sind zunehmend schwieriger aufzulösen, da Eltern und Jugendliche die Situationen von ganz unterschiedlichen Gesichtspunkten aus betrachten.

In Kapitel 2 haben wir die Familie beschrieben als ein System, das sich an die Veränderungen seiner Mitglieder anpassen muss. Viele Eltern haben nun ihr viertes Lebensjahrzehnt erreicht und sind selbst in Veränderung begriffen. Während der Jugendliche einer für ihn scheinbar unbegrenzten Zukunft entgegensieht, die ein breites Spektrum von Entscheidungen mit sich bringt, müssen seine Eltern sich damit abfinden, dass ihre eigenen Möglichkeiten allmählich

Eine Mutter gratuliert ihrer fünfzehnjährigen Tochter, als diese einen Langstreckenlauf gewonnen hat. Die Autonomie des Heranwachsenden wird am besten erreicht in der Atmosphäre eines Erziehungsstiles, bei dem mit zunehmender Reife und Bereitschaft des jungen Menschen, neue Verantwortlichkeiten zu übernehmen, weniger Kontrolle ausgeübt wird.

begrenzter werden. Der Druck, dem jede der Generationen ausgesetzt ist, bewirkt ein Generationenkonflikt (Holmbeck, 1996). Die Eltern können häufig nicht verstehen, warum ihre Kinder im Adoleszenzalter Familienaktivitäten zugunsten von Aktivitäten mit ihren gleichaltrigen Freunden aufgeben wollen. Die Jugendlichen wiederum wissen es nicht zu schätzen, dass die Eltern die Familie sooft wie möglich zusammen haben möchten, da ein wichtiges Stadium in ihrem Erwachsenenleben – die Elternschaft – bald beendet sein wird.

Zudem gibt es zwischen Eltern und Adoleszenten – insbesondere Jugendlichen in der frühen Adoleszenz – heftige Meinungsverschiedenheiten über das angemessene Alter für bestimmte Verantwortlichkeiten und Privilegien wie etwa die Entscheidung über die eigene Kleidung, die Fächerwahl in der Schule und dem Ausgehen mit Freunden oder Freundinnen (Collins et al., 1997). Für Eltern ist es typisch zu erklären, dass der junge Mensch für diese Anzeichen von Unabhängigkeit noch nicht reif genug ist, während der Teenager der Meinung ist, dass ihm diese Privilegien schon vor langer Zeit zugestanden hätten! Eltern in Immigrantenfamilien, die Autoritätsgehorsam einen hohen Stellenwert zumessen, haben große Schwierigkeiten, sich dem Autonomiestreben ihre Teenager anzupassen. Verglichen mit Eltern in Nicht-Immigrantenfamilien reagieren sie häufig wesentlich stärker auf diese Meinungsverschiedenheiten mit ihren Kindern im Adoleszenzalter, was zur Folge hat, dass ihre Kinder mit ihrem Leben unzufriedener sind (Phinney & Ong, 2001).

Während der gesamten Adoleszenz ist der einzige konstante Prädiktor psychischer Gesundheit die Qualität der Eltern-Kind-Beziehung (Steinberg & Silk, 2002). Wenn der Jugendliche sich allmählich auf das Erwachsenenalter zubewegt, müssen Eltern und Kinder eine Balance zwischen Bindung und Trennung finden. In gut funktionierenden Familien bleiben die Kinder mit ihren Eltern in (Ver-)Bindung und suchen ihren Rat, obwohl dies nun in einem Kontext größerer Freiheit geschieht (Steinberg, 2001). Die kleinen Konflikte, die sich dabei ergeben, unterstützen die Identitätsbindung des Adoleszenten sowie seine Autonomie, indem dadurch die Familienmitglieder lernen, sich auszudrücken und Meinungsverschiedenheiten zu tolerieren. Konflikte sind auch eine Art und Weise, wie Eltern die sich verändernden Bedürfnisse und Erwartungen ihrer Teenager erkennen können. Sie dienen nun als Signal dafür, dass Anpassungen in der Beziehung zwischen Eltern und Kind notwendig werden. Wenn die mittlere bis späte Adoleszenz erreicht ist, ist es den meisten Eltern und Kindern gelungen, eine reife, auf Gegenseitigkeit beruhende Beziehung zu entwickeln.

12.5.2 Familiäre Umstände

Wie die Erfahrung von Franca und Antonio mit ihrem Sohn Louis zeigt, können Schwierigkeiten am Arbeitsplatz wie auch andere Stressoren im Alltag eine positive, anteilnehmende Kindererziehung beeinträchtigen und somit die Anpassung des Kindes in jeder Phase der Entwicklung stören. Dennoch sind es nicht allein die Berufstätigkeit der Mutter oder die Tatsache, dass beide Eltern arbeiten gehen, die sich einschränkend auf die mit dem Jugendlichen verbrachte Zeit auswirken, noch wirken sich diese Faktoren an sich negativ auf die Entwicklung des Adoleszenten aus (Richards & Duckett, 1994). Im Gegenteil, Eltern denen es finanziell gut geht, die an ihrem Arbeitsplatz engagiert sind und in ihrer Ehe Befriedigung finden, gelingt es für gewöhnlich besser, ihren Teenagern angemessene Autonomie zu gewähren (Seltzer & Ryff, 1994). Als Francas und Antonios Druck an ihrer jeweiligen Arbeitsstelle und im finanziellen Bereich mit der Zeit wieder weniger wurde und sie erkannten, dass Louis vermehrt ihre Unterstützung und Führung benötigte, nahmen auch die Probleme ab.

Weniger als 10 % der Familien mit Adoleszenten haben ernsthafte Schwierigkeiten in ihren Beziehungen – chronische und eskalierende Konflikte sowie wiederholte Streitigkeiten über schwerwiegende Probleme. Von diesen 10 % haben die meisten Schwierigkeiten, die schon in der Kindheit bestanden (Paikoff & Brooks-Gunn, 1991). Tabelle 12.3 gibt einen Überblick über die familiären Umstände, mit denen wir uns schon in vorangegangenen Kapiteln beschäftigt haben, die sich negativ auf den Adoleszenten auswirken. Jugendliche, die sich trotz familiärer Probleme gut entwickeln, profitieren auch weiterhin von den Faktoren, die schon in frühen Jahren der Resilienz förderlich waren: eine umgängliche, freundliche Disposition; fürsorgliche Eltern, die Wärme mit hohen Erwartungen kombinieren; und (dies gilt insbesondere, wenn die elterliche Unterstützung fehlt) Bindungen zu prosozialen Erwachsenen außerhalb der Familie, die sich um das Wohlergehen des Adoleszenten kümmern und fürsorglich mit ihm umgehen (Masten, 2001).

12.5.3 Geschwister

Wie dies auch für die Beziehungen zwischen Eltern und Kindern gilt, passen sich die Interaktionen mit den Geschwistern an die Veränderungen der Adoleszenz an. Wenn jüngere Geschwister heranwachsen, reifer werden und somit auch unabhängiger, akzeptieren sie zunehmend weniger die Führung ihrer älteren Brüder und Schwestern. Folglich nimmt der Einfluss der älteren Geschwister auf die jüngeren Kinder ab. Auch die Beziehungen zwischen den Geschwistern sind nun weniger intensiv. Dies gilt sowohl für positive als auch für negative Gefühle. Da die Jugendlichen nun zunehmend mit Freundschaften und Liebesbeziehungen beschäftigt sind, investieren sie weniger Zeit und Energie in die eigenen Geschwister, die ja Teil der Familie sind, von der sie versuchen, sich abzugrenzen (Hetherington, Henderson, & Reiss, 1999; Stocker & Dunn, 1994).

Obwohl in den Geschwisterbeziehungen die gemeinsam verbrachte Zeit abnimmt, bleibt die Bindung zu den Geschwistern wie auch zu den Eltern bei den

Tabelle 12.3

Hinweise in diesem Buch auf Familiensituationen und ihre Auswirkungen auf die Anpassung des Adoleszenten

familiäre Umstände	Noch einmal nachlesen in...
Familientypus	
Adoptiveltern	Kapitel 2
Geschieden und allein erziehend	Kapitel 10
Neue Familien durch Wiederheirat	Kapitel 10
Berufstätige Mutter und Eltern, die beide berufstätig sind	Kapitel 10
Familiensituation	
Kindesmisshandlung	Kapitel 8
	Kapitel 10
Finanzielle Probleme	Kapitel 2
Elternschaft im Adoleszenzalter	Kapitel 11

meisten Jugendlichen eng. Brüder und Schwestern, deren Eltern eine warmherzige und unterstützende Familienatmosphäre bieten und die auch schon in der frühen Kindheit eine positive Bindung zueinander aufbauen konnten, zeigen den jüngeren Geschwistern auch während der Teenagerjahre weiterhin Zuneigung und Fürsorge (Bussell et al., 1999; Dunn, Slomkowski, & Beardsall, 1994).

12.6 Peerbeziehungen

Da der Jugendliche nun zunehmend weniger Zeit mit den Mitgliedern der eigenen Familie verbringt, werden die Beziehungen zu Gleichaltrigen umso wichtiger. In Industrienationen verbringen die meisten jungen Menschen wochentags ihre Zeit mit Gleichaltrigen in der Schule. Jugendliche verbringen aber auch die meiste Zeit außerhalb der Schule mit ihren gleichaltrigen Freunden. Allerdings gibt es hier von Kultur zu Kultur Unterschiede. In einer Studie mit amerikanischen Teenagern konnte beispielsweise festgestellt werden, dass diese 18 Stunden ihrer Freizeit pro Woche mit Gleichaltrigen verbringen, verglichen mit zwölf Stunden bei japanischen Adoleszenten und neun Stunden bei taiwanesischen Jugendlichen (Fuligni & Stevenson, 1995). Ein schulischer Standard, der von amerikanischen Jugendlichen weniger Zeit für Hausaufgaben erfordert, als dies bei asiatischen Jugendlichen der Fall ist, ist die Ursache für diese Unterschiede. Die Schule erfordert ungefähr die Hälfte der wachen Stunden bei koreanischen Jugendlichen, etwa ein Drittel bei japanischen Adoleszenten und nur ein Viertel der Zeit, die amerikanischen Jugendlichen täglich zur Verfügung steht (Larson & Verma, 1999).

In den folgenden Abschnitten werden wir feststellen, dass die Beziehungen gleichaltriger Jugendlicher sowohl positiv als auch negativ sein können. Im besten Falle dienen Peers als wichtige Brücke zwischen der Rolle des Jugendlichen in der Familie und seiner sozialen Rolle als zukünftiger Erwachsener.

12.6.1 Freundschaften

Adoleszente berichten, dass es ihnen am besten geht, wenn sie mit ihren Freunden zusammen sind (Larson & Richards, 1991). Die Anzahl „bester Freunde" sinkt von etwa vier bis sechs Freunden in der frühen Adoleszenz auf ein bis zwei Freunde im Erwachsenenalter (Hartup & Stevens, 1999). Gleichzeitig verändert sich auch die Art der Beziehungen. Wenn man Jugendliche

12.6 DIE EMOTIONALE UND SOZIALE ENTWICKLUNG IN DER ADOLESZENZ

zur Bedeutung von Freundschaften befragt, betonen sie zumeist zwei Merkmale. Das erste und wichtigste ist die *Intimität*. Adoleszente suchen psychische Nähe, Vertrauen und auf Gegenseitigkeit beruhendes Verständnis bei ihren Freunden – der Grund, warum die Jugendlichen sich über die adoleszenten Jahre hinweg zunehmend mehr ihren Freunden gegenüber öffnen und ihnen ihre innersten Gedanken und Gefühle mitteilen (siehe Abbildung 12.2). Das zweite Merkmal, das Teenagern noch weit wichtiger ist als kleinen Kindern, ist die *Loyalität* – sie wünschen sich, dass ihre Freunde sich für sie einsetzen und sich nicht einfach einem anderen zuwenden und sie verlassen (Buhrmester, 1996).

Mit zunehmender Offenheit und Treue in den Freundschaften lernen sich die Jugendlichen als eigenständige Persönlichkeiten besser kennen. Abgesehen von den vielen Eigenschaften, die Freunde im Schulalter gemeinsam haben (siehe Kapitel 10), besteht zudem eine Tendenz, dass Freunde im Adoleszenzalter den gleichen Identitätsstatus, ähnliche Bildungsziele und politische Überzeugungen haben und auch die Bereitschaft teilen, Möglichkeiten auszuprobieren und sich an Handlungen zu beteiligen, die gegen das Gesetz verstoßen. Und mit der Zeit werden sie sich in diesen Aspekten immer ähnlicher (Akers, Jones, & Coyl, 1998; Berndt & Keefe, 1995). Es kommt allerdings auch vor, dass der Jugendliche mit Gleichaltrigen Freundschaft schließt, deren Einstellungen und Wertvorstellungen sich von seinen unterscheiden. Dies erlaubt es dem Adoleszenten in Sicherheit, die eine kompatible Beziehung bietet, neue Perspektiven zu explorieren. Auch Kooperation und gegenseitige Bestätigung unter Freunden werden vermehrt erkennbar – Veränderungen, die zunehmende Bemühungen und Fähigkeiten im Aufrechterhalten der Beziehung erkennen lassen sowie eine größere Sensibilität gegenüber den Bedürfnissen und Wünschen des Freundes oder der Freundin (Phillipsen, 1999).

Wenn man einmal mehrere Mädchen und Jungen im Adoleszenzalter bittet, ihre engeren Freundschaften zu beschreiben, so werden sie aller Wahrscheinlichkeit nach einen konstanten geschlechtsbedingten Unterschied finden. Emotionale Nähe ist ein häufigerer Faktor bei Mädchen als bei Jungen (Markovitz, Benenson, & Dolensky, 2001). Mädchen kommen häufig zusammen, um „einfach nur zu reden", während Jungen sich oft in Gruppen zusammenfinden, um einer bestimmten Aktivität nachzugehen – für gewöhnlich Sportarten oder Wettbewerbsspiele. Wenn sich Jungen miteinander unterhalten, konzentrieren sie sich zumeist auf die eigenen Erfolge oder die der

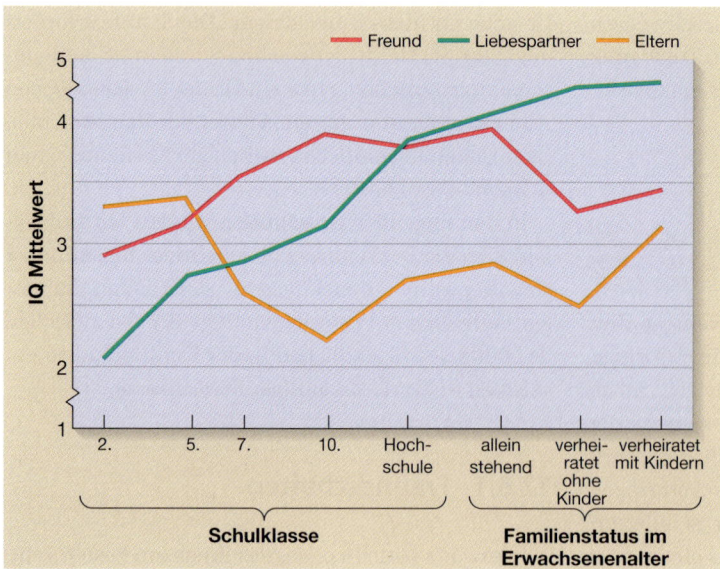

Abbildung 12.2: Altersbedingte Veränderungen in der von Jugendlichen angegebenen Offenheit (self-disclosure) gegenüber Eltern und Peers: Ergebnisse mehrerer Untersuchungen. Offenheit den Freunden gegenüber nimmt während der Adoleszenz stetig zu und reflektiert somit die Tatsache, dass Intimität als eine der hauptsächlichen Grundlagen für eine Freundschaft betrachtet wird. Auch die Offenheit gegenüber dem Liebespartner nimmt zu. Allerdings übersteigt sie nicht vor den Hochschuljahren die Intimität mit den Freunden. Die Offenheit gegenüber den Eltern geht in der frühen Adoleszenz zurück, einer Zeit der Konflikte zwischen Eltern und Kind. Wenn die Familienbeziehungen sich der zunehmenden Autonomie des jungen Menschen anpassen, lässt sich auch ein Anstieg der Offenheit gegenüber den Eltern erkennen (aus D. Buhrmester, 1996, „Need Fulfillment, Interpersonal Competence, and the Developmental Contexts of Early Adolescent Friendship," in W. M. Bukowski, A. F. Newcomb, & W. W. Hartup, Hrsg., The Company They Keep: Friendship During Childhood and Adolescence, New York: Cambridge University Press, S. 168).

anderen (Buhrmester, 1996). Durch ihre Freundschaften liegt die Betonung bei Mädchen typischerweise auf gemeinschaftsorientierten Anliegen, bei Jungen zumeist auf Leistung und Statusfragen. Dies bedeutet allerdings nicht, dass Jungen nur selten enge freundschaftliche Bindungen eingehen. Dies geschieht in der Tat häufig, aber die Qualität ihrer Freundschaften ist variabel. Intimität in Freundschaften unter Jungen bezieht sich auf die Geschlechtsidentität. Androgyne Jungen werden mit ebenso großer Wahrscheinlichkeit wie Mädchen intime sexuelle Bindungen zum gleichen Geschlecht eingehen, während dies bei Jungen mit einer „maskulinen" Identität eher seltener der Fall sein wird (Jones & Dembo, 1989).

Solange die Freundschaften unter Adoleszenten nicht auf einer gemeinsamen Tendenz zu antisozialem Verhalten basiert, gehen sie einher mit vielen Aspekten psychischer Gesundheit und Kompetenz im frühen Erwachsenenalter (Bagwell et al., 2001; Bukowski, 2001). Dafür gibt es verschiedene Gründe:

- *Enge Freundschaften bieten Möglichkeiten, das eigene Selbst zu entdecken und ein tiefes Verständnis für andere Menschen zu entwickeln.* Durch offene, ehrliche Kommunikation entwickeln Freunde im Adoleszenzalter eine zunehmende Sensibilität gegenüber den Stärken und Schwächen des anderen wie auch seinen Bedürfnissen und Wünschen. Dieser Prozess unterstützt die Entwicklung eines Selbstkonzeptes, der Perspektivenübernahme und einer eigenen Identität.

- *Enge Freundschaften bilden die Grundlage für zukünftige intime Beziehungen.* Betrachten wir noch einmal Abbildung 12.2, so stellen wir fest, dass Selbstoffenbarung unter Freunden der Offenheit gegenüber dem Liebespartner vorausgeht. Sexualität und Liebesbeziehungen sind häufige Diskussionsthemen unter Freunden im Adoleszenzalter – Gespräche die, zusammen mit der Intimität innerhalb der Freundschaft, dem Jugendlichen helfen können, Liebesbeziehungen einzugehen und die damit einhergehenden Probleme zu lösen (Connolly & Goldberg, 1999).

- *Enge Freundschaften helfen den jungen Menschen dabei, mit den Schwierigkeiten der Adoleszenz umzugehen.* Da unterstützende Freundschaften die Sensibilität und Fürsorge für andere fördern, steigt auch die Wahrscheinlichkeit, dass der Jugendliche Empathie, Sympathie und prosoziales

Während der Adoleszenz werden Intimität und Loyalität zu den wichtigsten Eigenschaften, die Freundschaften in diesem Alter definieren. Allerdings messen Mädchen der emotionalen Nähe einen größeren Wert bei als Jungen. Mädchen kommen häufig zusammen, um „einfach nur miteinander zu reden", und sie beurteilen ihre Freundschaften als offener und intensiver hinsichtlich der emotionalen Unterstützung als Jungen.

Verhalten zeigt. In der Folge werden Ängste und Einsamkeit weniger, während das Selbstwertgefühl und ein Gefühl des Wohlbefindens gefördert werden.

- *Enge Freundschaften können sich positiv auf die Einstellung des Jugendlichen zur Schule und seine Mitarbeit im Unterricht auswirken.* Wenn Teenager Freude daran haben, mit ihren Freunden in der Schule zu interagieren, ist die Wahrscheinlichkeit größer, dass sie alle Aspekte des Schulalltags in einem positiveren Licht betrachten (Berndt & Keefe, 1995).

12.6.2 Cliquen und Gruppierungen

Freunde treffen sich auch häufig in Peergruppen (siehe Kapitel 10) – Zusammenschlüsse von Freunden, die in diesem Alter häufiger werden und während der Adoleszenz wesentlich strukturierter sind. Während der frühen Teenagerjahre bilden sich **Cliquen,** kleine Gruppen von fünf bis sieben Mitgliedern, die gute Freunde sind und sich in ihrem Familienhintergrund, ihren Einstellungen und Wertvorstellungen ähneln. Zunächst beschränken sich Cliquen auf Mitglieder gleichen Geschlechtes, in der mittleren Adoleszenz allerdings sind es häufiger gemischte Gruppen. Cliquen in einer typischen Oberschule sind erkennbar an ihren Interessen und ihrem sozialen Status, was an den „beliebten" und „unbeliebten" Gruppen sehr deutlich wird (Cairns et al., 1995; Gillmore et al., 1997).

Häufig bilden mehrere Cliquen eine größere, loser strukturierte **Gruppierung**. Im Gegensatz zu der wesentlich intimeren Clique basiert die Mitgliedschaft in einer solchen Gruppierung auf dem jeweiligen Ruf des Jugendlichen und auf Stereotypen. Diese Mitgliedschaft bietet dem Adoleszenten eine Identität innerhalb der größeren sozialen Struktur seiner Schule. Beliebte Gruppierungen in einer typischen Oberschule in den Vereinigten Staaten sind beispielsweise die „brains", d.h. die weniger sportlichen, die an geistigen Aufgaben Freude haben; die „jocks", die sich vermehrt sportlich betätigen; die „preppies", die attraktiv sind, Designerkleidung tragen und für gewöhnlich schon mit Mitgliedern des anderen Geschlecht ausgehen; die „partyers", die den sozialen Umgang miteinander schätzen, sich aber nicht allzu viel um ihre schulischen Leistungen kümmern; die „burnouts", die Drogen nehmen, die Schule schwänzen und ständig in irgendwelche Raufereien verwickelt sind; und die „normals", d.h. diejenigen, die in der Schule gut zurechtkommen und auch wenig Probleme haben mit Gleichaltrigen anderer Gruppierungen (Kinney, 1999; Stone & Brown, 1999).

Was führt dazu, dass sich Teenager zu bestimmten Cliquen oder Gruppierungen zusammenfinden? Zusätzlich zur Persönlichkeit des Jugendlichen und seinen Interessen sind es auch familiäre Faktoren, die hier eine Rolle spielen. In einer Untersuchung von Jugendlichen von der neunten bis zur zwölften Klasse konnte festgestellt werden, dass Adoleszente, die ihre Eltern als autoritativ beschrieben, Mitglieder der Gruppierungen „brain", „jock" und „preppie" waren, die sowohl das Belohnungssystem der Erwachsenen als auch das ihrer Peers an der Schule akzeptierten. Im Gegensatz dazu maßen Jungen fast alles erlaubender (permissiver) Eltern den interpersonalen Beziehungen größte Bedeutung zu und hatten sich der Gruppierung der „partyer" angeschlossen. Jugendliche, die ihre Eltern als wenig oder gar nicht interessiert an ihrem Leben betrachteten, hatten sich zumeist den Gruppierungen „partyer" und „burnout" angeschlossen, was auf eine fehlende Identifizierung mit dem Belohnungssystem der Erwachsenen schließen lässt (Durbin et al., 1993).

Diese Ergebnisse weisen darauf hin, dass sich die Werte vieler Peergruppen aus den Wertvorstellungen der Familie entwickelt haben. Wenn der Jugendliche sich allerdings einmal einer Clique oder Gruppierung angeschlossen hat, kann dies seine Überzeugungen wie auch sein Verhalten modifizieren. Die positiven Auswirkungen von Peers mit guten schulischen und sozialen Fähigkeiten sind bei den Teenagern am ausgeprägtesten, deren Eltern einen autoritativen Erziehungsstil verfolgen. Die negativen Auswirkungen antisozialer Freunde, die Drogen konsumieren, sind bei Jugendlichen am stärksten, deren Eltern einen weniger effektiven Erziehungsstil anwenden (Mounts & Steinberg, 1995). Zusammenfassend kann festgestellt werden, dass die in der Familie gesammelten Erfahrungen sich auf das Ausmaß auswirken, zu dem der Adoleszent sich an seine Peers anpasst und ihnen mit der Zeit immer ähnlicher wird.

In der frühen Adoleszenz, wenn das Interesse am anderen Geschlecht zunimmt, finden sich die Cliquen von Jungen und Mädchen zusammen. Wenn sich diese gemischten Cliquen bilden und die Jugendlichen Zeit miteinander verbringen, ist das ein unterstützender Kontext, durch den es möglich wird, dass sich Jungen und Mädchen näher kennen lernen. Cliquen bieten den Jugendlichen die Möglichkeit, sich an Vorbildern zu orientieren, wie man miteinander umgehen kann, und eine Chance dies zu tun, ohne eine intime Beziehung eingehen zu müssen. Nach und nach kommt es in der größeren Gruppe zu Paarbildungen. Einige dieser Paare gehen zusammen auf Partys und ins Kino. Wenn die spätere Adoleszenz erreicht ist, fühlen sich Jungen und Mädchen wohl genug im Umgang miteinander, dass sie direkt aufeinander zugehen können, so dass die gemischten Cliquen nicht länger notwendig sind und sich daher auflösen (Connolly & Goldberg, 1999).

Auch die größeren Gruppierungen werden weniger wichtig. Da die Jugendlichen nach und nach eigene Wertvorstellungen und Ziele bilden, besteht nicht länger durch ein Zurschaustellen von Kleidung, Sprache und bevorzugten Aktivitäten das Bedürfnis zu demonstrieren, wer man ist. Etwa die Hälfte der Jugendlichen wechseln zwischen der zehnten und zwölften Klasse von einer Gruppierung zur anderen, zumeist in positiver Richtung. Die Gruppierungen mit den „Strebern" („brains") und „Normalen" („normals") bekommen Zuwachs und Gruppierungen, die von der Norm abweichen, verlieren Mitglieder, da die Jugendlichen sich zunehmend auf ihre Zukunft konzentrieren (Strouse, 1999). Sowohl Cliquen als auch größere Gruppierungen haben eine sehr wichtige Funktion. Die Clique bietet einen Kontext für das Erwerben neuer sozialer Fähigkeiten und die größere Gruppierung bietet eine temporäre Identität in einer Zeit, in der der Adoleszent sich von seiner Familie abgrenzt und sich ein kohärentes Selbstbild erarbeitet.

12.6.3 Miteinander Ausgehen (dating)

Obwohl das sexuelle Interesse beeinflusst wird von den hormonellen Veränderungen der Pubertät, so ist doch der Beginn des miteinander Ausgehens abhängig von kulturellen Erwartungen. Westliche Gesellschaften tolerieren und ermutigen sogar ein von Verliebtheit bestimmtes Interagieren der Jugendlichen, das typischerweise in den ersten Jahren der Oberschulzeit beginnt (Larson, Clore, & Wood, 1999). Wenn man Teenagern nach den Gründen fragt, warum sie miteinander ausgehen, wird man häufig zu hören bekommen, dass es darum ginge, die Freizeit miteinander zu verbringen und einen bestimmten Status in der Peergruppe zu erreichen. Wenn die Adoleszenz erreicht ist, wünschen sich die Jugendlichen vermehrt psychische Intimität. Sie halten Ausschau nach jemandem, der ihre Interessen teilt, der klare Ziele für die eigene Zukunft vertritt und der aller Wahrscheinlichkeit nach einen guten Lebenspartner abgibt (Roscoe, Diana, & Brooks, 1987).

Intimität in von Verliebtheit geprägten Beziehungen stellt sich für gewöhnlich nicht so schnell ein wie in Freundschaften. Unter Umständen liegt es daran, dass die Kommunikation zwischen Jungen und Mädchen während der mittleren Adoleszenz stereotyp bleibt und wenig Tiefe aufweist, sodass ein frühes Eingehen solcher Beziehungen sich auf die soziale Reife nicht förderlich auswirkt. Stattdessen erhöht es das Risiko für Drogenmissbrauch, Delinquenz und schlechte schulische Leistungen (Brown, Feiring, & Furman, 1999). Diese Faktoren, zusammen mit einer Lebensgeschichte von Missbrauch gekennzeichneter Familienbeziehungen, führen häufig auch zu Gewalttaten beim Dating (Pepler et al., 2002; Wolfe et al., 2001). Somit ist es besser für den Jugendlichen, seine Freizeit mit Gruppenaktivitäten wie etwa Partys und Diskobesuchen zu verbringen, bevor er oder sie eine feste Beziehung eingeht.

Homosexuelle Jugendliche sehen sich mit besonderen Herausforderungen konfrontiert, wenn es darum geht, nach außen hin sichtbare Liebesbeziehungen anzufangen und beizubehalten. Die ersten Beziehungen scheinen zumeist recht kurzlebig und beinhalten wenig emotionale Hingabe, allerdings aus anderen Gründen, als dies bei heterosexuellen Pärchen der Fall ist: diese Paare haben Angst, von ihren Peers schikaniert und abgelehnt zu werden. In Kapitel 11 wurde gesagt, dass homosexuelle Adoleszente sich wegen großer Vorurteile häufig auf eine heterosexuelle Beziehung einlassen. Zudem haben viele von ihnen Schwierigkeiten, einen gleichgeschlechtlichen Partner zu finden, da sich viele ihrer homosexuellen Peers noch nicht offenbart haben. Häufig finden die ersten Kontakte mit Jugendlichen anderer sexueller Minoritätengruppen im Kontext von Selbsthilfegruppen statt, in denen ihnen keine Beschränkungen auferlegt werden (Diamond, Savin-Williams, & Dubé, 1999). Homosexuelle wie Schwule und Lesben mit einem häufigen Wechsel der Beziehungen mit gleichgeschlechtlichen Partnern sind für gewöhnlich bei ihren Peers „unten durch". Daraus resultiert ein Gefühl der Isolation unter den Gleichaltrigen, was zur Folge hat, dass die Partner an den jeweils anderen unerfüllbare Forderungen stellen und so versuchen, ihre sozialen Bedürfnisse dennoch erfüllt zu bekommen (Savin-Williams, 1996).

Wenn es nicht allzu früh angefangen wird, bietet das miteinander Ausgehen die Möglichkeit, Kooperation, gutes Benehmen und den Umgang mit Menschen in einer ganzen Reihe verschiedener Situationen zu üben. Wenn der Jugendliche dann eine enge emotio-

Solange eine Beziehung nicht allzu früh beginnt, wirken sich solche Freundschaften unter Adoleszenten positiv aus. Außerdem Spaß und der Freude, die es mit sich bringt, fördern sie die Sensibilität, Empathie und die Identitätsentwicklung, da der Jugendliche eine Beziehung zu jemandem eingeht, dessen Bedürfnisse sich von den eigenen unterscheiden.

nale Bindung eingeht, hat dies positive Auswirkungen auf seine Sensibilität und seine Empathie. Zudem bietet die Beziehung soziale Unterstützung und fördert die Identitätsentwicklung (Connolly et al., 1999; Furman, 2002). Etwa die Hälfte aller ersten Verliebtheiten überdauern den Abschluss der höheren Schule nicht, und die Beziehungen, die dennoch halten, werden mit der Zeit immer weniger befriedigend (Shaver, Furman, & Buhrmester, 1985). Da sich die Jugendlichen immer noch in einer Zeit der Identitätsbildung befinden, wird den Verliebten häufig irgendwann klar, dass sie nur wenig oder gar nichts mehr gemeinsam haben.

12.6.4 Konformität unter Peers

Als Franca und Antonio entdeckten, dass sich ihr Sohn Louis während seines ersten Jahres in der höheren Schule mit gesetzeswidrigen Aktivitäten beschäftigte, begannen sie sich Sorgen über die negativen Auswirkungen von Peergruppen zu machen (wie dies viele Eltern tun). Obwohl der Gruppendruck während der Adoleszenz stärker ist als in der Kindheit oder im frühen Erwachsenenalter, ist es doch ein sehr komplexer Prozess, der auch je nach Alter des Jugendlichen variiert und abhängig ist von der Situation und dem Ausmaß der Bedürfnisse nach sozialer Anerkennung.

In einer Studie mit fast 400 Oberschülern wurde festgestellt, dass die Jugendlichen den größten Druck zur Konformität erlebten, wenn es um ganz offensichtliche Aspekte der Gruppenkultur ging – Kleidung, Körperpflege und die Teilnahme an sozialen Aktivitäten, wie etwa Ausgehen und das Besuchen von Partys und Veranstaltungen der Schule. Der Druck Gleichaltriger aufeinander, sich erwachsen zu verhalten, z.B. gute Noten zu schreiben und mit den Eltern zu kooperieren, war auch sehr hoch. Obwohl der Druck in Richtung Fehlverhalten in der frühen Adoleszenz zunahm, war er nun eher niedrig. Viele Teenager berichteten, dass ihre Freunde sich aktiv gegen antisoziales Verhalten aussprachen. Diese Befunde zeigen, dass Peers und Eltern häufig in Einklang miteinander handeln – mit dem gewünschten Erfolg! Schließlich wurde auch festgestellt, dass Gruppendruck unter Peers nur geringfügig mit den tatsächlichen Wertvorstellungen und Verhaltensweisen der Jugendlichen korrelierte (Brown, Lohr, & McClenahan, 1986).

Jugendliche in der frühen Adoleszenz geben wahrscheinlich deswegen eher dem Gruppendruck nach als jüngere oder ältere Menschen, weil es ihnen sehr wichtig ist, was ihre Freunde über sie denken (Brown, Clasen, & Eicher, 1986). Aber wenn Eltern und Peers nicht übereinstimmen, rebellieren junge Teenager nicht immer gegen ihre Familie. Stattdessen ist es eher so, dass Eltern und die gleichaltrigen Freunde in unterschiedlichen Bereichen auf den Jugendlichen einwirken. Eltern beeinflussen vorwiegend die grundlegenden Wertvorstellungen des Teenagers sowie seine Pläne für Ausbildung und Berufsfindung (Steinberg, 2001). Peers hingegen haben mehr Einfluss auf den Jugendlichen, was die tagtäglichen Angelegenheiten angeht, wie etwa die Kleidung, die Musikvorlieben und die Wahl der Freunde. Auch die Persönlichkeitseigenschaften des Adoleszenten selbst sind an dieser Stelle wichtig. Bei Jugendlichen, die sich selbst als kompetent betrachten und sich wertschätzen, ist die Wahrscheinlichkeit, dass sie sich ohne zu hinterfragen an ihren Peers anpassen, wesentlich geringer.

Auch der autoritative Erziehungsstil ist in Zusammenhang zu bringen mit der Fähigkeit des Jugendlichen, ungünstigem Gruppendruck zu widerstehen. Teenager, deren Eltern sie unterstützen und angemessen beaufsichtigen, respektieren ihre Eltern – eine Einstellung, die als Gegenmittel für diese Art von Gruppendruck wirkt (Masten, 2001; Sim, 2000). Im Gegensatz dazu neigen Jugendliche, die einem extremen elterlichen Verhalten ausgesetzt sind – entweder zu wenig oder zu viel Kontrolle –, dazu, sich in sehr hohem Ausmaß an ihren Peers zu orientieren (Mason et al., 1996; Pettit et al., 1999). Sie wenden sich zumeist an ihre Freunde bezüglich ihres persönlichen Lebens und ihrer Zukunft um Rat und sind mehr als willens, die von den Eltern aufgestellten Regeln zu brechen, Schule und Hausaufgaben links liegen zu lassen, Drogen zu nehmen, Straftaten zu begehen und auch anderes problematisches Verhalten an den Tag zu legen.

Prüfen Sie sich selbst …

Rückblick
Welche Art der Erziehung wirkt sich in der Adoleszenz förderlich auf die Kompetenzen des Jugendlichen aus? Erläutern Sie, warum dieser Erziehungsstil effektiv ist und führen Sie seine vielfältigen positiven Folgen an.

Rückblick
Nennen Sie die eindeutig positiven Funktionen von Freundschaften und Gruppenbindungen in der Adoleszenz. Welche Faktoren bewirken, dass manche Freundschaften und Peergruppen sich schädlich auswirken?

Anwendung
Die Eltern des 13 Jahre alten Matthias sind warmherzig, konsequent in ihren Erwartungen und ihrer Aufsicht über seine Aktivitäten. Welcher Art von Gruppen wird sich Matthias aller Wahrscheinlichkeit nach anschließen und warum?

Zusammenhänge
Auf welche Weise trägt die Intensivierung der eigenen Geschlechtlichkeit beim Jugendlichen zu oberflächlicher Qualität der ersten verliebten Beziehungen in der frühen Adoleszenz bei?

Prüfen Sie sich selbst ...

12.7 Entwicklungsstörungen

Obwohl die meisten Jugendlichen die Adoleszenz relativ problemlos durchlaufen, war zu sehen, dass einige von ihnen doch mit einschneidenden Störungen in ihrer Entwicklung konfrontiert sind, wie etwa allzu frühe Elternschaft, Drogenmissbrauch und Schulversagen. In den Diskussionen wurde außerdem herausgestellt, dass psychische Probleme und Verhaltensschwierigkeiten nicht allein anhand eines einzigen Faktors erklärt werden können. Stattdessen wirken biologische und psychische Veränderungen, die Familie, das schulische Umfeld, Peers sowie die soziale und kulturelle Umgebung zusammen. Diese Tatsache wird auch bei drei weiteren Problemen der Teenagerjahre sehr deutlich: Depressive Verstimmungen, Selbstmord (Suizid) und Delinquenz (kriminelles Verhalten).

12.7.1 Depressionen

Depressive Verstimmungen – Gefühle der Traurigkeit, der Frustration und der Hoffnungslosigkeit bezüglich des eigenen Lebens, die einhergehen mit einem Verlust der Freude an den meisten Aktivitäten, sowie Schlafstörungen, Appetitverlust, Konzentrationsstörungen und einem allgemeinen Energieverlust – sind das am häufigsten auftretende psychische Problem in der Adoleszenz. Etwa 15 bis 20 % der Teenager leiden unter einer oder mehreren schweren depressiven Episoden, eine Rate, die mit der Erwachsener vergleichbar ist. Zwischen 2 und 8 % sind chronisch depressiv – schwermütig und selbstkritisch über viele Monate hinweg und manchmal sogar für Jahre (Birmaher et al., 1996; Kessler et al., 1994). Es ist nicht so, dass Depressionen in der Kindheit nicht vorkommen. Wie allerdings Abbildung 12.3 zeigt, treten depressive Symptome in der Zeit der Pubertät vermehrt auf, bei Mädchen im Adoleszenzalter sogar doppelt so häufig wie bei Jungen in diesem Alter – ein Unterschied der über die gesamte Lebensspanne hinweg bestehen bleibt (Nolen-Hoeksema, 2001). Da es sich hier in den meisten Fällen um eine entwicklungsbedingte Störung handelt, ist es angemessener, von depressiver Verstimmung statt von Depression als psychopathologischer Erscheinung zu sprechen.

Depressive Verstimmungen bei Teenagern sollten nicht einfach ignoriert werden und von vornherein als temporäre Nebeneffekte der Pubertät abgetan werden. Da depressive Verstimmungen im Adoleszenzalter zu langfristigen emotionalen Problemen führen können, sollten sie ernst genommen werden. Ohne Behandlung ist die Wahrscheinlichkeit groß, dass der depressiv verstimmte Jugendliche zu einem Erwachsenen mit chronischer Depression heranwächst.

Depressive Verstimmungen verhindern, dass der Jugendliche wichtige Entwicklungsaufgaben meistert. Sie wirken sich im Adoleszenzalter störend auf die Identitätsentwicklung aus. Außerdem stehen sie im Zusammenhang mit Ängsten, schlechten schulischen Leistungen, Drogenmissbrauch, Straftaten und Autounfällen. Ohne Behandlung wachsen depressive Teenager mit großer Wahrscheinlichkeit zu depressiven Erwachsenen heran, die fortlaufend mit Problemen am Arbeitsplatz, im Familienleben sowie im sozialen Umfeld zu kämpfen haben (Weissman et al., 1999).

Unglücklicherweise neigen Eltern und Lehrer dazu, die Ernsthaftigkeit depressiver Symptome im Adoleszenzalter zu unterschätzen. Wegen des verbreiteten Stereotyps der Adoleszenz als eines stürmischen und stressreichen Lebensabschnitts interpretieren viele

12.7 DIE EMOTIONALE UND SOZIALE ENTWICKLUNG IN DER ADOLESZENZ

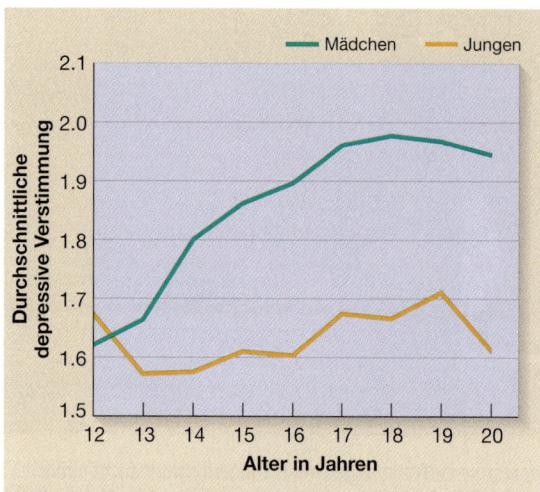

Abbildung 12.3: Veränderungen in der depressiven Symptomatik im Alter zwischen 12 und 20 Jahren bei einer Querschnittstudie mit über 12.000 norwegischen Adoleszenten. Mädchen zeigten einen rapideren Anstieg depressiver Symptome in der Zeit der Pubertät als Jungen. Ähnliche Tendenzen sind auch in anderen Industrienationen zu verzeichnen (aus L. Wichstrøm, 1999, „The Emergence of Gender Difference in Depressed Mood During Adolescence: The Role of Intensified Gender Socialization," Developmental Psychology, 35, S. 237. © 1999 by the American Psychological Association).

Erwachsene die depressiven Symptome lediglich als eine vorübergehende Erscheinung. Zudem sind Depressionen bei Jugendlichen schwer zu erkennen, da sie sich auf verschiedenste Weise darstellen. Mancher betroffene Teenager brütet vor sich hin, macht sich Sorgen über seine Gesundheit und ist sehr unruhig, zeigt ungerichtetes Verhalten. Andere wiederum leben ihre Depressionen aus, indem sie von zu Hause weglaufen oder sich rebellisch verhalten. Das erstgenannte Verhaltensmuster ist eher typisch für Mädchen, letzteres für Jungen (Gjerde, 1995).

■ Mit Depressionen in Zusammenhang stehende Faktoren

Eine Kombination von biologischen und umweltbedingten Faktoren kann zu Depressionen führen; wie sich diese zusammensetzen, ist von Person zu Person verschieden. Verwandtschaftsstudien haben gezeigt, dass hier auch die Vererbung eine große Rolle spielt. Gene können Depressionen induzieren, indem sie das chemische Gleichgewicht im Gehirn beeinflussen (z.B. den Serotoninspiegel), auf die Entwicklung der Hirnbereiche einwirken, die zuständig sind für die Inhibition negativer Emotionen oder sich auswirken auf die hormonellen Reaktionen des Körpers auf Stress (Cicchetti & Toth, 1998b).

Aber auch Erfahrungen können Depressionen aktivieren und auf diese Weise die soeben beschriebenen biologischen Veränderungen in Gang bringen. Bei Eltern depressiver Kinder und Adoleszenter konnte ein hohes Vorkommen von Depressionen und anderen psychischen Störungen festgestellt werden. Obwohl das genetische Risiko von den Eltern auf die Kinder weitergegeben werden kann, konnten wir schon in den vorangegangenen Kapiteln feststellen, dass depressive oder unter Stress stehende Eltern häufig einen maladaptiven Erziehungsstil haben. In der Folge kann die Selbstregulation, die Bindungsfähigkeit und das Selbstwertgefühl des Kindes beeinträchtigt sein, mit schwerwiegenden Konsequenzen für viele der kognitiven und sozialen Fähigkeiten (Garber, Braafladt, & Weiss, 1995; Garber et al., 1991).

Depressive Jugendliche zeigen häufig einen Attributionsstil der erlernten Hilflosigkeit (siehe Kapitel 10). Sie betrachten die Möglichkeit, dass sich ihre schulischen Leistungen wie auch ihre Beziehungen zu den Peers zum Positiven wenden könnten, als nicht kontrollierbar. Folglich können die verschiedensten Begebenheiten bei einem vulnerablen Jugendlichen eine depressive Episode hervorrufen – zum Beispiel wenn der Jugendliche versagt bei etwas, das ihm wichtig ist; die Scheidung der Eltern; das Ende einer engen Freundschaft oder Liebesbeziehung oder die Herausforderungen eines Schulwechsels.

■ Geschlechtsbedingte Unterschiede

Warum sind Mädchen anfälliger für Depressionen? Wir wissen, dass es nicht die mit der Pubertät zusammenhängenden biologischen Veränderungen sein können, die dafür verantwortlich sind, da dieser geschlechtsbedingte Unterschied auf Industrienationen beschränkt ist. In Entwicklungsländern sind die Depressionsraten für Männer und Frauen in etwa gleich hoch, gelegentlich bei Männern etwas höher (Culbertson, 1997). Und auch in den Industrienationen variieren die Ergebnisse diesbezüglich stark. So ist der Unterschied beispielsweise in China kleiner als in Nordamerika, unter Umständen deshalb, weil von der chinesischen Regierung seit Jahrzehnten Anstrengungen unternommen werden, das Ungleichgewicht zwischen den Geschlechtern zu beseitigen (Greenberger et al., 2000).

Stattdessen scheinen eher stressreiche Lebensereignisse und geschlechtstypisierte Bewältigungsstile dafür verantwortlich zu sein. Insbesondere frühreife Mädchen sind anfällig für depressive Verstimmungen und sogar Depressionen (siehe Kapitel 11). Und die Intensivierung der eigenen Geschlechtlichkeit in der frühen Adoleszenz wirkt sich verstärkend aus auf die Passivität und die Abhängigkeit von Mädchen – maladaptive Herangehensweisen an die Entwicklungsaufgaben, die von Teenagern in komplexen Kulturkreisen erwartet werden. In Einklang mit dieser Erklärung, hat sich gezeigt, dass Adoleszente, die sich sehr stark mit „femininen" Persönlichkeitseigenschaften identifizieren, eher zu depressiven Symptomen neigen, unabhängig von ihrer tatsächlichen Geschlechtszugehörigkeit (Wichstrøm, 1999). Mädchen, die sich kontinuierlich überfordert fühlen, entwickeln eine physiologische Überreaktion auf Stress und können daher auch später mit Herausforderungen weniger gut umgehen (Nolen-Hoeksema, 2001). Auf diese Art und Weise ergibt sich ein geschlossener Kreislauf von Stresserleben und Stressreaktionen, durch den Depressionen aufrechterhalten werden.

12.7.2 Selbstmord (Suizid)

Tiefe und anhaltende Depressionen können zu Suizidgedanken führen, die nur allzu häufig auch in die Tat umgesetzt werden. Wenn ein Jugendlicher versucht, sich das Leben zu nehmen, so sind Depressionen einer der Faktoren, die einer solchen Verzweiflungstat vorausgehen.

■ Einflussfaktoren bei Suizid im Adoleszenzalter

Die Selbstmordrate steigt über die Lebensspanne hinweg. Wie Abbildung 12.4 deutlich macht, ist sie in der Kindheit am niedrigsten und in hohem Alter am höchsten, mit einem starken Anstieg in der Adoleszenz. Heutzutage ist Selbstmord die an dritter Stelle liegende Todesursache bei amerikanischen Jugendlichen (nach Verkehrsunfällen und Mord) und die an zweiter Stelle liegende Todesursache bei kanadischen Jugendlichen (nach Verkehrsunfällen). Während der letzten 30 Jahre hat sich die Selbstmordrate bei Adoleszenten in Kanada verdoppelt und in den Vereinigten Staaten sogar verdreifacht, mit dem höchsten Anstieg unter jungen Teenagern. Allerdings gibt es in den verschiedenen Industrienationen große Unterschiede hinsichtlich der Selbstmordrate: in Japan und in den meisten westeuropäischen Nationen ist die Suizidrate niedrig; Australien, Kanada und die Vereinigten Staaten haben eine mittlere Suizidrate; Estland, Finnland und Neuseeland weisen hohe Suizidraten auf (Johnson, Krug, & Potter, 2000). Obwohl viele Theorien darüber existieren, gibt es für diese internationalen Unterschiede nach wie vor keine gültige Erklärung.

Im suizidalen Verhalten gibt es ausgesprochen auffällige Unterschiede. Die Anzahl der Jungen, die Selbstmord begehen, übersteigt die Anzahl der Mädchen in einem Verhältnis von 4-5 zu 1. Dies mag überraschen, wenn man davon ausgeht, dass Mädchen höhere Depressionsraten aufweisen. Trotzdem sind diese Ergebnisse stimmig. Bei Mädchen bleibt es häufiger bei einem nicht erfolgreichen Selbstmord-

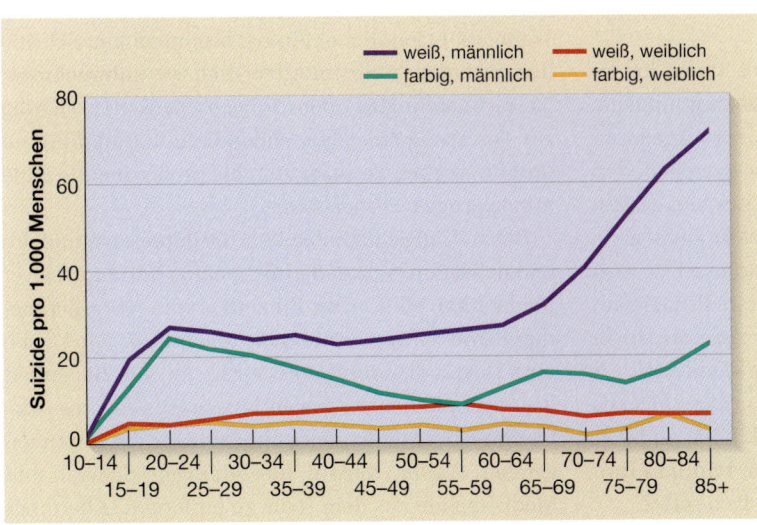

Abbildung 12.4: Suizidrate in den Vereinigten Staaten über die Lebensspanne hinweg. Obwohl Teenager nicht so häufig Selbstmord begehen wie Erwachsene und Senioren, lässt sich dennoch ein starker Anstieg in der Suizidrate zwischen der Kindheit und der Adoleszenz erkennen. Die Raten sind bei Männern höher als bei Frauen und in der weißen Bevölkerung höher als bei Angehörigen farbiger ethnischer Minoritätengruppen (aus U.S. Bureau of the Census, 2002c).

versuch. Außerdem wenden sie eher Methoden an, bei denen eine Rettung wahrscheinlicher ist, etwa indem sie eine Überdosis von Schlaftabletten nehmen. Im Gegensatz dazu neigen Jungen dazu, aktivere Methoden anzuwenden, die zu einem sofortigen Tod führen, wie etwa Schusswaffen oder Erhängen. Geschlechterrollenerwartungen könnten die Ursache dafür sein. Männern wird weniger Toleranz als Frauen entgegengebracht, wenn sie Gefühle der Hilflosigkeit zeigen oder ihre Bemühungen fehlschlagen (Canetto & Sakinofsky, 1998).

Verglichen mit Ergebnissen bei der weißen Mehrheit liegt die Suizidrate bei Jugendlichen amerikanischer Minoritätengruppen, einschließlich afroamerikanischen und hispanischen Teenagern, niedriger – ein Unterschied, der im Erwachsenenalter sogar noch zunimmt. Unter Umständen ist es die größere soziale Unterstützung innerhalb größerer Familienverbände, die als Ursache für diese Ergebnisse gesehen werden kann. Die Suizidrate bei männlichen afroamerikanischen Adoleszenten ist in den letzten Jahren angestiegen und erreicht nun die Rate kaukasisch-amerikanischer Männer. Bei Jugendlichen indianischer Herkunft und bei kanadischen Aboriginals liegt die Suizidrate zwei- bis siebenmal höher als der Mittelwert des Landes. Es wird angenommen, dass diese Tendenzen ihre Ursache haben in der hohen Rate an Armut in den Familien, Schulversagen, Alkohol- und Drogenmissbrauch sowie Depressionen (Strickland, 1997). Auch bei homosexuellen und bisexuellen Jugendlichen ist das Suizidrisiko hoch. Selbstmordversuche kommen bei diesen Gruppen dreimal so oft vor wie bei anderen Adoleszenten. Diese Jugendlichen berichten nach einem Selbstmordversuch über vermehrte Familienkonflikte und Probleme mit ihren Peers wegen ihrer sexuellen Orientierung (Hershberger, Pilkington, & D'Augelli, 1997).

Suizid kommt vorwiegend bei zwei Typen junger Menschen vor. Die erste Gruppe sind hochintelligente Adoleszente, die einsam und in sich zurückgezogen leben, unfähig den hohen Standard zu erreichen, den sie sich selbst und ihnen wichtige Menschen gesetzt haben. Eine zweite, größere Gruppe zeigt antisoziale Tendenzen. Diese jungen Menschen drücken ihr Unwohlsein durch Tyrannisieren anderer, Prügeleien, Diebstähle, vermehrtes risikoreiches Agieren sowie Drogenmissbrauch aus (Fergusson, Woodward, & Horwood, 2000). Abgesehen davon, dass diese Jugendlichen ihre Feindseligkeit und Destruktivität anderen gegenüber ausdrücken, richten sie ihre Wut und ihre Enttäuschung auch nach innen, gegen sich selbst.

Emotionale Probleme der Eltern sowie Schwierigkeiten in der Familie sind typisch für den Hintergrund suizidaler Teenager (Gould & Kramer, 2001). Ihr fragiles Selbstkonzept desintegriert angesichts stressreicher Ereignisse in ihrem Leben. Häufige Umstände direkt vor einem Selbstmordversuch sind unter anderem das Zerbrechen einer dem Jugendlichen wichtigen Peerbeziehung und die Erniedrigung, wenn der Jugendliche bei einer unverantwortlichen, antisozialen Handlung erwischt wird.

Warum kommt Suizid bei Adoleszenten immer häufiger vor? Die Tatsache, dass Jugendliche heutzutage viel besser vorausplanen können, erscheint hier eine Rolle zu spielen. Obwohl manche von ihnen impulsiv handeln, so unternehmen doch viele der jungen Menschen absichtlich Schritte hin zu einem Selbstmord (McKeown et al., 1998). Andere kognitive Veränderungen tragen noch zusätzlich dazu bei, wie etwa die Überzeugung, dass niemand ihre persönlichen Interessen und den intensiven Schmerz nachfühlen und verstehen kann. Folglich vertiefen sich ihre Verzweiflung, die Hoffnungslosigkeit und ihre Isolation. Warnsignale eines möglichen Suizidversuches sind in Tabelle 12.4 aufgeführt.

■ Suizidprävention und Behandlungsmöglichkeiten

Bei der Suizidprävention ist einer der wichtigsten ersten Schritte, dass die Signale, die der verzweifelte Teenager aussendet, verstanden werden. Eltern und Lehrer müssen diese Signale erkennen lernen. Schulen können helfen, indem sie empathische Psychologen bereitstellen, Selbsthilfegruppen einrichten und Informationen aushängen über Telefonnotrufe. Wenn ein Jugendlicher einmal begonnen hat, Schritte hin zu einem Selbstmordversuch zu unternehmen, ist es unabdingbar, dem jungen Menschen ständig zur Verfügung zu stehen, zuzuhören und einfühlsam und fürsorglich zu reagieren, bis professionelle Hilfe hinzugezogen werden kann.

Behandlungsmöglichkeiten für depressive und suizidale Heranwachsende reichen von antidepressiver Medikation bis hin zu Einzeltherapie, Familientherapie und Gruppentherapie. Manchmal wird auch eine Hospitalisierung notwendig, um die Sicherheit des Jugendlichen zu gewährleisten. Bis es dem Adoleszenten wieder besser geht, ist es für die Eltern angeraten, Waffen, Messer, Rasierklingen, Scheren und Medikamente aus dem Haus zu entfernen. Allerdings

> **Tabelle 12.4**
>
> ## Warnsignale für einen möglichen Selbstmordversuch
>
> Bemühungen, die persönlichen Belange in Ordnung zu bringen – schwierige Beziehungen zu regeln und bedeutsamen, geliebten Besitz wegzugeben
>
> Verbale Signale – sich verabschieden von Familienmitgliedern und Freunden unter direkter oder indirekter Erwähnung von Selbstmord („um diese Probleme werde ich mich wohl nicht mehr lange kümmern müssen"; „ich wünschte, ich wäre tot").
>
> Gefühle der Traurigkeit und der Mutlosigkeit sowie eine Einstellung von „mir ist alles egal".
>
> Extreme Mattigkeit, Energielosigkeit und Langeweile
>
> Kein Bedürfnis nach sozialem Umgang; Rückzug von Freunden
>
> Sehr leicht frustriert
>
> Emotionale Ausbrüche – Weinkrämpfe oder Lachanfälle sowie zeitweilige Energiehochs
>
> Unfähig, sich zu konzentrieren, leicht ablenkbar
>
> Verschlechterung der Schulnoten, Abwesenheit vom Unterricht, Schwierigkeiten mit Disziplin
>
> Vernachlässigung der äußeren Erscheinung
>
> Veränderungen in den Schlafgewohnheiten – Schlaflosigkeit oder übermäßiges Schlafbedürfnis
>
> Veränderungen im Appetit und Essverhalten – es wird mehr oder weniger als sonst gegessen
>
> Körperliche Beschwerden – Bauchschmerzen, Rückenschmerzen, Kopfschmerzen

wäre es in den Vereinigten Staaten auch an der Zeit, die Abgabe von Schusswaffen einzuschränken, sodass Jugendliche keinen Zugang mehr haben zu Waffen, womit die hohen Suizid- und Mordraten erheblich herabgesetzt werden könnten.

Nach einem erfolgten Selbstmord benötigen die Familie und die hinterbliebenen Freunde Unterstützung, um ihre Trauer und ihre Wut zu verarbeiten und mit ihren Schuldgefühlen, dem Opfer nicht haben helfen zu können, zurechtzukommen. Suizide von Teenagern treten oft in Gruppierungen gehäuft auf. Wenn ein Jugendlicher sich umbringt, steigt die Wahrscheinlichkeit weiterer Selbstmorde unter den Peers, die den Jugendlichen kannten oder über seinen Tod in den Medien gehört haben (Grossman & Kruesi, 2000). Wegen dieser Tendenz muss mit vulnerablen Adoleszenten im Umfeld des Opfers besonders aufmerksam umgegangen werden, um einen weiteren Suizid zu vermeiden. Auch sollte dafür gesorgt werden, dass die Journalisten sich zurückhalten, da übermäßiger Medienrummel die Wahrscheinlichkeit weiterer Suizide erhöht (Velting & Gould, 1997).

12.7.3 Delinquenz

Bei minderjährigen Delinquenten handelt es sich um Kinder oder Adoleszente, die Straftaten begehen. Obwohl die Rate von Straftaten unter nordamerikanischen Jugendlichen seit Mitte der 90er Jahre wieder zurückgegangen ist, stellen Jugendliche unter 18 Jahren einen großen Anteil der von der Polizei in Gewahrsam genommenen Straftäter – etwa 17 % in den Vereinigten Staaten und 23 % in Kanada (Statistics Canada, 2002b; U.S. Department of Justice, 2002). In Deutschland sind es im Jahr 2000 7,8 % für alle Delikte außer Straßenverkehr (Bundeskriminalamt, 2001, KFN); die Ziffer für die Gewaltkriminaliät der gleichen Altersgruppe liegt bei 10,2 % . Die deutschen Prozentzahlen liegen niedriger als die Werte der amerikanischen und kanadischen Jugendlichen. Hier können Erfassungsart genau so wie unterschiedliche Neigung zu Delinquenz eine Rolle spielen. Wenn man Teenager direkt und vertraulich nach gesetzeswidrigen Handlungen fragt, werden fast alle von ihnen zugeben, schon die eine oder andere Straftat begangen zu haben (Farrington, 1987). Zumeist handelt es sich nicht um größere Straftaten, sondern um kleine Diebstähle oder ordnungswidriges Verhalten.

12.7 DIE EMOTIONALE UND SOZIALE ENTWICKLUNG IN DER ADOLESZENZ

Sowohl die Polizeistatistiken als auch Berichte der Jugendlichen selbst zeigen, dass Delinquenz über die frühen Adoleszenzjahre hinweg zunimmt, während der mittleren Adoleszenz gleichbleibend ist und dann im frühen Erwachsenenalter wieder abnimmt. Was könnte für diese Tendenz verantwortlich sein? Es sei daran erinnert, dass das Bedürfnis nach Anerkennung durch die eigenen Peers antisoziales Verhalten unter jungen Teenagern ansteigen lässt. Mit der Zeit verlieren die gleichaltrigen Freunden wieder an Einfluss, das moralische Urteilen wird reifer und die jungen Menschen treten in einen neuen sozialen Kontext ein, wie etwa eine Ehe, einen Arbeitsplatz oder eine berufliche Karriere, Umfelder die gesetzeswidrigen Handlungen weniger förderlich sind.

Bei den meisten Adoleszenten führt ein Konflikt mit dem Gesetz nicht notwendigerweise zu anhaltendem antisozialem Verhalten. Wenn der Jugendliche allerdings wiederholt unter Arrest genommen wird ist dies Anlass zur Sorge. Teenager sind verantwortlich für 16 % der Gewalttaten in den Vereinigten Staaten und 8 % in Kanada (Statistics Canada, 2002b; U.S. Department of Justice, 2002). In Deutschland sind es 3,7 % (Bundeskriminalamt PKS, Berichtsjahr 2000). Ein kleiner Prozentsatz begeht den Großteil dieser Straftaten und entwickelt sich somit zu Wiederholungstätern. Für manche von ihnen wird dies zum Lebensstil. Wie der Kasten „Ausblick auf die Lebensspanne" zeigt, ist die Wahrscheinlichkeit, dass Verhaltensprobleme bestehen bleiben, sehr viel größer, wenn diese schon in der Kindheit und nicht erst im Teenageralter begonnen haben.

■ Mit Delinquenz in Zusammenhang stehende Faktoren

In der Adoleszenz wird der geschlechtsbedingte Unterschied in der offenen Aggression größer (Chesney-Lind, 2001). Je nach Schätzung sind es etwa drei- bis achtmal mehr Jungen, die schwere Straftaten begehen. Obwohl die Einkommensklasse und auch der ethnische Hintergrund starke Prädiktoren für Haftstrafen sind, korrelieren sie nur wenig mit den Selbstauskünften zu begangenen Straftaten der Teenager. Dieser Unterschied beruht auf der Tatsache, dass Jugendliche die Minoritätengruppen angehören, eher verhaftet, unter Anklage gestellt und verurteilt werden, als dies bei Gleichaltrigen der weißen Mittel- und Oberschicht oder bei asiatischen Jugendlichen der Fall ist (Elliott, 1994).

Delinquenz steigt an während der Teenagerjahre, ist gleichbleibend hoch während der mittleren Adoleszenz und fällt dann wieder ab. Obwohl es zumeist nur um kleinere Diebstähle und Fehlverhalten geht, so gibt es doch einen kleinen Prozentsatz Jugendlicher, die schwerere Straftaten begehen und ein großes Risiko tragen, ganz auf die schiefe Bahn zu geraten.

Ein schwieriges Temperament, ein niedriger Intelligenzquotient, schlechte schulische Leistungen, Ablehnung durch Gleichaltrige in der Kindheit sowie Umgang mit antisozialen Peers sind Faktoren, die mit Delinquenz in Verbindung stehen. Wie passen diese Faktoren zusammen? Eines der konstantesten Ergebnisse hinsichtlich delinquenter Jugendlicher ist die Tatsache, dass es in ihren Familien an Wärme mangelt, es viele Konflikte gibt und eine inkonsequente und stark disziplinierende Erziehung. Da die Scheidung der Eltern und eine Wiederheirat häufig für diese Umstände verantwortlich sind, sind Jungen, die in diesen sich dauernd verändernden Familienumständen aufwachsen, besonders anfällig für Delinquenz (Pagani et al., 1999). Außerdem konnte festgestellt werden, dass jugendliche Straftaten am häufigsten in der Zeit zwischen 14:00 und 20:00 Uhr an Wochentagen vorkommen, wenn viele Teenager nicht beaufsichtigt werden (U.S. Department of Justice, 2002).

Die Diskussion in Kapitel 8 hat gezeigt, wie ineffektive Erziehung Aggressionen bei Kindern fördern und aufrechterhalten kann. Mehr Jungen als Mädchen werden zur Zielscheibe wütender, inkonsequenter und stark kontrollierender Erziehung, da sie aktiver und impulsiver sind und daher auch schwieriger unter Kontrolle zu halten. Wenn Kinder, die sowieso schon

Ausblick auf die Lebensspanne: Zwei verschiedene Wege zur Delinquenz im Adoleszenzalter

Andauernde Delinquenz in der Adoleszenz kann auf zwei verschiedenen Wegen entstehen: der eine nimmt Ausgang in der Kindheit, der andere in der Adoleszenz. Die Forschung hat gezeigt, dass der früh beginnende Typus mit höherer Wahrscheinlichkeit zu einem Lebensweg gekennzeichnet von Aggression und Kriminalität führt. Der später beginnende Typus hält für gewöhnlich nicht länger an als bis zum Beginn des jungen Erwachsenenalters (Farrington & Loeber, 2000).

Beide Arten von Jugendlichen begehen ernst zu nehmende Übertretungen des Gesetzes; umgeben sich mit anderen auf Abwege geratenen Jugendlichen; nehmen Drogen und praktizieren ungeschützten Sex; fahren auf unverantwortliche Art und Weise Motorrad oder Auto und sitzen Jugendstrafen ab. Was ist die Ursache dafür, dass antisoziale Aktivitäten eher beim ersten Typus zu Gewalttaten eskalieren und weniger beim zweiten? Längsschnittstudien, die sich von der Kindheit bis in das frühe Erwachsenenalter hineinziehen, werfen Licht auf das Problem. Bislang haben sich Untersuchungen dieser Art allerdings lediglich auf Jungen konzentriert, da diese eher Gefahr laufen, auf die schiefe Bahn zu geraten.

1. Typus: Beginn der Verhaltensprobleme im Kindheitsalter

Diese Jungen kennzeichnet ein schwieriges Temperament aus; sie reagieren emotional negativ, sind unruhig und trotzig, manche von ihnen schon im Alter von drei Jahren. Zudem zeigen sie minimale Defizite in ihren kognitiven Funktionen, die zu den Störungen in der Sprachentwicklung, der Entwicklung der Gedächtnisleistung wie auch der Entwicklung der emotionalen Selbstregulation beizutragen scheinen (Loeber et al., 1999; Moffitt et al., 1996). Manche von ihnen leiden auch unter einer mit Hyperaktivität einhergehenden Aufmerksamkeitsstörung (ADHD), die sich zusätzlich negativ auf ihre Lernschwierigkeiten und ihre Probleme bei der Selbstkontrolle auswirkt (siehe Kapitel 9) (White et al., 1996).

Dennoch sind diese biologischen Risiken nicht ausreichend zur Aufrechterhaltung antisozialen Verhaltens, da die meisten dieser Typus-1-Jungen kein schwerwiegend delinquentes Verhalten an den Tag legen, gefolgt von Erwachsenenkriminalität. Bei denjenigen, bei denen antisoziales Verhalten zum Lebensstil wird, ist es eine unangemessene, unfähige Erziehung, die ihren unkontrollierten Verhaltensstil in Feindseligkeit und Trotzreaktionen kippen lässt. Wenn diese Jungen nun zusätzlich noch in der Schule versagen und von ihren Peers abgelehnt werden, freunden sie sich mit anderen kriminellen Jugendlichen an, bei denen sie mit Einstellungen und Motivationen in Kontakt kommen, die gewalttätiges Verhalten zur Folge haben (siehe Abbildung 12.5). Verglichen mit ihren Altergenossen, bei denen die Schwierigkeiten erst in späterem Alter beginnen (Typus 2), fühlen sich Teenager des ersten Typus von ihrer Familie abgeschnitten und distanziert und beenden ihre Schulbildung früher bzw. brechen die Schule ab (Moffitt et al., 1996). Ihre eingeschränkten kognitiven und sozialen Fähigkeiten bedingen häufig Arbeitslosigkeit, was wiederum zu weiteren antisozialen Handlungen führen kann.

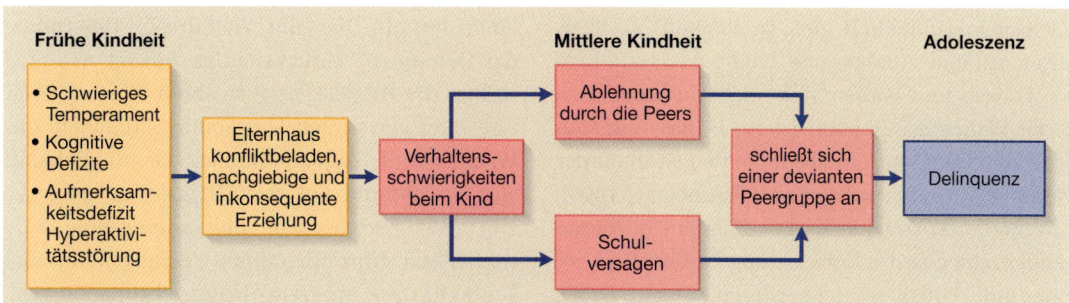

Abbildung 12.5: Der Weg zu chronischer Delinquenz bei Adoleszenten, deren antisoziales Verhalten in der Kindheit begonnen hat. Ein schwieriges Temperament sowie kognitive Defizite sind für viele dieser Jugendlichen in der frühen Kindheit charakteristisch; manche von ihnen weisen auch eine hyperaktive Aufmerksamkeitsstörung auf. Eine nicht adäquate Erziehung sorgt dafür, dass die biologisch begründeten Schwierigkeiten bei der Selbstkontrolle sich zu Feindseligkeit und Trotzreaktionen entwickeln (nach Patterson, DeBaryshe, & Ramsey, 1989).

12.7 DIE EMOTIONALE UND SOZIALE ENTWICKLUNG IN DER ADOLESZENZ

> **Typus 2: Beginn der Verhaltensprobleme in der Adoleszenz**
>
> Andere Jugendliche fangen an, antisoziales Verhalten zu zeigen, wenn sie in die Pubertät eintreten, wobei sich das Verhalten allmählich steigert. Die Verhaltensschwierigkeiten entstehen vor allem aus dem Umgang mit gleichaltrigen Freunden in der frühen Adoleszenz und nicht aufgrund biologisch bedingter Defizite und einem Hintergrund ungünstiger Entwicklungsbedingungen. Bei einigen von ihnen sinkt die Qualität der Erziehung unter Umständen für einige Zeit, was sich häufig auf familiäre Stresssituationen und Belastungen oder die Herausforderungen, einen schwierigen Teenager zu disziplinieren, zurückführen lässt. Wenn das zunehmende Alter Privilegien mit sich bringt, die zur Zufriedenheit des Jugendlichen beitragen, wird er auf seine prosozialen Fähigkeiten zurückgreifen, die er sich vor Eintritt in die Adoleszenz angeeignet hat und sein antisoziales Verhalten aufgeben (Moffitt et al., 1996).
>
> Einige der Typus-2-Jugendlichen jedoch setzen ihr antisoziales Verhalten auch weiterhin fort. Die Schwere der von ihnen begangenen Straftaten in der Adoleszenz scheint ihnen den Weg zu verbauen, verantwortungsvolleres Verhalten an den Tag zu legen. In einer Studie konnte festgestellt werden, dass eine glückliche Ehebeziehung und ein geregelter, gut bezahlter Arbeitsplatz Wiederholungstaten wesentlich reduzierte. Im Gegensatz dazu wurde festgestellt, dass je mehr Zeit der Jugendliche im Gefängnis zubrachte, desto höher die Wahrscheinlichkeit war, dass Kriminalität als ein Bestandteil des Lebensstils beibehalten wurde (Sampson & Laub, 1993).
>
> Diese Erkenntnisse lassen darauf schließen, dass es notwendig ist, den Umgang mit jugendlichen Straftätern und die diesbezügliche Gesetzgebung noch einmal ganz neu zu überdenken. Straffällig gewordene Adoleszente und junge Erwachsene mehrere Jahre andauernde Haftstrafen absitzen zu lassen, wirkt sich empfindlich störend aus in einer sehr wichtigen Entwicklungsperiode, in der der junge Mensch normalerweise sein Berufsleben sowie Ehe und Familie aufbaut und lässt ihn einer traurigen und tristen Zukunft entgegensehen.

diese Merkmale im Übermaß aufweisen, auch noch unfähigen Erziehungsmethoden ausgesetzt sind, hat dies ein während der Kindheit ständig zunehmendes Ausmaß an Aggression zur Folge; Aggression, die sich in der Adoleszenz in Gewalttaten äußert und bis in das Erwachsenenalter andauert (siehe dazu wiederum den Kasten „Ausblick auf die Lebensspanne").

Delinquenz nimmt unter bestimmten Umweltbedingungen zu. Teenager begehen eher Straftaten in von Armut gekennzeichneten Nachbarschaften, in denen die Freizeitmöglichkeiten eingeschränkt sind, die Arbeitslosigkeit hoch ist und es hohe Raten an Erwachsenenkriminalität gibt. In solchen Nachbarschaften geraten Adoleszente leicht an straffällige Peers, Drogen und Waffen sind leicht zu beschaffen und die Wahrscheinlichkeit ist hoch, dass sie sich antisozialen Gangs anschließen, die den Großteil der gewalttätigen Straftaten begehen (Thornberry, 1998). Des Weiteren ist es typisch, dass Schulen in diesen Gegenden zumeist die Entwicklungsbedürfnisse der Schüler und Studenten nicht erfüllen können. Große Klassen, schlechter Unterricht und allzu rigide Regeln korrelieren mit hohen Raten von Gesetzesverstößen und das gilt auch, nachdem andere Einflussfaktoren kontrolliert sind (Hawkins & Lam, 1987).

■ Prävention and Intervention.

Da die Delinquenz ihre Wurzeln in der Kindheit des Jugendlichen hat und aus Erfahrungen in verschiedensten Kontexten resultiert, müssen Präventionsmaßnahmen früh beginnen und auf mehreren Ebenen greifen. Ein autoritativer Erziehungsstil, qualitativ guter Unterricht an den Schulen sowie Gemeinden mit gesunden ökonomischen und sozialen Bedingungen sind eine gute Grundlage, um die Kriminalität unter Adoleszenten zu reduzieren.

Die Behandlung von schweren Straftätern erfordert einen Ansatz, der die vielfältigen Determinanten der Delinquenz berücksichtigt. Soweit wie möglich sollten die Adoleszenten in ihren eigenen Familien und ihrer gewohnten Umgebung verbleiben, um die Wahrscheinlichkeit zu erhöhen, dass die Behandlung sich verändernd auf ihr Alltagsleben auswirkt. Es gibt viele verschiedene Behandlungsmodelle, einschließlich Einzeltherapien, Wohngemeinschaften, Tageskliniken, spezielle Unterrichtsmaßnamen, Arbeitstherapien und Sommercamps. Die Behandlungsansätze, von denen festgestellt wurde, dass sie am besten funktionieren, sind langwierig und intensiv. Sie bedienen sich problemorientierter Methoden, die darauf abzielen, dem Jugendlichen kognitive und soziale Fähigkeiten und Fertigkeiten beizubringen; beides benötigt er dringend, um die Schwierigkeiten in der Familie, mit den Peers und der Schule zu bewältigen (Wasserman & Miller, 1998).

Dennoch können auch diese multidimensionalen Behandlungsprogramme fehlschlagen, wenn die Jugendlichen weiterhin einer feindseligen Familienatmosphäre ausgesetzt sind, ihre Freizeit mit antisozialen Peergruppen verbringen und in gewalttätigen Nachbarschaften leben. Intensive Bemühungen, ein nichtaggressives Umfeld sowohl in der Familie, in der Gemeinschaft, in der der Jugendliche lebt, als auch auf kultureller Ebene zu schaffen, sind dringend notwendig, um diese Interventionen bei delinquenten Jugendlichen zu unterstützen und ihnen eine gesunde Entwicklung zu ermöglichen.

Prüfen Sie sich selbst ...

Rückblick
Was ist die Ursache dafür, dass adoleszente Mädchen eher Gefahr laufen, depressiv zu werden, und bei Jungen im Adoleszenzalter die Gefahr eines Suizids größer ist?

Anwendung
Während seiner gesamten Kindheit hatte Max Lernschwierigkeiten und prügelte sich immer wieder mit seinen Peers. Im Alter von 16 Jahren wurde er wegen Körperverletzung festgenommen. Ernie war immer ein braves Kind gewesen, das sich gut benommen hatte, aber im Alter von 16 Jahren wurde er festgenommen wegen Beschädigung persönlichen Eigentums. Bei welchem der beiden Jungen ist die Wahrscheinlichkeit chronischer Kriminalität höher? Begründen Sie Ihre Aussage.

Zusammenhänge
Lesen Sie sich noch einmal den Abschnitt in Kapitel 11 zum Thema Schwangerschaft und Elternschaft im Adoleszenzalter durch. Welche Faktoren hat dieses Problem gemeinsam mit dem des Suizids und der Delinquenz?

Prüfen Sie sich selbst ...

Zusammenfassung

Eriksons Theorie: Identität versus Identitätskonfusion

Was ist nach Erikson die hauptsächliche Persönlichkeitsleistung in der Adoleszenz?

- Eriksons Theorie besagt, dass die Bildung einer **Identität** als die hauptsächliche Persönlichkeitsleistung im Adoleszenzalter betrachtet werden kann. Junge Menschen, denen es gelingt, diesen Konflikt von **Identität versus Identitätskonfusion** erfolgreich aufzulösen, konstruieren sich eine solide Selbstdefinition, bestehend aus selbstgewählten Werten und Zielen.

Das Selbstverständnis

Beschreiben Sie die Veränderungen während der Adoleszenz, was Selbstkonzept und Selbstwertgefühl anbelangt.

- Kognitive Veränderungen führen dazu, dass die Selbstbeschreibungen des Adoleszenten zunehmend besser organisiert und konsistenter sind. Persönliche und moralische Werte werden zu Kernbestandteilen des Selbstkonzeptes. Außerdem kommen neue Aspekte des Selbstwertgefühles hinzu.
- Bei den meisten jungen Menschen wird das Selbstwertgefühl während der Teenagerjahre immer besser. Im Selbstwertprofil junger Menschen sind sehr große Unterschiede zu finden. Von den jungen Leuten, bei denen das Selbstwertgefühl abnimmt, sind die meisten Mädchen. Ein autoritativer Erziehungsstil sowie Schulen und Nachbarschaften, die den jungen Menschen in seiner ethischen Zugehörigkeit und sozialen Herkunft anerkennen, unterstützen die Bildung eines positiven Selbstwertgefühles.

Beschreiben Sie die vier Identitätsstadien unter Berücksichtigung der Faktoren, die sich auf die Identitätsentwicklung förderlich auswirken.

- In komplexen Gesellschaften ist eine Zeit der Exploration notwendig, damit der junge Mensch eine für ihn persönlich bedeutsame Identität bilden kann. Die **erarbeitete Identität** und das **Moratorium** werden psychologisch als gesunde Identitätsstadien betrachtet. Eine andauernde **übernommene Identität** und eine **Identitätsdiffusion** werden mit Anpassungsschwierigkeiten in Verbindung gebracht.
- Adoleszente, die sich mit gegensätzlichen Überzeugungen und Wertvorstellungen flexibel und offen auseinandersetzen können und sich mit ihren Eltern verbunden fühlen, aber dennoch die Freiheit haben, ihre eigene Meinung klar zum Ausdruck zu bringen, sind zumeist recht fortgeschritten in ihrer Identitätsentwicklung. Enge Freunde unterstützen den jungen Menschen in der Exploration verschiedener Möglichkeiten. Schulen und Gemeinden, die dem jungen Menschen reichhaltige und vielfältige Entfaltungsmöglichkeiten zur Verfügung stellen, wirken sich positiv auf die Identitätsentwicklung aus. Jugendliche ethnischer Minoritätengruppen, die in der Lage sind, eine **bikulturale Identität** zu entwickeln, sind ihren Altersgenossen in vielen Bereichen ihrer emotionalen und sozialen Entwicklung voraus.

Die moralische Entwicklung

Beschreiben Sie Piagets Theorie der moralischen Entwicklung sowie Kohlbergs Erweiterung dieses Ansatzes. Evaluieren Sie die Gültigkeit jeder dieser Theorien.

- Piaget identifizierte zwei Stadien moralischen Verständnisses: (1) Die **heteronome Moralität**, bei der die Regeln von Autoritäten vorgegeben und befolgt werden müssen, und (2) die **autonome Moralität**, bei der Regeln als flexible und im sozialen Umgang miteinander festgelegte Prinzipien gesehen werden. Obwohl die Theorie Piagets in ihrer Beschreibung die generelle Richtung der moralischen Entwicklung vorzeichnet, werden hier die moralischen Kapazitäten kleiner Kinder sehr unterschätzt.
- Gemäß Kohlberg versteht sich die moralische Entwicklung als ein sukzessiver Prozess, der sich bis in das Erwachsenenalter hineinzieht. Das moralische Urteilen entwickelt sich über drei Niveaus, von denen jede Stufen enthält: (1) das **präkonventionelle Niveau,** in dem die Moralität als von Belohnungen und Bestrafungen sowie durch die Macht der Autoritätsfiguren kontrolliert betrachtet wird; (2) das **konventionelle Niveau,** in dem die Konformität mit Gesetzen und Regeln als eine Notwendigkeit betrachtet wird, um positive menschliche Beziehungen sowie eine gewisse soziale Ordnung zu gewährleisten; und (3) das **postkonventionelle Niveau,** in dem das Individuum für sich abstrakte, universelle Gerechtigkeitsprinzipien entwickelt. Der Einfluss situativer Faktoren auf die moralische Entwicklung lässt annehmen, dass Kohlbergs Stadien der moralischen Entwicklung am besten als lose organisierte Sequenzen betrachtet werden sollten.

Evaluieren Sie die Behauptung, dass Kohlbergs Theorie die Moralität von Frauen nicht angemessen darstellen kann.

- Kohlbergs Theorie unterschätzt keinesfalls die Moralität der Frau. Stattdessen ist es eher so, dass Gerechtigkeit und die moralischen Aspekte der Fürsorge koexistieren, sich allerdings in ihrer Ausprägung und Betonung bei Männern und Frauen unterscheiden, insbesondere in ihrer Einschätzung von moralischen Dilemmata im realen Leben.

Beschreiben Sie die Einflussfaktoren auf das moralische Denken und den Zusammenhang zwischen moralischem Denken und dem Verhalten.

- Viele verschiedene Erfahrungen tragen zur moralischen Reifung bei, einschließlich eines warmen, angemessenem Erziehungsklimas, die Jahre der Schulausbildung sowie die Diskussionen unter Peers über moralische Problemstellungen. Junge Menschen in Industrienationen entwickeln sich auf einem höheren Niveau moralischen Verständnisses als junge Menschen in Nationen mit vorwiegend dörflichen Gesellschaftsstrukturen. Die höchsten Stadien in Kohlbergs Theorie repräsentieren daher unter Umständen eher etwas kulturspezifisches als ein universell gültiges moralisches Urteil.
- Wenn das Individuum höhere Stadien der moralischen Entwicklung erreicht, nähern sich moralisches Verständnis und Verhalten einander an. Allerdings spielen auch viele weitere Faktoren eine Rolle beim moralischen Handeln, wie etwa Empathie und Schuldgefühle, das individuelle Erleben moralisch relevanter Erlebnisse in

der Vergangenheit des Einzelnen sowie das Ausmaß, zu dem die Moralität einen zentralen Aspekt des eigenen Selbstkonzeptes ausmacht.

Geschlechtstypisierung
Warum ist die frühe Adoleszenz eine Zeit der Intensivierung der eigenen Geschlechtlichkeit?

- Die **Intensivierung der eigenen Geschlechtlichkeit** ist ein Prozess, der sich aus mehreren Gründen in der frühen Adoleszenz abspielt. Körperliche und kognitive Veränderungen veranlassen den Teenager dazu, sich selbst auf geschlechtsspezifische Art und Weise zu betrachten. Außerdem nimmt in dieser Zeit auch der Druck, sich geschlechtstypisch zu verhalten, von Seiten der Eltern und Peers zu. Teenager, denen es mit der Zeit gelingt, sich eine androgyne Geschlechtsidentität aufzubauen, zeigen eine bessere psychische Anpassung.

Die Familie
Diskutieren Sie Veränderungen in der Eltern-Kind-Beziehung und in den Beziehungen zu den Geschwistern in der Adoleszenz

- Effektive elterliche Erziehung in der Adoleszenz erfordert einen autoritativen Stil, der versucht, eine Balance zu finden zwischen Verbundenheit und Getrenntsein. Die Familieninteraktionen an die Bedürfnisse des Heranwachsenden der Autonomie gemäß anzupassen, ist eine besonders fordernde Aufgabe. Da Teenager ihre Eltern deidealisieren, stellen sie die elterliche Autorität in Frage. Da sowohl Eltern als auch ihre heranwachsenden Kinder wichtige Lebensübergänge bewältigen, gehen sie unterschiedlich an die Situationen heran.

Peerbeziehungen
Beschreiben Sie Freundschaften unter Adoleszenten, innerhalb von Peergruppen sowie Freundschaften zwischen Jungen und Mädchen und die Auswirkungen dieser Freundschaften auf die Entwicklung der Heranwachsenden.

- Während der Adoleszenz verändert sich die Natur der geschlossenen Freundschaften hin zu einer größeren Intimität und Loyalität. In Freundschaften unter Mädchen wird mehr Wert gelegt auf emotionale Nähe, während in Jungenfreundschaften Aspekte wie Status und Erfolg eher eine Rolle spielen. Solange Freundschaften unter Adoleszenten nicht auf der Anziehungskraft antisozialen Verhaltens aufbauen, wirken sie sich förderlich aus auf das Selbstkonzept des Einzelnen, seine Fähigkeiten zur Perspektivenübernahme, seine Identität sowie seine Kapazität, intime Bindungen einzugehen. Außerdem unterstützen diese Freundschaften den jungen Menschen in seiner Stressverarbeitung und können auch den Einstellungen des Einzelnen gegenüber der Schule und dem Lernen eine positive Richtung geben.
- Peergruppen von Adoleszenten organisieren sich in **Cliquen**, kleine Gruppen von Freunden mit ähnlichen Einstellungen, Werten, Interessen und Sozialstatus. Häufig bilden mehrere dieser Kleingruppen eine größere loser organisierte **Gruppierung (crowd)**. Diese erlaubt es dem Adoleszenten, innerhalb der weiter gefassten sozialen Struktur der von ihm besuchten Schule seine Identität zu finden. Der jeweilige Erziehungsstil der Eltern hat einen Einfluss auf die Zusammensetzung dieser Klein- und Großgruppen. Gemischtgeschlechtliche Cliquen bieten den Jungen und Mädchen einen unterstützenden Kontext, das andere Geschlecht näher kennen zu lernen.
- Die Intimität in Ausgehbeziehungen ist nicht so stark, wie dies in gleichgeschlechtlichen Freundschaften zumeist der Fall ist. Wegen der herrschenden Vorurteile des sozialen Umfeldes haben es homosexuelle Jugendliche besonders schwer, offen eine Liebesbeziehung zu initiieren und aufrechtzuerhalten. Bei allen Jugendlichen dienen diese ersten Beziehungen als Übungsfeld für spätere reifere Bindungen. Sie lösen sich zumeist im Laufe der Zeit wieder auf oder bieten nach Beendigung der höheren Schule nicht mehr dieselbe Befriedigung wie zuvor.

Diskutieren Sie die Konformität bei Gruppendruck innerhalb von Peergruppen in der Adoleszenz.

- Das Konformgehen mit den Peers ist während der Adoleszenz ausgeprägter als in jüngerem oder späterem Alter. Jüngere Teenager geben am wahrscheinlichsten dem Druck der Gruppe zu antisozialem Verhalten nach. Dennoch steht Gruppendruck in den meisten Fällen nicht in Konflikt mit wichtigen Werten des Erwachsenenalters. Ein autoritativer Erziehungsstil der Eltern korreliert mit der Resistenz des Jugendlichen gegenüber ungünstigem Peerdruck.

Entwicklungsstörungen
Welche Faktoren stehen in Zusammenhang mit Depression und Suizid im Adoleszenzalter?

- Depression stellt eines der häufigsten Probleme im Teenageralter dar. Schwer depressive Adoleszente bleiben zumeist auch im Erwachsenenalter depressiv. Vererbung spielt eine Rolle bei Depressionen, allerdings sind stressreiche Lebenserfahrungen notwendig, um eine Depression auszulösen. Mädchen sind häufiger depressiv als Jungen – ein Unterschied, von dem angenommen wird, das er in stressreichen Lebenserfahrungen und geschlechtstypischen Bewältigungsstilen begründet liegt.
- Tiefe Depression mündet häufig in suizidalen Gedanken. Die Suizidrate steigt in der Adoleszenz dramatisch an. Suizidversuche mit tödlichem Ausgang sind zumeist bei Jungen zu finden, da es Mädchen eher beim Versuch belassen. Teenager, bei denen das Risiko eines Suizides besteht, sind oft intelligent, einzelgängerisch und in sich zurückgezogen, noch häufiger aber antisozial. Bei den meisten suizidalen Adoleszenten spielen familiäre Probleme eine große Rolle. Die Jugendlichen reagieren in heftiger Intensität auf Verlusterlebnisse, auf Versagen oder Beschämung und Erniedrigungen.

Diskutieren Sie Faktoren, die mit jugendlicher Delinquenz in Zusammenhang stehen.

- Fast alle Teenager begehen irgendwann einmal eine delinquente Handlung, aber nur wenige werden zu schweren Wiederholungstätern. Die meisten von ihnen sind Jungen mit einer Kindheitsgeschichte von Verhaltensproblemen. Viele Faktoren stehen in Zusammenhang mit Delinquenz, wobei einer der am häufigsten zu findenden Faktoren ein Familienklima ist, das wenig Wärme vermittelt, sehr konfliktbeladen ist und charakterisiert von inkonsequenter, stark kontrollierender Erziehung. Nachbarschaften, die von Armut betroffen sind und eine hohe Verbrechensrate aufweisen, sowie Schulen, die den Entwicklungsbedürfnissen Jugendlicher nicht angemessen begegnen können, verstärken gesetzeswidrige Handlungen bei Adoleszenten.

Wichtige Fachtermini und Begriffe

autonome Moral S. 535
Autonomie S. 546
bikulturale Identität S. 533
Cliquen S. 551
erarbeitete Identität S. 529
ethnische Identität S. 532
ethnische Zugehörigkeit S. 532
Geschlechtsintensivierung S. 545
Gruppierung S. 552
heteronome Moral S. 535
Identität S. 526
Identität versus Identitätsdiffusion S. 526
Identitätsdiffusion S. 529
konventionelles Niveau S. 538
Moratorium S. 529
postkonventionelles Niveau S. 539
präkonventionelles Niveau S. 537
übernommene Identität S. 529

MEILENSTEINE

ALTER	Körperlich	Kognitiv	Emotional/sozial
11–14 Jahre	• Mädchen erreichen Höhepunkt des Wachstumsschubs. (477) • Mädchen gewinnen mehr Körperfett als Muskeln hinzu. (478) • Mädchen beginnen zu menstruieren. (480)  • Jungen beginnen Wachstumsschub. (477) • Jungen beginnen, Samenflüssigkeit bei Ejakulation auszusondern. (481) • Wird sich zunehmend seiner sexuellen Orientierung bewusst. (492) • Bei Mädchen nimmt die motorische Leistung allmählich zu und fällt dann ab. (478) 	• Ist fähig zu formal-operationalem Denken. (502) • Wird besser darin, Theorie mit Beweisen zu koordinieren. (505)  • Kann schlüssiger argumentieren. (507) • Wird befangener und stärker auf sich selbst zentriert. (507–508) • Wird idealistischer und kritischer. (509) • Metakognition und kognitive Selbstregulation verbessern sich weiterhin. (505) 	• Stimmungsschwankungen und Konflikte zwischen Eltern und Kind nehmen zu. (483–484)  • Zeigt zunehmend mehr Geschlechtsstereotype in Einstellung und Verhalten. (545) • Verbringt weniger Zeit mit Eltern und Geschwistern. (546–549)  • Verbringt mehr Zeit mit Gleichaltrigen. (549) • Freundschaften gründen sich auf Intimität und Loyalität. (549–551) • Peergruppen werden zu Cliquen organisiert. (551–552) • Cliquen mit ähnlichen Werten bilden Gruppierungen. (552) • Konformität mit Druck durch Gleichaltrige nimmt zu. (554)

Entwicklung in der Adoleszenz

ALTER	Körperlich	Kognitiv	Emotional/sozial
15–20 Jahre	• Mädchen schließen Wachstumsschub ab. (477)  • Jungen kommen zum Höhepunkt und Abschluss des Wachstumsschubs. (477) • Bei Jungen wird die Stimme tief. (481) • Jungen gewinnen an Muskeln, während das Körperfett abnimmt. (478) • Kann Geschlechtsverkehr ausgeübt haben. (489) • Bei Jungen nimmt die motorische Leistung dramatisch zu. (478)	• Zeigt vermehrt bei vertrauten Aufgaben formal-operationales Denken. (504) • Meistert bei verschiedenen Aufgabentypen die Komponenten formal-operationalen Denkens nacheinander. (506–507) • Ist weniger auf sich selbst konzentriert und weniger befangen. (508–509) • Wird besser im täglichen Planen und bei Entscheidungen. (509) 	• Kombiniert Merkmale des Selbst in ein organisiertes Selbstkonzept. (528) • Selbstachtung wird weiter differenziert. (528–529) • Selbstachtung nimmt zu. (528–529)  • Sucht zunehmend nach einer Identität. (529) • Nimmt zunehmend einen gesellschaftlichen Standpunkt ein. (539) • Hat eher eine konventionelle moralische Orientierung. (538) • Geschlechtsstereotype und Verhaltensweisen können abnehmen. (545) • Bedeutung von Cliquen und Gruppen nimmt ab. (552) • Hat möglicherweise erste Verliebtheitsbeziehungen. (553) • Konformität mit Peergruppe kann abnehmen. (554) 

Beachte: Die Zahlen in Klammern weisen hin auf die Seite(n), auf denen jeder Meilenstein behandelt wird.

Teil 7: Frühes Erwachsenenalter

Die körperliche und kognitive Entwicklung im frühen Erwachsenenalter

13

ÜBERBLICK

13.1 Biologisches Altern beginnt im frühen Erwachsenenalter ... 573
    Altern auf der Ebene von DNA und Körperzellen 573
    Altern auf der Ebene von Organen und Gewebe 574

13.2 Körperliche Veränderungen 575
    Kardiovaskuläres System und Atmungssystem 575
    Motorische Leistung 578
    Immunsystem 579
    Fortpflanzungsfähigkeit 580

13.3 Gesundheit und Fitness 581
    Ernährung 582
    Bewegung 585
    Missbrauch von Drogen, Tabletten und anderen Substanzen 589
    Sexualität 590
    Psychischer Stress 598

13.4 Veränderungen in der Denkstruktur 599
    Perrys Theorie 599
    Schaies Theorie 600
    Labouvie-Viefs Theorie 601

13.5 Informationsverarbeitung: Fachwissen und Kreativität 601

13.6 Veränderungen in geistigen Fähigkeiten 602

13.7 Hochschulerfahrung 604
    Psychologischer Einfluss des Besuchs der Hochschule 604
    Abbruch des Studiums 604

13.8 Berufswahl 605
    Einen Beruf wählen 605
    Faktoren, welche die Berufswahl beeinflussen 606
    Berufliche Vorbereitung junger Erwachsener, die keine Hochschule
    besuchen wollen 609

> Die Rückbank und der Kofferraum beladen mit Gepäck, umarmte die 22-jährige Wendy ihre Mutter und ihren Bruder zum Abschied, sprang in ihren Wagen und brauste mit einem Gefühl neu gefundener Unabhängigkeit gemischt mit Besorgnis zur Autobahn. Drei Monate zuvor hatte die Familie stolz mit angesehen, wie Wendy in einer kleinen Universität, 60 km von ihrem Heimatort entfernt, ihr Abschlusszeugnis für das Grundstudium in Chemie bekommen hatte. Ihre ersten Jahre auf der Universität waren eine Zeit der graduellen Abnahme wirtschaftlicher und psychischer Abhängigkeit von der Familie gewesen. Sie kam am Wochenende nach Hause, wenn sie Lust dazu hatte, und lebte dort während der Sommermonate. Ihre Mutter ergänzte Wendys Stipendium mit einem monatlichen Geldbetrag. Aber dieser Tag bedeutete einen Wendepunkt. Sie zog in eine eigene Wohnung in einer 1200 km entfernten Stadt, um dort ihr weiterführendes Studium abzuschließen. Zuständig für alle Ausgaben für Ausbildung und Leben, fühlte sich Wendy unabhängiger als je zuvor in ihrem Leben.
>
> Während der ersten Studienzeit vollzog Wendy wichtige Änderungen in ihrem Lebensstil und steuerte in eine berufliche Richtung. War sie während ihrer Jahre in der höheren Schule immer übergewichtig gewesen, so nahm sie im ersten Jahr an der Universität etwa 10 kg ab, stellte ihre Ernährung um und trat dem Ultimative Frisbee Team bei. Der Sport verhalf ihr zu gesünderen Lebensgewohnheiten und Führungsqualitäten als Teamführerin. Ein Sommer, den sie als Beraterin in einem Camp für chronisch kranke Kinder verbrachte, und persönliche Ereignisse, auf die wir später noch kommen werden, überzeugten Wendy, einen Beruf in der öffentlichen Gesundheitsfürsorge zu ergreifen.
>
> Dennoch fragte sie sich immer noch, ob ihre Wahl richtig war. Zwei Wochen vor dem Termin ihrer Abreise vertraute Wendy ihrer Mutter an, dass sie Zweifel habe und vielleicht nicht wegginge. Ihre Mutter gab ihr folgenden Rat: „Wendy, wir wissen nie vorher, ob das, was wir uns aussuchen, genau zu uns passen wird, und meistens tut es das auch nicht perfekt. Es kommt darauf an, was wir daraus machen, wie wir die Dinge sehen und gestalten, die eine Entscheidung zu einem Erfolg machen." So begab sich Wendy auf die Reise und sah sich einer Vielfalt aufregender Aufgaben und Möglichkeiten gegenüber.
>
> Dieses Kapitel beschäftigt sich mit den körperlichen und kognitiven Seiten des frühen Erwachsenenalters, der Zeit zwischen den Zwanzigern und Dreißigern. In Kapitel 1 haben wir betont, dass die Erwachsenenjahre nur schwer in abgegrenzte Perioden eingeteilt werden können, weil sich der Zeitpunkt wichtiger Meilensteine bei den einzelnen Menschen sehr unterscheidet, viel mehr als in Kindheit und Adoleszenz. Aber die meisten Menschen stellt diese erste Phase des Erwachsenenlebens üblicherweise vor viele neue Aufgaben: Verlassen des Elternhauses, Abschluss der Ausbildung, Beginn einer Vollzeitarbeit, Erhalt der finanziellen Unabhängigkeit, Aufbau einer lang andauernden sexuell und emotional intimen Beziehung und Gründen einer Familie. Wie Wendys Unterhaltung mit ihrer Mutter zeigt, führen die folgenschweren Entscheidungen des frühen Erwachsenenalters fast unweigerlich zu Enttäuschungen. Aber mit Hilfe der Familie, der Gemeinschaft und gesellschaftlichen Kontexten machen die meisten jungen Erwachsenen das Beste aus dem Möglichen und lösen die Probleme mit Erfolg. Es sind Jahrzehnte voller Energie, die mehr als jede andere Phase das Potential bieten, das Leben bis zur Neige auszukosten.

Körperliche Entwicklung

In früheren Kapiteln wurde dargestellt, dass durch Kindheit und Adoleszenz hindurch der Körper größer und stärker wird, die Koordination sich verbessert und das Sinnessystem Informationen wirksamer aufnimmt. Wenn die Körperstrukturen einmal ihr Maximum an Kapazität und Wirksamkeit in den Zwanzigern und Dreißigern erreicht haben, beginnt das **biologische Altern** oder die **Seneszenz**, ein genetisch beeinflusster Rückgang in der Funktion der Organe und Systeme, der bei allen Mitgliedern unserer Spezies eintritt (Cristofalo et al., 1999). Wie das körperliche Wachstum ist das biologische Altern *asynchron* (siehe Kapitel 7). Die einzelnen Teile des Körpers verändern sich unterschiedlich und manche werden überhaupt nicht beeinflusst. Ferner sind die individuellen Unterschiede groß – Variationen, welche uns die *Psychologie der*

Lebensspanne verstehen helfen. Das biologische Altern ist von einer Menge umgebender Faktoren beeinflusst, von dem jeder den altersabhängigen Abbau beschleunigen oder verlangsamen kann. Diese umfassen die einzigartige genetische Ausstattung des Menschen, den Lebensstil, das Lebensumfeld und die historische Zeit (Arking, 1991). Folglich sind die körperlichen Veränderungen der Erwachsenenjahre in der Tat multidimensional und in viele Richtungen gehend.

In den folgenden Abschnitten untersuchen wir den Prozess des biologischen Alterns. Dann wenden wir uns körperlichen und motorischen Veränderungen zu, die bereits im frühen Erwachsenenalter beginnen. Unsere Diskussion wird zeigen, dass biologisches Altern nicht festgelegt und unveränderlich ist. Stattdessen kann es wesentlich durch Interventionen des Verhaltens und der Umgebung verändert werden. In der Tat belegt die Tatsache, dass sich im letzten Jahrhundert die *durchschnittliche Lebenserwartung* in Industrienationen um 25 bis 30 Jahre erhöht hat (siehe Kapitel 1), den starken Einfluss verbesserter Ernährung, medizinischer Behandlung, Hygiene und Sicherheit auf die Lebensdauer. In Kapitel 17 werden wir die Lebenserwartung eingehender betrachten.

13.1 Biologisches Altern beginnt im frühen Erwachsenenalter

Bei einem Wettbewerb zwischen verschiedenen Universitäten jagte Wendy stundenlang über das Spielfeld und sprang hoch in die Luft, um die segelnden Frisbeescheiben aufzufangen. In ihren frühen Zwanzigern ist sie auf dem Höhepunkt ihrer Kraft, Ausdauer, sensorischen Schärfe und Reaktion des Immunsystems. Aber in den folgenden beiden Jahrzehnten wird sie zu altern beginnen und schließlich einen sichtbareren Abbau zeigen, wenn sie in das mittlere und späte Erwachsenenalter eintritt.

Biologisches Altern ist das kombinierte Ergebnis vieler Faktoren – einige auf der Ebene der DNA, andere auf der Ebene der Zellen und noch andere auf der Ebene des Gewebes, der Organe und des ganzen Organismus. Es gibt Hunderte von Theorien darüber, was darauf hinweist, dass wir noch wenig von diesem Komplex wissen (Cristofalo et al., 1999). Ein populärer Gedanke, die *„Verschleiß"-Theorie,* besagt, dass der Körper durch Gebrauch verschleißt. Aber im Gegensatz zu Maschinenteilen ersetzen sich die meisten abgenutzte

Mehr als jede andere Periode der Lebensspanne bieten die Jahrzehnte des frühen Erwachsenenalters, die Zwanziger und Dreißiger, das Potential, das Leben voll auszukosten.

Körperteile in der Regel von selber oder regenerieren sich von allein. Außerdem besteht keine Beziehung zwischen harter Arbeit und frühem Tod. Vielmehr sagt ein kräftiges sportliches Training ein gesünderes und längeres Leben voraus (Paffenbarger, Blair, & Lee, 2001). Wir wissen heute, dass die „Verschleiß"-theorie eine zu starke Vereinfachung beinhaltet.

13.1.1 Altern auf der Ebene von DNA und Körperzellen

Derzeitige Erklärungen biologischen Alterns auf DNA- und Körperzellenebene folgen zwei Ansätzen: (1) solche, welche die *programmierte Wirksamkeit spezifischer Gene* betonen, und (2) solche, welche die *kumulative Wirksamkeit zufälliger Ereignisse,* sowohl innerlicher wie äußerlicher, betonen, die das genetische und zelluläre Material schädigen. Es gibt für beide Sichtweisen Unterstützung und eine Kombination beider mag sich schließlich als korrekt herausstellen.

Genetisch programmiertes Altern erhält durch Untersuchungen von Verwandten einige Unterstützung, die darauf hinweisen, dass Langlebigkeit ein Familienmerkmal ist. Menschen, deren Eltern ein langes Leben hatten, leben in der Regel auch länger. Und in der Lebenserwartung eineiiger Zwillinge bestehen mehr Ähnlichkeiten als in der zweieiiger. Aber die Vererblichkeit von Langlebigkeit scheint nur sehr bedingt zu sein. Bei Schätzungen, die auf Daten verschiedener ethnischer Gruppen beruhen, bewegt sie sich typischerweise zwischen einem Erblichkeitsfaktor von 0,15 bis 0, 25 (Kerber et al., 2001; Mitchell et al., 2001). Statt Langlebigkeit direkt zu erben, erben Menschen wahrscheinlich einen oder mehrere Risikofaktoren, welche die Wahrscheinlichkeit, früher oder später zu sterben, beeinflusst.

Eine Theorie der „genetischen Programmierung" geht von der Existenz von „Alterungsgenen" aus, die bestimmte biologische Veränderungen wie Menopause, graue Haare und Verschlechterung der Körperzellen kontrollieren. Der stärkste Beweis für diese Sicht kommt von Forschungen, die zeigen, dass menschliche Zellen, die sich im Labor teilen können, eine Lebenszeit von 50 Teilungen plus minus 10 besitzen. Bei jeder Teilung verkürzt sich ein bestimmter Typ von DNA, *Telomer* genannt, der am Ende des Chromosoms sitzt. Schließlich bleibt nur noch so wenig übrig, dass sich die Zelle gar nicht mehr teilt. Wenn die Forscher die Telomeraktivität durch Gentechnologie vergrößern, können sie die Lebensspanne menschlicher Zellen bis zu einem gewissen Grad erweitern (Karlseder, Smogorzewska, & de Lange, 2002).

Zelltod durch Telomerabbau kennzeichnet nur größere und langlebigere Spezies. Er ist nicht nur der Grund für den Zelltod, sondern dient auch als Bremse gegen Krankheit erregende Mutationen, welche zunehmen, wenn sich die Zellen teilen (Shay & Wright, 2001). Nach der alternativen Theorie der „zufälligen Ereignisse" beim biologischen Altern, wird die DNA in Körperzellen nach und nach durch spontane oder von außen kommende Veränderungen in der DNA verursacht. Wenn sich diese Mutationen ansammeln, werden Zellreparatur und Zellersatz weniger wirksam oder es bilden sich anormale Krebszellen. Tieruntersuchungen bestätigen eine Zunahme in Brüchen, Auslöschungen und Schäden an zellulärem Material mit zunehmendem Alter. Bei Menschen kommt es zu ähnlichen Ansammlungen (Wei & Lee, 2002).

Ein wahrscheinlicher Grund von altersbedingten Anomalien der DNA und der Zellen ist die Freisetzung **freier Radikale,** natürlich vorkommender hoch reaktiver Chemikalien, die sich unter Einfluss von Sauerstoff bilden. Strahlung, bestimmte Umweltverschmutzer und Medikamente können ähnliche Wirkungen auslösen. Wenn Sauerstoffmoleküle in der Zelle zerfallen, setzt diese Reaktion ein Elektron frei, das dann ein freies Radikal bildet. Wenn es in der Umgebung einen Ersatz sucht, zerstört es zelluläres Material, das sich in der Nähe befindet, einschließlich DNA, Proteine und Fette, die wesentlich für die Zellfunktion sind. Man nimmt an, dass freie Radikale bei mehr als sechzig Störungen im Alterungsprozess beteiligt sind einschließlich Herzkrankheiten, Krebs, Katarakte und Arthritis (Miguel, 2001). Obwohl unser Körper Substanzen produziert, die freie Radikale neutralisieren, entsteht doch Schaden und häuft sich an.

Einige Forscher glauben, dass Gene für Langlebigkeit dahingehend funktionieren, dass sie den Körper veranlassen, sich gegen freie Radikale zu wehren. Auf diese Weise mag eine genetisch programmierte Reaktion zufällige Zerstörung von DNA und Zellen begrenzen. Nahrungsmittel, die reich an Vitamin C und E sowie Betakarotin sind, beugen ebenfalls Schäden durch freie Radikale vor.

Diese 25-jährige Studentin in einem Kickbox-Kurs demonstriert ihre Beweglichkeit und Kraft. Trotz ihrer generellen Gesundheit und Energiegeladenheit hat das biologische Altern bereits begonnen. Obwohl der körperliche Abbau noch nicht sichtbar ist, wird er mit der Zeit zunehmen. Jedoch können junge Leute durch gute Lebensgewohnheiten Schritte unternehmen, negative körperliche Veränderungen zu verkleinern.

13.1.2 Altern auf der Ebene von Organen und Gewebe

Welche Folgen kann die Beschädigung von DNA und Zellen, die wir gerade beschrieben haben, für Struktur und Funktion von Organen und Gewebe haben? Dazu gibt es viele Überlegungen, von denen die **Theorie der Querverbindungen beim Altern** immer mehr Anhänger findet. Mit der Zeit bilden Proteinfasern, welche das verbindende Gewebe des Körpers ausmachen, Verknüpfungen miteinander. Wenn diese normalerweise getrennten Fasern Querverbindungen eingehen, wird das Gewebe weniger elastisch, was viele negative Auswirkungen hat, einschließlich Verlust der Flexibilität der Haut und anderer Organe, Trübung der Augenlinsen, Verstopfen der Arterien und Schäden an den Nieren. Wie andere Aspekte des Alterns können diese Querverbindungen durch äußere Faktoren reduziert werden, z.B. durch regelmäßiges Training und eine vitaminreiche, fettarme Ernährung (Schneider, 1992).

Allmähliches Nachlassen des endokrinen Systems, das für die Produktion und Regulation der Hormone verantwortlich ist, ist ein weiterer Faktor beim Altern. Ein augenfälliges Beispiel ist die reduzierte Östrogenproduktion bei Frauen, die zur Menopause führt. Weil Hormone so viele Körperfunktionen beeinflussen, haben Störungen im endokrinen System umfassende Wirkungen auf Gesundheit und Überleben. Derzeit untersuchen Wissenschaftler den Einfluss von Hormonen auf das Altern. Das Beweismaterial zeigt auf, dass ein allmählicher Abfall des Wachstumshormons verbunden ist mit Verlust von Muskel- und Knochenmasse, Zunahme von Körperfett, Dünnerwerden der Haut und Abbau der kardiovaskulären Funktion. Bei Erwachsenen mit abnormal niedrigem Spiegel des Wachstumshormons kann eine Hormontherapie die Entwicklung dieser Symptome verlangsamen, aber sie hat schwere Nebenwirkungen einschließlich eines erhöhten Krebsrisikos (Johannsson, Svensson, & Bengtsson, 2000; Sonntag et al., 2000). Bisher sind Ernährung und Bewegung sicherere Wege, um diesen Faktor biologischen Alterns zu vermindern.

Schließlich führt auch der Abbau in der Funktion des Immunsystems zu vielen Bedingungen des Alterns. Darunter sind erhöhte Anfälligkeit für Infektionskrankheiten, erhöhtes Krebsrisiko und Veränderungen an den Wänden der Blutgefäße, die mit kardiovaskulären Krankheiten in Verbindung gebracht werden. Verminderte Stärke der Immunreaktionen scheinen genetisch programmiert zu sein, aber andere Alterungsprozesse, die wir betrachtet haben, wie die Schwächung des endokrinen Systems, können sie intensivieren (Malaguarnera et al., 2001). In der Tat wird eine Kombination der Theorien – solche, die wir gerade besprochen haben, und andere – benötigt, um die Komplexität biologischen Alterns zu erklären. Mit diesen Überlegungen vor Augen sollen anschließend die körperlichen Anzeichen und andere Merkmale des Alterns betrachtet werden.

13.2 Körperliche Veränderungen

In den Zwanzigern und Dreißigern finden Veränderungen in der körperlichen Erscheinung und Abbau von Körperfunktionen so allmählich statt, dass viele kaum bemerkbar sind. Später werden sie sich beschleunigen. Die körperlichen Veränderungen des Alterns sind in Tabelle 13.1 zusammengefasst. Wir wollen einige im Detail betrachten, andere erst in späteren Kapiteln aufnehmen. Aber bevor wir anfangen, ist es wichtig darauf hinzuweisen, dass die Daten, die die Basis bilden für diese Trends, größtenteils nur im Zusammenhang zu interpretieren sind. Weil jüngere Kohorten (Stichprobengruppen) bessere Gesundheitsvorsorge und Ernährung erfahren haben, können solche Untersuchungen Probleme übertreiben, die mit Altern assoziiert werden. Laufende Langzeitstudien werden Befunde erbringen, die dieses Bild korrigieren.

13.2.1 Kardiovaskuläres System und Atmungssystem

Während ihres ersten Monats an der Universität brütete Wendy über Forschungsartikel über kardiovaskuläre Funktionen. Innerhalb ihrer afroamerikanischen Familie waren ihr Vater, ein Onkel und drei Tanten in ihren Vierzigern und Fünfzigern an Herzattacken gestorben. Diese Tragödien hatten Wendy dazu gebracht, sich über ihre eigene Lebenserwartung Gedanken zu machen und ihre eigenen Lebensgewohnheiten einer Prüfung zu unterziehen. Sie wandte sich dem Feld der öffentlichen Gesundheitsvorsorge zu, in der Hoffnung, Wege zu finden, um die Gesundheitsprobleme der schwarzen Bevölkerung mindern zu können. *Hypertonie* oder hoher Blutdruck tritt 12 % häufiger in der amerikanischen schwarzen Gesellschaft als in der weißen auf; die Sterberate von Herzkrankheiten ist bei afrikanischen Amerikanern 25 % höher (U.S. Department of Health and Human Services, 2002h, 2002m).

Wendy war überrascht zu hören, dass es weniger altersbedingte Veränderungen am Herzen gibt, als wir vielleicht in Anbetracht der Tatsache, dass Herzkrankheiten mit dem Alter zunehmen und die häufigste Todesursache bei Erwachsenen darstellen, erwarten. Bei gesunden Menschen verändert sich im Erwachsenenalter die Fähigkeit, den Sauerstoffbedarf des Körpers unter normalen Bedingungen zu decken, nicht (gemessen an der Herzfrequenz in Beziehung zum Volumen des gepumpten Blutes). Nur unter belastendem Training nimmt die Leistung des Herzens mit dem Alter ab. Diese Veränderung ist Folge eines Abbaus in der maximalen Herzfrequenz und größeren Rigidität des Herzmuskels. Folglich hat das Herz während starker Beanspruchung Schwierigkeiten, den Körper mit genug Sauerstoff zu versorgen und sich von Überanstrengung zu erholen (Haywood & Getchell, 2001).

Eine der schwersten Erkrankungen des kardiovaskulären Systems ist die *Arteriosklerose (Arterienwandverhärtung)*, bei der sich schwere Rückstände von Plaques, die Cholesterol- und Fettansammlungen enthalten, an den Wänden der Hauptarterien festsetzen. Wenn sie vorhanden ist, beginnt sie gewöhnlich früh im Leben, setzt sich während des mittleren Erwachsenenalters fort und kulminiert in einer schweren Erkrankung. Arteriosklerose ist mehrfach determiniert, was es schwer macht, Anteile biologischen Alterns von individuellen genetischen und umweltbedingten Einflüssen zu unterscheiden. Die Komplexität der Ursachen wird durch Forschung an Tieren illustriert, die darauf hinweist, dass vor der Pubertät eine fettreiche Ernährung nur leichte Fettstreifen an den Arterienwänden produziert (Olson, 2000). Bei sexuell reifen Erwachsenen jedoch führt sie zu Ablagerungen von Plaques. Diese Erkenntnisse weisen darauf hin, dass Geschlechtshormone die Gefahren einer fettreichen Ernährung erhöhen.

Wie bereits angemerkt, haben Herzkrankheiten seit der Mitte des 20. Jahrhunderts beträchtlich abgenommen. Ein besonders großer Abfall erfolgte während der letzten 15 Jahre infolge einer Abnahme des Zigarettenrauchens, verbesserter Ernährung und Sport bei Menschen mit einem Risiko sowie besserer Diagnose und Behandlung von Bluthochdruck und Cholesterin (U.S. Department of Health and Human Services, 2002h, 2002m). Und wie Langzeitforschungen mit einigen Hunderttausenden Teilnehmern aufzeigen, haben junge und im mittleren Alter stehende Erwachsene mit einem geringen Risiko für Herzerkrankungen – definiert durch Nichtrauchen, niedrigen Cholesterinspiegel im Blut und normalen Blutdruck – eine um 40 % bis 60 % reduzierte Sterberate in den folgenden 16 bis 22 Jahren (siehe Abbildung 13.1) (Stamler et al., 1999). Wenn wir später Gesundheit und Fitness betrachten, werden wir sehen, warum in Wendys Familie Herzattacken so häufig waren und warum sie so besonders oft in der afroamerikanischen Bevölkerung auftreten.

Auch die Lungenfunktion zeigt wenig altersbedingte Veränderungen in Ruhe, aber während körperlicher Anstrengung nimmt mit zunehmendem Alter das Atmungsvolumen ab und die Atemfrequenz zu. Das Maximum der Vitalkapazität (Menge der Luft, die in die Lunge ein- und ausgebracht werden kann) nimmt

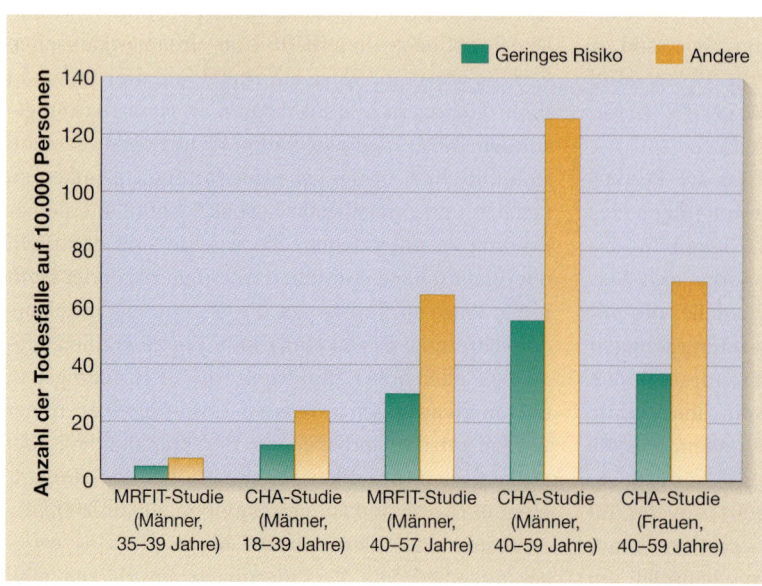

Abbildung 13.1: Sterberaten von Menschen mit niedrigem Risiko für Herzerkrankungen im Vergleich mit anderen. Ein geringes Risiko für Herzerkrankungen wird definiert durch Nichtrauchen, niedrigen Cholesterinspiegel im Blut und normalen Blutdruck. Die Ergebnisse stammen aus zwei Langzeitstudien, der Multiple Risk Factor Intervention Trial (MRFIT) und dem Chicago Heart Association Detection Project in Industry (CHA), in denen fünf Kohorten mit über 350.000 Erwachsenen über 16 bis 22 Jahre beobachtet wurden. Jene, die nicht rauchten, deren Cholesterin im Blut unter 200mg/dl betrug und deren systolischer/diastolischer Blutdruck 120/80 oder darunter betrug, zeigten 40 % bis 60 % geringere Sterberaten als ihre gleichaltrigen Geschlechtsgenossen (nach Stamler et al., 1999).

Körperliche Veränderungen beim Altern

Tabelle 13.1

Organ oder System	Zeitpunkt der Veränderung	Beschreibung
Sehen	ab 30 Jahre	Wenn sich die Linsen versteifen und verdicken, nimmt die Fähigkeit ab, nahe Gegenstände zu fokussieren. Gelbwerden der Linse, Schwächung der Muskeln, die die Pupille kontrollieren, und Trübung der Glaskörper reduzieren das Licht, das die Retina erreicht, beeinträchtigen Farbunterscheidung und Sehen bei Nacht. Sehschärfe oder Feinheit der Unterscheidung lässt nach mit einem starken Abfall zwischen 70 und 80.
Hören	ab 30 Jahre	Empfindlichkeit auf Laute nimmt ab, besonders auf hohe Laute, aber allmählich auf alle Frequenzen übergreifend. Veränderung ist bei Männern doppelt so schnell wie bei Frauen.
Geschmack	ab 60 Jahre	Empfindlichkeit für die vier Grundqualitäten des Geschmacks (süß, salzig, sauer und bitter) reduziert sich. Mag Folge anderer Faktoren als des Alterns sein, da Anzahl und Verteilung der Geschmacksknospen sich nicht verändern.
Geruch	ab 60 Jahre	Verlust der Riechrezeptoren reduziert die Fähigkeit, Gerüche zu bemerken und zu identifizieren.
Tasten	allmählich	Verlust von Berührungsrezeptoren reduziert Empfindlichkeit an den Händen, besonders an den Fingerspitzen.
Kardiovaskuläres System	allmählich	Da der Herzmuskel starrer wird, nimmt die maximale Herzrate ab, was die Fähigkeit des Herzens reduziert, den Sauerstoffbedarf des Körpers zu decken, wenn es Belastungen z.B. durch Sport gibt. Da sich die Arterienwände versteifen und Plaques ansammeln, wird der Blutfluss zu den Körperzellen reduziert.
Atmungssystem	allmählich	Unter körperlicher Anstrengung nimmt die Atmungskapazität ab und die Atmungsfrequenz nimmt zu. Versteifung von verbindendem Gewebe in der Lunge und den Brustkorbmuskeln macht es für die Lunge schwieriger, ihr volles Volumen zu entfalten.
Immunsystem	allmählich	Die Schrumpfung des Thymus begrenzt die Reifung von T-Zellen und die Kapazität der Krankheiten abwehrenden B-Zellen, was die Immunreaktion beschädigt.
Muskuläres System	allmählich	Da Nerven, die sie stimulieren, absterben, nehmen Anzahl und Größe der schnell kontraktierenden Muskelfasern (die für Geschwindigkeit und Stärke verantwortlich sind) schneller ab als die sich langsam kontraktierender Fasern (welche Ausdauer unterstützen). Sehnen und Bänder (welche die Muskeltätigkeit übertragen) versteifen sich, reduzieren die Geschwindigkeit und Flexibilität der Bewegung.
Skelettsystem	Beginn in späten 30ern, beschleunigt sich in den 50ern, verlangsamt sich in den 70ern	Knorpel in den Gelenken werden dünner und brechen, was dazu führt, dass Knochenenden unter ihnen porös werden. Neue Zellen werden weiterhin an den äußeren Schichten der Knochen angelegt und der Mineralgehalt der Knochen nimmt ab. Die daraus resultierenden breiteren, aber poröseren Knochen schwächen das Skelett und machen es empfindlicher für Brüche. Veränderungen sind stärker bei Frauen als bei Männern.
Fortpflanzung	Bei Frauen beschleunigt nach 35; bei Männern beginnend nach 40	Probleme mit der Fruchtbarkeit (einschließlich der Schwierigkeiten, zu empfangen und ein Kind auszutragen) und das Risiko, ein Baby mit Chromosomenstörungen zu bekommen, nehmen zu.
Nervensystem	ab 50 Jahre	Das Hirngewicht nimmt ab, da Neuronen Wassergehalt verlieren und absterben, hauptsächlich in der Gehirnrinde und weil Ventrikel (Zwischenräume) im Gehirn sich vergrößern. Entwicklung neuer Synapsen kann teilweise den Abbau der Anzahl von Neuronen kompensieren.
Haut	allmählich	Epidermis (obere Schicht) wird weniger fest von der Dermis (mittlere Schicht) gehalten; Fasern in der Dermis und Hypodermis (innere Schicht) werden dünn; Fettzellen in der Hypodermis nehmen ab. Daraus folgt, dass die Haut weniger straff, weniger elastisch und runzlig wird. Veränderungen stärker bei der Frau als beim Mann.
Haare	ab 35 Jahre	Wird grau und verdünnt sich.

Größe	ab 50 Jahre	Verlust der Knochenstärke führt zum Abbau von Bandscheiben im Rückgrat, was zu einem Größenverlust von bis zu 5 cm in den 70ern und 80ern führt.
Gewicht	nimmt bis 50 Jahre zu; nimmt nach 60 Jahren ab	Veränderungen im Gewicht spiegeln eine Zunahme von Fett und Abnahme von Muskeln und Knochenmineralien. Weil Muskeln und Knochen schwerer sind als Fett, ist das daraus resultierende Muster Gewichtszunahme, gefolgt von Abnahme. Körperfett setzt sich besonders am Rumpf an und wird bei den Extremitäten geringer.

Quellen: Arking, 1991; Fabsitz, Sholinsky, & Carmelli, 1994; Pearson et al., 1995; Recepute et al., 1994; Whalley, 2001; Whitbourne, 1996.

nach dem Alter von 25 um 10 % alle zehn Jahre ab (Mahanran et al., 1999). Verbindendes Gewebe in Lunge, Muskeln des Brustkorbes und der Rippen versteift sich mit dem Alter und macht es der Lunge schwerer, ihr volles Volumen zu entfalten (Haywood & Getchell, 2001). Zum Glück benötigen wir unter normalen Bedingungen weniger als die Hälfte unserer Vitalkapazität, der Großteil dient als Reserve. Dennoch trägt das Altern der Lunge dazu bei, dass es älteren Erwachsene bei anstrengenden körperlichen Übungen schwerer fällt, den Sauerstoffbedarf des Körpers zu decken.

13.2.2 Motorische Leistung

Der Abbau von Herz- und Lungenfunktion bei Anstrengung führt in Verbindung mit allmählichem Muskelabbau zu Veränderungen der motorischen Leistung. Bei normalen Leuten ist der Einfluss des biologischen Alterns auf motorische Fertigkeiten schwer vom Rückgang an Motivation und Übung zu unterscheiden. Darum untersuchen Forscher Profisportler, die im realen Leben ihre Bestleistung zu erhalten versuchen. So lange Sportler ihr intensives Training beibehalten, nähern sich ihre Leistungen in jedem Alter den Grenzen dessen, was biologisch möglich ist (Ericsson, 1990).

Viele Untersuchungen zeigen, dass die sportliche Leistung ihren Höhepunkt zwischen 20 und 30 Jahren hat und dann abfällt. In etlichen Untersuchungen wurde für die Bestleistungen von Olympia- und Profisportlern bei verschiedenen Sportarten über eine Zeit hinweg das durchschnittliche Alter aufgezeichnet. Die absolute Leistung verbesserte sich in vielen Sportarten im letzten Jahrhundert. Sportler brachen immer wieder neue Weltrekorde, was auf verbesserte Trainingsmethoden hinwies. Dennoch blieb das Alter der Bestleistung relativ konstant. Wie Abbildung 13.2 zeigt, haben sportliche Leistungen im Laufen, Weitsprung und Tennis, die Geschwindigkeit der Muskeln der Gliedmaßen und Kraft und Koordination der Grobmotorik erfordern, ihren Höhepunkt mit Anfang zwanzig. Solche, die von Ausdauer, von der Fähigkeit, Arm und Hand ruhig zu halten, und Zielen abhängen, wie das Laufen großer Entfernungen, Baseball und Golf, haben ihren Höhepunkt in den späten Zwanzigern und frühen Dreißigern. Weil diese Aufgaben entweder mit Durchhaltevermögen oder präziser motorischer Kontrolle zu tun haben, braucht ihre Entwicklung mehr Zeit (Schulz & Curnow, 1988).

Forschungen über Profisportler weisen darauf hin, dass die obere biologische Grenze der motorischen Kapazität in der ersten Phase des frühen Erwachsenenalters erreicht wird. Wie schnell schwächen sich sportliche Fähigkeiten in späteren Jahren ab? Langzeitstudien von exzellenten Läufern zeigen, dass der Abbau nur leicht ist, solange trainiert wird (etwa 2 % pro Jahrzehnt von den Zwanzigern bis in die Sechziger und Siebziger) (Hagberg et al., 1985; Pollock, Mengelkoch, & Graves, 1997). In der Tat führt fortgesetztes Training zur Anpassung der Körperstrukturen, die den motorischen Abbau minimieren. Zum Beispiel ist die Vitalkapazität bei älteren Menschen, die aktiv an Sport teilnehmen, fast zweimal so groß wie bei gesunden Teilnehmern einer Kontrollgruppe, die keinen Sport betreiben. Das Training reduziert auch den Verlust von Muskeln, vergrößert die Geschwindigkeit und Stärke der Muskelkontraktionen und führt dazu, dass sich schnell kontraktierende Muskelfasern in sich langsam kontraktierende verwandeln, welche die ausgezeichneten Leistungen im Laufen großer Strecken sowie anderer Ausdauerleistungen unterstützen (Trappe, 2001).

Körperliche Veränderungen

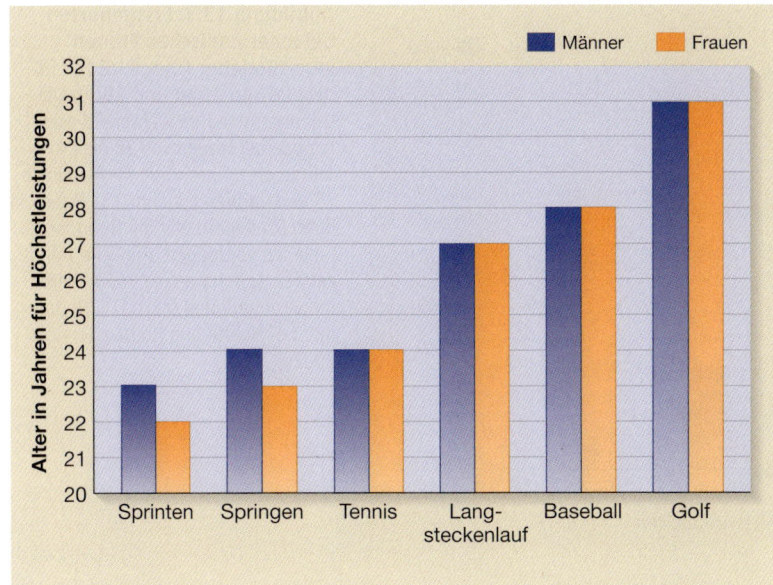

Abbildung 13.2: Alter des Höhepunktes der Leistungen von Profisportlern in verschiedenen Sportarten. Sowohl für Männer wie für Frauen haben Leistungen im Sprinten, Springen und Tennis, welche Geschwindigkeit der Bewegung der Gliedmaßen, sich entladende Stärke und Koordination der Grobmotorik erfordern, ihren Höhepunkt in den frühen Zwanzigern. Leistungen beim Laufen langer Entfernungen, Baseball und Golf, welche von Ausdauer, von der Haltefähigkeit von Armen und Händen und Zielen abhängen, haben ihren Höhepunkt in den späten Zwanzigern und frühen Dreißigern (nach Schulz & Curnow, 1988).

Zusammengefasst heißt das, dass nur ein kleiner Teil altersbedingten Abbaus biologisch bedingt ist, wenn auch die sportliche Bestleistung im frühen Erwachsenenalter gegeben ist. Geringere Leistungen bei älteren gesunden Menschen spiegeln größtenteils die reduzierten Kapazitäten wider, die von einem weniger fordernden Lebensstil herrühren.

13.2.3 Immunsystem

Die Immunreaktion ist das Zusammenwirken spezialisierter Zellen, welche Antigene (fremde Substanzen) im Körper neutralisieren oder zerstören. Zwei Typen weißer Blutzellen spielen eine lebenswichtige Rolle: T-Zellen, die im Knochenmark entstehen und im Thymus (einer kleinen Drüse, die im oberen Teil des Brustkorbs lokalisiert ist) reifen, greifen die Antigene direkt an. *B- Zellen,* im Knochenmark produziert, sondern Antikörper in den Blutstrom ab, diese vervielfältigen sich, fangen Antigene ein und machen es dem Blutsystem möglich, sie zu zerstören. Da Rezeptoren auf ihrer Oberfläche nur ein einziges Antigen erkennen können, benötigt der Körper eine große Vielfalt von T- und B-Zellen. Sie verbinden sich mit zusätzlichen Zellen, um das Immunsystem des Köpers herzustellen.

Die Fähigkeit des Immunsystems, Schutz gegen Krankheiten zu bieten, nimmt durch die Adoleszenz hindurch zu und geht nach dem Alter von 20 wieder zurück. Dies ist zum Teil die Folge von Veränderungen in der Thymusdrüse, welche in den Teenagerjahren am größten ist und dann schrumpft, bis sie gegen das Alter von 50 Jahren kaum noch zu sehen ist. Folglich wird die Produktion von Thymushormonen reduziert und die Thymusdrüse ist weniger fähig, die volle Reifung und Differenzierung der T-Zellen zu leisten. Da B-Zellen viel mehr Antikörper absondern, wenn T-Zellen vorhanden sind, wird die Reaktion des Immunsystems weiter gefährdet (Malaguarnera et al., 2001).

Sportliche Fertigkeiten haben ihren Höhepunkt zwischen 20 und 30 Jahren und nehmen dann ab. Aber solange weiterhin trainiert wird, nehmen die Leistungen bis in die Sechziger und Siebziger nur leicht ab (etwa 2 % in zehn Jahren). Hier nehmen es ältere Erwachsene, die seit vielen Jahren trainieren, mit jüngeren Erwachsenen in einem Marathon auf.

13.3 KÖRPERLICHE UND KOGNITIVE ENTWICKLUNG IM FRÜHEN ERWACHSENENALTER

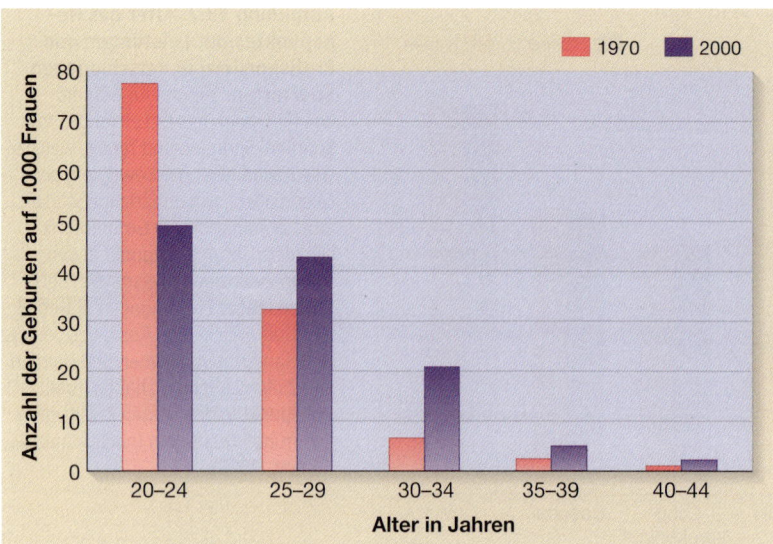

Abbildung 13.3: Erstgeburten bei amerikanischen Frauen verschiedener Altersklassen in den Jahren 1970 und 2000. Die Geburtsrate nahm während dieser Periode bei Frauen von 20 bis 24 Jahren ab, während sie für Frauen ab 25 und darüber zunahm. Für Frauen in ihren Dreißigern war die Geburtsrate mehr als verdoppelt. Ähnliche Trends zeigten sich in Kanada und anderen Industrienationen (nach U.S. Department of Health and Human Services, 2002g).

Die Gabe von Thymushormonen kann dem alternden Körper helfen, Krankheiten zu bekämpfen (Goya & Bolognani, 1999).

Der allmähliche Rückgang der Thymusdrüsenfunktion jedoch ist nicht der einzige Grund, dass der Körper allmählich weniger wirksam Krankheiten abwehren kann. Das Immunsystem arbeitet mit dem Nervensystem und dem endokrinen System zusammen. Stress zum Beispiel kann die Immunreaktion schwächen. Während ihrer Abschlussprüfungen hatte Wendy weniger Abwehrkräfte gegen Krankheiten. Und in dem Monat, nachdem ihr Vater gestorben war, hatte sie große Schwierigkeiten, sich von einer Grippe zu erholen. Scheidung, die Pflege eines alten kranken Elternteils und chronische Depression können ebenfalls die Abwehrkraft reduzieren (Bernston et al., 1998). Die Verbindung zwischen Stress und Krankheit ergibt Sinn, wenn wir uns vor Augen führen, dass Stresshormone den Körper für Aktionen mobilisieren, während die Immunreaktion durch reduzierte Aktivität begünstigt wird (Maier, Watkins, & Fleshner, 1994). Aber das bedeutet auch, dass vermehrte Schwierigkeiten, mit körperlichem und seelischem Stress zu kämpfen, zum altersbedingten Abbau in der Funktion des Immunsystems führen.

13.2.4 Fortpflanzungsfähigkeit

Wendy wurde geboren, als ihre Mutter in ihren frühen Zwanzigern war, ein Alter, in dem eine Generation später Wendy noch allein stehend war und studierte. Viele Leute sind der Ansicht, dass eine Schwangerschaft während der Zwanziger ideal ist, nicht nur, weil die Risiken von Fehlgeburten und Chromosomenstörungen geringer sind (siehe Kapitel 2), sondern auch, weil jüngere Eltern mehr Energie haben, mit aktiven Kindern mitzuhalten. Wie jedoch Abbildung 13.3 aufzeigt, haben Erstgeburten bei Frauen in den Dreißigern in den letzten 20 Jahren stark zugenommen. Viele Menschen schieben das Kinderkriegen auf, bis ihre Ausbildung abgeschlossen ist, sie beruflich schon vorangekommen sind und sie ein Kind ihren Ansprüchen entsprechend ernähren können.

Dennoch nimmt die Fortpflanzungskapazität mit dem Alter ab. Fruchtbarkeitsprobleme nehmen bei Frauen zwischen 15 bis 50 Jahren mit einem dramatischen Anstieg in den Mittdreißigern zu. Zwischen den Jahren von 25 bis 34 sind fast 14 % betroffen, eine Zahl, die auf 26 % bei den 35- bis 44-jährigen ansteigt (U.S. Department of Health and Human Services, 2002c). Der Rückgang der weiblichen Fruchtbarkeit ist größtenteils Folge von der reduzierten Qualität der Ova (Eizellen), denn die Gebärmutter zeigt bei Frauen in den späten Dreißigern und in den Vierzigern keine durchgängige Veränderung. Auch haben einige Frauen in ihren späteren reproduktiven Jahren normale Menstruationszyklen, empfangen aber nicht, weil der Vorrat an Eizellen in ihren Eierstöcken zu gering ist. Eine bestimmte Anzahl von Eizellen ist bei vielen Säugern, einschließlich der Menschen, jedoch notwendig für die Empfängnis. Dieser Abbau des Vorrates von Eizellen ist der wichtigste Grund des altersbedingten Abfalls weiblicher Fruchtbarkeit (Klein & Sauer, 2001).

Das Alter beeinflusst ebenfalls die männliche Fortpflanzungsfähigkeit. Die Menge des Samens und die Konzentration der Spermien in jeder Ejakulation nehmen nach dem Alter von 40 allmählich ab (Murray & Meacham, 1993). Obwohl es keine beste Zeit im Erwachsenenleben gibt, um ein Kind zu bekommen, riskieren Individuen, die es bis in ihre späten Dreißiger oder Vierziger hinausschieben, dass sie weniger Kinder bekommen, als sie gewünscht hatten, oder auch gar keines. Fortpflanzungstechniken wie Befruchtung durch einen Spender oder künstliche Befruchtung können älteren Paaren helfen, ein Kind zu bekommen. Aber (wie bei der natürlichen Empfängnis) nehmen ihre Erfolgschancen auch hier mit dem Alter ab (siehe Kapitel 2).

> **Prüfen Sie sich selbst ...**
>
> **Rückblick**
> Führen Sie Beispiele sowohl von programmierten wie von zufälligen genetischen Einflüssen beim biologischen Altern an.
>
> **Anwendung**
> Len fiel der Begriff freie Radikale in einem Artikel über die Gesundheit von Erwachsenen in seiner Lokalzeitung auf, aber er verstand nicht, wie sie zum biologischen Altern beitragen. Erklären Sie Len die Rolle freier Radikale.
>
> **Anwendung**
> Penny ist Langläuferin in ihrem Hochschul-Laufteam. Sie fragt sich, wie ihre Laufleistung in 20 oder 30 Jahren aussehen wird. Beschreiben Sie Faktoren, die Pennys sportliche Fähigkeiten in einer ferneren Zukunft beeinflussen.
>
> **Zusammenhänge**
> Wie tragen genetische und umweltbedingte Faktoren gemeinsam bei zu altersbedingten Veränderungen in kardiovaskulären Funktionen und denen der Atmung und des Immunsystems?
>
> **Prüfen Sie sich selbst ...**

13.3 Gesundheit und Fitness

Abbildung 13.4 zeigt die hauptsächlichen Gründe für den Tod im frühen Erwachsenenalter in den Vereinigten Staaten und Kanada. Beachten Sie, dass Todesraten für alle Ursachen bei Kanadiern geringer sind als bei Amerikanern, eine Folge des staatlichen kanadischen Krankenversicherungssystems und (im Falle von Mord) strikte Waffenrestriktion, Sicherheit und Kontrollverfahren, welche den Besitz von Handfeuerwaffen und anderen Waffen verbieten, die nicht zum Jagen zugelassen sind. In späteren Kapiteln werden wir sehen, dass Unfälle und Mordraten mit dem Alter abnehmen. Im Gegensatz dazu steigen die Raten für Krankheit und körperliche Behinderungen an. Biologisches Altern trägt deutlich zu diesem Trend bei. Aber wir haben bereits große individuelle Unterschiede und Unterschiede zwischen Gruppen bei körperlichen Veränderungen bemerkt, die mit Umweltrisiken und mit Verhaltensweisen, welche die Gesundheit betreffen, verbunden sind.

Unterschiede der Gesundheit durch SÖS über alle Lebenszyklen hinweg weisen auf diesen Einfluss hin. Einkommen, Ausbildung und beruflicher Status zeigen eine starke und andauernde Beziehung mit fast jeder Krankheit und mit jedem Gesundheitsindikator (Adler & Newman, 2002). Als man im Rahmen einer repräsentativen Stichprobe 3600 Amerikaner nach chronischen Krankheiten und gesundheitsbedingten Einschränkungen ihres Alltags befragte, waren die SÖS-Unterschiede zwischen den Jahren 25 bis 35 relativ klein, nahmen zwischen 35 bis 65 zu und nahmen im hohen Alter wieder ab (siehe Abbildung 13.5). Ergebnisse aus Langzeitstudien bestätigen, dass finanziell gut gestellte und gut ausgebildete Menschen dazu neigen, fast über ihr ganzes Erwachsenenleben eine gute Gesundheit zu behalten, während die Gesundheit von Menschen mit geringem Einkommen und schlechterer Ausbildung stetig abfällt (Lantz et al., 1998). SÖS-Unterschiede bezüglich Umständen und Verhaltensweisen, die die Gesundheit beeinflussen – belastende Lebensumstände, beengte Wohnverhältnisse, Umweltverschmutzung, Ernährung, Sport, Substanzgebrauch, Verfügbarkeit unterstützender sozialer Beziehungen und (in den Vereinigten Staaten) Zugang von Individuen mit niedrigem SÖS zu erschwinglicher Gesundheitsversorgung – sind dafür hauptsächlich verantwortlich (Evans & Kantrowitz, 2002; Mulatu & Schooler, 2002).

Gesundheits- und Sterblichkeitsunterschiede in Abhängigkeit vom SÖS sind in den Vereinigten Staaten größer als in Kanada (Mackenbach, 2002; Ross et al., 2002). Was erklärt diesen Unterschied? Neben dem Fehlen einer allgemeinen Krankenversicherung haben von Armut betroffene amerikanische Familien geringere Einkommen als entsprechende kanadischen Familien. Ferner sind die SÖS-Gruppen in großen amerikanischen Städten eher durch ihr Wohnumfeld abgegrenzt als in Kanada, was zu größeren Unterschieden in Umweltfaktoren führt, welche die Gesundheit beeinflussen, dazu gehören die Wohnsituation, Umweltverschmutzung und kommunale Dienste.

13.3 KÖRPERLICHE UND KOGNITIVE ENTWICKLUNG IM FRÜHEN ERWACHSENENALTER

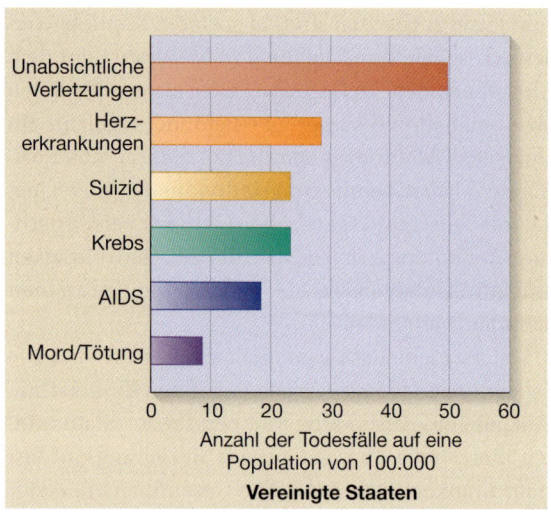
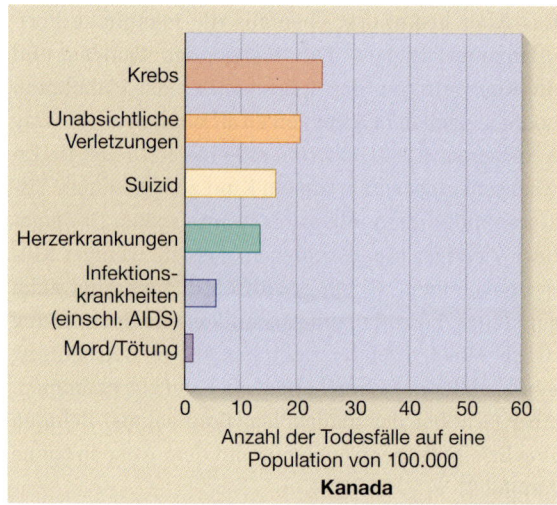

Abbildung 13.4: Häufige Todesursachen zwischen 25 und 44 Jahren in den Vereinigten Staaten und Kanada. Sterberaten sind in Kanada niedriger als in den Vereinigten Staaten, hauptsächlich, weil alle Kanadier eine vom Staat finanzierte Krankenversicherung haben. Zusätzlich ist der Waffenbesitz in Kanada strenger kontrolliert als in den Vereinigten Staaten (nach Statistics Canada, 2002i; U.S. Bureau of the Census, 2002c).

Diese Ergebnisse zeigen wieder einmal, dass die Lebensbedingungen, die unter unmittelbarem Einfluss des Staates liegen, mit denjenigen eine Wechselwirkung eingehen, welche die Menschen für sich selber schaffen, um körperliches Altern zu beeinflussen. Weil das Auftreten von Gesundheitsproblemen während der Zwanziger und Dreißiger viel geringer ist als in den darauf folgenden Jahrzehnten, ist das frühe Erwachsenenalter ein ausgezeichneter Zeitpunkt, späteren Problemen vorzubeugen. In den folgenden Abschnitten nehmen wir eine Vielzahl von wichtigen Gesundheitsproblemen auf: Ernährung, Sport, Substanzgebrauch, Sexualität und psychische Belastung.

13.3.1 Ernährung

Bombardiert mit „Ratschlägen" aus der Werbung und einer riesigen Auswahl an Nahrungsmitteln, finden es Erwachsene zunehmend schwierig, kluge Entscheidungen für ihre Ernährung zu treffen. Ein Überfluss an Nahrung, kombiniert mit einem vollgepackten Terminkalender, bedeutet, dass die meisten Nordamerikaner essen, weil sie sich danach fühlen oder weil es an der Zeit ist und nicht, um die Körperfunktionen zu erhalten (Donatelle, 2003). Als Ergebnis dessen essen viele das Falsche oder die falsche Menge von Nahrungsmitteln. Übergewicht und Fettleibigkeit und eine fettreiche Ernährung sind verbreitete Ernährungsprobleme mit Langzeitfolgen für die Gesundheit im Erwachsenenalter.

■ Übergewicht und Fettleibigkeit

In Kapitel 9 haben wir festgestellt, dass Fettleibigkeit (mehr als 20 % Gewicht über dem Durchschnittsgewicht, berechnet nach Alter, Geschlecht und Körperbau) in vielen westlichen Ländern dramatisch zugenommen hat. Heute sind 20 % der Erwachsenen in den USA (fast 59 Millionen Menschen) und 14 % der kanadischen Erwachsenen (3,3 Millionen Menschen) betroffen. Das Vorkommen ist besonders hoch bei ethnischen Minderheiten mit niedrigem SÖS. Fettleibigkeit beträgt bei hispanischen Erwachsenen 24 % und 30 % bei afroamerikanischen Erwachsenen. Das Vorkommen bei Ureinwohnern in beiden Ländern wird auf mehr als 50 % geschätzt. In den Vereinigten Staaten und Westeuropa leiden 5 % bis 7 % mehr Frauen als Männer unter Fettleibigkeit. In Kanada sind die Raten für Fettleibigkeit bei beiden Geschlechtern gleich (Anand et al., 2001; Mokdad et al., 2001; U.S. Department of Health and Human Services, 2002j).

Übergewicht, ein weniger extremer, aber dennoch ungesunder körperlicher Zustand, betrifft weitere 41 % von Amerikanern und 30 % der Kanadier. Addieren Sie die Raten von Übergewicht und Fettleibig-

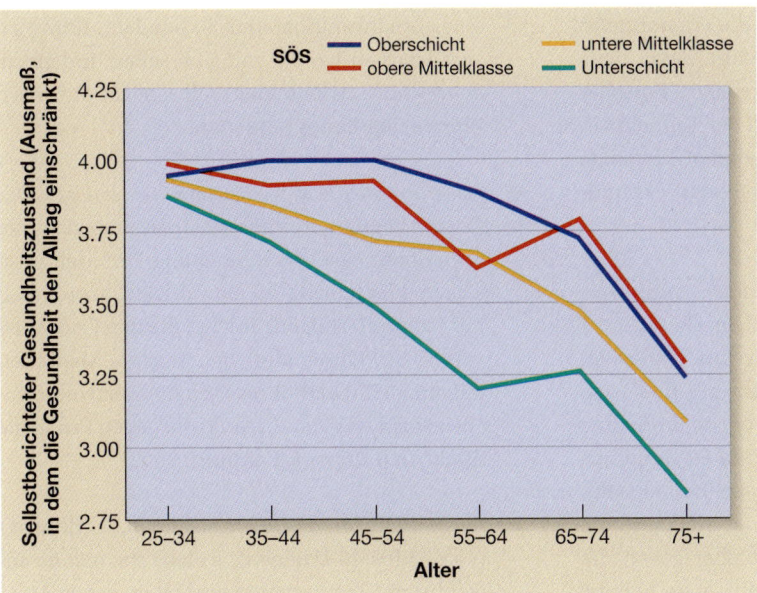

Abbildung 13.5: Altersunterschiede des selbstberichteten Gesundheitsstatus bei unterschiedlichem sozioökonomischem Status (SÖS). Die Variationen zwischen den SÖS- Gruppen sind klein im Alter von 25 bis 34 Jahre, nehmen von 35 bis 64 zu und danach wieder ab. Umweltrisiken und schlechte gesundheitliche Gewohnheiten tragen bei von Armut betroffenen Erwachsenen mit geringem Einkommen zu einem früheren Abbau bei (aus J. S. House et al., 1990, „Age, Socioeconomic Status, and Health," Milbank Quarterly, 68, S. 396).

keit und die Amerikaner gehen als schwerstes Volk der Welt daraus hervor. In Kapitel 9 wurde erwähnt, dass übergewichtige Kinder wahrscheinlich auch übergewichtige Erwachsene werden. Aber eine bedeutende Anzahl von Menschen (4 % der Männer und 8 % der Frauen) zeigen große Gewichtszunahme im Erwachsenenalter, am meisten zwischen 25 und 40 Jahren. Und junge Erwachsene, die schon übergewichtig oder fettleibig sind, werden typischerweise schwerer, was dazu führt, dass die Anzahl Fettleibiger zwischen 25 und 60 Jahren ständig ansteigt (Birmingham et al., 1999; Mokdad et al., 1999).

Ursachen und Folgen

Wie in Kapitel 9 erwähnt, spielt Vererbung eine Rolle beim Körpergewicht; einige Leute sind empfänglicher für Fettleibigkeit als andere. Aber auch Druck aus der Umwelt liegt der wachsenden Fettleibigkeit in den Vereinigten Staaten und anderen Industrienationen zugrunde. Mit der Abnahme körperlicher Arbeit zu Hause und am Arbeitsplatz bewegen wir uns immer weniger. Und der Durchschnittsverbrauch von Kalorien und Menge von Zucker und Fett, die Nordamerikaner konsumieren, stieg fast im ganzen 20. Jahrhundert, mit einem steilen Anstieg nach 1970 an (siehe den Kasten „Ausblick auf die Lebensspanne" auf S. 586).

Die Zunahme des Gewichts zwischen 25 und 50 Jahren ist ein normaler Teil des Alterns, da der **Grundumsatz des Körpers** – der Anteil von Energie, den ein Körper bei totaler Ruhe benötigt – allmählich abnimmt, wenn die Anzahl aktiver Muskelzellen abfällt (welche den höchsten Energieverbrauch haben). Aber starke Gewichtszunahme ist mit schweren Gesundheitsproblemen bis hin zu frühem Tod verbunden. Diese umfassen hohen Blutdruck, Kreislaufbeschwerden, Arteriosklerose, Schlaganfall, Altersdiabetes, Leber- und Gallenblasenerkrankungen, Arthritis, Schlaf- und Verdauungsstörungen und die meisten Formen von Krebs (Calle et al., 2003; National Task Force on the Prevention and Treatment of Obesity, 2002). Außerdem erleben übergewichtige Erwachsene eine enorme soziale Diskriminierung. Sie finden schwerer Partner, man vermietet ihnen nicht so gern Wohnungen, sie erhalten seltener finanzielle Unterstützung für ihre Hochschulausbildung und man bietet ihnen seltener Jobs an (Allison & Pi-Sunyer, 1994; Gortmaker et al., 1993).

Behandlung

Da die Fettleibigkeit im frühen und mittleren Erwachsenenalter ansteigt, sollte die Behandlung für Erwachsene so bald wie möglich beginnen, vorzugsweise in den frühen Zwanzigern. Selbst ein geringer Gewichtsverlust reduziert Gesundheitsprobleme beträchtlich (Robison et al., 1993). Aber ein erfolgreiches Eingreifen bei Fettleibigkeit ist schwierig. Derzeit haben 95 % der Menschen, die ein Programm zum Gewichtsverlust gestartet haben, innerhalb von fünf Jahren ihr ursprüngliches Gewicht wieder (Allison & Pi-Sunyer, 1994). Die hohe Versagerquote ist teilweise Folge eines begrenzten Wissens darüber, wie Fettleibigkeit die komplexen nervlichen, hormonellen und den Energieverbrauch betreffenden Faktoren, die ein normales Körpergewicht aufrechterhalten, zerstört. Bevor neue Informationen erhältlich sind, untersuchen Forscher die Merkmale der Behandlungen und der Teilnehmer, die größeren Erfolg hatten. Die folgenden Elemente fördern eine dauerhafte Veränderung des Gesundheitsverhaltens:

- *Eine ausgewogene Ernährung mit weniger Kalorien und Fett plus Bewegung.* Um Gewicht zu verlieren, reduzierte Wendy stark Kalorien, Zucker und Fett in ihrer Ernährung und trieb regelmäßig Sport. Eine ausgewogene Einnahme von Protein, Kohlehydraten und Fett in der Ernährung, welche Erwachsene am besten beim Gewichtsverlust unterstützt, ist derzeit eine Frage hitziger Debatten. Diätbücher geben die verschiedensten Empfehlungen, aber bislang weiß man noch nicht, welche Diät sich als dauerhaft erfolgreich erweist (Aronne, 2001). Forschungen bestätigen, dass die Restriktion von Kalorienzufuhr und Fett (auf nicht mehr als 20 bis 30 % der Kalorien) sowie mehr körperliche Aktivität wesentlich dabei ist, den Einfluss einer genetischen Veranlagung zum Übergewicht zu reduzieren (Rolls & Bell, 2000). Außerdem (wie wir gleich sehen werden) bieten Übungen körperliche und psychologische Vorteile, die das Übereressen verhindern können. Aber weniger als der Hälfte fettleibiger amerikanischer Erwachsener wird von ihren Ärzten geraten, kontrollierter zu essen und sich zu bewegen (Mokdad et al., 2001).

- *Die Teilnehmer dazu trainieren, genau aufzuzeichnen, was sie essen.* Etwa 30 bis 35 % fettleibiger Menschen nehmen an, dass sie weniger essen, als sie es tatsächlich tun und 25 bis 45 % berichten über Probleme mit Heißhungeranfällen (Wadden & Foster, 2000). Als es Wendy klar wurde, wie oft sie aß, ohne Hunger zu haben, war sie eher in der Lage, ihre Nahrungszufuhr einzuschränken.

- *Soziale Unterstützung.* Gruppen- oder individuelle Beratung und Ermutigung durch Freunde oder Verwandte helfen dabei, die Bemühungen zur Gewichtsabnahme aufrechtzuerhalten, indem sie den Selbstwert anheben (Johnson, 2002). Als sich Wendy erst einmal dafür entschieden hatte, mit der Unterstützung ihrer Familie und eines Ernährungsberaters zu handeln, fühlte sie sich langsam wohler mit sich selber, indem sie anders lief und sich hielt, selbst bevor die ersten Pfunde überhaupt purzelten.

- *Belehrung über Fertigkeiten zum Problemlösen.* Der Erwerb kognitiver und Verhaltensstrategien, um Situationen der Versuchung und Perioden langsamen Fortschritts zu bewältigen, korrelieren mit Langzeiterfolgen. Solche, die den Gewichtsverlust bewahren, sind sich eher als Menschen mit einem Rückfall ihres Verhaltens bewusst, suchen soziale Unterstützung und gehen Probleme direkt an (Cooper & Fairburn, 2002).

- *Ausgedehnte Intervention.* Längere Behandlungen (von 25 bis 40 Wochen), welche die gerade angeführten Komponenten enthalten, geben Menschen Zeit, neue Gewohnheiten zu bilden.

Nahezu 40 % der Amerikaner und 33 % Kanadier geben an, dass sie versuchen abzunehmen (Mokdad et al., 2001). Obwohl viele Menschen auf Diät übergewichtig sind, bewegt sich ein Drittel von ihnen in einem normalen Rahmen! In Kapitel 11 wurde vorgestellt, dass der hohe Wert, der mit Schlanksein belegt wird, unrealistische Erwartungen über das erwünschte Körpergewicht hervorruft und zu gefährlichen Essstörungen beiträgt, welche im frühen Erwachsenenalter üblich sind (siehe Seiten 487-489). Übergewichtige

Übergewicht und Fettleibigkeit sind schwere gesundheitliche Bedrohungen durch das ganze Leben hindurch. Diese junge Frau nimmt an einem Programm zur Gewichtsreduktion teil, in dem sie Beratung und Ermutigung erhält, eine Lebensweise mit einer Ernährung mit wenig Fett und regelmäßiger Bewegung aufrechtzuerhalten. Ihr erfreuter Ausdruck vermittelt die Vorteile für das Selbstwertgefühl, ein gesundes Gewicht zu erhalten.

Menschen in Diätprogrammen, die sich zu hohe Ziele setzen, werden eher ihre verlorenen Pfunde wiedergewinnen. Und Menschen mit Normalgewicht, die oft eine Diät machen, zeigen Symptome des „Hungersyndroms" mit depressiver Verstimmung, Angst, Schwäche und einer ständigen Beschäftigung mit dem Thema Essen. Ein ausgewogenes Körpergewicht, weder zu niedrig noch zu hoch, weist auf körperliche und seelische Gesundheit und ein längeres Leben hin (Manson et al., 1995).

■ Fett in der Ernährung

Nach dem Beginn ihres Studiums veränderte Wendy wesentlich die Ernährung ihrer Kindheit, indem sie rotes Fleisch, Eier, Butter und gebratene Nahrung mied. Berichte über die Gesundheitsrisiken einer fettreichen Ernährung haben dazu geführt, den Fettkonsum nordamerikanischer Erwachsener leicht zu senken, aber ungefähr 60 % der Erwachsenen essen zu viel. Nationale Ernährungsempfehlungen in den USA und Kanada umfassen die Reduzierung von Fett in der Ernährung auf 30 % der gesamten Kalorienzufuhr, davon nicht mehr als 10 % mit gesättigten Fettsäuren (Health Canada, 1999a; U.S. Department of Health and Human Services, 2002f). Man nimmt an, dass Fettverbrauch eine Rolle bei Brustkrebs spielt und (wenn damit große Mengen von rotem Fleisch verbunden sind) mit Darmkrebs zusammenhängt (Clifford & Kramer, 1993). Aber der Hauptgrund für die Reduzierung von Fetten ist die starke Verbindung von Fett mit Fettleibigkeit und von gesättigtem Fett mit kardiovaskulären (Herz-Kreislauf-)Erkrankungen.

Fett ist ein Molekül, das aus Kohlehydratatomen besteht, die mit Wasserstoffatomen übersät sind. Gesättigtes Fett hat so viele Wasserstoffatome, wie es chemisch halten kann, stammt im Allgemeinen aus Fleisch und Milchprodukten und ist bei Raumtemperatur von fester Konsistenz. Fett mit ungesättigten Fettsäuren hat weniger Wasserstoffatome und ist in den meisten flüssigen Pflanzenölen enthalten.

Moderater Fettverbrauch ist wesentlich für die normale Körperfunktion. Aber wenn wir zu viel konsumieren, besonders von der gesättigten Sorte, werden einige in Cholesterol umgewandelt, welches sich als Plaques an den Wänden der Arterien ansammelt und zur Arteriosklerose führt. Weiter oben in diesem Kapitel wurde erklärt, dass Arteriosklerose durch multiple biologische und Umgebungsfaktoren bedingt ist. Aber exzessiver Fettkonsum (in Verbindung mit bestimmten gesellschaftlichen Bedingungen) ist größtenteils verantwortlich für das hohe Vorkommen von Herzerkrankungen in der amerikanischen schwarzen Bevölkerung, da schwarze Afrikaner eine der niedrigsten Raten von Herzerkrankungen auf der Welt haben (Begley, 1995).

Die beste Faustregel ist, von allen Arten von Fett weniger zu essen und Fette mit ungesättigten statt gesättigter Fettsäuren zu verwenden, wann immer das möglich ist. Ferner kann (wie wir gleich sehen werden) regelmäßige Bewegung den schädlichen Einfluss von Fett aus der Ernährung reduzieren, weil sie ein chemisches Nebenprodukt schafft, das dabei hilft, Cholesterol aus dem Körper wegzuschaffen.

13.3.2 Bewegung

Dreimal die Woche um die Mittagszeit ging Wendy in dem schönen Park in ihrer Nachbarschaft Joggen. Regelmäßige Bewegung hielt sie fit und schlank. Im Vergleich zu früheren Tagen, als sie viel saß und Übergewicht hatte, reduzierte der Sport auch die Anzahl ihrer Atemwegsinfekte, die sie sich holte. Und eines Tages erklärte Wendy einem Freund: „Bewegung gibt mir ein positives Gefühl und beruhigt mich. Danach spüre ich immer einen Energieschub, der mich über den Tag bringt. Wenn ich es nicht tue, bin ich schon am Nachmittag müde."

Obwohl die meisten Nordamerikaner sich der Vorteile von Bewegung für die Gesundheit bewusst sind, betreiben nur 15 bis 20 % wenigstens 20 Minuten oder mehr wenigstens fünfmal die Woche Sport. Etwa 30 % sind minimal körperlich aktiv oder überhaupt nicht (Canadian Fitness and Lifestyle Research Institute, 2001b; U.S. Department of Health and Human Services, 2002f). Es sind mehr Frauen als Männer bewegungsarm. Und Bewegungsarmut ist unter Erwachsenen mit geringem SÖS verbreiteter, weil sie in weniger sicheren Wohnumfeldern wohnen, mehr Gesundheitsprobleme haben, weniger soziale Unterstützung für regelmäßige Bewegung erfahren und weniger persönliche Kontrolle über ihre Gesundheit ausüben (Grzywacz & Marks, 2001).

Neben der Reduktion von Körperfett und dem Aufbau von Muskeln fördert Bewegung die Widerstandskraft gegen Krankheiten. Häufige Bewegung von mäßiger Intensität kräftigt die Immunreaktion und erniedrigt damit das Risiko von Erkältungen und Grippe und fördert eine schnellere Genesung, wenn

Ausblick auf die Lebensspanne:
Die Epidemie der Fettleibigkeit: Wie die Amerikaner die schwersten Menschen der Welt wurden

In den späten 1980er Jahren begann in den Vereinigten Staaten die Fettleibigkeit anzusteigen. Die Karte in Abbildung 13.6 zeigt, wie schnell sie sich ausbreitete. Heute ist die Mehrheit der Amerikaner (61 %) entweder übergewichtig oder fettleibig. Die Epidemie ist auf andere westliche Nationen einschließlich Kanadas übergesprungen, das eine Rate von zusammengefasster Fettleibigkeit und Übergewicht von 44 % hat. Aber kein Land gleicht den Vereinigten Staaten im Vorkommen dieser im schlimmsten Falle lebensbedrohlichen körperlichen Kondition.

Veränderung von Ernährung und Lebensstil

Die Fettleibigkeit ist zu schnell angestiegen, um auf eine Veränderung der genetischen Ausstattung der Bevölkerung zurückgeführt werden zu können. Stattdessen haben die folgenden Faktoren von Umwelt und Lebensstil den weit verbreiteten, schnellen Gewichtszuwachs ermutigt:

- *Zugang zu billigem Fett und Zucker im Handel.* In den 1970ern gab es zwei massive Veränderungen in der Nahrungsmittelwirtschaft in den USA: (1) die Entdeckung und Massenproduktion von Maissirup mit hohem Fruktoseanteil, ein Süßmacher, der sechsmal so süß und damit weniger teuer als normaler Zucker ist, und (2) dem Import von großen Mengen Kokosöls aus Malaysia, das sowohl niedriger in den Kosten als auch besser im Geschmack als andere pflanzliche Öle ist wegen seines hohen Gehaltes an gesättigten Fettsäuren. Da die Nahrungsmittelproduzenten auf Maissirup und Kokosöl zurückgreifen, um Limonadengetränke und kalorienreiche Fertignahrung herzustellen, sanken die Produktionskosten dieser Artikel und ihre Vielfalt nahm zu. Eine neue Ära von „billigen, im Überfluss vorhandenen und schmackhaften Kalorien war gekommen" (Critser, 2003).

- *Übergroße Portionen.* Imbiss- oder Fastfoodketten entdeckten eine äußerst erfolgreiche Strategie, um Kunden anzuziehen: die Portionsgrößen wesentlich zu steigern und die Preise nur wenig anzuheben für Lebensmittel, die relativ preiswert zu produzieren sind. Kunden drängten sich, um Mahlzeiten wie Jumboburger und -burritos, Pizzen „aus der Hand" und Coca Cola in Literbechern zu konsumieren. Bei McDonalds stieg der Kaloriengehalt von einer Portion Pommes frites von 320 in den späten 1970ern auf die 610 Kalorien unserer Tage an (Critser, 2003). Und Forscher bekamen heraus, dass Kindergartenkinder Reste auf den Tellern ließen, wenn sie größere Portionen bekamen, aber Kinder ab fünf Jahren und älter die meiste Nahrung, die ihnen vorgesetzt wurde, verschlangen (Young & Nestle, 2002; Rolls, Engell, & Birch, 2000).

- *Zunehmend arbeitsreicher Lebensstil.* Zwischen den 1970er und 1990er Jahren traten Frauen mit Rekordzahlen in den Arbeitsmarkt ein und die Durchschnittszahl von Arbeitsstunden der Amerikaner stieg um 350 im Jahr an (Schor, 2002). Als die Zeit knapp wurde, nahm das Essen außer Haus zu. Zusätzlich wurden die Amerikaner häufig „Snacker" (Zwischendurch-Esser), unterstützt von einer ständig wachsenden Anzahl kalorienreicher kleiner Imbisse (Snacks) in den Supermarktregalen. In dieser Periode verdoppelten sich fast die Kalorien, welche die Amerikaner außerhalb des Hauses konsumierten und das Fett in den Nahrungsmitteln stieg von 19 % auf 38 %. Insgesamt stieg der tägliche Gesamtverbrauch von Nahrungsmitteln um fast 200 Kalorien an – genug, um alle 20 Tage ein Extrapfund zuzulegen (Nielsen & Popkin, 2003).

- *Abnahme körperlicher Aktivität.* Während der 1980er Jahre begannen körperliche Aktivitäten, die seit den 1960ern angestiegen waren, abzufallen, da die Amerikaner immer häufiger in sitzender Position arbeiteten. Zu Hause wurde das Fernsehen ihre Hauptfreizeitbeschäftigung (der tägliche Fernsehkonsum betrug etwa 4 Stunden, was mit Gewichtszunahme bei Erwachsenen wie bei Kindern verbunden ist) (Woodring, 1998).

- *Irreführende Informationen über ein gesundes Gewicht, Bewegung und Ernährung.* Als die Amerikaner schwerer wurden, zögerten nationale Gesundheitsexperten, sie über ihren schlechten körperlichen Zustand zu informieren. Im Jahre 1990 lockerte die Bundesregierung ihre Empfehlungen für das Idealgewicht. Und kürzlich riet sie, dass leichte Bewegung der Schlüssel zur Gesundheit von Herz und Kreislauf sei, trotz des deutlichen Beweises, dass intensive Bewegung stärker schützt (siehe Seite 588). Schließlich verkündete eine sich entwickelnde Industrie zur Gesundheitsberatung eine Fülle von nicht zusammenpassenden Botschaften einschließlich der Empfehlung, dass Amerikaner Schlankheitskuren vergessen und sich stattdessen auf Fitness konzentrieren sollten (Molnar & Babbitt, 2000). Jedoch ist die überwältigende Mehrheit der übergewichtigen Erwachsenen nicht körperlich fit. Und die Forschung hat wiederholt gezeigt, je schwerer Menschen sind, desto größer ist die Wahrscheinlichkeit von Krankheit und frühem Tod.

Diese widersprüchlichen Informationen verwirren die Öffentlichkeit, besonders Erwachsene mit geringem SÖS, unter denen Übergewicht und Fettleibigkeit ganz besonders hoch sind. In einer Übersicht stimmten 37 % von Afroamerikanern mit geringem Einkommen der Aussage zu: „Ich weiß nicht, ob Bewegung gut oder schlecht für mich ist." (Airhihenbuwa et al., 1995).

Die Epidemie der Fettleibigkeit bekämpfen

Der Preis der Fettleibigkeit für die Gesellschaft ist immens. Sie ist verantwortlich für 100 Milliarden Dollar an Ausgaben für die Gesundheit und 280.000 verfrühten Sterbefällen im Jahr. Neben individueller Behandlung sind gesellschaftliche Anstrengungen vonnöten, um die Fettleibigkeit zu besiegen (Nestle & Jacobson, 2000). Vorschläge hierzu:

- Öffentlich finanzierte Aufklärung über gesundes Essen und körperliche Aktivität;

- hohe Priorität auf das Einrichten von Parks und Naherholungszentren im Wohnumfeld Geringverdienender, wo Übergewicht und Fettleibigkeit am höchsten sind;
- Gesetze, die in Restaurants, Kinos und Lebensmittelläden sichtbare Informationen vorschreiben, um den Anteil von Kalorien, Zucker und Fett verkaufter Lebensmittel anzugeben;
- eine Sondersteuer für Nahrungsmittel mit hohem Anteil an Kalorien, Zucker und Fett; und Belohnungen in der Schule und in Unternehmen, für die Förderung gesunden Essens und täglicher Bewegung sowie für das Angebot von Programmen zum Erhalt eines gesunden Gewichts.

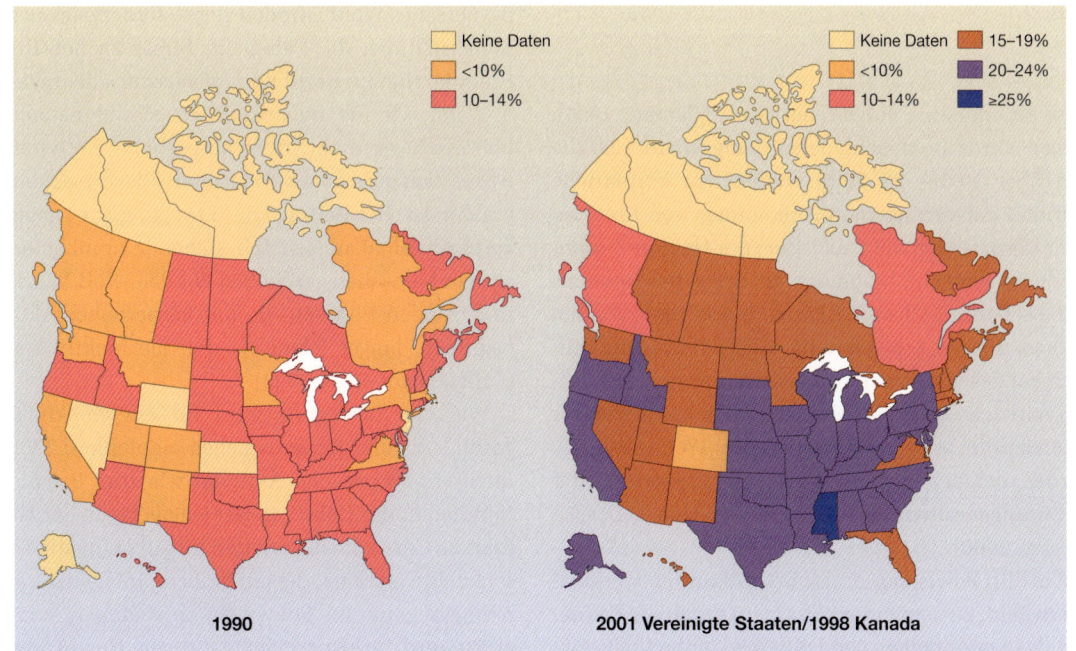

Abbildung 13.6: Trend zur Fettleibigkeit bei amerikanischen und kanadischen Erwachsenen, 1990 und 1998–2001. Die sich verdunkelnde Landkarte zeigt, dass in beiden Nationen die Fettleibigkeit zugenommen hat. Aber der Anstieg in den letzten zehn Jahren ist besonders extrem in den Vereinigten Staaten (aus A. Katzmarzyk, 2002, „The Canadian Obesity Epidemic, 1995–1998," Canadian Medical Association Journal, 166, S. 1039–1040; Mokdad et al., 2001, „The Continuing Epidemics of Obesity and Diabetes in the United States," Journal of the American Medical Association, 286, S. 1198).

13.3 KÖRPERLICHE UND KOGNITIVE ENTWICKLUNG IM FRÜHEN ERWACHSENENALTER

Regelmäßige Bewegung durch solche Aktivitäten wie schnelles Gehen, Laufen, Volleyball, Basketball, Aerobic, Schwimmen oder Radfahren kann zu einem gesünderen und längeren Leben führen. Etwa 20 bis 30 Minuten relativ kräftigen Gebrauchs der großen Körpermuskeln an den meisten Tagen kann gegen Fettleibigkeit schützen, die Immunfunktion stärken und einen positiven Blick auf das Leben fördern. Diese jungen Mütter machen Sport mit ihren Babys.

diese Krankheiten aufgetreten sind (Nieman, 1994). Ferner wurde in verschiedenen Langzeitstudien, die sich über 10 bis 20 Jahre erstreckten, körperliche Aktivität mit verringertem Aufkommen von Krebs an allen Körperteilen mit Ausnahme der Haut in Zusammenhang gebracht, besonders für Krebs des Rektums und des Darms (Albanes, Blair, & Taylor, 1989; Wannamethee, Shaper, & Macfarlane, 1993). Bewegung hilft auch bei der Vorbeugung von Altersdiabetes. Schließlich entwickeln körperlich aktive Menschen weniger selten kardiovaskuläre Erkrankungen. Wenn sie krank werden, dann typischerweise in einem späteren Alter und weniger schwer als ihre inaktiven Altersgenossen (Bassey, 2000).

Wie hilft Bewegung, ernste Erkrankungen, wie gerade erwähnt, zu vermeiden? Das kann durch die Reduktion des Vorkommens von Fettleibigkeit bedingt sein, ein Risikofaktor für Herzerkrankungen, Diabetes und verschiedene Formen von Krebs. Zusätzlich nehmen Menschen, die sich regelmäßig bewegen, auch andere gesunde Verhaltensweisen an und mindern dadurch das Risiko von Krankheiten, die mit fettreicher Ernährung, Alkoholkonsum und Rauchen verbunden werden. Bewegung kann auch einen direkten Einfluss auf die Vorbeugung von Krankheiten haben. Bei Tierversuchen zum Beispiel wurde festgestellt, dass sie das Wachstum von Krebstumoren über den Einfluss von Ernährung, Körperfett und Immunreaktion hinaus hemmt (Mackinnon, 1992). Und sie fördert die kardiovaskuläre Funktion, indem sie den Herzmuskel stärkt und eine Art „gutes Cholesterol" (Lipoproteine mit hoher Dichte) herstellt, das hilft, das „schlechte Cholesterol" (Lipoproteine geringer Dichte) von den Arterienwänden zu entfernen und den Blutdruck zu senken (Donatelle, 2003).

Noch ein anderer Aspekt, den Bewegung gegen Krankheit darstellen mag, besteht in ihren Vorteilen für die seelische Gesundheit. Viele Untersuchungen haben gezeigt, dass körperliche Aktivität Angst und Depressivität reduziert, die Stimmung verbessert und Aufmerksamkeit und Energie erhöht (Kirkby & Lindner, 1998; Hassmén, Koivula, & Uutela, 2000). Der Einfluss von Bewegung auf einen „positiveren Blick", wie Wendy es nannte, ist gerade nach dem Training zu beobachten und kann einige Stunden andauern (Chollar, 1995). Die Stress abbauenden Eigenschaften der Bewegung stärken unzweifelhaft die Abwehrkräfte gegen Krankheiten. Und so wie körperliche Aktivität psychisches Wohlbefinden stärkt, fördert sie auch die Selbstachtung, die Fähigkeit, Stress zu bewältigen, Produktivität im Beruf und Lebenszufriedenheit.

Wenn wir die Beweislage insgesamt betrachten, überrascht es nicht, dass körperliche Aktivität mit wesentlich geringeren Todesraten aller Ursachen verbunden ist. Der Beitrag von Bewegung zur Langlebigkeit kann nicht auf schon bestehende Krankheiten inaktiver Menschen geschoben werden, weil Menschen in sitzenden Berufen, die mit körperlicher Aktivität beginnen, länger leben als die, die inaktiv bleiben (Paffenbarger et al., 1993).

Wie viel Bewegung wird für ein glücklicheres, gesünderes und längeres Leben empfohlen? Moderat intensive körperliche Aktivität wie zum Beispiel 30 Minuten flottes Gehen an fast jedem Tag in der Woche führt zu Gesundheitsvorteilen für zuvor inaktive Menschen. Erwachsene, die mit größerer Intensität trainieren (genug, um ins Schwitzen zu kommen), erlangen einen noch größeren Schutz gegen Herz-Kreislauf-Erkrankungen, Diabetes, Darmkrebs und Fettleibigkeit (Hu & Manson, 2001; Yu et al., 2003). Derzeit empfiehlt die US-Regierung 30 Minuten moderate körperliche Aktivität mehrere Male die Woche (U.S. Department of Health and Human Services, 2002f). Kanadische Empfehlungen sind strenger: wenigstens 60 Minuten moderate Aktivität pro Tag, bei größerer Anstrengung, z.B. beim Joggen, Aerobic oder schnellem Schwimmen, nur 20 bis 30 Minuten (Health Canada, 2000d).

13.3.3 Missbrauch von Drogen, Tabletten und anderen Substanzen

Trotz eines allgemeinen Rückgangs im Gebrauch legaler wie illegaler Substanzen in den vergangenen Jahren bleiben Alkohol- und Drogenabhängigkeit im frühen Erwachsenenalter ein ernstes Problem. Sie schädigen die Denkfähigkeit, verstärken psychische Probleme, die der Sucht zugrunde liegen, und vergrößern das Risiko von Unfällen und Tod. Um sich die persönlichen und Umgebungsfaktoren, die Individuen dazu bringen, in der Adoleszenz substanzabhängig zu werden, wieder vor Augen zu führen, sollten Sie zu Kapitel 11 zurückblättern. Die gleichen Merkmale gelten auch in den Erwachsenenjahren. Zigarettenrauchen und Alkoholkonsum sind die häufigsten Suchtstörungen.

■ Zigarettenrauchen

Verbreitung von Informationen über die schädlichen Wirkungen vom Zigarettenrauchen haben dazu beigetragen, sein Aufkommen von 40 % nordamerikanischer Erwachsener im Jahre 1965 auf etwa 25 % im Jahr 2000 zu reduzieren (Health Canada, 2002h; U.S. Department of Health and Human Services, 2002a). Dennoch hat das Rauchen sehr langsam abgenommen.

Der größte Rückgang ist bei Menschen mit einem Hochschulabschluss zu verzeichnen; Menschen ohne Oberschulabschluss haben ihre Gewohnheiten wenig geändert. Obwohl ferner mehr Männer als Frauen rauchen, ist heute die Differenz zwischen den Geschlechtern viel geringer als in der Vergangenheit, weil Rauchen bei jungen Frauen ohne höherem Schulabschluss stark angestiegen ist. Rauchen bei Hochschulstudenten ist angestiegen: bei Studenten beiderlei Geschlechts und verschiedener ethnischer Zugehörigkeit. Mehr als 90 % der Männer und 85 % der Frauen, die rauchen, begannen vor dem Alter von 21 (Nordstrom et al., 2000; U.S. Department of Health and Human Services, 2001, 2002f). Und je früher die Menschen mit dem Rauchen beginnen, desto höher ist ihr täglicher Zigarettenkonsum und die Wahrscheinlichkeit weiterzurauchen, ein Hinweis, dass Präventionsmaßnahmen bei Heranwachsenden und jungen Erwachsenen von großer Bedeutung sind.

Die Bestandteile von Zigarettenrauch – Nikotin, Teer, Kohlenmonoxid und andere Chemikalien – hinterlassen ihre zerstörende Spur im ganzen Körper. Wenn die Person inhaliert, wird die Zufuhr von Sauerstoff ins Gewebe reduziert und Herzfrequenz und Blutdruck steigen an. Mit der Zeit führt unzureichende Sauerstoffzufuhr zu eingeschränkter Nachtsicht, schnellerer Faltenbildung der Haut, Verlust von Knochenmasse, einer niedrigeren Anzahl von Spermien und einer höheren Rate männlicher sexueller Impotenz (Margolin, Morrison, & Hulka, 1994; Tur, Yosipovitch, & Oren-Vulfs, 1992). Schlimme Folgen schließen das Risiko von Herzerkrankungen, Schlaganfall und Krebs an Mund, Hals, Kehlkopf, Speiseröhre, Lunge, Bauchspeicheldrüse, Nieren und Blase ein. Zigarettenrauchen ist die einzige ganz vermeidbare Todesursache in Industrienationen. Einer von drei jungen Menschen, die regelmäßige Raucher werden, wird von einer durch Rauchen bedingten Krankheit sterben (U.S. Department of Health and Human Services, 2002a).

Die Verbindung zwischen Rauchen und Sterblichkeit ist dosisabhängig. Je mehr Zigaretten konsumiert werden, desto größer ist die Wahrscheinlichkeit eines verfrühten Todes. Gleichzeitig sind die Vorteile des Aufhörens groß einschließlich der Rückkehr zu dem Krankheitsrisiko eines Nichtrauchers innerhalb von drei bis acht Jahren und einem gesünderen Lebensumfeld. Obwohl Millionen von Menschen ohne Hilfe mit dem Rauchen aufgehört haben, scheitern die in Behandlungsprogrammen und solche mit Hilfsmitteln zum Aufhören (zum Beispiel Nikotinkaugummi, Nasenspray oder Pflaster, die geschaffen wurden, um die Abhängigkeit allmählich zu reduzieren) oft. Nach einem Jahr fangen 70 % bis 80 % wieder mit dem Rauchen an (Brigham, 1998).

Leider sind wenige Behandlungsarten lang genug oder lehren keine Techniken, die einen Rückfall verhindern. Manchmal ist eine persönliche Erfahrung oder der Rat eines Doktors ausreichend, um den Impuls für das Aufhören zu geben. Ein Mann, in seinen Zwanzigern und Dreißigern ein heftiger Raucher, suchte eine Behandlung für chronische Bronchitis auf (Entzündung der Bronchialäste, verbreitet bei Rauchern). Sein Arzt sagte ihm, dass er seine Kinder nicht aufwachsen sehen würde, wenn er nicht mit dem Rauchen aufhörte. Er hat nie wieder eine Zigarette geraucht. Er starb mit 80 Jahren und hatte damit fast 30 Jahre länger gelebt als die Durchschnittslebenserwartung seines Geburtsjahres verhieß.

■ Alkohol

Nationale Umfragen haben enthüllt, dass 13 % der Männer und 3 % der Frauen in den Vereinigten

Staaten und Kanada stark trinken (Health Canada, 2002e; U.S. Department of Health and Human Services, 2002a). Etwa zwei Drittel sind *Alkoholiker*, die ihren Alkoholkonsum nicht begrenzen können. Bei Männern beginnt Alkoholismus in der Regel in den Teenagerjahren und frühen Zwanzigern und wird in dem folgenden Jahrzehnt schlimmer. Bei Frauen ist der Beginn typischerweise später, in den Zwanzigern und Dreißigern, und sein Verlauf ist vielfältiger. Viele Alkoholiker sind auch von anderen Drogen abhängig. Etwa 80 % sind auch starke Zigarettenraucher (Goodwin, 1997).

Zwillingsstudien berichten über eine genetische Veranlagung für Alkoholismus (Tsuang et al., 2001). Ob aber ein Mensch seine Lebensprobleme mit Trinken lösen wird, wird sehr von persönlichen Merkmalen und Umständen beeinflusst, denn die Hälfte hospitalisierter Alkoholiker hat keine Familiengeschichte schweren Trinkens (Hawkins, Catalano, & Miller, 1992). Alkoholismus besteht über Grenzen von SÖS und Ethnienzugehörigkeit hinweg, ist aber in einigen Gruppen größer als in anderen. In Kulturen zum Beispiel, in denen Alkohol traditioneller Bestandteil religiöser oder zeremonieller Aktivitäten ist, neigen Menschen weniger dazu, ihn zu missbrauchen. Wo der Zugang zu Alkohol kontrolliert wird und als Zeichen von Erwachsensein gilt, ist Abhängigkeit wahrscheinlicher. Armut und Hoffnungslosigkeit fördern ihn ebenso (Donatelle, 2003).

Alkohol wirkt dämpfend und schädigt die Fähigkeit des Gehirns, Gedanken und Handlungen zu kontrollieren. Bei einem schweren Trinker mindert er Angst, löst diese aber auch wieder aus, weil die Wirkung nachlässt, sodass der Alkoholiker wieder trinken muss. Chronischer Alkoholkonsum führt zu vielerlei körperlichen Schäden. Seine bekannteste Komplikation ist die Erkrankung der Leber, er ist aber auch verbunden mit Herz-Kreislauf-Erkrankungen, Entzündung der Bauchspeicheldrüse, Irritationen der Eingeweide, Knochenmarksproblemen, Störungen des Blutbildes und der Gelenke und einigen Formen von Krebs. Mit der Zeit verursacht Alkohol Hirnschäden, was zu Verwirrtheitszuständen, Apathie, Lernunfähigkeit und Gedächtnisverlusten führt (Brun & Andersson, 2001). Die Kosten für die Gesellschaft sind enorm. In etwa 40 % der tödlichen Unfälle auf den Highways in den Vereinigten Staaten sind alkoholisierte Fahrer verwickelt. Etwa die Hälfte festgenommener Verbrecher sind Alkoholiker und etwa die Hälfte der Polizeieinsätze in Großstädten betreffen Vergehen, die mit Alkohol in Verbindung stehen. Alkohol spielt häufig eine Rolle bei Vergewaltigung, anderen Formen sexueller Nötigung und häuslicher Gewalt (McKim, 2002).

Die erfolgreichsten Behandlungsmethoden kombinieren persönliche und Familienberatung, Gruppenunterstützung und Aversionstherapie (bei der Medikamente verwendet werden, die eine unangenehme Reaktion auf Alkohol hervorrufen, wie Übelkeit und Erbrechen). Anonyme Alkoholiker, ein Zugang mit Unterstützung einer Gemeinschaft, verhelfen vielen Menschen zu einer größeren Kontrolle über ihr Leben durch Ermutigung von anderen mit ähnlichen Problemen. Dennoch ist die Heilung von einer Sucht, die das Leben eines Menschen dominiert hat, sehr schwierig; 50 % der Alkoholiker haben innerhalb weniger Monate einen Rückfall (Volpicelli, 2001).

13.3.4 Sexualität

Wenn die Teenagerjahre vorüber sind, haben mehr als 70 % junger Leute in den USA Geschlechtsverkehr gehabt; um das Alter von 22 steigt diese Zahl auf 90 % an (Darroch, Frost, & Singh, 2001; Michael et al., 1994). Im Vergleich mit früheren Generationen zeigen die heutigen Erwachsenen ein größeres Spektrum sexu-

In Kulturen, in denen Alkohol ein traditioneller Bestandteil religiöser oder zeremonieller Handlungen darstellt, neigen die Menschen weniger dazu, ihn zu missbrauchen. Hier, bei einem jüdischen Passahgottesdienst, segnen die Menschen den Wein.

eller Entscheidungen und Lebensstile einschließlich Zusammenlebens, Heirat, außereheliche Erfahrungen und Orientierung zu hetero- oder homosexueller Partnerschaft. In diesem Kapitel geht es um die Einstellungen, Verhaltensweisen und Gesundheitsprobleme, die mit sexueller Aktivität als regelmäßigem Bestandteil im Leben junger Menschen verbunden sind. In Kapitel 14 konzentrieren wir uns auf die emotionale Seite enger Beziehungen.

Heterosexuelle Einstellungen und Verhaltensweisen

Eines Freitagabends begleitete Wendy ihre Zimmergenossin Hella in eine Bar für junge Singles. Kurz nach ihrer Ankunft gesellten sich zwei junge Männer zu ihnen. Da sie ihrem Freund Ernie, den sie an der Hochschule kennen gelernt hatte und der in einer anderen Stadt arbeitete, treu war, blieb Wendy in den nächsten Stunden zurückhaltend. Im Gegensatz dazu war Hella gesprächig und gab einem der Männer, Richard, ihre Telefonnummer. Am Wochenende darauf ging Hella mit Richard aus. Beim zweiten Treffen hatten sie Geschlechtsverkehr, aber die Romanze war von kurzer Dauer. Innerhalb weniger Wochen suchte jeder von ihnen einen neuen Partner. Wendy fragte sich angesichts von Hellas abwechslungsreichem Sexualleben, ob ihr eigenes normal sei. Sie und Ernie schliefen erst nach einem Jahr Zusammenseins das erste Mal miteinander.

Seit den 1950er Jahren hat die öffentliche Zurschaustellung von Sexualität in Filmen, Zeitschriften und Büchern ständig zugenommen, was den Eindruck erweckte, als seien die Amerikaner sexuell aktiver als jemals zuvor. Diese extreme sexuelle Offenheit hat dazu geführt, dass Menschen, deren Sexualität weit von dem verbreiteten Bild entfernt ist, sich fragen, ob sie irgendetwas verpassen. Wie sehen die Haltungen und Verhaltensweisen moderner Erwachsener wirklich aus? Antworten auf diese Frage waren bis zur Vollendung des National Health and Social Life Survey (Überblick über nationales Gesundheits- und soziales Leben), der ersten in die Tiefe gehenden Studie über das Sexualleben der Amerikaner, basierend auf einer national repräsentativen Stichprobe, schwer zu erhalten. Fast vier von fünf nach dem Zufallsprinzip ausgewählten 18- bis 59-jährigen stimmten der Teilnahme zu, insgesamt 3400. Die Ergebnisse waren denen von Überblicksstudien in Frankreich, Großbritannien und Finnland bemerkenswert ähnlich (Laumann et al., 1994; Michael et al., 1994).

Aus Kapitel 11 ist bekannt, dass das Sexualleben der meisten Teenager nicht mit den aufregenden Bildern der Medien übereinstimmt. Ähnliches ergibt sich für Erwachsene in den westlichen Staaten. Zwar sind ihre sexuellen Praktiken sehr unterschiedlich, aber sie sind weit weniger sexuell aktiv, als wir glauben. Paare wie Wendy und Ernie sind typischer (und zufriedener) als Paare wie Hella und Richard.

Sexuelle Partner, ob sie nun miteinander ausgehen, zusammenleben oder verheiratet sind, wählen sich in der Regel nicht zufällig aus. Vielmehr neigen sie dazu, sich im Alter (einer Spanne von fünf Jahren), Bildung, Ethnizität und (in einem geringeren Ausmaß) in der Religion zu ähneln. Ferner lernen sich die meisten Menschen, die dauerhafte Beziehungen aufbauen, auf konventionelle Weise kennen. Familienmitglieder oder Freunde machen sie miteinander bekannt oder sie lernen sich bei der Arbeit, in der Schule oder bei sozialen Anlässen kennen, wo sich Menschen, die ihnen ähneln, versammeln. Nur 10 % der Erwachsenen, die heiraten und 14 % derer, die sich entschließen, zusammenzuleben, lernen sich in Bars, durch Anzeigen oder im Urlaub kennen. Der starke Einfluss sozialer Netzwerke auf die sexuelle Wahl dient der Anpassung. Eine intime Beziehung aufrechtzuerhalten ist einfacher, wenn Erwachsene Interessen und Werte teilen und die Menschen, die sie kennen, mit der Verbindung einverstanden sind.

Übereinstimmend mit der verbreiteten Annahme haben Amerikaner heute mehr Sexualpartner als vor einer Generation. Zum Beispiel hatten ein Drittel der Erwachsene über 50 fünf oder mehr Partner in ihrem Leben, während die Hälfte der 30- bis 50-jährigen so viele in viel kürzerer Zeit gesammelt haben. Wenn man aber Erwachsene (jüngere oder ältere) fragt, wie viele Partner sie im vergangenen Jahr hatten, ist die übliche Antwort eine oder einer (71 %).

Was bedeutet dieser Trend zu mehr Beziehungen? In der Vergangenheit folgte dem Dating mit verschiedenen Partnern die Ehe. Heute folgt eher das Zusammenleben, das entweder zur Ehe oder zu Trennung führt. Zusätzlich heiraten die Menschen später und die Scheidungsrate bleibt hoch. Zusammen schaffen diese Faktoren mehr Möglichkeiten für neue Sexualpartner. Dennoch enthüllen Umfragen bei Hochschulstudenten, dass fast alle sich irgendwann mit einem Partner niederlassen möchten, der ihr ausschließlicher Sexualpartner ist (Pedersen et al., 2002).

Damit in Übereinstimmung verbringt die Mehrheit ihr Leben mit einem Partner. Und nur eine kleine Minderheit von Amerikanern (3 %), von der die meisten Männer sind, berichten über fünf oder mehr Partner oder Partnerinnen in einem einzigen Jahr. (Siehe den Kasten „Soziale Aspekte" auf der folgenden Seite für eine Diskussion über Geschlechtsunterschiede in der Einstellung zur Sexualität.)

Wie oft haben Amerikaner Sex? Nicht annähernd so oft, wie die Medien uns glauben machen wollen. Nur ein Drittel der 18- bis 59-jährigen haben etwa zweimal wöchentlich Geschlechtsverkehr, ein weiteres Drittel nur einige Male im Monat und das verbleibende Drittel nur einige Male im Jahr oder überhaupt nicht. Drei Faktoren beeinflussen die Häufigkeit sexueller Aktivität: Alter, ob die Menschen zusammenleben oder verheiratet sind und wie lange das Paar schon zusammen ist. Jüngere Menschen haben mehr Partner, aber das ist nicht gleichbedeutend mit mehr Sex. Sexuelle Aktivität nimmt in den Zwanzigern zu, wenn die Menschen entweder zusammenziehen oder heiraten. Dann, gegen 30, nimmt sie ab, obwohl sich das Hormonniveau noch nicht sehr verändert hat. Die Anforderungen des täglichen Lebens – Arbeit, Pendeln zur Arbeit, Hausarbeit und die Kinder – sind dafür wahrscheinlich verantwortlich. Trotz der üblichen Annahme, dass sexuelle Praktiken sich in den sozialen Gruppen sehr unterscheiden, sind die gerade beschriebenen Verhaltensmuster nicht von Bildung, SÖS oder Ethnizität beeinflusst.

Obwohl Erwachsene typischerweise nicht übermäßig viel Sex haben, sind die meisten glücklich mit ihrem Sexualleben. Für jene, die in Lebensgemeinschaften leben, beträgt das Gefühl „körperlich und seelisch extrem zufrieden zu sein" über 80 %, bei verheirateten Paaren steigt es auf 88 % an. Mit dem Ansteigen der Anzahl von Sexualpartnern nimmt die Zufriedenheit stark ab. Diese Erkenntnisse beeinträchtigen das Stereotyp der Ehe als langweilig und das von Leuten mit vielen Partnern als die mit dem „heißesten" Sex.

Ferner berichtet nur eine Minderheit von Erwachsenen (Frauen häufiger als Männer) über sexuelle Probleme. Die beiden häufigsten Probleme bei Frauen sind Mangel an Interesse an Sex (33 %) und die Unfähigkeit, zu einem Orgasmus zu gelangen (24 %); bei Männern sind am meisten Ängste verbreitet, zu früh zum Höhepunkt zu kommen (29 %) und Besorgnis über die sexuelle Leistung (16 %). Sexuelle Schwierigkeiten treten bei Männern und Frauen mit niedrigem SÖS und bei oder infolge von psychischer Belastung auf. Sie sind auch häufiger bei Menschen, die nicht verheiratet sind, mehr als fünf Partner hatten und während der Kindheit sexuellen Missbrauch erlebten oder (bei Frauen) sexuelle Nötigung im Erwachsenenalter (Laumann, Paik, & Rosen, 1999). Wie diese Erkenntnisse zeigen, verstärken ungünstige persönliche Beziehungen und schlechte sexuelle Erfahrungen das Risiko sexueller Dysfunktion.

Aber insgesamt sind vollständig problemlose körperliche Erfahrungen nicht wesentlich für sexuelle Erfüllung. Gesamtbetrachtungen von Erwachsenen zeigen wiederholt, dass befriedigender Sex mehr als Techniken umfasst; er wird im Kontext von Liebe, Zuneigung und Treue erfahren. Zusammengefasst kann man sagen, dass Glück durch partnerschaftlichen Sex verbunden ist mit einer emotional erfüllenden Beziehung, seelischer Gesundheit und einer allgemeinen Zufriedenheit mit dem Leben (Bancroft, 2002; Michael et al., 1994).

Homosexuelle Einstellungen und Verhaltensweisen

Die schreckliche Ausbreitung von AIDS hat Homosexuellen wieder vermehrt Aufmerksamkeit beschert und die Befreiungsbewegung der Schwulen der 1970er Jahre wieder belebt. Bemühungen zur AIDS-Prävention, bessere Gesundheitsvorsorge und der Kampf gegen die Diskriminierung von Aidskranken hat die Bürgerrechte der Homosexuellen wieder in die Debatte gebracht. Negative Einstellungen gegenüber Homosexuellen haben sich dadurch gemindert.

Die Mehrheit der Amerikaner unterstützt bürgerliche Freiheiten und gleiche Berufsmöglichkeiten für schwule Männer, lesbische Frauen und Bisexuelle (Brooks, 2000). Und obwohl fast alle Amerikaner sexuelle Beziehungen zwischen zwei Erwachsenen des gleichen Geschlechts missbilligen, haben in den vergangenen zehn Jahren die Einstellungen mehr Akzeptanz gezeigt. Etwa ein Drittel der Befragten in einer Umfrage sagten, dass Homosexualität „überhaupt nicht falsch" ist (Loftus, 2001). Der politische Aktivismus Homosexueller und mehr Offenheit über ihre Orientierung haben zu langsamen Zugewinnen in der Akzeptanz geführt. Offenheit und gegenseitiger Kontakt reduzieren negative Einstellungen (Epstein, 1999). Männer beurteilen Homosexuelle härter als

Soziale Aspekte: Geschlechtsunterschiede in der Einstellung zur Sexualität

Unterschiede zwischen Männern und Frauen in sexuellen Einstellungen und Verhaltensweisen werden weithin angenommen und zeitgenössische Theorien bieten unterschiedliche Erklärungen dafür an. Zum Beispiel glauben Nancy Chodorow, eine feministische psychoanalytische Theoretikerin, und Carol Gilligan, eine feministische Theoretikerin der Moralentwicklung (siehe Kapitel 12), dass die emotionale Intensität der Beziehung zwischen Säugling und Betreuungsperson bei Mädchen in zukünftige intime Bande hinübergetragen wird. Bei Jungen jedoch wird sie zerstört, wenn sie eine „maskuline" Geschlechtsidentität aufbauen, die Unabhängigkeit und Selbstsicherheit betont (Chodorow, 1978; Gilligan, 1982).

Gemäß einer alternativen evolutionären Sichtweise formt der Wunsch, Kinder zu haben und ihr Überleben sicherzustellen, die Sexualität. Weil Sperma massenhaft vorhanden ist, Eizellen aber viel weniger zahlreich sind, müssen Frauen vorsichtiger als Männer bei der Wahl eines Partners sein, der über Engagement und Ressourcen verfügen muss, die benötigt werden, um die Entwicklung des Kindes zu schützen (Bjorklund & Shackelford, 1999). Die Theorie des sozialen Lernens schließlich sieht Geschlechtsunterschiede als Folge von Vorbildern und Verstärkungen von Erwartungen zur Geschlechtsrolle an (siehe Kapitel 8). Frauen erfahren mehr Missbilligung, wenn sie zahlreiche Partner haben und sich in unverbindlichen Sex einlassen, als Männer, die manchmal mit Bewunderung und sozialem Status dafür belohnt werden.

Sowohl Untersuchungen auf kleinem Niveau wie groß angelegte Umfragen bestätigen, dass Frauen unverbindlichem Sex negativer gegenüberstehen als Männer und nur halb so oft wie Männer darin engagiert sind (Cubbins & Tanfer, 2000; Hyde & Oliver, 2000). Nimmt man jedoch eine kleine Anzahl von Männern mit sehr viel Sexualpartnerinnen aus der Betrachtung heraus, unterscheiden sich heutige Männer und Frauen sehr wenig in der durchschnittlichen Anzahl ihrer Sexualpartner, die sie in ihrem Leben hatten (Chatterjee, Handcock, & Simonoff, 1995). Warum ist das so? Aus der Perspektive der Evolution erlaubt eine wirksamere Verhütung sexuelle Aktivitäten mit einem geringen Fortpflanzungsrisiko. Unter diesen Bedingungen können Frauen genauso viele Partner haben wie Männer, ohne das Wohlbefinden ihrer Nachkommen zu gefährden.

Doch wenn Frauen klagen, dass die Männer, die sie kennen lernen, an einer lang andauernden Verpflichtung wenig interessiert sind, steckt darin ein Körnchen Wahrheit. Viel mehr Männer als Frauen berichten, dass sie nach sexuellem Vergnügen suchen, wobei Heirat und Liebe nicht Teil der Gleichung sind. Und im Falle von Untreue sind Männer viel besorgter bei dem Gedanken, dass ihre Partnerin mit einer anderen Person Sex hat, Frauen aber bei dem Gedanken, dass ihr Partner für jemand anderen Liebe empfindet – was den Verlust ihrer Investition in die Nachkommenschaft bedeuten könnte (Buss, 1999). Diese widersprüchlichen Ziele und Einstellungen sind bei jungen Erwachsenen am stärksten. Mit zunehmendem Alter gleichen sich beide Geschlechter aneinander an und betrachten eine liebevolle Beziehung als wesentlicher als Sexualität (Schwartz & Rutter, 1998).

Wegen besserer Verhütungsmethoden unterscheiden sich Männer und Frauen viel weniger in Einstellungen zum außerehelichen Sex, als sie es früher taten. Und beide Geschlechter erleben befriedigenden Sex im Kontext von Liebe, Zuneigung und Treue.

Frauen, vielleicht, weil heterosexuelle Männer stärker darum bemüht sind, mit der festgeschriebenen Geschlechterrolle konform zu gehen (Kite & Whitley, 1998).

In der National Health and Social Life Survey erklärten sich 2,8 % der Männer und 1,4 % der Frauen als homosexuell oder bisexuell – Zahlen, die denen anderer nationaler Umfragen der letzten Zeit in den Vereinigten Staaten, Frankreich, Deutschland und Großbritannien ähnlich sind (Black, Gates, & Saunders, 2000; Spira, 1992; Wellings et al., 1994). Aber geschätzte 30 % gleichgeschlechtlicher Paare offenbaren sich nicht als solche in Umfragen. Dieser Mangel an Bereitschaft, Fragen zu beantworten, verursacht durch ein Klima von Verfolgung, hat das begrenzt, was Forscher bisher über das Sexualleben von schwulen Männern und lesbischen Frauen herausfinden konnte. Das wenige zur Verfügung stehende Beweismaterial weist darauf hin, dass homosexueller Sex in vielem den gleichen Regeln folgt wie der Heterosexueller: die Menschen neigen dazu, Partner zu wählen, die ihnen in Bildung und Hintergrund gleichen; Partner in verbindlichen Beziehungen haben häufiger Sex und sind zufriedener; und die Gesamthäufigkeit von Sex ist moderat (Laumann et al., 1994; Michael et al., 1994).

Homosexuelle neigen dazu, in großen Städten zu leben, wo viele andere ihre sexuelle Orientierung teilen, und in Hochschul- und Universitätsstädten, wo die Einstellungen mehr Akzeptanz aufweisen. Das Leben in kleinen Städten, wo Vorurteile stark sind und kein soziales Netzwerk besteht, durch das passende homosexuelle Partner gefunden werden können, ist isolierend und einsam. Menschen, die sich selber als schwul oder lesbisch zu erkennen geben, sind eher gebildet (Black, Gates, & Sanders, 2000). In der National Health and Social Life Survey gaben doppelt so viele Männer mit Hochschulabschluss in Vergleich zu Oberschulabsolventen und achtmal so viele Frauen mit Hochschulabschluss als solche mit Oberschulbildung an, dass sie homosexuell sind. Obwohl die Gründe dafür nicht klar sind, reflektieren sie wahrscheinlich größeren sozialen und sexuellen Liberalismus unter den Menschen mit mehr Bildung und damit größere Bereitschaft, Homosexualität zu enthüllen.

■ Sexuell übertragene Krankheiten

Eine große Zahl von Nordamerikanern – einer von vier in den Vereinigten Staaten und einer von zwölf in Kanada – zieht sich im Laufe seines Lebens eine sexuell übertragbare Krankheit zu (Health Canada, 2002e; U.S. Department of Health and Human Services, 1999b). (Siehe Kapitel 11 für eine Beschreibung der häufigsten sexuell übertragenen Krankheiten.) Obwohl die Häufigkeit in der Adoleszenz am höchsten ist, kommen diese Krankheiten auch im frühen Erwachsenenalter vor. In den Teenagerjahren und in den Zwanzigern haben die Menschen die meisten ihrer Sexualpartner und bedienen sich oft keiner Sicherheitsvorkehrungen, um die Ausbreitung dieser Krankheiten zu verhindern (siehe Seite 492). Insgesamt ist die Rate sexuell übertragener Krankheiten bei Frauen höher als bei Männern, da es für einen Mann mindestens doppelt so wahrscheinlich ist, eine Frau mit jeder Geschlechtskrankheit zu infizieren, einschließlich Aids, als umgekehrt für Frauen, einen Mann zu infizieren (Michael et al., 1994).

Obwohl Aids, die tödlichste Geschlechtskrankheit, bei jungen schwulen Männern und Drogenabhängigen am stärksten verbreitet ist, haben viele Homosexuelle auf die Ausbreitung der Krankheit mit veränderten Sexualpraktiken reagiert – sie begrenzen die Zahl ihrer Partner, mit denen sie Sex haben, suchen sich Partner sorgfältiger aus und benutzen regelmäßig Kondome und wenden sie korrekt an. Heterosexuelle mit einem hohen Risiko infolge einer Vorgeschichte mit vielen Partnern machten es ebenso. Folglich ist die Anzahl der Infektionen bei schwulen und heterosexuellen Männern niedriger als in den frühen 1980ern. Dennoch bleibt Aids an fünfter Stelle der Todesursachen junger amerikanischer Erwachsener (vergleichen Sie Abbildung 13.5). Das Vorkommen HIV-positiver Erwachsener ist in den Vereinigten Staaten höher als in allen anderen Industrienationen: zweieinhalb mal so viel wie in Kanada (Heuveline, 2002). Aids breitet sich am schnellsten durch heterosexuelle Kontakte in von Armut betroffenen Minderheitengruppen aus, in denen der intravenöse Drogenmissbrauch hoch ist und sich mit schlechter Gesundheit, unzureichender Ausbildung, hoher Lebensbelastung und Hoffnungslosigkeit verbindet (Gayle, 2000). Menschen, die von diesen Problemen überwältigt sind, unternehmen am wenigsten vorbeugende Maßnahmen (Capaldi et al., 2002).

Doch Aids kann in Zaum gehalten und reduziert werden durch Sexualaufklärung von der Kindheit ins Erwachsenenalter hinein und durch Zugang zu medizinischer Versorgung, Kondomen und sauberen Nadeln und Spritzen für Hochrisikopersonen (Stryker et al., 1995). Angesichts der dramatischen Zunahme von Aids bei Frauen in den letzten 20 Jahren (von 7 auf 19 % im Falle der USA) besteht ein besonderer Bedarf für Vorbeugemaßnahmen (Hader et al., 2001). Das kürzlich entwickelte Kondom für Frauen gibt einige Zuversicht, aber seine Wirksamkeit und Akzeptanz ist noch nicht belegt.

■ Sexuelle Nötigung

Geschlechtskrankheiten sind nicht die einzige gesundheitliche Bedrohung in Zusammenhang mit sexueller Aktivität. Nach einem langen Tag an der Uni schaltete Wendy den Fernseher an und geriet zufällig in eine Talkshow über ungewollten Sex. Karen, eine 25-jährige Frau, beschrieb, wie ihr Ehemann Mike sie drängte, schlug, beleidigte und sie zwang, mit ihm Sex zu haben. „Es war eine Sache der Kontrolle", erklärte Karen unter Tränen. „Er beschwerte sich, dass ich nicht immer das machte, was er wollte. Ich war durcheinander und gab mir selber die Schuld. Ich verließ ihn nicht, weil ich sicher war, dass er mich verfolgen und noch gewalttätiger sein würde".

Eines Tages, als Karen mit ihrer Mutter telefonierte, schnappte sich Mike den Hörer und schrie: „Das ist nicht die Frau, die ich geheiratet habe! Ich bring sie um, wenn sie sich nicht ändert!" Karens Eltern erkannten die Schwere ihrer Situation, kamen am nächsten Tag mit dem Flugzeug, um ihr zu helfen, und unterstützten sie dabei, die Scheidungsformalitäten anzugehen und eine Therapie zu bekommen.

Eine geschätzte Zahl von 13 % der Frauen hat eine *Vergewaltigung* erlitten, juristisch definiert als Geschlechtsverkehr durch Gewalt, durch Drohung oder wenn das Opfer nicht in der Lage ist, seine Zustimmung zu geben (wegen psychischer Erkrankung, geistiger Retardierung oder Vergiftung). Fast die Hälfte der Frauen erlebte andere Formen sexueller Aggression. Die Mehrheit der Opfer (8 von 10) sind unter 30 Jahren (Humphrey & White, 2000). Frauen sind gefährdet in Begleitung von Partnern, Bekannten und Fremden. Aber meistens sind die Täter Männer, die sie gut kennen. Sexuelle Nötigung geht über sozioökonomische Gruppen und Ethnien hinaus; Menschen aller Lebensbereiche können Angreifer oder Opfer sein. In einer nationalen Stichprobe von mehr als 6000 amerikanischer Studenten zum Beispiel berichteten 44 % der Frauen, sexuelle Nötigung erfahren zu haben, und 19 % der Männer sagten, dass sie Sex durch Gewalt erhalten hatten (Koss, 1998).

Persönliche Merkmale des Mannes, mit dem es eine Frau zu tun hat, sagen viel mehr darüber aus, ob sie möglicherweise ein Opfer wird, als ihre eigenen Merkmale. Männer, die zu sexueller Gewalt neigen, glauben an traditionelle Geschlechterrollen, stimmen Gewalt gegen Frauen zu und akzeptieren Mythen über Vergewaltigung („Frauen wollen vergewaltigt werden" oder „jede gesunde Frau kann sich wehren, wenn sie es wirklich will"). Angreifer haben auch Schwierigkeiten, das Sozialverhalten von Frauen richtig zu deuten. Sie sehen oft Freundlichkeit als Verführbarkeit, Bestimmtheit als Feindseligkeit und Widerstand als Wunschäußerung an. Und sie verleugnen oft ihre eigene Verantwortung, indem sie behaupten, dass „sie es selber darauf brachte (Scully & Marolla, 1998). Auch werden sexueller Missbrauch in der Kindheit, Promiskuität in der Adoleszenz und Alkoholmissbrauch im Erwachsenenalter mit sexuell nötigendem Verhalten in Verbindung gebracht (Kalof, 2000; Senn et al., 2000).

Kulturelle Kräfte, insbesondere eine starke Geschlechtstypisierung, tragen zu sexueller Nötigung bei. Wenn man Männern von einem frühen Alter an beibringt, dominant, rivalisierend und aggressiv zu sein, und Frauen, sich unterzuordnen und kooperativ und passiv zu sein, wird das Problem Vergewaltigung verstärkt. Unter diesen Bedingungen mögen Männer eine Verabredung nicht in Hinblick darauf sehen, eine Partnerin kennen zu lernen, sondern als sexuelle Eroberung verstehen. Und ein Ehemann mag die Befriedigung seiner sexuellen Bedürfnisse als Pflicht seiner Ehefrau ansehen, selbst, wenn sie keine Lust zeigt (Amaro, 1995). Gesellschaftliche Akzeptanz von Gewalt setzt auch den Rahmen für Vergewaltigung, welche typischerweise in Beziehungen auftreten, in denen andere Formen der Aggression an der Tagesordnung sind. Kontakt mit sexuell aggressiver Pornographie und andere Medienvorgaben, die Frauen darstellen, als wünschten und genössen sie den Übergriff, tragen auch zur sexuellen Nötigung bei, indem sie das Empfinden für seine schädlichen Folgen herunterspielen (Donnerstein & Linz, 1998).

Folgen

Die Reaktionen von Frauen auf Vergewaltigung ähneln denen von Überlebenden schwerer Traumata. Unmittelbare Reaktionen umfassen Schock, Verwirrung, Rückzug und psychische Erstarrung. Daraus resultieren schließlich chronische Müdigkeit, Spannung, gestörter Schlaf, Depression und Selbstmordgedanken (Resnick & Newton, 1992). Während der sexuellen Nötigung mag es gefährlich sein, in irgendeiner Weise zu handeln (wie es bei Karen der Fall war), sodass das

Opfer in ein Muster extremer Passivität und Angst verfällt (Goodman, Koss, & Russo, 1993). Wenn sie eine Vorgeschichte sexuellen Missbrauchs hatte oder eine negative Rückmeldung nach einem Versuch, jemand davon zu erzählen, erhielt, wird sie eher bei sich selber die Schuld suchen, was hilflose Reaktionen weiter verstärkt (Arata, 1999).

Ein Drittel bis die Hälfte von Opfern von Vergewaltigungen wird körperlich verletzt. Einige ziehen sich Geschlechtskrankheiten zu und in 5 % der Fälle kommt es zu Schwangerschaften. Ferner berichten Frauen, die Opfer von Vergewaltigungen wurden (und von anderen Verbrechen), über mehr Krankheitssymptome in allen Körpersystemen. Und sie lassen sich eher auf negative Verhaltensweisen für die Gesundheit ein, einschließlich Rauchen und Alkoholkonsum (Koss, Koss, & Woodruff, 1991).

Vorbeugung und Behandlung

Viele Vergewaltigungsopfer haben nicht so viel Glück wie Karen, weil ihre Angst vor einer weiteren Attacke sie davon abhält, sich selbst Familienmitgliedern und Freunden gegenüber zu offenbaren, denen sie vertrauen. Wenn sie Hilfe für andere Probleme suchen, können Auseinandersetzungen über Themen rund um die Sexualität einen einfühlsamen Arzt oder Therapeuten dazu bringen, eine mögliche Vergewaltigung anzunehmen. Es bestehen Einrichtungen, die Frauen die Möglichkeit geben, sich vor den Übergriffen von Männern zu schützen, einschließlich Frauenhäuser, Krisentelefon, unterstützender Gruppen und juristischer Dienste. Die meisten sind jedoch unterfinanziert und können nicht die Bedürfnisse aller Hilfesuchenden befriedigen.

Das Trauma, das durch Vergewaltigung ausgelöst wurde, ist schwer genug, um eine Therapie notwendig zu machen. Zusätzlich zur individuellen Behandlung, die darauf zielt, Angst und Depression zu reduzieren, empfehlen viele Fachleute Gruppensitzungen, weil der Kontakt mit anderen Betroffenen besonders hilfreich dabei ist, Isolation und Schuldzuweisungen zu begegnen (Koss & Harvey, 1991; Neville & Heppner, 2002). Folgende Maßnahmen sollten darüber hinaus ergriffen werden:

- *Routineprüfung nach Belästigung,* wenn Frauen eine offizielle oder private Stelle aufsuchen, um sicherzustellen, dass man die Frauen auf Hilfsdienste hinweist und sie Schutz vor zukünftigem Schaden erhalten;

Psychische Reaktionen auf Vergewaltigung sind so schwer, dass sie eine Therapie nötig machen. In diesem Beratungszentrum hilft eine professionelle Beraterin einem Opfer, sich durch soziale Unterstützung von dem Trauma zu erholen, bei der Bewertung ihrer Erfahrung und der Planung von Sicherheitsmaßnahmen für die Zukunft.

- *Bewertung der Erfahrungen,* indem man darauf hinweist, dass viele andere Frauen von Verwandten oder Bekannten körperlich und sexuell angegriffen wurden; dass solche Angriffe zu einem breiten Spektrum andauernder Symptome führen, illegal und unangemessen sind und nicht toleriert werden können und dass man das Trauma überwinden kann.

- *Planung für die Sicherheit,* selbst wenn der Angreifer nicht mehr da ist, um neuen Kontakt und neue Übergriffe zu vermeiden. Das umfasst Informationen darüber, wie man polizeilichen Schutz, juristische Mittel, eine sichere Unterkunft und andere Hilfen erhält, sollte ein Vergewaltigungsopfer wieder in Gefahr kommen.

Gesundheit und Fitness

Aspekte der Fürsorge

Vorbeugung sexueller Nötigung

EMPFEHLUNG	BESCHREIBUNG
Vermeiden Sie die Stereotypisierung von Geschlechtsunterschieden.	Die Wurzeln sexueller Nötigung liegen in der historisch untergeordneten Rolle der Frauen. Eingeschränkte Ausbildungs- und Arbeitsmöglichkeiten halten viele Frauen in wirtschaftlicher Abhängigkeit von Männern; Frauen sind dadurch schlecht ausgerüstet, Gewalt vom Partner zu vermeiden.
Beantragen Sie eine Behandlung von Männern, die Frauen körperlich oder sexuell angreifen.	Bestandteil wirksamer Interventionen umfassen das Lernen persönlicher Verantwortung für Gewaltverhalten; Unterweisung in sozialer Aufmerksamkeit, sozialen Fertigkeiten und Handhabung der Wut sowie der Entwicklung eines unterstützenden Systems, um zukünftigen Angriffen vorzubeugen.
Erweitern Sie Interventionen bei Kindern, die Zeuge von Gewalt zwischen erwachsenen Betreuern wurden.	Obwohl die meisten Kinder, die Zeugen von Gewalt wurden, nicht selbst als Erwachsene in Missbrauchsbeziehungen hereingezogen werden, haben Jungen ein erhöhtes Risiko, ihre weiblichen Partner anzugreifen, und Mädchen haben ein erhöhtes Risiko, Opfer zu werden, wenn sie Gewalt zwischen ihren Eltern beobachtet haben.
Unterrichten Sie Frauen darin, Vorkehrungen für ein geringeres Risiko sexueller Angriffe zu treffen.	Das Risiko sexueller Angriffe kann reduziert werden, indem vor einem Treffen sexuelle Grenzen klar gemacht werden, nachbarschaftliche Bande mit anderen Frauen geknüpft werden, die Sicherheit der unmittelbaren Umgebung erhöht wird (zum Beispiel durch Anbringen von Sicherheitsschlössern), verlassene Gegenden vermieden werden und es vermieden wird, nach Einbruch der Dunkelheit allein spazieren zu gehen.

Quellen: Browne, 1993; Smith, 2002.

Schließlich können viele Schritte seitens des Einzelnen, der Gemeinde und der Gesellschaft getan werden, um sexueller Nötigung vorzubeugen. Einige sind in der Tabelle „Aspekte der Fürsorge" angeführt.

■ Menstruationszyklus

Der Menstruationszyklus ist zentral im Leben von Frauen und ist mit bestimmten körperlichen Problemen verbunden. Obwohl fast alle Frauen einige Unpässlichkeiten während der Menstruation erleben, haben einige ernstere Schwierigkeiten. Das **prämenstruelle Syndrom (PMS)** weist auf ein Bündel körperlicher und seelischer Symptome hin, die in der Regel 6 bis 10 Tage vor der Menstruation auftauchen. Die häufigsten sind Krämpfe im Unterbauch, Wasseransammlung im Körper, Durchfall, gespannte Brüste, Kopfschmerzen, Müdigkeit, Gespanntheit, Irritierbarkeit und Depression; die Art und Menge der Beschwerden variiert von Frau zu Frau. PMS wird in der Regel das erste Mal nach dem Alter von 20 Jahren erlebt. Fast 40 % der Frauen leiden in irgendeiner, meist milden Form darunter. Bei 10 % ist das PMS so stark, dass es mit schulischen, beruflichen und sozialen Funktionen in Konflikt gerät. Das PMS betrifft Frauen aller sozialen Schichten und ist ein weltweites Phänomen, ebenso verbreitet in Italien und in Bahrain wie in den Vereinigten Staaten (Brody, 1992; American College of Obstetricians and Gynecologists, 2000).

Die Gründe von PMS sind noch nicht gut erforscht, aber es häufen sich Beweise für eine genetische Veranlagung. Bei eineiigen Zwillingen tritt es doppelt so häufig bei beiden Zwillingen auf als bei zweieiigen Zwillingen (Freeman & Halbreich, 1998). Das PMS ist verbunden mit hormonellen Veränderungen, die dem Eisprung folgen und der Menstruation vorangehen. Aber da eine Hormontherapie nicht immer erfolgreich ist, mag eine Empfindlichkeit von Hirnzentren auf diese Hormone und nicht die Hormone selber verantwortlich sein (Frackiewicz & Shiovitz, 2001). Gebräuchliche Behandlungen umfassen Schmerzmittel, Antidepressiva, Diuretika zum Aufbau von Flüssigkeit, begrenzte Koffeineinnahme (welche die Symptome verstärken kann) und eine Ernährung mit geringem Fettanteil und vielen Ballaststoffen, Vitamin- und Mineraliengaben, Bewegung und andere Maßnahmen. Obwohl jeder dieser Ansätze in bestimmten Fällen hilfreich ist, gibt es noch keine Behandlung, die PSM heilt.

13.3.5 Psychischer Stress

In den vorhergehenden Abschnitten tauchte ein Gesundheitsproblem mit einem solch ausgedehnten Einfluss immer wieder auf, dass es einen längeren Kommentar verdient. Psychischer Stress, erfasst in Begriffen wie widrige soziale Bedingungen, negative Lebensereignisse oder täglicher Stress, ist mit einer Vielfalt von gesundheitlichen Problemen verbunden. Zusätzlich zu seiner Verbindung mit vielen ungesunden Verhaltensweisen hat Stress deutliche körperliche Folgen. Zum Beispiel erhöht er den Blutdruck, weil er den Körper zur Aktion mobilisiert. Chronischer Stress, der aus finanziellen Schwierigkeiten und dem Leben in Problemvierteln resultiert, wird beständig mit Bluthochdruck in Verbindung gebracht, einer Kondition, die zu einer hohen Rate von Herzerkrankungen in Gruppen mit niedrigem Einkommen führt, besonders bei Afroamerikanern. Im Vergleich zu Menschen mit hohem SÖS zeigen Erwachsene mit geringem SÖS eine stärkere kardiovaskuläre Reaktion auf Stress (Carroll et al., 2000). Weiter oben haben wir erwähnt, dass psychischer Stress auch in die Funktion des Immunsystems eingreift, eine Verbindung, die seiner Beziehung zu verschiedenen Krebsformen unterliegen mag. Und indem die Verdauungsaktivität reduziert wird, da das Blut ins Gehirn, zum Herzen und in die Extremitäten fließt, kann Stress gastrointestinale Schwierigkeiten bewirken einschließlich Verstopfung, Durchfall, Colitis und Ulcus (Donatelle, 2003).

Die vielen herausfordernden Aufgaben des frühen Erwachsenenalters machen diese Zeit im Leben besonders stressreich. Junge Erwachsene berichten häufiger über Gefühle der Depression als Menschen mittleren Alters, von denen viele beruflichen Erfolg und finanzielle Sicherheit errungen haben und mehr freie Zeit genießen, wenn die elterlichen Pflichten abnehmen (Schieman, Gundy, & Taylor, 2001; Wade & Cairney, 1997). Auch werden wir in den Kapiteln 15 und 16 sehen, dass Erwachsene im mittleren Alter besser Stress bewältigen als junge Erwachsene. Wegen ihrer größeren Lebenserfahrung und einem gewachsenen Gefühl der persönlichen Kontrolle über ihr Leben können sie sich eher in wirksameres Problemlösen einlassen, wenn belastende Konditionen verändert werden können, und negative Emotionen handhaben, wenn in einer unangenehmen Situation nichts mehr getan werden kann (Lazarus, 1991).

In vorhergehenden Kapiteln haben wir immer wieder die positive Wirkung sozialer Unterstützung bei Stress beschrieben, was sich durch das ganze Leben fortsetzt (Markides & Cooper, 1989). Den belasteten jungen Erwachsenen dabei helfen, befriedigende soziale Beziehungen aufzubauen und zu erhalten, ist eine genauso wichtige Intervention für die Gesundheit wie alle anderen, die wir erwähnt haben. Bevor wir uns der kognitiven Seite im jungen Erwachsenenalter zuwenden, finden Sie es vielleicht hilfreich, den Kasten „Aspekte der Fürsorge" auf S. 597 noch einmal zu betrachten, welcher die vielen Arten, mit der wir ein gesundes erwachsenes Leben unterstützen können, zusammenfasst.

> **Prüfen Sie sich selbst ...**
>
> **Rückblick**
> Führen Sie möglichst viele Faktoren auf, die zu Herzattacken und frühem Tod bei Wendys Verwandten beigetragen haben mögen.
>
> **Rückblick**
> Warum sind Menschen in festen Beziehungen eher sexuell aktiv und zufrieden als solche, die mehrere, lose Beziehungen haben?
>
> **Anwendung**
> Tom begann, dreimal die Woche nach der Arbeit in ein Fitnesscenter zu gehen. Bald jedoch überzeugte ihn der Druck bei seinem Job, dass er für so viel Sport keine Zeit hätte. Erklären Sie Tom, warum er sein Programm aufrechterhalten sollte, und schlagen Sie ihm Wege vor, wie er es in sein arbeitsreiches Leben einpassen könnte.
>
> **Zusammenhänge**
> Zitieren Sie historische Einflüsse, die zu der epidemischen Fettleibigkeit geführt haben. (Zu diesem Aspekt in der Lebensspanne sehen Sie sich in Kapitel 1 die betreffenden Stellen noch einmal an.)
>
> **Prüfen Sie sich selbst ...**

Kognitive Entwicklung

Wie verändert sich die Kognition im Übergang zum Erwachsenenalter? Theoretiker der Entwicklung über die Lebensspanne haben diese Frage von drei verschiedenen Ausgangspunkten her untersucht. Als Erstes schlugen sie Veränderungen in der Denkstruktur vor – neue, qualitativ unterschiedliche, entwicklungsbedingte Veränderungen in Kindheit und Adoleszenz. Zweitens ist das Erwachsenenalter eine

Zeit des Erwerbs fortgeschrittenen Wissens auf einem bestimmten Gebiet, der wichtige Folgen für die Informationsverarbeitung und Kreativität hat. Schließlich interessieren sich Forscher für das Ausmaß, in dem die verschiedenen geistigen Fähigkeiten, die durch Intelligenztests erfasst wurden, in den Erwachsenenjahren stabil bleiben oder sich verändern.

13.4 Veränderungen in der Denkstruktur

Wendy beschrieb ihr erstes Universitätsjahr als „kognitiven Wendepunkt". Bei einem Praktikum in einer Klinik konnte sie die vielen Faktoren, die gesundheitsorientierte menschliche Verhaltensweisen beeinflussen, unmittelbar beobachten. Zeitweise war ihr sehr unbehaglich zumute angesichts der Tatsache, dass es so schwer fällt, eindeutige Lösungen für Probleme des täglichen Lebens zu finden. „Die Arbeit in der Realität ist so verschieden von den Problemlösungen, denen ich auf dem College begegnete", erzählte sie ihrer Mutter eines Tages während eines Telefongespräches.

Wendys Reflexionen stimmen mit denen einer Reihe von Wissenschaftlern überein, die das **postformale Denken,** die kognitive Entwicklung über Piagets formal-operationale Stufe hinaus, untersucht haben. Selbst Piaget (1967) gab die Möglichkeit zu, dass wichtige Fortschritte im Denken dem Erwerb formaler Operationen folgen können. Er beobachtete, dass Heranwachsende ein großes Vertrauen in abstrakte Systeme zeigen, indem sie eine logische, in sich konsistente, aber unrichtige Perspektive auf die Welt einer vorziehen, die vage, widersprüchlich und auf bestimmte Umstände zugeschnitten ist (siehe Kapitel 11). Um zu klären, wie das Denken im Erwachsenenalter neu strukturiert wird, wollen wir auf einige einflussreiche Theorien schauen. Zusammen zeigen sie, dass Ausbildung, Familie und berufliche Herausforderungen zunehmend flexible und praktische Denkweisen hervorbringen.

13.4.1 Perrys Theorie

William Perry (1970, 1981) interviewte Studenten am Ende jedes ihrer vier Jahre an der Hochschule und fragte sie, was im Vorjahr wesentlich gewesen wäre. Die Antworten wiesen darauf hin, dass die kognitiven Sehweisen sich änderten, wenn Studenten die Komplexität des Universitätslebens erfuhren und den Rollen Erwachsener näher kamen – Erkenntnisse, die in neuerer Forschung bestätigt wurden (Magolda, 2002; Moore, 2002).

Jüngere Studenten betrachteten Wissen als Zusammensetzung separater Einheiten (Annahmen und Aussagen), deren Wahrheitsgehalt durch den Vergleich mit abstrakten Standards festgelegt werden könnte – Standards, die getrennt von der denkenden Person und ihrer oder seiner Situation existieren. Folglich bedienen sie sich eines **dualistischen Denkens,** das Informationen, Werte und Autoritäten in richtig und falsch, gut und schlecht, wir und sie trennt. Wie ein neuimmatrikulierter Hochschulstudent feststellte: „Als ich zu meiner ersten Vorlesung ging, war das, was der Mann da sagte, wie das Wort Gottes. Ich glaubte alles, was er sagte, weil er Professor ist ... denn das ist eine Autorität" (Perry, 1981, S. 81).

Im Gegensatz dazu sind sich ältere Studenten bei fast allen Themen der Verschiedenheit von Meinungen bewusst. Sie bewegen sich zu einem **relativistischen Denken,** sie sehen alles Wissen eingebettet in ein Denkgefüge. Folglich gaben sie die Möglichkeit der absoluten Wahrheit auf zugunsten verschiedener Wahrheiten, jede relativ wahr in ihrem Kontext. Ihr Denken ist flexibler, toleranter und realistischer geworden. Ein fortgeschrittener Hochschulstudent urteilte: „Wenn man genau sieht wie [berühmte Philosophen] fehlgehen in einer alles umfassenden Antwort, [erkennt man,] dass das Denken individuell bedingt ist. Und man fängt an Respekt dafür zu haben, wie groß ihr Denken ist, ohne dass es absolut ist" (S. 90). Relativistisches Denken führt zur Erkenntnis, dass es zum Teil eine Frage der Entscheidung ist, welchem Wahrheitssystem man den Vorzug gibt, denn verschiedene theoretische Rahmen können das Kriterium der inneren logischen Konsistenz erfüllen (Sinnott, 1998).

Perrys Theorie basiert auf einer Stichprobe hoch gebildeter junger Erwachsener. Er räumt ein, dass die Bewegung vom Dualismus zum Relativismus wahrscheinlich auf Menschen begrenzt ist, die mit einer Vielzahl von Sichtweisen konfrontiert sind, wie es typisch ist für die Ausbildung auf einer Hochschule. Aber das zugrunde liegende Thema *adaptiver Kognition* – Denken, das weniger von dem Bedürfnis eingeschränkt ist, eine Antwort auf eine Frage zu finden und mehr auf den Kontext achtet – wird auch in zwei anderen Theorien sichtbar.

13.4.2 Schaies Theorie

Nach K. Waren Schaie (1977/1978) ist es für die menschliche Kognition schwierig, die Komplexität von Piagets formal-operationaler Stufe zu überwinden. Aber mit Eintritt in das Erwachsenenalter werden die Situationen, die Menschen beurteilen müssen, vielfältiger. Folglich wechseln die Ziele geistiger Aktivität vom Wissenserwerb zum Gebrauch des Wissens, wie die folgenden Stadien aufzeigen.

1. Das **auf Wissenserwerb gerichtete Stadium** (Kindheit und Adoleszenz). Die beiden ersten Jahrzehnte im Leben sind größtenteils auf den Erwerb von Wissen gerichtet. Wenn junge Menschen sich vom konkreten zum formal-operationalem Stadium bewegen, entwickeln sie bessere Methoden, um Informationen zu speichern, sie zu kombinieren und Schlüsse zu ziehen.

2. Das **ausführende Stadium** (frühes Erwachsenenalter). Im frühen Erwachsenenalter müssen die Menschen ihre kognitiven Fähigkeiten und Fertigkeiten an Situationen anpassen (wie Heirat und Beschäftigung), die tief greifende Implikationen für das Erreichen weiter Ziele haben. Folglich konzentrieren sie sich weniger auf den Erwerb von Wissen, sondern mehr darauf, es im täglichen Leben anzuwenden. Die Probleme, die einem bei der Arbeit, in intimen Beziehungen und in der Kindererziehung gegenübertreten, haben oft im Gegensatz zu denen im Klassenzimmer keine einzige richtige Lösung. Wie das Individuum sie handhabt, kann den ganzen Verlauf des Lebens beeinflussen. Um erfolgreich zu sein, müssen sich junge Erwachsene beiden stellen, dem Problem und dem Kontext.

3. Das **Stadium der Verantwortlichkeit** (mittleres Erwachsenenalter). Wenn man familiär und beruflich gut etabliert ist, findet eine Erweiterung der Verantwortlichkeiten auf neue Gebiete im Job, in der Gemeinde und zu Hause statt. Daraus folgt, dass die Kognition sich auf Situationen ausweitet, die soziale Verpflichtungen umfassen. Die Aufrechterhaltung einer befriedigenden Beziehung mit dem Partner, weiteres Engagement im Leben der Kinder, Erhalt von höheren Positionen im Beruf und die Erfüllung von Aufgaben in der Gemeinschaft müssen gleichzeitig auf die Reihe gebracht werden. Die fortgeschrittenste Form dieses Denktypus wird das **exekutive (leitende) Stadium,** genannt, das durch Menschen charakterisiert ist, deren Verantwortlichkeiten sehr komplex geworden sind. Leute an der Spitze von Organisationen (Firmen, Hochschulen und Universitäten und Kirchen) müssen die Entwicklung der Organisation und das Handeln vieler Menschen im Auge haben. Das erfordert, dass sie die dynamischen Kräfte verstehen, die eine ausgeklügelte soziale Struktur beeinflussen, und sie müssen Informationen aus vielen Quellen kombinieren, um Entscheidungen zu treffen.

4. Das **reintegrative Stadium** (spätes Erwachsenenalter). Mit dem Ruhestand untersuchen und integrieren die Menschen erneut ihre Interessen, Einstellungen und Werte und gebrauchen sie als Leitlinien, um die Lebensqualität zu maximieren. Wenn die Zukunft kürzer wird, nimmt das Bedürfnis ab, Wissen zu erwerben und Entscheidungen in Hinblick auf spätere Folgen zu prüfen. Ältere Menschen fragen nicht mehr so sehr „Was sollte ich wissen?" und „Wie sollte ich das anwenden, was ich weiß?", sondern eher „Warum sollte ich das wissen?" (Schaie & Willis, 2000, S. 179). Folglich sind sie wählerischer hinsichtlich der Gebiete, in denen sie ihre kognitiven Fähig-

Im Vergleich zu Heranwachsenden konzentrieren sich junge Erwachsene weniger auf den Wissenserwerb und mehr auf die Anwendung im täglichen Leben. Probleme, die sich bei der Arbeit ergeben, haben oft im Gegensatz zu denen in der Schule und bei Intelligenztests nicht eine einzige richtige Lösung.

keiten ausweiten, und verschwenden selten Zeit mit Aufgaben, die für ihren Alltag sinnlos oder irrelevant zu sein scheinen.

13.4.3 Labouvie-Viefs Theorie

Gisella Labouvie-Viefs (1980, 1985) Darstellung der erwachsenen Kognition zeigt Merkmale von Schaies Theorie. Heranwachsende, betont sie, operieren innerhalb einer Welt von Möglichkeiten. Erwachsensein umfasst eine Veränderung vom hypothetischen zum **pragmatischen Denken,** ein struktureller Fortschritt, bei dem die Logik ein Werkzeug wird, um tatsächliche Probleme zu lösen. Nach Labouvie-Vief ist diese Veränderung motiviert durch das Bedürfnis nach Spezialisierung. Wenn Erwachsene einen Weg aus vielen Alternativen auswählen und verfolgen, werden sie der Zwänge des Alltags mehr gewahr. Und bei der Ausbalancierung verschiedenartiger Rollen geben sie ihr anfängliches Bedürfnis auf, Widersprüche aufzulösen. Stattdessen akzeptieren sie Unvereinbarkeiten als Teil des Lebens und entwickeln Wege des Denkens, die auf Unvollkommenheiten und Kompromissen gründen. Wendys Freundin Christie, Studentin und Mutter zweier kleiner Kinder, gibt folgendes Beispiel dazu:

> *Ich war immer Feministin und wollte in der Familie und im Beruf meiner Überzeugung treu bleiben. Aber mein Mann ist jetzt im ersten Jahr Lehrer an einer höheren Schule und ist belastet mit Vorbereitungen für vier Fächer und dem Training des Basketballteams der Schule. Jedenfalls muss ich mich erst einmal mit einem „Geben- und Nehmen-Feminismus" zufrieden geben, nur Teilzeit an die Uni gehen und die größere Verantwortung für die Kinder übernehmen, während er sich an seinen neuen Job gewöhnt. Anders kämen wir finanziell nicht zurecht.*

Bewusstsein für verschiedene Wahrheiten, Verbindung von Logik und Realität und Toleranz für die Lücke zwischen dem Ideal und der Wirklichkeit summieren sich im Erwachsenenalter zu Veränderungen des Denkens (Sinnott, 1998). Im nächsten Abschnitt werden wir sehen, dass das zunehmend spezialisierte und kontextgebundene Denken Erwachsener neue Türen zu höheren Ebenen der Kompetenz öffnet, auch wenn es Optionen ausschließt.

13.5 Informationsverarbeitung: Fachwissen und Kreativität

In Kapitel 9 wurde betont, dass der Wissenserwerb der Kinder ihre Fähigkeit verbessert, neue Informationen zu behalten, die mit etwas verbunden sind, was sie schon wissen. **Fachwissen,** der Erwerb von ausgedehntem Wissen in einem bestimmten Gebiet, wird unterstützt durch Spezialisierung, die mit der Wahl des Studienfachs oder mit dem Beruf beginnt, weil es für einen Menschen Jahre dauert, einen komplexen Bereich zu meistern (Horn & Masunaga, 2000). Wenn Fachwissen erst einmal erlangt ist, hat das einen tief greifenden Einfluss auf die Informationsverarbeitung.

Im Vergleich zu Neulingen erinnern und urteilen Experten schneller und wirksamer. Das ist klar, da der Experte mehr spezifische Konzepte kennt und sie auf elaboriertere Weise darstellt – auf einem tieferen und abstrakteren Niveau und mit mehr Merkmalen, die mit anderen Konzepten verbunden werden können. Daraus resultiert, dass Fachleute sich Problemen mit zugrunde liegenden Prinzipien im Kopf nähern, während das Verständnis der Neulinge oberflächlich

Fachwissen wird durch Spezialisierung unterstützt. In Übereinstimmung mit den Traditionen der Ureinwohner schnitzt dieses Mitglied des Tsimshian-Nation-Stammes in Alaska einen Totempfahl für eine Potlatch-Zeremonie – ein Fest, bei dem Nahrung und andere Waren ausgetauscht werden und das aus Anlässen wie Geburt, Hochzeit oder Trauer für einen verstorbenen Anführer gefeiert wird. Die Kenntnis dieses Handwerks erlaubt dem Holzschnitzer, sich schnell und wirksam vom Problem zur Lösung zu bewegen.

ist. Ein erfahrener Physiker zum Beispiel merkt, wenn es bei verschiedenen Problemen um Energieerhaltung geht und sie darum sofort mit Hilfe der entsprechenden physikalischen Gesetze gelöst werden können. Im Gegensatz dazu konzentriert sich ein junger Physikstudent nur auf Oberflächenmerkmale, ob die Aufgabe eine Scheibe, einen Kolben oder ein aufgerolltes Seil enthält (Chi, Glaser, & Farr, 1988). Experten erscheinen kognitiv reifer, weil sie durch schnelles und leichtes Erinnern anwenden können, was sie wissen, um automatisch zu Lösungen zu gelangen. Und wenn eine Aufgabe besonders herausfordernd ist, planen sie eher voraus, analysieren und kategorisieren Elemente und wählen die beste aus vielen Möglichkeiten aus. Der Neuling geht eher nach dem Prinzip von Versuch und Irrtum vor.

Neben der Verbesserung zur Problemlösung ist Fachwissen notwendig für Kreativität. Die kreativen Hervorbringungen von Erwachsenen unterscheiden sich von denen der Kindheit dadurch, dass sie nicht nur originell, sondern auch auf ein soziales oder ästhetisches Bedürfnis gerichtet sind. Folglich erfordert die erwachsene Kreativität eine einzigartige kognitive Fähigkeit, nämlich die Fähigkeit, neue, kulturell bedeutsame Probleme zu formulieren und wichtige Fragen zu stellen, die vorher noch nicht gestellt wurden. Gemäß Patricia Arlin (1989) ist die Bewegung vom Problemlösen zum *Problemfinden* ein Herzstück postformalen Denkens, wie es bei befähigten Künstlern und Wissenschaftlern sichtbar wird.

Fallstudien unterstützen die Zehn-Jahres-Regel in der Entwicklung zur Kreativität auf höchstem Niveau – ein Jahrzehnt der Exposition in einem Feld und ausreichendes Fachwissen, um ein kreatives Werk zu schaffen (Feldman, 1999; Simonton, 2000). Überdies hat ein Jahrhundert Forschung aufgedeckt, dass kreatives Gelingen im frühen Erwachsenenalter ansteigt, seinen Höhepunkt in den späten Dreißigern oder frühen Vierzigern hat und dann allmählich abfällt. Es gibt jedoch Ausnahmen. Menschen, die einen frühen Beginn der Kreativität haben, neigen dazu, früher ihren Höhepunkt und einen Abfall der Kreativität zu haben, während „Spätblüher" ihr volles Potential erst im höheren Alter erreichen. Das legt nahe, dass Kreativität mehr eine Funktion des „Berufsalters" ist als des Lebensalters. Der Verlauf von Kreativität variiert auch über die Disziplinen hinweg. Künstler und Musiker zum Beispiel zeigen typischerweise einen frühen Anstieg der Kreativität, vielleicht weil sie keine ausgiebige formale Ausbildung benötigen, bevor sie zu produzieren beginnen. Gelehrte und Wissenschaftler entfalten ihre Leistungen gewöhnlich später und über einen längeren Zeitraum, weil sie höhere Grade erwerben müssen und Jahre verbringen, bevor sie Arbeiten von Wert vorlegen können (Simonton, 1991).

Kreativität hat ihre Wurzeln in Fachwissen, aber nicht alle Fachleute sind kreativ. Andere Qualitäten werden benötigt, einschließlich eines innovativen Denkens, Toleranz für Mehrdeutigkeit, ein spezieller Antrieb, Erfolg zu haben, und den Willen zu experimentieren und auch bei Versagen weiterzumachen (Csikszentmihalyi, 1999; Sternberg & Lubart, 1996). Außerdem erfordert Kreativität Zeit und Energie. Besonders bei Frauen kann sie verschoben oder zerstört werden durch Kindererziehung, Scheidung oder einen wenig unterstützenden Partner (Vaillant & Vaillant, 1990). Zusammengefasst gesagt: Kreativität ist mehrfach determiniert. Wenn persönliche und Situationsfaktoren sie gemeinsam fördern, kann Kreativität für viele Jahrzehnte bis ins hohe Alter hinein fortbestehen.

13.6 Veränderungen in geistigen Fähigkeiten

Intelligenztests sind ein praktisches Instrument, um Veränderungen in einer Reihe geistiger Fähigkeiten während der Erwachsenenjahre zu erfassen. Faktoren, die in Tests für Erwachsenen eingeschlossen sind, sind denen für Schulkinder und Heranwachsende ähnlich (siehe Seiten 402-410). Es sei an unsere Diskussion über postformales Denken erinnert. Es liegt nahe, dass Intelligenztests, die sehr gut darin sind, Fertigkeiten für Schulerfolg zu messen, weniger angemessen sind für das Erfassen von Kompetenzen, die relevant sind für den Alltag Erwachsener (Schaie & Willis, 1996). Mit dieser Sichtweise stand eine Untersuchung von Bankmanagern im Alter von 24 bis 59 Jahren in Einklang, in der verbale und räumliche Testwerte keine Beziehung hatten zu den Managerfähigkeiten, wie sie sich in Einschätzungen der Berufsleistung und Gehaltserhöhungen niederschlagen. Eine Messung praktischen Wissens jedoch, welche von den Teilnehmern forderte, die Qualität von Lösungen für auf die Arbeit bezogenen Probleme einzuschätzen, sagte hervorragende Leistungen im Beruf voraus (Colonia-Willner, 1998).

Nichtsdestotrotz werfen Forschungen mit Leistungstests ein Licht auf den weit verbreiteten Glauben, dass die Intelligenz im Erwachsenenalter abnimmt, weil sich Strukturen im Gehirn abbauen. Viele Studien auf verschiedenen Gebieten zeigen dieses Muster – ein Höhepunkt in der Leistung im Intelligenztest mit 35, gefolgt von einem steilen Abfall im hohen Alter. Aber in den 1920er Jahren boten weit umfassende Testreihen junger Erwachsener in Hochschule und Militär den Forschern eine gute Möglichkeit, Langzeitforschung zu betreiben und die Menschen im mittleren Alter wiederum zu testen. Die Ergebnisse enthüllten einen altersbedingten Anstieg. Was erklärt diesen Widerspruch? Um das herauszufinden, wendete K. Warner Schaie (1994, 1998) den *Kohorten-Sequenz-Untersuchungsplan* an, der Längsschnitts-und Querschnittsanalysen kombiniert (siehe Kapitel 1), in der Seattle Longitudinal Study.

Im Jahr 1956 wurden Menschen im Alter von 22 bis 70 im Querschnitt getestet. Dann wurden in regelmäßigen Abständen Langzeit-Nachuntersuchungen durchgeführt und neue Stichproben hinzugefügt, was zu fünf Querschnittsvergleichen unter 5000 Teilnehmern und Langzeitdaten über 35 Jahre hinweg führte. Ergebnisse in fünf mentalen Fähigkeiten zeigten den typischen Querschnittsabfall nach den Mittdreißigern. Aber Langzeittrends für diese Fertigkeiten enthüllten bescheidene Zugewinne bis in die Fünfziger und Sechziger hinein, wonach dann die Leistung ganz allmählich abnahm.

Abbildung 13.7 illustriert Schaies Ergebnisse im Querschnitt und bei der Langzeituntersuchung für nur einen einzigen intellektuellen Faktor, der verbalen Fähigkeit. Für diesen Unterschied sind größtenteils *Kohorteneffekte* verantwortlich. In Querschnittsuntersuchungen hatte jede neue Generation bessere Gesundheits- und Ausbildungsbedingungen als die Generation davor. Folglich haben jüngere Testteilnehmer in Schaies Forschung und ähnlichen, wenn auch kleineren Studien beträchtlich höhere Werte als ältere (Kaufman, 2001). Ein richtigeres Bild aus Langzeitdaten zeigt eine stetige Verbesserung vom frühen zum mittleren Erwachsenenalter in verbalen und anderen Fertigkeiten, die von angesammeltem Wissen abhängen, gefolgt von einem Abfall spät im Leben.

Aber nicht alle geistigen Fähigkeiten folgen dem gerade beschriebenen Trend: Wenn sie wenig von erworbenem Wissen abhängen, aber die Fähigkeit berühren, Beziehungen zu entdecken (wie räumliche Fertigkeiten), nehmen sie ab, auch wenn man noch nicht weiß, wann dieser Prozess einsetzt (Kaufman, 2001). In Kapitel 15 wird noch der wichtige Unterschied zwischen fluider und kristalliner Intelligenz in ihren unterschiedlichen Verläufen über die Lebensspanne gezeigt. Es wird deutlich, dass intellektuelle Veränderungen im Erwachsenenalter ein gutes Beispiel für die Vielfalt der Richtungen in der Entwicklung abgeben; diese Annahme wird in der Entwicklungspsychologie über die Lebensspanne mit der Multidirektionalität der Entwicklung bezeichnet (siehe Kapitel 1). In späteren Kapiteln werden wir Faktoren betrachten, die zu diesen kontrastierenden Mustern wie auch zu riesigen individuellen Unterschieden in Leistungstestwerten, die sich bis ins Erwachsenenalter erstrecken, beitragen.

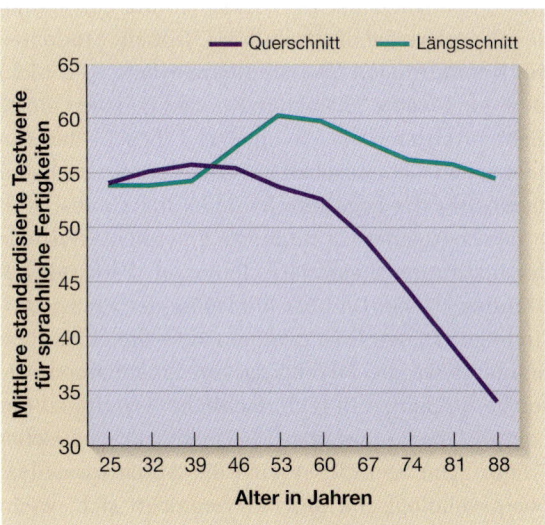

Abbildung 13.7: Querschnitts- und Längsschnitttrends in verbalen Fähigkeiten, die Darstellung zeigt Kohorteneffekte. Der steile Abfall in Querschnittsstudien ist Folge besserer Gesundheit und Ausbildung in der jüngeren Generation. Wenn Erwachsene in Längsschnittstudien untersucht werden, steigen ihre verbalen Werte im frühen und mittleren Erwachsenenalter an und fallen dann in den späteren Jahren allmählich ab. Jedoch trifft dieser Langzeittrend nicht für alle Fähigkeiten zu. Räumliche Fertigkeiten zum Beispiel fangen früher an, sich abzubauen, wie wir in Kapitel 15 sehen werden (nach K. W. Schaie, 1988, „Variability in Cognitive Functioning in the Elderly," in M. A. Bender, R. C. Leonard, & A. D. Woodhead, Eds., Phenotypic Variation in Populations, New York: Plenum, S. 201).

> **Prüfen Sie sich selbst ...**
>
> **Rückblick**
> Wie beeinflusst Fachwissen die Informationsverarbeitung? Warum ist Fachwissen notwendig für die Herausbildung von Kreativität, aber nicht das Gleiche wie Kreativität?

> **Anwendung**
> Für ihren Kurs über menschliche Entwicklung schrieb Marcia ein Papier, in welchem sie erklärte, dass Behavioristen und Psychoanalytiker körperliche Strafe aus unterschiedlichen Gründen als unwirksam ansehen. Sie schloss daraus, dass beide Sichtweisen gültig sind. Erklären Sie, wie Marcias Bewertung postformales Denken illustriert.
>
> **Anwendung**
> Zu Beginn seiner Hochschulausbildung nahm Stephen an einem Kurs über Treffen von Entscheidungen teil, fand das aber nicht sehr interessant. Mit 25, frisch verheiratet und berufstätig, erkannte er den Wert dessen, was sein Professor ihm beigebracht hatte. Wie helfen Veränderungen in der Struktur des Denkens dabei, Stephens revidierte Haltung zu erklären?
>
> **Prüfen Sie sich selbst ...**

13.7 Hochschulerfahrung

Beim Rückblick auf ihr Leben sehen viele Menschen die Hochschuljahre als formend an – einflussreicher als jede andere Periode aus dem Erwachsenenalter. Das ist nicht überraschend, da die Hochschule als ein „Testraum der Entwicklung" dient, eine Zeit, in der die ganze Aufmerksamkeit der Entdeckung von alternativen Werten, Rollen und Verhaltensweisen zugewendet ist. Um diese Entdeckung zu erleichtern, setzt die Hochschule die Studenten einem „Kulturschock" aus, nämlich Begegnungen mit neuen Ideen und Annahmen, neuen Freiheiten und Möglichkeiten und neuen akademischen und sozialen Forderungen (Pascarella & Terenzini, 1991). Etwa 70 % kanadischer und 75 % amerikanischer Absolventen höherer Schulen setzen ihre Ausbildung an einer Hochschule o.Ä. fort. Neben dem Angebot eines Weges zu einer Karriere mit hohem Status und seinen Vorteilen bringen Hochschul- und Universitätsbesuche entscheidende Veränderungen für junge Menschen mit sich.

13.7.1 Psychologischer Einfluss des Besuchs der Hochschule

Ein Übersichtsartikel über Tausende von Untersuchungen enthüllte weitreichende psychische Veränderungen vom ersten Semester bis zum Abschlusssemester (Pascarella & Terenzini, 1991). Wie Perrys Theorie belegte, werden Studenten besser im Urteil über Probleme, die keine klare Lösung haben und im Identifizieren von Stärken und Schwächen sich widersprechender Aspekte komplexer Themen. Ihre Einstellungen und Werte erweitern sich ebenfalls. Sie zeigen zunehmendes Interesse an Literatur, den bildenden Künsten und philosophischen und historischen Themen und mehr Toleranz für ethnische und kulturelle Vielfalt. Wie in Kapitel 12 erwähnt, prägt die Hochschule auch das moralische Urteilen, indem es Interesse an individuellen Rechten und dem Wohl des Menschen fördert. Ferner ermutigt die Tatsache, vielfältigen Sichtweisen auf die Welt ausgesetzt zu sein, die jungen Menschen, sich selber genauer zu betrachten. Während der Hochschuljahre erwerben Studenten mehr Selbsterkenntnis, größere Selbstachtung und ein festeres Gefühl ihrer Identität.

Wie kommen diese miteinander verbundenen Veränderungen zustande? Die Art der Hochschule macht keinen großen Unterschied, da das kognitive Wachstum in einer zweijährigen Hochschule genauso groß ist wie in einer vierjährigen (Bohr et al., 1994). Stattdessen ist der Einfluss der Hochschule sowohl von dem Engagement der Person in akademische und nicht akademische Aktivitäten und der Vielfalt des Campusangebots beeinflusst. Je mehr Studenten mit Kommilitonen über studienrelevante oder nicht studienrelevante Themen in Kontakt kommen, desto mehr profitieren sie davon. Das Leben in der studentischen Gemeinschaft auf dem Campus sagt sehr nachhaltig die kognitive Veränderung voraus, weil es das Engagement in Bildungs- und soziale Systeme der Institution maximiert (Terenzini, Pascarella, & Blimling, 1999). Da über die Hälfte der Hochschulstudenten in den USA pendeln, unterstreichen diese Erkenntnisse die Bedeutung von Programmen, die solche Studenten in nicht fachliche Aktivitäten des Campuslebens einbinden. Die Qualität akademischer Erfahrungen beeinflusst auch die Abschlusszahlen. Der psychologische Gewinn vergrößert sich, wenn Studenten bereit sind, sich am Unterricht zu beteiligen, und den Lehrstoff verschiedener Seminare einbeziehen und Kontakt mit den Hochschullehrern halten (Franklin, 1995).

13.7.2 Abbruch des Studiums

Ein akademischer Grad gibt dem Leben der Menschen nach der Hochschule eine bestimmte Bahn, beeinflusst ihre Weltsicht und ihre Möglichkeiten auf dauerhafte Weise. Jedoch brechen 45 % der Studenten

Das Leben auf dem Campus verstärkt die vorteilhaften Wirkungen der Hochschule auf Kognition, Haltungen und Werte. Wenn die Studenten auf dem Campus leben, erfahren sie eher den Reichtum und die Vielfalt des Hochschulangebots.

in zweijährigen Institutionen und 26 % in vierjährigen Institutionen, ihr Studium ab, meistens innerhalb des ersten Jahres und viele innerhalb der ersten sechs Wochen (American College Testing, 1998). Sie bezahlen dafür einen hohen Preis, sowohl mit lebenslang niedrigerem Verdienst als auch mit weniger Möglichkeiten der persönlichen Entwicklung.

Akademische Faktoren sind nicht der einzige Grund für den Abbruch, denn die meisten jungen Menschen, die weggehen, hätten die Fähigkeit, die Hochschule, zu der sie zugelassen wurden, mit Erfolg zu beenden. Andere persönliche und institutionelle Merkmale spielen eine größere Rolle. Viele Erstsemester setzen große Hoffnungen auf das Studentenleben, finden aber den Übergang schwierig. Jene, die Anpassungsschwierigkeiten haben (wegen Mangel an Motivation, schlechten Lernfähigkeiten, finanziellem Druck oder emotionaler Abhängigkeit von den Eltern) entwickeln schnell eine negative Einstellung gegen die Hochschulumgebung. Oft treffen sich diese abbruchgefährdeten Studenten gar nicht mit ihren Beratern oder Professoren. Gleichzeitig haben Hochschulen, die Studenten mit Abbruchrisiko wenig Ermutigung und Hilfe bieten, einen höheren Prozentsatz von Abbrechern (Moxley, Najor-Durack, & Dumbrigue, 2001).

Faktoren, die bei der Entscheidung zum Abbruch des College eine Rolle spielen, sind in der Regel keine Katastrophen; es sind typische Probleme des jungen Erwachsenenalters. Versuche, die Studenten zu erreichen, besonders während der ersten Wochen und das ganze erste Jahr hindurch, sind wesentlich. Junge Menschen, die spüren, dass sie in eine College-Gemeinschaft eingetreten sind, die sich um sie als Individuen sorgt, halten viel eher bis zum Abschluss durch.

13.8 Berufswahl

Junge Erwachsene – solche, die nach einer Hochschul- oder Universitätsbildung streben ebenso wie solche, die das nicht tun – sehen sich einer der größten Entscheidungen im Leben gegenüber: der Wahl einer passenden Rolle in der Arbeitswelt. Ein produktiver Arbeiter zu sein, erfordert viele der gleichen Qualitäten, wie sie ein aktiver Bürger und Erziehende haben müssen: ein gutes Urteil, Verantwortung, Hingabe und Kooperation. Wie treffen junge Menschen Entscheidungen über ihre Laufbahn und was beeinflusst ihre Wahl? Wie sieht der Übergang von der Schule ins Arbeitsleben aus und welche Faktoren machen ihn einfach oder schwierig?

13.8.1 Einen Beruf wählen

In Gesellschaften, in denen eine Vielzahl von Karrieremöglichkeiten besteht, ist die Berufswahl ein gradueller Prozess, der lange vor der Adoleszenz beginnt. Wichtige Theoretiker sehen den jungen Menschen in verschiedenen Phasen der beruflichen Entwicklung (Ginzberg, 1972, 1988; Super, 1980, 1984):

1. Die **Fantasieperiode** (frühe und mittlere Kindheit). Kleine Kinder gewinnen Einsicht in Möglichkeiten einer Laufbahn, indem sie darüber fantasieren. Jedoch sind ihre Vorlieben hauptsächlich durch Vertrautheit, Glamour und Aufregung geleitet und haben wenig Beziehung zu der Entscheidung, die sie schließlich treffen werden.

2. Die **Periode des Ausprobierens** (frühere und mittlere Adoleszenz). Zwischen dem Alter von elf bis 17 fangen Heranwachsende an, in einer komplexeren Weise über ihre Berufswahl nachzudenken. Zuerst bewerten sie berufliche Möglichkeiten in Hinblick auf ihre Interessen. Später, wenn sie sich der persönlichen und der

für die Ausbildung notwendigen Erfordernisse für verschiedene Berufe bewusster sind, ziehen sie ihre Fähigkeiten und Werte mit in Betracht. „Ich mag Naturwissenschaften und finde gerne Dinge heraus", dachte sich Wendy, als sie sich dem Schulabschluss näherte. „Aber ich kann auch gut mit Menschen umgehen und würde gern etwas tun, um anderen zu helfen. Daher würde vielleicht Lehrer oder Arzt zu mir passen."

3. Die **realistische Periode** (späte Adoleszenz und frühes Erwachsenenalter). In den frühen Zwanzigern stehen die wirtschaftlichen und praktischen Realitäten des Erwachsenenalters bevor und junge Menschen beginnen, ihre Optionen einzugrenzen. Zuerst bewerkstelligen sie das meist durch weitere Exploration und das Sammeln von Informationen über Möglichkeiten, die mit ihren persönlichen Eigenschaften zusammenpassen. Dann treten sie in eine endgültige Phase der Kristallisation ein, in der sie sich auf eine allgemeine berufliche Kategorie konzentrieren. Innerhalb dieser experimentieren sie für eine Weile, bis sie sich für einen einzigen Beruf entscheiden. Als Erstsemester verfolgte Wendy ihre Interessen in den Naturwissenschaften, hatte aber noch kein Hauptfach gewählt. Als sie sich erst einmal für Chemie entschieden hatte, fragte sie sich, ob sie das Lehramt, Medizin oder öffentliche Gesundheitsarbeit anstreben sollte.

13.8.2 Faktoren, welche die Berufswahl beeinflussen

Die meisten, aber nicht alle jungen Leute folgen diesem Muster beruflicher Entwicklung. Einige wenige wissen von einem frühen Alter an, was sie werden möchten und verfolgen einen direkten Weg zu ihrem Berufsziel. Andere entscheiden sich und ändern später ihre Meinung und wieder andere bleiben für eine längere Zeit unentschieden. Hochschulstudenten ist zusätzlich Zeit vergönnt, um verschiedene Optionen zu entdecken. Im Gegensatz dazu begrenzen die Lebensbedingungen vieler Jugendliche mit niedrigem SÖS ihre Wahlmöglichkeiten.

Überlegen Sie, wie eine Berufswahl getroffen wird, und Sie werden sehen, dass es nicht nur ein rationaler Prozess ist, in dem junge Menschen Fähigkeiten, Interessen und Werte mit Berufsoptionen abwägen.

Wie viele andere Meilensteine in der Entwicklung ist es eine dynamische Interaktion zwischen Person und Umgebung. Eine Menge von Einflüssen nährt die Entscheidung.

■ **Persönlichkeit**

Menschen sind von Berufen angezogen, die zu ihrer Persönlichkeit passen. John Holland (1966, 1985) hat sechs Persönlichkeitstypen herausgearbeitet, welche die berufliche Wahl beeinflussen:

- Die *Forscherpersönlichkeit,* die es liebt, gedanklich zu arbeiten und wahrscheinlich einen wissenschaftlichen Beruf wählen wird (zum Beispiel Anthropologe, Physiker oder Ingenieur).

- Die *soziale Persönlichkeit,* die gern mit anderen Menschen Kontakt hat und zum Dienst am Menschen strebt (therapeutische Arbeit, Sozialarbeit oder Lehrer).

- Die *realistische Persönlichkeit,* die Probleme der realen Welt und Arbeit mit Gegenständen vorzieht (Bau, Installation oder Landvermessung).

- Die *künstlerische Persönlichkeit,* die emotional ist und ein großes Bedürfnis hat nach individuellem Ausdruck und die in einen künstlerischen Bereich strebt (Schreiben, Musik oder bildende Künste).

- Die *konventionelle Persönlichkeit,* die wohl strukturierte Aufgaben liebt und materiellen Besitz und sozialen Status schätzt – Züge, die gut in die Geschäftswelt passen (Rechnungswesen, Banken oder Qualitätskontrolle)

- Die *unternehmerische Persönlichkeit,* die abenteuerlustig, überzeugend und eine starke Führungsperson ist und sich zum Handel, zu Managementpositionen oder zur Politik hingezogen fühlt

Die Forschung deckt eine deutliche, wenn auch nicht starke Beziehung zwischen Persönlichkeit und Berufswahl auf (Holland, 1985). Viele Menschen sind Mischungen verschiedener Persönlichkeitstypen und können in mehr als einer Art von Beruf gut sein. Ferner werden Berufsentscheidungen im Kontext von

Familieneinflüssen, Ausbildungsmöglichkeiten und bestehenden Lebensumständen getroffen. Wendys Freundin Christie zum Beispiel hatte hohe Werte in Hollands „Forschungsdimension". Als sie aber heiratete und früh Kinder bekam, gab sie ihren Traum auf, einmal Hochschulprofessorin zu werden, und wählte einen Beruf aus, der weniger Jahre an Ausbildung erforderte. Wie Christies Fall veranschaulicht, liefert uns die Persönlichkeit nur teilweise eine Erklärung für die Berufswahl.

■ Familieneinflüsse

Der berufliche Ehrgeiz junger Menschen korreliert stark mit den Berufen ihrer Eltern. Menschen, die in Familien mit höherem SÖS aufwuchsen, wählen eher Berufe mit hohem Status aus wie Arzt, Jurist, Wissenschaftler oder Ingenieur. Im Gegensatz dazu neigen jene aus Familien mit niedrigerem Einkommen eher zu weniger angesehenen Berufen, z.B. Installateur, Bauarbeiter, Angestellter in der Lebensmittelbranche und Sekretärin. Die Ähnlichkeit zwischen Eltern und Kind ist teilweise eine Funktion erzieherischer Einflussnahme. Der einzige gute Vorhersagewert des beruflichen Status ist die Anzahl der Jahre des erfolgreichen Schulbesuchs (Featherman, 1980).

Familienähnlichkeiten in der Berufswahl gibt es auch noch aus anderen Gründen. Eltern mit höherem SÖS geben ihren Kindern eher wichtige Informationen über die Arbeitswelt und haben Verbindungen zu Leuten, die dem jungen Menschen helfen können, eine hohe Position zu erreichen (Grotevant & Cooper, 1988). Die elterlichen Erziehungspraktiken formen ebenfalls Werte, die auf die Arbeit bezogen sind. Aus Kapitel 2 lässt sich hier anführen, dass Eltern mit höherem SÖS dazu neigen, Unabhängigkeit und Neugier zu fördern, die in vielen Berufen mit hohem Status erforderlich sind. Eltern mit niedrigem SÖS betonen im Gegensatz dazu eher Konformität und Gehorsam. Schließlich wählen junge Menschen Berufe aus, die mit diesen Werten übereinstimmen. Jobs, die sie anziehen, ähneln tendenziell denen ihrer Eltern (Mortimer & Borman, 1988). Dennoch können Eltern höhere Ambitionen fördern. Elterlicher Druck auf gute Schulleistungen und Ermutigung, einen hohen Status anzustreben, sagen eine berufliche Entwicklung über den elterlichen SÖS hinaus voraus (Bell et al., 1996).

■ Lehrer

Lehrer spielen ebenfalls eine wichtige Rolle bei der Berufsentscheidung. Junge Erwachsene in Laufbahnen, die eine extensive berufliche Vorbereitung benötigen, berichten oft, dass Lehrer sie in ihrer Wahl eines bestimmten Faches beeinflusst hätten (Reddin, 1997). Studenten haben mehr Möglichkeiten, enge Beziehungen mit Lehrern zu bilden, als ihre Altersgenossen, die keine College-Ausbildung haben. Bei letzteren ist der Einfluss der Eltern größer. Diese Erkenntnisse geben einen weiteren Grund ab, positive Lehrer-Schüler-Beziehungen zu fördern, besonders für Schüler der Oberschulen aus Familien mit geringem SÖS. Der Einfluss der Lehrer als Vorbild könnte eine wichtige Ursache für eine nach oben gerichtete gesellschaftliche Mobilität für diese jungen Menschen darstellen.

■ Geschlechtsstereotype

Über die letzten zwanzig Jahre sind die bevorzugten Berufe junger Männer stark geschlechtsgebunden geblieben, während junge Frauen steigendes Interesse an Berufen bekundet haben, die bislang hauptsächlich von Männern ausgeübt werden (Gottfredson, 1996). Veränderungen in Haltungen zu Geschlechterrollen mit einem dramatischen Anstieg der Zahl berufstätiger Mütter, die als berufsorientierte Vorbilder für ihre Töchter genommen werden, sind Erklärungen für die wachsende Anziehung nicht traditioneller Berufe bei Frauen.

Aber der Fortschritt der Frauen, in von Männern dominierte Berufe einzutreten und Erfolg zu haben, geht langsam vor sich. Wie Tabelle 13.2 zeigt, stieg der Prozentsatz weiblicher Ingenieure, Rechtsanwälte und Ärzte in den Vereinigten Staaten zwischen 1983 und 2000 zwar an, ist aber noch weit entfernt von einem ausgeglichenen Verhältnis. Frauen sind in schlechter bezahlten, traditionell weiblichen Berufen wie Schreibkräften, in Sozialarbeit und Krankenpflege weiterhin am stärksten vertreten (U.S. Bureau of the Census, 2002). In nahezu allen Gebieten liegen ihre Leistungen hinter denen der Männer, die mehr Bücher schreiben, mehr Entdeckungen machen, mehr Führungspositionen innehaben und mehr Kunstwerke produzieren.

Unterschiedliche Fähigkeiten können nicht der Grund sein für diese dramatischen Geschlechtsunterschiede. Erinnern Sie aus Kapitel 11, dass die Diskrepanz zwischen den Geschlechtern in kogni-

Tabelle 13.2

Prozentsatz von Frauen in verschiedenen Berufen in den Vereinigten Staaten, 1983 und 2000

Beruf	1983	2000
Ingenieur	5,8	11,5
Jurist	15,8	28,9
Arzt	15,8	24,5
Geschäftsführer	32,4	45,1[a]
Schriftsteller, bildender Künstler, Unterhalter (Entertainer)	42,7	49,9
Sozialarbeiter	64,3	71,4
Grundschul- oder Realschullehrer	70,9	74,9
Lehrer am Gymnasium und Universitätsprofessor	36,3	42,4
Bibliothekar, Museumskurator	84,4	82,9
Krankenschwester	95,8	92,9
Psychologe	57,1	64,9

Quelle: U.S. Bureau of the Census, 2002c.

[a] Dieser Prozentsatz umfasst Geschäftsführer und Manager aller Stufen. Frauen stellen nur 10 Prozent der Angestellten im gehobenen Management in großen Firmen, obwohl sich der Zuwachs in den letzten 10 Jahren verdreifacht hat.

---

tiven Leistungen aller Art klein ist und abnimmt. Stattdessen spielen Botschaften, die Geschlechtsstereotype vermitteln, eine Schlüsselrolle. Obwohl die Mädchen bessere Noten haben als Jungen, kommen sie mit weniger Selbstvertrauen in ihre Fähigkeiten in die Sekundarstufe und neigen dazu, ihre Leistungen zu unterschätzen (Wigfield et al., 2002). Zwischen der zehnten und zwölften Klasse nimmt der Prozentsatz von Mädchen in Programmen für Hochbegabte ab. Wenn man Mädchen befragte, was sie entmutigt hat, weiter an solchen Programmen teilzunehmen, standen Druck von Eltern und Altersgenossen und Haltungen von Lehrern und Beratern mit an erster Stelle (Read, 1991; Winner, 1996).

Auf der Hochschule nehmen die Berufswünsche akademisch begabter Frauen noch weiter ab. In einer Langzeitstudie wurden hochbegabte Studenten über eine Periode von zehn Jahren verfolgt (durch die Hochschulzeit und bis in die Arbeitswelt). Im ersten Semester zeigten junge Frauen eine Abnahme der Einschätzung ihrer Intelligenz, Männer jedoch nicht. Frauen gaben ihre hoch gesteckten Ziele auf und strebten weniger anspruchsvolle Karrieren an, aus Sorge über die Vereinbarkeit von Berufsarbeit mit Kindererziehung und Ungewissheit über ihre Fähigkeiten (Arnold, 1994). Eine andere Untersuchung ergab ähnliche Ergebnisse. Berufliche Ambitionen mathematisch begabter Frauen nahmen in der Hochschule beträchtlich ab, genau wie die Anzahl derer, die Naturwissenschaften als Hauptfach nahmen (Benbow & Arjmand, 1990). Und mathematisch begabte Frauen, die ein naturwissenschaftliches Hauptfach wählten, entschieden sich oft für Medizin oder andere Berufe aus dem Gesundheitssektor und seltener für Ingenieurswesen, Mathematik oder Physik als ihre männliche Vergleichsgruppe (Benbow et al., 2000).

Diese Ergebnisse decken einen dringenden Bedarf nach Programmen auf, die das Personal auf höheren Schulen und Universitäten für die speziellen Bedürfnisse von Frauen sensibilisiert, die Frauen in der Entwicklung und dem Erhalt höherer beruflicher Ambitionen und der Auswahl nicht traditioneller Berufe haben. Forschungen zeigen, dass die Ambitionen junger Frauen dann ansteigen, wenn sie ermutigt werden, sich Ziele zu setzen, die ihren Fähigkeiten, Interessen und Wertvorstellungen entsprechen. Solche, die weiterhin gute Leistungen erbringen, machen in der Regel folgende Erfahrungen:

- Ein Hochschulumfeld, das den Erfolg von Frauen anerkennt und unterstützt und das versucht, die Erfahrungen der Frauen in ihrem Curriculum zu verbessern

- Häufiger Kontakt mit den Fakultätsangehörigen und schon in dem von ihnen gewählten Bereichen Tätigen

- Die Möglichkeit, ihre Fähigkeiten in einer unterstützenden Umgebung auszuprobieren

- Vorbilder erfolgreicher Frauen, die erfolgreich mit dem Rollenkonflikt Familie-Karriere umgegangen sind (Arnold, 1994; Pascarella et al., 1997; Swanson & Fouad, 1999)

Zugang zu Informationen über den Beruf

Schließlich könnten viele junge Leute von einem besseren Zugang zu Informationen über den Beruf profitieren. In einer Langzeitstudie einer national repräsentativen Stichprobe von über 1200 amerikanischen Oberschülern, erwiesen sich in einem Zeitraum von fünf Jahren Jugendliche aller SÖS-Gruppen und aus allen Ethnien als höchst ehrgeizig. Im Vergleich zu vorhergehenden Generationen erwarteten viel mehr, einen Studienabschluss zu erlangen und in anerkannte Berufe einzutreten. Aber etwa die Hälfte war sich der Schritte nicht bewusst, die nötig waren, diese Ziele zu erreichen (Schneider & Stevenson, 1999). Sie hatten nur vage Vorstellungen über ihre gewählten Berufe, die Ausbildungserfordernisse und die zukünftigen Anforderungen.

Mit dieser Mischung aus hohem Ehrgeiz und wenig Wissen waren die jungen Leute dem Risiko ausgesetzt, „Träumer" zu werden, die darin versagten, wie man Vorkehrungen trifft und klug seine Bemühungen einsetzt. Sie gingen ihr Studium nicht strategisch genug an und blieben oft für eine unnötig lange Zeit an der Universität, oder sie verwirklichten ihre beruflichen Pläne sowohl aus akademischen wie wirtschaftlichen Gründen nicht.

Studenten sollten besser über Voraussetzungen und den Ablauf des Studiums informiert werden. Und sowohl auf Schul- wie auf Hochschulebene müss-

Berufliche Ambitionen akademisch begabter Frauen nehmen oft in der Adoleszenz und im frühen Erwachsenenalter ab. Wenn die Hochschulumgebung die Leistung von Frauen schätzt und unterstützt und ihnen Möglichkeiten gibt, ihre Fähigkeiten in einer fördernden Umgebung auszuprobieren, erhalten sie sich ihre Ambitionen und erreichen in der Regel auch ihre Ziele. Diese jungen Frauen haben ihr ursprüngliches Ziel einer sicheren, gut bezahlten Position mit hoher Verantwortung in einer großen Firma erreicht.

ten Lehrer und Berater besser darin werden, jungen Menschen dabei zu helfen, etwas über die Arbeit zu erfahren, an der sie interessiert sind, indem sie ihnen Menschen in solchen Berufen vorstellen, zur Teilnahme an Aktivitäten außerhalb des Unterrichts raten und Praktikumsplätze anbieten, die eigene Erfahrungen ermöglichen.

13.8.3 Berufliche Vorbereitung junger Erwachsener, die keine Hochschule besuchen wollen

Wendys jüngerer Bruder Leon schloss die High School auf einem berufsvorbereitenden Zweig ab. Wie 25 % anderer junger Leute mit einem solchen Abschluss hatte er keine Pläne, ein Studium zu beginnen. Während seiner Schulzeit hatte Leon einen Teilzeitjob und verkaufte Süßigkeiten in einem Einkaufszentrum. Er hoffte, in der Datenverarbeitung arbeiten zu können, aber sechs Monate nach dem Schulabschluss verkaufte er immer noch Süßigkeiten in Teilzeit. Obwohl Leon viele Bewerbungsunterlagen ausgefüllt hatte, bekam er keine Einladung zu einem Bewerbungsgespräch

Kulturelle Einflüsse: Lehrstellen in Deutschland

Rolf, ein achtzehnjähriger deutscher Berufsschüler ist Lehrling bei Brandt, einem großen Nahrungsmittelproduzenten. Wie viele deutsche Firmen hat Brandt ein gut entwickeltes Lehrlingsprogramm, das über ein professionelles Vollzeittrainingsteam, eine Reihe von Klassenzimmern und ein Labor, das mit den neuesten Lernhilfen ausgestattet ist, verfügt. Lehrlinge durchlaufen mehr als 10 Hauptabteilungen in der Firma, die sorgfältig ausgewählt sind, um den Lernbedürfnissen zu entsprechen. Rolf hat in den Abteilungen Verkauf, Neuentwicklung, Produktion, Personal, Marketing, Handel und Finanzen gearbeitet. Jetzt, im Rechnungswesen, unterstützt er Herrn Stein, seinen Ausbilder, dabei, ein computerisiertes neues Kontrollsystem zu entwickeln. Rolf zeichnet ein Flussdiagramm des neuen Systems unter der Anleitung von Herrn Stein, der ihm erklärt, dass jeder Teil des Diagramms einen Satz von Anweisungen enthalten wird, die in das Computerprogramm eingehen werden.

Rolf ist an komplexen und anspruchsvollen Projekten beteiligt, angeleitet von wohlwollenden Mentoren, die ihre Arbeit lieben und sie anderen beibringen wollen. Zwei Tage die Woche besucht er die Berufsschule. Bei der Arbeit wendet Rolf ein breites Spektrum schulischer Fertigkeiten einschließlich Lesen, Schreiben, Problemlösen und logisches Denken an. Das Lernen in der Schule ist relevant für sein tägliches (Arbeits-)Leben (Hamilton, 1990; Shanahan, Mortimer & Krüger, 2002).

Deutschland hat eines der erfolgreichsten Lehrlingssysteme der Welt, in dem junge Leute vorbereitet werden, ins moderne Geschäftsleben, ins Handwerk und in die Industrie einzutreten. Etwa zwei Drittel der Jugendlichen nehmen daran teil und machen es damit zur verbreitetsten Form

Ein leitender Koch erklärt einem Lehrling die Nahrungszubereitung. In Deutschland macht es eine hoch qualifizierte berufliche Ausbildung jungen Menschen, die keine Hochschule besuchen wollen, möglich, gut bezahlte Berufe zu erlangen. Der Erfolg von Lehrlingssystemen in europäischen Ländern weist darauf hin, dass ein nationales Lehrlingsprogramm in den Vereinigten Staaten und Kanada den Übergang von der Schule in die Arbeit verbessern würde.

sekundärer Ausbildung. Deutsche Heranwachsende, die kein Gymnasium besuchen, beenden in der Regel die Schule mit 15 oder 16 Jahren, wobei bis zum 18ten Lebensjahr Schulpflicht besteht. Sie füllen die zweijährige Lücke mit Teilzeitberufsschulen und der Lehre aus. Die Schüler werden für ein breites Spektrum von Berufen ausgebildet – mehr als 400, was zu mehr als 20.000 spezialisierten Berufen führt. Jede Lehre wird gemeinsam von Lehrern und Arbeitgebern geplant. Lehrlinge, die ihre Ausbildung abschließen und eine qualifizierende Prüfung bestehen, haben bessere Chancen auf dem Arbeitsmarkt und werden als Angestellte oder Arbeiter nach Tarif bezahlt. Die Firmen unterstützen die Programme finanziell, weil sie wissen, dass daraus kompetente, engagierte Arbeitskräfte hervorgehen (Heinz, 1999b).

Das deutsche Lehrlingssystem bietet einen guten Weg von der Schule in den Beruf für junge Menschen, die keine höhere Ausbildung anstreben. Viele Lehrlinge werden von den Firmen übernommen, die sie ausgebildet haben. Die meisten anderen finden Jobs in dem gleichen Beruf. Für jene, die ihren Beruf wechseln, ist das Zeugnis über die Lehre eine wirksame Empfehlung. Arbeitgeber sehen erfolgreiche Lehrlinge als verantwortliche und fähige Arbeiter an. Sie sind bereit, in eine weitere Ausbildung zu investieren, um die Fertigkeiten des Einzelnen dem Bedarf anzupassen. Daraus resultiert, dass junge Deutsche zwischen 18 und 20 Jahren eine gut bezahlte Karriere mit Sicherheit und Fortentwicklungsmöglichkeiten aufbauen, die ihnen Ansehen und einen vollen Status als Erwachsener schafft (Kerckhoff, 2002).

> Der Erfolg des deutschen Systems und ähnlicher Systeme in Österreich, Dänemark, der Schweiz und verschiedenen osteuropäischen Ländern weist darauf hin, dass eine Art von Lehrlingsprogramm den Übergang von der Schule in die Arbeit für junge Leute in Kanada und den Vereinigten Staaten verbessern würde. Dennoch bringt das Einführen eines Lehrlingssystems große Schwierigkeiten mit sich. Vielleicht die größten bestehen darin, das Widerstreben der Arbeitgeber zu überwinden, dass sie einen Teil der Verantwortung für die Berufsausbildung übernehmen. Während nordamerikanische Firmen bereit sind, Angestellten mit Hochschulausbildung ein Training zu ermöglichen, erhalten nur 10 % von Schülern mit High-School-Abschluss ein von der Firma gefördertes Training (Lewis et al., 1998). Zusätzlich müssen Lehrlinge parallel zur praktischen Ausbildung in den Firmen die zwei- bis dreijährige Berufsschule besuchen und mit einer Prüfung abschließen.
>
> In Zeiten wirtschaftlicher Stagnation können die Firmen ihrer Ausbildungs- und Übernahmeverpflichtung nicht nachkommen. Für diese Zeiten müssen andere Anreize für die Firmen bereitgestellt werden, damit eine Lehrlingsausbildung stattfinden kann.
>
> Aber noch andere Barrieren müssen angesprochen werden. Diese umfassen die Schaffung von institutionellen Strukturen, welche die Zusammenarbeit zwischen Schule und Firma sicherstellen und Jugendliche aus Familien mit niedrigem SÖS davor bewahren, in den Lehrstellen mit den niedrigsten Fertigkeiten zu landen – ein Hindernis, das selbst Deutschland noch nicht ganz bewältigt hat (Hamilton & Hamilton, 2000). Pilotprojekte für Lehrlinge sind derzeit auf dem Weg in dem Bemühen, diese Probleme zu lösen und Brücken zwischen Lernen und Arbeiten zu bauen.

oder Angebote. Er verzweifelte bald an der Erkenntnis, dass seine Schulausbildung nicht zu einer beruflichen Laufbahn führen würde.

Leons Unfähigkeit, einen Job außer dem, den er als Schüler hatte, zu finden, ist typisch für nordamerikanische High-School-Absolventen ohne Pläne für ein Studium. Obwohl sie eher eine Beschäftigung finden als Abbrecher, haben sie weniger Arbeitsmöglichkeiten als noch vor einigen Jahrzehnten. Etwa 15 % kanadischer und 20 % amerikanischer Jugendlicher, die kürzlich die High School abgeschlossen haben und die ihre Ausbildung nicht weiterführen wollen, sind arbeitslos (Bowlby & McMullen, 2002; U.S. Department of Education, 2002b). Wenn sie eine Arbeit finden, sind es meistens zeitlich begrenzte, schlecht bezahlte Jobs. Außerdem haben sie weniger Alternativen und können nicht zurück in die Berufsberatung, wenn sie erst einmal den Übergang von der Schule in die Arbeit gemacht haben (Shanahan, Mortimer, & Krüger, 2002).

Nordamerikanische Arbeitgeber betrachten junge High-School-Absolventen als schlecht vorbereitet für eine anspruchsvolle, qualifizierte Tätigkeit. In der Tat ist das nicht ganz von der Hand zu weisen. Wie in Kapitel 11 erwähnt, haben die Vereinigten Staaten und Kanada kein Berufstrainingsprogramm, dass Jugendlichen offen steht, die nicht auf das College wollen. Folglich erleben die meisten High-School-Absolventen ohne auf die Arbeit bezogene Fertigkeiten eine „Periode des Sich-Abstrampelns", die oft mehrere Jahre dauert (Grubb, 1999). Inspiriert von erfolgreichen Programmen in Westeuropa werden Lehrlingsstrategien für die Jugend, die Training bei der Arbeit mit berufsorientiertem Schulunterricht verbinden, als wichtige Dimension einer Ausbildungsreform gesehen. Der Kasten „Kulturelle Einflüsse" beschreibt Deutschlands sehr erfolgreiches Lehrlingssystem. Das Zusammenbringen von der Welt der Schule mit der der Arbeit bietet viele Vorteile. Dazu gehört u.a., jungen Menschen, die nicht auf die Hochschule wollen, ein produktives Leben gleich nach dem Schulabschluss aufbauen zu helfen, was Risikoschüler motivieren könnte, auf der Schule zu bleiben und damit zum wirtschaftlichen Wachstum der Nation beizutragen (Hamilton, 1993; Safyer, Leahy, & Colan, 1995).

Obwohl die berufliche Entwicklung ein lebenslanger Prozess ist, sind Adoleszenz und frühes Erwachsenenalter entscheidende Perioden, um berufliche Ziele zu definieren und eine Karriere in Gang zu bringen. Junge Menschen, die gut auf eine wirtschaftlich und persönlich befriedigende Arbeit vorbereitet sind, werden eher produktive Bürger, engagierte Familienmitglieder und zufriedene Erwachsene. Die Unterstützung von Familie, Firmen, Gemeinden und der Gesellschaft kann sehr zu einem positiven Gelingen beitragen. In Kapitel 14 wollen wir uns mit den Herausforderungen des Aufbaus einer Karriere und deren Integration in andere Lebensbereiche beschäftigen.

Prüfen Sie sich selbst …

Rückblick
Welche Merkmale von Studenten und Hochschulumfeld tragen zu günstigen psychischen Veränderungen während der Jahre im College bei?

Anwendung
Jonas, ein Student auf einem städtischen College, hat wenig Ahnung, welche Seminare er besuchen muss, um Lehrer zu werden. Warum kann die Lücke zwischen Jonas beruflichem Ziel und seinem Wissen negative Folgen haben für das Gelingen seiner Ausbildung? Welche Schritte können Hochschulen unternehmen, um Studenten wie Jonas davor zu bewahren, „Träumer" zu werden?

Zusammenhänge
Was haben Sie in vorhergehenden Kapiteln über die Entwicklung von Geschlechtsstereotypen und über Geschlechtsunterschiede in der Selbstachtung gelernt, die erklären helfen, warum Frauen in männlich dominierten Berufen immer noch so wenig vertreten sind? (Siehe Kapitel 10 und Kapitel 12.)

Prüfen Sie sich selbst …

Zusammenfassung

Körperliche Entwicklung

Biologisches Altern beginnt im frühen Erwachsenenalter
Beschreiben Sie moderne Theorien biologischen Alterns, einschließlich der auf DNA- und Körperzellenebene und der auf der Ebene von Gewebe und Organen.

- Wenn die Körperstrukturen im Teenagealter und in den Zwanzigern erst einmal ihre maximale Kapazität und Wirksamkeit erreicht haben, beginnt das **biologische Altern** oder die **Seneszenz**. Die programmierte Wirkung spezifischer Gene mag bestimmte altersbezogene Veränderungen in der DNA und den Körperzellen kontrollieren. Die DNA mag auch beschädigt sein, da zufällige Mutationen sich häufen, was zu einer weniger wirksamen Zellreparatur und Ersatz von Zellen sowie abnormen Krebszellen führt. Die Freisetzung hoch reaktiver **freier Radikale** ist ein wahrscheinlicher Grund altersbedingten Schadens an DNA und Zellen. Biologisches Altern mag aus einer komplexen Kombination programmierter Wirkungen von spezifischen Genen und zufälligen Ereignissen herrühren, die zur Beeinträchtigung der Zellen führen.
- Die genetische und zelluläre Beeinträchtigung beeinflusst Organe und Gewebe. Die **Theorie der Querverbindungen** des Alterns besagt, dass mit der Zeit Proteinfasern Verbindungen bilden und so weniger elastisch werden, was zu negativen Veränderungen in vielen Organen führt. Abbau im endokrinen und im Immunsystem mag auch zum Altern beitragen.

Körperliche Veränderungen
Beschreiben Sie körperliche Veränderungen des Alterns mit besonderer Beachtung des kardiovaskulären (Herz-Kreislauf-) und des Atemsystems, der motorischen Leistung, des Immunsystems und der Fortpflanzungsfähigkeit.

- Im frühen Erwachsenenalter finden allmähliche körperliche Veränderungen statt, die sich später beschleunigen. Abbau in der Herz- und Lungenleistung zeigen sich nur unter körperlicher Belastung. Herzerkrankungen sind die Haupttodesursache bei Erwachsenen, obwohl sie aufgrund von Veränderungen im Lebensstil und des medizinischen Fortschritts in den letzten 50 Jahren beträchtlich abgenommen haben. Arteriosklerose ist eine schwere, mehrfach determinierte kardiovaskuläre Erkrankung, bei der Fettablagerungen an den Arterienwänden eine Rolle spielen.
- Sportliche Fähigkeiten, die Schnelligkeit und Koordination der Grobmotorik erfordern, haben ihren Höhepunkt in den frühen Zwanzigern; jene, die Ausdauer, ruhiges, festes Halten von Arm und Hand und Zielsicherheit erfordern in den späten Zwanzigern und frühen Dreißigern. Für die meisten mit dem Alter verbundenen Verschlechterungen sportlicher Fertigkeiten und motorischer Leistung ist ein weniger aktiver Lebensstil und nicht das biologische Altern verantwortlich.
- Die Immunreaktion wird durch die Adoleszenz hindurch gestärkt und nimmt nach dem Alter von 20 ab. Dieser Trend ist teilweise die Folge von Abbauprozessen in der Thymusdrüse. Auch die zunehmende Schwierigkeit, körperlichen und seelischen Stress zu bewältigen, trägt dazu bei.
- Nach dem Alter von 35 nimmt die Fortpflanzungsfähigkeit der Frauen stark ab als Folge der reduzierten Qualität und Quantität der Eizellen. Männer zeigen nach dem Alter von 40 einen allmählichen Rückgang in der Menge des Samens und der Spermienkonzentration in jeder Ejakulation.

Gesundheit und Fitness
Beschreiben Sie den Einfluss von SÖS, Ernährung und Bewegung auf die Gesundheit und diskutieren Sie Fettleibigkeit bei Erwachsenen.

- Wirtschaftlich besser gestellte und gebildete Individuen neigen dazu, ihre gute Gesundheit fast im ganzen Erwachsenenalter zu bewahren, während die Gesundheit von Individuen mit schlechterem Einkommen und begrenzter Ausbildung abbaut. Unterschiede im SÖS wirken sich auf die Gesundheit aus. Schichtspezifische gesundheitsbezogene Bedingungen und Gewohnheiten sind größtenteils dafür verantwortlich.
- Viele Mensche in den Industrieländern essen die falsche Art von Nahrungsmitteln und eine zu große Menge davon. Fettleibigkeit hat in den westlichen Nationen dramatisch zugenommen. Heute sind Amerikaner die übergewichtigsten Menschen der Welt. Am meisten betroffen sind Mitglieder von Minderheiten mit geringem SÖS. Eine sitzende Lebensweise und eine Ernährung, die hoch an Zucker und Fetten ist, tragen zur Fettleibigkeit bei. Diese wird mit schweren Gesundheitsproblemen, sozialer Diskriminierung und frühem Tod in Verbindung gebracht.
- Ein Teil der Gewichtszunahme zwischen 25 und 50 resultiert aus der Abnahme des **Grundumsatzes im Energiehaushalt des Körpers**, aber viele junge Erwachsene zeigen eine sehr starke Gewichtszunahme. Eine erfolgreiche Behandlung der Fettleibigkeit umfasst typischerweise eine Ernährung mit wenig Fett plus Bewegung, eine genaue Registrierung des Nahrungskonsums, soziale Unterstützung, Unterricht in Fertigkeiten der Problemlösung und erweiterte Interventionen.
- Regelmäßige Bewegung reduziert das Körperfett, baut Muskeln auf, hilft, Krankheiten zu verhindern (einschließlich kardiovaskulären Erkrankungen), und verstärkt das psychische Wohlbefinden. Körperliche Aktivität ist mit wesentlich niedrigeren Todesraten aller Ursachen assoziiert. Moderat intensives Training an den meisten Tagen führt zu gesundheitlichen Vorteilen, welche mit größerer Intensität der Übungen zunehmen.

Welches sind die beiden verbreitetsten Suchtmittelstörungen und welche Gesundheitsrisiken umfassen sie?

- Zigarettenrauchen und Alkoholkonsum sind die beiden häufigsten Suchtmittelstörungen Erwachsener. Die meisten Erwachsenen, die rauchen, begannen vor dem Alter von 21 Jahren. Sie haben ein erhöhtes Risiko für Herzattacken, Schlaganfall, vielen Krebsarten und vorzeitigem Tod.
- Etwa ein Drittel der Trinker leiden unter Alkoholismus, zu dem sowohl Vererbung wie die Umwelt beitragen. Alkohol ist bei Leber- und kardiovaskulären Erkrankungen, bei bestimmten

Krebsformen, vielen anderen körperlichen Störungen, sozialen Problemen wie Verkehrsunfällen und bei sexueller Nötigung beteiligt.

Beschreiben Sie sexuelle Einstellungen und Verhaltensweisen junger Erwachsener und diskutieren Sie Geschlechtskrankheiten, sexuelle Nötigung und das prämenstruelle Syndrom.

- Die meisten Erwachsenen sind sexuell weniger aktiv als die Medien es weismachen wollen, zeigen aber im Vergleich zu früheren Generationen ein breiteres Spektrum sexueller Wahl und Lebensstile und haben mehr sexuelle Partner. Dennoch verbringen die meisten Menschen ihr Leben mit nur einem Partner. Erwachsene in festen Partnerschaften berichten über eine große Befriedigung in ihrem Sexualleben. Nur eine Minderheit von Erwachsenen berichtet über andauernde sexuelle Probleme – Schwierigkeiten im Zusammenhang mit niedrigem SÖS, Stress, viele Sexualpartner zu haben und eine Geschichte von sexuellem Missbrauch in der Kindheit oder sexuelle Nötigung im Erwachsenenalter.
- Negative Einstellungen gegenüber homosexuellen Männern und Frauen haben abgenommen, besonders im Bereich gleicher Beschäftigungsmöglichkeiten. Homosexuelle Beziehungen teilen viele Merkmale mit heterosexuellen, einschließlich der Ähnlichkeit zwischen den Partnern in Ausbildung und Hintergrund, größerer Befriedigung in festen Beziehungen und mäßige Häufigkeit sexueller Aktivität.
- Viele Nordamerikaner ziehen sich eine sexuell übertragbare Krankheit in ihrem Leben zu, wobei Frauen empfänglicher sind als Männer. Obwohl Aids unter schwulen Männern und intravenös spritzenden Drogenabhängigen am meisten konzentriert ist, nimmt das Vorkommen bei Homosexuellen ab. Derzeit breitet sich die Krankheit am schnellsten durch heterosexuelle Kontakte in Gruppen von Armut betroffener Minderheiten mit hohem Drogenmissbrauch aus.
- Die meisten Vergewaltigungsopfer sind von Männern, die sie gut kennen, angegriffen worden. Männer, die sexuelle Übergriffe machen, halten typischerweise an traditionellen Geschlechterrollen fest, stimmen Gewalt gegen Frauen zu und haben Schwierigkeiten, das Sozialverhalten von Frauen korrekt zu interpretieren. Kulturelle Akzeptanz starker Geschlechtstypisierung und von Gewalt tragen zur sexuellen Nötigung bei. Die Opfer reagieren mit einem extremen psychischen Trauma.
- Fast 40 % aller Frauen leiden an einem **prämenstruellen Syndrom (PMS)**, gewöhnlich in einer milden Form. Bei einigen Frauen ist das PSM so stark, dass es den Alltag beeinträchtigt. Es häufen sich die Beweise einer genetischen Veranlagung für das PSM.

Wie beeinflusst psychischer Stress die Gesundheit?

- Chronischer psychischer Stress führt zu körperlichen Reaktionen, die zu Herzerkrankungen, verschiedenen Arten von Krebs und Problemen im Bauchraum beitragen. Weil die vielen Herausforderungen des frühen Erwachsenenalters diese Zeit höchst stressreich machen, sind Interventionen besonders wichtig, die jungen gestressten Menschen helfen, unterstützende soziale Bande zu knüpfen.

Kognitive Entwicklung

Veränderungen der Denkstruktur
Beschreiben Sie Merkmale erwachsenen Denkens und erklären Sie, wie sich das Denken im Erwachsenenalter verändert.

- Die kognitive Entwicklung über Piagets formal-operationale Stufe hinaus ist bekannt als **postformales Denken**. Die Kognition Erwachsener spiegelt typischerweise ein Bewusstsein mehrerer Wahrheiten wider, integriert Logik mit Realität und toleriert die Lücke zwischen dem Idealen und dem Realen.
- Nach der Theorie von Perry bewegen sich Studenten vom **dualistischen Denken,** das Informationen in falsch und richtig unterteilt zum **relativistischen Denken,** dem Bewusstsein mehrere Wahrheiten.
- In Schaies Theorie gehen die Ziele geistiger Aktivität vom Wissenserwerb dazu über, das Wissen auf komplexere Weise anzuwenden, da sich die Situation im Erwachsenenalter verändert. Folglich geht das **erwerbende Stadium** der Kindheit und Adoleszenz über in das **Anwendungsstadium** im frühen Erwachsenenalter, es folgen die Stadien der **Verantwortlichkeit** und das **exekutive** (leitende) **Stadium** im mittleren Erwachsenenalter sowie das **reintegrative Stadium** im späten Erwachsenenalter.
- Nach der Theorie von Labouvie-Vief motiviert das Bedürfnis nach Spezialisierung Erwachsene, sich von der idealen Welt der Möglichkeiten zu einem **pragmatischen Denken** zu bewegen, das die Logik als Werkzeug benutzt, Probleme der realen Welt zu lösen und Widersprüchlichkeiten, Unvollkommenheit und Kompromissbereitschaft zu akzeptieren.

Informationsverarbeitung: Fachwissen und Kreativität
Welche Rolle spielen Fachwissen und Kreativität im Denken Erwachsener?

- Spezialisierung in Studium und Beruf führt zu **Fachwissen,** welches Problemlösen stärkt und notwendig ist für Kreativität. Eine reife Kreativität umfasst, sinnvolle Fragen zu stellen und sinnvolle Antworten darauf zu geben. Obwohl Kreativität dazu neigt, im frühen Erwachsenenalter anzusteigen und in den späten Dreißigern seinen Höhepunkt zu haben, variiert ihre Entwicklung in den Disziplinen und den Individuen. Zusätzlich zum Fachwissen tragen verschiedene persönliche und situative Faktoren gemeinsam dazu bei, Kreativität zu fördern.

Veränderungen in geistigen Fähigkeiten
Was sagen Intelligenztests über Veränderungen in den geistigen Fähigkeiten Erwachsener im Verlauf ihres Lebens?

- Querschnittsuntersuchungen zeigen einen Höhepunkt in der Leistung bei Intelligenztests um das Alter von 35 Jahren, gefolgt von einem steilen Abfall, während Langzeitstudien einen Anstieg in Bezug auf das Alter vom frühen ins mittlere Erwachsenenalter aufzeigen. Mit der Anwendung des Kohorten-Sequenz-Plans in der Seattle Longitudinal Study

fand Schaie heraus, dass der Abbau in der Querschnittuntersuchung größtenteils Folge des Kohorteneffekts war.
- Material aus Langzeitstudien zeigt, dass verbale Fähigkeiten und andere Fähigkeiten, die von erworbenem Wissen abhängen, sich stetig bis ins mittlere Erwachsenenalter verbessern und nicht vor dem hohen Alter abfallen. Fähigkeiten jedoch, die das Auffinden von Beziehungen erfordern, bauen eher ab.

Hochschulerfahrung
Beschreiben Sie den Einfluss einer Hochschulausbildung auf das Leben junger Menschen und diskutieren Sie das Problem des Studienabbruchs.
- Durch Engagement in akademische Programme und in das Leben auf dem Campus und in den Fakultäten machen Studenten Entdeckungen, die einen Zugewinn in Wissen und Urteilskraft, revidierten Haltungen und Werten, ein gestärktes Selbstwertgefühl und bessere Selbstkenntnis sowie die Vorbereitung auf eine Karriere mit hohem Status bedeuten. Die meisten jungen Leute, die abbrechen, tun das während der ersten beiden Semester und kämpfen mit den typischen Problemen junger Erwachsener. Diese Studenten profitieren von Interventionen, die sich um sie als Individuen kümmern.

Berufswahl
Ziehen Sie die Entwicklung der Berufswahl nach und führen Sie Faktoren an, die sie beeinflussen.
- Die Berufswahl geht durch drei Phasen: eine **Periode der Fantasie**, in der Kinder Berufsmöglichkeiten durch Spiel entdecken; eine **Periode des Ausprobierens**, in der Teenager verschiedene Berufe mit ihren Interessen, Fähigkeiten und Wertvorstellungen abwägen und „probehandeln", und einer **realistischen Periode,** in der junge Menschen sich in einer beruflichen Kategorie festlegen und dann einen spezifischen Beruf aussuchen.
- Die Berufswahl ist durch die Persönlichkeit, die Ermöglichung zur Ausbildung durch die Eltern, berufliche Informationen und Ermutigung sowie enge Beziehungen mit Lehrern und Zugang zu beruflichen Informationen in Schule und Hochschule beeinflusst. Der Fortschritt von Frauen im Zugang zu von Männern dominierten Berufen ist langsam und ihre Erfolge hinken in fast allen Bereichen denen der Männer hinterher. Geschlechtsstereotype Ansichten über die Fähigkeiten von Frauen hindern viele von ihnen daran, ihr berufliches Potential zu erreichen.

Welchen Problemen sehen sich amerikanische junge Leute, die nicht studieren, bei der Berufsvorbereitung gegenüber?
- Nordamerikanische Absolventen der High School, die nicht auf ein College wollen, haben heute weniger Arbeitsmöglichkeiten als vor einigen Jahrzehnten. Die meisten sind auf schlecht bezahlte, ungelernte Jobs beschränkt und zu viele sind arbeitslos. Um ihren Bedürfnissen nach beruflichem Training nachzukommen, werden Lehrzeiten für Jugendliche, inspiriert durch Modelle in Westeuropa, als interessante Dimension einer Ausbildungsreform in den Vereinigten Staaten in Erwägung gezogen.

Wichtige Fachtermini und Begriffe

auf Wissenserwerb gerichtetes Stadium S. 600
ausführendes Stadium S. 600
biologisches Altern S. 572
dualistisches Denken S. 599
exekutives Stadium S. 600
Fachwissen S. 601
Fantasieperiode S. 605
freie Radikale S. 574
Grundumsatz S. 583
Periode des Ausprobierens S. 605
postformales Denken S. 599
pragmatisches Denken S. 601
prämenstruelles Syndrom (PMS) S. 597
Querverbindungstheorie des Alterns S. 575
realistische Periode S. 606
reintegratives Stadium S. 600
relativistisches Denken S. 599
Seneszenz S. 572
Stadium der Verantwortlichkeit S. 600

Die emotionale und soziale Entwicklung im frühen Erwachsenenalter

14

14.1 Eriksons Theorie: Intimität versus Isolation 618

14.2 Weitere Theorien der psychosozialen Entwicklung im Erwachsenenalter 620
Levinsons Lebensabschnitte 620
Vaillants theoretischer Ansatz der Lebensanpassung 622
Einschränkungen der Theorien von Levinson und Vaillant 623
Die soziale Uhr 624

14.3 Enge Beziehungen 625
Die Liebesbeziehung 625
Freundschaften 629
Einsamkeit 632

14.4 Der Lebenszyklus der Familie 633
Aus dem Haus gehen 634
Das Zusammenführen von Familien durch eine Eheschließung 635
Elternschaft 641

14.5 Die Vielfalt der Lebensstile Erwachsener 648
Ein Leben als Single 648
Kohabitation 649
Kinderlosigkeit 651
Scheidung und Wiederheirat 652
Von der Norm abweichende Arten der Elternschaft 654

14.6 Die berufliche Entwicklung 657
Sich eine Karriere aufbauen 657
Frauen und ethnische Minoritäten 658
Eine Kombination aus Berufstätigkeit und Familienleben 660

ÜBERBLICK

> Nachdem sie ihr Studium beendet hatte, zog Wendy zurück in ihrer Heimatstadt. Dort würde sie bald Ernie heiraten. Seit einem Jahr waren sie verlobt und in dieser Zeit wurde Wendy immer von Zweifeln befallen, ob diese Ehe wirklich das Richtige für sie sei. Manchmal wurde sie auch neidisch auf ihre Freundin, die immer noch ungebunden war und die Freiheit hatte, sich ihrer Karriere zu widmen.
>
> Auch über die Lebensumstände von Christie und ihrem Mann dachte Wendy nach – sie hatten im ersten Jahr am College geheiratet und innerhalb der nächsten beiden Jahre zwei Kinder bekommen. Obwohl Christies Mann ein guter Lehrer war, hatte sich die Beziehung zum Rektor der Schule zusehends verschlechtert, sodass er seine Arbeitsstelle zu Ende des ersten Jahres aufgeben musste. Finanzielle Schwierigkeiten und die Anforderungen, die Mutterschaft mit sich bringt, hatten dafür gesorgt, dass Christie ihre Pläne bezüglich ihrer eigenen Ausbildung und Karriere zurückstellen musste. Wendy überlegte, ob es überhaupt möglich ist, Familie und Karriere unter einen Hut zu bringen.
>
> Wendys Ambivalenz wurde immer stärker, je näher der Hochzeitstermin rückte. Als Ernie sie fragte, warum sie so unruhig sei, gab sie zu, dass sie sich für eine Ehe nicht bereit fühlte. Ernies Zuneigung zu Wendy war im Laufe ihrer Beziehung immer größer geworden und nun versicherte er ihr seine Liebe. Seine Berufskarriere hatte begonnen und im Alter von 27 Jahren freute er sich darauf, eine Familie zu gründen. Unsicher und hin und hergerissen, hatte Wendy das Gefühl, dass die Heirat unumgänglich sei. Langsam aber sicher begannen Verwandte, Freunde und Geschenke anzukommen. An ihrem Hochzeitstag stand sie dann vor dem Altar.
>
> Dieses Kapitel wird sich mit der emotionalen und der sozialen Seite des frühen Erwachsenenalters beschäftigen. Nachdem der junge Mensch sich von seiner Herkunftsfamilie unabhängig gemacht hat, wünscht er sich dennoch liebevolle Bindungen, die er auch braucht. Allerdings, wie dies auch bei Wendy deutlich wird, fürchten viele häufig, dabei ihre Freiheit zu verlieren. Wenn der junge Mensch dieses Problem einmal gelöst hat, entstehen in den Jahren zwischen 20 und 40 neue Familien, mit oder ohne Kinder, eingebettet in den Kontext verschiedenster Lebensstile. Gleichzeitig sieht sich der junge Erwachsene mit der Aufgabe konfrontiert, die Anforderungen und Aufgabenstellungen seines gewählten Berufes zu meistern. Wir werden feststellen, dass Liebe und Arbeit eng miteinander verwoben sind und die Gesellschaft Erfolge in beiden Bereichen erwartet. Bei dem Versuch, beiden Bereichen gerecht zu werden, werden von den jungen Erwachsenen mehr Entscheidungen getroffen, Pläne gemacht und unter Umständen auch wieder verworfen als in jeder anderen Altersgruppe. Wenn ihre Entscheidungen für sie selbst stimmig und mit ihrem sozialen und kulturellen Umfeld in Einklang zu bringen sind, erarbeiten sie sich in dieser Zeit viele neue Fähigkeiten und empfinden ihr Leben in seiner Fülle als lebenswert.

14.1 Eriksons Theorie: Intimität versus Isolation

Eriksons Ansatz hat einiges zur Forschung über Persönlichkeitsentwicklung im Erwachsenenalter beigetragen und diese vorangetrieben. Seine Sichtweise beeinflusst alle heutigen Theorien (McCrae & Costa, 1990). Gemäß Erikson (1964) durchlaufen Erwachsene drei Stadien. Jedes einzelne Stadium bringt neue Möglichkeiten, aber auch neue Risiken mit sich – „ein Wendepunkt entweder zum Guten oder zum Schlechten" (S. 139). Der psychische Konflikt des frühen Erwachsenenalters besteht in **Intimität versus Isolation**. Dieser Konflikt reflektiert sich in den Gedanken und Gefühlen des jungen Menschen bezüglich seiner möglichen dauerhaften Verpflichtung einem Partner gegenüber.

Wie der innere Aufruhr bei Wendy schon vermuten lässt, stellt es eine Herausforderung dar, eine für beide Seiten gleichermaßen befriedigende, enge Beziehung aufzubauen. Die meisten jungen Erwachsenen haben sich noch vor gar nicht allzu langer Zeit von ihren Eltern wirtschaftlich unabhängig gemacht und viele von ihnen sind immer noch dabei, eine eigene Identität zu entwickeln. Um Intimität zu erreichen, ist es allerdings notwendig, dass sie einiges von ihrer neu gefundenen Unabhängigkeit wieder aufgeben und die eigene Identität neu definieren, um die Wertvorstellungen und

Interessen zweier Menschen miteinander in Einklang zu bringen. Während des ersten Ehejahres trennte sich Wendy von Ernie zweimal in dem Versuch, ihren Bedürfnissen nach Unabhängigkeit und Nähe gerecht zu werden. Diese Kräfte auszubalancieren, erfordert ein gewisses Maß an Reife. Ohne ein Gefühl der Unabhängigkeit erreicht zu haben, wird sich der junge Erwachsene nur anhand seines Partners definieren und Selbstrespekt sowie Eigeninitiative dafür aufgeben. Ohne Nähe und Intimität wiederum sehen sich die Partner mit dem negativen Ausgang von Eriksons Stadium des frühen Erwachsenenalters konfrontiert: Einsamkeit und Selbstbezogenheit. Ernies Geduld und Stabilität halfen Wendy dabei zu erkennen, dass das Leben in einer Ehe Großzügigkeit und Kompromisse erfordert, aber nicht ein völliges Aufgeben des eigenen Selbst.

Ein sicheres Gefühl von Nähe zeigt sich auch in anderen engen Beziehungen. So zum Beispiel sind junge Menschen, die in ihren Freundschaften und ihren Beziehungen am Arbeitsplatz ein gewisses Maß an Nähe erreicht haben, kooperativ, tolerant und akzeptieren den unterschiedlichen Hintergrund und die sich von den eigenen unterscheidenden Wertvorstellungen ihrer Freunde und Kollegen. Obwohl sie Freude daran haben, mit anderen zusammen zu sein, fühlen sie sich genauso wohl, wenn sie allein sind. Menschen mit einem Gefühl der Isolation zögern, neue Bindungen einzugehen, weil sie den Verlust der eigenen Identität fürchten und dazu neigen, mit anderen in Wettstreit zu treten anstatt zu kooperieren, Unterschiede nicht akzeptieren können und sich sehr leicht bedroht fühlen, wenn andere ihnen zu nahe kommen (Hamachek, 1990). Erikson war der Meinung, dass eine erfolgreiche Auflösung des Konfliktes „Intimität versus Isolation" das Individuum auf das Stadium des mittleren Erwachsenenalters vorbereitet, in dessen Brennpunkt die *Generativität* steht – die Sorge um die nächste Generation und der eigene Beitrag zur Verbesserung der Lebensbedingungen in der Gesellschaft und dem eigenen sozialen Umfeld.

Forschung mittels Selbstbeurteilungen konnte bestätigen, dass Nähe und Intimität ein zentrales Thema des frühen Erwachsenenalters darstellen (Ryff & Migdal, 1984; Whitbourne et al., 1992). Wie wir zuvor schon sehen konnten, lässt sich das Leben eines Erwachsenen aber nicht anhand einer festgelegten, an ein bestimmtes Alter geknüpften Aufgabenserie definieren. Schwangerschaft und Kindererziehung (Aspekte der Generativität) finden für gewöhnlich im zweiten und dritten Lebensjahrzehnt statt. In dieser Zeit trägt der junge Erwachsene auch durch seine Arbeit zur Gesellschaft bei. Des Weiteren gibt es vielerlei Kombinationen von Ehe, Kindern und Berufstätigkeit und jede einzelne ist gekennzeichnet von einem einzigartigen Muster von Timing und Verpflichtung (McAdams, de St. Aubin, & Logan, 1993; Weiland, 1993).

Zusammengefasst können wir feststellen, dass sowohl die Intimität als auch die Generativität im frühen Erwachsenenalter auftauchen, wobei die Betonung von Mensch zu Mensch verschieden sein kann. Andere Theoretiker haben, nachdem sie erkannt haben, dass Eriksons Theorie nur einen recht groben Abriss der Persönlichkeitsentwicklung im Erwachsenenalter abgibt, diesen Ansatz erweitert und modifiziert, zusätzliche Details hinzugefügt und ihn somit flexibler gestaltet.

Um Intimität zu erreichen, müssen junge Erwachsene einiges von ihrer neu gefundenen Unabhängigkeit aufgeben und ihre Identität neu definieren, um die Wertvorstellungen und Interessen zweier Menschen in Einklang bringen zu können. Die intensive Interaktion der beiden Partner in der Ehe kann verstanden werden als ein Teil ihrer Bemühung, ihre Bedürfnisse nach Unabhängigkeit und Intimität miteinander zu verbinden und eine für beide Seiten befriedigende enge Beziehung aufzubauen.

14.2 Weitere Theorien der psychosozialen Entwicklung im Erwachsenenalter

In den 70er Jahren führte ein wachsendes Interesse an der Entwicklung im Erwachsenenalter dazu, dass mehrere Bücher zu diesem Thema weite Verbreitung fanden. Drei von ihnen – Daniel Levinsons (1978) *The Seasons of a Man's Life* und George Vaillants (1977, 2002) *Adaptation to Life* sowie *Aging Well* – stellen psychosoziale Theorien in der Tradition Eriksons vor. Alle drei Theorien finden Sie in Tabelle 14.1 im Überblick.

14.2.1 Levinsons Lebensabschnitte

In seiner Frage nach einer grundsätzlichen Ordnung innerhalb der menschlichen Lebensspanne führte Levinson (1978) gründliche biographische Interviews mit vierzig 35 bis 45 Jahre alten Männern aus vier verschiedenen Berufssparten durch: Hilfsarbeiter in der Industrie, Geschäftsmänner, an der Universität beschäftigte Biologen und Romanautoren. Später interviewte er zusätzlich 54 Frauen, auch diese im Alter von 35 bis 45 Jahren, aus drei verschiedenen Berufssparten: Hausfrauen, Geschäftsfrauen und Universitätsprofessorinnen. Seine Ergebnisse, die sich mit denen anderer Wissenschaftler decken, zeigten einen gemeinsamen Gang der Veränderung, wobei Männer und Frauen ihre Entwicklungsaufgaben jeweils verschieden angehen (Levinson, 1996; Roberts & Newton, 1987).

Wie auch Erikson, verstand Levinson (1978, 1996) die Entwicklung als eine Abfolge qualitativ unterschiedlicher Zeiträume (Stufen oder Lebensabschnitte). In jedem dieser Zeiträume bringen biologische und soziale Wirkkräfte immer neue psychische Herausforderungen mit sich. Wie Tabelle 14.1 zeigt, beginnt jede von ihnen mit einer *Übergangsphase*, die etwa fünf Jahre andauert. Mit dieser Phase wird der vorangegangene Zeitraum abgeschlossen und der Betreffende für den folgenden Lebensabschnitt vorbereitet. Zwischen diesen Übergangsphasen bewegt sich das Individuum in einer stabilen Periode, die etwa fünf bis sieben Jahre andauert, in der eine Lebensweise aufgebaut wird, die

Tabelle 14.1

Stadien der psychosozialen Entwicklung im Erwachsenenalter

Entwicklungsperiode	Erikson	Levinson	Vaillant
Frühes Erwachsenenalter (20–40 Jahre)	Intimität versus Isolation	Übergangsphase im frühen Erwachsenenalter: 17–22 Jahre	Intimität und Nähe
		Eintreten in eine Lebensstruktur für das frühe Erwachsenenalter: 22–28 Jahre	
		Übergangsphase um das Alter von 30 Jahren: 28–33 Jahre	Konsolidierung der beruflichen Karriere
		Der Höhepunkt der Lebensstruktur für das frühe Erwachsenenalter: 33–40 Jahre	
Mittleres Erwachsenenalter (40–65 Jahre)	Generativität versus Stagnierung	Übergangsphase in der Mitte des Erwachsenenalter: 40–45 Jahre	Generativität
		Eintreten in eine Lebensstruktur für das mittlere Erwachsenenalter: 45–50 Jahre	
		Übergangsphase um das Alter von 50 Jahren (50–55 Jahre)	Das Aufrechterhalten von Sinnstrukturen
		Der Höhepunkt der Lebensstruktur für das mittlere Erwachsenenalter (55-60 Jahre)	
	Ich-Integrität versus Verzweiflung	Übergangsphase im späten Erwachsenenalter (60–65 Jahre)	Ich-Integrität
		Spätes Erwachsenenalter (65 Jahre bis zum Tod)	

Weitere Theorien der psychosozialen Entwicklung im Erwachsenenalter

Um ihren Traum in die Tat umzusetzen, sollten junge Erwachsene eine Beziehung zu einem Mentoren eingehen, jemandem, der ihre beruflichen Fähigkeiten fördert und der ihnen an ihrem Arbeitsplatz dabei hilft, die geltenden Wertvorstellungen, Gewohnheiten und die dort arbeitenden Menschen kennen zu lernen. Dieser erfahrene Arzt berät zwei junge Ärzte im Praktikum beim Mittagessen in der Krankenhauscafeteria.

auch schwerwiegende Entscheidungen beinhalten bezüglich der eigenen Ehe, der Kinder, des Arbeitsplatzes und des Lebensstils, noch bevor der Einzelne genügend Lebenserfahrung besitzt, um die richtigen Entscheidungen zu treffen.

■ Träume und Mentoren

Wie gehen junge Erwachsene mit den Möglichkeiten und den Gefahren dieser Periode um? Levinson fand heraus, dass während der Übergangsphase im frühen Erwachsenenalter (17 bis 22 Jahre) die meisten einen *Traum* konstruieren, ein Bild von sich selbst in der Erwachsenenwelt, das ihre Entscheidungen lenkt. Je spezifischer der Traum, desto zielorientierter der Aufbau einer Lebensstruktur. Bei Männern liegt die Betonung ihres Traumes für gewöhnlich darauf, Leistungen in ihrer Rolle in der Arbeitswelt zu vollbringen. Im Gegensatz dazu zeigen Frauen eher „aufgespaltene Träume", in denen sowohl Ehe als auch Berufstätigkeit eine wichtige Rolle spielen. Außerdem besteht die Tendenz, dass Frauen in ihren Träumen ihr Selbst anhand der Beziehungen mit ihren Ehemännern, den Kindern und ihren Arbeitskollegen definieren. Träume von Männern sind zumeist individualistischer: Sie betrachten signifikante andere in ihrer Umgebung, insbesondere ihre Ehefrauen, als wichtige Menschen, die ihre Ziele unterstützen, und sehen sich seltener als jemanden, der die Ziele anderer unterstützt.

darauf abzielt, innere persönliche und äußere gesellschaftliche Anforderungen miteinander in Einklang zu bringen und somit die Lebensqualität zu erhöhen. Irgendwann beginnt der Betreffende allerdings die augenblickliche Struktur in Frage zu stellen, was zu einer neuen Übergangsphase führt.

Die **Lebensstruktur**, ein Schlüsselbegriff in der Theorie von Levinson, stellt den zugrunde liegenden Lebensentwurf, die Lebensweise eines Menschen dar. Sie besteht aus den Beziehungen mit signifikanten anderen – Individuen, Gruppen und Institutionen. Die Lebensstruktur kann aus vielen Komponenten bestehen. Für gewöhnlich sind es aber nur einige wenige, die mit der Ehe bzw. der Familie und der Berufstätigkeit zu tun haben, die eine ganz zentrale Rolle spielen. Die individuellen Unterschiede jedoch, wie der Einzelne jeweils die zentralen und die peripheren Komponenten bewertet, sind sehr groß.

Die Lebensberichte von Männern und Frauen bestätigen Levinsons Beschreibung des Lebensverlaufs. Sie zeigen außerdem, dass das frühe Erwachsenenalter der Abschnitt der „größten Energie und Fülle ist, (aber auch) des Widerspruchs und Stresses" (Levinson, 1986, S. 5). Diese Jahre können tiefe Befriedigung in der Liebe, der Sexualität, dem Familienleben, den beruflichen Fortschritten und der Umsetzung der eigenen Lebensziele mit sich bringen. Sie können aber

Junge Erwachsene sollten zudem eine Beziehung zu einem Mentor entwickeln, der sie bei der Umsetzung ihrer Träume unterstützt. Ein Mentor ist für gewöhnlich mehrere Jahre älter und in dem Bereich, in den der junge Erwachsene eintreten möchte, erfahren. Zumeist übernimmt diese Rolle ein älterer Kollege am Arbeitsplatz, manchmal ein Freund, ein Nachbar oder ein Verwandter. Mentoren können in der Beziehung den Platz eines Lehrers einnehmen, der den Betreffenden beim Erlangen beruflicher Fähigkeiten unterstützt; das kann jemand sein, der den Betreffenden mit den Werten, den Gewohnheiten und den Leuten am Arbeitsplatz vertraut macht; oder es können Sponsoren sein, die den Betreffenden in seiner Karriereentwicklung unterstützen. Wenn wir uns der beruflichen Entwicklung zuwenden, werden wir feststellen, dass es für Männer einfacher ist, einen unterstützenden Mentor zu finden, als für Frauen.

Gemäß Levinson verbringen Männer, die eine mit hohem Status verbundene Karriere verfolgen, ihr zweites Lebensjahrzehnt damit, berufliche Fähigkeiten zu erwerben sowie die dazugehörigen Wertvorstellungen und Berufsabschlüsse. Obwohl auch manche Frauen diesen Weg einschlagen, erstreckt sich zumeist ihre berufliche Entwicklung bis in das mittlere Erwachsenenalter hinein. Auch Männer, die sich vorwiegend um die Kinder kümmern, weisen Verzögerungen in ihrer Berufslaufbahn auf (Levinson, 1978, 1996; Kogan & Vacha-Haase, 2002).

■ Die Übergangsphase um die 30

Während dieser Übergangsphase unterziehen junge Menschen ihre Lebensstruktur einer Neueinschätzung. Diejenigen, die bislang mit ihrer Karriere beschäftigt waren und zu diesem Zeitpunkt immer noch ledig sind, konzentrieren sich nun für gewöhnlich darauf, einen Lebenspartner zu finden. Dennoch kommt es selten vor, dass Männer ihre Prioritäten hinsichtlich Karriere und Familie umkehren, während karriereorientierte Frauen dies ab und zu tun.

Frauen, die eine stressreiche Ehe und Mutterschaft hinter sich haben, entwickeln häufig zunehmend individualistischere Lebensziele. Sie werden sich daran erinnern, dass Christie davon geträumt hatte, eines Tages Professorin zu werden. In ihren Mitdreißigern erwarb sie ihren Doktor und bekam eine Stelle als Lehrerin an einem College. Frauen werden sich nun auch bestimmter Aspekte in ihrer Ehe bewusster, die eine Weiterentwicklung der unabhängigen Seite ihres Traums einzuschränken drohen. Verheiratete Frauen neigen dazu, von ihren Ehemännern zu verlangen, dass diese ihre Interessen und Ziele außerhalb des Familienlebens anerkennen und sich damit abfinden.

Für Männer und Frauen, die bislang weder in Beziehungen noch im Berufsleben Befriedigung gefunden haben, kann diese Übergangsphase zur Krise werden. Für andere, die sich die Frage stellen, ob sie sich eine bedeutsame Lebensstruktur schaffen können, ist es eine Zeit erheblicher Konflikte und Instabilität.

■ Konsolidierung beim Mann – andauernde Instabilität bei der Frau

Um zum Höhepunkt der Lebensstruktur des frühen Erwachsenenalters zu gelangen, lässt sich bei Männern für gewöhnlich eine gewisse Konsolidierung erkennen. Sie konzentrieren sich auf bestimmte Beziehungen und Ziele unter Vernachlässigung anderer. Damit versuchen sie sich in der Gesellschaft eine stabile Nische aufzubauen, die mit ihren Wertvorstellungen übereinstimmt, ob es sich hier nun um Reichtum, Macht, Prestige, künstlerische oder wissenschaftliche Erfolge oder ein Teilhaben an Familien- oder Gemeindeleben handelt. In ihrem dritten Lebensjahrzehnt erweiterte Wendys Mann Ernie sein Wissen im Immobilienbereich, wurde Teilhaber seiner Firma, betätigte sich als Coach im Fußballteam seines Sohnes und wurde in den Kirchenvorstand gewählt. Dem Golfspiel, dem Reisen und dem Gitarrespielen widmete er weniger Aufmerksamkeit als noch im Lebensjahrzehnt zuvor.

Diese Konsolidierung trifft jedoch nicht auf die Erfahrungen der Frau in ihren Dreißigern zu. Für viele Frauen bleibt das Leben unstet, weil eine weitere Verpflichtung entweder im Berufsleben oder in Form einer Beziehung hinzugekommen ist. Nachdem ihre beiden Kinder geboren waren, fühlte sich Wendy hin- und hergerissen zwischen ihrer Stelle in der Forschung beim staatlichen Gesundheitsamt und ihre Familie. Nach der Geburt der Kinder nahm sie sich jeweils sechs Monate Erziehungsurlaub. Als sie dann zur Arbeit zurückkehrte, strebte sie nicht eine der attraktiven Stellen in der Administration an, da diese Geschäftsreisen mit sich brachten und sie somit häufiger von Zuhause weg gewesen wäre. Und kurz nachdem Christie mit ihrer Lehrtätigkeit begonnen hatte, ließen sie und ihr Mann sich scheiden. Nun allein erziehende Mutter zu sein, während sie gleichzeitig ihr Berufsleben begann, brachte neue Belastungen mit sich. Die meisten Frauen erreichen nicht vor dem mittleren Erwachsenenalter die Stabilität, die für Männer in ihren Dreißigern typisch ist – eine Reife im Berufsleben und ein Übernehmen von mehr Verantwortung und Verpflichtung in der Gesellschaft (Levinson, 1996).

14.2.2 Vaillants theoretischer Ansatz der Lebensanpassung

Vaillant (1977) untersuchte die Entwicklung von knapp 250 in den zwanziger Jahren des 20. Jahrhunderts geborenen Männern, die für diese Studie ausgesucht worden waren, als sie Studenten an einer sehr anspruchsvollen Kunstakademie waren, mit möglichst häufigen Nachuntersuchungen über die gesamte Lebensspanne hinweg. Während sie die Akademie besuchten, wurden mit den Teilnehmern ausgedehnte Interviews durchgeführt. In jedem weiteren Lebensjahrzehnt füllten sie lange Fragebögen aus. Danach interviewte Vaillant (2002) die Männer im Alter von 47, 60 und 70 Jahren zu ihrem Berufsleben, ihrer Familie sowie ihrer körperlichen und psychischen Gesundheit.

Abgesehen davon, dass Vaillant nicht von einem strengen, altersabhängigen Zeitplan für Lebensveränderungen ausgeht, ist seine Theorie mit der Levinsons kompatibel. Beide stimmen darin überein, dass die Beziehungsqualität zu wichtigen Menschen den Lebensverlauf gestaltet. In der Untersuchung, wie die Männer sich und ihr soziales Umfeld veränderten, um sich an das Leben anzupassen, bestätigte Vaillant die Stadien von Erikson, allerdings füllte er die Lücken dazwischen. Nach einer Periode im zweiten Lebensjahrzehnt, die der Nähe und Intimität gewidmet war, konzentrierten die Männer sich auf die Konsolidierung ihres Berufslebens im dritten Lebensjahrzehnt, indem sie hart arbeiteten und an ihren Arbeitsplätzen immer auf dem neuesten Stand waren. In ihren Vierzigern zogen sie sich von individueller Leistung zurück, wurden generativer – sie richteten ihr Leben auf andere aus, indem sie gaben und anleiteten. Im fünften und sechsten Lebensjahrzehnt wurden sie zu Menschen, denen es wichtig ist, gesellschaftliche und kulturelle Sinnstrukturen zu bewahren. Sie entwickelten einen gewissen Wertkonservatismus und drückten Besorgnis aus über die gewandelten Wertvorstellungen der neuen Generation und über den Zustand der Gesellschaft in der sie lebten. Viele von ihnen empfanden ein tiefes Bedürfnis, die kulturellen Traditionen zu erhalten und weiterzugeben, indem sie anderen beibrachten, was sie selbst aus ihrer Lebenserfahrung gelernt hatten (Vaillant & Koury, 1994). In ihren Siebzigern wurden die Männer verinnerlichter und reflektierten über den Sinn des Lebens und darüber, dass man seine Endlichkeit akzeptieren muss.

Obwohl Vaillant anfangs nur Untersuchungen mit Männern durchgeführt hatte, beschäftigte er sich schließlich auch mit der Entwicklung einer Stichprobe intelligenter Frauen mit einer guten Schulbildung, die auch an einer lebenslangen Studie teilnahmen. Seine Erkenntnisse wie auch die anderer lassen annehmen, dass Frauen eine ähnliche Reihe von Veränderungen durchmachen, wie die eben für Männer beschriebenen (Block, 1971; Oden & Terman, 1968; Vaillant, 2002).

14.2.3 Einschränkungen der Theorien von Levinson und Vaillant

Obwohl psychosoziale Theoretiker einen erstaunlichen Konsens hinsichtlich der Entwicklung im Erwachsenenalter erreicht haben, basieren ihre Schlussfolgerungen doch größtenteils auf Interviews von Personen, die in den ersten Dekaden des letzten Jahrhunderts geboren wurden. Die von Levinson und Vaillant identifizierten Muster passen zu den Lebenswegen von Wendy, Ernie, Christie und ihrem Mann. Und trotzdem können diese Muster möglicherweise nicht in gleichem Maße auf die breite Masse junger Menschen angewendet werden, wie dies bei den Generationen vorher der Fall gewesen ist.

Auch zwei weitere Faktoren wirken sich auf die Schlussfolgerungen der Theoretiker einschränkend aus. Zum einen gehörten zwar Erwachsene niedriger Einkommensklassen ohne College-Ausbildung zu Levinsons Stichprobe, aber es waren wenige, und Frauen niedriger Einkommensklassen blieben in dieser Untersuchung so gut wie unberücksichtigt. Der Einkommensstandard kann den Lebensweg des Einzelnen jedoch sehr stark beeinflussen. Die Fabrikarbeiter in Levinsons Studie erfüllten sich nur selten einen Traum hinsichtlich ihrer Berufslaufbahn. Möglicherweise nehmen Männer niedriger Einkommensklassen das Ende des frühen Erwachsenenalters und den Beginn einer „Reife" in früherem Alter wahr als ihre Altersgenossen höherer Einkommensklassen, weil eine berufliche Karriere für sie weniger im Vordergrund stand (Neugarten, 1979). Beim Vergleich von Längsschnittstudien mit Männern aus niedrigen Einkommensgruppen, die in den 40er Jahren des vergangenen Jahrhunderts aufgewachsen sind, fand Vaillant (1993) Hinweise auf diese Stufenfolge. Trotzdem räumte auch er ein, dass es sich hier um keine repräsentative Stichprobe handelte.

Auch die Teilnehmer an Levinsons Studie waren schon in mittlerem Alter, als sie an den Interviews teilnahmen, und erinnerten somit nicht zwangsläufig alle Einzelheiten ihres Lebens im frühen Erwachsenenalter korrekt. Zusammenfassend kann man feststellen, dass Untersuchungen heutiger Generationen – sowohl Männer als auch Frauen unterschiedlichen kulturellen und wirtschaftlichen Hintergrundes – notwendig sind, bevor mit Sicherheit gesagt werden kann, ob die dargestellten Entwicklungssequenzen auf die meisten oder alle jungen Menschen unserer Generationen zutreffen.

14.2.4 Die soziale Uhr

Im vorangegangenen Abschnitt sowie in früheren Kapiteln des vorliegenden Buches wurde betont, dass Veränderungen in der Gesellschaft von einer Generation zur nächsten den Lebensverlauf beeinflussen können. Bernice Neugarten (1968a, 1979) wies darauf hin, dass ein wichtiger kultur- und generationsbedingter Einfluss auf die Entwicklung im Erwachsenenalter die so genannte **soziale Uhr** ist – altersgebundene Erwartungen bestimmter Lebensereignisse, wie etwa der Eintritt in das Arbeitsleben, die Eheschließung, die Geburt des ersten Kindes, der Kauf eines Eigenheims und der Eintritt ins Rentenalter. Alle Gesellschaften haben ihre eigenen Zeitpläne dafür, wann bestimmte Entwicklungsaufgaben abgeschlossen sein sollten. Das Einhalten oder das Verfehlen dieses Zeitplanes kann eine starke Auswirkung auf das Selbstwertgefühl des Einzelnen haben, da Erwachsene (wie auch Kinder und Adoleszente) soziale Vergleiche anstellen und so die Fortschritte in ihrem Leben an denen ihrer Freunde, Geschwister und Kollegen messen. Insbesondere bei dem, was jemand in seinem Familien- und Berufsleben erreicht hat, wird häufig die Frage gestellt, ob die Erfolge auch dem Lebensalter entsprechen.

Eine der hauptsächlichen Ursachen von Persönlichkeitsveränderungen im Erwachsenenalter ist die Konformität mit oder ein Abweichen von der „sozialen Uhr". In einer Studie von Frauen mit einer Hochschulausbildung, die in den dreißiger Jahren geboren waren und einer Nachfolgeuntersuchung im Alter von 27 und 43 Jahren unterzogen wurden, verfolgten die Wissenschaftler, wie eng sich die Teilnehmer an eine „weibliche soziale Uhr" hielten (Eheschließung und Mutterschaft zu Beginn oder Mitte des zweiten Lebensjahrzehnts) oder an eine „männliche soziale Uhr" (Eintritt in mit hohem Status verbundene Berufe und Berufserfolge Mitte des zweiten Lebensjahrzehnts). Die Frauen, die dem Zeitplan gemäß eine Familie gründeten, wurden verantwortlicher, verfügten über bessere Selbstkontrolle, waren toleranter und fürsorglicher, allerdings ging ihr Selbstwertgefühl zurück und sie fühlten sich im weiteren Verlauf ihres Lebens angreifbarer. Diejenigen von ihnen, die bezüglich ihrer beruflichen Karriere einem eher für Männer typischen Zeitplan folgten, wurden dominanter, geselliger, unabhängiger und intellektuell effektiv, eine Tendenz, die sich auch bei der eine Generation später geborenen Kohorte zeigte (Vandewater & Stewart, 1997). Den Frauen, die überhaupt keiner sozialen Uhr gefolgt waren – die bis zum Alter von 30 Jahren weder geheiratet

Alle Gesellschaften haben „soziale Uhren", das heißt Zeitpläne, innerhalb derer erwartet wird, dass bestimmte Entwicklungsaufgaben bewältigt werden. Allerdings sind heutzutage die Erwartungen hinsichtlich eines angemessenen Verhaltens nicht mehr so festgelegt, wie dies einmal der Fall gewesen ist. Diese Mutter hat sich die Zeit genommen, sich beruflich als Wissenschaftlerin im Forschungsbereich zu etablieren, bevor sie ihr erstes Kind bekam. Weicht sie ab vom sozialen Zeitplan oder etabliert sie ein neues Verhaltensmuster?

noch eine Berufslaufbahn eingeschlagen hatten –, ging es am schlechtesten. Sie litten unter Selbstzweifeln, Gefühlen der Inkompetenz und Einsamkeit. Eine von ihnen drückte dies folgendermaßen aus: „Meine Zukunft ist ein riesiges Fragezeichen!" (Helson, 1992; Helson, Mitchell, & Moane, 1984, S. 1090)

Wie schon im ersten Kapitel festgestellt wurde, sind die Erwartungen bezüglich angemessenen Verhaltens im frühen, mittleren und späten Erwachsenenalter lange nicht mehr so vordefiniert wie dies einmal der Fall gewesen ist. Als man australische Studenten dazu befragte, was ihrer Meinung nach ein angemessenes Alter für das Erreichen verschiedener Entwicklungsmeilensteine wäre, gaben sie ein späteres Alter für eine Eheschließung an wie auch für das Großeltern-Werden. Außerdem ergab sich eine größere Bandbreite des Eintretens in das Rentnerdasein, als dies noch vor 30 Jahren erwartet wurde (Peterson, 1996). Dennoch ist es für manche Erwachsene mit erheblichem Stress verbunden, wenn sie mit den Zeitpunkten des Auftretens ihrer Lebensereignisse weit hinter dem „Normalen" zurückbleiben (Antonucci & Akiyama, 1997; Rook, Catalano, & Dooley, 1989). Einem bestimmten sozialen Zeitplan zu entsprechen, scheint im frühen Erwachsenenalter das Selbstbewusstsein zu fördern, da es sicherstellt, dass der junge Mensch sich in die

Gesellschaft einbringt, seine Fähigkeiten entwickelt und sich selbst sowie andere Menschen zunehmend besser verstehen lernt (Helson, 1997; Helson & Moane, 1987). Neugarten (1979) wies darauf hin, dass die Stabilität einer Gesellschaft davon abhängt, inwieweit ihre Mitglieder sich dem sozialen Zeitplan verpflichtet fühlen. Unter Berücksichtigung dieser Kenntnisse soll nun näher darauf eingegangen werden, auf welche Weise junge Männer und Frauen die Hauptentwicklungsaufgaben des jungen Erwachsenenalters durchlaufen.

> **Prüfen Sie sich selbst ...**
>
> **Rückblick**
> Wie unterscheiden sich nach Levinson die Lebensstrukturen von Männern und Frauen?
>
> **Anwendung**
> Erklären Sie unter Anwendung des Konzeptes der „sozialen Uhr", warum Wendy starken Konflikten ausgesetzt war wegen ihrer bevorstehenden Heirat mit Ernie, nachdem sie ihr Studium abgeschlossen hatte.
>
> **Zusammenhänge**
> Blättern Sie noch einmal zurück zu Kapitel 1 und wiederholen Sie die gebräuchlichsten Methoden in der Entwicklungsforschung. Welche Methode wendeten Levinson und Vaillant an, um den Lebensverlauf abzustecken? Nennen Sie die Stärken und Einschränkungen dieser Methode.
>
> **Prüfen Sie sich selbst ...**

14.3 Enge Beziehungen

Um eine enge und/oder intime Bindung zu einem anderen Menschen einzugehen, muss ein Partner gefunden werden, mit dem ein emotionales Band geknüpft und über längere Zeit aufrechterhalten wird. Obwohl junge Menschen sich besonders hingezogen fühlen zu romantischen Liebesbeziehungen, können Nähebedürfnisse auch in anderen Beziehungen erfüllt werden in denen sich beide Partner einander verpflichtet fühlen – Freunde, Geschwister und Arbeitskollegen. Betrachten wir nun die vielen möglichen Facetten von Nähe und Intimität .

14.3.1 Die Liebesbeziehung

Während ihres ersten Jahres auf der Universität sah Wendy sich Studenten des Seminars für Rechtskunde an und ihr Blick blieb an Ernie hängen, einem etwas älteren Studenten und einer der Besten des Kurses. An einem Wochenende trafen sich Wendy und Ernie auf einer Party und begannen sich miteinander zu unterhalten. Wendy entdeckte, dass Ernie auch aus der Nähe so warmherzig und interessant war, wie sie ihn sich vorgestellt hatte, als sie in zum ersten Mal sah. Und Ernie fand Wendy lebenslustig, intelligent und attraktiv. Als der Abend sich seinem Ende zuneigte, hatten beide entdeckt, dass sie zu vielen wichtigen sozialen Problemstellungen dieselbe Meinung hatten und ihnen dieselben Hobbys Freude machten. Sie begannen „miteinander zu gehen". Vier Jahre später heirateten sie.

Einen Partner zu finden, mit dem man sein Leben teilen möchte, ist einer der wichtigsten Meilensteine im Leben eines Erwachsenen, mit weitreichenden Konsequenzen für das eigene Selbstkonzept und das psychische Wohlbefinden. Zudem handelt es sich dabei um einen komplexen Prozess, der sich mit der Zeit entwickelt und von einer ganzen Reihe von Ereignissen beeinflusst wird, wie die Beziehung von Wendy und Ernie zeigt.

■ Die Partnerwahl

Aus Kapitel 13 ist bereits bekannt, dass Intimpartner dazu neigen, sich an Orten zu treffen, wo auch andere Menschen ihres Alters, ihres ethnischen Hintergrundes, desselben wirtschaftlichen Status und der gleichen Religionszugehörigkeit zusammenkommen. Wenn einmal körperliche Nähe ins Spiel gekommen ist, wird der Partner zumeist nach Ähnlichkeit mit eigenen Merkmalen ausgesucht – nach Ähnlichkeit in Einstellungen, der Persönlichkeit, den schulischen und beruflichen Plänen, Intelligenz, körperliche Attraktivität und sogar anhand der Größe (Keith & Schafer, 1991; Simpson & Harris, 1994). Die Persönlichkeitseigenschaften von Liebespartnern ergänzen sich auch manchmal – so ist beispielsweise der eine sehr offen, der andere eher reserviert; einer der Partner neugierig und unternehmenslustig, der andere bevorzugt Konstanz und Routine. Wenn die Partnerschaft dafür Raum gibt, dass die persönlichen Vorlieben und Ziele beider Befriedigung finden können, so trägt dies zur Kompatibilität bei (Dryer & Horowitz, 1997).

Im Großen und Ganzen weist allerdings recht wenig darauf hin, dass „Gegensätze sich anziehen". In den meisten Aspekten ihrer Selbst sind sich Liebespartner ähnlich. Viele Untersuchungen konnten die Tatsache bestätigen, dass je mehr Ähnlichkeiten vorhanden sind, desto befriedigender ist für beide die Beziehung und desto wahrscheinlicher, dass die Partner zusammenbleiben. (Caspi & Herbener, 1990; Eysenck & Wakefield, 1981; Richard, Wakefield, & Lewak, 1990).

Trotzdem unterscheiden sich Männer und Frauen bei der Wahl eines Partners darin, wie sie bestimmte Merkmale beim anderen gewichten. In Untersuchungen, die in vielen Ländern durchgeführt worden sind, legen Frauen größeren Wert auf Intelligenz, Ehrgeiz, den finanziellen Status sowie auf einen moralisch einwandfreien Charakter, während Männern körperliche Attraktivität und gute Fähigkeiten in der Haushaltsführung wichtiger sind. Außerdem bevorzugen Frauen Männer im gleichen Alter oder etwas ältere Partner, während Männer eher nach jüngeren Partnerinnen Ausschau halten (Stewart, Stinnett, & Rosenfeld, 2000; Kenrick et al., 1996; Pines, 1998).

Die Evolutionstheorie hilft, diese Befunde besser zu verstehen. In Kapitel 13 wurde klar, dass Frauen Partner suchen, die Charaktereigenschaften aufweisen, das Überleben und Wohlergehen der Kinder sicherstellen. Daher werden Frauen Ausschau halten nach einem Partner, der finanzielle Sicherheit gewährt und sich emotional auf eine Bindung einlassen kann. Im Gegensatz dazu werden Männer nach einer Partnerin suchen, deren Persönlichkeitseigenschaften Signale von Jugend, Gesundheit, sexueller Befriedigung aussenden und die die Fähigkeit haben, Kinder zu gebären und für sie zu sorgen. Auch noch ein anderer Aspekt weist auf diese Unterschiede hin: Männer wünschen sich häufig, dass eine Beziehung schnell körperlich intim wird. Für Frauen hingegen ist es typisch, sich psychische Nähe zu wünschen – eine längere Zeit, in der beide Partner sich besser kennen lernen können – bevor die beiden Partner miteinander intim werden (Buss, 2001).

Die soziale Lerntheorie behauptet, dass die Geschlechterrollen einen starken Einfluss auf die Kriterien für die Partnerwahl ausüben. Schon in der Kindheit lernen Männer, sich selbst zu behaupten und unabhängig zu sein – Verhaltensweisen, die in der Arbeitswelt zum Erfolg führen. Frauen dagegen lernen sorgendes Verhalten, das später zur Fürsorge für die eigene Familie wird. Des Weiteren lernen sowohl Männer und Frauen im jeweils anderen Geschlecht Persönlichkeitseigenschaften wertzuschätzen, die zur traditionellen Arbeitsaufteilung in der Familie passen (Eagly & Wood, 1999; Wood & Eagly, 2000). In Einklang mit dieser Theorie hat sich gezeigt, dass in Kulturen und in jüngeren Generationen, in denen mehr Gleichberechtigung herrscht, Männer und Frauen sich in ihren Vorlieben bezüglich der Partnerwahl ähnlicher sind. So legen beispielsweise diese Männer gesteigerten Wert auf den finanziellen Hintergrund ihrer Partnerin, während ihnen ihre haushälterischen Fähigkeiten weniger wichtig sind. Auch kümmern sich beide Geschlechter etwas weniger um das Alter ihres Partners im Vergleich zu ihrem eigenen. Stattdessen legen sie sehr viel Wert auf Fürsorglichkeit und Liebe – das heißt, auf Befriedigung in der Beziehung (Buss et al., 1990, 2001; Buunk et al., 2001).

Dennoch bleibt die Tatsache bestehen, dass Männer auch weiterhin die körperliche Attraktivität höher schätzen, als dies bei Frauen der Fall ist, und Frauen die Fähigkeit ihres Partners, für finanzielle Sicherheit zu sorgen, wichtiger ist als Männern. Zudem sind diese geschlechtsbedingten Unterschiede – zusammen mit den Ähnlichkeiten beider Geschlechter in ihrem Wunsch nach einem fürsorglichen, sensiblen Partner – auch charakteristisch für homosexuelle Männer und Frauen (Regan, Medina, & Joshi, 2001). So kann also festgestellt werden, dass sowohl biologische als auch soziale Wirkkräfte ihren Teil zur Partnerwahl beitragen.

Wie der Kasten „Ausblick auf die Lebensspanne" auf der folgenden Seite zeigt, ist die Partnerwahl und die Qualität der Beziehung junger Menschen auch beeinflusst durch Erinnerungen der frühen Eltern-Kind-Bindung. Und damit eine Romanze auch zu einer andauernden Partnerschaft wird, muss sie sich schließlich auch zur richtigen Zeit entwickeln. Zwei Menschen passen möglicherweise gut zusammen, aber wenn einer der beiden noch nicht bereit ist zu heiraten, so wird sich die Beziehung aller Wahrscheinlichkeit nach über kurz oder lang auflösen.

■ Die Komponenten der Liebe

Welche Gefühle und Verhaltensweisen sagen uns, dass wir verliebt sind? Gemäß Robert Sternbergs (1987, 1988) **Dreieckstheorie der Liebe** weist die Liebe drei Komponenten auf – Intimität, Leidenschaft und Hingabe bzw. Verpflichtung, die ihren Schwerpunkt verschieben, wenn sich eine romantische Beziehung entwickelt. *Intimität* ist die emotionale Komponente.

Ausblick auf die Lebensspanne:
Die Bindungsmuster in der Kindheit und die Liebesbeziehungen im Erwachsenenalter

In Kapitel 6 wurde bereits Bowlbys ethologische Bindungstheorie erwähnt; nach ihr führt die frühe Bindung zur Konstruktion eines inneren Arbeitsmodells, einer Reihe von Erwartungen an Bindungsfiguren, die das ganze Leben hindurch als Leitlinie für enge Beziehungen dienen. Es konnte auch festgestellt werden, dass die Bewertung Erwachsener ihrer frühen Bindungserfahrungen in Zusammenhang stehen mit ihrem Erziehungsverhalten – insbesondere mit der Bindungsqualität in den Beziehungen zu ihren Kindern (siehe Seite 263). Weitere Forschungsergebnisse lassen annehmen, dass Erinnerungen an die Bindungsmuster der Kindheit einen starken Prädiktor darstellen für die Liebesbeziehungen im Erwachsenenalter.

In Untersuchungen, die man in Australien, Israel und den Vereinigten Staaten durchgeführt hat, wurden die Teilnehmer gebeten, ihre frühen Bindungen zu ihren Eltern (die Bindungsgeschichte), ihre Einstellungen zu intimen Beziehungen (die inneren Arbeitsmodelle) sowie ihre tatsächlichen Erfahrungen und Erlebnisse mit Liebespartnern zu beschreiben. Und in einigen dieser Untersuchungen wurde zudem das Verhalten der Paare beobachtet. In Einklang mit Bowlbys Theorie ließ sich von den Erinnerungen der Erwachsenen an ihre Kindheit sowie ihrer Interpretation dieser Erinnerungen sehr gut auf die inneren Arbeitsmodelle und die tatsächlichen Beziehungserfahrungen schließen. (Für einen Überblick der Bindungsmuster siehe Seite 255-256.)

Die sichere Bindung

Erwachsene, die ihre Bindungsgeschichte als sicher (warm, liebevoll und unterstützend) beschrieben, hatten innere Arbeitsmodelle, die diese Sicherheit reflektierten. Sie betrachteten sich selbst als liebenswerte Menschen, die man leicht kennen lernen kann, sie fühlten sich wohl in intimen Beziehungen und machten sich kaum Sorgen darüber, dass jemand ihnen zu nahe kommen oder dass man sie verlassen könnte. In Einklang mit diesen Einstellungen adressierten sie ihre wichtigste Liebesbeziehung mit Begriffen wie Vertrauen, Glück und Freundschaft (Cassidy, 2001). Des Weiteren zeigten sie ihren Partnern gegenüber unterstützendes Verhalten und auch ihre Konfliktlösungsstrategien erwiesen sich als konstruktiv. Sie fühlten sich auch wohl dabei, sich an ihre Partner um Trost und Hilfe zu wenden und berichteten beiderseitig angeregte befriedigende sexuelle Aktivität (Collins & Feeney, 2000; Creasey, 2002; Hazan & Zeifman, 1999; Roisman et al., 2002).

Die unsicher-vermeidende Bindung

Erwachsene, die eine unsicher-vermeidende Bindungsgeschichte berichteten (fordernde, respektlose und kritisierende Eltern) zeigten innere Arbeitsmodelle, die Unabhängigkeit betonten, Misstrauen Liebespartnern gegenüber und Angst, wenn ihnen jemand zu nahe kommt. Sie waren davon überzeugt, dass andere sie nicht mögen und dass Liebesbeziehungen schwer zu finden sind und kaum jemals länger halten. Eifersucht, emotionale Distanz und wenig Freude an Körperkontakt kennzeichneten die wichtigsten Liebesbeziehungen dieser Menschen (Collins & Feeney, 2000). Vermeidend gebundene Erwachsene verleugnen häufig ihre Bindungsbedürfnisse durch übermäßiges Arbeiten und kurzlebige sexuelle Erfahrungen und Affären (Feeney, 1998).

Die unsicher-ambivalente Bindung

Erwachsene, die eine unsicher-ambivalente Bindungsgeschichte erinnern (Eltern, die unvorhersehbar und unfair reagierten), wiesen innere Arbeitsmodelle auf, durch die sie versuchten, mit einem anderen Menschen völlig zu verschmelzen und sich auch sehr schnell verliebten (Cassidy, 2001). Gleichzeitig waren sie aber auch darüber besorgt, dass ihre intensiven Gefühle andere überwältigen könnten, anderen ihnen nicht wirklich Liebe entgegenbrachten und auch nicht den Wunsch hegten, mit ihnen zusammenzubleiben. Ihre wichtigste Liebesbeziehung wurde durchzogen von Eifersucht, emotionalen Hochs und Tiefs sowie der Verzweiflung darüber, ob der Partner ihre Zuneigung erwidert (Feeney, 1999). Und sich vermeidende Erwachsene sind sehr schnell dabei, ihre Angst und ihre Wut auszudrücken und geben Informationen über sich selbst zu unpassenden Zeiten preis (Brennan & Shaver, 1995).

Sind die Beschreibungen Erwachsener ihrer eigenen Bindungserfahrungen in der Kindheit akkurat oder sind sie verzerrt oder gar völlig aus der Luft gegriffen? In mehreren Längsschnittstudien erwiesen sich die Qualität der Eltern-Kind-Interaktion, die sechs bis 23 Jahre vorher beobachtet worden war, als ein zuverlässiger Prädiktor der inneren Arbeitsmodelle im frühen Erwachsenenalter (Allen & Hauser, 1996; Ogawa et al., 1997; Roisman et al., 2001). Diese Befunde lassen darauf schließen, dass die Erinnerungen Erwachsener Ähnlichkeit mit den tatsächlichen Eltern-Kind-Erfahrungen aufweisen. Jedoch ist die Bindungsqualität zwischen Eltern und Kindern nicht der einzige Faktor, der sich auf die späteren inneren Arbeitsmodelle und die engen Bindungen auswirkt. Auch die Merkmale des Partners sowie die augenblicklichen Lebensumstände sind wichtig. In einer Studie zeigte sich, dass Erwachsene mit einem inneren Gefühl der Sicherheit in ihren Partnern wie auch in ihren Kindern in der Adoleszenz und im jungen Erwachsenenalter ein Gefühl der Sicherheit hervorriefen (Cook, 2000).

Zusammenfassend können wir feststellen, dass negative Eltern-Kind-Erfahrungen mit in die Erwachsenenbeziehungen hineingetragen werden, was dazu führt, dass der Betreffende davon überzeugt ist, nicht liebenswert zu sein oder das sein Partner nicht vertrauenswürdig ist. Gleichzeitig unterliegen innere Arbeitsmodelle aber auch fortlaufend immer wieder einer „Erneuerung". Wenn Erwachsene mit einer unglücklichen Liebesbeziehung die Chance haben, eine befriedigendere Bindung einzugehen, können diese Arbeitsmodelle sich auch verändern. Wenn der neue Partner die Beziehung mit einem inneren Sicherheitsgefühl und sensiblem, unterstützendem Verhalten angeht, so wird der unsichere Partner seine Erwartungen neu definieren und in ähnlicher Weise reagieren (Kobak & Hazan, 1991). Diese Reziprozität schafft eine Rückmeldeschleife, durch die mit der Zeit günstigere innere Arbeitsmodelle in Verbindung mit für beide befriedigenden Interaktionen hergestellt und aufrechterhalten werden können.

Wie hat wohl das innere Arbeitsmodell dieses zweijährigen Mädchens auf dem Schoß der Mutter (links) die Beziehung beeinflusst, die sie als junge Erwachsene mit ihrem Mann (Mitte) und ihrem kleinen Sohn aufgebaut hat (rechts)? Forschungsergebnisse lassen annehmen, dass das frühe Bindungsmuster nur einer von vielen Faktoren ist, aufgrund derer sich die Qualität der späteren engen Bindungen vorhersagen lassen. Auch die Charakteristiken des Partners dieser Frau sowie ihre augenblicklichen Lebensumstände sind wichtige Einflussfaktoren.

Sie schließt eine warmherzige, zärtliche Kommunikation ein, ein fürsorgliches Kümmern um das Wohlbefinden des Partners sowie den Wunsch danach, dass der Partner genauso reagiert. *Leidenschaft*, der Wunsch nach Sex und Romantik, ist eine körperliche und psychische Erregungskomponente. *Hingabe bzw. Verpflichtung* ist die entsprechende kognitive Komponente. Sie bringt die Partner dazu, sich zu entscheiden, einander Liebe zu geben und diese Liebe aufrechtzuerhalten (Sternberg, 1987, 1988).

Zu Beginn einer Beziehung ist die **leidenschaftliche Liebe** – eine intensive sexuelle Anziehung – sehr stark. Mit der Zeit nimmt sie ab und weicht der Hingabe und Intimität als der Basis für die **kameradschaftliche Liebe** – einer warmen, vertrauensvollen Zuneigung und Fürsorge (Fehr, 1994; Hatfield, 1988). Jeder einzelne Aspekt der Liebe jedoch trägt dazu bei, die Beziehung zu erhalten. Die frühe leidenschaftliche Liebe ist ein starker Prädiktor dafür, ob die Partner auch weiterhin zusammen sind. Und ohne die ruhige Nähe und Intimität, die Vorhersagbarkeit und die gemeinsamen Einstellungen und Wertvorstellungen der gemeinschaftlichen Liebe, brechen die meisten Liebesbeziehungen bald auseinander (Hendrick & Hendrick, 1992).

Eine andauernde Beziehung mit einem Partner erfordert das Bemühen beider, wie eine Studie über die Gefühle und das Verhalten frisch Verheirateter im ersten Ehejahr gezeigt hat. Die Männer und Frauen verloren mit der Zeit immer mehr das Gefühl des Verliebtseins und der Zufriedenheit mit dem Eheleben. Eine ganze Reihe von Faktoren trugen zu dieser Veränderung bei. Die Partner verbrachten nun wesentlich weniger Zeit damit, miteinander zu sprechen und gemeinsam Dinge zu tun, die beiden Freude machten (so wurden zum Beispiel weniger häufig Liebesgeständnisse gemacht oder der Partner zum Lachen gebracht). Obwohl die

Ehepaare zu Beginn des Jahres fast ebenso viel gemeinsam unternahmen wie zu Ende des ersten Jahres, wich dennoch das Freizeitverhalten langsam, aber sicher den Aufgaben und Verpflichtungen im Haushalt. Diese weniger Freude bereitenden Aktivitäten trugen unter Umständen zu der Tatsache bei, dass die Partner in ihrer Beziehung nun weniger Befriedigung erlebten (Huston, McHale, & Crouter, 1986).

Paare, deren Beziehungen anhalten, berichten für gewöhnlich, dass sie mehr Liebe füreinander empfinden als zu Anfang ihrer Beziehung (Sprecher, 1999). In der Transformation romantischer Verliebtheiten, vom Leidenschaftlichen zum Gemeinschaftlichen, mag die *Hingabe und Verpflichtung* dem Partner gegenüber wohl der Aspekt sein, der determiniert, ob eine Beziehung überlebt. Diese Hingabe und Verpflichtung zu kommunizieren – durch Wärme, Sensibilität, Fürsorge, Akzeptanz und Respekt –, kann sich sehr positiv auf die Partnerschaft auswirken (Knapp & Taylor, 1994). So ebbten Wendys Zweifel bezüglich der anstehenden Heirat vorwiegend deswegen wieder ab, weil Ernie ihr gegenüber seine Hingabe ausdrückte. In der dramatischsten dieser Situationen malte er an ihrem Geburtstag ein riesengroßes Schild, das er im Vorgarten aufstellte. Darauf konnte man lesen: „ICH LIEBE WENDY". Wendy erwiderte Ernies Gefühle und die Intimität ihrer Bindung vertiefte sich.

Intimpartner, die sich gegenseitig immer wieder ihre Hingabe ausdrücken, berichteten von qualitativ besseren Beziehungen (Duck, 1994). Ein wichtiger Aspekt ihrer Kommunikation ist die konstruktive Konfliktlösung – Problemstellungen sollten freundlich angesprochen und eine Eskalation negativer Interaktion, hervorgerufen durch Kritik, herablassendes oder defensives Verhalten und „Mauern" vermieden werden (Gottman et al., 1998; Schneewind & Gerhard, 2002). Wie Männer mit Konflikten umgehen, ist besonders wichtig, da sie zumeist im Verhandeln weniger Fähigkeiten aufweisen als Frauen und daher einer Diskussion oder Aussprache häufig aus dem Weg gehen (Gayle, Preiss, & Allen, 2002). Die Tabelle „Aspekte der Fürsorge" zeigt Möglichkeiten auf, wie die Liebe in einer Beziehung aufrechterhalten werden kann

■ Die Kultur und das Erleben von Liebe

Leidenschaft und Intimität, die Basis von Liebesbeziehungen, sind zur hauptsächlichen Grundlage einer Eheschließung im 20. und 21. Jahrhundert in westlichen Nationen geworden, in denen die Individualität zunehmend an Wert gewonnen hat. Aus diesem Blickwinkel betrachtet ist eine reife Liebe auf Autonomie gegründet, einem Anerkennen der einzigartigen Qualitäten des Partners sowie auf intensive Gefühle. Abhängigkeitsbedürfnisse durch eine intime Beziehung zu befriedigen wird als unreif betrachtet (Hatfield, 1993).

Diese westliche Betrachtungsweise steht in einem scharfen Kontrast zu den Sichtweisen östlicher Kulturen, wie etwa China und Japan. In der japanischen Sprache bedeutet amae oder Liebe, „auf das gegenseitige Wohlwollen zu vertrauen". Abhängigkeit das ganze Leben hindurch wird akzeptiert und positiv gesehen. Die traditionelle chinesische kollektivistische Sichtweise definiert das Selbst anhand von Rollenbeziehungen. Ein chinesischer Mann betrachtet sich selbst als Sohn, als Bruder, als Ehemann und als Vater; nur selten betrachtet er sich als ein unabhängiges Selbst (Chu, 1985). Da Gefühle der Zuneigung sich über ein breites soziales Netzwerk verteilen, reduziert sich die Intensität der einzelnen Beziehung.

Bei der Partnerwahl wird von jungen Chinesen und Japanern erwartet, dass sie ihre Verpflichtungen anderen – insbesondere den Eltern – gegenüber mit in Betracht ziehen. Ein Autor drückt es so aus: „Ein Amerikaner fragt: ‚Was sagt mein Herz dazu?', ein Chinese wird fragen: ‚Was werden die anderen dazu sagen?'" (Hsu, 1981, S. 50) In Einklang mit diesem Unterschied ist die Wahrscheinlichkeit geringer, dass Studenten asiatischer Herkunft die Liebe als auf körperlicher Anziehung und tiefen Gefühlen basierend betrachten, anders als Studenten amerikanischer, kanadischer oder europäischer Abstammung. Stattdessen legen sie mehr Wert auf Gemeinschaft und praktische Aspekte der Beziehung, etwa Ähnlichkeiten in der Herkunft, berufliche Vorstellungen und die Wahrscheinlichkeit, dass der Partner einen guten Vater oder eine gute Mutter abgibt (Dion & Dion, 1993). In ähnlicher Weise berichten neu zusammengekommene Paare in China im Vergleich zu amerikanischer Paaren über weniger Leidenschaft, aber ähnlich starke Gefühle der Intimität und gegenseitigen Hingabe (Gao, 2001).

14.3.2 Freundschaften

Wie dies auch bei Liebespartnern und Kindheitsfreunden der Fall ist, sind Freunde im Erwachsenenalter für gewöhnlich in ähnlichem Alter, desselben Geschlechts

Aspekte der Fürsorge

In einer Beziehung die Liebe erhalten

VORSCHLAG	BESCHREIBUNG
Nehmen Sie sich Zeit für Ihre Beziehung.	Um dafür zu sorgen, dass die Beziehung für beide befriedigend ist und ein Verliebtheitsgefühl aufrechterhalten wird, sollten regelmäßig Zeiten eingeplant werden, in denen beide füreinander da sind.
Teilen Sie dem Partner Ihre Liebe mit.	Drücken Sie ihre Zuneigung und Ihre Fürsorge aus, auch indem Sie die großen Worte „Ich liebe dich!" in angemessenen Situationen verwenden. Diese Botschaften steigern die Wahrnehmung der Hingabe des Partners und ermutigen dazu, genauso zu reagieren.
Stehen Sie Ihrem Partner zur Verfügung, wenn dieser Sie braucht	Bieten Sie emotionale und instrumentelle Unterstützung, wenn der Partner diese benötigt.
Besprechen Sie Probleme in der Beziehung konstruktiv und auf positive Art und Weise.	Wenn Sie oder Ihr Partner unzufrieden sind, schlagen Sie Möglichkeiten vor, wie mit diesen Schwierigkeiten umgegangen werden kann, und bitten Sie Ihren Partner, mit Ihnen gemeinsam einen Lösungsweg zu finden. Vermeiden Sie die vier Feinde einer befriedigenden, engen Beziehung: Kritik, herablassendes Verhalten, defensives Verhalten und „Mauern".
Zeigen Sie Interesse an den wichtigen Dingen im Leben Ihres Partners	Fragen Sie Ihren Partner nach seiner Arbeit, seinen Freunden, seiner Familie und seinen Hobbys und drücken Sie Wertschätzung aus für seine oder ihre besonderen Fähigkeiten und Erfolge. Indem Sie dies tun, geben Sie Ihrem Partner das Gefühl, geschätzt zu sein.
Vertrauen Sie sich Ihrem Partner an.	Teilen Sie dem anderen Ihre innersten Gefühle mit und erhalten Sie somit ein Gefühl der Nähe aufrecht.
Vergeben Sie geringfügiges Fehlverhalten und versuchen Sie, größeres zu verstehen	Wann immer möglich, versuchen Sie ihre Wut durch Verzeihen zu überwinden. Auf diese Art und Weise erkennen Sie ungerechtes Verhalten an, vermeiden aber, sich ständig immer wieder damit zu beschäftigen.

Quellen: Donatelle, 2003; Harvey & Pauwels, 1999; Horowitz, McLaughlin, & White, 1997.

und derselben Einkommensklasse – Faktoren, die dazu beitragen, dass die Freunde gemeinsame Interessen haben sowie ähnliche Erfahrungen und Bedürfnisse und daher die Beziehung für beide befriedigend ist. Freundschaften im Erwachsenenalter bieten viele derselben positiven Aspekte, die schon ein Kennzeichen der Freundschaften in früheren Jahren gewesen sind. Sie wirken sich durch Bestätigung und Akzeptanz förderlich auf das Selbstwertgefühl aus und bieten Unterstützung in stressreichen Zeiten (Hartup & Stevens, 1999). Auch machen Freunde das Leben sehr viel interessanter, da sie zu einer Verbreiterung der sozialen Möglichkeiten beitragen und über anderes Wissen und andere Sichtweisen verfügen.

Vertrauen, Intimität und Loyalität bleiben auch in Freundschaften im Erwachsenenalter wichtig, wie dies auch schon in der Kindheit und Adoleszenz der Fall gewesen ist. Gedanken und Gefühle mit dem anderen zu teilen kommt unter Umständen in einer Freundschaft mehr vor als in einer Ehe. Auf der anderen Seite ist die gegenseitige Verpflichtung unter Freunden zumeist weniger stark ausgeprägt, da Freunde über die Lebensspanne hinweg kommen und gehen. Manche Freundschaften unter Erwachsenen bleiben aber auch viele Jahre erhalten, einige das ganze Leben. Dauerhaftigkeit von Freundschaften ist unter Frauen häufiger zu finden, da sie ihre Freundinnen auch häufiger sehen, was dazu beiträgt, die Beziehung zu erhalten (Sherman, de Vries, & Lansford, 2000).

Gleichgeschlechtliche Freundschaften

Das gesamte Leben hindurch haben Frauen mehr enge gleichgeschlechtliche Freundschaften als Männer. Wenn Freundinnen zusammen sind, kann man von ihnen hören, dass sie es vorziehen, einfach nur miteinander zu reden, während männliche Freunde berichten, dass sie zusammen etwas unternehmen wollen, wie etwa Sport treiben. Somit wird ein Verhaltensmuster, das schon in der Kindheit und der Adoleszenz offensichtlich war, weitergeführt (siehe Kapitel 12). Männer berichten, dass es in ihren Freundschaften zu anderen Männern Barrieren gibt. So weisen sie beispielsweise daraufhin, dass sie manchmal mit ihren männlichen Freunden konkurrieren und daher möglichst keine Schwächen zeigen möchten. Sie machen sich auch darüber Sorgen, dass ihre Freunde nicht genauso reagieren könnten, wenn sie etwas von sich preisgeben (Reid & Fine, 1992). Da ein Gleichgewicht von Macht und Gleichberechtigung im sozialen Geben und Nehmen die Basis für eine gute Freundschaft darstellt, bewerten Frauen für gewöhnlich ihre gleichgeschlechtlichen Freundschaften positiver als Männer (Veniegas & Peplau, 1997).

Natürlich existieren auch individuelle Unterschiede in der Qualität von Freundschaften. Je länger Freundschaften unter Männern halten, desto enger werden die Beziehungen und desto mehr teilen die Freunde einander Persönliches mit (Sherman, de Vries, & Lansford, 2000). Außerdem wirkt sich auch die Rolle in der Familie darauf aus, inwieweit der Betreffende sich auf seine Freunde verlässt. Für ledige Erwachsene sind Freunde diejenigen, mit denen sie am liebsten zusammen sind und denen sie sich anvertrauen. Sobald sich Liebesbindungen bilden und Ehen eingegangen werden, vertrauen sich junge Erwachsene – insbesondere Männer – zunehmend mehr ihren Partnern an (Carbery & Buhrmester, 1998). Aber dennoch bleiben Freundschaften ein wichtiger Kontext für persönliche Mitteilungen während des gesamten frühen Erwachsenenalters. Die Abbildung 12.2 auf Seite 550 vergegenwärtigt noch einmal Entwicklungstendenzen in der Selbstoffenbarung unter Liebespartnern und Freunden.

■ Gegengeschlechtliche Freundschaften

Gegengeschlechtliche Freundschaften sind Erwachsenen nicht fremd, obwohl diese weniger häufig vorkommen und zumeist nicht so lange halten wie gleichgeschlechtliche Freundschaften. Während der Universitätsjahre sind diese genauso häufig anzutreffen wie die Liebesbeziehungen. Bei Männern gehen sie nach der Eheschließung zurück, werden bei Frauen mit zunehmendem Alter aber wieder häufiger, da diese Freundschaften oft am Arbeitsplatz beginnen. Berufstätige Frauen mit einer hohen Schulbildung haben die größte Anzahl gegengeschlechtlicher Freunde. Durch diese Beziehungen gewinnen die jungen Erwachsenen häufig an Gemeinschaft und Selbstwertgefühl und lernen sehr viel über den maskulinen und femininen Umgangsstil in engen Beziehungen (Bleske & Buss, 2000). Da Männer sich zumeist sehr leicht ihren weiblichen Freunden anvertrauen können, bieten ihnen diese Freundschaften eine besondere Möglichkeit, ihre Fähigkeiten, sich auszudrücken, zu erweitern. Auch Frauen berichten manchmal, dass ihre männlichen Freunde ihnen objektive Gesichtspunkte zu Problemen und Situationen bieten – Perspektiven, die bei ihren Freundinnen so nicht zu finden sind (Monsour, 2002).

Die sexuelle Anziehung wird in gegengeschlechtlichen Freundschaften stärker unter Kontrolle gehalten als in Liebesbeziehungen. Viele der Beteiligten versuchen die Beziehung platonisch zu erhalten, um ihre Integrität zu schützen (Messman et al., 2000). Dennoch lassen sich etwa die Hälfte aller Studenten auf Sex mit einem gegengeschlechtlichen Freund ein, obwohl nicht die Absicht besteht, eine längere Beziehung einzugehen. Bei Männern ist die Wahrscheinlichkeit höher als bei Frauen, dass sie sich zu einer Freundin sexuell hingezogen fühlen (Kaplan & Keys, 1997). Wenn diese Gefühle anhalten, entwickelt sich die Freundschaft häufig zu einer Liebesbeziehung. Manche Freunde erhalten sich eine platonische Freundschaft, in der Sexualität auch ihren Platz hat. Andere wiederum sind der Meinung, dass platonische und sexuelle Aspekte unvereinbar sind und die Freundschaft löst sich auf (Affifi & Faulkner, 2000). Wenn eine solide gegengeschlechtliche Freundschaft sich zu einer Beziehung entwickelt, so ist diese unter Umständen stabiler und hält länger als eine Liebesbeziehung, die nicht auf der Basis einer Freundschaft entstanden ist (Hendrick & Hendrick, 1993).

■ Geschwister als Freunde

Während Intimität ein wichtiger Bestandteil von Freundschaften ist, so sind Hingabe und Verpflichtung – die Bereitschaft, eine Beziehung aufrechtzuerhalten und sich um den andern zu kümmern – definitiv ein Charakteristikum von Familienbeziehungen. Wenn junge Menschen heiraten und nun weniger Zeit damit verbringen, eine romantische Partnerschaft zu entwickeln, werden Geschwister – ganz besonders

Schwestern, die schon früher eine positive Bindung gehabt haben – häufiger aufgesucht als in der Adoleszenz. Oft findet dann auch eine Vermischung der Rollen von Freund und Bruder oder Schwester statt. So beschrieb beispielsweise Wendy die praktische Hilfe ihrer Freundin – sie half beim Umzug und kaufte ein, als Wendy krank geworden war – wie eine familiäre Beziehung: „Sie ist wie eine Schwester zu mir. Ich kann mich immer an sie wenden." Und die Geschwisterbeziehungen von Erwachsenen ähneln tatsächlich Freundschaften, bei denen die wichtigsten Aspekte sind, miteinander in Kontakt zu bleiben, sich gegenseitig soziale Unterstützung zu bieten und es einfach zu genießen, zusammenzusein (O'Connor, 1992). Bindungen zwischen Geschwistern desselben Geschlechtes können besonders eng sein. Trotz der Konkurrenzkämpfe und unterschiedlichen Interessen gibt es wegen des gemeinsamen Erfahrungshintergrundes große Ähnlichkeiten, was die Wertvorstellungen, die Sichtweise und die Möglichkeiten für ein tiefes Verstehen des anderen anbelangt.

Warme Geschwisterbeziehungen im Erwachsenenalter sind wichtige Quellen psychischen Wohlbefindens (Riggio, 2000). In Vaillants (1977) Studie von Männern mit einer guten Schulbildung zeigte sich eine enge Geschwisterbindung im frühen Erwachsenenalter, die den besten Prädiktor darstellte für emotionale Gesundheit im Alter von 65 Jahren. In einer anderen Untersuchung berichtete ein Fünftel der verheirateten Frauen, dass eine Schwester ihre besten Freundin sei (Oliker, 1989).

14.3.3 Einsamkeit

Junge Erwachsene, die erwarten, in diesem Lebensabschnitt eine intime Bindung einzugehen, riskieren **Einsamkeit** – Unglücklichsein auf Grund einer Diskrepanz zwischen den tatsächlichen sozialen Beziehungen und den gewünschten. Erwachsene können sich einsam fühlen, weil sie keinen Partner haben oder weil ihnen befriedigende Freundschaften fehlen. Beide Situationen führen zu ähnlichen Gefühlen, sind aber nicht miteinander zu verwechseln (Brehm, 1992). So fühlte sich Wendys Freundin von Zeit zu Zeit einsam, weil sie keinen Freund hatte, mit dem sie sich regelmäßig treffen und dem sie ihre Liebe entgegenbringen konnte. Und obwohl Wendy und Ernie glücklich verheiratet waren, fühlten sie sich einsam, nachdem sie in eine neue Stadt gezogen waren, in der sie niemanden kannten.

Einsamkeit erreicht die höchsten Werte in den späten Teenagerjahren bis in die ersten Jahre des zweiten Lebensjahrzehnts, danach fallen die Werte gleichmäßig bis zum siebten Lebensjahrzehnt. Abbildung 14.1 zeigt diese Tendenz, basierend auf einer großen kanadischen Stichprobe im Alter von 13 bis 80 (Rokach, 2001a). Dieser Anstieg während des frühen Erwachsenenalters ist verständlich. Junge Menschen müssen andauernd neue Beziehungen entwickeln, während sie ihre Ausbildung durchlaufen und sich in der Arbeitswelt zurechtfinden. Unter Umständen erwarten jungen Erwachsene auch mehr von ihren intimen Bindungen als dies bei älteren Erwachsenen der Fall ist, die gelernt haben, Kompromisse zu schließen. Mit zunehmendem Alter gelingt es dem Menschen besser, Einsamkeit zu akzeptieren und diese positiv zu nutzen – um ihre Wahrnehmung bezüglich ihrer eigenen Ängste und Bedürfnisse zu schärfen (Rokach, 2001b).

Erwachsene erleben Einsamkeit zumeist unter ganz bestimmten Bedingungen. Getrennt lebende, geschiedene oder verwitwete Erwachsene sind einsamer als verheiratete, zusammen lebende oder Singles. Dies lässt darauf schließen, dass Einsamkeit besonders intensiv ist nach dem Verlust einer engen Bindung. Wenn Männer keine intime Beziehung haben, fühlen sie sich einsamer als Frauen, möglicherweise, weil sie weniger Alternativen haben, ihre Nähebedürfnisse zu befriedigen (Rubenstein & Shaver, 1982; Stroebe et al.,

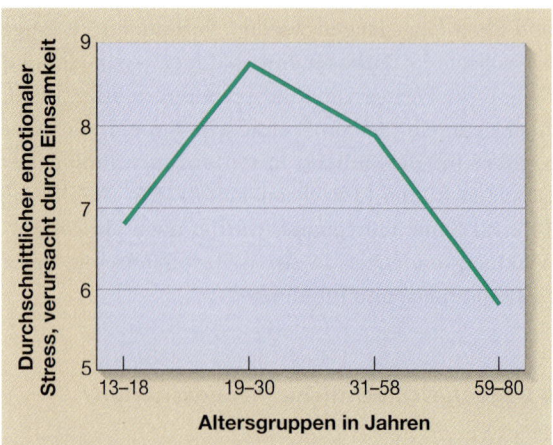

Abbildung 14.1: Negative Veränderungen in der emotionalen Befindlichkeit auf Grund von Einsamkeit von der Adoleszenz bis in das späte Erwachsenenalter. Über 700 kanadische 13 bis 50 Jahre alte Personen beantworteten einen Fragebogen zur Beurteilung ihrer emotionalen Befindlichkeit hinsichtlich Einsamkeit. Es konnte für Einsamkeit ein scharfer Anstieg in den Teenagerjahren bis in das zweite Lebensjahrzehnt hinein festgestellt werden, später war die Tendenz wieder abfallend (nach Rokach, 2001a).

Einsamkeit erreicht die höchsten Werte in den späten Teenagerjahren bis in die ersten Jahre des zweiten Lebensjahrzehnts. Zumeist entsteht sie durch das Fehlen eines Partners oder befriedigender Freundschaften. Wenn extreme Einsamkeit allerdings anhält, geht sie einher mit einer negativen Selbstbeurteilung und einem wenig sensiblen Sozialverhalten, wobei der Betreffende sich nicht auf seine Sozialpartner einstellt, was meistens zu weiterer Isolation führt.

1996). Immigranten aus kollektivistischen Kulturen berichten mehr Einsamkeit als Personen, die in den Vereinigten Staaten und in Kanada geboren sind (Rokach & Sharma, 1996). Ein weitläufiges engmaschiges Familiensystem zu verlassen, um sich in einer individualistischen Gesellschaft niederzulassen, scheint intensive Gefühle der Isolation hervorzurufen.

Auch persönliche Merkmale tragen zu Einsamkeit bei, wobei schüchterne Menschen mit sozialen Ängsten diese intensiver erleben (Bruch et al., 1989). Wenn extreme Einsamkeit anhaltend ist, geht sie einher mit einer ganzen Bandbreite gegen das eigene Selbst gerichteter Einstellungen und Verhaltensweisen. Einsame Menschen beurteilen sich selbst und andere negativer, neigen dazu, in ihrem sozialen Umgang unsensibel zu sein, und können sich nur sehr langsam auf Nähe einlassen, weil sie zögern, anderen etwas von sich mitzuteilen (Jones, 1990). Inwieweit diese Reaktionen Ursache oder Konsequenz von Einsamkeit sind, ist nicht klar. Wenn der Betreffende allerdings einmal beginnt so zu reagieren, führt dies zu weiterer Isolation.

Solange Einsamkeit die betreffende Person nicht überwältigt, kann sie dazu dienen, den jungen Menschen zu motivieren, soziale Risiken einzugehen und sich auf andere Menschen zuzubewegen. Sie kann auch dazu ermutigen, neue Möglichkeiten zu finden, wie der Betreffende mit sich selbst allein sein kann, sich dabei wohl fühlen und diese Zeit nutzen kann, um sich selbst besser kennen zu lernen. Es gehört zu einer gesunden Persönlichkeitsentwicklung, hier eine Balance zu finden – zwischen „befriedigenden Beziehungen zu anderen Menschen und einer sicheren, inneren Basis der Zufriedenheit mit uns selbst" (Brehm, 1992, S. 345).

Prüfen Sie sich selbst ...

Rückblick
Benennen Sie die Unterschiede zwischen Männern und Frauen in den gewünschten Charaktereigenschaften bei einem langfristigen Partner. Welche Forschungsergebnisse lassen darauf schließen, dass sowohl biologische als auch soziale Faktoren diese Unterschiede beeinflussen?

Rückblick
Warum erreicht die Einsamkeit im frühen Erwachsenenalter ihren höchsten Stand?

Anwendung
Nachdem Mandy und Gerd zwei Jahre lang miteinander gegangen waren, berichten beide von größerer Liebe und Zufriedenheit in ihrer Beziehung, als dies während der ersten Monate, nachdem sie sich kennen gelernt hatten, der Fall war. Welche Aspekte ihrer Kommunikation trugen aller Wahrscheinlichkeit nach zur Vertiefung ihrer Bindung bei und warum ist anzunehmen, dass diese Beziehung halten wird?

Anwendung
Clara und Tom, beide mit einem anderen Partner verheiratet, haben sich am Arbeitsplatz kennen gelernt und gehen ab und zu gemeinsam essen. Was werden sie wohl jeweils aus dieser gegengeschlechtlichen Beziehung für einen Nutzen ziehen können?

Prüfen Sie sich selbst ...

14.4 Der Lebenszyklus der Familie

Für die meisten jungen Menschen führt die Suche nach Nähe und Intimität irgendwann zur Eheschließung. Ihr Lebensverlauf entwickelt sich nun innerhalb des **Lebenszyklus der Familie** – eine Abfolge bestimmter Phasen, welche die Entwicklung der meisten Familien auf der Welt charakterisiert. Im frühen Erwachsenalter ist es typisch, erst allein zu leben, dann zu heiraten, Kinder zu bekommen und diese großzuziehen. Wenn einmal das mittlere Erwachsenenalter erreicht wird, verlassen die Kinder das Haus und die Verantwortlichkeiten hinsichtlich ihrer Erziehung nehmen ab. Im späten Erwachsenenalter geht man in den Ruhestand, der Betreffende wird alt und (zumeist die Frau) erlebt den Tod des Ehepartners (Framo, 1994; McGoldrick, Heiman, & Carter, 1993).

Wir müssen jedoch vorsichtig sein, den Lebenszyklus der Familie nicht als einen vorgegebenen Ablauf zu betrachten. Aus Kapitel 2 ist erinnerlich, dass die Familie ein dynamisches Beziehungssystem darstellt und in das soziale Umfeld sowie einen kulturellen und historischen Kontext eingebettet ist. Heutzutage gibt es eine große Spannweite im Ablauf und Zeitplan der Phasen im Lebenszyklus der Familie. Häufige außereheliche Geburten, Schwangerschaften in späterem Alter, Scheidung und Wiederheirat mögen hier als Veranschaulichung dienen. Und manche Menschen erleben – entweder absichtlich oder unabsichtlich – diesen Lebenszyklus der Familie nur zum Teil oder überhaupt nicht.

Dennoch ist dieses Modell von Nutzen. Es bietet eine Struktur, innerhalb derer man sich vorstellen kann, wie sich das Familiensystem mit der Zeit verändert und welche Auswirkungen jede dieser Phasen auf die Familie als Ganzes und den Einzelnen innerhalb der Familie hat.

14.4.1 Aus dem Haus gehen

Während ihres ersten Semesters an der Hochschule bemerkte Wendy einen Unterschied in ihrem Umgang mit ihrer Mutter. Es machte ihr mehr Freude, mit ihrer Mutter ihre Alltagserlebnisse und ihre Lebensziele zu besprechen und ihren Rat zu suchen. Sie konnte nun ihrer Mutter offener zuhören und auch ihre Zuneigung besser ausdrücken. Während der nächsten Jahre sah Wendys Zimmer im Haus der Familie zunehmend aus wie ein Gästezimmer. Als sie dann endgültig auszog, sah sie sich noch einmal um mit einem Gefühl der Wärme und Sicherheit ihrer Kindheitstage, verbunden aber auch mit einem Gefühl des Stolzes, dass sie nun auf eigenen Füßen stand.

Das Verlassen des elterlichen Zuhauses ist ein großer Schritt hin zum Übernehmen eigener Verantwortung als Erwachsener. Das Durchschnittsalter, wann Jugendliche das Elternhaus verlassen, ist in den letzten Jahren zurückgegangen, da mehr und mehr junge Menschen sich selbstständig machen und allein leben, bevor sie heiraten. Im Jahre 1940 lebten noch über 80 % der Nordamerikaner in ihren Zwanzigern bei ihren Eltern. Heute sind es nur noch etwa 50 %. Dieser Trend zeigt sich auch in den meisten anderen Industrienationen (Goldscheider & Goldscheider, 1999; Statistics Canada, 2002p).

Der Zeitpunkt des Auszugs variiert. Wenn der Grund ein Studium ist, erfolgt der Auszug früher, wenn es sich um eine Arbeitsstelle oder eine Eheschließung handelt, so verlässt der junge Mensch das Elternhaus erst später. Da der Großteil nordamerikanischer junger Erwachsener eine höhere Schullaufbahn einschlägt, verlassen viele von ihnen das Elternhaus schon etwa im Alter von 18 Jahren. Auch junge Menschen, die den Zwistigkeiten in der Familie entfliehen wollen, ziehen früher aus (Stattin & Magnusson, 1996). Junge Menschen aus Elternhäusern mit einem allein erziehenden oder geschiedenen Elternteil neigen auch dazu, früher auszuziehen, möglicherweise wegen des Stresses, den sie in der Familie erleben (Cooney & Mortimer, 1999). Im Vergleich zu früheren Generationen verlassen weniger junge Menschen das Elternhaus, um zu heiraten, sondern die meisten ziehen aus, um „unabhängig" zu sein – ihren Erwachsenenstatus auszudrücken. Allerdings bedeutet heutzutage der schwierige Arbeitsmarkt und die hohen Mietkosten, dass viele von ihnen Arbeitsstellen annehmen müssen, die ihnen nicht gefallen, oder aber gezwungen sind, von ihren Eltern finanziell abhängig zu bleiben (Lindsay, Almey, & Normand, 2002).

Fast die Hälfte junger Erwachsener kehrt für eine kurze Zeit in das Elternhaus zurück, nachdem sie das erste Mal ausgezogen sind. Bei denjenigen, die ihr Elternhaus verlassen haben, um zu heiraten, ist die Wahrscheinlichkeit, dass sie nach Hause zurückkehren, am geringsten. Aber das Leben als unabhängiger Single ist nicht so einfach. Wenn der Betreffende sich mit unerwarteten Situationen auf dem Weg zur Unabhängigkeit konfrontiert sieht, so wird das Elternhaus zum sicheren Rückzugsort und zum „Basislager" (siehe auch Kapitel 12), von dem aus das Erwachsenenleben geplant werden kann. Fehlschläge am Arbeitsplatz oder in der Ehe können auch dazu führen, dass der junge Mensch ins Elternhaus zurückzieht. Auch die, die ihre Familie wegen der dort herrschenden Konflikte verlassen haben, kehren meistens noch einmal zurück – oft waren sie noch nicht auf ein unabhängiges Leben vorbereitet. Die häufigste Ursache für eine Rückkehr allerdings sind Rollenwechsel, wie etwa zu Ende des Studiums oder der Militärausbildung, die dafür sorgen, dass der Betreffende noch einmal ins Elternhaus zurückkehrt. Entgegen der weit verbreiteten Meinung, eine Rückkehr ins Elternhaus wäre ein Zeichen von Schwäche, ist dem ganz und gar nicht so. Stattdessen handelt es sich hier um ein ganz normales Ereignis bei unverheirateten Erwachsenen (Graber & Brooks-Gunn, 1996).

Die meisten Schüler in den letzten Jahren der Oberschule hegen die Erwartung, vor ihrer Eheschließung erst einmal alleine zu leben. Wie sie umgesetzt wird, variiert allerdings je nach Einkommensstandard der Familie und der ethnischen Zugehörigkeit. Wirtschaftlich gut situierte junge Menschen werden sich eher ein eigenes Zuhause aufbauen. Bei afroamerikanischen und hispanischen jungen Leuten und kanadischen Ureinwohnern ist aus Gründen von Armut und kulturbedingter Tradition, in ausgedehnten Familienverbänden zu leben, die Häufigkeit derjenigen niedriger, die das Elternhaus verlassen. Auch unverheiratete asiatische junge Erwachsene tendieren dazu, weiterhin bei ihren Eltern zu leben. Je länger allerdings die asiatischen Familien in den Vereinigten Staaten leben und sich somit unter dem Einfluss individualistischer Wertvorstellungen befinden, desto wahrscheinlicher ist es, dass die jungen Menschen von Zuhause ausziehen, nachdem sie die Oberschule abgeschlossen haben (Goldscheider & Goldscheider, 1999).

Wenn der junge Erwachsene bereit ist, unabhängig zu leben, geht das Verlassen des Elternhauses einher mit einer Eltern-Kind-Interaktion, die zunehmend befriedigender wird, sowie mit einem erfolgreichen Übergang zur Erwachsenenrolle. Ein allzu frühzeitiges Verlassen des Elternhauses kann allerdings langfristig negative Auswirkungen haben, da der Betreffende sich aus finanziellen Gründen einen Arbeitsplatz suchen muss und somit seine Ausbildung zumeist nicht fortführen kann. Zudem fehlt meistens die finanzielle und soziale Unterstützung der Eltern. Es mag nicht überraschen, dass Jugendliche, die nicht studieren und ihr Elternhaus früh verlassen, weniger befriedigende Ehen haben und auch am Arbeitsplatz weniger gut zurechtkommen (White, 1994).

14.4.2 Das Zusammenführen von Familien durch eine Eheschließung

Junge Erwachsene zögern den Zeitpunkt einer Eheschließung hinaus – heute mehr als noch vor einem halben Jahrhundert. Im Jahre 1950 betrug das Durchschnittsalter für die erste Eheschließung bei Frauen etwa 20 und bei Männern 23. Im Jahre 2000 war das Durchschnittsalter angestiegen auf 25 und 27 in den Vereinigten Staaten und 27 und 29 in Kanada. In Deutschland heirateten die Frauen 1985 durchschnittlich im Alter von 24 Jahren und 2000 im Alter von 28 Jahren, die Männer in den entsprechenden Jahren mit 26 und 31 Jahren. In den letzten Jahrzehnten ist die Anzahl der ersten und zweiten Eheschließungen zurückgegangen, da mehr Menschen ledig bleiben, ohne eine Eheschließung zusammenleben oder nach einer Scheidung nicht wieder heiraten. Dennoch bleiben die Vereinigten Staaten und auch Kanada Kulturen, in denen eine Eheschließung die Regel darstellt. Nahezu 90 % aller Nordamerikaner heiraten mindestens einmal in ihrem Leben. Heutzutage leben 59 % aller amerikanischen und 47 % der kanadischen Erwachsenen als verheiratete Ehepaare zusammen (Statistics Canada, 2002a; U.S. Bureau of the Census, 2002c). In Deutschland sind 47 % der Männer und 44,9 % der Frauen verheiratet (Statistisches Jahrbuch der Bundesrepublik Deutschland, 2003).

Eine Heirat wird häufig betrachtet als eine Verbindung, die zwei Individuen eingehen. Tatsächlich ist es aber so, dass zwei ganze Systeme daran beteiligt sind – die Familien des Mannes und der Frau –, sich aneinander anpassen und überschneiden, um ein neues System zu bilden. Folglich sehen sich junge Paare in ihrer Ehe mit komplexen Herausforderungen konfrontiert. Das gilt ganz besonders in unserer Zeit, da die Rollenverteilungen von Mann und Frau in der Ehe eigentlich erst begonnen haben, sich in Richtung einer echten Partnerschaft zu entwickeln – sowohl in den Bereichen der Schulbildung, am Arbeitsplatz als auch was das emotionale Miteinander anbelangt.

■ Rollenverteilungen in der Ehe

Nachdem sie von ihrer Hochzeitsreise zurückgekehrt waren, wandten sich Wendy und Ernie einer Unmenge Dingen zu, die sie bislang jeder für sich entschieden hatten oder die in ihren Herkunftsfamilien vorgegeben waren. Der Alltag musste neu betrachtet werden – wann und was sollten sie essen, wann schlafen gehen, reden, arbeiten, sexuellen Verkehr haben und wie und wofür sollte das Geld ausgegeben werden. Auch diskutierten sie darüber, welche Familientraditionen und welche Rituale sie beibehalten wollten und welche sie neu überdenken wollten. In ihrer neuen Rolle als Ehepaar und ihrer Beziehungen innerhalb ihres sozialen Umfeldes führte dies zu einer Modifikation der Beziehungen zu den Eltern, den Geschwistern, den Verwandten, Freunden und Arbeitskollegen.

14.4 DIE EMOTIONALE UND SOZIALE ENTWICKLUNG IM FRÜHEN ERWACHSENENALTER

Veränderungen, die sich im Kontext der Ehe in den letzten Jahrzehnten ergeben haben, einschließlich neu definierter Geschlechterrollen und der Tatsache, dass junge Paare heutzutage zumeist weiter weg wohnen von ihren Ursprungsfamilien, führten dazu, dass Paare in unserer Zeit mehr daran arbeiten müssen, ihre Beziehungen zu definieren. Obwohl für gewöhnlich Männer und Frauen einen ähnlichen religiösen und ethnischen Hintergrund haben, sind Mischehen heutzutage häufiger als in der Vergangenheit. Verbindungen von Menschen verschiedener ethnischer Zugehörigkeiten machen in den Vereinigten Staaten 6 % der verheirateten Bevölkerung aus und in Kanada 3 % (Statistics Canada, 2003c; U.S. Bureau of the Census, 2002c). Zunehmend mehr junge Leute wählen einen Partner, der einer anderen Religion angehört. So suchen sich beispielsweise ein Drittel bis die Hälfte der nordamerikanischen Juden, die eine Ehe eingehen, einen nicht-jüdischen Partner (Weiner, 2002). Bei sehr verschiedenem Hintergrund sehen sich die Paare mit zusätzlichen Herausforderungen konfrontiert, wenn sie den Übergang zu einem Leben als Ehepaar erfolgreich meistern wollen.

Heutzutage leben viele Paare schon vor der Ehe zusammen, was dazu führt, dass eine Heirat weniger einen Wendepunkt im Lebenszyklus von Partnerschaft und Familie darstellt, als dies noch in der Vergangenheit der Fall gewesen ist. Trotzdem kann die Definition der Rollen innerhalb der Ehe mit Schwierigkeiten verbunden sein. Das Alter zum Zeitpunkt der Heirat erwies sich als der zuverlässigste Prädiktor ehelicher Stabilität. Bei jungen Menschen, die schon im Teenageralter oder in ihren frühen Zwanzigern heiraten, ist die Wahrscheinlichkeit einer Scheidung wesentlich höher als bei Paaren, die in späterem Alter heiraten (Heaton, 2002). Diejenigen, die schon sehr früh heiraten, laufen unter Umständen vor ihrer eigenen Familie davon oder sie suchen die Familie, die sie nie hatten. Die meisten von ihnen haben nie eine stabile eigene Identität aufgebaut und besitzen auch nicht die nötige Unabhängigkeit, um eine reife ehelicher Bindung einzugehen. Sowohl eine frühe Heirat, gefolgt von der Geburt eines Kindes oder eine Umkehrung der Ereignisse, wie sie vom Lebenszyklus der Familie her anzunehmen sind (die voreheliche Geburt eines Kindes), sind häufig bei Erwachsenen aus niedrigeren Einkommensgruppen anzutreffen. Diese verfrühte Familiengründung verkompliziert die Anpassung des Paares an das gemeinsame Leben (Leonard & Roberts, 1998).

Trotz erzielter Fortschritte auf dem Gebiet der Gleichberechtigung gibt es nach wie vor **traditionelle Ehen**, in denen eine klare Rollentrennung besteht. Der Mann ist der Haushaltsvorstand; seine Hauptverantwortlichkeit besteht darin, für das wirtschaftliche Wohlergehen der Familie zu sorgen. Die Frau sorgt für

Mischehen sind heute sehr viel häufiger als in der Vergangenheit. Diese Kashmiri-Hinduistin und ihr amerikanischer katholischer Partner verbinden religiöse Traditionen an ihrem Hochzeitstag. Links ist zu sehen, wie beide ein katholisches Ritual vollziehen. Im oberen Bild werden die beiden mit dem hinduistischen Segen bedacht und mit Blütenblättern bestreut.

ihren Mann und die Kinder und schafft ein gemütliches Zuhause, in dem sich jeder wohl fühlen kann. Aber auch die traditionellen Ehen haben sich in den letzten Jahrzehnten verändert. Obwohl die Mutterschaft für die Frau immer noch höchste Priorität hat, solange die Kinder klein sind, kehren doch viele von ihnen zu einem späteren Zeitpunkt in die Berufstätigkeit zurück.

In **egalitären Ehen** gehen Männer und Frauen gleichberechtigt miteinander um. Macht und Autorität sind gleichmäßig verteilt. Beide Partner versuchen, ein Gleichgewicht zu finden in Zeit und Energie, die sie ihrer Berufstätigkeit, ihren Kindern und ihrer Beziehung widmen. Der Hauptanteil karriereorientierter Frauen mit einer guten Berufsausbildung erwartet diese Form der Ehe (Botkin, Weeks, & Morris, 2000). Trotzdem hat aber die Berufstätigkeit der Frau nicht allzu große Auswirkungen auf die Arbeitsteilung im Haushalt gehabt. Männer aus Familien, in denen beide Partner berufstätig sind, beteiligen sich mehr an der Hausarbeit als Männer aus Familien, in denen nur einer der beiden berufstätig ist. In einer vor kurzem durchgeführten internationalen Studie zeigte sich, dass Frauen in den Vereinigten Staaten und in Kanada fast doppelt so viel Zeit mit der Hausarbeit verbringen wie Männer (siehe Abbildung 14.2). In Schweden, einem Land das sehr viel Wert legt auf Gleichberechtigung, beteiligen sich Männer in höherem Maß im Haushalt, als dies in anderen Ländern der Fall ist. Im Gegensatz dazu berichten Männer in Japan, sehr wenig im Haushalt zu arbeiten, da Japan ein Land ist, indem die Geschlechterrollen nach wie vor traditionell sind (Institute for Social Research, 2002). Zusammenfassend können wir feststellen, dass wahre Gleichberechtigung in der Ehe immer noch selten vorkommt und die Paare, die sich Gleichberechtigung wünschen und daran arbeiten, kommen für gewöhnlich zu einer Form der Ehe, die zwischen traditionell und egalitär angesiedelt ist.

■ Zufriedenheit in der Ehe

Trotz der etwas stürmischen Anfänge wurde die Ehe von Wendy und Ernie eine besonders glückliche. Im Gegensatz dazu verloren Christie und ihr Mann immer mehr den Kontakt zueinander. Was unterscheidet befriedigende Ehen von weniger erfolgreichen Partnerschaften? Die Unterschiede zwischen beiden Paaren spiegeln die Ergebnisse von sehr viel Forschung über persönliche und kontextuelle Einflussfaktoren wider. Eine Zusammenfassung findet sich in Tabelle 14.2.

Christie und ihr Mann waren vor ihrer Ehe nur relativ kurze Zeit befreundet, haben sehr jung geheiratet, bekamen früh Kinder und hatten finanzielle Schwierigkeiten. Die negative, schnell zur Kritik bereite Persönlichkeit des Ehemannes führten dazu, dass er mit Christies Eltern nicht gut zurechtkam und sich immer dann bedroht fühlte, wenn er und Christie nicht einer Meinung waren. Christie versuchte ihr Bestes, ihren Mann zu ermutigen und zu unterstützen, aber ihre eigenen Bedürfnisse nach Fürsorge und Individualität wurden nicht erfüllt. Ihr Ehemann fühlte sich durch Christies Karrierepläne angegriffen. Als sie nach und nach ihre beruflichen Pläne umsetzen konnte, entfernte sich das Paar immer weiter voneinander. Im Gegensatz dazu hatten Wendy und Ernie später geheiratet, nachdem sie mit ihrer Ausbildung fertig waren. Ihren Kinderwunsch hatten sie erst einmal zurückgestellt, bis sie ihre beruflichen Pläne umsetzen konnten. Außerdem hatten sie ein Gemeinschaftsgefühl entwickelt, das dennoch beiden die Möglichkeit gab, sich als eigenständiges Individuum weiterzuentwickeln. Geduld, Fürsorge, gemeinsame Wertvorstellungen, die

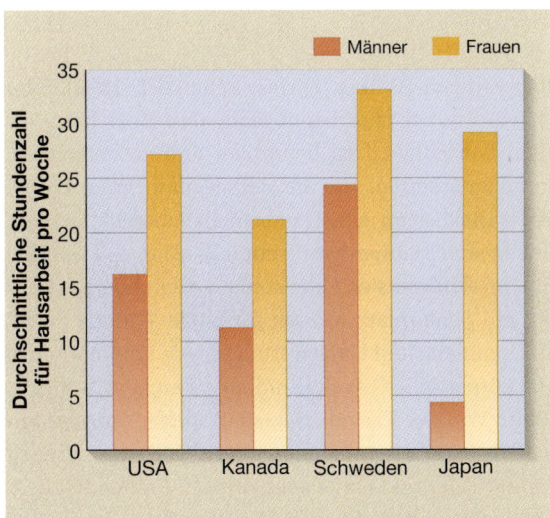

Abbildung 14.2: Durchschnittlich mit Hausarbeit verbrachte Stunden – eine Selbstbeurteilung von Männern und Frauen aus vier Nationen. In jedem dieser Länder verbringen Frauen wesentlich mehr Zeit mit Hausarbeit als Männer. In Schweden beteiligen sich Männer vermehrt an der Hausarbeit. In diesem Land wird der Gleichberechtigung ein hoher Wert beigemessen. In Japan, einem Land in dem die traditionellen Geschlechterrollen immer noch aufrechterhalten werden, verbringen Männer am wenigsten Zeit bei der Hausarbeit (Ergebnisse für die Vereinigten Staaten, Schweden und Japan vom Institute for Social Research, 2002; Ergebnisse für Kanada aus Statistics Canada, 2000l).

14.4 DIE EMOTIONALE UND SOZIALE ENTWICKLUNG IM FRÜHEN ERWACHSENENALTER

Tabelle 14.2

Einflussfaktoren auf die Zufriedenheit in der Ehe

Faktor	Glückliche Ehe	Unglückliche Ehe
Der jeweilige familiäre Hintergrund der Partner	Beide Partner haben einen ähnlichen wirtschaftlichen Hintergrund, eine ähnliche Schulbildung, dieselbe Religionszugehörigkeit und sind im gleichen Alter	Partner unterscheiden sich sehr im wirtschaftlichen Hintergrund, in ihrer Schulbildung, ihrer Religionszugehörigkeit und sind nicht im gleichen Alter
Das Alter bei der Eheschließung	Nach dem 23. Lebensjahr	Vor dem 23. Lebensjahr
Zeit der Freundschaft vor der Ehe	Wenigstens sechs Monate	Weniger als sechs Monate
Der Zeitpunkt der ersten Schwangerschaft	Nach dem ersten Ehejahr	Vor dem oder im ersten Ehejahr
Die Beziehungen zur Verwandtschaft	Warm und positiv	Negativ; möchten den Abstand wahren
Eheliche Verhaltensmuster in der Verwandtschaft	Stabil	Instabil; häufige Trennungen und viele Scheidungen
Finanzieller Status und Berufstätigkeit	Sicher	Unsicher
Persönliche Charaktereigenschaften	Emotional positiv; gute Konfliktlösungsstrategien	Emotional negativ und impulsiv; unzureichende Fähigkeiten zur Konfliktlösung

Zur Beachtung: Je deutlicher diese Faktoren zutreffen, desto größer die Wahrscheinlichkeit ehelicher Zufriedenheit oder Unzufriedenheit.

Quellen: Bradbury, Fincham, & Beach, 2000; Gottman et al., 1998; Sanders, Halford, & Behrens, 1999.

Freude am Zusammensein mit dem Partner sowie gute Konfliktlösungsfähigkeiten trugen zur Kompatibilität der beiden bei.

Obwohl sich anhand der soeben beschriebenen Faktoren der Unterschied zwischen einer Problemehe und einer befriedigenden ehelichen Beziehung darstellen lässt, haben Forschungsergebnisse gezeigt, dass es klare geschlechtsbedingte Unterschiede hinsichtlich der ehelichen Zufriedenheit gibt. Mehr Männer als Frauen berichten, dass sie glücklich verheiratet sind (Dillaway & Broman, 2001; Kaslow, Hansson, & Lundblad, 1994). Einfach nur verheiratet zu sein bringt bei Männern eine Zunahme ihrer psychischen und physischen Gesundheit mit sich – eine Tatsache, die zurückzuführen ist auf die positiven Gefühle von Bindung, Zugehörigkeit und sozialer Unterstützung. Bei Frauen jedoch ist es die *Beziehungsqualität*, die eine größere Auswirkung hat auf die psychische Gesundheit. Folglich leiden Frauen mehr unter Problemen in der Ehe als Männer (Horowitz, White, & Howell-White, 1996; Horowitz, McLaughlin, & White, 1997). Frauen fühlen sich besonders unzufrieden, wenn die Anforderungen von Seiten ihres Mannes und ihrer Kinder sowie von Haushalt und Berufstätigkeit sie überwältigen (Wilkie, Ferree, & Ratcliff, 1998). Und so wie Frauen eher bereit sind, ihre Beziehung als nicht befriedigend zu beurteilen und zu versuchen, daran zu arbeiten, wie Sie sich erinnern (dies wurde in der Diskussion zum Thema Liebe schon betrachtet), ziehen sich Männer häufig zurück, wenn es Konflikte gibt. Im schlimmsten Falle können eheliche Beziehungen ein Schauplatz werden für große Widersprüche, für Dominanz und Unterwerfung sowie für emotionale und körperliche Gewalt (Bradbury, Fincham, & Beach, 2000). Wie der Kasten „Soziale Aspekte" auf der folgenden Seite zeigt, können sowohl Männer als auch Frauen Täter und Opfer sein, obwohl Frauen häufiger zur Zielscheibe schwerer Misshandlung durch den eigenen Partner werden.

■ Erwartungen an eine Ehe und allerhand Mythen

In einer Studie wurden 50 glücklich verheiratete Paare zu ihren Ehen befragt, wobei jeder Teilnehmer von guten und von schlechten Zeiten berichtete; keiner von ihnen war die ganze Zeit über glücklich gewesen. Vie-

Soziale Aspekte: Misshandlung durch den Partner

Gewalt in Familien ist ein weit verbreitetes Problem, das sich auf die Gesundheit auswirkt und die Menschenrechte betrifft. Sie ist in allen Kulturen zu finden und in jeder Einkommensklasse. Häufig sind verschiedene Formen der Gewalt miteinander verbunden. Es sei an die Geschichte von Karen in Kapitel 13 erinnert. Ihr Mann misshandelte sie nicht nur sexuell und körperlich, sondern auch psychisch – er isolierte, erniedrigte und beschimpfte sie (Dutton et al., 2001). Gewalttätige Erwachsene zerstören oft auch Gegenstände, die der Partner besonders mag, traktieren das Mobiliar oder werfen mit Dingen um sich. Wenn Kinder anwesend sind, können auch sie dieser Gewalt zum Opfer fallen.

Misshandlungen durch den Ehemann, bei denen die Frau körperliche Verletzungen davonträgt, ist die Art von gewalttätigen Handlungen, die am ehesten der Polizei gemeldet wird. Viele dieser Gewalttaten in der Familie allerdings werden nicht angezeigt. Als Forscher nordamerikanische Paare zu Streitigkeiten befragten, die zu Gewalthandlungen führten, berichteten Männer und Frauen ein ähnliches Ausmaß von Angriffen (Straus, 1999; Zlotnick et al., 1998). So zeigte sich beispielsweise in einer großen nationalen Umfrage in Kanada, dass 8 % aller Frauen und 7 % der Männer angaben, dass sie innerhalb der vergangenen fünf Jahre von ihrem Ehepartner körperlich misshandelt worden seien (Statistics Canada, 2001d). Bei Frauen jedoch ist die Wahrscheinlichkeit größer, dass sie bei körperlichen Angriffen schwerwiegende Verletzungen davontragen – Prügel, Würgen, Versuche des Ertränkens und Bedrohung mit Feuerwaffen sind hier zu nennen. Männer werden häufig die Zielscheibe von Fußtritten, Ohrfeigen, geworfenen Objekten und Bedrohung mit Messern (Hoff, 2001).

Obwohl Selbstverteidigung ein häufiger Grund für Angriffe von Frauen ist, so ist doch die Wahrscheinlichkeit eines „Erstangriffs" bei Männern und Frauen gleich hoch (Carrado et al., 1996; Currie, 1999). „Die Aufmerksamkeit meines Partners bekommen", „Kontrolle erlangen" und „Wut ausdrücken" sind Gründe, die von Partnern für gewöhnlich angegeben werden, wenn sie einander misshandeln (Hamberger et al., 1997; Straus, 1999).

Einflussfaktoren bei Misshandlung in der Partnerschaft

In Beziehungen, in denen Misshandlung eine Rolle spielt, geht die Abfolge Dominanz/Unterwerfung manchmal vom Mann aus und manchmal auch von der Frau. In etwa der Hälfte aller Fälle sind beide Partner gewalttätig (Cook, 1997). Marvins und Pats Beziehung zeigt uns, wie es zu Misshandlungen in der Partnerschaft kommen kann und wie diese eskalieren. Kurz nach ihrem Hochzeitstag begann Pat sich über die Anforderungen an Marvins Arbeitsstelle zu beschweren und bestand darauf, dass er früher nach Hause kommen sollte, um Zeit mit ihr zu verbringen. Als er sich weigerte, beschimpfte sie ihn, warf mit Dingen um sich und ohrfeigte ihn. Eines Abends wurde Marvin so wütend über Pats Feindseligkeiten, dass er einen Teller gegen die Wand knallte, ihr seinen Ehering ins Gesicht warf und aus dem Haus lief. Am nächsten Morgen entschuldigte sich Pat und versprach, nicht wieder anzugreifen. Aber ihre Ausbrüche wurden immer häufiger und verzweifelter.

Diese Zyklen von Gewalt und Reue, bei denen es zu einer Eskalation von Aggression kommt, sind für viele Beziehungen charakteristisch, in denen es zu Misshandlungen kommt. Warum geschieht dies? Die Persönlichkeit und die Entwicklungsgeschichte, die Familienumstände wie auch kulturelle Faktoren spielen hier zusammen und erhöhen das Risiko für Misshandlung des Partners (Dixon & Browne, 2003).

Viele Täter sind von ihren Ehepartnern zu sehr abhängig. Außerdem sind sie eifersüchtig, besitzergreifend und kontrollierend. So rief beispielsweise der Gedanke, dass Karen ihn verlassen könnte, bei ihrem Mann solch intensive Angst hervor, dass er alle ihre Aktivitäten beaufsichtigt. Depressionen, Ängste und ein niedriges Selbstwertgefühl sind außerdem charakteristisch für die Täter. Da sie zudem große Schwierigkeiten haben, mit ihrer Wut umzugehen, können ganz triviale Ereignisse – wie etwa ein nicht gebügeltes Hemd oder ein Abendessen, das zu spät auf dem Tisch steht – der Auslöser sein für Misshandlung (Guyer, 2000).

Ein großer Teil der Menschen, die ihre Partner misshandeln, sind in Familien aufgewachsen, in denen die Eltern feindselig miteinander umgingen, in der Erziehung ihrer Kinder Zwang anwendeten und misshandelten (Bevan & Higgins, 2002; Reitzel-Jaffe & Wolfe, 2001). Unter Umständen erklärt dies, warum Verhaltensprobleme in der Kindheit und gewalttätige Delinquenz im Adoleszenzalter Prädiktor sind für Misshandlung des Partners (Magdol et al., 1998). Trotzdem müssen Erwachsene, die in ihrer Kindheitsfamilie Gewalt ausgesetzt waren, diese nicht unbedingt wiederholen, obwohl ihre Eltern in ihnen negative Erwartungen und Verhaltensweisen hervorgerufen haben, die sie häufig auf ihre engen Beziehungen übertragen. Stressreiche Lebensereignisse wie etwa der Verlust einer Arbeitsstelle oder finanzielle Schwierigkeiten, tragen zur Wahrscheinlichkeit von Misshandlung bei (Emery & Laumann-Billings, 1998). Wegen der weit verbreiteten Armut berichten Afroamerikaner, amerikanische und kanadische Ureinwohner hohe Raten von Gewalttaten in ihren Partnerschaften (Hoff, 2001; Statistics Canada, 2001d). Auch Alkoholmissbrauch steht damit im Zusammenhang.

Auf gesellschaftlicher Ebene tragen kulturelle Normen, die männliche Dominanz und weibliche Unterwerfung unterstützen, dazu bei, dass die Partner einander misshandeln (Stith & Farley, 1993). Wie Abbildung 14.3 verdeutlicht, sind in Ländern, in denen eine Kombination von weit verbreiteter Armut und fehlender Gleichberechtigung herrscht, die Raten von Gewalttaten gegenüber Frauen in der Familie besonders hoch. Dies betrifft 40 bis 50 % der weiblichen Bevölkerung (World Health Organization, 2000b).

Warum verlassen Menschen destruktive intime Beziehungen nicht, bevor die Misshandlung eskaliert? Eine ganze Reihe situativer Faktoren hält sie davon ab. Ein weibliches Opfer ist unter Umständen abhängig vom Einkommen des Mannes oder fürchtet noch Schlimmeres für sich selbst oder ihre Kinder. Extreme Angriffe, einschließlich Mord, geschehen zumeist nach einer Trennung der Partner (Statistics Canada, 2001d). Außerdem schämen sich Opfer, insbesondere Männer, zur Polizei zu gehen. Oder sie nehmen ungerechtfertigter Weise an, dass ihr Partner sich ändern wird (Straus, 1999).

Interventionen und Behandlung
Öffentliche Einrichtungen, die misshandelten Frauen zur Verfügung stehen, sind unter anderem Krisentelefone, die anonym beraten und unterstützen und Frauenhäuser, die Schutz und Behandlung bieten (siehe Seite 596–597). Da viele Frauen zu ihren misshandelnden Partnern mehrere Male zurückkehren, bevor sie sich endgültig entschließen, den Partner zu verlassen, gibt es außerdem auch Therapiemöglichkeiten für männliche Misshandler. Eine solche Therapie findet zumeist in Form einer Gruppentherapie statt, in der die rigiden Geschlechterstereotypen konfrontiert werden und Kommunikation, Problemlösungsstrategien sowie Kontrolle der eigenen Wut eingeübt werden. Die soziale Unterstützung in der Gruppe dient der Motivation zur Verhaltensänderung (Harway & Hansen, 1994).

Obwohl die existierenden Behandlungen sehr viel besser sind als überhaupt keine Behandlung, sind die meisten viel zu kurz, um Problemen wie Alkoholmissbrauch und Beziehungsschwierigkeiten genügend Aufmerksamkeit zu schenken. Folglich behalten von der geringen Anzahl Täter, die an diesen Behandlungsprogrammen teilnehmen, mehr als die Hälfte ihr gewalttätiges Verhalten bei, entweder mit demselben oder mit einem neuen Partner (Carden, 1994). Heutzutage gibt es nach wie vor wenige Interventionsprogramme, die davon ausgehen, dass auch Männer zum Opfer werden können. Wenn allerdings ihre Bedürfnisse ignoriert werden, trägt dies noch zu Gewalt in der Familie bei. Wenn die Opfer sich nicht von ihren gewalttätigen Partner trennen wollen, ist eine Familientherapie, die sich auf Veränderungen der Partnerinteraktion und Stressreduktion konzentriert, sehr wichtig.

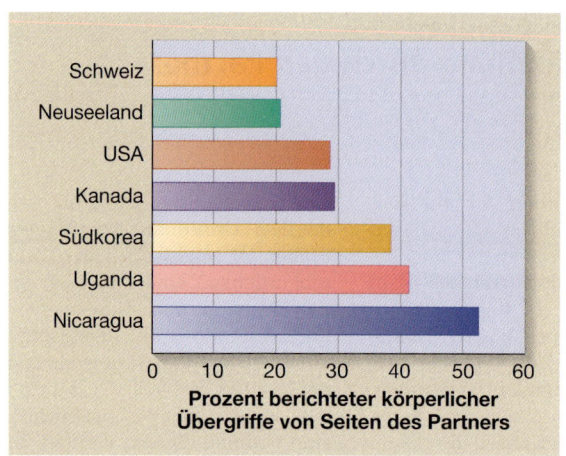

Abbildung 14.3: Tätliche Übergriffe auf Frauen durch den Partner in sieben Nationen. In jedem dieser Länder wurde eine Stichprobe von Frauen gebeten, anzugeben, ob sie jemals zuvor von ihrem Partner misshandelt worden seien. Das Vorkommen – das niemals den tatsächlichen Zahlen entspricht, da viele der Fälle nicht zur Anzeige kommen – ist in allen Nationen hoch, mit besonders hohen Zahlen in Ländern, in denen traditionelle Geschlechterrollen beibehalten werden und in denen es sehr viel Armut gibt (From World Health Organization, 2000b).

le der Studienteilnehmer gaben zu, dass es Momente gegeben hätte, in denen sie das Gefühl gehabt hätten, einen Fehler gemacht zu haben, und Momente, in denen sie nicht mehr länger verheiratet sein wollten. Es wurde sehr klar, dass eine glückliche Ehe nichts mit „Schweben auf Wolke sieben" zu tun hat. Stattdessen ist sie gegründet auf gegenseitigem Respekt, auf Freude und Wohlbefinden in der Gesellschaft des anderen und ein gemeinsames Lösen von Problemen (Wallerstein & Blakeslee, 1995).

Dennoch stehen die kulturellen Erwartungen entgegen einer Sichtweise von einer Ehe als einem fortlaufenden Projekt, das von beiden Partnern Hingabe und Kooperation erfordert. In der Geschichte hatten Frauen nur wenig das Sagen in der ehelichen Beziehung und der Gesellschaft; der Status der Ehefrau wurde durch ihren Mann definiert. Dieses Ungleichgewicht zwischen den Geschlechtern ist so tief in der Kultur verwurzelt, dass es auch heute noch die Ehen beeinflusst (Brooks, 1999). In einer Studie mit Studenten sagten mehr Männer als Frauen aus, dass ihre Partner ihnen unterlegen sein sollten – was die Intelligenz anbelangt, die Schulbildung, den beruflichen Erfolg und auch das Einkommen (Ganong & Coleman, 1992). Unter diesen Umständen ist die Wahrscheinlichkeit groß, dass Frauen ihre Fähigkeiten herunterspielen und so einen Teil ihrer selbst aufgeben. Männer hingegen tendieren dazu, sich selbst auf die Rolle des Ernährers zu beschränken, anstatt sich ganz in das Familienleben einzubringen.

Außerdem haben viele junge Menschen ein mythisches Bild der perfekten Ehe „von heute bis in alle Ewigkeit" – ein Bild, das mit der Realität überhaupt nichts zu tun hat. So sprechen sich beispielsweise eine ganze Reihe von Studenten für die folgenden Überzeugungen aus, die nicht den Tatsachen entsprechen:

- Die Zufriedenheit eines Paares steigt während des ersten Ehejahres.

- Der zuverlässigste Prädiktor ehelicher Zufriedenheit ist die Qualität des Sexuallebens des Paares.

- Wenn mein Partner mich liebt, sollte er oder sie instinktiv wissen, was ich möchte und was ich brauche, um glücklich zu sein.

- Es ist egal, wie ich mich verhalte, mein Partner sollte mich lieben, einfach nur deswegen, weil wir verheiratet sind. (Larson, 1988, S. 5)

Wenn sich diese Mythen erst einmal als falsch erwiesen haben, reagieren die Paare mit Enttäuschung und die Ehe bringt weniger Zufriedenheit mit sich und dafür mehr Konflikte. Interessanterweise ist die Wahrscheinlichkeit unrealistischer Erwartungen bei jungen Menschen, die die Ehe als Sakrament (oder Entsprechendes in anderen Religionen) betrachten, geringer und sie sind besser in der Lage, mit Unstimmigkeiten zurechtzukommen. Weil ihnen der Ehebund so viel bedeutet, investieren sie vermutlich mehr Energie in den Aufbau einer gut funktionierenden Beziehung.

Ihre Kommunikation dient eher dem gemeinsamen Finden von Lösungen und es wird weniger gestritten als bei anderen Paaren (Mahoney et al., 1999).

Von der Warte der langfristigen Auswirkungen ist es erstaunlich, dass die meisten Paare nur sehr wenig Zeit vor ihrer Hochzeit damit verbringen, über ihre Entscheidung sich aneinander zu binden, zu reflektieren (McGoldrick, Heiman, & Carter, 1993). Kurse an den High-Schools zum Thema Familienleben können helfen, diese Mythen zu entkräften und dazu beitragen, dass die jungen Erwachsenen besser in der Lage sind, sich einen zu ihnen passenden Lebenspartner zu suchen. Therapiegespräche, die darauf ausgerichtet sind, den Paaren dabei zu helfen, ihre Wünsche offen auszusprechen und positive und respektvolle Konfliktlösungsstrategien anzuwenden, wurden als sehr effektiv befunden. Sie wirken sich förderlich aus auf die Anpassung in der Ehe und tragen zu einer positiveren Beziehungsqualität bei (Christensen & Heavey, 1999).

14.4.3 Elternschaft

In der Vergangenheit stellte die Frage, ob ein Paar Kinder haben wollte, für viele Erwachsene eher eine „biologisch determinierte oder kulturell unvermeidliche Anforderung" dar (Michaels, 1988, S. 23). Heutzutage ist es in westlichen Industrienationen eher eine persönliche Entscheidung. Wirksame Verhütungsmittel machen es in den meisten Fällen möglich, eine Schwangerschaft zu vermeiden. Auch die in Veränderung begriffenen kulturellen Wertvorstellungen erlauben es, kinderlos zu bleiben, ohne soziale Kritik und Ablehnung fürchten zu müssen, wie dies noch vor ein oder zwei Generationen der Fall gewesen ist.

Im Jahre 1950 wurden 78 % aller nordamerikanischen verheirateten Paare Eltern. Heutzutage sind es 70 %, die Kinder bekommen, mit der Tendenz, das erste Kind erst in späteren Jahren zu bekommen. In Einklang mit diesem Muster späterer Schwangerschaften ist die Familiegröße in Industrienationen zurückgegangen. Im Jahr 1950 hatte ein Paar im Durchschnitt 3,1 Kinder. Im Jahr 2000 waren es in den USA 1,8 Kinder, 1,7 in Australien, 1,6 in Österreich, Kanada, Großbritannien und Schweden, 1,5 in den Niederlanden und Japan und 1,3 in Deutschland (Bellamy, 2000; Pearce, Cantisani, & Laihonen, 1999). Dennoch betrachtet auch weiterhin der Großteil verheirateter Paare die Elternschaft als eine der bedeutungsvollsten Erfahrungen, die das Leben zu bieten hat. Warum ist

14.4 Die emotionale und soziale Entwicklung im frühen Erwachsenenalter

das so und wie wirken sich die Herausforderungen der Kindererziehung auf den Lebensverlauf des Erwachsenen aus?

■ Die Entscheidung, Kinder zu bekommen

Die Entscheidung, Eltern zu werden, unterliegt einer Reihe komplexer Einflussfaktoren, einschließlich der finanziellen Umstände der Familie, der persönlichen und religiösen Wertvorstellungen und dem gesundheitlichen Zustand. Frauen mit einer traditionellen Geschlechtsidentität entscheiden sich gewöhnlich für Kinder. Ob eine Frau berufstätig ist oder nicht, hat weniger Auswirkungen auf eine mögliche Schwangerschaft als der Beruf selbst. Frauen, die in einem Beruf arbeiten, der mit hohen Status und großen Anforderungen verbunden ist, entscheiden sich seltener für eine Mutterschaft. Wenn sie dies aber doch tun, bekommen sie ihre Kinder später als Frauen, deren Berufstätigkeit weniger Zeit in Anspruch nimmt (Barber, 2001; Tangri & Jenkins, 1997).

Wenn man sie dazu befragt, ob sie Kinder haben möchten, führen Paare eine ganze Reihe von Vor- und Nachteilen an. Sie finden diese aufgelistet in Tabelle 14.3. Obwohl es ethnische und regionale Unterschiede gibt, sind die wichtigsten Gründe, warum ein Paar Kinder haben möchte in allen Bevölkerungsgruppen dieselben: der Wunsch nach einer warmen emotionalen Beziehung sowie die Anregungen und die Freude, die Kinder mit sich bringen. Häufig werden auch eigenes seelisches Wachstum und neue Lernerfahrungen als Begründung angeführt. Auch der Wunsch, nach jemandem, der den eigenen Tod überdauert, sowie Gefühle von Erfolg und Kreativität, die entstehen, wenn man Kinder in ihrer Entwicklung unterstützt, werden genannt (Cowan & Cowan, 1992, 2000).

Die meisten jungen Erwachsenen sind sich aber auch darüber im Klaren, dass eigene Kinder zu haben zusätzliche Belastung und Verantwortung mit sich bringt. Wenn man sie zu den Nachteilen einer Elternschaft befragt, wird man am häufigsten hören: „der Verlust der eigenen Freiheit", gefolgt von „finanzieller Belastung". In der Tat sind die Kosten für ein Kind einer der Hauptfaktoren, die eine Entscheidung dafür oder dagegen beeinflussen. Anhand von eher konservativen Schätzungen wird davon ausgegangen, dass heutzutage Eltern für ihr erstes Kind etwa 260.000 Dollar ausgeben. Diese Schätzung bezieht sich auf die Zeit von der Geburt des Kindes bis hin zur

Tabelle 14.3

Vor- und Nachteile von Elternschaft, wie sie von heutigen Paaren angegeben werden

Vorteile	Nachteile
Wärme und Zuneigung geben und empfangen	Verlust der eigenen Freiheit, angebunden sein
Erleben der Anregungen und der Freude, die Kinder im Leben mit sich bringen	Finanzielle Belastung
Akzeptiert werden als verantwortliches, reifes Mitglied der Gesellschaft	Überlastung durch mehrere Rollen – zu wenig Zeit für Familie und Beruf
Erleben von neuem Wachstum und Lernmöglichkeiten, die dem Leben Bedeutung verleihen	Verantwortung
Jemanden zu haben, der nach dem eigenen Tod noch weiterlebt	Beeinträchtigung der mütterlichen Berufstätigkeit
Ein Gefühl von Erfolg und Kreativität dadurch, dass man - die Kinder in ihrer Entwicklung unterstützt - lernt, weniger auf sich selbst zu achten und mehr Opfer zu bringen - Nachkommen hat, die den Eltern bei der Arbeit helfen oder mit ihrem eigenen Einkommen zu den Familienressourcen beitragen	Sorgen um die Gesundheit, die Sicherheit und das Wohlbefinden der Kinder
	Das Risiko, Kinder in einer Welt großzuziehen, die von Kriminalität, Krieg und Umweltverschmutzung heimgesucht wird
	Weniger Zeit mit dem Partner
	Verlust der eigenen Privatsphäre
	Angst, dass die Kinder sich nicht gut entwickeln, und zwar nicht auf Grund eigener Fehler

Quelle: Cowan & Cowan, 2000.

Hochschulausbildung, für die vier Jahre veranschlagt werden (U.S. Department of Labor, 2003). Viele junge Erwachsene machen sich außerdem große Sorgen, wie sie die Familie und ihre Berufstätigkeit „unter einen Hut bekommen" können – sie befürchten, weder genug Zeit zu haben für die Kindererziehung, noch ihren Verantwortlichkeiten am Arbeitsplatz gerecht werden zu können (Hochschild, 1997).

Heutzutage bringt die zunehmende Freiheit zu entscheiden, wann man Kinder haben möchte und ob überhaupt, für die Familienplanung auch größere Herausforderungen mit sich als dies in der Vergangenheit der Fall gewesen ist. Da die Meinung beider Partner gleichwertig ist, führt die Frage einer Schwangerschaft häufig zu heiklen Diskussionen (Cowan & Cowan, 2000). Ein sorgfältiges Abwägen des Für und Wider jedoch bedeutet, dass heutzutage Paare ihre Entscheidungen so treffen, dass sie dem Wohl aller Beteiligten dienen – ein Trend, der die Chancen steigen lässt, dass sie Kinder haben, wenn sie dazu bereit sind und die Entscheidung zur Bereicherung ihres eigenen Lebens werden lässt.

■ Der Übergang zur Elternschaft

Die ersten Wochen, nachdem ein Baby in die Familie hineingeboren ist, sind gekennzeichnet von tief greifenden Veränderungen: ein veränderter Schlafrythmus, neue Aufgaben im Haushalt und in der Säuglingspflege, weniger Zeit, die das Paar allein miteinander verbringen kann, sowie eine zusätzliche finanzielle Verantwortung. Außerdem werden die Rollen des Mannes und der Frau nun traditioneller. Dies ist sogar bei Paaren wie Wendy und Ernie der Fall, die sehr auf Gleichberechtigung achten und die es gewohnt sind, dass beide die Aufgaben im Haushalt verrichten (Cowan & Cowan, 1997; Huston & Vangelisti, 1995).

Für die meisten neuen Eltern jedoch führt die Ankunft eines Babys nicht zu besonderen Belastungen der ehelichen Beziehung. Ehen, die für beide befriedigend und unterstützend sind, bleiben dies für gewöhnlich auch und stehen kinderlosen Ehen darin in nichts nach (Feeney et al., 2001; Miller, 2000). Im Gegensatz dazu entwickeln sich von vornherein schwierige Ehen nach der Geburt eines Babys zumeist noch weiter in negativer Richtung. In einer Studie von Frischverheirateten, die einmal jährlich über einen Zeitraum von sechs Jahren interviewt wurden, ließen sich von der Zuneigung des Ehemannes und seinem Ausdruck ei-

Diese Eltern sind gerade dabei, ihre neugeborene Tochter für die Fahrt vom Krankenhaus nach Hause in einen Autokindersitz zu setzen. Der Übergang zur Elternschaft kann eine warme, befriedigende Ehe bereichern, wirkt sich auf eine unter Spannung stehende unglückliche Ehe aber eher negativ aus. Wenn die Aufgaben rund um die Säuglingspflege von beiden Partnern übernommen werden, fördert dies die Zufriedenheit in der Ehe und wirkt sich positiv aus auf die Sensibilität beider Eltern dem Neugeborenen gegenüber.

nes „Wir-Gefühls" (Wertvorstellungen und Ziele, die beide Partner gemeinsam haben) sowie seiner Wahrnehmung des Alltagslebens seiner Frau, auf Seiten der Frau auf eine stabile oder zunehmende Zufriedenheit mit dem Eheleben nach der Geburt schließen. Hingegen waren die Negativität und die außer Kontrolle geratenen Konflikte des Paares Prädiktoren für einen Rückgang in der Zufriedenheit der Frau mit ihrer Ehe (Shapiro, Gottman, & Carrere, 2000).

Je ungleicher außerdem die Verantwortung für die Säuglingspflege verteilt ist, desto größer ist der Rückgang der Zufriedenheit in der Ehe nach der Geburt eines Kindes, insbesondere gilt dies für Frauen – dies wiederum wirkt sich negativ aus auf die Eltern-Kind-Interaktion. Wenn dagegen die Verantwortung geteilt wird, bewirkt dies mehr Zufriedenheit bei den Eltern und eine größere Sensibilität dem Baby gegenüber (Feldman, 2000; Feeney et al., 2001). Mit der Geburt eines Kindes bis zum späten zweiten oder dritten Lebensjahrzehnt zu warten, wie dies heutzutage viele Paare tun, erleichtert den Übergang zur Elternschaft.

Diese Wartezeit erlaubt Paaren, ihren beruflichen Zielen nachzugehen und Lebenserfahrung zu sammeln. Unter diesen Umständen sind Männer enthusiastischer bezüglich ihrer Vaterrolle und daher auch eher bereit, sich einzubringen. Und Frauen, deren Berufskarrieren schon etabliert sind, ermutigen ihre Männer eher, sich an der Hausarbeit und des Säuglingspflege zu beteiligen als andere Frauen (Coltrane, 1990).

In vielen nichtwestlichen Kulturen hat die Geburt eines Kindes wenig oder gar keine Auswirkung auf die Zufriedenheit in der Ehe. In diesen Gesellschaften spielt für die Frau das Familienleben und die Mutterschaft eine zentrale und selbstverständliche Rolle, wobei die Arbeitsauftilung zwischen Mann und Frau vorgegeben ist und auch nicht hinterfragt wird. Zudem hilft dort typischerweise die Verwandtschaft bei der Säuglingspflege (Levy-Shiff, 1994). In westlichen Nationen jedoch ist der Trend dahingehend, dass die Gleichberechtigung und die Isolation der Kernfamilie zu einer engen Verbindung der Rollen in der Ehe und als Eltern mit sich bringt. Wenn sich Veränderungen in der Zufriedenheit in einer Rolle ergeben, geht dies häufig einher mit einer ähnlichen Veränderung in der anderen Rolle (Rogers & White, 1998).

Spezielle Interventionen können den Übergang zur Elternschaft erleichtern. Für die Paare, bei denen nicht die Gefahr besteht, dass größere Probleme auftauchen, haben sich Partnergruppen, geleitet von einem Psychologen, als in hohem Maße effektiv erwiesen. In einem dieser Programme haben sich werdende Eltern, die ihr erstes Kind erwarteten, einmal in der Woche für sechs Monate getroffen, um ihre Träume hinsichtlich ihrer Familie und die Veränderungen, die sich durch das Baby in ihrer Beziehung ergeben haben, zu besprechen. Die Väter beschrieben sich 18 Monate nach Beendigung des Programms als an der Erziehung ihrer Kinder beteiligter, als dies bei Vätern in der Kontrollgruppe der Fall war. Die Mütter konnten ihre Zufriedenheit mit ihren Rollen in Familie und Berufstätigkeit so beibehalten, wie sie vor der Geburt des Kindes gewesen waren. Möglicherweise ist das zurückzuführen auf die Hilfe des Vaters bei der Säuglingspflege. Drei Jahre nach der Geburt waren die Ehen aller teilnehmenden Paare immer noch intakt und genauso glücklich, wie sie vor der Geburt ihres Kindes gewesen waren. Hingegen hatten sich 15 % der Paare in der Kontrollgruppe (keine Intervention) scheiden lassen (Cowan & Cowan, 1997). Für Hochrisikoeltern, die mit Armut zu kämpfen haben oder die Geburt eines behinderten Kindes erwarten, müssen die Interventionsmaßnahmen noch intensiver sein und sich darauf konzentrieren, die soziale Unterstützung des Paares auszubauen und seine Fähigkeiten in der Pflege und Erziehung des Kindes zu fördern (Cowan & Cowan, 1995).

■ Weitere Geburten

Dieselben Faktoren, die eine Auswirkung auf die Entscheidung zur Elternschaft haben, beeinflussen auch die Familiengröße.

Ganz abgesehen von effektiver Verhütung, ist die zunehmende Karriereorientierung der Frau einer der Hauptgründe, dass Paare in Industrienationen heutzutage weniger Kinder haben als in der Vergangenheit. Außerdem lassen sich Paare häufig auch scheiden, bevor die eigentlich geplanten Kinder geboren sind.

Im Großen und Ganzen wirkt sich eine Familie mit weniger Mitgliedern auf die Eltern-Kind-Interaktion positiv aus. Eltern mit weniger Kinder sind geduldiger und strafen seltener. Außerdem haben sie mehr Zeit für die Aktivitäten des einzelnen Kindes, seine Schularbeiten und seine besonderen Bedürfnisse. Zudem besteht die Tendenz, dass in kleineren Familien die Geschwister in größeren Abständen geboren werden (im Abstand von mehr als zwei Jahren), was dazu beiträgt, dass die Eltern mehr Aufmerksamkeit und Ressourcen auf die Partnerschaft und jedes einzelne Kind verwenden können. Zusammengenommen erklären diese Ergebnisse unter Umständen die Tatsache, dass eine geringere Familiegröße mit größerer ehelicher Zufriedenheit und körperlich gesunderen Kindern zusammenhängt, die einen höheren IQ aufweisen und bessere Leistungen in der Schule erbringen (Downey, 1995; Powell & Steelman, 1993).

Größeren Familien hingegen geht es finanziell gewöhnlich schlecht. Beengtes Wohnen, schlechte Ernährung und belastete und schlecht ausgebildete Eltern scheinen zum negativen Zusammenhang zwischen Familiengröße und Wohlbefinden beizutragen. Wenn Eltern mit hohem Bildungsstand große Familien haben, verschwinden die ungünstigen Begleiterscheinungen und Auswirkungen (Guo & VanWey, 1999). Wie der Kasten „Kulturelle Einflüsse" auf der folgenden Seite zeigt, hängen Bildung und Familienplanung eng zusammen. Beide sind lebenswichtig für die Lebensqualität von Frauen und Kindern.

Kulturelle Einflüsse: Die Familienplanung global betrachtet

Etwa ein Fünftel der Weltbevölkerung – eine Milliarde Menschen – lebt in extremer Armut, die meisten von ihnen in Slums und Siedlungen von Blechhütten in Entwicklungsländern. Wenn der augenblickliche Trend im Bevölkerungswachstum anhält, wird sich die Anzahl der Armen in den kommenden 60 bis 70 Jahren vervierfachen (United Nations, 1998). Armut und ein rapides Bevölkerungswachstum stehen in engem Zusammenhang miteinander: Armut führt zu hohen Geburtenraten und steigende Geburtenraten wiederum verschlimmern die Armut und die Verelendung. Warum ist dem so?

Zum einen haben Eltern in den armen Regionen dieser Erde, in denen die Kindersterblichkeit sehr hoch ist, mehr Kinder, um zu kompensieren, dass einige von ihnen mit Sicherheit sterben werden. Zum anderen wirkt sich das Fehlen von Status, Schulbildung und Möglichkeiten für Frauen – Aspekte die charakteristisch sind für nichtindustrialisierte Gesellschaften – einschränkend aus und reduziert die möglichen Lebensentscheidungen auf eine frühe Heirat und viele Schwangerschaften. Drittens sind Familien in Regionen, in denen es wenig soziale Versorgung und arbeitssparende Technologien gibt, zumeist darauf angewiesen, auch ihre Kinder auf den Feldern und im Haushalt mitarbeiten zu lassen. Viertens steht Armut im Zusammenhang mit fehlenden sozialen Einrichtungen, die bei der Familienplanung unterstützen. Dies wiederum bewirkt, dass die Geburtenraten hoch bleiben, auch wenn die Vorteile kleinerer Familien erkannt werden (Bulatao, 1998). Und schließlich ist auch die Hoffnungslosigkeit bezüglich der Zukunft eines der Haupthindernisse für die Lebensplanung generell und für die Familienplanung im Besonderen.

Wenn die Bevölkerung eines Landes anwächst, verschlimmert sich auch die Armut. Die Anzahl der Menschen, die nach Arbeit suchen, steigt schneller als die Anzahl der möglichen Arbeitsplätze und somit entsteht eine neue Generation von Arbeitslosen oder schlecht bezahlten Eltern. Es gibt weniger grundlegende Ressourcen, einschließlich Nahrung, Wasser, Land und Brennstoffe, und auch die Bildungseinrichtungen haben mit dem Bevölkerungswachstum zu kämpfen. Folglich breitet sich die Überbevölkerung in den Städten immer weiter aus – zusammen mit Unterernährung, Krankheiten, Analphabetentum und Hoffnungslosigkeit. So kommt ein Kreislauf von Armut und hohen Geburtenraten zustande.

Zwei miteinander in Zusammenhang stehende Strategien sind

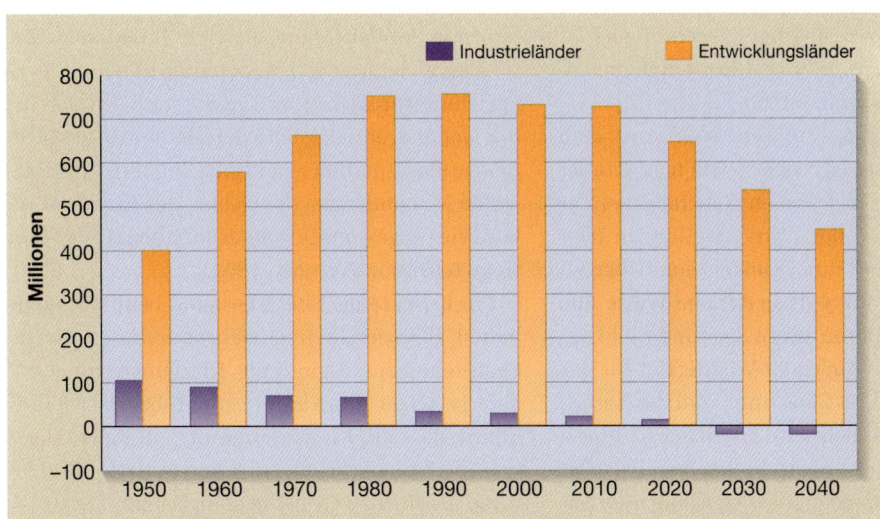

Abbildung 14.4: Das Bevölkerungswachstum pro Dekade in Industrie- und Entwicklungsländern mit einer Prognose für die erste Hälfte des 21. Jahrhunderts. Obwohl die Geburtenraten im Rückgang begriffen sind, besteht dieser Trend in den Entwicklungsländern noch nicht allzu lange. Die Weltbevölkerung wächst nach wie vor, wobei dieses Wachstum sich fast ausschließlich auf die Entwicklungsländer konzentriert. In der dritten Dekade des 21. Jahrhunderts wird erwartet, dass die Bevölkerung in den Industrienationen abnimmt, während in den Entwicklungsländern die Bevölkerung um mehr als 500 Millionen Menschen zugenommen haben wird (aus DaVanzo & Adamson, 2000).

unabdingbar, wenn man diesen Kreislauf durchbrechen will:

Eine Betonung von Schulbildung und der Fähigkeit lesen und schreiben zu können, ganz besonders bei Mädchen. Die Anzahl der Schuljahre sagt für Frauen die Gründung kleiner Familien voraus. Da Frauen mit einer höheren Schulbildung auch mehr Möglichkeiten offen stehen, ist die Wahrscheinlichkeit höher, dass sie erst in späterem Alter heiraten und sich bei der Familienplanung an Familienberatungsstellen wenden. In der Folge werden sie weniger Kinder bekommen, die zudem in größerem Abstand geboren und auch gesünder sind (Caldwell, 1999). Familienberatungsstellen müssen jedem zugänglich gemacht werden, der sie in Anspruch nehmen möchte. Diese Beratungsstellen sollten außerdem den kulturellen und religiösen Traditionen des jeweiligen Landes angepasst sein. Während des letzten halben Jahrhunderts hat die Verwendung von Verhütungsmitteln bei verheirateten Frauen in den Entwicklungsländern zwischen 10 % und 50 % zugenommen, was dazu beiträgt, dass die Geburtenraten in diesen Ländern von 6,1 auf 3,3 gesunken ist (United Nations, 1998).

Trotzdem bleiben nach wie vor die Bedürfnisse nach Familienberatungsstellen bestehen. Etwa 100 Millionen Frauen in den Entwicklungsländern möchten die Größe ihrer Familie einschränken oder den Abstand zwischen den einzelnen Geburten vergrößern (DaVanzo & Adamson, 1998). Diejenigen unter ihnen, die kaum lesen und schreiben können oder vollkommene Analphabeten sind, haben größte Schwierigkeiten, an Informationen über effektive Geburtenkontrolle zu kommen (Gazmararian, Parker, & Baker, 1999). Folglich sind sie häufig unbeabsichtigt schwanger. Wie Abbildung 14.4 zeigt, wächst die Weltbevölkerung wegen der hohen Geburtenraten in von Armut betroffenen Ländern immer noch in erstaunlichem Maße. In Nigeria beispielsweise bringt eine Frau in ihrem Leben im Durchschnitt 6,5 Kinder zur Welt.

Bildung in Kombination mit Familienplanung führt zu erheblichen Rückgängen der Geburtenraten und zu einer daraus resultierenden Verbesserung der Lebenschancen sowohl für die Mütter als auch die Kinder. Diese Vorteile wirken sich auch auf zukünftige Generationen aus.

■ Familien mit kleinen Kindern

Ein Jahr nach der Geburt ihres ersten Kindes bekamen Wendy und Ernie einen Telefonanruf von Wendys Freundin, die fragte, wie sie sich denn fühlten als Eltern: „Ist es eine Freude, ein Dilemma, eine anstrengende Erfahrung – wie würdet ihr es beschreiben?"

Lachend erwiderten Wendy und Ernie wie aus einem Munde: „Alles zusammen!"

In unserer heutigen komplexen Welt sind sich Männer und Frauen weniger sicher, wie man Kinder aufzieht, als dies noch in früheren Generationen der Fall war. Ein Klarstellen der Wertvorstellungen über die Kindererziehung und ihre Transmission (Übertragung) auf eine warme, involvierte Art und Weise, die auch bestimmte Anforderungen an das Kind nicht außer Acht lässt, sind von äußerster Wichtigkeit für das Wohlergehen der nächsten Generation und der Gesellschaft als solcher. Dennoch wird in vielen Kulturen der Erziehung der Kinder nicht die höchste Priorität gegeben, was sich daran zeigt, dass es wenig oder gar keine gesellschaftliche Unterstützung für Kinder und Familien gibt (siehe Kapitel 2). Zudem bedeuten die in Veränderung begriffenen Familienformen, dass das Leben heutiger Eltern sich weitgehend von dem vergangener Generationen unterscheidet.

In vorangegangenen Kapiteln wurde eine ganze Reihe von Einflussfaktoren auf den Erziehungsstil diskutiert – persönliche Charakteristiken der Eltern und Kinder, der Einkommensstandard, die ethnische Zugehörigkeit und vieles mehr. Auch die Beziehung des Paares spielt dabei eine wichtige Rolle. Eltern, die als ein Team zusammenarbeiten, das in der Erziehung der Kinder miteinander kooperiert, und in ihrer Elternrolle Solidarität und Respekt füreinander zeigen, werden sich zumeist kompetenter fühlen, effektivere Erziehungspraktiken anwenden und Kinder haben, die sich gut entwickeln (McHale et al., 2002). Wenn Eltern diese partnerschaftliche Fürsorge früh in den ersten Monaten nach der Geburt des Kindes ausüben, wird sie für gewöhnlich auch anhalten (Fivaz-Depeursinge & Corboz-Warnery, 1999).

Für berufstätige Eltern besteht eine der hauptsächlichen Schwierigkeiten während dieser Phase des Familienlebens darin, gute Kinderbetreuung zu finden. Je jünger das Kind, desto größer das Gefühl der Eltern, dass die Kinderbetreuung ein Risiko darstellt, und die Schwierigkeit, auch jemanden zu finden, der ihren Bedürfnissen entspricht (Lamb, 1998). Wenn kompetente, leicht erreichbare und finanziell tragbare Kinderbetreuung nicht vorhanden ist, bedeutet dies zumeist eine zusätzliche Belastung für die Mutter. Entweder muss sie sich finanziell einschränken und ihre Berufstätigkeit aufgeben, oder sie muss sich mit unglücklichen Kindern abfinden, fehlenden Arbeits-

Der Lebenszyklus der Familie

Trotz der vielen Herausforderungen, die sie mit sich bringt, ist die Erziehung kleiner Kinder eine bedeutende Quelle für die Weiterentwicklung des Erwachsenen. Eltern berichten, dass dadurch ihre emotionalen Fähigkeiten erweitert und ihr Leben bereichert wird. Engagierte Eltern stellen fest, dass die Kindererziehung ihnen hilft, sensibler, toleranter, selbstsicherer und verantwortungsbewusster zu werden.

tagen und der fortwährenden Suche nach neuen Arrangements.

Trotz der vielen Herausforderungen bei der Erziehung kleiner Kinder stellt diese dennoch eine bedeutende Quelle für die Weiterentwicklung des Erwachsenen dar. Eltern berichten, dass sich dadurch ihre emotionalen Fähigkeiten erweitern und ihr Leben bereichert wird. So bemerkte beispielsweise Ernie, dass er durch die Tatsache, dass er sich an der Kindererziehung beteiligte, sich nun als Person „abgerundeter" fühlte. Andere stark beteiligte Eltern stellen fest, dass die Elternschaft ihnen geholfen hat, sich auf die Gefühle und Bedürfnisse anderer einzustellen und dass sie dadurch toleranter, selbstsicherer und verantwortungsbewusster geworden sind (Coltrane, 1990).

■ Familien mit Kindern im Adoleszenzalter

Die Adoleszenz bringt einschneidende Veränderungen in den Elternrolle mit sich. In Kapitel 11 und 12 wurde festgestellt, dass Eltern mit Kindern im Adoleszenzalter eine neue und veränderte Beziehung zu ihren Kindern aufbauen müssen – eine Mischung aus Führung und Freiheit, wobei die Kontrolle nach und nach immer weiter aufgegeben werden sollte. Wenn der Jugendliche mit der Zeit immer mehr Autonomie gewinnt und verschiedene Werte und Ziele auf der Suche nach einer eigenen Identität ausprobiert, beschweren sich Eltern häufig darüber, dass ihre Teenager sich zu sehr auf ihre Freunde konzentrieren und die Familie sie nicht länger zu kümmern scheint. Zunehmende Streitereien über Alltagsdinge sind kräftezehrend, insbesondere für die Mütter, die die meisten dieser „Verhandlungen" mit ihren Teenagern führen.

Im Großen und Ganzen scheinen Kinder die Herausforderungen der Adoleszenz einfacher zu bewältigen als die Eltern, von denen viele berichten, dass ihre Zufriedenheit mit ihrer Ehe und ihrem Leben insgesamt zurückgegangen ist. Während dieser Periode im Lebenszyklus der Familie suchen mehr Menschen Hilfe in einer Familientherapie als zu jedem anderen Zeitpunkt (Steinberg & Silk, 2002; Young, 1991).

■ Anleitung für die Eltern

In der Vergangenheit hat sich das Familienleben von einer Generation zur nächsten kaum verändert. Die Erwachsenen konnten das, was an Wissen für die Kindererziehung nötig war, durch Rollenmodelle und direkte Erfahrung lernen. Heutzutage konfrontiert das Leben den Erwachsenen mit einer Unmenge verschiedener Faktoren, die sich negativ auf eine erfolgreiche Elternschaft auswirken.

Eltern in unserer heutigen Zeit suchen eifrig nach den benötigten Informationen zur Kindererziehung, indem sie die vielen Bücher lesen, die darüber geschrieben worden sind. Besonders Mütter mit ihrem ersten Kind betrachten diese Quellen als sehr wertvoll, kaum weniger wichtig als ihren Arzt (Deutsch et al., 1988). Auch besondere Elternkurse sind entstanden, dazu gedacht, den Eltern zu helfen, sich über ihre Wertvorstellungen in der Kindererziehung klar zu werden, die Kommunikation innerhalb der Familie zu verbessern, zum Verständnis der Kindesentwicklung beizutragen und die Eltern zu unterstützen, effektivere Erziehungsstrategien anzuwenden. Obwohl diese Kurse sehr unterschiedlich sind, können viele von ihnen positive Ergebnisse verzeichnen, einschließlich einer verbesserten Eltern-Kind-Interaktion, flexibleren Einstellungen der Eltern hinsichtlich der Kindererziehung sowie eine gesteigerte Wahrnehmung auf Seiten der Eltern über ihre Rolle als Lehrer ihrer Kinder (Shumow, 1998; Smith, Perou, & Lesesne, 2002). Und ein weiterer Vorteil dieser Kurse ist die soziale Unterstützung – die Möglichkeit, Probleme mit Experten zu diskutieren und mit anderen Eltern – Menschen die alle der Meinung sind, dass nichts wichtiger ist für die Zukunft einer Gesellschaft als die Kindererziehung.

> **Prüfen Sie sich selbst...**
>
> **Rückblick**
> Warum berichten mehr Männer als Frauen, dass sie glücklich verheiratet sind?
>
> **Rückblick**
> Welche Strategien können Paare anwenden, um sich den Übergang zur Elternschaft zu erleichtern?
>
> **Anwendung**
> Nach ihrer Hochzeit war Wendy davon überzeugt, dass sie einen Fehler gemacht hatte. Nennen Sie die Faktoren, die dazu beigetragen haben, ihre Ehe zu erhalten, und dazu führten, dass sie besonders glücklich wurde.
>
> **Zusammenhänge**
> Welche Aspekte in der Entwicklung des Adoleszenten lassen die Erziehung eines Teenagers zu einer besonders stressreichen Erfahrung für die Eltern werden, die häufig zu einem Rückgang der Zufriedenheit mit ihrer Ehe und dem Leben allgemein führt? Siehe Kapitel 11 sowie Kapitel 12)
>
> **Prüfen Sie sich selbst...**

14.5 Die Vielfalt der Lebensstile Erwachsener

Das augenblickliche Spektrum verschiedener Lebensstile Erwachsener ist in den sechziger Jahren des vergangenen Jahrhunderts entstanden, einer Dekade, in der junge Menschen die Lebensregeln vorangegangener Generationen in Frage zu stellen begannen. Viele von ihnen fragten: „Wie kann ich glücklich werden? Welche Art von Verpflichtungen sollte ich eingehen, um ein erfülltes und zufriedenes Leben zu führen?" Als die Öffentlichkeit langsam begann, verschiedene Lebensstile zu akzeptieren, gab es diesbezüglich nun auch mehr Entscheidungsmöglichkeiten – unter anderem Single zu bleiben, mit jemanden zusammenzuleben, kinderlos zu bleiben oder sich scheiden zu lassen.

Heutzutage bestimmen die weniger traditionellen Familienoptionen die nordamerikanische Gesellschaft. Viele Erwachsene durchleben nun nicht nur eine dieser Möglichkeiten, sondern häufig mehrere. Wenn die verschiedenen Möglichkeiten in den folgenden Abschnitten näher betrachtet werden, lässt sich feststellen, dass manche Erwachsene sich zu einem bestimmten Lebensstil entscheiden, während andere ihn unbeabsichtigt übernehmen. Möglicherweise ist der Lebensstil des Betreffenden auch von der Gesellschaft aufgezwungen, wie dies beispielsweise beim Zusammenleben homosexueller Paare der Fall ist, für die eine Heirat erst in jüngster Zeit in einigen Ländern rechtlich möglich wurde. Oder es wird eine Entscheidung für einen bestimmten Lebensstil getroffen, weil die Beteiligten sich voneinander abgestoßen fühlen, wie etwa in einer gescheiterten Ehe. Es lässt sich also zusammenfassen, dass der Beginn eines bestimmten Lebensstiles entweder in der Entscheidung des Betreffenden liegen kann oder jenseits seiner Kontrolle.

14.5.1 Ein Leben als Single

Nach dem sie ihre Ausbildung abgeschlossen hatte, schloss sich Wendys Freundin Clara den Friedenstruppen an und verbrachte fünf Jahre in Afrika. Obwohl sie für eine langfristige Beziehung durchaus offen gewesen wäre, blieb es bei kurzfristigen Liebschaften. Als sie in die Vereinigten Staaten zurückkehrte, bekam sie eine Stelle in leitender Position bei einer Versicherung. Berufliche Herausforderungen und die mit dieser Stelle verbundenen Geschäftsreisen nahmen ihre ganze Zeit in Anspruch. Im Alter von 35 Jahren reflektierte sie bei einem gemeinsamen Mittagessen mit Wendy über ihr Leben: „Ich wäre für eine Heirat durchaus offen gewesen, aber meine Karriere begann sich gut zu entwickeln und eine Heirat hätte dem nur im Wege gestanden. Und jetzt bin ich die Unabhängigkeit so gewohnt, dass ich mich frage, ob es mir überhaupt möglich wäre, mit einem anderen Menschen zusammenzuleben. Mir gefällt es einfach, hinzugehen wohin ich will und wann mir danach ist, ohne jemanden vorher fragen zu müssen oder aber auch nur einen Gedanken daran zu verschwenden, dass ich mich um jemanden kümmern müsste. Allerdings hat diese Freiheit auch Nachteile: nachts schlafe ich allein, die meisten Mahlzeiten nehme ich allein ein und auch den Großteil meiner Freizeit verbringe ich allein."

Das Leben als Single – ein Leben ohne einen festen Intimpartner – hat in den vergangenen Jahren in seiner Häufigkeit zugenommen, insbesondere bei jungen Erwachsenen. So ist beispielsweise in der Vorkommenshäufigkeit von Alleinlebenden bei nordamerikanischen 30 bis 34 Jahre alten Menschen, die niemals zuvor verheiratet gewesen sind, seit 1970 ein sechsfacher Anstieg zu verzeichnen. Die Zahlen liegen nun bei etwa 30 % für Männer und bei 20 % für Frauen. Abgesehen davon, dass heutzutage mehr Menschen später oder gar nicht heiraten, hat auch die Scheidungsrate zu der steigenden Anzahl von Singles beigetragen. Wenn man diesen Trend betrachtet, ist anzunehmen, dass die meisten Nordamerikaner einen substanziellen Teil ihres Erwachsenenlebens als Single verbringen und eine wachsende Minderheit – etwa 8 bis 10 % – wird Single bleiben (Statistics Canada, 2003d; U.S. Bureau of the Census, 2002c).

Da junge Männer später heiraten, sind eine größere Anzahl von ihnen Single, als dies bei Frauen der Fall ist. Dennoch ist die Wahrscheinlichkeit bei Frauen wesentlich höher, dass sie viele Jahre oder sogar ihr ganzes Leben Single bleiben. Mit zunehmendem Alter gibt es für Frauen immer weniger Männer mit den Merkmalen, die sie sich bei einem Partner wünschen – demselben Alter oder älter, mit einem ähnlichen oder besseren Bildungsstand und beruflich erfolgreich. Männer finden leichter eine Partnerin, da sie eine große Auswahl an jüngeren unverheirateten Frauen haben. Wegen der Neigung von Frauen „nach oben zu heiraten" und von Männern „nach unten zu heiraten", sind bei den Singles über 30 Männer der Arbeiterklasse und Frauen in höheren Berufsgruppen überrepräsentiert.

Auch ethnisch bedingte Unterschiede sind erkennbar. So ist beispielsweise der Prozentsatz noch nie verheirateter Afroamerikaner im frühen Erwachsenenalter fast zweimal so hoch wie der Prozentsatz kaukasischer Amerikaner. Wie wir später noch feststellen werden, wirkt sich auch die hohe Arbeitslosigkeit unter schwarzen Männern beeinträchtigend auf eine mögliche Ehe aus. Viele Afroamerikaner heiraten Ende 30 oder Anfang 40, ein Alter, in dem sich die Zahlen schwarzer und weißer Ehen wieder annähern (Cherlin, 1992; U.S. Bureau of the Census, 2002c).

Das Leben als Single ist eine Erfahrung mit vielen Facetten und unterschiedlichen Bedeutungen. Ein Extrem sind die Menschen, die ein Leben als Single bewusst gewählt haben, am anderen Ende des Spektrums finden sich die Menschen, die sich als Single betrachten, weil die Umstände jenseits ihrer Kontrolle sind. Die meisten, wie etwa Wendys Freundin, sind irgendwo in der Mitte dieser beiden Pole angesiedelt – Erwachsene, die zwar für eine Ehe offen gewesen wären, aber Entscheidungen getroffen haben, die sie eine andere Richtung einschlagen ließen. Bei Interviewstudien von nie verheirateten Frauen berichteten einige von ihnen, dass sie sich vor allem auf ihre beruflichen Ziele konzentriert haben und weniger auf eine Heirat. Andere wiederum sagten aus, dass sie ein Leben als Single den enttäuschenden Beziehungen, die sie bislang mit Männern gehabt hatten, vorziehen würden. Und wieder andere waren der Meinung, dass sie einfach „noch nicht den Richtigen gefunden" hätten (Dalton, 1992; Lewis, 2000).

Von den vielen Vorteilen eines Singlelebens sind die meistgenannten Freiheit und Mobilität. Aber auch Nachteile werden festgestellt – Einsamkeit, sich immerfort auf der Suche nach einem Partner zu befinden, ein eingeschränktes soziales Leben und Sexualleben, ein vermindertes Gefühl der Sicherheit und ein Gefühl des Ausgeschlossenseins von der Welt der verheirateten Paare (Chasteen, 1994). Allein stehende Männer haben mehr körperliche und psychische Gesundheitsprobleme als allein stehende Frauen, die sich für gewöhnlich mit ihrem Lebensstil abfinden. Die vermehrte soziale Unterstützung, die Frauen durch ihre gleichgeschlechtlichen Freundschaften zur Verfügung steht, ist teilweise dafür verantwortlich. Zudem haben nie zuvor verheiratete Männer eher ein konfliktreiches Elternhaus und persönliche Charakteristiken, die zu ihrem Singledasein sowie zu ihren Anpassungsschwierigkeiten beitragen (Buunk & van Driel, 1989).

Viele allein stehende Menschen durchlaufen eine stressreiche Zeit in ihren späten Zwanzigern, wenn die meisten ihrer Freunde erwägen zu heiraten. Die Mitte des dritten Lebensjahrzehnts stellt eine weitere schwierige Zeit dar für allein stehende Frauen, da die biologische Uhr für eine Schwangerschaft nun abzulaufen beginnt. Einige von ihnen entscheiden sich dennoch Mütter zu werden, indem sie ein Kind adoptierten, sich künstlich befruchten lassen oder eine Affäre eingehen.

14.5.2 Kohabitation

Lebensgemeinschaft oder **Kohabitation** bezeichnet den Lebensstil unverheirateter Paare, die eine intime sexuelle Beziehung haben und in einer gemeinsamen Wohnung leben. Bis in die sechziger Jahre des vergangenen Jahrhunderts, war die Kohabitation in westlichen Nationen größtenteils auf Erwachsene niedriger Einkommensklassen beschränkt. Seither haben die

Zahlen zusammenlebender Erwachsener in allen Einkommensgruppen zugenommen, insbesondere unter gebildeten, wirtschaftlich gut situierten jungen Menschen. Wie Abbildung 14.5 deutlich macht, ist die Wahrscheinlichkeit bei jungen nordamerikanischen Erwachsenen heutzutage wesentlich höher als noch vor einer Generation, dass sie zunächst die Kohabitation als eine Lebensform wählen, in der sie ihre erste feste sexuelle Bindung eingehen. Unter Menschen in den Zwanzigern ist die eheähnliche Lebensgemeinschaft heutzutage die bevorzugte Art und Weise, sich auf eine intime Beziehung mit gegenseitiger Verpflichtung einzulassen, wobei mehr als 50 Prozent der Paare sich dafür entscheiden (U.S. Bureau of the Census, 2002c; Statistics Canada, 2002a). Die Raten der Kohabitation sind bei Erwachsenen, die eine gescheiterte Ehe hinter sich haben, sogar noch höher. Die Hälfte aller kohabitierenden Beziehungen in den Vereinigten Staaten und Kanada weisen mindestens einen Partner auf, der entweder getrennt lebt oder geschieden ist; in einem Drittel dieser Haushalte leben auch Kinder (Cohan & Kleinbaum, 2002).

Wie auch das Singleleben kann die Lebensgemeinschaft verschiedene Bedeutungen haben. Für manche dient sie als *Vorbereitung für die Ehe* – eine Zeit, in der die Beziehung ausprobiert wird und man sich daran gewöhnt, zusammenzuleben. Für andere wiederum ist sie eine *Alternative zur Ehe* – ein Arrangement, das die Vorteile sexueller Intimität und Gemeinschaft mit der Möglichkeit vereint, sich auch wieder leicht trennen zu können, wenn die Beziehung nicht mehr befriedigend ist. Wenn man diese Kombination betrachtet, mag es nicht überraschen, dass die zusammenlebenden Paare sich sehr darin unterscheiden, in welchem Ausmaß sie ihre Finanzen und ihr Eigentum miteinander teilen sowie der Verteilung von Verantwortung für die Kinder des jeweiligen Partners.

Obwohl Nordamerikaner für die eheähnliche Lebensgemeinschaft heute offener sind als in der Vergangenheit, ist die Einstellung dazu dennoch nicht so positiv wie in westeuropäischen Ländern. In den Niederlanden, Norwegen und Schweden ist die Kohabitation fest in der Gesellschaft integriert. Zwischen 70 % und 90 % der jungen Menschen leben in ihrer ersten intimen Beziehung lediglich zusammen, allerdings sind die Partner einander ebenso verpflichtet, wie dies bei verheirateten Paaren der Fall ist (Kaslow, Hansson, & Lundblad, 1994; Ramsøy, 1994). Während in Nordamerika etwa 50 % dieser kohabitierenden Beziehungen innerhalb von zwei Jahren wieder auseinander gehen, lösen sich in Westeuropa nur zwischen 6 und 16 % dieser Beziehungen in diesem Zeitraum wieder auf (Brown, 2000; Kiernan, 2002). Wenn die Paare sich entscheiden zu heiraten, so kommt es bei holländischen, norwegischen und schwedischen zusammenlebenden Paaren häufiger vor, dass sie ihre Beziehungen um der Kinder willen legalisieren möchten. Nordamerikanische kohabitierende Paare heiraten typischerweise, um ihre Liebe füreinander und ihre Hingabe dem Partner gegenüber deutlich zu machen – Gefühle, die Westeuropäer schon mit der Kohabitation verbinden.

Des Weiteren lassen sich amerikanische und kanadische Paare, die vor der Ehe zusammengelebt haben, eher scheiden als Paare, die nicht kohabitieren; ein Zusammenhang, der in westeuropäischen Nationen

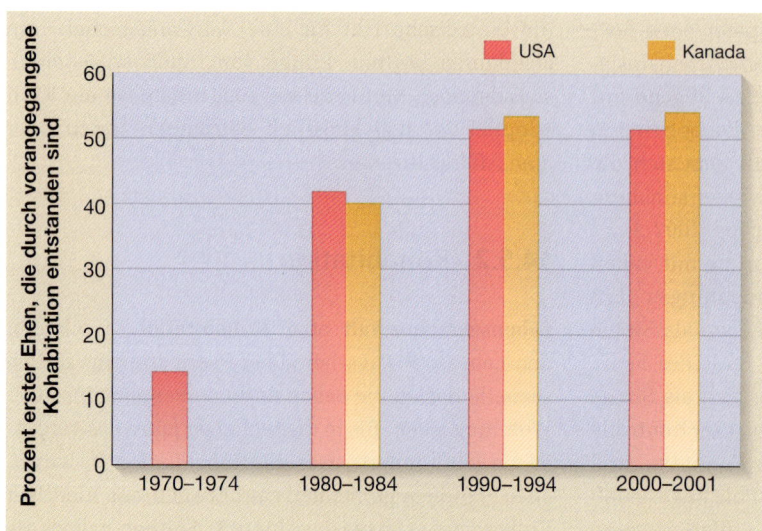

Abbildung 14.5: Anstieg der eheähnlichen Gemeinschaften als erste Form der ehelichen Bindung in den USA und Kanada. Verglichen mit der letzten Generation ist es heutzutage bei jungen nordamerikanischen Erwachsenen wesentlich wahrscheinlicher, dass sie sich für eine eheähnliche Lebensgemeinschaft oder Kohabitation als Lebensform entscheiden (1970–1974 – diese Daten sind nur erhältlich für die Vereinigten Staaten) (aus Bumpass & Lu, 2000; Statistics Canada, 2002a; Turcotte & Bélanger, 1997; U.S. Bureau of the Census, 2002c).

weniger oder gar nicht vorhanden ist (Kiernan, 2001, 2002; Krishnan, 1998). In Nordamerika neigen Menschen, die unehelich zusammenleben dazu, weniger konventionelle Wertvorstellungen zu haben. Sie haben mehr als einen Sexualpartner gehabt und sind politisch liberaler, weniger religiös und androgyner. Zudem haben eine große Anzahl von ihnen Eltern, die geschieden sind (Axinn & Barber, 1997; Cunningham & Antill, 1994).

Diese persönliche Merkmale tragen unter Umständen zum negativen Ausgang vieler kohabitierender Beziehungen in den USA bei. Auch die Erfahrung der Betreffenden mit dem Zusammenleben spielt hier eine Rolle. Im Vergleich zu verheirateten Paaren teilen kohabitierende Paare weniger häufig ihre Finanzen und besitzen auch seltener gemeinsam ein Haus. Verheiratete Paare, die vorher schon zusammengelebt haben, zeigen zumeist eine konfliktreichere Interaktion (Cohan & Kleinbaum, 2002). Möglicherweise führt die weniger mit Verpflichtung verbundene Beziehung eher dazu, dass effektive Konfliktlösungsstrategien gar nicht erst entwickelt werden. Wenn das zusammenlebende Paar seine unzureichende Kommunikationsfähigkeit mit in die Ehe bringt, unterminiert dies die Zufriedenheit in der Beziehung. Auch eine Scheidung im Elternhaus des Betreffenden mag dazu beitragen, dass ein zusammenlebendes Paar eher dazu bereit ist, die Beziehung aufzugeben, wenn sie nicht mehr befriedigend ist.

Manche Paare jedoch stellen eine Ausnahme zu dem soeben beschriebenen Trend dar. Menschen, die nach einer Trennung oder einer Scheidung kohabitieren, testen eine Beziehung meist sehr sorgfältig, um zu vermeiden, dass diese wieder scheitert. Dies gilt ganz besonders, wenn es im Haushalt Kinder gibt. Folglich werden sie länger kohabitieren und die Wahrscheinlichkeit einer Heirat ist geringer (Smock & Gupta, 2002). In ähnlicher Weise ist die Kohabitation häufig eine Alternative zur Ehe in niedrigen Einkommensgruppen. Viele dieser Menschen betrachten ihre finanziellen Möglichkeiten als zu unsicher für eine Heirat und kohabitieren weiterhin. Manche bekommen Kinder und heiraten später, wenn sich ihr finanzieller Status verbessert hat (Jayakody & Cabrera, 2002). Auch homosexuelle Paare berichten von einer starken Hingabe und Verpflichtung dem Partner gegenüber – die genauso intensiv ist wie die verheirateter Paare. Wenn ihre Beziehungen schwierig werden, enden sie häufiger im Vergleich zu Ehen, da es weniger Hindernisse für eine Trennung gibt, einschließlich gemeinsamer Kinder, finanzieller Abhängigkeit vom Partner und dem Problem der Kosten einer Scheidung (Kurdek, 1998).

Es wird klar, dass die Kohabitation ihre Vor- und Nachteile hat. Wenn Menschen für eine Ehe noch nicht bereit sind, birgt die Kohabitation den Vorteil einer engen Beziehung mit der Möglichkeit, sich nicht langfristig binden zu müssen. Obwohl die meisten nordamerikanischen Paare kohabitieren, um den gesetzlichen Bestimmungen aus dem Weg zu gehen, können daraus auch Schwierigkeiten entstehen (Mahoney, 2002). Erbitterte Kriege um Eigentum, Finanzen, Mietverträge und die Verantwortung für die Kinder sind die Regel und nicht die Ausnahme, wenn ein nicht verheiratetes Paar sich trennt.

14.5.3 Kinderlosigkeit

An ihrer Arbeitsstelle lernte Wendy Beatrice und Daniel kennen. Seit sieben Jahren verheiratet und Mitte 40, hatten sie keine Kinder und wollten auch keine. Wendy schien ihre Beziehung besonders fürsorglich und liebevoll zu sein. „Anfangs waren wir durchaus offen dafür, Eltern zu werden", erklärte Beatrice, „aber irgendwann haben wir uns entschieden, uns auf unsere Ehe zu konzentrieren."

Manche Menschen bleiben ungewollt kinderlos, weil sie keinen Partner gefunden haben, mit dem zusammen sie ein Kind bekommen möchten oder ihre Bemühungen, ein Kind zu bekommen, führten nicht zum Erfolg. Beatrice und Daniel gehören einer weiteren Kategorie an – Männer und Frauen, die absichtlich keine Kinder bekommen.

Wie viele nordamerikanischen Paare sich wirklich dazu entscheiden, keine Kinder zu haben, bleibt offen. Manche Forscher behaupten, dass die Zahlen für mehrere Jahrzehnte niedrig gewesen sind – zwischen 3 und 6%. Andere wiederum behaupten, diese Zahl wäre in den 80er und frühen 90er Jahren des 20. Jahrhunderts auf ungefähr 10 bis 15 % angestiegen (Jacobson & Heaton, 1989; Morell, 1994). Diese unterschiedlichen Angaben sind unter Umständen darauf zurückzuführen, dass eine gewollte Kinderlosigkeit nicht unbedingt immer ein Zustand sein muss, der das ganze Leben anhält. Einige Paare entscheiden sich anfangs dafür, keine Kinder zu bekommen, und bleiben auch dabei. Aber die meisten, wie auch Beatrice und Daniel, treffen ihre Entscheidung nach ihrer Heirat und entwickeln einen Lebensstil, den sie nicht mehr aufgeben möchten. Später ändern manche ihre Ansichten und sie entscheiden sich um.

Ganz abgesehen von der Zufriedenheit in der Ehe und der nicht vorhandenen Verantwortung für die Kinderbetreuung sind häufig genannte Gründe dafür, keine Kinder zu haben, unter anderem die Berufstätigkeit der Frau sowie die wirtschaftliche Sicherheit. In Einklang mit diesen Motiven sind diejenigen, die willentlich kinderlos bleiben, für gewöhnlich Menschen mit einer Hochschulausbildung, angesehenen Berufen und einer großen Hingabe an ihre Arbeit. Viele von ihnen waren Einzelkinder oder Erstgeborene, deren Eltern sie zu Leistung und Unabhängigkeit ermutigten. In Kulturen, in denen Kinderlosigkeit negativ stereotypisiert ist, mag es nicht überraschen, dass gewollt kinderlose Frauen mehr Selbstvertrauen haben und sich besser zu behaupten wissen (Houseknecht, 1987; Morell, 1994).

Gewollt kinderlose Erwachsene sind mit ihrem Leben genauso zufrieden wie Eltern, die eine gute Beziehung zu ihren Kindern haben. Im Gegensatz dazu sind unfruchtbare Erwachsene oder Eltern, deren Kinder schwerwiegende Probleme haben, eher unzufrieden und depressiv (Connidis & McMullin, 1993; Nichols & Pace-Nichols, 2000). Diese Ergebnisse stellen natürlich die Stereotype des kinderlosen Erwachsenen als einsam und unerfüllt in Frage. Diese Ergebnisse lassen vielmehr darauf schließen, dass Elternschaft nur dann zum Wohlbefinden beiträgt, wenn die Beziehung zwischen Eltern und Kindern positiv ist. Und auch Kinderlosigkeit wirkt sich nur dann negativ auf Anpassung und Zufriedenheit im Leben aus, wenn sie jenseits der Kontrolle des Betreffenden liegt.

14.5.4 Scheidung und Wiederheirat

Die Scheidungsraten sind seit Mitte der 1980er Jahre etwas zurückgegangen, teilweise, weil das Heiratsalter – das zusammenhängt mit der finanziellen Stabilität und der Zufriedenheit in der Ehe – heute höher ist (Heaton, 2002). Aber dennoch scheitern fast die Hälfte aller amerikanischen und ein Drittel aller kanadischen Ehen. Die meisten Scheidungen gibt es in den ersten sieben Ehejahren, einer Zeit, in der meist schon kleine Kinder zur Familie gehören. Auch im Übergang zum mittleren Lebensalter sind Scheidungen sehr häufig. Die Kinder sind dann im Teenageralter – eine Zeit (wie schon festgestellt), in der die Zufriedenheit mit der Ehe eher gering ist. Etwa drei Viertel aller Geschiedenen heiraten noch einmal. In der zweiten Ehe jedoch ist eine Scheidung während der ersten Jahre sogar noch wahrscheinlicher – die Scheidungsraten liegen hier sieben Prozent höher als die Zahlen für erste Eheschließungen. In den späteren Ehejahren sind die Scheidungsraten bei ersten Eheschließungen und bei Wiederheirat ähnlich hoch (Coleman, Ganong, & Fine, 2000; Wu & Penning, 1997).

■ Faktoren, die mit Scheidung in Zusammenhang stehen

Warum gehen so viele Ehen in die Brüche? Wie die Scheidung von Christie und ihrem Mann zeigt, ist der häufigste Grund eine nichtfunktionierende Beziehung der Ehepartner. Die beiden hatten nicht mehr Streit miteinander als Wendy und Ernie, aber ihre Problemlösungsstrategien waren ineffektiv. Wann immer Christie Probleme ansprach, reagierte ihr Mann mit Ablehnung, Wut und Rückzug – ein Muster von Forderung und Rückzug, das bei vielen Partnern zu finden ist, die sich später trennen. Ein weiterer typischer Beziehungsstil ist ein Umgang miteinander, in dem es kaum Konflikte gibt, bei dem aber beide Partner zunehmend getrenntere Leben führen, da beide unterschiedliche Erwartungen an das Familienleben hegen, nur wenig gemeinsame Interessen, Aktivitäten oder Freunde haben (Gottman & Levenson, 2000).

Welche Probleme sind die Ursache für diese wenig angepassten Kommunikationsmuster? In einer neun Jahre dauernden Längsschnittstudie haben Wissenschaftler einer US-amerikanische Stichprobe 2000 verheiratete Menschen angerufen und sie zu ihren Eheproblemen befragt. Eine Nachfolgeuntersuchung wurde nach drei, sechs und neun Jahren durchgeführt, um herauszufinden, wer von ihnen sich inzwischen getrennt oder hatte scheiden lassen (Amato & Rogers, 1997). Frauen berichteten bei dieser Studie über mehr Probleme als Männer. Dieser geschlechtsbedingte Unterschied bezog sich größtenteils auf die Emotionen der Frau, wie etwa Wut, verletzte Gefühle und Launenhaftigkeit. Die Männer schienen Schwierigkeiten zu haben, die Probleme ihrer Frauen wahrzunehmen, was dazu beitrug, dass die Frauen ihre Ehe als unglücklich betrachteten. Unabhängig davon, welcher der Partner das Problem berichtete oder wer dafür verantwortlich gemacht wurde, waren die stärksten Prädiktoren von Scheidung in der darauffolgenden Dekade Untreue, unnötiges Geldausgeben, Trinken oder Drogenmissbrauch, Eifersucht, Reizbarkeit und Launenhaftigkeit.

Die Chancen einer Scheidung sind erhöht, wenn in jüngerem Alter geheiratet wird, keine Gottesdienste besucht werden, die Betreffenden vorher schon geschieden waren und deren Eltern selbst geschieden sind, da diese Hintergrundfaktoren in Zusammenhang stehen mit Eheschwierigkeiten. So wurde beispielsweise festgestellt, dass Paare, die in jüngerem Alter geheiratet haben, eher Untreue und Eifersucht berichteten als andere. Die Wahrscheinlichkeit einer Scheidung ist bei Menschen, die sich religiös nicht zugehörig fühlen, unter Umständen deswegen höher, weil dort ein einflussreicher Kontext fehlt, in dem positive Einstellungen gegenüber der Ehe und entsprechende Verhaltensweisen vermittelt werden. Die Scheidung der Eltern sorgt für eine höhere Scheidungsrate in der nächsten Generation teilweise deshalb, weil sich die nachfolgende Generation der Norm einer lebenslangen Ehe nicht mehr verpflichtet fühlt (Amato & DeBoer, 2001). In der Folge ist die Wahrscheinlichkeit höher, dass die Partner einander untreu werden und sich dem anderen gegenüber wenig zuvorkommend verhalten, und es ist auch weniger wahrscheinlich, dass versucht wird, Schwierigkeiten in der Beziehung zu bewältigen.

Wirtschaftlich benachteiligte Paare, die unter mehreren Stressfaktoren leiden, werden sich am ehesten trennen (Amato, 2000). Christies Fall allerdings repräsentiert noch einen weiteren Trend – zunehmende Scheidungsraten unter gebildeten, finanziell unabhängigen Frauen. Bei Frauen ist die Wahrscheinlichkeit, dass sie eine Scheidung einreichen, doppelt so hoch wie bei Männern (Rice, 1994).

■ Die Folgen einer Scheidung

Als Wendy hörte, dass die Ehe von Christie auseinander gegangen war, meinte sie, es schiene ihr „als wäre jemand gestorben". Ihre Beschreibung ist passend, da eine Scheidung auch den Verlust eines Lebensstils bedeutet und daher den Verlust eines Teils des eigenen Selbst, des Teils, der sich in dieser Lebensform aufgehoben gefühlt hat. Daraus resultiert, dass eine Scheidung sowohl die Möglichkeit positiver als auch negativer Veränderungen mit sich bringt.

Direkt nach einer Trennung sind sowohl Männer als auch Frauen depressiv, ängstlich und zeigen impulsives Verhalten. Bei den meisten legt sich dieses Verhalten innerhalb von zwei Jahren. Besonders Frauen, die eine traditionelle Ehe geführt haben und deren Identität auf ihrem Ehemann gründete, haben es schwer. Wie eine geschiedene Frau es ausdrückte: „Ich war einmal Frau John Jones, die Ehefrau des Bankdirektors. Jetzt bin ich Mary Jones. Wer um Himmels willen ist Mary Jones?" Väter, die das Sorgerecht nicht zugesprochen bekommen haben, fühlen sich infolge des geringeren Kontaktes zu ihren Kindern häufig desorientiert und entwurzelt. Andere wiederum lenken sich ab durch eine hektische Betriebsamkeit im Sozialen (Cherlin, 1992).

Einen neuen Lebenspartners zu finden trägt am meisten zur Lebenszufriedenheit geschiedener Erwachsener bei. Allerdings ist dies für Männer noch sehr viel wichtiger, denen eine Anpassung im Kontext einer Ehe besser gelingt, als wenn sie alleine zurechtkommen müssen. Trotz der Einsamkeit und des geringeren Einkommens (siehe Kapitel 10) ziehen die meisten geschiedenen Frauen ihr neues Leben einer unglücklichen Ehe vor. So entwickelte beispielsweise Christie neue Fähigkeiten und ein ganz neues Selbstvertrauen, Aspekte in ihrem Leben, die sich nie entwickelt hätten, wäre sie immer noch verheiratet. Einige Frauen jedoch – insbesondere die ängstlichen und furchtsamen oder diejenigen, die eine enge Bindung zu ihrem Ex-Mann beibehalten – zeigen einen Rückgang in ihrem Selbstwertgefühl, werden depressiv und neigen zu wiederholten, wenig erfolgreichen Beziehungen (Amato, 2000; Ganong & Coleman, 1994). Fortbildung im Beruf und auch das Wahrnehmen anderer Bildungsmöglichkeiten, Fortschritte in der Karriere sowie die soziale Unterstützung der eigenen Familie und der Freunde spielen eine ausgesprochen wichtige Rolle im wirtschaftlichen und psychischen Wohlbefinden geschiedener Frauen (DeGarmo & Forgatch, 1997).

■ Wiederheirat

Im Durchschnitt heiraten die meisten Menschen innerhalb von vier Jahren nach ihrer Scheidung wieder, Männer etwas schneller als Frauen. Wiederverheiratete sind aus verschiedenen Gründen besonders gefährdet. Zum einen spielt die Tatsache eine Rolle, dass, auch wenn die meisten Paare aus Liebe geheiratet haben, praktische Aspekte sehr wichtig sind – finanzielle Sicherheit, Hilfe bei der Kindererziehung, ein Entfliehen der Einsamkeit und soziale Akzeptanz –, alles Aspekte, die sich in einer zweiten Ehe sehr viel deutlicher auswirken als in einer ersten Ehe. Auch stellen diese Probleme nicht gerade eine sichere Basis für eine längere Beziehung dar. Zum anderen übertragen manche Menschen ihre negativen Interaktionsmuster und Problemlösungsstrategien aus ihrer ersten Ehe auf die zweite. Drittens wird von denjenigen, die schon eine gescheiterte Ehe hinter sich haben, eine Scheidung eher als eine akzeptable Lösung für möglicherweise auftretende Eheschwierigkeiten betrachten. Und viertens bringt der Umgang mit den Stieffamilien zusätzlich Stress in eine neue Beziehung (Bray, 1999; Coleman, Ganong, & Fine, 2000). In Kapitel 10 wurde festgestellt, dass Erwachsene in Stieffamilien wenig gesellschaftliche Leitlinien zur Verfügung haben für den Umgang mit den neuen Verwandten, einschließlich den Kindern des Partners. Wie wir im folgenden Abschnitt sehen werden, spielt die Beziehung zwischen Stiefeltern und Stiefkind eine wichtige Rolle in der ehelichen Zufriedenheit.

Scheidung und Wiederheirat wie auch andere Lebensstile Erwachsener, gehen ganz verschieden aus. Für gewöhnlich dauert es drei bis fünf Jahre, bis gemischte Familien einen ähnlich guten Kontakt untereinander entwickelt haben und sich wohl fühlen, wie dies bei biologischen Familien der Fall ist (Ihinger-Tallman & Pasley, 1997). Kurse zum Familienleben, Paarberatung und Gruppentherapie können geschiedenen und wiederverheirateten Erwachsenen helfen, sich an die komplexen neuen Gegebenheiten anzupassen (Forgatch, Patterson, & Ray, 1996).

14.5.5 Von der Norm abweichende Arten der Elternschaft

Unterschiedliche Familienformen resultieren auch in verschiedenen Arten, mit der Elternschaft umzugehen. Es gibt heutzutage eine wachsende Anzahl kohabitierender und wiederverheirateter Eltern, Eltern, die nie zuvor verheiratet waren, sowie homosexuelle und lesbische Eltern. Jeder Familientypus bringt einzigartige Herausforderungen mit sich, sowohl was die Kompetenz in der Kindererziehung anbelangt, als auch für das psychische Wohlbefinden des Erwachsenen selbst.

■ Stiefeltern

Ob die Stiefkinder nun im selben Haushalt leben oder nur manchmal zu Besuch kommen, Stiefeltern befinden sich immer in einer schwierigen Position. Da die Bindung zwischen Eltern und Kind der in Stieffamilien vorausgeht, kommen Stiefeltern als Außenseiter in die Familie. Nur allzu oft nehmen Stiefeltern ihre neue Rolle viel zu schnell ein. Da noch keine warmherzige Bindung entstanden ist, auf der man aufbauen könnte, sind die versuchten Disziplinierungsmaßnahmen für gewöhnlich ineffektiv. Stiefeltern kritisieren häufig die biologischen Eltern dafür, dass sie zu viel durchgehen lassen. Die Eltern wiederum neigen oft dazu, Stiefeltern als zu hart zu betrachten. Diese Unterschiede können ein Paar auseinander bringen (Ganong, Coleman, & Fine, 1995). Wiederverheiratete Eltern berichten typischerweise ein höheres Ausmaß an Spannungen und Meinungsverschiedenheiten als Eltern, die das erste Mal verheiratet sind. Die meisten dieser Probleme drehen sich um die Kindererziehung. Da mehr Möglichkeiten für Konflikte bestehen, ist die Beziehungsqualität schlechter, wenn beide Erwachsene Kinder aus früheren Ehen mit in die neue Beziehung bringen, als wenn nur einer der beiden Kinder mitbringt (Coleman, Ganong, & Fine, 2000).

Bei Stiefmüttern sind Konflikte besonders häufig zu beobachten. Trotzdem von einer Stiefmutter erwartet wird, dass sie mit den Beziehungen in der Familie zurechtkommt und für sie verantwortlich ist, findet sie schnell heraus, dass die Bindung zwischen Stiefeltern und Stiefkind sich nicht sofort entwickelt. Häufig sind die Mütter auf ihre Kinder nach einer Scheidung eifersüchtig, sie sind unkooperativ und besitzergreifend. Auch wenn ihre Ehemänner nicht das Sorgerecht haben, haben Stiefmütter das Gefühl, in einer schwierigen Situation zu stecken (MacDonald & DeMaris, 1996). Während die Stiefkinder im Haus ein- und ausgehen, stellen sich Stiefmütter ihr Leben mit und ohne widerspenstige Kinder vor und manche von ihnen würden ein Leben ohne sie bevorzugen. Unabhängig davon, wie sehr eine Stiefmutter versucht, sofort eine enge Bindung zum Kind herzustellen, ihre Bemühungen werden zum Scheitern verurteilt sein.

Stiefvätern mit eigenen Kindern fällt es schon leichter. Sie entwickeln relativ schnell eine warme Bindung zu den Kindern der Partnerin. Möglicherweise liegt das daran, dass sie in einer warmen Bindung zu ihren eigenen Kindern gelebt haben und weniger Druck auf ihnen lastet, sich nun sofort in die Erziehung zu stürzen. Wenn die Kinder der Partnerin entdecken, dass der Stiefvater versucht, durch gemeinsame angenehme Aktivitäten Kontakt mit ihnen aufzunehmen, reagieren sie für gewöhnlich positiv (Ganong et al., 1999). Für Stiefväter jedoch, die keine eigenen Kinder haben, ist die Elternrolle etwas Neues. Wenn sie unrealistische Erwartungen hegen oder ihre Partnerin sie in die Vaterrolle hineindrängt, kann sich das erschwerend auf die Interaktion mit den Kindern auswirken. Nach mehrmaligen Annäherungsversuchen, die von den Kindern ignoriert oder abgelehnt werden, ziehen sie sich häufig aus der Erziehung zurück (Hetherington & Clingempeel, 1992).

Eine fürsorgliche Beziehung der Ehepartner, die Kooperation mit den biologischen Eltern und die Bereitschaft der Kinder, den neuen Elternteil zu akzeptieren sind die Faktoren, mit denen die Anpassung der Stiefeltern steht und fällt. Da eine Bindung zwischen Stiefeltern und Stiefkind sehr schwer aufzubauen ist, liegt die Scheidungsrate bei Paaren mit Stiefkindern dementsprechend höher als bei Paaren, die keine Kinder mit in die Ehe gebracht haben (Bray, 1999).

■ Allein erziehende Eltern, die nie zuvor verheiratet waren

Etwa 10 % amerikanischer Kinder und 5 % kanadischer Kinder leben mit einem allein erziehenden Elternteil, der nie zuvor verheiratet gewesen ist. Davon sind etwa 90 % Mütter und 10 % Väter (U.S. Bureau of the Census, 2002c; Vanier Institute of the Family, 2002b). In Deutschland sind es 83,9 % der Mütter und 4,7 % Väter (errechnet nach dem Statistischen Jahrbuch für die Bundesrepublik Deutschland, 2003). Zuvor haben wir schon einmal erwähnt, dass allein stehende Erwachsene sich manchmal dazu entscheiden, Eltern zu werden. Die Geburtenraten bei nichtverheirateten Frauen Anfang dreißig aus mit einem hohen Status verbundenen Berufssparten sind angestiegen. Allerdings sind es immer noch nicht sehr viele und es ist auch wenig bekannt darüber, wie diese Mütter und ihre Kinder ihr Leben meistern.

In den Vereinigten Staaten besteht die größte Gruppe allein erziehender Eltern aus jungen nicht verheirateten afroamerikanischen Frauen. Etwa 60 % afroamerikanischer Mütter in ihren Zwanzigern, die ein Kind gebären, haben keinen Partner, verglichen mit 13 % Geburten bei weißen Frauen (U.S. Bureau of the Census, 2002c). Afroamerikanische Frauen heiraten später, bekommen aber früher Kinder als Frauen anderer amerikanischer ethnischer Gruppen. Der Verlust der Arbeitsstelle, anhaltende Arbeitslosigkeit und die daraus folgende Unfähigkeit vieler schwarzer Männer, ihre Familien zu unterstützen, haben zu diesen Zahlen von afroamerikanischen Mutter-Kind-Dyaden mit nie verheirateten allein erziehenden Müttern beigetragen.

Allein erziehende afroamerikanische Mütter wenden sich an ihre Verwandten um Hilfe bei der Kindererziehung, insbesondere an die eigenen Mütter (Gasden, 1999). Bei einem Drittel dieser allein erzie-

Bei den meisten unverheirateten afroamerikanischen Müttern erfolgt eine Heirat innerhalb weniger Jahre nach der Geburt des ersten Kindes, allerdings nicht unbedingt mit dem Vater des Kindes. Allein erziehende Eltern leiden sehr viel mehr unter finanziellen Schwierigkeiten, als dies bei verheirateten Paaren der Fall ist. Wenn es allein erziehenden Müttern gelingt, aus ihrer Armut herauszukommen, verringert dies den Stress und die Entwicklung ihrer Kinder verläuft positiver.

henden Mütter folgt eine Heirat innerhalb von neun Jahren auf die Geburt des ersten Kindes, allerdings nicht unbedingt mit dem biologischen Vater (Wu, Bumpass, & Musick, 2001). Diese Ehen funktionieren ähnlich wie andere erste Ehen. Ihre Kinder sind sich häufig nicht bewusst, dass der Vater eigentlich ihr Stiefvater ist, und die Eltern berichten auch nicht von den Erziehungsschwierigkeiten, die typisch sind für Stieffamilien (Ganong & Coleman, 1994).

Für allein erziehende Frauen niedriger Einkommensklassen bringt die Tatsache, dass sie allein stehend sind, zumeist auch finanzielle Probleme mit sich. Etwa 47 % aller weißen und 59 % aller afroamerikanischen Mütter bekommen ein zweites Kind, während sie noch ledig sind. Die Wahrscheinlichkeit, dass sie Kindesunterhalt bekommen, ist bei allein erziehenden Müttern wesentlich geringer als bei geschiedenen Müttern (Hill, 1997; Wu, Bumpass, & Musick, 2001). Die Gesetzeslage in den Vereinigten Staaten legt heutzutage fest, dass Eltern Arbeit finden müssen, um Sozialhilfezahlungen zu rechtfertigen. In den amerikanischen Staaten, in denen die Kombination aus Berufstätigkeit und Sozialhilfe genügt, um die Familie zu ernähren, wirkt sich dies positiv auf die Schulleistungen und das soziale Verhalten der Kinder aus, unter Umständen deswegen, weil es den Stress des allein erziehenden Elternteiles reduziert. Wenn allerdings gefordert wird, dass die Eltern schlecht bezahlte Arbeitsstellen annehmen, die nicht dazu beitragen, die finanzielle Lage der Familie zu sichern, wirkt sich dies negativ auf das Wohlbefinden des allein erziehenden Elternteils und der Kinder aus (Morris, 2002).

Kinder allein erziehender Mütter, um die sich der Vater nicht kümmert, erbringen schlechtere Leistungen in der Schule und zeigen mehr antisoziales Verhalten als Kinder aus Familien niedriger Einkommensklassen, bei denen die Eltern das erste Mal verheiratet sind. Diese Anpassungsprobleme erschweren das Leben der Mütter (Coley, 1998). Eine Verbesserung der sozialen Unterstützung, der Bildungsmöglichkeiten sowie die Schaffung ausreichender Arbeitsplätze für Eltern niedriger Einkommensschichten würden allein erziehende Eltern dazu ermutigen zu heiraten, aber auch Mutter-Kind-Dyaden helfen.

Homosexuelle Eltern sind genauso hingebungsvoll und gut in der Kindererziehung wie heterosexuelle Eltern. Ihre Kinder sind gut angepasst und der Großteil entwickelt eine heterosexuelle Orientierung.

■ Homosexuelle Eltern

Mehrere Millionen amerikanischer Homosexueller sind Eltern, die meisten durch vorangegangene heterosexuelle Ehen, einige durch Adoption oder reproduktive Technologien (Patterson, 2002). In der Vergangenheit führten Gesetze, die annahmen, dass Homosexuelle keine adäquaten Eltern seien, dazu, dass ein Elternteil der sich von einem heterosexuellen Partner scheiden lässt, das Sorgerecht für die Kinder verlor. Heutzutage ist die sexuelle Orientierung in einigen amerikanischen Staaten irrelevant für das Sorgerecht. In anderen Staaten wiederum gibt es nach wie vor jede Menge Vorurteile gegenüber homosexuellen Eltern.

Die Forschung hinsichtlich homosexueller Eltern und ihrer Kinderr ist noch nicht sehr fortgeschritten und basiert auf relativ kleinen Stichproben. Dennoch weisen die Ergebnisse darauf hin, dass schwule und lesbische Eltern in der Kindererziehung genauso effektiv und verantwortungsvoll vorgehen wie heterosexuelle Eltern (Patterson, 2001). Einige der Ergebnisse lassen darauf schließen, dass homosexuelle Väter besser und konsequenter Grenzen setzen können und sensibler auf die Bedürfnisse ihrer Kinder reagieren als heterosexuelle Väter, möglicherweise weil die weniger traditionelle Geschlechtsidentität homosexueller Männer sich positiv auf den Umgang mit ihren Kindern auswirkt (Bigner & Jacobsen, 1989).

In lesbischen Familien erwies sich die Qualität der Mutter-Kind-Interaktion als genauso positiv wie die Interaktion in heterosexuellen Familien, und Kinder lesbischer Mütter betrachten die Partnerin der Mutter sehr wohl auch als einen vollwertigen Elternteil (Brewaeys et al., 1997). Ob die Kinder nun in eine homosexuelle Familie hineingeboren, von ihren Eltern adoptiert oder durch künstliche Befruchtung gezeugt wurden, sie sind alle genauso gut angepasst wie andere Kinder. Außerdem ist der Großteil von ihnen heterosexuell orientiert (Allen & Burrell, 1996; Chan, Raboy, & Patterson, 1998; Golombok & Tasker, 1996).

Wenn die Verwandten Schwierigkeiten haben, die sexuelle Orientierung homosexueller Mütter und Väter zu akzeptieren, bauen sich diese häufig „Wahlfamilien" in ihrem Freundeskreis auf. Die Freunde übernehmen dann die Rolle der Verwandten. Meistens halten allerdings Eltern von Schwulen und Lesben eine permanente Trennung nicht aus (Hare, 1994). Mit der Zeit werden die Interaktionen zwischen homosexuellen Eltern und ihren Ursprungsfamilien meist positiver und unterstützender.

Wie homosexuelle Paare mit der Erziehung umgehen, hängt damit zusammen, wie die Kinder in die Familie hineingekommen sind. Wenn die Partner die Elternschaft gewählt haben, entweder durch Adoption oder durch künstliche Befruchtung, berichten sie von einer gleichmäßigeren Verteilung der Arbeiten in der Kindererziehung und im Haushalt sowie einer größeren Zufriedenheit in ihrer Beziehung, als dies bei heterosexuellen Paaren der Fall ist (Chan, Rabo, & Patterson, 1998). Wenn die Kinder aus einer vorangegangenen heterosexuellen Beziehung stammen, übernehmen zumeist die biologischen Eltern einen größeren Anteil an der Kindererziehung (Hare & Richards, 1993).

Im Großen und Ganzen unterscheiden sich Familien, in denen die Eltern homosexuell sind, von anderen Familien lediglich durch die Probleme, die sich durch das Leben in einer Gesellschaft ergeben, die wenig Unterstützung bietet. Eine der größten Sorgen homosexueller und lesbischer Eltern gilt der Tatsache, dass ihre Kinder durch die sexuelle Orientierung ihrer Eltern von der Gesellschaft stigmatisiert werden könnten.

> **Prüfen Sie sich selbst ...**
>
> **Rückblick**
> Welche Faktoren beeinflussen die Folgen von Kinderlosigkeit auf die Anpassung des Erwachsenen?
>
> **Rückblick**
> Warum sind die Zahlen allein erziehender Mütter, die nie zuvor verheiratet waren, unter Afroamerikanern besonders hoch? Welche Umstände beeinflussen das Wohlbefinden von Eltern und Kindern in diesen Familien?
>
> **Anwendung**
> Nachdem Wanda und Sigi ein Jahr lang miteinander gegangen waren, entschieden sie sich zusammenzuziehen. Die Eltern machten sich Sorgen, dass das voreheliche Zusammenleben die Chancen einer erfolgreichen Ehe für Wanda und Sigi reduzieren würde. Ist diese Befürchtung gerechtfertigt? Warum oder warum nicht?
>
> **Zusammenhänge**
> Blättern Sie noch einmal zurück zu Kapitel 10. Vergegenwärtigen Sie sich die Auswirkungen von Scheidung und Wiederheirat auf Kinder und Adoleszente. Inwieweit ähneln die diesbezüglichen Forschungsergebnisse den Ergebnissen bei der Untersuchung Erwachsener? Welche Faktoren könnten für die Ähnlichkeiten verantwortlich sein?
>
> **Prüfen Sie sich selbst ...**

14.6 Die berufliche Entwicklung

Abgesehen vom Familienleben ist auch das Berufsleben ein wichtiger Bereich sozialer Entwicklung im frühen Erwachsenenalter. Nachdem der junge Mensch seine Berufswahl getroffen hat, muss er lernen, die geforderten Aufgaben gut zu verrichten, mit seinen Arbeitskollegen zurechtzukommen, Autorität zu akzeptieren und seine eigenen Interessen zu schützen. Wenn am Arbeitsplatz gute Erfahrungen gemacht werden, entwickeln Erwachsene neue Kompetenzen, haben ein Gefühl persönlichen Erfolgs, gewinnen neue Freunde und sichern sich ihre finanzielle Unabhängigkeit. Wie wir schon feststellen konnten, sind insbesondere bei Frauen, aber auch bei Männern, die die berufliche Entwicklung ihrer Partnerin unterstützen, die Ziele und Erfolge am Arbeitsplatz und in der Familie eng miteinander verbunden.

14.6.1 Sich eine Karriere aufbauen

Unsere Diskussion zu den Theorien von Levinson und Vaillant zeigt die unterschiedlichen Wege und Zeitpläne in der Entwicklung des Berufslebens. Betrachten Sie noch einmal die großen Unterschiede zwischen Wendy, Ernie, Christie und ihrem Mann beim Aufbau ihrer Karriere. Wie es typisch für Männer ist, war ihr Berufsleben lang und *kontinuierlich*, angefangen mit der Beendigung ihrer Ausbildung und abgeschlossen mit dem Ruhestand. Wie viele Frauen wiesen Wendy and Christie eine *diskontinuierliche* berufliche Laufbahn auf – unterbrochen oder abgelenkt durch die Kindererziehung und andere Bedürfnisse der Familie (Betz, 1993). Außerdem gehen nicht alle Menschen ihrem Traumberuf nach. So setzt sich beispielsweise die Hälfte aller Menschen bestimmte berufliche Ziele, aber nur 20 % von ihnen erreichen diese auch (U.S. Bureau of the Census, 2002c).

Sogar für diejenigen, die ihrem Wunschberuf nachgehen, können anfängliche Erfahrungen entmutigend sein. Im Gesundheitsamt, in dem Wendy arbeitete, entdeckte sie, dass Geschäftsversammlungen und Schreibarbeiten den Großteil ihres Tages einnahmen. Da jeder Antrag auf Zuschüsse und jedes Forschungsprojekt einen Abgabe- bzw. Endtermin hatte, setzte der sich daraus ergebende Leistungsdruck ihr sehr zu. Mit unerwarteten Enttäuschungen bezüglich des

Gehalts und mit Vorgesetzten und Arbeitskollegen zurechtzukommen, ist schwierig. Wenn ein Berufsanfänger beginnt, die Kluft zwischen Erwartungen und Realität wahrzunehmen, ist Resignation ein häufiges Phänomen. Im Schnitt wechseln junge Menschen in ihren Zwanzigern ihre Arbeitsstelle alle zwei Jahre; fünf oder sechs unterschiedliche Arbeitsstellen sind nicht ungewöhnlich (Petersen & Gonzales, 1999).

Nach einer Zeit des Ausprobierens und der Anpassung kommen junge Erwachsene mit ihrer Arbeit zumeist gut zurecht. In Berufen, in denen es Möglichkeiten des Aufstiegs gibt, müssen die gesetzten Ziele häufig heruntergeschraubt werden, da die Struktur der meisten dieser Arbeitsplätze einer Pyramide gleicht, an deren Spitze es nur wenige Vorgesetzte gibt. In eine Längsschnittstudie von über 400 männlichen Managern des unteren Kaders bei der amerikanischen Telefongesellschaft AT&T zeigte sich, dass die Wichtigkeit der Berufstätigkeit im Leben eines Mannes sich mit seinen Fortschritten im Berufsleben und seinem Alter verändert (Howard & Bray, 1988). Bei Männern, die in ihrem Beruf nur wenige Fortschritte machten, entstand relativ früh eine Art innerer „Abkopplung" vom Arbeitsplatz; Familie, Freizeit und gesellschaftliche Projekte wurden schon Anfang 30 wichtiger. Männer mit einem mittleren Erfolg im Berufsleben wurden Rollen, die nichts mit ihrer Berufstätigkeit zu tun haben, erst in späterem Alter wichtig. Im Gegensatz dazu erwies sich, dass beruflich erfolgreiche Männer im Laufe der Zeit an ihrem Arbeitsplatz zunehmend engagierter waren. Obwohl das Bedürfnis nach dem Aufsteigen auf der Karriereleiter mit zunehmendem Alter wieder zurückgeht, suchen die meisten Menschen dennoch die Herausforderung und sind zufrieden mit ihrer Rolle am Arbeitsplatz.

Ganz abgesehen von den Möglichkeiten, die einem Menschen zur Verfügung stehen, sind es auch die persönlichen Eigenschaften, die den beruflichen Fortschritt beeinflussen. Wie im folgenden Abschnitt festgestellt werden wird, wirkt sich das *Gefühl der Selbstwirksamkeit* – der Glaube an die eigene Fähigkeit, erfolgreich zu sein – auf die Berufswahl und die weitere berufliche Entwicklung aus. (Lesen Sie dazu noch einmal die entsprechenden Stellen in Kapitel 1.) Junge Menschen, die sehr ängstlich darauf bedacht sind, keine Fehler zu machen oder versagen zu können, neigen dazu, ihre Berufsziele entweder zu hoch oder zu niedrig anzusetzen. Wenn sie mit Hindernissen konfrontiert sind, schließen sie sehr schnell daraus, dass die Anforderungen in dem gewählten Beruf zu groß sind und geben auf (Albert & Luzzo, 1999). Dadurch erreichen sie meist wesentlich weniger, als es eigentlich ihren Fähigkeiten entsprechen würde.

Sie werden sich an unsere Diskussion der Theorie Levinsons erinnern, in der wir feststellten, dass beruflicher Erfolg häufig abhängig ist von der Qualität der Mentorenbeziehung. Zugang zu einem effektiven Mentor – einem Menschen mit mehr Erfahrung und Wissen, der emotionalen Anteil nimmt an der Entwicklung des jungen Menschen und der eine vertrauensvolle Bindung zu dem Betreffenden entwickelt – ist abhängig von der Bereitschaft eines Menschen, sich als Mentor für jemanden einzusetzen sowie der Fähigkeit des Betreffenden, sich die richtige Person auszusuchen (Crosby, 1998). Interessanterweise sind die besten Mentoren meist nicht in leitenden Positionen zu finden, da in diesem Bereich zumeist große Anspannung herrscht und der Einzelne daher weniger mitfühlend und hilfreich reagiert (Seligman, 1994). Meistens haben junge Erwachsene mehr davon, wenn sie sich einen Mentor aussuchen, der auf der Karriereleiter nicht so hoch steht.

14.6.2 Frauen und ethnische Minoritäten

Obwohl Frauen und ethnische Minoritäten mittlerweile in fast allen Berufssparten vertreten sind, erreichen sie weniger, als ihnen möglich wäre, wenn ihre Talente ganz entwickelt würden. Ganz besonders Frauen – und das gilt vor allem für Mitglieder unterprivilegierter Minoritäten – sind vermehrt in Berufen zu finden, die wenig Aufstiegsmöglichkeiten bieten und sind in höheren Positionen unterrepräsentiert (siehe Kapitel 13). Und obwohl die Kluft zwischen den Gehältern von Männern und Frauen heutzutage nicht mehr so groß ist wie noch vor zwei Jahrzehnten, bleibt sie dennoch erheblich. Für jeden Dollar, den ein Mann verdient, bekommt eine Frau 78 Cent, die kanadische Frau im Schnitt 82 Cent (Harkness & Waldfogel, 2002). In Deutschland erhält eine Arbeiterin 73 Cent pro 1 Euro, den ein Arbeiter verdient (Statistisches Jahrbuch der Bundesrepublik Deutschland, 2003). Die Tatsache, dass im Berufsleben immer noch keine völlige Gleichberechtigung herrscht, ist zum größten Teil dafür verantwortlich zu machen. Männer und Frauen, die einen ähnlichen Erfahrungsstand und Status aufweisen, unterscheiden sich nicht so erheblich in ihrem Einkommen (Venable, 2002).

Besonders bei Frauen in traditionell weiblichen Berufen ist die Karriereplanung häufig kurzfristig und unterliegt Veränderungen. Viele von ihnen betreten und verlassen den Arbeitsmarkt mehrmals, um Kinder großzuziehen oder mit ihren Familien umzuziehen. Zwischen dem 18. und dem 34. Lebensjahr hat eine Frau im Durchschnitt 27 % ihrer Zeit außerhalb einer normalen Berufstätigkeit verbracht, beim Mann liegt dieser Wert hingegen typischerweise bei 11 % (U.S. Department of Labor, 2002a, 2002b). Zeit, die nicht im Berufsleben verbracht wird, wirkt sich auf den beruflichen Erfolg zumeist negativ aus. Zudem schränkt die niedrige Selbstwirksamkeit der Frau in männerdominierten Berufssparten nicht nur ihre Berufswahl ein, sondern auch ihre beruflichen Fortschritte. Frauen die sich „nichttraditionelle" Berufe ausgesucht haben, besitzen zumeist „männliche" Qualitäten – eine hohe Leistungsorientierung, Selbstvertrauen und die Überzeugung, dass ihre Bemühungen von Erfolg gekrönt sein werden (Petersen & Gonzales, 1999).

Auch wenn Frauen sich einen mit einem hohen Status verbundenen Beruf aussuchen, gelingt es nur wenigen, in die Führungsebene zu gelangen. Geschlechtsstereotype Vorstellungen von der Frau als jemandem, der folgt und nicht führt, sowie die miteinander in zeitlichem Konflikt stehenden Verantwortungen am Arbeitsplatz und in der Familie wirken sich zudem verzögernd aus. Das Leben als Single oder eine späte Heirat, wenige Kinder oder überhaupt keine, all das korreliert mit beruflichem Erfolg bei Frauen – ein Zusammenhang, der so für Männer nicht zutreffend ist (Betz & Fitzgerald, 1987). Des Weiteren sind kaum weibliche Mentoren zu finden, da Männer die mit hohem Ansehen verbundenen Berufsgruppen dominieren. Obwohl die Unterstützung in gleichgeschlechtlichen und gegengeschlechtlichen Mentorenbeziehungen ähnlich hoch ist, tendieren Frauen mit weiblichen Mentoren zu einer höheren Produktivität (Goldstein, 1979; O'Neill, Horton, & Crosby, 1999). Möglicherweise werden weibliche Mentoren eher als Rollenmodelle wahrgenommen und können sich besser in die besonderen Probleme einfühlen, mit denen sich Frauen am Arbeitsplatz konfrontiert sehen.

Trotz der Gesetze, die eine Gleichberechtigung garantieren, sind Rassenvorurteile auf dem Arbeitsmarkt nach wie vor sehr ausgeprägt. In einer Studie antworteten Wissenschaftler auf 1300 Zeitungsanzeigen unter der Sparte „gesucht". Sie schrieben fiktive Bewerbungen, in einigen wurden höhere Qualifikationen angegeben, in anderen nicht. Die Hälfte dieser Lebensläufe wurden mit einem „weiß klingenden" Namen (Emily Walsh oder Brendan Baker) überschrieben und die anderen mit einem sehr „farbig klingenden" Namen (Lakisha Washington oder Jamal Jones). In allen Berufssparten, angefangen von der Schreibkraft bis hin zum Top-Management-Posten brachten die Bewerbungen mit „weißen" Namen 50 % mehr Rückrufe als die Lebensläufe, die mit einem „farbigen" Namen überschrieben waren. Und obwohl die „Weißen" wesentlich mehr Anrufe erhielten, wenn die Bewerbung eine hohe Qualifikation enthielt, machte eine hohe Qualifikation keinerlei Unterschied bei den „Farbigen" (siehe Abbildung 14.6). Wie die Wissenschaftler feststellten, scheint die Diskrimination gleich doppelt zuzuschlagen. Somit fällt es dem Afroamerikaner nicht nur schwerer, überhaupt Arbeit zu finden, sondern zudem auch, sich weiterzuqualifizieren, um eine bessere Arbeit finden zu können (Bertrand & Mullainathan, 2002, S. 3).

Frauen ethnischer Minoritäten sehen sich mit besonderen Herausforderungen konfrontiert, wenn sie ihre Potentiale umsetzen wollen, da sie nicht nur die Diskriminierung wegen ihrer Geschlechtszugehörigkeit überwinden, sondern sich auch noch mit einer

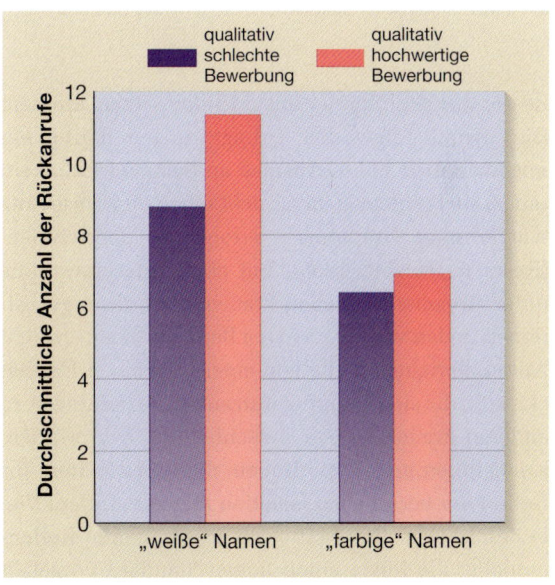

Abbildung 14.6: Der Zusammenhang zwischen ethnischer Zugehörigkeit des Namens eines Arbeitssuchenden und den Rückrufen potentieller Arbeitgeber. Wissenschaftler antworteten auf Anzeigen in der Angebotssparte einer Zeitung mit fiktiven Bewerbungen, von denen manche mit einem „weiß klingenden" Namen unterschrieben waren, andere unter einem „schwarzen" Namen abgeschickt wurden. Bewerbungen mit „weißen Namen" erbrachten wesentlich mehr Rückrufe als Lebensläufe unter „schwarzem" Namen. Wenn die Lebensläufe auf hohe Qualifikation schließen ließen, kamen mehr Rückrufe, bei denen „Schwarzer" machte die Qualifikation jedoch keinen Unterschied in der Anzahl der Anrufe (nach Bertrand & Mullainathan, 2002.)

14.6 DIE EMOTIONALE UND SOZIALE ENTWICKLUNG IM FRÜHEN ERWACHSENENALTER

Die bekannte Autorin Terry McMillan verarbeitet das Thema der Kämpfe von Frauen in ihren Bestsellerromanen. Das Durchhalten trotz Diskriminierung aufgrund von Geschlechts- und Rassenzugehörigkeit, eine Leidenschaft für das Schreiben, eine Mutter, die sie ermutigte und inspirierte, und eine Vision der Verbundenheit mit anderen Menschen sind die Grundlagen ihres Erfolges.

Rassendiskriminierung auseinander setzen müssen. Diejenigen, denen dies gelingt, zeigen häufig ein ungewöhnlich hohes Ausmaß an Selbstwirksamkeit, indem sie Problemen ins Gesicht sehen und diese trotz wiederholter Hindernisse erfolgreich überwinden, (Byars & Hackett, 1998). Bei einer Interviewstudie unter afroamerikanischen Frauen, die Führungspositionen in den verschiedensten Berufszweigen erreicht hatten, berichteten alle von einer intensiven Hartnäckigkeit, die sich aus unterstützenden Beziehungen zu anderen Frauen speiste, einschließlich Lehrerinnen, Kolleginnen und Freundinnen, die ihnen halfen, ihr Gefühl der beruflichen Isolation zu überwinden. Viele beschrieben ihre Mütter als inspirierende Rollenmodelle, die ihnen einen hohen Standard vorgelebt hatten. Andere erwähnten die Unterstützung ihrer afroamerikanischen Gemeinschaft, die ihnen ein tiefes Zugehörigkeitsgefühl vermittelt hatte, das ihnen Kraft gab (Richie et al., 1997).

Trotz der Hindernisse, die sich dem Erfolg immer wieder in den Weg stellen – junge Frauen und Frauen in mittlerem Alter mit der höchsten Lebenszufriedenheit haben zumeist auch zufrieden stellende berufliche Erfolge erzielt und fühlen sich an ihrem Arbeitsplatz wohl (Burke, 2001; Sears & Barbie, 1977). Dieser Befund weist darauf hin, dass ein Teil der Unzufriedenheit, über die verheiratete Frauen berichten, nicht unbedingt etwas mit ihrer Ehe zu tun hat, sondern eher mit dem Fehlen eines befriedigenden Arbeitslebens. In Einklang mit dieser Idee hat sich herausgestellt, dass junge Frauen eine Kombination von Berufstätigkeit und Familienleben bevorzugen (Barnett & Rivers, 1996). Für Frauen in Familien mit finanziellen Schwierigkeiten ist das allerdings für gewöhnlich eher eine Notwendigkeit und geschieht nicht unbedingt freiwillig.

14.6.3 Eine Kombination aus Berufstätigkeit und Familienleben

Ob Frauen nun arbeiten, weil sie dies möchten, oder weil es eine Notwendigkeit ist (oder beides), die am häufigsten vorkommende Familienform heutzutage ist die **Doppelverdiener-Familie**, in der beide Partner berufstätig sind. Die meisten dieser berufstätigen Erwachsenen sind außerdem auch Eltern, da die meisten Frauen mit Kindern auch berufstätig sind (siehe Kapitel 10). In etwa einem Drittel dieser Familien entstehen weniger bis sehr ernste Konflikte bei dem Versuch, der Verantwortung von Familie und Berufsleben gleichermaßen gerecht zu werden (Gilbert & Brownson, 1998; Phillips & Imhoff, 1997).

Welches sind die hauptsächlichen Ursachen von Stress in Doppelverdiener-Familien? Als Wendy an ihren Arbeitsplatz zurückkehrte, nachdem ihre Kinder auf der Welt waren, hatte sie das Gefühl totaler Überbelastung, eines Konfliktes zwischen den Verantwortungsbereichen am Arbeitsplatz und denen innerhalb der Familie. Nicht nur ein anstrengender Beruf musste bewältigt werden, sondern (wie bei den meisten berufstätigen Mütter) lastete auch noch der Großteil der Hausarbeit und der Kinderpflege und -erziehung auf ihren Schultern. Und sowohl Wendy als auch Ernie fühlten sich hin- und hergerissen zwischen dem Wunsch, an ihrem Arbeitsplatz erfolgreich zu sein, und dem Wunsch, mehr Zeit miteinander, mit den Kindern, Freunden und Verwandten zu verbringen. Rollenüberlastung steht in engem Zusammenhang mit einer Zunahme an psychischem Stress, einer schlechteren ehelichen Beziehung, weniger effektiver Kindererziehung und Verhaltensproblemen der Kinder (Crouter et al., 1999; Perry-Jenkins, Repetti, & Crouter, 2000).

Diese Rollenüberlastung ist bei Frauen stärker als bei Männern, insbesondere an Arbeitsplätzen, die mit einem niedrigen Status verbunden sind und an einen

Aspekte der Fürsorge

Strategien, die Doppelverdienern helfen können, ihre Rollen im Arbeitsleben und in der Familie miteinander in Einklang zu bringen

STRATEGIE	BESCHREIBUNG
Machen Sie einen Plan, wie die Aufgaben im Haushalt verteilt werden können	Besprechen Sie in Ihrer Beziehung sobald wie möglich, wie die Aufgaben im Haushalt aufgeteilt werden können. Entscheiden Sie die Aufgabenverteilung aufgrund von Fähigkeiten und vorhandener Zeit, nicht abhängig vom Geschlecht des Betreffenden. Nehmen Sie sich regelmäßig Zeit, um ihre Pläne gemeinsam zu überdenken, sodass diese jeweils an die sich verändernden Familienumstände angepasst werden können.
Beginnen Sie gleich nach der Geburt des Babys, die Pflegeaufgaben zu verteilen	Väter sollten von Anfang an dafür sorgen, dass sie mit dem Baby ebenso viel Zeit verbringen wie die Mutter. Mütter sollten sich zurückhalten, um dem Partner nicht einen unmöglich zu erfüllenden Standard vorzugeben. Stattdessen sollte versucht werden, die Rolle des „Erziehungsexperten" gemeinsam innezuhaben und häufig über Wertvorstellungen und Probleme bei der Erziehung zu sprechen. Auch könnten die Eltern zusammen einen Kurs besuchen, der ihnen die Kindererziehung nahe bringt.
Besprechen Sie Konflikte die über Entscheidungen und Verantwortlichkeiten entstehen	Weichen Sie Konflikten nicht aus, sondern sprechen Sie darüber. Stellen Sie Ihre Gefühle und Bedürfnisse klar und drücken Sie diese ihrem Partner gegenüber aus. Hören Sie zu und versuchen Sie den Standpunkt ihres Partners zu verstehen. Seien Sie bereit zu verhandeln und Kompromisse einzugehen.
Finden Sie eine Balance zwischen Arbeit und Familie	Bewerten Sie sorgfältig die Zeit, die Sie mit Ihrer Berufstätigkeit verbringen, hinsichtlich Ihrer eigenen Werte und Prioritäten. Wenn Sie für Ihre Arbeit zu viel Zeit aufwenden, sollten Sie sie zurückschrauben.
Stellen Sie sicher, dass ihre eigene Beziehung regelmäßige Fürsorge und Aufmerksamkeit bekommt	Siehe die Tabelle „Aspekte der Fürsorge" auf Seite 630.
Setzen Sie sich dafür ein, dass sowohl am Arbeitsplatz als auch in der Öffentlichkeit Familien unterstützt werden, in denen beide Eltern berufstätig sind	Schwierigkeiten, denen sich eine Familie gegenübersieht, in der beide verdienen, liegen zum Teil daran, dass sowohl am Arbeitsplatz als auch in der Gesellschaft es an Unterstützung mangelt. Ermutigen Sie Vorgesetzte, Leistungen zu erbringen, die dabei helfen, Berufstätigkeit und Familienrollen zu kombinieren, wie etwa flexible Arbeitszeiten, unbezahlten Erziehungsurlaub, und eine qualitativ hochwertige, aber dennoch bezahlbare Kinderbetreuung am Arbeitsplatz. Sprechen Sie mit dem Gesetzgeber und anderen Bürgern, um die Gesetzgebung bezüglich Kindern und Familien zu beeinflussen.

rigidem Zeitplan mit wenig Autonomie gekoppelt sind (Marshall, 1997). Paare in Berufen mit hohem Status haben mehr Kontrolle über ihre Zeiteinteilung in Beruf und Familie. Auch entwickelten beispielsweise Wendy und Ernie Möglichkeiten, wie sie mehr Zeit mit den Kindern verbringen konnten. Einmal in der Woche holten sie die Kinder früher aus dem Hort ab und erledigten dafür einige der anfallenden Arbeit am Wochenende oder am späteren Abend. Wie andere karriereorientierte Frauen auch, ging Wendy mit dem Rollendruck so um, dass sie Prioritäten setzte. Sie verringerte die Zeit, die sie mit Hausarbeit verbrachte, zugunsten von Zeit, die sie mit den Kindern verbringen konnte (Institute for Social Research, 2002).

Wenn beide Partner berufstätig sind, bedeutet dies häufig, dass sich Entscheidungen, die mit der Karriere zusammenhängen, komplexer gestalten. Ein Umzug, der durch den Arbeitsplatzwechsel eines Partners notwendig wird, kann für den anderen bedeuten, dass er oder sie in ihrem Beruf Opfer bringen muss. Zumeist trifft es die Frau, da eine Entscheidung zumeist zugunsten der Karriere des Mannes getroffen wird, die meistens etablierter und besser bezahlt ist, sodass das Familieneinkommen davon auch eher profitiert. Eine Lösung für das Ortsproblem wäre es für die Partner, getrennt zu leben. Obwohl mehr und mehr Paare dies tatsächlich tun, so ist doch die Trennung belastend und das Risiko einer Scheidung höher.

Doppelverdiener-Ehen bringen in der Tat Probleme mit sich. Wenn das Paar allerdings kooperiert und diese Schwierigkeiten überwindet, profitieren alle Beteiligten. Außer einem höheren Familieneinkommen und einem höheren Lebensstandard hat dies den Vorteil, dass die Frau ein erfüllteres Leben führt und

14.6 DIE EMOTIONALE UND SOZIALE ENTWICKLUNG IM FRÜHEN ERWACHSENENALTER

Wie die meisten Frauen in Doppelverdiener-Familien übernimmt diese Mutter den Großteil der Verantwortung für die Kindererziehung und den Haushalt. Bei Frauen ist eine Rollenüberlastung bzw. ein Konflikt zwischen der Verantwortung am Arbeitsplatz und der in der Familie sehr viel wahrscheinlicher als bei Männern.

Prüfen Sie sich selbst...

Rückblick
Warum zeigen beruflich erfolgreiche Frauen, insbesondere Mitglieder wirtschaftlich unterprivilegierter Minoritätengruppen, typischerweise ein hohes Ausmaß an Selbstwirksamkeit?

Anwendung
Wendys Freundin war es gelungen, die Karriereleiter in ihrer Firma recht schnell zu erklimmen und eine Führungsposition schon in ihren frühen Dreißigern zu erreichen. Im Gegensatz dazu erreichten weder Wendy noch Christie im frühen Erwachsenenalter im Berufsleben eine Führungsposition. Welche Faktoren sind für diesen Unterschied im beruflichen Fortschritt verantwortlich?

Zusammenhänge
Das Berufsleben und die Familie sind eng miteinander verwoben. Erläutern Sie, warum das im frühen Erwachsenenalter so ist.

Prüfen Sie sich selbst...

ihr Wohlbefinden steigt (Swanson et al., 1997). Ernie war sehr stolz auf Wendys Erfolge, was wiederum dazu beitrug, dass sie sich als einen interessanten, fähigen Ehepartner voller Selbstvertrauen betrachten konnte. Da beide mehrere Rollen ausfüllten, gab ihnen dies die Möglichkeit, im Alltag Erfolge zu erleben und Ähnlichkeiten zwischen sich zu entdecken – Dinge, die sich auf die Kommunikation zwischen ihnen förderlich auswirkten (Barnett & Hyde, 2001).

Zusammenfassend können wir feststellen, dass eine Berufstätigkeit, die sowohl Herausforderungen als auch Erfolge mit sich bringt, im Kontext eines unterstützenden Ehepartners eine Ehe stärken und sich positiv auf die Entwicklung des Erwachsenen auswirken kann. Unter anderen Umständen – wenn beispielsweise die Frau versucht, eine schlecht bezahlte, mit niedrigem Status verbundene Arbeitsstelle und eine Ehe mit einem Mann, der sie nicht unterstützt, zu kombinieren – können die Auswirkungen sowohl für die körperliche, als auch die psychische Gesundheit schwerwiegend sein. Die Tabelle „Aspekte der Fürsorge" zeigt Strategien, die Doppelverdienern helfen können, ihre Berufstätigkeit und die Familie auf eine Art und Weise zu kombinieren, die zu Erfolg und Wohlbefinden in beiden Lebensbereichen führt.

Zusammenfassung

Eriksons Theorie: Intimität versus Isolation
Welche Veränderungen spielen sich gemäß Erikson im frühen Erwachsenenalter ab?
- Nach Eriksons Theorie müssen junge Erwachsene zunächst den Konflikt von Intimität versus Isolation auflösen, indem sie in einer engen Partnerbeziehung ein Gleichgewicht zwischen **Unabhängigkeit versus Intimität** finden. Wissenschaftliche Untersuchungen bestätigen, dass die Intimität ein zentrales Thema des frühen Erwachsenenalters darstellt. Junge Menschen konzentrieren sich außerdem auf Aspekte der Generativität, einschließlich ihres eigenen Beitrags zur Gesellschaft durch ihre Arbeit und die Erziehung ihrer Kinder.

Weitere Theorien der psychosozialen Entwicklung im Erwachsenenalter
Beschreiben Sie Levinsons und Vaillants psychosoziale Theorien der Persönlichkeitsentwicklung im Erwachsenenalter.
- Levinson beschrieb eine Serie von Phasen, jede einzelne bestehend aus einer Übergangsphase und einer stabilen Periode, in welcher der Mensch seine **Lebensstruktur** revidiert. Junge Erwachsene entwickeln für gewöhnlich einen Traum für ihr Leben. Typischerweise dreht sich dieser bei Männern um die Karriere und bei Frauen sowohl um eine Heirat, als auch um die Berufstätigkeit. Eine Beziehung zu einem Mentoren kann gesucht werden, um sich die notwendige Unterstützung zu holen, diesen Traum in die Tat umsetzen zu können. Im dritten Lebensjahrzehnt konzentriert sich der junge Erwachsene auf Aspekte seines Lebens, die bislang nur wenig Aufmerksamkeit erhalten haben. Männer werden ruhiger, während Frauen auch im mittleren Erwachsenenalter immer noch weiter umstrukturieren.
- Vaillant definierte Eriksons Stadien anders: Für ihn war das zweite Lebensjahrzehnt der Intimität, das dritte Lebensjahrzehnt der beruflichen Konsolidierung, das vierte Lebensjahrzehnt der Anleitung anderer und das fünfte Lebensjahrzehnt den kulturellen und philosophischen Wertvorstellungen gewidmet.

Was ist die soziale Uhr und wie wirkt sie sich auf die Persönlichkeit im Erwachsenenalter aus?
- Obwohl gesellschaftliche Erwartungen heutzutage weniger rigide sind, können die Konformität und die Abweichungen von der **sozialen Uhr**, des kulturell determinierten Zeitplans für die normativen Lebensereignisse, eine der hauptsächlichen Quellen für Persönlichkeitsveränderung im Erwachsenenalter darstellen. Folgen junge Erwachsene der sozialen Uhr, entsteht Zuversicht und Zufriedenheit, während Abweichungen davon zu psychischem Stress führen können.

Enge Beziehungen
Beschreiben Sie Faktoren, die, innerhalb der Suche nach Intimität des jungen Erwachsenen, die Partnerwahl, sowie die Rolle der romantischen Liebe beeinflussen.
- Eine intime Bindung zu einem Partner aufzubauen, ist einer der Meilensteine in der Entwicklung des Erwachsenen. Lebenspartner neigen dazu, sich im Alter, der ethnischen Zugehörigkeit, dem Einkommensstandard, der Religionszugehörigkeit und den verschiedensten persönlichen und körperlichen Attributen ähnlich zu sein.
- Gemäß der Evolutionstheorie suchen sich Frauen einen Partner mit Persönlichkeitseigenschaften aus, die das Überleben der Kinder sicherstellen, während Männer nach Merkmalen Ausschau halten, die sexuelle Attraktion und Befriedigung und die Möglichkeit, Nachkommen zu zeugen, signalisieren. Eine andere Sichtweise, die soziale Lerntheorie, legt ihre Betonung darauf, dass Geschlechterrollen einen starken Einfluss auf die Kriterien der Partnerwahl haben. Wissenschaftliche Untersuchungen zeigen, dass sowohl biologische als auch soziale Wirkkräfte eine Rolle spielen.
- Gemäß der **Dreieckstheorie der Liebe** verändert sich das Gleichgewicht zwischen Leidenschaft, Intimität und Hingabe bzw. Verpflichtung, während sich die Liebesbeziehung von intensiver sexueller Anziehung der **leidenschaftlichen Liebe** hin zu einer ruhigeren **kameradschaftlichen Liebe** verändert. Hingabe ist der Schlüssel zu einer befriedigenden, andauernden Beziehung. Die westliche Betonung der romantischen Liebe bei der Partnerwahl ist allerdings nicht in allen Kulturen wichtig.

Beschreiben Sie Freundschaften unter Erwachsenen und Geschwisterbeziehungen sowie die Rolle der Einsamkeit in der Entwicklung des Erwachsenen.
- Freundschaften unter Erwachsenen weisen Charakteristiken und Vorteile auf, die auch in früheren Freundschaften zu finden waren. Diese basieren auf Vertrauen, Intimität und der Realität. Gleichgeschlechtliche Freundschaften unter Frauen tendieren dazu, intimer zu sein als Freundschaften unter Männern. Gegengeschlechtliche Freundschaften wirken sich im Erwachsenenalter positiv aus, sind allerdings weniger häufig und kurzlebiger als gleichgeschlechtliche Freundschaften. Kontakte unter Geschwistern werden im frühen Erwachsenenalter häufiger, als dies in der Adoleszenz der Fall war. Oft nimmt dieser Kontakt den Charakter einer Freundschaft an, insbesondere unter gleichgeschlechtlichen Geschwistern.
- Junge Erwachsene sind vulnerabel, was **Einsamkeit** anbelangt. Diese nimmt mit zunehmendem Alter wieder ab, wenn befriedigende intime Bindungen eingegangen werden. Solange die Einsamkeit nicht zu intensiv ist, kann sie junge Menschen dazu ermutigen, nach sozialen Kontakten Ausschau zu halten und sich selbst besser zu verstehen.

Der Lebenszyklus der Familie
Beschreiben Sie Phasen des Lebenszyklus der Familie, wie sie im frühen Erwachsenenalter typisch sind, und nennen Sie Faktoren, die diese Phasen heutzutage beeinflussen.
- Es gibt sehr große Unterschiede in der Sequenz und im Zeitplan der Phasen des **Lebenszyklus der Familie**. Das Verlassen des Elternhauses stellt einen der hauptsächlichen Schritte dar, die Verantwortlichkeiten zu übernehmen, die zum Erwachsensein dazugehören. Ein großer Prozentsatz von Teenagern verlässt relativ früh

- das Elternhaus und zwar zumeist dann, wenn sie studieren. Der Einkommensstandard und der ethnische Hintergrund beeinflussen die Wahrscheinlichkeit, mit der ein junger Mensch vor seiner Ehe ein unabhängiges Leben führen wird. Ins Elternhaus für eine gewisse Zeit zurückzukehren, ist unter unverheirateten jungen Erwachsenen üblich.
- Nahezu 90 % der Nordamerikaner heiraten, obwohl dies heutzutage zumeist später geschieht als in der Vergangenheit. Sowohl **traditionelle Ehen** als auch **egalitäre Ehen** sind beeinflusst von der Berufstätigkeit der Ehefrau. Männer und Frauen müssen heutzutage härter daran arbeiten, ihre ehelichen Rollen zu definieren. Sogar in Familien, in denen beide Partner berufstätig sind, verbringen nordamerikanischen Frauen nahezu doppelt so viel Zeit mit der Hausarbeit wie Männer.
- Männer neigen dazu, in der Ehe glücklicher und gesünder zu sein als Frauen, die mehr darunter leiden, wenn die Beziehung problematisch wird. Viele junge Menschen beginnen das Eheleben mit unrealistischen Erwartungen. Auch glückliche Ehen haben ihre Hochs und Tiefs und Anpassung ist von Seiten beider Partner notwendig.
- Effektive Verhütungsmethoden und die in Veränderung begriffenen kulturellen Werte bewirken, dass die Geburt eines Kindes heutzutage in westlichen Industrienationen eine Frage der persönlichen Entscheidung ist. Obwohl die meisten Paare irgendwann Eltern werden, geschieht dies zumeist in späterem Alter und die Familien haben weniger Kinder als in der Vergangenheit.
- Die Ankunft eines Kindes erfordert von den Eltern, sich an die größere Verantwortung anzupassen, so dass sie weniger Zeit füreinander haben, und führt außerdem zu einer traditionelleren Rollenverteilung. Ehen, die zufriedenstellend und unterstützend sind, bleiben dies zumeist auch nach der Geburt eines Kindes, während in problematischem Ehen für gewöhnlich noch weitere Konflikte hinzukommen. Wenn die Fürsorge des Babys gemeinsam übernommen wird, steht dies in Zusammenhang mit einer größeren Zufriedenheit der Eltern und positiven Interaktionen zwischen Eltern und Säugling. Eheliche und elterliche Rollen sind eng miteinander verknüpft, eine Tatsache, die in nicht westlichen Kulturen nicht der Fall ist. Eine Veränderung in der Zufriedenheit mit einer der Rollen, geht für gewöhnlich einher mit einer ähnlichen Veränderung in der anderen Rolle.
- Herausforderungen, denen sich Familien mit kleinen Kindern gegenübersehen, sind beispielsweise eine unzureichende Vorbereitung auf die Elternschaft, fehlende soziale Unterstützung in der Erziehung der Kinder, das Bedürfnis nach Kooperation in der ehelichen Beziehung und die Schwierigkeiten, eine gute Kinderbetreuung zu finden. Bei Paaren, die als „Erziehungsteam" kooperieren, ist die Wahrscheinlichkeit höher, dass sie sich als Eltern kompetent fühlen und sensibel mit ihren Kindern umgehen.
- In Familien mit Adoleszenten müssen Eltern ihre Beziehung mit ihren zunehmend autonomer werdenden Teenagern immer wieder neu definieren, indem sie Anleitung mit größeren Freiheiten in Einklang bringen und nach und nach die Kontrolle lockern. Die eheliche Zufriedenheit sinkt in dieser Phase sehr häufig. Trainingsprogramme oder Elternprogramme können den Eltern helfen, sich über ihre Wertvorstellungen bezüglich der Kindererziehung klar zu werden und effektivere Erziehungsstrategien anzuwenden.

Die Vielfalt der Lebensstile Erwachsener

Diskutieren Sie die Vielfalt an Lebensstilen Erwachsener. Konzentrieren Sie sich dabei besonders auf die Themen: das Leben als Single, Lebensgemeinschaft und Kinderlosigkeit.

- Die Zahl Alleinstehender hat in den vergangenen Jahren zugenommen, zum einen aus Gründen eines sichtbaren Trends zu einer späteren Heirat, zum anderen auch begründet in den hohen Scheidungsraten. Bei Frauen in Berufen, die mit einem hohen Status verbunden sind, und Männern in Arbeiterpositionen ist die Wahrscheinlichkeit, dass sie alleinstehend bleiben, am größten. Frauen gelingt es zumeist besser, sich an das Singledasein anzupassen, als Männern.
- Die **(zumeist eheähnliche)** Lebensgemeinschaft **(Kohabitation)** hat einen dramatischen Anstieg erlebt, insbesondere unter gebildeten jungen Erwachsenen mit einem entsprechenden finanziellen Hintergrund. Für diese Menschen ist ein Zusammenleben vor der Ehe die bevorzugte Art und Weise, sich an eine Verpflichtung gegenüber einer intimen Partnerschaft zu gewöhnen. Die Zahlen der zusammenwohnenden Erwachsenen sind unter getrennten und geschiedenen Erwachsenen besonders hoch. Verglichen mit Westeuropäern sind zusammenwohnende Nordamerikaner zumeist in ihren Wertvorstellungen und ihrem Verhalten weniger konventionell. Außerdem fühlen sie sich ihrem Partner gegenüber weniger verpflichtet und Ehen, die daraus folgen, sind eher zum Scheitern verurteilt.
- Freiwillig kinderlose Erwachsene haben zumeist einen guten Bildungsstand, sind karriereorientierter und genauso zufrieden mit ihrem Leben wie Eltern, die eine gute Beziehung zu ihren Kindern haben. Wenn Kinderlosigkeit allerdings jenseits der Kontrolle des Betreffenden liegt, beeinträchtigt sie die Anpassung und die Lebenszufriedenheit.

Diskutieren Sie die heutigen hohen Scheidungsraten und die hohen Zahlen von Wiederheiraten. Nennen Sie Faktoren, die dazu beitragen.

- Nahezu die Hälfte aller amerikanischen, und ein Drittel aller kanadischen Ehen scheitern, häufig während die Kinder noch zu Hause leben. Etwa drei Viertel der geschiedenen Erwachsenen gehen eine neue Ehe ein, viele von ihnen lassen sich allerdings später wieder scheiden. Maladaptive Kommunikationsmuster, Armut und der in Veränderung begriffene Status der Frau – all dies trägt zur Wahrscheinlichkeit einer Scheidung bei, wenn die Eheschwierigkeiten überhand nehmen.
- Einen neuen Partner zu finden, ist für viele geschiedene Erwachsene sehr wichtig. Dies gilt insbesondere für Männer. Erneute Ehen scheitern aus mehreren Gründen, unter

anderem wegen der Betonung auf praktischen Aspekten, statt auf Liebe, als einem Grund zu heiraten. Weitere Gründe sind etwa das Anhalten eines negativen Kommunikationsstils, die Akzeptanz einer Scheidung als Lösung für eheliche Probleme sowie Schwierigkeiten, sich an die Stieffamilie anzupassen.

Diskutieren Sie die Herausforderungen, die abweichende Stile von Elternschaft mit sich bringen, einschließlich die Situation von Stiefeltern, von Eltern, die niemals zuvor verheiratet gewesen sind, sowie die Situation schwuler und lesbischer Eltern.

- Das Etablieren einer Bindung zwischen Stiefeltern und Stiefkind ist schwierig, insbesondere für Stiefmütter und Stiefväter, die selbst keine Kinder haben. Eine fürsorgliche Beziehung zwischen Ehemann und Ehefrau, die Kooperation mit den biologischen Eltern und die Akzeptanz von Seiten der Kinder sind ausgesprochen wichtig für Stiefeltern und ihre Anpassung ist davon abhängig.
- Elternschaft, ohne je verheiratet gewesen zu sein, ist besonders häufig zu finden unter afroamerikanischen Frauen mit niedrigem Einkommen in ihren Zwanzigern. Arbeitslosigkeit unter afroamerikanischen Männern trägt zu diesem Trend bei. Obwohl diese Mütter häufig von ihrer Verwandtschaft unterstützt werden, ist es für sie ausgesprochen schwierig, ihre Armut zu überwinden.
- Schwule und lesbische Eltern sind genauso liebevoll und effektiv in ihrer Kindererziehung, wie es heterosexuelle Eltern sind. Des Weiteren konnte festgestellt werden, dass Kinder, die von homosexuellen Eltern aufgezogen werden, genauso gut angepasst sind wie die Kinder heterosexueller Eltern. Familien mit homosexuellen Elternpaaren sehen sich mit Schwierigkeiten konfrontiert, wenn sie in einer sozialen Umgebung leben, die ihnen keine Unterstützung gewährt.

Die berufliche Entwicklung

Diskutieren Sie Muster der beruflichen Entwicklung und nennen Sie Schwierigkeiten, mit denen sich Frauen und Mitglieder ethnischer Minoritäten sowie Paare, die versuchen, Berufstätigkeit und Familie zu kombinieren, konfrontiert sehen.

- Der Karriereverlauf von Männern ist zumeist kontinuierlich, während der Berufsweg von Frauen häufig diskontinuierlich verläuft, da die Kindererziehung und andere Familienbedürfnisse in ihrem Leben eine größere Rolle spielen. Nachdem sich junge Erwachsene an die Realitäten der Arbeitswelt angepasst haben, wählen sie einen bestimmten Beruf, den sie ausüben möchten. Die Fortschritte, die sie in diesem Beruf machen können, sind abhängig von den Aufstiegsmöglichkeiten, von persönlichen Eigenschaften wie etwa ihrer Selbstwirksamkeit und von der Möglichkeit, sich die Unterstützung eines effektiven Mentors zu Nutze machen zu können.
- Frauen und Mitglieder ethnischer Minoritätengruppen haben heutzutage in nahezu allen Berufssparten Eingang gefunden. Allerdings sind ihnen zumeist nur wenig Fortschritte in ihrer Karriere möglich. Hinderungsgründe für Frauen sind zum Beispiel: die Zeit, die sie durch die Kindererziehung fern vom Arbeitsmarkt verbracht haben, ein Gefühl niedriger Selbstwirksamkeit in Berufssparten die traditionell von Männern dominiert sind, Geschlechtsstereotypen, Konflikte zwischen der Berufstätigkeit und familiären Verpflichtungen sowie Schwierigkeiten, einen passenden Mentor zu finden. Rassistische Vorurteile auf dem Arbeitsmarkt sind weiterhin stark vertreten und Frauen ethnischer Minoritätengruppen, denen es gelingt, sich einen Platz am Arbeitsmarkt zu erobern, zeigen zumeist ein ungewöhnlich hohes Gefühl von Selbstwirksamkeit.
- Paare, insbesondere Frauen, in **Doppelverdiener-Familien** erleben häufig eine Rollenüberlastung und bringen berufliche Opfer, um die Karriere des Partners zu unterstützen. Wenn diese Paare miteinander kooperieren, um die anliegenden Schwierigkeiten zu bewältigen, genießen sie die Vorteile eines höheren Einkommens, eines besseren Lebensstandards sowie die befriedigende Tatsache, dass die Frau ihre Erfüllung findet und sich wohlfühlt.

Wichtige Fachtermini und Begriffe

Doppelverdiener-Familie S. 660
Dreieckstheorie der Liebe S. 626
egalitäre Ehe S. 637

Einsamkeit S. 632
Intimität versus Isolation S. 618
kameradschaftliche Liebe S. 628
Kohabitation S. 649
Lebensgemeinschaft S. 649
Lebensstruktur S. 621

Lebenszyklus der Familie S. 633
leidenschaftliche Liebe S. 628
soziale Uhr S. 624
traditionelle Ehe S. 636

MEILENSTEINE

ALTER	Körperlich	Kognitiv	Emotional/sozial
20–30 Jahre	• Sportliche Fähigkeiten, die Schnelligkeit der Bewegung und der Gliedmaßen erfordern, schnell ansteigende Kraft und Koordination der Grobmotorik haben in diesem Jahrzehnt ihren Höhepunkt und nehmen dann ab. (578) • Sportliche Fähigkeiten, die abhängig sind von Ausdauer, ruhiger und fester Haltefähigkeit von Arm und Hand und Zielen haben am Ende dieses Jahrzehnts ihren Höhepunkt und nahmen dann ab. (578)  • Abbau in Berührungsempfindlichkeit; Abbau im Atmungssystem, Immunsystem und im Herz-Kreislauf- (kardiovaskulären) System; Abbau der Elastizität der Haut beginnt; Prozess geht durch das Erwachsenenleben weiter. (577) • Da der Grundumsatz sinkt, beginnt allmähliche Gewichtszunahme in der Mitte dieses Jahrzehnts und geht im mittleren Erwachsenenalter weiter. (528–529) • Sexuelle Aktivität nimmt zu. (592) 	• Bei Menschen mit Hochschulbildung nimmt das dualistische Denken (Informationen, Werte und Autoritäten in richtig oder falsch einzuteilen) zugunsten relativistischen Denkens (alles Wissen eingebettet sehen in ein Bezugssystem) ab. (599) • Grenzt berufliche Möglichkeiten ein und lässt sich auf eine spezifische berufliche Laufbahn ein. (605–606)  • Mit Eintritt in Ehe und Berufssituation weniger Konzentration auf Wissenserwerb, sondern Anwendung des Wissens im täglichen Leben. (601) • Entwickelt Fachwissen (Erwerb extensiver Kenntnisse in einem speziellen Feld), was Problemlösen stärkt. (601) • Kreativität (Hervorbringen nützlicher, origineller Produkte) nimmt zu. (602) • Durch das mittlere Erwachsenenalter hindurch stetige Verbesserung geistiger Fähigkeiten, die von gesammeltem Wissen abhängen. (602–603)	• Verlässt das Elternhaus. (634)  • Bemüht sich, eine dauerhafte Beziehung zu einem Partner aufzubauen (625, 635) • Konstruiert in der Regel einen Traum, ein Bild des Selbst in der Welt der Erwachsenen, der die Entscheidungen leitet. (621) • Bildet in der Regel eine Beziehung mit einem Mentor, der die Verwirklichung des Traumes zu erreichen hilft. (621) • In einer Karriere mit hohem Status werden berufliche Fertigkeiten, Werte und Qualifikationen erworben (kann bei Frauen aufgeschoben sein und länger dauern). (657–658) • Beginnt, gegenseitig befriedigende Erwachsenenfreundschaften und Arbeitsbande zu entwickeln. (629–630) • Lebt möglicherweise mit Partner zusammen, heiratet und bekommt Kinder. (635, 642, 649–651) • Die Beziehungen zu Geschwistern werden kameradschaftlicher. (631–632) • Da die Menschen Beziehungen wechseln, gibt es früh in diesem Jahrzehnt einen Höhepunkt an Einsamkeit, der dann das Erwachsenenleben hindurch stetig abnimmt. (632) 

Entwicklung im frühen Erwachsenenalter

ALTER	Körperlich	Kognitiv	Emotional/sozial
30–40 Jahre	• Abbau beim Sehen, Hören und im Skelett beginnt und setzt sich durch das Erwachsenenalter hindurch fort. (577) • Bei Frauen nehmen Fruchtbarkeitsprobleme in der Mitte dieses Jahrzehnts stark zu. (580)  • Haare fangen in der Mitte dieses Jahrzehnts an zu ergrauen und dünner zu werden. (577) • Sexuelle Aktivität nimmt ab, wahrscheinlich bedingt durch die Anforderungen des täglichen Lebens. (592)	• Da Familien- und Berufsleben sich ausweiten, verbessert sich die Fähigkeit, viele Verantwortlichkeiten zu vereinbaren. (600)  • Kreativität (Hervorbringen nützlicher, origineller Produkte) hat oft ihren Höhepunkt. (601–602) 	• Bewertet Lebensstruktur neu und versucht, die Komponenten zu ändern, die unangemessen sind. (622) • Baut eine stabile Nische innerhalb der Gesellschaft mit Familie, Beruf und Aktivitäten in der Gemeinschaft auf (bei Frauen kann Karrierehöhepunkt und Autorität in der Gemeinschaft verzögert werden). (622) 

Beachte: Die Zahlen in Klammern weisen hin auf die Seite(n), auf der jeder Meilenstein behandelt wird.

Teil 8: Mittleres Erwachsenenalter

Die körperliche und kognitive Entwicklung im mittleren Erwachsenenalter

15

15.1 Körperliche Veränderungen	671
Sehen	672
Hören	673
Haut	673
Muskel-Fett-Verteilung im Körper	673
Skelett	674
Fortpflanzungssystem	674
15.2 Gesundheit und Fitness	680
Sexualität	680
Krankheit und Invalidität	680
Feindseligkeit und Wut	686
15.3 Anpassung an die körperlichen Herausforderungen im mittleren Leben	687
Umgang mit Stress	687
Sport und Bewegung	689
Eine optimistische Einstellung	690
Geschlecht und Altern	691
15.4 Veränderungen in geistigen Fähigkeiten	692
Kristalline und fluide Intelligenz	693
Individuelle und Gruppenunterschiede	696
15.5 Informationsverarbeitung	696
Geschwindigkeit der Verarbeitung	696
Aufmerksamkeit	698
Gedächtnis	698
Praktisches Problemlösen und Fachwissen	699
Kreativität	701
Informationsverarbeitung im Kontext	701
15.6 Berufsleben und kognitive Entwicklung	702
15.7 Erwachsene Lernende: Im mittleren Lebensabschnitt Student werden	703
Merkmale wieder einsteigender Studenten	703
Wieder einsteigende Studenten unterstützen	703

ÜBERBLICK

15.1 KÖRPERLICHE UND KOGNITIVE ENTWICKLUNG IM MITTLEREN ERWACHSENENALTER

„An einem verschneiten Dezemberabend setzten sich Dirk und Patricia hin, um die Weihnachtskarten zu lesen, die sich auf dem Küchentisch stapelten. Dirks 55. Geburtstag war gerade vorüber; Patricia würde in ein paar Wochen 48 werden. Im vergangenen Jahr hatten sie ihren 24. Hochzeitstag gefeiert. Diese Meilensteine in Verbindung mit den Grüßen von Freunden, die jährlich über Neuigkeiten in ihrem Leben berichteten, brachten ihnen die Veränderungen der mittleren Lebenszeit stark ins Bewusstsein.

Statt Geburten, Schulbeginn der Kinder oder einer ersten Beförderung am Arbeitsplatz hatten die Karten neue Themen. Die Zusammenfassung des vergangenen Jahres einer Freundin spiegelte ein wachsendes Bewusstsein für eine begrenzte Lebenszeit wider, eine Lebensphase, in der die Zeit immer kostbarer wird. Sie schrieb

Seit meinem Geburtstag ist meine Stimmung immer besser geworden. Als ich 49 wurde, begann eine Last von mir abzufallen. Meine Mutter starb mit 48, sodass mir jetzt alles wie ein Geschenk vorkommt. Gott sei es gedankt!

Georg und Antje berichteten über den Abschluss ihres Sohnes in Jura und über das erste Jahr an der Universität ihrer Tochter Michelle. Aus dem inzwischen kinderlosen Haus schrieb Georg:

Antje füllt die Lücke, die durch das Fortgehen der Kinder entstanden ist, damit aus, dass sie wieder die Schulbank drückt, um eine Ausbildung in Krankenpflege zu machen. Nach ihrer Einschreibung in diesem Herbst fand sie sich zu ihrer Überraschung im gleichen Psychologiekurs wie Michelle wieder. Zuerst machte sich Antje Sorgen, ob sie den Stoff bewältigen könnte, aber nach einem erfolgreichen Semester fühlt sie sich zuversichtlicher.

Tims Botschaft wies auf eine weiterhin robuste Gesundheit, die Akzeptanz körperlicher Veränderungen und eine neue Last hin: die Betreuung alternder Eltern – ein deutlicher Hinweis auf die Grenzen der Lebensspanne:

Ich war auf der Hochschule immer ein guter Basketballspieler, aber kürzlich bemerkte ich, dass mein zwanzigjähriger Neffe um mich herum dribbeln kann und mich anspielt. Das muss das Alter sein! Ich nahm im September an unserem Stadtmarathon teil und wurde Siebter in der Gruppe der über Fünfzigjährigen. Mein Neffe lief auch mit, aber er entschied sich ein paar Meilen vor dem Ziel dafür, sich Pizza zu holen, während ich mich weiterquälte. Das muss auch das Alter sein!

Die traurigste Nachricht ist, dass mein Vater einen schweren Schlaganfall hatte. Sein Geist ist klar, aber sein Körper teilweise gelähmt. Das ist wirklich traurig, weil er anfing, den Computer, den ich ihm gab, zu genießen, und es war in den Monaten vor seinem Schlaganfall so erfrischend, mit ihm darüber zu sprechen."

Das mittlere Alter beginnt mit 40 und endet mit etwa 60 Jahren. Diese Phase ist durch eine Einengung der Möglichkeiten im Leben und geringeren Zukunftsaussichten gekennzeichnet, da die Kinder das Haus verlassen und berufliche Wege festgelegter werden. Andererseits ist das mittlere Erwachsenenalter schwer zu definieren, da starke Unterschiede in Einstellungen und Verhaltensweisen bestehen. Manche Menschen erscheinen mit 60 körperlich und geistig jung, aktiv und optimistisch, und haben ein Gefühl von Heiterkeit und Stabilität erreicht. Andere fühlen sich mit 35 oder 40 Jahren alt, als wäre der Höhepunkt ihres Lebens vorbei und von nun an ginge es nur noch bergab.

Ein weiterer Grund jedoch, dass das mittlere Alter sich einer deutlichen Definition entzieht, besteht darin, dass es ein Produkt der heutigen Zeit ist. Vor dem 20. Jahrhundert gab es nur einen kurzen Zeitraum zwischen den Aufgaben des frühen Erwachsenenalters und denen des Alters. So wurden zum Beispiel Frauen oft in ihren Mittfünfzigern Witwen, bevor ihr jüngstes Kind aus dem Haus ging. Und harte Lebensbedingungen führten die Menschen dazu, einen kranken und stark beanspruchten Körper als natürlichen Teil des Lebens anzunehmen. Indem die Lebenserwartung, und damit die Gesundheit und Energie im vergangenen Jahrhundert immer mehr anstieg, wurden sich die Erwachsenen ihres Alterns und ihrer Sterblichkeit bewusster.

In diesem Kapitel gehen wir der körperlichen und kognitiven Entwicklung im fünften und sechsten Lebensjahrzehnt nach. In beiden Bereichen werden wir nicht nur fortlaufendem Abbau, sondern auch fortdauernden Leistungen und kompensierenden Zugewinnen begegnen. Wie in den vorangegangenen Kapiteln werden wir sehen, dass Veränderungen auf vielfache Weise stattfinden. Neben Vererbung und biologischem Altern verbindet sich unser persönlicher Zugang zu den verstreichenden Jahren mit der Familie, der Gemeinschaft und kulturellen Kontexten, die die Art unseres Alterns beeinflussen.

Körperliche Entwicklung

Die körperliche Entwicklung im mittleren Leben ist eine Fortsetzung der allmählichen Veränderungen, die bereits im frühen Erwachsenenalter einsetzten. Es ist jedoch genug Zeit vergangen, dass ein Blick in den Spiegel oder auf ein Familienfoto klar macht, dass der eigene Körper älter geworden ist; dies trifft selbst auf den durchtrainiertesten Erwachsenen zu. Die Haare werden grau und dünner, neue Falten erscheinen im Gesicht und eine weniger jugendliche vollere Körpergestalt wird deutlich. Im mittleren Alter beginnen die meisten Menschen lebensbedrohliche Krankheiten zu erleben – wenn nicht bei sich selber, dann bei ihren Partnern und Freunden. Und eine Veränderung in der Zeitorientierung von „die Jahre seit der Geburt" zu „noch verbleibenden Jahren" trägt zum Bewusstsein des Altwerdens bei (Neugarten, 1968b).

Diese Faktoren führen zu einem veränderten körperlichen Selbstbild, das oft weniger erhoffte Zugewinne, sondern mehr einen gefürchteten Abbau betont. Hervorstechende Sorgen bei den Vierzig- bis Sechzigjährigen umfassen das Erleiden einer tödlichen Erkrankung, zu krank zu sein, um Unabhängigkeit zu bewahren, und den Verlust geistiger Fähigkeiten. Leider gelingt es vielen Erwachsenen mittleren Alters nicht, realistische Alternativen als zentrale Lebensziele zu erwähnen: körperlich fitter zu werden und sich zu einem gesunden, aktiven älteren Menschen zu entwickeln (Hooker & Kaus, 1994).

Wenn wir die körperlichen Veränderungen und Gesundheitsprobleme des mittleren Erwachsenenalters untersuchen, werden wir sehen, dass gewisse Aspekte

Das mittlere Erwachsenenalter ist schwer zu definieren, da es ein breites Spektrum unterschiedlicher Einstellungen und Verhaltensweisen umfasst. Diese Leute im mittleren Alter erscheinen körperlich und geistig jung, aktiv und optimistisch. Als Ehrenamtliche für Habitat for Humanity bauen sie ein Haus für eine bedürftige Familie.

des Alterns nicht kontrolliert werden können. Jedoch können viele positive Ziele erreicht und gefürchtete vermieden werden. Es gibt vieles, womit wir unsere körperliche Kraft und gute Gesundheit im mittleren Leben fördern können.

15.1 Körperliche Veränderungen

Eines Morgens, als sie sich anzogen, um zur Arbeit zu gehen, bemerkte Patricia halb im Scherz zu Dirk: „Ich lasse den Spiegel einfach verstauben, dann kann ich die Falten und grauen Haare nicht mehr so genau sehen." Als sie ihres Anblicks gewahr wurde, wurde ihr Ton ernster. „Ich bin mit meinem Gewicht überhaupt nicht zufrieden. Guck dir dieses Fett an, es geht einfach nicht weg! Ich muss einfach wieder regelmäßig Sport treiben, mein Leben so einrichten, dass ich Zeit dafür habe." Dirk warf nur einen ernüchterten Blick auf seinen Bauch.

Beim Frühstück setzte Dirk seine Brille auf und wieder ab und blinzelte beim Zeitunglesen. „Pat, wie ist die Telefonnummer des Augenarztes? Ich muss diese Gleitsichtbrille wieder anpassen lassen." Als sie sich zwischen Küche und dem angrenzenden Wohnzimmer unterhielten, bat Dirk Patricia ab und zu, etwas

15.1 KÖRPERLICHE UND KOGNITIVE ENTWICKLUNG IM MITTLEREN ERWACHSENENALTER

zu wiederholen. Und er drehte Radio und Fernseher so laut auf, dass Patricia häufig fragte „Muss es so laut sein?" Dirk, so schien es, konnte nicht mehr so deutlich hören wie früher.

In den folgenden Abschnitten werfen wir einen genauen Blick auf die zentralen körperlichen Veränderungen der mittleren Jahre – jene, die Dirk und Patricia ins Auge fallen, und einige andere, die sich im Fortpflanzungssystem und im Skelett abspielen. Sehen Sie sich dazu vielleicht noch einmal Tabelle 13.1 auf Seite 577 an, die eine Übersicht gibt.

15.1.1 Sehen

Um die Vierzig kommt es häufig vor, Schwierigkeiten bei Lesen von Kleingedrucktem zu haben, was eine Folge des Wachstums der Größe der Linsen in Verbindung mit einer Schwächung des Muskels ist, der das Auge befähigt, seinen Fokus auf nahe liegende Gegenstände anzupassen (akkomodieren). Da neue Fasern auf der Oberfläche der Linse erscheinen, drücken sie ältere Fasern in die Mitte, was zu einer dickeren, dichteren, weniger formbaren Struktur führt, die schließlich gar nicht mehr verändert werden kann. Um das Alter von 50 Jahren beträgt die Akkomodationsfähigkeit der Linsen nur ein Sechstel dessen, was sie mit 20 war. Um das Alter von 60 Jahren verlieren die Linsen im Allgemeinen ihre Fähigkeit völlig, sich Gegenständen in verschiedenen Entfernungen anzupassen, eine Kondition, die man **Presbyopie** (Alterssichtigkeit; wörtlich „alte Augen") nennt. Korrigierende Gläser zum Lesen, die für kurzsichtige Menschen die Form von Zweistärkenbrillen (Gleitsichtbrillen) annehmen, können dieses Problem erleichtern. Wegen der Vergrößerung der Linsen wird das Auge zwischen 40 und 60 schnell weitsichtiger (Kalsi, Heron, & Charman, 2001).

Eine zweite Gruppe von Veränderungen zeigt Begrenzungen der Sehfähigkeit bei dämmrigem Licht, die zweimal so stark wie das Sehen am Tage abnimmt (Jackson & Owsley, 2000). Während des Erwachsenenalters schrumpft die Größe der Pupille und die Linsen werden gelb. Zusätzlich entwickelt mit Beginn der vierziger Jahre der Glaskörper (durchsichtige Galertsubstanz, die das Auge ausfüllt) undurchlässige Bereiche, was die Menge des Lichts reduziert, das die Netzhaut erreicht. Veränderungen in den Linsen und dem Glaskörper führen auch dazu, dass das Licht innerhalb des Auges streut, was die Empfindlichkeit auf grelles Licht vergrößert. Als Student hatte

Weil die Linsen des Auges allmählich ihre Fähigkeit verlieren, ihren Fokus nahe gelegenen Gegenständen anzupassen, ist die Schwierigkeit des Lesens von Kleingedrucktem in den Vierzigern eine allgemeine Erfahrung. Korrekturgläser zum Lesen, bei kurzsichtigen Menschen in der Form von Gleitsichtbrillen, mindern dieses Problem.

es Dirk immer genossen, nachts zu fahren. Jetzt hatte er manchmal Schwierigkeiten, Verkehrszeichen und sich bewegenden Gegenstände zu erkennen. Und seine Sehfähigkeit war stärker durch helle Lichtquellen, wie die Scheinwerfer auftauchender Autos, gestört (Owsley et al., 1998).

Schließlich beschränkt das Gelbwerden der Linsen und die zunehmende Dichte des Glaskörpers die Farbunterscheidung, besonders am grün-blau-violetten Ende des Spektrums (Kraft & Werner, 1999). Daraus folgte, dass Dirk von Zeit zu Zeit nachfragen musste, ob sein Mantel, sein Schlips und seine Socken zusammenpassten. Neben strukturellen Veränderungen im Auge gibt es auch nervliche Veränderungen im visuellen System. Allmählicher Verlust von Licht- und Farbrezeptorzellen auf der Netzhaut (Stäbchen und Zapfen) und von Nerven im Sehnerv (der Verbindung zwischen der Netzhaut und der Großhirnrinde) tragen zum Abbau des Sehens bei (Pardhan et al., 1996).

Ab 40 Jahren haben Erwachsene ein erhöhtes Risiko für ein Glaukom (krankhafte Erhöhung des Augeninnendrucks), eine Krankheit, bei der sich innerhalb des Auges Druck infolge des schlechten Abflusses von Flüssigkeit aufbaut, was den Sehnerv schädigt. Das Glaukom schreitet oft ohne nennenswerte Symptome fort und ist eine verbreitete Ursache für Blindheit bei älteren Menschen. Die Krankheit wird vererbt. Afroamerikaner tragen ein besonders hohes Risiko (Lee & Bailey, 2003). Ein Test zur Messung des Augeninnendrucks sollte Teil einer jeden Augenuntersuchung zu Beginn der mittleren Lebensjahre sein. Medikamente, welche die Absonderung von Flüssigkeit fördern und chirurgische Eingriffe zur Öffnung blockierter Abflusskanäle beugen dem Verlust der Sehfähigkeit vor.

15.1.2 Hören

Geschätzte 14 % nordamerikanischer Erwachsener zwischen 45 und 64 Jahren leiden unter Schwerhörigkeit. Der Beginn von Hörschäden im Erwachsenenalter trägt zu vielen dieser Fälle bei. Obwohl einige Dispositionen in Familien vorkommen und vererbbar sein können, sind die meisten altersabhängig, eine Kondition, die man **Altersschwerhörigkeit (presbyacusis)** nennt (Adams & Marano, 1995).

Wenn wir altern, verschlechtern sich Strukturen innerhalb des Ohres, die Schallwellen in Nervenimpulse umwandeln, infolge natürlichen Zelltods oder reduzierter Blutversorgung bedingt durch Arteriosklerose. Die Verarbeitung von Nervensignalen in der Hörrinde nimmt ebenfalls ab. Das erste Anzeichen ist ein bemerkbarer Hörverlust hoher Frequenzen um das Alter von 50 Jahren. Allmählich geht die Beeinträchtigung auf alle Frequenzen über, sodass es im späteren Leben schwieriger wird, menschliche Sprache zu erkennen, obwohl der Hörverlust am stärksten bleibt für hohe Töne. Dennoch hören während des mittleren Erwachsenenalters die meisten Menschen über ein breites Spektrum von Frequenzen einigermaßen gut, was darauf hinweist, dass schwere Hörprobleme durch andere Faktoren als biologischem Alter ausgelöst werden (Fozard & Gordon-Salant, 2001).

Das Hörvermögen von Männern nimmt früher und schneller ab als das von Frauen, ein Unterschied, den man auf die Exposition intensiven Lärms in einigen von Männern dominierten Berufen zurückführt (Wiley et al., 1998). Viele nordamerikanische Industriearbeiter sind oder waren Geräuschpegeln ausgesetzt, die zu Hörverlusten ähnlich denen, die mit Alter assoziiert sind, führen (Willott, Chisolm, & Lister, 2001). Vorschriften, die Firmen auffordern, Sicherheitsmaßnahmen zu ergreifen, einschließlich der Reduzierung von Lärm, Bereitstellung von Ohrschützern und regelmäßigen Hörtests, haben Hörschäden stark reduziert. Allerdings erfüllen nicht alle Arbeitgeber vollständig die Sicherheitsauflagen (Sataloff & Sataloff, 2001).

Die meisten Menschen im mittleren und hohen Alter mit Hörschwierigkeiten profitieren von Geräuschverstärkung durch Hören. Wenn die Wahrnehmung der menschlichen Stimme erst einmal betroffen ist, verhilft langsames, deutliches Sprechen und guter Augenkontakt den Menschen zu einem besseren Verstehen.

15.1.3 Haut

Unsere Haut besteht aus drei Schichten: (1) der *Epidermis (Oberhaut)* oder der äußeren Schutzschicht, in der ständig neue Hautzellen produziert werden, (2) der *Dermis (Lederhaut)* oder der mittleren haltenden Schicht, die aus Bindegewebe besteht, das sich streckt und biegt und der Haut Flexibilität gibt, und (3) der *Hypodermis (Unterhaut),* einer inneren fettreichen Schicht, die zu den sanften Linien und der Form der Haut beiträgt. Wenn wir altern, ist die Epidermis weniger fest an der Dermis befestigt, die Fasern in der Dermis werden dünn und das Fett in der Hypodermis verschwindet.

Diese Veränderungen führen dazu, dass die Haut Falten bildet und das Bindegewebe locker wird. In den Dreißigern entwickeln sich auf der Stirn Linien als Folge der Mimik: Lächeln, Augenbrauenhochziehen und andere Ausdrucksmöglichkeiten des Gesichts. In den Vierzigern werden diese Linien betonter und um die Augen herum erscheinen „Krähenfüße". Allmählich verliert die Haut an Elastizität und beginnt einzufallen, insbesondere im Gesicht, an Armen und Beinen. Ab 50 Jahren nehmen „Altersflecken", die Ansammlung von Pigmenten unter der Haut, zu. Blutgefäße in der Haut werden sichtbarer, weil die fettreiche Schicht sich verdünnt.

Weil Sonnenstrahlen die Falten- und Fleckenbildung verstärken, sehen Menschen, die viel Zeit im Freien ohne richtigen Sonnenschutz verbrachten, älter aus als ihre Altersgenossen. Und teilweise altert die Haut von Frauen schneller, weil ihre Dermis nicht so dick ist wie die der Männer (Whitbourne, 1996, 2001).

15.1.4 Muskel-Fett-Verteilung im Körper

Wie Patricia und Dirk deutlich machen, ist Gewichtszunahme, oft als „Altersspeck" bezeichnet, ein Problem von Frauen wie von Männern. Ein häufiges

Muster der Veränderung stellt das Anwachsen von Körperfett und Verlust magerer Körpermasse (Muskeln und Knochen) dar. Der Anstieg an Fett betrifft größtenteils den Rumpf und erscheint als Ablagerung von Fett innerhalb der Körperhöhlen. Wir wiesen früher darauf hin, dass das Fett unter der Haut an den Gliedmaßen abnimmt. Durchschnittlich steigt bei Männern der Bauchumfang vom frühen zum mittleren Erwachsenenalter um 6 bis 16 % an, bei Frauen 25 bis 35 % (Whitbourne, 1996). Auch tauchen Unterschiede in der Fettverteilung zwischen den Geschlechtern auf. Männer sammeln mehr Fett am Rücken und oberen Bauch an, Frauen um die Taille und an den Oberarmen. Die Muskelmasse nimmt in den Vierzigern und Fünfzigern sehr allmählich ab, größtenteils als Folge einer Atrophie der sich schnell zusammenziehenden Fasern, die für Schnelligkeit und unmittelbare Kraftanstrengung verantwortlich sind.

Wie in Kapitel 13 erklärt, sind große Gewichtszunahme und Verlust an Muskelkraft nicht unvermeidlich. Eine fettarme Ernährung mit allmählicher Reduktion an Kalorien zur Anpassung an den altersbedingten Abbau des Grundumsatzes hilft (siehe Seite 582), ein beständiges gesundes Gewicht zu halten. Bei Säugetieren wirkt sich eine Reduzierung der Nahrung stark auf eine erhöhte Lebenserwartung, den Erhalt von Gesundheit und Vitalität, aus. Derzeit versuchen Forscher, die biologischen Mechanismen herauszufinden, die dabei eine Rolle spielen, und ob sie auch für den Menschen gelten (siehe den Kasten „Biologie und Umwelt").

Außerdem verhindert ständige Bewegung sowohl exzessives Gewicht wie den Rückgang von Muskeln. Bei einem Menschen variiert die Stärke zwischen oft benutzten und wenig benutzten Muskeln (Arking, 1991). Und betrachten Sie Dirks 57-jährigen Freund Tim, der seit Jahren mit dem Rad zur Arbeit fährt und an Wochenenden joggt, was zu einer Stunde starker Aktivität pro Tag führt. Wie viele Ausdauersportler erhielt er durch das frühe und mittlere Erwachsenenalter das gleiche Gewicht und den gleichen Muskelaufbau aufrecht (Horber et al., 1996).

15.1.5 Skelett

Wenn sich neue Zellen auf die äußeren Schichten legen, verbreitern sich die Knochen, aber ihr Mineralgehalt nimmt ab, sodass sie poröser werden. Das führt zu einem allmählichen Verlust an Knochenmasse, der in den späten Dreißigern beginnt und sich in den Fünfzigern beschleunigt, besonders bei Frauen. Der Vorrat an Knochenmineralien ist bei Frauen von Anfang an geringer als bei Männern. Und nach der Menopause geht der günstige Einfluss von Östrogen auf die Absorption der Minerale im Knochen verloren. Die Reduktion in der Knochendichte während des Erwachsenenlebens ist beträchtlich, etwa 8 % bis 12 % bei Männern und 20 bis 30 % bei Frauen (Arking, 1991).

Der Verlust der glatten Knochenoberfläche führt dazu, dass sich die Bandscheiben zwischen den Wirbeln der Wirbelsäule abnutzen. Folglich kann die Körpergröße um das Alter von 60 Jahren bis zu 2,5 cm zurückgehen, eine Veränderung, die sich danach noch beschleunigt. Zusätzlich können die geschwächten Knochen nicht mehr so viel Last tragen und brechen eher und heilen langsamer. Ein gesunder Lebensstil, der viel Bewegung, angemessene Zufuhr von Kalzium und Vitamin D und das Vermeiden von Rauchen und schwerem Alkoholkonsum einschließt, kann diesen Prozess bei Frauen nach der Menopause um bis zu 30 bis 50 % verlangsamen (Dawson-Hughes et al., 1995; Reid, 1996).

Wenn der Knochenschwund sehr groß ist, führt das zu einer gravierenden Störung, der Osteoporose. Wir werden auf diese Kondition kurz eingehen, wenn wir uns mit Krankheit und Behinderung beschäftigen.

15.1.6 Fortpflanzungssystem

Der Übergang in der Lebensmitte, in der die Fruchtbarkeit abnimmt, wird **Klimakterium** genannt. Es unterscheidet sich wesentlich zwischen den beiden Geschlechtern, weil es bei den Frauen das Ende der Fortpflanzungsfähigkeit bedeutet, wohingegen bei Männern die Fruchtbarkeit zwar abnimmt, aber erhalten bleibt.

■ Reproduktive Veränderungen bei Frauen

Die Veränderungen, die im Klimakterium der Frauen eine Rolle spielen, geschehen über einen Zeitraum von zehn Jahren, in dem die Produktion von Östrogen abnimmt. Es kommt dazu, dass die Anzahl der Tage im Monatszyklus der Frau sich verringert, von etwa 28 Tagen in ihren Zwanzigern und Dreißigern auf vielleicht 23 Tage in den späten Vierzigern. In einigen Zyklen werden keine Eizellen freigesetzt, und wenn

Biologie & Umwelt: Gegen das Altern

Seit fast 70 Jahren wissen Wissenschaftler, dass die Kalorienreduzierung bei Säugetieren das Altern verlangsamt und eine gute Gesundheit und Körperfunktionen aufrechterhält. Ratten und Mäuse, die von früh an mit 30 bis 40 % weniger Kalorien als im typischen Futter gefüttert wurden, zeigten ein geringeres Vorkommen altersbedingter Krankheiten und lebten mehr als 50 % länger. Eine geringe bis moderate Kalorienreduktion bei Nagetieren, die begonnen wurde, nachdem die Tiere die körperliche Reife erlangt hatten, verlangsamte ebenfalls das Altern und erhöhte die Lebenserwartung, wenn auch in geringerem Ausmaß (Roth et al., 2000). Andere Untersuchungen weisen ähnliche Wirkungen bei Reduktion von Nahrung bei Wasserfliegen, Spinnen und Fischen auf.

Primatenforschung

Warum fördert Kalorienreduktion ein gesünderes, längeres Leben bei verschiedenen Arten? Würden Primaten und besonders Menschen auch davon profitieren? Um diese Fragen zu beantworten, verfolgen Forscher Gesundheitsindikatoren bei Rhesusaffen und Hörnchenaffen über ein bis 20 Jahre, nachdem sie auf eine Diät mit 30 % reduzierten Kalorien und Vitamin- und Mineralergänzungen zur Sicherstellung einer gesunden Ernährung gesetzt wurden. Langzeitergebnisse von über 10 Jahren machen deutlich, dass im Vergleich mit normal fressenden Kontrolltieren Affen auf Diät kleiner sind, aber nicht dünn. Und sie sammeln das Körperfett auf eine andere Weise an – weniger am Rumpf, eine Art der Fettverteilung, die bei Menschen mittleren Alters das Risiko von Herzerkrankungen vermindert.

Affen mit reduzierten Kalorien haben auch eine niedrigere Körpertemperatur und einen niedrigeren

Dieser Bewohner der Biosphäre, einem geschlossenen Standort von circa 12.000 Quadratmetern, in dem eine Gruppe von Menschen zwei Jahre lang lebte und ihre eigene Nahrung herstellte, untersucht die Wurzeln von Pflanzen, die bald geerntet werden sollen. Die Menschen in der Biosphäre nahmen eine Ernährung mit wenigen Kalorien zu sich und leisteten regelmäßig schwere Arbeit. Sie zeigten physiologische Veränderungen – einschließlich reduziertem Blutzucker, Insulin, Cholesterol, Blutdruck und wenig Krankheitsausbrüchen –, die bei Tieren mit Kalorienreduktion das Leben zu verlängern scheinen.

Grundumsatz – Veränderungen, die darauf hinweisen, dass sich physiologische Prozesse weg vom Wachstum zu lebenserhaltenden Funktionen verlagern. Folglich scheinen sie besser in der Lage zu sein, schweren körperlichen Stress wie Operationen und Infektionskrankheiten zu widerstehen, vielleicht, weil ihr Körper leichter beschädigte Zellen ausbessert (Weindruch et al., 2001). Außerdem halten diese Affen länger einen jugendlichen Spiegel des endokrinen Hormons DHEAS aufrecht. Wenn DHEAS bei alternden Primaten abfällt, steigen Herz-Kreislauf-Erkrankungen, Diabetes, Krebs und Störungen des Immunsystems an (Lane et al., 1997).

Von allen physiologischen Prozessen, die Vorteile einer Kalorienrestriktion darstellen, scheinen reduzierte Blutzucker- und Insulinspiegel am stärksten zu sein, indem sie einen verbesserten Kohlehydratmetabolismus signalisieren (Roth et al., 2000). Eine wirksame Regulierung des Blutzuckers schützt gegen Diabetes und Herz-Kreislauf-Erkrankungen, wenn die Primaten altern. Ein niedrigerer Blutdruck und niedrigeres Cholesterin und ein gutes Verhältnis zwischen „gutem" und „schlechtem" Cholesterin stärken bei Affen mit reduzierter

> Kalorienzufuhr diese Wirkungen gegen Erkrankungen (Roth, Ingram, & Lane, 2001). Je früher Affen auf Kalorienrestriktion gesetzt werden, desto günstiger sind die physiologischen Folgen. Weil noch keiner der Affen im hohen Alter ist, wissen wir nicht, ob ihnen die Kalorienreduzierung ein besonders langes Leben schenkt (Roberts et al., 2001). Aber bisher sind die frühen Todesfälle bei diesen Affen niedriger als bei den vollständig gefütterten Kontrolltieren.
>
> **Parallelen beim Menschen**
> Die experimentellen Laborstrategien, die man bei der Untersuchung von Kalorienreduktion bei Tieren anwendet, können nicht auf den Menschen übertragen werden. Aber zwei natürliche Experimente weisen darauf hin, dass Menschen, die ihre Nahrungsaufnahme begrenzen, auf ähnliche Weise profitieren.
>
> Im Vergleich zu japanischen Bürgern auf dem Festland nehmen Einwohner der Insel Okinawa im Durchschnitt 20 % weniger Kalorien zu sich, erhalten aber eine gesunde Ernährung aufrecht. Die reduzierte Ernährung der Menschen von Okinawa wird mit einer zwei- bis vierzigfachen Zunahme von alten Bürgern, die 100 Jahre alt werden, im Vergleich mit anderen japanischen Regionen in Verbindung gebracht (Kagawa, 1978).
>
> In den frühen 1990er Jahren bezogen acht amerikanische Männer und Frauen im Alter zwischen 25 bis 67 Jahren die Biosphäre, ein geschlossenes natürliches Wohnumfeld von circa 12.000 Quadratmetern, wo sie für zwei Jahre lebten und ihre eigene Nahrung herstellten. Mit 1800 Kalorien am Tag und drei bis vier Stunden schwerer täglicher Arbeit erlebten die Menschen in der Biosphäre physiologische Veränderungen, die denen der beobachteten Nager und Affen mit Kalorienreduktion ähnlich waren, einschließlich reduzierten Blutzuckers, Insulins, Cholesterols und Blutdrucks und einer stärkeren Reaktion des Immunsystems (Walford et al., 1999).
>
> Trotz dieser vielversprechenden Ergebnisse sprechen medizinische und ethische Erwägungen (einschließlich des Risikos einer Fehlernährung und unzureichender Energie für die Erfordernisse des Alltags) gegen den Versuch, Menschen dazu zu bringen, ihre Nahrungsaufnahme wesentlich zu begrenzen. Außerdem würde die große Mehrheit der Menschen nicht willens sein, für den größten Teil ihres Lebens eine reduzierte Ernährung aufrechtzuerhalten, selbst wenn dieses mehr gesunde Jahre bedeuten würde. Aus diesen Gründen haben Wissenschaftler begonnen, eine Scheinkalorienreduzierung zu erkunden mit Substanzen aus natürlichen Nahrungsmitteln, Kräutern und einer gesunden Lebensweise mit kräftiger Bewegung, die die gleichen Vorteile wie Kalorienreduzierung bringen könnte, ohne dass weniger gegessen werden müsste (Butler et al., 2002; Poehlman et al., 2001). Derzeit befinden sich diese Forschungen in einem frühen Stadium.

doch, sind mehr von ihnen defekt (siehe Kapitel 2, Seite 70). Das Klimakterium mündet in die **Menopause**, dem Ende der Menstruation und der Fortpflanzungsfähigkeit. Das geschieht durchschnittlich im Alter von 51 Jahren bei Nordamerikanerinnen, Europäerinnen und ostasiatischen Frauen, wenngleich das Spektrum groß ist: von 42 bis 58 Jahren. Frauen, die rauchen und keine Kinder geboren haben, neigen dazu, früher in die Menopause zu kommen (Avis, Crawford, & Johannes, 2002).

Nach der Menopause nimmt die Östrogenproduktion weiter ab. Das führt dazu, dass die Fortpflanzungsorgane in der Größe schrumpfen, die Genitalien weniger leicht stimulierbar sind und die Vagina während der Erregungsphase langsamer feucht wird. Der Abfall von Östrogen trägt auch zu anderen körperlichen Veränderungen bei, einschließlich verminderter Elastizität der Haut und Verlust von Knochenmasse. Und die Fähigkeit von Östrogenen, die Ansammlung von Plaques an den Arterienwänden zu verlangsamen, geht auch verloren.

Die Zeit, die zur Menopause führt, und die danach kommt, wird oft von emotionalen und körperlichen Symptomen begleitet wie Stimmungsschwankungen und Hitzewallungen sowie angestiegener Körpertemperatur, Röte im Gesicht, am Hals und an der Brust, gefolgt von Schwitzen (Bromberger et al., 2001). Hitzewallungen betreffen etwa 75 % der Frauen in westlichen Industrienationen und sind ein häufiger Grund für Schlaflosigkeit und Reizbarkeit in mittleren Lebensjahren.

Um die körperlichen Beschwerden der Menopause zu reduzieren und Frauen vor anderen Störungen als Folge des Östrogenabbaus zu schützen, empfehlen viele Ärzte eine **Hormontherapie** oder tägliche niedrige Dosen von Östrogen. Es gibt zwei Arten der Hormontherapie: (1) ausschließlich Östrogen oder *Östrogen-Ersatztherapie* für Frauen, die eine Hysterektomie (operative Entfernung der Gebärmutter) hatten und (2) Östrogen plus Progesteron oder *Hormon-Ersatztherapie* für alle anderen Frauen. Die Einnahme von Östrogen vergrößert das Risiko für einen Krebs des Endometriums (der Auskleidung der Gebärmutter), die Kombination von Östrogen mit Progesteron vermindert dieses Risiko.

Hormontherapie ist höchst erfolgreich in der Behandlung von Symptomen der Menopause wie Hitzewallungen, Stimmungsschwankungen und Trockenheit der Vagina. Sie bietet auch Schutz vor Knochenabbau und Darmkrebs (Nelson et al., 2002). Dennoch ergab ein Experiment auf breiter Grundlage, in dem mehr als 16.000 Frauen, die nach dem Zufall entweder Hormontherapie oder Zuckertabletten erhielten und für fünf Jahre beobachtet wurden, zwei negative Ergebnisse. Erstens verursachte die Hormontherapie eine leichte Zunahme an Herzattacken, Schlaganfall und Blutgerinnseln, obwohl man angenommen hatte, dass sie Herz-Kreislauf-Erkrankungen vermindern würde. Zweitens erhöhte eine Hormontherapie, die länger als vier Jahre angewendet wurde, leicht das Vorkommen von Brustkrebs (Women's Health Initiative, 2002). Ferner wies ein weiteres Experiment mit 4.500 65- bis 79-Jährigen darauf hin, dass die Hormontherapie das Risiko geringen kognitiven Abbaus erhöhte und das Risiko von Alzheimer und anderen Demenzerkrankungen fast verdoppelte (Rapp et al., 2003; Shumaker et al., 2003).

Angesichts dieser Ergebnisse sollten Frauen und ihre Ärzte mit Vorsicht eine Entscheidung über eine Hormontherapie treffen. Frauen mit Herz-Kreislauf-Erkrankungen oder bei denen es in der Familie schon Fälle von Brustkrebs gab, sollten sich im Allgemeinen dagegen entscheiden. Eine kürzlich durchgeführte Studie zeigte, dass ein relativ sicheres Kopfschmerz-Migränemittel, Gabapentin, Hitzewallungen wesentlich reduziert, vielleicht, indem es auf das Zentrum zur Regulation der Temperatur im Gehirn wirkt. Etliche neue Antidepressiva haben ähnliche Wirkungen (Guttuso et al., 2003). Alternative Medikamente zum Schutze der Knochen sind auch erhältlich, obwohl ihre Langzeitwirkung noch nicht klar ist.

Nach Meinung einiger Fachleute werden Symptome der Menopause am besten mit einer Umstellung der Lebensweise behandelt: eine gesunde Ernährung, regelmäßige Bewegung und Vermeiden von Rauchen (Willett, Colditz, & Stampfer, 2000). Im Vergleich mit nordamerikanischen, europäischen, afrikanischen Frauen und Frauen aus dem mittleren Osten berichten weniger asiatische Frauen über Beschwerden der Menopause, einschließlich von Hitzewallungen (siehe Abbildung 15.1) (Obermeyer, 2000). Die asiatische Ernährung, die arm an Fett und reich an Nahrungsmitteln auf Sojabasis, einer Quelle pflanzlicher Östrogene, ist, mag dafür hauptsächlich verantwortlich sein.

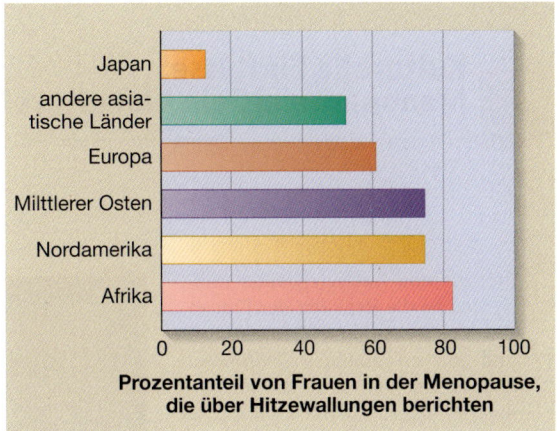

Abbildung 15.1: Prozentsatz der Frauen nach der Menopause aus verschiedenen Regionen der Welt, die über Hitzewallungen berichten. Die Ergebnisse sind von Interviews mit großen Stichproben in jeder Region abgeleitet. Frauen in Asien, besonders japanische Frauen, leiden viel weniger an Hitzewallungen, vielleicht weil sie Nahrungsmittel auf Sojabasis essen, einer Quelle pflanzlicher Östrogene. Siehe auch den Kasten „Kulturelle Einflüsse" auf der folgenden Seite für zusätzliche Belege einer geringen Rate von Symptomen nach der Menopause bei japanischen Frauen (nach Obermeyer, 2000).

■ Psychische Reaktionen der Frauen auf die Menopause

Wie regieren Frauen auf die Menopause, ein deutliches Signal, dass ihre fruchtbaren Jahre vorbei sind? Die Antwort liegt darin, wie sie das Ereignis in Beziehung zu ihrem vergangenen und zukünftigem Leben interpretieren.

Für eine Frau, die sich immer Ehe und Familie gewünscht hatte, diese Ziele aber nie erreichte, ist die Menopause möglicherweise traumatisch. Ihr Gefühl körperlicher Kompetenz ist noch mit der Fähigkeit, Kinder bekommen zu können, verbunden. Beschwerden durch körperliche Symptome wie Hitzewallungen, Kopfschmerzen und Schlafstörungen, können die Menopause auch sonst zu einer schwierigen Zeit machen. Und weil das Klimakterium die Sorge über einen alternden Körper aufkommen lässt in einer Gesellschaft, die eine jugendliche Erscheinung positiv bewertet, reagieren manche Frauen mit Enttäuschung auf den Verlust von Sexappeal.

Gleichzeitig empfinden viele Frauen die Menopause nur wenig oder gar nicht belastend und betrachten sie als Neuanfang (George, 2002). Sie wollen keine Kinder mehr, sind erleichtert über das Ende der Periode und müssen sich nicht länger über Schwangerschaftsverhütung Gedanken machen. Frauen mit

15.1 KÖRPERLICHE UND KOGNITIVE ENTWICKLUNG IM MITTLEREN ERWACHSENENALTER

Kulturelle Einflüsse: Menopause als ein biokulturelles Ereignis

Biologie und Kultur vereinen Kräfte, welche die Reaktion der Frauen auf die Menopause beeinflussen und sie zu einem *biokulturellen Ereignis* machen. In westlichen Industrieländern ist die Menopause „pathologisiert" – sie wird als Syndrom angesehen, das Behandlung benötigt. Viele Frauen erleben körperliche und emotionale Symptome. Je mehr Symptome sie berichten, desto mehr neigen sie dazu, eine negative Haltung zur Menopause zu haben (Theisen et al., 1995).

Verändert man jedoch die Umstände, in denen die Menopause bewertet wird, verändern sich auch die Einstellungen. In einer Untersuchung beschrieben nahezu 600 Männer und Frauen zwischen 19 und 85 Jahren ihre Sicht der Menopause in einem von drei Kontexten als medizinisches Problem, als eine Übergangsphase im Leben und als Symbol des Alterns. Der medizinische Kontext ergab viel mehr negative Bemerkungen als die anderen Kontexte (Gannon & Ekstrom, 1993).

Forschung in nicht westlichen Kulturen beweisen, dass der soziale Status von Frauen mittleren Alters auch das Erleben der Menopause beeinflusst. In Gesellschaften, in denen ältere Frauen respektiert werden und die Rolle von Schwiegermutter und Großmutter neue Privilegien und Verantwortlichkeiten bringt, sind Klagen über Symptome der Menopause selten (Patterson & Lynch, 1988). Vielleicht berichten aus diesem Grunde Frauen aus asiatischen Ländern selten über körperliche Beschwerden. Und wenn sie es doch tun, unterscheiden sich ihre Symptome in der Regel von denen westlicher Frauen.

Zum Beispiel berichtet eine kleine Anzahl japanischer Frauen über Steifheit in den Schultern, Rücken- und Kopfschmerzen und Müdigkeit, wobei sie selten

Für diese ländlichen Maya-Frauen auf der Yucatan-Halbinsel ist das Alter eine Zeit erhöhten Status, und die Menopause bringt neue Freiheiten. Nach Jahren des Kindergebärens heißen Maya-Frauen die Menopause willkommen und beschreiben sie als „glücklich sein" und „wieder frei wie ein junges Mädchen sein".

über Hitzewallungen klagen. In der Mitte des Lebens erfährt eine japanische Frau den höchsten Respekt und höchste Verantwortung. Typischerweise sind ihre Tage ausgefüllt mit der Überwachung der Haushaltsfinanzen, Betreuung der Enkelkinder, Betreuung abhängiger Schwiegereltern und Teilzeitarbeit (Lock & Kaufert, 2001). Die wenigen Frauen, die Beschwerden in der Menopause erfahren, scheinen dieses im Licht dieser sozial anerkannten Beschäftigungen zu interpretieren. Weder japanische Frauen noch japanische Ärzte betrachten die Menopause als wichtiges Kennzeichen der mittleren Jahre einer Frau. Vielmehr wird das mittlere Leben als eine ausgeweitete Periode „sozial anerkannter produktiver Reife" angesehen (Menon, 2002, S. 58). Ein Vergleich von Maya-Frauen in Yucatan mit griechischen Frauen von der Insel Evia enthüllt zusätzliche biokulturelle Einflüsse auf das Erleben der Menopause (Beyene,

1992). In diesen beiden dörflichen Kulturen ist hohes Alter eine Zeit vermehrten Status, und die Menopause bringt Freiheit von der Kindererziehung und mehr Zeit für Freizeitaktivitäten. In anderer Hinsicht unterscheiden sich Maya und griechische Frauen sehr.

Maya-Frauen heiraten mit 13 oder 14 Jahren. Um das Alter von 35 bis 40 haben sie viele Kinder geboren, aber selten menstruiert infolge wiederholter Schwangerschaften und Stillens. Weil sie darauf warten, das Kinderbekommen zu beenden, heißen sie die Menopause willkommen und beschreiben sie mit Sätzen wie „glücklich sein" und „wieder frei sein wie ein junges Mädchen". Keine berichtet über Hitzewallungen oder andere Symptome.

Wie Nordamerikanerinnen betreiben auch griechische Frauen vom Lande Verhütung, um die Größe der Familie in Grenzen zu halten. Und die meisten berichten über

> Hitzewallungen und Schweißausbrüchen in der Menopause. Aber sie betrachten diese als zeitlich begrenzte Beschwerden, die von selber aufhören werden, nicht als medizinische Symptome, die eine Behandlung erfordern. Wenn man griechische Frauen fragt, was sie bei Hitzewallungen machen, antworten sie: „nicht darauf achten", „an die frische Luft gehen" und „nachts die Bettdecke wegtun".
>
> Beeinflusst die Häufigkeit von Schwangerschaften die Symptome der Menopause, wie dieser Unterschied zwischen Maya- und griechischen Frauen nahe legt? Es wird mehr Forschung benötigt, um das zu bestätigen. Gleichzeitig ist der Unterschied zwischen den Einstellungen nordamerikanischer und griechischer Frauen zu Hitzewallungen beeindruckend. In Verbindung mit anderen interkulturellen Ergebnissen beleuchtet das den Einfluss der Kultur auf das Erleben der Menopause.

höherer Bildung, die auf den Beruf konzentriert sind und ein erfülltes Leben außerhalb des Hauses haben, zeigen in der Regel eine positivere Einstellung zur Menopause als Frauen mit schlechterer Bildung (Theisen et al., 1995). Und die wenigen Belege, die wir haben, weisen darauf hin, dass afroamerikanische und mexikanisch-amerikanische Frauen eine allgemein günstigere Sichtweise haben, ein Trend, der stärker bei mexikanischen Amerikanerinnen ist, die noch nicht die Sprache (und vielleicht auch Einstellungen) der Mehrheit der amerikanischen Gesellschaft übernommen haben (Bell, 1995; Holmes-Rovner et al., 1996).

Das breite Spektrum körperlicher Symptome und Einstellungen weist darauf hin, dass die Menopause mehr ist als nur ein hormonelles Ereignis; sie wird auch beeinflusst durch gesellschaftliche Annahmen und Praktiken. Für einen Blick auf die Erfahrungen der Frauen zur Menopause aus verschiedenen Kulturen hinweg siehe den Kasten „Kulturelle Einflüsse".

■ Reproduktive Veränderungen bei Männern

Männer erleben auch ein Klimakterium, aber die Veränderung ist begrenzt auf eine Abnahme der Quantität von Samenflüssigkeit und Samenzellen ab dem Alter von 40 Jahren. Sperma wird durch das ganze Leben hindurch produziert, und es gibt Männer, die in ihren Neunzigern Kinder gezeugt haben. Obwohl die Testosteronproduktion mit dem Alter allmählich abnimmt, ist die Veränderung bei gesunden Männern, die weiterhin sexuell aktiv sind, minimal, was die Zellen stimuliert, die Testosteron absondern (Hermann et al., 2000). Folglich gibt es kein männliches Gegenstück zur Menopause.

Dennoch wird mehr Stimulation für eine Erektion erforderlich und sie kann schwerer aufrechterhalten werden, weil der Blutfluss im Penis reduziert ist und Veränderungen im Bindegewebe stattfinden. Die Unfähigkeit, eine Erektion aufrechtzuerhalten, wenn es gewünscht wird, kann in jedem Alter auftreten, wird aber häufiger in mittleren Jahren und betrifft etwa 25 % aller Männer um 60 Jahre (Blanker et al., 2001). Eine oder zwei Episoden von Impotenz sind nicht schwerwiegend, aber häufiges Vorkommen kann einige Männer dazu bringen zu fürchten, dass ihr Geschlechtsleben vorbei ist, und damit ihr Selbstbild untergraben. Stress, Alkoholmissbrauch, Herz-Kreislauf-Erkrankungen und andere Krankheiten können ebenfalls zu dem Problem beitragen (Lue, 2000). Viagra, ein Medikament, das den Blutfluss in den Penis erhöht, kann eine kurzfristige Erleichterung von Erektionsstörungen bringen. Die öffentliche Wahrnehmung des Medikamentes hat eine offene Diskussion über die Sexualität der Männer bewirkt und mehr Männer ermutigt, Hilfe bei sexuellen Problemen zu suchen. Die meisten Männer mit Impotenz reagieren positiv auf medizinische und psychologische Behandlung.

Prüfen Sie sich selbst ...

Rückblick
Führen Sie kulturelle und Einflüsse der Geschlechterrolle zum Erleben der Menopause an.

Anwendung
Mit 42 Jahren begann Stephan, eine Gleitsichtbrille zu tragen, und in den zehn folgenden Jahren benötigte er fast jedes Jahr eine Anpassung der korrigierenden Gläser. Welche körperlichen Veränderungen sind für Stephans nachlassende Sehkraft verantwortlich?

Anwendung
Zwischen 40 und 50 nahm Nina 9 kg zu. Sie hatte auch Schwierigkeiten, ein fest geschlossenes Glas zu öffnen und ihre Wadenmuskeln schmerzten, wenn sie einige Treppen gestiegen war. Nina dachte: „Der Austausch von Muskeln zu Fett muss ein unvermeidlicher Teil des Alterns sein." Hat Nina Recht? Warum oder warum nicht?

Prüfen Sie sich selbst ...

15.2 Gesundheit und Fitness

Im mittleren Alter beurteilen etwa 75 % der Nordamerikaner ihre Gesundheit entweder als „ausgezeichnet" oder „gut" – noch die große Mehrheit, aber dennoch weniger als im frühen Erwachsenenalter, wo die Zahl 95 % beträgt (Statistics Canada, 1999b; U.S. Depart-ment of Health and Human Services, 2002f). Während jüngere Menschen gewöhnlich Klagen über die Gesundheit kurzfristigen Infektionen zuschreiben, weisen Erwachsene im mittleren Alter häufiger auf chronische Krankheiten hin. Arztbesuche und Krankenhausaufenthalte werden häufiger. Wie wir gleich sehen werden, leiden von den Erwachsenen mittleren Alters, die ihre Gesundheit als ungünstig einstufen, Männer eher an tödlichen Krankheiten, Frauen dagegen an nicht tödlichen, einschränkenden Gesundheitsproblemen.

Unsere Diskussion nimmt Sexualität als einen positiven Gesundheitsindikator auf, zusätzlich zu negativen Indikatoren, ernsteren Krankheiten und zur Invalidität führenden Zuständen. Bevor wir beginnen, ist es wichtig, darauf hinzuweisen, dass unser Verständnis der Gesundheit im mittleren und späten Erwachsenenalter durch unzureichende Forschung über Frauen und ethnische Minderheiten begrenzt ist. Die meisten Untersuchungen über Risikofaktoren, Vorbeugung und Behandlung sind an Männern durchgeführt worden. Zum Glück beginnt sich diese Situation zu ändern. Die Women's Health Initiative (Initiative zur Gesundheit der Frauen) zum Beispiel ist ein 15 Jahre andauerndes Projekt der US-Bundesregierung, um den Einfluss verschiedener Lebensstile und Strategien medizinischer Vorbeugung zur Gesundheit von mehr als 164.000 Frauen aller ethnischen Gruppen und sozioökonomischen Zugehörigkeit nach der Menopause zu untersuchen. Ergebnisse der jüngeren Zeit über Herz-Kreislauf-Erkrankungen und Brustkrebsrisiko, die mit Hormontherapie in Verbindung gebracht werden, stammen aus diesen Bemühungen.

15.2.1 Sexualität

Die Häufigkeit sexueller Aktivität bei verheirateten Paaren tendiert dazu, im mittleren Erwachsenenalter abzunehmen, aber der Abfall ist nur leicht und steht nicht mit dem Status der Frau nach der Menopause in Beziehung (Avis, Crawford, & Johannes, 2002). Langzeitstudien haben gezeigt, dass die Stabilität sexueller Aktivität viel typischer ist als eine dramatische Veränderung. Paare, die im frühen Erwachsenenalter oft Sex haben, haben dieses auch im mittleren Leben. Und die beste Voraussage für Häufigkeit des Sex ist eheliches Glück, was vermutlich auch für den umgekehrten Fall gilt (Edwards & Booth, 1994). Sex geschieht eher im Kontext einer guten Ehe und Paare, die oft Sex haben, sehen ihre Beziehung wahrscheinlich eher positiv.

Dennoch nimmt die *Intensität* sexueller Reaktionen im mittleren Leben infolge körperlicher Veränderungen durch das Klimakterium etwas ab. Sowohl Männer wie Frauen brauchen mehr Zeit, um sich erregt zu fühlen und den Orgasmus zu erreichen (Bartlik & Goldstein, 2001; Gelfand, 2000). Wenn sich Partner gegenseitig als weniger attraktiv wahrnehmen, kann das zu einem Rückgang des sexuellen Begehrens führen. Im Kontext einer positiven Einstellung jedoch kann die sexuelle Aktivität befriedigender sein. Dirk und Patricia zum Beispiel betrachteten ihre alternden Körper mit Akzeptanz und Zuneigung, als ein Zeichen ihrer andauernden und sich vertiefenden Beziehung. Und mit größerer Freiheit von den Anforderungen durch Arbeit und Familie wurde ihr Sexualleben spontaner.

Schließlich erscheint in Umfragen, die sowohl verheiratete wie unverheiratete Paare umfassen, ein auffälliger Geschlechtsunterschied in der auf das Alter bezogenen sexuellen Aktivität. Das Verhältnis von Männern ohne Sexualpartner im Jahr zuvor nimmt nur leicht zu, von 8 % in den Dreißigern auf 11 % in den späten Fünfzigern. Im Gegensatz dazu ist der Anstieg bei Frauen dramatisch, von 9 % auf 30 % — eine Kluft zwischen den Geschlechtern, die im späten Erwachsenenalter noch größer wird (Avis, 2000). Verantwortlich sind die Umstände, nicht das Begehren. Eine höhere männliche Todesrate und der Wert, den Frauen Zuneigung und Beständigkeit in sexuellen Beziehungen beilegen, machen weniger Partner für sie verfügbar. Wenn wir das Geschehen als Ganzes betrachten, ist sexuelle Aktivität im mittleren Leben, wie in früheren Perioden, das Ergebnis biologischer, psychologischer und sozialer Umstände.

15.2.2 Krankheit und Invalidität

Wie Abbildung 15.2 zeigt, sind Herz-Kreislauf-Erkrankungen und Krebs die Haupttodesursachen im mittleren Alter. Unfälle stellen weiterhin eine Hauptbedrohung der Gesundheit dar, auch wenn sie mit einer geringeren Rate auftreten als im jungen Erwachsenenalter, hauptsächlich wegen der Abnahme von Autounfällen. Trotz eines Anstiegs von Sehproblemen können ältere Erwachsene mit vielen Jahren Fahrpraxis und größerer Vorsicht diese Todesursache reduzieren. Im Gegensatz dazu verdoppeln sich Stürze, die zu Knochenbrüchen und zum Tode führen, nahezu vom frühen zum mittleren Erwachsenenalter (Statistics Canada, 2002i; U.S. Department of Health and Human Services, 2002f).

Männer in mittleren Jahren sind gleichermaßen anfällig für Herz-Kreislauf-Erkrankungen und Krebs, und insgesamt reagieren Männer empfindlicher auf die meisten die Gesundheit beeinträchtigenden Faktoren als Frauen. Bei Frauen mittleren Alters ist Krebs bei weitem die hauptsächliche Todesursache (siehe wieder Abbildung 15.2). Wie all die Jahre davor sind wirtschaftliche Nachteile ein starker Vorhersagewert für schlechte Gesundheit und einem zu frühen Tod in mittleren Jahren. Und wegen größerer Armut und dem Mangel an einer allgemeinen Krankenversicherung haben die Vereinigten Staaten weiterhin höhere Todesraten durch die Hauptursachen als Kanada. Schließlich begegnet man, wenn wir einen genaueren Blick auf Krankheit und Behinderung werfen, noch einem weiteren vertrauten Thema: der engen Verbindung zwischen emotionalem und körperlichem Wohlbefinden. Persönlichkeitseigenschaften, die Stress vergrößern, insbesondere Feindseligkeit und Wut, sind ernsthafte Bedrohungen der Gesundheit im mittleren Leben.

■ Krebs

Die Todesrate durch Krebs verzehnfacht sich vom frühen ins mittlere Erwachsenenalter. In der Lebensmitte ist er verantwortlich für etwa ein Drittel aller Todesfälle in den Vereinigten Staaten und für die Hälfte in Kanada. Obwohl das Vorkommen vieler Krebsarten sich derzeit einpendelt oder abnimmt, war die Krebssterblichkeit viele Jahre lang ansteigend, hauptsächlich wegen einer dramatischen Zunahme von Lungenkrebs als Folge von Zigarettenrauchen. In den letzten zehn Jahren nahm bei Männern der Lungenkrebs ab; 50 % rauchen heute weniger als in den 1950ern. Im Gegensatz dazu nahm Lungenkrebs bei Frauen zu; viele von ihnen begannen nach dem Zweiten Weltkrieg mit dem Rauchen (Greenlee, 2000).

Krebs tritt auf, wenn das genetische Programm einer Zelle zerstört wird, was zu einem unkontrollierten Wachstum und der Verbreitung anormaler Zellen führt, die das normale Gewebe und Organe besiedeln. Warum geschieht das? Aus Kapitel 13 sei daran erinnert, dass gemäß einer Theorie die zufälligen Fehler bei der Verdoppelung von Körperzellen mit dem Alter zunehmen, entweder durch Freisetzen freier Radikale oder dem Zusammenbruch des Immunsystems. Äußere Einflüsse können diesen Prozess ebenso einleiten oder intensivieren. Beschädigung eines Gens mit dem Namen p53, das Zellen mit defekter DNA davon abhält, sich zu teilen, spielt in 60 % von Krebs eine Rolle, u.a. den der Blase, Brust, des Gebärmutterhal-

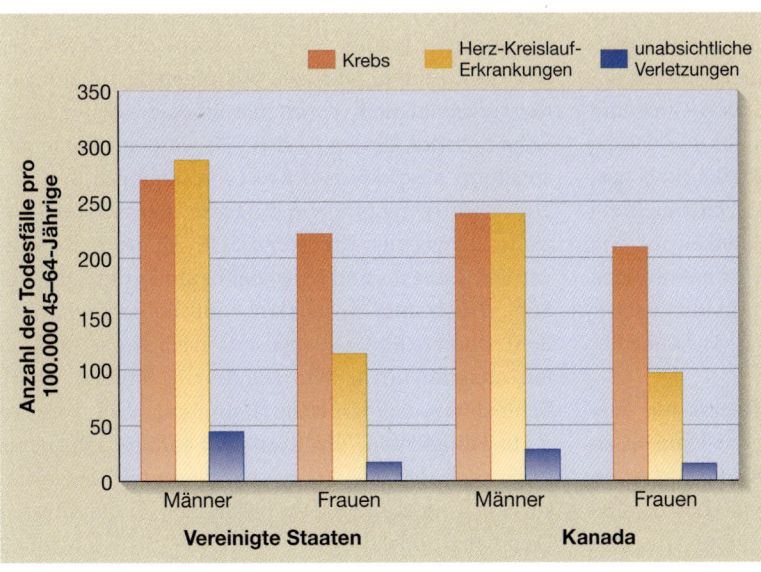

Abbildung 15.2: Hauptsächliche Todesursachen bei 45- bis 64-Jährigen in den Vereinigten Staaten und Kanada. Wie im frühen Erwachsenenalter sind die Todesraten in Kanada niedriger als in den Vereinigten Staaten in Folge der allgemeinen, vom Staat finanzierten Krankenversicherung und weniger extremen Armut in Kanada. Männer sind allen Haupttodesursachen gegenüber anfälliger als Frauen. Todesraten durch Krebs und Herz-Kreislauf-Erkrankungen sind bei Männern gleich. Bei Frauen ist Krebs die verbreitetste Todesursache (nach Statistics Canada, 2002i; U.S. Bureau of the Census, 2002c).

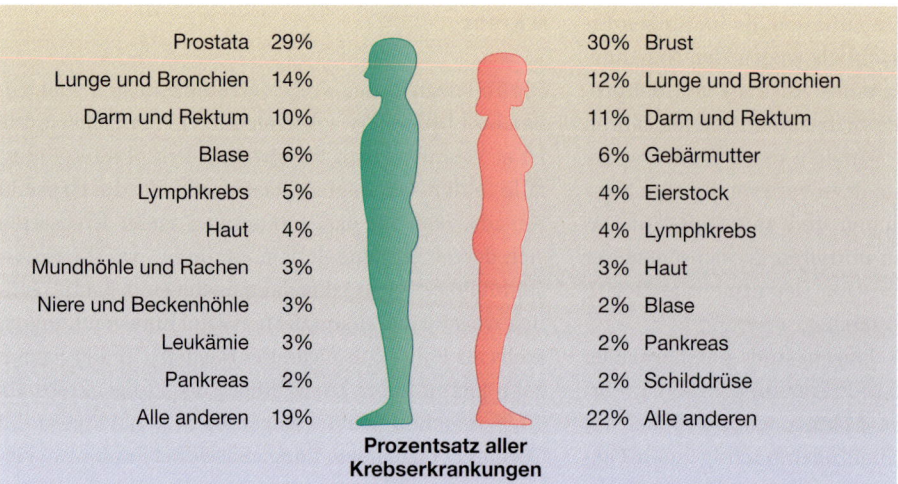

Abbildung 15.3: Auftreten von Krebs bei Männern und Frauen in den Vereinigten Staaten. Obwohl die Krebsraten in Kanada niedriger sind als in den Vereinigten Staaten, ist das relative Auftreten verschiedener Krebsarten in den beiden Ländern ähnlich (aus R. T. Greenlee, 2000, „Cancer Statistics, 2000," CA: A Cancer Journal for Clinicians, 50, S. 16).

ses, der Leber, Lunge, Prostata und der Haut. Neue Krebstherapien, die auf das p53 zielen, versprechen ein Nachlassen des Tumorwachstums, sind aber noch in frühen Stadien der Forschung (Fisher, 2001).

Darüber hinaus besteht eine vererbte Empfänglichkeit für bestimmte Krebsarten. Zum Beispiel fehlt vielen Patienten mit familiärem Brustkrebs, die schlecht auf Behandlung ansprechen, ein besonderes, tumorunterdrückendes Gen (entweder BRCA1 oder BRCA2). Genetische Kontrolluntersuchungen ist für diese Mutationen verfügbar und erlaubt es, früh mit Vorbeugungsmaßnahmen zu beginnen (Coughlin, Khoury, & Steinberg, 1999). Obwohl Frauen mit einem dieser defekten Gene ein viel höheres Risiko für Brustkrebs haben als andere Frauen, tritt die Krankheit tatsächlich nur bei 35 % bis 50 % auf. Andere Gene und Faktoren des Lebensstils, die noch nicht vollständig verstanden werden, vermindern ihr Risiko (Rebbeck, 2002). Folglich wirft die genetische Untersuchung nach BRCA1 oder BRCA2 ethische Bedenken auf, wie das Ansteigen der Angst der Frauen vor zukünftigen Krankheiten und die Inanspruchnahme medizinischer Interventionen, deren Ausgang ungewiss ist (siehe Kapitel 2).

Insgesamt trägt eine komplexe Interaktion von Vererbung, biologischem Altern und der Umwelt zu Krebs bei. Abbildung 15.3 zeigt die häufigsten Arten und das Vorkommen jeder von ihnen. Krankheits- und Sterblichkeitsraten sind für bestimmte Gruppen von Menschen höher als für andere. Männer sind im Allgemeinen empfänglicher als Frauen für Krebsarten, die beide Geschlechter betreffen. Der Unterschied mag bedingt sein durch die genetische Ausstattung, durch die Exposition krebsauslösender Stoffe als Folge des Lebensstils oder der Beschäftigung und durch eine Tendenz, den Arztbesuch aufzuschieben (Greenlee, 2000).

Viele Menschen fürchten Krebs, weil sie ihn für unheilbar ansehen. Jedoch werden 40 % der Menschen mit Krebs geheilt (frei von der Krankheit nach fünf oder mehr Jahren). Brustkrebs ist der häufigste Krebs bei der Frau, Prostatakrebs beim Mann. Lungenkrebs, größtenteils vermeidbar durch das Vermeiden von Tabak, rangiert bei beiden Geschlechtern an der zweiten Stelle, dicht gefolgt von Darmkrebs und Krebs des Rektums. Einmal jährliche Vorsorgeuntersuchungen, die verschiedene Krebsarten umfassen sowie zusätzliche Schritte, die im Kasten „Aspekte der Fürsorge" angeführt sind, können Krebserkrankungen und die Todesrate beträchtlich reduzieren. Obwohl die Beziehung zwischen Krebs und SÖS mit der Krebsform variiert (Lungen- und Magenkrebs sind mit niedrigem SÖS, Brust- und Prostatakrebs mit höherem verbunden), nimmt die Überlebensrate nach Krebs stark ab mit abnehmendem SÖS (Balfour & Kaplan, 1998). Schlechtere medizinische Betreuung und verminderte Fähigkeiten, die Krankheit infolge schlechter Ernährung, hohem Stress im Leben und Mangel an sozialer Unterstützung zu bekämpfen, liegen diesem Trend zugrunde.

Eine Krebserkrankung zu besiegen kann emotionale Schwierigkeiten mit sich bringen. Während der Krebs-

Gesundheit und Fitness

Aspekte der Fürsorge

Reduzierung des Vorkommens von Krebs und Tod durch Krebs

INTERVENTION	BESCHREIBUNG
Machen Sie sich mit den sieben Warnzeichen von Krebs vertraut.	Veränderungen des Stuhlgangs und der Blasenfunktion, eine Wunde, die nicht heilt, ungewöhnliche Blutung oder Ausfluss, Verdickung oder Knoten in der Brust oder an anderen Stellen des Körpers, Magenverstimmungen oder Schwierigkeiten beim Schlucken, auffällige Veränderung einer Warze oder eines Mals, hartnäckiger Husten oder Heiserkeit. Wenn Sie eines dieser Zeichen bemerken, gehen Sie sofort zum Arzt.
Untersuchen Sie sich selbst.	Frauen sollten einmal monatlich die Brust selbst untersuchen, und Männer ihre Hoden auf Verdickungen und andere Veränderungen untersuchen. Wenn sie früh entdeckt werden, können Brust- und Hodenkrebs in der Regel geheilt werden.
Gehen Sie zu regelmäßigen Krebsvorsorgeuntersuchungen und Screenings.	Regelmäßige Vorsorgeuntersuchungen, Mammographie alle ein bis zwei Jahre und gynäkologischer Abstrich einmal jährlich für Frauen sowie andere Kontrollverfahren für Männer und Frauen erhöhen frühes Erkennen und Heilung.
Vermeiden Sie Tabak.	Zigarettenrauchen verursacht 90 % aller Todesfälle von Lungenkrebs und 30 % aller Todesfälle durch Krebs. Kautabak erhöht das Risiko des Krebses des Mundes, des Kehlkopfes, des Halses und der Speiseröhre.
Vermeiden Sie Sonnenbäder.	Sonnenstrahlen verursachen viele Formen des Hautkrebses. Wenn Sie für längere Zeit in die Sonne gehen, benutzen Sie ein Sonnenschutzmittel und bedecken die der Sonne ausgesetzte Haut.
Vermeiden Sie unnötige Röntgenuntersuchungen.	Röntgenstrahlen erhöhen das Krebsrisiko. Die meisten medizinischen Röntgengeräte sind so eingestellt, dass sie die geringstmöglichen Dosen abgeben, aber auch diesen sollte man nicht unnötig ausgesetzt sein.
Vermeiden Sie Kontakt mit Industriechemikalien und anderen Umweltgiften.	Kontakt mit Nickel, Chromat, Asbest, Vinylchlorid und ähnlichen Substanzen erhöht das Risiko verschiedener Krebsarten.
Wägen Sie die Vor- und Nachteile einer Hormontherapie ab.	Weil Östrogenersatzgaben das Risiko von Gebärmutter- und Brustkrebs erhöhen und Östrogen/Progesteron-Ersatzgaben das Risiko von Brustkrebs noch mehr erhöhen können, wägen Sie mit Ihrem Arzt vorsichtig die Hormontherapie ab.
Ernähren Sie sich gesund.	Vermeiden Sie zu viel Fett in der Ernährung sowie Nahrung, die mit Salz oder Nitrit behandelt oder geräuchert ist. Essen Sie Gemüse und Nahrungsmittel, die reich an Ballaststoffen und Vitamin A und C sind

Quelle: Greenlee, 2000; Holland, 1998.

behandlung konzentrieren sich auch die Menschen in der Umgebung des Patienten auf die Krankheit. Danach müssen sie sich wieder der Gesundheit und vollen Teilhabe am täglichen Leben widmen. Leider existieren Stigmatisierungen in Verbindung mit Krebs. Freunde, Verwandte und Mitarbeiter benötigen möglicherweise Aufklärung, dass Krebs nicht ansteckend ist und dass Forschungen zeigen, dass Überlebende von Krebs im Job genauso produktiv sind wie andere Menschen (Kornblith, 1998).

■ Herz-Kreislauf-Erkrankungen

Trotz eines Rückgangs in den letzten Jahrzehnten (siehe Kapitel 13), erliegen jedes Jahr etwa 28 % Amerikaner und Kanadier mittleren Alters solchen Erkrankungen (Statistics Canada, 2002i; U.S. Bureau of the Census, 2002c). In Deutschland liegt der Anteil über 30 % (Statistisches Jahrbuch der Bundesrepublik Deutschland, 2003). Wir assoziieren Herz-Kreislauf-Erkrankungen mit Herzattacken, aber bei Dirk (wie bei vielen Erwachsenen mittleren und höheren Alters) wurde der Zustand bei der jährlichen ärztlichen Routineuntersuchung entdeckt. Sein Arzt entdeckte einen hohen Blutdruck, hohes Cholesterin im Blut und Arteriosklerose, Ablagerungen von Plaques in seinen koronaren Arterien, die das Herz umgeben und seine Muskeln mit Sauerstoff und Nährstoffen versorgen. Diese Indikatoren von Herz-Kreislauf-Erkrankungen sind bekannt als „stille Killer", weil es so oft keine Symptome gibt.

Wenn Symptome nachweisbar sind, nehmen sie verschiedene Formen an. Die extremste ist eine *Herzattacke*, eine Blockierung der normalen Blutversorgung in einem Bereich des Herzens. Sie wird in der Regel ausgelöst von einem Blutgerinnsel in einer oder mehreren von Plaques gefüllten Herzarterien. Daraus resultiert ein intensiver Schmerz, da der Muskel in der betroffenen Region abstirbt. Eine Herzattacke ist ein medizinischer Notfall, über 50 % der Opfer sterben, bevor sie das Krankenhaus erreichen, weitere 15 % während der Behandlung und zusätzliche 10 % in den nächsten Jahren (American Heart Association, 2002). Unter den mit weniger extremen Symptomen kardiovaskulären Erkrankungen befindet sich die *Arrhythmie* bzw. unregelmäßige Herzschlagfolge. Wenn sie andauert, kann sie das Herz davon abhalten, genug Blut zu pumpen und zu Ohnmachten führen. Sie kann auch die Bildung von Gerinnseln in den Herzkammern fördern, die sich lösen und ins Gehirn wandern können. Bei einigen Menschen zeigt ein Schmerz ähnlich dem bei einer Magenverstimmung oder ein stechender

---

Aspekte der Fürsorge

Das Risiko von Herzattacken reduzieren

INTERVENTION	RISIKOREDUKTION
Hören Sie mit dem Rauchen auf.	**70%** — Fünf Jahre nach der Beendigung des Rauchens besteht ein bis zu 70 % niedrigeres Risiko im Vergleich zu derzeitigen Rauchern.
Senken Sie Ihren Cholesterinspiegel im Blut.	**60%** — 2 bis 3 % Prozent Rückgang des Risikos für jedes Prozent weniger Cholesterin im Blut. Reduzierung des Cholesterins durch gesunde Ernährung im Durchschnitt 10 %, kann bis zu 20 % mit Medikamenten betragen.
Lassen Sie hohen Blutdruck behandeln.	**60%** — Kombinierte Diät und Medikamentengaben können den Blutdruck wesentlich senken, was zu bis zu 60 % Risikoverminderung führen kann.
Halten Sie Ihr Idealgewicht.	**55%** — Bis zu 55 % geringeres Risiko für Menschen, die ihr Idealgewicht halten, im Vergleich zu denen, die fettleibig sind.
Treiben Sie regelmäßig Sport.	**45%** — 45 % geringeres Risiko bei Menschen, die einen aktiven Lebensstil pflegen statt einer sitzenden Lebensweise.
Trinken Sie gelegentlich ein Glas Wein oder Bier.[a]	**45%** — Bis zu 45 % niedrigeres Risiko bei Menschen, die kleine bis mäßige Mengen von Alkohol konsumieren; man nimmt an, dass es Lipoproteine mit hoher Dichte fördert, eine Form des „guten Cholesterins", das „schlechtes Cholesterin" reduziert.
Nehmen Sie kleine Mengen Aspirin ein.	**33%** — Bis zu 33 % verringertes Risiko für Menschen, die 162 mg (1/2 Tabletten) täglich oder jeden zweiten Tag zu sich nehmen, verringert die Wahrscheinlichkeit von Blutgerinnseln (sollte ärztlich empfohlen werden, Langzeitgebrauch kann schwere Nebenwirkungen haben)
Reduzieren Sie Feindseligkeit in Ihrem sozialen Umfeld und andere Formen psychischen Stresses.	Ausmaß der Risikoverminderung noch unbekannt.

Quellen: American Heart Association, 2002; Harpaz et al., 1996; Rimm, 1996.

[a] Erinnern Sie aus Kapitel 13, dass schwerer Alkoholkonsum das Risiko kardiovaskulärer Erkrankungen erhöht.

Gesundheit und Fitness

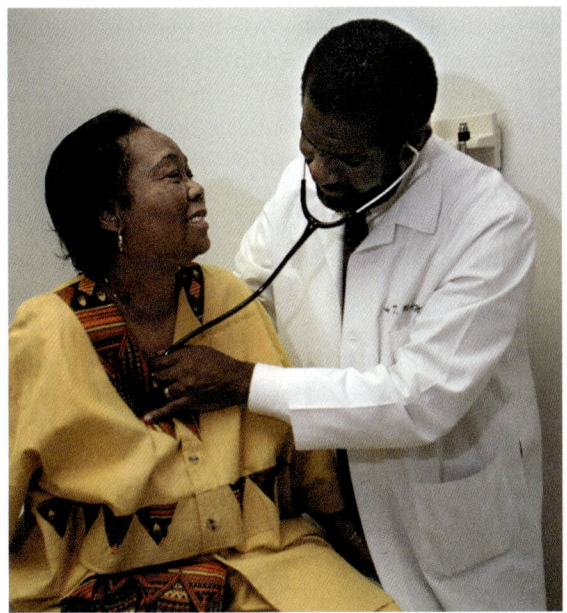

Eine genaue Diagnose Herz-Kreislauf-Erkrankungen ist bei Frauen von besonderer Bedeutung. Weil Ärzte Herzerkrankungen oft als „männliches Problem" ansehen, neigen sie dazu, bei Frauen Symptome zu übersehen. Afroamerikanische Frauen, die ein erhöhtes Risiko für Herzerkrankungen haben, erleben besonders leicht einen Mangel an angemessenen Nachfolgeuntersuchungen.

Brustschmerz, *Angina pectoris* genannt, ein Herz mit Sauerstoffmangel an.

Heute können solche Erkrankungen auf vielfache Weise behandelt werden, einschließlich Bypass-Operationen, Medikamente und Herzschrittmacher, die den Herzrhythmus regulieren. Um die arterielle Blockade zu verhindern, erhielt Dirk eine Angioplastie (Gefäßplastik), eine Prozedur, bei der ein Chirurg ein nadeldünnes Katheter in seine Arterien zieht und einen Ballon an seinem Ende aufbläst, der die Ablagerungen abträgt, damit das Blut wieder freier fließen kann. Gleichzeitig warnte ihn der Arzt, dass die Arterien sich innerhalb eines Jahres wieder verklumpen würden, wenn Dirk nicht andere Maßnahmen ergreifen würde, um sein Risiko zu vermindern. Wie der Kasten „Aspekte der Fürsorge" aufzeigt, können Erwachsene viel tun, um Herzerkrankungen vorzubeugen oder ihr Fortschreiten zu verlangsamen.

Natürlich können einige Risiken wie Vererbung, fortgeschrittenes Alter und männlichen Geschlechts zu sein, nicht verhindert werden. Aber Herz-Kreislauf-Erkrankungen sind so lebensbeeinträchtigend oder sogar tödlich, dass Menschen aufmerksam auf sie achten müssen, auch dort, wo sie am wenigsten erwartet werden. Eine besondere Schwierigkeit besteht in der richtigen Diagnose bei Frauen. Weil Männer 70 % dieser Fälle im mittleren Alter ausmachen, sehen Ärzte Herzprobleme oft als „männliches Problem" an. Folglich übersehen sie häufig die Symptome bei Frauen, die dazu neigen, schwächer zu sein und häufiger die Form einer Angina pectoris als einer ausgereiften Herzattacke annehmen (Roger et al., 2000). In einer Untersuchung ließen Wissenschaftler männliche und weibliche Schauspieler die identischen Symptome einer Angina pectoris vor einer Stichprobe von mehr als 700 Ärzten darstellen. Die Ärzte hatten bei Frauen viel seltener den Verdacht auf Herzprobleme, insbesondere bei afroamerikanischen Frauen, die ein größeres Risiko für Herzerkrankungen haben als kaukasisch-amerikanische Frauen. Diese kombinierte Schieflage von Geschlecht und Rassenzugehörigkeit bei Herzproblemen reduzierte stark das Ausmaß, in dem afroamerikanischen Frauen Folgeuntersuchungen empfohlen wurden (Schulman et al., 1999).

■ Osteoporose

Wenn der durch Alter bedingte Knochenschwund schwer ist, entwickelt sich **Osteoporose**. In der größten Untersuchung über Osteoporose, die bisher unternommen wurde und bei der mehr als 200.000 Frauen mittleren Alters nach der Menopause beteiligt waren, hatten 40 % eine Knochendichte, die besorgniserregend war und 7 % erhielten die Diagnose der Störung (Chestnut, 2001). Osteoporose betrifft die Mehrheit der Menschen beider Geschlechter über 70 Jahren (Donatelle, 2003). Wir assoziieren damit eine krumme Haltung, einen schleppenden Gang und einen „Witwenbuckel" im oberen Rücken, aber dieses Extrem ist selten. Weil die Knochen allmählich über viele Jahre hinweg poröser werden, mag Osteoporose nicht sichtbar werden, bevor Brüche – typischerweise im Rückgrat, den Hüften und dem Handgelenk – auftreten oder im Röntgenbild entdeckt werden.

Ein Hauptfaktor, der mit Osteoporose in Zusammenhang steht, ist der Rückgang von Östrogen in der Menopause. Im mittleren und späten Erwachsenenalter verlieren Frauen etwa 50 % ihrer Knochenmasse, etwa die Hälfte davon in den ersten zehn Jahren nach der Menopause. Wegen des Östrogenverlustes ist die Wahrscheinlichkeit, diese Krankheit zu entwickeln, umso größer, je eher die Frau die Menopause erreicht. Die Vererbung spielt offenbar eine wichtige Rolle, da eineiige Zwillinge diese Störung eher teilen als zweieiige, auch eine Familiengeschichte in der Krankheit erhöht das Risiko (Stewart & Ralston, 2000). Menschen mit dünnen, zartgliedrigen Körpern sind eher betroffen, weil sie typischerweise in der Adoleszenz eine geringere Höchstknochenmasse erreichen. Im Gegensatz dazu macht eine höhere Knochendichte Afroamerikaner weniger empfänglich als asiatische Amerikaner, Kaukasier und hispanische Amerikaner. Eine ungesunde Lebensweise kann auch zu Osteoporose beitragen, durch eine kalziumarme Ernährung oder körperliche Inaktivität, die beide die Knochenmasse reduzieren. Ferner werden das Zigarettenrauchen und hoher Koffein- und Alkoholkonsum mit der Krankheit in Beziehung gebracht. Wie jedoch diese Substanzen ihre Wirkungen entfalten, ist unbekannt (Donatelle, 2003; Dowd, 2001).

Osteoporose betrifft mehr als 25 Millionen Amerikaner und 1,4 Millionen Kanadier und vergrößert stark das Risiko von Knochenbrüchen (Osteoporosis Society of Canada, 2002; U.S. Department of Health and Human Services, 2002). Bei schlimmeren Brüchen (wie der Hüfte) sterben 12 % bis 20 % der Patienten innerhalb eines Jahres (Center et al., 1999). Um die Störung zu behandeln, empfehlen Ärzte eine Ernährung, die mit Kalzium und Vitamin D angereichert wird (was die Kalziumabsorption fördert), Übungen, bei denen man das eigene Gewicht tragen muss (eher Laufen als Schwimmen), und Hormontherapie (für Frauen mit keinem hohen Risiko für Brust- und Gebärmutterkrebs und Herz-Kreislauf-Erkrankungen) oder andere Medikamente, welche die Knochen stärken. Jede dieser Interventionen hilft dabei, dass die Knochen ihren Mineralgehalt wiedergewinnen. Rechtzeitige Vorbeugung ist ein noch besseres Verfahren. Zunehmende Zufuhr von Kalzium und Vitamin D und regelmäßige körperliche Betätigung in der Kindheit, Adoleszenz und im frühen Erwachsenenalter reduzieren lebenslang das Risiko, indem sie die Knochendichte maximieren (NIH Consensus Development Panel, 2001).

15.2.3 Feindseligkeit und Wut

Jedes Mal wenn Patricias Schwester Dorothee anrief, wirkte sie wie ein Pulverfass, das gleich explodiert. Dorothee hatte ständig etwas an ihrem Chef auszusetzen und war unzufrieden damit, wie Patricia, eine Rechtsanwältin, die Familienangelegenheiten nach dem Tod ihres Vaters gehandhabt hatte. Alle Unterhaltungen endeten gleich: Dorothee machte herabsetzende, verletzende Bemerkungen, wenn ihre Wut an die Oberfläche kam. „Jeder Anwalt weiß das, Patricia; Wie konntest du so dumm sein! Ich hätte einen richtigen Anwalt nehmen sollen." „Du und Dirk seid so in euer Luxusleben eingebunden, dass ihr an nichts anderes denken könnt. Du weißt überhaupt nicht, was Arbeit bedeutet."

Patricia hörte so lange zu, wie sie es ertragen konnte. Dann warnte sie: „Dorothee, wenn du so weitermachst, lege ich auf ... Dorothee, ich beende das jetzt hier!"

Auch sonst hatte Dorothee viele Probleme, die vornehmlich ihre Gesundheit betrafen. Mit 53 Jahren hatte sie hohen Blutdruck, Schlafstörungen und Rückenschmerzen. Während der vergangenen fünf Jahre war sie fünfmal im Krankenhaus: zweimal zur Behandlung von Verdauungsproblemen, zweimal wegen unregelmäßigen Herzschlags und einmal wegen eines gutartigen Tumors an der Schilddrüse. Patricia fragte sich oft, ob Dorothees persönlicher Stil teilweise für ihren körperlichen Zustand verantwortlich wäre.

Dass Feindseligkeit und Wut eine negative Wirkung auf die Gesundheit haben könnten, ist ein alter Gedanke. Vor einigen Jahrzehnten untersuchten Forscher erstmals diese Vorstellung, indem sie 35- bis 59-jährige Männer identifizierten, die ein **Typ-A-Verhaltensmuster**, ein extremes Rivalisieren, Ehrgeiz, Ungeduld, Feindseligkeit, Wutausbrüche und ein Gefühl ständigen Zeitdrucks, aufwiesen. Sie fanden heraus, dass innerhalb der nächsten acht Jahre nach der Erstuntersuchung Menschen des Typ A doppelt so häufig wie die des Typ B (Menschen mit einer gelasseneren Disposition) eine Herzerkrankung entwickelten (Rosenman et al., 1975).

Spätere Untersuchungen jedoch haben diese Ergebnisse nicht bestätigen können, vielleicht, weil Typ A eine Mischung von Verhaltensweisen ist, von denen nur eine oder zwei die Gesundheit beeinflussen. Die derzeitige Beweislage legt die Feindseligkeit als „toxischen" Bestandteil des Typ A fest, denn durch seine Isolierung vom globalen Typ A wurden gleich bleibend Herzerkrankungen und andere Gesundheitsprobleme sowohl bei Männern wie bei Frauen vorausgesagt (Aldwin et al., 2001; Low et al., 1998; Williams, 2000). Das Risiko für Arteriosklerose ist zweieinhalbmal höher bei Erwachsenen, die hohe Werte in Feindseligkeitsskalen aufweisen, als bei solchen mit niedrigen Werten (Iribarren et al., 2000).

Kürzlich erhaltene Ergebnisse weisen darauf hin, dass insbesondere *geäußerte Feindseligkeit* – häufige Wutausbrüche, grobes, unannehmbares Verhalten, kritisierende und herablassende nichtverbale Hinweise bei sozialen Interaktionen, u.a. wütendes Anstarren, Ausdruck von Verachtung und Ekel und eine harte, drängende Stimme – zu stärkerer kardiovaskulärer Erregung, Klagen über die Gesundheit und Krankheiten führt (Chesney et al., 1997). Wenn Menschen wütend werden, steigen die Herzrate, der Blutdruck und Stresshormone an – physiologische Reaktionen, die eskalieren, bis die Reaktion des Körpers extrem wird.

Natürlich sind Menschen, die häufig aufgebracht sind, eher deprimiert und mit ihrem Leben unzufrieden, haben einen Mangel an sozialer Unterstützung und nehmen ungesunde Verhaltensweisen an (Raynor et al., 2002). Aber Feindseligkeit sagt Gesundheitsprobleme selbst dann voraus, wenn solche Faktoren wie Rauchen, Alkoholkonsum, Übergewicht, allgemeines Unglücklichsein und negative Lebensereignisse kontrolliert werden. Und weil Männer höhere Werte in Feindseligkeit haben als Frauen (Dorothee ist eine Ausnahme), mag der emotionale Stil zu Geschlechtsunterschieden bei Herzerkrankungen, wie oben beschrieben, beitragen (Stoney & Engebretson, 1994).

Sollte Dorothee zur Bewahrung ihrer Gesundheit ihre Feindseligkeit unterdrücken statt ihr Audruck zu verleihen? Das wiederholte Unterdrücken von Wut – innerliches Brodeln, aber nach außen ruhig aussehen – wird ebenfalls mit einer Zunahme von Herzerkrankungen assoziiert und mag andere, bisher noch unbekannte Gesundheitsrisiken in sich bergen (Julkunen, 1996). Wie wir gleich sehen werden, ist eine bessere Alternative, wirksame Wege zur Stress- und Konfliktbewältigung zu entwickeln.

15.3 Anpassung an die körperlichen Herausforderungen im mittleren Leben

Das mittlere Erwachsenenalter ist oft eine produktive Periode, in welcher die Menschen ihre größten Erfolge und Befriedigungen erleben. Dennoch bedarf es beträchtlicher Vitalität, um all die Veränderungen, die diese Phase mit sich bringen kann, zu bewältigen. Dirk reagierte auf seinen expandierenden Bauchumfang und Herz-Kreislauf-Symptome, indem er zweimal die Woche einen Aerobic-Kurs besuchte und den durch den Job bedingten Stress durch tägliche Meditation von zehn Minuten reduzierte. Patricia, die sich der Schwierigkeiten ihrer Schwester Dorothee bewusst war, löste die Aufgabe, ihre eigenen feindseligen Gefühle in den Griff zu bekommen, auf eine angepasstere Weise. Und ihr allgemein optimistischer Blick befähigte sie dazu, erfolgreich mit den körperlichen Veränderungen der mittleren Jahre, dem Druck ihrer juristischen Karriere und Dirks chronischer Erkrankung zu bewältigen.

15.3.1 Umgang mit Stress

Es sollten aus Kapitel 13 die negativen Folgen psychischen Stresses auf das Herz-Kreislauf- und das Immunsystem und den Magen-Darm-Trakt ins Gedächtnis gerufen werden. Wenn Erwachsene zu Hause und bei der Arbeit Problemen begegnen, können tägliche Streitereien sich zu einer schweren Stresslast aufbauen. Stressmanagement ist in jedem Alter für ein befriedigenderes Leben wichtig. Im mittleren Erwachsenenalter kann es den durch das Alter bedingten Anstieg von Krankheit und deren Schwere reduzieren.

Der Kasten „Aspekte der Fürsorge" auf der folgenden Seite fasst wirksame Wege zur Stressbewältigung zusammen. Obwohl manche Stressoren nicht beseitigt werden können, haben die Menschen es in der Hand, wie sie mit einigen umgehen und andere sehen. Bei der Arbeit konzentrierte sich Patricia auf Probleme, die sie kontrollieren konnte – nicht auf die Reizbarkeit ihres Chefs, aber auf Wege, wie sie Routineaufgaben auf ihr Team delegieren konnte, sodass sie sich auf Probleme zu konzentrieren vermochte, die ihr Wissen und ihre Fertigkeiten erforderten. Wenn Dorothees Anrufe kamen, lernte Patricia, zwischen normalen emotionalen Reaktionen und unangemessenen Selbstbeschuldigungen zu unterscheiden. Sie hörte auf, Dorothees Wut als Zeichen ihrer eigenen Inkompetenz zu interpretieren und erinnerte sich stattdessen an Dorothees schwieriges Temperament und ihr schweres Leben. Und mehr Lebenserfahrung half ihr, Veränderungen als unvermeidlich zu akzeptieren. Folglich war sie besser vorbereitet, mit dem Schock plötzlicher Ereignisse wie Dirks plötzlichem Krankenhausaufenthalt zur Behandlung seiner Herzerkrankung umzugehen.

Wie Patricias Bemühungen illustrieren, benutzen Menschen zwei allgemein Strategien, um Stress zu bewältigen. In der *problemzentrierten Bewältigung* sehen sie die Situation als veränderbar an, machen sich die Schwierigkeiten klar und entscheiden dann, was sie tun können. Wenn Problemlösen nicht möglich

Aspekte der Fürsorge

Mit Stress umgehen

TECHNIK	BESCHREIBUNG
Schätzen Sie die Situation neu ein.	Lernen Sie, den Unterschied zwischen normalen Reaktionen und solchen, die auf irrationalen Annahmen bestehen, zu erkennen.
Konzentrieren Sie sich auf Ereignisse, die Sie kontrollieren können.	Machen Sie sich keine Gedanken über Dinge, die Sie nicht ändern können und die nie eintreten werden; konzentrieren Sie sich auf Strategien, Ereignisse zu handhaben, die Sie unter Kontrolle haben.
Sehen Sie das Leben als fließend an.	Akzeptieren Sie Veränderung und nehmen Sie sie als unvermeidbar an; dann werden viele unerwartete Veränderungen weniger emotionalen Einfluss haben.
Fassen Sie Alternativen ins Auge.	Stürzen Sie sich nicht in Aktionen; denken Sie nach, bevor Sie handeln.
Setzen Sie sich selber vernünftige Ziele.	Setzen Sie sich hohe Ziele, aber seien Sie realistisch hinsichtlich ihrer Fähigkeiten, Motivation und der Situation.
Treiben Sie regelmäßig Sport.	Eine körperlich fitte Person kann besser mit Stress umgehen, sowohl körperlichem wie emotionalem.
Machen Sie Entspannungsübungen.	Entspannung hilft, wieder Energie zu gewinnen und das körperliche Unbehagen von Stress zu reduzieren. Kurse und Selbsthilfebücher lehren diese Techniken.
Benutzen Sie konstruktive Lösungen zur Reduktion von Wut.	Versuchen Sie zusätzlich zu den hier aufgeführten Techniken, Ihre Reaktion aufzuschieben („Lassen Sie mich das prüfen und dann auf Sie zurückkommen"); lenken Sie sich geistig ab (von 10 rückwärts zählen) und verwenden Sie Selbstinstruktion (ein heimliches „Halt!"), um das Aufkommen von Wut zu kontrollieren; dann bedienen Sie sich ruhiger, selbst kontrollierter Problemlösung („Ich sollte ihn anrufen, statt ihn persönlich zu konfrontieren").
Suchen Sie soziale Unterstützung.	Freunde, Familienmitglieder, Mitarbeiter und organisierte Gruppen können Informationen, Hilfe und Hinweise bieten, um stressreiche Situationen zu bewältigen.

ist, bedienen sie sich *emotionszentrierter Bewältigung*, die sich im Inneren abspielt und darauf zielt, Kummer zu kontrollieren, wenn es wenig gibt, was wir zur Änderung der Situation tun können (Lazarus & Lazarus, 1994). Langzeituntersuchungen zeigen, dass Erwachsene, die wirksam Stress reduzieren, eine Mischung problemzentrierter und emotionszentrierter Techniken benutzen, je nach der Situation (Zakowski et al., 2001). Und ihr Zugang ist überlegt, klug und respektvoll gegenüber sich selber und anderen. Im Gegensatz dazu ist unwirksame Bewältigung größtenteils emotionszentriert und entweder impulsiv oder eine Flucht vor der Wirklichkeit (Lazarus, 1991, 1999).

Konstruktiver Zugang zur Reduktion von Wut ist eine lebenswichtige Gesundheitsintervention (siehe Kasten „Aspekte der Fürsorge"). In Hinblick auf problemzentrierte Bewältigung kann jemand, der gelernt hat, positiv statt feindselig zu sein und zu verhandeln statt zu explodieren, starke physiologische Reaktionen, die zwischen psychischem Stress und Krankheit bestehen, unterbrechen. Wenn eine vernünftige Kommunikation nicht möglich ist, ist es am besten, die Reaktion zu verschieben, indem man eine provokative Situation verlässt, wie Patricia es tat, als sie Dorothee sagte, dass eine weitere Beleidigung sie dazu bringen würde, den Hörer aufzulegen (Deffenbacher, 1994).

Wie in Kapitel 13 erwähnt neigen Menschen dazu, Stress wirksamer zu bewältigen, wenn sie sich vom frühen ins mittlere Erwachsenenalter hinein entwickeln. Viele sind viel realistischer in der Einschätzung ihrer Fähigkeiten, Situationen zu verändern, als sie es früher waren. Und Menschen mittleren Alters mögen fähiger sein, stressreiche Ereignisse vorherzusehen und Schritte zu unternehmen, diese zu vermeiden (Aldwin & Levenson, 2002). Außerdem berichten Erwachsene im mittleren Alter oft über einen lang andauernden persönlichen Nutzen, wenn sie eine sehr stressreiche Erfahrung bewältigt haben. Manche beschreiben ein Gefühl des Zweifels darüber, was sie unter extrem schwierigen Bedingungen erreicht haben sowie ein stärkeres Gefühl des erfolgreichen Umgangs. Und nach einer schweren Krankheit und Begegnung mit dem Tod sind veränderte Werte und Perspektiven üblich, wie die Wiederentdeckung der Wichtigkeit von gesundheitsförderndem Verhalten und von Familienbeziehungen (Aldwin, Sutton, & Lachman, 1996). Auf diese Weise kann die Bewältigung intensiven Stresses als Kontext einer positiven Entwicklung dienen.

Dennoch haben einige Menschen Schwierigkeiten, mit den Herausforderungen der mittleren Lebensjahre fertig zu werden und die Gemeinden bieten weniger soziale Unterstützung an als für junge Erwachsene und Senioren. Zum Beispiel hatte Patricias Freundin wenig Wissen darüber, was sie im Klimakterium erwartete. „Mir hätte eine Selbsthilfegruppe geholfen, so dass ich etwas über die Menopause erfahren hätte und mit ihr leichter umgegangen wäre", sagte sie in einem Telefongespräch mit Patricia. Programme, die sich mit anderen Sorgen des mittleren Lebens befassen wie solche für Erwachsene, die auf die Universität zurückkehren oder Betreuungspersonen alter Eltern können ebenfalls Stress in dieser Periode reduzieren.

15.3.2 Sport und Bewegung

Regelmäßige Bewegung hat, wie in Kapitel 13 angemerkt, eine große Bandbreite körperlicher und psychologischer Vorteile, darunter die, dass Erwachsene Stress wirksamer handhaben können. Auf dem Weg in seine erste Aerobic-Stunde fragte sich Dirk: „Kann der Beginn sportlicher Tätigkeit mit 50 Jahren lange körperliche Inaktivität wieder gutmachen?" Dirks Frage ist wichtig, denn mehr als die Hälfte der Amerikaner und Kanadier mittleren Alters pflegt eine sitzende Lebensweise. Von denen, die ein Übungsprogramm beginnen, beenden es 50 % innerhalb der ersten sechs Monate. Und von denen, die aktiv bleiben, trainieren weniger als 20 % auf einem Niveau, das gesundheitlichen Nutzen bringt (Canadian Fitness and Lifestyle Research Institute, 2001b; U.S. Department of Health and Human Services, 2002f).

Ein Mensch, der mit Sport im mittleren Leben beginnt, muss anfängliche Barrieren und Hindernisse auf diesem Wege überwinden, wie Mangel an Zeit und Energie, Unpässlichkeit und Konflikte mit der Arbeit. *Selbstwirksamkeit* – der Glaube an die eigene Fähigkeit, Erfolg zu haben – ist genauso wesentlich bei der Aufnahme und Beibehaltung sowie der Anstrengung in einem Trainingsprogramm wie in der beruflichen Kar-

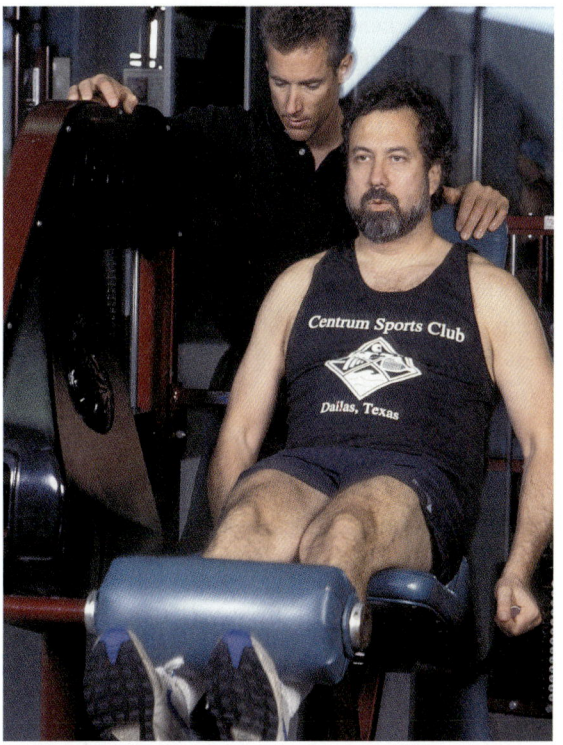

Das Trainingsprogramm, das am ehesten zu aufrechterhaltener körperlicher Aktivität im mittleren Lebensalter führt, variiert je nach den anfänglichen Merkmalen des Trainierenden. Übergewichtige Erwachsene tun besser daran, ein Programm zu Hause, das von einem Berater geplant wird, aufzunehmen als an Gruppenkursen teilzunehmen, wo sie es als schwierig ansehen könnten, mit den anderen Schritt zu halten. Dieser Mann macht sein Trainingsprogramm in einem Fitnesscenter mit seinem persönlichen Trainer, der ihm auch tägliches Training zu Hause empfiehlt.

riere (siehe Kapitel 14). Ein wichtiges Ergebnis beim Beginn eines Trainingsprogramms besteht darin, dass es Erwachsene mit sitzender Lebensweise dazu führt, an Selbstwirksamkeit zu gewinnen, welche dann körperliche Aktivität umso mehr fördert (McAuley & Blissmer, 2000). Verstärkte körperliche Fitness wiederum bringt Erwachsene mittleren Alters dazu, sich körperlich besser zu fühlen. Mit der Zeit steigt ihre körperliche Selbstwertschätzung an, das Gefühl der körperlichen Kondition und Attraktivität (McAuley, Mihalko, & Bane, 1997).

Welches Übungsprogramm die besten Erfolge hat, hängt von dem Ausgangszustand des Trainierenden ab. Normalgewichtige Erwachsene halten es eher in Gruppenkursen aus als übergewichtige Erwachsene, für die es eine Strapaze bedeuten kann, mit der Gruppe Schritt zu halten. Ihre mühsamen Anstrengungen könnten ihnen vor den anderen peinlich sein. Übergewichtige Menschen tun besser daran, ein Programm zu Hause durchzuführen, das von einem Berater geplant wird, der ein Routineprogramm auf sie zuschneidet (King, 2001). Im Gegensatz dazu sind Erwachsene mit sehr stressreichem Leben ausdauernder in einer Gruppe als in einem häuslichen Programm, welches von ihnen Zeit zum Trainieren erfordert. Ohne eine ausgearbeitete, festgelegte Übungszeit und gegenseitige Unterstützung kann Stress eine Hauptbarriere gegen eine Verhaltensänderung darstellen (King et al., 1997). Wenn es stressgeplagte Menschen jedoch fertig bringen, ein häusliches Trainingsprogramm aufrechtzuerhalten, reduziert es auf substantielle Weise den Stress – mehr noch als in einem Gruppenkontext (King, Taylor, & Haskell, 1993). Vielleicht hilft der durch eigene Kraft erzielte Erfolg gestressten Erwachsene, eine bessere Kontrolle über ihre Lebensweise zu erlangen.

Eine gut zugängliche, attraktive und sichere Umgebung für das Training wie Parks, Wander- und Fahrradwege und Erholungsgebiete und häufige Gelegenheiten, andere dort dabei zu sehen, kann auch die körperliche Aktivität fördern (King et al., 2000). Als Forscher Schilder aufstellten, entweder die Treppe oder den Fahrstuhl zu benutzen, nahmen mehr Menschen die Treppe und machten das noch nach etlichen Monaten, als die Schilder wieder verschwunden waren (Blamey, Mutrie, & Aitchison, 1995). Australien schließlich hat mit Fernsehwerbung experimentiert, die darauf zielte, körperliche Aktivität zu fördern – was unter älteren Erwachsenen das Laufen als Trainingsmethode erhöhte (Owen et al., 1995).

15.3.3 Eine optimistische Einstellung

Unsere Fähigkeit, die unvermeidbaren Veränderungen im Leben zu handhaben, hängt zum Teil ab von der Stärke der Persönlichkeit. Welcher Typ Mensch bewältigt am ehesten Stress und reduziert damit seine Anfälligkeit für Krankheit und Sterblichkeit? In der Suche nach Antworten auf diese Frage haben Forscher einen Satz von drei Perönlichkeitsmerkmalen untersucht: Kontrolle, Engagement und Herausforderung, die sie zusammen **Robustheit** (hardiness) nennen (Maddi, 1999).

Patricia passte in das Muster eines robusten Individuums. Erstens betrachtete sie die meisten Erfahrungen als *kontrollierbar*. „Du kannst nicht verhindern, dass schlechte Dinge geschehen", meinte sie zu ihrer Freundin, nachdem sie von deren Symptomen nach der Menopause gehört hatte, „aber du kannst etwas dagegen tun." Zweitens zeigte Patricia einen *engagierten* Zugang zu täglichen Aktivitäten, hatte fast an allen Interesse und fand sie von Bedeutung. Schließlich sah sie Veränderung als *Herausforderung* an, als einen normalen Teil des Lebens und eine Gelegenheit für persönliches Wachstum.

Die Forschung zeigt auf, dass Robustheit das Ausmaß beeinflusst, mit dem Menschen stressreiche Situationen als handhabbar, interessant und erfreulich einschätzen. Dieser positive Zugang wiederum ist ein Prädiktor für gesundheitfördernde Verhaltensweisen, für die Tendenz, soziale Unterstützung zu suchen, und für weniger körperliche Probleme (Florian, Mikulincer, & Taubman, 1995; Wiebe & Williams, 1992). Ferner setzen sehr robuste Individuen aktive, problemzentrierte Bewältigungsstrategien in Situationen ein, die sie kontrollieren können. Im Gegensatz dazu setzen wenig robuste Menschen häufiger emotionzentrierte und vermeidende Bewältigungsstrategien ein, indem sie zum Beispiel sagen: „Ich wollte, ich könnte verändern, wie es mir geht", und verleugnen damit, dass das stressreiche Ereignis geschehen ist. Oder sie essen und trinken, um es zu vergessen (Maddi & Hightower, 1999; Soderstrom et al., 2000).

In einigen Studien waren mit Robustheit verbundene positive Einschätzungen mit niedrigerer physiologischer Erregung auf Stress verbunden – wovon man annimmt, dass Robustheit gegen Krankheit schützt. Die Verbindung zwischen Robustheit und reduzierter physiologischer Reaktivität tritt nicht immer auf, vielleicht weil die aktive Bewältigung einer robusten Person manchmal zu höherer Erregung führt. Aber mit der Zeit kann diese Zunahme durch eine Ruhe ersetzt werden, die sich durch wirksames Stressmanagement ergibt (Wiebe & Williams, 1992). Dieser Gedanke wird dadurch gestützt, dass Robustheit mit einem höheren Spiegel von Kortisol im Blut einhergeht, einem Hormon, das den Blutdruck reguliert und eine Rolle in der Widerstandskraft gegen Stress spielt. Und die optimistische Komponente in der Robustheit sagt einen niedrigeren durchschnittlichen Blutdruck voraus, gemessen über einen Zeitraum von drei Tagen (Räikkönen et al., 1999; Zorilla, DeRubeis, & Redei, 1995).

In diesem und vorhergehenden Kapiteln haben wir gesehen, dass viele Faktoren als stressresistente Ressourcen dienen: Vererbung, Ernährung, Bewegung und Sport, soziale Unterstützung, Bewältigungsstrategien und mehr. Forschung über Robustheit fügt noch einen weiteren Bestandteil hinzu: eine allgemein optimistische Einstellung und Freude am Leben.

15.3.4 Geschlecht und Altern

Zuvor in diesem Kapitel haben wir erwähnt, das negative Stereotype des Alterns manche Erwachsene mittleren Alters körperliche Veränderungen fürchten lässt. Diese Stereotype werden eher auf Frauen als auf Männern angewandt, es wird also mit zweierlei Maß gemessen. Trotz der Tatsache, dass viele Frauen in der Mitte des Lebens sagen, sie würden „es spielend schaffen", sich positiv, vertrauensvoll, vielseitig und fähig zu fühlen und die Probleme des Lebens zu lösen, beurteilen Menschen sie oft als weniger attraktiv und mit mehr negativen Merkmalen behaftet als Männer mittleren Alters. In einigen Untersuchungen erhalten alternde Männer leichte Zugewinne in positiven Beurteilungen über die Erscheinung, Reife und Stärke, während alternde Frauen in der Beurteilung einen Rückgang verzeichnen. Und das Geschlecht der Person, welche die Einschätzung gibt, macht einen Unterschied: Im Vergleich mit Frauen beurteilen Männer eine alternde Frau sehr viel härter (Kogan & Mills, 1992).

Diese Effekte erscheinen häufiger, wenn Menschen Fotos beurteilen, als bei verbalen Beschreibungen von Männern und Frauen. Folglich nehmen Forscher an, dass das Ideal einer sexuell attraktiven Frau (glatte Haut, feste Muskeln und glänzende Haare) der Grund für dieses Messen des Alterns mit zweierlei Maß ist. Erinnern Sie aus Kapitel 14, dass Frauen gleichaltrige oder etwas ältere Sexualpartner bevorzugen, Männer dagegen jüngere. Um das zu erklären, weist die Evolutionstheorie auf Geschlechtsunterschiede in der Fortpflanzungsfähigkeit hin, während Theorien sozialen Lernens Geschlechterrollen betonen (siehe Seite 626). Einiges weist darauf hin, dass das Ende der Fähigkeit, Kinder zu gebären, zu den negativen Beurteilungen beiträgt, insbesondere bei Männern (Marcus-Newhall, Thompson, & Thomas, 2001). Gesellschaftliche Kräfte übertreiben jedoch diese Sichtweise. Wenn zum Beispiel Werbung Menschen im mittleren Alter darstellt, sind es meistens männliche Chefs, Väter und Großväter, die das Image von Kompetenz und Sicherheit darstellen. Und die Kosmetikindustrie bietet viele Produkte an, die entwickelt wurden, um die Zeichen des Alterns bei Frauen zu verbergen, aber viel seltener beim Mann.

Zu irgendeiner Zeit unserer evolutionären Geschichte mag ein unterschiedliches Einschätzen des Alterns nach Geschlecht der Anpassung gedient haben. Heute, da viele Paare ihre Kinderzahl begrenzen und mehr Zeit für ihre Karriere und Freizeitbeschäftigungen verwenden, ist er irrelevant geworden. Folglich zeigen neue Umfragen, dass die unterschiedliche Einschätzung des Alterns abnimmt und dass mehr Menschen das mittlere Alter als potentiell beschwingte und befriedigende Zeit für beide Geschlechter ansehen (Menon, 2002). Vorbildhafte ältere Frauen, deren Leben voll Intimität, Erfolg, Hoffnung und Vorstellungskraft ist, fördern die Akzeptanz körperlichen Alterns und einer neuen Sichtweise des Älterwerdens – eine Zeit, die Anmut, Erfüllung und innere Stärke betont.

Prüfen Sie sich selbst ...

Rückblick
Führen Sie Belege an, dass biologisches Altern, individuelle Vererbung und Umweltfaktoren zur Osteoporose beitragen.

Anwendung
Als Cara bei ihrem Arzt Dr. Furrow über Brustschmerzen klagte, entschied er „abzuwarten und zu sehen", bevor er weitere Tests machen würde. Willi dagegen erhielt durch Dr. Furrow eine Serie von Tests zur Aufdeckung von Herz-Kreislauf-Erkrankungen, obwohl er gar nicht über Symptome klagte. Was mag der Grund für Dr. Furrows unterschiedlichen Ansatz bei Cara und Willi gewesen sein?

Anwendung
Weil sein Assistent einige Akten verlegt hatte, verlor Tom einen Klienten an einen Konkurrenten. Tom fühlte, wie seine Wut sich bis zum Siedepunkt aufbaute. Erklären Sie, warum Toms emotionale Reaktion ungesund ist. Wie kann er diese stressreiche Erfahrung am besten bewältigen?

Zusammenhänge
Entsprechend der Perspektive von Lebenszyklen ist die Entwicklung mehrdimensional und beeinflusst von biologischen, psychologischen und sozialen Kräften. Zeigen Sie, wie diese Annahme die Gesundheit im mittleren Leben charakterisiert und geben Sie Beispiele.

Prüfen Sie sich selbst ...

Kognitive Entwicklung

Im mittleren Erwachsenenalter weiten sich die kognitiven Anforderungen auf neue und zeitweise herausfordernde Situationen aus. An einem typischen Tag im Leben von Dirk und Patricia war Dirk, der kürzlich zum Dekan der Fakultät einer kleinen Hochschule ernannt worden war, morgens um sieben Uhr an seinem Schreibtisch. Zwischen den Strategiesitzungen sah er Papiere von Bewerbern für neue Stellen durch, arbeitete am Kostenplan des kommenden Jahres und hielt bei einem Mittagessen von Ehemaligen (Alumni) eine Rede. In der Zwischenzeit bereitete sich Patricia auf einen Zivilprozess vor, nahm an der Auswahl einer Jury im Gerichtsgebäude teil und kam dann in die Kanzlei zurück, um einer Konferenz anderer Spitzenanwälte über Themen des Managements beizuwohnen. An diesem Abend gaben Patricia und Dirk ihrem 20-jährigen Sohn Mark Ratschläge, der kurz vorbeigekommen war, um über seine Unentschlossenheit, ob er sein Hauptfach auf der Hochschule wechseln sollte, diskutieren wollte. Gegen 19:30 Uhr war Patricia unterwegs zu einem Treffen der lokalen Schulverwaltung. Dirk ging aus dem Haus, um an dem zweiwöchentlichen Treffen eines Amateurquartetts teilzunehmen, in dem er Cello spielte.

Es sei erinnert an Kapitel 13, dass Schaie das mittlere Erwachsenenalter als *Stadium der Verantwortlichkeit* bezeichnete, eine Zeit, in der die Ausweitung der Verantwortlichkeiten im Job, in der Gemeinde und zu Hause stattfindet. Um diese diversen Rollen unter einen Hut zu bringen und gute Leistungen zu erbringen, stützten sich Dirk und Patricia auf ein breites Spektrum intellektueller Fähigkeiten einschließlich angesammelten Wissens, einer flüssigen Sprache, schneller Analyse von Informationen, Vernunft, Problemlösung und Fachwissens in den Bereichen ihrer Spezialisierungen. Welche Veränderungen im Denken finden im mittleren Erwachsenenalter statt? Wie beeinflusst das Berufsleben – ein Hauptbereich, in dem die Kognition ausgedrückt wird – intellektuelle Fertigkeiten? Was kann man tun, um die steigende Zahl Erwachsener, die auf die Hochschule zurückkehren in der Hoffnung, ihr Wissen und ihre Lebensqualität zu verbessern, zu unterstützen? Dafür ist es wichtig zu sehen, was die Forschung zu diesem Thema zu sagen hat.

Valecia Crisafulli, die Koordinatorin der Illinois Main Street, einer Organisation, die von Bürgern aus Illinois ins Leben gerufen wurde und sich um die Revitalisierung von Geschäftsbezirken in der Innenstadt kümmert, spricht vor einer großen Zuhörerschaft bei einem Informationstreffen. Sie ist ein Beispiel für Schaies Stadium der Verantwortlichkeit, einer Zeit, in der sich Verantwortlichkeiten im Beruf, in der Gemeinde und zu Hause ausweiten.

15.4 Veränderungen in geistigen Fähigkeiten

Im Alter von 50 Jahren fragte sich Dirk manchmal „Sind das die ersten Anzeichen eines alternden Geistes?", wenn er sich manchmal nicht an einen Namen erinnern konnte oder mitten in einer Vorlesung oder Ansprache pausieren musste, um darüber nachzudenken, was er als Nächstes sagen wollte. Zwanzig Jahre früher schenkte Dirk den gleichen geistigen Vorgängen wenig Beachtung. Seine derzeitige Frage rührt her von einem verbreiteten Stereotyp: dass der alternde Geist sich auf dem Pfad unvermeidlichen Abbaus bewegt. Die Mehrheit der Altersforschung hat sich auf Defizite konzentriert, weil sie einen Grund zur Sorge darstellen, während kognitive Stabilität und Zugewinne nicht beachtet wurden (Salthouse, 1991a).

In Kapitel 13 wurde dargestellt, dass einige augenscheinlichen Minderungen kognitiven Alterns aus Schwächen der Forschung selber herrühren. In Querschnittsstudien können *Kohorteneffekte,* bei denen ältere Teilnehmer schlechter ausgebildet oder bei schlechter Gesundheit sind, ein falsches Bild von dem Zeitpunkt wie dem Ausmaß des Abbaus geben. Auch mögen die ihnen vorgegebenen Tests Fähigkeiten berühren, die von älteren Individuen seltener benutzt werden, weil ihr Leben nicht mehr erfordert, dass sie Informationen um ihrer selbst willen lernen, sondern dass sie stattdessen Wissen und Fertigkeiten aufbauen, die ihnen dabei helfen, gegenwärtige Probleme der realen Welt zu lösen.

Wenn Veränderungen im Denken des mittleren Erwachsenenalters untersucht werden, werden wir das Thema von Diversität (Vielfalt) in der Entwicklung wieder aufnehmen. Verschiedene Aspekte kognitiver Funktionen zeigen unterschiedliche Muster der Veränderung. Obwohl in einigen Bereichen ein Abbau stattfindet, zeigen die meisten Menschen kognitive Kompetenz, besonders in vertrauten Kontexten, und einige erhalten eine hervorragende Könnerschaft. Insgesamt unterstützt die Beweislage eine optimistische Sicht auf das kognitive Potential von Erwachsenen mittleren Alters.

Die Veränderungen, die betrachtet werden sollen, führen auf eindrucksvolle Weise die Kernannahmen der Entwicklung über die Lebensspanne vor: Entwicklung als *multidimensionaler* Vorgang oder einem gemeinsamen Ergebnis biologischer, psychologischer und sozialer Kräfte; Entwicklung als *in viele Richtungen gehend,* als multidirektional oder als das Ergebnis von Wachstum und Abbau zugleich, in der die genaue Mischung über Entwicklungsbereiche und Individuen hinweg variiert; und Entwicklung als *plastisch* und für Veränderungen offen, in Abhängigkeit davon, wie die biologische und umweltbedingte Geschichte eines Menschen mit gegenwärtigen Lebensbedingungen zusammengeht. Bevor diese Fragen erörtert werden, mag es hilfreich sein, zu Kapitel 1 zurückzukehren, um einige der Ausführungen dort zu wiederholen.

15.4.1 Kristalline und fluide Intelligenz

Viele Untersuchungen berichten über konsistente auf das Alter bezogene Trends bei zwei großen geistigen Fähigkeitsbereichen. Jeder umfasst ein vielfältiges Spektrum spezifischer intellektueller Faktoren, die mit Intelligenztests erfasst werden.

Der erste dieser Fähigkeitsbereiche ist die **kristalline Intelligenz.** Sie bezieht sich auf Fertigkeiten, die abhängig sind vom angehäuften Wissen und von Erfahrung und Beherrschung sozialer Konventionen. Zusammen repräsentieren diese Leistungen erworbene Fähigkeiten, weil sie in der Kultur des Individuums wertgeschätzt werden. Dirk machte Gebrauch von der kristallinen Intelligenz, als er sich eloquent bei dem Mittagessen der Ehemaligen ausdrückte und wirksame Wege vorschlug, Geld bei der Finanzplanung zu sparen. In Intelligenztests erfassen Testaufgaben im Wortschatz, im allgemeinen Wissen, in sprachlicher Analogie und logischem Denken die kristalline Intelligenz (gehen Sie für entsprechende Beispiele zu Kapitel 9, Seite 403 zurück).

Im Gegensatz dazu ist die **fluide Intelligenz** sehr viel mehr abhängig von grundsätzlichen informationsverarbeitenden Fertigkeiten: der Fähigkeit, Beziehungen zwischen Reizen wahrzunehmen, der Geschwindigkeit, mit der wir Informationen analysieren, und der Kapazität des Arbeitsgedächtnisses. Die fluide Intelligenz arbeitet oft mit der kristallinen zusammen, um wirksames Urteilen, Abstraktion und Problemlösen zu unterstützen. Man nimmt aber von der fluiden Intelligenz an, dass sie stärker von Bedingungen des Gehirns und vom individuellem Lernen beeinflusst wird, weniger von der Kultur (Horn & Noll, 1997). Testaufgaben in Intelligenztests, die fluide Fähigkeiten erfassen, schließen das Nachsprechen von Zahlenreihen, räumliche Vorstellung und Bilderreihenordnen ein. (Beispiele auf Seite 403)

Viele Untersuchungen zeigen, dass die kristalline Intelligenz stetig durch das mittlere Erwachsenenalter zunimmt, während die fluide Intelligenz in den Zwanzigern zurückzugehen beginnt. Diese Trends hat man wiederholt in Querschnittsvergleichen festgestellt, in denen Bildung und Gesundheitszustand jüngerer und älterer Teilnehmer ähnlich sind und damit Kohorteneffekte korrigieren (Horn & Donaldson, 1980; Horn, Donaldson, & Engstrom, 1981; Kaufman & Horn, 1996). Der Anstieg kristalliner Fähigkeiten erscheint logisch, da Erwachsene stetig ihr Wissen und ihre Fertigkeiten bei der Arbeit, zu Hause und in der Freizeit erweitern. Zudem werden viele kristalline Fertigkeiten fast täglich ausgeübt.

Der frühe Abbau fluider Intelligenz, wie er in Querschnittsuntersuchungen festgestellt wurde, ist ein Thema intensiver Diskussion.

■ Schaies Seattle Longitudinal Study

Bereits in Kapitel 13 wurde Schaies Seattle Longitudinal Study vorgestellt; sie soll hier noch einmal angeführt werden. Diese Studie zeigt bescheidene Zugewinne vom frühen zum mittleren Erwachsenenalter in fünf von sechs grundlegend verschiedenen mentalen Fähigkeiten auf, die sich bis in die Fünfziger und frühen Sechziger erhielten, deren Leistungen dann

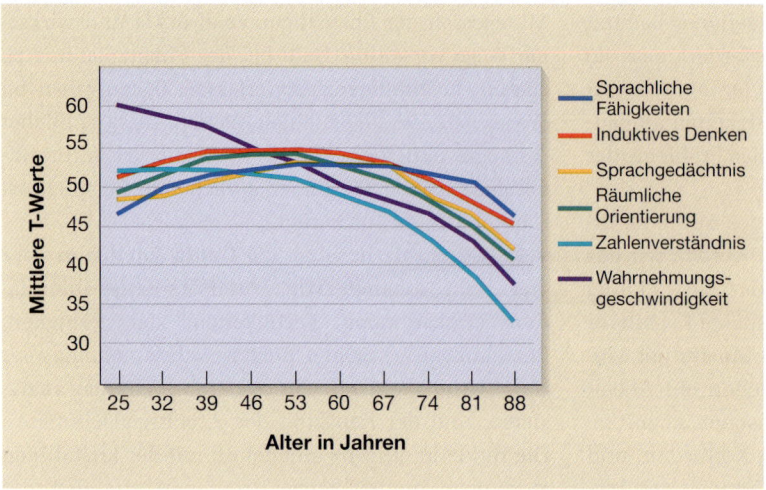

Abbildung 15.4: Langzeittrends bei sechs intellektuellen Fähigkeiten in der Seattle Longitudinal Study. Bei fünf von sechs Fähigkeiten zeigte sich ein leichter Zugewinn bis in die Fünfziger und frühen Sechziger, gefolgt von allmählichem Abbau. Die sechste Fähigkeit, die Wahrnehmungsgeschwindigkeit, nahm ab den Zwanzigern bis in die späten Achtziger beständig ab. Und im späten Leben zeigten fluide Faktoren (räumliche Orientierung, Wahrnehmungsgeschwindigkeit und Zahlenverständnis) stärkere Verschlechterungen als kristalline Faktoren (sprachliche Fertigkeiten, induktives Urteilen und Sprachgedächtnis). Doch sind diese Ergebnisse optimistischer als in anderen Untersuchungen, die einen früheren und steileren Abfall in der fluiden Intelligenz zeigen. (aus K. W. Schaie, 1994, „The Course of Adult Intellectual Development," American Psychologist, 49, S. 308. © 1994 by the American Psychological Association).

jedoch allmählich abfielen. Abbildung 15.4 zeigt diese Trends. Die fünf Fähigkeiten – sprachliche Fähigkeiten, induktives Denken, Sprachgedächtnis, räumliche Orientierung und Zahlenverständnis – sind sowohl der kristallinen wie der fluiden Intelligenz zuzuordnen. Der Weg ihrer Veränderungen zeigt, dass das mittlere Alter der Zeitpunkt des Leistungshöhepunktes einiger der komplexesten Fähigkeiten ist. Nach diesen Ergebnissen erscheinen Erwachsene im mittleren Alter intellektuell „auf ihrem Höhepunkt", nicht „jenseits des Gipfels", wie uns Stereotype des Alterns glaubhaft machen wollten (Willis & Schaie, 1999).

Eine sechste Fähigkeit wird ebenso in Abbildung 15.4 gezeigt: Wahrnehmungsgeschwindigkeit, eine fluide Fertigkeit, bei der Teilnehmer zum Beispiel in einer begrenzten Zeit angeben müssen, welche von fünf Formen mit einer vorgegebenen Form identisch ist oder ob Paare mehrstelliger Zahlen gleich oder unterschiedlich sind (Schaie, 1994, 1996, 1998). Die Wahrnehmungsgeschwindigkeit nahm ab dem Alter von 20 bis zu 80 Jahren ständig ab – ein Ergebnis, das mit der Forschung zusammenpasst, die darauf hinweist, dass kognitive Prozesse sich verlangsamen, wenn der Mensch älter wird. Und sehen Sie in Abbildung 15.4, wie im späteren Leben fluide Faktoren (räumliche Orientierung, Zahlenverständnis und Wahrnehmungsgeschwindigkeit) größere Verschlechterungen zeigen als kristalline Faktoren (sprachliche Fähigkeiten, induktives Denken und Sprachgedächtnis).

Kaufmans Forschungen über den verbalen und den Handlungs-IQ

Einige Forscher argumentieren, dass wir sensiblere Leistungstests benötigen, um uns über Veränderungen in verschiedenen mentalen Fähigkeiten sicher sein zu können, als die, welche in der Seattle Longitudinal Study angewendet wurden, die in Gruppen stattfand und keine Personen in der Standardstichprobe umfasste, die älter als 18 Jahre alt waren. Mit einer Stichprobe von fast 2500 geistig und körperlich gesunder 16- bis 85-jähriger Personen, die die ethnische und sozioökonomische Vielfalt der Vereinigten Staaten repräsentierte, untersuchte Alan Kaufman (2001) Querschnittstrends in der Leistung der Wechsler Adult Intelligence Scale (WAIS, dt. HAWIE: Hamburg-Wechsler-Intelligenztest für Erwachsene). Gleich den Wechsler Intelligence Scales for Children (dt. HAWIK: Hamburg-Wechsler-Intelligenztest für Kinder) (siehe Kapitel 9), misst der WAIS zwei umfassende Intelligenzfaktoren: sprachliche (verbale) Intelligenz, die größtenteils die kristalline Komponente beinhaltet,

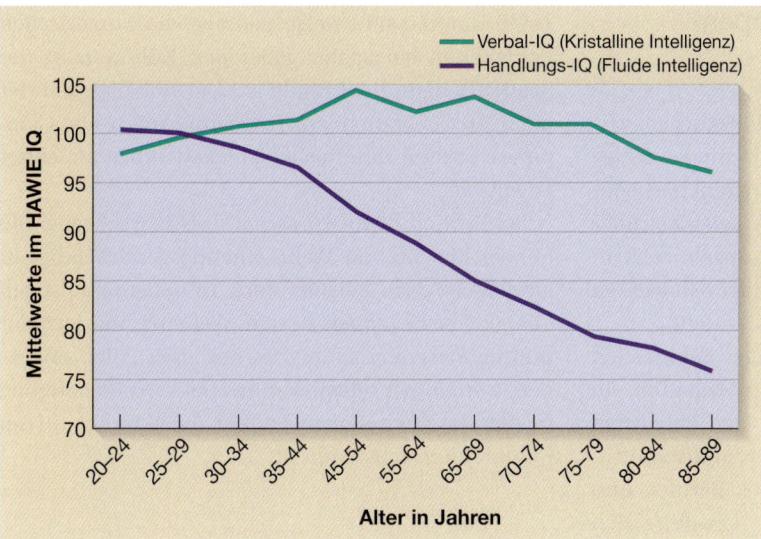

Abbildung 15.5: Querschnittstrends in der verbalen und Handlungsteilleistung des IQ mit der Wechsler Adult Intelligence Scale unter Kontrolle des Bildungsstandes, um den Kohorteneffekt zu mindern. Der Verbal-IQ, der größtenteils die kristalline Intelligenz berührt, hatte seinen Höhepunkt im mittleren Lebensalter, zwischen den Jahren 45 bis 54, und fiel dann nur leicht bis in die Achtziger ab. Der Handlungs-IQ, der größtenteils die fluide Intelligenz anspricht, nahm von den frühen Zwanzigern an ab und zeigte einen früheren Abfall, als es die fluiden Faktoren in der Seattle Longitudinal Study darstellten (nach Kaufman, 2001.)

und die *Handlungsintelligenz,* die aus nichtverbalen Denkaufgaben besteht und größtenteils die fluide Intelligenz berührt.

Unter Berücksichtigung des Bildungsgrades fand Kaufmann heraus, dass der Verbal-IQ im mittleren Leben, zwischen 45 und 54 Jahren, seinen Höhepunkt hat und dann nur langsam bis in die Achtziger abfällt. Die Positivität der Seattle Longitudinal Study unterstützend, blieben 80-Jährige verbal fähig und hatten ebenso gute Werte wie Menschen in ihren Zwanzigern. Der Handlungs-IQ dagegen zeigte einen früheren und steileren Abfall als die fluiden Faktoren in der Seattle-Studie. Wie Abbildung15.5 aufzeigt, erreichte er seinen Höhepunkt in den Zwanzigern und fiel dann nach dem Alter von 45 Jahren steiler ab. In einer kleineren Langzeituntersuchung berichtete Kaufmann über ähnliche Muster der Veränderung in der Intelligenz (Kaufman, 2001). Insgesamt bestätigen seine Ergebnisse die früherer Untersuchungen: dass die kristalline Intelligenz bis ins hohe Alter erhalten bleibt, wohingegen die fluide Intelligenz äußerst empfindlich auf biologisches Altern reagiert. In der Tat fiel der durch den WAIS erfasste IQ um mehr als 20 Punkte von den Zwanzigern in die Achtziger ab.

■ Erklärung der Veränderungen geistiger Fähigkeiten

Einige Theoretiker sind der Meinung, dass eine allgemeine Verlangsamung der Funktion des Zentralnervensystems fast allen altersbedingten Verschlechterungen kognitiver Leistung zugrunde liegt (Salthouse, 1993, 1996). Viele Studien unterstützen wenigstens teilweise diesen Gedanken. Kaufman berichtete zum Beispiel (2001), dass Werte in Geschwindigkeitsaufgaben in der WAIS den scharfen Abfall des Handlungs-IQs widerspiegeln, wie es Abbildung 15.5 zeigt. Forscher haben auch andere wichtige Veränderungen in der Informationsverarbeitung entdeckt, von denen manche von der Verlangsamung betroffen sein mögen.

Aber bevor wir uns dem zuwenden, wollen wir klären, warum die Forschung einen Zugewinn mit nachfolgender Stabilität kristalliner Intelligenz aufdeckt, trotz eines viel früheren Abbaus der fluiden Intelligenz oder grundlegender Fertigkeiten der Informationsverarbeitung. Erstens mag der Abbau grundlegender Verarbeitungsfunktionen, der erst ab dem Alter von 45 Jahren signifikant wird, nicht stark genug sein, um viele gut eingeübte Leistungen vor einem sehr hohen Alter zu beeinflussen. Zweitens finden, wie wir gleich sehen werden, Erwachsene oft Wege, kognitive Schwächen zu kompensieren, indem sie auf ihre kognitiven Stärken zurückgreifen. Und schließlich passen sich die Menschen an, wenn sie entdecken, dass sie bei bestimmten Aufgaben nicht mehr so gut wie früher sind, und wechseln zu Aktivitäten, die weniger von kognitiver Effizienz und eher von angehäuftem Wissen abhängen. Der Basketballspieler wird Trainer, der gewitzte Verkäufer Manager (Salthouse, 1991b).

15.4.2 Individuelle und Gruppenunterschiede

Hinter den gerade dargestellten Alterskurven verbergen sich große individuelle Unterschiede. Einige Erwachsene bauen, vielleicht wegen Krankheit oder ungünstiger Lebensumstände, intellektuell viel früher ab als andere. Und eine beträchtliche Anzahl zeigt eine volle Funktionsfähigkeit selbst fluider Fähigkeiten noch im fortgeschrittenen Alter (Schaie, 1989).

Erwachsene, die ihre intellektuellen Fähigkeiten einsetzen, scheinen diese länger zu behalten. In der Seattle Longitudinal Study war der Abbau bei Menschen verschoben, die eine überdurchschnittliche Bildung besaßen, sehr komplexen Berufen und stimulierenden Freizeitaktivitäten, einschließlich Lesen, Reisen, Besuch kultureller Veranstaltungen und Teilnahme in Klubs und Berufsorganisationen, nachgingen. Menschen mit flexiblen Persönlichkeiten, dauerhaften Ehen (besonders mit Partnern mit kognitiv hohem Funktionsniveau) sowie dem Fehlen von Herz-Kreislauf- und anderen chronischen Erkrankungen erhielten eher ihre geistigen Fähigkeiten bis in ihr spätes Erwachsenenalter hinein. Und auch finanzielle Sicherheit war mit vielen der gerade erwähnten Faktoren verbunden (Schaie, 1996, 2000).

Darüber hinaus tauchten etliche Geschlechtsunterschiede auf, die mit denen in der Kindheit und Adoleszenz erworbenen übereinstimmten. Im frühen und mittleren Erwachsenenalter übertreffen Frauen Männer in verbalen Aufgaben und in der Wahrnehmungsgeschwindigkeit. Männer dagegen sind besser in räumlichen Fertigkeiten (Maitland et al., 2000). Insgesamt jedoch waren die Veränderungen geistiger Fähigkeiten in den Erwachsenenjahren für beide Geschlechter bemerkenswert ähnlich – Ergebnisse, die das Stereotyp widerlegen, dass ältere Frauen weniger kompetent seien als ältere Männer.

Ferner waren Kohorteneffekte ersichtlich. Als zum Beispiel die Generation der Babyboomer, derzeit im mittleren Alter, mit der vorhergehenden Generation gleichen Alters verglichen wurde, zeigte die Kohorte der Babyboomer wesentlich bessere Leistungen im verbalen Gedächtnis, beim induktiven Denken und in der räumlichen Orientierung (Willis & Schaie, 1999). Diese Zugewinne in der Generation reflektieren Fortschritte in der Ausbildung, Technologie, Stimulation durch die Umwelt und Gesundheitsfürsorge. Man erwartet, dass sich das im 21. Jahrhundert fortsetzt, weil die Kinder von heute auch höhere Werte in Leistungstests aufweisen als die früherer Generationen (Flynn, 1999). Interessanterweise nahmen die numerischen Fähigkeiten bei später geborenen Kohorten in der Seattle Longitudinal Study ab. Die Abhängigkeit der heutigen Generation von Taschenrechnern und Computern scheint ihre Rechenfähigkeiten beeinträchtigt zu haben!

Schließlich bleibt zu sagen, dass Erwachsene, die höhere Ebenen von Wahrnehmungsgeschwindigkeit erreichten, dazu neigten, auch in anderen geistigen Fähigkeiten bevorzugt zu sein. Wenn wir uns jetzt der Informationsverarbeitung im mittleren Alter zuwenden, werden wir sehen, warum eine Verschlechterung in der Geschwindigkeit andere Aspekte kognitiven Funktionierens beeinflusst.

15.5 Informationsverarbeitung

Forscher der Informationsverarbeitung, die an der Entwicklung Erwachsener interessiert sind, benutzen gewöhnlich das Modell des mentalen Systems, wie es in Kapitel 5 eingeführt wurde, um ihre Untersuchungen auf verschiedene Aspekte des Denkens auszudehnen. Wenn die Verarbeitungsgeschwindigkeit sich verlangsamt, nehmen einzelne Aspekte der Aufmerksamkeit und des Gedächtnisses ab. Jedoch ist die mittlere Lebensphase auch eine Zeit großer Expansion in kognitiver Kompetenz, wenn Erwachsene ihr riesiges Wissen und ihre Lebenserfahrung auf das Problemlösen des Alltags anwenden.

15.5.1 Geschwindigkeit der Verarbeitung

Eines Tages blickte Dirk seinem 20-jährigen Sohn Mark, der ein Computerspiel spielte, über die Schulter. Mark reagierte auf vielfältige Hinweise auf dem Monitor rasend schnell. „Lass mich auch mal", schlug Dirk vor, der schon etliche Tage übte, aber immer in der Leistung hinter Mark zurückblieb. Und auch bei einem Familienurlaub in Australien passte sich Mark schnell dem Fahren auf der linken Seite an. Noch nach einer Woche fühlten sich Patricia und Dirk an Kreuzungen verwirrt, wo sie auf Ampeln, kreuzenden Verkehr und entgegenkommende Fahrzeuge achten mussten.

Diese Erfahrungen aus dem realen Leben passen mit Laborergebnissen zusammen. Bei einfachen Reaktionsaufgaben (einen Knopf in Reaktion auf ein Licht drücken) und komplexen Reaktionsaufgaben (mit der linken Hand einen Knopf bei blauem Licht drücken, mit der rechten Hand auf ein gelbes Licht), nimmt die Reaktionszeit stetig von den frühen Zwanzigern in die Neunziger zu. Ältere Erwachsene sind zunehmend im Nachteil, wenn Situationen, die eine schnelle Reaktion erfordern, komplexer werden. Der Abbau in der Geschwindigkeit ist klein, unter einer Sekunde in den meisten Untersuchungen, ist aber dennoch von praktischer Bedeutung (Fozard et al., 1994; Salthouse, 2000).

Was verursacht diese altersbedingte Verlangsamung kognitiver Verarbeitung? Obwohl Forscher darin übereinstimmen, dass wahrscheinlich Veränderungen im Gehirn verantwortlich dafür sind, stimmen sie nicht in der genauen Erklärung überein. Der **neuronale Netzwerk-Ansatz** nimmt an, dass Brüche im neuronalen Netzwerk entstehen, wenn Neuronen im Gehirn absterben. Das Gehirn passt sich durch die Bildung neuer synaptischer Verbindungen an, die um die Brüche herumgehen, aber weniger effektiv sind (Cerella, 1990). Eine zweite Hypothese, der Informationsverlust-Ansatz, vermutet, dass ältere Erwachsene einen größeren **Verlust von Informationen** erfahren, wenn sich diese durch das kognitive System bewegen. Folglich muss sich das ganze System verlangsamen, um die Informationen zu inspizieren und zu interpretieren. Stellen Sie sich vor, Sie machen eine Fotokopie und benutzen sie, um eine weitere Kopie zu machen. Jedes Mal, wenn Sie das machen, wird die Kopie weniger deutlich. Ähnlich wird mit jedem Verarbeitungsschritt die Information vermindert. Je älter der Erwachsene, desto stärker ist dieser Effekt. Weil komplexe Aufgaben mehr Verarbeitungsschritte haben, sind sie stärker vom Informationsverlust betroffen (Myerson et al., 1990).

Jedoch lösen viele ältere Erwachsene komplexe, vertraute Aufgaben mit beträchtlicher Effizienz. Dirk zum Beispiel spielte auf seinem Cello ein Mozartquartett mit großer Geschwindigkeit und Geschicklichkeit und hielt mit den drei anderen Spielern mit, die zehn Jahre jünger waren als er. Wie machte er das? Im Vergleich zu den anderen sah er häufiger im Voraus in die Noten. Dieser kompensatorische Zugang erlaubte ihm, eine Reaktion im Voraus vorzubereiten und damit die Bedeutung der Geschwindigkeit zu verkleinern. In einer Untersuchung forderten Forscher 19- bis 72-Jährige auf, einen Text zu tippen, und testeten auch ihre Reaktionszeit. Obwohl die Reaktionszeit sich mit dem Alter verlangsamte, nahm die Geschwindigkeit des Tippens nicht ab. Gleich Dirk schauten ältere Individuen häufiger im Voraus auf den Text und nahmen damit ihre nächsten Anschläge vorweg (Salthouse, 1984).

Übung und Erfahrung können ebenfalls Verschlechterungen in der Verarbeitungsgeschwindigkeit kompensieren. Dirks viele Jahre des Cellospiels und seine Vertrautheit mit dem Mozartquartett unterstützte zweifellos seine Fähigkeit, schnell und flüssig zu spielen. Weil ältere Erwachsene Wege der Kompensierung für die kognitive Verlangsamung bei vertrauten Aufgaben finden, ist ihre Reaktionszeit bei verbalen Testaufgaben beträchtlich besser (so schnell wie möglich zeigen, ob eine Reihe von Buchstaben ein Wort bildet) als bei nichtverbalen Testaufgaben (auf ein Licht oder ein anderes Signal reagieren) (Hultsch, MacDonald, & Dixon, 2002; Wingfield & Stine-Morrow, 2000).

Im Vergleich zu seinem 20-jährigen Sohn reagiert dieser Mann in den Fünfzigern weniger flink in einem Computerspiel. Ältere Erwachsene können jedoch die Verlangsamung kognitiver Verarbeitung mit Übung, Erfahrung und einem kompensierenden Zugang wettmachen, der es ihnen erlaubt, Reaktionen vorzubereiten.

15.5.2 Aufmerksamkeit

Untersuchungen über Aufmerksamkeit konzentrieren sich darauf, wie viele Informationen Erwachsene in ihr geistiges System auf einmal aufnehmen können, das Ausmaß, in dem sie selektiv wahrnehmen, irrelevante Informationen ignorieren und die Leichtigkeit, mit der sie ihre Aufmerksamkeit anpassen können, indem sie von einer Aufgabe zu einer anderen wechseln, wenn es die Situation erfordert. Wenn sie mit Dorothee telefonierte, versuchte Patricia manchmal, das Abendessen vorzubereiten oder mit der Arbeit an einem Antrag bei Gericht fortzufahren. Mit zunehmendem Alter fand sie es schwerer, sich gleichzeitig mit zwei Dingen zu beschäftigen. In Übereinstimmung mit Patricias Erfahrung zeigt Forschung im Labor auf, dass es mit dem Alter herausfordernder wird, zwei komplexe Aufgaben gleichzeitig zu erfüllen (Kausler, 1991; Madden & Plude, 1993). Eine altersbedingte Verschlechterung findet auch in der Fähigkeit statt, auf relevante Informationen zu achten und zwischen geistigen Operationen hin- und herzuwechseln, wie beispielsweise eine aus einem Paar von Zahlen als „gerade oder ungerade" in einigen Versuchen und als „weniger oder mehr" in anderen zu beurteilen (Kray & Lindenberger, 2000; Salthouse et al., 1998).

Diese Abnahme der Aufmerksamkeit mag Folge der Verlangsamung in der Informationsverarbeitung sein, wie oben beschrieben, was die Menge der Informationen begrenzt, auf die eine Person gleichzeitig achten kann (Plude & Hoyer, 1985). Verminderte Verarbeitungsgeschwindigkeit kann auch zu einem damit verbundenen Ergebnis beitragen: eine mit dem Alter zunehmende Verschlechterung in der Fähigkeit, viele Teile visueller Informationen in ein sinnvolles Muster zu bringen. Wenn der Geist Reize langsam inspiziert, bleiben sie eher unverbunden. Dieses Problem kann im Gegenzug Aufmerksamkeitsschwierigkeiten verstärken (Plude & Doussard-Roosevelt, 1989). Ohne ein kohärentes Muster, das als Orientierung dient, ist die *kognitive Hemmung* – Ablenkung durch irrelevante Reize zu widerstehen – härter (Hasher, Zacks, & May, 1999). Folglich erscheinen ältere Erwachsene zeitweise ablenkbar, unangemessen von einem Gedanken oder einem Merkmal der Umgebung gefangen und unfähig, zur vorgegebenen Aufgabe zurückzukehren.

Aber wieder einmal können Erwachsene diese Veränderungen kompensieren. Leute, die sehr erfahren darin sind, auf wichtige Informationen zu achten und verschiedene Aufgaben gleichzeitig lösen müssen, wie Kontrolleure des Flugverkehrs und Piloten, wissen genau, wohin sie sehen müssen. Folglich zeigen sie geringere altersbedingte Rückgänge in der Aufmerksamkeitsleistung (Morrow et al., 1994; Tsang & Shaner, 1998). Ferner kann Übung die Fähigkeit verbessern, die Aufmerksamkeit zwischen zwei Aufgaben zu teilen, sich selektiv auf relevante Informationen zu konzentrieren und zwischen mentalen Operationen hin- und herzuwechseln. Wenn ältere Erwachsene in diesen Fertigkeiten trainiert werden, verbessert sich ihre Leistung genauso wie die jüngerer Erwachsener, auch wenn das Training die Lücke zwischen den Altersgruppen nicht schließt (Kausler, 1994; Kramer, Hahn, & Gopher, 1998).

15.5.3 Gedächtnis

Das Gedächtnis ist für alle Aspekte der Informationsverarbeitung entscheidend – ein wichtiger Grund, dass wir großen Wert auf ein gutes Gedächtnis im mittleren und späteren Erwachsenenalter legen. Von den Zwanzigern in die Sechziger nimmt die Menge der Informationen, die Menschen im Arbeitsgedächtnis behalten können, ab. Wenn vorgegebene Listen von Wörtern oder Zahlen oder Texte zu lernen sind, erinnern ältere Erwachsene weniger als junge Erwachsene, obwohl das Gedächtnis für Texte weniger leidet als das für Wörter in Listen (Hultsch et al., 1998; Salthouse & Skovronek, 1992).

Diese Veränderung ist größtenteils Folge eines Rückgangs der Anwendung von Gedächtnisstrategien bei diesen Aufgaben. Ältere Individuen wiederholen weniger als jüngere Individuen – ein Unterschied, den man auf einen langsameren Denkablauf zurückführt. Ältere Leute können neue Informationen nicht so schnell für sich selber wiederholen wie jüngere Menschen (Salthouse & Babcock, 1991).

Gedächtnisstrategien der Organisation und Elaboration werden mit dem Alter auch weniger häufig und weniger wirksam angewendet. (Siehe Kapitel 9 zur Wiederholung dieser Strategien.) Beides erfordert von den Menschen, neu eintreffende Informationen mit bereits gespeicherten Informationen zu verbinden. Ein Grund, warum ältere Menschen Organisation und Elaboration seltener anwenden, besteht darin, dass sie es schwieriger finden, Informationen aus dem Langzeitgedächtnis abzurufen, was ihnen das Erinnern erleichtern würde. Wenn man ihnen zum Beispiel eine Liste gibt, die Papagei und Eichelhäher enthält, greifen Sie nicht auf die Kategorie „Vogel" zurück, obwohl sie damit vertraut sind (Hultsch et al., 1998). Warum geschieht das? Größere Schwierigkeiten, die Aufmerksamkeit auf relevante Informationen zu richten, bei gleichzeitiger Unterdrückung irrelevanter Informationen, scheint dabei eine Rolle zu spielen. Wenn irrelevante Reize Ressourcen im Arbeitsgedächtnis beanspruchen, sind diese weniger frei für die anstehende Gedächtnisaufgabe (Salthouse & Meinz, 1995).

Aber es muss auch beachtet werden, dass die Gedächtnisaufgaben, die Forscher vorgeben, Strategien erfordern, die Erwachsene selten anwenden und zu deren Anwendung sie nicht motiviert sind, weil die meisten keine Schule besuchen (siehe Kapitel 9). Wenn eine Wortliste eine stark auf Kategorien aufbauende Struktur hat, organisieren ältere Erwachsene genauso gut wie jüngere (Small et al., 1999). Und wenn man sie anweist, zu organisieren und zu elaborieren, sind Menschen mittleren und höheren Alters durchaus gewillt, es zu tun, und ihre Leistungen verbessern sich. Ferner können Aufgaben so entworfen werden, dass sie älteren Menschen dabei helfen, ihren altersbedingten Abbau im Arbeitsgedächtnis zu kompensieren. Zum Beispiel können wir das Tempo verlangsamen, mit dem Informationen dargeboten werden, sodass die Erwachsenen genug Zeit haben, sie zu verarbeiten. Oder wir können auf die Beziehung zwischen neuen und kürzlich gespeicherten Informationen hinweisen („Um diese Wörter zu lernen, versuchen Sie, an die Kategorie ‚Vogel' zu denken") (Hay & Jacoby, 1999; Kausler, 1994).

Angesichts der Vielfalt der Gedächtnisfertigkeiten, die im Alltag als Stütze dienen, sind die gerade beschriebenen Verschlechterungen in ihrem Anwendungsbereich begrenzt. Allgemeines *Faktenwissen* (wie historische Ereignisse), *Handlungswissen (prozedurales Wissen*, wie Autofahren, Fahrradfahren oder das Lösen eines mathematischen Problems) und Expertenwissen (Wissen, das mit dem eigenen Beruf zu tun hat) bleibt im mittleren Alter entweder unverändert oder nimmt noch zu (Baltes, Dittmann-Kohli, & Dixon, 1984). Menschen mittleren Alters, die sich schwer tun, etwas zu erinnern, stützen sich oft auf das in Jahrzehnten erworbene *metakognitive Wissen* darüber, wie man eine Leistung vergrößert, z.B. die wichtigen Punkte vor einer wichtigen Präsentation wiederholen, Aufzeichnungen und Akten so organisieren, dass die Informationen schnell gefunden werden können, und das Auto jeden Tag im gleichen Bereich des Parkplatzes parken. Metakognition zeigt im Alter keinen Abbau (Berg, 2000).

Zusammengefasst heißt das, dass Veränderungen im Gedächtnis sich bei Aufgaben und Individuen stark unterscheiden, da die Menschen ihre kognitiven Kapazitäten nutzen, um den Erfordernissen des täglichen Lebens zu begegnen. Das mag an Sternbergs *triarchische Theorie der Intelligenz* erinnern, wie in Kapitel 9 beschrieben, insbesondere seine Komponente *der Kontextanpassung* Sie betont, dass intelligente Menschen ihre Fertigkeiten der Informationsverarbeitung ihren persönlichen Wünschen und den Anforderungen der Umwelt anpassen. Um die Entwicklung des Gedächtnisses im Erwachsenenalter (und andere Aspekte der Kognition) zu verstehen, muss sie im Kontext gesehen werden. Wenn die Fragen des Problemlösens, des Fachwissens und der Kreativität behandelt werden, taucht dieses Thema wieder auf.

15.5.4 Praktisches Problemlösen und Fachwissen

Eines Abends, als Dirk und Patricia in der Oper saßen, um zum Schluss der Vorstellung auf die Verbeugung der Künstler vor dem Vorhang zu warten, erschien ein Mann auf der Bühne, um zu verkünden, dass die 67-jährige Ardis Krainik, Generaldirektorin und „Seele" des Opernhauses, gestorben war.

Über das Theater legte sich Stille. Bald wandten sich Zuschauer einander zu und redeten über die Frau, die das Opernhaus in eines der besten der Welt verwandelt hatte.

Anfänglich Chorsängerin und Schreibhilfe, stieg Ardis schnell auf und wurde Assistentin des Direktors. Sie war bald bekannt für ihr unermüdliches Arbeiten und ihre unerreichte organisatorische Begabung. Als die Oper tief verschuldet war, wandte sich der Verwaltungsrat an Ardis, um eine Katastrophe abzuwenden. Als neu gewählte Generaldirektorin brachte sie das Defizit innerhalb eines Jahres zum Schwinden und stellte die sinkende Reputation des Hauses wieder her. Mit ihrem Charme gewann sie Sponsoren, zog Sänger der Spitzenklasse aus der ganzen Welt an und brachte das Haus zu einer fast vollständigen Auslastung der Kapazität. An der Wand ihres Büros hing ein Schild, das sie als Geschenk erhalten hatte. Darauf stand „Wonder Woman" (Rhein, 1997).

Wie Ardis Geschichte zeigt, haben Erwachsene mittleren Alters spezielle Möglichkeiten, ein fortschreitendes kognitives Wachstum im Bereich des **praktischen Problemlösens** zu entfalten, das von den Menschen erfordert, sich Situationen der realen Welt

15.5 KÖRPERLICHE UND KOGNITIVE ENTWICKLUNG IM MITTLEREN ERWACHSENENALTER

Als Generaldirektorin rettete Ardis Krainik (rechts) die Lyric Opera Chicago vor der Katastrophe, indem sie die Oper in die schwarzen Zahlen brachte und ihren Ruf wiederherstellte. Ihre kreative Leistung bestand in ihrer Fähigkeit, die subjektiven künstlerischen Bedürfnisse des Ensembles mit den objektiven finanziellen Bedürfnissen zu vereinen. Aus ihren Lebenserfahrungen schöpfend, bewältigte sie komplexe praktische Probleme auf einzigartige Weise. Hier sieht man sie mit Patricia Ryan vom Lyric Opera's Executive Committee und dem weltbekannten Tenor Placido Domingo.

zu stellen und zu analysieren, wie am besten Ziele erreicht werden können, die einen hohen Grad von Unsicherheit aufweisen. Zugewinne im *Fachwissen* – eine sehr weite, hoch organisierte und integrierte Wissensgrundlage, die benutzt werden kann, um ein hohes Leistungsniveau zu erreichen – helfen uns zu verstehen, warum das praktische Problemlösen einen Sprung nach vorn macht.

Die Entwicklung des Fachwissens beginnt im frühen Erwachsenenalter. Aber es erreicht seinen Höhepunkt im mittleren Leben und führt zu äußerst wirksamen und effizienten Zugängen zum Lösen von Problemen, die um abstrakte Prinzipien und intuitive Beurteilungen herum organisiert sind. Aufgrund seiner Erfahrung weiß der Experte intuitiv, wann ein Zugang zu einem Problem wirken wird und wann nicht. Diese schnelle, implizite Anwendung von Wissen ist das Ergebnis von Jahren des Lernens und der Erfahrung. Es kann nicht durch Aufgaben im Labor oder Leistungstests erfasst werden, weil es sich nicht auf dort abrufbares Wissen bezieht (Ackerman, 2000; Wagner, 2000).

Fachwissen oder Expertenwissen ist nicht nur das Reich Hochgebildeter und jener, die die Spitze der administrativen Leiter erklommen haben. Es kann in jedem Leistungsbereich auftreten. In einer Untersuchung von Personen, die in der Gastronomie arbeiteten, identifizierten die Forscher die unterschiedlichen Komponenten von Expertenleistungen; sie unterschieden: körperliche Fertigkeiten (Stärke und Geschicklichkeit), technisches Wissen (Bestandteile von Gerichten, Bestellen und Präsentation von Nahrungsmitteln); organisatorische Fähigkeiten (ein Gefühl für Prioritäten, Antizipation der Kundenwünsche) und soziale Fertigkeiten (vertrauenswürdiges Auftreten und gute Manieren). Danach wurden 20- bis 60-Jährige mit weniger als zwei und mehr als zehn Jahren Erfahrung in diesen Merkmalen eingestuft. Obwohl körperliche Kraft und Geschicklichkeit mit dem Alter abnahmen, nahmen das berufliche Wissen und die praktische Fertigkeiten zu. Im Vergleich mit jüngeren Erwachsenen mit ähnlichen Jahren der Erfahrung wiesen Beschäftigte im mittleren Alter kompetentere Leistungen auf und bedienten die Kunden auf eine besonders kenntnisreiche, aufmerksame Weise (Perlmutter, Kaplan, & Nyquist, 1990).

Altersbedingte Vorteile werden auch bei Lösungen täglicher Probleme augenfällig (Denney, 1990; Denney & Pearce, 1989), wie anhand des folgenden Dilemmas zu erkennen ist:

Was würden Sie machen, wenn Sie einen Vermieter hätten, der sich weigert, einige von Ihnen gewünschte Reparaturen vornehmen zu lassen, weil er diese für zu teuer hält?

a. Versuchen, die Reparaturen selber durchzuführen.

b. Versuchen, die Sicht des Vermieters zu verstehen, und dann entscheiden, ob es notwendige Reparaturen sind.

c. Versuchen, jemanden zu finden, der den Streit zwischen Ihnen und dem Vermieter schlichtet.

d. Die Situation akzeptieren und nicht mehr darauf herumreiten (Cornelius & Caspi, 1987, S. 146)

Bei Aufgaben wie diesen suchen Erwachsene mittleren und höheren Alters bessere Strategien aus (in der Einschätzung unabhängiger Beurteiler) als junge Erwachsene. Im vorhergehenden Beispiel ist die bevorzugte Wahl b ein problemzentrierter Zugang, der das Suchen nach Informationen und deren Anwendung zur Handlungsanleitung umfasst (Cornelius & Caspi, 1987). Wie Antwort b illustriert, legen vom mittleren Alter an Erwachsene mehr Gewicht darauf, ein praktisches Problem zu durchdenken, d.h., sie versuchen es besser zu verstehen, es von verschiedenen Standpunkten zu interpretieren und es mit logischer Analyse zu lösen. Aus diesem Grund wenden Erwachsene mittleren und höheren Alters eher ein breites Spektrum von Strategien zur Lösung täglicher Probleme an und verbinden sie, um sie der Situation anzupassen (Blanchard-Fields, Chen, & Norris, 1997).

15.5.5 Kreativität

Wie in Kapitel 13 angemerkt, haben kreative Leistungen ihren Höhepunkt in den späten Dreißigern oder frühen Vierzigern und nehmen dann mit einigen Variationen bei Individuen und Disziplinen ab. Aber wie beim Problemlösen kann sich die *Qualität* der Kreativität mit fortschreitendem Alter auf wenigstens drei Arten verändern.

Erstens ist jugendliche Kreativität in Literatur und den Künsten oft spontan und sehr emotional. Im Gegensatz dazu sind kreative Arbeiten, die ab dem Alter von 40 produziert werden, sehr durchdacht. Aus diesem Grund produzieren Lyriker ihre am häufigsten zitierten Werke oft in früheren Jahren, anders als Autoren von Belletristik und Sachliteratur. Poesie hängt mehr vom Spiel mit der Sprache ab und dem starken Ausdruck von Gefühlen, während lange Geschichten und Werke intensives Planen und Formen erfordern (Cohen-Shalev, 1986).

Zweitens wechseln kreative Menschen mit zunehmendem Alter von der Produktion ungewöhnlicher Werke zur Kombination sehr breiten Wissens mit der Erfahrung einzigartiger Denkweisen (Abra, 1989; Sasser-Coen, 1993). Kreative Arbeiten älterer Erwachsener summieren oder integrieren häufiger Ideen. Folglich stecken reife Akademiker weniger Zeit in neue Entdeckungen, sondern schreiben lieber Erinnerungen, Geschichten aus ihrem Bereich und andere reflektierte Arbeiten. Auch finden sich in den Romanen, gelehrten Texten, Gemälden und musikalischen Kompositionen älterer Kreativer Themen über das Leben im Alter und die Konfrontation mit dem Tod (Beckerman, 1990; Sternberg & Lubart, 2001).

Schließlich reflektiert die Kreativität im mittleren Erwachsenenalter einen Übergang von einem größtenteils egozentrischen Anliegen mit Ausdruck des Selbst zu deutlicher altruistischen Zielen. Wenn die Person mittleren Alters die jugendliche Illusion, dass „das Leben ewig anhält", überwunden hat, nimmt der Wunsch zu, zur Gesellschaft etwas beizutragen und das Leben anderer zu bereichern (Dacey, 1989).

Insgesamt mögen diese Veränderungen zu dem Rückgang der gesamten kreativen Leistungen im mittleren Alter beitragen. Meist jedoch entsteht Kreativität in neuen Formen.

Im mittleren Erwachsenenalter wird das Schaffen überlegter, integrativer und altruistischer. Oren Lyons, spiritueller Führer des Schildkröten-Clans des Onondaga-Stammes, den Ureinwohnern von New York, macht die letzten Pinselstriche an seinem berühmten Gemälde „Friedensbaum", welches diese Qualitäten der Kreativität im mittleren Alter einfängt.

15.5.6 Informationsverarbeitung im Kontext

Zusammengefasst heißt das, dass Zugewinne im mittleren Erwachsenenalter besonders wahrscheinlich in Bereichen sind, die den durch Erfahrungen bedingten Aufbau und Transformation von Wissen und Fertigkeiten umfassen. Die gerade beschriebenen Erkenntnisse legen nahe, dass die Verarbeitungsgeschwindigkeit sich mit der Situation verändert. Wenn man Erwachsenen mittleren Alters Alltagsprobleme unterbreitet, die mit ihrem Fachwissen in Beziehung stehen, werden sie wahrscheinlich sowohl effizientere wie auch qualitativ bessere Lösungen finden als junge Erwachsene. Wenn ferner die Labor- und Testaufgaben der Forscher für die wirklichkeitsnahen Bemühungen intelligenter, kognitiv aktiver Erwachsener von persönlicher Bedeutung sind, werden ältere Menschen genauso schnell und kompetent reagieren wie ihre jüngeren Gegenspieler.

In einer Studie mit 30- bis 70-jährigen Professoren der University of California in Berkeley enthüllten Leistungen bei Tests der Reaktionszeit und solchen, die das Wiedererinnern beziehungsloser Informationen erforderten, typische, mit dem Alter begründete Leistungsrückgänge. Aber in komplexen Aufgaben, die Planen, Organisation und Wiedererinnern sinnvoller Informationen umfassten, zeigten die Professoren keine Verschlechterungen mit zunehmendem Alter (Shimamura et al., 1995). Jahre der Anwendung von kognitiven Strategien in ihrem Arbeitsleben, die ständige Integration neuer Informationen in eine breite Wissensgrundlage erforderte, schienen den Veränderungen im Alter entgegenzuwirken

Im mittleren Leben unterscheiden sich vergangene und gegenwärtige Erfahrungen der Menschen auf eine enorme Weise, mehr als in vorangegangenen Jahrzehnten. Deshalb ist das Denken im mittleren Erwachsenenalter durch eine Zunahme der Spezialisierung bedingt. Die Menschen schlagen eine Vielzahl von Richtungen ein. Um jedoch ihr kognitives Potential zu erreichen, müssen Erwachsene mittleren Alters die Möglichkeit ständigen Wachstums behalten. Wir wollen sehen, wie die berufliche Umgebung und Bildungsmöglichkeiten die Kognition im mittleren Erwachsenenalter fördern können.

> **Prüfen Sie sich selbst ...**
>
> **Rückblick**
> Geben Sie Forschungsergebnisse über Veränderungen der kristallinen und fluiden Intelligenz während des Erwachsenenalters an. Was begründet diese sich differenzierenden Entwicklungsverläufe?
>
> **Rückblick**
> Wie beeinflusst die altersbedingte Verlangsamung kognitiver Prozesse Aufmerksamkeit und Gedächtnis im mittleren Alter? Was können ältere Erwachsene tun, um diese Rückgänge zu kompensieren?
>
> **Anwendung**
> Als er gefragt wurde, warum er ältere Kellner einstellte, entgegnete ein Restaurantbesitzer: „Sie sind meine besten Angestellten ... Ich weiß nicht, was sie mit Langsamkeit meinen. Sie sind die schnellsten im Hause." (Perlmutter, Kaplan, & Nyquist, 1990, S. 189). Warum hält er ältere Angestellte für besser, trotz des altersbedingten Abbaus der Geschwindigkeit in der Informationsverarbeitung?
>
> **Zusammenhänge**
> In welchen Aspekten der Kognition baute Dirk ab, und in welchen gewann er hinzu? Wie spiegeln Veränderungen im Denken Dirks Annahmen der Entwicklungspsychologie über die Lebensspanne wider?
>
> **Prüfen Sie sich selbst ...**

15.6 Berufsleben und kognitive Entwicklung

Das berufliche Umfeld ist ein wesentlicher Kontext, um bestehende Fertigkeiten zu erhalten und neue zu lernen. Sie unterscheiden sich jedoch in dem Ausmaß, wie sehr sie kognitiv stimulierend sind und Autonomie fördern. Zeitweise hat das Arbeitsumfeld negative Stereotype hinsichtlich Problemlösen und Entscheidungsfähigkeit bei älteren Menschen, was dazu führen kann, dass diesen weniger herausfordernde Aufgaben zugewiesen werden.

In Kapitel 13 wird dargestellt, dass kognitive und Persönlichkeitsmerkmale die Berufswahl beeinflussen. Dirk zum Beispiel entschied sich für den Beruf des Hochschullehrers, weil er es genoss, zu lesen und zu schreiben, neue Ideen zu entwickeln und anderen dabei zu helfen, zu lernen. Wenn ein Mensch erst einmal in einen Job eingebunden ist, beeinflusst dieser die Kognition. In einer Studie mit über 600 Amerikanern, die ein breites Spektrum von Berufen repräsentierten, fragten Forscher die Teilnehmer nach der Komplexität ihre Aufgaben und der Selbstbestimmung in ihren Beschäftigungen. Während des Interviews schätzten sie auch die kognitive Flexibilität ein, basierend auf logischem Denken, Bewusstheit verschiedener Seiten eines Problems und Unabhängigkeit des Urteils. Zehn Jahre später wurden die Job- und die kognitiven Variablen wieder gemessen, was einen Einblick in ihre Interaktion erlaubte. Wie erwartet, suchten kognitiv flexible Menschen Arbeit, die Herausforderung und Autonomie bot. Aber komplexe Arbeit führte ebenso zu Zugewinnen in kognitiver Flexibilität. Mit anderen Worten: die Beziehung zwischen Berufserfahrungen und kognitiven Prozessen war reziprok (Kohn & Schooler, 1978).

Die gleichen Ergebnisse ergaben sich in groß angelegten Untersuchungen in Japan und Polen, also Kulturen, die sich stark von den Vereinigten Staaten unterscheiden (Kohn et al., 1990; Kohn & Slomczynski, 1990). In jeder Nation konnte die Ausübung eines stimulierenden Jobs ohne Routine die Beziehung zwischen SÖS und flexiblem, abstraktem Denken verstehen helfen. Ferner verallgemeinert sich das Lernen im Beruf in anderen Bereichen des Lebens. Menschen mit intellektuell fordernder Arbeit suchen auch nach stimulierenden Freizeitaktivitäten, welche auch die kognitive Flexibilität fördern (Kohn et al., 2000). Flexible Denker lernen, Selbstverantwortung zu schätzen, sowohl für sich selber wie für ihre Kinder. Folglich geben sie ihre kognitiven Vorlieben an die nächste Generation weiter (vgl. Schönpflug & Silbereisen, 1992).

Ist der Einfluss eines herausfordernden Jobs auf das kognitive Wachstum am größten bei jungen Erwachsenen, die in der ersten Phase ihrer beruflichen Entwicklung stehen? Die Forschung zeigt, dass es nicht so ist. Menschen in ihren Fünfzigern und frühen Sechzigern gewinnen genauso viel wie solche in ihren Zwanzigern und Dreißigern. Die Beziehung gilt auch für Menschen verschiedener Generationen und damit für stark variierende Lebenserfahrungen (Avolio & Sosik, 1999; Miller, Slomczynski, & Kohn, 1985). Wieder einmal werden wir an die Plastizität der Entwicklung erinnert. Kognitive Flexibilität reagiert auf berufliche Erfahrung bis in das mittlere Erwachsenenalter hinein und vielleicht darüber hinaus. Das bedeutet, dass mehr Jobs darauf zugeschnitten werden sollten, intellektuelle Stimulierung und Herausforderung zu bieten – Faktoren, die mit einem kognitiven Funktionieren in späteren Lebenszyklen verbunden sind.

15.7 Erwachsene Lernende: Im mittleren Lebensabschnitt Student werden

Eine enorme Anzahl Erwachsener nimmt das Studium wieder auf. Während des letzten Vierteljahrhunderts stiegen die Studentenzahlen von über 25-Jährigen in nordamerikanischen Colleges und Universitäten von 28 % auf 40 % mit einem besonders starken Anstieg von Menschen über 35 Jahren (Statistics Canada, 2001b; U.S. Department of Education, 2002b). Ihre Gründe für die Einschreibung sind unterschiedlich: Berufswechsel, ein besseres Einkommen, Wissenserweiterung und persönliche Bereicherung, ein Gefühl persönlicher Leistung oder einfach der Wunsch nach einem akademischen Grad. Lebensübergänge regen oft eine Rückkehr zur formalen Ausbildung an, wie es der Fall war bei Anja, der Freundin von Dirk und Patricia, nachdem ihr letztes Kind von zu Hause fortgegangen war. Eine Scheidung, Witwenstand, Verlust eines Jobs oder ein Kind, das in die Schule kommt oder andere Veränderungen gehen einem Wiedereintritt gewöhnlich voraus (Bradburn, Moen, & Dempster-McClain, 1995).

15.7.1 Merkmale wieder einsteigender Studenten

Frauen bilden die Mehrheit (etwa 58 %) der erwachsenen Lernenden. Wie es Anjas Furcht, nicht in der Lage zu sein, die Anforderungen zu bewältigen, zeigte, berichten wieder einsteigende Frauen des ersten Jahres, sich unsicherer, unadäquater und zögerlicher in der Beteiligung am Unterricht zu fühlen als wieder einsteigende Männer oder traditionelle Studenten (unter 25 Jahren) (Wilke & Thompson, 1993). Ihre Angst ist zum Teil die Folge davon, viele Jahre kein akademisches Lernen praktiziert zu haben. Es wird auch von Stereotypen des Alterns geprägt, da zurückkehrende Frauen oft überzeugt sind, dass die Studenten im Normalalter klüger sind als sie.

Rollenanforderungen außerhalb des Ausbildungsrahmens (von Ehepartnern, Kindern, anderen Familienmitgliedern, Freunden und Arbeitgebern) zerren viele wieder einsteigende Frauen in viele, oft miteinander in Konflikt liegende Richtungen. Jene, die hohe psychische Belastung beklagen, haben typischerweise berufliche Ziele statt solcher der persönlichen Bereicherung, kleine Kinder, begrenzte finanzielle Mittel und nicht unterstützende Ehemänner (Novak & Thacker, 1991; Padula & Miller, 1999). Eine Kollegin erzählte Anja eines Tages: „Ich versuchte, das Buch zu lesen, während ich kochte und mit den Kindern sprach. Es funktionierte nicht. Sie hatten das Gefühl, dass ich sie ignorierte." Wegen vielfältigerer Anforderungen an ihre Zeit tendieren Frauen im reifen Alter dazu, weniger Scheine zu machen, mehr Unterbrechungen in ihren akademischen Programmen hinzunehmen und weniger Erfolge zu haben als Männer im reiferen Alter. Familiäre Verpflichtungen sind der Hauptgrund, die Ausbildung nicht abzuschließen (Robertson, 1991).

15.7.2 Wieder einsteigende Studenten unterstützen

Wie diese Ergebnisse nahe legen, kann soziale Unterstützung für wieder einsteigende Studenten darüber entscheiden, ob sie die Schule weiterführen oder abbrechen. Erwachsene Studenten benötigen Familienmitglieder und Freunde, die ihre Anstrengungen ermutigen und ihnen dabei helfen, Zeit für ungestörtes Lernen zu finden. Anjas Studienkollegin erklärte es so: „Meine Zweifel verschwanden, als mein Mann von sich aus erklärte: ‚Ich kann das Abendessen machen und die Wäsche waschen. Du nimmst deine Bücher und machst, was du machen musst.'" Institutionelle Hilfe für wieder einsteigende Studenten ist ebenfalls wesentlich. Persönliche Beziehungen zu Fakultätsangehörigen, Netzwerke mit Kollegen, die es den Erwachsenen ermöglichen, einander kennen zu lernen, günstige Termine für Abend- und Samstagsseminare, Online-Kurse und finanzielle Hilfe für Teilzeitstudenten (von denen viele wieder einsteigende Erwachsene sind) erhöhen die Chancen akademischen Erfolges.

Obwohl nicht traditionelle Studenten selten Hilfe für Karriereziele fordern, drücken sie doch den starken Wunsch nach Hilfe bei der Wahl des günstigsten Seminarplans und der Erkundung von Jobs, die ihren Talenten entsprechen, aus (Luzzo, 1999). Akademische Beratung und Möglichkeiten für Praktika, die ihren Bedürfnissen entsprechen, sind maßgeblich für ihre Berufsentwicklung.

Studenten mit geringem Einkommen und solche aus ethnischen Minderheiten benötigen oft besondere Hilfe wie einen Tutor, Sitzungen zur Bildung von Vertrauen und Selbstbehauptung und Hilfen, sich an Lernstile anzupassen, die mit ihrem kulturellen Hintergrund nicht übereinstimmen. Eine wieder einsteigende chinesische Studentin bemerkte, dass sie es schwierig fand, Ideen zu kritisieren und mit den Professoren zu streiten, weil man chinesischen Schülern beibringt, ihre Lehrer zu respektieren, und nicht, mit ihnen keine Übereinstimmung zu zeigen.

Der Kasten „Aspekte der Fürsorge" gibt Wege vor, den Wiedereinstieg Erwachsener in ein Studium zu erleichtern. Wenn es unterstützende Systeme gibt, erlangen die meisten zurückkehrenden Studenten einen großen persönlichen Nutzen und sind akademisch erfolgreich. Sie schätzen besonders die Bildung neuer Beziehungen, das Gespräch über Überzeugungen und Erfahrungen und den Bezug der Fächerinhalte auf ihr eigenes Leben. Ihre bessere Fähigkeit, Wissen zu integrieren, führt zu einer verstärkten Wertschätzung ihrer Lernerfahrungen und Arbeiten. Ein weiterer Nutzen älterer Studenten ist der des Kontaktes zwischen den Generationen. Wenn jüngere Studenten die Fähigkeiten und Talente älterer Personen sehen, nehmen ungünstige Stereotype über das Altern ab.

In den vorhergehenden Kapiteln haben wir gesehen, dass Bildung die Entwicklung verändert. Sie tut dieses auch weiterhin im mittleren Erwachsenenalter. Nachdem sie ihren College-Abschluss gemacht hatte, erhielt Anja eine Stelle als Krankenschwester in einer Gemeinde mit der Möglichkeit, Mitglieder einer großen Gemeinde in Gesundheitsfragen zu beraten. Die Ausbildung ermöglichte ihr neue Lebensperspektiven zu entwickeln sowie finanzielle Entschädigung, eine höhere Selbstwertschätzung, indem sie ihre eigene Kompetenz neu bewerten konnte (Redding & Dowling, 1992). Manchmal führen die wieder entdeckten Werte und das Selbstgefühl, die durch die Ausbildung geweckt wurden, zu einer Veränderung anderer Lebensbereiche wie zu einer Scheidung oder einer neuen engen Partnerschaft (Esterberg, Moen, & Dempster-McClain, 1994). Auf diese Weise kann die Rückkehr in die Ausbildung den Lebenslauf ganz neu ausrichten.

Die Rückkehr dieser Frau im reiferen Alter ins Studium mag veranlasst sein durch eine Lebensveränderung wie Scheidung, Verwitwung oder Jobverlust. Zunächst stellen erwachsene Lernende oft ihre Fähigkeit in Frage, erfolgreich akademisch arbeiten zu können. Wenn Familienmitglieder, Freunde und Ausbildungsinstitutionen Unterstützung leisten, tragen wieder einsteigende Studenten großen persönlichen Nutzen davon und sind akademisch erfolgreich.

Aspekte der Fürsorge

Den Wiedereinstieg Erwachsener auf das College oder die Universität erleichtern

QUELLE DER UNTERSTÜTZUNG	BESCHREIBUNG
Partner und Kinder	Wertschätzen und ermutigen Sie Ausbildungsbemühungen.
	Helfen Sie bei Hausarbeit, um Zeit für ein Studieren ohne Unterbrechungen zu ermöglichen.
Familie und Freunde	Wertschätzen und ermutigen Sie Ausbildungsbemühungen.
Ausbildungsinstitution	Bieten Sie Orientierungsprogramme und Literatur an, die erwachsene Studenten über Dienste und soziale Unterstützung informieren.
	Bieten Sie Beratung und Interventionen an, die akademische Schwächen, Selbstzweifel hinsichtlich des Erfolges und für die Berufsziele angemessene Seminare berühren.
	Erleichtern Sie Netzwerke zwischen Studienkollegen durch regelmäßige Treffen oder telefonischen Kontakt.
	Fördern Sie Kontaktmöglichkeiten mit Fakultätsmitgliedern.
	Ermutigen Sie aktives Engagement und Diskussionen in den Klassen und Seminaren und eine Integration der Kursinhalte mit Erfahrungen aus dem realen Leben.
	Bieten Sie Veranstaltungen am Abend, Wochenende, außerhalb des Campus und Online-Kurse an.
	Stellen Sie finanzielle Hilfe für Teilzeitstudenten zur Verfügung.
	Initiieren Sie Kampagnen, um wieder einsteigende Studenten zu rekrutieren, einschließlich solcher aus Familien mit geringem Einkommen und aus ethnischen Minderheitengruppen.
	Unterstützen Sie Studenten mit kleinen Kindern dabei, Lösungen zur Kinderbetreuung zu finden, und bieten Sie Kinderbetreuung auf dem Campus an.
Arbeitsplatz	Wertschätzen und ermutigen Sie Ausbildungsbemühungen.
	Passen Sie die Arbeitszeit dem Stundenplan der Klassen und Seminare an.

Prüfen Sie sich selbst ...

Rückblick
Betrachten Sie den Einfluss von Beruf und Ausbildung auf die kognitive Entwicklung im mittleren Alter und bewerten Sie den Ausdruck: „Was Hänschen nicht lernt, lernt Hans nimmermehr."

Anwendung
Marcella hatte in ihren Zwanzigern ein Jahr studiert. Jetzt, mit 42 Jahren, kehrte sie zurück an die Universität, um einen akademischen Grad zu erwerben. Planen Sie ein Bündel von Maßnahmen für Marcellas erstes Semester, das ihre Erfolgschancen vergrößern kann.

Zusammenhänge
Viele Positionen auf hohem Niveau in Regierung und bei Firmen werden von Erwachsenen mittleren oder höheren Alters eingenommen und nicht von jungen Erwachsenen. Welche kognitiven Fähigkeiten ermöglichen es reifen Erwachsenen, diese Stellen gut auszufüllen?

Prüfen Sie sich selbst ...

Zusammenfassung

Körperliche Entwicklung

Körperliche Veränderungen
Beschreiben Sie körperliche Veränderungen des mittleren Erwachsenenalters unter besonderer Berücksichtigung des Sehens, des Hörens, der Haut, der Muskel-Fett-Verteilung und des Skeletts.

- Die allmählichen körperlichen Veränderungen, die im frühen Erwachsenenalter begonnen haben, gehen im mittleren Leben weiter und tragen zu einem veränderten körperlichen Selbstbild bei, das nicht mehr auf Zugewinne hofft, sondern vielmehr den gefürchteten Abbau betont.
- Das Sehen wird durch **Alterssichtigkeit** oder den Verlust der Akkomodierfähigkeit der Linsen beeinflusst, einer reduzierten Fähigkeit, im Dämmerlicht zu sehen, und einer verminderten Unterscheidungsfähigkeit von Farben. Ab dem Alter von 40 Jahren haben Erwachsene ein erhöhtes Risiko für ein **Glaukom (erhöhter Augeninnendruck).** Hörverlust, **Altersschwerhörigkeit** genannt, beeinträchtigt zunächst das Erkennen hoher Frequenzen und geht dann auf andere Töne über. Altersschwerhörigkeit fängt bei Männern früher an und entwickelt sich schneller in Folge intensiven Lärms bei einigen von Männern dominierten Beschäftigungen.
- Die Haut bekommt Falten, wird weniger straff und beginnt, Altersflecken zu entwickeln, besonders bei Frauen und bei Menschen, die sehr der Sonne ausgesetzt waren. Die Muskelmasse nimmt ab und Fettablagerungen nehmen zu, wobei Männer und Frauen verschiedene Muster der Fettverteilung entwickeln. Eine fettarme Ernährung und stetiges sportliches Training und Bewegung können exzessiver Gewichtszunahme und Muskelschwund vorbeugen.
- Die Knochendichte nimmt bei beiden Geschlechtern ab, aber in einem größeren Ausmaß bei Frauen, besonders nach der Menopause. Daraus können ein Rückgang der Körpergröße und Knochenbrüche resultieren.

Beschreiben Sie Veränderungen der Fortpflanzungsfähigkeit bei Frauen mittleren Alters und diskutieren Sie die psychologischen Reaktionen der Frauen auf die Menopause.

- Das **Klimakterium** bei Frauen entwickelt sich allmählich über einen Zeitraum von zehn Jahren, in denen die Östrogenproduktion, abnimmt und führt zur **Menopause.** Viele Ärzte empfehlen eine **Hormontherapie**, um die körperlichen Beschwerden der Menopause zu reduzieren und Frauen vor anderen Beeinträchtigungen aufgrund des Östrogenverlustes zu schützen. Die Hormontherapie bleibt jedoch kontrovers wegen eines erhöhten Risikos bestimmter Krebsarten und kardiovaskulärer Erkrankungen.
- Die Menopause ist ein biokulturelles Ereignis, beeinflusst sowohl von hormonellen Veränderungen wie von gesellschaftlichen Annahmen und Praktiken. Körperliche Symptome und psychische Reaktionen gehen weit auseinander. Ob Frauen die Menopause als traumatisch oder befreiend erleben, hängt davon ab, wie sie diese in Beziehung zu ihrem vergangenen und ihrem zukünftigen Leben interpretieren.

Beschreiben Sie die Veränderungen der Fortpflanzungsfähigkeit des Mannes im mittleren Erwachsenenalter.

- Obwohl Männer ebenfalls ein Klimakterium erleben, nimmt ihre Fortpflanzungskapazität nur ab und ist nicht zu Ende. Deshalb existiert kein männliches Gegenstück zur Menopause. Gelegentliche Episoden von Impotenz sind im mittleren Leben häufiger, können aber gewöhnlich erfolgreich behandelt werden.

Gesundheit und Fitness
Diskutieren Sie Sexualität im mittleren Erwachsenenalter und ihre Verbindung mit dem psychischen Wohlbefinden.

- Die Häufigkeit sexueller Aktivität bei verheirateten Paaren bleibt im mittleren Leben ziemlich stabil, fällt nur leicht ab und ist verbunden mit ehelichem Glück. Die Intensität sexueller Reaktion nimmt mehr ab infolge körperlicher Veränderungen im Klimakterium. Viel mehr Frauen als Männer haben keinen Sexualpartner, ein Trend, der sich bis ins späte Erwachsenenalter fortsetzt.

Diskutieren Sie Krebs, Herz-Kreislauf-Erkrankungen und Osteoporose und führen Sie Risikofaktoren und Interventionen an.

- Die Todesrate durch Krebs vervielfacht sich vom frühen zum mittleren Erwachsenenalter. Krebs ist bei Frauen die Haupttodesursache. Ein komplexes Zusammenspiel von Vererbung, biologischem Altern und der Umwelt trägt zu Krebs bei. Heute werden 40 % der Menschen mit Krebs geheilt. Jährliche Vorsorgeuntersuchungen und verschiedene präventive Schritte (wie das Aufgeben von Rauchen) können die Häufigkeit des Vorkommens und Tod durch Krebs reduzieren.
- Obwohl Herz-Kreislauf-Erkrankungen in den vergangenen Jahrzehnten abgenommen haben, bleiben sie ein Hauptgrund für den Tod in mittleren Jahren, besonders bei Männern. Symptome umfassen hohen Blutdruck, hohen Cholesterinspiegel im Blut, Arteriosklerose, Herzattacken, Arrhythmie und Angina pectoris. Ernährung, Bewegung und Sport, medikamentöse Therapie und Reduzierung von Stress können Risiken minimieren und bei der Behandlung helfen. Eine besondere Sorge stellt die richtige Diagnose bei Frauen dar.
- **Osteoporose** befällt 7 % der Frauen und weitere 40 % haben eine so geringe Knochendichte, dass Anlass zur Sorge besteht. Bewegung mit Körperbelastung, Kalzium und Vitamin D sowie Hormontherapie und andere Medikamente, die die Knochen stärken, können dazu beitragen, Osteoporose vorzubeugen und zu behandeln.

Diskutieren Sie die Verbindung von Feindseligkeit und Wut mit Herzerkrankungen und anderen Gesundheitsproblemen.

- Feindseligkeit ist die Komponente des **Typ-A-Verhaltensmusters,** das Herzerkrankungen und andere Gesundheitsprobleme vorhersagt, hauptsächlich infolge physiologischer Erregung, die mit Wut in Zusammenhang gebracht wird. Weil die Unterdrückung des Gefühlsausdrucks ebenfalls mit Gesundheitsproblemen verbunden ist, ist eine bessere Alternative, wirksame

Wege der Stress- und Konfliktbewältigung zu entwickeln.

Anpassung an die körperlichen Herausforderungen im mittleren Leben

Diskutieren Sie die Vorteile von Stressmanagement und einer optimistischen Einstellung, um wirksam mit den körperlichen Herausforderungen im mittleren Leben umzugehen.

- Die Veränderungen und Verantwortlichkeiten des mittleren Erwachsenenalters können psychischen Stress auslösen mit negativen Folgen für das kardiovaskuläre, das Immunsystem und das System des Bauchinnenraums. Wirksames Stressmanagement umfasst sowohl problemzentrierte wie emotionszentrierte Bewältigung, abhängig von der Situation, dem konstruktiven Zugang zur Reduktion der Wut und sozialer Unterstützung. Im mittleren Erwachsenenalter neigen die Menschen eher dazu, mit Stress wirksamer umzugehen. Und wenn sie es tun, berichten sie über andauernde persönliche Vorteile.
- Regelmäßige Bewegung und Sport tragen zu vielen körperlichen und seelischen Vorteilen bei und lassen es auch für Menschen mittleren Alters in sitzender Lebensweise als gewinnbringend erscheinen, damit zu beginnen. Die Entwicklung eines Gefühls der Selbstwirksamkeit und die Auswahl eines sportlichen Trainingsplans, der zu den individuellen Merkmalen passt (zu Hause für übergewichtige Erwachsene und in Gruppen für sehr gestresste Personen) erhöht die Chancen, dass ein Anfänger bei dem Bewegungstraining bleibt.
- **Robustheit** besteht aus drei persönlichen Qualitäten: Kontrolle, Engagement und Herausforderung. Durch die Annahme einer allgemein optimistischen Einstellung auf das Leben kann Robustheit dem Menschen helfen, den Stress angemessen zu bewältigen.

Erklären Sie die ungleichen Maßstäbe für das Altern.

- Negative Stereotype des Alterns tragen zur Entmutigung beider Geschlechter bei. Jedoch werden ältere Frauen noch eher ungünstig beurteilt, vor allen Dingen von Männern. Obwohl die verschiedenen Maßstäbe für das Altern in früheren Zeiten unserer Evolution der Anpassung gedient haben mögen, sind sie irrelevant in einer Zeit reduzierter Kinderzahl und größerem Engagement in Karriere und Freizeit. Neue Umfragen haben ergeben, dass die Maßstäbe für das Altern sich angleichen.

Kognitive Entwicklung

Veränderungen in geistigen Fähigkeiten

Beschreiben Sie Veränderungen in der kristallinen und fluiden Intelligenz im mittleren Erwachsenenalter und diskutieren Sie individuelle und Gruppenunterschiede in der intellektuellen Entwicklung.

- Querschnitts- und Längsschnittuntersuchungen haben Zugewinne vom frühen Erwachsenenalter an bei Fähigkeiten, welche die **kristalline Intelligenz** fordern (angesammeltes Wissen und Erfahrung verarbeiten), aufgedeckt. Im Gegensatz dazu beginnt die **fluide Intelligenz** (grundlegendere Prozesse der Informationsverarbeitung) schon in der zweiten Hälfte der Zwanziger abzubauen und dieser Abbau findet kontinuierlich durch das ganze Erwachsenenleben statt. In der Seattle Longitudinal Study folgt die Wahrnehmungsgeschwindigkeit diesem Muster, aber Trends für andere fluide Faktoren weisen auf ein optimistischeres Bild hin. Forschung mit der Wechsler Adult Intelligence Scale (WAIS), aber auch anderen Intelligenztests, bestätigen den frühen Abbau in fluider Intelligenz, welcher sich im mittleren Lebensalter noch verstärkt.
- Große individuelle Unterschiede zwischen Erwachsenen im mittleren Alter erinnern uns daran, dass die intellektuelle Entwicklung multidimensional, in viele Richtungen gehend und plastisch ist. Einige Menschen zeigen wegen Krankheit oder einer ungünstigen Umwelt einen frühen intellektuellen Abbau. Solche, die ihre intellektuellen Fertigkeiten benutzen, erhalten sie eher. Stimulierende Beschäftigungen und Freizeitaktivitäten, gute Gesundheit, stabile Ehen, flexible Persönlichkeiten und wirtschaftliche Vorteile sind mit einer günstigen kognitiven Entwicklung verbunden.
- Im frühen und mittleren Erwachsenenalter überrunden Frauen Männer in verbalen Aufgaben und in der Wahrnehmungsgeschwindigkeit, Männer dagegen sind besser in räumlichen Fertigkeiten. Zugewinne innerhalb von Generationen bei gewissen intellektuellen Fertigkeiten spiegeln Fortschritte in der Ausbildung, der Technologie, der Stimulierung durch die Umwelt und der Gesundheitsvorsorge wider.

Informationsverarbeitung

Wie verändert sich die Informationsverarbeitung im mittleren Leben?

- Die Geschwindigkeit kognitiver Verarbeitung verlangsamt sich mit dem Alter, entweder erklärt durch die **Sicht neuronaler Netzwerke** oder der **Sicht des Informationsverlusts**. Langsamere Verarbeitungsgeschwindigkeit macht es Leuten mittleren Alters schwerer, ihre Aufmerksamkeit zu teilen, sich auf relevante Reize zu konzentrieren und von einer Aufgabe zur anderen zu wechseln, wenn es die Situation erfordert. Die kognitive Hemmung irrelevanter Informationen wird schwieriger und führt zeitweise zur Ablenkbarkeit.
- Erwachsene mittleren Alters halten weniger Informationen im Arbeitsgedächtnis, größtenteils infolge eines Rückgangs der Gedächtnisstrategien. Training, Praxis, verbesserte Vorlage in den Aufgaben und metakognitives Wissen ermöglichen es Erwachsenen mittleren und höheren Alters, die Verschlechterungen der Verarbeitungsgeschwindigkeit, der Aufmerksamkeit und des Gedächtnisses zu kompensieren.

Diskutieren Sie die Entwicklung des praktischen Problemlösens, des Fachwissens und der Kreativität im mittleren Erwachsenenalter.

- Erwachsene mittleren Alters werden oft in vielen Gebieten des Lebens gut in der **praktischen Problemlösung**, größtenteils infolge der Entwicklung von Fachwissen. Im mittleren Leben wird die Kreativität überlegter und gedankenvoller. Sie wechselt auch von der Schaffung ungewöhnlicher Werke zur Integration von Ideen und von der Wichtigkeit des Selbstausdrucks zu eher altruistischen Zielen.

Berufsleben und kognitive Entwicklung
Beschreiben Sie die Beziehung zwischen dem Berufsleben und der kognitiven Entwicklung.
- In jedem Alter und in unterschiedlichen Kulturen ist die Beziehung zwischen Berufsleben und kognitiver Entwicklung reziprok. Stimulierende komplexe Arbeit und abstraktes autonomes Denken unterstützen sich gegenseitig.

Erwachsene Lernende: Im mittleren Leben Student werden
Diskutieren Sie die Herausforderungen, denen sich Erwachsene gegenübersehen, wenn sie ein Studium beginnen, ferner Wege, diese Studenten zu unterstützen, und den Nutzen, den es haben kann, im mittleren Leben einen akademischen Grad zu erwerben.
- Oft durch Lebensveränderungen motiviert wieder zu studieren, machen Frauen die Mehrheit der wachsenden Zahl erwachsener Studenten aus. Wieder einsteigende Studenten müssen einen Mangel an Praxis in akademischer Arbeit, Stereotype des Alterns und viele Rollenerwartungen bewältigen. Studenten mit geringem Einkommen und solche aus ethnischen Minderheiten benötigen besondere Hilfe.
- Soziale Unterstützung durch die Familie, von Freunden und von Institutionen, die ihren Bedürfnissen entsprechen, können den Studenten zum Erfolg verhelfen. Eine weitergeführte Ausbildung führt zu größerer Kompetenz, neuen Beziehungen, dem Kontakt zwischen den Generationen und neu geformten Lebenswegen.

Wichtige Fachtermini und Begriffe

Altersschwerhörigkeit (presbyacusis) S. 673
Alterssehen (presbyopia) S. 672
fluide Intelligenz S. 693
Hormontherapie S. 676
Klimakterium S. 674
kristalline Intelligenz S. 693
Menopause S. 676
neuronaler Netzwerk-Ansatz S. 697
Osteoporose S. 685
praktisches Problemlösen S. 699
Presbyopie S. 672
Robustheit S. 690
Typ-A-Verhaltensmuster S. 686
Verlust von Informationen S. 697

Die emotionale und soziale Entwicklung im mittleren Erwachsenenalter

16

16.1 Eriksons Theorie: Generativität versus Stagnation 711

16.2 Andere Theorien der psychosozialen Entwicklung im mittleren Lebensalter 714
- Levinsons Lebensabschnitte 714
- Vaillants Anpassung an das Leben 717
- Gibt es so etwas wie eine Krise im mittleren Lebensalter? 718
- Stufenmodell oder Veränderung durch kritische Lebensereignisse .. 719

16.3 Stabilität und Veränderung im Selbstkonzept und in der Persönlichkeit 720
- Mögliche Erscheinungsformen des Selbst 720
- Selbstakzeptanz, Autonomie und die Bewältigung des eigenen Umfeldes 721
- Bewältigungsstrategien 722
- Die Geschlechtsidentität 722
- Individuelle Unterschiede in den Persönlichkeitseigenschaften 726

16.4 Beziehungen im mittleren Lebensalter 728
- Heirat und Scheidung 729
- Veränderungen in den Eltern-Kind-Beziehungen 731
- Die Großeltern 732
- Wandel im Rollenverhalten von Großeltern 734
- Kinder im mittleren Lebensalter und ihre alternden Eltern 737
- Die Geschwister 740
- Freundschaften 741
- Intergenerationale Beziehungen 742

16.5 Das Berufsleben 744
- Zufriedenheit im Beruf 744
- Berufliche Entwicklung 746
- Berufliche Veränderung im mittleren Lebensalter 748
- Arbeitslosigkeit 748
- Planung des Ruhestands 749

ÜBERBLICK

16.1 Die emotionale und soziale Entwicklung im mittleren Erwachsenenalter

> An einem Wochenende, an dem Dirk, Patricia und ihr 24 Jahre alter Sohn Mark unterwegs waren, klopften Marks Eltern im mittleren Alter an seine Hotelzimmertür. „Dein Vater und ich gehen uns jetzt eine Kunsthandwerksausstellung ansehen", meinte Patricia, „wir haben aber kein Problem damit, wenn du nicht mitkommst." Patricia erinnerte sich noch gut an die Zeiten, als sie im Adoleszenzalter war und Ausstellungen dieser Art nicht leiden konnte. „Zum Mittagessen sind wir wieder da."
>
> „Die Ausstellung klingt interessant", erwiderte Mark. „Ich treffe euch dann in der Lobby. Wir haben sowieso so wenig Zeit, die wir miteinander verbringen können."
>
> „Manchmal vergesse ich einfach, dass er inzwischen erwachsen ist!", meinte Patricia, als sie und Dirk in ihr Zimmer gingen, um sich ihre Jacken zu holen. „Es ist wirklich schön, Mark bei uns zu haben für diese paar Tage. Es ist, als verbrächte man mit einem guten Freund Zeit."
>
> In ihrem vierten und fünften Lebensjahrzehnt bauen Patricia und Dirk auf ihre früheren Stärken auf und intensivieren ihre Bemühungen, etwas für ihre Nachkommen zu hinterlassen. Als Mark sein Studium abschloss, seine erste Arbeitsstelle annahm, sich verliebte und heiratete, waren sie stolz darauf, ein Mitglied der nächsten Generation auf dem Weg zu verantwortlichen Rollen als Erwachsener begleitet zu haben. Gemeinsame Aktivitäten, die während Marks Jahren in der Adoleszenz und später an der Universität zurückgegangen waren, nahmen wieder zu. Patricia und Dirk konnten nun mit ihrem Sohn und ihrer Schwiegertochter nicht nur wie mit Verwandten umgehen, sondern sie hatten Freude an der Gemeinschaft mit den nun Erwachsenen. Herausforderungen am Arbeitsplatz und mehr Zeit, die sie mit gesellschaftlichen Projekten verbrachten, mit Freizeitaktivitäten und mit dem Partner trugen dazu bei, dass sie ein reichhaltiges und lohnenswertes Leben führten.
>
> Die Jahre im mittleren Lebensalter gestalteten sich für zwei von Patricia und Dirks Freunden nicht so einfach. Aus Angst, sie könnte allein alt werden, verbrachte Patricias Freundin ihre gesamte Zeit damit, einen Partner zu finden. Sie besuchte Treffen für Singles, trug sich in Partnerschaftsagenturen ein und unternahm Reisen in der Hoffnung, einen gleichgesinnten Lebenspartner zu finden. „Ich kann einfach den Gedanken nicht ertragen, schon 50 zu werden. Ich sehe aus wie eine alte Hexe mit dunklen Ringen unter den Augen", klagte sie Patricia in einem Brief ihr Leid. Es gab aber auch Bereiche in ihrem Leben, die dies durchaus wettmachen konnten – Freundschaften, die sich mit den Jahren vertieft hatten, warme Beziehungen zu einer Nichte und einem Neffen sowie der Aufbau einer erfolgreichen Wirtschaftsberatungsfirma.
>
> Tim, Dirks bester Freund aus den Schultagen, hatte sich vor über 15 Jahren scheiden lassen. Vor kurzem hatte er Elena kennen gelernt, die er sehr mochte. Aber Elena befand sich inmitten großer Lebensveränderungen. Abgesehen von der eigenen Scheidung, musste sie sich auch um eine in Schwierigkeiten geratene Tochter kümmern, sah sich mit beruflichen Veränderungen konfrontiert sowie einem Umzug weg aus der Stadt, die sie immer wieder an ihre unglückliche Vergangenheit erinnerte. Während Tim an der Spitze der Karriereleiter angekommen war und bereit war, das Leben in vollen Zügen zu genießen, wollte Elena vieles nachholen, das sie in früheren Jahren verpasst hatte – nicht nur eine befriedigende intime Beziehung, sondern auch die Möglichkeit, ihre Talente zu entdecken und auszuleben. „Ich habe keine Ahnung, wo ich in Elenas Pläne hineinpassen könnte", erklärte Tim bei einem Telefongespräch mit Patricia.
>
> Mit dem Eintritt in das mittlere Erwachsenenalter ist die Hälfte des Lebens oder mehr schon vorbei. Eine gesteigerte Wahrnehmung dessen, dass das eigene Leben begrenzt ist, führt dazu, dass der Erwachsene die Bedeutung seines Lebens neu überdenkt und sich den nachfolgenden Generationen zuwendet. Wir werden feststellen, dass die meisten in diesem Alter einige Änderungen in ihrer Lebenseinstellung sowie auch am Alltagsablauf vornehmen. Einige erleben stärkere innere Turbulenzen und vollziehen grundlegende Veränderungen, häufig in dem Versuch, verlorene Zeit aufzuholen. Abgesehen von der Tatsache, dass der Betreffende an Lebensalter zunimmt, tragen auch Veränderungen in der Familie und im Arbeitsleben sehr stark zur emotionalen und sozialen Weiterentwicklung bei.

16.1 Eriksons Theorie: Generativität versus Stagnation

Erikson bezeichnet den psychischen Konflikt in der Lebensmitte als **Generativität versus Stagnation**. Generativität bedeutet ein gebendes und anleitendes Sichhinwenden zur nächsten Generation. Sie werden sich aus Kapitel 14 daran erinnern, dass die Generativität schon im frühen Erwachsenenalter beginnt, typischerweise bei der Geburt von Kindern und ihre Erziehung sowie durch den Aufbau des eigenen Berufslebens. In der Lebensmitte nimmt dieser Aspekt noch einmal deutlich zu. Die eigene Verpflichtung erstreckt sich nun jenseits des eigenen Selbst, der eigenen Identität und dem eigenen Lebenspartner (Intimität) hin zu einer größeren Gruppe – der Familie, dem Lebensumfeld und der Gesellschaft. Der generative Erwachsene bringt sein Bedürfnis nach Selbstverwirklichung mit seinem Bedürfnis nach Gemeinschaft in Einklang und verbindet persönliche Zielsetzungen mit dem Engagement für das Wohlergehen der sozialen Umwelt (Wrightsman, 1994). Die daraus resultierende Stärke ist die Fähigkeit, sich um andere Menschen in einem breiteren Spektrum zu kümmern als in vorangegangenen Stadien.

Erikson (1950) wählte dafür den Begriff Generativität, der alles mit einschließt, das geschaffen wurde, um das Selbst zu überdauern, das Weiterbestehen der Gesellschaft sicherzustellen und ihrer Verbesserung zu dienen im Hinblick auf die bestehenden und nachfolgenden Generationen: Kinder, Ideen, Produkte aller Art und Kunstwerke. Obwohl das Aufziehen von Kindern zu einem der hauptsächlichen Ausdrucksmittel von Generativität gehört, gelingt es manchen Menschen nicht – ob durch unglückliche Umstände oder einer speziellen Begabung, die sie daran hindert –, dies bei eigenen Kindern anzuwenden. Erwachsene können in anderen Familienbeziehungen aber dennoch generativ wirksam sein (wie etwa Patricias Freundin in ihrer Beziehung zu ihrem Neffen und ihrer Nichte) als Mentoren an ihrer Arbeitsstelle, bei Projekten, die durch Freiwillige getragen werden, und durch viele andere Formen der Produktivität und Kreativität.

Sehen Sie sich noch einmal genau an, was wir bis jetzt feststellen konnten. Sie werden bemerken, dass die *Generativität* persönliche Wünsche und kulturelle Anforderungen zusammen bringt. Auf der persönlichen Seite haben Erwachsene im mittleren Lebensalter das Bedürfnis, gebraucht zu werden; sie

Generativität ist etwas, das sich im mittleren Lebensalter sehr viel weiter ausdehnt als je zuvor. Der Erwachsene wendet sich nun vermehrt der nächsten Generation zu, um zu geben und anzuleiten. Hier hilft eine Wahlleiterin einer jungen freiwilligen Helferin in einem Center, das dazu eingerichtet worden ist, den im Wahllokal Arbeitenden bei ihren Problemen zu helfen, ob es sich hier nun um nicht funktionierende Wahlurnen handelt oder um Wähler, die im falschen Wahllokal aufgetaucht sind.

möchten symbolisch Unsterblichkeit erlangen – das heißt, sie möchten etwas zur Gesellschaft beitragen, das sie selbst überdauert (Kotre, 1984, 1999; McAdams, Hart, & Maruna, 1998). Auf der kulturellen Seite fordert die Gesellschaft von Erwachsenen in ihrer Lebensmitte bezüglich ihrer Generativität auch ein Handeln nach der sozialen Uhr. Es wird erwartet, dass der Erwachsene Verantwortung für die nächste Generation übernimmt durch seine Rollen als Eltern, Lehrer, Mentoren, Leiter und Koordinatoren (McAdams, 2001). Und gemäß Erikson ist der „Glauben an die eigene Spezies" – die Überzeugung, dass das Leben gut und lebenswert ist, auch angesichts der menschlichen Destruktivität und Entbehrungen – einer der grundlegenden Motivatoren generativen Handelns. Ohne diese optimistische Betrachtungsweise hätte der Mensch nicht die Hoffnung, in dieser Welt etwas zum Besseren verändern zu können.

Der negative Ausgang dieses Stadiums ist die *Stagnation*. Erikson erkannte, dass der Erwachsene, wenn er einmal bestimmte Lebensziele erreicht hat, wie etwa eine Ehe, Kinder und berufliche Erfolge, unter Umständen selbstbezogen und nur auf sein eigenes Wohl bedacht werden könnte. Erwachsene, die das Gefühl haben zu stagnieren, können zum Wohlergehen der Gesellschaft nicht beitragen, da sie ihr eigenes Wohlbefinden und ihre eigene Sicherheit den Herausforderungen und Opfern, die dafür notwendig wären, vorziehen (Hamachek, 1990). Diese Absorption mit dem eigenen Selbst drückt sich auf viele Arten aus – durch eine fehlende Anteilnahme und Beteiligung an den Problemen junger Menschen (einschließlich der eigenen Kinder), durch einen Fokus auf das, was für die eigene Person dabei herausspringt, anstatt auf das, was man geben kann, durch ein mangelndes Interesse an der eigenen Produktivität am Arbeitsplatz, am Entwickeln der eigenen Talente und daran, wie man selbst dazu beitragen kann, dass diese Welt lebenswerter wird.

Die Wissenschaft beschäftigt sich mit der Untersuchung der Generativität auf verschiedene Arten. Manche Wissenschaftler erheben die Eigenschaften der Persönlichkeit, wie etwa das Durchsetzungsvermögen, das Sorgeverhalten und das Verantwortungsbewusstsein. Andere bitten Erwachsene, ihre generativen Charakteristiken zu beurteilen und generative Aktivitäten zu berichten. Wieder andere halten Ausschau nach generativen Themen in den narrativen Selbstbeschreibungen der Probanden (Keyes & Ryff, 1998a; McAdams et al., 1997; Ryff & Migdal, 1984). Unabhängig von der verwendeten Methode nimmt die Generativität im mittleren Lebensalter beständig zu. So haben beispielsweise Längsschnitt- und Querschnittstudien von Frauen mit einer Hochschulausbildung ergeben, dass nach Selbstbeurteilung ihre Generativität ab dreißig bis in ihre fünfziger Jahre beständig zunahm (siehe Abbildung 16.1). Gleichzeitig brachten aber die Teilnehmer auch zum Ausdruck, dass sie ihr Alter nun deutlicher wahrnahmen, sich in ihrer eigenen Identität sicherer fühlten und ein stärkeres Kompetenzgefühl hatten (Stewart, Ostrove, & Helson, 2001; Zucker, Ostrove, & Stewart, 2002). Und wie der Kasten „Ausblick auf die Lebensspanne" zeigt, stellt die Generativität eines der hauptsächlichen Lebensthemen im Lebensbericht eines jeden Erwachsenen im mittleren Alter dar.

Wie Eriksons Theorie andeutet, scheinen besonders generative Menschen auch am besten angepasst zu sein – wenig Ängste, kaum Depressionen und ein hohes Ausmaß an Selbstakzeptanz und Lebenszufriedenheit (Ackerman, Zuroff, & Moskowitz, 2000; Grossbaum & Bates, 2002; Stewart & Vandewater, 1998). Auch sind sie verschiedenen Sichtweisen gegenüber offener, besitzen Führungsqualitäten, wünschen sich mehr von ihrer Arbeit als lediglich finanzielle Vorteile und sorgen sich um das Wohlergehen ihrer Kinder, ihres Partners, ihrer alternden Eltern und der Gesellschaft als solcher (Peterson, 2002; Peterson, Smirles, & Wentworth, 1997). Des Weiteren steht Generativität in Zusammenhang mit einer stärkeren Involvierung in politische Aktivitäten, einschließlich der Teilnahme an Wahlen, Wahlkampagnen und dem Kontakt zu Führungspersönlichkeiten des öffentlichen Lebens. Dies gilt insbesondere für Menschen, für die politisches Engagement schon in früheren Jahren von zentraler Wichtigkeit für die eigene Identität gewesen ist (Cole & Stewart, 1996).

Obwohl diese Befunde für Erwachsene jeglichen Hintergrundes zutreffen, bestehen dennoch Unterschiede im Kontext für Generativität. Kinder zu haben fördert die generative Entwicklung des Mannes mehr als dies bei Frauen zu beobachten ist. In zwei Studien hatten Väter höhere Generativitätswerte als kinderlose Männer (McAdams & de St. Aubin, 1992; Snarey et al., 1987). Im Gegensatz dazu waren bei Müttern

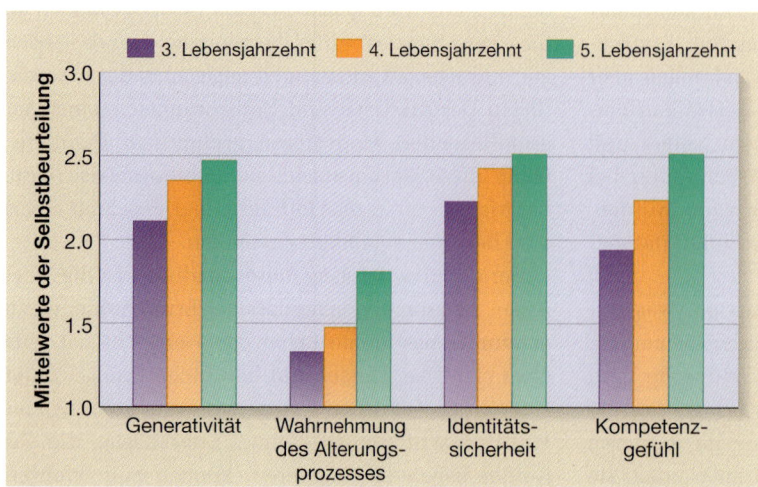

Abbildung 16.1: Altersrelevante Veränderungen in der Selbstbeurteilung von Generativität, Wahrnehmung des Alterns, Sicherheit in der eigenen Identität sowie im Kompetenzgefühl. In einer Längsschnittstudie von Frauen mit einer Hochschulausbildung nahm die selbst beurteilte Generativität vom dritten bis zum fünften Lebensjahrzehnt zu, dasselbe galt für die Wahrnehmung des eigenen Alterns. Die Zunahme an Generativität ging einher mit anderen Indikatoren psychischer Gesundheit – größerer Sicherheit bezüglich der eigenen Identität und einem Gefühl von Kompetenz (nach Stewart, Ostrove & Helson, 2001).

Ausblick auf die Lebensspanne: Generative Erwachsene erzählen ihre Lebensgeschichte

In der Forschung, die darauf abzielt zu verstehen, wie in hohem Maße generative Erwachsene ihrem Leben einen Sinn geben, haben Dan McAdams und Mitarbeiter (1997, 2001) zwei Gruppen von Menschen im mittleren Lebensalter interviewt: solche, die generativ handeln, und solche, bei denen dies selten vorkommt. Die Teilnehmer wurden gebeten, ihre Lebensgeschichten zu erzählen, einschließlich eines Höhepunktes, eines Wendepunktes und wichtiger Szenen aus der Kindheit, der Adoleszenz und dem Erwachsenenalter. Durch Analysen des „roten Fadens" und der Themen stellte sich heraus, dass Erwachsene mit hoher und mit niedriger generativer Orientierung ihre Vergangenheit auf völlig andere Art und Weise rekonstruieren und auch ihrer Zukunft in sehr unterschiedlicher Weise entgegensehen.

Die narrativen Berichte von in hohem Maße generativen Menschen beinhalten zumeist eine geordnete Abfolge der Ereignisse, die von Wissenschaftlern „Verpflichtungsgeschichte" genannt wird. In diesen Geschichten verhalten sich die Erwachsenen gebend, indem sie der Familie, dem sozialen Umfeld und der Gesellschaft etwas von dem zurückzugeben, was sie selbst bekommen haben (McAdams, 1993). Der generative Geschichtenerzähler beschreibt einen besonderen Vorteil in früherem Lebensalter (wie etwa einen guten Familienhintergrund oder ein besonderes Talent) zusammen mit einer frühen Wahrnehmung des Leids anderer Menschen. Diese Gegenüberstellung zwischen Glück und Leid motiviert den Betreffenden dazu, das eigene Selbst als „berufen" zu betrachten oder als dem Wohl anderer verpflichtet. In diesen „Verpflichtungsgeschichten" ist das *Thema der Erlösung* sehr zentral. In hohem Maße generative Erwachsene beschreiben häufig Szenen, in denen extrem negative Lebensumstände, einschließlich Frustration, Versagen, Verluste oder Tod, ein gutes Ende nehmen – eine persönliche Erneuerung, eine Verbesserung und eine Aufklärung neuer Aspekte. Das bedeutet, dass Konstellationen der schlimmen Szenen aufgelöst werden, d. h. eine Art Erlösung eintritt durch das, was danach geschieht.

Eine Episode aus der Geschichte von Diana, einer 49 Jahre alten Lehrerin einer vierten Klasse, die in einer Kleinstadt in einer Pastorenfamilie geboren wurde, zeugt von einem bei den Gemeindemitgliedern beliebten Mädchen. Im Alter von acht Jahren jedoch erlebte sie ein kritisches Lebensereignis. Mit Entsetzen musste sie zusehen, wie ihr jüngerer Bruder auf die Straße rannte und von einem Auto überfahren wurde; er starb noch am selben Tag.

In hohem Maße generative Erwachsene erzählen häufig „Verpflichtungsgeschichten", in denen das Thema der Erlösung einen wichtigen Stellenwert einnimmt, wobei negative Lebensereignisse abgelöst und die Betroffenen erlöst werden, d. h. verbessert werden durch einen guten Ausgang. Folglich fühlen sich diese Menschen „berufen" oder verpflichtet, anderen Menschen zu helfen. Möglicherweise trugen diese Erlösungserlebnisse zu dem Enthusiasmus und der Geduld bei, mit der dieser Plains-Indianer aus South Dakota in den Vereinigten Staaten jungen Mitgliedern seines Stammes die Kunst des zeremoniellen Tanzes und der dazugehörigen Kleidung lehrt.

Nach dem Tod ihres Bruders spürte Diana den Schmerz des Vaters und versuchte ihm der „Sohn" zu sein, den er verloren hatte. Ihre Bemühungen waren aber umsonst. Die Szene endet mit einem positiven Ereignis. Diana heiratete einen Mann, der eine warme Bindung zu ihrem Vater entwickelte und von diesem „wie ein eigener Sohn" angenommen wurde. Als eines ihrer Lebensziele betrachtet Diana, ihre Lehrtätigkeit immer weiter zu verbessern, da sie nach ihren Worten anderen etwas zurückgeben möchte, selbst wachsen und auch andere in ihrem Wachstum unterstützen möchte. (McAdams et al., 1997, S. 689). Aus ihren Worten sprach der Ausdruck generativer Verpflichtung und Hingabe.

Während in hohem Maße generative Erwachsene Geschichten erzählen, in denen negative Szenen einen positiven Ausgang nehmen, berichten weniger generative Erwachsene Geschichten mit *Themen der Kontaminierung*, in denen positive Szenen negativ ausgehen. So zum Beispiel, wenn ein Kind ein wertvolles Musikinstrument bekommt, das sofort gestohlen wird. Ein erstes Jahr in der Hochschule bekommt eine negative Färbung, weil der Professor ungerecht benotet hat. Und eine junge Frau verliert an Gewicht, sieht gut aus, kann aber ihr niedriges Selbstwertgefühl nicht überwinden.

Warum hängen Generativität und Erlösungserlebnisse in einer Lebensgeschichte zusammen, in der sich Negatives zum Guten wendet? Zum einen betrachten manche Erwachsene ihre generativen Aktivitäten als eine Möglichkeit, negative Aspekte ihres Lebens zu „erlösen". In einer Studie von Lebensgeschichten ehemaliger Straftäter, die sich von der Kriminalität abwendeten, sprachen viele von dem starken Bedürfnis, gute Werke zu tun als Sühne für ihre Übertretungen (Maruna, 1997). Zum anderen scheint Generativität die Überzeugung zu beinhalten, dass Fehlerhaftes und nicht Perfektes von heute in ein besseres Morgen verwandelt werden kann. Durch Anleitung und einem gebenden Verhalten gegenüber der nächsten Generation sorgen reife Erwachsene dafür, dass die Chancen steigen, dass die Fehler der Vergangenheit nicht wiederholt werden. Außerdem bietet die Interpretation des eigenen Lebens Aussicht auf ein besseres Leben, auf die Hoffnung, dass harte Arbeit zukünftige positive Ergebnisse bringen wird – eine Erwartung, die sich positiv verfestigend auswirkt auf generative Bemühungen aller Art, angefangen von der Erziehung der Kinder bis hin zu einem Beitrag zum Fortschritt für das eigene soziale Umfeld und die Gesellschaft als ganze (Kotre, 1999).

Lebensgeschichten bieten die Möglichkeit zu erkennen, wie Menschen ihrem Leben Bedeutung und Sinn geben. Erwachsene mit hoher oder niedriger generativer Orientierung unterscheiden sich nicht in der Anzahl positiver oder negativer Ereignisse, die sie in ihre Narrative mit einschließen. Stattdessen werden diese Ereignisse anders interpretiert. „Verpflichtungsgeschichten", in denen Erlösung eine große Rolle spielt, lassen auch eine Art des Denkens und des eigenen Selbst erkennen, die einer fürsorglichen und mitfühlenden Handlungsweise gegenüber anderen Menschen förderlich ist. Je mehr dieser erlösenden Ereignisse Erwachsene in ihre Lebensgeschichten aufnehmen, desto höher ist ihre Lebenszufriedenheit, ihr Selbstwertgefühl und die Sicherheit, dass Herausforderungen im Leben eine Bedeutung haben, dass man mit sie bewältigen kann und dass sie letztendlich einen positiven Effekt haben (McAdams, 2001). Die Wissenschaft hat immer noch vieles zu lernen über die Faktoren, die Menschen dazu bringen, der Überzeugung zu sein, dass auch negative Ereignisse eine gute Wendung nehmen können.

und kinderlosen Frauen keine Unterschiede in den Generativitätswerten festzustellen. Möglicherweise bewirkt die Elternschaft bei Männern eine freundliche, fürsorgliche Einstellung gegenüber der nächsten Generation, während Frauen andere Möglichkeiten haben, sie zu entwickeln. Zudem lassen sich bei Afroamerikanern im Vergleich zu Kaukasiern bestimmte Arten der Generativität feststellen. Afroamerikaner sind engagierter in religiösen Gruppierungen, bieten sich gegenseitig mehr soziale Unterstützung und sind eher geneigt, sich als Rollenmodelle und Quelle von Erfahrungswissen, auch Weisheit genannt, für ihre Kinder zu betrachten (Hart et al., 2001). Eine Lebensgeschichte, die gekennzeichnet ist von Unterstützung durch die Kirchengemeinde und die Verwandten wirkt sich unter Umständen förderlich aus auf die generativen Wertvorstellungen und Handlungen

16.2 Andere Theorien der psychosozialen Entwicklung im mittleren Lebensalter

Eriksons Theorie gibt lediglich einen groben Umriss der Persönlichkeitsentwicklung Erwachsener. Für eine nähere Betrachtung der psychosozialen Veränderung im mittleren Lebensalter sollen nun noch einmal die Theorien von Levinson und Vaillant aufgegriffen werden, die bereits in Kapitel 14 dargestellt wurden.

16.2.1 Levinsons Lebensabschnitte

Die Lebensabschnitte Levinsons (siehe Seite 621) zum mittleren Erwachsenenalter (40 bis 45 Jahre) sind ähnlich konzipiert wie die des jungen Erwachsenenalters. Das mittlere Erwachsenenalter beginnt mit einer Übergangsphase. Dann wird diese Lebensstruktur neu bewertet und revidiert (50 bis 55 Jahre), was zum Höhepunkt der Lebensstruktur führt (55 bis 60 Jahre). Unter den von Levinson (1978, 1996) interviewten Erwachsenen ließen die meisten diese Phasen erkennen. Allerdings waren die Erfahrungen von Männern und Frauen etwas unterschiedlich, was auf die Geschlechtsstereotypen und die unterschiedlichen Möglichkeiten beider Geschlechter zurückzuführen ist.

■ Die Übergangsphase im mittleren Lebensalter

Im Alter von etwa 40 Jahren messen Menschen ihren Erfolg an ihren Lebenszielen, die sie sich im frühen Erwachsenenalter gesetzt haben. In der Wahrnehmung, dass nun mehr Zeit hinter ihnen liegt als vor ihnen, betrachten sie die verbleibenden Lebensjahre als zunehmend wertvoller. Folglich vollziehen manche Menschen drastische Veränderungen an den Komponenten ihrer Lebensstruktur, die mit Familie und Berufsleben zu tun haben: Scheidung, Wiederheirat, ein Berufswechsel oder ein zunehmender Ausdruck von Kreativität. Andere wiederum verändern nur kleinere Aspekte und verbleiben in der gleichen Ehe, in der gleichen Umgebung, demselben Beruf und behalten ihre Arbeitsstelle bei.

Ob diese Jahre nun eine steife Brise bringen oder einen Wirbelsturm, die meisten Menschen wenden sich für einige Zeit nach innen und konzentrieren sich auf ein Leben, das für sie persönlich bedeutsam ist (Neugarten, 1968b). Teilweise lässt sich das damit begründen, dass sich für viele Erwachsene im mittleren Lebensalter die Möglichkeiten für eine berufliche Karriere und persönliches Wachstum langsam einschränken. Andere sind enttäuscht, dass es ihnen nicht gelungen ist, ihre Träume aus dem frühen Erwachsenenalter in die Tat umzusetzen. Sie haben nun das Bedürfnis, einen Weg einzuschlagen, der sie mehr befriedigt, bevor es dafür zu spät ist. Aber auch Menschen, die ihre Ziele erreicht haben, fragen sich, was diese Erfolge für andere, die Gesellschaft und ihr eigenes Selbst bedeuten.

Nach Levinson müssen Erwachsene im mittleren Lebensalter, um ihre Beziehung zum eigenen Selbst sowie zu ihrer Außenwelt einschätzen zu können, sich vielen Entwicklungsaufgaben stellen. Sie finden diese zusammengefasst in Tabelle 16.1. Jede dieser Entwicklungsaufgaben erfordert von dem Betreffenden, dass er zwei sich widersprechende Tendenzen im eigenen Selbst miteinander in Einklang bringt, um somit zu

Tabelle 16.1

Die vier Entwicklungsaufgaben des mittleren Erwachsenenalters nach Levinson

Aufgabe	Beschreibung
Jung – alt	Der Mensch im mittleren Alter muss neue Wege finden, wie er gleichzeitig jung und alt sein kann. Dies bedeutet, dass er bestimmte jugendliche Qualitäten ablegen und andere behalten und umformen muss, damit er dem Älterwerden eine positive Bedeutung beimessen kann.
Destruktivität – Kreativität	Mit einer intensiveren Wahrnehmung der eigenen Sterblichkeit konzentriert sich der Erwachsene im mittleren Lebensalter auf seine eigenen destruktiven Handlungen und die anderer. Verletzende Handlungen gegenüber den Eltern, dem Partner, Kindern, Freunden und Rivalen werden mit dem starken Wunsch betrachtet, kreativer zu werden – im Schaffen von Produkten, die einen Wert haben für das eigene Selbst und auch für andere sowie durch die Teilnahme an Aktivitäten, die dem Gemeinwohl dienen.
Männlichkeit – Weiblichkeit	Der Erwachsene im mittleren Lebensalter muss mit seinen männlichen und weiblichen Selbstanteilen zurechtkommen und eine bessere Balance finden. Bei Männern bedeutet dies, dass sie empathischer und fürsorglicher werden; bei Frauen bedeutet dies häufig, dass sie autonomer und dominanter werden und sich besser durchzusetzen lernen.
Sich einbringen – allein sein	Der Erwachsene im mittleren Lebensalter muss eine bessere Balance schaffen zwischen dem Sicheinbringen in die Außenwelt und dem Fürsichsein. Bei Männern bedeutet es für gewöhnlich, dass sie sich von ihren Ambitionen und Erfolgen distanzieren und mehr mit dem eigenen Selbst in Berührung kommen. Frauen, die sich der Kindererziehung gewidmet haben oder deren Beruf sie nicht ausgefüllt hat, bewegen sich typischerweise in die entgegengesetzte Richtung – hin zu einer zunehmenden Teilnahme an der Arbeitswelt und ihrer sozialen Umwelt.

Quelle: Levinson, 1978, 1996.

einer größeren inneren Harmonie zu gelangen. Sehen wir uns einmal an, wie das vor sich geht.

Die Wandlung der Lebensstruktur: Ähnlichkeiten und Unterschiede zwischen den Geschlechtern

Im mittleren Lebensalter muss der Erwachsene bestimmte jugendliche Qualitäten aufgeben. Er muss altersangemessene Wege finden, um andere Qualitäten auszudrücken, muss akzeptieren, dass er älter wird und somit eine Balance zwischen Jugend und Alter finden, die auf die neue Lebensphase abgestimmt ist. Körperliche Veränderungen, persönliche Begegnungen mit Krankheit und den älterwerdenden Eltern intensivieren diese Aufgabe und lösen häufig eine Neueinschätzung dessen aus, was im Einzelnen wichtig ist. Wegen zweierlei Maßes in der Bewertung des Alterungsprozesses (siehe Kapitel 15) fällt es Frauen schwerer als Männern zu akzeptieren, dass sie älter werden. Bei Patricias Freundin führte das stereotype Bild einer älteren Frau zu einer verzweifelten Angst, unattraktiv und unliebenswert zu werden. Sie probierte eine Vielzahl von Gegenmaßnahmen aus, angefangen von Gesichtscremes bis hin zu einer Schönheitsoperation, um sich ihre Jugend zu bewahren. Bei Frauen ist die Wahrscheinlichkeit höher als bei Männern, dass sie sich selbst als jünger wahrnehmen als es ihrem eigenen chronologischen Alter entspricht. Wie die Abbildung 16.2 zeigt, wird die Kluft zwischen subjektivem und objektivem Alter mit zunehmendem Alter breiter. Dies gilt insbesondere für Frauen (Montepare & Lachman, 1989).

Wenn sich Erwachsene im mittleren Lebensalter mit ihrer eigenen Sterblichkeit und dem tatsächlichen oder drohenden Tod von Altersgenossen befassen, nehmen sie immer mehr wahr, wie Menschen destruktiv handeln können – es werden Verletzungen gegenüber den Eltern, dem eigenen Partner, Kindern, Freunden und Arbeitskollegen erinnert. Um dem entgegenzuwirken entsteht der Wunsch, die lebensbejahenden Aspekte des Selbst zu stärken, indem der Betreffende sich für das Gemeinwohl einsetzt und so den kommenden Generationen etwas hinterlässt. Dem Bild einer Erbschaft, die im mittleren Lebensalter zum Blühen gebracht wird, kann auf viele Arten entsprochen werden – durch Spenden und Geschenke für sozial Benachteiligten, durch kreatives Schaffen, durch ehrenamtliche Arbeit oder durch das Beraten (Mentoring) junger Menschen.

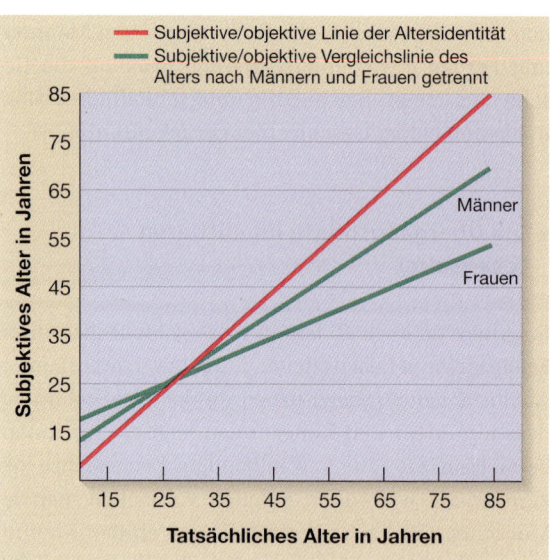

Abbildung 16.2: Der Zusammenhang zwischen subjektivem und objektivem Alter über die Lebensspanne hinweg. Jenseits von 25 berichten Männer und Frauen, dass sie sich jünger wahrnehmen, als sie eigentlich sind. Insbesondere bei Frauen wird diese Kluft zwischen subjektivem und objektivem Alter mit der Zeit immer breiter. Wegen des zweierlei Maßes hinsichtlich des Alterns finden es Frauen schwieriger zu akzeptieren, dass sie älter werden (nach J. Montepare & M. Lachman, 1989, „'You're Only as Old as You Feel': Self-Perceptions of Age, Fears of Aging, and Life Satisfaction from Adolescence to Old Age." Psychology and Aging, 4, S. 75. © 1989 by the American Psychological Association).

Das mittlere Lebensalter ist zudem eine Zeit, in der der Betreffende seine männlichen und weiblichen Anteile im eigenen Selbst in Einklang bringen muss. Für Männer bedeutet es, ihre „weiblichen" Anteile der Fürsorge für andere mehr zu akzeptieren, Eigenschaften die sich positiv auf enge Beziehungen auswirken und das Ausüben von Autorität am Arbeitsplatz sensibler werden lässt. Bei Frauen bedeutet es für gewöhnlich, dass sie den „männlichen" Charakteristiken von Autonomie, Dominanz und Selbstbehauptung gegenüber offener werden (Gilligan, 1982; Harris, Ellicott, & Holmes, 1986). Sie werden sich aus Kapitel 8 daran erinnern, dass Menschen, die maskuline und feminine Charaktereigenschaften kombinieren, eine androgyne Geschlechtsidentität besitzen. Später werden wir sehen, dass Androgynität mit vielen anderen positiven Persönlichkeitseigenschaften in Verbindung steht.

Schließlich erfordert das mittlere Lebensalter ein Gleichgewicht zwischen der Teilhabe am sozialen Umfeld und dem Fürsichsein. Viele Männer müssen ihre Sorge um die eigenen Ambitionen und Erfolge reduzieren, um sich ihrem eigenen Selbst widmen zu können. Dies gilt auch für manche Frauen, die ein aktives, erfolgreiches Berufsleben hinter sich haben. Nach einer Zeit der Selbstreflexion werden diejenigen, die sich im frühen Erwachsenenalter der Kindererziehung gewidmet haben oder eine Arbeitsstelle hatten, die sie nicht ausfüllte, sich dazu gedrängt fühlen, die entgegengesetzte Richtung einzuschlagen (Levinson, 1996). Im Alter von 48 Jahren verließ Elena ihre Position als Reporterin einer Kleinstadtzeitung, besuchte noch einmal Kurse für kreatives Schreiben an einer Hochschule, machte einen höheren Abschluss und begann neben der Lehrtätigkeit an einer Hochschule einen Roman zu schreiben. Als Tim in sich ging, erkannte er sein überwältigendes Bedürfnis nach einer befriedigenden Liebesbeziehung. Indem er sich beruflich zurücknahm, wurde ihm bewusst, dass er Elena die Zeit und den Raum geben konnte, die sie benötigte, um sich ein befriedigendes Arbeitsleben aufzubauen – und dass er dadurch dazu beitragen konnte, dass sich ihre Bindung zueinander vertiefte.

■ Die Lebensstruktur im sozialen Kontext

Der Neuaufbau der Lebensstruktur eines Erwachsenen ist abhängig von einem unterstützenden sozialen Kontext. Wenn Armut, Arbeitslosigkeit und das Fehlen eines respektierten Platzes in der Gesellschaft den Lebensverlauf dominieren, so sind die Energien des Betreffenden vorwiegend auf das Überleben gerichtet und nicht auf das Verfolgen einer befriedigenden Lebensstruktur. Sogar Erwachsene mit einer sicheren Arbeitsstelle, die in einer angenehmen Nachbarschaft wohnen, können unter Umständen irgendwann einmal feststellen, dass an ihrem Arbeitsplatz zu viel Wert auf Produktivität und Profit gelegt wird und zu wenig auf die eigentliche Bedeutung der Arbeit, was zur Folge hat, dass die Möglichkeiten für persönliches Wachstum sehr eingeschränkt sind. In ihren frühen Vierzigern verließ Patricia eine große Anwaltskanzlei, um in einer kleineren Kanzlei zu arbeiten, da der ständige Druck durch die gut zahlenden Klienten und die fehlende Anerkennung ihrer Bemühungen sie nicht mehr befriedigten.

Möglichkeiten für Fortschritte in den verschiedensten Bereichen können bedeuten, dass die Träume des frühen Erwachsenenalters doch noch umgesetzt werden können und somit der Übergang in das mittlere Erwachsenenalter leichter fällt. Diese Möglichkeiten sind für Frauen aber sehr viel geringer als für Männer.

Menschen beiderlei Geschlechts stehen in einfachen Arbeitspositionen wenig Karrieremöglichkeiten offen. Die Industriearbeiter in Levinsons (1978) Stichprobe veränderten in ihren Berufsleben, was sie nur konnten – sie wurden aktiv in der Gewerkschaft, im Betriebsrat ihrer Firma oder sie betätigten sich als Mentoren für die jüngeren Arbeiter. Viele von ihnen empfanden es als kompensierende Befriedigung, zur älteren Generation ihrer Familien zu gehören.

16.2.2 Vaillants Anpassung an das Leben

Da Levinson 35 bis 45 Jahre alte Personen interviewte, sagen seine Ergebnisse wenig aus über die psychosozialen Veränderungen im fünften Lebensjahrzehnt. In Vaillants (1977, 2002) Längsschnittstudie von Männer und Frauen mit einer guten Schulbildung wurde eine Nachfolgeuntersuchung mit Leuten jenseits von 50 Jahren durchgeführt. Aus Kapitel 14 ist vielleicht noch die Feststellung erinnerlich, dass diese Erwachsenen zu „Bewahrern von gesellschaftlichen und kulturellen Sinnstrukturen" wurden, Menschen die Sinnstrukturen aufrechterhalten oder auch als Wächter ihrer eigenen Kultur betrachtet werden können (siehe Seite 623). Erwachsene in ihren späten Vierzigern und Fünfzigern tragen höchste Verantwortung für das Funktionieren der Gesellschaft. Vaillant berichtete, dass diejenigen, die am erfolgreichsten und am besten angepasst waren, nun in eine ruhigere Phase in ihrem Leben eintraten, eine Tatsache, die auch durch andere Forschungsergebnisse bestätigt wird (Whitbourne & Weinstock, 1979). Die Sorge darum, dass die positiven Aspekte der eigenen Kultur überdauern, wurde zu einer zentralen Zielsetzung dieser Erwachsenen.

In fast allen Gesellschaften sind ältere Menschen die Hüter der Traditionen, der Gesetze und der kulturellen Werte. Diese stabilisierende Kraft hält allzu rapide Veränderungen, die sich durch die Fragen und das Drängen von Adoleszenten und jungen Erwachsenen ergeben, unter Kontrolle. Wenn sich der Erwachsene dann langsam, aber sicher auf das Ende des mittleren Lebensalters zu bewegt, liegt die Betonung auf längerfristigen, weniger persönlichen Zielen, wie etwa dem Zustand menschlicher Beziehungen in ihrer Gesellschaft. Und sie werden philosophisch orientierter, wobei die Tatsache, dass nicht alle Probleme innerhalb einer Lebensspanne gelöst werden können, besser akzeptiert werden kann.

16.2.3 Gibt es so etwas wie eine Krise im mittleren Lebensalter?

Levinson (1978, 1996) berichtete, dass die meisten Männer und Frauen in seinen Stichproben substanzielle innere Umbrüche während des Übergangs zum mittleren Erwachsenenalter erlebten. Dennoch konnte Vaillant (1977) nur wenige Beispiele entdecken, bei denen der Betreffende in eine Krise geraten war. Stattdessen ging die Veränderung typischerweise langsam und stetig vor sich. Diese sich widersprechenden Ergebnisse werfen die Frage auf, inwieweit eine persönliche Krisensituation mit dem Eintritt in das mittlere Lebensalter einhergeht. Sind Selbstzweifel und Stress besonders im vierten Lebensjahrzehnt vorherrschend und bewirken sie tatsächlich eine größere Umstrukturierung der Persönlichkeit, wie der Begriff **Krise im mittleren Lebensalter (Midlife Crisis)** ermuten lässt?

Halten wir uns noch einmal die Reaktionen von Patricia, Dirk, Patricias Freundin, Tim und Elena in ihrem mittleren Erwachsenenalter vor Augen. Patricia und Dirk gelang der Übergang in diese Phase ohne Schwierigkeiten. Im Gegensatz dazu stellten die drei anderen auf der Suche nach alternativen Lebenswegen ihre Lebenssituation vielmehr in Frage. In ähnlicher Weise weist die Forschung daraufhin, dass es große individuelle Unterschiede gibt in den Reaktionen auf den Übergang ins mittlere Lebensalter. Im allgemeinen ist die Wahrscheinlichkeit von Veränderungen bei Männern in ihren frühen Vierzigern größer (gemäß dem Zeitplan von Levinson). Größere Veränderungen bei Frauen werden zumeist in die späten vierziger und frühen fünfziger Jahre verschoben, bis ein Nachlassen der elterlichen Verantwortung ihnen mehr Zeit und Freiheit lässt, sich mit persönlichen Problemen zu beschäftigen (Harris, Ellicott, & Holmes, 1986; Mercer, Nichols, & Doyle, 1989). Zudem ist die Richtung der Veränderung bei Frauen wesentlich variabler als bei Männern. Abhängig ist diese Richtung von der Tatsache, ob sie als junge Erwachsene einer „femininen" sozialen Uhr gefolgt sind (Heirat und Mutterschaft), einer „maskulinen" sozialen Uhr (einer mit hohem Status verbundenen Karriere) oder einer Kombination von beiden (Helson & Roberts, 1994; Stewart & Vandewater, 1992).

Ein scharfer Einschnitt und eine heftige Erschütterung sind aber eher die Regel als die Ausnahme. So hatte beispielsweise Elena eine Scheidung und einen neuen Arbeitsplatz in Betracht gezogen, lange bevor sie diese Veränderungen tatsächlich initiierte. In ihrem dritten Lebensjahrzehnt trennte sie sich von

Diese Schwestern reagierten auf den Übergang zur Lebensmitte, indem sie in einer kleinen Stadt in Colorado ein Restaurant mit einer Kochschule eröffneten. Trotzdem war ihr Berufswechsel aller Wahrscheinlichkeit nach nicht das Resultat einer Krise. Die meisten Erwachsenen im mittleren Lebensalter, die sich entscheiden, ihren Beruf zu wechseln, planen dies sorgfältig voraus und wählen eine zweite Karriere im Zusammenhang mit der Art von Arbeit, die sie vorher schon gemacht und die ihnen Freude bereitet hatte.

ihrem Mann, versöhnte sich mit ihm später wieder und erzählte ihm von ihrem Wunsch, noch einmal zur Schule zu gehen, dem er sich widersetzte. Sie legte ihr eigenes Leben erst einmal auf Eis wegen der schulischen und emotionalen Schwierigkeiten ihrer Tochter und dem Widerstand ihres Mannes. In einer Umfrage unter mehr als 700 Erwachsenen wurde festgestellt, dass nur etwa ein Viertel eine Krise im mittleren Lebensalter durchmachte. Wenn man sie fragte, was dieser Begriff für sie bedeuten würde, hatten die Teilnehmer eine wesentlich weiter gefasste Definition als die Wissenschaftler. Einige von ihnen berichteten von einer Krise, lange bevor sie 40 wurden, andere wiederum weit nach dem 50. Lebensjahr. Und die meisten von ihnen brachten eine solche Krise nicht in Verbindung mit dem Lebensalter, sondern eher mit schwierigen Lebensumständen (Wethington, 2000).

Des Weiteren wird die Lebensmitte auch von manchen Menschen eher als eine Entlastung und nicht als eine Krise erlebt. In Kapitel 15 wurde beschrieben, dass Frauen häufig die Wechseljahre willkommen heißen, da dann keine Verhütungsmittel mehr notwendig sind und auch keine unerwünschte Schwangerschaft mehr möglich ist. In einer Studie mit bekannten Romanautoren hatten viele von ihnen das Gefühl, sich in den mittleren Lebensjahren endlich sicher zu fühlen ohne die sonst allgegenwärtigen Leistungsängste. Die Lebensmitte brachte ein Gefühl der Selbstsicherheit und des Erfolges mit sich sowie eine bessere Sicht auf die vorhandenen Schwierigkeiten – die Tatsache, dass sogar das schlimmste, trostloseste Ereignis lediglich eine Episode darstellt, die irgendwann einmal auch wieder vorbei ist (Gullette, 1988).

Es lässt sich also festhalten, dass die Wahrnehmung der eigenen Sterblichkeit und die Lebensbewertung im mittleren Alter etwas ganz normales ist, dass aber nur eine Minderheit der Erwachsenen ihre Lebensstrukturen drastisch verändert (Lachman & James, 1997). Die wenigen, die in eine Krise geraten, hatten für gewöhnlich im frühen Erwachsenenalter Schwierigkeiten. Die Geschlechterrollenverteilung, der Druck in der Familie, ein niedriges Einkommen und ärmliche Lebensverhältnisse sind häufig Probleme, die dem Betreffenden schwere Einschränkungen auferlegten, so dass er seinen eigenen Bedürfnissen und Zielen weder zu Hause noch im Berufsfeld nachgehen konnte (McAdams, 1988).

16.2.4 Stufenmodell oder Veränderung durch kritische Lebensereignisse

Wenn eine Krise und eine grundlegende Restrukturierung im mittleren Lebensalter eher selten sind, könnte dann das mittlere Erwachsenenalter als eine Stufe der Entwicklung betrachtet werden, wie es die Theorien von Erikson, Levinson und Vaillant vermuten lassen? Manche Wissenschaftler sind der Meinung, dass der Übergang in das mittlere Lebensalter nichts mit einer Stufe zu tun hat. Stattdessen betrachten sie diese Zeit lediglich als eine Adaption an normative Lebensereignisse, wie etwa die Tatsache, dass die Kinder groß werden und aus dem Haus gehen, dass der Betreffende den Höhepunkt seiner Karriere erreicht hat und sich nun dem Rentenalter nähert (McCrae & Costa, 1990).

Aus früheren Kapiteln werden Sie sich aber daran erinnern können, dass Lebensereignisse nicht länger so altersabhängig sind, wie dies in der Vergangenheit einmal der Fall gewesen ist. Der Zeitplan dieser Ereignisse ist nun so variabel, dass das unmöglich die einzige Ursache für die Veränderungen im mittleren Lebensalter sein kann. In vielen Studien wurden Erwachsene gebeten, sich einmal ihre Gedanken, Gefühle, Einstellungen und Hoffnungen während des frühen Erwachsenenalters und im mittleren Lebensalter zu vergegenwärtigen. Psychosoziale Veränderungen – das heißt persönliche Einschnitte, gefolgt von einer Neuorientierung – fielen sowohl mit Ereignissen im Lebenszyklus der Familie als auch mit dem chronologischen Alter zusammen. Aus diesem Grunde betrachten die meisten Experten die Anpassung im mittleren Lebensalter als ein kombiniertes Ergebnis des Älterwerdens und der erlebten sozialen Erfahrungen (Ellicott, 1985; Schroots & Birren, 1990; Whitbourne et al., 1992). Kehren wir noch einmal zurück zu unserer Diskussion zum Thema Generativität und dem Übergang in die Lebensmitte. Auch hier können wir sehen, wie beide Faktoren damit zusammenhängen.

In der Beschreibung ihres Lebens berichten viele Menschen über schwierige Momente im mittleren Lebensalter, die zu neuem Verständnis und zu neuen Zielen führten – ein Umstand, der mit dem Stufenmodell durchaus in Einklang zu bringen ist. Bei Betrachtung der emotionalen und sozialen Entwicklung im mittleren Erwachsenenalter fällt auf, dass diese Periode wie auch andere charakterisiert ist von sowohl Kontinuität als auch stufenweisen Veränderungen. Mit diesen Gedanken wollen wir uns nun den inneren Problemen und den äußeren Erfahrungen zuwenden, die mit dem psychischen Wohlbefinden und der Entscheidungsfindung im mittleren Lebensalter zusammenhängen.

Prüfen Sie sich selbst ...

Rückblick
Welche persönlichen und kulturellen Wirkkräfte motivieren die Generativität? Warum ist eine Krise von äußerster Wichtigkeit für eine gute Anpassung im mittleren Lebensalter?

Anwendung
Nach vielen Jahren, in denen für den 42-jährigen Max im Berufsleben nur wenig persönliches Wachstum möglich war, sah er sich nach einem neuen Arbeitsplatz um. Als er ein attraktives Angebot in einer anderen Stadt bekam, war er hin- und hergerissen zwischen dem Verlassen enger Freunde auf der einen und einer ersehnten Karrieremöglichkeit auf der anderen Seite. Nach langem Nachdenken entschied er sich für die neue Arbeitsstelle. Stellte Max' Dilemma eine Krise des mittleren Lebensalters dar? Begründen Sie.

Zusammenhänge
Vergegenwärtigen Sie sich noch einmal das Konzept der Androgynität in Kapitel 8. Warum trägt die Akzeptanz und Integration der „männlichen" und „weiblichen" Selbstanteile zu einer günstigen Anpassung im mittleren Erwachsenenalter bei?

Prüfen Sie sich selbst ...

16.3 Stabilität und Veränderung im Selbstkonzept und in der Persönlichkeit

Veränderungen von Selbstkonzept und Persönlichkeit in der Lebensmitte reflektieren eine zunehmende Wahrnehmung der Endlichkeit der eigenen Lebensspanne, einer längeren Lebenserfahrung und generativer Themen. Gleichzeitig bleiben einige Aspekte der Persönlichkeit aber auch stabil und zeigen, dass individuelle Unterschiede, die sich in früheren Phasen etabliert haben, auch weiterhin bestehen bleiben.

16.3.1 Mögliche Erscheinungsformen des Selbst

Auf einer Geschäftsreise nutzte Patricias Freundin einen freien Nachmittag, um Patricia zu besuchen. Die beiden Frauen trafen sich in einem Café, ließen die Vergangenheit an sich vorüberziehen und sprachen über die Zukunft. „Es war schwer, alleine zu leben und gleichzeitig das Geschäft aufzubauen", meinte die Freundin. „Mein Wunsch ist, mich in meinem Beruf zu verbessern, mehr gemeinschaftsorientiert zu werden, gesund zu bleiben und für meine Freunde da zu sein. Sicherlich möchte ich auch nicht allein alt werden, aber wenn ich diesen besonderen Menschen nicht finden kann, kann ich mich wohl auch damit trösten, dass ich mich nie mit einer Scheidung oder dem Witwendasein auseinander setzen muss."

Die allein stehende Freundin betrachtet hier mögliche **Erscheinungsformen des Selbst**, zukunftsorientierte Repräsentationen dessen, was man hofft zu werden oder was man befürchtet, werden zu können. Mögliche Erscheinungsformen des Selbst bilden die zeitliche Dimension des Selbstkonzeptes – worauf das Individuum hinarbeitet und was der Betreffende versucht zu vermeiden. Forscher der Entwicklung über die Lebensspanne betrachten diese Hoffnungen und Ängste als ebenso wichtig für eine Erklärung des menschlichen Verhaltens wie die Ansichten des Betreffenden über seine persönlichen Eigenschaften. In der Tat bieten mögliche Erscheinungsformen des Selbst im mittleren Lebensalter eine besonders starke Motivation zum Handeln, einer Phase, in der Zeit eine besondere Bedeutung bekommt. Einige Forscher ziehen die Möglichkeit in Betracht, dass mit steigendem Alter der Mensch sich bezüglich seines Selbstwertes weniger auf soziale Vergleiche verlässt, sondern zunehmend auf temporale Vergleiche – wie viel von dem, was ich für mich selbst geplant habe, ist mir gelungen? (Suls & Mullen, 1982)

Das gesamte Erwachsenenalter hindurch zeigen die Selbstbeschreibungen Erwachsener eine ziemliche Stabilität. Ein 30-Jähriger, der von sich selbst als kooperativ, kompetent, extravertiert oder erfolgreich spricht, wird aller Wahrscheinlichkeit nach auch im späteren Alter ein ähnliches Bild von sich selbst wiedergeben. Die Beschreibungen möglicher Selbstanteile verändern sich allerdings erheblich. Erwachsene in ihren frühen Zwanzigern erwähnen viele verschiedene mögliche Erscheinungsformen des Selbst, die teilweise recht hoch angesetzt und idealistisch sind – sie wollen „rundum glücklich" sein oder „reich und berühmt", „das ganze Leben hindurch gesund" und keinesfalls „verlottert" oder „jemand, der nichts Anständiges zustande bringt". Mit zunehmendem Alter werden diese möglichen Erscheinungsformen des Selbst weniger, realitätsbezogener und konkreter. Die meisten Menschen im mittleren Lebensalter haben nicht länger den Wunsch, die besten und erfolgreichsten zu sein. Stattdessen ist es ihnen wesentlich wichtiger, die Rollen und Verantwortlichkeiten, in denen sie sich bereits befinden, so gut wie möglich auszufüllen – „die eigene Arbeit kompetent erledigen", „ein guter Ehemann und Vater" sein oder „meinen Kindern helfen, auf die Universität ihrer Wahl zu gehen" und „nicht dauernd krank" sein und auch nicht „zu wenig Geld haben, um den Alltag bewältigen zu können" (Cross & Markus, 1991; Ryff, 1991).

Wie lassen sich diese Veränderungen in den möglichen Selbstanteilen erklären? Da nun die Zukunft nicht länger grenzenlose Möglichkeiten bereithält, wird der Erwachsene seine Hoffnungen und Ängste so anpassen, dass er sich seine psychische Gesundheit bewahren kann. Es muss ein Gefühl aufrechterhalten werden, dass es nach wie vor unerreichte Möglichkeiten gibt. Dies dient dazu, motiviert zu bleiben. Dennoch muss der Betreffende gleichzeitig versuchen, mit sich selbst und dem eigenen Leben zufrieden zu sein und dies trotz erlebter Enttäuschungen (Lachman & Bertrand, 2002). So sehnte sich beispielsweise Patricias Freundin nicht länger nach einer Top-Position in einer großen Firma, wie sie sich es noch in ihren Zwanzigern gewünscht hätte. Stattdessen wollte sie sich in ihrem momentanen Beruf weiterentwickeln. Und obwohl sie Angst hatte vor der Einsamkeit im Alter, dachte sie auch daran, dass eine Ehe genauso negative Folgen haben könnte wie etwa Scheidung und ein Witwendasein – Überlegungen, die es leichter machten, ein nicht erreichtes zwischenmenschliches Ziel besser zu verkraften.

Anders als das augenblickliche Selbstkonzept, das ständig auf das Feedback anderer reagiert, können mögliche Erscheinungsformen des Selbst (obwohl sie durchaus von anderen beeinflusst werden können) je nach Notwendigkeit vom Individuum selbst definiert und umdefiniert werden. Folglich erlauben sie auch eine Selbstbestätigung, selbst zu Zeiten, wenn nicht alles glatt läuft (Cross & Markus, 1991). Wissenschaftler sind der Meinung, dass mögliche Selbstanteile den Schlüssel darstellen könnten für ein fortlaufendes Wohlbefinden im Erwachsenenalter, wenn der Betreffende diese Zukunftsbilder immer wieder überarbeitet, um seine noch ersehnten und schon erreichten Ziele in Einklang miteinander zu bringen. Viele Untersuchungen haben gezeigt, dass das Selbstwertgefühl des Erwachsenen im mittleren und späteren Lebensalter mindestens ebenso gut oder sogar besser ist als das jüngerer Menschen, möglicherweise wegen der schützenden Rolle, die mögliche Erscheinungsformen des Selbst innehaben (Bengston, Reedy, & Gordon, 1985).

16.3.2 Selbstakzeptanz, Autonomie und die Bewältigung des eigenen Umfeldes

Eine sich ständig weiterentwickelnde Mischung von Kompetenzen und Erfahrungen führt dazu, dass sich bestimmte Persönlichkeitseigenschaften im mittleren Erwachsenenalter verändern. Eine der häufigsten Erkenntnisse in der Forschung ist die Tatsache, dass die Introspektion zunimmt, sobald der Erwachsene beginnt, sich über seine zweite Lebenshälfte Gedanken zu machen. Erwachsene im mittleren Lebensalter tendieren zu komplexeren und besser integrierten Selbstbeschreibungen als jüngere oder ältere Individuen (Labouvie-Vief et al., 1995). Und viele von ihnen haben sich ihr Lebensumfeld anders gestaltet, sodass es besser zu ihren persönlichen Bedürfnissen und Wertvorstellungen passt.

Diese Entwicklungen tragen unzweifelhaft auch zu anderen Fortschritten im persönlichen Funktionieren bei. In einer Studie mit gebildeten Erwachsenen von zwanzig bis über siebzig ließ sich feststellen, dass drei Persönlichkeitseigenschaften vom frühen bis zum mittleren Erwachsenenalter zunahmen und dann ein Plateau erreichten. Die erste dieser Eigenschaften war die *Selbstakzeptanz*. Mehr als junge Erwachsene konnten Menschen im mittleren Lebensalter sowohl ihre guten als auch ihre negativen Qualitäten wahrnehmen und akzeptieren und fühlten sich wohl mit sich selbst und ihrem Leben. Außerdem betrachteten sie sich selbst als *autonom*er – weniger besorgt über die Erwartungen und Beurteilungen anderer und weniger damit beschäftigt, den eigenen selbstgewählten Standards zu folgen. Und drittens betrachteten sie sich selbst als Personen, die die *Anforderungen ihres Umfeldes gut bewältigen* können – fähig, ein komplexes Spektrum an Aufgaben mühelos und effektiv bewältigen zu können (Ryff, 1991).

In Kapitel 15 wurde dargestellt, dass die Lebensmitte eine reichhaltige Erfahrung und einen großen Schatz an Problemlösungsstrategien mit sich bringt. Diese kognitiven Veränderungen wirken sich positiv aus auf die Selbstsicherheit, die Initiative und die Entscheidungsfreudigkeit in diesem Lebensabschnitt. Im Großen und Ganzen ist das mittlere Lebensalter eine Zeit, in der der Erwachsene mit seinem Selbst, seiner Unabhängigkeit, seiner Durchsetzungsfähigkeit und seiner Verpflichtung gegenüber persönlichen Wertvorstellungen zufriedener ist – Ergebnisse, die sich nicht nur in Querschnittstudien gezeigt haben, sondern auch in Längsschnittstudien offensichtlich sind (Helson & Wink, 1992; Helson, Jones, & Kwan, 2002; Mitchell & Helson, 1990). Möglicherweise ist es auf diese persönlichen Attribute zurückzuführen, dass man die Lebensmitte auch zum Höhepunkt eines Lebens erklärt. Obwohl durchaus individuelle Unterschiede bestehen (siehe den Kasten „Biologie und Umwelt" auf S. 723), sind die mittleren Erwachsenenjahre eine Zeit, in der viele Menschen von sich sagen, besonders glücklich zu sein und am besten zurechtzukommen.

Die Vorstellung vom Glück unterscheidet sich jedoch von Kultur zu Kultur. So ergab beispielsweise eine Vergleichsstudie koreanischer und nordamerikanischer Erwachsener in ihren Fünfzigern, dass koreanische Erwachsene niedrigere Werte erreichten in ihrem psychischen Wohlbefinden, vor allem deswegen, weil sie individualistische Eigenschaften, wie etwa Selbstakzeptanz und Autonomie, nicht als für sich selbst charakteristisch betrachteten (Keyes & Ryff, 1998b). In Einklang mit ihrer kollektivistischen Orientierung ergaben sich bei Koreanern die höchsten Werte, wenn sie positive Beziehungen zu anderen Menschen unterhielten. Ihrer Überzeugung nach lässt sich persönliche Erfüllung durch die Familie erreichen, insbesondere durch den Erfolg der Kinder. Auch nordamerikanische Erwachsene betrachten die Familienbeziehungen als relevant für ihr Wohlbefinden. Bei ihnen lag allerdings die Betonung mehr auf den eigenen Persönlichkeitseigenschaften und Leistungen als auf denen ihrer Kinder.

16.3.3 Bewältigungsstrategien

In Kapitel 15 haben wir die Wichtigkeit von Stressmanagement bei der Krankheitsprävention diskutiert. Dieser Faktor ist auch für das psychische Wohlbefinden von äußerster Wichtigkeit. Sie werden sich daran erinnern, dass die mittleren Lebensjahre auch zunehmend effektivere Bewältigungsstrategien mit sich bringen. Erwachsene im mittleren Lebensalter halten eher nach der positiven Seite einer schwierigen Situation Ausschau und stellen ihr Handeln erst einmal zurück, um Alternativen zu durchdenken. Mögliche zukünftige leidvolle Situationen werden vorher angedacht und Wege, mit ihnen umzugehen, gesucht. Ideen und Gefühle werden mit viel Humor ausgedrückt, um nach Möglichkeit den Kommunikationspartner nicht zu verletzen (Diehl, Coyle, & Labouvie-Vief, 1996). Jüngere Menschen neigen eher dazu, schwierige Emotionen zu verleugnen, haben eine Tendenz zum Ausagieren (Temperamentsausbrüche), zur Vermeidung (Schlafen, Drogenmissbrauch) und dazu, anderen die Schuld zu geben. Beachten Sie hier, wie effektives Bewältigen eine Balance zwischen problemzentrierten und emotionszentrierten Strategien findet, während ineffektives Bewältigen sich zum großen Teil auf die Emotionen des Betreffenden bezieht (siehe Kapitel 15).

Was könnte die Ursache dafür sein, dass effektives Bewältigen im mittleren Erwachsenenalter zunimmt? Andere Persönlichkeitsveränderungen scheinen dies noch zu unterstützen. In einer Studie zeigte sich, dass komplexe integrierte Selbstbeschreibungen – die im mittleren Lebensalter zunehmen und auf eine verbesserte Fähigkeit schließen lassen, die eigenen Stärken und Schwächen zu reflektieren und sie in ein strukturiertes Gesamtbild einzufügen – auf gute Bewältigungsstrategien schließen ließen (Labouvie-Vief & Diehl, 2000). Auch ein größeres Selbstbewusstsein, dass der Betreffende mit den Problemen des Lebens zurechtkommt, trägt womöglich dazu bei. In einer Längsschnittstudie von Frauen mit einem guten Bildungsstand zeigte sich, dass Eigeninitiative, um mit schwierigen Situationen zurechtzukommen, im frühen Erwachsenenalter einen Prädiktor darstellte für ein vertieftes Selbstverständnis sowie soziale und moralische Reife und einem hohen Ausmaß an Lebenszufriedenheit im Alter von 43 Jahren (Helson & Roberts, 1994). Im Großen und Ganzen weisen diese Ergebnisse darauf hin, dass jahrelange Erfahrung in der Überwindung von Stress sich förderlich auswirkt auf die Selbsterkenntnis, und diese in Kombination mit Lebenserfahrung im mittleren Erwachsenenalter zu flexibleren Bewältigungsstrategien auf einem höheren Niveau führt.

16.3.4 Die Geschlechtsidentität

In ihrem vierten und fünften Lebensjahrzehnt wurde Patricia durchsetzungsfähiger an ihrem Arbeitsplatz. Sie meldete sich bei Geschäftsversammlungen häufiger zu Wort und übernahm eine leitende Rolle in einem Team von Rechtsanwälten, die an einem besonders komplexen Fall arbeiteten. Auch in ihren Familienbeziehungen war sie dominanter geworden und konnte ihre Vorlieben und ihre Sichtweise ihrem Mann und ihrem Sohn gegenüber besser ausdrücken, als dies noch vor zehn bis 15 Jahren der Fall gewesen war. Dirk hingegen zeigte vermehrt Empathie und wurde fürsorglicher, sodass er sich weniger durchsetzte und Patricias Wünschen und Bedürfnissen mehr entgegenkommen konnte als früher.

In vielen Studien wurde im mittleren Lebensalter eine Zunahme der „maskulinen" Charaktereigenschaften bei Frauen und der „femininen" Eigenschaften bei Männern festgestellt (Huyck, 1990; James et al., 1995). Frauen werden zuversichtlicher, unabhängiger und durchsetzungsfähiger, während Männer zunehmend mehr emotionale Sensibilität zeigen, fürsorglicher, aufmerksamer und abhängiger werden. Diese Ten-

Ein größeres Selbstbewusstsein steht in engem Zusammenhang mit dem angesammelten Wissen und den praktischen Problemlösungsstrategien des mittleren Erwachsenenalters. Dieser Schauspiellehrer im mittleren Lebensalter hat eine reife Ausstrahlung, während er einer Klasse von Schülern in einem Sommerzeltlager für darstellende Künste Improvisationstheater vorführt.

Biologie & Umwelt:
Welche Faktoren tragen im mittleren Lebensalter zum psychischen Wohlbefinden bei?

Für Patricia und Dirk brachten die mittleren Lebensjahre Genugtuung und ein hohes Maß an Lebenszufriedenheit mit sich. Der Weg zum Glück war für Tim, Elena und Patricias Freundin allerdings sehr viel steiniger. Welche Faktoren tragen zu diesen Variationen des psychischen Wohlbefindens im mittleren Lebensalter bei? In Einklang mit der Perspektive über die Lebensspanne sind hier sowohl biologische als auch psychologische und soziale Faktoren beteiligt. Deren Auswirkungen bilden ein enges Geflecht.

Gesundheit und sportliche Betätigung

Ein guter Gesundheitszustand wirkt sich auch auf den Energiehaushalt und den Lebensmut eines Menschen aus. Erwachsene jeden Alters, die ihren Gesundheitszustand als gut bis ausgezeichnet bezeichnen, betrachten auch ihre Lebensumstände positiver. Schritte zur Erhaltung der Gesundheit und zur Vermeidung bleibender Schäden oder Behinderung, die im mittleren bis späten Erwachsenenalter unternommen werden, ziehen zumeist auch ein besseres psychisches Wohlbefinden nach sich. In einer Studie mit über 3000 20 bis 64 Jahre alten Erwachsenen, die regelmäßig Sport treiben – Gehen, Tanzen, Joggen oder Schwimmen –, ließen sich stärkere Korrelationen bei älteren Menschen als bei jüngeren Menschen mit ihrem selbstbeurteilten Gesundheitszustand und einer positiven Lebenseinstellung erkennen (Ransford & Palisi, 1996). Erwachsene im mittleren Lebensalter, die regelmäßig Sport treiben, betrachten sich eher als besonders aktiv für ihr Alter und haben daher auch ein besonderes Erfolgsgefühl. Außerdem reduziert sportliche Betätigung unter Umständen auch das Gefühl, besonders anfällig zu sein für Krankheiten und bringt somit zusätzliche Vorteile auf der psychologischen Ebene mit sich. Angst vor Krankheit und Behinderung trägt am stärksten zu einem schlechten psychischen Zustand und mangelndem Wohlbefinden im mittleren Lebensalter bei (Barsky, Cleary, & Klerman, 1992).

Das Gefühl, die Kontrolle zu haben und persönliche Lebensinvestitionen

Erwachsene im mittleren Lebensalter, die ein hohes Ausmaß an Kontrolle über die verschiedenen Aspekte ihres Lebens haben – Gesundheit, Familie und Arbeit – berichten auch vermehrtes psychisches Wohlbefinden. Ein Gefühl der Kontrolle fördert die Selbstwirksamkeit, die Zuversicht in die eigene Fähigkeit, mit Herausforderungen umgehen zu können. Folglich trägt es auch dazu bei, dass der Betreffende sich eine positive Lebenseinstellung erhalten kann, auch wenn er mit Schwierigkeiten im gesundheitlichen Bereich, in der Familie und am Arbeitsplatz konfrontiert ist (Bandura, 1997; Smith et al., 2000).

Außer dem Gefühl, die Kontrolle zu haben, trägt auch die persönliche Lebensinvestition – eine starke Verpflichtung gegenüber den eigenen Lebenszielen sowie ein nachdrückliches Verfolgen derselben – dazu bei, die psychische Gesundheit und Lebenszufriedenheit aufrechtzuerhalten (Staudinger, Fleeson, & Baltes, 1999). Gemäß Mihaly Csikszentmihalyi ist eine wichtige Quelle der Zufriedenheit etwas, das er „Flow" (Fließen) nennt – der psychische Zustand, so beschäftigt mit einer herausfordernden und bedeutungsvollen Aktivität zu sein, dass man das Gefühl für die Zeit verliert und sich in dem Augenblick auch seiner selbst nicht bewusst ist. Dieses Fließen wird als in höchstem Maße lustvoll empfunden bis hin zu einem Zustand der Ekstase. Je mehr dieses Gefühl erlebt wird, desto mehr wird das eigene Leben als befriedigend erlebt (Nakamura & Csikszentmihalyi, 2002). Obwohl dieser Zustand des Fließens

Persönliche Lebensinvestitionen tragen zur psychischen Gesundheit und zur Lebenszufriedenheit im mittleren Lebensalter bei. Diese Frau im mittleren Lebensalter sieht ganz so aus, als würde sie beim Erklettern der senkrechten Bergwand einen Zustand des „Abhebens, Fließens" (engl. flow) erleben – den psychischen Zustand, so mit einer herausfordernden, bedeutungsvollen Tätigkeit beschäftigt zu sein, dass Zeitgefühl und Selbstwahrnehmung dabei in den Hintergrund treten. Je mehr dieses „Fließen" erlebt wird, desto befriedigender wird das eigene Leben beurteilt.

vor allem mit kreativem Handeln einhergeht, berichten auch viele andere von diesem Gefühl – Studenten, denen ihr Studium Spaß macht, Angestellte, die Freude an ihrer Arbeit haben, Erwachsene, die herausfordernden Freizeitaktivitäten nachgehen, sowie Eltern und Großeltern, die mit Kindern zusammen Freude erleben. Dieses Fließen ist abhängig von einem gewissen Durchhaltevermögen und Können im Bereich komplexer Tätigkeiten, die ein Potential für ein persönliches Wachstum bieten. Solche Qualitäten sind im mittleren Erwachsenenalter bereits gut entwickelt.

Positive soziale Beziehungen
Das Entwickeln befriedigender sozialer Bindungen steht in engem Zusammenhang mit psychischem Wohlbefinden im mittleren Erwachsenenalter. In einer Längsschnittstudie mit 90 Männern, die für die Teilnahme ausgewählt wurden wegen ihres guten körperlichen und psychischen Gesundheitszustandes als Studenten und die über 32 Jahre hinweg beobachtet wurden, konnte festgestellt werden, dass die meisten ihren guten körperlichen Gesundheitszustand aufrechterhalten konnten. Eine gute Beziehung zu einem Mentoren im frühen Erwachsenenalter (die sich förderlich auswirkt auf gute berufliche Leistungen) sowie positive Bindungen zu Peers konnten als die besten Prädiktoren identifiziert werden für Wohlbefinden in den späten Vierzigern und frühen Fünfzigern (Westermeyer, 1998). In einer Umfrage bei Hochschulabsolventen stellte sich heraus, dass Absolventen, die berufliches Prestige und ein hohes Einkommen engen Freundschaften vorzogen, doppelt so häufig angaben, sie wären „ziemlich" bis „sehr" unglücklich (Perkins, 1991, zitiert nach Myers, 2000).

Eine gute Ehe
Obwohl Freundschaften und positive Beziehungen zu Arbeitskollegen wichtig sind, wirkt sich eine gute Ehe auf das psychische Wohlbefinden noch intensiver aus. In der eben beschriebenen Längsschnittstudie wurde die Rolle der Ehe als Indikator psychischer Gesundheit mit zunehmendem Alter wichtiger und beim Erreichen des 50. Lebensjahres zu einem der stärksten Prädiktoren (Westermeyer, 1998). Obwohl die Anpassung der Frau von der Qualität der ehelichen Beziehung abhängiger ist als die des Mannes (siehe Kapitel 14), wirkt sich die eheliche Beziehung auf beide Geschlechter vorteilhaft aus. Längsschnittstudien, deren Teilnehmer durch mehrere Beziehungen hindurch beobachtet wurden, haben ergeben, dass eine Ehe sich tatsächlich positiv auf das Wohlbefinden der Partner auswirkt.

So zeigte sich beispielsweise, als man Interviews mit 13.000 Erwachsenen fünf Jahre später noch einmal wiederholte, dass diejenigen, die zu diesem Zeitpunkt immer noch verheiratet waren, ein höheres Ausmaß an Wohlbefinden berichteten als diejenige, die ledig bzw. ohne Partner geblieben waren. Diejenigen, die sich getrennt hatten oder inzwischen geschieden waren, waren weniger glücklich und berichteten ein hohes Ausmaß an Depression. Männer und Frauen, die noch mit ihrem ersten Ehepartner zusammen waren, erlebten einen gravierenden Anstieg bezüglich ihres Wohlbefindens, bei Zweitehen war dieser Anstieg nicht so stark (Marks & Lambert, 1998).

Der Zusammenhang zwischen Ehe und Wohlbefinden ist in vielen Nationen ähnlich, was darauf hinweist, dass eine Ehe das Verhalten Erwachsener auf eine Weise verändert, die sich positiv auswirkt (Diener et al., 2000). Verheiratete Partner achten auf die Gesundheit des anderen und kümmern sich um den Partner, wenn dieser krank ist. Außerdem verdienen die beiden Partner zusammen mehr und können somit auch mehr Geld sparen, als dies bei Singles der Fall ist. Zwischen einem höheren Einkommen und psychischem Wohlbefinden sind mittlere Korrelationen festgestellt worden (Myers, 2000; Waite, 1999). Des Weiteren ist die Zufriedenheit auf sexuellem Gebiet ein Prädiktor für psychische Gesundheit, wobei sich gezeigt hat, dass verheiratete Paare ein befriedigenderes Sexualleben haben als nicht verheiratete Paare und Singles (siehe Kapitel 14). Natürlich geht es nicht jedem Erwachsenen gleich besser, nur weil er verheiratet ist. Für viele Menschen allerdings wirkt sich die langfristige positiv verpflichtende Verbindung mit einem Ehepartner auf die psychische Gesundheit förderlich aus.

Das Bewältigen mehrfacher Rollen
Auch das erfolgreiche Bewältigen mehrfacher Rollen steht im Zusammenhang mit psychischem Wohlbefinden. Frauen sind heutzutage im Allgemeinen glücklicher als in früheren Zeiten, da sie nicht nur Befriedigung aus den Familienbeziehungen erfahren, sondern auch ihre Erfolge im Berufsleben positiv auswirken. In einer Studie mit knapp 300 Frauen im mittleren Lebensalter befragten die Wissenschaftler sie bezüglich ihres Kompetenzgefühls und ihres Gefühls, die Kontrolle über viele verschiedene Rollen zu haben: Ehefrau, Mutter, Versorger eines pflegebedürftigen Elternteils und Angestellte. Die Teilnehmerinnen hatten das Gefühl, dass sie ihre Rolle am Arbeitsplatz besser bewältigten als die anderen Rollen. Kompetenz und Kontrolle über alle vier Rollen erwies sich als Prädiktor von Lebenszufriedenheit und verminderten Depressionswerten (Christensen, Stephens, & Townsend, 1998). Bei Frauen, die mehrere Rollen einnehmen – am Arbeitsplatz und im Bereich der Familie –, schienen sich die zusätzlichen Möglichkeiten positiv auf das Gefühl, die verschiedenen Rollen bewältigen zu können, auszuwirken.

denzen zeigen sich sowohl in Querschnitt- als auch in Längsschnittstudien, bei Menschen verschiedener Einkommensklassen und in den unterschiedlichsten Kulturkreisen – nicht nur in westlichen Industrienationen, sondern auch in dörflichen Gesellschaften, wie etwa bei den Maya in Guatemala, den Navajo in den Vereinigten Staaten und bei den Druzen im Nahen Osten (Fry, 1985; Gutmann, 1977; Turner, 1982). In Einklang mit der Theorie Levinsons wird die Geschlechtsidentität im mittleren Lebensalter zunehmend androgyner – eine Mischung aus beiden Arten der Persönlichkeitseigenschaften, „männlichen" und „weiblichen".

Obwohl die Tatsache, dass diese Veränderungen existieren, weitestgehend akzeptiert wird, gehen die Erklärungen dafür auseinander. Gemäß der bekannten evolutionären Sichtweise, die sich die **elterliche Imperativ-Theorie** nennt, wird die Identifikation mit den traditionellen Geschlechterrollen in den Jahren der Kindererziehung beibehalten, um das Überleben der Kinder sicherzustellen. Der Mann ist zielorientierter, während die Frau sich mehr der Fürsorge widmet. Nachdem die Kinder das Erwachsenenalter erreicht haben, steht es den Eltern frei, die gegengeschlechtliche Seite ihrer Persönlichkeit zu zeigen (Gutmann & Huyck, 1994). Eine damit verwandte Idee ist, dass der Rückgang der Sexualhormone durch den Alterungsprozess möglicherweise zur Androgynität im späteren Lebensalter beiträgt (Rossi, 1980).

Allerdings sind diese biologischen Erklärungen sehr kritisiert worden. Denken Sie noch einmal daran zurück, was Sie in früheren Kapiteln gelernt haben, und Sie werden feststellen, dass Wärme und Durchsetzungsvermögen (in Form von Festigkeit und konsistentem Verhalten) für Eltern notwendig sind, um ihre Kinder effektiv erziehen zu können. Des Weiteren konnte festgestellt werden, dass es Zusammenhänge gibt zwischen der Offenheit des Mannes gegenüber seinen „femininen" Seiten der Persönlichkeit und dem Selbstständigwerden der Kinder (indem sie von zu Hause ausziehen); dieser Zusammenhang ist weniger deutlich bei einem Anstieg der „maskulinen" Eigenschaften der Frau (Huyck, 1996, 1998). In Längsschnittstudien konnte festgestellt werden, dass erwerbstätige Frauen mit einer Hochschulausbildung in ihren frühen Vierzigern unabhängiger wurden, ganz gleich, ob sie Kinder hatten oder nicht; die Frauen, die sich nur um den Haushalt kümmerten, zeigten keinerlei Zunahme ihrer Unabhängigkeit. Frauen, die an ihrem Arbeitsplatz einen hohen Status erreicht hatten, zeigten die meiste Zunahme an Dominanz,

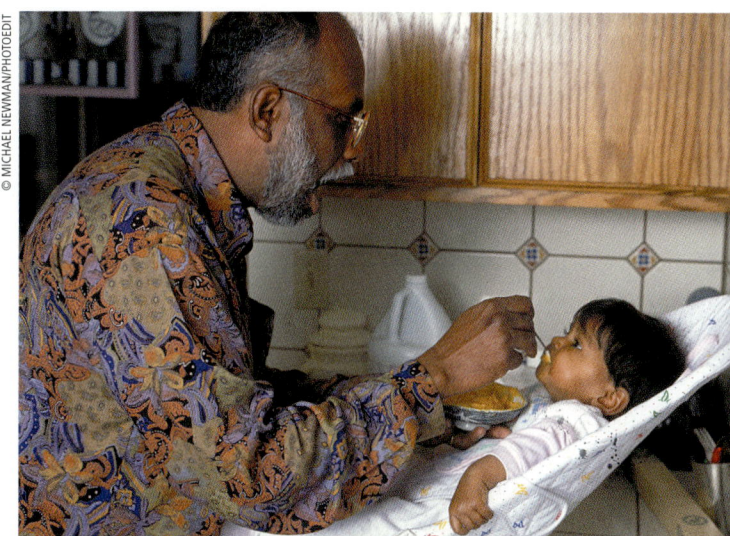

Die Geschlechtsidentität des Erwachsenen entwickelt sich im mittleren Lebensalter vermehrt hin zur Androgynität – eine Kombination aus „männlichen" und „weiblichen" Persönlichkeitseigenschaften. Wie bei diesem Großvater sehr deutlich wird, entwickeln Männer typischerweise mehr emotionale Sensibilität und werden fürsorglicher.

Durchsetzungsfähigkeit und Direktheit in ihrer Konversation in ihren frühen Fünfzigern (Helson & Picano, 1990; Wink & Helson, 1993). Zudem wurden keine Zusammenhänge festgestellt zwischen Androgynität und den Wechseljahren – ein Ergebnis, das mit der Erklärung hormonell bedingter Veränderungen in der Geschlechtsidentität nicht übereinstimmt (Helson & Wink, 1992).

Abgesehen von der im mittleren Lebensalter reduzierten Verantwortung für die Kindererziehung können auch andere Anforderungen und Erfahrungen in diesem Lebensabschnitt eine zunehmend androgynere Orientierung herbeiführen. So kann beispielsweise bei Männern das Bedürfnis nach einer tieferen ehelichen Beziehung, nachdem die Kinder das Haus verlassen haben, in Verbindung mit verringerten Karrieremöglichkeiten dazu führen, dass Persönlichkeitseigenschaften zum Vorschein kommen, die mit vermehrter emotionaler Sensibilität zu tun haben. Im Vergleich zu Männern sehen sich Frauen wesentlich häufiger mit wirtschaftlichen und sozialen Nachteilen konfrontiert. Eine große Anzahl von ihnen bleibt allein nach einer Scheidung, ist verwitwet oder wird am Arbeitsplatz diskriminiert. Um mit diesen Umständen zurechtzukommen, sind Eigenschaften wie Selbstständigkeit und Durchsetzungsfähigkeit essenziell wichtig.

In Zusammenfassung können wir sagen, dass Androgynität im mittleren Lebensalter aus einer komplexen Kombination sozialer Rollen und Lebensumstände entsteht. In Kapitel 8 haben wir festgestellt, dass Androgynität ein Prädiktor für ein gutes Selbstbewusstsein ist. Im Erwachsenenalter geht die Androgynität außerdem einher mit moralischem Denken und psychosozialer Reife (Prager & Bailey, 1985; Waterman & Whitbourne, 1982). Menschen, denen es nicht gelingt, die maskulinen und femininen Seiten ihrer Persönlichkeit zu integrieren, neigen zu psychischen Problemen, möglicherweise deswegen, weil sie nicht fähig sind, sich flexibel an die Herausforderungen des Alterungsprozesses anzupassen (Huyck, 1996).

16.3.5 Individuelle Unterschiede in den Persönlichkeitseigenschaften

Obwohl Patricia und ihre Freundin im mittleren Lebensalter selbstsicherer und durchsetzungsfähiger wurden, unterscheiden sich beide in anderen Aspekten. Patricia war schon immer organisierter gewesen und hatte hart gearbeitet, während ihre Freundin geselliger war und Spaß liebte. Die Frauen hatten einmal eine Reise zusammen unternommen. Am Ende jeden Tages war Patricia enttäuscht, dass es ihr nicht gelungen war, ihren Zeitplan einzuhalten und jede Sehenswürdigkeit zu sehen. Ihre Freundin hingegen wollte „es nehmen, wie es kommt" – sie hatte einfach Freude daran, durch die Straßen zu wandern und sich mit den Ladeninhabern und den Einwohnern zu unterhalten.

In den vorangegangenen Abschnitten haben wir die Veränderungen in den Persönlichkeitseigenschaften betrachtet, die für viele Erwachsene im mittleren Lebensalter typisch sind. Aber es gibt auch stabile individuelle Unterschiede. Die mehreren hundert Persönlichkeitseigenschaften, in denen sich Menschen unterscheiden können, sind zu fünf Faktoren zusammengefasst worden, die man die **„klassischen fünf (big five)" Persönlichkeitsdimensionen (-faktoren)** nennt: der Neurotizismus, die Extravertiertheit, die Offenheit gegenüber neuen Erfahrungen, Angenehmheit und Gewissenhaftigkeit. In Tabelle 16.2 finden Sie Beschreibungen dieser Eigenschaften (Costa & McCrae, 1994; McCrae & Costa, 1990).

Querschnittstudien kanadischer und amerikanischer Männer und Frauen haben gezeigt, dass die Eigenschaften Neurotizismus, Extravertiertheit und Offenheit gegenüber neuen Erfahrungen von den Teenagerjahren bis in die mittleren Erwachsenenjahre etwas abnehmen, während ein angenehmes Wesen und Gewissenhaftigkeit zunehmen – Veränderungen, die ein „sich niederlassen" sowie zunehmende Reife reflektieren. Ähnliche Trends sind auch in vielen anderen Ländern verschiedenster kultureller Hintergründe festgestellt worden – so zum Beispiel in Deutschland, Italien, Japan, Russland und Südkorea (Costa et al., 2000; McCrae et al., 2000). Die Konstanz dieser kulturübergreifenden Befunde hat bei einigen Wissenschaftlern zu der Schlussfolgerung geführt, dass die Veränderungen der Erwachsenenpersönlichkeit möglicherweise genetisch beeinflusst sind. Um diese genetische Betrachtungsweise zu untermauern, weisen sie darauf hin, dass individuelle Unterschiede bei den „klassischen fünf" Persönlichkeitsfaktoren sehr weitreichend und in hohem Maße stabil sind. Eine Person, die in einem bestimmten Alter nur niedrige Werte erreicht, wird aller Wahrscheinlichkeit nach in einem anderen Alter (gemessen in Intervallen von drei bis 30 Jahren) ähnliche Werte erreichen (Costa & McCrae, 1994). In einer erneuten Analyse von mehr als 150 Längsschnittstudien mit insgesamt mehr als 50.000 Teilnehmern nahm die Stabilität der fünf Persönlichkeitsfaktoren über das frühe bis mittlere Erwachsenenalter zu und erreichte einen Höhepunkt in der fünften Lebensdekade (siehe Abb. 16.3) (Roberts & DelVecchio, 2000).

Wie kommt es, dass die Persönlichkeitseigenschaften eine hohe Stabilität aufweisen, aber dennoch signifikante Veränderungen in verschiedenen Aspekten der Persönlichkeit auftreten, wie schon zuvor diskutiert? Studien der „klassischen fünf" Persönlichkeitsdimensionen arbeiten mit sehr großen Stichproben. Typischerweise wird die Auswirkung einer ganzen Reihe kontextueller Faktoren nicht untersucht – einschließlich der Lebensereignisse, der sozialen Uhr und der kulturellen Werte –, die sich auf die Entwicklung von Ansprüchen und Zielen sowie die Erwartungen hinsichtlich angemessenen Verhaltens auswirken (Caspi & Roberts, 2001). Sehen Sie sich die in Tabelle 16.2 beschriebenen Dimensionen genau an und Sie werden feststellen, dass sie sich von denen unterscheiden, die wir in vorangegangenen Abschnitten besprochen haben. Bei diesen Persönlichkeitseigenschaften werden die Motivation, bevorzugte Handlungen und Bewältigungsstile nicht in Betracht gezogen. Außerdem wird vernachlässigt, inwieweit bestimmte Aspekte der Persönlichkeit wie etwa Männlichkeit oder Weiblichkeit integriert sind (Block, 1995; Helson & Stewart, 1994). Theoretiker, die davon ausgehen, dass Veränderungen auf Erfahrungen beruhen, konzentrieren sich darauf, wie

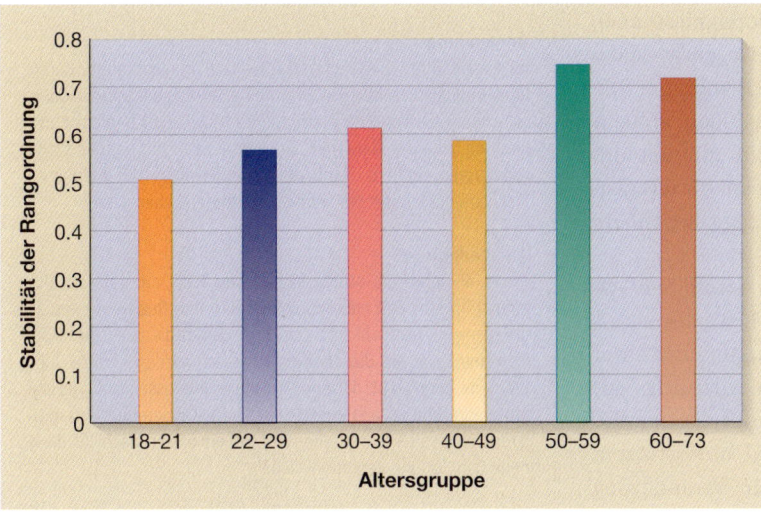

Abbildung 16.3: Zunehmende Stabilität der „klassischen fünf" Persönlichkeitsdimensionen über das frühe und mittlere Erwachsenenalter hinweg. In einer erneuten Analyse von mehr als 150 Längsschnittstudien zeigte sich, dass die Stabilität der Persönlichkeitsdimensionen in allen Altersstufen ausgeprägt war; Erwachsene, die bei bestimmten Faktoren hohe oder niedrige Werte erreicht hatten, hatten dieses Muster bei einer Nachuntersuchung zumeist beibehalten. Die Stabilität erreichte ihren höchsten Wert in der fünften Lebensdekade. Dennoch gab es in keinem Alter perfekte Stabilität, was darauf hinweist, dass die Persönlichkeit bis zu einem gewissen Grade immer ein „offenes System" bleibt (nach Roberts & DelVecchio, 2000).

Tabelle 16.2

Die „klassischen fünf" Persönlichkeitsdimensionen

Persönlichkeitsdimension	Beschreibung
Neurotizismus	Individuen, die bei dieser Persönlichkeitsdimension hohe Werte erreichen, machen sich häufig Sorgen und haben Temperamentausbrüche. Selbstmitleid und Gehemmtheit sowie Emotionalität und Vulnerabilität (Verletzlichkeit) gehören zu den Eigenschaften dieser Menschen. Individuen mit niedrigen diesbezüglichen Werten sind ruhig, ausgeglichen, zufrieden und sich selbst genug, unemotional und robust.
Extravertiertheit	Individuen, die bei dieser Persönlichkeitseigenschaft hohe Werte erreichen, sind zärtlich, gesprächig, aktiv, lebensfroh und leidenschaftlich. Individuen mit niedrigen diesbezüglichen Werten sind reserviert, still, passiv, nüchtern und reagieren kaum emotional.
Offenheit gegenüber neuen Erfahrungen	Individuen, die bei dieser Persönlichkeitseigenschaft hohe Werte erreichen, sind einfallsreich, kreativ, originell, neugierig und liberal. Individuen mit niedrigen diesbezüglichen Werten stehen mit beiden Beinen auf der Erde, sind wenig kreativ, Konventionen verhaftet, zeigen wenig Neugierde und sind konservativ.
Angenehmheit	Individuen, die bei dieser Persönlichkeitseigenschaft hohe Werte erreichen, haben ein weiches Herz, sind vertrauensvoll, freigiebig, verständnisvoll, nachsichtig und haben ein freundliches Naturell. Individuen mit niedrigen diesbezüglichen Werten sind rücksichtslos, misstrauisch, geizig, antagonistisch, kritisieren an allem herum und sind leicht reizbar.
Gewissenhaftigkeit	Individuen, die bei dieser Persönlichkeitsdimension hohe Werte erreichen, sind gewissenhaft, arbeiten hart, sind gut organisiert, pünktlich, ehrgeizig und zeigen hohes Durchhaltevermögen. Individuen mit niedrigen diesbezüglichen Werten sind nachlässig, faul, desorganisiert, kommen häufig zu spät, sind ziellos und geben schnell auf.

Quelle: McCrae & Costa, 1990.

persönliche Bedürfnisse und Lebensereignisse neue Strategien und Ziele induzierten. Im Gegensatz dazu messen Theoretiker, die eine genetisch bedingte Stabilität betonen, Persönlichkeitsdimensionen, anhand derer verschiedene Individuen leicht miteinander verglichen werden können, sowie solche, die das ganze Leben über erhalten bleiben (Rosenberg, Rosenberg & Farrell, 1999).

Vielleicht können wir den augenscheinlichen Widerspruch auflösen, indem wir uns Erwachsene als sich verändernd in ihrer Gesamtstruktur und ihrer Persönlichkeitsintegration vorstellen, allerdings auf der Basis grundlegender, andauernder Dispositionen, die ein kohärentes Selbstgefühl unterstützen, während der Betreffende sich den in Veränderung begriffenen Lebensumständen anpasst. Bei einer Befragung von über 2000 Erwachsenen in ihren Vierzigern wurden diese gebeten, einmal über ihre Persönlichkeit während der letzten sechs Jahre nachzudenken. 52 % dieser Erwachsenen gaben an „der/dieselbe geblieben" zu sein, 39 % meinten, sie hätten sich nur „wenig verändert" und 9 % gaben an, sich „sehr verändert" zu haben (Herbst et al., 2000). Diese Ergebnisse stehen im Widerspruch zu der Betrachtungsweise des mittleren Erwachsenenalters als einer Zeit großer Umwälzungen und Veränderungen. Sie unterstreichen allerdings auch die Tatsache, dass die Persönlichkeit ein „offenes System" bleibt, das auf Belastung durch Lebensereignisse reagiert. In der Tat ist es möglich, dass manche Persönlichkeitsveränderung im mittleren Lebensalter die Stabilität der Eigenschaften erhöht! Eine zunehmende Selbstwahrnehmung und vermehrte Selbstakzeptanz sowie die Fähigkeit mit herausfordernden Situationen umzugehen tragen unter Umständen dazu bei, dass weniger ein Bedürfnis besteht, die grundlegenden Persönlichkeitsdispositionen mit zunehmendem Alter zu modifizieren (Caspi & Roberts, 2001).

Prüfen Sie sich selbst ...

Rückblick
Fassen Sie die Persönlichkeitsveränderungen im mittleren Lebensalter zusammen. Wie können diese Veränderungen mit der zunehmenden Stabilität der „klassischen fünf" Persönlichkeitsdimensionen in Einklang gebracht werden, die ihren höchsten Wert im fünften Lebensjahrzehnt erreichen?

Anwendung
Im Alter von etwa 40 Jahren dachte Luellen nicht länger daran, Konzertpianistin zu werden. Stattdessen traf sie die Entscheidung, sich darauf zu konzentrieren, andere Musiker zu begleiten und noch mehr junge Menschen zu unterrichten. Auf welche Weise reflektieren Luellens Pläne die Veränderungen der möglichen Erscheinungsformen des Selbst im mittleren Lebensalter?

Anwendung
Jonas, 46 Jahre alt, schlug seiner Frau Julia vor, dass sie sich einmal im Jahr Zeit nehmen sollten, um ihre Beziehung neu zu überdenken – sowohl ihre positiven Seiten als auch die Möglichkeiten, wie die Beziehung verbessert werden könnte. Julia reagierte überrascht, da Jonas nie zuvor Interesse daran gezeigt hatte, ihre Ehe zu analysieren. Welche Veränderungen im mittleren Lebensalter waren aller Wahrscheinlichkeit nach für diese neue Entwicklung verantwortlich?

Zusammenhänge
Listen Sie Gewinne im kognitiven Bereich auf, die sich typischerweise im mittleren Erwachsenenalter einstellen (siehe Kapitel 15). Auf welche Weise könnten diese Gewinne Veränderungen in den Ausprägungen der fünf Persönlichkeitsfaktoren im mittleren Lebensalter herbeiführen?

Prüfen Sie sich selbst ...

16.4 Beziehungen im mittleren Lebensalter

Die emotionalen und sozialen Veränderungen im mittleren Lebensalter finden innerhalb der komplexen Netzwerke von Familienbeziehungen und Freundschaften statt. Und obwohl einige Menschen im mittleren Lebensalter allein leben, so lebt doch die Mehrheit – neun von zehn in den Vereinigten Staaten und in Kanada – in Familien, zumeist zusammen mit einem Lebenspartner (Statistics Canada, 2001c; U.S. Bureau of the Census, 2002c).

Die Phase des mittleren Erwachsenenalters im Lebenszyklus der Familie wird häufig auch betrachtet als „die Kinder auf den Weg schicken und selbst den eigenen Weg weitergehen". Früher wurde dies auch einmal als das „leere Nest"-Stadium bezeichnet, allerdings hat dieser Begriff den Beigeschmack einer negativen Übergangsphase, insbesondere für Frauen. Wenn Erwachsene sich einzig ihren Kindern widmen, so kann das Ende der aktiven Erziehungszeit Gefühle von Leere und Bedauern hervorrufen. Für viele Menschen jedoch ist das mittlere Erwachsenenalter eine Zeit der Befreiung, welche das Gefühl gibt, etwas abgeschlossen und neue Möglichkeiten zu haben, bestehende Bindungen stärken und neue Freundschaften eingehen zu können.

Noch vor einem Jahrhundert verbrachten Eltern fast ihr gesamtes aktives Erwachsenenalter mit der Erziehung ihrer Kinder. Durch eine sinkende Geburtenrate und eine höhere Lebenserwartung ist es nun möglich, dass Eltern in unserer Zeit ihre Kinder etwa 20 Jahre vor ihrem Rentenalter in die Selbstständigkeit entlassen und sich dann andere befriedigende Aktivitäten suchen. Da dieser Zeitraum nun wesentlich länger ist, bedeutet dies auch, dass in dieser Zeit ein vermehrtes Kommen und Gehen von Familienmitgliedern stattfindet. Wenn die inzwischen erwachsenen Kinder das Haus verlassen und selbst heiraten, müssen die Eltern, die nun das mittlere Lebensalter erreicht haben, sich in ihre neuen Rolle als Schwiegereltern und als Großeltern hineinfinden. Und gleichzeitig wird auch eine Neuorientierung in der Beziehung zu den eigenen, nun alt gewordenen Eltern notwendig, da diese möglicherweise krank sind, pflegebedürftig werden oder sterben. Wir wollen uns nun ansehen, wie die Bindungen innerhalb und außerhalb der Familie sich in diesem Lebensabschnitt verändern.

Für viele Paare im mittleren Lebensalter bedeutet die Tatsache, dass es ihnen gelungen ist, eine Beziehung aufzubauen, die sowohl die familiären als auch die individuellen Bedürfnisse befriedigt, dass ihre Gefühle füreinander sich wesentlich vertiefen.

16.4.1 Heirat und Scheidung

Obwohl nicht alle Paare finanziell gut gestellt sind, geht es doch Familien im mittleren Lebensalter wirtschaftlich besser als anderen Altersgruppen. Nordamerikaner zwischen 45 und 54 Jahren haben das höchste Durchschnittseinkommen im Jahr (Statistics Canada, 2002j; U.S. Bureau of the Census, 2002c). Teils wegen der zunehmenden finanziellen Sicherheit in diesem Lebensabschnitt und auch weil der Zeitraum zwischen dem Selbstständigwerden des letzten Kindes und dem Rentenalter so groß geworden ist, wird heutzutage vom sozialen Aspekt her im mittleren Lebensalter die Ehe als eine Zeit der Freiheit und der neuen Horizonte betrachtet.

Diese verschiedenen Wirkkräfte verstärken die Notwendigkeit, die eheliche Beziehung noch einmal ganz neu zu überdenken und an neue Gegebenheiten anzupassen. Bei Dirk und Patricia ereignete sich dieser Wechsel ganz allmählich. Im mittleren Lebensalter angekommen, hatte ihre Ehe sowohl ihre familiären als auch ihre individuellen Bedürfnisse befriedigt. Ihre Beziehung hatte viele Veränderungen durchlaufen und resultierte für beide in einer tieferen Liebe füreinander. Im Gegensatz dazu wurde Elenas Ehe immer konfliktreicher, vor allem da die Probleme ihrer Tochter im Teenageralter zusätzliche Belastungen mit sich brachte und das „Flüggewerden" der Kinder die Eheprobleme noch sehr viel offensichtlicher werden ließ. Tims Ehe ließ ein anderes Muster erkennen. Im Laufe der Jahre wurden die Probleme weniger, allerdings auch die Liebe füreinander. Da nun in der Beziehung immer weniger passierte, sei es nun Gutes oder weniger Gutes, hatten die Ehepartner kaum noch etwas, was sie zusammenhielt (McCullough & Rutenberg, 1989).

Wie der vorherige Kasten zum Thema „Biologie und Umwelt" verdeutlicht, ist die Zufriedenheit in der Ehe ein starker Prädiktor für psychisches Wohlbefinden im mittleren Lebensalter. Männer erkennen in diesem Alter häufig, dass ihr eingeschränkter Fokus auf ihre Karriere auf die Dauer keine Früchte trägt. Gleichzeitig bestehen ihre Frauen auf einer Beziehung, die für beide mehr Befriedigung bringt. Zudem erinnern Kinder, die schon ihre Rollen im Erwachsenenalter ausfüllen, ihre Eltern im mittleren Lebensalter daran, dass sie sich nun im späteren Teil ihres Lebens befinden, was dazu führt, dass viele von ihnen jetzt die Entscheidung treffen, an ihrer Ehe zu arbeiten (Berman & Napier, 2000).

Wie auch im frühen Erwachsenenalter, ist in dieser Zeit eine Scheidung eine Möglichkeit, wie das Problem einer wenig zufriedenstellenden Ehe im mittleren Lebensalter gelöst werden kann. Obwohl die meisten Scheidungen innerhalb der ersten fünf bis zehn Jahre einer Ehe stattfinden, lassen sich etwa 10 % der Verheirateten nach 20 oder mehr Jahren scheiden (Statistics Canada, 2002d; U.S. Department of Health and Human Services, 2002l). Egal in welchem Lebensalter eine Scheidung stattfindet, sie ist immer mit schweren psychischen Belastungen verbunden, allerdings scheint Erwachsenen im mittleren Lebensalter die Anpassung besser zu gelingen als jungen Menschen. Eine Umfrage unter mehr als 13.000 Amerikanern zeigte, dass nach einer Scheidung Männer und Frauen im mittleren Lebensalter von einem geringeren Rückgang in ihrem psychischen Wohlbefinden berichteten, als dies bei jüngeren ehemals Verheirateten der Fall zu sein schien (Marks & Lambert, 1998). Möglicherweise sind die bessere Fähigkeit, mit Problemen umzugehen, sowie effektivere Bewältigungsstrategien dafür verantwortlich, dass die mit sehr viel Stress verbundenen Auswirkungen einer Scheidung gemildert werden.

Eine große Anzahl von Scheidungen im mittleren Lebensalter ist bei Menschen zu verzeichnen, die schon vorher eine oder mehrere erfolglose Ehe hinter sich haben, da die Scheidungsrate bei Wiederverheirateten mehr als zweimal so hoch ist als bei Erst-Ehen. Erwachsene im mittleren Lebensalter mit einem sehr hohen Bildungsstand lassen sich eher scheiden, möglicherweise deswegen, weil ihre bessere wirtschaftliche Situation es ihnen leichter macht, eine unglückliche Ehe aufzugeben (Wu & Penning, 1997). Dennoch ist für viele Frauen das Zerbrechen ihrer Ehe – ganz besonders, wenn dies mehrmals geschieht – mit einem großen Rückgang ihres Lebensstandards verbunden. In einer Studie mit über 5030 bis 44 Jahre alten Frauen und einer Nachuntersuchung nach 15 Jahren konnte festgestellt werden, dass Scheidung zu einem 39-prozentigen Rückgang des Durchschnittseinkommens führte. Viele afroamerikanische Frauen entschieden sich daher für eine Trennung und nicht für eine Scheidung, wahrscheinlich um die hohen Kosten einer Scheidungsklage zu vermeiden. Bei in Trennung lebenden Frauen ergab sich die höchste Armutsrate – sowohl vor der Trennung (27 %) als auch danach (57 %). Weder getrennte noch geschiedene Frauen schafften es, den wirtschaftlichen Nachteilen zu entrinnen, nachdem sie sich an ihre neuen Lebensumstände angepasst hatten. Sogar sieben bis acht Jahre nach Beendigung der Ehe blieb diese hohe Armutsrate bestehen (Morgan, 1991).

Wie diese Erkenntnisse zeigen, ist das Zerbrechen einer Ehe im mittleren Lebensalter oder auch früher etwas, das stark zu einer **„Feminisierung" von Armut** führt – ein Trend, bei dem Frauen, die sich selbst oder ihre Familien versorgen, zur überwiegenden Mehrheit der wirtschaftlich unterprivilegierten erwachsenen Bevölkerung gehören, und dies unabhängig von ihrem Alter oder ihrer ethnischen Zugehörigkeit. Wegen der unzureichenden Gesetzgebung zum Schutz von Familien (siehe Kapitel 2) ist bezüglich Armut die Kluft zwischen den Geschlechtern in den Vereinigten Staaten und in Kanada größer als in anderen westlichen Industrienationen (Paquet, 2002; U.S. Bureau of the Census, 2002c).

Welche Gründe geben geschiedene Erwachsene im mittleren Lebensalter an, warum sie ihre Ehe beendet haben? In einer Fallstudie erwähnten Frauen am häufigsten Kommunikationsprobleme, gefolgt vom Drogenmissbrauch ihres Ehemannes, körperliche und verbale Misshandlung durch ihren Ehemann sowie ihren eigenen Wunsch nach Autonomie. Es ist auffallend, dass diese Antworten sich entweder mit neutralen Umständen (Kommunikation) beschäftigen oder aber mit den Fehlern des Ehemannes. Wenn Frauen ihre Scheidung auf einen Grund attribuieren, der stärker in Richtung Selbstbeschuldigung geht („mein Mann hat kein Interesse an mir"), zeigen diese Frauen eine weniger günstige Anpassung (Davis & Aron, 1989).

Längsschnittliche Ergebnisse lassen erkennen, dass Frauen im mittleren Lebensalter, die eine Scheidung erfolgreich verarbeitet haben, die Tendenz besitzen toleranter zu sein, mit Unsicherheiten besser umgehen zu können, nicht mit allem übereinzustimmen sowie selbstbewusster zu sein – Faktoren, von denen man glaubt, dass sie durch die Unabhängigkeit, die eine Scheidung zwangsläufig mit sich bringt, gefördert werden. Wie schon in früherem Alter ist auch in diesem Lebensabschnitt eine Scheidung mit einem Trauma verbunden, kann aber auch eine Zeit des Wachstums sein (Marks & Lambert, 1998; Rockwell, Elder, & Ross, 1979). Bislang ist nur wenig bekannt über die langfristige Anpassung von Männern im mittleren Lebensalter nach einer Scheidung, unter Umständen deswegen, weil die meisten neue Beziehungen eingehen und innerhalb kürzester Zeit wieder heiraten.

16.4.2 Veränderungen in den Eltern-Kind-Beziehungen

Die positiven Beziehungen von Eltern zu ihren erwachsenen Kindern sind das Resultat eines allmählichen Prozess des „Loslassens", der in der Kindheit beginnt, in der Adoleszenz zunimmt und seinen Höhepunkt erreicht, wenn die Kinder aus dem Elternhaus ausziehen und selbstständig werden. Wie schon erwähnt, gelingt es den meisten Eltern im mittleren Lebensalter recht gut, mit dieser Phase im Lebenszyklus der Familie umzugehen und nur einer Minderheit von Erwachsenen bereitet dies Probleme. Das Ausmaß, zu dem die Erwachsenen sich anderen Beziehungen und Rollen zuwenden, die Persönlichkeitseigenschaften ihrer Kinder, die wirtschaftlichen und familiären Umstände der Eltern sowie kulturelle Kräfte spielen alle eine Rolle und wirken sich darauf aus, ob diese Übergangsphase für den Erwachsenen erweiternd und befriedigend ist oder ob es eine von Trauer und Stress gekennzeichnete Lebensphase ist.

Nachdem sie ihrem Sohn Mark bei seinem Umzug in sein neues Zimmer zu Beginn des ersten Studienjahres geholfen hatten, hegten Dirk und Patricia einen Anflug von Nostalgie. Auf ihrem Weg nach Hause erinnerten sie sich an seine Geburt, seinen ersten Schultag und den Abschluss der höheren Schule und kommentierten den auf einmal so still gewordenen Haushalt. Danach kehrten sie zu einem befriedigenden Berufsleben und ihrem Engagement in der Gesellschaft zurück. Außerdem freuten sie sich darauf, dass sie nun wieder mehr Zeit für sich und den Partner haben würden. Eltern, die zufrieden stellende alternative Aktivitäten entwickelt haben, heißen das Erwachsenwerden ihrer Kinder typischerweise sehr willkommen. Insbesondere eine starke Orientierung auf die Arbeit ist ein Prädiktor für zunehmende Lebenszufriedenheit, nachdem die Kinder das Elternhaus verlassen haben (Seltzer & Ryff, 1994; Silverberg, 1996).

Ganz gleich, ob sie nun bei ihren Eltern wohnen oder nicht – Adoleszente und junge Erwachsene, die in ihrer Entwicklung nicht dem normalen Rhythmus entsprechen, also keine der erwarteten Anzeichen von Unabhängigkeit und Erfolg zeigen, können sich auf die Eltern sehr belastend auswirken (Aquilino, 1996; Ryff et al., 1994). Betrachten wir einmal Elena, deren Tochter häufig die Schule schwänzte und Gefahr lief, keinen Abschluss zu erhalten. Die Notwendigkeit elterlicher Aufsicht und Anleitung rief bei Elena Ängste und Unzufriedenheit hervor, da sie nun eigentlich dazu bereit war, die aktive Erziehungsphase abzuschließen und sich auf ihre eigene persönliche und berufliche Entwicklung zu konzentrieren (Raup & Myers, 1989). Trotz allem existieren sehr große Unterschiede in der sozialen Uhr bezüglich des Flüggewerdens der Kinder. Sie werden sich aus Kapitel 13 noch daran erinnern, dass viele junge Menschen aus Familien niedriger Einkommensklassen und aus kulturellen Traditionen, in denen Großfamilien die Regel sind, das Elternhaus erst später verlassen. In den südeuropäischen Ländern, wie Griechenland, Italien und Spanien, sorgen die Eltern häufig aktiv dafür, dass ihre Kinder das Haus nicht allzu früh verlassen, sodass dort viel mehr junge Erwachsene mit ihren Eltern zusammenleben als in anderen westlichen Nationen (Cordon, 1997). In Italien sind die Beziehungen zwischen Eltern und Kindern ungewöhnlich positiv, was das Leben zu Hause nur noch attraktiver macht. Mütter im mittleren Lebensalter genießen mehr Ansehen, wenn ihre erwachsenen Kinder nach wie vor mit ihnen zusammenleben, auch wenn diese das dreißigste Lebensjahr bereits überschritten haben (Scabini & Cigoli, 1997).

Wenn Eltern und Kinder nicht länger im selben Haushalt leben, verlieren die Eltern an elterlicher

Verschiedene Kulturen geben für die Phase des mittleren Erwachsenenalters in der Lebensspanne recht unterschiedliche Zeitpläne für die soziale Uhr an. „Die Kinder auf den Weg schicken und selbst eigene Wege gehen", bedeutet in Italien etwas ganz anderes als hierzulande: dort ist es nicht ungewöhnlich, dass die Kinder auch im dritten Lebensjahrzehnt noch bei ihren Eltern leben, die sie dazu ermutigen. Mütter in Italien werden bewundert und respektiert, wenn ihre erwachsenen Kinder zu Hause leben.

Autorität. So wussten Dirk und Patricia nicht länger Bescheid darüber, wo Mark jeden Tag hinging und was er machte, noch erwarteten sie von ihm, dass er sie darüber informierte. Trotzdem rief Mark seine Eltern in regelmäßigen Abständen an, um ihnen zu berichten, was er erlebt hatte, oder bei größeren Entscheidungen ihren Rat zu suchen. Obwohl die Rolle der Eltern sich verändert, ist doch eine gewisse Kontinuität für den Erwachsenen im mittleren Lebensalter wichtig. Die Tatsache, dass die Kinder das Haus verlassen, ist ein weniger einschneidendes Ereignis, wenn dabei der Kontakt und die Zuneigung zwischen Eltern und Kind bestehen bleibt. Wenn dieses Ereignis jedoch zur Folge hat, dass die Kommunikation abebbt, wirkt sich dies auch negativ auf die Lebenszufriedenheit der Eltern aus (White, 1994). In einer ausgedehnten Längsschnittstudie unter Familien in Neuseeland konnte festgestellt werden, dass die Beziehungen der Eltern mit ihren erwachsenen Kindern in direktem Zusammenhang standen mit der Qualität ihrer Erziehung in den Jahren zuvor. Eltern, die sich ihren Kindern gegenüber in der mittleren Kindheit und der Adoleszenz warmherzig und unterstützend verhalten hatten, hatten in deren frühen Erwachsenenalter einen besseren Kontakt mit ihnen, als dies bei anderen Eltern der Fall war (Belsky et al., 2001).

Das gesamte mittlere Erwachsenenalter hindurch geben Eltern ihren Kindern mehr Unterstützung und Hilfe, als sie von diesen empfangen. Dies gilt ganz besonders, wenn die Kinder noch nicht verheiratet sind oder wenn sie Schwierigkeiten haben, wie etwa durch einen Bruch in ihrer Ehe oder bei Arbeitslosigkeit (Zarit & Eggebeen, 2002). Den eigenen Kindern emotionale und finanzielle Unterstützung zu bieten, während diese sich im Leben etablieren, korreliert mit psychischem Wohlbefinden im mittleren Erwachsenenalter. Durch schwierige Beziehungen und wirtschaftliche Probleme ist es bei geschiedenen und wieder verheirateten Eltern weniger wahrscheinlich, dass sie ihre erwachsenen Kinder unterstützen, als bei Eltern, die in erster Ehe zusammenleben, und sie sind auch weniger zufrieden (Marks, 1995). Die psychische Anpassung ihrer Kinder ist wichtiger für die Anpassung der Eltern im mittleren Lebensalter als der eigene Erfolg in der Berufsausbildung und am Arbeitsplatz (Ryff, Schmutte, & Lee, 1996). Wenn Kinder im jungen Erwachsenenalter relativ frei sind von emotionalen und sozialen Problemen, ist ihre Beziehung zu ihren Eltern wesentlich positiver. Ein günstiger Anpassungsverlauf in der Phase des Flüggewerdens der Kinder ist abhängig von einem Gefühl, als Elternteil erfolgreich gewesen und von den Kindern nicht entfremdet zu sein.

Wenn Kinder heiraten, sehen die Eltern sich mit zusätzlichen Herausforderungen konfrontiert, da das Familiennetzwerk nun auch Schwiegereltern mit einschließt. Schwierigkeiten entstehen da, wo die Eltern mit dem Partner des Kindes nicht einverstanden sind oder das junge Paar eine Lebensweise einnimmt, die mit den Werten der Ursprungsfamilie unvereinbar ist. Wenn aber die warmherzig unterstützenden Beziehungen andauern, vertieft sich die Nähe zwischen Eltern und Kindern auch über die Erwachsenenjahre, eine Tatsache, die sich auf die Lebenszufriedenheit der Eltern ausgesprochen positiv auswirkt (Ryff, Singer, & Seltzer, 2002). Wenn junge Erwachsene sich ein eigenes Leben aufbauen, sind es insbesondere die Mütter der mittleren Generation, die für gewöhnlich die Rolle der **„Hüterin der Verwandtschaftsbeziehungen"** einnehmen, das heißt, die Familie immer wieder zusammenführen zu gemeinsamen Festivitäten und sicherstellen, dass alle miteinander in Verbindung bleiben.

Wenn aus den Kindern Erwachsene werden, erwarten sich die Eltern eine reife Beziehung mit ihren Kindern, gekennzeichnet von Gelassenheit und Zufriedenheit. Dennoch gibt es viele Faktoren – sowohl auf der Seite des Kindes als auch auf der des Erwachsenen –, die einen Einfluss darauf haben, ob dieses Ziel erreicht wird. Die nächste Tabelle „Aspekte der Fürsorge" stellt Möglichkeiten dar, wie Eltern im mittleren Lebensalter die Wahrscheinlichkeit erhöhen können, dass die Bindung mit ihren nun erwachsenen Kindern liebevoll und befriedigend sein kann und einen Kontext für persönliches Wachstum aller Beteiligten darstellt.

16.4.3 Die Großeltern

Zwei Jahre nachdem Mark geheiratet hatte, waren Dirk und Patricia begeistert zu hören, dass ein Enkelkind auf dem Weg war. Obwohl das stereotype Bild von Eltern in fortgeschrittenem Alter immer noch weit verbreitet ist, werden im Durchschnitt amerikanische Erwachsene Mitte 40 bis Anfang 50 Großeltern, Erwachsene in Kanada in ihren späten 40ern bis Anfang 50 (Rosenthal & Gladstone, 2000; Szinovacz, 1998). In Deutschland werden Eltern etwa zwischen Mitte 40 bis Mitte 50 Großeltern (Bundesministerium für Familie, Senioren, Frauen und Jugend, 2001). Eine höhere Lebenserwartung in unseren Tagen hat zur Folge, dass

Erwachsene im Durchschnitt mehr als ein Drittel ihrer Lebensspanne die Rolle der Großeltern innehaben.

■ Die Bedeutung der Rolle der Großeltern

Warum begrüßten Patricia und Dirk, wie auch viele andere Menschen in diesem Alter, die Ankündigung eines Enkelkindes so begeistert? Großeltern zu werden ist ein höchst signifikanter Meilenstein für die meisten, die dies erleben. Wenn man diese Menschen fragt, was ihnen dieses Erlebnis bedeutet, werden zumeist eine oder mehrere der folgenden positiven Aspekte erwähnt:

- ■ Wertschätzung – man wird erlebt als weise und hilfreich

- ■ Unsterblichkeit durch Nachkommen – man hinterlässt nicht nur eine, sondern sogar zwei Generationen nach dem eigenen Tod

- ■ nochmalige Auseinandersetzung mit der eigenen Vergangenheit – man kann nun die Familiengeschichte und Werte an eine neue Generation weitergeben

- ■ Verwöhnen – man kann mit den Kindern Spaß haben, ohne die Hauptverantwortung für ihre Erziehung tragen zu müssen (Kivnick, 1983; Miller & Cavanaugh, 1990)

■ Beziehungen zwischen Großeltern und Enkelkindern

Die Beziehungsstile der Großeltern mit ihren Enkelkindern unterscheiden sich so sehr wie die verschiedenen Bedeutungen, die sie dieser neuen Rolle beimessen. Auch das Alter und die Geschlechtszugehörigkeit von Großeltern und Enkelkind spielt hier eine Rolle. Als ihre Enkelin noch klein war, hatten Patricia und Dirk eine liebevolle, spielerische Beziehung zu ihr, die ihnen sehr viel Freude bereitete. Als sie älter wurde, wünschte sie sich von ihren Großeltern außer der Wärme und Fürsorge auch Informationen und Rat. Als ihre Enkelin dann das Adoleszenzalter erreichte, waren Patricia and Dirk Vorbilder, kannten sich aus in der Familiengeschichte und vermittelten ihr soziale, berufliche und religiöse Werte (Hurme, 1991). Typischerweise sind die Beziehungen zwischen Großeltern und Enkelkindern gleichen Geschlechts, insbesondere zwischen Müttern mütterlicherseits und ihren Enkelinnen, besonders eng – ein Muster, das sich in vielen Ländern wiederfindet (Smith, 1991). Großmütter berichten ein höheres Ausmaß an Zufriedenheit mit der Großelternrolle als Großväter, möglicherweise deswegen, weil dies der Frau mittleren Lebensalters ermöglicht, ihre Rolle als „Hüterin der Verwandtschaftsbeziehungen" auszufüllen und daraus Befriedigung zu ziehen (Somary & Stricker, 1998; Thomas, 1989).

Die Tatsache, dass Patricia und Dirk ganz in der Nähe wohnten, machte es einfach, eine gute Beziehung zu ihrer Enkelin zu entwickeln. Großeltern, die weiter entfernt wohnen, haben für gewöhnlich eine etwas distanziertere Beziehung zu ihren Enkelkindern. Sie kommen hauptsächlich in den Ferien, an Geburtstagen und anderen Festtagen zu Besuch, haben aber ansonsten nur wenig Kontakt mit ihren Enkeln. Trotz der hohen Mobilität in westlichen Industrienationen leben die meisten Großeltern in einem 30 Minuten Radius von zumindest einem Enkelkind, was regelmäßige Besuche ermöglicht (Werner, 1991). Aber auch wenn die Großeltern weit entfernt wohnen, kann ein starkes Bedürfnis danach, an der Entwicklung der Enkelkind teilzuhaben, sie motivieren, den Kontakt häufig herzustellen. Wenn die Enkelkinder älter werden, spielt die räumliche Distanz kaum noch eine Rolle. Stattdessen ist das Ausmaß, in dem der Heranwachsende bzw. das Enkelkind im frühen Erwachsenenalter annimmt, dass den Großeltern der Kontakt wichtig ist, ein guter Prädiktor für eine enge Bindung (Brussoni & Boon, 1998).

Auch die Einkommenshöhe und der ethnische Hintergrund beeinflussen die Bindung zwischen Großeltern und Enkelkind. In Familien mit höherem Einkommen ist die Rolle der Großeltern nicht so zentral für das Leben und Überleben der Familie. Aus diesem Grunde ist die Rolle der Großeltern in diesen Familien auch relativ unstrukturiert und kann vielerlei Formen annehmen. Im Gegensatz dazu übernehmen die Großeltern in Familien mit niedrigem Einkommen wichtige Aufgaben. So leben zum Beispiel viele allein stehende Mütter bei ihren Ursprungsfamilien, wobei die Großeltern durch ihre finanzielle Unterstützung und ihre Hilfe bei der Kindererziehung ein Leben in Armut verhindern können. Verglichen mit Enkelkindern in intakten Familien berichten Enkelkinder allein erziehender Eltern sowie Enkelkinder aus Familien mit Stiefeltern qualitativ hochwertigere und unterschiedlichere Aktivitäten mit ihren Großeltern (Kennedy &

Aspekte der Fürsorge

Möglichkeiten, wie Eltern im mittleren Lebensalter für eine positive Beziehung zu ihren inzwischen erwachsenen Kindern sorgen können

VORSCHLAG	BESCHREIBUNG
Legen Sie Wert auf positive Kommunikation.	Lassen Sie Ihre erwachsenen Kinder Ihren Respekt, Ihre Unterstützung und Ihr Interesse spüren. Dies löst nicht nur Zuneigung aus, sondern erlaubt es darüber hinaus auch, mit Konflikten in einem konstruktiven Kontext umzugehen.
Vermeiden Sie unnötige Kommentare, die sich auf die Kindheit beziehen.	Erwachsene Kinder, genauso wie auch jüngere Kinder, wünschen sich eine ihrem Alter angemessene Beziehung. Kommentare, die mit ihrer Sicherheit, mit dem Essen und der Reinlichkeit zu tun haben (zum Beispiel „sei vorsichtig auf der Autobahn", „das solltest du nicht essen" und „sieh zu, dass du an kalten Tagen immer einen Pullover anziehst") sind erwachsenen Kindern ein Ärgernis und können die Kommunikation im Keim ersticken.
Akzeptieren Sie die Möglichkeit, dass einige kulturelle Werte und Praktiken sowie Aspekte des Lebensstils in der nächsten Generation modifiziert werden.	In der Konstruktion einer persönlichen Identität haben die meisten erwachsenen Kinder einen Einschätzungsprozess kultureller Werte und Praktiken für ihr eigenes Leben durchlaufen. Traditionen und Lebensstile können erwachsenen Kindern nicht aufgezwungen werden.
Wenn Ihr Kind im Erwachsenenalter mit Schwierigkeiten konfrontiert ist, sollten Sie nicht dem Drang nachgeben, alles in Ordnung bringen zu wollen.	Akzeptieren Sie die Tatsache, dass keine bedeutungsvolle Veränderung stattfinden kann ohne die willentliche Kooperation des erwachsenen Kindes. Sich einzumischen und die Verantwortung zu übernehmen, kommuniziert fehlendes Vertrauen und mangelnden Respekt. Finden Sie heraus, ob das erwachsene Kind Ihre Hilfe, Ihren Rat und Ihre Fähigkeiten, Entscheidungen zu treffen, überhaupt haben möchte.
Nehmen Sie klar Stellung zu Ihren eigenen Bedürfnissen und Vorlieben.	Wenn es für Sie schwierig ist, den Kindern einen Besuch abzustatten, auf die Enkelkinder aufzupassen oder auf andere Art und Weise zu helfen, sollten Sie dies deutlich sagen und einen für beide Seiten tragbaren Kompromiss finden, anstatt dem Groll Raum zu geben.

Quelle: Toder, 1994.

Kennedy, 1993). Wenn Kinder wegen Veränderungen in der Familie unter Stress stehen, sind die Bindungen zu den Großeltern von zunehmender Wichtigkeit.

In manchen Kulturen sind die Großeltern völlig integriert im Haushalt der Großfamilie und beteiligen sich aktiv an der Kindererziehung. Wenn eine chinesische, koreanische oder mexikanisch-amerikanische Großmutter mütterlicherseits im Haushalt lebt, ist sie die bevorzugte Bezugsperson, während die Eltern der kleinen Kinder berufstätig sind (Kamo, 1998; Williams & Torrez, 1998). In ähnlicher Weise sind Großeltern der nordamerikanischen und kanadischen Ureinwohner in hohem Maße an der Fürsorge für die Kinder beteiligt. In Abwesenheit biologischer Großeltern kann auch ein nicht verwandter älterer Mensch in die Familie integriert werden, um als Mentor zu dienen und die Kinder zu Disziplin anzuhalten (Werner, 1991) (Siehe Kapitel 2, Seite 87. Sie finden dort eine Beschreibung der Großmutterrolle in der afroamerikanischen Großfamilie.)

16.4.4 Wandel im Rollenverhalten von Großeltern

Immer mehr übernehmen Großeltern angesichts schwerwiegender familiärer Probleme die Rolle der Hauptbezugspersonen. Wie der Kasten „Soziale Aspekte" deutlich macht, lebt eine steigende Anzahl nordamerikanischer Kinder getrennt von ihren Eltern im Haushalt der Großeltern. Trotz ihrer Hilfsbereitschaft und ihrer Kompetenz in der Kindererziehung ist die volle Verantwortung für kleine Kinder eine erhebliche emotionale und finanzielle Belastung für die Großeltern. Hier wäre mehr Unterstützung von den Gemeinden und öffentlichen Organisationen notwendig als gegenwärtig vorhanden.

Soziale Aspekte: Großeltern ziehen ihre Enkelkinder auf: Familien überspringen eine Generation

Nahezu 1,5 Millionen amerikanische und 56.000 kanadische Kinder (das entspricht 1 bis 2 % der Bevölkerung) leben getrennt von den Eltern bei ihren Großeltern in einem Arrangement, das man als **„Familie mit übersprungener Generation"** bzw. als **multilokale/ergänzende Mehrgenerationenfamilie** bezeichnet (Statistics Canada, 2003a; U.S. Bureau of the Census, 2002c). Die Anzahl der Großeltern, die ihre Enkelkinder aufziehen, ist im vergangenen Jahrzehnt gestiegen. Dieses Arrangement ist in allen ethnischen Gruppierungen wiederzufinden, häufiger allerdings unter Afroamerikanern, in hispanischen Familien und bei den kanadischen Ureinwohnern als in kaukasischen Familien (Downey et al., 2002; Szinovacz, 1998).

Der folgende Bericht einer Großmutter illustriert die Umstände, unter denen sich diese Art von Arrangement ergeben kann:

Vera Saunders, 71 Jahre alt – auf diesem Bild ist sie zu sehen mit ihrem 17 Jahre alten Enkel, der bei ihr lebt. Sie ist müde, aber sie ist stolz. Im mittleren Lebensalter übernahm sie das Sorgerecht für drei Enkelkinder. Sie ist besonders glücklich über die Erfolge ihrer 25 Jahre alten Enkelin, die ein Stipendium für die Universität Yale bekam und Ärztin wurde. „Ich habe sie bei mir aufgenommen, da war sie gerade mal drei Tage alt", erinnert sich Vera, „ihre Mutter hatte einen Nervenzusammenbruch." Großeltern in dieser Art von Familien sehen sich konfrontiert mit zerstörten Träumen von eigener Freiheit und Entspannung und einer beträchtlichen finanziellen Belastung. Für Vera waren diese Opfer auf jeden Fall gerechtfertigt.

> *Ich glaube [die Mutter des Kindes] nimmt ziemlich viele Drogen. Ich bin mir nicht sicher, ob es sich um harte Drogen handelt, aber zumindest nimmt sie so viel, dass sie mit ihrer Arbeit nicht zurechtkam. Sie hatte eine Party nach der andern, sodass ich eines Tages zu ihr ging und sagte: „Dein Leben ist eine Katastrophe! Lass mich das Baby für eine Weile zu mir nehmen, damit du dein Leben in Ordnung bringen kannst." Wir wollten sie [die Enkelin] da einfach rausholen. Das war unser dringendstes Anliegen. (Jendrek, 1994, S. 209)*

In etwa der Hälfte dieser Familien schreiten die Großeltern ein, weil Drogenprobleme die Eltern, für gewöhnlich die Mutter, daran hindern, ihre Kinder adäquat zu erziehen. In den meisten anderen Fällen handelt es sich um eine psychische oder körperliche Krankheit der Eltern (Pruchno & McKenney, 2000; Weber & Waldrop, 2000). Manchmal tritt auch das Sozialamt an die Großeltern heran. Statt das Kind in einer Pflegefamilie unterzubringen, werden eigene Verwandte bevorzugt und die Großeltern bekommen vorübergehend oder auch auf Dauer das Sorgerecht zugesprochen. In den meisten Fällen bieten die Großeltern ihre Hilfe selbst an, ob nun mit oder ohne rechtlich verankerte Verantwortung. Die meisten von ihnen berichten, dass sie eingeschritten sind, um das Kind zu schützen, allerdings erst, als die Familiensituation nicht länger zu tolerieren war. Da die Mehrgenerationenstruktur nicht frei gewählt ist, sehen sich viele Großeltern, denen das Sorgerecht übertragen wurde, mit stressreichen Lebensumständen konfrontiert. Die Anpassungsschwierigkeiten und die unsichere Beteiligung an der Erziehung des Kindes wirken sich auf die Familienbeziehungen sehr belastend aus (Hirshorn, Van Meter, & Brown, 2000). Eine ungünstig verlaufende Erziehung hat bei den Kindern ohnehin schon Spuren hinterlassen, die ein hohes Ausmaß an Lernschwierigkeiten, Depressionen und antisozialem Verhalten zeigen (Pinson-Millburn et al., 1996). Zudem bedeuten diese Kinder und Jugendlichen eine finanzielle Belastung für den Haushalt, in dem häufig das Einkommen ohnehin schon niedrig ist. Die Großeltern haben mit einem tagtäglichen Dilemma zu kämpfen – sie möchten eigentlich Großeltern sein und nicht Eltern; eigentlich wünschen sie sich, dass die Eltern im Leben des Kindes anwesend sind, fürchten aber gleichzeitig um das Wohlergehen des Kindes, wenn die Eltern in das Leben des Kindes zurückkehren, es aber nicht hinreichend betreuen und versorgen können. Erziehungsaufgaben bedeuten, dass die Großeltern weniger Zeit finden für den Ehepartner, die Freunde und ihre Freizeitgestaltung, in einer Zeit, in der sie eigentlich erwartet hatten, diesen Dingen mehr Zeit widmen zu können. Viele von ihnen geben an, sich müde, emotional ausgelaugt und depressiv zu fühlen (Giarrusso et al., 2000; Hayslip et al., 2002).

Diese Art von Mehrgenerationenfamilien benötigen sehr dringend soziale und finanzielle Unterstützung. Trotz der enormen Belastung, scheint Großeltern ihr weitverbreitetes Image des „stillen Retters" durchaus bewusst zu sein. Häufig gehen sie tiefe emotionale Bindungen zu ihren Enkelkindern ein (Fuller-Thomson & Minkler, 2000). Eine Umfrage unter einer großen repräsentativen Stichprobe amerikanischer Familien hat gezeigt, dass im Vergleich zu Kindern in Scheidungsfamilien, von allein erziehenden Eltern oder in gemischten Familien, die Kinder, die bei den Großeltern aufwachsen, sich in der Schule besser benahmen, weniger anfällig waren für körperliche Krankheiten und ebenso gute Schulleistungen erbrachten (Solomon & Marx, 1995). Diese Aspekte wirken sich förderlich aus auf kompensierende Gefühle wie Erfolg und Stolz bei den Großeltern. Trotz der immensen Belastungen geben viele dieser Großeltern an, Freude daran zu haben, das Leben der Kinder zu teilen und sie in ihrer Entwicklung unterstützen zu können. Und einige von ihnen betrachten die Erziehung der Enkelkinder auch als eine „zweite Chance" – eine Möglichkeit, beim Kind etwas von den ungünstigen Erfahrungen mit den Eltern wieder gut zu machen und es nun „richtig zu machen" (Minkler & Roe, 1993; Waldrop & Weber, 2001).

In den meisten Familien regeln die Eltern den Kontakt zwischen Großeltern und Enkelkindern. Wenn die Großeltern und die Eltern nicht besonders gut miteinander zurechtkommen, leidet für gewöhnlich die Bindung zwischen Großeltern und Enkelkindern darunter. Wenn eine Ehe auseinander gegangen ist, haben zum Beispiel die Großeltern auf der Seite des Elternteils, der das Sorgerecht zugesprochen bekam, mehr Kontakt mit den Enkelkindern als die Großeltern der anderen Seite (Johnson, 1998). Eine wachsende Besorgnis unter Großeltern ist es, den Kontakt mit den Enkelkindern halten zu können, auch wenn sich die Eltern scheiden lassen. Die 50 US-amerikanischen Staaten sowie die kanadischen Provinzen von Quebec erlauben den Großeltern, ihre Besuchsrechte rechtlich verankern zu lassen. Dennoch kann das Besuchsrecht der Großeltern zu den familiären Schwierigkeiten beitragen. Wenn Eltern in Scheidung liegen, verhalten sich die Großeltern ganz unterschiedlich, angefangen von konstruktiver Hilfestellung bis hin zu einer Verwicklung in die vor Gericht ausgetragenen Grabenkämpfe der Eltern. Unglücklicherweise sind es intensive Konflikte, die sich hinter den gerichtlichen Ansprüchen von Großeltern verbergen, denen es nicht gelungen ist, den Kontakt und das Besuchsrecht auf informellem Wege aufrechtzuerhalten (Smith & Drew, 2002). Folglich gehen die Gerichte sehr vorsichtig damit um, den Großeltern auf rechtlichem Wege Besuchsrechte zu garantieren.

Wenn die Beziehungen in der Familie positiv und harmonisch sind, birgt die Rolle der Großeltern eine wichtige Möglichkeit, persönliche und soziale Bedürfnisse im mittleren Lebensalter und danach zu befriedigen. Typischerweise sind Großeltern eine Quelle der Freude, der Unterstützung und des Wissens sowohl für Kinder und Adoleszente als auch für junge

In einigen kulturellen Untergruppen sind die Großeltern vom Haushalt einer Großfamilie total beansprucht und kümmern sich aktiv um die Erziehung der Kinder. Wenn eine chinesische, koreanische oder mexikanisch-amerikanische Großmutter mütterlicherseits in der Familie lebt, ist sie die bevorzugte Bezugsperson für die Kinder, während die Eltern ihrer Berufstätigkeit nachgehen.

Erwachsene. Hier erleben die Kinder aus erster Hand, wie ältere Menschen denken und wie sie leben. Im Gegenzug entwickeln die Enkelkinder eine tiefe Bindung zu den Großeltern und halten sie auf dem Laufenden, was die sozialen Veränderungen anbelangt. So wird klar, dass die Rolle der Großeltern eine wichtige Brücke zwischen den Generationen darstellt.

16.4.5 Kinder im mittleren Lebensalter und ihre alternden Eltern

Verglichen mit früheren Generationen verbringen heutzutage Erwachsene mehr Jahre nicht nur als Eltern und Großeltern, sondern auch als Kinder alternder eigener Eltern. Der Prozentsatz von Nordamerikanern in mittlerem Alter, deren Eltern noch am Leben sind, ist stark gestiegen – von 10 % im Jahre 1900 auf 50 % im Jahre 2000 (U.S. Bureau of the Census, 2002c; Vanier Institute of the Family, 2002a). Eine längere Lebenserwartung bedeutet auch, dass die Wahrscheinlichkeit sehr hoch ist, dass erwachsene Kinder und ihre Eltern zusammen alt werden. Wie gestalten sich die Beziehungen zwischen Kindern im mittleren Lebensalter und ihren alternden Eltern? Und welche Veränderungen ergeben sich für die erwachsenen Kinder, wenn die Gesundheit ihrer Eltern sich verschlechtert?

■ Häufigkeit und Qualität des Kontaktes

Es ist ein weit verbreitetes Märchen, dass Erwachsene vergangener Generationen sich mehr um ihre alternden Eltern gekümmert haben, als dies in der heutigen Generation der Fall ist. Obwohl erwachsene Kinder heutzutage weniger Zeit in direktem Kontakt mit ihren Eltern verbringen, sind die Ursachen hierfür weder Vernachlässigung noch Isolation. In unserer Zeit leben weniger alte Menschen mit den jüngeren Generationen zusammen als in der Vergangenheit, vorwiegend aus dem Wunsch heraus, unabhängig zu sein. Dieser Wunsch ist möglich geworden durch einen generell besseren Gesundheitszustand der älteren Bevölkerung sowie durch finanzielle Sicherheit. Dennoch leben etwa zwei Drittel ältere Menschen in den Vereinigten Staaten und in Kanada in der Nähe von wenigstens einem ihrer Kinder, wobei die Kontakthäufigkeit hoch ist, sowohl durch Besuche als auch durch Telefonanrufe (Rosenthal & Gladstone, 2000; U.S. Bureau of the Census, 2002c). Die lokale Nähe wird umso größer, je älter der Mensch wird. Ältere Menschen, die umziehen, tun dies für gewöhnlich in Richtung eines ihrer Verwandten, und jüngere Menschen tendieren bei einem Umzug dazu, sich näher bei ihren älter werdenden Eltern niederzulassen.

Das mittlere Lebensalter ist eine Zeit, in der Erwachsene ihre Beziehungen zu den Eltern neu überdenken, genauso wie sie dies auch mit ihren anderen engen Bindungen tun (Helson & Moane, 1987). Viele Kinder im Erwachsenenalter lernen die Stärken und die Freigebigkeit ihrer Eltern zunehmend mehr schätzen. Patricia beispielsweise war erstaunt über die Motivation und Zähigkeit ihrer Eltern, drei Kinder im Studentenalter unterstützt zu haben, und zwar trotz ihres eingeschränkten Einkommens. Und sie erinnert sich auch an den guten Rat ihrer Mutter kurz vor ihrer Heirat mit Dirk fast drei Jahrzehnte zuvor: „Baut euch ein gemeinsames Leben auf, aber sieh zu, dass auch jeder sein eigenes Leben hat. Auf diese Weise werdet ihr glücklicher sein." Patricia hatte sich diesen Rat an mehreren Wendepunkten in ihrem Leben zu Herzen genommen und er hatte ihre Entscheidungen beeinflusst.

In der nicht westlichen Welt sind ältere Menschen häufig gezwungen, bei ihren verheirateten Kindern zu leben. Chinesische, japanische und koreanische ältere Menschen beispielsweise leben für gewöhnlich bei ihrem ältesten Sohn, seiner Frau und seinen Kindern (Kamo, 1998; Youn et al., 1999). Unabhängig davon, ob nun ein Zusammenleben oder täglicher Kontakt das typische Beziehungsmuster darstellt, variiert die Beziehungsqualität doch erheblich. Für gewöhnlich bleiben früher etablierte Beziehungsmuster bestehen; eine positivere Bindung zwischen Eltern und Kind bleibt für gewöhnlich auch positiv, was allerdings auch für konfliktbeladene Interaktionen gilt.

Die Hilfestellung, die erwachsene Kinder und ihre älter werdenden Eltern einander geben, ist abhängig von früheren familiären Umständen wie auch von den Umständen in der Gegenwart. Je enger die Bindungen in der Familie gewesen sind, als die Kinder aufwuchsen, desto mehr wird geboten und empfangen (Whitbeck, Hoyt, & Huck, 1994). Zudem geben Eltern unverheirateten Kindern und Kindern mit Behinderungen mehr. In ähnlicher Weise bieten Kinder verwitweten Eltern und Eltern in schlechtem Gesundheitszustand mehr Hilfe an. Gleichzeitig verlagert sich dies über die Erwachsenenjahre hinweg. Unterstützung im Haushalt, das Geben von Geschenken und Rat sowie finanzielle Unterstützung seitens der Eltern nehmen ab, während umgekehrt Hilfestellung verschiedenster Art seitens des Kindes gegenüber den Eltern zunimmt

(Rossi & Rossi, 1990; Zarit & Eggebeen, 2002). Auch wenn die frühe Eltern-Kind-Beziehung emotional eher distanziert war, bieten erwachsene Kinder ihren Eltern zunehmend mehr Unterstützung, je älter diese werden, begründet in Gefühlen von Altruismus und Verpflichtung der Familie gegenüber (Silverstein et al., 2002).

■ Die Versorgung der älter werdenden Eltern

Die Belastung, die sich aus der Versorgung der alternden Eltern ergibt, kann sehr groß sein. In Kapitel 2 haben wir festgestellt, dass die Familienstruktur zunehmend „kopflastig" geworden ist. Es sind mehr Generationen parallel am Leben, allerdings gibt es durch den Rückgang der Geburtenraten weniger jüngere Menschen. Das bedeutet, dass zumeist mehr als ein älteres Familienmitglied Unterstützung benötigt, aber weniger junge Erwachsene da sind, die dies leisten können. Etwa 20 % aller Erwachsenen im mittleren Lebensalter in den Vereinigten Staaten und in Kanada kümmern sich um einen alternden Elternteil, der unter einer chronischen Krankheit oder einer Behinderung leidet (Takamura & Williams, 2002; Vanier Institute of the Family, 2002a). In unserer Zeit sehen sich Erwachsene im mittleren Lebensalter, die kranke oder gebrechliche Eltern haben, häufig gleichzeitig auch mit den Anforderungen ihrer Kinder (von denen einige noch nicht volljährig sind und immer noch im Elternhaus wohnen) und ihrer Berufstätigkeit konfrontiert. Manche nennt dies die **Sandwichgeneration**, da sich diese Erwachsenen wie in einem Sandwich zwischen den Bedürfnissen ihrer alternden Eltern und ihren von ihnen finanziell abhängigen Kindern wiederfinden (vgl. Borchers, 1997)

Wenn der Ehepartner eines alternden Menschen die Pflege nicht übernehmen kann, so werden häufig die erwachsenen Töchter der nächsten Verwandten dazu herangezogen (siehe Abbildung 16.4). Und sogar wenn der Ehepartner helfen kann, bieten die erwachsenen Kinder wohl immer nötige Unterstützung – auch hier sind es für gewöhnlich die Töchter. Woran liegt die Ursache, dass es zumeist Frauen sind, denen die Fürsorge und Pflege älterer Menschen übertragen wird? Die Familien wenden sich für gewöhnlich an die Person, die am ehesten dafür in Frage kommt – sie lebt in der Nähe und scheint weniger Verpflichtungen zu haben, die mit einer möglichen Hilfeleistung kollidieren könnten. Diese ungeschriebenen Regeln zusammen mit einer Vorliebe der Eltern nach Fürsorge und Pflege

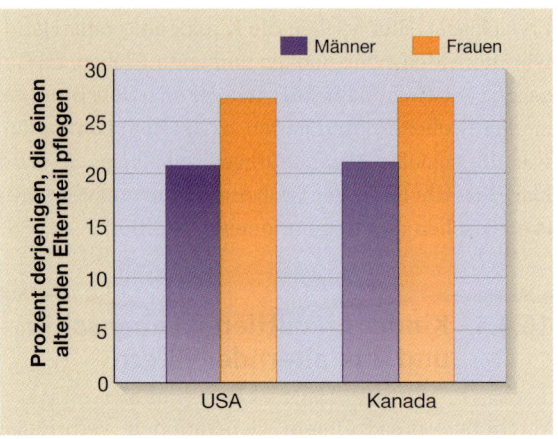

Abbildung 16.4: Der Prozentsatz amerikanischer und kanadischer Erwachsener im Alter von 45 bis 54 Jahren, der sich um einen pflegebedürftigen Elternteil kümmert. In beiden Ländern widmen sich mehr Frauen als Männer der Pflege. Aber auch Männer haben einen erheblichen Anteil an der Pflege alternder Eltern (nach Takamura & Williams, 2002; Vanier Institute of the Family, 2002a.). Die deutschen Verhältnisse behandelt das Buch von Bochers (1997) über die Sandwichgeneration.

von Seiten einer gleichgeschlechtlichen Person (ältere Mütter leben heutzutage länger) führen dazu, dass zumeist eine Frau diese Rolle übernimmt. Außerdem fühlen sich Töchter stärker verpflichtet, sich um die alternden Eltern zu kümmern, als dies bei Söhnen der Fall ist (Stein et al., 1998). Etwa 50 % dieser Frauen sind berufstätig; weitere 10 % bis 30 % geben ihre Arbeitsstelle auf, um die Pflege zu übernehmen, wobei die Zeit, die dafür aufgewendet wird, sich um einen pflegebedürftigen Elternteil zu kümmern, ganz erheblich ist: im Durchschnitt etwa 20 Stunden pro Woche (Nichols & Junk, 1997; Takamura & Williams, 2002).

Wie auch Abbildung 16.4 erkennen lässt, tragen Männer aber ebenso erheblich zu Pflege bei – etwas, das nicht übersehen werden sollte. Tim beispielsweise besuchte seinen Vater regelmäßig, nachdem dieser einen Schlaganfall gehabt hatte. Tim kam jeden Abend, las seinem Vater vor, machte Besorgungen für ihn, kümmerte sich um Reparaturen im Haus und um die finanziellen Angelegenheiten seines Vaters. Timmys Schwester jedoch kümmerte sich mehr um die pflegerischen Aufgaben – sie kochte für den Vater, fütterte ihn und badete ihn. Die Pflege, die Söhne und Töchter bieten, ist gewöhnlich gemäß der Geschlechterrollen verteilt. In etwa 10 % aller Fälle übernehmen Söhne auch den Hauptanteil der Grundpflege. Dies ist gewöhnlich der Fall, wenn keine anderen Familienmitglieder dafür zur Verfügung stehen (Campbell & Martin-Matthews, 2000; Harris, 1998).

Im späteren Teil des mittleren Erwachsenenalters geben sich die geschlechtsbedingten Unterschiede bei der Pflege der Eltern zumeist. Unter Umständen sind Männer dann eher bereit zu helfen und sich der Grundversorgung zu widmen, weil sie weniger beruflich eingebunden sind und auch weniger das Bedürfnis in sich spüren, einer „maskulinen" Geschlechterrolle entsprechen zu müssen (Marks, 1996). Gleichzeitig kann die Pflege der Eltern auch dazu beitragen, dass Männer den „femininen" Seiten ihrer Persönlichkeit gegenüber offener werden. Ein Mann, der sich um seine Mutter kümmerte, die unter der Alzheimer-Krankheit litt, äußerte sich darüber, wie dieses Erleben seine Ansichten verändert hatte:

Sich um die Grundversorgung zu kümmern, eine Art Krankenpfleger zu werden, erforderte eine große Umstellung. Es war sehr schwer, diese Aufgaben zu übernehmen; Dinge, um die sich ein Mann, ein Sohn, eigentlich nicht zu kümmern hat. Aber an diesem Punkt war eine Veränderung in mir selber notwendig. Denn sich um die Mutter zu kümmern, war schließlich wichtiger, als eine selbstbezogene, konventionelle Einstellung aufrechtzuerhalten. Ich habe definitiv meine Sichtweise auf konventionelle Erwartungen beträchtlich verändern müssen. (Hirsch, 1996, p. 112)

Obwohl die meisten Kinder im Erwachsenenalter bereitwillig helfen, ist die Pflege eines chronisch kranken oder behinderten Elternteils mit sehr viel Stress verbunden. Manche Menschen betrachten es als ähnlich der Fürsorge für ein kleines Kind, aber die Pflege eines älteren Menschen ist etwas völlig anderes. Die Notwendigkeit, einen Elternteil zu pflegen, ergibt sich typischerweise ganz plötzlich, wie etwa nach einem Schlaganfall, einem Herzinfarkt, nach einer Krebsdiagnose oder wenn der ältere Mensch einen Sturz erlitten hat, alles Ereignisse, die wenig oder keine Zeit lassen zur Vorbereitung. Während die Kinder mehr und mehr unabhängig werden, geht es den Eltern zumeist immer schlechter und die Pflegeaufgaben wie auch die Kosten eskalieren. „Einer der schwierigsten Aspekte ist die emotionaler Belastung, aus nächster Nähe beobachten zu müssen, wie mein Vater körperlich und geistig immer mehr abbaut", erklärte Tim Dirk und Patricia. Tim war auch traurig über den Verlust einer für ihn besonderen Beziehung, nun, da sein Vater nicht länger sein früheres Selbst zu sein schien. Da die Dauer der Pflegebedürftigkeit nicht voraussehbar ist, hat der Pflegende häufig das Gefühl, keine Kontrolle mehr über das eigene Leben zu haben (Gatz, Bengtson, & Blum, 1990).

Erwachsene, die im selben Haushalt mit ihren kranken Eltern leben – etwa 10 % aller Pflegenden – erleben das als am stressreichsten (Marks, 1996). Außerdem kommt zu den eben genannten Faktoren noch hinzu, dass Eltern und Kinder, die zuvor in getrennten Haushalten gelebt haben, für gewöhnlich ein erneutes Zusammenleben nicht begrüßen. Konflikte bezüglich Alltagsroutine und Lebensstil sind sehr wahrscheinlich. Die größte Quelle von Stress allerdings ist problematisches Verhalten, insbesondere für pflegende Angehörige, deren Eltern mental abgebaut haben. Tims Schwester berichtete, dass ihr Vater mitten in der Nacht aufwachte und wiederholt immer wieder die gleichen Fragen stellte, ihr im Haus nachlief und unruhig und streitsüchtig wurde.

Die elterliche Pflege zieht häufig emotionale und physische Gesundheitsprobleme nach sich. Sie führt zu einer Rollenüberlastung (Konflikten zwischen der Rolle am Arbeitsplatz, als Ehepartner, Eltern und Pfleger/in der eigenen Eltern), ein hohes Maß an Fehltagen am Arbeitsplatz, Erschöpfungszuständen, eine Unfähigkeit, sich zu konzentrieren, Gefühle der Feindseligkeit, Ängste hinsichtlich des eigenen Alterungsprozesses sowie hohe Depressionsraten von 30 bis 50 % (Ingersoll-Dayton, Neal, & Hammer, 2001; Stephens et al., 1997, 2001). In kollektivistischen Kulturen, in denen erwachsene Kinder eine besondere Verpflichtung verspüren, sich um ihre alternden Eltern zu kümmern, ist das Engagement in der Pflege im Allgemeinen noch wesentlich größer. In einer Studie unter koreanischen, koreanisch-amerikanischen und kaukasisch-amerikanischen pflegenden Angehörigen von Eltern mit geistigen Behinderungen berichteten Koreaner und Amerikaner koreanischer Abstammung das höchste Ausmaß an familiärem Pflichtgefühl und Belastung durch die Pflege – zeigten aber auch die höchsten Werte für Angst und Depression (Youn et al., 1999).

Soziale Unterstützung wirkt sich sehr effektiv aus auf die Stressreduktion pflegender Angehöriger. Tims Ermutigung, Hilfsbereitschaft und Bereitschaft, seiner Schwester zuzuhören, half ihr, mit der Pflege des Vaters im eigenen Haushalt zurechtzukommen. Daher konnte sie daraus auch Befriedigung für sich selbst ziehen. Trotzdem Frauen für gewöhnlich mehr Zeit haben, sich um einen kranken Elternteil zu kümmern, wirkt sich dies in den meisten Fällen wenig günstig aus, wahrscheinlich wegen der damit verbundenen sozialen Isolation und finanziellen Belastung (Pohl

> **Tabelle 16.3**
>
> ## Aspekte der Fürsorge: Möglichkeiten der Stressreduktion in der Pflege kranker Eltern
>
> | Strategie | Beschreibung |
> |---|---|
> | Wenden Sie effektive Bewältigungsstrategien an. | Um das Verhalten der Eltern und die Pflegeaufgaben zu bewältigen, ist es am besten, eine problemzentrierte Bewältigungsstrategie anzuwenden. Delegieren Sie Verantwortlichkeiten an andere Familienmitglieder, holen Sie sich Hilfe bei Freunden und Nachbarn und erkennen Sie die Einschränkungen des Pflegebedürftigen, wenn Sie sich auf seine und ihre Fähigkeiten beziehen. Emotionszentriertes Bewältigen sollte angewendet werden, um die Situation auf positive Weise umzuinterpretieren. So könnte die Betonung beispielsweise darauf liegen, dass die Pflegesituation Möglichkeiten bietet für persönliches Wachstum und auch die Möglichkeit, den Eltern in den letzten Jahren ihres Lebens etwas (zurück) zu geben. Vermeiden Sie die Verleugnung von Wut, Depression und Ängsten in Reaktion auf die Belastung durch die Pflege, denn dies erhöht nur den Stress. |
> | Suchen Sie sich soziale Unterstützung. | Vertrauen Sie sich Familienangehörigen und Freunden an und teilen Sie den Stress mit, den Sie in der Pflegesituation erleben. Suchen Sie Ermutigung und Hilfe. Wenn möglich sollten Sie vermeiden, Ihre Arbeitsstelle aufzugeben, um sich um einen pflegebedürftigen Elternteil zu kümmern. Dies würde nur zu sozialer Isolation und zu einem Verlust an finanziellen Ressourcen führen. |
> | Nutzen Sie die Angebote öffentlicher Stellen. | Setzen Sie sich mit öffentlichen Einrichtungen (Krankenkassen, Pflegeversicherung, ausführende Dienstleistungen, u.a. Diakonie, Caritas) in Verbindung, um Informationen und Hilfe zu bekommen. Unterstützung könnte beispielsweise so aussehen, dass die Einrichtung eine Teilzeit- oder Vollzeitpflege stellt oder für die Kosten von Essen auf Rädern oder auch Behindertenfahrten aufkommt. |
> | Bestehen Sie mit Nachdruck auf Regelungen am Arbeitsplatz und in der Politik, die die emotionale und finanziellen Belastung der Pflege alternder Angehöriger mindern. | Sprechen Sie mit Ihrem Arbeitgeber und bitten Sie um Unterstützung in Form einer flexiblen Arbeitsplanung oder eines unbezahlten Pflegeurlaubs. Setzen Sie sich in Verbindung mit dem Gesetzgeber und anderen relevanten Personen bezüglich zusätzlicher finanzieller Unterstützung für die Pflegeaufwendungen. Betonen Sie dabei die Notwendigkeit, diese Bedürfnisse in der Gesundheitsplanung und der Krankenversicherung besser zu berücksichtigen, damit die finanzielle Belastung für Familien mittlerer und niedriger Einkommensgruppen gemindert werden kann. |

et al., 1994). Positive Erfahrungen am Arbeitsplatz können tatsächlich dazu beitragen, den Stress, den die Pflege mit sich bringt, zu reduzieren, wenn der Pflegende dadurch mit einem positiveren Selbstwert und gut gelaunt nach der Arbeit nach Hause zurückkehrt (Stephens & Franks, 1999).

In Dänemark, Schweden und Japan gibt es ein Pflegesystem, das aus öffentlichen Mitteln getragen wird und Unterstützung in Form geschulten Pflegepersonals für die Pflege zu Hause bietet. Die Pflege wird individuell auf die Bedürfnisse des Pflegebedürftigen zugeschnitten (Blomberg, Edebalk, & Petersson, 2000; Yamanoi, 1993). In den Vereinigten Staaten und in Kanada kommt eine Pflege zu Hause durch geschultes Pflegepersonal zumeist nicht in Frage, da die Kosten für die meisten Familien zu hoch sind und es diese Art von Einrichtungen außerhalb großer Städte noch kaum gibt; lediglich 10 bis 20 % der Familien suchen sich derartige Unterstützung (Family Caregiver Alliance, 2002). Die meisten Familien versuchen es auch zu vermeiden, ihre pflegebedürftigen Eltern in einem Pflegeheim unterzubringen, da auch dies mit enormen Kosten verbunden ist. Zurzeit haben erwachsene Kinder in den Vereinigten Staaten kaum eine andere Wahl, als sich selbst um ihre pflegebedürftigen Eltern zu kümmern. In der Tabelle „Aspekte der Fürsorge" finden Sie eine Zusammenfassung der Möglichkeiten, wie der Stress, den die Pflege mit sich bringt, reduziert werden kann – im individuellen Bereich, in der Familie, im sozialen Umfeld und auf gesellschaftlicher Ebene.

16.4.6 Die Geschwister

Wie die Beziehung von Tim zu seiner Schwester deutlich macht, eignen sich Geschwister sehr gut zur sozialen Unterstützung. Trotzdem zeigte eine Umfrage unter einer großen Stichprobe von Amerikanern unterschiedlicher ethnischer Zugehörigkeit, dass der Geschwisterkontakt sowie die Unterstützung untereinander vom frühen bis zum mittleren Erwachsenenalter abnimmt und erst ab dem Alter von 70 Jahren wieder zunimmt, wenn die Geschwister in nächster Umgebung wohnen (White, 2001). Der abnehmende Kontakt im mittleren Lebensalter ist vermutlich zurückzuführen auf die diversen Verantwortlichkeiten, welche die verschiedenen Erwachsenenrollen mit sich bringen. Allerdings berichten die meisten erwachsenen Geschwister, dass sie sich zumindest einmal im Monat sehen oder miteinander telefonieren (Antonucci, Akiyama, & Merline, 2002).

Trotz des reduzierten Kontaktes fühlen sich viele Geschwister im mittleren Lebensalter enger miteinander verbunden, häufig als Reaktion auf einschneidende Lebensereignisse (Stewart et al., 2001). Wenn die Kinder aus dem Haus gehen und selbst heiraten, scheint dies häufig der Anlass zu sein, dass Geschwister wieder mehr aneinander denken. Tim kommentierte dies so: „Unsere Beziehung wurde wieder besser, als die Kinder meiner Schwester aus dem Haus und verheiratet waren. Ich bin sicher, dass sie mich immer mochte. Aber ich glaube, sie hatte einfach keine Zeit!" Auch eine Krankheit der Eltern kann eine tiefgreifende Auswirkung auf die Bindungen zwischen Geschwistern haben. Brüder und Schwestern, die bislang nur wenig miteinander zu tun hatten, nehmen nun über der Pflege der Eltern Kontakt auf. Wenn die Eltern sterben, wird den erwachsenen Kindern klar, dass nun sie die älteste Generation stellen und daher miteinander in Kontakt bleiben müssen, um die Familienbindungen aufrechtzuerhalten (Gold, 1996). Wie im frühen Erwachsenenalter, sind auch in dieser Zeit die Beziehungen zwischen Schwestern zumeist enger als die Bindungen zwischen Brüdern; eine Tendenz, die sich in vielen Industrienationen zeigt (Cicerelli, 1995).

Obwohl der Trend mit zunehmendem Alter zu engeren Beziehungen hingeht, verbessern sich nicht alle Geschwisterbeziehungen. Erinnern Sie sich an Patricias Begegnungen mit ihrer Schwester Dorothee (siehe Kapitel 15). Dorothees schwieriges Temperament hatte schon in der Kindheit Probleme bereitet, mit ihr zurechtzukommen. Als der Vater starb, wurde das noch schlimmer und es entstanden Konflikte über die Finanzen der Familie. Wenn sich die Geschwister nicht an der Pflege der Eltern beteiligen, kann diese Situation zu starken negativen Gefühlen auf Seiten des Pflegenden führen (Merrill, 1997). Wie ein Experte es ausdrückte: „Wenn die Geschwister älter werden, werden gute Beziehungen [häufig] besser und schlechte Beziehungen werden noch schlechter, als sie es ohnehin schon waren." (Moyer, 1992, S. 57.)

Auch ethnischer Hintergrund wirkt sich auf die Geschwisterbeziehungen aus. In einer Studie wurde festgestellt, dass amerikanische Geschwister italienischer Herkunft (insbesondere Schwestern) mehr Kontakt miteinander hatten und wärmere Beziehungen unterhielten als weiße, protestantische Geschwister (Johnson, 1985). Die Wissenschaftler nahmen an, dass die starke elterliche Autorität in italienischen Immigrantenfamilien dazu führte, dass die Geschwister sich schon früh aneinander wandten, um Unterstützung zu bekommen. Diese warmen Bindungen hielten auch im Erwachsenenalter an.

In Industrienationen sind die Beziehungen zwischen Geschwistern etwas freiwilliges. In dörflichen Gesellschaften sind sie zumeist nicht freiwillig, da sich darauf das Funktionieren der Familie gründet. So ist das soziale Leben der Familie bei den asiatischen Inselbewohnern im Pazifik um starke Bruder-Schwester-Bindungen herum strukturiert. Ein Bruder-Schwester-Paar wird häufig als eine Einheit behandelt, wenn es um die Einheirat in eine andere Familie geht. Nach der Eheschließung wird von den Brüdern erwartet, dass sie ihre Schwestern beschützen und die Schwestern dienen als geistige Mentoren für ihre Brüder. In den Familien werden nicht nur biologische Geschwister so behandelt, sondern auch andere Verwandte, wie etwa Cousinen und Cousins, denen der Status von Bruder oder Schwester zuerkannt wird (Cicerelli, 1995). Dies führt zu einem ungewöhnlich großen Netzwerk geschwisterlicher Unterstützung, welches das gesamte Leben hindurch erhalten bleibt.

In Dorfgesellschaften reduzieren kulturelle Normen die Konflikte zwischen Geschwistern auf ein Minimum, wodurch die Kooperation innerhalb des Familienverbandes sichergestellt wird (Weisner, 1993). In Industrienationen ist es von essentieller Bedeutung, positive Geschwisterinteraktion zu fördern, damit auch in späteren Jahren warme, unterstützende Bindungen vorhanden sind.

16.4.7 Freundschaften

Da nun seine Verantwortung in der Familie weniger geworden war, hatte Dirk mehr Zeit, die er mit seinen

Freunden im mittleren Lebensalter verbringen konnte. Jeden Freitagnachmittag traf er sich mit mehreren seiner männlichen Freunde in einem Café, wo sie stundenlange Gespräche führten. Die meisten seiner Freundschaften jedoch bezogen seine Frau Patricia mit ein. Im Vergleich zu Dirk traf sich Patricia häufiger allein mit ihren Freundinnen (Blieszner & Adams, 1992).

Die Charakteristiken von Freundschaften im mittleren Lebensalter folgen demselben Trend, den wir schon in Kapitel 14 diskutiert haben. Männer sind in jedem Lebensalter in der Begegnung mit ihren Freunden weniger expressiv als Frauen. Männer neigen dazu, sich über Sport, Politik und die Wirtschaft zu unterhalten, während Frauen sich eher mit Gefühlen und Lebensproblemen beschäftigen. Aus diesem Grunde versammeln sich die Männer in der einen Ecke, die Frauen in einer anderen, wenn sich Patricia und Dirk mit ihren Freunden treffen (Fox, Gibbs, & Auerbach, 1985). Frauen berichten von einer größeren Anzahl enger Freunde als Männer und geben außerdem an, dass sie im Umgang mit ihren Freunden mehr an emotionaler Unterstützung geben und empfangen (Antonucci, 1994).

Dennoch nimmt bei beiden Geschlechtern die Anzahl der Freunde mit zunehmendem Alter ab, vermutlich weil der Mensch dann weniger bereit ist, in Bindungen außerhalb der Familie zu investieren, es sei denn, diese bieten ihm Befriedigung (Carbery & Buhrmester, 1998). Je selektiver der ältere Erwachsene bei der Auswahl seiner Freundschaften ist, desto komplexer sind seine Vorstellungen über das Wesen der Freundschaft. Auch werden die Bemühungen, sich mit den Freunden gut zu verstehen, stärker (Antonucci & Akiyama, 1995). Wenn einmal ein Freund gefunden ist, misst der Erwachsene im mittleren Lebensalter dieser Beziehung einen großen Wert bei und unternimmt alles, um die Beziehung zu schützen und zu erhalten.

Bei Erreichen der Lebensmitte wirken sich Familienbeziehungen und Freundschaften auf unterschiedliche Weise unterstützend auf das psychische Wohlbefinden aus. Bindungen innerhalb der Familie gewähren Schutz vor ernsthaften Angriffen und Verlusten und bieten auf lange Sicht Sicherheit. Im Gegensatz dazu dienen Freundschaften als eine Quelle von Freude und Zufriedenheit im Hier und Jetzt, wobei Frauen davon etwas mehr profitieren als Männer (Antonucci, Akiyama & Merline, 2002). Wenn Paare im mittleren Lebensalter ihre Freundschaft erneuern, kann es ihnen gelingen, das Beste aus Familie und

In ihrer Kommunikation mit Freunden unterhalten sich Männer typischerweise eher über Sport, Politik und Wirtschaftsthemen, während Frauen sich eher mit Gefühlen und Lebensproblemen befassen. Wegen dieser geschlechtsbedingten Unterschiede, was die Interessen anbelangt, interagieren Männer für gewöhnlich mit Männern und Frauen mit Frauen, wenn sie als Paare zusammenkommen.

Freundschaft zu kombinieren. In der Tat weisen wissenschaftliche Untersuchungen darauf hin, dass die eheliche Zufriedenheit unter anderem davon abhängt, dass der eigene Lebenspartner als der beste Freund oder die beste Freundin betrachtet wird (Bengtson, Rosenthal, & Burton, 1990).

16.4.8 Intergenerationale Beziehungen

Allgemein unternehmen Familien, größere Gemeinschaften und die Gesellschaft als Ganzes alles, damit es der jeweils nächsten Generation besser geht als der vorangegangenen. Seit mehr als zwei Jahrhunderten haben die Nordamerikaner dieses Ziel erreicht. So haben beispielsweise Patricias Eltern, die selbst keine höhere Bildung genossen hatten, alles in ihrer Macht stehende getan, um ihren Wunsch nach einem Studium zu erfüllen. Dirk und Patricia selbst war es somit möglich, ihren eigenen Sohn unter weniger angespannten finanziellen Verhältnissen aufwachsen zu lassen, als sie noch bei ihren Eltern herrschten.

Trotzdem haben sich Patricia und Dirk oft gewundert, wie dies viele Nordamerikaner tun und ob die heutige Generation junger Menschen wirtschaftlich so gut dastehen wird wie die letzte Generation. Und wird sie trotz der hohen Scheidungsraten, den vielen allein erziehenden Eltern und der steigenden Jugendkriminalität die ältere Generation respektieren und später für sie sorgen? Patricia und Dirk waren auch darüber besorgt, dass die besseren finanziellen Verhältnisse der älteren Generation im Vergleich zu der hohen Armutsrate unter Familien mit Kindern (siehe Kapitel 2) unter Umständen Konflikte zwischen den Generationen hervorrufen würde.

Eine Erhebung mit einer großen national repräsentativen Stichprobe 18 bis 90 Jahre alter Erwachsener in den USA beschäftigte sich mit der Frage, ob die Solidarität zwischen den Generationen nicht mehr vorhanden ist. Die Ergebnisse zeigen, dass trotz der soeben erwähnten sozialen Veränderungen die Bindungen zwischen jüngeren und älteren Menschen dennoch stark bleiben (Bengtson & Harootyan, 1994; Lawton, Silverstein & Bengtson, 1994). Auf der Familienebene berichtete die Mehrheit (90 %) der erwachsenen Kinder über Gefühle enger Bindung zu ihren alternden Eltern. Tatsächlich konnte festgestellt werden, dass erwachsene Kinder engere Bindungen zu ihren alternden Eltern beschrieben als umgekehrt (obwohl 80 % dieser Bindungen stark waren). Und in Einklang mit der hohen Rate von Pflegenotwendigkeit, die wir in diesem Kapitel schon beschrieben haben, bedeutet dies ein tiefes Verpflichtungsgefühl der jüngeren Erwachsenen ihren Eltern gegenüber – mehr, als ihre Eltern erwartet haben. Des Weiteren konnte festgestellt werden, dass die Bereitschaft der erwachsenen Kinder, ihren Eltern Zeit und Hilfe zu widmen, vom finanziellen Status der Eltern unabhängig war (Wong, Kitayama & Soldo, 1999).

Alle Teilnehmer, ob jung, im mittleren Alter oder älter, berichteten eine ganze Bandbreite von freiwilliger Arbeit in ihrem sozialen Umfeld. Erwachsene im mittleren Lebensalter widmeten ihre Zeit zumeist Kindern und Adoleszenten – für gewöhnlich im Kontext kirchlicher Aktivitäten und Nachhilfeprogrammen. Ältere Erwachsene hingegen boten ihre Hilfe eher der älteren Generation an. Dies allerdings umso häufiger, wenn sie selbst warme Beziehungen mit ihren erwachsenen Kindern unterhielten. Mehr als 70 % der Stichprobe beschrieb irgendeine Art informeller Hilfestellung unter Verwandten, Freunden und Nachbarn und anderen Mitgliedern ihres sozialen Umfeldes (Harootyan & Vorek, 1994).

Die meisten Teilnehmer brachten keine negativen Gefühle bezüglich finanzieller staatlicher Unterstützung für die Mitglieder anderer Altersgruppen zum Ausdruck. Stattdessen waren ihre Reaktionen eher von einer *Norm der Gleichheit* charakterisiert. Wenn allerdings die Überzeugung herrschte, dass den finanziellen Bedürfnissen einer anderen Generation nicht ausreichend Rechnung getragen wurde, brachten die Teilnehmer ihre Unzufriedenheit mit der staatlichen Unterstützung für die andere Altersgruppe zum Ausdruck. Nur sehr selten wurde angegeben, die eigene Altersgruppe sei die Bedürftigste und sollte mehr bekommen (Schlesinger & Kronebusch, 1994). Nur sehr junge Erwachsene (18 bis 24 Jahre alt) betrachteten mit größerer Wahrscheinlichkeit als andere Altersgruppen die staatliche Versorgung älterer Menschen als zu kostspielig. Wenn diese allerdings häufigen Kontakt mit ihren Großeltern hatten, stimmten sie der Unterstützung der älteren Generation eher zu (Silverstein & Parrott, 1997).

In Zusammenfassung stellen wir fest, dass trotz der öffentlichen Besorgnis bezüglich möglicher Konflikte zwischen den Generationen die meisten Menschen nicht ausschließlich aus Eigeninteresse handeln. Im Gegenteil: Ihre Werte, Meinungen und ihr Verhalten bringen „versteckte Brücken" von einer Generation zur anderen zum Ausdruck.

Prüfen Sie sich selbst ...

Rückblick
Welche Auswirkungen haben das Alter, die Geschlechtszugehörigkeit, die geografische Nähe und die jeweilige Kultur auf die Bindungen zwischen Eltern und Enkelkinder?

Anwendung
Raylene und ihr Bruder Walter leben in derselben Stadt wie ihre alternde Mutter Elsie. Als Elsie nicht länger allein leben konnte, übernahm Raylene die Hauptverantwortung für ihre Pflege. Welche Faktoren trugen aller Wahrscheinlichkeit nach dazu bei, dass sich Raylene die Rolle der Pflegerin aussuchte und Walter die kleinere Rolle übernahm?

> **Anwendung**
> Als junger Erwachsener hielt Daniel enge freundschaftliche Bindungen mit sechs seiner ehemaligen Studienkollegen aufrecht. Im Alter von 45 Jahren traf er sich nur noch mit zwei von ihnen. Welche Erklärung gibt es für Daniels kleineren Freundeskreis im mittleren Lebensalter?
>
> **Zusammenhänge**
> Zeigen Sie anhand wissenschaftlicher Ergebnisse auf, wie sich die frühen Beziehungen in der Ursprungsfamilie auf die Bindungen Erwachsener im mittleren Lebensalter zu ihren erwachsenen Kindern, den alternden Eltern und den Geschwistern auswirken.
>
> **Prüfen Sie sich selbst ...**

16.5 Das Berufsleben

Wir haben bereits festgestellt, dass die Übergangsphase in das mittlere Lebensalter typischerweise mit beruflichen Veränderungen einhergeht. Bei Dirk sah dies so aus, dass er auf der Karriereleiter emporstieg und einen anstrengenden administrativen Posten als Rektor einer Hochschule übernahm. Patricia orientierte sich um, verließ die große Anwaltskanzlei, in der sie arbeitete, und übernahm eine Stelle in einer kleineren Kanzlei, in der sie das Gefühl hatte, dass ihre Bemühungen gewürdigt werden. Es wurde bereits angeführt, dass Anja eine Ausbildung anfing, nachdem ihr ältestes Kind das Haus verlassen hatte. Sie machte einen Abschluss, um dann zum ersten Mal selbst berufstätig zu sein. Patricias Freundin brachte sich verstärkt in ihr schon erfolgreiches Geschäft ein, während Elena einen Berufswechsel vornahm. Und Tim schließlich reduzierte seine Verpflichtungen am Arbeitsplatz und begann sich auf seine Rente vorzubereiten.

Arbeit bleibt auch im mittleren Lebensalter weiterhin ein zentraler Aspekt der Identität und des Selbstwertgefühls. Mehr noch als in früheren oder späteren Jahren versucht der Mensch zu dieser Zeit, seinem Arbeitsleben persönliche Bedeutung und Richtung zu geben (Levinson, 1978, 1996). Gleichzeitig verbessern sich auch bestimmte Aspekte der Leistung am Arbeitsplatz. Ältere Angestellte fehlen nun seltener, wechseln weniger häufig den Arbeitsplatz, haben weniger Unfälle, ohne dabei Veränderungen in ihrer Produktivität zu zeigen (Warr, 1994). Folglich sollte der Wert eines älteren Angestellten dem eines jüngeren Angestellten gleichgestellt oder sogar noch höher bemessen werden.

Der Babyboom nach dem Zweiten Weltkrieg sowie die Abschaffung des Zwangs, in einem bestimmten Alter in Rente gehen zu müssen (in den meisten Industrienationen) bedeutet, dass die Anzahl älterer Arbeiter in den nächsten Jahrzehnten dramatisch ansteigen wird. Und trotzdem wird eine günstig verlaufende Übergangsphase vom erwachsenen Arbeitnehmer zum älteren Arbeitnehmer durch negative Stereotypen bezüglich des Alterungsprozesses behindert – falsche Vorstellungen über eingeschränkte Fähigkeiten, Neues zu lernen, langsamere Entscheidungsfindung sowie Widerstand gegenüber Veränderungen und Supervision (Sterns & Huyck, 2001). Des Weiteren trägt auch künftig die Geschlechterdiskriminierung dazu bei, die Erfolgsmöglichkeiten im Berufsleben vieler Frauen einzuschränken. Lassen Sie uns das Arbeitsleben im mittleren Lebensalter einmal näher betrachten.

16.5.1 Zufriedenheit im Beruf

Die Zufriedenheit im Beruf hat sowohl psychische als auch wirtschaftliche Bedeutung. Wenn Menschen am Arbeitsplatz unzufrieden sind, hat dies Konsequenzen, wie etwa Streiks, Missstände sowie häufiges Fehlen und Wechseln des Arbeitsplatzes – dies alles ist verbunden mit hohen Kosten für den Arbeitgeber.

Die Forschung zeigt, dass Zufriedenheit am Arbeitsplatz im mittleren Lebensalter in allen Berufssparten zunimmt, angefangen vom leitenden Angestellten bis hin zum Saisonarbeiter (siehe Abbildung 16.5), wobei die Zusammenhänge unter Umständen bei Frauen deshalb schwächer sind als bei Männern, weil die reduzierten Erfolgsmöglichkeiten für Frauen in dem Gefühl resultieren, unfair behandelt worden zu sein. Bei Arbeitern wie auch bei Büroangestellten ist dieser Zusammenhang schwächer, möglicherweise weil der Einzelne weniger Kontrolle über die eigene Arbeitszeit und die Arbeit selbst ausüben kann (Fotinatos-Ventouratos & Cooper, 1998; Avolio & Sosik, 1999). Wenn die verschiedenen Aspekte des Berufslebens in Betracht gezogen werden, zeigt die intrinsische Zufriedenheit – Zufriedenheit mit der Arbeit an sich – einen starken altersrelevanten Anstieg. Die extrinsische Zufriedenheit – Zufriedenheit mit den Vorgesetzten, der Bezahlung und den Aufstiegsmöglichkeiten – lässt wenig Veränderung erkennen (Hochwarter et al., 2001).

Wie lässt sich dieser Anstieg in der beruflichen Zufriedenheit während des mittleren Lebensalters

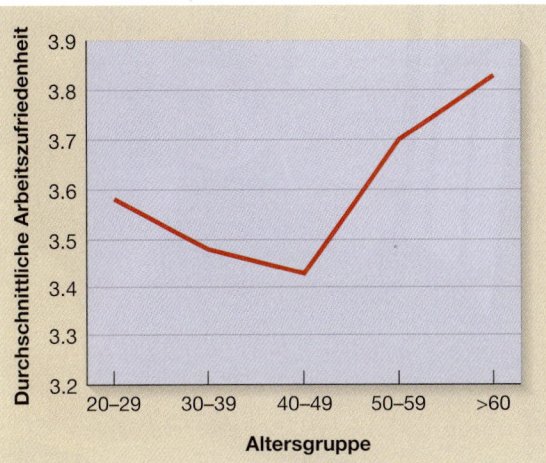

Abbildung 16.5: Altersabhängige Veränderungen in der Zufriedenheit am Arbeitsplatz. In dieser Studie von über 2000 Universitätsangestellten, angefangen von der Sekretärin bis hin zum Professor, nahm die Zufriedenheit im frühen Erwachsenenalter etwas ab, einer Zeit, in der der Einzelne möglicherweise mit enttäuschenden Erfahrungen konfrontiert ist (siehe Kapitel 14). Im mittleren Lebensalter hingegen nimmt die Zufriedenheit am Arbeitsplatz stetig zu (aus W. A. Hochwarter et al., 2001, „A Note on the Nonlinearity of the Age–Job-Satisfaction Relationship," Journal of Applied Social Psychology, 31, S. 1232).

erklären? Wahrscheinlich spielt an dieser Stelle der Zeitaspekt eine Rolle. „Ich kann mich erinnern, wie ich mich darüber beschwert habe, dass ich am Anfang meiner Lehrtätigkeit so viel zu tun hatte", meinte Dirk. „Seitdem habe ich schwere Zeiten kommen und gehen sehen. Aus meinem heutigen Blickwinkel kann ich nun ein schwieriges Problem gut von einem trivialen unterscheiden." Eine weniger zufriedenstellende Berufsrolle zu verlassen, wie dies Patricia tat, kann der eigenen Arbeitsmoral „auf die Sprünge" helfen. Schlüsselmerkmale, die sich als Prädiktoren für Zufriedenheit am Arbeitsplatz erwiesen haben, sind u.a. die Möglichkeit, an Entscheidungen teilzuhaben, ein vernünftiges Arbeitspensum und ein der physischen Gesundheit zuträglicher Arbeitsplatz. Ältere Menschen haben unter Umständen eher Zugang zu dieser Art von Arbeitsplätzen. Da sie außerdem weniger Alternativen haben, den Arbeitsplatz zu wechseln, reduzieren ältere Arbeiter zumeist ihre Ansprüche an das Berufsleben. Wenn die wahrgenommene Kluft zwischen den tatsächlichen und den möglichen Erfolgen abnimmt, nimmt auf der anderen Seite das Engagement am Arbeitsplatz zu (Warr, 1992).

Obwohl ein emotionales Engagement im Berufsleben für gewöhnlich als psychisch gesund betrachtet wird, kann es aber auch in einen **Zustand des Ausgebranntfühlens (burnout)** münden – einem Zustand, bei dem kontinuierlicher Stress am Arbeitsplatz zu psychischen Erschöpfungszuständen führt, einem Gefühl von Kontrollverlust sowie dem Gefühl, nichts mehr erreichen zu können. Ausgebrannt fühlen sich häufiger Personen in den helfenden Berufssparten – Ärzte und Krankenschwestern, Psychologen und Sozialarbeiter – sowie im Lehrberuf; Berufe, die alle hohe emotionale Anforderungen stellen (Zapf et al., 2001). Obwohl Menschen, die in Berufen arbeiten, die im Kontakt zu anderen Menschen große Anforderungen stellen, für gewöhnlich psychisch genauso gesund sind wie andere Menschen, übersteigt in manchen Fällen die Hingabe des Betreffenden seine oder ihre Bewältigungsfähigkeiten, insbesondere wenn es sich um einen Arbeitsplatz handelt, an dem wenig Unterstützung geboten wird. Der Zustand des sich Ausgebranntfühlens ist Begleiterscheinung von einem zu großen Arbeitspensum in der zur Verfügung stehenden Zeit sowie einem Mangel an Ermutigung und positiver Rückmeldung von Seiten der Vorgesetzten. In Nordamerika kommt dies häufiger vor als in Westeuropa, unter Umständen wegen der größeren Leistungsorientierung der Nordamerikaner (Maslach, Schaufeli, & Leiter, 2001).

Der „burnout" wirkt sich schwerwiegend auf das Arbeitsleben aus: Fehlen am Arbeitsplatz, häufiger Arbeitsplatzwechsel, schlechte Leistungen und ein eingeschränkter Gesundheitszustand (Wright & Bonett, 1997). Arbeitgeber können das verhindern, indem sie sicherstellen, dass das Arbeitspensum sich in Grenzen hält, durch ein Bereitstellen von Möglichkeiten, in stressreichen Situationen Pausen einzulegen, eine Einschränkung der Stundenanzahl bei stressreicher Arbeit sowie durch das Anbieten sozialer Unterstützung. Interventionen, die den Arbeitgeber dazu bewegen sollen, qualitativ bessere Arbeitsplätze zur Verfügung zu stellen, versprechen eine zunehmende Anstrengungsbereitschaft und Effektivität von Seiten der Angestellten und reduzieren das Gefühl, total erschöpft zu sein (Leiter & Maslach, 2000). Außerdem wäre beispielsweise auch die Möglichkeit in Betracht zu ziehen, dass Arbeit mit nach Hause genommen wird. Dies käme den Bedürfnissen mancher Menschen entgegen, unter weniger Zeitdruck und einer geringeren Lärmbelästigung zu arbeiten.

16.5.2 Berufliche Entwicklung

Nach mehreren Jahren, die sie als Krankenschwester beschäftigt war, hatte Anja das Bedürfnis sich weiterzubilden, um ihre Arbeit besser verrichten zu können. Patricia freute sich über die Unterstützung, die ihr in Form von Trainigsseminaren und Weiterbildungskursen gewährt wurde. Dies half ihr, immer auf dem Laufenden zu bleiben bezüglich der neuen Entwicklungen in der Gesetzgebung. Und als Hochschulrektor besuchte Dirk mehrere Seminare im Jahr zu Themen wie Effektivität im Management und neuen Unterrichtsmethoden. Wie die Beispiele von Anja, Patricia und Dirk zeigen, ist die Weiterentwicklung im Beruf ein wichtiger Aspekt, der sich durch das ganze Leben hindurchzieht.

■ Weiterbildung

Anjas 35 Jahre alter Vorgesetzter war überrascht, als sie ihn um Beurlaubung bat, um ihre Kenntnisse aufzubessern. „Du bist schon in deinen Fünfzigern", kommentierte er wenig sensibel. „Was willst du denn mit einer Weiterbildung an diesem Punkt in deinem Leben überhaupt anfangen?"

Obwohl die engstirnige Einstellung des Vorgesetzten für gewöhnlich nicht ausgesprochen wird, ist sie unter Vorgesetzten nur allzu üblich – sogar unter denen, die selbst schon älter sind. Forschungsergebnisse weisen darauf hin, dass Weiterbildung und Berufsberatung am Arbeitsplatz älteren Angestellten weniger zur Verfügung stehen. Und wenn diese Entwicklungsmöglichkeiten angeboten werden, so machen die älteren Angestellten weniger Gebrauch davon (Cleveland & Shore, 1992; Salthouse & Maurer, 1996). Welche Einflussfaktoren wirken sich auf die Bereitschaft zur Weiterbildung aus? Es sind die Charakteristiken des Betreffenden selbst sowie Eigenschaften des Arbeitsumfeldes, die hierbei eine Rolle spielen.

Was den Einzelnen anbelangt, so ist das Ausmaß, zu dem der Betreffende sich Veränderung wünscht, ein wichtiger Faktor. Mit zunehmendem Alter nehmen die Bedürfnisse nach Wachstum etwas ab und dem Wunsch nach Sicherheit wird mehr Raum gegeben. Folglich verlieren Lernen und Herausforderungen für den älteren Angestellten etwas an intrinsischem Wert. Möglicherweise verlassen sich deshalb ältere Angestellte für ihre berufliche Entwicklung mehr auf die Ermutigung ihrer Arbeitskollegen und Vorgesetzten. Wir haben aber auch festgestellt, dass gerade sie zu-

Dieses projektbezogene Team besteht aus zwei jungen Erwachsenen und zwei Erwachsenen im mittleren Lebensalter, die in einer Werbeagentur zusammen an einer herausfordernden Aufgabe arbeiten. Da Teammitglieder in ähnlichem Alter mehr kommunizieren, wirken sich vom Alter her ausbalancierte Arbeitsgruppen förderlich aus auf das Lernen am Arbeitsplatz und auf die erzielten Leistungen.

meist keine unterstützenden Vorgesetzten haben. Des Weiteren reduzieren negative Stereotypen bezüglich des Alterungsprozesses die *Selbstwirksamkeit* älterer Angestellter – d.h. ihre Zuversicht, dass sie ihre Fähigkeiten auffrischen und erweitern können. Dies könnte ein weiterer Grund sein, warum diese nicht mehr nach Weiterbildung streben. Selbstwirksamkeit hat sich als starker Prädiktor gezeigt für die Bemühungen von Angestellten, ihre berufsrelevanten Fähigkeiten zu verbessern (Maurer, 2001; Maurer & Tarulli, 1994).

Aufgaben, die eine Herausforderung darstellen, wirken sich auf die Bereitschaft zur Weiterbildung förderlich aus. Ein Angestellter, dem Arbeit übertragen wird, die neues Lernen voraussetzt, muss sich dieses Wissen auch aneignen können, um seine Aufgabe zu erfüllen. Unglücklicherweise werden älteren Angestellten häufiger Routineaufgaben übertragen als jüngeren Angestellten. Daher könnte einiges der reduzierten Motivation zur Weiterbildung auch auf der Art von Aufgabenstellung beruhen. Auch die Interaktion zwischen den Arbeitskollegen kann eine tief greifende Auswirkung haben. Innerhalb von Projektteams kommunizieren Menschen gleichen Alters häufiger. Arbeitsgruppen, die vom Alter her ausgewogen sind (mehr als eine Person aus jeder Altersgruppe), wirken sich auf berufsrelevantes Lernen förderlich aus, da Kommunikation eine Quelle der Unterstützung darstellt und außerdem die Möglichkeit bietet, an berufsrelevante Informationen heranzukommen (Zenger & Lawrence, 1989).

Computernetzwerke unterstützen Teaminteraktion und fördern den Austausch von Informationen in großen Firmen. Auf diese Weise helfen sie Angestellten des niedrigeren Kaders eine breitere Perspektive ihres eigenen Beitrags zu den Zielen der Firma insgesamt zu entwickeln. So können auch sie sich als ein wichtiger Teil einer größeren Organisation fühlen (Avolio & Sosik, 1999). Darüber hinaus sehen sich ältere Angestellte durch die Weiterentwicklung im Computerbereich dazu gezwungen, sich mit diesem Thema auseinander zu setzen und ihre Kenntnisse auf diesem Gebiet zu erweitern. Dies wiederum trägt dazu bei, mit den sich ständig ändernden Anforderungen ihres Arbeitsplatzes Schritt zu halten zu können.

■ Geschlecht und ethnische Zugehörigkeit: die „gläserne Decke"

In ihrem dritten Lebensjahrzehnt gründete Patricias Freundin ihre eigene Firma. Als Frau, entschied sie, waren ihre Chancen, eine Führungsposition in einer großen Firma zu bekommen, so gering, dass sie nicht einmal den Versuch unternehmen wollte. Aus Kapitel 14 ist bekannt, dass Frauen und ethnische Minderheiten im Arbeitsleben selten in die Führungskader gelangen. Von denen, die es schaffen, sind weniger als 1 % Mitglieder ethnischer Minoritätengruppen (Globalist, 2003).

Frauen und ethnische Minoritätengruppen sehen sich mit der so genannten **gläsernen Decke** konfrontiert, einer unsichtbaren Barriere, die sie daran hindert, Führungspositionen zu bekommen. Im Gegensatz zur landläufigen Meinung kann diese geringe Anzahl nicht auf unzureichende Führungsqualitäten zurückzuführen sein. Eine Umfrage unter Mitarbeitern sechs großer amerikanischer Firmen zeigte, dass im Vergleich zu Männern weibliche Manager als effektiver eingestuft wurden, dass es mehr Freude bereitete, für sie zu arbeiten, und sie ihre Mitarbeiter eher zu einem Übersoll motivieren konnten. Merkmale, die sie von ihren männlichen Kollegen unterschieden, waren u.a. Charisma, Inspiration und Rücksichtnahme (Bass & Avolio, 1994). In modernen Firmen hat man erkannt, dass die besten Manager nicht nur „maskuline" Autorität und Entscheidungskraft ausstrahlen müssen, sondern außerdem in hohem Maße auch andere an

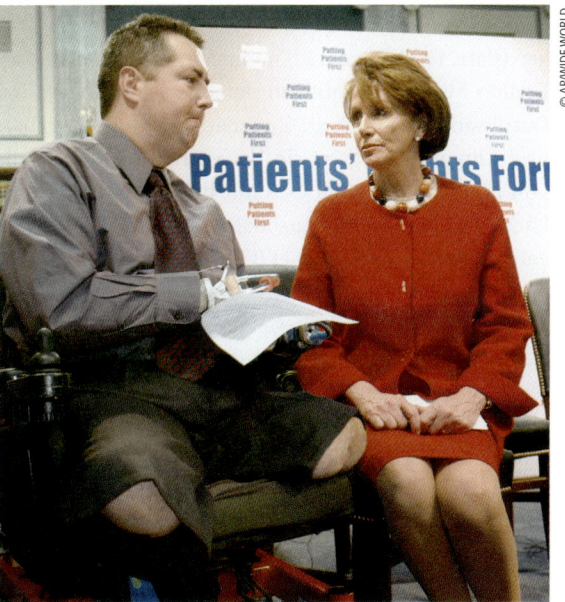

Frauen und Mitglieder ethnischer Minoritätengruppen sehen sich in großen Firmen und in staatlichen Organisationen mit der so genannten „gläsernen Decke" konfrontiert – einer unsichtbaren Barriere, die sie am Aufstieg auf der Karriereleiter hindert. Einigen wenigen, wie hier Nancy Pelosi, demokratische Vorsitzende im Kongress der Vereinigten Staaten und die erste Frau, die den Vorsitz einer politischen Partei innehat, gelingt es, diese Glasdecke zu zerschmettern. In diesem Bild ist sie zu sehen, wie sie gerade mit einem Mann über die kontroverse Gesetzeslage zu ärztlichen Kunstfehlern diskutiert. Dem Mann mussten die Gliedmaßen amputiert werden, nachdem zwei Ärzte darin versagt hatten, eine akute Infektion zu diagnostizieren.

Entscheidungsfindungsprozessen teilhaben lassen müssen, wofür „feminine" Qualitäten von Fürsorge und Zusammenarbeit notwendig sind.

Warum gibt es diese „gläserne Decke"? Management ist eine Kunst und eine Fähigkeit, die gelehrt werden muss. Frauen und Mitglieder ethnischer Minoritätengruppen haben weniger Zugang zu Mentoren, Rollenmodellen und informellen Netzwerken, die der Übung dienen. Außerdem geben die meisten Vorgesetzten zu, dass sie für Trainingsprogramme für ihre weiblichen Angestellten weniger Geld ausgeben. Die Gründe, die hierfür angegeben werden, sind stereotypisierte Zweifel bezüglich der Hingabe und Verpflichtung von Frauen an ihre Karriere sowie Zweifel an ihrer Fähigkeit, einen Managementposten kompetent ausfüllen zu können. Des Weiteren werden mit Herausforderungen verbundene, risikoreiche, in der Öffentlichkeit sichtbare Aufgaben, die eine Führungspersönlichkeit erfordern und die Tür zu Karrierefortschritten öffnet, wie etwa Firmenneugründungen, internationale Aufgaben oder Betriebskontrollen durchführen, nur selten Frauen oder Mitgliedern von Minoritätengruppen übertragen (Barr, 1996; Lyness & Thompson, 1997). Und wenn Frauen Führungsqualitäten demonstrieren, wie etwa Durchsetzungsfähigkeit, Zuversicht, Vorwärtsstreben und Ehrgeiz, begegnen sie Vorurteilen, weil sie sich von den traditionellen Geschlechterrollen entfernen. Hinsichtlich dieser Eigenschaften werden Frauen negativer beurteilt als Männer (Carli & Eagly, 2000; Eagly & Karau, 2002).

Wie Patricias Freundin haben viele Frauen die Barriere einfach umgangen. Fast doppelt so viele Frauen als Männer geben ihre mittleren Führungspositionen in großen Firmen auf, größtenteils aus Gründen fehlender Karrieremöglichkeiten (Stroh, Brett, & Reilly, 1996). Heutzutage gibt es 4 Millionen amerikanische Frauen die sich wie Patricias Freundin selbstständig gemacht haben – sechsmal so viel wie Männer (Mergenhagen, 1996). Wenn Frauen und Mitglieder ethnischer Minoritätengruppen große Firmen verlassen, um sich selbstständig zu machen, verlieren diese Firmen nicht nur wertvolles Talent, sondern sie versagen auch darin, den Bedürfnissen einer immer vielfältigeren Erwerbsbevölkerung nach adäquaten Führungspersönlichkeiten Rechnung zu tragen.

16.5.3 Berufliche Veränderung im mittleren Lebensalter

Obwohl die meisten Menschen im mittleren Lebensalter ihren Arbeitsplatz behalten, können Berufswechsel durchaus vorkommen, wie dies etwa Elenas Umorientierung vom Journalismus hin zu einer Lehrtätigkeit und zu kreativem Schreiben verdeutlicht. Sie werden sich daran erinnern, dass die Umstände in Elenas Familie und an ihrem Arbeitsplatz die Motivation zu ihrer Entscheidung darstellten, den Beruf zu wechseln. Wie andere Menschen, die sich einen anderen Beruf aussuchen, wollte auch sie mehr Zufriedenheit in ihrem Leben – ein Ziel, das sie erreichte, indem sie ihre unglückliche Ehe beendete und gleichzeitig einen lang angestrebten Berufswechsel vornahm.

Wie schon zuvor festgestellt, sind berufliche Veränderungen im mittleren Lebensalter zumeist keine radikalen Schnellentschlüsse; typischerweise erfordern sie das Verlassen einer Berufsrichtung und die Hinwendung zu einem ähnlichen Beruf. Elena wünschte sich eine anregendere Arbeit, in der sie sich mehr einbringen könnte. Andere Leute wiederum suchen genau das Gegenteil – sie wünschen sich einem Beruf, der entspannter ist, frei von schmerzhaften Entscheidungen und weniger fordernd, was die Verantwortung für andere Menschen anbelangt (Juntunen, Wegner, & Matthews, 2002). Die Entscheidung zur Veränderung ist häufig schwierig. Der Einzelne muss abwägen: Jahre, die er in einem bestimmten Beruf und die dazugehörigen Fähigkeiten investiert hat, das augenblickliche Einkommen und die Sicherheit des Arbeitsplatzes gegenüber den momentanen Frustrationen und den erhofften Vorteilen eines neuen Arbeitsplatzes.

Wenn der Berufswechsel außerordentlich extrem ist, geschieht dies zumeist aus einer persönlichen Krise heraus (Young & Rodgers, 1997). In einer Studie mit Berufstätigen, die ihre hoch dotierten, angesehenen Positionen verließen, um schlecht bezahlte, routinemäßige Hilfsarbeiten zu übernehmen, waren es zumeist Probleme, die nichts mit dem Arbeitsplatz zu tun hatten, die diesen Bruch mit der etablierten Karriere zur Folge hatten. So wurde beispielsweise ein herausragender 55 Jahre alter Fernsehproduzent zum Schulbusfahrer. Ein Banker in New York wurde Kellner in einem Skigebiet. Jeder von ihnen reagierte auf das Gefühl persönlicher Bedeutungslosigkeit, indem er den Familienkonflikten entkam, schwierige Beziehungen mit Arbeitskollegen hinter sich ließ und seinen Arbeitsplatz, der ihm nicht länger Zufriedenheit verschaffte, aufgab, um einen unabhängigeren und unkomplizierteren Lebensstil zu führen (Sarason, 1977).

16.5.4 Arbeitslosigkeit

Dirk und Patricias Freund Georg arbeitete in einer großen Firma, die sich mit Rentenplanung beschäftigte und Gespräche mit Rentnern führte, wie sie mit ihrer freien Zeit umgehen oder neue Arbeit finden könnten. Für Georg kam die Arbeitslosigkeit einem Kulturschock gleich. Die ersten zwei Jahre verbrachte er den größten Teil des Tages im Bett, rasierte sich nicht und trank Unmengen von Alkohol. Und auch nach dieser Anfangsphase blieb er depressiv und wurde immer wieder krank.

Die Kürzungen von Arbeitsplätzen betrifft hauptsächlich Menschen im mittleren Lebensalter und älter. Obwohl Arbeitslosigkeit in jedem Alter schwer zu bewältigen ist, zeigt sich bei Menschen im mittleren Lebensalter ein sehr viel stärker Rückgang in ihrer körperlichen und psychischen Gesundheit als bei jüngeren Menschen (Kulik, 2000). Ältere Arbeiter, die von einer Stellenkürzung betroffen sind, bleiben länger ohne Arbeit und erleiden substanzielle finanzielle

Verluste (Couch, 1998). Zudem fühlen sich Menschen über 40, die sich ihre berufliche Sicherheit erst wieder aufbauen müssen, aus dem Gleichgewicht geraten, was ihre soziale Uhr anbelangt. Folglich kann der Verlust der Arbeitsstelle die Hauptaufgaben im mittleren Lebensalter empfindlich stören, einschließlich der Generativität und der Neubewertung der eigenen Lebensziele und Erfolge (Broomhall & Winefield, 1990). Zudem hat der ältere Berufstätige, der sich in einem bestimmten Beruf etabliert und verpflichtet hat, etwas verloren, das für ihn von großem Wert ist.

Nach einer Trauerphase begann Georg dem Rat zu folgen, den er seinen eigenen Klienten gegeben hatte. Er machte sich eine Liste von dem, was ihm wirklich Spaß machte, was er nie wieder tun wollte, und den Risiken, die er bei seinem momentanen finanziellen Status und den augenblicklichen Lebensumständen eingehen konnte. Er machte sich selbstständig und bot weiterhin Beratung für Rentner an, schrieb Artikel und hielt Vorträge über alle Themen der Verrentung. Dabei arbeitete er im T-Shirt von zu Hause aus, anstatt einen Anzug zu tragen. Effektive, problemzentrierte Bewältigungsstrategien befähigten Georg, sich wieder ein befriedigendes Arbeitsleben aufzubauen (Kinicki, Prussia, & McKee-Ryan, 2000).

Soziale Unterstützung ist an dieser Stelle enorm wichtig, um den Stress zu mindern und den Arbeitssuchenden im mittleren Lebensalter von seinem Wert zu überzeugen. Allerdings funktionieren nicht alle Formen der sozialen Unterstützung in gleichem Maße. So hat sich gezeigt, dass die Anerkennung der Fähigkeiten des Betreffenden sowie die Kommunikation mit anderen, die ihre Interessen und Wertvorstellungen teilen, am wirkungsvollsten sind (Mallinckrodt & Fretz, 1988). Beides sind Erfahrungen, die sich häufig in den Interaktionen mit Arbeitskollegen abspielen.

Menschen, die ihre Arbeitsstelle im mittleren Lebensalter verloren haben, gewinnen für gewöhnlich ihren vormaligen Status nicht zurück und es gelingt ihnen zumeist auch nicht, wieder eine Arbeitsstelle zu finden, die ähnlich gut bezahlt ist. Auf ihrer Suche sehen sie sich konfrontiert mit Diskriminierung wegen ihres Alters und stellen fest, dass sie für viele der angebotenen Stellen überqualifiziert sind. Beratung, die sich auf Finanzplanung konzentriert, hilft Gefühle von Erniedrigung wegen des Stigmas der Arbeitslosigkeit zu reduzieren und ermutigt zu persönlicher Flexibilität, welche wiederum dazu verhilft, alternative, zufrieden stellende Arbeitsrollen zu finden.

16.5.5 Planung des Ruhestands

Eines Abends treffen sich Dirk und Patricia mit Georg und Anja zum Abendessen. Während der Mahlzeit meinte Dirk: „Georg, du bist doch Experte zu diesem Thema. Erzähl uns, was du und Anja im Rentenalter nun zu tun gedenkt. Werdet ihr euer Geschäft schließen oder nur noch Teilzeit arbeiten? Denkst du, ihr werdet hierbleiben oder wegziehen?"

Noch vor drei oder vier Generationen hätte es diese Unterhaltung zwischen den beiden Paaren nicht gegeben. Im Jahre 1900 haben 70 % der nordamerikanischen Männer im Alter von 65 Jahren und darüber immer noch gearbeitet. Im Jahre 1970 ist diese Zahl auf 27 % gesunken. Im Jahre 2000 waren es 9 % in Kanada und 17 % in den Vereinigten Staaten (Statistics Canada, 2002h; U.S. Bureau of the Census, 2002c). In Deutschland arbeiteten im Jahre 2002 mit 65 und mehr Jahren nur noch 1,1 % (Statistisches Jahrbuch der Bundesrepublik Deutschland, 2003). In den Ruhestand zu gehen ist nicht länger nur das Privileg der Reichen. Staatlich unterstützte Rentenzahlungen begannen in Kanada im Jahre 1927 und in den Vereinigten Staaten im Jahre 1935. Heutzutage wird in den Vereinigten Staaten und in Kanada dem Großteil aller Rentner staatliche Unterstützung gezahlt. Andere finanzieren sich aus privaten Rentenkassen von Seiten der Arbeitgeber (Chappell et al., 2003; Meyer & Bellas, 1995).

Die meisten arbeitenden Menschen freuen sich auf ihre Verrentung und eine zunehmende Anzahl verlässt ihren Vollzeitarbeitsplatz schon im mittleren Lebensalter. Das durchschnittliche Rentenalter ist in den vergangenen zwei Jahrzehnten gesunken. Zurzeit liegt es in Kanada und in den Vereinigten Staaten bei 62 Jahren und in anderen westlichen Nationen zwischen 60 und 63 Jahren (Statistics Canada, 2002h; U.S. Bureau of the Census, 2002c). Dies bedeutet, dass eine zunehmende Anzahl von Menschen bis zu einem Viertel ihres gesamten Lebens in Rente verbringen.

Das Rentenalter ist ein langwieriger komplexer Prozess, der beginnt, sobald die Person im mittleren Lebensalter anfängt, darüber nachzudenken (Kim & Moen, 2002b). Eine Planung ist wichtig, da im Rentenalter zwei mit der Arbeit verbundene positive Aspekte verloren gehen – das Einkommen und der Status. Außerdem ergeben sich auch in vielen anderen Bereichen des Lebens Veränderungen. Wie auch bei anderen Übergangsphasen im Leben kann der Eintritt in das Rentenalter häufig mit Stress verbunden sein.

16.5 DIE EMOTIONALE UND SOZIALE ENTWICKLUNG IM MITTLEREN ERWACHSENENALTER

„Eine Rentenplanung hilft dir, deine Möglichkeiten zu bewerten, zu entdecken, wo die nötigen Ressourcen zu finden sind, und es bereitet dich emotional auf die zukünftigen Veränderungen vor", hörten Dirk und Patricia Georg erklären, als sie eines seiner Rentenseminare besuchten. Bis zu 40 % aller Menschen im mittleren Lebensalter planen für ihren Ruhestand überhaupt nicht voraus. Wissenschaftliche Erkenntnisse zeigen allerdings durchgehend, dass eine gewisse Planung eine bessere Anpassung im Rentenalter zur Folge hat und der Betreffende zufriedener ist (Pery, 1995; Quick & Moen, 1998).

In der Tabelle „Aspekte der Fürsorge" finden Sie eine Liste der Themen, die in einem solchen Programm für gewöhnlich besprochen werden. Die Finanzplanung ist sehr wichtig, da für gewöhnlich das Einkommen um ca. 50 % sinkt. Obwohl mehr Menschen sich um die finanzielle Planung kümmern als um alles andere, ist es trotzdem oft so, dass auch diejenigen, die derartige Programme besuchen, häufig nicht besonders genau hinsehen, wenn es um ihr finanzielles Wohlergehen und die damit verbundenen Entscheidungen geht (Hershey et al., 1998). Viele dieser Menschen täten gut daran, wenn sie sich von einem Experten einzeln beraten lassen würden und eine Finanzanalyse aufstellen ließen.

Die Pensionierung führt dazu, dass der Betreffende nun seine Zeit so verbringen kann, wie er es selbst möchte, und nicht mehr das tun muss, was andere ihm vorschreiben. Menschen, die nicht sorgfältig darüber nachgedacht haben, wie sie ihre Zeit ausfüllen können, verlieren unter Umständen sehr schnell das Gefühl für einen Sinn in ihrem Leben. Forschung in den Vereinigten Staaten und in Kanada hat gezeigt, dass die Planung eines aktiven Lebens eine noch wesentlich größere Auswirkung auf die Zufriedenheit nach der Pensionierung hat als etwa die Finanzplanung. Unzweifelhaft liegt dies darin begründet, dass ein aktives Leben sich auf viele Aspekte des psychischen Wohlbefindens positiv auswirkt. Ein strukturierter Zeitplan, soziale Kontakte und ein positives Selbstwertgefühl sind an dieser Stelle außerordentlich wichtig (MacEwen et al., 1995; Ostling & Kelloway, 1992). Der Einzelne sollte sich sorgfältig damit auseinander setzen, ob er oder ob er nicht im Rentenalter einen Wohnungswechsel vornehmen sollte. Auch

Aspekte der Fürsorge

Effektive Planung für den Ruhestand

PROBLEMSTELLUNG	BESCHREIBUNG
Finanzen	Idealerweise sollte die Planung für das Rentenalter mit dem ersten Gehalt beginnen; als Minimum sollte 10 bis 15 Jahre vor der Pensionierung mit der Finanzplanung begonnen werden, da die meisten Menschen mehr als 20 Jahre in Rente leben.
Fitness	Im mittleren Lebensalter mit einem Fitnessprogramm zu beginnen ist wichtig, da ein guter Gesundheitszustand sich sehr stark auf das Wohlbefinden in dieser Lebensphase auswirkt.
Rollenanpassung	Die Pensionierung fällt den Menschen schwerer, die sich sehr stark mit ihrer beruflichen Rolle identifizieren. Sich auf eine radikale Rollenveränderung vorzubereiten, wirkt sich stressreduzierend aus.
Der Wohnort	Das Für und Wider eines Umzuges sollte sorgfältig abgewogen werden, denn der Wohnort wirkt sich auf viele Bereiche des Lebens aus: Sind Ärzte, Freunde, Familie, Freizeitmöglichkeiten und Kulturangebote sowie eine mögliche Teilzeitarbeit in erreichbarer Nähe?
Freizeitaktivitäten	Ein typischer Rentner hat nun für gewöhnlich etwa 50 Stunden zusätzliche freie Zeit in der Woche. Eine sorgfältige Planung, was mit dieser Zeit angefangen werden kann, hat eine starke Auswirkung auf das psychische Wohlbefinden.
Krankenversicherung	Möglichkeiten der Kranken- und Sozialversicherung sollten sorgfältig ausgelotet werden, damit die Lebensqualität auch im Rentenalter erhalten bleibt.
Rechtliche Angelegenheiten	Die Vorbereitungsphase vor der Pensionierung ist ein guter Zeitpunkt, um ein Testament aufzusetzen und mit der Klärung der Vermögensverhältnisse über den eigenen Tod hinaus zu beginnen.

Quelle: Pery, 1995.

dieser Aspekt hängt mit einem aktiven Leben untrennbar zusammen, denn eine solche Entscheidung hat Auswirkungen darauf, inwieweit die Familie, die Freunde, Freizeitmöglichkeiten und Kulturangebote sowie möglicherweise auch eine Teilzeitarbeit in erreichbarer Nähe sind.

Dirk setzte sich mit 62 Jahren zur Ruhe, Georg ging mit 66 Jahren in Rente. Obwohl sie mehrere Jahre jünger waren, stimmten Patricia und Anja – wie dies heutzutage viele Frauen tun – ihre eigene Verrentung auf die ihrer Ehemänner ab (Ruhm, 1996). Bei guter Gesundheit und ohne einen Partner, mit dem sie ihr Leben hätte teilen können, führte Patricias Freundin ihre Firma weiter bis zum Alter von 75 Jahren. Tim ging früh in Rente und suchte sich eine andere Wohnung, um in der Nähe von Elena zu leben, wo er sich aktiv ins öffentliche Leben einbrachte, indem er Zweitklässler in einer öffentlichen Schule unterrichtete, einen Shuttle-Service einrichtete, um Kinder aus innerstädtischen Ghettos ins Museum zu fahren, und nach der Schule und an Wochenenden Jugendlichen Sportunterricht gab. Für Tim wie für viele Menschen aus der Wirtschaft erwies sich das Rentenalter als eine Zeit, in der sie zum ersten Mal die Möglichkeit hatten, Augen für die Welt um sich herum zu haben.

Unglücklicherweise sind Menschen mit einer niedrigeren Schulbildung und einem niedrigeren Einkommen diejenigen, die an solchen Vorbereitungsprogrammen am wenigsten teilnehmen, obwohl sie die meisten Vorteile daraus ziehen könnten. Im Vergleich zu Männern planen Frauen weniger voraus für die Zeit der Rente und verlassen sich häufig auf die Vorbereitungen ihres Ehemannes – was sich allerdings wahrscheinlich verändern wird in einer Zeit, in der Frauen immer mehr zur Gleichberechtigung finden und nicht mehr nur der zweitrangige Brotverdiener in der Familie sind (Han & Moen, 1999). Arbeitgeber müssen zusätzliche Schritte unternehmen, um weniger gut bezahlte Arbeiter sowie Frauen zu ermutigen, an diesen Planungsprogrammen teilzunehmen (Gibson & Burns, 1991). Zudem ist eine bessere Anpassung an das Rentenalter bei finanziell schlechter gestellten Menschen abhängig davon, inwieweit eine ärztliche Versorgung für sie zugänglich ist, und von der Berufsausbildung und den Arbeitsstellen im früheren Lebensalter. Somit wird klar, dass ein Leben voller offener Möglichkeiten, reich an Erfahrungen, eine große Auswirkung auf den Übergang ins Rentenalter hat. In Kapitel 18 werden wir uns noch einmal mit der Entscheidung, in Rente zu gehen, auseinander setzen und uns die Anpassung an diese Lebensphase näher ansehen.

Prüfen Sie sich selbst ...

Rückblick
Welche Faktoren führen dazu, dass die Zufriedenheit am Arbeitsplatz mit zunehmendem Alter steigt?

Anwendung
Ein leitender Angestellter fragt Sie, was seine große Firma dafür tun könnte, dass Frauen und Mitglieder ethnischer Minoritäten in Führungspositionen aufsteigen können. Was würden Sie empfehlen?

Zusammenhänge
Vorgesetzte übertragen älteren Angestellten häufig vermehrt Routineaufgaben, da sie überzeugt sind, dass diese nicht länger komplexe Aufgaben bewältigen können. Nennen Sie Ergebnisse aus diesem und dem vorangegangenen Kapitel, die aufzeigen, dass diese Annahme nicht korrekt ist.

Prüfen Sie sich selbst ...

Zusammenfassung

Eriksons Theorie: Generativität versus Stagnation
Auf welche Weise verändert sich nach Erikson die Persönlichkeit des Menschen im mittleren Lebensalter?
- Die Generativität setzt im frühen Erwachsenenalter ein und erweitert sich in hohem Maße im mittleren Lebensalter, wenn der Erwachsene sich mit Eriksons Konflikt von **Generativität versus Stagnation** konfrontiert sieht. Sehr generative Erwachsene finden ihre Erfüllung in ihrem Beitrag zur Gesellschaft durch ihre Elternschaft, in anderen Familienbeziehungen, in ihrem Beruf, in ehrenamtlicher Arbeit sowie in vielen anderen Formen von Produktivität und Kreativität. Kulturelle Ansprüche und innere Wünsche wirken zusammen und formen die generativen Aktivitäten des Erwachsenen. In hohem Maße generative Erwachsene sind gleichzeitig auch besonders gut angepasst.

Andere Theorien psychosozialer Entwicklung im mittleren Lebensalter
Beschreiben Sie die Ansätze von Levinson und Vaillant bezüglich der psychosozialen Entwicklung im mittleren Erwachsenenalter und diskutieren Sie Ähnlichkeiten sowie Unterschiede zwischen Männern und Frauen.
- Nach Levinson reevaluieren Erwachsene im mittleren Lebensalter die Beziehungen, die sie zu sich selbst und zur Außenwelt haben. Sie müssen sich mit vier Entwicklungsaufgaben auseinander setzen. Jede dieser Aufgaben erfordert es, dass im eigenen Selbst zwei gegensätzliche Tendenzen miteinander in Einklang gebracht werden: jung – alt, Zerstörung – Neuschöpfung, Maskulinität – Femininität sowie Sicheinbringen – Getrenntheit und Abgrenzung.
- Wegen der Doppeldeutigkeit des Alterungsprozesses haben Frauen mehr Schwierigkeiten als Männer zu akzeptieren, dass sie nun älter sind. Männer eignen sich „feminine" Persönlichkeitseigenschaften wie Pflege- und Fürsorgebereitschaft und Frauen Eigenschaften wie Autonomie, Dominanz und Durchsetzungsvermögen an. Männer und erfolgreiche karriereorientierte Frauen reduzieren in diesem Alter häufig ihren Schwerpunkt auf Ambitionen und Erfolg. Für Frauen, die sich der Mutterrolle gewidmet und Kinder großgezogen haben, oder Frauen, die einen wenig erfüllenden Beruf hatten, ist es typisch, sich nun vermehrt in ihre Arbeit und ihr soziales Umfeld einzubringen.
- Nach Vaillant werden Erwachsene im mittleren Lebensalter zu Bewahrern ihrer Kultur. In ihren späten Vierzigern und Fünfzigern tragen sie die Hauptverantwortung für das Funktionieren der Gesellschaft.

Trifft der Terminus Krise des mittleren Lebensalters auf das Erleben der meisten Menschen im mittleren Lebensalter zu?
- Bei den Reaktionen auf die Lebensmitte gibt es sehr große Unterschiede. Nur eine Minderheit erlebt so etwas wie eine **Krise im mittleren Lebensalter** (Midlife Crisis) die einhergeht mit intensiven Selbstzweifeln und einem inneren Umbruch, die dazu führen, dass drastische Veränderungen im persönlichen Leben, wie auch im Arbeitsleben vorgenommen werden.

Charakterisieren Sie das mittlere Erwachsenenalter unter Anwendung eines Ansatzes, der den Schwerpunkt auf die normativen Lebensereignisse legt und eines Ansatzes, der das Leben in aufeinanderfolgende Stufen unterteilt (Ansatz der Entwicklung durch normative Lebensereignisse und Stufenmodell der Entwicklung).
- Die emotionale und soziale Entwicklung im mittleren Erwachsenenalter ist charakterisiert sowohl von Kontinuität als auch von stufenweiser Veränderung. Manche dieser Veränderungen sind Reaktionen auf äußerliche Ereignisse (wie etwa der Lebenszyklus der Familie), allerdings sind diese Ereignisse weniger altersabhängig, als dies in früheren Jahren der Fall war. Gleichzeitig geben die meisten Erwachsenen im mittleren Lebensalter an, dass sich ihre Entwicklung in verschiedenen Stadien abspielt und immer wieder schwierige Momente vorkommen, die dann aber zu neuem Verständnis und zu neuen Zielen führen.

Stabilität und Veränderung im Selbstkonzept und in der Persönlichkeit
Beschreiben Sie die Veränderungen im Selbstkonzept und in der Persönlichkeit des Erwachsenen im mittleren Lebensalter.
- **Mögliche Erscheinungsformen des Selbst** werden sowohl quantitativ weniger als auch bescheidener und konkreter, wenn der Betreffende seine Hoffnungen und Ängste mit seinen Lebensumständen in Einklang bringt. Mögliche Selbstanteile zu revidieren und neu zu überdenken hilft dem Erwachsenen dabei, sein Selbstwertgefühl und seine Motivation aufrechtzuerhalten.
- Der Erwachsene wird in den mittleren Lebensjahren zunehmend introspektiver und lernt mehr und mehr mit seinem Ich in Verbindung zu bleiben. Selbstakzeptanz, Autonomie und die Fähigkeit, die Umwelt zu bewältigen, prägen sich stärker aus. Manche Menschen betrachten daher diese Jahre auch als den Höhepunkt des Lebens. Auch die Bewältigungsstrategien werden effektiver, wenn der Erwachsene im mittleren Lebensalter eine immer größer werdende Selbstsicherheit im Umgang mit den Problemen entwickelt, die das Leben mit sich bringt.

Beschreiben Sie die Veränderungen in der Geschlechtsidentität im mittleren Lebensalter.
- Sowohl Männer als auch Frauen werden immer androgyner in den mittleren Lebensjahren. Biologische Erklärungen wie etwa die Theorie des elterlichen **Imperativs** sind in die Kritik geraten und Forschungsergebnisse dazu sind nicht eindeutig. Eine komplexe Kombination sozialer Rollen und Lebensumstände ist aller Wahrscheinlichkeit nach verantwortlich für die Veränderungen in der Geschlechtsidentität des mittleren Lebensalters.

Diskutieren Sie Stabilität und Veränderung in den „klassischen fünf" Persönlichkeitseigenschaften im Erwachsenenalter.
- Von den „klassischen fünf" Persönlichkeitsdimensionen, lassen der Neurotizismus, die Extraversion, sowie die Offenheit für neue Erfahrungen einen geringfügigen Rückgang mit dem Alter erken-

nen, während ein angenehmes Wesen (Angenehmheit) und Gewissenhaftigkeit ausgeprägt und in hohem Maße stabil bleiben. Obwohl sich der Erwachsene in seiner Persönlichkeitsorganisation und ihrer Integration verändert, geschieht dies dennoch auf der Grundlage einer bleibenden, stabilen Disposition.

Beziehungen im mittleren Lebensalter

Beschreiben Sie die Phase des mittleren Lebensalters im Lebenszyklus der Familie und diskutieren Sie die Beziehungen in diesen Jahren mit dem Ehepartner, den erwachsenen Kindern, den Enkelkindern und den alternden Eltern.

- „Die Kinder auf den Weg zu bringen und selbst eigene Wege zu gehen", ist die neueste und die längste Phase im Lebenszyklus der Familie. Der Erwachsene im mittleren Lebensalter muss mit vielen Veränderungen bei den Familienmitgliedern zurechtkommen: die Kinder gehen aus dem Haus, heiraten und bekommen selbst Kinder, und die eigenen Eltern werden alt und sterben.
- Die Veränderungen, die das mittlere Lebensalter mit sich bringt, führt bei vielen Erwachsenen dazu, dass sie sich darauf konzentrieren, ihre Ehebeziehung zu verbessern. Wenn eine Scheidung unausweichlich ist, kommen Erwachsene im mittleren Lebensalter damit zumeist besser zurecht als jüngere Menschen. Bei Frauen führt eine gescheiterte Ehe für gewöhnlich zu erheblichen finanziellen Nachteilen, was zur **„Feminisierung" von Armut** führt.
- Die meisten Eltern im mittleren Lebensalter bewältigen die Phase des Lebenszyklus der Familie, wenn die Kinder das Haus verlassen, relativ gut, insbesondere wenn sie sehr stark auf ihren Beruf ausgerichtet sind und wenn der Kontakt zwischen Eltern und Kindern erhalten bleibt. Wenn die Kinder dann selbst heiraten und Schwiegereltern mit in das Familiennetzwerk bringen, übernehmen die Eltern in ihren mittleren Lebensjahren, zumeist die Mütter, die Rolle der **„Hüterin der Verwandtschaftsbeziehungen"**.
- Wenn die Beziehungen innerhalb der Familie positiv sind, ist das Großelterndasein eine bedeutungsvolle Möglichkeit, persönliche und gesellschaftliche Bedürfnisse zu erfüllen. In Familien mit einem niedrigen Einkommensstandard und in manchen kulturellen Untergruppen übernehmen die Großeltern essentiell wichtige Aufgaben, einschließlich finanzieller Unterstützung und Kinderbetreuung. Im Falle von schwerwiegenden Familienproblemen ist es heutzutage keine Seltenheit, dass die Großeltern einspringen und die Kinder großziehen, was zu Generationen überspringenden Familien (auch **multilokalen / supplementären Mehrgenerationenfamilien genannt**) führt.
- Erwachsene im mittleren Lebensalter reevaluieren ihre Beziehungen zu ihren alternden Eltern und lernen diese häufig mehr schätzen. Allerdings bleibt die Qualität der frühen Eltern-Kind-Beziehung – positiv oder konfliktbeladen – zumeist bestehen, was Auswirkungen hat auf die Hilfeleistung, die angeboten und empfangen wird.
- Erwachsene, die sich zwischen den Anforderungen kranker oder gebrechlicher Eltern und finanziell von ihnen abhängiger Kinder wiederfinden, nennt man die **Sandwichgeneration**. Die Aufgabe, sich um die alternden Eltern zu kümmern, fällt zum größten Teil den Töchtern zu, obwohl sich im Allgemeinen sowohl Männer als auch Frauen an dieser Aufgabe beteiligen. Wenn der Erwachsene selbst älter wird, verwischen sich auch die geschlechtsbedingten Unterschiede in der Übernahme der elterlichen Pflege. Soziale Unterstützung ist ausgesprochen wichtig, um den Stress zu mindern, dem die pflegenden Angehörigen ausgesetzt sind.

Beschreiben Sie die Beziehungen zu den Geschwistern und Freunden im mittleren Lebensalter und diskutieren Sie die Beziehungen zwischen den Generationen.

- Der Kontakt und die Unterstützung zwischen Geschwistern nimmt vom frühen bis zum mittleren Erwachsenenalter ab, wahrscheinlich wegen der verschiedenen Rollenanforderungen, denen sich der Erwachsene in den mittleren Lebensjahren gegenübersieht. Allerdings fühlen sich Geschwister in den mittleren Lebensjahren einander mehr verbunden, häufig auch in Reaktion auf einschneidende Lebensereignisse wie etwa der Tatsache, dass die Kinder das Elternhaus verlassen und selbst heiraten, und die Krankheit und der Tod der eigenen Eltern. Bindungen zwischen Schwestern sind in Industrienationen für gewöhnlich die engsten; Ländern also, in denen Beziehungen zwischen Geschwistern etwas Freiwilliges sind. In Gesellschaften nichtindustrialisierter Nationen, in denen Geschwisterbeziehungen die Grundlage darstellen für das Funktionieren der Familie, können auch andere Geschwisterbeziehungen, wie etwa die zwischen Bruder und Schwester, ungewöhnlich stark sein.
- Im mittleren Lebensalter werden die Freundschaften weniger, selektiver und werden wesentlich mehr geschätzt. Männer bleiben auch weiterhin weniger expressiv im Umgang mit ihren Freunden als Frauen, die engere Freundschaften haben. Den Ehe- oder Lebenspartner als den engsten Freund oder die engste Freundin zu haben, trägt sehr zur ehelichen Zufriedenheit bei.
- Neuere Forschung hat starke generationenübergreifende, unterstützende Bindungen in Familien und Gemeinden ergeben. Die meisten Menschen kommen gut damit zurecht, dass anderen Altersgruppen staatliche Unterstützung gewährt wird.

Das Berufsleben

Diskutieren Sie die Zufriedenheit am Arbeitsplatz und die berufliche Entwicklung in den mittleren Lebensjahren, unter besonderer Berücksichtigung der geschlechtsbedingten Unterschiede und der Erfahrungen ethnischer Minoritäten.

- Berufliche Umorientierungen sind nicht ungewöhnlich unter Erwachsenen im mittleren Lebensalter, da in diesen Jahren besonders nach persönlicher Bedeutung und Selbstbestimmung im Berufsleben gesucht wird. Bestimmte Aspekte der beruflichen Leistungen verbessern sich. Die berufliche Zufriedenheit steigt in allen Berufssparten, allerdings vermehrt bei Männern als bei Frauen.
- **Zustände des sich Ausgebranntfühlens (Burnout)** sind ein schwerwiegendes Berufsrisiko, insbe-

sondere in helfenden Berufen. Burnout kann vermieden werden, indem sichergestellt wird, dass das Arbeitspensum normale Ausmaße hat, die Anzahl der Stunden mit besonders stressreicher Arbeit eingeschränkt und dafür gesorgt wird, dass dem Angestellten soziale Unterstützung zur Verfügung steht. Interventionen, die den Arbeitgeber miteinbeziehen in die Schaffung eines qualitativ hochwertigen Arbeitsumfeldes, scheinen außerdem sehr wirkungsvoll zu sein.

- Die berufliche Weiterentwicklung bleibt das gesamte Leben hindurch wichtig. Dennoch befassen sich ältere Arbeiter und Angestellte weniger mit Fortbildung wegen der negativen Stereotypen hinsichtlich der Auswirkungen des Alterungsprozesses, die sich negativ auf die Selbstwirksamkeit auswirken. Auch die fehlende Ermutigung von Seiten der Arbeitgeber und die Tatsache, dass älteren Arbeitern häufiger Routinearbeiten übertragen werden, spielen hier eine Rolle.
- Frauen und ethnische Minoritäten stoßen eher an eine **gläserne Decke**, die sich in einer reduzierten Verfügbarkeit von formalem und informellem Managementtraining ausdrückt, aber auch in Vorurteilen gegenüber Frauen, die Führungsqualitäten und Leistungswillen demonstrieren. Viele Frauen machen sich daraufhin selbstständig oder gründen ihre eigene Firma.

Diskutieren Sie berufliche Veränderungen und Arbeitslosigkeit im mittleren Erwachsenenalter.

- Die meisten Menschen im mittleren Lebensalter bleiben in ihrem Beruf. Diejenigen, die ihren Beruf wechseln, arbeiten zumeist in einer verwandten Berufssparte. Radikalen beruflichen Umorientierungen liegt meistens eine persönliche Krise zugrunde.
- Arbeitslosigkeit ist für Menschen in den mittleren Lebensjahren besonders schwierig. Die meisten Menschen, die von Firmenschließungen und Stellenkürzungen betroffen sind, gehören zu dieser Altersgruppe. Soziale Unterstützung ist an dieser Stelle ausgesprochen wichtig, um den damit verbundenen Stress zu mindern. Eine Beratung kann Arbeitssuchende in diesem Alter darin unterstützen, alternative befriedigende Arbeitsrollen zu finden, wobei diese aber nur selten den gleichen Status haben und zumeist auch nicht so gut bezahlt sind wie die vorherige Position.

Diskutieren Sie die Wichtigkeit der Planung für das Rentenalter, unter Berücksichtigung verschiedener Problemstellungen, mit denen sich Erwachsene im mittleren Lebensalter beschäftigen sollten.

- Eine zunehmende Anzahl amerikanischer Arbeitnehmer geht im mittleren Lebensalter in Rente und verlässt ihre Vollzeitarbeitsstellen. Die Planung für die Verrentung ist sehr wichtig, da der Übergang zum Rentenalter viele Veränderungen mit sich bringt: den Verlust von Einkommen und Status sowie eine Zunahme der zur Verfügung stehenden freien Zeit – Veränderungen, die häufig mit sehr viel Stress verbunden sind. Abgesehen von finanzieller Planung ist auch ein Planen eines aktiven Lebensstiles äußerst wichtig und hat eine besonders starke Auswirkung auf die Zufriedenheit und das Wohlbefinden im Rentenalter. Arbeitgeber sollten darauf achten, dass besonders Niedriglohnarbeiter und Frauen diese Planung nicht vernachlässigen.

Wichtige Fachtermini und Begrife

Ausgebranntfühlen (Burnout) S. 745
elterliche Imperativ-Theorie S. 725
Erscheinungsformen des Selbst S. 720
Familie mit übersprungener Generation S. 735
Feminisierung von Armut S. 730
Generativität versus Stagnation S. 711
gläserne Decke S. 747
Hüterin der Verwandtschaftsbeziehungen S. 732
klassische fünf (big five) Persönlichkeitsdimensionen S. 726
Krise im mittleren Lebensalter S. 718
multilokale/ergänzende Mehrgenerationenfamilie S. 735
Sandwichgeneration S. 738

MEILENSTEINE

Alter	Körperlich	Kognitiv	Emotional/sozial
40–50 Jahre	• Akkomodationsfähigkeit der Augenlinse, Fähigkeit, im schummrigen Licht zu sehen und Farbdiskriminierung nehmen ab; Empfindlichkeit auf grelles Licht nimmt zu. (672)  • Hörverlust in hohen Frequenzen tritt auf. (673) • Haare ergrauen und werden dünner. (671) • Linien im Gesicht werden deutlicher und die Haut verliert Elastizität und beginnt einzufallen. (673) • Weiterhin Gewichtszunahme, begleitet von Fettablagerungen im Rumpf, während die Fettschicht unter der Haut zurückgeht. (673–674) • Verlust magerer Körpermasse (Muskel und Knochen) tritt auf. (674) • Bei Frauen nimmt Östrogenproduktion ab, was zur Verkürzung und Unregelmäßigkeiten des Menstruationszyklus führt. (674–676) • Bei Männern nimmt Quantität von Samenflüssigkeit und Samenzellen ab. (679) • Intensität sexueller Reaktion nimmt ab, die sexuelle Aktivität nimmt jedoch nur leicht ab. (680) • Krebsrate und Herz-Kreislauf-Erkrankungen nehmen zu; bei Männern stärker als bei Frauen. (680–685) 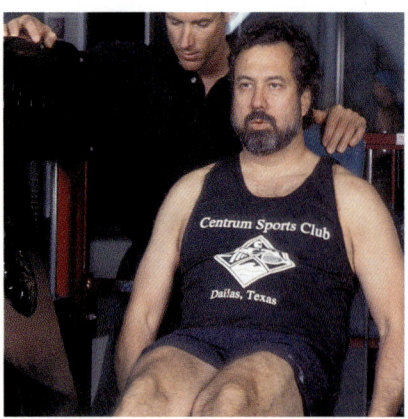	• Bewusstsein für das Altern steigt an. (671) • Die kristalline Intelligenz nimmt zu, die fluide ab. (693) • Die Verarbeitungsgeschwindigkeit nimmt ab; Erwachsene kompensieren mit Praxis und Erfahrung. (696–697) • Bei komplexen Aufgaben nimmt die Fähigkeit, Aufmerksamkeit zu teilen und zu kontrollieren ab; Erwachsene kompensieren mit Praxis und Erfahrung. (698)  • Menge der Informationen im Arbeitsgedächtnis nimmt ab; größtenteils aufgrund reduzierten Gebrauchs von Gedächtnisstrategien. (698) • Das Zurückholen von Informationen aus dem Langzeitgedächtnis wird schwieriger. (698–699) • Allgemeines Faktenwissen, Verfahrenskenntnisse und Wissen, das mit dem Beruf verbunden ist, bleiben unverändert oder nehmen zu. (699) • Zugewinn im praktischen Problemlösen und an Fachwissen. (699–700) • Die Kreativität konzentriert sich auf die Integration von Ideen und wird altruistischer. (701) • Bei einer Beschäftigung, die Herausforderungen und Autonomie bietet, Zugewinn an kognitiver Flexibilität. (702)	• Engagement für andere nimmt zu. (711) • Konzentriert sich mehr auf ein persönlich sinnvolles Leben. (715) • Gewünschte Lebensmöglichkeiten gehen in der Anzahl zurück und werden bescheidener und konkreter. (720) • Die Introspektion wächst an, indem die Menschen über die zweite Lebenshälfte nachdenken. (721) • Selbstakzeptanz, Autonomie und Meistern der Umwelt nehmen zu. (721) • Bewältigungsstrategien werden wirksamer. (722) • Die Geschlechtsidentität wird androgyner: „maskuline" Merkmale nehmen bei Frauen zu, „feminine" Merkmale bei Männern. (722) • Kinder ziehen möglicherweise aus dem Haus. (728)  • Vergrößert möglicherweise das Familiennetzwerk und schließt angeheiratete Verwandte ein. (732) • Hält vielleicht die Familie zusammen, vor allem Mütter. (732) • Sorgt vielleicht für ein Elternteil mit einer Behinderung oder chronischen Krankheit. (738) • Geschwister kommen sich näher. (740–741) • Anzahl der Freunde nimmt gewöhnlich ab. (741–742) • Zufriedenheit mit dem Beruf nimmt zu. (744–745)

Alter	Körperlich	Kognitiv	Emotional/sozial
50–60 Jahre	• Augenlinsen verlieren ihre Akkomodationsfähigkeit ganz. (672) • Hörverlust weitet sich auf alle Frequenzen aus, bleibt jedoch am stärksten bei den höchsten Tönen. (673) • Haut wird weiterhin faltiger und fällt ein und „Altersflecken" erscheinen. (673) • Die Menopause tritt auf. (676) • Weiterhin Verlust von Knochenmasse, besonders beschleunigt bei Frauen nach der Menopause, was zu hohem Auftreten an Osteoporose führt. (685–686) • Bedingt durch ein Zusammensinken von Scheiben zwischen den Wirbeln der Wirbelsäule kann die Körpergröße bis zu 2,5 cm abnehmen. (674)	• Veränderungen in der Kognition, die auf der vorhergehenden Seite beschrieben wurden, setzen sich fort.	• Emotionale und soziale Veränderungen, die oben beschrieben wurden, setzen sich fort. • Wird vielleicht Großmutter oder Großvater. (733) • Eltern-Kind-Unterstützung nimmt ab, Kind-Eltern-Unterstützung dagegen zu. (738) • Geht vielleicht in den Ruhestand. (749)

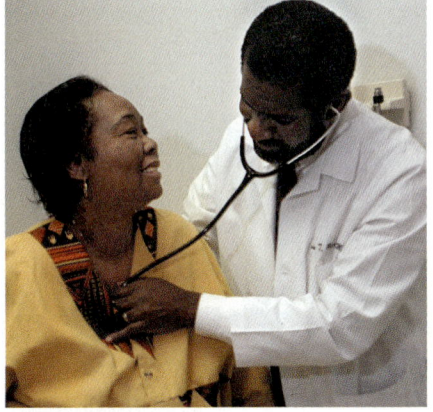

Beachte: Die Zahlen in Klammern weisen hin auf die Seite(n), auf der jeder Meilenstein behandelt wird.

Teil 9: Spätes Erwachsenenalter

Die körperliche und kognitive Entwicklung im späten Erwachsenenalter

17

ÜBERBLICK

17.1	**Lebenserwartung**	761
	Unterschiede in der Lebenserwartung	762
	Lebenserwartung im späten Erwachsenenalter	762
	Maximale Lebensspanne	764
17.2	**Körperliche Veränderungen**	764
	Nervensystem	764
	Sinnessystem	765
	Herz-Kreislauf-System und Atmungssystem	770
	Immunsystem	771
	Schlaf	772
	Körperliche Erscheinung und Beweglichkeit	773
	Anpassung an körperliche Veränderungen im späten Erwachsenenalter	774
17.3	**Gesundheit, Fitness und Gebrechlichkeit**	777
	Ernährung und Bewegung	779
	Sexualität	780
	Körperliche Gebrechen	781
	Mentale Störungen	786
	Gesundheitsfürsorge	790
17.4	**Gedächtnis**	795
	Explizites versus implizites Gedächtnis	795
	Assoziatives Gedächtnis	796
	Weit zurückreichendes Langzeitgedächtnis	797
	Prospektives Gedächtnis	798
17.5	**Sprachverarbeitung**	798
17.6	**Problemlösen**	799
17.7	**Weisheit**	800
17.8	**Faktoren der kognitiven Veränderungen**	802
17.9	**Kognitive Interventionen**	802
17.10	**Lebenslanges Lernen**	803
	Typen von Programmen	803
	Vorteile einer fortwährenden Bildung	805

17.1 KÖRPERLICHE UND KOGNITIVE ENTWICKLUNG IM SPÄTEN ERWACHSENENALTER

"
Mit 64 Jahren gab Walter sein Fotogeschäft auf und freute sich auf die kommenden Jahre mit viel Freizeit, die er zusammen mit Ruth verbringen wollte, einer ehemaligen Sozialarbeiterin, die zur gleichen Zeit in den Ruhestand ging. Diese Phase in Walters und Ruths Leben, die einen Höhepunkt darstellte, war mit ehrenamtlicher Tätigkeit, dreimaligem Golfspielen die Woche und gemeinsamen Sommerurlauben mit Walters älterem Bruder Richard und seiner Frau Rosa ausgefüllt. Walter nahm auch Aktivitäten auf, die er immer geliebt hatte, aber für die er nie Zeit gefunden hatte: Gedichte und Kurzgeschichten schreiben, Theatervorstellungen besuchen, an einem Kurs über Weltpolitik teilnehmen und einen Garten anlegen, der die ganze Nachbarschaft mit Neid erfüllte. Ruth war eine unersättliche Leserin, war Mitglied im Vorstand einer Adoptionsagentur und hatte mehr Zeit, ihre Schwester Ida in einer nahe gelegenen Stadt zu besuchen.

In den kommenden 20 Jahren waren Walters und Ruths Energie und Vitalität eine Inspiration für jeden, der mit ihnen sprach. Ihre Warmherzigkeit, Sorge für andere und Großzügigkeit mit ihrer Zeit brachte nicht nur ihre eigenen Kinder und Enkelkinder, sondern auch Nichten, Neffen, Kinder ihrer Freunde und ehemalige Mitarbeiter dazu, sie oft aufzusuchen. An Wochenenden füllte sich ihr Haus mit Leben.

Dann, Anfang achtzig, veränderte sich das Leben des Paares zutiefst. Walter hatte eine Operation, um eine vergrößerte, von Krebs befallene Prostata zu operieren und war innerhalb von drei Monaten neuerlich nach einer Herzattacke im Krankenhaus. Er lebte noch sechs Wochen, in denen Ruth stets an seiner Seite war, und starb dann. Ruths Trauer wurde unterbrochen von der Notwendigkeit, sich um Ida zu kümmern. Munter und flink noch mit 78 Jahren, baute Ida in ihrem neunundsiebzigsten Lebensjahr geistig ab, trotz ihrer sonst ausgezeichneten Gesundheit. In der Zwischenzeit nahm Ruths Arthritis zu und Sehen und Hören wurden schlechter.

Als Ruth 85 wurde, waren gewisse Tätigkeiten schwieriger geworden, wenn auch nicht unmöglich. „Man muss sich nur daran gewöhnen!", erklärte Ruth in ihrer meist fröhlichen Art. Das Lesen ging schlechter und so holte sie sich Hörbücher aus der Stadtbücherei. Ihr Gang war langsamer und sie sah schlechter, sodass sie zögerte, allein auszugehen. Wenn ihre Tochter mit Familie Ruth zum Abendessen ausführte, ging die Unterhaltung in dem lauten Restaurant so schnell vonstatten, dass Ruth sich davon überwältigt fühlte und wenig sagte. Aber wenn man mit ihr unter vier Augen Kontakt hatte, zeigte sich, dass sie alles andere als passiv und zurückgezogen war. In einer ruhigen Umgebung zeigte sie die Intelligenz, den Witz und die scharfsinnigen Einsichten, wie sie sie ihr Leben lang gehabt hatte.
"

Das späte Erwachsenenalter erstreckt sich ab dem 60. Lebensjahr bis zum Ende der Lebensspanne. Leider machen es die gängigen Beschreibungen hohen Alters unmöglich, die Qualität dieser letzten Jahrzehnte zu begreifen. Stattdessen überwiegen viele Mythen: dass die Alten schwach, senil und krank sind, dass sie wenig Kontakt mit ihrer Familie haben, die sie in Altenheime abschiebt, dass sie nicht mehr in der Lage sind zu lernen und dass sie in eine Phase des Abbaus und der Abhängigkeit getreten sind. Junge Menschen, die wenig Kontakt mit älteren Erwachsenen haben, sind oft überrascht, dass es solche Alten wie Walter und Ruth überhaupt gibt: aktiv und engagiert in der Welt um sie herum.

Wenn wir die körperliche und kognitive Entwicklung im hohen Alter nachvollziehen, werden wir sehen, dass die Balance zwischen Zugewinn und Abbau sich stark zugunsten des Abbaus verschiebt, wenn sich der Tod nähert. Aber der typische Sechzigjährige in den Industrieländern kann noch nahezu zwei gesunde, lohnende Jahrzehnte erwarten, bevor die Veränderung eine Bedeutung für das tägliche Leben erreicht. Und wie es Ruth illustriert, können ältere Erwachsene, selbst wenn sie gebrechlich geworden sind, viele Wege finden, körperliche und kognitive Herausforderungen zu meistern.

Das späte Erwachsenenalter wird am besten gesehen als Erweiterung früherer Perioden, nicht als ein Bruch mit ihnen. Solange soziale und kulturelle Kontexte älteren Menschen Unterstützung, Respekt und einen Lebenszweck zugestehen, sind diese Jahre eine Zeit fortwährender Potentiale.

Körperliche Entwicklung

Wenn Sie das Alter älterer Menschen auf der Grundlage ihrer Erscheinung einschätzen müssten, werden Sie sich häufig irren. In der Tat bemerken wir oft, dass eine ältere Person „jung" oder „alt für ihr oder sein Alter" aussieht, eine Bemerkung, die darauf hinweist, dass das chronologische Alter ein ungenauer Indikator ist für das **funktionale Alter** oder der aktuellen Kompetenz und Leistung. Weil Menschen biologisch in unterschiedlichem Grad altern, unterscheiden Experten zwischen **jungen Alten**, die für ihre fortgeschrittenen Jahre körperlich jung erscheinen, und **alten Alten**, die gebrechlich erscheinen und Zeichen des Abbaus aufweisen.[1] Nach dieser funktionalen Unterscheidung ist es möglich, dass eine 80-Jährige eine junge Alte und eine 60-Jährige eine alte Alte ist (Neugarten & Neugarten, 1987). Doch selbst diese Etiketten fangen nicht voll das weite Spektrum biologischen Alters ein. Aus Kapitel 13 sei erinnert, dass sich bei jeder Person die Veränderung in verschiedenen Teilen des Körpers unterscheidet. Zum Beispiel wurde Ruth körperlich instabil, blieb aber geistig aktiv, während Ida für ihr Alter körperlich fit war, aber es fiel ihr schwer, eine Unterhaltung zu führen, Termine einzuhalten und vertrauten Aufgaben nachzugehen.

Inter- und intraindividuell besteht eine solche Vielfalt, dass bis jetzt Forscher noch nicht in der Lage sind, irgendein biologisches Maß festzustellen, das den Altersabbau, und zwar Geschwindigkeit und Ausmaß, eines Individuums vorhersagt (Hayflick, 1994). Aber wir haben Einschätzungen darüber, wie viel länger die Lebenserwartung älterer Erwachsener ist, und unser Wissen über die Faktoren, die Langlebigkeit im späten Erwachsenenalter beeinflussen, ist stark gestiegen.

17.1 Lebenserwartung

„Ich frage mich, wie viele Jahre ich noch habe", überlegte Ruth nach jedem wichtigen Lebensereignis wie

[1] In der populären Literatur über das Altern ist diese Unterscheidung mit dem chronologischen Alter durcheinander gebracht worden: junge Alte dem Alter von 65 bis 75, alte Alte dem zwischen 75 und 85 und die ältesten Alten dem Alter zwischen 85 und 99 zuzuweisen (siehe zum Beispiel Safire, 1997). In westlichen Nationen ist das Fortbestehen der falschen Annahme, Alter determiniere die Funktion, wahrscheinlich Ursache dieses Stereotyps des Alterns.

Wie alt sind diese Frauen? Wie alt sehen sie aus und wie fühlen sie sich? Weil Menschen biologisch unterschiedlich altern, sieht die 76-Jährige auf der rechten Seite jünger aus als ihre 74-jährige Schwester auf der linken Seite.

der Verrentung und der Verwitwung. Dramatische Zugewinne in der **durchschnittlichen Lebenserwartung** – der Anzahl der Jahre, die ein Individuum, das in einem bestimmten Jahr geboren wurde, noch erwarten kann – unterstützen die Vielzahl von Faktoren, die in den vorhergehenden Kapiteln betrachtet wurden und die das biologische Altern verlangsamen, darunter eine verbesserte Ernährung, medizinische Betreuung, Hygiene und Sicherheit. Aus Kapitel 1 sei daran erinnert, dass ein nordamerikanisches Baby, das im Jahre 1900 geboren wurde, eine durchschnittliche Lebenserwartung von unter 50 Jahren hatte. Im Jahr 2000 erreichten die Menschen schon durchschnittlich ein Alter von 77 Jahren in den Vereinigten Staaten und in Deutschland (74 Jahre für Männer und 80 Jahre für Frauen) und 79 Jahren in Kanada (76 Jahre für Männer und 82 Jahre für Frauen). Die Verlängerung der Lebenserwartung im zwanzigsten Jahrhundert war so außergewöhnlich, dass sie der in den letzten 5.000 Jahren gleichkam. Stetige Abnahme der Säuglingssterblichkeit (siehe Kapitel 3) trägt stark zu einer längeren Lebenserwartung bei. Aber die Todesrate unter Erwachsenen hat ebenso abgenommen. Zum Beispiel haben Herzerkrankungen, die Haupttodesursache der Todesrate Erwachsener in Nordamerika insgesamt, fast um 50 % in den letzten 30 Jahren abgenommen infolge des Rückgangs von Risikofaktoren (wie hoher Blutdruck und Rauchen), besonders aber durch Fortschritte in der medizinischen Behandlung (Kuulasmaa et al., 2000; Statistics Canada, 2002n; U.S. Bureau of the Census, 2002c).

17.1.1 Unterschiede in der Lebenserwartung

Gleichmäßige Gruppenunterschiede in der Lebenserwartung unterstreichen den gemeinsamen Beitrag von Vererbung und Umwelt zum biologischen Altern. Wie die gerade zitierten Zahlen aufzeigen, können Frauen im Durchschnitt mit vier bis sieben Lebensjahren mehr rechnen als Männer, ein Unterschied, der für fast alle Kulturen festgestellt wird. Der Vorteil in der weiblichen Lebenserwartung charakterisiert auch etliche Tierarten einschließlich Ratten, Mäuse und Hunde (Shock, 1977). Man nimmt an, dass der Schutzmechanismus des zusätzlichen X-Chromosoms bei Frauen dafür verantwortlich ist (siehe Kapitel 2). Doch ist seit den 1970ern die Kluft zwischen den Geschlechtern in der Lebenserwartung in den Industrieländern kleiner geworden (Newman & Brach, 2001). Weil Männer ein höheres Risiko für Krankheit und frühen Tod tragen, haben sie etwas mehr Zugewinn durch positivere Veränderungen im Lebensstil und neue medizinische Entdeckungen in ihrer Generation gewonnen.

Die Lebenserwartung unterscheidet sich stark nach SÖS, Ethnizität und Nationalität. Ein amerikanisches weißes Kind zum Beispiel, das im Jahre 2000 geboren wird, wird wahrscheinlich fünf bis sieben Jahre länger leben als ein afroamerikanisches Kind und vier bis fünf Jahre länger als ein indianisches Kind. Ähnlich ist in Kanada die durchschnittliche Lebenserwartung in Gegenden, in denen die Bevölkerung der Ureinwohner mehr als 20 % beträgt, insgesamt um fünf bis 15 Jahre niedriger als insgesamt im Land (Statistics Canada, 1999a; U.S. Bureau of the Census, 2002c). Diese Unterschiede können als Folge von einer höheren Rate der Kindersterblichkeit, Unfällen, lebensbedrohlichen Erkrankungen und durch Armut bedingtem Stress angesehen werden und (in den Vereinigten Staaten) durch gewaltsamen Tod in Minderheitengruppen mit geringem SÖS.

Die Länge des Lebens, und noch wichtiger die *Lebensqualität* im Alter, kann vorhergesagt werden durch die Gesundheitsvorsorge eines Landes, durch Wohnungssituation und soziale Dienste in Verbindung mit Faktoren des Lebensstils. Wenn Forscher die **aktive Lebensspanne,** die Anzahl an Jahren eines tätigen, gesunden Lebens, die ein in einem bestimmten Jahr geborenes Individuum erwarten kann, einschätzen,

erhält Japan den ersten Rang, Kanada den zwölften, die Vereinigten Staaten den enttäuschenden 24. Rang (siehe Abbildung 17.1). Deutschland nimmt den 22. Rangplatz ein. Japans niedrige Rate an Herzerkrankungen, erklärbar mit seiner fettarmen Ernährung in Verbindung mit guter Gesundheitsfürsorge und anderen Maßnahmen für die Alten sind für seinen führenden Status verantwortlich. Weil die Vereinigten Staaten gegenüber allen anderen Industrienationen in all diesen Punkten zurückfallen, sind Amerikaner etwas längere Zeit invalide und sterben früher als Alte in anderen entwickelten Ländern. In Entwicklungsländern mit verbreiteter Armut, Fehlernährung, Krankheiten und bewaffneten Konflikten schwankt die durchschnittliche Lebenserwartung um 50 Jahre und die aktive Lebensspanne ist noch kürzer: 44 Jahre in Haiti, 38 Jahre in Afghanistan, 33 Jahre in Ruanda und 26 Jahre in Sierra Leone (World Health Organization, 2000a).

17.1.2 Lebenserwartung im späten Erwachsenenalter

Obwohl von Armut heimgesuchte Gruppen hinter den wirtschaftlich stärkeren Gruppen zurückfallen, ist die Anzahl der Menschen von 65 und älter in der industrialisierten Welt allgemein dramatisch angestiegen. Vom Beginn bis zum Ende des 20. Jahrhunderts nahmen die Alten von 4 % auf nahezu 13 % in der nordamerikanischen Bevölkerung zu – eine Zahl, von der man annimmt, dass sie bis zur Mitte des 21. Jahrhunderts noch auf 23 % ansteigt. Die am schnellsten wachsende Gruppe von Senioren ist die der über 85-Jährigen, die derzeit 1 % der amerikanischen und 1,4 % der kanadischen Bevölkerung ausmacht. In Deutschland machen sie 1,2 % der Bevölkerung aus (Statistischer Jahresbericht der Bundesrepublik Deutschland, 2003). Um das Jahr 2020 wird der Anteil der Senioren von 85 Jahren sich verdoppelt haben und um 2050 vervierfacht (Statistics Canada, 2002k; U.S. Bureau of the Census, 2002c).

Menschen, die im frühen 21. Jahrhundert 65 werden, haben in den Vereinigten Staaten im Durchschnitt 18 weitere Lebensjahre vor sich, in Kanada weitere 19 Jahre und weitere 17 Jahre in Deutschland. Wie in früheren Jahren bleibt die Lebenserwartung der Frauen höher als die der Männer. Heute besteht die Gruppe der 65- bis 69-Jährigen aus 111 Frauen auf je 100 Männer (in Deutschland kommen auf 100 Männer 112 Frauen); bei Menschen von 85 und höher

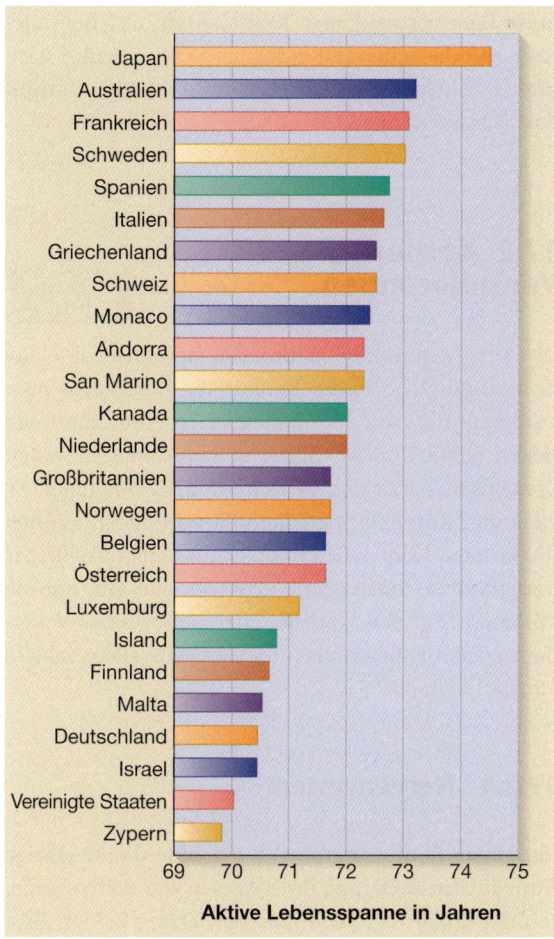

Abbildung 17.1: Aktive Lebensspanne in 25 Nationen.
Faktoren des Lebensstils und eine gute Gesundheitsfürsorge und andere Maßnahmen für alte Menschen tragen zu einer aktiven Lebensspanne bei. Japan steht an erster Stelle, Kanada an zwölfter, Deutschland an 22. Position und die Vereinigten Staaten an einer enttäuschenden 24. Stelle (nach der World Health Organization, 2000a).

erreicht diese Zahl 160 (Health Canada, 2002b; U.S. Department of Health and Human Services, 2002c). In Deutschland kommen auf 100 Menschen 84- bis 85-jährige Männer und 280 Frauen im gleichen Alter (Statistisches Jahrbuch der Bundesrepublik Deutschland, 2003). Diese hohe Abweichung ist in Deutschland sicher auf den Zweiten Weltkrieg und die damit verbundene hohe Sterberate der Männer im Kriegsgeschehen zurückzuführen. Diskrepanzen dieser Art bestehen in allen Industrienationen. In den Entwicklungsländern ist dieses wegen der hohen Todesrate bei der Geburt nicht immer der Fall (Hayflick, 1994).

Obwohl Frauen Männer zahlenmäßig überrunden, nehmen Unterschiede in der Lebenserwartung der Geschlechter im höheren Alter ab. Ein neugeborenes nordamerikanisches Mädchen kann erwarten, sieben bis acht Jahre länger zu leben als ein neugeborener Junge. Mit 65 geht dieser Unterschied auf dreieinhalb Jahre herunter, mit 85 noch auf etwas über ein Jahr. Mit über 100 verschwindet die Lücke der Lebenserwartung zwischen den Geschlechtern. Ähnlich nehmen mit dem Alter Unterschiede in der Krankheitsrate und der Lebenserwartung zwischen Weißen mit höherem SÖS und ethnischen Minderheiten mit geringem SÖS ab. Um das Alter von 85 kommt es zu einem **Austausch der Lebenserwartung**, insofern überlebende Mitglieder ethnischer Minderheiten mit niedrigem SÖS länger leben als Mitglieder der weißen Mehrheit. Abbildung 17.2 illustriert dieses Ergebnis für Afroamerikaner. Forscher spekulieren, dass nur die biologisch robustesten Männer und Angehörige von Gruppen mit geringem SÖS ein sehr hohes Alter erreichen (Barer, 1994).

Natürlich sagt uns die durchschnittliche Lebenserwartung nichts darüber, wie erfreulich das Leben bis in ein reifes Alter ist. Die meisten Nordamerikaner mit 65 Jahren und älter sind in der Lage, ein unabhängiges, produktives Leben zu führen, obwohl mit steigendem Alter das Bedürfnis nach Hilfe zunimmt. Ab dem Alter von 80 haben etwa 35 % Schwierigkeiten, die Aufgaben des täglichen Lebens unabhängig zu bewältigen (U. S. Department of Health and Human Services, 2002f; Statistics Canada, 2002n). Durch dieses ganze Buch hindurch haben wir gesehen, dass genetische und Umweltfaktoren gemeinsam das Altern beeinflussen. In Hinblick auf Vererbung sterben eineiige Zwillinge typischerweise beide innerhalb von drei Jahren, während zweieiige Zwillinge des gleichen Geschlechts sich in mehr als sechs Jahren unterscheiden. Auch tritt Langlebigkeit in Familien auf. Menschen mit langlebigen Vorfahren neigen dazu, länger zu leben und im Alter körperlich gesünder zu sein. Und wenn beide Elternteile 70 Jahre oder älter werden, ist die Wahrscheinlichkeit, dass ihre Kinder 90 oder 100 werden, doppelt so hoch wie für die allgemeine Bevölkerung (Hayflick, 1994; Mitchell et al., 2001).

Gleichzeitig weisen Ergebnisse aus Zwillingsstudien darauf hin, dass der Beitrag der Vererbung auf die Länge des Lebens zugunsten von Umweltfaktoren abnimmt, wenn Menschen erst einmal 75 bis 80 Jahre alt geworden sind. Hierunter fällt eine gesunde Ernährung, normales Körpergewicht, regelmäßige Bewegung, wenig oder gar kein Tabak-, Alkohol- und Medikamentenkonsum, eine optimistische Einstellung, wenig psychischer Stress und soziale Unterstützung (McGue et al., 1993; Rowe & Kahn, 1998). Die Untersuchung von Hundertjährigen (Menschen, welche die 100-Jahres-Grenze überschreiten) bietet spezielle Einsichten darin, wie biologische, psychologische und soziale Einflüsse zusammenwirken, um ein langes befriedigendes Leben zu fördern. Vergleichen Sie den Kasten „Ausblick auf die Lebensspanne" auf Seite 766, um mehr über das lange Leben und die erfolgreiche Anpassung dieser ältesten Individuen herauszufinden.

17.1.3 Maximale Lebensspanne

Vielleicht fragen Sie sich: Welches ist die **maximale Lebensspanne** oder die genetische Grenze der Länge des Lebens bei einem Menschen, der frei ist von äußeren Risikofaktoren? Entsprechend derzeitiger Schätzungen variiert sie zwischen 70 und 100 Jahren für die meisten Menschen mit einem Durchschnitt von 85 Jahren (Harman, 2002). Das höchste nachgewiesene Alter, das ein Mensch bisher erreicht hat, beträgt 122 Jahre.

Spiegeln diese Zahlen die obere Grenze menschlicher Langlebigkeit wider oder kann die Lebensspanne noch weiter ausgedehnt werden? Derzeit sind sich Wissenschaftler über diese Frage nicht einig. Einige nehmen an, dass die meisten Menschen etwa 85 bis 90 Jahre erwarten können, denn der Zugewinn in der durchschnittlichen Lebenserwartung ist größtenteils das Ergebnis der Reduzierung von Gesundheitsrisiken in den ersten 20 bis 30 Jahren. Die Lebenserwartung für Menschen von 65 und älter hat in den letzten zehn Jahren nur wenig zugenommen: nur etwa fünf Monate (U.S. Department of Health and Human Services, 2002f). Andere denken, dass wir das menschliche genetische Limit noch nicht identifiziert haben, weil die Lebensspanne verschiedener Spezies im Labor ausgedehnt wurde: durch selektive Zucht, Gentechnologie und (wie wir in Kapitel 15 gesehen haben) durch Kalorienreduktion.

Die Möglichkeit ähnlicher Fortschritte bei Menschen führt zu einem anderen Thema: Sollte die Lebensspanne so weit wie möglich vergrößert werden? In der Betrachtung dieser Frage antworten viele Menschen, dass die Qualität des Lebens, nicht nur die Quantität, das wichtigste Ziel ist, das heißt, alles Mögliche zu tun, um die aktive Lebensspanne auszuweiten. Die meisten Fachleute stimmen darin überein, dass es nur dann sinnvoll ist, in die Verlängerung der maximalen Lebensspanne zu investieren, wenn die hohe Rate vermeidbarer Krankheiten und Behinderung bei Menschen mit geringem SÖS reduziert wird und dem Alter zugeschriebene Krankheiten verhindert werden können.

17.2 Körperliche Veränderungen

Die programmierten Wirkungen spezifischer Gene und zufällige zelluläre Ereignisse, von denen man annimmt, dass sie dem biologischen Alter zugrunde liegen, (siehe Kapitel 13) lassen den Abbau im späten Erwachsenenalter sichtbarer werden. Es sind mehr Organe und Körpersysteme betroffen. Dennoch können die meisten Körperstrukturen bis in unsere Achtziger und darüber hinaus halten, wenn wir uns um sie kümmern. Für eine Übersicht der körperlichen Veränderungen, die gleich diskutiert werden, siehe Tabelle 13.1 auf Seite 577.

17.2.1 Nervensystem

Bei einem Routinearztbesuch reagierte die 80-jährige Ruth auf die Befragung ihres Arztes, wie es ihr ergehe, mit der Erklärung: „Während der letzten beiden Tage habe ich den Namen der Familie vergessen, die gerade nebenan eingezogen ist, konnte mich nicht erinnern, wo ich einen Stapel Rechnungen hingelegt hatte, und hatte Mühe, für einen Boten eines Lieferservice die richtige Erklärung, wie er mein Haus finden könnte, zu geben. Verliere ich langsam den Verstand?", fragte Ruth ängstlich.

„Sie sind noch viel zu hellsichtig dafür", antwortete Dr. Wiley. „Ruth, wenn Sie ihren Verstand verlieren würden, würden Sie sich über das Vergessen nicht solche Sorgen machen." Ruth fragte sich auch, warum sie extrem heißes und kaltes Wetters schlechter aushielt als früher. Und sie brauchte mehr Zeit, um eine Abfolge von Bewegungen zu koordinieren und war sich ihres Gleichgewichts weniger sicher.

Das Altern des Nervensystems beeinflusst ein breites Spektrum komplexer Gedanken und Aktivitäten. Obwohl das Gehirngewicht während des ganzen Erwachsenenalters abnimmt, wird der Verlust nach 60 stärker und kann bis zum Alter von 80 bis zu 5 bis 10 % infolge des Absterbens von Nerven und der Vergrößerung der Ventrikel (Zwischenräume) innerhalb des Gehirns betragen (Vinters, 2001). Neuronenverlust

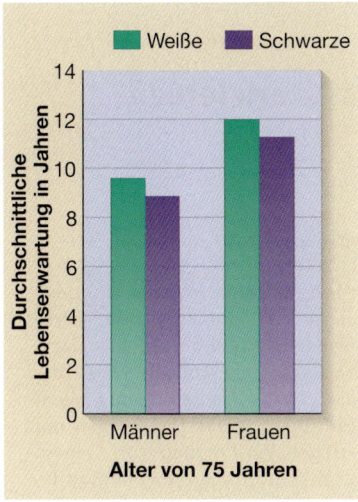 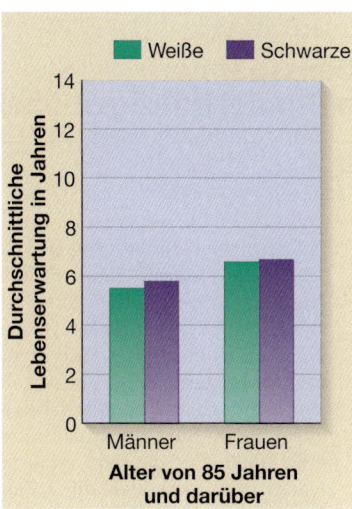

Abbildung 17.2: Durchschnittliche Lebenserwartung für kaukasische und afrikanische Amerikaner im Alter von 75 bis 85 zur Illustration des Austauschs (crossover) der Lebenserwartung. Unter 85 ist die Lebenserwartung für amerikanische Weiße größer als für Schwarze. Mit dem Alter von 85 und darüber kehrt sich dieser Trend um; die durchschnittliche Lebenserwartung wird für Schwarze größer als für Weiße. Weil nur die robustesten Mitglieder von Minderheitengruppen mit geringem SÖS ein sehr hohes Alter erreichen, ist ihre Lebenserwartung etwas höher als die ihrer Altersgenossen mit höherem SÖS. Beachten Sie, wie die Lücke der Lebenserwartung zwischen den Geschlechtern mit dem Alter abnimmt (nach U.S. Bureau of the Census, 2002c).

erfolgt über die ganze Großhirnrinde hinweg, aber in verschiedenen Graden in verschiedenen Bereichen. In denen für das Sehen, Hören und für die Motorik sterben bis zu 50 % der Neuronen ab. Im Gegensatz dazu zeigen Teile der Großhirnrinde (so etwa die Frontallappen), die verantwortlich sind für die Integration von Informationen, weniger Veränderungen. Neben der Großhirnrinde verliert das Kleinhirn (welches das Gleichgewicht und die Koordination kontrolliert) Neuronen, insgesamt etwa 25 %. Gliazellen, welche die Nervenfasern myelinisieren, nehmen ebenfalls ab, was zu einer verringerten Wirksamkeit des Zentralnervensystems beiträgt (Whitbourne, 1999, 2001).

Aber das Gehirn kann diesen Abbau teilweise überwinden. In verschiedenen Untersuchungen fand das Wachstum von Nervenfasern im Gehirn älterer Menschen, die nicht krank waren, im gleichen Maße statt wie bei Menschen mittleren Alters. Alternde Neuronen bildeten neue Synapsen, nachdem andere Neuronen degeneriert waren (Flood & Coleman, 1988). Ferner kann die alternde Großhirnrinde in gewissem Ausmaß neue Neuronen herstellen (Gould et al., 1999). Und Forschungen über Bildaufnahmen des Gehirns enthüllten, dass im Vergleich mit jüngeren Erwachsenen Alte, die gut in Gedächtnisaufgaben sind, manchmal eine weiter verteilte Aktivität über die Bereiche der Großhirnrinde hinweg zeigen. Das weist darauf hin, dass eine Art, wie ältere Erwachsene den Neuronenverlust kompensieren, darin besteht, zusätzliche Gehirnregionen hinzuzuziehen, um die kognitive Verarbeitung zu unterstützen (Grady & Craik, 2000).

Das autonome Nervensystem, das bei vielen lebenswichtigen Funktionen beteiligt ist, ist im hohen Alter ebenfalls weniger leistungsfähig. Ruths verminderte Toleranz heißem Wetter gegenüber zum Beispiel war eine Folge verminderten Schwitzens. Und ihrem Körper fiel es in der Kälte schwerer, seine Normaltemperatur zu halten. Aus diesen Gründen tragen Ältere ein Risiko bei Hitzewellen und Kälteeinbrüchen. Jedoch ist dieser Abbau bei körperlich fitten Älteren, die frei von Krankheiten sind, nur leicht (Whitbourne, 2001). Das autonome Nervensystem setzt auch höhere Mengen von Stresshormonen in den Blutstrom frei als in jüngerem Alter, vielleicht im Bemühen, Körpergewebe anzuregen, das mit den Jahren weniger auf diese Hormone reagiert hat (Whitbourne, 1999). Später werden wir sehen, dass diese Veränderung zu verminderter Abwehr und Schlafproblemen unter alten Erwachsenen beitragen kann.

17.2.2 Sinnessystem

Veränderungen in der Funktion der Sinnesorgane werden im späten Leben besonders auffällig. Ältere Erwachsene sehen und hören weniger gut, und auch Geschmack, Geruch und Empfindlichkeit auf Berührung können abbauen. Wie Abbildung 17.3 zeigt, sind Schädigungen des Gehörs viel verbreiteter als solche des Sehens, und sie verstärken den Trend, wie wir ihn für das mittlere Erwachsenenalter beschrieben haben, da viel mehr Männer als Frauen betroffen sind.

Ausblick auf die Lebensspanne:
Was können wir von Hundertjährigen über das Altern lernen?

Der 1893 in Kroatien geborene Arzt Dr. Bogdan Stojic praktizierte, bis er 100 Jahre alt wurde. Nach seiner Pensionierung im Alter von 101 verbrachte er seine Tage mit Lesen, Schreiben, Spaziergängen und Treffen mit seinen vielen Freunden. Während seines Lebens machte er schwere Zeiten durch. In seiner Jugend kämpfte er in drei Kriegen mit: im Balkankrieg gegen die Türkei, im serbo-bulgarischen Krieg und im Ersten Weltkrieg. Als Soldat in mittlerem Alter wurde er während des Zweiten Weltkriegs Kriegsgefangener der Nazis, diente als Arzt in einem Kriegsgefangenenlager und entging knapp einer Todesstrafe. Nach dem Krieg trat er in eine Privatpraxis ein. Mit 68 packten er und seine Frau ihre Besitztümer zusammen und reisten Tausende von Meilen, ließen sich in Australien nieder, um in der Nähe ihrer Tochter zu wohnen. Dort behandelte Dr. Stojic für weitere 33 Jahre Patienten.

Zu seinem langen und gesunden Leben erklärte Dr. Stojic: „Meine Eltern wurden 90, aber ich habe nie darüber nachgedacht, wie alt ich werden würde. Es passierte einfach ... nicht rauchen, nicht zu viel trinken ... Mein Vater und meine Mutter waren sehr gut. Sie sprachen mit uns, als wären wir erwachsen, als wir zehn Jahre alt waren ... [und] meine Ehe ist sehr gut." Über seine derzeitigen Schwierigkeiten beim Gehen bemerkte er optimistisch: „Ich werde behandelt. Bald kann ich hoffentlich wieder ohne Stock gehen." Er hat weiterhin Ziele, u.a. zur Heilung von Alzheimer beizutragen (Deveson, 1994, S. 218, 222–223).

Infolge von Stereotypen und der Konzentration der Wissenschaftler auf die ganz Alten mit der schwersten Last von Erkrankungen und Invalidität, ist das allgemeine Bild von den ältesten Mitgliedern der menschlichen Spezies das einer extremen Gebrechlichkeit. Jedoch haben die vergangenen 40 Jahre eine zehnfache Zunahme von Hundertjährigen in der industrialisierten Welt verzeichnet, ein Trend, von dem man erwartet, dass er zunimmt. Derzeit beträgt die Anzahl amerikanischer Hundertjähriger etwa 75.000, und die kanadischer etwa 3800. Für das Jahr 2050 erwartet man, dass sich diese Zahlen verdreizehnfachen (Statistics Canada, 2002k; U.S. Department of Health and Human Services, 2002). In Deutschland beträgt die Zahl der 95-Jährigen und älteren derzeit 119 je 1000 (Statistisches Jahrbuch der Bundesrepublik Deutschland, 2003). Weibliche Hundertjährige sind sehr viel häufiger anzutreffen als männliche: etwa im Verhältnis 4:1. Etwa 60 bis 70 % von ihnen haben körperliche und geistige Beeinträchtigungen, die einem unabhängigen Leben entgegenstehen. Aber der Rest führt ein aktives, autonomes Leben (Hagberg et al., 2001; Silver, Jilinskaia, & Perls, 2001). Diese robusten Hundertjährigen sind von besonderem Interesse, denn sie repräsentieren das Potential der menschlichen Spezies. Wie sehen sie aus? Um das herauszufinden, wurden verschiedene Langzeitstudien über Hundertjährige begonnen. Erste Ergebnisse enthüllen, dass sie unterschiedlich sind in Jahren der Ausbildung (keine bis postgraduiert), wirtschaftlichem Wohlbefinden (sehr arm bis sehr reich) und Ethnizität. Gleichzeitig enthüllen ihre körperliche Verfassung und Lebensgeschichten Gemeinsamkeiten.

Gesundheit
Langlebigkeit kommt in Familien vor, was darauf hinweist, dass es einen genetisch bedingten Überlebensvorteil gibt. Diese Alten haben gewöhnlich Großeltern, Eltern und Geschwister, die ein sehr hohes Alter erreichten. Und ihre Kinder, die meisten in ihren Siebzigern und Achtzigern, erscheinen körperlich jung für ihr Alter (Perls et al., 2002).

Die Mehrheit robuster Hundertjähriger ist altersbedingten chronischen Erkrankungen wie Herz-Kreislauf-Erkrankungen, Krebs, Diabetes und Demenz entgangen. Eine Testung der Gene ergab ein geringes Vorkommen von Genen, die mit Störungen von Immundefekten und Alzheimer verbunden werden. In Übereinstimmung mit diesen Ergebnissen haben robuste Hundertjährige typischerweise ein funktionierendes Immunsystem. Untersuchungen nach ihrem Tod zeigen nur selten Gehirnanomalien (Silver & Perls, 2000). Ferner brachten im Vergleich mit der normalen Bevölkerung etwa viermal so viele Hundertjährige gesunde Kinder nach dem Alter von 40 Jahren zur Welt (Perls et al., 2000). Späte Schwangerschaften könnten darauf hinweisen, dass das Fortpflanzungssystem der Frauen langsam altert wie alles Übrige.

Insgesamt weisen robuste Hundertjährige einen durchschnittlichen oder schlanken Wuchs auf und praktizieren eine moderate Ernährung. Die meisten von ihnen haben noch die meisten oder alle Zähne, ein weiteres Zeichen ungewöhnlicher körperlicher Gesundheit. Trotz starken Tabakverbrauchs in ihrer Generation hat die große Mehrheit nie geraucht. Und die meisten von ihnen berichten über körperliche Aktivität über das Alter von 100 hinaus (Kropf & Pugh, 1995).

Persönlichkeit
In der Persönlichkeit erscheinen diese Senioren höchst optimistisch. Statt bei Ängsten und Tragödien zu verweilen, konzentrieren sie sich auf ein besseres Morgen. Je weniger ängstlich und furchtsam Hundertjährige sind, desto günstiger ist die eigene Einschätzung ihrer Gesundheit und ihr psychisches Wohlbefinden (Quinn et al.,

1999). In einer Untersuchung, in der robuste Hundertjährige nach 18 Monaten Persönlichkeitstests wiederholten, berichteten sie über mehr chronische Müdigkeit und Depression, vielleicht als Reaktion auf verstärkte Gebrechlichkeit am tatsächlichen Ende ihres Lebens. Aber sie hatten auch höhere Werte in Zähigkeit, Unabhängigkeit, emotionaler Sicherheit und Offenheit für Erfahrungen – Persönlichkeitszüge, die lebenswichtig dafür sein mögen, über 100 Jahre alt zu werden (Martin, Long, & Poon, 2002). Wenn man sie über Faktoren zu ihrer Langlebigkeit befragte, erwähnten diese extrem Langlebigen oft enge Familienbande und eine lange und glückliche Ehe. Ein ungewöhnlich hoher Prozentsatz hundertjähriger Männer (etwa ein Viertel) ist noch verheiratet (Velkoff, 2000).

Aktivitäten

Robuste Hundertjährige haben oft eine Geschichte von Engagement für die Gemeinschaft, indem sie in Bereichen arbeiten, die wesentlich sind für ihr Wachstum und ihr Glück. Ihre gegenwärtigen Aktivitäten umfassen oft stimulierende Arbeiten und Freizeitaktivitäten, die ihnen möglicherweise dabei helfen, ihre gute Kognition und Lebenszufriedenheit zu erhalten (Samuelsson et al., 1997). Unter den verschiedenen Beschäftigungen robuster Hundertjähriger finden sich das Schreiben von Briefen, Gedichten und Theaterstücken, das Verfassen von Reden, Unterrichten von Musik, Krankenpflege, Holzhacken, Verkauf von Waren, festverzinslichen Wertpapiere und Versicherungen, Malen, Tätigkeit als Arzt und Predigen. In einigen Fällen lernten analphabetische Hundertjährige Lesen und Schreiben. Eine der am meisten beeindruckenden Hundertjährigen war eine Frau von 105 Jahren, die viermal die Woche ein Seminar besuchte. Innerhalb kurzer Zeit konnte sie Verkehrszeichen, Überschriften in der Zeitung und Teile der Bibel lesen (Beard, 1991).

Robuste Hundertjährige werden oft als seltene Kuriositäten betrachtet, die nicht die Normalbevölkerung repräsentieren. Da ihre Anzahl ansteigt, werden sie vielleicht weniger als Ausnahmen betrachtet werden, sondern mehr als Menschen, deren normale Entwicklung optimal verlaufen ist. Diese unabhängigen, geistig wachen, erfüllten Hundertjährigen illustrieren, wie ein gesunder Lebensstil, persönlicher Reichtum an Ressourcen und enge Bande zur Familie und Gemeinschaft auf biologischen Stärken aufbauen und damit die Grenze einer durchschnittlichen aktiven Lebensspanne überwinden helfen können.

Dr. Bogdan Stojic, ein Hundertjähriger, widerspricht dem Stereotyp sehr Alter als extrem gebrechlich. Er hatte bis zum Alter von 101 Jahren eine eigene medizinische Praxis.

■ Sehen

In Kapitel 15 haben wir bemerkt, dass strukturelle Veränderungen im Auge es erschweren, nah gelegene Gegenstände zu fokussieren, in der Dämmerung zu sehen und Farbe wahrzunehmen. Im späten Erwachsenenalter wird das Sehen noch schlechter. Die Kornea (Hornhaut des Auges, die das Auge bedeckt) wird durchlässiger und streut das Licht, was Bilder verschwimmen lässt und die Empfindlichkeit auf grelles Licht erhöht. Die Linsen werden weiterhin gelb, was zu einer weiteren Schädigung der Farbunterscheidung führt. Vom mittleren zum hohen Alter nehmen wolkige Bereiche in den Linsen, **Katarakte** (grauer Star) zu, was zu verschwommenem Sehen und (ohne Operation) schließlich zur Blindheit führt. Die Anzahl von Menschen mit Katarakten nimmt auf das Zehnfache vom mittleren zum späten Erwachsenenalter zu; 25 % der Menschen in ihren Siebzigern und 50 % in ihren Achtzigern sind betroffen (Lindsay, 1999; U.S. Bureau of the Census, 2002c). Neben dem biologischen Altern erhöhen Vererbung, Sonnenexposition und bestimmte Krankheiten (wie Diabetes) das Risiko des grauen Stars (Hammond et al., 2000). Glücklicherweise sind die Entfernung der Linsen und Ersatz mit künstlichen Linsenimplantaten oder korrigierende Brillen oft möglich, um das Sehvermögen zu verbessern.

Geschädigtes Sehen im späten Erwachsenenalter kommt größtenteils von einer Reduktion des Lichts, das die Retina (Netzhaut) erreicht, verursacht durch das Gelbwerden der Linsen, Schrumpfen der Pupille, einer Trübung des Glaskörpers und vom Zellverlust in der Retina und im Sehnerv (siehe Kapitel 15). Adaption an Dunkelheit – von einer hell erleuchteten zu einer dämmrigen Umgebung wechseln – wird schwieriger, was das Betreten eines Kino nach Beginn der Vorstellung zu einer Herausforderung gestaltet. Zusätzlich ist das Tiefensehen weniger zuverlässig, da das zweiäugige Sehen (die Fähigkeit des Gehirns, Bilder, die beide Augen wahrnehmen, zu vereinen) abnimmt (Brabyn et al., 2001). Und die Sehschärfe (Feinheit der Unterscheidung) verschlechtert sich, mit einem starken Abfall um das Alter von 70 Jahren (Fozard & GordonSalant, 2001).

Wenn lichtempfindliche Zellen in der *Makula* (gelber Fleck auf der Netzhaut, Stelle des schärfsten Sehens, auch mit fovea bezeichnet) oder der zentralen Region auf der Netzhaut zusammenbrechen, können ältere Erwachsene eine **Makuladegeneration** entwickeln, bei der die zentrale Stelle des Sehfeldes verschwimmt und allmählich verloren geht. Makuladegeneration ist der Hauptgrund für unterschiedliche Grade der Erblindung bei älteren Erwachsenen. Wenn sie frühzeitig diagnostiziert wird, kann sie manchmal mit Lasertherapie behandelt werden (Mayo Clinic, 2000). Etliche groß angelegte Studien weisen darauf hin, dass eine Ernährung, die reich ist an grünen, blattreichen Gemüsesorten, das Risiko der Makuladegeneration vermindert und den Sehverlust bei denen verlangsamt, die unter der Krankheit leiden. Man nimmt an, dass diese Quellen der Vitamine A, C, und E und von Carotinoiden (gelben und roten Pflanzpigmenten) ihre schützende Wirkung ausüben, indem sie Zellen in der Makula vor Schaden durch freie Radikale bewahren. Vitamingaben sind hilfreich, das Vorkommen von sowohl dem grauen Star wie der Makuladegeneration zu reduzieren (Jacques, 1999; Sackett & Schenning, 2002).

Sehschwierigkeiten haben einen tiefen Einfluss auf das Selbstvertrauen und tägliches Verhalten älterer Menschen. Ruth gab in ihren Mittsiebzigern das

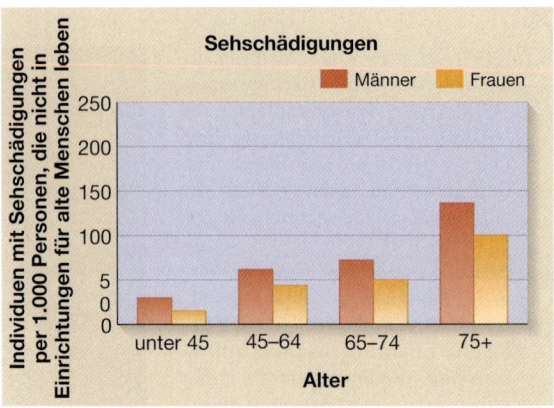

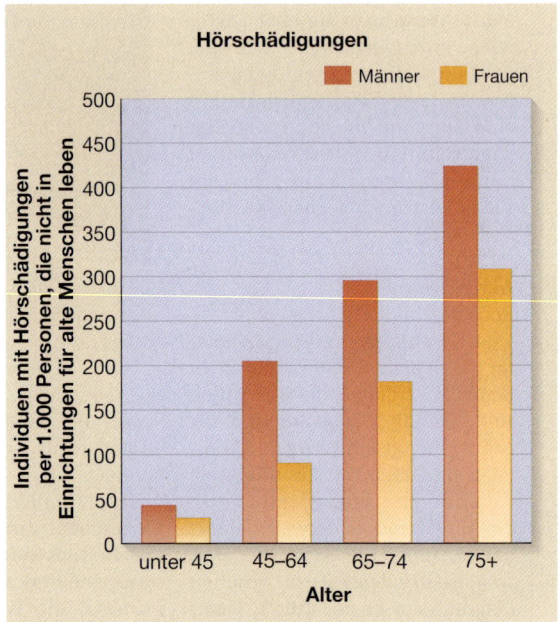

Abbildung 17.3: Seh- und Hörschäden bei amerikanischen Männern und Frauen in Abhängigkeit vom Alter. Hörschäden sind bei alternden Menschen weit häufiger als Sehschäden, und viel mehr Männer als Frauen sind betroffen. Allerdings stört ein Sehschaden eher als ein Hörschaden die Selbstversorgung. In Kanada bestehen ähnliche Trends, obwohl das Gesamtvorkommen von Schädigungen der Sinnesorgane etwas niedriger ist. Die Zahlen beziehen sich auf Personen, die nicht in Einrichtungen für alte Menschen leben (nach U.S. Bureau of the Census, 2002c).

Autofahren auf und war sehr besorgt, wenn es Walter schwer fiel, Entscheidungen am Steuer zu treffen. Er hatte Schwierigkeiten, seine Aufmerksamkeit zwischen der Straße und dem Armaturenbrett hin und her zu bewegen, und Mühe, in der Dämmerung und nachts Fußgänger zu erkennen (Owsley et al., 1998). Zu Fuß erhöhen die Probleme älterer Menschen mit der Tiefenwahrnehmung und der Adaption an die Dunkelheit die Wahrscheinlichkeit zu stolpern.

Wenn der Sehverlust sehr groß ist, kann er die Freizeitaktivitäten beeinträchtigen und sehr isolierend wirken. Ruth konnte sich nicht länger an Museen, Filmen, Bridgespielen und Kreuzwortaufgaben erfreuen. Ihr schlechtes Sehvermögen bedeutete auch, dass sie von anderen im Haushalt und beim Einkaufen abhängig war. Dennoch erleben nur 30 %, und dies sogar bei Menschen von 85 Jahren und mehr, eine solche Beeinträchtigung des Sehens, die schwer genug ist, ihren Alltag zu beeinträchtigen (U.S. Department of Health and Human Services, 2002f). Wie bei anderen Aspekten des Alterns bestehen große individuelle Unterschiede in der visuellen Kapazität.

■ Hören

Bei einem Treffen am Neujahrstag hatte die 85-jährige Ruth Schwierigkeiten mit dem Hören. „Mama, das ist Leona, Jakobs Cousine. Ich möchte sie dir gern vorstellen", sagte Ruths Tochter Sybil. In dem Tumult lärmender Kinder, klirrenden Geschirrs, Fernsehgeräuschen und Gesprächen in der Nähe verstand Ruth Leonas Namen oder ihre Beziehung zu Sybils Ehemann Jakob nicht.

„Sag mir deinen Namen noch einmal", bat Ruth. „Hier geht es gerade so zu und es fällt mir schwer zu hören. Lasst uns nach nebenan gehen, damit wir uns ein bisschen unterhalten können."

Reduzierte Blutversorgung und natürlicher Zelltod im inneren Ohr und in der Hörrinde, wie in Kapitel 15 diskutiert, in Verbindung mit einer Versteifung der Membranen (wie der im Trommelfell des Ohres) tragen zum Hörverlust im Alter bei. Die Verschlechterungen sind am stärksten bei hohen Frequenzen, obwohl das Hören leiser Geräusche im gesamten Frequenzbereich abnimmt (siehe Seite 675). Zusätzlich nimmt die Reaktion auf plötzliche Geräusche ab und das Unterscheiden komplexer Tonmuster wird schwieriger (Fitzgibbons & Gordon-Salant, 1998; Ford et al., 1995; Stevens et al., 1998).

Obwohl Hörverlust weniger Einfluss auf die Selbstversorgung hat als Sehverlust, beeinträchtigt er die Sicherheit im und Freude am Leben. Im Getöse des Verkehrs auf Straßen in der Stadt interpretierte die 80-jährige Ruth sowohl gesprochene Warnungen („Passen Sie auf, da kommt noch ein Auto") und nicht gesprochene (das Hupen eines Autos oder das Geräusch eines Warnsignals) nicht immer korrekt. Und wenn sie das Radio oder den Fernseher lauter eingestellt hatte, hörte sie manchmal nicht, wenn das Telefon klingelte oder jemand an die Tür klopfte.

Von allen Hörschwierigkeiten hat der altersbedingte Abbau der Wahrnehmung von Sprache den größten Einfluss auf Zufriedenheit im Leben. Die Fähigkeit, den Inhalt und emotional ausdrucksvolle Merkmale der Konversation zu erfassen, nimmt ab dem 70. Lebensjahr ab, eine Schwierigkeit, die sich in einer geräuschvollen Umgebung verschlechtert (Schneider et al., 2000; Villaume et al., 1997). Obwohl Ruth eine problemzentrierte Bewältigung anwendete, um ihre Chancen, eine Unterhaltung verstehen zu können, zu vergrößern, hatte sie nicht immer Erfolg damit. Und manchmal waren die Leute nicht einsichtsvoll. Bei einem Abendessen im Restaurant zum Beispiel hob Joe ungeduldig seine Stimme, als Ruth ihn bat, etwas zu wiederholen. Und zu Sybil sagte er in der Gegenwart Ruths: „Sei mal ehrlich Sybil, Ruth wird taub, oder nicht?" Jetzt hatte Ruth jedes Wort verstanden. Bei dem Neujahrstreffen nahmen sich weniger Verwandte die Zeit, mit Ruth zu sprechen, und sie spürte schmerzlich die Einsamkeit.

Schwerhörigkeit beeinträchtigt das Alltagsleben älterer Menschen weniger als größere Sehstörungen. Bei Schwerhörigkeit sind Hörgeräte und niedrige Hintergrundgeräusche hilfreich. In Kapitel 4 wurde bereits erwähnt, dass unsere Wahrnehmung von Geburt an *intermodal* ist (d.h. Informationen aus mehr als einem Sinnessystem kombiniert). Indem ältere Menschen den Ausdruck des Gesichts, Gesten und Lippenbewegungen beobachten, können sie durch Sehen das gesprochene Wort interpretieren. Wenn die Familienmitglieder und andere in einer ruhigen Umgebung sprechen, wirken ältere Menschen viel eher wach und kompetent als reduziert ansprechbar auf die umgebende Welt.

■ Geschmack und Geruch

Walters Bruder Richard war ein starker Raucher. In seinen Sechzigern streute er Salz und Pfeffer über sein Essen, rührte einen Extralöffel Zucker in seinen Kaffee und befriedigte sein Verlangen nach stark gewürztem Essen, indem er in mexikanischen und indischen Restaurants „extra scharf" bestellte.

Richards reduzierte Empfindsamkeit auf die vier Grundgeschmäcker (süß, salzig, sauer und bitter) wird bei vielen Erwachsenen über 60 sichtbar. Zusätzlich haben ältere Erwachsene größere Schwierigkeiten, vertraute Nahrungsmittel allein nach dem Geschmack zu erkennen (Mojet, Christ-Hazelhoff, & Heidema,

2001; Stevens et al., 1995). Aber es findet keine Veränderungen in der Anzahl oder Verteilung der Geschmacksknospen im späteren Leben statt, sodass der Abfall in der Geschmacksempfindlichkeit, wie gerade beschrieben, Folge anderer Faktoren als dem Alter sein mag. Rauchen, Zahnprothesen, Medikamente und Umweltgifte können die Geschmackswahrnehmung beeinflussen. Wenn der Geschmack schwächer empfunden wird, ist das Essen weniger genussvoll, was wiederum die Wahrscheinlichkeit von Mängeln in der Ernährung Älterer vergrößert. Geschmackszusatzstoffe können dabei helfen, Nahrungsmittel für ältere Menschen attraktiver zu machen (Drewnowski & Shultz, 2001).

Der Geruch trägt zum Genuss des Essens bei und hat auch einen schützenden Effekt. Eine alternde Person, die Schwierigkeiten hat, verdorbene Nahrungsmittel, Gasgeruch oder Rauch wahrzunehmen, kann in lebensbedrohliche Situationen kommen. Eine Abnahme der Anzahl von Geruchsrezeptoren ab dem Alter von 60 trägt bei zum Abbau der Geruchsempfänglichkeit. Ältere Erwachsene sind weniger genau darin, Gerüche mit Beschreibungen wie *blumig, faulig, fruchtig* oder *süß* in Verbindung zu bringen. Forscher nehmen an, dass die Geruchswahrnehmung im späten Erwachsenenalter verzerrt wird, eine Veränderung, die zu Klagen wie „das Essen schmeckt und riecht nicht mehr richtig" führen mag (Russell et al., 1993). Aber andere Faktoren können dazu beitragen, dass dieser Abbau größer erscheint als er wirklich ist. Einige ältere Erwachsene zum Beispiel haben Schwierigkeiten, sich an Geruchsbezeichnungen zu erinnern, und das macht Aufgaben zum Erkennen von Gerüchen schwieriger (Larsson & Bäckman, 1998). Ferner beeinflusst die Erfahrung mit Geruchsunterscheidungen in bestimmten Bereichen, dass sie sie besser behalten (Engen, 1982). Walter war sein ganzes Leben lang Weinliebhaber gewesen. In seinen frühen Achtzigern konnte er noch die Aromen guter Weine unterscheiden.

■ Berührung

Die Empfindlichkeit für Berührung ist besonders wesentlich für bestimmte Erwachsene, so etwa für solche mit schweren Sehstörungen, die in Blindenschrift lesen müssen, und für Menschen, die in ihren Berufen oder Hobbys feine Oberflächenbeurteilungen abgeben müssen – zum Beispiel bei Tätigkeiten in den Künsten und im Kunsthandwerk. Um Berührung zu messen, legen Forscher fest, wie nah zwei Reize auf der Haut liegen müssen, bevor sie als einer wahrge-

Das Altern bringt einen Abbau in der Empfindlichkeit für Berührung an den Händen und besonders betroffen sind die Fingerspitzen. Doch profitieren viele ältere Menschen, die Aktivitäten im Bereich der Kunst und des Kunsthandwerks lieben, von einem früher erworbenen Fachwissen, um ein hohes Leistungsniveau zu erhalten.

nommen werden. Die Ergebnisse weisen darauf hin, dass Altern einen starken Abbau des Tastsinnes an den Händen bewirkt, besonders an den Fingerspitzen, aber weniger Abbau der Empfindlichkeit an Armen und Lippen. Abbau der Empfindlichkeit für Berührung mag durch einen Verlust von Berührungsrezeptoren in bestimmten Hautregionen und der Verlangsamung der Blutzirkulation in den Extremitäten begründet sein. Ab 70 Jahren sind fast alle älteren Menschen davon betroffen (Stevens & Cruz, 1996).

Wenn wir die Abstände zwischen den Punkten bei der Blindenschrift betrachten, haben 45 % der Menschen mittleren Alters und 100 % älterer Menschen Schwierigkeiten, sie zu interpretieren (Stevens, Foulke, & Patterson, 1996). Genau wie Sehgeschädigte neue Sehhilfen zum Lesen benötigen, wenn sie älter werden, benötigen Sehbehinderte neue taktile Hilfen – ein wichtiger Gesichtspunkt, um der alternden Bevölkerung effektiv helfen zu können.

17.2.3 Herz-Kreislauf-System und Atmungssystem

Das Altern des Herz-Kreislauf- und des Atmungssystems geht im frühen und mittleren Erwachse-

Körperliche Veränderungen

nenalter allmählich vonstatten, gewöhnlich unbemerkt. Zeichen der Veränderung werden im späten Erwachsenenalter auffälliger und lösen bei alternden Menschen Sorge aus, da sie wissen, dass diese Organsysteme lebenswichtig sind für die Qualität und Länge des Lebens. In ihren Sechzigern bemerkten Ruth und Walter, dass sie körperlich mehr angestrengt waren, wenn sie liefen, um einen Bus noch zu erwischen oder auf die andere Straßenseite zu gelangen, bevor das Ampellicht wechselte.

Wenn die Jahre vergehen, wird der Herzmuskel starrer und einige seiner Zellen sterben ab, während andere sich vergrößern, was dazu führt, dass sich die Wände des linken Ventrikels (die größte Herzkammer, von der das Blut in den Körper gepumpt wird) verdicken. Zusätzlich versteifen sich die Arterienwände und sammeln infolge normalen Alters Plaques an (Cholesterin und Fette, besonders wenn die Person unter Arteriosklerose leidet). Schließlich reagiert der Herzmuskel weniger auf Signale der Schrittmacherzellen innerhalb des Herzens, welche die Kontraktion initiieren (Whitbourne, 1996, 1999).

Das gemeinsame Ergebnis dieser Veränderungen ist, dass der Herzmuskel mit geringerer Kraft pumpt, die maximale Herzrate abnimmt und der Blutfluss durch das Kreislaufsystem sich verlangsamt. Das bedeutet, dass bei starker körperlicher Tätigkeit nicht ausreichend Sauerstoff in das Körpergewebe gelangt. (Siehe bereits Kapitel 13, wo erwähnt wird, dass ein gesundes Herz noch bis ins hohe Alter ein typisches Niveau von Anstrengung aufrechterhält).

Veränderungen im Atmungssystem verstärken die gerade beschriebene reduzierte Sauerstoffaufnahme. Weil das Lungengewebe nach und nach seine Elastizität verliert, wird die Vitalkapazität (Menge an Luft, die aus der Lunge ein- und ausgestoßen werden kann) zwischen 25 und 80 zur Hälfte reduziert. Daraus folgt, dass sich die Lunge weniger wirksam füllt und leert, wodurch das Blut weniger Sauerstoff aufnimmt und weniger Kohlendioxid abgibt. Dieses erklärt, warum ältere Menschen ihre Atemrate erhöhen und bei Bewegung und Sport schneller außer Atem sind.

Beeinträchtigungen des Herz-Kreislauf-Systems und solche der Atmung sind extremer bei Menschen, die ihr ganzes Leben lang Zigaretten geraucht haben, ihr Fett nicht reduzierten oder vielen Jahren Umweltgiften ausgesetzt waren. Wir haben in vorhergehenden Kapiteln gesehen, dass Bewegung eine gute Möglichkeit ist, kardiovaskuläres Altern zu verlangsamen. Bewegung erleichtert auch die Atemfunktionen, wie später zu sehen sein wird, wenn wir Gesundheit und Fitness in einem späteren Abschnitt diskutieren werden.

Funktionen des Herz-Kreislauf- und des Atemsystems verschlechtern sich im späten Erwachsenenalter. Aber regelmäßige körperliche Bewegung ist ein wirksames Mittel, diese Veränderungen zu verlangsamen. Diese älteren Bürger aus Havanna trainieren in einem Park als Teil eines nationalen Übungsprogramms. Kuba fordert alle Älteren, die dazu noch imstande sind, auf, 45 Minuten an fünf Tagen die Woche an einem Fitnessprogramm teilzunehmen. Kuba rühmt sich einer durchschnittlichen Lebenserwartung von 75 Jahren, der höchsten in Lateinamerika.

17.2.4 Immunsystem

Wenn das Immunsystem altert, werden T-Zellen, die Antigene (fremde Substanzen, die Immunreaktionen im Organismus auslösen) angreifen, weniger wirksam (siehe Kapitel 13). Außerdem zeigt das Immunsystem eher eine Fehlfunktion, indem es eine **Autoimmunreaktion** gegen normales Körpergewebe richtet. Ein weniger effizientes Immunsystem kann das Risiko älterer Menschen für eine Vielzahl von Krankheiten erhöhen, einschließlich Infektionskrankheiten (wie der Grippe), kardiovaskuläre Erkrankungen, bestimmte Formen von Krebs und eine Vielzahl autoimmuner Störungen wie rheumatoide Arthritis und Diabetes.

Aber der altersbedingte Abbau der Immunfunktion ist nicht der Grund für die meisten Erkrankungen bei älteren Menschen. Er erlaubt es nur, dass die Krankheiten sich fortentwickeln, während eine stärkere Immunreaktion den Krankheitserreger ausgelöscht hätte (Pawelec et al., 1999; Weksler, 1995).

Ältere Erwachsene unterscheiden sich stark in der Immunität (Widerstandskraft). Einige wenige haben ein robustes Immunsystem, das weiterhin fast so gut reagiert wie im frühen Erwachsenenalter. Aber die Reaktion der meisten Älteren rangiert von teilweisem zu völligem Verlust der Funktion (Pawelec et al., 1999a). Die Stärke des Immunsystems einer älteren Person scheint ein Zeichen der gesamten körperlichen Lebenskraft zu sein. Bestimmte Immunindikatoren, wie eine hohe Aktivität der T-Zellen, kann bei sehr Alten das Überleben in den kommenden beiden Jahre voraussagen (Wikby et al., 1998).

In Kapitel 13 wurde betont, dass andere körperliche Veränderungen zu Funktionsstörungen des Immunsystems führen. Zum Beispiel wurde darauf hingewiesen, dass Stresshormone die Widerstandskraft beeinträchtigen. Mit zunehmendem Alter sondert das autonome Nervensystem höhere Dosen davon in den Blutstrom ab (vergleichen Sie Seite 779). Neue Ergebnisse weisen darauf hin, dass eine gesunde Ernährung und Bewegung dabei helfen, die Immunreaktionen im hohen Alter zu erhalten, während Fettleibigkeit den altersbedingten Abbau verstärkt (Bogden & Louria, 1999; Moriguchi et al., 1995; Shephard & Shek, 1995).

17.2.5 Schlaf

Wenn Walter abends ins Bett stieg, lag er gewöhnlich für eine halbe bis eine Stunde wach, bevor er einschlief und dämmerte länger vor sich hin als im jüngeren Alter. Nachts verbrachte er weniger Zeit in der tiefsten Phase des NREM-Schlafs (siehe Kapitel 3) und wachte mehrfach auf. Wieder lag er manchmal eine halbe Stunde oder länger wach, bevor er erneut einschlief.

Ältere Erwachsene benötigen die gleiche Gesamtschlafzeit wie jüngere Erwachsene: etwa sieben Stunden die Nacht. Doch wenn die Menschen älter werden, haben sie mehr Schwierigkeiten, einzuschlafen, im Schlaf zu bleiben und tief zu schlafen, ein Trend, der bei Männern ab 30 und bei Frauen ab 50 Jahren beginnt. Der Zeitpunkt des Schlafens neigt ebenfalls dazu, sich zu verändern, mit früherem Zubettgehen und früherem morgendlichen Erwachen (Hoch et al., 1997). Veränderungen in den Hirnstrukturen, die den Schlaf kontrollieren, und höhere Dosen des Stresshormons im Blut, die einen wach haltenden Effekt auf das Zentralnervensystem haben, werden als verantwortlich dafür angesehen (Whitbourne, 1996).

Bis zum Alter von 70 oder 80 haben Männer aus verschiedenen Gründen mehr Schlafstörungen als Frauen. Erstens beengt die Vergrößerung der Prostata, von der fast alle älteren Männer betroffen sind, die Harnröhre (die Röhre, welche die Blase entleert), was dazu führt, dass die Männer häufiger urinieren müssen, auch nachts. Zweitens neigen Männer eher zur **Schlafapnoe**, bei der die Atmung für zehn Sekunden oder länger unterbrochen ist, was zu vielen kurzen Wachzeiten führt. Das Vorkommen von Schlafapnoe bei älteren Männern ist hoch; 30 bis 50 % haben zwanzig oder mehr Episoden pro Nacht. Schließlich treten periodisch schnelle Bewegungen der Beine manchmal in Verbindung mit Schlafapnoe auf, aber auch zu anderen Zeitpunkten in der Nacht. Diese Bewegungen, die als Unruhe in den Beinen erscheinen, können Folge von Muskelspannungen, reduzierter Blutzirkulation oder altersbedingten Veränderungen in Hirnbereichen der Motorik sein. Obwohl sie häufig bei Älteren vorkommen und nicht gefährlich sind, beeinträchtigen sie den Schlaf (Martin, Shochat, & Ancoli-Israel, 2000).

Ältere Erwachsene klagen oft über Schlafstörungen. Etwa 25 bis 35 % berichten über einen gewissen Grad von Insomnia (Schlaflosigkeit) (Roberts, Shema, & Kaplan, 1999). Schlechter Schlaf kann sich selber erhalten. Walters Erwachen bei Nacht zum Beispiel führte zu Müdigkeit am Tage und kurzen Schläfchen, was das Einschlafen am Abend wiederum erschwerte. Und weil Walter Schwierigkeiten beim Schlaf erwartete, machte er sich darüber Gedanken, was wiederum den Schlaf störte.

Zum Glück gibt es viele Wege, einen ruhigen Schlaf zu fördern, so die Einhaltung einer regelmäßigen Schlafens- und Wachzeit und Benutzung des Schlafzimmers nur zum Schlafen (nicht zum Essen, Lesen oder Fernsehen). Wenn man erklärt, dass sogar jeder gesunde ältere Erwachsene Schlafstörungen hat, erleben die Menschen, dass altersbedingte Veränderungen im Schlaf-Wach-Muster normal sind. Die Älteren erhalten mehr Verschreibungen von Beruhigungsmitteln bei Klagen über Schlafstörungen als 40- bis 60-Jährige. Bei kurzem Gebrauch können diese Medikamente helfen, temporäre Schlaflosigkeit zu lindern. Aber eine Langzeitmedikation kann die Dinge verschlimmern, indem die Häufigkeit und Schwere der Schlafapnoe erhöht wird, und eine Induzierung einer Reaktion von Schlaflosigkeit nach Absetzen des Medikamentes gegeben sein kann (Riedel & Lichstein, 2000). Schließlich können Unbequemlichkeiten infolge einer vergrößerten Prostata mit häufigem Urinieren in der Nacht mit neuen operativen Lasertechniken korrigiert werden, welche die Symptome ohne Komplikationen lindern (Aho & Gilling, 2003).

17.2.6 Körperliche Erscheinung und Beweglichkeit

Der innere körperliche Abbau, den wir betrachtet haben, ist begleitet von vielen äußeren Anzeichen des Älterwerdens, einschließlich der Haut, dem Haar, Strukturen des Gesichts und Körperbau. In früheren Kapiteln haben wir gesehen, dass Veränderungen, die zu einem älteren Aussehen führen, schon in den Zwanzigern und Dreißigern beginnen. Weil diese Veränderungen allmählich geschehen, werden ältere Erwachsene ihre ältere Erscheinung zunächst vielleicht nicht bemerken, bis sie dann offensichtlich wird. Jedes Jahr bei ihren Sommerreisen bemerkten Walter und Ruth, dass Richards und Gudruns Haut faltiger aussah. Ihre Haare wurden immer weißer, da das Pigment verloren ging, und ihre Körper wurden runder und ihre Arme und Beine dünner. Wenn sie wieder heimkamen, wurde es Walter und Ruth bewusster, dass sie selber auch gealtert waren.

Die Faltenbildung und das Einfallen der Haut, beschrieben in Kapitel 15, geht im Alter weiter. Zusätzlich werden Fettdrüsen, welche die Haut geschmeidig halten, weniger aktiv, was zu Trockenheit und Rissigkeit führt. „Altersflecken" nehmen zu; bei einigen älteren Menschen können die Arme, Handrücken und das Gesicht mit diesen Pigmentmalen übersät sein. Es können auch Hautmale und andere kleine Hautunebenheiten erscheinen. Blutgefäße werden unter der Haut sichtbar, die durchsichtiger wird, da sie größtenteils ihre stützende Fettschicht verloren hat (Whitbourne, 1999, 2001). Dieser Verlust begrenzt weiter die Fähigkeit älterer Erwachsener, sich an heiße und kalte Temperaturen anzupassen.

Das Gesicht zeigt ganz besonders diese Effekte, da es häufig der Sonne ausgesetzt ist, was das Altern beschleunigt. Noch weitere Veränderungen erfolgen im Gesicht: Nase und Ohren werden größer, da sich neue Zellen an der äußeren Schicht des Skeletts ansetzen. Die Zähne können gelb, gesprungen und abgebrochen sein und die Gaumen sich zurückbilden. Mit besserer zahnärztlicher Betreuung werden diese Erscheinungen in zukünftigen Generationen weniger auffällig werden. Da Haarfollikel unter der Hautoberfläche absterben, wird bei beiden Geschlechtern das Haar auf dem Kopf dünner und der Schädel wird sichtbar. Bei Männern mit einer Veranlagung zur Kahlheit sterben nicht die Follikel ab, sondern sie beginnen, feine daunenartige Haare zu produzieren (Whitbourne, 1996).

Der Körperbau verändert sich ebenfalls. Die Größe geht weiter zurück, insbesondere bei Frauen, da der Verlust von Knochenmineralien zu einer weiteren Degeneration der Wirbelsäule führt. Das Gewicht fällt im Allgemeinen ab 60 Jahren ab infolge zusätzlichen Verlustes von dichter Körpermasse (Knochendichte und Muskeln), die schwerer ist als die Fettablagerungen, die sich am Rumpf ansammeln.

Verschiedene Faktoren beeinträchtigen die Beweglichkeit. Der erste Faktor ist die Muskelstärke, welche im Allgemeinen im späteren Erwachsenenalter in einem höheren Grade abfällt als im mittleren Alter. Durchschnittlich sind im Alter von 60 bis 70 bis zu 10 bis 20 % der Muskelkraft verloren gegangen, eine Zahl, die auf 30 bis 50 % ab dem Alter von 70 bis 80 ansteigt (Whitbourne, 1996, 2001). Zweitens verschlechtert sich die Knochenstärke wegen der reduzierten Knochenmasse und winzige Risse in Reaktion auf Stress schwächen die Knochen noch mehr. Drittens verringern sich Stärke und Flexibilität der Gelenke und der Sehnen und Bänder (welche die Muskeln mit den Knochen verbinden). In ihren Achtzigern machte Ruths reduzierte Fähigkeit, ihren Körper zu halten, ihre Glieder zu krümmen und ihre Hüften zu drehen, es ihr schwer, mit einem gleichmäßigen leichten Schritt zu gehen, Treppen zu steigen und sich aus einem Stuhl zu erheben.

In Kapitel 13 wurde angemerkt, dass Ausdauersportler, die ihr Training aufrechterhalten, ihr muskulöses Aussehen und einen großen Teil ihrer Stärke bis in die Sechziger und Siebziger behalten. Diese besonders aktiven Individuen verlieren schnell kontrahierende (sich zusammenziehende) Muskelfasern genauso wie andere alternde Individuen, aber sie kompensieren dieses, indem sie die bleibenden langsam kontrahierenden Fasern stärken, sodass sie wirksamer arbeiten. Ein sorgfältig ausgearbeitetes Bewegungsprogramm kann ebenso die Flexibilität der Gelenke und Bewegungsmöglichkeit vergrößern. Als Ruth über Steifheit der Gelenke und Schmerzen klagte, wies ihr Arzt darauf hin, dass bestimmte rhythmische und streckende Übungen sowie Übungen, die Gelenke stützende Muskeln stärken, hilfreich sein könnten.

17.2.7 Anpassung an körperliche Veränderungen im späten Erwachsenenalter

Die Anpassung an die körperlichen Veränderungen im Alter fällt ganz unterschiedlich aus. Richard und Gudrun bedienten sich einer enormen Industrie, die sich entwickelt hatte, um die Erscheinungsformen des hohen Alters zu mildern, einschließlich Kosmetik, Perücken und plastischer Chirurgie. Ruth und Walter dagegen machten sich über ihr dünner werdendes weißes Haar und faltige Haut keine Gedanken. Ihre Identität war nicht so abhängig von ihrer Erscheinung, sondern mehr von dem Wunsch, aktiv und engagiert in ihrer Umwelt zu bleiben.

Die Menschen unterscheiden sich in den Aspekten körperlichen Alterns, die ihnen am meisten bedeuten. Und weil Teile des Körpers in verschiedenem Grade altern, ist das Gefühl körperlichen Alterns bei älteren Menschen multidimensional: Sie fühlen sich in einigen Bereichen älter als in anderen. Im Vergleich mit Richard und Gudrun näherten sich Ruth und Walter dem Alter mit einer positiveren Einstellung und mehr Seelenfrieden. Sie hingen keiner jugendlichen Identität nach, sondern versuchten, Aspekte des Alterns herauszufinden, die verändert werden konnten, und jene zu akzeptieren, die nicht zu ändern sind.

Die Forschung zeigt, dass die augenscheinlichsten äußeren Zeichen des Alterns wie ergrauendes Haar, Falten im Gesicht und Kahlköpfigkeit keine Beziehung haben zu motorischen, sensorischen und kognitiven Funktionen oder zur Langlebigkeit (Schnohr et al., 1998). Im Gegensatz dazu sagen neurologische, sensorische, kardiovaskuläre Gesundheit, Gesundheit des Atem- und Immunsystems und des Skeletts und der Muskeln kognitive Leistungsfähigkeit und sowohl Qualität wie Länge des späteren Lebens voraus (Anstey, Luszcz, & Sanchez, 2001; Korten et al., 1999). Außerdem können Menschen mehr dazu tun, einen Abbau in der Funktion dieser inneren Körpersysteme vorzubeugen, als dazu, graue Haare und Kahlköpfigkeit zu verhindern!

■ Wirksame Bewältigungsstrategien

In Kapitel 15 wurde über problemzentrierte und emotionszentrierte Bewältigung diskutiert. Das kann auch hier angewendet werden. Als Walter und Ruth altersbedingten Veränderungen vorbeugten und sie kompensierten durch Ernährung, Bewegung, Anpassung an die Umgebung und einen aktiven, stimulierenden Lebensstil, spürten sie ein Gefühl persönlicher Kontrolle über ihr Schicksal. Dieses führte zu zusätzlicher positiver Verarbeitung und verbesserten körperlichen Funktionen.

In einer Untersuchung passten sich Ältere, die neue, problemzentrierte Bewältigungsstrategien entwickelten, um mit Sehverlust fertig zu werden – wie sich auf Laute zu verlassen, um Menschen zu erkennen, sich in riskanten Situationen vorsichtiger zu verhalten und sich auszutauschen mit anderen Menschen, die Störungen der Sehfähigkeit hatten – günstiger den täglichen Herausforderungen an und fühlten sich weniger deprimiert (Brennan & Cardinali, 2000). Im Gegensatz dazu neigten Menschen, die es vermieden, sich dem altersbedingten Abbau zu stellen, da sie denken, dass dieser unvermeidlich und unkontrollierbar ist, dazu, passiv zu sein, wenn sie damit konfrontiert wurden, und über mehr körperliche und seelische Anpassungsschwierigkeiten zu berichten (Whitbourne & Primus, 1996).

■ Technische Hilfsmittel

Sich schnell ausweitende **technische Hilfsmittel** bzw. **eine Bandbreite von Geräten, die es Menschen mit Behinderungen erlauben, ihre Funktionen zu verbessern**, stehen zur Verfügung, um älteren Menschen zu helfen, körperlichen Abbau zu bewältigen. Hier sind besonders Computer zu nennen. Menschen mit sensorischen Schäden können spezielle Software benutzen, um Texte zu vergrößern oder sich laut vorlesen zu lassen. Telefone, die mit Stimmenkommando gewählt und beantwortet werden können, helfen Älteren, die Schwierigkeiten damit haben, Knöpfe zu drücken oder zum Telefon von der anderen Zimmerseite aus zu gelangen. Und für Ältere, die verschiedene Medikamente einnehmen, kann ein winziger Computerchip, ein „intelligenter Deckel", auf den Medizinflaschen befestigt werden. Er piepst nach einem eingegebenen Programm, um den älteren Menschen daran zu erinnern, sein Medikament zu nehmen, und kontrolliert, wie viele und zu welcher Zeit Tabletten genommen wurden.

Architekten entwerfen auch „intelligente Häuser", die eine Vielfalt von Merkmalen aufweisen, um Sicherheit und Beweglichkeit zu fördern. Zum Beispiel können Sensoren in Fußböden Licht im Zimmer aktivieren, wenn ein älterer Mensch nachts aufsteht, um zur Toilette zu gehen, und damit Verletzungen vermei-

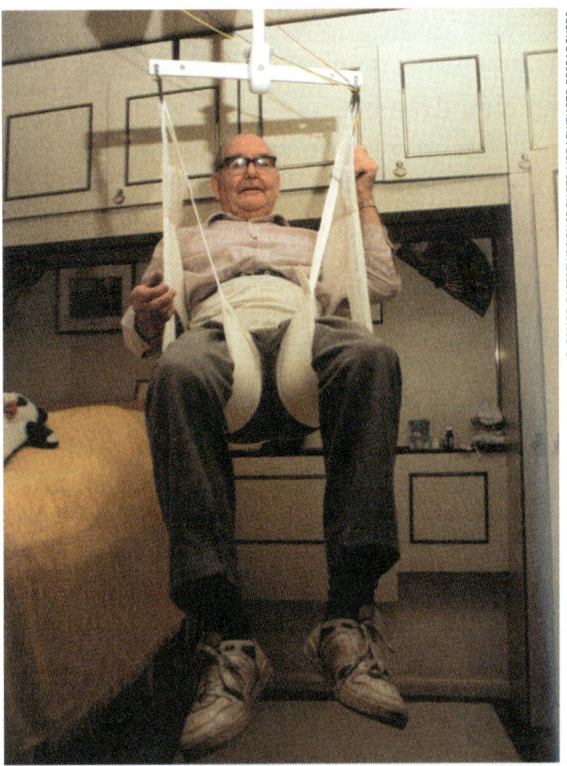

Technische Hilfsmittel, die älteren Menschen mit körperlichem Abbau erlauben, ihre Funktion zu verbessern, nehmen rasch zu. In diesem „intelligenten" Schlafzimmer sitzt ein alter Mensch, der nicht laufen kann, in einem beweglichen Sitz, der an einer Schiene an der Decke befestigt ist. Durch Bedienen von verschieden farbigen Schnüren mit unterschiedlicher Funktion kommt er aus dem Bett und bewegt sich durch die Zimmer.

den. Ein anderes bemerkenswertes Gerät ist ein Hängesitz, der an einer Schiene in der Decke angebracht ist und Menschen mit reduzierter Beweglichkeit von Zimmer zu Zimmer tragen kann (Hooyman & Kiyak, 2002). Derzeit übersteigen Systeme der „intelligenten Häuser" die Mittel der meisten Älteren. Aber da die ältere Bevölkerung wächst, können zukünftige Wohnungen von vorneherein mit einfachen und kostengünstigeren Installation ausgestattet werden.

In den Vereinigten Staaten und Kanada ist die von der Regierung unterstützte Kostenerstattung für technische Hilfsmittel größtenteils auf die grundlegende medizinische Ausstattung beschränkt. Schwedens Gesundheitssystem dagegen ersetzt viele Hilfsinstrumente, die Funktion und Sicherheit fördern (Stone, Staisey, & Sonn, 1991). Auf diese Weise hilft Schweden älteren Menschen, beeinträchtigte Fähigkeiten zu kompensieren und so unabhängig wie möglich zu bleiben.

■ Die Stereotype des Alterns überwinden

Stereotype des späten Erwachsenenalters, die „Verfall als unvermeidlich" ansehen, sind in westlichen Nationen weit verbreitet. Dieses pessimistische Bild zu überwinden ist lebenswichtig, um den Menschen zu helfen, sich auf günstige Weise an die körperlichen Veränderungen des späten Lebens anzupassen. In einer Übersicht älterer Menschen mit unterschiedlichem SÖS berichteten viele über Erfahrungen mit Vorurteilen und Diskriminierung. Zum Beispiel berichteten 30 bis 40 %, dass sie übersehen worden waren, dass man zu ihnen von oben herab sprach oder dass man annahm, sie seien wegen ihres Alters unfähig, zu hören oder etwas gut zu verstehen (Palmore, 2001).

Wie Geschlechtsstereotype arbeiten Altersstereotype oft automatisch und ohne Bewusstheit; Menschen „sehen" Ältere auf eine stereotype Weise, selbst wenn sie ganz anders erscheinen. Wenn Senioren diese Botschaften erhalten, nehmen sie sie für sich selber und für die ältere Bevölkerung ernst. In verschiedenen Untersuchungen setzten Forscher ältere Erwachsene Wörtern aus, die entweder mit negativen Altersstereotypen verbunden waren („klapprig", „verwirrt") oder mit positiven Altersstereotypen („weise", „aufgeklärt"). Jene unter der Bedingung mit negativen

In Kulturen, in denen ältere Menschen mit Ehrerbietung und Respekt behandelt werden, kann ein gealtertes Aussehen eine Quelle des Stolzes darstellen. Diese Maori-Braut aus Neuseeland bittet um den Segen der Großmutter des Bräutigams.

Kulturelle Einflüsse: Kulturelle Unterschiede im Erleben des Alterns

In einer Untersuchung verschiedener Gemeinschaften rund um die Welt fand ein Team von Anthropologen heraus, dass ältere Menschen am besten fahren, wenn sie ihren sozialen Status und Möglichkeiten der Teilnahme in der Gemeinschaft behalten, selbst wenn sie gebrechlich geworden sind (Fry et al., 1997; Keith et al., 1994). Wenn Ältere von wichtigen sozialen Rollen ausgeschlossen werden und Gebrechlichkeit eine Trennung aus der Gemeinschaft bedeutet, führt das Altern zu einem reduzierten psychischen Wohlbefinden.

Betrachten Sie die Herero, ein Hirtenvolk aus Botswana in Afrika. Ältere Erwachsene, die stark und aktiv sind, verbringen ihre Tage genauso wie jüngere Erwachsene, indem sie auf das Vieh aufpassen und andere Pflichten erledigen. Wenn die Alten körperlich abbauen, erhalten sie spezielle Alterspositionen und werden mit Respekt behandelt. Eine Statushierarchie macht den ältesten Mann mit seiner Frau zum Führer des Dorfes. Sie sind dafür verantwortlich, die heilige Flamme der Vorfahren zu erhalten, diese bleiben nach dem Tode wichtige Familienmitglieder. Kinder werden in die Häuser der gebrechlichen Alten geschickt, um mit ihnen zu leben und für sie zu sorgen – eine Zuweisung, die eine Quelle großen Stolzes und Ansehens darstellt.

Hohes Alter ist auch eine befriedigende Zeit des Lebens in Momence, Illinois, einer kleinen, durch Landwirtschaft und Handwerk geprägten Stadt. Die Bevölkerung ist sehr stabil, sodass Älteren Positionen der Autorität wegen der Länge ihrer Einwohnerschaft und ihrer intimen Kenntnis der Gemeinde zustehen. Führer in Stadt, Kirche und Vereinen sind in der Regel älter und ehemalige Leiter werden in Entscheidungen eingebunden. Gebrechliche Alte bleiben auf eine weniger direkte Weise Teil des Gemeinschaftslebens. Weil sie in Familie, Nachbarschaft und kirchliche Netzwerke eingebettet sind, die seit vielen Jahren bestehen, kommen andere Bürger oft zu ihnen, um sie zu befragen, sie zu besuchen und sich nach ihnen zu erkundigen.

In Swarthmore, einem Vorort von Philadelphia mit mittlerem SÖS, ist das Leben für Alte weniger sicher. Obwohl 25 % der Einwohner über 60 Jahre sind, sind die meisten von ihnen erst nach der Pensionierung in die Gemeinde gezogen und ihre erwachsenen Kinder leben irgendwo anders. Folglich bekommen ältere Menschen keinen speziellen Status wegen ihres Alters und nehmen wenige wertgeschätzte Rollen in der Gemeinde ein. Ungleich den Herero und den Bürgern von Momence verbringen Alte in Swarthmore viel Zeit in von anderen Bewohnern getrennten Umgebungen wie beim Bridgespiel und in Kirchengruppen für Senioren. Die Leute in der Stadt neigen dazu, „älter sein" mit dem Alter gleichzusetzen, 60 Jahre und darüber. Im Gegensatz dazu beziehen sich die Herero und die Bürger von Momence selten auf das Alter älterer Erwachsener. Vielmehr erwähnen sie Wissen und soziale Position.

Bei den Herero und in Momence bedroht weder das Alter noch der körperliche Abbau die sozialen Bande in der Gemeinde. In Swarthmore schränkt das Altsein die Integration in die Gemeinde ein und Gebrechlichkeit hat nachhaltige, negative Folgen. Es bringt die typische soziale Isolation.

Beim Volk der Herero in Botswana nehmen Alte bis ins fortgeschrittene Alter aktiv an der Gemeinschaft teil. Wenn diese Hererofrauen körperlich abbauen, wird Kindern die angesehene Aufgabe zugewiesen, in ihrem Haus zu leben und für sie zu sorgen. Und die älteste Frau und der älteste Mann werden zu Führern des Dorfes ernannt.

Stereotypen zeigten intensivere physiologische Reaktionen auf Stress, schlechtere Handschrift, schlechtere Gedächtnisleistungen, weniger Selbstwirksamkeit und weniger Lebenswillen (Levy & Banaji, 2002; Levy et al., 2000).

Wie diese Ergebnisse belegen, haben negative Altersstereotype einen belastenden, desorganisierenden Einfluss auf das Funktionieren der Älteren, während positive Stereotype Stress reduzieren und Kompetenz fördern. In einer Langzeituntersuchung lebten Menschen mit positiver Selbstwahrnehmung des Alterns – die z.B. Aussagen zustimmten wie dieser „Ich werde älter und die Dinge sind besser als ich dachte" – durchschnittlich siebeneinhalb Jahre länger als jene mit negativer Selbstwahrnehmung Dieser Überlebensvorteil blieb bestehen, nachdem Geschlecht, SÖS, Einsamkeit und körperlicher Gesundheitszustand kontrolliert worden waren (Levy et al., 2002).

In Kulturen, in denen die Vorstellung des Alterns weniger den körperlichen Abbau betont und die Alten mit Ehrerbietung und Respekt behandelt werden, kann eine gealterte Erscheinung eine Quelle des Stolzes sein. Zum Beispiel ist ein dem „älter" eng verwandtes Wort in der Sprache der Inuit in Kanada *isumataq* oder „einer, der die Dinge kennt" – ein hoher Status, der beginnt, wenn ein Paar einer erweiterten Familie vorsteht. Als man ältere Mitglieder der Inuit in einer kleinen Gemeinde auf Victoria Island nach ihren Gedanken zu einem guten Altern fragte, erwähnten sie Einstellungen – einen positiven Zugang zum Leben, Interesse, kulturelles Wissen an junge Menschen weiterzugeben und Engagement in der Gemeinschaft – fast doppelt so häufig wie körperliche Gesundheit (Collings, 2001).

In Japan weist ein Ritual mit dem Namen „kanreki" auf die Befreiung einer älteren Person von den Verantwortlichkeiten des mittleren Alters, auf neue Freiheiten und Kompetenzen und einen Ehrenplatz in Familie und Gesellschaft hin. Japanische Großfamilien in den Vereinigten Staaten und Kanada planen den kanreki oft als Überraschungsparty zum sechzigsten Geburtstag, mit Elementen des traditionellen Rituals (wie in der Bekleidung) und des westlichen Geburtstages (einem besonderen Kuchen) (Doi, 1991; Gelfand, 1994). Kulturelle Wertschätzung des Alters macht den Eintritt in das späte Erwachsenenalter, einschließlich seiner körperlichen Veränderungen, zu einem positiven Erlebnis (Siehe auch den Kasten „Kulturelle Einflüsse").

Obwohl der Abbau unvermeidlich ist, kann das körperliche Altern mit Optimismus oder mit Pessimismus betrachtet werden. Wie es Walter kommentierte: „Du kannst dir dein Glas halb voll oder halb leer vorstellen." Heute unterstützt ausgedehnte Forschung die erste Alternative. Im nächsten Abschnitt sind zusätzliche Beispiele aufgeführt.

Prüfen Sie sich selbst ...

Rückblick
Geben Sie Beispiele, wie ältere Erwachsene altersbedingten körperlichen Abbau kompensieren können.

Anwendung
Der 65-jährige Herman inspizierte im Spiegel sein dünner werdendes Haar. „Die beste Weise, sich daran zu gewöhnen, besteht darin, es zu mögen", dachte er. „Ich erinnere mich daran, gelesen zu haben, dass glatzköpfige Männer als Autoritäten angesehen werden." Welche Art der Bewältigung benutzt Herman und warum ist sie wirksam?

Zusammenhänge
Lesen Sie noch einmal die Geschichte von Dr. Stojic, einem robusten Hundertjährigen, im Kasten „Ausblick auf die Lebensspanne" auf S. 766. Welche Aspekte seiner Lebensgeschichte stimmen mit Forschungsergebnissen von Faktoren überein, die zu einem langen, gesunden Leben beitragen?

Zusammenhänge
Wiederholen Sie die Theorie des Geschlechtsschemas in Kapitel 8. Wie beeinflussen Altersstereotype auf ähnliche Weise die Selbstwahrnehmung und das Verhalten Älterer?

Prüfen Sie sich selbst ...

17.3 Gesundheit, Fitness und Gebrechlichkeit

An Walters und Ruths fünfzigstem Hochzeitstag dankte der 77-jährige Walter allen, die gekommen waren, dafür, an dem Fest teilzunehmen. Dann erklärte er sehr bewegt: „Ich bin so dankbar, dass Ruth und ich guter Gesundheit sind und in der Lage, unserer Familie, den Freunden und der Gemeinschaft noch etwas geben zu können."

Wie Walters Bemerkungen belegen, ist die Gesundheit im späten Leben zentral für das psychische Wohlbefinden. Wenn Forscher alte Menschen über ihre möglichen Erscheinungsformen des Selbst befragen (siehe Kapitel 16), nimmt die Zahl erhoffter möglicher körperlicher Erscheinungsformen des Selbst mit dem

Alter ab und die Zahl gefürchteter körperlicher Erscheinungsformen des Selbst nimmt zu. Trotz dieser realistischen Reaktion auf körperliche Veränderungen sind ältere Menschen im Allgemeinen optimistisch hinsichtlich ihrer Gesundheit. Weil sie sich selber mit Gleichaltrigen messen, schätzt die Mehrheit ihre Gesundheit günstig ein (siehe Abbildung 17.4) (Statistics Canada, 2002n; U.S. Department of Health and Human Services, 2002k). In Hinblick auf den eigenen Schutz ihrer Gesundheit, ist das Gefühl der Selbstwirksamkeit der Älteren genauso hoch wie das junger Erwachsener und höher als das von Menschen mittleren Alters (Frazier, 2002; Hooker, 1992).

Je optimistischer Alte hinsichtlich ihrer Fähigkeit sind, körperliche Herausforderungen zu bewältigen, desto besser können sie Bedrohungen ihrer Gesundheit bewältigen, was wiederum weiteren Optimismus und Verhaltensweisen, welche der Gesundheit zuträglich sind, fördert (Hooker & Kaus, 1992; Schwarzer, 1999). Langzeitforschung weist auf, dass körperliche Gebrechen nicht weitere Gebrechen und Abhängigkeit zur Folge haben müssen. In etlichen Untersuchungen zeigten 12 bis 20 % von Älteren mit Gebrechen zwei bis sechs Jahre später eine Verbesserung (Ostir et al., 1999). Ferner erlaubt gute Gesundheit älteren Menschen, sozial aktiv zu bleiben und damit psychisches Wohlbefinden zu fördern (Heidrich & Ryff, 1993). Auf diese Weise sind körperliche und seelische Gesundheit im späten Leben eng miteinander verwoben.

Wie oben erwähnt, nehmen Einflüsse des SÖS und ethnische Unterschiede in der Gesundheit im hohen Alter ab. Dennoch sagt vor dem Alter von 85 der SÖS körperliches Funktionieren voraus (Berkman & Gurland, 1998). Afroamerikanische und hispanische ältere Menschen (von denen ein Fünftel in Armut lebt) behalten ein größeres Risiko für bestimmte Gesundheitsprobleme (siehe Tabelle 17.1). Ältere Menschen der nordamerikanischen und kanadischen Ureinwohner sind noch schlechter dran. Die Mehrheit ist arm und chronische Krankheitszustände sind so weit verbreitet, dass in den Vereinigten Staaten die Bundesregierung diesen Menschen besondere Gesundheitsvergünstigungen gewährt. Sie setzen schon mit 45 Jahren ein, was eine viel härtere und kürzere Lebensspanne widerspiegelt (Gelfand, 1994). Leider suchen Ältere mit geringem SÖS weniger wahrscheinlich medizinische Behandlung auf als ihre Altersgenossen mit höherem SÖS. Wenn sie es doch tun, halten sie sich oft nicht an die Anweisungen des Arztes, weil sie weniger daran glauben, dass sie ihre Gesundheit kontrollieren können und dass die Behandlung Erfolg haben wird (Hopper, 1993). Diese Alten haben kein starkes Gefühl der Selbstwirksamkeit, was ihren körperliche Zustand zusätzlich beeinträchtigt.

Der Geschlechtsunterschied, in Kapitel 15 bereits vorgestellt, dass Männer eher empfänglich für tödliche Erkrankungen sind und Frauen für nicht bedrohliche, aber gebrechlich machende Konditionen, gilt auch im späten Erwachsenenalter. Im sehr hohen Alter (85 und darüber) sind Frauen gebrechlicher als Männer, weil nur die ganz robusten Männer überlebt haben (Arber & Cooper, 1999). Zusätzlich sind ältere Männer, mit weniger körperlichen Einschränkungen, eher fähig, unabhängig zu bleiben und sich in Hobbys und der sozialen Umwelt zu engagieren, die beide eine bessere Gesundheit fördern.

Weit verbreiteter Optimismus hinsichtlich der Gesundheit bei den Älteren bedeutet, dass selbst in den letzten Jahrzehnten des Lebens noch wesentliche Eingriffe stattfinden können, die Gebrechlichkeit vorbeugen. Der Fortbestand der Armut und negative Faktoren im Lebensstil bedeuten, dass mit Zunahme der Langlebigkeit die Krankheiten des hohen Alters ebenso ansteigen, was die Ressourcen der nationalen Gesundheitsfürsorge belastet. Idealerweise möchten wir mit einer höheren Lebenserwartung, dass die durchschnittliche Periode verminderter Energie vor

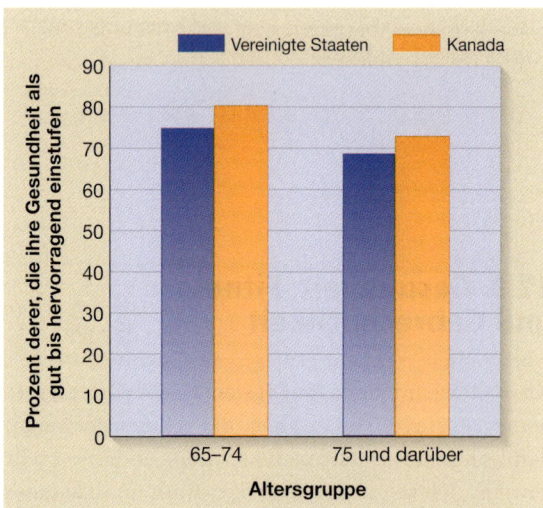

Abbildung 17.4: Prozentsatz älterer Amerikaner und Kanadier, die ihre Gesundheit als gut oder ausgezeichnet einstufen. Die Mehrheit der Alten in beiden Ländern ist hinsichtlich ihrer Gesundheit optimistisch, sogar im Alter von 75 und darüber. Mehr Kanadier als Amerikaner stufen ihre Gesundheit als günstig ein – Urteile, die übereinstimmen mit dem Bild einer besseren Gesamtgesundheit und einer längeren aktiven Lebensspanne bei Kanadiern; siehe Abbildung 17.1 (nach Statistics Canada, 2000n; U.S. Department of Health and Human Services, 2002f).

Tabelle 17.1

Armutsrate und Gesundheitsprobleme bei Älteren ethnischen Minderheiten

Ethnische Minderheit	Armutsrate im Alter von 65 und darüber	Gesundheitsprobleme, die größer sind als in der Normalbevölkerung der Älteren
Afroamerikaner	23 %	Kardiovaskuläre Erkrankungen, eine Vielfalt von Krebsarten, Diabetes
Hispanisch	20 %	Kardiovaskuläre Erkrankungen, Diabetes
Ureinwohner der USA (Indianer)	über 80 %	Diabetes, Erkrankungen der Nieren, der Leber, Tuberkulose, Hör- und Sehschäden
Kanadische Ureinwohner (Indianer und Inuit)	über 63 %	Kardiovaskuläre Erkrankungen, Diabetes, Lebererkrankungen, Tuberkulose

Quellen: MacMillan et al., 1996; Health Canada, 2002i; U.S. Bureau of the Census, 2000c.

dem Tod abnimmt – ein Ziel der öffentlichen Gesundheit, die **Verkürzung der Morbiditätszeit.** Nach einem genauen Blick auf Gesundheit, Fitness und Gebrechlichkeit im späten Erwachsenenalter, wird die Diskussion der Gesundheitsförderung in früheren Kapiteln aufgegriffen und zusätzliche Wege aufzeigen, wie dieses Ziel erreicht werden kann.

17.3.1 Ernährung und Bewegung

Die körperlichen Veränderungen im späteren Leben führen zu einem gesteigerten Bedarf an bestimmten Nährstoffen: Kalzium und Vitamin D zum Schutz der Knochen; Zink und die Vitamine B6, C und E zum Schutz des Immunsystems; und die Vitamine A, C und E, um freien Radikalen vorzubeugen (siehe Kapitel 13). Jedoch kann der Verlust körperlicher Aktivität, beim Schmecken und Riechen und in der Kaufähigkeit (wegen Verschlechterung der Zähne) die Menge und Qualität der gegessenen Nahrung beeinträchtigen (Morley, 2001). Weiterhin hat das alternde Verdauungssystem größere Schwierigkeiten, bestimmte Nährstoffe zu absorbieren, wie Proteine, Kalzium und Vitamin D. Und ältere Menschen, die allein leben, können Probleme mit dem Einkaufen und Kochen haben und weniger essen, wenn sie bei den Mahlzeiten allein sind. Insgesamt vergrößern diese körperlichen und umweltbedingten Umstände das Risiko einer Mangelernährung, die 10 bis 25 % älterer Menschen betrifft (High, 2001).

Ältere Menschen, die Vitamin-Mineral-Zusatzstoffe nehmen, zeigen eine verbesserte Gesundheit und besseres körperliches Funktionieren. In einer Untersuchung zeigte sich, dass eine Vitamin-Mineral-Tablette täglich zu einer verbesserten Immunreaktion und einem 50-prozentigen Abfall der Tage mit Infektionskrankheiten führte (Chandra, 1992). In einer anderen Untersuchung zeigten Männer in einem Kurs mit einem das Eigengewicht tragenden Training, die täglich eine Proteinergänzung zu sich nahmen, eine größere Zunahme der Muskelmasse als trainierende Kurskollegen, die diese Ergänzung nicht zu sich nahmen (Meredith et al., 1992). Und wie oben diskutiert, helfen Ernährungszusatzstoffe, welche die Vitamine A, C und E enthalten, der Makuladegeneration (siehe S. 574) vorzubeugen. Aber ihre Rolle des Schutzes gegen Herz-Kreislauf-Erkrankungen ist noch ungewiss (Watkins et al., 2000). Und obwohl eine Fehlernährung in jedem Alter kognitive Funktionen herabsetzen, zeigen verschiedene Nährstoffe und Kräuter, die als „kognitive Verstärker" gelten (einschließlich Vitamin E und Ginkgo biloba) allenfalls schwache Wirkungen (Gold, Cahill, & Wenk, 2002; McDaniel, Maier, & Einstein, 2002).

Neben der Ernährung bleibt Bewegung weiterhin eine wirksame Gesundheitsmaßnahme. Gesunde ältere Menschen bis zu 80 Jahren mit sitzender Lebensweise, die ein Ausdauertraining beginnen (Laufen, Radfahren, Aerobic), zeigen Zugewinne in der Vitalkapazität, die besser aussieht im Vergleich mit der viel jüngerer Menschen (Stratton et al., 1994). Und Training mit

Gewichten, das im hohen Alter begonnen wird (sogar im Alter von 90), fördert die Muskelgröße und -stärke, den Blutfluss zum Muskel und die Fähigkeit der Muskeln, aus dem Blut Sauerstoff aufzunehmen. Dieses setzt sich um in eine verbesserte Gehgeschwindigkeit, Gleichgewicht, Haltung und der Fähigkeit, alltägliche Aufgaben auszuführen wie dem Öffnen eines widerspenstigen Glasdeckels, dem Tragen einer Tasche mit Lebensmitteln und dem Heben eines Enkelkindes von 27 Pfund Gewicht (Goldberg, Dengel, & Hagberg, 1996; Pyka et al., 1994).

Bewegung erhöht auch die Blutzirkulation in das Gehirn, was die Hirnstrukturen und Verhaltenskapazitäten erhält. Gehirnuntersuchungen zeigen, dass im Vergleich mit bewegungsarmen Alten solche, die körperlich fit sind, weniger Gewebeverlust in verschiedenen Bereichen der Großhirnrinde erleiden, und zwar sowohl in den Neuronen wie in den Gliazellen (Colcombe et al., 2003). Im Einklang mit diesen Ergebnissen reduziert Bewegung den kognitiven Abbau. In einer großen Untersuchung mit Kanadiern im Alter von 65 und darüber waren jene, die eine regelmäßige körperliche Aktivität nachwiesen, viel weniger kognitiv beeinträchtigt, als sie nach fünf Jahren neuerlich eingeschätzt wurden (Laurin et al., 2001).

Obwohl gute Ernährung und körperliche Aktivität am förderlichsten sind, wenn sie ein Leben lang durchgehalten werden, ist ein Wechsel nie zu spät. Walters Onkel Ludwig begann in seinen Sechzigern bis zu seinem Tod im Alter von 94 Jahren, ein bis zwei Stunden Tennis am Tag zu spielen und drei Abende die Woche zum Tanzen zu gehen. Das Training führte bei Ludwig zu einem starken Gefühl körperlichen Selbstbewusstseins. Als Tänzer zog er sich gepflegt an und bewegte sich anmutig. Er bemerkte oft, wie Tanz und andere Sportarten die Erscheinung eines älteren Menschen von nachlässig zu elegant verändern könnten, und damit die innere Schönheit ausdrückten.

Älteren, denen es gelingt, den Nutzen von Bewegung und Training zu erkennen, sich stärker, gesünder und energetischer zu fühlen, führen diese vermehrt regelmäßig aus (Caserta & Gillett, 1998) Mangelnde Einsicht in den gesundheitlichen Nutzen von Sport und Bewegung und die Erwartung von Unbequemlichkeiten stellen jedoch die hauptsächlichen Barrieren für ein regelmäßiges Training älterer Menschen dar; 75 % der Männer und 80 % der Frauen sind nicht aktiv genug (Stewart et al., 2001). Ferner denken viele mit chronischen Krankheitssymptomen, dass die beste Behandlung sei, „es nicht so ernst zu nehmen", und dass das Training eigentlich nur Schaden stiftet. Beim Planen eines Trainingsprogramms für ältere Menschen ist es wichtig, ein Gefühl der Kontrolle über den Altersprozess zu induzieren, indem man den gesundheitlichen Nutzen körperlicher Aktivität betont und negative Annahmen ändert, die solchen Bemühungen widersprechen (Lachman et al., 1997). Aktive Senioren können als positive Rollenvorbilder und Quellen der Ermutigung dienen.

17.3.2 Sexualität

Als Walter 60 wurde, fragte er seinen 90-jährigen Onkel Ludwig, in welchem Alter sexuelles Verlangen und sexuelle Aktivität aufhören, falls sie es denn tun. Walters Frage war motiviert durch einen weit verbreiteten Mythos, dass bei den Alten der Sexualtrieb erlischt (Hillman, 2000). „Es ist besonders wichtig, gut ausgeruht und geduldig beim Sex zu sein", erklärte Ludwig Walter. „Ich kann es nicht so oft wie früher und es ist eine ruhigere Angelegenheit als in meiner Jugend, aber mein sexuelles Interesse ist nie vergangen. Rachel und ich hatten ein glückliches Intimleben und es ist immer noch so."

Obwohl nahezu alle Querschnittsuntersuchungen über einen Abbau sexuellen Verlangens und der Häufigkeit der sexuellen Aktivität bei Alten berichten, kann dieser Trend durch Kohorteneffekte übertrieben sein. Eine neue Generation älterer Menschen, die daran gewöhnt ist, Sexualität positiver zu sehen, wird wahrscheinlich auch sexuell aktiver sein. Weiterhin weist Material aus Langzeituntersuchungen darauf hin, dass die meisten verheirateten älteren Paare über fortgeführte regelmäßige sexuelle Zufriedenheit berichten. Die gleiche Generalisierung, die im mittleren Alter möglich war, gilt auch für das hohe Alter: Guter Sex in der Vergangenheit sagt guten Sex in der Zukunft voraus. Bei unverheirateten Paaren über 65 erreichen es etwa 70 % der Männer und 50 % der Frauen, von Zeit zu Zeit Sex zu haben (Levy, 1994).

Zu häufig wird der Geschlechtsverkehr als einziges Mittel sexueller Aktivität betrachtet, ein Umstand, der eine beengte Sicht des Sexuallebens befördert. Selbst im sehr hohen Alter ist Sexualität mehr als der Geschlechtsakt allein: sich sinnlich fühlen, die enge Partnerschaft zu genießen und geliebt und begehrenswert zu sein (Hodson & Skeen, 1994). Sowohl ältere Männer wie ältere Frauen berichten, dass gewöhnlich der männliche Partner mit dem sexuellen Umgang aufhört. In einer Kultur, in der die Erektion als notwen-

Gesundheit, Fitness und Gebrechlichkeit

Die meisten älteren Paare berichten über weiterhin regelmäßige sexuelle Zufriedenheit. Und selbst im allerhöchsten Alter gehört zu Sex mehr als der Geschlechtsakt selber: sich sinnlich fühlen, eine enge Partnerschaft zu genießen und geliebt und begehrt zu werden.

dig für die Sexualität betont wird, mag sich ein Mann von jeder erotischen Aktivität zurückziehen, wenn er herausfindet, dass es schwieriger wird, eine Erektion zu erlangen, und mehr Zeit dazwischen verstreichen muss (Pedersen, 1998).

Beeinträchtigungen, die den Blutstrom zum Penis unterbrechen (am häufigsten Störungen des autonomen Nervensystems, kardiovaskuläre Erkrankungen und Diabetes), sind für die Dämpfung der Sexualität bei älteren Männern verantwortlich. Rauchen, exzessiver Alkoholgenuss und eine Vielfalt verschriebener Medikamente führen auch zu einer schlechteren sexuellen Leistung. Bei Frauen sind ein schlechter Gesundheitszustand und das Fehlen von Partnern die hauptsächlichen Faktoren reduzierter sexueller Aktivität (Kellett, 2000). Weil mehr Frauen als Männer ein höheres Alter erreichen, haben heterosexuelle ältere Frauen immer weniger Möglichkeiten für sexuelle Begegnungen.

In den meisten Stammes- und Dorfkulturen wird sexuelle Aktivität bei Alten erwartet und Männer und Frauen haben regelmäßig bis ins hohe Alter Sex (Winn & Newton, 1982). In westlichen Nationen wird Sex im hohen Alter oft mit Missbilligung begegnet. Aufklärungsprogramme, die ältere Menschen über normale, altersbedingte Veränderungen in den Sexualfunktionen informieren und eine Sicht der Sexualität fördern, die diese ins Alter ausweitet, fördern positive sexuelle Einstellungen (Hillman & Stricker, 1994). In Altersheimen ist Aufklärung der Betreuer von großer Bedeutung, um die Rechte der Bewohner auf Privatsphäre und Lebensumstände, die Ausdruck von Sexualität erlauben, zu sichern (Levy, 1994).

17.3.3 Körperliche Gebrechen

Krankheit und Gebrechen steigen an, wenn sich das Ende der Lebensspanne nähert. Wenn man die Todesraten in Abbildung 17.5 auf Seite 781 mit denen in Abbildung 15.2 auf Seite 681 vergleicht, sieht man, dass Herz-Kreislauf-Erkrankungen und Krebs (Krankheiten, die in Kapitel 15 diskutiert wurden) vom mittleren zum hohen Alter dramatisch zunehmen und die führende Todesursache bleiben. Wie zuvor sind die Todesraten von kardiovaskulären Erkrankungen und Krebs bei Männern höher als bei Frauen, obwohl der Geschlechtsunterschied mit zunehmendem Alter abnimmt (Lindsay, 1999; U.S. Bureau of the Census, 2002c).

Erkrankungen der Atemwege nehmen ebenfalls im späten Erwachsenenalter stark zu. Unter ihnen befindet sich das Emphysem, das durch einen extremen Verlust der Elastizität im Lungengewebe verursacht ist, was zu schweren Atembeschwerden führt. Obwohl einige Fälle von Emphysem vererbt sind, kommen die meisten von langem Zigarettenrauchen. Zusätzlich sieht sich das Immunsystem schließlich einer Infektion gegenüber, die es nicht mehr bekämpfen kann, wenn auch die Langlebigsten chronischen Erkrankungen oder einer Schwächung durch diese bisher entgangen sind. Folglich erliegen viele der sehr Alten einer der mehr als fünfzig Formen von Lungenentzündung, klassifiziert als *Pneumonie*. Ärzte empfehlen, dass Leute ab 65 und darüber sich gegen den häufigsten Typ impfen lassen.

Schlaganfall ist die vierthäufigste Todesursache der Alten. Er wird verursacht durch eine Blutung oder Blockade des Blutflusses in das Gehirn und ist ein hauptsächlicher Grund für Invalidität und Tod ab dem 75. Lebensjahr. Andere Krankheiten sind weniger seltene Todesursachen, begrenzen aber die Fähigkeit der Älteren, ohne Einschränkungen und unabhängig zu leben. Osteoporose, in Kapitel 15 diskutiert, steigt im späten Erwachsenenalter weiterhin an; sie betrifft die Mehrheit von Männern und Frauen ab dem 70. Lebensjahr. Noch eine weitere Knochenerkrankung (*Arthritis*) trägt zu den körperlichen Einschränkungen vieler alter Menschen bei. *Altersdiabetes* und *Unfälle* nehmen im späten Erwachsenenalter ebenso zu. In den folgenden Abschnitten werden wir auf diese letzten drei Krankheiten noch einmal zurückkommen.

Schließlich muss ein wichtiger Punkt im Gedächtnis behalten werden, wenn wir körperliche und seelische Behinderungen im späten Erwachsenenalter betrachten. Keine von ihnen ist ein normaler Teil des Altersprozesses, wenngleich ihr Vorkommen mit dem Alter zunimmt. In anderen Worten: nur weil bestimmte körperliche und seelische Störungen *mit dem Alter in Beziehung stehen*, bedeutet dies nicht, dass sie *vom Alter verursacht sind*. Um diese Unterscheidung deutlich zu machen, unterscheiden einige Fachleute zwischen **primärem Altern** (ein anderer Begriff für *biologisches Altern*) oder genetisch beeinflusstem Abbau, der alle Mitglieder unserer Spezies betrifft und selbst im Kontext einer insgesamt guten Gesundheit auftritt, und dem **sekundären Altern**, Abbau infolge vererbter Defekte und negativer Umwelteinflüsse, wie schlechter Ernährung, Mangel an Bewegung, Krankheit, Drogen- und Genussmittelmissbrauch, Umweltverschmutzung und psychischen Stresses.

Im Verlauf dieses Buches haben wir gesehen, dass es schwierig ist, primäres von sekundärem Altern zu unterscheiden. Wenn wir das aber nicht tun, laufen wir Gefahr, Verschlechterungen überzubetonen und ein falsches, stereotypes Bild des Alterns als Krankheit und Behinderung zu geben (Lemme, 2002). Alle Behinderungen, die wir gleich diskutieren wollen, sind extreme körperliche Zustände, die unter das sekundäre Altern fallen.

■ Arthritis

Am Anfang ihrer Fünfziger fühlte Ruth am Morgen eine leichte Steifheit in Hals, Rücken, Hüften und in den Knien. In ihren Sechzigern entwickelte sie verknöcherte Knoten an den Endgelenken ihrer Finger. Im Lauf der Jahre erlebte sie zeitweise Gelenkschwellungen und einen Verlust an Flexibilität – Veränderungen, die ihre Fähigkeit, sich schnell und leicht zu bewegen, beeinträchtigten.

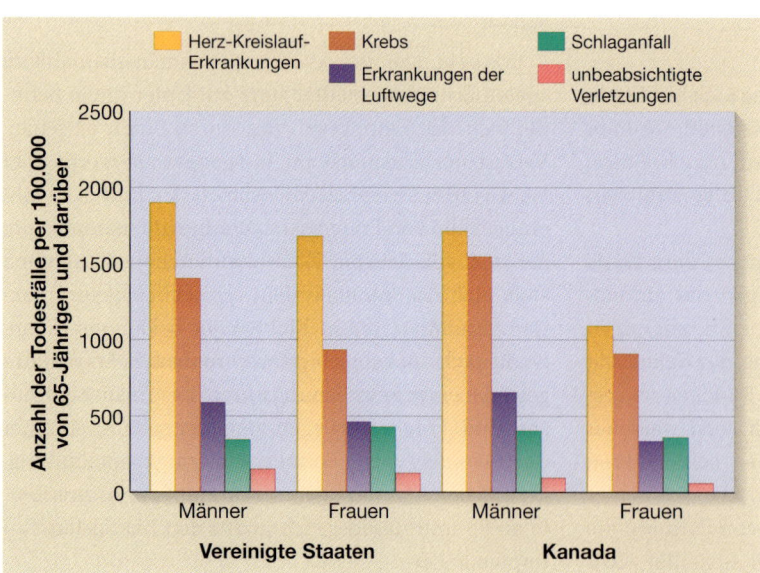

Abbildung 17.5: Haupttodesursachen bei Menschen von 65 und darüber in den Vereinigten Staaten und Kanada.
Im späten Erwachsenenalter sind Herz-Kreislauf-Erkrankungen die Haupttodesursache bei Männern und Frauen, gefolgt von Krebs. Krankheiten der Atmungsorgane und Schlaganfälle fordern ebenso das Leben vieler alter Menschen. Beachten Sie, dass Todesraten aller Ursachen und besonders Herz-Kreislauf-Erkrankungen bei kanadischen Frauen niedriger sind als bei amerikanischen. Herz-Kreislauf-Erkrankungen bei Männern zeigen einen ähnlichen Trend. Verschiedene Faktoren liegen diesen Unterschieden zugrunde, einschließlich höherer Raten bestimmter Risikofaktoren wie Fettleibigkeit bei amerikanischen Erwachsenen und besserer Vorbeugung und Behandlung von Krankheiten in Kanada wegen seines großzügigen, staatlich unterstützten Gesundheitssystems (nach Statistics Canada, 2002n; U.S. Bureau of the Census, 2002c).

Arthritis, ein Zustand entzündeter, steifer und manchmal geschwollener Gelenke und Muskeln, wird im späten Erwachsenenalter häufiger. Er kommt in verschiedenen Formen vor. Ruth hat **Osteoarthritis,** die häufigste Form, welche die Zerstörung der Knorpelschicht am Ende der Knochen von stark beanspruchten Gelenken umfasst. Auch bekannt als „Abnutzungsarthritis" oder „degenerative Gelenkerkrankung" ist sie eine der wenigen altersbedingten Gebrechen, bei denen die Jahre des Gebrauches entscheidend sind. Obwohl eine genetische Veranlagung zu existieren scheint, erscheint die Krankheit in der Regel nicht vor den Vierzigern und Fünfzigern. In häufig benutzten Gelenken werden allmählich die Knorpel am Ende der Knochen, welche die Reibung während der Bewegung reduzieren, beeinträchtigt. Oder Fettleibigkeit übt einen unnormalen Druck auf die Gelenke aus und schädigt die Knorpel. Fast alle älteren Menschen zeigen etwas Osteoarthritis auf dem Röntgenbild, wobei große individuelle Unterschiede im Ausmaß der Arthritis bestehen (Hinton, Moody, & Davis, 2002).

Im Gegensatz zur Osteoarthritis, die auf bestimmte Gelenke beschränkt ist, betrifft die **rheumatische Arthritis** den ganzen Körper. Eine Autoimmunreaktion führt zur Entzündung von Bindegewebe, besonders der Membrane, welche die Gelenke umgeben. Das Ergebnis ist Steifheit am ganzen Körper, Entzündung und Schmerzen. Das Gewebe im Knorpel neigt zum Wachsen und beschädigt damit umgebende Bänder, Muskeln und Knochen. Das Ergebnis sind verformte Gelenke und ein oft schwerer Verlust der Beweglichkeit. Manchmal sind andere Organe wie Herz und Lunge betroffen.

Behinderung infolge Arthritis betrifft 45 % amerikanischer und 34 % kanadischer Männer über 65 und nimmt mit dem Alter leicht zu. Bei nordamerikanischen Frauen ist das Vorkommen größer und nimmt mit dem Alter stark zu; etwa 52 % der 65- bis 84-Jährigen und 70 % der 85-Jährigen sind betroffen (Lindsay, 1999; U.S. Bureau of the Census, 2002c). Die Ursachen für den Geschlechtsunterschied sind nicht klar. Obwohl rheumatische Arthritis in jedem Alter auftreten kann, steigt sie nach der Menopause an. Aber im Gegensatz zur Osteoporose reagiert sie nicht auf Hormontherapie, sodass etwas anderes als der Verlust von Östrogen eine Rolle spielen muss. Rheumatische Arthritis mag die Folge eines spät in Erscheinung tretenden genetischen Defekts im Immunsystem sein; Zwillingsstudien weisen eine starke Vererbungskomponente auf. Jedoch unterscheiden sich eineiige Zwillinge stark in der Schwere der Erkrankung, was darauf hinweist, dass bis jetzt noch unbekannte Umweltfaktoren eine Rolle spielen mögen. Eine frühe Behandlung mit neuen, stark wirkenden Medikamenten gegen Entzündungen hilft, den Verlauf der Erkrankung zu verlangsamen (Lee & Weinblatt, 2001).

Die Behandlung der Arthritis erfordert ein Gleichgewicht von Ruhe, wenn die Erkrankung einen Schub macht, Schmerzlinderung und körperlicher Aktivität mit sanftem Strecken aller Muskeln, um die Beweglichkeit zu erhalten. Zweimal wöchentlich besuchte die 84-jährige Ruth eine Bewegungstherapie im Wasser. Innerhalb von zwei Monaten ließen ihre Symptome nach und sie benötigte nicht länger eine Gehhilfe (Strange, 1996). Gewichtsverlust bei fettleibigen Menschen ist auch hilfreich.

Obwohl Osteoarthritis eher auf Behandlung anspricht als rheumatische Arthritis, ist der Verlauf der Erkrankung sehr unterschiedlich. Mit einer passenden Medikation, Schutz der Gelenke und Veränderungen im Lebensstil können viele Menschen mit jeder der Krankheitsformen ein langes, produktives Leben führen. Wenn Hüft- oder Kniegelenke schwer beschädigt oder deformiert sind, können sie operativ wieder aufgebaut oder durch Plastik- oder Metallgelenke ersetzt werden.

■ Altersdiabetes

Nach einer Mahlzeit baut der Körper die Nahrung ab, wobei er Glukose (Zucker; die primäre Energiequelle für die Zellaktivität) ins Blut freisetzt. Insulin, vom Pankreas (Bauchspeicheldrüse) hergestellt, hält die Glukosekonzentration des Blutes innerhalb gesetzter Grenzen, indem es Muskeln und Fettzellen anregt, Glukose zu absorbieren. Wenn dieses Gleichgewicht gestört ist, entweder weil nicht genug Insulin produziert wird oder weil die Körperzellen unempfänglich dafür werden, entsteht *Altersdiabetes* (auch bekannt als *Diabetes mellitus*). Mit der Zeit schädigt abnorm hohes Glukose im Blut die Blutgefäße, was das Risiko von Schlaganfällen, Herzattacken, Kreislaufproblemen in den Beinen und Schädigungen der Augen, Nieren und Nerven beinhaltet.

Vom mittleren zum späten Erwachsenenalter verdoppelt sich das Vorkommen des Altersdiabetes und betrifft 10 % der älteren Menschen in den Vereinigten Staaten und Kanada (Lindsay, 1999; U.S. Bureau of the Census, 2002c). In Deutschland verdoppelt sich diese Zahl ebenso in diesem Alterszeitraum, es sind aber nur 1,9 % der 55-jährigen und älteren Menschen. Diabetes kommt gehäuft in Familien vor, was auf eine erbliche Komponente hinweist. Aber Inaktivität und Fettansatz am Bauch erhöht stark das Risiko. Höhere Raten von Altersdiabetes finden sich bei Minderheiten von Afroamerikanern, mexikanischen Amerikanern, eingeborenen Amerikanern (Indianern) und kanadischen Ureinwohnern aus genetischen wie aus Umweltgründen, einschließlich fettreicher Ernährung und Fettleibigkeit in Verbindung mit Armut. Die Pima-Indianer in Arizona haben die höchste Diabetesrate der Welt (Quinn, 2001). Aus Kapitel 9 sollte wiederholt werden, wie Anlage und Umwelt sich vereinen, um diese Krankheit zu erzeugen, von der 50 % der Erwachsenen der Pima betroffen sind.

Die Behandlung von Altersdiabetes erfordert Veränderungen des Lebensstils einschließlich einer sorgfältig geplanten Ernährung, regelmäßiger Bewegung und Gewichtsverlust (Goldberg, Dengel, & Hagberg, 1996). Körperliche Aktivität vermindert die Krankheitssymptome, indem sie die Glukoseabsorption fördert und das Fett am Bauch reduziert.

■ Unfälle

Im Alter von 65 und darüber ist die unfallbedingte Todesrate am höchsten, mehr als doppelt so hoch wie in der Adoleszenz und im jungen Erwachsenenalter. Verkehrsunfälle und Stürze sind dafür hauptsächlich verantwortlich.

Verkehrsunfälle
Zusammenstöße mit dem Auto fordern nur ein Viertel der Unfalltoten im späten Leben, im mittleren Erwachsenenalter machen sie die Hälfte der Todesfälle aus. Aber ein genauerer Blick spricht eine andere Sprache. Ältere Erwachsene haben höhere Raten von Verkehrsüberschreitungen, Unfällen und Todesfällen pro gefahrener Meile als jede andere Altersgruppe mit Ausnahme der Fahrer unter 25 (Messinger-Rapport & Rader, 2000). Die hohe Verletzungsrate bleibt bestehen, selbst wenn viele ältere Menschen ihr Fahren einschränken, da sie merken, dass ihre Fähigkeit, sicher zu fahren, abnimmt. Frauen machen diesen vorbeugenden Schritt eher. Tod infolge von Verletzungen (Autounfälle und andere) bleiben auch im hohen Alter für Männer viel höher als für Frauen (Lindsay, 2000; U.S. Bureau of the Census, 2002c).

Erinnern Sie, wie die Verminderung der Sehkraft bei Walter nachts dazu führte, Schwierigkeiten im Erkennen des Armaturenbretts und von Fußgängern zu haben. Beim Fahren erfolgt die Informationsverarbeitung größtenteils über das Sehen. Je größer bei den alten Menschen die Schwierigkeit ist, Gesehenes zu verarbeiten, desto größer ist die Rate der Verstöße und Unfälle (Owsley & McGwin, 1999). Im Vergleich mit jungen Fahrern fahren die älteren weniger wahrscheinlich schnell und furchtlos, versagen aber eher darin, Verkehrszeichen und Vorfahrt zu beachten und richtig zu wenden. Sie versuchen oft, ihre Schwierigkeiten zu kompensieren, indem sie vorsichtiger sind. Aber verlangsamte Reaktionszeit und Unentschlossenheit können ebenso zu Unfällen führen. In Kapitel 15 wurde dargestellt, dass Erwachsene es mit zunehmendem Alter schwieriger finden, selektiv wahrzunehmen, zwei Aktivitäten auf einmal auszuführen und zwischen Aufgaben hin- und herzuwechseln – Fähigkeiten, die für sicheres Fahren unabdingbar sind (De Raedt & Ponjaert-Kristoffersen, 2000).

Die Älteren weisen auch zu Fuß ein erhöhtes Risiko auf, was zu mehr als 30 % aller Todesfälle bei Fußgängern führt (Transport Canada, 2001; U.S. Bureau of the Census, 2002c). Verwirrende Kreuzungen und Signale, die es den älteren Menschen nicht erlauben, rechtzeitig auf die andere Straßenseite zu kommen, spielen hierbei oft eine Rolle.

Stürze
Eines Tages fiel Ruth die Kellertreppe herunter und lag dort mit einem gebrochenen Knöchel, bis Walter eine Stunde danach heimkam. Ruths Stolpern repräsentiert die führende Unfallart bei älteren Menschen. Etwa 30 % der Erwachsenen über 65 und 40 % über 80 haben innerhalb eines Jahres einen Sturz erfahren. Seh- und Hörverluste und Verluste der Beweglichkeit machen es schwieriger, Gefahren zu vermeiden und das Gleichgewicht zu halten, und erhöhen so das Risiko von Stürzen im späten Erwachsenenalter (Fuller, 2000). Wegen geschwächter Knochen und Schwierigkeiten, Stürze abzufangen, kommt es in 10 % der Fälle zu schweren Verletzungen. Am häufigsten ist der Bruch des Oberschenkels oder Hüfte. Beide nehmen im Alter zwischen 65 und 85 um das Zwanzigfache zu und stehen mit 12 % bis 20 % von Todesfällen in Verbindung. Von denen, die überleben, erlangt die Hälfte nie wieder die Fähigkeit, ohne Hilfe zu gehen (Simoneau & Leibowitz, 1996).

Aspekte der Fürsorge

Im späten Erwachsenenalter Unfälle vermeiden

VORSCHLAG	BESCHREIBUNG
Verkehrsunfälle	
Verändern Sie Ihr Fahrverhalten entsprechend den Einschränkungen Ihrer Sehfähigkeit und anderen Einschränkungen.	Fahren Sie weniger Kilometer; reduzieren oder unterlassen Sie das Fahren bei starkem Berufsverkehr, in der Nacht oder bei schlechtem Wetter.
Verändern Sie Ihr Verhalten als Fußgänger entsprechend Ihren Einschränkungen.	Tragen Sie nachts helle Kleidung; geben Sie sich Zeit beim Überqueren von Straßen; gehen Sie in Begleitung.
Besuchen Sie Trainingsklassen für ältere Fahrer. Wenn es solche Trainings nicht gibt, versuchen Sie durchzusetzen, dass sie eingerichtet werden.	Üben Sie, Fahrzeuge und Fußgänger im Dämmerlicht auszumachen, die Geschwindigkeit von Fahrzeugen zu erkennen, üben Sie das Lesen von Verkehrszeichen und prägen Sie sich die Angaben auf dem Armaturenbrett ein; wiederholen Sie die Verkehrsregeln.
Stürze	
Lassen Sie regelmäßig medizinische Kontrolluntersuchungen vornehmen.	Augenuntersuchungen, um sicherzustellen, dass Sehhilfen noch auf dem neuesten Stand sind; körperliche Untersuchungen, um Gesundheitsrisiken festzustellen, welche die Möglichkeit von Stürzen vergrößern; Kontrolle der Medikamente wegen deren Wirkungen auf Aufmerksamkeit und Koordination.
Machen Sie ein regelmäßiges Training und achten Sie auf regelmäßige Bewegung.	Training von Gleichgewicht und Kraft, um die Koordination zu fördern und Stürzen entgegenzuwirken.
Benutzen Sie Gehhilfen, wenn es notwendig ist.	Stöcke und Gehhilfen, um schlechtes Gleichgewicht und unsicheren Gang zu kompensieren.
Verbessern Sie die Sicherheit Ihres Lebensumfeldes.	Extrabeleuchtung in dämmrigen Bereichen wie im Eingangsbereich, Fluren und Treppenhäusern; Handläufe im Eingangsbereich und Haltegriffe im Bad; lose Teppiche sichern oder entfernen; Möbel und andere Gegenstände so stellen, dass sie keine Hindernisse darstellen.
Seien Sie wachsam und planen Sie in risikoreichen Situationen voraus.	Achten Sie auf glatte Gehwege; tragen Sie nachts eine Taschenlampe; nehmen Sie sich Zeit beim Überqueren von Straßen; machen Sie sich mit neuen Umgebungen vertraut, bevor Sie sich frei bewegen.

Quellen: Fuller, 2000; Messinger-Rapport & Rader, 2000.

Stürze können die Gesundheit auch indirekt schädigen, indem sie die Furcht davor fördern. Fast die Hälfte der Menschen, die gestürzt sind, berichten, dass sie mit Absicht Aktivitäten vermeiden, weil sie Angst haben, wieder zu stürzen (Tinetti, Speechley, & Ginter, 1988). Auf diese Weise kann ein Sturz die Beweglichkeit und soziale Kontakte beeinträchtigen und damit sowohl körperliches wie seelisches Wohlbefinden untergraben. Obwohl ein aktiver Lebensstil ältere Menschen vielleicht mehr Situationen aussetzt, die einen Sturz verursachen können, überwiegt der gesundheitliche Nutzen von Aktivität bei Weitem das Risiko schwerer Verletzungen infolge von Stürzen.

Vermeiden von Unfällen

Es können viele Schritte unternommen werden, um Verletzungen im späten Erwachsenenalter zu vermeiden. Die Gestaltung von Autos und Verkehrszeichen, die den Sehbedürfnissen älterer Menschen genügen, ist ein Projekt für die Zukunft. In der Zwischenzeit kann ein Training Leben retten, das die Sehfähigkeiten und kognitiven Fähigkeiten fördert, die für sicheres

Fahren wesentlich sind, und das dabei hilft, dass ältere Menschen Hochrisikosituationen vermeiden (wie stark befahrene Kreuzungen und starker Berufsverkehr).

Ähnlich müssen Bemühungen, Stürze zu vermeiden, sich auf Risiken der Person und auf die der Umwelt wenden: durch korrigierende Brillen, Training von Gleichgewicht und Kraft und verbesserte Sicherheitsvorkehrungen zu Hause und in den Gemeinden. Der Kasten „Aspekte der Fürsorge" (siehe Seite 785) fasst Wege zusammen, wie man ältere Menschen vor Verletzungen schützt.

17.3.4 Mentale Störungen

Normaler altersbedingter Zelltod im Gehirn, wie früher in diesem Kapitel beschrieben, führt nicht dazu, dass tägliche Aktivitäten nicht mehr bewältigt werden können. Wenn jedoch Zelltod und strukturelle und chemische Anomalien tiefgehend sind, kommt es zu schweren Störungen geistiger und motorischer Funktionen.

Demenz bezieht sich auf eine Reihe von Störungen, die meistens nur im Alter auftreten, bei denen viele Aspekte des Denkens und Verhaltens so geschädigt sind, dass tägliche Aktivitäten beeinträchtigt sind. Demenz steigt im Alter stark an und befällt Erwachsene beiderlei Geschlechts im gleichen Maße (Liesi et al., 2001). Etwa 1 % der Menschen in den Sechzigern sind betroffen, eine Rate, die langsam zunimmt und nach dem Alter von 75 stark ansteigt, bis sie etwa 50 % für Menschen von 85 und darüber beträgt – Trends, die für Kanada, die Vereinigten Staaten und andere westliche Nationen zutreffen (Launer et al., 1999; Pfizer, 2002). Obwohl die Demenzrate über den SÖS hinweg und bei den meisten ethnischen Gruppen gleich ist, haben afrikanische Amerikaner ein höheres Risiko, eine Erkenntnis, die gleich noch betrachtet werden soll (Alzheimer's Association, 2002).

Etwa ein Dutzend Typen von Demenz wurden identifiziert. Einige sind mit angemessener Behandlung reversibel, die meisten aber irreversibel und nicht heilbar. Ein paar Formen wie das Parkinson-Syndrom[2] umfassen Schädigungen im subkortikalen Gehirn (stammesgeschichtlich frühere Strukturen unter der Großhirnrinde), die sich oft auf die Hirnrinde ausweiten und in vielen Fällen Gehirnanomalien umfassen, die der Alzheimer-Krankheit ähneln. Einige Forscher nehmen an, dass Parkinson und Alzheimer verwandt sind (Lieberman, 2002). Aber in der großen Mehrheit von Demenzfällen sind die subkortikalen Gehirnregionen intakt und es kommt nur zu Folgeschäden der Großhirnrinde. Kortikale Demenz kommt in zwei Formen vor: Alzheimer und zerebrovaskuläre (die Gehirngefäße betreffende) Demenz.

■ Alzheimer

Als Ruth die 79-jährige Ida an diesem Tag mit ins Ballett nahm, einem Ereignis, auf das sich die beiden Schwestern immer sehr freuten, war Idas Verhalten anders als sonst. Da sie die Verabredung vergessen hatte, reagierte sie ärgerlich, dass Ruth unangekündigt an ihrer Tür stand. Nachdem sich Ida beruhigt hatte, verfuhr sie sich auf dem Weg ins Theater in ihr vertrauten Gegenden der Stadt und beharrte darauf, dass sie den Weg genau kenne. Nachdem sie Platz genommen hatten, begann Ida laut zu sprechen und kramte geräuschvoll in ihrer Tasche, als die Lichter ausgingen und die Musik einsetzte.

„Schhsch ...", ließ sich ein Dutzend Stimmen von den umgebenden Sitzen vernehmen.

„Es ist doch nur die Musik!", schnauzte Ida mit voller Lautstärke. „Man kann so viel reden wie man will, bis der Tanz beginnt." Ruth war überrascht und erschüttert über das Verhalten ihrer einst sozial sehr einfühlsamen Schwester.

Sechs Monate später erhielt Ida die Diagnose: sie litt an der **Alzheimer-Krankheit,** der häufigsten Form der Demenz, in welcher strukturelle und chemische Gehirnveränderungen mit einem allmählichen Verlust vieler Aspekte des Denkens und Verhaltens verbunden sind. Alzheimer umfasst 60 % aller Fälle von Demenz und im höheren Alter einen noch höheren Prozentsatz. Etwa 8 bis 10 % der Menschen über 65 leiden an der Störung. Von den über 80-Jährigen sind nahezu 50 % betroffen (Heinz & Blass, 2002; Launer et al., 1999; Pfizer, 2002). Jedes Jahr ist bei fast 5 % aller Todesfälle unter älteren Menschen (63.000 in den Vereinigten Staaten und 6500 in Kanada) Alzheimer im Spiel (Wilkins et al., 2000). Das macht die Krankheit zu einer der am häufigsten vorkommenden Ursachen bei der Sterblichkeit im späten Leben, obwohl auf den Sterbezertifikaten in der Regel unmittelbarere Gründe wie Infektionen und Atemversagen angegeben sind.

---

[2] Beim Parkinson verschlechtern sich Neuronen in dem Teil des Gehirns, das die Muskelbewegungen kontrolliert. Symptome umfassen Tremor, einen schlurfenden Gang, Verlust des Gesichtsausdrucks, Rigidität der Gliedmaßen, Schwierigkeiten, das Gleichgewicht zu halten, und eine gebeugte Haltung.

Symptome und Verlauf der Krankheit

Schwere Erinnerungsstörungen sind oft die ersten Symptome: das Vergessen von Namen, Daten, Verabredungen, vertrauten Wegen oder der Notwendigkeit, in der Küche den Herd abzudrehen. Zuerst ist am meisten das Kurzzeitgedächtnis betroffen, aber mit Einsetzen einer schweren Desorientierung weitet es sich aus und länger zurückliegende Ereignisse und grundlegende Fakten wie Zeit, Datum und Ort werden nicht mehr erinnert. Falsche Einschätzungen bringen den Betreffenden in Gefahr. Zum Beispiel beharrte Ida darauf, weiterhin zu fahren, obwohl sie nicht mehr dazu in der Lage war. Veränderungen der Persönlichkeit treten ein: Verlust der Spontaneität und Witz, Angst als Reaktion auf Ungewissheit, die entsteht durch mentale Probleme, aggressive Ausbrüche, reduzierte Initiative und sozialer Rückzug. Oft erscheint in der frühen Phase von Alzheimer eine Depression, die Teil des Krankheitsprozesses zu sein scheint (Espiritu et al., 2001; Mulsant & Ganguli, 1999). Die Depression kann sich verschlimmern, wenn der alte Mensch auf verstörende geistige Veränderungen reagiert.

Mit Fortschreiten der Krankheit desintegrieren gekonnte und zweckvolle Bewegungskoordinationen. Wenn Ruth Ida nach Hause brachte, musste sie ihr beim Ausziehen, Baden, Essen und Zähneputzen helfen und (später) mit zur Toilette gehen. Ruth fand auch heraus, dass Idas Schlaf durch Wahnvorstellungen und imaginäre Furcht unterbrochen wurde. Oft erwachte sie nachts, schlug an die Wand und beharrte darauf, dass es Abendessenzeit sei. Manchmal schrie sie auf, dass jemand sie ersticken wolle. Mit der Zeit verlor Ida die Fähigkeit, Sprache zu verstehen und selbst korrekt zu sprechen. Und als ihr Gehirn aufhörte, Informationen zu verarbeiten, konnte sie keine Gegenstände und vertrauten Menschen mehr erkennen. In den letzten Monaten wurde Ida zunehmend anfällig für Infektionen, fiel ins Koma und starb.

Der Verlauf von Alzheimer variiert stark und dauert von einem bis zu 15 Jahren. Der Durchschnitt beträgt etwa sechs bis acht Jahre (National Institute on Aging, 2000).

Abbau des Gehirns

Eine Diagnose von Alzheimer erfolgt, indem andere Ursachen von Demenz durch eine körperliche Untersuchung und psychologische Tests ausgeschlossen werden, ein Verfahren, das zu mehr als 90 % genau ist. Um Alzheimer zu bestätigen, untersuchen Ärzte nach dem Tod das Gehirn auf eine Reihe von Anomalien, die entweder die Krankheit verursachen oder von ihr

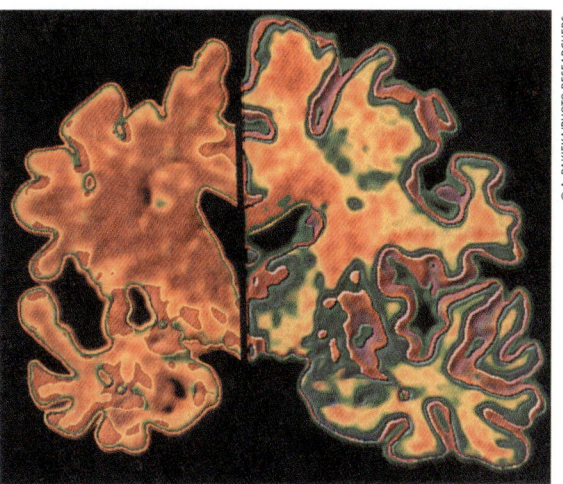

Diese computerisierten Bilder vergleichen einen Gehirn-Scan eines Alzheimer-Patienten (links) mit dem eines gesunden älteren Erwachsenen (rechts). Das Gehirn des Alzheimer-Kranken ist geschrumpft infolge massiver Degeneration und Absterben von Neuronen. Zusätzlich sind Aktivität und Blutfluss (markiert durch gelbe und grüne Farbcodierung im rechten Bild) im Gehirn des Alzheimer-Erkrankten stark reduziert. Solche Bilder wecken Hoffnung auf mögliche frühe Diagnosen und damit wirksame Interventionen.

herrühren (Heinz & Blass, 2002). Neue Entwicklungen jedoch von bildgebenden Verfahren zur Untersuchung des Gehirns, die dreidimensionale Bilder des Gehirnvolumens und der Aktivität ergeben, sagen in nahezu 90 % der Fälle voraus, ob alte Menschen, die noch keine Symptome zeigen, nach dem Tod eine Bestätigung von Alzheimer erhalten werden (Silverman et al., 2001). Bildgebende Verfahren zur Sichtbarmachung von Hirnaktivität und -strukturen bieten Hoffnung auf eine frühe Diagnose und öffnen damit Türen zu erfolgreicheren Interventionen.

Zwei wesentliche Veränderungen in der Großhirnrinde, besonders Bereiche für das Gedächtnis und für das Denken, sind mit Alzheimer verbunden. In den Neuronen erscheinen **neurofibrilläre Knäuel,** Bündel verknoteter Fäden, die das Produkt kollabierter neuronaler Strukturen sind. Außerhalb der Neuronen entwickelt sich **amyloide Plaques,** dichte Ablagerungen eines beschädigten Proteins, *Amyloid,* genannt, das von Klumpen toter Nervenzellen umgeben ist. Amyloid erscheint im Gewebe mit reduzierter Immunität. Wenn es zusammenbricht, kann es umgebende Neuronen und ihre Kommunikationsnetzwerke zerstören, vielleicht indem es durch die Produktion freier Radikale oder der Reduktion des Blutflusses eine Entzündung im Gehirn verursacht (Knowles et al., 1999). Obwohl einige neurofibrilläre Knäuel und amyloide Plaques in den Gehirnen normaler Menschen mittleren Alters und älterer Menschen vorhanden sind und mit dem Alter zunehmen, sind sie bei Alzheimer-Kranken wesentlich größer im Ausmaß und weit verteilt (Munoz & Feldman, 2000).

Chemische Veränderungen begleiten den massiven Tod von Nervenzellen und das daraus resultierende Schrumpfen des Gehirns – ein erniedrigter Spiegel von *Neurotransmittern*, die notwendig sind für die Kommunikation zwischen den Nervenzellen. Alzheimer beinhaltet die Zerstörung von Neuronen, die den Neurotransmitter Acetylcholin freisetzen, der Botschaften zwischen entfernten Bereichen des Gehirns übermittelt. Daraus resultiert, dass die Wahrnehmung, das Gedächtnis, Denken und Urteilen noch weiter beeinträchtigt werden (National Institute on Aging, 2000). Ein Abfall im Serotonin, einem Neurotransmitter, der Erregung und Stimmung reguliert, kann zu Schlafstörungen, aggressiven Ausbrüchen und Depression führen (Lanctot et al., 2002; Mintzer, 2001).

Risikofaktoren

Es gibt zwei Arten von Alzheimer: *familiären*, der in Familien vorkommt, und *sporadischen*, der keine sichtbare Familiengeschichte hat. Familiärer Alzheimer beginnt im Allgemeinen früh (vor dem Alter von 65) und schreitet schneller fort als der später erscheinende sporadische Alzheimer. Forscher haben Gene auf den Chromosomen 1, 14 und 21 identifiziert, die mit familiärem Alzheimer verbunden sind. In jedem Fall ist das abnorme Gen dominant; wenn es in nur einem Gen des Genpaares, das von den Eltern ererbt wurde, vorhanden ist, wird der Mensch einen früh einsetzenden Alzheimer bekommen (Heinz & Blass, 2002; National Institute on Aging, 2000). Das Chromosom 21 spielt auch im Down-Syndrom eine Rolle. Individuen mit dieser Chromosomenstörung, die über 40 Jahre alt werden, haben fast immer die Gehirnanomalien und Symptome von Alzheimer.

Vererbung spielt beim sporadischen Alzheimer ebenfalls eine Rolle durch spontane Mutationen. Menschen mit dieser Form der Krankheit haben oft ein anormales Gen auf Chromosom 19, was zu exzessiven Dosen des *ApoE4* führt, einem Blutprotein, das Cholesterin durch den Körper transportiert. Eine hohe Blutkonzentration von ApoE4 wird mit der Bildung amyloiden Plaques bei Alzheimeropfern in Verbindung gebracht (Heinz & Blass, 2002; Holtzman et al., 2000). Das anormale ApoE4-Gen ist der bekannteste Risikofaktor für diese Form von Alzheimer; er ist bei 50 % der Fälle vorhanden. Genetische Untersuchungen haben andere Bereiche des Genoms mit noch nicht identifizierten Genen aufgezeigt, die einen genauso großen oder größeren Beitrag als der des ApoE4-Gens auszumachen scheinen (Blacker et al., 2003; Scott et al., 2002).

Dennoch zeigen viele an sporadischem Alzheimer Erkrankte keinen derzeit bekannten genetischen Marker. Neben der Vererbung werden die Rolle toxischer Substanzen und Viren, Defekte in der Blut-Hirn-Schranke (welche das Gehirn vor schädlichen Stoffen schützt), Defizite an Mineralien und Vitaminen, exzessives Fett in der Ernährung und kardiovaskuläre Erkrankungen erforscht. Kopfverletzungen, welche einen Hirnschaden und Beschädigung des amyloiden Proteins verursachen können, sind deutlich mit Alzheimer verbunden (Plassman et al., 2000). Obwohl erhöhte Spiegel von Aluminium in den neurofibrillären Knäueln und den amyloiden Plaques bei an Alzheimer Gestorbenen gefunden wurden, ist die Rolle der Exposition mit Aluminium noch ungewiss (Heinz & Blass, 2002).

Alzheimer resultiert wahrscheinlich aus verschiedenen Kombinationen genetischer und Umweltfaktoren, von denen jeder zu einem etwas anderen Krankheitsverlauf führt. Das hohe Vorkommen von Alzheimer und anderer Formen der Demenz bei älteren Afroamerikanern illustriert die Komplexität der potentiellen Ursachen. Im Vergleich mit Afroamerikanern zeigen Dorfbewohner von Yoruba in Nigeria ein viel geringeres Vorkommen von Alzheimer und nur eine schwache Verbindung zwischen dem ApoE4 und der Erkrankung. Einige Forscher spekulieren, dass die Vermischung mit Kaukasiern das genetische Risiko bei Afroamerikanern erhöhte und dass Umweltfaktoren dieses Risiko Realität werden ließen (Hendrie, 2001; Hendrie et al., 2001). Während die Yoruba eine sehr fettarme Ernährung haben, ist die afroamerikanische reich an Fett. Das Essen fettreicher Nahrung kann die Wahrscheinlichkeit erhöhen, dass das ApoE4-Gen zu Alzheimer führt (Notkola et al., 1998). Und selbst für Afroamerikaner ohne das ApoE4-Gen ist eine fettreiche Ernährung risikoreich. Je mehr Fett im Essen konsumiert wurde, desto höher ist das Vorkommen von Alzheimer (Evans et al., 2000).

Schützende Faktoren

Zu den Faktoren, die gegen Alzheimer schützen, gehören Ergänzungsgaben von Vitamin C und E und entzündungshemmende Medikamente wie Aspirin, Ibuprofen und das Steroid Prednison (Engelhart et al., 2002; Heinz & Blass, 2002). Vitamine haben wahrscheinlich einen günstigen Effekt, weil sie den

Schaden durch freie Radikale begrenzen. Und die entzündungshemmenden Medikamente mögen den Verlauf der Erkrankung verlangsamen, indem sie die Entzündung von Hirngewebe reduzieren, die durch Amyloid und andere Anomalien verursacht werden. Obwohl man früher annahm, dass Hormontherapie bei Frauen einen Schutz gegen Alzheimer bewirken könnte, ergaben kürzlich sehr strikt durchgeführte Forschungen ein gegenteiliges Ergebnis. Die Kombination Östrogen/Progesteron vergrößerte sogar das Risiko der Erkrankung (Siehe Kapitel 15).

Andere Schutzfaktoren sind Bildung und ein aktiver Lebensstil. Im Vergleich mit ihren besser ausgebildeten Altersgenossen zeigen Ältere mit wenig Bildung eine mehr als doppelt so hohe Rate von Alzheimer (Qiu et al., 2001). Einige Forscher stellen Spekulationen an, dass Bildung zu mehr synaptischen Verbindungen führt, welche als kognitive Reserve dienen und damit das alternde Hirn mit einer größeren Toleranz gegen Verletzungen ausstattet, bevor es die Schwelle zur geistigen Behinderung überschreitet. Und zuletzt reduziert die Beteiligung im späten Leben an sozialen und Freizeitaktivitäten das Risiko für Alzheimer und Demenz im Allgemeinen, vielleicht durch Stimulierung synaptischen Wachtums und damit der Erhaltung kognitiven Funktionierens (Wang et al., 2002).

Alzheimeropfern und ihren Betreuern helfen
Als Idas Alzheimer sich verschlimmerte, verschrieb ihr der Arzt ein mildes Beruhigungsmittel und ein Antidepressivum, um ihr bei der Kontrolle ihres Verhaltens zu helfen. Medikamente, die den Zusammenbruch des Neurotransmitters Acetylcholin begrenzen, können Demenzsymptome ebenfalls reduzieren (Winblad et al., 2001).

Aber ohne eine verfügbare Heilung sichern Familieninterventionen die bestmögliche Anpassung für den Alzheimerkranken, den Ehegatten und andere Verwandte. Betreuer der an Demenz Erkrankten opfern wesentlich mehr Zeit für die Pflege und erfahren mehr Stress als Menschen, die für alte Menschen mit anderen Behinderungen sorgen (Ory et al., 2000). Sie brauchen Hilfe und Ermutigung von Mitgliedern der erweiterten Familie, Freunden und Institutionen. Der Kasten „Soziale Aspekte" auf Seite 791 beschreibt eine Vielzahl hilfreicher Interventionen für Betreuer aus der Familie. Zusätzlich zu diesen Strategien hilft es alten Menschen mit Alzheimer, dramatische Veränderungen in den Lebensbedingungen wie einen Umzug in eine neue Wohnung, das Umstellen von Möbeln oder die Veränderung täglicher Routineaktivitäten zu vermeiden, damit sie sich so sicher wie möglich in einer kognitiven Welt fühlen, die allmählich ihren Bezug verliert.

■ Zerebrovaskuläre Demenz

Bei der **zerebrovaskulären Demenz** entstehen nach einer Reihe von Schlaganfällen Bereiche abgestorbener Hirnzellen, was zu einer stufenweise Degeneration geistiger Fähigkeiten führt, wobei jeder Schritt abrupt nach einem Schlaganfall erfolgt. Etwa 5 bis 10 % aller Fälle von Demenz sind zerebrovaskulär und etwa 10 % die Folge einer Kombination von Alzheimer und wiederholten Schlaganfällen (Corey-Bloom, 2000).

Die Vererbung berührt zerebrovaskuläre Demenz indirekt durch hohen Blutdruck, kardiovaskuläre Erkrankungen und Diabetes, wobei jede Veranlagung das Risiko eines Schlaganfalls erhöht. Aber viele Umwelteinflüsse einschließlich Zigarettenrauchen, starker Alkoholgenuss, hoher Verzehr von Salz, sehr wenig Protein in der Nahrung, Fettleibigkeit, Inaktivität und Stress erhöhen ebenfalls das Schlaganfallrisiko, sodass die zerebrovaskuläre Demenz aus einer Kombination genetischer und umweltbedingter Kräfte herrührt.

Wegen ihrer Empfänglichkeit für kardiovaskuläre Erkrankungen haben mehr Männer als Frauen in ihren späten Sechzigern eine zerebrovaskuläre Demenz. Frauen weisen vor dem 75. Lebensjahr kein großes Risiko auf (Sachdev, Brodaty, & Looi, 1999). Die Erkrankung unterscheidet sich auch je nach Land. Zum Beispiel sind Todesfälle infolge eines Schlaganfalls hoch in Japan. Obwohl eine fettarme Ernährung das Risiko japanischer Erwachsener für kardiovaskuläre Erkrankungen reduziert, erhöhen hoher Konsum von Alkohol und Salz und eine Ernährung, die sehr reich ist an tierischen Fetten, das Risiko eines Schlaganfalls. Als der japanische Konsum von Alkohol und Salz abnahm und der Verzehr von Fleisch in den vergangenen Jahrzehnten anstieg, fielen die Raten von zerebrovaskulärer Demenz und durch Schlaganfall bedingte Todesfälle ab. Jedoch bleiben sie höher als in anderen entwickelten Ländern (Goldman & Takahashi, 1996; Myers, 1996).

Obwohl Japan ein einzigartiges, widersprüchliches Bild abgibt (eine Kultur, in der kardiovaskuläre Erkrankungen selten und Schlafanfall häufig sind), wird in den meisten Fällen zerebrovaskuläre Demenz durch Arteriosklerose verursacht. Vorbeugung ist der einzige wirksame Weg, die Krankheit aufzuhalten. Das Vorkommen zerebrovaskulärer Demenz ist in den letzten beiden Jahrzehnten abgefallen, wahrscheinlich als Ergebnis eines Rückgangs von Herzerkrankungen und wirksamerer Vorbeugung von Schlaganfällen (Elkind & Sacco, 1998). Anzeichen eines nahenden Schlaganfalls sind Schwäche, Kribbeln oder Taubheit in einem Arm, Bein oder im Gesicht, plötzlicher Sehverlust oder Doppeltsehen, Schwierigkeiten beim Sprechen und schwerer Schwindel und Gleichgewichtsstörungen. Ärzte können Medikamente gegen die Blutverdickung verschreiben. Ist einmal ein Schlaganfall aufgetreten, sind Lähmungen und Sprechverlust, Verlust der Sehfähigkeit, der Koordination, des Gedächtnisses und anderer geistiger Fähigkeiten häufig.

Falsch diagnostizierte und reversible Demenz

Eine sorgfältige Diagnose der Demenz ist sehr wichtig, weil andere Störungen als Demenz angesehen werden können. Und einige Formen der Demenz können behandelt und einige wenige rückgängig gemacht werden.

Die Störung, die am häufigsten als Demenz fehldiagnostiziert wird, ist die Depression. Der depressive (aber nicht demente) ältere Mensch neigt dazu, seine oder ihre geistigen Schwierigkeiten zu übertreiben, während die demente Person sie bagatellisiert und sich nicht voll des mentalen Abbaus bewusst ist. Weniger als 1 % der Menschen über 65 sind schwer depressiv und weitere 2 % sind leicht depressiv – Raten, die niedriger sind als für junge Erwachsene und solche mittleren Alters (King & Markus, 2000). Die meisten älteren Menschen haben wahrscheinlich gelernt, sich mit dem abzufinden, was sie vom Leben erwarten, was zu weniger Gefühlen der Wertlosigkeit führt. Wie wir jedoch in Kapitel 18 sehen werden, nehmen Depressionen mit dem Alter zu. Sie sind oft mit körperlicher Krankheit und Schmerzen verbunden und können zu kognitiven Verschlechterungen führen (Magni & Frisoni, 1996). Wie im jüngeren Alter kann die Unterstützung durch Familienmitglieder und Freunde, antidepressive Medikamente und Individual-, Familien- und Gruppentherapie helfen, die Depression zu lindern. Jedoch nehmen die Älteren, Menschen mit geringem SÖS und Mitglieder ethnischer Minderheiten eher keine psychiatrischen Dienste in Anspruch. Das erhöht die Wahrscheinlichkeit, dass sich die Depression vertieft und mit Demenz verwechselt wird (Padgett et al., 1994).

Je älter wir werden, desto eher werden wir Medikamente einnehmen, die Nebenwirkungen haben, welche der Demenz ähneln. Einige Medikamente gegen Husten, Durchfall und Übelkeit zum Beispiel hemmen den Neurotransmitter Acetylcholin, was zu alzheimerähnlichen Symptomen führt. Weil die Toleranz für Medikamente mit dem Alter abnimmt, intensivieren sich solche Reaktionen im späten Erwachsenenalter. Außerdem können einige Krankheiten besonders bei alten Menschen, die oft verwirrt und zurückgezogen werden, wenn sie krank sind, zeitweiligen Gedächtnisverlust und geistige Symptome verursachen. Die Behandlung der zugrunde liegenden Krankheit lindert das Problem. Nicht zuletzt können auch Umweltveränderungen und soziale Isolation geistigen Abbau auslösen (Gruetzner, 1992). Wenn unterstützende soziale Bande wiederhergestellt werden, kehrt das kognitive Funktionieren in der Regel zurück.

17.3.5 Gesundheitsfürsorge

Gesundheitsexperten und Gesetzgeber in Industrieländern machen sich Sorgen über die wirtschaftlichen Folgen der raschen Zunahme der älteren Bevölkerung. Steigende Kosten staatlicher Gesundheitsfürsorge und der Krankenkassen und die Nachfrage nach bestimmten Gesundheitsdiensten, besonders in der Langzeitpflege, sind von größter Bedeutung.

Kosten der Gesundheitsfürsorge für Ältere

Erwachsenen von 65 Jahren und darüber, die 12 % der nordamerikanischen Bevölkerung ausmachen, verbrauchen 30 % der staatlichen Gesundheitsausgaben in den Vereinigten Staaten und 42 % in Kanada (Health Canada, 2002f; U.S. Bureau of the Census, 2002c).

Entsprechend derzeitigen Schätzungen wird erwartet, dass sich die Kosten der staatlich geförderten Krankenversicherung oder Medicare für ältere Menschen bis zum Jahr 2020 verdoppelt und bis 2040 fast verdreifacht haben werden, wenn die Generation der Babyboomer das späte Erwachsenenalter erreichen wird und die Lebenserwartung noch weiter ansteigt (Bodenheimer, 1999).

Die Ausgaben der Krankenversicherungen für die Behandlungen steigen mit dem Alter steil an. Menschen über 75 und mehr erhalten im Durchschnitt 70 % mehr Leistungen als jüngere Senioren. Ein großer Anteil dieses Anstiegs ist Folge der Notwendigkeit für Langzeitpflege (in Krankenhäusern und Altershei-

Soziale Aspekte: Interventionen für Betreuer von älteren Menschen mit Demenz

Margarete, Ehefrau und Betreuerin eines 71-jährigen Alzheimer-Patienten, schickte einen verzweifelten Bittbrief an die Ratgeber-Kolumne ihrer örtlichen Zeitung: „Mein Mann kann nicht allein essen oder baden oder jemanden um Hilfe bitten. Ich muss ständig seine Bedürfnisse voraussehen und versuchen, sie zu erfüllen. Bitte, helfen Sie mir. Ich bin am Ende."

Die Wirkung der Alzheimer-Erkrankung ist verheerend, nicht nur für die alten Opfer, sondern auch für Familienmitglieder, die mit wenig oder gar keiner Unterstützung die Betreuung übernehmen. Betreuung unter diesen Umständen wird „36-Stunden-Tage" genannt wegen der ständigen Anforderungen. Obwohl die Mehrheit der heimischen Betreuer im mittleren Alter ist, sind geschätzte 15 % bis 20 %, die einen Ehegatten oder einen alternden Elternteil betreuen, selber alt (Chappell et al., 2003; Family Caregiver Alliance, 2001). Die Lasten dieser Betreuung sind groß und Familienmitglieder, die ihre Pflegekapazitäten übersteigen, leiden stark an körperlichen und mentalen Beschwerden (Lund, 1993a).

Interventionen, die auf Familienbetreuer zugeschnitten sind, sind in den meisten Gemeinden verfügbar, obwohl sie ausgeweitet und kostengünstiger gestaltet werden müssten. Diejenigen, welche am besten arbeiten, beginnen schon, bevor der Betreuer vollkommen ausgelaugt ist und sprechen verschiedene Bedürfnisse an: Wissen, Bewältigungsstrategien, Fertigkeiten der Betreuung und Pausen.

Wissen
Nahezu alle Interventionen versuchen, Wissen über die Krankheit, Herausforderungen der Pflege und verfügbare Hilfe durch die Gemeinde zu verstärken. Obwohl das Wissen gewöhnlich in Seminaren vermittelt wird, werden in einem

Diese ältere Frau betreut ganztags ihren Mann, der an Alzheimer leidet. Obwohl die Aufgabe lohnend sein kann, ist sie körperlich fordernd und emotional erschöpfend. Es besteht ein starkes Bedürfnis nach Interventionen, die den Betreuer mit wichtigen Informationen über die Krankheit des älteren Menschen versorgt, Bewältigungs- und Betreuungsstrategien lehrt und eine Pause von der anstrengenden Betreuung verschafft.

innovativen Zugang Computer in den Häusern der Pflegepersonen installiert, die sie befähigen, Zugang zu Datenbanken mit Informationen über die Betreuung zu bekommen (Brennan, Moore, & Smyth, 1991). Zugewinn im Wissen jedoch muss kombiniert werden mit anderen Zugängen, um das Wohlbefinden der Pflegeperson zu steigern.

Bewältigungsstrategien
Viele Interventionen zeigen den Betreuungspersonen problemlösende Strategien für jeden Tag, um das Verhalten des abhängigen älteren Menschen zu handhaben in Verbindung mit Methoden, die sich mit negativen Gefühlen und Gedanken beschäftigen, wie Ressentiments und ständig Hilfe geben zu müssen. Arten der Vermittlung von Wissen umfassen unterstützende Gruppen, Individualtherapie und Seminare zur „Bewältigung der Frustration". In einer Untersuchung schätzten intervenierende Helfer die derzeitigen Bewältigungsstrategien der Betreuungsperson ein und gaben ein individualisiertes Training in wirksameren Strategien. Im Vergleich mit Kontrollpersonen ohne Intervention fühlten sich die Betreuer weniger belastet und deprimiert und ihre Patienten zeigten weniger störendes Verhalten – Zugewinne, die noch drei Monaten nach der Intervention sichtbar waren (Marriott et al., 2000).

Fertigkeiten für die Betreuung
Betreuer profitieren von Informationen darüber, wie sie mit Älteren kommunizieren sollten, die keine

alltäglichen Aufgaben mehr erledigen können, z.B. Ablenkung statt Schimpfen, wenn die Person immer wieder die gleiche Frage stellt, geduldig mit Erinnerungshilfen und Listen reagieren, wenn der Patient anderen die Schuld für Gedächtnisprobleme gibt, und die Einführung angenehmer Aktivitäten wie Musikhören und das Zusehen bei Kinder-Fernsehprogrammen, die Unruhe lindern. Interventionen, welche Kommunikationsfertigkeiten vermitteln, reduzieren das störende Verhalten der Älteren und können im Gegenzug den Betreuern ein Gefühl der Selbstwirksamkeit geben und positive Emotionen verstärken (Bourgeois et al., 1997).

Pausen
Betreuer geben an, dass *Pausen* (eine Auszeit der Betreuung) die Hilfe ist, die sie sich am meisten wünschen (Shope et al., 1993). Aber selbst wenn Gemeinden Angebote dazu anbieten wie Tagespflege oder temporäre Unterbringung in einer Institution, sind Betreuer zögerlich, diese in Anspruch zu nehmen:, aus Kostengründen, Sorge über die Anpassung der Patienten und aus Schuldgefühlen. Aber eine Pause von einigen Stunden wenigstens zweimal wöchentlich verbessert die körperliche und seelische Gesundheit, indem sie Betreuern erlaubt, Freundschaften zu erhalten, schöne Dinge zu unternehmen und ein ausgeglichenes Leben zu führen (Lund & Wright, 2001; Zarit et al., 1998).

In der Erkenntnis des Bedürfnisses von Pflegepersonen nach einer Erleichterung der unerbittlichen häuslichen Pflege entwarf eine Forschergruppe ein einzigartiges Instrument mit dem Nahmen „Videopause" – eine Reihe von Videobändern, die den Interessen von Alzheimer-Patienten entgegenkommen und den Betreuern eine halbe bis eine Stunde Unterbrechung gewähren. Auf jedem Band führt ein professioneller Schauspieler eine freundliche, langsame, einfache Unterhaltung über vertraute Erfahrungen, Menschen und Gegenstände vor, in der er gelegentlich pausiert, um den behinderten Älteren eine Chance zur Reaktion zu geben. Auswertungen der Videos zeigen, dass sie nicht nur die Aufmerksamkeit der Menschen mit Alzheimer erlangen, sondern auch problematische Verhaltensweisen reduzieren wie Herumwandern, Unruhe, wiederholtes Fragen und Aggressionen (Lund et al., 1995).

Es existiert keine Wunderwaffe gegen Stress bei den Betreuern. Aber Interventionen, welche die meisten der eben beschriebenen Bestandteile enthalten, früh im Betreuungsprozess beginnen, Wochen und Monate anhalten und auf die individuellen Bedürfnisse der Betreuer zugeschnitten sind, machen einen wesentlichen Unterschied im Leben der Betreuer aus. Und sie verzögern in der Regel auch die Verlegung der dementen Patienten in ein Pflegeheim (Kennet, Burgio, & Schultz, 2000).

men) wegen der altersbedingten Zunahme invalide machender chronischer Krankheiten und akuter Erkrankungen. Weil die Krankenversicherung (in den USA Medicare) in den USA nur etwa die Hälfte der medizinischen Bedürfnisse Älterer finanziert, geben amerikanische ältere Menschen fast das Fünffache des Prozentanteils ihres jährlichen Einkommens für Gesundheitsfürsorge aus, als es kanadische ältere Menschen tun, 19 % im Gegensatz zu 4 % (Lindsay, 1999; Crystal et al., 2000). Wie wir jedoch sehen werden, gibt die gesetzliche Krankenkasse in beiden Nationen viel weniger Unterstützung für die Langzeitpflege aus, als es Ältere mit schweren Behinderungen benötigen.

Langzeitpflege

Als Ida bei Ruth einzog, versprach Ruth, dass sie Ida nie in ein Heim geben würde. Aber als sich dann Idas Zustand verschlimmerte und Ruth sich eigenen gesundheitlichen Problemen gegenübersah, konnte sie ihr Wort nicht halten. Ida benötigte eine Rund-um-die-Uhr-Betreuung. Widerstrebend gab Ruth sie in ein Altersheim.

Wie Abbildung 17.6 zeigt, ist das fortgeschrittene Alter stark mit dem Einsatz von Langzeitpflege verbunden, besonders in Altersheimen. Unter den Störungen des Alters führt vor allem Demenz, besonders Alzheimer, zu einer Heimeinweisung, gefolgt von Hüftfrakturen (Agüero-Torres et al., 2001; Rockwood, Stolee, & Dowell, 1996). Größere Beanspruchung von Altersheimen wird auch durch den Verlust von Unterstützung informeller Betreuer durch Verwitwung ausgelöst, was meistens Frauen betrifft, und dem Älterwerden erwachsener Kinder und anderer Verwandter.

Insgesamt sind nur 4,5 % der Amerikaner und 6 % der Kanadier im Alter von 65 und darüber in Heimen, eine Rate, die nur halb so hoch ist wie in anderen industrialisierten Ländern wie den Niederlanden und Schweden. Diese Länder gewähren großzügigere öffentliche finanzielle Unterstützung institutionalisierter Pflege. In den Vereinigten Staaten und Kanada müssen ältere Menschen bezahlen, bis ihre Mittel erschöpft sind, wenn sie nicht nach einem Krankenhausaufenthalt wegen einer akuten Krankheit ins Altersheim verlegt wurden. An dem Punkt übernimmt Medicaid (Krankenversicherung für die Armen) in den Vereinigten Staaten und Medicare in Kanada die

Gesundheit, Fitness und Gebrechlichkeit

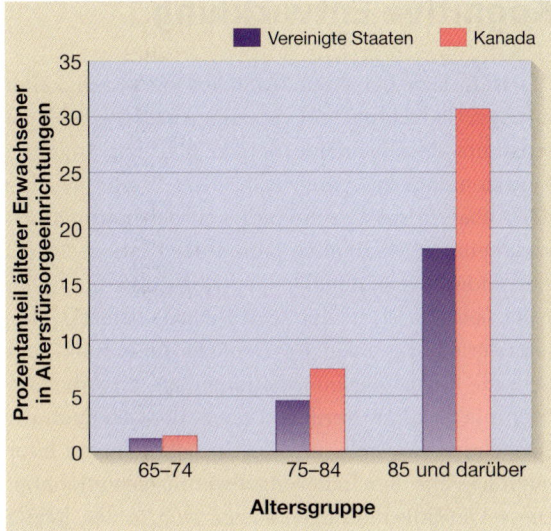

Abbildung 17.6: Zunahme im Alter in der Pflege in Altersheimen in den Vereinigten Staaten und Kanada. In beiden Nationen nimmt die Inanspruchnahme von Altersheimen stark mit dem Alter zu. Kanadische Alte sind im Allgemeinen finanziell besser gestellt als amerikanische Alte (siehe Kapitel 2), was den höheren Prozentanteil von Kanadiern in den beiden Gruppen höheren Alters erklärt, die in Altenheimen leben. Ein weiterer damit verbundener Faktor ist die höhere Lebenserwartung in Kanada (nach Statistics Canada, 2002n; U.S. Department of Health and Human Services, 2002k).

Kosten. Folglich sind die häufigsten Benutzer von Altersheimen Menschen mit geringem und solche mit hohem Einkommen (Torrey, 1992). Ältere mit mittlerem Einkommen und ihre Familien versuchen eher, ihre Ersparnisse vor den hohen Kosten der Altenheime zu retten.

Die Beanspruchung von Altenheimen unterscheidet sich auch zwischen ethnischen Gruppen. Zum Beispiel sind bei den Alten von 75 Jahren und darüber kaukasische Amerikaner anderthalbmal so häufig in Heimen wie Afroamerikaner. Eng verbundene Großfamilien bedeuten, dass über 70 % afroamerikanischer Alter nicht allein leben und über ein Drittel bei seinen erwachsenen Kindern lebt (Gibson & Jackson, 1992). Ähnlich nehmen asiatische, hispanische und indianische ältere Menschen und solche der kanadischen Ureinwohner Altersheime seltener in Anspruch infolge des stärkeren Sinns der Familien für ihre Verantwortung in der Betreuung (Gabrel, 2000; Lindsay, 1999). Es wird wenigstens 60 bis 80 % aller Langzeitpflege in Australien, Kanada, Neuseeland, den Vereinigten Staaten und Westeuropa von den Familien übernommen. Wie wir in diesem und vorangegangenen Kapiteln gesehen haben, übernehmen Familien unterschiedlicher Ethnien und verschiedener Einkommensschichten freiwillig die Pflege Älterer, wenn es notwendig wird.

Um die institutionalisierte Pflege Älterer und die damit verbundenen hohen Kosten zu reduzieren, haben einige Fachleute Alternativen wie die öffentlich finanzierte Hilfe für Familienbetreuer innerhalb des Zuhauses vorgeschlagen (siehe Kapitel 16). Eine weitere Option, die bald immer mehr verfügbar wird, ist das *betreute Wohnen* – Wohnungen für Senioren, die mehr Pflege benötigen als zu Hause gegeben werden kann, aber weniger als im Allgemeinen in Altenheimen gegeben wird. Betreutes Wohnen ist eine kostenwirksame Alternative zu Altenheimen, die unnötige Institutionalisierung vermeidet (Maddox, 2001). Es kann auch die Autonomie der Bewohner, ihr soziales Leben und Engagement in der Gemeinde sowie die Lebenszufriedenheit steigern – ein potentieller Nutzen, den wir in Kapitel 18 aufnehmen wollen.

In Dänemark hat die Kombination von einem staatlich unterstützten Pflegesystem zu Hause und Ausweitung betreuten Wohnens in den letzten 15 Jahren zu einem 30-prozentigen Rückgang des Bedarfs an Altersheimbetten geführt. Gleichzeitig hat die dänische Regierung Geld gespart: öffentliche Ausgaben für Langzeitpflege gingen um 8 % zurück (Stuart & Weinrich, 2001).

Wenn die Einweisung in ein Altenheim die beste Wahl ist, können Schritte unternommen werden, um die Qualität der Dienste zu verbessern. In den

Betreutes Wohnen ist eine immer häufiger genutzte Alternative zur kostenintensiven Pflege in Altenheimen. Einmal wöchentlich besuchen Mütter von Kleinkindern mit ihren Kindern Einwohner dieser freundlich ausgestatteten Einrichtung für Menschen mit leichter Demenz. Die Älteren erinnern sich daran, wie sie für ihre eigenen Kinder sorgten, und die Babys bringen Freude in ihr Leben.

17.4 KÖRPERLICHE UND KOGNITIVE ENTWICKLUNG IM SPÄTEN ERWACHSENENALTER

Niederlanden zum Beispiel hat man getrennte Bereiche für Patienten mit mentalen und körperlichen Behinderungen geschaffen, weil jede Gruppe ganz unterschiedliche Bedürfnisse hat. Und jede ältere Person, ganz gleich, wie behindert sie ist, profitiert von der Möglichkeit, noch existierende Stärken zu nutzen und neue Fertigkeiten zu erwerben, welche (wie wir im nächsten Abschnitt sehen werden) den Abbau kompensieren können. Bei institutionalisierten älteren Menschen sagen Gesundheit, das Gefühl persönlicher Kontrolle, zufrieden stellende soziale Beziehungen und sinnvolle und Freude bereitende tägliche Aktivitäten auf eine bedeutsame Weise die Lebenszufriedenheit voraus (Logsdon, 2000). Diese Aspekte des Lebens sind für alle älteren Menschen lebenswichtig, ganz gleich, wo sie leben.

Prüfen Sie sich selbst …

Rückblick
Belegen Sie, dass sowohl genetische wie Umweltfaktoren zu Alzheimer und zur zerebrovaskulären Demenz beitragen.

Rückblick
Erklären Sie, wie Depression sich mit körperlicher Krankheit und Behinderung verbinden kann, um kognitiven Abbau bei älteren Menschen zu fördern. Sollte kognitiver Abbau infolge körperlicher Einschränkungen Demenz genannt werden? Erklären Sie.

Anwendung
Marissa beklagte sich bei einem Berater, dass ihr Ehemann Wendell mit seinen 68 Jahren keinen Sex mehr anregte und auch keine Zärtlichkeiten mehr mit ihr austauschte. Warum mag Wendell aufgehört haben, sexuell zu interagieren? Welche Interventionen, sowohl medizinisch wie beratend, könnten hilfreich sein für Marissa und Wendell?

Zusammenhänge
Erklären Sie, wie jede Ebene der ökologischen Systemtheorie (siehe Kapitel 1) zum Wohlbefinden der Betreuungsperson und zur Qualität häuslicher Pflege für ältere Menschen mit Demenz beiträgt.

Prüfen Sie sich selbst …

Kognitive Entwicklung

Als Ruth sich bei ihrem Arzt über Schwierigkeiten mit dem Gedächtnis und verbalen Ausdruck beklagte, erwähnte sie allgemeine Sorgen über das kognitive Funktionieren im späten Alter. Man nimmt an, dass der Abbau in der Geschwindigkeit der Informationsverarbeitung, die in allen Jahren des Erwachsenseins stattfindet, viele Aspekte der Kognition im hohen Alter beeinflusst. In Kapitel 15 wurde bemerkt, dass reduzierte Wirksamkeit des Denkens die Aufmerksamkeit, die Menge der Informationen, die im Arbeitsgedächtnis behalten werden können, der Gebrauch von Gedächtnisstrategien und das Zurückrufen von Informationen aus dem Langzeitgedächtnis beeinträchtigt. Diese Verschlechterungen setzen sich in den letzten Jahrzehnten des Lebens fort.

Erinnern Sie, dass je mehr eine geistige Fähigkeit von der fluiden Intelligenz (biologisch fundierte Fähigkeiten der Informationsverarbeitung) abhängig ist, desto eher beginnt sie abzubauen. Im Gegensatz dazu halten sich geistige Fähigkeiten, die sich auf die kristalline Intelligenz beziehen (kulturell fundiertes Wissen), für eine längere Zeit. (Gehen Sie zu Abbildung 15.5 zurück, um diese Trends zu wiederholen.) Aber der Erhalt der kristallinen Intelligenz hängt ab von den Möglichkeiten, kognitive Fertigkeiten zu verbessern. Wenn diese verfügbar sind, können kristalline Fähigkeiten – allgemeine Informationen und Fachwissen – Verluste in der fluiden Intelligenz ausgleichen.

Im fortgeschrittenen Alter begrenzen Verschlechterungen in der fluiden Intelligenz schließlich das, was Menschen mit kultureller Unterstützung einschließlich eines reichen Hintergrunds von Erfahrung, Wissen, wie man Probleme erinnert und löst, und eines anregenden Alltags erreichen können (siehe auch Abbildung 15.5) Folglich zeigt die kristalline Intelligenz einen leichten Abbau (Baltes, 1997; Kaufman, 2001).

Insgesamt überwiegt der Verlust jedoch gegenüber Verbesserung und Erhaltung, wenn sich die Menschen dem Ende ihres Lebens nähern. Aber noch ist auch Plastizität in der Entwicklung möglich (Baltes & Carstensen, 1996). Die Forschung deckt große individuelle Unterschiede in kognitiven Funktionen bei alten Menschen auf, stärker als zu jeder anderen Zeit des Lebens (Hultsch & Dixon, 1990; Morse, 1993). Neben einem vollständigeren Ausdruck genetischer Einflüsse und solcher des Lebensstils mag eine gewachsene Freiheit zur Verfolgung selbst gewählter Handlungsverläufe

Gedächtnis

Der weltbekannte Konzertpianist Arthur Rubenstein, der mit 89 Jahren vor einem ausverkauften Haus in New York City spielte, erhielt sein außerordentliches Klavierspiel durch *selektive Optimierung mit Kompensation* bis ins hohe Alter. Er war selektiv in der Auswahl seiner Stücke und Aufführungen, so konnte er seine Energie optimieren. Er kompensierte seinen Rückgang in der Spielgeschwindigkeit, indem er vor einer schnellen Passage besonders langsam spielte, sodass die schnelle Passage den Zuhörern viel schneller erschien.

– solche, die kognitive Fertigkeiten verstärken, und solche, die sie mindern – verantwortlich sein.

Wie können ältere Erwachsene das Beste aus ihren kognitiven Ressourcen machen? Entsprechend einer Sichtweise nehmen Alte, die ein hohes Funktionsniveau erhalten, eine **selektive Optimierung mit Kompensation** vor. Das heißt, sie engen ihre Ziele ein und beschränken sich auf persönlich geschätzte Aktivitäten, um diese zu *optimieren* (oder maximieren), damit sie ihre schwindende Energie optimal nutzen können. Sie erbringen auch eine *Kompensierung* von Verlusten (Baltes, 1997; Freund & Baltes, 2000). Eines Tages sahen Ruth und Walter eine Fernsehsendung mit der Wiederholung eines Interviews mit dem 80-jährigen Pianisten Arthur Rubinstein, der gefragt wurde, wie er es fertig brachte, trotz seines fortgeschrittenen Alters noch so hervorragend Klavier zu spielen. Rubinstein wandte jede der gerade erwähnten Strategien an. Er sagte, dass er *selektiv* vorgehe und weniger Stücke spielte. Das befähigte ihn, seine Energie zu *optimieren,* er konnte jedes Stück häufiger üben. Schließlich entwickelte er neue, *kompensatorische* Techniken für den Abbau der Spielgeschwindigkeit. So spielte er vor einer schnellen Passage besonders langsam, sodass die schnelle Passage dem Publikum als schneller erschien.

Wenn die hauptsächlichen Veränderungen im Gedächtnis, der Sprachverarbeitung und dem Problemlösen betrachtet werden, werden neue Wege erscheinen, mit denen ältere Menschen angesichts des Abbaus optimieren und kompensieren können. Es wird sich zeigen, dass bestimmte Fertigkeiten, die von extensiven Lebenserfahrungen abhängen und nicht von der Effizienz der Verarbeitung, im hohen Alter erhalten bleiben oder sich noch steigern. Zum Schluss werden Programme betrachtet, die Alte als lebenslange Lerner betrachten, die genau wie in früheren Perioden ihrer Entwicklung durch neues Wissen befähigter werden.

17.4 Gedächtnis

Da ältere Menschen Informationen langsamer aufnehmen und es ihnen schwerer fällt, Strategien anzuwenden, unwichtige Informationen zu hemmen und relevantes Wissen aus dem Langzeitgedächtnis herbeizuholen, steigt die Wahrscheinlichkeit von Gedächtnisversagen an (Bäckman, Small, & Wahlin, 2001; Persad et al., 2002). Eine reduzierte Kapazität, Material im Arbeitsgedächtnis zu behalten, während daran gearbeitet wird, bedeutet, dass Gedächtnisprobleme besonders bei komplexen Aufgaben augenfällig sind.

17.4.1 Explizites versus implizites Gedächtnis

„Ruth, du weißt doch, diesen Film, den wir gesehen haben, den mit dem kleinen fünfjährigen Jungen, der so gut gespielt hat. Ich möchte ihn Richard und Gudrun empfehlen. Kannst du dich an seinen Titel erinnern?", fragte Walter.

„Ich kann mich nicht erinnern, wir haben vor kurzem so viele Filme gesehen und gerade bei diesem klingelt es nicht bei mir. In welchem Kino war das und mit wem waren wir da? Erzähl mir mehr von dem kleinen Jungen, vielleicht fällt es mir wieder ein."

Obwohl alle von uns von Zeit zu Zeit Gedächtnisversagen wie dieses haben, nehmen die Schwierigkeiten der Erinnerung mit dem Alter zu. Als Ruth und Walter den Film sahen, bedeutete ihre langsamere kognitive Verarbeitung, dass sie weniger Details behielten. Und weil ihr Arbeitsgedächtnis weniger auf einmal behalten konnte, achteten sie weniger auf den Kontext, wo und mit wem sie den Film sahen (Craik & Jacoby, 1996;

Wegesin et al., 2000). Beim Erinnern dient der Kontext als wichtiger Schlüssel des Zurückholens. Weil ältere Menschen weniger von einem Reiz und seinem Kontext aufnehmen, können sie manchmal nicht zwischen einem erlebten und einem vorgestellten Ereignis unterscheiden (Rybash & Hrubi-Bopp, 2000).

Ein paar Tage später sah Ruth im Fernsehen einen Ausschnitt aus dem Film und erkannte ihn sofort. Im Vergleich mit dem freien Erinnern leidet im späten Erwachsenenalter das Wiedererkennen weniger, weil eine Vielzahl unterstützender Fakten aus der Umwelt für das Erinnern vorhanden sind (Craik & Jennings, 1992). Altersbedingter Gedächtnisabbau ist größtenteils auf die Aufgaben beschränkt, die eine explizite Verarbeitung erfordern. Weil das Wiedererkennen eine ziemlich automatische Art des Gedächtnisses ist, verändert es sich nicht sehr im hohen Alter.

Betrachten Sie eine andere automatische Form des Gedächtnisses, das **implizite Gedächtnis** oder das Gedächtnis ohne bewusste Kenntnis. In einer typischen impliziten Gedächtnisaufgabe würde man Sie bitten, ein Wortfragment einzuführen (wie A_T), nachdem man Ihnen eine Wortliste gezeigt hat. Sie würden die Buchstabenfolge wahrscheinlich eher mit einem Wort vervollständigen, das Sie gerade gesehen haben (BART) als mit irgendeinem anderen Wort (LAST oder SAFT). Wichtig dabei ist, dass Sie sich erinnerten, ohne dass Sie versuchten, es zu tun.

Altersunterschiede im impliziten Gedächtnis sind viel geringer als im expliziten oder bewussten Gedächtnis. Wenn das Gedächtnis von Vertrautheit und weniger vom bewussten Einsatz von Strategien abhängt, wird es im hohen Alter von Beeinträchtigungen verschont (Davis, Trussell, & Klebe, 2001; Titov & Knight, 1997). Die Gedächtnisprobleme, über die ältere Menschen berichten – für Namen von Menschen, Plätzen, an denen sie wichtige Gegenstände hingelegt haben, Richtungen, um von einem Ort zum anderen zu kommen, und (wie später zu sehen sein wird) Verabredungen und zeitgenaue Einnahme von Medikamenten –, stellen alle wesentliche Anforderungen an das eingeschränktere Arbeitsgedächtnis.

17.4.2 Assoziatives Gedächtnis

Die beschriebenen Altersdefizite des Gedächtnisses bestehen darin, Informationen in komplexe Erinnerungen einzubauen. Forscher nennen das ein **assoziatives Gedächtnisdefizit** oder die Schwierigkeit, Verbindungen zwischen Informationsteilen herzustellen und zu erinnern, z.B. zwischen zwei Informationseinheiten oder zwischen einer und ihrem Kontext, so wie es Ruth getan hat, als sie versuchte, den Titel des Films mit dem kindlichen Darsteller oder wo sie den Film gesehen hatte, zu erinnern.

Um herauszufinden, ob ältere Menschen größere Schwierigkeiten mit dem assoziativen Gedächtnis haben als jüngere, zeigten ihnen Forscher Paare nicht in Beziehung stehender Wörter (wie Tisch – Mantel, Brot – Radio) und forderten sie auf, sich die Paare für einen Gedächtnistest einzuprägen. Während des Tests gab man einer Teilnehmergruppe eine Seite einzelner Wörter, von denen einige in der Lernphase aufgetaucht waren, andere aber nicht. Sie wurden aufgefordert, die Wörter einzukreisen, die sie sich eingeprägt hatten. Der anderen Gruppe gab man eine Seite von Wortpaaren, einige aus der Lernphase (Tisch – Mantel) und einige, die neu angeordnet waren (Mantel – Radio), und forderte sie auf, Paare einzukreisen, die sie gelernt hatten. Wie Abbildung 17.7 zeigt, waren die alten Menschen fast so gut wie jüngere beim Ein-Wort-Test. Aber sie zeigten viel schlechtere Leistungen im Wort-Paar-Test – Ergebnisse, die die Annahme eines assoziativen Gedächtnisdefizits stützen (Naveh-Benjamin, 2000).

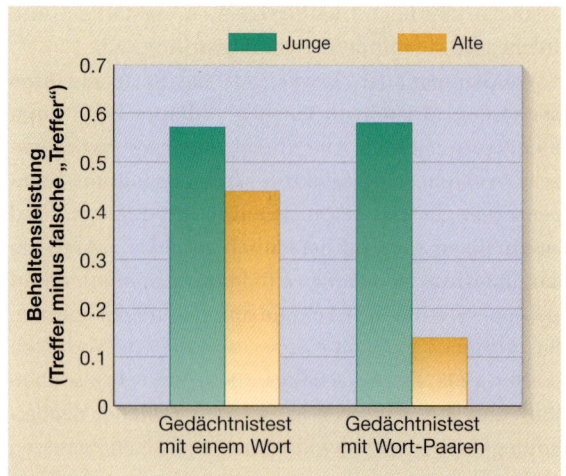

Abbildung 17.7: Die Leistung junger und alter Erwachsener in Gedächtnistests von einem oder zwei Wörtern, die ein assoziatives Gedächtnisdefizit im späten Erwachsenenalter aufzeigen. Nachdem sie Paare nicht in Beziehung stehender Wörter angesehen hatten, wurden einige Erwachsene gebeten, einzelne Wörter zu identifizieren, die sie gesehen hatten. Andere mussten Wort-Paare identifizieren, die sie gesehen hatten. Alte Menschen hatten fast so gute Leistungen wie junge bei dem Gedächtnistest mit einem Wort. Aber im Test mit dem Wort-Paar waren sie viel schlechter. Diese Ergebnisse weisen auf ein assoziatives Gedächtnisdefizit im späten Erwachsenenalter hin (nach Naveh-Benjamin, 2000).

Beachten Sie, dass die Gedächtnisaufgaben in dieser Untersuchung sich auf Wiedererkennen stützten. Meistens erfordert das Wiedererkennungsgedächtnis nur, dass wir einzelne Bestandteile von Informationen erkennen, sodass Ältere eine gute Leistung zeigen. Wenn Forscher die Wiedererkennungsaufgaben erschweren und sie in Abhängigkeit zum assoziativen Gedächtnis bringen, haben Ältere Schwierigkeiten. Das weist darauf hin, dass die Gedächtnisleistung Älterer verbessert werden könnte, wenn man sie mit mehr Hinweisen bei Erinnerungssituationen ausstattet, in denen Informationseinheiten verbunden werden müssen. Wenn zum Beispiel Namen mit Gesichtern verbunden werden müssen, profitieren Ältere, wenn man relevante Fakten über diese Menschen nennt. Die Bedeutsamkeit von Namen zu vergrößern, verbessert die Erinnerung (Schmidt et al., 1999).

17.4.3 Weit zurückreichendes Langzeitgedächtnis

Obwohl alte Menschen oft sagen, dass ihr **weit zurückreichendes Langzeitgedächtnis** oder eine Erinnerung an sehr ferne Ereignisse besser sei als das für kürzlich erfolgte Ereignisse, stützt die Forschung diese Einschätzung nicht. In verschiedenen Studien bat man Erwachsene, die im Alter von zwanzig bis siebzig rangierten, Namen von Lehrern aus der Schulzeit oder Klassenkameraden aus der höheren Schule und Spanischvokabeln aus der Zeit an der höheren Schule zu erinnern – Informationen, die früh im Leben sehr gut eingeprägt wurden. Das Gedächtnis baute schnell ab für die ersten drei bis sechs Jahre und veränderte sich dann wenig für die nächsten 20 Jahre. Danach fand zusätzlich leichtes Vergessen statt (Bahrick, 1984; Bahrick, Bahrick, & Wittlinger, 1975).

Wie sieht es aus mit dem *autobiographischen Gedächtnis* oder dem Gedächtnis für persönlich bedeutsame Ereignisse wie das, was Sie bei ihrer ersten Verabredung machten oder wie Sie ihren Studienabschluss feierten? Um diesen Typ des Gedächtnisses zu untersuchen, geben Forscher typischerweise eine Serie von Wörtern (solche wie *Buch, Maschine, Verzeihung, überrascht*) und fordern Erwachsene auf, über persönliche Erinnerungen, die damit verbunden sind, zu berichten. Menschen zwischen 50 und 90 erinnern sowohl weiter zurück liegende wie kürzlich erfolgte Ereignisse häufiger als dazwischen liegende, wobei kürzlich erfolgte Ereignisse am häufigsten erwähnt wurden. Von den fernen Ereignissen geschahen die meisten zwischen zehn und 30 Jahren (siehe Abbildung 17.8) (Jansari & Parkin, 1996; Rubin & Schulkind, 1997a).

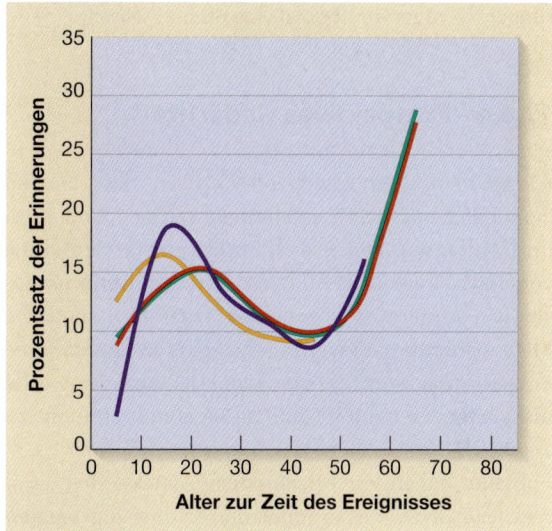

Abbildung 17.8: Verteilung der autobiographischen Erinnerungen in Abhängigkeit vom angegebenen Alter zur Zeit des Ereignisses. In den vier Untersuchungen von 50- bis 90-Jährigen, die hier dargestellt werden, wurden spätere Ereignisse besser erinnert als frühere. Unter den frühen Ereignissen stammen die meisten Ereignisse aus der Zeit, als der Erinnernde zwischen zehn und 30 Jahre alt war (nach D. C. Rubin, T. A. Rahhal, & L. W. Poon, 1998, „Things Learned in Early Adulthood Are Remembered Best," Memory and Cognition, 26, S. 4. © 1998 by the Psychonomic Society, Inc.).

Warum erinnern ältere Menschen ihre Erlebnisse in der Adoleszenz und im frühen Erwachsenenalter besser als die ihres mittleren Erwachsenenlebens? Vielleicht werden Ereignisse aus der Jugend besser erinnert, weil sie in einer Periode schneller Lebensveränderungen geschahen, die angefüllt war mit neuen Erfahrunge, solche, die aus dem Einerlei des täglichen Lebens herausragen. Adoleszenz und frühes Erwachsenenalter sind auch Zeiten der Identitätsentwicklung, wenn viele persönlich wichtige Dinge geschehen. In Kapitel 5 wurde klar, dass solche Ereignisse eher Teil der Lebensgeschichte des Individuums werden und lange anhalten. Selbst öffentliche Ereignisse, die mit dieser Zeit verbunden sind – Nobelpreisträger, einzelne Sportwettbewerbe und gegenwärtiger Ereignisse – sind für Ältere besonders herausragend (Rubin, Rahhal, & Poon, 1998).

Dennoch erinnern ältere Menschen kürzlich erfolgte persönliche Erfahrungen eher als weiter zurück liegende, wahrscheinlich, weil Jahre zusätzlicher Erfahrung dazwischen kamen (Kausler, 1994). Wenn wir Erinnerungen ansammeln, ähneln einige unvermeidlich anderen. Folglich werden gewisse frühe Erinnerungen weniger deutlich als sie einmal waren.

17.4.4 Prospektives Gedächtnis

Ältere Menschen klagen oft darüber, dass sie bei täglichen Ereignissen zerstreuter werden. Weil Ruth und Walter wussten, dass sie leicht eine Verabredung vergessen, fragten sie oft nach. „Sybille, wann ist unsere Einladung zum Abendessen?" sagte Walter etliche Male während der zwei Tage vor dem Ereignis. Seine Fragerei war kein Zeichen von Demenz. Er wollte nur sichergehen, eine wichtige Verabredung nicht zu vergessen.

Bisher haben wir verschiedene Aspekte des *retrospektiven Gedächtnisses* (oder der Erinnerung vergangener Dinge) betrachtet. Das **prospektive Gedächtnis** bezieht sich auf das Erinnern geplanter Handlungen in der Zukunft. Das Ausmaß geistiger Anstrengung, das erforderlich ist, legt fest, ob ältere Menschen mit dem prospektiven Gedächtnis Schwierigkeiten haben. Das Behalten der Verabredung zum Abendessen war für Walter herausfordernd, weil er typischerweise mit seiner Tochter Donnerstagabend um 18:00 Uhr zu Abend aß, aber dieses Mal war das Essen für Dienstag um 19:15 Uhr angesetzt.

Im Labor sind ältere Menschen besser in prospektiven Gedächtnisaufgaben, die auf das *Ereignis bezogen* sind als in solchen, die auf die *Zeit bezogen* sind. In einer auf das Ereignis bezogenen Aufgabe dient ein Ereignis (wie ein bestimmtes Wort, das auf dem Bildschirm des Computers erscheint) als Schlüssel dafür, sich zu erinnern, etwas zu tun (einen Knopf drücken), während die Teilnehmer mit einer fortlaufenden Aktivität beschäftigt sind (Abschnitte lesen). So lange die auf Ereignissen beruhende Aufgabe nicht zu komplex ist, sind ältere Menschen genauso gut wie jüngere. Wenn die Forscher jedoch zusätzliche Gedächtnisanforderungen einführen (den Knopf drücken, wenn je einer aus vier Hinweisen erscheint), nimmt die Leistung älterer Menschen ab (Einstein et al., 1997; Einstein et al., 1992, 2000). In einer auf die Zeit bezogenen Aufgabe muss der Erwachsene eine Handlung ausführen, nachdem ein bestimmtes Zeitintervall vergangen ist ohne irgendeinen sichtbaren äußeren Hinweis (zum Beispiel alle zehn Minuten einen Knopf drücken). Auf die Zeit bezogenes prospektives Gedächtnis erfordert eine beträchtliche Initiative, um die geplante Handlung zu behalten, und der Abbau im späten Erwachsenenalter ist groß (Park et al., 1997; West & Craik, 1999).

Aber Schwierigkeiten mit dem prospektiven Gedächtnis, wie sie im Labor auftauchen, erscheinen nicht immer im realen Leben, denn ältere Menschen sind sehr gut darin, sich selber Erinnerungsbrücken zu schaffen wie eine Uhr, die in der Küche klingelt oder eine Notiz, die an prominenter Stelle festgemacht wird. Im Versuch, eine zukünftige Handlung zu behalten, verlassen sich jüngere Menschen mehr auf Strategien wie Einübung und Wiederholung, ältere dagegen auf äußere Gedächtnisstützen (Dixon, de Frias, & Bäckman, 2001; Marsh, Hicks, & Landau, 1998). Auf diese Weise kompensieren Ältere ihre reduzierte Kapazität des Arbeitsgedächtnisses und die Herausforderung, ihre Aufmerksamkeit zu teilen zwischen dem, was sie jetzt gerade machen und was sie zukünftig tun müssen.

17.5 Sprachverarbeitung

Sprache und Gedächtnisleistungen sind eng verwandt. Im Sprachverständnis (die Bedeutung des gesprochenen und geschriebenen Wortes verstehen) erinnern wir ohne bewusstes Gedächtnis, was wir gehört oder gelesen haben. Wie beim impliziten Gedächtnis verändert sich das Sprachverständnis im Alter wenig, solange Gesprächspartner nicht zu schnell sprechen und den Älteren genug Zeit gelassen wird, den geschriebenen Text genau zu verarbeiten (Brébion, Smith, & Ehrlich, 1997; Hultsch et al., 1998; Stine-Morrow & Miller, 1999). In einer Langzeitstudie zeigten 55- bis 70-Jährige einen leichten Anstieg innerhalb einer Periode von sechs Jahren im Behalten geschriebener Geschichten. Und bis in ihre Achtziger und Neunziger machten Ältere einen guten Gebrauch von der Organisation der Geschichte, die ihnen half, sich an die Hauptgedanken und Details zu erinnern (Small et al., 1999).

Im Gegensatz zum Sprachverständnis zeigen zwei Aspekte der Sprachproduktion altersbedingte Verluste. Der erste ist das Abrufen von Wörtern aus dem Langzeitgedächtnis. Im Gespräch mit anderen hatten Ruth und Walter manchmal Schwierigkeiten, genau das richtige Wort zu finden, das ihren Gedanken entsprach. Folglich erhielt ihre Sprache mehr Pronomen und andere undeutliche Hinweise als in früheren Jahren. Sie sprachen auch langsamer und machten mehr Pausen, weil sie Zeit brauchten, im Gedächtnis nach bestimmten Wörtern zu suchen (MacKay & Abrams, 1996).

Zweitens ist es im späten Erwachsenenalter schwieriger zu planen, was man sagen will und wie man es sagen möchte. Daraus resultierte, dass das Sprechen von Ruth und Walter mehr Verzögerungen, falsche Anfänge, Wortwiederholungen und Satzfragmente zeigte, als sie älter wurden. Ihre Bemerkungen waren auch weniger gut organisiert als vorher (Kemper, Kynette, & Norman, 1992).

Was erklärt diese Veränderungen? Wieder einmal scheinen altersbedingte Beschränkungen des Arbeitsgedächtnisses verantwortlich zu sein. Weil weniger Informationen zur gleichen Zeit behalten werden können, haben Ältere Schwierigkeiten, die vielfältigen Aufgaben zu erfüllen, die zur Produktion der Sprache notwendig sind. Folglich haben sie manchmal Schwierigkeiten, nicht verbale Informationen zu erinnern, die sie mitteilen wollen, sie in Worte zu fassen und sie auf kohärente Weise zu vermitteln.

Wie beim Gedächtnis entwickeln ältere Menschen kompensatorische Techniken bei Problemen der Sprachproduktion. Zum Beispiel vereinfachen sie ihre grammatikalischen Strukturen, sodass sie mehr Zeit dazu haben, Wörter hervorzuholen und ihre Gedanken zu ordnen. Auf diese Weise vermitteln sie ihre Botschaft in mehr Sätzen und opfern die Effizienz um einer größeren Deutlichkeit willen (Kemper, Thompson, & Marquis, 2001).

Ältere Menschen kompensieren auch, indem sie Informationen, die sie mitteilen möchten, stärker auf das Wesentliche beschränken als in Details darstellen (Jepson & Labouvie-Vief, 1992). Wenn zum Beispiel Walter seiner Enkelin Maria Märchen erzählte, ließ er viele konkrete Details aus. Stattdessen fügte er persönliche Einschiebungen und eine moralische Belehrung hinzu – Elemente, die in den Geschichten, die jüngere Erwachsene erzählen, weniger häufig auftreten. Hier ist Walters Fassung von *Dornröschen:* „Eine böse Fee verurteilt Dornröschen zum Tode. Aber eine freundliche Fee verwandelt den Tod in Schlaf. Dann erweckt sie ein hübscher Prinz mit einem Kuss. Du siehst also, Maria, dass sowohl Gutes wie Böses in der Welt existiert. Die bösen Dinge geben uns das Bedürfnis ein, an andere zu denken und uns um sie zu kümmern."

Ältere Menschen machen oft das Beste aus ihrem eingeschränkten Arbeitsgedächtnis, indem sie den Kern einer Botschaft extrahieren. Dann reichern sie ihn mit symbolischen Interpretationen an, indem sie aus ihren extensiven Lebenserfahrungen schöpfen.

Wenn diese Seniorin der Apachen in Arizona jungen Mitgliedern ihrer Gemeinschaft Geschichten erzählt, wird sie wahrscheinlich ihre Geschichten mit Einschüben und moralischen Inhalten bereichern, die in ihrer langen Lebenserfahrung gründen.

17.6 Problemlösen

Problemlösen ist noch eine weitere kognitive Fertigkeit, die illustriert, dass das Altern nicht nur Verschlechterung bringt, sondern auch wichtige adaptive Veränderungen. Im späten Erwachsenenalter zeigt traditionelles Problemlösen, das keinen Zusammenhang mit dem realen Leben aufweist (wie in Spielen, die allgemeines Verständnis voraussetzen), einen Abbau. Die Gedächtniseinschränkungen älterer Menschen machen es schwer, alle relevanten Fakten im Kopf zu behalten, wenn man mit komplexen hypothetischen Problemen umgehen muss (Sinnott, 1989).

Jedoch unterscheiden sich problematische Situationen, denen Ältere im täglichen Leben begegnen und über die sie sich Gedanken machen, von hypothetischen Problemen, die Forscher entwickelt haben. Die täglichen Probleme alter Menschen unterscheiden sich auch von denen im früheren Alter. Die meisten müssen sich nicht mehr mit beruflichen Problemen des Arbeitsplatzes befassen. Selbst die sozialen Probleme, denen sie zu Hause entgegensehen, können verringert sein. Ihre Kinder sind typischerweise erwachsen und auf sich selbst gestellt, und ihre Ehe hat lange genug überdauert und macht weniger Schwierigkeiten (Berg et al., 1998). Stattdessen betreffen die hauptsächlichen Sorgen die Handhabung der

Aufgaben des täglichen Lebens wie das Zubereiten nahrhafter Mahlzeiten, den Umgang mit Finanzen und dem Beachten von gesundheitlichen Belangen. Umfragen in Deutschland und den Vereinigten Staaten haben enthüllt, dass ältere Menschen ein Drittel bis zur Hälfte des Tages mit solchen Dingen verbringen (Willis, 1996).

Wie lösen Alte die Alltagsprobleme? Ihre Strategien gehen über die Anpassungsprobleme des mittleren Lebens hinaus. Solange sie Probleme als kontrollierbar wahrnehmen, sind ältere Menschen aktiv und können sie wirksam lösen (Haught et al., 2000). Vielleicht weil ältere Menschen oft den Schluss ziehen, dass sie andere Menschen nicht verändern können, vermeiden sie interpersonale Konflikte eher (Blanchard-Fields, Chen, & Norris, 1997). Wie in Kapitel 18 zu sehen sein wird, ist diese Strategie für Ältere oft sinnvoll, die motiviert sind, Kraft zu bewahren und Stress zu begrenzen.

Der Bereich der Gesundheit, von herausragender Bedeutung für Ältere, illustriert die Anpassungsfähigkeit täglichen Problemlösens im späten Erwachsenenalter (Sansone & Berg, 1993). Ältere Menschen entscheiden sich schneller, ob sie krank sind und nehmen früher medizinische Hilfe in Anspruch. Im Gegensatz dazu nehmen junge Erwachsene und solche mittleren Alters eher eine abwartende Haltung ein zugunsten der Sammlung von mehr Fakten, selbst wenn das gesundheitliche Problem ernsthaft ist (Leventhal et al., 1993; Meyer, Russo, & Talbot, 1995). Diese schnelle Reaktion der Alten ist unter dem Gesichtspunkt ihrer langsameren kognitiven Verarbeitung interessant. Vielleicht ermöglicht ihnen die jahrelange Erfahrung mit der Bewältigung von Krankheiten, aus breitem persönlichen Wissen zu schöpfen und mit mehr Bestimmtheit voranzugehen. Bei gesundheitlichen Problemen entschieden zu handeln ist im hohen Alter auffällig.

Schließlich arbeiten im Vergleich mit jüngeren Ehepaaren ältere verheiratete Paare im täglichen Problemlösen eher zusammen, und Forscher beurteilen ihre gemeinsam erarbeiteten Strategien als hoch wirksam (Meegan & Berg, 2002). Im gemeinsamen Problemlösen scheinen ältere Paare die kognitiven Schwierigkeiten des anderen zu kompensieren, was zu gesteigerter Kompetenz in Lebensaufgaben führt.

17.7 Weisheit

Wir haben gesehen, dass reiche Lebenserfahrung das Geschichtenerzählen und Problemlösen der Alten steigern kann. Sie liegt auch einer weiteren Fähigkeit zugrunde, von der man annimmt, dass sie ihren Höhepunkt im Alter erreicht: **Weisheit.** Wenn Forscher Menschen auffordern, Weisheit zu beschreiben, erwähnen die meisten Breite und Tiefe praktischen Wissens, die Fähigkeit, über dieses Wissen zu reflektieren und es auf eine Weise anzuwenden, die das Leben erträglicher und lebenswerter macht; emotionale Reife einschließlich der Fähigkeit, zuzuhören, zu bewerten und Rat zu geben, und die altruistische Form der Kreativität, die wir in Kapitel 15 diskutiert haben. Sie trägt zur Menschlichkeit und zur Bereicherung des Lebens anderer bei. Eine Gruppe von Forschern fasste die vielfältigen kognitiven Merkmale und Persönlichkeitszüge zusammen, die Weisheit ausmachen als „Fachwissen in der Führung und Bedeutung des Lebens" (Baltes & Staudinger, 2000, S. 124; Staudinger et al., 1998).

Während ihres Studiums rief ihre Enkelin Maria Ruth und Walter wegen eines dringenden persönlichen Problems an. Ruths Rat reflektierte die Merkmale von Weisheit, die gerade erwähnt wurden. Unsicher, ob ihre Liebe zu ihrem Freund Karsten dauerhaft sein würde, begann Maria mit einem anderen Studenten auszugehen, als ihr Freund in eine andere Stadt gezogen war, um eine medizinische Hochschule zu besuchen. „Ich halte es nicht aus, so hin- und hergezogen zu sein. Ich denke, ich werde Karsten anrufen und ihm von Steffen erzählen", erklärte sie. „Meinst du, dass ich das tun sollte?"

„Das ist jetzt keine gute Zeit dafür, Maria", riet ihr Ruth. „Du brichst Karsten das Herz, bevor du selber die Gelegenheit hattest, deine Gefühle für Steffen einschätzen zu können. Und du sagtest, dass Karsten in zwei Wochen wichtige Prüfungen hat. Wenn du es ihm jetzt erzählst und er von der Prüfung abgelenkt wird, könnte das den Rest seines Lebens beeinflussen."

Weisheit – ob auf persönliche Probleme angewendet oder auf Gemeinde, nationale und internationale Belange – erfordert „tiefe Einsicht in den Sinn menschlicher Existenz und in die Lebensführung" (Baltes & Staudinger, 2000). Es überrascht nicht, dass Kulturen rund um die Welt der Meinung sind, dass Alter und Weisheit zusammengehören. In Dorf- und Stammeskulturen werden die wichtigsten sozialen Positionen, wie die des Häuptlings und Schamanen (religiösen Anführers), den Alten vorbehalten. Ähnlich sind in den Industrienationen Menschen über 60 Jahre Vorstandsvorsitzende großer Unternehmen, hochrangige religiöse Führer, Mitglieder des Parlaments und des Obersten Gerichtshofes und so weiter. Was erklärt das? Die Evolutionstheorie schreibt das genetische Programm unserer Spezies Gesundheit, Fitness und Stärke den Jungen zu. Die Kultur weist diesen jugendlichen Vorteil körperlicher Kraft durch die Einsicht der Alten in ihre Schranken und sorgt damit für ein Gleichgewicht und Interdependenz zwischen den Generationen (Assmann, 1994; Csikszentmihalyi & Rathunde, 1990).

Es wurden wenige Anstrengungen unternommen, um die Entwicklung von Weisheit zu untersuchen. In einer Reihe von Untersuchungen reagierten Erwachsene im Alter zwischen 20 und 89 auf ungewisse Situationen des realen Lebens, z.B. was zu bedenken und zu tun ist, wenn ein guter Freund Selbstmord begehen will oder wenn man sein Leben überdenkt und zu dem Schluss kommt, dass man seine Ziele nicht erreicht hat (Staudinger, 1999). Die Antworten wurden nach fünf Bestandteilen der Weisheit eingestuft:

- Wissen über fundamentale Belange des Lebens einschließlich der menschlichen Natur, sozialer Beziehungen und Emotionen

- wirksame Strategien, dieses Wissen anzuwenden, um Entscheidungen im Leben zu treffen, mit Konflikten umzugehen und Rat zu geben

- eine Sicht auf die Menschen, die die vielfältigen Anforderungen ihres Lebenszusammenhangs in Betracht zieht

- ein Interesse an höchsten menschlichen Werten wie dem Gemeinwohl und Respekt vor individuellen Wertunterschieden und

- Bewusstsein dafür, dass es für viele Probleme keine perfekte Lösung gibt, und Umgang mit dieser Ungewissheit.

Die Ergebnisse zeigten, dass Alter keine Garantie für Weisheit darstellt. Lediglich eine kleine Anzahl Erwachsener verschiedenen Alters konnte als weise eingestuft werden. Aber die Art der Lebenserfahrungen führte zu einem Unterschied. Menschen in Sozialberufen, die Erfahrung und Übung im Umgang mit menschlichen Problemen hatten, bekamen in der Regel hohe Werte in der Weisheitsskala (Smith, Stau-

Der ehemalige US-Präsident Jimmy Carter ist ein Beispiel für für internationale Belange eingesetzte Weisheit. Hier begrüßt er Premierminister P. J. Patterson bei einem Besuch auf Jamaika kurz vor den Wahlen in Jamaika, die Patterson eine dritte Regierungsperiode im Amt bescherte. Seit Jahrzehnten setzt sich Carter für Demokratie, friedliche Konfliktlösung und Menschenrechte auf der ganzen Welt ein. Zum Beispiel dient er oft als unparteiischer Beobachter bei Wahlen in Entwicklungsländern. Im Jahre 2002 wurde Carter der Friedensnobelpreis für seine Bemühungen verliehen.

dinger, & Baltes, 1994; Staudinger, Smith, & Baltes, 1992). Und wenn man Alter und relevante Lebenserfahrung zusammen betrachtete, hatten mehr Ältere als Junge Werte in den oberen 20 %. Diese Ergebnisse stimmten mit einer Befragung von Bürgern überein, die gebeten wurden, öffentliche Personen mit einem hohen Grad von Weisheit zu nominieren. Sie wählten hauptsächlich ältere Erwachsene im Alter zwischen 50 bis 70, mit einem Mittelwert von 64 Jahren (Baltes et al., 1995).

Zusätzlich zu Alter und Lebenserfahrung scheint die Erfahrung und Überwindung von Leid eine wichtige Komponente von Weisheit im hohen Alter zu sein. In einer Langzeitstudie von Menschen, die während der Depressionszeit in den 1930ern jung waren, hatten die, welche wirtschaftliche Not erfahren und überwunden hatten, fast 40 Jahre später besonders hohe Werte in Weisheit, wie es kluge Antworten in Interviews über Lebensereignisse, Einsicht in die eigenen Motive und Verhaltensweisen und Wärme und Mitgefühl belegten (Ardelt, 1998). Mit Stress verbundenes Wachstum mag einer der unterschiedlichen, noch unbekannten Wege zur Entwicklung von Weisheit darstellen.

Ältere Menschen mit den kognitiven, nachdenklichen und emotionalen Qualitäten, die Weisheit ausmachen, sind in der Regel besser ausgebildet und körperlich gesünder sowie im Besitz positiverer Beziehungen mit anderen. Und in zwei Untersuchungen sagte Weisheit Lebenszufriedenheit besser voraus als objektive Lebensbedingungen wie körperliche Gesundheit, SÖS und Qualität des Lebensumfeldes (Ardelt, 1997, 2000). Weisen Älteren scheint es gut zu gehen, selbst wenn sie körperlichen und kognitiven Schwierigkeiten gegenüberstehen. Das weist darauf hin, dass es ein bedeutsamer Beitrag zur Steigerung des menschlichen Wohlergehens und der Förderung eines befriedigenden hohen Alters sein könnte, Wege zu finden, die Weisheit zu fördern. Derzeit arbeiten Wissenschaftler an Strategien, wie man jungen Menschen schon in der Adoleszenz beibringt, über Fragen des Lebens nachzudenken und weise Entscheidungen zu treffen (Sternberg, 2001).

17.8 Faktoren der kognitiven Veränderungen

Wie im mittleren Erwachsenenalter sagt ein geistig aktives Leben – überdurchschnittliche Ausbildung, anregende Freizeitbeschäftigungen, Teilnahme an der Gemeinschaft und eine flexible Persönlichkeit – den Erhalt geistiger Fähigkeiten bis ins fortgeschrittene Alter voraus. Denken Sie an unsere Diskussion über den altersbedingten Abbau des prospektiven Gedächtnisses. In einer Studie zeigten gut ausgebildete Ältere mit hoher sprachlicher Befähigung und Engagement in ihrer Gemeinde bei auf Ereignisse bezogenen Aufgaben genauso gute Leistungen des prospektiven Gedächtnisses wie junge Erwachsene. Im Gegensatz dazu waren die von Älteren, die nicht viel mehr als einen High-School-Abschluss hatten und wenig sprachliche Fähigkeiten besaßen, schlecht (Cherry & LeCompte, 1999).

Wie bereits erwähnt, wird der Gesundheitszustand ein zunehmend starker Prädiktor intellektueller Leistung im späten Erwachsenenalter. Eine große Vielfalt chronischer Probleme wie Seh- und Hörschäden, Herz-Kreislauf-Erkrankungen, Osteoporose und Arthritis sind mit kognitivem Abbau verbunden (Anstey & Christensen, 2000; Baltes, Lindenberger, & Staudinger, 1998). Aber wir müssen diese Verbindung zwischen körperlichem und kognitivem Verfall sehr vorsichtig interpretieren. Die Beziehung mag dadurch so eng erscheinen, dass intelligentere Erwachsene sich eher gesundheitsbewusst verhalten, was schwerere Erkrankungen verzögert.

Auch der Ruhestand beeinflusst die kognitive Veränderung, und zwar sowohl positiv wie auch negativ. Wenn die Menschen Routinejobs hinter sich lassen und anregenden Freizeitaktivitäten nachgehen können, sind die Ergebnisse günstig. Im Gegensatz dazu beschleunigt der Ruhestand nach einer hoch komplexen beruflichen Tätigkeit den intellektuellen Abbau, wenn keine neuen herausfordernden Aufgaben gesucht werden (Schaie, 1996).

Ab dem Alter von 75 Jahren ist die kognitive Verschlechterung meist abhängig vom zeitlichen Abstand zum Tod und nicht so sehr vom chronologischen Alter (Small & Bäckman, 1999). Im Jahr bevor Walter starb, bemerkten die, die ihm nahe standen, dass er weniger aktiv war und sich mehr zurückzog. In Gesellschaft von Freunden sprach und bewegte er sich weniger. Zu Hause verbrachte er mehr Zeit damit, aus dem Fenster zu schauen, statt wie früher zu schreiben und im Garten zu arbeiten.

Endgültiger Abbau bezieht sich auf einen stetigen, merklichen Abbau kognitiven Funktionierens vor dem Tod. Forscher sind sich nicht sicher, ob er auf wenige Aspekte der Intelligenz begrenzt ist oder alle Aspekte beeinflusst und damit einen generellen Abbau anzeigt. Ferner unterscheiden sich Studien stark in der geschätzten Länge des Abbaus am Ende des Lebens (terminaler Abbau). Einige Studien berichten, dass er nur ein bis drei Jahre dauert, andere, dass er sich bis zu 14 Jahre hinzieht. Der Durchschnitt beträgt etwa fünf Jahre (Bosworth & Schaie, 1999; Hassing et al., 2002; Maier & Smith, 1999).

Vielleicht liegt der Grund für diese widersprüchlichen Ergebnisse darin, dass es verschiedene Arten terminalen Abbaus gibt. Einer mag von Krankheiten herrühren. Andere können Teil eines allgemeinen biologischen Zusammenbruchs infolge des normalen Alterns sein (Berg, 1996). Derzeit wissen wir nur, dass ein steiles Abfallen kognitiven Funktionierens im Alter ein Zeichen von Vitalitätsverlust und bevorstehendem Tod sein kann.

17.9 Kognitive Interventionen

Meistens geschieht der kognitive Abbau im Alter allmählich. Auch wenn das Altern des Gehirns dazu beiträgt, so erinnern Sie aus früheren Diskussionen, kann das Gehirn kompensieren und es können neue Nervenfasern nachwachsen. Ferner können einige kognitive Verschlechterungen die Folge von Missbrauch bestimmter Fertigkeit sein, statt eine Folge biologischen Alterns (Dixon & Hultsch, 1999). Wenn die Plastizität der Entwicklungsmöglichkeiten im Alter abnimmt, sollten Interventionen, welche alte Menschen in kognitiven Strategien trainieren, den altersbedingten Abbau, den wir diskutiert haben, wenigstens teilweise umkehren.

Das Adult Development and Enrichment Project (ADEPT: Projekt zur Entwicklung und Bereicherung Erwachsener) ist das bis zum heutigen Tage größte kognitive Interventionsprogramm. Indem man Teilnehmer der Seattle Longitudinal Study einband (siehe Kapitel 13 und Kapitel 15), waren Forscher in der Lage etwas zu tun, das nur ganz wenigen Untersuchungen gelungen war: die Wirkung kognitiven Trainings für die Langzeitentwicklung einzuschätzen (Schaie, 1996; vgl auch die Berliner Altersstudie, 1996).

Die Intervention der Seattle Longitudinal Study begann mit Erwachsenen über 64 Jahren, von denen einige ihre Testwerte in zwei geistigen Fähigkeiten in den letzten 14 Jahren gehalten hatten (induktives Denken und räumliche Orientierung) und andere Teilnehmer Abbau zeigten. Nach nur fünf einstündigen Trainingssitzungen in relevanten kognitiven Fertigkeiten verbesserten zwei Drittel der Teilnehmer ihre Leistungen. Der Zugewinn bei Teilnehmern mit Abbau war deutlich. 40 % kehrten zu dem Niveau zurück, das sie 14 Jahre zuvor besessen hatten. Eine Folgeuntersuchung nach sieben Jahren enthüllte, dass die Werte trainierter Erwachsener zwar etwas abfielen, sie dennoch bessere Leistungen zeigten als untrainierte Mitglieder einer Kontrollgruppe. Schließlich führte ein „Auffrischungstraining" zu dieser Zeit zu weiteren Zugewinnen, obwohl diese Gewinne nicht so hoch waren wie die ersten.

In anderen Kurzzeituntersuchungen führte Training zu Verbesserungen des Gedächtnisses und beim Problemlösen bei Älteren (Kotler-Cope & Camp, 1990; Willis & Schaie, 1994). Es ist deutlich, dass ein breites Spektrum kognitiver Fertigkeiten im hohen Alter verbessert werden kann. Ein wesentliches Ziel dabei ist, die Intervention vom Labor „nach draußen" zu verlagern und sie in die täglichen Erfahrungen der alten Menschen einzubauen. Wie wir im nächsten Abschnitt sehen werden, ist es ein viel versprechender Ansatz, alte Menschen mit gut durchdachten, hoch interessanten Lernerfahrungen zu versorgen, zu denen kognitives Training gehört.

17.10 Lebenslanges Lernen

Denken Sie einmal über die Kompetenzen nach, die ältere Menschen benötigen, um in unserer komplexen, sich ständig verändernden Welt zu leben. Es sind die gleichen wie für junge Menschen, nämlich wirksam mit gesprochenen und geschriebenen Zeichensystemen kommunizieren; Informationen lokalisieren, sie durchsehen und entscheiden, was gebraucht wird; mathematische Strategien benutzen, z.B. Schätzungen; Aktivitäten planen und organisieren, einschließlich Zeit und Ressourcen geschickt einsetzen; neue Technologien bewältigen; vergangene und gegenwärtige Ereignisse und deren Relevanz für das eigene Leben verstehen. Die älteren Menschen müssen auch neue, problemzentrierte Bewältigungsstrategien entwickeln – Wege, ihre Gesundheit zu erhalten und ihren Haushalt gut und sicher zu führen – und Fertigkeiten, wenn sie gezwungen sind, weiter zu arbeiten.

Da ältere Menschen heute allgemein bei besserer Gesundheit sind und früher in den Ruhestand gehen, hat sich ihr Anteil bei denen, die Angebote der Erwachsenenbildung nutzen, erheblich vergrößert. Erfolgreiche Programme umfassen breit gefächerte Angebote, die den verschiedenen Interessen von Senioren entgegenkommen, und Lehrmethoden, die zu ihren Entwicklungsbedürfnissen passen.

17.10.1 Typen von Programmen

In einem Sommer nahmen Walter und Ruth an einer Sommerschule für ältere Menschen (in den USA Elderhostel genannt) einer nahe gelegenen Universität teil. Sie bezogen Zimmer in einem Studentenwohnheim und nahmen mit 30 anderen Senioren für zwei Wochen an morgendlichen Vorlesungen über Shakespeare, nachmittäglichen Besuchen interessanter Stätten und an Abendvorstellungen von Theaterstücken bei einem Shakespeare-Festival in der Nähe teil.

Elderhostel-Programme (in Kanada benannte man sie vor kurzem in Routes to Learning um) ziehen in den USA jährlich über eine Viertelmillion alter Menschen an. Lokale Ausbildungsinstitutionen dienen als Gastgeber und bieten ein- bis dreiwöchige anregende Kurse in Verbindung mit Erholungsaktivitäten an. Einige Programme konzentrieren sich auf das, was vor Ort zu finden ist, und geben Kurse über die lokale Volkskultur und Ökologie. Wieder andere konzentrieren sich auf innovative Themen und Erfahrungen: die

Aspekte der Fürsorge

Die Erhöhung der Wirksamkeit des Unterrichts für ältere Menschen

TECHNIK	BESCHREIBUNG
Schaffen Sie eine positive Lernumgebung.	Einige ältere Menschen haben internalisierte negative Stereotype ihrer eigenen Fähigkeiten und kommen mit geringer Selbstachtung in die Lernumgebung. Eine unterstützende Gruppenatmosphäre, in welcher der Lehrer als Kollege angesehen wird, hilft die älteren Menschen davon zu überzeugen, dass sie lernen können.
Geben Sie genug Zeit zum Lernen neuer Informationen.	Das Ausmaß der Lernkapazität variiert stark unter älteren Menschen und einige bewältigen neues Material nur ziemlich langsam. Die Darbietung des Materials über mehrere Sitzungen oder Erlaubnis zur Selbstinstruktion im eigenen Tempo unterstützt die Bewältigung.
Bieten Sie die Informationen auf eine gut organisierte Weise dar.	Ältere Menschen organisieren Informationen nicht so wirksam wie jüngere. Material, das umrissen, dann ausgeführt und schließlich zusammengefasst wird, verstärkt Gedächtnis und Verständnis. Abschweifungen machen es schwerer, eine Darbietung zu verstehen.
Geben Sie Informationen, die einen Bezug zu den Erfahrungen der Alten haben.	Neues Material in Bezug setzen zu dem, was ältere Menschen schon gelernt haben, damit sie sich auf ihre Erfahrungen stützen können, dazu viele lebendige Beispiele, erhöht die Behaltensleistung.

Quelle: Thompson, 1992.

eigene Lebensgeschichte schreiben, zeitgenössische Filme mit Drehbuchautoren diskutieren, Kanu fahren, chinesische Malerei und Kalligraphie studieren oder Französisch lernen.

Mittlerweile gibt es auf der ganzen Welt ähnliche Bildungsprogramme. Die in Frankreich entwickelte Universität des Dritten Lebensabschnitts[3] hält öffentlich geförderte Kurse für Ältere ab, die sich sehr im Inhalt und Stil der Darbietung unterscheiden. Sie umfassen offene Vorlesungen, Zugang zu etablierten Universitätskursen, Workshops zu speziellen Themen, Exkursionen und Programme zur körperlichen Gesundheit. In Australien und Großbritannien halten oft Ältere den Unterricht ab, die selbst in den verschiedensten Fachrichtungen tätig waren (Swindell & Thompson, 1995). Einige Programme fördern die Beziehungen zwischen den Generationen und das Engagement in der Gemeinde. In Österreich zum Beispiel wird Großeltern ein Training in bestimmten Fächern angeboten, damit sie ihren Enkeln helfen und an deren Ausbildung teilnehmen können.

In vielen westlichen Ländern einschließlich der Vereinigten Staaten und Kanadas bieten Universitäten älteren Menschen kostenlose Veranstaltungen an. Die Teilnehmer, die bisher erwähnt wurden, sind eher aktiv, gut ausgebildet und finanziell gut dastehend (Abraham, 1998). Viel weniger steht dagegen für Ältere zur Verfügung, die nur eine schlechte Ausbildung und ein begrenztes Einkommen haben. Seniorentreffs der Gemeinde mit preiswerten Angeboten, die einen Bezug zum Alltag haben, ziehen mehr Menschen mit geringem SÖS an als Programme wie die der Elderhostels (Knox, 1993). Unabhängig vom Inhalt der Kurse und welche Senioren daran teilnehmen, vergrößern die angewandten Techniken, die im Kasten „Aspekte der Fürsorge" angegeben sind, die Wirksamkeit des Unterrichts.

---

[3] Der Begriff dritter Lebensabschnitt bezieht sich auf den Zeitraum nach dem zweiten Abschnitt des mittleren Lebens, wenn ältere Menschen befreit sind vom Beruf und elterlichen Verantwortlichkeiten und mehr Zeit haben, in lebenslanges Lernen zu investieren.

17.10.2 Vorteile einer fortwährenden Bildung

Ältere Menschen, die sich fortwährend weiterbilden, berichten über ein reiches Spektrum von Vorteilen. Diese umfassen das Lernen neuer Fakten, Verständnis neuer Gedanken in vielen Disziplinen, Gewinn neuer Freunde und Entwicklung einer breiteren Perspektive auf die Welt (Long & Zoller-Hodges, 1995). Weiterhin fangen die Senioren an, sich selber anders zu sehen. Viele beginnen mit tief eingeprägten Stereotypen über das Altern, die sie hinter sich lassen, wenn sie erkennen, dass Erwachsene in ihren Siebzigern und Achtzigern (einschließlich ihrer selbst) noch zu komplexem Lernen fähig sind. In Kursen für Senioren berichten Teilnehmer mit der geringsten Bildung, am meisten gelernt zu haben, ein Argument dafür, finanziell weniger Privilegierte in diese Programme einzubinden (Brady, 1984).

Die Bildungsbedürfnisse von Senioren müssen in den kommenden Jahrzehnten mehr beachtet werden, da ihre Zahl wächst und sie ihr Recht auf ein lebenslanges Lernen in Anspruch nehmen werden. Wenn das einmal geschehen sein wird, werden falsche Stereotype wie „Alte sind zu alt zum Lernen" und „Bildung ist für die Jungen" sich wahrscheinlich abschwächen und vielleicht sogar verschwinden. Andererseits muss auch die ökonomische Seite bedacht werden. Investitionen von öffentlichen Geldern in Seniorenprogramme müssen gerechtfertigt werden, da noch nicht ersichtlich ist, ob und wie gut ausgebildete ältere Menschen ihre Fähigkeiten dem Gemeinwohl zur Verfügung stellen können.

Prüfen Sie sich selbst ...

Rückblick
Als Ruth sich nicht erinnern konnte, an welchen Film Walter dachte, stellte sie eine Reihe von Fragen: „In welchem Kino war es und mit wem waren wir dort? Erzähl mir mehr über den kleinen Jungen [in dem Film]." Welche Gedächtnisdefizite des Alterns versucht Ruth zu überwinden?

Rückblick
Beschreiben Sie kognitive Funktionen, die im Alter erhalten bleiben oder sich verbessern. Welche Aspekte des Alterns tragen dazu bei?

Anwendung
Stella beklagte sich, dass sie kürzlich zwei Friseurtermine der jüngsten Zeit vergessen hatte und manchmal Mühe hätte, die richtigen Worte zu finden, um ihre Gedanken auszudrücken. Welche kognitiven Veränderungen tragen zu Stellas Schwierigkeiten bei? Was kann sie tun, um sie zu kompensieren?

Zusammenhänge
Welche Prozesse im Gehirn tragen zum Erfolg der Bemühungen Älterer bei, ihren kognitiven Abbau zu kompensieren? (Siehe Seite 764-765.)

Prüfen Sie sich selbst ...

Zusammenfassung

Körperliche Entwicklung

Lebenserwartung
Unterscheiden Sie zwischen chronologischem Alter und funktionalem Alter und diskutieren Sie Veränderungen der Lebenserwartung im letzten Jahrhundert.

- Im späten Erwachsenenalter werden sehr große Unterschiede des Alterns sichtbar. Hinsichtlich des **funktionalen Alters** können ältere Menschen jeden chronologischen Alters **junge Alte** oder **alte Alte** sein, was von ihrer körperlichen Verfassung abhängt.
- Die Zugewinne der **durchschnittlichen Lebenserwartung** im zwanzigsten Jahrhundert waren enorm, was bestätigt, dass biologisches Altern durch Umweltfaktoren verändert werden kann. In der Folge hat die Anzahl von Menschen mit 65 Jahren und darüber in der industriellen Welt dramatisch zugenommen. Die Länge des Lebens und noch wichtiger die **aktive Lebensspanne** kann vorhergesagt werden durch die Gesundheitsfürsorge in einem Land, Wohnverhältnisse und soziale Dienste in Verbindung mit Faktoren des Lebensstils.
- Mit fortschreitendem Alter übertreffen Frauen Männer in der Zahl, aber Geschlechtsunterschiede in der durchschnittlichen Lebenserwartung gehen zurück. Unterschiede zwischen Weißen mit höherem SÖS und Mitgliedern ethnischer Minderheiten mit geringem SÖS verschwinden ebenfalls bis zum Alter von 85, wenn ein **Austausch der Lebenserwartung** stattfindet: die schwächere Gruppe hat im sehr hohen Alter die längere Lebenserwartung.
- Langlebigkeit kommt in Familien vor, aber Umweltfaktoren können im Alter zunehmend wichtig werden. Forscher sind sich nicht darüber einig, ob eine **maximale Lebensspanne** über ein Durchschnittsalter von etwa 85 Jahren hinaus ausgeweitet werden kann.

Körperliche Veränderungen
Beschreiben Sie Veränderungen im Nervensystem und in den Sinnesorganen im späten Erwachsenenalter.

- In der Großhirnrinde findet ein Verlust von Nervenzellen statt, wobei die Bereiche des Sehens, Hörens und der Motorik am stärksten betroffen sind. Das Gehirn kompensiert jedoch, indem es neue Synapsen bildet. Das autonome Nervensystem funktioniert weniger gut und setzt mehr Stresshormone frei.
- Ältere Menschen neigen zu Sehschäden und **Katarakte (grauer Star)** und **Makuladegeneration** (Netzhautdegeneration an der Stelle des schärfsten Sehens) können auftreten. Sehdefizite berühren das Selbstvertrauen und das Verhalten älterer Menschen im Alltag, sie fühlen sich durch ihre Defizite von der Umwelt isoliert.
- Hörstörungen sind häufiger als solche des Sehens, besonders bei Männern. Eine gestörte Sprachwahrnehmung hat den größten Einfluss auf Lebenszufriedenheit.
- Sensitivität für Geschmack und Geruch geht zurück und macht die Nahrung weniger attraktiv. Die Sensibilität für Berührung verschlechtert sich ebenfalls, besonders an den Fingerspitzen.

Beschreiben Sie kardiovaskuläre Veränderungen und solche des Atmungs- und Immunsystems im späten Erwachsenenalter.

- Im späten Erwachsenenalter wird eine reduzierte Kapazität des kardiovaskulären und des Atmungssystems sichtbarer. Wie im früheren Alter können Nichtrauchen, Reduzierung des Fetts in der Ernährung, Vermeidung von Umweltgiften und Bewegung und Sport die Wirkung des Alterns auf diese Systeme verlangsamen.
- Das Immunsystem funktioniert im späten Leben weniger wirksam, wodurch sich Krankheiten verschlechtern können und eher zu **Autoimmunreaktionen** führt.

Beschreiben Sie Schlafstörungen im späten Erwachsenenalter.

- Es fällt älteren Menschen schwerer, einzuschlafen, im Schlaf zu bleiben und tief zu schlafen. Bis zum Alter von 70 oder 80 Jahren haben Männer mehr Mühe mit dem Schlafen als Frauen infolge der Vergrößerung der Prostata, was zu einem häufigen Harndrang führt, ferner treten **Schlafapnoe** und Unruhe in den Beinen auf.

Beschreiben Sie Veränderungen in der körperlichen Erscheinung und der Mobilität im späten Erwachsenenalter.

- Äußere Anzeichen des Alterns wie weiße Haare, eingefallene Haut, Altersflecken, verminderte Größe und vermindertes Gewicht werden deutlicher sichtbar. Die Mobilität schwindet, da Muskeln und Knochenstärke und die Flexibilität der Gelenke abbauen.
- Problemzentrierte Bewältigungsstrategien führen zu verbessertem Funktionieren bei den Älteren. Auch sind immer mehr **technische Hilfen** verfügbar, um alten Menschen zu helfen, mit dem körperlichen Abbau fertig zu werden. Negative Stereotype über das Altern in der westlichen Gesellschaft machen die Anpassung an körperliche Veränderungen schwieriger. Älteren Menschen geht es am besten, wenn sie einen hohen Status haben und Möglichkeiten der sozialen Teilhabe, selbst wenn sie gebrechlich sind.

Gesundheit, Fitness und Gebrechlichkeit
Diskutieren Sie Gesundheit und Fitness im späten Leben mit besonderer Berücksichtigung von Ernährung, Bewegung, Sport und Sexualität.

- Die meisten Alten sind optimistisch in Bezug auf ihre Gesundheit und in Hinblick auf deren Schutz haben sie ein starkes Gefühl der Selbstwirksamkeit. Alte Menschen aus ethnischen Minderheiten mit einem geringen SÖS behalten ein größeres Risiko für bestimmte Gesundheitsprobleme und glauben weniger daran, ihre Gesundheit kontrollieren zu können.
- Wie im frühen Erwachsenenalter sind Männer im späten Leben anfälliger für tödliche Krankheiten und Frauen für behindernde Konditionen. Im sehr hohen Alter sind Frauen gebrechlicher als überlebende Männer. Armut und negative Faktoren der Lebensweise machen es schwer, das allgemeine Gesundheitsziel der **Verkürzung der Morbiditätszeit** zu erreichen.
- Weil das Risiko von Ernährungsdefiziten zunimmt, sind Vitamin-Mineral-Ergänzungen nützlich. Bewegung und Sport bleiben wei-

terhin eine starke Gesundheitsintervention, selbst wenn erst im späten Erwachsenenalter damit begonnen wird.
- Im Vergleich mit anderen Teilen des Körpers unterliegen die Fortpflanzungsorgane nur minimalen Veränderungen im späten Erwachsenenalter. Sexuelles Begehren und sexuelle Aktivität nehmen ab, müssen aber nicht ganz verschwinden.

Diskutieren Sie körperliche Behinderungen, die im späten Erwachsenenalter häufig sind.
- Krankheit und Behinderung nehmen zum Ende des Lebens zu. Herz-Kreislauf-Erkrankungen, Krebs, Schlaganfall und Emphysem kosten viele Menschenleben. Wegen Abbaus der Funktion des Immunsystems ist eine Impfung gegen den häufigsten Typ von Lungenentzündung ratsam.
- **Sekundäres Altern** (umweltbedingt) ist häufiger verantwortlich für viele Behinderungen im späten Erwachsenenalter als das **primäre Altern (biologisch bedingt)**. **Osteoarthritis** und **rheumatoide Arthritis** sind bei älteren Menschen weit verbreitet, besonders bei Frauen. Altersdiabetes nimmt ebenfalls zu.
- Verkehrsunfälle pro gefahrenem Kilometer, Fußgängerunfälle und Stürze nehmen im späten Erwachsenenalter zu. Veränderungen im Lebensumfeld der ältern Menschen und im Lebensstil können helfen, diesen Unfallursachen vorzubeugen.

Diskutieren Sie geistige Behinderungen, die im späten Erwachsenenalter häufig sind.
- **Alzheimer-Erkrankung** ist die häufigste Form der **Demenz**. Sie beginnt oft mit schwerem Gedächtnisverlust und bringt Persönlichkeitsveränderungen, Depression, Verlust der Fähigkeit, Sprache zu verstehen und hervorzubringen, Desintegration zweckvoller Bewegungen und Tod mit sich. Diesen Veränderungen liegen übermäßig viele **neurofibrilläre Knäuel** und **amyloide Plaques** und ein gesenkter Spiegel von Neurotransmittern im Gehirn zugrunde.
- Familiärer Alzheimer beginnt im Allgemeinen früh, schreitet schnell voran und ist mit dominanten Genen auf den Chromosomen 1, 14 und 21 verbunden. Sporadischer Alzheimer kann ebenfalls erblich sein; Menschen mit dieser Form haben oft ein anormales ApoE4-Gen auf Chromosom 19. Jedoch zeigen viele sporadische Alzheimerkranke keinen derzeit bekannten genetischen Marker. Diverse Umweltfaktoren einschließlich Kopfverletzungen und eine fettreiche Ernährung erhöhen das Risiko von Alzheimer.
- Die Vererbung trägt indirekt zur **zerebrovaskulären Demenz** bei durch hohen Blutdruck, kardiovaskuläre Erkrankungen und Diabetes. Viele Umwelteinflüsse erhöhen auch das Risiko für einen Schlaganfall. Wegen ihrer größeren Anfälligkeit für kardiovaskuläre Erkrankungen sind Männer stärker betroffen als Frauen.
- Behandelbare Probleme wie Depression, Nebenwirkungen von Medikamenten und Reaktionen auf Isolierung können als Demenz missverstanden werden. Darum ist eine sorgfältige Diagnose wesentlich.

Diskutieren Sie Themen der Gesundheitsfürsorge, die Senioren betreffen.
- Nur ein kleiner Prozentsatz nordamerikanischer Senioren ist institutionalisiert, eine Rate nur halb so groß wie in anderen Industrienationen, die mehr öffentliche Finanzierung für die Pflege in Altenheimen bereitstellen als in den Vereinigten Staaten und Kanada. Familienmitglieder erbringen die meiste Langzeitpflege, besonders unter ethnischen Minderheiten mit eng verbundenen Großfamilien. Öffentlich geförderte Hilfe im eigenen Zuhause und betreutes Wohnen können die Einweisung der alten Menschen in ein Heim und die damit verbundenen hohen Kosten reduzieren.

Kognitive Entwicklung

Beschreiben Sie Gesamtveränderungen im kognitiven Funktionieren des späten Erwachsenenalters.
- Individuelle Unterschiede im kognitiven Funktionieren sind im späten Erwachsenenalter größer als zu jeder anderen Zeit des Lebens. Obwohl sowohl die fluide wie die kristalline Intelligenz im fortgeschrittenen hohen Alter abbauen, ist Plastizität der Entwicklung noch möglich. Ältere Menschen können das Beste aus ihren kognitiven Ressourcen durch **selektive Optimierung mit Kompensation** machen.

Gedächtnis
Wie verändert sich das Gedächtnis im späten Leben?
- Altersbedingte Einschränkungen im Arbeitsgedächtnis legen Gedächtnisschwierigkeiten offener bei Aufgaben, die komplex sind und eine bewusste Verarbeitung benötigen. Automatische Formen des Gedächtnisses wie das Wiedererkennen und das **implizite Gedächtnis** bleiben größtenteils verschont. Im Allgemeinen scheint ein **assoziatives Gedächtnisdefizit** oder die Schwierigkeit, Verbindungsstücke zwischen Informationsteilen zu schaffen oder zurückzuholen, die Gedächtnisschwierigkeiten älterer Menschen zu charakterisieren.
- Im Gegensatz zu dem, was ältere Menschen manchmal berichten, ist das **Gedächtnis für weit zurückliegende Ereignisse** nicht deutlicher als das Gedächtnis für kurz zurückliegende Ereignisse. Das autobiographische Gedächtnis ist am besten für kürzlich erfolgte Erfahrungen, gefolgt von persönlich bedeutsamen Ereignissen, die im Alter zwischen zehn und 30 Jahren erfolgten, einer Periode schneller Lebensveränderungen und der Identitätsentwicklung. Im Labor zeigen ältere Menschen bessere Leistungen in Aufgaben des **prospektiven Gedächtnisses**, die auf Ereignissen basieren, als in solchen, die auf Zeit basieren. Im Alltag kompensieren sie Abbau des prospektiven Gedächtnisses durch die Nutzung äußerer Gedächtnisstützen.

Sprachverarbeitung
Beschreiben Sie Veränderung in der Verarbeitung der Sprache im späten Erwachsenenalter.
- Obwohl sich im späten Erwachsenenalter das Sprachverständnis wenig verändert, zeigen zwei Aspekte der Sprachproduktion – die richtigen Worte zu finden und zu planen, was zu sagen und wie es zu sagen ist – altersbedingte

Verluste. Ältere Menschen kompensieren dieses, indem sie ihre grammatikalischen Strukturen vereinfachen und das Wesentliche und nicht Details berichten.

Problemlösen
Wie verändert sich Problemlösen im späten Leben?
- Das traditionelle Problemlösen baut im späten Erwachsenenalter ab. Bei Problemen des Alltags weiten ältere Menschen die Anpassungsstrategien, die sie im mittleren Leben entwickelten, aus. In Dingen der Gesundheit reagieren alte oft entschiedener als jüngere Menschen, vielleicht, weil sie mehr Erfahrungen im Bewältigen von Krankheiten haben. Und ältere Ehepaare arbeiten eher im täglichen Problemlösen zusammen, was zu hoch wirksamen Strategien führt.

Weisheit
Welche Fähigkeiten machen Weisheit aus und wie wird sie beeinflusst vom Alter und der Lebenserfahrung?
- **Weisheit** umfasst außerordentliches praktisches Wissen, die Fähigkeit, dieses Wissen zu reflektieren und es anzuwenden auf eine Weise, die das Leben erträglicher und wertvoller macht und emotionale Reife und altruistische Kreativität. Wenn Alter und Lebenserfahrung im Handeln mit menschlichen Problemen vereint sind, rangieren mehr alte als junge Menschen unter den Weisen.
- Weisheit im späten Alter scheint dadurch gefördert zu werden, dass man sich Leid gegenüber gesehen hat und es bewältigte. Und ältere Menschen mit hohen Werten in Weisheit sind in der Regel besser ausgebildet und körperlich gesünder und haben mehr positive Beziehungen mit anderen. Weisheit ist ein starker Prädiktor für Lebenszufriedenheit im späten Erwachsenenalter.

Faktoren der kognitiven Veränderungen
Führen Sie Faktoren auf, die mit kognitiven Veränderungen im späten Erwachsenenalter in Beziehung stehen.
- Geistig aktive Menschen erhalten eher ihre kognitiven Fähigkeiten bis ins hohe Alter. Ein breites Spektrum von chronischen Körperzuständen wird mit kognitivem Abbau in Verbindung gebracht. Der Ruhestand kann positive und negative Veränderungen bringen. Wenn der Tod näher kommt, findet oft ein **terminaler Abbau** statt, ein verstärkter, auffälliger Abbau kognitiven Funktionierens.

Kognitive Interventionen
Können kognitive Interventionen älteren Menschen helfen, ihre geistigen Fähigkeiten zu erhalten?
- Das Adult Development and Enrichment Project (ADEPT), die Berliner Altersstudie und verschiedene Kurzzeitstudien zeigen, dass Training bei älteren Menschen die kognitiven Fähigkeiten erhalten kann einschließlich derer, die schon unter Abbau gelitten haben.

Lebenslanges Lernen
Diskutieren Sie Arten fortgeführter Bildung und Vorteile solcher Programme im späten Leben.
- Bessere Gesundheit und früherer Ruhestand erlauben es einer zunehmenden Zahl älterer Menschen, ihre Bildung fortzusetzen durch Universitätskurse, Angebote der Gemeinden und Programme wie Sommerschulen und Kulturworkshops. Teilnehmer werden bereichert durch neues Wissen, neue Freunde, eine weitere Perspektive von der Welt und ein Bild von sich selber als kompetenter. Leider sind weniger Fortbildungsmöglichkeiten für Senioren mit geringem SÖS verfügbar.

Wichtige Fachtermini und Begriffe

aktive Lebensspanne S. 762
alte Alten S. 761
Alzheimer-Krankheit S. 786
amyloide Plaques S. 787
assoziatives Gedächtnisdefizit S. 796
Austausch der Lebenserwartung S. 763
Autoimmunreaktion S. 771
Demenz S. 786
durchschnittliche Lebenserwartung S. 761
Endgültiger Abbau S. 802
funktionales Alter S. 761
implizites Gedächtnis S. 796
junge Alten S. 761
Katarakte S. 767
Makuladegeneration S. 768
maximale Lebensspanne S. 764
neurofibrilläre Knäuel S. 787
Osteoarthritis S. 783
primäres Altern S. 782
prospektives Gedächtnis S. 798
rheumatische Arthritis S. 783
Schlafapnoe S. 772
sekundäres Altern S. 782
selektive Optimierung mit Kompensation S. 795
technische Hilfsmittel S. 774
Verkürzung der Morbiditätszeit S. 779
Weisheit S. 800
weit zurückreichendes Langzeitgedächtnis S. 797
zerebrovaskuläre Demenz S. 789

Die emotionale und soziale Entwicklung im späten Erwachsenenalter

18

18.1 Eriksons Theorie: Ich-Integrität versus Verzweiflung 810
18.2 Andere Theorien der psychosozialen Entwicklung im späten Erwachsenenalter 811
    Pecks Theorie: Drei Aufgaben der Ich-Integrität 812
    Labouvie-Viefs Theorie: Emotionale Expertise 812
    Rückerinnerungen und eine Rückschau auf das eigene Leben 813
18.3 Stabilität und Veränderung in Selbstkonzept und Persönlichkeit 815
    Ein festes und facettenreiches Selbstkonzept 815
    Angenehmheit, Soziabilität und das Akzeptieren von Veränderung 815
    Spiritualität und Religiosität 816
18.4 Individuelle Unterschiede im psychischen Wohlbefinden 820
    Kontrolle versus Abhängigkeit 820
    Die Gesundheit 824
    Negative Lebensveränderungen 824
    Soziale Unterstützung und soziale Interaktion 825
18.5 Eine sich verändernde soziale Umwelt 826
    Soziale Theorien zum Alterungsprozess 826
    Soziale Kontexte des Alterungsprozesses: Gemeinde, Nachbarschaft und Wohnsituation 829
18.6 Beziehungen im späten Erwachsenenalter 835
    Die Ehe 835
    Homosexuelle Partnerschaften 837
    Scheidung und Wiederheirat 837
    Witwenschaft 838
    Ledige und kinderlose ältere Erwachsene 839
    Geschwister 840
    Freundschaften 842
    Beziehungen zu erwachsenen Kindern 844
    Die Beziehungen zu erwachsenen Enkelkindern und Großenkeln ... 844
    Misshandlung alter Menschen 845
18.7 Pensionierung und Freizeitverhalten 848
    Die Entscheidung für den Ruhestand 849
    Die Anpassung an das Rentenalter 850
    Freizeitaktivitäten 851
18.8 Erfolgreiches Altern 853

ÜBERBLICK

18.2 Die emotionale und soziale Entwicklung im späten Erwachsenenalter

> Mit Ruth an seiner Seite erzählte Walter seinen Gästen an ihrem 50. Hochzeitstag: „Auch in schweren Zeiten war eigentlich immer die Phase meines Lebens am schönsten, die ich gerade durchlebte. Als Kind habe ich sehr gerne Fußball gespielt und es war eine wunderbare Zeit, als ich Fotograf wurde. Und ich kann mich an unsere Hochzeit erinnern, der schönste Tag von allen." Während Walter sprach, sah er Ruth liebevoll von der Seite an. „Dann kam die große Wirtschaftskrise, eine Zeit, in der es für die meisten Menschen absoluter Luxus war, sich beim Fotografen ablichten zu lassen. Die meisten konnten sich das nicht leisten. Aber wir haben trotzdem Möglichkeiten gefunden, auch ohne Geld Spaß zu haben. Wir haben im Kirchenchor gesungen und Theater gespielt. Kurze Zeit später wurde Sybille geboren. Es hat mir so viel bedeutet, Vater zu werden – und nun Großvater und Urgroßvater. Wenn ich zurückblicke auf meine Eltern und meine Großeltern und nach vorne, zu Sybille, Marika und Marikas Sohn Justus, habe ich das Gefühl, mit den vergangenen und den zukünftigen Generationen vereint zu sein."
>
> Walter und Ruth haben das Alter mit einer ruhigen Akzeptanz begrüßt, dankbar für ihr langes Leben und für geliebte Menschen. Aber nicht alle älteren Erwachsenen sind in ihren letzten Lebensjahrzehnten so mit sich im Reinen. Walters Bruder Richard war sehr streitsüchtig und kritisierte an allen herum. Zumeist ging es dabei nur um Kleinigkeiten, manchmal aber auch um größere Enttäuschungen. „Gudrun, warum hast du Käsekuchen gebacken? Kein Mensch isst an Geburtstagen Käsekuchen." Oder er sagte: „Dir ist schon klar, warum wir diese finanziellen Schwierigkeiten haben, oder? Onkel Ludwig hat mir kein Geld geliehen, um die Bäckerei am Leben zu erhalten. Deswegen musste ich in Rente gehen."
>
> Eine Mischung aus Gewinnen und Verlusten charakterisieren diese letzten Jahre, wobei sich die Mehrdimensionalität in der Entwicklung, die in den frühen Lebensjahren ihren Anfang genommen hat, fortsetzt. Auf der einen Seite ist das Alter wie ein Altweibersommer – eine Zeit der Freude, des Wohlbefindens und der Ruhe. Die Kinder sind groß, das Lebenswerk ist nahezu vollbracht und der Verantwortungen sind nicht mehr so viele. Auf der anderen Seite bringen diese Jahre Probleme mit sich – ein schwächer werdender Körper, Einsamkeit und der Schatten des herannahenden Todes.
>
> In diesem Kapitel werden wir uns damit beschäftigen, wie ältere Erwachsene sich mit diesen Gegensätzen versöhnen. Obwohl einige von ihnen müde und unzufrieden sind, tragen die meisten alten Menschen diese Phase mit Ruhe und Gelassenheit. Sie messen dem Leben eine tiefere Bedeutung zu und bringen eine reiche Ernte ein: aus ihren Bindungen zu Familienmitgliedern und Freunden, aus Freizeitaktivitäten und ihrer Beteiligung in der Gesellschaft. Wir werden sehen, wie persönliche Eigenschaften und die Lebensgeschichte des Einzelnen sich mit dem Zuhause, der Nachbarschaft, dem sozialen Umfeld und den sozialen Umständen verbinden, um so die emotionale und soziale Entwicklung im späten Lebensalter zu formen.

18.1 Eriksons Theorie: Ich-Integrität versus Verzweiflung

Der letzte psychische Konflikt nach Erikson (1950) ist der der **Ich-Integrität versus Verzweiflung**, ein Konflikt, bei dem es darum geht, mit dem eigenen Leben ins Reine zu kommen. Erwachsene, die dieses Gefühl von Integrität erlangen, fühlen sich gut und sind zufrieden mit dem Erreichten. Sie haben sich abgefunden mit der Mischung von Erfolgen und Enttäuschungen, die ein unvermeidbarer Teil von Liebesbeziehungen sind, die man in der Kindererziehung erfährt, am Arbeitsplatz, in Freundschaften und im sozialen Umfeld. Sie sind sich klar darüber, dass die Wege, die sie gegangen sind, die sie wieder verlassen haben und auch die, die sie nie gewählt haben, notwendig für einen sinnvollen Lebensverlauf waren.

Die Fähigkeit, das eigene Leben in dem größeren Kontext der Menschheit betrachten zu können – als das zufällige Zusammentreffen eines bestimmten Menschen und eines Teils der Geschichte –, trägt zu der klaren Gelassenheit und Zufriedenheit bei, die mit Integrität verbunden sind. „Diese letzten paar Jahrzehnte waren für mich die glücklichsten", murmelte Walter und nahm dabei Ruths Hand in seine. Nur

Andere Theorien der psychosozialen Entwicklung im späten Erwachsenenalter

Im späten Erwachsenenalter kommen viele Menschen mit ihrem Leben ins Reine. Senioren, denen es gelingt, ein Gefühl der Integrität zu entwickeln, fühlen sich ganzheitlich und zufrieden mit ihren Leistungen. Erik Erikson und seine Frau Joan waren Rollenmodelle für Eriksons letztes Stadium. Gemeinsam wollten sie würdevoll alt werden und man konnte sie häufig in tiefer Liebe zueinander Hand in Hand spazieren gehen sehen.

wenige Wochen später endete sein Leben durch einen Herzinfarkt. Er war mit sich selbst, mit seiner Frau und seinen Kindern im Frieden und hatte akzeptiert, dass der Verlauf seines Lebens genau so hatte sein sollen. In einer Studie von Menschen im Alter von 17 bis 82 Jahren konnte festgestellt werden, dass zunehmendes Alter in Verbindung gebracht werden konnte mit einer größeren psychosozialen Reife, erfasst anhand des Strebens nach Generativität und Ich-Integrität im Alltagsverhalten. Generativität und Ich-Integrität wiederum waren größtenteils verantwortlich für den Zusammenhang zwischen Alter und psychischem Wohlbefinden (Sheldon & Kasser, 2001). Wie Eriksons Theorie dies nahe legt, scheint die psychosoziale Reife dieser späten Jahre zu vermehrter Zufriedenheit und Glück zu führen.

Eines Tages überlegte sich Walter beim Zeitunglesen: „Ich lese immer wieder diese Prozentsätze: einer von fünf Menschen wird eine Herzkrankheit bekommen, einer von dreien bekommt Krebs. Aber in Wahrheit wird einer von einem sterben. Wir sind alle sterblich und müssen uns mit diesem Schicksal abfinden." Das Jahr zuvor hatte Walter seiner Enkelin Marika seine Sammlung berühmter Fotos geschenkt, die ihn über ein halbes Jahrhundert beschäftigt hatte. Mit der Erkenntnis, dass das eigene Leben Teil einer langen Folge in der Menschheit ist, beginnt der Tod seinen Stachel zu verlieren (Vaillant, 1994, 2002).

Wenn dieses Stadium negativ verläuft, stellt sich Verzweiflung ein. Der ältere Menschen hat das Gefühl, er hätte zu viele falsche Entscheidungen getroffen, aber dennoch ist die verbleibende Zeit zu kurz, um einen alternativen Pfad zur Ich-Integrität zu beschreiten. Ohne eine weitere Chance ist es für den verzweifelten Menschen ausgesprochen schwer zu akzeptieren, dass der Tod naht, und er wird überwältigt von Bitterkeit und Gefühlen von Niederlage und Hoffnungslosigkeit. Nach Erikson werden diese Einstellungen häufig in Form von Wut und Verachtung für andere Menschen ausgedrückt, was die Selbstverachtung verschleiern soll. Richards argumentatives, kritiksüchtiges Verhalten, seine Neigung, anderen die Schuld für sein eigenes Versagen zu geben und einem bedauernden Blick auf das eigene Leben zu werfen, reflektieren dieses tief empfundene Gefühl von Verzweiflung.

18.2 Andere Theorien der psychosozialen Entwicklung im späten Erwachsenenalter

Wie Erikson seine Stufen des frühen und des mittleren Erwachsenenalters definiert hat, haben spätere Theoretiker auch seine Sichtweise des späten Erwachsenenalters aufgegriffen und weiter ausgearbeitet, indem sie die Aufgaben und kognitiven Prozesse präzisierten, die zu einem Gefühl der Ich-Integrität beitragen. Alle stimmen darin überein, dass eine erfolgreiche Entwicklung in den späteren Jahren eine bessere Integration und eine Vertiefung der Persönlichkeit beinhalten.

18.2.1 Pecks Theorie: Drei Aufgaben der Ich-Integrität

Nach Robert Peck (1968) umfasst Eriksons Konflikt von Ich-Integrität versus Verzweiflung drei verschiedene Aufgaben. Jede von ihnen muss bewältigt werden, damit sich Integrität entwickeln kann:

- *Differenzierung des Ich versus übermäßiges Beschäftigtsein mit beruflichen Rollen.* Diese Aufgabe ergibt sich aus dem Ruhestand. Sie erfordert, dass der ältere Menschen, der sich mit ganzem Herzen in seinen Beruf eingebracht hat, nun andere Möglichkeiten findet, sein Selbstwertgefühl zu stützen. Der Mensch, der nach Integrität strebt, muss die Rollen, die er in seiner Familie, seinen Freundschaften und seinem sozialen Umfeld inne hat, differenzieren und dort dieselbe Zufriedenheit finden, die er zuvor durch seine Rolle im Berufsleben hatte.

- *Körperliche Transzendenz versus übermäßiges Beschäftigtsein mit dem eigenen Körper.* Das Alter bringt einen Rückgang der körperlichen Fähigkeiten mit sich, ein verändertes Aussehen und die Abnahme der Widerstandsfähigkeit gegen Krankheiten. Bei Menschen, deren psychisches Wohlbefinden sehr stark mit dem Zustand ihres Körpers verbunden ist, kann das späte Erwachsenenalter unter Umständen zu einer sehr schwierigen Zeit werden. Ältere Erwachsene müssen lernen, die körperlichen Einschränkungen zu transzendieren, indem sie zur Kompensation größeres Gewicht auf ihre kognitiven und sozialen Fähigkeiten legen, aus denen sie Zufriedenheit ziehen können.

- *Ich-Tranzendenz versus übermäßiges Beschäftigtsein mit dem eigenen Ich.* Während Menschen im mittleren Lebensalter erkennen, dass das eigene Leben begrenzt ist, werden alte Menschen immer wieder an die Tatsache erinnert, dass der Tod unausweichlich ist, wenn Geschwister, Freunde und Peers in ihrem sozialen Umfeld sterben. Eine konstruktive Art und Weise muss gefunden werden, um damit umzugehen – durch ein Investieren in eine längere Zukunft als die der eigenen Lebensspanne. Obwohl die generativen Jahre des frühen und mittleren Erwachsenenalters den Menschen auf ein befriedigendes Alter vorbereiten, erfordert das Erwerben von Ich-Integrität fortlaufende Bemühungen, das Leben sicherer, sinnvoller und befriedigender für diejenigen zu gestalten, die nach dem eigenen Tode weiterleben.

In Pecks Theorie erfordert die Ich-Integrität, dass ältere Erwachsene ihr Lebenswerk, ihren Körper und ihre je eigene Identität transzendieren. Im Rückgriff auf ihre eigene Weisheit müssen sie sich auf andere zubewegen, und zwar so, dass die Welt um sie herum dadurch gewinnt. Ihr Erfolg zeigt sich in einem inneren Zustand von Zufriedenheit und der positiven Auswirkung auf andere Menschen.

18.2.1 Labouvie-Viefs Theorie: Emotionale Expertise

In Kapitel 13 haben wir uns mit Gisella Labouvie-Viefs Theorie der kognitiven Veränderung beschäftigt. Wir haben gesehen, wie im frühen Erwachsenenalter das abstrakte Denken pragmatischer wird – ein Werkzeug, mit dem die Probleme des realen Lebens gelöst werden können. Labouvie-Vief hat sich außerdem mit der Entwicklung des erwachsenen Umgangs mit Emotionen beschäftigt. Sie ist der Meinung, dass ältere und psychisch reifere Menschen mit ihren Gefühlen mehr in Kontakt sind. Sie beschreiben emotionale Reaktionen auf komplexere und persönlichere Weise, was auf eine Reflexion über die eigenen Lebenserfahrungen zurückzuführen sein kann und die Erkenntnis, dass jeder Moment und jedes Ereignis für einen selbst eines der letzten sein könnte, sowie durch ein Nutzen von Bewältigungsstrategien, die ein uneingeschränkteres Anerkennen von Gefühlen ermöglichen.

In einer Studie wurden Teilnehmer vom Adoleszenzalter bis zum hohen Alter gebeten, persönliche Erfahrungen zu schildern, in denen sie glücklich, wütend, ängstlich und traurig gewesen waren und anzugeben, woher sie wussten, dass sie diese Emotionen und keine anderen gespürt hatten. Jüngere Menschen erklärten Gefühle eher auf eine technische Art und Weise, als ob sie sie von außen beobachten würden. So sagten sie beispielsweise: „Mein Adrenalinspiegel war hoch" oder „mein Herz schlug schneller". Außerdem betonten sie, wie sie sich fühlen sollten, anstatt zu beschreiben, wie sie sich tatsächlich fühlten. Im Gegensatz dazu gaben ältere Erwachsene anschauliche Beschreibungen, nach denen sowohl der Verstand als auch der Körper zu den Gefühlszuständen beitrugen und die die subjektiven und objektiven Aspekte von

Diese Eltern von Braut und Bräutigam tanzen miteinander bei der Hochzeitsfeier in einer kleinen Stadt in Ungarn. Wie könnte diese Hochstimmung in Worte gefasst werden? Ältere Menschen beschreiben ihre emotionalen Reaktionen auf komplexere und persönlichere Art und Weise.

Emotionen integrierten. Hier ist eine solche Beschreibung:

> *In deinem Herzen scheint die Sonne. Während der Hochzeit schimmerten die Kerzen. Und so habe ich mich auch gefühlt. Auch in mir schimmerte es. Draußen war es irgendwie trüb. Aber so habe ich mich nicht gefühlt. Jeder in der Kirche hat sich gefühlt, als ob er ein Schimmern und warmes Glühen in sich trägt. So eine Art von Gefühl war das. (Labouvie-Vief, DeVoe & Bulka, 1989, p. 429)*

Die Wahrnehmungsfähigkeit im Bereich der Emotionen bei alten Menschen hilft ihnen, emotionale Interpretationen von objektiven Aspekten einer Situation klarer zu trennen, als dies jüngeren Erwachsenen gelingt. Folglich ist in ihren Bewältigungsstrategien häufig beinhaltet, dass sie sicherstellen, dass sie die eigene Voreingenommenheit vollständig verstanden haben, bevor sie sich entscheiden, eine bestimmte Richtung des Handelns einzuschlagen (Blanchard-Fields, 1997; Labouvie-Vief et al., 1995). Alte Menschen erkennen auch an, dass sie sich zeitweise intensiv mit sich selbst beschäftigen müssen, und sind besser in der Lage, negative Ereignisse in einem positiven Licht zu sehen – Faktoren, die unter Umständen zu der Selbstakzeptanz beitragen, die Teil der Ich-Integrität ist.

Zusammenfassend können wir feststellen, dass es eine signifikante psychosoziale Leistung des späten Erwachsenenalters darstellt, ein Experte im Verarbeiten emotionaler Informationen und in der Anwendung emotionaler Selbstregulation zu werden (Labouvie-Vief & Diehl, 1999; Lawton, 2001b).

18.2.2 Rückerinnerungen und eine Rückschau auf das eigene Leben

Wenn wir an alte Menschen denken, stellen wir sie uns häufig vor, wie sie in **Rückerinnerungen** schwelgen – sie erzählen Geschichten über Menschen und Erlebnisse aus der Vergangenheit und berichten über die damit zusammenhängenden Gedanken und Gefühle. In der Tat ist dieses Bild eines in Rückerinnerungen lebenden alten Menschen so verbreitet, dass es zu den negativen Stereotypen des Älterwerdens gehört. Weit verbreitet ist auch die Annahme, dass alte Menschen in der Vergangenheit leben, um den Realitäten einer nicht mehr allzu langen Zukunft und dem herannahenden Tod zu entfliehen. Wissenschaftler sind sich noch nicht wirklich im Klaren darüber, warum ältere Menschen mehr ihren Rückerinnerungen nachhängen, als dies junge Menschen tun (Boden & Bielby, 1983; Lamme & Baars, 1993). Aktuelle Theorien und wissenschaftliche Forschungen weisen darauf hin, dass ein Reflektieren der Vergangenheit positiv und adaptiv ist.

Kehren wir noch einmal zurück zu Walters Beschreibung der wichtigsten Ereignisse in seinem Leben zu Beginn dieses Kapitels. Walter wendete eine ganz bestimmte Form der Erinnerung an – man nennt sie **Lebensrückblick**, wobei der Betreffende vergangene Erlebnisse erinnert, reflektiert und noch einmal an sich vorüberziehen lässt und sich dabei ihrer Bedeutung klar wird, mit dem Ziel ein tieferes Verständnis des eigenen Selbst zu erreichen. Nach Robert Butler (1968) bedienen sich die meisten älteren Erwachsenen des Lebensrückblicks als eine Möglichkeit, Ich-Integrität zu erreichen, Verzweiflung zu vermeiden und die Endlichkeit des Lebens zu akzeptieren. Butlers Ideen sind so einflussreich geworden, dass manche Therapeuten ältere Menschen dazu ermutigen, einen Lebensrückblick vorzunehmen. In einer Studie mit ans Haus gebundenen 61 bis 99 Jahre alten Erwachsenen, die, angeleitet durch einen Psychologen, eine

18.3 DIE EMOTIONALE UND SOZIALE ENTWICKLUNG IM SPÄTEN ERWACHSENENALTER

Lebensrückschau vornehmen, zeigten viele eine Zunahme in ihrer Lebenszufriedenheit, die auch ein Jahr später noch sichtbar war. Dieses Ergebnis konnte bei solchen Teilnehmern nicht verzeichnet werden, die nur freundliche Besuche bekamen, sich aber keiner derartigen Behandlung unterzogen hatten (Haight, 1992). Kruse et al. (2001) beobachtet ähnliches in einer deutschen Studie: Menschen in hohem und sehr hohem Alter sind resilienter als jüngere. Trotz der Verluste in dieser Lebensphase ist die Lebenszufriedenheit nicht geringer und alte Menschen berichten weniger Belastungssymptome und rein körperliche Störungen.

Obwohl ein Lebensrückblick häufig zu vermehrter Selbstwahrnehmung und einer Zunahme an Selbstrespekt führt, verbringen dennoch viele alte Menschen nicht allzu viel Zeit damit, sich mit ihrer Vergangenheit zu beschäftigen. Wenn man sie bittet, dies doch zu tun, ergab eine Stichprobe, dass 30 % der Teilnehmer behaupteten, dass der beste Teil ihres Lebens „gerade jetzt" wäre! Auch das mittlere Lebensalter bekam diesbezüglich eine gute Einschätzung, während die Kindheit und die Adoleszenz als weniger befriedigend beurteilt wurden (Field, 1997). Diese Ergebnisse widersprechen ganz klar der verbreiteten Überzeugung, dass alte Menschen wieder jung sein möchten. Wie in dem Kasten „Ausblick auf die Lebensspanne" auf Seite 817 deutlich wird, werden Erinnerungen an vergangene Ereignisse durch unterschiedliche Faktoren geprägt, wie etwa die Persönlichkeit des Betreffenden, den Zeitpunkt und die Art von Erlebnissen sowie die darauf folgenden Lebenserfahrungen.

Außer der Tatsache, dass nostalgische Erinnerungen einem Lebensrückblick dienen, haben sie auch noch einen anderen Zweck. Wenn diese Art der Erinnerungen selbstbezogen ist und dazu benutzt wird, Langeweile zu bekämpfen und bittere Erfahrungen neu aufzuwärmen, korreliert dies mit Anpassungsproblemen. Verzweifelte ältere Menschen wälzen häufig ihre Gedanken und halten sich fest an den schmerzhaften Erinnerungen aus ihrer Vergangenheit, was wiederum dazu führt, dass der Kreislauf negativer Emotionen aufrechterhalten wird (Cully, LaVoie, & Gfeller, 2001; Webster & McCall, 1999). Im Gegensatz dazu beschäftigen sich extravertierte ältere Menschen in einer Art von Erinnerung, die sich auf andere bezieht. Sie ist ausgerichtet auf soziale Ziele, wie etwa die Stabilisierung der Familie und der freundschaftlichen Bindung und ein Wiedererleben der Beziehungen mit geliebten Menschen, die inzwi-

Ein Reflektieren der Vergangenheit kann positiv und adaptiv sein. Viele ältere Erwachsene beschäftigen sich mit Rückerinnerungen und Lebensrückblicken als eine Möglichkeit der Entwicklung von Ich-Integrität. Häufig sprechen sie auch über die Vergangenheit, um jüngeren Menschen etwas über die eigene Familie und die Geschichte beizubringen – etwas, was das Leben bereichert und lohnenswerter macht.

schen nicht mehr am Leben sind. Und manchmal beschäftigen sich ältere Erwachsene – insbesondere diejenigen, die hohe Werte in Offenheit gegenüber neuen Erfahrungen erreichen – mit auf Wissen basierenden Erinnerungen, indem sie für effektive Problemlösungsstrategien und um jüngeren Menschen etwas beizubringen, auf ihre eigene Vergangenheit zurückgreifen. Diese sozial verbundenen, geistig stimulierenden Formen der Erinnerung helfen, das Leben reich und lohnenswert zu machen (Cappeliez & O'Rourke, 2002). Weil Afroamerikaner und chinesische Immigranten eine Tradition des Geschichtenerzählens mitbringen, tendieren ältere Menschen dieser Kulturen vielleicht eher dazu, Erinnerungen zu verwenden, um anderen etwas über die Vergangenheit beizubringen (Merriam, 1993; Webster, 2002).

Und schließlich tauchen nostalgische Erinnerungen – sowohl bei jungen Menschen als auch bei den Alten – in Übergangsphasen im Leben auf (Parker, 1995). Der alte Mensch, der sich gerade erst zur Ruhe gesetzt hat, der einen Lebenspartner verloren hat oder der gerade umgezogen ist, mag sich Erinnerungen zuwenden, um ein Gefühl persönlicher Kontinuität aufrechtzuerhalten. In der Tat bedienen sich ältere Menschen, die das Gefühl haben, dass ihr Leben seinen Halt verloren hat, besonders häufig nostalgischer Erinnerungen, um Bedeutung und Sinn für ihr Leben zurückzugewinnen (Fry, 1995). Solange sie dabei nicht in einem Wälzen unerledigter Konflikte und Probleme stecken bleiben, helfen ihnen diese Rückerinnerungen wahrscheinlich bei der Anpassung.

18.3 Stabilität und Veränderung in Selbstkonzept und Persönlichkeit

Längsschnittliche Forschung hat eine andauernde Stabilität der „klassischen fünf" Persönlichkeitsfaktoren vom mittleren Erwachsenenalter bis in die späten Jahre gezeigt (siehe Kapitel 16). Bei näherer Betrachtung der Bestandteile der Ich-Integrität ergeben sich: Ganzheitlichkeit, Zufriedenheit und ein Bild des eigenen Selbst als Teil eines größeren Ganzen. Diese Attribute werden in mehreren signifikanten Veränderungen im späteren Leben sowohl im Selbstkonzept als auch in der Persönlichkeit reflektiert.

18.3.1 Ein festes und facettenreiches Selbstkonzept

Ältere Erwachsene haben über die gesamte Lebensspanne ihr Selbstverständnis entwickelt, woraus sich mehr noch als in früheren Jahren eine feste und komplexe Vorstellung des eigenen Selbst ergibt (Labouvie-Vief & Diehl, 1999). Ruth beispielsweise wusste, dass sie andere Menschen gut beraten konnte, dass sie fähig war, einen Garten zu pflegen, Partys zu geben, mit Geld sparsam umzugehen und herausfinden konnte, wem man vertrauen kann und wem nicht. Gleichzeitig wusste sie auch, dass sie sich nicht mehr so leicht in der Stadt zurechtfand wie früher.

Die Festigkeit und die vielen Facetten von Ruths Selbstkonzept erlaubten ihr, fehlende Fähigkeiten in Bereichen, die sie nie ausprobiert hatte oder mit denen sie nicht zurechtkam oder die sie nicht mehr so gut bewältigen konnte, zu kompensieren. Folglich konnte sie sich selbst akzeptieren – ein Schlüsselaspekt der Integrität. In einer Studie von alten Menschen (70 bis 84 Jahre) und sehr alten Menschen (85 bis 103 Jahre) in Deutschland wurden diese gebeten, eine Antwort auf die Frage „wer bin ich?" zu finden. Die Teilnehmer erwähnten ein breites Spektrum verschiedenster Lebensbereiche: die Familie, die Gesundheit und die Persönlichkeitseigenschaften. Erwachsene beider Altersstufen berichteten mehr positive als negative Selbstevaluationen, wobei allerdings ein leichter Anstieg der negativen Kommentare in der älteren Gruppe zu verzeichnen war. Positive facettenreiche Selbstdefinitionen korrelierten mit psychischem Wohlbefinden (Freund & Smith, 1999).

Wenn die vor ihnen liegende Zeit kürzer wird, erwähnen alte Menschen immer noch bis hinein in ihre 80er und 90er Jahre erhoffte Selbstkonzepte in den Bereichen Gesundheit, soziale Beziehungen und soziale Verantwortung und streben aktiv nach diesen Selbstkonzepten. Dies bewirkt, dass der alte Mensch auch weiterhin Ziele in seinem Leben hat und das Gefühl behält, sich weiterzuentwickeln (Frazier, 2002; Markus & Herzog, 1992). Sogar in sehr fortgeschrittenem Alter, wenn einige der Fähigkeiten sich sehr verschlechtern, behält der Großteil alter Menschen ein kohärentes Selbstgefühl. Sie betrachten sich selbst als so ziemlich die gleiche Person, die sie schon immer gewesen sind (Troll & Skaff, 1997).

18.3.2 Angenehmheit, Soziabilität und das Akzeptieren von Veränderung

Während des späten Erwachsenenalters ergeben sich Veränderungen in drei Persönlichkeitseigenschaften – Veränderungen, die wieder einmal alle Stereotypen bezüglich alter Menschen über den Haufen werfen. Das Alter ist nicht unbedingt eine Zeit, in der die Persönlichkeit starrer werden muss und der Lebenswille abnimmt. Stattdessen ist viel häufiger ein flexibler, optimistischer Lebensansatz zu finden.

In der Beurteilung offener Interviews mit älteren Menschen in ihren Sechzigern und später, wenn sie ihre Achtziger und Neunziger erreicht hatten, entdeckten Wissenschaftler, dass die Angenehmheit – repräsentiert durch Eigenschaften wie freigiebig, geduldig und gutmütig – bei über einem Drittel der Stichprobe beim zweiten Mal positiver beurteilt wurde im Vergleich zum ersten Mal. Diese Qualitäten scheinen Menschen zu charakterisieren, die mit ihrem Leben, trotz aller Unvollkommenheiten, ins Reine gekommen sind. Im Bereich der Soziabilität jedoch ergab sich mit zunehmendem Alter ein leichter Rückgang (Field & Millsap, 1991). Möglicherweise kommt das von einer Einengung der sozialen Kontakte her, wenn der älterer Mensch bezüglich seiner Beziehungen selektiver wird und Familienmitglieder und Freunde sterben – Trends, die wir uns in einem späteren Abschnitt noch näher ansehen werden.

Eine dritte, damit verwandte Entwicklung ist eine größere Akzeptanz von Veränderung – ein Attribut, das von älteren Menschen sehr häufig als wichtig für psychisches Wohlbefinden erwähnt wird (Ryff, 1989). Dass viele ältere Menschen mit Veränderungen gut zurechtkommen wird deutlich, wenn man sich anhört, was sie über Enttäuschungen und Unzufriedenheit in ihrem Leben zu sagen haben. Eine häufige Antwort wird sein, dass es überhaupt nichts gibt, mit dem sie unzufrieden sind. Eine Fähigkeit, die Ecken und Kanten des Lebens zu akzeptieren, von denen viele sich jenseits der Kontrolle des Einzelnen befinden, ist für ein positives Funktionieren im späten Erwachsenenalter unabdingbar. Die meisten älteren Menschen sind resilient; nach Schicksalsschlägen bessert sich ihr Wohlbefinden, insbesondere dann, wenn ihnen das auch in früheren Jahren schon gelungen ist.

18.3.3 Spiritualität und Religiosität

Wie gelingt es alten Menschen, die Schwächungen und Verluste, die der Alterungsprozess mit sich bringt, zu akzeptieren und sich dennoch ganzheitlich und als vollständig zu betrachten und dem Tod ruhig und gefasst ins Auge zu sehen? Eine Möglichkeit ist, dass diese Menschen ein reiferes Gefühl von Spiritualität entwickeln. Das bedeutet, dass sie aktiv nach einem höheren Sinn in ihrem Leben suchen, wohl wissend, dass ihr Leben in absehbarer Zukunft zu Ende sein wird. Spiritualität ist nicht dasselbe wie Religion. Ein transzendierendes Gefühl für Wahrheit und Schönheit lässt sich in der Kunst entdecken, in der Natur und in Beziehungen zu anderen Menschen. In der Religion dagegen sind es Überzeugungen, Symbole und Rituale, die dem Einzelnen als Leitfaden in seiner Sinnsuche dienen.

Für ältere Menschen sind religiöse Überzeugungen und Verhaltensweisen etwas sehr Wertvolles. Nach einer nationalen Umfrage geben 76 % amerikanischer Erwachsener im Alter von 65 Jahren und älter an, dass Religion in ihrem Leben etwas sehr Wichtiges darstellt, und 16 % betrachten sie als ziemlich wichtig. Über die Hälfte besucht einmal in der Woche einen Gottesdienst, fast zwei Drittel sehen sich religiöse Fernsehsendungen an und etwa ein Viertel betet mindestens dreimal am Tag (Princeton Religion Research Center, 1994). In Kanada sind alte Menschen nicht

Alte Menschen messen religiösen Überzeugungen und Verhalten einen sehr großen Wert bei und ihr Glauben kann daher eine hohe Stufe erreichen. Diese alte tibetische Frau ist vertieft in ihr tägliches buddhistisches Gebetsritual.

in demselben Maße in religiöse Riten und Bräuche involviert wie in Amerika. Trotzdem besuchen 37 % Gottesdienste oder andere religiöse Veranstaltungen mindestens einmal in der Woche, und die Hälfte besucht eine solche Veranstaltung mindestens einmal im Monat (Lindsay, 1999).

Obwohl ein sich verschlechternder Gesundheitszustand sowie zunehmende Schwierigkeiten, von einem Ort zum andern zu gelangen, die Teilnahme an religiösen Veranstaltungen in fortgeschrittenem Alter reduziert, bleiben informelle religiöse Aktivitäten ein wichtiger Bestandteil des Lebens alter Menschen in unserer Zeit (Ainlay, Singleton & Swigert, 1992). Längsschnittliche Forschung weist darauf hin, dass die religiöse Bindung das gesamte Erwachsenenalter hindurch relativ stabil bleibt. Dennoch scheint das Bedürfnis nach religiöser Zugehörigkeit im Alter zuzunehmen. In einer Studie gaben über ein Drittel älterer Menschen an, dass sie der Religion mehr Zeit widmen würden, wenn sie könnten (DeGenova, 1992). Und in Studien vom frühen bis zum späten

Ausblick auf die Lebensspanne:
Im Zweiten Weltkrieg geflüchtete und evakuierte Kinder blicken im Alter zurück auf ihr Leben

Wie sehen ältere Menschen traumatische Ereignisse in ihrem Leben, die sich in früheren Jahren abgespielt haben? Um dies herauszufinden, hat Glen Palmer (1999) ältere Erwachsene interviewt, die kurz vor oder während des Zweiten Weltkriegs nach Australien gekommen waren. Es waren jüdische Flüchtlinge aus Österreich, Deutschland und Polen oder sie waren aus Großbritannien evakuiert worden. Alle waren unter 16 gewesen, als ihre Eltern sie auf die Schiffe gebracht und sie unter großem Leid weggegeben hatten, um sie zu schützen. Die meisten Eltern dieser österreichischen, polnischen und deutschen Kinder wurden von den Nazis ermordet. Nach einem letzten Kuss und einem schmerzvollen „Auf Wiedersehen!" sahen die Kinder ihre Eltern niemals wieder. Im Gegensatz dazu kehrten die britischen evakuierten Kinder nach Ende des Krieges in ihr Heimatland und zu ihren Familien zurück.

Im Rückblick waren diese nun älter gewordenen Menschen mit der Entscheidung ihrer Eltern, sie fortzuschicken, größtenteils einverstanden. Für die Flüchtlinge bedeutete dies, dass ihr Leben gerettet wurde (siehe Kapitel 10). Aber abgesehen davon waren die Erinnerungen und die Beurteilung der lebenslangen Folgen dieser Erlebnisse ganz unterschiedlich. Faktoren, die sich besonders auswirkten, waren unter anderem die Qualität der Fürsorge, das Alter, in dem sie von ihren Eltern getrennt wurden, und das jeweilige Temperament.

Fürsorgesituationen schlossen Verwandte mit ein, Pflegeeltern, Häuser, in denen die Kinder in Gruppen zusammenwohnten, und Internate. Bei Kindern, die man in Familien untergebracht hatte, bedeutete die Tatsache, dass sie geliebt wurden und sich erwünscht fühlten, zu neuen Bindungen und positiven Erinnerungen zu finden, allerdings häufig auf Kosten früherer Bindungen. Wie einer dieser älteren Menschen andeutete: „Wenn man ein Kind in einem Alter weggeschickt, in dem es sich noch entwickelt, riskiert man, die Zuneigung des Kindes zu verlieren." Wenn jedoch die Verwandten und Pflegefamilien unfreundlich oder gar offen ablehnend reagiert hatten, führte dies in späterem Alter zu Erinnerungen an ein „emotionales Vakuum". Ohne neue Bindungen klammerten diese Kinder sich an die langsam schwächer werdenden inneren Bilder ihrer Familien. Sie idealisierten ihre Eltern und wünschten sich, zu ihnen zurückkehren zu können. Die Trennung und die unzulängliche Fürsorge hatten eine größere und länger andauernde Auswirkung auf emotional zurückgezogene, ängstliche Kinder als auf extravertierte Kinder, die besser in der Lage waren, außerhalb der Familie unterstützende soziale Bindungen zu entwickeln.

Im Vergleich zu denjenigen, die zurzeit der Trennung noch Kinder gewesen waren, wirkte sich das Nichtvorhandensein enger Bindungen bei den Adoleszenten weniger heftig aus. „Ich wusste immer, dass meine Familie mich unterstützt, obwohl sie gerade nicht anwesend war", meinte eine polnische Flüchtlingsfrau. An der Schwelle zum Erwachsenenalter hatten diese jungen Menschen wenig Bedürfnis nach Ersatzeltern. Stattdessen ging es ihnen am besten in Häusern, in denen die Kinder in größeren Gruppen lebten, sowie in Internaten, wo es angemessene Aufsicht gab, die Sicherheit und Autonomie im Gleichgewicht hielt. Häufig waren die wärmsten Erinnerungen die an die Bindungen untereinander. Im Gegensatz dazu zeigte sich bei Kindern, die in solchen Häusern untergebracht wurden und ihre Familienbindungen verleugneten, die Traurigkeit darüber noch im Alter: „Da war Leere und Verzweiflung, einfach weil ist keine Liebe gab ... man muss fähig sein, zu einem Kind sagen zu können ‚du bist etwas ganz Besonderes und ich hab dich lieb'."

Bis zum Ende des Krieges waren die meisten dieser Kinder zu jungen Erwachsenen herangewachsen. Die britischen evakuierten Kinder wurden wieder mit ihren Familien vereint, allerdings gab es kaum jemals ein „und sie lebten glücklich bis an ihr Ende". Kinder und Eltern hatten sich in der Zwischenzeit sehr verändert. Wie eine von ihnen bemerkte: „es war leichter zu gehen als wiederzukommen". Dennoch war die Wiedervereinigung sehr wichtig, denn andauernde Abwesenheit führt für gewöhnlich zu einer lebenslangen und unaufgelösten Trauer.

Für die meisten polnischen und deutschen Flüchtlinge jedoch war der Verlust der engsten Familienmitglieder unausweichlich. Noch ein halbes Jahrhundert später dauert ihre Suche und ihr Schmerz an. Eine von ihnen kommentierte dies so: „Der Holocaust verfolgt uns tagtäglich. Es ist, als ob man einen Floh im Kopf hat." Dies lässt erkennen, dass der Schmerz über den Verlust und das Trauma in der Kindheit nicht mit der Zeit heilt, sondern sich im späteren Alter noch intensivieren kann. Ein Wiedersehen mit anderen Flüchtlingen half, die bleibenden Wunden zu lindern, da es den älteren Menschen dann möglich war, ihre Erfahrungen denen mitzuteilen, die ihren Schmerz am besten verstanden.

Obwohl viele Flüchtlinge und Evakuierte auch später immer noch die tiefen Auswirkungen ihrer Kindheitserfahrungen spürten, führte dies bei nur wenigen zu Fehlanpassungen. Im Gegenteil, die meisten erlebten Wendepunkte durch ihre Familien, ihre Berufstätigkeit oder andere Interessen und führten ein produktives und erfülltes Leben. Wenn sie mit den Schwierigkeiten des Alters zu kämpfen hatten, konnten manche von ihnen auf innere Stärken zurückgreifen, die sie in diesen frühen Jahren der Trennung entwickeln konnten. Wie eine Überlebende des Holocaust es ausdrückte, nachdem ihr Mann gestorben war: „Wenn du das durchgemacht hast, was ich durchgemacht habe, dann kannst du alles überleben."

Trotzdem werden diese Genozid-Opfer – wie auch andere, ähnlich traumatisierte Menschen in der ganzen Welt – sich wahrscheinlich nie ganz von dem Erlebten erholen. Keiner der Flüchtlinge kehrte zurück nach Europa, um dort zu leben, obwohl manche von ihnen das Land ihrer Geburt noch einmal besuchten. Nur selten wurde dies eine schöne Reise. Fast immer kamen Schmerz und Leid an die Oberfläche – einmal mehr eine Mahnung, dass ethnische und politische Gewalt starke Auswirkungen hat, die sich durch die gesamte Lebensspanne durchziehen.

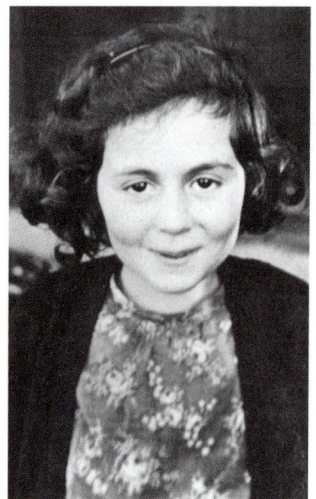

In dem oberen Bild sind deutsch-jüdische Kinder zu sehen. Das Foto wurde an Deck der Orama gemacht, einem Schiff, das im Juni 1939 kurz vor Ausbruch des Zweiten Weltkriegs nach Australien segelte. Margot, die dritte von links, reflektierte ihre Kindheit vom Standpunkt des Alters: „Das Weggehen war nicht so traumatisch. Ich meine, wenn du in die Ferien fährst, dann verlässt du deine Eltern ja auch ... ich wusste damals ja nicht, dass ich sie nie wieder sehen würde ... ich habe keine besonders schönen Erinnerungen an das Leben in Australien." Anne, ganz links unten, aus Großbritannien evakuiert, wurde als junge Erwachsene nach Ende des Krieges mit ihren Eltern wiedervereint. Sie erinnert sich: „Die Kriegsjahre waren nicht immer leicht oder glücklich, aber es war viel schlimmer zu einer Familie zurückzukehren, die man so lange vermisst hatte, und herauszufinden, dass man sich so auseinander gelebt hatte."

Erwachsenenalter ließ sich ein substanzieller Anstieg der Spiritualität ab Mitte fünfzig feststellen (Wink & Dillon, 2002). Der Rückgang körperlicher Funktionen, mehr Zeit, die Bedeutung des Lebens zu reflektieren, und die Beschäftigung mit dem Thema der Unsterblichkeit – all dies mag dazu beitragen, ältere Menschen zu motivieren, innere spirituelle Ressourcen zu mobilisieren.

Des Weiteren kann die Spiritualität und der individuelle Glaube im späten Lebensalter eine höhere Ebene erreichen – weg von vorgeschriebenen Glaubenssätzen hin zu einem reflektierenden Zugang, der besonderen Wert auf die Bindung zu anderen Menschen legt und mit Mystischem und Ungewissem in Einklang sein kann (Birren, 1990). In seiner Theorie zur Entwicklung des Glaubens postulierte James Fowler (1981) fünf Stufen (siehe Tabelle 18.1).

Diese konnten anhand mehrerer Untersuchungen verifiziert werden. Sie sehen darin, dass Menschen, die Stufe 4 erreichen, sich ihres Glaubenssystems als einer von vielen möglichen Weltsichten gewahr werden, sich über die tiefere Bedeutung religiöser Symbole und Rituale klar zu werden versuchen und sich anderen religiösen Perspektiven öffnen und diese als Quelle der Inspiration in ihr Leben einbeziehen (McFadden, 1996). So entstand bei Walter beispielsweise zusätzlich zu seinem katholischen Glauben ein intensives Interesse am Buddhismus, vor allem an seiner Betonung, umfassenden inneren Frieden und Glück erreichen zu können, indem Gedanken und Gefühle bewältigt und verarbeitet werden, anderen kein Schaden zugefügt wird und Weltlichem entsagt wird.

Tabelle 18.1

Fowlers Stufen der Glaubensentwicklung

Stufe des Glaubens	Entwicklungsalter	Beschreibung
1. intuitiv-projektiv	3–7 Jahre	Die Fantasie und die Fähigkeit zur Nachahmung führt beim Kind dazu, dass es sehr leicht von Geschichten, emotionalen Befindlichkeiten und Verhaltensweisen, die den Glauben des Erwachsenen ausdrücken, beeinflusst wird. Es wird sich bewusst über richtige und falsche Handlungen.
2. mythisch-wörtlich	7–11 Jahre	Das Kind beginnt Geschichten, Glaubensüberzeugungen und Beobachtungen seiner religiösen Gemeinschaft zu internalisieren und nimmt diese wörtlich und als gegeben hin. So stellt es sich beispielsweise Gott häufig als tatsächlich über der Erde thronend vor, wie er alle Menschen beobachtet.
3. synthetisch-konventionell	Adoleszenz	Der Heranwachsende verfügt über kohärente tiefe Glaubensüberzeugungen und Wertvorstellungen, die ihm als Basis seiner Identität dienen. Die Ideologie selbst hat er noch nicht systematisch untersucht.
4. individuativ-reflektiv	Erwachsenenalter	Der Erwachsene, der diese Stufe erreicht, reflektiert kritisch seine Glaubensüberzeugungen und Wertvorstellungen. Er erkennt, dass seine eigene Weltsicht nur eine von vielen möglichen darstellt. Er entwickelt und formt eine persönliche Ideologie, die nach Bedarf über die Zeit hinweg immer wieder Veränderungen unterzogen wird. Bezüglich religiöser Rituale und Symbole stellt er sich die Frage: „Was bedeutet dies wirklich?"
5. konjunktiv	spätes Erwachsenenalter	Die wenigen Menschen, die diese Stufe erreichen, entwickeln eine umfassende Vision einer allumfassenden menschlichen Gemeinschaft. Sie handeln aktiv, um dieses zuwege zu bringen, indem sie sich aktiv gegen Verfolgung und Ungerechtigkeit einsetzen und dem Gemeinwohl dienen, sodass den Bedürfnissen verschiedenster Gruppierungen begegnet werden kann. Große religiöse Führer, wie etwa Mahatma Ghandi und Martin Luther King, sind Beispiele für diesen alles verbindenden Glauben.

Quelle: Fowler, 1981.

Besonders alte Menschen ethnischer Minoritäten mit niedrigem Einkommen sind an organisierten und informellen religiösen Aktivitäten beteiligt; zu ihnen gehören Afroamerikaner, Hispanischstämmige, amerikanische und kanadische Ureinwohner. In afroamerikanischen Gemeinschaften bieten kirchliche Gemeinden nicht nur den Kontext, der dem eigenen Leben Bedeutung gibt, sondern sie sind außerdem Zentren für Weiterbildung, Gesundheit, Sozialdienste und politische Aktivitäten und darauf ausgerichtet, die Lebensumstände des Einzelnen zu verbessern. Alte afroamerikanische Menschen betrachten die Religion als eine kraftspendende Ressource sozialer Unterstützung jenseits der Familie und eine Quelle innerer Stärke, die hilft, den Alltagsstress und die körperlichen Einschränkungen zu bewältigen (Armstrong & Crowther, 2002; Husaini, Blasi & Miller, 1999). Als man sie zu ihrer Lebensphilosophie befragte, erzählt eine afroamerikanische 65 Jahre alte Frau, wie ihr Glaube ihr mehr geholfen hat, als lediglich zu überleben. Wie sie erzählt, sei es viel, für das sie dankbar sein kann:

> *Wir haben viele Schicksalsschläge erlebt ... Aber es war uns immer klar, dass es auch schlimmer hätte kommen können ... An manchen Tagen stehe ich morgens auf und bin steif, meine Knie tun weh, mein Rücken schmerzt und ich habe Kopfschmerzen, aber ich kann aufstehen und ins Badezimmer gehen und ich sage mir „Danke Herr, dass ich mich noch bewegen kann ..." Und wenn ich das Essen auf den Tisch stelle und wir haben ... zumindest ein gewisses Maß an Gesundheit und Kraft ... danke ich Gott dafür, dass alles so gut ist, wie es ist. (Nye, 1993, p. 109)*

Unter alten Menschen jeglichen Hintergrundes bietet die religiöse Bindung viele Vorteile, einschließlich ganz unterschiedlicher direkter Folgen, wie etwa Bewegung, ein Gefühl der Nähe zu Familie und Freunden und psychisches Wohlbefinden (Fry, 2001; Levin & Chatters, 1998). In einer Untersuchung wurde festgestellt, dass eine religiöse Bindung über einen Zeitraum von 12 Jahren einen starken Prädiktor darstellte für besseres körperliches Funktionieren; ganz abgesehen von Auswirkungen wie Optimismus, Gesundheitsvorsorge und sozialer Unterstützung (Idler & Kasl, 1997). In einer anderen Längsschnittstudie korrelierten sowohl organisierte als auch informelle religiöse Aktivitäten mit einer längeren Lebenszeit, wobei Familienhintergrund, Gesundheit, sowie sozialer und psychischer Faktoren kontrolliert wurden – Faktoren von denen bekannt ist, dass sie die Sterblichkeitsrate beeinflussen (Helm et al., 2000; Strawbridge et al., 2001).

Geschlechtsbedingte Unterschiede bezüglich der religiösen Bindung und der Spiritualität sind das gesamte Erwachsenenalter hindurch zu erkennen. Frauen sind eher als Männer in Kirchengemeinden oder Synagogen zu finden, beteiligen sich eher an religiösen Aktivitäten und geben an, auf der Suche zu sein nach einer Verbindung mit einer übergeordneten Kraft oder einem höheren Wesen (Levin, Taylor, & Chatters, 1994; Wink & Dillon, 2002). Die Tatsache, dass Frauen eher Armut ausgesetzt sind, öfter ihren Partner verlieren und sich vermehrt in die Fürsorge anderer Menschen einbringen, einschließlich der Pflege chronisch kranker Familienmitglieder, bedingt auch ein höheres Ausmaß an Stress und Ängsten. Wie es auch bei Mitgliedern ethnischer Minoritätengruppen festzustellen ist, wenden sich Frauen der Religion zu, um soziale Unterstützung zu bekommen und eine umfassendere Vorstellung der menschlichen Gemeinschaft zu entwickeln, durch die die Herausforderungen des Lebens in die richtige Perspektive gerückt werden.

18.4 Individuelle Unterschiede im psychischen Wohlbefinden

In diesem und im vorangegangenen Kapitel konnten wir feststellen, dass die meisten Erwachsenen mit der Anpassung an das Alter gut zurechtkommen. Einige von ihnen fühlen sich jedoch abhängig, inkompetent und wertlos. Die persönlichen und umweltbedingten Einflüsse auf das psychische Wohlbefinden im späten Erwachsenenalter zu identifizieren ist ausgesprochen wichtig, um wirksame Interventionsmöglichkeiten zu entwickeln, die sich auf eine positive Anpassung förderlich auswirken.

18.4.1 Kontrolle versus Abhängigkeit

Als Ruths Sehschärfe, ihr Gehör und ihre Beweglichkeit in ihren achtziger Jahren nachließen, besuchte Sybille sie täglich, um ihr bei der Körperpflege und im Haushalt zu helfen. In den Stunden des Zusammenseins interagierte Sybille häufig mit Ruth, wenn diese sie um Hilfe bei alltäglichen Verrichtungen bat; sie zog sich jedoch zurück, wenn Ruth allein zurechtkam.

Beobachtungen von Menschen, die mit alten Erwachsenen sowohl im eigenen Heim als auch in Institutionen umgehen, haben zwei in hohem Maße vorhersagbare, komplementäre Verhaltensmuster ergeben. Das erste nennt man das **Skript von Abhängigkeit/Unterstützung**, bei dem abhängiges Verhalten sofort beantwortet wird. Das zweite Verhaltensmuster ist das **Skript von Unabhängigkeit/Ignorieren**, ein Muster, bei dem unabhängige Verhaltensweisen zum größten Teil ignoriert werden. Beachten Sie, wie diese Handlungsabfolgen abhängiges Verhalten auf Kosten unabhängigen Verhaltens verstärken, und zwar ohne Berücksichtigung der Kompetenzen des alten Menschen. Sogar ein normalerweise selbstständiger älterer Mensch wie Ruth kann einer unnötigen Hilfestellung von Sybille nicht immer widerstehen, da diese Hilfe immer auch mit sozialem Kontakt einhergeht (Baltes, 1995, 1996).

Bei alten Menschen, die keine Schwierigkeiten im Umgang mit dem Alltag haben, korrelieren Möglichkeiten, mit anderen Menschen zu interagieren, mit einer höheren Zufriedenheit im Alltag. Im Gegensatz dazu ist sozialer Kontakt bei alten Menschen, denen die Bewältigung ihres Alltags Schwierigkeiten bereitet, verbunden mit einem weniger positiven Alltagsleben (Lang & Baltes, 1997). Dies lässt vermuten, dass die sozialen Interaktionen, die ablaufen, während der alte Mensch in seiner Körperpflege, den Arbeiten im Haushalt und den Besorgungen unterstützt wird, häufig nicht bedeutungsvoll und positiv ausfallen, sondern eher erniedrigend und unangenehm sind. Betrachten Sie sich die typischen Reaktionen eines pflegebedürftigen Menschen auf die Unterstützung des Ehepartners im Alltag: „ich fühle mich abhängig", „ich habe das Gefühl, ich stehe in seiner / ihrer Schuld", „ich fühle mich schwach und unfähig" (Newsom, 1999).

Längsschnittliche Forschung hat gezeigt, dass Negativreaktionen auf Fürsorge und Pflege zu andauernden Depressionen führen können (Newsom & Schultz, 1998). Ob die Unterstützung anderer Menschen allerdings das Wohlbefinden unterminieren, ist abhängig von vielen Faktoren, einschließlich der Qualität dieser Unterstützung, der Beziehung zwischen der Pflegeperson und dem alten Menschen, sowie dem sozialen und kulturellen Kontext, in dem die Hilfeleistung stattfindet. Warum reagieren Familienmitglieder und andere Pflegepersonen häufig auf eine Weise, die zu

Ermutigt dieser Sohn bei seiner Mutter Abhängigkeit, indem er ihr beim Einkaufen hilft? Die Antwort ist darin zu finden, ob sie selbst die Kontrolle über ihre Abhängigkeit hat. Abhängigkeit kann etwas adaptives sein, wenn sie dazu führt, dass der ältere Mensch dadurch mit seiner Kraft sparsam umgehen und er diese stattdessen in für ihn wertvolle Aktivitäten einbringen kann.

übermäßiger Abhängigkeit im Alter führt? Ein Aspekt, der dafür verantwortlich gemacht werden könnte, ist beispielsweise das Stereotyp des alten Menschen als passiv und inkompetent. Ältere Erwachsene scheinen sich der niedrigen Erwartungen der anderen sehr wohl bewusst zu sein. Sie attribuieren ihre Abhängigkeit sehr häufig auf die übertrieben reagierenden sozialen Partner (Wahl, 1991).

In westlichen Gesellschaften bewerten wir Unabhängigkeit sehr hoch, so dass viele ältere Menschen sich davor fürchten, von anderen abhängig zu werden (Frazier, 2002). Man kann sie häufig sagen hören, dass es Zeit ist zu sterben, wenn sie nicht länger für sich selbst sorgen können. Bedeutet dies, dass wir ältere Menschen ermutigen sollten, so unabhängig wie nur möglich zu sein? Nach Margaret Baltes (1996) ist diese Alternative genauso kontraproduktiv wie das Fördern von Passivität und Inkompetenz. Der Alterungsprozess bringt es mit sich, dass die zur Verfügung stehende Energie abnimmt, genau zu der Zeit, wenn der Mensch

Soziale Aspekte: Suizid bei alten Menschen

Als die Frau des 65 Jahre alten Andreas starb, zog sich dieser aus dem Leben zurück. Da er weit entfernt von seinen zwei Töchtern lebte, verbrachte er seine freien Tage allein vor dem Fernseher oder er las Kriminalromane. Als er Großvater wurde, besuchte Andreas ab und zu seine Töchter und deren Familien. Wenn er zu Besuch kam, brachte er seine Mutlosigkeit mit. „Schau mal Opa, ich habe einen neuen Schlafanzug!", teilte ihm sein sechsjähriger Enkel ganz begeistert mit. Andreas beachtete den kleinen Jungen nicht.

Nachdem seine Arthritis ihm das Laufen schwer machte, ging er in den Ruhestand. Da er nun noch mehr Zeit zur Verfügung hatte, mit der er nichts anzufangen wusste, vertieften sich seine Depressionen. Nach und nach entwickelte er schmerzhafte Verdauungsstörungen, weigerte sich aber zum Arzt zu gehen. „Brauch ich nicht", sagte er immer nur, wenn eine seiner Töchter ihn darum bat, sich ärztliche Unterstützung zu holen. In seinem Antwortbrief auf die Einladung zu Tonys zehnten Geburtstag schrieb er: „Vielleicht – wenn es mich nächsten Monat noch gibt. Wenn ich gehe, dann möchte ich eingeäschert werden." Zwei Wochen später starb Andreas an einem Darmverschluss. Er wurde tot im Wohnzimmer aufgefunden, in dem Sessel, in dem er den Großteil seiner Tage verbracht hatte. Obwohl es Sie vielleicht überraschen mag, die selbstzerstörerischen Handlungen von Andreas sind eine Form von Suizid.

Faktoren, die mit Suizid bei alten Menschen zusammenhängen.

Blättern Sie noch einmal zurück zu Abbildung 12.4. Sie werden feststellen, dass die Suizidraten im späten Lebensalter ihren Höhepunkt erreichen. Sie steigen in den späteren Jahren an und erreichen die höchsten Werte bei Menschen im Alter von 75 Jahren und darüber. Obwohl die Suizidraten in verschiedenen Ländern unterschiedlich hoch sind, besteht bei älteren Erwachsenen auf der ganzen Welt ein erhöhtes Risiko (World Health Organization, 2002).

Sie werden sich aus Kapitel 12 daran erinnern, dass die Suizidrate bei männlichen Adoleszenten wesentlich höher ist als bei Frauen in diesem Alter. Dieser geschlechtsbedingte Unterschied zieht sich die gesamte Lebensspanne hindurch. In den Vereinigten Staaten und in Kanada nehmen sich fünfmal so viele ältere Männer als Frauen das Leben (Lindsay, 1999; U.S. Bureau of the Census, 2002c). Verglichen mit der weißen Mehrheit herrschen unter der älteren Bevölkerung nordamerikanischer Minoritätengruppen eher niedrige Suizidraten.

Welche Erklärungen gibt es für diese Trends? Trotz des lebenslangen Musters von vermehrter Depression und häufigeren Suizidversuchen unter Frauen sind es die engeren Bindungen zu Familie und Freunden, die größere Bereitschaft, sich soziale Unterstützung zu suchen, und ihre Religiosität, die ältere Frauen häufig davon abhalten, sich das Leben zu nehmen. Ein hohes Ausmaß sozialer Unterstützung durch die Verwandtschaft und die religiöse Gemeinschaft trägt außerdem dazu bei, Suizide unter ethnischen Minoritäten zu vermeiden. Bei bestimmten Minoritätengruppen, wie etwa den Eskimos in Alaska, fördert ein tiefer Respekt für ältere Menschen und ein sich Verlassen darauf, dass diese kulturellen Traditionen weitergegeben werden, das Selbstwertgefühl und die soziale Integration der älteren Bevölkerung. Dies wiederum bewirkt eine Reduktion von Suiziden unter älteren Menschen. Jenseits von 80 Jahren gehen sie gegen null (Kettl, 1998).

Wie auch im jüngeren Alter bietet die vorrangige Suizidmethode älterer Männer (Schusswaffen) weniger Chancen der Wiederbelebung als die bevorzugte Methode älterer Frauen (Vergiftung oder eine Überdosis Medikamente). Trotzdem sind Suizidversuche, die nicht zum Tode führen, in späterem Alter sehr viel seltener als in der Adoleszenz. Das Verhältnis von Suizidversuchen zu tatsächlichen Suiziden ist 300:1; bei älteren Menschen ist das Verhältnis 4:1 oder niedriger (Conwell, Duberstein, & Caine, 2002). Wenn alte Menschen sich entscheiden zu sterben, scheinen sie fest entschlossen, es auch erfolgreich durchzuführen.

Dass es sich bei einem Tod um Suizid handelt, wird oft nicht entdeckt oder publik gemacht, egal welchen Alters der Verstorbene ist, besonders häufig allerdings, wenn es sich um einen älteren Menschen handelt. Bei der Obduktion wird Suizid als Todesursache seltener angegeben, wenn es sich dabei um einen alten Menschen handelt. Und viele alte Menschen, wie etwa Andreas, nehmen sich durch indirekte, selbstdestruktive Handlungen das Leben, die nur selten als Suizid klassifiziert werden. So gehen sie beispielsweise nicht zum Arzt, wenn sie krank sind, oder weigern sich, zu essen oder die vom Arzt verschriebenen Medikamente zu nehmen. Bei alten Menschen in Altenheimen oder Pflegeheimen sind dies weit verbreitete Verhaltensweisen, um den eigenen Tod schneller herbeizuführen (Kennedy & Tanenbaum, 2000). Folglich ist der Suizid unter alten Menschen ein wesentlich größeres Problem als offizielle Statistiken es erscheinen lassen.

Zwei Gruppen von Ereignissen führen im späteren Lebensalter unter Umständen zu einem Suizid. Verluste wie die Pensionierung von einem für den Betreffenden sehr wichtigen Arbeitsplatz, der

Tod des Ehepartners und soziale Isolation bewirken, dass das Risiko einer andauernden Depression bei älteren Menschen, die ohnehin schon Schwierigkeiten haben, mit Veränderungen umzugehen, steigt. Ein weiterer Bereich, der ein hohes Suizidrisiko birgt, sind chronische und unheilbare Krankheiten, bei denen die Körperfunktionen schwer eingeschränkt sind oder die schwer zu ertragende Schmerzen mit sich bringen (Conwell et al., 2001). Wenn die Lebensqualität langsam aber sicher abnimmt, vertieft sich ein Gefühl der Hoffnungslosigkeit und Hilflosigkeit. Bei Menschen in sehr hohem Alter, insbesondere bei Männern, ist die Wahrscheinlichkeit besonders hoch, dass sie sich unter diesen Umständen das Leben nehmen. Die Wahrscheinlichkeit wird umso größer, wenn der alte Mensch krank und sozial isoliert ist – entweder allein zu Hause oder in einem Pflegeheim mit häufig wechselndem Personal und minimaler persönlicher Ansprache lebt.

Prävention und Behandlung.
Warnsignale für einen möglicherweise bevorstehenden Suizidversuch sind im späten Erwachsenenalter dieselben wie in jüngeren Jahren. Dies sind unter anderem die Bemühungen, die persönlichen Angelegenheiten in Ordnung zu bringen, Aussagen über das Sterben, Mutlosigkeit und Veränderungen in den Schlaf- und Essgewohnheiten. Familienmitglieder, Freunde und Pflegepersonen müssen auf indirekte selbstdestruktive Handlungen achten, etwa die Verweigerung von Nahrungsmitteln oder medizinischer Versorgung – Warnsignale, die besonders für Menschen in hohem Alter gelten. Nur allzu oft haben Menschen, die mit Alten zu tun haben, Schwierigkeiten diese Symptome als solche zu erkennen, und nehmen fälschlicherweise an, dass diese eine „natürliche" Folge des Alterungsprozesses seien. Mehr als 70 % aller älteren Suizidopfer haben ihre Ärzte weniger als einen Monat vor dem Selbstmord aufgesucht, und 30 % innerhalb derselben Woche (Pearson & Brown, 2000). Dennoch wurde das Suizidrisiko nicht erkannt.

Wenn suizidale alte Menschen depressiv sind, hat sich als effektivste Behandlungsmöglichkeit eine antidepressive Medikation in Verbindung mit Therapie erwiesen. Die therapeutische Behandlung sollte Hilfe bieten bei Übergängen von einer Rolle zur anderen, wie etwa bei der Pensionierung, dem Verlust des Ehepartners sowie der Abhängigkeit, die eine Krankheit mit sich bringt. Verzerrtes Denken wie etwa: „Ich bin alt und bei meinen Problemen kann man nichts machen", muss angesprochen und revidiert werden. Treffen mit der Familie, um Einsamkeit und Verzweiflung zu mindern, sind außerdem hilfreich.

Die Suizidraten unter Jugendlichen sind gestiegen (siehe Kapitel 12), dafür sind die Suizidraten unter alten Menschen in den vergangenen 50 Jahren zurückgegangen. Dies ist zurückzuführen auf die verbesserte wirtschaftliche Situation älterer Erwachsener, eine bessere medizinische und soziale Versorgung und eine positivere Einstellung gegenüber dem Ruhestand im kulturellen Kontext. Gemeinden haben angefangen zu erkennen, wie wichtig zusätzliche präventive Maßnahmen sind, etwa Telefon-Hotlines mit ausgebildeten Freiwilligen, die emotionale Unterstützung anbieten, und Einrichtungen, die für regelmäßige Hausbesuche sorgen. In Pflegeeinrichtungen hat sich gezeigt, dass es viel dazu beiträgt, selbstdestruktives Verhalten zu vermeiden, indem für die Bewohner eine Privatsphäre geschaffen wird, ihnen ihre Autonomie nicht genommen wird und sie genügend Platz haben (Conwell & Duberstein, 2001).

Suizid bei alten Menschen wirft noch eine weitere Frage auf, eine zutiefst strittige ethische Frage: Haben Menschen mit einer unheilbaren Krankheit das Recht, sich das Leben zu nehmen? Wie werden uns mit diesem Thema in Kapitel 19 beschäftigen.

Wenn die Lebensqualität abnimmt, führt dies häufig zu Gefühlen tiefer Hoffnungslosigkeit und Hilflosigkeit. Unter diesen Umständen ist die Wahrscheinlichkeit bei sehr alten Menschen relativ hoch, dass sie sich das Leben nehmen.

mit vielen herausfordernden Entwicklungsaufgaben konfrontiert ist. Abhängigkeit kann etwas adaptives sein, wenn es dem alten Menschen erlaubt, sich seine Kräfte besser einzuteilen, um sie in für ihn wertvolle Aktivitäten zu investieren. Dabei werden eine Reihe von Strategien angewendet, mit denen wir uns in Kapitel 17 beschäftigt haben: die selektive Optimierung in Verbindung mit Kompensation.

18.4.2 Die Gesundheit

Wie wir schon in Kapitel 16 feststellen konnten, ist die Gesundheit ein starker Prädiktor für das psychische Wohlbefinden im späten Erwachsenenalter. Körperlicher Abbau und chronische Krankheiten können in hohem Maße stressreich sein und zu einem Gefühl des Kontrollverlustes führen – einer der hauptsächlichen Einflussfaktoren auf die psychische Gesundheit. Des Weiteren ist körperliche Krankheit, die zu einer Behinderung führt, einer der stärksten Risikofaktoren für Depressionen in den späten Lebensjahren (Geerlings et al., 2001). Obwohl weniger alte Menschen als junge Menschen und Erwachsene im mittleren Lebensalter depressiv sind (siehe Kapitel 17), werden tiefe Gefühle von Hoffnungslosigkeit mit zunehmendem Alter immer stärker, vor allem wenn der alte Mensch körperlich behindert ist und in der Folge die soziale Isolation stärker wird (Roberts et al., 1997).

Der Zusammenhang zwischen körperlichen und psychischen Problemen kann sich zu einem Teufelskreis auswachsen, bei dem jeder dieser Bereiche den anderen intensiviert. Manchmal ist der rapide Abbau eines kranken alten Menschen das Resultat von Mutlosigkeit und der Tatsache, dass der Betreffende sich aufgegeben hat (Penninx et al., 2000). Diese Abwärtsspirale kann noch durch einen Umzug in ein Pflegeheim verstärkt werden. Eine solche Veränderung erfordert, dass der alte Mensch sich mit der Entfernung zu Familie und Freunden abfindet und eine neue Selbstdefinition entwickelt, von sich selbst als „ein Mensch, der nur in einem Pflegeheim überleben kann". Man hat festgestellt, dass in dem ersten Monat nach ihrer Aufnahme viele Heimbewohner rapide abbauen und schwer depressiv werden. Der Stress, den die Krankheit mit sich bringt, und der Umzug in das Pflegeheim korrelieren mit vermehrten gesundheitlichen Problemen und erhöhter Mortalität (Tobin, 1989).

Depressionen in fortgeschrittenem Alter führen häufig zum Tod. Bei Menschen im Alter von 65 Jahren und darüber ist die Suizidrate am höchsten, verglichen mit allen anderen Altersgruppen (siehe den Kasten „Soziale Aspekte"). Welche Faktoren sind es, die alten Menschen wie Ruth helfen, den Teufelskreis von körperlichen Problemen und Depressionen zu durchbrechen und stattdessen optimistisch und zufrieden zu bleiben? Persönliche Merkmale, wie wir sie schon in vorangegangenen Kapiteln besprochen haben – effektive Bewältigungsstrategien und ein Gefühl der Selbstwirksamkeit –, sind an dieser Stelle ausgesprochen wichtig. Damit aber gebrechliche alte Menschen diese Attribute zeigen können, müssen ihre Familien und die Pflegepersonen ihnen Autonomie gewähren und das Skript von Abhängigkeit / Unterstützung vermeiden. Wenn alte Erwachsene weiterhin die Kontrolle über Bereiche ihres Lebens haben, die ihnen persönlich wichtig sind, erhalten sie sich zentrale Aspekte ihrer Identität auch angesichts von Veränderungen und es wird ihnen gelingen, ihrer Zukunft wie auch ihrer Vergangenheit positiver gegenüberzustehen (Brandtstädter & Rothermund, 1994).

18.4.3 Negative Lebensveränderungen

Ruth verlor Walter durch einen Herzinfarkt, kümmerte sich um Ida, als deren Alzheimer-Krankheit schlimmer wurde und war zudem mit eigenen gesundheitlichen Problemen konfrontiert – und all das innerhalb weniger Jahre. Bei alten Menschen besteht ein hohes Risiko negativer Lebensveränderungen verschiedenster Art – der Tod eines Ehepartners, von Geschwistern und Freunden; Krankheiten und körperliche Behinderungen; ein immer geringer werdendes Einkommen; sowie eine größere Abhängigkeit. Negative Lebensveränderungen sind für alle Menschen schwierig. Aber diese Ereignisse führen bei älteren Menschen zu weniger Stress und Depressionen als bei jungen Erwachsenen (Gatz, Kasl-Godley & Karel, 1996). Viele alte Menschen haben es gelernt, mit schweren Zeiten umzugehen und Verluste als einen Teil der menschlichen Existenz anzunehmen.

Wenn negative Veränderungen überhand nehmen, kommen allerdings auch ältere Erwachsene an die Grenzen ihrer Fähigkeiten, sie zu verarbeiten (Krasij, Arensman, & Spinhoven, 2002). In sehr hohem Alter ergeben sich solche Veränderungen vermehrt für Frauen, weniger für Männer. Bei Frauen im Alter von 75 Jahren und darüber ist die Wahrscheinlichkeit, dass sie verheiratet sind, wesentlich geringer. Sie haben häufiger ein geringes Einkommen und leiden vermehrt an Krankheiten, insbesondere solchen, die ihre Beweglichkeit einschränken. Zudem geben alte Frauen häufig an, dass andere Menschen hinsichtlich emotionaler Unterstützung von ihnen abhängig sind. Dies bedeutet, dass ihre sozialen Beziehungen auch in hohem Alter eher eine Quelle von Stress darstellen. Wegen ihres sich verschlechternden Gesundheitszustandes kommt es häufig vor, dass alte Frauen die Bedürfnisse anderer nach Zuwendung und Fürsorge nicht mehr befriedigen können, was sich auf ihr eigenes Selbstwertgefühl negativ auswirkt. So überrascht es nicht, dass mehr Frauen als Männer in sehr fortgeschrittenem Alter angeben, dass es ihnen psychisch schlechter geht (Pinquart & Sörensen, 2001)

18.4.4 Soziale Unterstützung und soziale Interaktion

Im späten Erwachsenenalter spielt die soziale Unterstützung auch weiterhin eine wichtige Rolle in der Stressreduktion, wodurch die körperliche Gesundheit wie auch das psychische Wohlbefinden gefördert werden. Die soziale Unterstützung, die der Einzelne erhält, erhöht außerdem die Wahrscheinlichkeit, dass der Betreffende länger lebt (Liang et al., 1999; Seeman et al., 1993). Zudem könnte sich auch so der Zusammenhang zwischen religiöser Bindung und der Lebensbewältigung erklären, ein Zusammenhang, mit dem wir uns schon beschäftigt haben. Meistens bekommt der alte Mensch informelle Unterstützung von Seiten der Familienmitglieder – zunächst vom Ehepartner oder, wenn dieser nicht mehr lebt oder der Betreffende allein stehend ist, springen die Kinder ein. Wenn auch diese nicht helfen können, dann kommt die Unterstützung zumeist von Geschwistern oder von anderen Verwandten und Freunden.

Dennoch bewerten alte Menschen ihre Unabhängigkeit so hoch, dass sie nicht allzu viel Unterstützung annehmen möchten, es sei denn, sie können sich revanchieren. Wenn die Hilfeleistung übermäßig groß ist oder nicht zurückgegeben werden kann, resultiert das häufig in psychischem Stress (Liang, Krause & Bennett, 2001). Möglicherweise ist das der Grund, warum erwachsene Kinder ein tieferes Verpflichtungsgefühl gegenüber ihren alternden Eltern haben, als die Eltern von ihnen erwarten (siehe Kapitel 16). Unterstützung von außen – eine bezahlte Haushaltshilfe oder ein Pflegedienst z.B. – als Ergänzung zu informeller Hilfeleistung hilft nicht nur, die Belastung der Pflegepersonen zu reduzieren, sondern bewirkt außerdem, dass der alte Mensch sich nicht übermäßig abhängig fühlen muss von seinen engsten Beziehungen (Krause, 1990).

Alte Menschen ethnischer Minoritätengruppen können formale Hilfeleistung schlechter akzeptieren. Allerdings gelingt ihnen dies besser, wenn die Haushaltshilfe oder die Pflegeperson mit einer dem Betreffenden bekannten Nachbarschaftsorganisation in Verbindung steht, wie beispielsweise der Kirchengemeinde. Obwohl afroamerikanische Senioren angeben, dass sie sich mehr auf ihre Familien verlassen als auf ihre Kirchengemeinden, was Hilfeleistung anbelangt, zeigen diejenigen, die in beiden Kontexten Unterstützung erhalten und bedeutungsvolle Rollen innehaben, die besten Ergebnisse hinsichtlich ihrer psychischen Gesundheit (Coke, 1992; Walls & Zarit, 1991). Unterstützung von Seiten der religiösen Gemeindemitglieder bringt psychische Vorteile bei alten Menschen jeglichen Hintergrundes unter Umständen deswegen, weil der Empfänger das Gefühl hat, dass die Hilfeleistung von echter Fürsorge und Zuneigung motiviert ist und nicht allein aus einer Verpflichtung ihm gegenüber geschieht. Außerdem trägt auch die warme Atmosphäre religiöser Gruppen dazu bei, dass der alte Mensch ein Gefühl sozialer Akzeptanz und Zugehörigkeit entwickeln kann (Krause, 2001).

Auch eine extravertierte Persönlichkeit steht in Verbindung mit einem positiven Lebensgefühl im Alter (Adkins, Martin, & Poon, 1996). Gesellige alte Menschen werden eher von den Möglichkeiten mit anderen zu interagieren Gebrauch machen und dadurch ihrer Einsamkeit und Depression entgegenwirken, was sich wiederum auf das Selbstwertgefühl und die Lebenszufriedenheit auswirkt. Wie Sie im nächsten Abschnitt allerdings sehen werden, hat eine unterstützende Kommunikation im Alter nur wenig zu tun mit der Häufigkeit des Kontaktes. Stattdessen haben qualitativ hochwertige Beziehungen die größte Auswirkung auf die psychische Gesundheit im Alter. Diese Beziehungen beinhalten den Ausdruck von Zuneigung, Ermutigung und Respekt dem alten Menschen gegenüber.

Zusammenfassend kann festgestellt werden, dass der alte Mensch persönlich die Kontrolle über seine soziale Unterstützung erhalten muss, damit diese sich positiv auf sein Wohlbefinden auswirkt. Dies wiederum bedeutet, dass in manchen Bereichen die primäre Kontrolle zu Gunsten von Kontrolle über andere Bereiche aufgegeben wird, die dem alten Menschen sehr wichtig sind. Betrachten wir das Beispiel von

Ruth: Obwohl sie sich selbst ankleiden, sich um ihre Finanzen kümmern, den Einkauf erledigen und das Essen zubereiten konnte, erlaubte Ruth ihrer Tochter Sibylle ihr bei diesen Aktivitäten zu helfen, damit sie ihre Kraft sparen konnte, um ihre geliebten Bücher zu lesen. Um eine Optimierung ihres Kräftehaushaltes zu erreichen, wählte Ruth bestimmte Bereiche aus, in denen sie sich entschloss, Abhängigkeit anzunehmen. Dies wiederum half ihr, ihre schwindende Sehkraft zu kompensieren, indem sie sich die zusätzliche Zeit nahm, beim Lesen eine Lupe zu verwenden oder sich ein Hörbuch anzuhören. Auf diese Art und Weise bewirkte die soziale Unterstützung für Ruth eine größere Autonomie – eine Möglichkeit, sich aktiv mit dem Alterungsprozess auseinander zu setzen.

Wenn wir uns um alte Menschen kümmern, müssen wir uns immer fragen, welche Art der Hilfe gegeben werden sollte. Hilfe, die nicht gewünscht ist oder nicht gebraucht wird, oder Hilfe, die Schwächen des alten Menschen überbetont, kann die psychische Gesundheit unterminieren. Diese Art der Hilfe kann außerdem die physische Einschränkung oder Behinderung verschlimmern, wenn dabei die noch vorhandenen Fähigkeiten nicht mehr angewendet und geübt werden. Im Gegensatz dazu bewirkt eine Hilfeleistung, die Energien für Aktivitäten freisetzt, die den alten Menschen befriedigen und sich positiv auf sein inneres Wachstum auswirken, dass seine Lebensqualität steigt.

> **Prüfen Sie sich selbst...**
>
> **Rückblick**
> Vielen alten Menschen gelingt es, sich effektiv an negative Lebensveränderungen anzupassen. Nennen Sie persönliche und umweltbedingte Faktoren, die sich auf diesen Anpassungsprozess förderlich auswirken.
>
> **Rückblick**
> Obwohl die Teilhabe an religiösen Aktivitäten über das gesamte Erwachsenenalter hinweg relativ stabil bleibt, bekommt sie im Alter eine größere Bedeutung und steht in Zusammenhang mit vielen positiven Faktoren im späten Erwachsenenalter. Erläutern Sie, warum das so ist, unter Berücksichtigung der körperlichen und psychosozialen Entwicklung im Alter.
>
> **Anwendung**
> Im Alter von 80 Jahren brauchte Miriam sehr lang, um sich anzukleiden. Johanna, ihre Haushaltshilfe, schlug ihr vor: „Warten Sie doch mit dem Anziehen, bis ich frühmorgens komme. Dann kann ich Ihnen helfen, und es wird nicht so lange dauern." Was für eine Auswirkung wird diese Vorgehensweise der Haushaltshilfe wohl auf Miriams Persönlichkeit haben? Welchen alternativen Ansatz der Hilfeleistung würden Sie in dieser Situation empfehlen?

> **Zusammenhänge**
> Fowlers Stufen der Glaubensentwicklung, zusammengefasst in Tabelle 18.1, lehnen sich an Kohlbergs Theorie der moralischen Entwicklung an (siehe Kapitel 12). Nennen Sie Ähnlichkeiten zwischen den Stufen von Kohlberg und Fowler.
>
> **Prüfen Sie sich selbst...**

18.5 Eine sich verändernde soziale Umwelt

Die Offenheit von Walter und Ruth bewirkte, dass viele Familienmitglieder und Freunde sich ihnen zuwandten. Im Gegensatz dazu bedeutete das sture Wesen von Richard, dass sein und Gudruns soziales Netzwerk nun sehr viel eingeschränkter wurde, als es viele Jahre lang gewesen war.

Im späten Erwachsenenalter interagieren extravertierte Menschen wie Walter und Ruth auch weiterhin mit den verschiedensten Menschen, verglichen mit introvertierten Menschen und solchen, deren soziale Fähigkeiten nicht besonders ausgeprägt sind, wie etwa Richards. Trotzdem hat sich sowohl bei den Ergebnissen querschnittlicher als auch längsschnittlicher Forschung gezeigt, dass der Umfang des sozialen Netzwerkes und folglich auch die soziale Interaktion mit zunehmendem Alter bei fast allen Menschen zurückgehen (Carstensen, 1992; Lang, Staudinger, & Carstensen, 1998). Dieses Ergebnis birgt ein recht seltsames Paradoxon. Wenn soziale Interaktion und soziale Unterstützung für die psychische Gesundheit wichtig sind, wie ist es dann möglich, dass alte Menschen weniger interagieren, aber dennoch zumeist mit dem Leben zufrieden und weniger depressiv sind als jüngere Erwachsene?

18.5.1 Soziale Theorien zum Alterungsprozess

Soziale Theorien zum Alterungsprozess bieten Erklärungen für den Rückgang in der sozialen Interaktion, den wir gerade beschrieben haben. Zwei wichtige Ansätze – die Rückzugstheorie (disengagement theory) und die Aktivitätstheorie – interpretieren dies gegensätzlich. Ein neuerer Ansatz – die sozioemotionale Selektivitätstheorie – hat ein breiteres Spektrum von

Forschungsergebnissen über soziale Kontakte im Alter hervorgebracht.

Die Rückzugstheorie

Gemäß der **Rückzugstheorie** (disengagement theory) findet in Erwartung des Sterbens ein wechselseitiger Rückzug von alten Menschen und Gesellschaft statt (Cumming & Henry, 1961). Ältere Menschen nehmen sich in ihrer Aktivität zurück und interagieren weniger häufig, wenden sich hingegen vermehrt ihrem Innenleben zu. Gleichzeitig befreit die Gesellschaft den alten Menschen von Verpflichtungen wie Arbeit und Familie. Älteren Menschen wird ein Leben in Muße zugestanden. Und wenn sie sich zurückziehen, ist ihr Tod für die Gesellschaft in ihrem normalen Ablauf weniger merklich.

Denken Sie dabei jedoch noch einmal zurück an unsere Diskussion bezüglich der Weisheit in Kapitel 17. Wegen ihrer langen Lebenserfahrung wird älteren Menschen in vielen Kulturen eine neue Positionen mit Prestige und Macht zugestanden. So wird klar, dass durchaus nicht jeder sich zurückzieht. Auch nach der Pensionierung erhalten manche Menschen bestimmte Aspekte ihrer Arbeit aufrecht und wieder andere entwickeln neue, lohnenswerte Rollen in ihrer Freizeit und ihrem sozialen Umfeld. In Stammesgesellschaften und ländlichen Gesellschaften füllen die meisten Alten weiterhin wichtige soziale Positionen aus (Luborsky & McMullen, 1999). Wenn sich alte Menschen zurückziehen, spiegelt sich darin nicht unbedingt der Wunsch danach wider. Stattdessen kann dies darin begründet liegen, dass es der sozialen Umwelt nicht gelingt, Möglichkeiten für eine Einbeziehung des alten Menschen zu bieten. Je mehr soziale Möglichkeiten dem alten Menschen zur Verfügung stehen, desto stärker seine Überzeugung, dass er für sich selbst lohnenswerte soziale Erfahrungen schaffen kann (Lang, Featherman, & Nesselroade, 1997). (Blättern Sie noch einmal zurück zum Kasten „Kulturelle Aspekte" in Kapitel 17, um sich erstaunliche gesellschaftlich bedingte Unterschiede bedeutungsvoller sozialer Rollen, die alten Menschen offen stehen, zu vergegenwärtigen.)

Wie wir feststellen werden, gestaltet sich der Rückzug älterer Erwachsener aus der Interaktion wesentlich komplexer, als die Rückzugstheorie dies darstellt. Statt sich von allen sozialen Bindungen zurückzuziehen, werden unbefriedigende Kontakte abgebrochen und befriedigende Interaktionen aufrechterhalten.

Junge Navajo suchen bei dem Stammesältesten Rat und lernen über ihr Land und die Geschichte ihres Volkes von ihm. Wegen seiner langen Lebenserfahrung wird ihm in seiner Kultur Prestige und Macht zuerkannt. Die größere soziale Verantwortung vieler älterer Erwachsener stellt die Rückzugstheorie sehr in Frage.

Und manchmal werden weniger befriedigende Beziehungen weitergeführt, um den sozialen Kontakt nicht gänzlich einschlafen zu lassen. Ruth beispielsweise erklärte sich widerstrebend bereit, mit Richard und Gudrun auf eine Reise zu gehen, weil sie das Bedürfnis hatte, diese Erfahrung mit Walter zu teilen. Allerdings beschwerte sie sich häufig über Richards uneinfühlsames Verhalten.

Die Aktivitätstheorie

Um die Mängel der Rückzugstheorie zu überwinden, postuliert die **Aktivitätstheorie**, dass soziale Barrieren gegen das Involviertsein und nicht der Wunsch des alten Menschen die Ursache für den Rückgang in der Interaktion sind. Wenn alte Menschen bestimmte Rollen aufgeben müssen (beispielsweise durch eine Pensionierung oder den Verlust des Lebenspartners), tun sie ihr Bestes, um andere Rollen zu entwickeln, damit sie aktiv und beschäftigt bleiben. Demnach ist es wichtig für die Lebenszufriedenheit des alten Menschen, Bedingungen zu schaffen, die es ihm erlauben, weiterhin in seinen Rollen und Beziehungen engagiert zu bleiben (Maddox, 1963).

Obwohl viele Menschen sich alternative Quellen der Bedeutung und Befriedigung suchen als Reaktion auf Verluste im sozialen Bereich, erkennt die Aktivitätstheorie keine psychischen Veränderungen im Alter an. Viele Untersuchungen haben gezeigt, dass es nicht ausreicht, alten Menschen lediglich die Möglichkeiten für sozialen Kontakt zu bieten, da das nicht unbedingt zu vermehrter sozialer Aktivität führt. Tatsächlich ist es so, dass die meisten von diesen Möglichkeiten keinen Gebrauch machen. In Altenheimen und Pflegeheimen beispielsweise wären viele Sozialpartner vorhanden, aber es gibt wenig soziale Interaktion, und dies sogar unter den gesündesten Bewohnern – ein Umstand, den wir uns noch näher ansehen werden, wenn wir uns mit der Wohnsituation älterer Menschen beschäftigen. Und schließlich ist ein Faktor, der besonders gegen die Aktivitätstheorie spricht, der wiederholte Befund, dass auch bei Berücksichtigung des Gesundheitszustandes alte Menschen, die über ein ausgedehntes soziales Netzwerk verfügen und sich in viele Aktivitäten einbringen, nicht unbedingt glücklicher sind (Lee & Markides, 1990; Ritchey, Ritchey & Dietz, 2001).

Die sozioemotionale Selektivitätstheorie

Ein neuerer Ansatz geht davon aus, dass unsere sozialen Netzwerke mit zunehmendem Alter selektiver werden. Gemäß der **sozioemotionalen Selektivitätstheorie** nimmt die soziale Interaktion nicht plötzlich im späten Erwachsenenalter ab. Im mittleren Erwachsenenalter vertiefen sich die Partnerbeziehungen, Geschwister sind sich näher und die Anzahl der Freundschaften nimmt ab. Im Alter werden Kontakte mit Verwandten und alten Freunden bis in das achte Lebensjahrzehnt hinein aufrechterhalten, während sie dann zugunsten einiger sehr enger Beziehungen langsam abnehmen. Im Gegensatz dazu nehmen Kontakte mit Bekannten sowie die Bereitschaft, neue soziale Bindungen einzugehen, vom mittleren bis zum späten Erwachsenenalter rapide ab (siehe Abbildung 18.1) (Fung, Carstensen & Lang, 2001; Lang, Staudinger & Carstensen, 1998).

Wie erklären sich diese Veränderungen? Die sozioemotionale Selektivitätstheorie postuliert, dass die physischen und psychologischen Aspekte des Alterungsprozesses zu Veränderungen in den Funktionen der sozialen Interaktion führen. Wenn man sich einmal die Gründe dafür betrachtet, warum Personen mit den Mitgliedern ihres sozialen Netzwerkes interagieren, so erkennt man, dass manchmal Kontakt aufgenommen wird, um Informationen zu bekommen. Zu anderen Zeiten wird Rückmeldung und Bestätigung für die subjektiv wahrgenommene Einzigartigkeit und dem Wert als Person gesucht. Auch werden Sozialpartner ausgewählt, um Emotionen zu regulieren, indem auf diejenigen zugegangen wird, die positive Gefühle hervorrufen, und diejenigen Kontakte vermieden werden, in denen man sich traurig, wütend oder unwohl fühlt. Im Alter werden die Funktionen der Informationssuche und Selbstbestätigung weniger wichtig. Da ältere Erwachsene ein ganzes Leben lang Informationen gesammelt haben, gibt es nun weniger Menschen, die über Informationen verfügen, die sie anstreben. Außerdem ist älteren Menschen klar, dass es ein Risiko darstellt, auf Menschen zuzugehen, die man nicht kennt, um von ihnen Selbstbestätigung zu bekommen. Stereotypen hinsichtlich des Alterungsprozesses lassen die Wahrscheinlichkeit ansteigen, dass die Reaktion auf einen solchen Kontaktwunsch herablassend, feindselig oder gleichgültig ausfällt.

Stattdessen legen alte Menschen zunehmend Wert auf die emotionsregulierenden Funktionen von Interaktion. Körperliche Gebrechlichkeit macht es wichtig, Stress zu vermeiden und ein emotionales Gleichgewicht aufrechtzuerhalten. In einer Studie wurden jüngere und ältere Erwachsene gebeten, ihre Sozialpartner zu kategorisieren. Für jüngere Menschen war die Basis ihrer Einteilung häufiger die Informa-

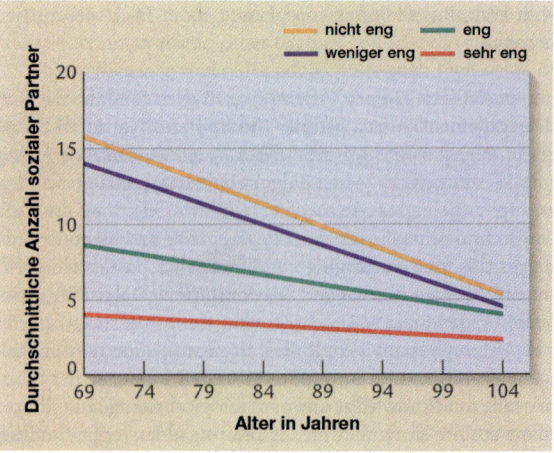

Abbildung 18.1: Altersrelevante Veränderungen in der Anzahl der Sozialpartner mit variierender Nähe. In einer Studie mit alten Menschen im Alter von 69 bis 104 fiel die Anzahl der Sozialpartner in den Kategorien „nicht nah" und „weniger nah" mit zunehmendem Alter rapide ab, während die Anzahl der Sozialpartner in den Kategorien „nah" und „sehr nah" nur minimal und allmählich abnahm (nach F. R. Lang, U. M. Staudinger & L. L. Carstensen, 1998, „Perspectives on Socioemotional Selectivity in Late Life: How Personality and Social Context Do (and Do Not) Make a Difference," Journal of Gerontology, 53B, S. 24. © 1998 by the Gerontological Society of America).

tionssuche und der zukünftige Kontakt. Im Gegensatz dazu betonten ältere Menschen antizipierte Gefühle (Frederickson & Carstensen, 1990). Bei ihnen zeigte sich eine hohe Motivation, freundliche und angenehme Beziehungen einzugehen und unangenehme Kontakte zu vermeiden.

Wenn der alte Menschen vorwiegend mit Verwandten und Freunden interagiert, ist die Wahrscheinlichkeit höher, dass sein Selbstkonzept und sein emotionales Gleichgewicht aufrechterhalten bleibt. Obwohl ihre sozialen Netzwerke kleiner sind, sind mehr ältere Erwachsene glücklich mit der augenblicklichen Anzahl ihrer Freunde, als dies bei jüngeren Menschen der Fall ist (Lansford, Sherman, & Antonucci, 1998). In der Tat lässt sich im Kasten „Biologie und Umwelt" auf der folgenden Seite erkennen, dass die Zeitwahrnehmung des Menschen stark mit seinen sozialen Zielen korreliert. Wenn die Lebenszeit nur mehr begrenzt ist, legen Erwachsene jeglichen Alters einen vermehrten Wert auf die emotionale Qualität ihrer sozialen Erfahrungen.

Zusammenfassend können wir feststellen, dass die sozioemotionale Selektivitätstheorie quantitativ reduzierte soziale Bindungen postuliert, die auf der anderen Seite aber von hoher Qualität sind. Die Ursache hierfür wird in den sich verändernden Lebensumständen gesehen. Folglich bevorzugen alte Menschen Sozialpartner, mit denen sie angenehme, befriedigende Bindungen aufgebaut haben.

18.5.2 Soziale Kontexte des Alterungsprozesses: Gemeinde, Nachbarschaft und Wohnsituation

Alte Menschen leben in einem Kontext, sowohl physisch als auch sozial, der ihre sozialen Erfahrungen beeinflusst und folglich auch ihre Entwicklung und Anpassung. Gemeinden, Nachbarschaften und Wohnsituationen variieren hinsichtlich ihrer Kapazität, die sozialen Bedürfnisse alter Bewohner zu befriedigen.

■ Gemeinde und Nachbarschaft

Etwa die Hälfte aller amerikanischen und drei Viertel der kanadischen, ethnischen Minoritäten zugehörigen älteren Erwachsenen leben in Städten, im Vergleich dazu nur ein Drittel der Kaukasier. Die meisten dieser Senioren leben am Stadtrand und in Vororten. Dorthin sind sie in früheren Lebensjahren gezogen und

Diese Männer treffen sich regelmäßig im Monterey Park in Kalifornien, um ein chinesisches Brettspiel zu spielen. Sowohl in Städten als auch in ländlichen Gegenden berichten ältere Erwachsene eine höhere Lebenszufriedenheit, wenn in der Nachbarschaft noch andere Senioren leben und als gleichgesinnte Gesellschaft zur Verfügung stehen.

dort leben sie zumeist auch weiterhin, wenn sie im Ruhestand sind. Diese älteren Menschen haben für gewöhnlich ein höheres Einkommen und erfreuen sich besserer Gesundheit als Senioren, die in Städten leben. Auf der anderen Seite haben ältere Menschen, die in Großstädten leben, weniger Schwierigkeiten mit Transportmitteln und der Erreichbarkeit sozialer Dienste. Diese Vorteile sind einem Viertel amerikanischer und einem Drittel kanadischer in Kleinstädten und ländlichen Gegenden lebenden Senioren nicht zugänglich. Zudem ist die Wahrscheinlichkeit bei diesen auf dem Land lebenden alten Menschen wesentlich geringer, dass sie in der Nähe ihrer Kinder wohnen, da diese die ländlichen Gegenden zumeist schon im frühen Erwachsenenalter verlassen haben (Lindsay, 1999; Statistics Canada, 2003b; U.S. Bureau of the Census, 2002c).

Ältere Menschen, die auf dem Land und in Kleinstädten leben, kompensieren die Distanz zu Familienmitgliedern und sozialen Diensten häufig dadurch, dass sie vermehrt mit Nachbarn und Freunden interagieren. Positive Aspekte kleinerer Gemeinden wie etwa wenig Wechsel der Bewohner, gemeinsame Werte und Lebensstile, eine Bereitschaft, sich gegenseitig soziale Unterstützung zu bieten, sowie ein häufiger sozialer Austausch, da Besuche auf dem Land eher kurzfristig und unangekündigt stattfinden,

Biologie & Umwelt: Der Alterungsprozess, die Wahrnehmung von Zeit und soziale Ziele

Mit wem würden Sie Ihre Zeit verbringen wollen, wenn Sie wüssten, dass Sie in nächster Zukunft an einen anderen Ort ziehen würden? Wenn man jungen Menschen diese Frage stellt, wählen sie für gewöhnlich enge Freunde und Verwandte, mit denen eine längere positive Beziehung besteht. Die Reaktion älterer Menschen auf diese Frage sieht ähnlich aus. Alte Menschen betrachten ihre Zeit als etwas sehr Wertvolles, die in ihrer Wahrnehmung schnell vorbeifliegt (Kennedy, Fung & Carstensen, 2001). Da sie sich zunehmend dessen bewusst sind, dass ihre Lebenszeit begrenzt ist, möchten sie diese auch nicht mit Menschen verbringen, von denen aller Wahrscheinlichkeit nach nichts zurückkommt. Stattdessen entscheiden sie sich für emotional befriedigende soziale Erfahrungen im Hier und Jetzt.

Die sozioemotionale Selektivitätstheorie unterstreicht die Tatsache, dass unsere Zeitwahrnehmung eine wichtige Rolle bei der Frage spielt, welche sozialen Ziele wir uns setzen und verfolgen (Carstensen, Isaacowitz, & Charles, 1999). Menschen, denen klar ist, dass die ihnen noch verbleibende Zeit beschränkt ist, haben das Bedürfnis nach bedeutsamen sozialen Erfahrungen. Dennoch erlauben es mit dieser Theorie arbeitende Untersuchungen, die einen altersabhängigen Anstieg der mit vertrauten, in hohem Maße befriedigenden Sozialpartnern verbrachten Zeit verzeichnen, nicht, den Einfluss des Alters und zeitliche Orientierung sozialer Ziele zu trennen. Ist es womöglich die Wahrnehmung von Zeit, die im Zentrum der Konzentration älterer Menschen auf alte Freunde und Familienmitglieder als gewünschte Sozialpartner steht?

Um das herauszufinden, haben Laura Carstensen und ihre Mitarbeiter Alter und Zeit entkoppelt. In einer Studie, die das Alter

Dieser ältere Mann genießt die Zeit, die er mit seiner inzwischen erwachsenen Enkelin verbringen kann. Wenn die Lebenszeit eingeschränkt ist, sucht der Mensch nach bedeutsamen sozialen Erfahrungen. Die Fokussierung älterer Menschen auf Familienmitglieder und enge Freunde als gewünschte Sozialpartner steht in Einklang mit den Vorlieben von Menschen jeglichen Alters, die konfrontiert sind mit einer verkürzten Lebenszeit.

konstant hielt, aber die restliche Lebenszeit variierte, verglichen die Wissenschaftler drei Gruppen von Männern in ihren späten Dreißigern. Die erste Gruppe war HIV-negativ, die zweite Gruppe HIV-positiv ohne AIDS-Symptomatik und die dritte Gruppe war HIV-positiv und litt unter den zum Tode führenden AIDS-Symptomen (Carstensen & Fredrickson, 1998). Wenn man diese Menschen darum bat, eine Reihe potentieller Sozialpartner zu kategorisieren, wurde klar, dass in diesen Gruppen je nach verbleibender Lebenszeit die Betonung zunehmend auf der emotionalen Befriedigung durch die Beziehungen lag. Männer mit AIDS-Symptomen – die Gruppe, die am wenigsten Lebenszeit übrig hatte – konzentrierten sich fast ausschließlich auf die emotionale Qualität ihrer sozialen Bindungen, genauso wie dies auch bei alten Menschen der Fall ist.

In einer weiteren Untersuchung beließen die Wissenschaftler das Alter als Variable, hielten aber die Zeitperspektive konstant, indem sie die Teilnehmer an einer hypothetischen Situation teilhaben ließen, in der sie einer längeren Zukunft entgegensehen konnten. Menschen im Alter von elf bis 92 Jahren wurden gebeten, sich vorzustellen, sie hätten gerade einen Telefonanruf von ihrem Hausarzt erhalten und er hätte ihnen gesagt, dass nun eine neue Medikation auf dem Markt sei, die ihr Leben um 20 Jahre verlängern könnte (Fung, Carstensen & Lutz, 1999). Unter diesen Umständen war die starke Bevorzugung von vertrauten Sozialpartnern, zu denen die älteren Menschen eine enge Bindung hatten, verschwunden. Ihre sozialen Vorlieben waren in diesem Falle genauso breit gestreut wie die jüngerer Menschen.

In einer anderen Studie untersuchten die Wissenschaftler die sozialen Ziele jüngerer und älterer Erwachsener in Taiwan und auf dem chinesischen Festland. In

> beiden Kulturen wurde deutlich, dass ältere Menschen einen stärkeren Wunsch nach vertrauten Sozialpartnern hegen, mit denen eine emotional befriedigende Interaktion möglich ist, als dies bei jüngeren Menschen der Fall ist. Diese Vorlieben waren bei den Menschen auf dem chinesischen Festland besonders stark ausgeprägt, da diese Menschen ihre Zukunft als eingeschränkt betrachteten. In Einklang mit dieser Wahrnehmung ist die durchschnittliche Lebenserwartung auf dem chinesischen Festland auch sieben Jahre geringer als in Taiwan (Fung, Lai & Ng, 2001).
>
> Zusammenfassend kann festgestellt werden, dass die sozialen Vorlieben im Alter eine aktive Anpassung an die verbleibende Lebenszeit darstellen. Wenn unsere Tage gezählt sind, gewinnen Ziele, die sich an der Gegenwart orientieren, wie etwa soziale Kontakte, soziale Unterstützung und eine emotionale Tiefe in den Beziehungen, eine zentrale Bedeutung.

wirken sich positiv aus auf die Zufriedenheit des alten Menschen mit seinen Beziehungen. In vielen Vororten, Kleinstädten und ländlichen Gemeinden wurde versucht den Bedürfnissen älterer Menschen entgegenzukommen, indem besondere Transportmittel eingesetzt werden, etwa Kleinbusse, um Senioren zum Arzt, zu sozialen Diensten, Seniorenzentren und zum Einkaufen zu fahren.

Diese Senioren berichten eine vermehrte Lebenszufriedenheit, wenn in ihrer Nachbarschaft viele alte Menschen leben und ihnen als gleichgesinnte Kontaktpartner zur Verfügung stehen. Die Anwesenheit der Familie ist nicht unbedingt notwendig, solange Nachbarn und in der Nähe wohnende Freunde soziale Unterstützung bieten (Lawton et al., 1999). Dies bedeutet allerdings nicht, dass Nachbarn die Familienbeziehungen ersetzen können. Alte Menschen sind aber zumeist zufrieden, solange ihre Kinder und andere Verwandten sie ab und zu besuchen (Hooyman & Kiyak, 2002).

Im Vergleich mit älteren in Städten lebenden Erwachsenen sind Menschen in Nachbarschaften kleinerer und mittelgroßer Gemeinden zufriedener mit ihrem Leben. Der Hauptgrund dafür ist darin zu sehen, dass in kleineren Gemeinden die Verbrechensrate geringer ist (Scheidt & Windley, 1985; Statistics Canada, 2003b). Wie wir im Folgenden sehen werden, hat die Angst vor Verbrechen einen ausgeprägt negativen Einfluss auf das Gefühl von Sicherheit und Wohlbefinden beim alten Erwachsenen.

■ Viktimisierung und Angst vor Verbrechen

Das Einfamilienhaus von Walter und Ruth stand in einem Vorort, viele Straßenzüge entfernt von dem Geschäftsviertel, in dem sich Walters Fotostudio befand, bevor er in Rente gegangen war. Wenn beide das Haus für mehrere Stunden verlassen wollten, telefonierten sie mit der nächsten Nachbarin und baten sie, ein Auge auf das Anwesen zu werfen. Als die Menschen in der Nachbarschaft älter wurden, wurden die Häuser nicht mehr gepflegt und die Anwohner wechselten häufiger. Obwohl die Geschäfte auch Donnerstag und Freitag Abend geöffnet waren, machten Walter und Ruth ihre Besorgungen am liebsten bei Tageslicht. Obwohl sie nie einem Verbrechen zum Opfer gefallen waren, hatten sie diese Möglichkeit immer im Kopf und verhielten sich dementsprechend. In einer großen, national repräsentativen kanadischen Umfrage, gaben über 40 % der Erwachsenen im Alter von 65 Jahren und älter an, dass sie sich in ihrer Nachbarschaft auf der Straße nicht sicher fühlten, verglichen mit 24 % der jüngeren Erwachsenen (Lindsay, 1999).

Berichte in den Medien haben dazu geführt, dass die meisten der Überzeugung sind, dass Verbrechen gegenüber alten Menschen an der Tagesordnung wären. In Wahrheit richten sich Verbrechen weniger häufig gegen alte Erwachsene als gegen Menschen jüngerer Altersgruppen. Dies gilt insbesondere für Gewaltverbrechen. In Städten allerdings kommen Taschendiebstähle häufiger bei alten Menschen vor (ganz besonders bei Frauen) als bei jüngeren Menschen. Dies liegt aller Wahrscheinlichkeit nach daran, dass die Täter das Gefühl haben, dass ältere Menschen oder Frauen ein leichtes Opfer sind (U.S. Department of Justice, 2002). Ein einziger derartiger Vorfall kann intensive Ängste bei Senioren auslösen, insbesondere wenn man die finanziellen Konsequenzen für diejenigen mit niedrigem Einkommen sowie das Potenzial körperlicher Verletzungen in Betracht zieht.

Für gebrechliche ältere Erwachsene ist die Tatsache, dass sie allein in einer Stadt leben, häufig mit einer großen Angst vor Verbrechen verbunden, einer Angst, die ihre Sorgen um ihr Einkommen, ihre Gesundheit und ihre Wohnung noch weit übersteigt. Diese älteren Menschen fühlen sich ganz besonders leicht verletzbar, da sie glauben, dass sie keine Hilfe bekommen würden, wenn diese nötig wäre. Diese Angst schränkt ihre Aktivitäten ein und wirkt sich ausgesprochen negativ auf ihre psychische Verfassung aus (Joseph, 1997; Thompson & Krause, 1998). Programme wie „Nachbarschaftswachdienst" und andere, die die Bewohner einer Nachbarschaft dazu ermutigen, aufeinander zu achten, sorgen dafür, dass Ängste und Gefühle der Isolation abnehmen. Manche Städte haben besondere Polizeieinheiten, um Verbrechen gegen Senioren zu bekämpfen und zu vermeiden. Auch diese wirken sich positiv auf die Lebenszufriedenheit aus (Zevitz & Gurnack, 1991).

Die Wohnsituation

Zum Großteil haben ältere Erwachsene in westlichen Industrienationen das Bedürfnis, in der Nachbarschaft zu bleiben, in der sie den Großteil ihres Erwachsenenlebens verbracht haben. Und die meisten von ihnen (90 %) bleiben in oder in der Nähe ihres alten Zuhauses. In den Vereinigten Staaten und in Kanada ziehen weniger als 5 % in eine andere Gemeinde um (Che-Alford & Stevenson, 1998; U.S. Department of Health and Human Services, 2002k). Diese Umzüge sind zumeist von dem Wunsch motiviert, näher bei den Kindern zu wohnen, oder bei Personen, die wirtschaftlich besser gestellt und gesund sind, von dem Wunsch nach einem milderen Klima und einem Ort, an dem Hobbys nachgegangen werden kann.

Die meisten Umzüge älterer Menschen werden innerhalb derselben Stadt vorgenommen; ausgelöst durch einen sich verschlechternden Gesundheitszustand, den Tod des Lebenspartners oder einer Behinderung und nehmen mit zunehmendem Alter zu (Chappell et al., 2003). Wenn wir uns mit der Wohnsituation älterer Menschen beschäftigen, werden wir feststellen, je mehr das neue Lebensumfeld sich von dem alten unterscheidet, desto schwieriger ist es für den alten Menschen, damit zurechtzukommen.

Häuser und Wohnungen

Für den Großteil älterer Menschen, die körperlich nicht eingeschränkt sind, bedeutet das Verbleiben in ihrem eigenen Zuhause größtmögliche persönliche Freiheit und Kontrolle – die Möglichkeit, sich den Lebensraum und die täglichen Aktivitäten so einzurichten, wie sie es selbst wünschen. Heutzutage leben mehr Senioren in den Vereinigten Staaten, Kanada und anderen westlichen Nationen selbstständiger als jemals zuvor – ein Trend, der zurückzuführen ist auf einen allgemein besseren Gesundheitszustand im Alter und bessere wirtschaftliche Bedingungen (Lindsay, 1999; U.S. Department of Health and Human Services, 2002f). Wenn allerdings gesundheitliche Probleme auftauchen und die Mobilität eingeschränkter wird, birgt ein Leben in den eigenen vier Wänden auch Risiken. Die meisten Wohnungen und Häuser sind für jüngere Menschen ausgelegt. Nur selten werden sie modifiziert, um den physischen Kapazitäten eines Seniors Rechnung zu tragen. Zudem bedeutet ein Alleinleben in schlechtem Gesundheitszustand zumeist soziale Isolation und Einsamkeit (Victor et al., 2000).

Als Ruth Mitte achtzig geworden war, bat Sybille sie, zu ihr zu ziehen. Wie viele erwachsene Kinder südeuropäischer, mitteleuropäischer und osteuropäischer Herkunft (Griechen, Italiener, Polen und andere), fühlte auch Sybille ein sehr starkes Verantwortungsgefühl ihrer gebrechlichen Mutter gegenüber. Andere Erwachsene dieser kulturellen Herkunft genauso wie Afroamerikaner, Asiaten, Lateinamerikaner, amerikanische und kanadische Ureinwohner, leben zumeist bei der Verwandtschaft (Gabrel, 2000; Hays & George, 2002).

Dennoch wünscht sich eine steigende Anzahl älterer Menschen ethnischer Minoritätengruppen allein zu leben, obwohl Armut sie häufig daran hindert, dies auch zu tun. So lebten beispielsweise 75 % kore-

Aus Gründen eines generell besseren Gesundheitszustandes und vermehrten wirtschaftlichen Wohlstandes leben heutzutage mehr Senioren in ihrem eigenen Zuhause.

anisch-amerikanische Senioren noch vor 20 Jahren bei ihren Kindern, während dieser Wert heutzutage nur mehr bei 50 % liegt (Yoo & Sung, 1997). Da sie genug Geld hatte, um ihre Wohnung zu halten, weigerte sich Ruth, zu ihrer Tochter zu ziehen. Warum reagieren viele alte Menschen auf diese Art und Weise und dies sogar, wenn gesundheitliche Probleme überhand zu nehmen drohen? Das eigene Zuhause ist ein Ort, an dem viele Erinnerungen hängen, es stärkt ein Gefühl der Kontinuität von Vergangenheit und Gegenwart und dient somit dazu, beim alten Menschen ein Identitätsgefühl trotz des sich verschlechternden Gesundheitszustandes und der erlittenen sozialen Verluste aufrechtzuerhalten. Außerdem erlaubt es dem alten Menschen, sich an sein Umfeld auf die gewohnte und vertraute Weise anzupassen (Atchley, 1999). Und Senioren schätzen ihre Unabhängigkeit, ihre Privatsphäre und das Netzwerk der in der Nähe lebenden Freunde und Nachbarn.

Während der vergangenen fünfzig Jahre ist die Anzahl unverheirateter, geschiedener und verwitweter alter Menschen, die allein leben, sprunghaft angestiegen. Zurzeit leben 33 % der amerikanischen und 29 % der kanadischen Senioren allein, eine Zahl, die bei Senioren im Alter von 85 Jahren und älter bei nahezu 50 % liegt. In Deutschland leben 36,7 % aller über 65-Jährigen allein (Statistisches Jahrbuch der Bundesrepublik Deutschland, 2003). Dieser Trend zeigt sich in allen Gruppen der älteren Bevölkerung. Weniger ausgeprägt ist die Tendenz unter Männern, bei denen es wesentlich wahrscheinlicher ist als bei Frauen, dass sie auch in fortgeschrittenem Alter noch mit einem Lebenspartner zusammenleben (Lindsay, 1999; U.S. Bureau of the Census, 2002c).

Über 40 % der amerikanischen und 38 % der kanadischen Senioren, die allein leben, leiden unter Armut – Zahlen, die um ein Vielfaches höher liegen als bei älteren Ehepaaren. Der Großteil von ihnen (mehr als 70 %) sind verwitwete Frauen. Manche von ihnen sind in fortgeschrittenem Alter arm, weil sie in früheren Jahren wenig verdient haben. Andere verarmen erst jetzt, häufig weil sie einen Lebenspartner überlebt haben, der an einer langen, kostspieligen Krankheit gelitten hat. Mit zunehmendem Alter verschlechtert sich ihr finanzieller Status, da ihre Rücklagen weniger werden und die Kosten für die eigene Gesundheitsversorgung steigen (Law Commission of Canada, 2001; Vartanian & McNamara, 2002). Unter diesen Umständen können sich Isolation, Einsamkeit und Depressionen häufen. Die Armut unter einsamen älteren Frauen ist in den Vereinigten Staaten größer als in Kanada, da sie der Staat weniger unterstützt und die Kosten der Gesundheitsversorgung nicht getragen werden. Aber es geht in beiden Nationen Seniorinnen, die allein leben, schlechter als ihren Altersgenossinnen in Westeuropa (Hardy & Hazelrigg, 1993). Folglich steigt die „Feminisierung" von Armut im Alter.

Alterswohnsitze

Etwa 6 % bis 8 % nordamerikanischer Senioren leben in Alterswohnsitzen, von denen es die verschiedensten Varianten gibt (Pynoos & Golant, 1996). Wohnviertel für Senioren, entweder Ein-Zimmer-Apartements oder ganze Wohnblocks, unterscheiden sich von normalen Wohnungen und Häusern nur dadurch, dass sie den Fähigkeiten alter Menschen angepasst sind (beispielsweise dadurch, dass der Wohnraum ebenerdig ist und es im Badezimmer Vorrichtungen gibt, an denen der alte Mensch sich festhalten kann). Manche dieser Seniorenwohnungen sind staatlich subventioniert. Die meisten jedoch sind von privater Hand gebaute Altersruhesitze mit dazugehörigen Freizeitmöglichkeiten. Für Senioren, die im Alltag Hilfe benötigen, gibt es Wohnungen, wo diese Hilfe angeboten wird (betreutes Wohnen; siehe Kapitel 17). **Wohngemeinschaften** – eine Kombination von Wohnung und Pflege, die zunehmend beliebter wird – bietet eine Reihe von unterstützenden Diensten, einschließlich gemeinsamer Mahlzeiten in einem Esszimmer, sowie Hilfe und Aufsicht für Bewohner mit körperlichen und geistigen Behinderungen. **Altersstifte, Altersruhesitze oder Seniorenheime** – bieten ein breites Spektrum an verschiedenen **betreuten Wohnmöglichkeiten** an, angefangen von unabhängigem Wohnen oder Wohnen in einer größeren Gruppe bis hin zur Vollzeitpflege. Meist muss man sich in einem solchen Stift oder Heim einkaufen und monatliche Zahlungen leisten, womit sichergestellt wird, dass den sich mit zunehmendem Alter verändernden Bedürfnissen der Senioren an einem Ort begegnet werden kann.

Richard und Gudrun begaben sich in ihren späten Sechzigern in eine Wohngemeinschaft für Senioren. Für Richard war dieser Umzug sehr positiv, da er nun die Möglichkeit hatte, mit Gleichaltrigen auf der Grundlage gemeinsamen Lebens Kontakt zu haben und die Fehler und das Versagen der früheren Lebensjahre in der Welt draußen hinter sich zu lassen. Richard begann befriedigenden Freizeitaktivitäten nachzugehen – er leitete einen Gymnastikkurs, organisierte zusammen mit Gudrun eine Wohltätigkeitsveranstal-

18.6 DIE EMOTIONALE UND SOZIALE ENTWICKLUNG IM SPÄTEN ERWACHSENENALTER

Senioren genießen einen Abend des gemeinsamen Singens in dem Gemeinschaftsbereich ihres Altersruhesitzes. Wenn alte Menschen in einer Wohngemeinschaft für Senioren gemeinsame Werte und Ziele haben, die Anlage klein genug ist, so dass häufige Kommunikation möglich ist, und die Senioren sinnvolle und befriedigende Rollen und Aktivitäten übernehmen können, ist die Lebenszufriedenheit hoch.

tung und nutzte seine Fähigkeiten als Bäcker, für die Feierlichkeiten zu Geburtstagen, Hochzeittagen und Jahrestagen Kuchen zu backen.

Untersuchungen diverser Wohnanlagen für Senioren haben gezeigt, dass diese Art des Lebens positive Auswirkungen sowohl auf die körperliche als auch auf die psychische Gesundheit haben kann. Ein besonderes Lebensumfeld, das auf ihre körperlichen Bedürfnisse zugeschnitten ist und bei Bedarf die notwendige Pflege bereitstellt, hilft alten Menschen, mit ihrer eingeschränkten Mobilität besser zurechtzukommen, und ermöglicht ihnen somit vermehrte Teilnahme am sozialen Leben (Fonda, Clipp & Maddox, 2002). Und in Gesellschaften, in denen fortgeschrittenes Alter zu einem reduzierten Status führt, ist die Möglichkeit, in separaten Wohnanlagen für Senioren zu leben, für die meisten alten Menschen, die sich dafür entscheiden, sehr befriedigend. Dadurch können sich nützliche Rollenübernahmen und Möglichkeiten für passionierte Freizeitaktivitäten ergeben, was wiederum zu einem aktiveren sozialen Leben führt (Ball et al., 2000). Eine Studie über Wohngemeinschaften in Israel hat gezeigt, dass je mehr alte Menschen ihr Lebensumfeld als sozial unterstützend erleben, desto eher können sie auch anderen Bewohnern Hilfestellung geben (Litwin, 1998). Diese Art des Wohnens scheint sehr gut dafür geeignet, auf Gegenseitigkeit beruhende unterstützende Beziehungen der Bewohner untereinander zu fördern.

Dennoch bedeutet allein eine Ansammlung von Senioren nicht unbedingt auch eine gut funktionierende, zufriedene Gemeinschaft. Gemeinsame Werte und Ziele unter Bewohnern eines ähnlichen Hintergrundes – eine Anlage, die klein genug ist, dass häufige Kommunikation möglich ist, und der Zugang zu bedeutsamen Rollen – sind notwendige Faktoren für die Lebenszufriedenheit. Wenn ältere Erwachsene sich in ihrem Umfeld sozial integriert fühlen, werden sie dies eher als ihr Zuhause betrachten. Diejenigen, die distanziert und für sich bleiben, werden kaum ihre Wohnung oder ihr Zimmer als ihr Zuhause bezeichnen. Die Ursachen, die sie dafür angeben, sind zumeist fehlende Wärme und fehlende Sozialpartner, mit denen sie etwas gemeinsam haben (Young, 1998).

Pflegeheime

Ein kleiner Prozentsatz von Nordamerikanern im Alter von 65 Jahren und älter, die sich in Pflegeheimen befinden, erleben eine extreme Einschränkung ihrer Autonomie. Wie wir schon in Kapitel 17 festgestellt haben, sind ein Gefühl der persönlichen Kontrolle sowie befriedigende soziale Beziehungen genauso grundlegend für die psychische Gesundheit von Bewohnern in Pflegeheimen, wie dies der Fall ist bei alten Menschen in anderen Wohnsituationen.

Potenzielle Sozialpartner gibt es in Pflegeheimen jede Menge, allerdings ist tatsächliche Interaktion kaum vorhanden. Um Emotionen in der sozialen Interaktion zu regulieren (besonders wichtig für alte Menschen), ist die persönlichen Kontrolle über die sozialen Erfahrungen unabdingbar. Bewohner von Pflegeheimen haben allerdings wenig Möglichkeiten, sich ihre Sozialpartner selbst auszusuchen, und die Zeit, in der sie Kontakt haben können, wird zumeist vom Pflegepersonal bestimmt und richtet sich kaum nach den Bedürfnissen und Vorlieben des Seniors. Ein sozialer Rückzug stellt eine adaptive Reaktion auf diese überfüllten, krankenhausähnlichen Einrichtungen dar. Ein Prädiktor für die Lebenszufriedenheit von Pflegeheimbewohnern ist ihre Möglichkeit, mit der Außenwelt zu interagieren (Baltes, Wahl, & Reichert, 1992). Es überrascht nicht, dass diese Menschen, wenn sie mit körperlichen Einschränkungen leben müssen und keine psychischen Behinderungen haben, wesentlich depressiver und ängstlicher sind als Gleichaltrige in anderen Wohnsituationen (Guildner et al., 2001).

Wenn man Pflegeheime so entwerfen würde, dass sie mehr einem familiären Zuhause gleichen, könnte wesentlich zum Sicherheitsgefühl der Bewohner beigetragen und dafür gesorgt werden, dass sie die Kontrolle über ihre sozialen Erfahrungen erhalten. Nordamerikanische Pflegeheime sind häufig überfüllt und werden genauso wie andere große Institutionen geführt, vor allem deshalb, weil es sich dabei um Geschäftsunternehmen handelt. Im Gegensatz dazu werden europäische Einrichtungen dieser Art zumeist mit öffentlichen Mitteln unterstützt. Die Bewohner leben in privaten Räumen oder kleinen Apartments, die zum Teil auch mit ihren eigenen Möbeln ausgestattet sind. Besonders angelegte Parks und Gärten stehen zur Verfügung und bieten sich als Alternative zu passiven, einsamen Aktivitäten wie Fernsehen an. Wenn der Gesundheitszustand des alten Menschen sich verschlechtert, wird eher der vorhandene Raum angepasst, als dass der Bewohner in andere Abteilungen gebracht wird, in denen eine medizinische Versorgung einfacher ist (Horgas, Wilms, & Baltes, 1998; Schwarz, 1996). Auf diese Weise werden die Identität des Betreffenden, sein Gefühl, an einem Ort zu Hause zu sein, und seine sozialen Beziehungen so weit wie möglich geschützt und aufrechterhalten.

Prüfen Sie sich selbst ...

Rückblick
Nennen Sie besondere Kennzeichen von Nachbarschaften und Wohnanlagen, die sich förderlich auf die Lebenszufriedenheit des alten Menschen auswirken.

Anwendung
Paul lebt allein in dem Haus, in dem er schon seit 30 Jahren gewohnt hat. Seine erwachsenen Kinder können nicht verstehen, warum er nicht auf die andere Seite der Stadt in ein modernes Apartment zieht. Warum bevorzugt es Paul, in seinem bisherigen Zuhause zu bleiben?

Anwendung
Vera, eine Bewohnerin eines Pflegeheimes, telefoniert täglich mit ihren erwachsenen Kindern und einer engen Freundin. Andererseits nimmt sie selten an den im Heim angebotenen sozialen Veranstaltungen teil und interagiert auch wenig mit ihrer Zimmer-Mitbewohnerin. Erläutern Sie Veras Verhalten unter Berücksichtigung der emotionalen Selektivitätstheorie.

Zusammenhänge
Gemäß der sozioemotionalen Selektivitätstheorie konzentrieren sich Erwachsene, deren verbleibende Lebenszeit eingeschränkt ist, auf die emotionale Qualität ihrer sozialen Erfahrungen. Wie könnte sich diese Betonung auf die emotionale Expertise, diskutiert auf den Seiten 812-813, förderlich auswirken?

Prüfen Sie sich selbst ...

18.6 Beziehungen im späten Erwachsenenalter

Der „soziale Konvoi" stellt ein einflussreiches Modell der Veränderungen in unseren sozialen Netzwerken über die Lebensspanne hinweg dar. Gemeint ist damit, inmitten einer Flotte von Schiffen zu sein, die zusammen auf dem Weg sind und sich gegenseitig Sicherheit und Unterstützung bieten. Die Schiffe im Inneren des Kreises repräsentieren die Menschen, die Ihnen am nächsten stehen, wie etwa der Lebenspartner, der beste Freund, die Eltern oder die Kinder. Diejenigen, die Ihnen weniger bedeutsam sind, aber dennoch wichtig, reisen am Rand der Flotte. Mit zunehmendem Alter wechseln die Schiffe ihren Platz im Konvoi und manche von ihnen werden abgetrieben, während andere sich der Flotte anschließen (Antonucci, 1990). Solange aber dieser Konvoi existiert, verläuft die Adaption der Menschen in ihm positiv.

In den folgenden Abschnitten werden wir untersuchen, auf welche Weise alte Menschen mit den verschiedensten Lebensstilen ihre sozialen Netzwerke bestehend aus Familienmitgliedern und Freunden aufrechterhalten – eine Bemühung, die sich auf die persönliche Kontinuität und die Sicherheit angesichts bedeutender Lebensveränderungen förderlich auswirkt (Atchley, 1999). Wir werden feststellen, dass ältere Erwachsene, wenn bestimmte Bindungen verloren gehen, näher zusammenrücken und auch Ersatz suchen, obwohl dies nicht in dem Maße geschieht, wie dies in jüngerem Alter der Fall ist. Tragisch ist es, dass bei manchen älteren Erwachsenen der soziale Konvoi zusammenbricht. Wir werden uns außerdem mit den Umständen beschäftigen, unter denen Senioren Missbrauch und Vernachlässigung von Seiten der Menschen erleben, die ihnen nahe stehen.

18.6.1 Die Ehe

Sogar bei der heutigen hohen Scheidungsrate ist zu erwarten, dass eine Ehe von vier oder fünf in Nordamerika mindestens 50 Jahre lang hält. Walters Bemerkung Ruth gegenüber, dass für ihn die letzten Jahrzehnte die glücklichsten gewesen seien, charakterisiert die Einstellungen und Verhaltensweisen vieler älterer Paare, die ihr Erwachsenenleben zusammen verbracht haben. Die eheliche Zufriedenheit steigt vom mittleren bis zum späten Erwachsenenalter, wobei sie in den späten Jahren ihren Höhepunkt erreicht (Goodman, 1999; Levenson, Carstensen & Gottman, 1993). Eine

Reihe von Veränderungen in den Lebensumständen und der Kommunikation des Paares liegen dem zugrunde.

Zum einen vergrößert sich die Fairness in der Beziehung, wenn Männer sich nach ihrer Pensionierung an den Aufgaben im Haushalt stärker beteiligen. Bei Senioren, die in ihrer Jugend bezüglich der Gleichberechtigung der Geschlechter wenig sozialem Druck ausgesetzt waren, reflektiert die Aufteilung der Arbeiten im Haushalt immer noch traditionelle Rollen (Condie, 1989; Vinick & Ekerdt, 1991). Männer kümmern sich vermehrt um Reparaturarbeiten, während die Aufgaben der Frau – Kochen, Putzen, Waschen und Einkaufen – wie bisher weitergeführt werden. Unter den Erwachsenen, die sich heutzutage zur Ruhe setzen, werden die traditionell der Frau zugeschriebenen Aufgaben gleichmäßiger verteilt, als dies während des Arbeitslebens der Fall war (Kulik, 2001). Jedenfalls bedeutet die vermehrte Mitarbeit des Mannes im Haushalt ein gesteigertes Gerechtigkeitsgefühl in der Ehe.

Zum anderen haben Paare im Rentenalter mehr Zeit, die sie miteinander verbringen können, und die meisten Paare gestalten nun vermehrt ihre Freizeit gemeinsam. Ruth und Walter gingen wandern, arbeiteten gemeinsam im Garten, spielten zusammen Golf und unternahmen viele Ausflüge. In Interviews mit verschiedenen Stichproben von Paaren im Ruhestand gaben die Frauen häufig an, dass ihre Männer nun mehr Zeit hätten und sich dies auf das Gefühl der Nähe in ihrer Ehe positiv auswirken würde (Vinick & Ekerdt, 1991).

Und schließlich führen ein tieferes emotionales Verständnis und eine Betonung auf Emotionsregulation in den Beziehungen zu positiveren Interaktionen. Paare, die mindestens 35 Jahre lang verheiratet sind, lösen Konflikte liebevoller und auf weniger negative Weise als Paare in mittleren Lebensalter. Sogar in nicht so glücklichen Ehen werden ältere Menschen mit weniger Wahrscheinlichkeit Meinungsverschiedenheiten zu wütenden Streitereien mit gegenseitiger Ablehnung eskalieren lassen (Carstensen, Gottman & Levenson, 1995; Carstensen, Isaacowitz & Charles, 1999). So versuchte beispielsweise Gudrun, als Richard sich über ihren Kuchen beschwerte, ihn zu besänftigen: „In Ordnung Richard, zu deinem nächsten Geburtstag werde ich keinen Käsekuchen machen." Und wenn Gudrun ihm seine ewigen Meckereien vorhielt, sagte Richard für gewöhnlich: „Ich weiß, Liebes", und zog sich in ein anderes Zimmer zurück. Wie auch in anderen Beziehungen, schützen sich alte Menschen vor Stress, indem sie ihre Bindung auf eine Weise gestalten, dass diese für beide möglichst befriedigend ist.

Wenn die eheliche Beziehung unbefriedigend ist, wirkt sich dies stärker auf Frauen aus als auf Männer. Sie werden sich aus Kapitel 14 daran erinnern, dass Frauen dazu neigen, Eheprobleme offen anzusprechen und sie zu lösen. Im Alter bedeutet diese Investition von Energie eine besondere Belastung der körperlichen und psychischen Gesundheit. Männer schützen sich in einer Ehe dann häufig, indem sie sich zurückziehen, genauso wie sie dies auch im zweiten und dritten Lebensjahrzehnt schon getan haben (Levenson, Carstensen & Gottman, 1993).

Die eheliche Zufriedenheit erreicht im späten Erwachsenenalter ihren Höhepunkt. Ältere Paare haben mehr Zeit, die Gemeinschaft des Partners zu genießen. Und da sie nun über genügend Verständnis und Fähigkeiten zur Emotionsregulation verfügen, interagieren sie zunehmend positiver und drücken dem Partner gegenüber vermehrt ihre Zuneigung aus.

18.6.2 Homosexuelle Partnerschaften

Ältere Homosexuelle in langfristigen Partnerschaften haben ihre Beziehungen durch eine Zeit in der Geschichte hindurch aufrechterhalten, in der Homosexuellen Feindseligkeit und Diskriminierung entgegengebracht wurde. Dennoch berichten die meisten von glücklichen, in hohem Maße befriedigenden Beziehungen, in denen ihr Partner für sie die wichtigste Quelle sozialer Unterstützung darstellt. Und verglichen mit homosexuellen alten Menschen, die allein leben, beurteilen homosexuelle Partner ihre körperliche und psychische Gesundheit als positiver (Grossman, Daugelli & Hershberger, 2000; Wojciechowski, 1998).

Ein gesamtes Leben effektiver Bewältigungsstrategien in einer sozialen Umwelt, die alles andere als unterstützend ist, trägt wohl dazu bei, die Fähigkeiten Homosexueller im Umgang mit den körperlichen und sozialen Veränderungen im späten Leben zu stärken, was wiederum dazu beiträgt, dass die Partnerschaft befriedigend ist (Gabbay & Wahler, 2002). Und eine größere Flexibilität, was die Geschlechterrollen anbelangt, befähigt schwule und lesbische Paare, sich nach der Pensionierung leicht an die gemeinsame Bewältigung der Aufgaben im Haushalt anzupassen. Des Weiteren gehen Homosexuelle wegen der imaginären oder realen Belastungen, die auf den Familienbeziehungen liegen, weniger davon aus, dass Familienmitglieder sie im Alter unterstützen werden, nachdem sie sich offenbart haben. Folglich entwickeln viele von ihnen starke Freundschaften, um diese Familienbindungen zu ersetzen oder darauf aufzubauen (Kimmel, 2002). Homosexuelle Paare mit befriedigenden Netzwerken von Freunden berichten eine hohe Lebenszufriedenheit und weniger Angst vor dem Altwerden (Slusher, Mayer & Dunkle, 1996). Diese unterstützenden sozialen Kontexte und positiven Gefühle wirken sich aller Wahrscheinlichkeit nach förderlich auf die Zufriedenheit des alternden Paares aus.

Dennoch sehen sich älter werdende Homosexuelle mit ganz besonderen Herausforderungen konfrontiert, da auch mit zunehmendem Alter zumeist die Vorurteile nicht abnehmen und die Gesellschaft ihre Partnerschaften nicht anerkennt (Woolf, 2001). Die Gesundheitsfürsorge kann oft mit dem besonderen Bedürfnissen dieser Menschen nicht umgehen. Wenn einer der Partner sehr schwach oder krank wird, sollte der andere im Krankenhaus oder im Pflegeheim willkommen sein und es sollte ihm erlaubt werden, sich an den Entscheidungen hinsichtlich der Gesundheit und der Pflege des geliebten Menschen zu beteiligen – eine Problematik, mit der wir uns in Kapitel 19 beschäftigen werden. Diese Umstände können die Erkrankungen und Verluste im späten Lebensalter ganz besonders schmerzhaft werden lassen.

18.6.3 Scheidung und Wiederheirat

Als Walters Onkel Ludwig 61 Jahre alt war, ließ er sich von seiner Frau Sandra scheiden, mit der er 17 Jahre lang verheiratet gewesen war. Obwohl sie gewusst hatte, dass die Ehe alles andere als perfekt war, hatte sie doch so lange gehalten, dass die Scheidung für Sandra völlig überraschend und schockierend war. Ein Jahr später heiratete Ludwig Rosie, eine geschiedene Frau, die seine Begeisterung für Sport und Tanz teilte.

Paare, die sich im späten Erwachsenenalter scheiden lassen, machen nur einen Bruchteil der jährlichen Scheidungen aus – weniger als 1 %. Allerdings steigt die Scheidungsrate bei Erwachsenen im Alter von 65 Jahren und darüber, da die neuen Generationen von Senioren einer Scheidung heutzutage wesentlich akzeptierender gegenübersteht. Eine andere Ursache für die steigende Scheidungsrate ist das höhere Risiko einer Scheidung bei zweiten und darauf folgenden Ehen. Wenn man nach den Ursachen für die Scheidung fragt, geben ältere Männer typischerweise das Fehlen gemeinsamer Interessen und Aktivitäten als Grund an, während Frauen häufig die Weigerung ihres Partners zu kommunizieren sowie die emotionale Distanz zwischen beiden als Ursache nennen. „Wir haben uns nie ausgesprochen. Ich habe mich sehr isoliert gefühlt", meinte Sandra dazu (Weingarten, 1988).

Verglichen mit jüngeren Erwachsenen haben Senioren, die schon lange verheiratet sind, den Großteil ihres Erwachsenenlebens in die Beziehung investiert. Nach einer Scheidung fällt es ihnen wesentlich schwerer, ihre eigene Identität von der ihres früheren Partners zu trennen, und sie leiden stärker unter dem Gefühl, versagt zu haben. Die Beziehungen zu Familie und Freunden verändern sich in einer Zeit, in der enge Bindungen für das psychische Wohlbefinden überaus wichtig sind. Frauen leiden am meisten unter einer Scheidung im späteren Lebensalter, da es bei ihnen wesentlich wahrscheinlicher ist, dass sie den Rest ihres Lebens allein leben werden. Auch die finanziellen Konsequenzen sind ernst – belastender noch als bei Witwenschaft, da viele ihre Ersparnisse für Gerichts-

18.6 DIE EMOTIONALE UND SOZIALE ENTWICKLUNG IM SPÄTEN ERWACHSENENALTER

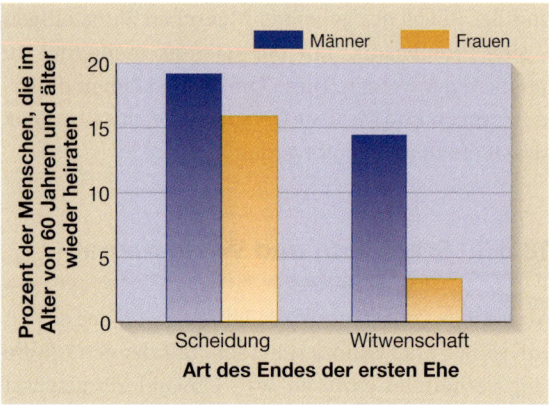

Abbildung 18.2: Die Zahlen von Heiraten nach Scheidung und Witwenschaft bei amerikanischen Männern und Frauen im Alter von 65 Jahren und älter. Mehr geschiedene als verwitwete Senioren heiraten noch einmal. Außerdem ist die Kluft zwischen den Geschlechtern bezüglich einer Wiederheirat im späten Lebensalter wesentlich geringer nach einer Scheidung als nach Witwenschaft (From U.S. Bureau of the Census, 2002c). In Deutschland ist dieses Verhältnis umgekehrt: Mehr Senioren heiraten wieder nach Witwenschaft als nach Scheidung, die Wiederverheiratungsrate ist besonders hoch bei Witwern (60 %) (Statistisches Jahrbuch der Bundesrepublik Deutschland, 2003).

und Rechtsanwaltskosten ausgeben müssen (Miller, Hemesath & Nelson, 1997).

Bei jüngeren Menschen führt eine Scheidung häufig zu einer gesteigerten Wahrnehmung der eigenen negativen Verhaltensmuster und der Betreffende nimmt sich vor, diese zu verändern. Im Gegensatz dazu führt beim älteren Menschen, der sich scheiden lässt, die Selbstkritik zu vermehrten Schuldgefühlen und Depressionen, da er Selbstwertgefühle mehr aus der Vergangenheit herleitet als aus der Hoffnung auf zukünftige Erfolge. Ludwig und Sandra gaben sich gegenseitig die Schuld: „Ich war mit Sandra nie glücklich", behauptete Ludwig, obwohl das Paar in der Anfangsphase der Ehe recht zufrieden gewesen war. Wenn dem Partner die Schuld gegeben wird, führt dies zu einer Verzerrung der ehelichen Vergangenheit, allerdings stellt dies eine häufig eingesetzte Bewältigungsstrategie dar, die es dem älteren Erwachsenen möglich macht, seine Integrität und sein Selbstwertgefühl aufrechtzuerhalten (Weingarten, 1989).

Die Zahlen von Wiederheiraten im späten Erwachsenenalter sind niedrig und gehen mit zunehmendem Alter noch weiter zurück, obwohl sie bei geschiedenen Erwachsenen wesentlich höher liegen als bei Senioren, deren Lebenspartner gestorben ist. Die Möglichkeiten älterer Männer für eine Wiederheirat sind wesentlich größer als die der Frau. Trotzdem ist in den USA die Kluft zwischen den Geschlechtern bei einer Wiederheirat im späten Lebensalter wesentlich kleiner nach einer Scheidung als nach Witwenschaft (siehe Abbildung 18.2). Möglicherweise weil die vorangegangene Partnerschaft enttäuschend gewesen war, ist es für Geschiedene einfacher, eine neue Beziehung anzufangen, als für Witwer. Außerdem ist die Motivation noch einmal zu heiraten bei Frauen unter Umständen größer, da sie wirtschaftlich zumeist schlechter gestellt sind, wenn sie allein bleiben. Und manche geschiedene Senioren (wie Ludwig und Rosie) geben ihre Ehe erst auf, wenn sie schon eine neue Beziehung begonnen haben (Huyck, 1995).

Im Vergleich mit jüngeren Erwachsenen, die noch einmal heiraten, haben ältere Menschen bei einer Wiederheirat zumeist eine stabile Beziehung, was sich daran erkennen lässt, dass die Scheidungsrate sehr viel niedriger ist. Im Falle von Ludwig und Rosie hielt diese zweite Ehe 32 Jahre lang. Möglicherweise sind Ehen im späten Lebensalter erfolgreicher, da diesen Beziehungen ein besseres Gleichgewicht von romantischer Liebe und praktischen Aspekten zugrunde liegt. Ältere Paare, die noch einmal heiraten, sind mit ihren neuen Beziehungen zumeist sehr zufrieden, obwohl auch hier Männer mehr Zufriedenheit angeben als Frauen (Brubaker, 1985). Wegen der geringeren Auswahl potenzieller Partner müssen sich Frauen, die im späteren Leben noch einmal heiraten, unter Umständen mit einem weniger wünschenswerten Partner zufrieden geben.

18.6.4 Witwenschaft

Walter starb kurz nachdem Ruth 80 Jahre alt geworden war. Wie über 70 % verwitweter Senioren beschrieb auch Ruth den Verlust ihres Ehepartners als das stressreichste Ereignis ihres Lebens (Lund, Caserta, & Dimond, 1993). Sie fühlte sich einsam, hatte Angst und war noch mehrere Monate nach der Beerdigung depressiv.

Ein Drittel der älteren Bevölkerung in den Vereinigten Staaten und in Kanada sind Witwen. In Deutschland sind es ähnlich viele. Da Frauen länger leben als Männer und die Wahrscheinlichkeit einer Wiederheirat bei ihnen geringer ist, sind nahezu 50 % aller Frauen in den USA im Alter von 65 Jahren und älter verwitwet, während dies nur auf 13 % der Männer zutrifft. In Deutschland sind es 48 % der Frauen und 18 % der Männer (Statistisches Bundesamt der Bundesrepublik Deutschland, 2003). Bei ethnischen

Minoritäten mit hohen Armutsraten und chronischen Krankheiten ist die Wahrscheinlichkeit höher, dass sie verwitwet sind (Lindsay, 1999; U.S. Bureau of the Census, 2002c).

Wir haben schon einmal erwähnt, dass die meisten Witwen allein leben und nicht mit einem Familienangehörigen. Dies ist ein Trend, der unter Weißen stärker ist als unter ethnischen Minoritätengruppen. Obwohl verwitwete Menschen finanziell zumeist nicht so gut gestellt sind wie verheiratete Senioren, haben doch die meisten das Bedürfnis, die Kontrolle über ihre Zeit und ihre Wohnung zu behalten und Meinungsverschiedenheiten mit ihren erwachsenen Kindern zu vermeiden. Wenn verwitwete Senioren einen Wohnungswechsel vornehmen, weil sie die Hypotheken für das Haus nicht mehr bezahlen können oder mit dem Haushalt nicht mehr allein zurechtkommen, ziehen sie zumeist näher zu anderen Familienmitgliedern, aber nicht in deren Wohnung (Lopata, 1996).

Das größte Problem für noch nicht lange verwitwete Senioren ist die extreme Einsamkeit (Lund, 1993b). Gleichzeitig gibt es auch große Unterschiede, was die Anpassung anbelangt, wobei das Alter, die soziale Unterstützung und die Persönlichkeit des Betreffenden eine Rolle spielen. Ältere Menschen haben weniger dauerhafte Probleme als jüngere Erwachsene, deren Partner stirbt, möglicherweise weil der Tod im späteren Leben etwas ist, das erwartet wird und somit weniger als Schicksalsschlag betrachtet wird (Stroebe & Stroebe, 1993). Und die meisten verwitweten Senioren – ganz besonders solche mit einer extravertierten Persönlichkeit und einem hohen Selbstwertgefühl – sind angesichts von Einsamkeit resilient (Moore & Stratton, 2002; van Baarsen, 2002). Sie versuchen, ihre sozialen Beziehungen, die ihnen auch vor dem Tod des Partners wichtig waren, aufrechtzuerhalten und stellen mit diesen Menschen mindestens ebenso häufig Kontakt her wie zuvor (Utz et al., 2002). Je stärker das Gefühl von Selbstwirksamkeit beim alten Menschen in seinem Umgang mit dem Alltag ist, desto günstiger ist darüber hinaus der Anpassungsverlauf (Fry, 2001).

Verwitwete Menschen müssen ihr Leben neu organisieren und sich eine Identität aufbauen, die unabhängig ist vom verstorbenen Partner. Diese Aufgabe ist für diejenigen Frauen schwerer, deren Rollen von ihrem Ehemann abhängig waren, als für solche, die befriedigende unabhängige Rollen entwickelt haben. Aber im Großen und Ganzen zeigen Männer mehr körperliche und psychische Probleme und auch das Risiko der Mortalität ist höher (Ferraro, 2001). Die meisten von ihnen haben sich auf ihre Frauen verlassen, was soziale Kontakte und die Hausarbeit anbelangt. Außerdem sind Männer zumeist nicht so stark involviert in religiöse Aktivitäten – eine wichtige Quelle sozialer Unterstützung und innerer Stärke (Lee et al., 2001). Afroamerikanische Witwer berichten jedoch weniger Depressionen als kaukasische Witwer, unter Umständen bedingt durch die größere Unterstützung der Verwandtschaft und der Kirchengemeinde (Balaswamy & Richardson, 2001).

Geschlechtsbedingte Unterschiede im Erleben der Witwenschaft tragen zu den höheren Zahlen von Wiederheiraten unter Männern bei. Die Rolle der Frau als „Hüterin der Verwandtschaftsbeziehungen" (siehe Kapitel 16) und die Fähigkeit, enge Freundschaften zu knüpfen, führt möglicherweise dazu, dass Frauen weniger das Bedürfnis verspüren, noch einmal zu heiraten. Hinzu kommt noch, dass viele ältere Frauen ihr Witwendasein gemeinsam bewältigen und sich gegenseitig mit Rat und Sympathie zur Seite stehen. Im Gegensatz dazu fehlt Männern häufig die Fähigkeit, Familienbeziehungen aufrechtzuerhalten, emotional befriedigende Bindungen außerhalb ihrer Ehe einzugehen und die Alltagsaufgaben ihrer verstorbenen Frau zu übernehmen.

Obwohl die Witwenschaft den Lebensstil beeinflusst, geht es den meisten verwitweten Senioren innerhalb weniger Jahre relativ gut und ihr psychisches Wohlbefinden entspricht dem verheirateter Gleichaltriger. Diejenigen von ihnen, die dieses traumatisches Ereignis trifft, sind, wenn sie ein hohes Selbstwertgefühl haben und einen Sinn in ihrem Leben sehen, besser darauf vorbereitet, mit dem Verlust des Partners fertig zu werden. Etwa 15 bis 25 % haben langfristig Schwierigkeiten (Lund & Caserta, 2001). Die Tabelle „Aspekte der Fürsorge" auf Seite 841 führt eine Reihe von Möglichkeiten auf, wie die Anpassung an das Witwendasein im Alter gefördert werden kann.

18.6.5 Ledige und kinderlose ältere Erwachsene

Kurz nachdem Ruth und Walter in ihren Zwanzigern geheiratet hatten, starb Ruths Vater. Ihre Schwester Ida lebte weiterhin bei der kranken Mutter und pflegte sie, bis sie 16 Jahre später starb. Als Ida im Alter von 25 Jahren einen Heiratsantrag bekam, erwiderte sie: „Ich kann nicht heiraten, solange meine Mutter lebt. Es wird von mir erwartet, dass ich mich um sie kümmere." Sie heiratete nie und hatte auch keine Kinder.

18.6 DIE EMOTIONALE UND SOZIALE ENTWICKLUNG IM SPÄTEN ERWACHSENENALTER

Diese Frauen teilen die Erfahrung der Witwenschaft miteinander und bieten sich gegenseitig Gesellschaft, soziale Unterstützung, Rat und Sympathie. Männern fällt es schwerer sich anzupassen, da sie sich zumeist auf ihre Ehefrauen verlassen haben, was die sozialen Kontakte und die Hausarbeit anbelangt.

Etwa 5 % der älteren Nordamerikaner bleiben ihr ganzes Leben unverheiratet und kinderlos. In Deutschland sind es 7,5 % aller Deutschen (Statistisches Jahrbuch der Bundesrepublik Deutschland, 2003). Fast allen ist bewusst, dass sie von der Norm abweichen, aber die meisten von ihnen haben sich andere für sie bedeutsame Beziehungen aufgebaut. Ida beispielsweise hatte eine starke Bindung zu dem Sohn eines Nachbarn entwickelt. In seiner Kindheit bot sie ihm emotionale und finanzielle Unterstützung, die ihm half, mit dem stressreichen Familienleben zurechtzukommen. Er schloss Ida in alle wichtigen Familienfeiern mit ein und besuchte sie regelmäßig, bis sie starb. Auch andere nicht verheiratete ältere Menschen sprechen von der zentralen Rolle, die junge Menschen – häufig Nichten und Neffen – in ihren sozialen Netzwerken spielen und häufig auf ihr Leben einen großen, lang andauernden Einfluss haben (Rubinstein et al., 1991). Des Weiteren stellen auch gleichgeschlechtliche Freundschaften einen Schlüssel im Leben nie verheirateter älterer Frauen dar. Zumeist sind diese Bindungen ungewöhnlich eng, Reisen werden zusammen unternommen, man wohnt zeitweise zusammen und hat Kontakte zur Verwandtschaft des anderen.

In einer großen, national repräsentativen Stichprobe von Amerikanern über 70 stellte sich heraus, dass kinderlose Männer ohne ihre Partner sich wesentlich häufiger einsam fühlten als kinderlose Frauen (Zhang & Hayward, 2001). Nie verheiratete ältere Frauen berichten ein Ausmaß an Lebenszufriedenheit, das dem verheirateter Senioren entspricht und größer ist, als das geschiedener Erwachsener und noch nicht lange verwitweter Senioren. Sie geben nur an, einsam zu sein, wenn sie mit dem Stereotyp „das Leben ist leer ohne Partner" übereinstimmen oder wenn sie wegen ihres schlechten Gesundheitszustandes nicht in der Lage sind, soziale Kontakte aufrechtzuerhalten (Dykstra, 1995; Rubinstein, 1987). Ledige Frauen geben häufig an, dass sie viele Probleme vermieden haben, die sie als Ehefrau und Mutter gehabt hätten. Außerdem betrachten sie enge Freundschaften als einen Vorteil, der sich daraus ergibt, dass sie nie geheiratet haben. Gleichzeitig ist ihnen aber auch klar, dass Freundschaften nicht das Gleiche sind wie die Bindungen an biologische Verwandte, wenn es um die Pflege im Alter geht.

Die meisten unverheirateten, kinderlosen Senioren berichten, dass sie Unterstützung bekommen können von Freunden und Familienmitgliedern und Männer verlassen sich häufig darauf, dass ihnen eine Schwester hilft (Wenger, 2001; Wu & Pollard, 1998). Bei nie verheirateten älteren Frauen ist die Wahrscheinlichkeit, dass in ihrem Haushalt Verwandte oder auch andere Menschen leben, mit denen sie eine Beziehung gegenseitiger Unterstützung entwickeln, relativ groß (Wenger, 2001; Wu & Pollard, 1998).

18.6.6 Geschwister

Bei nahezu 80 % aller Amerikaner über 60 ist zumindest ein Bruder oder eine Schwester noch am Leben. Die meisten älteren Geschwister leben in einem Radius von 150 Kilometern voneinander, sie haben regelmäßig Kontakt und besuchen sich mehrere Male im Jahr. In einer Studie betrachteten 77 % einer Stichprobe kanadischer Senioren wenigstens einen Bruder oder eine Schwester als einen engen Freund (Connidis, 1989). Sowohl Männer als auch Frauen nehmen die Bindung zu einer Schwester enger wahr als die zu einem Bruder. Wahrscheinlich wegen der größeren emotionalen Ausdrucksfähigkeit und Fähigkeit zur Fürsorge von Frauen ist das psychische Wohlbefinden des alten

Aspekte der Fürsorge

Wie eine Anpassung an Witwenschaft im späten Erwachsenenalter gefördert werden kann

VORSCHLAG	BESCHREIBUNG
Familie und Freunde	
Soziale Unterstützung und Interaktion	Soziale Unterstützung und Interaktion muss sich über die Trauerperiode hinweg erstrecken und in anhaltende Unterstützung und fürsorgliche Beziehungen münden. Familienmitglieder und Freunde können am meisten helfen, indem sie Unterstützung anbieten, aber gleichzeitig den verwitweten Menschen dazu ermutigen, effektive Bewältigungsstrategien anzuwenden.
Das Lebensumfeld	
Seniorenzentren	Seniorenzentren bieten gemeinsame Mahlzeiten und andere soziale Aktivitäten an und ermöglichen dem verwitweten Menschen und anderen Senioren, mit Menschen in Kontakt zu kommen, deren Umstände ähnlich sind. Des Weiteren bieten sie Zugang zu öffentlichen Ressourcen, etwa Ausschreibungen von Teilzeitarbeit und Wohnmöglichkeiten.
Selbsthilfegruppen	Selbsthilfegruppen können in Seniorenzentren, Kirchen und anderen Einrichtungen gefunden werden. Neben neuen Kontaktmöglichkeiten bieten sie eine Atmosphäre des gegenseitigen Akzeptierens, die hilft, den Verlust zu verarbeiten, neue Modelle für Rollenverhalten zu entdecken und Unterstützung in der Entwicklung neuer Fertigkeiten zur Bewältigung des Alltags zu erhalten.
Religiöse Aktivitäten	Die Beteiligung in einer Kirchengemeinde, einer Synagoge oder einer Moschee kann helfen, die Einsamkeit, die durch den Verlust des Partners entsteht, zu mindern. Außerdem können sich hier neue Beziehungen ergeben und bedeutsame Rollen entwickeln und auch die Möglichkeit sozialer Unterstützung ist gegeben.
Freiwilligenarbeit	Eine der besten Möglichkeiten, wie verwitwete Senioren eine neue, für sie bedeutungsvolle Rolle finden können, ist die Freiwilligenarbeit oder das Ehrenamt. Das kann entweder durch formale Organisationen, wie etwa das Rote Kreuz, oder durch entsprechende Seniorenprogramme geschehen. Andere Programme dieser Art werden in Krankenhäusern, Seniorenzentren, Schulen und Wohlfahrtsorganisationen durchgeführt.

Menschen umso größer, je enger die Bindung zu einer Schwester ist (Cicerelli, 1989; O'Bryant, 1988b).

Ältere Geschwister in Industrienationen haben eher einen sozialen Kontakt zueinander, als dass sie sich gegenseitig direkt unterstützen, da ältere Erwachsene sich zumeist an ihren Partner oder ihre Kinder wenden, bevor sie Geschwister um Hilfe bitten. Dennoch scheinen Geschwister eine wichtige „Versicherung" in den späten Lebensjahren zu sein. Abbildung 18.3 zeigt das Ausmaß, in dem in einer großen, national repräsentativen amerikanischen Umfrage Menschen im Alter von 16 bis 85 Jahren berichteten, von einem Bruder oder einer Schwester Unterstützung und Hilfe zu bekommen oder diese zu geben. Wie wir bereits in früheren Kapiteln festgestellt haben, steigt die Unterstützung durch Geschwister im frühen Erwachsenenalter an und fällt im mittleren Erwachsenenalter wieder ab. Im Alter von 70 Jahren und später steigt sie wieder an, und zwar bei Geschwistern, die in einem Radius von 40 Kilometern voneinander wohnen (White, 2001). Die meisten Senioren geben an, dass sie sich in einer Krise an einen Bruder oder eine Schwester wenden würden, in anderen Situationen aber eher weniger (Connidis, 1994).

Verwitwete und niemals zuvor verheiratete Senioren haben unter Umständen mehr Kontakte mit ihren Geschwistern, weil weniger Konkurrenz mit Familienbeziehungen besteht. Die Wahrscheinlichkeit, dass sie von ihren Geschwistern während einer Krankheit Hilfe erhalten, ist auch größer (Connidis & Campbell, 1995). So kam beispielsweise Ruth zu Hilfe, als sich Idas Alzheimer-Symptome verschlechterten. Ida hatte zwar Freunde, aber Ruth war ihre einzige lebende Verwandte.

Da Geschwister eine lange und einzigartige gemeinsame Geschichte haben, werden gemeinsame Erinnerungen an frühere Zeiten im späten Erwachsenenalter häufiger (Cicerelli, 1995). Walter und Richard

18.6 DIE EMOTIONALE UND SOZIALE ENTWICKLUNG IM SPÄTEN ERWACHSENENALTER

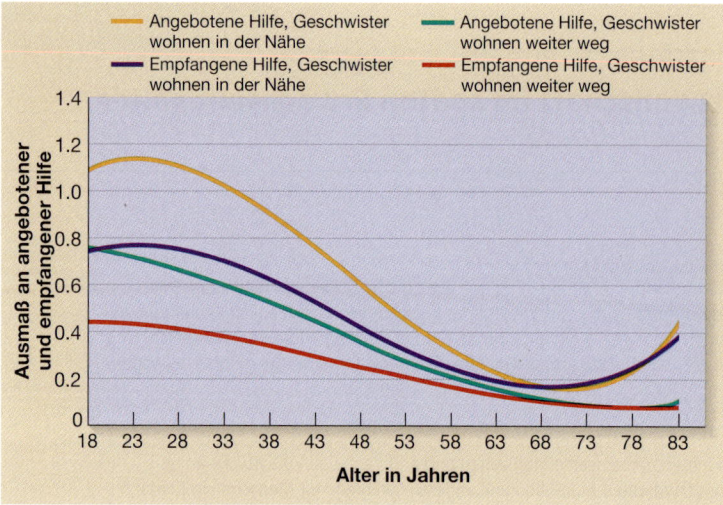

Abbildung 18.3: Altersabhängige Veränderungen gegebener oder empfangener Hilfe von Seiten eines Bruders oder einer Schwester. In einer großen, national repräsentativen amerikanischen Umfrage berichteten Erwachsene einen Anstieg von Hilfe durch einen Bruder oder eine Schwester im frühen Erwachsenenalter, einen Rückgang im mittleren Erwachsenenalter und dann wieder einen Anstieg nach dem Alter von 70 Jahren für Geschwister, die in der Nähe voneinander wohnen (in einem Radius von 40 Kilometern). Im späten Lebensalter scheinen Geschwister eine wichtige „Versicherungspolice" darzustellen, vor allem dann, wenn keine Hilfe von einem Partner oder einem Kind möglich ist (nach L. White, 2001, „Sibling Relationships Over the Life Course: A Panel Analysis", *Journal of Marriage and the Family*, 63, S. 564).

sprachen häufig über ihre Kindheitstage, was für beide die Wärme des frühen Familienlebens wieder lebendig werden ließ. Diese Unterhaltungen halfen ihnen, den hohen Wert lebenslanger Geschwisterbindungen einzuschätzen und trugen zu einem Gefühl von Familienkontinuität und Harmonie bei – wichtige Aspekte der Ich-Integrität.

18.6.7 Freundschaften

Wenn familiäre Verantwortungen und berufliche Verpflichtungen weniger werden, werden Freundschaften zunehmend wichtiger. Freunde zu haben stellt einen starken Prädiktor für die psychische Gesundheit bei alten Menschen dar (Blieszner & Adams, 1992; Nussbaum, 1994). In einer Studie versah man im Ruhestand lebende Erwachsene mit einem elektronischen Tagebuch. Sie wurden gebeten, auf ein Signal hin, das mehrere Male am Tag erklang, niederzuschreiben, mit welchen Aktivitäten sie gerade beschäftigt waren, mit wem sie zusammen waren und wie sie sich fühlten (ähnlich wie die Adoleszenten in Kapitel 11). Sie berichteten erfreulichere Erfahrungen mit Freunden als mit Familienmitgliedern, ein Unterschied, der teilweise darauf zurückzuführen ist, dass viele wohltuende Freizeitaktivitäten mit Freunden verbracht werden. Die einzigartigen Qualitäten der Interaktion innerhalb einer Freundschaft – Offenheit, Spontanität, gegenseitige Fürsorge und gemeinsame Interessen – schienen hierbei ganz besonderen Einfluss zu haben (Larson, Mannell & Zuzanek, 1986).

■ Funktionen von Seniorenfreundschaften

Die verschiedenen Funktionen von Freundschaften im späten Erwachsenenalter verdeutlichen deren große Bedeutung:

- *Intimität und Gemeinschaft sind die Basis für bedeutsame Freundschaften zwischen alten Menschen.* Während Ida und ihre beste Freundin Rosie spazieren gingen, zusammen einkauften oder sich gegenseitig besuchten, sprachen die Frauen über ihr Glück oder ihre Schwierigkeiten. Es gab auch viele heitere Unterhaltungen. Sie lachten miteinander und hatten Spaß (Crohan & Antonucci, 1989). Wenn Senioren gebeten werden, die Qualitäten enger Freundschaften zu beschreiben, zeigen ihre Reaktionen, dass es die gemeinsamen Interessen, ein Zugehörigkeitsgefühl und die Möglichkeit, eigene Gefühle auszudrücken und sich einander anzuvertrauen, sind, welche die Grundlage für diese Bindungen darstellen und sie auch über lange Zeit stützen (Field, 1999).

- *Ältere Frauen geben Akzeptanz als den primären Aspekt enger Freundschaften an.* Freundinnen im späten Lebensalter schützen einander vor den negativen Urteilen anderer über ihre Fähigkeiten und ihren Wert als Person – Urteile, die häufig in Stereotypen über den Alterungsprozesses begründet sind (Adams, 1985–1986). „Wo ist dein Stock, Rosie?", fragte Ida, als die beiden Frauen sich gerade anschickten, in ein Restaurant zu fahren. „Nun komm schon, keine falsche Scham. Wenn du einen von diesen ‚Meine Güte, sieht die aber fertig aus'-Blicken abbekommst, solltest Du einfach an Folgendes denken: In dem griechischen Dorf, in dem meine Mutter aufwuchs, gab es keine Trennung zwischen den Generationen. Also waren die Jungen es gewohnt, verschrumpelte Haut und schwache Knie zu sehen und wussten die älteren Frauen als diejenigen zu schätzen, die sie waren. Wieso auch nicht, sie waren ja die Hebammen, die Ehestifterinnen, die Expertinnen in der Naturheilkunde; sie wussten über alles Bescheid!" (Deveson, 1994)

- *Freundschaften verbinden ältere Menschen mit der Gesellschaft.* Für Senioren, die nicht so oft ausgehen können, sind die Interaktionen mit den Freunden die Art und Weise, wie sie mit den Ereignissen in der Außenwelt in Kontakt bleiben (Peterson, 1989). „Rosie", meinte Ida, „wusstest du, dass die Tochter von Thompsons die Rede zur Abschlussfeier halten soll ... und die gesamte Geschäftswelt hinter Jesse steht, dem neuen Bürgermeister?" Freunde können füreinander auch neue Erfahrungen ermöglichen, die dem alten Menschen oft allein nicht möglich wären. Häufig findet auch der erste Besuch in einem Seniorenzentrum im Kontext einer Freundschaft statt (Nussbaum, 1994).

- *Freundschaften helfen älteren Menschen über die psychischen Folgen eines Verlustes hinweg.* Ältere Erwachsene mit zunehmend schlechter werdender Gesundheit, die durch Telefonanrufe und Besuche in Kontakt mit Freunden bleiben, erfahren eine Besserung ihres Wohlbefindens. Wenn nahe Verwandte sterben, bieten Freunde darüber hinaus ausgleichende soziale Unterstützung an (Newsom & Schulz, 1996).

Merkmale von Freundschaften bei älteren Menschen

Obwohl ältere Erwachsene vertraute, schon bestehende Beziehungen neuen vorziehen, werden dennoch das gesamte Leben hindurch Freundschaften geschlossen. Bindungen zu alten und lieb gewonnenen Freunden, die weiter weg wohnen, werden aufrechterhalten, wobei allerdings konkrete Einschränkungen dazu führen, dass Interaktionen mit Freunden in der nächsten Umgebung häufiger sind. Mit zunehmendem Alter berichten Senioren, dass die Freunde, denen sie sich am nächsten fühlen, weniger geworden sind und im direkten Umfeld wohnen. Trotzdem unterliegen Freundschaften unter alten Menschen nicht den gleichen Regeln im täglichen Leben, wie etwa die Teilnahme an sozialen Gruppen oder an freiwilliger Arbeit (Dugan & Kivett, 1998). Viele Senioren entdecken Möglichkeiten, wie sie die Kontakte mit ihren Freunden aufrechterhalten können, auch wenn ein sich verschlechternder Gesundheitszustand ihre Mobilität einschränkt.

Wie auch in früheren Lebensjahren neigen alte Menschen dazu, sich Freunde auszusuchen, die ihnen im Alter, im Geschlecht, in der ethnischen Zugehörigkeit und ihren Wertvorstellungen ähnlich sind. Wenn allerdings die Gleichaltrigen sterben, geben sehr alte Menschen an, mehr intergenerationale Freundschaften zu haben (Johnson & Troll, 1994). In ihrem achten Lebensjahrzehnt verbrachte Ruth viel Zeit mit Margaret, einer 55 Jahre alten Witwe, die sie kennen gelernt hatte, als sie in der Leitung einer Adoptionsagentur gearbeitet hatte. Zwei- oder dreimal im Monat kam Margaret zum Teetrinken und zu einer lebhaften Unterhaltung zu Ruth nach Hause.

Geschlechtsbedingte Unterschiede in den Freundschaften, wie wir sie schon in vorangegangenen Kapiteln diskutiert haben, ziehen sich auch bis in das späte Erwachsenenalter hinein. Frauen haben wesentlich eher enge Freunde; Männer verlassen sich auf ihre Frauen und in geringerem Maße auch auf ihre Schwestern hinsichtlich warmer, offener Kommunikation. Außerdem haben ältere Frauen mehr **sekundäre Freunde** – Menschen, mit denen man nicht sehr eng befreundet ist, mit denen man aber ab und zu Zeit verbringt, wie etwa eine Gruppe, die sich zum Essen, zum Bridge spielen oder zu einem Ausflug ins Museum trifft. Durch diese Bekannten treffen die Senioren andere Menschen, die sie bisher noch nicht kannten, bleiben sozial eingebunden und gewinnen an psychischem Wohlbefinden (Gupta & Korte, 1994).

In Freundschaften älterer Menschen wird sowohl Zuneigung als auch emotionale Unterstützung gegeben und empfangen, um das Gleichgewicht in der Beziehung aufrechtzuerhalten (Ikkink & Tilburg, 1998). Obwohl Freunde sich durchaus bei den Aufgaben des täglichen Lebens um Hilfe bitten, geschieht das zumeist nur in Notfällen oder die Hilfeleistung wird nur ab und zu benötigt und ist klar eingegrenzt. Da ältere

Menschen eine zu große Abhängigkeit vermeiden, erhalten sie ihre eigene Autonomie aufrecht.

18.6.8 Beziehungen zu erwachsenen Kindern

Etwa 80 % aller alten Erwachsenen in Nordamerika sind Eltern noch lebender Kinder, die meisten von ihnen im mittleren Lebensalter. In Deutschland sind es 73 % (Berliner Altersstudie, 1996). In Kapitel 16 wurde festgestellt, dass wechselseitige Hilfeleistung abhängig ist davon, wie eng die Bindung zwischen Eltern und Kind ist sowie von den Bedürfnissen der Eltern und der Kinder. Es sei außerdem daran erinnert, dass mit der Zeit die Hilfe von Seiten der Eltern gegenüber dem Kind abnimmt, während die Hilfeleistung des Kindes gegenüber den Eltern zunimmt. Aber auch bei anderen Bindungen ist es die Qualität und nicht die Quantität dieser Interaktionen, die sich auf die Lebenszufriedenheit älterer Erwachsener auswirkt. Wenn Menschen älter werden, erhalten sie von ihren Kindern zumeist weiterhin Liebe, Gesellschaft und Stimulation. Diese warmen Bindungen reduzieren die negativen Auswirkungen körperlicher Einschränkungen und anderer Verluste (wie etwa den Tod des Lebenspartners) auf das psychische Wohlbefinden. Auf der anderen Seite tragen aber auch Konflikte und Unfrieden mit erwachsenen Kindern zu einem geschwächten körperlichen und psychischen Gesundheitszustand bei (Peterson, 1989; Silverstein & Bengtson, 1991).

Obwohl alternde Eltern und erwachsene Kinder in westlichen Nationen sich verschiedene Formen der Hilfe anbieten, bleibt das Ausmaß dieser Hilfeleistung doch zumeist moderat. In Interviews mit Personen einer national repräsentativen amerikanischen Stichprobe gaben die Senioren an, dass der Austausch von Rat am häufigsten vorkäme. Lediglich ein Fünftel berichteten, dass ihre Kinder ihnen im vergangenen Monat bei der Hausarbeit geholfen hatten oder Fahrdienste für sie übernommen haben. Um Abhängigkeit zu vermeiden, erwarten ältere Eltern eher emotionale Unterstützung als praktische Hilfeleistung und bitten ihre Kinder auch nicht um diese Hilfe, es sei denn, es bestünde die Notwendigkeit dazu (Eggebeen, 1992). Ein mittlerer Grad an Unterstützung mit der Möglichkeit, sich zu revanchieren, wirkt sich psychisch am positivsten auf den alten Menschen aus. Ausgedehnte Unterstützung, die nicht zurückgegeben werden kann, geht einher mit einer schlechten psychischen Verfassung des Hilfeempfängers (Davey & Eggebeen, 1998; Silverstein, Chen & Heller, 1996).

Geschlechtsbedingte Unterschiede in der Interaktionen zwischen dem alten Elternteil und dem erwachsenen Kind sind erkennbar. Als „Hüterin der Verwandschaftsbeziehungen" sind erwachsene Töchter die primären Mittler der Familienkontakte ihrer alternden Eltern – Telefonanrufe, das Schreiben von Briefen und das Planen von Besuchen, all dies sind Aufgaben, die eher von den Töchtern übernommen werden als von den Söhnen. Die Bindungen zwischen Müttern und Töchtern sind ganz besonders warmherzig (Suitor et al., 1995). Inzwischen kommen viele geschiedene Väter, denen das Sorgerecht für ihre Kinder nicht zugesprochen worden war, in ihre späten Lebensjahre. Die Enge der Bindung zwischen Eltern und Kind wirkt sich auf das Verpflichtungsgefühl der Kinder aus, einen alternden Elternteil zu unterstützen, mit dem sie den Großteil ihrer Kindheit nicht zusammengelebt haben (Ganong & Coleman, 1998). Folglich wird wahrscheinlich in den nächsten Jahrzehnten die Anzahl älterer Männer mit lediglich eingeschränktem Kontakt zu ihren Familien ansteigen.

Wenn die sozialen Netzwerke kleiner werden, entwickeln sich die Beziehungen zu den erwachsenen Kindern zu einer wichtigen Quelle des Kontaktes mit der eigenen Verwandtschaft. Senioren, die 85 Jahre und älter sind und Kinder haben, haben wesentlich mehr Kontakte mit ihren Verwandten als diejenigen ohne Kinder (Johnson & Troll, 1992). Was ist die Ursache dafür? Betrachten wir uns einmal Ruth, deren Tochter Sybille sie mit ihren Enkelkindern, Großenkeln und angeheirateten Verwandten verband. Wenn kinderlose ältere Menschen ihre Achtziger erreichen, sind Geschwister, Verwandte desselben Alters und enge Freunde unter Umständen gebrechlich oder schon gestorben und stehen daher als Gesellschaft nicht mehr zur Verfügung.

18.6.9 Die Beziehungen zu erwachsenen Enkelkindern und Großenkeln

Ältere Erwachsene mit erwachsenen Enkeln und Großenkeln haben den Vorteil eines breiteren potentiellen Unterstützungsnetzwerks. Ruth und Walter sahen ihre Enkelin Maria und ihren Großenkel Justus immer zu Familienfesten. Zu anderen Zeiten rief Maria an und schickte Grußkarten, wobei sie eine tiefe Zuneigung zu ihren älter werdenden Großeltern ausdrückte.

In Entwicklungsländern haben etwas mehr als die Hälfte aller älteren Menschen über 65 ein Enkelkind, das wenigstens 18 Jahre alt ist (Farkas & Hogan, 1994). In den wenigen Untersuchungen, die es zu den Beziehungen zwischen Großeltern und erwachsenem Enkelkind gibt, zeigte sich, dass die meisten Enkel sich verpflichtet fühlen, ihren bedürftigen Großeltern zu helfen. Großeltern hingegen erwarteten Zuneigung (aber keine praktische Hilfe) von ihren Enkelkindern und in den meisten Fällen bekamen sie diese auch. Sie betrachteten die Bindung zum erwachsenen Enkelkind als befriedigend und als ein wichtiges Bindeglied zwischen ihnen selbst und ihrer Zukunft (Langer, 1990).

Dennoch variieren die Beziehungen zwischen Großeltern und erwachsenem Enkelkind sehr. Das Ausmaß der Beteiligung der Großeltern an der Erziehung in der Kindheit stellt einen starken Prädiktor dar für die Qualität der gegenwärtigen Beziehung. Und häufig ist die Bindung zu einem bestimmten Enkelkind „ganz besonders", gekennzeichnet durch häufigeren Kontakt, wechselseitige Zuneigung und gemeinsam verbrachte Zeit, die alle Beteiligten genießen – Faktoren, die sich auf das Wohlbefinden des älteren Menschen positiv auswirken (Fingerman, 1998). Längsschnittstudien jedoch haben gezeigt, dass der Kontakt abnimmt, wenn Großeltern und Enkelkinder älter werden. Viele Enkelkinder ziehen weit weg und sind beschäftigt mit ihren Rollen in der Familie und am Arbeitsplatz, sodass wenig Zeit für die Verwandtschaft bleibt.

Trotz des abnehmenden Kontaktes, wird die Zuneigung der Großeltern für ihre erwachsenen Enkel stärker, je älter sie werden, und sie ist zumeist auch stärker als die von den Enkeln ausgedrückte Nähe zu ihren Großeltern (die immer noch sehr stark ist) (Giarrusso et al., 2001; Harwood, 2001; Silverstein & Long, 1998). Dieser Unterschied in der emotionalen Zuwendung reflektiert die einzigartigen Bedürfnisse und Ziele jeder Generation – bei den erwachsenen Enkelkindern ist es das Etablieren eines unabhängigen Lebens, bei den Großeltern besteht das Bedürfnis, die Nähe in den Familienbeziehungen aufrechtzuerhalten und für eine Kontinuität der Werte über die Generationen hinweg zu sorgen. Wenn sie mit ihren erwachsenen Enkelkindern zusammen sind, geben Großeltern häufig Informationen weiter und beschäftigen sich mit Aktivitäten, die in Zusammenhang stehen mit dem kulturellen Erbe der betreffenden Familie – man erzählt sich Geschichten über frühere Zeiten und spricht über Familientraditionen und Bräuche (Wiscott & Kopera-Frye, 2000). Enkel sind somit eine immer wichtiger werdende Quelle der emotionalen

Die Zuneigung von Großeltern für ihre erwachsenen Enkelkinder wird mit zunehmendem Alter stärker, obwohl die Kontakte abnehmen, da die Enkelkinder ihr Zuhause häufig weit weg haben und mit ihren Rollen in der Familie und am Arbeitsplatz beschäftigt sind. Enkelkinder werden für den alten Menschen in seinen letzten ein bis zwei Lebensjahrzehnten zu einer immer wichtiger werdenden Quelle emotionaler Zuwendung.

Zuwendung für den alten Menschen in seinen letzten ein bis zwei Lebensjahrzehnten.

Etwa 40 % älterer Erwachsener haben Großenkel (Hooyman & Kiyak, 2002). Die meisten beschreiben ihre neue Rolle als eingeschränkt und als ein Zeichen fortgeschrittenen Alters. Dennoch nehmen sie diese neue Rolle begeistert an und erklären, dass dadurch die Kontinuität in ihrer Familie aufrechterhalten wird. Die Eltern sind die Vermittler des Kontaktes zum Großenkel, genauso wie dies auch bei den kleinen Enkelkindern der Fall gewesen ist (siehe Kapitel 16).

18.6.10 Misshandlung alter Menschen

Obwohl die meisten älteren Erwachsenen positive Beziehungen zu anderen Familienmitgliedern, Freunden und professionellem Pflegepersonal haben, erleiden manche gerade durch diese Personen Misshandlungen. Die Medien haben uns darauf aufmerksam gemacht, dass die Misshandlung älterer Menschen zu einem großen Problem in westlichen Nationen geworden ist.

Berichte aus Australien, Kanada, Finnland, Großbritannien, den Niederlanden und den Vereinigten Staaten zeigen erstaunlich ähnliche Häufigkeiten von Misshandlung: bei etwa 3 bis 7 % aller Senioren oder 1,8 Millionen in den Vereinigten Staaten und

280.000 in Kanada (Pavlik et al., 2001; Wolf, 2000). Die Misshandlung alter Menschen kommt in allen ethnischen Gruppen vor, obwohl die Zahlen bei asiatischen und hispanischen Menschen und bei den amerikanischen und kanadischen Ureinwohnern geringer sind, da es sich hier um Bevölkerungsgruppen mit starken Traditionen des Respektes und der Verpflichtung gegenüber alten Menschen handelt (Rittman, Kuzmeskus, & Flum, 2000). Da die meisten solcher Misshandlungen im Privaten stattfinden und die Opfer sich häufig entweder nicht beschweren können oder dies nicht tun wollen, muss man davon ausgehen, dass die tatsächlichen Zahlen viel höher sind als die oben genannten.

Die Misshandlung von alten Menschen kann folgende Formen annehmen:

- *Körperliche Misshandlung* – das absichtliche Zufügen von Schmerzen, Unbehagen oder Verletzung durch Schläge, Schnitte, Verbrennungen, körperliche Gewaltanwendung, Einschränkung der Bewegungsfreiheit, sexueller Missbrauch und ähnliche Handlungen.

- *Körperliche Vernachlässigung* – absichtliches oder unabsichtliches Versagen, die Pflegeverpflichtungen zu erfüllen, was dazu führt, dass der alte Menschen nicht genug zu essen hat, seine Medikamente nicht bekommt, die Gesundheitsfürsorge unzureichend ist oder der Betreffende allein gelassen oder isoliert wird.

- *Psychische Misshandlung* – verbale Angriffe (die Anwendung von Schimpfworten), Erniedrigung (der Betreffende wird behandelt wie ein Kind) und Einschüchterung (Drohung, den Betreffenden allein zu lassen oder ihn in ein Pflegeheim zu geben).

- *Veruntreuung von Vermögen* – illegale oder inkorrekte Ausnutzung der finanziellen Ressourcen oder des Besitzes des alten Menschen, durch Diebstahl oder durch Verwendung ohne Zustimmung des Betreffenden.

Obwohl diese vier Formen der Misshandlung als solche weithin anerkannt sind, existiert nach wie vor keine allgemeine Definition der Misshandlung älterer Menschen. Wie auch bei der Kindesmisshandlung (siehe Kapitel 8) ist eine solche Definition wichtig, um herausfinden zu können, warum alte Menschen misshandelt werden und um Präventionsmaßnahmen zu entwickeln. Ein Mensch mit Prellungen am ganzen Körper und Kopfverletzungen ist mit Sicherheit misshandelt worden, aber unter anderen Umständen ist eine Misshandlung schwieriger zu erkennen. Wenn beispielsweise ein gebrechlicher alter Mensch zu Hause allein gelassen wird, wie viel Zeit muss vergehen, bis es sich um Vernachlässigung handelt? Und wenn ein Verwandter darauf besteht, dass der alte Mensch ein Geschenk zurückgibt, dass er Jahre zuvor erhalten hat, und der Betreffende gibt nach aus Angst vor einer zornigen Reaktion, ist das schon Veruntreuung finanzieller Mittel?

Fälle von Misshandlung, die angezeigt worden sind, lassen erkennen, dass finanzieller Missbrauch die am häufigsten vorkommende Form der Misshandlung ist, gefolgt von psychischer Misshandlung und Vernachlässigung. Häufig sind mehrere Formen gleichzeitig zu finden (Neale et al., 1996; Peake, Oelschlager, & Kearns, 2000). Der Täter ist für gewöhnlich eine Person, die von dem älteren Menschen geliebt wird, der er vertraut und auf die er sich hinsichtlich Pflege und Unterstützung verlässt. Die meisten Misshandelnden sind Familienmitglieder – Ehepartner (für gewöhnlich Männer), gefolgt von Kindern beiden Geschlechtes und dann von anderen Verwandten. Manche sind Freunde, Nachbarn und Pflegepersonal, das ins Haus kommt (Hornick, McDonald, & Robertson, 1992). Misshandlung in Pflegeheimen stellt ein großes Problem dar. In einer Umfrage gab ein Drittel der Schwestern an, Misshandlung beobachtet zu haben, und 10 % gaben zu, dass sie selbst schon misshandelt hätten (Wilber & McNeilly, 2001).

Risikofaktoren

Merkmale des Opfers, des Täters, ihre Beziehung und der soziale Kontext stehen in Zusammenhang mit der Häufigkeit des Vorkommens und der Schwere der Misshandlung älterer Menschen. Je mehr der folgenden Risikofaktoren zusammentreffen, desto größer ist die Wahrscheinlichkeit, dass Misshandlung und Vernachlässigung auftreten.

Abhängigkeit des Opfers
Sehr alte, gebrechliche, psychisch und physisch beeinträchtigte alte Menschen sind sehr viel anfälliger für Misshandlung (Dyer et al., 2000). Dies bedeutet allerdings nicht, dass sich verschlechternde Körper-

funktionen automatisch zu Misshandlung führen; die meisten älteren Erwachsenen mit Beeinträchtigungen oder Behinderungen haben nicht unter Misshandlung zu leiden. Wenn allerdings die Umstände einer Misshandlung zuträglich sind, werden Senioren mit schweren Beeinträchtigungen am wenigsten dazu in der Lage sein, sich selbst zu schützen. Diejenigen mit körperlichen oder kognitiven Beeinträchtigungen haben unter Umständen auch Persönlichkeitseigenschaften, die sie anfällig werden lassen — eine Tendenz zu Wutausbrüchen, wenn sie ärgerlich oder frustriert sind, eine passive oder vermeidende Herangehensweise an Probleme und ein schwaches Gefühl von Selbstwirksamkeit (Comijs et al., 1999).

Abhängigkeit des Täters

Viele misshandelnde Menschen sind abhängig von ihren Opfern, entweder emotional oder finanziell. Diese Abhängigkeit wird als Machtlosigkeit erlebt und kann zu aggressivem, ausnutzendem Verhalten führen. Häufig charakterisiert die Beziehung zwischen Täter und Opfer eine gegenseitige Abhängigkeit. Der Täter braucht den älteren Menschen wegen seines Geldes oder seiner Wohnung, und die ältere Person braucht den Täter zur Unterstützung in den alltäglichen Aufgaben oder um der Einsamkeit zu entfliehen (Kingston & Reay, 1996).

Psychische Störungen und Stress auf Seiten des Täters

Misshandelnde Menschen haben mit größerer Wahrscheinlichkeit als andere Pflegepersonen psychische Probleme oder sind abhängig von Alkohol oder Drogen. Häufig sind sie sozial isoliert, haben Schwierigkeiten am Arbeitsplatz oder sind arbeitslos mit all den damit verbundenen finanziellen Problemen. Diese Faktoren lassen die Wahrscheinlichkeit steigen, dass sie falsch reagieren, wenn die Pflege in hohem Maße beanspruchend oder das Verhalten des älteren Menschen mit einer Altersdemenz sehr anstrengend und damit nur schwer umzugehen ist.

Gewalt in der eigenen Familiengeschichte

Die Misshandlung eines älteren Menschen ist häufig Teil einer langen, von Gewalt geprägten Familiengeschichte. Bei Erwachsenen, die als Kinder selbst misshandelt wurden, ist das Risiko höher, dass sie ältere Menschen misshandeln (Reay & Browne, 2001). In Kapitel 8 haben wir gezeigt, wie aggressives Verhalten zwischen Familienmitgliedern sehr leicht zum Teufelskreis wird und somit dazu beiträgt, dass die Beteiligten lernen, mit Wut umzugehen, indem sie mit Feindseligkeit reagieren (Buttell, 1999). In vielen Fällen ist die Misshandlung eines alten Menschen auch ein Nebeneffekt von jahrelanger Misshandlung des Ehepartners (siehe Kapitel 14).

Bedingungen in Pflegeheimen

Die Misshandlung älterer Menschen kommt häufig in Pflegeheimen vor, die nicht sehr gut geführt oder überfüllt sind, zu wenig Personal haben, die Supervision für das Personal unzureichend ist, das Personal häufig wechselt und wenig Besucher kommen (Glendenning, 1993). Wenn ein in hohem Maße stressreiches Arbeitsumfeld mit minimaler Qualitätssicherung zusammenfällt, dann sind die besten Voraussetzungen für Misshandlung und Vernachlässigung gegeben.

■ Präventionsmaßnahmen

Die Prävention von Missbrauch und Misshandlung älterer Menschen durch Familienmitglieder stellt eine besondere Herausforderung dar. Die Opfer fürchten eine Vergeltung, möchten die Täter, häufig den Ehepartner, den Sohn oder die Tochter schützen, oder schämen sich dafür, dass sie die Situation nicht unter Kontrolle haben. Manche sind eingeschüchtert worden, damit sie nichts preisgeben. Viele wissen auch nicht, wohin sie sich um Hilfe wenden könnten (Henderson, Buchanan, & Fisher, 2002). Wenn die Misshandlung einmal entdeckt worden ist, muss sofort interveniert werden. Das Opfer muss geschützt und seinen Bedürfnissen nachgekommen werden. Der Täter sollte eine psychische Behandlung aufnehmen und soziale Unterstützung erhalten.

Interventionsprogramme bieten Beratungsgespräche für den Pflegenden an, Ausbildungsmaßnahmen sowie praktische Unterstützung, wie etwa eine Tagesbetreuung für den alten Menschen oder eine Haushaltshilfe. In den Vereinigten Staaten gibt es zudem ein „Gesellschaftersystem". In diesen Programmen besuchen ausgebildete Freiwillige das Zuhause des alten Menschen, um der sozialen Isolation entgegenzuwirken und bei der Lösung von Problemen Hilfe anzubieten, um weiteren Schaden zu vermeiden. In Selbsthilfegruppen können Senioren Unterstützung finden, um Misshandlung identifizieren zu lernen, angemessene Reaktionsstrategien zu üben und neue Beziehungen einzugehen. Manche Stellen unterstützen den alten Menschen auch in seinen finanziellen

Angelegenheiten, wenn er beispielsweise nicht mehr selbst Überweisungen tätigen kann, oder es können Wertgegenstände in einem Safe aufbewahrt werden, um finanzielle Veruntreuung zu verhindern (Peake, Oelschlager, & Kearns, 2000).

Wenn die Misshandlung extreme Ausmaße annimmt, ist ein gerichtliches Einschreiten die beste Art und Weise, den alten Menschen vor dem Täter zu schützen. Aber das geschieht nur sehr selten. Viele Opfer zögern, gerichtlich gegen den Täter vorzugehen, oder sind wegen geistiger Einschränkungen nicht dazu in der Lage (Griffiths, Roberts, & Williams, 1993). Unter diesen Umständen sollten die Sozialarbeiter öffentlicher Stellen die Pflegeperson dazu anhalten, ihre Rolle noch einmal zu überdenken, selbst wenn dies bedeutet, dass der alte Menschen in ein Pflegeheim gegeben werden muss. In Pflegeheimen können Misshandlung und Vernachlässigung vermieden werden, indem adäquates Personal eingestellt wird, Fortbildungen angeboten werden und das Arbeitsumfeld besser gestaltet wird.

Das Vorgehen gegen Misshandlung von Senioren erfordert außerdem Bemühungen, die sich auf die gesamte Gesellschaft erstrecken. Die Öffentlichkeit sollte dazu angehalten werden, Fälle, in denen Misshandlung vermutet wird, anzuzeigen. Außerdem wäre ein besseres Verständnis der Bedürfnisse alter Menschen außerordentlich wichtig. Teil dieser Bemühung sollte auch sein, Senioren zu informieren, wie sie Misshandlung erkennen können und wo sie, wenn nötig, Hilfe bekommen (Wilber & McNeilly, 2002). Auch eine Auslöschung negativer Stereotypen hinsichtlich des Alterungsprozesses würde helfen, Misshandlung zu reduzieren, da eine gesteigerte Wahrnehmung der Würde, Individualität und Autonomie des alten Menschen unvereinbar ist mit Handlungen, die physischen oder psychischen Schaden anrichten.

Prüfen Sie sich selbst ...

Rückblick
Welche Faktoren führen zu einem Ansteigen der ehelichen Zufriedenheit im späten Erwachsenenalter?

Rückblick
Warum ist die Anpassung an eine Scheidung im späten Lebensalter für gewöhnlich für Frauen schwieriger und die Anpassung an ein Leben nach dem Tod des geliebten Partners für Männer problematischer?

Zusammenhänge
Margarete verlor im Alter von 51 Jahren ihre Arbeitsstelle, konnte sich die Miete nicht länger leisten und zog zu ihrer 78 Jahre alten verwitweten Mutter Beate, die sich über die Gesellschaft von Margarete freute. Margarete wurde depressiv und begann stark zu trinken. Als Beate sich darüber beschwerte, dass Margarete sich nicht nach Arbeit umsehen würde, schubste und schlug Margarete sie. Erläutern Sie, warum es in dieser Mutter-Tochter-Beziehung zur Misshandlung der älteren der beiden kam.

Zusammenhänge
Nachdem Sie sich die Abschnitte über die Beziehungen zwischen Geschwistern in Kapitel 14 und Kapitel 16 noch einmal durchgelesen haben, beschreiben Sie die Trends der Geschwisterunterstützung im Verlauf des Lebens, zu sehen in Abbildung 18.3.

Prüfen Sie sich selbst ...

18.7 Pensionierung und Freizeitverhalten

In Kapitel 16 konnten wir schon feststellen, dass sich das Rentenalter durch die höhere Lebenserwartung und den stetigen Rückgang des Ruhestandsalters verlängert hat – Trends, die in allen westlichen Industrienationen zu verzeichnen sind. Diese Veränderungen haben außerdem zu einem Verwischen der klaren Grenzen zwischen Arbeit und Rentnerdasein geführt. Da in den meisten westlichen Ländern keine Verpflichtung mehr besteht, in einem bestimmten Alter in den Ruhestand zu gehen, haben heutzutage ältere Erwachsene mehr Entscheidungsmöglichkeiten, wann sie sich zur Ruhe setzen möchten und wie sie ihre Zeit verbringen wollen. Dem Prozess der Pensionierung geht häufig eine zum Teil jahrelange Planung voraus, die Entscheidung selbst, diverse Maßnahmen diesbezüglich und fortlaufende Anpassung und Wiederanpassung der Aktivitäten für den Rest der Lebenszeit (Atchley, 1988; Mutchler et al., 1997).

Manche ältere Erwachsene gehen mit längerer Übergangszeit in Rente. Zunächst werden die Arbeitsstunden und Verpflichtungen reduziert, möglicherweise werden auch Teilzeitarbeiten angenommen, die den Übergang zwischen einer Vollzeitarbeitsstelle und dem Ruhestand erleichtern. Andere geben ihre Arbeitsstelle auf, beginnen aber später wieder zu arbeiten, um sich finanziell über Wasser zu halten, da die zur Verfügung stehenden finanziellen Ressourcen nicht ausreichen, und um sich neuen Aufgaben und neuen Herausforderungen zu stellen.

Neuere Schätzungen weisen darauf hin, dass 30 bis 40 % nordamerikanischer Rentner den Arbeitsmarkt innerhalb eines Jahres nach ihrer Pensionierung wieder betreten, für gewöhnlich auf einer Teilzeitstelle. Die Wahrscheinlichkeit einer Rückkehr in die Arbeitswelt sinkt allerdings mit zunehmendem Alter (Lindsay, 1999; Marshall, Clarke, & Ballantyne, 2001; Quinn, 1999).

In den folgenden Abschnitten wollen wir die Faktoren untersuchen, die einen Einfluss auf die Entscheidung in den Ruhestand zu gehen haben, die Zufriedenheit während des Ruhestands und die Freizeitaktivitäten. Es wird festgestellt, dass der Übergang zum Ruhestand und das Leben als Rentner zunehmend unterschiedliche Formen annehmen kann.

18.7.1 Die Entscheidung für den Ruhestand

Als Walter und Ruth in den Ruhestand traten, hatten beide genügend Jahre gearbeitet, um über eine ausreichende Rente verfügen zu können – Walter durch ein staatlich subventioniertes Sozialversicherungsprogramm, Ruth durch eine private Rentenversicherung. Außerdem hatten Walter und Ruth für ihren Ruhestand vorausgeplant (siehe Kapitel 16) und sich entschieden, wann sie den Arbeitsmarkt verlassen würden. Sie wollten beide früh genug in den Ruhestand gehen, während sie sich beide bei guter Gesundheit befanden, um Freizeitaktivitäten nachzugehen, die sie zusammen genießen konnten. Im Gegensatz dazu war Walters Bruder Richard dazu gezwungen, seine Arbeit aufzugeben, da die Kosten seiner Bäckerei angestiegen waren und es weniger Kunden gab. Seine Frau Gudrun behielt ihre Teilzeitstelle als Buchhalterin, um mit für den Lebensunterhalt aufzukommen.

Die Frage, ob es finanziell möglich ist, wird zumeist als Erstes gestellt, wenn es um die Entscheidung einer Pensionierung geht. Aber trotz wirtschaftlicher Probleme ziehen es viele Frührentner vor, sich aus einem Vollzeitarbeitsplatz zurückzuziehen, um alternativen, persönlich bedeutsamen Aufgaben und Freizeitaktivitäten nachgehen zu können. Ein ehemaliger Arbeiter aus der Automobilbranche drückt es so aus: „Ich arbeite, seitdem ich zehn Jahre alt bin. Ich habe über all die Jahre nachgedacht, die ich gearbeitet habe und in denen ich einfach eine Pause gebraucht hätte." Ausnahmen zu dieser positiven Sichtweise sind Menschen wie Richard, die sich zum Ruhestand gezwungen sahen oder die schwerwiegende finanzielle Schwierigkeiten erwarten müssen (Bossé, Spiro, & Kressin, 1996).

Abbildung 18.4 zeigt eine Zusammenfassung der persönlichen Faktoren und der am Arbeitsplatz, zusätzlich zum Einkommen, die sich auf die Entscheidung für den Ruhestand auswirken. Menschen, die sich guter Gesundheit erfreuen, für die ihre Arbeit ein

Ruhestand
– ausreichende Rente
– interessante Hobbys und Freizeitinteressen
– kaum Verpflichtung zu arbeiten
– Gesundheitszustand verschlechtert sich
– Lebenspartner geht in Ruhestand
– Routine, langweilige Tätigkeit

arbeitet weiter
– eingeschränkte oder gar keine Rente
– wenig Freizeitinteresse
– hohes Ausmaß an Arbeitsverpflichtung
– guter Gesundheitszustand
– Ehepartner arbeitet
– flexible Arbeitsstunden
– angenehmes, stimulierendes Arbeitsumfeld

Abbildung 18.4: Persönliche Faktoren und Faktoren am Arbeitsplatz, die eine Entscheidung, in den Ruhestand zu gehen, beeinflussen

zentraler Aspekt ihres Selbstwertgefühls darstellt und deren Arbeitsumfeld freundlich und stimulierend ist, werden wahrscheinlich weiterarbeiten. Aus diesen Gründen setzen sich Menschen höherer Berufssparten für gewöhnlich später zur Ruhe als Arbeiter und einfache Angestellte (Moen, 1996; Moen et al., 2000). Auch selbstständige ältere Menschen bleiben länger bei ihrer Arbeit, wahrscheinlich weil sie ihre Arbeitsstunden an ihre sich verändernden Bedürfnisse flexibel anpassen können. Im Gegensatz dazu entscheiden sich die Menschen häufig für den Ruhestand, deren Gesundheitszustand sich verschlechtert, die langweilige oder Routinearbeiten verrichtet haben und die Freizeitinteressen haben, denen sie sich widmen möchten.

Auch gesellschaftliche Faktoren haben einen Einfluss auf die Entscheidung, in den Ruhestand zu gehen. Da in den USA heutzutage viele jüngere, weniger kostspielige Arbeitskräfte zur Verfügung stehen, um die älteren Arbeitskräfte zu ersetzen, wird die Industrie immer wahrscheinlicher Prämien anbieten, damit älterer Arbeitskräfte in Rente gehen, wie etwa Zuzahlungen zur Rentenversicherung und Ausscheidungsprämien – ein Trend, der dazu beigetragen hat, dass die Zahl der Menschen, die vor dem Alter von 62 Jahren in westlichen Nationen in Rente gehen, gestiegen ist (Sterns & Gray, 1999). In Deutschland liegt das durchschnittliche tatsächliche Ruhestandsalter bei 60 bzw. 63 Jahren für Frauen und Männer, bei einzelnen Berufsgruppen jedoch darunter (bei Lehrern 55 Jahre). Das Bewusstsein ist allerdings stärker geworden, dass der wachsende Anteil von Rentnern in der Bevölkerung eine finanzielle Belastung für die jüngeren Generationen darstellt, sodass das Alter für diese Prämien wieder heraufgesetzt worden ist. In Deutschland ist die Regierung bemüht, ein tatsächliches Rentenalter von 65 Jahren durchzusetzen.

Die Entscheidung, in den Ruhestand zu gehen, variiert mit der Geschlechtszugehörigkeit und der ethnischen Zugehörigkeit. Im Schnitt gehen Frauen früher in Rente als Männer, bestimmte Familienereignisse – die Pensionierung des Ehemannes oder die Notwendigkeit, sich um einen kranken Lebenspartner oder Elternteil zu kümmern – spielen bei der Entscheidung von Frauen eine größere Rolle (Chappell et al., 2003; Smith & Moen, 1998). Frauen, die von Armut bedroht sind oder schon in Armut leben, stellen hier eine Ausnahme dar. Viele haben keine finanziellen Ressourcen, um in Rente zu gehen, und müssen bis ins Alter hinein arbeiten. Dieser Trend ist besonders stark unter afroamerikanischen Frauen, bei denen es sehr wahrscheinlich ist, dass sie wenig Rente bekommen und sich um andere Familienmitglieder kümmern müssen (Choi, 1994; Flippen & Tienda, 2000).

In anderen westlichen Nationen macht eine höhere Mindestrente es eher möglich, dass auch finanziell schwächer gestellte Menschen in Rente gehen können. Dänemark, Frankreich, Deutschland, Finnland und Schweden haben stufenweise Rentenprogramme, in denen ältere Angestellte ihre Arbeitsstunden reduzieren können, eine Teilrente bekommen, um den Einkommensverlust auszugleichen, und gleichzeitig ihrer Rentenversicherungszahlungen aufrechterhalten können. Dieser Ansatz stärkt nicht nur die finanzielle Sicherheit, sondern bringt auch eine Übergangsphase mit sich, die sich positiv auswirkt auf die Planung für das Rentenalter (Reday-Mulvey, 2000). Zusätzlich gibt es in einigen Ländern Rentengesetze, die auf das häufig unterbrochene Arbeitsleben von Frauen ausgerichtet sind. In Kanada, Frankreich und Deutschland zum Beispiel wird die Erziehungszeit der Kinder auf die Rente angerechnet (O'Grady-LeShane & Williamson, 1992).

Zusammenfassend lässt sich feststellen, dass es einerseits individuelle Vorlieben sind, die sich auf die Entscheidung zu einer Pensionierung auswirken, andererseits aber auch die Möglichkeiten und Einschränkungen.

18.7.2 Die Anpassung an das Rentenalter

Da die Pensionierung mit der Aufgabe von Rollen einhergeht, die ein wichtiger Teil der eigenen Identität und des Selbstwertgefühls gewesen sind, wird für gewöhnlich angenommen, dass es sich dabei um einen stressreichen Prozess handelt, der dazu beiträgt, dass der physische und mentale Gesundheitszustand weiter geschwächt wird. Betrachten Sie sich aber einmal Richard, der auf die Schließung seiner Bäckerei mit Ängsten und Depressionen reagierte. Seine Anpassungsschwierigkeiten waren nicht viel anders als die junger Menschen, wenn sie ihren Arbeitsplatz verlieren (siehe Kapitel 16). Sie werden sich auch daran erinnern, dass Richard eine reizbare, wenig angenehme Persönlichkeit hat. Wenn man dies alles in Betracht zieht, stand es um sein psychisches Wohlbefinden nach der Pensionierung nicht viel anders als zuvor.

Wir müssen darauf achten, nicht jedes Mal von einem ursächlichen Verhältnis auszugehen, wenn wir entdecken, dass eine Pensionierung mit ungünstigen

Reaktionen einhergeht. So gibt es beispielsweise eine ganze Reihe von Untersuchungen, die bestätigen, dass physische Gesundheitsprobleme dazu führen, dass ältere Erwachsene in Rente gehen, nicht umgekehrt. Und bei den meisten Menschen ist der geistige Gesundheitszustand vor dem Ruhestand bis in das Rentenalter hinein relativ stabil und der Ruhestand bringt nur wenig Veränderung mit sich (Ross & Drentea, 1998).

Die weit verbreitete Überzeugung, dass die Pensionierung unweigerlich zu Anpassungsproblemen führt, wird von unzähligen Forschungsergebnissen widerlegt, die zeigen, dass den meisten Menschen eine Anpassung sehr gut gelingt. Die Senioren beschreiben sich selbst als aktiv und sozial involviert – hauptsächliche Determinanten von Zufriedenheit im Rentenalter. Wenn man Senioren allerdings dazu befragt, was sie als stressreich an der Pensionierung betrachten, geben etwa 30 % diverse Anpassungsschwierigkeiten an (Bossé et al., 1990).

Faktoren am Arbeitsplatz – insbesondere finanzielle Sorgen und die Tatsache, dass der Arbeitsplatz aufgegeben werden muss – stellen Prädiktoren für mangelndes Wohlbefinden nach der Pensionierung dar. Außerdem ist auch das Ausmaß von Stress am Arbeitsplatz ausschlaggebend. Einen in hohem Maße stressreichen Arbeitsplatz zu verlassen korreliert mit einer positiven Anpassung an das Rentenalter, während das Verlassen eines angenehmen, wenig stressreichen Arbeitsplatzes oder eines in hohem Maße befriedigenden Jobs, bevor der Betreffende selbst dazu bereit ist, im Zusammenhang steht mit größeren Schwierigkeiten (Gray & Citera, 1996). Ganz besonders bei Frauen wirkt sich ein kontinuierliches Arbeitsleben, das zu einer Kontinuität zwischen Karriereerwartungen und tatsächlichen Leistungen führt, auf die Qualität des Rentenalters positiv aus (Quick & Moen, 1998).

Unter den psychischen Faktoren korreliert ein Gefühl persönlicher Kontrolle über die Lebensereignisse, einschließlich der Möglichkeit, sich aus internal motivierten Gründen (um andere Dinge zu tun) zu einer Pensionierung zu entscheiden, in hohem Maße mit der Zufriedenheit im Rentenalter (Kim & Moen, 2002c; Quick & Moen, 1998). Gleichzeitig erleben diejenigen, denen es schwer fällt, einen vorhersagbaren Zeitplan und die sozialen Kontakte des Arbeitslebens aufzugeben, Unbehagen mit ihrem nun weniger vorstrukturierten Leben. Im Großen und Ganzen jedoch verläuft bei Menschen mit einer guten Schulbildung und mit hohem Status verbundenen Karrieren die Anpassung unter Umständen günstiger, weil es diesen Menschen gelingt, die Befriedigung, die sie aus einer herausfordernden, für sie bedeutsamen Arbeit gezogen haben, auf ihre Freizeitaktivitäten zu übertragen (Kim & Moen, 2002a).

Soziale Unterstützung reduziert den Stress, der mit einer Pensionierung verbunden ist, genauso wie dies auch bei anderen größeren Lebensereignissen der Fall ist. Obwohl der Umfang des sozialen Netzwerkes typischerweise kleiner wird, da die Beziehungen zu den Arbeitskollegen weniger werden, bleibt dennoch die Qualität der sozialen Unterstützung (die Anzahl der Menschen, auf die der alte Mensch „zählen kann") relativ stabil. In Richards Fall bedeutete der Einzug in eine Wohngemeinschaft eine Erleichterung in der ersten Zeit des Ruhestands. Dieser Umzug führte zu neuen Freundschaften und lohnenswerten Freizeitaktivitäten, von denen er auch einige mit Gudrun teilte. Abgesehen von Freunden ist auch der Lebenspartner eine wichtige Quelle der Unterstützung, die sich förderlich auf die Anpassung an das Rentenalter auswirkt. Aufgrund der Anzahl der Freizeitaktivitäten, denen das Paar gemeinsam nachgeht, lässt sich die Zufriedenheit im Rentenalter vorhersagen (Reeves & Darville, 1994).

In diesem Kapitel konnten wir schon feststellen, dass die eheliche Zufriedenheit nach der Pensionierung tendenziell zunimmt. Wenn die Beziehung des Paars positiv ist, kann sie die Unsicherheit der Pensionierung auffangen. Außerdem kann sich der Eintritt in das Rentenalter positiv auf die eheliche Zufriedenheit auswirken, da nun beide mehr Zeit miteinander verbringen können (Kim & Moen, 2002a). Folglich wirkt sich eine gute Ehe nicht nur positiv auf das Rentenalter aus, sondern profitiert auch von der größeren Freiheit der Rentenjahre. Blättern Sie noch einmal zurück zu Kapitel 16, um sich Möglichkeiten zu vergegenwärtigen, wie Erwachsene vorausplanen können, um die Chancen eines günstig verlaufenden Übergangs in das Rentenalter zu erhöhen.

18.7.3 Freizeitaktivitäten

Im Rentenalter haben die meisten Erwachsenen mehr Zeit für ihre Freizeitaktivitäten als jemals zuvor. Allerdings finden viele von ihnen heraus, dass nach einer Art Flitterwochen – einer Zeit, in der viele neue Aktivitäten ausprobiert werden – Interessen und Fähigkeiten sich nicht einfach plötzlich entwickeln. Stattdessen sind sinnstiftende Freizeitinteressen für gewöhnlich schon in früheren Jahren entwickelt worden und werden im Rentenalter ausgebaut (Mannell, 1999). So ging beispielsweise Walters Liebe zum Schreiben, zum Theater und zur Gartenarbeit zurück auf seine Jugend. Und Ruths Interesse an Sozialarbeit setzte sie mit der Aufnahme entsprechender Ehrenämter fort. Die Stabilität von Freizeitaktivitäten über die Lebensspanne hinweg lässt vermuten, dass die beste Vorbereitung für die Beschäftigung in der Freizeit im späten Leben darin besteht, lohnenswerte Interessen schon in jungen Jahren zu entwickeln.

Eine Beschäftigung mit Freizeitaktivitäten steht in Zusammenhang mit einer besseren physischen und mentalen Gesundheit und einer längeren aktiven Lebenszeit (Cutler & Hendricks, 2001). Allerdings lässt sich dieser Zusammenhang nicht allein dadurch erklären, dass jemand irgendwelchen Hobbys nachgeht. Stattdessen werden vom alten Menschen bestimmte Freizeitaktivitäten gewählt, da sie den Ausdruck des eigenen Selbst erlauben, neue Erfolge möglich machen, die Möglichkeit bieten, anderen zu helfen, oder wohltuende soziale Interaktionen erlauben. Diese Faktoren sind grundlegend für die Zunahme an Wohlbefinden (Guinn, 1999).

Mit zunehmendem Alter besteht die Tendenz, dass die Häufigkeit und Vielfältigkeit der Freizeitaktivitäten abnehmen, wobei das Reisen, Freizeitaktivitäten in der freien Natur und sportliche Betätigung am ehesten zurückgehen. Wenn das Alter von 75 Jahren erreicht ist, führen Einschränkungen in der Mobilität dazu, dass die Freizeitgestaltung ruhiger wird und mehr zu Hause stattfindet (Armstrong & Morgan, 1998; Strain et al., 2002). Senioren in Altersruhesitzen beteiligen sich mehr an Freizeitaktivitäten als diejenigen, die allein wohnen, da in diesen Gemeinschaften Freizeitaktivitäten eher zur Verfügung stehen und leichter erreichbar sind. Aber unabhängig von der Wohnsituation verbringen ältere Erwachsene nicht allzu viel Zeit mit Programmen, die speziell für sie entwickelt worden sind. Aktivitäten werden wieder eher gewählt, weil sie für den Betreffenden befriedigend sind. Dies ist einer der Gründe, warum strukturierte Aktivitäten in Seniorenzentren nur etwa 15 % der Senioren in der Gemeinde erreichen (Krout, Cutler, & Coward, 1990). Dennoch sind diese strukturierten Möglichkeiten wichtig für Senioren mit einem eingeschränkten Einkommen und für diejenigen, die ansonsten isoliert wären.

Ältere Erwachsene tragen durch ihre Arbeit als Freiwillige Wichtiges zur Gesellschaft bei – in Krankenhäusern, Seniorenzentren, Schulen, Wohlfahrtsorga-

Ältere Erwachsene tragen durch Freiwilligenarbeit Wichtiges zu ihrem sozialen Umfeld bei, insbesondere, wenn sie dies schon in früheren Jahren gemacht haben. Diese ältere Frau verbringt Zeit mit einem kleinen Patienten im Krankenhaus, der an der Lou-Gehrigs-Krankheit leidet. Diese paralysierende Krankheit wirkt sich nicht auf den Verstand des Patienten aus, sodass die Frau den Patienten täglich besuchen kann, um mit ihm zu reden, ihm vorzulesen und ihn zu trösten.

nisationen und anderen öffentlichen Einrichtungen. Jüngere, finanziell besser gestellte Senioren mit einer guten Schulausbildung und sozialen Interessen werden sich eher auf diese Weise in die Gesellschaft einbringen, wobei die Tendenz bei Frauen höher ist als bei Männern. Aber auch die Freiwilligenarbeit wird nur selten im späten Erwachsenenalter begonnen. Wie auch andere Freizeitaktivitäten nimmt sie ihren Anfang schon früher, für gewöhnlich in den Jahren, in denen der Betreffende arbeitet. Trotzdem sind auch andere Senioren für die Freiwilligenarbeit in den ersten zwei Jahren nach ihrer Pensionierung besonders zugänglich – eine Zeit also, in der Senioren am besten für diese lohnenswerte und für die Gesellschaft nützliche Arbeit gewonnen werden können (Caro & Bass, 1997).

Wenn sich Walter und Ruth mit Richard und Gudrun trafen, diskutierten die beiden Paare häufig über Politik. Ältere Erwachsene berichten ein vermehrtes Interesse an öffentlichen Ereignissen, sie nehmen sie intensiver wahr und gehen auch mehr wählen als jede andere Altersgruppe. Und ihr politisches Wissen zeigt keinerlei Anzeichen des Rückganges, auch in den späteren Lebensjahren nicht. Im Ruhestand haben Senioren mehr Zeit zu lesen und fernzusehen, wodurch sie sich auf dem Laufenden halten können. Außerdem geht es ja auch um sie in den politischen Debatten zu den Sozialgesetzen. Aber die politischen Interessen älterer Menschen sind wesentlich breiter gefasst als nur die ihre eigene Altersgruppe betreffenden Informationen, und auch ihr Wahlverhalten geschieht nicht lediglich aus Eigeninteresse heraus (Binstock & Quadagno, 2001). Stattdessen wurzelt ihre politische Teilhabe in einem tiefen Wunsch nach einer sicheren Welt für die künftigen Generationen.

18.8 Erfolgreiches Altern

Walter, Ruth, Richard, Gudrun und Ida sowie die Forschungsergebnisse, die sie illustrieren, lassen ein breites Entwicklungsspektrum in den letzten Dekaden des Lebens erkennen. Walter und Ruth passen in das Verständnis der Fachleute vom **erfolgreichen Altern, einem Prozess, in dem die Gewinne maximiert und die Verluste minimiert werden**. Beide erfreuten sich eines relativ guten Gesundheitszustandes bis in ein reifes, hohes Alter, verarbeiteten negative Lebensveränderungen gut und konnten eine glückliche, intime Partnerschaft sowie andere enge Beziehungen genießen, und ihr Alltag war angefüllt mit befriedigenden Aktivitäten. Auch Ida alterte erfolgreich, bis die Alzheimer-Symptome ihre Fähigkeiten, mit den Herausforderungen des Lebens umzugehen, überwältigten. Als eine allein stehende Erwachsene hatte sie sich ein gut funktionierendes soziales Netzwerk aufgebaut, das sie auch in hohem Alter noch aufrechterhielt, trotz der Belastung durch die jahrelange Pflege ihrer kranken Mutter. Im Gegensatz zu diesen Menschen reagierten Richard und Gudrun mit Verzweiflung auf den körperlichen Alterungsprozess und andere Verluste (wie etwa die Aufgabe des Berufs, die gezwungenermaßen stattfand). Die Wutausbrüche von Richard schränkten ihre sozialen Kontakte ein, obwohl der Umzug des Paares in einen gemeinschaftlichen Wohnkomplex am Ende doch ein positiveres Sozialleben zur Folge hatte.

Erfolgreich alternde Menschen sind solche, für die Wachstum, Vitalität und Weiterentwicklung die physischen, kognitiven und sozialen Rückschritte in Grenzen halten und manchmal auch überwinden. Wissenschaftler wollten mehr über die Merkmale und die Entwicklung dieser Menschen erfahren, um anderen Senioren helfen zu können, mit dem Alterungsprozess gut zurechtzukommen. Theoretiker jedoch stimmen nicht darin überein, was denn nun die exakten Faktoren eines befriedigenden Alters wären. Manche von ihnen konzentrieren sich auf messbare Ergebnisse, wie etwa ausgezeichnete Herz-Kreislauf-Funktionen, ein Nichtvorhandensein von Behinderungen sowie gute kognitive und kreative Leistungen. Diese Sichtweise ist jedoch stark kritisiert worden (Baltes & Carstensen, 1996). Nicht jeder kann ein herausragender Sportler, ein innovativer Wissenschaftler oder ein talentierter Künstler sein. Und viele ältere Erwachsene möchten auch nicht weiter etwas leisten und produzieren müssen – die hauptsächlichen Merkmale von Erfolg in westlichen Nationen. Jeder von uns ist eingeschränkt durch sein genetisches Potenzial in Wechselwirkung mit den Umweltfaktoren, denen wir ein Leben lang ausgesetzt sind, sowie die sozialen Umfelder, die wir uns aussuchen. Und Ergebnisse und Folgen dieser Wechselwirkungen, die in einer Kultur wertvoll sein mögen, werden in einer anderen womöglich überhaupt nicht geschätzt.

Neuere Sichtweisen erfolgreichen Alterns haben sich abgewandt von spezifischen Leistungen und konzentrieren sich auf die Prozesse, die Menschen einsetzen, um persönlich wertgeschätzte Ziele zu erreichen (Freund & Baltes, 1998; Lund, 1998). Diese Perspektive vermeidet die Identifizierung eines bestimmten Standards als „erfolgreich". Stattdessen wird darauf Wert gelegt, wie es Menschen gelingt, ihre Verluste zu minimieren, während sie ihre Gewinne maximieren. In einer neueren Untersuchung von drei Stichproben von Erwachsenen mit einer Nachuntersuchung über die Lebensspanne hinweg untersuchte George Vaillant, wie die verschiedensten Faktoren im Lebensverlauf zum physischen und psychischen Wohlbefinden im späten Lebensalter beitrugen. Seine Ergebnisse lassen erkennen, dass Faktoren, die sich unter der Kontrolle der Betreffenden befanden (wie etwa das Essverhalten, Bewältigungsstrategien, Stabilität in der ehelichen Beziehung und die Jahre der Schulbildung) wesentlich wichtiger waren als die nicht kontrollierbaren Faktoren (die Einkommensverhältnisse der Eltern, die Wärme in der Ursprungsfamilie, die körperliche Gesundheit im frühen Lebensalter und die Langlebigkeit anderer Familienmitglieder) für die Vorhersage eines glücklichen, aktiven späten Lebensalters (Vaillant & Mukamal, 2001).

Die Beschreibung einer der Teilnehmer, der aus einer armen Familie stammte und während der Kindheit Streitigkeiten der Eltern erlebte, eine depressive Mutter gehabt hatte und mit sieben Geschwistern ein-

18.8 Die emotionale und soziale Entwicklung im späten Erwachsenenalter

gepfercht in einer Mietwohnung aufgewachsen war, ist aufschlussreich. Trotz der frühen Belastungen, war er glücklich verheiratet gewesen und konnte mit der finanziellen Unterstützung der US-Army eine Wirtschaftsschule abschließen. Mit 70 Jahren kam er mit dem Alterungsprozess gut zurecht:

Anthony Pirelli mag krank sein, wenn man seinen Herzinfarkt betrachtet und die Operation, die er am offenen Herzen gehabt hatte, aber er empfand sich nicht als leidend. Er war körperlich aktiv wie eh und je und spielte auch weiterhin Tennis. Als man ihn fragte, was er an seiner Arbeit vermisste, rief er aus: „Ich bin so mit anderen Dingen beschäftigt, dass ich überhaupt keine Zeit dafür habe, meinen Arbeitsplatz zu vermissen ... das Leben ist für mich überhaupt nicht langweilig." Er rauchte nicht, trank auch nicht übermäßig Alkohol; er liebte seine Frau; er wendete reife Bewältigungsstrategien an; er hatte sich fortgebildet; er sorgte für ein annehmbares Gewicht und trieb regelmäßig Sport. (Aus Vaillant, 2002, pp. 12, 305)

Vaillant schloss Folgendes daraus: „Die Vergangenheit ist häufig ein Prädiktor des späten Lebensalters, aber determiniert dieses nicht" (S. 12). Ein erfolgreicher Alterungsprozess ist Ausdruck einer erstaunlichen Resilienz während der letzten Phase der Lebensspanne.

Nehmen Sie sich einen Moment Zeit, um die vielen Möglichkeiten aufzulisten, die wir in diesem und im vorangegangenen Kapitel erörtert haben, wie ältere Erwachsene ihre Ziele erreichen. Hier finden Sie noch einmal die wichtigsten aufgeführt, zusammen mit den wichtigsten Seitenverweisen, damit sie noch einmal zurückblättern können:

- Optimismus und ein Gefühl der Selbstwirksamkeit bezüglich einer Verbesserung der eigenen Gesundheit und des körperlichen Funktionierens (Seite 777-778)

- Selektion in Verbindung mit einer Kompensierung, um das Beste aus den eingeschränkten körperlichen Energien und kognitiven Ressourcen zu machen (Seite 795 und 825)

- Ein Stärken des Selbstkonzeptes, das sich förderlich auswirkt auf die Selbstakzeptanz und das Verfolgen von daraufhin möglichen Erscheinungsformen des Selbst (Seite 815)

- Ein positiveres emotionales Verständnis und bessere emotionale Selbstregulation, die bedeutsame, befriedigende soziale Bindungen unterstützen (Seite 811-813)

- Ein Akzeptieren von Veränderungen, das sich förderlich auf die Lebenszufriedenheit auswirkt (Seite 815)

- Reife Spiritualität und reifer Glaube, der es ermöglicht, dem Tod mit Ruhe und Zuversicht entgegenzusehen (Seite 815-820)

- Persönliche Kontrolle über Bereiche von Abhängigkeit und Unabhängigkeit (Seite 820-826)

- Qualitativ hochwertige Beziehungen, die soziale Unterstützung und erfreuliche Gesellschaft bieten (Seite 829-831)

Ein erfolgreicher Alterungsprozess wird von einem gesellschaftlichen Kontext unterstützt, der es dem älteren Menschen erlaubt, mit Lebensveränderungen effektiv umzugehen. Ältere Erwachsene benötigen zuverlässige Sozialpläne, eine gute Gesundheitsfürsorge, sicheres Wohnen und verschiedene soziale Dienste. (Siehe z.B. die Beschreibung der öffentlichen Stellen in den Vereinigten Staaten (U.S. Area Agencies on Aging), die sich mit dem Altern beschäftigen in Kapitel 2.) Unzureichende Finanzierung und Schwierigkeiten, die ländlichen Gegenden zu erreichen, bedeutet jedoch, dass den Bedürfnissen vieler älterer Erwachsener nicht begegnet werden kann. Isolierte Senioren mit einer schlechten Schulbildung wissen häufig nicht, wie sie an Unterstützung herankommen können. Zudem bewirkt das amerikanische Gesundheitssystem (Medicare), das von den Senioren Zuzahlungen verlangt, eine weitere Belastung für die finanziellen Möglichkeiten älterer Menschen. Wohnstätten, die an die Kapazitäten älterer Menschen angepasst sind, erlauben ihnen, in einer vertrauten Umgebung älter zu werden, ohne störende und desorientierende Umzüge bewältigen zu müssen. Diese Art des Wohnens steht allerdings nur für die wirtschaftlich besser Gestellten in den Vereinigten Staaten und Kanada zur Verfügung.

Abgesehen von der Verbesserung der Gesetzeslage, um die Grundbedürfnisse älterer Erwachsener zu erfüllen, müssen neue zukunftsorientierte Ansätze damit umgehen, dass die Bevölkerung zunehmend älter wird. Eine stärkere Betonung des lebenslangen

Lernens für Arbeiter und Angestellte jeglichen Alters würde den Menschen helfen ihre Fähigkeiten zu erhalten und zu erweitern, je älter sie werden. Außerdem sind Reformen notwendig, um sich auf den erwarteten Anstieg in den Zahlen gebrechlicher älterer Menschen vorzubereiten. Dies schließt bezahlbare Unterstützung für Pflegepersonen innerhalb der Familie mit ein, angepasste Wohnmöglichkeiten und einfühlsame Pflege in Alten- und Pflegeheimen.

All diese Veränderungen beinhalten ein Erkennen, Unterstützen und Fördern der Beiträge, die Senioren zur Gesellschaft leisten – sowohl die Senioren unserer heutigen Zeit als auch die künftigen. Eine Nation, die sich um ihre ältere Bevölkerung kümmert und ihren Senioren ein breites Spektrum von Möglichkeiten für persönliches Wachstum bietet, maximiert die Chancen, dass jeder von uns, wenn seine Zeit gekommen ist, alt zu werden, den Alterungsprozess auch erfolgreich durchlaufen kann.

Prüfen Sie sich selbst ...

Rückblick
Aufgrund welcher psychischen und kontextuellen Faktoren lässt sich eine günstige Anpassung an das Rentenalter vorhersagen?

Rückblick
Erläutern Sie sowohl die persönlichen Kompetenzen als auch die sozialen Umstände, die einem erfolgreichen Alterungsprozess förderlich sind.

Anwendung
Niklas, glücklich verheiratet mit Gerda, gelang die Anpassung an das Rentenalter gut. Er stellte auch fest, dass seine Ehe noch glücklicher geworden war. Wie kann eine gute Ehe den Übergang in den Ruhestand erleichtern? Inwiefern kann die Pensionierung sich auf die Zufriedenheit in der Ehe positiv auswirken?

Zusammenhänge
Freizeitinteressen und die dafür benötigten Fähigkeiten werden zumeist früh entwickelt und ziehen sich durch die gesamte Lebensspanne hindurch. Nachdem Sie sich noch einmal einen Überblick über vorangegangene Teile dieses Buches verschafft haben, nennen Sie beispielhaft Erfahrungen aus der Kindheit, der Adoleszenz und dem frühen Erwachsenenalter, die sich aller Wahrscheinlichkeit nach auf bedeutsame Freizeitgestaltung nach der Pensionierung positiv auswirken.

Prüfen Sie sich selbst ...

Zusammenfassung

Eriksons Theorie: Ich-Integrität versus Verzweiflung
Wie verändert sich gemäß Erikson die Persönlichkeit im späten Erwachsenenalter?

- Der letzte psychische Konflikt, den Erikson beschreibt, ist der Konflikt von **Ich-Integrität versus Verzweiflung**. In diesem Konflikt geht es darum, mit dem eigenen Leben ins Reine zu kommen. Erwachsene, denen es gelingt, ein Gefühl der Integrität zu entwickeln, fühlen sich ganzheitlich und sind zufrieden mit ihrem Leben. Verzweiflung setzt ein, wenn der Erwachsene den Eindruck hat, die falschen Entscheidungen getroffen zu haben, seine restliche Lebenszeit aber zu kurz ist, um noch etwas grundlegend zu ändern.

Andere Theorien der psychosozialen Entwicklung im späten Erwachsenenalter
Beschreiben Sie die Theorien von Peck und Labouvie-Vief. Beschäftigen Sie sich mit ihrer Sicht der Entwicklung im späten Erwachsenenalter und diskutieren Sie die Funktionen des nostalgischen Erinnerns und des Lebensrückblicks im Leben des älteren Erwachsenen.

- Gemäß Robert Peck besteht der Konflikt von Ich-Integrität versus Verzweiflung aus drei verschiedenen Aufgaben: (1) Ich-Differenzierung versus der übermäßigen Beschäftigung mit der Arbeitsrolle; (2) körperliche Transzendenz versus einer übermäßigen Beschäftigung mit der eigenen Körperlichkeit; (3) Ich-Transzendenz versus übermäßiger Beschäftigung mit dem eigenen Ich.
- Gisella Labouvie-Vief beschäftigt sich mit der Entwicklung des Nachdenkens über Emotionen beim Erwachsenen, wobei sie davon ausgeht, dass ältere, psychisch reifere Erwachsene mit ihren Gefühlen emotionaler umgehen. Sie entwickeln sich zu Experten hinsichtlich der Emotionsverarbeitung und der emotionalen Selbstregulation.
- Die Forschung ist sich noch nicht darüber im Klaren, warum sich ältere Menschen in höherem Maße mit **nostalgischem Erinnern (reminiscence)** beschäftigen als junge Menschen. In einer besonderen Form des nostalgischen Erinnerns, dem **Lebensrückblick**, werden vergangene Erfahrungen noch einmal in die Erinnerung gerufen und reflektiert, mit dem Ziel zu einem besseren Selbstverständnis zu gelangen. Diese Art des Erinnerns kann unter Umständen auch sozialen Zielen dienen, wie etwa der Stärkung einer bestehenden engen Beziehung. Und zu anderen Zeiten benutzen ältere Menschen dies auch, um effektive Problemlösungsstrategien zu identifizieren und anderen Menschen etwas beizubringen. Manchmal hilft dieses nostalgische Erinnern dem alten Menschen, mit den großen Veränderungen in seinem Leben umzugehen.

Stabilität und Veränderung in Selbstkonzept und Persönlichkeit
Nennen Sie stabile und veränderliche Aspekte des Selbstkonzeptes und der Persönlichkeit im späten Erwachsenenalter.

- Die „klassischen fünf" Persönlichkeitsdimensionen lassen vom mittleren bis zum späten Lebensalter eine andauernde Stabilität erkennen. Alte Menschen haben ihr gesamtes Leben lang das Verständnis ihres eigenen Selbst vertieft. Dies führt im Alter, im Vergleich zu jüngeren Jahren, zu einem vermehrt sicheren und komplexen Selbstkonzept.
- Während des späten Erwachsenenalters sind Verlagerungen in drei Persönlichkeitsfaktoren zu erkennen. Die Angenehmheit und die Offenheit für Veränderung sind in ihrer Tendenz steigend, während die Soziabilität einen leichten Abwärtstrend aufweist.

Diskutieren Sie die Spiritualität und die Religiosität im späten Erwachsenenalter und zeichnen Sie die Entwicklung des Glaubens nach.

- Obwohl die Bindung an die Kirchen abnimmt, bleibt die Teilnahme an informellen religiösen Aktivitäten bis ins späte Erwachsenenalter erhalten. Religiöse Bindung ist besonders stark unter alten Menschen ethnischer Minoritätengruppen und mit niedrigem Einkommen und steht in Zusammenhang mit vielen positiven Folgen, wie etwa körperlichem Funktionieren, psychischem Wohlbefinden und einem längeren Leben.
- Glaube und Spiritualität können im späten Erwachsenenalter eine höhere Ebene erreichen, weg von vorgeschriebenen Glaubenssätzen, hin zu einem vermehrt reflektierenden Ansatz, der auch mit Unsicherheit zurechtkommt.

Individuelle Unterschiede im psychischen Wohlbefinden
Diskutieren Sie individuelle Unterschiede im psychischen Wohlbefinden, wenn ältere Erwachsene auf die zunehmende Abhängigkeit, den sich verschlechternden Gesundheitszustand und negative Lebensveränderungen reagieren.

- Freunde, Familienmitglieder und Pflegepersonen fördern häufig eine übermäßige Abhängigkeit beim alten Menschen. In Verhaltensmustern wie dem **Skript von Abhängigkeit/Unterstützung** und dem **Skript von Unabhängigkeit/Ignorieren** werden die abhängigen Verhaltensweisen des alten Menschen sofort beantwortet, ihr unabhängiges Verhalten aber ignoriert. Damit Abhängigkeit sich auf das Wohlbefinden förderlich auswirken kann, muss der alte Mensch persönliche Kontrolle darüber ausüben können.
- Die Gesundheit ist ein wirksamer Prädiktor psychischen Wohlbefindens im späten Erwachsenenalter. Der Zusammenhang zwischen physischen und psychischen Gesundheitsproblemen kann sich zu einem Teufelskreis auswachsen, bei dem sich die Probleme gegenseitig verstärken. Wenn die körperliche Gesundheit nachlässt, führt das häufig zu Depressionen und wenn die Hoffnungslosigkeit sich vertieft, kann dies tödlich sein. Ältere Erwachsene haben Suizidraten aller Altersgruppen.
- Obwohl alte Menschen anfällig sind für eine ganze Reihe negativer Lebensveränderungen, führen diese Ereignisse beim alten Menschen tatsächlich zu weniger Stress und Depressionen als bei jüngeren Erwachsenen. Viele Senioren haben gelernt, in schlechten Zeiten zurechtzukommen.

Beschreiben Sie die Rolle, die soziale Unterstützung und soziale Interaktion in der Förderung physischer Gesundheit und psychischen Wohlbefindens im späten Erwachsenenalter spielt.

- Im späten Erwachsenenalter hilft die soziale Unterstützung von Seiten der Familie, den Freunden und bezahlten Hilfskräften, den Stress zu reduzieren und wirkt sich daher positiv aus auf die körperliche Gesundheit und das psychische Wohlbefinden. Zudem wünschen sich alte Menschen zumeist nicht so viel Unterstützung von Menschen, die ihnen nahe stehen, es sei denn, sie können sich dafür revanchieren. Es besteht ein Zusammenhang zwischen einer extravertierten Persönlichkeit, die sich förderlich auf die Interaktion mit anderen Menschen auswirkt, und einer hohen Moral im späten Lebensalter. Allerdings haben qualitativ hochwertige Beziehungen die größte Auswirkung auf die psychische Gesundheit.

Eine sich verändernde soziale Welt
Beschreiben Sie die sozialen Theorien des Alterungsprozesses unter Berücksichtigung der „Rückzugstheorie", der Aktivitätstheorie und der sozioemotionalen Selektivitätstheorie

- Die **Rückzugstheorie** besagt, dass die soziale Interaktion abnimmt; dieser Rückzug beruht auf Gegenseitigkeit: der alte Mensch beschränkt sich auf wenige Interaktionen und die Gesellschaft weicht aus Scheu vor dem herannahenden Tod eines Menschen den Kontakten aus. Allerdings zieht sich nicht jeder Mensch zurück. Außerdem gestaltet sich der Rückzug eines alten Menschen aus der Interaktion wesentlich komplexer, als diese Theorie vermuten lässt.
- Gemäß der **Aktivitätstheorie** sind es die sozialen Barrieren gegen die Involvierung und den Kontakt und nicht der Wunsch des alten Menschen, die als Ursache für die abnehmende Interaktion angesehen werden kann. Wenn man allerdings älteren Erwachsenen Möglichkeiten zum sozialen Kontakt bietet, ist das noch keine Garantie für zunehmende soziale Aktivitäten.
- Die **sozioemotionale Selektivitätstheorie** besagt, dass die sozialen Netzwerke mit zunehmendem Alter selektiver werden. Da ältere Menschen sehr viel Wert auf die emotionsregulierende Funktion von Interaktion legen, neigen sie dazu, ihre Kontakte mit vertrauten Partnern auf diejenigen zu reduzieren, mit denen sie bereits freundliche, lohnenswerte Beziehungen aufgebaut haben.

Wie wirken sich Gemeinden, Nachbarschaften und die Wohnsituation auf das Sozialleben und die Anpassung des älteren Menschen aus?

- Alten Menschen, die in Vororten von Städten leben, geht es zumeist besser, was das Einkommen und Gesundheit anbelangt, während Senioren in Großstädten es einfacher haben, an soziale Dienste heranzukommen. Diejenigen, die in kleinen Städten und ländlichen Gegenden leben, haben weniger Vorteile in dieser Hinsicht. Ältere Erwachsene, die Senioren in ihrer Nachbarschaft haben und die in kleinen und mittelgroßen Gemeinden leben, berichten allerdings die höchste Lebenszufriedenheit.
- Bei Senioren, die allein und in innerstädtischen Gebieten leben, ist die Angst vor Verbrechen manchmal sogar noch größer als die Sorge um das eigene Einkommen, die Gesundheit und die Wohnsituation. Diese Angst schränkt ihre Aktivitäten ein und beeinträchtigt ihren Lebenswillen schwer.
- Die Wohnsituation, die dem Senioren die höchstmögliche persönliche Kontrolle bietet, ist ihr eigenes Zuhause. Wenn allerdings Schwierigkeiten in der Gesundheit und der Mobilität auftauchen, wird ein unabhängiges Leben risikoreich. Viele ältere Erwachsene, die allein leben, insbesondere verwitwete Frauen, sind von Armut betroffen und leiden unter nichterfüllten Bedürfnissen.
- Die meisten Altersruhesitze sind in privater Hand und bieten Freizeitmöglichkeiten. Unter den Wohnmöglichkeiten, in denen Hilfe angeboten wird, bietet die **„Wohngemeinschaft"** eine ganze Reihe von Möglichkeiten der Unterstützung, einschließlich gemeinsamer Mahlzeiten im Speisesaal. Auch **Altersstifte, Altersruhesitze oder Seniorenheime** bieten ein ganzes Spektrum von Möglichkeiten, angefangen von unabhängigem oder gemeinschaftlichem Wohnen bis hin zur Pflege. Das Gemeinschaftsgefühl, dass in dieser Art des Wohnens gegeben ist, steigert die Lebenszufriedenheit.
- Eine kleine Anzahl von Nordamerikanern in Pflegeheimen erleben eine extreme Einschränkung ihrer Autonomie. Typischerweise ist auch die soziale Interaktion unter den Bewohnern niedrig. Pflegeheime sollten so angelegt sein, dass sie einem Zuhause möglichst ähnlich sind. Dies könnte sich sehr förderlich auswirken auf das Gefühl des alten Menschen, die Kontrolle über seine sozialen Erfahrungen behalten zu können.

Beziehungen im späten Erwachsenenalter
Beschreiben Sie Veränderungen in den sozialen Beziehungen im späten Erwachsenenalter, einschließlich Ehe, Scheidung, Wiederheirat und Witwenschaft, und diskutieren Sie die Beziehungen von nie verheirateten, kinderlosen älteren Erwachsenen.

- Während wir unser Leben durchlaufen, werden wir begleitet von einem **sozialen Konvoi**, einer „Truppe" von Familienmitgliedern und Freunden, die uns Sicherheit und Unterstützung bieten. Mit zunehmendem Alter werden einige dieser Bindungen enger, andere distanzierter, während wieder andere neu dazukommen oder ausscheiden. Um die eigene persönliche Kontinuität und Sicherheit angesichts von Lebensveränderungen zu bewahren, versuchen ältere Menschen ihr Bestes, ihre sozialen Netzwerke von Familienmitgliedern und Freunden zu erhalten.
- Die eheliche Zufriedenheit steigt von mittlerem bis zum späten Erwachsenenalter an, da die Wahrnehmung von Fairness in der Beziehung zunimmt, Paare gemeinsame Freizeitaktivitäten unternehmen und die Kommunikation sich positiver gestaltet. Auch die meisten homosexuellen älteren Menschen geben an, glückliche, in hohem Maße erfüllende Beziehungen zu führen.
- Wenn eine Scheidung ansteht, ist der Stress für den alten Menschen größer als für junge Erwachsene. Obwohl die Zahlen von Wiederheiraten im späten Erwachsenenalter niedrig sind, hat sich gezeigt, dass diejenigen, die wieder heiraten, zumeist stabilere Beziehungen haben. Wegen der größeren finanziellen Belastung und der gerin-

geren Wahrscheinlichkeit einer Wiederheirat leiden Frauen mehr unter einer Scheidung im späten Lebensalter als Männer.
- Es kann ein breites Spektrum von Anpassungen an die Witwenschaft beobachtet werden, wobei das Alter, die soziale Unterstützung sowie die Persönlichkeit des Betreffenden einen Unterschied macht. Ältere Menschen verarbeiten dies besser als jüngere. Die Bemühung, die sozialen Bindungen aufrechtzuerhalten, eine extravertierte Persönlichkeit, ein hoher Selbstwert und ein Gefühl der Selbstwirksamkeit im Umgang mit den Aufgaben des täglichen Lebens wirken sich förderlich auf die Anpassung aus. Frauen, insbesondere solche, die sich lohnenswerte Rollen außerhalb ihrer Ehe gesucht haben, kommen besser zurecht als Männer.
- Die meisten älteren Erwachsenen, die ihr ganzes Leben hindurch unverheiratet und kinderlos bleiben, entwickeln andere bedeutsame Beziehungen. Dabei fühlen sich Männer häufig einsamer als Frauen. Unverheiratete kinderlose Senioren machen sich häufig Sorgen darüber, wer ihre Alterspflege übernehmen wird, wenn dies notwendig werden sollte.

Auf welche Weise verändern sich die Beziehungen zwischen Geschwistern und die Freundschaften im späten Lebensalter?
- Im späten Erwachsenenalter nimmt die soziale Unterstützung von Seiten der Geschwister zu, insbesondere wenn die Geschwister in der Nähe wohnen. Bindungen mit einer Schwester sind enger als Bindungen mit Brüdern. Da Geschwister eine lange und einzigartige Geschichte gemeinsam haben, nimmt auch das gemeinsame nostalgische Erinnern im späten Erwachsenenalter zu und trägt zu einem Gefühl der Familienkontinuität und Harmonie bei.
- Freundschaften haben im späten Erwachsenenalter eine ganze Reihe von Funktionen: Intimität und Gemeinschaft, Akzeptanz, eine Verbindung zu einer größeren Gemeinschaft und Schutz vor den psychischen Konsequenzen eines Verlustes. Frauen neigen eher dazu als Männer, enge Freunde zu haben, sowie **sekundäre Freunde**,

Menschen mit denen sie nur gelegentlich Zeit verbringen.

Beschreiben Sie die Beziehungen älterer Erwachsener mit ihren erwachsenen Kindern, ihren erwachsenen Enkeln und Großenkeln.
- Senioren und ihre erwachsenen Kinder haben häufigen Kontakt, tauschen aber typischerweise eher Rat miteinander aus als direkte Unterstützung. Quantitativ moderate Unterstützung gekoppelt mit Möglichkeiten, sich zu revanchieren, wirken sich positiv auf die Psyche des alten Menschen aus. Erwachsene Töchter sind die primären Mittler zwischen ihren älteren Eltern und dem Rest der Familie.
- Senioren mit erwachsenen Enkelkindern und Großenkeln ziehen Vorteile aus einem breiteren Netzwerk von Unterstützung. Meistens erwarten und bekommen Großeltern Zuneigung anstatt praktischer Hilfe von ihren Enkelkindern. Der Kontakt zwischen Großeltern und Enkelkind nimmt mit der Zeit ab, allerdings bleibt die Zuneigung der Großeltern gegenüber den erwachsenen Enkeln sehr stark.

Diskutieren Sie die Misshandlung von Senioren unter Berücksichtigung der Risikofaktoren und der Präventionsstrategien.
- Einige ältere Menschen erleiden Misshandlungen von Seiten ihrer Familienmitglieder, ihrer Freunde oder professionellen Pflegepersonen. Risikofaktoren sind unter anderem eine von Abhängigkeit gekennzeichnete Beziehung zwischen Täter und Opfer, eine psychische Störung und Stress auf Seiten des Täters, eine Geschichte von Gewalt in der eigenen Familie sowie überfüllte Pflegeheimen mit zu wenig und zu häufig wechselndem Personal.
- Präventionsprogramme gegen Misshandlung älterer Menschen bieten den Pflegepersonen psychologische Gespräche, Fortbildung und Aussicht auf erleichternde Unterstützung. Ältere Menschen profitieren von gut ausgebildeten Freiwilligen sowie von Selbsthilfegruppen, die sie darin unterstützen, zukünftiges derartiges Leid zu vermeiden. Bemühungen von Seiten der Gesellschaft einschließlich der Aufklärungs- und Erziehungsarbeit für die Öffentlichkeit, vermutete Fälle zu melden, und ein besseres Verständnis der Bedürfnisse älterer Menschen sind an dieser Stelle sehr wichtig.

Ruhestand und Freizeitgestaltung
Diskutieren Sie die Entscheidung, in den Ruhestand zu gehen, die Anpassung an den Ruhestand sowie die Beschäftigung mit Freizeitaktivitäten.
- Die Entscheidung, sich zur Ruhe zu setzen, ist abhängig davon, ob es sich der Betreffende leisten kann, aber auch vom Gesundheitszustand, den Möglichkeiten für bedeutsame Freizeitaktivitäten sowie gesellschaftlichen Faktoren, wie etwa die Möglichkeit einer Frührente, das Geschlecht und die ethnische Zugehörigkeit. Im Durchschnitt gehen Frauen früher in Rente als Männer, da Familienereignisse in ihren Entscheidungen eine größere Rolle spielen. Allerdings ergibt sich für diejenigen, die sowieso schon an der Armutsgrenze leben, unter Umständen die Notwendigkeit weiterzuarbeiten, ein Trend, der sich besonders stark unter Afroamerikanern zeigt.
- Der Gesundheitszustand, die finanzielle Stabilität, ein Gefühl der persönlichen Kontrolle über die Lebensereignisse, einschließlich der Entscheidung, in Rente zugehen, der Arbeitsplatz, die Zufriedenheit, die aus der Arbeit gezogen wird, soziale Unterstützung und eheliche Zufriedenheit sind einige der Faktoren, die eine Auswirkung haben auf die Anpassung an das Rentenalter.
- Sich mit bedeutsamen und Freude bereitenden Freizeitaktivitäten zu beschäftigen, steht in Zusammenhang mit der physischen und psychischen Gesundheit und reduzierter Mortalität. Die beste Art und Weise, sich auf die Freizeit im späten Lebensalter vorzubereiten, besteht darin, bedeutsame Interessen schon in jungen Jahren zu entwickeln.

Erfolgreiches Altern
Diskutieren Sie die Bedeutung erfolgreichen Alterns.
- Senioren, die ein **erfolgreiches Altern** erleben, haben viele Möglichkeiten entwickelt, wie sie ihre Verluste minimieren und ihre

Gewinne maximieren können. Ein sozialer Kontext, der es dem Senioren erlaubt, die Veränderungen in seinem Leben effektiv zu verarbeiten, wirkt sich auf ein erfolgreiches Altern förderlich aus. Dies schließt unter anderem eine gut finanzierte Sozialversicherung mit ein, gute Gesundheitsfürsorge, ein sicheres Zuhause, das an die sich verändernden Kapazitäten des alten Menschen angepasst werden kann, soziale Dienste und Möglichkeiten, das gesamte Leben hindurch zu lernen. Reformen müssen das Wohlergehen gebrechlicher alter Menschen durch bezahlbare Haushaltshilfen, angepasste Wohnmöglichkeiten, sowie einfühlsame Pflege im Altenheim sicherstellen.

Wichtige Fachtermini und Begriffe

Aktivitätstheorie S. 827
Altersstifte, Altersruhesitze oder Seniorenheime S. 833
betreute Wohnmöglichkeiten S. 833
erfolgreiches Altern S. 853
Ich-Integrität versus Verzweiflung S. 810
Lebensrückblick S. 813
Rückerinnerungen S. 813
Rückzugstheorie S. 827
sekundäre Freunde S. 843
Skript von Abhängigkeit/ Unterstützung S. 821
Skript von Unabhängigkeit/ Ignorieren S. 821
sozialer Konvoi S. 835
sozioemotionale Selektivitätstheorie S. 828
Wohngemeinschaften S. 833

MEILENSTEINE

ALTER	Körperlich	Kognitiv	Emotional/sozial

ALTER: 60–80 Jahre

Körperlich

- Nervenzellen sterben schneller ab, aber das Gehirn kompensiert durch das Wachstum neuer Synapsen. (764–765)

- Das autonome Nervensystem ist weniger leistungsfähig, was die Anpassung an heißes und kaltes Wetter beeinträchtigt. (765)
- Abbau beim Sehen setzt sich fort in Hinblick auf zunehmende Empfindlichkeit auf grelles Licht und beschädigter Farbdiskriminierung, Dunkeladaptation, Tiefenwahrnehmung und Sehschärfe. (767–768)
- Abbau im Hören über den ganzen Frequenzbereich. (769)
- Geschmacks- und Geruchsempfindlichkeit können abnehmen. (769–770)
- Berührungsempfindlichkeit an den Händen nimmt ab, besonders an den Fingerspitzen, weniger an den Armen. (770)
- Abbau in der Herz-Kreislauf-Funktion und in der Atmung führen zu größerem körperlichem Stress bei Sport und Bewegung. (770–771)
- Alterung des Immunsystems erhöht Risiko für eine Vielzahl von Krankheiten. (771–772)
- Schlafstörungen nehmen zu, besonders bei Männern. (772)

Kognitiv

- Die Verarbeitungsgeschwindigkeit nimmt fortwährend ab; kristalline Fähigkeiten bleiben weithin erhalten. (794)
- Die Informationsmenge, die im Arbeitsgedächtnis gehalten werden kann, vermindert sich weiterhin; Gedächtnisprobleme sind am stärksten bei Aufgaben, die bewusste Verarbeitung und assoziatives Gedächtnis erfordern. (795–796)
- Mäßige Vergesslichkeit bei frühen Erinnerungen. (797)

- Verwendung äußerer Hilfen für das prospektive Gedächtnis nimmt zu. (798)
- Zurückholen von Wörtern aus dem Langzeitgedächtnis und Planung, was man sagen will und wie man es sagen will, werden schwieriger. (798–799)
- Informationen werden eher als Ganzes als in Details erinnert. (799)
- Abstraktes Problemlösen baut ab; das Lösen täglicher Probleme bleibt angepasst. (799–800)
- Kann eine der wichtigsten Positionen in der Gesellschaft einnehmen, sei es in Wirtschaft, Kirche oder Staat. (800–801)

Emotional/sozial

- Findet sich mit dem Leben ab und entwickelt Ich-Integrität. (810)
- Beschreibt emotionale Reaktionen komplexer und persönlicher; verbessert emotionale Selbstregulation. (812–813)
- Kann sich in Erinnerung und Lebensrückblick engagieren. (813)
- Das Selbstkonzept stärkt sich und wird sicherer und komplexer. (815)
- Angenehmheit und Akzeptanz von Veränderung nehmen zu. (815–816)
- Glaube und Spiritualität können ein höheres Niveau erreichen. (816–820)

- Die Größe des sozialen Netzwerks und Anzahl sozialer Interaktionen nehmen ab. (827)
- Sucht sich soziale Partner auf der Basis von Gefühlen aus, sucht angenehme Beziehungen und meidet unangenehme. (828)
- Zufriedenheit in der Ehe nimmt zu. (835–836)
- Möglicher Tod des Ehepartners. (838–839)
- Nähe zu Geschwistern und gegenseitige Unterstützung können zunehmen. (840–841)
- Anzahl der Freunde nimmt allgemein ab. (842–843)

Entwicklung im späten Erwachsenenalter

ALTER	Körperlich	Kognitiv	Emotional/sozial
60–80 Jahre (Fortsetzung)	• Grau- und Dünnerwerden der Haare setzt sich fort; die Haut wird noch faltiger und durchsichtiger, weil sie die Fettschichten immer mehr verliert (773) • Gewicht und Körpergröße nehmen ab (aufgrund des Verlustes von Knochen- und Muskelmasse). (773) • Verlust von Knochenmasse führt zu ansteigendem Auftreten von Osteoporose. (773, 783)  • Intensität sexueller Reaktionen und sexueller Aktivität nimmt ab, obwohl die meisten glücklich verheirateten Paare über sexuelle Zufriedenheit berichten. (780)	• Kann sich durch Weisheit auszeichnen. (800–801) • Kann ein breites Spektrum kognitiver Fertigkeiten durch Training verbessern. (802) 	• Kann Urgroßvater/mutter werden. (844–845)  • Kann in Ruhestand gehen. (848) • Stärker über Politik und Wahlen informiert. (852–853)
80 Jahre und darüber	• Die oben beschriebenen körperlichen Veränderungen setzen sich fort.  • Die Mobilität vermindert sich infolge des Verlusts von Muskel- und Knochenstärke und Flexibilität der Gelenke. (773)	• Kognitive Fähigkeiten verändern sich weiterhin wie oben beschrieben.  • Fluide Fertigkeiten nehmen weiterhin ab; kristalline Fähigkeiten verfallen ebenfalls. (794)	• Die oben beschriebenen emotionalen und sozialen Veränderungen setzen sich fort. • Wenn Verwandte und Freunde sterben, sind Freundschaften mit jüngeren Menschen möglich. (843) • Beziehungen mit erwachsenen Kindern werden wichtiger. (844) • Häufigkeit und Vielfalt von Freizeitaktivitäten nehmen ab. (852–853) 

Beachte: Die Zahlen in Klammern weisen hin auf die Seite(n), auf der jeder Meilenstein behandelt wird.

Teil 10: Das Lebensende

Tod, Sterben und Trauer

19

19.1 Wie wir sterben 864
    Körperliche Veränderungen 865
    Definition des Todes 865
    In Würde sterben 866

19.2 Verständnis vom Tod und Einstellungen dazu 867
    Kindheit 868
    Adoleszenz 869
    Erwachsenenalter 871
    Angst vor dem Tod 872

19.3 Gedanken und Gefühle sterbender Menschen 874
    Gibt es Stadien des Sterbens? 874
    Einflüsse des Kontextes in der Anpassung an das Sterben 876

19.4 Ein Platz zum Sterben 879
    Zu Hause 880
    Krankenhaus 880
    Der Hospizgedanke 881

19.5 Das Recht zu sterben 883
    Passive Sterbehilfe 884
    Freiwillige aktive Sterbehilfe 886
    Beihilfe zum Selbstmord 887

19.6 Trauer: Den Tod eines geliebten Menschen bewältigen 891
    Trauerprozess 891
    Individuelle und situative Unterschiede 892
    Interventionen zur Trauer 897

19.7 Unterweisung in der Bewältigung des Sterbens 899

ÜBERBLICK

19.1 TOD, STERBEN UND TRAUER

>„
>So wie jedes Leben einzigartig ist, ist auch jeder Tod einzigartig. Die Kräfte des menschlichen Geistes trennen sich auf vielfache Weise vom Körper.
>
>Der Tod von Sofie war der Endpunkt eines fünfjährigen Kampfes gegen Krebs. In ihren letzten Monaten befiel die Krankheit Organe in ihrem ganzen Körper und griff die Lunge heftig an. Sie verwelkte langsam. Ihr wurde die zweifelhafte Gnade zuteil, Zeit zu haben, um sich auf die Unvermeidbarkeit des bevorstehenden Todes vorzubereiten. Ihr Mann Philipp lebte noch 18 weitere Jahre. Mit 80 Jahren war er äußerlich gesund, aktiv und wollte gerade in einen lang erwarteten Urlaub gehen, als eine Herzattacke sein Leben auslöschte, ohne Zeit für letzte Worte oder Aussöhnungen auf dem Totenbett.
>
>Der 65-jährige Nachbar Nicholas hoffte auf eine bessere Lebensqualität. Damit sein Herz einer Nierentransplantation gewachsen sein würde, entschied er sich für eine Bypass-Operation. Die Ärzte warnten ihn, dass er die Operation nicht überstehen könnte. Aber Nicholas wusste, dass er in seinem geschwächten Zustand nur noch wenige Jahre leben würde, wenn er diese Gelegenheit nicht ergreifen würde. Kurz nach dem Eingriff bekam er eine Infektion, die seinen Körper ergriff und ihn so schwächte, dass ihn nur extreme Maßnahmen – ein Beatmungsgerät, um die Atmung zu unterstützen, und starke Medikamente zur Erhöhung seines immer schwächer werdenden Blutdrucks – am Leben halten konnten.
>
>„Komm, Papa, du schaffst es", ermutigte ihn Nicholas' Tochter Sasha, die an seinem Bett saß und seine Hand streichelte. Aber Nicholas schaffte es nicht. Nach zwei Monaten intensivster Pflege erlitt er Schlaganfälle und fiel ins Koma. Drei Ärzte kamen mit seiner Frau, Gisela, zusammen, um ihr mitzuteilen, dass keine Hoffnung bestehe. Sie bat sie, das Beatmungsgerät abzuschalten, und innerhalb einer halben Stunde glitt er davon.
>
>Der Tod ist wesentlich für das Überleben unserer Spezies. Wir sterben, damit unsere eigenen Kinder und die Kinder anderer leben können. In diesem Augenblick behandelt die Natur den Menschen mit all seinen einzigartigen Möglichkeiten genau so, wie sie jedes andere Lebewesen behandelt (Nuland, 1993). So schwer es auch ist, zu akzeptieren, dass auch wir sterben müssen, liegt unser größter Trost in dem Wissen, dass der Tod Teil des Lebens ist.
>
>In diesem Kapitel wird der Höhepunkt der gesamten Lebensentwicklung behandelt. Im letzten Jahrhundert haben wir so viele Technologien entwickelt, um den Tod in Schach zu halten, dass viele Menschen ihn als verbotenes Thema ansehen. Aber drückende soziale und wirtschaftliche Probleme, die eine natürliche Folge des starken Anstiegs der Lebenserwartung sind, zwingen uns dazu, uns mit dem Ende des Lebens zu beschäftigen – seiner Art, seinen Zeitpunkt und Möglichkeiten, Menschen dabei zu helfen, sich selbst und andere an ihren letzten Weg anzupassen. Unsere Diskussion befasst sich mit den körperlichen Veränderungen des Sterbens; dem Verständnis des Todes und den Einstellungen dazu in Kindheit, Adoleszenz und Erwachsenenalter; mit Gedanken und Gefühlen von Menschen, wenn sie sich dem Tod gegenübersehen; dem Recht zu sterben von kranken Menschen ohne Hoffnung auf Gesundung und der Bewältigung des Todes eines geliebten Menschen. Die Erfahrungen von Sofie, Philipp, Nicholas, ihren Familien und anderen veranschaulichen, wie die Lebensgeschichte eines jeden Menschen mit sozialen und kulturellen Kontexten bei der Art des Todes und des Sterbens in Wechselwirkung tritt, was zu einer großen Vielfalt dieser universellen Erfahrung führt.
>"

19.1 Wie wir sterben

Unsere immense Literatur über den Tod zielt größtenteils darauf ab, Menschen zu helfen, das emotionale Trauma von Sterben und seinen Nachwirkungen zu bewältigen. Wenige Menschen sind sich der körperlichen Aspekte des Todes gewahr, denn die Möglichkeiten, Zeuge des Todes zu werden, sind viel seltener als in früheren Generationen. Heute stirbt die große Mehrheit der Menschen in den Industrieländern in Krankenhäusern, wo in der Regel Ärzte und Schwestern und nicht geliebte Angehörige ihre letzten Augenblicke begleiten. Dennoch möchten viele Menschen wissen, wie wir sterben, entweder um zu erfahren, was sie bei ihrem eigenen Ende erwartet, oder um zu begreifen, was einem sterbenden geliebten Menschen geschieht.

19.1.1 Körperliche Veränderungen

Die tödliche Herzattacke des Vaters kam plötzlich während der Nacht. Als man seinen Kindern die Nachricht überbrachte, hofften sie, dass sein Tod sanft gewesen war und ohne Leiden.

Wenn man sie fragt, wie sie gerne sterben möchten, sagen die meisten Menschen, sie möchten einen „Tod in Würde" – entweder ein schnelles Ende im Schlaf ohne Agonie oder geistig klare letzte Minuten, in denen sie sich verabschieden und ihr Leben Revue passieren lassen können. In Wirklichkeit endet ein nur bedingt aufhaltsamer biologischer Abbauprozess mit dem Tod. Bei etwa 20 % der Menschen ist er sanft, insbesondere wenn Narkotika den Schmerz lindern und die stattfindenden Zerstörungsprozesse unterdrücken (Nuland, 1993). Aber meistens ist es nicht so.

Es sei daran erinnert, dass in Kindheit und Adoleszenz Unfälle die hauptsächliche Todesursache sind und Herz-Kreislauf-Erkrankungen und Krebs im Erwachsenenalter. Von dem Viertel der Menschen in Industrieländern, die plötzlich sterben (innerhalb einiger Stunden, in denen sie die Symptome erfahren) sind 80 bis 90 % Opfer von Herzattacken (Nuland, 1993). Die Hoffnung der Kinder nach einem schmerzlosen Tod des Vaters wurde wahrscheinlich nicht erfüllt. Unzweifelhaft wird er einen scharfen, schneidenden Schmerz in der Brust gespürt haben, weil sein Herz zu wenig Sauerstoff empfing. Als sein Herz unkontrolliert zuckte (*Herzflimmern* genannt) oder ganz zu schlagen aufhörte, wurde die Blutzirkulation langsamer und setzte dann ganz aus und er sank in die Bewusstlosigkeit. Ein Gehirn, das mehr als zwei bis vier Minuten keinen Sauerstoff erhält, wird irreversibel geschädigt – eine Folge, die dadurch angezeigt wird, dass die Pupillen nicht mehr auf Licht reagieren und sich zu großen schwarzen Kreisen weiten. Auch andere Organe, die keinen Sauerstoff mehr erhalten, stellen ihre Funktionen ein.

Bei drei Viertel der Menschen ist der Tod ein langer Prozess – viel ausgedehnter als in vergangenen Zeiten, als Folge lebensrettender medizinischer Technologien (Benoliel & Degner, 1995). Sie erliegen ihm auf sehr verschiedene Weise. Von denen mit Herzerkrankungen haben die meisten einen kongestiven (mit Blutandrang verbundenen) Herzfehler, der Grund des Todes von Nicholas. Sein vernarbtes Herz konnte sich nicht mehr mit der notwendigen Kraft zusammenziehen, die dafür sorgt, dass Sauerstoff in das Gewebe gebracht wird. Als es sich mehr anstrengte, wurde der Muskel noch weiter geschwächt. Wegen des zu niedrigen Blutdrucks staute sich in Nicholas Lunge Flüssigkeit. Dies hemmte seine Atmung und schuf ideale Bedingungen, dass sich eingeatmete Bakterien vermehrten, in seinen Blutfluss eintreten konnten und in seinem System wucherten, was dazu führte, dass viele Organe versagten.

Krebs wählt sich vielfältige Wege, um Schaden anzurichten. Wenn er Metastasen bildet, bewegen sich kleine Teile des Tumors durch den Blutstrom und nisten sich in lebenswichtigen Organen ein, wachsen dort (beispielsweise in der Leber, in den Nieren, im Verdauungstrakt, in der Lunge oder im Gehirn) und zerstören ihre Funktion. Medikamente machten die letzten Tage der Mutter so erträglich wie möglich und gewährten ihr einen relativ leichten Tod. Aber in den Wochen davor litt sie sehr, ihre Atmung und Verdauung waren gestört und sie warf sich im Bett hin und her, um eine erträgliche Position zu finden.

Im Allgemeinen findet das Sterben in drei Phasen statt:

1. Die Phase der **Agonie (Todeskampf)**: Das griechische Wort agon bedeutet Kampf. Hier bezieht sich Agonie auf das Keuchen und die Muskelkrämpfe während der ersten Augenblicke, in denen der Körper das Leben nicht länger erhalten kann.

2. **Klinischer Tod**: Es folgt ein kurzes Intervall, in dem Herzschlag, Kreislauf, Atmung und Gehirnfunktion aufhören, eine Wiederbelebung aber noch möglich ist.

3. **Sterben**: Der Mensch gleitet in den dauerhaften Tod. Innerhalb weniger Stunden erscheint der nun leblose Mensch eingefallen, überhaupt nicht mehr wie der, der er war, als er lebte.

19.1.2 Definition des Todes

Aus dem bisher Gesagten ist schon ersichtlich, dass der Tod nicht ein Ereignis ist, das zu einem bestimmten Zeitpunkt eintritt. Vielmehr ist er ein Prozess, in dem Organe in einer Reihenfolge ihr Funktionieren einstellen, die von Mensch zu Mensch unterschiedlich ist. Weil die Trennlinie zwischen Leben und Tod ungenau ist, braucht die Gesellschaft eine Definition des Todes, um Ärzten bei der Entscheidung zu helfen, wann lebensrettende Maßnahmen eingestellt werden sollten. Dies soll den Überlebenden signalisieren, wann sie ihren Verlust betrauern und ihr Leben neu organisieren müssen, und dient der Festzulegung, wann Spenderorgane entnommen werden können.

Vor einigen Jahrzehnten bedeuteten das Aufhören des Herzschlags und der Atmung den Tod. Aber diese Kriterien sind nicht mehr angemessen, denn Überlebenstechniken erlauben häufig die Wiederherstellung von einzelnen Lebenszeichen. Heute wird der **Hirntod,** irreversibles Fehlen aller Aktivitäten im Gehirn und im Hirnstamm (welcher die Reflexe kontrolliert), in den meisten Industrieländern als Kriterium für den Tod festgesetzt.

Aber nicht alle Länder akzeptieren diesen Standard. In Japan beispielsweise stützen Ärzte sich auf die traditionellen Kriterien (kein Herzschlag und keine Atmung), was der Sichtweise der Bevölkerung entspricht. Dieser Zugang steht einem nationalen Programm zur Organverpflanzung im Weg, denn wenige Organe können den Körpern entnommen werden, ohne lebenswichtige Funktionen künstlich aufrechtzuerhalten. Annahmen von Buddhisten, Konfuzianern und Shintoisten über den Tod, welche die Ehrung der Vorfahren betonen und die Zeit, die der Geist braucht, um den Körper zu verlassen, mögen zum Teil verantwortlich sein für Japans Unbehagen bezüglich des Hirntods und der Organspenden. Die Zerstörung des Körpers, um Organe zu entnehmen, verletzt den Respekt gegenüber dem Hingeschiedenen. Heute erlaubt die japanische Gesetzgebung es Menschen, die Organe spenden wollen, das Kriterium des Hirntodes zu wählen, solange ihre Familie keinen Widerspruch einlegt (Morioka, 2001). Sonst werden sie so lange als lebend angesehen, bis ihr Herz aufhört zu schlagen.

Ferner löst in sehr vielen Fällen die Festlegung des Hirntodes nicht das Dilemma, wann eine Behandlung abgebrochen werden soll. Betrachten Sie Nicholas, der, obwohl nicht hirntot, in einen **dauerhaften vegetativen Zustand** eingetreten war, in dem in der Großhirnrinde keine elektrische Aktivität mehr registriert wurde, der Hirnstamm aber aktiv blieb. Die Ärzte waren sich sicher, dass sie Bewusstsein oder Körperbewegung nicht wiederherstellen könnten. Weil Tausende von Nordamerikanern sich in einem dauerhaften vegetativen Zustand befinden und die Kosten dafür sich jährlich auf viele Millionen Dollar belaufen, glauben einige Fachleute, dass die Abwesenheit von Aktivität in der Großhirnrinde ausreichen sollte, eine Person für tot zu erklären. Andere jedoch weisen auf Fälle hin, in denen Patienten, die monatelang in vegetativem Zustand gewesen waren, das Bewusstsein wiedererlangten, wenngleich in der

Japanische Buddhisten zelebrieren ein Feuerritual, bei dem sie Hunderte von Gebetsstöckchen anzünden, was das Feuer in ihrem Herzen symbolisiert, das Verwirrung vertreibt, aber Weisheit bewahrt. Buddhistische, konfuzianische und shintoistische Todesvorstellungen, welche die Ehrung der Vorfahren betonen, mögen teilweise verantwortlich sein für das Unbehagen japanischer Menschen gegenüber Organspenden.

Regel mit sehr begrenzten Funktionen (Jennett, 2002). Dann wieder gibt es Fälle, in denen Menschen zwar bei Bewusstsein sind, aber stark leiden, und lebenserhaltende Maßnahmen verweigern – ein Thema, das wir später aufnehmen werden, wenn wir über das Recht zu sterben sprechen werden.

19.1.3 In Würde sterben

Unser kurzer Blick auf den Vorgang des Sterbens weist darauf hin, dass uns die Natur selten das idealisierte einfache Ende, das sich die meisten Menschen wünschen, bietet und dass die medizinische Wissenschaft es nicht garantieren kann. Deshalb liegt die größte Würde im Tod in der Integrität des Lebens, das ihm vorangeht – eine Integrität, die wir dadurch fördern können, wie wir mit sterbenden Menschen kommunizieren und sie pflegen.

Erstens können wir der Mehrheit sterbender Menschen, die langsam dahinsiechen, versichern, dass wir sie in ihrem körperlichen und seelischen Leiden unterstützen werden. Wir können alles tun, was möglich ist, um das Äußerste an menschlicher und mitfühlender Pflege zu geben. Und wir können sie mit Achtung und Respekt behandeln, indem wir zum Beispiel Interesse an den Aspekten ihres Lebens zeigen, die sie am höchsten schätzen, und indem wir uns ihren größten Sorgen zuwenden (Chochinov, 2002).

Zweitens können wir offen über die Gewissheit des Todes sprechen. Wenn es Menschen nicht bewusst ist, dass sie sterben, und sie die wahrscheinlichen Umstände ihres Todes nicht verstehen (soweit das überhaupt möglich ist), können sie nicht planen, wie sie am Ende ihres Lebens versorgt werden wollen, können keine letzten Entscheidungen festlegen und nicht ihre Beziehungen zu ihnen nahestehenden Menschen abschließen. Weil Sofie wusste, wie und wann ihr Tod wahrscheinlich eintreten würde, wählte sie einen Zeitpunkt aus, an dem sie, Philipp und ihre Kinder ausdrücken konnten, was ihr Leben füreinander bedeutet hatte. Unter diesem wertvollen Austausch am Krankenbett war Sofies letzter denkwürdiger Wunsch, dass Philipp nach ihrem Tod wieder heiraten sollte, um seine letzten Jahre nicht allein verbringen zu müssen. Offenheit über den unmittelbar bevorstehenden Tod verhalf Sofie zu einem letzten großmütigen Akt und ermöglichte ihr, die ihr am nächsten stehende Person loszulassen und bot Trost, als sie dem Tod ins Auge sah.

Schließlich können Ärzte und Schwestern sterbenden Menschen dabei helfen, genug über ihren Zustand zu erfahren, um eine vernünftige Entscheidung darüber zu treffen, ob sie weiterkämpfen wollen oder nein sagen zu einer weiteren Behandlung. Ein Verständnis dafür, wie der gesunde Körper arbeitet, vereinfacht das Verständnis dafür, wie die Krankheit ihn beeinflusst – eine Erziehung, die bereits in den Kindheitsjahren begonnen werden kann.

Zusammengefasst heißt das: Obwohl der Zustand der Krankheit oft keinen „schönen" Tod erlaubt, kann man dem Menschen einen würdevollen Tod ermöglichen, indem man ihm Pflege, Zuneigung und Freundschaft anbietet, dazu die Wahrheit über die Diagnose und das Maximum an persönlicher Kontrolle über die letzte Phase seines Lebens. Dieses sind die wesentlichen Bestandteile eines „guten" Todes, die uns im Laufe des Kapitels immer wieder begegnen werden.

19.2 Verständnis vom Tod und Einstellungen dazu

Vor einem Jahrhundert fand das Sterben am häufigsten zu Hause statt. Menschen aller Altersgruppen einschließlich der Kinder halfen bei der Pflege des sterbenden Familienmitglieds und waren im Augenblick des Todes anwesend. Sie sahen, wie ihre Lieben auf dem Grund der Familie oder auf dem örtlichen Friedhof begraben wurden, wo das Grab regelmäßig besucht werden konnte. Weil Kindheits- und Säuglingssterblichkeit groß waren, kannten wahrscheinlich fast alle Menschen jemanden ihres Alters oder jünger, der gestorben war. Und es kam häufig vor, dass Kinder den Tod ihrer Eltern erlebten.

Im Vergleich mit früheren Generationen sind die Kinder und Heranwachsenden in Industrieländern heute vom Tod isoliert. Einwohner in den Ghettos der Innenstädte, wo Gewalt Teil der täglichen Existenz ist, machen eine Ausnahme. Aber insgesamt erreichen mehr junge Menschen das Erwachsenenalter, ohne den Tod eines Menschen erlebt zu haben, den sie gut kannten. Wenn doch, kümmern sich Fachleute aus dem Krankenhaus und den Bestattungsunternehmen um die meisten Aufgaben, die mit dem Tod direkt konfrontieren (Wass, 1995).

Diese Distanz zum Tod trägt unzweifelhaft zu einem Gefühl des Unbehagens bei. Trotz häufiger Bilder in Fernsehsendungen, Filmen und Nachrichten über Unfälle, Morde, Kriege und Naturkatastrophen verleugnet die westliche Kultur den Tod. Erwachsene zögern oft,

Wir können am besten einen würdigen Tod sicherstellen, wenn wir der sterbenden Person Pflege, Zuneigung, Freundschaft und ein Höchstmaß an persönlicher Kontrolle über seine letzte Lebensphase anbieten. Dieser Teenager bekam die Diagnose einer lymphoblastischen Leukämie, eines sehr aggressiven Krebses des Lymphsystems. Hier posiert sie mit Kona, einem der Delphine, mit denen sie in Hawaii dank der Make-a-Wish-Foundation spielen konnte, die für Kinder und Jugendliche mit lebensbedrohlichen Krankheiten Träume wahr werden lässt.

mit Kindern und Heranwachsenden über den Tod zu sprechen. Und eine Vielfalt von Synonymen wie „verscheiden", „wegtreten" und „verlassen" erlauben es uns zu vermeiden, ihn freimütig zu benennen. In den folgenden Abschnitten untersuchen wir die Entwicklung der Konzepte und Haltungen dem Tod gegenüber zusammen mit Weisen, ein größeres Verständnis und mehr Akzeptanz zu fördern.

19.2.1 Kindheit

Die fünfjährige Miriam kam in unseren Uni-Kindergarten einen Tag, nachdem ihr Hund Pepper gestorben war. Die Erzieherin bemerkte, dass Miriam allein da stand und ängstlich und unglücklich aussah, statt sich wie sonst zu den anderen Kindern zu gesellen. „Was ist denn los, Miriam?", fragte Leslie.

„Papa sagt, Pepper hatte einen kranken Bauch. Er ist eingeschlafen und starb." Einen Augenblick lang erschien Miriam hoffnungsvoll. „Vielleicht ist Pepper wieder aufgestanden, wenn ich heimkomme."

Die Erzieherin antwortete direkt: „Nein, Pepper wird nicht wieder aufstehen. Er schläft nicht. Er ist tot, und das bedeutet, dass er nicht mehr essen, schlafen, laufen oder spielen kann."

Miriam ging davon. Später kam sie zur Erzieherin zurück und gestand: „Ich habe Pepper bestimmt zu viel herumgejagt", und aus ihren Augen flossen die Tränen.

Die Erzieherin legte ihren Arm um Miriam. „Pepper ist nicht gestorben, weil du ihn gejagt hast. Er war sehr alt und sehr krank", erklärte sie.

In den folgenden Tagen stellte Miriam viele Fragen: „Werde ich sterben, wenn ich ins Bett gehe?" „Kann man von Bauchschmerzen sterben?" „Werden Mama und Papa sterben?" „Kann mich Pepper sehen?" „Geht es Pepper jetzt besser?" (Corr, 1997)

■ Entwicklung einer Vorstellung vom Tod

Ein realistisches Verständnis des Todes gründet sich auf drei Gedanken:

1. **Endgültigkeit:** Wenn ein lebendiges Wesen einmal stirbt, kann es nicht ins Leben zurückgebracht werden.
2. **Universalität:** Alle lebenden Dinge sterben.
3. **Funktionsende:** Alle Lebensfunktionen einschließlich Denken, Fühlen, Bewegung und Körperprozesse hören beim Tod auf.

Wenn sie keine klaren Erklärungen erhalten, stützen sich Vorschulkinder auf magisches Denken, um dem Tod einen Sinn zu geben. Sie können wie Miriam annehmen, dass sie Schuld seien am Tod eines Verwandten oder eines Haustieres. Und sie können leicht zu falschen Schlüssen gelangen – in Miriams Fall, dass Schlafen oder Magenschmerzen dazu führen können, dass jemand stirbt.

Vorschulkinder begreifen die drei Komponenten des Konzepts vom Tod in der gerade gegebenen Reihenfolge und die meisten bewältigen sie im Alter zwischen sieben und zehn Jahren (Kenyon, 2001). *Endgültigkeit* ist der erste und am einfachsten zu verstehende Gedanke. Als die Erzieherin erklärte, dass Pepper nicht wieder aufstehen würde, akzeptierte Miriam diese Tatsache schnell, vielleicht weil sie sie in emotional weniger belasteten Situationen bereits bemerkt hatte, wie bei toten Schmetterlingen oder Käfern, die sie beim Spielen draußen aufgelesen und untersucht hatte (Furman, 1990). Das Verständnis der *Universalität* findet etwas später statt. Zunächst nehmen Kinder an, dass gewisse Menschen nicht sterben, insbesondere solche, zu denen sie die stärksten Gefühlsbindungen haben, oder solche, die sind wie sie selber – andere Kinder. Das *Funktionsende* schließlich ist für die Kinder am schwersten zu begreifen. Viele Vorschulkinder sehen tote Dinge an als etwas, dass lebende Kapazitäten beibehält. Wenn sie das Funktionsende verstehen, dann zunächst in Hinblick auf seine sichtbarsten Aspekte wie Herzschlag und Atmung. Erst später verstehen sie, dass Denken, Fühlen und Träumen ebenfalls aufhören (Lazar & Torney-Purta, 1991; Speece & Brent, 1996).

■ Individuelle und kulturelle Unterschiede

Obwohl Kinder in der Regel in der mittleren Kindheit eine Vorstellung vom Tod besitzen, gibt es große individuelle Unterschiede. Einen Unterschied machen Erfahrungen mit dem Tod (Speece & Brent, 1996). Zum Beispiel haben unheilbar kranke Kinder unter sechs Jahren oft ein gut entwickeltes Konzept des Todes. Wenn Eltern und Mediziner nicht aufrichtig mit ihnen waren, finden Kinder auf andere Weise heraus, dass sie todkrank sind – durch nonverbale Kommunikation, Lauschen und Gespräche mit anderen Kindern,

Erfahrungen mit dem Tod führen oft zu einem genaueren Konzept des Todes. Diese palästinensischen Kinder beten über einem mit Flaggen bedeckten Körper eines älteren Mitglieds ihrer Gemeinde in Gaza.

die auch Patienten sind (O'Halloran & Altmaier, 1996). Kinder, die in israelischen Kibbutzim (landwirtschaftlichen Siedlungen) aufgewachsen sind und Terrorangriffe, Weggang von Familienmitgliedern zu Militäreinsätzen in Krisengebieten und elterliche Ängste um die Sicherheit erlebt haben, drücken um das Alter von sechs Jahren ein genaues Verständnis des Todes aus (Mahon, Goldberg, & Washington, 1999).

Ethnische Variationen legen nahe, dass religiöse Unterweisung ebenfalls das Verständnis der Kinder beeinflusst. Ein Vergleich von vier ethnischen Gruppen in Israel enthüllte, dass das Konzept vom Tod bei Kindern von Drusen und Moslems dem von christlichen und jüdischen Kindern hinterherhinkt (Florian & Kravetz, 1985). Die Betonung der Drusen von Reinkarnation und die größere Religiosität sowohl der Drusen wie der Muslime mag dem zugrunde liegen. Religiöse Erziehung scheint einen besonders starken Einfluss auf das kindliche Verständnis von der Endgültigkeit des Todes zu haben. Kinder der Familien der Southern Baptist, die an ein Leben nach dem Tode glauben, billigen viel weniger die Endgültigkeit als Kinder von Familien der Unitarier, die sich auf das Hier und Jetzt konzentrieren – Frieden und Gerechtigkeit in der Welt von heute (Candy-Gibbs, Sharp, & Petrun, 1985).

■ Das Verständnis der Kinder stärken

Eltern sorgen sich oft, dass das offene Gespräch mit Kindern über den Tod deren Ängste schüren würde, aber das ist nicht der Fall. Stattdessen fällt es Kindern mit einem guten Verständnis der Umstände des Todes leichter, ihn zu akzeptieren (Essa & Murray, 1994). Erklärungen, wie die der Erzieherin, die der kognitiven Reife des Kindes angepasst sind, wirken am besten.

Wenn Erwachsene Klischees benutzen oder irreführende Bemerkungen machen, können Kinder diese wörtlich nehmen und mit Verwirrung reagieren. Als eine Mutter zu ihrer fünfjährigen Tochter beispielsweise sagte: „Großpapa ist auf eine lange Reise gegangen", wunderte diese sich: „Warum hat er mich nicht mitgenommen?" In einem anderen Fall erzählte ein Vater, dessen Frau an Krebs starb, seinem neunjährigen Sohn, dass seine Mutter „krank gewesen sei" und erklärte sonst nichts über die Krankheit. Zehn Monate später war der Vater erstaunt, als der Junge eine Grippe einfing und furchtbare Angst bekam zu sterben (Wolfelt, 1997). Manchmal stellen Kinder sehr schwierige Fragen wie: „Werde ich sterben? Wirst du sterben?" Eltern können ehrlich sein und gleichzeitig tröstend, indem sie sich des Zeitgefühls der Kinder bedienen. Sie können etwas sagen wie: „Noch viele, viele Jahre nicht. Erst will ich dich noch als Erwachsenen sehen und Großmutter werden."

Gespräche mit Kindern sollten auch einem kulturellen Rahmen gerecht werden. Statt wissenschaftlicher Beweise als gegensätzlich zu religiösen Annahmen zu präsentieren, können Eltern und Lehrer Kindern dabei helfen, die beiden Quellen des Wissens zu vereinigen. Wenn Kinder größer werden, kombinieren sie häufig eine naturwissenschaftlich begründete Vorstellung vom Tod mit spirituellen und philosophischen Ansichten, welche in Zeiten der Trauer Trost spenden (Cuddy-Casey & Orvaschel, 1997). Wie wir später sehen werden, trägt eine offene, ehrliche Diskussion mit Kindern nicht nur zu einem realistischen Verständnis des Todes bei, sondern erleichtert auch die Trauer, wenn das Kind einen Verlust erlitten hat.

19.2.2 Adoleszenz

Heranwachsende können Endgültigkeit, Universalität und Funktionsende begrifflich fassen, aber ihr Verständnis ist größtenteils auf das Reich der Möglichkeiten begrenzt. Es sei daran erinnert, dass Teenager Schwierigkeiten haben, logische Einsichten in die

Realitäten des täglichen Lebens zu integrieren (Corr, 1995). Folglich ist ihr Verständnis vom Tod noch nicht vollständig reif.

■ Die Lücke zwischen Logik und Realität

Die Schwierigkeit von Teenagern, das anzuwenden, was sie über den Tod wissen, wird sowohl in ihrem Urteilen wie auch in ihrem Verhalten sichtbar. Obwohl sie Endgültigkeit und Funktionsende erklären können, fühlen sie sich zu Alternativen hingezogen. Folglich wird die Trennlinie zwischen Leben und Tod in der Adoleszenz weniger scharf als in der Kindheit. Zum Beispiel beschreiben Teenager den Tod oft als einen andauernden abstrakten Zustand wie „Dunkelheit", „ewiges Licht", „Übergang" oder „Nichts" (Brent et al., 1996). Sie formulieren auch persönliche Theorien über das Leben nach dem Tod. Neben Bildern des Himmels und der Hölle, beeinflusst von ihrem religiösen Hintergrund, spekulieren sie auch über Reinkarnation, Seelenwanderung, spirituelles Überdauern auf der Erde oder auf einer anderen Ebene (Noppe & Noppe, 1997).

Obwohl die Sterblichkeit in der Adoleszenz im Vergleich zu der im Säuglings- und Erwachsenenalter gering ist, sind Todesfälle bei Teenagern in der Regel plötzlich und von Menschen verursacht; Unfälle, Mord und Selbstmord sind die Hauptursachen. Es ist den Heranwachsenden deutlich bewusst, dass der Tod jedem widerfährt und zu jedem Zeitpunkt auftreten kann. Das macht sie jedoch nicht sicherheitsbewusster. Vielmehr zeigen ihre mit hohem Risiko verbundenen Aktivitäten, dass sie die Möglichkeit des Todes nicht auf sich beziehen. Wenn man sie um Kommentare zum Tod bittet, machen Teenager oft Aussagen wie diese: „Warum groß daran denken? Ich kann ja nichts daran ändern." (Wass, 1991, S. 27) In einer Untersuchung zeigte sich, dass adoleszente Jungen sich umso mehr in Risikoverhalten einlassen, je geringer ihr Bewusstsein der persönlichen Sterblichkeit ist (Word, 1996).

Was erklärt die Schwierigkeiten der Teenager, Logik mit Realität in Bezug auf den Tod zu vereinbaren? Erstens ist die Adoleszenz eine Zeit des schnellen Wachstums und der Beginn der Fortpflanzungsfähigkeit – beides steht in direkter Opposition zum Tod. Erinnert sei zweitens die persönliche Legende der Teenager, welche dazu führt, dass sie an ihre Einzigartigkeit glauben und schlussfolgern, unsterblich zu sein. In der Zeit schließlich, in der Teenager ihre Identität bilden

Dieser Heranwachsende weiß, dass der Tod jedem widerfährt und zu jeder Zeit auftreten kann, aber sein Risikoverhalten weist auf etwas anderes hin. Die Schwierigkeit von Teenagern, Logik und Realität zu vereinbaren, betrifft auch ihr Verständnis vom Tod.

und erste, frei gewählte Liebesbeziehungen erleben, entwickeln sie möglicherweise romantische, der Logik widersprechende Todesvorstellungen (Noppe & Noppe, 1991, 1996). Erst im frühen Erwachsenenalter sind junge Menschen in der Lage, so realistisch zu denken, dass diese widersprüchlichen Gedanken versöhnt werden können (siehe Kapitel 13).

■ Das Verständnis Heranwachsender stärken

Indem man Heranwachsende ermutigt, über ihre Sorgen über den Tod zu sprechen, können Erwachsene ihnen helfen eine Brücke zwischen dem Tod als logischem Konzept und ihren persönlichen Erfahrungen zu bauen. In Kapitel 12 bemerkten wir, dass Teenager mit vertrauensvoller Beziehung zu ihren Eltern sich zur Anleitung wichtiger Themen eher an Erwachsene wenden. In einer Studie mit 12- bis 15-Jährigen wollten die meisten lieber mit ihren Eltern als mit Gleichaltrigen über „die Bedeutung des Lebens und des Todes" und „was geschieht, wenn man stirbt" sprechen. Aber 60 % glaubten, dass ihre Eltern nicht ernsthaft interessiert wären und die Mehrheit der Eltern fühlte sich auf diese Aufgabe nicht angemessen vorbereitet (McNeil, 1986).

Das Aufgreifen der Gedanken und Gefühle Heranwachsender über den Tod kann Teil täglicher Unterhaltungen werden, angeregt durch Nachrichten über Todesfälle oder den Tod von Bekannten. Eltern können sich diese Augenblicke zunutze machen, um ihre eigenen Ansichten auszudrücken, genau zuzuhören und die Gefühle der Teenager zu akzeptieren und falsche Ansichten zu korrigieren. Solche Gespräche vertiefen die Bande der Liebe und ergeben die Basis für weitere Erklärungen, wenn das Bedürfnis entsteht. Der Kasten „Aspekte der Fürsorge" weist auf Möglichkeiten hin, mit Kindern und Heranwachsenden über den Tod zu sprechen

19.2.3 Erwachsenenalter

Im frühen Erwachsenenalter wischen viele Menschen den Gedanken an den Tod beiseite (Gresser, Wong, & Reker, 1987). Diese Vermeidung kann durch Angst vor dem Tod ausgelöst werden, was wir im nächsten Abschnitt betrachten wollen. Außerdem kann sie Folge eines gewissen Desinteresses an Themen über den Tod sein, auch weil junge Erwachsene typischerweise nicht viele Menschen kennen, die gestorben sind (wie Heranwachsende), und an ihren eigenen Tod denken als etwas, das in weiter Ferne liegt.

In den Kapiteln 15 und 16 haben wir das mittlere Alter als eine Zeit der Bestandsaufnahme beschrieben, in der Menschen beginnen, die Lebensspanne hinsichtlich der verbleibenden Zeit zu sehen und sich auf Aufgaben konzentrieren, die sie vollenden wollen. Menschen im mittleren Alter haben nicht mehr nur eine vage Vorstellung ihres eigenen Todes. Sie wissen, dass sie in nicht mehr allzu ferner Zeit an der Reihe sind, alt zu werden und zu sterben.

Aspekte der Fürsorge

Mit Kindern und Heranwachsenden Fragen über den Tod diskutieren

VORSCHLAG	BESCHREIBUNG
Übernehmen Sie die Führung.	Achten Sie auf nonverbale Äußerungen des Kindes oder des Heranwachsenden, bringen Sie das Thema einfühlend zur Sprache, besonders wenn eine Situation, die mit dem Tod in Beziehung steht, auftritt.
Hören Sie aufmerksam zu.	Richten Sie Ihre ganze Aufmerksamkeit auf das Kind oder den Heranwachsenden und den ihren Worten zugrunde liegenden Gefühlen. Wenn Erwachsene so tun, als hörten sie zu, aber an ganz andere Dinge denken, nehmen junge Menschen das sehr schnell als Gleichgültigkeit auf und entziehen ihr Vertrauen.
Erkennen Sie Gefühle an.	Akzeptieren Sie die Gefühle des Kindes und des Heranwachsenden; vermeiden Sie, Urteile abzugeben. Interpretieren Sie zum Beispiel Gefühle, die Sie entdecken wie: „Ich sehe, dass du sehr verwirrt bist. Lass uns mehr darüber reden."
Geben Sie Informationen auf eine offene, kulturell einfühlende Weise.	Geben Sie Kindern, die noch kein realistisches Verständnis von Endgültigkeit, Funktionsende und Universalität des Todes haben, einfache, direkte und genaue Erklärungen. Vermeiden Sie irreführende Aussagen wie „Großpapa ist auf eine lange Reise gegangen." Widersprechen Sie nicht den religiösen Annahmen eines jungen Menschen. Helfen Sie ihm lieber, wissenschaftliche und religiöse Quellen zu vereinbaren.
Engagieren Sie sich in gemeinsamer Lösung der Probleme.	Wenn es keine einfachen Antworten auf Fragen gibt wie: „Wohin geht deine Seele, wenn du stirbst?" übermitteln Sie Ihren Glauben in den Wert des jungen Menschen, indem Sie darauf hinweisen, dass Sie ihm keinen Standpunkt aufzwingen, sondern helfen wollen, zu einer persönlich befriedigenden Antwort zu kommen. Auf Fragen, die Sie nicht beantworten können, antworten Sie: „Ich weiß es nicht." Solche Ehrlichkeit zeigt den Willen, Lösungen gemeinsam zu finden und zu bewerten.

Im späten Erwachsenenalter denken und sprechen Menschen mehr über den Tod, weil er viel näher ist. Zunehmende Gewissheit der Sterblichkeit kommt her von körperlichen Veränderungen, höherem Vorkommen von Krankheiten und Behinderung und Verlust von Freunden und Verwandten (siehe Kapitel 17). Im Vergleich mit Menschen mittleren Alters verbringen ältere Erwachsene mehr Zeit damit, über den Prozess und die Umstände des Sterbens nachzudenken, als über den Zustand des Todes. Nähe zum Tod scheint zu einem praktischen Anliegen zu führen, wie und wann er eintreten wird (de Vries, Bluck, & Birren, 1993; Kastenbaum, 2001).

Denken Sie schließlich daran, dass große individuelle Unterschiede bestehen, auch wenn wir Veränderungen, die mit dem Alter in Beziehung stehen, verfolgt haben. Einige Menschen denken über Themen des Lebens und des Sterbens von früh an nach, während andere weniger nachdenklich sind und ins höhere Alter kommen, ohne diesen Fragen viel Beachtung zu schenken.

19.2.4 Angst vor dem Tod

Stimmen Sie den folgenden Behauptungen zu, lehnen Sie sie ab oder sind Sie neutral?

„Ich finde es schlimm, nichts mehr zu spüren, wenn ich gestorben bin."

„Ich hasse die Vorstellung, hilflos zu sein, wenn ich gestorben bin."

„Die vollkommene Isolation im Tod macht mir Angst."

„Mich verstört es, dass ich so viel verpassen werde, wenn ich gestorben bin." (Thorson & Powell, 1994, S. 38–39)

Aussagen wie diese erscheinen auf Fragebögen, die zur Messung von **Angst vor dem Tod**, einer Furcht vor dem Tod und dessen Anerkennung, benutzt werden. Selbst Menschen, die die Realität des Todes akzeptieren, können ihn fürchten (Firestone, 1994).

Was kann voraussagen, ob Gedanken an unser eigenes Ableben starke Verzweiflung, relative Ruhe oder etwas dazwischen auslöst? Um diese Frage zu beantworten, messen Forscher sowohl die allgemeine Angst vor dem Tod wie eine Reihe spezifischer Fak-

Angst vor dem Tod nimmt im hohen Alter ab, und diese 81-Jährige aus den Niederlanden scheint sehr wenig Angst zu haben. Sie zeigt ihr nach Maß gefertigtes Bücherregal, das einmal ihr Sarg sein wird. Sie erklärte, dass sie das Möbelstück anfertigen ließ, weil „es eine Verschwendung ist, einen Sarg nur für das Begräbnis zu nutzen". Das Kissen oben im Regal wird ihren Kopf stützen, wenn sie tot ist.

toren: Furcht, nicht länger zu existieren, Kontrollverlust, ein qualvoller Tod, Verfall des Körpers, Trennung von geliebten Menschen, das Unbekannte und anderes (Neimeyer, 1994). Die Ergebnisse enthüllen große individuelle und kulturelle Unterschiede hinsichtlich der Aspekte des Todes, die Angst erregen. In einer Untersuchung gläubiger islamischer Saudis zum Beispiel waren gewisse Faktoren, die immer wieder in den Antworten westlicher Menschen auftreten, wie die Angst vor dem Verfall des Körpers und Angst vor dem Unbekannten, überhaupt nicht vorhanden (Long, 1985).

Bei westlichen Menschen scheint Spiritualität – ein Gefühl von der Bedeutung des Lebens – wichtiger bei der Begrenzung der Angst vor dem Tod zu sein als religiöses Engagement (Rasmussen & Johnson, 1994).

Der Besitz einer gut entwickelten persönlichen Philosophie reduziert ebenfalls die Angst. In einer Studie sahen überzeugte Christen und überzeugte Atheisten den Tod als weniger bedrohlich an als Menschen mit ambivalenten religiösen Ansichten (Moore, 1992). Die Angst vor dem Tod ist besonders gering bei Menschen mit einem tiefen Glauben an eine höhere Kraft oder ein höheres Wesen in irgendeiner Form – ein Glaube, der von Religion beeinflusst sein kann, aber nicht muss (Cicirelli, 1999, 2002; Rasmussen & Johnson, 1994).

Wie könnte die Angst vor dem Tod mit zunehmendem Alter aussehen, wenn man in Betracht zieht, was über die psychosoziale Entwicklung Erwachsener gesagt wurde? Die Antwort ist, sie nimmt ab und hat ihren tiefsten Punkt im späten Erwachsenenalter (siehe Abbildung 19.1) (Thorson & Powell, 2000; Tomer, Eliason, & Smith, 2000). Dieser mit dem Alter verbundene Abfall wurde in vielen Kulturen und ethnischen Gruppen gefunden. In Kapitel 18 wurde gesagt, dass der Erwerb von Ich-Integrität und einem reiferen Sinn für Spiritualität die Angst vor dem Tod reduziert. Ältere Erwachsene haben auch mehr Zeit, eine *symbolische Unsterblichkeit* zu entwickeln, den Glauben, dass man nach dem Tod durch seine eigenen Kinder, durch die eigene Arbeit oder persönlichen Einfluss weiterleben wird (siehe Kapitel 16). In einer Untersuchung israelischer Erwachsener sagte die Überzeugung symbolischer Unsterblichkeit eine reduzierte Angst vor dem Tod voraus, vor allem bei denen mit sicheren Bindungen (Florian & Mikulincer, 1998). Befriedigende, enge Bande scheinen Menschen zu helfen, den Glauben an symbolische Unsterblichkeit zu entwickeln. Und Menschen, die den Tod als Möglichkeit ansehen, zukünftigen Generationen ein Vermächtnis zu hinterlassen, haben weniger Angst davor (Cicirelli, 2001).

Unabhängig vom Alter scheinen Frauen mehr Angst vor dem Tod zu haben als Männer (siehe Abbildung 19.1). Dieser Unterschied tritt sowohl in westlichen wie in östlichen Kulturen auf (Cicerelli, 1998; Tomer, Eliason, & Smith, 2000). Vielleicht geben Frauen eher zu, unangenehme Gefühle über die Sterblichkeit zu haben, als Männer – eine Erklärung, die übereinstimmt mit der größeren emotionalen Ausdrucksfähigkeit von Frauen ihr ganzes Leben hindurch.

Aber wie bei anderen Ängsten kann sie eine wirksame Anpassung verhindern, wenn sie zu intensiv ist. Obwohl körperliche Gesundheit im Erwachsenenalter nicht mit Angst vor dem Tod verbunden ist, trifft das für die psychische Gesundheit durchaus zu.

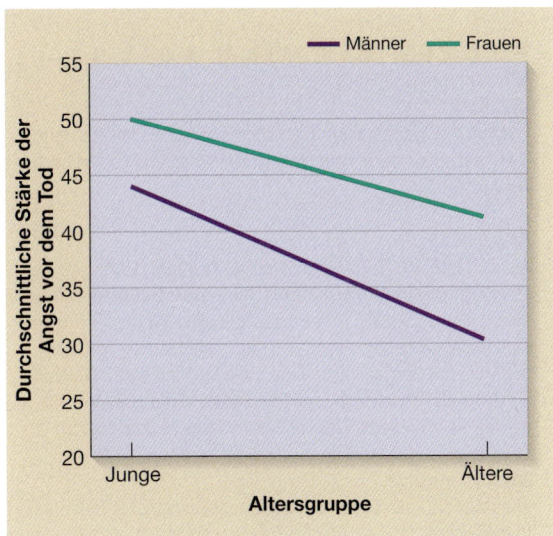

Abbildung 19.1: Die Stärke der Angst vor dem Tod in Abhängigkeit von Alter und Geschlecht. In dieser Untersuchung nahm beim Vergleich junger und alter Erwachsener die Angst vor dem Tod mit dem Alter ab. In beiden Altersklassen drückten Frauen mehr Angst vor dem Tod aus als Männer. Viele andere Studien zeigten ähnliche Ergebnisse (nach Tomer, Eliason, & Smith, 2000).

Menschen, die depressiv sind oder allgemein ängstlich, zeigen eher eine ernstere Besorgnis, wenn sie an den Tod denken (Neimeyer & Van Brunt, 1995). Eine große Kluft zwischen ihrem aktuellen und idealen Selbstkonzept gibt diesen Menschen ein Gefühl der Unvollkommenheit. Im Gegensatz dazu drücken selbstbewusste Menschen mit einem klaren Gefühl für ihren Zweck und mit Kontrolle über ihr Leben weniger Ängste vor dem Tod aus (Cicerelli, 1999).

Die Angst vor dem Tod ist hauptsächlich auf Adoleszenz und Erwachsenenalter beschränkt. Kinder weisen sie kaum auf, es sei denn, sie leben in gefährlichen Stadtteilen oder Kriegsgebieten, wo sie in ständiger Gefahr sind (siehe Kapitel 10). Unheilbar kranke Kinder sind ebenfalls dem Risiko ausgesetzt, große Angst vor dem Tod zu entwickeln. Im Vergleich mit Patienten des gleichen Alters drücken Kinder mit Krebs mehr destruktive Gedanken und negative Gefühle dem Tod gegenüber aus (Malone, 1982). Bei Kindern, deren Eltern den Fehler begehen, ihnen zu verheimlichen, dass sie sterben werden, können Einsamkeit und Todesangst extrem sein (O'Halloran & Altmaier, 1996).

> **Prüfen Sie sich selbst ...**
>
> **Rückblick**
> Erklären Sie, warum ältere Menschen mehr über den Tod sprechen und an ihn denken als jüngere Menschen und ihn dennoch weniger fürchten.
>
> **Anwendung**
> Als die Tante der vierjährigen Sarah starb, fragte diese: „Wo ist Tante Susie?" Ihre Mutter erklärte: „Tante Susie schläft einen langen friedlichen Schlaf." In den nächsten beiden Wochen weigerte sich Sarah, ins Bett zu gehen und lag, wenn man sie schließlich mit Mühe ins Bett gebracht hatte, viele Stunden wach. Erklären Sie den wahrscheinlichen Grund für Sarahs Verhalten und schlagen Sie einen besseren Weg vor, Sarahs Frage zu beantworten.
>
> **Zusammenhänge**
> Wie trägt die kognitive Entwicklung zum Konzept des Todes bei Heranwachsenden bei? (Vergleichen Sie Kapitel 11)
>
> **Prüfen Sie sich selbst ...**

19.3 Gedanken und Gefühle sterbender Menschen

In den Jahren vor ihrem Tod tat Sofie alles, um ihre Krankheit zu überwinden. Zwischen den Behandlungen gegen den Krebs stellte sie ihre Kraft auf die Probe. Sie unterrichtete weiterhin an der Schule, reiste zu ihren Kindern, pflegte ihren Garten und machte Wochenendausflüge mit Philipp. Hoffnung prägte Sofies Umgang mit ihrem tödlichen Zustand und sie sprach oft über die Krankheit – so oft, dass ihre Freunde sich fragten, wie sie sich dieser so direkt stellen konnte.

Als Sofie körperlich abbaute, durchlebte sie eine Vielzahl geistiger und emotionaler Zustände. Sie war frustriert und zeitweilig wütend und deprimiert über ihre Unfähigkeit, weiter kämpfen zu können. Ich erinnere mich, wie sie an einem Tag, als sie starke Schmerzen hatte, klagte: „Ich bin krank, so furchtbar krank! Ich will es so sehr, aber ich kann nicht mehr." Einmal fragte sie, wann ihre Tochter und deren Mann, frisch verheiratet, Kinder haben würden. „Wenn ich nur so lange leben könnte, um sie in meinen Armen zu halten!", rief sie aus. In der letzten Woche erschien sie müde und nicht mehr kämpferisch. Gelegentlich sprach sie davon, wie sehr sie ihre Familie liebte, und erzählte von der Schönheit der Berge draußen vor ihrem Fenster. Aber meistens hörte sie nur zu, statt aktiv an Unterhaltungen teilzunehmen. Eines Nachmittags fiel sie in eine Bewusstlosigkeit, aus der sie nicht mehr aufwachte.

19.3.1 Gibt es Stadien des Sterbens?

Gibt es vorhersehbare Reaktionen, wenn sich sterbende Menschen dem Tod nähern? Gehen sie durch eine Reihe von Veränderungen, die für jeden gleich sind, oder sind ihre Gedanken und Gefühle einzigartig?

Die Theorie von Kübler-Ross

Obwohl ihre Theorie heftig kritisiert wird, steht Elisabeth Kübler-Ross (1969) das Verdienst zu, in der Gesellschaft ein geschärftes Bewusstsein für die psychologischen Bedürfnisse sterbender Patienten geschaffen zu haben. Aus Interviews mit über 200 todkranken Menschen leitete sie eine Theorie über fünf typische Reaktionen, anfänglich als Phasen bezeichnet, über die Aussicht des nahenden Todes und der Qual des Sterbens ab. Nach Kübler-Ross sind Familienmitglieder und Gesundheitsexperten in einer besseren Position, einfühlende Unterstützung zu leisten, wenn sie diese Reaktionen verstehen.

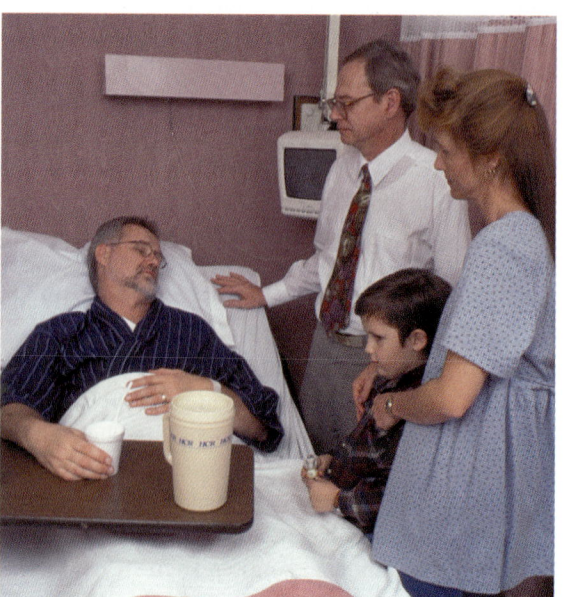

Worüber denkt dieser sterbende Mann, ein Ehemann und Vater, während seiner letzten Wochen nach? Sterbende Menschen erleben eine Vielzahl geistiger und emotionaler Zustände, die von persönlichen und äußeren Umständen geprägt sind.

Verleugnung

Wenn der Mensch erfährt, von einer unheilbaren Krankheit befallen zu sein, verleugnet er deren Schwere, um der Aussicht auf den Tod zu entkommen. Wenn sich der Patient noch relativ wohl fühlt, schützt die Verleugnung das Selbst. Sie erlaubt es dem Individuum, befriedigenden Aktivitäten nachzugehen und sich mit der Krankheit in einem selbst gewählten Tempo zu beschäftigen. Diese Verleugnung setzt meist ein und dann wieder aus, die Menschen schmieden an einem Tag große Pläne und geben am nächsten Tag zu, dass der Tod nahe ist (Smith, 1993b).

Kübler-Ross empfiehlt, die Verleugnung des sterbenden Patienten als Bewältigungsstrategie zu akzeptieren, die er oder sie anfänglich braucht. Aber Familienmitglieder und Gesundheitsexperten sollten nicht auf eine Weise handeln, die die Verleugnung aufrechterhält, indem sie dem Betreffenden die Wahrheit über seinen Zustand verbergen. Damit verhindern sie, dass die sterbende Person sich auf den bevorstehenden Tod vorbereiten und die notwendigen Vorkehrungen treffen kann – für soziale Unterstützung, Abschließen von Beziehungen, was medizinisch getan oder nicht getan werden soll, wenn die Person dem Tod ganz nahe ist, und die Weitergabe von persönlichen Gegenständen und wertvollem Besitz.

Wut

Die Erkenntnis, dass die Zeit kurz ist, führt zur Wut, sterben zu müssen, ohne die Chance zu bekommen, alles zu tun, was man tun wollte. Familienmitglieder und Gesundheitsexperten sind oft Ziel der Wut, des Grolls und des Neides als diejenigen, welche weiterleben dürfen. Dennoch müssen sie das Verhalten des Patienten tolerieren und nicht kritisieren, indem sie erkennen, dass der dahinter liegende Grund die Ungerechtigkeit des Todes ist.

Feilschen

In der Erkenntnis der Unvermeidbarkeit des Todes versucht der unheilbar kranke Mensch, ihn durch Feilschen um zusätzliche Zeit zu vereiteln – ein Geschäft, das er oder sie mit Familienmitgliedern, Freunden, Ärzten, Krankenschwestern oder Gott versuchen mag. Die beste Reaktion auf diese Bemühungen, nicht die Hoffnung zu verlieren, ist das einfühlende Zuhören, wie es ein Arzt auf die Bitten eines jungen aidskranken Vaters tat, der lange genug leben wollte, um mit seiner achtjährigen Tochter auf deren Hochzeit tanzen zu können (Selwyn, 1996). Manchmal ist das Feilschen ein altruistischer Akt. Betrachten Sie die folgende Bitte, die Tony, ein 15-jähriger Leukämiepatient, seiner Mutter gegenüber ausdrückte:

Ich möchte noch nicht sterben. Gerry [sein jüngster Bruder] ist erst drei und noch nicht alt genug, um es zu verstehen. Wenn ich nur noch ein Jahr leben könnte, könnte ich es ihm selber erklären und er wird es verstehen. Drei ist einfach zu jung. (Komp, 1996, S. 69–70)

Obwohl das Feilschen vieler sterbender Patienten unrealistisch ist und unmöglich zu erfüllen, lebte Tony noch genau ein Jahr – ein Geschenk an diejenigen, die ihn überlebten.

Depression

Wenn Verleugnung, Wut und Feilschen versagen, den Verlauf der Krankheit aufzuschieben, ist der Mensch deprimiert über den Verlust seines Lebens. Kübler-Ross betrachtet Depression als notwendige Vorbereitung auf das letzte Stadium, die Akzeptanz. Leider intensivieren viele Erfahrungen, die mit dem Sterben verbunden sind, einschließlich eines sich körperlich und seelisch verschlechternden Zustands, Schmerzen, Mangel an Kontrolle und an Maschinen gebunden zu sein, die Verzweiflung (Maier & Newman, 1995). Pflege, die auf die Wünsche des Patienten eingeht, kann Hoffnungslosigkeit und Verzweiflung begrenzen.

Akzeptanz

Die meisten Menschen, die ein Stadium von Frieden und Ruhe hinsichtlich des bevorstehenden Todes erreichen, tun das erst in den letzten Wochen oder Tagen. Der geschwächte Patient ergibt sich dem Tod als eine Befreiung von Schmerzen und Angst. Die Loslösung von den meisten Familienmitgliedern, Freunden und Betreuern findet in dieser Zeit statt. Einige sterbende Menschen ziehen sich in dem Versuch, sich von allen zu trennen, die sie geliebt haben, für lange Phasen in sich selbst zurück. „Ich bringe meinen geistigen und emotionalen Haushalt in Ordnung", erklärte ein Patient (Samarel, 1995, S. 101). Wie in anderen Stadien erhalten sich die Menschen, die Akzeptanz erreicht haben, in der Regel noch etwas Hoffnung, wenn auch nur einen Funken. Ist die Hoffnung ganz verschwunden, kommt der Tod schnell, wie Kübler-Ross beobachtete.

Bewertung der Theorie von Kübler-Ross

Kübler-Ross hatte erklärt, dass ihre fünf Stadien nicht als feste Folge angesehen werden sollten und dass nicht alle Menschen solche Reaktionen zeigen – Erklärungen, die vielleicht eher beachtet worden wären, wenn sie nicht den Begriff Stadium verwendet hätte. Zu oft ist ihre Theorie zu simpel interpretiert worden, als eine Reihe von Schritten, die eine „normale" sterbende Person vollzieht. Einige Gesundheitsexperten, die sich nicht der Vielfalt der Erfahrungen des Sterbens bewusst sind, haben ohne Einfühlung versucht, Patienten durch die Abfolge von Kübler-Ross zu treiben. Und Betreuungspersonen können, durch Gefühllosigkeit oder Ignoranz, die gerechtfertigten Klagen eines sterbenden Patienten über die Behandlung als „das, was man in Stadium 2 erwartet" allzu leicht falsch interpretieren (Corr, 1993; Kastenbaum, 2001).

Die Forschung bestätigt in Übereinstimmung mit Kübler-Ross' Beobachtungen, dass sterbende Menschen wahrscheinlich Verleugnung zeigen, wenn sie über ihren Zustand Bescheid wissen, und Akzeptanz kurz vor ihrem Tod (Kalish, 1985). Die besser als Reaktionen denn als Stadien bezeichneten fünf Schritte, die Kübler-Ross beobachtet hat, sollten als Bewältigungsstrategien angesehen werden, auf die jeder im Angesicht einer Bedrohung zurückgreifen kann. Ferner ist ihre Liste zu eingeschränkt. Sterbende Menschen reagieren auf ganz verschiedene Weisen – zum Beispiel durch Bemühungen, die Krankheit zu bekämpfen, wie es Sofie zeigte; durch ein starkes Bedürfnis zu kontrollieren, was mit dem Körper im Prozess des Sterbens geschieht, und durch Akte von Großherzigkeit und Sorge, wie sie Tony hinsichtlich seines dreijährigen Bruders zeigte.

Wie diese Beispiele beweisen, ist der größte Nachteil der Theorie von Kübler-Ross, dass die Gedanken und Gefühle der sterbenden Patienten aus dem Kontext gerissen sind, der ihnen Bedeutung zuweist. Wie wir gleich sehen werden, kann die Anpassung von Menschen an den bevorstehenden Tod nur in Beziehung zu den vielfachen Einflüssen gesehen werden, die zu dem Lebensverlauf beigetragen haben und die auch die letzte Phase prägen.

19.3.2 Einflüsse des Kontextes in der Anpassung an das Sterben

Vom Augenblick der Diagnose an verbrachte Sofie wenig Zeit damit, die Lebensbedrohlichkeit ihrer Krankheit zu verleugnen. Stattdessen setzte sie sich intensiv damit auseinander, so wie sie auch mit anderen Herausforderungen im Leben umgegangen war. Ihre leidenschaftliche Bitte, ihre Enkelkinder im Arm halten zu können, war weniger ein Feilschen mit dem Schicksal als Ausdruck einer tiefen Niederlage, dass sie die Schwelle zum späten Erwachsenenalter nicht überschreiten würde, um in den Genuss seiner schönen Seiten zu kommen. Am Schluss war ihr ruhiges, zurückgezogenes Verhalten wahrscheinlich Resignation, nicht Akzeptanz. Sie war ihr Leben lang ein kämpferischer Mensch gewesen, willens, sich Herausforderungen zu stellen.

Nach heutigen Theorien ist eine einzige Strategie, wie die Akzeptanz, nicht für jeden sterbenden Patienten das Beste. Stattdessen ist ein **angemessener Tod** der, welcher hinsichtlich der Lebensmuster und Werte des Patienten Sinn ergibt und gleichzeitig wichtige Beziehungen aufrechterhält oder wiederherstellt und so frei von Leiden ist wie möglich (Worden, 2000; Samarel, 1995; Weisman, 1984). Wenn man nach einem guten Tod fragt, sind sich die meisten klar darüber, was sie sich wünschen, und nennen die folgenden Ziele:

- Ein Gefühl der Identität oder eine innere Kontinuität mit der eigenen Vergangenheit aufrechtzuerhalten

- Die Bedeutung des eigenen Lebens und Sterbens zu klären

- Beziehungen aufrechtzuerhalten und zu stärken

- Ein Gefühl der Kontrolle über die verbleibende Zeit zu erlangen

- Sich dem Tod stellen und sich darauf vorbereiten (Steinhauser et al., 2000)

Die Forschung deckt auf, dass biologische, psychologische und soziale wie kulturelle Kräfte die Bewältigung des Sterbens beeinflussen und damit das Ausmaß, in dem die Menschen diese Ziele erreichen. Wir wollen einige wichtige Einflüsse darauf betrachten, wie Menschen damit umgehen.

■ Die Natur der Krankheit

Der Verlauf der Krankheit und ihre Symptome beeinflussen die Reaktionen des Sterbenden. Zum Beispiel trugen die Ausbreitung von Sofies Krebserkrankung und der anfängliche Optimismus ihres Arztes über eine mögliche Remission unzweifelhaft zu ihren Bemühungen bei, die Krankheit zu bekämpfen. Während der letzten Monate, als der Krebs in ihre Lunge gedrungen war und sie nicht mehr richtig atmen konnte, war sie erregt und voller Angst, bis Sauerstoff und Medikamente ihre Sorge, keine Kraft mehr zu bekommen, beschwichtigten. Im Gegensatz dazu erschöpften Nicholas' geschwächtes Herz und versagende Nieren seine Kräfte derart, dass er nur mit Passivität reagierte.

Wegen der hohen Sterblichkeit erleidet etwa ein Viertel von Krebspatienten schwere Depressionen – Reaktionen, die sich von der Traurigkeit, dem Kummer und der Sorge, die typischerweise den Sterbeprozess begleiten, unterscheiden. Eine tiefe Depression vermehrt den Schmerz und schädigt die Fähigkeit des Patienten, Vergnügen, Sinn und Verbundenheit zu anderen zu empfinden. Folglich erfordert sie eine unmittelbare Behandlung mit Antidepressiva und die Beratung von Patient und Familie (Block, 2000).

■ Persönlichkeit und Bewältigungsstrategien

Das Verständnis davon, wie Individuen belastende Lebensereignisse betrachten und wie sie diese in der Vergangenheit bewältigt haben, hilft uns, die Art und Weise zu verstehen, wie sie mit ihrem Sterbeprozess umgehen. In einer Untersuchung wurden unheilbar kranke Patienten aufgefordert, ihr Bild des Sterbens zu beschreiben. Jeder betrachtete es anders, zum Beispiel als eine Verantwortung, ein nicht zu überwindendes Hindernis, eine Strafe oder einen mutigen Akt. Diese Zuschreibungen halfen, ihre Reaktionen in ihrer sich verschlimmernden Krankheit zu verstehen (Paige, 1980, berichtet von Samarel, 1995). Schlecht angepasste Individuen – solche mit vielen konfliktreichen Beziehungen und vielen Enttäuschungen im Leben – sind in der Regel verzweifelter (Kastenbaum, 2001).

■ Das Verhalten der Familienmitglieder und Gesundheitsexperten

Oben haben wir angemerkt, dass es am besten ist, wenn alle, die dem sterbenden Patienten nahe stehen oder ihn pflegen, offen mit der Situation umgehen. Aber das bringt auch die Last mit, an den Aufgaben des sterbenden Menschen teilzunehmen: Beziehungen zu einem Abschluss zu bringen, über das Leben nachzudenken und mit Ängsten und Bedauern umzugehen.

Weil es einigen Menschen schwer fällt, sich auf diese Aufgaben einzulassen, geben sie vor, dass die Krankheit nicht so schlimm sei. Bei Patienten, die zur Verleugnung neigen, kann ein Spiel gegenseitiger Verleugnung in Bewegung gesetzt werden, in dem alle Beteiligten wissen, dass der Patient sterben wird, aber so tun, als sei das nicht so. Das besänftigt den psychischen Schmerz für eine kurze Zeit, macht aber das Sterben umso schwieriger (Samarel, 1995) Manchmal fängt der Patient mit Verdächtigungen darüber an, was man ihr oder ihm nicht erzählt habe. In einem Fall wurde ein todkrankes Kind wütend, weil sein Arzt und eine Krankenschwester mit ihm in einer Weise sprachen, welche die Tatsache verleugnete, dass es nicht erwachsen werden würde. Beim Versuch, das Kind zur Kooperation bei einer medizinischen Maßnahme zu bringen, sagte die Ärztin:

> *„Ich dachte, du würdest das verstehen, Sandy. Du hast mir mal erzählt, dass du Arzt werden möchtest."*
>
> *Sandy schrie: „Ich werde überhaupt nichts werden!", und warf eine leere Spritze nach ihr.*
>
> *Die Krankenschwester, die in der Nähe stand, fragte: „Was willst du einmal werden?"*
>
> *„Ein Geist", sagte Sandy und wandte sich von ihnen ab. (Bluebond-Langner, 1977, S. 59)*

Das Verhalten der Gesundheitsexperten verhinderte die Bemühungen des Kindes, eine realistische Zeitperspektive auszubilden und verstärkte seine Wut über die Ungerechtigkeit seines frühen Todes.

Selbst wenn Ärzte Patienten über ihre Prognose unterrichten wollen, können sie Widerstand erfahren, besonders bei manchen ethnischen Gruppen. Das Zurückhalten von Informationen ist üblich in Süd- und Osteuropa, Mittel- und Südamerika, einem großen Teil von Asien und dem Mittleren Osten. In einer kürzlich

Wenn Ärzte offen und einfühlsam mit unheilbar kranken Patienten kommunizieren, helfen sie diesen, Schritte zur Vorbereitung des Todes zu machen, indem sie Beziehungen zu einem Abschluss bringen, über das Leben nachdenken und mit Ängsten und Vorwürfen umgehen.

erfolgten Umfrage gaben 52 % mexikanischer Amerikaner und 65 % koreanischer Amerikaner an, dass man Patienten nicht die Wahrheit über ihre unheilbare Krankheit mitteilen sollte, weil sie annahmen, dass das den Tod beschleunigt (Blackhall et al., 2001; Blackhall et al., 1995). In solchen Fällen ist die Übermittlung von Informationen schwer. Wenn eine Familie darauf besteht, dass man einem Patienten nichts erzählt, kann der Arzt dem Patienten ein Angebot zu einem offenen Gespräch machen, und wenn ihn dann der Patient abweist, fragen, wer Informationen erhalten und Entscheidungen zur Betreuung treffen sollte. Die Entscheidung des Patienten kann respektiert und in regelmäßigen Abständen überprüft werden (Zane & Yeh, 2002).

Die Pflege todkranker Menschen ist fordernd und belastend. Eine Studie zeigte, dass Krankenschwestern, die ausgebildet waren, auf psychische Bedürfnisse sterbender Menschen zu reagieren, andauernde einfühlende und unterstützende Betreuung leisteten. Schlüssel ihres Erfolgs waren Treffen des Teams, die darauf zielten, interpersonale Kompetenz zu stärken, ständige gegenseitige Unterstützung im Team und die Entwicklung einer persönlichen Philosophie über Leben und Sterben, was sicherstellte, dass die Krankenschwestern sich nicht besonders bedroht von dem eigenen Tod fühlten (Samarel, 1991). Die Forschung weist darauf hin, dass Gesundheitsexperten mit sehr großer Angst vor dem Tod eher ein Gespräch über die Diagnose Todkranker aufschieben und die lebensrettende Behandlung verlängern, wenn sich der Tod nähert (Eggerman & Dustin, 1985; Schulz & Aderman, 1979).

Soziale Unterstützung von Familienmitgliedern beeinflusst ebenfalls die Anpassung an das Sterben. Sterbende Menschen, die das Gefühl haben, vieles noch nicht erledigt zu haben, haben mehr Angst vor dem nahenden Tod. Doch Kontakt mit der Familie vermindert ihr Gefühl der Dringlichkeit, das Leben verlängern zu müssen, vielleicht, weil er dem Patienten erlaubt, wenigstens einige unerledigte Aufgaben durchzuarbeiten (Mutran et al., 1997).

Eine wirksame Kommunikation mit der sterbenden Person ist ehrlich, was eine vertrauensvolle Beziehung schafft. Gleichzeitig ist sie darauf gerichtet, Hoffnung aufrechtzuerhalten. Sterbende Patienten gehen durch verschiedene Phasen von Hoffnung – zuerst die Hoffnung auf eine Heilung; später Hoffnung auf ein verlängertes Leben; und schließlich auf einen friedlichen Tod mit so wenig Belastungen wie möglich (Fanslow, 1981). Wenn Patienten, die dem Tode nahe sind, aufhören, Hoffnung auszudrücken, müssen diejenigen, die ihnen nahe sind, das akzeptieren. Familienmitglieder, denen es schwer fällt, loszulassen, könnten von einer einfühlsamen Anleitung durch Fachleute profitieren. Der Kasten „Aspekte der Fürsorge" gibt Vorschläge, wie man mit Sterbenden kommunizieren kann.

Spiritualität, Religion und Kultur

Oben haben wir angemerkt, dass eine starke Spiritualität die Angst vor dem Tod reduziert. Informelle Berichte von Gesundheitsexperten weisen darauf hin, dass das für sterbende Patienten genauso gilt wie für Menschen im Allgemeinen. Eine erfahrene Krankenschwester erklärte:

> Am Ende finden es diese [Patienten] mit einem Glauben – es ist wirklich egal welchen, auf jeden Fall einen Glauben an irgendetwas – leichter. Nicht immer, aber in der Regel. Ich habe Menschen mit einem Glauben in Panik gesehen und solche ohne, die ihn [den Tod] akzeptierten. Aber in der Regel ist es viel einfacher für diejenigen, die glauben (Samarel, 1991, S. 64–65)

Ganz unterschiedliche kulturelle Einstellungen, die von religiösen Annahmen geleitet sind, formen

Aspekte der Fürsorge

Kommunikation mit sterbenden Menschen

VORSCHLAG	BESCHREIBUNG
Seien Sie ehrlich bezüglich der Diagnose und des Verlaufs der Krankheit.	Seien Sie ehrlich bezüglich dessen, was die Zukunft wahrscheinlich bringt, und erlauben Sie damit dem sterbenden Menschen, ihr oder sein Leben abzuschließen, indem er/sie Gefühle und Wünsche ausdrückt und an Entscheidungen über die Behandlung teilnimmt.
Hören Sie mit Einfühlung zu und erkennen Sie Gefühle an.	Seien Sie wirklich präsent und konzentrieren Sie Ihre volle Aufmerksamkeit auf das, was der sterbende Mensch zu sagen hat, und nehmen Sie die Gefühle des Patienten an. Patienten, welche die Gegenwart und Fürsorge des anderen fühlen, sind eher in der Lage, körperlich und emotional zu entspannen und sich selber auszudrücken.
Halten Sie realistische Hoffnungen aufrecht.	Helfen Sie dem sterbenden Menschen dabei, Hoffnung aufrechtzuerhalten, indem sie ihn oder sie ermutigen, sich auf ein realistisches Ziel zu konzentrieren, das noch erreicht werden kann – zum Beispiel die Lösung einer belasteten Beziehung oder spezielle Fragen mit einem geliebten Menschen. Wenn sie die Hoffnungen sterbender Menschen kennen, können Familienmitglieder und Gesundheitsexperten oft dabei helfen, diese zu erfüllen.
Helfen Sie beim endgültigen Übergang.	Versichern Sie dem sterbenden Menschen, dass er oder sie nicht allein ist, indem Sie eine einfühlsame Berührung, einen sorgenden Gedanken oder nur Ihre stille Präsenz anbieten. Einige Menschen, die kämpfen, können vielleicht von der Erlaubnis zu sterben, profitieren – der Botschaft, dass es in Ordnung ist, aufzugeben und loszulassen.

Quelle: Benoliel & Degner, 1995; Samarel, 1995.

ebenfalls die Erfahrungen sterbender Menschen. Buddhismus, der in China, Indien und Südostasien weit verbreitet ist, fördert die Akzeptanz des Todes. Durch das Vorlesen von Sutren (der Lehre Buddhas) wird der Geist des Sterbenden beruhigt. Die Annahme, dass das Sterben zu einer Wiedergeburt führt, lässt Buddhisten glauben, dass es möglich ist, das Nirwana zu erreichen, ein Stadium jenseits der Welt des Leidens (Yeung, 1996). In vielen Gruppen der Ureinwohner Amerikas tritt man dem Tod mit stoischer Selbstkontrolle gegenüber, ein Zugang, der schon im frühen Alter durch Erzählungen gelehrt wird, die eine eher zirkuläre als lineare Beziehung zwischen Leben und Tod betonen und die Bedeutung dessen, für andere Platz zu machen (Cox, 2002). Die Inuit in Kanada ermutigen den Sterbenden, Trost eher in gegenwärtigen sozialen Beziehungen zu finden als in einem Leben danach, das sie hauptsächlich beschreiben, um Ängste davor zu reduzieren (Mills & Slobodin, 1994). Und für Afroamerikaner signalisiert das Sterben eines geliebten Menschen eine Krise, welche die Familienmitglieder in der gemeinsamen Betreuung vereinigt. Der unheilbar kranke Mensch bleibt eine aktive und vitale Kraft innerhalb der Familie, bis er oder sie diese Rolle nicht mehr ausfüllen kann – eine Einstellung von Respekt,

die unzweifelhaft den Sterbevorgang einfacher macht (Sullivan, 1995).

Insgesamt erweckt das Sterben eine Vielfalt von Gedanken, Gefühlen und Bewältigungsstrategien. Welche davon ausgewählt und betont werden, hängt ab von einem breiten Spektrum gegebener Einflüsse und unterscheidet sich sehr bei den einzelnen Individuen. Erinnert Sie das nicht an wichtige Aspekte der Entwicklung über die Lebensspanne, dass nämlich Entwicklung multidimensional ist und in viele Richtungen führt? Das ist in dieser letzten Phase genauso relevant wie in jeder früheren Periode.

19.4 Ein Platz zum Sterben

Anders als in vergangenen Zeiten, als die meisten Menschen zu Hause starben, findet das Sterben heute zu etwa 70 % in Kanada und 80 % in den Vereinigten Staaten in Krankenhäusern statt (Peres, 2002; Wilson, 2002). In der großen, unpersönlichen Umgebung des Krankenhauses ist die Befriedigung menschlicher Bedürfnisse Sterbender und ihrer Familien sekundär, nicht weil es den Fachleuten gleichgültig wäre, sondern weil sich ihre Arbeit darauf konzentriert, Leben zu retten. Ein sterbender Patient bedeutet ein Versagen.

In den 1960er Jahren entstand eine Bewegung zum Bewusstmachen des Todes als Reaktion auf die den Tod vermeidenden Praktiken der Krankenhäuser – komplizierte Maschinen, an welche oft Patienten angeschlossen waren, die keine Überlebenschance hatten und unter diesen Bedingungen kaum mehr kommunizieren konnten. Sie führte zu einer medizinischen Betreuung, die den Bedürfnissen sterbender Menschen zu entsprechen versucht, und zu Hospizprogrammen, welche sich auf der ganzen Welt verbreitet haben. Wir wollen auf jede dieser Einrichtungen für Sterbende einen Blick werfen.

19.4.1 Zu Hause

Hätte man Sofie und Nicholas gefragt, wo sie sterben wollten, hätten beide ohne Zweifel geantwortet: „Zu Hause" – wie etwa 70 % bis 90 % der Nordamerikaner (Peres, 2002; Ratner et al., 2001; Wilson, 2002). Der Grund ist klar: das eigene Zuhause bietet eine Atmosphäre der Intimität und liebenden Fürsorge, in welcher sich der unheilbar kranke Mensch wahrscheinlich nicht verlassen oder durch körperlichen Abbau oder Abhängigkeit von anderen gedemütigt fühlt.

Jedoch erleben nur etwa ein Viertel der Kanadier und ein Fünftel der Amerikaner den Tod zu Hause (Mezey et al., 2002; Wilson, 2002). Und es ist wichtig, den Tod zu Hause nicht zu verklären. Wegen dramatischer Verbesserungen in der Medizin sind heute sterbende Menschen kränker und viel älter als jemals zuvor. Folglich können ihre Körper extrem gebrechlich sein, was gewöhnliche Tätigkeiten wie essen, schlafen, eine Tablette einnehmen, zur Toilette gehen und ein Bad nehmen zu größten Nervenproben macht (Ellingson & Fuller, 2001). Gesundheitsprobleme älterer Ehegatten, Berufstätigkeit und andere Verantwortlichkeiten von Familienmitgliedern und die körperliche, psychische und finanzielle Belastung, die die Pflege zu Hause mit sich bringen kann, machen es schwierig, dem Wunsch des Schwerkranken zu entsprechen, zu Hause zu sterben.

Für viele Menschen ist die Möglichkeit, ganz bis zum Ende bei dem sterbenden Menschen zu bleiben, eine lohnende Vergeltung für die hohen Anforderungen der Betreuung. Aber die Vor- und Nachteile des Sterbens zu Hause sollten sorgfältig abgewogen werden, bevor man sich dafür entscheidet. Eine angemessene Unterstützung des Betreuenden ist unerlässlich. Eine Pflegekraft ist zu Hause oft notwendig – eine Dienstleistung (wie wir gleich sehen werden), die Hospizprogramme zugänglicher gemacht haben. Wenn die Beziehungen in der Familie sehr konfliktreich sind, bedeutet der sterbende Patient zusätzlichen Stress für die Familie, was die Vorteile des Sterbens zu Hause aufhebt. Schließlich sind die meisten Häuser nicht entsprechend ausgestattet, um selbst mit professioneller Hilfe die medizinischen und pflegerischen Bedürfnisse der Sterbenden zu erfüllen. Aus all diesen Gründen berichten Familienmitglieder zehn Monate nach einem Sterbefall zu Hause immer wieder über mehr psychischen Stress als Familienmitglieder, bei denen ein geliebter Mensch an einem anderen Ort starb (Addington-Hall, 2000).

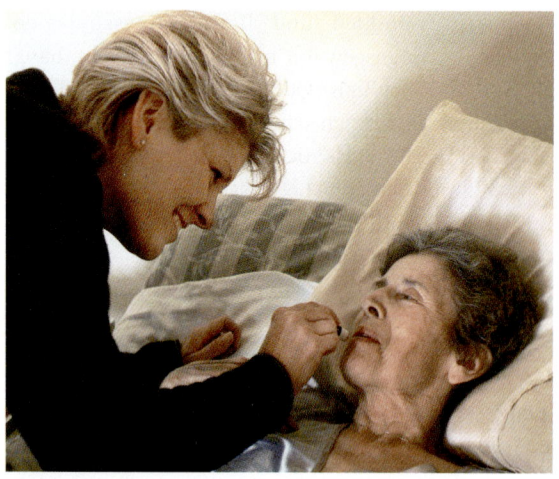

Ein Hospiz hilft Patienten und Familienmitgliedern, sich auf eine Weise auf den Tod vorzubereiten, die befriedigend für alle ist. Ein interdisziplinäres Team von Fachleuten konzentriert sich auf den Schutz der Lebensqualität statt auf die Verlängerung des Lebens. Diese Tochter bringt liebevoll Lippenbalsam auf die Lippen ihrer sterbenden Mutter auf. Ihr Gesichtsausdruck verrät eine enge, warme Kommunikation während dieser letzten Lebenswochen der Mutter.

19.4.2 Krankenhaus

Das Sterben in Krankenhäusern hat viele Formen. Jede wird beeinflusst vom körperlichen Zustand des sterbenden Menschen, der Abteilung des Krankenhauses, in der der Sterbende liegt, und von Ziel und Qualität der Pflege.

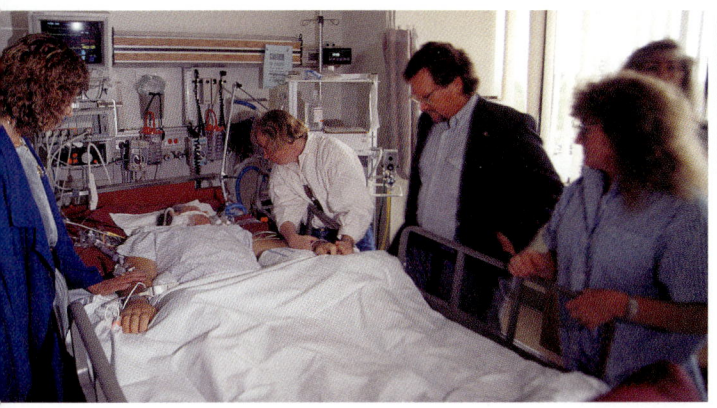

In dieser Abteilung eines Krankenhauses mit Intensivpflege besuchen Familienmitglieder einen sterbenden Patienten zu einer verabredeten Zeit. Die Überwachung des Zustandes des Patienten, um im Notfall medizinisch reagieren zu können, verdrängt die Intimsphäre und verhindert Kommunikation. Das Sterben in Intensivstationen ist eine unpersönliche Erfahrung in technologisch hoch entwickelten Gesellschaften. Einige Patienten halten sich dort, an Maschinen angeschlossen, viele Monate auf.

Ein plötzlicher Tod infolge eines Unfalls oder einer kritischen Krankheit passiert typischerweise in Räumen der Notaufnahme. Ärzte und Schwestern müssen das Problem schnell bewerten und schnell handeln. Für Kontakt mit Familienmitgliedern bleibt wenig Zeit. Wenn das Team die Nachricht des Todes einfühlend mitteilt und Erklärungen abgibt, sind Familienmitglieder dankbar dafür. Wenn es nicht so geschieht, können Gefühle der Wut, Frustration und Verwirrung zur Trauer hinzukommen (Benoliel & Degner, 1995). Dienste für Krisenintervention sind nötig, um Überlebenden zu helfen, mit dem plötzlichen Tod umzugehen, und einige Krankenhäuser sind darin besser als andere.

Nicholas starb in einer Station, die darauf ausgerichtet ist, das Sterben bei Patienten zu verhindern, deren Zustand sich schnell verschlechtern kann. Intimsphäre und Kommunikation mit der Familie waren sekundär gegenüber dem Überwachen seines Zustandes. Um einer Störung der Aktivitäten der Krankenschwestern vorzubeugen, konnten Gisela und Sasha nur zu festgelegten Zeiten an der Seite von Nicholas sein. Das Sterben in Intensivstationen ist eine Erfahrung, die es nur in technologisch hoch entwickelten Gesellschaften gibt. Es ist besonders unpersönlich für Patienten wie Nicholas, die sich lange zwischen Leben und Tod befinden und für Monate an Maschinen angeschlossen sind.

Krebspatienten, welche die meisten Fälle verlängerten Sterbens ausmachen, sterben typischerweise in allgemeinen oder auf Krebspflege spezialisierten Abteilungen der Krankenhäuser. Wenn sie lange Zeit im Krankenhaus sind, haben sie ein Verlangen nach Befriedigung körperlicher und emotionaler Bedürfnisse, in der Regel mit gemischtem Erfolg. In diesen Krankenhäusern wird wie in der Intensivpflege ein Wertekonflikt offenkundig (Hanson, Danis, & Garrett, 1997). Aufgaben, die mit dem Sterben verbunden sind, müssen wirksam ausgeführt werden, so dass man allen Patienten dienen kann und medizinisches Personal durch wiederholte Bindungen und Trennungen nicht erschöpft wird.

Eine kürzlich durchgeführte Befragung ergab, dass nur 14 % der amerikanischen Krankenhäuser umfassende Behandlungsprogramme besitzen, die darauf zielen, körperliches, emotionales und spirituelles Leiden am Lebensende zu erleichtern. Programme zur Schmerzlinderung sind zwar gebräuchlicher und in 42 % der Krankenhäuser vorhanden, aber in der Mehrzahl der Krankenhäuser eben nicht. Und weniger als 1 % von Ärzten und Krankenschwestern ist besonders dafür ausgebildet, Schmerz bei sterbenden Menschen zu lindern. Insgesamt folgerte der Bericht, dass viele Menschen unter schmerzhaften, Furcht erregenden und unpersönlichen Bedingungen im Krankenhaus sterben, ohne dass ihre Wünsche erfüllt werden können (Peres, 2002; Zwillich, 2002). Der Zugang über das Hospiz zielt darauf, diese grundlegenden Fehler in der Fürsorge zu reduzieren.

19.4.3 Der Hospizgedanke

Im Mittelalter war ein *Hospiz* ein Ort, an dem Reisende Unterkunft und Ruhe fanden. Im 19. und 20. Jahrhundert bezog sich das Wort auf Heime für sterbende Menschen. Heute ist das **Hospiz** kein Ort mehr, sondern ein umfassendes Programm unterstützender Dienste für unheilbar kranke Menschen und ihre Familien. Es zielt darauf, eine sorgende Gemeinschaft zu bieten, die sensibel auf die Bedürfnisse des sterbenden Menschen reagiert, so dass Patienten und Familienmitglieder sich auf eine für sie befriedigende Weise auf den Tod vorbereiten können. Die Lebensqualität ist zentral für den Hospizgedanken. Hier seine Hauptmerkmale:

- Der Patient und seine Familie als eine Einheit der Betreuung

- Betonung darauf, die körperlichen, emotionalen, sozialen und spirituellen Bedürfnisse zu befriedigen, einschließlich der Kontrolle von Schmerz, der Wahrung von Würde und Selbstwert und dem Gefühl, betreut und geliebt zu werden

- Pflege durch ein interdisziplinäres Team: den Arzt des Patienten, eine Krankenschwester oder Hilfskrankenschwester, einen Geistlichen, einen Berater oder Sozialarbeiter und einen Apotheker

- Der Patient wird zu Hause behalten oder in einer außerstationären Umgebung mit einer häuslichen Atmosphäre, in der die Koordination der Pflege möglich ist

- Konzentration auf die Verbesserung des verbleibenden Lebens mit **palliativer** oder **Trost spendender Pflege,** die Schmerz und andere Symptome (wie Übelkeit, Atemschwierigkeiten, Schlaflosigkeit und Depression) lindert und darauf zielt, die Lebensqualität des Patienten aufrechtzuerhalten statt nur das Leben zu verlängern

- Zusätzlich zu regelmäßigen Pflegebesuchen zu Hause mit festen Terminen ein Telefondienst, 24 Stunden am Tag, an sieben Tagen die Woche

- Nachfolgende Dienste der Trauernden, die den Familien in dem Jahr nach dem Tod angeboten werden

Weil die Hospizpflege eine Philosophie ist, keine bloße Einrichtung, kann sie auf vielfältige Weise angewendet werden. In Großbritannien ist die Pflege in einer speziellen außerstationären Abteilung, zum Teil in Verbindung mit einem Krankenhaus, typisch. In den Vereinigten Staaten wird die Pflege zu Hause betont, wo nahezu 80 % der Hospizpatienten in ihrer eigenen Wohnung sterben. In Kanada findet die Hälfte der Pflege zu Hause, die andere im Krankenhaus statt (Gardner, 2001; National Hospice and Palliative Care Organization, 2002). Aber überall haben sich Hospizprogramme ausgeweitet und umfassen ein Kontinuum an Pflegemöglichkeiten, von denen zu Hause bis zu außerstationären Möglichkeiten einschließlich Krankenhäuser und Altersheime. Zentral ist dem Hospizgedanken, dass dem sterbenden Mensch und seiner Familie Wahlmöglichkeiten geboten werden, die einen angemessenen Tod garantieren. Einige Programme bieten Tagespflege im Hospiz, was den Betreuern erlaubt, ihrem Beruf nachzugehen und von der Bürde einer lang andauernden Pflege entlastet zu werden (Mahoney, 1998). Kontakt mit anderen Menschen, die mit einer unheilbaren Krankheit konfrontiert sind, ist ein unterstützendes Nebenprodukt vieler Hospizangebote.

Derzeit haben die Vereinigten Staaten über 3000 Hospize, die jährlich mehr als 540.000 unheilbar Kranke betreuen, sowie palliative Pflegeorganisationen, die ebenfalls Tausende von Patienten erreichen. Etwa 50 % der Patienten, die an Krebs sterben, und über 30 % Aidskranker wählen das Hospiz. Diese Programme nehmen auch Menschen auf, die an einer Reihe anderer unheilbarer Krankheiten leiden (Gardner, 2001; National Hospice and Palliative Care Organization, 2002). Weil die Hospizbetreuung eine kostenwirksame Alternative zu teuren, lebensrettenden Behandlungen ist, wird sie sowohl in den Vereinigten Staaten wie in Kanada vom Staat finanziert, was sie für die meisten sterbenden Patienten und ihre Familien erschwinglich macht. Hospize dienen auch sterbenden Kindern – einer so schrecklichen Tragödie, dass soziale Unterstützung und Trauerinterventionen für die Hinterbliebenen lebenswichtig sind (Wolfe, 1997).

Die Forschung zeigt, dass neben der Minderung des körperlichen Leidens der Patienten die Hospizpflege auch zu einer verbesserten Familienatmosphäre beiträgt. Die Mehrheit der Patienten und Familien berichtete über verbesserte Bewältigungsstrategien, nachdem sie Hospizdienste in Anspruch genommen hatten (Godkin et al., 1984). In einer Untersuchung nahmen Familienmitglieder, die Hospizbetreuung erfahren hatten, stärker an der Beerdigung teil (Aussuchen der Musik, Halten einer Totenrede) und hatten in den ein bis zwei Jahren nach dem Tod ihrer geliebten Angehörigen höhere Werte im psychischen Wohlbefinden als Familienmitglieder ohne Hospizbetreuung (Ragow-O'Brien, Hayslip, & Guarnaccia, 2000).

Als weit gefasstes Ziel streben die Hospizorganisationen nach einer breiteren Akzeptanz ihres patienten- und familienzentrierten Zugangs. Derzeit ist die Mehrheit der Nordamerikaner noch nicht mit dem Hospizgedanken vertraut, obwohl nahezu 90 % angeben, dass es diese Pflege zum Ende des Lebens wäre, die sie sich wünschten, wenn man sie ihnen beschreibt (Gardner, 2001; National Hospice and Palliative Care Organization, 2002). Kürzlich startete Kanada einen Hospizdienst im Internet, genannt Canadian Virtual Hospice, um Patienten, Familien und Betreuern mit Informationen, Diensten und Kontakten zu anderen, die ähnliche Probleme haben, zu unterstützen. Eine besondere Stärke dieser Webseite ist ihre Zugänglichkeit in allen Regionen, einschließlich unterversorgter ländlicher und abgelegener Gebiete (Mars Hill Group, 2002). Schließlich werden kulturell einfühlsame Vorgehensweisen benötigt, um mehr Patienten ethnischer Minderheiten zu erreichen, die in einer viel kleineren Zahl an Hospizprogrammen teilnehmen als weiße Patienten (Crawley et al., 2000).

> **Prüfen Sie sich selbst ...**
>
> **Rückblick**
> Wie verhilft ein Hospiz dem unheilbar kranken Patienten zu einem angemessenen Tod?
>
> **Rückblick**
> Warum ist das Konzept der Stadien ein unangemessener Zugang zu den geistigen und emotionalen Reaktionen unheilbar kranker Patienten, wenn sie sich dem Tode nähern?
>
> **Anwendung**
> Als beim fünfjährigen Timmy ein todbringendes Nierenversagen diagnostiziert wurde, konnten seine Eltern diese traurige Nachricht nicht akzeptieren. Ihre Besuche im Krankenhaus wurden kürzer und sie gingen seinen angstvollen Fragen aus dem Weg. Schließlich gab sich Timmy selber die Schuld. Er starb mit geringen körperlichen Schmerzen, aber allein, und seine Eltern litten lange unter Schuldgefühlen. Erklären Sie, wie Hospizpflege Timmy und seiner Familie hätte helfen können.
>
> **Zusammenhänge**
> Lesen Sie noch einmal die Beschreibung von Sofies geistigen und emotionalen Reaktionen auf das Sterben auf Seite 874. Dann sehen Sie noch einmal die Geschichte von Sofies Leben auf Seite 2-3 an. Wie stimmten Sofies Reaktionen mit ihrer Persönlichkeit und ihrem lebenslangen Bewältigungsstil von Schwierigkeiten überein?
>
> **Prüfen Sie sich selbst ...**

19.5 Das Recht zu sterben

Im Jahre 1976 reichten die Eltern von Karen Ann Quinlan, einer jungen Frau, die auf einer Party Drogen nahm und in ein irreversibles Koma fiel, eine Klage ein, dass man ihr Beatmungsgerät abschalte. Der New Jersey Supreme Court (Oberste Gerichtshof von New Jersey), der sich auf Karens Recht auf Privatsphäre und der Verfügungsgewalt ihrer Eltern als deren Hüter berief, stimmte dieser Bitte zu. Obwohl man annahm, dass Karen schnell sterben würde, atmete sie aus eigener Kraft weiter, wurde weiterhin intravenös ernährt und lebte weitere zehn Jahre in einem dauerhaften vegetativen Zustand.

Im Jahre 1983 schlief die 25-jährigee Nancy Cruzan am Steuer ein und wurde aus ihrem Wagen geschleudert. Nach der Wiederbelebung arbeiteten Herz und Lunge, aber ihr Gehirn war stark geschädigt. Wie Karen lag Nancy in einem andauernden vegetativen Zustand. Ihre Eltern wünschten eine Beendigung ihrer sinnlosen Existenz durch den Entzug künstlicher Ernährung – ein Anliegen, das in Übereinstimmung war mit einer Bemerkung, die Nancy ein Jahr zuvor gegenüber einer Freundin gemacht hatte. Aber der Gerichtshof von Missouri verweigerte dieses mit der Erklärung, dass kein schriftliches Zeugnis von Nancys Wünschen existiere. Der U.S. Supreme Court unterstützte diesen Entscheid, bat aber den Staat Missouri, noch einmal darüber nachzudenken. Schließlich stimmte Nancys Arzt zu, dass es in ihrem Interesse sei, die Behandlung abzubrechen, und ein Richter des Landkreises respektierte diese Bitte. Sie starb eine Woche später, nachdem sie fast acht Jahre ohne Bewusstsein gewesen war.

Vor 1950 konnte die medizinische Wissenschaft wenig tun, das Leben unheilbar kranker Patienten zu verlängern, so dass das Recht zu sterben von geringer Bedeutung war. Der heutige medizinische Fortschritt bedeutet, dass die gleichen Methoden, die Leben erhalten, auch den unvermeidlichen Tod aufschieben und sowohl Lebensqualität wie persönliche Würde zerstören.

Die Fälle von Quinlan und Cruzan brachten Fragen zu einem Recht auf das Sterben ins öffentliche Bewusstsein, was mehr als 40 US-Staaten dazu brachte, Gesetze zu erlassen, die die Wünsche der Patienten hinsichtlich Unterlassen einer Behandlung im Falle einer unheilbaren Krankheit respektieren und in einigen wenigen Staaten auch im Falle eines andauernden vegetativen Zustandes. In Deutschland hat die Gesetzgebung sich hier in Richtung auf eine Selbstbestimmung des Patienten in hoffnungslosen Fällen entwickelt. Aber in den Vereinigten Staaten wie auch in Kanada gibt es keine einheitliche Politik zu einem Recht auf Sterben und es besteht Uneinigkeit darüber, wie die diversen Umstände zu handhaben sind, unter denen Patienten und Familien ihre Wünsche äußern (Filene, 1998).

Sterbehilfe (Euthanasie) bedeutet, das Leben einer Person zu beenden, die an einem nicht heilbaren Zustand leidet. Ihre verschiedenen Formen sind in Tabelle 19.1 aufgeführt. Wie wir in den folgenden Abschnitten sehen werden, ist die öffentliche Zustimmung zur Sterbehilfe hoch, mit der Ausnahme, wenn sie das Beenden des Lebens eines gepeinigten, unheilbar kranken Patienten bedeutet, zu dem er keine Zustimmung gegeben hat.

Tabelle 19.1

Formen der Sterbehilfe (Euthanasie)

Form	Beschreibung
Freiwillige passive Sterbehilfe	Auf die Bitte des Patienten hält der Arzt Medikamente zurück oder setzt sie ab und erlaubt damit dem Patienten, auf natürliche Weise zu sterben. Zum Beispiel führt der Arzt keine Operation durch oder gibt keine Medikamente mehr, die das Leben verlängern könnten, oder der Arzt schaltet das Beatmungsgerät eines Patienten ab, der nicht aus eigener Kraft atmen kann.
Freiwillige aktive Sterbehilfe	Der Arzt beendet das Leben eines leidenden Patienten auf dessen Wunsch – indem er zum Beispiel eine tödliche Dosis von Medikamenten verabreicht.
Beihilfe zum Selbstmord	Der Arzt hilft einem leidenden Patienten, sein/ihr Leben zu beenden. Zum Beispiel ermöglicht der Arzt es dem Patienten, eine tödliche Dosis eines Medikamentes zu schlucken oder zu injizieren.
Unfreiwillige aktive Sterbehilfe	Der Arzt beendet das Leben eines leidenden Patienten ohne die Erlaubnis des Patienten. Der Arzt gibt zum Beispiel ohne Zustimmung des Patienten eine tödliche Dosis eines Medikamentes.

19.5.1 Passive Sterbehilfe

Bei der **passiven Sterbehilfe** wird eine lebenserhaltende Behandlung nicht gegeben oder abgebrochen, was dem Patienten erlaubt, auf eine natürliche Weise zu sterben. Hätte man Nancy Cruzan erlauben sollen, früher zu sterben? War es richtig, dass Nicholas' Ärzte auf Giselas Bitten das Beatmungsgerät abschalteten? Betrachten Sie ein Opfer von Alzheimer, dessen Krankheit so weit fortgeschritten ist, dass der Kranke sein Bewusstsein und alle Körperfunktionen verloren hat. Sollten in diesem Fall lebenserhaltende Maßnahmen aufgegeben werden?

Kürzlich durchgeführte Umfragen haben ergeben, dass die Mehrheit der Menschen auf diese Fragen mit ja antworten. Wenn es keine Hoffnung auf Heilung gibt, unterstützen mehr als 80 % der Amerikaner und Kanadier das Recht des Patienten oder der Familie, die Behandlung zu beenden (Singer et al., 1995; Woodman, 1998). Im Jahre 1986 billigte die American Medical Association, alle Formen von Behandlung bei unheilbar Kranken zu unterlassen, wenn der Tod unausweichlich ist, und bei allen, die sich in einem dauerhaften vegetativen Zustand befinden. Folglich wird die passive Sterbehilfe als Teil normaler medizinischer Methoden praktiziert, in denen Ärzte eine professionelle Beurteilung abgeben.

Eine Minderheit von Bürgern jedoch billigt die passive Euthanasie nicht. Religiöse Einstellungen haben erstaunlich geringen Einfluss auf die Meinung der Menschen. Die meisten Katholiken zum Beispiel stimmen zu, trotz der zurückhaltenden Zustimmung der offiziellen Kirche, die befürchtet, dass passive Sterbehilfe den ersten Schritt bedeuten könnte für ein von der Regierung gebilligtes Töten aus Mitleid. Ethnische Zugehörigkeit jedoch macht einen Unterschied: Fast doppelt so viele Afroamerikaner als kaukasische Amerikaner wünschte jede mögliche medizinische Intervention, unabhängig vom Zustand des Patienten (Hopp & Duffy, 2000). Vielleicht reflektiert dieses Widerstreben, die Behandlung aufzugeben, starke kulturelle Annahmen, das Leben unbedingt zu respektieren und zu erhalten.

Wegen kontroverser Fälle bei Gericht sind einige Ärzte und medizinische Institutionen zögerlich, ein Leben ohne juristische Billigung zu beenden. Solange eine landesweite Übereinstimmung über die passive Sterbehilfe nicht besteht, können Menschen am besten sicherstellen, dass ihre Wünsche respektiert werden, wenn sie eine **Patientenverfügung vorbereiten** – eine geschriebene Verfügung gewünschter Behandlung im Falle einer unheilbaren Krankheit. Die Mehrheit der US-Staaten erkennt zwei Arten von Verfügungen an: eine Verfügung und eine ständige Ermächtigung eines Bevollmächtigten für Gesundheitsmaßnahmen. Die meisten kanadischen Provinzen und einige wenige US-Staaten kombinieren die beiden in einem Dokument (Gunter-Hunt et al., 2002; Joint Centre for Bioethics, 2002).

In einer **Patientenverfügung** spezifizieren Menschen die Behandlung, die sie im Falle einer unheilbaren Krankheit, des Komas oder anderer dem Tode

Dieses Paar spricht mit einem Krankenhausgeistlichen über eine Patientenverfügung. Die Ernennung eines vertrauenswürdigen Sprechers, durch eine dauerhafte Ermächtigung eines Bevollmächtigten, der Entscheidungen für die Gesundheitspflege trifft, ist der flexibelste Zugang, um sicherzustellen, dass die Wünsche respektiert werden, weil er einen Spielraum bietet, mit unerwarteten Situationen umzugehen.

nahen Situationen wünschen oder ablehnen (siehe Abbildung 19.2). So könnte zum Beispiel eine Person verfügen, dass er oder sie ohne erkennbare Erwartung einer Erholung nicht durch medizinische Interventionen jeglicher Art am Leben gehalten werden möchte. Zusätzlich geben Patientenverfügungen manchmal an, dass schmerzlindernde Medikamente gegeben werden sollten, selbst wenn diese das Leben verkürzen. Im Falle Sofies gab ihr Arzt ein sehr starkes Narkotikum, um die Atmung zu erleichtern und ihre Angst vor dem Ersticken zu lindern. Das Narkotikum unterdrückte die Atmung, was zu einem um Stunden oder Tage früheren Tod führte, als wenn das Mittel nicht angeordnet würde, aber es verminderte die Angst. Solche palliative Pflege wird als angemessene und ethische ärztliche Praxis angesehen.

Obwohl Patientenverfügungen persönliche Kontrolle versprechen, garantieren sie diese nicht. Die Anerkennung von Patientenverfügungen ist in der Regel auf Patienten begrenzt, die unheilbar krank sind oder von denen man aus anderen Gründen erwartet, dass sie bald sterben werden. Nur einige wenige Staaten in den USA erkennen sie bei Menschen in einem andauernden vegetativen Status infolge einer Verletzung oder alte Menschen, die lange Zeit unter chronischen Problemen einschließlich Alzheimer leiden, an, weil diese Zustände nicht als unheilbar klassifiziert sind. Ferner befolgen Ärzte sie oft aus einer Reihe von Gründen nicht, wie Angst vor gerichtlicher Verfolgung, ihren eigenen moralischen Überzeugungen und mangelnden Bemühungen, etwas über die Verfügungen des Patienten herauszufinden (Lawton, 2001a; Lens & Pollack, 2000).

Weil Patientenverfügungen nicht alle zukünftigen medizinischen Konditionen voraussagen und leicht ignoriert werden können, ist eine zweite Form einer Verfügung üblich geworden. Die **dauerhafte Bevollmächtigung einer anderen Person zur Überwachung der Gesundheitspflege des Patienten** autorisiert die Ernennung einer anderen Person (in der Regel, aber nicht immer ein Familienmitglied), um Entscheidungen zur Pflege im Namen des Patienten zu treffen. Sie erfordert im Allgemeinen nur eine kurze, unterschriebene und bevollmächtigte Erklärung wie diese:

> *Hiermit ernenne ich [Name], für mich und in meinem Namen zu handeln (in jeder Weise, wie ich selbst handeln könnte), um alle Entscheidungen für mich zu treffen, die meine persönliche Pflege, medizinische Behandlung, Krankenhausaufenthalte und Gesundheitsbetreuung betreffen, und jede Art von Behandlung oder Methode anzuwenden, nicht anzuwenden oder zu unterlassen, selbst wenn daraus mein Tod folgt.*

Die dauerhafte Bevollmächtigung zur Gesundheitspflege ist flexibler als die Patientenverfügung, weil sie es einem vertrauensvollen Sprecher erlaubt, mit dem Arzt zu verhandeln, wenn medizinische Fragen auftreten. Weil die Ermächtigung, für den Patienten zu sprechen, nicht auf unheilbare Krankheiten begrenzt ist, besteht größerer Spielraum, mit unerwarteten Situationen umzugehen (Jasper, 1996). Und in homosexuellen oder anderen engen Beziehungen, die nicht rechtlich gesichert sind, kann die dauerhafte Bevollmächtigung die Rolle des Partners sicherstellen, für die Gesundheitsbedürfnisse des Patienten und bei Entscheidungen in dessen Sinne zu sprechen.

Ob nun eine Person passive Sterbehilfe unterstützt oder nicht, ist es dennoch wichtig, eine Patientenverfügung, eine dauerhafte Bevollmächtigung oder beides zu haben, weil die meisten Sterbefälle im Krankenhaus eintreten. Jedoch haben weniger als 20 % der Nordamerikaner solche Dokumente verfasst, vielleicht wegen des verbreiteten Unbehagens, das Thema des Todes anzusprechen, besonders mit Verwandten (Humphrey & Clement, 1998). Um die Menschen zu ermutigen, Entscheidungen über mögliche Behandlungen zu treffen, solange sie dazu fähig

Abbildung 19.2: Beispiel einer Patientenverfügung. Dieses Dokument der Ärztekammer Berlin ist in ganz Deutschland gültig.

sind, fordert das föderale US-Gesetz jetzt alle medizinischen Einrichtungen, die föderale Gelder erhalten, dazu auf, bei der Aufnahme Informationen über die Gesetze in dem betreffenden US-Staat und institutionelle Maßnahmen über die Rechte der Patienten und vorausplanende Verfügungen zu geben.

Gesundheitsexperten, die sich nicht klar sind über den Willen des Patienten und gerichtliche Schritte befürchten, werden wahrscheinlich dahingehend entscheiden, die Behandlung fortzuführen, unabhängig von einer vorhergehenden mündlichen Erklärung des Patienten. Vielleicht erlauben aus diesem Grund einige US-Staaten und kanadische Provinzen die Ernennung eines Stellvertreters oder eines Ersatzes zur Fällung einer Entscheidung, wenn es ein Patient versäumt hat, eine Direktive abzugeben, als er dazu noch in der Lage war (Jasper, 1996; Joint Centre for Bioethics, 2002). Stellvertreter sind wichtig bei Kindern und Heranwachsenden, die keine gesetzlich gültigen medizinischen Verfügungen im Voraus geben können.

19.5.2 Freiwillige aktive Sterbehilfe

In den vergangenen Jahren hat sich die Debatte über das Recht auf Sterben von einer Beendigung der Behandlung bei hoffnungslos Kranken auf aktivere Alternativen verlagert. Bei der **freiwilligen aktiven Sterbehilfe (Euthanasie)** handeln Ärzte oder andere auf Bitten des Patienten, um sein Leiden zu beenden, bevor er eines natürlichen Todes sterben würde. Es ist eine Form des Tötens aus Mitleid und ist in den meisten Staaten einschließlich Kanadas und fast aller US-Staaten ein krimineller Akt (Scherer & Simon, 1999). Aber die Zustimmung zur aktiven Sterbehilfe nimmt zu. Wie Abbildung 19.3 zeigt, stimmen ihr etwa

70 bis 90 % aller Menschen in westlichen Ländern zu (Caddell & Newton, 1995; Gallup Canada, 1997). Wenn Ärzte aktive Sterbehilfe ausüben, sind amerikanische und kanadische Richter in der Regel nachsichtig und sehen von Verurteilungen und Bewährungsstrafen ab – ein Trend, der das steigende öffentliche Interesse an der Selbstbestimmung im Leben wie im Tod reflektiert.

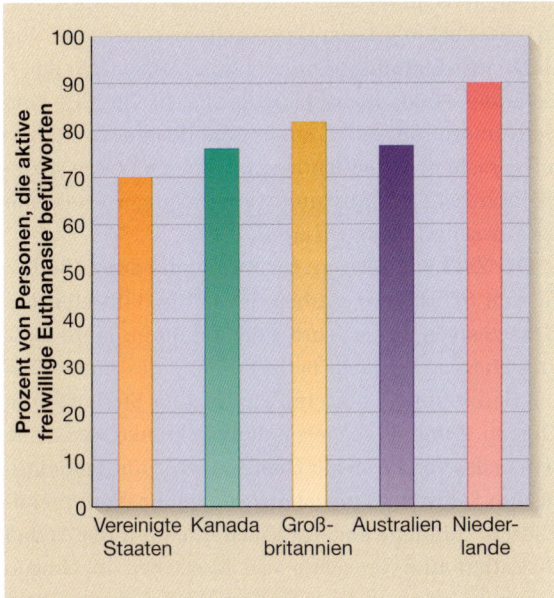

Abbildung 19.3: Befürwortung von aktiver Sterbehilfe (Euthanasie) in der öffentlichen Meinung in fünf Ländern. Zwischen der öffentlichen Meinung, die in den letzten 30 Jahren zunehmend eine freiwillige aktive Sterbehilfe befürwortet, und dem Gesetz, das diese verbietet, besteht ein Konflikt. Die Mehrheit der Menschen in westlichen Ländern glaubt, dass man einem unheilbar kranken, leidenden Patienten, der um eine tödliche Injektion bittet, diese Bitte erfüllen sollte. Die öffentliche Befürwortung der freiwilligen aktiven Sterbehilfe ist am höchsten in den Niederlanden – der weltweit einzigen Nation, wo diese Praxis unter besonderen Umständen legal ist (aus Gallup Canada, 1997; van der Maas, Pijnenborg, & van Delden, 1995; Scherer & Simon, 1999).

Dennoch haben Versuche, die freiwillige aktive Sterbehilfe zu legalisieren, zu hitzigen Debatten geführt. Befürworter glauben, dass sie die einfühlsamste Möglichkeit für unheilbar kranke Menschen mit schweren Schmerzen darstellt. Gegner betonen den moralischen Unterschied zwischen „sterben lassen" und „töten" und weisen darauf hin, dass manchmal selbst sehr schwer kranke Patienten genesen. Sie argumentieren auch, dass das Engagement von Ärzten bei der Beendigung des Lebens leidender Patienten das Vertrauen der Menschen in Gesundheitsexperten erschüttern könnte. Schließlich besteht Angst davor, dass eine Legalisierung dieser Praxis – selbst unter strikter Überwachung, um sicherzustellen, dass sie nicht aus Depression, Einsamkeit, Nötigung oder dem Wunsch, die Last der Krankheit von anderen zu nehmen, erwächst – zu einer Zunahme von Euthanasie führen könnte. Ursprünglich beschränkt auf unheilbar Kranke, könnte sie ohne Einwilligung bei Gebrechlichen, Demenzkranken und Behinderten angewendet werden – Folgen, welche die meisten Menschen als unakzeptabel und unmoralisch ansehen (Kerridge & Mitchell, 1996).

Wird uns die Legalisierung freiwilliger aktiver Sterbehilfe auf unsicheren Grund führen, so dass wir wehrlose Menschen töten, die nicht darum gebeten haben, zu sterben? Der nachfolgende Kasten „Soziale Aspekte" stellt Erfahrungen aus dem australischen Staat Northern Territory dar, wo im Jahre 1996 ein Gesetz erlassen wurde, das die freiwillige aktive Euthanasie erlaubt, und aus den Niederlanden, wo Ärzte sie jahrelang praktiziert haben und wo sie erst kürzlich legalisiert wurde.

19.5.3 Beihilfe zum Selbstmord

Nachdem er Dianes Blutwerte gemessen hatte, überbrachte Dr. Timothy Quill die schlechte Nachricht: Leukämie. Wenn sie irgendeine Hoffnung auf Überleben hätte, müsste sofort eine belastende Behandlung mit einer Erfolgsrate von nur 25 % beginnen. Überzeugt, dass sie unaussprechlich unter Nebenwirkungen und einem Mangel an Kontrolle über ihren Körper leiden würde, entschloss sich Diane, keiner Chemotherapie und keiner Knochenmarkstransplantation zuzustimmen.

Dr. Quill stellte sicher, dass sich Diane ihrer Wahlmöglichkeiten bewusst war. Als er ihrer Entscheidung zustimmte, sprach sie ein anderes Thema an: sie wollte keinen sich lange hinziehenden Tod. Sie bestand auf ruhige Weise darauf, sich, wenn es an der Zeit wäre, auf die am wenigsten schmerzhafte Weise das Leben zu nehmen – eine Wahl, die sie mit ihrem Ehemann und ihrem Sohn besprochen hatte, die diese billigten. In der Erkenntnis, dass Diane nur dann das Beste aus ihrer Zeit machen könnte, die ihr noch zur Verfügung stand, wenn ihr ihre Angst vor großem Schmerz genommen werden könnte, erfüllte Dr. Quill ihren Wunsch nach Schlaftabletten und stellte sicher, dass sie die Menge kannte, die sowohl für den Schlaf wie für den Selbstmord benötigt würden.

Die kommenden Monate waren für Diane ereignisreich und erfüllend. Ihr Sohn legte ein Freisemester ein, um bei ihr zu sein, und ihr Ehemann arbeitete so oft wie möglich zu Hause. Allmählich setzten Knochenschmerzen, Müdigkeit und Fieber ein. Sie verabschiedete sich von ihrer Familie und ihren Freunden, bat, eine Stunde allein zu sein, nahm eine tödliche Dosis der Medikamente und starb zu Hause (Quill, 1991).

Beihilfe zum Selbstmord ist in Kanada und in vielen, aber nicht allen US-Staaten ungesetzlich. In Westeuropa ist ein von Ärzten unterstützter Selbstmord in Belgien, Deutschland, den Niederlanden und der Schweiz legal und wird in vielen anderen Ländern stillschweigend akzeptiert (Hill, 2003; Scherer & Simon, 1999). In Nordamerika hat allein Oregon ein Gesetz verabschiedet, den Death with Dignity Act (In-Würde-sterben-Erlass), der es Ärzten explizit erlaubt, unheilbar kranken Patienten Medikamente zu verschreiben, mit denen sie ihr Leben beenden können. Um ein Rezept zu bekommen, benötigen die Patienten die Erklärung von zwei Ärzten dazu, dass sie weniger als sechs Monate zu leben haben, und müssen wiederholt die Medikamente fordern. In Übereinstimmung mit ihrer Politik, die Beihilfe zum Selbstmord in den Händen der Bundesstaaten zu lassen, verweigerte der Oberste Gerichtshof einen Einspruch, das Oregonstatut in Augenschein zu nehmen, hielt jedoch das Recht anderer Bundesstaaten aufrecht, die Beihilfe zum Selbstmord abzulehnen. In einer Abstimmung im Jahre 1997 sprachen sich die Bürger Oregons für den Erhalt des die Beihilfe zum Selbstmord billigenden Rechts aus.

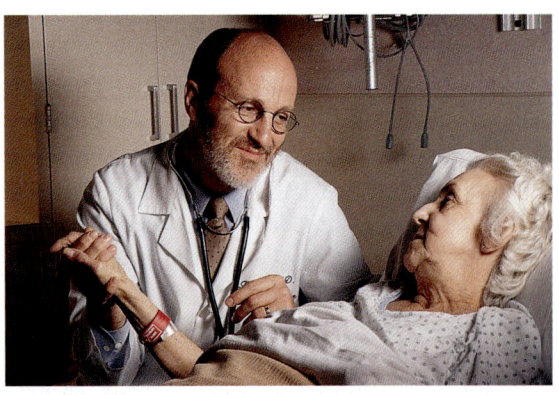

In einem angesehenen medizinischen Fachblatt erklärte Dr. Timothy Quill, warum und wie er einer unheilbar kranken Patientin geholfen hatte, sich das Leben zu nehmen. Mit der Billigung einer Mehrheit von Nordamerikanern wird Beihilfe zum Selbstmord möglicherweise eine verbreitete, inoffizielle Praxis in den Vereinigten Staaten und Kanada werden.

Wie für die freiwillige aktive Euthanasie besteht auch für die Beihilfe des Arztes zum Selbstmord in der Bevölkerung eine starke Zustimmung. Etwa 75 % der Amerikaner und 70 % der Kanadier stimmen dieser Praxis zu (Angus Reid Poll, 1995; Scherer & Simon, 1999). Eine Umfrage bei fast 1000 unheilbar kranken Patienten in den USA im Alter von 22 bis 109 Jahren offenbarte, dass nur ein Zehntel von ihnen dies ernsthaft für sich selber in Erwägung zogen, obwohl sie sich größtenteils für Beihilfe zum Selbstmord aussprachen. In einer nachfolgenden Untersuchung hatten viele von ihnen ihre Meinung geändert (Emanuel, Fairclough, & Emanuel, 2000). Menschen, die sich für Beihilfe zum Selbstmord im Falle einer unheilbaren Krankheit aussprachen, hatten tendenziell einen höheren sozioökonomischen Status und waren häufiger Kaukasier als Afroamerikaner (Cicerelli, 1997).

Die Zahl von Bürgern in Oregon, die durch Beihilfe zum Selbstmord starben, ist seit Inkrafttreten des Gesetzes von 16 im Jahre 1998 auf 38 im Jahre 2002 angestiegen. Dennoch betragen Fälle des unterstützten Selbstmordes nur ein Zehntel aller Sterbefälle in Oregon. Zehnmal so viele unheilbar kranke Menschen haben das Verfahren zur Qualifizierung für die Beihilfe zum Selbstmord eingeleitet, als sie ihn dann praktizierten. Hunderte anderer haben ihn mit ihren Ärzten diskutiert und Tausende von Menschen in Oregon geben an, dass sie Trost in dem Wissen finden, dass ihnen die Möglichkeit offen stünde für den Fall, dass sie beim Sterben leiden müssten (Hedberg, Hopkins, & Kohn, 2003). Krankenschwestern und Sozialarbeiter aus Oregon, die in Hospizen Patienten gepflegt hatten, welche um Beihilfe zum Selbstmord gebeten hatten, gaben als wichtigste Gründe für diese Bitte der Patienten den Wunsch nach Kontrolle über die Umstände des Todes, den Wunsch, zu Hause zu sterben, und die Annahme, dass ein Weiterleben nutzlos sei, an (Ganzini et al., 2002).

Das öffentliche Interesse an der Beihilfe zum Selbstmord wurde durch die „Selbstmordmaschinen" des Dr. Jack Kevorkian angefacht, welche es unheilbar kranken Patienten nach einer kurzen Beratung erlaubten, sich selbst tödliche Medikamente und Kohlendioxid zu verabreichen. Dr. Kevorkian nahm an mehr als 50 solcher Sterbefälle teil. Dr. Quills Entscheidung, Diane zu unterstützen, erfuhr weniger öffentliches Interesse – sie war eine Patientin, die er sehr gut kannte, da er über viele Jahre ihr Hausarzt gewesen war. Als er ihren Fall in einer angesehenen medizinischen Zeitschrift berichtete, waren die Reaktionen gemischt, wie sie es auch derzeit gegenüber dem Selbstmordgesetz

Soziale Aspekte:
Freiwillige aktive Sterbehilfe (Euthanasie): Erfahrungen aus Australien und den Niederlanden

Im Jahre 1996 erließ das australische Northern Territory ein Gesetz, das einem unheilbar kranken Patienten, der noch klar denken konnte und unter starken Schmerzen litt, gestattete, einen Arzt zu bitten, ihr oder sein Leben zu beenden. Zwei weitere Ärzte mussten zustimmen, dass der Patient nicht geheilt werden könnte, und ein Psychiater musste bestätigen, dass keine behandelbare Depression vorlag.

In den Monaten nach der Gesetzgebung fanden vier Sterbefälle unter den Euthanasiestatuten des Northern Territory statt, die heftig kritisiert wurden. Die Aborigines (Ureinwohner), die Harmonie und Gleichklang mit der Natur hoch bewerten, betrachteten es als kulturell unangemessen. Ihre Führer beklagten, dass das Gesetz alte Menschen, von denen viele ihr Leben lang Verfolgung durch europäische Siedler erfahren hatten, entmutigen würde, ärztliche Hilfe zu suchen (Fleming, 2000). Andere betrachteten das Gesetz als ein nationales Thema, weil Patienten aus anderen Staaten anreisten, um es zu nutzen.

Im Jahre 1997 wurde die Gesetzgebung des Northern Territory durch das australische Parlament überstimmt, das hervorhob, dass die Versammlung nicht das Recht habe, gewolltes Töten zu legalisieren. Aber die Episode stellte Australien in den Mittelpunkt der Euthanasiedebatte und das Thema erregt weiterhin im ganzen Land die Gemüter. Gegner stellen die geistige Verfassung von Patienten in Frage, die nach Sterbehilfe verlangen, und sorgen sich um Irrtümer und Missbrauch. Befürworter betonen Erbarmen und Mitleid sowie das Recht des Menschen, den Verlauf des eigenen Lebens zu kontrollieren. June Burns, eine 59-jährige Australierin mit Blasenkrebs, die an Fernsehspots teilnahm, die den Verlauf ihrer Erkrankung dokumentierten, erklärte Folgendes: „Wenn ich ein Hund wäre, hätten sie mich

Die Wertschätzung australischer Ureinwohner (Aborigines) der Harmonie mit der Natur wird in den Naturbildern offensichtlich, die ihre Kunst durchdringen. Die Aborigines sahen das Gesetz im Northern Territory, das die freiwillige aktive Sterbehilfe (Euthanasie) billigte, als unnatürlich und kulturell unangemessen an. Ihre Führer sorgten sich darüber, dass das Gesetz alte Aborigines davon abhalten könnte, ärztliche Hilfe zu suchen. Es wurde schließlich vom australischen Parlament unterbunden, welches sich gegen das gewollte Töten aussprach. Das Thema entfacht immer noch heiße Debatten in ganz Australien.

jetzt schon eingeschläfert. Ich glaube, dass das Leben sehr kostbar ist ... Ich möchte weiterleben, aber ich kann es nicht, und ich möchte in Würde sterben" (British Broadcasting Corporation, 1999).

In den letzten Jahrzehnten haben Ärzte in den Niederlanden freiwillige aktive Euthanasie ohne rechtliche Verfolgung praktiziert. Im Jahre 2001 wurde die Praxis unter folgenden Bedingungen legalisiert: wenn körperliches oder seelisches Leiden schwer ist und keine Aussicht auf Erleichterung besteht; wenn kein Zweifel besteht an dem Wunsch des Patienten zu sterben; wenn die Entscheidung des Patienten freiwillig, gut informiert und über die Zeit stabil ist; wenn alle anderen Möglichkeiten der Betreuung ausgeschöpft sind oder abgelehnt werden und wenn noch ein weiterer Arzt konsultiert wurde.

Über 50 % holländischer Ärzte geben an, Sterbehilfe zu praktizieren, wobei Krebspatienten die Mehrheit der Fälle darstellen. Trotz Vorsichtsmaßnahmen haben sowohl freiwillige wie nicht freiwillige Euthanasiemaßnahmen stattgefunden. Viele Ärzte geben zu, gelegentlich Patienten Euthanasie vorzuschlagen. Und in Hunderten von Fällen jährlich gestehen sie ein, aktiv den Tod eingeleitet zu haben ohne Zustimmung des Patienten. Rechtfertigungen umfassten die Unmöglichkeit, den Schmerz zu behandeln, eine geringe Lebensqualität und unheilbare Patienten, die nach Beendigung der Behandlung nicht starben, (Hendin, 1999). Obwohl die Ärzte die meisten der Patienten als inkompetent für eine Entscheidung einstuften, waren geschätzte 37 % kompetent. Wenn man sie nach dem Grund fragte, warum sie die Entscheidung mit kompetenten Patienten nicht diskutiert hatten, sagten die Ärzte gewöhnlich, dass sie dieses zuvor getan hatten; dass sie kein Bedürfnis verspürten nachzuprüfen, wie sich der Patient in diesem Moment fühlte. Die freiwillige aktive Euthanasie ist in den Niederlanden im letzten Jahrzehnt stetig angestiegen. Derzeit sterben etwa 3200 Menschen auf diese Weise – das sind 2,4 % aller Sterbefälle (Hendin, 2002).

Die Beispiele der Northern Territory und der Niederlande machen klar, dass die Legalisierung freiwilliger aktiver Euthanasie sowohl die Angst vor dem Sterben ohne Zustimmung wie dessen Umsetzung entfachen kann. Dennoch plädieren unheilbar kranke Individuen mit starken Schmerzen weiterhin für solche Gesetze. Wahrscheinlich würden alle zustimmen, dass Ärzte der strengsten beruflichen und juristischen Überwachung unterworfen werden sollten, wenn sie sich genötigt fühlen, aus Respekt für Selbstbestimmung und zur Erleichterung von Leiden einem Patienten beim Sterben zu helfen.

in Oregon sind. Einige meinen, dass Ärzte, die leidenden Menschen, die sterben wollen, helfen, einfühlsam sind und die persönliche Entscheidung der Patienten achten. Andere sind aus religiösen oder moralischen Gründen gegen unterstützten Selbstmord oder sind der Meinung, dass die Rolle des Arztes auf das Bewahren des Lebens beschränkt sein sollte.

Dennoch mag die Beihilfe zum Selbstmord mit der Unterstützung der Mehrheit der Bürger eine weiter verbreitete Praxis in Nordamerika werden. Aber ernsthafte Schwierigkeiten, wie jene, die wir im Zusammenhang mit der Sterbehilfe diskutiert haben, bestehen auch für diese Praxis. Eine Gruppe von Medizinern hat nach einer eingehenden Analyse des Verfahrens gefolgert, dass sie nur dann gutgeheißen werden kann, wenn die folgenden Bedingungen erfüllt sind:

- Der Patient bittet wiederholt und von sich aus um Beihilfe zum Selbstmord und leidet unsagbar, ohne befriedigende Möglichkeiten.

- Der Arzt bespricht mit dem Patienten Alternativen einer erleichternden Pflege.

- Das Verfahren steht in Übereinstimmung mit den grundlegenden Werten des Arztes (wenn nicht, sollte der Arzt einen Wechsel der Betreuung empfehlen).

- Selbst wenn der Arzt und der Patient übereinstimmen, dass es keine andere akzeptable Wahl gibt, ist eine unabhängige Kontrolle unabdingbar, um Missbrauch zu unterbinden. (Stevens, 1997)

Gerichte haben selten im Falle von Beihilfe zum Selbstmord durch Ärzte einen Schuldspruch gefällt. Im April 1999 jedoch wurde Kevorkian – entschiedenster amerikanischer Verfechter der Beihilfe zum Selbstmord – zu zehn bis 25 Jahren Haft verurteilt wegen Mordes zweiten Grades und der Verabreichung von tödlichen Medikamenten. Sieben Monate zuvor hatte er einem unheilbar kranken Mann eine tödliche Injektion verabreicht, den Tod auf Video aufgenommen und erlaubt, das Ereignis im Programm *60 Minutes* des CBS zu senden. Dann forderte er die Staatsanwaltschaft auf, ihn anzuklagen. Die Mordanklage verhinderte, dass Kevorkian den Nachweis erbrachte, dass der Mann gewünscht hatte, sich selber zu töten. Ein solcher Nachweis wäre statthaft gewesen, wenn die Anklage auf Beihilfe zum Selbstmord oder freiwillige aktive Euthanasie gelautet hätte.

Zuvor haben wir bemerkt, dass die öffentliche Meinung freiwilliger aktiver Sterbehilfe gegenüber der Beihilfe zum Selbstmord den Vorzug gibt. Bei der Beihilfe zum Selbstmord jedoch ist die endgültige Handlung die des Patienten, was die Möglichkeit der Zwangsausübung reduziert. Aus diesem Grund sind einige Experten der Meinung, dass der Legalisierung der Beihilfe zum Selbstmord der Vorzug gegenüber freiwilliger aktiver Euthanasie zu geben sei. Jedoch birgt die Legalisierung beider Verfahren Risiken, wenn die Pflege für die Familien eine große Last darstellt und großer Druck besteht, Gesundheitskosten niedrig zu halten (siehe Kapitel 17). Sowohl die amerikanische wie die kanadische Medical Association ist gegen freiwillige aktive Sterbehilfe und gegen Beihilfe zum Selbstmord. Unheilbaren, leidenden Patienten zu helfen, die sich nach dem Tode sehnen, ist ein enormes moralisches und juristisches Problem. In Deutschland ist der gesetzliche Weg für ein solches Vorgehen noch nicht vorbereitet.

Prüfen Sie sich selbst ...

Rückblick
Warum unterstützt die Mehrheit der Nordamerikaner die freiwillige aktive Sterbehilfe (Euthanasie) und die Beihilfe zum Selbstmord? Welche Vorteile und Risiken entstehen durch die Legalisierung der beiden Verfahren?

Anwendung
Wenn Nora an den bevorstehenden Tag denkt, an dem sie sterben wird, stellt sie sich eine friedliche Szene vor, in der sie sich von geliebten Menschen verabschiedet. Welche sozialen und medizinischen Möglichkeiten erhöhen Noras Chancen, auf die Weise zu sterben, die sie sich wünscht?

Anwendung
Randolf ist sich sicher, dass er sich im Falle einer unheilbaren Krankheit wünschen würde, dass die Ärzte lebensverlängernde Maßnahmen beenden sollten. Was sollte Randolf tun, um sicherzustellen, dass sein Wunsch erfüllt wird?

Prüfen Sie sich selbst ...

19.6 Trauer: Den Tod eines geliebten Menschen bewältigen

Verluste gehören zum menschlichen Dasein. Selbst wenn eine Veränderung eine Verbesserung bedeutet, lassen wir bestimmte Aspekte der Erfahrung los, damit wir uns auf andere einstellen können. Folglich bereitet uns unsere Entwicklung auf tief greifenden Verlust vor.

Ein **schmerzlicher Verlust** (engl. bereavment) ist die Erfahrung, einen geliebten Menschen durch den Tod zu verlieren. Die Wurzel des englischen Wortes bereavement bedeutet „beraubt zu werden", was auf den ungerechten und schmerzenden Raub von etwas Wertvollem hinweist. Entsprechend reagieren wir auf Verlust mit **Trauer** – intensiver körperlicher und seelischer Verzweiflung. Wenn wir sagen, dass jemand von Kummer gebeugt ist, nehmen wir damit an, dass sein gesamtes Dasein betroffen ist.

Weil Trauer überwältigend sein kann, haben Kulturen Wege entwickelt, die ihren Mitgliedern helfen sollen, die Trauer hinter sich zu lassen, um mit den Lebensveränderungen fertig zu werden, die der Tod eines geliebten Menschen bedeutet. **Trauern** ist der kulturell spezifische Ausdruck der Gedanken und Gefühle eines Menschen, der einer Person beraubt wurde. Sitten, wie sich mit Familie und Freunden zu treffen, sich in Schwarz kleiden, eine Beerdigungsfeier abzuhalten oder sie zu besuchen und eine vorgeschriebene Trauerzeit mit speziellen Ritualen zu beachten, variieren zwischen Gesellschaften und ethnischen Gruppen stark. Aber allen ist das Ziel gemeinsam, den Menschen dabei zu helfen, ihre Trauer durchzuarbeiten und in einer Welt ohne den Verstorbenen zu leben.

Kummer und Trauer sind eng verbunden. Beide Wörter sind in der Alltagssprache oft austauschbar in Verwendung. Lassen Sie uns einen genauen Blick darauf werfen, wie Menschen auf den Tod eines geliebten Menschen reagieren.

19.6.1 Trauerprozess

Viele Theoretiker, die Verluste und Trauernde studiert haben (sowohl Kinder wie Erwachsene), haben den Schluss gezogen, dass Trauern in der Regel in drei Phasen stattfindet, bei der jede durch eine unterschiedliche Anzahl von Reaktionen charakterisiert ist (Bowlby, 1980; Parkes & Weiss, 1983; Rando, 1995). Menschen unterscheiden sich jedoch stark in ihrem Verhalten und im Zeitverhalten und bewegen sich oft zwischen diesen Reaktionen hin und her. Folglich zeigt damit eine genauere Betrachtung eine Achterbahnfahrt mit vielen Aufs und Abs und einer allmählichen Verbesserung statt einer bestimmten Folge von Schritten, die zu einer Überwindung des Schmerzes führen (Lund, 1996; Lund, Caserta, & Dimond, 1986).

■ **Verleugnung**

Nachdem der Überlebende die Todesnachricht erfahren hat, erlebt er einen Schock, gefolgt von Ungläubigkeit, was Stunden bis Wochen andauern kann. Ein taubes Gefühl dient als „emotionale Anästhesie", während die hinterbliebene Person beginnt, ein schmerzliches Bewusstsein des Verlusts zu erleben. Der geliebte Mensch war für so lange Zeit ein Teil des alltäglichen Lebens, dass sein oder ihr Tod zu viel ist, um ihn sofort zu erfassen.

■ **Konfrontation**

Wenn der Trauernde mit der Realität des Verlustes konfrontiert ist, wird der Schmerz intensiver wahrgenommen. Die hinterbliebene Person erlebt oft eine regelrechte Kaskade emotionaler Reaktionen einschließlich

Angst, Traurigkeit, Protest, Wut, Hilflosigkeit, Frustration, Verlassenheitsgefühle und Sehnsucht nach der geliebten Person. Es ist verbreitet, immer wieder die Umstände des Todes an sich vorbeiziehen zu lassen, sich zu fragen, wie er hätte vermieden werden können, und nach der Sinn des Verlustes zu fragen. Zusätzlich kann die von Kummer gebeugte Person geistesabwesend sein, unfähig, sich zu konzentrieren, und mit Gedanken an den Verstorbenen beschäftigt sein wie auch Schlaflosigkeit und Appetitlosigkeit erleben. Zuweilen finden selbstdestruktive Handlungen statt wie die Einnahme von Medikamenten oder zu schnelles Autofahren. Die meisten dieser Reaktionen sind Symptome der Depression, stets eine Komponente des Trauerns.

Obwohl die Konfrontation schwierig ist, bringt jeder plötzliche scharfe Schmerz, der aus einem unerfüllten Wunsch der Wiedervereinigung mit dem Verstorbenen resultiert, den Trauernden näher an die Erkenntnis, dass der geliebte Mensch fort ist. Nach Hunderten, vielleicht Tausenden dieser schmerzvollen Momente versteht der Hinterbliebene, dass eine geliebte Beziehung von einer körperlichen Präsenz in eine innere Repräsentation umgeformt werden muss.

■ Wiederherstellung

Zuerst sind die Hinterbliebenen vollständig von der Konfrontation mit dem Verlust in Anspruch genommen. Aber sie müssen auch mit anderen Belastungen zurechtkommen, die sekundäre Folgen des Todes sind – die Einsamkeit überwinden, indem sie sich anderen zuwenden; Aufgaben meistern (wie Finanzen und Kochen), die der Verstorbene ausgeführt hat; Reorganisierung des Alltags ohne den geliebten Menschen; und ihre Identität verändern von „Ehegatte" zu „Witwe/r" oder von „Elternteil" zu „Elternteil eines verstorbenen Kindes". Nach einer kürzlich erarbeiteten Theorie mit der Bezeichnung **duales Prozessmodell der Bewältigung von Verlust** erfordert eine wirksame Bewältigung vom Menschen ein Oszillieren zwischen dem Umgang mit dem emotionalen Verlust und der Handhabung von Lebensveränderungen, was, wenn es erfolgreich bewältigt wird, aufbauende oder heilende Wirkungen hat (Stroebe & Schut, 1999, 2001). Das Hin- und Herbewegen bietet zeitweise Ablenkung und Erholung vom schmerzvollen Trauern. Eine große Anzahl von Forschungsergebnissen weist darauf hin, dass die Konfrontation mit der Trauer ohne Erholung schwere negative Folgen hat für die körperliche und seelische Gesundheit (Rimé et al., 1998).

Wenn der Kummer weniger wird, wenden sich emotionale Energien immer mehr Aktivitäten zu, die das Leben aufbauen: tägliche Verpflichtungen erfüllen, in neue Aktivitäten und Ziele investieren und Stärkung alter Bindungen sowie Aufbau neuer Beziehungen. An bestimmten Tagen, wie bei Familienfesten oder dem Geburtstag des Verstorbenen, können die Trauerreaktionen wieder auftreten und Aufmerksamkeit fordern, aber sie stören einen gesunden, positiven Zugang auf das Leben nicht. Wie lange dauert das Trauern? Darauf kann keine allgemeingültige Antwort gegeben werden. Manchmal dauert die Konfrontation einige Monate an, manchmal etliche Jahre. Ein gelegentliches Aufflackern der Trauer kann ein Leben lang stattfinden und ist eine allgemeine Reaktion auf den Verlust eines sehr geliebten Ehegatten, Partners, Kindes oder Freundes (Shuchter & Zisook, 1995).

19.6.2 Individuelle und situative Unterschiede

Wie das Sterben wird das Trauern von vielen Faktoren beeinflusst. Erneut prägen Persönlichkeit, Bewältigungsstil und der religiöse und kulturelle Hintergrund die Anpassung. Geschlechtsunterschiede sind ebenfalls gegeben. Im Vergleich zu Frauen äußern Männer Verzweiflung und Depression weniger direkt und suchen seltener soziale Unterstützung (Doka & Martin, 2000; Stroebe, 1998). Weiterhin ist die Qualität der Beziehung des Trauernden zum Verstorbenen von Bedeutung. Zum Beispiel mag das Ende einer liebevollen, erfüllenden Verbindung zu einem qualvollen Trauern führen, aber es wird wahrscheinlich nicht einen Rückstand von Schuld und Bedauern zurücklassen, der so oft nach der Beendigung einer mit Konflikten beladenen, ambivalenten Beziehung folgt.

Umstände, die den Tod umgeben – ob er nun plötzlich und unerwartet eingetreten ist oder einer langen Krankheit folgt – formen ebenfalls die Reaktionen des Trauernden. Auch die Art der verlorenen Beziehung und der Zeitpunkt des Auftretens im Verlauf des Lebens machen einen Unterschied aus.

■ Plötzlicher, unerwarteter Tod oder erwartetes Ende nach längerer Krankheit

Plötzliche, unerwartete Todesfälle sind in der Regel das Ergebnis von Mord, Krieg, Unfall oder Naturkatastrophen. Unter diesen Umständen mag die

Verleugnung besonders stark sein und die Konfrontation äußerst traumatisch, weil Schock und Unglaube extrem sind. In einer Umfrage einer repräsentativen Stichprobe von 18- bis 45-jährigen Erwachsenen einer amerikanischen Großstadt war das häufigste Trauma, das eine intensive, schwächende Stressreaktion hervorruft, der plötzliche unerwartete Tod einer geliebten Person, ein Ereignis, das etwa 60 % der Teilnehmer erlebt hatten (Breslau et al., 1998). Im Gegensatz dazu hat der Hinterbliebene während eines langen Sterbeprozesses Zeit, sich in einen Zustand **antizipatorischen Trauerns** zu begeben, in dem er erkennt, dass der Verlust unvermeidlich ist, und sich emotional darauf vorzubereiten.

Es ist einfacher, den Tod zu akzeptieren, wenn der Überlebende die Gründe dafür versteht. Ohne sinnvolle Erklärungen bleiben Trauernde oft voll Angst und Verwirrung. Diese Verhinderung oder Erschwerung der Konfrontation mit dem Verlust kommt auf tragische Weise in Fällen des plötzlichen Kindstodes zum Ausdruck, bei dem Ärzte den Eltern nicht genau sagen können, warum ihr anscheinend gesundes Baby starb (siehe Kapitel 3). Dass der Tod so „sinnlos" erscheint, macht auch das Trauern nach Selbstmorden, Terrorangriffen, Schießereien in Schulen und Naturkatastrophen so schwer. In westlichen Gesellschaften neigen die Menschen zu der Überzeugung, dass folgenschwere Ereignisse verstehbar und nicht zufällig sein müssten. Wenn ein Tod plötzlich und unerwartet ist, kann er die Grundannahmen über eine gerechte, gute und kontrollierbare Welt erschüttern (Gluhoski & Wortman, 1996).

Selbstmord, insbesondere der eines jungen Menschen, ist besonders schwer zu ertragen. Im Vergleich zu Überlebenden anderer plötzlicher Todesfälle geben sich Menschen, die über einen Verlust durch Selbstmord trauern, eher selber die Schuld für das, was geschah, und ziehen die Schlussfolgerung, dass sie zu dem Selbstmord beigetragen haben oder ihn hätten verhindern können. In einer Untersuchung gaben Studenten, die einen Selbstmord (eines anderen Menschen) überlebt hatten, höhere Werte in Gefühlen von Scham, mehr Gefühle der Zurückweisung durch den Verstorbenen und mehr selbstdestruktives Verhalten an als solche, die andere Formen eines Verlustes erlitten hatten, vielleicht wegen weiterhin bestehender Gefühle von Verantwortung für das, was geschah (Silverman, Range, & Overholser, 1994). Typischerweise dauert die Erholung von Trauer über einen Selbstmord sehr viel länger (Thompson & Range, 1992).

Plötzlicher, unerwarteter Tod löst oft eine intensive, schwächende Stressreaktion aus. Hier drücken Teenager ihre Empfindungen für einen Freund aus, der Opfer eines Verkehrsunfalls wurde, indem sie an der Stelle des Unfalles ein Grabmal errichten. Schock und Ungläubigkeit machen die Konfrontation mit der Realität dieses vermeidbaren, zu frühen Todes besonders traumatisch.

■ Eltern, die den Verlust eines Kindes betrauern

Der Tod eines Kindes, ob unerwartet oder voraussehbar, ist der schwerste Verlust, dem sich ein Erwachsener gegenüber sieht (Stillion, 1995). Er bringt besondere Probleme des Trauerns, weil Kinder die Erweiterung der Gefühle der Eltern über sich selber sind – der Konzentrationspunkt von Hoffnungen und Träumen, einschließlich des Gefühls, im Kind weiterzuleben. Auch dadurch, dass Kinder von ihren Eltern abhängen, sie bewundern und ihre Eltern in einer tief befriedigenden Weise annehmen, sind sie eine einzigartige Quelle der Liebe. Schließlich wird das Trauern durch das Unnatürliche eines Todes im Kindesalter noch erschwert. Man erwartet nicht, dass Kinder vor den Eltern sterben. Eltern, die ein Kind verlieren, berichten über eine beträchtliche Verzweiflung noch Jahre danach, gepaart mit häufigen Gedanken an die Verstorbenen (Rubin & Malkinson, 2001). Die Schuld, die dadurch ausgelöst wird, dass sie das Kind überleben, wird oft eine unerhörte Last, selbst wenn es die Eltern „besser wissen". Ein Psychologe etwa, der wusste, dass der Krebs seiner Tochter nicht vererbt war, sagte zu seinem Therapeuten: „Ihre Gene ließen zu, dass sie Krebs bekam. Ich habe ihr meine Gene vererbt. Daher habe ich meine Tochter getötet" (Rando, 1991b, S. 239).

Obwohl manchmal der Tod eines Kindes zum Scheitern der Ehe führt, geschieht das eher dann, wenn die Beziehung vorher unbefriedigend war. Wenn Eltern das Familiensystem wieder neu organisieren können und wieder einen Sinn im Leben aufbauen, indem sie den Einfluss des verlorenen Kindes auf ihr Leben würdigen und in andere Kinder und Aktivitäten investieren, kann das Ergebnis ein stärkeres Familienengagement und persönliches Wachstum bedeuten (Wheeler, 2001).

■ Kinder und Heranwachsende, die den Verlust eines Elternteils betrauern

Der Verlust einer Bezugsperson hat lang andauernde Folgen für Kinder. Wenn ein Elternteil stirbt, wird das Grundgefühl von Sicherheit und Geborgenheit bedroht. Der Tod eines Geschwisters nimmt den Kindern nicht nur ein enges emotionales Band, sondern offenbart ihnen auch, oft zum ersten Mal, ihre eigene Verletzlichkeit.

Kinder, die den Verlust eines Familienmitglieds betrauern, beschreiben häufiges Weinen, Konzentrationsschwierigkeiten in der Schule, Schlafstörungen, Kopfschmerzen und andere körperliche Symptome etliche Monate bis Jahre nach dem Tod. Und klinische Studien lassen erkennen, dass andauernde leichte Depression, Angst und Wutausbrüche die Regel sind (Dowdney, 2000; Silverman & Worden, 1992). Gleichzeitig erklärten viele Kinder, dass sie aktiv den mentalen Kontakt mit ihrem toten Elternteil oder Geschwister aufrechterhielten, von ihnen träumten und regelmäßig mit ihnen sprachen. In einer Nachuntersuchung nach sieben bis neun Jahren nach dem Verlust des Geschwisters war es noch die Regel, wenigstens einmal am Tag an den verstorbenen Bruder oder die verstorbene Schwester zu denken (Martinson, Davies, & McClowry, 1987; Silverman & Nickman, 1996). Diese Vorstellungen scheinen die Bewältigung des Verlustes zu erleichtern und werden manchmal auch von trauernden Erwachsenen berichtet.

Die kognitive Entwicklung trägt bei zur Fähigkeit des Trauerns. Kinder zum Beispiel mit einem unreifen Verständnis des Todes nehmen möglicherweise an, dass der tote Elternteil freiwillig ging, vielleicht aus Wut, und dass der andere Elternteil auch verschwinden könnte. Aus diesem Grunde benötigen kleine Kinder bedachte, immer wiederholte Erklärungen, die ihnen versichern, dass das Elternteil nicht sterben wollte und auch nicht böse auf sie war (Christ, Siegel, & Christ, 2002). Das Verschweigen der Wahrheit isoliert die Kinder und führt oft zu tiefen Vorwürfen. Ein Achtjähriger, der erst eine halbe Stunde vor dem Tod erfuhr, dass sein kranker Bruder sterben würde, reflektierte: „Wenn ich das nur gewusst hätte, dann hätte ich mich verabschieden können."

Unabhängig von dem Verständnisniveau der Kinder, helfen ihnen Ehrlichkeit, Zuneigung und Bestätigung, schmerzliche Gefühle des Verlusts auszuhalten. Sehr traurige Kinder im Grundschulalter sind in der Regel williger als Heranwachsende, sich den Eltern anzuvertrauen. Um normal zu erscheinen, neigen Teenager dazu, ihre Trauer sowohl vor Erwachsenen wie vor Freunden zu verstecken. Folglich werden sie eher als jüngere Kinder depressiv oder entkommen dem Schmerz durch ein Verhalten mit Ausagieren oder Abreagieren (Corr & Balk, 1996).

■ Erwachsene, die den Verlust eines intimen Partners betrauern

In Kapitel 18 wurde dargestellt, dass nach dem Tod des Ehegatten die Anpassung an das Verwitwetsein stark variiert, wobei Alter, soziale Unterstützung und Persönlichkeit einen Unterschied machen. Nach einer Periode intensiver Trauer geht es den meisten verwitweten alten Menschen in westlichen Ländern gut. Jüngere Menschen zeigen mehr negative Folgen (Stroebe & Stroebe, 1993). Verlust eines Gatten oder Partners im frühen oder mittleren Erwachsenenalter entspricht nicht der Norm und zerstört oft radikal die Lebenspläne. Ältere Witwen und Witwer haben viel mehr Altersgenossen in ähnlichen Umständen. Und die meisten haben bereits wichtige Lebensziele erreicht oder sich mit der Tatsache abgefunden, dass einige Ziele nicht mehr zu erreichen sind.

Zusätzlich zum Umgang mit Gefühlen des Verlusts müssen junge Witwer und Witwen und solche im mittleren Alter oft eine größere Rolle im Trösten anderer übernehmen, insbesondere von Kindern.

Kulturelle Einflüsse: Kulturelle Unterschiede im Trauern

Die Feiern, auf denen des Todes von Sofie und Nicholas gedacht wurde – die erste jüdisch, die zweite eine Zeremonie der Quäker –, waren ganz und gar unterschiedlich. Jedoch dienten sie dem gleichen Ziel: eine Gelegenheit zu gestalten, in welchem der Verlust miteinander geteilt werden konnte und die Gemeinschaft dazu zu bewegen, die Trauernden zu unterstützen.

Im Beerdigungsinstitut wurde Sofies Körper gewaschen und in ein Leichentuch gehüllt, einem jüdischen Ritual, das darauf hinweist, in ein Stadium der Reinheit zurückzugelangen. Dann wurde der Körper in einen einfachen hölzernen Sarg gelegt, der den natürlichen Prozess der Zersetzung nicht verhindern würde (wie etwa ein metallener). Um die Endgültigkeit des Todes zu unterstreichen, erlaubt die jüdische Tradition es nicht, den Körper zu sehen; er bleibt in einem geschlossenen Sarg. Traditionellerweise wird der Sarg bis zur Beerdigung nicht allein gelassen; die Gemeinde hält Tag und Nacht Totenwache.

Um den Körper schnell der Leben spendenden Erde zurückzugeben, aus der er entsprungen war, wurde Sofies Beerdigung drei Tage nach ihrem Tod angesetzt, so schnell, wie die Verwandtschaft zusammenkommen konnte. Als der Gottesdienst begann, symbolisierten Sofies Ehemann und ihre Kinder ihren Schmerz, indem sie ein schwarzes Band zerschnitten und es an ihre Kleidung hefteten. Der Rabbi rezitierte Psalmen des Trostes, gefolgt von einer Trauerrede, in welcher er sich auf Erinnerungen an Sofie bezog, die Familienmitglieder mit ihm teilten. Der Gottesdienst wurde am Grab fortgeführt. Als der Sarg erst einmal in die Erde versenkt worden war, warfen Verwandte und Freunde nacheinander Erde darauf, sodass jeder an dem unwiderruflichen Akt des Begrabens teilnahm. Der Gottesdienst schloss mit dem Gedicht des „Heimkommens", genannt *Kaddish*, welches das Leben bekräftigt, während es den Tod akzeptiert.

Die Familie kehrte nach Hause zurück, um eine Erinnerungskerze anzuzünden, welche während der *shiva,* der siebentägigen Zeit der Trauer, brannte (Hazell, 2001). Ein Mahl des Trostes folgte, von anderen bereitet, was ein teilnehmendes Gemeinschaftsgefühl herstellte. Die jüdischen Sitten schreiben vor, dass das Leben nach 30 Tagen allmählich zur Normalität zurückkehren sollte. Wenn ein Elternteil stirbt, ist die Trauerperiode auf zwölf Monate erweitert.

In der Tradition der Quäker mit ihrer Einfachheit erforderte Nicholas Tod keine komplizierten Vorbereitungen des Körpers, keinen Sarg oder Leichenwagen, der ihn zum Friedhof hätte bringen sollen. Er wurde sofort verbrannt. Während der nächsten Woche versammelten sich Verwandte und enge Freunde bei Gisela und Sasha zu Hause. Gemeinsam planten sie einen Gedächtnisgottesdienst, der auf das Leben von Nicholas zugeschnitten wurde.

An dem angesetzten Tag saßen Menschen, die Nicholas gekannt hatten, auf Stühlen, die in konzentrischen Kreisen angeordnet waren. In der Mitte stand ein Geistlicher des Friends (Quaker) Meeting, sprach ein Willkommen aus und erklärte Neuhinzugekommenen die Sitte des stillen Gottesdienstes, wobei die, welche sich angerührt fühlen zu sprechen, zu jeder Zeit aufstehen und Gedanken und Gefühle mit den anderen teilen können. Während der Stunde, die darauf folgte, gaben viele Menschen persönliche Mitteilungen über Nicholas ab oder lasen Gedichte vor und Auszüge aus der Bibel. Gisela und Sasha schlossen mit ihren Beiträgen. Dann gaben sich alle die Hände, um den Gottesdienst zu beenden, und es folgte ein Empfang für die Familie.

Die Variationen im Trauerverhalten sind groß – sowohl innerhalb einer Gesellschaft wie darüber hinaus. Bei den meisten Juden und Christen begleiten ausgedehnte Rituale eine Trauerfeier und die Beerdigung. Im Gegensatz dazu gehört der Gedenkgottesdienst der Quäker zu den am wenigsten ritualisierten. In einigen Gruppen wird die Trauer offen ausgedrückt. Das Herauslassen tiefer Emotionen ist zum Beispiel oft Teil afroamerikanischen Trauerfeiern, besonders im Süden der USA. Christen und Juden europäischer Herkunft sind in der Regel zurückhaltender im Zeigen ihres Kummers (Sullivan, 1995). Und in einigen Gesellschaften wird es generell vermieden, irgendwelche Gefühle zu zeigen. Die Balinesen in Indonesien müssen im Angesicht des Todes ruhig bleiben, wenn die Götter ihre Gebete erhören sollen. Mit Hilfe von anderen, die Witze machen, belustigen und ablenken, müssen die Trauernden sich beherrschen, ihre Haltung zu wahren, obwohl die Balinesen einen zugrunde liegenden Schmerz anerkennen (Rosenblatt, 1993).

Religionen beziehen sich auch auf das Leben nach dem Tode – Lehren, die sowohl den Sterbenden wie die Hinterbliebenen trösten. Die jüdische Tradition geht von einem persönlichen Fortleben aus, obwohl seine Form nicht klar festgelegt ist. Größere Betonung wird gelegt auf das Fortleben eines Volkes – Weiterleben und Lebenschenken und für andere sorgen. Anders als andere christliche Glaubensrichtungen konzentrieren sich die Quäker fast ausschließlich auf das Hier und Jetzt – „Erlösung durch den Charakter", durch Arbeit für den Frieden, Gerechtigkeit und eine liebende Gemeinde. Der Angst vor der Hölle und der Hoffnung auf den Himmel wird wenig Aufmerksamkeit geschenkt. Die Religionen von Stammes- und Dorfkulturen schließen typischerweise ausgefeilte Annahmen über die Geister der Vorfahren und das Leben nach dem Tode ein sowie Bräuche, die dazu dienen, die Reise des Verstorbenen in die spirituelle Welt zu erleichtern.

Durch die Bekanntgabe eines Todes, die Versicherung sozialer Unterstützung, das Gedenken an den Toten und Schaffung einer Philosophie des Lebens nach dem Tode sind Trauerfeiern und Gedenkgottesdienste eine große Hilfe für die Hinterbliebenen. Es weist jedoch einiges darauf hin, dass diese Bräuche in westlichen Ländern im Niedergang begriffen sind (Fulton, 1995). In großen Städten folgt vielen Sterbefällen nur die Entledigung des Körpers, ohne öffentliche oder religiöse Rituale irgendeiner Art. Der Trend ist Besorgnis erregend, denn es nimmt den trauernden Menschen die Bekundung von Anteilnahme, Liebe und Sorge durch die Gemeinde.

Im heutigen digital vernetzten Zeitalter ist ein neues Ritual entstanden: Erinnerungen an den Verstorbenen im Internet zu veröffentlichen. Diese Webseiten-„Friedhöfe" bieten Vorteile, die traditionelle Trauerfeiern nicht haben: sie ermöglichen es Hinterbliebenen, wann immer sie sich danach fühlen, ihre Gedanken und Gefühle auszudrücken, eine Ehrung mit geringen oder gar keinen Kosten und ständigen einfachen Zugang zum Gedenken. Statt eine der traditionellen Todesanzeigen zu verfassen, entscheiden sich die meisten, die zu einer Gedenk-Website beitragen, dazu, eine persönliche Geschichte, eine heitere oder berührende

Das Herauslassen tiefer Gefühle ist oft Teil afroamerikanischer Trauerfeiern, besonders im Süden der Vereinigten Staaten. In diesem Trauergottesdienst der Baptisten weint ein Familienmitglied in aller Offenheit.

Episode oder einen Lieblingswitz zu erzählen (Roberts & Vidal, 1999–2000). Neben der Ehrung des Verstorbenen dienen solche Websites auch dazu, öffentlich zu trauern oder sich mit dem verlorenen geliebten Menschen zu unterhalten. Web-Friedhöfe stellen auch ein Mittel für Menschen dar, die von traditionellen Sterberitualen ausgeschlossen sind, sich am öffentlichen Trauern zu beteiligen. Wie es ein hinterbliebener Freund ausdrückte:

Es ist jetzt sieben Jahre her, dass du gegangen bist. Sieben Jahre habe ich mich, mehr schlecht als recht muss ich sagen, mit der Tatsache abfinden müssen, dass es keine Trauerfeier gab, keine Totenwache, kein Grab, an dem man dich besuchen könnte. Deine Eltern ließen dich schnell verschwinden.

Dein Körper wurde verbrannt und ich kam überhaupt nicht dazu „Auf Wiedersehen" zu sagen ...

Ein anderer gab die ungewöhnliche Natur dieses flexiblen Mediums des Trauerns so wieder:

Ich wollte, ich könnte den Kontakt mit dir fortsetzen, um die lebhaften Erinnerungen am Leben zu erhalten, welchen Einfluss du auf mein Leben hattest. Vielleicht kann ich es tun, indem ich meine Erinnerungen auf diese scheinbar unkonventionelle Art mit anderen teile. Weil ich heute dein Grab nicht besuchen kann, benutze ich dieses Mittel, um dir mitzuteilen, wie sehr du geliebt wirst.

Sie sehen sich nun auch den Belastungen gegenüber, allein erziehende Eltern zu sein, und dem schnellen Schrumpfen des sozialen Netzes, das sie im Leben als Paar aufgebaut haben (Lopata, 1996). Jüngere Witwen berichten oft, dass die wertvollste Unterstützung von ihren Müttern ausging, von denen viele selber verwitwet waren (Bankoff, 1983).

Der Tod eines intimen Partners in einer homosexuellen Beziehung stellt ganz besondere Belastungen dar. Wenn Verwandte den Partner/die Partnerin in der Teilnahme an der Beerdigung einschränken oder ihn oder sie davon ganz ausschließen, stören sie den Trauerprozess stark (Housel, 1995). Glücklicherweise bieten homosexuelle Gemeinschaften hilfreiche Alternativen in der Form von Gedenkgottesdiensten und anderen Ritualen.

■ Überbelastung durch Verluste

Wenn ein Mensch mehrere Todesfälle auf einmal oder in kurzer Folge erlebt, kommt es zu einer *Überbelastung durch Verluste*. Mehrere Verluste erschöpfen die Bewältigungsressourcen selbst gut angepasster Menschen, übermannt sie emotional und macht sie unfähig, ihren Kummer zu bewältigen. Für viele junge Erwachsene, besonders Angehörige der schwulen Szene, die Freunde und Partner verloren haben, stellt AIDS vor diese schwere Aufgabe. In einer Untersuchung von über 700 homosexuellen Männern berichteten die, welche zwei oder mehr Verluste in kurzer Folge erlitten hatten, über größere Verzweiflung, Gedanken an Selbstmord und Drogengenuss als jene, die nur einen Verlust hatten (Martin & Dean, 1993). Furcht vor Diskriminierung mag Homosexuelle, die vom Kummer überwältigt sind, daran hindern, eine Behandlung zu suchen, besonders wenn sie die psychologischen Dienste nicht kennen, einschließlich Beratung und Netzwerke für soziale Unterstützung (Springer & Lease, 2000),

Weil hohes Alter oft den Tod von Ehegatten, Geschwistern und Freunden in schneller Folge mit sich bringt, tragen alte Menschen auch ein Risiko für eine Überbelastung durch Verluste. Erinnern Sie jedoch aus Kapitel 18, dass im Vergleich zu jungen Menschen ältere Erwachsene oft besser ausgestattet sind, mit diesen Verlusten umzugehen. Sie wissen, dass Abbau und Tod im späten Erwachsenenalter zu erwarten sind, und sie haben einen reichen Erfahrungsschatz, durch den sie wirksame Bewältigungsstrategien entwickeln konnten.

Schließlich hat die in jüngster Zeit erfolgte Zunahme willkürlicher Morde in amerikanischen Schulen und die im Fernsehen wiederholten Bilder der Terrorangriffe vom 11. September 2001 viele Nordamerikaner dazu gebracht, Zeuge unerwarteter, gewaltsamer Todesfälle zu werden. Für Überlebende, deren geliebte Angehörige am 11. September starben, einschließlich einer geschätzten Zahl von 15.000 Kindern, die einen Elternteil verloren, blockieren oft Bilder der Verwüstung und des Schreckens die Bemühungen, mit dem Verlust fertig zu werden. Kinder und Heranwachsende leiden zutiefst unter starkem Schock, verlängerter Trauer, häufigen mentalen Wiederholungen der gemeinen Angriffe und grausamen Folgen und Furcht vor der Konstellation, in der diese Ereignisse

Nach der Schießerei an der Columbine High School im März 2000 tragen diese Schüler Bänder im Gedenken an die ermordeten Opfer und sind überwältigt, als sie vor einem Gedenkplatz in einem Stadtpark stehen. Wegen der Zunahme willkürlicher Morde an amerikanischen Schulen sind immer mehr Kinder und Heranwachsende Zeugen unerwarteter gewaltsamer Todesfälle von Lehrern und Klassenkameraden geworden. Sie tragen ein Risiko für eine Überbelastung durch Verluste – verlängerter, überwältigender Kummer, mit dem schwer fertig zu werden ist.

sich abspielten (Nader, 2002; Webb, 2002). Je stärker man der katastrophalen Szene ausgesetzt war, desto schwerwiegender sind die Reaktionen (Nader et al., 1990).

Trauerfeiern und andere Rituale der Trauer, wie sie im Kasten „Kulturelle Einflüsse" beschrieben wurden, helfen Trauernden aller Altersklassen, die Trauer mit Hilfe von Familie und Freunden zu verarbeiten. Hinterbliebene, die völlig in Anspruch genommen werden von dem Verlust und die Schwierigkeiten haben, wieder Interesse am täglichen Leben zu finden, profitieren von speziellen Interventionen, die geschaffen wurden, um ihnen bei der Anpassung zu helfen.

19.6.3 Interventionen zur Trauer

Einfühlung und Verständnis sind für die meisten Menschen ausreichend, die Aufgaben zu bewältigen, die nötig sind, um sich von dem Schmerz zu erholen (siehe den Kasten „Aspekte der Fürsorge" auf der folgenden Seite). Jedoch ist es oft schwierig, wirksame Hilfe zu leisten, und Verwandte und Freunde könnten von einem Training profitieren, in dem sie lernen, wie man reagieren sollte. Manchmal geben sie einen Rat, der darauf abzielt, die Erholung zu beschleunigen, ein Zugang, den die meisten Menschen, die einen Verlust erlitten haben, gar nicht wünschen (Lehman, Ellard, & Wortman, 1986). Manchmal sind auch Trauernde zu überwältigt, um gut gemeinte Interaktionen überhaupt

Aspekte der Fürsorge

Vorschläge der Bewältigung von Trauer nach dem Tod eines geliebten Menschen

VORSCHLAG	BESCHREIBUNG
Erlauben Sie sich, den Verlust zu spüren.	Erlauben Sie sich, sich mit allen Gedanken und Gefühlen auseinander zu setzen, die mit dem Tod verbunden sind. Treffen Sie die bewusste Entscheidung, den Schmerz zu überwinden, und denken Sie daran, dass das Zeit braucht.
Nehmen Sie soziale Unterstützung an.	Lassen Sie es in der frühen Phase der Trauer zu, dass andere Ihnen helfen, Mahlzeiten zuzubereiten, Erledigungen für Sie zu machen und Ihnen Gesellschaft zu leisten. Stellen Sie Ansprüche; fragen Sie nach dem, was Sie brauchen, so dass Menschen, die Ihnen helfen möchten, wissen, was sie tun können.
Seien Sie realistisch über den Verlauf des Schmerzes.	Stellen Sie sich darauf ein, negative und intensive Reaktionen zu haben, wie sich gepeinigt, traurig und wütend zu fühlen, was Wochen bis Monate dauern und gelegentlich noch Jahre nach dem Todesfall auftreten kann. Es gibt nicht nur eine Art der Trauer, finden Sie den besten Weg für sich.
Denken Sie an den Toten.	Gehen Sie Ihre Beziehung und Ihre Erfahrungen mit der/dem Verstorbenen durch, was es Ihnen erlaubt einzusehen, dass Sie nicht mehr mit ihr oder ihm zusammen sein können. Bilden Sie eine neue Beziehung auf der Grundlage von Erinnerungen, halten Sie diese lebendig durch Fotos, Spenden im Gedenken, Gebeten und anderen Symbolen und Handlungen.
Investieren Sie in angemessener Zeit in neue Aktivitäten und Beziehungen.	Legen Sie fest, welche Rollen Sie als Folge des Todesfalles aufgeben müssen und welche Sie aufnehmen. Und unternehmen Sie bewusste Schritte, diese in Ihr Leben einzufügen. Setzen Sie sich zuerst kleine Ziele wie einen Abend im Kino, eine Verabredung zum Essen mit einem Freund/einer Freundin oder eine Woche Urlaub.

zu erkennen, was dazu führt, dass sich die anderen zurückziehen (Stylianos & Vachon, 1993). Geduldig zuzuhören und „einfach nur da zu sein" sind die besten Wege der Hilfe.

Interventionen zur Trauer ermutigen Menschen typischerweise, auf ihr bestehendes soziales Netzwerk zurückzugreifen, während sie sie mit zusätzlicher sozialer Unterstützung versehen. Selbsthilfegruppen, die Trauernde mit ähnlichen Erfahrungen zusammenbringen, sind sehr wirksam in der Reduzierung der Belastung (Lieberman, 1993). In einem Programm für ältere kürzlich verwitwete Erwachsene schlossen die Gruppensitzungen auch Training in Aufgaben des täglichen Lebens und gutes Gesundheitsverhalten ein. Das war ein großer Gewinn für das Gefühl der Selbstwirksamkeit bei den Teilnehmern, ihr eigenes Leben zu managen (Caserta, Lund, & Rice, 1999).

Interventionen bei Kindern und Heranwachsenden nach gewaltsamen Todesfällen müssen diese vor unnötigen Erinnerungen schützen, Eltern und Lehrer in ihrem eigenen Schmerz unterstützen, sodass sie wirksam Trost spenden können und sich kulturell einfühlend verhalten. Nach Schießereien auf einem Schulgelände arrangierte die Schulleitung eine Zeremonie, die „böse tote Seelen" verjagte. Erst danach kam die große Anzahl vietnamesischer buddhistischer Schüler wieder in den Unterricht zurück (Nader, Dubrow, & Stamm, 1999).

Manchmal geht die Trauer nicht leicht vonstatten. Plötzliche, gewaltsame und unerklärliche Todesfälle, der Verlust eines Kindes, Tod, von dem ein Trauernder das Gefühl hat, ihn hätte verhindern zu können, oder eine ambivalente oder abhängige Beziehung mit der verstorbenen Person machen es schwerer für den trauernden Menschen, seinen Verlust zu überwinden. In diesen Fällen ist manchmal eine *Trauertherapie* oder eine individuelle Beratung durch einen speziell ausgebildeten Fachmann hilfreich (Neimeyer, 2000). Ein Zugang besteht darin, der trauernden Person dabei zu helfen, in der Erfahrung der Trauer einen Wert zu sehen, zum Beispiel Einsicht zu gewinnen in die Bedeutung von Beziehungen, die eigene Fähigkeit zu entdecken, mit Schwierigkeiten zu kämpfen, und ein Gefühl zu entwickeln für den Sinn ihres Lebens (Davis et al., 2000). In einer Untersuchung, welche die Anpassung nach dem Tod eines Familienmitglieds von Erwachsenen mittleren Alters verfolgte, war die Fähigkeit, in der Situation Vorteile für das eigene Leben zu sehen, mit dem Wohlergehen 13 und 18 Monate später am stärksten korreliert (Davis, Nolen-Hoeksema, & Larson, 1998).

19.7 Unterweisung in der Bewältigung des Sterbens

Es können vorbereitende Schritte unternommen werden, um Menschen aller Altersklassen zu helfen, den Tod besser zu bewältigen. Die Bewegung der Bewusstheit für den Tod, die ein stärkeres Bewusstsein für die Bedürfnisse sterbender Patienten entfachte, hat auch zu einem Anstieg in den Unterweisungen in der Bewältigung des Sterbens geführt. Kurse für Tod, Sterben und Trauer sind jetzt ein vertrauter Teil der Angebote in Colleges und Universitäten. Instruktionen dazu wurden in die Aus- und Weiterbildung von Ärzten, Krankenschwestern, Psychologen, Sozialarbeitern und anderen helfenden Berufen integriert. Sogar in Schulen nimmt man sich dieses Themas heute an.

Die Unterweisungen für den Tod haben auf allen Ebenen folgende Ziele:

- Das Verständnis der Lernenden für die körperlichen und seelischen Veränderungen vergrößern, welche das Sterben begleiten

- Den Lernenden dabei helfen, den Tod eines geliebten Menschen zu bewältigen

- Die Lernenden darauf vorzubereiten, informierte Nutznießer medizinischer Dienste und Dienste von Bestattungsunternehmen zu werden

- Das Verständnis für soziale und ethische Themen, die den Tod betreffen, fördern

Die Kurse unterscheiden sich sehr in ihrer Form. Einige konzentrieren sich darauf, Informationen zu geben, während andere experimentieren und viele Aktivitäten enthalten – Rollenspiele, Diskussionen mit unheilbar Kranken, Besuche von Leichenhallen und Friedhöfen und Übungen zum persönlichen Bewusstsein. Forschungen deckten auf, dass Vorträge zu einem Zugewinn im Wissen führen, bei Teilnehmern aber oft ein unbehagliches Gefühl auftritt, das stärker ist als vor Beginn der Kurse. Im Gegensatz dazu vergrößern experimentelle Programme, bei denen die Teilnehmer mit ihrer eigenen Sterblichkeit konfrontiert werden, seltener die Angst vor dem Tod und können diese sogar vermindern (Durlak & Riesenberg, 1991; Maglio & Robinson, 1994). Diese Erkenntnisse weisen darauf hin, dass Ausbilder mehr sein müssen als informiert, wenn sie Teilnehmer kognitiv und emotional erreichen wollen. Sie müssen einfühlsam und empfänglich sein, geübt in der Kommunikation und fähig, verzweifelten Menschen zu helfen.

Ob in einem Kurs erworben oder im täglichen Leben, sind unsere Gedanken und Gefühle zum Tod durch Interaktionen mit anderen geprägt. Wenn wir uns bewusster werden, wie wir sterben, und unserer eigenen Sterblichkeit gedenken, treffen wir auf den größten Verlust, gewinnen jedoch auch dabei. Sterbende Menschen haben manchmal Menschen, denen sie sich nahe fühlten, gestanden, dass die Erkenntnis der Begrenzung ihrer Lebensspanne es ihnen erlaubte, oberflächliche Ablenkungen sein zu lassen, ihre Kraft zu bewahren und sich auf das zu konzentrieren, was in ihrem Leben wirklich wichtig war. Wie es ein Aidspatient zusammenfasste: „[Es ist] irgendwie wie das Leben, nur beschleunigt" – ein beschleunigter Prozess, bei dem man über einen Zeitraum von Wochen oder Monaten Themen begreift, wofür man normalerweise Jahre oder Jahrzehnte gebraucht hätte (Selwyn, 1996, S. 36). Wenn wir diese Lehre auf uns selber anwenden, verstehen wir, dass wir das Leben sogar voller leben können, wenn wir in Berührung mit Tod und Sterben kommen.

Prüfen Sie sich selbst ...

Rückblick
Welche Umstände können leicht eine Überbelastung durch Verlust auslösen? Geben Sie Beispiele.

Rückblick
Erklären Sie, wie entsprechende Interventionen Menschen helfen können, den Tod wirksamer zu bewältigen.

Zusammenhänge
Vergleichen Sie die Reaktionen von Trauernden mit Gedanken und Gefühlen kranker Patienten, wenn sie dem Tode näher kommen, wie es auf Seite 875 beschrieben ist. Können die Reaktionen eines Sterbenden als eine Form des Trauerns verstanden werden? Erklären Sie.

Zusammenhänge
Geben Sie Beispiele für Einflüsse durch Alter, Geschichte und nicht normative Einflüsse auf den Trauerprozess, indem Sie sich auf Forschungsergebnisse der Seiten 892-897 beziehen. Wenn Sie diesen Kontext der Entwicklung in den Lebenszyklen wiederholen müssen, gehen Sie zu Kapitel 1, Seite 11-14 zurück.

Prüfen Sie sich selbst ...

Zusammenfassung

Wie wir sterben

Beschreiben Sie die körperlichen Veränderungen des Sterbens mit ihrer Bedeutung für die Definition des Todes und der Bedeutung eines Sterbens in Würde.

- Von dem einen Viertel der Menschen, die in Industrieländern einen plötzlichen Tod erleiden, ist die überwältigende Mehrheit Opfer von Herzattacken. Für drei Viertel der Menschen ist der Tod langwierig und ausgedehnt, viel mehr als in vergangenen Zeiten als Folge lebensrettender medizinischer Technologie.
- Im Allgemeinen findet der Tod in drei Phasen statt: der **Phase der Agonie** oder den ersten Augenblicken, in denen der Körper nicht länger das Leben erhalten kann; dem **klinischen Tod**, einem kurzen Intervall, in dem Wiederbelebung noch möglich ist; und dem **Sterben** oder dem **endgültigen Tod**.
- In den meisten Industrienationen wird der **Hirntod** als Definition des Todes akzeptiert. Tausende Patienten, die in einem **andauernden vegetativen Stadium** bleiben, weisen jedoch darauf hin, dass die Übereinkunft des Hirntods nicht immer das Dilemma löst, wann man die Behandlung eines unheilbar kranken Patienten abbrechen sollte.
- Die meisten Menschen erleiden keinen einfachen Tod. Daher können wir ein Sterben in Würde am ehesten sichern, indem wir sterbende Patienten in ihrer körperlichen und seelischen Not unterstützen, offen über die Unausweichlichkeit des Todes sprechen und ihnen dabei helfen, genug über ihren Zustand zu erfahren, damit sie selber eine begründete Entscheidung über ihre Behandlung treffen.

Verständnis vom Tod und Einstellungen dazu

Diskutieren Sie mit dem Alter verbundene Veränderungen in Konzeptionen und Haltungen dem Tod gegenüber und zitieren Sie Faktoren, welche die Angst vor dem Tod beeinflussen.

- Wir leben in einer Kultur, die den Tod verleugnet. Im Vergleich zu früheren Generationen erreichen mehr junge Menschen das Erwachsenenalter, ohne viel Kontakt mit dem Tod zu haben, und Erwachsene scheuen sich oft, das Thema ins Gespräch zu bringen.
- In dem Alter von sieben und zehn Jahren begreifen die meisten Kinder die drei Komponenten des Konzepts vom Tod: **Endgültigkeit**, **Universalität** und **Funktionsende**. Erfahrungen mit dem Tod und religiöse Unterweisung beeinflussen das Verständnis bei Kindern. Wenn Eltern offen über den Tod sprechen, begreifen Kinder in der Regel gut die Fakten des Todes und haben es leichter, ihn zu akzeptieren.
- Heranwachsende versagen oft dabei, ihr Verständnis vom Tod in das tägliche Leben einzubeziehen. Obwohl sie sich bewusst sind, dass der Tod jeden betrifft und jederzeit auftreten kann, sind Teenager dennoch angezogen von alternativen Ansichten, gehen hohe Risiken ein und beziehen die Möglichkeit des Sterbens nicht auf sich. Durch Diskussion über Belange des Todes mit Heranwachsenden können Erwachsene diesen helfen, eine Brücke zu bauen zwischen dem Tod als logischem Konzept und ihren persönlichen Erfahrungen.
- Wenn Menschen vom frühen ins mittlere Erwachsenenalter eintreten, wird ihnen die Begrenztheit ihres eigenen Lebens bewusster. Im Vergleich mit Erwachsenen mittleren Alters konzentrieren sich ältere Menschen mehr auf praktische Dinge, wie und wann der Tod auftreten wird.
- In der Angst vor dem Tod bestehen große individuelle und kulturelle Unterschiede. Insgesamt nimmt die Angst vor dem Tod mit zunehmendem Alter ab und erreicht seine niedrigste Ausprägung im späten Erwachsenenalter und bei Erwachsenen, die in irgendeiner Form an ein höheres Wesen glauben. Frauen scheinen mehr Angst vor dem Tod zu haben als Männer. Und Menschen mit schweren psychischen Störungen drücken eine größere Angst vor dem Tod aus.

Gedanken und Gefühle sterbender Menschen

Beschreiben und bewerten Sie die Stadientheorie von Kübler-Ross und geben Sie Faktoren an, welche die Reaktionen sterbender Patienten beeinflussen.

- Nach der Theorie von Elisabeth Kübler-Ross zeigen sterbende Menschen typischerweise fünf Reaktionen, die anfänglich als Stadien gekennzeichnet waren: Verleugnung, Wut, Feilschen, Depression und Akzeptanz. Jedoch treten diese Reaktionen nicht in einer festen Reihenfolge auf, und sterbende Menschen zeigen oft andere Bewältigungsstrategien.
- Ein **angemessener Tod** ist der, welcher einen Sinn ergibt in Bezug auf das Lebensmuster und die Werte des Individuums, der wichtige Beziehungen bestätigt oder wiederherstellt und der möglichst frei von Leiden ist. Eine Reihe von Variablen des Umfeldes – die Natur der Krankheit, die Persönlichkeit und der Stil der Bewältigung, Ehrlichkeit und Einfühlung von Familienmitgliedern und Gesundheitsexperten und Spiritualität, Religion und kultureller Hintergrund – beeinflussen die Weise, wie Menschen auf ihr eigenes Sterben reagieren und damit das Ausmaß, in welchem sie einen angemessenen Tod erfahren.

Ein Platz zum Sterben

Bewerten Sie das Ausmaß, mit dem der Ansatz des Sterbens zu Hause, in Krankenhäusern und Hospizen den Bedürfnissen sterbender Menschen und ihren Familien entgegenkommt.

- Obwohl die überwältigende Mehrheit der Menschen zu Hause sterben möchte, ist die Pflege eines sterbenden Patienten sehr belastend. Selbst mit der Hilfe von Fachleuten sind die meisten Wohnungen nicht angemessen ausgestattet, um die medizinischen Bedürfnisse und die Bedürfnisse nach Bequemlichkeit und guter Betreuung der Sterbenden zu erfüllen In Krankenhäusern geschieht das plötzliche Sterben in der Regel in der Notfallabteilung. Einfühlende Erklärungen des Teams können die Wut, Frustration und Verwirrung von Familienmitgliedern reduzieren. Intensive Betreuung ist insbesondere für Patienten wichtig, die monatelang an Maschinen hängen. Selbst in allgemeinen oder Spezialstationen für Krebskranke verhindert die Betonung der Effizienz in der Regel einen angemessenen Tod. Die meisten Krankenhäuser haben kein umfassendes Programm, das darauf zielt, das Leiden am Ende des Lebens zu erleichtern.
- Ob nun ein Mensch zu Hause oder in einem Krankenhaus stirbt, der Gedanke des **Hospizes** strebt

danach, den körperlichen, emotionalen, sozialen Bedürfnissen entgegenzukommen und die Lebensqualität über lebensverlängernde Maßnahmen zu stellen durch **palliative** oder **Trost spendender Pflege**. In dem Jahr nach dem Tod werden den Familien Dienste zur Bewältigung der Trauer angeboten. Neben der Minderung des Leidens von Patienten, trägt die Hospizbetreuung zu einem verbesserten Funktionieren der Familien und höherem psychischem Wohlbefinden von Überlebenden in Familien nach ein bis zwei Jahren nach dem Ableben der geliebten Menschen bei.

Das Recht zu sterben
Diskutieren Sie Kontroversen in Verbindung mit Sterbehilfe (Euthanasie) und Beihilfe zum Selbstmord.
- Die gleichen medizinischen Maßnahmen, welche das Leben erhalten, können den unvermeidlichen Tod hinauszögern und die Lebensqualität und persönliche Würde vermindern. **Sterbehilfe (Euthanasie)**, das Beenden des Lebens eines Menschen, der an einer unheilbaren Krankheit leidet, zeigt sich in verschiedenen Formen.
- **Passive Sterbehilfe (Euthanasie)**, die Vermeidung oder der Entzug lebenserhaltender Behandlung bei einem hoffnungslos kranken Patienten ist weithin anerkannt und praktiziert. Aber angesichts des Fehlens einer Übereinkunft zu Verfahren der Gesundheitsbetreuung am Ende des Lebens, können Menschen am besten sicherstellen, dass ihre Wünsche befolgt werden, wenn sie **im Voraus eine medizinische Verfügung** vorbereiten. Eine **Patientenverfügung** enthält Anweisungen für die Behandlung bei hoffnungslosen Krankheiten. Ein flexiblerer Zugang ist eine **dauerhafte Vollmacht zur Gesundheitsbetreuung**, welche die Ernennung einer anderen Person autorisiert, die Entscheidungen zur Behandlung im Namen des Patienten zu treffen. Wenn es keine Ermächtigung gibt, erlauben einige US-Staaten und kanadische Provinzen, auch der deutschen Bestimmungen die Ernennung eines Bevollmächtigten aus dem Kreis der nahen Angehörigen.
- Die öffentliche Unterstützung der **freiwilligen aktiven Sterbehilfe (Euthanasie)**, bei der Ärzte oder andere der Bitte eines leidenden Patienten zustimmen, vor einem natürlichen Ende des Lebens zu sterben, nimmt zu. Dennoch hat die Praxis heiße Diskussionen entfacht, genährt von Ängsten, dass sie das Vertrauen in Gesundheitsexperten untergraben könnte und uns in eine Grauzone führen wird, in der hilflose Menschen getötet werden, die nicht um ihren Tod gebeten hatten.
- Da der endgültige Akt einzig dem Patienten gehört, nehmen einige Experten an, dass die Legalisierung der Beihilfe zum Selbstmord der Legalisierung von freiwilliger aktiver Euthanasie vorzuziehen ist.

Trauer: Den Tod eines geliebten Menschen bewältigen
Beschreiben Sie die Phasen des Trauerns, Faktoren, die individuellen Unterschieden zugrunde liegen, und Interventionen bei Verlust.
- **Verlust** bezieht sich auf die Erfahrung des Verlusts eines geliebten Menschen durch den Tod, **Kummer** auf die intensive körperliche und psychologische Verzweiflung, die den Verlust begleiten. Rituale, Gebräuche der **Trauer** sind der kulturell übereinstimmende Ausdruck von Gedanken und Gefühlen, die dazu erdacht wurden, den Menschen dabei zu helfen, ihre Trauer durchzuarbeiten.
- Obwohl viele Theoretiker der Meinung sind, dass die Trauer in einer Abfolge von Phasen der Verleugnung, Konfrontation und Erholung auftritt, besteht ein realistischerer Zugang darin, die Trauer als Achterbahnfahrt zu betrachten, mit vielen Aufs und Abs und einer allmählichen Erholung. Entsprechend dem **dualen Prozessmodells der Bewältigung von Verlust** umfasst eine wirksame Bewältigung ein Oszillieren zwischen der Bewältigung der emotionalen Folgen von Verlust und der Anpassung an die Veränderungen des Lebens, geboten durch zeitweise Ablenkung und Erleichterung vom Schmerz.
- Wie das Sterben wird das Trauern durch viele persönliche Faktoren und solche der Situation beeinflusst. Nach einem plötzlichen, unerwarteten Tod kann die Verleugnung besonders ausgeprägt und die Konfrontation hochtraumatisch sein, weil Schock und Ungläubigkeit extrem sind. Im Gegensatz dazu schenkt ein lang andauernder, erwarteter Tod den Hinterbliebenen Zeit, **antizipatorisch zu trauern.**
- Wenn ein Elternteil ein Kind verliert oder ein Kind einen Elternteil oder ein Geschwister, ist der Schmerz im Allgemeinen besonders intensiv und andauernd. Der Verlust eines Ehegatten oder Partners im frühen oder mittleren Erwachsenenalter zerstört ganze Lebenspläne. Bei jüngeren verwitweten Individuen kommt es in der Regel zu negativeren Folgen als bei verwitweten älteren Menschen. Wenn Verwandte die Teilnahme eines homosexuellen Partners an der Beisetzung einschränken oder verbieten, stören sie den Trauerprozess grundlegend.
- Menschen, die auf einmal oder in kurzer Folge mehrere Todesfälle erleben, können an einer Überbelastung durch Verluste leiden. Unter den Menschen mit diesem Risiko befinden sich junge Menschen, die Freunde und den Partner durch Aids verloren haben, ältere Menschen und solche, die Zeugen unerwarteter gewaltsamer Todesfälle wurden.
- Einfühlung und Verständnis sind für die meisten Menschen ausreichend, sich vom Schmerz zu erholen. Selbsthilfegruppen können zusätzliche soziale Unterstützung bringen. Wenn es Menschen mit einem Verlust besonders schwer fällt, diesen zu überwinden, ist manchmal eine Trauertherapie hilfreich.

Unterweisungen in der Bewältigung des Sterbens
Erklären Sie, wie eine Unterweisung Menschen helfen kann, den Tod wirksamer zu bewältigen.
- Heute findet man Unterweisung für Tod, Sterben und Trauern in Hochschulen und Universitäten; in Ausbildungsprogrammen für Ärzte, Krankenschwestern und Menschen in medizinischen Berufen; in Programmen der Erwachsenenbildung und in einigen Grund- und Sekundarschulen. Die Kurse erreichen die Teilnehmer kognitiv und emotional besser, wenn sie mit Strategien und Lösungsvorschlägen zu experimentieren erlauben.

19.7 TOD, STERBEN UND TRAUER

Wichtige Fachtermini und Begriffe

Agonie (Todeskampf) S. 865
angemessener Tod S. 876
Angst vor dem Tod S. 872
antizipatorisches Trauern S. 893
dauerhafte Bevollmächtigung einer anderen Person zur Überwachung der Gesundheitspflege des Patienten S. 885
dauerhafter vegetativer Zustand S. 866
duales Prozessmodell der Bewältigung von Verlust S. 892
Endgültigkeit S. 868
Euthanasie (Sterbehilfe) S. 883
freiwillige aktive Euthanasie S. 886
Funktionsende S. 868
Hirntod S. 866
Hospiz S. 881
Klinischer Tod S. 865
palliative oder Trost spendende Pflege S. 882
passive Sterbehilfe S. 884
Patientenverfügung S. 884
schmerzlicher Verlust S. 891
Sterbehilfe S. 883
Sterben S. 865
Trauer S. 891
Trauern S. 891
Universalität S. 868

Glossar

Abgelehnte aggressive Kinder (rejected-aggressive children) Eine Untergruppe der abgelehnten Kinder, die ein hohes Ausmaß an Konflikten, Feindseligkeit, Überaktivität und unaufmerksamem, sowie impulsivem Verhalten an den Tag legen. Zu unterscheiden von den *abgelehnten zurückgezogenen Kindern*. (S. 446)

Abgelehnte Kinder (rejected children) Kinder, die von anderen aktiv gemieden werden und viele ablehnende Stimmen in Fragebögen zur Peerakzeptanz erhalten. Zu unterscheiden von den *beliebten*, den *kontroversen* und den *vernachlässigten Kindern*. (S. 445)

Abgelehnte zurückgezogene Kinder (rejected-withdrawn children) Eine Untergruppe der abgelehnten Kinder, die passiv und sozial unbeholfen sind. Zu unterscheiden von den *abgelehnten aggressiven Kindern*. (S. 446)

Abhängige Variable (dependent variable) Die Variable, von der die Wissenschaftler erwarten, dass sie von einer oder mehreren unabhängigen Variablen in einem Experiment beeinflusst wird. Zu unterscheiden von der *unabhängigen Variable*. (S. 46)

Adaptation (adaptation) In Piagets Theorie der Prozess, mit dem Schemata durch direkte Interaktion mit der Umwelt aufgebaut werden. Besteht aus zwei komplementären Prozessen: der *Assimilation* und der *Akkomodation*. (S. 195)

Adoleszenz (adolescence) Der Übergang von der Kindheit ins Erwachsenenalter. Beginnt mit der Pubertät und umfasst die Akzeptanz des ganz erwachsenen Körpers, den Erwerb erwachsener kognitiver Funktionsweisen, den Erwerb emotionaler und finanzieller Unabhängigkeit, die Entwicklung reiferer Beziehungsmuster mit Gleichaltrigen beiderlei Geschlechts und Aufbau einer Identität. (S. 474)

Agonie (Todeskampf) (agonal phase) Die Phase im Sterbeprozess, in der es in den ersten Augenblicken, in denen der Körper das Leben nicht mehr aufrechterhalten kann, zu keuchendem Atmen und Muskelkrämpfen kommt. Zu unterscheiden von *klinischem Tod* und *Sterben*. (S. 865)

Akkomodation (Accomodation) Der kognitive Mechanismus in Piagets Theorie, der die Anpassung vorhandener Schemata an neue Informationen aus der Umwelt bewirkt und neue Schemata aufbauen kann, so dass Schema und Umweltgegebenheiten zusammenpassen. Der Komplementärbegriff ist *Assimilation*. (S. 195)

Aktive Lebensspanne (active lifespan) Anzahl der Jahre eines tatkräftigen, gesunden Lebens. Zu unterscheiden von *durchschnittlicher Lebenserwartung* und *maximaler Lebenszeit*. (S. 762)

Aktivierungszustände (arousal states) Es werden fünf verschiedene Erregungszustände der Aktivierung von Schlaf bis Hellwachsein unterschieden. (S. 137)

Aktivitäts- und Aufmerksamkeitsstörung (attention-deficit hyperactivity disorder (ADHD)) Eine Störung im Kindesalter mit Unaufmerksamkeit, Impulsivität und starker motorischer Aktivität. Führt oft zu schulischem Versagen und sozialen Problemen. (S. 396)

Aktivitätstheorie (activity theory) Eine soziale Theorie des Alterns, die besagt, dass der Rückgang in der sozialen Interaktion im späten Erwachsenenalter auf das Versagen des sozialen Umfeldes, soziale Kontaktmöglichkeiten bereitzustellen, zurückzuführen ist und dass dies nicht den Wünschen des alten Menschen entspricht. Zu unterscheiden von der *Rückzugstheorie* und der *sozioemotionalen Selektivitätstheorie*. (S. 827)

Akutes Lungenversagen (respiratory distress syndrom) Eine Störung bei zu früh geborenen Säuglingen, bei der die Lungen noch nicht ausgereift sind, sodass die Luftbläschen zusammenfallen, was zu schweren Atemstörungen führt. (S. 131)

Akzeleration / Generationen- oder Jahrhunderttrend beim körperlichen Wachstum (secular trend in physical growth) Veränderung in Körpergröße und Wachstumsrate von einer Generation zur nächsten. Zum Beispiel sank in den Industrienationen das Alter des Eintritts der Menarche von 1860 bis 1970, was auf eine schnellere körperliche Reifung bei jungen Menschen hinweist. (S. 482)

Allgemeine Wachstumskurve (general growth curve) Eine Kurve, welche alle Veränderungen in der Körpergröße darstellt – schnelles Wachstum im Säuglingsalter, langsamere Zugewinne in der frühen und mittleren Kindheit und noch einmal schnelles Wachstum während der Adoleszenz. (S. 280)

Als-ob-Spiel (make-believe play) Art des Spielens, bei dem Kinder alltägliche und vorgestellte Aktivitäten vorgeben und ausagieren. (S. 199)

Alte Alte (old-old) Zustand körperlichen Abbaus im hohen Alter. Unterscheidet sich von *jungen Alten*. (S. 761)

Altersabhängige Einflüsse (age graded influences) Einflüsse auf die Entwicklung über die gesamte Lebensspanne, die in einem bestimmten Alter auftreten und deren Zeitpunkt und Dauer des Erscheinens ziemlich gut vorhersagbar sind. (S. 13)

Altersschwerhörigkeit (presbyacusis) Altersbedingter Verlust der Hörfähigkeit, bei der ein starker Verlust des Hörens hoher Frequenzen im Alter um die 50 auftritt, der sich allmählich auf alle Frequenzen ausdehnt. (S. 673)

Alterssehen (presbyopia) Alterszustand, bei dem um das Alter von 60 Jahren die Augenlinsen ihre Fähigkeit verlieren, vollständig auf nahe Gegenstände zu akkomodieren. (S. 672)

Alzheimer-Erkrankung (Alzheimer´s disease) Die häufigste Form einer Demenz, in der eine strukturelle und chemische Schädigung im Gehirn verbunden ist mit einem allmählichen Verlust vieler Aspekte des Denkens und Verhaltens, einschließlich des Gedächtnisses, geübter und gezielter Bewegungen und des Verstehens und der Produktion der Sprache. (S. 786)

Amnion (innere Eihaut) (amnion) Innere Membran, die eine schützende Hülle um den pränatalen Organismus bildet. (S. 104)

Amyloide Plaques durch Antikörperglobulinbildung (amyloid plaques) Eine strukturelle Veränderung im Gehirn, die mit der Alzheimer-Erkrankung verbunden ist und bei der Ablagerungen des Amyloidproteins von Klumpen toter Nervenzellen umgeben sind, die wahrscheinlich durch die Einwirkung des Amyloidproteins zerstört worden sind. (S. 787)

Androgynität (androgyny) Eine Form der Geschlechtsidentität, in welcher das Individuum hohe Werte von männlichen wie weiblichen Persönlichkeitsmerkmalen aufweist. (S. 359)

Angeborener Reflex (unconditioned response (UCR)) In der klassischen Konditionierung eine Reflexreaktion, die durch einen unbedingten (natürlichen) Reiz erzeugt wird. (S. 170)

Angemessener Tod (appropriate death) Ein Tod, der sinnvoll ist in Bezug auf das individuelle Lebensmuster und die Werte des Individuums und der gleichzeitig wichtige Beziehungen aufrechterhält oder wiederherstellt und möglichst frei von Leiden ist. (S. 876)

Angst vor dem Tod (death anxiety) Vorahnung und Furcht vor dem eigenen Tod. (S. 872)

Animistisches Denken (animistic thinking) Annahme, dass unbelebte Gegenstände Merkmale aufweisen, die Lebewesen eigen sind, wie Gedanken, Wünsche, Gefühle und Ziele. (S. 297)

Anlage-Umwelt-Kontroverse (nature-nurture controversy) Unstimmigkeit zwischen Theoretikern in der Frage, ob genetische oder umweltbedingte Faktoren als die wichtigsten Determinanten von Entwicklung und Verhalten zu betrachten sind. (S. 7)

Anoxämie (anoxia) Ungenügende Versorgung mit Sauerstoff. (S. 127)

Antizipatorisches Trauern (anticipatory grieving) Die Erkenntnis vor einem sich lang hinziehenden, erwarteten Sterben, dass der Verlust unvermeidbar ist und man sich emotional darauf vorbereiten muss. (S. 893)

Apgar-Skala (Apgar Scale) Eine Einstufung, die angewendet wird, um sofort nach der Geburt die körperliche Verfassung des Neugeborenen einzuschätzen. (S. 124)

Arbeitsgedächtnis (working or short-term memory) Bei der Informationsverarbeitung der bewusste Anteil des mentalen Systems, in dem aktiv an einer begrenzten Menge von Informationen „gearbeitet" wird, um sicherzustellen, dass sie erhalten bleiben. (S. 207)

Assimilation (assimilation) In Piagets Theorie der Teil der Adaption, bei der die äußere Welt gemäß den gegenwärtig vorhandenen Schemata interpretiert wird. Der Komplementärbegriff ist *Akkomodation*. (S. 195)

Assoziatives Gedächtnisdefizit (associative memory deficit) Schwierigkeit, Verbindungen zwischen Informationseinheiten herzustellen oder aus dem Gedächtnis abzurufen – zum Beispiel Assoziationen zwischen zwei Informationseinheiten oder einer Informationseinheit und dem jeweiligen Kontext. (S. 796)

Aufgeschobene Nachahmung (deferred imitation) Die Fähigkeit, das Verhalten von Vorbildern zu erinnern und nachzuahmen, ohne dass diese anwesend sein müssen. (S. 199)

Ausführendes Stadium (achieving stage) Schaies Stadium des jungen Erwachsenenalters, in welchem Menschen ihre kognitiven Fertigkeiten Situationen anpassen, die tiefgreifende Wirkungen auf das Erreichen von Langzeitzielen haben. Folglich konzentrieren sie sich weniger darauf, Wissen zu erwerben, als vielmehr darauf, Wissen im alltäglichen Leben anzuwenden. (S. 600)

Ausgebranntfühlen (burnout) Ein Zustand, bei dem lang andauernder Stress im Beruf zu geistiger Erschöpfung, einem Empfinden von Verlust persönlicher Kontrolle und einem Gefühl reduzierter Leistungsfähigkeit führen. (S. 745)

Austausch der Lebenserwartung (life expectancy crossover) Altersabhängiger Austausch der Lebenserwartung bei Bevölkerungsgruppen. Zum Beispiel können Angehörige ethnischer Minderheiten, die älter sind als 85 Jahre, länger als Angehörige der weißen Mehrheit leben. (S. 763)

Autobiographisches Gedächtnis (autobiographical memory) Repräsentation spezieller, einmaliger Ereignisse, die lange andauert, weil sie mit persönlicher Bedeutung verbunden ist. (S. 211)

Autoimmunreaktion (autoimmune response) Eine anormale Reaktion des Immunsystems, die normales Körpergewebe angreift. (S. 771)

Autonome Moral (autonomous morality) die zweite Stufe der moralischen Entwicklung nach Piaget, auf der das Kind Regeln als flexibel im sozialen Umgang betrachtet und erkennt, dass sie revidiert werden können, wenn die Notwendigkeit dazu besteht. Beginnt im Alter von etwa 10 Jahren. Zu unterscheiden von *heteronomer Moral*. (S. 535)

Autonomie (autonomy) In der Adoleszenz das Gefühl, für das eigene Selbst als getrenntes, sich selbst regulierendes Wesen. Beinhaltet, sich eigene Ziele zu setzen und Verantwortung zu übernehmen, statt sich auf die Eltern zu verlassen, und selbst angemessene wohl begründete Entscheidungen zu treffen. (S. 546)

Autonomie versus Scham und Zweifel (autonomy versus shame and doubt) In der Theorie Eriksons wird dies verstanden als der grundlegende psychische Konflikt des Kleinkindalters, der positiv aufgelöst werden kann, wenn die Eltern dem kleinen Kind die richtige Anleitung bieten und altersangemessene Entscheidungen überlassen. (S. 235)

Autoritärer Erziehungsstil (authoritarian style) Ein Erziehungsstil, mit niedriger Akzeptanz und Anteilnahme und starkem Zwang und Einschränkungen, der wenig Autonomie gewährt. Zu unterscheiden vom *autoritativen*, *permissivem* und *unbeteiligten Erziehungsstil*. (S. 362)

Autoritativer Erziehungsstil (authoritative style) Ein Stil der Kindererziehung mit hoher Akzeptanz und Beteiligung, der besonders Wert legt auf Kontrolle in Kombination mit Erklärungen sowie einem schrittweisen, alters- und situationsangemessenen Gewähren von Autonomie. Zu unterscheiden vom *autoritären*, *permissiven* und *unbeteiligten Erziehungsstil*. (S. 362)

Autosome (autosomes) Die 22 gleichen Chromosomenpaare in jeder menschlichen Zelle. (S. 62)

Bedingte Reaktion (conditioned response (CR)) Bei der klassischen Konditionierung tritt eine neue Reaktion auf, die von einem konditionierten (neutralen) Reiz (CS) hergestellt wurde und der unkonditionierten (natürlichen) Reaktion (UCR) entspricht. (S. 170)

Bedingter Reiz (conditioned stimulus (CS)) Bei der klassischen Konditionierung ein neutraler Reiz, der durch Paarung mit einem unkonditionierten (natürlichen) Reiz (UCS) zu einer neuen Reaktion (CR) führt. (S. 170)

Behaviorismus (Behaviorism) Ein Ansatz, der sich mit direkt beobachtbaren Ereignissen beschäftigt, dem Reiz und der Reaktion, und durch den Verhalten und seine Entwicklung, wie sie sich durch die klassische und die operante Konditionierung darstellen, untersucht werden können. (S. 21)

Beliebte antisoziale Kinder (popular-antisocial children) Eine Untergruppe der beliebten Kinder, größtenteils bestehend aus „echten" Jungen, die gut in Sport, aggressiv und schlechte Schüler sind. Zu unterscheiden von den *beliebten prosozialen Kindern*. (S. 446)

Beliebte Kinder (popular children) Kinder, die in Fragebögen zur Peerakzeptanz viele positive Stimmen erhalten. Zu unterscheiden von *abgelehnten*, *kontroversen* und *vernachlässigten Kindern*. (S. 445)

Beliebte prosoziale Kinder (popular-prosocial children) Eine Untergruppe der beliebten Kinder, die in sich akademische und soziale Kompetenzen vereinen. Zu unterscheiden von den *beliebten antisozialen Kindern*. (S. 446)

Belohnung (positive Verstärkung) (positive reinforcment) Ein Reiz, der die Wahrscheinlichkeit des Auftretens einer Reaktion beim operanten Konditionieren verstärkt. Zu unterscheiden von *Bestrafung*. (S. 171)

Bereich der proximalen Entwicklung (zone of proximal development) In Wygotskys Theorie eine Reihe von Aufgaben, die ein Kind noch nicht allein, aber mit der Hilfe von erfahreneren Partnern bewältigen kann. (S. 212)

Bestrafung (negative Verstärkung) (punishment) In der operanten Konditionierung wird die Beseitigung eines positiven oder das Darbieten eines unangenehmen Stimulus als negativer Verstärker eingeführt, um die Häufigkeit einer Reaktion zu verringern. Zu unterscheiden von *Belohnung*. (S. 171)

Betreutes Wohnen (life care communities) Wohnmöglichkeiten für ältere Menschen, die eine ganze Reihe von Alternativen bieten, angefangen von unabhängigem Wohnen über Wohngemeinschaften bis hin zur Pflege. Finanziert wird dies durch eine große Anzahlung und zusätzliche monatliche Betreuungskosten, wodurch sichergestellt wird, dass den sich verändernden Bedürfnissen des alten Menschen an einem Ort Rechnung getragen werden kann. (S. 833)

Bikulturelle Identität (bicultural identity) Die Identität, die Personen bilden, die sowohl von ihrer eigenen Kultur wie auch der dominanten Kultur Werte und Überzeugungen übernehmen und Verhaltensweisen aus beiden Kulturen annehmen. (S. 533)

Bindung (attachment) Die starke, emotionale Verbundenheit, die Menschen mit wichtigen anderen in ihrem Leben haben, die zu einem Gefühl von Wohlbefinden und Freude führt, wenn sie mit diesen Menschen interagieren und sich in deren Nähe in Stresssituationen wohl fühlen. (S. 252)

Biologisches Altern oder **Seneszenz (biological aging or senescence)** Der genetisch beeinflusste altersbedingte Abbau der Funktionen von Organen und Systemen, der bei allen Angehörigen unserer Spezies stattfindet. Manchmal auch *primäres Altern* genannt. (S. 572)

Bulimie (bulimia nervosa) Eine Essstörung, bei der Individuen (meistens weibliche) sich einer strikten Diät und exzessiver Bewegung unterwerfen, begleitet von Fressattacken, denen willkürliches Erbrechen folgt, sowie Einnahme von Abführmitteln. (S. 488)

Cephalocaudale Wachstumsrichtung (cephalocaudal trend) Ein organisiertes Muster von körperlichem Wachstum und motorischer Kontrolle, das von „Kopf zu Steiß" bzw. vom Kopf zu den Füßen stattfindet. (S. 154)

Chorion (Zottenhaut) (chorion) Die äußere Membran, welche eine schützende Hülle um den pränatalen Organismus bildet. Sie sendet winzige, Fingern ähnliche Villi (Zotten) aus, aus denen sich der Mutterkuchen bildet. (S. 105)

Chromosomen (chromosomes) Rutenförmige Strukturen im Zellkern, die genetische Informationen speichern und weitergeben. (S. 60)

Chronosystem (chronosystem) Wird in der ökologischen Systemtheorie verstanden als temporäre Veränderungen in der Umwelt, die neue Voraussetzungen schaffen, welche sich wiederum auf die Entwicklung auswirken. Diese Veränderungen können von außen an den Organismus herangetragen werden oder in ihm selbst entstehen, da sich der Mensch viele seiner eigenen Settings und Erfahrungen selbst schafft. (S. 34)

Clique (clique) Eine kleine Gruppe, deren Mitglieder untereinander eng befreundet sind und sich daher im familiären Hintergrund, Einstellungen und Werten ähneln. (S. 551)

Corpus callosum / Balken (corpus callosum) Ein großes Faserbündel, das die beiden Hemisphären (Hälften) des Gehirns verbindet. (S. 282)

Dauerhafte Bevollmächtigung zur Ergreifung medizinischer Maßnahmen (durable power of attorney for health care) Eine schriftliche Erklärung, die eine andere Person (in der Regel, obwohl nicht immer, ein Familienmitglied) ernennt, Entscheidungen zur Ergreifung medizinischer Maßnahmen zu treffen, wenn der Bevollmächtigende unfähig dazu ist. (S. 885)

Dauerhafter vegetativer Zustand (persistent vegetative state) Stadium, das durch Fehlen von Tätigkeit der Hirnwellen in der Großhirnrinde bedingt ist und in welchem die Person bewusstlos ist, selbst keine Bewegungen erbringt und keine Hoffnung auf Erholung besteht. (S. 866)

Demenz (dementia) Eine Reihe von Störungen, die fast ausschließlich im Alter vorkommen, bei denen viele Aspekte des Denkens und Verhaltens so geschädigt sind, dass alltägliche Verrichtungen gestört sind. (S. 786)

Desoxyribonukleinsäure (DNA) (deoxyribonucleic acid) Lange, zweistrangige (double stranded) Moleküle, aus denen die Chromosomen bestehen. (S. 60)

Dezentrierung (decentration) Fähigkeit, sich gleichzeitig auf verschiedene Aspekte eines Problems zu konzentrieren und sie in Beziehung zu setzen. Unterscheidet sich von *Zentrierung*. (S. 390)

Differenzierungstheorie (differentiation theory) Theoretischer Ansatz, der besagt, dass die Entwicklung der Wahrnehmung die Entdeckung zunehmend feinrastriger, invarianter Merkmale in der Umgebung umfasst. (S. 187)

Dishabituierung (auch Erholung) (recovery) Eine verstärkte Reaktion auf einen neuen Stimulus infolge von vorheriger Gewöhnung (*Habituierung*). (S. 172)

Diskontinuierliche Entwicklung (discontinuous development) Eine Sichtweise von Entwicklung, in der neue und verschiedenartige Veränderungen zu bestimmten Zeitpunkten auftreten. Diese Richtungsänderungen führen zu neuen Interpretationen und Reaktionen auf die Umwelt. Zu unterscheiden von *kontinuierlicher Entwicklung*. (S. 6)

Distributive Gerechtigkeit (distributive justice) Überzeugungen davon, wie Ressourcen gerecht aufgeteilt werden können. (S. 441)

Divergentes Denken (divergent thinking) Herstellung vielfältiger und ungewöhnlicher Möglichkeiten bei der Konfrontation mit einem Problem. Ist mit Kreativität verwandt. Unterscheidet sich vom *konvergenten Denken*. (S. 419)

Dominante Hirnhälfte (Hemisphäre) (dominant cerebral hemisphere) Hirnhemisphäre, die für geschickte, hochautomatisierte motorische Handlungen verantwortlich ist. Die linke Hirnhälfte ist dominant bei Rechtshändern. Bei Linkshändern ist die rechte Hirnhälfte dominant, oder motorische und sprachliche Fertigkeiten werden zwischen den beiden Hirnhälften aufgeteilt. (S. 281)

Dominant-rezessive Vererbung (dominant-recessive inheritance) Ein Muster der Vererbung unter heterozygoten Voraussetzungen, in dem der Einfluss von lediglich einem Gen offensichtlich ist. (S. 64)

Doppelverdiener (dual-earner marriage) Eine Familienform, in der sowohl der Ehemann als auch die Ehefrau berufstätig sind. (S. 660)

Dreieckstheorie der Liebe (triangular theory of love) Sternbergs Betrachtungsweise der Liebe, nach der diese drei Komponenten besitzt – Intimität, Leidenschaft und Hingabe/Verpflichtung –, deren jeweilige Betonung sich verlagert, während sich die Beziehung weiterentwickelt. (S. 626)

Duales Prozessmodell der Bewältigung von Verlust (dual-process model of coping with loss) Ein Modell, das annimmt, wirksame Bewältigung von Verlust fordere vom Menschen ein Oszillieren zwischen dem Bewältigen der emotionalen Folgen des Verlusts und der Beachtung von Lebensveränderungen, welche – wenn erfolgreich verarbeitet – heilende und wiederherstellende Wirkungen haben. (S. 892)

Dualistisches Denken (dualistic thinking) In Perrys Theorie der kognitive Ansatz von Collegestudenten, die nach der absoluten Wahrheit suchen und dabei Informationen, Werte und Autoritäten in richtig oder falsch, gut oder böse, wir oder sie trennen. Unterscheidet sich von *realistischem Denken*. (S. 599)

Durchschnittliche Lebenserwartung (average life expectancy) Die Anzahl von Jahren, die ein in einem bestimmten Jahr geborenes Individuum zu leben erwarten kann. Zu unterscheiden von *maximaler Lebenserwartung* und *aktiver Lebensspanne*. (S. 761)

Dynamische Systemtheorie der motorischen Entwicklung (dynamic systems theory of motor development) Die Integrationen schon früher erlangter Fähigkeiten in der motorischen Entwicklung, die zu Fortschritten in der Exploration und der Kontrolle der Umwelt führen. Jede neue Fähigkeit ist ein gemeinsames Produkt aus der Entwicklung des zentralen Nervensystems, der Bewegungsmöglichkeiten des Körpers, der Unterstützung der Fähigkeiten durch die Umwelt und dem Ziel, welches das Kind verfolgt. (S. 176)

Dynamisches Testen (dynamic testing) Ein Ansatz des Testens, der in Übereinstimmung mit Wygotskys Konzept der Zonen proximaler Entwicklung steht, bei dem zweckvolle Unterweisung in die Testsituation eingeführt wird, um herauszufinden, was das Kind mit sozialer Unterstützung erreichen kann. (S. 409)

Edler Wilde (noble savage) Rousseaus Sichtweise des Kindes als eines Wesens, dem von Natur aus ein Plan für ein geordnetes, gesundes Wachstum mitgegeben ist. (S. 16)

Egalitäre / gleichberechtigte Ehe (egalitarian marriage) Eine Form der Ehe, in der Ehemann und Ehefrau sich Macht und Autorität teilen. Beide versuchen, ein Gleichgewicht in Zeit und Energie zu finden, die sie ihrer Arbeit, den Kindern und ihrer Beziehung widmen. Zu unterscheiden von der *traditionellen Ehe*. (S. 637)

Egozentrismus (egocentrism) Versagen, Repräsentationen der Ansichten anderer und die eigenen zu unterscheiden und die Perspektive anderer einzunehmen. (S. 297)

Eindämmen (Zurechtstutzen) der Synapsenanzahl (synaptic pruning) Der Verlust verbindender Nervenfasern an selten stimulierten Nervenzellen, wobei diese wieder in ihren ursprünglichen inaktiven Zustand zurückversetzt werden und somit zur Entwicklung zukünftiger Fähigkeiten wieder zur Verfügung stehen. (S. 156)

Eineiige Zwillinge (identical / monozygous twins) Zwillinge, die dann entstehen, wenn eine Zygote in einem frühen Stadium der Zellteilung sich in zwei getrennte Zellen teilt. Sie haben die gleiche genetische Ausstattung. Unterscheidet sich von *zweieiigen* oder *dizygoten Zwillingen*. (S. 63)

Einfaches Kind (easy child) Ein Kind mit einem leicht sich selbst regulierenden Temperament, dass schon in der Säuglingszeit sehr schnell regelmäßige Routinen entwickelt. Es ist meistens fröhlich und passt sich leicht an neue Erfahrungen an. Zu unterscheiden vom *schwierigen Kind* und vom *Kind, das nur langsam aktiv wird*. (S. 245)

Einfühlsame Fürsorge (sensitive caregiving) Fürsorge, bei der auf die Signale des Säuglings schnell, konstant und angemessen reagiert wird. (S. 258)

Einnistung (implantation) Einnistung der Blastozyste (geteilten Eizelle) in die Gebärmutterwand 7 bis 9 Tage nach der Befruchtung. (S. 103)

Einsamkeit (loneliness) Ein Gefühl des Unglücklichseins, welches aus der Kluft zwischen den tatsächlichen und den wünschenswerten sozialen Beziehungen erwächst. (S. 632)

Einschätzung von Erblichkeitsfaktoren (heritability estimate) Statistik, welche das Ausmaß erfasst, in dem individuelle Unterschiede in komplexen Merkmalen wie Intelligenz oder Persönlichkeit, in einer spezifischen Population aufgrund genetischer Faktoren zustande kommen. (S. 92)

Elaboration (elaboration) Gedächtnisstrategie, eine Beziehung zwischen zwei oder mehr Einheiten zu schaffen, die nicht zur selben Kategorie gehören. (S. 323, 397)

Elterliche Imperativ-Theorie (Parental imperative theory) Eine Theorie, die behauptet, dass traditionelle Geschlechterrollen in den aktiven Erziehungsjahren aufrechterhalten werden, um das Überleben der Kinder sicherzustellen. Nachdem die Kinder das Erwachsenenalter erreicht haben, steht es den Eltern frei, die „andere Seite" ihrer Persönlichkeit auszudrücken. (S. 725)

Embryo (embryo) Pränataler Organismus 2 bis 8 Wochen nach der Empfängnis. Während dieser Zeit wird die Grundlage für alle Körperstrukturen und inneren Organe gelegt. (S. 105)

Emotionale Selbstregulation (emotional self-regulation) Strategien, um unseren emotionalen Zustand auf einem erträglichen Intensitätsniveau zu halten, sodass es uns möglich ist, unsere Ziele zu erreichen. (S. 243)

Empathie (empathy) Die Fähigkeit, den emotionalen Zustand eines anderen Menschen zu verstehen und mit ihm mitzufühlen oder emotional auf ähnliche Weise zu reagieren. (S. 268)

Endgültiger Abbau (terminal decline) Stetiges, auffälliges Anwachsen des kognitiven Abbaus kurz vor dem Tod. (S. 802)

Endgültigkeit (permanence) Komponente des Todeskonzeptes, die besagt, wenn ein lebendes Wesen stirbt, kann es nicht wieder ins Leben zurückgebracht werden. (S. 868)

Entwicklungsgerechte Maßnahmen (developmentally appropriate practice) Eine Reihe von Standards, die von der National Association for the Education of Young Children (Nationale Vereinigung zur Erziehung kleiner Kinder in den Vereinigten Staaten) entwickelt wurden. Sie legen Merkmale für Programme fest, die den entwicklungsbedingten und individuellen Bedürfnissen kleiner Kinder verschiedenen Alters entsprechen, und gründen sich auf moderne Forschung und dem Konsens von Fachleuten. (S. 219)

Entwicklungsquotient (EQ) (developmental quotient (DQ)) Testwert bei Säuglingsintelligenztests, vorwiegend basierend auf Wahrnehmungs-, motorischen und (vor-)sprachlichen Reaktionen. Auf die gleiche Weise berechnet wie der IQ. (S. 217)

Epigenese (epigenesis) Entwicklung, die aus einem fortlaufenden, symmetrischen Austausch zwischen Vererbung und allen Umweltebenen entsteht. (S. 98)

Epochal bedingte Einflüsse (history graded influences) Einflüsse auf die Entwicklung über die Lebensspanne hinweg, die für eine bestimmte geschichtliche Zeit bezeichnend sind und erklären, warum Menschen, die in etwa zur gleichen Zeit geboren sind – man nennt sie eine Kohorte –, sich in bestimmten Aspekten ähneln und sich von Menschen unterscheiden, die zu einer anderen Zeit geboren wurden. (S. 13)

Erarbeitete Identität (identity achievement) Der Identitätsstatus von Individuen, die selbstgewählte Werte und berufliche Ziele für sich exploriert und sich ihnen verpflichtet haben. Zu unterscheiden vom *Moratorium*, der *übernommenen Identität* und der *Identitätsdiffusion*. (S. 529)

Erfolgreiches Altern (successful aging) Altern, bei dem Zugewinn maximiert und Verluste minimiert werden. (S. 853)

Erinnern / Reproduktion (recall) Typ des Erinnerns, welcher die Erinnerung eines nicht anwesenden Reizes beinhaltet. (S. 209)

Erklärende Erziehungsmaßnahme (induction) Eine Art der Disziplinierung, bei der die Auswirkungen des kindlichen Fehlverhaltens auf andere Menschen dem Kind nahe gebracht werden. (S. 344)

Erlernte Hilflosigkeit (learned helplessness) Zuschreibung (Attribution) von Erfolg auf äußere Faktoren wie Glückhaben und von Versagen auf geringe Fähigkeiten. Führt zu einem angstvollen Kontrollverlust bei herausfordernden Aufgaben. Unterscheidet sich von der *an Bewältigung orientierten Zuschreibung*. (S. 435)

Erweiterungen / Elaborationen (expansions) Reaktionen Erwachsener, welche das Sprechen der Kinder erweitern und damit seine Komplexität erhöhen. (S. 324)

Erwerbsstadium für Wissen (acquisitive stage) Schaies Stadium in Kindheit und Adoleszenz, in welchem das Ziel geistiger Aktivität darin besteht, Wissen zu erwerben. (S. 600)

Erziehungsstile (child rearing styles) Verhaltensmuster in der elterlichen Erziehung, die in den verschiedensten Situationen zum Tragen kommen und somit ein dauerhaftes Klima der Kindererziehung schaffen. (S. 361)

Ethnische Identität (ethnic identy) Ein bleibender Aspekt des Selbst, der ein Gefühl der Zugehörigkeit zu einer ethnischen Gruppe beinhaltet sowie die Einstellungen und Gefühle, die mit einer solchen Zugehörigkeit einhergehen. (S. 532)

Ethnographie (ethnography) Eine Methode, mit der der Wissenschaftler versucht, die einzigartigen Werte und sozialen Prozesse einer Kultur oder einer bestimmten sozialen Gruppe zu verstehen. Dieses Ziel wird durch teilnehmende Beobachtung erreicht. Der Wissenschaftler lebt innerhalb der kulturellen Gemeinschaft über eine Zeitspanne von Monaten oder Jahren, wobei er an allen Aspekten des Alltagslebens teilnimmt. (S. 41)

Ethologie (ethology) Ein Ansatz, der sich mit dem adaptiven Wert bzw. dem Überlebenswert von Verhalten sowie den evolutionsgeschichtlichen Hintergründen von Verhalten beschäftigt. (S. 28)

Ethologische Bindungstheorie (ethological theory of attachment) Eine von Bowlby formulierte Theorie, die die emotionale Bindung des Säuglings zu seiner Mutter als eine sich über die Menschheitsgeschichte hinweg entwickelte Reaktion versteht, die dem Überleben dient. (S. 253)

Euthanasie (Sterbehilfe) (euthanasia) Praxis, das Leben einer Person zu beenden, die unter einer unheilbaren Krankheit leidet. (S. 883)

Evolutionäre Entwicklungspsychologie (evolutionary developmental psychology) Ein neuer Forschungsbereich, der danach strebt, den adaptiven Wert kognitiver, emotionaler und sozialer Kompetenzen von gesamten Spezies unter Einbeziehung der altersspezifischen Veränderungen dieser Kompetenzen zu verstehen. (S. 29)

Exekutives (leitendes) Stadium (executive stage) In Schaies Theorie eine fortgeschrittenere Form des Stadiums der Verantwortlichkeit, das Menschen an der Spitze großer Organisationen charakterisiert, deren Verantwortlichkeiten äußerst komplex geworden sind. (S. 600)

Exosystem (exosystem) In der ökologischen Systemtheorie bestimmte Settings, an denen ein sich entwickelndes Individuum nicht selbst Teil hat, die aber seine Erfahrungen in seinem unmittelbaren Umfeld dennoch beeinflussen. (S. 33)

Experimentelle Methode (experimental design) Ein Forschungsdesign, in dem der Wissenschaftler Teilnehmer nach einer Zufallsauswahl einer oder mehreren Behandlungsbedingungen zuordnet. Diese Methode erlaubt Rückschlüsse auf Ursache und Wirkung. (S. 46)

Expressiver Stil beim Spracherwerb (expressive style of language learning) Stil im frühen Spracherwerb, bei dem Kleinkinder oft Pronomen und soziale Floskeln wie „Schluss jetzt", „danke" und „Ich möchte das" produzieren. Sie benutzen die Sprache hauptsächlich, um über ihre Gefühle und Bedürfnisse und die anderer Menschen zu sprechen. Unterscheidet sich vom *Referenzstil*. (S. 227)

Fachwissen (expertise) Erwerb extensiver Kenntnisse in einem Bereich oder Interessensgebiet, unterstützt durch Spezialisierung, die mit der Wahl eines Hauptfaches im Studium oder einer Beschäftigung damit seit dem frühen Erwachsenalter beginnt. (S. 601)

Fähigkeitsorientierte Attributionen (mastery-oriented attributions) Attributionen, die Erfolg auf Fähigkeiten und Versagen auf unzureichende Bemühungen zurückführen. Führt zu einem hohen Selbstwertgefühl und einer Bereitschaft, herausfordernde Aufgaben anzugehen. Zu unterscheiden von der *erlernten Hilflosigkeit*. (S. 435)

Familie mit übersprungener Generation (skipped-generation family) Eine Familienstruktur, in der die Kinder getrennt von den Eltern bei den Großeltern leben. (S. 735)

Fantasieperiode (fantasy periode) Periode in der (vor-)beruflichen Entwicklung, in der junge Kinder in Als-ob-Spielen über Berufsmöglichkeiten fantasieren. Unterscheidet sich von der *Periode des Ausprobierens* und der *realistischen Periode*. (S. 605)

Feindselige Aggression (hostile aggression) Aggression, die darauf ausgerichtet ist, einem anderen Individuum zu schaden. Zu unterscheiden von der *instrumentellen Aggression*. (S. 349)

Feminisierung von Armut (feminization of poverty) Eine Tendenz, bei der Frauen, die sich oder ihre Familien finanziell tragen, den Hauptanteil der erwachsenen armen Bevölkerung stellen, unabhängig vom Alter und der ethnischen Zugehörigkeit. (S. 730)

Fettleibigkeit (obesity) Mehr als 20 Prozent über dem Durchschnitt liegendes Körpergewicht nach der Norm für Alter, Geschlecht und Körperbau des Individuums. (S. 381)

Flaumbehaarung / Lanugo (lanugo) Weißes, weiches Haar, das den ganzen Körper des Fötus bedeckt und dabei hilft, dass das Vernix (Frucht- oder Käseschmiere) an der Haut kleben bleibt. (S. 107)

Fleiß versus Minderwertigkeit (industry versus inferiority) Nach Erikson der psychische Konflikt der mittleren Kindheit, der positiv aufgelöst werden kann, wenn seine Erfahrungen dazu führen, dass das Kind bei nützlichen Fähigkeiten und Aufgaben ein Gefühl von Kompetenz entwickelt. (S. 430)

Fluide Intelligenz (fluid intelligence) Intellektuelle Fähigkeiten, die größtenteils von grundlegenden Fertigkeiten der Informationsverarbeitung abhängen – der Schnelligkeit, mit der man Informationen analysieren kann, der Fähigkeit des Arbeitsgedächtnisses und der Fähigkeit, Verbindungen zwischen Reizen herzustellen. Zu unterscheiden von der *kristallinen Intelligenz*. (S. 695)

Formal-operationale Stufe (formal operational stage) Piagets letzte Stufe, in der Heranwachsende die Fähigkeit zum abstrakten, wissenschaftlichen Denken erwerben. Beginnt etwa im Alter von 11 Jahren. (S. 502)

Fötale Alkohol-Effekte (fetal alcohol effects) Zustand der Kinder, die einige, wenn nicht alle, Defekte des Alkoholismussyndroms aufzeigen. In der Regel tranken ihre Mütter in der Schwangerschaft Alkohol in geringerer Menge als Mütter von Kindern mit Alkoholsyndrom bei Föten. (S. 114)

Fötales Alkohol-Syndrom (fetal alcohol syndrom) Eine Reihe von Defekten, die aus dem hohen Alkoholgenuss der Mütter während des größten Teils der Schwangerschaft oder der ganzen Schwangerschaft resultieren. Umfasst geistige Retardierung, Schädigungen der motorischen Koordination, der Aufmerksamkeit, des Gedächtnisses und der Sprache, Hyperaktivität, langsames körperliches Wachstum und Anomalien im Gesicht. (S. 114)

Fötus (fetus) Pränataler Organismus vom Beginn des dritten Monats bis zum Ende der Schwangerschaft. Während dieser Zeit finden die Vollendung der Körperstrukturen und dramatisches Wachstum statt. (S. 106)

Freie Radikale (free radicals) Natürlich vorkommende, hoch reaktive Chemikalien, die sich in der Gegenwart von Sauerstoff bilden und Zellmaterial zerstören, einschließlich der DNA, Proteine und Fette, die lebenswichtig sind für die Zelle. (S. 574)

Freiwillige aktive Euthanasie (Sterbehilfe) (voluntary active euthanasia) Praxis, auf die Bitte des Patienten hin sein Leben zu beenden, bevor es auf natürliche Weise endet. Eine Form des Tötens aus Mitleid. Unterscheidet sich von *passiver Euthanasie*. (S. 886)

Fremdenangst (stranger anxiety) Der Ausdruck von Angst beim Säugling in Reaktionen auf ihm unbekannte Erwachsene. Bei vielen Kleinkindern nach dem sechsten Lebensmonat erkennbar. (S. 240)

Fremden-Situation (Strange Situation) Ein Verfahren zur Beurteilung der Bindungsqualität, das kurze Trennungen und Wiedervereinigungen mit einer Bezugsperson des Kleinkindes und einer fremden Person beinhaltet. (S. 255)

Frühförderungsprogramm für Ureinwohner (aboriginal Head Start) Ein kanadisches Bundesprogramm, das den Kindern von Ureinwohnern, der Inuits und der Metis (Mischlingen von Ureinwohnern und europäischen Einwanderern), die unter 6 Jahre alt sind, Vorschulerziehung und Ernährungs- und Gesundheitsdienste anbietet und versucht, das Engagement der Eltern bei der Planung des Programms zu gewinnen und Kinder beim Lernen zu ermutigen. (S. 318)

Frühförderungsprojekt (Project Head Start) Ein staatliches Programm der USA, das Kindern aus armen Familien den Besuch einer Vorschule für 1 bis 2 Jahre ermöglicht in Verbindung mit Ernährungs- und Gesundheitsdiensten und das Eltern ermutigt, sich in der Planung des Programms und beim Lernen der Kinder zu engagieren. (S. 318)

Frühgeburt (preterm) Säuglinge, die einige Wochen vor dem errechneten Geburtstermin zur Welt kommen. (S. 130)

Funktionales Alter (funktionales Alter) Aktuelle Kompetenz und Leistungsfähigkeit eines älteren Erwachsenen (im Unterschied zu chronologischem Alter). (S. 761)

Funktionsende (nonfunctionality) Komponente des Todeskonzepts, die alle Vitalfunktionen einschließlich Denken, Fühlen, Bewegung und Körperprozesse spezifiziert, die mit dem Tod aufhören. (S. 868)

Gameten (gametes) Menschliches Sperma und Eizellen, die die Hälfte von Chromosomen der regulären Körperzellen enthalten. (S. 61)

Ganzheitsmethode beim Lesenlernen (whole-language approach) Ein Zugang, Leseunterricht parallel zum natürlichen Spracherwerb der Kinder zu beginnen und ganzheitliches, sinnvolles Lesematerial zu benutzen. Unterscheidet sich vom *analytischen Lesenlernen*. (S. 400)

Gedächtnis für weit zurückliegende Ereignisse (remote memory) Erinnerung an Ereignisse, die vor sehr langer Zeit geschehen sind. (S. 797)

Gedächtnisstrategien (memory strategies) Überlegte geistige Aktivitäten, welche die Wahrscheinlichkeit des Erinnerns verbessern. (S. 308)

Gehemmtes / schüchternes Kind (inhibited / shy child) Ein Kind, dessen Temperament so beschaffen ist, dass es auf neue Stimuli negativ reagiert oder sich zurückzieht. Zu unterscheiden vom ungehemmten oder geselligen Kind. (S. 247)

Gemeinsames Sorgerecht (joint custody) Nach einer Scheidung wird vom Gericht beiden Eltern die gleiche Verantwortung und Autorität zugesprochen, was die wichtigen Entscheidungen in der Kindererziehung anbelangt. (S. 456)

Gen (gene) Ein Segment der Disoxyribonucelinsäure (DNA)-Moleküls, das Programme zur Produktion verschiedener Proteine enthält, welche zum Wachstum und Funktionieren des Körpers beitragen. (S. 60)

Generativität versus Stagnation (generativity versus stagnation) In der Theorie von Erikson der psychische Konflikt des mittleren Lebensalters, der positiv aufgelöst werden kann, wenn der Erwachsene persönliche Ziele mit dem Wohlergehen seiner sozialen Umwelt vereinbaren und integrieren kann. Die daraus resultierende Stärke zeigt sich in der Kapazität, der nachfolgenden Generation Ressourcen zu übergeben und sie zu führen. (S. 711)

Genetische Beratung (genetic counselling) Ein Kommunikationsprozess, der dafür entwickelt wurde, Paaren bei der Entscheidung zu helfen, ob sie möglicherweise ein Baby mit Erbschäden zur Welt bringen wollen. (S. 71)

Genetische Prägung (genetic imprinting) Ein Vererbungsmuster, in dem Gene auf eine Weise geprägt oder chemisch gekennzeichnet werden, dass ein Teil des Genpaares (entweder das der Mutter oder das des Vaters) unabhängig von seiner genetischen Ausstattung aktiviert wird. (S. 68)

Genotypus (genotype) Komplexe Mischung genetischer Information, die das genetische Programm für eine Spezies enthält. (S. 60)

Gen-Umwelt-Korrelation (genetic-environmental correlation) Der Gedanke, dass Vererbung die Umwelt beeinflusst, in die die Menschen hineingeboren werden. (S. 95)

Geschlechtschromosomen (sex chromosomes) Das dreiundzwanzigste Chromosomenpaar, welches das Geschlecht des Individuums festlegt. Bei Frauen XX, bei Männern XY genannt. (S. 62)

Geschlechtsidentität (gender identity) Ein Bild des eigenen Selbst als in seinen Merkmalen relativ maskulin oder feminin. (S. 359)

Geschlechtsintensivierung (gender intensification) Vermehrte Geschlechtsstereotypisierung der Einstellungen und des Verhaltens. Erfolgt in der frühen Adoleszenz. (S. 545)

Geschlechtskonstanz (gender constancy) Das Verständnis davon, dass das Geschlecht biologisch festgelegt ist und sich nicht verändert, selbst wenn Veränderungen in der Kleidung, in der Frisur oder den Spielaktivitäten vorgenommen werden. (S. 359)

Geschlechtsschematheorie (gender schema theory) Ein Ansatz aus der Informationsverarbeitung der Geschlechtstypisierung, der soziales Lernen und Aspekte der kognitiven Entwicklung miteinander verbindet, um zu einer Erklärung zu gelangen, wie umweltbedingte Stressoren und die Kognitionen des Kindes in der Entwicklung der Geschlechterrolle zusammenwirken. (S. 360)

Geschlechtstypisierung (gender typing) Der Prozess des Entwickelns von Geschlechterrollen oder mit dieser zusammenhängenden Vorlieben und Verhaltensweisen, die von der Gesellschaft geschätzt werden. (S. 354)

gläserne Decke (glass ceiling) Eine unsichtbare Barriere, mit der sich Frauen und Angehörige ethnischer Minoritätengruppen konfrontiert sehen, die sie davon abhält, die Karriereleiter zu erklimmen. (S. 747)

Glaukom (krankhafte Augeninnendrucksteigerung) (glaucoma) Krankheit, bei der sich im Auge Druck aufbaut aufgrund schlechter Abführung der Flüssigkeit, was den Augennerv schädigt. Ein Hauptgrund für Erblindung bei alten Menschen. (S. 673)

Gliazellen (glial cells) Zellen, die der Myelinisierung und der Zellmigration dienen. (S. 156)

Großfamilie oder erweiterte Familie (extended family household) Ein Haushalt, in dem drei oder mehr Generationen zusammenleben. (S. 86)

Großhirnrinde / Kortex (cerebral cortex) Die größte Struktur des menschlichen Gehirns, welche für die hoch entwickelte Intelligenz der menschlichen Spezies sorgt. (S. 157)

Grundemotionen (basic emotions) Emotionen, die universal sind bei Menschen und anderen Primaten, haben eine lange evolutionsbiologische Geschichte, das Überleben zu sichern. Sie können aus dem Gesichtsaudruck erschlossen werden. Die Grundemotionen sind: Freude, Furcht oder Angst, Trauer und Ärger oder Wut. Zwei weitere Emotionen erfüllen nicht alle Kriterien für die Festlegung als Grundemotion: Interesse und Ekel, sie werden jedoch von manchen Autoren dazu gezählt. (S. 237)

Grundumsatz (basal metabolic rate) Die Menge an Energie, die der Körper im Ruhezustand verbraucht. (S. 583)

Gruppierung (crowd) Eine große, lose organisierte Gruppe, die aus verschiedenen Cliquen mit ähnlichen normativen Merkmalen besteht. (S. 552)

Gurren (cooing) Vokalähnliche, im hinteren Artikulationsraum entstehende Geräusche von Säuglingen, etwa um das Alter von 2 Monaten beginnend (S. 224)

Habituierung (habituation) Eine allmähliche Reduzierung der Reaktionsstärke als das Resultat wiederholter Stimulation und Gewöhnung. Zu unterscheiden von *Dishabituierung*. (S. 172)

Heteronome Moral (heteronomous morality) Nach Piaget die erste Stufe der moralischen Entwicklung, auf der das Kind moralische Regeln als ständige Aspekte der Außenwelt betrachtet, die von Autoritäten ausgeübt und vermittelt und nicht veränderbar sind. Zu unterscheiden von *autonomer Moral* (S. 535)

Heterozygot (heterozygous) Bestehen zweier verschiedener Gene am gleichen Platz auf einem Chromosomenpaar. Unterscheidet sich von *homozygot*. (S. 63)

Hierarchische Klassifikation (hierarchical classification) Organisation von Gegenständen in Klassen und Unterklassen auf Grund von Ähnlichkeiten und Unterschieden zwischen den Gruppen. (S. 299)

Hirntod (brain death) Irreversible Beendigung aller Aktivität im Gehirn und im Hirnstamm. Die Definition des Todes, die in fast allen Industrienationen anerkannt ist. (S. 866)

Hochbegabung (giftedness) Besondere intellektuelle Begabung. Umfasst hohen IQ, große Kreativität und spezielle Talente. (S. 419)

GLOSSAR

Homozygot (homozygous) Bestehen zweier identischer Gene am gleichen Platz auf einem Chromosomenpaar. Unterscheidet sich von *heterozygot*. (S. 63)

Horizontale Verschiebung / Decalage (horizontal decalage) Entwicklung innerhalb einer Stufe von Piaget. Ein Beispiel ist die allmähliche Meisterung logischer Konzepte während des konkreten operationalen Stadiums. (S. 392)

Hormontherapie (hormone therapy) Tägliche niedrige Dosen von Östrogen, die darauf abzielen, Unwohlsein während der Menopause zu reduzieren und Frauen vor anderen Beschwerden durch Östrogenverlust, wie etwa einer Verschlechterung der Knochen, zu schützen. Es gibt zwei Arten: 1. Ausschließlich Östrogen- oder *Östrogenersatztherapie* für Frauen, die eine Hysterektomie (operative Entfernung der Gebärmutter) hinter sich haben, und 2. Östrogen plus Progesteron oder *Hormonersatztherapie* für andere Frauen. (S. 676)

Hospiz (hospice) Ein übergreifendes Konzept für Dienste, das sich auf die Befriedigung der körperlichen, emotionalen, sozialen und spirituellen Bedürfnisse unheilbar kranker Menschen konzentriert und das auch Unterstützung für trauernde Familienmitglieder nach dem Tod anbietet. (S. 881)

Hüterin der Verwandtschaftsbeziehungen (kinkeeper) Eine Rolle, die von der mittleren Generation übernommen wird, insbesondere von Müttern, die die Verantwortung übernehmen, die Familie zu Festlichkeiten und Feiertagen immer wieder zu versammeln, und die dafür sorgen, dass die Familienmitglieder miteinander in Kontakt bleiben. (S. 732)

Hypophyse (Hirnanhangdrüse) (pituitary gland) Eine Drüse, die nahe an der Basis des Gehirns liegt und ein Hormon absondert, das körperliches Wachstum anregt. (S. 283)

Hypothetisch-deduktives Denken (hypothetico-deductice reasoning) Eine formaloperationale Strategie zum Problemlösen, bei der Heranwachsende mit einer allgemeinen Theorie über alle möglichen Faktoren beginnen, die das Ergebnis eines Problems beeinflussen könnten, und dann spezifische Hypothesen ableiten, die sie systematisch untersuchen. (S. 502)

Ich (I-self) Ein Konzept des Selbst als Subjekt oder Wirkfaktor, das von anderen getrennt ist, aber auf Gegenstände und andere Menschen achtet und in Bezug auf sie handelt. Zu unterscheiden vom *Selbst*. (S. 267)

Ich-Integrität versus Verzweiflung (ego integrity versus dispair) In der Theorie von Erikson stellt dies den psychischen Konflikt des späten Erwachsenenalters dar. Er kann positiv aufgelöst werden, wenn der ältere Mensch sich ganzheitlich, vollständig und zufrieden mit seinen Leistungen fühlt und akzeptiert, dass sein Lebensweg genauso hatte sein sollen, wie er war. (S. 810)

Identität (Identity) Ein gut strukturiertes Konzept des eigenen Selbst, bestehend aus Wertvorstellungen, Überzeugungen und Zielen denen sich das Individuum grundlegend verpflichtet hat. (S. 526)

Identität versus Identitätskonfusion (identity versus identity confusion) In der Theorie Eriksons der psychische Konflikt der Adoleszenz, der positiv aufgelöst werden kann, wenn der Heranwachsende nach einer Zeit der Exploration und der Beschäftigung mit dem eigenen Ich eine eigene Identität entwickelt. (S. 526)

Identitätsdiffusion (identity diffusion) Der Identitätsstatus von Individuen, die keine festen Wertvorstellungen und Ziele haben und auch nicht versuchen, solche zu erreichen. Zu unterscheiden von der *erarbeiteten Identität*, dem *Moratorium* und der *übernommenen Identität*. (S. 529)

Imaginäres Publikum (imaginary audience) Die Annahme adoleszenter Jugendlicher, dass sie der Mittelpunkt der Aufmerksamkeit und des Interesses aller anderen sind. (S. 508)

Implizites Gedächtnis (implicit memory) Gedächtnis ohne bewusste Wahrnehmung. (S. 796)

Individualistische Gesellschaften (individualistic societies) Gesellschaften, in denen die Menschen sich selber als getrennte Einheiten sehen und größtenteils mit ihren eigenen persönlichen Bedürfnissen beschäftigt sind. Unterscheidet sich von *kollektivistischen Gesellschaften*. (S. 86)

Informationsverarbeitungsprozess (information processing) Ein Ansatz, der den menschlichen Verstand als ein symbolverarbeitendes System betrachtet, durch das Informationen fließen. Häufig werden Flussdiagramme verwendet, um die genauen Schritte darzustellen, die das Individuum beim Lösen von Problemen und Erfüllen von Aufgaben vollzieht. Die kognitive Entwicklung wird in diesem Ansatz als ein kontinuierlicher Prozess betrachtet. (S. 27)

Informationsverlust-Ansatz (information-loss view) Eine Sichtweise, die altersbedingte Verlangsamung kognitiver Verarbeitung zurückführt auf den Verlust von Informationen, wenn sich diese durch das System bewegen. Folglich muss das ganze System sich verlangsamen, um die Informationen zu prüfen und zu interpretieren. Unterscheidet sich vom *Ansatz eines neuronalen Netzwerks*. (S. 697)

Initiative versus Schuldgefühl (initiative versus guilt) In der Theorie Eriksons der psychische Konflikt der frühen Kindheit, der positiv aufgelöst werden kann durch Spielerfahrungen, die sich förderlich auswirken auf die Entwicklung von Initiative und einem gesunden Über-Ich, oder Gewissen, das nicht übermäßig streng oder schuldbeladen reagiert. (S. 330)

Inneres Arbeitsmodell (internal working model) Eine Reihe von aus den frühen Beziehungserfahrungen heraus entstandenen Erwartungen von der Verfügbarkeit von Bindungspersonen und der Wahrscheinlichkeit, dass diese in Zeiten von Stress Unterstützung bieten. Dieses innere Arbeitsmodell wird zur Leitlinie für alle späteren engen Beziehungen. (S. 255)

Instrumentelle Aggression (instrumental aggression) Aggression, die darauf ausgerichtet ist, ein Objekt, ein Privileg oder einen Lebensraum in Besitz zu nehmen, ohne die Absicht, dabei einem anderen Menschen zu schaden. Zu unterscheiden von der *feindseligen Aggression*. (S. 349)

Integration schwacher Schüler (mainstreaming) Integration von Schülern mit Lernschwierigkeiten in Regelklassen an einem Teil des Unterrichtstages. (S. 418)

Intelligenzquotient oder **IQ (intelligence quotient or IQ)** Ein Testwert, der es erlaubt, dass die Leistung eines Individuums in einem Intelligenztest mit den Leistungen anderer Individuen des gleichen Alters verglichen werden kann. (S. 216, 349)

Intendiertes oder zielgerichtetes Verhalten (intentional / goal-directed behaviour) Eine Handlungssequenz, in der bestimmte Schemata absichtlich kombiniert werden, um ein Problem zu lösen. (S. 198)

Intermodale Wahrnehmung (intermodal perception) Wahrnehmung, die Informationen von mehr als einer Modalität oder einem Sinnessystem verwendet. (S. 186)

Intimität versus Isolation (intimacy versus isolation) In der Theorie Eriksons der psychische Konflikt des frühen Erwachsenenalters, der positiv aufgelöst werden kann, wenn der junge Erwachsene einen Teil seiner neu gefundenen Unabhängigkeit aufgibt und in der Bindung zu einem Intimpartner eine Verpflichtung eingeht. (S. 618)

Invarianz (invariant features) Aspekte, die stabil bleiben, auch wenn sich die Wahrnehmung der äußeren Erscheinung ständig verändert. (S. 297)

Invarianz-Erkennen (Konstanz-Erkennen) (conservation) Verständnis, dass bestimmte physische Merkmale eines Gegenstandes gleich bleiben, selbst wenn ihr äußeres Erscheinungsbild sich verändert. Auch Konservierung genannt. (S. 297)

Inventar zur Erfassung der häuslichen Umwelt (Home Observation for Measurement if the Environment (HOME)) Eine Checkliste, um Informationen zu sammeln über die Qualität des häuslichen Lebens von Kindern durch Beobachtung und Interviews mit den Eltern. (S. 217, 316)

Irreversibilität (irreversibility) Unfähigkeit, bei einem Problem gedanklich durch eine Reihe von Schritten zu gehen und dann die Richtung zu ändern, um an den Ausgangspunkt zurückzukehren. Unterscheidet sich von *Reversibilität*. (S. 298)

Junge Alte (young-old) Jugendliche Erscheinung in fortgeschrittenem Alter. Unterscheidet sich von *alten Alten*. (S. 761)

Kaiserschnitt (cesarean delivery) Eine operative Entbindung, bei welcher der Arzt einen Schnitt in die Bauchdecke der Mutter setzt und das Baby aus der Gebärmutter heraushebt. (S. 128)

Kameradschaftliche Liebe (companionate love) Eine Liebe, die auf warmherziger, vertrauensvoller Zuneigung und Fürsorge beruht. Zu unterscheiden von der leidenschaftlichen Liebe. (S. 628)

Kanalisierung (canalisation) Die Funktion genetischer Programme, den Reaktionsspielraum (Plastizität) in der Entwicklung einzuschränken. (S. 95)

Kardinalität (cardinality) Mathematisches Prinzip, dass die letzte Zahl in einer Zahlenfolge auf die Menge der Bestandteile der Folge hinweist. (S. 315)

Katarakte (cataracts) Verschwommene Bereiche in den Augenlinsen, die vom mittleren ins höhere Alter zunehmen, was zu verschwommenem Sehen und (ohne Operation) schließlich zur Erblindung führt. (S. 767)

Kind, das nur langsam aktiv wird (slow-to-warm-up child) Ein Kind, mit einem inaktiven Temperament, das nur wenig und kaum ausgeprägte Reaktionen auf Umweltstimuli zeigt. Sein emotionaler Zustand neigt dazu, negativ zu sein, und es passt sich nur langsam an, wenn es mit neuen Erfahrungen konfrontiert wird. Zu unterscheiden vom *einfachen Kind* und vom *schwierigen Kind*. (S. 245)

Kindgerechtes Sprechen / Ammensprache (child-directed speech) Eine intuitive Form der Sprache der Erwachsenen, mit der sie mit Säuglingen und Kleinkindern kommunizieren. Es werden verwendet: hohe Stimme, kurze Sätze, überdehnte Vokale, klare Aussprache verbunden mit übertriebenem Ausdruck sowie deutliche, die Sprachproduktion mit Pausen segmentierende Sprechweise und häufiges Wiederholen von neuen Wörtern in verschiedenen Kontexten. (S. 228)

Kindzentrierte Programme (child-centered programms) Kindergärten und Vorschulen, in denen die Erzieher ein breites Spektrum von Aktivitäten anbieten, aus denen die Kinder auswählen. Es findet dort ein großer Teil des Lernen im Spiel statt. Zu unterscheiden von *schulischen Programmen*. (S. 228, 318)

„Klassische fünf" Persönlichkeitsdimensionen („big five" personality traits) Fünf grundlegende Faktoren, nach denen sich Hunderte von Persönlichkeitseigenschaften organisieren lassen: Neurotizismus, Extraversion, Offenheit für neue Erfahrungen, ein angenehmes Wesen und Gewissenhaftigkeit. (S. 726)

Klassische Konditionierung (classical conditioning) Eine Form des Lernens, die darin besteht, einen neutralen Reiz mit einem Reiz zu verbinden, der zu einem Reflex oder zu einer reflexartigen Reaktion führt. Wenn das Nervensystem des Babys wiederholt die Verbindung zwischen dem natürlichen Reiz und dem neutralen Reiz herstellt, löst der neutrale Reiz das Verhalten schließlich ohne den natürlichen Reiz aus. (S. 170)

Kleinhirn/cerebellum (cerebellum) Die Gehirnstruktur, die beim Gleichgewicht und bei der Kontrolle der Körperbewegungen hilft. (S. 282)

Klimakterium (Wechseljahre) (climacteric) Veränderung in der Lebensmitte, in der die Fruchtbarkeit abnimmt. Führt bei Frauen zu einem Ende der Fortpflanzungsfähigkeit und bei Männern zu einem Rückgang der Fruchtbarkeit. (S. 674)

Klinische Methode oder **Fallstudie (clinical / case study method)** Ein Verfahren, bei dem der Wissenschaftler versucht, die Person in ihrer Einzigartigkeit zu verstehen, indem eine Kombination von Informationen aus Interviews, Beobachtungen und in manchen Fällen auch Testwerten angewendet wird. (S. 40)

Klinischer Tod (clinical death) Die Phase im Sterbeprozess, in der Herzschlag, Kreislauf, Atmung und Gehirnfunktionen aufhören, aber Wiederbelebung noch möglich ist. Unterscheidet sich von *Agonie* (Todeskampf) und *Sterben*. (S. 865)

Klinisches Interview (clinical interview) Eine Methode, die sich eines flexiblen Gesprächsstils bedient, um die Sichtweise des anderen Gesprächsteilnehmers festzustellen. (S. 38)

Kodominanz (codominance) Vererbungsmuster, bei dem beide Gene einer heterozygoten Kombination im Phänotyp ihren Ausdruck finden. (S. 65)

Kognitive Entwicklungstheorie (cognitive-developmental theory) Ein Ansatz, den Piaget ins Leben gerufen hat, der davon ausgeht, dass zum einen Kinder aktiv psychische Strukturen ausbilden, während sie ihre Umwelt explorieren und manipulieren, und zum anderen die kognitive Entwicklung in bestimmten Stufen vor sich geht. (S. 24)

Kognitive Hemmung (cognitive inhibition) Die Fähigkeit, innere und äußere ablenkende Reize zu kontrollieren, womit vermieden wird, dass die Aufmerksamkeit abgelenkt und das Arbeitsgedächtnis mit irrelevanten Informationen überhäuft wird. (S. 395)

Kognitive Selbstregulation (cognitive self-regulation) Der Prozess des kontinuierlichen Überwachens von Fortschritten auf ein bestimmtes Ziel hin sowie des Beobachtens von Ergebnissen und – bei erfolglosen Bemühungen – der Vorgang, der dem eigenen Handeln eine neue Richtung zuweist. (S. 399)

Kohabitation – Zusammenleben unverheirateter Paare (Lebensgefährten) (cohabitation) Der Lebensstil unverheirateter Paare, die eine intime sexuelle Beziehung unterhalten und in einer gemeinsamen Wohnung leben. (S. 649)

Kohorteneffekt (cohort effects) Wirkung geschichtlich bedingter epochaler Einflüsse auf Forschungsergebnisse über verschiedene Aspekte des individuellen Lebens: Menschen, die in einer bestimmten Zeit geboren wurden, werden von besonderen historischen und kulturellen Bedingungen beeinflusst. (S. 13, 49)

Kohorten-Sequenz-Untersuchungsplan (cohort-sequential design) Ein Forschungsdesign mit sowohl längsschnittlichen als auch querschnittlichen Untersuchungsmöglichkeiten, bei dem Gruppen von Teilnehmern, die in verschiedenen Jahrgängen geboren sind (Kohorten), über einen gewissen Zeitraum hinweg untersucht werden. (S. 50)

Kollektivistische Gesellschaften (collectivist societies) Gesellschaften, in denen sich die Menschen als Teil einer Gruppe definieren und dieser Gruppe mehr Bedeutung zumessen als ihren individuellen Zielen. Zu unterscheiden von *individualistischen Gesellschaften*. (S. 86)

Kompetenzangemessene Unterstützung (scaffolding) Die Qualität der Unterstützung während einer Unterrichtsstunde anpassen, um dem aktuellen Leistungsstand des Kindes zu entsprechen. Wenn eine Aufgabe neu ist, wird eine direkte Belehrung angeboten. Wenn die Kompetenz steigt, wird weniger Hilfe angeboten. (S. 305)

Konkordanzrate (concordance rate) Prozentanteil von Fällen, bei denen beide Zwillinge ein Merkmal zeigen, das in einem Zwilling vorhanden ist. Wird benutzt, um die Rolle der Vererbung bei emotionalen und Verhaltensstörungen zu untersuchen, die entweder als vorhanden oder nicht vorhanden beurteilt werden können. (S. 93)

Konkret-operationale Stufe (concrete operational stage) Piagets dritte Stufe, in der das Denken logisch, flexibel und organisiert in seiner Anwendung konkreter Informationen ist. Die Fähigkeit abstrakten Denkens fehlt jedoch noch. Umfasst das Alter von 7 bis 11 Jahren. (S. 390)

Kontexte (contexts) Einzigartige Kombinationen persönlicher und umweltbedingter Umstände, die zu ganz verschiedenen Entwicklungsverläufen führen können. (S. 6)

Kontinuierliche Entwicklung (continuous development) Eine Sichtweise, die Entwicklung als einen Prozess betrachtet, als ein stetiges Weiterentwickeln derselben Arten von Fähigkeiten, die schon von Geburt an vorhanden waren. Zu unterscheiden von *diskontinuierlicher Entwicklung*. (S. 5)

Kontrastsensibilität (contrast sensitivity) Ein allgemeines Prinzip, das für frühe Vorlieben für Muster verantwortlich ist und beinhaltet, dass Säuglinge das Muster mit dem größeren Kontrast vorziehen, wenn sie bei zwei Mustern einen Unterschied im Kontrast feststellen. (S. 184)

Kontroverse Kinder (controversial children) Kinder, die eine große Anzahl positiver und negativer Urteile bei der Einschätzung der eigenen Akzeptanz durch Gleichaltrige erhalten. Zu unterscheiden von *beliebten, vernachlässigten* und *abgelehnten* Kindern. (S. 445)

Konventionelles Niveau (conventional level) Die zweite Stufe der moralischen Entwicklung nach Kohlberg. Demgemäß basiert das moralische Verständnis auf der Konformität mit sozialen Regeln, um positive menschliche Beziehungen und eine gesellschaftliche Ordnung sicherzustellen. (S. 538)

Konvergentes Denken (convergent thinking) Generierung einer einzigen korrekten Lösung eines Problems. Art der Kognition, wie sie in Intelligenztests betont wird. Zu unterscheiden vom *divergenten Denken*. (S. 419)

Kooperatives Spiel (cooperative play) Eine Form tatsächlicher sozialer Beteiligung, in der die Handlungen der Kinder auf ein gemeinsames Ziel gerichtet sind. Zu unterscheiden von *nichtsozialen Aktivitäten*, dem *Parallelspiel* und dem *assoziativen Spiel*. (S. 339)

Ko-Regulation (Coregulation) Eine Übergangsform in der Erziehung, bei der die Eltern die generelle Aufsicht behalten, aber gleichzeitig ihren Kindern die Möglichkeit bieten, alltägliche Entscheidungen selbst zu treffen. (S. 451)

Körperbild (body image) Die Konzeption von der eigenen körperlichen Erscheinung und Einstellung dazu. (S. 485)

Korrelationsdesign (correlational design) Ein Forschungsdesign, in dem Informationen gesammelt werden, ohne jedoch die Erfahrungen der Teilnehmer zu verändern, und in dem die Zusammenhänge zwischen bestimmten Variablen untersucht werden. Ursache und Wirkungszusammenhänge können damit allerdings nicht untersucht werden. (S. 44)

Korrelationskoeffizient (correlation coefficient) Eine Zahl, von + 1,00 bis - 1,00, die die Stärke und Richtung eines Zusammenhangs zwischen zwei Variablen wiedergibt. Die größte der Zahlen zeigt die Stärke des Zusammenhangs. Das Vorzeichen (+ oder -) bezieht sich auf die Richtung des Zusammenhangs. (S. 44)

Kreativität (creativity) Die Fähigkeit, ein Werk hervorzubringen, das originell, aber zugleich auch angemessen und brauchbar ist – etwas, von dem andere Menschen nicht angenommen haben, dass es in irgendeiner Weise nützlich sein könnte. (S. 419)

Kristalline Intelligenz (crystallized intelligence) Intellektuelle Fähigkeiten, die von angesammeltem Wissen und Erfahrungen, einem guten Urteil und Meistern sozialer Konventionen abhängt. Insgesamt repräsentieren diese Fähigkeiten Kapazitäten, die erworben werden, weil sie von der Kultur des Individuums geschätzt werden. Unterscheidet sich von *fluider Intelligenz*. (S. 693)

Kurzzeitgedächtnis (working or short-term memory) Bei der Informationsverarbeitung der bewusste Anteil des mentalen Systems, in dem aktiv an einer begrenzten Menge von Informationen „gearbeitet" wird, um sicherzustellen, dass sie erhalten bleiben. (S. 207)

Kwashiorkor (kwashiorkor) Krankheit, die in der Regel zwischen 1 bis 3 Jahren auftaucht und durch eine proteinarme Ernährung verursacht wird. Zu den Symptomen gehören ein aufgetriebener Bauch, geschwollene Füße, Haarverlust, Hautausschlag und reizbares, unruhiges Verhalten. (S.168)

Lallen/Brabbeln (babbling) Die Wiederholung von Konsonant-Vokal-Kombinationen in langen Wiederholungsketten. Beginnt etwa um das Alter von 4 Monaten. (S. 224)

Längsschnittstudie (longitudinal design) Ein Forschungsdesign, in dem eine Gruppe von Teilnehmern wiederholt in verschiedenem Alter untersucht wird. Zu unterscheiden vom *Kohorten-Sequenz-Untersuchungsplan*. (S. 47)

Langzeitgedächtnis (long-term memory) Der Teil des Gedächtnisses bei der Informationsverarbeitung, der eine andauernde Wissensgrundlage enthält. (S. 207)

Lateralisierung (lateralization) Spezialisierung der Funktionen beider Hirnhälften der Großhirnrinde. (S. 158)

Lebensfähiges Alter (age of viability) Alter, in dem der Fötus eine Überlebenschance hat, wenn er zu früh geboren wird. Liegt zwischen der 22. und 26. Woche. (S. 107)

Lebensrückblick (life review) Der Prozess des Erinnerns, Reflektierens und nochmaligen Betrachtens vergangener Erfahrungen, wobei über deren Bedeutung nachgedacht wird, mit dem Ziel, zu einem besseren Verständnis des eigenen Selbst zu gelangen. (S. 813)

Lebensspannenperspektive (lifespan perspective) Eine ausgewogene Sichtweise, die davon ausgeht, dass Entwicklung ein lebenslanger Prozess ist, der zudem als multidimensional und multidirektional und als in hohem Maße plastisch und eingebettet in verschiedene Kontexte zu verstehen ist. (S. 9f.)

Lebensstruktur (life structure) In der Theorie von Levinson das zugrunde liegende Lebensmuster eines Menschen zu einem bestimmten Zeitpunkt, das aus den Beziehungen mit wichtigen anderen Menschen besteht (die wichtigsten Beziehungen sind hier zu sehen in der Ehe/Familie und im Berufsleben) und die in jeder Periode der Entwicklung des Erwachsenen neu organisiert werden. (S. 621)

Lebenszyklus der Familie (family life cycle) Eine Abfolge von Phasen, welche die Entwicklung der meisten Familien auf der ganzen Welt charakterisieren. Im frühen Erwachsenenalter leben Menschen in westlichen Industrieländern typischerweise allein, heiraten und bringen Kinder auf die Welt, die sie dann großziehen. Im mittleren Lebensalter werden ihre elterlichen Verpflichtungen mit der Zeit weniger. Das späte Erwachsenenalter bringt den Ruhestand mit sich, das Altwerden und (zumeist für Frauen) den Tod des Ehepartners. (S. 633)

Leichte geistige Retardierung (mild mental retardation) Signifikant unter dem Durchschnitt liegende intellektuelle Funktionen, was zu einem IQ zwischen 55 und 70 führt und zu Problemen, angepasstes Verhalten oder Fähigkeiten für die tägliche Lebensbewältigung zu entwickeln. (S. 418)

Leidenschaftliche Liebe (passionate love) Liebe, die auf starker sexueller Anziehungskraft beruht. Zu unterscheiden von der kameradschaftlichen Liebe. (S. 627)

Lernstörung / Lernbehinderung (learning disabilities) Spezifische Lernstörungen, die bei Kindern zu schlechten Schulleistungen führen trotz eines durchschnittlichen oder überdurchschnittlichen IQs. Man nimmt als Ursache Beeinträchtigungen von Gehirnfunktionen an. (S. 418)

Magersucht (anorexia nervosa) Essstörung, bei der Individuen (in der Regel weibliche) aus einer zwanghaften Angst, dick zu werden, hungern. (S. 487)

Makrosystem (macrosystem) In der ökologischen Systemtheorie die Werte, Gesetze, Gewohnheiten und Ressourcen einer Gesellschaft oder einer Kultur, die Erfahrungen und Interaktionen in den inneren Schichten der Umwelt beeinflussen. (S. 33)

Makuladegeneration (macular degeneration) Verschwommenheit und schließlich Verlust des zentralen Sehens aufgrund eines Abbaus der lichtsensitiven Zellen in der Makula oder der zentralen Region in der Retina. (S. 768)

Marasmus (marasmus) Eine Krankheit, die für gewöhnlich im ersten Lebensjahr ausbricht. Ihre Ursache liegt in einer Mangelernährung, in der die essenzielle Nährstoffe nicht in ausreichendem Maße vorhanden sind. Führt zu einem abgemagerten, geschwächten Körper. (S. 168)

Maximale Lebenserwartung (maximum lifespan) Genetische Grenze der Länge des Lebens für einen Menschen ohne äußere Risikofaktoren. Unterscheidet sich von *Lebenserwartung* und *aktiver Lebensspanne*. (S. 764)

Meiose (meiosis) Prozess der Zellteilung, durch welche Gameten gebildet werden und bei der die Anzahl der Chromosomen in jeder Zelle halbiert wird. (S. 61)

Menarche (menarche) Erste Menstruation. (S. 480)

Menopause (Wechseljahre) (menopause) Ende der Menstruation und damit Ende der Fortpflanzungsfähigkeit bei Frauen. Tritt bei nordamerikanischen Frauen im Durchschnitt im Alter von 51 Jahren ein, obwohl die Altersspanne groß ist – von 42 bis 58 Jahre (auch bei westeuropäischen Frauen). (S. 676)

Menschliche Entwicklung (human development) Ein Gebiet der Wissenschaft, das sich mit dem Verständnis von Konstanz und Veränderung über die Lebensspanne hinweg beschäftigt. (S. 4ff.)

Mentale Repräsentation (mental representation) Innere Wiedergabe oder Abbildung von Informationen, die der Geist manipulieren kann. Die stärksten geistigen Repräsentationen sind Bilder und Konzepte. (S. 199)

Mentale Strategien (mental strategies) Methoden bei der Informationsverarbeitung, die Informationen bearbeiten und transformieren, was die Chance erhöht, Informationen zu behalten und sie wirkungsvoll anzuwenden. (S. 207)

Mesosystem (mesosystem) In der ökologischen Systemtheorie die Verbindungen zwischen den das Kind direkt umgebenden Settings. (S. 33)

Metakognition (metacognition) Nachdenken über Denken; Bewusstheit geistiger Aktivitäten. (S. 310)

Methode der nicht eingetroffenen Erwartung (violation-of-expectation method) Methode, bei der Forscher Säuglinge an ein physikalisches Ereignis gewöhnen (habituieren) und dann feststellen, ob sie länger auf ein mögliches Ereignis (eine Variation des ersten Ereignisses, das mit physikalischen Gesetzen übereinstimmt) oder ein nicht mögliches Ereignis (eine Variation, die physikalische Gesetze verletzt) achten. Verlängerte Beachtung des nicht möglichen Ereignisses weist darauf hin, dass der Säugling von einer Abweichung der Realität überrascht und sich diesem Aspekt der physischen Welt bewusst ist. (S. 199)

Midlife Crisis (midlife crisis) Innerer Unruhezustand, Selbstzweifel und grundlegende Umstrukturierung der Persönlichkeit während der Übergangsphase im mittleren Erwachsenenalter zum Alter. Lediglich eine Minderheit von Erwachsenen erfahren entsprechende Zustände und Symptome. (S. 720)

Mikrosystem (microsystem) In der ökologischen Systemtheorie die Aktivitäten und Interaktionsmuster im direkten Umfeld des Individuums. (S. 32)

Mitose (mitosis) Prozess der Zellteilung, bei der jede neue Zelle eine exakte Kopie der ursprünglichen Chromosomen erhält. (S. 61)

Mögliche Erscheinungsformen des Selbst (possible selves) Zukunftsorientierte Vorstellungen dessen, was man vorhat zu werden, und wovor man Angst hat, dass man es wird. Die temporäre Dimension des *Selbstkonzeptes*. (S. 720)

Moratorium (moratorium) Identitätsstatus von Individuen, die Alternativen explorieren in dem Bemühen, Werte und Ziele zu finden, nach denen sie ihr Leben ausrichten können. Zu unterscheiden von *erarbeiteter Identität*, *übernommener Identität* und *Identitätsdiffusion*. (S. 529)

Mutation (mutation) Plötzliche, aber andauernde Veränderung in einem Segment der DNA. (S. 68)

Myelinisierung (Markscheidenbildung) (myelination) Ein Prozess in dem die neuronalen Fasern mit einer Fettschicht überzogen werden, die sich Myelin nennt. Das verbessert die Effizienz des Informationstransfers. (S. 156)

Nabelschnur (umbilical cord) Die lange Schnur, welche den Nabel des pränatalen Organismus mit dem Mutterkuchen (Plazenta) verbindet, der Nahrung bereitstellt und Abfallprodukte entfernt. (S. 105)

Nachahmen (Imitation) (imitation) Ein Lernen durch Nachahmung des Verhaltens eines anderen Menschen. Auch *Modelllernen* oder *Lernen durch Beobachtung* genannt. (S. 173)

Natürliche (teilnehmende) Beobachtung (naturalistic observation) Eine Methode, in der sich der Wissenschaftler in das natürliche Umfeld seines Beobachtungsgegenstand begibt, um ein ihn interessierendes Verhalten zu beobachten. Zu unterscheiden von der *strukturierten Beobachtung*. (S. 37)

Natürliche Geburt (natural / prepared childbirth) Ein Ansatz in der Geburtspraxis, der darauf abzielt, Schmerzen und medizinische Interventionen zu reduzieren und die Geburt zu einem besonderen und angenehmen Erlebnis für die Eltern zu machen. (S. 126)

Nervenzellen (Neuronen) (neurons) Nervenzellen, die Informationen speichern und übermitteln. (S. 155)

Neuralrohr (neural tube) Primitives, sich aus dem Endoderm entwickelndes Rückenmark, aus dessen einem Ende heraus sich das Gehirn entwickelt. (S. 106)

Neurofibrilläre Knäuel (feinste Fäserchen im Zytoplasma der Nervenzellen) Eine strukturelle Veränderung im Gehirn, die mit Alzheimer in Verbindung gebracht wird und bei der anormale Bündel von Fäden durch die Nervenkörper und in Dendriten verlaufen, die die synaptischen Verbindungen mit anderen Nervenzellen aufbauen. (S. 787)

Neuronaler Netzwerk-Ansatz (neural network view) Ein Ansatz, der die altersbedingte Verlangsamung kognitiver Verarbeitung Unterbrechungen im neuronalen Netzwerk zuschreibt, die durch das Absterben von Nerven entstehen. Das Gehirn bildet zwar Nebenwege – neue synaptische Verbindungen, welche die Unterbrechungen umgehen –, die aber nicht so wirksam sind. Unterscheidet sich vom *Informationsverlustansatz*. (S. 697)

Nicht organisch bedingte Entwicklungsverzögerung oder -störung (nonorganic failure to thrive) Eine Wachstumsstörung, für gewöhnlich im Alter von 18 Monaten erkennbar, die auf einen Mangel an Zuneigung und Stimulation (Verwahrlosung) zurückzuführen ist. (S. 169)

Nichtnormative Einflüsse (nonnormative influences) Einflüsse auf die Entwicklung über die Lebensspanne hinweg, die unregelmäßig sind, sodass sie sich nur bei einem oder einigen Menschen ereignen und keinem vorhersagbaren Zeitplan folgen. (S. 14)

Nicht-REM-Schlaf (Schlaf ohne schnelle Augenbewegungen) (non-rapid-eye-movement (NREM) sleep) Ein „reguläres" Schlafstadium, in dem der Körper ruhig ist und Herzrate, Atmung und Aktivität der Gehirnwellen langsam und regelmäßig sind. Unterscheidet sich von *Schlaf mit schnellen Augenbewegungen (REM)*. (S. 132)

Nichtsoziale Aktivitäten (nonsocial activity) Unbeteiligtes Zuschauerverhalten und Alleinspiel. Zu unterscheiden vom *Parallelspiel*, dem *assoziativen Spiel* und dem *kooperativen Spiel*. (S. 338)

Nischenwahl (niche-picking) Eine Art der Gen-Umwelt-Korrelation, bei der sich Individuen aktiv eine Umwelt suchen, die ihren Anlagen entspricht. (S. 96)

Normativer Ansatz (normative approach) Ein Ansatz, in dem Verhalten bei einer großen Anzahl von Individuen gemessen und ein altersrelevanter Durchschnittswert gebildet wird, der die typische Entwicklung repräsentiert. (S. 17)

Objektpermanenz (Objektkonstanz) (object permanence) Verständnis, dass Gegenstände weiterhin existieren, auch wenn sie nicht in Sichtweite sind. (S. 198)

Offene Aggression (overt aggression) Eine Form feindseliger Aggressionen, die anderen Menschen schaden will, entweder durch körperliche Verletzung oder durch die Androhung einer solchen – zum Beispiel Schlagen, Boxen oder die Drohung, jemanden zu verprügeln. (S. 350)

Offener Unterricht, offenes Lernen (open classroom) Unterricht in der Grundschule, der auf der Erziehungsphilosophie beruht, dass Kinder aktive Agenten ihrer eigenen Entwicklung sind. Der Lehrer nimmt eine flexible Rolle ein, trifft gemeinsam mit den Schülern Entscheidungen, die in ihrem eigenen Tempo lernen. Schüler werden in Beziehung zu ihrer eigenen vorangegangenen Entwicklung bewertet. Unterscheidet sich von *traditionellem Unterricht (Lernen)*. (S. 414)

Ökologische Systemtheorie (ecological systems theory) Bronfenbrenners Ansatz, der den Menschen betrachtet als sich in einem komplexen System von Beziehungen entwickelnd und beeinflusst von vielschichtigen Ebenen der Umwelt, dem direkten Lebensumfeld in der Familie und der Schule, bis hin zu höheren kulturellen Werten und Programmen. (S. 32)

Operantes Konditionieren (operant conditioning) Form des Lernens, bei der eine spontane Verhaltensweise von einem Reiz gefolgt wird, der die Möglichkeit verändert, dass dieses Verhalten wieder auftreten wird. (S. 171)

Orale Rehydrationstherapie (Ausgleich des Flüssigkeitsverlusts durch orale Einnahme) (oral rehydration therapy) Behandlung bei Durchfall, bei der kranken Kindern Glukose, Salz und eine Wasserlösung gegeben wird, die schnell den Flüssigkeitsverlust ausgleicht. (S. 285)

Ordinalität (ordinality) Prinzip, das die Ordnung der Beziehungen zwischen Mengen spezifiziert, wie drei ist mehr als zwei und zwei ist mehr als eins. (S. 315)

Organisation (organization) In Piagets Theorie innere Neuanordnung und Verbindung zwischen Schemata, sodass diese ein fest gefügtes kognitives System bilden. Im Informationsverarbeitungsansatz die Gedächtnisstrategie der Gruppierung verwandter Bestandteile. (S. 196, 397)

Osteoarthritis (osteoarthritis) Form der Arthritis, die durch Beschädigung der Knorpelmasse am Ende der Knochen an stark genutzten Gelenken gekennzeichnet ist. Führt zu Schwellungen, Steifheit und Verlust der Flexibilität. Auch bekannt als „Verschleiß"-arthritis. Zu unterscheiden von *rheumatischer Arthritis*. (S. 783)

Osteoporose (osteoporosi) Eine schwere Art von Knochenabbau im Alter. Poröse Knochen brechen leicht. In schweren Fällen gebeugte Körperhaltung, ein schlurfender Gang und ein „Witwenbuckel" im oberen Rücken. (S. 685)

Palliative oder **Trost spendende Pflege (palliative / comfort care)** Pflege unheilbar kranker, leidender Patienten, die Schmerzen und andere Symptome lindert (wie Atemschwierigkeiten, Schlaflosigkeit und Depression) mit dem Ziel, eine möglichst hohe Lebensqualität des Patienten zu erhalten und nicht das Leben zu verlängern. (S. 882)

Parallelspiel (parallel play) Eine Form der eingeschränkten sozialen Beteiligung, in der das Kind mit ähnlichen Materialien in der Nähe anderer Kinder spielt, aber mit ihnen nicht interagiert. Zu unterscheiden vom *nichtsozialen*, *assoziativen* und *kooperativen* Spiel. (S. 338)

Passive Euthanasie (Sterbehilfe) (passive euthanasia) Praxis, lebenserhaltende Behandlung nicht anzuwenden oder zu beenden, was es einem Patienten erlaubt, auf natürliche Weise zu sterben. Zu unterscheiden von *freiwilliger aktiver Euthanasie*. (S. 884)

Passung (goodness of fit) Ein effektives Zusammenspiel von Erziehungsstil und dem Temperament des Kindes, was einen günstigen Anpassungsverlauf zur Folge hat. (S. 251)

Patientenverfügung (living will) Eine geschriebene Erklärung, welche die Behandlung spezifiziert, die ein Individuum im Falle einer tödlichen Krankheit, im Koma oder anderen, dem Tode nahen Situationen wünscht oder nicht wünscht. (S. 884)

Peerakzeptanz (peer acceptance) Gemochtwerden oder das Ausmaß, zu dem das Kind von einer Gruppe von Altersgenossen (wie etwa von Klassenkameraden) als wertvoller Sozialpartner betrachtet wird. (S. 445)

Peergruppe (peer group) Gruppierungen, die sich ihre eigenen Wertvorstellungen und Verhaltensstandards, sowie eine soziale Struktur von Anführern und Gefolgsleuten schaffen. (S. 443)

Peer-Viktimisierung (peer victimization) Eine destruktive Form der Interaktion unter Gleichaltrigen, bei der bestimmte Kinder häufig Zielscheibe verbaler und physischer Angriffe oder anderer Misshandlung sind. (S. 447)

Periode des Ausprobierens (tentative period) Periode der beruflichen Entwicklung, in der Heranwachsende Berufsmöglichkeiten mit ihren Interessen, Fähigkeiten und Werten abwägen. Unterscheidet sich von *Fantasiephase* und *realistischer Periode*. (S. 605)

Permissiver Erziehungsstil (permissive style) Ein Erziehungsstil mit einem hohen Ausmaß an Akzeptanz, der allerdings von Verwöhnen oder Unaufmerksamkeit gekennzeichnet ist, der wenig Aufsicht ausübt und dem Kind zu viele Freiheiten lässt, anstatt dem Kind angemessen Autonomie zuzugestehen. Zu unterscheiden vom *autoritativen*, *autoritären* und *unbeteiligten Erziehungsstil*. (S. 362)

Persönliche Legende (personal fable) Annahme Heranwachsender, dass sie etwas Besonderes und Einzigartiges sind und sie dazu bringt, anzunehmen, dass andere Menschen ihre Gedanken und Gefühle nicht verstehen. Das kann ein Gefühl der Unverletzlichkeit bei Gefahr fördern. (S. 508)

Perspektivenübernahme (perspective taking) Die Kapazität, sich vorstellen zu können, was andere Menschen gerade denken oder fühlen. (S. 440)

Phänotyp (phenotype) Die körperlichen und Verhaltensmerkmale eines Individuums, die sowohl genetisch wie durch Umweltfaktoren festgelegt sind. Zu unterscheiden von *Genotyp*. (S. 60)

Plastizität des Gehirns (plasticity) Im Kortex gibt es viele Bereiche, die noch nicht einer Funktion zugeordnet sind. Diese Gehirnbereiche können dann die Funktionen geschädigter Areale übernehmen. Zu unterscheiden von *Reaktionsspielraum*. (S. 94, 158)

Plazenta (Mutterkuchen) (placenta) Organ, das den Blutkreislauf der Mutter von dem des Embryos oder Fötus trennt, aber den Austausch von Nahrungs- und Abfallprodukten erlaubt. (S. 105)

Plötzlicher Kindstod (sudden infant death syndrome (SIDS)) Unerwarteter, meist nachts auftretender Tod eines Säuglings unter einem Jahr, der auch nach genauer Untersuchung ungeklärt bleibt. (S. 139)

Poligenetische Vererbung (polygenic inheritance) Ein Vererbungsmuster, bei dem viele Gene ein Merkmal festlegen. (S. 69)

Postformales Denken (postformal thought) Kognitive Entwicklung über Piagets *formal-operationale Stufe* hinweg. (S. 599)

Postkonventionelles Niveau (postconventional level) Kohlbergs höchste Stufe der moralischen Entwicklung, auf der das Individuum Moralität anhand abstrakter Prinzipien und Werte definiert, die auf alle Situationen und alle Gesellschaften anwendbar sind. Zu unterscheiden von *präkonventioneller* und *konventioneller Stufe* (S. 539)

Präformationstheorie (preformationism) Die im Mittelalter herrschende Sichtweise vom Kind als einem Erwachsenen in Miniaturform. (S. 15)

Pragmatik (pragmatics) Die praktische, soziale Seite der Sprache, deren Anliegen es ist, effektiv und angemessen mit anderen Menschen zu kommunizieren. (S. 322)

Pragmatisches Denken (pragmatic thought) In der Theorie von Labouvie-Vief das Denken Erwachsener, bei dem Logik ein Werkzeug wird, um Alltagsprobleme zu lösen und in dem Nichtübereinstimmungen und Ungereimtheiten akzeptiert werden. (S. 601)

Präkonventionelles Niveau (preconventional level) Kohlbergs erste Stufe der moralischen Entwicklung, auf der moralisches Verständnis auf Belohnungen, Bestrafungen und der Macht von Autoritätsfiguren basiert. (S. 537)

Praktisches Problemlösen (practical problem solving) Problemlösen, das von den Individuen erfordert, mit Alltagssituationen umzugehen und zu analysieren, wie am besten Ziele erreicht werden können, die einen hohen Grad von Ungewissheit besitzen. (S. 699)

Prämenstruelles Syndrom (PMS) (premenstrual syndrome) Eine Reihe körperlicher und psychischer Symptome, die gewöhnlich 6 bis 10 Tage vor der Menstruation auftreten. Die häufigsten sind Bauchkrämpfe, Wasseransammlungen, Durchfall, Spannung in der Brust, Rückenschmerzen, Kopfschmerzen, Müdigkeit, Gespanntheit, Reizbarkeit und Depression. (S. 597)

Pränatale diagnostische Methoden (prenatal diagnostic methods) Medizinische Maßnahmen, welche die Entdeckung von Entwicklungsproblemen vor der Geburt erlauben. (S. 71, 294)

Primäre Geschlechtsmerkmale (primary sexual characteristics) Körperliche Merkmale, welche die Fortpflanzungsorgane direkt betreffen (Eierstöcke, Gebärmutter und Vagina bei Frauen, Penis, Hoden und Hodensack bei Männern). Unterscheidet sich von den *sekundären Geschlechtsmerkmalen.* (S. 479)

Primäres Altern (primary aging) Genetisch bedingter und altersabhängiger Abbau der Funktion von Organen und Systemen, der alle Mitglieder unserer Spezies betrifft und auch im Kontext einer insgesamt guten Gesundheit auftritt. Auch *biologisches Altern* genannt. Unterscheidet sich von *sekundärem Altern.* (S. 782)

Prinzip des gegenseitigen Ausschlusses (principle of mutual exclusivity) Annahme der Kinder in den frühen Stadien ihrer Wortschatzentwicklung, dass Wörter vollständig getrennte (sich nicht überlappende) Kategorien bezeichnen. (S. 321)

Propositionales Denken (propositional thought) Ein Typus formal-operationalen Denkens, bei dem Heranwachsende die Logik verbaler Aussagen bewerten, ohne sich auf die Umstände der realen Welt zu beziehen. (S. 503)

Prosoziales oder **altruistisches Verhalten (prosocial / altruistic behaviour)** Handlungen, die einem anderen Menschen zugute kommen, ohne dass eine Belohnung für das eigene Selbst erwartet wird. (S. 337)

Prospektives (vorausschauendes) Gedächtnis (prospective memory) Rückerinnern, das Erinnerungen einschließt, die dazu führen, sich zu einem angemessenen Zeitpunkt in der Zukunft in geplanten Handlungen zu engagieren. (S. 798)

Proximodistale Wachstumsrichtung (körpernah zu körperfern) (proximodistal trend) Ein organisiertes Muster von körperlichem Wachstum und motorischer Kontrolle, das vom Zentrum des Körpers nach außen verläuft. Zu unterscheiden von der *cephalocaudalen Wachstumsrichtung.* (S. 155)

Psychoanalytische Sichtweise (psychoanalytic perspective) Ein tiefenpsychologischer Ansatz der Persönlichkeitsentwicklung, der von Freud eingeführt wurde und davon ausgeht, dass Kinder eine Reihe von Stadien durchlaufen, in denen sie sich mit Konflikten zwischen biologischen Trieben, Anforderungen der Realität und sozialen Erwartungen konfrontiert sehen. Von der Art und Weise, wie diese Konflikte aufgelöst werden, hängt die psychische Anpassung ab. (S. 19)

Psychosexuelle Theorie (psychosexual theory) Die Theorie Freuds, in der er betont, dass die Art und Weise, wie Eltern mit den sexuellen und aggressiven Trieben ihrer Kinder in den ersten Lebensjahren umgehen, ausschlaggebend ist für eine gesunde Persönlichkeitsentwicklung. (S. 19)

Psychosoziale Theorie (psychosocial theory) Nach Erikson ist das Ich nicht allein Vermittler zwischen den Impulsen des Es und den Anforderungen des Über-Ich, sondern es erwirbt in jeder Entwicklungsstufe Einstellungen und Fertigkeiten, die das Individuum zu einem aktiven Mitglied der Gesellschaft werden lassen. (S. 20)

Psychosozialer Zwergwuchs (psychosocial dwarfism) Eine Wachstumsstörung, die im Alter zwischen 2 und 15 Jahren beobachtet wird. Gekennzeichnet durch eine sehr kleine Statur, verminderter Sekretion von Wachstumshormon, einem unreifen Skelettalter und schweren Anpassungsproblemen. Verursacht durch emotionale Vernachlässigung.(S. 283)

Pubertät (puberty) Biologische Veränderungen in der Adoleszenz, die zu einem erwachsenen Körper und sexueller Reifung führen. (S. 474)

Querschnittstudie (cross-sectional design) Ein Forschungsdesign, in dem Gruppen von Teilnehmern unterschiedlichen Alters zur selben Zeit untersucht werden. Zu unterscheiden von der *Längsschnittstudie*. (S. 49)

Reaktionsspielraum (range of reaction) Bei jedem Menschen einzigartige, genetisch festgelegte Reaktion auf eine Reihe von Umweltbedingungen. Auch als *Plastizität* bezeichnet (S. 94)

Realistische Periode (realistic periode) Periode in der beruflichen Entwicklung, in der ältere Heranwachsende und junge Erwachsene sich auf allgemeine Berufskategorien konzentrieren und sich kurze Zeit danach für eine einzige Beschäftigung entscheiden. Unterscheidet sich von der *Fantasieperiode* und der *Periode des Ausprobierens*. (S. 606)

Referentieller Stil des Erlernens einer Sprache (referential style of language learning) Stil frühen Spracherwerbs, bei dem Kleinkinder viele Wörter produzieren, die sich auf Gegenstände beziehen. Sie verwenden Sprache hauptsächlich, um Gegenstände zu bezeichnen. Zu unterscheiden von *expressivem Sprachstil*. (S. 227)

Reflex (reflex) Eine angeborene, automatische Reaktion auf eine bestimmte Form der Stimulation. (S. 135)

Reifung (maturation) Ein genetisch determinierter, sich natürlich und universal entfaltender Verlauf von Wachstum oder allgemein Funktionen. (S. 16)

Reintegratives Stadium (reintegratvie stage) Schaies Stadium des späten Erwachsenenalters, in welchem Menschen ihre Interessen, Einstellungen und Werte neu prüfen und neu integrieren, indem sie diese als Anleitung für die Verbesserung ihrer Lebensqualität benutzen, wenn sie in den Ruhestand gehen und die Zukunftsperspektive kürzer wird. (S. 600)

Relationale Aggression (relational aggression) Eine Form der feindseligen Aggressionen, die Peerbeziehungen zerstört, etwa durch soziale Ausgrenzung oder durch das Verbreiten von Gerüchten. (S. 349)

Relativistisches Denken (relativistic thinking) In Perrys Theorie der kognitive Ansatz von im Denken geschulten fortgeschrittenen Studenten, die verschiedene Wahrheiten akzeptieren, von der jede je nach Bewertungskontext relativ ist. Unterscheidet sich vom *dualistischen Denken*. (S. 599)

REM-Schlaf (Schlaf mit schnellen Augenbewegungen) (rapid-eye-movement (REM) sleep) Ein „unreguläres" Schlafstadium, in dem die Aktivität der Hirnströme der im Wachzustand ähnlich ist. Die Augen zucken unter den Lidern, Herzrate, Blutdruck und Atmung sind unregelmäßig und es bestehen leichte Muskelzuckungen. Unterscheidet sich vom *Nicht-REM-Schlaf*. (S. 137, 163)

Resilienz (Resiliency) Die Fähigkeit, das Leben zu bewältigen und sich anzupassen, obwohl sich der Betreffende mit ungünstigen Umständen für seine Entwicklung konfrontiert sieht. (S. 12)

Retikulärformation (reticular formation) Gehirnstruktur, die für Wachheit und Bewusstsein sorgt. (S. 282)

Reversibilität (reversibility) Fähigkeit, bei einem Problem eine Reihe von Schritten durchzudenken und dann mental die Richtung zu ändern und zum Ausgangspunkt zurückzukommen. Unterscheidet sich von *Irreversibilität*. (S. 390)

Reziproker Unterricht (reciprocal teaching) Ansatz des Unterrichtens, der auf Wygotskys Theorie beruht, in dem ein Lehrer und zwei bis vier Schüler eine kooperierende Lerngruppe bilden und sich dabei abwechseln, Gespräche über den Inhalt einer Textpassage anzuleiten, indem vier kognitive Strategien angewendet werden: Fragen, Zusammenfassen, Klären und Vorhersagen. Schafft eine Zone proximaler Entwicklung, in der sich das Leseverständnis verbessert. (S. 415)

Rhesusfaktor (Rh factor) Ein Protein im Blut des Fötus, das bei der Mutter dazu führen kann, dass sie Antikörper bildet, Wenn die mütterlichen Antikörper in das System des Fötus gelangen, zerstören sie dort rote Blutkörperchen und reduzieren damit die Sauerstoffversorgung von wachsenden Organen und Gewebe. (S. 119)

Rheumatoide Arthritis (rheumatoid arthritis) Eine Form von Arthritis, bei der das Immunsystem den Körper angreift, was zu Entzündungen des Bindegewebes führt, besonders der Membrane, welche die Gelenke abfedern. Daraus resultieren Steifheit, Entzündung, Schmerzen, verformte Gelenke und schwerer Verlust der Beweglichkeit. Zu unterscheiden von *Osteoarthritis*. (S. 783)

Robustheit (hardiness) Ein Verbindung von drei Persönlichkeitsmerkmalen – Kontrolle, Engagement und Herausforderung –, die Menschen dabei unterstützen, angemessen mit Stress umzugehen und damit dessen Einfluss auf das Risiko von Krankheit und Tod zu vermindern. (S. 690)

Rückerinnern (reminiscence) Der Prozess des Geschichtenerzählens über Menschen und Ereignisse aus der Vergangenheit sowie das Berichten der damit einhergehenden Gedanken und Gefühle. (S. 813)

Rückzugstheorie (disengagement theory) Eine soziale Theorie des Alterns, die besagt, dass der Rückgang aus den sozialen Interaktionen im späten Erwachsenenalter darauf zurückzuführen ist, dass sich der alte Mensch und die Gesellschaft in Erwartung seines Todes voneinander zurückziehen. Zu unterscheiden von der Aktivitätstheorie und der sozioemotionalen Selektivitätstheorie. (S. 827)

Sandwichgeneration (sandwich generation) Elterngeneration, die gleichzeitig für ihre Kinder und ihre alt gewordenen Eltern sorgen muss; „Familie mit übersprungener Generation" bzw. multilokale/ergänzende Mehrgenerationenfamilie. (S. 738)

Säuglingssterblichkeit (infant mortality) Anzahl der Todesfälle auf 1000 Lebendgeburten im ersten Lebensjahr. (S. 132)

Scheidungsschlichtung (divorce mediation) Eine Anzahl von Sitzungen von mit Scheidungsabsichten lebenden Erwachsenen mit einem Psychologen, der versucht, dem Paar zu helfen, ihre Auseinandersetzungen und Streitigkeiten zu überdenken und beizulegen. Darauf ausgerichtet, die Konflikte in der Familie in dem der Scheidung vorangehenden Zeitraum zu reduzieren. (S. 456)

Schema (scheme) Bei Piaget eine bestimmte Repräsentation, die eine Struktur oder eine organisierte Weise, eine Erfahrung zu begreifen, darstellt. Es verändert sich mit dem Alter. (S. 195)

Schlafapnoe (sleep apnoe) Ein Zustand während des Schlafs, bei dem die Atmung 10 Sekunden lang oder darüber hinaus aussetzt, was zu häufigem kurzem Erwachen führt. (S. 772)

Schlüsselkinder (self-care children) Kinder, die allein zurechtkommen müssen, während ihre Eltern berufstätig sind. (S. 460)

Schmerzlicher Verlust (bereavement) Die Erfahrung, einen geliebten Menschen durch seinen Tod zu verlieren. (S. 891)

Schnellzuordnung /-erfassung (fast mapping) Verbindung eines neuen Wortes mit einem zugrunde liegenden Konzept nach sehr kurzer Zeit. (S. 322)

Schulangst (Schulphobie) (school phobia) Schwere Ängste im Hinblick auf den Schulbesuch, häufig begleitet von körperlichen Symptomen, die verschwinden, wenn dem Kind erlaubt wird, zu Hause zu bleiben. (S. 461)

Schulische Programme (academic programs) Angeboten in (Kindergärten und) Vorschulen, in denen Lehrer und Erzieher in formalem Unterricht das Lernen der Kinder von schulischen Fertigkeiten strukturieren, oft mit viel Wiederholung und Drill. Unterscheidet sich von *kindzentrierten Programmen*. (S. 318)

Schwieriges Kind (difficult child) Ein Kind, dessen Temperament sich derart gestaltet, dass es zu Unregelmäßigkeiten in der täglichen Routine kommt. Das Kind kann neue Erfahrungen nur langsam akzeptieren und neigt zu negativen und intensiven Reaktionen. Zu unterscheiden vom einfachen Kind und von einem Kind, das nur langsam aktiv wird. (S. 245)

Sehschärfe (visual acuity) Feinheit visuellen Unterscheidungsvermögens (Diskrimination). (S. 144)

Sekundäre Freunde (secondary friends) Menschen, mit denen keine intime Beziehung besteht, mit denen der Betreffende aber ab und zu Zeit verbringt, wie etwa eine Gruppe, die sich zum Mittagessen, zum Bridgespielen oder zu Museumsbesuchen trifft. (S. 843)

Sekundäre Geschlechtsmerkmale (secondary sexual characteristics) Merkmale, die am Körper sichtbar sind und als Zeichen sexueller Reife dienen, aber nicht die Fortpflanzungsorgane betreffen (zum Beispiel Brustentwicklung bei Frauen, Erscheinen von Haaren unter dem Arm und an den Geschlechtsteilen bei beiden Geschlechtern). Zu unterscheiden von *primären Geschlechtsmerkmalen*. (S. 479)

Sekundäres Altern (secondary aging) Abbauerscheinungen aufgrund genetischer Defekte und Umwelteinflüssen, wie schlechte Ernährung, Mangel an Bewegung, Drogenmissbrauch, Umweltverschmutzung und psychische Belastung. Zu unterscheiden vom *primären Altern*. (S. 782)

Selbst (me-self) Ein reflektierter Beobachter, der das Selbst als Objekt von Wissen und Bewertung betrachtet. Unterscheidet sich vom *Ich*. (S. 267)

Selbstbezogene Emotionen (self-conscious emotions) Emotionen, die das Selbstgefühl entweder verletzen oder ihm förderlich sind. Beispiele hierzu sind Scham, Schuldgefühle, Neid und Stolz. (S. 242)

Selbstgespräche (private Rede) (private speech) An sich selbst gerichtetes Sprechen, das Kinder oft anwenden, um ihr eigenes Verhalten zu planen und zu lenken. (S. 305)

Selbstkontrolle (self-control) Die Fähigkeit, einem Impuls zu sozial inakzeptablen Verhalten zu widerstehen. (S. 269)

Selbstkonzept (self-concept) Die Summe von Attributen, Fähigkeiten, Einstellungen und Wertvorstellungen, von denen ein Individuum überzeugt ist und die den Betreffenden definieren. (S. 331)

Selbstwert (self-esteem) Ein Aspekt des Selbstkonzeptes, der einhergeht mit Urteilen bezüglich des eigenen Wertes und den damit zusammenhängenden Gefühlen. (S. 332)

Selektive Optimierung durch Kompensation (selective optimization with compensation) Eine Reihe von Strategien, die es alten Menschen erlaubt, ein hohes Funktionsniveau aufrechtzuerhalten. Sie *wählen* bevorzugte Aktivitäten aus und *optimieren diese*, um ihre schwindenden Fähigkeiten und Kräfte (Verluste) zu *kompensieren*. (S. 795)

Sensible Periode (sensitive period) Eine Zeitspanne, die optimal ist für das Entstehen bestimmter Fähigkeiten und in der das Individuum ganz besonders empfänglich ist für Umwelteinflüsse. (S. 29)

Sensorisches Register (sensory register) Teil des mentalen Systems bei der Informationsverarbeitung, das Bilder und Laute kurz behält, bevor diese verschwinden oder ins Arbeits- oder Kurzzeitgedächtnis übertragen werden. (S. 207)

Sensumotorische Stufe (sensorimotor stage) Piagets erste Stufe, in der Säuglinge und Kleinkinder mit den Augen, Ohren, Händen und weiterer sensumotorischer Ausstattung „denken". Umfasst die ersten beiden Lebensjahre. (S. 194)

Seriation (Reihenbildung) (seriation) Fähigkeit, Dinge entlang einer quantitativen Dimension anzuordnen wie Länge oder Gewicht. (S. 314, 391)

Setting Gesamtheit der Umweltgegebenheiten, die unsere Verhaltensmuster beeinflussen. (S. 43)

Sich selbst erfüllende Prophezeiung in der Erziehung (educational self-fulfilling prophecy) Der Gedanke, dass Kinder die negative oder positive Einstellung des Lehrers ihnen gegenüber übernehmen können und dann beginnen, nach dieser Sichtweise zu leben. (S. 417)

Sichere Basis (secure basis) Der Säugling benutzt die ihm vertrauten Bezugspersonen als einen Bezugspunkt, von dem aus die Umwelt exploriert werden kann und zu dem er zurückkehren kann, um sich emotionale Unterstützung zu holen. (S. 254)

Sicheres Bindungsmuster (secure attachment) Die Bindungsqualität, die Säuglinge charakterisiert, die bei einer Trennung von der Bezugsperson mit einem hohen Maß an Stress reagieren und sich bei der Rückkehr der Bezugsperson leicht trösten lassen. Zu unterscheiden vom *unsicher-vermeidenden*, dem *unsicher-ambivalenten* und dem *unsicher-desorganisiert/ desorientierten Bindungsmuster*. (S. 252, 256)

Sichtweise von Modulen (core knowledge perspective) Eine Sichtweise, die annimmt, dass Säuglinge mit angeborenen Wissenssystemen oder Kernbereichen des Denkens zur Welt kommen, von dem jeder einen raschen Zugriff auf neue, damit verbundene Informationen erlaubt und damit die frühe, schnelle Entwicklung bestimmter Aspekte der Kognition unterstützt. (S. 204)

Skala zur Einschätzung neonatalen Verhaltens (Neonatal Behavioral Assessment Scale (NBAS)) Test, der entwickelt wurde, um das Verhalten des Säuglings in der Neugeborenenperiode zu erfassen. (S. 144)

Skript (script) Allgemeine Repräsentation von Handlungsabläufen und dem Zeitpunkt ihres Auftretens in bestimmten Situationen. Eine grundlegende Weise, wie alltägliche Erfahrungen organisiert und interpretiert werden. (S. 308)

Skript von Abhängigkeit/Unterstützung (dependency-support script) Ein typisches Interaktionsmuster, getragen von der Vorstellung, dass man sich um alte Menschen sofort kümmern muss, wenn sie abhängige Verhaltensweisen zeigen, wodurch diese Verhaltensweisen verstärkt werden. Zu unterscheiden vom Skript von Unabhängigkeit/Ignorieren. (S. 821)

Skript von Unabhängigkeit/Ignorieren (independence-ignore script) Ein typisches Interaktionsmuster, in dem beim alten Menschen unabhängige Verhaltensweisen größtenteils ignoriert werden, was dazu führt, dass diese immer weniger vorkommen. Zu unterscheiden vom *Skript von Abhängigkeit/Unterstützung*. (S. 821)

Soziale Bezugnahme (social referencing) Sich auf den emotionalen Ausdruck einer vertrauten Bezugsperson verlassen, um zu entscheiden, wie in einer unsicheren Situation zu handeln ist. (S. 241)

Soziale Lerntheorie (social learning theory) Ein Ansatz, der die Rolle des Modelllernens bzw. des Beobachtungslernens bei der Entwicklung von Verhalten betont. (S. 23)

Soziale Uhr (social clock) Altersrelevante Erwartungen hinsichtlich des Zeitpunktes der Lebensereignisse, wie etwa der Beginn der Berufstätigkeit, der Eheschließung, der Geburt des ersten Kindes, eines Hauskaufs und der Pensionierung. (S. 624)

Sozialer Konvoi (social convoy) Ein Modell altersrelevanter Veränderungen in den sozialen Netzwerken, welches das Individuum in einem Netzwerk von Beziehungen betrachtet, in dem es sich durch das Leben bewegt. Enge Bindungen werden als der innere Kreis verstanden, weniger enge Bindungen liegen weiter außen. Mit zunehmendem Alter verändern Menschen ihren Platz in diesem Konvoi, neue Bindungen werden hinzugefügt und manche gehen ganz verloren. (S. 835)

Sozialer Vergleich (social comparison) Beurteilung der eigenen Fähigkeiten, des eigenen Verhaltens, des Aussehens sowie anderer Merkmale in Bezug auf die anderer Menschen. (S. 432)

Soziales Lächeln (social smile) Das Lächeln, das durch den Stimulus des menschlichen Gesichts hervorgerufen wird. Erstes Auftauchen zwischen der sechsten und achten Lebenswoche. (S. 237)

Sozialpolitische Maßnahmen (public policies) Gesetze und Regierungsprogramme, die zur Verbesserung bestehender sozialer Zustände geschaffen wurden. (S. 88)

Soziodramatisches Rollenspiel (sociodramatic play) Als-ob-Spiel mit anderen, das zuerst im Alter von 2 Jahren auftritt und bis zum Alter von 4 bis 5 Jahren stark zunimmt. (S. 296)

Sozioemotionale Selektivitätstheorie (Socioemotional selectivity theory) Eine soziale Theorie des Alterns, die besagt, dass der Rückgang in der sozialen Interaktion im späten Erwachsenenalter sich auf körperliche und psychische Veränderungen zurückführen lässt, die den alten Menschen die emotionsregulierende Funktion von Interaktionen zunehmend betonen lässt. Folglich bevorzugen sie vertraute Partner, mit denen sie wohltuende Beziehungen entwickelt haben. Zu unterscheiden von der *Rückzugstheorie* (*disengagement theory*) und der *Aktivitätstheorie*. (S. 828)

Soziokulturelle Theorie (sociocultural theory) Wygotskis Theorie, nach der Kinder das Denken und Verhalten, das die Kultur einer Gemeinschaft ausmacht, durch kooperative Dialoge mit Mitgliedern der Gesellschaft erlangen, die mehr wissen als sie selbst. (S. 30)

Sozioökonomischer Status (SÖS) (Socioeconomic status (SES)) Die Messung der sozialen Position einer Familie und ihrem wirtschaftlichen Status als die Kombination von drei ineinandergreifenden, aber nicht völlig sich überschneidenden Merkmalen: (1) Anzahl der Bildungsjahre, (2) das Prestige und die Fähigkeiten, die den Beruf des betreffenden kennzeichnen – aus beiden Faktoren ist der soziale Status erkennbar; und (3) das Einkommen, woraus sich der wirtschaftliche Status ablesen lässt. (S. 81)

Spermarche (spermarche) Erster Ausfluss (Ejakulation) von Samenflüssigkeit. (S. 481)

Spracherwerbsmechanismus (language acquisition device (LAD)) In Chomskys Theory ein biologisch fundiertes angeborenes kognitives Modul, das es Kindern erlaubt, in einer an Regeln orientierten Weise zu sprechen, sobald sie genug Wörter aufgenommen haben und das unabhängig davon, welche Sprache sie hören. (S. 223)

Stadium der Verantwortlichkeit (responsibility stage) Schaies Stadium des mittleren Erwachsenenalters, in dem die Menschen kognitive Fähigkeiten für eine Erweiterung ihrer sozialen Verantwortlichkeiten, im Beruf und zu Hause einsetzen. (S. 600)

Steißlage (breech position) Eine Lage des Fötus in der Gebärmutter, die dazu führen würde, dass das Gesäß oder die Füße zuerst auf die Welt kommen würden. (S. 127)

Sterbehilfe s. *Euthanasie*

Sterben (mortality) Phase im Sterbeprozess, in der das Individuum in den dauerhaften Tod gleitet. Unterscheidet sich von *Todeskampf* und *klinischem Tod*. (S. 865)

Strukturierte Beobachtung (structured observation) Eine Methode, bei der vom Wissenschaftler ein bestimmter Hinweisreiz zur Auslösung des Verhaltens, das ihn interessiert, gegeben und das darauf folgende Verhalten in einer Laborsituation beobachtet wird. Zu unterscheiden von der *natürlichen Beobachtung*. (S. 38)

Strukturiertes Interview (structured interview) Eine Interviewmethode – jedem Teilnehmer werden dieselben Fragen auf dieselbe Art und Weise gestellt. (S. 40)

Stufe (stage) Eine qualitative Veränderung im Denken, in den Gefühlen und dem Verhalten, die eine bestimmte Periode der Entwicklung charakterisieren und auf den vorherigen Stufen aufbaut. (S. 6)

Subkultur (subculture) Eine Gruppe von Menschen mit Annahmen und Sitten, die sich von denen der größeren Kulturgemeinschaft unterscheiden. (S. 86)

Sympathie (sympathy) Gefühle von Sorge oder Mitleid beim Anblick der Lage eines anderen Menschen. (S. 337)

Synapsen (synapses) Die Spalten zwischen Nervenzellen, über die hinweg chemische Botschaften geschickt werden. (S. 155)

Synchronizität in der Interaktion (interactional synchrony) Ein sensibel abgestimmter „emotionaler Tanz", in dem die Bezugsperson auf die Signale des Säuglings zur richtigen Zeit und auf die richtige Art und Weise reagiert und in dem beide Partner ihren emotionalen Zustand abstimmen, insbesondere emotionale Zustände positiver Art. (S. 258)

Synthetischer Zugang beim Lesenlernen (basic-skills approach) Ein Zugang, bei dem zu Beginn der Instruktionen zum Lesen die Laute geübt werden und dann die Grundregeln, wie Laute in geschriebene Symbole zu übersetzen sind, gelernt werden. Es werden vereinfachte Lesematerialien eingesetzt. Zu unterscheiden von der *ganzheitlichen Methode des Lesenlernens*. (S. 400)

Tabula rasa (tabula rasa) Sichtweise des Philosophen Locke, für den die Psyche des Kindes wie eine unbeschriebene Wachstafel ist. Die Erfahrungen, die das Kind macht, formen seinen Charakter. (S. 15)

Talent (talent) Herausragende Leistungen bzw. Fähigkeiten in einem bestimmten Bereich. (S. 420)

Technische Hilfsmittel (assistive technology) Eine Reihe von Apparaten, die es Menschen mit Behinderungen und alten Menschen erlauben, ihre Funktionen zu verbessern. (S. 774)

Telegrammstil im Sprechen (telegraphic speech) Die Zwei-Wort-Äußerungen von Kleinkindern, die, wie in einem Telegramm, kleinere und weniger wichtige Wörter auslassen. (S. 226)

Temperament (temperament) Stabile individuelle Unterschiede in der Qualität und Intensität der emotionalen Reaktionen, des Aktivierungsniveaus und der emotionalen Selbstregulation (S. 244)

Teratogen (teratogen) Jeder Stoff in der Umwelt, der während der pränatalen Periode Schäden verursacht. (S. 109)

Theorie (theory) Ein geordnetes, integriertes System von Aussagen, die Verhalten beschreiben, erklären und vorhersagen können. (S. 4)

Theorie der multiplen Intelligenz (theory of multiple intelligence) Gardners Theorie, welche acht unabhängige Intelligenzen aufgrund eines umschriebenen Satzes von verarbeitenden Operationen identifiziert, was es Individuen erlaubt, sich in einem breiten Spielraum kulturell geschätzter Aktivitäten zu engagieren. (S. 405)

Theorie der Querverbindungen beim Altern (cross-linkage theory of aging) Theorie biologischen Alterns, die annimmt, dass die Bildung von Verbindungen zwischen normalerweise getrennten Proteinfasern dazu führt, dass das Bindegewebe des Körpers mit der Zeit weniger elastisch wird, was viele negative körperliche Folgen hat. (S. 575)

Thyroidstimulierendes (Schilddrüsen stimulierendes) Hormon (thyroid-stimulating hormone) Hormon der Hirnanhangdrüse, das die Schilddrüse stimuliert, Thyroxin abzusondern, welches für eine normale Entwicklung des Gehirns und für normales Körperwachstum notwendig ist. (S. 283)

Traditionelle Ehe (traditional marriage) Eine Form der Ehe, in der die Rolle von Mann und Frau ganz klar getrennt sind. Der Mann ist der Haushaltsvorstand und ist verantwortlich für die wirtschaftliche Versorgung. Die Frau kümmert sich um den Ehemann und die Kinder, den Haushalt und schafft ein fürsorgliches, gemütliches Zuhause. Zu unterscheiden von der *egalitären Ehe*. (S. 636)

Traditioneller Unterricht (traditional classroom) Unterricht in der Grundschule, dem das pädagogische Konzept zugrunde liegt, dass der Lehrer die einzige Autorität darstellt hinsichtlich Wissen, Regeln und Entscheidungen. Die Schüler sind relativ passiv, hören zu, antworten, wenn sie gefragt werden, und erfüllen die vom Lehrer gegebenen Aufgaben. Ihr Erfolg wird danach bewertet, wie gut sie mit den anderen hinsichtlich gleicher Standards in ihrer Klasse mithalten. Zu unterscheiden vom *offenen Unterricht*. (S. 414)

Träger/in (carrier) Ein heterozygotes Individuum, das ein rezessives Gen auf ihre/seine Kinder übertragen kann. (S. 64)

Transitive Inferenz (transitive inference) Fähigkeit, mental Serien zu bilden oder Einheiten entlang einer quantitativen Dimension anzuordnen. (S. 391)

Trauer (grief) Intensive körperliche und seelische Verzweiflung, die dem Verlust eines geliebten Menschen folgt. (S. 891)

Trennungsangst (seperation anxiety) Die Stressreaktion des Säuglings auf eine Trennung von der vertrauten Bezugsperson. (S. 254)

Triarchische Theorie der Intelligenz (triarchic theory of intelligence) Sternbergs Theorie, welche aussagt, dass informationsverarbeitende Fertigkeiten, vorhergehenden Erfahrungen mit Aufgaben und Faktoren des (kulturellen) Kontexts zusammenarbeiten, um intelligentes Verhalten zu erzeugen. (S. 404)

Typ-A-Verhalten (Type A behavior pattern) Verhaltensmuster, das aus extremer Rivalität, Ehrgeiz, Ungeduld, Feindseligkeit, Wutausbrüchen und einem Gefühl des Zeitdrucks besteht. (S. 686)

Übergeneralisierung (overextension) Früher Fehler im Wortschatz, bei dem ein Wort zu weit angewendet wird, auch auf eine ausgedehntere Sammlung von Gegenständen und Ereignissen, als es angemessen wäre. Unterscheidet sich von *Überspezifizierung*. Kann sich auch auf die Anwendung grammatikalischer Regeln und deren Ausnahmen beziehen (S. 226)

Übergeneralisierung (overregularization) Anwendung grammatikalischer Regeln auf Wortbildungen (Deklinationen, Konjugationen), die Ausnahmen bilden. (S. 323)

Übernommene Identität (identity foreclosure) Der Identitätsstatus von Individuen, die von Autoritätsfiguren vorgefertigte Wertvorstellungen und Ziele für sich übernommen haben. Zu unterscheiden von der *erarbeiteten Identität*, dem *Moratorium* und der *Identitätsdiffusion*. (S. 529)

Überspezifizierung (underextension) Fehler im Stadium des frühen Wortschatzes, bei dem ein Wort in einem zu engen Sinne verwendet wird, d.h. auf eine begrenztere Anzahl von Gegenständen und Ereignissen, als es angemessen wäre. Unterscheidet sich von *Übergeneralisierung*. (S. 226)

Umformulierung (recasts) Reaktion Erwachsener, welche inkorrektes Sprechen von Kindern in eine reifere Form bringt. (S. 324)

Unabhängige Variable (independent variable) Von der unabhängigen Variablen wird erwartet, dass sie Veränderungen in der *abhängigen Variablen* verursacht. (S. 46)

Unbedingter Reiz (UCS) (unconditioned stimulus (UCS)) In der klassischen Konditionierung ein Stimulus, der zu einer Reflexreaktion führt. (S. 170)

Unbeteiligter Erziehungsstil (uninvolved style) Eine Erziehung, bei dem eine niedrige Akzeptanz und wenig Anteilnahme einhergeht mit wenig Aufsicht und Kontrolle und kaum Bemühungen von Seiten der Eltern, dem Kind Autonomie zu gewähren. Dieser Erziehungsstil reflektiert eine minimale innere Verpflichtung der Eltern gegenüber der Erziehung ihres Kindes. Zu unterscheiden vom *autoritativen, autoritären* und *permissiven Erziehungsstil*. (S. 363)

Ungehemmtes oder soziales Kind (uninhibited / social child) Ein Kind, dessen Temperament sich derart gestaltet, dass es auf neue Stimuli positiv reagiert und auf diese zugeht. Zu unterscheiden vom gehemmten, oder schüchternen Kind. (S. 247)

Universalität (universality) Komponente des Konzepts vom Tod, die besagt, dass alle Lebewesen einmal sterben werden. (S. 868)

Unsicher-ambivalente Bindung (resistant attachment) Das Kind hält sich nahe zur Bezugsperson, wenn sie es verlassen will, und zeigt ärgerliches, resistentes Verhalten, wenn die Bezugsperson wieder zurückkehrt. Zu unterscheiden von *sicherer, unsicher-vermeidender* und *unsicher-desorganisierter/desorientierter Bindung* (S. 256)

Unsicher-desorganisiertes/desorientiertes Bindungsmuster (disorganized-disoriented attachment) Eine unsichere Bindungsqualität, die Säuglinge charakterisiert, die auf eine konfuse, widersprüchliche Art und Weise bei der Wiedervereinigung mit der Bezugsperson reagieren. Zu unterscheiden vom sicheren, unsicher-vermeidenden und dem unsicher-ambivalenten (resistenten) Bindungsmuster. (S. 256)

Unsicher-vermeidendes Bindungsmuster (avoidant attachment) Die Qualität unsicherer Bindung, die kleine Kinder charakterisiert, die nicht mit offenen Stressreaktionen auf die Trennung von der Bezugsperson reagieren und diese meiden, wenn sie zurückkehrt. Zu unterscheiden vom *sicheren, unsicher-ambivalenten (resistenten)* und dem *unsicher-desorganisiert/desorientierten Bindungsmuster*. (S. 256)

Unterentwickelt (small for date) Säuglinge, deren Geburtsgewicht niedriger ist als das erwartete Gewicht, wenn die Länge der Schwangerschaft betrachtet wird. Einige sind voll ausgetragen, andere Frühgeburten, die besonders untergewichtig sind. (S. 130)

Untersuchungen an Verwandten (kinship studies) Untersuchungen, welche die Merkmale von Familienmitgliedern vergleichen, um die Bedeutung der Vererbung bei komplexen Persönlichkeitsmerkmalen festzustellen. (S. 92)

Urvertrauen versus Misstrauen (basic trust versus mistrust) In der Theorie Eriksons versteht sich diese Grundhaltung als der psychischer Konflikt im Säuglingsalter, der positiv zugunsten des Urvertrauens aufgelöst werden kann, wenn die Fürsorge, insbesondere während des Fütterns, einfühlsam und liebevoll ist. (S. 235)

Verbundenes Spiel (associative play) Eine Form des sozialen Umgangs, bei dem die Kinder sich mit unterschiedlichen Aktivitäten beschäftigen, dabei aber interagieren, indem sie Spielzeug austauschen und das Verhalten des jeweils anderen kommentieren. Zu unterscheiden von *nichtsozialen Aktivitäten*, dem *Parallelspiel* und dem *kooperativen Spiel*. (S. 339)

Verhaltensmodifikation (applied behavior analysis) Praktische Maßnahmen, die eine Kombination von Konditionierung und Modelllernen einsetzen, um unerwünschte Verhaltensweisen zu eliminieren und sozial akzeptierte Reaktionen zu fördern. (S. 24)

Verkürzung der Morbiditätszeit (compression of morbidity) Ziel der öffentlichen Gesundheitsfürsorge, die durchschnittliche Spanne verminderter Energie vor dem Tod bei steigender Lebenserwartung zu reduzieren. Bisher stehen die Fortdauer der Armut und negative Lebensstilfaktoren dem Erreichen dieses Zieles entgegen. (S. 779)

Vernachlässigte Kinder (neglected children) Kinder, die in Fragebögen zur Peerakzeptanz nur selten genannt werden, und zwar sowohl positiv als auch negativ. (S. 445)

Vernix (Frucht- oder Käseschmiere) (vernix) Weiße, käseähnliche Substanz, die den Fötus bedeckt und verhindert, dass die Haut aufgrund der ständigen Exposition von amniotischer Flüssigkeit aufgerauht wird und Schrunden zeigt. (S. 107)

„Verordnete Auszeit" / Stubenarrest (time out) Eine Art von milder Bestrafung, wobei das Kind aus der direkten Umgebung entfernt wird, bis es dazu bereit ist, sich angemessen zu verhalten. (S. 347)

Verstärker (reinforcer) Ein Reiz, der die Wahrscheinlichkeit einer Reaktion erhöht. Positive Verstärker werden auch als *Belohnung* bezeichnet, negative als *Bestrafung*. (S. 171)

Volle Einbeziehung/Integration (full inclusion) Ganztägige Einbeziehung von Schülern mit Lernschwierigkeiten in die reguläre Klasse. (S. 418)

Voroperationale Stufe (preoperational stage) Piagets zweite Stufe, auf der eine rasche Entwicklung von Repräsentationen stattfindet. Das Denken ist jedoch noch nicht logisch. Erstreckt sich vom 2. bis zum 7. Lebensjahr. (S. 284)

Wachstumshormon (growth hormone (GH)) Hypophysenhormon, das von der Geburt an notwendig ist für die Entwicklung des gesamten Körpergewebes mit Ausnahme des Nervensystems und der Geschlechtsorgane. (S. 283)

Wachstumsschub (growth spurt) Schneller Zugewinn an Größe und Gewicht während der Adoleszenz. (S. 477)

Weisheit (wisdom) Kognitionen von breitem und zugleich tiefenverarbeitetem praktischen Wissen. Weisheit bezeichnet auch die Reflektionsfähigkeit über dieses Wissen und dessen Anwendung in der Gestaltung eines erträglichen und sinnvollen Lebens. Weisheit umfasst emotionale Reife einschließlich der Fähigkeit, zuzuhören, zu bewerten und Rat zu geben, und altruistischer Kreativität – als Beitrag zu Menschlichkeit und Bereicherung des Lebens anderer. (S. 800)

Wiedererkennen (recognition) Typ des Erinnerns, welcher das Wahrnehmungsurteil beinhaltet, ob ein Reiz mit einem zuvor erfahrenen identisch oder ihm ähnlich ist. (S. 209)

Wiederholen (rehearsal) Gedächtnisstrategie, Informationen zu wiederholen. (S. 397)

Wohngemeinschaft im Alter (congregate housing) Wohnen im Alter, das eine Reihe unterstützender Dienste anbietet, einschließlich Mahlzeiten in einem gemeinsamen Speisesaal, dazu eine sorgfältige Überwachung alter Menschen mit körperlichen und geistigen Behinderungen. (S. 833)

X-bedingte Vererbung (X-linked inheritance) Vererbungsmuster, bei dem ein rezessives Gen auf dem X-Chromosom lokalisiert ist. Männer werden eher davon betroffen. (S. 67)

Zentralexekutive (central executive) Die bewusst arbeitende Funktion des Arbeitsgedächtnisses, die im mentalen System den einströmenden Informationsfluss leitet, indem sie entscheidet, worauf die Aufmerksamkeit zu richten ist. Dabei koordiniert die Zentralexekutive hereinkommende Informationen mit solchen, die bereits im System vorhanden sind, wählt sie aus, wendet sie an und überwacht sie. (S. 207)

Zentrierung (centration) Die Tendenz, sich auf einen Aspekt einer Situation zu konzentrieren und andere wichtige Merkmale zu ignorieren. Zu unterscheiden von *Dezentrierung.* (S. 298)

Zerebrovaskuläre Demenz (cerebrovascular dementia) Eine Form der Demenz, bei der eine Reihe von Schlaganfällen Gehirnzellen absterben lässt, was zu einer stufenweisen Degeneration geistiger Fähigkeiten führt, wobei jede Stufe abrupt nach einem Schlaganfall auftritt. (S. 789)

Zirkulär-/Kreisreaktion (circular reaction) Bei Piaget eine Art und Weise erste Schemata zu bilden, indem der Säugling versucht, ein zufälliges Ereignis zu wiederholen, das durch die eigene motorische Aktivität entstanden ist. (S. 196)

Zufallsauswahl (random assignment) Eine ausgewogene Vorgehensweise bei der Verteilung von Teilnehmern auf verschiedene Gruppen, zum Beispiel durch das Ziehen von Nummern oder durch das Werfen einer Münze. Es erhöht die Wahrscheinlichkeit, dass die Merkmale der Teilnehmer gleichmäßig über alle Teilnehmergruppen eines Experiments verteilt sind. (S. 46)

Zweieiige oder dizygote Zwillinge (fraternal or dizygot twins) Zwillinge, die sich aus der Freisetzung und Befruchtung von zwei Eizellen (Ova) entwickeln. Sie gleichen sich genetisch nicht mehr als normale Geschwister. Unterscheidet sich von *eineiigen* oder *monozygoten Zwillingen.* (S. 62)

Zygote (zygote) Neu befruchtete Zelle, die durch die Vereinigung von Sperma und Eizelle bei der Zeugung gebildet wurde. (S. 61)

Literatur

Aarons, S. J., Jenkins, R. R., Raine, T. R., El-Khorazaty, M. N., Woodward, K. M., Williams, R. L., Clark, M. C., & Wingrove, B. K. (2000). Postponing sexual intercourse among urban junior high school students—a randomized controlled trial. *Journal of Adolescent Health, 27,* 236–247.

Abbott, S. (1992). Holding on and pushing away: Comparative perspectives on an eastern Kentucky child-rearing practice. *Ethos, 20,* 33–65.

Abra, J. (1989). Changes in creativity with age: Data, explanations, and further predictions. *International Journal of Aging and Human Development, 28,* 105–126.

Abraham, S. (1998). Satisfaction of participants in university-administered elderhostel programs. *Educational Gerontology, 24,* 529–536.

Abramovitch, R., Freedman, J. L., Henry, K., & Van Brunschot, M. (1995). Children's capacity to agree to psychological research: Knowledge of risks and benefits and voluntariness. *Ethics and Behavior, 5,* 25–48.

Achenbach, T. M., Phares, V., Howell, C. T., Rauh, V. A., & Nurcombe, B. (1990). Seven-year outcome of the Vermont program for low-birthweight infants. *Child Development, 61,* 1672–1681.

Acker, M. M., & O'Leary, S. G. (1996). Inconsistency of mothers' feedback and toddlers' misbehavior and negative affect. *Journal of Abnormal Child Psychology, 24,* 703–714.

Ackerman, B. P. (1978). Children's understanding of speech acts in unconventional frames. *Child Development, 49,* 311–318.

Ackerman, P. L. (2000). Domain-specific knowledge as the "dark matter" of adult intelligence: Personality and interest correlates. *Journal of Gerontology, 55B,* P69–P84.

Ackerman, S., Zuroff, D. C., & Moskowitz, D. S. (2000). Generativity in midlife and young adults: Links to agency, communion, and subjective well-being. *International Journal of Aging and Human Development, 50,* 17–41.

Adams, P. F., & Marano, M. A. (1995). Current estimates from the National Health Interview Survey, 1994. National Center for Health Statistics. *Vital Health Statistics, 10*(193), 83–84.

Adams, R. G. (1985–1986). Emotional closeness and physical distance between friends: Implications for elderly women living in age-segregated and age-integrated settings. *International Journal of Aging and Human Development, 22,* 55–76.

Adams, R. J., Courage, M. L., & Mercer, M. E. (1994). Systematic measurement of human neonatal color vision. *Vision Research, 34,* 1691–1701.

Adams, R., & Laursen, B. (2001). The organization and dynamics of adolescent conflict with parents and friends. *Journal of Marriage and the Family, 63,* 97–110.

Addington-Hall, J. (2000). Do home deaths increase distress in bereavement? *Palliative Medicine, 14,* 161–162.

Adkins, G., Martin, P., & Poon, L. W. (1996). Personality traits and states as predictors of subjective well-being in centenarians, octogenarians, and sexagenarians. *Psychology and Aging, 11,* 408–416.

Adlaf, E. M., & Paglia, A. (2001). *Drug use among Ontario students, 1997–2001: Findings from the OSDUS. CAMH Research Document Series No. 10.* Toronto: Centre for Adiction and Mental Health.

Adler, N. E., & Newman, K. (2002). Socioeconomic disparities in health: Pathways and policies. *Health Affairs, 21,* 60–76.

Adolph, K. E. (1997). Learning in the development of infant locomotion. *Monographs of the Society for Research in Child Development, 62*(3, Serial No. 251).

Adolph, K. E. (2000). Specificity of learning: Why infants fall over a veritable cliff. *Psychological Science, 11,* 290–295.

Adolph, K. E. A., Vereijken, B., & Denny, M. A. (1998). Learning to crawl. *Child Development, 69,* 1299–1312.

Affifi, W. A., & Faulkner, S. L. (2000). On being "just friends": The frequency and impact of sexual activity in cross-sex friendships. *Journal of Social and Personal Relationships, 17,* 205–222.

Agüero-Torres, H., von Strauss, E., Viitanen, M., Winblad, B., & Fratiglioni, L. (2001). Institutionalization in the elderly: The role of chronic diseases and dementia. Cross-sectional and longitudinal data from a population-based study. *Journal of Clinical Epidemiology, 54,* 795–801.

Aguiar, A., & Baillargeon, R. (1999). 2.5-month-old infants' reasoning about when objects should and should not be occluded. *Cognitive Psychology, 39,* 116–157.

Aguiar, A., & Baillargeon, R. (2002). Developments in young infants' reasoning about occluded objects. *Cognitive Psychology, 45,* 267–336.

Aho, T. F., & Gilling, P. J. (2003). Laser therapy for benign prostatic hyperplasia: A review of recent developments. *Current Opinion in Urology, 13,* 39–44.

Ainlay, S. C., Singleton, R., & Swigert, V. L. (1992). Aging and religious participation: Reconsidering the effects of health. *Journal for the Scientific Study of Religion, 31,* 175–188.

Ainsworth, M. D. S., Blehar, M. C., Waters, E., & Wall, S. (1978). *Patterns of attachment.* Hillsdale, NJ: Erlbaum.

Airhihenbuwa, C. A., Kumanyika, S., Agurs, T. D., & Lowe, A. (1995). Perceptions and beliefs about exercise, rest, and health among African Americans. *American Journal of Health Promotion, 9,* 426–429.

Akers, J. F., Jones, R. M., & Coyl, D. D. (1998). Adolescent friendship pairs: Similarities in identity status development, behaviors, attitudes, and intentions. *Journal of Adolescent Research, 13,* 178–201.

Akshoomoff, N. A., & Stiles, J. (1995). Developmental trends in visuospatial analysis and planning: I. Copying a complex figure. *Neuropsychology, 9,* 378–389.

Akshoomoff, N. A., Feroleto, C. C., Doyle, R. E., & Stiles, J. (2001). The impact of early unilateral brain injury on perceptual organization and visual memory. *Neuropsychologia, 40,* 539–561.

Alan Guttmacher Institute. (2002a). Teen pregnancy: Trends and lessons learned. Retrieved from http://www.agi-usa.org/pubs/ib_1-02.html

Alan Guttmacher Institute. (2002b). Teen sex and pregnancy. Retrieved from http://www.agi-usa. org/pubs/ib_teen_sex.html

Albanes, D., Blair, A., & Taylor, P. R. (1989). Physical activity and risk of cancer in the NHANES I population. *American Journal of Public Health, 79,* 744–750.

Albert, K. A., & Luzzo, D. A. (1999). The role of perceived barriers in career development: A social-cognitive perspective. *Journal of Counseling and Development, 77,* 431–436.

Aldwin, C. M., & Levenson, M. (2002). Stress, coping, and health at midlife: A developmental perspective. In M. E. Lachman (Ed.), *Handbook of midlife development* (pp. 188–214). New York: Wiley.

Aldwin, C. M., Spiro, A., III, Levenson, M. R., & Cupertino, A. P. (2001). Longitudinal findings from The Normative Aging Study: III. Personality, individual health trajectories, and mortality. *Psychology and Aging, 16,* 450–465.

Aldwin, C. M., Sutton, K. J., & Lachman, M. (1996). The development of coping resources in adulthood. *Journal of Personality, 64,* 91–113.

Alessandri, S. M., & Wozniak, R. H. (1987). The child's awareness of parental beliefs concerning the child: A developmental study. *Child Development, 58,* 316–323.

Alessandri, S. M., Bendersky, M., & Lewis, M. (1998). Cognitive functioning in 8- to 18-month-old drug-exposed infants. *Developmental Psychology, 34,* 565–573.

Alexander, J. M., Lucas, M. J., Ramin, S. M., McIntire, D. D., & Leveno, K. J. (1998). The course of labor with and without epidural analgesia. *American Journal of Obstetrics and Gynecology, 178,* 516–520.

Alexander, K. L., Entwisle, D. R., & Kabbani, N. S. (2001). The dropout process in life course perspective: Early risk factors at home and school. *Teachers College Record, 103,* 760–822.

Ali, L., & Scelfo, J. (2002, December 9). Choosing virginity. *Newsweek,* pp. 60–65.

Alibali, M. W. (1999). How children change their minds: Strategy change can be gradual or abrupt. *Developmental Psychology, 35,* 127–145.

Allen, J. P., & Hauser, S. T. (1996). Autonomy and relatedness in adolescent–family interactions as predictors of young adults' states of mind regarding attachment. *Development and Psychopathology, 8,* 793–809.

Allen, J. P., Philliber, S., Herrling, S., & Kuperminc, G. P. (1997). Preventing teen pregnancy and academic failure: Experimental evaluation of a developmentally based approach. *Child Development, 64,* 729–742.

Allen, M., & Burrell, N. (1996). Comparing the impact of homosexual and heterosexual parents on children: Meta-analysis of existing research. *Journal of Homosexuality, 32,* 19–35.

Allen, S. E. M., & Crago, M. B. (1996). Early passive acquisition in Inukitut. *Journal of Child Language, 23,* 129–156.

Allison, D. B., & Pi-Sunyer, X. (1994, May–June). Fleshing out obesity. *The Sciences, 34*(3), 38–43.

Allison, J. A., & Wrightsman, L. S. (1993). *Rape: The misunderstood crime.* Newbury Park, CA: Sage.

Alpert-Gillis, L. J., & Connell, J. P. (1989). Gender and sex-role influences on children's self-esteem. *Journal of Personality, 57,* 97–114.

Alsaker, F. D. (1995). Timing of puberty and reactions to pubertal changes. In M. Rutter (Ed.), *Psychosocial disturbances in young people* (pp. 37–82). New York: Cambridge University Press.

Alzheimer's Association. (2002). *African Americans and Alzheimer's disease: The silent epidemic.* Chicago: Author.

Amaro, H. (1995). Love, sex and power: Considering women's realities in HIV prevention. *American Psychologist, 50,* 437–447.

Amato, P. R., & Booth, A. (2000). *A generation at risk: Growing up in an era of family upheaval.* Cambridge, MA: Harvard University Press.

Amato, P. R. (2000). The consequences of divorce for adults and children. *Journal of Marriage and the Family, 62,* 1269–1287.

Amato, P. R., & Booth, A. (1996). A prospective study of divorce and parent–child relationships. *Journal of Marriage and the Family, 58,* 356–365.

Amato, P. R., & DeBoer, D. D. (2001). The transmission of marital instability across generations: Relationship skills or commitment to marriage? *Journal of Marriage and the Family, 63,* 1038–1051.

Amato, P. R., & Gilbreth, J. (1999). Nonresident fathers and children's well-being: A meta-analysis. *Journal of Marriage and the Family, 61,* 557–573.

Amato, P. R., & Rogers, S. J. (1997). A longitudinal study of marital problems and subsequent divorce. *Journal of Marriage and the Family, 59,* 612–624.

American Academy of Pediatrics. (1999). Contraception and adolescents. *Pediatrics, 104,* 1161–1166.

American Academy of Pediatrics. (2000). Changing concepts of sudden infant death syndrome: Implications for infant sleeping environment and sleep position. *Pediatrics, 105,* 650–656.

American College of Obstetricians and Gynecologists. (2000). Premenstrual syndrome: Clinical management guidelines for obstetrican-gynecologists. *ACOG Practice Bulletin, 15,* 1–9.

American College Testing. (1998). New low for college graduation rate, but dropout picture brighter. *ACT Newsroom.* Retrieved from http://www.act.org/news/ releases/1998

American Heart Association. (2002). Heart attack and angina statistics. Retrieved from http://www.americanheart.org

American Psychiatric Association. (1994). *Diagnostic and statistical manual of mental disorders* (4th ed.). Washington, DC: Author.

American Psychological Association. (1994). *Publication manual of the American Psychological Association.* Washington, DC: Author.

Ames, C. (1992). Classrooms: Goals, structures, and student motivation. *Journal of Educational Psychology, 84,* 261–271.

Ames, E. (1997). *The development of Romanian orphanage children adopted to Canada (Final Report to the National Welfare Grants Program).* Burnaby, British Columbia: Simon Fraser University.

Anand, S. S., Yusuf, S., Jacobs, R., Davis, A. D., Yi, Q., & Gerstein, H. (2001). Risk factors, atherosclerosis, and cardiovascular disease among Aboriginal people in Canada: The study of health assessment and risk evaluation in Aboriginal peoples (SHARE-AP). *Lancet, 358,* 1147–1153.

Anderman, E. M., & Midgley, C. (1997). Changes in achievement goal orientations, perceived academic competence, and grades across the transition to middle-level schools. *Contemporary Educational Psychology, 22,* 269–298.

Anderman, E. M., Eccles, J. S., Yoon, K. S., Roeser, R., Wigfield, A., & Blumenfeld, P. (2001). Learning to value mathematics and reading: Relations to mastery and performance-oriented instructional practices. *Contemporary Educational Psychology, 26,* 76–95.

Anderson, C. A., & Bushman, B. J. (2001). Effects of violent video games on aggressive behavior, aggressive cognition, aggressive affect, physiological arousal, and prosocial behavior: A meta-analytic review of the scientific literature. *Psychological Science, 12,* 353–359.

Anderson, D. M., Huston, A. C., Schmitt, K. L., Linebarger, D. L., & Wright, J. C. (2001). Early childhood television viewing and adolescent behavior. *Monographs of the Society for Research in Child Development, 66*(1, Serial No. 264).

Anderson, E. (1992). *Speaking with style: The sociolinguistic skills of children.* London: Routledge.

Andersson, B.-E. (1989). Effects of public day care—A longitudinal study. *Child Development, 60,* 857–866.

Andersson, B.-E. (1992). Effects of day care on cognitive and socioemotional competence of thirteen-year-old Swedish schoolchildren. *Child Development, 63,* 20–36.

Andersson, S. W., Bengtsson, C., Hallberg, L., Lapidus, L., Niklasson, A., Wallgren, A., & Huthén, L. (2001). Cancer risk in Swedish women: The relation to size at birth. *British Journal of Cancer, 84,* 1193–1198.

Andre, T., Whigham, M., Hendrickson, A., & Chambers, S. (1999). Competence beliefs, positive affect, and gender stereotypes of elementary students and their parents about science versus other school subjects. *Journal of Research in Science Teaching, 36,* 719–747.

Andrews, G., & Halford, G. S. (1998). Children's ability to make transitive inferences: The importance of premise integration and structural complexity. *Cognitive Development, 13,* 479–513.

Andrews, L. B., & Elster, N. (2000). Regulating reproductive technologies. *Journal of Legal Medicine, 21,* 35–65.

Anglin, J. M. (1993). Vocabulary development: A morphological analysis. *Monographs of the Society for Research in Child Development, 58*(10, Serial No. 238).

Angus Reid Poll. (1995). Euthanasia in Canada. Retrieved from http://www.rights.org/deathnet/ Angus_Reid.html

Anisfeld, M., Turkewitz, G., Rose, S. A., Rosenberg, F. R., Shelber, F. J., Couturier-Fagan, D. A., Ger, J. S., & Sommer, I. (2001). No compelling evidence that newborns imitate oral gestures. *Infancy, 2,* 111–122.

Annett, M. (2002). *Handedness and brain asymmetry: The right shift theory.* Hove, U.K.: Psychology Press.

Anslow, P. (1998). Birth asphyxia. *European Journal of Radiology, 26,* 148–153.

Anstey, K. J., Luszcz, M. A., & Sanchez, L. (2001). Two-year decline in vision but not hearing is associated with memory decline in very old adults in a population-based sample. *Gerontology, 47,* 289–293.

Anstey, K., & Christensen, H. (2000). Education, activity, health, blood pressure, and apolipoprotein E as predictors of cognitive change in old age: A review. *Gerontology, 46,* 163–177.

Antonucci, T. (1990). Social supports and social relationships. In R. Binstock & L. K. George (Eds.), *Handbook of aging and the social sciences* (3rd ed., pp. 205–227). New York: Academic Press.

Antonucci, T. C. (1994). A life-span view of women's social relations. In B. F. Turner & L. E. Troll (Eds.), *Women growing older* (pp. 239–269). Thousand Oaks, CA: Sage.

Antonucci, T. C., & Akiyama, H. (1995). Convoys of social relations: Family and friendships within a life span context. In R. Blieszner & V. H. Bedford (Eds.), *Handbook of aging and the family* (pp. 355–371). Westport, CT: Greenwood Press.

Antonucci, T. C., Akiyama, H., & Merline, A. (2002). Dynamics of social relationships in midlife. In M. E. Lachman (Ed.), *Handbook of midlife development* (pp. 571–598). New York: Wiley.

Antonucci, T., & Akiyama, H. (1997). Concern with others at midlife: Care, comfort, or compromise? In M. E. Lachman & J. B. James (Eds.), *Multiple paths of midlife development* (pp. 145–169). Chicago: University of Chicago Press.

Apgar, V. (1953). A proposal for a new method of evaluation in the newborn infant. *Current Research in Anesthesia and Analgesia, 32,* 260–267.

Aquilino, W. S. (1996). The returning adult child and parental experience at midlife. In C. D. Ryff & M. M. Seltzer (Eds.), *The parental experience in midlife* (pp. 423–458). Chicago: University of Chicago Press.

Aquilino, W. S., & Supple, A. J. (2001). Long-term effects of parenting practices during adolescence on well-being outcomes in young adulthood. *Journal of Family Issues, 22,* 289–308.

Arata, C. M. (1999). Coping with rape: The roles of prior sexual abuse and attributions of blame. *Journal of Interpersonal Violence, 14,* 62–78.

Arber, S., & Cooper, H. (1999). Gender differences in health in later life: The new paradox? *Social Science and Medicine, 48,* 61–76.

Archer, S. L. (1989). The status of identity: Reflections on the need for intervention. *Journal of Adolescence, 12,* 345–359.

Archer, S. L., & Waterman, A. S. (1990). Varieties of identity diffusions and foreclosures: An exploration of subcategories of the identity statuses. *Journal of Adolescent Research, 5,* 96–111.

Ardelt, M. (1997). Wisdom and life satisfaction in old age. *Journal of Gerontology, 52B,* P15–P27.

Ardelt, M. (1998). Social crisis and individual growth: The long-term effects of the Great Depression. *Journal of Aging Studies, 12,* 291–314.

Ardelt, M. (2000). Intellectual versus wisdom-related knowledge: The case for a different kind of learning in the later years of life. *Educational Gerontology, 26,* 771–789.

Arking, R. (1991). *Biology of aging.* Englewood Cliffs, NJ: Prentice-Hall.

Arlin, P. K. (1989). Problem solving and problem finding in young artists and young scientists. In M. L. Commons, J. D. Sinnott, F. A. Richards, & C. Armon (Eds.), *Adult development: Vol 1. Comparisons and applications of developmental models* (pp. 197–216). New York: Praeger.

Armstrong, G. K., & Morgan, K. (1998). Stability and change in levels of habitual physical activity in later life. *Age and Ageing, 27*(Suppl. 3), 17–23.

Armstrong, K. L., Quinn, R. A., & Dadds, M. R. (1994). The sleep patterns of normal children. *Medical Journal of Australia, 161,* 202–206.

Armstrong, T. D., & Crowther, M. R. (2002). Spirituality among older African Americans. *Journal of Adult Development, 9,* 3–12.

Arnett, J. J. (1999). Adolescent storm and stress reconsidered. *American Psychologist, 54,* 317–326.

Arnett, J. J. (2000). Emerging adulthood: A theory of development from the late teens through the twenties. *American Psychologist, 55,* 469–480.

Arnold, K. (1994). The Illinois Valedictorian Project: Early adult careers of academically talented male and female high school students. In R. F. Subotnik & K. D. Arnold (Eds.), *Beyond Terman: Contemporary longitudinal studies of giftedness and talent* (pp. 24–51). Norwood, NJ: Ablex.

Aronne, L. J. (2001). Epidemiology, morbidity, and treatment of overweight and obesity. *Journal of Clinical Psychiatry, 62,* 13–22.

Aronson, M., Hagberg, B., & Gillberg, C. (1997). Attention deficits and autistic spectrum problems in children exposed to alcohol during gestation: A follow-up study. *Developmental Medicine and Child Neurology, 39,* 583–587.

Arora, S., McJunkin, C., Wehrer, J., & Kuhn, P. (2000). Major factors influencing breastfeeding rates: Mother's perception of father's attitude and milk supply. *Pediatrics, 106,* e67.

Arsenio, W., & Fleiss, K. (1996). Typical and behaviourally disruptive children's understanding of the emotional consequences of socio-moral events. *British Journal of Developmental Psychology, 14,* 173–186.

Artman, L., & Cahan, S. (1993). Schooling and the development of transitive inference. *Developmental Psychology, 29,* 753–759.

Asakawa, K. (2001). Family socialization practices and their effects on the internalization of educational values for Asian and white American adolescents. *Applied Developmental Science, 5,* 184–194.

Asher, S. R., & Rose, A. J. (1997). Promoting children's social-emotional adjustment with peers. In P. Salovey & D. J. Sluyter (Eds.), *Emotional development and emotional intelligence* (pp. 193–195). New York: Basic Books.

Ashley-Koch, A., Robinson, H., Glicksman, A. E., Nolin, S. L., Schwartz, C. E., & Brown, W. T. (1998). Examination of factors associated with instability of the FMR1 CGG repeat. *American Journal of Human Genetics, 63,* 776–785.

Aslin, R. N. (1993). Perception of visual direction in human infants. In C. E. Granrud (Ed.), *Visual perception and cognition in infancy* (pp. 91–119). Hillsdale, NJ: Erlbaum.

Aslin, R. N. (2000). Why take the cog out of infant cognition? *Infancy, 1,* 463–49.

Aslin, R. N., Jusczyk, P. W., & Pisoni, D. B. (1998). Speech and auditory processing during infancy: Constraints on and precursors to language. In D. Kuhn & R. S. Siegler (Eds.), *Handbook of child psychology: Vol. 2. Cognition, perception, and language* (5th ed., pp. 147–198). New York: Wiley.

Assmann, A. (1994). Wholesome knowledge: Concepts of wisdom in a historical and cross-cultural perspective. In D. L. Featherman, R. M. Lerner, & M. Perlmutter (Eds.), *Lifespan development and behavior* (pp. 187–224). Hillsdale, NJ: Erlbaum.

Astley, S. J., Clarren, S. K., Little, R. E., Sampson, P. D., & Daling, J. R. (1992). Analysis of facial shape in children gestationally exposed to marijuana, alcohol, and/or cocaine. *Pediatrics, 89,* 67–77.

Atchley, R. (1988). *Social forces and aging: An introduction to social gerontology.* Belmont, CA: Wadsworth.

Atchley, R. C. (1999). *Continuity and adaptation in aging.* Baltimore: Johns Hopkins University Press.

Atkinson, R. C., & Shiffrin, R. M. (1968). Human memory: A proposed system and its control processes. In K. W. Spence & J. T. Spence (Eds.), *Advances in the psychology of learning and motivation* (Vol. 2, pp. 90–195). New York: Academic Press.

Attie, I., & Brooks-Gunn, J. (1996). The development of eating regulation across the life span. In D. Cicchetti & D. J. Cohen (Eds.), *Developmental psychology: Vol. 2. Risk, disorder, and adaptation* (pp. 332–368). New York: Wiley.

Au, T. K., Sidle, A. L., & Rollins, K. B. (1993). Developing an intuitive understanding of conservation and contamination: Invisible particles as a plausible mechanism. *Developmental Psychology, 29,* 286–299.

Aunola, K., Stattin, H., & Nurmi, J.-E. (2000). Parenting styles and adolescents' achievement strategies. *Journal of Adolescence, 23,* 205–222.

Australian Bureau of Statistics. (2002). Divorce rates. Retrieved from http://www.abus.gov.au

Avis, N. E. (2000). Sexual function and aging in men and women: Community and population-based studies. *Journal of Gender-Specific Medicine, 3,* 37–41.

Avis, N. E., Crawford, S., & Johannes, C. B. (2002). Menopause. In G. M. Wingood & R. J. DeClemente (Eds.), *Handbook of women's sexual and reproductive health* (pp. 367–391). New York: Kluwer.

Avolio, B. J., & Sosik, J. J. (1999). A lifespan framework for assessing the impact of work on white-collar workers. In S. L. Willis & J. D. Reid (Eds*.), Life in the middle* (pp. 249–274). San Diego, CA: Academic Press.

Axia, G., & Baroni, R. (1985). Linguistic politeness at different age levels. *Child Development, 56,* 918–927.

Axia, G., Bonichini, S., & Benini, F. (1999). Attention and reaction to distress in infancy: A longitudinal study. *Developmental Psychology, 35,* 500–514.

Axinn, W. G., & Barber, J. S. (1997). Living arrangements and family formation attitudes in early adulthood. *Journal of Marriage and the Family, 59,* 595–611.

Azmitia, M. (1988). Peer interaction and problem solving: When are two heads better than one? *Child Development, 59,* 87–96.

Bach-y-Rita, P. (2001). Theoretical and practical considerations in the restoration of function after stroke. *Topics in Stroke Rehabilitation, 8,* 1–15.

Bäckman, L., Small, B. J., & Wahlin, A. (2001). Aging and memory: Cognitive and biological perspectives. In J. E. Birren & K. W. Schaie (Eds.), *Handbook of the psychology of aging* (5th ed., pp. 186–214). San Diego: Academic Press.

Baddeley, A. (1993). Working memory and conscious awareness. In A. F. Collins, S. E. Gathercole, M. A. Conway, & P. E. Morris (Eds.), *Theories of memory* (pp. 11–28). Hove, U.K.: Erlbaum.

Baddeley, A. (2000). Short-term and working memory. In E. Tulving & R. I. M. Craik (Eds.), *The Oxford handbook of memory* (pp. 77–92). New York: Oxford University Press.

Baenninger, M., & Newcombe, N. (1995). Environmental input to the development of sex-related differences in spatial and mathematical ability. *Learning and Individual Differences, 7,* 363–379.

Bagwell, C. L., Schmidt, M. E., Newcomb, A. F., & Bukowski, W. M. (2001). Friendship and peer rejection as predictors of adult adjustment. In D. W. Nangle & C. A. Erdley (Eds.), *The role of friendship in psychological adjustment* (pp. 25–49). San Francisco: Jossey-Bass.

Bahrick, H. P. (1984). Semantic memory content in permastore: Fifty years of memory for Spanish learned in school. *Journal of Experimental Psychology: General, 113,* 1–29.

Bahrick, H. P., Bahrick, P. O., & Wittlinger, R. P. (1975). Fifty years of memory for names and faces: A cross-sectional approach. *Journal of Experimental Psychology: General, 104,* 54–75.

Bahrick, L. E. (1992). Infants' perceptual differentiation of amodal and modality-specific audio-visual relations. *Journal of Experimental Child Psychology, 53,* 180–199.

Bahrick, L. E. (2001). Increasing specificity in perceptual development: Infants' detection of nested levels of multimodal stimulation. *Journal of Experimental Child Psychology, 79,* 253–270.

Bahrick, L. E., Moss, L., & Fadil, C. (1996). Development of visual self-recognition in infancy. *Ecological Psychology, 8,* 189–208.

Bahrick, L. E., Netto, D., & Hernandez-Reif, M. (1998). Intermodal perception of adult and child faces and voices by infants. *Child Development, 69,* 1263–1275.

Bai, D. L., & Bertenthal, B. I. (1992). Locomotor status and the development of spatial search skills. *Child Development, 63,* 215–226.

Bailey, D. A., & Rasmussen, R. L. (1996). Sport and the child: Physiological and skeletal issues. In F. L. Smoll & R. E. Smith (Eds.), *Children and youth in sport: A biopsychological perspective* (pp. 187–199). Dubuque, IA: Brown & Benchmark.

Bailey, J. M., & Pillard, R. C. (1991). A genetic study of male sexual orientation. *Archives of General Psychology, 43,* 808–812.

Bailey, J. M., Bobrow, D., Wolfe, M., & Mikach, S. (1995). Sexual orientation of adult sons of gay fathers. *Developmental Psychology, 31,* 124–129.

Bailey, J. M., Pillard, R. C., Neale, M. C., & Agyei, Y. (1993). Heritable factors influence sexual orientation in women. *Archives of General Psychiatry, 50,* 217–223.

Baillargeon, R. (1994). Physical reasoning in infancy. In M. S. Gazzaniga (Ed.), *The cognitive neurosciences* (pp. 181–204). Cambridge, MA: MIT Press.

Baillargeon, R. (2000). Reply to Bogartz, Shinskey, and Schilling; Schilling; and Cashon and Cohen. *Infancy, 1,* 447–462.

Baillargeon, R., & DeVos, J. (1991). Object permanence in young infants: Further evidence. *Child Development, 62,* 1227–1246.

Balaswamy, S., & Richardson, V. E. (2001). The cumulative effects of life event, personal, and social resources on subjective well-being of elderly widowers. *International Journal of Aging and Human Development, 53,* 311–327.

Balfour, J. L., & Kaplan, G. A. (1998). Social class/socioeconomic factors. In J. C. Holland (Ed.), *Psycho-oncology* (pp. 78–90). New York: Oxford University Press.

Ball, M. M., Whittington, F. J., Perkins, M. M., Patterson, V. L., Hollingsworth, C., King, S. V., & Combs, B. L. (2000). Quality of life in assisted living facilities: Viewpoints of residents. *Journal of Applied Gerontology, 19,* 304–325.

Ballard, B. D., Gipson, M. T. Guttenberg, W., & Ramsey, K. (1980). Palatability of food as a factor influencing obese and normal-weight children's eating habits. *Behavior Research and Therapy, 18,* 598–600.

Baltes, M. M. (1995, February). Dependency in old age: Gains and losses. *Psychological Science, 4*(1), 14–19.

Baltes, M. M. (1996). *The many faces of dependency in old age.* New York: Cambridge University Press.

Baltes, M. M., & Carstensen, L. L. (1996). The process of successful ageing. *Ageing and Society, 16,* 397–422.

Baltes, M. M., Wahl, H.-W., & Reichert, M. (1992). Successful aging in long-term care institutions. In K. W. Schaie & M. P. Lawton (Eds.), *Annual review of gerontology and geriatrics* (pp. 311–337). New York: Springer.

Baltes, P. B. (1997). On the incomplete architecture of human ontogeny: Selection, optimization, and compensation as foundation of developmental theory. *American Psychologist, 52,* 366–380.

Baltes, P. B., & Staudinger, U. M. (2000). Wisdom: A metaheuristic (pragmatic) to orchestrate mind and virtue toward excellence. *American Psychologist, 55,* 122–136.

Baltes, P. B., Dittmann-Kohli, F., & Dixon, R. A. (1984). New perspectives on the development of intelligence in adulthood: Toward a dual-process conception and a model of selective optimization with compensation. In P. B. Baltes & O. G. Brim, Jr. (Eds.), *Life-span development and behavior* (Vol. 6, pp. 33–76). San Diego, CA: Academic Press.

Baltes, P. B., Lindenberger, U., & Staudinger, U. M. (1998). Life-span theory in developmental psychology. In R. M. Lerner (Ed.), *Handbook of child psychology: Vol. 1. Theoretical models of human development* (5th ed., pp. 1029–1143). New York: Wiley.

Baltes, P. B., Staudinger, U. M., Maercker, A., & Smith, J. (1995). People nominated as wise: A comparative study of wisdom-related knowledge. *Psychology and Aging, 10,* 155–166.

Bancroft, J. (2002). The medicalization of female sexual dysfunction: The need for caution. *Archives of Sexual Behavior, 31,* 451–455.

Band, G. P. H., van der Molen, M. W., Overtoom, C. C. E., & Verbaten, M. N. (2000). The ability to activate and inhibit speeded responses: Separate developmental trends. *Journal of Experimental Child Psychology, 75,* 263–290.

Bandura, A. (1977). *Social learning theory.* Englewood Cliffs, NJ: Prentice-Hall.

Bandura, A. (1989). Social cognitive theory. In R. Vasta (Ed.), *Annals of child development* (Vol. 6, pp. 1–60). Greenwich, CT: JAI Press.

Bandura, A. (1992). Perceived self-efficacy in cognitive development and functioning. *Educational Psychologist, 28,* 117–118.

Bandura, A. (1997). *Self-efficacy: The exercise of control.* New York: Freeman.

Bandura, A. (1999). Social cognitive theory of personality. In L. A. Pervin (Ed.), *Handbook of personality: Theory and research* (2nd ed., pp. 154–196). New York: Guilford.

Banish, M. T. (1998). Integration of information between the cerebral hemispheres. *Current Directions in Psychological Science, 7*, 32–37.

Banish, M. T., & Heller, W. (1998). Evolving perspectives on lateralization of function. *Current Directions in Psychological Science, 7*, 1–2.

Bank, L., Patterson, G. R., & Reid, J. B. (1996). Negative sibling interaction as a predictor of later adjustment problems in adolescent and young adult males. In G. H. Brody (Ed.), *Sibling relationships: Their causes and consequences* (pp. 197–229). Norwood, NJ: Ablex.

Bankoff, E. A. (1983). Aged parents and their widowed daughters: A support relationship. *Journal of Gerontology, 38*, 226–230.

Banks, M. S. (1980). The development of visual accommodation during early infancy. *Child Development, 51*, 646–666.

Banks, M. S., & Bennett, P. J. (1988). Optical and photoreceptor immaturities limit the spacial and chromatic vision of human neonates. *Journal of the Optical Society of America, 5*, 2059–2097.

Banks, M. S., & Ginsburg, A. P. (1985). Early visual preferences: A review and new theoretical treatment. In H. W. Reese (Ed.), *Advances in child development and behavior* (Vol. 19, pp. 207–246). New York: Academic Press.

Banta, D. H., & Thacker, S. B. (2001). Historical controversy in health technology assessment: The case of electronic fetal monitoring. *Obstetrical and Gynecological Survey, 56*, 707–719.

Barakat, L. P., & Kazak, A. E. (1999). Family issues. In R. T. Brown (Ed.), *Cognitive aspects of chronic illness in children* (pp. 333–354). New York: Guilford.

Barber, B. K., & Harmon, E. L.. (2002). Violating the self: Parental psychological control of children and adolescents. In B. K. Barber (Ed.), *Parental psychological control of children and adolescents* (pp. 15–52). Washington, DC: American Psychological Association.

Barber, B. K., & Olsen, J. A. (1997). Socialization in context: Connection, regulation, and autonomy in the family, school, and neighborhood, and with peers. *Journal of Adolescent Research, 12*, 287–315.

Barber, J. S. (2001). Ideational influences on the transition to parenthood: Attitudes toward childbearing and competing alternatives. *Social Psychology Quarterly, 64*, 101–127.

Barer, B. M. (1994). Men and women aging differently. *International Journal of Aging and Human Development, 38*, 29–40.

Barker, D. (2002). Fetal programming of coronary heart disease. *Trends in Endocrinology and Metabolism, 13*, 364.

Barker, D. J. P. (1994). *Mothers, babies, and disease in later life.* London: British Medical Journal Publishing.

Barker, D. J. P. (1999) Fetal origins of cardiovascular disease. *Annals of Medicine, 21*(Suppl.1), 3–6.

Barker, R. G. (1955). *Midwest and its children.* Stanford, CA: Stanford University Press.

Barkley, R. A. (1997). Behavioral inhibition, sustained attention, and executive functions: Constructing a unifying theory of ADHD. *Psychological Bulletin, 121*, 65–94.

Barkley, R. A. (1999). Theories of attention-deficit/hyperactivity disorder. In H. C. Quay & A. E. Hogan (Eds.), *Handbook of disruptive behavior disorders* (pp. 295–313). New York: Kluwer.

Barling, J., Rogers, K., & Kelloway, K. (1995). Some effects of teenagers' part-time employment: The quantity and quality of work make the differences. *Journal of Organizational Behavior, 16*, 143–154.

Barnett, D., & Vondra, J. I. (1999). Atypical patterns of early attachment: Theory, research, and current directions. In J. I Vondra & D. Barnett (Eds.), Atypical attachment in infancy and early childhood among children at developmental risk. *Monographs of the Society for Research in Child Development, 64*(3, Serial No. 258), 1–24.

Barnett, D., Ganiban, J., & Cicchetti, D. (1999). Maltreatment, negative expressivity, and the development of Type D attachments from 12 to 24 months of age. In J. I Vondra & D. Barnett (Eds.), Atypical attachment in infancy and early childhood among children at developmental risk. *Monographs of the Society for Research in Child Development, 64*(3, Serial No. 258), 97–118.

Barnett, R. C., & Hyde, J. S. (2001). Women, men, work, family: An expansionist theory. *American Psychologist, 56*, 781–796.

Barnett, R. C., & Rivers, C. (1996). *She works/he works.* San Francisco: Harper.

Barnett, W. S. (1998). Long-term cognitive and academic effects of early childhood education on children in poverty. *Preventive Medicine, 27*, 204–207.

Baron-Cohen, S. (2001). Theory of mind and autism: A review. In L. M. Glidden (Ed.), *International review of research in mental retardation: Autism* (Vol. 23, pp. 169–184). San Diego: Academic Press.

Baron-Cohen, S., Baldwin, D. A., & Crowson, M. (1997). Do children with autism use the speaker's direction of gaze strategy to crack the code of language? *Child Development, 68*, 48–57.

Barr, H. M., Streissguth, A. P., Darby, B. L., & Sampson, P. D. (1990). Prenatal exposure to alcohol, caffeine, tobacco, and aspirin: Effects on fine and gross motor performance in 4-year-old children. *Developmental Psychology, 26*, 339–348.

Barr, R. G. (2001). "Colic" is something infants do, rather than a condition they "have": A developmental approach to crying phenomena patterns, pacification and (patho)genesis. In R. G. Barr, I. St. James-Roberts, & M. R. Keefe (Eds.), *New evidence on unexplained infant crying* (pp. 87–104). St. Louis: Johnson & Johnson Pediatric Institute.

Barr, R. G., & Gunnar, M. (2000). Colic: The 'transient responsivity' hypothesis. In R. G. Barr, B. Hopkins, & J. A. Green (Eds.), *Crying as a sign, a symptom, and a signal* (pp. 41–66). Cambridge, U.K.: Cambridge University Press.

Barr, S. (1996, September). Up against the glass. *Management Review, 85*(9), 12–17.

Barratt, M. S., Roach, M. A., & Leavitt, L. A. (1996). The impact of low-risk prematurity on maternal behaviour and toddler outcomes. *International Journal of Behavioral Development, 19*, 581–602.

Barrett, K. C. (1998). The origins of guilt in early childhood. In J. Bybee (Ed.), *Guilt and children* (pp. 75–90). San Diego: Academic Press.

Barrios, B. A., & Dell, S. L. (1998). Fears and anxieties. In E. J. Mash & R. A. Barkley (Eds.), *Treatment of childhood disorders* (2nd ed., pp. 249–337). New York: Guilford.

Barsky, A. J., Cleary, P. D., & Klerman, G. L. (1992). Determinants of perceived health status of medical outpatients. *Social Science and Medicine, 34*, 1147–1154.

Bartlik, B., & Goldstein, M. Z. (2001). Men's sexual health after midlife. *Practical Geriatrics, 52*, 291–306.

Bartrip, J., Morton, J., & de Schonen, S. (2001). Responses to mother's face in 3-week- to 5-month-old infants. *British Journal of Developmental Psychology, 19*, 219–232.

Bartsch, K., & Wellman, H. (1995*). Children talk about the mind.* New York: Oxford University Press.

Basow, S. A., & Rubin, L. R. (1999). Gender influences on adolescent development. In N. G. Johnson & M. C. Roberts (Eds.), *Beyond appearance: A new look at adolescent girls* (pp. 25–52). Washington, DC: American Psychological Association.

Bass, B. M., & Avolio, B. J. (1994). Shatter the glass ceiling: Women may make better managers. *Human Resource Management, 33*, 549–560.

Bassey, E. J. (2000). The benefits of exercise for the health of older people. *Reviews in Clinical Gerontology, 10*, 17–31.

Bates, E. (1999). Plasticity, localization, and language development. In S. H. Broman & J. M. Fletcher (Eds.), *The changing nervous system: Neurobehavioral consequences of early brain disorders* (pp. 214–247). New York: Oxford University Press.

Bates, E., Marchman, V., Thal, D., Fenson, L., Dale, P., Reznick, J. S., Reilly, J., & Hartung, J. (1994). Developmental and stylistic variation in the composition of early vocabulary. *Journal of Child Language, 21,* 85–123.

Bates, J. E., Wachs, T. D., & Emde, R. N. (1994). Toward practical uses for biological concepts. In J. E. Bates & T. D. Wachs (Eds.), *Temperament: Individual differences at the interface of biology and behavior* (pp. 275–306). Washington, DC: American Psychological Association.

Bauer, P. J. (1997). Development of memory in early childhood. In N. Cowan (Ed.), *The development of memory in childhood* (pp. 83–111). Hove, U.K.: Psychology Press.

Baumeister, R. F. (1998). Inducing guilt. In J. Bybee (Ed.), *Guilt and children* (pp. 185–213). San Diego: Academic Press.

Baumrind, D. (1971). Current patterns of parental authority. *Developmental Psychology Monograph, 4*(No. 1, Pt. 2).

Baumrind, D., & Black, A. E. (1967). Socialization practices associated with dimension of competence in preschool boys and girls. *Child Development, 38,* 291–327.

Baumwell, L., Tamis-LeMonda, C. S., & Bornstein, M. H. (1997). Maternal verbal sensitivity and child language comprehension. *Infant Behavior and Development, 20,* 247–258.

Bayer, A., & Tadd, W. (2000). Unjustified exclusion of elderly people from studies submitted to research ethics committee for approval: Descriptive study. *British Medical Journal, 321,* 992–993.

Bayley, N. (1969). *Bayley Scales of Infant Development.* New York: Psychological Corporation.

Bayley, N. (1993). *Bayley Scales of Infant Development* (2nd ed.). San Antonio, TX: Psychological Corporation.

Beard, B. B. (1991). *Centenarians: The new generation.* New York: Greenwood Press.

Bearison, D. J. (1998). Pediatric psychology and children's medical problems. In I. G. Sigel & K. A. Renninger (Eds.), *Handbook of child psychology: Vol. 4. Child psychology in practice* (5th ed., pp. 635–711). New York: Wiley.

Beatty, W. W. (1992). Gonadal hormones and sex differences in nonreproductive behaviors. In A. A. Gerall, H. Moltz, & I. L. Ward (Eds.), *Handbook of behavioral neurobiology: Vol. 11. Sexual differentiation* (pp. 85–128). New York: Plenum.

Beausang, C. C., & Razor, A. G. (2000). Young Western women's experiences of menarche and menstruation. *Health Care for Women International, 21,* 517–528.

Beckerman, M. B. (1990). Leos Janácek and "the late style" in music. *Gerontologist, 30,* 632–635.

Beckwith, L., & Sigman, M. D. (1995). Preventive interventions in infancy. *Child and Adolescent Psychiatric Clinics of North America, 4,* 683–700.

Begley, S. (1995, February 13). Three is not enough. *Newsweek,* pp. 67–69.

Behrman, R. E., Kliegman, R. M., & Arvin, A. M. (Eds.). (1996). *Nelson textbook of pediatrics* (15th ed.). Philadelphia: Saunders.

Behrman, R. E., Kliegman, R. M., & Jenson, H. B. (2000). *Nelson textbook of pediatrics* (16th ed.). Philadelphia: Saunders.

Beilin, H. (1992). Piaget's enduring contribution to developmental psychology. *Developmental Psychology, 28,* 191–204.

Beitel, A. H., & Parke, R. D. (1998). Paternal involvement in infancy: The role of maternal and paternal attitudes. *Journal of Family Psychology, 12,* 268–288.

Bell, K. L., Allen, J. P., Hauser, S. T., & O'Connor, T. G. (1996). Family factors and young adult transitions: Educational attainment and occupational prestige. In J. A. Graber, J. Brooks-Gunn, & A. C. Petersen (Eds.), *Transitions through adolescence: Interpersonal domains and context* (pp. 345–366). Mahwah, NJ: Erlbaum.

Bell, M. A. (1998). Frontal lobe function during infancy: Implications for the development of cognition and attention. In J. E. Richards (Ed.), *Cognitive neuroscience of attention: A developmental perspective* (pp. 327–362). Mahwah, NJ: Erlbaum.

Bell, M. A., & Fox, N. A. (1994). Brain development over the first year of life: Relations between EEG frequency and coherence and cognitive and affective behaviors. In G. Dawson & K. W. Fischer (Eds.), *Human behavior and the developing brain* (pp. 314–345). New York: Guilford.

Bell, M. A., & Fox, N. A. (1996). Crawling experience is related to changes in cortical organization during infancy: Evidence from EEG coherence. *Developmental Psychobiology, 29,* 551–561.

Bell, M. L. (1995). Attitudes toward menopause among Mexican American women. *Health Care for Women International, 16,* 425–435.

Bellamy, C. (1998). *The state of the world's children 1998.* New York: Oxford University Press (in cooperation with UNICEF).

Bellamy, C. (2000). *The state of the world's children 2000.* New York: Oxford University Press (in cooperation with UNICEF).

Belsky, J. (1992). Consequences of child care for children's development: A deconstructionist view. In A. Booth (Ed.), *Child care in the 1990s: Trends and consequences* (pp. 83–85). Hillsdale, NJ: Erlbaum.

Belsky, J., Jaffee, S., Hsieh, K., & Silva, P. A. (2001) Child-rearing antecedents of intergenerational relations in young adulthood: A prospective study. *Developmental Psychology, 37,* 801–813.

Bempechat, J., & Drago-Severson, E. (1999). Cross-national differences in academic achievement: Beyond etic conceptions of children's understandings. *Review of Educational Research, 69,* 287–314.

Benbow, C. P., & Arjmand, O. (1990). Predictors of high academic achievement in mathematics and science by mathematically talented students: A longitudinal study. *Journal of Educational Psychology, 82,* 430–441.

Benbow, C. P., & Stanley, J. C. (1983). Sex differences in mathematical reasoning: More facts. *Science, 222,* 1029–1031.

Benbow, C. P., Lubinski, D., Shea, D. L., & Eftekhara-Sanjani, H. (2000). Sex differences in mathematical reasoning ability at age 13: Their status 20 years later. *Psychological Science, 11,* 474–480.

Bench, R. J., Collyer, Y., Mentz, L., & Wilson, I. (1976). Studies in infant behavioural audiometry: I. Neonates. *Audiology, 15,* 85–105.

Bender, S. L., Word, C. O., DiClemente, R. J., Crittenden, M. R., Persaud, N. A., & Ponton, L. (1995). The developmental implications of prenatal and/or postnatal crack cocaine exposure in preschool children: A preliminary report. *Developmental and Behavioral Pediatrics, 16,* 418–424.

Benedict, R. (1934). Anthropology and the abnormal. *Journal of Genetic Psychology, 10,* 59–82.

Benenson, J. F., Nicholson, C., Waite, A., Roy, R., & Simpson, A. (2001). The influence of group size on children's competitive behavior. *Child Development, 72,* 921–928.

Bengston, V. L., Reedy, M. N., & Gordon, C. (1985). Aging and self-conceptions: Personality processes and social contexts. In J. E. Birren & K. W. Schaie (Eds.), *Handbook of the psychology of aging* (pp. 544–593). New York: Van Nostrand Reinhold.

Bengtson, V. L., & Harootyan, R. A. (1994). *Intergenerational linkages: Hidden connections in American society.* New York: Springer.

Bengtson, V. L., Rosenthal, C. L., & Burton, L. (1990). Families and aging: Diversity and heterogeneity. In R. H. Binstock & L. K. George (Eds.), *Handbook of aging and the social sciences* (3rd ed., pp. 263–287). San Diego: Academic Press.

Benoliel, J. Q., & Degner, L. F. (1995). Institutional dying: A convergence of cultural values, technology, and social organization. In H. Wass & R. A. Neimeyer (Eds.), *Dying: Facing the facts* (pp. 117–162). Washington, DC: Taylor and Francis.

Berenbaum, S. A. (2001). Cognitive function in congenital adrenal hyperplasia. *Endocrinology and Metabolism Clinics of North America, 30,* 173–192.

Berg, C. A. (2000). Intellectual development in adulthood. In R. J. Sternberg (Ed.), *Handbook of intelligence* (pp. 117–137). New York: Cambridge University Press.

Berg, C. A., Strough, J., Calderone, K. S., Sansone, C., & Weir, C. (1998). The role of problem definitions in understanding age and context effects on strategies for solving everyday problems. *Psychology and Aging, 13,* 29–44.

Berg, S. (1996). Aging, behavior, and terminal decline. In J. E. Birren & K. W. Schaie (Eds.), *Handbook of the psychology of aging* (4th ed., pp. 323–337). San Diego: Academic Press.

Bergen, D., & Mauer, D. (2000). Symbolic play, phonological awareness, and literacy skills at three age levels. In K. A. Roskos & J. F. Christie (Eds.), *Play and literacy in early childhood: Research from multiple perspectives* (pp. 45–62). Mahwah, NJ: Erlbaum.

Berk, L. E. (1985). Relationship of caregiver education to child-oriented attitudes, job satisfaction, and behaviors toward children. *Child Care Quarterly, 14,* 103–129.

Berk, L. E. (1992). The extracurriculum. In P. W. Jackson (Ed.), *Handbook of research on curriculum* (pp. 1003–1043). New York: Macmillan.

Berk, L. E. (2001). *Awakening children's minds: How parents and teachers can make a difference.* New York: Oxford University Press.

Berk, L. E., & Spuhl, S. (1995). Maternal interaction, private speech, and task performance in preschool children. *Early Childhood Research Quarterly, 10,* 145–169.

Berkman, C. S., & Gurland, B. J. (1998). The relationship between ethnoracial group and functional level in older persons. *Ethnicity and Health, 3,* 175–188.

Berkowitz, M. W., & Gibbs, J. C. (1983). Measuring the developmental features of moral discussion. *Merrill-Palmer Quarterly, 29,* 399–410.

Berkowitz, R. J., & Stunkard, A. J. (2002). Development of childhood obesity. In T. A. Wadden & A. J. Stunkard (Eds.), *Handbook of obesity treatment* (pp. 515–531). New York: Guilford.

Berkus, M. D., Langer, O., Samueloff, A., Xanakis, E. M., & Field, N. T. (1999). Electronic fetal monitoring: What's reassuring? *Acta Obstetrica et Gynecologica Scandinavica, 78,* 15–21.

Berlin, L. J., Brooks-Gunn, J., McCarton, C., & McCormick, M. C. (1998). The effectiveness of early intervention: Examining risk factors and pathways to enhanced development. *Preventive Medicine, 27,* 238–245.

Berman, E., & Napier, A. Y. (2000). The midlife family: Dealing with adolescents, young adults, and the marriage in transition. In W. C. Nichols, M. A. Pace-Nichols, D. S. Becvar, & A. Y. Napier (Eds.), *Handbook of family development and intervention* (pp. 208–234). New York: Wiley.

Berman, P. W. (1980). Are women more responsive than men to the young? A review of developmental and situational variables. *Psychological Bulletin, 88,* 668–695.

Bermejo, V. (1996). Cardinality development and counting. *Developmental Psychology, 32,* 263–268.

Berndt, T. J., & Keefe, K. (1995). Friends' influence on adolescents' adjustment to school. *Child Development, 66,* 1312–1329.

Berndt, T. J., Cheung, P. C., Lau, S., Hau, K.-T., & Lew, W. J. F. (1993). Perceptions of parenting in mainland China, Taiwan, and Hong Kong: Sex differences and societal differences. *Developmental Psychology, 29,* 156–164.

Berne, P. H., & Savary, L. M. (1993). *Building self-esteem in children.* New York: Continuum.

Bernier, J. C., & Siegel, D. H. (1994). Attention-deficit hyperactivity disorder: A family ecological systems perspective. *Families in Society, 75,* 142–150.

Bernston, G. G., Malarkey, W. B., Kiecolt-Glaser, J. K., Sheridan, J. F., & Poehlmann, K. M. (1998). Autonomic, neuroendocrine, and immune responses to psychological stress: the reactivity hypothesis. *Annals of the New York Academy of Sciences, 840,* 664–673.

Bertenthal, B. I. (1993). Infants' perception of biomechanical motions: Instrinsic image and knowledge-based constraints. In C. Granrud (Ed.), *Visual perception and cognition in infancy* (pp. 175–214). Hillsdale, NJ: Erlbaum.

Bertenthal, B. I., Campos, J. J., & Barrett, K. (1984). Self-produced locomotion: An organizer of emotional, cognitive, and social development in infancy. In R. Emde & R. Harmon (Eds.), *Continuities and discontinuities in development* (pp. 174–210). New York: Plenum.

Bertrand, M., & Mullainathan, S. (2002). *Are Emily and Brendan more employable than Lakisha and Jamal? A field experiment on labor market discrimination.* Unpublished manuscript, University of Chicago.

Berzonsky, M. D., & Kuk, L. S. (2000). Identity status, identity processing style, and the transition to university. *Journal of Adolescent Research, 15,* 81–98.

Betz, C. (1994, March). Beyond time-out: Tips from a teacher. *Young Children, 49*(3), 10–14.

Betz, N. E. (1993). Women's career development. In F. L. Denmark & M. A. Paludi (Eds.), *Psychology of women* (pp. 627–684). Westport, CT: Greenwood Press.

Betz, N. E., & Fitzgerald, L. F. (1987). *The career psychology of women.* New York: Academic Press.

Bevan, E., & Higgins, D. J. (2002). Is domestic violence learned? The contribution of five forms of child maltreatment to men's violence and adjustment. *Journal of Family Violence, 17,* 223–245.

Beyene, Y. (1992). Menopause: A biocultural event. In A. J. Dan & L. L. Lewis (Eds.), *Menstrual health in women's lives* (pp. 169–177). Urbana, IL: University of Illinois Press.

Beyth-Marom, R., & Fischhoff, B. (1997). Adolescents' decisions about risks: A cognitive perspective. In J. Schulenberg, J. L. Maggs, & K. Hurrelmann (Eds.), *Health risks and developmental transitions during adolescence* (pp. 110–135). New York: Cambridge University Press.

Bhatt, R. S., Rovee-Collier, C., & Weiner, S. (1994). Developmental changes in the interface between perception and memory retrieval. *Developmental Psychology, 30,* 151–162.

Bialystok, E. (1999). Cognitive complexity and attentional control in the bilingual mind. *Child Development, 70,* 636–644.

Bialystok, E. (2001). *Bilingualism in development: Language, literacy, and cognition.* New York: Cambridge University Press.

Bialystok, E., & Herman, J. (1999). Does bilingualism matter for early literacy? *Language and Cognition, 2,* 35–44.

Bianco, A., Stone, J., Lynch, L., Lapinski, R., Berkowitz, G., & Berkowitz, R. L. (1996). Pregnancy outcome at age 40 and older. *Obstetrics and Gynecology, 87,* 917–922.

Biederman, J., & Spencer, T. J. (2000). Genetics of childhood disorders: XIX, ADHD, part 3: Is ADHD a noradrenergic disorder? *Journal of the American Academy of Child and Adolescent Psychiatry, 39,* 1330–1333.

Bielinski, J., & Davison, M. L. (1998). Gender differences by item difficulty interactions in multiple-choice mathematics items. *American Educational Research Journal, 35,* 455–476.

Biernat, M. (1991). Gender stereotypes and the relationship between masculinity and femininity: A developmental analysis. *Journal of Personality and Social Psychology, 61,* 351–365.

Bigelow, A. (1992). Locomotion and search behavior in blind infants. *Infant Behavior and Development, 15,* 179–189.

Bigler, R. S. (1995). The role of classification skill in moderating environmental influences on children's gender stereotyping: A study of the functional use of gender in the classroom. *Child Development, 66,* 1072–1087.

Bigler, R. S., & Liben, L. S. (1992). Cognitive mechanisms in children's gender stereotyping: Theoretical and educational implications of a cognitive-based intervention. *Child Development, 63,* 1351–1363.

Bigner, J. J., & Jacobsen, R. B. (1989). Parenting behaviors of homosexual and heterosexual fathers. *Journal of Homosexuality, 18,* 173–186.

Bijeljac-Babic, R., Bertoncini, J., & Mehler, J. (1993). How do 4-day-old infants categorize multisyllable utterances? *Developmental Psychology, 29,* 711–721.

Binstock, R. H., & Quadagno, J. (2001). Aging and politics. In R. H. Binstock & L. K. George (Eds.), *Handbook of aging and the social sciences* (5th ed., pp. 333–351). San Diego, CA: Academic Press.

Birch, E. E. (1993). Stereopsis in infants and its developmental relation to visual acuity. In K. Simons (Ed.), *Early visual development: Normal and abnormal* (pp. 224–236). New York: Oxford University Press.

Birch, L. L. (1998). Psychological influences on the childhood diet. *Journal of Nutrition, 128,* 407S–410S.

Birch, L. L., & Fisher, J. A. (1995). Appetite and eating behavior in children. *Pediatric Clinics of North America, 42,* 931–953.

Birch, L. L., Zimmerman, S., & Hind, H. (1980). The influence of social–affective context on preschool children's food preferences. *Child Development, 51,* 856–861.

Biringen, Z., Emde, R. N., Campos, J. J., & Appelbaum, M. I. (1995). Affective reorganization in the infant, the mother, and the dyad: The role of upright locomotion and its timing. *Child Development, 66,* 499–514.

Birmaher, B., Ryan, N., Williamson, D., Brent, D., & Kaufman, J. (1996). Childhood and adolescent depression: A review of the past 10 years. Part II. *Journal of the American Academy of Child and Adolescent Psychiatry, 35,* 1575–1583.

Birmingham, C. L., Muller, J. L., Palepu, A., Spinelli, J. J., & Anis, A. H. (1999). The cost of obesity in Canada. *Canadian Medical Association Journal, 160,* 483–438.

Biro, F. M., McMahon, R. P., Striegel-Moore, R., Crawford, P. B., Obarzanek, E., & Morrison, J. A. (2001). Impact of timing of pubertal maturation on growth in black and white female adolescents: The National Heart, Lung, and Blood Institute Growth and Health Study. *Journal of Pediatrics, 138,* 636–643.

Birren, J. E. (1990). Spiritual maturity in psychological development. In J. J. Seeber (Ed.), *Spiritual maturity in later years* (pp. 41–53). New York: Haworth.

Bjorklund, D. F., & Coyle, T. R. (1995). Utilization deficiencies in the development of memory strategies. In F. E. Weinert & W. Schneider (Eds.), *Research on memory development: State of the art and future directions* (pp. 161–180). Hillsdale, NJ: Erlbaum.

Bjorklund, D. F., & Douglas, R. N. (1997). The development of memory strategies. In N. Cowan (Ed.), *The development of memory in childhood* (pp. 83–111). Hove, U.K.: Psychology Press.

Bjorklund, D. F., & Pellegrini, A. D. (2000). Child development and evolutionary psychology. *Child Development, 71,* 1687–1708.

Bjorklund, D. F., & Shackelford, T. K. (1999). Differences in parental investment contribute to important differences between men and women. *Current Directions in Psychological Science, 8,* 86–89.

Bjorklund, D. F., Cassel, W. S., Bjorklund, B. R., Brown, R. D., Park, C. L., Ernst, K., & Owen, F. A. (2000). Social demand characteristics in children's and adults' eyewitness memory and suggestibility: The effect of different interviewers on free recall and recognition. *Applied Cognitive Psychology, 14,* 421–423.

Bjorklund, D. F., Schneider, W., Cassel, W. S., & Ashley, E. (1994). Training and extension of a memory strategy: Evidence for utilization deficiencies in high- and low-IQ children. *Child Development, 65,* 951–965.

Black, D., Gates, G., & Sanders, S. (2000). Demographics of the gay and lesbian population in the United States: Evidence from available systematic data sources. *Demography, 37,* 139–154.

Blacker, D., Bertram, L., Saunders, A. J., Moscarillo, T. J., Albert, M. S., & Wiener, H. (2003). Results of a high-resolution genome screen of 437 Alzheimer's disease families. *Human Molecular Genetics, 12,* 23–92.

Blackhall, L. J., Frank, G., Murphy, S., & Michel, V. (2001). Bioethics in a different tongue: The case of truth-telling. *Journal of Urban Health, 78,* 59–71.

Blackhall, L. J., Murphy, S. T., Frank, G., Michel, V., & Azen, S. (1995). Ethnicity and attitudes toward patient autonomy. *Journal of the American Medical Association, 274,* 820–825.

Blagg, N., & Yule, W. (1996). School phobia. In T. H. Ollendick, N. J. King, & W. Yule (Eds.), *International handbook of phobic and anxiety disorders in children and adolescents* (pp. 169–186). New York: Plenum.

Blake, I. K. (1994). Language development and socialization in young African-American children. In P. M. Greenfield & R. R. Cocking (Eds.), *Cross-cultural roots of minority child development* (pp. 167–195). Hillsdale, NJ: Erlbaum.

Blamey, A., Mutrie, N., & Aitchison, T. (1995). Health promotion by encouraged use of stairs. *British Medical Journal, 311,* 289–290.

Blanchard, R., & Bogaert, A. F. (1996). Homosexuality in men and number of older brothers. *American Journal of Psychiatry, 153,* 27–31.

Blanchard, R., Zucker, K. J., Bradley, S. J., & Hume, C. S. (1995). Birth order and sibling sex ratio in homosexual male adolescents and probably prehomosexual feminine boys. *Developmental Psychology, 31,* 22–30.

Blanchard-Fields, F. (1997). The role of emotion in social cognition across the adult life span. In K. W. Schaie & M. P. Lawton (Eds.), *Annual review of gerontology and geriatrics* (Vol. 17, pp. 325–352). New York: Springer.

Blanchard-Fields, F., Chen, Y., & Norris, L. (1997). Everyday problem solving across the adult life span: Influence of domain specificity and cognitive appraisal. *Psychology and Aging, 12,* 684–693.

Blanker, M. H., Bosch, J. L., Groeneveld, F. P., Bohnen, A. M., Prins, A., Thomas, S., & Hop, W. C. (2001). Erectile and ejaculatory dysfunction in a community-based sample of men 50 to 78 years old: Prevalence, concern, and relation to sexual activity. *Urology, 57,* 763–768.

Blasi, A. (1994). Moral identity: Its role in moral functioning. In B. Puka (Ed.), *Fundamental research in moral development: A compendium* (Vol. 2, pp. 123–167). New York: Garland.

Blass, E. M. (1999). Savoring sucrose and suckling milk: Easing pain, saving calories, and learning about mother. In M. Lewis & D. Ramsay (Eds.), *Soothing and stress* (pp. 79–107). Mahwah, NJ: Erlbaum.

Blass, E. M., Ganchrow, J. R., & Steiner, J. E. (1984). Classical conditioning in newborn humans 2–48 hours of age. *Infant Behavior and Development, 7,* 223–235.

Blatchford, P., Baines, E., Kutnick, P., & Martin, C. (2001). Classroom contexts: Connections between class size and within-class grouping. *British Journal of Educational Psychology, 71,* 283–302.

Bleske, A. L., & Buss, D. M. (2000). Can men and women be just friends? *Personal Relationships, 7,* 131–151.

Blieszner, R., & Adams, R. G. (1992). *Adult friendship.* Newbury Park, CA: Sage.

Block, J. (1971). *Lives through time.* Berkeley, CA: Bancroft.

Block, J. (1995). A contrarian view of the five-factor approach to personality description. *Psychological Bulletin, 117,* 187–215.

Block, S. D. (2000). Assessment and management of depression in the terminally ill. *Annals of Internal Medicine, 132,* 209–218.

Blomberg, S., Edebalk, P. G., & Petersson, J. (2000). The withdrawal of the welfare state: Elderly care in Sweden in the 1990s. *European Journal of Social Work, 3,* 151–163.

Bloom, L. (1998). Language acquisition in its developmental context. In D. Kuhn & R. S. Siegler (Eds.), *Handbook of child psychology: Vol. 2. Cognition, perception, and language* (5th ed., pp. 309–370). New York: Wiley.

Bloom, L. (2000). The intentionality model of language development: How to learn a word, any word. In R. Golinkoff, K. Hirsh-Pasek, N. Akhtar, L. Bloom, G. Hollich, L. Smith, M. Tomasello, & A. Woodward (Eds.), *Becoming a word learner: A debate on lexical acquisition.* New York: Oxford University Press.

Blotner, R., & Bearison, D. J. (1984). Developmental consistencies in socio-moral knowledge: Justice reasoning and altruistic behavior. *Merrill-Palmer Quarterly, 30,* 349–367.

Bluebond-Langner, M. (1977). Meanings of death to children. In H. Feifel (Ed.), *New meanings of death* (pp. 47–66). New York: McGraw-Hill.

Bluestone, C., & Tamis-LeMonda, C. S. (1999). Correlates of parenting styles in predominantly working- and middle-class African American mothers. *Journal of Marriage and the Family, 61,* 881–893.Blum, M. (2000). Embryos and the new reproductive technologies. Retrieved from http://www.surrogacy.com/ legals/embryotech.html

Blum, N. J., & Carey, W. B. (1996). Sleep problems among infants and young children. *Pediatrics in Review, 17,* 87–93.

Blumberg, M. S., & Lucas, D. E. (1996). A developmental and component analysis of active sleep. *Developmental Psychobiology, 29,* 1–22.

Blumenstein, P., & Schwartz, P. (1983). *American couples*. New York: Morrow.
Blumenthal, H. T. (2001). Milestone or genomania? The relevance of the Human Genome Project to biological aging and the age-related diseases. *Journal of Gerontology, 56A*, M529–537.
Blyth, D. A., Simmons, R. G., & Zakin, D. F. (1985). Satisfaction with body image for early adolescent females: The impact of pubertal timing within different school environments. *Journal of Youth and Adolescence, 14*, 207–225.
Bochers, A. (1997). Die Sandwich-Generation: Ihre zeitlichen und finanziellen Belastungen. Frankfurt/Main: Campus.
Bock, G. R., & Goode, J. A. (Eds.). (1996). *Genetics of criminal and antisocial behavior, Ciba Foundation Symposium 194*. Chicester, U.K.: Wiley.
Boden, D., & Bielby, D. D. V. (1983). The past as resource: A conversational analysis of elderly talk. *Human Development, 26*, 308–319.
Bodenheimer, T. (1999). Questions and answers about Medicare. *International Journal of Health Services, 29*, 519–523.
Bogartz, R. S., Shinskey, J. L., & Schilling, T. H. (2000). Object permanence in five-and-a-half-month-old infants. *Infancy, 1*, 403–428.
Bogden, J. D., & Louria, D. B. (1999). Aging and the immune system: The role of micronutrient nutrition. *Nutrition, 15*, 593–595.
Bohannon, J. N., III, & Bonvillian, J. D. (2001). Theoretical approaches to language acquisition. In J. Berko Gleason (Ed.), *The development of language* (5th ed., pp. 254–314). Boston: Allyn and Bacon.
Bohannon, J. N., III, & Stanowicz, L. (1988). The issue of negative evidence: Adult responses to children's language errors. *Developmental Psychology, 24*, 684–689.
Bohman, M. (1996) Predispositions to criminality: Swedish adoption studies in retrospect. In G. R. Bock & J. A. Goode (Eds.), *Genetics of criminal and antisocial behavior, Ciba Foundation Symposium 194* (pp. 99–114). Chichester, U.K.: Wiley.
Bohman, M., & Sigvardsson, S. (1990). Outcome in adoption: Lessons from longitudinal studies. In D. M. Brodzinsky & M. D. Schechter (Eds.), *The psychology of adoption* (pp. 93–106). New York: Oxford University Press.
Bohr, L., Pascarella, E., Nora, A., Zusman, B., Jacobs, M., Desler, M., & Bulakowski, C. (1994). Cognitive effects of two-year and four-year institutions: A preliminary study. *Community College Review, 22*, 4–11.
Boldizar, J. P. (1991). Assessing sex typing and androgyny in children: The children's sex role inventory. *Developmental Psychology, 27*, 505–515.
Bolen, R. M. (2001). *Child sexual abuse*. New York: Kluwer Academic.
Bolger, K. E., & Patterson, C. J. (2001). Developmental pathways from child maltreatment to peer rejection. *Child Development, 72*, 549–568.
Bookstein, F. L., Sampson, P. D., Connor, P. D., & Streissguth, A. P. (2002). Midline corpus callosum is a neuroanatomical focus of fetal alcohol damage. *Anatomical Record, 269*, 162–174.
Boonstra, H. (2002). Teen pregnancy: Trends and lessons learned. *Guttmacher Report on Public Policy, 5*(1), 1–10.
Booth, A. (1999). Causes and consequences of divorce: Reflections on recent research. In R. A. Thompson & P. R. Amato (Eds.), *The postdivorce family: Children, parenting, and society* (pp. 29–48). Thousand Oaks, CA: Sage.
Borke, H. (1975). Piaget's mountains revisited: Changes in the egocentric landscape. *Developmental Psychology, 11*, 240–243.
Borkowski, J. G., & Muthukrisna, N. (1995). Learning environments and skill generalization: How contexts facilitate regulatory processes and efficacy beliefs. In F. Weinert & W. Schneider (Eds.), *Memory performances and competence: Issues in growth and development* (pp. 283–300). Hillsdale, NJ: Erlbaum.
Bornstein, M. H. (1989). Sensitive periods in development: Structural characteristics and causal interpretations. *Psychological Bulletin, 105*, 179–197.
Bornstein, M. H. (1999). Perception across the life span. In M. H. Bornstein & M. E. Lamb (Eds.), *Developmental psychology: An advanced textbook* (pp. 155–209). Mahwah, NJ: Erlbaum.
Bornstein, M. H., Haynes, O. M., Pascual, L., Painter, K. M., & Galperin, C. (1999). Play in two societies: Pervasiveness of process, specificity of structure. *Child Development, 70*, 317–331.
Bornstein, M. H., Vibbert, M., Tal, J., & O'Donnell, K. (1992). Toddler language and play in the second year: Stability, covariation, and influences of parenting. *First Language, 12*, 323–338.
Borst, C. G. (1995). *Catching babies: The professionalization of childbirth, 1870–1920*. Cambridge, MA: Harvard University Press.
Borstelmann, L. J. (1983). Children before psychology: Ideas about children from antiquity to the late 1800s. In W. Kessen (Ed.), *Handbook of child psychology: Vol. 1. History, theory, and methods* (pp. 1–40). New York: Wiley.
Bortolus, R., Parazzini, F., Chatenoud, L., Benzi, G., Bianchi, M. M., & Marini, A. (1999). The epidemiology of multiple births. *Human Reproduction Update, 5*, 179–187.
Bossé, R., Aldwin, C. M., Levenson, M. R., Workman-Daniels, K., & Ekerdt, D. J. (1990). Differences in social support among retirees and workers: Findings from the Normative Aging Study. *Psychology and Aging, 5*, 41–47.
Bossé, R., Spiro, A., III, & Kressin, N. R. (1996). The psychology of retirement. In R. T. Woods (Ed.), *Handbook of the clinical psychology of aging* (pp. 141–157). Chicester, U.K.: Wiley.
Bost, K. K., Vaughn, B. E., Washington, W. N., Cielinski, K. L., & Bradbard, M. R. (1998). Social competence, social support, and attachment: Demarcation of construct domains, measurement, and paths of influence for preschool children attending Head Start. *Child Development, 69*, 192–218.
Boston Women's Health Book Collective. (1992). *The new Our Bodies, Ourselves: A book by and for women* (2nd ed.). New York: Simon & Schuster.
Bosworth, H. B., & Schaie, K. W. (1999). Survival effects in cognitive function, cognitive style, and sociodemographic variables. *Experimental Aging Research, 25*, 121–140.
Botkin, D. R., Weeks, M. O., & Morris, J. E. (2000). Changing marriage role expectations: 1961–1996. *Sex Roles, 42*, 933–942.
Bouchard, T. J., Jr., Lykken, D. T., McGue, M., Segal, N. L., & Tellegen, A. (1990). Sources of human psychological differences: The Minnesota Study of Twins Reared Apart. *Science, 250*, 223–228.
Boukydis, C. F. Z., & Burgess, R. L. (1982). Adult physiological response to infant cries: Effects of temperament of infant, parental status and gender. *Child Development, 53*, 1291–1298.
Boukydis, C. F. Z., & Lester, B. M. (1998). Infant crying, risk status and social support in families of preterm and term infants. *Early Development and Parenting, 7*, 31–39.
Boulton, M. J. (1999). Concurrent and longitudinal relations between children's playground behavior and social preference, victimization, and bullying. *Child Development, 70*, 944–954.
Boulton, M. J., & Smith, P. K. (1994). Bully/victim problems in middle-school children: Stability, self-perceived competence, peer perceptions and peer acceptance. *British Journal of Developmental Psychology, 12*, 315–329.
Bourgeois, M., Burgio, L., Schulz, R., Beach, S., & Palmer, B. (1997). Modifying repetitive verbalization of community dwelling patients with AD. *Gerontologist, 37*, 30–39.
Bowlby, J. (1969). *Attachment and loss: Vol. 1. Attachment*. New York: Basic Books.
Bowlby, J. (1979). *The making and breaking of affectional bonds*. London: Tavistock.
Bowlby, J. (1980). *Attachment and loss: Vol. 3. Loss: Sadness and depression*. New York: Basic Books.
Bowlby, J. W., & McMullen, K. (2002). *At a crossroads: First results for the 18- to 20-year-old cohort of the Youth in Transition Survey*. Ottawa: Human Resources Development Canada.
Boyer, K., & Diamond, A. (1992). Development of memory for temporal order in infants and young children. In A. Diamond

(Ed.), *Development and neural bases of higher cognitive function* (pp. 267–317). New York: New York Academy of Sciences.

Boyes, M. C., & Chandler, M. (1992). Cognitive development, epistemic doubt, and identity formation in adolescence. *Journal of Youth and Adolescence, 21,* 277–304.

Brackbill, Y., McManus, K., & Woodward, L. (1985). *Medication in maternity: Infant exposure and maternal information.* Ann Arbor: University of Michigan Press.

Bracken, B. A. (2000). Maximizing construct relevant assessment: The optimal preschool testing situation. In B. A. Bracken (Ed.), *The psychoeducational assessment of preschool children* (3rd ed., pp. 33–44). Upper Saddle River, NJ: Prentice-Hall.

Bradburn, E. M., Moen, P., & Dempster-McClain, D. (1995). Women's return to school following the transition to motherhood. *Social Forces, 73,* 1517–1551.

Bradbury, K., Janicke, D. M., Riley, A. W., & Finney, J. W. (1999). Predictors of unintentional injuries to school-age children seen in pediatric primary care. *Journal of Pediatric Psychology, 24,* 423–433.

Bradbury, T. N., Fincham, F. D., & Beach, S. R. H. (2000). Research on the nature and determinants of marital satisfaction: A decade in review. *Journal of Marriage and the Family, 62,* 964–980.

Bradley, R. H., & Caldwell, B. M. (1979). Home Observation for Measurement of the Environment: A revision of the preschool scale. *American Journal of Mental Deficiency, 84,* 235–244.

Bradley, R. H., & Caldwell, B. M. (1982). The consistency of the home environment and its relation to child development. *International Journal of Behavioral Development, 5,* 445–465.

Bradley, R. H., Caldwell, B. M., Rock, S. L., Ramey, C. T., Barnard, D. E., Gray, C., Hammond, M. A., Mitchell, S., Gottfried, A., Siegel, L., & Johnson, D. L. (1989). Home environment and cognitive development in the first 3 years of life: A collaborative study involving six sites and three ethnic groups in North America. *Developmental Psychology, 25,* 217–235.

Bradley, R. H., Whiteside, L., Mundfrom, D. J., Casey, P. H., Kelleher, K. J., & Pope, S. K. (1994). Early indications of resilience and their relation to experiences in the home environments of low birthweight, premature children living in poverty. *Child Development, 65,* 346–360.

Brady, E. M. (1984). Demographic and educational correlates of self-reported learning among older students. *Educational Gerontology, 10,* 27–38.

Braet, C., & Mervielde, I. (1997). Psychological aspects of childhood obesity: A controlled study in a clinical and nonclinical sample. *Journal of Pediatric Psychology, 22,* 59–71.

Braine, L. G., Schauble, L., Kugelmass, S., & Winter, A. (1993). Representation of depth by children: Spatial strategies and lateral biases. *Developmental Psychology, 29,* 466–479.

Brame, B., Nagin, D. S., & Tremblay, R. E. (2001). Developmental trajectories of physical aggression from school entry to late adolescence. *Journal of Child Psychology and Psychiatry, 42,* 503–512.

Brandtstädter, J., & Rothermund, K. (1994). Self-percepts of control in middle and later adulthood: Buffering losses by rescaling goals. *Psychology and Aging, 9,* 265–273.

Bratt, R. G. (2002). Housing: The foundation of family life. In F. Jacobs, D. Wertlieb, & R. M. Lerner (Eds.), *Handbook of applied developmental science* (Vol. 2, pp. 445–468). Thousand Oaks, CA: Sage.

Braverman, P. K., & Strasburger, V. C. (1993). Adolescent sexual activity. *Clinical Pediatrics, 32,* 658–668.

Bray, J. H. (1999). From marriage to remarriage and beyond: Findings from the Developmental Issues in Stepfamilies Research Project. In E. M. Hetherington (Ed.), *Coping with divorce, single parenting, and remarriage: A risk and resiliency perspective* (pp. 295–319). Mahwah, NJ: Erlbaum.

Braybyn, J., Schneck, M., Haegerstrom-Portnoy, G., & Lott, L. (2001). The Smith-Kettlewell Institute (SKI) longitudinal study of vision function and its impact among the elderly: An overview. *Optometry and Vision Science, 78,* 264–269.

Brazelton, T. B., & Nugent, J. K. (1995). *Neonatal Behavioral Assessment Scale.* London, Mac Keith Press.

Brazelton, T. B., Koslowski, B., & Tronick, E. (1976). Neonatal behavior among urban Zambians and Americans. *Journal of the American Academy of Child Psychiatry, 15,* 97–107.

Brazelton, T. B., Nugent, J. K., & Lester, B. M. (1987). Neonatal Behavioral Assessment Scale. In J. D. Osofsky (Ed.), *Handbook of infant development* (2nd ed., pp. 780–817). New York: Wiley.

Brébion, G., Smith, M. J., & Ehrlich, M.-F. (1997). Working memory and aging: Deficit or strategy differences? *Aging, Neuropsychology, and Cognition, 4,* 58–73.

Bredekamp, S., & Copple, C. (Eds.). (1997). *Developmentally appropriate practice in early childhood programs* (rev. ed.). Washington, DC: National Association for the Education of Young Children.

Breedlove, S. M. (1994). Sexual differentiation of the human nervous system. *Annual Review of Psychology, 45,* 389–418.

Brehm, S. S. (1992). *Intimate relationships* (2nd ed.). New York: McGraw-Hill.

Breithecker, D., Philipp, H., Böhmer, D. et al. (1996). In die Schule kommt Bewegung – Haltungs- und Gesundheitsvorsorge in einem bewegten Unterricht. Haltung und Bewegung, 2, 5-47.

Bremner, J. G. (1998). From perception to action: The early development of knowledge. In F. Simion & G. Butterworth (Eds.), *Development of sensory, motor, and cognitive capacities in early infancy* (pp. 239–255). East Sussex, U.K.: Psychology Press.

Brennan, K. A., & Shaver, P. R. (1995). Dimensions of adult attachment, affect regulation, and romantic relationship functioning. *Personality and Social Psychology Bulletin, 21,* 267–283.

Brennan, M., & Cardinali, G. (2000). The use of preexisting and novel coping strategies in adapting to age-related vision loss. *Gerontologist, 40,* 327–334.

Brennan, P. F., Moore, S. M., & Smyth, K. A. (1991). ComputerLink: Electronic support for the home caregiver. *Advances in Nursing Science, 13,* 14–27.

Brennan, W. M., Ames, E. W., & Moore, R. W. (1966). Age differences in infants' attention to patterns of different complexities. *Science, 151,* 354–356.

Brenner, E., & Salovey, P. (1997). Emotional regulation during childhood: Developmental, interpersonal, and individual considerations. In P. Salovey & D. Sluyter (Eds.), *Emotional literacy and emotional development* (pp. 168–192). New York: Basic Books.

Brenner, R. A., Simons-Morton, B. G., Bhaskar, B., Revenis, M., Das, A., & Clemens, J. D. (2003). Infant–parent bed sharing in an inner-city population. *Archives of Pediatrics and Adolescent Medicine, 157,* 33–39.

Brent, R. L. (1999). Utilization of developmental basic science principles in the evaluation of reproductive risks from pre- and postconception environmental radiation exposures. *Teratology, 59,* 182–204.

Brent, S. B., Speece, M. W., Lin, C., Dong, Q., & Yang, C. (1996). The development of the concept of death among Chinese and U.S. children 3–17 years of age: From binary to "fuzzy" concepts? *Omega, 33,* 67–83.

Breslau, N., Kessler, R. C., Chilcoat, H. D., Schultz, L. R., Davis, G. C., & Andreski, P. (1998). Trauma and posttraumatic stress disorder in the community: The 1996 Detroit Area Survey of Trauma. *Archives of General Psychiatry, 55,* 626–632.

Bretherton, I. (1992). The origins of attachment theory: John Bowlby and Mary Ainsworth. *Developmental Psychology, 28,* 759–775.

Bretherton, I., Fritz, J., Zahn-Waxler, C., & Ridgeway, D. (1986). Learning to talk about emotions: A functionalist perspective. *Child Development, 57,* 529–548.

Brewaeys, A., Ponjaert, I., Van Hall, E. V., & Golombok, S. (1997). Donor insemination: Child development and family functioning in lesbian mother families. *Human Reproduction, 12,* 1349–1359.

Brezina, T. (1999). Teenage violence toward parents as an adaptation to family strain: Evidence from a national survey of male adolescents. *Youth and Society, 30,* 416–444.

Brien, M. J., & Willis, R. J. (1997). Costs and consequences for the fathers. In R. A. Maynard (Ed.), *Kids having kids* (pp. 95–144). Washington, DC: Urban Institute.

Briggs, F., & Hawkins, R. (1996). *Keeping ourselves safe: Who benefits?* Wellington, NZ: New Zealand Council for Educational Research.

Briggs, F., & Hawkins, R. (1999). The importance of parent involvement in child-protection curricula. In L. E. Berk (Ed.), *Landscapes of development* (pp. 321–335). Belmont, CA: Wadsworth.

Brigham, J. (1998). *Dying to quit: Why we smoke and how we stop.* Washington, DC: National Academy Press.

British Broadcasting Corporation. (1999, May 11). *Euthanasia special report: Lessons from down under.* London: Author.

Broberg, A. G., Wessels, H., Lamb, M. E., & Hwang, C. P. (1997). Effects of day care on the development of cognitive abilities in 8-year-olds: A longitudinal study. *Developmental Psychology, 33,* 62–69.

Brody, G. H., & Flor, D. L. (1998). Maternal resources, parenting practices, and child competence in rural, single-parent African American families. *Child Development, 69,* 803–816.

Brody, G. H., Stoneman, Z., & Flor, D. (1996). Parental religiosity, family processes, and youth competence in rural, two-parent African-American families. *Developmental Psychology, 32,* 696–706.

Brody, G. H., Stoneman, Z., & McCoy, J. K. (1992). Associations of maternal and paternal direct and differential behavior with sibling relationships: Contemporaneous and longitudinal analyses. *Child Development, 63,* 82–92.

Brody, G. H., Stoneman, Z., & McCoy, J. K. (1994). Forecasting sibling relationships in early adolescence from child temperaments and family processes in middle childhood. *Child Development, 65,* 771–784.

Brody, J. E. (1992, November 11). PMS is a worldwide phenomenon. *The New York Times,* p. C14.

Brody, L. (1999). *Gender, emotion, and the family.* Cambridge, MA: Harvard University Press.

Brody, N. (1997a). *Intelligence* (2nd ed.). San Diego: Academic Press.

Brody, N. (1997b). Intelligence, schooling, and society. *American Psychologist, 52,* 1046–1050.

Bromberger, J. T., Meyer, P. M., Kravitz, H. M., Sommer, B., Cordal, A., & Powell, L. (2001). Psychologic distress and natural menopause: A multiethnic community study. *American Journal of Public Health, 91,* 1435–1442.

Bronfenbrenner, U. (1989). Ecological systems theory. In R. Vasta (Ed.), *Annals of child development* (Vol. 6, pp. 187–251). Greenwich, CT: JAI Press.

Bronfenbrenner, U. (1995). The bioecological model from a life course perspective: Reflections of a participant observer. In P. Moen, G. H. Elder, Jr., & K. Lüscher (Eds.), *Examining lives in context* (pp. 599–618). Washington, DC: American Psychological Association.

Bronfenbrenner, U., & Ceci, S. J. (1994). Nature–nurture reconceptualized in developmental perspective: A bioecological model. *Psychological Review, 101,* 568–586.

Bronfenbrenner, U., & Morris, P. A. (1998). The ecology of developmental processes. In R. M. Lerner (Ed.), *Handbook of child psychology: Vol. 1. Theoretical models of human development* (5th ed., pp. 535–584). New York: Wiley.

Bronson, G. W. (1991). Infant differences in rate of visual encoding. *Child Development, 62,* 44–54.

Brooks, C. (2000). Civil rights, liberalism, and the suppression of a Republican political realignment in the United States, 1972 to 1996. *American Sociological Review, 65,* 483–505.

Brooks, D., & Barth, R. P. (1999). Adult transracial and inracial adoptees: Effects of race, gender, adoptive family structure, and placement history on adjustment outcomes. *American Journal of Orthopsychiatry, 69,* 87–99.

Brooks, G. R. (1999). The role of gender in marital dysfunction. In R. M. Eisler & M. Hersen (Eds.), *Handbook of gender, culture, and health* (pp. 449–470). Mahwah, NJ: Erlbaum.

Brooks-Gunn, J. (1988a). Antecedents and consequences of variations in girls' maturational timing. *Journal of Adolescent Health Care, 9,* 365–373.

Brooks-Gunn, J. (1988b). The impact of puberty and sexual activity upon the health and education of adolescent girls and boys. *Peabody Journal of Education, 64,* 88–113.

Brooks-Gunn, J., & Chase-Lansdale, P. L. (1995). Adolescent parenthood. In M. H. Bornstein (Ed.), *Handbook of parenting: Vol. 3. Status and social conditions of parenting* (pp. 113–149). Mahwah, NJ: Erlbaum.

Brooks-Gunn, J., & Duncan, G. J. (1997). The effects of poverty on children. *Future of Children, 7,* 55–71.

Brooks-Gunn, J., & Ruble, D. N. (1980). Menarche: The interaction of physiology, cultural, and social factors. In A. J. Dan, E. A. Graham, & C. P. Beecher (Eds.), *The menstrual cycle: A synthesis of interdisciplinary research* (pp. 141–159). New York: Springer-Verlag.

Brooks-Gunn, J., & Ruble, D. N. (1983). The experience of menarche from a developmental perspective. In J. Brooks-Gunn & A. C. Petersen (Eds.), *Girls at puberty* (pp. 155–177). New York: Plenum.

Brooks-Gunn, J., McCarton, C. M., Casey, P. H., McCormick, M. C., Bauer, C. R., Bernbaum, J. C., Tyson, J., Swanson, M., Bennett, F. C., Scott, D. T., Tonascia, J., & Meinert, C. L. (1994). Early intervention in low-birth-weight premature infants. *Journal of the American Medical Association, 272,* 1257–1262.

Brooks-Gunn, J., Warren, M. P., Samelson, M., & Fox, R. (1986). Physical similarity of and disclosure of menarcheal status to friends: Effects of grade and pubertal status. *Journal of Early Adolescence, 6,* 3–14.

Broomhall, H. S., & Winefield, A. H. (1990). A comparison of the affective well-being of young and middle-aged unemployed men matched for length of employment. *British Journal of Medical Psychology, 63,* 43–52.

Brown, B. B., Clasen, D., & Eicher, S. (1986). Perceptions of peer pressure, peer conformity dispositions, and self-reported behavior among adolescents. *Developmental Psychology, 22,* 521–530.

Brown, B. B., Feiring, C., & Furman, W. (1999). Missing the love boat: Why researchers have shied away from adolescent romance. In W. Furman, B. B. Brown, & C. Feiring (Eds.), *The development of romantic relationships in adolescence* (pp. 1–16). New York: Cambridge University Press.

Brown, B. B., Lohr, M. J., & McClenahan, E. L. (1986). Early adolescents' perceptions of peer pressure. *Journal of Early Adolescence, 6,* 139–154.

Brown, J. D. (2002). Mass media influences on sexuality. *Journal of Sex Research, 39,* 42–45.

Brown, J. R., Donelan-McCall, N., & Dunn, J. (1996). Why talk about mental states? The significance of children's conversations with friends, siblings, and mothers. *Child Development, 67,* 836–849.

Brown, R. W. (1973). *A first language: The early stages.* Cambridge, MA: Harvard University Press.

Brown, S. L. (2000). Union transitions among cohabitors: The significance of relationship assessments and expectations. *Journal of Marriage and the Family, 62,* 833–846.

Browne, A. (1993). Violence against women by male partners: Prevalence, outcomes and policy implications. *American Psychologist, 48,* 1077–1087.

Brownell, C. A., & Carriger, M. S. (1990). Changes in cooperation and self-other differentiation during the second year. *Child Development, 61,* 1164–1174.

Brubaker, T. (1985). *Later life families.* Beverly Hills, CA: Sage.

Bruce, B., & Wilfley, D. (1996). Binge eating among the overweight population: A serious and prevalent problem. *Journal of the American Dietetic Association, 96,* 58–61.

Bruce, D., Dolan, A., & Phillips-Grant, K. (2000). On the transition from childhood amnesia to recall of personal memories. *Psychological Science, 11,* 360–364.

Bruch, H. (2001). *The golden cage: The enigma of anorexia nervosa.* Cambridge, MA: Harvard University Press.

Bruch, M. A., Gorsky, J. M., Collins, T. M., & Berger, P. A. (1989). Shyness and sociability examined: A multicomponent analysis. *Journal of Personality and Social Psychology, 57,* 904–915.

Bruck, M., Ceci, S. J., & Hembrooke, H. (1998). Reliability and credibility of young children's reports. *American Psychologist, 53,* 136–151.

Brun, A., & Andersson, J. (2001). Frontal dysfunction and frontal cortical synapse loss in alcoholism: The main cause of alcohol dementia? *Dementia and Geriatric Cognitive Disorders, 12,* 289–294.

Brussoni, M. J., and Boon, S. D. (1998). Grandparental impact in young adults' relationships with their closest grandparents: The role of relationship strength and emotional closeness. *International Journal of Aging and Human Development, 45,* 267–286.

Buchanan, A. (1996). *Cycles of child maltreatment.* Chichester, U.K.: Wiley.

Buchanan, C. M., & Holmbeck, G. N. (1998). Measuring beliefs about adolescent personality and behavior. *Journal of Youth and Adolescence, 27,* 609–629.

Buchanan, C. M., Eccles, J. S., & Becker, J. B. (1992). Are adolescents the victims of raging hormones? Evidence for activational effects of hormones on moods and behavior at adolescence. *Psychological Bulletin, 111,* 62–107.

Buchanan, C. M., Maccoby, E. E., & Dornbusch, S. M. (1996). *Adolescents after divorce.* Cambridge, MA: Harvard University Press.

Buchanan-Barrow, E., & Barrett, M. (1998). Children's rule discrimination within the context of the school. *British Journal of Developmental Psychology, 16,* 539–551.

Buekens, P., Kotelchuck, M., Blondel, B., Kristensen, F. B., Chen, J.-H., & Masuy-Stroobant, G. (1993). A comparison of prenatal care use in the United States and Europe. *American Journal of Public Health, 83,* 31–36.

Buhrmester, D. (1996). Need fulfillment, interpersonal competence, and the developmental contexts of early adolescent friendship. In W. M. Bukowski, A. F. Newcomb, & W. W. Hartup (Eds.), *The company they keep: Friendship during childhood and adolescence* (pp. 158–185). New York: Cambridge University Press.

Buhrmester, D., & Furman, W. (1990). Perceptions of sibling relationships during middle childhood and adolescence. *Child Development, 61,* 1387–1398.

Buhs, E. S., & Ladd, G. W. (2001). Peer rejection as antecedent of young children's school adjustment: An examination of mediating processes. *Developmental Psychology, 37,* 550–560.

Bukowski, W. M. (2001). Friendship and the worlds of childhood. In D. W. Nangle & C. A. Erdley (Eds.), *The role of friendship in psychological adjustment* (pp. 93–105). San Francisco: Jossey-Bass.

Bulatao, R. A. (1998). *The value of family planning programs in developing countries.* New York: Rand Corporation.

Bumpass, L. L., & Lu, H. H. (2000). Trends in cohabitation and implications for children's family contexts in the United States. *Population Studies, 54,* 29–41.

Bundeskriminalamt (2000). PKS Berichsjahr 2000: Gewaltkriminalität. Wiesbaden: Bundeskriminalamt.

Bundesministerium für Familie, Senioren, Frauen und Jugend (2001). Dritter Bericht zur Lage der älteren Generation in der Bundesrepublik Deutschland: Alter und Gesellschaft. Berlin: BMFSuJ.

Bundeszentrale für gesundheitliche Aufklärung (2001). Die Drogenaffinität Jugendlicher in der Bundesrepublik Deutschland 2001. Endbericht Juni 2001. Köln.

Bundeszentrale für gesundheitliche Aufklärung (2002). Jugendsexualität. Wiederholungsbefragung von 14-17 Jährigen und ihren Eltern. Ergebnisse der Repräsentativbefragung von 2001. Köln

Burchinal, M. R., Peisner-Feinberg, E., Bryant, D. M., & Clifford, R. (2000). Children's social and cognitive development and child-care quality: Testing for differential associations related to poverty, gender, or ethnicity. *Applied Developmental Science, 4,* 149–165.

Burgess, K. B., Rubin, K. H., Chea, C. S. L., & Nelson, L. J. (2001). Behavioral inhibition, social withdrawal, and parenting. In R. Crozier & L. Alden (Eds.), *International handbook of social anxiety* (pp. 137–158). New York: Wiley.

Burhans, K. K., & Dweck, C. S. (1995). Helplessness in early childhood: The role of contingent worth. *Child Development, 66,* 1719–1738.

Burke, R. J. (2001). Organizational values, work experiences, and satisfactions among managerial and professional women. *Journal of Management Development, 20,* 346–354.

Burke, W., Atkins, D., & Gwin, M. (2002). Genetic test evaluation: Information needs of clinicians, policy makers, and the public. *American Journal of Epidemiology, 156,* 311-318.

Burts, D.C., Hart, C. H., Charlesworth, R., Fleege, P. O., Mosely, J., & Thomasson, R. H. (1992). Observed activities and stress behaviors of children in developmentally appropriate and inappropriate kindergarten classrooms. *Early Childhood Research Quarterly, 7,* 297–318.

Bushman, B. J., & Huesmann, L. R. (2001). Effects of televised violence of aggression. In D. G. Singer & J. L. Singer (Eds.), *Handbook of children and the media* (pp. 223–254). Thousand Oaks, CA: Sage.

Bushnell, E. W., & Boudreau, J. P. (1993). Motor development and the mind: The potential role of motor abilities as a determinant of aspects of perceptual development. *Child Development, 64,* 1005–1021.

Buss, D. M. (1999). *Evolutionary psychology: The new science of the mind.* Boston: Allyn and Bacon.

Buss, D. M. (2001). The strategies of human mating. In P. W. Sherman & J. Alcock (Eds.), *Exploring animal behavior: Readings from American Scientist* (3rd ed., pp. 240–251). Sunderland, MA: Sinauer Associates.

Buss, D. M., Abbott, M., Angleitner, A., & Asherian, A. (1990). International preferences in selecting mates: A study of 37 cultures. *Journal of Cross-Cultural Psychology, 21,* 5–47.

Buss, D. M., Shackelford, T. K., Kirkpatrick, L. A., & Larsen, R. J. (2001). A half century of mate preferences: The cultural evolution of values. *Journal of Marriage and the Family, 63,* 491–503.

Bussell, D. A., Neiderhiser, J. M., Pike, A., Plomin, R., Simmens, S., Howe, G. W., Hetherington, E. M., Carroll, E., & Reiss, D. (1999). Adolescents' relationships to siblings and mothers: A multivariate genetic analysis. *Developmental Psychology, 35,* 1248–1259.

Bussey, K. (1992). Lying and truthfulness: Children's definitions, standards, and evaluative reactions. *Child Development, 63,* 129–137.

Butler, R. (1998). Age trends in the use of social and temporal comparison for self-evaluation: Examination of a novel developmental hypothesis. *Child Development, 69,* 1054–1073.

Butler, R. N. (1968). The life review: An interpretation of reminiscence in the aged. In B. Neugarten (Ed.), *Middle age and aging* (pp. 486–496). Chicago: University of Chicago Press.

Butler, R. N., Fossel, M., Harman, M., Heward, C. B., Olshansky, S. J., & Perls, T. T. (2002). Is there an antiaging medicine? *Journal of Gerontology, 57A,* B333–B338.

Buttell, F. P. (1999). The relationship between spouse abuse and the maltreatment of dementia sufferers by their caregivers. *American Journal of Alzheimer's Disease, 14,* 230–232.

Buunk, B. P., & van Driel, B. (1989). *Variant lifestyles and relationships.* Newbury Park, CA: Sage.

Buunk, B. P., Dijkstra, P., Kenrick, D. T., & Warntjes, A. (2001). Age preferences for mates as related to gender, own age, and involvement level. *Evolution and Human Behavior, 22,* 241–250.

Byars, A. M., & Hackett, G. (1998). Applications of social cognitive theory to the career development of women of color. *Applied and Preventive Psychology, 7,* 255–267.

Byrnes, J. P., & Takahira, S. (1993). Explaining gender differences on SAT-math items. *Developmental Psychology, 29,* 805–810.

Caddell, D. P., & Newton, R. R. (1995). Euthanasia: American attitudes toward the physician's role. *Social Science and Medicine, 40,* 1671–1681.

Cadoret, R. J., Cain, C. A., & Crowe, R. R. (1983). Evidence for gene–environment interaction in the development of adolescent antisocial behavior. *Behavior Genetics, 13,* 301–310.

Cain, K. M., & Dweck, C. S. (1995). The relation between motivational patterns and achievement cognitions through the elementary school years. *Merrill-Palmer Quarterly, 41,* 25–52.

Caine, N. (1986). Behavior during puberty and adolescence. In G. Mitchell & J. Erwin (Eds.), *Comparative primate biology: Vol. 2A. Behavior, conservation, and ecology* (pp. 327–361). New York: Liss.

Cairns, R. B. (1998). The making of developmental psychology. In R. M. Lerner (Ed.), *Handbook of child psychology: Vol. 1. Theoretical models of human development* (5th ed., pp. 25–105). New York: Wiley.

Cairns, R. B., Leung, M.-C., Buchanan, L., & Cairns, B. D. (1995). Friendships and social networks in childhood and adolescence: Fluidity, reliability, and interrelations. *Child Development, 66,* 1330–1345.

Cairns, R., Xie, H., & Leung, M.-C. (1998). The popularity of friendship and the neglect of social networks: Toward a new balance. In W. M. Bukowski & A. H. Cillessen (Eds.), *Sociometry then and now: Building on six decades of measuring children's experiences with the peer group* (pp. 25–53). San Francisco: Jossey-Bass.

Caldwell, B. M., & Bradley, R. H. (1994). Environmental issues in developmental follow-up research. In S. L. Friedman & H. C. Haywood (Eds.), *Developmental follow-up* (pp. 235–256). San Diego: Academic Press.

Caldwell, C. H., & Antonucci, T. C. (1997). Childbearing during adolescence: Mental health risks and opportunities. In J. Schulenberg, J. L. Maggs, & K. Hurrelmann (Eds.), *Health risks and developmental transitions during adolescence* (pp. 220–245). New York: Cambridge University Press.

Caldwell, J. (1999). Paths to lower fertility. *British Medical Journal, 319,* 985–987.

Calkins, S. D., Fox, N. A., & Marshall, T. R. (1996). Behavioral and physiological antecedents of inhibited and uninhibited behavior. *Child Development, 67,* 523–540.

Callaghan, T. C. (1999). Early understanding and production of graphic symbols. *Child Development, 70,* 1314–1324.

Calle, E. E., Rodriguez, C., Walker-Thurmond, K., & Thun, M. J. (2003). Overweight, obesity, and mortality from cancer in a prospectively studied cohort of U.S. adults. *New England Journal of Medicine, 348,* 1625–1638.

Cameron, C. A., & Lee, K. (1997). The development of children's telephone communication. *Journal of Applied Developmental Psychology, 18,* 55–70.

Cameron, M. B., & Wilson, B. J. (1990). The effects of chronological age, gender, and delay of entry on academic achievement and retention: Implications for academic redshirting. *Psychology in the Schools, 27,* 260–263.

Campbell, D. W., & Eaton, W. O. (1999). Sex differences in the activity level of infants. *Infant and Child Development, 8,* 1–17.

Campbell, F. A., & Ramey, C. T. (1995). Cognitive and school outcomes for high-risk African-American students at middle adolescence: Positive effects of early intervention. *American Educational Research Journal, 32,* 743–772.

Campbell, F. A., Pungello, E. P., Miller-Johnson, S., Burchinal, M., & Ramey, C. T. (2001). The development of cognitive and academic abilities: Growth curves from an early childhood educational experiment. *Developmental Psychology, 37,* 231–242.

Campbell, J. R., Hombo, C. M., & Mazzeo, J. (2000). *NAEP 1999: Trends in academic progress.* Washington, DC: U.S. Department of Education.

Campbell, L. D., & Martin-Matthews, A. (2000). Caring sons: Exploring men's involvement in filial care. *Canadian Journal on Aging, 19,* 57–97.

Campbell, R., & Sais, E. (1995). Accelerated metalinguistic phonological awareness in bilingual children. *British Journal of Developmental Psychology, 13,* 61–68.

Campbell, S. B., Cohn, J. F., & Meyers, T. (1995). Depression in first-time mothers: Mother–infant interaction and depression chronicity. *Developmental Psychology, 31,* 349–357.

Campos, J. J., Anderson, D. I., Barbu-Roth, M. A., Hubbard, E. M., Hertenstein, J. J., & Witherington, D. (2000). Travel broadens the mind. *Infancy, 1,* 149–219.

Campos, J. J., Kermoian, R., & Zumbahlen, M. R. (1992). Socioemotional transformation in the family system following infant crawling onset. In N. Eisenberg & R. A. Fabes (Eds.), *New directions for child development* (No. 55, pp. 25–40). San Francisco: Jossey-Bass.

Campos, R. G. (1989). Soothing pain-elicited distress in infants with swaddling and pacifiers. *Child Development, 60,* 781–792.

Camras, L. A. (1992). Expressive development and basic emotions. *Cognition and Emotion, 6,* 267–283.

Camras, L. A., Oster, H., Campos, J. J., Miyake, K., & Bradshaw, D. (1992). Japanese and American infants' responses to arm restraint. *Developmental Psychology, 28,* 578–583.

Camras, L. A., Oster, H., Campos, J., Campos, R., Ujie, T., Miyake, K., Wang, L., & Meng, Z. (1998). Production of emotional and facial expressions in European American, Japanese, and Chinese infants. *Developmental Psychology, 34,* 616–628.

Canadian Broadcast Standards Council. (2002). Canada deals with media violence. Retrieved from http://www.cbsc.ca/english/canada.htm

Canadian Fitness and Lifestyle Research Institute. (2001a). Survey of physical activity in Canadian schools. Retrieved from http://www.cflri.ca/cflri/cflri.html

Canadian Fitness and Lifestyle Research Institute. (2001b). 2001 physical activity monitor. Retrieved from http://www.cflri.ca/cflri/pa/surveys/2001survey/2001survey.html

Canadian Fitness and Lifestyle Research Institute. (2002). 2000 physical activity monitor. Retrieved from http://www.cflri.ca/cflri/resources/pub.php#2001capacity

Canadian National Council of Welfare. (2002). *Child poverty profile, 2000.* Ottawa: Canadian Ministry of Public Works and Government Services.

Candy-Gibbs, S., Sharp, K., & Petrun, C. (1985). The effects of age, object, and cultural/religious background on children's concepts of death. *Omega, 154,* 329–345.

Canetto, S. S., & Sakinofsky, I. (1998). The gender paradox in suicide. *Suicide and Life-Threatening Behavior, 28,* 1–23.

Canobi, K. H., Reeve, R. A., & Pattison, P. E. (1998). The role of conceptual understanding in children's addition problem solving. *Developmental Psychology, 34,* 882–891.

Cantor, J., & Harrison, K. (1997). Ratings and advisories for television programming: University of Wisconsin, Madison study. In Mediascope (Ed.), *National Television Violence Study: Scientific Papers 1994–1995.* Studio City, CA: Author.

Capaldi, D. M., Stoolmiller, M., Clark, S., & Owen, L. D. (2002). Heterosexual risk behaviors in at-risk young men from early adolescence to young adulthood: Prevalence, prediction, and association with STD contraction. *Developmental Psychology, 38,* 394–406.

Caplan, M., Vespo, J., Pedersen, J., & Hay, D. F. (1991). Conflict and its resolution in small groups of one- and two-year-olds. *Child Development, 62,* 1513–1524.

Cappeliez, P., & O'Rourke, N. (2002). Personality traits and existential concerns as predictors of the functions of reminiscence in older adults. *Journal of Gerontology, 57B,* P116–P123.

Carbery, J., & Buhrmester, D. (1998). Friendship and need fulfillment during three phases of young adulthood. *Journal of Social and Personal Relationships, 15,* 393–409.

Carden, A. D. (1994). Wife abuse and the wife abuser: Review and recommendations. *Counseling Psychologist, 22,* 539–582.

Carey, S. (1999). Sources of conceptual change. In E. K. Scholnick, K. Nelson, S. A. Gelman, & P. H. Miller (Eds.), *Conceptual development: Piaget's legacy* (pp. 293–326). Mahwah, NJ: Erlbaum.

Carey, S., & Markman, E. M. (1999). Cognitive development. In B. M. Bly & D. E. Rumelhart (Eds.), *Cognitive science* (pp. 201–254). San Diego: Academic Press.

Carli, L. L., & Eagly, A. H. (2000). Gender effects on influence and emergent leadership. In G. N. Powell (Ed.), *Handbook of gender in organizations* (pp. 203–222). Newbury Park, CA: Sage.

Carlo, G., Koller, S. H., Eisenberg, N., Da Silva, M., & Frohlich, C. (1996). A cross-national study on the relations among prosocial moral reasoning, gender role orientations, and prosocial behaviors. *Developmental Psychology, 32,* 231–240.

Carlson, C., Uppal, S., & Prosser, E. (2000). Ethnic differences in processes contributing to the self-esteem of early adolescent girls. *Journal of Early Adolescence, 20,* 44–67.

Carlson, K. J., Eisenstat, S. A., & Ziporyn, T. (1996). *The Harvard guide to women's health.* Cambridge, MA: Harvard University Press.

Carlson, S. M., & Moses, L. J. (2001). Individual differences in inhibitory control and children's theory of mind. *Child Development, 72,* 1032–1053.

Carlton, M. P., & Winsler, A. (1999). School readiness: The need for a paradigm shift. *School Psychology Review, 28,* 338–352.

Carmichael, C. A., & Hayes, B. K. (2001). Prior knowledge and exemplar encoding in children's concept acquisition. *Child Development, 72,* 1071–1090.

Carmichael, S. L., & Shaw, G. M. (2000). Maternal life stress and congenital abnormalities. *Epidemiology, 11,* 30–35.

Caro, F. G., & Bass, S. A. (1997). Receptivity to volunteering in the immediate postretirement period. *Journal of Applied Gerontology, 16,* 427–441.

Caroll, D., Harrison, L. K., Johnston, D. W., Ford, G., Hunt, K., Der, G., & West, P. (2000). Cardiovascular reactions to psychological stress: The influence of demographic variables. *Journal of Epidemiological Community Health, 54,* 876-877.

Carolson, C., Uppal, S., & Prosser, E. C. (2000). Ethnic differences in processes contributing to the self-esteem of early adolescent girls. *Journal of Early Adolescence, 20,* 44–67.

Carpendale, J. I., & Chandler, M. J. (1996). On the distinction between false belief understanding and subscribing to an interpretive theory of mind. *Child Development, 67,* 1686–1706.

Carpenter, C. J. (1983). Activity structure and play: Implications for socialization. In M. Liss (Eds.), *Social and cognitive skills: Sex roles and children's play* (pp. 117–145). New York: Academic Press.

Carpenter, M., Nagell, K., & Tomasello, M. (1998). Social cognition, joint attention, and communicative competence. *Monographs of the Society for Research in Child Development, 63*(4, Serial No. 255).

Carrado, M., George, M. J., Loxam, E., Jones, L., & Templar, D. (1996). Aggression in British heterosexual relationships: A descriptive analysis. *Aggressive Behavior, 22,* 401–415.

Carstensen, L. L. (1992). Selectivity theory: Social activity in life-span context. In K. W. Schaie & M. P. Lawton (Eds.), *Annual review of gerontology and geriatrics* (pp. 195–217). New York: Springer.

Carstensen, L. L., & Fredrickson, B. F. (1998). Socioemotional selectivity in healthy older people and younger people living with the human immunodeficiency virus: The centrality of emotion when the future is constrained. *Health Psychology, 17,* 1–10.

Carstensen, L. L., Gottman, J. M., & Levenson, R. W. (1995). Emotional behavior in long-term marriages. *Psychology and Aging, 10,* 140–149.

Carstensen, L. L., Isaacowitz, D. M., & Charles, S. T. (1999). Taking time seriously: A theory of socioemotional selectivity. *American Psychologist, 54,* 165–181.

Carta, J. J., Atwater, J. B., Greenwood, C. R., McConnell, S. R., & McEvoy, M. A. (2001). Effects of cumulative prenatal substance exposure and environmental risks on children's developmental trajectories. *Journal of Clinical Psychology, 30,* 327–337.

Carter, D. B., & McCloskey, L. A. (1984). Peers and the maintenance of sex-typed behavior: The development of children's conceptions of cross-gender behavior in their peers. *Social Cognition, 2,* 294–314.

Carus, F. A. (1808). *Psychologie. Zweiter Teil: Specialspsychologie.* Leipzig: Barth & Kummer.

Case, R. (1992). *The mind's staircase: Exploring the conceptual underpinnings of children's thought and knowledge.* Hillsdale, NJ: Erlbaum.

Case, R. (1996). Introduction: Reconceptualizing the nature of children's conceptual structures and their development in middle childhood. In R. Case & Y. Okamoto (Eds.), The role of central conceptual structures in the development of children's thought. *Monographs of the Society for Research in Child Development,* 246(61, Serial No. 246), pp. 1–26.

Case, R. (1998). The development of central conceptual structures. In D. Kuhn & R. Siegler (Eds.), *Handbook of child psychology: Vol. 2. Cognition, perception, and language* (5th ed., pp. 745–800). New York: Wiley.

Case, R., & Okamoto, Y. (Eds.). (1996). The role of central conceptual structures in the development of children's thought. *Monographs of the Society for Research in Child Development,* 61(1–2, Serial No. 246).

Case, R., Griffin, S., & Kelly, W. M. (2001). Socioeconomic differences in children's early cognitive development and their readiness for schooling. In S. L. Golbeck (Ed.), *Psychological perspectives on early education* (pp. 37–63). Mahwah, NJ: Erlbaum.

Caserta, M. S., & Gillett, P. A. (1998). Older women's feelings about exercise and their adherence to an aerobic regimen over time. *Gerontologist, 38,* 602–609.

Caserta, M. S., Lund, D. A., & Rice, S. J. (1999). Pathfinders: A self-care and health education program for older widows and widowers. *Gerontologist, 39,* 615–620.

Casey, M. B. (1986). Individual differences in selective attention among prereaders: A key to mirror-image confusions. *Developmental Psychology, 22,* 824–831.

Casey, M. B., Nuttall, R. L., & Pezaris, E. (1997). Mediators of gender differences in mathematics college entrance test scores: A comparison of spatial skills with internalized beliefs and anxieties. *Developmental Psychology, 33,* 669–680.

Casey, M. B., Nuttall, R., Pezaris, E., & Benbow, C. P. (1995). The influence of spatial ability on gender differences in mathematics collect entrance test scores across diverse samples. *Developmental Psychology, 31,* 697–705.

Cashon, C. H., & Cohen, L. B. (2000). Eight-month-old infants' perceptions of possible and impossible events. *Infancy, 1,* 429–446.

Caspi, A. (1998). Personality development across the life course. In N. Eisenberg (Ed.), *Handbook of child psychology: Vol. 3. Social, emotional, and personality development* (5th ed., pp. 311–388). New York: Wiley.

Caspi, A. (2000). The child is father of the man: Personality continuities from childhood to adulthood. *Journal of Personality and Social Psychology, 78,* 158–172.

Caspi, A., & Herbener, E. (1990). Continuity and change: Assortative marriage and the consistency of personality in adulthood. *Journal of Personality and Social Psychology, 58,* 250–258.

Caspi, A., & Roberts, B. W. (2001). Personality development across the life course: The argument for change and continuity. *Psychological Inquiry, 12,* 49–66.

Caspi, A., & Silva, P. A. (1995). Temperamental qualities at age three predict personality traits in young adulthood: Longitudinal evidence from a birth cohort. *Child Development, 66,* 486–498.

Caspi, A., Elder, G. H., Jr., & Bem, D. J. (1987). Moving against the world: Life-course patterns of explosive children. *Developmental Psychology, 23*, 308–313.

Caspi, A., Elder, G. H., Jr., & Bem, D. J. (1988). Moving away from the world: Life-course patterns of shy children. *Developmental Psychology, 24*, 824–831.

Caspi, A., Lynam, D., Moffitt, T. E., & Silva, P. A. (1993). Unraveling girls' delinquency: Biological, dispositional, and contextual contributions to adolescent misbehavior. *Developmental Psychology, 29*, 19–30.

Cassel, C. K. (1988). Ethical issues in the conduct of research in long-term care. *Gerontologist, 28*(Suppl.), 90–96.

Cassidy, J. (2001). Adult romantic attachments: A developmental perspective on individual differences. *Review of General Psychology, 4*, 111–131.

Cassidy, J., & Berlin, L. J. (1994). The insecure/ambivalent pattern of attachment: Theory and research. *Child Development, 65*, 971–991.

Catsambis, S. (1994). The path to math: Gender and racial-ethnic differences in mathematics participation from middle school to high school. *Sociology of Education, 67*, 199–215.

Cavadini, C., Siega-Riz, A. M., & Popkin, B. M. (2000). U.S. adolescent food intake trends from 1965 to 1996. *Archives of Diseases in Childhood, 83*, 18–24.

Cavazzana-Calvo, M., Hacein-Bey, S., de Saint Basile, G., et al. (2000). Gene therapy of human severe combined immunodeficiency (SCID)-X1 disease. *Science, 288*, 669–672.

Ceci, S. J. (1991). How much does schooling influence general intelligence and its cognitive components? A reassessment of the evidence. *Developmental Psychology, 27*, 703–722.

Ceci, S. J. (1999). Schooling and intelligence. In S. J. Ceci & W. M. Williams (Eds.), *The nature– nurture debate: The essential readings* (pp. 168–175). Oxford, U.K.: Blackwell.

Ceci, S. J., & Bruck, M. (1998). Children's testimony: Applied and basic issues. In I. Sigel & K. A. Renninger (Eds.), *Handbook of child psychology: Vol. 4. Child psychology in practice* (5th ed., pp. 713–774). New York: Wiley.

Ceci, S. J., & Roazzi, A. (1994). The effects of context on cognition: Postcards from Brazil. In R. J. Sternberg (Ed.), *Mind in context* (pp. 74–101). New York: Cambridge University Press.

Ceci, S. J., Bruck, M., & Battin, D. B. (2000). The suggestibility of children's testimony. In D. F. Bjorklund (Ed.), *False-memory creation in children and adults* (pp. 169–201). Mahwah, NJ: Erlbaum.

Center for Communication and Social Policy. (Ed.). (1998). *National Television Violence Study* (Vol. 2). Newbury Park, CA: Sage.

Center, J. R., Nguyen, T. V., Schneider, D., Sambrook, P. N., & Eisman, J. A. (1999). Mortality after all major types of osteoporotic fracture in men and women: An observational study. *Lancet, 353*, 878–882.

Cerella, J. (1990). Aging and information processing rate. In J. E. Birren & K. W. Schaie (Eds.), *Handbook of the psychology of aging* (3rd ed., pp. 201–221). San Diego: Academic Press.

Cernoch, J. M., & Porter, R. H. (1985). Recognition of maternal axillary odors by infants. *Child Development 56*, 1593–1598.

Cervantes, C. A., & Callanan, M. A. (1998). Labels and explanations in mother–child emotion talk: Age and gender differentiation. *Developmental Psychology, 34*, 88–98.

Chalmers, J. B., & Townsend, M. A. R. (1990). The effects of training in social perspective taking on socially maladjusted girls. *Child Development, 61*, 178–190.

Chan, R. W., Raboy, B., & Patterson, C. J. (1998). Psychosocial adjustment among children conceived via donor insemination by lesbian and heterosexual mothers. *Child Development, 69*, 443–457.

Chandler, M. J. (1973). Egocentrism and antisocial behavior: The assessment and training of social perspective-taking skills. *Developmental Psychology, 9*, 326–332.

Chandler, M. J., & Carpendale, J. I. (1998). Inching toward a mature theory of mind. In M. Ferrari & R. J. Sternberg (Eds.), *Self-awareness: Its nature and development* (pp. 148–190). New York: Guilford.

Chandra, R. K. (1991). Interactions between early nutrition and the immune system. In *Ciba Foundation Symposium No. 156* (pp. 77–92). Chichester, U.K.: Wiley.

Chandra, R. K. (1992). Effect of vitamin and trace-element supplementation on immune responses and infection in elderly subjects. *Lancet, 340*, 1124–1127.

Chao, R. K. (1994). Beyond parental control and authoritarian parenting style: Understanding Chinese parenting through the cultural notion of training. *Child Development, 65*, 1111–1119.

Chapman, R. S. (2000). Children's language learning: An interactionist perspective. *Journal of Child Psychology and Psychiatry, 41*, 33–54.

Chapman, R. S., & Hesketh, L. J. (2000). Behavioral phenotype of individuals with Down syndrome. *Mental Retardation and Developmental Disabilities Research Reviews, 6*, 84–95.

Chappell, N., Gee, E., McDonald, L., & Stones, M. (2003). *Aging in contemporary Canada.* Toronto: Pearson Education Canada.

Charman, T., Swettenham, J., Baron-Cohen, S., Cox, A., Baird, G., & Drew, A. (1997). Infants with autism: An investigation of empathy, pretend play, joint attention, and imitation. *Developmental Psychology, 33*, 781–789.

Chase, C., Teele, D. W., Klein, J. O., & Rosner, B. A. (1995). Behavioral sequelae of otitis media for infants at one year of age and their mothers. In D. J. Lim, C. D. Bluestone, J. O. Klein, J. D. Nelson, & P. L. Ogra (Eds.), *Recent advances in otitis media.* Hamilton, Ontario: Decker.

Chase-Lansdale, P. L., Brooks-Gunn, J., & Zamsky, E. S. (1994). Young African-American multigenerational families in poverty: Quality of mothering and grandmothering. *Child Development, 65*, 373–393.

Chase-Lansdale, P. L., Gordon, R., Brooks-Gunn, J., & Klebanov, P. K. (1997). Neighborhood and family influences on the intellectual and behavioral competence of preschool and early school-age children. In J. Brooks-Gunn, G. Duncan, & J. L. Aber (Eds.), *Neighborhood poverty: Context and consequences for development* (pp. 79–118). New York: Russell Sage Foundation.

Chassin, L., & Ritter, J. (2001). Vulnerability to substance use disorders in childhood and adolescence. In R. E. Ingram & J. M. Price (Eds.), *Vulnerability to psychopathology: Risk across the lifespan* (pp. 107–134). New York: Guilford.

Chasteen, A. L. (1994). "The world around me": The environment and single women. *Sex Roles, 31*, 309–328.

Chatterjee, S., Handcock, M. S., & Simonoff, J. S. (1995). *A casebook for a first course in statistics and data analysis.* New York: Wiley.

Chavajay, P., & Rogoff, B. (1999). Cultural variation in management of attention by children and their caregivers. *Developmental Psychology, 35*, 1079–1090.

Chavajay, P., & Rogoff, B. (2002). Schooling and traditional collaborative social organization of problem solving by Mayan mothers and children. *Developmental Psychology, 38*, 55–66.

Che-Alford, J., & Stevenson, K. (1998, Spring). Older Canadians on the move. *Canadian Social Trends,* pp. 15–18. Ottawa: Statistics Canada.

Chen, E., Matthews, K. A., & Boyce, W. T. (2002). Socioeconomic differences in children's health: How and why do these relationships change with age? *Psychological Bulletin, 128*, 295–329.

Chen, X. (2002). Peer relationships and networks and socio-emotional adjustment: A Chinese perspective. In B. Cairns & T. Farmer (Eds.), *Social networks from a developmental perspective.* New York: Cambridge University Press.

Chen, X., Dong, Q., & Zhou, H. (1997). Authoritative and authoritarian parenting practices and social and school performance in Chinese children. *International Journal of Behavioral Development, 21*, 855–873.

Chen, X., Hastings, P. D., Rubin, K. H., Chen, H., Cen, G., & Stewart, S. L. (1998). Childrearing attitudes and behavioral inhibition in Chinese and Canadian toddlers: A cross-cultural study. *Developmental Psychology, 34,* 677–686.

Chen, X., Liu, M., & Li, D. (2000). Parental warmth, control, and indulgence and their relations to adjustment in Chinese children: A longitudinal study. *Journal of Family Psychology, 14,* 401–419.

Chen, X., Rubin, K. H., & Li, B. (1994). Only children and sibling children in urban China: A re-examination. *International Journal of Behavioral Development, 17,* 413–421.

Chen, X., Rubin, K. H., & Li, Z. (1995). Social functioning and adjustment in Chinese children: A longitudinal study. *Developmental Psychology, 31,* 531–539.

Chen, Y.-C., Yu, M.-L., Rogan, W., Gladen, B., & Hsu, C.-C. (1994). A 6-year follow-up of behavior and activity disorders in the Taiwan Yu-cheng children. *American Journal of Public Health, 84,* 415–421.

Chen, Y.-J., & Hsu, C.-C. (1994). Effects of prenatal exposure to PCBs on the neurological function of children: A neuropsychological and neurophysiological study. *Developmental Medicine and Child Neurology, 36,* 312–320.

Chen, Z., Sanchez, R. P., & Campbell, T. (1997). From beyond to within their grasp: The rudiments of analogical problem solving in 10- to 13-month-olds. *Developmental Psychology, 33,* 790–801.

Cherlin, A. J. (1992). *Marriage, divorce, remarriage* (rev. ed.). Cambridge, MA: Harvard University Press.

Cherney, S. S. (1994). Home environmental influences on general cognitive ability. In J. C. DeFries, R. Plomin, & D. W. Fulker (Eds.), *Nature and nurture during middle childhood* (pp. 262–280). Cambridge, MA: Blackwell.

Cherry, K. E., & LeCompte, D. C. (1999). Age and individual differences influence prospective memory. *Psychology and Aging, 14,* 60–76.

Chesney, M. A., Ekman, P., Friesen, W. V., Black, G. W., & Hecker, M. H. L. (1997). Type A behavior pattern: Facial behavior and speech components. In P. Ekman & E. L. Rosenberg (Eds*.*), *What the face reveals* (pp. 453–468). New York: Oxford University Press.

Chesney-Lind, M. (2001). Girls, violence, and delinquency: Popular myths and persistent problems. In S. O. White (Ed.), *Handbook of youth and justice* (pp. 135–158). New York: Kluwer Academic.

Chess, S., & Thomas, A. (1984). *Origins and evolution of behavior disorders.* New York: Brunner/Mazel.

Chestnut, C. H., III. (2001). Osteoporosis, an underdiagnosed disease. *Journal of the American Medical Association, 286,* 2865–2866.

Chi, M. T. H., Glaser, R., & Farr, M. J. (Eds.). (1988). *The nature of expertise.* Hillsdale, NJ: Erlbaum.

Children's Defense Fund (2003, April). Number of black children in extreme poverty hits record high [Online]. Available: www.childrensdefense.org/release030430.php

Children's Defense Fund. (2002). *The state of America's children: Yearbook 2002.* Washington, DC: Author.

Childs, C. P., & Greenfield, P. M. (1982). Informal modes of learning and teaching: The case of Zinacanteco weaving. In N. Warren (Ed.), *Advances in cross-cultural psychology* (Vol. 2, pp. 269–316). London: Academic Press.

Chisholm, J. S. (1989). Biology, culture, and the development of temperament: A Navajo example. In J. K. Nugent, B. M. Lester, & T. B. Brazelton (Eds.), *Biology, culture, and development* (Vol. 1, pp. 341–364). Norwood, NJ: Ablex.

Chiu, L.-H. (1992–1993). Self-esteem in American and Chinese (Taiwanese) children. *Current Psychology: Research and Reviews, 11,* 309–313.

Chochinov, H. M. (2002). Dignity-conserving care: A new model for palliative care. Helping the patient feel valued. *Journal of the American Medical Association, 287,* 2253–2260.

Chodirker, B., Cadrin, C., Davies, G., Summers, A., Wilson, R., Winsor, E., & Young, D. (2001). Genetic indications for prenatal diagnosis. *Journal of the Society of Obstetricians and Gynaecologists of Canada, 23,* 525–531.

Chodorow, N. (1978). *The reproduction of mothering.* Berkeley: University of California Press.

Choi, N. G. (1994). Racial differences in timing and factors associated with retirement. *Journal of Sociology and Social Welfare, 21,* 31–52.

Choi, S., & Gopnik, A. (1995). Early acquisition of verbs in Korean: A cross-linguistic study. *Journal of Child Language, 22,* 497–529.

Chollar, S. (1995, June). The psychological benefits of exercise. *American Health, 14*(5), 72–75.

Chomsky, C. (1969). *The acquisition of syntax in children from five to ten.* Cambridge, MA: MIT Press.

Chomsky, N. (1957). *Syntactic structures.* The Hague: Mouton.

Christ, G. H., Siegel, K., & Christ, A. E. (2002). "It never really hit me . . . until it actually happened." *Journal of the American Medical Association, 288,* 1269–1278.

Christensen, A., & Heavey, C. L. (1999). Interventions for couples. *Annual Review of Psychology, 50,* 165–190.

Christensen, K. A., Stephens, M. A. P., & Townsend, A. L. (1998). Mastery in women's multiple roles and well-being: Adult daughters providing care to impaired parents. *Health Psychology, 17,* 163–171.

Christenson, S. L., & Sheridan, S. M. (2001). *Schools and families.* New York: Guilford.

Chu, G. C. (1985). The changing concept of self in contemporary China. In A. J. Marsella, G. DeVos, & F. L. K. Hsu (Eds.), *Culture and self: Asian and Western perspectives* (pp. 252–277). London: Tavistock.

Cicchetti, D., & Aber, J. L. (1986). Early precursors of later depression: An organizational perspective. In L. P. Lipsitt & C. Rovee-Collier (Eds.), *Advances in infancy research* (Vol. 4, pp. 87–137). Norwood, NJ: Ablex.

Cicchetti, D., & Toth, S. L. (1998). The development of depression in children and adolescents. *American Psychologist, 53,* 221–241.

Cicchetti, D., & Toth, S. L. (2000). Developmental processes in maltreated children. In D. J. Hansen (Ed.), *Nebraska Symposium on Motivation* (Vol. 46, pp. 85–160). Lincoln: University of Nebraska Press.

Cicerelli, V. G. (1989). Feelings of attachment to siblings and well-being in later life. *Psychology and Aging, 4,* 211–216.

Cicerelli, V. G. (1995). *Sibling relationships across the life span.* New York: Plenum.

Cicerelli, V. G. (1997). Relationship of psychosocial and background variables to older adults' end-of-life decisions. *Psychology and Aging, 12,* 72–83.

Cicerelli, V. G. (1998). Personal meanings of death in relation to fear of death. *Death Studies, 22,* 713–733.

Cicirelli, V. G. (1999). Personality and demographic factors in older adults' fear of death. *Gerontologist, 39,* 569–579.

Cicirelli, V. G. (2001). Personal meanings of death in older adults and young adults in relation to their fears of death. *Death Studies, 25,* 663–683.

Cicirelli, V. G. (2002). *Older adults' views on death.* New York: Springer.

Clark, E. V. (1995). The lexicon and syntax. In J. L. Miller & P. D. Eimas (Eds.), *Speech, language, and communication* (pp. 303–337). San Diego: Academic Press.

Clark, K. E., & Ladd, G. W. (2000). Connectedness and autonomy support in parent–child relationships: Links to children's socioemotional orientation and peer relationships. *Developmental Psychology, 36,* 485–498.

Clark, R., Hyde, J. S., Essex, M. J., & Klein, M. H. (1997). Length of maternity leave and quality of mother–infant interaction. *Child Development, 68,* 364–383.

Clarke-Stewart, K. A. (1998). Historical shifts and underlying themes in ideas about rearing young children in the United States: Where have we been? Where are we going? *Early Development and Parenting, 7,* 101–117.

Clarke-Stewart, K. A., & Hayward, C. (1996). Advantages of father custody and contact for the psychological well-being of school-age children. *Journal of Applied Developmental Psychology, 17,* 239–270.

Clausen, J. A. (1975). The social meaning of differential physical and sexual maturation. In S. E. Dragastin & G. H. Elder (Eds.), *Adolescence in the life cycle: Psychological change and the social context* (pp. 25–47). New York: Halsted.

Cleveland, J., & Shore, L. (1992). Self- and supervisory perspectives on age and work attitudes and performance. *Journal of Applied Psychology, 77,* 469–484.

Clifford, C., & Kramer, B. (1993). Diet as risk and therapy for cancer. *Medical Clinics of North America, 77,* 725–744.

Clifton, R. K., Perris, E., & Bullinger, A. (1991). Infants' perception of auditory space. *Developmental Psychology, 27,* 161–171.

Clifton, R. K., Rochat, P., Robin, D. J., & Berthier, N. E. (1994). Multimodal perception in the control of infant reaching. *Journal of Experimental Psychology: Human Perception and Performance, 20,* 876–886.

Coakley, J. (1990). *Sport and society: Issues and controversies* (4th ed.). St. Louis: Mosby.

Cohan, C. L., & Kleinbaum, S. (2002). Toward a greater understanding of the cohabitation effect: Premarital cohabitation and marital communication. *Journal of Marriage and the Family, 64,* 180–192.

Cohen, K. M., & Savin-Williams, R. C. (1996). Developmental perspectives on coming out to self and others. *The lives of lesbians, gays, and bisexuals: Children to adults* (pp. 113–151). Ft. Worth, TX: Harcourt Brace.

Cohen, S., & Herbert, T. B. (1996). Health psychology: Psychological factors and physical disease from the perspective of human psychoneuroimmunology. *Annual Review of Psychology, 47,* 113–142.

Cohen, S., & Williamson, G. M. (1991). Stress and infectious disease in humans. *Psychological Bulletin, 109,* 5–24.

Cohen-Shalev, A. (1986). Artistic creativity across the adult life span: An alternative approach. *Interchange, 17*(4), 1–16.

Coie, J. D., & Dodge, K. A. (1998). *Aggression and antisocial behavior.* In N. Eisenberg (Ed.), *Handbook of child psychology: Vol. 3. Social, emotional, and personality development* (5th ed., pp. 779–862). New York: Wiley.

Coie, J. D., Dodge, K. A., & Coppotelli, H. (1982). Dimensions and types of social status: A cross-age perspective. *Developmental Psychology, 18,* 557–570.

Coke, M. M. (1992). Correlates of life satisfaction among elderly African Americans. *Journal of Gerontology, 47,* P316–P320.

Colapinto, J. (2001). *As nature made him: The boy who was raised as a girl.* New York: Perennial.

Colby, A., Kohlberg, L., Gibbs, J., & Lieberman, M. (1983). A longitudinal study of moral judgment. *Monographs of the Society for Research in Child Development, 48*(1–2, Serial No. 200).

Colcombe, S. J., Erickson, K. I., Raz, N., Webb, A. G., Cohen, N. J., & McAuley, E. (2003). Aerobic fitness reduces brain tissue loss in aging humans. *Journal of Gerontology, 58,* M176–M180.

Cole, D. A., Martin, J. M., Peeke, L. A., Seroczynski, A. D., & Fier, J. (1999). Children's over- and underestimation of academic competence: A longitudinal study of gender differences, depression, and anxiety. *Child Development, 70,* 459–473.

Cole, E. R., & Stewart, A. J. (1996). Meanings of political participation among black and white women: Political identity and social responsibility. *Journal of Personality and Social Psychology, 71,* 130–140.

Cole, M. (1990). Cognitive development and formal schooling: The evidence from cross-cultural research. In L. C. Moll (Ed.), *Vygotsky and education* (pp. 89–110). New York: Cambridge University Press.

Coleman, M., Ganong, L., & Fine, M. (2000). Reinvestigating remarriage: Another decade of progress. *Journal of Marriage and the Family, 62,* 1288–1307.

Coley, R. L. (1998). Children's socialization experiences and functioning in single-mother households: The importance of fathers and other men. *Child Development, 69,* 219–230.

Coley, R. L., & Chase-Lansdale, P. L. (1998). Adolescent pregnancy and parenthood: Recent evidence and future directions. *American Psychologist, 53,* 152–166.

Collaer, M. L., & Hines, M. (1995). Human behavioral sex differences: A role for gonadal hormones during early development? *Psychological Bulletin, 118,* 55–107.

Collie, R., & Hayne, H. (1999). Deferred imitation by 6- and 9-month-old infants: More evidence for declarative memory. *Developmental Psychobiology, 35,* 83–90.

Collings, P. (2001). "If you got everything, it's good enough": Perspectives on successful aging in a Canadian Inuit community. *Journal of Cross-Cultural Gerontology, 16,* 127–155.

Collins, F. S., & McKusick, V. A. (2001). Implications of the human genome project for medical science. *Journal of the American Medical Association, 285,* 540–544.

Collins, J. A. (1994). Reproductive technology—the price of progress. *New England Journal of Medicine, 331,* 270–271.

Collins, N. L., & Feeney, B. C. (2000). A safe haven: An attachment theory perspective on support-seeking and caregiving in intimate relationships. *Journal of Personality and Social Psychology, 78,* 1053–1073.

Collins, W. A., Laursen, B., Mortensen, N., Luebker, C., & Ferreira, M. (1997). Conflict processes and transitions in parent and peer relationships: Implications for autonomy and regulation. *Journal of Adolescent Research, 12,* 178–198.

Collins, W. A., Maccoby, E. E., Steinberg, L., Hetherington, E. M., & Bornstein, M. H. (2000). Contemporary research on parenting: The case for nature and nurture. *American Psychologist, 55,* 218–232.

Collins, W. A., Madsen, S. D., & Susman-Stillman, A. (2002). Parenting during middle childhood. In M. H. Bornstein (Ed.), *Handbook of parenting: Vol. 1* (2nd ed., pp. 73–101). Mahwah, NJ: Erlbaum.

Collins, W. A., Wellman, H., Keniston, A. H., & Westby, S. D. (1978). Age-related aspects of comprehension and inference from a televised dramatic narrative. *Child Development, 49,* 389–399.

Colman, L. L., & Colman, A. D. (1991). *Pregnancy: The psychological experience.* New York: Noonday Press.

Colombo, J. (1995). On the neural mechanism underlying developmental and individual differences in visual fixation in infancy. *Developmental Review, 15,* 97–135.

Colonia-Willner, R. (1998). Practical intelligence at work: Relationship between aging and cognitive efficiency among managers in a bank environment. *Psychology and Aging, 13,* 45–57.

Coltrane, S. (1990). Birth timing and the division of labor in dual-earner families. *Journal of Family Issues, 11,* 157–181.

Coltrane, S. (1996). *Family man.* New York: Oxford University Press.

Comijs, H. C., Jonker, C., van Tilberg, W., and Smit, J. H. (1999). Hostility and coping capacity as risk factors of elder mistreatment. *Social Psychiatry and Psychiatric Epidemiology, 34,* 48–52.

Comstock, G. A., & Scharrer, E. (1999). *Television: What's on, who's watching, and what it means.* San Diego: Academic Press.

Comstock, G. A., & Scharrer, E. (2001). The use of television and other film-related media. In D. G. Singer & J. L. Singer (Eds.), *Handbook of children and the media* (pp. 47–72). Thousand Oaks, CA: Sage.

Comunian, A. L., & Gielen, U. P. (2000). Sociomoral reflection and prosocial and antisocial behavior: Two Italian studies. *Psychological Reports, 87,* 161–175.

Condie, S. J. (1989). Older married couples. In S. J. Bahr & E. T. Peterson (Eds.), *Aging and the family* (pp. 143–158). Lexington, MA: Lexington Books.

Conger, R. D., Patterson, G. R., & Ge, X. (1995). It takes two to replicate: A mediational model for the impact of parents' stress on adolescent adjustment. *Child Development, 66,* 80–97.

Conner, D. B., Knight, D. K., & Cross, D. R. (1997). Mothers' and fathers' scaffolding of their 2-year-olds during problem-solving

and literacy interactions. *British Journal of Developmental Psychology, 15,* 323–338.
Connidis, I. A. (1989). Siblings as friends in later life. *American Behavioral Scientist, 33,* 81–93.
Connidis, I. A. (1994). Sibling support in older age. *Journal of Gerontology, 49,* S309–S317.
Connidis, I. A., & Campbell, L. D. (1995). Closeness, confiding, and contact among siblings in middle and late adulthood. *Journal of Family Issues, 16,* 722–745.
Connidis, I. A., & McMullin, J. A. (1993). To have or have not: Parent status and the subjective well-being of older men and women. *The Gerontologist, 33,* 630–636.
Connolly, J., & Goldberg, A. (1999). Romantic relationships in adolescence: The role of friends and peers in their emergence and development. In W. Furman, B. B. Brown, & C. Feiring (Eds.), *The development of romantic relationships in adolescence* (pp. 266–290). New York: Cambridge University Press.
Connolly, J., Craig, W., Goldberg, A., & Pepler, D. (1999). Conceptions of cross-sex friendships and romantic relationships in early adolescence. *Journal of Youth and Adolescence, 28,* 481–494.
Connor, P. D., Sampson, P. D., Bookstein, F. L., Barr, H. M., & Streissguth, A. P. (2001). Direct and indirect effects of prenatal alcohol damage on executive function. *Developmental Neuropsychology, 18,* 331–354.
Connors, L. J., & Epstein, J. L. (1996). Parent and school partnerships. In M. H. Bornstein (Ed.), *Handbook of parenting: Vol. 4. Applied and practical parenting* (pp. 437–458). Mahwah, NJ: Erlbaum.
Conti-Ramsden, G., & Pérez-Pereira, M. (1999). Conversational interactions between mothers and their infants who are congenitally blind, have low vision, or are sighted. *Journal of Visual Impairment and Blindness, 93,* 691–703.
Conwell, Y., & Duberstein, P. R. (2001). Suicide in elders. *Annals of the New York Academy of Sciences, 932,* 132–150.
Conwell, Y., Duberstein, P. R., & Caine, E. D. (2002). Risk factors for suicide in later life. *Biological Psychiatry, 52,* 193–204.
Conwell, Y., Lyness, J. M., Duberstein, P., Cox, C., Seidlitz, L., DiGiorgio, A., & Caine, E. D. (2001). Completed suicide among older patients in primary care practices: A controlled study. *Journal of the American Geriatrics Society, 48,* 23–29.
Cook, P. W. (1997). *Abused men: the hidden side of domestic violence.* Westport, CT: Praeger.
Cook, W. L. (2000). Understanding attachment security in family context. *Journal of Personality and Social Psychology, 78,* 285–294.
Cooney, T. M., & Mortimer, J. T. (1999). Family structure differences in the timing of leaving home: Exploring mediating factors. *Journal of Research on Adolescence, 9,* 367–393.
Cooper, C. R. (1998). *The weaving of maturity: Cultural perspectives on adolescent development.* New York: Oxford University Press.
Cooper, R. P., & Aslin, R. N. (1994). Developmental differences in infant attention to the spectral properties of infant-directed speech. *Child Development, 65,* 1663–1677.
Cooper, S., & Glazer, E. S. (1999). *Choosing assisted reproduction: Social, emotional, and ethical considerations.* New York: Dimensions.
Cooper, Z., & Fairburn, C. G. (2002). Cognitive-behavioral treatment of obesity. In T. A. Wadden & A. J. Stunkard (Eds.), *Handbook of obesity treatment* (3rd ed., pp. 465–479). New York: Guilford.
Cordon, J. A. F. (1997). Youth residential independence and autonomy: A comparative study. *Journal of Family Issues, 18,* 576–807.
Corey-Bloom, J. (2002). Dementia. In S. K. Whitbourne (Ed.), *Psychopathology in later adulthood* (pp. 217–243). New York: Wiley.
Cornelius, M. D., Day, N. L., Richardson, G. A., & Taylor, P. M. (1999). Epidemiology of substance abuse during pregnancy. In P. J. Ott & R. E. Tarter (Eds.), *Sourcebook on substance abuse: Etiology, epidemiology, assessment, and treatment* (pp. 1–13). Boston: Allyn and Bacon.
Cornelius, M. D., Ryan, C. M., Day, N. L., Goldschmidt, L., & Willford, J. A. (2001). Prenatal tobacco effects on neuropsychological outcomes among preadolescents. *Developmental and Behavioral Pediatrics, 22,* 217–225.
Cornelius, S. W., & Caspi, A. (1987). Everyday problem solving in adulthood and old age. *Psychology and Aging, 2,* 144–153.
Corr, C. A. (1993). Coping with dying: Lessons that we should and should not learn from the work of Elisabeth Kübler-Ross. *Death Studies, 17,* 69–83.
Corr, C. A. (1995). Entering into adolescent understandings of death. In E. A. Grollman (Eds.), *Bereaved children and teens* (pp. 21–35). Boston: Beacon Press.
Corr, C. A., & Balk, D. E. (1996). *Handbook of adolescent death and bereavement.* New York: Springer.
Corrigan, R. (1987). A developmental sequence of actor–object pretend play in young children. *Merrill-Palmer Quarterly, 33,* 87–106.
Cosden, M., Peerson, S., & Elliott, K. (1997). Effects of prenatal drug exposure on birth outcomes and early child development. *Journal of Drug Issues, 27,* 525–539.
Costa, P. T., Jr., & McCrae, R. R. (1994). Set like plaster? Evidence for the stability of adult personality. In T. F. Heatherton & J. L. Weinberger (Eds.), *Can personality change?* (pp. 21–40). Washington, DC: American Psychological Association.
Costa, P. T., Jr., McCrae, R. R., Martin, T. A., Oryol, V. E., Senin, I. G., & Rukavishnikow, A. A. (2000). Personality development from adolescence through adulthood: Further cross-cultural comparisons of age differences. In V. J. Molfese & D. L. Molfese (Eds.), *Temperament and personality development across the life span* (pp. 235–252). Mahwah, NJ: Erlbaum.
Costello, E. J., & Angold, A. (1995). Developmental epidemiology. In D. Cicchetti & D. Cohen (Eds.), *Developmental psychopathology: Vol. 1. Theory and method* (pp. 23–56). New York: Wiley.
Coté, S., Zoccolillo, M., Tremblay, R., Nagin, D., & Vitaro, F. (2001). Predicting girls' conduct disorder in adolescence from childhood trajectories of disruptive behaviors. *Journal of the American Academy of Child and Adolescent Psychiatry, 40,* 678–684.
Couch, K. A. (1998). Late life job displacement. *Gerontologist, 38,* 7–17.
Coughlin, S. S., Khoury, M. J., & Steinberg, K. K. (1999). BRCA1 and BRCA2 gene mutations and risk of breast cancer: Public health perspectives. *American Journal of Preventive Medicine, 16,* 91–98.
Coulton, C. J., Korbin, J. E., & Su, M. (1999). Neighborhoods and child maltreatment: A multi-level study. *Child Abuse and Neglect, 23,* 1019–1040.
Courage, M. L., & Howe, M. L. (2002). From infant to child: The dynamics of cognitive change in the second year of life. *Psychological Bulletin, 128,* 250–277.
Cournoyer, M., Solomon, C. R., & Trudel, M. (1998). I speak then I expect: Language and self-control in the young child at home. *Canadian Journal of Behavioural Science, 30,* 69–81.
Cowan, C. P., & Cowan, P. A. (1992). *When partners become parents.* New York: Basic Books.
Cowan, C. P., & Cowan, P. A. (1995). Interventions to ease the transition to parenthood: Why they are needed and what they can do. *Family Relations, 44,* 412–423.
Cowan, C. P., & Cowan, P. A. (1997). Working with couples during stressful transitions. In S. Dreman (Ed.), *The family on the threshold of the 21st century* (pp. 17–47). Mahwah, NJ: Erlbaum.
Cowan, C. P., & Cowan, P. A. (2000). Working with couples during stressful transitions. In S. Dreman (Ed.), *The family on the threshold of the 21st century* (pp. 17–47). Mahwah, NJ: Erlbaum.
Cowan, P. A., Powell, D., & Cowan, C. P. (1998). Parenting interventions: A family systems perspective. In I. E. Sigel & K. A. Renninger (Eds.), *Handbook of child psychology: Vol. 4. Child psychology in practice* (5th ed., pp. 3–72). New York: Wiley.

Cox, G. (2002). The Native American patient. In R. B. Gilbert (Ed.), *Health care and spirituality: Listening, assessing, caring* (pp. 107–127). Amityville, NY: Baywood.

Cox, K., & Schwartz, J. D. (1990). *The well-informed patient's guide to caesarean births.* New York: Dell.

Cox, M. J., Owen, M. T., Henderson, V. K., & Margand, N. A. (1992). Prediction of infant–father and infant–mother attachment. *Developmental Psychology, 28,* 474–483.

Cox, M. J., Paley, B., & Harter, K. (2001). Interparental conflict and parent–child relationships. In J. H. Grych & F. D. Fincham (Eds.), *Interparental conflict and child development: Theory, research, and applications* (pp. 249–272). New York: Cambridge University Press.

Cox, M., & Littlejohn, K. (1995). Children's use of converging obliques in their perspective drawings. *Educational Psychology, 15,* 127–139.

Cox, S. M., Hopkins, J., & Hans, S. L. (2000). Attachment in preterm infants and their mothers: Neonatal risk status and maternal representations. *Infant Mental Health Journal, 21,* 464–480.

Coyle, T. R., & Bjorklund, D. F. (1997). Age differences in, and consequences of, multiple- and variable-strategy use on a multitrial sort-recall task. *Developmental Psychology, 33,* 372–380.

Crago, M. B., Annahatak, B., & Ningiuruvik, L. (1993). Changing patterns of language socialization in Inuit homes. *Anthropology and Education Quarterly, 24,* 205–223.

Craik, F. I. M., & Jacoby, L. L. (1996). Aging and memory: Implications for skilled performance. In W. A. Rogers, A. D. Fisk, & N. Walker (Eds.), *Aging and skilled performance* (pp. 113–137). Mahwah, NJ: Erlbaum.

Craik, F. I. M., & Jennings, J. M. (1992). Human memory. In F. I. M. Craik & T. A. Salthouse (Eds.), *Handbook of aging and cognition* (pp. 51–110). Hillsdale, NJ: Erlbaum.

Crair, M. C., Gillespie, D. C., & Stryker, M. P. (1998). The role of visual experience in the development of columns in cat visual cortex. *Science, 279,* 566–570.

Cramond, B. (1994). The Torrance Tests of Creative Thinking: From design through establishment of predictive validity. In R. F. Subotnik & K. D. Arnold (Eds.), *Beyond Terman: Contemporary longitudinal studies of giftedness and talent* (pp. 229–254). Norwood, NJ: Ablex.

Cratty, B. J. (1986). *Perceptual and motor development in infants and children* (3rd ed.), Englewood Cliffs, NJ: Prentice-Hall.

Crawford, J. (1997). *Best evidence: Research foundations of the bilingual education act.* Washington, DC: National Clearinghouse for Bilingual Education.

Crawley, L., Payne, R., Bolden, J., Payne, T., Washington, P., & Williams, S. (2000). Palliative and end-of-life care in the African American community. *Journal of the American Medical Association, 284,* 2518–2521.

Creasey, G. (2002). Associations between working models of attachment and conflict management behavior in romantic couples. *Journal of Counseling Psychology, 49,* 365–375.

Creasey, G. L., Jarvis, P. A., & Berk, L. E. (1998). Play and social competence. In O. N. Saracho & B. Spodek (Eds.), *Multiple perspectives on play in early childhood education* (pp. 116–143). Albany: State University of New York Press.

Creer, T. L. (1998). Childhood asthma. In T. H. Ollendick & M. Hersen (Eds.), *Handbook of child psychopathology* (3rd ed., pp. 395–415). New York: Plenum.

Crick, N. R., & Bigbee, M. A. (1998). Relational and overt forms of peer victimization: A multiinformant approach. *Journal of Consulting and Clinical Psychology, 66,* 337–347.

Crick, N. R., & Grotpeter, J. K. (1995). Relational aggression, gender, and social-psychological adjustment. *Child Development, 66,* 710–722.

Crick, N. R., & Grotpeter, J. K. (1996). Children's treatment by peers: Victims of relational and overt aggression. *Development and Psychopathology, 8,* 367–380.

Crick, N. R., Casas, J. F., & Ku, H.-C. (1999). Relational and physical forms of peer victimization in preschool. *Developmental Psychology, 35,* 376–385.

Crick, N. R., Casas, J. F., & Mosher, M. (1997). Relational and overt aggression in preschool. *Developmental Psychology, 33,* 579–588.

Cristofalo, V. J., Tresini, M., Francis, M. K., & Volker, C. (1999). Biological theories of senescence. In V. L. Bengtson & K. W. Schaie (Eds.), *Handbook of theories of aging* (pp. 98–112). New York: Springer.

Critser, G. (2003). *Fat land.* Boston: Houghton Mifflin.

Crockenberg, S., & Leerkes, E. (2000). Infant social and emotional development in family context. In C. H. Zeanah, Jr., *Handbook of infant mental health* (2nd ed., pp. 60–90). New York: Guilford.

Crohan, S. E., & Antonucci, T. C. (1989). Friends as a source of social support in old age. In R. G. Adams & R. Blieszner (Eds.), *Older adult friendship* (pp. 129–146). Newbury Park, CA: Sage.

Crosby, F. J. (1998). The developing literature on developmental relationships. In A. J. Murrell, F. J. Crosby, & R. J. Ely (Eds.), *Mentoring dilemmas* (pp. 3–20). Mahwah, NJ: Erlbaum.

Cross, S., & Markus, H. (1991). Possible selves across the life span. *Human Development, 34,* 230–255.

Crouter, A. C., Bumpass, M. F., Maguire, M. C., & McHale, S. M. (1999). Linking parents' work pressure and adolescents' well-being: Insights into dynamics in dual earner families. *Developmental Psychology, 35,* 1453–1461.

Crouter, A. C., Manke, B. A., & McHale, S. M. (1995). The family context of gender intensification in early adolescence. *Child Development, 66,* 317–329.

Crystal, D. S., Chen, C., Fuligni, A. J., Stevenson, H. W., Hsu, C.-C., Ko, H-J., Kitamura, S., & Kimura, S. (1994). Psychological maladjustment and academic achievement: A cross-cultural study of Japanese, Chinese, and American high school students. *Child Development, 65,* 738–753.

Crystal, S., Johnson, R. W., Harman, J., Sambamoorthi, U., & Kumar, R. (2000). Out-of-pocket health care costs among older Americans. *Journal of Gerontology, 55B,* S51–S62.

Csikszentmihalyi, M. (1999). Implications of a systems perspective for the study of creativity. In R. J. Sternberg (Ed.), *Handbook of creativity* (pp. 313–335). Cambridge, U.K.: Cambridge University Press.

Csikszentmihalyi, M., & Larson, R. (1984). *Being adolescent: Conflict and growth in the teenage years.* New York: Basic Books.

Csikszentmihalyi, M., & Rathunde, K. (1990). The psychology of wisdom: An evolutionary interpretation. In R. J. Sternberg (Ed.), *Wisdom: Its nature, origins, and development* (pp. 25–51). New York: Cambridge University Press.

Cubbins, L. A., & Tanfer, K. (2000). The influence of gender on sex: A study of men's and women's self-reported high-risk sexual behavior. *Archives of Sexual Behavior, 29,* 229–257.

Cuddy-Casey, M., & Orvaschel, H. (1997). Children's understanding of death in relation to child suicidality and homicidality. *Clinical Psychology Review, 17,* 33–45.

Culbertson, F. M. (1997). Depression and gender: An international review. *American Psychologist, 52,* 25–51.

Cully, J. A., LaVoie, D., & Gfeller, J. D. (2001). Reminiscence, personality, and psychological functioning in older adults. *Gerontologist, 41,* 89–95.

Culnane, M., Fowler, M. G., Lee, S. S., McSherry, G., Brady, M., & O'Donnell, K. (1999). Lack of long-term effects of in utero exposure to zidovudine among uninfected children born to HIV-infected women. *Journal of the American Medical Association, 281,* 151–157.

Cumming, E., & Henry, W. E. (1961). *Growing old: The process of disengagement.* New York: Basic Books.

Cummings, E. M., & Cummings, J. S. (2002). Parenting and attachment. In M. H. Bornstein (Ed.), *Handbook of parenting* (2nd ed., pp. 35–58). Mahwah, NJ: Erlbaum.

Cummings, E. M., & Davies, P. T. (1994). Maternal depression and child development. *Journal of Child Psychology and Psychiatry, 35,* 73–112.

Cunningham, J. D., & Antill, J. K. (1994). Cohabitation and marriage: Retrospective and predictive comparisons. *Journal of Social and Personal Relationships, 11,* 77–93.

Currie, D. H. (1999). Violent men or violent women? Whose definition counts? In R. K. Bergen (Ed.), *Issues in intimate violence* (pp. 97–111). Thousand Oaks, CA: Sage.

Curtin, S. C., & Park, M. M. (1999). Trends in the attendant, place, and timing of births and in the use of obstetric interventions: United States, 1989–1997. *National Vital Statistics Report, 47*(27), 1–12.

Curtiss, S. (1989). The independence and task-specificity of language. In M. H. Bornstein & J. S. Bruner (Eds.), *Interaction in human development* (pp. 105–137). Hillsdale, NJ: Erlbaum.

Cutler, S. J., & Hendricks, J. (2001). Emerging social trends. In R. H. Binstock & L. K. George (Eds.), *Handbook of aging and the social sciences* (5th ed., pp. 462–480). San Diego, CA: Academic Press.

Cutrona, C. E., Hessling, R. M., Bacon, P. L., & Russell, D. W. (1998). Predictors and correlates of continuing involvement with the baby's father among adolescent mothers. *Journal of Family Psychology, 12,* 369–387.

D'Agostino, J. A., & Clifford, P. (1998). Neurodevelopmental consequences associated with the premature neonate. *AACN Clinical Issues, 9,* 11–24.

Dacey, J. S. (1989). Peak periods of creative growth across the life span. *Journal of Creative Behavior, 23,* 224–248.

Dahl, R.E., Scher, M. S., Williamson, D. E., Robles, N., & Day, N. (1995). A longitudinal study of prenatal marijuana use: Effects on sleep and arousal at age 3 years. *Archives of Pediatric and Adolescent Medicine, 149,* 145-150.

Dales, L., Hammer, S. J., & Smith, N. J. (2001). Time trends in autism and MMR immunization coverage in California. *Journal of the American Medical Association, 285,* 1183–1185.

Dalton, S. T. (1992). Lived experience of never-married women. *Issues in Mental Health Nursing, 13,* 69–80.

Daly, K. A., Hunter, L. L., & Giebink, G. S. (1999). Chronic otitis media with effusion. *Pediatrics in Review, 20,* 85–93.

Damon, W. (1977). *The social world of the child.* San Francisco: Jossey-Bass.

Damon, W. (1988). *The moral child.* New York: Free Press.

Damon, W. (1990). Self-concept, adolescent. In R. M. Lerner, A. C. Petersen, & J. Brooks-Gunn (Eds.), *The encyclopedia of adolescence* (Vol. 2, pp. 87–91). New York: Garland.

Damon, W., & Hart, D. (1988). *Self-understanding in childhood and adolescence.* New York: Cambridge University Press.

Daniels, D. H., Kalkman, D. L., & McCombs, B. L. (2001). Young children's perspectives on learning and teacher practices in different classroom contexts: Implications for motivation. *Early Education and Development, 12,* 253–273.

Dannemiller, J. L., & Stephens, B. R. (1988). A critical test of infant pattern preference models. *Child Development, 59,* 210–216.

Dapretto, M., & Bjork, E. L. (2000). The development of word retrieval abilities in the second year and its relation to early vocabulary growth. *Child Development, 71,* 635–648.

Darroch, J. E., Frost, J. J., & Singh, S. (2001). *Teenage sexual and reproductive behavior in developed countries: Can more progress be made?* New York: Alan Guttmacher Institute.

Darton-Hill, L., & Coyne, E. T. (1998). Feast and famine: Socioeconomic disparities in global nutrition and health. *Public Health and Nutrition, 1,* 23–31.

Darwin, C. (1936). *On the origin of species by means of natural selection.* New York: Modern Library. (Original work published 1859)

Datta-Bhutada, S., Johnson, H. L., & Rosen, T. S. (1998). Intrauterine cocaine and crack exposure: Neonatal outcome. *Journal of Perinatology, 18,* 183–188.

Daugirdas, J. T. (1992). *Sexually transmitted diseases.* Hinsdale, IL: Medtext.

DaVanzo, J., & Adamson, D. M. (2000). *Family planning in developing countries: An unfinished success story.* New York: Rand Corporation.

Davey, A., & Eggebeen, D. J. (1998). Patterns of intergenerational exchange and mental health. *Journal of Gerontology, 53B,* P86–P95.

Davidson, R. J. (1994). Asymmetric brain function, affective style, and psychopathology: The role of early experience and plasticity. *Development and Psychopathology, 6,* 741–758.

Davies, T., Howell, R. T., & Gardner, A. (2001). *Human genetics.* New York: Oxford University Press.

Davis, B., & Aron, A. (1989). Perceived causes of divorce and postdivorce adjustment among recently divorced midlife women. *Journal of Divorce, 12,* 41–55.

Davis, C. G., Nolen-Hoeksema, S., & Larson, J. (1998). Making sense of loss and benefiting from the experience: Two construals of meaning. *Journal of Personality and Social Psychology, 75,* 561–574.

Davis, C. G., Wortman, C. B., Lehman, D. R., & Silver, R. C. (2000). Searching for meaning in loss: Are clinical assumptions correct? *Death Studies, 24,* 497–540.

Davis, H. P., Trussell, L. H., & Klebe, K. J. (2001). A ten-year longitudinal examination of repetition priming, incidental recall, free recall, and recognition in young and elderly. *Brain and Cognition, 46,* 99–104.

Dawson, T. L. (2002). New tools, new insights: Kohlberg's moral judgment stages revisited. *International Journal of Behavioral Development, 26,* 154–166.

Dawson-Hughes, B., Harris, S. S., Krall, E. A., Dallal, G. E., Falconer, G., & Green, C. L. (1995). Rates of bone loss in postmenopausal women randomly assigned to one of two dosages of vitamin D. *American Journal of Clinical Nutrition, 61,* 1140–1145.

Day, N. L., Leach, S. L., Richardson, G. A., Cornelius, M. D., Robles, N., & Larkby, C. (2002). Prenatal alcohol exposure predicts continued deficits in offspring size at 14 years of age. *Alcoholism: Clinical and Experimental Research, 26,* 1584–1591.

De Lisi, R., & Gallagher, A. M. (1991). Understanding gender stability and constancy in Argentinean children. *Merrill-Palmer Quarterly, 37,* 483–502.

De Raedt, R., & Ponjaert-Kristoffersen, I. (2000). The relationship between cognitive/ neuropsychological factors and car driving performance in older adults. *Journal of the American Geriatrics Society, 48,* 1664–1668.

de Villiers, J. G., & de Villiers, P. A. (1973). A cross-sectional study of the acquisition of grammatical morphemes in child speech. *Journal of Psycholinguistic Research, 2,* 267–278.

de Villiers, J. G., & de Villiers, P. A. (2000). Linguistic determinism and the understanding of false beliefs. In P. Metchell & K. J. Riggs (Eds.), *Children's reasoning and the mind* (pp. 87–99). Hove, U.K.: Psychology Press.

de Vries, B., Bluck, S., & Birren, J. E. (1993). The understanding of death and dying in a life-span perspective. *Gerontologist, 33,* 366–372.

de Waal, F. B. M. (1993). Sex differences in chimpanzee (and human) behavior: A matter of social values? In M. Hechter, L. Nadel, & R. E. Michod (Eds.), *The origin of values* (pp. 285–303). New York: Aldine de Gruyter.

de Waal, F. B. M. (1999). The end of nature versus nurture. *Scientific American, 281*(6), 94–99.

De Wolff, M. S., & van IJzendoorn, M. H. (1997). Sensitivity and attachment: A meta-analysis on parental antecedents of infant attachment. *Child Development, 68,* 571–591.

Deák, G. O. (2000). Hunting the fox of word learning: Why "constraints" fail to capture it. *Developmental Review, 20,* 29–80.

Deák, G. O., & Maratsos, M. (1998). On having complex representations of things: Preschoolers use multiple words for objects and people. *Developmental Psychology, 34,* 224–240.

Deary, I. J. (2000). Simple information processing and intelligence. In R. J. Sternberg (Ed.), *Handbook of intelligence* (pp. 267–284). New York: Cambridge University Press.

Deater-Deckard, K., & Dodge, K. A. (1997). Externalizing behavior problems and discipline revisited: Nonlinear effects and variation by culture, context, and gender. *Psychological Inquiry, 8,* 161–175.

Deater-Deckard, K., Dodge, K. A., Bates, J. E., & Petit, G. S. (1996). Physical discipline among African American and European

American mothers: Links to children's externalizing behaviors. *Developmental Psychology, 32,* 1065–1072.
Deater-Deckard, K., Pike, A., Petrill, S. A., Cutting, A. L., Hughes, C., & O'Connor, T. G. (2001). Nonshared environmental processes in social-emotional development: An observational study of identical twin differences in the preschool period. *Developmental Science, 4,* F1–F6.
DeCasper, A. J., & Spence, M. J. (1986). Prenatal maternal speech influences newborns' perception of speech sounds. *Infant Behavior and Development, 9,* 133–150.
Deffenbacher, J. L. (1994). Anger reduction: Issues, assessment, and intervention strategies. In A. W. Siegman & T. W. Smith (Eds.), *Anger, hostility, and the heart* (pp. 239–269). Hillsdale, NJ: Erlbaum.
DeGarmo, D. S., & Forgatch, M. S. (1997). Determinants of observed confidant support for divorced mothers. *Journal of Personality and Social Psychology, 72,* 336–345.
DeGarmo, D. S., & Forgatch, M. S. (1999). Contexts as predictors of changing maternal parenting practices in diverse family structures: A social interactional perspective of risk and resilience. In E. M. Hetherington (Ed.), *Coping with divorce, single parenting, and remarriage: A risk and resiliency perspective* (pp. 227–252). Mahwah, NJ: Erlbaum.
DeGenova, M. K. (1992). If you had your life to live over again: What would you do differently? *International Journal of Aging and Human Development, 34,* 135–143.
Dejin-Karlsson, E., Hanson, B. S., Estergren, P.-O., Sjoeberg, N.-O., & Marsal, K. (1998). Does passive smoking in early pregnancy increase the risk of small-for-gestational-age infants? *American Journal of Public Health, 88,* 1523–1527.
Deković, M., Noom, M. J., & Meeus, W. (1997). Expectations regarding development during adolescence: Parent and adolescent perceptions. *Journal of Youth and Adolescence, 26,* 253–271.
Delgado-Gaitan, C. (1994). Socializing young children in Mexican-American families: An intergenerational perspective. In P. Greenfield & R. Cocking (Eds.), *Cross-cultural roots of minority child development* (p. 55–86). Hillsdale, NJ: Erlbaum.
Dell, D. L. (2001). Adolescent pregnancy. In N. L. Stotland & D. E. Stewart (Eds.), *Psychological aspects of women's health care* (pp. 95–116). Washington, DC: American Psychiatric Association.
DeLoache, J. S., & Smith, C. M. (1999). Early symbolic representation. In I. E. Sigel (Ed.), *Development of mental representation* (pp. 61–86). Mahwah, NJ: Erlbaum.
DeLoache, J. S., & Todd, C. M. (1988). Young children's use of spatial categorization as a mnemonic strategy. *Journal of Experimental Child Psychology, 46,* 1–20.
Demetriou, A., & Kazi, S. (2001). *Unity and modularity in the mind and the self: Studies on the relationships between self-awareness, personality, and intellectual development from childhood to adolescence.* London: Routledge.
Demetriou, A., Christou, C., Spanoudis, G., & Platsidou, M. (2002). The development of mental processing: Efficiency, working memory, and thinking. *Monographs of the Society for Research in Child Development, 67*(1, Serial No. 268).
Demetriou, A., Efklides, A., & Platsidou, M. (1993). The architecture and dynamics of developing mind. *Monographs of the Society for Research in Child Development, 58*(No. 5–6, Serial No. 234).
Demetriou, A., Efklides, A., Papadaki, M., Papantoniou, G., & Economou, A. (1993). Structure and development of causal–experimental thought: From early adolescence to youth. *Developmental Psychology, 29,* 480–497.
Demetriou, A., Pachaury, A., Metallidou, Y., & Kazi, S. (1996). Universals and specificities in the structure and development of quantitative-relational throught: A cross-cultural study in Greece and India. *International Journal of Behavioral Development, 19,* 255–290.
Dempster, F. N., & Corkill, A. J. (1999). Interference and inhibition in cognition and behavior: Unifying themes for educational psychology. *Educational Psychology Review, 11,* 1–88.

Denckla, M. B. (1996). Biological correlates of learning and attention: What is relevant to learning disability and attention-deficit hyperactivity disorder? *Developmental and Behavioral Pediatrics, 17,* 114–119.
Denham, S. (1998). *Emotional development in young children.* New York: Guilford.
Denham, S. A., Zoller, D., & Couchoud, E. (1994). Socialization of preschoolers' emotion understanding. *Developmental Psychology, 30,* 928–936.
Denner, J., Cooper, C. R., Lopez, E. M., & Dunbar, N. (1999). Beyond "giving science away": How university–community partnerships inform youth programs, research, and policy. *Social Policy Report of the Society for Research in Child Development, 13*(1).
Denney, N. W. (1990). Adult age differences in traditional and practical problem solving. *Advances in Psychology, 72,* 329–349.
Denney, N. W., & Pearce, K A. (1989). A developmental study of practical problem solving in adults. *Psychology and Aging, 4,* 438–442.
Dennis, W. (1960). Causes of retardation among institutionalized children: Iran. *Journal of Genetic Psychology, 96,* 47–59.
Dennison, B. A., Straus, J. H., Mellits, D., & Charney, E. (1998). Childhood physical fitness tests: Predictor of adult physical activity levels? *Pediatrics, 82,* 342–350.
Derom, C., Thiery, E., Vlietinck, R., Loos, R., & Derom, R. (1996). Handedness in twins according to zygosity and chorion type: A preliminary report. *Behavior Genetics, 26,* 407–408.
DeStafano, F., & Chen, R. T. (2001). Autism and measles-mumps-rubella vaccination: Controversy laid to rest? *CNS Drugs, 15,* 831–837.
Deutsch, F. M., Ruble, D. N., Fleming, A., Brooks-Gunn, J., & Stangor, C. (1988). Information-seeking and maternal self-definition during the transition to motherhood. *Journal of Personality and Social Psychology, 55,* 420–431.
Deutsch, W., & Pechmann, T. (1982). Social interaction and the development of definite descriptions. *Cognition, 11,* 159–184.
Deveson, A. (1994). *Coming of age: Twenty-one interviews about growing older.* Newham, Australia: Scribe.
Dewey, K. G. (2001). Nutrition, growth, and complementary feeding of the breastfed infant. *Pediatric Clinics of North America, 48,* 87–104.
Dewsbury, D. A. (1992). Comparative psychology and ethology: A reassessment. *American Psychologist, 47,* 208–215.
Diamond, A., Cruttenden, L., & Neiderman, D. (1994). AB with multiple wells: 1. Why are multiple wells sometimes easier than two wells? 2. Memory or memory + inhibition. *Developmental Psychology, 30,* 192–205.
Diamond, L. M. (1998). Development of sexual orientation among adolescent and young adult women. *Developmental Psychology, 34,* 1085–1095.
Diamond, L. M., Savin-Williams, R. C., & Dubé, E. M. (1999). Sex, dating, passionate friendships, and romance: Intimate peer relations among lesbian, gay, and bisexual adolescents. In W. Furman, B. B. Brown, & C. Feiring, (Eds.), *The development of romantic relationships in adolescence* (pp. 175–210). New York: Cambridge University Press.
Diamond, M., & Hopson, J. (1999). *Magic trees of the mind.* New York: Plume.
Diamond, M., & Sigmundson, H. K. (1999). Sex reassignment at birth. In S. J. Ceci & W. M. Williams (Eds.), *The nature–nurture debate* (pp. 55–75). Malden, MA: Blackwell.
Dick, D. M., Rose, R. J., Viken, R. J., & Kaprio, J. (2000). Pubertal timing and substance use: Associations between and within families across late adolescence. *Developmental Psychology, 36,* 180–189.
Dick-Read, G. (1959). *Childbirth without fear.* New York: Harper & Row.
Dickson, K. L., Fogel, A., & Messinger, D. (1998). The development of emotion from a social process view. In M. F. Mascolo (Ed.), *What develops in emotional development?* (pp. 253–271). New York: Plenum.

Dickson, S. V., Collins, V. L., Simmons, D. C., & Dameenui, E. J. (1998). Metacognitive strategies: Research bases. In D. C. Simmons & E. J. Kameenui (Eds.), *What reading research tells us about children with diverse learning needs: Bases and basics* (pp. 295–360). Mahwah, NJ: Erlbaum.

DiClemente, R. J. (1993). Preventing HIV/AIDS among adolescents. *Journal of the American Medical Association, 270,* 760–762.

Diehl, M., Coyle, N., & Labouvie-Vief, G. (1996). Age and sex differences in strategies of coping and defense across the life span. *Psychology and Aging, 11,* 127–139.

Diener, E., Gohm, C. L., Suh, E., & Oishi, S. (2000). Similarity of the relations between marital status and subjective well-being across cultures. *Journal of Cross-Cultural Psychology, 31,* 419–436.

Dietrich, K. N. (1999). Environmental toxicants and child development. In H. Tager-Flusberg (Ed.), *Neurodevelopmental disorders* (pp. 469–490). Boston: MIT Press.

Dietrich, K. N., Berger, O. G,. & Succop, P. A. (1993). Lead exposure and the motor developmental status of urban six-year-old children in the Cincinnati Prospective Study. *Pediatrics, 91,* 301–307.

DiLalla, L. F., Kagan, J., & Reznick, J. S. (1994). Genetic etiology of behavioral inhibition among 2-year-old children. *Infant Behavior and Development, 17,* 405–412.

Dildy, G. A., Jackson, G. M., Fowers, G. K., Oshiro, B. T., Varner, M. W., & Clark, S. L. (1996). Very advanced maternal age. Pregnancy after age 45. *American Journal of Obstetrics and Gynecology, 175,* 668–674.

Dillaway, H., & Broman, C. (2001). Race, class, and gender differences in marital satisfaction and divisions of household labor among dual-earner couples. *Journal of Family Issues, 22,* 309–327.

DiNitto, D. M. (2002). *Social welfare: Politics and public policy* (2nd ed.). Boston: Allyn and Bacon.

Dion, K. L., & Dion, K. K. (1993). Gender and ethnocultural comparisons in styles of love. *Journal of Social Issues, 49,* 53–69.

DiPietro, J. A., Hodgson, D. M., Costigan, K. A., & Hilton, S. C. (1996a). Fetal neurobehavioral development. *Child Development, 67,* 2553–2567.

DiPietro, J. A., Hodgson, D. M., Costigan, K. A., & Johnson, T. R. B. (1996b). Fetal antecedents of infant temperament. *Child Development, 67,* 2568–2583.

Dirks, J. (1982). The effect of a commercial game on children's Block Design scores on the WISC–R test. *Intelligence, 6,* 109–123.

Dishion, T. J., Andrews, D. W., & Crosby, L. (1995). Antisocial boys and their friends in early adolescence: Relationship characteristics, quality, and interactional processes. *Child Development, 66,* 139–151.

Dixon, J. A., & Moore, C. F. (1990). The development of perspective taking: Understanding differences in information and weighting. *Child Development, 61,* 1502–1513.

Dixon, L., & Browne, K. (2003). The heterogeneity of spouse abuse: A review. *Aggression and Violent Behavior, 8,* 107–130.

Dixon, R. A., & Hultsch, D. F. (1999). Intelligence and cognitive potential in late life. In J. C. Cavanaugh & S. K. Whitbourne (Eds.), *Gerontology: An interdisciplinary perspective* (pp. 213–237). New York: Oxford University Press.

Dixon, R. A., & Lerner, R. M. (1999). History and systems in developmental psychology. In M. H. Bornstein & M. E. Lamb (Eds.), *Developmental psychology: An advanced textbook* (4th ed., pp. 3–46). Mahwah, NJ: Erlbaum.

Dixon, R. A., de Frias, C. M., & Bäckman, L. (2001). Characteristics of self-reported memory compensation in older adults. *Journal of Clinical and Experimental Neuropsychology, 23,* 650–661.

Dodge, K. A., Pettit, G. S., & Bates, J. E. (1994). Socialization mediators of the relation between socioeconomic status and child conduct problems. *Child Development, 65,* 649–655.

Doeker, B., Simic-Schleicher, A., Hauffa, B. P., & Andler, W. (1999). Psychosozialer Kleinwuchs maskiert als Wachstumshormonmangel [Psychosocially stunted growth masked as growth hormone deficiency]. *Klinisch Padiatrie, 211,* 394–398.

Doherty, G., Lero, D. S., Goelman, H., Tougas, J., & LaGrange, A. (2000). *You bet I care! Caring and learning environments: Quality in regulated family child care across Canada.* Guelph, ON: Centre for Families, Work and Well-Being, University of Guelph.

Doi, M. (1991). A transformation of ritual: The Nisei 60th birthday. *Journal of Cross-Cultural Gerontology, 6,* 153–161.

Doka, K., & Martin, T. (2000). Take it like a man: Masculine response to loss. In D. A. Lund (Ed.), *Men coping with grief* (pp. 37–47). Amityville, NY: Baywood.

Donatelle, R. J. (2003). *Health: The basics.* San Francisco: Benjamin Cummings.

Dondi, M., Simion, F., & Caltran, G. (1999). Can newborns discriminate between their own cry and the cry of another newborn infant? *Developmental Psychology, 35,* 418–426.

Donnerstein, E., & Linz, D. (1998). Mass media, sexual violence, and male viewers. In M. E. Odem & J. Clay-Warner (Eds.*), Confronting rape and sexual assault* (pp.181–198). Wilmington, DE: Scholarly Resources.

Donnerstein, E., Slaby, R. G., & Eron, L. D. (1994). The mass media and youth aggression. In L. D. Eron, J. H. Gentry, & P. Schlegel (Eds.), *Reason to hope: A psychosocial perspective on violence and youth* (pp. 219–250). Washington, DC: American Psychological Association.

Dornbusch, S. M., Glasgow, K. L., & Lin, I.-C. (1996). The social structure of schooling. *Annual Review of Psychology, 47,* 401–427.

Dornbusch, S. M., Ritter, P. L., Liederman, P. H., Roberts, D. F., & Fraleigh, M. J. (1987). The relation of parenting style to adolescent school performance. *Child Development, 58,* 1244–1257.

Dornbusch, S. M., Ritter, P. L., Mont-Reynaud, R., & Chen, Z. (1990). Family decision making and academic performance in a diverse high school population. *Journal of Adolescent Research, 5,* 143–160.

Dorris, M. (1989). *The broken cord.* New York: Harper & Row.

Dowd, M. D. (1999). Childhood injury prevention at home and play. *Current Opinion in Pediatrics, 11,* 578–582.

Dowd, R. (2001). Role of calcium, vitamin D, and other essential nutrients in the prevention and treatment of osteoporosis. *Nursing Clinics of North America, 36,* 417–431.

Dowdney, L. (2000). Annotation. Childhood bereavement following parental death. *Journal of Child Psychology and Psychiatry and Allied Disciplines, 41,* 819–830.

Downey, B., Armstrong, K., Lindsay, G., & Dorey, D. (2002). *Finding our way: A sexual and reproductive sourcebook for Aboriginal communities.* Ottawa: Aboriginal Nurses Association of Canada.

Downey, D. B. (1995). When bigger is not better: Family size, parental resources, and children's educational performance. *American Sociological Review, 60,* 746–761.

Downs, A. C., & Fuller, M. J. (1991). Recollections of spermarche: An exploratory investigation. *Current Psychology: Research and Reviews, 10,* 93–102.

Drabman, R. S., Cordua, G. D., Hammer, D., Jarvie, G. J., & Horton, W. (1979). Developmental trends in eating rates of normal and overweight preschool children. *Child Development, 50,* 211–216.

Drewnowski, A., & Shultz, J. M. (2001). Impact of aging on eating behaviors, food choices, nutrition, and health status. *Journal of Nutrition, Health, and Aging, 5,* 75–79.

Drotar, D., Pallotta, J., & Eckerle, D. (1994). A prospective study of family environments of children hospitalized for nonorganic failure-to-thrive. *Developmental and Behavioral Pediatrics, 15,* 78–85.

Druker, B. J., & Lydon, N. B. (2000). Lessons learned from the development of an ABL tyrosine kinase inhibitor for chronic myelogenous leukemia. *Journal of Clinical Investigation, 105,* 3–7.

Dryburgh, H. (2001). Teenage pregnancy. *Health Reports, 12*(1), Statistics Canada, Cat. No. 82–003.

Dryer, D. C., & Horowitz, L. M. (1997). When do opposites attract? Interpersonal complementarity versus similarity. *Journal of Personality and Social Psychology, 72,* 592–603.

Dubé, E. M., Savin-Williams, R. C., & Diamond, L. M. (2001). Intimacy development, gender, and ethnicity among sexual-minority youths. In A. R. D'Augelli & C. J. Patterson (Eds.), *Lesbian, gay, and bisexual identities and youth* (pp. 129–152). New York: Oxford University Press.

DuBois, D. L., & Hirsch, B. J. (1990). School and neighborhood friendship patterns of blacks and whites in early adolescence. *Child Development, 61,* 524–536.

DuBois, D. L., Bull, C. A., Sherman, M. D., & Roberts, M. (1998). Self-esteem and adjustment in early adolescence: A social-contextual perspective. *Journal of Youth and Adolescence, 27,* 557–583.

DuBois, D. L., Felner, R. D., Brand, S., & George, G. R. (1999). Profiles of self-esteem in early adolescence: Identification and investigation of adaptive correlates. *American Journal of Community Psychology, 27,* 899–932.

Duck, S. (1994). *Meaningful relationships.* Thousand Oaks, CA: Sage.

Dugan, E., & Kivett, V. R. (1998). Implementing the Adams and Blieszner conceptual model: Predicting interactive friendship processes of older adults. *Journal of Social and Personal Relationships, 15,* 607–622.

Duncan, R. M., & Pratt, M. W. (1997). Microgenetic change in the quantity and quality of preschoolers' private speech. *International Journal of Behavioral Development, 20,* 367–383.

Duniz, M., Scheer, P. J., Trojovsky, A., Kaschnitz, W., Kvas, E., & Macari, S. (1996). *European Child and Adolescent Psychiatry, 5,* 93–100.

Dunn, J. (1989). Siblings and the development of social understanding in early childhood. In P. G. Zukow (Ed.), *Sibling interaction across cultures* (pp. 106–116). New York: Springer-Verlag.

Dunn, J. (1994). Temperament, siblings, and the development of relationships. In W. B. Carey & S. C. McDevitt (Eds.), *Prevention and early intervention* (pp. 50–58). New York: Brunner/Mazel.

Dunn, J. (1996). Sibling relationships and perceived self-competence: Patterns of stability between childhood and early adolescence. In A. J. Sameroff & M. M. Haith (Eds.), *The five to seven year shift* (pp. 253–270). Chicago: University of Chicago Press.

Dunn, J., Slomkowski, C., & Beardsall, L. (1994). Sibling relationships from the preschool period through middle childhood and early adolescence. *Developmental Psychology, 30,* 315–324.

Durbin, D. L., Darling, N., Steinberg, L., & Brown, B. B. (1993). Parenting style and peer group membership among European-American adolescents. *Journal of Research on Adolescence, 3,* 87–100.

Durlak, J. A., & Riesenberg, L. A. (1991). The impact of death education. *Death Studies, 15,* 39–58.

Durrant, J., Broberg, A., & Rose-Krasnor, L. (2000). Predicting use of physical punishment during mother–child conflicts in Sweden and Canada. In P. Hastings & C. Piotrowski (Eds.), *Conflict as a context for understanding maternal beliefs about child rearing and children's misbehavior: New directions for child development.* San Francisco: Jossey-Bass.

Dusek, J. B. (1987). Sex roles and adjustment. In D. B. Carter (Ed.), *Current conceptions of sex roles and sex typing* (pp. 211–222). New York: Praeger.

Dutton, D. G., Landolt, M. A., Starzomski, A., & Bodnarchuk, M. (2001). Validation of the propensity for abusiveness scale in diverse male populations. *Journal of Family Violence, 16,* 59–73.

Dworkin, J. B., Larson, R., & Hansen, D. (1993). Adolescents' accounts of growth experiences in youth activities. *Journal of Youth and Adolescence, 32,* 17–26.

Dybing, E., & Sanner, T. (1999). Passive smoking, sudden infant death syndrome (SIDS), and childhood infections. *Human Experimental Toxicology, 18,* 202–205.

Dyer, C. B., Pavlik, V. N., Murphy, K. P., & Hyman, D. J. (2000). The high prevalence of depression and dementia in elder abuse and neglect. *Journal of the American Geriatrics Society, 48,* 205–208.

Dye-White, E. (1986). Environmental hazards in the work setting: Their effect on women of child-bearing age. *American Association of Occupational Health and Nursing Journal, 34,* 76–78.

Dykstra, P. A. (1995). Loneliness among the never and formerly married: The importance of supportive friendships and a desire for independence. *Journal of Gerontology, 50B,* S321–S329.

Eacott, M. J. (1999). Memory for the events of early childhood. *Current Directions in Psychological Science, 8,* 46–48.

Eagly, A. H., & Karau, S. J. (2002). Role congruity theory of prejudice toward female leaders. *Psychological Review, 109,* 573–598.

Eagly, A. H., & Wood, W. (1999). The origins of sex differences in human behavior: Evolved dispositions versus social roles. *American Psychologist, 54,* 408–423.

East, P. L., & Felice, M. E. (1996). *Adolescent pregnancy and parenting: Findings from a racially diverse sample.* Mahwah, NJ: Erlbaum.

Ebeling, K. S., & Gelman, S. A. (1994). Children's use of context in interpreting "big" and "little." *Child Development, 65,* 1178–1192.

Eberhart-Phillips, J. E., Frederick, P. D., & Baron, R. C. (1993). Measles in pregnancy: A descriptive study of 58 cases. *Obstetrics and Gynecology, 82,* 797–801.

Eccles, J. S. (1994). Understanding women's educational and occupational choices: Applying the Eccles et al. model of achievement-related choices. *Psychology of Women Quarterly, 18,* 585–609.

Eccles, J. S., & Harold, R. D. (1991). Gender differences in sport involvement: Applying the Eccles' expectancy-value model. *Journal of Applied Sport Psychology, 3,* 7–35.

Eccles, J. S., & Harold, R. D. (1996). Family involvement in children's and adolescents' schooling. In A. Booth & J. F. Dunn (Eds.), *Family–school links: How do they affect educational outcomes?* (pp. 3–34). Mahwah, NJ: Erlbaum.

Eccles, J. S., Early, D., Frasier, K., Belansky, E., & McCarthy, K. (1997). The relation of connection, regulation, and support for autonomy to adolescents' functioning. *Journal of Adolescent Research, 12,* 263–286.

Eccles, J. S., Jacobs, J. E., & Harold, R. D. (1990). Gender-role stereotypes, expectancy effects, and parents' role in the socialization of gender differences in self-perceptions and skill acquisition. *Journal of Social Issues, 46,* 183–201.

Eccles, J. S., Lord, S., Roeser, R. W., Barber, B., & Josefowicz-Hernandez, D. (1997). The association of school transitions in early adolescence with developmental trajectories through high school. In J. Schulenberg, J. Maggs, & K. Hurrelmann (Eds.), *Health risks and developmental transitions during adolescence* (pp. 283–320). New York: Cambridge University Press.

Eccles, J. S., Midgley, C., Wigfield, A., Buchanan, C. M., Reuman, D., Flanagan, C., & MacIver, D. (1993a). Development during adolescence: The impact of stage–environment fit on young adolescents' experiences in schools and in families. *American Psychologist, 48,* 90–101.

Eccles, J. S., Wigfield, A., & Schiefele, U. (1998). Motivation to succeed. In N. Eisenberg (Ed.), *Handbook of child psychology: Vol. 3. Social, emotional, and personality development* (5th ed., pp. 1017–1095). New York: Wiley.

Eccles, J. S., Wigfield, A., Harold, R., & Blumenfeld, P. B. (1993b). Age and gender differences in children's self- and task perceptions during elementary school. *Child Development, 64,* 830–847.

Eccles, J., Barber, B., Jozefowicz, D., Malenchuk, O., & Vida, M. (1999). Self-evaluations of competence, task values, and self-esteem. In N. G. Johnson & M. C. Roberts (Eds.), *Beyond appearance: A new look at adolescent girls* (pp. 53–83). Washington, DC: American Psychological Association.

Eckensberger, L. (1998). Die Entwicklung des moralischen Urteils. In H. Keller (Hrsg.), Lehrbuch der Entwicklungspsychologie (S. 475-516). Bern:Huber

Eder, R. A. (1989). The emergent personologist: The structure and content of 3 1/2, 5 1/2 and 7 1/2-year-olds' concepts of themselves and other persons. *Child Development, 60,* 1218–1228.

Edwards, J. N., & Booth, A. (1994). Sexuality, marriage, and well-being: The middle years. In A. S. Rossi (Ed.), *Sexuality across the life course* (pp. 233–259). Chicago: University of Chicago Press.

Egan, S. K., Monson, T. C., & Perry, D. G. (1998). Social-cognitive influences on change in aggression over time. *Developmental Psychology, 34,* 996–1006.

Egeland, B., & Hiester, M. (1995). The long-term consequences of infant day-care and mother–infant attachment. *Child Development, 66,* 474–485.

Egeland, B., Jacobvitz, D., & Sroufe, L. A. (1988). Breaking the cycle of abuse. *Child Development, 59,* 1080–1088.

Eggebeen, D. J. (1992). Parent–child support in aging American families. *Generations, 16*(3), 45–49.

Eggerman, S., & Dustin, D. (1985). Death orientation and communication with the terminally ill. *Omega, 16,* 255–265.

Eiben, B., Hammans, W., Hansen, S., Trawicki, W., Osthelder, B., Stelzer, A., Jaspers, K.-D., & Goebel, R. (1997). On the complication risk of early amniocentesis versus standard amniocentesis. *Fetal Diagnosis and Therapy, 12,* 140–144.

Eiden, R. D., & Reifman, A. (1996). Effects of Brazelton demonstrations on later parenting: A meta-analysis. *Journal of Pediatric Psychology, 21,* 857–868.

Eilers, R. E., & Oller, D. K. (1994). Infant vocalizations and the early diagnosis of severe hearing impairment. *Journal of Pediatrics, 124,* 199–203.

Einstein, G. O., Holland, L. J., McDaniel, M. A., & Guynn, M. J. (1992). Age-related deficits in prospective memory: The influence of task complexity. *Psychology and Aging, 7,* 471–478.

Einstein, G. O., Smith, R. E., McDaniel, M. A., & Shaw, P. (1997). Aging and prospective memory: The influence of increased task demands at encoding and retrieval. *Psychology and Aging, 12,* 479–488.

Eisenberg, L. (1999). Experience, brain, and behavior: The importance of a head start. *Pediatrics, 103,* 1031–1035.

Eisenberg, N. (1998). Introduction. In N. Eisenberg (Ed.), *Handbook of child psychology: Vol. 3. Social, emotional, and personality development* (5th ed., pp. 1–24). New York: Wiley.

Eisenberg, N., & Fabes, R. A. (1998). Prosocial development. In N. Eisenberg (Ed.), *Handbook of child psychology: Vol. 3. Social, emotional, and personality development* (5th ed., pp. 701–778). New York: Wiley.

Eisenberg, N., & McNally, S. (1993). Socialization and mothers' and adolescents' empathy-related characteristics. *Journal of Research on Adolescence, 3,* 171–191.

Eisenberg, N., Cumberland, A., & Spinrad, T. L. (1998). Parental socialization of emotion. *Psychological Inquiry, 9,* 241–273.

Eisenberg, N., Fabes, R. A., & Losoya, S. (1997). Emotional responding: Regulation, social correlates, and socialization. In P. Alovey & D. J. Sluyter (Eds.), *Emotional development and emotional intelligence* (pp. 129–162). New York: Basic Books.

Eisenberg, N., Fabes, R. A., Carlo, G., Speer, A. L., Switzer, G., Karbon, M., & Troyer, D. (1993). The relations of empathy-related emotions and maternal practices to children's comforting behavior. *Journal of Experimental Child Psychology, 55,* 131–150.

Eisenberg, N., Fabes, R. A., Murphy, B., Karbon, M., Smith, M., & Maszk, P. (1996). The relations of children's dispositional empathy-related responding to their emotionality, regulation, and social functioning. *Developmental Psychology, 32,* 195–209.

Eisenberg, N., Fabes, R. A., Murphy, B., Maszk, P., Smith, M., & Karbon, M. (1995). The role of emotionality and regulation in children's social functioning: A longitudinal study. *Child Development, 66,* 1360–1384.

Eisenberg, N., Fabes, R. A., Shepard, S. A., Guthrie, I., Murphy, B. C., & Reiser, M. (1999). Parental reactions to children's negative emotions: Longitudinal relations to quality of children's social functioning. *Child Development, 70,* 513–534.

Eisenberg, N., Fabes, R. A., Shepard, S. A., Murphy, B. C., Guthrie, I. K., Jones, S., Friedman, J., Poulin, R., & Maszk, P. (1997). Contemporaneous and longitudinal prediction of children's social functioning from regulation and emotionality. *Child Development, 68,* 642–664.

Eisenberg, N., Fabes, R. A., Shepard, S. A., Murphy, B. C., Jones, S., & Guthrie, I. K. (1998). Contemporaneous and longitudinal prediction of children's sympathy from dispositional regulation and emotionality. *Developmental Psychology, 34,* 910–924.

Ekman, P., & Friesen, W. (1972). Constants across culture in the face of emotion. *Journal of Personality and Social Psychology, 17,* 124–129.

Elardo, R., & Bradley, R. H. (1981). The Home Observation for Measurement of the Environment (HOME) Scale: A review of research. *Developmental Review, 1,* 113–145.

Elder, G. H., Jr. (1999). *Children of the Great Depression* (25th anniversary ed.). Boulder, CO: Westview.

Elder, G. H., Jr., & Caspi, A. (1988). Human development and social change: An emerging perspective on the life course. In N. Bolger, A. Caspi, G. Downey, & M. Moorehouse (Eds.), *Persons in context: Developmental processes* (pp. 77–113). Cambridge, U.K.: Cambridge University Press.

Elder, G. H., Jr., & Hareven, T. K. (1993). Rising above life's disadvantage: From the Great Depression to war. In G. H. Elder, Jr., J. Modell, & R. D. Parke (Eds.), *Children in time and place* (pp. 47–72). Cambridge, U.K.: Cambridge University Press.

Elder, G. H., Jr., Liker, J. K., & Cross, C. E. (1984). Parent–child behavior in the Great Depression: Life course and intergenerational influences. In P. B. Baltes & O. G. Brim (Eds.), *Life-span development and behavior* (Vol. 6, pp. 109–158). New York: Academic Press.

Elder, G. H., Jr., Van Nguyen, T., & Caspi, A. (1985). Linking family hardship to children's lives. *Child Development, 56,* 361–375.

Elder, G., Jr. (1998). The life course and human development. In R. M. Lerner (Ed.), *Handbook of child psychology: Vol. 1. Theoretical models of human development* (5th ed., pp. 939–991). New York: Wiley.

Elias, C. L., & Berk, L. E. (2002). Self-regulation in young children: Is there a role for sociodramatic play? *Early Childhood Research Quarterly, 17,* 1–17.

Elicker, J., Englund, M., & Sroufe, L. A. (1992). Predicting peer competence and peer-relationships in childhood from early parent–child relationships. In R. D. Parke & G. W. Ladd (Eds.), *Family–peer relationships: Modes of linkage* (pp. 77–106). Hillsdale, NJ: Erlbaum.

Elkind, D. (1994). *A sympathetic understanding of the child: Birth to sixteen* (3rd ed.). Boston: Allyn and Bacon.

Elkind, D., & Bowen, R. (1979). Imaginary audience behavior in children and adolescents. *Developmental Psychology, 15,* 33–44.

Elkind, M. S., & Sacco, R. L. (1998). Stroke risk factors and stroke prevention. *Seminars in Neurology, 18,* 429–440.

Ellicott, A. M. (1985). Psychosocial changes as a function of family-cycle phase. *Human Development, 28,* 270–274.

Ellingson, S., & Fuller, J. D. (2001). A good death? Finding a balance between the interests of patients and caregivers. In M. B. Holstein & P. B. Mitzen (Eds.), *Ethics in community-based elder care* (pp. 200–207). New York: Springer.

Elliott, D. S. (1994). Serious violent offenders: Onset, developmental course, and termination. *Criminology, 32,* 1–21.

Elliott, D. S., Wilson, W. J., Huizinga, D., Sampson, R. J., Elliott, A., & Rankin, B. (1996). The effects of neighborhood disadvantage on adolescent development. *Journal of Research in Crime and Delinquency, 33,* 389–426.

Elliott, E. S., & Dweck, C. S. (1988). Goals: An approach to motivation and achievement. *Journal of Personality and Social Psychology, 54,* 5–12.

Elliott, J. G. (1999). School refusal: Issues of conceptualization, assessment, and treatment. *Journal of Child Psychology and Psychiatry and Allied Disciplines, 40,* 1001–1012.

Ellis, B. J., & Garber, J. (2000). Psychosocial antecedents of variation in girls' pubertal timing: Maternal depression, stepfather presence, and marital and family stress. *Child Development, 71,* 485–501.

Ellis, B. J., McFadyen-Ketchum, S., Dodge, K. A., Pettit, G. S., & Bates, J. E. (1999). Quality of early family relationships and individual differences in the timing of pubertal maturation in girls: A longitudinal test of an evolutionary model. *Journal of Personality and Social Psychology, 77,* 933–952.

Elman, J. L., Bates, E. A., Johnson, M. H., Karmiloff-Smith, A., Parisi, D., & Plunkett, K. (1996). *Rethinking innateness: A connectionist perspective on development.* Cambridge, MA: MIT Press.

El-Sheikh, M., Cummings, E. M., & Reiter, S. (1996). Preschoolers' responses to ongoing interadult conflict: The role of prior exposure to resolved versus unresolved arguments. *Journal of Abnormal Child Psychology, 24,* 665–679.

Emanuel, E. J., Fairclough, D. L., & Emanuel, L. L. (2000). Attitudes and desires related to euthanasia and physician-assisted suicide among terminally ill patients and their caregivers. *Journal of the American Medical Association, 284,* 2460–2468.

Emde, R. N. (1992). Individual meaning and increasing complexity: Contributions of Sigmund Freud and René Spitz to developmental psychology. *Developmental Psychology, 28,* 347–359.

Emde, R. N., Plomin, R., Robinson, J., Corley, R., DeFries, J., Fulker, D. W., Reznick, J. S., Campos, J., Kagan, J., & Zahn-Waxler, C. (1992). Temperament, emotion, and cognition at fourteen months: The MacArthur Longitudinal Twin Study. *Child Development, 63,* 1437–1455.

Emery, R. E. (1999a). Postdivorce family life for children: An overview of research and some implications for policy. In R. A. Thompson & P. R. Amato (Eds.), *The postdivorce family: Children, parenting, and society* (pp. 3–27). Thousand Oaks, CA: Sage.

Emery, R. E. (1999b). Psychological interventions for separated and divorced families. In E. M. Hetherington (Ed.), *Coping with divorce, single parenting, and remarriage: A risk and resiliency perspective* (pp. 253–271). Mahwah, NJ: Erlbaum.

Emery, R. E. (2001). Interparental conflict and social policy. In J. H. Grych & F. D. Fincham (2001). *Interparental conflict and child development: Theory, research, and applications* (pp. 417–439). New York: Cambridge University Press.

Emery, R. E., & Laumann-Billings, L. (1998). An overview of the nature, causes, and consequences of abusive family relationships: Toward differentiating maltreatment and violence. *American Psychologist, 53,* 121–135.

Emory, E. K., Schlackman, L. J., & Fiano, K. (1996). Drug–hormone interactions on neurobehavioral responses in human neonates. *Infant Behavior and Development, 19,* 213–220.

Engelhart, M. J., Geerlings, M. I., Ruitenberg, A., van Swieten, J. C., Hofman, A., Witteman, J. C., & Breteler, M. M. (2002). Dietary intake of antioxidants and risk of Alzheimer's disease. *Journal of the American Medical Association, 26,* 3223–3229.

Engen, T. (1982). *The perception of odors.* New York: Academic Press.

Engfer, A. (2002). Misshandlung, Vernachlässigung und Missbrauch von Kindern. In: R. Oerter & L. Montada (Hrsg.), Entwicklungspsychologie (S. 800-817). Weinheim: PVU-Beltz.

Epstein, J. L. (2001). *School, family, and community partnerships: Preparing educators and improving schools.* Bolder, CO: Westview.

Epstein, J. L., & Sanders, M. G. (2002). Family, school, and community partnerships. In M. H. Bornstein (Ed.), *Handbook of parenting: Vol. 5* (2nd ed., pp. 407–437). Mahwah, NJ: Erlbaum.

Epstein, L. H., McCurley, J., Wing, R. R., & Valoski, A. (1990). Five-year follow-up of family-based treatments for childhood obesity. *Journal of Consulting and Clinical Psychology, 58,* 661–664.

Epstein, L. H., McKenzie, S. J., Valoski, A., Klein, K. R., & Wing, R. R. (1994). Effects of mastery criteria and contingent reinforcement for family-based child weight control. *Addictive Behaviors, 19,* 135–145.

Epstein, S. (1999). Gay and lesbian movements in the United States: Dilemmas of identity, diversity, and political strategy. In B. D. Adam, J. W. Duyvendak, & A. Krouwel (Eds.), *The global emergence of gay and lesbian politics: National imprints of a worldwide movement* (pp. 30–90). Philadelphia: Temple University Press.

Erdley, C. A., Cain, K. M., Loomis, C. C., Dumas-Hines, F., & Dweck, C. S. (1997). Relations among children's social goals, implicit personality theories, and responses to social failure. *Developmental Psychology, 33,* 263–272.

Erel, O., & Burman, B. (1995). Interrelatedness of marital relation and parent–child relations: A meta-analytic review. *Psychological Bulletin, 118,* 108–132.

Ericsson, K. A. (1990). Peak performance and age: An examination of peak performance in sports. In P. B. Baltes & M. M. Baltes (Eds.), *Successful aging* (pp. 164–196). Cambridge, U.K.: Cambridge University Press.

Erikson, E. H. (1950). *Childhood and society.* New York: Norton.
Erikson, E. H. (1964). *Insight and responsibility.* New York: Norton.
Erikson, E. H. (1968). *Identity, youth, and crisis.* New York: Norton.

Eriksson, J. G., Forsén, T., Tuomilehto, J., Osmond, C., & Barker, D. J. (2001). Early growth and coronary heart disease in later life: A longitudinal study. *British Medical Journal, 322,* 949–953.

Espiritu, D. A. V., Rashid, H., Mast, B. T., Fitzgerald, J., Steinberg, J., & Lichtenberg, P. A. (2001). Depression, cognitive impairment and function in Alzheimer's disease. *International Journal of Geriatric Psychiatry, 16,* 1098–1103.

Espy, K. A., Kaufmann, P. M., & Glisky, M. L. (1999). Neuropsychological function in toddlers exposed to cocaine in utero: A preliminary study. *Developmental Neurospsychology, 15,* 447–460.

Espy, K. A., Molfese, V. J., & DiLalla, L. F. (2001). Effects of environmental measures on intelligence in young children: Growth curve modeling of longitudinal data. *Merrill-Palmer Quarterly, 47,* 42–73.

Essa, E. L., & Murray, C. I. (1994). Young children's understanding and experience with death. *Young Children, 49*(4), 74–81.

Esterberg, K. G., Moen, P., & Dempster-McClain, D. (1994). Transition to divorce: A life-course approach to women's marital duration and dissolution. *Sociological Quarterly, 35,* 289–307.

Evans, G. W., & Kantrowitz, E. (2002). Socioeconomic status and health: The potential role of environmental risk exposure. *Annual Review of Public Health, 23,* 303–331.

Evans, G. W., Maxwell, L. E., & Hart, B. (1999). Parental language and verbal responsiveness to children in crowded homes. *Developmental Psychology, 35,* 1020–1023.

Evans, R. M., Emsley, C. L., Gao, S., Sahota, A., Farlow, M. R., & Hendrie, H. C. (2000). Serum cholesterol, ApoE gene type and the risk of Alzheimer's disease: A population-based study of African Americans. *Neurology, 54,* 95–99.

Everman, D. B., & Cassidy, S. B. (2000). Genetics of childhood disorders: XII. Genomic imprinting: Breaking the rules. *Journal of the American Academy of Child and Adolescent Psychiatry, 38,* 386–389.

Eysenck, H. J., & Wakefield, J. A. (1981). Psychological factors as predictors of marital satisfaction. *Advances in Behaviour Research and Therapy, 3,* 151–192.

Fabes, R. A., Eisenberg, N., McCormick, S. E., & Wilson, M. S. (1988). Preschoolers' attributions of the situational determinants of others' naturally occurring emotions. *Developmental Psychology, 24,* 376–385.

Fabsitz, R. R., Sholinsky, P., & Carmelli, D. (1994). Genetic influences on adult weight gain and maximum body mass index in male twins. *American Journal of Epidemiology, 140,* 711–720.

Fagan, J. F., III, & Singer, L. T. (1979). The role of simple feature differences in infants' recognition of faces. *Infant Behavior and Development, 2,* 39–45.

Fagan, J. F., III. (1973). Infants' delayed recognition memory and forgetting. *Journal of Experimental Child Psychology, 16,* 424–450.

Fagard, J., & Pezé, A. (1997). Age changes in interlimb coupling and the development of bimanual coordination. *Journal of Motor Behavior, 29,* 199–208.

Fagot, B. I. (1984). The child's expectations of differences in adult male and female interactions. *Sex Roles, 11,* 593–600.

Fagot, B. I., & Hagan, R. I. (1991). Observations of parent reactions to sex-stereotyped behaviors: Age and sex effects. *Child Development, 62,* 617–628.

Fagot, B. I., & Leinbach, M. D. (1989). The young child's gender schema: Environmental input, internal organization. *Child Development, 60,* 663–672.

Fagot, B. I., Leinbach, M. D., & O'Boyle, C. (1992). Gender labeling, gender stereotyping, and parenting behaviors. *Developmental Psychology, 28,* 225–230.

Fagot, B. I., Pears, K. C., Apaldi, D. M., Crosby, L., & Lee, C. S. (1998). Becoming an adolescent father: Precursors and parenting. *Developmental Psychology, 34,* 1209–1219.

Fahrmeier, E. D. (1978). The development of concrete operations among the Hausa. *Journal of Cross-Cultural Psychology, 9,* 23–44.

Falbo, T. (1992). Social norms and the one-child family: Clinical and policy implications. In F. Boer & J. Dunn (Eds.), *Children's sibling relationships* (pp. 71–82). Hillsdale, NJ: Erlbaum.

Falbo, T., & Poston, D. L., Jr. (1993). The academic, personality, and physical outcomes of only children in China. *Child Development, 64,* 18–35.

Falbo, T., Poston, D. L., Jr., Triscari, R. S., & Zhang, X. (1997). Self-enhancing illusions among Chinese schoolchildren. *Journal of Cross-Cultural Psychology, 28,* 172–191.

Fall, C. H., Stein, C. E., Kumaran, K., Cox, V., Osmond, C., Barker, D. J., & Hales, C. N. (1998). Size at birth, maternal weight, and type 2 diabetes in South India. *Diabetic Medicine, 15,* 220–227.

Faller, K. C. (1990). *Understanding child sexual maltreatment.* Newbury Park, CA: Sage.

Family Caregiver Alliance. (2001). *Fact sheet: Selected caregiver statistics.* Retrieved from http://www.caregiver.org/factsheets/selected_caregiver_statisticsC.html

Family Caregiver Alliance. (2002). *Fact sheet: Selected caregiver statistics* [Online]. Available: www.nlm.nih.gov/medlineplus/caregivers.html

Fanslow, C. A. (1981). Death: A natural facet of the life continuum. In D. Krieger (Ed.), *Foundations for holistic health nursing practices: The renaissance nurse* (pp. 249–272). Philadelphia: Lippincott.

Fantz, R. L. (1961, May). The origin of form perception. *Scientific American, 204* (5), 66–72.

Farkas, J., & Hogan, D. (1994). The demography of changing intergenerational relationships. In V. L. Bengtson, K. W. Schaie, & L. M. Burton (Eds.), *Adult intergenerational relations: Effects of societal change* (pp. 1–19). New York: Springer.

Farrant, K., & Reese, E. (2000). Maternal style and children's participation in reminiscing: Stepping stones in children's autobiological memory development. *Journal of Cognition and Development, 1,* 193–225.

Farrington, D. P. (1987). Epidemiology. In H. C. Quay (Ed.), *Handbook of juvenile delinquency* (pp. 33–61). New York: Wiley.

Farrington, D. P., & Loeber, R. (2000). Epidemiology of juvenile violence. *Juvenile Violence, 9,* 733–748.

Farver, J. M. (1993). Cultural differences in scaffolding pretend play: A comparison of American and Mexican mother–child and sibling–child pairs. In K. MacDonald (Ed.), *Parent–child play* (pp. 349–366). Albany, NY: SUNY Press.

Farver, J. M., & Branstetter, W. H. (1994). Preschoolers' prosocial responses to their peers' distress. *Developmental Psychology, 30,* 334–341.

Farver, J. M., Kim, Y. K., & Lee, Y. (1995). Cultural differences in Korean- and Anglo-American preschoolers' social interaction and play behaviors. *Child Development, 66,* 1088–1099.

Farver, J., & Wimbarti, S. (1995). Indonesian toddlers' social play with their mothers and older siblings. *Child Development, 66,* 1493–1503.

Fasig, L. G. (2000). Toddlers' understanding of ownership: Implications for self-concept development. *Social Development, 9,* 370–382.

Fasouliotis, S. J., & Schenker, J. G. (2000). Ethics and assisted reproduction. *European Journal of Obstetrics, Gynecology, and Reproductive Biology, 90,* 171–180.

Fattibene, P., Mazzei, F., Nuccetelli, C., & Risica, S. (1999). Prenatal exposure to ionizing radiation: Sources, effects, and regulatory aspects. *Acta Paediatrica, 88,* 693–702.

Featherman, D. (1980). Schooling and occupational careers: Constancy and change in worldly success. In O. Brim, Jr., & J. Kagan (Eds.), *Constancy and change in human development* (pp. 675–738). Cambridge, MA: Harvard University Press.

Federal Interagency Forum on Child and Family Statistics. (2002). *America's children: Key national indicators of well-being: 2002.* Washington, DC: U.S. Government Printing Office.

Feeney, J. A. (1998). Adult attachment and relationship-centered anxiety: Responses to physical and emotional distancing. In J. A. Simpson & W. S. Rholes (Eds.), *Attachment theory and close relationships* (pp. 189–218). New York: Guilford.

Feeney, J. A. (1999). Adult romantic attachment and couple relationships. In J. Cassidy & P. R. Shaver (Eds.), *Handbook of attachment* (pp. 355–377). New York: Guilford.

Feeney, J. A., Hohaus, L., Noller, P., & Alexander, R. P. (2001). *Becoming parents: Exploring the bonds between mothers, fathers, and their infants.* New York: Cambridge University Press.

Fehr, B. (1994). Prototype based assessment of laypeoples' views of love. *Personal Relationships, 1,* 309–331.

Feigenson, L., Carey, S., & Spelke, E. (2002). Infants' discrimination of number vs. continuous extent. *Cognitive Psychology, 44,* 33–66.

Feinberg, M. E., & Hetherington, E. M. (2001). Differential parenting as a within-family variable. *Journal of Family Psychology, 51,* 22–37.

Feingold, A. (1994). Gender differences in personality: A meta-analysis. *Psychological Bulletin, 116,* 429–456.

Feiring, C., & Taska, L. S. (1996). Family self-concept: Ideas on its meaning. In B. Bracken (Ed.), *Handbook of self-concept* (pp. 317–373). New York: Wiley.

Feiring, C., Taska, L., & Lewis, M. (1999). Age and gender differences in children's and adolescents' adaptation to sexual abuse. *Child Abuse and Neglect, 23,* 115–128.

Feldman, D. H. (1999). The development of creativity. In R. J. Sternberg (Ed.), *Handbook of creativity* (pp. 169–186). Cambridge, U.K.: Cambridge University Press.

Feldman, R. (2000). Parents' convergence on sharing and marital satisfaction, father involvement, and parent–child relationship in the transition to parenthood. *Infant Mental Health Journal, 21,* 176–191.

Feldman, R., Greenbaum, C. W., & Yirmiya, N. (1999). Mother–infant affect synchrony as an antecedent of the emergence of self-control. *Developmental Psychology, 35,* 223–231.

Felsman, D. E., & Blustein, D. L. (1999). The role of peer relatedness in late adolescent career development. *Journal of Vocational Behavior, 54,* 279–295.

Fenson, L., Dale, P. S., Reznick, J. S., Bates, E., Thal, D. J., & Pethick, S. J. (1994). Variability in early communicative development. *Monographs of the Society for Research in Child Development, 59*(5, Serial No. 242).

Fergus, M. A. (1995, March 19). 99 years and . . . a joy to be around. *The Pantagraph,* pp. C1–C2.

Ferguson, T. J., Stegge, H., & Damhuis, I. (1991). Children's understanding of guilt and shame. *Child Development, 62,* 827–839.

Ferguson, T. J., Stegge, H., Miller, E. R., & Olsen, M. E. (1999). Guilt, shame, and symptoms in children. *Developmental Psychology, 35,* 347–357.

Fergusson, D. M., & Woodward, L. J. (1999). Breast-feeding and later psychosocial adjustment. *Paediatric and Perinatal Epidemiology, 13,* 144–157.

Fergusson, D. M., Woodward, L. J., & Horwood, L. J. (2000). Risk factors and life processes associated with the onset of suicidal behaviour during adolescence and early adulthood. *Psychological Medicine, 30,* 23–39.

Fernald, A., Swingley, D., & Pinto, J. P. (2001). When half a word is not enough: Infants can recognize spoken words using partial phonetic information. *Child Development, 72,* 1003–1015.

Fernald, A., Taeschner, T., Dunn, J., Papousek, M., Boyssen-Bardies, B., & Fukui, I. (1989). A cross-language study of prosodic modifications in mothers' and fathers' speech to preverbal infants. *Journal of Child Language, 16,* 477–502.

Fernald, L. C., & Grantham-McGregor, S. M. (1998). Stress response in school-age children who have been growth-retarded since early childhood. *American Journal of Clinical Nutrition, 68,* 691–698.

Fernandes, O., Sabharwal, M., Smiley, T., Pastuszak, A., Koren, G., & Einarson, T. (1998). Moderate to heavy caffeine consumption during pregnancy and relationship to spontaneous abortion and abnormal fetal growth: A meta-analysis. *Reproductive Toxicology, 12,* 435–444.

Ferraro, K. F. (2001). Aging and role transitions. In R. H. Binstock & L. K. George (Eds.), *Handbook of aging and the social sciences* (pp. 313–330). San Diego: Academic Press.

Ficca, G., Fagioli, I., Giganti, F., & Salzarulo, P. (1999). Spontaneous awakenings from sleep in the first year of life. *Early Human Development, 55,* 219–228.

Fichter, M. M., & Quadflieg, N. (1999). Six-year course and outcome of anorexia nervosa. *International Journal of Eating Disorders, 16,* 359–385.

Field, D. (1997). "Looking back, what period of your life brought you the most satisfaction?" *International Journal of Aging and Human Development, 45,* 169–194.

Field, D. (1999). Stability of older women's friendships: A commentary on Roberto. *International Journal of Aging and Human Development, 48,* 81–83.

Field, D., & Millsap, R. E. (1991). Personality in advanced old age: Continuity or change? *Journal of Gerontology, 46,* 299–308.

Field, T. (1998). Maternal depression effects on infants and early interventions. *Preventive Medicine, 27,* 200–203.

Field, T. (2001). Massage therapy facilitates weight gain in preterm infants. *Current Directions in Psychological Science, 10,* 51–54.

Field, T. M. (1994). The effects of mother's physical and emotional unavailability on emotion regulation. In N. A. Fox (Ed.), The development of emotion regulation: Biological and behavioral considerations. *Monographs of the Society for Research in Child Development, 59*(2–3, Serial No. 240).

Field, T. M. (1998). Massage therapy effects. *American Psychologist, 53,* 1270–1281.

Field, T. M., Schanberg, S. M., Scafidi, F., Bauer, C. R., Vega-Lahr, N., Garcia, R. Nystrom, J., & Kuhn, C. M. (1986). Effects of tactile/kinesthetic stimulation on preterm neonates. *Pediatrics, 77,* 654–658.

Field, T. M., Woodson, R., Greenberg, R., & Cohen, D. (1982). Discrimination and imitation of facial expressions by neonates. *Science, 218,* 179–181.

Fiese, B. (1990). Playful relationships: A contextual analysis of mother-toddler interaction and symbolic play. *Child Development, 61,* 1648–1656.

Filene, P. G. (1998). *In the arms of others: A cultural history of the right-to-die in America.* New York: Ivan R. Dee.

Fingerman, K. L. (1998). The good, the bad, and the worrisome: Emotional complexities in grandparents' experiences with individual grandchildren. *Family Relations, 47,* 403–414.

Fins, A. I., & Wohlgemuth, W. K. (2001). Sleep disorders in children and adolescents. In H. Orvaschel & J. Faust (Eds.), *Handbook of conceptualization and treatment of child psychopathology* (pp. 437–448). Amsterdam: Pergamon.

Firestone, R. W. (1994). Psychological defenses against death anxiety. In R. A. Neimeyer (Ed.), *Death anxiety handbook* (pp. 217–241). Washington, DC: Taylor & Francis.

Fisch, S. M., Truglio, R. T., & Cole, C. F. (1999). The impact of Sesame Street on preschool children: A review and synthesis of 30 years' research. *Media Psychology, 1,* 165–190.

Fischer, K. W., & Bidell, T. R. (1998). Dynamic development of psychological structures in action and thought. In R. M. Lerner (Ed.), *Handbook of child psychology: Vol. 1. Theoretical models of human development* (5th ed., pp. 467–562). New York: Wiley.

Fischer, K. W., & Rose, S. P. (1995, Fall). Concurrent cycles in the dynamic development of brain and behavior. *SRCD Newsletter,* pp. 3–4, 15–16.

Fisher, C. B. (1993, Winter). Integrating science and ethics in research with high-risk children and youth. *Social Policy Report of the Society for Research in Child Development, 4*(4).

Fisher, D. E. (2001). The p53 tumor suppressor: Critical regulator of life and death in cancer. *Apoptosis, 6,* 7–15.

Fitzgibbons, P. J., & Gordon-Salant, S. (1998). Auditory temporal order perception in younger and older adults. *Journal of Speech, Language, and Hearing Research, 41,* 1052–1060.

Fivaz-Depeursinge, E., & Corboz-Warnery, A. (1999). *The primary triangle: A developmental systems view of mothers, fathers, and infants.* New York: Basic Books.

Flake, A., Roncarolo, M., Puck, J. M., Almeidaporada, G., Evins, M. I., Johnson, M. P., Abella, E. M., Harrison, D. D., & Zanjani, E. D. (1996). Treatment of X-linked severe combined immunodeficiency by in utero transplantation of paternal bone marrow. *New England Journal of Medicine, 335,* 1806–1810.

Flamm, B. L., & Quilligan, E. J. (Eds.). (1995). *Cesarean section: Guidelines for appropriate utilization.* New York: Springer-Verlag.

Flanagan, C. A., & Eccles, J. S. (1993). Changes in parents' work status and adolescents' adjustment at school. *Child Development, 64,* 246–257.

Flanagan, C. A., & Faison, N. (2001). Youth civic development: Implications of research for social policy and programs. *Social Policy Report of the Society for Research in Child Development, 15*(1).

Flanagan, C. A., & Tucker, C. J. (1999). Adolescents' explanations for political issues: Concordance with their views of self and society. *Developmental Psychology, 35,* 1198–1209.

Flannery, K. A., & Liederman, J. (1995). Is there really a syndrome involving the co-occurrence of neurodevelopmental disorder, talent, non–right handedness and immune disorder among children? *Cortex, 31,* 503–515.

Flavell, J. H. (1993). The development of children's understanding of false belief and the appearance–reality distinction. *International Journal of Psychology, 28,* 595–604.

Flavell, J. H. (1999). Cognitive development: Children's knowledge about the mind. *Annual Review of Psychology, 50,* 21–45.

Flavell, J. H. (2000). Development of children's knowledge about the mental world. *International Journal of Behavioral Development, 24,* 15–23.

Flavell, J. H., Flavell, E. R., & Green, F. L. (2001). Development of children's understanding of connections between thinking and feeling. *Psychological Science, 12,* 430–432.

Flavell, J. H., Green, F. L., & Flavell, E. R. (1987). Development of knowledge about the appearance–reality distinction. *Monographs of the Society for Research in Child Development, 51*(1, Serial No. 212).

Flavell, J. H., Green, F. L., & Flavell, E. R. (1993). Children's understanding of the stream of consciousness. *Child Development, 64,* 387–398.

Flavell, J. H., Green, F. L., & Flavell, E. R. (1995). Young children's knowledge about thinking. *Monographs of the Society for Research in Child Development, 60*(1, Serial No. 243).

Flavell, J. H., Miller, P. H., & Miller, S A. (2002). *Cognitive development* (4th ed.). Upper Saddle River, NJ: Prentice-Hall.

Fleming, J. I. (2000). Death, dying, and euthanasia: Australia versus the Northern Territory. *Issues in Law and Medicine, 15,* 291–305.

Flippen, C., & Tienda, M. (2000). Pathways to retirement: Patterns of labor force participation and labor market exit among the pre-retirement population by race, Hispanic origins, and sex. *Journal of Gerontology, 55B,* S14–S27.

Floccia, C., Christophe, A., & Bertoncini, J. (1997). High-amplitude sucking and newborns: The quest for underlying mechanisms. *Journal of Experimental Child Psychology, 64,* 175–198.

Flood, D. G., & Coleman, P. D. (1988). Cell type heterogeneity of changes in dendritic extent in the hippocampal region of the human brain in normal aging and in Alzheimer's disease. In T. L. Petit & G. O. Ivy (Ed.), *Neural plasticity: A lifespan approach* (pp. 265–281). New York: Alan R. Liss.

Florian, V., & Kravetz, S. (1985). Children's concepts of death: A cross-cultural comparison among Muslims, Druze, Christians, and Jews in Israel. *Journal of Cross-Cultural Psychology, 16*, 174–179.

Florian, V., & Mikulincer, M. (1998). Symbolic immortality and the management of the terror of death: The moderating role of attachment style. *Journal of Personality and Social Psychology, 74*, 725–734.

Florian, V., Mikulincer, M., & Taubman, O. (1995). Does hardiness contribute to mental health during a stressful real-life situation? The roles of appraisal and coping. *Journal of Personality and Social Psychology, 68*, 687–695.

Flynn, J. R. (1999). Searching for justice: The discovery of IQ gains over time. *American Psychologist, 54*, 5–20.

Fogel, A. (1993). *Developing through relationships: Origins of communication, self and culture.* New York: Harvester Wheatsheaf.

Foltz, C., Overton, W. F., & Ricco, R. B. (1995). Proof construction: Adolescent development from inductive to deductive problem-solving strategies. *Journal of Experimental Child Psychology, 59*, 179–195.

Fonda, S. J., Clipp, E. C., & Maddox, G. L. (2002). Patterns in functioning among residents of an affordable assisted living housing facility. *Gerontologist, 42*, 178–187.

Ford, J. M., Roth, W. T., Isaacks, B. G., White, P. M., Hood, S. H., & Pfefferbaum, A. (1995). *Biological Psychology, 39*, 57–80.

Forgatch, M. S., Patterson, G. R., & Ray, J. A. (1996). Divorce and boys' adjustment problems: Two paths with a single model. In E. M. Hetherington (Ed.), *Stress, coping, and resiliency in children and the family* (pp. 67–105). Hillsdale, NJ: Erlbaum.

Forsén, T., Eriksson, J., Tuomilehto, J., Reunanen, A., Osmond, C., & Barker, D. (2000). The fetal and childhood growth of persons who develop type 2 diabetes. *Annals of Internal Medicine, 133*, 176–182.

Fotinatos-Ventouratos, R., & Cooper, C. L. (1998). Social class differences and occupational stress. *International Journal of Stress Management, 5*, 211–222.

Fowler, J. W. (1981). *Stages of faith.* San Francisco: Harper & Row.

Fowles, D. C., & Kochanska, G. (2000). Temperament as a moderator of pathways to conscience in children: The contribution of electrodermal activity. *Psychophysiology, 37*, 788–795.

Fox, M., Gibbs, M., & Auerbach, D. (1985). Age and gender dimensions of friendship. *Psychology of Women Quarterly, 9*, 489–501.

Fox, N. A. (1991). If it's not left, it's right: Electroencephalograph asymmetry and the development of emotion. *American Psychologist, 46*, 863–872.

Fox, N. A., & Davidson, R. J. (1986). Taste-elicited changes in facial signs of emotion and the asymmetry of brain electrical activity in newborn infants. *Neuropsychologia, 24*, 417–422.

Fox, N. A., Calkins, S. D., & Bell, M. A. (1994). Neural plasticity and development in the first two years of life: Evidence from cognitive and socioemotional domains of research. *Development and Psychopathology, 6*, 677–696.

Fozard, J. L., & Gordon-Salant, S. (2001). Changes in vision and hearing with aging. In J. E. Birren & K. W. Schaie (Eds.), *Handbook of the psychology of aging* (pp. 241–266). San Diego: Academic Press.

Fozard, J. L., Vercruyssen, M., Reynolds, S. L., Hancocke, P. A., & Quilter, R. E. (1994). Age differences and changes in reaction time: The Baltimore Longitudinal Study of Aging. *Journal of Gerontology, 49*, P179–P189.

Frackiewicz, E. J., & Shiovitz, T. M. (2001). Evaluation and management of premenstrual syndrome and premenstrual dysphoric disorder. *Journal of the American Pharmaceutical Association, 41*, 437–447.

Framo, J. L. (1994). The family life cycle: Impressions. *Contemporary Family Therapy, 16*, 87–117.

Franco, M. C., Danias, A. P., Akamine, E. H., Kawamoto, E. M., Fortes, Z. B., Scavone, C., Tostes, R. C., Carvalho, M. H., & Nigro, D. (2002). Enhanced oxidative stress as a potential mechanism underlying the programming of hypertension in utero. *Journal of Cardiovascular Pharmacology, 40*, 501–509.

Franco, P., Chabanski, S., Szliwowski, H., Dramaiz, M., & Kahn, A. (2000). Influence of maternal smoking on autonomic nervous system in healthy infants. *Pediatric Research, 47*, 215–220.

Franklin, C., & Corcoran, J. (2000). Preventing adolescent pregnancy: A review of programs and practices. *Social Work, 45*, 40–52.

Franklin, C., Grant, D., Corcoran, J., O'Dell-Miller, P., & Bultman, L. (1997). Effectiveness of prevention programs for adolescent pregnancy: A meta-analysis. *Journal of Marriage and the Family, 59*, 551–567.

Franklin, M. (1995). The effects of differential college environments on academic learning and student perceptions of cognitive development. *Research in Higher Education, 36*, 127–153.

Frazier, J. A., & Morrison, F. J. (1998). The influence of extended-year schooling on growth of achievement and perceived competence in early elementary school. *Child Development, 69*, 495–517.

Frazier, L. D. (2002). Perceptions of control over health: Implications for sense of self in healthy and ill older adults. In S. P. Shohov (Ed.), *Advances in psychology research* (Vol. 10, pp. 145–163). Huntington, NY: Nova Science Publishers.

Frederickson, B. L., & Carstensen, L. L. (1990). Relationship classification using grade of membership analysis: A typology of sibling relationships in later life. *Journal of Gerontology, 45*, S43–S51.

Frederiksen-Goldsen, K. I., & Sharlach, A. E. (2000). *Families and work: New directions in the twenty-first century.* New York: Oxford University Press.

Freedman-Doan, C., Wigfield, A., Eccles, J. S., Blumenfeld, P., Arbreton, A., & Harold, R. D. (2000). What am I best at? Grade and gender differences in children's beliefs about ability improvement. *Journal of Applied Developmental Psychology, 21*, 379–402.

Freeman, D. (1983). *Margaret Mead and Samoa: The making and unmaking of an anthropological myth.* Cambridge, MA: Harvard University Press.

Freeman, E. W., & Halbreich, U. (1998). Premenstrual syndromes. *Psychopharmacological Bulletin, 34*, 291–295.

Freud, S. (1973). *An outline of psychoanalysis.* London: Hogarth. (Original work published 1938)

Freud, S. (1974). *The ego and the id.* London: Hogarth. (Original work published 1923)

Freund, A. M., & Baltes, P. B. (1998). Selection, optimization, and compensation as strategies of life management: Correlations with subjective indicators of successful aging. *Psychology and Aging, 13*, 531–543.

Freund, A. M., & Baltes, P. B. (2000). The orchestration of selection, optimization and compensation: An action-theoretical conceptualization of a theory of developmental regulation. In W. J. Perrig & A. Grob (Eds.), *Control of human behavior, mental processes, and consciousness* (pp. 35–58). Mahwah, NJ: Erlbaum.

Freund, A. M., & Smith, J. (1999). Content and function of the self-definition in old and very old age. *Journal of Gerontology, 54B*, P55–P67.

Frick, J. E., Colombo, J., & Saxon, T. F. (1999). Individual and developmental differences in disengagement of fixation in early infancy. *Child Development, 70*, 537–548.

Fried, P. A. (1993). Prenatal exposure to tobacco and marijuana: Effects during pregnancy, infancy, and early childhood. *Clinical Obstetrics and Gynecology, 36*, 319–337.

Fried, P. A., & Makin, J. E. (1987). Neonatal behavioral correlates of prenatal exposure to marijuana, cigarettes, and alcohol in a low risk population. *Neurobehavioral Toxicology and Teratology, 9*, 1–7.

Fried, P. A., Watkinson, B., & Gray, R. (1999). Growth from birth to early adolescence in offspring prenatally exposed to cigarettes and marijuana. *Neurotoxicology and Teratology, 21,* 513–525.

Friedman, J. M. (1996). *The effects of drugs on the fetus and nursing infant: A handbook for health care professionals.* Baltimore: Johns Hopkins University Press.

Friedman, S. L., & Scholnick, E. K. (1997). An evolving "blueprint" for planning: Psychological requirements, task characteristics, and social–cultural influences. In S. L. Friedman & E. K. Scholnick (Eds.), *The developmental psychology of planning: Why, how, and when do we plan?* (pp. 3–22). Mahwah, NJ: Erlbaum.

Frijda, N. (2000). The psychologist's point of view. In M. Lewis & J. M. Haviland-Jones (Eds.), *Handbook of emotions* (pp. 59–74). New York: Guilford.

Frodi, A. (1985). When empathy fails: Aversive infant crying and child abuse. In B. M. Lester & C. F. Z. Boukydis (Eds.), *Infant crying: Theoretical and research perspectives* (pp. 263–277). New York: Plenum.

Frosch, C. A., Mangelsdorf, S. C., & McHale, J. L. (2000). Marital behavior and security of preschooler–parent attachment relationships. *Journal of Family Psychology, 14,* 144–161.

Fry, C. L. (1985). Culture, behavior, and aging in the comparative perspective. In J. E. Birren & K. W. Schaie (Eds.), *Handbook of the psychology of aging* (2nd ed., pp. 216–244). New York: Van Nostrand Reinhold.

Fry, C., Dickerson-Putman, J., Draper, P., Ikels, C., Keith, J., Glascock, A. P., & Harpending, H. C. (1997). Culture and the meaning of a good old age. In J. Sokolovsky (Ed.), *The cultural context of aging: Worldwide perspectives* (2nd ed., pp. 99–124). New York: Bergin & Garvey.

Fry, P. M. (1995). Individual differences in reminiscence among older adults: Predictors of frequency and pleasantness ratings of reminiscence activity. In J. Hendricks (Ed.), *The meaning of reminiscence and life review* (pp. 83–97). Amityville, NY: Baywood.

Fry, P. M. (2001). Predictors of health-related quality of life perspectives, self-esteem, and life satisfactions of older adults following spousal loss: An 18-month follow-up study of widows and widowers. *Gerontologist, 41,* 787–798.

Fuchs, I., Eisenberg, N., Hertz-Lazarowitz, R., & Sharabany, R. (1986). Kibbutz, Israeli city, and American children's moral reasoning about prosocial moral conflicts. *Merrill-Palmer Quarterly, 32,* 37–50.

Fuligni, A. J. (1997). The academic achievement of adolescents from immigrant families: The roles of family background, attitudes, and behavior. *Child Development, 68,* 261–273.

Fuligni, A. J. (1998a). Authority, autonomy, and parent–adolescent conflict and cohesion: A study of adolescents from Mexican, Chinese, Filipino, and European backgrounds. *Developmental Psychology, 34,* 782–792.

Fuligni, A. J. (1998b). The adjustment of children from immigrant families. *Current Directions in Psychological Science, 7,* 99–103.

Fuligni, A. J., & Stevenson, H. W. (1995). Time use and mathematics achievement among American, Chinese, and Japanese high school students. *Child Development, 66,* 830–842.

Fuligni, A. J., Burton, L., Marshall, S., Perez-Febles, A., Yarrington, J., Kirsh, L.B., & Merriwether-DeVries, C. (1999). Attitudes toward family obligations among American adolescents with Asian, Latin American, and European backgrounds. *Child Development, 70,* 1030–1044.

Fuller, G. F. (2000). Falls in the elderly. *American Family Physician, 61,* 2159–2168.

Fuller-Thomson, E., & Minkler, M. (2000). The mental and physical health of grandmothers who are raising their grandchildren. *Journal of Mental Health and Aging, 6,* 311–323.

Fulton, R. (1995). The contemporary funeral: Functional or dysfunctional? In H. Wass & R. A. Neimeyer (Eds.), *Dying: Facing the facts* (3rd ed., pp. 185–209). Washington, DC: Taylor and Francis.

Fung, H. H., Carstensen, L. L., & Lang, F. R. (2001). Age-related patterns in social networks among European Americans and African Americans: Implications for socioemotional selectivity across the life span. *International Journal of Aging and Human Development, 52,* 185–206.

Fung, H. H., Carstensen, L. L., & Lutz, A. (1999). The influence of time on social preferences: Implications for life-span development. *Psychology and Aging, 14,* 595–604.

Fung, H. H., Lai, P., & Ng, R. (2001). Age differences in social preferences among Taiwanese and mainland Chinese: The role of perceived time. *Psychology and Aging, 16,* 351–356.

Furman, E. (1990, November). Plant a potato—learn about life (and death). *Young Children, 46*(1), 15–20.

Furman, W. (2002). The emerging field of adolescent romantic relationships. *Current Directions in Psychological Science, 11,* 177–180.

Furman, W., & Buhrmester, D. (1992). Age and sex differences in perceptions of networks of personal relationships. *Child Development, 63,* 103–115.

Furstenberg, F. F., Jr., & Harris, K. M. (1993). When and why fathers matter: Impact of father involvement on children of adolescent mothers. In R. I. Lerman & T. J. Ooms (Eds.), *Young unwed fathers* (pp. 117–138). Philadelphia: Temple University Press.

Furstenberg, F. F., Jr., Brooks-Gunn, J., & Morgan, S. P. (1987). *Adolescent mothers and their children in later life.* Cambridge, U.K.: Cambridge University Press.

Fuson, K. C. (1992). Research on learning and teaching addition and subtraction of whole numbers. In G. Leinhardt, R. T. Putnam, & R. A. Hattrup (Eds.), *The analysis of arithmetic for mathematics teaching* (pp. 53–187). Hillsdale, NJ: Erlbaum.

Gabbay, S. G., & Wahler, J. J. (2002). Lesbian aging: Review of a growing literature. *Journal of Gay and Lesbian Social Services, 14,* 1–21.

Gabrel, C. S. (2000). *Advance data from Vital and Health Statistics of the Centers for Disease Control and Prevention.* Washington, DC: U.S. Department of Health and Human Services.

Gaddis, A., & Brooks-Gunn, J. (1985). The male experience of pubertal change. *Journal of Youth and Adolescence, 14,* 61–69.

Galambos, N. L., & Maggs, J. L. (1991). Children in self-care: Figures, facts, and fiction. In J. V. Lerner & N. L. Galambos (Eds.), *Employed mothers and their children* (pp. 131–157). New York: Garland.

Galambos, N. L., Almeida, D. M., & Petersen, A. C. (1990). Masculinity, femininity, and sex role attitudes in early adolescence: Exploring gender intensification. *Child Development, 61,* 1905–1914.

Gale, G., & VandenBerg, K. A. (1998). Kangaroo care. *Neonatal Network, 17*(5), 69–71.

Gallard, B. C., Taylor, B. J., & Bolton, D. P. (2002). Prone versus supine sleep position: A review of the physiological studies in SIDS research. *Journal of Paediatric Child Health, 38,* 332–338.

Galler, J. R., Ramsey, C. F., Morley, D. S., Archer, E., & Salt, P. (1990). The long-term effects of early kwashiorkor compared with marasmus. IV. Performance on the National High School Entrance Examination. *Pediatric Research, 28,* 235–239.

Galler, J. R., Ramsey, F., & Solimano, G. (1985a). A follow-up study of the effects of early malnutrition on subsequent development: I. Physical growth and sexual maturation during adolescence. *Pediatric Research, 19,* 518–523.

Galler, J. R., Ramsey, F., & Solimano, G. (1985b). A follow-up study of the effects of early malnutrition on subsequent development: II. Fine motor skills in adolescence. *Pediatric Research, 19,* 524–527.

Gallup Canada. (1997, June). The Gallup Poll—Canadians voice their opinions on doctor-assisted suicide. Retrieved from http://www.web.apc.org/dwd/index.html

Galotti, K. M., Kozberg, S. F., & Farmer, M. C. (1991). Gender and developmental differences in adolescents' conceptions of moral reasoning. *Journal of Youth and Adolescence, 20,* 13–30.

Gannon, L., & Ekstrom, B. (1993). Attitudes toward menopause: The influence of sociocultural paradigms. *Psychology of Women Quarterly, 17,* 275–288.

Gannon, S., & Korn, S. J. (1983). Temperament, cultural variation, and behavior disorder in preschool children. *Child Psychiatry and Human Development, 13,* 203–212.

Ganong, L. H., & Coleman, M. (1992). Gender differences in expectations of self and future partner. *Journal of Family Issues, 13,* 55–64.

Ganong, L. H., & Coleman, M. (1994). *Remarried family relationships.* Thousand Oaks, CA: Sage.

Ganong, L. H., & Coleman, M. (1998). Attitudes regarding filial responsibilities to help elderly divorced parents and stepparents. *Journal of Aging Studies, 12,* 271–290.

Ganong, L. H., & Coleman, M. (2000). Remarried families. In C. Hendrick & S. S. Hendrick (Eds.), *Close relationships* (pp. 155–168). Thousand Oaks, CA: Sage.

Ganong, L. H., Coleman, M., & Fine, M. (1995). Remarriage and stepfamilies. In W. Burr & R. Day (Eds.), *Advanced family science.* Provo, UT: Brigham Young University Press.

Ganong, L., Coleman, M., Fine, M., & Martin, P. (1999). Stepparents' affinity-seeking and affinity-maintaining strategies with stepchildren. *Journal of Family Issues, 20,* 299–327.

Ganzini, L., Harvath, T. A., Jackson, A., Goy, E. R., Miller, L. L., & Delorit, M. A. (2002). Experiences of Oregon nurses and social workers with hospice patients who requested assistance with suicide. *New England Journal of Medicine, 347,* 582–588.

Gao, G. (2001). Intimacy, passion, and commitment in Chinese and U.S. American romantic relationships. *International Journal of Intercultural Relations, 25,* 329–342.

Garbarino, J., & Kostelny, K. (1993). Neighborhood and community influences on parenting. In T. Luster & L. Okagaki (Eds.), *Parenting: An ecological perspective* (pp. 203–226). Hillsdale, NJ: Erlbaum.

Garbarino, J., Andreas, J. B., & Vorrasi, J. A. (2002). Beyond the body count: Moderating the effects of war on children's long-term adaptation. In F. Jacobs, D. Wertlieb, & R. M. Lerner (Eds.), *Handbook of developmental science* (Vol. 2, pp. 137–158). Thousand Oaks, CA: Sage.

Garber, J., Braafladt, N., & Weiss, B. (1995). Affect regulation in depressed and nondepressed children and young adolescents. *Development and Psychopathology, 7,* 93–115.

Garber, J., Quiggle, N., Panak, W., & Dodge, K. (1991). Aggression and depression in children: Comorbidity, specificity, and social cognitive processing. In D. Cicchetti & S. L. Toth (Eds.), *Rochester Symposium on Developmental Psychopathology: Vol. 2. Internalizing and externalizing expressions of dysfunction* (pp. 225–264). Hillsdale, NJ: Erlbaum.

Garcia, M. M., Shaw, D. S., Winslow, E. B., & Yaggi, K. E. (2000). Destructive sibling conflict and the development of conduct problems in young boys. *Developmental Psychology, 36,* 44–53.

García-Coll, C., & Magnuson, K. (1997). The psychological experience of immigration: A developmental perspective. In A. Booth, A. C. Crouter, & N. Landale (Eds.), *Immigration and the family* (pp. 91–131). Mahwah, NJ: Erlbaum.

García-Coll, C., & Pachter, L. M. (2002). Ethnic and minority parenting. In M. H. Bornstein (Ed.), *Handbook of parenting* (2nd ed., Vol. 4, pp. 1–20). Mahwah, NJ: Erlbuam.

Gardner, E. (2001). Making every day count: Hospice palliative care in Canada. *Transition Magazine, 31*(1). Retrieved from http://www.vifamily.ca/tm/311/1.htm

Gardner, H. (1980). *Artful scribbles: The significance of children's drawings.* New York: Basic Books.

Gardner, H. (1983). *Frames of mind: The theory of multiple intelligences.* New York: Basic Books.

Gardner, H. (1993). *Multiple intelligences: The theory in practice.* New York: Basic Books.

Gardner, H. E. (1998a). Are there additional intelligences? The case of the naturalist, spiritual, and existential intelligences. In J. Kane (Ed.), *Educational information and transformation.* Upper Saddle River, NJ: Prentice-Hall.

Gardner, H. E. (1998b). Extraordinary cognitive achievements (ECA): A symbol systems approach. In R. M. Lerner (Ed.), *Handbook of child psychology: Vol. 1. Theoretical models of human development* (5th ed., pp. 415–466). New York: Wiley.

Gardner, H. E. (2000). *Intelligence reframed: Multiple intelligences for the twenty-first century.* New York: Basic Books.

Garfinkel, I., & McLanahan, S. (1995). The effects of child support reform on child well-being. In P. L. Chase-Lansdale & J. Brooks-Gunn (Eds.), *Escape from poverty: What makes a difference for children?* (pp. 211–238). New York: Cambridge University Press.

Garmezy, N. (1993). Children in poverty: Resilience despite risk. *Psychiatry, 56,* 127–136.

Garmon, L. C., Basinger, K. S., Gregg, V. R., & Gibbs, J. C. (1996). Gender differences in stage and expression of moral judgment. *Merrill-Palmer Quarterly, 42,* 418–437.

Garner, D. M., & Garfinkel, P. E. (Eds.). (1997). *Handbook of treatment for eating disorders* (2nd ed.). New York: Guilford.

Garnier, H. E., Stein, J. A., & Jacobs, J. K. (1997). The process of dropping out of high school: A 19-year perspective. *American Educational Research Journal, 34,* 395–410.

Garrett, P., Ng'andu, N., & Ferron, J. (1994). Poverty experiences of young children and the quality of their home environments. *Child Development, 65,* 331–345.

Gaschler, P. (1999). Motorik von Kindern und Jugendlichen heute – Eine Generation von „Weicheiern, Schlaffis und Desinteressierten"? Teil I. Haltung und Bewegung, 3, 5-16.

Gasden, V. (1999). Black families in intergenerational and cultural perspective. In M. E. Lamb (Ed.), *Parenting and child development in "nontraditional" families* (pp. 221–246). Mahwah, NJ: Erlbaum.

Gaskins, S. (1999). Children's daily lives in a Mayan village: A case study of culturally constructed roles and activities. In R. Göncü (Ed.), *Children's engagement in the world: Sociocultural perspectives* (pp. 25–61). Cambridge, U.K.: Cambridge University Press.

Gaskins, S. (2000). Children's daily activities in a Mayan village: A culturally grounded description. *Cross-Cultural Research, 34,* 375–389.

Gathercole, S. E. (1998). The development of memory. *Journal of Child Psychology and Psychiatry, 39,* 3–27.

Gathercole, S. E., Adams, A.-M., & Hitch, G. (1994). Do young children rehearse? An individual-differences analysis. *Memory and Cognition, 22,* 201–207.

Gatz, M., Bengtson, V. L., & Blum, M. J. (1990). Caregiving families. In J. E. Birren & K. W. Schaie (Eds.), *Handbook of the psychology of aging* (3rd ed., pp. 404–426). San Diego, CA: Academic Press.

Gatz, M., Kasl-Godley, J. E., & Karel, M. J. (1996). Aging and mental disorders. In J. E. Birren & K. W. Schaie (Eds.), *Handbook of the psychology of aging* (pp. 365–382). Sand Diego: Academic Press.

Gaub, M., & Carlson, C. L. (1997). Gender differences in ADHD: A meta-analysis and critical review. *Journal of the American Academy of Child and Adolescent Psychiatry, 36,* 1036–1045.

Gauvain, M. (1999). Cognitive development in social and cultural context. *Current Directions in Psychological Science, 7,* 188–192.

Gauvain, M., & Huard, R. D. (1999). Family interaction, parenting style, and the development of planning: A longitudinal analysis using archival data. *Journal of Family Psychology, 13,* 75–92.

Gauvain, M., & Rogoff, B. (1989). Ways of speaking about space: The development of children's skill in communicating spatial knowledge. *Cognitive Development, 4,* 295–307.

Gayle, B. M., Preiss, R. W., & Allen, M. (2002). A meta-analytic interpretation of nonintimate interpersonal conflict. In M. Allen & R. W. Preiss (Eds.), *Interpersonal communication research: Advances through meta-analysis* (pp. 345–368). Mahwah, NJ: Erlbaum.

Gayle, H. (2000). An overview of the global HIV/AIDS epidemic, with a focus on the United States. *AIDS 2000, 14*(Suppl. 2), S8–S17.

Gazmararian, J. A., Parker, R. M., & Baker, D. W. (1999). Reading skills and family planning knowledge and practices in a low-income managed-care population. *Obstetrics and Gynecology, 93,* 239–244.

Ge, X., Conger, R. D., & Elder, G. H., Jr. (1996). Coming of age too early: Pubertal influences on girls' vulnerability to psychological distress. *Child Development, 67,* 3386–3400.

Ge, X., Conger, R. D., & Elder, G. H., Jr. (2001). The relation between puberty and psychological distress in adolescent boys. *Journal of Research on Adolescence, 11,* 49–70.

Geary, D. C. (1994). *Children's mathematical development.* Washington, DC: American Psychological Association.

Geary, D. C. (1995). *Children's mathematical development: Research and practical applications.* Washington, DC: American Psychological Association.

Geary, D. C. (1996). International differences in mathematics achievement: The nature, causes, and consequences. *Current Directions in Psychological Science, 5,* 133–137.

Geary, D. C. (1998). *Male, female: The evolution of human sex differences.* Washington, DC: American Psychological Association.

Geary, D. C. (1999). Evolution and developmental sex differences. *Current Directions in Psychological Science, 8,* 115–120.

Geary, D. C., & Bjorklund, D. F. (2000). Evolutionary developmental psychology. *Child Development, 71,* 57–65.

Geary, D. C., Bow-Thomas, C. C., Liu, F., & Siegler, R. S. (1996). Development of arithmetical competencies in Chinese and American children: Influence of age, language, and schooling. *Child Development, 67,* 2022–2044.

Geerlings, S. W., Beekman, A. T. F., Deeg, D. J. H., Twisk, J. W. R., & van Tilburg, W. (2001). The longitudinal effect of depression on functional limitations and disability in older adults: An eight-wave prospective community-based study. *Psychological Medicine, 31,* 1361–1371.

Gelbaugh, S., Ramos, M., Soucar, E., & Urena, R. (2001). Therapy for anorexia nervosa. *Journal of the American Academy of Child and Adolescent Psychiatry, 40,* 129–130.

Gelfand, D. E. (1994). *Aging and ethnicity.* New York: Springer.

Gelfand, M. M. (2000). Sexuality among older women. *Journal of Women's Health and Gender-Based Medicine, 9*(Suppl.1), S15–S20.

Gellatly, A. R. H. (1987). Acquisition of a concept of logical necessity. *Human Development, 30,* 32–47.

Gelles, R. J. (1998). The youngest victims: Violence toward children. In R. Bergen & R. Kennedy (Eds.), *Issues in intimate violence* (pp. 5–24). Thousand Oaks, CA: Sage.

Gellin, B. G., Maibach, E. W., & Marcuse, E. K. (2000). Do parents understand immunizations? A national telephone survey. *Pediatrics, 106,* 1097–1102.

Gelman, R. (1972). Logical capacity of very young children: Number invariance rules. *Child Development, 43,* 75–90.

Gelman, R., & Shatz, M. (1978). Appropriate speech adjustments: The operation of conversational constraints on talk to two-year-olds. In M. Lewis & L. A. Rosenblum (Eds.), *Interaction, conversation, and the development of language* (pp. 27–61). New York: Wiley.

Gelman, S. A., Coley, J. D., Rosengren, K. S., Hartman, E., & Pappas, A. (1998). Beyond labeling: The role of maternal input in the acquisition of richly structured categories. *Monographs of the Society for Research in Child Development, 63*(1, Serial No. 253).

Genessee, F. (2001). Portrait of the bilingual child. In V. Cook (Ed.), *Portraits of the second language user* (pp. 170–196). Clevedon, U.K.: Multilingual Matters.

George, C., Kaplan, N., & Main, M. (1985). *The Adult Attachment Interview.* Unpublished manuscript, University of California at Berkeley.

George, S. A. (2002). The menopause experience: A woman's perspective. *Journal of Obstetric, Gynecologic, and Neonatal Nursing, 31,* 71–85.

Gershoff, E. T. (2002). Corporal punishment by parents and associated child behaviors and experiences: A meta-analytic and theoretical review. *Psychological Bulletin, 128,* 539–579.

Gervai, J., Turner, P. J., & Hinde, R. A. (1995). Gender-related behaviour, attitudes, and personality in parents of young children in England and Hungary. *International Journal of Behavioral Development, 18,* 105–126.

Geschwind, D. H., Boone, K. B., Miller, B. L., & Swerdloff, R. S. (2000). Neurobehavioral phenotype of Klinefelter syndrome. *Mental Retardation and Developmental Disabilities Research Reviews, 6,* 107–116.

Gesell, A. (1933). Maturation and patterning of behavior. In C. Murchison (Ed.), *A handbook of child psychology.* Worcester, MA: Clark University Press.

Gesell, A., & Ilg, F. L. (1949a). The child from five to ten. In A. Gesell & F. Ilg (Eds.), *Child development* (pp. 394–454). New York: Harper & Row. (Original work published 1946)

Gesell, A., & Ilg, F. L. (1949b). The infant and child in the culture of today. In A. Gesell & F. Ilg (Eds.), *Child development* (pp. 1–393). New York: Harper & Row. (Original work published 1943)

Gest, S. D., Graham-Bermann, S. A., & Hartup, W. W. (2001). Peer experience: Common and unique features of number of friendships, social network, centrality, and socioeconomic status. *Social Development, 10,* 23–40.

Getchell, N., & Roberton, M. A. (1989). Whole body stiffness as a function of developmental level in children's hopping. *Developmental Psychology, 25,* 920–928.

Ghim, H. R. (1990). Evidence for perceptual organization in infants: Perception of subjective contours by young infants. *Infant Behavior and Development, 13,* 221–248.

Giarrusso, R., Feng, D., Silverstein, M., & Bengtson, V. L. (2001). Grandparent–adult grandchild affection and consensus. *Journal of Family Issues, 22,* 456–477.

Giarrusso, R., Feng, D., Silverstein, M., & Marenco, A. (2000). Primary and secondary stressors of grandparents raising grandchildren: Evidence from a national survey. *Journal of Mental Health and Aging, 6,* 291–310.

Gibbons, A. (1998). Which of our genes make us human? *Science, 281,* 1432–1434.

Gibbs, J. C. (1995). The cognitive developmental perspective. In W. M. Kurtines & J. L. Gewirtz (Eds.), *Moral development: An introduction* (pp. 27–48). Boston: Allyn and Bacon.

Gibbs, J. C. (2003). *Moral development and reality: Beyond the theories of Kohlberg and Hoffman.* Thousand Oaks, CA: Sage.

Gibson, E. J. (1970). The development of perception as an adaptive process. *American Scientist, 58,* 98–107.

Gibson, E. J. (2000). Perceptual learning in development: Some basic concepts. *Ecological Psychology, 12,* 295–302.

Gibson, E. J., & Walk, R. D. (1960). The "visual cliff." *Scientific American, 202,* 64–71.

Gibson, F. L., Ungerer, J. A., McMahon, C. A., Leslie, G. I., & Saunders, D. M. (2000). The mother–child relationship following in vitro fertilization (IVF): Infant attachment, responsivity, and maternal sensitivity. *Journal of Child Psychology and Psychiatry, 41,* 1015–1023.

Gibson, J. J. (1979). *The ecological approach to visual perception.* Boston: Houghton Mifflin.

Gibson, R. C., & Burns, C. J. (1991, Winter). The health, labor force, and retirement experiences of aging minorities. *Generations, 15*(4), 31–35.

Gibson, R. C., & Jackson, J. S. (1992). The black oldest old: Health, functioning, and informal support. In R. M. Suzman, D. P. Willis, & K. G. Manton (Eds.), *The oldest old* (pp. 321–340). New York: Oxford University Press.

Giedd, J. N., Blumenthal, J., Molloy, E., & Castellanos, F. X. (2001). Brain imaging of attention deficit/hyperactivity disorder: Brain mechanisms and life outcomes. *Annals of the New York Academy of Sciences* (Vol. 931, pp. 33–49). New York: New York Academy of Sciences.

Gilbert, L. A., & Brownson, C. (1998). Current perspectives on women's multiple roles. *Journal of Career Assessment, 6,* 433–448.

Gilbert-Barness, E. (2000). Maternal caffeine and its effect on the fetus. *American Journal of Medical Genetics, 93,* 253.

Gillies, R. M., & Ashman, A. F. (1996). Teaching collaborative skills to primary school children in classroom-based workgroups. *Learning and Instruction, 6,* 187–200.

Gillies, R. M., & Ashman, A. F. (1998). Behavior and interactions of children in cooperative groups in lower and middle elementary school grades. *Journal of Educational Psychology, 90,* 746–757.

Gilligan, C. F. (1982). *In a different voice.* Cambridge, MA: Harvard University Press.

Gillman, M. W., Rifas-Shiman, S. L., Frazier, A. L., Rockett, H. R. H., Camargo, C. A., Jr., Field, A. E., Berkey, C. S., & Colditz, G. A. (2000). Family dinner and diet quality among older children and adolescents. *Archives of Family Medicine, 9,* 235–240.

Gillmore, M. R., Hawkins, J. D., Day, L. E., & Catalano, R. F. (1997). Friendship and deviance: New evidence on an old controversy. *Journal of Early Adolescence, 16.*

Gilvarry, E. (2000). Substance abuse in young people. *Journal of Child Psychology and Psychiatry, 41,* 55–80.

Ginsburg, H. P. (1997). *Entering the child's mind: The clinical interview in psychological research and practice.* New York: Cambridge University Press.

Ginsburg, H. P., Klein, A., & Starkey, P. (1998). The development of children's mathematical thinking: Connecting research with practice. In I. E. Sigel & K. A. Renninger (Eds.), *Handbook of child psychology: Vol. 4. Cognition, perception, and language* (5th ed., pp. 401–476). New York: Wiley.

Ginzberg, E. (1972). Toward a theory of occupational choice: A restatement. *Vocational Guidance Quarterly, 20,* 169–176.

Ginzberg, E. (1988). Toward a theory of occupational choice. *Career Development Quarterly, 36,* 358–363.

Giusti, R. M., Iwamoto, K., & Hatch, E. E. (1995). Diethylstilbestrol revisited: A review of the long-term health effects. *Annals of Internal Medicine, 122,* 778–788.

Gjerde, P. F. (1995). Alternative pathways to chronic depressive symptoms in young adults: Gender differences in developmental trajectories. *Child Development, 66,* 1277–1300.

Gladwell, M. (1998, February 2). The Pima paradox. *The New Yorker,* pp. 44–57.

Glasgow, K. L., Dornbusch, S. M., Troyer, L., Steinberg, L., & Ritter, P. L. (1997). Parenting styles, adolescents' attributions, and educational outcomes in nine heterogeneous high schools. *Child Development, 68,* 507–523.

Gleitman, L. R., & Newport, E. (1996). *The invention of language by children.* Cambridge, MA: MIT Press.

Glendenning, F. (1993). What is elder abuse and neglect? In P. Decalmer & F. Glendenning (Eds.), *The mistreatment of elderly people* (pp. 1–34). London: Sage.

Globalist. (2003, February). What is the male–female ratio like in the working world? Retrieved from http://www.theglobalist.com/DBWeb/StoryId.aspx?StoryId=1201

Glosten, B. (1998). Controversies in obstetric anesthesia. *Anesthesia and Analgesia, 428*(Suppl. 32–8), 32–38.

Gluhoski, V. L., & Wortman, C. B. (1996). The impact of trauma on world views. *Journal of Social and Clinical Psychology, 15,* 417–429.

Gnepp, J. (1983). Children's social sensitivity: Inferring emotions from conflicting cues. *Developmental Psychology, 19,* 805–814.

Godfrey, K. M., & Barker, D. J. (2000). Fetal nutrition and adult disease. *American Journal of Clinical Nutrition, 71,* 1344S–1352S.

Godfrey, K. M., & Barker, D. J. (2001). Fetal programming and adult health. *Public Health Nutrition, 4,* 611–624.

Godkin, M., Krant, M., & Doster, N. (1984). The impact of hospice care on families. *International Journal of Psychiatry in Medicine, 13,* 153–165.

Goelman, H., Doherty, G., Lero, D., LaGrange, A., & Tougas, J. (2000). *You bet I care! Caring and learning environments: Quality in child care centers across Canada.* Guelph, Ontario: Centre for Families, Work and Well-Being, University of Guelph.

Goering, J. (Ed.). 2003. *Choosing a better life? How public housing tenants selected a HUD experiment to improve their lives and those of their children: The Moving to Opportunity Demonstration Program.* Washington, DC: Urban Institute Press.

Gold, D. T. (1996). Continuities and discontinuities in sibling relationships across the life span. In V. L. Bengtson (Ed.), *Adulthood and aging: Research on continuities and discontinuities* (pp. 228–243). New York: Springer.

Gold, P. E., Cahill, L., & Wenk, G. L. (2002). Ginkgo biloba: A cognitive enhancer? *Psychological Science in the Public Interest, 3,* 3–11.

Goldberg, A. P., Dengel, D. R., & Hagberg, J. M. (1996). Exercise physiology and aging. In E. L. Schneider & J. W. Rowe (Eds.), *Handbook of the biology of aging* (pp. 331–354). San Diego: Academic Press.

Goldfield, B. A. (1987). The contributions of child and caregiver to referential and expressive language. *Applied Psycholinguistics, 8,* 267–280.

Goldman, N., & Takahashi, S. (1996). Old-age mortality in Japan: Demographic and epidemiological perspectives. In G. Caselli & A. D. Lopez (Eds.), *Health and mortality among elderly populations* (pp. 157–181). New York: Oxford University Press.

Goldscheider, F., & Goldscheider, C. (1999). *The changing transition to adulthood: Leaving and returning home.* Thousand Oaks, CA: Sage.

Goldsmith, H. H., Lemery, K. S., Buss, K. A., & Campos, J. J. (1999). Genetic analyses of focal aspects of infant temperament. *Developmental Psychology, 35,* 972–985.

Goldsmith, L. T. (2000). Tracking trajectories of talent: Child prodigies growing up. In R. C. Friedman & B. M. Shore (Eds.), *Talents unfolding: Cognition and development* (pp. 89–122). Washington, DC: American Psychological Association.

Goldstein, E. (1979). Effect of same-sex and cross-sex role models on the subsequent academic productivity of scholars. *American Psychologist, 34,* 407–410.

Golomb, C. (1992). *The child's creation of a pictorial world.* Berkeley: University of California Press.

Golombok, S., & Tasker, F. L. (1996). Do parents influence the sexual orientation of their children? Findings from a longitudinal study of lesbian families. *Developmental Psychology, 32,* 3–11.

Golombok, S., MacCallum, F., & Goodman, E. (2001). The "test-tube" generation: Parent–child relationships and the psychological well-being of in vitro fertilization children at adolescence. *Child Development, 72,* 599–608.

Golub, M. S. (1996). Labor analgesia and infant brain development. *Pharmacology, Biochemistry and Behavior, 55,* 619–628.

Gomez-Schwartz, B., Horowitz, J. M., & Cardarelli, A. P. (1990). *Child sexual abuse: Initial effects.* Newbury Park, CA: Sage.

Göncü, A. (1993). Development of intersubjectivity in the dyadic play of preschoolers. *Early Childhood Research Quarterly, 8,* 99–116.

Gonzales, N. A., Cauce, A. M., Friedman, R. J., & Mason, C. A. (1996). Family, peer, and neighborhood influences on academic achievement among African-American adolescents: One-year prospective effects. *American Journal of Community Psychology, 24,* 365–387.

Good, T. L., & Brophy, J. E. (1996). *Looking in classrooms* (7th ed.). New York: Addison-Wesley.

Goodlet, C. R., & Johnson, T. B. (1999). Temporal windows of vulnerability within the third trimester equivalent: Why "knowing when" matters. In J. H. Hannigan, L. P. Spear, N. P. Spear, & C. R. Goodlet (Eds.), *Alcohol and alcoholism: Effects on brain and development* (pp. 59–91). Mahwah, NJ: Erlbaum.

Goodlin-Jones, B. L., Burnham, M. M., & Anders, T. F. (2000). Sleep and sleep disturbances: Regulatory processes in infancy. In A. J. Sameroff, M. Lewis, & S. M. Miller (Eds.), *Handbook of developmental psychology* (2nd ed., pp. 309–325). New York: Kluwer.

Goodman, C. (1999). Intimacy and autonomy in long-term marriage. *Journal of Gerontological Social Work, 32,* 83–97.

Goodman, G. S., Quas, J. A., Bulkley, J., & Shapiro, C. (1999). Innovations for child witnesses: A national survey. *Psychology, Public Policy, and Law, 5,* 255, 281.

Goodman, K. S. (1986). *What's whole in whole language?* Portsmouth, NH: Heinemann.

Goodman, L. A., Koss, M. P., & Russo, N. F. (1993). Violence against women: Physical and mental health effects. *Applied and Preventive Psychology, 2,* 79–89.

Goodman, S. H., Brogan, D., Lynch, M. E., & Fielding, B. (1993). Social and emotional competence in children of depressed mothers. *Child Development, 64,* 516–531.

Goodwin, D. W. (1997). Alcohol: Clinical aspects. In J. H. Lowinson, P. Ruiz, & R. B. Millman (Eds.), *Substance abuse* (3rd ed.). Baltimore: Lippincott, Williams & Wilkins.

Gopnik, A., & Meltzoff, A. N. (1986). Relations between semantic and cognitive development in the one-word stage: The specificity hypothesis. *Child Development, 57,* 1040–1053.

Gopnik, A., & Meltzoff, A. N. (1987). The development of categorization in the second year and its relation to other cognitive and linguistic developments. *Child Development, 58,* 1523–1531.

Gormally, S., Barr, R G., Wertheim, L., Alkawaf, R., Calinoiu, N., & Young, S. N. (2001). Contact and nutrient caregiving effects on newborn infant pain responses. *Developmental Medicine and Child Neurology, 43,* 28–38.

Gortmaker, S. L., Must, A., Perrin, J. M., Sobol, A. M., & Dietz, W. H. (1993). Social and economic consequences of overweight in adolescence and young adulthood. *New England Journal of Medicine, 329,* 1008–1012.

Gortmaker, S. L., Must, A., Sobol, A. M., Peterson, K., Colditz, G. A., & Dietz, W. H. (1996). Television viewing as a cause of increasing obesity among children in the United States, 1986–1990. *Archives of Pediatric and Adolescent Medicine, 150,* 356–362.

Goss, D. A., & Rainey, B. B. (1998). Relation of childhood myopia progression rates to time of year. *Journal of the American Optometric Association, 69,* 262–266.

Goswami, U. (1996). Analogical reasoning and cognitive development. In H. Reese (Ed.), *Advances in child development and behavior* (Vol. 26, pp. 91–138). New York: Academic Press.

Gott, V. L. (1998). Antoine Marfan and his syndrome: One hundred years later. *Maryland Medical Journal, 47,* 247–252.

Gottesman, I. I. (1963). Genetic aspects of intelligent behavior. In N. Ellis (Ed.), *Handbook of mental deficiency* (pp. 253–296). New York: McGraw-Hill.

Gottesman, I. I. (1991). *Schizophrenia genetics: The origins of madness.* New York: Freeman.

Gottfredson, L. S. (1996). Godfredson's theory of circumscription and compromise. In D. Brown & L. Brooks (Eds.), *Career choice and development* (3rd ed.). San Francisco: Jossey-Bass.

Gottfried, A. E., Gottfried, A. W., & Bathurst, K. (2002). Maternal and dual-earner employment status and parenting. In M. H. Bornstein (Ed.), *Handbook of parenting. Vol. 2: Biology and ecology of parenting* (2nd ed., pp. 207–229). Mahwah, NJ: Erlbaum.

Gottlieb, G. (1998). Normally occurring environmental and behavioral influences on gene activity: From central dogma to probabilistic epigenesis. *Psychological Review, 105,* 792–802.

Gottlieb, G. (2000). Environmental and behavioral influences on gene activity. *Current Directions in Psychological Science, 9,* 93–97.

Gottlieb, G. (2002). *Individual development and evolution: The genesis of novel behavior.* New York: Oxford University Press.

Gottman, J. M., & Levenson, R. W. (2000). The timing of divorce: Predicting when a couple will divorce over a 14-year period. *Journal of Marriage and the Family, 62,* 737–745.

Gottman, J., Coan, J., Carrere, S., & Swanson, C. (1998). Predicting marital happiness and stability from newlywed interactions. *Journal of Marriage and the Family, 60,* 5–22.

Gould, E., Reeves, A. J., Graziano, M. S. A., & Gross, C. G. (1999). Neurogenesis in the neocortex of adult primates. *Science, 286,* 548–552.

Gould, J. L., & Keeton, W. T. (1997). *Biological science.* New York: Norton.

Gould, M. S., & Kramer, R. A. (2001). Youth suicide prevention. *Suicide and Life-Threatening Behavior, 31,* 6–31.

Goya, R. G., & Bolognani, F. (1999). Homeostatis, thymic hormones, and aging. *Gerontology, 45,* 174–178.

Graber, J. A., & Brooks-Gunn, J. (1996). Expectations for and precursors to leaving home in young women. In J. A. Graber & J. S. Dubas (Eds.), *New directions for child development* (No. 71, pp. 21–38). San Francisco: Jossey-Bass.

Graber, J. A., Petersen, A. C., & Brooks-Gunn, J. (1996). Pubertal processes: Methods, measures, and models. In J. A. Graber, J. Brooks-Gunn, & A. C. Petersen (Eds.), *Transitions through adolescence* (pp. 23–53). Mahwah, NJ: Erlbaum.

Grady, C. L., & Craik, F. I M. (2000). Changes in memory processing with age. *Current Opinion in Neurobiology, 10,* 224–231.

Gralinski, J. H., & Kopp, C. B. (1993). Everyday rules for behavior: Mothers' requests to young children. *Developmental Psychology, 29,* 573–584.

Granot, M., Spitzer, A., Aroian, K. J., Ravid, C., Tamir, B., & Noam, R. (1996). Pregnancy and delivery practices and beliefs of Ethiopian immigrant women in Israel. *Western Journal of Nursing Research, 18,* 299–313.

Grantham-McGregor, S. M., Walker, S. P., & Chang, S. (2000). Nutritional deficiencies and later behavioral development. *Proceedings of the Nutrition Society, 59,* 47–54.

Grantham-McGregor, S., Powell, C., Walker, S., Chang, S., & Fletcher, P. (1994). The long-term follow-up of severely malnourished children who participated in an intervention program. *Child Development, 65,* 428–439.

Grantham-McGregor, S., Schofield, W., & Powell, C. (1987). Development of severely malnourished children who received psychosocial stimulation: Six-year follow-up. *Pediatrics, 79,* 247–254.

Graue, M. E., & DiPerna, J. (2000). Redshirting and early retention: Who gets the "gift of time" and what are its outcomes? *American Educational Research Journal, 37,* 509–534.

Gray, J. H., & Citera, M. (1996). *A meta-analytical review of the relation between work attitudes and retirement attitudes.* Paper presented at the annual meeting of the Society for Industrial and Organizational Psychology, San Diego, CA.

Gray, M. R., & Steinberg, L. (1999). Unpacking authoritative parenting: Reassessing a multidimensional construct. *Journal of Marriage and the Family, 61,* 574–587.

Gray-Little, B., & Carels, R. (1997). The effects of racial and socioeconomic consonance on self-esteem and achievement in elementary, junior high, and high school students. *Journal of Research on Adolescence, 7,* 109–131.

Gray-Little, B., & Hafdahl, A. R. (2000). Factors influencing racial comparisons of self-esteem: A quantitative review. *Psychological Bulletin, 126,* 26–54.

Green, G. E., Irwin, J. R., & Gustafson, G. E. (2000). Acoustic cry analysis, neonatal status and long-term developmental outcomes. In R. G. Barr, B. Hopkins, & J. A. Green (Eds.), *Crying as a sign, a symptom, and a signal* (pp. 137–156). Cambridge, U.K.: Cambridge University Press.

Greenberger, E., Chen, C., Tally, S. R., & Dong, Q. (2000). Family, peer, and individual correlates of depressive symptomatology among U.S. and Chinese adolescents. *Journal of Counseling and Clinical Psychology, 68,* 209–219.

Greenberger, E., O'Neil, R., & Nagel, S.K. (1994). Linking workplace and homeplace: Relations between the nature of adults' work and their parenting behavior. *Developmental Psychology, 30,* 990–1002.

Greendorfer, S. L., Lewko, J. H., & Rosengren, K. S. (1996). Family and gender-based socialization of children and adolescents. In F. L. Smoll & R. E. Smith (Eds.), *Children and youth in sport: A biopsychological perspective* (pp. 89–111). Dubuque, IA: Brown & Benchmark.

Greene, K., Krcmar, M., Walters, L. H., Rubin, D. L., Hale, J., & Hale, L. (2000). Targeting adolescent risk-taking behaviors: The contributions of egocentrism and sensation-seeking. *Journal of Adolescence, 23,* 439–461.

Greenfield, P. (1992, June). *Notes and references for developmental psychology*. Conference on Making Basic Texts in Psychology More Culture-Inclusive and Culture-Sensitive, Western Washington University, Bellingham, WA.

Greenfield, P. M. (1994). Independence and interdependence as developmental scripts: Implications for theory, research, and practice. In P. M. Greenfield & R. R. Cocking (Eds.), *Cross-cultural roots of minority child development* (pp. 1–37). Hillsdale, NJ: Erlbaum.

Greenfield, P. M., Quiroz, B., & Raeff, C. (2000). Cross-cultural conflict and harmony in the social construction of the child. In S. Harkness, C. Raeff, & C. M. Super (Eds.), *Variability in the social construction of the child* (pp. 93–108). San Francisco: Jossey-Bass.

Greenhill, L. L., Halperin, J. M., & Abikoff, H. (1999). Stimulant medications. *Journal of the American Academy of Child and Adolescent Psychiatry, 38,* 503–512.

Greenlee, R. T. (2000). Cancer Statistics, 2000. *CA—A Cancer Journal for Clinicians, 50,* 7–33.

Greenough, W. T., & Black, J. E. (1992). Induction of brain structure by experience: Substrates for cognitive development. In M. R. Gunnar & C. A. Nelson (Eds.), *Minnesota Symposia on Child Psychology* (pp. 155–200). Hillsdale, NJ: Erlbaum.

Greenough, W. T., Wallace, C. S., Alcantara, A. A., Anderson, B. J., Hawrylak, N., Sirevaag, A. M., Weiler, I. J., & Withers, G. S. (1993). Experience affects the structure of neurons, glia, and blood vessels. In N. J. Anastasiow & S. Harel (Eds.), *At-risk infants: Interventions, family, and research* (pp. 175–185). Baltimore: Paul H. Brookes.

Gregg, V., Gibbs, J. C., & Fuller, D. (1994). Patterns of developmental delay in moral judgment by male and female delinquents. *Merrill-Palmer Quarterly, 40,* 538–553.

Gresham, F. M., & MacMillan, D. L. (1997). Social competence and affective characteristics of students with mild disabilities. *Review of Educational Research, 67,* 377–415.

Gresser, G., Wong, P., & Reker, G. (1987). Death attitudes across the life-span: The development and validation of the Death Attitude Profile (DAP). *Omega, 18,* 113–128.

Griffiths, A., Roberts, G., & Williams, J. (1993). Elder abuse and the law. In P. Decalmer & F. Glendenning (Eds.), *The mistreatment of elderly people* (pp. 62–75). London: Sage.

Grigorenko, E. L. (2000). Heritability and intelligence. In R. J. Sternberg (Ed.), *Handbook of intelligence* (pp. 53–91). Cambridge, U.K.: Cambridge University Press.

Grody, W. W. (1999). Cystic fibrosis: Molecular diagnosis, population screening, and public policy. *Archives of Pathology and Laboratory Medicine, 123,* 1041–1046.

Grolnick, W. S., Bridges, L. J., & Connell, J. P. (1996). Emotion regulation in two-year-olds: Strategies and emotional expression in four contexts. *Child Development, 67,* 928–941.

Grolnick, W. S., Kurowski, C. O., Dunlap, K. G., & Hevey, C. (2000). Parental resources and the transition to junior high. *Journal of Research on Adolescence, 10,* 466–488.

Groome, L. J., Swiber, M. J., Atterbury, J. L., Bentz, L. S., & Holland, S. B. (1997). Similarities and differences in behavioral state organization during sleep periods in the perinatal infant before and after birth. *Child Development, 68,* 1–11.

Gross, M. (1993). *Exceptionally gifted children.* London: Routledge.

Grossbaum, M. F., & Bates, G. W. (2002). Correlates of psychological well-being at midlife: The role of generativity, agency and communion, and narrative themes. *International Journal of Behavioral Development, 26,* 120–127.

Grossman, A. H., Daugelli, A. R., & Hershberger, S. L. (2000). Social support networks of lesbian, gay, and bisexual adults 60 years of age and older. *Journal of Gerontology, 55B,* P171–179.

Grossman, J. A., & Kruesi, M. J. P. (2000). Innovative approaches to youth suicide prevention: An update of issues and research findings. In R. W. Maris, S. S. Canetto, J. L. McIntosh, & M. M. Silverman (Eds.), *Review of Suicidology, 2000* (pp. 170–201). New York: Guilford.

Grossmann, K., Grossmann, K. E., Spangler, G., Suess, G., & Unzner, L. (1985). Maternal sensitivity and newborns' orientation responses as related to quality of attachment in Northern Germany. In I. Bretherton & E. Waters (Eds.), Growing points of attachment theory and research. *Monographs of the Society for Research in Child Development, 50*(1–2, Serial No. 209).

Grotevant, H. D. (1998). Adolescent development in family contexts. In N. Eisenberg (Ed.), *Handbook of child psychology: Vol. 3. Social, emotional, and personality development* (5th ed., pp. 1097–1149). New York: Wiley.

Grotevant, H. D., & Cooper, C. R. (1998). Individuality and connectedness in adolescent development: Review and prospects for research on identity, relationships, and context. In E. Skoe & A. von der Lippe (Eds.), *Personality development in adolescence* (pp. 3–37). London: Routledge & Kegan Paul.

Grotevant, H. D., & Kohler, J. K. (1999). Adoptive families. In M. E. Lamb (Ed.), *Parenting and child development in "nontraditional" families* (pp. 161–190). Mahwah, NJ: Erlbaum.

Grotpeter, J. K., & Crick, N. R. (1996). Relational aggression, overt aggression, and friendship. *Child Development, 67,* 2328–2338.

Grubb, W. N. (1999). The subbaccalaureate labor market in the United States: Challenges for the school-to-work transition. In W. R. Heinz (Ed.), *From education to work: Cross-national perspectives* (pp. 171–193). New York: Cambridge University Press.

Gruetzner, H. (1992). *Alzheimer's.* New York: Wiley.

Grusec, J. E. (1988). *Social development: History, theory, and research.* New York: Springer.

Grusec, J. E., & Goodnow, J. J. (1994). Impact of parental discipline methods on the child's internalization of values: A reconceptualization of current points of view. *Developmental Psychology, 30,* 4–19.

Grych, J. H., & Clark, R. (1999). Maternal employment and development of the father–infant relationship in the first year. *Developmental Psychology, 35,* 893–903.

Grzywacz, J. G., & Marks, N. F. (2001). Social inequalities and exercise during adulthood: Toward an ecological perspective. *Journal of Health and Social Behavior, 42,* 202–220.

Guildner, S. H., Loeb, S., Morris, D., Penrod, J., Bramlett, M., Johnston, L., & Schlotzhauer, P. (2001). A comparison of life satisfaction and mood in nursing home residents and community-dwelling elders. *Archives of Psychiatric Nursing, 15,* 232–240.

Guilford, J. P. (1985). The structure-of-intellect model. In B. B. Wolman (Ed.), *Handbook of intelligence* (pp. 225–266). New York: Wiley.

Guinn, B. (1999). Leisure behavior motivation and the life satisfaction of retired persons. *Activities, Adaptation, and Aging, 23,* 13–20.

Gullette, M. M. (1988). *Safe at last in the middle years.* Berkeley: University of California Press.

Gullone, E., & King, N. J. (1997). Three-year follow-up of normal fear in children and adolescents aged 7 to 18 years. *British Journal of Developmental Psychology, 15,* 97–111.

Gunnar, M. R. (2001). Effects of early deprivation: Findings from orphanage-reared infants and children. In C. A. Nelson & M. Luciana (Eds.), *Handbook of developmental cognitive neuroscience* (pp. 617–629). Cambridge, MA: MIT Press.

Gunnar, M. R., & Nelson, C. A. (1994). Event-related potentials in year-old infants: Relations with emotionality and cortisol. *Child Development, 65,* 80–94.

Gunter-Hunt, G., Mahoney, J. E., & Sieger, C. E. (2002). A comparison of state advance directive documents. *Gerontologist, 42,* 51–60.

Guo, G., & VanWey, L. K. (1999). Sibship size and intellectual development: Is the relationship causal? *American Sociological Review, 64,* 169–187.

Gupta, V., & Korte, C. (1994). The effects of a confidant and a peer group on the well-being of single elders. *International Journal of Aging and Human Development, 39,* 293–302.

Gustafson, G. E., Green, J. A., & Cleland, J. W. (1994). Robustness of individual identity in the cries of human infants. *Developmental Psychobiology, 27*, 1–9.

Gustafson, G. E., Wood, R. M., & Green, J. A. (2000). Can we hear the causes of infants' crying? In R. G. Barr & B. Hopkins (Eds.), *Crying as a sign, a symptom, and a signal: Clinical, emotional, and developmental aspects of infant and toddler crying* (p.p. 8–22). New York: Cambridge University Press.

Gutmann, D. (1977). The cross-cultural perspective: Notes toward a comparative psychology of aging. In J. E. Birren & K. W. Schaie (Eds.), *Handbook of the psychology of aging* (pp. 302–326). New York: Van Nostrand Reinhold.

Gutmann, D. L., & Huyck, M. H. (1994). Development and pathology in post-parental men: A community study. In E. Thompson, Jr. (Ed.), *Older men's lives* (pp. 65–84). Thousand Oaks, CA: Sage.

Guttuso, T., Jr., Kurlan, R., McDermott, M. P., & Kieburtz, K. (2003). Gabapentin's effects on hot flashes in postmenopausal women: A randomized controlled trial. *Obstetrics and Gynecology, 101*, 337–345.

Guyer, C. G., II. (2000). Spouse abuse. In F. W. Kaslow (Ed.), *Handbook of couple and family forensics* (pp. 206–234). New York: Wiley.

Gwiazda, J., & Birch, E. E. (2001). Perceptual development: Vision. In E. B. Goldstein (Ed.), *Blackwell handbook of perception* (pp. 636–668). Oxford, U.K.: Blackwell.

Haan, N., Aerts, E., & Cooper, B. (1985). *On moral grounds: The search for practical morality.* New York: New York University Press.

Hack, M. B., Taylor, H. G., Klein, N., Eiben, R., Schatschneider, C., & Mercuri-Minich, N. (1994). School-age outcomes in children with birth weights under 750 g. *New England Journal of Medicine, 331*, 753–759.

Hack, M., Wright, L. L., Shankaran, S., & Tyson, J. E. (1995). Very low birth weight outcomes of the National Institute of Child Health and Human Development Neonatal Network, November 1989 to October 1990. *American Journal of Obstetrics and Gynecology, 172*, 457–464.

Haddad, F. F., Yeatman, T. J., Shivers, S. C., & Reintgen, D. S. (1999). The Human Genome Project: A dream becoming a reality. *Surgery, 125*, 575–580.

Haden, C. A., Haine, R. A., & Fivush, R. (1997). Developing narrative structure in parent–child reminiscing across the preschool years. *Developmental Psychology, 33*, 295–307.

Hader, S. L., Smith, D. K., Moore, J. S., & Holmberg, S. D. (2001). HIV infection in women in the United States. *Journal of the American Medical Association, 285*, 1186–1192.

Hagberg, B., Alfredson, B. B., Poon, L. W., & Homma, A. (2001). Cognitive functioning in centenarians: A coordinated analysis of results from three countries. *Journal of Gerontology, 56B*, P141–P151.

Hagberg, J. M., Allen, W. K., Seals, D. R., Hurley, B. F., Ehsani, A. A., & Holloszy, J. O. (1985). A hemodynamic comparison of young and older endurance athletes during exercise. *Journal of Applied Physiology, 58*, 2041–2046.

Hagekull, B., Bohlin, G., & Rydell, A. (1997). Maternal sensitivity, infant temperament, and the development of early feeding problems. *Infant Mental Health Journal, 18*, 92–106.

Hager, M. (1996, December 23). The cancer killer. *Newsweek*, pp. 42–47.

Haight, B. K. (1992). Long-term effects of a structured life review process. *Journal of Gerontology, 47*, P312–P315.

Haight, W. L., & Miller, P. J. (1993). *Pretending at home: Early development in a sociocultural context.* Albany, NY: State University of New York Press.

Haith, M. M. (1999). Some thoughts about claims for innate knowledge and infant physical reasoning. *Developmental Science, 2*, 153–156.

Haith, M. M., & Benson, J. B. (1998). Infant cognition. In D. Kuhn & R. S. Siegler (Eds.), *Handbook of child psychology: Vol. 2. Cognition, perception, and language* (5th ed., pp. 199–254). New York: Wiley.

Hakuta, K., Bialystok, E., & Wiley, E. (2003). Critical evidence: A test of the critical-period hypothesis for second-language acquisitions. *Psychological Science, 14*, 31–38.

Halford, G. S. (1993). *Children's understanding: The development of mental models.* Hillsdale, NJ: Erlbaum.

Hall, D. G., & Graham, S. A. (1999). Lexical form class information guides word-to-object mapping in preschoolers. *Child Development, 70*, 78–91.

Hall, G. S. (1904). *Adolescence.* New York: Appleton.

Hall, S. S. (1996, January/February). Short like me. *Health*, pp. 98–106.

Hallett, M. (2000). Brain plasticity and recovery from hemiplegia. *Journal of Medical Speech-Language Pathology, 9*, 107–115.

Halliday, J. L., Watson, L. F., Lumley, J., Danks, D. M., & Sheffield, L. S. (1995). New estimates of Down syndrome risks of chorionic villus sampling, amniocentesis, and live birth in women of advanced maternal age from a uniquely defined population. *Prenatal Diagnosis, 15*, 455–465.

Hallinan, M. T., & Kubitschek, W. N. (1999). Curriculum differentiation and high school achievement. *Social Psychology of Education, 3*, 41–62.

Halpern, C. T., Udry, J. R., & Suchindran, C. (1997). Testosterone predicts initiation of coitus in adolescent females. *Psychosomatic Medicine, 59*, 161–171.

Halpern, C. T., Udry, J. R., Campbell, B., & Suchindran, C. (1999). Effects of body fat on weight concerns, dating, and sexual activity: A longitudinal analysis of black and white adolescent girls. *Developmental Psychology, 35*, 721–736.

Halpern, D. F. (1992). *Sex differences in cognitive abilities* (2nd ed.). Hillsdale, NJ: Erlbaum.

Halpern, D. F. (1997). Sex differences in intelligence. *American Psychologist, 52*, 1091–1102.

Halpern, D. F. (2000). *Sex differences in cognitive abilities* (3rd ed.). Mahwah, NJ: Erlbaum.

Halpern, L. F., MacLean, W. E., & Baumeister, A. A. (1995). Infant sleep–wake characteristics: Relation to neurological status and the prediction of developmental outcome. *Developmental Review, 15*, 255–291.

Hamachek, D. (1990). Evaluating self-concept and ego status in Erikson's last three psychosocial stages. *Journal of Counseling and Development, 68*, 677–683.

Hamberger, L. K., Lohr, J. M., Bonge, D., & Tolin, D. (1997). An empirical classification of motivations for domestic violence. *Violence Against Women, 3*, 401–423.

Hamburg-Wechsler-Intelligenztest für Kinder III, hrsg. von U. Tewes, P. Rossmann & U. Schallenberger, 2000. Göttingen: Hogrefe.

Hamer, D. H., Hu, S., Magnuson, V. L., Hu, N., & Pattatucci, A. M. L. (1993). A linkage between DNA markers on the X chromosome and male sexual orientation. *Science, 261*, 321–327.

Hamilton, S. F. (1990). *Apprenticeship for adulthood: Preparing youth for the future.* New York: Free Press.

Hamilton, S. F. (1993). Prospects for an American-style youth apprenticeship system. *Educational Researcher, 22*(3), 11–16.

Hamilton, S. F., & Hamilton, M. A. (1999). Creating new pathways to adulthood by adapting German apprenticeship in the United States. In W. R. Heinz (Ed.), *From education to work: Cross-national perspectives* (pp. 194–213). New York: Cambridge University Press.

Hamilton, S. F., & Hamilton, M. A. (2000). Research, intervention, and social change: Improving adolescents' career opportunities. In L. J. Crockett & R. K. Silbereisen (Eds.), *Negotiating adolescence in times of social change* (pp. 267–283). New York: Cambridge University Press.

Hammond, C. J., Snieder, H., Spector, T. D., & Gilbert, C. E. (2000). Genetic and environmental factors in age-related nuclear cataracts in monozygotic and dizygotic twins. *New England Journal of Medicine, 342*, 1786–1790.

Han, J. J., Leichtman, M. D., & Wang, Q. (1998). Autobiographical memory in Korean, Chinese, and American children. *Developmental Psychology, 34*, 701–713.

Han, S. K., & Moen, P. (1999). Clocking out: Temporal patterning of retirement. *American Journal of Sociology, 105,* 191–236.

Hanson, L. C., Danis, M., & Garrett, J. (1995). What is wrong with end-of-life care? Opinions of bereaved family members. *Journal of the American Geriatric Society, 45,* 1339–1344.

Hanson, T. L. (1999). Does parental conflict explain why divorce is negatively associated with child welfare? *Social Forces, 77,* 1283–1316.

Happé, F. G. E. (1995). The role of age and verbal ability in the theory of mind task performance of subjects with autism. *Child Development, 66,* 843–855.

Hare, J. (1994). Concerns and issues faced by families headed by a lesbian couple. *Families in Society, 43,* 27–35.

Hare, J., & Richards, L. (1993). Children raised by lesbian couples: Does context of birth affect father and partner involvement? *Family Relations, 42,* 249–255.

Harkness, S., & Waldfogel, J. (2002). The family gap in pay: Evidence from seven industrialized countries. Retrieved from http://www. sticerd.lse.ac.uk/Case

Harley, B., & Jean, G. (1999). Vocabulary skills of French immersion students in their second language. *Zeitschrift für Interkulturellen Fremdsprachenunterricht, 4*(2). Retrieved from http://www.ualberta.ca

Harlow, H. F., & Zimmerman, R. (1959). Affectional responses in the infant monkey. *Science, 130,* 421–432.

Harman, D. (2002). Aging: Overview. *Annals of the New York Academy of Sciences, 959,* 1–21.

Harootyan, R. A., & Vorek, R. E. (1994). Volunteering, helping and gift giving in families and communities. In V. L. Bengtson & R. A. Harootyan (Eds.), *Intergenerational linkages: Hidden connections in American society* (pp. 77–111). New York: Springer.

Harpaz, D., Benderly, M., Goldbourt, U., Kishan, Y., & Behar, S. (1996). Effect of aspirin on mortality in women with symptomatic or silent myocardial ischemia. *American Journal of Cardiology, 78,* 1215–1219.

Harris, G. (1997). Development of taste perception and appetite regulation. In G. Bremner, A. Slater, & G. Butterworth (Eds.), *Infant development: Recent advances* (pp. 9–30). East Sussex, U.K.: Erlbaum.

Harris, J. R. (1998). *The nurture assumption: Why children turn out the way they do.* New York: Free Press.

Harris, K. M. (2000). The health status and risk behavior of adolescents in immigrant families. In D. J. Hernandez (Ed.), *Children of immigrants: Health, adjustment, and public assistance.* Washington, DC: National Academy Press.

Harris, P. B. (1998). Listening to caregiving sons: Misunderstood realities. *Gerontologist, 38,* 342–352.

Harris, P. L., & Leevers, H. J. (2000). Reasoning from false premises. In P. Mitchell & K. J. Riggs (Eds.), *Children's reasoning and the mind* (pp. 67–99). Hove, U.K.: Psychology Press.

Harris, R. L., Ellicott, A. M., & Holmes, D. S. (1986). The timing of psychosocial transitions and changes in women's lives: An examination of women aged 45 to 60. *Journal of Personality and Social Psychology, 51,* 409–416.

Harrison, A. O., Wilson, M. N., Pine, C. J., Chan, S. Q., & Buriel, R. (1994). Family ecologies of ethnic minority children. In G. Handel & G. G. Whitchurch (Eds.), *The psychosocial interior of the family* (pp. 187–210). New York: Aldine de Gruyter.

Harrison, L. J., & Ungerer, J. A. (2002). Maternal employment and infant–mother attachment security at 12 months postpartum. *Developmental Psychology, 38,* 758–773.

Harrist, A. W., Zaia, A. F., Bates, J. E., Dodge, K. A., & Pettit, G. S. (1997). Subtypes of social withdrawal in early childhood: Sociometric status and social–cognitive differences across four years. *Child Development, 68,* 278–294.

Hart, B., & Risley, T. R. (1995). *Meaningful differences in the everyday experience of young American children.* Baltimore: Paul H. Brookes.

Hart, C. H., Burts, D. C., Durland, M. A., Charlesworth, R., DeWolf, M., & Fleege, P. O. (1998). Stress behaviors and activity type participation of preschoolers in more and less developmentally appropriate classrooms: SES and sex differences. *Journal of Research in Childhood Education, 13,* 176–196.

Hart, C. H., Nelson, D. A., Robinson, C. C., Olsen, S. F., McNeilly-Choque, M. K., Porter, C. L., & Mckee, T. R. (2002). Russian parenting styles and family processes: Linkages with subtypes of victimization and aggression. In K. A. Kerns, J. M. Contreras, & A. M. Neal-Barnett (Eds.), *Family and peers: Linking two social worlds.* Westport, CT: Praeger.

Hart, C. H., Newell, L. D., & Olsen, S. F. (2002). Parenting skills and social/communicative competence in childhood. In J. O. Greene & B. R. Burleson (Eds.), *Handbook of communication and social interaction skill.* Hillsdale, NJ: Erlbaum.

Hart, C. H., Yang, C., Nelson, L. J., Robinson, C. C., Olsen, J. A., Nelson, D. A., Porter, C. L., Jin, S., Olsen, S. F., & Wu, P. (2000). Peer acceptance in early childhood and subtypes of socially withdrawn behavior in China, Russia, and the United States. *International Journal of Behavioral Development, 24,* 73–81.

Hart, D., & Fegley, S. (1995). Prosocial behavior and caring in adolescence: Relations to self-understanding and social judgment. *Child Development, 66,* 1346–1359.

Hart, H. M., McAdams, D. P., Hirsch, B. J., & Bauer, J. J. (2001). Generativity and social involvement among African Americans and white adults. *Journal of Research in Personality, 35,* 208–230.

Hart, S., Field, T., & Roitfarb, M. (1999). Depressed mothers' assessments of their neonates' behaviors. *Infant Mental Health Journal, 20,* 200–210.

Harter, S. (1982). The perceived competence scale for children. *Child Development, 53,* 87–97.

Harter, S. (1990). Issues in the assessment of the self-concept of children and adolescents. In A. LaGreca (Ed.), *Through the eyes of a child* (pp. 292–325). Boston: Allyn and Bacon.

Harter, S. (1996). Developmental changes in self-understanding across the 5 to 7 shift. In A. J. Sameroff & M. M. Haith (Eds.), *The five to seven year shift* (pp. 207–236). Chicago: University of Chicago Press.

Harter, S. (1998). The development of self-representations. In N. Eisenberg (Ed.), *Handbook of child psychology: Vol. 3. Social, emotional, and personality development* (5th ed., pp. 553–618). New York: Wiley.

Harter, S. (1999). *The construction of self: A developmental perspective.* New York: Guilford.

Harter, S., & Whitesell, N. (1989). Developmental changes in children's understanding of simple, multiple, and blended emotion concepts. In C. Saarni & P. Harris (Eds.), *Children's understanding of emotion* (pp. 81–116). Cambridge, U.K.: Cambridge University Press.

Harter, S., Marold, D. B., Whitesell, N. R., & Cobbs, G. (1996). A model of the effects of parent and peer support on adolescent false self-behavior. *Child Development, 67,* 360–374.

Hartshorn, K., Rovee-Collier, C., Gerhardstein, P., Bhatt, R. S., Wondoloski, T. L., Klein, P., Gilch, J., Wurtzel, N., & Campos-de-Carvalho, M. (1998). The ontogeny of long-term memory over the first year-and-a-half of life. *Developmental Psychobiology, 32,* 69–89.

Hartup, W. W. (1996). The company they keep: Friendships and their developmental significance. *Child Development, 67,* 1–13.

Hartup, W. W., & Stevens, N. (1999). Friendships and adaptation across the life span. *Current Directions in Psychological Science, 8,* 76–79.

Harvey, J. H., & Pauwels, B. G. (1999). Recent developments in close-relationships theory. *Current Directions in Psychological Science, 8,* 93–99.

Harway, M., & Hansen, M. (1994). *Spouse abuse.* Sarasota, FL: Professional Resource Press.

Harwood, J. (2001). Comparing grandchildren's and grandparents' stake in their relationship. *International Journal of Aging and Human Development, 53,* 195–210.

Hasher, L., Zacks, R. T., & May, C. P. (1999). Inhibitory control, circadian arousal, and age. In D.

Gopher & A. Koriat (Eds.), *Attention and performance* (Vol. 17, pp. 653–675). Cambridge, MA: MIT Press.

Hasselhorn, M. (1995). Kognitive Trainings: Grundlagen, Begrifflichkeiten und Desiderate. In W. Hager (Hrsg.), *Programme zur Förderung des Denkens bei Kindern: Konstruktion, Evaluation und Metaevaluation* (S. 14-40). Göttingen: Hogrefe.

Hassing, L. B., Johansson, B., Berg, S., Nilsson, S. E., Pedersen, N. L., Hofer, S. M., & McClearn, G. (2002). Terminal decline and markers of cerebro- and cardiovascular disease: Findings from a longitudinal study of the oldest old. *Journal of Gerontology, 57B,* P268–P276.

Hassmén, P., Koivula, N., & Uutela, A. (2000). Physical exercise and psychological well-being: A population study in Finland. *Preventive Medicine, 30,* 17–25.

Hatch, M. C., Shu, X.-O., McLean, D. E., Levin, B., Begg, M., Reuss, L., & Susser, M. (1993). Maternal exercise during pregnancy, physical fitness, and fetal growth. *American Journal of Epidemiology, 137,* 1105–1114.

Hatfield, E. (1988). Passionate and companionate love. In R. J. Sternberg & M. L. Barnes (Eds.), *The psychology of love* (pp. 191–217). New Haven, CT: Yale University Press.

Hatfield, E. (1993). *Love, sex, and intimacy: Their psychology, biology, and history.* New York: HarperCollins.

Hatton, D. D., Bailey, D. B., Jr., Burchinal, M. R., & Ferrell, K. A. (1997). Developmental growth curves of preschool children with vision impairments. *Child Development, 68,* 788–806.

Haught, P. A., Hill, L. A., Nardi, A. H., & Walls, R. T. (2000). Perceived ability and level of education as predictors of traditional and practical adult problem solving. *Experimental Aging Research, 36,* 89–101.

Hausfather, A., Toharia, A., LaRoche, C., & Engelsmann, F. (1997). Effects of age of entry, day-care quality, and family characteristics on preschool behavior. *Journal of Child Psychology and Psychiatry, 38,* 441–448.

Hauth, J. C., Goldenberg, R. L., Parker, C. R., Cutter, G. R., & Cliver, S. P. (1995). Low-dose aspirin—Lack of association with an increase in abruptio placentae or perinatal mortality. *Obstetrics and Gynecology, 85,* 1055–1058.

HAWIE-R Hamburg-Wechsler-Intelligenztest für Erwachsene - Revision 1991 2., korrigierte Auflage von U. Tewes

Hawker, D. S. J., & Boulton, M. J. (2000). Twenty years' research on peer victimization and psychosocial maladjustment: A meta-analytic review of cross-sectional studies. *Journal of Child Psychology and Psychiatry, 41,* 441–455.

Hawkins, J. D., & Lam, T. (1987). Teacher practices, social development, and delinquency. In J. D. Burchard & S. N. Burchard (Eds.), *Prevention of delinquent behavior* (pp. 241–274). Newbury Park, CA: Sage.

Hawkins, J. D., Catalano, R. F., & Miller, J. Y. (1992). Risk and protective factors for alcohol and other drug problems in adolescence and early adulthood: Implications for substance abuse prevention. *Psychological Bulletin, 112,* 64–105.

Hawkins, J. N. (1994). Issues of motivation in Asian education. In H. F. O'Neil, Jr., & M. Drillings (Eds.), *Motivation: Theory and research* (pp. 101–115). Hillsdale, NJ: Erlbaum.

Hay, J. F., & Jacoby, L. L. (1999). Separating habit and recollection in young and older adults: Effects of elaborative processing and distinctiveness. *Psychology and Aging, 14,* 122–134.

Hayflick, L. (1994). *How and why we age.* New York: Ballantine.

Hayne, H. (2002). Thoughts from the crib: Meltzoff and Moore (1994) alter our views of mental representation during infancy. *Infant Behavior and Development, 25,* 62–64.

Hayne, H., Boniface, J., & Barr, R. (2000). The development of declarative memory in human infants: Age-related changes in deferred imitation. *Behavioral Neuroscience, 114,* 77–83.

Hayne, H., Rovee-Collier, C., & Perris, E. E. (1987). Categorization and memory retrieval by three-month-olds. *Child Development, 58,* 750–767.

Hays, J. C., & George, L. K. (2002). The life-course trajectory toward living alone: Racial differences. *Research on Aging, 24,* 283–307.

Hayslip, B., Emick, M. A., Henderson, C. E., & Elias, K. (2002). Temporal variations in the experience of custodial grandparenting: A short-term longitudinal study. *Journal of Applied Gerontology, 21,* 139–156.

Haywood, K. M., & Getchell, N. (2001). *Life span motor development* (3rd ed.). Champaign, IL: Human Kinetics.

Hazan, C., & Zeifman D. (1999). Pair-bonds as attachments: Evaluating the evidence. In J. Cassidy & P. R. Shaver (Eds.), *Handbook of attachment* (pp. 336–354). New York: Guilford.

Hazell, L. V. (2001). Multicultural aftercare issues. In O. D. Weeks & C. Johnson (Eds.), *When all the friends have gone: Guide for aftercare providers* (pp. 57–71). Amityville, NY: Baywood.

Head Start Bureau. (2002). 2000 Head Start fact sheet. Retrieved from http://www2.acf.dhhs.gov/ programs/hsb/research/00_hsfs.htm

Health Canada. (1999a). Canadian dietary guidelines, recommendations and standards. Retrieved from http://www.sfu.ca

Health Canada. (1999b). Measuring up: A health surveillance update on Canadian children and youth. Retrieved from http://www.hc-sc.ca/pphb-dgspsp/ publicat/meas-haut

Health Canada. (2000a). *Aboriginal Head Start in urban and northern communities.* Ottawa: Minister of Health.

Health Canada. (2000b). Canadian perinatal health report 2000. Ottawa: Minister of Public Works and Government Services. Retrieved from http://www.hc-sc. gc.ca/pphb-dgspsp/publicat/cphr-rspc00/pdf/cphr00e.pdf

Health Canada. (2000c). Paediatrics and child health: Canadian Report on Immunization, 1997. Retrieved from http://www.hc-sc.gc.ca

Health Canada. (2000d). Physical activity guide. Retrieved from http://www.hc-sc.ca/hppb/ paguide

Health Canada. (2001a). Childhood injury: Deaths and hospitalizations in Canada. Retrieved from http://www.hc-sc.gc.ca

Health Canada. (2001b). Prenatal and postpartum women and tobacco. Ottawa: Tobacco Control Programme. Retrieved from http://www.hc-sc.gc.ca/hecs-sesc/ tobacco/pdf/prenatal.pdf

Health Canada. (2001c). Sudden infant death syndrome (SIDS). Retrieved from http://www.hc-sc.gc.ca/english/media/releases/2001/2001_113ebk.htm

Health Canada. (2002a). Alcohol and pregnancy. Retrieved from http://www.hc-sc.gc.ca/pphb-dgspsp/rhs-ssg/factshts/alcprg_e.html

Health Canada. (2002b). Breastfeeding. *Perinatal Surveillance System.* Retrieved from http:// www.hc-sc.gc.ca/pphb-dgspsp/rhs-ssg/factshts/brstfd_e.html

Health Canada. (2002c). The Canada Prenatal Nutrition Program. Retrieved from http:// www.hc-sc.gc.ca/hppb/childhood-youth/cbp/cpnp/ index.html

Health Canada. (2002d). Child maltreatment in Canada: Incidence and characteristics. Retrieved from http://www.hc-sc.gc.ca

Health Canada. (2002e). Disease surveillance online. Retrieved from http://www.hc-sc.gc.ca/ pphb-dgspsp/dsol-smed/index.html

Health Canada. (2002f). Health expenditures in Canada by age and sex. Retrieved from http:// www.hc-sc.gc.ca/english/care/expenditures/exp_age_sex.html

Health Canada. (2002g). *Healthy Canadians: A federal report on comparable health indicators.* Retrieved from http://www.hc-sc.gc.ca/iacb-dgiac/arad-draa/ english/accountability/indicators/ html#high

Health Canada. (2002h). Smoking among adults. Retrieved from http://www.hc-sc.gc.ca

Health Canada. (2002i). Statistical report on the health of Canadians 1999. Retrieved from http:// www.statcan.ca:80/english/ freepub/82-570-XIE/partb.htm

Heath, S. B. (1982). Questioning at home and at school: A comparative study. In G. Spindler (Ed.), *Doing the ethnography of schooling: Educational anthropology in action* (pp. 102–127). New York: Holt.

Heath, S. B. (1989). Oral and literate traditions among black Americans living in poverty. *American Psychologist, 44,* 367–373.

Heath, S. B. (1990). The children of Trackton's children: Spoken and written in social change. In J. Stigler, G. Herdt, & R. A. Shweder (Eds.), *Cultural psychology: Essays on comparative human development* (pp. 496–519). New York: Cambridge University Press.

Heaton, T. B. (2002). Factors contributing to increasing marital stability in the United States. *Journal of Family Issues, 23,* 392–409.

Hedberg, K., Hopkins, D., & Kohn, M. (2003). Five years of legal physician-assisted suicide in Oregon. *New England Journal of Medicine, 348,* 961–964.

Hedges, L. V., & Nowell, A. (1995). Sex differences in mental scores, variability, and numbers of high-scoring individuals. *Science, 269,* 41–45.

Hedges, L. V., & Nowell, A. (1998). Black–white test score convergence since 1995. In C. Jencks & M. Phillips (Eds.), *The black– white test score gap* (pp. 149–181). Washington, DC: Brookings Institution.

Hediger, M. L., Overpeck, M. D., Ruan, W. J., & Troendle, J. F. (2002). Birthweight and gestational age effects on motor and social development. *Paediatric and Perinatal Epidemiology, 16,* 33–46.

Heidrich, S. M., & Ryff, C. D. (1993). Physical and mental health in later life: The self-system as mediator. *Psychology and Aging, 8,* 327–338.

Heine, S. J., & Lehman, D. R. (1995). Cultural variation in unrealistic optimism: Does the West feel more invulnerable than the East? *Journal of Personality and Social Psychology, 68,* 595–607.

Heinl, T. (1983). *The baby massage book.* London: Coventure.

Heinz, A., & Blass, J. P. (2002). *Alzheimer's disease: A status report for 2002.* New York: American Council on Science and Health.

Heinz, W. R. (1999a). Introduction: Transitions to employment in a cross-national perspective. In W. R. Heinz (Ed.), *From education to work: Cross-national perspectives* (pp. 1–21). New York: Cambridge University Press.

Heinz, W. R. (1999b). Job entry patterns in life-course perspective. In W. R. Heinz (Ed.), *From education to work: Cross-national perspectives* (pp. 214–231). New York: Cambridge University Press.

Helburn, S. W. (Ed.). (1995). *Cost, quality and child outcomes in child care centers.* Denver: University of Colorado.

Helm, H. M., Hays, J. C., Flint, E. P., Koenig, H. G., & Blazer, D. G. (2000). Does private religious activity prolong survival? A six-year follow-up study of 3,851 older adults. *Journal of Gerontology, 55A,* M400–M405.

Helson, R. (1992). Women's difficult times and the rewriting of the life story. *Psychology of Women Quarterly, 16,* 331–347.

Helson, R. (1997). The self in middle age. In M. E. Lachman & J. B. James (Eds.), *Multiple paths of midlife development* (pp. 21–43). Chicago: University of Chicago Press.

Helson, R., & Moane, G. (1987). Personality change in women from college to midlife. *Journal of Personality and Social Psychology, 53,* 176–186.

Helson, R., & Picano, J. (1990). Is the traditional role bad for women? *Journal of Personality and Social Psychology, 59,* 311–320.

Helson, R., & Roberts, B. W. (1994). Ego development and personality change in adulthood. *Journal of Personality and Social Psychology, 66,* 911–920.

Helson, R., & Stewart, A. (1994). Personality change in adulthood. In T. F. Heatherton & J. L. Weinberger (Eds.), *Can personality change?* (pp. 201–225). Washington, DC: American Psychological Association.

Helson, R., & Wink, P. (1992). Personality change in women from the early 40s to the early 50s. *Psychology and Aging, 7,* 46–55.

Helson, R., Jones, C. J., & Kwan, V. S. Y. (2002). Personality change over 40 years of adulthood: Hierarchical linear modeling analyses of two longitudinal samples. *Journal of Personality and Social Psychology, 83,* 752–766.

Helson, R., Mitchell, V., & Moane, G. (1984). Personality and patterns of adherence and nonadherence to the social clock. *Journal of Personality and Social Psychology, 46,* 1079–1096.

Helwig, C. C., & Prencipe, A. (1999). Children's judgments of flags and flag-burning. *Child Development, 70,* 132–143.

Henderson, D., Buchanan, J. A., & Fisher, J. E. (2002). Violence and the elderly population: Issues for prevention. In P. A. Schewe (Ed.), *Preventing violence in relationships: Interventions across the lifespan* (pp. 223–245). Washington DC: American Psychological Association.

Hendin, H. (1999). Suicide, assisted suicide, and euthanasia. In D. G. Jacobs (Ed.), *The Harvard Medical School guide to suicide assessment and intervention* (pp. 540– 560). San Francisco: Jossey-Bass.

Hendin, H. (2002). The Dutch experience. In D. Foley & H. Hendin (Eds.), *The case against assisted suicide: For the right to end-of-life care* (pp. 97–121). Baltimore: Johns Hopkins University Press.

Hendrick, S. S., & Hendrick, C. (1992). *Romantic love.* Newbury Park, CA: Sage.

Hendrick, S. S., & Hendrick, C. (1993). Lovers as friends. *Journal of Social and Personal Relationships, 10,* 459–466.

Hendrie, H. C., Ogunniyi, A., Hall, K. S., Baiyewu, O., Unverzagt, F. W., & Gureje, O. (2001). The incidence of dementia and AD in two communities: Yoruba residing in Ibadan, Nigeria, and African Americans residing in Indianapolis, USA. *Journal of the American Medical Association, 285,* 739–747.

Hendrie, H. H. (2001). Exploration of environmental and genetic risk factors for Alzheimer's disease: The value of cross-cultural studies. *Current Directions in Psychological Science, 10,* 98–101.

Herbst, J. H., McCrae, R. R., Costa, P. T., Jr., Feaganes, J. R., & Siegler, I. C. (2000). Self-perceptions of stability and change in personality at midlife: The UNC Alumni Heart Study. *Assessment, 7,* 379–388.

Herdt, G., & Boxer, A. M. (1993). *Children of horizons: How gay and lesbian teens are leading a new way out of the closet.* Boston: Beacon Press.

Herman, M. R., Dornbusch, S. M., Herron, M. C., & Herting, J. R. (1997). The influence of family regulation, connection, and psychological autonomy on six measures of adolescent functioning. *Journal of Adolescent Research, 12,* 34–67.

Hermann, M., Untergasser, G., Rumpold, H., & Berger, P. (2000). Aging of the male reproductive system. *Experimental Gerontology, 35,* 1267–1279.

Herrnstein, R. J., & Murray, C. (1994). *The bell curve.* New York: Free Press.

Hershberger, S. L., Pilkington, N. W., & D'Augelli, A. R. (1997). Predictors of suicide attempts among gay, lesbian, and bisexual youth. *Journal of Adolescent Research, 12,* 477–497.

Hershey, D. A., Walsh, D. A., Brougham, R., & Carter, S. (1998). Challenges of training pre-retirees to make sound financial planning decisions. *Educational Gerontology, 24,* 447–470.

Hespos, S. J., & Baillargeon, R. (2001). Reasoning about containment events in very young infants. *Cognition, 78,* 207–245.

Hesse, E., & Main, M. (2000). Disorganized infant, child, and adult attachment: Collapse in behavioral and attentional strategies. *Journal of the American Psychoanalytic Association, 48,* 1097–1127.

Hetherington, E. M. (1989). Coping with family transitions: Winners, losers, and survivors. *Child Development, 60,* 1–14.

Hetherington, E. M. (1995, March). *The changing American family and the well-being of children.* Master lecture presented at the biennial meeting of the Society for Research in Child Development, Indianapolis.

Hetherington, E. M. (1997). Teenaged childbearing and divorce. In S. Luthar, J. A. Burack, D. Cicchetti, & J. Weisz (Eds.),

Developmental psychopathology: Perspectives on adjustment, risk, and disorders (pp. 350–373). Cambridge, U.K.: Cambridge University Press.

Hetherington, E. M. (1999a). Should we stay together for the sake of the children? In E. M. Hetherington (ed.), *Coping with divorce, single-parenting, and remarriage: A risk and resiliency perspective* (pp. 93–116). Hillsdale, NJ: Erlbaum.

Hetherington, E. M. (1999b). Social capital and the development of youth from nondivorced, divorced, and remarried families. In A. Collins (Ed.), *Minnesota Symposia on Child Psychology* (Vol. 29). Hillsdale, NJ: Erlbaum.

Hetherington, E. M., & Clingempeel, W. G. (1992). Coping with marital transitions: A family systems perspective. *Monographs of the Society for Research in Child Development, 57*(2–3, Serial No. 227).

Hetherington, E. M., & Jodl, K. M. (1994). Stepfamilies as settings for child development. In A. Booth & J. Dunn (Eds.), *Stepfamilies: Who benefits? Who does not?* (pp. 55–79). Hillsdale, NJ: Erlbaum.

Hetherington, E. M., & Kelly, J. (2002). *For better or for worse: Divorce reconsidered.* New York: Norton.

Hetherington, E. M., & Stanley-Hagan, M. (1999). The adjustment of children with divorced parents: A risk and resiliency perspective. *Journal of Child Psychology and Psychiatry, 40,* 129–140.

Hetherington, E. M., & Stanley-Hagan, M. (2000). Diversity among stepfamilies. In D. H. Demo, K. R. Allen, & M. A. Fine (Eds.), *Handbook of family diversity* (pp. 173–196). New York: Oxford University Press.

Hetherington, E. M., & Stanley-Hagan, M. (2002). Parenting in divorced and remarried families. In M. H. Bornstein (Ed.), *Handbook of parenting* (2nd ed., Vol. 3, pp. 287–315). Mahwah, NJ: Erlbaum.

Hetherington, E. M., Bridges, M., & Insabella, G. M. (1998). What matters? What does not? Five perspectives on the association between marital transitions and children's adjustment. *American Psychologist, 53,* 167–184.

Hetherington, E. M., Henderson, S. H., & Reiss, D. (1999). Adolescent siblings in stepfamilies: Family functioning and adolescent adjustment. *Monographs of the Society for Research in Child Development, 64*(4, Serial No. 259).

Hetherington, E. M., Law, T. C., & O'Connor, T. G. (1994). Divorce: Challenges, changes, and new chances. In F. Walsh (Ed.), *Normal family processes* (2nd ed., pp. 208–234). New York: Guilford.

Hetherington, S. E. (1990). A controlled study of the effect of prepared childbirth classes on obstetric outcomes. *Birth, 17,* 86–90.

Heuveline, P. (2002). An international comparison of adolescent and young adult morality. *Annals of the American Association of Political and Social Science, 580,* 172–200.

Hewlett, B. S. (1992). Husband–wife reciprocity and the father–infant relationship among Aka pygmies. In B. S. Hewlett (Ed.), *Father–child relations: Cultural and biosocial contexts* (pp. 153–176). New York: Aldine de Gruyter.

Heyman, G. D., & Dweck, C. S. (1998). Children's thinking about traits: Implications for judgments of the self and others. *Child Development, 69,* 391–403.

Heyman, G. D., & Gelman, S. A. (1999). The use of trait labels in making psychological inferences. *Child Development, 70,* 604–619.

Heyman, G. D., Dweck, C. S., & Cain, K. M. (1992). Young children's vulnerability to self-blame and helplessness: Relationship to beliefs about goodness. *Child Development, 63,* 401–415.

Hibell, B. (2001). *European School Survey Project on Alcohol and Drugs.* Stockholm: Swedish Council for Information on Alcohol and Other Drugs.

Hicks, P. (1997, January). The impact of aging on public policy. *OECD Observer,* No. 203, 19–21.

Hier, D. B., & Crowley, W. F. (1982). Spatial ability in androgen-deficient men. *New England Journal of Medicine, 302,* 1202–1205.

High, D. M., & Doole, M. M. (1995). Ethical and legal issues in conducting research involving elderly subjects. *Behavioral Sciences and the Law, 13,* 319–335.

High, K. P. (2001). Nutritional strategies to boost immunity and prevent infection in elderly individuals. *Aging and Infectious Diseases, 33,* 1892–1900.

High, P. C., LaGasse, L., Becker, S., Ahlgren, I., & Gardner, A. (2000). Literacy promotion in primary care pediatrics: Can we make a difference? *Pediatrics, 105,* 927–934.

Hill, D. (2003). Europe: When dying seems better than living. New York: Radio Free Europe. Retrieved from http://www.rferl.org/nca/features/2003/01/ 22012003154227.as

Hill, J. P., & Holmbeck, G. (1986). Attachment and autonomy during adolescence. In G. Whitehurst (Ed.), *Annals of child development* (Vol. 3, pp. 145–189). Greenwich, CT: JAI Press.

Hill, R. B. (1997). Social welfare policies and African American families. In H. P. McAdoo (Ed.), *Black families* (3rd ed., pp. 349– 364). Thousand Oaks, CA: Sage.

Hillman, J. L. (2000). *Clinical perspectives on elderly sexuality.* New York: Kluwer Academic.

Hillman, J. L., & Stricker, G. (1994). A linkage of knowledge and attitudes toward elderly sexuality: Not necessarily a uniform relationship. *Gerontologist, 34,* 256–260.

Hinde, R. A. (1989). Ethological and relationships approaches. In R. Vasta (Ed.), *Annals of child development* (Vol. 6, pp. 251–285). Greenwich, CT: JAI Press.

Hines, S., & Bennett, F. (1996). Effectiveness of early intervention for children with Down syndrome. *Mental Retardation and Developmental Disabilities Research Reviews, 2,* 96–101.

Hinton, R., Moody, R. L., & Davis, A. W. (2002). Osteoarthritis: Diagnosis and therapeutic considerations. *American Family Physician, 65,* 841–848.

Hirsch, C. (1996). Understanding the influence of gender role identity on the assumption of family caregiving roles by men. *International Journal of Aging and Human Development, 42,* 103–121.

Hirschfeld, L. A. (1995). Do children have a theory of race? *Cognition, 54,* 209–252.

Hirshorn, B. A., Van Meter, J. V., & Brown, D. R. (2000). When grandparents raise grandchildren due to substance abuse: Responding to a uniquely destabilizing factor. In B. Hayslip, Jr., & R. Goldberg-Glen (Eds.), *Grandparents raising grandchildren: Theoretical, empirical, and clinical perspectives* (pp. 269–288). New York: Springer.

Ho, C. S.-H., & Fuson, K. C. (1998). Children's knowledge of teen quantities as tens and ones: Comparisons of Chinese, British, and American kindergartners. *Journal of Educational Psychology, 90,* 536–544.

Hoch, C. C., Dew, M. A., Reynolds, C. F., III, Buysse, D. J., Nowell, P. D., Monk, T. H., Mazumdar, S., Borland, M. D., Miewald, J., & Kupfer, D. J. (1997). Longitudinal changes in diary- and laboratory-based sleep measures in healthy "old old" and "young old" subjects: A three-year follow-up. *Sleep, 20,* 192–202.

Hochschild, A. R. (1997). *The time bind: When work becomes home and home becomes work.* New York: Metropolitan Books.

Hochwarter, W. A., Ferris, G. R., Perrewe, P. L., Witt, L. A., & Kiewitz, C. (2001). A note on the nonlinearity of the age–job satisfaction relationship. *Journal of Applied Social Psychology, 31,* 1223–1237.

Hodapp, R. M. (1996). Down syndrome: Developmental, psychiatric, and management issues. *Child and Adolescent Psychiatric Clinics of North America, 5,* 881–894.

Hodges, E. V. E., Boivin, M., Vitaro, F., & Bukowski, W. M. (1999). The power of friendship: Protection against an escalating cycle of peer victimization. *Developmental Psychology, 35,* 94–101.

Hodges, J., & Tizard, B. (1989). Social and family relationships of ex-institutional adolescents. *Journal of Child Psychology and Psychiatry, 30,* 77–97.

Hodges, R. M., & French, L. A. (1988). The effect of class and collection labels on cardinality, class-inclusion, and number conservation tasks. *Child Development, 59,* 1387–1396.

Hodson, D. S., & Skeen, P. (1994). Sexuality and aging: The hammerlock of myths. *Journal of Applied Gerontology, 13,* 219–235.

Hoff, B. (2001). *Full report of the prevalence, incidence, and consequences of violence against women.* Washington, DC: U.S. Department of Justice.

Hoff, E., Laursen, B., & Tardif, T. (2002). Socioeconomic status and parenting. In M. H. Bornstein (Ed.), *Handbook of parenting* (pp. 231–252). Mahwah, NJ: Erlbaum.

Hoffman, L. W. (2000). Maternal employment: Effects of social context. In R. D. Taylor & M. C. Wang (Eds.), *Resilience across contexts: Family, work, culture, and community* (pp. 147–176). Mahwah, NJ: Erlbaum.

Hoffman, L. W., & Youngblade, L. M. (1999*). Mothers at work: Effects on children's well-being.* New York: Cambridge University Press.

Hoffman, M. L. (2000*). Empathy and moral development.* New York: Cambridge University Press.

Hoffman, S., & Hatch, M. C. (1996). Stress, social support and pregnancy outcome: A reassessment based on research. *Paediatric and Perinatal Epidemiology, 10,* 380–405.

Hoffner, C., & Badzinski, D. M. (1989). Children's integration of facial and situational cues to emotion. *Child Development, 60,* 411–422.

Hokoda, A., & Fincham, F. D. (1995). Origins of children's helpless and mastery achievement patterns in the family. *Journal of Educational Psychology, 87,* 375–385.

Holden, G. W., & West, M. J. (1989). Proximate regulation by mothers: A demonstration of how differing styles affect young children's behavior. *Child Development, 60,* 64–69.

Holden, G. W., Coleman, S. M., & Schmidt, K. L. (1995). Why 3-year-old children get spanked: Determinants as reported by college-educated mothers. *Merrill-Palmer Quarterly, 41,* 431–452.

Holland, J. C. (Ed.). (1998). *Psycho-oncology.* New York: Oxford University Press.

Holland, J. L. (1966). *The psychology of vocational choice.* Waltham, MA: Blaisdell.

Holland, J. L. (1985). *Making vocational choices: A theory of vocational personalities and work environments.* Englewood Cliffs, NJ: Prentice-Hall.

Holmbeck, G. N. (1996). A model of family relational transformations during the transition to adolescence: Parent–adolescent conflict and adaptation. In J. A. Graber, J. Brooks-Gunn, & A. C. Petersen (Eds.), *Transitions through adolescence* (pp. 167–199). Mahwah, NJ: Erlbaum.

Holmes-Rovner, M., Rovner, D. R., Padonu, G., Talarczyk, G., Kroll, J., Rothert, M., & Breer, L. (1996). African-American women's attitudes and expectations of menopause. *American Journal of Preventive Medicine, 12,* 420–423.

Holobow, N., Genessee, F., & Lambert, W. (1991). The effectiveness of a foreign language immersion program for children from different ethnic and social class backgrounds: Report 2. *Applied Psycholinguistics, 12,* 179–198.

Holtzman, D. M., Bales, K. R., Tendova, T., Fagan, A. M., Parsadanian, M., & Sartorius, L. J. (2000). Apolipoprotein E isoform-dependent amyloid deposition and neuritic degeneration in a model of Alzheimer's disease. *Proceedings of the National Academy of Sciences, 97,* 2892–2897.

Hood, B. M., Atkinson, J., & Braddick, O. J. (1998). Selection-for-action and the development of orienting and visual attention. In J. E. Richards (Ed.), *Cognitive neuroscience of attention: A developmental perspective* (pp. 219–251). Mahwah, NJ: Erlbaum.

Hooker, K. (1992). Possible selves and perceived health in older adults and college students. *Journal of Gerontology, 47,* P85–P89.

Hooker, K., & Kaus, C. R. (1992). Possible selves and health behaviors in later life. *Journal of Aging and Health, 4,* 390–411.

Hooker, K., & Kaus, C. R. (1994). Health-related possible selves in young and middle adulthood. *Psychology and Aging, 9,* 126–133.

Hooyman, N. B., & Kiyak, H. A. (2002). *Social gerontology* (6th ed.). Boston: Allyn and Bacon.

Hope, S., Power, C., & Rodgers, B. (1999). Does financial hardship account for elevated psychological distress in lone mothers? *Social Science and Medicine, 29,* 381–389.

Hopkins, B., & Butterworth, G. (1997). Dynamical systems approaches to the development of action. In G. Bremner, A. Slater, & G. Butterworth (Eds.), *Infant development: Recent advances* (pp. 75–100). East Sussex, U.K.: Psychology Press.

Hopkins, B., & Westra, T. (1988). Maternal handling and motor development: An intracultural study. *Genetic, Social and General Psychology Monographs, 14,* 377–420.

Hopp, F. P., & Duffy, S. A. (2000). Racial variations in end-of-life care. *Journal of the American Geriatrics Society, 48,* 658–663.

Hopper, S. V. (1993). The influence of ethnicity on the health of older women. *Clinics in Geriatric Medicine, 9,* 231–259.

Horber, F. F., Kohler, S. A., Lippuner, K., & Jaeger, P. (1996). Effect of regular physical training on age-associated alteration of body composition in men. *European Journal of Clinical Investigation, 26,* 279–285.

Horgan, D. (1978). The development of the full passive. *Journal of Child Language, 5,* 65–80.

Horgas, A. L., Wilms, H., & Baltes, M. M. (1998). Daily life in very old age: Everyday activities as expression of successful living. *Gerontologist, 38,* 556–568.

Horn, J. L., & Donaldson, G. (1980). Cognitive development in adulthood. In O. G. Brim, Jr., & J. Kagan (Eds.), *Constancy and change in human development* (pp. 445–529). Cambridge, MA: Harvard University Press.

Horn, J. L., & Masunaga, H. (2000). New directions for research into aging and intelligence: The development of expertise. In T. J. Perfect & E. A. Maylor (Eds.), *Models of cognitive aging* (pp. 125–159). New York: Oxford University Press.

Horn, J. L., & Noll, J. (1997). Human cognitive capabilities: Gf–Gc theory. In D. P. Flanagan, J. L., Genshaft, & P. L. Harrison (Eds.), *Beyond traditional intellectual assessment* (pp. 53–91). New York: Guilford.

Horn, J. L., Donaldson, G., & Engstrom, R. (1981). Apprehension, memory, and fluid intelligence decline through the "vital years" of adulthood. *Research on Aging, 3,* 33–84.

Horn, J. M. (1983). The Texas Adoption Project: Adopted children and their intellectual resemblance to biological and adoptive parents. *Child Development, 54,* 268–275.

Horne, R. S., Sly, D. J., Cranage, S. M., Chau, B., & Adamson, T. M. (2000). Effects of prematurity on arousal from sleep in the newborn infant. *Pediatric Research, 47,* 468–474.

Horner, T. M. (1980). Two methods of studying stranger reactivity in infants: A review. *Journal of Child Psychology and Psychiatry, 21,* 203–219.

Hornick, J. P., McDonald, L., & Robertson, G. B. (1992). Elder abuse in Canada and the United States: Prevalence, legal, and service issues. In R. D. Peters, R. J. McMahon, & V. L. Quinsey (Eds.), *Aggression and violence throughout the life span* (pp. 301–335). Newbury Park, CA: Sage.

Horowitz, A. V., McLaughlin, J., & White, H. R. (1997). How the negative and positive aspects of partner relationships affect the mental health of young married people. *Journal of Health and Social Behavior, 39,* 124–136.

Horowitz, A. V., White, H. R., & Howell-White, S. (1996). Becoming married and mental health: A longitudinal study of a cohort of young adults. *Journal of Marriage and the Family, 58,* 895–907.

Horowitz, F. D. (1992). John B. Watson's legacy: Learning and environment. *Developmental Psychology, 28,* 360–367.

Hotz, V. J., McElroy, S. W., & Sanders, S. G. (1997). The costs and consequences of teenage childbearing for mothers. In R. A. Maynard (Ed.), *Kids having kids* (pp. 55–94). Washington, DC: Urban Institute.

House, J. S., Kessler, R. C., Herzog, A. R., Mero, R. P., Kinney, A. M., & Breslow, M. J. (1990). Age, socioeconomic status, and health. *Milbank Quarterly, 68*, 383–411.

Houseknecht, S. K. (1987). Voluntary childlessness. In M. B. Sussman & S. K. Steinmetz (Eds.), *Handbook of marriage and the family* (pp. 369–392). New York: Plenum.

Housel, D. A. (1995). Spirituality and death and dying from a gay perspective. In J. K. Parry & A. S. Ryan (Eds.), *A cross-cultural look at death, dying, and religion* (pp. 117–130). Chicago: Nelson-Hall.

Howard, A., & Bray, D. W. (1988). *Managerial lives in transition: Advancing age and changing times*. New York: Guilford Press.

Howe, M. L. (2003). Memories from the cradle. *Current Directions in Psychological Science, 12*, 62–65.

Howe, N., Aquan-Assee, J., & Bukowski, W. M. (2001). Predicting sibling relations over time: Synchrony between maternal management styles and sibling relationship quality. *Merrill-Palmer Quarterly, 47*, 121–141.

Howes, C., & Matheson, C. C. (1992). Sequences in the development of competent play with peers: Social and social pretend play. *Developmental Psychology, 28*, 961–974.

Hsu, F. L. K. (1981). *Americans and Chinese: Passage to difference* (3rd ed.). Honolulu: University of Hawaii Press.

Hu, F. B., & Manson, J. E. (2001). Diet, lifestyle, and the risk of type 2 diabetes mellitus in women. *New England Journal of Medicine, 345*, 790–797.

Hudson, J. A., Fivush, R., & Kuebli, J. (1992). Scripts and episodes: The development of event memory. *Applied Cognitive Psychology, 6*, 483–505.

Hudson, J. A., Sosa, B. B., & Shapiro, L. R. (1997). Scripts and plans: The development of preschool children's event knowledge and event planning. In S. L. Friedman & E. K. Scholnick (Eds.), *The developmental psychology of planning* (pp. 77–102). Mahwah, NJ: Erlbaum.

Huesmann, L. R. (1986). Psychological processes promoting the relation between exposure to media violence and aggressive behavior by the viewer. *Journal of Social Issues, 42*, 125–139.

Huesmann, L. R., Moise-Titus, J., Podolski, C. & Eron, L. D. (2003). Longitudinal relations between children's exposure to TV violence and their aggressive and violent behavior in young adulthood: 1977–1992. *Developmental Psychology, 39*, 201–221.

Hughes, C. (1998). Finding your marbles: Does preschoolers' strategic behavior predict later understanding of mind? *Developmental Psychology, 34*, 1326–1339.

Hughes, C., & Dunn, J. (1998). Understanding mind and emotion: Longitudinal associations with mental-state talk between young friends. *Developmental Psychology, 34*, 1026–1037.

Hughes, J. N., Cavell, T. A., & Grossman, P. B. (1997). A positive view of self: Risk or protection for aggressive children? *Development and Psychopathology, 9*, 75–94.

Hultsch, D. F., & Dixon, R. A. (1990). Learning and memory in aging. In J. E. Birren & K. W. Schaie (Eds.), *Handbook of the psychology of aging* (3rd ed., pp. 258–274). San Diego: Academic Press.

Hultsch, D. F., Hertzog, C., Dixon, R. A., & Small, B. J. (1998). *Memory change in the aged*. New York: Cambridge University Press.

Hultsch, D. F., MacDonald, S. W. S., & Dixon, R. A. (2002). Variability in reaction time performance of younger and older adults. *Journal of Gerontology, 57B*, P101–P115.

Human Resources Development Canada. (2000). *Dropping out of high school: Definitions and costs*. Hull, Quebec: Author.

Humphrey, D., & Clement, M. (1998). *Freedom to die: People, politics, and the right-to-die movement*. New York: St. Martin's Press.

Humphrey, J. A., & White, J. W. (2000). Women's vulnerability to sexual assault from adolescence to young adulthood. *Journal of Adolescent Health, 27*, 419–424.

Humphrey, T. (1978). Function of the nervous system during prenatal life. In U. Stave (Ed.), *Perinatal physiology* (pp. 651–683). New York: Plenum.

Hunt, E., Streissguth, A. P., Kerr, B., & Olson, H. C. (1995). Mothers' alcohol consumption during pregnancy: Effects on spatial-visual reasoning in 14-year-old children. *Psychological Science, 6*, 339–342.

Hunter, M., Salter-Ling, N., & Glover, L. (2000). Donor insemination: Telling children about their origins. *Child Psychology and Psychiatry Review, 5*, 157–163.

Huntsinger, C. S., Jose, P. E., & Larson, S. L. (1998). Do parent practices to encourage academic competence influence the social adjustment of young European American and Chinese American Children? *Developmental Psychology, 34*, 747–756.

Hurme, H. (1991). Dimensions of the grandparent role in Finland. In P. K. Smith (Ed.), *The psychology of grandparenthood: An international perspective* (pp. 19–31). London: Routledge.

Hursti, U. K. (1999). Factors influencing children's food choice. *Annals of Medicine, 31*, 26–32.

Husaini, B. A., Blasi, A. J., & Miller, O. (1999). Does public and private religiosity have a moderating effect on depression? A bi-racial study of elders in the American south. *International Journal of Aging and Human Development, 48*, 63–72.

Huston, A. C., & Alvarez, M. M. (1990). The socialization context of gender role development in early adolescence. In R. Montemayor, G. R. Adams, & T. P. Gullotta (Eds.), *From childhood to adolescence: A transitional period?* (pp. 156–179). Newbury Park, CA: Sage.

Huston, A. C., & Wright, J. C. (1998). Mass media and children's development. In I. E. Siegel & K. A. Renninger (Eds.), *Handbook of child psychology: Vol. 4. Child psychology in practice* (5th ed., pp. 999–1058). New York: Wiley.

Huston, A. C., Wright, J. C., Marquis, J., & Green, S. B. (1999). How young children spend their time: Television and other activities. *Developmental Psychology, 35*, 912–925.

Huston, P., McHale, S., & Crouter, A. (1986). When the honeymoon's over: Changes in the marriage relationship over the first year. In R. Gilmour & S. Duck (Eds.), *The emerging field of personal relationships* (pp. 109–132). Hillsdale, NJ: Erlbaum.

Huston, T. L., & Vangelisti, A. L. (1995). How parenthood affects marriage. In M. A. Fitzpatrick & A. L. Vangelisti (Eds.), *Explaining family interactions* (pp. 147–176). Thousand Oaks, CA: Sage.

Huttenlocher, P. R. (1994). Synaptogenesis in the human cerebral cortex. In G. Dawson & K. W. Fischer (Eds.), *Human behavior and the developing brain* (pp. 137–152). New York: Guilford.

Huyck, M. H. (1990). Gender differences in aging. In J. E. Birren & K. W. Schaie (Eds.), *Handbook of the psychology of aging* (3rd ed., pp. 124–134). New York: Academic Press.

Huyck, M. H. (1995). Marriage and close relationships of the marital kind. In R. Blieszner & V. H. Bedford (Eds.), *Handbook of aging and the family* (pp. 181–200). Westport, CT: Greenwood Press.

Huyck, M. H. (1996). Continuities and discontinuities in gender identity. In V. L. Bengtson (Ed.), *Adulthood and aging* (pp. 98–121). New York: Springer-Verlag.

Huyck, M. H. (1998). Gender roles and gender identity in midlife. In S. L. Willis & J. D. Reid (Eds.), *Life in the middle* (pp. 209–232). San Diego: Academic Press.

Hyde, J. S., & Linn, M. C. (1988). Gender differences in verbal ability: A meta-analysis. *Psychological Bulletin, 104*, 53–69.

Hyde, J. S., & Oliver, M. B. (2000). Gender differences in sexuality: Results from meta-analysis. In C. B. Travis & J. W. White (Eds.), *Sexuality, society, and feminism* (pp. 57–77). Washington, DC: American Psychological Association.

Hyde, J. S., Klein, M. H., Essex, M. J., & Clark, R. (1995). Maternity leave and women's mental health. *Psychology of Women Quarterly, 19*, 257–285.

Hymel, S., LeMare, L., Ditner, E., & Woody, E. Z. (1999). Assessing self-concept in children: Variations across self-concept domains. *Merrill-Palmer Quarterly, 45*, 602–623.

Ianni, F. A. J., & Orr, M. T. (1996). Dropping out. In J. A. Graber, J. Brooks-Gunn, & A. C. Petersen (Eds.), *Transitions through* adolescence: Interpersonal domains and context (pp. 285–322). Mahwah, NJ: Erlbaum

Idler, E. L., & Kasl, S. V. (1997). Religion among disabled and nondisabled persons I: Cross-sectional patterns in health practices, social activities, and well-being. *Journal of Gerontology, 52B,* S294–S305.

Ihinger-Tallman, M., & Pasley, K. (1997). Stepfamilies in 1984 and today—A scholarly perspective. *Marriage and Family Review, 26,* 19–40.

Ikkink, K. K., & van Tilburg, T. (1998). Do older adults' network members continue to provide instrumental support in unbalanced relationships? *Journal of Social and Personal Relationships, 15,* 59–75.

Ingersoll-Dayton, B., Neal, M. B., & Hammer, L. B. (2001). Aging parents helping adult children: The experience of the sandwiched generation. *Family Relations, 50,* 262–271.

Inhelder, B., & Piaget, J. (1958). *The growth of logical thinking from childhood to adolescence: An essay on the construction of formal operational structures.* New York: Basic Books. (Original work published 1955)

Institute for Social Research. (2002). U.S. husbands do more housework. Ann Arbor: Author. Retrieved from: http://www.newswise.com/articles/2002/3/ timeuse.umi.html

Iribarren, C., Sidney, S., Bild, D. E., Liu, K., Markowvitz, J. H., Roseman, J. M., & Matthews, K. (2000). Association of hostility with coronary artery calcification in young adults. *Journal of the American Medical Association, 283,* 2546–2551.

Irvine, J. J. (1986). Teacher–student interactions: Effects of student race, sex, and grade level. *Journal of Educational Psychology, 78,* 14–21.

Isabella, R. (1993). Origins of attachment: Maternal interactive behavior across the first year. *Child Development, 64,* 605–621.

Isabella, R., & Belsky, J. (1991). Interactional synchrony and the origins of infant–mother attachment: A replication study. *Child Development, 62,* 373–384.

Ismail, M. A., Nagib, N., Ismail, T., & Sibils, L. A. (1999). Comparison of vaginal and cesarean section delivery for fetuses in breech presentation. *Journal of Perinatal Medicine, 27,* 339–351.

Ito, Y., Teicher, M. H., Glod, C. A., & Ackerman, E. (1998). Preliminary evidence for aberrant cortical development in abused children: A quantitative EEG study. *Journal of Neuropsychiatry and Clinical Neuroscience, 10,* 298–307.

Izard, C. E. (1991). *The psychology of emotions.* New York: Plenum.

Izard, C. E., & Ackerman, B. P. (2000). Motivational, organizational, and regulatory functions of discrete emotions. In M. Lewis, & J. M. Haviland-Jones (Ed.), *Handbook of emotions* (2nd ed., pp. 253–264). New York: Guilford.

Jackson, G. R., & Owsley, C. (2000). Scotopic sensitivity during adulthood. *Vision Research, 40,* 2467–2473.

Jacobs, J. E., & Weisz, V. (1994). Gender stereotypes: Implications for gifted education. *Roeper Review, 16,* 152–155.

Jacobson, C. K., & Heaton, T. B. (1989). Voluntary childlessness among American men and women in the late 1980s. *Social Biology, 38,* 79–93.

Jacobson, J. L., Jacobson, S. W., Fein, G., Schwartz, P. M., & Dowler, J. (1984). Prenatal exposure to an environmental toxin: A test of the multiple effects model. *Developmental Psychology, 20,* 523–532.

Jacobson, J. L., Jacobson, S. W., Padgett, R. J., Brumitt, G. A., & Billings, R. L. (1992). Effects of prenatal PCB exposure on cognitive processing efficiency and sustained attention. *Developmental Psychology, 28,* 297–306.

Jacobson, K. C., & Crockett, L. J. (2000). Parental monitoring and adolescent adjustment: An ecological perspective. *Journal of Research on Adolescence, 10,* 65–97.

Jacobson, S. W. (1998). Specificity of neurobehavioral outcomes associated with prenatal alcohol exposure. *Alcoholism: Clinical and Experimental Research, 22,* 313–320.

Jacques, P. F. (1999). The potential preventive effects of vitamins for cataract and age-related macular degeneration. *International Journal of Vitamin Nutrition Research, 69,* 198–205.

Jadack, R. A., Hyde, J. S., Moore, C. F., & Keller, M. L. (1995). Moral reasoning about sexually transmitted diseases. *Child Development, 66,* 167–177.

Jaffe, J., Beebe, B., Feldstein, S., Crown, C. L., & Jasnow, M. D. (2001). Rhythms of dialogue in infancy. *Monographs of the Society for Research in Child Development, 66*(2, Serial No. 265).

Jaffee, S., Caspi, A., Moffitt, T. E., Belsky, J., & Silva, P. (2001). Why are children born to teen mothers at risk for adverse outcomes in young adulthood? Results of a 20-year longitudinal study. *Development and Psychopathology, 13,* 377–397.

Jain, A., Concat, J., & Leventhal, J. M. (2002). How good is the evidence linking breastfeeding and intelligence? *Pediatrics, 109,* 1044–1053.

Jambunathan, S., Burts, D. C., & Pierce, S. (2000). Comparisons of parenting attitudes among five ethnic groups in the United States. *Journal of Comparative Family Studies, 31,* 395–406.

James, D. (1998). Recent advances in fetal medicine. *British Medical Journal, 316,* 1580–1583.

James, J. B., Lewkowicz, C., Libhaber, J., & Lachman, M. (1995). Rethinking the gender identity crossover hypothesis: A test of a new model. *Sex Roles, 32,* 185–207.

Janosz, M., Le Blanc, M., Boulerice, B., & Tremblay, R. E. (2000). Predicting different types of school dropouts: A typological approach with two longitudinal samples. *Journal of Educational Psychology, 92,* 171–190.

Jansari, A., & Parkin, A. J. (1996). Things that go bump in your life: Explaining the reminiscence bump in autobiographical memory. *Psychology and Aging, 11,* 85–91.

Janssens, J. M. A. M., & Deković, M. (1997). Child rearing, prosocial moral reasoning, and prosocial behaviour. *International Journal of Behavioral Development, 20,* 509–527.

Jarrold, C., Butler, D. W., Cottington, E. M., & Jimenez, F. (2000). Linking theory of mind and central coherence bias in autism and in the general population. *Developmental Psychology, 36,* 126–138.

Jasper, M. (1996). *The right to die.* Dobbs Ferry, NY: Oceana Publications.

Jayakody, R., & Cabrera, N. (2002). What are the choices for low-income families? Cohabitation, marriage, and remaining single. In A. Booth & A. C. Crouter (Eds.), *Just living together* (pp. 85–96). Mahwah, NJ: Erlbaum.

Jendrek, M. P. (1994). Grandparents who parent their grandchildren: Circumstances and decisions. *Gerontologist, 34,* 206–216.

Jenkins, J. M., & Astington, J. W. (2000). Theory of mind and social behavior: Causal models tested in a longitudinal study. *Merrill-Palmer Quarterly, 46,* 203–220.

Jennett, B. (2002). The vegetative state. *Journal of Neurology and Neurosurgical Psychiatry, 73,* 355–356.

Jensen, A. R. (1969). How much can we boost IQ and scholastic achievement? *Harvard Educational Review, 39,* 1–123.

Jensen, A. R. (1980). *Bias in mental testing.* New York: Free Press.

Jensen, A. R. (1985). The nature of the black–white difference on various psychometric tests: Spearman's hypothesis. *Behavioral and Brain Sciences, 8,* 193–219.

Jensen, A. R. (1998). *The g factor: The science of mental ability.* New York: Praeger.

Jensen, A. R. (2001). Spearman's hypothesis. In J. M. Collis & S. Messick (Eds.), *Intelligence and personality: Bridging the gap in theory and measurement* (pp. 3–24). Mahwah, NJ: Erlbaum.

Jensen, A. R., & Figueroa, R. A. (1975). Forward and backward digit-span interaction with race and IQ: Predictions from Jensen's theory. *Journal of Educational Psychology, 67,* 882–893.

Jensen, A. R., & Reynolds, C. R. (1982). Race, social class and ability patterns on the WISC-R. *Personality and Individual Differences, 3,* 423–438.

Jepson, K. L., & Labouvie-Vief, G. (1992). Symbolic processing of youth and elders. In R. L. West and J. D. Sinnott (Eds.), *Everyday memory and aging* (pp. 124–137). New York: Springer.

Jessor, R. (1996). Ethnographic methods in contemporary perspective. In R. Jessor, A. Colby, & R. A. Shweder (Eds.), *Ethnography and human development* (pp. 3–14). Chicago: University of Chicago Press.

Jeynes, W. H., & Littell, S. W. (2000). A meta-analysis of studies examining the effect of whole language instruction on the literacy of low-SES students. *Elementary School Journal, 101,* 21–33.

Jiao, S., Ji, G., & Jing, Q. (1996). Cognitive development of Chinese urban only children and children with siblings. *Child Development, 67,* 387–395.

Jimeniz-Sanchez, G., Childs, B., & Valle, D. (2001). Human disease genes. *Nature, 409,* 853–855.

Johannsson, G., Svensson, J., & Bengtsson, B.-A. (2000). Growth hormone and aging. *Growth Hormone and IGF Research 2000, Supplement B,* S25–S30.

Johnson, C. (2002). Obesity, weight management, and self-esteem. In T. A. Wadden & A. J. Stunkard (Eds.), *Handbook of obesity treatment* (pp. 480–493). New York: Guilford.

Johnson, C. L. (1985). *Growing up and growing old in Italian-American families.* New Brunswick, NJ: Rutgers University Press.

Johnson, C. L. (1998). Effects of adult children's divorce on grandparenthood. In M. E. Szinovacz (Ed.), *Handbook on grandparenthood* (pp. 87–96). Westport, CT: Greenwood Press.

Johnson, C. L., & Troll, L. (1992). Family functioning in late life. *Journal of Gerontology, 47,* S66–S72.

Johnson, C. L., & Troll, L. E. (1994). Constraints and facilitators to friendships in late life. *Gerontologist, 34,* 79–87.

Johnson, D. E. (2000). Medical and developmental sequelae of early childhood institutionalization in Eastern European adoptees. In C. A. Nelson (Ed.), *Minnesota symposia on child psychology* (Vol. 31, pp. 113–162). Mahwah, NJ: Erlbaum.

Johnson, G. R., Krug, E. G., & Potter, L. B. (2000). Suicide among adolescents and young adults: A cross-national comparison of 34 countries. *Suicide and Life-Threatening Behavior, 30,* 74–82.

Johnson, J. G., Cohen, P., Smailes, E. M., Kasen, S., & Brook, J. S. (2002). Television viewing and aggressive behavior during adolescence and adulthood. *Science, 295,* 2468–2471.

Johnson, K. E., Scott, P., & Mervis, C. B. (1997). Development of children's understanding of basic–subordinate inclusion relations. *Developmental Psychology, 33,* 745–763.

Johnson, M. H. (1995). The inhibition of automatic saccades in early infancy. *Developmental Psychobiology, 28,* 281–291.

Johnson, M. H. (1998). The neural basis of cognitive development. In D. Kuhn & R. S. Siegler (Ed.), *Handbook of child psychology: Vol. 2. Cognition, perception, and language* (5th ed., pp. 1–49). New York: Wiley.

Johnson, M. H. (1999). Ontogenetic constraints on neural and behavioral plasticity: Evidence from imprinting and face processing. *Canadian Journal of Experimental Psychology, 55,* 77–90.

Johnson, M. H. (2001). The development and neural basis of face recognition: Comment and speculation. *Infant and Child Development, 10,* 31–33.

Johnson, S. L., & Birch, L. L. (1994). Parents' and children's adiposity and eating style. *Pediatrics, 94,* 653–661.

Joint Centre for Bioethics. (2002). Is a living will legal in Canada? Toronto: University of Toronto. Retrieved from http://www.utoronto.ca/jcb/_lwdisclaimer/canchap2.htm

Jones, G. P., & Dembo, M. H. (1989). Age and sex role differences in intimate friendships during childhood and adolescence. *Merrill-Palmer Quarterly, 35,* 445–462.

Jones, J. L., Lopez, A. Wilson, M., Schulkin, J., & Gibbs, R. (2001). Congenital toxoplasmosis: A review. *Obstetrical and Gynecological Survey, 56,* 296–305.

Jones, M. C. (1965). Psychological correlates of somatic development. *Child Development, 36,* 899–911.

Jones, M. C., & Mussen, P. H. (1958). Self-conceptions, motivations, and interpersonal attitudes of early- and late-maturing girls. *Child Development, 29,* 491–501.

Jones, W. H. (1990). Loneliness and social exclusion. *Journal of Social and Clinical Psychology, 9,* 214–220.

Jongbloet, P. H., Zielhuis, G. A., Groenewoud, H. M., & Pasker-De Jong, P. C. (2001). The secular trends in male:female ratio at birth in postwar industrialized countries. *Environmental Health Perspectives, 109,* 749–752.

Jordan, B. (1993). *Birth in four cultures.* Prospect Heights, IL: Waveland.

Jorgensen, K. M. (1999). Pain assessment and management in the newborn infant. *Journal of PeriAnesthesia Nursing, 14,* 349–356.

Jorgensen, M., & Keiding, K. (1991). Estimation of spermarche from longitudinal spermaturia data. *Biometrics, 47,* 177–193.

Joseph, J. (1997). Fear of crime among black elderly. *Journal of Black Studies, 27,* 698–717.

Josselson, R. (1994). The theory of identity development and the question of intervention. In S. L. Archer (Ed.), *Interventions for adolescent identity development* (pp. 12–25). Thousand Oaks, CA: Sage.

Jovanovic, J., & King, S. S. (1998). Boys and girls in the performance-based science classroom: Who's doing the performing? *American Educational Research Journal, 35,* 477–496.

Joyner, M. H., & Kurtz-Costes, B. (1997). Metamemory development. In W. Schneider & F. E. Weinert (Eds.), *Memory performance and competencies: Issues in growth and development* (pp. 275–300). Hillsdale, NJ: Erlbaum.

Julkunen, J. (1996). Suppressing your anger: Good manners, bad health? In C. D. Spielberger & I. G. Sarason (Eds.), *Stress and emotion: Anxiety, anger, and curiosity* (Vol. 16, pp. 227–240). Washington, DC: Taylor & Francis.

Juntunen, C. L., Wegner, K. E., & Matthews, L. G. (2002). Promoting positive career change in midlife. In C. L. Juntunen & D. R. Atkinson (Eds.), *Counseling across the lifespan* (pp. 329–347). Thousand Oaks, CA: Sage.

Jusczyk, P. (1995). Language acquisition: Speech sounds and phonological development. In J. L. Miller & P. D. Eimas (Eds.), *Handbook of perception and cognition: Vol. 2. Speech, language, and communication* (pp. 263–301). Orlando, FL: Academic Press.

Jusczyk, P. W. (2001). In the beginning, was the word.... In F. Lacerda & C. von Hofsten (Eds.), *Emerging cognitive abilities in early infancy* (pp. 173–192). Mahwah, NJ: Erlbaum.

Jusczyk, P. W., & Aslin, R. N. (1995). Infants' detection of the sound patterns of words in fluent speech. *Cognitive Psychology, 29,* 1–23.

Jusczyk, P. W., & Hohne, E. A. (1997). Infants' memory for spoken words. *Science, 277,* 1984–1986.

Jusczyk, P. W., Houston, D. M., & Newsome, M. (1999). The beginnings of word segmentation in English-learning infants. *Cognitive Psychology, 39,* 159–207.

Justice, E. M., Baker-Ward, L., Gupta, S., & Jannings, L. R. (1997). Means to the goal of remembering: Developmental changes in awareness of strategy use–performance relations. *Journal of Experimental Child Psychology, 65,* 293–314.

Juul, A. (2001). The effects of oestrogens on linear bone growth. *Human Reproduction Update, 7,* 303–313.

Kagan, J. (1998). Biology and the child. In N. Eisenberg (Ed.), *Handbook of child psychology: Vol. 3. Social, emotional, and personality development* (5th ed., pp. 177–236). New York: Wiley.

Kagan, J., & Saudino, K. J. (2001). Behavioral inhibition and related temperaments. In R. N. Emde & J. K. Hewitt (Eds.), *Infancy to early childhood: Genetic and environmental influences on developmental change* (pp. 111–119). New York: Oxford University Press.

Kagan, J., Arcus, D., Snidman, N., Feng, W. Y. Hendler, J., & Greene, S. (1994). Reactivity in infants: A cross-national comparison. *Developmental Psychology, 30,* 342–345.

Kagan, J., Kearsley, R. B., & Zelazo, P. R. (1978). *Infancy: Its place in human development.* Cambridge, MA: Harvard University Press.

Kagan, J., Snidman, N., & Arcus, D. (1998). Childhood derivatives of high and low reactivity in infancy. *Child Development, 69,* 1483–1493.

Kagan, J., Snidman, N., Zentner, M., & Peterson, E. (1999). Infant temperament and anxious symptoms in school-age children. *Development and Psychopathology, 11,* 209–224.

Kagawa, Y. (1978). Impact of westernization on the nutrition of Japanese: Changes in physique, cancer, longevity, and centenarians. *Preventive Medicine, 7,* 205–217.

Kahl, H. (1993). Bewegungsförderung im Unterricht – Einfluss auf Konzentration, Verhalten und Beschwerden (Befinden) – Evaluationsergebnisse. Haltung und Bewegung, 2, 36-42.

Kahn, P. H., Jr. (1992). Children's obligatory and discretionary moral judgments. *Child Development, 63,* 416–430.

Kail, R. (1993). Processing time decreases globally at an exponential rate during childhood and adolescence. *Journal of Experimental Child Psychology, 57,* 281–291.

Kail, R. (2000). Speed of information processing: Developmental change and links to intelligence. *Journal of School Psychology, 38,* 51–61.

Kail, R., & Park, Y. (1992). Global developmental change in processing time. *Merrill-Palmer Quarterly, 38,* 525–541.

Kail, R., & Park, Y. (1994). Processing time, articulation time, and memory span. *Journal of Experimental Child Psychology, 57,* 281–291.

Kaisa, A., Stattin, H., & Nurmi, J. (2000). Parenting styles and adolescents' achievement strategies. *Journal of Adolescence, 23,* 205–222.

Kaler, S. B., & Kopp, C. B. (1990). Compliance and comprehension in very young toddlers. *Child Development, 61,* 1997–2003.

Kalish, R. A. (1985). The social context of death and dying. In R. H. Binstock & E. Shanas (Eds.), *Handbook of aging and the social sciences* (2nd ed., pp. 149–170). New York: Van Nostrand Reinhold.

Kalof, L. (2000). Ethnic differences in female sexual victimization. *Sexuality and Culture, 2,* 75–97.

Kalsi, M., Heron, G., & Charman, W. N. (2001). Changes in the static accommodation response with age. *Ophthalmic and Physiological Optics, 21,* 77–84.

Kamerman, S. B. (1993). International perspectives on child care policies and programs. *Pediatrics, 91,* 248–252.

Kamerman, S. B. (2000). From maternity to parental leave policies: Women's health, employment, and child and family well-being. *Journal of the American Medical Women's Association, 55,* 96–99.

Kamo, Y. (1998). Asian grandparents. In M. E. Szinovacz (Ed.), *Handbook on grandparenthood* (pp. 97–112). Westport, CT: Greenwood Press.

Kandall, S. R., & Gaines, J. (1991). Maternal substance use and subsequent sudden infant death syndrome (SIDS) in offspring. *Neurotoxicology and Teratology, 13,* 235–240.

Kao, G. (2000). Psychological well-being and educational achievement among immigrant youth. In D. J. Hernandez (Ed.), *Children of immigrants: Health, adjustment, and public assistance.* Washington, DC: National Academy Press.

Kao, G., & Tienda, M. (1995). Optimism and achievement: The educational performance of immigrant youth. *Social Science Quarterly, 76,* 1–19.

Kaplan, D. L., & Keys, C. B. (1997). Sex and relationship variables as predictors of sexual attraction in cross-sex platonic friendships between young heterosexual adults. *Journal of Social and Personal Relationships, 14,* 191–206.

Kaprio, J., Rimpela, A., Winter, T., Viken, R. J., Pimpela, M., & Rose, R. J. (1995). Common genetic influence on BMI and age at menarche. *Human Biology, 67,* 739–753.

Karadsheh, R. (1991, April). *This room is a junkyard!: Children's comprehension of metaphorical language.* Paper presented at the biennial meeting of the Society for Research in Child Development, Seattle, WA.

Karlseder, J., Smogorzewska, A., & de Lange, T. (2002). Senescence induced by altered telomere state, not telomere loss. *Science, 295,* 2446–2449.

Karmiloff-Smith, A. (1992). *Beyond modularity: A developmental perspective on cognitive science.* Cambridge, MA: MIT Press.

Kaslow, F. W., Hansson, K., & Lundblad, A. (1994). Long-term marriages in Sweden: And some comparisons with similar couples in the United States. *Contemporary Family Therapy, 16,* 521–537.

Kastenbaum, R. J. (2001). *Death, society, and human experience* (7th ed.). Boston: Allyn and Bacon.

Katchadourian, H. (1990). Sexuality. In S. S. Feldman & G. R. Elliott (Eds.), *At the threshold: The developing adolescent* (pp. 330–351). Cambridge, MA: Harvard University Press.

Katzmarzyk, A. (2002). The Canadian obesity epidemic, 1995–1998. *Canadian Medical Association Journal, 166,* 1039–1040.

Kaufman, A. S. (2001). WAIS-III IQs, Horn's theory, and generational changes from young adulthood to old age. *Intelligence, 29,* 131-167.

Kaufman, A. S., & Horn, J. L. (1996). Age changes on tests of fluid and crystallized intelligence for females and males on the Kaufman Adolescent and Adult Intelligence Test (KAIT) at ages 17 to 94 years. *Archives of Clini-cal Neuropsychology, 11,* 97–121.

Kausler, D. H. (1991). *Experimental psychology, cognition, and human aging.* New York: Springer.

Kausler, D. H. (1994). *Learning and memory in normal aging.* San Diego: Academic Press.

Kavanaugh, R. D., & Engel, S. (1998). The development of pretense and narrative in early childhood. In O. N. Saracho & B. Spodek (Eds.), *Multiple perspectives on play in early childhood education* (pp. 80–99). Albany: State University of New York Press.

Kay, M. A., Manno, C. S., Ragni, M. V., Larson, P. J., Couto, L. B., McClelland, A., et al. (2000). Evidence for gene transfer and expression of factor IX in haemophilia B patients treated with an AAV vector. *Nature Genetics, 24,* 257–261.

Kaye, K., & Marcus, J. (1981). Infant imitation: The sensory-motor agenda. *Developmental Psychology, 17,* 258–265.

Kaye, W. H., Klump, K. L., Frank, G. K. W., & Strober, M. (2000). Anorexia and bulimia nervosa. *Annual Review of Medicine, 51,* 299–313.

Kearins, J. M. (1981). Visual spatial memory in Australian aboriginal children of desert regions. *Cognitive Psychology, 13,* 434–460.

Keating, D. (1979). Adolescent thinking. In J. Adelson (Ed.), *Handbook of adolescent psychology* (pp. 211–246). New York: Wiley.

Keil, F. C. (1986). Conceptual domains and the acquisition of metaphor. *Cognitive Development, 1,* 73–96.

Keil, F. C., & Lockhart, K. L. (1999). Explanatory understanding in conceptual development. In E. K. Scholnick, K. Nelson, S. A. Gelman, & P. H. Miller (Eds.), *Conceptual development: Piaget's legacy* (pp. 103–130). Mahwah, NJ: Erlbaum.

Keith, J., Fry, C. L., Glascock, A. P., Ikels, C., Dickerson-Putman, J., Harpending, H. C., & Draper, P. (1994). *The aging experience: Diversity and commonality across cultures.* Thousand Oaks, CA: Sage.

Keith, P. M., & Schafer, R. B. (1991). *Relationships and well-being over the life stages.* New York: Praeger.

Keith, T. Z., Keith, P. B., Quirk, K. J., Sperduto, J., Santillo, S., & Killings, S. (1998). Longitudinal effects of parent involvement on high school grades: Similarities and differences across gender and ethnic groups. *Journal of School Psychology, 36,* 335–363.

Kellett, J. M. (2000). Older adult sexuality. In L. T. Szuchman & F. Muscarella (Eds.), *Psychological perspectives on human sexuality* (pp. 355–379). New York: Wiley.

Kelly, S. J., Day, N., & Streissguth, A. P. (2000). Effects of prenatal alcohol exposure on social behavior in humans and other species. *Neurotoxicology and Teratology, 22,* 143–149.

Kempe, C. H., Silverman, B. F., Steele, P. W., Droegemueller, P. W., & Silver, H. K. (1962). The battered-child syndrome. *Journal of the American Medical Association, 181,* 17–24.

Kemper, S., Kynette, D., & Norman, S. (1992). Age differences in spoken language. In R. L. West & J. D. Sinnott (Eds.), *Everyday memory and aging* (pp. 138– 152). New York: Springer-Verlag.

Kemper, S., Thompson, M., & Marquis, J. (2001). Longitudinal change in language production: Effects of aging and dementia on grammatical complexity and prepositional content. *Psychology and Aging, 16,* 600–614.

Kennedy, C. M. (1998). Childhood nutrition. *Annual Review of Nursing Research, 16,* 3–38.

Kennedy, G. E., & Kennedy, C. E. (1993). Grandparents: A special resource for children in stepfamilies. *Journal of Divorce and Remarriage, 19,* 45–68.

Kennedy, G. J., & Tanenbaum, S. (2000). Suicide and aging: International perspectives. *Psychiatric Quarterly, 71,* 345–362.

Kennedy, Q., Fung, H. H., & Carstensen, L. L. (2001). Aging, time estimation, and emotion. In S. H. McFadden & R. C. Atchley (Eds.), *Aging and the meaning of time: A multidisciplinary exploration* (pp. 51–73). New York: Springer.

Kennell, J., Klaus, M., McGrath, S., Robertson, S., & Hinkley, C. (1991). Continuous emotional support during labor in a U.S. hospital. *Journal of the American Medical Association, 265,* 2197–2201.

Kennet, J., Burgio, L., & Schultz, R. (2000). Interventions for in-home caregivers: A review of research 1990 to present. In R. Schulz (Ed.), *Handbook on dementia caregiving* (pp. 61–126). New York: Springer.

Kenrick, D. T., Gabrielidis, C., Keefe, R. C., & Cornelius, J. S. (1996). Adolescents' age preferences for dating partners: Support for an evolutionary model of life-history strategies. *Child Development, 67,* 1499–1511.

Kenyon, B. L. (2001). Current research in children's conceptions of death: A critical review. *Omega, 43,* 63–91.

Kerber, R. A., O'Brien, E., Smith, K. R., & Cawthon, R. M. (2001). Familial excess longevity in Utah genealogies. *Journals of Gerontology, 567,* B130–B139.

Kerckhoff, A. C. (2002). The transition from school to work. In J. T. Mortimer & R. Larson (Eds.), *The changing adolescent experience* (pp. 52–87). New York: Cambridge University Press.

Kerridge, I. H., & Mitchell, K. R. (1996). The legislation of active voluntary euthanasia in Australia: Will the slippery slope prove fatal? *Journal of Medical Ethics, 22,* 273–278.

Kessler, R., McGonagle, K., Zhao, S., Nelson, C., Hughes, M., Eshleman, S., Wittchen, H., & Kendler, K. (1994). Lifetime and 12-month prevalence of DSM-III-R psychiatric disorders in the United States: Results from the national comorbidity survey. *Archives of General Psychiatry, 51,* 8–19.

Kettl, P. (1998). Alaska Native suicide: Lessons for elder suicide. *International Psychogeriatrics, 10,* 205–211.

Keyes, C. L. M., & Ryff, C. D. (1998a). Generativity in adult lives: Social structural contours and quality of life consequences. In D. P. McAdams & E. de St. Aubin (Eds.), *Generativity and adult development* (pp. 227–257). Washington, DC: American Psychological Association.

Keyes, C. L. M., & Ryff, C. D. (1998b). Psychological well-being in midlife. In S. L. Willis & J. D. Reid (Eds.), *Life in the middle* (pp. 161–180). San Diego: Academic Press.

Kibby, M. Y., & Hynd, G. W. (2001). Neurobiological basis of learning disabilities. In D. P. Hallahan & B. K. Keogh (Eds.), *Research and global perspectives in learning disabilities* (pp. 25–42). Mahwah, NJ: Erlbaum.

Kiernan, K. (2001). European perspectives on nonmarital childbearing. In L. L. Wu & B. Wolfe (Eds.), *Out of wedlock: Causes and consequences of nonmarital fertility* (pp. 77–108). New York: Russell Sage Foundation.

Kiernan, K. (2002). Cohabitation in Western Europe: Trends, issues, and implications. In A. Booth & A. C. Crouter (Eds.), *Just living together* (pp. 3–32). Mahwah, NJ: Erlbaum.

Killen, M., & Nucci, L. P. (1995). Morality, autonomy, and social conflict. In M. Killen & D. Hart (Eds.), *Morality in everyday life: Developmental perspectives* (pp. 52–86). Cambridge, U.K.: Cambridge University Press.

Killen, M., & Smetana, J. G. (1999). Social interactions in preschool classrooms and the development of young children's conceptions of the personal. *Child Development, 70,* 486–501.

Kilpatrick, D. G., Acierno, R., Saunders, B., Resnick, H. S., Best, C. L., & Schnurr, P. P. (2000). Risk factors for adolescent substance abuse and dependence: Data from a national sample. *Journal of Consulting and Clinical Psychology, 68,* 19–30.

Kilpatrick, S. W., & Sanders, D. M. (1978). Body image stereotypes: A developmental comparison. *Journal of Genetic Psychology, 132,* 87–95.

Kim, J. E., & Moen, P. (2002a). Is retirement good or bad for subjective well-being? *Current Directions in Psychological Science, 10,* 83–86.

Kim, J. E., & Moen, P. (2002b). Moving into retirement: Preparation and transitions in late midlife. In M. E. Lachman (Ed.), *Handbook of midlife development* (pp. 487–527). New York: Wiley.

Kim, J. E., & Moen, P. (2002c). Retirement transitions, gender, and psychological well-being: A life-course, ecological model. *Journal of Gerontology, 57B,* P212–P222.

Kim, J. M. (1998). Korean children's concepts of adult and peer authority and moral reasoning. *Developmental Psychology, 34,* 947–955.

Kim, J. M., & Turiel, E. (1996). Korean children's concepts of adult and peer authority. *Social Development, 5,* 310–329.

Kim, M., McGregor, K. K., & Thompson, C. K. (2000). Early lexical development in English- and Korean-speaking children: Language-general and language-specific patterns. *Journal of Child Language, 27,* 225–254.

Kimmel, D. C. (2002). Aging and sexual orientation. In B. E. Jones & M. J. Hill (Eds.), *Mental health issues in lesbian, gay, bisexual, and transgender communities. (Review of psychiatry, Vol. 21,* pp. 17–36). Washington, DC: American Psychiatric Publishing.

Kimmel, D. C., & Moody, H. R. (1990). Ethical issues in gerontological research and services. In J. E. Birren & K. W. Schaie (Eds.), *Handbook of the psychology of aging* (3rd ed., pp. 489–501). San Diego, CA: Academic Press.

King, A. C. (2001). Interventions to promote physical activity by older adults. *Journal of Gerontology, 56A,* 36A–46A.

King, A. C., Castro, C., Wilcox, S., Eyler, A. A., Sallis, J. F., & Brownson, R. C. (2000). Personal and environmental factors associated with physical inactivity among different racial–ethnic groups of U.S. middle-aged and older-aged women. *Health Psychology, 19,* 354–364.

King, A. C., Kiernan, M., Oman, R. F., Kraemer, H., Hull, M., & Ahn, D. (1997). Can we identify who will adhere to long-term physical activity? Signal detection methodology as a potential aid to clinical decision making. *Health Psychology, 16,* 380–389.

King, A. C., Taylor, C. B., & Haskell, W. L. (1993). Effects of differing intensities and formats of 12 months of exercise training on psychological outcomes in older adults. *Health Psychology, 12,* 292–300.

King, D. A., & Markus, H. E. (2000). Mood disorders in older adults. In S. K. Whitbourne (Ed.), *Psychopathology in later adulthood* (pp. 141–172). New York: Wiley.

Kingston, P., & Reay, A. (1996). Elder abuse and neglect. In R. T. Woods (Ed.), *Handbook of the clinical psychology of ageing* (pp. 423–438). Chichester, U.K.: Wiley.

Kinicki, A. J., Prussia, G. E., & McKee-Ryan, F. M. (2000). A panel study of coping with involuntary job loss. *Academy of Management Journal, 43,* 90–100.

Kinney, D. (1999). From "headbangers" to "hippies": Delineating adolescents' active attempts to form an alternative peer culture. In J. A. McLellan & M. J. V. Pugh (Eds.), *The role of peer groups in adolescent social identity: Exploring the importance of stability and change* (pp. 21–35). San Francisco: Jossey-Bass.

Kirchner, G. (2000). *Children's games from around the world.* Boston: Allyn and Bacon.

Kirkby, R. J., & Lindner, H. (1998). Exercise is linked to reductions in anxiety but not premenstrual syndrome in women with prospectively-assessed symptoms. *Psychology, Health and Medicine, 3,* 211–222.

Kisilevsky, B. S., & Low, J. A. (1998). Human fetal behvior: 100 years of study. *Developmental Review, 18*, 1–29.

Kite, M. E., & Whitley, B. E., Jr. (1998). Do heterosexual women and men differ in their attitudes toward homosexuality? In G. M. Herek (Ed.), *Stigma and sexual orientation* (pp. 39–61). Thousand Oaks, CA: Sage.

Kivnick, H. Q. (1983). Dimensions of grandparenthood meaning: Deductive conceptualization and empirical derivation. *Journal of Personality and Social Psychology, 44*, 1056–1068.

Klahr, D., & MacWhinney, B. (1998). Information processing. In D. Kuhn & R. S. Siegler (Eds.), *Handbook of child psychology: Vol. 2. Cognition, perception, and language* (5th ed., pp. 631–678). New York: Wiley.

Klebanov, P. K., Brooks-Gunn, J., McCarton, C., & McCormick, M. C. (1998). The contribution of neighborhood and family income to developmental test scores over the first three years of life. *Child Development, 69*, 1420–1436.

Klein, J., & Sauer, M. V. (2001). Assessing fertility in women of advanced reproductive age. *American Journal of Obstetrics and Gynecology, 185*, 758–770.

Klein, P. J., & Meltzoff, A. N. (1999). Long-term memory, forgetting, and deferred imitation in 12-month-old infants. *Developmental Science, 2*, 102–113.

Klesges, L., M., Johnson, K. C., Ward, K. D., & Barnard, M. (2001). Smoking cessation in pregnant women. *Obstetrics and Gynecology Clinics of North America, 28*, 269–282.

Kliewer, W., Fearnow, M. D., & Miller, P. A. (1996). Coping socialization in middle childhood: Tests of maternal and paternal influences. *Child Development, 67*, 2339–2357.

Klimes-Dougan, B., & Kistner, J. (1990). Physically abused preschoolers' responses to peers' distress. *Developmental Psychology, 26*, 599–602.

Kling, K. C., Hyde, J. S., Showers, C. J., & Buswell, B. N. (1999). Gender differences in self-esteem: A meta-analysis. *Psychological Bulletin, 125*, 470–500.

Klingner, J. K., Vaughn, S., Hughes, M. T., Schumm, J. S., & Elbaum, B. (1998). Outcomes for students with and without learning disabilities in inclusive classrooms. *Learning Disabilities Research and Practice, 13*, 153–161.

Klump, K. L., Kaye, W. H., & Strober, M. (2001). The evolving foundations of eating disorders. *Psychiatric Clinics of North America, 24*, 215–225.

Knapp, M. L., & Taylor, E. H. (1994). Commitment and its communication in romantic relationships. In A. L. Weber & J. H. Harvey (Eds.), *Perspectives on close relationships* (pp. 153–175). Boston: Allyn and Bacon.

Knecht, S., Draeger, B., Deppe, M., Bobe, L., Lohmann, H., Floeel, A., Ringelstein, E.-B., & Henningsen, H. (2000). Handedness and hemispheric language dominance in healthy humans. *Brain, 123*, 2512–2518.

Knobloch, H., & Pasamanick, B. (Eds.). (1974). *Gesell and Amatruda's Developmental Diagnosis.* Hagerstown, MD: Harper & Row.

Knoers, N., van den Ouweland, A., Dreesen, J., Verdijk, M., Monnens, L. S., & van Oost, B. A. (1993). Nephrogenic diabetes insipidus: Identification of the genetic defect. *Pediatric Nephrology, 7*, 685–688.

Knowles, R. B., Wyart, C., Buldyrev, S. V., Cruz, L., Urbanc, B., Hasselmo, M. E., Stanley, H. E., & Hyman, B. T. (1999). Plaque-induced neurite abnormalities: Implications of disruption of neuronal networks in Alzheimer's disease. *Proceedings of the National Academy of Sciences, 96*, 5274–5279.

Knox, A. B. (1993). *Strengthening adult and continuing education.* San Francisco: Jossey-Bass.

Kobak, R. R., & Hazan, C. (1991). Attachment in marriage: Effects of security and accuracy of working models. *Journal of Personality and Social Psychology, 60*, 861–869.

Kobayashi, Y. (1994). Conceptual acquisition and change through social interaction. *Human Development, 37*, 233–241.

Kochanska, G. (1991). Socialization and temperament in the development of guilt and conscience. *Child Development, 62*, 1379–1392.

Kochanska, G. (1993). Toward a synthesis of parental socialization and child temperament in early development of conscience. *Child Development, 64*, 325–347.

Kochanska, G. (1995). Children's temperament, mothers' discipline, and security of attachment: Multiple pathways to emerging internalization. *Child Development, 66*, 597–615.

Kochanska, G. (1997). Multiple pathways to conscience for children with different temperaments: From toddlerhood to age 5. *Developmental Psychology, 33*, 228–240.

Kochanska, G. (1998). Mother–child relationship, child fearfulness, and emerging attachment: A short-term longitudinal study. *Developmental Psychology, 34*, 480–490.

Kochanska, G., & Murray, K. T. (2000). Mother–child mutually responsive orientation and conscience development: From toddler to early school age. *Child Development, 71*, 417–431.

Kochanska, G., & Radke-Yarrow, M. (1992). Inhibition in toddlerhood and the dynamics of the child's interaction with an unfamiliar peer at age five. *Child Development, 63*, 325–335.

Kochanska, G., Casey, R. J., & Fukumoto, A. (1995). Toddlers' sensitivity to standard violations. *Child Development, 66*, 643–656.

Kochanska, G., Murray, K. T., & Harlan, E. T. (2000). Effortful control in early childhood: Continuity and change, antecedents, and implications for social development. *Developmental Psychology, 36*, 220–232.

Kochanska, G., Tjebkes, T. L., & Forman, D. R. (1998). Children's emerging regulation of conduct: Restraint, compliance, and internalization from infancy to the second year. *Child Development, 69*, 1378–1389.

Kochenderfer-Ladd, B., & Wardrop, J. L. (2001). Chronicity and instability of children's peer victimization experiences as predictors of loneliness and social satisfaction trajectories. *Child Development, 72*, 134–151.

Koestner, R., Franz, C., & Weinberger, J. (1990). The family origins of empathic concern: A 26-year longitudinal study. *Journal of Personality and Social Psychology, 58*, 709–717.

Koff, T. H., & Park, R. W. (1999). *Aging public policy: Bonding the generations* (2nd ed.). Amityville, NY: Baywood.

Kogan, L. R., & Vacha-Haase, T. (2002). Supporting adaptation to new family roles in middle age. In C. L. Juntunen & D. R. Atkinson (Eds.), *Counseling across the lifespan* (pp. 299–347). Thousand Oaks, CA: Sage.

Kogan, N., & Mills, M. (1992). Gender influences on age cognitions and preferences: Sociocultural or sociobiological? *Psychology and Aging, 7*, 98–106.

Kohen, D., Hunter, T., Pence, A., & Goelman, H. (2000). The Victoria Day Care Research Project: Overview of a longitudinal study of child care and human development in Canada. *Canadian Journal of Research in Early Childhood Education, 8*, 49–54.

Kohlberg, L. (1966). A cognitive-developmental analysis of children's sex-role concepts and attitudes. In E. E. Maccoby (Ed.), *The development of sex differences* (pp. 82–173). Stanford, CA: Stanford University Press.

Kohlberg, L. (1969). Stage and sequence: The cognitive-developmental approach to socialization. In D. A. Goslin (Ed.), *Handbook of socialization theory and research* (pp. 347–480). Chicago: Rand McNally.

Kohlberg, L., Levine, C., & Hewer, A. (1983). *Moral stages: A current formulation and a response to critics.* Basel, Switzerland: Karger.

Kohlendorfer, U., Kiechl, S., & Sperl, W. (1998). Sudden infant death syndrome: Risk factor profiles for distinct subgroups. *American Journal of Epidemiology, 147*, 960–968.

Kohn, M. L., & Schooler, C. (1978). The reciprocal effects of the substantive complexity of work and intellectual flexibility: A longitudinal assessment. *American Journal of Sociology, 84*, 24–52.

Kohn, M. L., & Slomczynski, D. M. (1990). *Social structure and self-direction: A comparative analysis of the United States and Poland.* Cambridge, MA: Blackwell.

Kohn, M. L., Naoi, A., Schoenbach, C., Schooler, C., & Slomczynski, K. M. (1990). Position in the class structure and psychological functioning in the United States, Japan, and Poland. *American Journal of Sociology, 95,* 964–1008.

Kohn, M. L., Zaborowski, W., Janicka, K., Mach, B. W., Khmelko, V., Slomczynski, K. M., Heyman, C., & Podobnik, B. (2000). *Social Psychology Quarterly, 63,* 187–208.

Kojima, H. (1986). Childrearing concepts as a belief–value system of the society and the individual. In H. Steveson, H. Azuma, & K. Hakuta (Eds.), *Child development and education in Japan* (pp. 39–54). New York: Freeman.

Kolb, B., & Gibb, R. (2001). Early brain injury, plasticity, and behavior. In C. A. Nelson & M. Luciana (Eds.), *Handbook of developmental cognitive neuroscience* (pp. 175–190). Cambridge, MA: MIT Press.

Kolominsky, Y., Igumnov, S., & Drozdovitch, V. (1999). The psychological development of children from Belarus exposed in the prenatal period to radiation from the Chernobyl atomic power plant. *Journal of Child Psychology and Psychiatry, 40,* 299–305.

Kolvin, I., & Trowell, J. (1996). Child sexual abuse. In I. Rosen (Ed.), *Sexual deviation* (3rd ed., pp. 337–360). Oxford, U.K.: Oxford University Press.

Komp, D. M. (1996). The changing face of death in children. In H. M. Spiro, M. G. M. Curnen, & L. P. Wandel (Eds.), *Facing death: Where culture, religion, and medicine meet* (pp. 66–76). New Haven: Yale University Press.

Kopp, C. B. (1994). Infant assessment. In C. B. Fisher & R. M. Lerner (Eds.), *Applied developmental psychology* (pp. 265–293). New York: McGraw-Hill.

Kornblith, A. B. (1998). Psychosocial adaptation of cancer survivors. In J. C. Holland (Ed.), *Psycho-oncology* (pp. 78–90). New York: Oxford University Press.

Korten, A. E., Jorm, A. F., Jiao, Z., Letenneur, L., Jacomb, P. A., Henderson, A. S., Christensen, H., & Rodgers, B. (1999). Health, cognitive, and psychosocial factors as predictors of mortality in an elderly community sample. *Journal of Epidemiology and Community Health, 53,* 83–88.

Koss, M. P. (1998). Hidden rape: Sexual aggression and victimization in a national sample of students in higher education. In M. E. Odem & J. Clay-Warner (Eds.), *Confronting rape and sexual assault* (pp. 51–69). Wilmington, DE: Scholarly Resources.

Koss, M. P., & Harvey, M. (1991). *The rape victim: Clinical and community interventions.* Newbury Park, CA: Sage.

Koss, M. P., Koss, P., & Woodruff, W. J. (1991). Deleterious effects of criminal victimization on women's health and medical utilization. *Archives of Internal Medicine, 151,* 342–357.

Kosterman, R., Hawkins, J. D., Guo, J., Catalano, R. F, & Abbott, R. D. (2000). The dynamics of alcohol and marijuana initiation: Patterns and predictors of first use in adolescence. *American Journal of Public Health, 90,* 360–366.

Kotch, J. B., Muller, G. O., & Blakely, C. H. (1999). Understanding the origins and incidence of spousal violence in North America. In T. P. Gullotta & S. J. McElhaney (Eds.), *Violence in homes and communities* (pp. 1–38). Thousand Oaks, CA: Sage.

Kotchick, B. A., Shaffer, A., Forehand, R., & Miller, K. S. (2001). Adolescent sexual risk behavior: A multi-system perspective. *Clinical Psychology Review, 21,* 493–519.

Kotler-Cope, S., & Camp, C. J. (1990). Memory interventions in aging populations. In E. A. Lovelace (Ed.), *Aging and cognition* (pp. 231–261). Amsterdam: North-Holland.

Kotre, J. (1984). *Outliving the self: Generativity and the interpretation of lives.* Baltimore: Johns Hopkins University Press.

Kotre, J. (1999). *Make it count: How to generate a legacy that gives meaning to your life.* New York: Free Press.

Kouvonen, A., & Kivivuori, J. (2001). Part-time jobs, delinquency, and victimization among Finnish adolescents. *Journal of Scandinavian Studies in Criminology and Crime Prevention, 2,* 191–212.

Kowalski, N., & Allen, R. (1995). School sleep lag is less but persists with a very late starting high school. *Sleep Research, 24,* 124.

Kraaij, V., Arensman, E., & Spinhoven, P. (2002). Negative life events and depression in elderly persons: A meta-analysis. *Journal of Gerontology, 57B,* P87–P94.

Kraemer, H. C., Yesavage, J. A., Taylor, J. L., & Kupfer, D. (2000). How can we learn about developmental processes from cross-sectional studies, or can we? *American Journal of Psychiatry, 157,* 163–171.

Krafft, K., & Berk, L. E. (1998). Private speech in two preschools: Significance of open-ended activities and make-believe play for verbal self-regulation. *Early Childhood Research Quarterly, 13,* 637–658.

Kraft, J. M., & Werner, J. S. (1999). Aging and the saturation of colors. 2. Scaling of color appearance. *Journal of the Optical Society of America, 16,* 231–235.

Kramer, A. F., Hahn, S., & Gopher, D. (1998). Task coordination and aging: Explorations of executive control processes in the task switching paradigm. *Acta Psychologica, 101,* 339–378.

Krascum, R. M., & Andrews, S. (1998). The effects of theories on children's acquisition of family-resemblance categories. *Child Development, 69,* 333–346.

Krause, N. (1990). Perceived health problems, formal/informal support, and life satisfaction among older adults. *Journal of Gerontology, 45,* S193–S205.

Krause, N. (2001). Social support. In R. H. Binstock & L. K. George (Eds.), *Handbook of aging and the social sciences* (5th ed., pp. 272–294). San Diego, CA: Academic Press.

Kray, J., & Lindenberger, U. (2000). Adult age differences in task switching. *Psychology and Aging, 15,* 126–147.

Krevans, J., & Gibbs, J. C. (1996). Parents' use of inductive discipline: Relations to children's empathy and prosocial behavior. *Child Development, 67,* 3263–3277.

Krishnan, V. (1998). Premarital cohabitation and marital disruption. *Journal of Divorce and Remarriage, 28,* 157–170.

Krist, H., Fieberg, E.-L. & Wilkening. F. (1993). Intuitive physics in action and judgement: The development of knowledge about projectile motion. Journal of Experimental Psychology: Learning, Memory and Cognition, 19, 952-966.

Kroger, J. (1995). The differentiation of "firm" and "developmental" foreclosure identity statuses: A longitudinal study. *Journal of Adolescent Research, 10,* 317–337.

Kroger, J. (2000). *Identity development: Adolescence through adulthood.* Thousand Oaks, CA: Sage.

Krohmeyer-Hauschild, K., Wabitsch, M., Kunze, D. et al. (2001). Perzentile für den Bogy-Mass-Index für das Kindes- und Jugendalter unter Heranziehung verschiedener deutsche Stichproben. Monatszeitschrift Kinderheilkunde, 149, 807-818.

Kronenfeld, J. J., & Glik, D. C. (1995). Unintentional injury: A major health problem for young children and youth. *Journal of Family and Economic Issues, 16,* 365–393.

Kropf, N. P., & Pugh, K. L. (1995). Beyond life expectancy: Social work with centenarians. *Journal of Gerontological Social Work, 23,* 121–137.

Krout, J., Cutler, S. J., & Coward, R. T. (1990). Correlates of senior center participation: A national analysis. *Gerontologist, 30,* 72–79.

Kruse, A. , Schmitt, E., Pfendtner, P. & Re, S. (2001). Gesundheit im Alter. Gesundheitsbericht für die Bundesrepublik Deutschland. Berlin: Verlag Rober Koch Institut.

Kübler-Ross, E. (1969). *On death and dying.* New York: Macmillan.

Kuchner, J. (1989, April). *Chinese-American and European-American mothers and infants: Cultural influences in the first three months of life.* Paper presented at the biennial meeting of the Society for Research in Child Development, Kansas City, MO.

Kuczynski, L. (1984). Socialization goals and mother–child interaction: Strategies for long-term and short-term compliance. *Developmental Psychology, 20,* 1061–1073.

Kuczynski, L., & Lollis, S. (2002). Four foundations for a dynamic model of parenting. In J. R. M. Gerris (Eds.), *Dynamics of parenting.* Hillsdale, NJ: Erlbaum.

Kuebli, J., Butler, S., & Fivush, R. (1995). Mother–child talk about past emotions: Relations of maternal language and child gender over time. *Cognition and Emotion, 9,* 265–283.

Kuhl, P. K. (2000). A new view of language acquisition. *Proceedings of the National Academy of Sciences, 97,* 11850–11857.

Kuhl, P. K., Williams, K. A., Lacerda, F., Stevens, K. N., & Lindblom, B. (1992). Linguistic experience alters phonetic perception in infants by 6 months of age. *Science, 255,* 606–608.

Kuhn, D. (1993). Connecting scientific and informal reasoning. *Merrill-Palmer Quarterly, 39,* 74–103.

Kuhn, D. (1999). Metacognitive development. *Current Directions in Psychological Science, 9,* 178–181.

Kuhn, D. (2000). Theory of mind, metacognition, and reasoning: A life-span perspective. In P. Mitchell & K. J. Riggs (Eds.), *Children's reasoning and the mind* (pp. 301–326). Hove, U.K.: Psychology Press.

Kuhn, D., Amsel, E., & O'Loughlin, M. (1988). *The development of scientific thinking skills.* Orlando, FL: Academic Press.

Kuhn, D., Garcia-Mila, M., Zohar, A., & Andersen, C. (1995). Strategies of knowledge acquisition. *Monographs of the Society for Research in Child Development, 60*(245, Serial No. 4).

Kulik, K. (2001). Marital relationships in late adulthood: Synchronous versus asynchronous couples. *International Journal of Aging and Human Development, 52,* 323–339.

Kulik, L. (2000). Jobless men and women: A comparative analysis of job search intensity, attitudes toward unemployment, and related outcomes. *Journal of Occupational and Organizational Psychology, 73,* 487–500.

Kunzinger, E. L., III. (1985). A short-term longitudinal study of memorial development during early grade school. *Developmental Psychology, 21,* 642–646.

Kurdek, L. A. (1998). Relationship outcomes and their predictors: Longitudinal evidence from heterosexual married, gay cohabiting, and lesbian cohabiting couples. *Journal of Marriage and the Family, 60,* 553–568.

Kutner, L. (1993, June). Getting physical. *Parents,* pp. 96–98.

Kuulasmaa, K., Tunstall-Pedoe, H., Dobson, A., Fortman, S., Sans, S., & Tolonen, H. (2000). Estimation of contribution of changes in classic risk factors to trends in coronary-event rates across the WHO MONICA Project populations. *Lancet, 355,* 675–685.

Labouvie-Vief, G. (1980). Beyond formal operations: Uses and limits of pure logic in life-span development. *Human Development, 23,* 141–160.

Labouvie-Vief, G. (1985). Logic and self-regulation from youth to maturity: A model. In M. Commons, F. Richards, & C. Armon (Eds.), *Beyond formal operations: Late adolescent and adult cognitive development* (pp. 158–180). New York: Praeger.

Labouvie-Vief, G., & Diehl, M. (1999). Self and personality development. In J. C. Kavanaugh & S. K. Whitbourne (Eds.), *Gerontology: An interdisciplinary perspective* (pp. 238–268). New York: Oxford University Press.

Labouvie-Vief, G., & Diehl, M. (2000). Cognitive complexity and cognitive-affective integration: Related or separate domains of adult development? *Psychology and Aging, 15,* 490–504.

Labouvie-Vief, G., Chiodo, L. M., Goguen, L. A., Diehl, M., & Orwoll, L. (1995). Representations of self across the life span. *Psychology and Aging, 10,* 404–415.

Labouvie-Vief, G., DeVoe, M., & Bulka, D. (1989). Speaking about feelings: Conceptions of emotion across the life span. *Psychology and Aging, 4,* 425–437.

Labouvie-Vief, G., Diehl, M., Chiodo, L. M., & Coyle, N. (1995). Representations of self and parents across the life span. *Journal of Adult Development, 2,* 207–222.

Lachman, M. E., & Bertrand, R. M. (2002). Personality and self in midlife. In M. E. Lachman (Ed.), *Handbook of midlife development* (pp. 279–309). New York: Wiley.

Lachman, M. E., & James, J. B. (1997). Charting the course of midlife development: An overview. In M. E. Lachman & J. B. James (Eds.), *Multiple paths of midlife development* (pp. 1–17). Chicago: University of Chicago Press.

Lachman, M. E., Jette, A., Tennstedt, S., Howland, J., Harris, B. A., & Peterson, E. (1997). A cognitive-behavioural model for promoting regular physical activity in older adults. *Pyschology, Health and Medicine, 2,* 251–261.

Ladd, G. W., & Burgess, K. B. (1999). Charting the relationship trajectories of aggressive, withdrawn, and aggressive/withdrawn children during early grade school. *Child Development, 70,* 910–929.

Ladd, G. W., & Ladd, B. K. (1998). Parenting behaviors and parent– child relationships: Correlates of peer victimization in kindergarten? *Developmental Psychology, 34,* 1450–1458.

Ladd, G. W., & Pettit, G. S. (2002). Parenting and the development of children's peer relationships. In M. Bornstein (Ed.), *Handbook of parenting* (2nd ed.). Mahwah, NJ: Erlbaum.

Ladd, G. W., & Price, J. M. (1987). Predicting children's social and school adjustment following the transition from preschool to kindergarten. *Child Development, 58,* 1168–1189.

Ladd, G. W., Birch, S. H., & Buhs, E. S. (1999). Children's social and scholastic lives in kindergarten: Related spheres of influence? *Child Development, 70,* 1373–1400.

Ladd, G. W., LeSieur, K., & Profilet, S. M. (1993). Direct parental influences on young children's peer relations. In S. Duck (Ed.), *Learning about relationships* (Vol. 2, pp. 152–183). London: Sage.

Lagattuta, K. H., Wellman, H. M., & Flavell, J. H. (1997). Preschoolers' understanding of the link between thinking and feeling: Cognitive cuing and emotional change. *Child Development, 68,* 1081–1104.

Lagercrantz, H., & Slotkin, T. A. (1986). The "stress" of being born. *Scientific American, 254,* 100–107.

Lagnado, L. (2001, November 2). Kids confront Trade Center trauma. *Wall Street Journal,* pp. B1, B6.

Lahey, B. B., & Loeber, R. (1997). Attention-deficit/hyperactivity disorder, oppositional defiant disorder, conduct disorder, and adult antisocial behavior: A life span perspective. In D. M. Stoff, J. Breiling & J. D. Maser (Eds.), *Handbook of antisocial behavior* (pp. 51–59). New York: Wiley.

Laible, D. J., & Thompson, R. A. (1998). Attachment and emotional understanding in preschool children. *Developmental Psychology, 34,* 1038–1045.

Laible, D. J., & Thompson, R. A. (2000). Mother–child discourse, attachment security, shared positive affect, and early conscience development. *Child Development, 71,* 1424–1440.

Laing, G. J., & Logan, S. (1999). Patterns of unintentional injury in childhood and their relation to socioeconomic factors. *Public Health, 113,* 291–294.

Laird, R. D., Jordan, K. Y., Dodge, K. A., Pettit, G. S., & Bates, J. E. (2001). Peer rejection in childhood, involvement with antisocial peers in early adolescence, and the development of externalizing behavior problems. *Development and Psychopathology, 13,* 337–354.

Laird, R. D., Pettit, G. S., Mize, J., & Lindsey, E. (1994). Mother– child conversations about peers: Contributions to competence. *Family Relations, 43,* 425–432.

Lamaze, F. (1958). *Painless childbirth.* London: Burke.

Lamb, M. E. (1987). *The father's role: Cross-cultural perspectives.* Hillsdale, NJ: Erlbaum.

Lamb, M. E. (1997). The development of father–infant relationships. In M. E. Lamb (Ed.), *The role of the father in child development* (3rd ed., pp. 104–120). New York: Wiley.

Lamb, M. E. (1998). Nonparental child care: Context, quality, correlates, and consequences. In I. E. Sigel & K. A. Renninger (Eds.), *Handbook of child psychology: Vol. 4. Child psychology in practice* (5th ed., pp. 73–133). New York: Wiley.

Lamb, M. E. (1999). Noncustodial fathers and their impact on the children of divorce. In R. A. Thompson & P. R. Amato (Eds.), *The postdivorce family: Children, parenting, and society* (pp. 105–125). Thousand Oaks, CA: Sage.

Lamb, M. E., & Oppenheim, D. (1989). Fatherhood and father–child relationships: Five years of research. In S. H. Cath, A. Gurwitt, & L. Gunsberg (Eds.), *Fathers and their families* (pp. 11–26). Hillsdale, NJ: Erlbaum.

Lamb, M. E., Sternberg, K. J., & Prodromidis, M. (1992). Nonmaternal care and the security of infant–mother attachment: A reanalysis of the data. *Infant Behavior and Development, 15,* 71–83.

Lamb, M. E., Thompson, R. A., Gardner, W., Charnov, E. L., & Connell, J. P. (1985). Infant–mother attachment: The origins and developmental significance of individual differences in the Strange Situation: Its study and biological interpretation. *Behavioral and Brain Sciences, 7,* 127–147.

Lamme, S., & Baars, J. (1993). Including social factors in the analysis of reminiscence in elderly individuals. *International Journal of Aging and Human Development 37,* 297–311.

Lampl, M. (1993). Evidence of saltatory growth in infancy. *American Journal of Human Biology, 5,* 641–652.

Lampl, M., Veldhuis, J. D., & Johnson, M. L. (1992). Saltation and stasis: A model of human growth. *Science, 258,* 801–803.

Lanctot, K. L., Herrmann, N., Eryavec, G., van Reekum, R., Reed, K., & Naranjo, C. A. (2002). Central serotonergic activity is related to the aggressive behaviors of Alzheimer's disease. *Neuropsychopharmacology, 27,* 646–654.

Landry, S. H., & Whitney, J. A. (1996). The impact of prenatal cocaine exposure: Studies of the developing infant. *Seminars in Perinatology, 20,* 99–106.

Lane, M. A., Ingram, D. K., Ball, S. S., & Roth, G. S. (1997). Dehydroepiandrosterone sulfate: A biomarker of primate aging slowed by caloric restriction. *Journal of Clinical and Endocrinology Metabolism, 82,* 2093–2096.

Lang, F. R., & Baltes, M. M. (1997). Being with people and being alone in later life: Costs and benefits for everyday functioning. *International Journal of Behavioral Development, 21,* 729–749.

Lang, F. R., Featherman, D. L., & Nesselroade, J. R. (1997). Social self-efficacy and short-term variability in social relationships: The MacArthur Successful Aging Studies. *Psychology and Aging, 12,* 657–666.

Lang, F. R., Staudinger, U. M., & Carstensen, L. L. (1998). Perspectives on socioemotional selectivity in late life: How personality and social context do (and do not) make a difference. *Journal of Gerontology, 53B,* P21–P30.

Langer, N. (1990). Grandparents and adult grandchildren: What do they do for one another? *International Journal of Aging and Human Development, 31,* 101–110.

Lansford, J. E., Sherman, A. M., & Antonucci, T. C. (1998). Satisfaction with social networks: An examination of socioemotional selectivity theory across cohorts. *Psychology and Aging, 13,* 544–552.

Lantz, P. M., House, J. S., Lepkowski, J. M., Williams, D. R., Mero, R. P., & Chen, J. (1998). Socioeconomic factors, health behaviors, and mortality. *Journal of the American Medical Association, 279,* 1703–1708.

Lapsley, D. K., Jackson, S., Rice, K., & Shadid, G. (1988). Self-monitoring and the "new look" at the imaginary audience and personal fable: An ego-developmental analysis. *Journal of Adolescent Research, 3,* 17–31.

Lapsley, D. K., Rice, K. G., & FitzGerald, D. P. (1990). Adolescent attachment, identity, and adjustment to college: Implications for the continuity of adaptation hypothesis. *Journal of Counseling and Development, 68,* 561–565.

Larson, D. E. (1996). *Mayo Clinic family health book.* New York: Morrow.

Larson, J. H. (1988). The marriage quiz: College students' beliefs in selected myths about marriage. *Family Relations, 37,* 3–11.

Larson, R. W., & Verma, S. (1999). How children and adolescents spend time across the world: Work, play, and developmental opportunities. *Psychological Bulletin, 125,* 701–736.

Larson, R. W., Clore, G. L., & Wood, G. A. (1999). The emotions of romantic relationships: Do they wreak havoc on adolescents? In W. Furman, B. B. Brown, & C. Feiring (Eds.), *The development of romantic relationships in adolescence* (pp. 19–49). New York: Cambridge University Press.

Larson, R., & Ham, M. (1993). Stress and "storm and stress" in early adolescence: The relationship of negative events with dysphoric affect. *Developmental Psychology, 29,* 130–140.

Larson, R., & Lampman-Petraitis, C. (1989). Daily emotional states as reported by children and adolescents. *Child Development, 60,* 1250–1260.

Larson, R., & Richards, M. (1998). Waiting for the weekend: Friday and Saturday night as the emotional climax of the week. In A. C. Crouter & R. Larson (Eds.), *Temporal rhythms in adolescence: Clocks, calendars, and the coordination of daily life* (pp. 37–51). San Francisco: Jossey-Bass.

Larson, R., & Richards, M. H. (1991). Daily companionship in late childhood and early adolescence: Changing developmental contexts. *Child Development, 62,* 284–300.

Larson, R., Mannell, R., & Zuzanek, J. (1986). Daily well-being of older adults with friends and family. *Psychology and Aging, 1,* 117–126.

Larsson, M., & Bäckman, L. (1998). Modality memory across the adult life span: Evidence for selective age-related olfactory deficits. *Experimental Aging Research, 24,* 63–82.

Larzelere, R. E., Schneider, W. N., Larson, D. B., & Pike, P. L. (1996). The effects of discipline responses in delaying toddler misbehavior recurrences. *Child and Family Behavior Therapy, 18,* 35–57.

Latz, S., Wolf, A. W., & Lozoff, B. (1999). Sleep practices and problems in young children in Japan and the United States. *Archives of Pediatric and Adolescent Medicine, 153,* 339–346.

Laucht, M., Esser, G., & Schmidt, M. H. (1997). Developmental outcome of infants born with biological and psychosocial risks. *Journal of Child Psychology and Psychiatry, 38,* 843–853.

Laumann, E. O., Gagnon, J. H., Michael, R. T., & Michaels, S. (1994). *The social organization of sexuality.* Chicago: University of Chicago Press.

Laumann, E. O., Paik, A., & Rosen, R. C. (1999). Sexual dysfunction in the United States: Prevalence and predictors. *Journal of the American Medical Association, 281,* 537–544.

Launer, L. J., Andersen, K., Dewey, M. E., Letenneur, L., Ott, A., & Amaducci, L. A. (1999). Incidence Research and Work Groups. Rates and risk factors for dementia and Alzheimer's disease: Results from EURODEM pooled analyses. *Neurology, 52,* 78–84.

Laurin, D., Verreault, R., Lindsay, J., MacPherson, K., & Rockwood, K. (2001). Physical activity and risk of cognitive impairment and dementia in elderly persons. *Archives of Neurology, 58,* 498–504.

Laursen, B., Coy, K., & Collins, W. A. (1998). Reconsidering changes in parent–child conflict across adolescence: A meta-analysis. *Child Development, 69,* 817–832.

Law Commission of Canada. (2001). A fact sheet on the economics of aging in Canada. Retrieved from http://www.lcc.gc.ca/en/themes/pr/oa/mcgregor/chap03.asp

Lawton, L., Silverstein, M., & Bengtson, V. L. (1994). Solidarity between generations in families. In V. L. Bengtson & R. A. Harootyan (Eds.), *Intergenerational linkages: Hidden connections in American society* (pp. 19–42). New York: Springer-Verlag.

Lawton, M. P. (1980). Environment and aging. Monterey, CA: Brooks/Cole.

Lawton, M. P. (2001a). *Annual review of gerontology and geriatrics: Vol. 20. Focus on the end of life: Scientific and social issues.* New York: Springer.

Lawton, M. P. (2001b). Emotion in later life. *Current Directions in Psychological Science, 10,* 120–123.

Lawton, M. P., Winter, L., Kleban, M. H., & Ruckdeschel, K. (1999). Affect and quality of life. *Journal of Aging and Health, 11,* 169–198.

Lazar, A., & Torney-Purta, J. (1991). The development of the subconcepts of death in young children: A short-term longitudinal study. *Child Development, 62,* 1321–1333.

Lazar, I., & Darlington, R. (1982). Lasting effects of early education: A report from the Consortium for Longitudinal Studies. *Monographs of the Society for Research in Child Development, 47*(2–3, Serial No. 195).

Lazarus, R. S. (1991). *Emotion and adaptation.* New York: Oxford University Press.

Lazarus, R. S. (1999). *Stress and emotion: A new synthesis.* New York: Springer.

Lazarus, R. S., & Lazarus, B. N. (1994). *Passion and reason.* New York: Oxford University Press.

Leach, C. E. A., Blair, P. S., Fleming, P. J., Smith, I. J., Platt, M. W., & Berry, P. J. (1999). Epidemiology of SIDS and explained sudden infant deaths. *Pediatrics, 104,* e43.

Leaper, C. (1994). Exploring the correlates and consequences of gender segregation: Social relationships in childhood, adolescence, and adulthood. In C. Leaper (Ed.), *New directions for child development* (No. 65, pp. 67–86). San Francisco: Jossey-Bass.

Leaper, C., Anderson, K. J., & Sanders, P. (1998). Moderators of gender effects on parents' talk to their children: A meta-analysis. *Developmental Psychology, 34,* 3–27.

Leaper, C., Leve, L., Strasser, T., & Schwartz, R. (1995). Mother–child communication sequences: Play activity, child gender, and marital status effects. *Merrill-Palmer Quarterly, 41,* 307–327.

Leaper, C., Tenenbaum, H. R., & Shaffer, T. G. (1999). Communication patterns of African-American girls and boys from low-income, urban backgrounds. *Child Development, 70,* 1489–1503.

Lederer, J. M. (2000). Reciprocal teaching of social studies in inclusive elementary classrooms. *Journal of Learning Disabilities, 33,* 91–106.

Lee, A. M. (1980). Child-rearing practices and motor performance of Black and White children. *Research Quarterly for Exercise and Sport, 51,* 494–500.

Lee, C. L., & Bates, J. E. (1985). Mother–child interaction at age two years and perceived difficult temperament. *Child Development, 56,* 1314–1325.

Lee, D. J., & Markides, K. S. (1990). Activity and morality among aged persons over an eight-year period. *Journal of Gerontology, 45,* S39–S42.

Lee, D. M., & Weinblatt, M. E. (2001). Rheumatoid arthritis. *Lancet, 358,* 903–911.

Lee, G. R., DeMaris, A., Bavin, S., & Sullivan, R. (2001). Gender differences in the depressive effect of widowhood in later life. *Journal of Gerontology, 56B,* S56–S61.

Lee, J., & Bailey, G. (2003). Glaucoma. Retrieved from http://www.allaboutvision.com/conditions/glaucoma.htm

Lee, K., Cameron, C., Xu, F., Fu, G., & Board, J. (1997). Chinese and Canadian children's evaluations of lying and truth telling: Similarities and differences in the context of pro- and antisocial behaviors. *Child Development, 68,* 924–934.

Lee, S. H., Ewert, D. P., Frederick, P. D., & Mascola, L. (1992). Resurgence of congenital rubella syndrome in the 1990s. *Journal of the American Medical Association, 267,* 2616–2620.

Leekam, S. R., Lopez, B., & Moore, C. (2000). Attention and joint attention in preschool children with autism. *Developmental Psychology, 36,* 261–273.

Lehman, D. R., & Nisbett, R. E. (1990). A longitudinal study of the effects of undergraduate training on reasoning. *Developmental Psychology, 26,* 952–960.

Lehman, D., Ellard, J., & Wortman, C. (1986). Social support for the bereaved: Recipients' and providers' perspectives on what is helpful. *Journal of Consulting and Clinical Psychology, 54,* 438–446.

Leichtman, M. D., & Ceci, S. J. (1995). The effect of stereotypes and suggestions on preschoolers' reports. *Developmental Psychology, 31,* 568–578.

Leiter, M. P., & Maslach, C. (2000). *Preventing burnout and building engagement: A complete program for organizational renewal.* San Francisco: Jossey-Bass.

Lemery, K. S., Goldsmith, H. H., Klinnert, M. D., & Mrazek, D. A. (1999). Developmental models of infant and childhood temperament. *Developmental Psychology, 35,* 189–204.

Lemme, B. H. (2002). *Development in adulthood* (3rd ed.). Boston: Allyn and Bacon.

Lens, V., & Pollack, D. (2000). Advance directives: Legal remedies and psychosocial interventions. *Death Studies, 24,* 377–399.

Leonard, K. E., & Roberts, L. J. (1998). Marital aggression, quality, and stability in the first year of marriage: Findings from the Buffalo Newlywed Study. In T. N. Bradbury (Ed.), *The developmental course of marital dysfunction* (pp. 44–73). New York: Cambridge University Press.

Lerner, R. M., Fisher, C. B., & Weinberg, R. A. (2000). Toward a science for and of the people: Promoting civil society through the application of developmental science. *Child Development, 71,* 11–20.

Lester, B. M. (1985). Introduction: There's more to crying than meets the ear. In B. M. Lester & C. F. Z. Boukydis (Eds.), *Infant crying* (pp. 1–27). New York: Plenum.

Lester, B. M. (2000). Prenatal cocaine exposure and child outcome: A model for the study of the infant at risk. *Israel Journal of Psychiatry and Related Sciences, 37,* 223–235.

Lester, B. M., & Dreher, M. (1989). Effects of marijuana use during pregnancy on newborn cry. *Child Development, 60,* 765–771.

LeVay, S. (1993). *The sexual brain.* Cambridge, MA: MIT Press.

Levenson, R. W., Carstensen, L. L., & Gottman, J. M. (1993). Long-term marriage: Age, gender, and satisfaction. *Psychology and Aging, 8,* 301–313.

Leventhal, E. A., Leventhal, H., Schaefer, P. M., & Easterling, D. (1993). Conservation of energy, uncertainty reduction, and swift utilization of medical care among the elderly. *Journal of Gerontology, 48,* P78–P86.

Levin, J. S., & Chatters, L. M. (1998). Religion, health, and psychological well-being in older adults. *Journal of Aging and Health, 10,* 504–531.

Levin, J. S., Taylor, R. J., & Chatters, L. M. (1994). Race and gender differences in religiosity among older adults: Findings from four national surveys. *Journal of Gerontology, 49,* S137–S145.

Levine, L. E. (1983). Mine: Self-definition in 2-year-old boys. *Developmental Psychology, 19,* 544–549.

Levine, L. J. (1995). Young children's understanding of the causes of anger and sadness. *Child Development, 66,* 697–709.

LeVine, R. A., Dixon, S., LeVine, S., Richman, A., Leiderman, P. H., Keefer, C. H., & Brazelton, T. B. (1994). *Child care and culture: Lessons from Africa.* New York: Cambridge University Press.

Levine, S. C., Huttenlocher, J., Taylor, A., & Langrock, A. (1999). Early sex differences in spatial skill. *Developmental Psychology, 35,* 940–949.

Levinson, D. J. (1978). *The seasons of a man's life.* New York: Knopf.

Levinson, D. J. (1986). A conception of adult development. *American Psychologist, 41,* 3–13.

Levinson, D. J. (1996). *The seasons of a woman's life.* New York: Knopf.

Levitt, A. G., & Utmann, J. G. A. (1992). From babbling towards the sound systems of English and French: A longitudinal two-case study. *Journal of Child Language, 19,* 19–40.

Levtzion-Korach, O., Tennenbaum, A., Schnitzer, R., & Ornoy, A. (2000). Early motor development of blind children. *Journal of Paediatric and Child Health, 36,* 226–229.

Levy, B. R., & Banaji, M. R. (2002). Implicit ageism. In T. D. Nelson (Ed.), *Ageism: Stereotyping and prejudice against older persons* (pp. 49–75). Cambridge, MA: MIT Press.

Levy, B. R., Hausdorff, J., Hencke, R., & Wei, J. Y. (2000). Reducing cardiovascular stress with positive self-stereotypes of aging. *Journal of Gerontology, 55B,* P205–P213.

Levy, B. R., Slade, M. D., Kunkel, S. R., & Kasl, S. V. (2002). Longevity increased by positive self-perceptions of aging. *Journal of Personality and Social Psychology, 83,* 261–270.

Levy, G. D., Taylor, M. G., & Gelman, S. A. (1995). Traditional and evaluative aspects of flexibility in gender roles, social conventions, moral rules, and physical laws. *Child Development, 66,* 515–531.

Levy, J. A. (1994). Sex and sexuality in later life stages. In A. S. Rossi (Ed.), *Sexuality across the life course* (pp. 287–309). Chicago: University of Chicago Press.

Levy-Shiff, R. (1994). Individual and contextual correlates of marital change across the transition to parenthood. *Developmental Psychology, 30,* 591–601.

Levy-Shiff, R. (2001). Psychological adjustment of adoptees in adulthood: Family environment and adoption-related correlates. *International Journal of Behavioral Development, 25,* 97–104.

Levy-Shiff, R., & Israelashvili, R. (1988). Antecedents of fathering: Some further exploration. *Developmental Psychology, 24,* 434–440.

Lewis, C., Freeman, N. H., Kyriadidou, C., Maridakikassotaki, K., & Berridge, D. M. (1996). Social influences on false belief access—specific sibling influences or general apprenticeship? *Child Development, 67,* 2930–2947.

Lewis, K. G. (2000). *With or without a man: Single women taking control of their lives.* New York: Bull Publishing.

Lewis, M. (1992). *Shame: The exposed self.* New York: Free Press.

Lewis, M. (1995). Embarrassment: The emotion of self-exposure and evaluation. In J. P. Tangney & K. W. Fischer (Eds.), *Self-conscious emotions* (pp. 198–218). New York: Guilford Press.

Lewis, M. (1997). *Altering fate: Why the past does not predict the future.* New York: Guilford.

Lewis, M. (1998). Emotional competence and development. In D. Pushkar, W. M. Bukowski, A. E. Schwartzman, E. M. Stack, & D. R. White (Eds.), *Improving competence across the lifespan* (pp. 27–36). New York: Plenum.

Lewis, M., & Brooks-Gunn, J. (1979). *Social cognition and the acquisition of self.* New York: Plenum.

Lewis, M., Ramsay, D. S., & Kawakami, K. (1993). Differences between Japanese infants and Caucasian American infants in behavioral and cortisol response to inoculation. *Child Development, 64,* 1722–1731.

Lewis, M., Sullivan, M. W., Stanger, C., & Weiss, M. (1989). Self development and self-conscious emotions. *Child Development, 60,* 146–156.

Lewis, T., Stone, J., III, Shipley, W., & Madzar, S. (1998). The transition from school to work: An examination of the literature. *Youth and Society, 29,* 259–292.

Lewkowicz, D. J. (1996). Infants' response to the audible and visible properties of the human face. I. Role of lexical syntactic context, temporal synchrony, gender, and manner of speech. *Developmental Psychology, 32,* 347–366.

Liang, J., Bennett, J. M., Krause, N. M., Chang, M., Lin, S., Chuang, Y. L., & Wo, S. (1999). Stress, social relationships, and old age mortality in Taiwan. *Journal of Clinical Epidemiology, 52,* 983–995.

Liang, J., Krause, N. M., & Bennett, J. M. (2001). Social exchange and well-being: Is giving better than receiving? *Psychology and Aging, 16,* 511–523.

Liaw, F., & Brooks-Gunn, J. (1993). Patterns of low-birth-weight children's cognitive development. *Developmental Psychology, 29,* 1024–1035.

Liben, L. S. (1999). Developing an understanding of external spatial representations. In I. E. Sigel (Ed.), *Development of mental representation* (pp. 297–321). Mahwah, NJ: Erlbaum.

Liben, L. S., & Downs, R. M. (1993). Understanding person–space–map relations: Cartographic and developmental perspectives. *Developmental Psychology, 29,* 739–752.

Liben, L. S., & Signorella, M. L. (1993). Gender-schematic processing in children: The role of initial interpretations of stimuli. *Developmental Psychology, 29,* 141–149.

Liben, L. S., Bigler, R. S., & Krogh, H. R. (2001). Pink and blue collar jobs: Children's judgments of job status and job aspirations in relation to sex of worker. *Journal of Experimental Child Psychology, 79,* 346–363.

Lickliter, R., & Bahrick, L. E. (2000). The development of infant intersensory perception: Advantages of a comparative convergent-operations approach. *Psychological Bulletin, 126,* 260–280.

Lidz, C. S. (2001). Multicultural issues and dynamic assessment. In L. A. Suzuki & J. G. Ponterotto (Eds.), *Handbook of multicultural assessment: Clinical, psychological, and educational applications* (2nd ed., pp. 523–539). San Francisco: Jossey-Bass.

Lieberman, A. (2002). Dementia in Parkinson's disease. Retrieved from http://www.parkinson.org/ pddement.htm

Lieberman, M. A. (1993). Bereavement selfhelp groups: A review of conceptual and methodological issues. In M. S. Stroebe, W. Stroebe, & R. O. Hansson (Eds.), *Handbook of bereavement* (pp. 427–453). New York: Cambridge University Press.

Liesi, E. H., Scherr, P. A., McCann, J. J., Beckett, L. A., & Evans, D. A. (2001). Is the risk of developing Alzheimer's disease greater for women than for men? *American Journal of Epidemiology, 153,* 132–136.

Light, P., & Perrett-Clermont, A.-N. (1989). Social context effects in learning and testing. In A. Gellatly, D. Rogers, & J. Sloboda (Eds.), *Cognition and social worlds* (pp. 99–112). Oxford, U.K.: Clarendon Press.

Lillard, A. S. (1998). Playing with a theory of mind. In O. N. Saracho & B. Spodek (Eds.), *Multiple perspectives on play in early childhood education* (pp. 11–33). Albany: State University of New York Press.

Lillard, A. S. (2001). Pretending, understanding pretense, and understanding minds. In S. Reifel (Ed.), *Play and culture studies* (Vol. 3). Norwood, NJ: Ablex.

Lin, C. C., Hsiao, C. K., & Chen, W. J. (1999). Development of sustained attention assessed using the continuous performance test among children 6–15 years. *Journal of Abnormal Child Psychology, 27,* 403–412.

Lindsay, C. (1999). *A portrait of seniors in Canada* (3rd ed.). Ottawa: Statistics Canada.

Lindsay, C., Almey, M., & Normand, J. (2002). *Youth in Canada.* Retrieved from http://www. statcan.ca/english/IPS/Data/85-511-XPE.htm

Lindsay-Hartz, J., de Rivera, J., & Mascolo, M. F. (1995). Differentiating guilt and shame and their effects on motivation. In J. P. Tangney & K. W. Fischer (Eds.), *Self-conscious emotions* (pp. 274–300). New York: Guilford.

Lindsey, E. W., & Mize, J. (2000). Parent–child physical and pretense play: Links to children's social competence. *Merrill-Palmer Quarterly, 46,* 565–591.

Link, S. C., & Ancoli-Israel, S. (1995). Sleep and the teenager. *Sleep Research, 24a,* 184.

Linn, M. C., & Petersen, A. C. (1985). Emergence and characterization of sex differences in spatial ability: A meta-analysis. *Child Development, 56,* 1479–1498.

Lissens, W., & Sermon, K. (1997). Preimplantation genetic diagnosis—current status and new developments. *Human Reproduction, 12,* 1756–1761.

Liston, R., Crane, J., Hamilton, E., Hughes, O., Kuling, S., & MacKinnon, C. (2002). Fetal health surveillance during labour. *Journal of Obstetrics and Gynecology of Canada, 24,* 250–276.

Literatur

Litovsky, R. Y., & Ashmead, D. H. (1997). Development of binaural and spatial hearing in infants and children. In R. H. Gilkey & T. R. Anderson (Eds.), *Binaural and spatial hearing in real and virtual environments* (pp. 571–592). Mahwah, NJ: Erlbaum.

Litwin, H. (1998). The provision of informal support by elderly people residing in assisted living facilities. *Gerontologist, 38,* 239–246.

Livson, N., & Peshkin, H. (1980). Perspectives on adolescence from longitudinal research. In J. Adelson (Ed.), *Handbook of adolescent psychology* (pp. 47–98). New York: Wiley.

Lloyd, L. (1999). Multi-age classes and high ability students. *Review of Educational Research, 69,* 187–212.

Lock, M., & Kaufert, P. (2001). Menopause, local biologies, and cultures of aging. *American Journal of Human Biology, 13,* 494–504.

Locke, J. (1892). Some thoughts concerning education. In R. H. Quick (Ed.), *Locke on education* (pp. 1–236). Cambridge, U.K.: Cambridge University Press. (Original work published 1690)

Lockhart, R. S., & Craik, F. I. M. (1990). Levels of processing: A retrospective commentary on a framework for memory research. *Canadian Journal of Psychology, 44*, 87–112.

Loeber, R. L., Farrington, D. P., Stouthamer-Loeber, M., Moffitt, T. E., & Caspi, A. (1999). The development of male offending: Key findings from the first decade of the Pittsburgh Youth Study. *Studies on Crime and Crime Prevention, 8*, 245–263.

Loehlin, J. C. (2000). Group differences in intelligence. In R. J. Sternberg (Ed.), *Handbook of intelligence* (pp. 176–193). New York: Cambridge University Press.

Loehlin, J. C., Horn, J. M., & Willerman, L. (1997). Heredity, environment, and IQ in the Texas Adoption Project. In R. J. Sternberg & E. L. Grigorenko (Eds.), *Intelligence, heredity, and environment* (pp. 105–125). New York: Cambridge University Press.

Loehlin, J. C., Willerman, L., & Horn, J. M. (1988). Human behavior genetics. *Annual Review of Psychology, 38*, 101–133.

Loftus, J. (2001). America's liberalization in attitudes toward homosexuality, 1973 to 1998. *American Sociological Review, 66*, 762–782.

Logsdon, R. G. (2000). *Enhancing quality of life in long term care: A comprehensive guide.* New York: Hatherleigh Press.

Long, D. D. (1985). A cross-cultural examination of fears of death among Saudi Arabians. *Omega, 16*, 43–50.

Long, H. B., & Zoller-Hodges, D. (1995). Outcomes of Elderhostel participation. *Educational Gerontology, 21*, 113–127.

Lopata, H. Z. (1996). *Current widowhood: Myths and realities.* Thousand Oaks, CA: Sage.

Lorenz, K. (1952). *King Solomon's ring.* New York: Crowell.

Lorenz, K. Z. (1943). Die angeborenen Formen möglicher Erfahrung. *Zeitschrift für Tierpsychologie, 5*, 235–409.

Losey, K. M. (1995). Mexican-American students and classroom interaction: An overview and critique. *Review of Educational Research, 65*, 283–318.

Low, K. G., Fleisher, C., Colman, R., Dionne, A., Casey, G., & Legendre, S. (1998). Psychosocial variables, age, and angiographically determined coronary artery disease in women. *Annals of Behavioral Medicine, 20*, 221–226.

Lozoff, B., Wolf, A., Latz, S., & Paludetto, R. (1995, March). *Cosleeping in Japan, Italy, and the U.S.: Autonomy versus interpersonal relatedness.* Paper presented at the biennial meeting of the Society for Research in Child Development, Indianapolis.

Lubinski, D., & Benbow, C. P. (1994). The study of mathematically precocious youth: The first three decades of a planned 50-year study of intellectual talent. In R. F. Subotnik & K. D. Arnold (Eds.), *Beyond Terman: Contemporary longitudinal studies of giftedness and talent* (pp. 255–281). Norwood, NJ: Ablex.

Luborsky, M. R., & McMullen, K. (1999). Culture and aging. In J. C. Kavanaugh & S. K. Whitbourne (Eds.), *Gerontology: An interdisciplinary perspective* (pp. 65–90). New York: Oxford University Press.

Ludemann, P. M. (1991). Generalized discrimination of positive facial expressions by seven- and ten-month-old infants. *Child Development, 62*, 55–67.

Lue, T. F. (2000). Erectile dysfunction. *New England Journal of Medicine, 342*, 1802–1813.

Lund, D. A. (1993a). Caregiving. In R. Kastenbaum (Ed.), *Encyclopedia of adult development* (pp. 57–63). Phoenix, AZ: Oryx Press.

Lund, D. A. (1993b). Widowhood: The coping response. In R. Kastenbaum (Ed.), *Encyclopedia of adult development* (pp. 537–541). Phoenix, AZ: Oryx Press.

Lund, D. A. (1996). Bereavement and loss. In J. E. Birren (Ed.), *Encyclopedia of gerontology* (pp. 173–183). San Diego: Academic Press.

Lund, D. A. (1998). Statements and perspectives from leaders in the field of aging in Utah. In *Utah sourcebook on aging.* Salt Lake City: Empire Publishing.

Lund, D. A., & Caserta, M. S. (2001). When the unexpected happens: Husbands coping with the deaths of their wives. In D. Lund (Ed.), *Men coping with grief* (pp. 147–166). Amityville, NY: Baywood.

Lund, D. A., & Wright, S. D. (2001). Respite services: Enhancing the quality of daily life for caregivers and persons with dementia. Retrieved from http://www. nurs.utah.edu/Gerontology

Lund, D. A., Caserta, M. S., & Dimond, M. F. (1986). Gender differences through two years of bereavement among the elderly. *Gerontologist, 26*, 314–320.

Lund, D. A., Caserta, M. S., & Dimond, M. F. (1993). The course of spousal bereavement in later life. In M. S. Stroebe, W. Stroebe, & R. O. Hansson (Eds.), *Handbook of bereavement* (pp. 240–245). New York: Cambridge University Press.

Lund, D. A., Hill, R. D., Caserta, M. S., & Wright, S. D. (1995). Video RespiteTM: An innovative resource for family, professional caregivers, and persons with dementia. *Gerontologist, 35*, 683–687.

Lunenburg, F. C. (2000). America's hope: Making schools work for all children. *Journal of Instructional Psychology, 27*, 39–46.

Luster, T., & McAdoo, H. (1996). Family and child influences on educational attainment: A secondary analysis of the High/ Scope Perry Preschool data. *Developmental Psychology, 32*, 26–39.

Luthar, S. S., & Cushing, G. (1997). Substance use and personal adjustment among disadvantaged teenagers: A six-month prospective study. *Journal of Youth and Adolescence, 26*, 353–372.

Luthar, S. S., Cushing, T. J., & McMahon, T. J. (1997). Interdisciplinary interface: Developmental principles brought to substance abuse research. In S. S. Luthar, J. A. Burack, D. Cicchetti, & J. R. Weisz (Eds.), *Developmental psychopathology* (pp. 437–456). Cambridge, U.K.: Cambridge University Press.

Lutz, D. J., & Sternberg, R. J. (1999). Cognitive development. In M. H. Bornstein & M. E. Lamb (Eds.), *Developmental psychology: An advanced textbook* (4th ed., pp. 275–311). Mahwah, NJ: Erlbaum.

Luzzo, D. A. (1999). Identifying the career decision-making needs of nontraditional college students. *Journal of Counseling and Development, 77*, 135–140.

Lyness, K., & Thompson, D. (1997). Above the glass ceiling? A comparison of matched samples of female and male executives. *Journal of Applied Psychology, 82*, 359–375.

Lyon, T. D., & Flavell, J. H. (1994). Young children's understanding of "remember" and "forget." *Child Development, 65*, 1357–1371.

Lyons-Ruth, K. (1996). Attachment relationships among children with aggressive behavior problems: The role of disorganized early attachment patterns. *Journal of Consulting and Clinical Psychology, 64*, 64–73.

Lyons-Ruth, K., Bronfman, E., & Parsons, E. (1999). Maternal frightened, frightening, or atypical behavior and disorganized infant attachment patterns. *Monographs of the Society for Research in Child Development, 64*(3, Serial No. 258), 67–96.

Lyons-Ruth, K., Easterbrooks, A., & Cibelli, C. (1997). Infant attachment strategies, infant mental lag, and maternal depressive symptoms: Predictors of internalizing and externalizing problems at age 7. *Developmental Psychology, 33*, 681–692.

Lytle, L. A., Seifert, S., Greenstein, J., & McGovern, P. (2000). How do children's eating patterns and food choices change over time? Results from a cohort study. *American Journal of Health Promotion, 14*, 222–228.

Lytton, H., & Gallagher, L. (2002). Parenting twins and the genetics of parenting. In M. H. Bornstein (Ed.), *Handbook of parenting* (Vol. 1, pp. 227–253). Mahwah, NJ: Erlbaum.

Maccoby, E. E. (1984). Socialization and developmental change. *Child Development, 55*, 317–328.

Maccoby, E. E. (1998). *The two sexes: Growing up apart, coming together.* Cambridge, MA: Belknap.

Maccoby, E. E. (2002). Gender and group process: A developmental perspective. *Current Directions in Psychological Science, 11,* 54–58.

Maccoby, E. E., & Jacklin, C. N. (1987). Gender segregation in childhood. In E. H. Reese (Ed.), *Advances in child development and behavior* (Vol. 20, pp. 239–287). New York: Academic Press.

Maccoby, E. E., & Martin, J. A. (1983). Socialization in the context of the family: Parent–child interaction. In E. M. Hetherington (Ed.), *Handbook of child psychology: Vol. 4. Socialization, personality, and social development* (4th ed., pp. 1–101). New York: Wiley.

MacDonald, W. L., & DeMaris, A. (1996). The effects of stepparent's gender and new biological children. *Journal of Family Issues, 17,* 5–25.

MacDorman, M. F., & Atkinson, J. O. (1999). Infant mortality statistics from the 1997 period linked birth/infant death data set. *National Vital Statistics Report, 47*(23), 1–23.

MacEwen, K. E., Barling, J., Kelloway, E. K., & Higginbottom, S. F. (1995). Predicting retirement anxiety: The roles of parental socialization and personal planning. *Journal of Social Psychology, 135,* 203–213.

Machenbach, J. P. (2002). Income inequality and population health. *British Medical Journal, 324,* 1–2.

MacKay, D. G., & Abrams, L. (1996). Language, memory, and aging: Distributed deficits and the structure of new-versus-old connections. In J. E. Birren & K. W. Schaie (Eds.), *Handbook of the psychology of aging* (pp. 251–265). San Diego: Academic Press.

Mackey, M. C. (1995). Women's evaluation of their childbirth performance. *Maternal–Child Nursing Journal, 23,* 57–72.

MacKinnon, C. E. (1989). An observational investigation of sibling interactions in married and divorced families. *Developmental Psychology, 25,* 36–44.

Mackinnon, L. T. (1992). *Exercise and immunology.* Champaign, IL: Human Kinetics.

MacKinnon-Lewis, C., Starnes, R., Volling, B., & Johnson, S. (1997). Perceptions of parenting as predictors of boys' sibling and peer relations. *Developmental Psychology, 33,* 1024–1031.

MacMillan, H. L., MacMillan, A. B., Offord, D. R., & Dingle, J. L. (1996). Aboriginal health—Canada. *Canadian Medical Association Journal, 155,* 1569–1578.

Madan-Swain, A., Fredrick, L. D., & Wallander, J. L. (1999). Returning to school after a serious illness or injury. In R. T. Brown (Ed.), *Cognitive aspects of chronic illness in children* (pp. 312–332). New York: Guilford.

Madden, D. J., & Plude, D. J. (1993). Selective preservation of selective attention. In J. Cerella & J. M. Rybash (Eds.), *Adult information processing: Limits on loss* (pp. 273–300). San Diego: Academic Press.

Maddi, S. R. (1999). The personality construct of hardiness: I. Effects on experiencing, coping, and strain. *Consulting Psychology Journal: Practice and Research, 51,* 83–94.

Maddi, S. R., & Hightower, M. (1999). Hardiness and optimism as expressed in coping patterns. *Consulting Psychology Journal: Practice and Research, 51,* 95–105.

Maddox, G. L. (1963). Activity and morale: A longitudinal study of selected elderly subjects. *Social Forces, 42,* 195–204.

Maddox, G. L. (2001). Housing and living arrangements. In R. H. Binstock & L. K. George (Eds.), *Handbook of aging and the social sciences* (5th ed., pp. 426–443). San Diego: Academic Press.

Madon, S., Jussim, L., & Eccles, J. (1997). In search of the powerful self-fulfilling prophecy. *Journal of Personality and Social Psychology, 72,* 791–809.

Magdol, L., Moffitt, T. E., Caspi, A., & Silva, P. A. (1998). Developmental antecedents of partner abuse: A prospective-longitudinal study. *Journal of Abnormal Psychology, 107,* 375–389.

Maglio, C. J., & Robinson, S. E. (1994). The effects of death education on death anxiety: A meta-analysis. *Omega, 29,* 319–335.

Magni, E., & Frisoni, G. B. (1996). Depression and somatic symptoms in the elderly: The role of cognitive function. *International Journal of Geriatric Psychiatry, 11,* 517–522.

Magnuson, K. A., & Duncan, G. J. (2002). Parents in poverty. In M. H. Bornstein (Ed.), *Handbook of parenting* (Vol. 4, pp. 95–122). Mahwah, NJ: Erlbaum.

Magnusson, D., & Stattin, H. (1998). Person-context interaction theories. In R. M. Lerner (Ed.), *Handbook of child psychology: Vol. 1. Theoretical models of human development* (5th ed., pp. 685–759). New York: Wiley.

Magolda, M. B. B. (2002). Epistemological reflection: The evolution of epistemological assumptions from age 18 to 30. In B. K. Hofer & P. R. Pintrich (Eds.), *Personal epistemology* (pp. 89–102). Mahwah, NJ: Erlbaum.

Mahanran, L. G., Bauman, P. A., Kalman, D., Skolnik, H., & Pele, S. M. (1999). Master athletes: Factors affecting performance. *Sports Medicine, 28,* 273–285.

Mahon, M. M., Goldberg, E. Z., & Washington, S. K. (1999). Concept of death in a sample of Israeli kibbutz children. *Death Studies, 23,* 43–59.

Mahoney, A., Pargament, K. I., Jewell, T., Swank, A. B., Scott, E., Emery, E., & Rye, M. (1999). Marriage and the spiritual realm: The role of proximal and distal religious constructs in marital functioning. *Journal of Family Psychology, 13,* 321–338.

Mahoney, J. (1998). An update on efforts by the hospice community and the National Hospice Organization to improve access to quality hospice care. *Hospital Journal, 13,* 139–144.

Mahoney, J. L. (2000). Participation in school extracurricular activities as a moderator in the development of antisocial patterns. *Child Development, 71,* 502–516.

Mahoney, J. L., & Magnuson, D. (2001). Parent participation in community activities and the persistence of criminality. *Development and Psychopathology, 13,* 123–139.

Mahoney, J. L., & Stattin, H. (2000). Leisure activities and antisocial behavior: The role of structure and social context. *Journal of Adolescence, 23,* 113–127.

Mahoney, J. L., Schweder, A. E., & Stattin, H. (2002). Structured after-school activities as a moderator of depressed mood for adolescents with detached relations to their parents. *Journal of Community Psychology, 30,* 69–86.

Mahoney, J. L., Stattin, H., & Magnusson, D. (2001). Youth recreation centre participation and criminal offending: A 20-year longitudinal study of Swedish boys. *International Journal of Behavioral Development, 25,* 509–520.

Mahoney, M. M. (2002). The economic rights and responsibilities of unmarried cohabitants. In A. Booth & A. C. Crouter (Eds.), *Just living together* (pp. 247–254). Mahwah, NJ: Erlbaum.

Maier, D. M., & Newman, M. J. (1995). Legal and psychological considerations in the development of a euthanasia statute for adults in the United States. *Behavioral Sciences and the Law, 13,* 3–25.

Maier, H., & Smith, J. (1999). Psychological predictors of mortality in old age. *Journal of Gerontology, 54B,* P44–P54.

Maier, S. F., Watkins, L. R., & Fleshner, M. (1994). Psychoneuroimmunology: The interface between behavior, brain, and immunity. *American Psychologist, 49,* 1004–1017.

Main, M. (2000). The organized categories of infant, child, and adult attachment: Flexible vs. inflexible attention under attachment-related stress. *Journal of the American Psychoanalytic Association, 48,* 1055–1096.

Main, M., & Solomon, J. (1990). Procedures for identifying infants as disorganized/disoriented during the Ainsworth Strange Situation. In M. Greenberg, D. Cicchetti, & M. Cummings (Eds.), *Attachment in the preschool years: Theory, research, and intervention* (pp. 121–160). Chicago: University of Chicago Press.

Maitland, S. B., Intrieri, R. C., Schaie, K. W., & Willis, S. L. (2000). Gender differences and changes in cognitive abilities across the adult life span. *Aging, Neuropsychology, and Cognition, 7,* 32–53.

Makin, J., Fried, P. A., & Watkinson, B. (1991). A comparison of active and passive smoking during pregnancy: Long-term effects. *Neurotoxicology and Teratology, 13,* 5–12.

Malaguarnera, L., Ferlito, L., Imbesi, R. M., Gulizia, G. S., Di Mauro, S., Maugeri, D., Malaguarnera, M., & Messina, A. (2001).

Immunosenescence: A review. *Archives of Gerontology and Geriatrics, 32,* 1–14.

Malatesta, C. Z., Grigoryev, P., Lamb, C., Albin, M., & Culver, C. (1986). Emotion socialization and expressive development in preterm and full-term infants. *Child Development, 57,* 316–330.

Malina, R. M. (1990). Physical growth and performance during the transitional years (9–16). In R. Montemayor, G. R. Adams, & T. P. Gullotta (Eds.), *From childhood to adolescence: A transitional period?* (pp. 41–62). Newbury Park, CA: Sage.

Malina, R. M., & Bouchard, C. (1991). *Growth, maturation, and physical activity.* Champaign, IL: Human Kinetics.

Mallinckrodt, B., & Fretz, B. R. (1988). Social support and the impact of job loss on older professionals. *Journal of Counseling Psychology, 35,* 281–286.

Malloy, M. H., & Hoffman, H. J. (1995). Prematurity, sudden infant death syndrome, and age of death. *Pediatrics, 96,* 464–471.

Malone, M. M. (1982). Consciousness of dying and projective fantasy of young children with malignant disease. *Developmental and Behavioral Pediatrics, 3,* 55–60.

Maloni, J. A., Cheng, C. Y., Liebl, C. P., & Maier, J. S. (1996). Transforming prenatal care: Reflections on the past and present with implications for the future. *Journal of Obstetrics, Gynecology, and Neonatal Nursing, 25,* 17–23.

Mandler, J. M. (1998). Representation. In D. Kuhn & R. S. Siegler (Eds.), *Handbook of child psychology: Vol. 2. Cognition, perception, and language* (5th ed., pp. 255–308). New York: Wiley.

Mandler, J. M. (2000). What global-before-basic trend? Comment on perceptually based approaches to early categorization. *Infancy, 1,* 99–110.

Mandler, J. M., & McDonough, L. (1993). Concept formation in infancy. *Cognitive Development, 8,* 291–318.

Mandler, J. M., & McDonough, L. (1996). Drinking and driving don't mix: Inductive generalization in infancy. *Cognition, 59,* 307–335.

Mandler, J. M., & McDonough, L. (1998). On developing a knowledge base in infancy. *Developmental Psychology, 34,* 1274–1288.

Mange, E. J., & Mange, A. P. (1998). *Basic human genetics* (2nd ed.). Sunderland, MA: Sinauer Associates.

Mangelsdorf, S. C., Schoppe, S. J., & Burr, H. (2000). The meaning of parental reports: A contextual approach to the study of temperament and behavior problems. In V. J. Molfese & D. L. Molfese (Eds.), *Temperament and personality across the life span* (pp. 121–140). Mahwah, NJ: Erlbaum.

Mannell, R. C. (1999). Older adults, leisure, and wellness. *Journal of Leisurability, 26*(2), 3–10.

Manson, J. E., Willett, W. C., Stampfer, M. J., Colditz, G. A., Hunter, D. J., Hankinson, S. E., Hennekens, C. H., & Speizer, F. E. (1995). Body weight and mortality among women. *New England Journal of Medicine, 333,* 678–685.

Maratsos, M. (1998). The acquisition of grammar. In D. Kuhn & R. S. Siegler (Eds.), *Handbook of child psychology: Vol. 2. Cognition, perception, and language* (5th ed., pp. 421–466). New York: Wiley.

Marcia, J. E. (1980). Identity in adolescence. In J. Adelson (Ed.), *Handbook of adolescent psychology* (pp. 159–187). New York: Wiley.

Marcia, J. E. (1988). Common processes underlying ego identity, cognitive/moral development, and individuation. In D. K. Lapsley & F. P. Clark (Eds.), *Self, ego, and identity* (pp. 211–225). New York: Springer-Verlag.

Marcia, J. E., Waterman, A. S., Matteson, D. R., Archer, S. L., & Orlofsky, J. L. (1993). *Ego identity: A handbook for psychosocial research.* New York: Springer-Verlag.

Marcon, R. A. (1999). Positive relationships between parent–school involvement and public school inner-city preschoolers' development and academic performance. *School Psychology Review, 28,* 395–412.

Marcus, G. F. (1995). Children's overregularization of English plurals: A quantitative analysis. *Journal of Child Language, 22,* 447–459.

Marcus, G. F., Pinker, S., Ullman, M., Hollander, M., Rosen, T. J., & Xu, F. (1992). Overregularization in language acquisition. *Monographs of the Society for Research in Child Development, 57*(4, Serial No. 228).

Marcus, G. F., Vijayan, S., Rao, S. B., & Vishton, P. M. (1999). Rule learning by seven-month-old infants. *Science, 283,* 77–80.

Marcus-Newhall, A., Thompson, S., & Thomas, C. (2001). Examining a gender stereotype: Menopausal women. *Journal of Applied Social Psychology, 31,* 698–719.

Margolin, B. H., Morrison, H. I., & Hulka, B. S. (1994). Cigarette smoking and sperm density: A meta-analysis. *Fertility and Sterility, 61,* 35–43.

Margolin, G. (1998). Effects of domestic violence on children. In P. K. Trickett & C. J. Schellenbach (Eds.), *Violence against children in the family and community* (pp. 57–102). Washington, DC: American Psychological Association.

Margolin, G., & Gordis, E. B. (2000). The effects of family and community violence on children. *Annual Review of Psychology, 51,* 445–479.

Markides, K. S., & Cooper, C. L. (1989). Aging, stress, social support and health: An overview. In K. S. Markides & C. L. Cooper (Eds.), *Aging, stress and health* (pp. 1–10). Chicester: Wiley.

Markman, E. M. (1989). *Categorization and naming in children.* Cambridge, MA: MIT Press.

Markman, E. M. (1992). Constraints on word learning: Speculations about their nature, origins, and domain specificity. In M. R. Gunnar & M. P. Maratsos (Eds.), *Minnesota Symposia on Child Psychology* (Vol. 25, pp. 59–101). Hillsdale, NJ: Erlbaum.

Markovits, H., & Vachon, R. (1989). Reasoning with contrary-to-fact propositions. *Journal of Experimental Child Psychology, 47,* 398–412.

Markovits, H., & Vachon, R. (1990). Conditional reasoning, representation, and level of abstraction. *Developmental Psychology, 26,* 942–951.

Markovits, H., Benenson, J., & Dolensky, E. (2001). Evidence that children and adolescents have internal models of peer interactions that are gender differentiated. *Child Development, 72,* 879–886.

Marks, N. (1995). Midlife marital status differences in social support relationships with adult children and psychological well-being. *Journal of Family Issues, 16,* 5–28.

Marks, N. F. (1996). Caregiving across the lifespan: National prevalence and predictors. *Family Relations, 45,* 27–36.

Marks, N. F., & Lambert, J. D. (1998). Marital status continuity and change among young and midlife adults. *Journal of Family Issues, 19,* 652–686.

Markstrom-Adams, C., & Adams, G. R. (1995). Gender, ethnic group, and grade differences in psychosocial functioning during middle adolescence? *Journal of Youth and Adolescence, 24,* 397–417.

Markus, H. R., & Herzog, A. R. (1992). The role of self-concept in aging. In K. W. Schaie & M. P. Lawton (Eds.), *Annual review of gerontology and geriatrics* (pp. 110–143). New York: Springer.

Markus, H. R., Mullally, P. R., & Kitayama, S. (1997). Selfways: Diversity in modes of cultural participation. In U. Neisser & D. Jopling (Eds.), *The conceptual self in context* (pp. 13–61). New York: Cambridge University Press.

Marlier, L., & Schaal, B. (1997). La perception de la familiarité olfactive chez le nouveau-né: Influence différentielle du mode d'alimentation? [The perception of olfactory familiarity in the neonate: Differential influence of the mode of feeding?] *Enfance, 1,* 47–61.

Marlier, L., Schaal, B., & Soussignan, R. (1998). Neonatal responsiveness to the odor of amniotic and lacteal fluids: A test of perinatal chemosensory continuity. *Child Development, 69,* 611–623.

Marriott, A., Donaldson, C., Tarrier, N., & Burns, A. (2000). Effectiveness of cognitive-behavioural family intervention in reducing the burden of care in carers of patients with Alzheimer's disease. *British Journal of Psychiatry, 176,* 557–562.

Mars Hill Group. (2002). Needs assessment for the Canadian virtual hospice. Retrieved from http://www.canadianvirtualhospice.ca/survey/home.html

Marsh, H. W. (1990). The structure of academic self-concept: The Marsh/Shavelson model. *Journal of Educational Psychology, 82,* 623–636.

Marsh, H. W., Craven, R., & Debus, R. (1998). Structure, stability, and development of young children's self-concepts: A multicohort–multioccasion study. *Child Development, 69,* 1030–1053.

Marsh, H. W., Smith, I. D., & Barnes, J. (1985). Multidimensional self-concepts: Relations with sex and academic achievement. *Journal of Educational Psychology, 77,* 581–596.

Marsh, J. S., & Daigneault, J. P. (1999). The young athlete. *Current Opinion in Pediatrics, 11,* 84–88.

Marsh, R. L., Hicks, J., & Landau, J. D. (1998). An investigation of everyday prospective memory. *Memory and Cognition, 26,* 633–643.

Marshall, N. L. (1997). Combining work and family. In S. J. Gallant, G. P. Keita, & R. Royak-Schaler (Eds.), *Health care for women* (pp. 163–174). Washington, DC: American Psychological Association.

Marshall, V. W., Clarke, P. J., & Ballantyne, P. J. (2001). Instability in the retirement transition: Effects on health and well-being in a Canadian study. *Research on Aging, 23,* 379–409.

Marshall-Baker, A., Lickliter, R. & Cooper, R. P. (1998). Prolonged exposure to a visual pattern may promote behavioral organization in preterm infants. *Journal of Perinatal and Neonatal Nursing, 12,* 50–62.

Martin, C. L. (1989). Children's use of gender-related information in making social judgments. *Developmental Psychology, 25,* 80–88.

Martin, C. L. (1993). New directions for investigating children's gender knowledge. *Developmental Review, 13,* 184–204.

Martin, C. L., & Halverson, C. F. (1981). A schematic processing model of sex typing and stereotyping in children. *Child Development, 52,* 1119–1134.

Martin, C. L., & Halverson, C. F. (1987). The role of cognition in sex role acquisition. In D. B. Carter (Ed.), *Current conceptions of sex roles and sex typing: Theory and research* (pp. 123–137). New York: Praeger.

Martin, J. A. (1981). A longitudinal study of the consequences of early mother–infant interaction: A microanalytic approach. *Monographs of the Society for Research in Child Development, 46*(3, Serial No. 190).

Martin, J. E., & Dean, L. (1993). Bereavement following death from AIDS: Unique problems, reactions, and special needs. In M. S. Stroebe, W. Stroebe, & R. O. Hansson (Eds.), *Handbook of bereavement* (pp. 317–330). Cambridge, U.K.: Cambridge University Press.

Martin, J., Shochat, T., & Ancoli-Israel, S. (2000). Assessment and treatment of sleep disturbances in older adults. *Clinical Psychology Review, 20,* 783–805.

Martin, P., Long, M. V., & Poon, L. W. (2002). Age changes and differences in personality traits and states of the old and very old. *Journal of Gerontology, 57B,* P144–P152.

Martins, C., & Gaffan, E. A. (2000). Effects of maternal depression on patterns of infant–mother attachment: A meta-analytic investigation. *Journal of Child Psychology and Psychiatry, 41,* 737–746.

Martinson, I. M., Davies, E., & McClowry, S. G. (1987). The long-term effect of sibling death on self-concept. *Journal of Pediatric Nursing, 2,* 227–235.

Martlew, M., & Connolly, K. J. (1996). Human figure drawings by schooled and unschooled children in Papua New Guinea. *Child Development, 67,* 2743–2762.

Martyn, C. N., Barker, D. J. P., & Osmond, C. (1996). Mothers' pelvic size, fetal growth, and death from stroke and coronary heart disease in men in the UK. *Lancet, 348,* 1264–1268.

Maruna, S. (1997). Going straight: Desistance from crime and life narratives of reform. In A. Lieblich & R. Josselson (Eds.), *The narrative study of lives* (pp. 59–93). Thousand Oaks, CA: Sage.

Masataka, N. (1996). Perception of motherese in a signed language by 6-month-old deaf infants. *Developmental Psychology, 32,* 874–879.

Maslach, C., Schaufeli, W. B., & Leiter, M. P. (2001). Job burnout. *Annual Review of Psychology, 52,* 397–422.

Mason, C. A., Cauce, A. M., Gonzales, N., & Hiraga, Y. (1996). Neither too sweet nor too sour: Problem peers, maternal control, and problem behavior in African-American adolescents. *Child Development, 67,* 2115–2130.

Mason, M. G., & Gibbs, J. C. (1993). Social perspective taking and moral judgment among college students. *Journal of Adolescent Research, 8,* 109–123.

Massey, C. M., & Gelman, R. (1988). Preschoolers' ability to decide whether a photographed unfamiliar object can move itself. *Developmental Psychology, 24,* 307–317.

Masten, A. S. (2001). Ordinary magic: Resilience processes in development. *American Psychologist, 56,* 227–238.

Masten, A. S., Hubbard, J. J., Gest, S. D., Tellegen, A., Garmezy, N., & Ramirez, M. (1999). Adaptation in the context of adversity: Pathways to resilience and maladaptation from childhood to late adolescence. *Development and Psychopathology, 11,* 143–169.

Mastropieri, D., & Turkewitz, G. (1999). Prenatal experience and neonatal responsiveness to vocal expression of emotion. *Developmental Psychobiology, 35,* 204–214.

Masur, E. F., & Rodemaker, J. E. (1999). Mothers' and infants' spontaneous vocal, verbal, and action imitation during the second year. *Merrill-Palmer Quarterly, 45,* 392–412.

Masur, E. F., McIntyre, C. W., & Flavell, J. H. (1973). Developmental changes in apportionment of study time among items in a multi-trial free recall task. *Journal of Experimental Child Psychology, 15,* 237–246.

Matas, L., Arend, R., & Sroufe, L. A. (1978). Continuity of adaptation in the second year: The relationship between quality of attachment and later competence. *Child Development, 49,* 547–556.

Matheny, A. P., Jr. (1991). Children's unintentional injuries and gender: Differentiation and psychosocial aspects. *Children's Environment Quarterly, 8,* 51–61.

Matthews, T. J. (2001). Smoking during pregnancy in the 1990s. *National Vital Statistics Reports 49*(7). Retrieved from http://www.cdc.gov/nchs/releases/01news/smokpreg.htm

Mattson, S. N., Riley, E. P., Delis, D. C., & Jones, K. L. (1998). Neuropsychological comparison of alcohol-exposed children with or without physical features of fetal alcohol syndrome. *Neuropsychology, 12,* 146–153.

Matute-Bianchi, M. E. (1986). Ethnic identities and patterns of school success and failure among Mexican-descent and Japanese-American students in a California high school: An ethnographic analysis. *American Journal of Education, 95,* 233–255.

Maurer, T. J. (2001). Career-relevant learning and development, worker age, and beliefs about self-efficacy for development. *Journal of Management, 27,* 123–140.

Maurer, T., & Tarulli, B. (1994). Perceived environment, perceived outcome, and person variables in relationship to voluntary development activity by employees. *Journal of Applied Psychology, 79,* 3–14.

Mayes, L. C., & Bornstein, M. H. (1997). Attention regulation in infants born at risk: Prematurity and prenatal cocaine exposure. In J. A. Burack & J. T. Enns (Eds.), *Attention, development, and psychopathology* (pp. 97–122). New York: Guilford.

Mayes, L. C., & Zigler, E. (1992). An observational study of the affective concomitants of mastery in infants. *Journal of Child Psychology and Psychiatry, 33,* 659–667.

Mayes, L. C., Bornstein, M. H., Chawarska, K., & Haynes, O. M. (1996). Impaired regulation of arousal in 3-month-old infants exposed prenatally to cocaine and other drugs. *Development and Psychopathology, 8,* 29–42.

Maylor, E., & Valentine, T. (1992). Linear and nonlinear effects of aging on categorizing and naming faces. *Psychology and Aging, 7,* 317–323.

Mayo Clinic. (2000, March). Age-related macular degeneration: Who gets it and what you can do about it. *Women's Healthsource, 4*(3), 1–2.

McAdams, D. (1993). *The stories we live by: Personal myths and the making of the self.* New York: William Morrow.

McAdams, D. P. (1988). *Power, intimacy, and the life story.* New York: Guilford.

McAdams, D. P. (2001). Generativity in midlife. In M. E. Lachman (Ed.), *Handbook of midlife development* (pp. 395–443). New York: Wiley.

McAdams, D. P., & de St. Aubin, E. (1992). A theory of generativity and its assessment through self-report, behavioral acts, and narrative themes in autobiography. *Journal of Personality and Social Psychology, 62,* 1003–1015.

McAdams, D. P., de St. Aubin, E., & Logan, R. L. (1993). Generativity among young, midlife, and older adults. *Psychology and Aging, 8,* 221–230.

McAdams, D. P., Diamond, A., de St. Aubin, E., & Mansfield, E. (1997). Stories of commitment: The psychosocial construction of generative lives. *Journal of Personality and Social Psychology, 72,* 678–694.

McAdams, D. P., Hart, H. M., & Maruna, S. (1998). The anatomy of generativity. In D. P. McAdams & E. de St. Aubin (Eds.), *Generativity and adult development* (pp. 7–43). Washington, DC: American Psychological Association.

McAdams, D., Reynolds, J., Lewis, M., Patten, A. H., & Bowman, P. J. (2001). When bad things turn good and good things turn bad: Sequences of redemption and contamination in life narrative and their relation to psychosocial adaptation in midlife adults and children. *Personality and Social Psychology Bulletin, 27,* 474–485.

McAuley, E., & Blissmer, B. (2000). Self-efficacy determinants and consequences of physical activity. *Exercise and Sport Sciences Reviews, 28,* 85–88.

McAuley, E., Mihalko, S. L., & Bane, S. M. (1997). Exercise and self-esteem in middle-aged adults: Multidimensional relationships and physical fitness and self-efficacy influences. *Journal of Behavioral Medicine, 20,* 67–83.

McCabe, A. E., & Peterson, C. (1988). A comparison of adults' versus children's spontaneous use of *because* and *so. Journal of Genetic Psychology, 149,* 257–268.

McCall, R. B. (1993). Developmental functions for general mental performance. In D. K. Detterman (Ed.), *Current topics in human intelligence* (Vol. 3, pp. 3–29). Norwood, NJ: Ablex.

McCall, R. B., & Carriger, M. S. (1993). A meta-analysis of infant habituation and recognition memory performance as predictors of later IQ. *Child Development, 64,* 57–79.

McCartney, K., Harris, M. J., & Bernieri, F. (1990). Growing up and growing apart: A developmental meta-analysis of twin studies. *Psychological Bulletin, 107,* 226–237.

McCarton, C. (1998). Behavioral outcomes in low birth weight infants. *Pediatrics, 102,* 1293–1297.

McCarton, C. M., Brooks-Gunn, J., Wallace, I. F., Bauer, C. R., Bennett, F. C., Bernbaum, J. C., Broyles, R. S., Casey, P. H., McCormick, M. C., Scott, D. T., Tyson, J., Tonascia, J., and Meinert, C. L. (1997). Results at age 8 years of early intervention for low-birth-weight premature infants: The infant health and development program. *Journal of the American Medical Association, 277,* 126–132.

McCarty, M. E., & Ashmead, D. H. (1999). Visual control of reaching and grasping in infants. *Developmental Psychology, 35,* 620–631.

McClearn, G. E., Johansson, B., Berg, S., & Pedersen, N. L. (1997). Substantial genetic influence on cognitive abilities in twins 80 or more years old. *Science, 276,* 1560–1563.

McConaghy, M. J. (1979). Gender permanence and the genital basis of gender: Stages in the development of constancy of gender identity. *Child Development, 50,* 1223–1226.

McCrae, R. R., & Costa, P. T., Jr. (1990). *Personality in adulthood.* New York: Guilford.

McCrae, R. R., Costa, P. T., Jr., Ostendorf, F., Angleitner, A., Hrebickov, M., & Avia, M. D. (2000). Nature over nurture: Temperament, personality, and life span development. *Journal of Personality and Social Psychology, 78,* 173–186.

McCullough, P., & Rutenberg, S. (1989). Launching children and moving on. In B. Carter & M. McGoldrick (Eds.), *The changing family life cycle* (pp. 285–309). Boston: Allyn and Bacon.

McCune, L. (1993). The development of play as the development of consciousness. In M. H. Bornstein & A. O'Reilly (Eds.), *New directions for child development* (No. 59, pp. 67–79). San Francisco: Jossey-Bass.

McDaniel, M. A., Maier, S. F., & Einstein, G. O. (2002). "Brain-specific" nutrients: A memory cure? *Psychological Science in the Public Interest, 3,* 12–38.

McDonough, L. (1999). Early declarative memory for location. *British Journal of Developmental Psychology, 17,* 381–402.

McFadden, S. H. (1996). Religion, spirituality, and aging. In J. E. Birren & K. W. Schaie (Eds.), *Handbook of the psychology of aging* (pp. 162–177). San Diego: Academic Press.

McGee, G. (1997). Legislating gestation. *Human Reproduction, 12,* 407–408.

McGee, L. M., & Richgels, D. J. (2000). *Literacy's beginnings* (3rd ed.). Boston: Allyn and Bacon.

McGillicuddy-De Lisi, A. V., Watkins, C., & Vinchur, A. J. (1994). The effect of relationship on children's distributive justice reasoning. *Child Development, 65,* 1694–1700.

McGoldrick, M., Heiman, M., & Carter, B. (1993). The changing family life cycle: A perspective on normalcy. In F. Walsh (Ed.), *Normal family processes* (pp. 405–443). New York: Guilford.

McGue, M., & Bouchard, T. J., Jr. (1998). Genetic and environmental influences on human behavioral differences. *Annual Review of Neuroscience, 21,* 1–24.

McGue, M., & Christensen, K. (2002). The heritability of level and rate-of-change in cognitive functioning in Danish twins aged 70 years and older. *Experimental Aging Research, 28,* 435–451.

McGue, M., Vaupel, J. W., Holm, N., & Harvald, B. (1993). Longevity is moderately heritable in a sample of Danish twins born 1870–1880. *Journal of Gerontology, 48,* B237–B244.

McGuffin, P., & Sargeant, M. P. (1991). Major affective disorder. In P. McGuffin & R. Murray (Eds.), *The new genetics of mental illness* (pp. 165–181). London: Butterworth-Heinemann.

McHale, J., Khazan, I., Erera, P., Rotman, T., DeCourcey, W., & McConnell, M. (2002). Coparenting in diverse family systems. In M. H. Bornstein (Ed.), *Handbook of parenting: Vol. 3* (2nd ed., pp. 75–107). Mahwah, NJ: Erlbaum.

McHale, S. M., Bartko, W. T., Crouter, A. C., & Perry-Jenkins, M. (1990). Children's housework and psychosocial functioning: The mediating effects of parents' sex-role behaviors and attitudes. *Child Development, 61,* 1413–1426.

McKenna, J. J. (2001). Why we never ask "Is it safe for infants to sleep alone?" *Academy of Breast Feeding Medicine News and Views, 7*(4), 32, 38.

McKenna, J. J. (2002, October 2). Personal communication.

McKeown, R. E., Garrison, C. Z., Cuffe, S. P., Waller, J. L., Jackson, K. L., & Addy, C. L. (1998). Incidence and predictors of suicidal behaviors in a longitudinal sample of young adolescents. *Journal of the American Academy of Child and Adolescent Psychiatry, 37,* 612–619.

McKim, W. A. (2002). *Drugs and behavior* (5th ed.). Upper Saddle River, NJ: Prentice-Hall.

McKusick, V. A. (1998). *Mendelian inheritance in man: A catalog of human genes and genetic disorders.* Baltimore: Johns Hopkins University Press.

McLanahan, S. (1999). Father absence and the welfare of children. In E. M. Hetherington (Ed.), *Coping with divorce, single parenting, and remarriage: A risk and resiliency perspective* (pp. 117–145). Mahwah, NJ: Erlbaum.

McLean, D. F., Timajchy, K. H., Wingo, P. A., & Floyd, R. L. (1993). Psychosocial measurement: Implications of the study of preterm delivery in black women. *American Journal of Preventive Medicine, 9,* 39–81.

McLeod, J. D., & Shanahan, M. J. (1996). Trajectories of poverty and children's mental health. *Journal of Health and Social Behavior, 37,* 207–220.

McLoyd, V. C. (1998). Children in poverty: Development, public policy, and practice. In I. Sigel & A. Renninger (Eds.), *Handbook of child psychology: Vol. 4. Child psychology in practice* (5th ed., pp. 135–208). New York: Wiley.

McManus, I. C., Sik, G., Cole, D. R., Mellon, A. F., Wong, J., & Kloss, J. (1988). The development of handedness in children. *British Journal of Developmental Psychology, 6,* 257–273.

McNamee, S., & Peterson, J. (1986). Young children's distributive justice reasoning, behavior, and role taking: Their consistency and relationship. *Journal of Genetic Psychology, 146,* 399–404.

McNeil, J. N. (1986). Talking about death: Adolescents, parents, and peers. In C. A. Corr & J. N. McNeil (Eds.), *Adolescence and death* (pp. 185–201). New York: Springer.

MCR Vitamin Study Research Group. (1991). Prevention of neural tube defects: Results of the Medical Research Council Vitamin Study. *Lancet, 338,* 131–137.

Mead, G. H. (1934). *Mind, self, and society.* Chicago: University of Chicago Press.

Mead, M. (1928). *Coming of age in Samoa.* Ann Arbor, MI: Morrow.

Mead, M., & Newton, N. (1967). Cultural patterning of perinatal behavior. In S. Richardson & A. Guttmacher (Eds.), *Childbearing: Its social and psychological aspects* (pp. 142–244). Baltimore: Williams & Wilkins.

Meegan, S. P., & Berg, C. A. (2002). Contexts, functions, forms, and processes of collaborative everyday problem solving in older adulthood. *International Journal of Behavioral Development, 26,* 6–15.

Meeus, W. (1996). Studies on identity development in adolescence: An overview of research and some new data. *Journal of Youth and Adolescence, 25,* 569–598.

Meeus, W., Iedema, J., Helsen, M., & Vollebergh, W. (1999). Patterns of adolescent identity development: Review of literature and longitudinal analysis. *Developmental Review, 19,* 419–461.

Mehlmadrona, L., & Madrona, M. M. (1997). Physician- and midwife-attended home births—effects of breech, twin, and post-dates outcome data on mortality rates. *Journal of Nurse-Midwifery, 42,* 91–98.

Meltzoff, A. N. (1990). Towards a developmental cognitive science. *Annals of the New York Academy of Sciences, 608,* 1–37.

Meltzoff, A. N. (1995). Understanding the intentions of others: Re-enactment of intended acts by 18-month-old children. *Developmental Psychology, 31,* 838–850.

Meltzoff, A. N., & Kuhl, P. K. (1994). Faces and speech: Intermodal processing of biologically relevant signals in infants and adults. In D. J. Lewkowicz & R. Lickliter (Eds.), *The development of intersensory perception* (pp. 335–369). Hillsdale, NJ: Erlbaum.

Meltzoff, A. N., & Moore, M. K. (1977). Imitation of facial and manual gestures by human neonates. *Science, 198,* 75–78.

Meltzoff, A. N., & Moore, M. K. (1994). Imitation, memory, and the representation of persons. *Infant Behavior and Development, 17,* 83–99.

Meltzoff, A. N., & Moore, M. K. (1998). Object representation, identity, and the paradox of early permanence: Steps toward a new framework. *Infant Behavior and Development, 21,* 201–235.

Meltzoff, A. N., & Moore, M. K. (1999). Persons and representations: Why infant imitation is important for theories of human development. In J. Nadel & G. Butterworth (Eds.), *Imitation in infancy* (pp. 9–35). Cambridge, U.K.: Cambridge University Press.

Mennella, J. A., & Beauchamp, G. K. (1998). Early flavor experiences: Research update. *Nutrition Reviews, 56,* 205–211.

Menon, U. (2002). Middle adulthood in cultural perspective: The imagined and the experienced in three cultures. In M. E. Lachman (Ed.), *Handbook of midlife development* (pp. 40–74). New York: Wiley.

Mercer, R. T., Nichols, E. G., & Doyle, G. C. (1989). *Transitions in a woman's life: Major life events in developmental context.* New York: Springer-Verlag.

Meredith, C. N., Frontera, W. R., O'Reilly, K. P., & Evans, W. J. (1992). Body composition in elderly men: Effect of dietary modification during strength training. *Journal of the American Geriatrics Society, 40,* 155–162.

Mergenhagen, P. (1996). Her own boss. *American Demographics, 18,* 36–41.

Merriam, S. B. (1993). The uses of reminiscence in older adulthood. *Educational Gerontology, 8,* 275–290.

Merrill, D. M. (1997). *Caring for elderly parents.* Westport, CT: Auburn House.

Messinger-Rapport, B. J., & Rader, E. (2000). High risk on the highway: How to identify and treat the impaired older driver. *Geriatrics, 55,* 32–45.

Messman, S. J., Canary, D. J., & Hause, K. S. (2000). Motives to remain platonic, equity, and the use of maintenance strategies in opposite-sex friendships. *Journal of Social and Personal Relationships, 17,* 67–94.

Meyer, B. J. F., Russo, C., & Talbot, A. (1995). Discourse comprehension and problem solving: Decisions about the treatment of breast cancer by women across the lifespan. *Psychology and Aging, 10,* 84–103.

Meyer, K. U. & Baltes. P.B. (Hrsg,) (1996). Die Berliner Altersstudie. Berlin: Akademie Verlag.

Meyer, M. H., & Bellas, M. L. (1995). U.S. old-age policy and the family. In R. Blieszner & V. H. Bedford (Eds.), *Handbook of aging and the family* (pp. 263–283). Westport, CT: Greenwood Press.

Meyer-Bahlburg, H. F. L., Ehrhardt, A. A., Rosen, L. R., Gruen, R. S., Veridiano, N. P., Vann, F. H., & Neuwalder, H. F. (1995). Prenatal estrogens and the development of homosexual orientation. *Developmental Psychology, 31,* 12–21.

Meyers, C., Adam, R., Dungan, J., & Prenger, V. (1997). Aneuploidy in twin gestations: When is maternal age advanced? *Obstetrics and Gynecology, 89,* 248–251.

Mezey, M., Dubler, N. N., Mitty, E., & Brody, A. A. (2002). What impact do setting and transitions have on the quality of life at the end of life and the quality of the dying process? *Gerontologist, 42*(Special Issue III), 54–76.

Miccio, A., Yont, K. M., Clemons, H. L., & Vernon-Feagans, L. (2001). Otitis media and the acquisition of consonants. In F. Windsor & M. L. Kelly (Eds.), *Investigations in clinical phonetics and linguistics* (pp. 429–435). Mahwah, NJ: Erlbaum.

Michael, R. T., Gagnon, J. H., Laumann, E. O., & Kolata, G. (1994). *Sex in America.* Boston: Little, Brown.

Michaels, G. Y. (1988). Motivational factors in the decision and timing of pregnancy. In G. Y. Michaels & W. A. Goldberg (Eds.), *The transition to parenthood: Current theory and research* (pp. 23–61). New York: Cambridge University Press.

Michels, K. B., Trichopoulos, D., Robins, J. M., Rosner, B. A., Manson, J. E., Hunter, D. J., Colditz, G. A., Hankinson, S. E., Speizer, F. E., & Willett, W. C. (1996). Birthweight as a risk factor for breast cancer. *Lancet, 348,* 1542–1546.

Miguel, J. (2001). Nutrition and aging. *Public Health Nutrition, 4,* 1385–1388.

Milberger, S., Biederman, J., Faraone, S. V., Guite, J., & Tsuang, M. T. (1997). Pregnancy, delivery and infancy complications and attention deficit hyperactivity disorder: Issues of gene–environment interaction. *Biological Psychiatry, 41,* 65–75.

Milgram, N. A., & Palti, G. (1993). Psychosocial characteristics of resilient children. *Journal of Research in Personality, 27,* 207–221.

Miller, B. C., Fan, X., Christensen, M., Grotevant, H. D., & van Dulmen, M. (2000). Comparisons of adopted and nonadopted adolescents in a large, nationally representative sample. *Child Development, 71,* 1458–1473.

Miller, J. G. (1997). Culture and self: Uncovering the cultural grounding of psychological theory. In J. G. Snodgrass & R. L. Thompson (Eds.), *Annals of the New York Academy of Sciences* (Vol. 18, pp. 217–231). New York: New York Academy of Sciences.

Miller, J. G., & Bersoff, D. M. (1995). Development in the context of everyday family relationships: Culture, interpersonal morality, and adaptation. In M. Killen & D. Hart (Eds.), *Morality in everyday life: Developmental perspectives* (pp. 259–282). Cambridge: Cambridge University Press.

Miller, J., Slomczynski, K. M., & Kohn, M. L. (1985). Continuity of learning-generalization: The effect of job on men's intellective process in the United States and Poland. *American Journal of Sociology, 91,* 593–615.

Miller, L. T., & Vernon, P. A. (1992). The general factor in short-term memory, intelligence, and reaction time. *Intelligence, 16,* 5–29.

Miller, L. T., & Vernon, P. A. (1997). Developmental changes in speed of information processing in young children. *Developmental Psychology, 33,* 549–554.

Miller, P. A., Eisenberg, N., Fabes, R. A., & Shell, R. (1996). Relations of moral reasoning and vicarious emotion to young children's prosocial behavior toward peers and adults. *Developmental Psychology, 32,* 210–219.

Miller, P. H., & Bigi, L. (1979). The development of children's understanding of attention. *Merrill-Palmer Quarterly, 25,* 235–250.

Miller, P. H., & Seier, W. L. (1994). Strategy utilization deficiencies in children: When, where, and why. In H. W. Reese (Ed.), *Advances in child development and behavior* (Vol. 24, pp. 107–156). New York: Academic Press.

Miller, P. J., Fung, H., & Mintz, J. (1996). Self-construction through narrative practices: A Chinese and American comparison of early socialization. *Ethos, 24,* 1–44.

Miller, P. J., Wiley, A. R., Fung, H., & Liang, C.-H. (1997). Personal storytelling as a medium of socialization in Chinese and American families. *Child Development, 68,* 557–568.

Miller, R. B. (2000). Do children make a marriage unhappy? *Family Science Review, 13,* 60–73.

Miller, R. B., Hemesath, K., & Nelson, B. (1997). Marriage in middle and later life. In T. D. Hargrave & S. M. Hanna (Eds.), *The aging family* (pp. 178–198). New York: Brunner/Mazel.

Miller, S. S., & Cavanaugh, J. C. (1990). The meaning of grandparenthood and its relationship to demographic, relationship, and social participation variables. *Journal of Gerontology, 45,* P244–P246.

Mills, A., & Slobodin, R. (Eds.). (1994). *Amerindian rebirth: Reincarnation belief among North American Indians and Inuit.* Toronto: University of Toronto Press.

Mills, R., & Grusec, J. (1989). Cognitive, affective, and behavioral consequences of praising altruism. *Merrill-Palmer Quarterly, 35,* 299–326.

Mills, R., Coffey-Corina, S., & Neville, H. J. (1997). Language comprehension and cerebral specialization from 13 to 20 months. *Developmental Neuropsychology, 13,* 397–445.

Milner, J. S. (1993). Social information processing and physical child abuse. *Clinical Psychology Review, 13,* 275–294.

Minde, K. (2000). Prematurity and serious medical conditions in infancy: Implications for development, behavior, and intervention. In C. H. Zeanah, Jr. (Ed.), *Handbook of infant mental health* (pp. 176–194). New York: Guilford.

Minkler, M., & Roe, K. M. (1993). *Grandmothers as caregivers: Raising children of the crack cocaine epidemic.* Newbury Park, CA: Sage.

Mintzer, J. E. (2001). Underlying mechanisms of psychosis and aggression in patients with Alzheimer's disease. *Journal of Clinical Psychiatry, 62*(Suppl. 21), 23–25.

Mischel, W., & Liebert, R. M. (1966). Effects of discrepancies between observed and imposed reward criteria on their acquisition and transmission. *Journal of Personality and Social Psychology, 3,* 45–53.

Mitchell, B. D., Hsueh, W. C., King, T. M., Pollin, T. I., Sorkin, J., Agarwala, R., Schäffer, A. A., & Shuldiner, A. R. (2001). Heritability of life span in the Old Order Amish. *American Journal of Medical Genetics, 102,* 346–352.

Mitchell, V., & Helson, R. (1990). Women's prime of life. *Psychology of Women Quarterly, 14,* 451–470.

Mize, J., & Pettit, G. S. (1997). Mothers' social coaching, mother–child relationship style, and children's peer competence: Is the medium the message? *Child Development, 68,* 312–332.

Moen, P. (1996). Gender, age, and the life course. In R. H. Binstock & L. K. George (Eds.), *Handbook of aging and the social sciences* (pp. 171–187). San Diego: Academic Press.

Moen, P., Fields, V., Quick, H. E., & Hofmeister, H. (2000). A life-course approach to retirement and social integration. In K. Pillemer, P. Moen, E. Wthington, & N. Glasgow (Eds.), *Social integration in the second half of life* (pp. 75–107). Baltimore: Johns Hopkins University Press.

Moerk, E. L. (1992). *A first language taught and learned.* Baltimore: Paul H. Brookes.

Moffat, S. D., Hampson, E., & Hatzipantelis, M. (1998). Navigation is a "virtual" maze: Sex differences and correlation with psychometric measures of spatial ability in humans. *Evolution and Human Behavior, 19*(2), 73–87.

Moffitt, T. E., Caspi, A., Belsky, J., & Silva, P. A. (1992). Childhood experience and onset of menarche: A test of a sociobiological model. *Child Development, 63,* 47–58.

Moffitt, T. E., Caspi, A., Dickson, N., Silva, P., & Stanton, W. (1996). Childhood-onset versus adolescent-onset antisocial conduct problems in males: Natural history from ages 3 to 18 years. *Development and Psychopathology, 8,* 399–424.

Mogford-Bevan, K. (1999). Twins and their language development. In A. C. Sandbank (Ed.), *Twin and triplet psychology.* New York: Routledge.

Mogilner, A., Grossman, J. A., Ribary, U., Joliot, M., Volkmann, J., Rapaport, D., Beasley, R. W., & Linas, R. R. (1993). Somatosensory cortical plasticity in adult humans revealed by magnetoencephalography. *Proceedings of the National Academy of Sciences, 90,* 3593–3597.

Mojet, J., Christ-Hazelhof, E., & Heidema, J. (2001). Taste perception with age: Generic or specific losses in threshold sensitivity to the five basic tastes? *Chemical Senses, 26,* 845–860.

Mokdad, A. H., Bowman, B. A., Ford, E. S., Vinicor, F., Marks, J. S., & Koplan, J. P. (2001). The continuing epidemics of obesity and diabetes in the United States. *Journal of the American Medical Association, 286,* 1195–1200.

Mokdad, A. H., Serdula, M. K., Dietz, W. H., Bowman, B. A., Marks, J. S., & Koplan, J. P. (1999). The spread of the obesity epidemic in the United States, 1991–1998. *Journal of the American Medical Association, 282,* 1519–1522.

Moll, I. (1994). Reclaiming the natural line in Vygotsky's theory of cognitive development. *Human Development, 37,* 333–342.

Molnar, J., & Babbitt, B. (2000). *You don't have to be thin to win.* New York: Villard.

Mondimore, F. M. (1996). *A natural history of homosexuality.* Baltimore: Johns Hopkins University Press.

Mondloch, C. J., Lewis, T., Budreau, D. R., Maurer, D., Dannemillier, J. L., Stephens, B. R., & Kleiner-Gathercoal, K. A. (1999). Face perception during early infancy. *Psychological Science, 10,* 419–422.

Money, J. (1993). Specific neurocognitive impairments associated with Turner (45,X) and Klinefelter (47,XXY) syndromes: A review. *Social Biology, 40,* 147–151.

Monk, C., Fifer, W. P., Myers, M. M., Sloan, R. P., Trien, L., & Hurtado, A. (2000). Maternal stress responses and anxiety during pregnancy: Effects on fetal heart rate. *Developmental Psychobiology, 36,* 67–77.

Monsour, M. (2002). *Women and men as friends.* Mahwah, NJ: Erlbaum.

Montepare, J., & Lachman, M. (1989). "You're only as old as you feel": Self-perceptions of age, fears of aging, and life satisfaction from adolescence to old age. *Psychology and Aging, 4,* 73–78.

Moon, C., Cooper, R. P., & Fifer, W. P. (1993). Two-day-old infants prefer their native language. *Infant Behavior and Development, 16,* 495–500.

Moon, S. M., & Feldhusen, J. F. (1994). The Program for Academic and Creative Enrichment (PACE): A follow-up study ten years later. In R. F. Subotnik & K. D. Arnold (Eds.), *Beyond Terman: Contemporary longitudinal studies of giftedness and talent* (pp. 375–400). Norwood, NJ: Ablex.

Moore, A., & Stratton, D. C. (2002). *Resilient widowers.* New York: Springer.

Moore, D. R., & Florsheim, P. (2001). Interpersonal processes and psychopathology among expectant and nonexpectant adolescent couples. *Journal of Consulting and Clinical Psychology, 69,* 101–113.

Moore, E. G. J. (1986). Family socialization and the IQ test performance of traditionally and transracially adopted black children. *Developmental Psychology, 22,* 317–326.

Moore, K. A., Morrison, D. R., & Green, A. D. (1997). Effects on the children born to adolescent mothers. In R. A. Maynard (Ed.), *Kids having kids* (pp. 145–180). Washington, DC: Urban Institute.

Moore, K. A., Myers, D. E., Morrison, D. R., Nord, C. W., Brown, B., & Edmonston, B. (1993). Age at first childbirth and later poverty. *Journal of Research on Adolescence, 3,* 393–422.

Moore, K. L., & Persaud, T. V. N. (1998). *Before we are born* (5th ed.). Philadelphia: Saunders.

Moore, M. K. (1992). An empirical investigation of the relationship between religiosity and death concern. *Dissertation Abstracts International, 53*(2–A), 527.

Moore, M. K., & Meltzoff, A. N. (1999). New findings on object permanence: A developmental difference between two types of occlusion. *British Journal of Developmental Psychology, 17,* 563–584.

Moore, W. S. (2002). Understanding learning in a postmodern world: Reconsidering the Perry scheme of ethical and intellectual development. In B. K. Hofer & P. R. Pintrich (Eds.), *Personal epistemology* (pp. 17–36). Mahwah, NJ: Erlbaum.

Moorehouse, M. J. (1991). Linking maternal employment patterns to mother–child activities and children's school competence. *Developmental Psychology, 27,* 295–303.

Morabia, A., Costanza, M. C., & the World Health Organization Collaborative Study of Neoplasia and Steroid Contraceptives. (1998). International variability in ages at menarche, first live birth, and menopause. *American Journal of Epidemiology, 148,* 1195–1205.

Morell, C. M. (1994). *Unwomanly conduct: The challenges of intentional childlessness.* New York: Routledge.

Morelli, G., Rogoff, B., Oppenheim, D., & Goldsmith, D. (1992). Cultural variation in infants' sleeping arrangements: Questions of independence. *Developmental Psychology, 28,* 604–613.

Morgan, L. A. (1991). *After marriage ends: Economic consequences for midlife women.* Newbury Park, CA: Sage.

Morgane, P. J., Austin-LaFrance, R., Bronzino, J., Tonkiss, J., Diaz-Cintra, S., Cintra, L., Kemper, T., & Galler, J. R. (1993). Prenatal malnutrition and development of the brain. *Neuroscience and Biobehavioral Reviews, 17,* 91–128.

Moriguchi, S., Oonishi, K., Kato, M., & Kishino, Y. (1995). Obesity is a risk factor for deteriorating cellular immune functions decreased with aging. *Nutrition Research, 15,* 151–160.

Morioka, M. (2001). Reconsidering brain death: A lesson from Japan's fifteen years of experience. *Hastings Center Report, 31*(4), 41–46.

Morley, J. E. (2001). Decreased food intake with aging. *Journal of Gerontology, 56A,* 81–88.

Morris, P. A. (2002). The effects of welfare reform policies on children. *Social Policy Report of the Society for Research in Child Development, 16*(1).

Morrison, D. R., & Coiro, M. J. (1999). Parental conflict and marital disruption: Do children benefit when high-conflict marriages are dissolved? *Journal of Marriage and the Family, 61,* 626–637.

Morrison, F. E., Griffith, E. M., & Alberts, D. M. (1997). Nature–nurture in the classroom: Entrance age, school readiness, and learning in children. *Developmental Psychology, 33,* 254–262.

Morrongiello, B. A. (1986). Infants' perception of multiple-group auditory patterns. *Infant Behavior and Development, 9,* 307–319.

Morrongiello, B. A., & Rennie, H. (1998). Why do boys engage in more risk taking than girls? The role of attributions, beliefs, and risk appraisals. *Journal of Pediatric Psychology, 23,* 33–43.

Morrongiello, B. A., Fenwick, K. D., & Chance, G. (1998). Crossmodal learning in newborn infants: Inferences about properties of auditory-visual events. *Infant Behavior and Development, 21,* 543–554.

Morrongiello, B. A., Midgett, C., & Shields, R. (2001). Don't run with scissors: Young children's knowledge of home safety rules. *Journal of Pediatric Psychology, 26,* 105–115.

Morrow, D., Leirer, V., Altieri, P., & Fitzsimmons, C. (1994). When expertise reduces age differences in performance. *Psychology and Aging, 9,* 134–148.

Morse, C. K. (1993). Does variability increase with age? An archival study of cognitive measures. *Psychology and Aging, 8,* 156–164.

Mortensen, E. L., Michaelsen, K. F., Sanders, S. A., & Reinisch, J. M. (2002). The association between duration of breastfeeding and adult intelligence. *Journal of the American Medical Association, 287,* 2365–2371.

Mortimer, J. T., & Borman, K. M. (Eds.). (1988). *Work experience and psychological development through the lifespan.* Boulder, CO: Westview.

Moses, L. J., Baldwin, D. A., Rosicky, J. G., & Tidball, G. (2001). Evidence for referential understanding in the emotions domain at twelve and eighteen months. *Child Development, 72,* 718–735.

Moshman, D. (1998). Identity as a theory of oneself. *Genetic Epistemologist, 26*(3), 1–9.

Moshman, D. (1999). *Adolescent psychological development: Rationality, morality, and identity.* Mahwah, NJ: Erlbaum.

Moshman, D., & Franks, B. A. (1986). Development of the concept of inferential validity. *Child Development, 57,* 153–165.

Mosko, S., Richard, C., & McKenna, J. J. (1997a). Infant arousals during mother–infant bed sharing: Implications for infant sleep and sudden infant death syndrome research. *Pediatrics, 100,* 841–849.

Mosko, S., Richard, C., & McKenna, J. J. (1997b). Maternal sleep and arousals during bedsharing with infants. *Sleep, 20,* 142–150.

Mosteller, F. (1995, Fall). The Tennessee Study of Class Size in the Early School Grades. *Future of Children, 5*(2), 113–127.

Mounts, N. S., & Steinberg, L. (1995). An ecological analysis of peer influence on adolescent grade point average and drug use. *Developmental Psychology, 31,* 915–922.

Moxley, D. P., Najor-Durack, A., & Dumbrigue, C. (2001). *Keeping students in higher education.* London: Kogan Page.

Moyer, M. S. (1992). Sibling relationships among older adults. *Generations, 16*(3), 55–58.

Mrug, S., Hoza, B., & Gerdes, A. C. (2001). Children with attention-deficit/hyperactivity disorder: Peer relationships and peer-oriented interventions. In D. W. Nangle & C. A. Erdley (Eds.), *The role of friendship in psychological adjustment* (pp. 51–77). San Francisco: Jossey-Bass.

Mulatu, M. S., & Schooler, C. (2002). Causal connections between socioeconomic status and health: Reciprocal effects and mediating mechanisms. *Journal of Health and Social Behavior, 43,* 22–41.

Muldoon, O., & Cairns, E. (1999). Children, young people, and war: Learning to cope. In E. Frydenberg (Ed.), *Learning to cope: Developing as a person in complex societies* (pp. 322–337). New York: Oxford University Press.

Mullen, M. K. (1994). Earliest recollections of childhood: A demographic analysis. *Cognition, 52,* 55–79.

Muller, F., Rebiff, M., Taillandier, A., Qury, J. F., & Mornet, E. (2000). Parental origin of the extra chromosome in prenatally diagnosed fetal trisomy. *Human Genetics, 106,* 340–344.

Mulsant, B. H., & Ganguli, M. (1999). Epidemiology and diagnosis of depression in late life. *Journal of Clinical Psychiatry, 60*(Suppl. 20), 9–15.

Munoz, D. G., & Feldman, H. (2000). Causes of Alzheimer's disease. *Canadian Medical Association Journal, 162,* 65–72.

Munro, G., & Adams, G. R. (1977). Ego identity formation in college students and working youth. *Developmental Psychology, 13,* 523–524.

Muret-Wagstaff, S., & Moore, S. G. (1989). The Hmong in America: Infant behavior and rearing practices. In J. K. Nugent, B. M. Lester, & T. B. Brazelton (Eds.), *Biology, culture, and development* (Vol. 1, pp. 319–339). Norwood, NJ: Ablex.

Muris, P., Merckelbach, H., Gadet, B., & Moulaert, V. (2000). Fears, worries, and scary dreams in 4- to 12-year-old children: Their content, developmental pattern, and origins. *Journal of Clinical Child Psychology, 29,* 43–52.

Murray, A. D. (1985). Aversiveness is in the mind of the beholder. In B. M. Lester & C. F. Z. Boukydis (Eds.), *Infant crying* (pp. 217–239). New York: Plenum.

Murray, A. D., Johnson, J., & Peters, J. (1990). Fine-tuning of utterance length to preverbal infants: Effects on later language development. *Journal of Child Language, 17,* 511–525.

Murray, L., & Cooper, P. J. (1997). Postpartum depression and child development. *Psychological Medicine, 27,* 253–260.

Murray, L., Sinclair, D., Cooper, P., Ducournau, P., & Turner, P. (1999). The socioemotional development of 5-year-old children of postnatally depressed mothers. *Journal of Child Psychology and Psychiatry, 8,* 1259–1271.

Murray, M. J., & Meacham, R. B. (1993). The effect of age on male reproductive function. *World Journal of Urology, 11,* 137–140.

Mussen, P., & Eisenberg-Berg, N. (1977). *Roots of caring, sharing, and helping.* San Francisco: Freeman.

Must, A., & Strauss, R. S. (1999). Risks and consequences of childhood and adolescent obesity. *International Journal of Obesity, 23,* S2–S11.

Mutchler, J. E., Burr, J. A., Pienta, A. M., & Massagli, M. P. (1997). Pathways to labor force exit: Work transitions and instability. *Journal of Gerontology, 52B,* S4–S12.

Mutran, E. J., Danis, M., Bratton, K. A., Sudha, S., & Hanson, L. (1997). Attitudes of the critically ill toward prolonging life: The role of social support. *Gerontologist, 37,* 192–199.

Myers, D. G. (2000). The funds, friends, and faith of happy people. *American Psychologist, 55,* 56–67.

Myers, G. C. (1996). Comparative mortality trends among older persons in developed countries. In G. Caselli & A. D. Lopez (Eds.), *Health and mortality among elderly populations* (pp. 87–111). Oxford, U.K.: Clarendon Press.

Myerson, J., Hale, S., Wagstaff, D., Poon, L. W., & Smith, G. A. (1990). The information-loss model: A mathematical theory of age-related cognitive slowing. *Psychological Review, 97,* 475–487.

Nader, K. (2002). Treating children after violence in schools and communities. In N. B. Webb (Ed.), *Helping bereaved children: A handbook for practitioners* (pp. 214–244). New York: Guilford.

Nader, K. O., Pynoos, R., Rairbanks, L., & Frederick, C. (1990). Childen's PTSD reactions one year after a sniper attack at their school. *American Journal of Psychiatry, 147,* 1526–1530.

Nader, K., Dubrow, N., & Stamm, B. H. (1999). *Honoring differences: Cultural issues in the treatment of trauma and loss.* Washington, DC: Taylor & Francis.

Nagy, W. E., & Scott, J. A. (2000). Vocabulary processes. In M. L. Kamil & P. B. Mosenthal (Eds.), *Handbook of reading research* (Vol. 3, pp. 269–284). Mahwah, NJ: Erlbaum.

Naigles, L. G., & Gelman, S. A. (1995). Overextensions in comprehension and production revisited: Preferential-looking in a study of dog, cat, and cow. *Journal of Child Language, 22,* 19–46.

Nakamura, J., & Csikszentmihalyi, M. (2002). The concept of flow. In C. R. Snyder & S. J. Lopez (Eds.), *Handbook of positive psychology* (pp. 89–105). New York: Oxford University Press.

Namy, L. L., & Waxman, S. R. (1998). Words and gestures: Infants' interpretations of different forms of symbolic reference. *Child Development, 69,* 295–308.

Nánez, J., Sr., & Yonas, A. (1994). Effects of luminance and texture motion on infant defensive reactions to optical collision. *Infant Behavior and Development, 17,* 165–174.

Nansel, T. R., Overpeck, M., Pila, R. S., Ruan, W. J., Simons-Morton, B., & Scheidt, P. (2001). Bullying behaviors among U.S. youth: Prevalence and association with psychosocial adjustment. *Journal of the American Medical Association, 285,* 2094–2100.

National Association for the Education of Young Children. (1998). *Accreditation criteria and procedures of the National Academy of Early Childhood Programs* (2nd ed.). Washington, DC: Author.

National Federation of State High School Associations. (2002). *High school athletic participation survey.* Kansas City, MO: Author.

National Hospice and Palliative Care Organization. (2002). *Facts and figures on hospice care in America.* Alexandria, VA: Author.

National Institute for Child Health and Development (NICHD), Early Child Care Research Network. (1997). The effects of infant child care on infant–mother attachment security: Results of the NICHD Study of Early Child Care. *Child Development, 68,* 860–879.

National Institute of Child Health and Human Development (NICHD), Early Child Care Research Network. (1999). Child care and mother–child interaction in the first 3 years of life. *Developmental Psychology, 35,* 1399–1413.

National Institute of Child Health and Human Development (NICHD), Early Child Care Research Network. (2000a). Characteristics and quality of child care for toddlers and preschoolers. *Applied Developmental Science, 4,* 116–135.

National Institute of Child Health and Human Development (NICHD), Early Child Care Research Network. (2000b). The relation of child care to cognitive and language development. *Child Development, 71,* 960–980.

National Institute of Child Health and Human Development (NICHD), Early Child Care Research Network. (2001, April). *Early child care and children's development prior to school entry.* Symposium presented at the biennial meeting of the Society for Research in Child Development, Minneapolis, MN.

National Institute of Child Health and Human Development (NICHD), Early Child Care Research Network. (2002a). Child-care structure Æ process Æ outcome: Direct and indirect effects of child-care quality on young children's development. *Psychological Science, 13,* 199–206.

National Institute of Child Health and Human Development (NICHD), Early Child Care Research Network. (2002b). The interaction of child care and family risk in relation to child development at 24 and 36 months. *Applied Developmental Science, 6,* 144–156.

National Institute of Child Health and Human Development (NICHD), Early Child Care Research Network. (2002c). Parenting and family influences when children are in child care: Results from the NICHD Study of Early Child Care. In J. G. Borkowski & S. L. Ramey (Eds.), *Parenting and the child's world* (pp. 99–123). Mahwah, NJ: Erlbaum.

National Institute on Aging. (2000). *Progress report on Alzheimer's disease 2000.* Washington, DC: U.S. Government Printing Office.

National Task Force on the Prevention and Treatment of Obesity. (2002). Medical care for obese patients: Advice for health care professionals. *American Family Physician, 65,* 81–88.

Navarrete, C., Martinez, I., & Salamanca, F. (1994). Paternal line of transmission in chorea of Huntington with very early onset. *Genetic Counseling, 5,* 175–178.

Naveh-Benjamin, M. (2000). Adult age differences in memory performance: Tests of an associative deficit hypothesis. *Journal of Experimental Psychology: Learning, Memory, and Cognition, 26,* 1170–1187.

Neale, A. V., Hwalek, M. A., Goodrich, C. S., & Quinn, K. M. (1996). The Illinois Elder Abuse System: Program description and administrative findings. *Gerontologist, 36,* 502–511.

Neimeyer, R. A. (2000). Searching for the meaning of meaning: Grief therapy and the process of reconstruction. *Death Studies, 24,* 541–558.

Neimeyer, R. A. (Ed.). (1994). *Death anxiety handbook*. Washington, DC: Taylor & Francis.

Neimeyer, R. A., & Van Brunt, D. (1995). Death anxiety. In H. Waas & R. A. Neimeyer (Eds.), *Dying: Facing the facts* (3rd ed., pp. 49–88). Washington, DC: Taylor & Francis.

Nelson, C. A. (2000). Neural plasticity and human development: The role of early experience sculpting memory systems. *Developmental Science, 3*, 115–130.

Nelson, C. A. (2002). Neural development and lifelong plasticity. In R. M. Lerner, F. Jacobs, & D. Wertlieb (Eds.), *Handbook of applied developmental science* (Vol. 1, pp. 31–60). Thousand Oaks, CA: Sage.

Nelson, C. A., & Bosquet, M. (2000). Neurobiology of fetal and infant development: Implications for infant mental health. In C. H. Zeanah, Jr. (Ed.), *Handbook of infant mental health* (2nd ed., pp. 37–59). New York: Guilford.

Nelson, E. A. S., Schiefenhoevel, W., & Haimerl, F. (2000). Child care practices in nonindustrialized societies. *Pediatrics, 105*, e75.

Nelson, H. D., Humphrey, L. L., Nygren, P., Teutsch, S. M., & Allan, J. D. (2002). Postmenopausal hormone replacement therapy: Scientific review. *Journal of the American Medical Association, 288*, 872–881.

Nelson, K. (1973). Structure and strategy in learning to talk. *Monographs of the Society for Research in Child Development, 38*(1–2, Serial No. 149).

Nelson, K. (1993). The psychological and social origins of autobiographical memory. *Psychological Science, 1*, 1–8.

Nestle, M., & Jacobson, M. F. (2000). Halting the obesity epidemic: A public health policy approach. *Public Health Reports, 115*, 12–24.

Neugarten, B. L. (1968a). Adult personality: Toward a psychology of the life cycle. In B. Neugarten (Ed.), *Middle age and aging* (pp. 137–147). Chicago: University of Chicago Press.

Neugarten, B. L. (1968b). The awareness of middle aging. In B. L. Neugarten (Ed.), *Middle age and aging* (pp. 93–98). Chicago: University of Chicago Press.

Neugarten, B. L. (1979). Time, age, and the life cycle. *American Journal of Psychiatry, 136*, 887–894.

Neugarten, B., & Neugarten, D. (1987, May). The changing meanings of age. *Psychology Today, 21*(5), 29–33.

Neuman, S. B. (1999). Books make a difference: A study of access to literacy. *Reading Research Quarterly, 34*, 286–311.

Neuman, S. B., Copple, C., & Bredekamp, S. (2000). *Learning to read and write: Developmentally appropriate practices for young children*. Washington, DC: National Association for the Education of Young Children.

Neville, H. A., & Heppner, M. J. (2002). Prevention and treatment of violence against women: An examination of sexual assault. In C. L. Juntunen & D. R. Atkinson (Eds.), *Counseling across the lifespan: Prevention and treatment* (pp. 261–277). Thousand Oaks, CA: Sage.

Neville, H. J., & Bruer, J. T. (2001). Language processing: How experience affects brain organization. In D. B. Bailey, Jr., J. T. Bruer, F. J. Symons, & J. W. Lichtman (Eds.), *Critical thinking about critical periods* (pp. 151– 172). Baltimore: Paul H. Brookes.

Newacheck, P. W., & Halfon, N. (2000). Prevalence, impact, and trends in childhood disability due to asthma. *Archives of Pediatric and Adolescent Medicine, 154*, 287–293.

Newborg, J., Stock, J. R., & Wnek, L. (1984). *Batelle Developmental Inventory*. Allen, TX: LINC Associates.

Newcomb, A. F., Bukowski, W. M., & Pattee, L. (1993). Children's peer relations: A meta-analytic review of popular, rejected, neglected, controversial, and average sociometric status. *Psychological Bulletin, 113*, 99–128.

Newcomb, M. D., Abbott, R. D., Catalano, R. F., Hawkins, J. D., Battin-Pearson, S., & Hill, K. (2002). Mediational and deviance theories of late high school failure: Process roles of structural strains, academic competence, and general versus specific problem behavior. *Journal of Counseling Psychology, 49*, 172–186.

Newcombe, N., & Huttenlocher, J. (1992). Children's early ability to solve perspective-taking problems. *Developmental Psychology, 28*, 635–643.

Newcombe, P. A., & Boyle, G. J. (1995). High school students' sports personalities: Variations across participation level, gender, type of sport, and success. *International Journal of Sports Psychology, 26*, 277–294.

Newman, A. B., & Brach, J. S. (2001). Gender gap in longevity and disability in older persons. *Epidemiologic Reviews, 23*, 343–350.

Newman, B. S., & Muzzonigro, P. G. (1993). The effects of traditional family values on the coming out process of gay male adolescents. *Adolescence, 28*, 213–226.

Newman, C., Atkinson, J., & Braddick, O. (2001). The development of reaching and looking preferences in infants to objects of different sizes. *Developmental Psychology, 37*, 561–572.

Newnham, J. P., Evans, S. F., Michael, C. A., Stanley, F. J., & Landau, L. I. (1993). Effects of frequent ultrasound during pregnancy: A randomized control trial. *Lancet, 342*, 887–890.

Newport, E. L. (1991). Contrasting conceptions of the critical period for language. In S. Cary & R. Gelman (Eds.), *The epigenesis of mind: Essays on biology and cognition* (pp. 111–130). Hillsdale, NJ: Erlbaum.

Newsom, J. T. (1999). Another side to caregiving: Negative reactions to being helped. *Current Directions in Psychological Science, 8*, 183–187.

Newsom, J. T., & Schulz, R. (1996). Social support as a mediator in the relation between functional status and quality of life in older adults. *Psychology and Aging, 11*, 34–44.

Ni, Y. (1998). Cognitive structure, content knowledge, and classificatory reasoning. *Journal of Genetic Psychology, 159*, 280–296.

Nichols, L. S., & Junk, V. W. (1997). The sandwich generation: Dependency, proximity, and task assistance needs of parents. *Journal of Family and Economic Issues, 18*, 299–326.

Nichols, W. C., & Pace-Nichols, M. A. (2000). Childless married couples. In W. C. Nichols, M. A. Pace-Nichols, D. S. Becvar, & A. Y. Napier (Eds.), *Handbook of family development and prevention* (pp. 171–188). New York: Wiley.

Nidorf, J. F. (1985). Mental health and refugee youths: A model for diagnostic training. In T. C. Owen (Ed.), *Southeast Asian mental health: Treatment, prevention, services, training, and research* (pp. 391–427). Washington, DC: National Institute of Mental Health.

Nielsen, S. J., & Popkin, B. M. (2003). Patterns and trends in food portion sizes. *Journal of the American Medical Association, 289*, 450–453.

Nieman, D. (1994). Exercise: Immunity from respiratory infections. *Swimming Technique, 31*(2), 38–43.

NIH Consensus Development Panel on Osteoporosis Prevention, Diagnosis, and Therapy. (2001). Osteoporosis prevention, diagnosis, and therapy. *Journal of the American Medical Association, 285*, 785–795.

Nilsson, L., & Hamberger, L. (1990). *A child is born*. New York: Delacorte.

Nippold, M. A., Taylor, C. L., & Baker, J. M. (1996). Idiom understanding in Australian youth: A cross-cultural comparison. *Journal of Speech and Hearing Research, 39*, 442–447.

Nisbett, R. E. (1998). Race, genetics, and IQ. In C. Jencks & M. Phillips (Eds.), *The black–white test score gap* (pp. 86–102). Washington, DC: Brookings Institution.

Nix, R. L., Pinderhughes, E. E., Dodge, K. A., Bates, J. E., Pettit, G. S., & McFadyen-Ketchum, S. A. (1999). The relation between mothers' hostile attribution tendencies and children's externalizing behavior problems: The mediating role of mothers' harsh discipline practices. *Child Development, 70*, 896–909.

Nolen-Hoeksema, S. (2001, January). *Why women are more prone to depression than men*. Address presented at the 23rd Annual National Institute on the Teaching of Psychology, St. Petersburg Beach, Florida.

Noppe, I. C., & Noppe, L. D. (1997). Evolving meanings of death during early, middle, and later adolescence. *Death Studies, 21*, 253–275.

Noppe, L. D., & Noppe, I. C. (1991). Dialectical themes in adolescent conceptions of death. *Journal of Adolescent Research, 6*, 28–42.

LITERATUR

Noppe, L. D., & Noppe, I. C. (1996). Ambiguity in adolescent understanding of death. In C. A. Corr & D. E. Balk (Eds.), *Handbook of adolescent death and bereavement* (pp. 25–41). New York: Springer.

Nordstrom, B. L., Kinnunen, T. U., Krall, C. H., & Et, E. A. (2000). Predictors of continued smoking over 25 years of follow-up in the normative aging study. *American Journal of Public Health, 90,* 404–406.

Notkola, I. L., Sulkava, R., Pekkanen, J., Erkinjuntti, T., Ehnholm, C., Kivinen, P., Tuomilehto, J., & Nissinen, A. (1998). Serum total cholesterol, apolipoprotein E epsilon 4 allele, and Alzheimer's disease. *Neuroepidemiology, 17,* 14–20.

Nourse, C. B., & Butler, K. M. (1998). Perinatal transmission of HIV and diagnosis of HIV infection in infants: A review. *Irish Journal of Medical Science, 167,* 28–32.

Novak, M., & Thacker, C. (1991). Satisfaction and strain among middle-aged women who return to school: Replication and extension of findings in a Canadian context. *Educational Gerontology, 17,* 323–342.

Nucci, L. P. (1996). Morality and the personal sphere of action. In E. Reed, E. Turiel, & T. Brown (Eds.), *Values and knowledge* (pp. 41–60). Hillsdale, NJ: Erlbaum.

Nucci, L. P., Camino, C., & Sapiro, C. M. (1996). Social class effects on Northeastern Brazilian children's conceptions of areas of personal choice and social regulation. *Child Development, 67,* 1223–1242.

Nuckolls, K. B., Cassel, J., & Kaplan, B. H. (1972). Psychosocial assets, life crisis, and the prognosis of pregnancy. *American Journal of Epidemiology, 95,* 431–441.

Nuland, S. B. (1993). *How we die.* New York: Random House.

Nussbaum, J. F. (1994). Friendship in older adulthood. In M. L. Hummer, J. M. Wiemann, & J. F. Nussbaum (Eds.), *Interpersonal communication in older adulthood* (pp. 209–225). Thousand Oaks, CA: Sage.

Nye, B., Hedges, L. V., & Konstantopoulos, S. (2001). Are effects of small classes cumulative? Evidence from a Tennessee experiment. *Journal of Educational Research, 94,* 336–345.

Nye, W. P. (1993). Amazing grace: Religion and identity among elderly black individuals. *International Journal of Aging and Human Development, 36,* 103–114.

O'Bryant, S. L. (1988). Sibling support and older widows' well-being. *Journal of Marriage and the Family, 50,* 173–183.

O'Callaghan, M. J., Burn, Y. R., Mohay, H. A., Rogers, Y., & Tudehope, D. I. (1993). The prevalence and origins of left hand preference in high risk infants, and its implications for intellectual, motor, and behavioral performance at four and six years. *Cortex, 29,* 617–627.

O'Connor, A. R., Stephenson, T., Johnson, A., Tobin, M. J., Ratib, S., Ng, Y., & Fielder, A. R. (2002). Long-term ophthalmic outcome of low birth weight children with and without retinopathy of prematurity. *Pediatrics, 109,* 12–18.

O'Connor, C. (1997). Dispositions toward (collective) struggle and educational resilience in the inner city: A case analysis of six African-American high school students. *American Educational Research Journal, 34,* 593–629.

O'Connor, P. (1992). *Friendships between women.* New York: Guilford.

O'Grady-LeShane, R., & Williamson, J. B. (1992). Family provisions in old-age pensions. In M. E. Szinovacz, D. J. Ekerdt, & B. H. Vinick (Eds.), *Families and retirement* (pp. 64–77). Newbury Park, CA: Sage.

O'Halloran, C. M., & Altmaier, E. M. (1996). Awareness of death among children: Does a life-threatening illness alter the process of discovery? *Journal of Counseling and Development, 74,* 259–262.

O'Neill, R. M., Horton, S., & Crosby, F. J. (1999). *Mentoring dilemmas* (pp. 63–80). Mahwah, NJ: Erlbaum.

O'Neill, R., Welsh, M., Parke, R. D., Wang, S., & Strand, C. (1997). A longitudinal assessment of the academic correlates of early peer acceptance and rejection. *Journal of Clinical Child Psychology, 26,* 290–303.

O'Reilly, A. W. (1995). Using representations: Comprehension and production of actions with imagined objects. *Child Development, 66,* 999–1010.

O'Reilly, A. W., & Bornstein, M. H. (1993). Caregiver–child interaction in play. In M. H. Bornstein & A. W. O'Reilly (Eds.), *New directions for child development* (No. 59, pp. 55–66). San Francisco: Jossey-Bass.

Oakes, J., Gamoran, A., & Page, R. N. (1992). Curriculum differentiation: Opportunities, outcomes, and meanings. In P. W. Jackson (Ed.), *Handbook of research on curriculum* (pp. 570–608). New York: Macmillan.

Oakes, L. M., Coppage, D. J., & Dingel, A. (1997). By land or by sea: The role of perceptual similarity in infants' categorization of animals. *Developmental Psychology, 33,* 396–407.

Obermeyer, C. M. (2000). Menopause across cultures: A review of the evidence. *Menopause, 7,* 184–192.

Oden, M. H., & Terman, L. M. (1968). The fulfillment of promise—40-year follow-up of the Terman gifted group. *Genetic Psychology Monographs, 77,* 3–93.

Oden, S. (2000). How researchers can support community efforts for change: Illustrations from two case studies. *Applied Developmental Science, 4,* 28–37.

Ogawa, J. R., Sroufe, L. A., Weinfield, N. S., Carlson, E. A., & Egeland, B. (1997). Development and the fragmented self: Longitudinal study of dissociative symptomatology in a nonclinical sample. *Development and Psychopathology, 9,* 855–879.

Ogbu, J. U. (1997). Understanding the school performance of urban blacks: Some essential background knowledge. In H. J. Walberg, O. Reyes, & R. P. Weissberg (Ed.), *Children and youth: Interdisciplinary perspectives* (pp. 190–222). Thousand Oaks, CA: Sage.

Okagaki, L., & Frensch, P. A. (1996). Effects of video game playing on measures of spatial performance: Gender effects in late adolescence. In P. M. Greenfield & R. R. Cocking (Eds.), *Interacting with video* (pp. 115–140). Norwood, NJ: Ablex.

Okagaki, L., & Sternberg, R. J. (1993). Parental beliefs and children's school performance. *Child Development, 64,* 36–56.

Okagaki, L., Diamond, K. E., Kontos, S. J., & Hestenes, L. L. (1998). Correlates of young children's interactions with classmates with disabilities. *Early Childhood Research Quarterly, 13,* 67–86.

Oken, E., & Lightdale, J. R. (2000). Updates in pediatric nutrition. *Current Opinion in Pediatrics, 12,* 282–290.

Olafson, E., & Boat, B. W. (2000). Long-term management of the sexually abused child: Considerations and challenges. In R. M. Reece (Ed.), *Treatment of child abuse: Common ground for mental health, medical, and legal practitioners* (pp. 14–35). Baltimore: Johns Hopkins University Press.

Oliker, S. J. (1989). *Best friends and marriage: Exchange among women.* Berkeley: University of California Press.

Oller, D. K. (2000). *The emergence of the speech capacity.* Mahwah, NJ: Erlbaum.

Oller, D. K., Eilers, R. E., Neal, A. R., & Schwartz, H. K. (1999). Precursors to speech in infancy: The prediction of speech and language disorders. *Journal of Communication Disorders, 32,* 223–245.

Olsen, O. (1997). Meta-analysis of the safety of home birth. *Birth: Issues in Perinatal Care, 24,* 4–13.

Olson, R. E. (2000). Is it wise to restrict fat in the diets of children? *Journal of the American Dietetic Association, 100,* 28–32.

Olweus, D. (1995). Bullying or peer abuse at school: Facts and intervention. *Current Directions in Psychological Science, 4,* 196–200.

Ondrusek, N., Abramovitch, R., Pencharz, P., & Koren, G. (1998). Empirical examination of the ability of children to consent to clinical research. *Journal of Medical Ethics, 24,* 158–165.

Oosterwegel, A., & Oppenheimer, L. (1993). *The self-system: Developmental changes between and within self-concepts.* Hillsdale, NJ: Erlbaum.

Organization for Economic Cooperation and Development. (2000). *Education at a Glance: OECD Indicators.* Paris: Author.

Ory, M. G., Yee, J. L., Tennstedt, S. L., & Schulz, R. (2000). The extent and impact of dementia care: Unique challenges experienced by family caregivers. In R. Schulz (Ed.), *Handbook on dementia caregiving* (pp. 1–32). New York: Springer.

Osgood, N. J., Brant, B. A., & Lipman, A. (1991). *Suicide among the elderly in long-term care facilities.* New York: Greenwood Press.

Osherson, D. N., & Markman, E. M. (1975). Language and the ability to evaluate contradictions and tautologies. *Cognition, 2,* 213–226.

Osmond, C., & Barker, D. J. (2000). Fetal, infant, and childhood growth are predictors of coronary heart disease, diabetes, and hypertension in adult men and women. *Environmental Health Perspectives, 108,* 545–553.

Osteoporosis Society of Canada. (2002). About osteoporosis. Retrieved from http://www.osteoporosis.ca/english/about%20osteoporosis/default.asp?s=1

Ostir, G. V., Carlson, J. E., Black, S. A., Rudkin, L., Goodwin, J. S., & Markides, K. S. (1999). Disability in older adults 1: Prevalence, causes, and consequences. *Behavioral Medicine, 24,* 147–156.

Ostling, I., & Kelloway, E. K. (1992, June). *Predictors of life satisfaction in retirement: A mediational model.* Paper presented at the annual conference of the Canadian Psychological Association, Quebec City.

Ostrea, E. M., Jr., Ostrea, A. R., & Simpson, P. M. (1997). Mortality within the first 2 years in infants exposed to cocaine, opiate, or cannabinoid during gestation. *Pediatrics, 100,* 79–83.

Ovando, C. J., & Collier, V. P. (1998). *Bilingual and ESL classrooms: Teaching in multicultural contexts.* Boston: McGraw-Hill.

Overgaard, C., & Knudsen, A. (1999). Pain-relieving effect of sucrose in newborns during heel prick. *Biology of the Neonate, 75,* 279–284.

Owen, M. T., Easterbrooks, M. A., Chase-Lansdale, L., & Goldberg, W. A. (1984). The relation between maternal employment status and the stability of attachments to mother and father. *Child Development, 55,* 1894–1901.

Owen, N., Bauman, A., Booth, M., Oldenburg, B., & Magnus, P. (1995). Serial mass-media campaigns to promote physical activity: Reinforcing or redundant? *American Journal of Public Health, 85,* 244–248.

Owsley, C., & McGwin, G., Jr. (1999). Vision impairment and driving. *Survey of Ophthalmology, 43,* 535–550.

Owsley, C., Ball, K., McGwin, G., Jr., Sloane, M. E., Roenker, D. L., White, M. F., & Overley, E. T. (1998). Visual processing impairment and risk of motor vehicle crash among older adults. *Journal of the American Medical Association, 279,* 1083–1088.

Öztürk, C., Durmazlar, N., Ural, B., Karaagaoglu, E., Yalaz, K., & Anlar, B. (1999). Hand and eye preference in normal preschool children. *Clinical Pediatrics, 38,* 677–680.

Pacella, R., McLellan, M., Grice, K., Del Bono, E. A., Wiggs, J. L., & Gwiazda, J. E. (1999). Role of genetic factors in the etiology of juvenile-onset myopia based on a longitudinal study of refractive error. *Optometry and Vision Science, 76,* 381–386.

Padgett, D. K., Patrick, C., Bruns, B. J., & Schlesinger, H. J. (1994). Women and outpatient mental health services: Use by black, Hispanic, and white women in a national insured population. *Journal of Mental Health Administration, 2,* 347–360.

Padula, M. A., & Miller, D. L. (1999). Understanding graduate women's reentry experiences. *Psychology of Women Quarterly, 23,* 327–343.

Paffenbarger, R. S., Jr., Blair, S. N., & Lee, I. M. (2001). A history of physical activity, cardiovascular health and longevity: The scientific contributions of Jeremy N. Morris. *International Journal of Epidemiology, 30,* 1184–1192.

Paffenbarger, R. S., Jr., Hyde, R. T., Wing, A. L., Lee, I.-M., Jung, D. L., & Kampert, J. B. (1993). The association of changes in physical-activity level and other lifestyle characteristics with mortality among men. *New England Journal of Medicine, 329,* 538–545.

Pagani, L., Boulerice, B., Vitaro, F., & Tremblay, E. (1999). Effects of poverty on academic failure and delinquency in boys: A change and process model approach. *Journal of Child Psychology and Psychiatry, 40,* 1209–1219.

Pagani, L., Tremblay, R. E., Vitaro, F., Boulerice, B., & McDuff, P. (2001). Effects of grade retention on academic performance and behavioral development. *Development and Psychopathology, 13,* 297–315.

Paikoff, R. L., & Brooks-Gunn, J. (1991). Do parent–child relationships change during puberty? *Psychological Bulletin, 110,* 47–66.

Palincsar, A. S., & Herrenkohl, L. R. (1999). Designing collaborative contexts: Lessons from three research programs. In A. M. O'Donnell & A. King (Eds.), *Cognitive perspectives on peer learning. The Rutgers Invitational Symposium on Education Series* (pp. 151–177). Mahwah, NJ: Erlbaum.

Palmer, G. (1999). *Reluctant refugee.* Sydney: Kangaroo Press.

Palmore, E. (2001). The ageism survey: First findings. *Gerontologist, 41,* 572–575.

Palta, M., Sadek-Badawi, M., Evans, M., Weinstein, M. R., & McGuinness, G. (2000). Functional assessment of a multicenter very low-birth-weight cohort at age 5 years. *Archives of Pediatric and Adolescent Medicine, 154,* 23–30.

Pan, B. A., & Snow, C. E. (1999). The development of conversation and discourse skills. In M. Barrett (Ed.), *The development of language* (pp. 229–249). Hove, U.K.: Psychology Press.

Pan, H. W. (1994). Children's play in Taiwan. In J. L. Roopnarine, J. E. Johnson, & F. H. Hooper (Eds.), *Children's play in diverse cultures* (pp. 31–50). Albany, NY: SUNY Press.

Papini, D. R. (1994). Family interventions. In S. L. Archer (Ed.), *Interventions for adolescent identity development* (pp. 47–61). Thousand Oaks, CA: Sage.

Papousek, M., & Papousek, H. (1996). Infantile persistent crying, state regulation, and interaction with parents: A systems view. In M. H. Bornstein & J. L. Genevro (Eds.), *Child development and behavioral pediatrics* (pp. 11–33). Mahwah, NJ: Erlbaum.

Paquet, B. (2002). *Low-income cutoffs from 1992–2001 and low-income measures from 1991–2000.* Ottawa: Minister of Industry.

Pardhan, S., Gilchrist, J., Elliott, D. B., & Beh, G. K. (1996). A comparison of sampling efficiency and internal noise level in young and old subjects. *Vision Research, 36,* 1641–1648.

Park, D. C., Hertzog, C., Kidder, D. P., Morrell, R. W., & Mayhorn, C. B. (1997). Effect of age on event-based and time-based prospective memory. *Psychology and Aging, 12,* 314–327.

Parke, R. D., & Buriel, R. (1998). Socialization in the family: Ethnic and ecological perspectives. In N. Eisenberg (Ed.), *Handbook of child psychology: Vol. 3. Social, emotional, and personality development* (pp. 463–552). New York: Wiley.

Parker, F. L., Boak, A. Y., Griffin, K. W., Ripple, C., & Peay, L. (1999). Parent–child relationship, home learning environment, and school readiness. *School Psychology Review, 28,* 413–425.

Parker, J. G., Rubin, K. H., Price, J., & DeRosier, M. E. (1995). Peer relationships, child development, and adjustment: A developmental psychopathology perspective. In D. Cicchetti & D. Cohen (Eds.), *Developmental psychopathology: Vol. 2. Risk, disorder, and adaptation* (pp. 96–161). New York: Wiley.

Parker, R. G. (1995). Reminiscence: A continuity theory framework. *Gerontologist, 35,* 515–525.

Parkes, C. M., & Weiss, R. S. (1983). *Recovery from bereavement.* New York: Basic Books.

Parks, W. (1996). Human immunodeficiency virus. In R. D. Behrman, R. M. Kliegman, & A. M. Arvin (Eds.), *Nelson textbook of pediatrics* (15th ed., pp. 916–919). Philadelphia: Saunders.

Parmelee, P. A., & Lawton, M. P. (1990). The design of special environments for the aged. In J. E. Birren & K. W. Schaie (Eds.), *Handbook of the psychology of aging* (3rd ed., pp. 464–488). San Diego, CA: Academic Press.

Parten, M. (1932). Social participation among preschool children. *Journal of Abnormal and Social Psychology, 27,* 243–269.

Pascalis, O., de Haan, M., & Nelson, C. A. (1998). Long-term recognition memory for faces assessed by visual paired comparison in 3- and 6-month-old infants. *Journal of*

Experimental Psychology: Learning, Memory, and Cognition, 24, 249–260.
Pascarella, E. T., & Terenzini, P. T. (1991). *How college affects students.* San Francisco: Jossey-Bass.
Pascarella, E. T., Whitt, E. J., Edison, M. I., Nora, A., Hagecdorn, L. S., Yeager, P. M., & Terenzini, P. T. (1997). Women's perceptions of a "chilly climate" and their cognitive outcomes during the first year of college. *Journal of College Student Development, 38,* 109–124.
Pasquino, A. M., Albanese, A., Bozzola, M., Butler, G. E., Buzi, F., & Cherubini, V. (2001). Idiopathic short stature. *Journal of Pediatric Endocrinology and Metabolism, 14,* 967–972.
Patrick, E., & Abravanel, E. (2000). The self-regulatory nature of preschool children's private speech in a naturalistic setting. *Applied Psycholinguistics, 21,* 45–61.
Patterson, C. J. (2001). Lesbian and gay parenting. Retrieved from http://www.apa.org/pi/parent.html
Patterson, C. J. (2002). Lesbian and gay parenthood. In M. H. Bornstein (Ed.), *Handbook of parenting* (Vol. 3, pp. 317–338). Mahwah, NJ: Erlbaum.
Patterson, G. R. (1982). *Coercive family processes.* Eugene, OR: Castilia Press.
Patterson, G. R. (1995). Coercion—A basis for early age of onset for arrest. In J. McCord (Ed.), *Coercion and punishment in long-term perspective* (pp. 81–105). New York: Cambridge University Press.
Patterson, G. R. (1997). Performance models for parenting: A social interactional perspective. In J. E. Grusec & L. Kuczynski (Eds.), *Parenting and children's internalization of values* (pp. 193–226). New York: Wiley.
Patterson, G. R., Dishion, T. J., & Yoerger, K. (2000). Adolescent growth in new forms of problem behavior: Macro- and micro-peer dynamics. *Prevention Science, 1,* 3–13.
Patterson, G. R., Reid, J. B., & Dishion, T. J. (1992). *Antisocial boys.* Eugene, OR: Castalia.
Patterson, M. M., & Lynch, A. Q. (1988). Menopause: Salient issues for counselors. *Journal of Counseling and Development, 67,* 185–188.
Patton, G. C., Selzer, R., Coffey, C., Carlin, J. B., & Wolfe, R. (1999). Onset of adolescent eating disorders: Population based cohort study over 3 years. *British Medical Journal, 318,* 765–768.
Pauen, S. (2000). Early differentiation within the animate domain: Are humans something special? Journal of Experimental Child Psychology, 75, 134-151.
Pavlik, V. N., Hyman, D. J., Festa, N. A., & Dyer, C. B. (2001). Quantifying the problem of abuse and neglect in adults—analysis of a statwide database. *Journal of the American Geriatrics Society, 49,* 45–48.
Pawelec, G., Wagner, W., Adibzadeh, M., & Engel, A. (1999). T cell immunosenescence in vitro and in vivo. *Experimental Gerontology, 34,* 419–429.
Peake, T. H., Oelschlager, J. R., & Kearns, D. F. (2000). Elder abuse: Families, systems, causes, and interventions. In F. W. Kaslow (Ed.), *Handbook of couple and family forensics* (pp. 400–425). New York: Wiley.
Pearce, D., Cantisani, G., & Laihonen, A. (1999). Changes in fertility and family sizes in Europe. *Population Trends, 95,* 33–40.
Pearson, J. D., Morell, C. H., Gordon-Salant, S., Brant, L. J., Metter, E. J., Klein, L. L., & Fozard, J. L. (1995). Gender differences in a longitudinal study of age-associated hearing loss. *Journal of the Acoustical Society of America, 97,* 1196–1205.
Pearson, J. L., & Brown, G. K. (2000). Suicide prevention in late life: Directions for science and practice. *Clinical Psychology Review, 20,* 685–705.
Pebody, R. G., Edmunds, W. J., Conyn-van Spaendonck, M., Olin, P., Berbers, G., & Rebiere, I. (2000). The seroepidemiology of rubella in western Europe. *Epidemiology and Infections, 125,* 347–357.
Peck, R. C. (1968). Psychological developments in the second half of life. In B. L. Neugarten (Ed.), *Middle age and aging* (pp. 88–92). Chicago: University of Chicago Press.

Pedersen, J. B. (1998). Sexuality and aging. In I. H. Nordhus, G. R. VandenBos, S. Berg, & P. Fromholt (Eds.), *Clinical Geropsychology* (pp. 141–145). Washington, DC: American Psychological Association.
Pedersen, W. C., Miller, L. C., Putcha-Bhagavatula, A. D., & Yang, Y. (2002). Evolved sex differences in the number of partners desired? The long and the short of it. *Psychological Science, 13,* 157–161.
Pederson, D. R., & Moran, G. (1995). A categorical description of infant–mother relationships in the home and its relation to Q-sort measures of infant– mother interaction. In E. Waters, B. E.Vaughn, G. Posada, & K. Kondo-Ikemura (Eds.), Caregiving, cultural, and cognitive perspectives on secure-base behavior and working models: New growing points of attachment theory and research. *Monographs of the Society for Research in Child Development, 60*(2–3, Serial No. 244).
Pederson, D. R., & Moran, G. (1996). Expressions of the attachment relationship outside of the Strange Situation. *Child Development, 67,* 915–927.
Pederson, D. R., Gleason, K. E., Moran, G., & Bento, S. (1998). Maternal attachment representations, maternal sensitivity, and the infant–mother attachment relationship. *Developmental Psychology, 34,* 925–933.
Pedlow, R., Sanson, A., Prior, M., & Oberklaid, F. (1993). Stability of maternally reported temperament from infancy to 8 years. *Developmental Psychology, 29,* 998–1007.
Peiser-Feinberg, E. S. (1999*). The children of the Cost, Quality, and Outcomes Study go to school.* Chapel Hill, NC: University of North Carolina.
Pelham, W. E., Jr., & Hoza, B. (1996). Intensive treatment: A summer treatment program for children with ADHD. In E. D. Hibbs & P. S. Jensen (Eds.), *Psychosocial treatments for child and adolescent disorders: Empirically based strategies for clinical practice* (pp. 311–340). Washington, DC: American Psychological Association.
Pelham, W. E., Jr., Wheeler, T., & Chronis, A. (1998). Empirically supported psychosocial treatments for attention deficit hyperactivity disorder. *Clinical Child Psychology, 27,* 190–205.
Pellegrini, A. D. (2002). Bullying, victimization, and sexual harassment during the transition to middle school. *Educational Psychologist, 37,* 151–163.
Pellegrini, A. D., & Smith, P. K. (1998). Physical activity play: The nature and function of a neglected aspect of play. *Child Development, 69,* 557–598.
Penninx, B. W., Deeg, D. J., van Eijk, J. T., Beekman, A. T., & Guralnik, J. M. (2000). Changes in depression and physical decline in older adults: A longitudinal perspective. *Journal of Affective Disorders, 61,* 1–12.
Peplau, L. A. (1991). Lesbian and gay relationships. In J. C. Gonsiorek & J. D. Weinrich (Eds.), *Homosexuality* (pp. 177–196). Newbury Park, CA: Sage.
Pepler, D. J., & Craig, W. (2000). Making a difference in bullying. Retrieved from http://www.yorku.ca/lamarsh/Making%20a%20Difference%20in%20Bullying.pdf
Pepler, D. J., Craig, W. M., Connolly, J., & Henderson, K. (2002). Bullying, sexual harassment, dating violence, and substance use among adolescents. In C. Wekerle & A. Wall (Eds.), *The violence and addiction equation* (pp. 153–168). New York: Brunner-Routledge.
Peres, J. R. (2002). *Means to a better end: A report on dying in America today.* Princeton, NJ: Robert Wood Johnson Foundation.
Perfetti, C. A. (1988). Verbal efficiency in reading ability. In M. Daneman, G. E. MacKinnon, & T. G. Waller (Eds.), *Reading research: Advances in theory and practice* (Vol. 6, pp. 109–143). San Diego, CA: Academic Press.
Perie, M., Sherman, J. D., Phillips, G., & Riggan, M. (2000). Elementary and secondary education: An international perspective. *Education Statistics Quarterly.* Retrieved from http://nces.ed.gov/pubs2000/quarterly/summer/5int/q51.html

Perkins, H. W. (1991). Religious commitment, yuppie values, and well-being in post-collegiate life. *Review of Religious Research, 32,* 244–251.

Perkins, K. (1993). Working-class women and retirement. *Journal of Gerontological Social Work, 20,* 129–146.

Perleth, C., & Heller, K. A. (1994). The Munich Longitudinal Study of Giftedness. In R. F. Subotnik & K. D. Arnold (Eds.), *Beyond Terman: Contemporary studies of giftedness and talent* (pp. 77–114). Norwood, NJ: Ablex.

Perlmutter, M. (1984). Continuities and discontinuities in early human memory: Paradigms, processes, and performances. In R. V. Kail, Jr., & N. R. Spear (Eds.), *Comparative perspectives on the development of memory* (pp. 253–287). Hillsdale, NJ: Erlbaum.

Perlmutter, M., Kaplan, M., & Nyquist, L. (1990). Development of adaptive competence in adulthood. *Human Development, 33,* 185–197.

Perls, T. T. (1995, January). The oldest old. *Scientific American, 272*(1), 70–75.

Perls, T., Levenson, R., Regan, M., & Puca, A. (2002). What does it take to live to 100? *Mechanisms of Ageing and Development, 123,* 231–242.

Perls, T., Terry, D. F., Silver, M., Shea, M., Bowen, J., & Joyce, E. (2000). Centenarians and the genetics of longevity. *Results and Problems in Cell Differentiation, 29,* 1–20.

Perry, D. G., Perry, L. C., & Weiss, R. J. (1989). Sex differences in the consequences that children anticipate for aggression. *Developmental Psychology, 25,* 312–319.

Perry, D. G., Williard, J. C., & Perry, L. C. (1990). Peers' perceptions of the consequences that victimized children provide aggressors. *Child Development, 61,* 1310–1325.

Perry, W. G., Jr. (1970). *Forms of intellectual and ethical development in the college years.* New York: Holt, Rinehart & Winston.

Perry, W. G., Jr. (1981). Cognitive and ethical growth. In A. Chickering (Ed.), *The modern American college* (pp. 76–116). San Francisco: Jossey-Bass.

Perry-Jenkins, M., Repetti, R. L., & Crouter, A. C. (2000). Work and family in the 1990s. *Journal of Marriage and the Family, 62,* 981–998.

Persad, C. C., Abeles, N., Zacks, R. T., & Denburg, N. L. (2002). Inhibitory changes after age 60 and their relationship to measures of attention and memory. *Journal of Gerontology, 57B,* P223–P232.

Persson, I., Weiderpass, E., Bergkvist, L., Bergstrom, R., & Schairer, C. (1999). Risks of breast and endometrial cancer after estrogen and progestin replacement therapy. *Cancer Causes and Control, 10,* 253–260.

Pery, F. (1995, November–December). Careers: Retirement planning essentials. *Healthcare Executive, 10*(6), 42–43.

Peshkin, A. (1978). *Growing up American: Schooling and the survival of the community.* Chicago: University of Chicago Press.

Peshkin, A. (1997). *Places of memory: Whiteman's schools and native American communities.* Mahwah, NJ: Erlbaum.

Petermann, F. & Wiedebusch, S. (2003). Emotionale Kompetenz bei Kindern. Göttingen: Hogrefe.

Petersen, N., & Gonzales, R. C. (1999). *Career counseling models for diverse populations.* Belmont, CA: Wadsworth.

Peterson, B. E. (2002). Longitudinal analysis of midlife generativity, intergenerational roles, and caregiving. *Psychology and Aging, 17,* 161–168.

Peterson, B. E., & Klohnen, E. C. (1995). Realization of generativity in two samples of women at midlife. *Psychology and Aging, 10,* 20–29.

Peterson, B. E., Smirles, K. A., & Wentworth, P. A. (1997). Generativity and authoritarianism: Implications for personality, political involvement, and parenting. *Journal of Personality and Social Psychology, 72,* 1202–1216.

Peterson, C. C. (1996). The ticking of the social clock: Adults' beliefs about the timing of transition events. *International Journal of Aging and Human Development, 42,* 189–203.

Peterson, C., & Rideout, R. (1998). Memory for medical emergencies experienced by 1- and 2-year-olds. *Developmental Psychology, 34,* 1059–1072.

Peterson, L. (1989). Latchkey children's preparation for self-care: Overestimated, underrehearsed, and unsafe. *Journal of Clinical Child Psychology, 18,* 36–43.

Peterson, L., & Brown, D. (1994). Integrating child injury and abuse–neglect research: Common histories, etiologies, and solutions. *Psychological Bulletin, 116,* 293–315.

Petinou, K. C., Schwartz, R. G., Gravel, J. S., & Raphael, L. J. (2001). A preliminary account of phonological and morphological perception in young children with and without otitis media. *International Journal of Language and Communication Disorders, 36,* 21–42.

Petitto, L. A., & Marentette, P. F. (1991). Babbling in the manual mode: Evidence for the ontogeny of language. *Science, 251,* 1493–1496.

Petitto, L. A., Holowka, S., Sergio, L. E., & Ostry, D. (2001, September 6). Language rhythms in babies' hand movements. *Nature, 413,* 35–36.

Pettit, G. S., Bates, J. E., & Dodge, K. A. (1998). Supportive parenting, ecological context, and children's adjustment: A seven-year longitudinal study. *Child Development, 68,* 908–923.

Pettit, G. S., Bates, J. E., Dodge, K. A., & Meece, D. W. (1999). The impact of after-school peer contact on early adolescent externalizing problems is moderated by parental monitoring, perceived neighborhood safety, and prior adjustment. *Child Development, 70,* 768–778.

Pfizer. (2002). *New facts about dementia in older adults.* Groton, CT: Author.

Phelps, K. E., & Woolley, J. D. (1994). The form and function of young children's magical beliefs. *Developmental Psychology, 30,* 385–394.

Phillips, D. A., & Zimmerman, M. (1990). The developmental course of perceived competence and incompetence among competent children. In R. Sternberg & J. Kolligian (Eds.), *Competence considered* (pp. 41–66). New Haven, CT: Yale University Press.

Phillips, D. A., Voran, M., Kisker, E., Howes, C., & Whitebook, M. (1994). Child care for children in poverty: Opportunity or inequity? *Child Development, 65,* 472–492.

Phillips, M. (1997). What makes schools effective? A comparison of the relationships of communitarian climate and academic climate to mathematics achievement and attendance during middle school. *American Educational Research Journal, 34,* 633–662.

Phillips, O. P., & Elias, S. (1993). Prenatal genetic counseling issues in women of advanced reproductive age. *Journal of Women's Health, 2,* 1–5.

Phillips, S. D., & Imhoff, A. R. (1997). Women and career development: A decade of research. *Annual Review of Psychology, 48,* 31–59.

Phillipsen, L. C. (1999). Associations between age, gender, and group acceptance and three components of friendship quality. *Journal of Early Adolescence, 19,* 438–464.

Phinney, J. S. (1989). Stages of ethnic identity development in minority group adolescents. *Journal of Early Adolescence, 9,* 34–49.

Phinney, J. S. (1993). Multiple group identities: Differentiation, conflict, and integration. In J. Kroger (Ed.), *Discussions on ego identity* (pp. 47–73). Hillsdale, NJ: Erlbaum.

Phinney, J. S., & Chavira, V. (1995). Parental ethnic socialization and adolescent outcomes in ethnic minority families. *Journal of Research on Adolescence, 5,* 31–53.

Phinney, J. S., & Kohatsu, E. L. (1997). Ethnic and racial identity development and mental health. In J. Schulenberg, J. L. Maggs, & K. Hurrelmann (Eds.), *Health risks and developmental transitions during adolescence* (pp. 420–443). Cambridge, U.K.: Cambridge University Press.

Phinney, J. S., Ong, A., & Madden, T. (2000). Cultural values and intergenerational value discrepancies in immigrant and nonimmigrant families. *Child Development, 71,* 528–539.

Phinney, J., & Ong, A. (2001). *Family obligations and life satisfaction among adolescents from immigrant and nonimmigrant families: Direct and moderated effects.* Unpublished manuscript, California State University, Los Angeles.

Piaget, J. (1926). *The language and thought of the child.* New York: Harcourt, Brace & World. (Original work published 1923)

Piaget, J. (1930). The child's conception of the world. New York: Harcourt, Brace, & World. (Original work published 1926)

Piaget, J. (1950). *The psychology of intelligence.* New York: International Universities Press.

Piaget, J. (1951). *Play, dreams, and imitation in childhood.* New York: Norton. (Original work published 1945)

Piaget, J. (1952). *The origins of intelligence in children.* New York: International Universities Press. (Original work published 1936)

Piaget, J. (1965). *The moral judgment of the child.* New York: Free Press. (Original work published 1932)

Piaget, J. (1967). *Six psychological studies.* New York: Vintage.

Piaget, J. (1971). *Biology and knowledge.* Chicago: University of Chicago Press.

Piaget, J. (1985). *The equilibration of cognitive structures: The central problem of intellectual development.* Chicago: University of Chicago Press.

Pianta, R., Egeland, B., & Erickson, M. F. (1989). The antecedents of maltreatment: Results of the Mother–Child Interaction Research Project. In D. Cicchetti & V. Carlson (Eds.), *Child maltreatment* (pp. 203–253). New York: Cambridge University Press.

Piatt, B. (1993). *Only English? Law and language policy in the United States.* Albuquerque: University of New Mexico Press.

Pickens, J., Field, T., & Nawrocki, T. (2001). Frontal EEG asymmetry in response to emotional vignettes in preschool age children. *International Journal of Behavioral Development, 25,* 105–112.

Pickering, L. K., Granoff, D. M., Erickson, J. R., Mason, M. L., & Cordle, C. T. (1998). Modulation of the immune system by human milk and infant formula containing nucleotides. *Pediatrics, 101,* 242–249.

Pierce, K. M., Hamm, J. V., & Vandell, D. L. (1999). Experiences in after-school programs and children's adjustment in first-grade classrooms. *Child Development, 70,* 756–767.

Pierce, S. H., & Lange, G. (2000). Relationships among metamemory, motivation and memory performance in young school-age children. *British Journal of Developmental Psychology, 18,* 121–135.

Pierce, W. D., & Epling, W. F. (1995). *Behavior analysis and learning.* Englewood Cliffs, NJ: Prentice-Hall.

Pietz, J., Dunckelmann, R., Rupp, A., Rating, D., Meinck, H. M., Schmidt, H., & Bremer, H. J. (1998). Neurological outcome in adult patients with early-treated phenylketonuria. *European Journal of Pediatrics, 157,* 824–830.

Pilkington, C. L., & Piersel, W. C. (1991). School phobia: A critical analysis of the separation anxiety theory and an alternative conceptualization. *Psychology in the Schools, 28,* 290–303.

Pillemer, K. A., & Finkelhor, D. (1988). The prevalence of elder abuse: A random sample survey. *Gerontologist, 28,* 51–57.

Pillow, B. H. (1995). Two trends in the development of conceptual perspective taking. An elaboration of the passive–active hypothesis. *International Journal of Behavioral Development, 18,* 649–676.

Pilz, G. A. (2000; 2001). „Bewegte Schule" – Ein Beitrag zur Gewaltprävention der Schule. Magazin Schule. Bildung in baden Württemberg. Herbst/Winter, Heft 3, 54-55.

Pinderhughes, E. E., Dodge, K. A., Bates, J. E., Pettit, G. S., & Zelli, A. (2000). Discipline responses: Influences of parents' socioeconomic status, ethnicity, beliefs about parenting, stress, and cognitive-emotional processes. *Journal of Family Psychology, 14,* 380–400.

Pines, A. M. (1998). A prospective study of personality and gender differences in romantic attraction. *Personality and Individual Differences, 25,* 147–157.

Pinker, S., Lebeaux, D. S., & Frost, L. A. (1987). Productivity and constraints in the acquisition of the passive. *Cognition, 26,* 195–267.

Pinquart, M., & Sörensen, S. (2001). Gender differences in self-concept and psychological well-being in old age: A meta-analysis. *Journal of Gerontology, 56B,* P195–P213.

Pinson-Milburn, N. M., Fabian, E. S., Schlossberg, N. K., & Pyle, M. (1996). Grandparents raising grandchildren. *Journal of Counseling and Development, 74,* 548–554.

Pipes, P. L. (1996). *Nutrition in infancy and childhood* (6th ed.). St. Louis: Mosby.

Pipp, S., Easterbrooks, M. A., & Brown, S. R. (1993). Attachment status and complexity of infants' self- and other-knowledge when tested with mother and father. *Social Development, 2,* 1–14.

Pipp, S., Easterbrooks, M. A., & Harmon, R. J. (1992). The relation between attachment and knowledge of self and mother in one-year-old infants to three-year-old infants. *Child Development, 63,* 738–750.

Pivarnik, J. M. (1998). Potential effects of maternal physical activity on birth weight: Brief review. *Medicine and Science in Sports and Exercise, 30,* 407–414.

Plassman, B. L., & Breitner, C. S. (1996). Recent advances in the genetics of Alzheimer's disease and vascular dementia with an emphasis on gene–environment interactions. *Journal of the American Genetics Society, 44,* 1242–1250.

Plassman, B. L., Havlik, R. J., Steffens, D. C., Helms, M. J., Newman, T. N., & Drosdick, D. (2000). Documented head injury in early adulthood and risk of Alzheimer's disease and other dementias. *Neurology, 55,* 1158–1166.

Plessinger, M. A., & Woods, J. R., Jr. (1998). Cocaine in pregnancy: Recent data on maternal and fetal risks. *Substance Abuse in Pregnancy, 25,* 99–118.

Plomin, R. (1994a). The Emanuel Miller Memorial Lecture 1993: Genetic research and identification of environmental influences. *Journal of Child Psychology and Psychiatry, 35,* 817–834.

Plomin, R. (1994b). *Genetics and experience: The interplay between nature and nurture.* Thousand Oaks, CA: Sage.

Plomin, R. (1994c). Nature, nurture, and social development. *Social Development, 3,* 37–53.

Plomin, R., Reiss, D., Hetherington, E. M., & Howe, G. W. (1994). Nature and nurture: Genetic contributions to measures of the family environment. *Developmental Psychology, 30,* 32–43.

Plucker, J. A., Callahan, C. M., & Tomchin, E. M. (1996). Wherefore art thou, multiple intelligences? Alternative assessments for identifying talent in ethnically diverse and low income students. *Gifted Child Quarterly, 40,* 81–92.

Plude, D. J., & Doussard-Roosevelt, J. A. (1989). Aging, selective attention, and feature integration. *Psychology and Aging, 4,* 98–105.

Plude, D. J., & Hoyer, W. J. (1985). Attention and performance: Identifying and localizing age deficits. In N. Charness (Ed.), *Aging and human performance* (pp. 47–99). Chichester, England: Wiley.

Plumert, J. M., Pick, H. L., Jr., Marks, R. A., Kintsch, A. S., & Wegesin, D. (1994). Locating objects and communicating about locations: Organizational differences in children's searching and direction-giving. *Developmental Psychology, 30,* 443–453.

Podrouzek, W., & Furrow, D. (1988). Preschoolers' use of eye contact while speaking: The influence of sex, age, and conversational partner. *Journal of Psycholinguistic Research, 17,* 89–93.

Poehlman, E. T., Turturro, A., Bodkin, N., Cefalu, W., Heymsfield, S., Holloszy, J., & Kemnitz, J. (2001). Caloric restriction mimetics: Physical activity and body composition changes. *Journals of Gerontology, 56A,* 45–54.

Pohl, J. M., Given, C. W., Collins, C. E., & Given, B. A. (1994). Social vulnerability and reactions to caregiving in daughters and daughters-in-law caring for disabled aging parents. *Health Care for Women International, 15,* 385–395.

Pohl, R. (2001). *Homelessness in Canada: Part 1—An introduction.* Ottawa: Innercity Ministries.

Pohl, R. (2002). *Poverty in Canada.* Ottawa: Innercity Ministries.

Polansky, N. A., Gaudin, J. M., Ammons, P. W., & Davis, K. B. (1985). The psychological ecology of the neglectful mother. *Child Abuse and Neglect, 9,* 265–275.

Polka, L., & Werker, J. F. (1994). Developmental changes in perception of non-native vowel contrasts. *Journal of Experimental Psychology: Human Perception and Performance, 20,* 421–435.

Pollitt, E. (1996). A reconceptualization of the effects of undernutrition on children's biological, psychosocial, and behavioral development. *Social Policy Report of the Society for Research in Child Development, 10*(5).

Pollock, G. H. (1987). The mourning–liberation process in health and disease. *Psychiatric Clinics of North America, 10,* 345–354.

Pollock, L. (1987). *A lasting relationship: Parents and children over three centuries.* Hanover, NH: University Press of New England.

Pollock, M. L., Mengelkoch, L. J., & Graves, J. E. (1997). Twenty-year follow-up of aerobic power and body composition of older track athletes. *Journal of Applied Physiology, 82,* 1508–1516.

Polloway, E. A., Patton, J. R., Smith, T. E. C., & Buck, G. H. (1997). Mental retardation and learning disabilities: Conceptual and applied issues. *Journal of Learning Disabilities, 30,* 297–308.

Pomerantz, E. M., & Eaton, M. M. (2000). Developmental differences in children's conceptions of parental control: "They love me, but they make me feel incompetent." *Merrill-Palmer Quarterly, 46,* 140–167.

Pomerantz, E. M., & Ruble, D. N. (1998). The multidimensional nature of control: Implications for the development of sex differences in self-evaluation. In J. Heckhausen & C. S. Dweck (Eds.), *Motivation and self-regulation across the lifespan* (pp. 159–184). New York: Cambridge University Press.

Pomerantz, E. M., & Saxon, J. L. (2001). Conceptions of ability as stable and self-evaluative processes: A longitudinal examination. *Child Development, 72,* 152–173.

Popkin, B. M. (1994). The nutrition transition in low-income countries: An emerging crisis. *Nutrition Review, 52,* 285–298.

Popkin, B. M., & Doak, C. M. (1998). The obesity epidemic is a worldwide phenomenon. *Nutrition Reviews, 56,* 106–114.

Popkin, B. M., Richards, M. K., & Montiero, C. A. (1996). Stunting is associated with overweight in children of four nations that are undergoing the nutrition transition. *Journal of Nutrition, 126,* 3009–3016.

Porter, R. H., & Winberg, J. (1999). Unique salience of maternal breast odors for newborn infants. *Neuroscience and Biobehavioral Reviews, 23,* 439–449.

Porter, R. H., Makin, J. W., Davis, L. B., & Christensen, K. M. (1992). An assessment of the salient olfactory environment of formula-fed infants. *Physiology and Behavior, 50,* 907–911.

Portman, P. A. (1995). Who is having fun in physical education classes? Experiences of sixth-grade students in elementary and middle schools. *Journal of Teaching in Physical Education, 14,* 445–453.

Posada, G., Jacobs, A., Richmond, M. K., Carbonell, O. A., Alzate, G., Bustamante, M. R., & Quiceno, J. (2002). Maternal caregiving and infant security in two cultures. *Developmental Psychology, 38,* 67–78.

Posner, J. K., & Vandell, D. L. (1994). Low-income children's after-school care: Are there beneficial effects of after-school programs? *Child Development, 58,* 568–595.

Posner, J. K., & Vandell, D. L. (1999). After-school activities and the development of low-income urban children: A longitudinal study. *Developmental Psychology, 35,* 868–879.

Poulin-Dubois, D., & Héroux, G. (1994). Movement and children's attributions of life properties. *International Journal of Behavioral Development, 17,* 329–347.

Poulin-Dubois, D., Serbin, L. A., Kenyon, B., & Derbyshire, A. (1994). Infants' intermodal knowledge about gender. *Developmental Psychology, 30,* 436–442.

Powell, B., & Steelman, L. C. (1993). The educational benefits of being spaced out: Sibship density and educational progress. *American Sociological Review, 58,* 367–381.

Powell, D. R. (1986, March). Parent education and support programs. *Young Children, 41*(3), 47–53.

Powers, S. I., Hauser, S. T., & Kilner, L. A. (1989). Adolescent mental health. *American Psychologist, 44,* 200–208.

Powls, A., Botting, N., Cooke, R. W. I., & Marlow, N. (1996). Handedness in very-low-birthweight (VLBW) children at 12 years of age: Relation to perinatal and outcome variables. *Developmental Medicine and Child Neurology, 38,* 594–602.

Prado, L. M., & Markman, H. J. (1998). Unearthing the seeds of marital distress: What we have learned from married and remarried couples. In M. J. Cox & J. Brooks-Gunn (Eds.), *Conflict and cohesion in families* (pp. 51–85). Mahwah, NJ: Erlbaum.

Prager, K. J., & Bailey, J. M. (1985). Androgyny, ego development, and psychological crisis resolution. *Sex Roles, 13,* 525–535.

Pratt, M. W., Arnold, M. L., Pratt, A. T., & Diessner, R. (1999). Predicting adolescent moral reasoning from family climate: A longitudinal study. *Journal of Early Adolescence, 19,* 148–175.

Prechtl, H. F. R., & Beintema, D. (1965). *The neurological examination of the full-term newborn infant.* London: Heinemann Medical Books.

Preisler, G. M. (1991). Early patterns of interaction between blind infants and their sighted mothers. *Child: Care, Health and Development, 17,* 65–90.

Preisler, G. M. (1993). A descriptive study of blind children in nurseries with sighted children. *Child: Care, Health and Development, 19,* 295–315.

Pressley, M. (1995). More about the development of self-regulation: Complex, long-term, and thoroughly social. *Educational Psychologist, 30,* 207–212.

Pressley, M., Wharton-McDonald, R., Allington, R., Block, C. C., Morrow, L., Tracey, D., Baker, K., Brooks, G., Cronin, J., Nelson, E., & Woo, D. (2001). A study of effective first-grade literacy instruction. *Scientific Studies of Reading, 5,* 35–58.

Previc, F. H. (1991). A general theory concerning the prenatal origins of cerebral lateralization. *Psychological Review, 98,* 299–334.

Price, J. L., & Morris, J. C. (1999). Tangles and plaques in nondemented aging and "preclinical" Alzheimer's disease. *Annals of Neurology, 45,* 358–368.

Princeton Religion Research Center. (1994). *Religion in America.* Princeton, NJ: Gallup Poll.

Prinz, P. N., Vitiello, M. V., Raskind, M. A., & Thorpy, M. J. (1990). Geriatrics: Sleep disorders and aging. *New England Journal of Medicine, 323,* 520–526.

Privacy Commissioner of Canada. (2002). Genetic testing must not trade away privacy. Retrieved from http://www.privcom.gc.ca.

Prochaska, J. O., DiClemente, C. C., & Norcross, J. C. (1992). In search of how people change: Applications to addictive behaviors. *American Psychologist, 47,* 1102–1114.

Provins, K. A. (1997). Handedness and speech: A critical reappraisal of the role of genetic and environmental factors in the cerebral lateralization of function. *Psychological Review, 104,* 554–571.

Pruchno, R., & McKenney, D. (2000). The effects of custodial and coresident households on the mental health of grandmothers. *Journal of Mental Health and Aging, 6,* 291–310.

Prysak, M., Lorenz, R. P., & Kisly, A. (1995). Pregnancy outcome in nulliparous women 35 years and older. *Obstetrics and Gynecology, 85,* 65–70.

Pungello, E. P., & Kurtz-Costes, B. (1999). Why and how working women choose child care: A review with a focus on infancy. *Developmental Review, 19,* 31–96.

Purcell, D. W., & Hicks, D. W. (1996). Lesbian sexuality. In R. P. Cabaj & T. S. Stein (Eds.), *Textbook of homosexuality and mental health* (pp. 763–782). Washington, DC: American Psychiatric Press.

Purcell-Gates, V. (1996). Stories, coupons, and the TV Guide: Relationships between home literacy experiences and emergent literacy knowledge. *Reading Research Quarterly, 31,* 406–428.

Putnam, S. P., Samson, A. V., & Rothbart, M. K. (2000). Child temperament and parenting. In V. J. Molfese & D. L. Molfese (Eds.), *Temperament and personality across the life span* (pp. 255– 277). Mahwah, NJ: Erlbaum.

Pyeritz, R. E. (1998). Sex: What we make of it. *Journal of the American Medical Association, 279,* 269.

Pyka, G., Lindenberger, E., Charette, S., & Marcus, R. (1994). Muscle strength and fiber adaptations to a year-long resistance training program in elderly men and women. *Journal of Gerontology, 49,* M22–M27.

Pynoos, J., & Golant, S. (1996). Housing and living arrangements for the elderly. In R. H. Binstock & L. K. George (Eds.), *Handbook of aging and the social sciences* (pp. 303–324). San Diego: Academic Press.

Qiu, C., Bäckman, L., Winblad, B., Agüero-Torres, H., & Fratiglioni, L. (2001). The influence of education on clinically diagnosed dementia incidence and mortality data from the Kungsholmen Project. *Archives of Neurology, 58,* 2034–2039.

Quadagno, J., & Hardy, M. (1996). Work and retirement. In R. H. Binstock & L. K. George (Eds.), *Handbook of aging and the social sciences* (pp. 325–345). San Diego: Academic Press.

Quick, H. E., & Moen, P. (1998). Gender, employment, and retirement quality: A life course approach to the differential experiences of men and women. *Journal of Occupational Health Psychology, 3,* 44–64.

Quill, T. E. (1991). Death and dignity: A case of individualized decision making. *New England Journal of Medicine, 324,* 691–694.

Quinn, J. F. (1999). Retirement patterns and bridge jobs in the 1990s. *EBRI Issue Brief, 206,* 1–22.

Quinn, J. F., & Kozy, M. (1996). The role of bridge jobs in the retirement transition: Gender, race, and ethnicity. *Gerontologist, 36,* 363–372.

Quinn, L. (2001). Type 2 diabetes. *Nursing Clinics of North America, 36,* 175–192.

Quinn, M. E., Johnson, M. A., Poon, L. W., & Martin, P. (1999). Psychosocial correlates of subjective health in sexagenarians, octogenarians, and centenarians. *Issues in Mental Health Nursing, 20,* 151–171.

Quinn, P. C., Johnson, M. H., Mareschal, D., Rakison, D. H., & Younger, B. A. (2000). Understanding early categorization: One process or two? *Infancy, 1,* 111–122.

Quinn, T. M., & Adzick, N. S. (1997). Fetal surgery. *Obstetrics and Gynecology Clinics of North America, 24,* 143–157.

Quint, J. C., Box, J. M., & Polit, D. F. (1997). *New Chance: Final report on a comprehensive program for disadvantaged young mothers and their children.* New York: Manpower Demonstration Research Corporation.

Quintero, R. A., Puder, K. S., & Cotton, D. B. (1993). Embryoscopy and fetoscopy. *Obstetrics and Gynecology Clinics of North America, 20,* 563–581.

Quist, J. F., & Kennedy, J. L. (2001). Genetics of childhood disorders: XXIII. ADHD, part 7: The serotonin system. *Journal of the American Academy of Child and Adolescent Psychiatry, 40,* 253–256.

Quyen, G. T., Bird, H. R., Davies, M., Hoven, C., Cohen, P., Jensen, P. S., & Goodman, S. (1998). Adverse life events and resilience. *Journal of the American Academy of Child and Adolescent Psychiatry, 37,* 1191–1200.

Radin, N. (1994). Primary caregiving fathers in intact families. In A. E. Gottfried & A. W. Gottfried (Eds.), *Redefining families: Implications for children's development* (pp. 11–54). New York: Plenum.

Radziszewska, B., & Rogoff, B. (1988). Influence of adult and peer collaboration on the development of children's planning skills. *Developmental Psychology, 24,* 840–848.

Rafferty, Y. (1995). The legal rights and educational problems of homeless children and youth. *Educational Evaluation and Policy Analysis, 17,* 39–61.

Ragow-O'Brien, D., Hayslip, B., Jr., & Guarnaccia, C. A. (2000). The impact of hospice on attitudes toward funerals and subsequent bereavement adjustment. *Omega, 41,* 291–305.

Rahn, W. M., & Transue, J. E. (1998). Social trust and value change: The decline of social capital in American youth, 1976–1995. *Political Psychology, 19,* 545–565.

Räihä, N. C. R., & Axelsson, I. E. (1995). Protein nutrition in infancy. *Pediatric Clinics of North America, 42,* 745–763.

Räikkönen, K., Matthews, K. A., Flory, J. D., Owens, J. F., & Gump, B. B. (1999). Effects of optimism, pessimism, and trait anxiety on ambulatory blood pressure and mood during everyday life. *Journal of Personality and Social Psychology, 76,* 104–113.

Raisler, J. (1999). Breast-feeding and infant illness: A dose-response relationship? *American Journal of Public Health, 89,* 25–30.

Rakison, D. H., & Butterworth, G. E. (1998). Infants' use of object parts in early categorization. *Developmental Psychology, 34,* 49–62.

Raley, R. K. (1996). A shortage of marriageable men? A note on the role of cohabitation in black– white differences in marriage rates. *American Sociological Review, 61,* 973–983.

Ramey, C. T., & Ramey, S. L. (1998). Early intervention and early experience. *American Psychologist, 53,* 109–120.

Ramey, C. T., Campbell, F. A., & Ramey, S. L. (1999). Early intervention: Successful pathways to improving intellectual development. *Developmental Neuropsychology, 16,* 385–392.

Ramey, S. L. (1999). Head Start and preschool education: Toward continued improvement. *American Psychologist, 54,* 344–346.

Ramey, S. L., & Ramey, C. T. (1999). Early experience and early intervention for children "at risk" for developmental delay and mental retardation. *Mental Retardation and Developmental Disabilities, 5,* 1–10.

Ramirez, J. D., Yuen, S. D., Ramey, D. R., & Pasta, D. (1991). *Longitudinal study of structured English immersion strategy, early exit and late-exit transitional bilingual education programs for language minority: Final report* (Vols. 1 & 2). San Mateo, CA: Aguirre International.

Ramos, E., Frontera, W. R., Llorpart, A., & Feliciano, D. (1998). Muscle strength and hormonal levels in adolescents: Gender related differences. *International Journal of Sports Medicine, 19,* 526–531.

Ramsøy, N. R. (1994). Non-marital cohabitation and change in norms: The case of Norway. *Acta Sociologica, 37,* 23–37.

Rando, T. A. (1991a). *How to go on living when someone you love dies.* New York: Bantam.

Rando, T. A. (1991b). Parental adjustment to the loss of a child. In D. Papadatou & C. Papadatos (Eds.), *Children and death* (pp. 233–253). New York: Hemisphere.

Rando, T. A. (1995). Grief and mourning: Accommodating to loss. In H. Wass & R. A. Neimeyer (Eds.), *Dying: Facing the facts* (3rd ed., pp. 211–241). Washington, DC: Taylor & Francis.

Rank, M. R. (2000). Socialization of socioeconomic status. In W. C. Nichols & M. A. Pace-Nichols (Eds.), *Handbook of family development and intervention* (pp. 129–142). New York: Wiley.

Ransford, H. E., & Palisi, B. J. (1996). Aerobic exercise, subjective health and psychological well-being within age and gender subgroups. *Social Science and Medicine, 42,* 1555–1559.

Raphael, B., Middleton, W., Martinek, N., & Misso, V. (1993). Counseling and therapy of the bereaved. In M. S. Stroebe, W. Stroebe, & R. O. Hansson (Eds.), *Handbook of bereavement* (pp. 427–453). New York: Cambridge University Press.

Rapp, S. R., Espeland, M. A., Shumaker, S. A., Henderson, V. W., Brunner, R. L., & Manson, J. E. (2003). Effect of estrogen plus progestin on global cognitive function in postmenopausal women: The Women's Health Initiative Memory Study: A randomized controlled trial. *Journal of the American Medical Association, 289,* 2663–2672.

Rappaport, L. (1993). The treatment of nocturnal enuresis— Where are we now? *Pediatrics, 92,* 465–466.

Rapport, M. D., & Chung, K.-M. (2000). Attention deficit hyperactivity disorder. In M. Hersen & R. T. Ammerman (Eds.),

Advanced abnormal child psychology (2nd ed., pp. 413–440). Mahwah, NJ: Erlbaum.

Rasmussen, C. H., & Johnson, M. E. (1994). Spirituality and religiosity: Relative relationships to death anxiety. *Omega, 29,* 313–318.

Rast, M., & Meltzoff, A. N. (1995). Memory and representation in young children with Down syndrome: Exploring deferred imitation and object permanence. *Development and Psychopathology, 7,* 393–407.

Ratner, E., Norlander, L., & McSteen, K. (2001). Death at home following a targeted advance-care planning process at home: The kitchen table discussion. *Journal of the American Geriatrics Society, 49,* 778–781.

Ratner, N., & Bruner, J. S. (1978). Social exchange and the acquisition of language. *Journal of Child Language, 5,* 391–402.

Raugust, K. (1999, October). Can you tell me how to get to Sesamestrasse? *Animation World Magazine,* Issue 4.7. Retrieved from http://www.awn.com/ mag/issue4.07/4.07pages/raugustctw.php3

Raup, J. L., & Myers, J. E. (1989). The empty nest syndrome: Myth or reality? *Journal of Counseling and Human Development, 68,* 180–183.

Ravussin, E., Valencia, M. E., Esparza, J., Bennett, P. H., & Schulz, L. O. (1994). Effects of a traditional lifestyle on obesity in Pima Indians. *Diabetes Care, 17,* 1067–1074.

Rayner, K., & Pollatsek, A. (1989). *The psychology of reading.* Englewood Cliffs, NJ: Prentice-Hall.

Rayner, K., Foorman, B. R., Perfetti, C. A., Pesetsky, D., & Seidenberg, M. S. (2001). How psychological science informs the teaching of reading. *Psychological Science in the Public Interest, 2,* 31–74.

Raynor, D. A., Pogue-Geile, M. F., Kamarck, T. W., McCaffery, J. M., & Manuck, S. B. (2002). Covariation of psychosocial characteristics associated with cardiovascular disease: Genetic and environmental influences. *Psychosomatic Medicine, 64,* 191–203.

Read, C. R. (1991). Achievement and career choices: Comparisons of males and females. *Roeper Review, 13,* 188–193.

Reay, A. M., & Browne, K. D. (2001). Risk factor characteristics in carers who physically abuse or neglect their elderly dependents. *Aging and Mental Health, 5,* 56–62.

Rebbeck, T. R. (2002). Inherited predisposition and breast cancer: Modifiers of BRCA1/2-associated breast cancer risk. *Environmental and Molecular Mutagenesis, 39,* 228–234.

Receputo, G., Di Stefano, S., Fornaro, D., Malaguarnera, M., & Motta, L. (1994). Comparison of tactile sensitivity in a group of elderly and young adults and children using a new instrument called a "Tangoceptometer." *Archives of Gerontology and Geriatrics, 18,* 207–214.

Reday-Mulvey, G. (2000). Gradual retirement in Europe. *Journal of Aging and Social Policy, 11,* 49–60.

Reddin, J. (1997). High-achieving women: Career development patterns. In H. S. Farmer (Ed.), *Diversity and women's career development* (pp. 95–126). Thousand Oaks, CA: Sage.

Redding, N. P., & Dowling, W. D. (1992). Rites of passage among women reentering higher education. *Adult Education Quarterly, 42,* 221–236.

Redl, F. (1966). *When we deal with children.* New York: The Free Press.

Rees, M. (1993). Menarche when and why? *Lancet, 342,* 1375–1376.

Reese, E., Haden, C. A., & Fivush, R. (1993). Mother–child conversations about the past: Relationships of style and memory over time. *Cognitive Development, 8,* 403–430.

Reese, E., Haden, C. A., & Fivush, R. (1996). Mothers, fathers, daughters, sons: Gender differences in autobiographical reminiscing. *Research on Language and Social Interaction, 29,* 27–56.

Reeves, J. B., & Darville, R. L. (1994). Social contact patterns and satisfaction with retirement of women in dual-career/earner families. *International Journal of Aging and Human Development, 39,* 163–175.

Regan, P. C., Medina, R., Joshi, A. (2001). Partner preferences among homosexual men and women: What is desirable in a sex partner is not necessarily desirable in a romantic partner. *Social Behavior and Personality, 29,* 625–634.

Reid, H. M., & Fine, A. (1992). Self-disclosure in men's friendships: Variations associated with intimate relations. In P. M. Nardi (Ed.), *Men's friendships* (pp. 153– 171). Newbury Park, CA: Sage.

Reid, I. R. (1996). Therapy of osteoporosis—calcium, vitamin D and exercise. *American Journal of the Medical Sciences, 312,* 278–286.

Reifler, B. V. (1994). Depression: Diagnosis and comorbidity. In L. S. Schneider, C. F. Reynolds, III, B. D. Lebowitz, & A. J. Friedhoff (Eds.), *Diagnosis and treatment of depression in late life* (pp. 55–59). Washington, DC: American Psychiatric Press.

Reiger, D. A., Boyd, J. H., Burke, J. D., Rae, D. S., Myers, J. K., Dramer, M., Robins, L. N., George, L. K., Karno, M., & Locke, B. Z. (1988). One-month prevalence of mental disorders in the United States. *Archives of General Psychiatry, 45,* 977–986.

Reilly, J. S., Bates, E. A., & Marchman, V. A. (1998). Narrative discourse in children with early focal brain injury. *Brain and Language, 61,* 335–375.

Reiman, E. M., Caselli, R. J., Yun, L. S., Chen, K., Bandy, D., Minoshima, S., Thibodeau, S. N., & Osborne, D. (1996). Preclinical evidence of Alzheimer's disease in persons homozygous for the epsilon 4 allele for apolipoprotein E. *New England Journal of Medicine, 334,* 752–758.

Reinke, B. J., Holmes, D. S., & Harris, R. L. (1985). The timing of psychosocial changes in women's lives: The years 25 to 45. *Journal of Personality and Social Psychology, 48,* 1353-1364.

Reis, M., & Nahmiash, D. (1995). When seniors are abused: An intervention model. *Gerontologist, 35,* 666–671.

Reisel, B. (1991). Darstellung der Ergebnisse der Fragebogenerhebungen. In Bundesministerium für Umwelt. Jugend und Familie (Hrsg.), Gewalt in der Familie. Teil 2: Gewalt gegen Kinder (S. 288-380). Wien: ohne Verlag.

Reiser, J., Yonas, A., & Wikner, K. (1976). Radial localization of odors by human neonates. *Child Development, 47,* 856–859.

Reisman, J. E. (1987). Touch, motion, and proprioception. In P. Salapatek & L. Cohen (Eds.), Handbook of infant perception: Vol. 1. *From sensation to perception* (pp. 265–303). Orlando, FL: Academic Press.

Reitzel-Jaffe, D., & Wolfe, D. A. (2001). Predictors of relationship abuse among young men. *Journal of Interpersonal Violence, 16,* 99–115.

Renninger, K. A. (1998). Developmental psychology and instruction: Issues from and for practice. In I. Sigel & K. A. Renninger (Eds.), *Handbook of child psychology: Vol. 4. Child psychology and practice* (pp. 211–274). New York: Wiley.

Repacholi, B. M. (1998). Infants' use of attentional cues to identify the referent of another person's emotional expression. *Developmental Psychology, 33,* 12–21.

Repacholi, B. M., & Gopnik, A. (1997). Early reasoning about desires: Evidence from 14- and 18-month-olds. *Developmental Psychology, 33,* 12–21.

Resnick, H. S., & Newton, T. (1992). Assessment and treatment of post-traumatic stress disorder in adult survivors of sexual assault. In D. Fox (Ed.), *Treating PTSD: Procedures for combat veterans, battered women, adult and child sexual assaults* (pp. 99–126). New York: Guilford.

Resnick, M. B., Gueorguieva, R. V., Carter, R. L., Ariet, M., Sun, Y., Roth, J., Bucciarelli, R. L., Curran, J. S., & Mahan, C. S. (1999). The impact of low birth weight, perinatal conditions, and sociodemographic factors on educational outcome in kindergarten. *Pediatrics, 104,* e74.

Rest, J. R. (1979). *Development in judging moral issues.* Minneapolis: University of Minnesota Press.

Rest, J. R., & Narvaez, D. (1991). The college experience and moral development. In W. M. Kurtines & J. L. Gewirtz (Eds.), *Handbook of moral behavior and development* (Vol. 2, pp. 229–245). Hillsdale, NJ: Erlbaum.

Reynolds, A. J., & Temple, J. A. (1998). Extended early childhood intervention and school achievement: Age thirteen findings from the Chicago Longitudinal Study. *Child Development, 69,* 231–246.

Reynolds, C. R., & Kaiser, S. M. (1990). Test bias in psychological assessment. In T. B. Gutkin & C. R. Reynolds (Eds.), *The handbook of school psychology* (pp. 487–525). New York: Wiley.

Reznick, J. S., & Goldfield, B. A. (1992). Rapid change in lexical development in comprehension and production. *Developmental Psychology, 28,* 406–413.

Rhea, D. J. (1999). Eating disorder behaviors of ethnically diverse urban female adolescent athletes and non-athletes. *Journal of Adolescence, 22,* 379–388.

Rhein, J. von (1997, January 19). Ardis Krainik, Lyric Opera's life force, dies. *Chicago Tribune,* pp. 1, 16.

Ricard, M., & Kamberk-Kilicci, M. (1995). Children's empathic responses to emotional complexity. *International Journal of Behavioral Development, 18,* 211–225.

Ricciardelli, L. A. (1992). Bilingualism and cognitive development: Relation to threshold theory. *Journal of Psycholinguistic Research, 21,* 301–316.

Riccio, C. A., Hynd, G. W., Cohen, M. J., & Gonzalez, J. J. (1993). Neurological basis of attention deficit hyperactivity disorder. *Exceptional Children, 60,* 118–124.

Rice, F. P. (1999). *The adolescent: Development, relationships, and culture* (8th ed.). Boston: Allyn and Bacon.

Rice, J. K. (1994). Reconsidering research on divorce, family life cycle, and the meaning of family. *Psychology of Women Quarterly, 18,* 559–584.

Richard, L. S., Wakefield, J. A., & Lewak, R. (1990). Similarity of personality variables as predictors of marital satisfaction: A Minnesota Multiphasic Personality Inventory (MMPI) item analysis. *Personality and Individual Differences, 11,* 39–43.

Richards, J. E., & Holley, F. B. (1999). Infant attention and the development of smooth pursuit tracking. *Developmental Psychology, 35,* 856–867.

Richards, M. H., & Duckett, E. (1994). The relationship of maternal employment to early adolescent daily experience with and without parents. *Child Development, 65,* 225–236.

Richards-Colocino, N., McKenzie, P., & Newton, R. R. (1996). Project Success: Comprehensive intervention services for middle school high-risk youth. *Journal of Adolescent Research, 11,* 130–163.

Richardson, G. A. (1998). Prenatal cocaine exposure: A longitudinal study of development. In J. A. Harvey & B. E. Kosofsky (Eds.), *Annals of the New York Academy of Sciences* (Vol. 846, pp. 144–152). New York: New York Academy of Sciences.

Richardson, G. A., Hamel, S. C., Goldschmidt, L., & Day, N. L. (1996). The effects of prenatal cocaine use on neonatal neurobehavioral status. *Neurotoxicology and Teratology, 18,* 519–528.

Richardson, S. A., Koller, H., & Katz, M. (1986). Factors leading to differences in the school performance of boys and girls. *Developmental and Behavioral Pediatrics, 7,* 49–55.

Rich-Edwards, J. W., Colditz, G. A., Stampfer, M. J., Willett, W. C., Gillman, M. W., Hennekens, C. H., Speizer, F. E., & Manson, J. E. (1999). Birthweight and the risk for type 2 diabetes mellitus in adult women. *Annals of Internal Medicine, 130,* 278–284.

Rich-Edwards, J. W., Stampfer, M. J., Manson, J. E., Rosner, B., Hankinson, S. E., Colditz, G. A., Willett, W. C., & Hennekens, C. H. (1997). Birth weight and risk of cardiovascular disease in a cohort of women followed up since 1976. *British Medical Journal, 315,* 396–400.

Richgels, D. J., McGee, L. M, & Slaton, E. A. (1989). Teaching expository text structure in reading and writing. In K. D. Muth (Ed.), *Children's comprehension of text* (pp. 167–184). Newark, DE: International Reading Association.

Richie, B. S., Fassinger, R. E., Linn, S. G., Johnson, J., Prosser, J., & Robinson, S. (1997). Persistence, connection, and passion: A qualitative study of the career development of highly achieving African American–black and white women. *Journal of Counseling Psychology, 44,* 133–148.

Rickel, A. U., & Becker, E. (1997). *Keeping children from harm's way.* Washington, DC: American Psychological Association.

Riedel, B. W., & Lichstein, K. L. (2000). Insomnia in older adults. In S. K. Whitbourne (Ed.), *Psychopathology in later adulthood* (pp. 299–322). New York: Wiley.

Riggio, H. R. (2000). Measuring attitudes toward adult sibling relationships: The lifespan sibling relationship scale. *Journal of Social and Personal Relationships, 17,* 707–728.

Rigler, S. K. (1999). Preventing falls in older adults. *Hospital Practice, 34,* 117–120.

Rimé, B., Finkenauer, C., Luminet, O., Zech, E., & Philippot, P. (1998). Social sharing of emotion: New evidence and new questions. In W. Stroebe & M. Hewstone (Eds.), *European review of social psychology* (Vol. 9). Chichester, U.K.: Wiley.

Rimm, E. B. (1996). Alcohol consumption and coronary heart disease: Good habits may be more important than just good wine. *American Journal of Epidemiology, 143,* 1094–1098.

Riordan, J., Gross, A., Angeron, J., Drumwiede, B., & Melin, J. (2000). The effect of labor pain relief medication on neonatal suckling and breastfeeding duration. *Journal of Human Lactation, 16,* 7–12.

Ritchey, L. H., Ritchey, P. N., & Dietz, B. E. (2001). Clarifying the measurement of activity. *Activities, Adaptation, and Aging, 26,* 1–21.

Ritchie, K. (1998). Mental health of the oldest old: The relevance of centenarian studies to psychogeriatric research. *International Psychogeriatrics, 10,* 7–9.

Rittman, M., Kuzmeskus, L. B., & Flum, M. A. (2000). A synthesis of current knowledge on minority elder abuse. In T. Tatara (Ed.), *Understanding elder abuse in minority populations* (pp. 221–238). Philadelphia: Brunner/Mazel.

Rivara, F. P. (1995). Developmental and behavioral issues in childhood injury prevention. *Developmental and Behavioral Pediatrics, 16,* 362–370.

Rivera, S. M., Wakeley, A., & Langer, J. (1999). The drawbridge phenomenon: Representational reasoning or perceptual preference? *Developmental Psychology, 35,* 427–435.

Roazzi, A., & Bryant, P. (1997). Explicitness and conservation: Social class differences. *International Journal of Behavioral Development, 21,* 51–70.

Robb, A. S., & Dadson, M. J. (2002). Eating disorders in males. *Child and Adolescent Psychiatric Clinics of North America, 11,* 399–418.

Robert-Koch-Institut (2004). Schwerpunktbericht der Gesundheitsberichterstattung des Bundes: Gesundheit von Kindern und Jugendlichen. Berlin: Robert-Koch-Institut.

Roberto, K. A., & Kimboko, P. J. (1989). Friendships in later life: Definitions and maintenance patterns. *International Journal of Aging and Human Development, 28,* 9–19.

Roberton, M. A. (1984). Changing motor patterns during childhood. In J. R. Thomas (Ed.), *Motor development during childhood and adolescence* (pp. 48–90). Minneapolis: Burgess.

Roberts, B. W., & DelVecchio, W. E. (2000). The rank-order consistency of personality traits from childhood to old age: A quantitative review of longitudinal studies. *Psychological Bulletin, 126,* 3–25.

Roberts, I., & DiGuiseppi, C. (1999). Injury prevention. *Archives of Disease in Childhood, 81,* 200–201.

Roberts, J. E., Burchinal, M. R., & Campbell, F. (1994). Otitis media in early childhood and patterns of intellectual development and later academic performance. *Journal of Pediatric Psychology, 19,* 347–367.

Roberts, J. E., Burchinal, M. R., & Durham, M. (1999). Parents' report of vocabulary and grammatical development of American preschoolers: Child and environment associations. *Child Development, 70,* 92–106.

Roberts, J. E., Burchinal, M. R., Jackson, S. C., Hooper, S. R., Roush, J., Mundy, M., Neebe, E. C., & Zeisel, S. A. (2000). Otitis media in childhood in relation to preschool language and school readiness skills among black children. *Pediatrics, 106,* 725–735.

Roberts, J. E., Burchinal, M. R., Zeisel, S. A., Neebe, E. C., Hooper, S. R., Roush, J., Bryant, D., Mundy, M., & Henderson, F. W. (1998). Otitis media, the caregiving environment, and language and cognitive outcomes at 2 years. *Pediatrics, 102,* 346–354.

Roberts, M. C., Alexander, K., & Knapp, L. G. (1990). Motivating children to use safety belts: A program combining rewards and "flash for life." *Journal of Community Psychology, 18,* 110–119.

Roberts, P., & Newton, P. M. (1987). Levinsonian studies of women's adult development. *Psychology and Aging, 2,* 154–163.

Roberts, P., & Vidal, L. A. (1999–2000). Perpetual care in cyberspace: A portrait of memorials on the Web. *Omega, 40,* 521–545.

Roberts, R. E., Kaplan, G. A., Shema, S. J., & Strawbridge, W. J. (1997). Prevalence and correlates of depression in an aging cohort: The Alameda County Study. *Journal of Gerontology, 52B,* S252–S258.

Roberts, R. E., Shema, S. J., & Kaplan, G. A. (1999). Prospective data on sleep complaints and associated risk factors in an older cohort. *Psychosomatic Medicine, 61,* 188–196.

Roberts, R. J., Jr., & Aman, C. J. (1993). Developmental differences in giving directions: Spatial frames of reference and mental rotation. *Child Development, 64,* 1258–1270.

Roberts, S. B., Pi-Sunyer, X., Kuller, L., Lane, M., Ellison, P., Prior, J. C., & Shapses, S. (2001). Physiologic effects of lowering caloric intake in nonhuman primates and nonobese humans. *Journals of Gerontology, 56A,* 66–75.

Roberts, W., & Strayer, J. (1996). Empathy, emotional expressiveness, and prosocial behavior. *Child Development, 67,* 449–470.

Robertson, D. L. (1991). Gender differences in the academic progress of adult undergraduates: Patterns and policy implications. *Journal of College Student Development, 32,* 490–496.

Robin, D. J., Berthier, N. E., & Clifton, R. K. (1996). Infants' predictive reaching for moving objects in the dark. *Developmental Psychology, 32,* 824–835.

Robinson, E. J., & Mitchell, P. (1994). Young children's false-belief reasoning: Interpretation of messages is not easier than the classic task. *Developmental Psychology, 30,* 67–72.

Robinson, J., & Godbey, G. (1997). *Time for life.* College Park: Pennsylvania State University.

Robinson, T. N. (1999). Reducing children's television viewing to prevent obesity. *Journal of the American Medical Association, 282,* 1561–1567.

Robinson, T. N., Killen, J. D., Litt, I. F., Hammer, L. D., Wilson, D. M., Haydel, K. F., Hayward, C., & Taylor, C. B. (1996). Ethnicity and body dissatisfaction: Are Hispanic and Asian girls at increased risk for eating disorders? *Journal of Adolescent Health, 19,* 384–393.

Robison, J. I., Hoerr, S. L., Strandmark, J., & Mavis, B. (1993). Obesity, weight loss, and health. *Journal of the American Dietetic Association, 93,* 445–449.

Rochat, P. (1998). Self-perception and action in infancy. *Experimental Brain Research, 123,* 102–109.

Rochat, P. (2001). *The infant's world.* Cambridge, MA: Harvard University Press.

Rochat, P., & Goubet, N. (1995). Development of sitting and reaching in 5- to 6-month-old infants. *Infant Behavior and Development, 18,* 53–68.

Rochat, P., Querido, J. G., & Striano, T. (1999). Emerging sensitivity to the timing and structure of proto-conversation. *Developmental Psychology, 35,* 950–957.

Roche, A. F. (1979). Secular trends in stature, weight, and maturation. In A. F. Roche (Ed.), Secular trends in human growth, maturation, and development. *Monographs of the Society for Research in Child Development, 44*(3–4, Serial No. 179).

Rockwell, R. C., Elder, G. H., & Ross, D. J. (1979). Psychological patterns in marital timing and divorce. *Social Psychology Quarterly, 42,* 399–404.

Rockwood, K., Stolee, P., & Dowell, I. (1996). Factors associated with institutionalization of older people in Canada: Testing a multifactorial definition of frailty. *Journal of the American Geriatrics Society, 44,* 578–582.

Rodkin, P. C., Farmer, T. W., Pearl, R., & Van Acker, R. (2000). Heterogeneity of popular boys: Antisocial and prosocial configurations. *Developmental Psychology, 36,* 14–24.

Roebers, C. M., & Schneider, W. (2001). Individual differences in children's eyewitness recall: The influence of intelligence and shyness. *Applied Developmental Science, 5,* 9–20.

Roebuck, T. M., Mattson, S. N., & Riley, E. P. (1999). Prenatal exposure to alcohol: Effects on brain structure and neuropsychological functioning. In J. H. Hannigan & L. P. Spear (Eds.), *Alcohol and alcoholism: Effects on brain and development* (pp. 1–16). Mahwah, NJ: Erlbaum.

Roeser, R. W., Eccles, J. S., & Freedman-Doan, C. (1999). Academic functioning and mental health in adolescence: Patterns, progressions, and routes from childhood. *Journal of Adolescent Research, 14,* 135–174.

Roeser, R. W., Eccles, J. S., & Sameroff, A. J. (2000). School as a context of early adolescents' academic and social-emotional development: A summary of research findings. *Elementary School Journal, 100,* 443–471.

Roffwarg, H. P., Muzio, J. N., & Dement, W. C. (1966). Ontogenetic development of the human sleep–dream cycle. *Science, 152,* 604–619.

Roger, V. L., Farkouh, M. E., Weston, S. A., Reeder, G. S., Jacobsen, S. J., Zinsmeister, A. R., Yawn, B. P., Kopeky, S. L., & Gabriel, S. E. (2000). Sex differences in evaluation and outcome of unstable angina. *Journal of the American Medical Association, 283,* 646–652.

Rogers, C., & Shiff, M. (1996). Early versus late prenatal care in New Mexico: Barriers and motivators. *Birth, 23,* 26–30.

Rogers, L., Resnick, M. D., Mitchell, J. E., & Blum, R. W. (1997). The relationship between socioeconomic status and eating disordered behaviors in a community sample of adolescent girls. *International Journal of Eating Disorders, 22,* 15–23.

Rogers, S. J., & White, L. K. (1998). Satisfaction with parenting: The role of marital happiness, family structure, and parents' gender. *Journal of Marriage and the Family, 60,* 293–308.

Roggman, L. A., Langlois, J. H., Hubbs-Tait, L., & Rieser-Danner, L. A. (1994). Infant day-care, attachment, and the "file drawer problem." *Child Development, 65,* 1429–1443.

Rogoff, B. (1986). The development of strategic use of context in spatial memory. In M. Perlmutter (Ed.), *Perspectives on intellectual development* (pp. 107–123). Hillsdale, NJ: Erlbaum.

Rogoff, B. (1996). Developmental transitions in children's participation in sociocultural activities. In A. J. Sameroff & M. M. Haith (Eds.), *The five to seven year shift: The age of reason and responsibility* (pp. 273–294). Chicago: University of Chicago Press.

Rogoff, B. (1998). Cognition as a collaborative process. In D. Kuhn & R. S. Siegler (Eds.), *Handbook of child psychology: Vol. 2. Cognition, perception, and language* (5th ed., pp. 679–744). New York: Wiley.

Rogoff, B., & Chavajay, P. (1995). What's become of research on the cultural basis of cognitive development? *American Psychologist, 50,* 859–877.

Rogoff, B., Malkin, C., & Gilbride, K. (1984). Interaction with babies as guidance in development. In B. Rogoff & J. V. Wertsch (Eds.), *New directions for child development* (No. 23, pp. 31–44). San Francisco: Jossey-Bass.

Rogoff, B., Mosier, C., Mistry, J., & Göncü, A. (1993). Toddlers' guided participation with their caregivers in cultural activity. In E. A. Forman, N. Minick, & C. A. Stone (Eds.), *Contexts for learning* (pp. 230–253). New York: Oxford University Press.

Rogosch, F., Cicchetti, D., Shields, A., & Toth, S. L. (1995). Parenting dysfunction in child maltreatment. In M. H. Bornstein (Ed.), *Handbook of parenting* (Vol. 4, pp. 127–159). Hillsdale, NJ: Erlbaum.

Rogow, S. (1988). *Helping the visually impaired child with developmental problems: Effective practice in home, school, and community.* New York: Teachers College Press.

Rohlen, T. P. (1997). Differences that make a difference: Explaining Japan's success. In W. K. Cumings & P. G. Altbach (Eds.), *The challenge of Eastern Asian education: Implications for America* (pp. 223–248). Albany, NY: SUNY Press.

Roisman, G. I., Madsen, S. D., Hennighausen, K. H., Sroufe, L. A., & Collins, W. A. (2001). The coherence of dyadic behavior across parent–child and romantic relationships as mediated by the internalized representation of experience. *Attachment and Human Development, 3,* 156–172.

Roisman, G. I., Padron, E., Sroufe, L. A., & Egeland, B. (2002). Earned-secure attachment status in retrospect and prospect. *Child Development, 73,* 1204–1219.

Rokach, A. (2001a). Perceived causes of loneliness in adulthood. *Journal of Social Behavior and Personality, 15,* 67–84.

Rokach, A. (2001b). Strategies of coping with loneliness throughout the lifespan. *Current Psychology: Developmental, Learning, Personality, Social, 20,* 3–18.

Rokach, A., & Sharma, M. (1996). The loneliness experience in a cultural context. *Journal of Social Behavior and Personality, 11,* 827–839.

Rolls, B. J., & Bell, E. A. (2000). Dietary approaches to the treatment of obesity. *Medical Clinics of North America, 84,* 401–418.

Rolls, B. J., Engell, D., & Birch, L. (2000). Serving portion size influences 5-year-old but not 3-year-old children's food intakes. *Journal of the American Dietetic Association, 100,* 232–234.

Romans, S. M., Roeltgen, D. P., Kushner, H., & Ross, J. L. (1997). Executive function in girls with Turner's syndrome. *Developmental Neuropsychology, 13,* 23–40.

Rome-Flanders, T., & Cronk, C. (1995). A longitudinal study of infant vocalizations during mother–infant games. *Journal of Child Language, 22,* 259–274.

Rook, K. S., Catalano, R., & Dooley, D. (1989). The timing of major life events: Effects of departing from the social clock. *American Journal of Community Psychology, 17,* 233–258.

Roopnarine, J. L., Hossain, Z., Gill, P., & Brophy, H. (1994). Play in the East Indian context. In J. L. Roopnarine, J. E. Johnson, & F. H. Hooper (Eds.), *Children's play in diverse cultures* (pp. 9–30). Albany: State University of New York Press.

Roopnarine, J. L., Lasker, J., Sacks, M., & Stores, M. (1998). The cultural contexts of children's play. In O. N. Saracho & B. Spodek (Eds.), *Multiple perspectives on play in early childhood education* (pp. 194–219). Albany: State University of New York Press.

Roopnarine, J. L., Talukder, E., Jain, D., Joshi, P., & Srivastav, P. (1990). Characteristics of holding, patterns of play, and social behaviors between parents and infants in New Delhi, India. *Developmental Psychology, 26,* 667–673.

Roscoe, B., Diana, M. S., & Brooks, R. H. (1987). Early, middle, and late adolescents' views on dating and factors influencing partner selection. *Adolescence, 22,* 59–68.

Rose, A. J., & Asher, S. R. (1999). Children's goals and strategies in response to conflicts within a friendship. *Developmental Psychology, 35,* 69–79.

Rose, R. J. (1995) Genes and human behavior. *Annual Review of Psychology, 46,* 625–654.

Rose, S. A., & Feldman, J. F. (1997). Memory and speed: Their role in the relation of infant information processing to later IQ. *Child Development, 68,* 610–620.

Rose, S. A., Jankowski, J. J., & Senior, G. J. (1997). Infants' recognition of contour-deleted figures. *Journal of Experimental Psychology: Human Perception and Performance, 23,* 1206–1216.

Rosen, A. B., & Rozin, P. (1993). Now you see it, now you don't: The preschool child's conception of invisible particles in the context of dissolving. *Developmental Psychology, 29,* 300–311.

Rosen, W. D., Adamson, L. B., & Bakeman, R. (1992). An experimental investigation of infant social referencing: Mothers' messages and gender differences. *Developmental Psychology, 28,* 1172–1178.

Rosenberg, S. (1988). Self and others: Studies in social personality and autobiography. In L. Berkowitz (Ed.), *Advances in experimental social psychology* (Vol. 21, pp. 56–96). New York: Academic Press.

Rosenberg, S. D., Rosenberg, H. J., & Farrell, M. P. (1999). The midlife crisis revisited. In S. L. Willis & J. D. Reid (Eds.), *Life in the middle* (pp. 47–73). San Diego: Academic Press.

Rosenblatt, P. C. (1993). Cross-cultural variation in the experience, expression, and understanding of grief. In D. P. Irish, K. F. Lundquist, & V. J. Nelsen (Eds.), *Ethnic variations in dying, death, and grief* (pp. 13–19). Washington, DC: Taylor & Francis.

Rosengren, K. S., & Hickling, A. K. (2000). The development of children's thinking about possible events and plausible mechanisms. In K. S. Rosengren, C. N. Johnson, & P. L. Harris (Eds.), *Imagining the impossible* (pp. 75–98). Cambridge, U.K.: Cambridge University Press.

Rosenman, R. H., Brand, R. J., Jenkins, C. D., Friedman, M., Strauss, R., & Wurm, M. (1975). Coronary heart disease in the Western Collaborative Group Study: Final follow-up experience of 8 1/2 years. *Journal of the American Medical Association, 223,* 872–877.

Rosenshine, B., & Meister, C. (1994). Reciprocal teaching: A review of nineteen experimental studies. *Review of Educational Research, 64,* 479–530.

Rosenthal, C. J., & Gladstone, J. (2000). *Grandparenthood in Canada.* Ottawa: Vanier Institute of the Family.

Rosenthal, J. A. (1992). *Special-needs adoption: A study of intact families.* New York: Praeger.

Roskos, K., & Neuman, S. B. (1998). Play as an opportunity for literacy. In O. N. Saracho & B. Spodek (Eds.), *Multiple perspectives on play in early childhood education* (pp. 100–115). Albany: State University of New York Press.

Ross, C. E., & Drentea, P. (1998). Consequences of retirement activities for distress and the sense of personal control. *Journal of Health and Social Behavior, 39,* 317–334.

Ross, J., Zinn, A., & McCauley, E. (2000). Neurodevelopmental and psychosocial aspects of Turner syndrome. *Mental Retardation and Developmental Disabilities Research Review, 6,* 135–141.

Ross, N. A., Wolfson, M. C., Dunn, J. R., Berthelot, J., Kaplan, G. A., & Lynch, J. W. (2000). Relation between income inequality and mortality in Canada and in the United States: Cross-sectional assessment using census data and vital statistics. *British Medical Journal, 320,* 898–902.

Rossi, A. S. (1980). Life-span theories and women's lives. *Signs: Journal of Women in Culture and Society, 6,* 4–32.

Rossi, A. S., & Rossi, P. H. (1990). *Of human bonding: Parent–child relations across the life course.* New York: Aldine de Gruyter.

Roth, G. S., Ingram, D. K., & Lane, M. A. (2001). Caloric restriction in primates and relevance to humans. *Annals of the New York Academy of Sciences, 928,* 305–315.

Roth, G. S., Ingram, D. K., Black, A., & Lane, M. A. (2000). Effects of reduced energy intake on the biology of aging: The primate model. *European Journal of Clinical Nutrition, 54*(Suppl. 3), S15–S20.

Roth, J., Brooks-Gunn, J., Murray, L., & Foster, W. (1998). Promoting healthy adolescents: Synthesis of youth development program evaluations. *Journal of Research on Adolescence, 8,* 423–459.

Rothbart, M. K. (1981). Measurement of temperament in infancy. *Child Development, 52,* 569–578.

Rothbart, M. K. (1989). Temperament and development. In G. A. Kohnstamm, J. A. Bates, & M. K. Rothbart (Eds.), *Temperament in childhood* (pp. 59–73). New York: Wiley.

Rothbart, M. K., & Bates, J. E. (1998). Temperament. In N. Eisenberg (Ed.), *Handbook of child psychology: Vol. 3. Social, emotional, and personality development* (5th ed., pp. 105–176). New York: Wiley.

Rothbart, M. K., & Mauro, J. A. (1990). Questionnaire approaches to the study of infant temperament. In J. W. Fagen & J. Colombo (Eds.), *Individual differences in infancy: Reliability, stability and prediction* (pp. 411–429). Hillsdale, NJ: Erlbaum.

Rothbart, M. K., Ahadi, S. A., & Evans, D. E. (2000). Temperament and personality: Origins and outcome. *Journal of Personality and Social Psychology, 78,* 122–135.

Rothbart, M. K., Derryberry, D., & Posner, M. I. (1994). A psychobiological approach to the development of temperament. In J. E. Bates & T. D. Wachs (Eds.), *Temperament: Individual differences at the interface of biology and behavior* (pp. 83–116). Washington, DC: American Psychological Association.

Rothbaum, F., Pott, M., Azuma, H., Miyake, K., & Weisz, J. (2000a). The development of close relationships in Japan and the United States: Paths of symbiotic harmony and generative tension. *Child Development, 71*, 1121–1142.

Rothbaum, F., Weisz, J., Pott, M., Miyake, K., & Morelli, G. (2000b). Attachment and culture: Security in the United States and Japan. *American Psychologist, 55*, 1093–1104.

Roughan, P. A., Kaiser, F. E., & Morley, J. E. (1993). Sexuality and the older woman. *Clinics in Geriatric Medicine, 9*, 87–106.

Rousseau, J. J. (1955). *Emile*. New York: Dutton. (Original work published 1762)

Rovee-Collier, C. (1996). Shifting the focus from what to why. *Infant Behavior and Development, 19*, 385–400.

Rovee-Collier, C. (2001). Information pickup by infants: What is it, and how can we tell? *Journal of Experimental Child Psychology, 78*, 35–49.

Rovee-Collier, C. K. (1987). Learning and memory. In J. D. Osofsky (Ed.), *Handbook of infant development* (2nd ed., pp. 98–148). New York: Wiley.

Rovee-Collier, C. K. (1999). The development of infant memory. *Current Directions in Psychological Science, 8*, 80–85.

Rovee-Collier, C. K., & Bhatt, R. S. (1993). Evidence of long-term memory in infancy. *Annals of Child Development, 9*, 1–45.

Rovee-Collier, C., & Barr, R. (2001). Infant learning and memory. In G. Bremner (Ed.), *Blackwell handbook of infant development* (pp. 139–168). Malden, MA: Blackwell.

Rowe, D. C. (1994). *The limits of family influence: Genes, experience, and behavior*. New York: Guilford.

Rowe, J. W., & Kahn, R. L. (1998). *Successful aging*. New York: Random House.

Royal College of Obstetricians and Gynecologists. (1997, October). *Report of the panel to review fetal pain*. London: Author.

Rubenstein, C. M., & Shaver, P. (1982). *In search of intimacy*. New York: Delacorte Press.

Rubin, D. C., & Schulkind, M. D. (1997a). Distribution of important and word-cued autobiographical memories in 20-, 35-, and 70-year-old adults. *Psychology and Aging, 12*, 524–535.

Rubin, D. C., & Schulkind, M. D. (1997b). The distribution of autobiographical memories across the lifespan. *Memory and Cognition, 25*, 859–866.

Rubin, D. C., Rahhal, T. A., & Poon, L. W. (1998). Things learned in early adulthood are remembered best. *Memory and Cognition, 26*, 3–19.

Rubin, K. H., & Coplan, R. J. (1998). Social and nonsocial play in childhood: An individual differences perspective. In O. N. Saracho & B. Spodek (Eds.), *Multiple perspectives on play in early childhood education* (pp. 144–170). Albany: State University of New York Press.

Rubin, K. H., Burgess, K. B., & Hastings, P. D. (2002). Stability and social-behavioral consequences of toddlers' inhibited temperament and parenting behaviors. *Child Development, 73*, 483–495.

Rubin, K. H., Coplan, R. J., Fox, N. A., & Calkins, S. (1995). Emotionality, emotion regulation, and preschoolers' social adaptation. *Development and Psychopathology, 7*, 49–62.

Rubin, K. H., Fein, G. G., & Vandenberg, B. (1983). Play. In E. M. Hetherington (Ed.), *Handbook of child psychology: Vol. 4. Socialization, personality, and social development* (4th ed., pp. 693–744). New York: Wiley.

Rubin, K. H., Hastings, P. D., Stewart, S. L., Henderson, H. A., & Chen, X. (1997). The consistency and concomitants of inhibition: Some of the children, all of the time. *Child Development, 68*, 467–483.

Rubin, K. H., Watson, K. S., & Jambor, T. W. (1978). Free-play behaviors in preschool and kindergarten children. *Child Development, 49*, 539–536.

Rubin, K., Bukowski, W., & Parker, J. G. (1998). Peer interactions, relationships, and groups. In N. Eisenberg (Ed.), *Handbook of child psychology: Vol. 3. Social, emotional, and personality development* (5th ed., pp. 619–700). New York: Wiley.

Rubin, S. S., & Malkinson, R. (2001). Parental response to child loss across the life cycle: Clinical and research perspectives. In M. S. Stroebe, R. O. Hansson, W. Stroebe, & H. Schut (Eds.), *Handbook of bereavement research* (pp. 219–240). Washington, DC: American Psychological Association.

Rubinowitz, L. S., & Rosenbaum, J. E. (2000). *Crossing the class and color lines: From public housing to white suburbia*. Chicago: University of Chicago Press.

Rubinstein, R. L. (1987). Never married elderly as a social type: Re-evaluating some images. *Gerontologist, 27*, 108–113.

Rubinstein, R. L., Alexander, B. B., Goodman, M., & Luborsky, M. (1991). Key relationships of never married, childless older women: A cultural analysis. *Journal of Gerontology, 46*, S270–S277.

Ruble, D. N., & Frey, K. S. (1991). Changing patterns of comparative behavior as skills are acquired: A functional model of self-evaluation. In J. Suls & T. A. Wills (Eds.), *Social comparison: Contemporary theory and research* (pp. 70–112). Hillsdale, NJ: Erlbaum.

Ruble, D. N., & Martin, C. L. (1998). Gender development. In N. Eisenberg (Ed.), *Handbook of child psychology: Vol. 3. Social, emotional, and personality development* (5th ed., pp. 933–1016). New York: Wiley.

Rudolph, D. K., Lambert, S. F., Clark, A. G., & Kurlakowsky, K. D. (2001). Negotiating the transition to middle school: The role of self-regulatory processes. *Child Development, 72*, 929–946.

Rudolph, K. D., & Hammen, C. (1999). Age and gender as determinants of stress exposure, generation, and reactions in youngsters: A transactional perspective. *Child Development, 70*, 660–677.

Ruff, H. A., & Lawson, K. R. (1990). Development of sustained, focused attention in young children during free play. *Developmental Psychology, 26*, 85–93.

Ruff, H. A., & Rothbart, M. K. (1996). *Attention in early development*. New York: Oxford University Press.

Ruff, H. A., Lawson, K. R., Parrinello, R., & Weissberg, R. (1990). Long-term stability of individual differences in sustained attention in the early years. *Child Development, 61*, 60–75.

Ruffman, T. (1999). Children's understanding of logical inconsistency. *Child Development, 70*, 887–895.

Ruffman, T., & Langman, L. (2002). Infants' reaching in a multi-well A not B task. *Infant Behavior and Development, 25*, 237–246.

Ruffman, T., Perner, J., Naito, M., Parkin, L., & Clements, W. A. (1998). Older (but not younger) siblings facilitate false belief understanding. *Developmental Psychology, 34*, 161–174.

Ruffman, T., Perner, J., Olson, D. R., & Doherty, M. (1993). Reflecting on scientific thinking: Children's understanding of the hypothesis–evidence relation. *Child Development, 64*, 1617–1636.

Ruhm, C. J. (1996). Gender differences in employment behavior during late middle age. *Journal of Gerontology, 51B*, S11–S17.

Rumbaut, R. G. (1997). Ties that bind: Immigration and immigrant families in the United States. In A. Booth, A. C. Crouter, & N. Landale (Eds.), *Immigration and the family: Research and policy on U.S. immigrants* (pp. 3–46). Mahwah, NJ: Erlbaum.

Rumberger, R. W. (1990). Second chance for high school dropouts: Dropout recovery programs in the United States. In D. Inbar (Ed.), *Second chance in education: An interdisciplinary and international perspective* (pp. 227–250). Philadelphia: Falmer.

Runco, M. A. (1992). Children's divergent thinking and creative ideation. *Developmental Review, 12*, 233–264.

Russell, A., Mize, J., & Bissaker, K. (2002). Parent–child relationships. In P. K. Smith & C. H. Hart (Eds.), *Handbook of childhood social development*. Oxford, U.K.: Blackwell.

Russell, J. A. (1990). The preschooler's understanding of the causes and consequences of emotion. *Child Development, 61,* 1872–1881.

Russell, M. J., Cummings, B. J., Proffitt, B. F., Wysocki, C. J., Gilbert, A. N., & Cotman, C. W. (1993). Life span changes in the verbal categorization of odors. *Journal of Gerontology, 48,* P49–P53.

Russell, R. J. H., & Wells, P. A. (1994). Predictors of happiness in married couples. *Personality and Individual Differences, 17,* 313–321.

Rust, J., Golombok, S., Hines, M., Johnston, K., Golding, J., & the ALSPAC Study Team. (2000). The role of brothers and sisters in the gender development of preschool children. *Journal of Experimental Child Psychology, 77,* 292–303.

Rutter, M. (1987). Psychosocial resilience and protective mechanisms. *American Journal of Orthopsychiatry, 57,* 316–331.

Rutter, M. (1996). Maternal deprivation. In M. H. Bornstein (Ed.), *Handbook of parenting: Vol. 4. Applied and practical parenting* (pp. 3–31). Mahwah, NJ: Erlbaum.

Rutter, M., & the English and Romanian Adoptees Study Team. (1998). Developmental catch-up, and deficit, following adoption after severe global early privation. *Journal of Child Psychology and Psychiatry, 39,* 465–476.

Rvachew, S., Slawinski, E., Williams, M., & Green, C. L. (1999). The impact of early onset otitis media on babbling and early language development. *Journal of the Acoustical Society of America, 105,* 467–475.

Rybash, J. M., & Hrubi-Bopp, K. L. (2000). Isolating the neural mechanisms of age-related changes in human working memory. *Nature Neuroscience, 3,* 509–515.

Ryff, C. D. (1989). In the eye of the beholder: Views of psychological well-being among middle-aged and older adults. *Psychology and Aging, 4,* 195–210.

Ryff, C. D. (1991). Possible selves in adulthood and old age: A tale of shifting horizons. *Psychology and Aging, 6,* 286–295.

Ryff, C. D., & Migdal, S. (1984). Intimacy and generativity: Self-perceived transitions. *Signs: Journal of Women in Culture and Society, 9,* 470–481.

Ryff, C. D., Lee, Y. H., Essex, M. J., & Schmutte, P. S. (1994). My children and me: Midlife evaluations of grown children and of self. *Psychology and Aging, 9,* 195–205.

Ryff, C. D., Schmutte, P. S., & Lee, Y. H. (1996). How children turn out: Implications for parental self-evaluation. In C. D. Ryff & M. M. Seltzer (Eds.), *The parental experience in midlife* (pp. 383– 422). Chicago: University of Chicago Press.

Ryff, C. D., Singer, B. H., & Seltzer, M. M. (2002). Pathways through challenge: Implications for well-being and health. In L. Pulkkinen & A. Caspi (Eds.), *Paths to successful development* (pp. 302–328). Cambridge, U.K.: Cambridge University Press.

Ryynänen, M., Kirkinen, P., Mannermaa, A., & Saarikoski, S. (1995). Carrier diagnosis of the fragile X syndrome—A challenge in antenatal clinics. *American Journal of Obstetrics and Gynecology, 172,* 1236–1239.

Saarni, C. (1993). Socialization of emotion. In M. Lewis & J. M. Haviland (Eds.), *Handbook of emotions* (pp. 435–446). New York: Guilford.

Saarni, C. (1997). Emotional competence and self-regulation in childhood. In P. Salovey & D. J. Sluyter (Eds.), *Emotional development and emotional intelligence* (pp. 35–66). New York: Basic Books.

Saarni, C. (1999). *The development of emotional competence.* New York: Guilford.

Saarni, C., Mumme, D. L., & Campos, J. J. (1998). Emotional development: Action, communication, and understanding. In N. Eisenberg (Ed.), *Handbook of child psychology: Vol. 3. Social, emotional, and personality development* (5th ed., pp. 237–309). New York: Wiley.

Sachdev, P. S., Brodaty, H., & Looi, J. C. L. (1999). Vascular dementia: Diagnosis, management, and possible prevention. *Medical Journal of Australia, 170,* 81–85.

Sackett, C. S., & Schenning, S. (2002). The age-related eye disease study: The results of the clinical trial. *Insight, 27,* 5–7.

Sacks, C. H., & Mergendoller, J. R. (1997). The relationship between teachers' theoretical orientation toward reading and student outcomes in kindergarten children with different initial reading abilities. *American Educational Research Journal, 34,* 721–739.

Sadeh, A. (1997). Sleep and melatonin in infants: A preliminary study. *Sleep, 20,* 185–191.

Sadler, T. W. (1995). *Langman's medical embryology* (7th ed.). Baltimore: Williams & Wilkins.

Sadler, T. W. (2000). *Langman's medical embryology* (8th ed.). Baltimore: Williams & Wilkins.

Safe Kids Worldwide. (2002). Childhood injury worldwide: Meeting the challenge. Retrieved from http://www.safekidsworldwide.org

Saffran, J. R., Aslin, R. N., & Newport, E. L. (1996). Statistical learning by 8-month-old infants. *Science, 27,* 1926–1928.

Safire, W. (1997, March 9). The young old. *New York Times Magazine,* p. 14.

Safman, P. C. (1988). Women from special populations: The challenge of reentry. In L. H. Lewis (Ed.), *Addressing the needs of returning women* (pp. 79–94). San Francisco: Jossey-Bass.

Safyer, A. W., Leahy, B. H., & Colan, N. B. (1995). The impact of work on adolescent development. *Families in Society, 76,* 38–45.

Sahni, R., Schulze, K. F., Stefanski, M., Myers, M. M., & Fifer, W. P. (1995). Methodological issues in coding sleep states in immature infants. *Developmental Psychobiology, 28,* 85–101.

Salapatek, P. (1975). Pattern perception in early infancy. In L. B. Cohen & P. Salapatek (Eds.), *Infant perception: From sensation to cognition* (pp. 133–248). New York: Academic Press.

Salbe, A. D., Weyer, C., Lindsay, R. S., Ravussin, E., & Tataranni, P. A. (2002). Assessing risk factors for obesity between childhood and adolescence: I. Birth weight, childhood adiposity, parental obesity, insulin, and leptin. *Pediatrics, 110,* 299–306.

Salerno, M., Micillo, M., Di Maio, S., Capalbo, D., Ferri, P., & Lettiero, T. (2001). Longitudinal growth, sexual maturation and final height in patients with congenital hypothyroidism detected by neonatal screening. *European Journal of Endocrinology, 145,* 377–383.

Salthouse, T. A. (1984). Effects of age and skill in typing. *Journal of Experimental Psychology: General, 113,* 345–371.

Salthouse, T. A. (1985). Speed of behavior and its implications for cognition. In J. E. Birren & K. W. Schaie (Eds.), *Handbook of the psychology of aging* (2nd ed., pp. 400–426). New York: Van Nostrand Reinhold.

Salthouse, T. A. (1991a). Cognitive facets of aging well. *Generations, 51*(1), 35–38.

Salthouse, T. A. (1991b). *Theoretical perspectives in cognitive aging.* Hillsdale, NJ: Erlbaum.

Salthouse, T. A. (1993). Speed mediation of adult age differences in cognition. *Developmental Psychology, 29,* 722–738.

Salthouse, T. A. (1996). Constraints on theories of cognitive aging. *Psychonomic Bulletin and Review, 3,* 287–299.

Salthouse, T. A. (2000). Aging and measures of processing speed. *Biological Psychology, 54,* 35–54.

Salthouse, T. A., & Babcock, R. L. (1991). Decomposing adult age differences in working memory. *Developmental Psychology, 27,* 763–776.

Salthouse, T. A., & Maurer, T. J. (1996). Aging, job performance, and career development. In J. E. Birren & K. W. Schaie (Eds.), *Handbook of the psychology of aging* (pp. 353–364). San Diego, CA: Academic Press.

Salthouse, T. A., & Meinz, E. J. (1995). Aging, inhibition, working memory, and speed. *Journal of Gerontology, 50,* P297–P306.

Salthouse, T. A., & Skovronek, E. (1992). Within-context assessment of working memory. *Journal of Gerontology, 47,* P110–P129.

Salthouse, T. A., Fristoe, N., McGuthry, K. E., & Hambrick, D. Z. (1998). Relation of task switching to speed, age, and fluid intelligence. *Psychology and Aging, 13,* 445–461.

Samarel, N. (1991). *Caring for life and death*. Washington, DC: Hemisphere.
Samarel, N. (1995). The dying process. In H. Wass & R. A. Neimeyer (Eds.), *Dying: Facing the facts* (3rd ed., pp. 89–116). Washington, DC: Taylor & Francis.
Sameroff, A. J., Seifer, R., Baldwin, A., & Baldwin, C. (1993). Stability of intelligence from preschool to adolescence: The influence of social and family risk factors. *Child Development, 64*, 80–97.
Sampson, R. J., & Laub, J. H. (1993). *Crime in the making: Pathways and turning points through life*. Cambridge, MA: Harvard University Press.
Samuels, N., & Samuels, M. (1996). *The new well pregnancy book*. New York: Summitt.
Samuelsson, S. M., Alfredson, B. B., Hagberg, B., Anonymous, Nordbeck, B., Brun, A., Gustafson, L., & Risberg, J. (1997). The Swedish Centenarian Study: A multidisciplinary study of five consecutive cohorts at the age of 100. *International Journal of Aging and Human Development, 45*, 223–253.
Sandberg, D. E., Brook, A. E., & Campos, S. P. (1994). Short stature: A psychosocial burden requiring growth hormone therapy? *Pediatrics, 94*, 832–840.
Sanders, M. G., & Jordan, W. J. (2000). Student–teacher relations and academic achievement in high school. In M. G. Sanders (Ed.), *Schooling students placed at risk: Research, policy, and practice in the education of poor and minority adolescents* (pp. 65–82). Mahwah, NJ: Erlbaum.
Sanders, M. R., Halford, W. K., & Behrens, B. C. (1999). Parental divorce and premarital couple communication. *Journal of Family Psychology, 13*, 60–74.
Sanderson, J. A., & Siegal, M. (1988). Conceptions of moral and social rules in rejected and nonrejected preschoolers. *Journal of Clinical Child Psychology, 17*, 66–72.
Sandman, C. A., Wadhwa, P., Hetrick, W., Porto, M., & Peeke, H. V. S. (1997). Human fetal heart rate dishabituation between thirty and thirty-two weeks gestation. *Child Development, 68*, 1031–1040.
Sandnabba, N. K., & Ahlberg, C. (1999). Parents' attitudes and expectations about children's cross-gender behavior. *Sex Roles, 40*, 249–263.
Sandqvist, K. (1992). Sweden's sex-role scheme and commitment to gender equality. In S. Lewis, D. N. Izraeli, & H. Hottsmans (Eds.), *Dual-earner families: International perspective*. London: Sage.
Sandstrom, M. J., & Coie, J. D. (1999). A developmental perspective on peer rejection: Mechanisms of stability and change. *Child Development, 70*, 955–966.
Sanford, J. P. (1985). *Comprehension-level tasks in secondary classrooms*. Austin: Research and Development Center for Teacher Education, University of Texas at Austin.
Sankar, A. (1993). Images of home death and the elderly patient: Romantic versus real. *Generations, 27*(2), 59–63.
Sankaranarayanan, K. (1998). Ionizing radiation and genetic risks IX. Estimates of the frequencies of Mendelian diseases and spontaneous mutation rates in human populations: A 1998 perspective. *Mutation Research, 411*, 129–178.
Sansavini, A., Bertoncini, J., & Giovanelli, G. (1997). Newborns discriminate the rhythm of multisyllabic stressed words. *Developmental Psychology, 33*, 3–11.
Sanson, A. V., Pedlow, R., Cann, W., Prior, M., & Oberklaid, F. (1996). Shyness ratings: Stability and correlates in early childhood. *International Journal of Behavioural Development, 19*, 705–724.
Sansone, C., & Berg, C. A. (1993). Adapting to the environment across the life span: Different process or different inputs? *International Journal of Behavioral Development, 16*, 215–241.
Santoloupo, S., & Pratt, M. (1994). Age, gender, and parenting style variations in mother–adolescent dialogues and adolescent reasoning about political issues. *Journal of Adolescent Research, 9*, 241–261.
Sarason, S. B. (1977). *Work, aging, and social change*. New York: Free Press.
Sarrazin, G. (1999). WISC-III, *Échelle d'intelligence de Wechsler pour Enfants troisième Édition, adaptation canadienne-française, Manuel d'administration*. Toronto: Psychological Corporation.
Sasser-Coen, J. A. (1993). Qualitative changes in creativity in the second half of life: A life-span developmental perspective. *Journal of Creative Behavior, 27*, 18–27.
Sataloff, R. T., & Sataloff, J. (2001). A monumental achievement. *Occupational Health and Safety, 70*, 122–125.
Satz, P. (1993). Brain reserve capacity on symptom onset after brain injury: A formulation and review of evidence for threshold theory. *Neuropsychology, 7*, 273–295.
Savage, A. R., Petersen, M. B., Pettay, D., Taft, L., Allran, K., Freeman, S. B., Karadima, G., Avramopoulos, D., Torfs, C., Mikkelsen, M., & Hassold, T. J. (1998). Elucidating the mechanisms of paternal non-disjunction of chromosome 21 in humans. *Human Molecular Genetics, 7*, 1221–1227.
Saville-Troike, M. (1988). Private speech: Evidence for second language learning strategies during the 'silent' period. *Journal of Child Language, 15*, 567–590.
Savin-Williams, R. C. (1996). Dating and romantic relationships among gay, lesbian, and bisexual youths. In R. C. Savin-Williams & K. M. Cohen (Eds.), *The lives of lesbians, gays, and bisexuals* (pp. 166–180). Fort Worth: Harcourt Brace.
Savin-Williams, R. C. (1998). *. . . And then I became gay: Young men's stories*. New York: Routledge.
Saxe, G. B. (1988, August–September). Candy selling and math learning. *Educational Researcher, 17*(6), 14–21.
Scabini, E., & Cigoli, V. (1997). Young adult families: An evolutionary slowdown or a breakdown in the generational transition? *Journal of Family Issues, 18*, 608–626.
Scaramella, L. V., Conger, R. D., Simons, R. L., & Whitbeck, L. B. (1998). Predicting risk for pregnancy by late adolescence: A social contextual perspective. *Developmental Psychology, 34*, 1233–1245.
Scarr, S. (1985). Constructing psychology: Making facts and fables for our times. *American Psychologist, 40*, 499–512.
Scarr, S. (1996). Individuality and community: The contrasting role of the state in family life in the United States and Sweden. *Scandinavian Journal of Psychology, 37*, 93–102.
Scarr, S. (1997). Behavior-genetic and socialization theories of intelligence: Truce and reconciliation. In R. J. Sternberg & E. L. Grigorenko (Eds.), *Intelligence, heredity, and environment* (pp. 3–41). New York: Cambridge University Press.
Scarr, S. (1998). American child care today. *American Psychologist, 53*, 95–108.
Scarr, S., & McCartney, K. (1983). How people make their own environments: A theory of genotype environment effects. *Child Development, 54*, 424–435.
Scarr, S., & Weinberg, R. A. (1983). The Minnesota Adoption Studies: Genetic differences and malleability. *Child Development, 54*, 260–267.
Scarr, S., Phillips, D. A., & McCartney, K. (1990). Facts, fantasies, and the future of child care in America. *Psychological Science, 1*, 26–35.
Schaffer, J., & Kral, R. (1988). Adoptive families. In C. S. Chilman, E. W. Nunnally, & F. M. Cox (Eds.), *Variant family forms* (pp. 165–184). Newbury Park, CA: Sage.
Schaie, K. W. (1977/1978). Toward a stage theory of adult cognitive development. *Aging and Human Development, 8*, 129–138.
Schaie, K. W. (1988). Variability in cognitive functioning in the elderly. In M. A. Bender, R. C. Leonard, & A. D. Woodhead (Eds.), *Phenotypic variation in populations* (p. 201). New York: Plenum.
Schaie, K. W. (1989). Individual differences in rate of cognitive change in adulthood. In V. L. Bengtson & K. W. Schaie (Eds.), *The course of later life: Research and reflections* (pp. 68–83). New York: Springer.
Schaie, K. W. (1994). The course of adult intellectual development. *American Psychologist, 49*, 304–313.

Schaie, K. W. (1996). *Intellectual development in adulthood: The Seattle Longitudinal Study.* New York: Cambridge University Press.
Schaie, K. W. (1998). The Seattle Longitudinal Studies of Adult Intelligence. In M. P. Lawton & T. A. Salthouse (Eds.), *Essential papers on the psychology of aging* (pp. 263–271). New York: New York University Press.
Schaie, K. W. (2000). The impact of longitudinal studies on understanding development from young adulthood to old age. *International Journal of Behavioral Development, 24,* 257–266.
Schaie, K. W., & Willis, S. L. (1996). *Adult development and aging* (4th ed.). Boston: Addison-Wesley.
Schaie, K. W., & Willis, S. L. (2000). A stage theory model of adult cognitive development revisited. In R. L. Rubinstein & M. Moss (Eds.), *The many dimensions of aging* (pp. 175–193). New York: Springer.
Schauble, L. (1996). The development of scientific reasoning in knowledge-rich contexts. *Developmental Psychology, 32,* 102–119.
Scheidt, R. J., & Windley, P. G. (1985). The ecology of aging. In J. E. Birren & K. W. Schaie (Eds.), *Handbook of the psychology of aging* (pp. 245–258). New York: Van Nostrand Reinhold.
Scher, A., Tirosh, E., Jaffe, M., Rubin, L., Sadeh, A., & Lavie, P. (1995). Sleep patterns of infants and young children in Israel. *International Journal of Behavioral Development, 18,* 701–711.
Scherer, J. M., & Simon, R. J. (1999). *Euthanasia and the right to die: A comparative view.* Lanham, MD: Rowman & Littlefield.
Schieman, S., Gundy, V., & Taylor, K. (2001). Status, role, and resource explanations for age patterns in psychological distress. *Journal of Health and Social Behavior, 42,* 80–96.
Schlaud, M., Eberhard, C., Trumann, B., Kleemann, W. J., Poets, C. F., Tietze, K. W., & Schwartz, F. W. (1999). Prevalence and determinants of prone sleeping position in infants: Results for two cross-sectional studies on risk factors for SIDS in Germany. *American Journal of Epidemiology, 150,* 51–57.
Schlegel, A., & Barry, H., III (1991). *Adolescence: An anthropological inquiry.* New York: Free Press.
Schlesinger, M., & Kronebusch, K. (1994). The sources of intergenerational burdens and tensions. In V. L. Bengtson & R. A. Harootyan (Eds.), *Intergenerational linkages: Hidden connections in American society* (pp. 185–209). New York: Springer.
Schmidt, I. W., Berg, I. J., Deelman, B. G., & Pelemans, W. (1999). Memory training for remembering names in older adults. *Clinical Gerontologist, 20,* 57–73.
Schmidt, U. (2000). Eating disorders. In D. Kohen (Ed.), *Women and mental health* (pp. 174–197). London: Routledge.
Schmitz, M. K. H., & Jeffery, R. W. (2000). Public health interventions for the prevention and treatment of obesity. *Medical Clinics of North America, 84,* 491–512.
Schmitz, S., Fulker, D. W., Plomin, R., Zahn-Waxler, C., Emde, R. N., & DeFries, J. C. (1999). Temperament and problem behaviour during early childhood. *International Journal of Behavioural Development, 23,* 333–355.
Schneewind, K. A., & Gerhard, A. (2002). Relationship personality, conflict resolution, and marital satisfaction in the first 5 years of marriage. *Family Relations, 51,* 63–71.
Schneider, B. A., Daneman, M., Murphy, D. R., & See, S. K. (2000). Listening to discourse in distracting settings: The effects of aging. *Psychology and Aging, 15,* 110–125.
Schneider, B. H., Atkinson, L., & Tardif, C. (2001). Child–parent attachment and children's peer relations: A quantitative review. *Developmental Psychology, 37,* 86–100.
Schneider, B., & Stevenson, D. (1999). *The ambitious generation: America's teenagers, motivated but directionless.* New Haven, CT: Yale University Press.
Schneider, E. L. (1992). Biological theories of aging. *Generations, 16*(2), 7–10.
Schneider, W. (1993). Domain-specific knowledge and memory performance in children. *Educational Psychology Review, 5,* 257–274.
Schneider, W., & Bjorklund, D. F. (1992). Expertise, aptitude, and strategic remembering. *Child Development, 63,* 461–473.
Schneider, W., & Bjorklund, D. F. (1998). Memory. In D. Kuhn & R. S. Siegler (Eds.), *Handbook of child psychology: Vol. 2. Cognition, perception, and language* (5th ed., pp. 467–521). New York: Wiley.
Schneider, W., & Pressley, M. (1997). *Memory development between two and twenty* (2nd ed.). Mahwah, NJ: Erlbaum.
Schnohr, P., Nyboe, J., Lange, P., & Jensen, G. (1998). Longevity and gray hair, baldness, facial wrinkles, and arcus senilis in 13,000 men and women: The Copenhagen City Heart Study. *Journal of Gerontology, 53,* M347–350.
Schnur, E., & Belanger, S. (2000). What works in Head Start. In M. P. Kluger & G. Alexander (Eds.), *What works in child welfare* (pp. 277–284). Washington, DC: Child Welfare League of America.
Scholl, B. J., & Leslie, A. M. (2000). Minds, modules, and meta-analysis. *Child Development, 72,* 696–701.
Scholl, T. O., Heidiger, M. L., & Belsky, D. H. (1996). Prenatal care and maternal health during adolescent pregnancy: A review and meta-analysis. *Journal of Adolescent Health, 15,* 444–456.
Scholnick, E. K. (1995, Fall). Knowing and constructing plans. *SRCD Newsletter,* pp. 1–2, 17.
Schonert-Reichl, K. A. (1999). Relations of peer acceptance, friendship adjustment, and social behavior to moral reasoning during early adolescence. *Journal of Early Adolescence, 19,* 249–279.
Schonfeld, A. M., Mattson, S. N., Lang, A. R., Delis, D. C., & Riley, E. P. (2001). Verbal and nonverbal fluency in children with heavy prenatal alcohol exposure. *Journal of Studies on Alcohol, 62,* 239–246.
Schönpflug, U. (2002). Acculturation, ethnic identity and coping. In W. J. Lonner, D. L. Dinner, S. A. Hayes & N. Sattler (Eds.), On line reading in psychology and culture. Bellingham: Western Washington University. Website: http://www.edu/~culture.
Schönpflug, U. & Silbereisen, R. K. (1992). Transmission of values between generations in the family regarding societal key note issues: A cross-cultural longitudinal study on Polish and German families. In S. Iwawaki, Y. Kashima & K. Leung (Eds.), *Innovations in cross-cultural psychology* (pp. 269-278). Lisse: Swets & Zeitlinger.
Schor, J. B. (2002). Time crunch among American parents. In S. A. Hewlett, N. Rankin, & C. West (Eds.), *Taking parenting public* (pp. 83–102). Boston: Rowman & Littlefield.
Schothorst, P. F., & van Engeland, H. (1996). Long-term behavioral sequelae of prematurity. *Journal of the American Academy of Child and Adolescent Psychiatry, 35,* 175–183.
Schroots, J., & Birren, J. (1990). Concept of time and aging in science. In J. E. Birren & K. W. Schaie (Eds.), *Handbook of the psychology of aging* (3rd ed., pp. 45–64). San Diego: Academic Press.
Schuengel, G., Bakermans-Kranenburg, M. J., & van IJzendoorn, M. H. (1999). Attachment and loss: Frightening maternal behavior linking unresolved loss and disorganized infant attachment. *Journal of Consulting and Clinical Psychology, 67,* 54–63.
Schull, W. J., & Otake, M. (1999). Cognitive function and prenatal exposure to ionizing radiation. *Teratology, 59,* 222–226.
Schulman, J. D., & Black, S. H. (1997). Screening for Huntington disease and certain other dominantly inherited disorders: A case for preimplantation genetic testing. *Journal of Medical Screening, 4,* 58–59.
Schulman, K. A., Berlin, J. A., Harless, W., Kerner, J. F., Sistrunk, S., & Gersh, B. J. (1999). The effect of race and sex on physicians' recommendations for cardiac catheterization. *New England Journal of Medicine, 340,* 618–626.
Schulz, R., & Aderman, D. (1979). Physicians' death anxiety and patient outcomes. *Omega, 9,* 327–332.
Schulz, R., & Curnow, C. (1988). Peak performance and age among superathletes: Track and field, swimming, baseball, tennis, and golf. *Journal of Gerontology, 43,* P113–P120.

Schwanenflugel, P. J., Henderson, R. L., & Fabricius, W. V. (1998). Developing organization of mental verbs and theory of mind in middle childhood: Evidence from extensions. *Developmental Psychology, 34,* 512–524.

Schwartz, P., & Rutter, V. (1998). *The gender of sexuality.* Thousand Oaks, CA: Pine Forge.

Schwarz, B. (1996). *Nursing home design: Consequences of employing the medical model.* New York: Garland.

Schwarzer, R. (1999). Self-regulatory processes in the adoption and maintenance of health behaviors. *Journal of Health Psychology, 4,* 115–127.

Schwebel, D. C., Rosen, C. S., & Singer, J. L. (1999). Preschoolers' pretend play and theory of mind: The role of jointly constructed pretense. *British Journal of Developmental Psychology, 17,* 333–348.

Schwebel, M., Maher, C. A., & Fagley, N. S. (1990). Introduction: The social role in promoting cognitive growth over the life span. In M. Schwebel, C. A. Maher, & N. S. Fagley (Eds.), *Promoting cognitive growth over the life span* (pp. 1–20). Hillsdale, NJ: Erlbaum.

Schwerpunktbericht der Gesundheitsberichterstattung des Bundes (2004). Gesundheit von Kindern und Jugendlichen. Berlin: Robert-Koch-Institut.

Schwerpunktbericht der Gesundheitsberichterstattung des Bundes (2004). Gesundheit von Kindern und Jugendlichen. Berlin: Robert-Koch-Institut.

Scott, W. K., Vance, J. M., Haines, J. L., & Pericak-Vance, M. A. (2002). Linkage of Parkinsonism and Alzheimer's disease with Lewy body pathology to chromosome 12. *Annals of Neurology, 52,* 524.

Scully, D., & Marolla, J. (1998). "Riding the bull at Gilley's": Convicted rapists describe the rewards of rape. In M. E. Odem & J. Clay-Warner (Eds.), *Confronting rape and sexual assault* (pp. 181–198). Wilmington, DE: Scholarly Resources.

Sears, P. S., & Barbie, A. H. (1977). Career and life satisfaction among Terman's gifted women. In J. C. Stanley, W. George, & C. Solano (Eds.), *The gifted and creative: Fifty year perspective* (pp. 154–172). Baltimore: Johns Hopkins University Press.

Seccombe, K. (2002). "Beating the odds" versus "changing the odds": Poverty, resilience, and family policy. *Journal of Marriage and the Family, 64,* 384–394.

Seefeldt, V. (1996). The concept of readiness applied to the acquisition of motor skills. In F. L. Smoll & R. E. Smith (Eds.), *Children and youth in sport: A biopsychological perspective* (pp. 49–56). Dubuque, IA: Brown & Benchmark.

Seeman, T. E., Berkman, L. F., Kohout, F., Lacroix, A., Glynn, R., & Blazer, D. (1993). Intercommunity variations in the association between social ties and mortality in the elderly. *Annals of Epidemiology, 3,* 325–335.

Seifer, R., & Schiller, M. (1995). The role of parenting sensitivity, infant temperament, and dyadic interaction in attachment theory and assessment. In E. Waters, B. E. Vaughn, G. Posada, & K. Kondo-Ikemura (Eds.), Caregiving, cultural, and cognitive perspectives on secure-base behavior and working models: New growing points of attachment theory and research. *Monographs of the Society for Research in Child Development, 60*(2–3, Serial No. 244).

Seifer, R., Schiller, M., Sameroff, A. J., Resnick, S., & Riordan, K. (1996). Attachment, maternal sensitivity, and infant temperament during the first year of life. *Developmental Psychology, 32,* 12–25.

Seitz, V., & Apfel, N. H. (1993). Adolescent mothers and repeated childbearing: Effects of a school-based intervention program. *American Journal of Orthopsychiatry, 63,* 572–581.

Seitz, V., & Apfel, N. H. (1994). Effects of a school for pregnant students on the incidence of low-birthweight deliveries. *Child Development, 65,* 666–676.

Seligman, L. (1994). *Developmental career counseling and assessment* (2nd ed.). Thousand Oaks, CA: Sage.

Seligman, M. E. P. (1975). *Helplessness: On depression, development, and death.* San Francisco: Freeman.

Selikowitz, M. (1997). *Down syndrome: The facts* (2nd ed.). Oxford, U.K.: Oxford University Press.

Selman, R. L. (1976). Social-cognitive understanding: A guide to educational and clinical practice. In T. Lickona (Ed.), *Moral development and behavior: Theory, research, and social issues* (pp. 299–316). New York: Holt, Rinehart and Winston.

Selman, R. L. (1980). *The growth of interpersonal understanding.* New York: Academic Press.

Selman, R. L., & Byrne, D. F. (1974). A structural-developmental analysis of levels of role taking in middle childhood. *Child Development, 45,* 803–806.

Seltzer, M. M., & Ryff, C. D. (1994). Parenting across the life span: The normative and nonnormative cases. In D. L. Featherman, R. M. Lerner, & M. Perlmutter (Eds.), *Lifespan development and behavior* (pp. 1–40). Hillsdale, NJ: Erlbaum.

Selwyn, P. A. (1996). Before their time: A clinician's reflections on death and AIDS. In H. M. Spiro, M. G. M. Curnen, & L. P. Wandel (Eds.), *Facing death: Where culture, religion, and medicine meet* (pp. 33–37). New Haven, CT: Yale University Press.

Sen, M. G., Yonas, A., & Knill, D. C. (2001). Development of infants' sensitivity to surface contour information for spatial layout. *Perception, 30,* 167–176.

Senn, C. Y., Desmarais, S., Verberg, N., & Wood, E. (2000). Predicting coercive sexual behavior across the lifespan in a random sample of Canadian men. *Journal of Social and Personal Relationships, 17,* 95–113.

Serbin, L. A., Poulin-Dubois, D., Colburne, K. A., Sen, M. G., & Eichstedt, J. A. (2001). Gender stereotyping in infancy: Visual preferences for and knowledge of gender-stereotyped toys in the second year. *International Journal of Behavioral Development, 25,* 7–15.

Serbin, L. A., Powlishta, K. K., & Gulko, J. (1993). The development of sex typing in middle childhood. *Monographs of the Society for Research in Child Deelopment, 58*(2, Serial No. 232).

Seward, R. R., Yeats, D. E., & Zottarelli, L. K. (2002). Parental leave and father involvement in child care: Sweden and the United States. *Journal of Comparative Family Studies, 33,* 387–399.

Shainess, N. (1961). A re-evaluation of some aspects of femininity through a study of menstruation: A preliminary report. *Comparative Psychiatry, 2,* 20–26.

Shanahan, M. J., Mortimer, J. T., & Krüger, H. (2002). Adolescence and adult work in the twenty-first century. *Journal of Research on Adolescence, 12,* 99–120.

Shann, F., & Steinhoff, M. C. (1999). Vaccines for children in rich and poor countries. *Paediatrics, 354,* 7–11.

Shapiro, A. E., Gottman, J. M., & Carrere, S. (2000). The baby and the marriage: Identifying factors that buffer against decline in marital satisfaction after the first baby arrives. *Journal of Family Psychology, 14,* 59–70.

Sharma, A. R., McCue, M. K., & Benson, P. L. (1998). The psychological adjustment of United States adopted adolescents and their nonadopted siblings. *Child Development, 69,* 791–802.

Shaver, P., Furman, W., & Buhrmester, D. (1985). Transition to college: Network changes, social skills, and loneliness. In S. Duck & D. Perlman (Eds.), *Understanding personal relationships: An interdisciplinary approach* (pp. 193–219). London: Sage.

Shay, J. W., & Wright, W. E. (2001). When do telomeres matter? *Science, 291,* 839–840.

Shedler, J., & Block, J. (1990). Adolescent drug use and psychological health: A longitudinal inquiry. *American Psychologist, 45,* 612–630.

Sheehy, A., Gasser, T., Molinari, L., & Largo, R. H. (1999). An analysis of variance of the pubertal and midgrowth spurts for length and width. *Annals of Human Biology, 26,* 309–331.

Sheldon, K. M., & Kasser, T. (2001). Getting older, getting better? Personal strivings and psychological maturity across the life span. *Developmental Psychology, 37,* 491–501.

Shephard, R. J., & Shek, P. N. (1995). Exercise, aging and immune function. *International Journal of Sports Medicine, 16,* 1–6.

Sherman, A. M., de Vries, B., & Lansford, J. E. (2000). Friendship in childhood and adulthood: Lessons across the life span. *International Journal of Aging and Human Development, 51,* 31–51.

Sherman, D. K., Iacono, W. G., & McGue, M. K. (1997). Attention-deficit hyperactivity disorder dimensions: A twin study of inattention and impulsivity– hyperactivity. *Journal of the American Academy of Child and Adolescent Psychiatry, 36,* 745–753.

Sherrill, C. L., & Pinderhughes, E. E. (1999). Conceptions of family and adoption among older adoptees. *Adoption Quarterly, 2,* 21–48.

Shields, P. J., & Rovee-Collier, C. K. (1992). Long-term memory for context-specific category information at six months. *Child Development, 63,* 245–259.

Shiloh, S. (1996). Genetic counseling: A developing area of interest for psychologists. *Professional Psychology: Research and Practice, 27,* 475–486.

Shimamura, A. P., Berry, J. M., Mangels, J. A., Rusting, C. L., & Jurica, P. J. (1995). Memory and cognitive abilities in university professors: Evidence for sucessful aging. *Psychological Science, 6,* 271–277.

Shock, N. W. (1977). Biological theories of aging. In J. E. Birren & K. W. Schaie (Eds.), *Handbook of the psychology of aging* (pp. 103–115). New York: Van Nostrand Reinhold.

Shoda, Y., Mischel, W., & Peake, P. K. (1999). Predicting adolescent cognitive and self-regulatory competencies from preschool delay of gratification: Identifying diagnostic conditions. *Developmental Psychology, 26,* 978–986.

Shonk, S. M., & Cicchetti, D. (2001). Maltreatment, competency deficits, and risk for academic and behavioral maladjustment. *Developmental Psychology, 37,* 3–17.

Shope, J. T., Holmes, S. B., Sharpe, P. A., & Goodman, C. (1993). Services for persons with dementia and their families., A survey of information and referral agencies in Michigan. *Gerontologist, 33,* 529–533.

Shuchter, S. R., & Zisook, S. (1995). The course of normal grief. In M. S. Stroebe, W. Stroebe, & R. O. Hansson (Eds.), *Handbook of bereavement* (pp. 44–61). Cambridge: Cambridge University Press.

Shulman, S., Elicker, J., & Sroufe, A. (1994). Stages of friendship growth in preadolescence as related to attachment history. *Journal of Social and Personal Relationships, 11,* 341–361.

Shumaker, S. A., Legault, C., Thal, L., Wallace, R. B., Ockene, J. K., & Hendrix, S. L. (2003). Estrogen plus progestin and the incidence of dementia and mild cognitive impairment in postmenopausal women: The Women's Health Initiative Memory Study: A randomized controlled trial. *Journal of the American Medical Association, 289,* 2651–2662.

Shumow, L. (1998). Contributions of parent education to adult development. In C. M. Smith & T. Pourchot (Eds.), *Adult learning and development: Perspectives from educational psychology* (pp. 239–255). Mahwah, NJ: Erlbaum.

Shure, M. B. (1997). Interpersonal cognitive problem solving: Primary prevention of early high-risk behaviors in the preschool and primary years. In G. W. Albee & T. P. Gullotta (Eds.), *Primary prevention works* (pp. 167–188). Thousand Oaks, CA: Sage.

Shweder, R. A. (1996). True ethnography: The lore, the law, and the lure. In R. Jessor, A. Colby, & R. A. Shweder (Eds.), *Ethnography and human development* (pp. 15–52). Chicago: University of Chicago Press.

Shweder, R. A., Goodnow, J., Hatano, G., LeVine, R. A., Markus, H., & Miller, P. (1998). The cultural psychology of development: One mind, many mentalities. In R. M. Lerner (Ed.), *Handbook of child psychology: Vol. 1. Theoretical models of human development* (5th ed., pp. 865–937). New York: Wiley.

Siegel, B. (1996, Spring). Is the emperor wearing clothes? Social policy and the empirical support for full inclusion of children with disabilities in the preschool and early elementary school grades. *Social Policy Report of the Society for Research in Child Development, 10*(2–3), 2–17.

Siegler, R. S. (1996). *Emerging minds: The process of change in children's thinking.* New York: Oxford University Press.

Siegler, R. S. (1998). *Children's thinking* (3rd ed.). Upper Saddle River, NJ: Prentice-Hall.

Siervogel, R. M., Maynard, L. M., Wisemandle, W. A., Roche, A. F., Guo, S. S., Chumlea, W. C., & Towne, B. (2000). Annual changes in total body fat and fat-free mass in children from 8 to 18 years in relation to changes in body mass index: The Fels Longitudinal Study. *Annals of the New York Academy of Science, 904,* 420–423.

Sigman, M. (1995). Nutrition and child development: More food for thought. *Current Directions in Psychological Science, 4,* 52–55.

Sigman, M. (1999). Developmental deficits in children with Down syndrome. In H. Tager-Flusberg (Ed.), *Neurodevelopmental disorders: Developmental cognitive neuroscience* (pp. 179–195). Cambridge, MA: MIT Press.

Sigman, M., Cohen, S. E., & Beckwith, L. (1997). Why does infant attention predict adolescent intelligence? *Infant Behavior and Development, 20,* 133–140.

Signorella, M., & Liben, L. S. (1984). Recall and reconstruction of gender-related pictures: Effects of attitude, task difficulty, and age. *Child Development, 55,* 393–405.

Silver, M. H., & Perls, T. T. (2000). Is dementia the price of a long life? An optimistic report from centenarians. *Journal of Geriatric Psychiatry, 33,* 71–79.

Silver, M. H., Jilinskaia, E., & Perls, T. T. (2001). Cognitive functional status of age-confirmed centenarians in a population-based study. *Journal of Gerontology, 56B,* P134–P140.

Silverberg, S. B. (1996). Parents' well-being at their children's transition to adolescence. In C. D. Ryff & M. M. Seltzer (Eds.), *The parental experience in midlife* (pp. 215–254). Chicago: University of Chicago Press.

Silverman, D. H. S., Small, G. W., Chang, C. Y., Lu, C. S., Kung de Aburto, M. A., Chen, W., et al. (2001). Positron emission tomography in evaluation of dementia: Regional brain metabolism and long-term outcome. *Journal of the American Medical Association, 286,* 2120–2127.

Silverman, E., Range, L., & Overholser, J. (1994). Bereavement from suicide as compared to other forms of bereavement. *Omega, 30,* 41–51.

Silverman, P. R., & Nickman, S. L. (1996). Children's construction of their dead parents. In D. Klass, P. R. Silverman, & S. L. Nickman (Ed.), *Continuing bonds: New understandings of grief* (pp. 73–86). Washington, DC: Taylor & Francis.

Silverman, P. R., & Worden, J. M. (1992). Children's reactions in the early months after the death of a parent. *American Journal of Orthopsychiatry, 62,* 93–104.

Silverman, W. K., La Greca, A. M., & Wasserstein, S. (1995). What do children worry about? Worries and their relation to anxiety. *Child Development, 66,* 671–686.

Silverstein, M., & Bengtson, V. L. (1991). Do close parent–child relations reduce the mortality risk of older parents? *Journal of Health and Social Behavior, 32,* 382–395.

Silverstein, M., & Long, J. D. (1998). Trajectories of grandparents' perceived solidarity with adult grandchildren: A growth curve analysis over 23 years. *Journal of Marriage and the Family, 60,* 912–923.

Silverstein, M., & Parrott, T. M. (1997). Attitudes toward public support of the elderly: Does early involvement with grandparents moderate generational tensions? *Research on Aging, 19,* 108–132.

Silverstein, M., Chen, X., & Heller, K. (1996). Too much of a good thing? Intergenerational social support and the psychological well-being of older parents. *Journal of Marriage and the Family, 58,* 970–982.

Silverstein, M., Conroy, S., Wang, H., Giarrusso, R., & Bengtson, V. L. (2002). Reciprocity in parent– child relations over the adult life course. *Journal of Gerontology, 57B,* S3–S13.

Sim, T. N. (2000). Adolescent psychosocial competence: The importance and role of regard for parents. *Journal of Research on Adolescence, 10,* 49–64.

Simmons, R. G., & Blyth, D. A. (1987). *Moving into adolescence.* New York: Aldine de Gruyter.

Simmons, R. G., & Blyth, D.A. (1987). Moving into adolescence: The impact of pubertal change and school context. Hawthorne, NY, US: Aldine de Gruyter.

Simoneau, G. G., & Leibowitz, H. W. (1996). Posture, gait, and falls. In J. Birren & K. W. Schaie (Eds.), Handbook of the psychology of aging (4th ed., pp. 204–217). San Diego: Academic Press.

Simons, R. L., & Chao, W. (1996). Conduct problems. In R. L. Simons & Associates (Eds.), Understanding differences between divorced and intact families (pp. 125–143). Thousand Oaks, CA: Sage.

Simons, R. L., Whitbeck, L. B., Conger, R. D., & Wu, C.-I. (1991). Intergenerational transmission of harsh parenting. Developmental Psychology, 27, 159–171.

Simonton, D. K. (1991). Creative productivity through the adult years. Generations, 15(2), 13–16.

Simonton, D. K. (2000). Creativity: Cognitive, personal, developmental, and social aspects. American Psychologist, 55, 151–158.

Simpson, J. A., & Harris, B. A. (1994). Interpersonal attraction. In A. L. Weber & J. H. Harvey (Eds.), Perspectives on close relationships (pp. 45–66). Boston: Allyn and Bacon.

Simpson, J. M. (2001). Infant stress and sleep deprivation as an aetiological basis for the sudden infant death syndrome. Early Human Development, 61, 1–43.

Singer, D. G. (1999). Imaginative play and television: Factors in a child's development. In J. A. Singer & P. Salovey (Eds.), At play in the fields of consciousness: Essays in honor of Jerome L. Singer (pp. 303–326). Mahwah, NJ: Erlbaum.

Singer, P. A., Choudhry, S., Armstrong, J., Meslin, E. M., & Lowry, F. H. (1995). Public opinion regarding end-of-life decisions: Influence of prognosis, practice, and process. Social Science and Medicine, 41, 1517–1521.

Singh, S., & Darroch, J. E. (2000). Adolescent pregnancy and childbearing: Levels and trends in developed countries. Family Planning Perspectives, 32, 14–23.

Sinnott, J. D. (1989). A model for solution of ill-structured problems: Implications for everyday and abstract problem solving. In J. D. Sinnott (Ed.), Everyday problem solving: Theory and applications (pp. 72–99). New York: Praeger.

Sinnott, J. D. (1998). The development of logic in adulthood: Postformal thought and its applications. New York: Plenum.

Skinner, B. F. (1957). Verbal behavior. New York: Appleton-Century-Crofts.

Skinner, B. F. (1983). Intellectual self-management in old age. American Psychologist, 38, 239–244.

Skinner, E. A. (1995). Perceived control, motivation, and coping. Thousand Oaks, CA: Sage.

Skinner, E. A., Zimmer-Gembeck, M. J., & Connell, J. P. (1998). Individual differences and the development of perceived control. Monographs of the Society for Research in Child Development, 63(2–3, Serial No. 254).

Skoe, E. S. A. (1998). The ethic of care: Issues in moral development. In E. E. A. Skoe & A. L. von der Lippe (Eds.), Personality development in adolescence (pp. 143–171). London: Routledge.

Slaby, R. G., & Frey, K. S. (1975). Development of gender constancy and selective attention to same-sex models. Child Development, 46, 849–856.

Slaby, R. G., Roedell, W. C., Arezzo, D., & Hendrix, K. (1995). Early violence prevention. Washington, DC: National Association for the Education of Young Children.

Slade, A., Belsky, J., Aber, J. L., & Phelps, J. L. (1999). Mothers' representations of their relationships with their toddlers: Links to adult attachment and observed mothering. Developmental Psychology, 35, 611–619.

Slater, A., Brown, E., Mattock, A., & Bornstein, M. H. (1996). Continuity and change in habituation in the first 4 months from birth. Journal of Reproductive and Infant Psychology, 14, 187–194.

Slater, A., Quinn, P. C., Brown, E., & Hayes, R. (1999). Intermodal perception at birth: Intersensory redundancy guides newborn infants' learning of arbitrary auditory–visual pairings. Developmental Science, 2, 333–338.

Slobin, D. I. (Ed.). (1997). The cross-linguistic study of language acquisition: Vol. 5. Expanding the contexts (pp. 265–324). Mahwah, NJ: Erlbaum.

Slusher, M. P., Mayer, C. J., & Dunkle, R. E. (1996). Gays and lesbians older and wiser (GLOW): A support group for older gay people. Gerontologist, 36, 118–123.

Small, B. J., & Bäckman, L. (1997). Cognitive correlates of mortality: Evidence from a population-based sample of very old adults. Psychology and Aging, 12, 309–313.

Small, B. J., Dixon, R. A., Hultsch, D. F., & Hertzog, C. (1999). Longitudinal changes in quantitative and qualitative indicators of word and story recall in young–old and old–old adults. Journal of Gerontology, 54B, P107–P115.

Small, M. (1998). Our babies, ourselves. New York: Anchor.

Smetana, J. G. (1995). Morality in context: Abstractions, ambiguities, and applications. In R. Vasta (Ed.), Annals of child development (Vol. 10, p. 83–130). London: Jessica Kingsley.

Smetana, J. G., & Braeges, J. L. (1990). The development of toddlers' moral and conventional judgments. Merrill-Palmer Quarterly, 36, 329–346.

Smiley, P. A., & Dweck, C. S. (1994). Individual differences in achievement goals among young children. Child Development, 65, 1723–1743.

Smith, A. E., Jussim, L., Eccles, J., VanNoy, M., Madon, S., & Palumbo, P. (1998). Self-fulfilling prophecies, perceptual biases, and accuracy at the individual and group levels. Journal of Experimental Social Psychology, 34, 530–561.

Smith, C., Perou, R., & Lesesne, C. (2002). Parent education. M. H. Bornstein (Ed.), Handbook of parenting. (Vol. 4, pp. 389–410). Mahwah, NJ: Erlbaum.

Smith, D. B., & Moen, P. (1998). Spousal influence on retirement: His, her, and their perceptions. Journal of Marriage and the Family, 60, 734–744.

Smith, D. C. (1993). The terminally ill patient's right to be in denial. Omega, 27, 115–121.

Smith, E. P., Walker, K., Fields, L., Brookins, C. C., & Seay, R. C. (1999). Ethnic identity and its relationship to self-esteem, perceived efficacy, and prosocial attitudes in early adolescence. Journal of Adolescence, 22, 867–880.

Smith, G. C., Kohn, S. J., Savage-Stevens, S. E., Finch, J. J., Ingate, R., & Lim, Y. (2000). The effects of interpersonal and personal agency on perceived control and psychological well-being in adulthood. Gerontologist, 40, 458–468.

Smith, J., & Baltes, P. B. (1999). Life-span perspectives on development. In M. H. Bornstein & M. E. Lamb (Eds.), Developmental psychology: An advanced textbook (4th ed., pp. 275–311). Mahwah, NJ: Erlbaum.

Smith, J., & Prior, M. (1995). Temperament and stress resilience in school-age children: A within-families study. Journal of the American Academy of Child and Adolescent Psychiatry, 34, 168–179.

Smith, J., Staudinger, U. M., & Baltes, P. B. (1994). Occupational settings facilitating wisdom-related knowledge: The sample case of clinical psychologists. Journal of Consulting and Clinical Psychology, 66, 989–999.

Smith, K. E., Landry, S. H., Swank, P. R., Baldwin, C. D., Denson, S. E., & Wildin, S. (1996). The relation of medical risk and maternal stimulation with preterm infants' development of cognitive, language and daily living skills. Journal of Child Psychology and Psychiatry, 37, 855–864.

Smith, L. B., Thelen, E., Titzer, R., & McLin, D. (1999). Knowing in the context of acting: The task dynamics of the A-not-B error. Psychological Review, 106, 235–260.

Smith, M. (Ed.). (2002). Sex without consent. New York: New York University Press.

Smith, M. L., Klim, P., & Hanley, W. B. (2000). Executive function in school-aged children with phenylketonuria. Journal of Developmental and Physical Disabilities, 12, 317–332.

Smith, P. (1991). Introduction: The study of grandparenthood. In P. K. Smith (Ed.), *The psychology of grandparenthood: An international perspective* (pp. 1–16). London: Routledge.

Smith, P. K., & Drew, L. M. (2002). Grandparenthood. In M. H. Bornstein (Ed.), *Handbook of parenting, Vol. 3* (2nd ed., pp. 141–172). Mahwah, NJ: Erlbaum.

Smith, P., Perrin, S., Yule, W., & Rabe-Hesketh, S. (2001). War exposure and maternal reactions in the psychological adjustment of children from Bosnia-Hercegovina. *Journal of Child Psychology and Psychiatry and Allied Disciplines, 42,* 395–404.

Smith, R. E., & Smoll, F. L. (1997). Coaching the coaches: Youth sports as a scientific and applied behavior setting. *Current Directions in Psychological Science, 6,* 16–21.

Smock, P. J., & Gupta, S. (2002). *Cohabitation in contemporary North America.* In A. Booth & A. C. Crouter (Eds.), *Just living together* (pp. 53–84). Mahwah, NJ: Erlbaum.

Smoll, F. L., & Smith, R. E. (Eds.). (1996). *Children and youth in sport: A biopsychological perspective.* Dubuque, IA: Brown & Benchmark.

Snarey, J. (1995). In a communitarian voice: The sociological expansion of Kohlbergian theory, research, and practice. In W. M. Kurtines & J. L. Gewirtz (Eds.), *Moral development: An introduction* (pp. 109–134). Boston: Allyn and Bacon.

Snarey, J. R., Reimer, J., & Kohlberg, L. (1985). The development of social–moral reasoning among kibbutz adolescents: A longitudinal cross-cultural study. *Developmental Psychology, 21,* 3–17.

Snarey, J., Son, L., Kuehne, V. S., Hauser, S., & Vaillant, G. (1987). The role of parenting in men's psychosocial development: A longitudinal study of early adulthood infertility and midlife generativity. *Developmental Psychology, 23,* 593–603.

Snidman, N., Kagan, J., Riordan, L., & Shannon, D. C. (1995). Cardiac function and behavioral reactivity. *Psychophysiology, 32,* 199–207.

Society for Research in Child Development (1993). Ethical standards for research with children. In *Directory of Members* (pp. 337–339). Ann Arbor, MI: Author.

Soderstrom, M., Dolbier, C., Leiferman, J., & Steinhardt, M. (2000). The relationship of hardiness, coping strategies, and perceived stress to symptoms of illness. *Journal of Behavioral Medicine, 23,* 311–328.

Sodian, B, & Schneider, W. (1999). Memory strategy development – Gradual increase, sudden insight, or roller coaster? In F. E. Weinert & W. Schneider (Hrsg.), Individual development from 3 to 12: Findings from the Munich Longitudinal Study (S. 61-77). Cambridge, UK: Cambridge University Press.

Soken, H. H., & Pick, A. D. (1992). Intermodal perception of happy and angry expressive behaviors by seven-month-old infants. *Child Development, 63,* 787–795.

Solomon, G. B., & Bredemeier, B. J. L. (1999). Children's moral conceptions of gender stratification in sport. *International Journal of Sport Psychology, 30,* 350–368.

Solomon, J. C., & Marx, J. (1995). "To grandmother's house we go": Health and school adjustment of children raised solely by grandparents. *Gerontologist, 35,* 386–394.

Somary, K., & Stricker, G. (1998). Becoming a grandparent: A longitudinal study of expectations and early experiences as a function of sex and lineage. *Gerontologist, 38,* 53–61.

Sonntag, W. E., Lynch, C., Thornton, P., Khan, A., Bennett, S., & Ingram, R. (2000). The effects of growth hormone and IGF-1 deficiency on cerebrovascular and brain ageing. *Journal of Anatomy, 197,* 575–585.

Sophian, C. (1995). Representation and reasoning in early numerical development: Counting, conservation, and comparisons between sets. *Child Development, 66,* 559–577.

Sorce, J., Emde, R., Campos, J., & Klinnert, M. (1985). Maternal emotional signaling: Its effect on the visual cliff behavior of 1-year-olds. *Developmental Psychology, 21,* 195–200.

Sosa, R., Kennell, J., Klaus, M., Robertson, S., & Urrutia, J. (1980). The effect of a supportive companion on perinatal problems, length of labor, and mother–infant interaction. *New England Journal of Medicine, 303,* 597–600.

Speece, M. W., & Brent, S. B. (1996). The development of children's understanding of death. In C. A. Corr & D. M. Corr (Eds.), *Handbook of childhood death and bereavement* (pp. 29–50). New York: Springer.

Speicher, B. (1994). Family patterns of moral judgment during adolescence and early adulthood. *Developmental Psychology, 30,* 624–632.

Spelke, E. S. (1987). The development of intermodal perception. In P. Salapatek & L. Cohen (Eds.), *Handbook of infant perception: Vol. 2. From perception to cognition* (pp. 233–273). Orlando, FL: Academic Press.

Spelke, E. S., & Newport, E. L. (1998). Nativism, empiricism, and the development of knowledge. In R. M. Lerner (Ed.), *Handbook of child psychology: Vol. 1. Theoretical models of human development* (5th ed., pp. 199–254). New York: Wiley.

Spence, M. J., & DeCasper, A. J. (1987). Prenatal experience with low-frequency maternal voice sounds influences neonatal perception of maternal voice samples. *Infant Behavior and Development, 10,* 133–142.

Spencer, J. P., Verejiken, B., Diedrich, F. J., & Thelen, E. (2000). Posture and the emergence of manual skills. *Developmental Science, 3,* 216–233.

Spira, A. (1992). *Les comportements sexuels en France.* Paris: La documentation Française.

Spitz, R. A. (1946). Anaclitic depression. *Psychoanalytic Study of the Child, 2,* 313–342.

Spock, B., & Parker, S. J. (1998). *Dr. Spock's baby and child care* (7th ed.). New York: Pocket Books.

Sprecher, S. (1999). "I love you more today than yesterday": Romantic partners' perceptions of changes in love and related affect over time. *Journal of Personality and Social Psychology, 76,* 46–53.

Springer, C. A., & Lease, S. H. (2000). The impact of multiple AIDS-related bereavement in the gay male population. *Journal of Counseling and Development, 78,* 297–304.

Sridhar, D., & Vaughn, S. (2001). Social functioning of students with learning disabilities. In D. P. Hallahan & B. K. Keogh (Eds.), *Research and global perspectives in learning disabilities* (pp. 65–91). Mahwah, NJ: Erlbaum.

Sroufe, L. A., & Waters, E. (1976). The ontogenesis of smiling and laughter: A perspective on the organization of development in infancy. *Psychological Review, 83,* 173–189.

Sroufe, L. A., & Wunsch, J. P. (1972). The development of laughter in the first year of life. *Child Development, 43,* 1324–1344.

Sroufe, L. A., Egeland, B., & Kreutzer, T. (1990). The fate of early experience following developmental change: Longitudinal approaches to individual adaptation. *Child Development, 61,* 1363–1373.

Stamler, J., Stamler, R., Neaton, J. D., Wentworth, D., Daviglus, M. L., Garside, D., Dyer, A. R., Liu, K. A., & Greenland, P. (1999). Low risk-factor profile and long-term cardiovascular and noncardiovascular mortality and life expectancy: Findings for five large cohorts of young adult and middle-aged men and women. *Journal of the American Medical Association, 282,* 2012–2018.

Stams, G. J. M., Juffer, F., & van IJzendoorn, M. H. (2002). Maternal sensitivity, infant attachment, and temperament in early childhood predict adjustment in middle childhood: The case of adopted children and their biologically unrelated parents. *Developmental Psychology, 38,* 806–821.

Standley, J. M. (1998). The effect of music and multimodal stimulation on responses of premature infants in neonatal intensive care. *Pediatric Nursing, 24,* 532–538.

Stanley, B., & Seiber, J. E. (Eds.). (1992). *Social research on children and adolescents: Ethical issues.* Newbury Park, CA: Sage.

Statistics Canada (2002p). 2001 Census [Online]. Available: www12.statcan.ca/English/census01/products/analytic/companion/fam/provs.cfm

Statistics Canada. (1999a, Winter). Life expectancy. *Health Reports, 11*(3).

Statistics Canada. (1999b). Statistical report on the health of Canadians. Retrieved from http:// www.hc-sc.gc.ca/hppb/phdd/ report/stat/report.html

Statistics Canada. (2000). *Immigrant Youth in Canada.* Retrieved from http://www.ccsd.ca

Statistics Canada. (2001a). Births: 1999. Retrieved from http:// www.statcan.ca/Daily/English/ 011210/d011210b.htm

Statistics Canada. (2001b). *Education in Canada.* Ottawa: Statistics Canada.

Statistics Canada. (2001c). *Families and household living arrangements: Highlight tables 2001.* Ottawa: Census Operations Division.

Statistics Canada. (2001d). *Family violence in Canada: A statistical profile.* Ottawa: National Clearinghouse on Family Violence.

Statistics Canada. (2001e). Population by knowledge of official languages, showing age groups, for Canada, provinces, and territories, 1996 Census. Retrieved from http://www. statcan.ca/english/census96/ dec2/off.htm

Statistics Canada. (2001f, January 25). Television viewing. *The Daily.* Retrieved from http:// www.statcan.ca/Daily/English/ 010125/d010125a.htm

Statistics Canada. (2001g). *Television viewing data bank.* Ottawa: Author.

Statistics Canada. (2002a). *Changing conjugal life in Canada.* Ottawa: Statistics Canada.

Statistics Canada. (2002b). Crime in Canada. *Juristat, 22*(6). Retrieved from http://www.statcan.ca

Statistics Canada. (2002c). Divorces. Retrieved from http://www.statcan.ca

Statistics Canada. (2002d, December 2). Divorces. *The Daily.* Retrieved from http://www.statcan.ca/Daily/English/021202/ d021202f.htm

Statistics Canada. (2002f). Family studies kit. Retrieved from http:// www.statcan.ca/english/kits/ Family/intro.htm

Statistics Canada. (2002g). Family studies kit. Retrieved from http:// www.statcan.ca/english/kits/ Family/pdf/ch3_3e.pdf

Statistics Canada. (2002h). *Labour force historical review.* Catalogue No. 71F0004. Ottawa: Author.

Statistics Canada. (2002i). *Mortality, summary list of causes—shelf tables.* Ottawa: Health Statistics Division.

Statistics Canada. (2002j). Number of income recipients and their average income in constant dollars by sex and age groups, for Canada, provinces and territories. Retrieved from http://www.statcan.ca/english/census96/ may12/t1.htm

Statistics Canada. (2002k). Population. Retrieved from http://www.statcan.ca

Statistics Canada. (2002l). Population 15 years and over by hours spent on unpaid housework. Retrieved from http://www.statcan.ca/english/Pgdb/ famil56a.htm

Statistics Canada. (2002m). Robert Glossup on the Canadian family. Retrieved from http://www. statcan.ca/english/ads/ 11-008-XPE/family.html

Statistics Canada. (2002n). Statistical report on the health of Canadians. Retrieved from http://www.statcan.ca:80/english/freepub/82-570-XIE/ partb.htm

Statistics Canada. (2002o, January 23). Youth in transition survey, 2000. *The Daily.* Retrieved from http://www.statcan.ca/Daily/English/000928/d000928b.htm

Statistics Canada. (2003a). Age groups, number of grandparents, and sex for grandchildren living with grandparents with no parent present, 2001. Retrieved from http://www12.statcan.ca/English/ census01

Statistics Canada. (2003b). Aging in rural communities and small towns. *Expression, 9*(1). Retrieved from http://www.hc-sc.gc.ca/seniors-aines/pubs/expression/ 9-1/exp-9-1-e.htm

Statistics Canada. (2003c). Canada's ethnocultural portrait: The changing mosaic. Retrieved from http://www12.statcan.ca/English/census01/products/analytic/companion/etoimm/Canada.cfm

Statistics Canada. (2003d). Population 15 years and over by marital status, showing selected age groups and sex, for Canada, provinces, and territories. Retrieved from http://www.statcan.ca/english/census96/oct14/ mar1.htm

Statistisches Bundesamt (2003). Statistisches Jahrbuch für die Bundesrepublik Deutschland. 2003.

Stattin, H., & Magnusson, D. (1990). *Pubertal maturation in female development.* Hillsdale, NJ: Erlbaum.

Stattin, H., & Magnusson, D. (1996). Leaving home at an early age among females. In J. A. Graber & J. S. Dubas (Eds.), *New directions for child development* (No. 71, pp. 53–69). San Francisco: Jossey-Bass.

Staub, E. (1996). Cultural–societal roots of violence. *American Psychologist, 51,* 117–132.

Staudinger, U. M. (1999). Older and wiser? Integrating results on the relationship between age and wisdom-related peformance. *International Journal of Behavioral Development, 23,* 641–664.

Staudinger, U. M., Fleeson, W., & Baltes, P. B. (1999). Predictors of subjective physical health and global well-being: Similarities and differences between the United States and Germany. *Journal of Personality and Social Psychology, 76,* 305–319.

Staudinger, U. M., Maciel, A. G., Smith, J., & Baltes, P. B. (1998). What predicts wisdom-related performance? A first look at personality, intelligence, and facilitative experiential contexts. *European Journal of Personality, 12,* 1–17.

Staudinger, U. M., Smith, J., & Baltes, P. B. (1992). Wisdom-related knowledge in a life-review task: Age differences and the role of professional specialization. *Psychology and Aging, 7,* 271–281.

Stein, C. H., Wemmerus, V. A., Ward, M., Gaines, M. E., Freeberg, A. L., & Jewell, T. C. (1998). "Because they're my parents": An intergenerational study of felt obligation and parental caregiving. *Journal of Marriage and the Family, 60,* 611–622.

Stein, J. H., & Reiser, L. W. (1994). A study of white middle-class adolescent boys' responses to "semenarche" (the first ejaculation). *Journal of Youth and Adolescence, 23,* 373–384.

Stein, N., & Levine, L. J. (1999). The early emergence of emotional understanding and appraisal: Implications for theories of development. In T. Dalgleish & M. J. Power (Eds.), *Handbook of cognition and emotion* (pp. 383– 408). Chichester, U.K.: Wiley.

Steinberg, L. (1984). The varieties and effects of work during adolescence. In M. Lamb, A. Brown, & B. Rogoff (Eds.), *Advances in developmental psychology* (pp. 1–37). Hillsdale, NJ: Erlbaum.

Steinberg, L. (2001). We know some things: Parent–adolescent relationships in retrospect and prospect. *Journal of Research on Adolescence, 11,* 1–19.

Steinberg, L. D. (1986). Latchkey children and susceptibility to peer pressure: An ecological analysis. *Developmental Psychology, 22,* 433–439.

Steinberg, L. D., Darling, N. E., & Fletcher, A. C. (1995). Authoritative parenting and adolescent development: An ecological journey. In P. Moen, G. H. Elder, Jr., & K. Luscher (Eds.), *Examining lives in context* (pp. 423–466). Washington, DC: American Psychological Association.

Steinberg, L. D., Fegley, S., & Dornbusch, S. (1993). Negative impact of part-time work on adolescent adjustment: Evidence from a longitudinal study. *Developmental Psychology, 29,* 171–180.

Steinberg, L. D., Lamborn, S. D., Darling, N., Mounts, N. S., & Dornbusch, S. M. (1994). Overtime changes in adjustment and competence among adolescents from authoritative, authoritarian, indulgent, and neglectful families. *Child Development, 65,* 754–770.

Steinberg, L., & Morris, A. S. (2001). Adolescent development. *Annual Review of Psychology, 52,* 83–110.

Steinberg, L., & Silk, J. S. (2002). Parenting adolescents. In M. H. Bornstein (Ed.), *Handbook of parenting* (Vol. 1, pp. 103–134). Mahwah, NJ: Erlbaum.

Steinberg, L., & Silverberg, S. (1986). The vicissitudes of autonomy in early adolescence. *Child Development, 57,* 841–851.

Steinberg, L., Darling, N. E., & Fletcher, A. C. (1995). Authoritative parenting and adolescent development: An ecological journey. In P. Moen, G. H. Elder, Jr., & K. Luscher (Eds.), *Examining*

lives in context (pp. 423–466). Washington, DC: American Psychological Association.
Steinberg, L., Fletcher, A., & Darling, N. (1994). Parental monitoring and peer influences on adolescent substance use. *Pediatrics, 93,* 1060–1064.
Steinberg, S., & Bellavance, F. (1999). Characteristics and treatment of women with antenatal and postpartum depression. *International Journal of Psychiatry and Medicine, 29,* 209–233.
Steiner, J. E. (1979). Human facial expression in response to taste and smell stimulation. In H. W. Reese & L. P. Lipsitt (Eds.), *Advances in child development and behavior* (Vol. 13, pp. 257–295). New York: Academic Press.
Steinhauser, K. E., Clipp, E. C., McNeilly, M., Christakis, N. A., McIntyre, L. M., & Tulsky, J. A. (2000). In search of a good death: Observations of patients, families, and providers. *Annals of Internal Medicine, 132,* 825–832.
Stenberg, C., & Campos, J. (1990). The development of anger expressions in infancy. In N. Stein, B. Leventhal, & T. Trabasso (Eds.), *Psychological and biological approaches to emotion* (pp. 247–282). Hillsdale, NJ: Erlbaum.
Stephens, M. A. P., & Franks, M. M. (1999). Parent care in the context of women's multiple roles. *Current Directions in Psychological Science, 8,* 149–152.
Stephens, M. A. P., Franks, M. M., & Atienza, A. A. (1997). Where two roles intersect: Spillover between parent care and employment. *Psychology and Aging, 12,* 30–37.
Stephens, M. A. P., Townsend, A. L., Martire, L. M., & Druley, A. (2001). Balancing parent care with other roles: Interrole conflict of adult daughter caregivers. *Journal of Gerontology, 56B,* P24–P34.
Stern, M., & Karraker, K. H. (1989). Sex stereotyping of infants: A review of gender labeling studies. *Sex Roles, 20,* 501–522.
Sternberg, R. J. (1985). *Beyond IQ: A triarchic theory of human intelligence.* New York: Cambridge University Press.
Sternberg, R. J. (1987). Liking versus loving: A comparative evaluation of theories. *Psychological Bulletin, 102,* 331–345.
Sternberg, R. J. (1988). Triangulating love. In R. J. Sternberg & M. L. Barnes (Eds.), *The psychology of love* (pp. 119–138). New Haven, CT: Yale University Press.
Sternberg, R. J. (1997). *Successful intelligence.* New York: Plume.
Sternberg, R. J. (1999). A triarchic approach to understanding and assessment of intelligence in multicultural populations. *Journal of School Psychology, 37,* 145–159.
Sternberg, R. J. (2001). Why schools should teach for wisdom: The balance theory of wisdom in educational settings. *Educational Psychologist, 36,* 227–245.
Sternberg, R. J., & Lubart, T. I. (1995). *Defying the crowd.* New York: Basic Books.
Sternberg, R. J., & Lubart, T. I. (1996). Investing in creativity. *American Psychologist, 51,* 677–688.
Sternberg, R. J., & Lubart, T. I. (2001). Wisdom and creativity. In J. E. Birren & K. W. Schaie (Eds.), *Handbook of the psychology of aging* (pp. 500–522). San Diego: Academic Press.
Sternberg, R. J., Forsythe, G. B., Hedlund, J., Horvath, J. A., Wagner, R. K., Williams, W. M., Snook, S. A., & Grigorenko, E. L. (2000). *Practical intelligence in everyday life.* Cambridge, U.K.: Cambridge University Press.
Sterns, H. L., & Gray, J. H. (1999). Work, leisure, and retirement. In J. C. Cavanaugh & S. K. Whitbourne (Eds.), *Gerontology: An interdisciplinary perspective* (pp. 355–390). New York: Oxford University Press.
Sterns, H. L., & Huyck, M. H. (2001). The role of work in midlife. In M. E. Lachman (Ed.), *Handbook of midlife development* (pp. 447–486). New York: Wiley.
Stettler, N., Zemel, B. S., Kumanyika, S., & Sallings, V. A. (2002). Infant weight gain and childhood overweight status in a multicenter, cohort study. *Pediatrics, 109,* 194–199.
Stevens, J. C., & Cruz, L. A. (1996). Spatial acuity of touch: Ubiquitous decline with aging revealed by repeated threshold testing. *Somatosensory and Motor Research, 13,* 1–10.

Stevens, J. C., Cruz, L. A., Hoffman, J. M., & Patterson, M. Q. (1995). Taste sensitivity and aging: High incidence of decline revealed by repeated threshold measures. *Chemical Senses, 20,* 451–459.
Stevens, J. C., Cruz, L. A., Marks, L. E., & Lakatos, S. (1998). A multimodal assessment of sensory thresholds in aging. *Journal of Gerontology, 53B,* P263–P272.
Stevens, J. C., Foulke, E., & Patterson, M. Q. (1996). Tactile acuity, aging, and Braille reading in long-term blind adults. *Journal of Experimental Psychology: Applied, 2,* 91–106.
Stevens, M. L. T. (1997, March–April). What Quinlan can tell Kevorkian about the right to die. *The Humanist, 57*(2), 10–14.
Stevenson, H. W. (1992, December). Learning from Asian schools. *Scientific American, 267*(6), 32–38.
Stevenson, H. W., & Lee, S.-Y. (1990). Contexts of achievement: A study of American, Chinese, and Japanese children. *Monographs of the Society for Research in Child Development, 55*(1–2, Serial No. 221).
Stevenson, H. W., Lee, S., & Mu, X. (2000). Successful achievement in mathematics: China and the United States. In C. F. M. van Lieshout & P. G. Heymans (Eds.), *Developing talent across the lifespan* (pp. 167–183). Philadelphia: Psychology Press.
Stevenson, M. R., & Black, K. N. (1995). *How divorce affects offspring: A research approach.* Dubuque, IA: Brown & Benchmark.
Stevenson, R., & Pollitt, C. (1987). The acquisition of temporal terms. *Journal of Child Language, 14,* 533–545.
Steward, D. K. (2001). Behavioral characteristics of infants with nonorganic failure to thrive during a play interaction. *American Journal of Maternal Child Nursing, 26,* 79–85.
Stewart, A. J., & Vandewater, E. A. (1992, August). *Combining tough and tender methods to study women's lives.* Paper presented at the annual meeting of the American Psychological Association, Washington, DC.
Stewart, A. J., & Vandewater, E. A. (1998). The course of generativity. In D. P. McAdams & E. de St. Aubin (Eds.), *Generativity and adult development* (pp. 75–100). Washington, DC: American Psychological Association.
Stewart, A. J., Ostrove, J. M., & Helson, R. (2001). Middle aging in women: Patterns of personality change from the 30s to the 50s. *Journal of Adult Development, 8,* 23–37.
Stewart, A. L., Verboncoeur, C. J., McLellan, B. Y., Gillis, D. E., Rush, S., & Mills, K. M. (2001). Physical activity outcomes of CHAMPS II: A physical activity promotion program for older adults. *Journal of Gerontology, 56A,* M465–M470.
Stewart, P., Reihman, J., Lonky, E., Darvill, T., & Pagano, J. (2000). Prenatal PCB exposure and neonatal behavioral assessment scale (NBAS) performance. *Neurotoxicology and Teratology, 22,* 21–29.
Stewart, R. B. (1983). Sibling attachment relationships: Child–infant interactions in the Strange Situation. *Developmental Psychology, 19,* 192–199.
Stewart, R. B., Kozak, A. L., Tingley, L. M., Goddard, J. M., Blake, E. M., & Cassel, W. A. (2001). Adult sibling relationships: Validation of a typology. *Personal Relationships, 8,* 299–324.
Stewart, S., Stinnett, H., & Rosenfeld, L. B. (2000). Sex differences in desired characteristics of short-term and long-term relationship partners. *Journal of Social and Personal Relationships, 17,* 843–853.
Stewart, T. L., & Ralston, S. H. (2000). Role of genetic factors in the pathogenesis of osteoporosis. *Journal of Endocrinology, 166,* 235–245.
Stice, E., & Barrera, M., Jr. (1995). A longitudinal examination of the reciprocal relations between perceived parenting and adolescents' substance use and externalizing behaviors. *Developmental Psychology, 31,* 322–334.
Stichick, T. (2001). The psychosocial impact of armed conflict on children. *Child and Adolescent Psychiatric Clinics of North America, 10,* 797–814.
Stifter, C. A., Coulehan, C. M., & Fish, M. (1993). Linking employment to attachment: The mediating effects of maternal

separation anxiety and interactive behavior. *Child Development, 64,* 1451–1460.

Stiles, J. (2001a). Neural plasticity in cognitive development. *Developmental Neuropsychology, 18,* 237–272.

Stiles, J. (2001b). Spatial cognitive development. In C. A. Nelson & M. Luciana (Eds.), *Handbook of developmental cognitive neuroscience* (pp. 399–414). Cambridge, MA: MIT Press.

Stiles, J., Bates, E. A., Thai, D., Trauner, D., & Reilly, J. (1998). Linguistic, cognitive, and affective development in children with pre- and perinatal focal brain injury: A ten-year overiew from the San Diego Longitudinal Project. In C. Rovee-Collier, L. P. Lipsitt, & H. Hayne (Eds.), *Advances in infancy research* (pp. 131–163). Stamford, CT: Ablex.

Stillion, J. M. (1995). Death in the lives of adults: Responding to the tolling of the bell. In H. Wass & R. A. Neimeyer (Eds.), *Dying: Facing the facts* (pp. 303–322). New York: Taylor & Francis.

Stine-Morrow, E. A. L., & Miller, L. M. S. (1999). Basic cognitive processes. In J. C. Cavanaugh & S. K. Whitbourne (Eds.), *Gerontology: An interdisciplinary perspective* (pp.186–212). New York: Oxford University Press.

Stipek, D. (1995). The development of pride and shame in toddlers. In J. P. Tangney & K. W. Fischer (Eds.), *Self-conscious emotions* (pp. 237–252). New York: Guilford.

Stipek, D. (2002). At what age should children enter kindergarten? A question for policy makers and parents. *Social Policy Report of the Society for Research in Child Development, 16*(3).

Stipek, D. J., & Byler, P. (1997). Early childhood education teachers: Do they practice what they preach? *Early Childhood Research Quarterly, 12,* 305–326.

Stipek, D. J., Feiler, R., Daniels, D., & Milburn, S. (1995). Effects of different instructional approaches on young children's achievement and motivation. *Child Development, 66,* 209–223.

Stipek, D. J., Gralinski, J. H., & Kopp, C. B. (1990). Self-concept development in the toddler years. *Developmental Psychology, 26,* 972–977.

Stipek, D., & Byler, P. (2001). Academic achievement and social behaviors associated with age of entry into kindergarten. *Journal of Applied Developmental Psychology, 22,* 175–189.

Stith, S. M., & Farley, S. C. (1993). A predictive model of male spousal violence. *Journal of Family Violence, 8,* 183–201.

Stoch, M. B., Smythe, P. M., Moodie, A. D., & Bradshaw, D. (1982). Psychosocial outcome and CT findings after growth undernourishment during infancy: A 20-year developmental study. *Developmental Medicine and Child Neurology, 24,* 419–436.

Stocker, C., & Dunn, J. (1994). Sibling relationships in childhood and adolescence. In J. C. DeFries, R. Plomin, & D. W. Fulker (Eds.), *Nature and nurture in middle childhood* (pp. 214–232). Cambridge, MA: Blackwell.

Stodolsky, S. S. (1988). *The subject matters.* Chicago: University of Chicago Press.

Stoel-Gammon, C., & Otomo, K. (1986). Babbling development of hearing-impaired and normal hearing subjects. *Journal of Speech and Hearing Disorders, 51,* 33–41.

Stone, M. R., & Brown, B. B. (1999). Identity claims and projections: Descriptions of self and crowds in secondary school. In J. A. McLellan & M. J. V. Pugh (Eds.), *The role of peer groups in adolescent social identity: Exploring the importance of stability and change* (pp. 7–20). San Francisco: Jossey-Bass.

Stone, R. G., Staisey, N., & Sonn, U. (1991). Systems for delivery of assistive equipment to elders in Canada, Sweden, and the United States. *International Journal of Technology and Aging, 4,* 129–140.

Stoney, C. M., & Engebretson, T. O. (1994). Anger and hostility: Potential mediators of the gender difference in coronary artery disease. In A. W. Siegman & T. W. Smith (Eds.), *Anger, hostility, and the heart* (pp. 215–238). Hillsdale, NJ: Erlbaum.

Stormshak, E. A., Bierman, K. L., Bruschi, C., Dodge, K. A., & Coie, J. D. (1999). The relation between behavior problems and peer preference in different classroom contexts. *Child Development, 70,* 169–182.

Stormshak, E. A., Bierman, K. L., McMahon, R. J., Lengua, L. J., & the Conduct Problems Prevention Research Group. (2000). Parenting practices and child disruptive behavior problems in early elementary school. *Journal of Clinical Child Psychology, 29,* 17–29.

Strain, L. A., Grabusic, C. C., Searle, M. S., & Dunn, N. J. (2002). Continuing and ceasing leisure activities in later life: A longitudinal study. *Gerontologist, 42,* 217–223.

Strange, C. J. (1996). *Coping with arthritis in its many forms.* Washington, DC: U.S. Government Printing Office. (Reprint from *FDA Consumer Magazine.*)

Strapp, C. M., & Federico, A. (2000). Imitations and repetitions: What do children say following recasts? *First Language, 20,* 273–290.

Stratton, J. R., Levy, W. C., Cereueira, M. D., Schwartz, R. S., & Abrass, I. B. (1994). Cardiovascular responses to exercise: Effects of aging and exercise training in healthy men. *Circulation, 89,* 1648–1655.

Straus, M. A. (1999). The controversy over domestic violence by women: A methodological, theoretical, and sociology of science analysis. In X. B. Arriaga & S. Oskamp (Eds.), *Violence in intimate relationships* (pp.17–44). Thousand Oaks, CA: Sage.

Straus, M. A., & Stewart, J. H. (1999). Corporal punishment by American parents: National data on prevalence, chronicity, severity, and duration, in relation to child and family characteristics. *Clinical Child and Family Psychology Review, 2,* 55–70.

Strawbridge, W. J., Shema, S. J., Cohen, R. D., & Kaplan, G. A. (2001). Religious attendance increases survival by improving and maintaining good health behaviors. *Annals of Behavioral Medicine, 23,* 68–74.

Strayer, B. K., Tofler, I. R., & Lapchick, R. (1998). A developmental overview of child and youth sports in society. *Child and Adolescent Psychiatric Clinics of North America, 7,* 697–719.

Streissguth, A. P., Barr, H. M., Sampson, P. D., & Bookstein, F. L. (1994). Prenatal alcohol and offspring development: The first fourteen years. *Drug and Alcohol Dependence, 36,* 89–99.

Streissguth, A. P., Barr, H. M., Sampson, P. D., Darby, B. L., & Martin, D. C. (1989). IQ at age 4 in relation to maternal alcohol use and smoking during pregnancy. *Developmental Psychology, 25,* 3–11.

Streissguth, A. P., Treder, R., Barr, H. M., Shepard, T., Bleyer, W. A., Sampson, P. D., & Martin, D. G. (1987). Aspirin and acetaminophen use by pregnant women and subsequent child IQ and attention decrements. *Teratology, 35,* 211–219.

Striano, T., & Rochat, P. (2000). Emergence of selective social referencing in infancy. *Infancy, 1,* 253–264.

Strickland, C. J. (1997). Suicide among American Indian, Alaskan Native, and Canadian Aboriginal youth: Advancing the research agenda. *International Journal of Mental Health, 25,* 11–32.

Stroebe, M. (1998). New directions in bereavement research: Exploration of gender differences. *Palliative Medicine, 12,* 5–12.

Stroebe, M., & Schut, H. (1999). The dual process model of coping with bereavement: Rationale and description. *Death Studies, 23,* 197–224.

Stroebe, M., & Schut, H. (2001). Models of coping with bereavement: A review. In M. S. Stroebe, R. O. Hansson, W. Stroebe, & H. Schut (Eds.), *Handbook of bereavement research* (pp. 375–403). Washington, DC: American Psychological Association.

Stroebe, W., & Stroebe, M. S. (1993). Determinants of adjustment to bereavement in younger widows and widowers. In M. S. Stroebe, W. Stroebe, & R. O. Hansson (Eds.), *Handbook of bereavement* (pp. 208–226). New York: Cambridge University Press.

Stroebe, W., Stroebe, M., Abakoumkin, G., & Schut, H. (1996). The role of loneliness and social support in adjustment to loss: A test of attachment versus stress theory. *Journal of Personality and Social Psychology, 70,* 1241–1249.

Stroh, L. K., Brett, J. M., & Reilly, A. H. (1996). Family structure, glass ceiling, and traditional explanations for the differential rate of turnover of female and male managers. *Journal of Vocational Behavior, 49,* 99–118.

Stromswold, K. (1995). The acquisition of subject and object questions. *Language Acquisition, 4*, 5–48.

Strouse, D. L. (1999). Adolescent crowd orientations: A social and temporal analysis. In J. A. McLellan & M. J. V. Pugh (Eds.), *The role of peer groups in adolescent social identity: Exploring the importance of stability and change* (pp. 37–54). San Francisco: Jossey-Bass.

Stryker, J., Coates, T. J., DeCarlo, P., Haynes-Sanstad, K., Shriver, M., & Makadon, H. J. (1995). Prevention of HIV infection: Looking back, looking ahead. *Journal of the American Medical Association, 273*, 1143–1148.

Stuart, M., & Weinrich, M. (2001). Home- and community-based long-term care: Lessons from Denmark. *Gerontologist, 41*, 474–480.

Stull, D., & Scarisbrick-Hauser, A. (1989). Never-married elderly. *Research on Aging, 11*, 124–139.

Stunkard, A. J., & Sørensen, T. I. A. (1993). Obesity and socioeconomic status—a complex relation. *New England Journal of Medicine, 329*, 1036–1037.

Stunkard, A. J., Sørenson, T. I. A., Hanis, C., Teasdale, T. W., Chakraborty, R., Schull, W. J., & Schulsinger, F. (1986). An adoption study of human obesity. *New England Journal of Medicine, 314*, 193–198.

Stylianos, S. K., & Vachon, M. L. S. (1993). The role of social support in bereavement. In M. S. Stroebe, W. Stroebe, & R. O. Hansson (Eds.), *Handbook of bereavement* (pp. 397–410). New York: Cambridge University Press.

Suarez-Orozco, C., & Suarez-Orozco, M. M. (1995). *Transformation: Immigration, family life, and achievement motivation among Latino adolescents.* Stanford, CA: Stanford University Press.

Subbotsky, E. V. (1994). Early rationality and magical thinking in preschoolers: Space and time. *British Journal of Developmental Psychology, 12*, 97–108.

Subrahmanyam, K., & Greenfield, P. M. (1996). Effect of video game practice on spatial skills in girls and boys. In P. M. Greenfield & R. R. Cocking (Eds.), *Interacting with video* (pp. 95–114). Norwood, NJ: Ablex.

Suitor, J. J., Pillemer, K., Keeton, S., & Robison, J. (1995). Aging parents and aging children: Determinants of relationships quality. In R. Blieszner & V. H. Bedford (Eds.), *Handbook of aging and the family* (pp. 223–242). Westport, CT: Greenwood Press.

Sullivan, M. A. (1995). May the circle be unbroken: The African-American experience of death, dying, and spirituality. In J. K. Parry & A. S. Ryan (Eds.), *A cross-cultural look at death, dying, and religion* (pp. 160–171). Chicago: Nelson-Hall.

Sullivan, S. A., & Birch, L. L. (1990). Pass the sugar, pass the salt: Experience dictates preference. *Developmental Psychology, 26*, 546–551.

Suls, J., & Mullen, B. (1982). From the cradle to the grave: Comparison and self-evaluation across the life span. In J. Suls (Ed.), *Psychological perspectives on the self* (Vol. 1, pp. 97–128). Hillsdale, NJ: Erlbaum.

Sundell, H. (2001). Why does maternal smoke exposure increase the risk of sudden infant death syndrome? *Acta Paediatrica, 90*, 718–720.

Super, C. M. (1981). Behavioral development in infancy. In R. H. Monroe, R. L. Monroe, & B. B. Whiting (Eds.), *Handbook of cross-cultural human development* (pp. 181–270). New York: Garland.

Super, D. (1980). A life-span, life-space approach to career development. *Journal of Vocational Behavior, 16*, 282–298.

Super, D. (1984). Career and life development. In D. Brown & L. Brooks (Eds.), *Career choice and development* (pp. 192–234). San Francisco: Jossey-Bass.

Sureau, C. (1997). Trials and tribulations of surrogacy: From surrogacy to parenthood. *Human Reproduction, 12*, 410–411.

Sutcliffe, A. G. (2002). Health risks in babies born after assisted reproduction. *British Medical Journal, 325*, 117–118.

Suzuki, L. A., & Valencia, R. R. (1997). Race–ethnicity and measured intelligence: Educational implications. *American Psychologist, 52*, 1103–1114.

Swanson, J. L., & Fouad, N. A. (1999). Applying theories of person–environment fit to the transition from school to work. *Career Development Quarterly, 47*, 337–347.

Swanson, N. G., Piotrkowski, C. S., Keita, G. P., & Becker, A. B. (1997). Occupational stress and women's health. In S. J. Gallant, G. P. Keita, & R. Royak-Schaler (Eds.), *Health care for women* (pp. 147–159). Washington, DC: American Psychological Association.

Swendsen, J. D., & Mazure, C. M. (2000). Life stress as a risk factor for postpartum depression: Current research and methodological issues. *Clinical Psychology—Science and Practice, 7*, 17–31.

Swindell, R., & Thompson, J. (1995). An international perspective on the University of the Third Age. *Educational Gerontology, 21*, 429–447.

Szepkouski, G. M., Gauvain, M., & Carberry, M. (1994). The development of planning skills in children with and without mental retardation. *Journal of Applied Developmental Psychology, 15*, 187–206.

Szinovacz, M. (1998). Grandparents today: A demographic profile. *Gerontologist, 38*, 37–52.

Szkrybalo, J., & Ruble, D. N. (1999). "God made me a girl": Sex-category constancy judgments and explanations revisited. *Developmental Psychology, 35*, 392–402.

Taddio, A., Katz, J., Ilersich, A. L., & Koren, G. (1997). Effect of neonatal circumcision on pain response during subsequent routine vaccination. *Lancet, 349*, 599–603.

Tager-Flusberg, H. (2001). Putting words together: Morphology and syntax in the preschool years. In J. Berko Gleason (Ed.), *The development of language* (4th ed., pp. 159–209). Boston: Allyn and Bacon.

Takahashi, K. (1990). Are the key assumptions of the "Strange Situation" procedure universal? A view from Japanese research. *Human Development, 33*, 23–30.

Takamura, J., & Williams, B. (2002). *Informal caregiving: Compassion in action.* Arlington, TX: Arc of the United States.

Tamis-LeMonda, C. S., & Bornstein, M. H. (1989). Habituation and maternal encouragement of attention in infancy as predictors of toddler language, play, and representational competence. *Child Development, 60*, 738–751.

Tamis-LeMonda, C. S., & Bornstein, M. H. (1994). Specificity in mother–toddler language–play relations across the second year. *Developmental Psychology, 30*, 283-292.

Tangney, J. P. (2001). Constructive and destructive aspects of shame and guilt. In A. C. Bohart & D. J. Stipek (Eds.), *Constructive and destructive behavior* (pp. 127– 145). Washington, DC: American Psychological Association.

Tangri, S. S., & Jenkins, S. R. (1997). Why expecting conflict is good. *Sex Roles, 36*, 725–746.

Tanner, J. M. (1990). *Foetus into man* (2nd ed.). Cambridge, MA: Harvard University Press.

Tanner, J. M., Healy, M., & Cameron, N. (2001*). Assessment of skeletal maturity and prediction of adult height* (3rd ed.). Philadelphia: Saunders.

Tardif, T., Gelman, S. A., & Xu, F. (1999). Putting the "noun bias" in context: A comparison of English and Mandarin. *Child Development, 70*, 620–635.

Taylor, J. H., & Walker, L. J. (1997). Moral climate and the development of moral reasoning: The effects of dyadic discussions between young offenders. *Journal of Moral Education, 26*, 21–43.

Taylor, M. C., & Hall, J. A. (1982). Psychological androgyny: Theories, methods, and conclusions. *Psychological Bulletin, 92*, 347–366.

Taylor, R. D., & Roberts, D. (1995). Kinship support and maternal and adolescent well-being in economically disadvantaged African-American families. *Child Development, 66*, 1585–1597.

Taylor, R. L. (2000). Diversity within African-American families. In D. H. Demo & K. R. Allen (Eds.), *Handbook of family diversity* (pp. 232–251). New York: Oxford University Press.

Teller, D. Y. (1997). First glances: The vision of infants. *Investigative Ophthalmology and Visual Science, 38,* 2183–2203.

Teller, D. Y. (1998). Spatial and temporal aspects of infant color vision. *Vision Research, 38,* 3275–3282.

Tellings, A. (1999). Psychoanalytical and genetic-structuralistic approaches to moral development: Incompatible views? *Psychoanalytic Review, 86,* 903–914.

Temple, C. M., & Carney, R. A. (1995). Patterns of spatial functioning in Turner's syndrome. *Cortex, 31,* 109–118.

Terenzini, P. T., Pascarella, E. T., & Blimling, G. S. (1999). Students' out-of-class experiences and their influence on learning and cognitive development: A literature review. *Journal of College Student Development, 40,* 610–623.

Terestchenko, N. Y., Lyaginskaya, A. M., & Burtzeva, L. I. (1991). Stochastic, non-stochastic effects and some population-genetic characteristics in children of the critical group in period of basic organogenesis. In *The scientific and practical aspects of preservation of health of the people exposed to radiation influence as a result of the accident at the Chernobyl atomic power station* (in Russian) (pp. 73–74). Minsk: Publishing House of Belarussian Committee "Chernobyl Children."

Terman, L.M. & Merrill, M.A. (1957/1965). Der Stanford-Binet-Intelligenztest. Deutsche Bearbeitung von H.R. Lückert. Göttingen: Hogrefe.

Tertinger, D. A., Greene, B. F., & Lutzker, J. R. (1984). Home safety: Development and validation of one component of an ecobehavioral treatment program for abused and neglected children. *Journal of Applied Behavior Analysis, 17,* 159–174.

Tetens, J. N. (1777). *Philosophische Versuche über die menschliche Natur und ihre Entwicklung.* Leipzig: Weidmanns Erben & Reich.

Teti, D. M., Gelfand, D. M., Messinger, D. S., & Isabella, R. (1995). Maternal depression and the quality of early attachment: An examination of infants, preschoolers, and their mothers. *Developmental Psychology, 31,* 364–376.

Teti, D. M., Saken, J. W., Kucera, E., & Corns, K. M. (1996). And baby makes four: Predictors of attachment security among preschool-age firstborns during the transition to siblinghood. *Child Development, 67,* 579–596.

Teyber, E. (1992). *Helping children cope with divorce.* New York: Lexington Books.

Thacker, S. B., Stroup, D., & Chang, M. (2001). Continuous electronic heart rate monitoring for fetal assessment during labor. *Cochrane Database of Systematic Reviews, 2001*(2), CD000063.

Thatcher, R. W., Lyon, G. R., Rumsey, J., & Krasnegor, J. (1996). *Developmental neuroimaging.* San Diego, CA: Academic Press.

Thatcher, R. W., Walker, R. A., & Giudice, S. (1987). Human cerebral hemispheres develop at different rates and ages. *Science, 236,* 1110–1113.

Theisen, S. C., Mansfield, P. K., Seery, B. L., & Voda, A. (1995). Predictors of midlife women's attitudes toward menopause. *Health Values, 19,* 22–31.

Thelen, E. (1989). The (re)discovery of motor development: Learning new things from an old field. *Developmental Psychology, 25,* 946–949.

Thelen, E. (2001). Dynamic mechanisms of change in early perceptual–motor development. In J. L. McClelland & R. S. Siegler (Eds.), *Mechanisms of cognitive development: Behavioral and neural perspectives* (pp. 161–184). Mahwah, NJ: Erlbaum.

Thelen, E., & Adolph, K. E. (1992). Arnold Gesell: The paradox of nature and nurture. *Developmental Psychology, 28,* 368–380.

Thelen, E., & Smith, L. B. (1998). Dynamic systems theories. In R. M. Lerner (Ed.), *Handbook of child psychology: Vol. 1. Theoretical models of human development* (5th ed., pp. 563–634). New York: Wiley.

Thelen, E., Fisher, D. M., & Ridley-Johnson, R. (1984). The relationship between physical growth and a newborn reflex. *Infant Behavior and Development, 7,* 479–493.

Thomas, A., & Chess, S. (1977). *Temperament and development.* New York: Brunner/Mazel.

Thomas, A., Chess, S., & Birch, H. G. (1968). *Temperament and behavior disorders in children.* New York: New York University Press.

Thomas, J. L. (1989). Gender and perceptions of grandparenthood. *International Journal of Aging and Human Development, 29,* 269–282.

Thomas, J. R., & French, K. E. (1985). Gender differences across age in motor performance: A meta-analysis. *Psychological Bulletin, 98,* 260–282.

Thomas, R. M. (2000). *Comparing theories of child development* (5th ed.). Belmont, CA: Wadsworth.

Thompson, D. N. (1992). Applications of psychological research for the instruction of elderly adults. In R. L. West & J. D. Sinnott (Eds.), *Everyday memory and aging* (pp. 173–181). New York: Springer-Verlag.

Thompson, E. E., & Krause, N. (1998). Living alone and neighborhood characteristics as predictors of social support in late life. *Journal of Gerontology, 53,* S354–S364.

Thompson, K., & Range, L. (1992). Bereavement following suicide and other deaths: Why support attempts fail. *Omega, 26,* 61–70.

Thompson, P. M., Giedd, J. N., Woods, R. P., MacDonald, D., Evans, A. C., & Toga, A. W. (2000). Growth patterns in the developing brain detected by using continuum mechanical tensor maps. *Nature, 404,* 190–192.

Thompson, R. A. (1990). On emotion and self-regulation. In R. A. Thompson (Ed.), *Nebraska Symposia on Motivation* (Vol. 36, pp. 383–483). Lincoln: University of Nebraska Press.

Thompson, R. A. (1992). Developmental changes in research risk and benefit: A changing calculus of concerns. In B. Stanley & J. E. Sieber (Eds.), *Social research on children and adolescents: Ethical issues* (pp. 31–64). Newbury Park, CA: Sage.

Thompson, R. A. (1998). Early sociopersonality development. In N. Eisenberg (Ed.), *Handbook of child psychology: Vol. 3. Social, emotional, and personality development* (5th ed., pp. 25–104). New York: Wiley.

Thompson, R. A. (2000). The legacy of early attachments. *Child Development, 71,* 145–152.

Thompson, R. A., & Leger, D. W. (1999). From squalls to calls: The cry as a developing socioemotional signal. In B. Lester, J. Newman, & F. Pedersen (Eds.), *Biological and social aspects of infant crying.* New York: Plenum.

Thompson, R. A., & Limber, S. (1991). "Social anxiety" in infancy: Stranger wariness and separation distress. In H. Leitenberg (Ed.), *Handbook of social and evaluation anxiety* (pp. 85–137). New York: Plenum.

Thompson, R. A., & Nelson C. A. (2001). Developmental science and the media. *American Psychologist, 56,* 5–15.

Thornberry, T. P. (1998). Membership in youth gangs and involvement in serious and violent juvenile offending. In R. Loeber & D. P. Farrington (Eds.), *Serious and violent juvenile offenders: Risk factors and successful interventions* (pp. 147–166). Thousand Oaks, CA: Sage.

Thorndike, R. L., Hagen, E. P., & Sattler, J. M. (1986). *The Stanford-Binet Intelligence Scale: Guide for administering and scoring* (4th ed.). Chicago: Riverside Publishing.

Thornton, S. (1999). Creating conditions for cognitive change: The interaction between task structures and specific strategies. *Child Development, 70,* 588–603.

Thorson, J. A., & Powell, F. C. (1994). A Revised Death Anxiety Scale. In R. A. Neimeyer (Ed.), *Death anxiety handbook* (pp. 31–43). Washington, DC: Taylor & Francis.

Thorson, J. A., & Powell, F. C. (2000). Death anxiety in younger and older adults. In A. Tomer (Ed.), *Death attitudes and the older adult: Theories, concepts, and applications* (pp. 123–136). Philadelphia: Taylor & Francis.

Tienari, P., Wynne, L. C., Moring, J., & Lahti, I. (1994). The Finnish adoptive family study of schizophrenia: Implications for family research. *British Journal of Psychiatry, 164,* 20–26.

Tietjen, A., & Walker, L. (1985). Moral reasoning and leadership among men in a Papua New Guinea village. *Developmental Psychology, 21,* 982–992.

Tiggemann, M., & Anesbury, T. (2000). Negative stereotyping of obesity in children: The role of controllability beliefs. *Journal of Applied Social Psychology, 30,* 1977–1993.

Tincoff, R., & Jusczyk, P. W. (1999). Some beginnings of word comprehension in 6-month-olds. *Psychological Science, 10,* 172–175.

Tinetti, M. E., Speechley, M., & Ginter, S. F. (1988). Risk factors for falls among elderly persons living in the community. *New England Journal of Medicine, 319,* 1701–1707.

Tisak, M. S. (1995). Domains of social reasoning and beyond. In R. Vasta (Ed.), *Annals of child development* (Vol. 11, pp. 95–130). London: Jessica Kingsley.

Titov, N., & Knight, R. G. (1997). Adult age differences in controlled and automatic memory processing. *Psychology and Aging, 12,* 565–573.

Tizard, B., & Rees, J. (1975). The effect of early institutional rearing on the behaviour problems and affectional relationships of four-year-old children. *Journal of Child Psychology and Psychiatry, 16,* 61–73.

Tobin, S. S. (1989). The effects of institutionalization. In K. S. Markides & C. L. Cooper (Eds.), *Aging, stress and health* (pp. 139–164). Chichester: Wiley.

Toder, F. A. (1994). *Your kids are grown: Moving on with and without them.* New York: Plenum.

Tofler, I. R., Knapp, P. K., & Drell, M. J. (1998). The achievement by proxy spectrum in youth sports: Historical perspective and clinical approach to pressured and high-achieving children and adolescents. *Child and Adolescent Psychiatric Clinics of North America, 7,* 803–820.

Tomasello, M. (1995). Language is not an instinct. *Cognitive Development, 10,* 131–156.

Tomasello, M. (1999a). Having intentions, understanding intentions, and understanding communicative intentions. In P. D. Zelazo, J. W. Astington, & J. Wilde (Eds.), *Developing theories of intention: Social understanding and self-control* (pp. 63–75). Mahwah, NJ: Erlbaum.

Tomasello, M. (1999b). The human adaptation for culture. *Annual Review of Anthropology, 28,* 509–529.

Tomasello, M., & Akhtar, N. (1995). Two-year-olds use pragmatic cues to differentiate reference to objects and actions. *Cognitive Development, 10,* 201–224.

Tomasello, M., & Brooks, P. (1999). Early syntactic development: A construction grammar approach. In M. Barrett (Ed.), *The development of language* (pp. 161–190). Philadelphia: Psychology Press.

Tomasello, M., Striano, T., & Rochat, P. (1999). Do young children use objects as symbols? *British Journal of Developmental Psychology, 17,* 563–584.

Tomer, A., Eliason, G., & Smith, J. (2000). Beliefs about the self, life, and death: Testing aspects of a comprehensive model of death anxiety and death attitudes. *Death attitudes and the older adult: Theories, concepts, and applications* (pp. 109–122). Philadelphia: Taylor & Francis.

Tompsett, C.J., Toro, P.A., Guzicki, M., Schlienz, N., Blume, M. & Lombardo, S. (2003). Obdachlosigkeit in den Vereinigten Staaten von Amerika und Deutschland. Journal of Community and Applied Social Psychology, 13, 240-257.

Tong, S., Caddy, D., & Short, R. V. (1997). Use of dizygotic to monozygotic twinning ratio as a measure of fertility. *Lancet, 349,* 843–845.

Torff, B., & Gardner, H. (1999). The vertical mind—The case for multiple intelligences. In M. Anderson (Ed.), *The development of intelligence* (pp. 139–159). Hove, U.K.: Psychology Press.

Torrance, E. P. (1988). The nature of creativity as manifest in its testing. In R. J. Sternberg (Ed.), *The nature of creativity: Contemporary psychological perspectives* (pp. 43–75). New York: Cambridge University Press.

Torrey, B. B. (1992). Sharing increasing costs on declining income: The visible dilemma of the invisible aged. In R. M. Suzman, D. P. Willis, & K. G. Manton (Eds.), *The oldest old* (pp. 381–393). New York: Oxford University Press.

Transport Canada. (2001). Pedestrian fatalities and injuries, 1988–1997. Retrieved from http://www.tc.gc.ca/roadsafety/tp2436/rs200101/en/menu.htm

Trappe, S. (2001). Master athletes. *International Journal of Sport Nutrition and Exercise Metabolism, 11,* S196–S207.

Trasti, N., Vik, T., Jacobson, G., & Bakketeig, L. S. (1999). Smoking in pregnancy and children's mental and motor development at age 1 and 5 years. *Early Human Development, 55,* 137–147.

Treiman, R., Tincoff, R., Rodriguez, K., Mouzaki, A., & Francis, D. J. (1998). The foundations of literacy: Learning the sounds of letters. *Child Development, 69,* 1524–1540.

Tremblay, G. C., & Peterson, L. (1999). Prevention of childhood injury: Clinical and public policy challenges. *Clinical Psychology Review, 19,* 415–434.

Tremblay, M. S., & Willms, J. D. (2000). Secular trends in the body mass index of Canadian children. *Canadian Medical Association Journal, 163,* 1429–1433.

Tremblay, R. E. (2000). The development of aggressive behaviour during childhood: What have we learned in the past century? *International Journal of Behavioral Development, 24,* 129–141.

Tremblay, R. E., Japel, C., Perusse, D., Voivin, M., Zoccolillo, M., Montplaisir, J., & McDuff, P. (1999). The search for the age of "onset" of physical aggression: Rousseau and Bandura revisited. *Criminal Behavior and Mental Health, 9,* 8–23.

Trent, K., & Harlan, S. L. (1994). Teenage mothers in nuclear and extended households. *Journal of Family Issues, 15,* 309–337.

Triandis, H. C. (1995). *Individualism and collectivism.* Boulder, CO: Westview Press.

Triandis, H. C. (1998, May). *Cross-cultural versus cultural psychology: A synthesis?* Colloquium presented at Illinois Wesleyan University, Bloomington, IL.

Trickett, P. K., & Putnam, F. W. (1998). Developmental consequences of child sexual abuse. In P. K. Trickett & C. J. Schellenbach (Eds.), *Violence against children in the family and community* (pp. 39–56). Washington, DC: American Psychological Association.

Troiana, R. P., & Flegal, K. M. (1998). Overweight children and adolescents: Description, epidemiology, and demographics. *Pediatrics, 101,* 497–504.

Troll, L. E., & Skaff, M. M. (1997). Perceived continuity of self in very old age. *Psychology and Aging, 12,* 162–169.

Tronick, E. Z., Thomas, R. B., & Daltabuit, M. (1994). The Quechua manta pouch: A caretaking practice for buffering the Peruvian infant against the multiple stressors of high altitude. *Child Development, 65,* 1005–1013.

Tronick, E., Morelli, G., & Ivey, P. (1992). The Efe forager infant and toddler's pattern of social relationships: Multiple and simultaneous. *Developmental Psychology, 28,* 568–577.

Tröster, H., & Brambring, M. (1992). Early social-emotional development in blind infants. *Child: Care, Health and Development, 18,* 207–127.

Truglio, R. (2000, April). *Research guides "Sesame Street."* Public lecture presented as part of the Consider the Children program, Illinois State University, Normal, IL.

Trusty, J. (1999). Effects of eighth-grade parental involvement on late adolescents' educational expectations. *Journal of Research and Development in Education, 32,* 224–233.

Tsang, P. S., & Shaner, T. L. (1998). Age, attention, expertise, and time-sharing performance. *Psychology and Aging, 13,* 323–347.

Tsuang, M. T., Bar, J. L., Harley, R. M., & Lyons, M. J. (2001). The Harvard Twin Study of Substance Abuse: What we have learned. *Harvard Review of Psychiatry, 9,* 267–279.

Tuchfarber, B. S., Zins, J. E., & Jason, L. A. (1997). Prevention and control of injuries. In R. Weissberg, T. P. Gullotta, R. L. Hampton, B. A. Ryan, & G. R. Adams (Eds.), *Enhancing children's wellness* (pp. 250–277). Thousand Oaks, CA: Sage.

Tucker, C. J., McHale, S. M., & Crouter, A. C. (2001). Conditions of sibling support in adolescence. *Journal of Family Psychology, 15*, 254–271.

Tudge, J. R. H. (1992). Processes and consequences of peer collaboration: A Vygotskian analysis. *Child Development, 63*, 1364–1397.

Tudge, J. R. H., Hogan, D. M., Snezhkova, I. A., Kulakova, N. N., & Etz, K. E. (2000). Parents' child-rearing values and beliefs in the United States and Russia: The impact of culture and social class. *Infant and Child Development, 9*, 105–121.

Tur, E., Yosipovitch, F., & Oren-Vulfs, S. (1992). Chronic and acute effects of cigarette smoking on skin blood flow. *Angiology, 43*, 328–335.

Turcotte, P., & Bélanger, A. (1997). *The dynamics of formation and dissolution of first common-law unions in Canada*. Ottawa: Statistics Canada.

Turiel, E. (1998). The development of morality. In N. Eisenberg (Ed.), *Handbook of child psychology: Vol. 3. Social, emotional, and personality development* (5th ed., pp. 863–932). New York: Wiley.

Turiel, E., Smetana, J. G., & Killen, M. (1991). Social contexts in social cognitive development. In W. M. Kurtines & J. L. Gewirtz (Eds.), *Handbook of moral behavior and development* (Vol. 2, pp. 307–332). Hillsdale, NJ: Erlbaum.

Turner, B. F. (1982). Sex-related differences in aging. In B. B. Wolman (Ed.), *Handbook of developmental psychology* (pp. 912–936). Englewood Cliffs, NJ: Prentice-Hall.

Turner, P. J., & Gervai, J. (1995). A multidimensional study of gender typing in preschool children and their parents: Personality, attitudes, preferences, behavior, and cultural differences. *British Journal of Developmental Psychology, 11*, 323–342.

Twenge, J. M., & Campbell, W. K. (2001). Age and birth cohort differences in self-esteem: A cross-temporal meta-analysis. *Personality and Social Psychology Review, 5*, 321–344.

Tyrka, A. R., Graber, J. A., & Brooks-Gunn, J. (2000). The development of disordered eating: Correlates and predictors of eating problems in the context of adolescence. In A. J. Sameroff & M. Lewis (Eds.), *Handbook of developmental psychopathology* (2nd ed., pp. 607–624). New York: Kluwer.

Tzuriel, D. (2001). *Dynamic assessment of young children*. Dordrecht, Netherlands: Kluwer.

Tzuriel, D., & Kaufman, R. (1999). Mediated learning and cognitive modifiability: Dynamic assessment of young Ethiopian immigrant children to Israel. *Journal of Cross-Cultural Psychology, 30*, 359–380.

U.S. Bureau of the Census. (2002a). *IDB Summary Demographic Data*. Retrieved from http://www.census.gov/ipc/www/idbsum.html

U.S. Bureau of the Census. (2002b). International data base. Retrieved from http://www.census.gov/ipc/www/idbnew.html

U.S. Bureau of the Census. (2002c). *Statistical abstract of the United States* (122nd ed.). Washington, DC: U.S. Government Printing Office.

U.S. Centers for Disease Control. (2001). STD surveillance. Retrieved from http://www.cdc.gov/std/stats/TOC2001.htm

U.S. Department of Education. (2001a). Program for International Student Assessment (PISA) 2000 highlights. Retrieved from http://nces.ed.gov/surveys/pisa/2000highlights.asp

U.S. Department of Education. (2001b). *Pursuing excellence: A study of U.S. twelfth-grade mathematics and science achievement in international context*. Washington, DC: U.S. Government Printing Office.

U.S. Department of Education. (2002a). *The condition of education 2002 in brief*. Washington, DC: National Center for Education Statistics.

U.S. Department of Education. (2002b). *Digest of education statistics 2001*. Washington, DC: U.S. Government Printing Office.

U.S. Department of Health and Human Services (2002j). Obesity still on the rise, new data show. *Health and Human Services News*. Retrieved from http://www.cdc.gov/nchs/releases/02news/obesityonrise.htm

U.S. Department of Health and Human Services. (1999a). Assisted reproductive technology success rates. Retrieved from http://www.cdc.gov/nccdphp/drh/art99/99nation.htm

U.S. Department of Health and Human Services. (1999b). An introduction to sexually transmitted diseases. Retrieved from http://www.niaid.nih.gov/factsheets/stdinfo.htm

U.S. Department of Health and Human Services. (2000a). *Breastfeeding: HHS blueprint for action*. Washington, DC: U.S. Government Printing Office.

U.S. Department of Health and Human Services. (2000b). *Promoting better health for young people through physical activity and sports*. Washington, DC: U.S. Government Printing Office.

U.S. Department of Health and Human Services. (2000c). *Vital statistics of the United States*. Washington, DC: U.S. Government Printing Office.

U.S. Department of Health and Human Services. (2001). Women and smoking: A report of the Surgeon General—2001. Retrieved from http://www.cdc.gov/tobacco/sgr/sgr_forwomen

U.S. Department of Health and Human Services. (2002a, April 12). Annual smoking-attributable mortality, years of potential life lost, and economic costs—United States, 1995–1999. *Morbidity and Mortality Weekly Report, 51*(14), 300–303.

U.S. Department of Health and Human Services. (2002b). *Centenarians in the United States*. Washington, DC: U.S. Government Printing Office.

U.S. Department of Health and Human Services. (2002c). *Child maltreatment 2000*. Washington, DC: U.S. Government Printing Office.

U.S. Department of Health and Human Services. (2002d). Fetal alcohol syndrome. Retrieved from http://www.cdc.gov/ncbddd/fas/fasask.htm

U.S. Department of Health and Human Services. (2002e). *Health, United States, 1999–2000 and injury chartbook*. Washington, DC: U.S. Government Printing Office.

U.S. Department of Health and Human Services. (2002f). *Health, United States, 2002 with chartbook on trends in the health of Americans*. Hyattsville, MD: National Center for Health Statistics.

U.S. Department of Health and Human Services. (2002g). *Impaired fecundity by age and selected characteristics*. Washington, DC: U.S. Department of Health and Human Services.

U.S. Department of Health and Human Services. (2002h). *Men and heart disease: An atlas of racial and ethnic disparities in mortality*. Washington, DC: U.S. Government Printing Office.

U.S. Department of Health and Human Services. (2002i). *National survey results on drug use from the Monitoring the Future Study: Vol. 1. Secondary school students*. Washington, DC: U.S. Government Printing Office.

U.S. Department of Health and Human Services. (2002k). Profile of older Americans 2001. Retrieved from http://www.aoa.dhhs.gov/aoa/stats/profile/2001/default.htm

U.S. Department of Health and Human Services. (2002l). *Vital statistics of the United States*. Washington, DC: U.S. Government Printing Office.

U.S. Department of Health and Human Services. (2002m). *Women and heart disease: An atlas of racial and ethnic disparities in mortality*. Washington, DC: U.S. Government Printing Office.

U.S. Department of Health and Human Services. (2002n, June 28). Youth risk behavior surveillance—2001. *Morbidity and Mortality Weekly Report, 51*(SS04), 1–64.

U.S. Department of Justice. (2002). *Crime in the United States*. Washington, DC: U.S. Government Printing Office.

U.S. Department of Labor, Bureau of Labor Statistics. (2003, February). *Consumer Price Index Monthly Labor Review, 125*(2).

U.S. Department of Labor. (2002a). National longitudinal surveys of young men and older men. Retrieved from http://www.bls.gov

U.S. Department of Labor. (2002b). National longitudinal surveys of young women and mature women. Retrieved from http://www.bls.gov

U.S. Department of State. (1999). Country reports on human rights practices. Retrieved from http://www.state.gov/global/humanrights

Uhari, M., Kontiokari, T., & Niemelä, M. (1998). A novel use of xylitol sugar in preventing acute otitis media. *Pediatrics, 102,* 879–884.

Uhari, M., Mäntysaari, & Niemelä, M. (1996). A meta-analytic review of the risk factors for acute otitis media. *Clinical Infectious Diseases, 22,* 1079–1083.

Ulrich, B. D., & Ulrich, D. A. (1985). The role of balancing in performance of fundamental motor skills in 3-, 4-, and 5-year-old children. In J. E. Clark & J. H. Humphrey (Eds.), *Motor development* (Vol. 1, pp. 87–98). Princeton, NJ: Princeton Books.

United Nations Children's Fund. (2000). *Child poverty in rich nations.* Florence, Italy: Innocenti Research Centre.

United Nations Development Programme. (2002). *Human development report 2002.* New York: Oxford University Press.

United Nations. (1998). *World population prospects: The 1998 revision* (Vol. 1). New York: Author.

United Nations. (1999). *World social situation in the 1990s.* New York: Author.

Updegraff, K. A., McHale, S. M., & Crouter, A. C. (1996). Gender roles in marriage: What do they mean for girls' and boys' school achievement? *Journal of Youth and Adolescence, 25,* 73–88.

Uribe, F. M. T., LeVine, R. A., & LeVine, S. E. (1994). Maternal behavior in a Mexican community: The changing environments of children. In P. M. Greenfield & R. R. Cocking (Eds.), *Cross-cultural roots of minority child development* (pp. 41–54). Hillsdale, NJ: Erlbaum.

Usmiani, S., & Daniluk, J. (1997). Mothers and their adolescent daughters: Relationship between self-esteem, gender role identity, and body image. *Journal of Youth and Adolescence, 26,* 45–60.

Utz, R. L., Carr, D., Nesse, R., & Wortman, C. B. (2002). The effect of widowhood on older adults' social participation: An evaluation of activity, disengagement, and continuity theories. *Gerontologist, 42,* 522–533.

Vaillant, G. E. (1977). *Adaptation to life.* Boston: Little, Brown.

Vaillant, G. E. (1993). *The wisdom of the ego.* Cambridge, MA: Harvard University Press.

Vaillant, G. E. (1994). "Successful aging" and psychosocial well-being. In E. H. Thompson, Jr. (Ed.), *Older men's lives* (pp. 22–41). Thousand Oaks, CA: Sage.

Vaillant, G. E. (2002). *Aging well.* Boston: Little, Brown.

Vaillant, G. E., & Koury, S. H. (1994). Late midlife development. In G. H. Pollock & S. I. Greenspan (Eds.), *The course of life* (pp. 1–22). Madison, CT: International Universities Press.

Vaillant, G. E., & Mukamal, K. (2001). Successful aging. *American Journal of Psychiatry, 158,* 839–847.

Vaillant, G. E., & Vaillant, C. O. (1990). Determinants and consequences of creativity in a cohort of gifted women. *Psychology of Women Quarterly, 14,* 607–616.

Valdés, G. (1998). The world outside and inside schools: Language and immigrant children. *Educational Researcher, 27*(6), 4–18.

Valian, V. V. (1996). *Parental replies: Linguistic status and didactic roles.* Cambridge, MA: MIT Press.

van Baarsen, B. (2002). Theroies on coping with loss: The impact of social support and self-esteem on adjustment to emotional and social loneliness following a partner's death in later life. *Journal of Gerontology, 57B,* S33–S42.

van den Boom, D. C. (1995). Do first-year intervention effects endure? Follow-up during toddlerhood of a sample of Dutch irritable infants. *Child Development, 66,* 1798–1816.

van der Maas, P. J., Pijnenborg, L., & van Delden, J. J. M. (1995). Changes in Dutch opinions on active euthanasia, 1966 through 1991. *Journal of the American Medical Association, 273,* 1411–1414.

van IJzendoorn, M. H. (1995). Adult attachment representations, parental responsiveness, and infant attachment: A meta-analysis on the predictive validity of the Adult Attachment Interview. *Psychological Bulletin, 117,* 387–403.

van IJzendoorn, M. H., & De Wolff, M. S. (1997). In search of the absent father—meta-analyses of infant–father attachment: A rejoinder to our discussants. *Child Development, 68,* 604–609.

van IJzendoorn, M. H., & Sagi, A. (1999). Cross-cultural patterns of attachment. In J. Cassidy & P. R. Shaver (Eds.), *Handbook of attachment: Theory, research, and clinical applications* (pp. 713–734). New York: Guilford.

Vandell, D. L. (1999). When school is out: Analysis and recommendations. *The Future of Children, 9*(2). Retrieved from http://www.futureofchidlren.org

Vandell, D. L., & Posner, J. K. (1999). Conceptualization and measurement of children's after-school environments. In S. L. Friedman & T. D. Wachs (Eds.), *Measuring environment across the life span* (pp. 167–196). Washington, DC: American Psychological Association.

Vandell, D. L., & Shumow, L. (1999). After-school child care programs. *Future of Children, 9*(2), 64–80.

Vandewater, E. A., & Stewart, A. J. (1997). Women's career commitment patterns and personality development. In M. E. Lachman & J. B. James (Eds.), *Multiple paths of midlife development* (pp. 375–410). Chicago: University of Chicago Press.

Vanier Institute of the Family. (2002a). Profiling Canada's families II. Retrieved from http://www.vifamily.ca/profiling/notes.htm

Vanier Institute of the Family. (2002b). Who are Canada's lone parents? Retrieved from http://www.tifamily.ca/profiling/parti31.htm

Varendi, H., Christensson, K., Porter, R. H., & Winberg, J. (1998). Soothing effect of amniotic fluid smell in newborn infants. *Early Human Development, 51,* 47–55.

Vartanian, L. R. (1997). Separation–individuation, social support, and adolescent egocentrism: An exploratory study. *Journal of Early Adolescence, 17,* 245–270.

Vartanian, L. R., & Powlishta, K. K. (1996). A longitudinal examination of the social-cognitive foundations of adolescent egocentrism. *Journal of Early Adolescence, 16,* 157–178.

Vartanian, T. P., & McNamara, J. M. (2002). Older women in poverty: The impact of midlife factors. *Journal of Marriage and the Family, 64,* 532–547.

Vatten, L. J., Maehle, B. O., Lund, N. T., Treti, S., Hsieh, C. C., Trichopoulos, D., & Stuver, S. O. (2002). Birth weight as a predictor of breast cancer: A case-control study in Norway. *British Journal of Cancer, 86,* 89–91.

Vaughn, B. E., & Bost, K. K. (1999). Attachment and temperament: Redundant, independent, or interacting influences on interpersonal adaptation and personality development? In J. Cassidy & P. Shaver (Eds.), *Handbook of attachment: Theory, research, and clinical applications* (pp. 265–286). New York: Guilford.

Vaughn, B. E., Colvin, T. N., Azria, M. R., Caya, L., & Krzysik, L. (2001). Dyadic analyses of friendship in a sample of preschool-age children attending Head Start: Correspondence between measures and implications for social competence. *Child Development, 72,* 862–878.

Vaughn, B. E., Egeland, B. R., Sroufe, L. A., & Waters, E. (1979). Individual differences in infant–mother attachment at twelve and eighteen months: Stability and change in families under stress. *Child Development, 50,* 971–975.

Vaughn, B. E., Kopp, C. B., & Krakow, J. B. (1984). The emergence and consolidation of self-control from eighteen to thirty months of age: Normative trends and individual differences. *Child Development, 55,* 990–1004.

Vaughn, S., & Klingner, J. K. (1998). Students' perceptions of inclusion and resource room settings. *Journal of Special Education, 32,* 79–88.

Velkoff, V. (2000, January–March). Centenarians in the United States, 1990 and beyond. *Statistical Bulletin, U.S. Bureau of the Census.* Washington, DC: U.S. Government Printing Office.

Velting, D. M., & Gould, M. (1997). Suicide contagion. In R. Maris, S. Canetto, & M. M. Silverman (Eds.), *Review of suicidology, 1997* (pp. 96–137). New York: Guilford.

Venable, D. (2002). *The wage gap myth*. Dallas: National Center for Policy Analysis.

Veniegas, R., & Peplau, L. A. (1997). Power and the quality of same-sex friendships. *Psychology of Women Quarterly, 21*, 279–297.

Vernon, P. A., Wickett, J. C., Bazana, G., & Stelmack, R. M. (2001). The neuropsychology and psychophysiology of human intelligence. In R. J. Sternberg (Ed.), *Handbook of intelligence* (pp. 245–264). Cambridge, U.K.: Cambridge University Press.

Vernon-Feagans, L., Hurley, M., & Yont, K. (2002). The effect of otitis media and daycare quality on mother/child bookreading and language use at 48 months of age. *Journal of Applied Developmental Psychology, 23*, 113–133.

Victor, C., Scambler, S., Bond, J., & Bowling, A. (2000). Being alone in later life: Loneliness, social isolation, and living alone. *Reviews in Clinical Gerontology, 10*, 407–417.

Victora, C. G., Bryce, J., Fontaine, O., & Monasch, R. (2000). Reducing deaths from diarrhea through oral rehydration therapy. *Bulletin of the World Health Organization, 78*, 1246–1255.

Villaume, W. A., Brown, M. H., Darling, R., Richardson, D., Hawk, R., Henry, D. M., & Reid, T. (1997). Presbycusis and conversation: Elderly interactants adjusting to multiple hearing losses. *Research on Language and Social Interaction, 30*, 235–262.

Vinden, P. G. (1996). Junín Quechua children's understanding of mind. *Child Development, 67*, 1707–1716.

Vinick, B. H., & Ekerdt, D. J. (1991). Retirement: What happens to husband–wife relationships? *Journal of Geriatric Psychiatry, 24*, 23–40.

Vinters, H. V. (2001). Aging and the human nervous system. In J. E. Birren & K. W. Schaie (Eds.), *Handbook of the psychology of aging* (pp. 135–160). San Diego: Academic Press.

Vogel, D. A., Lake, M. A., Evans, S., & Karraker, H. (1991). Children's and adults' sex-stereotyped perceptions of infants. *Sex Roles, 24*, 605–616.

Volling, B. L., & Belsky, J. (1992). Contribution of mother–child and father–child relationships to the quality of sibling interaction: A longitudinal study. *Child Development, 63*, 1209–1222.

Volpicelli, J. R. (2001). Alcohol abuse and alcoholism. *Journal of Clinical Psychiatry, 62*(Suppl. 20), 4–10.

von Hofsten, C., & Rosander, K. (1998). The establishment of gaze control in early infancy. In S. Simion & S. G. Butterworth (Eds.), *The development of sensory, motor and cognitive capacities in early infancy* (pp. 49–66). Hove, U.K.: Psychology Press.

Vondra, J. I., Hommerding, K. D., & Shaw, D. S. (1999). Stability and change in infant attachment in a low-income sample. In J. I. Vondra & D. Barnett (Eds.), *Atypical attachment in infancy and early childhood among children at developmental risk. Monographs of the Society for Research in Child Development, 64*(3, Serial No. 258), 119–144.

Voss, L. D., Mulligan, J., & Betts, P. R. (1998). Short stature at school entry—an index of social deprivation? (The Wessex Growth Study). *Child: Care, Health and Development, 24*, 145–156.

Vostanis, P., Grattan, E., & Cumella, S. (1997). Psychosocial functioning of homeless children. *Journal of the American Academy of Child and Adolescent Psychiatry, 36*, 881–889.

Voyer, D., Voyer, S., & Bryden, M. P. (1995). Magnitude of sex differences in spatial abilities: A meta-analysis and consideration of critical variables. *Psychological Bulletin, 117*, 250–270

Wachs, T. D. (1995). Relation of mild-to-moderate malnutrition to human development: Correlational studies. *Journal of Nutrition Supplement, 125*, 22455–22545.

Wachs, T. D. (1999). The what, why, and how of temperament: A piece of the action. In L. Balter & C. S. Tamis-LeMonda (Eds.), *Child psychology: A handbook of contemporary issues* (pp. 23-44). Philadelphia: Psychology Press.

Wachs, T. D. (2000). *Necessary but not sufficient: The respective roles of single and multiple influences on individual development.* Washington, DC: American Psychological Association.

Wachs, T. D., Bishry, Z., Moussa, W., Yunis, F., McCabe, G., Harrison, G., Swefi, I., Kirksey, A., Galal, O., Jerome, N., & Shaheen, F. (1995). Nutritional intake and context as predictors of cognition and adaptive behavior of Egyptian school-age children. *International Journal of Behavioral Development, 18*, 425–450.

Wadden, T. A., & Foster, G. D. (2000). Behavioral treatment of obesity. *Medical Clinics of North America, 84*, 441–461.

Waddington, C. H. (1957). *The strategy of the genes.* London: Allen & Unwin.

Wade, T. J., & Cairney, J. (1997). Age and depression in a nationally representative sample of Canadians: A preliminary look at the National Population Health Survey. *Canadian Journal of Public Health, 88*, 297–302.

Wagner, R. K. (2000). Practical intelligence. In R. J. Sternberg (Ed.), *Handbook of intelligence* (pp. 380–395). New York: Cambridge University Press.

Wahl, H.-W. (1991). Dependence in the elderly from an interactional point of view: Verbal and observational data. *Psychology and Aging, 6*, 238–246.

Wahlsten, D. (1994). The intelligence of heritability. *Canadian Psychology, 35*, 244–259.

Waite, L. J. (1999, July). *Debunking the marriage myth: It works for women, too.* Paper presented at the annual Smart Marriages Conference, Washington, DC.

Wakat, D. K. (1978). Physiological factors of race and sex in sport. In L. K. Bunker & R. J. Rotella (Eds.), *Sport psychology: From theory to practice* (pp. 194–209). Charlotte, VA: University of Virginia. (Proceedings of the 1978 Sport Psychology Institute)

Wakeley, A., Rivera, S., & Langer, J. (2000). Can young infants add and subtract? *Child Development, 71*, 1477–1720.

Walberg, H. J. (1986). Synthesis of research on teaching. In M. C. Wittrock (Ed.), *Handbook of research on teaching* (3rd ed., pp. 214–229). New York: Macmillan.

Walco, G. A. (1997). Growing pains. *Developmental and Behavioral Pediatrics, 18*, 107–108.

Walden, T., Lemerise, E., & Smith, M. C. (1999). Friendship and popularity in preschool classrooms. *Early Education and Development, 10*, 351–371.

Waldron, N. L., & McLeskey, J. (1998). The effects of an inclusive school program on students with mild and severe learning disabilities. *Exceptional Children, 64*, 395–405.

Waldrop, D. P., & Weber, J. A. (2001). From grandparent to caregiver: The stress and satisfaction of raising grandchildren. *Families in Society, 82*, 461–472.

Walford, R. L., Mock, D., MacCallum, T., & Laseter, J. L. (1999). Physiologic changes in humans subjected to severe, selective calorie restriction for two years in Biosphere 2: Health, aging, and toxicological perspectives. *Toxicological Sciences, 52*(Suppl.), 61–65.

Walker, A., Rosenberg, M., & Balaban-Gil, K. (1999). Neurodevelopmental and neurobehavioral sequelae of selected substances of abuse and psychiatric medications in utero. *Neurological Disorders: Developmental and Behavioral Sequelae, 8*, 845–867.

Walker, D., Greenwood, C., Hart, B., & Carta, J. (1994). Prediction of school outcomes based on early language production and socioeconomic factors. *Child Development, 65*, 606–621.

Walker, L. (1995). Sexism in Kohlberg's moral psychology? In W. M. Kurtines & J. L. Gewirtz (Eds.), *Moral development: An introduction* (pp. 83–107). Boston: Allyn and Bacon.

Walker, L. J., & Taylor, J. H. (1991a). Family interactions and the development of moral reasoning. *Child Development, 62*, 264–283.

Walker, L. J., & Taylor, J. H. (1991b). Stage transitions in moral reasoning: A longitudinal study of developmental processes. *Developmental Psychology, 27*, 330–337.

Walker, L. J., Pitts, R. C., Hennig, K. H., & Matsuba, M. K. (1999). Reasoning about morality and real-life moral problems. In M. Killen & D. Hart (Eds.), *Morality in everyday life* (pp. 371–407). New York: Cambridge University Press.

Wallerstein, J. S., & Blakeslee, S. (1995). *The good marriage.* Boston: Houghton Mifflin.

Walls, C. T., & Zarit, S. H. (1991). Informal support from black churches and the well-being of elderly blacks. *Gerontologist, 31,* 490–495.

Wang, H. X., Karp, A., Winblad, B., & Fratiglioni, L. (2002). Late-life engagement in social and leisure activities is associated with a decreased risk of dementia: A longitudinal study from the Kungsholmen project. *American Journal of Epidemiology, 155,* 1081–1087.

Wannamethee, G., Shaper, A. G., & Macfarlane, P. W. (1993). Heart rate, physical activity, and mortality from cancer and other noncardiovascular diseases. *American Journal of Epidemiology, 137,* 735–748.

Wapner, R. J. (1997). Chorionic villus sampling. *Obstetrics and Gynecology Clinics of North America, 24,* 83–110.

Wark, G. R., & Krebs, D. L. (1996). Gender and dilemma differences in real-life moral judgment. *Developmental Psychology, 32,* 220–230.

Warr, P. B. (1992). Age and occupational well-being. *Psychology and Aging, 7,* 37–45.

Warr, P. B. (1994). Age and employment. In M. D. Dunnette, L. Hough, & H. Triandis (Eds.), *Handbook of industrial and organizational psychology* (pp. 485–550). Palo Alto, CA: Consulting Psychologists Press.

Warren, A. R., & Tate, C. S. (1992). Egocentrism in children's telephone conversations. In R. M. Diaz & L. E. Berk (Eds.), *Private speech: From social interaction to self-regulation* (pp. 245–264). Hillsdale, NJ: Erlbaum.

Warren, D. H. (1994). *Blindness and children: An individual difference approach.* New York: Cambridge University Press.

Wass, H. (1991). Helping children cope with death. In D. Papadatou & C. Papadatos (Eds.), *Children and death* (pp. 11–32). New York: Hemisphere.

Wass, H. (1995). Death in the lives of children and adolescents. In H. Wass & R. A. Neimeyer (Eds.), *Dying: Facing the facts* (3rd ed., pp. 269–301). Washington, DC: Taylor & Francis.

Wasserman, G. A., & Miller, L. S. (1998). The prevention of serious and violent juvenile offending. In R. Loeber & D. P. Farrington (Eds.), *Serious and violent juvenile offenders* (pp. 197–247). Thousand Oaks, CA: Sage.

Wasserman, G. A., Liu, X., Pine, D. S., & Graziano, J. H. (2001). Contribution of maternal smoking during pregnancy and lead exposure to early childhood behavior problems. *Neurotoxicology and Teratology, 23,* 13–21.

Wasserman, G., Graziano, J. H., Factor-Litvak, P., Popovac, D., Morina, N., & Musabegovic, A. (1994). Consequences of lead exposure and iron supplementation on childhood development at age 4 years. *Neurotoxicology and Teratology, 16,* 233–240.

Waterman, A. S., & Whitbourne, S. K. (1982). Androgyny and psychosocial development among college students and adults. *Journal of Personality, 50,* 121–133.

Waters, E., & Cummings, E. M. (2000). A secure base from which to explore close relationships. *Child Development, 71,* 164–172.

Waters, E., Merrick, S., Treboux, D., Crowell, J., & Albersheim, L. (2000). Attachment security in infancy and early adulthood: A twenty-year longitudinal study. *Child Development, 71,* 684–689.

Watkins, M. L., Erickson, J. D., Thun, M. J., Mulinare, J., & Heath, C. W., Jr. (2000). Multivitamin use and mortality in a large prospective study. *American Journal of Epidemiology, 152,* 149–162.

Watkins, W. E., & Pollitt, E. (1998). Iron deficiency and cognition among school-age children. In S. G. McGregor (Ed.), *Recent advances in research on the effects of health and nutrition on children's development and school achievement in the Third World.* Washington, DC: Pan American Health Organization.

Watson, A. C., Nixon, C. L., Wilson, A., & Capage, L. (1999). Social interaction skills and theory of mind in young children. *Developmental Psychology, 35,* 386–391.

Watson, D. J. (1989). Defining and describing whole language. *Elementary School Journal, 90,* 129–141.

Watson, J. B., & Raynor, R. (1920). Conditioned emotional reactions. *Journal of Experimental Psychology, 3,* 1–14.

Watson, M. (1990). Aspects of self development as reflected in children's role playing. In D. Cicchetti & M. Beeghly (Eds.), *The self in transition: Infancy to childhood* (pp. 281–307). Chicago: University of Chicago Press.

Wattigney, W. A., Srinivasan, S. R., Chen, W., Greenlund, K. J., & Berenson, G. S. (1999). Secular trend of earlier onset of menarche with increasing obesity in black and white girls: The Bogalusa Heart Study. *Ethnicity and Disease, 9,* 181–189.

Waxman, S. R. (1995). Words as invitations to form categories: Evidence from 12- to 13-month-old infants. *Cognitive Psychology, 29,* 254–302.

Waxman, S. R., & Senghas, A. (1992). Relations among word meanings in early lexical development. *Developmental Psychology, 28,* 862–873.

Webb, N. B. (2002). September 11, 2001. In N. B. Webb (Ed.), *Helping bereaved children: A handbook for practitioners* (pp. 365–384). New York: Guilford.

Weber, J. A., & Waldrop, D. P. (2000). Grandparents raising grandchildren: Families in transition. *Journal of Gerontological Social Work, 33,* 27–46.

Webster, J. D. (2002). Reminiscence function in adulthood: Age, ethnic, and family dynamics correlates. In J. D. Webster & B. K. Haight (Eds.), *Critical advances in reminiscence work* (pp. 140–142). New York: Springer.

Webster, J. D., & McCall, M. E. (1999). Reminiscence functions across adulthood: A replication and extension. *Journal of Adult Development, 6,* 73–85.

Wechsler, D. (1991). *Manual for the Wechsler Intelligence Test for Children–III.* New York: Psychological Corporation.

Wechsler, D. (1996). *Canadian supplement manual for the WISC-III.* Toronto: Psychological Corporation.

Wegesin, D. J., Jacobs, D. M., Zubin, N. R., & Ventura, P. R. (2000). Source memory and encoding strategy in normal aging. *Journal of Clinical and Experimental Neuropsychology, 22,* 455–464.

Wehren, A., De Lisi, R., & Arnold, M. (1981). The development of noun definition. *Journal of Child Language, 8,* 165–175.

Wei, Y. H., & Lee, H. C. (2002). Oxidative stress, mitochondrial DNA mutation, and impairment of antioxidant enzymes in aging. *Experimental Biology and Medicine, 227,* 671–682.

Weikart, D. P. (1998). Changing early childhood development through educational intervention. *Preventive Medicine, 27,* 233–237.

Weiland, S. (1993). Erik Erikson: Ages, stages, and stories. *Generations, 17*(2), 17–22.

Weinberg, M. K., & Tronick, E. Z. (1994). Beyond the face: An empirical study of infant affective configurations of facial, vocal, gestural, and regulatory behaviors. *Child Development, 65,* 1503–1515.

Weinberg, M. K., Tronick, E. Z., Cohn, J. F., & Olson, K. L. (1999). Gender differences in emotional expressivity and self-regulation during early infancy. *Developmental Psychology, 35,* 175–188.

Weinberg, R. A., Scarr, S., & Waldman, I. D. (1992). The Minnesota transracial adoption study: A follow-up of IQ test performance at adolescence. *Intelligence, 16,* 117–135.

Weindruch, R., Keenan, K. P., Carney, J. M., Fernandes, G., Feuers, R. J., & Floyd, R. A. (2001). Caloric restriction mimetics: Metabolic interventions. *Journal of Gerontology, 56A,* 20–33.

Weiner, J. (2002). Jews accept intermarriage in growing numbers. Retrieved from http://www.interfaithfamily.com/article/ issue48/weiner.phtml

Weinfeild, N. S., Sroufe, L. A., & Egeland, B. (2000). Attachment from infancy to early adulthood in a high-risk sample: Continuity, discontinuity, and their correlates. *Child Development, 71,* 695–702.

Weingarten, H. R. (1988). Late life divorce and the life review. *Journal of Gerontological Social Work, 12*(3–4), 83–97.

Weingarten, H. R. (1989). The impact of late life divorce: A conceptual and empirical study. *Journal of Divorce, 12,* 21–38.

Weinstein, R. S., Marshall, H. H., Sharp, L., & Botkin, M. (1987). Pygmalion and the student: Age and classroom differences in children's awareness of teacher expectations. *Child Development, 58,* 1079–1093.

Weisfeld, G. E. (1997). Puberty rites as clues to the nature of human adolescence. *Cross-Cultural Research, 31,* 27–54.

Weisman, A. D. (1984). *The coping capacity: On the nature of being mortal.* New York: Sciences Press.

Weisner, T. S. (1993). Ethnographic and ecocultural perspectives on sibling relationships. In Z. Stoneman & P. W. Berman (Eds.), *The effects of mental retardation, disability, and illness on sibling relationships* (pp. 51–83). Baltimore: Paul H. Brookes.

Weisner, T. S. (1996). The 5 to 7 year transition as an ecocultural project. In A. J. Sameroff & M. M. Haith (Eds.), *The five to seven year shift* (pp. 295–326). Chicago: University of Chicago Press.

Weisner, T. S., & Wilson-Mitchell, J. E. (1990). Nonconventional family life-styles and sex typing in six-year-olds. *Child Development, 61,* 1915–1933.

Weiss, B., Dodge, K. A., Bates, J. E., & Pettit, G. S. (1992). Some consequences of early harsh discipline: Child aggression and a maladaptive social information processing style. *Child Development, 63,* 1321–1335.

Weissman, M., Wolk, S., Goldstein, R. B., Moreau, D., Adams, P., & Greenwald, S. (1999). Depressed adolescents grown up. *Journal of the American Medical Association, 281,* 1707–1713.

Weksler, M. E. (1995). Immune senescence: Deficiency or dysregulation. *Nutrition Reviews, 53,* S3–S7.

Wellings, K., Field, J., Johnson, A., & Wadsworth, J. (1994). *Sexual behavior in Britain: The National Survey of Sexual Attitudes and Lifestyles.* New York: Penguin.

Wellman, H. M. (1990). *The child's theory of mind.* Cambridge, MA: MIT Press.

Wellman, H. M., & Hickling, A. K. (1994). The mind's "I": Children's conception of the mind as an active agent. *Child Development, 65,* 1564–1580.

Wellman, H. M., Cross, D., & Watson, J. (2001). Meta-analysis of theory-of-mind development: The truth about false belief. *Child Development, 72,* 655–684.

Wellman, H. M., Somerville, S. C., & Haake, R. J. (1979). Development of search procedures in real-life spatial environments. *Developmental Psychology, 15,* 530–542.

Wendland-Carro, J., Piccinini, C. A., & Millar, W. S. (1999). The role of an early intervention on enhancing the quality of mother-infant interaction. *Child Development, 70,* 713–731.

Wenger, G. C. (2001). Ageing without children: Rural Wales. *Journal of Cross-Cultural Gerontology, 16,* 79–109.

Wentworth, N., Benson, J. B., & Haith, M. M. (2000). The development of infants' reaches for stationary and moving targets. *Child Development, 71,* 576–601.

Werker, J. F., Pegg, J. E., & McLeod, P. J. (1994). A cross-language investigation of infant preference for infant-directed communication. *Infant Behavior and Development, 17,* 323–333.

Werner, E. (2001). *Journeys from childhood to midlife: Risk, resilience, and recovery.* Ithaca, NY: Cornell University Press.

Werner, E. E. (1989, April). Children of the garden island. *Scientific American, 260*(4), 106–111.

Werner, E. E. (1991). Grandparent– grandchild relationships amongst U.S. ethnic groups. In P. K. Smith (Ed.), *The psychology of grandparenthood: An international perspective* (pp. 68–82). London: Routledge.

Werner, E. E. (1993). Risk, resilience, and recovery: Perspectives from the Kauai Longitudinal Study. *Development and Psychopathology, 5,* 503–515.

Werner, E. E., & Smith, R. S. (1982). *Vulnerable but invincible.* New York: McGraw-Hill.

Werner, E. E., & Smith, R. S. (1992). *Overcoming the odds: High-risk children from birth to adulthood.* Ithaca, NY: Cornell University Press.

Werner, E. E., & Smith, R. S. (2001). *Journeys from childhood to midlife: Risk, resilience, and recovery.* Ithaca, NY: Cornell University Press.

Wertsch, J. V., & Tulviste, P. (1992). L. S. Vygotsky and contemporary developmental psychology. *Developmental Psychology, 28,* 548–557.

West, R. L., & Craik, F. I. M. (1999). Age-related decline in prospective memory: The roles of cue accessibility and cue sensitivity. *Psychology and Aging, 14,* 264–272.

Westen, D., & Gabbard, G. O. (1999). Psychoanalytic approaches to personality. In L. A. Pervin & O. P. John (Eds.), *Handbook of personality: Theory and research* (2nd ed.). New York: Guilford.

Westermeyer, J. F. (1998). Predictors and characteristics of mental health among men at midlife: A 32-year longitudinal study. *American Journal of Orthopsychiatry, 68,* 265–273.

Wethington, E. (2000). Expecting stress: Americans and the "midlife crisis." *Motivation and Emotion, 24,* 85–103.

Whalley, L. (2001). *The aging brain.* London: Weidenfeld & Nicolson.

Wheeler, I. (2001). Parental bereavement: The crisis of meaning. *Death Studies, 25,* 51–66.

Wheeler, T., Barker, D. J. P., & O'Brien, P. M. S. (1999). *Fetal programming: Influences on development and disease in later life.* London: RCOG Press.

Wheeler, W. (2002). Youth leadership for development: Civic activism as a component of youth development programming and a strategy for strengthening civil society. In R. M. Lerner, F. Jacobs, & D. Wertlieb (Eds.), *Handbook of applied developmental science* (Vol. 2, pp. 491–506). Thousand Oaks, CA: Sage.

Whitaker, D. J., & Miller, K. S. (2000). Parent–adolescent discussions about sex and condoms: Impact on peer influences of sexual risk behavior. *Journal of Adolescent Research, 15,* 251–273.

Whitbeck, L., Hoyt, D. R., & Huck, S. M. (1994). Early family relationships, intergenerational solidarity, and support provided to parents by their adult children. *Journal of Gerontology, 49,* 585–594.

Whitbourne, S. K. (1996). *The aging individual: Physical and psychological perspectives.* New York: Springer.

Whitbourne, S. K. (1999). Physical changes. In J. C. Kavanaugh & S. K. Whitbourne (Eds.), *Gerontology: An interdisciplinary perspective* (pp. 33–64). New York: Oxford University Press.

Whitbourne, S. K. (2001). The physical aging process in midlife: Interactions with psychological and sociocultural factors. In M. E. Lachman (Ed.), *Handbook of midlife development* (pp. 109–155). New York: Wiley.

Whitbourne, S. K., & Primus, L. (1996). Identity, physical. In J. E. Birren (Ed.), *Encyclopedia of aging* (pp. 733–742). San Diego: Academic Press.

Whitbourne, S. K., & Weinstock, C. S. (1979). *Adult development: The differentiation of experience.* New York: Holt, Rinehart & Winston.

Whitbourne, S. K., Zuschlag, M. K., Elliot, L. B., & Waterman, A. S. (1992). Psychosocial development in adulthood: A 22-year sequential study. *Journal of Personality and Social Psychology, 63,* 260–271.

White, B., & Held, R. (1966). Plasticity of sensorimotor development in the human infant. In J. F. Rosenblith & W. Allinsmith (Eds.), *The causes of behavior* (pp. 60–70). Boston: Allyn and Bacon.

White, J. L., Moffitt, T. E., Caspi, A., Bartusch, D. J., Needles, D. J., & Stouthamer-Loeber, M. (1996). Measuring impulsivity and examining its relationship to delinquency. *Journal of Abnormal Psychology, 103,* 192–205.

White, L. (2001). Sibling relationships over the life course: A panel analysis. *Journal of Marriage and the Family, 63,* 555–568.

White, L. K. (1994). Coresidence and leaving home: Young adults and their parents. *Annual Review of Sociology, 20,* 81–102.

Whitehead, J. R., & Corbin, C. B. (1997). Self-esteem in children and youth: The role of sport and physical education. In K. R. Fox (Ed.), *The physical self: From motivation to well-being* (pp. 175–204). Champaign, IL: Human Kinetics.

Whitehurst, G. J., & Lonigan, C. J. (1998). Child development and emergent literacy. *Child Development, 69,* 848–872.

Whiteside, M. F., & Becker, B. J. (2000). Parental factors and the young child's postdivorce adjustment: A meta-analysis with implications for parenting arrangements. *Journal of Family Psychology, 14,* 5–26.

Whiting, B., & Edwards, C. P. (1988a). *Children in different worlds.* Cambridge, MA: Harvard University Press.

Whiting, B., & Edwards, C. P. (1988b). A cross-cultural analysis of sex differences in the behavior of children aged 3 through 11. In G. Handel (Ed.), *Childhood socialization* (pp. 281–297). New York: Aldine de Gruyter.

Whitney, M. P., & Thoman, E. B. (1994). Sleep in premature and full-term infants from 24-hour home recordings. *Infant Behavior and Development, 17,* 223–234.

Wichstrøm, L. (1999). The emergence of gender difference in depressed mood: The role of intensified gender socialization. *Developmental Psychology, 35,* 232–245.

Wiebe, D. J., & Williams, P. G. (1992). Hardiness and health: A social psychophysiological perspective on stress and adaptation. *Journal of Social and Clinical Psychology, 11,* 238–262.

Wigfield, A., & Eccles, J. S. (1994). Children's competence beliefs, achievement values, and general self-esteem change across elementary and middle school. *Journal of Early Adolescence, 14,* 107–138.

Wigfield, A., Battle, A., Keller, L. B., & Eccles, J. S. (2002). Sex differences in motivation, self-concept, career aspiration, and career choice: Implications for cognitive development. In A. McGillicuddy-De Lisi & R. De Lisi (Eds.), *Biology, society, and behavior: The development of sex differences in cognition* (pp. 93–124). Westport, CT: Ablex.

Wigfield, A., Eccles, J. S., Yoon, K. S., Harold, R. D., Arbreton, A. J., Freedman-Doan, C., & Blumenfeld, P. C. (1997). Changes in children's competence beliefs and subjective task values across the elementary school years: A three-year study. *Journal of Educational Psychology, 89,* 451–469.

Wikby, A., Maxson, P., Olsson, J., Johansson, B., & Ferguson, F. G. (1998). Changes in CD8 and CD4 lymphocyte subsets, T cell proliferation responses and non-survival in the very old: The Swedish longitudinal OCTO-immune study. *Mechanisms of Ageing and Development, 102,* 187–198.

Wilber, K. H., & McNeilly, D. P. (2001). Elder abuse and victimization. In J. E. Birren (Ed.), *Handbook of the psychology of aging* (pp. 569–591). San Diego: Academic Press.

Wilcox, A. J., Weinberg, C. R., & Baird, D. D. (1995). Timing of sexual intercourse in relation to ovulation: Effects on the probability of conception, survival of the pregnancy, and sex of the baby. *New England Journal of Medicine, 333,* 1517–1519.

Wildes, J. E., Emery, R. E., & Simons, A. D. (2001). The roles of ethnicity and culture in the development of eating disturbance and body dissatisfaction: A meta-analytic review. *Clinical Psychology Review, 21,* 521–551.

Wiley, T. L., Cruickshanks, K. J., Nondahl, D. M., Tweed, T. S., Klein, R., & Klein, B. E. K. (1998). Aging and high-frequency hearing sensitivity. *Journal of Speech, Language, and Hearing Research, 41,* 1061–1072.

Wilke, C. J., & Thompson, C. A. (1993). First-year reentry women's perceptions of their classroom experiences. *Journal of the Freshman Year Experience, 5,* 69–90.

Wilkening, F. & Krist, H, (2002). Entwicklung der Wahrnehmung und der Psychomotorik. In R. Oerter & L. Montada (Hrsg.), Entwicklungspsychologie (S. 395-417). Weinheim: PVU Beltz

Wilkie, J. R., Ferree, M. M., & Ratcliff, K. S. (1998). Gender and fairness: Marital satisfaction and two-earner couples. *Journal of Marriage and the Family, 60,* 577–594.

Wilkins, K., Parsons, G. F., Gentleman, J. F., & Forbes, W. F. (2000). Chronic diseases in Canada, 20(3), 1–17. Retrieved from http://www. hc-sc.gc.ca/ pphb-dgspsp/publicat/cdic-mcc/20-1/e_e.html#tab1

Willatts, P. (1999). Development of means–end behavior in young infants: Pulling a support to retrieve a distant object. *Developmental Psychology, 35,* 651–667.

Wille, D. E. (1991). Relation of preterm birth with quality of infant–mother attachment at one year. *Infant Behavior and Development, 14,* 227–240.

Willett, W. C., Colditz, G., & Stampfer, M. (2000). Postmenopausal estrogens opposed, unopposed, or none of the above. *Journal of the American Medical Association, 283,* 485–491.

Williams, B. C., & Kotch, J. B. (1990). Excess injury mortality among children in the United States: Comparison of recent international statistics. *Pediatrics, 86*(6, Pt. 2), 1067–1073.

Williams, N., & Torrez, D. J. (1998). Grandparenthood among Hispanics. In M. E. Szinovacz (Ed.), *Handbook on grandparenthood* (pp. 87–96). Westport, CT: Greenwood Press.

Williams, R. B. (2000). Psychological factors, health, and disease: The impact of aging and the life cycle. In S. B. Manuck, R. Jennings, B. S. Rabin, & A. Baum (Eds.), *Behavior, health, and aging* (pp. 135–151). Mahwah, NJ: Erlbaum.

Willinger, M., Ko, C.-W., Hoffman, H. J., Kessler, R. C., & Corwin, M. J. (2003). Trends in infant bed sharing in the United States. *Archives of Pediatrics and Adolescent Medicine, 157,* 43–49.

Willis, S. (1996). Everyday problem solving. In J. E. Birren & K. W. Schaie (Eds.), *Handbook of the psychology of aging* (4th ed., pp. 287–307). San Diego: Academic Press.

Willis, S. L., & Schaie, K. W. (1994). Cognitive training in the normal elderly. In F. Forette, Y. Christen, & F. Boller (Eds.), *Plasticité cérébrale et stimulation cognitive* [Cerebral plasticity and cognitive stimulation] (pp. 91–113). Paris: Fondation Nationale de Gérontologie.

Willis, S. L., & Schaie, K. W. (1999). Intellectual functioning in midlife. In S. L. Willis & J. D. Reid (Eds.), *Life in the middle* (pp. 105–146). San Diego: Academic Press.

Willner, J. P. (1998). Reproductive genetics and today's patient options: Prenatal diagnosis. *Mount Sinai Journal of Medicine, 65,* 173–177.

Willott, J. F., Chisolm, T. H., & Lister, J. L. (2001). Modulation of presbycusis: Current status and future directions. *Audiology and Neuro-Otology, 6,* 231–249.

Wilson, D. M. (2002). Addressing myths about end-of-life care: Research into the use of acute care hospitals over the last five years of life. *Journal of Palliative Care, 18,* 29–38.

Wilson, M. N., Greene-Bates, C., McKim, L., Simmons, T. A., Curry-El, J., & Hinton, I. D. (1995). African American family life: The dynamics of interactions, relationships, and roles. In M. N. Wilson (Ed.), *African American family life: Its structural and ecological aspects* (pp. 5–21). San Francisco: Jossey-Bass.

Winblad, B., Engedal, K., Soineinen, H., Berhey, F., Waldemar, G., & Wimo, A. (2001). A 1-year, randomized, placebo-controlled study of donepezil in patients with mild to moderate AD. *Neurology, 57,* 489–495.

Wingfield, A., & Stine-Morrow, E. A. L. (2000). Language and speech. In F. I. M. Craik & T. A. Salthouse (Eds.), *Handbook of aging and cognition* (2nd ed., pp. 359–416). Mahwah, NJ: Erlbaum.

Wink, P., & Dillon, M. (2002). Spiritual development across the adult life course: Findings from a longitudinal study. *Journal of Adult Development, 9,* 79–94.

Wink, P., & Helson, R. (1993). Personality change in women and their partners. *Journal of Personality and Social Psychology, 65,* 597–605.

Winkleby, M. A., Robinson, T. N., Sundquist, J., & Kraemer, H. C. (1999). Ethnic variation in cardiovascular disease risk factors among children and young adults. *Journal of the American Medical Association, 281,* 1006–1013.

Winn, R., & Newton, N. (1982). Sexual activity in aging: A study of 106 cultures. *Archives of Sexual Behavior, 11,* 283–298.

Winner, E. (1986, August). Where pelicans kiss seals. *Psychology Today, 20*(8), 25–35.

Winner, E. (1988). *The point of words: Children's understanding of metaphor and irony.* Cambridge, MA: Harvard University Press.

Winner, E. (1996). *Gifted children: Myths and realities.* New York: Basic Books.

Winner, E. (2000). The origins and ends of giftedness. *American Psychologist, 55,* 159–169.

Winsler, A., Diaz, R. M., & Montero, I. (1997). The role of private speech in the transition from collaborative to independent

task performance in young children. *Early Childhood Research Quarterly, 12,* 59–79.
Wintre, M. G., & Vallance, D. D. (1994). A developmental sequence in the comprehension of emotions: Intensity, multiple emotions, and valence. *Developmental Psychology, 30,* 509–514.
Wiscott, R., & Kopera-Frye, K. (2000). Sharing of culture: Adult grandchildrens' perceptions of intergenerational relations. *International Journal of Aging and Human Development, 5,* 199–215.
Wojciechowski, W. C. (1998). Issues in caring for older lesbians. *Journal of Gerontological Nursing, 24,* 28-33.
Wolchik, S. A., Wilcox, K. L., Tein, J.-Y., & Sandler, I. N. (2000). Maternal acceptance and consistency of discipline as buffers of divorce stressors on children's psychological adjustment problems. *Journal of Abnormal Child Psychology, 28,* 87–102.
Wolf, R. S. (2000). Elder abuse. In V. B. Van Hasselt & M. Hersen (Eds.), *Aggression and violence* (pp. 135–151). Boston: Allyn and Bacon.
Wolfe, D. A., (1999). *Child abuse* (2nd ed.). Thousand Oaks, CA: Sage.
Wolfe, D. A., Scott, K., Wekerle, C., & Pittman, A. (2001). Child maltreatment: Risk of adjustment problems and dating violence in adolescence. *Journal of the American Academy of Child and Adolescent Psychiatry, 40,* 282–289.
Wolfe, J. J. (1997). Hospice support for families facing multiple deaths of children. *American Journal of Hospital Palliative Care, 14,* 224–227.
Wolfelt, A. D. (1997). Death and grief in the school setting. In T. N. Fairchild (Ed.), *Crisis intervention strategies for school-based helpers* (pp. 199–244). Springfield, IL: Charles C. Thomas.
Wolff, P. H. (1966). The causes, controls and organization of behavior in the neonate. *Psychological Issues, 5*(1, Serial No. 17).
Wolff, P. H., & Fesseha, G. (1999). The orphans of Eritrea: A five-year follow-up study. *Journal of Child Psychology and Psychiatry and Allied Disciplines, 40,* 1231–1237.
Wolfinger, N. H. (2000). Beyond the intergenerational transmission of divorce: Do people replicate the patterns of marital instability they grew up with? *Journal of Family Issues, 21,* 1061–1086.
Wolfson, A. R., & Carskadon, M. A. (1998). Sleep schedules and daytime functioning in adolescents. *Child Development, 69,* 875–887.
Wolpe, J., & Plaud, J. J. (1997). Pavlov's contributions to behavior therapy: The obvious and not so obvious. *American Psychologist, 52,* 966–972.
Women's Health Initiative. (2002). Risks and benefits of estrogen plus progestin in healthy postmenopausal women: Principal results from the Women's Health Initiative randomized control trial. *Journal of the American Medical Association, 288,* 321–333.
Wong, R., Kitayama, K. E., & Soldo, B. J. (1999). Ethnic differences in time transfers from adult children to elderly parents: Unobserved heterogeneity across families? *Research on Aging, 21,* 144–175.
Wood, W., & Eagly, A. H. (2000). Once again, the origins of sex differences. *American Psychologist, 55,* 1062–1063.
Wood. S. (2001). Interview. *Frontline.* Retrieved from http://www.pbs.org/wgbh/pages/frontline/ shows/fertility/interviews/wood.html
Woodman, S. (1998). *Last rights: The struggle over the right to die.* New York: Plenum.
Woodring, B. C. (1998). Relationship of physical activity and television watching with body weight and level of fatness: Results from the Third National Health and Nutrition Survey. *Journal of Child and Family Nursing, 1,* 78–79.
Woodward, L. J., & Fergusson, D. M. (1999). Childhood peer relationship problems and psychosocial adjustment in late adolescence. *Journal of Abnormal Child Psychology, 27,* e87.
Woodward, L., Taylor, E., & Dowdney, L. (1998). The parenting and family functioning of children with hyperactivity. *Journal of Child Psychology and Psychiatry, 39,* 161–169.

Woodward, S. A., Lenzenweger, M. F., Kagan, J., Snidman, N., & Arcus, D. (2000). Taxonic structure of infant reactivity: Evidence from a taxometric perspective. *Psychological Science, 11,* 296–301.
Woolf, L. M. (2001). Gay and lesbian aging. *SIECUS Report, 30,* 16–21.
Woolley, J. D. (1997). Thinking about fantasy: Are children fundamentally different thinkers and believers from adults? *Child Development, 68,* 991–1011.
Woolley, J. D., Phelps, K. E., Davis, D. L., & Mandell, D. J. (1999). Where theories of mind meet magic: The development of children's beliefs about wishing. *Child Development, 70,* 571–587.
Wooster, D. M. (1999). Assessment of nonorganic failure to thrive. *Infant–Toddler Intervention, 9,* 353–371.
Wooster, D. M. (2000). Intervention for nonorganic failure to thrive. *Transdisciplinary Journal, 10,* 37–45.
Word, S. (1996). Mortality awareness and risk-taking in late adolescence. *Death Studies, 20,* 133–148.
Worden, J. W. (2000). Toward an appropriate death. In T. A. Rando (Ed.), *Clinical dimensions of anticipatory mourning* (pp. 267–277). Champaign, IL: Research Press.
World Health Organization. (2000a). *Healthy life expectancy rankings.* Geneva: Author.
World Health Organization. (2000b). Violence against women information pack. Retrieved from http://www.who.int/frh-whd/VAW/infopack/English
World Health Organization. (2000c). *The world health report, 2000.* Geneva: Author.
World Health Organization. (2001, November 30). Oral Health County/Area Profile Program. Retrieved from http://www.whocollab.od.mah.se/amro/ canada/data/canadacar.html
World Health Organization. (2002). *World health statistics annual 2002.* Geneva: Author.
Wright, J. C., Huston, A. C., Murphy, K. C., St. Peters, M., Pinon, M., Scantlin, R., & Kotler, J. (2001). The relations of early television viewing to school readiness and vocabulary of children from low-income families: The Early Window Project. *Child Development, 72,* 1347–1366.
Wright, J. C., Huston, A. C., Reitz, A. L., & Piemyat, S. (1994). Young children's perceptions of television reality: Determinants and developmental differences. *Developmental Psychology, 30,* 229–239.
Wright, J. W. (Ed.). (1999). *The universal almanac 1999.* Kansas City: Andrews and McMeel.
Wright, T. A., & Bonett, D. G. (1997). The contribution of burnout to work performance. *Journal of Organizational Behavior, 18,* 491–499.
Wrightsman, L. S. (1994). *Adult personality development: Vol. 1. Theories and concepts.* Thousand Oaks, CA: Sage.
Wu, L. L., Bumpass, L. L., & Musick, K. (2001). Historical and life course trajectories of nonmarital childbearing. In L. L. Wu & B. Wolfe (Eds.), *Out of wedlock: Causes and consequences of nonmarital fertility* (pp. 3–48). New York: Russell Sage Foundation.
Wu, M. M., & Edwards, M. H. (1999). The effect of having myopic parents: An analysis of myopia in three generations. *Optometry and Vision Science, 76,* 387–392.
Wu, Z., & Penning, M. J. (1997). Marital instability after midlife. *Journal of Family Issues, 18,* 459–478.
Wu, Z., & Pollard, M. S. (1998). Social support among unmarried childless elderly persons. *Journal of Gerontology, 53B,* S324–S335.
Wygotsky, L. S. (1978). *Mind in society: The development of higher mental processes.* Cambridge, MA: Harvard University Press. (Original works published 1930, 1933, and 1935)
Wygotsky, L. S. (1987). Thinking and speech. In R. W. Rieber, & A. S. Carton (Eds.), & N. Minick (Trans.), *The collected works of L. S. Wygotsky: Vol. 1. Problems of general psychology* (pp. 37–285). New York: Plenum. (Original work published 1934)
Wyman, P. A., Cowen, E. L., Work, W. C., Hoyt-Meyers, L., Magnus, K. B., & Fagen, D. B. (1999). Caregiving and developmental factors differentiating young at-risk urban children showing

resilient versus stress-affected outcomes: A replication and extension. *Child Development, 70,* 645–659.

Wynn, K. (1992). Addition and subtraction by human infants. *Nature, 358,* 749–750.

Wynn, K. (2002). Do infants have numerical expectations or just perceptual preferences? Comment. *Developmental Science, 5,* 207–209.

Wynn, K., Bloom, P., & Chiang, W.-C. (2002). Enumeration of collective entities by 5-month-old infants. *Cognition, 83,* B55–B62.

Yale, M. E., Messinger, D. S., Cobo-Lewis, A. B., Oller, D. K., & Eilers, R. E. (1999). An event-based analysis of the coordination of early infant vocalizations and facial actions. *Developmental Psychology, 35,* 505–513.

Yamanoi, K. (1993). Care for the elderly in Sweden and Japan. Retrieved from http://www.wao. or.jp/yamanoi/report/lunds/index.htm

Yang, B., Ollendick, T. H., Dong, Q., Xia, Y., & Lin, L. (1995). Only children and children with siblings in the People's Republic of China: Levels of fear, anxiety, and depression. *Child Development, 66,* 1301–1311.

Yang, E. Y., Flake, A. W., & Adzick, N. S. (1999). Prospects for fetal gene therapy. *Seminars in Perinatology, 23,* 524–534.

Yarrow, M. R., Scott, P. M., & Waxler, C. Z. (1973). Learning concern for others. *Developmental Psychology, 8,* 240–260.

Yates, W. R., Cadoret, R. J., & Troughton, E. P. (1999). The Iowa adoption studies: Methods and results. In M. C. LaBuda & E. L. Grigorenko (Eds.), *On the way to individuality: Current methodological issues in behavioral genetics* (pp. 95–125). Commack, NY: Nova Science Publishers.

Yeung, W. (1996). Buddhism, death, and dying. In J. K. Parry & A. S. Ryan (Eds.), *A cross-cultural look at death, dying, and religion* (pp. 74–83). Chicago: Nelson-Hall.

Yip, R., Scanlon, K., & Trowbridge, F. (1993). Trends and patterns in height and weight status of low-income U.S. children. *Critical Reviews in Food Science and Nutrition, 33,* 409–421.

Yirmiya, N., & Shulman, C. (1996). Seriation, conservation, and theory of mind abilities in individuals with autism, individuals with mental retardation, and normally developing children. *Child Development, 67,* 2045–2059.

Yirmiya, N., Solomonica-Levi, D., & Shulman, C. (1996). The ability to manipulate behavior and to understand manipulation of beliefs: A comparion of individuals with autism, mental retardation, and normal development. *Developmental Psychology, 32,* 62–69.

Yoder, A. E. (2000). Barriers to ego identity status formation: A contextual qualification of Marcia's identity status paradigm. *Journal of Adolescence, 23,* 95–106.

Yogman, M. W. (1981). Development of the father–infant relationship. In H. Fitzgerald, B. Lester, & M. W. Yogman (Eds.), *Theory and research in behavioral pediatrics* (Vol. 1, pp. 221–279). New York: Plenum.

Yonas, A., Granrud, E. C., Arterberry, M. E., & Hanson, B. L. (1986). Infants' distance perception from linear perspective and texture gradients. *Infant Behavior and Development, 9,* 247–256.

Yoo, S. H., & Sung, K.-T. (1997). Elderly Koreans' tendency to live independently from their adult children: Adaptation to cultural differences in America. *Journal of Cross-Cultural Gerontology, 12,* 225–244.

Youn, G., Knight, B. G., Jeon, H., & Benton, D. (1999). Differences in familism values and caregiving outcomes among Korean, Korean American, and White American dementia caregivers. *Psychology and Aging, 14,* 355–364.

Young, H. M. (1998). Moving to congregate housing: The last chosen home. *Journal of Aging Studies, 12,* 149–165.

Young, J. B., & Rodgers, R. F. (1997). A model of radical career change in the context of psychosocial development. *Journal of Career Assessment, 5,* 167–172.

Young, L. R., & Nestle, M. (2002). The contribution of expanding portion sizes to the U.S. obesity epidemic. *American Journal of Public Health, 92,* 246–249.

Young, P. (1991). Families with adolescents. In F. H. Brown (Ed.), *Reweaving the family tapestry* (pp. 131–168). New York: Norton.

Youniss, J. (1980). *Parents and peers in social development: A Piagetian-Sullivan perspective.* Chicago: University of Chicago Press.

Youniss, J., McLellan, J. A., & Yates, M. (1997). What we know about engendering civic identity. *American Behavioral Scientist, 40,* 620–631.

Yu, S., Yarnell, J. W. G., Sweetnam, P. M., & Murray, L. (2003). What level of physical activity protects against premature cardiovascular death? The Caerphilly Study. *Heart, 89,* 502–506.

Yuill, N., & Perner, J. (1988). Intentionality and knowledge in children's judgments of actor's responsibility and recipient's emotional reaction. *Developmental Psychology, 24,* 358–365.

Zafeiriou, D. I. (2000). Plantar grasp reflex in high-risk infants during the first year of life. *Pediatric Neurology, 22,* 75–76.

Zahn-Waxler, C., & Robinson, J. (1995). Empathy and guilt: Early origins of feelings of responsibility. In J. P. Tangney & K. W. Fischer (Eds.), *Self-conscious emotions* (pp. 143–173). New York: Guilford.

Zahn-Waxler, C., Kochanska, G., Krupnick, J., & McKnew, D. (1990). Patterns of guilt in children of depressed and well mothers. *Developmental Psychology, 26,* 51–59.

Zahn-Waxler, C., Radke-Yarrow, M., & King, R. M. (1979). Child-rearing and children's prosocial initiations toward victims of distress. *Child Development, 50,* 319–330.

Zahn-Waxler, C., Radke-Yarrow, M., Wagner, E., & Chapman, M. (1992). Development of concern for others. *Developmental Psychology, 28,* 126–136.

Zahn-Waxler, C., Schiro, K., Robinson, J. L., Emde, R. N., & Schmitz, S. (2001). Empathy and prosocial patterns in young MZ and DZ twins: Development and genetic and environmental influences. In R. N. Emde & J. K. Hewitt (Eds.), *Infancy to early childhood: Genetic and environmental influences on developmental change* (pp. 141–162). New York: Oxford University Press.

Zakowski, S. G., Hall, M. H., Klein, L. C., & Baum, A. (2001). Appraised control, coping, and stress in a community sample: A test of the goodness-of-fit hypothesis. *Annals of Behavioral Medicine, 23,* 158–165.

Zane, N., & Yeh, M. (2002). The use of culturally based variables in assessment: Studies on loss of face. In K. Kurasaki, S. Okazaki, & S. Sue (Eds.), *Asian American mental health: Assessment theories and methods* (pp. 123–138). Dordrecht, Netherlands: Kluwer Academic.

Zapf, D., Seifert, C., Schmutte, B., Mertini, H., & Hotz, M. (2001). Emotion work and job stressors and their effects on burnout. *Psychology and Health, 16,* 527–545.

Zarit, S. H., & Eggebeen, D. J. (2002). Parent–child relationships in adulthood and later years. In M. H. Bornstein (Ed.), *Handbook of parenting, Vol. 1* (2nd ed., pp. 135–161). Mahwah, NJ: Erlbaum.

Zarit, S. H., Stephens, M. A. P., Townsend, A., & Greene, R. (1998). Stress reduction for family caregivers: Effects of adult day care use. *Journal of Gerontology, 53B,* S267–S277.

Zeanah, C. H. (2000). Disturbances of attachment in young children adopted from institutions. *Developmental and Behavioral Pediatrics, 21,* 230–236.

Zelazo, N. A., Zelazo, P. R., Cohen, K. M., & Zelazo, P. D. (1993). Specificity of practice effects on elementary neuromotor patterns. *Developmental Psychology, 29,* 686–691.

Zelazo, P. R. (1983). The development of walking: New findings on old assumptions. *Journal of Motor Behavior, 2,* 99–137.

Zenger, T., & Lawrence, B. (1989). Organizational demography: The differential effects of age and tenure distributions on technical communication. *Academy of Management Journal, 32,* 353–376.

Zeskind, P. S., & Barr, R. G. (1997). Acoustic characteristics of naturally occurring cries of infants with "colic." *Child Development, 68,* 394–403.

Zevitz, R. G., & Gurnack, A. M. (1991). Factors related to elderly crime victims' satisfaction with police service: The impact of Milwaukee's Gray Squad. *Gerontologist, 31,* 92–101.

Zhang, Z., & Hayward, M. D. (2001). Childlessness and the psychological well-being of older persons. *Journal of Gerontology, 56B,* S311–S320.

Zhou, M., & Bankston, C. L. (1998). *Growing up American: How Vietnamese children adapt to life in the United States.* New York: Russell Sage Foundation.

Zigler, E. F., & Finn-Stevenson, M. (1999). Applied developmental psychology. In M. H. Bornstein & M. E. Lamb (Eds.), *Developmental psychology: An advanced textbook* (4th ed., pp. 555–598). Mahwah, NJ: Erlbaum.

Zigler, E. F., & Gilman, E. (1998). The legacy of Jean Piaget. In G. A. Kimble & M. Wertheimer (Eds.), *Portraits of pioneers in psychology* (Vol. 3, pp. 145–160). Washington, DC: American Psychological Association.

Zigler, E. F., & Hall, N. W. (2000). *Child development and social policy: Theory and applications.* New York: McGraw-Hill.

Zigler, E., & Styfco, S. J. (2001). Can early childhood intervention prevent delinquency? A real possibility. In A. C. bohart & D. J. Stipek (Eds.), *Constructive and destructive behavior: Implications for family, school, and society* (pp. 231–248). Washington, DC: American Psychological Association.

Zimmerman, B. J. (2002). Achieving academic excellence: A self-regulatory perspective. In M. Ferrari (Ed.), *The pursuit of excellence through education* (pp. 85–110). Mahwah, NJ: Erlbaum.

Zimmerman, B. J., & Risemberg, R. (1997). Self-regulatory dimensions of academic learning and motivation. In G. D. Phye (Ed.), *Handbook of academic learning: Construction of knowledge* (pp. 105–125). San Diego: Academic Press.

Zimmerman, M. A., & Arunkumar, R. (1994). Resiliency research: Implications for schools and policy. *Social Policy Report of the Society for Research in Child Development, 8*(4).

Zimmerman, M. A., Copeland, L. A., Shope, J. T., & Dielman, T. E. (1997). A longitudinal study of self-esteem: Implications for adolescent development. *Journal of Youth and Adolescence, 26,* 117–141.

Zins, J. E., Garcia, V. F., Tuchfarber, B. S., Clark, K. M., & Laurence, S. C. (1994). Preventing injury in children and adolescents. In R. J. Simeonsson (Ed.), *Risk, resilience, and prevention: Promoting the well-being of all children* (pp. 183–202). Baltimore: Paul H. Brookes.

Zlotnick, C., Kohn, R., Peterson, J., & Pearlstein, T. (1998). Partner physical victimization in a national sample of American families: Relationship to psychological functioning, psychosocial factors, and gender. *Journal of Interpersonal Violence, 13,* 156–166.

Zorilla, E. P., DeRubeis, R. J., & Redei, E. (1995). High self-esteem, hardiness and affective stability are associated with higher basal pituitary–adrenal hormone levels. *Psychoneuroendocrinology, 20,* 591–601.

Zucker, A. N., Ostrove, J. M., & Stewart, A. J. (2002). College-educated women's personality development in adulthood: Perceptions and age differences. *Psychology and Aging, 17,* 236–244.

Zucker, K. J. (2001). Biological influences on psychosexual differentiation. In R. K. Unger (Ed.), *Handbook of the psychology of women and gender* (pp. 101–115). New York: Wiley.

Zwillich, T. (2002, November 19). U.S. system fails patients' dying wishes. *Reuters Health.* Retrieved from http://www.dwd.org/fss/news/reut.11.19.02.asp

Personenregister

Aarons 498
Abbott 164
Aber 172
Abikoff 396
Abra 701
Abraham 804
Abramovitch 55
Abrams 799
Abravanel 305
Achenbach 131
Acker 347
Ackerman 241, 411, 700, 712
Adams 144, 308, 484, 529, 532, 673, 742, 842
Adamson 645, 646
Addington-Hall 880
Aderman 878
Adkins 825
Adlaf 499
Adler 581
Adolph 18, 176, 182, 188
Adzick 77
Aerts 542
Affifi 631
Agüero-Torres 792
Aguiar 200
Ahadi 245, 246, 247
Ahlberg 358
Aho 773
Ainlay 816
Ainsworth 255, 256, 258
Airhihenbuwa 587
Aitchison 690
Akers 550
Akhtar 322
Akiyama 624, 741, 742
Akshoomoff 161
Albanes 588
Albert 658
Aldwin 686, 688, 689
Alessandri 112, 507
Alexander 128, 289, 519
Ali 490
Alibali 401
Allen 411, 478, 498, 627, 629, 656
Allison 583
Almeida 545
Almey 634
Alpert-Gillis 359
Alsaker 485
Altmaier 869, 873
Alvarez 545
Aman 391
Amaro 595
Amato 80, 453, 455, 652, 653
Ames 160, 184, 437
Amsel 506

Anand 582
Ancoli-Israel 478, 772
Anderman 436, 513
Anders 137
Anderson 227, 320, 323, 352, 449
Andersson 114, 219, 590
Andre 449
Andreas 463
Andrews 76, 301, 391, 445
Andrus 90
Anesbury 383
Anglin 322, 410
Angold 475
Annahatak 408
Annett 281
Anslow 127
Anstey 774, 802
Antill 651
Antonucci 499, 624, 741, 742, 829, 835, 842
Apfel 498
Apgar 124, 125
Aquan-Assee 264
Aquilino 547, 731
Arata 596
Arber 778
Archer 530, 531, 533
Arcus 248
Ardelt 801, 802
Arend 265
Arensman 824
Aries 15
Arjmand 608
Arking 573, 578, 674
Arlin 26, 602
Armstrong 163, 820, 852
Arnett 485, 527
Arnold 410, 608, 609
Aron 730
Aronne 584
Aronson 115
Arora 167
Arsenio 349
Artman 393
Arunkumar 12
Arvin 67
Asakawa 42
Asher 445, 448
Ashley-Koch 68
Ashman 418
Ashmead 178, 180
Aslin 143, 144, 180, 200, 228
Assmann 801
Astington 311
Astley 115
Atchley 833, 835, 848
Atkins 77

Atkinson 27, 139, 178, 208, 265, 342
Attie 489
Au 300
Auerbach 742
Aunola 515
Avis 676, 680
Avolio 703, 744, 747
Axia 243, 411
Axinn 651
Azmitia 306
Baars 813
Babbitt 587
Babcock 698
Bach-y-Rita 162
Bäckman 770, 795, 798, 802
Baddeley 207
Badzinski 335, 438
Baenninger 512
Bagwell 444, 551
Bahrich 187
Bahrick 186, 187, 210, 797
Bai 182
Bailey 388, 492, 673, 726
Baillargeon 200, 204
Baird 103
Baker 411, 646
Bakermans-Kranenburg 259
Balaban-Gil 111, 112
Balaswamy 839
Baldwin 313
Balfour 682
Balk 894
Ball 834
Ballantyne 849
Ballard 382
Baltes 9, 11, 699, 723, 794, 795, 800, 801, 802, 821, 834, 835, 853
Banaji 777
Bancroft 592
Band 386
Bandura 23, 24, 346, 723
Bane 689
Banish 158
Bank 452
Bankoff 896
Banks 144, 182
Bankston 42, 43
Banta 127
Barakat 384
Barber 363, 547, 642, 651
Barbie 660
Barer 763
Barker 85, 113, 114, 118
Barkley 396
Barling 518
Barnes 434
Barnett 256, 257, 259, 262, 319, 660, 662

PERSONENREGISTER

Baron 117
Baron-Cohen 313, 314
Baroni 411
Barr 111, 112, 140, 141, 142, 202, 212, 748
Barratt 130
Barrera 363
Barrett 182, 242, 442
Barrios 461
Barry 475, 484
Barsky 723
Bartlik 680
Bartrip 186
Bartsch 311
Basow 545
Bass 747, 852
Bassey 588
Bates 80, 93, 158, 161, 223, 227, 244, 245, 251, 269, 364, 712
Bathurst 33, 459
Battin 466
Bauer 310
Baumeister 138, 344
Baumrind 362, 363
Baumwell 229
Bayer 55
Bayley 175, 216
Beach 638
Beard 767
Beardsall 50, 549
Bearison 442, 487
Beatty 355
Beauchamp 142
Beausang 482
Becker 86, 455, 483
Beckerman 701
Beckwith 217
Begley 585
Behrens 638
Behrman 67, 117
Beilin 297
Beintema 136
Beitel 263
Belanger 319
Bélanger 650
Bell 159, 182, 201, 249, 584, 607, 679
Bellamy 168, 285, 641
Bellas 749
Bellavance 239
Belsky 118, 258, 259, 260, 264, 732
Bempchat 423
Benbow 510, 608
Bench 143
Bender 112, 603
Bendersky 112
Benedict 243
Benenson 355, 445, 550
Bengston 721
Bengtson 739, 742, 743, 844
Bengtsson 575
Benini 243

Bennett 70, 144, 825
Bennetto 314
Benoliel 865, 879, 881
Benson 77, 178, 188, 204
Berenbaum 511
Berg 699, 799, 800, 802
Bergen 296
Berger 116
Berk 31, 38, 296, 305, 306, 520
Berkman 778
Berkowitz 487, 542
Berkus 128
Berlin 134, 259
Berman 124, 729
Bermejo 315
Bern 48
Berndt 364, 516, 550, 551
Berne 333
Bernier 396
Bernieri 251
Bernston 580
Bersoff 544
Bertenthal 182, 185
Bertoncini 143, 172
Bertrand 659, 720
Berzonsky 531
Betts 283
Betz 347, 657, 659
Bevan 639
Beyene 678
Beyth-Marom 491
Bhatt 210
Bialystok 412
Bianco 119
Bidell 26, 159, 394
Biederman 396
Bielby 813
Bielinski 510
Biernat 354
Bigbee 447
Bigelow 183
Bigi 399
Bigler 361, 449
Bigner 656
Bijeljac-Babic 143
Binet 18, 215
Binstock 853
Birch 144, 168, 180, 181, 184, 245, 284, 341, 382, 586
Biringen 174
Birmaher 555
Birmingham 583
Biro 481
Birren 14, 719, 819, 872
Bissaker 362
Bjork 226
Bjorklund 30, 205, 308, 397, 398, 465, 593
Black 67, 159, 362, 458, 594
Blacker 788
Blackhall 878

Blagg 461
Blair 573, 588
Blake 408
Blakely 366, 367
Blakeslee 640
Blamey 690
Blanchard 492
Blanchard-Fields 701, 800, 813
Blanker 679
Blasi 536, 820
Blass 141, 171, 786, 787, 788
Blatchford 413
Bleske 631
Blieszner 742, 842
Blimling 604
Blissmer 689
Block 500, 623, 726, 877
Blomberg 740
Bloom 205, 222, 226, 322
Blotner 442
Bluck 872
Bluebond-Langner 877
Bluestein 533
Bluestone 364
Blum 74, 163, 739
Blumberg 138
Blumenthal 76
Blyth 486, 513, 546
Boat 464
Bochers 738
Bock 93
Boden 813
Bodenheimer 790
Bogaert 492
Bogartz 200
Bogden 772
Bohannon 223, 324
Bohlin 169
Bohman 78, 97
Bohr 604
Boldizar 359
Bolen 462
Bolger 367
Bolognani 580
Bolton 139
Bonett 745
Bonichini 243
Boniface 202
Bonvillian 223
Bookstein 115
Boon 733
Boonstra 490
Booth 80, 453, 455, 680
Borchers 738
Borke 299
Borkowski 437
Borman 607
Bornstein 29, 45, 129, 213, 214, 229, 293
Borst 125
Borstelmann 15
Bortolus 63

Bosquet 158, 243
Bossé 849, 851
Bost 259, 342
Bosworth 802
Botkin 637
Bouchard 96, 280, 283, 478, 480
Boudreau 181
Boukydis 140, 141
Boulton 447
Bowen 508
Bowlby 7, 29, 253, 255, 263, 517, 611, 891
Boxer 494
Boyce 384
Boyer 211
Boyes 531
Boyle 479
Braafladt 556
Brabyn 768
Brach 762
Brackbill 128
Bracken 316
Bradburn 703
Bradbury 287, 638
Braddick 178, 208
Bradley 133, 217, 218, 317
Brady 805
Braeges 349
Braet 383
Braine 386
Brambring 184
Brame 350
Brandtstädter 824
Branstetter 37
Bratt 83
Braverman 492
Bray 458, 654, 655, 658
Brazelton 144
Brébion 798
Bredekamp 220, 314, 321, 415
Bredemeier 387
Breedlove 511
Brehm 632, 633
Breithecker 479
Bremner 199
Brennan 184, 627, 774, 791
Brenner 164, 439
Brent 68, 868, 870
Breslau 893
Bretherton 244, 255
Brett 748
Brewaeys 656
Brezina 346
Bridges 244, 453
Brien 497
Briggs 464
Brigham 589
Broberg 219, 347
Brodaty 789
Brody 82, 93, 219, 264, 357, 364, 451, 597

Broman 638
Bromberger 676
Bronfenbrenner 32, 33, 34, 80, 81, 94
Bronfman 259
Bronson 184
Brooks 78, 223, 227, 553, 592, 641
Brooks-Gunn 83, 87, 130, 133, 267, 478, 481, 482, 483, 485, 486, 488, 489, 497, 548, 635
Broomhall 749
Brophy 417
Brown 268, 289, 323, 335, 490, 552, 553, 554, 650, 735, 823
Browne 597, 639, 847
Brownell 332
Brownson 660
Brubaker 838
Bruce 211
Bruch 488, 633
Bruck 465, 466
Bruer 158
Brun 590
Brussoni 733
Bryden 511
Buchanan 366, 458, 475, 483, 847
Buchanan-Barrow 442
Buekensetal 133
Buhrmester 49, 451, 550, 551, 554, 631, 742
Buhs 341, 446
Bukowski 264, 446, 448, 550, 551
Bulatao 645
Bulka 813
Bullinger 180
Bumpass 650, 655
Burchinal 217, 288, 317, 320
Burgess 140, 249, 339, 446
Burgio 792
Burhans 334
Buriel 79, 364
Burke 77, 660
Burman 80
Burnham 137
Burns 751
Burrell 656
Burton 742
Burts 318, 364
Burtzeva 115
Bushman 352
Bushnell 181
Buss 593, 626, 631
Bussell 549
Bussey 348
Butler 117, 357, 432, 676, 813
Buttell 847
Butterworth 176, 210
Buunk 626, 649
Buur 247
Byars 660
Byler 318, 416
Byrne 441

Byrnes 512
Cabrera 651
Caddell 887
Caddy 63
Cadoret 97
Cahan 393
Cahill 779
Cain 97, 333, 334
Caine 484, 822
Caines 139
Cairney 598
Cairns 21, 443, 463, 552
Caldwell 217, 317, 499, 646
Calkins 249
Callaghan 292
Callanan 357
Calle 583
Caller 168, 169
Caltran 140
Cameron 153, 324, 416
Camino 442
Camp 803
Campbell 202, 203, 220, 221, 238, 250, 288, 412, 417, 433, 434, 435, 510, 512, 516, 528, 738, 841
Campos 141, 174, 182, 236, 240, 241, 242
Camras 237, 240, 244
Candy-Gibbs 869
Canetto 558
Canobi 401
Cantisani 641
Cantor 352
Capaldi 594
Caplan 332
Cappeliez 814
Carberry 395
Carbery 631, 742
Cardarelli 462
Carden 640
Cardinali 774
Carels 434, 529
Carey 163, 196, 204, 205, 394
Carli 748
Carlo 544
Carlson 120, 311, 396, 529, 533
Carlton 416
Carmelli 578
Carmichael 119, 301
Carney 511
Caro 852
Carolson 434
Carpendale 312, 399
Carpenter 225, 358
Carrado 639
Carrere 643
Carriger 217, 332
Carro 145
Carroll 598
Carskadon 478

Carstensen 794, 826, 828, 829, 830, 835, 836, 853
Carta 112
Carter 358, 634, 641
Carus 16
Casas 350
Case 26, 207, 292, 302, 386, 393, 394, 505
Caserta 780, 838, 839, 891, 898
Casey 293, 343, 512
Cashon 200
Caspi 48, 49, 52, 247, 249, 251, 485, 486, 626, 700, 726, 728
Cassel 55, 119
Cassidy 68, 259, 627
Catalano 590, 624
Catsambis 512
Cavadini 487
Cavanaugh 733
Cavazzana-Calvo 73
Cavell 434
Ceci 94, 393, 409, 465, 466
Center 686
Cerella 697
Cernoch 143
Cervantes 357
Chalmers 440
Chan 74, 656, 657
Chance 186
Chandler 312, 399, 440, 531
Chandra 118, 779
Chang 128, 381
Chao 364, 454
Chapman 69, 223
Chappell 749, 791, 832, 850
Charles 830, 836
Charman 313, 672
Chase 288
Chase-Lansdale 87, 120, 218, 496, 497, 499
Chassin 500
Chasteen 649
Chatterjee 593
Chatters 820
Chavajay 215, 392, 398, 408
Chavira 532
Che-Alford 832
Chen 41, 116, 202, 203, 252, 286, 364, 384, 395, 448, 453, 701, 800, 844
Cherlin 649, 653
Cherney 218
Cherry 802
Chesney 687
Chesney-Lind 560
Chess 7, 245, 246, 251
Chestnut 685
Chi 602
Chiang 205
Childs 31, 73
Chisholm 144
Chisolm 673

Chiu 434
Chochinov 867
Chodirker 67
Chodorow 593
Choi 227, 850
Chollar 588
Chomsky 222, 411
Christ 894
Christ-Hazelhoff 769
Christensen 92, 641, 724, 802
Christenson 422
Christophe 172
Chronis 396
Chu 629
Chung 396
Cibelli 265
Cicchetti 172, 257, 259, 262, 366, 367, 368, 556
Cicerelli 741, 841, 873, 888
Cicirelli 873
Cigoli 731
Citera 851
Clark 133, 264, 322, 342
Clark-Stewart 455
Clarke 849
Clarke-Stewart 15
Clasen 554
Clausen 485
Clazer 74
Cleary 723
Cleland 140
Clement 885
Cleveland 746
Clifford 129, 585
Clifton 178, 180
Clingempeel 655
Clipp 834
Clore 553
Coakley 294
Coatsworth 12
Coffey-Corina 158
Cohan 650, 651
Cohen 119, 185, 200, 217, 283, 494
Cohen-Shalev 701
Cohn 238
Coie 350, 445, 446, 520
Coiro 455
Coke 825
Colan 611
Colapinto 356
Colby 536, 539
Colcombe 780
Colditz 677
Cole 320, 436, 504, 712
Coleman 346, 458, 641, 652, 653, 654, 655, 765, 844
Coley 120, 496, 499, 656
Collaer 350
Collie 201
Collier 412
Collings 777

Collins 33, 76, 94, 351, 451, 484, 547, 627
Colman 146
Colombo 208, 217
Colonia-Willner 602
Coltrane 459, 644, 647
Comijs 847
Comstock 320, 352
Comunian 544
Concat 167
Condie 836
Conel 157
Conger 239, 485
Connell 244, 359, 436
Conner 306
Connidis 652, 840, 841
Connolly 293, 296, 551, 552, 554
Connor 114
Connors 33
Conti-Ramsden 184
Conwell 822, 823
Cook 628, 639
Cooney 634
Cooper 74, 131, 143, 228, 238, 531, 533, 542, 584, 598, 607, 744, 778
Coplan 6, 339
Coppage 210
Copple 220, 314, 321, 415
Coppotelli 445
Corbin 389
Corboz-Warnery 646
Corcoran 498
Cordon 731
Corey-Bloom 789
Corkill 395
Cornelius 111, 112, 700
Corr 868, 870, 876, 894
Corrigan 295, 296
Cosden 112
Costa 618, 719, 726, 727
Costello 475
Coté 350
Cotton 72
Couch 749
Couchoud 335
Coughlin 682
Coulehan 260
Coulton 367
Courage 144, 212
Cournoyer 270
Cowan 33, 642, 643, 644
Coward 852
Cox 80, 129, 259, 263, 292, 879
Coy 484
Coyl 550
Coyle 308, 397, 722
Coyne 166
Crago 408, 411
Craig 447
Craik 27, 765, 795, 796, 798
Crair 159

Cramond 420
Cratty 291, 293, 385, 386
Craven 433
Crawford 413, 676, 680
Crawley 883
Creasey 296, 627
Creer 384
Crick 350, 444, 445, 447
Cristofalo 572, 573
Critser 586
Crockenberg 243
Crockett 547
Crohan 842
Cronk 225
Crosby 445, 658, 659
Cross 52, 306, 311, 720, 721
Crouter 452, 512, 545, 629, 660
Crowe 97
Crowley 511
Crowson 313
Crowther 820
Cruttenden 201
Cruz 770
Crystal 424, 792
Csikszentmihalyi 421, 484, 602, 723, 801
Cubbins 593
Cuddy-Casey 869
Culbertson 556
Cully 814
Culnane 117
Cumberland 243
Cumella 83
Cumming 827
Cummings 239, 253, 266
Cunningham 651
Curnow 578, 579
Currie 639
Curtin 126
Curtiss 223
Cushing 500, 501
Cutler 852
Cutrona 499
D'Agosdno 129
Dacey 701
Dadds 163
Dadson 488
Dahl 112
Daigneault 388
Dales 286
Daltabuit 141
Dalton 649
Daly 288, 380
Damhuis 438
Damon 432, 441, 442, 444, 528
Daniels 417
Daniluk 485
Danis 881
Dannemiller 186
Dapretto 226
Darling 362, 514

Darlington 319
Darroch 89, 490, 491, 495, 496, 590
Darton-Hill 166
Darville 851
Darwin 17, 28
Datta-Bhutada 111
Daugelli 837
Daugirdas 496
DaVanzo 645, 646
Davey 844
Davidson 158
Davies 61, 239, 894
Davis 730, 783, 796, 898
Davison 510
Dawson 539, 541
Dawson-Hughes 674
Day 115
Deák 322
Dean 897
Deary 404
Deater-Deckard 251
DeBaryshe 561
DeBoer 653
Debus 333, 433
DeCasper 108, 143
Deffenbacher 688
DeGarmo 456, 653
DeGenova 816
Degner 865, 879, 881
Dejin-Karlsson 114
Dekovìc 484
Dekovíc 349
Delgado-Gaitan 408
Dell 461, 497
DeLoache 295, 308
DelVecchio 726, 727
DeMaris 654
Dembo 551
Dement 137
Demetriou 505, 507
Dempster 395
Dempster-McClain 703, 704
Denckla 396
Dengel 780, 784
Denham 335, 353
Denner 91
Denney 700
Dennis 176
Dennison 389
Denny 176
Derom 281
DeRubeis 690
DeStafano 286
Deutsch 411, 647
Deveson 766, 843
DeVoe 813
DeVos 200
Dewey 166
Dewsbury 28
de Frias 798
de Haan 209

de Lange 574
De Lisi 359, 410, 442
De Raedt 784
de Rivera 337
de Schonen 186
de St. Aubin 619, 712
de Villiers 312, 323
de Vries 630, 631, 872
de Waal 355
de Wahl 8
De Wolff 258, 263
Diamond 156, 201, 211, 356, 494, 495, 553
Diana 553
DíAugelli 558
Diaz 305, 306
Dick 485
Dick-Read 126
Dickson 240, 401
DiClemente 495
Diehl 722, 813, 815
Diener 724
Dietrich 116
Dietz 828
DiGuiseppi 286
DiLalla 217, 249, 317
Dildy 119
Dillaway 638
Dillon 819, 820
Dimond 838, 891
Dingel 210
Dion 629
DiPerna 416
DiPietro 107, 108, 138
Dirks 408
Dishion 445, 500
Dittmann-Kohli 699
Dixon 17, 440, 639, 697, 699, 794, 798, 803
Dodge 80, 350, 364, 445, 446
Doeker 283
Doherty 219
Doi 777
Doka 892
Dolan 211
Dolensky 445, 550
Donaldson 693
Donatelle 487, 582, 590, 598, 630, 685, 686
Dondi 140
Donelan-McCall 335
Dong 364
Donnerstein 352, 595
Doole 55
Dooley 624
Dornbusch 417, 418, 458, 514, 515, 518
Dorris 114
Douglas 398
Doussard-Roosevelt 698
Dowd 289, 686
Dowdney 363, 894

PERSONENREGISTER

Dowell 792
Dowling 704
Downey 644, 735
Downs 392, 483
Doyle 296, 718
Drabman 382
Drago-Severson 423
Dreher 112
Drell 388
Drentea 851
Drew 736
Drewnowski 770
Drotar 169
Drozdovitch 116
Druker 76
Dryburgh 490
Dryer 625
Dubé 494, 495, 553
Duberstein 822, 823
DuBois 434, 445, 529
Dubrow 898
Duck 629
Duckett 548
Duffy 884
Dugan 843
Dumbrigue 605
Duncan 83, 84, 305
Duniz 169
Dunkle 837
Dunn 50, 264, 268, 312, 335, 451, 548, 549
Durbin 552
Durham 217, 317
Durlak 899
Durrant 347
Dusek 546
Dustin 878
Dutton 639
Dweck 333, 334, 435
Dworkin 521
Dybing 139
Dye-White 116
Dyer 846
Dykstra 840
Eacott 211
Eagly 626, 748
Earth 78
East 499
Easterbrooks 265, 267, 268
Eaton 250, 434
Ebeling 299
Eberhart-Phillips 117
Eccles 85, 386, 387, 417, 437, 449, 483, 512, 513, 514, 516, 529
Eckensberger 343, 536
Eckerle 169
Edebalk 740
Edelman 90
Eder 332
Edwards 350, 355, 380, 450, 680
Efklides 507

Egan 351
Egeland 7, 261, 263, 368, 462
Eggebeen 732, 738, 844
Eggerman 878
Ehrlich 798
Eiben 72
Eicher 554
Eiden 144
Eilers 224
Einstein 779, 798
Eisen 431
Eisenberg 38, 94, 156, 243, 336, 337, 338, 354, 439
Eisenberg-Berg 346
Eisenstat 120
Ekerdt 836
Ekman 236
Ekstrom 678
El-Sheikh 46
Elardo 218
Elder 4, 48, 52, 53, 485, 730
Elias 306
Eliason 873
Elicker 265
Elkind 507, 508, 509, 790
Ellard 897
Ellicott 716, 718, 719
Ellingson 880
Elliott 84, 112, 435, 461, 560
Ellis 482
Elman 204
Elster 76
Emanuel 888
Emde 21, 245, 249
Emery 33, 456, 458, 487, 639
Emory 128
Engebretson 687
Engel 296
Engelhart 788
Engell 586
Engen 770
Engfer 348
Englund 265
Engstrom 693
Entwisle 519
Epling 24
Epstein 33, 383, 515, 516, 592
Erdley 436
Erel 80
Erickson 462
Ericsson 578
Erikson 20, 235, 271, 330, 430, 526, 618, 623, 711, 714, 719, 810, 811, 856
Eriksson 113
Eron 352
Espiritu 787
Espy 112, 217, 317
Essa 869
Esser 134
Esterberg 704
Evans 218, 245, 246, 247, 581, 788

Everman 68
Eysenck 626
Fabes 335, 337, 354, 439
Fabricius 399
Fabsitz 578
Fagan 209
Fagard 178
Fagley 31
Fagot 269, 350, 357, 358, 497
Fahrmeier 392
Fairburn 584
Fairclough 888
Faison 543
Falbo 434, 452, 453
Fall 113
Faller 462
Fanslow 878
Fantz 184
Farkas 845
Farley 640
Farmer 540
Farr 602
Farrant 310
Farrell 728
Farrington 466, 559, 561
Farver 37, 214, 340
Fasig 332
Fasouliotis 75
Fattibene 116
Faulkner 631
Fearnow 439
Featherman 607, 827
Federico 324
Feeney 627, 643
Fegley 518, 545
Fehr 628
Feigenson 205
Fein 340
Feinberg 451
Feingold 354
Feiring 434, 462, 553
Feldhusen 421
Feldman 217, 251, 602, 643, 788
Felice 499
Felsman 533
Fenson 226, 227
Fenwick 186
Fergus 85
Ferguson 337, 438
Fergusson 167, 446, 558
Fernald 169, 226, 228
Fernandes 111
Ferraro 839
Ferree 638
Ferron 317
Fesseha 463
Ficca 163
Fichter 488
Fieberg 290
Field 131, 173, 238, 239, 243, 337, 814, 815, 842

Fiese 218
Fifer 143
Figueroa 406
Filene 883
Fincham 436, 638
Fine 631, 652, 654
Fingerman 845
Finn-Stevenson 88
Fins 478
Firestone 872
Fisch 320
Fischer 26, 37, 55, 159, 394
Fischhoff 491
Fish 260
Fisher 135, 136, 168, 284, 382, 682, 847
FitzGerald 531
Fitzgerald 659
Fitzgibbons 769
Fivaz-Depeursinge 646
Fivush 211, 310, 357
Flake 72, 77
Flamm 128
Flanagan 513, 543
Flannery 282
Flavell 206, 301, 310, 311, 312, 335, 395, 399, 438
Fleeson 723
Flegal 381
Fleiss 349
Fleming 889
Fleshner 580
Fletcher 362, 514
Flippen 850
Floccia 172
Flood 765
Flor 364
Florian 690, 869, 873
Florsheim 497
Flum 846
Flynn 696
Fogel 240, 244
Foltz 506
Fonda 834
Ford 769
Forgatch 456, 653, 654
Forman 269
Forsen 113
Foster 584
Fotinatos-Ventouratos 744
Fouad 609
Foulke 770
Fowler 819
Fowles 345
Fox 158, 159, 182, 237, 249, 742
Fozard 673, 697, 768
Frackiewicz 597
Franco 112, 113
Franklin 498, 604
Franks 504, 740
Franz 338
Frazier 424, 778, 815, 821

Frederick 117
Frederickson 829
Frederiksen-Goldsen 459
Fredrick 383
Fredrickson 830
Freedman-Doan 449, 514
Freeman 475, 597
French 293, 391
Frensch 512
Fretz 749
Freud 19, 235, 252, 331, 343, 430
Freund 11, 795, 815, 853
Frey 360
Frick 208
Fried 112, 114
Friedman 111, 114, 307
Friesen 236
Frijda 236
Frisoni 790
Frosch 264
Frost 411, 490, 491, 495, 496, 590
Fry 725, 776, 815, 820, 839
Fuchs 542
Fukumoto 343
Fuligni 42, 484, 549
Fuller 483, 544, 784, 880
Fuller-Thomson 736
Fulton 896
Fung 334, 828, 830, 831
Furman 49, 451, 553, 554, 868
Furstenberg 497, 499
Fuson 315, 402
Gabbard 21
Gabbay 837
Gabrel 793, 832
Gaddis 483
Gaffan 238
Galambos 460, 545
Gale 131
Gallagher 63, 359
Gallard 139
Galler 169
Galotti 540
Gamoran 517
Ganchrow 171
Ganguli 787
Ganiban 257, 259, 262
Gannon 251, 678
Ganong 458, 641, 652, 653, 654, 655, 844
Ganzini 888
Gao 629
Garbarino 84, 463
Garber 482, 556
Garcia 351
García-Coll 364
Garcìa Coll 532
Gardner 40, 61, 292, 405, 406, 419, 421, 882
Garfinkel 456, 489
Garmezy 12, 466

Garmon 540
Garner 489
Garnier 519
Garrett 317, 881
Gaschler 479
Gasden 655
Gaskins 309, 341
Gates 594
Gathercole 308, 397
Gatz 739, 824
Gaub 396
Gauvain 32, 392, 395
Gayle 594, 629
Gazmararian 646
Ge 239, 485
Geary 28, 30, 205, 316, 354, 355, 402, 422, 511
Geerlings 824
Gelbaugh 488
Gelfand 680, 777, 778
Gellatly 504
Gelles 367
Gellin 285
Gelman 226, 227, 299, 300, 301, 322, 332, 449
Genessee 412
George 262, 677, 832
Gerdes 448
Gerhard 629
Gershoff 346
Gervai 357, 358
Geschwind 70
Gesell 17, 18
Gest 445
Getchell 291, 576, 578
Gfeller 814
Ghim 185
Giarrusso 736, 845
Gibb 162
Gibbons 61
Gibbs 344, 348, 539, 541, 542, 544, 742
Gibson 74, 181, 188, 751, 793
Giebink 288, 380
Giedd 396
Gielan 544
Gilbert 660
Gilbert-Barness 111
Gilbreth 455
Gillberg 115
Gillespie 159
Gillett 780
Gillies 418
Gilligan 540, 593, 716
Gilling 773
Gillman 381
Gillmore 552
Gilvarry 501
Ginsburg 38, 315
Ginter 785
Ginzberg 605
Giovanelli 143

Giudice 281
Giusti 111
Gjerde 556
Gladstone 732, 737
Gladwell 383
Glaser 602
Glasgow 417, 418, 514
Gleitman 223
Glendenning 847
Glik 287
Glisky 112
Globalist 747
Glosten 128
Glover 76
Gluhoski 893
Gnepp 335
Godfrey 113
Godkin 882
Goelman 88, 219
Goering 84
Golant 833
Gold 741, 779
Goldberg 551, 552, 780, 784, 869
Goldfield 227
Goldman 789
Goldscheider 634, 635
Goldschmied 40
Goldsmith 249, 405
Goldstein 659, 680
Golomb 291
Golombok 74, 656
Golub 128
Gomez-Schwartz 462
Göncü 296
Gonzales 84, 658, 659
Good 417
Goode 93
Goodlet 114
Goodlin-Jones 137
Goodman 74, 238, 465, 596, 835
Goodnow 346
Goodwin 590
Gopher 698
Gopnik 210, 226, 227, 242
Gordis 368
Gordon 721
Gordon-Salant 673, 768, 769
Gormally 142
Gortmaker 382, 583
Goss 380
Goswami 202, 300
Gott 67
Gottesman 93, 94
Gottfredson 607
Gottfried 33, 459
Gottlieb 96, 98
Gottman 629, 638, 643, 652, 835, 836
Goubet 178
Gould 62, 558, 559, 765
Goya 580

Graber 478, 481, 488, 635
Grady 765
Graham 322
Graham-Bermann 445
Gralinski 269, 270
Granot 126
Grantham-McCregor 169
Grantham-McGregor 118, 381
Grattan 83
Graue 416
Graves 578
Gray 112, 362, 850, 851
Gray-Little 434, 529
Green 138, 140, 141, 301, 311, 312, 399, 438, 497
Greenbaum 251
Greenberger 82, 556
Greendorfer 294
Greene 289, 508
Greenfield 30, 31, 177, 408, 512
Greenhill 396
Greenlee 681, 682, 683
Greenough 156, 159
Gregg 544
Gresham 419
Gresser 871
Griffin 394
Griffiths 848
Grigorenko 407
Grody 67
Grolnick 244, 514
Groome 138
Gross 421
Grossbaum 712
Grossman 434, 559, 837
Grossmann 257
Grotevant 78, 527, 531, 607
Grotpeter 444, 445, 447
Grubb 611
Gruetzner 790
Grusec 346
Grych 264
Grzywacz 585
Guarnaccia 882
Guildner 834
Guilford 419
Guinn 852
Gulko 449
Gullette 719
Gullone 461
Gundy 598
Gunnar 142, 160, 249
Gunter-Hunt 884
Guo 644
Gupta 651, 843
Gurland 778
Gurnack 832
Gustafson 138, 140, 141
Gutmann 725
Guttuso 677
Gwiazda 144, 180, 184

Gwinn 77
Haake 307
Haan 542
Hack 129
Hackett 660
Haddad 77
Haden 211, 310
Hader 595
Hafdahl 434, 529
Hagan 357
Hagberg 115, 578, 766, 780, 784
Hagekull 169
Hagen 316, 403
Hahn 698
Haight 213, 296, 814
Haimerl 165
Haine 310
Haith 178, 182, 188, 199, 204, 206
Hakuta 412
Halbreich 597
Halfon 384
Halford 302, 391, 505, 638
Hall 17, 83, 86, 322, 359, 475
Hallett 162
Halliday 70
Hallinan 517
Halperin 396
Halpern 68, 138, 487, 489, 510
Halverson 360, 361
Ham 484
Hamachek 619, 712
Hamberger 104, 107, 639
Hamer 492
Hamilton 518, 610, 611
Hamm 460
Hammer 286, 739
Hammond 768
Hampson 512
Han 211, 751
Handcock 593
Hanley 64
Hans 259
Hansen 521, 640
Hanson 455, 881
Hansson 638, 650
Happé 313
Hardy 833
Hare 656, 657
Hareven 53
Harkness 658
Harlan 87, 270
Harley 412
Harlow 253
Harman 764
Harmon 267, 547
Harold 85, 386, 449, 516
Harootyan 743
Harpaz 684
Harris 42, 96, 143, 251, 312, 499, 625, 716, 718, 738
Harrison 86, 261, 352

Harrist 446
Hart 217, 218, 229, 239, 324, 362, 432, 446, 528, 545, 711, 714
Harter 80, 267, 331, 332, 333, 432, 433, 434, 438, 528, 529, 546
Hartshorn 209
Hartup 341, 445, 549, 550, 630
Harvey 596, 630
Harway 640
Harwood 845
Hasher 698
Haskell 690
Hasselhorn 310
Hassing 802
Hassmén 588
Hastings 249
Hatch 111, 117, 119
Hatfield 628, 629
Hatton 183
Hatzipantelis 512
Haught 800
Hauser 627
Hausfather 219
Hauth 111
Hawker 447
Hawkins 434, 464, 562, 590
Hay 699
Hayes 301
Hayflick 761, 763
Hayne 173, 201, 202, 210
Hays 832
Hayslip 736, 882
Hayward 455, 840
Haywood 576, 578
Hazan 627, 628
Hazell 895
Hazelrigg 833
Healy 153
Heath 82, 85, 408
Heaton 636, 651, 652
Heavey 641
Hedberg 888
Hedges 406, 413, 414, 510
Hediger 130
Heidema 769
Heidiger 118
Heidrich 778
Heiman 634, 641
Heine 434
Heinl 141
Heinz 518, 610, 786, 787, 788
Helburn 219, 320, 324
Held 179
Heller 158, 844
Helm 820
Helson 624, 625, 712, 718, 721, 722, 725, 726, 737
Helwig 442
Hembrooke 466
Hemesath 838
Henderson 399, 548, 847

Hendin 889, 890
Hendrick 628, 631
Hendricks 852
Hendrie 788
Henry 827
Heppner 596
Herbener 626
Herbert 283
Herbst 728
Herdt 494
Herman 362, 412
Hermann 679
Hernandez-Reif 186, 210
Heron 672
Héroux 300
Herrenkohl 417
Herrnstein 407
Hershberger 558, 837
Hershey 750
Herzog 815
Hesketh 69
Hespos 204
Hesse 257
Hetherington 33, 80, 126, 451, 453, 454, 455, 456, 457, 458, 548, 655
Heuveline 594
Hewer 536
Hewlett 264
Heyman 332, 334, 435
Hibell 500
Hickling 300, 399
Hicks 798
Hier 511
Hiester 261
Higgins 639
High 55, 315, 779
Hightower 690
Hill 546, 655, 888
Hillman 780, 781
Hind 284
Hinde 28, 358
Hines 70, 350
Hinton 783
Hirsch 445, 739
Hirshfeld 301
Hirshorn 735
Hitch 308
Ho 401
Hoch 772
Hochschild 643
Hochwarter 744, 745
Hodapp 69
Hodges 258, 391, 448
Hodson 780
Hoeksma 251
Hoff 81, 82, 639, 640
Hoffman 119, 139, 344, 439, 459
Hoffner 335, 438
Hogan 845
Hohne 180
Hokoda 436

Holden 346, 348
Holland 606
Holley 208
Holmbeck 475, 546, 547
Holmes 716, 718
Holmes-Rovner 679
Holobow 412
Holtzman 788
Hombo 417, 510, 512, 516
Home 139
Hommerding 257
Hood 208
Hooker 671, 778
Hooyman 85, 89, 775, 831, 845
Hope 454
Hopkins 176, 177, 259, 888
Hopp 884
Hopper 778
Hopson 156
Horber 674
Horgan 323, 411
Horgas 835
Horn 93, 96, 407, 601, 693
Horner 240
Hornick 846
Horowitz 22, 462, 625, 630, 638
Horton 659
Horwood 558
Hotz 497
Houseknecht 652
Housel 896
Houston 180
Howard 658
Howe 211, 212, 264
Howell 61
Howell-White 638
Howes 339
Hoyer 698
Hoyt 737
Hoza 448
Hrubi-Bopp 796
Hsiao 395
Hsu 116, 629
Hu 588
Huard 395
Huck 737
Hudson 310
Huesmann 352
Hughes 311, 312, 314, 335, 434
Hulka 589
Hultsch 697, 698, 794, 798, 803
Humphrey 142, 595, 885
Hunt 115
Hunter 76, 288, 380
Huntsinger 364, 424
Hurley 289
Hurme 733
Hursti 284
Husaini 820
Huston 320, 545, 629, 643
Huttenlocher 155, 299

PERSONENREGISTER

Huyck 722, 725, 726, 744, 838
Hyde 133, 510, 593, 662
Hymel 433
Hynd 418
Iacono 396
Ianni 519
Idler 820
Igumnov 116
Ihinger-Tallman 654
Ikkink 843
Ilg 18
Imhoff 660
Impfung 285
Ingersoll-Dayton 739
Ingram 676
Inhelder 502, 508
Insabella 453
Iribarren 686
Irvine 436
Irwin 141
Isaacowitz 830, 836
Isabella 258, 259
Ismail 128
Israelashvili 263
Ito 368
Ivey 241
Iwamoto 111
Izard 241
Jacklin 355
Jackson 672, 793
Jacobs 387, 449, 519
Jacobsen 656
Jacobson 116, 547, 587, 651
Jacobvitz 368
Jacoby 699, 795
Jacques 768
Jadack 540
Jaffe 258
Jaffee 496, 497
Jain 167
Jambor 339
Jambunathan 364
James 73, 719, 722
Jankowski 185
Janosz 519
Jansari 797
Janssens 349
Jarrold 314
Jarvis 296
Jason 384
Jasper 885, 886
Jayakody 651
Jean 412
Jeffery 383
Jendrek 735
Jenkins 311, 642
Jennett 866
Jennings 796
Jensen 94, 403, 406, 407
Jenson 117
Jepson 799

Jessor 41
Jeynes 400
Ji 453
Jiao 453
Jilinskaia 766
Jimeniz-Sanchez 73
Jing 453
Jodl 458
Johannes 676, 680
Johannsson 575
Johnson 111, 153, 156, 181, 185, 186, 229, 280, 301, 351, 352, 382, 557, 584, 736, 741, 843, 844, 872, 873
Jones 117, 485, 550, 551, 633, 721
Jongbloet 68
Jordan 125, 417
Jorgensen 142, 481
Jose 364, 424
Joseph 832
Joshi 626
Josselson 530
Jovanovic 512
Joyner 399
Juffer 78, 265
Julkunen 687
Junk 738
Juntunen 748
Jusczyk 143, 180, 226
Jussim 417
Justice 399
Juul 476
Kabbani 519
Kagan 247, 248, 249, 250, 254, 259, 343
Kagawa 676
Kahl 479
Kahn 540, 764
Kai-Bussmann 365
Kail 386, 395
Kaisa 514
Kaiser 408
Kaler 269
Kalish 876
Kalkman 417
Kalof 595
Kalsi 672
Kamberk-Kilicci 439
Kamerman 133
Kamo 734, 737
Kandall 139
Kantrowitz 581
Kao 42
Kaplan 119, 262, 631, 682, 700, 702, 772
Kaprio 481
Karadsheh 323
Karau 748
Karel 824
Karlseder 574
Karmiloff-Smith 204
Karraker 250
Kasl 820
Kasl-Godley 824

Kaslow 638, 650
Kasser 811
Kastenbaum 872, 876, 877
Katchadourian 498
Katzmarzyk 587
Kaufert 678
Kaufman 409, 410, 603, 693, 694, 695, 794
Kaufmann 112
Kaus 671, 778
Kausler 698, 699, 798
Kavanaugh 296
Kawakami 250
Kay 73
Kaye 197, 488, 489
Kazak 384
Kazi 507
Kearins 398
Kearns 846, 848
Kearsley 254
Keating 504
Keefe 516, 550, 551
Keeton 62
Keiding 481
Keil 301, 323
Keith 515, 625, 776
Kellett 781
Kelloway 518, 750
Kelly 115, 394, 454, 455, 457
Kempe 366
Kemper 799
Kennedy 284, 396, 733, 822, 830
Kennell 126
Kennet 792
Kenrick 626
Kenyon 868
Kerber 574
Kerckhoff 610
Kermoian 174
Kerridge 887
Kessler 555
Kettl 822
Keyes 712, 721
Keys 631
Khoury 682
Kibby 418
Kiechl 139
Kiernan 650, 651
Killen 349, 444
Kilpatrick 383, 500
Kim 322, 340, 442, 749, 851
Kimmel 54, 837
King 344, 461, 512, 690, 790
Kingston 847
Kinicki 749
Kinney 552
Kirchner 387
Kirkby 588
Kisilevsky 108
Kisly 119
Kistner 338

Kitayama 334, 743
Kite 594
Kivett 843
Kivivuori 518
Kivnick 733
Kiyak 85, 89, 775, 831, 845
Klahr 27, 207, 302
Klebanov 217, 218, 317
Klebe 796
Klein 202, 315, 580
Kleinbaum 650, 651
Klerman 723
Klesges 112
Kliegman 67, 117
Kliewer 439
Klim 64
Klimes-Dougan 338
Kling 434
Klingner 419
Klump 488, 489
Knapp 289, 388, 629
Knecht 281
Knight 306, 796
Knill 181
Knobloch 136
Knoers 67
Knowles 787
Knox 804
Knudsen 142
Kobak 628
Kobayashi 306
Kochanska 247, 258, 269, 270, 343, 344, 345, 348
Kochenderfer-Ladd 447
Koestner 338
Koff 90
Kogan 622, 691
Kohatsu 533
Kohen 219
Kohlberg 359, 536, 537, 538, 542
Kohlendorfer 139
Kohler 78
Kohn 702, 703, 888
Koivula 588
Kojima 250
Kolb 162
Kolominsky 116
Kolvin 462
Komp 875
Konstantopoulos 413, 414
Kontiokari 289
Kopera-Frye 845
Kopp 217, 269, 270
Korbin 367
Korn 251
Kornblith 683
Korte 843
Korten 774
Koslowski 144
Koss 595, 596
Kostelny 84

Kosterman 501
Kotch 287, 366, 367
Kotchick 490
Kotler-Cope 803
Kotre 711, 714
Koury 623
Kouvonen 518
Kowalski 478
Kozberg 540
Kraemer 50
Krafft 306
Kraft 672
Krai 78
Krakow 270
Kramer 558, 585, 698
Krascum 301
Krasij 824
Krause 825, 832
Kravetz 869
Kray 698
Krebs 540
Kressin 849
Kreutzer 7
Krevans 344
Krishnan 651
Krist 290
Kroger 529, 530, 531
Krogh 449
Krohmeyer-Hauschild 381
Kronebusch 743
Kronenfeld 287
Kropf 766
Krout 852
Kruesi 559
Krug 557
Krüger 610, 611
Kruse 814
Ku 350
Kubitschek 517
Kübler-Ross 874, 900
Kuchner 244
Kuczynski 346, 362
Kuebli 310, 357
Kuhl 173, 180, 228
Kuhn 398, 506
Kuk 531
Kulik 748, 836
Kunze 381
Kunzinger 397
Kurdek 651
Kurtz-Costes 219, 399
Kutner 294
Kuulasmaa 762
Kuzmeskus 846
Kwan 721
Kynette 799
Labouvie-Vief 26, 721, 722, 799, 812, 813, 815, 856
Labouvie-Viefs 601
Lachman 689, 716, 719, 720, 780
Ladd 341, 342, 446, 447

Lagattuta 335
Lagercrantz 123
Lagnado 464
Lahey 397
Lai 831
Laible 335
Laihonen 641
Laing 287
Laird 341, 445
Lam 562
Lamaze 126
Lamb 219, 260, 263, 265, 320, 454, 646
Lambert 412, 454, 724, 730
Lamme 813
Lampl 153
Lampman-Petraitis 484
Lanctot 788
Landau 798
Landry 111
Lane 675, 676
Lang 821, 826, 827, 828
Lange 399
Langer 200, 205, 845
Langman 201
Lansford 630, 631, 829
Lantz 581
Lapchick 388, 389
Lapsley 508, 531
Larson 364, 424, 476, 484, 487, 521, 549, 553, 641, 842, 898
Larsson 770
Larzelere 348
Latz 165
Laub 562
Laucht 134
Laumann 591, 592, 594
Laumann-Billings 33, 639
Launer 786
Laurin 780
Laursen 81, 82, 484
LaVoie 814
Lawrence 747
Lawson 209
Lawton 85, 743, 813, 831, 885
Lazar 319, 868
Lazarus 598, 688
La Greca 461
Leach 139
Leahy 611
Leaper 227, 357, 358, 449
Lease 897
Leavitt 130
Lebeaux 411
LeCompte 802
Lederer 417
Lee 117, 251, 293, 324, 340, 349, 423, 424, 573, 574, 673, 732, 783, 828, 839
Leekam 313
Leerkes 243
Leevers 312

Leger 140
Lehman 434, 504, 897
Leibowitz 784
Leichtman 211, 465
Leinbach 269, 350
Leiter 745
Lemerise 336
Lemery 247
Lemme 11, 782
Lens 885
Leonard 603, 636
Lerner 17, 37
Lesesne 648
LeSieur 341
Leslie 314
Lester 112, 141, 144
Leung 443
LeVay 492
Levenson 652, 688, 835, 836
Leventhal 167, 800
Levin 820
LeVine 43, 82, 259
Levine 332, 335, 511, 536
Levinson 21, 620, 621, 622, 623, 657,
    714, 715, 717, 718, 719, 744, 752
Levitt 224
Levtzion-Korach 183
Levy 449, 777, 780, 781
Levy-Shiff 77, 263, 644
Lewak 626
Lewis 112, 242, 243, 250, 265, 267, 312,
    337, 462, 649
Lewko 294
Lewkowicz 187
Li 364, 448, 453
Liang 825
Liaw 130
Liben 360, 361, 392, 449
Lichstein 773
Lickliter 131, 187
Lidz 409
Lieberman 786, 898
Liebert 346
Liederman 282
Liesi 786
Light 393
Lightdale 381
Liker 52
Lillard 296
Limber 240
Lin 395, 417, 418
Lindenberger 9, 698, 802
Lindner 588
Lindsay 634, 767, 783, 784, 792, 793,
    816, 829, 831, 832, 833, 839, 849
Lindsay-Hartz 337, 438
Lindsey 342
Link 478
Linn 510, 511
Linz 595
Lissens 72

Lister 673
Liston 127
Litovsky 180
Littell 400
Littlejohn 292
Litwin 834
Liu 364
Livson 486
Lloyd 418
Lock 678
Locke 15
Lockhart 27, 301
Loeber 397, 466, 561
Loehlin 93, 96, 406, 407
Loftus 592
Logan 287, 619
Logsdon 794
lohnson 114
Lohr 554
Lollis 362
Long 767, 805, 845, 872
Lonigan 229, 314
Looi 789
Lopata 839, 896
Lopez 313
Lorenz 29, 119, 124, 253
Losey 436
Losoya 439
Louria 772
Low 108, 686
Lozoff 164, 165
Lu 650
Lubart 420, 602, 701
Lubinski 510
Luborsky 827
Lucas 138
Lückert 18
Ludemann 186
Lue 679
Lund 791, 792, 838, 839, 853, 891, 898
Lundblad 638, 650
Lunenburg 521
Luster 362
Luszcz 774
Luthar 500, 501
Lutz 28, 830
Lutzker 289
Luzzo 658, 704
Lyaginskaya 115
Lydon 76
Lynch 678
Lyness 748
Lyon 312
Lyons-Ruth 259, 265
Lytle 487
Lytton 63
MacCallum 74
Maccoby 355, 363, 451, 458, 545
MacDonald 654, 697
MacDorman 139
MacEwen 750

Macfarlane 588
MacKay 799
Mackenbach 581
Mackey 126
MacKinnon 455
Mackinnon 588
MacKinnon-Lewis 264
MacLean 138
MacMillan 419, 779
MacWhinney 27, 207, 302
Madan-Swain 383
Madden 532, 698
Maddi 690
Maddox 793, 827, 834
Madon 417
Madrona 127
Madsen 451
Magdol 639
Maggs 460
Maglio 899
Magni 790
Magnuson 84, 520, 532
Magnusson 51, 486, 520, 634
Magolda 599
Mahanran 578
Maher 31
Mahon 869
Mahoney 520, 521, 641, 651, 882
Maibach 285
Maier 580, 779, 802, 875
Main 256, 257, 262, 263
Maitland 696
Makin 112, 114
Malaguarnera 575, 579
Malatesta 244
Malina 280, 283, 477, 478, 480
Malkinson 893
Mallinckrodt 749
Malloy 139
Malone 873
Maloni 120
Mandler 188, 209, 210, 301
Mange 63
Mangelsdorf 247, 264
Manke 545
Mannell 842, 852
Manson 585, 588
Måntysaari 286
Marano 673
Maratsos 223, 322, 323
Marchman 161
Marcia 529, 530, 536
Marcon 319
Marcus 180, 197, 323
Marcus-Newhall 691
Marcuse 286
Marentette 224
Margolin 368, 589
Markides 598, 828
Markman 196, 204, 322, 503
Markovits 504

Personenregister

Markovitz 445, 550
Marks 454, 585, 724, 730, 732, 739
Markstrom-Adams 532
Markus 334, 720, 721, 790, 815
Marlier 143
Marolla 595
Marquis 799
Marriott 791
Marsh 333, 388, 433, 434, 798
Marshall 249, 661, 849
Marshall-Baker 131
Martin 46, 250, 354, 359, 360, 361, 363, 436, 767, 772, 825, 892, 897
Martin-Matthews 738
Martinez 68
Martins 238
Martinson 894
Martlew 293
Martyn 113
Maruna 711, 714
Marx 736
Masataka 228
Mascolo 337, 438
Maslach 745
Mason 541, 554
Massey 300
Masten 12, 548, 554
Mastropieri 143
Masunaga 601
Masur 227, 395
Matas 265
Matheny 287
Matheson 339
Matthews 112, 384, 748
Mattson 114, 115
Matute-Bianche 532
Mauer 296
Maurer 746
Maxwell 218
May 698
Mayer 837
Mayes 112, 129, 174
Maylor 17
Mazure 238
Mazzeo 417, 510, 512, 516
McAdams 619, 711, 712, 713, 714, 719
McAdoo 362
McAuley 689
McCabe 301
McCall 217, 814
McCartney 95, 96, 251
McCarton 133
McCarty 178
McCauley 70
McClearn 92
McClenahan 554
McCloskey 358
McClowry 894
McCombs 417
McConaghy 360
McCoy 264, 451

McCrae 618, 719, 726, 727
McCue 77
McCullough 729
McCune 296
McDaniel 779
McDonald 846
McDonough 201, 210
McElroy 497
McFadden 819
McGee 76, 314
McGillicuddy 442
McGoldrick 634, 641
McGregor 322
McGue 92, 96, 396, 764
McGuffin 93
McGwin 784
McHale 264, 450, 452, 512, 545, 629, 646
McIntyre 395
McKee-Ryan 749
McKenna 164, 165
McKenney 735
McKenzie 501
McKeown 558
McKim 590
McKusick 65, 67, 68, 76
McLanahan 455, 456
McLaughlin 630, 638
McLean 119
McLellan 543
McLeod 84, 229
McLeskey 419
McLoyd 83
McMahon 501
McManus 128, 281
McMullen 517, 611, 827
McMullin 652
McNally 338
McNamara 833
McNamee 442
McNeil 871
McNeilly 846, 848
Meacham 581
Mead 125, 432, 475
Medina 626
Meegan 800
Meeus 484, 529
Mehler 143
Mehlmadrona 127
Meinz 699
Meister 417
Meltzoff 173, 186, 201, 202, 206, 210, 226
Mengelkoch 578
Mennella 142
Menon 678, 691
Mercer 144, 718
Meredith 779
Mergenhagen 748
Merline 741, 742
Merriam 814

Merrill 18, 741
Mervielde 383
Mervis 301
Messinger 240
Messinger-Rapport 784, 785
Messman 631
Meyer 749, 800
Meyer-Bahlburg 492
Meyers 70, 71, 238
Mezey 880
Miccio 288
Michael 490, 492, 590, 591, 592, 594
Michaels 641
Michels 113, 114
Midgett 289
Midgley 513
Migdal 619, 712
Miguel 574
Mihalko 689
Mikulincer 690, 873
Milbeger 396
Milgram 12
Millar 145
Miller 77, 206, 207, 213, 296, 308, 334, 337, 399, 404, 439, 492, 542, 544, 563, 590, 643, 703, 733, 798, 820, 838
Mills 158, 346, 691, 879
Millsap 815
Milner 367
Minde 129
Minkler 736
Mintz 334
Mintzer 788
Mischel 270, 346
Mitchell 574, 624, 721, 763, 887
Mize 341, 342, 362
Moane 624, 625, 737
Moen 703, 704, 749, 750, 751, 850, 851
Moerk 222
Moffat 512
Moffitt 482, 561, 562
Mogford-Bevan 63
Mogilner 161
Mojet 769
Mokdad 582, 583, 584, 587
Molfese 217, 317
Moll 307
Molnar 587
Mondimore 494
Mondloch 185, 186
Money 70
Monk 119
Monson 351
Monsour 631
Montemayor 431
Montepare 716
Montero 305, 306
Montiero 168
Moody 54, 783
Moon 143, 421

PERSONENREGISTER

Moore 62, 72, 73, 103, 104, 105, 107, 110, 144, 155, 173, 184, 201, 206, 313, 407, 440, 497, 599, 791, 839, 873
Moorehouse 459
Morabia 481
Moran 256, 258
Moran 259
Morell 651, 652
Morelli 164, 241
Morgan 497, 730, 852
Morgane 118
Moriguchi 772
Morioka 866
Morley 779
Morris 32, 94, 484, 637, 656
Morrison 424, 455, 497, 589
Morrongiello 179, 186, 289, 385
Morrow 698
Morse 794
Morten-sen 167
Mortimer 607, 610, 611, 634
Morton 186
Moses 241, 311
Mosher 350
Moshman 504, 506, 507, 526, 527
Mosko 164
Moskowitz 712
Mosteller 413
Mounts 552
Moxley 605
Moyer 741
Mrug 448
Mu 423
Mukamal 853
Mulatu 581
Muldoon 463
Mullainathan 659
Mullally 334
Mullen 211, 720
Muller 70, 366, 367
Mulligan 283
Mulsant 787
Mumme 236, 241, 242
Munoz 788
Munro 529
Muret-Wagstaff 144
Muris 461
Murray 140, 229, 238, 239, 270, 348, 407, 581, 869
Musick 655
Mussen 346, 485
Must 481
Mutchler 848
Muthukrisna 437
Mutran 878
Mutrie 690
Muzio 137
Muzzonigro 495
Myers 724, 731, 789
Myerson 697

Nader 897, 898
Nagel 82
Nagell 225
Nagin 350
Nagy 410
Naigles 226
Najor-Durack 605
Nakamura 723
Namy 225
Nanez 181
Nansel 447
Napier 729
Navarrete 68
Naveh-Benjamin 796
Nawrocki 337
Neal 739
Neale 846
Neiderman 201
Neimeyer 872, 873, 898
Nelson 7, 156, 158, 159, 165, 209, 211, 226, 227, 243, 249, 677, 838
Nesselroade 827
Nestle 586, 587
Netto 186, 210
Neugarten 623, 624, 625, 671, 715, 761
Neuman 314, 315
Neville 158, 596
Newacheck 384
Newborg 291
Newcomb 446, 519, 550
Newcombe 299, 479, 512
Newell 362
Newman 178, 495, 581, 762, 875
Newnham 72
Newport 180, 204, 223, 412
Newsom 821, 843
Newsome 180
Newton 125, 501, 595, 620, 781, 887
Ng 831
Ngandu 317
Ni 391
Nichols 652, 718, 738
Nickman 894
Nidorf 532
Nielsen 586
Nieman 588
Niemelä 286, 289
Nilsson 104, 107
Ningiuruvik 408
Nippold 411
Nisbett 504
Nix 362
Nolen-Hoeksema 555, 557, 898
Noll 693
Noom 484
Noppe 870
Norman 799
Normand 634
Norris 701, 800
Notkola 788
Nourse 117

Novak 703
Nowell 406, 510
Nucci 349, 442, 444, 547
Nuckolls 119
Nugent 144
Nuland 864, 865
Nurmi 514, 515
Nussbaum 842, 843
Nuttall 512
Nye 413, 414, 820
Nyquist 700, 702
O'Brien 113
O'Bryant 841
O'Connor 516, 632
O'Grady-LeShane 850
O'Loughlin 506
O'Neil 82, 448
O'Neill 659
O'Reilly 213
O'Rourke 814
Oakes 210, 517
Obermeyer 677
OBoyle 269
OCallaghan 282
OConnor 380
Oden 623
Oelschlager 846, 848
Ogawa 627
Ogbu 436, 516
OiHalloran 869, 873
Oiler 224, 228
Oilman 24
Okagaki 405, 419, 512
Okamoto 292, 302, 386
Oken 381
Olafson 464
OLeary 347
Oliker 632
Oliver 593
Olsen 127, 363
Olson 362, 576
Olweus 448
Ondrusek 55
Ong 532, 548
Oosterwegel 432
Oppenheim 263
Oppenheimer 432
OReilly 295
Oren-Vulfs 589
Ornstein 465
Orr 519
Orvaschel 869
Ory 789
Osherson 503
Osmond 113, 114
Ostir 778
Ostling 750
Ostrea 111
Ostrove 712
Otake 115
Otomo 224

Ovando 412
Overgaard 142
Overholser 893
Overton 506
Owen 257, 690
Owsley 672, 768, 784
Öztürk 281
Pace-Nichols 652
Pacella 380
Pachter 364
Padgett 790
Padula 703
Paffenbarger 573, 588
Pagan 172
Pagani 416, 560
Page 517
Paglia 499
Paige 877
Paik 592
Paikoff 548
Paley 80
Palincsar 417
Palisi 723
Pallotta 169
Palmlund 111
Palmore 775
Palta 129
Palti 12
Pan 323, 339
Papini 531
Papousek 141
Paquet 730
Pardhan 672
Park 90, 126, 395, 798
Parke 79, 264, 364
Parker 164, 319, 445, 448, 646, 814
Parkes 891
Parkin 797
Parks 117
Parmelee 85
Parrott 743
Parsons 259
Parten 338
Pasamanick 136
Pascalis 209
Pascarella 604, 609
Pasley 654
Pasquino 283
Patrick 305
Pattee 446
Patterson 74, 239, 351, 353, 367, 452, 492, 500, 561, 654, 656, 657, 678, 770
Pattison 401
Patton 487
Pauen 210
Pauwels 630
Pavlik 846
Pawelec 772
Pawlow 22
Peake 270, 846, 848

Pearce 641, 700
Pearson 578, 823
Pebody 117
Pechmann 411
Peck 812, 856
Pedersen 591, 781
Pederson 256, 258, 259
Pedlow 247
Peerson 112
Pegg 229
Peiser-Feinberg 320
Pelham 396
Pellegrini 30, 424, 447
Penning 652, 730
Pennington 314
Penninx 824
Peplau 631
Pepler 447, 553
Peres 879, 880, 881
Perez-Pereira 184
Perfetti 400
Perie 89
Perkins 724
Perlmutter 308, 700, 702
Perls 766
Perner 348
Perou 648
Perrett-Clermont 393
Perris 180, 210
Perry 351, 599
Perry-Jenkins 660
Persad 795
Persaud 62, 72, 73, 103, 104, 105, 110, 155
Persaud 107
Pery 750
Peshkin 43, 486
Petermann 242
Peters 229
Petersen 481, 511, 545, 658, 659
Peterson 289, 301, 442, 465, 624, 712, 843, 844
Petersson 740
Petinou 288
Petitt 364
Petitto 224
Petrun 869
Pettit 80, 341, 554
Pezaris 512
Peze 178
Pfizer 786
Phelps 300
Phillips 417, 516, 660
Phillips-Grant 211
Phillipsen 550
Phinney 532, 533, 548
Pi-Sunyer 583
Piaget 24, 25, 38, 194, 196, 197, 198, 199, 215, 230, 294, 295, 297, 303, 304, 306, 502, 508, 535, 599
Piano 128

Pianta 462
Picano 725
Piccinini 145
Pick 186
Pickens 337
Pickering 166
Pierce 24, 364, 399, 460
Pietz 64
Pijnenborg 887
Pilkington 558
Pillard 492
Pilz 479
Pinder-Hughes 82
Pinderhughes 78
Pines 626
Pinker 411
Pinquart 825
Pinson-Millburn 735
Pinto 226
Pipes 165
Pipp 267, 268
Pisoni 143
Pivarnik 117
Plassman 788
Platsidou 507
Plaud 24
Plessinger 112
Plomin 92, 94, 95, 96
Plude 698
Plumert 392
Poehlman 676
Pohl 83, 86, 739
Polansky 367
Polka 180
Pollack 885
Pollard 840
Pollatsek 400
Pollitt 118, 322, 381
Pollock 578
Pomerantz 434, 435, 449
Ponjaert-Kristoffersen 784
Poon 767, 797, 825
Popkin 168, 487, 586
Porter 143
Portman 389
Posada 258
Posner 84, 460
Poston 453
Potter 557
Poulin-DuBois 210
Poulin-Dubois 300
Powell 33, 118, 644, 872, 873
Power 454
Powlishta 449, 509
Powls 282
Prager 726
Pratt 305, 541, 543
Prechtl 136
Preisler 184
Preiss 629
Prencipe 442

PERSONENREGISTER

Pressley 397, 400
Previc 282
Price 341
Primus 774
Prior 12
Prodi 142
Prodromidis 260
Profilet 341
Prosser 434, 529, 533
Provins 282
Pruchno 735
Prussia 749
Prysak 119
Puder 72
Pugh 766
Pungello 219
Purcell-Gates 314
Putnam 247, 462
Pyeritz 68
Pyka 780
Pynoos 833
Qiu 789
Quadagno 853
Quadflieg 488
Querido 225
Quick 750, 851
Quill 888
Quilligan 128
Quinn 163, 210, 766, 784, 849
Quintero 72
Quiroz 408
Quist 396
Quyen 13
Rabo 657
Raboy 74, 656
Rader 784, 785
Radin 459
Radke-Yarrow 247, 344
Radziszewska 306
Raeff 408
Ragow-O'Brien 882
Rahhal 797
Rahn 544
Räikkönen 690
Rainey 380
Raisler 166
Rakison 210
Ralston 686
Ramey 220, 221, 319
Ramirez 412
Ramos 478
Ramsay 250
Ramsey 168, 169, 561
Ramsøy 650
Rando 891, 894
Range 893
Rank 81
Ransford 723
Rapp 677
Rapport 396
Rasmussen 388, 872, 873

Ratcliff 638
Rathunde 801
Ratner 880
Raugust 320
Raup 731
Ravussin 383
Ray 654
Rayner 400
Raynor 23, 687
Razor 482
Read 608
Reay 847
Rebbeck 682
Receputo 578
Reday-Mulvey 850
Reddin 607
Redding 704
Redei 690
Redl 444
Reedy 721
Rees 258, 481
Reese 211, 310
Reeve 401
Reeves 851
Regan 626
Reichert 834
Reid 452, 631, 674
Reifman 144
Reilly 161, 748
Reimer 542
Reinshagen 536
Reisel 348
Reiser 143, 483
Reisman 141
Reiss 548
Reiter 46
Reitzel-Jaffe 639
Reker 871
Rennie 385
Repacholi 241, 242
Repetti 660
Resnick 134, 595
Rest 538, 539
Reynolds 406, 408
Reznick 249
Rhea 487
Rhein 699
Ricard 439
Ricco 506
Rice 531, 653, 898
Rich-Edwards 114
Richard 164, 626
Richards 168, 208, 484, 548, 549, 657
Richards-Colocino 501
Richardson 112, 839
Richgels 314
Richie 660
Rickel 86
Rideout 465
Ridley-Johnson 135, 136
Riedel 773

Riesenberg 899
Riggio 632
Riley 115
Rimé 892
Rimm 684
Riordan 128
Risemberg 400
Risley 217, 229, 324
Ritchey 828
Ritter 500
Rittman 846
Rivara 385
Rivera 200, 205, 438
Rivers 660
Roach 130
Roazzi 393
Robb 488
Roberton 291
Roberts 87, 217, 286, 288, 289, 317, 391, 620, 636, 676, 718, 722, 726, 727, 728, 772, 824, 848, 896
Robertson 703, 846
Robinson 348, 382, 899
Robison 583
Rochat 178, 225, 241, 267, 295
Rockwell 730
Rockwood 792
Rodemaker 227
Rodgers 454, 748
Rodkin 446
Roe 736
Roebers 465
Roebuck 115
Roeser 514
Roffwarg 137
Roger 685
Rogers 120, 314, 488, 518, 644, 652
Roggman 260
Rogoff 32, 212, 214, 215, 306, 378, 392, 398, 408
Rogosch 367
Rohlen 423
Roisman 627
Roitfarb 239
Rokach 632, 633
Rollins 300
Rolls 584, 586
Rome-Flanders 225
Rook 624
Roopnarine 263, 331, 340
Rosander 181
Roscoe 553
Rose 159, 185, 217, 445, 448
Rose-Krasnor 347
Rosen 111, 300, 302, 592
Rosenbaum 84
Rosenberg 111, 112, 728
Rosenblatt 895
Rosenfeld 626
Rosengren 294, 300
Rosenman 686

Rosenshine 417
Rosenthal 732, 737, 742
Roskos 314
Ross 70, 581, 730, 851
Rossi 725, 738
Roth 520, 675
Rothbart 93, 209, 244, 245, 246, 247, 269, 270, 307
Rothbaum 250, 257
Rothermund 824
Rousseau 16
Rovee-Collier 172, 209, 210, 212
Rowe 96, 764
Rozin 300
Rubenstein 632
Rubin 6, 249, 339, 340, 446, 448, 453, 545, 797, 893
Rubinowitz 84
Rubinstein 840
Ruble 250, 354, 359, 360, 436, 449, 482
Rudolph 513
Ruff 209, 247, 307
Ruffman 201, 301, 312, 504
Ruhm 751
Rumbaut 42
Runco 420
Russell 335, 362, 770
Russo 596, 800
Rust 358
Rutenberg 729
Rutter 12, 258, 593
Rvachew 288
Rybash 796
Rydell 169
Ryff 548, 619, 712, 720, 721, 731, 732, 778, 816
Saarni 236, 241, 242, 438, 439
Sacco 790
Sachdev 789
Sackett 768
Sadeh 163
Sadler 104
Saffran 180
Safire 761
Safyer 611
Sagi 257
Sahni 138
Sais 412
Sakinofsky 558
Salamanca 68
Salapatek 182, 185
Salbe 381
Salerno 283
Salovey 439
Salter-Ling 76
Salthouse 692, 695, 697, 698, 699, 746
Samarel 875, 876, 877, 878, 879
Sameroff 514
Sampson 562
Samson 247
Samuels 128

Samuelsson 767
Sanchez 202, 203, 774
Sanders 227, 383, 417, 449, 497, 515, 594, 638
Sanderson 349
Sandman 173
Sandnabba 358
Sandstrom 520
Sanner 139
Sansavini 143
Sansone 800
Santoloupo 543
Sapiro 442
Sarason 748
Sargeant 93
Sasser-Coen 701
Sataloff 673
Sattler 316, 403
Saudino 247, 248
Sauer 580
Saunders 594
Savage 70
Savary 333
Saville-Troike 227
Savin-Williams 494, 495, 553
Saxe 31
Saxon 208, 435
Scabini 731
Scanlon 285
Scaramella 497
Scarr 86, 92, 93, 95, 96, 407
Scelfo 490
Schaal 143
Schafer 625
Schaffer 78
Schaie 11, 600, 602, 603, 692, 694, 696, 802, 803
Scharrer 320, 352
Schauble 506
Schaufeli 745
Scheidt 831
Schenker 75
Schenning 768
Scher 163
Scherer 886, 887, 888
Schiefele 437
Schiefenhoevel 165
Schieman 598
Schiller 262
Schlackman 128
Schlaud 139
Schlegel 475, 484
Schlesinger 743
Schmidt 134, 346, 488, 797
Schmitz 245, 383
Schmutte 732
Schneewind 629
Schneider 265, 310, 342, 397, 398, 465, 575, 609, 769
Schnohr 774
Schnur 319

Schofield 118
Scholl 118, 314
Scholnick 307, 395
Schonert-Reichl 541
Schonfeld 114
Schönpflug 703
Schooler 581, 702
Schoppe 247
Schor 586
Schothorst 130
Schroots 14, 719
Schuengel 259
Schulkind 797
Schull 115
Schulman 67, 685
Schultz 792, 821
Schulz 578, 579, 843, 878
Schut 892
Schwanenflugel 399
Schwartz 129, 593
Schwarz 835
Schwarzer 778
Schwebel 31, 302
Schweder 520
Scott 301, 346, 410, 788
Scully 595
Sears 660
Seccombe 13
Seefeldt 386
Seeman 825
Seiber 54
Seier 308
Seifer 259, 262
Seitz 498
Seligman 172, 658
Selikowitz 70
Selman 341, 440, 441, 444
Seltzer 548, 731, 732
Selwyn 875, 899
Sen 181
Senghas 322
Senior 185
Senn 595
Serbin 354, 449
Sermon 72
Seward 133
Shackelford 593
Shaffer 358
Shainess 482
Shanahan 84, 610, 611
Shaner 698
Shann 285
Shaper 588
Shapiro 310, 643
Sharlach 459
Sharma 77, 633
Sharp 869
Shatz 299
Shaver 554, 627, 632
Shaw 119, 257
Shay 574

Shedler 500
Sheehy 478
Shek 772
Sheldon 811
Shema 772
Shephard 772
Sheridan 422
Sherman 396, 630, 631, 829
Sherrill 78
Shields 172, 289
Shiff 120
Shiffrin 27
Shilling 200
Shiloh 71
Shimamura 702
Shinskey 200
Shiovitz 597
Shochat 772
Shock 762
Shoda 270
Sholinsky 578
Shonk 367
Shope 792
Shore 746
Short 63
Shuchter 892
Shulman 265, 313, 314
Shultz 770
Shumaker 677
Shumow 444, 648
Shure 353
Shweder 7, 41
Sidle 300
Siega-Riz 487
Siegal 349
Siegel 396, 419, 894
Siegler 28, 207, 315, 401
Siervogel 478
Sigman 70, 217, 381
Sigmundson 356
Signorella 360
Sigvardsson 78
Silbereisen 703
Silk 548, 647
Silva 247, 249
Silver 766
Silverberg 546, 731
Silverman 461, 787, 893, 894
Silverstein 738, 743, 844, 845
Sim 554
Simion 140
Simmons 486, 513, 546
Simon 18, 886, 887, 888
Simoneau 784
Simonoff 593
Simons 366, 454, 487
Simonton 602
Simpson 111, 139, 625
Singer 172, 302, 320, 732, 884
Singh 89, 490, 491, 495, 496, 590
Singleton 816

Sinnott 599, 601, 799
Skaff 815
Skeen 780
Skinner 11, 23, 222, 435, 436
Skoe 540, 541
Skovronek 698
Slaby 352, 353, 360
Slade 262
Slater 186, 208
Slobin 223
Slobodin 879
Slomczynski 702, 703
Slomkowski 50, 549
Slotkin 123
Slusher 837
Small 141, 699, 795, 798, 802
Smetana 349
Smiley 333
Smirles 712
Smith 7, 9, 12, 30, 64, 131, 134, 176, 201, 212, 295, 336, 388, 389, 395, 424, 434, 447, 463, 533, 597, 648, 723, 733, 736, 798, 801, 802, 815, 850, 873, 875
Smock 651
Smogorzewska 574
Smoll 388, 389
Smyth 791
Snarey 542, 712
Snidman 248, 249
Snow 323
Soderstrom 690
Sodian 310
Soken 186
Soldo 743
Solimano 168, 169
Solomon 256, 270, 387, 736
Solomonica-Levi 313
Somary 733
Somerville 307
Sonn 775
Sonntag 575
Sophian 302
Sorce 241
Sörensen 825
Sørensen 382
Sosa 126, 310
Sosik 703, 744, 747
Soussignan 143
Speece 868
Speechley 785
Speicher 541
Spelke 186, 204, 205
Spence 108, 143
Spencer 178, 396
Sperl 139
Spinhoven 824
Spinrad 243
Spira 594
Spiro 849
Spitz 258

Spock 18, 164
Sprecher 629
Springer 897
Spuhl 305, 306
Sridhar 419
Sroufe 7, 237, 240, 263, 265, 368
Staisey 775
Stamler 576
Stamm 898
Stampfer 677
Stams 78, 265
Standley 131
Stanley 54, 510
Stanley-Hagan 453, 454, 458
Stanley-Hagen 33
Stanowicz 324
Starkey 315
Stattin 51, 486, 514, 515, 520, 521, 634
Staudinger 9, 723, 800, 801, 802, 826, 828
Steelman 644
Stegge 438
Stein 335, 483, 519, 738
Steinberg 239, 362, 484, 514, 515, 518, 529, 546, 547, 548, 552, 554, 647, 682
Steiner 142, 143, 171
Steinhauser 876
Steinhoff 285
Stenberg 240
Stephens 186, 724, 739, 740
Stern 250
Sternberg 28, 260, 316, 404, 405, 420, 602, 626, 701, 802
Sterns 744, 850
Stettler 167
Stevens 341, 549, 630, 769, 770, 890
Stevenson 322, 423, 424, 458, 549, 609, 832
Steward 169
Stewart 116, 264, 347, 624, 626, 686, 712, 718, 726, 741, 780
Stice 363
Stichick 463
Stifter 260
Stiles 161, 162
Stillion 893
Stine-Morrow 697, 798
Stinnett 626
Stipek 269, 318, 337, 416
Stith 640
Stoch 169
Stock 291
Stocker 548
Stodolsky 417
Stoel-Gammon 224
Stolee 792
Stone 552, 775
Stoneman 264, 364, 451
Stoney 687
Stormshak 80, 350, 446

Strain 852
Strange 783
Strapp 324
Strasburger 492
Stratton 779, 839
Straus 347, 639, 640
Strauss 481
Strawbridge 820
Strayer 388, 389
Streissguth 111, 112, 115
Striano 225, 241, 295
Stricker 733, 781
Strickland 558
Strober 488, 489
Stroebe 632, 839, 892, 894
Stroh 748
Stromswold 323
Stroup 128
Strouse 553
Stryker 159, 594
Stuart 793
Stunkard 165, 382, 487
Styfco 319
Stylianos 898
Su 367
Suarez-Orozco 42
Subbotsky 300
Subrahmanyam 408, 512
Succop 116
Suchindran 489
Suitor 844
Sullivan 284, 879, 895
Suls 720
Sundell 139
Sung 833
Super 177, 605
Supple 547
Sureau 75
Susman-Stillman 451
Sutcliffe 72, 74
Sutton 689
Suzuki 421
Svensson 575
Swanson 609, 662
Swendsen 238
Swigert 816
Swindell 804
Swingley 226
Szepkouski 395
Szinovacz 732, 735
Szkrybalo 360
Tadd 55
Taddio 142
Tager-Flusberg 323
Takahashi 164, 257, 789
Takahira 512
Takamura 738
Talbot 800
Tamis-LeMonda 45, 214, 229, 364
Tanenbaum 822
Tanfer 593

Tangney 337
Tangri 642
Tanner 153, 165, 280, 282, 379, 480, 481
Tardif 227, 322, 342
Tardiff 81, 82, 265
Tarulli 746
Taska 434, 462
Tasker 656
Tate 324
Taubman 690
Taylor 87, 139, 349, 359, 363, 411, 449, 539, 541, 544, 588, 598, 629, 690, 820
Teller 144, 180, 184
Tellings 343
Temple 511
Tenenbaum 358
Terenzini 604
Terestchenko 115
Terman 18, 623
Tertinger 289
Tetens 16
Teti 259, 264
Teyber 457
Thacker 127, 128, 703
Thatcher 156, 281
Theisen 678, 679
Thelen 18, 135, 136, 176, 178, 212
Thoman 163
Thomas 7, 21, 141, 245, 246, 251, 293, 691, 733
Thompson 55, 140, 156, 158, 240, 243, 256, 257, 262, 265, 281, 282, 322, 335, 336, 691, 703, 748, 799, 804, 832, 893
Thornberry 562
Thorndike 316, 403
Thornton 27, 28
Thorson 872, 873
Tienari 97
Tienda 42, 850
Tietjen 544
Tiggemann 383
Tilburg 843
Tinbergen 29
Tincoff 226
Tinetti 785
Tisak 442
Titov 796
Tizard 258
Tjebkes 269
Tobin 824
Todd 308
Toder 734
Tofler 388, 389
Tomasello 223, 225, 227, 241, 295, 322
Tomer 873
Tompsett 83
Tong 63
Torff 405
Torney-Purta 868

Torrance 420
Torrey 793
Torrez 734
Toth 366, 368, 556
Townsend 440, 724
Transue 544
Trappe 578
Trasti 112
Treiman 314
Tremblay 289, 350, 381, 443
Trent 87
Triandis 41, 86
Trickett 462
Troiana 381
Troll 815, 843, 844
Tronick 141, 144, 237, 241
Tröster 184
Troughton 97
Trowbridge 285
Trowell 462
Trudel 270
Truglio 320
Trussell 796
Trusty 515
Tsang 698
Tsuang 590
Tuchfarber 384
Tucker 452, 543
Tudge 81, 306
Tulviste 31, 212
Tur 589
Turcotte 650
Turiel 344, 349, 442, 540
Turkewitz 143
Turner 357, 358, 725
Twenge 433, 434, 435, 528
Tyrka 488
Tzuriel 409, 410
Udry 489
Uhari 286, 289
Ulrich 290
Ungerer 261
Updegraff 512
Uppal 434, 529, 533
Uribe 82
Usmiani 485
Utmann 224
Utz 839
Uutela 588
Vacha-Haase 622
Vachon 504, 898
Vaillant 21, 602, 620, 622, 623, 632, 657, 714, 717, 718, 719, 752, 811, 853, 854
Valdes 43
Valencia 421
Valentine 17
Valian 324
Vallance 438
Valle 73
Vandell 84, 444, 460

PERSONENREGISTER

VandenBerg 131
Vandenberg 340
Vandewater 624, 712, 718
Vangelisti 643
VanWey 644
van Baarsen 839
Van Brunt 873
van Delden 887
van den Boom 251, 262
van der Maas 887
van Driel 649
van Engeland 130
van IJzendoorn 78, 257, 258, 259, 262, 263, 265
Van Meter 735
Van Nguyen 52
Varendi 143
Vartanian 509, 833
Vatten 114
Vaughn 257, 259, 270, 341, 419
Veldhuis 153
Velkoff 767
Velting 559
Venable 658
Veniegas 631
Vereijken 176
Verma 549
Vernon 207, 404
Vernon-Feagans 289
Victor 832
Victora 285
Vidal 896
Villaume 769
Vinchur 442
Vinden 312
Vinick 836
Vinters 764
Vogel 250
Volling 264
Volpicelli 590
Vondra 256, 257
von Hofsten 181
Vorek 743
Vorrasi 463
Voss 283
Vostanis 83
Voyer 511
Vygotsky 212, 304
Vygotzky 306
Wabitsch 381
Wachs 8, 94, 169, 245, 381
Wadden 584
Waddington 95
Wade 598
Wagner 700
Wahl 821, 834
Wahler 837
Wahlin 795
Wahlsten 95
Waite 724
Wakat 293

Wakefield 626
Wakeley 200, 205
Walberg 414
Walco 379
Walden 336
Waldfogel 658
Waldman 407
Waldron 419
Waldrop 735, 736
Walford 676
Walk 181
Walker 82, 111, 112, 229, 281, 349, 381, 539, 540, 541, 544
Wallander 383
Wallerstein 640
Walls 825
Wang 211, 789
Wannamethee 588
Wapner 72
Wardrop 447
Wark 540
Warr 744, 745
Warren 184, 324
Washington 869
Wass 867, 870
Wasserman 112, 116, 563
Wasserstein 461
Waterman 531, 726
Waters 237, 253, 263
Watkins 381, 442, 580, 779
Watkinson 112, 114
Watson 22, 23, 311, 332, 339
Wattigney 482
Waxier 47
Waxler 346
Waxman 210, 225, 322
Webb 897
Weber 735, 736
Webster 814
Wechsler 403
Weeks 637
Wegesin 796
Wegner 748
Wehren 410
Wei 574
Weikart 319
Weiland 619
Weinberg 37, 93, 103, 237, 244, 407
Weinberger 338
Weinblatt 783
Weindruch 675
Weiner 210, 636
Weinfield 263
Weingarten 837, 838
Weinrich 793
Weinstein 417
Weinstock 717
Weisfield 475
Weisman 876
Weisner 357, 440, 741
Weiss 351, 556, 891

Weissman 555
Weisz 449
Weksler 772
Wellings 594
Wellman 307, 311, 335, 399
Wendland 145
Wenger 840
Wenk 779
Wentworth 178, 712
Werker 180, 228
Werner 7, 12, 134, 672, 733, 734
Wertsch 31, 212
West 348, 798
Westen 21
Westermeyer 724
Westra 177
Wethington 718
Whalley 578
Wheeler 113, 396, 543, 894
Whitaker 492
Whitbeck 737
Whitbourne 50, 578, 619, 673, 674, 717, 719, 726, 765, 771, 772, 773, 774
White 18, 179, 561, 595, 630, 635, 638, 644, 732, 741, 841, 842
Whitehead 389
Whitehurst 229, 314
Whitesell 438
Whiteside 455
Whiting 350, 355, 450
Whitley 594
Whitney 111, 163
Wichström 556, 557
Wiebe 690
Wiedebusch 242
Wigfield 433, 437, 513, 608
Wikby 772
Wilber 846, 848
Wilcner 143
Wilcox 103
Wildes 487
Wiley 412, 673
Wilke 703
Wilkening 290
Wilkie 638
Wilkins 786
Willatts 202
Wille 259
Willerman 93, 96, 407
Willett 677
Williams 287, 686, 690, 734, 738, 848
Williamson 119, 850
Willinger 164, 165
Willis 497, 600, 602, 694, 696, 800, 803
Willms 381
Willner 72
Willott 673
Wilms 835
Wilson 87, 416, 879, 880
Wilson-Mitchell 357
Wimbarti 214, 340

Winberg 143
Winblad 789
Windley 831
Winefield 749
Wingfield 697
Wink 721, 725, 819, 820
Wink 725
Winkleby 284
Winn 781
Winner 291, 292, 322, 411, 420, 421, 608
Winsler 305, 306, 416
Wintre 438
Wiscott 845
Wittlinger 797
Wnek 291
Wohlgemuth 478
Wojciechowski 837
Wolchik 455
Wolf 165
Wolfe 368, 639, 882
Wolfe 553
Wolfelt 869
Wolff 138, 367, 463
Wolfinger 455
Wolfson 478
Wolpe 24
Wong 743, 871
Wood 75, 138, 553, 626
Woodhead 603
Woodman 884
Woodring 586
Woodruff 596
Woods 112
Woodward 128, 167, 247, 363, 446, 558
Woolf 837
Woolley 300
Wooster 169

Word 870
Worden 876, 894
Wortman 893, 897
Wozniak 507
Wright 83, 320, 352, 574, 745, 792
Wrightsman 711
Wu 380, 652, 655, 730, 840
Wunsch 240
Wygotsky 30
Wyman 12, 466
Wynn 205, 206
Xie 443
Xu 227
Yale 237
Yamanoi 740
Yang 77, 453
Yarrow 47, 346
Yates 97, 543
Yeats 133
Yeh 878
Yeung 879
Yip 285
Yirmiya 251, 313, 314
Yoder 531
Yoerger 500
Yogman 263
Yonas 143, 181
Yont 289
Yoo 833
Yosipovitch 589
Youn 737, 739
Young 586, 647, 748, 834
Youngblade 459
Youniss 341, 543
Yu 588
Yuill 348
Yule 461

Zacks 698
Zafeiriou 137
Zahn-Waxler 268, 344, 348
Zakin 486
Zakowski 688
Zamsky 87
Zane 878
Zapf 745
zard 236
Zarit 732, 738, 792, 825
Zeanah 258
Zeifman 627
Zelazo 135, 254
Zenger 747
Zeskind 141
Zevitz 832
Zhang 840
Zhou 42, 43, 364
Zigler 24, 83, 86, 88, 174, 319
Zimmer-Gembeck 436
Zimmerman 12, 253, 284, 400, 433, 528
Zinn 70
Zins 384, 385
Ziporyn 120
Zisook 892
Zlotnick 639
Zoller 335
Zoller-Hodges 805
Zorilla 690
Zottarelli 133
Zucker 356, 712
Zumbahlen 174
Zuroff 712
Zuzanek 842
Zwillich 881

Stichwortverzeichnis

A

A-nicht-B Suchfehler 198
Abbau
    terminaler 802
Abgelehnte Kinder 903
    abgelehnte aggressive Kinder 903
    abgelehnte zurückgezogene Kinder 903
    Hilfe für 448
Abhängige Variable 903
Abhängigkeit 820
Abstraktes Denken
    Folgen 507, 524
Adaptation 24, 195, 230, 903
ADHN 396
Adoleszenz 474, 525, 618, 647, 664, 903
    Adoleszente Eltern 498
    Anleitung für die Eltern 647
    Auffassung der 522
    Drogenmissbrauch 500
    Ernährungsbedürfnisse 522
    Konzepte 474
    Tod und 869
Adoption 77
Adoptionsforschung 426
Adoptionsstudien 407
Aggression 374, 470
    Entwicklung von 349, 371
    Familie als Übungsfeld 350
    feindselige 349, 371
    Fernsehen und 351
    instrumentelle 349, 371
    Kontrolle von 352
    offene 349, 371
    relationale 349, 371
Agonie (Todeskampf) 903
AIDS 117, 147, 594, 614
Akkommodation 190, 195, 230, 903
Aktive Lebensspanne 903
Aktivierungszustände 189, 903
Aktivität
    körperliche 478
    nicht-soziale 338, 370
    sexuelle 667
Aktivitäts- und Aufmerksamkeitsstörung 396, 903
Aktivitätstheorie 827, 857, 903
Akutes Lungenversagen 903
Akzeleration 903
Akzeptanz
    Sterben und 875
Alkohol 114, 589
Alkoholembryopathie 114
Alkoholismus 590, 613
Alkoholkonsum 613

Alleinerziehende Eltern
    unverheiratete 655
Allgemeine Wachstumskurve 904
Als-ob-Spiel 199, 213, 230, 295, 374, 904
    Nutzen des 296
Alte
    alte 761, 806, 904
    junge 761, 806, 915
Altenpolitik 88
Alter
    chronologisches 806
    funktionales 761, 806
    objektives 716
    subjektives 716
Ältere Erwachsene
    kinderlose 839
    nie verheiratete 839
Altern 756
    biologisches 572, 613, 782
    doppelter Standard 707
    erfolgreiches 853, 858
    Geschlecht und 691
    primäres 782, 807
    sekundäres 782, 807
Alternative zur Ehe
    Lebensgemeinschaft als 650
Alternde Eltern
    Kinder im mittleren Lebensalter und 737
    Versorgung 738
Altersabhängige Einflüsse 904
Altersdiabetes 782, 783
Altersheim 792
Altershören 904
Altersruhesitze 833, 857
Altersschwerhörigkeit 673, 706
Alterssichtigkeit 706
Alterssehen 904
Altersstifte 833, 857
Alterswohnsitze 833
Alterungsprozess
    soziale Kontexte 829
    soziale Theorien 826
    soziale Ziele und 830
Alzheimer-Erkrankung 786, 807, 904
    familiäre 788
    Risikofaktoren 788
    schützende Faktoren 788
    sporadische 788
    Symptome 787
    Verlauf 787
Alzheimeropfer
    Hilfe für 789
Ammensprache 228, 231, 916
Amnesie
    kleinkindliche 211
Amnion 104, 147, 904

Amniozentese 72
Amyloide Plaques 787, 807
    durch Antikörperglobulinbildung 904
Anale Phase 235
Analogiedenken 300
Analytischer Zugang beim Lesenlernen 904
Anästhetika 128
Androgene 476
Androgynität 359, 371, 725, 904
Angeborener Reflex 904
Angemessener Tod 904
Angenehmheit 726, 753
Angina pectoris 685
Angst 240
    vor dem Tod 904
Ängste 468
Animistisches Denken 904
    von Kindern 297
Anlage 7
Anlage-Umwelt-Kontroverse 904
Annahmen 311
    falsche 311
Anorexie 919
Anoxämie 127, 148, 904
Anpassung an das Sterben
    Einflüsse des Kontextes 876
Anregung 189
Ansatz
    normativer 17
Antizipatorisches Trauern 904
Anwendung
    praktische 328
Apgar-Skala 124, 148, 904
Äquilibration
    Stadium der 195
Arbeitsgedächtnis 904
Arbeitslosigkeit 748, 754
Arbeitsmodell
    inneres 255, 272
Armut
    Einfluss von 82
    Feminisierung von 730, 753
Arrhythmie 684
Arteriosklerose 576
Arthritis 782
    rheumatoide 783, 807
Assimilation 195, 230, 905
Assoziatives Gedächtnisdefizit 905
Assoziatives Spiel 905
Asthma 384
Atemtechniken 126
Atmungssystem 575, 770, 806
Attributionen
    fähigkeitsorientierte 435
    leistungsorientierte 467
    leistungsrelevante 435

STICHWORTVERZEICHNIS

Attributionsforschung 436
Attributionstraining 437
Aufgeschobene Nachahmung 905
Aufmerksamkeit 208, 244, 307, 327, 505, 698
Aufmerksamkeits- und Hyperaktivitätsstörung 426
Augeninnendrucksteigerung
   krankhafte 672
Ausführendes Stadium 905
Ausgebranntfühlen 745, 753, 905
Auslesetests 217
Aussagenlogik 503
Aussagenlogisches Denken 905
Austausch der Lebenserwartung 905
Auswahl
   reproduktive 71, 99
Auswahlprinzip 517
Auszeit 370
Autismus 312
Autobiographisches Gedächtnis 211, 230, 310, 375, 905
Autoimmunreaktion 771, 806, 905
Autonome Moral 905
Autonomie 235, 271, 546, 721, 905
   versus Scham und Zweifel 905
Autoritärer Erziehungsstil 905
Autoritativer Erziehungsstil 905
Autosomen 62, 99, 905

B

Baby
   neugeborenes 124
   Pflege 130
   spezielle Stimulierung 131
Bayley Scales of Infant Development 215
Bedingte Reaktion 905
Bedingter Reiz 905
Beeinflussung
   kulturelle 316
Befangenheit 507
Behaviorismus 15, 22, 56, 222, 252, 906
   Einschränkungen 24
   traditioneller 22
Behinderung 806
Beliebte Kinder 906
   beliebte antisoziale Kinder 906
   beliebte prosoziale Kinder 906
Belohnung 906
Beobachtung
   strukturierte 38, 57
   systematische 37, 45
   teilnehmende 37, 57
Beobachtungslernen 23
Beratung
   genetische 71, 99
Bereich der proximalen Entwicklung 214, 932

Beruf
   Zufriedenheit im 744
Berufliche Entwicklung 657, 665
Berufliche Informationen
   Zugang 609
Berufliche Veränderung
   mittleres Lebensalter 748
Berufliche Vorbereitung 609
Berufsleben 753
   kognitive Entwicklung und 702, 708
   mittleres Lebensalter 744
Berufstätigkeit
   Eltern und 468
   Kombinatioon mit Familie 660
   mütterliche 459
Berufswahl 605, 615
   Beeinflussung von 606
Berührung 131, 142, 770
Berührungsempfindlichkeit 860
Bestrafung 171, 189, 906
Betreutes Wohnen 906
Betreuungsperson-Kleinkind- Interaktion
   kulturelle Einflüsse 213
Bevölkerungswachstum 645
Bewältigungsstrategien 756
   mittleres Lebensalter 722
   spätes Erwachsenenalter 774
   Tod und 877
Bewältigung von Verlust
   duales Prozessmodell 892, 901
Beweglichkeit 773
Bewegung 585, 779
Beziehungen
   enge 259, 625, 663
   intergenerationale 742
   mittleres Lebensalter 753
   mittleres Lebensalter und 728
   spätes Erwachsenenalter 835, 857
   stabile 187
   warmherzige 347
Beziehungen unter Gleichaltrigen
   Einfluss der Eltern 341
Beziehungsqualität 638
Beziehungsstile
   Großeltern zu Enkeln 733
Bezugnahme
   soziale 271
Bias 46
Bikulturelle Identität 906
Bilder 199
Billigkeit 441, 467
Bindung 252, 906
   desorientiert-desorganisierte 272
   Gelegenheit zur 258
   mehrfache 263
   Phasen der 253
   sichere 256, 272, 627
   spätere Entwicklung und 265
   unsicher-ambivalente 256, 272, 627

   unsicher-desorganisierte 256
   unsicher-vermeidende 256, 272, 627
Bindungsentwicklung 252
Bindungsmuster in der Kindheit 627
Bindungsphase 254
Bindungsqualität
   Stabilität 256
Bindungssicherheit
   beeinflussende Faktoren 257
   Messung 255
Bindungstheorie
   ethologische 253
Biokulturelles Ereignis 678
Biologisches Altern oder Seneszenz 906
Biologische Sichtweise
   Adoleszenz 474
Blastozyste 103
Blei 116
Blutanalyse 72
Brabbeln 224, 918
Brutkasten 131
Bulimie 488, 522, 906
Burnout 745, 753

C

Cephalocaudal 154
Cephalocaudale Wachstumsrichtung 906
Cerebellum 916
Cerebrovaskuläre Demenz 907
Chorea Huntington 64
Chorion 105, 147, 906
Chorion villosum-Proben 72
Chromosomen 60, 99, 906
Chromosomenanomalien 69, 99
Chronosystem 34, 57, 81, 906
Chunks 397
Cliquen 551, 565, 568, 907
Code
   genetischer 60
Coming-out 494
Contergan 110
Corpus callosum 282, 907

D

Dauerhafte Bevollmächtigung zur Ergreifung medizinischer Maßnahmen 907
Dauerhafter vegetativer Zustand 907
Decke
   gläserne 747
Delinquenz 559, 566
   Faktoren 560
   Intervention 562
   Pfade zur 561
   Prävention 562
Demenz 786, 807, 907
   falsch diagnostozierte 790
   reversible 790

Denken
  abstraktes 504, 523
  animistisches 299, 326
  dualistisches 599, 614, 666
  egozentrisches 299
  Einfluss von Kultur auf 392
  Einfluss von Schulausbildung auf 392
  formal-operatorisches 504
  Grenzen im 326
  hypothetisch-deduktives 502, 523
  konkret-operationales 425
  logisches 470
  magisches 299
  Module des 204
  moralisches 564
  postformales 599, 614
  pragmatisches 601, 614
  präoperatorisches 195
  propositionales 503, 523
  relativistisches 599, 614, 666
  sensumotorisches 195
  unlogisches 300
  voroperationales 25, 299
  wissenschaftliches 505
Denkstruktur
  Veränderung 599, 614
Depression 555, 565
  Faktoren 556
  geschlechtsbedingte Unterschiede 556
  mütterliche 238
  Sterben und 875
Desäquilibration
  Stadium der 195
Design
  experimentelles 57
Desoxyribonukleinsäure (DNA) 60, 907
Dezentrierung 390, 907
Diabetes mellitus 783
Diäthylstilböstrol 110
Differenzierung 188
Differenzierungs- und Integrierungs-
    phase 254
Differenzierungshypothese 190
Differenzierungstheorie 907
Dilemma
  moralisches 53, 536, 564
Dishabituierung 172, 209, 907
Diskontinuierliche Entwicklung 907
Diskontinuität 5
Distributive Gerechtigkeit 907
Disziplin
  positive 348
Divergentes Denken 907
Dizygote Zwillinge 932
DNA 60, 907
  Altern und 573
Dominant-rezessive Vererbung 907
Dominante Hirnhälfte 907
Doppelverdiener 907
Doppelverdiener-Familie 660, 665
Down-Syndrom 69

Drei-Berge-Problem 297
Dreieckstheorie der Liebe 907
Dreifaches X-Syndrom 70
Dritter Lebensabschnitt 804
Drogen
  illegale 111
Drogenabhängige 500
Drogengebrauch 499
Drogenkonsum 523
Drogenmissbrauch 499, 523
  Vorbeugung und Behandlung 501
Duales Prozessmodell der Bewältigung
    von Verlust 907
Dualistisches Denken 908
Durchschnittliche Lebenserwartung 908
Dynamisches System
  Motorische Fertigkeiten als 176
Dynamisches Testen 908
Dynamische Systemtheorie der motori-
    schen Entwicklung 908

E

Edler Wilde 908
Effekt Dritter 80
Egozentrismus 297, 326, 507, 908
Ehe 666, 835
  egalitäre 637, 664, 908
  Erwartungen 638
  gute 724
  Rollenverteilungen 635
  traditionelle 636
  Zufriedenheit in der 637
Eheschließung 635
Eierstöcke 102
Eileiter 102
Einbeziehung
  volle 418, 427
Eindämmen der Synapsenanzahl 908
Eineiige Zwillinge 908
Einfaches Kind 908
Einflüsse
  alters-graduierte 56
  altersabhängige 13
  epochale 56
  epochal bedingte 13
  genetische 249
  nicht-normative 13, 56
Einfühlsame Fürsorge 908
Einfühlung 337
Einnistung 103, 908
Einordnung in Klassen 390
Einsamkeit 632, 663, 666, 908
Einschätzung von Erblichkeitsfaktoren
    908
Einstellung
  optimistische 690, 707
Einwilligungsbereitschaft 269, 270, 273
Einzelkinder 452
Eizelle
  befruchtete 103

Ektoderm 105
Elaboration 397, 426, 471, 908
Elterliche Imperativ-Theorie 725, 909
Eltern
  berufstätige 459
  direkte Einflussnahme 341
  homosexuelle 656
  indirekte Einflussnahme 342
  lesbische 656
  Verlust eines Kindes 893
Eltern-Kind-Beziehung 451, 484, 546,
    565
  Veränderungen 731
Eltern-Kind-Konflikte 568
Eltern-Kind-Unterstützung 757
Elternhaus
  Verlassen des 634
Elternkurse 647
Elternschaft 495, 523, 641, 665
  Entscheidung für 642
  norm-abweichende 654
  Übergang zur 643
  weitere Geburten 644
Elternschaft in der Adoleszenz
  Folgen 496
Embryo 147, 909
Embryonale Medizin 71
Embryonalscheibe 103
Embryostadium 105
Emotionale Ansteckung 241
Emotionale Entwicklung
  Adoleszenz 525, 526
  frühe Kindheit 329, 330, 370
  Kindererziehung und 361
  Meilensteine 239
  mittleres Erwachsenenalter 709, 710
  mittlere Kindheit 429, 430
  Säugling 233, 234, 236, 271
  spätes Erwachsenenalter 809, 810
Emotionale Expertise 812
Emotionale Selbstregulation 909
Emotionen
  komplexe 242, 438
  Reaktion auf 241
  selbstbezogene 242, 271, 336
  Verständnis von 335
  Verstehen von 241
Emotionsausdruck 467
Empathie 268, 273, 337, 909
Empfängnis 102
Endgültiger Abbau 909
Endgültigkeit 900, 909
Endoderm 106
Engagement 690
Entbindung 123
  Medikamente und 128
Entdecken
  unterstütztes 306
Entscheidungen
  Treffen von 509
Entspannung 126

STICHWORTVERZEICHNIS

Entwicklung
  Bereiche der 10
  berufliche 657, 665, 746, 753
  emotionale 10, 335, 438, 467, 617, 618
  Forschung über 36
  Grundlagen 4
  kognitive 10, 390, 501, 571, 572, 598
  körperliche 10, 378, 474, 571, 572, 613, 761
  menschliche 4, 56
  moralische 440, 467, 534, 564
  motorische 174, 190, 290, 385, 425, 478
  multidimensionale 10
  multidirektionale 10
  Plastizität der 11
  pränatale 101, 102, 147
  Probleme 461
  Schwierigkeiten 555
  sensible Phasen 159
  soziale 617, 618
  Untersuchung von 47
  vielfältige Kontexte 11
Entwicklungsabschnitte 6
Entwicklungsaufgaben 715
Entwicklungsförderung
  Programme 321
Entwicklungsforschung
  ethische Aspekte 58
  spezielle Strategien 47
  Theorien 56
  Verbesserungsmöglichkeiten 50
Entwicklungsgerechte Maßnahmen 909
Entwicklungskontext 28
Entwicklungsprobleme 468, 565
Entwicklungspsychologie
  evolutionäre 29, 57
  neuere Theorien 57
  Theorien 56
Entwicklungsquotient (EQ) 217, 231, 909
Entwicklungsstörung 169
  nichtorganisch bedingte 189
Entwicklungstheorie
  kognitive 24, 348, 354, 359, 371
Entwicklungsumwelten 6, 7
Entwicklungsverlauf
  bestimmter 6
Entwicklungsververzögerung
  nichtorganisch bedingte 169
Entwicklung des Gewissens
  emotionale Seite 343
  Temperament und 345
Entwicklung durch normative Lebensereignisse 752
Epigenese 98, 100, 909
Epigenetischer Rahmen 98
Epiphysen 279
Epochal bedingte Einflüsse 909
Epoche
  normative 17

Erarbeitete Identität 909
Erbanlagen 7
Erblichkeit 92
  Grenzen von 93
Erblichkeitsfaktoren 92, 100
Ereignis
  mögliches 199
  nicht mögliches 199
Erfahrungen
  frühe 7
Erfolg
  schulischer 514
Erfolgreiches Altern 853, 858, 909
Erholung 172, 209, 907
Eriksons Theorie 430, 526, 564, 618, 663, 711, 752, 810, 856
  Persönlichkeit des Säuglings 235, 271
  psychosoziale Entwicklung 20
Erinnern 230, 307, 308, 909
  nostalgisches 856
Erinnerungen
  auf Wissen basierende 814
  nostalgische 814
  rekonstruierte 263
Erkennen 230
Erklärende Erziehungsmaßnahme 914
Erklärungen 348
Erkrankungen
  autosome 66
  psychische 97
  X-bedingte 67
Erlernte Hilflosigkeit 909
Ernährung 118, 165, 189, 284, 325, 582, 779
Ernährungsbedürfnisse
  Pubertät und 487
Ernährungsprobleme 425
Erregungszustände 137, 148, 478
  wechselnde 162
Erscheinung
  Wirklichkeit versus 301
Erscheinungsformen des Selbst
  mögliche 720, 752
Erwachsenenalter
  frühes 571, 572
  Philosophien des 16
  spätes 760
  Tod und 871
  Verlust eines intimen Partners 894
Erwachsenenfreundschaften 666
Erwachsene Enkelkinder
  Großenkel und 844
Erwachsene Lernende 703, 708
  Merkmale 703
  Unterstützung 703
Erweiterungen 324, 328, 909
Erwerbsstadium für Wissen 909
Erziehung 306
  Piaget und 303
Erziehungsgewohnheiten 541

Erziehungsmaßnahmen
  erklärende 344, 370
Erziehungsphilosophie 414
Erziehungspraktiken 514
Erziehungsprogramme 327
Erziehungsstil 333, 336, 338, 341, 342, 350, 361, 369, 646
  Auswirkungen 434
  autoritärer 362, 371
  autoritativer 362, 363, 371
  kulturelle Unterschiede 364
  permissiver 362, 371
  unbeteiligter 363, 371
Erziehungsstile 910
Es 19
Essstörungen 487, 522
Ethische Fragen 58
Ethische Prinzipien 54
Ethnische Identität 910
Ethnische Minoritäten
  Beruf und 658, 665
Ethnographie 41, 45, 57, 910
Ethologie 28, 910
Ethologische Bindungstheorie 910
Ethologische Theorie 272
Euthanasie 901, 910
  freiwillige aktive 886, 901
  passive 884, 901
Evolutionäre Entwicklungspsychologie 910
Evolutionspsychologie 28
Evolutionstheorie 17
Exekutive
  zentrale 207
Exekutives (leitendes) Stadium 910
Exosystem 33, 910
Experimente
  natürliche 46
Experimentelle Methode 46, 910
Experimentierer 500
Expertenwissen 699
Exploration 527
Expressiver Stil 227, 231
  beim Spracherwerb 910
Extraversion 752
Extravertiertheit 726

F

Fachwissen 601, 614, 666, 699, 707, 910
Fähigkeiten
  kristalline 860
  sensorische 142
  verbale 316
Fähigkeitsorientierte Attributionen 910
Fairness 348, 371
Faktenwissen 699
Faktoren
  mütterliche 117, 147
Faktorenanalyse 402
Fallstudie 40, 57, 916

Familiäre Umstände 548
Familie 79, 458, 546, 565
 Adoleszenz und 647
 direkte Einflüsse 80
 Einflussfaktoren der 450
 Einfluss von 468
 indirekte Einflüsse 80
 Lebenszyklus der 633, 663, 728, 753
 mit übersprungener Generation 735, 910
 Veränderung in der 81
Familieneinflüsse
 Berufswahl und 607
Familieneinheit
 Anpassung an neue 145, 149
Familiengröße 644
Familienleben
 Kombination mit Beruf 660
Familienmitglieder
 Verhalten von 877
Familiennetzwerk 756
Familienplanung
 kulturelle Aspekte 645
Familienpolitik 88
Familiensystem 99
Fantasieperiode 910
Farbdiskriminierung 756
Fehlernährung 285, 381
Feilschen
 Sterben und 875
Feindselige Aggression 911
Feindseligkeit 706
 ausgedrückte 686
 mittleres Erwachsenenalter 686
Feinmotorik 175, 326, 425
 Entwicklung 174, 177, 290, 386
Feldexperimente 46, 57
Feminisierung von Armut 911
Fernsehen 327, 382
 Gewalt im 371
 pädagogisches 320
Fernsehkonsum
 Kontrolle des 353
Fertigkeiten
 fluide 861
 motorische 471
Fett
 Ernährung und 585
Fettleibigkeit 167, 381, 425, 582, 613, 911
 Behandlung 383, 583
 Folgen 383
 Ursachen 381
Fitness 581, 613, 777, 806
Flaschenernährung 165
Flaumbehaarung 911
Fleiß 467
 versus Minderwertigkeit 911
Flexibilität 385
 kognitive 756
Flinkheit 385
Fluide Intelligenz 693, 911

Formal-operationale Stufe 911
Formal-operatorisches Stadium 502, 523
Formen
 erste darstellende 291
Forschung
 experimentelle 57
 kulturvergleichende 41
Forschungsmethoden 37
 gebräuchliche 37
Forschungspläne 37, 58
 allgemeine 44
Fortpflanzungsfähigkeit 580, 706
Fortpflanzungssystem
 mittleres Erwachsenenalter 674
Fortwährende Ausbildung
 Vorteile 805
Fötale Alkohol-Effekte 114, 911
Fötales Alkohol-Syndrom 147, 911
Fötus 911
Fötusstadium 106
Frauen
 Beruf und 658
Freie Radikale 613, 911
Freiwillige aktive Euthanasie 911
Freizeitaktivitäten 861
 Rentenalter und 851
Freizeitgestaltung 858
Fremdenangst 240, 271, 272, 911
Fremden-Situation 255, 272, 911
Freude 237, 271
Freuds Theorie 19
Freunde 756, 860
 sekundäre 843, 858
Freundschaften 370, 374, 444, 471, 549, 565, 629, 663, 741, 842, 858
 erste 341
 gegengeschlechtliche 631, 663
 Geschwister und 631
 gleichgeschlechtliche 630, 663
 mittleres Lebensalter 753
Frontallappen 157
Fruchtschmiere 931
Frühe Reifung
 Langzeitfolgen 486
Frühförderungsprogramm für Ureinwohner 318, 911
Frühförderungsprojekt 318, 912
Frühgeburt 129, 130, 148, 912
 Interventionen 131
Frühkindliche Kognition
 sozialer Ursprung 305
Fügsamkeit 269, 273
Funktionales Alter 912
Funktionsende 900, 912
Furcht 240, 271
Fürsorge
 einfühlsame 258
 feinfühlige 272
 Kontinuität der 265
 Qualität der 258

G

Gameten 61, 99, 912
Ganzheitlicher Zugang 400, 426
Ganzheitsmethode 400
 beim Lesenlernen 912
Gebärmutterhals 103
Gebrechen
 körperliche 781
Gebrechlichkeit 777
Geburten 101, 102, 122, 148
 natürliche 126, 148
 Phasen 122
 Umgang mit 125, 148
 vorangegangene 119
 vorbereitete 126, 148
Geburtsgewicht
 geringes 148
 niedriges 129
Geburtskomplikationen 134, 148
Geburtszentren
 freie 125
Gedächtnis 209, 307, 327, 698, 795, 807
 assoziatives 796
 autobiographisches 797
 einmalige Ereignisse 310
 explizites 795
 für weit zurückliegende Ereignisse 807, 912
 implizites 795, 796, 807
 prospektives 798, 807
 retrospektives 798
 tägliche Erfahrungen 308
 vertraute Ereignisse 308
Gedächtnisdefizit
 assoziatives 796, 807
Gedächtnisleistung 398
Gedächtnisprobleme 860
Gedächtnisstrategien 308, 310, 327, 397, 398, 470, 756, 912
Gefühle
 selbstbezogene 374
Gegenseitigkeit 535
Gehemmtes Kind 912
Gehirn
 Abbau des 787
 Entwicklung 280
 Plastizität 161
Gehirnentwicklung 189, 282, 325, 395
Gehirnzentren
 kortikale 157
Geistesblindheit 313
Geistige Entwicklung
 frühe Umgebung und 217
 häusliche Umgebung und 316
 individuelle Unterschiede 215, 327, 402, 426
 Unterschiede in der frühen 231
Geistige Fähigkeiten
 Geschlechtsunterschiede 510, 524
 Veränderungen 602, 614, 692, 707

STICHWORTVERZEICHNIS

Geistige Retardierung
  leichte 427
Gelbkörper 102
Gemeinden 829, 857
Gemeinsames Sorgerecht 912
Gen 60, 912
Gen-Umwelt-Korrelation 912
Generativität 619, 711, 752
  versus Stagnation 912
Genetische Beratung 912
Genetische Prägung 912
Genetische Programme
  Umwelteinflüsse 96
Genitale Phase 475
Genotypus 60, 99, 912
Gentechnologie 73
Gerechtigkeit 348, 371
  distributive 467
Geruch 142, 769
Geruchsempfindlichkeit 860
Geschichten
  Erzählweisen 334
Geschlecht
  Altern und 691
Geschlechterrollen 626
Geschlechtlichkeit
  Intensivierung der eigenen 565
Geschlechtschromosomen 62, 99, 912
  Anomalien 70
Geschlechtsidentität 359, 371, 468, 722, 752, 756, 912
  Auftauchen der 359
  Familie und 355
  Gleichaltrige und 358
  Lehrer und 358
  soziales Umfeld und 359
  Verhalten und 449
Geschlechtsintensivierung 912
Geschlechtskonstanz 359, 371, 912
Geschlechtsmerkmale
  primäre 479, 522
  sekundäre 479, 522
Geschlechtsschemata 360
Geschlechtsschematheorie 354, 360, 371, 913
Geschlechtsstereotype 569
  Berufswahl und 607
  Reduzierung 360
Geschlechtsstereotypisierung
  Einflüsse des Lebensumfelds 355
  genetische Einflüsse 355
Geschlechtstypisierung 354, 371, 448, 468, 545, 565, 913
  Einfluss der Umwelt 371
  genetischer Einfluss 371
  kulturelle Einflüsse 449
Geschlechtsunterschiede 386
Geschlechtszellen 61
Geschlechtszugehörigkeit 375
  des Kindes 455
  Scheidung und 455

Geschmack 142, 769
  persönlicher 349
Geschwister 264, 272, 451, 471, 548, 565, 740, 840, 858
  liebevolle Bindungen 266
  mittleres Lebensalter 753
Geschwisterbeziehungen 631
Geschwisterrivalität 468
Gesellschaftsvertrag 539
Gesichtssinn 144
Gesten
  präverbale 225
Gesundheit 581, 613, 723, 777, 806, 824
  Einflüsse auf 283
  mittleres Erwachsenenalter 680, 706
  pränatale Umwelt und 113
Gesundheitsbetreuung
  dauerhafte Vollmacht 901
Gesundheitsexperten
  Verhalten von 877
Gesundheitsfürsorge 790
  Kosten der 790
  Senioren und 807
Gesundheitspflege
  dauerhafte Bevollmächtigung 885
Gesundheitsprobleme 425, 487, 522
  allgemeine 380
  übliche 425
Gesundheitsvorsorge 148
  pränatale 120
Gewalt
  Familiengeschichte und 847
Gewichtszunahme 756
Gewissen
  psychoanalytische Sichtweise 343
Gewissenhaftigkeit 726, 753
Gewissensprinzipien
  ethische 539
Gibson'sche Differenzierungstheorie 187
Gläserne Decke 754, 913
Glaukom 672, 706, 913
Gleichaltrige
  Beziehungen zu 338, 443, 485
  Interaktion mit 541
  soziale Interaktionen 338
  Zusammenarbeit mit 306
Gleichgewicht 385
Gleichheit 441, 467
Gliazellen 107, 156, 189, 913
Grammatik 323, 411
Grauer Star 767, 806
Greifen 177
  radial-palmäres 178
  ulnäres 178
Grobmotorik 175, 326
  Entwicklung 174, 290, 385
Großeltern 732
  Bedeutung der Rolle 733
  Wandel im Rollenverhalten 734
Großenkel 844, 858

Großfamilienhaushalte 86, 100
Großfamilie oder erweiterte Familie 913
Großhirnrinde 107, 189, 913
Grundemotionen 271, 913
  Entwicklungsverlauf 237
Grundlagen
  biologische 60
  genetische 60, 99
  historische 56
  umweltbedingte 60
Grundumsatz 913
Gruppeneinheiten 397
Gruppenpraktiken 418, 427
Gruppentest 402
Gruppenunterschiede
  geistige Fähigkeiten 696
Gruppierung 551, 565, 913
Gurren 224, 913

H

Habituationsforschung 209
Habituierung 172, 189, 209, 913
Halbsprachigkeit 412
Hämophilie 67
Händigkeit 281
Handlungs-IQ 694
Handlungsintelligenz 695
Handlungswissen 699
Hausgeburt 126, 148
Haut
  mittleres Erwachsenenalter 673
Heirat 635, 729
  Alter und 636
Hemmung
  kognitive 395
Heranwachsende
  Merkmale sexuell aktiver 490
  sexuelle Einstellungen 490, 523
Herausforderung 690
Herpes simplex 2 117
Herzattacke 684
Herzerkrankungen 706
Herzflimmern 865
Heteronome Moral 913
Heterosexuelle Verhaltensweisen 591
Heterozygot 913
Hierarchische Klassifikation 913
Hilflosigkeit
  erlernte 400, 435, 467
Hilfsmittel
  technische 774
Hingabe 628, 629
Hirnanhangdrüse 283, 325, 914
Hirnentwicklung 155, 156
Hirnhemisphäre
  dominante 281, 325
Hirnplastizität 189
Hirntod 866, 900, 913
Hirnwachstum 159
HIV 117, 147

Hochbegabte
    Erziehung von 421
Hochbegabung 427, 913
Hochschul-Erfahrung 604
Hochschulausbildung 615
    Abbruch 604
    psychologischer Einfluss 604
Hoden 102
Hodensack 102
Homosexualität 492, 494, 523
Homosexuelle Verhaltensweisen 592
Homozygot 914
Hören 143, 179, 380, 769, 860
    mittleres Erwachsenenalter 673
Horizontale Verschiebung 914
Hormone 283
Hormontherapie 676, 706, 914
Hörprobleme 425
Hörverlust 756
Hospiz 881, 900, 914
Hospizgedanke 881
Hüterin der Verwandtschaftsbeziehungen 914
Hyperkinetisches Syndrom 426
Hyperkinetische Störung 396
Hypertonie 575
Hypophyse 283, 325, 914
Hypothese 36
Hypothetisch-deduktives Denken 914

I

Ich 19, 273, 914
    Auftauchen des 267
    Differenzierung des 812
    eigenes 331
Ich-Integrität 810, 856, 860
    drei Aufgaben der 812
    versus Verzweiflung 914
Ich-Tranzendenz 812
Ideale Reziprozität 538
Idealismus 509
Identität 526, 564, 569, 914
    bi-kulturelle 564
    diffuse 529
    eigene 529
    erarbeitete 529, 564
    ethnische 532
    übernommene 529, 564
    versus Identitätskonfusion 914
Identitätsdiffusion 564, 914
Identitätsentwicklung 564
    Einflussfaktoren 531
    gesunde 534
Identitätskonfusion 526, 527, 564
Identitätskrise 527
Identitätsstadien 530, 564
Identitätsstatus 530
Imaginäres Publikum 914
Imitation 173, 920

Immigranten
    jugendliche 42
Immunsystem 579, 771, 806
    Alterung 860
Imperative
    moralische 349
Implizites Gedächtnis 914
Individualismus 86, 100
Individualistisch-instrumentale Orientierung 538
Individualistische Gesellschaften 914
Individueller Lebensverlauf
    Auswirkung historischer Epochen 52
Individuelle Unterschiede
    Akzeptanz 304
    geistige Fähigkeiten 696
Induktion 914
Infektionskrankheiten 117, 285, 325
Inferenz 425
    transitive 391
Informationsverarbeitung 206, 230, 307, 327, 394, 426, 523, 601, 614, 696, 701, 707
    Evaluation von Ergebnissen 212
    Geschwindigkeit der 696
    schulisches Lernen und 400
    Strukturen des Systems 207
Informationsverarbeitungsprozess 27, 57, 505, 915
Informationsverlust-Ansatz 697, 915
Initiative 330, 370
    versus Schuldgefühl 915
Innere Eihaut 104, 147, 904
Inneres Arbeitsmodell 915
Insomnia 772
Instabilität 622
Instrumentelle Aggression 915
Integration 418, 427
    schwacher Schüler 915
Intellektuelle Entwicklung
    Gruppenunterschiede 707
    individuelle Unterschiede 707
Intelligenz
    allgemeine 402
    Definition 402, 403, 426
    fluide 693, 707, 794
    kristalline 693, 707, 794
    kulturelle Einflüsse 407
    Messung 402, 426
    sensumotorische 25
    verbale 694
Intelligenzquotient 216, 231, 915
    Unterschiede 406
Intelligenztest 18, 215, 327, 402, 602, 614
    Inhalt 408
    Reduzierung kultureller Einflüsse 409
Intelligenztestwerte
    Berechnung 216
Intendiertes oder zielgerichtetes Verhalten 915

Interaktionen 223
    soziale 860
    kulturelle Unterschiede 339
    unter Gleichaltrigen 339
Interaktionistische Perspektive 223
Intergenerationale Beziehungen 742
Intermodale Wahrnehmung 915
Intervention
    frühe 219
    kognitive 802, 808
    medizinische 127, 148
Interview
    klinisches 25, 38, 57
    strukturiertes 40, 57
Intimität 527, 550, 618, 626, 663
    versus Isolation 915
Introspektion 721
Invalidität 680
Invarianz 297, 298, 915
Invarianz-Erkennen 915
Inventar zur Erfassung der häuslichen Umwelt 218, 231, 316, 915
Irreversibilität 298, 326, 915
Isolation 618, 663

J

Jahrhunderttrend 482, 522, 903

K

Kaiserschnitt 128, 148, 915
Kameradschaftliche Liebe 916
Kanalisierung 916
Kardinalität 315, 327, 374, 916
Kardiovaskuläres System 575, 770
Kardiovaskuläre Erkrankungen
    mittleres Erwachsenenalter 683
Kardiovaskuläre Veränderungen 806
Karriere 666
    Aufbau einer 657
Katarakte 767, 806, 916
Kategorien
    allgemeine 301
    mit Grundbegriffen 301
Kategorisierung 209, 301
Kausalität 374
Kenntnisse
    mathematische 327
Kind, das nur langsam aktiv wird 916
Kindchenschema 148
Kinder
    abgelehnte 445, 446, 467
    beliebte 445, 446, 467
    erwachsene 737
    hochbegabte 419
    im mittleren Lebensalter 737
    kontroverse 445, 446, 467
    tyrannische 447
    Verlust eines Elternteils 894
    vernachlässigte 445, 467

Kinder mit speziellen Bedürfnissen
  Unterricht für 418
Kinderbetreuung 320, 327, 459, 646
Kindererziehung 361, 371
Kindergärten 318
Kinderlosigkeit 651, 664
Kindertagesstätte 260
Kinderzeichnungen 292
  kulturelle Unterschiede 292
Kindesalter
  Ängste 461
Kindesmissbrauch
  sexueller 468
Kindesmisshandlung 365, 371
  Faktoren 366
  Familie und 366
  Folgen 367
  Gemeinde und 367
  kulturelles Umfeld und 367
  Prävention 368
  Ursprünge 366
Kindesunterhalt 456
Kindgerechtes Sprechen 916
Kindheit
  mittlere 429, 430
  Philosophien der 15
  Tod und 868
Kindheitsängste 336
Kindstod
  plötzlicher 139
Kindzentrierte Programme 916
Klangmuster 143
Klasse
  Heterogenität 418
  Lernmöglichkeiten in der 516
  offene 427
  traditionelle 427
Klassengröße 413, 427
Klassifikation 390
  hierarchische 299, 326
Klassische fünf Persönlichkeitsdimensionen 916
Klassische Konditionierung 916
Kleinhirn 282, 325, 916
Kleinkinder
  Betreuung 219, 220, 231
  Maya-Kultur 309
  Theorie des Geistes 310
Klimakterium 674, 706, 916
Klinefelter-Syndrom 70
Klinischer Tod 865, 916
Klinisches Interview 916
Klinische Methode 21, 45, 916
Klinische Studie 57
Klippe
  visuelle 180
Knochenalter 153
Knochenmasse 757, 861
Knochenskelett
  Wachstum 279
Ko-Regulation 451, 468, 918

Kodominanz 65, 916
Kognition 23
  adaptive 599
Kognitive Entwicklung 294, 598, 614, 807
  Adoleszenz 473, 474
  frühe Kindheit 193, 194, 277, 278
  individuelle Unterschiede 316
  mittleres Erwachsenenalter 692, 707
  mittlere Kindheit 377, 378
  Piagets Ansatz 24
  Säuglingsalter 193, 194
  sozialer Kontext 212, 230
  spätes Erwachsenenalter 759, 760, 794
Kognitive Entwicklungstheorie 56, 916
Kognitive Hemmung 917
Kognitive Selbstregulation 917
Kognitive Veränderungen
  Faktoren 802
Kohabitation 649, 664, 917
Kohlbergs Stufensequenz
  Forschungen zu 539
  Stufen zum Moralverständnis 536
Kohorten-Sequenz-Methode 58
Kohorten-Sequenz-Untersuchungsplan 603, 917
Kohorteneffekte 49, 58, 603, 692, 917
Koliken 141
Kollektivismus 86, 100
Kollektivistische Gesellschaften 917
Kommunikationsfertigkeiten 408
Kommunikationsstil
  hierarchischer 408
  kollaborativer 408
Kommunikator 225
Kompensierung
  Verluste und 795
Kompetenz
  kommunikative 374
Kompetenzangemessene Unterstützung 917
Komplexität 5
Komponenten der Liebe 626
Komponente der Erfahrung 404
Komponente der Kontextanpassung 404
Konditionierung 56
  klassische 23, 170, 189
  operante 23, 171, 189
Konformität 568
  bei Gruppendruck 565
  unter Peers 554
Konfrontation 891
Konkordanz 93
  Grenzen von 93
Konkordanzrate 100, 917
Konkret-operationales Denken
  Grenzen 392
  informationsverarbeitende Sichtweise 393
  neuere Forschung 392

Konkret-operationale Stufe 390, 425, 917
  Evaluation 394
Konservation 326, 390
Konsolidierung 622
Kontakt
  Häufigkeit 737
  Qualität 737
Kontext 56, 917
  kultureller 86
Kontextanpassung 699
Kontinuierliche Entwicklung 917
Kontinuität 5
Kontrastsensibilität 184, 190, 917
Kontrolle 690, 820
  Gefühl der 723
Kontroverse Kinder 917
Konventionelles Niveau 538, 564, 917
Konventionen
  soziale 349, 442
Konvergentes Denken 917
Konzepte 199
  räumliche 470
Kooperatives Spiel 918
Körperbild 485, 522, 918
Körpergröße 153, 757
Körperliches Wachstum 154, 189, 278, 325, 378, 379, 425, 476
  Einflüsse auf 283, 285, 287, 289
  frühes 165
Körperliche Attraktivität
  Rolle der 485
Körperliche Bestrafung
  Alternativen 347
Körperliche Entwicklung 572, 806
  Adoleszenz 473, 474
  frühe Kindheit 277, 278
  individuelle Unterschiede 153
  Kleinkindalter 151
  kulturelle Unterschiede 153
  mittleres Erwachsenenalter 671
  mittlere Kindheit 377, 378
  Säuglingsalter 151
  spätes Erwachsenenalter 759, 760
Körperliche Erscheinung 773
  Veränderungen 806
Körperliche Gebrechen 781
Körperliche Herausforderungen
  mittleres Erwachsenenalter 707
Körperliche Strafe
  Auswirkungen 346
Körperliche Veränderungen 575, 613, 806
  Anpassung an 774
  mittleres Erwachsenenalter 706
  spätes Erwachsenenalter 764
  Sterben und 865
Körperproportionen 478
  Veränderungen 154
Körperzellen
  Altern und 573

Korrelation 100
    aktive 96
    evokative 95
    Genetik und Umwelt 95
    passive 95
Korrelationsdesign 918
Korrelationskoeffizient 44, 918
Korrelationsmethode 44, 57
Korrelationsstudie 57
Kortex 913
    Bereiche 157
    Lateralisierung 158
    Plastizität 158
    zerebraler 157
Krabbeln 190
    Tiefenwahrnehmung und 181
Kraft 385
Krankenversicherung 89
Krankheit
    mittleres Erwachsenenalter 680
    Natur der 877
Krankheiten 383
    sexuell übertragbare 492, 493, 523, 594
Kreativität 419, 427, 601, 614, 666, 701, 707, 756, 918
Krebs 681, 706, 865
Krebsrate 756
Kreisreaktion 196, 230, 932
Kriegsgebiete
    Kinder in 463
Krise
    mittleres Lebensalter und 718, 752
Kristalline Intelligenz 693, 918
Kritik 509
Kritische Lebensereignisse
    Veränderung durch 719
Kritzeln 291
Kübler-Ross
    Bewertung der Theorie von 876
    Phasentheorie von 900
    Theorie des Sterbens 874
Kultur 86, 398
    östliche 629
    Tod und 878
Kunstdarstellungen
    Kinder und 291
Kurzzeitgedächtnis 207, 230, 904
Kwashiorkor 168, 918

L

Laborexperiment 46, 58
Laborsituation 38
Labouvie-Viefs Theorie 601, 614, 812
Lallen 225, 918
Landkarten 392
Langlebigkeit 573
Längsschnittstudie 47, 58, 918
    Probleme der Durchführung 49

Langzeitgedächtnis 207, 230, 756, 797, 918
    weit zurückreichendes 797
Langzeitpflege 792
Langzeitwissen 471
Lanugo 107, 147, 911
Latenzphase 430
Lateralisierung 189, 918
Laufbahn
    berufliche 666
Lebensabschnitt
    dritter 804
Lebenserwartung 761, 778, 806
    Austausch der 763, 806
    durchschnittliche 8, 573, 761, 806
    spätes Erwachsenenalter 762
    Unterschiede in der 762
Lebensfähiges Alter 918
Lebensgemeinschaft 649, 664
Lebenslanges Lernen
    Programme 803
Lebensqualität 762
Lebensrückblick 813, 856, 860, 918
Lebensspanne 56, 766
    aktive 762, 806
    Entwicklung über die 88
    maximale 764, 806
Lebensspannenperspektive 8, 9, 11, 13, 918
Lebensstile
    Vielfalt der 648, 664
Lebensstruktur 621, 663, 918
    im sozialen Kontext 717
Lebensumgebung 56
Lebensveränderungen
    negative 824
Lebenszyklus
    der Familie 633, 663, 753, 919
Lebenszyklusforschung
    ethische Fragen 53
Lehrer
    Berufswahl und 607
Lehrer-Schüler-Interaktion 417, 427
Lehrlingssystem
    deutsches 610
Leibeserziehung 388
Leichte geistige Retardierung 919
Leidenschaft 628
Leidenschaftliche Liebe 919
Leihmutterschaft 75
Leistung 430, 467
    schulische 524
Leistungsrelevante Attributionen
    Einflussfaktoren 436
Leistungstests 231
Lernbehinderung 919
Lernen 189
    Bereitschaft zu 303
    durch Entdeckung 303
    kooperatives 418

lebenslanges 803, 808
    schulisches 400
Lernschwierigkeiten 418
Lernstörungen 418, 427, 919
Lernstrategien
    erfolgsorientierte 437
Lerntheorie
    soziale 22, 23, 626
Lernvermögen 170
Lesefähigkeit 312
Lesen 327, 400, 426
Levinsons Lebensabschnitte 620, 714
Liebe
    Erleben von 629
    kameradschaftliche 628, 663
    Kultur von 629
    leidenschaftliche 628, 663
    reife 629
    romantische 625, 663
Liebenswürdigkeit 815
Linkshänder 281
Löschung 170
Loyalität 550
Lungenfunktion 576

M

Magersucht 487, 522, 919
Makrosystem 33, 919
Makuladegeneration 768, 806, 919
Manipulation 46
Marasmus 168, 189, 919
Mathematik 401, 426
Maximale Lebenserwartung 919
Medikamente 110, 128, 148
Mehrfachgeburten 62
Mehrgenerationenfamilie
    multilokale/ergänzende 735, 753
Meiose 61, 99, 919
Melatonin 163
Menarche 480, 522, 919
Menopause 575, 676, 706, 757, 919
    biokulturelles Ereignis 678
    psychische Reaktionen 677
Menschen
    sterbende 874
Menschenrechte 539
Menschliche Entwicklung 919
Menstruation 568
Menstruationszyklus 597
Mentale Repräsentation 919
Mentale Strategien 919
Mentor 621, 666
Mesoderm 106
Mesosystem 33, 919
Metakognition 310, 327, 398, 505, 506, 568, 919
Metakognitives Wissen 699
Methode der nicht eingetroffenen Erwartung 199, 230, 920
Midlife Crisis 920

STICHWORTVERZEICHNIS

Mikrosystem 32, 920
Minderwertigkeit 430, 467
Mischfamilien 457
Missbildungen 109, 147
Missbrauch
   sexueller 365, 461
Missbraucher
   Charakteristiken 462
Misshandlung
   alter Menschen 845
   durch den Partner 639
   Einflussfaktoren 639
   Intervention 640
   körperliche 365, 846
   Prävention 847
   psychische 365, 846
   Risikofaktoren 846
   Senioren und 858
Misstrauen 235
Miteinander ausgehen 553
Mitose 61, 99, 920
Mittelohrentzündung
   chronische 288
Mittleres Erwachsenenalter
   Anpassung an 687
Mittleres Lebensalter
   Krise im 718
   Übergangsphase 715
Mobilität 806, 861
Modellierung
   Wichtigkeit der 344
Modelllernen 23, 345
Modell der guten Passung 251, 272
Modulauffassung 204
Module
   mentale 230
Mögliche Erscheinungsformen des Selbst 920
Monitore
   Überwachung des Fötus 127, 148
Moralentwicklung 348, 535
   Grundlagen 342
Moralisches Denken
   umweltbedingte Einflüsse 541
   Verhalten und 544
Moralisches Urteilsvermögen
   geschlechtsbedingte Unterschiede 540
Moralität
   autonome 564
   Grundlagen 370
   heteronome 535, 564
Moratorium 529, 564, 920
Morbiditätszeit
   Verkürzung der 779, 806
Mortaliät 865
Motorische Entwicklung
   kulturell bedingte Unterschiede 176
   Meilensteine 326
Motorische Fertigkeiten
   individuelle Unterschiede 293
Motorische Leistung 578

Muskel-Fett-Ausstattung
   mittleres Erwachsenenalter 673
Muskelfett 153
Muster
   Wahrnehmung von 182
Mutation 68, 99, 920
Mutter 458
   Alter der 119
   Berufstätigkeit 459, 468
Mutterkuchen 922
Muttermilch
   Vorteile 166
Myelinisierung 920
Myopie 380

N

Nabelschnur 105, 920
Nachahmung 173
   aufgeschobene 199, 201, 230
Nachbarschaften 829, 857
Nativismus 222
Nativistische Theorie 222
Natürliche Beobachtung 920
Natürliche Geburt 920
Negative Verstärkung 906
Neo-Piaget-Theoretiker 393
Nerven 107
Nervensystem 764, 806
   autonomes 860
Nervenzellen 189, 920
Neugeborene
   Einschätzung des Verhaltens 144, 149
   Fähigkeiten 135
   körperliche Verfassung 124
   Reflexe 135
   schreiende 141
   sensorische Fähigkeiten 142, 149
   Zustände 137
Neugeborenensterblichkeit 132
Neuralrohr 106, 147, 920
Neurofibrilläre Knäuel 787, 807, 920
Neuronaler Netzwerk-Ansatz 697, 920
Neuronen 155
Neurotizismus 726, 752
Neurotransmitter 788
Nichtnormative Einflüsse 921
Nicht-REM-Schlaf 921, 925
Nichtsoziale Aktivitäten 921
Nicht organisch bedingte Entwicklungsverzögerung oder -störung 921
Nikotin 112
Nischenwahl 96, 921
Normativer Ansatz 921
NREM-Schlaf 137, 921
Numerisches Verständnis
   angeborenes 205

O

Objektkonstanz 200, 230, 921
Objektpermanenz 921
Oden 39
Offener Unterricht 921
Offene Aggression 921
Offenheit 752
   gegenüber neuen Erfahrungen 726
Ökologische Systemtheorie 32, 57, 84, 99, 921
Operantes Konditionieren 921
Operationen 297, 390
   formale 25
   konkrete 25
Opfer
   Abhängigkeit des 846
Optimierung
   selektive 795
Orale Rehydrationstherapie 285, 326, 921
Ordinalität 327, 921
Ordnungssysteme
   soziale 538
Organe
   Altern und 574
Organisation 196, 230, 397, 426, 921
Orientierung 537
   sexuelle 568
Osteoarthritis 783, 807, 921
Osteoporose 706, 921
   mittleres Erwachsenenalter 685
Östrogene 476
Östrogenproduktion 756
Otitis media 380

P

Palliative oder Trost spendende Pflege 922
Parallelspiel 338, 370, 922
Parkinson'sche Erkrankung 786
Partnerschaften
   homosexuelle 837
   lesbische 837
Partnerschaft Eltern-Schule 515
Partnerwahl 625, 663
Passive Euthanasie 922
Passung 922
Patientenverfügung 884, 901, 922
Pecks Theorie 812
Peer-Viktimisierung 922
Peerakzeptanz 445, 922
   Determinanten 446
Peerbeziehungen 370, 467, 549
Peergruppen 443, 467, 471, 551, 568, 922
Pensionierung
   Freizeitgestaltung und 858
   Freizeitverhalten und 848

Periode
  des Ausprobierens 922
  kritische 29
  sensible 29
Permissiver Erziehungsstil 922
Perrys Theorie 599
Person
  drei Instanzen der 19
Persönliche Legende 922
Persönlichkeit
  Berufswahl und 606
  Veränderung 720, 815, 856
Persönlichkeitseigenschaften 726
  individuelle Unterschiede 726
  klassische fünf 752
  Säugling 259
Persönlichkeitsmerkmale 690
Persönlichkeit des Erwachsenen 752
Perspektivenübernahme 432, 440, 467, 922
Pflege
  durch erwachsene Kinder 738
  kranker Eltern 740
  palliative 882, 901
  Trost spendende 882, 901
Pflegeheime 834, 847, 857
Phänotypus 60, 99, 922
Phase der Agonie 865, 900
Phase des Bindungsbeginns 253
Phenylketonurie 64
Piagets Entwicklungsstufen 24
Piagets Forschungsmethoden 25
Piagets kognitive Entwicklungstheorie 194, 230
Piagets Pendelaufgabe 503
Piagets Problem der drei Berge 297
Piagets Stufen der Moral 537
Piagets Theorie 390, 502
  der Moralentwicklung 535
  Einschränkungen 25
Planen 307, 395, 509
Plastizität 7
  des Gehirns 922
Plazenta 105, 147, 922
Plötzlicher Kindstod 149, 922
Pneumonie 781
Poligenetische Vererbung 922
Polychlorierte Biphenyle (PCBs) 116
Positive Verstärkung 906
Postformales Denken 922
Postkonventionelles Niveau 539, 564, 923
Präformationstheorie 15, 56, 923
Pragmatik 923
Pragmatisches Denken 923
Prägung 29
  genetische 68, 99
Präkonventionelles Niveau 537, 564, 923

Praktiken
  kulturelle 86
Praktisches Problemlösen 707, 923
Prämenstruelles Syndrom (PMS) 597, 614, 923
Pränatale Diagnose 99
Pränatale Diagnostik 71
Pränatale diagnostische Methoden 923
Pränatale Entwicklung
  Phasen 147
Präoperationale Stufe 923
Presbyopie 672
Primäres Altern 923
Primäre Geschlechtsmerkmale 923
Prinzip des gegenseitigen Ausschlusses 322, 923
Prinzip des Verdienstes 467
Privatsprache 304, 327
Problemehe 638
Problemlösen 202, 756, 799, 808
  abstraktes 860
  durch Analogie 203
  praktisches 699
Problemlösungstraining
  soziales 353
Problem der Klasseninklusion 299
Produkte
  kognitive 215
Programme
  kinderzentrierte 327
  verschulte 327
Projekt Frühförderung 318
Propositionales Denken 905
Prosoziales oder altruistisches Verhalten 923
Prospektives Gedächtnis 923
Proteine
  Analyse 76
proximo-distal 155
Proximodistale Wachstumsrichtung 923
Prozess
  kontinuierlicher 56
Psychischer Stress 598
Psychisches Wohlbefinden
  Faktoren 723
  individuelle Unterschiede 820, 856
Psychoanalyse 370
Psychoanalytischer Ansatz 19
  Beiträge 21
  Einschränkungen 21
Psychoanalytische Perspektive 252
Psychoanalytische Sichtweise 923
Psychologie der Lebensspanne 573
Psychosexuelle Entwicklung 19
Psychosexuelle Theorie 19, 56, 924
Psychosozialer Zwergwuchs 924
Psychosoziale Entwicklung
  Theorien 620, 663, 714, 752, 811, 813, 856
Psychosoziale Theorie 235, 924

Pubertät 474, 476, 522, 924
  emotionaler Zustand 483
  psychologischer Einfluss 482
  Sozialverhalten 483
Publikum
  imaginäres 508, 524

Q

Quecksilber 116
Querschnittstudie 49, 58, 924
  Probleme der Durchführung 50

R

Radikale
  freie 574
Rassenvorurteile
  Beruf und 659
Rauchen
  passives 114
Räumlichkeit 391
Reaktion
  bedingte 170
Reaktionsspielraum 94, 100, 924
Realistische Periode 924
Realität
  Lücke zwischen Logik und 870
Referentieller Stil 227
  des Erlernens einer Sprache 924
Reflex 135, 148, 170, 924
Regeln
  moralische 374, 442, 471
Reife
  kognitive 339
Reifung 16, 924
  frühe 485
  späte 485
  Zeitpunkt der 522
Reifungstheorien 56
Reihenbildung 391, 926
Reihung 315
Reintegratives Stadium 924
Reiz
  bedingter 170
  neutraler 170
  unbedingter 170
  verstärkender 23
Relationale Aggression 924
Relativistisches Denken 924
Religion
  Tod und 878
Religiosität 816, 856
REM-Schlaf 137, 924
Rentenalter
  Anpassung an das 850
  Planung für das 754
Repräsentation
  geistige 326
  mentale 199, 201, 230, 295

STICHWORTVERZEICHNIS

Reproduktive Veränderungen
    Frauen und 674
    Männer und 679
Resilienz 469, 924
Resilienzförderung 464
Retikulärformation 282, 325, 924
Reversibilität 298, 924
Reziproker Unterricht 925
Reziprozität 535
Rhesusfaktor 925
Rhesusfaktor-Unverträglichkeit 119, 147
Rheumatoide Arthritis 925
Risiko-Säuglinge
    frühe Intervention 219
Risikokinder
    frühe Intervention 318
Robustheit 690, 707, 925
Rollen
    Bewältigung mehrfacher 724
Rollenmodelle 370
Röteln 117, 147
Rückerinnern 813, 925
Rückwärtszählen 315
Rückzugstheorie 827, 857, 925
Ruhestand 757, 861
    Entscheidung für den 849
    Planung für den 749

S

Samenerguss 481, 522
Sandwichgeneration 753, 925
Säugling
    Betreuung 219, 220, 231
    Intelligenztests für 215
    neugeborener 101
    Persönlichkeit 271
Säuglingspflege
    Training der Eltern 131
Säuglingssterblichkeit 132, 148, 925
Schaies Seattle Longitudinal Study 693
Schaies Theorie 600, 614
Scham 235, 271
Scheidung 453, 468, 652, 664, 729, 837, 857
    Alter des Kindes 454
    Faktoren von 652
    Folgen von 653
    Hilfe für Kinder 457
    langfristige Konsequenzen 455
    unmittelbare Konsequenzen 454
Scheidungsschlichtung 456, 468, 925
Schema 195, 230, 925
Schilddrüsenhormon 283
Schlaf 137, 772
Schlaf-Wach-Rhythmus 137, 162
Schlafapnoe 806, 925
Schlafstörungen 806, 860
Schlaf ohne schnelle Augenbewegungen 925
Schlaganfall 781

Schlüsselkinder 460, 925
Schlussfolgern
    mathematisches 315
Schmerzlicher Verlust 925
Schnellerfassung 328, 925
Schnellzuordnung 322, 925
Schreiben 327
    frühes 293
Schreibfähigkeit 312
Schreien 138
    anormales 141
Schüchternes Kind 912
Schüchternheit 248
Schulabbruch 518, 524
    Faktoren 519
    vorbeugende Strategien 519
Schulangst 461, 925
Schuldgefühl 330, 343, 370, 467
Schule 398
    Lernen in der 413, 427, 512, 524
    Merkmale 516
Schulische Programme 925
Schulkameraden 516
Schulphobie 461, 925
Schulreife 416
Schulwechsel 513, 524
    Erleichtern von 514
Schwangerschaft 495, 523
    gesunde 121
Schwangerschaftsdrittel 107
Schwangerschaft bei Teenagern
    Vermeidungsstrategien 498
Schwieriges Kind 926
Script von Abhängigkeit/Unterstützung 856
Script von Unabhängigkeit/Ignorieren 856
Sehen 180, 380, 767
    mittleres Erwachsenenalter 672
Sehprobleme 425
Sehschärfe 144, 926
Sekundäres Altern 926
Sekundäre Freunde 926
Sekundäre Geschlechtsmerkmale 926
Selbst 267, 273, 331, 431, 826
    Entwicklung des 266, 267, 269, 271, 273
    Struktur des 432
Selbst-Verständnis 267
Selbstachtung 569
Selbstakzeptanz 721, 756
Selbstanteile
    mögliche 720
Selbstaufmerksamkeit 268, 273
Selbstbeurteilung 45
    Messinstrumente 38
Selbstbezogene Emotionen 926
Selbstbezug 507
Selbstgespräch 304, 327, 374, 926
Selbstkategorisierung 269

Selbstkontrolle 270, 273, 926
    Auftauchen der 269
Selbstkonzept 331, 370, 374, 467, 470, 564, 752, 926
    facettenreiches 815
    Grundlagen 332
    Inhalt 432
    organisiertes 569
    sicheres 815
    Veränderungen 431, 528, 720, 815, 856
Selbstmord 557, 901
    Beihilfe zum 887
Selbstregulation 370
    emotionale 243, 271, 335, 374, 439, 860
    kognitive 399, 426, 471, 505, 509, 568
Selbstverständnis 331, 370, 431, 467, 527, 564
Selbstwert 926
    globaler 433
Selbstwertgefühl 467, 564
    Einfluss des 434
    Entstehung 332
    Entwicklung 432
    gesundes 333
    hierarchisch strukturiertes 432
    kulturelle Überzeugungen 434
    Unterstützung 436
    Veränderungen im Niveau 433
Selbstwirksamkeit 689, 746
    Gefühl der 24, 658
Selektion
    natürliche 17
Selektive Optimierung 824
    durch Kompensation 795, 807, 926
Selektivitätstheorie
    sozioemotionale 828
Selmans Stufe der Perspektivenübernahme 537
Seneszenz 572, 613
Senioren
    erwachsene Kinder und 844
Seniorenfreundschaften
    Funktionen von 842
    Merkmale von 843
Seniorenheime 833, 857
Sensible Periode 926
Sensible Phase 57, 109
Sensorischer Speicher 207, 230
Sensorisches Register 926
Sensumotorische Schemata 202
Sensumotorische Stufe 195, 230, 926
    Evaluation 202
Seriation 391, 425, 926
Sesamstraße 320
Setting 926
Sexualerziehung 498
Sexualität 590, 780, 806
    mittleres Erwachsenenalter 680, 706

Sexueller Kindesmissbrauch
  Behandlung 464
  Prävention 464
Sexueller Missbrauch
  Folgen 462
  Opfer 462
Sexuelle Aktivität 489, 756, 861
  Einfluss der Kultur 489
Sexuelle Einstellungen 614
Sexuelle Nötigung 595, 614
Sexuelle Orientierung 492
Sexuelle Reaktionen
  Intensität von 680
Sexuelle Reifung 479
  Gruppenunterschiede 481
  individuelle Unterschiede 481
  Jungen 481
  Mädchen 480
Sichelzellenmerkmal 65
Sicheres Bindungsmuster 927
Sichere Basis 272, 927
Sichtweise
  universal-konstruktivistische 24
  von Modulen 204, 927
Sicht des Informationsverlusts 707
Sicht neuronaler Netzwerke 707
Sich selbst erfüllende Prophezeiung in der Erziehung 417, 427, 926
Single 664
  Leben als 648
Sinnesempfindung 179
Sinnesorgane 806
Sinnessystem 765
Sinnfindung
  aktive 349
Skala zur Einschätzung neonatalen Verhaltens 927
Skelett
  mittleres Erwachsenenalter 674
Skelettalter 279
Skript 308, 327, 927
Skript von Abhängigkeit/Unterstützung 821, 927
Skript von Unabhängigkeit/Ignorieren 821, 927
Sorgerecht
  gemeinsames 456, 468
Soziabilität 815
Sozial-kognitive Theorie 24
Sozial-kulturelle Theorie 30, 57
Sozialer Konvoi 835, 857, 927
Sozialer Vergleich 927
Soziales Lächeln 237, 271, 927
Soziale Beziehungen
  positive 724
Soziale Bezugnahme 241, 927
Soziale Entwicklung
  Adoleszenz 525, 526
  frühe Kindheit 329, 330
  Kindererziehung und 361
  mittleres Erwachsenenalter 709, 710

mittlere Kindheit 429, 430
Säugling 233, 234
spätes Erwachsenenalter 809, 810
Soziale Interaktion 825, 856
Soziale Lerntheorie 23, 56, 344, 354, 359, 370, 927
  Einschränkungen 24
Soziale Sichtweise
  Adoleszenz 475
Soziale Uhr 624, 663, 711, 927
Soziale Umwelt
  Veränderungen der 826
Soziale Unterstützung 825, 856
Soziale Verträge 539
Soziale Welt
  Veränderung der 857
Sozialpolitische Maßnahmen 88, 100, 927
Soziodramatisches Rollenspiel 296, 927
Soziodramatisches Spiel 326
Sozioemotionale Selektivitätstheorie 828, 857, 928
Soziokulturelle Theorie 928
Sozioökonomischer Status (SÖS) 81, 99, 928
Spätere Leistungen
  Vorhersage 217
Späte Reifung
  Langzeitfolgen 486
Spermarche 928
Spiel 385, 425
  assoziatives 370
  kooperatives 339, 370
  verbundenes 339
Spiele mit Regeln 387, 425
Spiritualität 816, 856, 860
  Tod und 878
Sport 723
  mittleres Erwachsenenalter 689, 707
  organisiert von Erwachsenen 389
Sprach-Produktion 226
Sprach-Verständnis 226
Sprachbewusstsein 470
Sprache
  egozentrische 304
  Erlernen von 328
  innere 305
  private 327
Sprachentwicklung 222, 231, 322, 328, 410, 426
  Meilensteine 224, 231
  Theorien 222, 231
  Unterstützung früher 228
Spracherwerb
  individuelle Unterschiede 227
  kulturelle Unterschiede 227
  Unterstützung von 324
Spracherwerbsmechanismus 223, 231, 928
Sprachpragmatik 411
Sprachverarbeitung 798, 807

Stabilität 7, 720, 856
Stadium
  der konkreten Operationen 390
  der Verantwortlichkeit 928
  voroperationales 294
Städte 85
Stagnation 711, 752
Stammbaum 71
Standards
  interne 343
  persönliche 24
Stanford-Binet Intelligenzskala 402, 426
Steißlage 127, 148, 928
Sterbehilfe 901, 910
Sterben 863, 864, 928
  Aspekte des 864
  Bewältigung des 899
  körperliche Veränderungen 900
  Krankenhaus 880
  Platz zum 879, 900
  Recht auf 901
  Recht zu 883
  Stadien des 874
  würdiges 866, 900
  zu Hause 880
Sterbende Menschen
  Denken von 874
  Gedanken von 900
  Gefühle von 874, 900
Stereotype des Alterns
  Überwindung von 775
Stiefeltern 654
Stieffamilie 665
Stiefmutter 458, 654
Stiefvater 458, 654
Stil
  ausführlicher 310
  repetitiver 310
Stillen 165
Stimmungsschwankungen 568
  adoleszente 483
Stimulierung 156
  angemessene 160
Stolz 467
Störungen
  mentale 786
Strafe 23, 537
Strahlung 115
Strategien 505
  mentale 207, 230, 307
Streitlust 507
Stress
  emotionszentrierte Bewältigung 687
  problemzentrierte Bewältigung 687
  psychischer 614
  psychologischer 598
Stressmanagement 687, 707
Strukturen
  grammatische 374
  zentrale konzeptionelle 393
Strukturiertes Interview 928

Strukturierte Beobachtung 928
Stubenarrest 347, 370
Stufe 928
Stufenmodell 719
    der Entwicklung 752
Stufentheorien 6
Stundenplan
    Aktivitäten außerhalb des 520
Stürze 784
Subkultur 86, 928
Substanzmissbrauch 589
Suizid 557, 565
    alte Menschen und 822
    Einflussfaktoren 557
Suizidprävention 558
Sympathie 337, 370, 928
Synapsen 155, 189, 928
Synchronizität in der Interaktion 258, 272, 928
Synthetischer Zugang 400
System
    dynamisches 212
    mentales 207
    soziales 99
Systemtheorie
    dynamische 176, 190

T

Tabula rasa 56, 929
Talent 419, 427, 929
Täter
    Abhängigkeit des 847
    psychische Störungen 847
Technische Hilfsmittel 774, 806, 929
Technologien
    reproduktive 74
Teenager
    Fähigkeit zur Abstraktion 508
Teilen 441
Teilnehmende Beobachtung 920
Teilzeitarbeit 517
Telegrammstil 226, 231
    im Sprechen 929
Temperament 271, 929
    Entwicklung und 244
    Erfassen von 247
    genetische Einflüsse 249
    Kindererziehung und 251
    Stabilität 247
    Struktur 245
    umweltbedingte Enflüsse 250
    Umwelt und 272
    Vererbung und 272
Temperament des Kindes
    Scheidung und 455
Teratogene 109, 147, 929
Terminaler Abbau 802
Test
    genetischer 76
Testeffekt 49

Testen
    dynamisches 409, 426
Testosteron 476
Thalidomid 110
Thema der Erlösung 713
Themen der Kontaminierung 714
Theoretische Modelle
    jüngste 27
Theorien 4, 929
    Evaluation von 34, 57
    Vergleich von 34, 57
Theorien von Levinson und Vaillant
    Einschränkungen 623
Theorie der Komponenten 404
Theorie der multiplen Intelligenzen 405, 426, 929
Theorie der Querverbindungen beim Altern 575, 613, 929
Theorie des elterlichen Imperativs 752
Theorie des Geistes 310, 327, 398, 426
    Faktoren 311
Thyroidstimulierendes Hormon 929
Thyroxin 476
Tiefensehen 181
Tiefenwahrnehmung 190
Tod 863, 864
    angemessener 876, 900
    Angst vor 872, 900
    Definition 865
    Einstellungen zum 867
    Endgültigkeit 868
    erwarteter 892
    Funktionsende durch 868
    klinischer 900
    Konzept des 868
    plötzlicher 892
    Universalität 868
    Unterweisungen 901
    Verständnis der Kinder 869
    Verständnis 867, 900
    Verständnis Heranwachsender 870
Todeskampf 865
Todesursachen 582
Toxämie 120
Toxoplasmose 117
Traditioneller Unterricht 929
Traditionelle Ehe 929
Träger 64, 99, 929
Traits 354
Transitive Inferenz 929
Transzendenz
    körperliche 812
Trauer 891, 901, 929
    Bewältigung von 898
    Interventionen 897
Trauern
    antizipatorisches 893, 901
    Phasen 901
    Variationen 892
Trauerprozess 891
Trauertherapie 898

Träume 621
Trennungsangst 254, 929
Triarchische Theorie der Intelligenz 404, 426, 699, 929
Trimester 107
Trophoblast 103
Turner-Syndrom 70
Typ-A-Verhalten 929
Typ-A-Verhaltensmuster 686, 706

U

Über-Ich 19, 331
Übergangsphase 620
    um die 30 622
Übergangsritus 483
Übergeneralisierung 226, 231, 374, 930
Übergewicht 381, 582
Überleben des Stärkeren 17
Übernommene Identität 930
Überregulierung 323, 328
Überspezifizierung 226, 231, 930
Überzeugungen
    geschlechtsstereotype 354, 448
Übungseffekte 50
Ultraschall 72
Umfeld
    Bewältigung des eigenen 721
    kulturelles 542
    schulisches 541
Umformulierung 930
Umgestaltungen 328
Umstände
    familiäre 262
Umwelt 7, 99
    häusliche 217
    pränatale Einflüsse 109, 147
    Vererbung und 92, 93, 95, 97, 99, 100
Umweltbedingungen
    Entwicklung und 79, 81, 83, 85, 87, 89, 91
Umweltverschmutzung 116
Unabhängige Variable 930
Unbedingter Reiz (UCS) 930
Unbeteiligter Erziehungsstil 930
Unfälle 286, 326, 384, 425, 782, 784
    Faktoren 287
    Vermeidung von 289, 785
Ungehemmtes oder soziales Kind 930
Universalität 900, 930
Unsicher-ambivalente Bindung 930
Unsicher-desorganisiertes/
    desorientiertes Bindungsmuster 930
Unsicher-vermeidendes Bindungsmuster 930
Unsterblichkeit
    symbolische 873
Unterentwicklung 130, 930
Unterernährung 168
Unterhaltung 323

Unterricht 426
  hochqualifizierter 415
  kulturelle Einflüsse 423
  reziproker 415, 427
Untersuchungen an Verwandten 930
Urteil
  räumliches 391
  moralisches 371
Urvertrauen 235, 271
  versus Misstrauen 931

V

Vaillants Ansatz der Lebensanpassung 622, 717
Variable
  abhängige 46, 57
  unabhängige 46
Väter 263, 272, 458
Vegetativer Zustand
  dauerhafter 866
Vegetatives Stadium
  andauerndes 900
Veränderungen
  Akzeptieren von 815
  berufliche 748, 754
  geistiger Fähigkeiten 695
  hormonelle 476
  körperliche 671
  pubertäre 522
Veränderungen in der Pubertät
  Reaktionen auf 482
Veranlagung
  natürliche 7, 56
Verantwortlichkeit
  Stadium der 692
Verantwortung
  gesellschaftliche 543
  persönliche 470
Verarbeitungsgeschwindigkeit 756
Verarbeitungskapazität 505
Verbaler IQ 694
Verbindungen
  synaptische 157
Verbrechen
  Angst vor 831
Verdienst 441
Vererbung 165, 189, 283, 325, 481
  dominant-rezessive 64, 99
  polygenetische 68
  Umwelt und 92, 93, 95, 97, 99, 100
  X-bedingte 67
Vererbungsfaktoren 407, 426
Vererbungsmuster
  genetische 63, 99
Vergewaltigung 595
Vergleiche
  soziale 432, 467
Verhalten
  altruistisches 337, 370
  intentionales 198, 230
  moralisches 343
  prosoziales 337, 370
Verhaltensmodifikation 24, 56, 289, 931
Verhaltenspsychologie 22, 56
Verhaltensweisen
  geschlechtsstereotype 354, 374
  kulturelle Bedeutungen 41
Verhütungsmittel 491, 498
Verifizierung 5
Verkürzung der Morbiditätszeit 931
Verlagerung
  unsichtbare 199
Verletzungen 384
Verleugnung 891
  Sterben und 875
Verluste 901
  schmerzliche 891
  Überladung durch 897
Vernachlässigte Kinder 931
Vernachlässigung 365
  körperliche 846
Vernix 107, 147, 931
Verordnete Auszeit 931
Verpflichtung 628, 629
Verschiebung
  horizontale 392, 426
Verschleiß-Theorie 573
Verständnis
  emotionales 438
Verstärker 171, 189, 931
Vertrauen 254, 526
Veruntreuung
  finanzieller Mittel 846
Verzweiflung 810, 856
  körperliche 891
  seelische 891
Viktimisierung 831
Visuelle Klippe 181
Volle Einbeziehung/Integration 931
Vorausschauendes Gedächtnis 923
Vorbereitung für die Ehe
  Lebensgemeinschaft als 650
Vorbilder 346
Vorbindungsphase 253
Voroperationales Denken
  Grenzen 297
Voroperationales Stadium 326
  Bewertung 302
Vorschulen 318

W

Wachstum 5
  körperliches 189
  Unregelmäßigkeiten 280
Wachstumshormon 283, 325, 476, 931
Wachstumskurve
  allgemeine 280, 325
Wachstumsschub 477, 522, 568, 931
Wachstumstempo 153

Wahrnehmung 210
  Entwicklung 179, 187, 190
  intermodale 186, 190, 769
Wandlung der Lebensstruktur
  Geschlechter und 716
Wechseljahre 916, 919
Wechsler Intelligenztest für Kinder 403, 426
Wehen 123
Wehentätigkeit
  Medikamente und 128
Weisheit 800, 808, 861, 931
Weiterbildung 746
Werte
  kulturelle 86
Wiedererinnern 209
Wiedererkennen 209, 307, 374, 931
Wiedererkennungs-Gedächtnis 307
Wiederheirat 468, 652, 653, 664, 837
Wiederherstellung 892
Wiederholen 397, 931
Wissen 505
  linguistisches 204
  numerisches 204
  psychologisches 204
Wissenschaftliches Denken
  Entwicklung 506
Wissensgrundlage 398
Witwenschaft 838, 858
  Anpassung an 841
Wohlbefinden
  emotionales 169, 283, 325
  psychisches 530
Wohnen
  betreutes 793
Wohngemeinschaften 833, 857
  im Alter 931
Wohnsituation 829, 832, 857
Wohnumfeld 84
Wörter
  erste 226
Wortschatz 322, 410
Wunderkinder 40
Wünsche 311
Wut 271, 706
  mittleres Erwachsenenalter 686
  Sterben und 875
Wygotskys soziokulturelle Theorie 212, 230, 304, 327
Wygotskys soziokultureller Ansatz 30
Wygotskys Theorie
  Bewertung 306

X

X-bedingte Vererbung 931
XYY-Syndrom 70

Z

Zeichnen 292
Zeichnungen
    realistische 292
Zellen 60
Zentralexekutive 230, 932
Zentrierung 298, 326, 932
Zerebrale Motilitätsstörung 127
Zerebrovaskuäre Demenz 789, 807
Zigarettenrauchen 589, 613

Zirkulärreaktionen 932
    sekundäre 197
    tertiäre 198
Zone der proximalen Entwicklung 305
Zottenhaut 906
Zufällige Verhaltensweisen
    Wiederholung 196
Zufallsauswahl 46, 57, 932
Zufriedenheit
    berufliche 744, 756
Zupacken 177
Zurechtstutzen der Synapsenanzahl 908

Zweieiige Zwillinge 932
Zweifel 235, 271
Zweisprachige Entwicklung 411
Zweisprachige Erziehung 412
Zweisprachigkeit 426
Zweiwort-Phase 226
Zwergenwuchs
    psychosozialer 283, 325
Zwillinge 62, 99
Zygote 105, 932
Zytomegalievirus 117
Zytoplasma 61

Psychologie

16., aktualisierte Auflage

Philip G. Zimbardo, Richard J. Gerrig

Zum Buch:

Der »Zimbardo« gibt einen umfassenden Einstieg in die verschiedenen Bereiche der Psychologie. Dabei wird Psychologie als Wissenschaft verstanden, um hierauf aufbauend die Anwendungsbereiche für das tägliche Leben darzustellen. Schwerpunkte liegen auf der Sozial- und Kognitionspsychologie. Durch die verständliche und anschauliche Darstellungsweise bietet das Buch einen geeigneten Einstieg und dient als hervorragendes Nachschlagewerk für die Grundlagen der Psychologie.

Aus dem Inhalt:

- Die Psychologie in Wissenschaft und Anwendung
- Forschungsmethoden
- Wahrnehmung I + II
- Lernen und Verhaltensanalyse
- Gedächtnis
- Kognitive Prozesse
- Soziale Prozesse
- Intelligenz
- Entwicklung
- Motivation
- Emotion, Stress, Gesundheit
- Persönlichkeit
- Psychische Störungen
- Sozialpsychologie, Gesellschaft, Kultur

Über die Autoren:

Richard J. Gerrig ist Professor für Psychologie an der *State University of New York at Stony Brook*.
Philip G. Zimbardo ist Professor für Psychologie an der *Stanford University*.

ISBN: 3-8273-7056-6
€ 49,95 [D], sFr 83,50
ca. 900 Seiten

ps psychologie

Pearson-Studium-Produkte erhalten Sie im Buchhandel und Fachhandel
Pearson Education Deutschland GmbH • Martin-Kollar-Str. 10 – 12 • D-81829 München
Tel. (089) 46 00 3 - 222 • Fax (089) 46 00 3 - 100 • www.pearson-studium.de

Sozialpsychologie

Elliot Aronson, Timothy D. Wilson, Robin M. Akert

Zum Buch:
Dieses weit verbreitete Lehrbuch zur Sozialpsychologie benutzt einen erzählerischen Ansatz, um die Inhalte der Sozialpsychologie in anschaulicher, unterhaltsamer und einprägsamer Weise zu vermitteln. Dadurch wird dem Studenten die ganze Bandbreite der Sozialpsychologie nahe gebracht – er erfährt, wie Theorien die Forschung inspirieren, warum Forschung wieder neue Interessensfelder erschafft und wie das alles unser tägliches Leben berührt. Beispiele aus dem realen Leben inklusive der detaillierten Beschreibung klassischer und moderner Experimente erhöhen den angewandten, anwendbaren und nachvollziehbaren Nutzen.

Aus dem Inhalt:
- Methodenlehre
- Soziale Perzeption
- Soziale Wahrnehmung
- Einstellungen und Einstellungswechsel
- Konformität
- Gruppenprozesse
- Pro-soziales Verhalten und Aggression
- Vorurteile
- Angewandte Sozialpsychologie (Gesundheit, Umwelt, Recht)

Über die Autoren:
Elliot Aronson ist weltweit einer der angesehensten Sozialpsychologen. Er ist der einzige in der über 100-jährigen Geschichte der *American Psychology Association*, der alle drei wichtigsten akademischen Auszeichnungen erhalten hat: Für herausragende Lehre, für herausragende Forschung und für herausragende Veröffentlichungen. *Tim Wilson* ist Professor an der *University of Virginia* mit zahlreichen Veröffentlichungen und über zwanzigjähriger Lehrerfahrung in der Sozialpsychologie. *Robin Akert* ist Professorin am *Wellesley College,* wo sie den Pinanski Preis für herausragende Lehre erhielt.

ISBN: 3-8273-7084-1
€ 49,95 [D], sFr 83,50
723 Seiten

ps sozialpsychologie

Pearson-Studium-Produkte erhalten Sie im Buchhandel und Fachhandel
Pearson Education Deutschland GmbH • Martin-Kollar-Str. 10 – 12 • D-81829 München
Tel. (089) 46 00 3 - 222 • Fax (089) 46 00 3 - 100 • www.pearson-studium.de

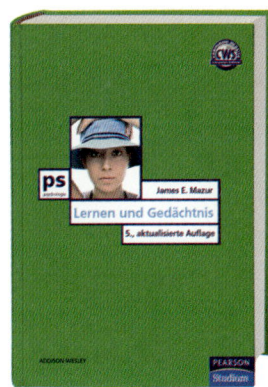

Lernen und Gedächtnis

James E. Mazur

Zum Buch:

Dieses Buch bietet einen aktuellen Überblick über das komplette Themenfeld Lernen. Dabei behandelt es sowohl die klassischen Theorien als auch die jüngsten Entwicklungen und Trends mit Fokus auf die Auswirkungen des Lernens auf das tägliche Leben. Viele konkrete Beispiele bringen dem Studenten die oftmals trockenen und abstrakten Theorien auf anschauliche Weise nahe. An zahlreichen Beispielen wird deutlich gemacht, wie die Theorien und Regeln auf dem Feld der angewandten Verhaltensforschung umgesetzt werden.

Aus dem Inhalt:

- Einfache Ideen, einfache Assoziationen und einfache Zellen
- Angeborene Verhaltensmuster und Habituation
- Klassische Konditionierung
- Operante Konditionierung
- Verstärkungspläne: experimentelle Analysen und Anwendungen
- Vermeidung und Bestrafung
- Stimuluskontrolle und Konzeptbildung
- Komparative Kognition
- Beobachtungslernen
- Erlernen motorischer Fertigkeiten
- Wahl

Über den Autor:

James E. Mazur ist Professor an der Southern Connecticut State University. Mit zahlreichen Veröffentlichungen aus dem Bereich Lernen und Verhalten gehört er zu den führenden Lernpsychologen.

ISBN: 3-8273-7086-8
€ 39,95 [D], sFr 67,00
615 Seiten

ps allgemeine psychologie

Pearson-Studium-Produkte erhalten Sie im Buchhandel und Fachhandel
Pearson Education Deutschland GmbH • Martin-Kollar-Str. 10–12 • D-81829 München
Tel. (089) 46 00 3 -222 • Fax (089) 46 00 3 -100 • www.pearson-studium.de

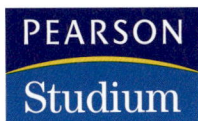

Physiologische Psychologie

Neil R. Carlson

Zum Buch:
Die biologischen Grundlagen des menschlichen Verhaltens werden in diesem Buch anschaulich und leicht nachvollziehbar erklärt. Die aktuelle Auflage des weit verbreiteten Standardwerks von Carlson berücksichtigt die neuesten Forschungsergebnisse auf dem sich rasant entwickelnden Feld der Neurowissenschaft und der Physiologischen Psychologie. Die dynamische Interaktion zwischen Biologie und Verhalten wird hierbei klar und verständlich sichtbar gemacht.

Aus dem Inhalt:
– Aufbau und Funktion der Zellen des Nervensystems
– Aufbau des Nervensystems
– Psychopharmakologie
– Methoden und Strategien der Forschung
– Sehen, Hören, Bewegung
– Schlaf und Biorhythmus
– Reproduktives Verhalten Emotion
– Nahrungsaufnahme: Trinken
– Nahrungsaufnahme: Essen
– Lernen und Gedächtnis: Grundlegende Mechanismen
– Relationales Lernen und Amnesie
– Menschliche Kommunikation
– Schizophrenie und affektive Störungen
– Angst, Autismus und Stress
– Drogenmissbrauch

Über den Autor:
Neil R. Carlson ist Professor für Psychologie an der *University of Massachusetts*, Amherst. Er hat zahlreiche didaktisch hervorragend konzipierte und weit verbreitete Einführungslehrbücher verfasst.

ISBN: 3-8273-7087-6
€ 59,95; sFr 99,50
ca. 850 Seiten

ps biologische psychologie

Pearson-Studium-Produkte erhalten Sie im Buchhandel und Fachhandel
Pearson Education Deutschland GmbH • Martin-Kollar-Str. 10–12 • D-81829 München
Tel. (089) 46 00 3 - 222 • Fax (089) 46 00 3 - 100 • www.pearson-studium.de

Evolutionäre Psychologie

David M. Buss

Zum Buch:

In den verschiedenen Verhaltenswissenschaften hat sich ein Ansatz etabliert, der als »Neodarwinische Renaissance« angesehen werden kann. Dieser evolutionäre Ansatz breitet sich in jüngster Zeit auch in der Psychologie zunehmend aus. David Buss gilt als einer der Pioniere der evolutionären Psychologie. Die inhaltlichen Schwerpunkte in dem Standardwerk von Buss liegen auf Fragen zu Liebe und Partnerschaft sowie zur Persönlichkeit. Es orientiert sich an den grundlegenden Anpassungsproblemen der Psychologie. Die verschiedenen Teilbereiche der Psychologie werden aus einer evolutionären Perspektive betrachtet.

Aus dem Inhalt:

- Die wissenschaftliche Entwicklung auf dem Weg zur Evolutionären Psychologie
- Evolutionäre Psychologie – Eine neue Wissenschaft
- Der Kampf gegen die feindlichen Kräfte der Natur - menschliche Überlebensprobleme
- Die langfristigen Partnerwahl-Strategien der Frau
- Die langfristigen Partnerwahl-Strategien des Mannes
- Status, Prestige und Soziale Dominanz
- Kurzfristige sexuelle Strategien
- Probleme der Kindererziehung
- Probleme mit Verwandtschaft
- Kooperative Allianzen
- Aggression und Gewalt
- Konflikte zwischen den Geschlechtern
- Ausblick auf eine umfassende Evolutionäre Psychologie

Über den Autor:

David M. Buss ist Professor an der University of Texas in Austin. Mit zahlreichen Auszeichnungen für Wissenschaft und Lehre gehört er zu den angesehensten Forschern auf dem Gebiet der Evolutionären Psychologie.

ISBN: 3-8273-7094-9
€ 49,95; sFr 83,50
ca. 600 Seiten

| ps | evolutionäre psychologie |

Pearson-Studium-Produkte erhalten Sie im Buchhandel und Fachhandel
Pearson Education Deutschland GmbH • Martin-Kollar-Str. 10–12 • D-81829 München
Tel. (089) 46 00 3 - 222 • Fax (089) 46 00 3 - 100 • www.pearson-studium.de

Persönlichkeitspsychologie und Differentielle Psychologie

2., aktualisierte Auflage

Howard S. Friedman, Miriam W. Schustack

Zum Buch:

Dieses international erfolgreiche Lehrbuch zur Persönlichkeitspsychologie bietet einen kompletten Überblick über die klassischen Persönlichkeitstheorien und integriert die aktuellsten Forschungsergebnisse. Die für das alltägliche Leben relevante empirische Evidenz der Theorien wird an allen Stellen des Buches deutlich herausgestellt. Die Theorien werden anhand der fundamentalen Aspekte der Persönlichkeit erklärt: psychoanalytisch, biologisch, behavioristisch, kognitiv, merkmalsbezogen, humanistisch-existenziell, situativ/interaktionistisch und bezüglich der Ich-Perspektive.

Aus dem Inhalt:

– Wie wird Persönlichkeit gemessen und bewertet?
– Psychoanalytische Aspekte
– Neo-analytische und Ich-Perspektive
– Biologische Aspekte
– Behavioristische Aspekte
– Kognitive Aspekte
– Merkmalsbezogene Aspekte
– Interaktionistische Perspektive
– Humanistisch-existenzielle Perspektive
– Unterschiede zwischen Männern und Frauen
– Stress, Anpassung und Auswirkungen auf die Gesundheit

Über die Autoren:

Howard S. Friedman ist Professor an der *University of California,* Riverside. Er ist bekannt durch seine zahlreichen Arbeiten zur Persönlichkeits- und Gesundheitspsychologie. *Miriam W. Schustack* war Assistant Professor in *Harvard* und in der Forschung für die U.S.-Regierung tätig, bevor sie als Professorin an die *California State University,* San Marcos kam.

ISBN: 3-8273-7105-8
€ 49,95; sFr 83,50
ca. 700 Seiten

Pearson-Studium-Produkte erhalten Sie im Buchhandel und Fachhandel
Pearson Education Deutschland GmbH • Martin-Kollar-Str. 10–12 • D-81829 München
Tel. (089) 46 00 3 -222 • Fax (089) 46 00 3 -100 • www.pearson-studium.de